VATIKANLEXIKON

VATIKAN LEXIKON

Herausgegeben von Niccolò del Re

Deutsche Bearbeitung:
Elmar Bordfeld

PATTLOCH

Die Deutsche Bibliothek – CIP-Einheitsaufnahme

Vatikanlexikon / Niccolò Del Re.
[Übers. aus dem Ital. von
Elmar Bordfeld]. - Augsburg : Pattloch, 1998
Einheitssacht.: Mondo Vaticano <dt.>
ISBN 3-629-00815-1

Titel der italienischen Ausgabe:
„Mondo Vaticano"
Erstveröffentlichung 1995 durch

Deutsche Lizenzausgabe
Pattloch Verlag, Augsburg

Umschlaggestaltung: Daniela Meyer, Pattloch Verlag, Augsburg
Satz: Cicero Lasersatz, Dinkelscherben bei Augsburg
Gesetzt aus 10½/13½ Pt. Simoncini Garamond
Druck und Bindung: Bercker, Kevelaer
Printed in Germany

ISBN 3-629-00815-1

Vorwort
zur deutschsprachigen Ausgabe

„Heiliger Vater, wie viele Menschen arbeiten eigentlich im Vatikan?" wurde Johannes XXIII. einmal von einem hohen Besucher gefragt. Seine Antwort: „Ich hoffe, die Hälfte". Selbst für Päpste ist also der Vatikan offenbar noch voller Geheimnisse. Deshalb wird immer viel spekuliert. Kaum zu zählen sind entsprechende Bücher und Veröffentlichungen. Gerade zur Jahrtausendwende zieht dieses Fleckchen Erde von gerade einmal 44 Hektar viele Blicke auf sich. Der Papst hat zum großen Jubiläumsjahr 2000 eingeladen. Im Mittelpunkt: der Vatikan.

Vor 2000 Jahren wurde hier ein Mann mit dem Namen Petrus begraben, später zu seinem Gedächtnis eine Basilika erbaut. Der vatikanische Hügel, einst über dem Zirkus des Nero gelegen, war im Laufe der Zeiten Friedhof und Pilgerziel, Festung und Palast, Museum und Papstresidenz. Aber auch ein besonderer geistiger Ort, geprägt von Vergangenheit und Gegenwart. Auf den Vatikan und sein Oberhaupt blicken eine Milliarde Katholiken und viele andere Menschen guten Willens.

Nicht spekulieren, sondern informieren will das in Art und Umfang bisher einmalige Vatikanlexikon aus dem offiziellen Vatikanverlag „Libreria Editrice Vaticana", das jetzt in deutscher Sprache vorliegt. Ein Nachschlagewerk über den Vatikan, in dem alle denkbaren Aspekte zu seiner Geschichte und Gegenwart – „Passato e Presente", so der Untertitel der italienischen Originalausgabe – gründlich und umfassend dargestellt sind. Mit seinen rund 1000 Stichworten wird so manches verständlicher. Verständnis beseitigt Mißverständnisse. Man erfährt, wie alles entstand, warum es dunkle Epochen gab, warum sich Geistliches mit Weltlichem verband und sich dann wieder trennte, und warum viele der angeblichen Geheimnisse im Vatikan gar keine sind.

Im Rückblick auf die 2000jährige Geschichte des Christentums, auf Kirche und Papsttum, vermischen sich im Vatikan Vergangenheit und Gegenwart. Das Papsttum steht an der Wiege des Abendlandes, hat die westliche Zivilisation geprägt. Ohne Christentum gäbe es z. B. keine Menschenrechte. In anderen Kulturen gibt es nicht einmal ein Wort dafür. Für die Würde der menschlichen Person setzten sich die Päpste dieses Jahrhunderts besonders ein. Mit ihnen 168 Vertreter des Hl. Stuhls bei den Nationen der Welt und bei den Internationalen Organisationen. Der Vatikan ist dort hoch angesehen.

Bei der Bemühung um eine gute deutsche Fassung des Lexikons hat mir sehr geholfen, daß ich rund 15 Jahre lang als Chefredakteur der deutschen Ausgabe der Vatikanzeitung „L'Osservatore Romano" im Vatikan arbeiten und dort sozusagen frei herumlaufen durfte. So kannte ich Personen und Sachen aus eigener Anschauung und wagte mich an die rund 1000 Stichworte von „Päpstlichen Abbreviatoren" bis hin zu „Päpstlichen Zuaven". Wo es notwendig war, wurde gekürzt, manche italienische Passage frei übertragen; Fachbegriffe sind in Latein oder Italienisch belassen. Auch wurde auf die vatikanüblichen Termini Rücksicht genommen. Deshalb finden sich in der Übersetzung teilweise ungewohnte Formulierungen.

Viel Spannendes ist zu finden: daß immer noch Wasser aus dem Braccianer See in den Vatikan geleitet wird, um Brunnen zu speisen oder ein Stromaggregat für die Beleuchtung des Petersdoms anzutreiben; daß ein deutsches Mitglied des Ordens der Barmherzigen Brüder die Vatikanapotheke gegründet hat; daß Michelangelo für seine Arbeit an der Peterskuppel kein Geld nahm und, daß die Bürger von Viterbo beim Konklave des Jahres 1271 das Dach des Palastes abdeckten, um die drinnen tagenden Kardinäle zu einer schnelleren Papstwahl zu nötigen. Überraschend auch die kollegiale Struktur in der Römischen Kurie. Nach den konziliaren Reformen besinnt sich der „Machtapparat Vatikan" auf die Ursprünge. Wie in den ersten Jahrhunderten der Kirche ist der Papst wieder mehr Wächter über die Einheit der ganzen Christenheit.

Die italienische Originalausgabe, die vor gut zwei Jahren erschien, ist in der jetzt vorliegenden deutschen Übersetzung an den wichtigsten Stellen aktualisiert worden, z.B. durch die neuen Bestimmungen zur Papstwahl durch Johannes Paul II. im Januar 1996. Die Bibliographien sind vollständig übernommen, jedoch an einigen Stellen durch wichtige Neuerscheinungen ergänzt worden.

Danken möchte ich dem Verlagsleiter des Pattloch-Verlages, Bernhard Meuser, für seinen Mut ein solch umfang- und als Übersetzung risikoreiches Nachschlagewerk herauszubringen; den Übersetzern P. Heinrich Drenkelfort svd, Dr. Bettina Gabbe, Claudia Reimüller, Christiane Rhein und Matthias Kopp; den Ratgebern in Einzelfragen Prof. Dr. Victor H. Elbern, Berlin, und Prof. Dr. Georg Daltrop, Eichstätt; den Helfern und Korrekturlesern Alexandra Brey, Monica Kopp, Stefan Schreiner und Jochen Sennekamp, vor allem meiner Frau Vera. Ein besonderer Dank gilt Birgit Kastner M.A., die mit großer Sachkennntis den kunsthistorischen Teil über die vatikanischen Gebäude und Sammlungen betreut und unermüdlich bei der Organisation und beim Lektorat mitgewirkt hat.

Elmar Bordfeld

Vorwort
zur Originalausgabe

Der Vatikan! Wie oft taucht dieser Name auf, wenn es um religiöse Probleme geht. Aber wieviel mehr verbirgt sich hinter diesem Namen, sei es im Blick auf die Geschichte, sei es im Blick auf die heutige Wirklichkeit.

Die 2000 Jahre Geschichte der katholischen Kirche beginnen „ab agro vaticano". Auf diesem Stück Erde erlitt der Apostel Petrus, der erste Papst, sein Martyrium. Hier wurde er begraben. Seit dieser Zeit ist das Band zwischen Päpsten und Vatikan niemals mehr gerissen.

Personen und Funktionen haben im Laufe der Jahrhunderte gewechselt. Viele Helfer des Papstes bei seinem Apostolischen Dienstamt sind von ihm nur für bestimmte Aufgaben berufen worden. Dann endete ihr Auftrag. Sie bilden jedoch einen Teil von Geschichte und Gegenwart des Papsttums.

Aufgaben und Funktionen im Vatikan der Gegenwart und der Vergangenheit – kaum jemand kann darüber umfassend Auskunft geben. Schon deshalb ist ein solches Nachschlagewerk notwendig. Mit Vatikan ist die oberste Spitze der Kirchenregierung, der Papst, der Nachfolger des hl. Petrus gemeint, aber auch der kleine Staat als Garant der Unabhängigkeit des Papstes, der dessen Souverän ist.

Um den Papst als Obersten Hirten der Kirche gruppieren sich alle vatikanischen Organe, die ihm bei der Ausübung seines Amtes helfen. Um den Papst als Staatsoberhaupt gruppieren sich zahlreiche Funktionsträger, die für die rechte Führung eines zivilen Staates sorgen. Auch sie sind der Vatikan.

Helfer oder Hilfsorgane des Papstes in seinem geistlichen Amt sind die Kardinäle, das Staatssekretariat, die Kongregationen, die Gerichte, die Ämter, die Räte, die Kommissionen, die Komitees, die Cappella Papale und die Famiglia Pontificia, der Vatikanische Chor, die mit dem Hl. Stuhl verbundenen Einrichtungen wie die Apost. Vatikanische Bibliothek und das Vatikanische Geheimarchiv, die Druckerei und der Vatikanverlag, die Vatikanzeitung „L'Osservatore Romano", Radio Vatikan, das Vatikanische Fernsehzentrum usw. „Vatikan" sind auch die Vertretungen des Hl. Stuhls bei den Staaten und bei den internationalen Organisationen.

Zum Vatikan als Staat gehören das Vikariat der Vatikanstadt mit den kirchlichen Tribunalen; die päpstl. Kommission für den Staat der Vatikanstadt, das Governatorat mit den verschiedenen Ämtern und Generaldirektionen, die vatikanische Polizei, die Kommission für den Schutz der Monumente, der Fond für den Gesundheitsdienst etc.

Der „Vatikan" ist auch die Residenz, in der der Papst wohnt. Natürlich hat er nicht immer dort gewohnt. Der Lateranpalast war damals die erste offizielle Papstresidenz. Andere folgten im Laufe der Zeit in und außerhalb Roms (von Viterbo bis Avignon etc.). Aber nach der Rückkehr Pius' IX. von Gaeta blieb der Vatikan die einzige tatsächliche Residenz, auch nach der Besetzung Roms am 20. September 1870. In den päpstlichen Akten steht immer: „Aus dem Vatikan". Unter dem Namen „Vatikan" versteht man schließlich auch den gesamten Komplex von einzigartigen Kunstwerken – die Museen, die Pinakothek, die Vatikanbasilika etc.

Mit großer Freude begrüße ich deshalb dieses großartige, alphabetisch geordnete Nachschlagewerk. Es trägt dazu bei, sich in dieser so vielfältigen vatikanischen Welt schnell orientieren zu können.

Eine beachtliche Anzahl von qualifizierten Wissenschaftlern und Experten der vatikanischen Welt waren lange Zeit damit beschäftigt. Herausgeber ist Prof. Niccolò Del Re, der sich vor allem durch sein Werk „Die Römische Kurie“ große Verdienste erworben hat. Wie kaum ein anderer war er dazu prädestiniert, uns eine Veröffentlichung wie diese zu schenken.

Pietro Kardinal Palazzini

Einführung des Herausgebers

Vielen wird es schon so ergangen sein: Wenn man in einer Zeitung oder Zeitschrift etwas liest, am Radio oder Fernsehen etwas hört, was mit dem Vatikan zusammenhängt, hat man öfter Schwierigkeiten. Man trifft auf unbekannte Ausdrücke, ob sie sich nun auf ein Organ, ein Amt, einen Ort, ein Monument oder ein Kunstwerk aus der vatikanischen Szene beziehen. Manchmal will man auch mehr wissen: Welche Aufgabe hatte diese Einrichtung? Welche Funktionen übte der Leiter dieses Organs aus? Warum heißt dieser Ort oder dieses Gebäude gerade so, und wo stammt der Name her?

Zwangsläufig bleibt der aufmerksame Leser unbefriedigt, wenn er eine normale Enzyklopädie zu Rate zieht. Sie konnte keine Antwort geben. Vielleicht die vielbändige „Enciclopedia cattolica", die natürlich in Sachen Kirche spezialisiert, aber nicht immer zur Hand ist.

Es war die Absicht des vorliegenden Werkes, ein Panorama, zwar nicht von allem, aber doch von einem großen Teil der „Vatikanwelt" (so der italienische Titel des Werkes) zu liefern. Den Blick zu werfen auf die Einrichtungen des Vatikans von heute und von gestern, auf Bekanntes oder weniger Bekanntes oder gänzlich Unbekanntes. Stichworte wecken Aufmerksamkeit, rufen Neugier hervor auf andere Aspekte, bringen auch für den Fachmann Überraschungen und wecken den Wunsch nach einer erschöpfenden Auskunft.

Erschöpfende Auskunft – unter diesem Motto will das vorliegende Handbuch dem Suchenden zum Finden verhelfen. Um dies zu erleichtern, hat man dem Buch die Form eines Lexikons gegeben. Jedes Stichwort behandelt einen Gegenstand, der von Interesse sein könnte und auf das Wesentliche zielt. Das gleiche gilt für die Bibliographien. Manch einer hätte gern noch mehr Stichworte gewünscht oder eine noch umfassendere Behandlung des Dargestellten. Da hilft dann nur noch die Ermahnung des arabischen Historikers Abulfeda (1273–1331): „Quod sciri non potest totum, ne omittatur totum; siquidem scientia partis melior est ignorantia totius".

Abschließend bleibt mir noch, den Mitarbeitern ein herzliches Dankeswort zu sagen für ihre Bereitschaft und für ihre ausgezeichnete Leistung, an erster Stelle der Professorin Laura Gigli für ihre unermüdliche Koordinierungsarbeit.

Niccolò Del Re

Verzeichnis der Autoren

ALTERI Giancarlo
BARBERINI Maria Giulia
BARCHIESI Sofia
BELARDINELLI Giampaolo
BUONOCORE Marco
CAPITANI Camilla
CARTA Marina
CASALE Gerardo
CERIONI Anna Maria
CIOFETTA Simona
CIPRIANI Cipriano, O.S.B. Oliv.
COCCOLI Carlo
COCHETTI Francesco
CODA Egidia
COGOTTI Marina
CORNINI Guido
COSSU Marcella
CREMONA Alessandro
DE ANGELIS Maria Antonietta
DEL GALLO ROCCAGIOVINE Luigi, Vesc. tit. di Campli
DEL RE Niccolò
DEL SIGNORE Roberto
DE VITA Carlo
DI NINO Antonelle Maria
DI SIVO Michele
DRAGHI Andreina
FERRARA Daniele
GIACOMETTI Ebe
GIGLI Laura
GUGLIELMI Felice
ILARI Annibale, Mons.
ILARI Marcella
LIVERANI Paolo
LOTTI Pierluigi
MANIELLO CARDONE Sabina
MANIERI ELIA Giulio
MARCHEI Maria Cristina
MARTINI Antonio
MAURO Floriana
MORELLO Giovanni
MUGAVERO Elena
NEGRO Angela
ODORISIO Giovanna
PATELLA Anna Maria
PENTERIANI Ulderico
PETRUZZI Caterina
PIAZZONI Ambrogio
SCANO Gaetana
STELLA Serena
TIBERIA Vitaliano
ZACCAGNINI Marisa

Abkürzungen

AAS	Acta Apostolicae Sedis
Apost./apost.	Apostolisch/-e/-en/-er/-es
Art.	Artikel
ASS	Acta Sanctae Sedis
BIBL.	Bibliographie
BR	Bullarium Romanum
BRC	Bullarii Romani continuatio
can.	Canon/-es
CIC	Codex iuris canonici
Hl./hl.	Heilig/-e/-er/-es
ib.	ibidem
Jh.	Jahrhundert/-e/-s
Komm.	Kommission/-en
Kongr.	Kongregation/-en
Konst.	Konstitution
LP	Liber Pontificalis
Nr.	Nummer
Päpstl./päpstl.	Päpstlich/-e/-en/-er/-es
PL	Patrologia Latina
Röm./röm.	Römisch/-e/-en/-er/-es
S.	Seite
S./Ss.	Heilig/-e (italienisch)
S.R.C.	Santa Romana Chiesa
S.S.	Santa Sede
Sp.	Spalten
St.	Sankt

Karten

Vatikanstadt

1. Bronze-Portal
2. Scala Pius' IX.
3. Scala Regia
4. Scala Nobile
5. Loggien
6. Damasushof
7. Torrione Nikolaus' V.
8. Cortile del Porticato
9. Cortile di Sisto V.
10. Cortile del Triangolo
11. Cortile del Maresciallo
12. Cortile del Pappagallo
13. Cortile Borgia
14. Cortile della Sentinella
15. Sixtinische Kapelle
16. Torre Borgia
17. Appartamento Borgia (Stanzen Raffaels)
18. Cortile del Belvedere
19. Vatikanische Bibliothek (Salon Sixtus' V.)
20. Vatikanische Bibliothek (Museo Sacro) / Galerie der Landkarten (2. Etage)
21. Lapidarium
22. Cortile della Biblioteca
23. Turm der Winde
24. Neuer Flügel des Chiaramonti-Museums
25. Chiaramonti-Museum
26. Cortile della Pigna
27. Vatikanische Bibliothek (Museo Profano) / Galerie der Kandelaber und der Wandteppiche
28. Quattro Cancelli
29. Museum, Ägyptisches
30. Museum Pio-Clementino
31. Cortile Ottagono
32. Bramante-Treppe
33. Brunnen der Galeere
34. Cortile delle Corazze
35. Eingang zu den Vatikanischen Museen
36. Museum für Profankunst, für christliche Kunst und Missionsmuseum
37. Pinakothek
38. St. Anna-Tor
39. Kirche S. Anna dei Palafrenieri
40. Cortile dell'Olmo / Päpstl. Almosenamt
41. Hof der Schweizergarde
42. Via di Belvedere
43. Vatikanische Druckerei
44. Via del Pellegrino
45. Restaurierungswerkstätte für Wandteppiche
46. Redaktion des *Osservatore Romano*
47. Sitz des Wachdienstes (Vigilanza)
48. Hauptpostamt
49. Via della Tipografia
50. Belvedere-Palast
51. Via della Posta
52. Via Pio X.
53. Piazza del Forno
54. Brunnen des Sakraments
55. Stradone dei Giardini
56. Casina Pius' IV.
57. Viale del Giardino Quadrato
58. Brunnen des Adlers
59. Viale centrale del Bosco
60. Radio Vatikan
61. Lourdes-Grotte / Torre di San Giovanni
62. Äthiopisches Kolleg
63. Viale del Seminario Etiopico
64. Viale Marconi
65. Bahnhof
66. Mosaik-Werkstatt
67. Viale dell'Osservatorio
68. Governatoratspalast
69. Via del Governatorato
70. Via delle Fondamenta
71. Kirche St. Stephan
72. Stephansplatz
73. Tribunalspalast
74. Haus des Erzpriesters von St. Peter
75. Palazzo S. Carlo
76. Piazza S. Marta
77. Hospiz S. Marta
78. Sakristei und *Canonica* (Pfarrhaus) von St. Peter
79. Eingang zu den Vatikanischen Grotten
80. Piazza Protomartiri Romani
81. Campo Santo Teutonico
82. Arco delle Campane
83. Audienzhalle Paul VI.
84. Palast des Hl. Offiziums, Sitz der Kongregation für die Glaubenslehre
85. Postamt
86. Informationsbüro
87. Piazza di Sant'Uffizio

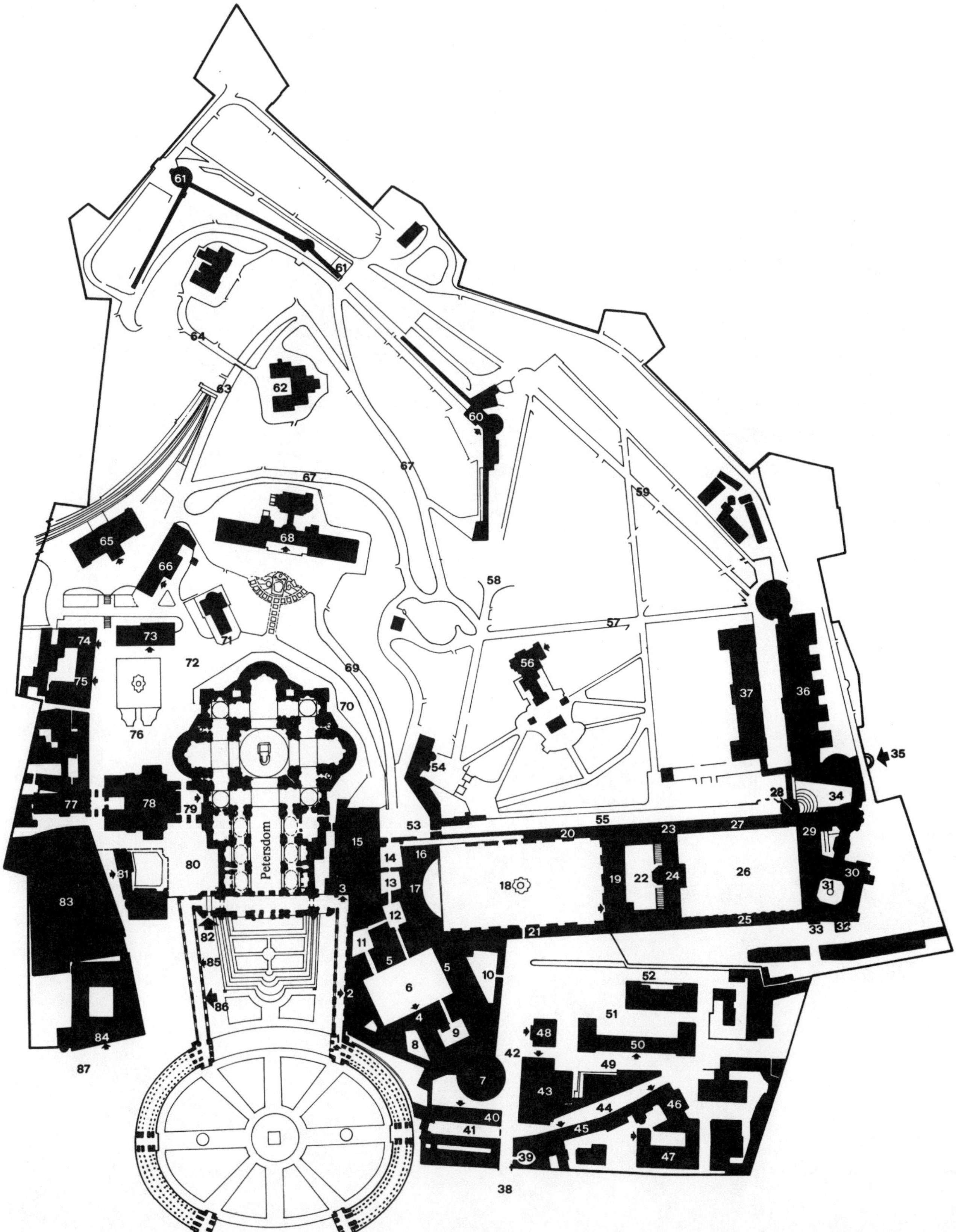
61
61
64
63
62
60
67
67
59
65
68
66
58
57
71
73
74
72
56
69
75
70
37
36
76
35
54
77
78
79
28
34
53
55
20
23
27
29
15
Petersdom
14
16
80
81
83
13
17
18
19
22
24
26
31
30
3
12
82
21
25
33
32
11
5
85
5
10
52
6
2
86
4
9
48
51
50
8
84
87
42
49
7
43
44
46
40
45
41
39
47
38

Papstpalast

1. Sixtinische Kapelle
2. Sala Regia
3. Cappella Niccolina
4. Borgia-Gemächer
5. Stanzen Raffaels
6. Borgia-Turm
7. Sala dell'Immacolata
8. Sala Ducale
9. Loggien von Bramante und Raffael
10. Sale dei Paramenti
11. Loggien Gregors XIII.
12. Cappella Paolina
13. Bau Benedikts XIV.
14. Korridor Bramantes (heute Teil der Vatikanischen Museen: Galleria Lapidaria)
15. Bau Urbans VIII.
16. Cappella Matilde
17. Sale dei Foconi
18. Sala Clementina

18a. Audienz-Treppe

19. Sala del Concistoro
20. päpstliche Privatbibliothek
21. Flügel Julius' III.
22. Portone di Bronzo
23. Portico di Costantino, von Bernini
24. Scala Regia
25. Reiterstandbild Konstantins von Bernini
26. Vorhalle der Peterskirche
27. Flügel Pauls' V.

27a. Treppe Pius' IX.

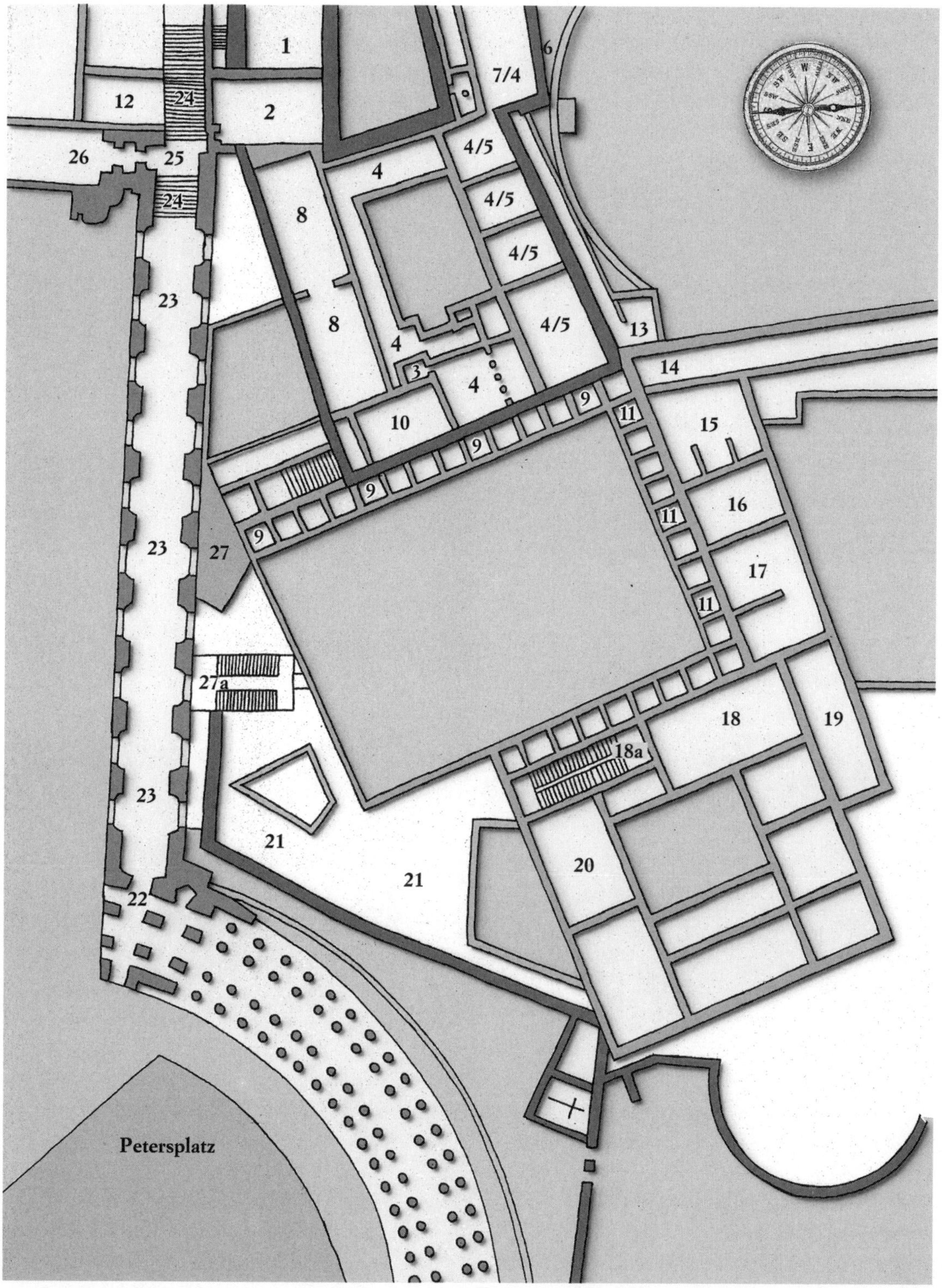
1
2
12
24
26
25
24
7/4
6
4/5
4
4/5
4/5
8
8
23
4/5
13
4
14
3
4
9
10
11
15
9
9
16
11
9
23
27
17
11
27a
18
19
18a
23
21
21
20
22
Petersplatz

A

Abbreviatoren

Beamte der ehemaligen Apost. Kanzlei (→), die die Niederschrift der päpstl. Akten zu erledigen hatten. Ursprünglich waren es 24, doch stieg ihre Zahl im Pontifikat Pius' II. auf 70, als sie 1463 auch in Form eines Kollegiums organisiert wurden. Ende 1464 wurden sie durch Paul II. aufgehoben, aber von Sixtus IV. mit der *Konstitution Divina aeterna Dei Sapientia* vom 11. Januar 1478 wieder eingerichtet (BR V, S. 251–259). Der Papst legte die Zahl der Abbreviatoren innerhalb eines Kollegiums aus drei Kategorien auf 72 fest. 12 Abbreviatoren gehörten zum größeren *Parco* und hatten die Niederschrift der Dokumente zu besorgen. 22 gehörten zum kleineren *Parco* und hatten die Gebühren für die Akten und ihren Versand zu betreuen (*Parco,* Raum, hieß jener Teil des Saales der Apost. Kanzlei, der für die Abbreviatoren durch eine Balustrade abgetrennt war). Weitere 38 von ihnen hatten die Aufgabe, die Dokumente in ihrer ersten Fassung mit den Niederschriften zu verbinden. Im Rahmen der Generalreform der Röm. Kurie wurden sie von Pius X. mit der Konstitution *Sapienti consilio* vom 29. Juni 1908 aufgelöst (AAS, I [1908], S. 7–19). Die Aufgaben des alten Kollegiums der Abbreviatoren gingen auf das Kollegium der Apost. Pronotare *de numero participantium* über.

Bibl.: Th. Frenz, *Die Gründung des Abbreviatorenkollegs durch Pius II. und Sixtus IV.*, in *Miscellanea in onore di mons. Martino Giusti*, I, Vatikanstadt 1978, S. 297–329.

N. Del Re

Ablegaten, Apostolische

Diesen Titel trugen die Gesandten, die vom Papst für besondere Aufträge an hochgestellte zivile und kirchliche Persönlichkeiten bestellt wurden. Sie suchten z. B. Souveräne auf, um ihnen die Päpstl. Glückwunschgebinde (→) bei der Geburt von Söhnen und Töchtern zu überreichen, um den neuen Kardinälen, die außerhalb Roms weilten, das *Birett* (→) zu überbringen, oder um Königinnen, die sich durch wichtige Dienste an Kirche und Gesellschaft ausgezeichnet hatten, die *Goldene Rose* (→) zu überreichen. Diese wurde auch als Geschenk bedeutenden Heiligtümern und Kirchen verliehen. Dazu kamen Souveräne, Fürsten und siegreiche Generäle, die sich bei der Verteidigung der Religion oder der Kirche ausgezeichnet hatten und das Ehrenzeichen *Stechdegen und Birett* (→) erhielten.

N. Del Re

Abtei des hl. Hieronymus zur Revision und Verbesserung der „Vulgata"

Mit der Konstitution *Inter praecipuas* vom 15. Juni 1933 (AAS, XXVI [1934], S. 85–87) richtete Pius XI. die Abtei des hl. Hieronymus in Rom ein. Sie trat an die Stelle der Päpstl. Komm. für die Revision der Vulgata, die Pius X. 1907 errichtet und Benedikt XV. 1914 mit dem Motu Proprio *Consilium a Decessore Nostro* vom 23. November neu geordnet hatte (AAS, VI [1914], S. 665–666). Sie hatte die Aufgabe, so weit wie möglich die ursprüngliche Fassung der Vulgata wieder herzustellen (der lateinischen Fassung der Bibel, die wegen ihrer sehr weiten Verbreitung diesen Namen bekam). Zugleich sollte eine kritische Ausgabe und Studien zum Thema erscheinen. Die Abtei war unmittelbar dem Hl. Stuhl unterstellt, gehörte aber dennoch weiter zur Benediktinerkongregation von Frankreich, wie Pius XI. im Motu Proprio *Monasterium Sancti Hieronymi* vom 25. Januar 1934 (AAS, XXVI [1934], S. 290) festlegte. Das Institut war mit allen modernen Mitteln zur philologischen, paläographischen usw. Forschung ausgestattet und kopierte Vulgata-Manuskripte aus der ganzen Welt. Die Abtei hat Ende 1983 diese ihre Tätigkeit beendet und wurde durch die *Päpstl. Komm. für die Revision und Verbesserung der Vulgata* (→) ersetzt, die Johannes Paul II. mit einem päpstl. Brief vom 8. Dezember 1983 eingerichtet hatte.

Bibl.: C. Schonnen, *L'Abbazia di S. Girolamo „in Urbe"*, in *Ecclesia*, 6 (1947), S. 462–467.

N. Del Re

Accademia dei Lincei

→ Akademie der Wissenschaften

Accademia dei Nuovi Lincei

→ Akademie der Wissenschaften

Accademia Ecclesiastica, Päpstliche

Gegründet 1701 von Abt Piero Garagni als Akademie für adelige Kleriker, sollte sie jungen Klerikern aus dem Adel ein bequemes Studium ermöglichen. Heute ist sie ein Institut für höhere Studien zur Ausbildung der Diplomaten des Hl. Stuhles. Sie wurde 1764 geschlossen und 1775 von Pius VI. neu errichtet, blieb dann erneut vom Ende des 18. bis zum Beginn des 19. Jh. geschlossen, bis Pius VII. sie 1803 neu gründete und organisierte, u.a. als kirchliches Institut mit Kursen in Theologie und Recht. Da aber ihr allgemeines Ansehen sank, wurde sie 1847 abermals geschlossen, um Struktur und Organisation reformieren zu können. Als die Akademie durch Pius IX. im Februar 1850 wieder eröffnet wurde, bekam sie die Aufgabe, junge Kleriker entweder für den diplomatischen Dienst des Hl. Stuhles oder für den Dienst an der Röm. Kurie und im Kirchenstaat in einem dreijährigen Kurs in Diplomatie und Fremdsprachen auszubilden. Nach Überwindung der schweren Zeit nach 1870 blühte die Akademie unter dem Pontifikat Leos XIII. (1878–1903) wieder auf. Dieser Papst straffte die Studienordnung und erhob die Akademie zur Diplomatenakademie, was sie bis heute auszeichnet. Für die Akademie wurden tätig Pius XI., der ihr 1937 für immer den Schutz des jeweiligen Kardinalstaatssekretärs verlieh, dann Pius XII., der ihr den heutigen Namen *Accademia Ecclesiastica* gab, sie nicht mehr nur für Adelige reservierte und 1944–45 endgültig neu ordnete. Er verfügte ferner, auf den normalen zweijährigen Kurs diplomatischer Studien zwei Jahre Praktikum beim Staatssekretariat folgen zu lassen. Die Akademie hängt unmittelbar vom Papst ab, der seine Autorität dort durch einen Kardinalprotektor und einen Präsidenten ausübt, der dann das Institut de facto leitet.

Die promovierten Alumnen des Kirchenrechts folgen einem zweijährigen Studienkurs, an dessen Ende sie ein Diplom erhalten, das sie zum Dienst im Staatssekretariat als *Addetti* befähigt. Aus der Akademie sind bis heute vier Päpste hervorgegangen: Clemens XIII. (1758–69), Leo XII. (1823–29), Leo XIII. (1878–1903) und Benedikt XV. (1914–22); dazu verschiedene Kardinäle und viele weitere bedeutende kirchliche Persönlichkeiten.

Bibl.: La Pontificia Accademia Ecclesiastica 1701–1951, Vatikanstadt 1951; A. Martini, *La diplomazia della S. Sede e la Pontificia Ecclesiastica*, in *La Civiltà cattolica*, 102 (1951), II, S. 372–386.

N. Del Re

ACCESSUS

Mit diesem Ausdruck wurde ein besonderes Verfahren der Papstwahl bezeichnet, bei dem die im Konklave versammelten Kardinäle ihre Zustimmung zur Wahl eines Kandidaten geben konnten, der jedoch nur von einem Teil der Wähler gewählt wurde. Sie bedienten sich dazu eines besonderen Wahlzettels von regulärem Format mit der Aufschrift „Accedo Reverendissimo Domino meo Domino Cardinali N.N." statt des üblichen „Eligo in Summum Pontificem Reverendissimum Dominum meum D. Cardinalem N.N.". Diese ergänzende Wahlform, die als *per accessum* bezeichnet war, wurde von Pius X. abgeschafft, als er 1904 zur Neufassung der gesamten Konklave- und Wahlgesetze schritt mit der Konstitution *Vacante Sede Apostolica* vom 25. Dezember (Pii X P.M. Acta III, S. 239–288). Anstelle des *Accessus* trat bei jeder der beiden täglichen Wahlsitzungen der Kardinäle ein zweiter Wahlgang unmittelbar nach dem ersten (Nr. 76).

N. Del Re

ACTA APOSTOLICAE SEDIS (AAS)

Diese vatikanische Publikation bildet den amtlichen Kommentar oder das „Offizielle Bulletin des Hl. Stuhles", in der gewöhnlich die päpstl. Akten aller Art veröffentlicht werden (Bullen, Konstitutionen, Enzykliken, Motu Proprio, Breven, Handschreiben, Briefe und Ansprachen) sowie jene sämtlicher Dikasterien der Röm. Kurie, was zugleich, wenn nicht anderes verfügt wird, als effektive Veröffentlichung gilt, wenn dies notwendig sein sollte. Can. 8 § 1 des Codex des kanonischen Rechts legt fest, daß die in den *Acta Apostolicae Sedis* abgedruckten Gesetze drei Monate nach dem Datum ihrer Veröffentlichung in Kraft treten, wenn nicht anders verfügt wird. Die Hefte wurden seit dem 1. Januar 1909 herausgegeben und von Pius X. mit der Konstitution *Promulgandi* vom 29. September 1908 gegründet (Pii X P.M. Acta IV, S. 143–145), der dabei die Wünsche der Bischöfe und die Forderungen der Komm. für die Zusammenstellung des Codex des kanonischen Rechts aufgriff, um das System der Veröffentlichung der päpstl. Gesetze rationeller zu gestalten. Bis dahin erfolgte die Veröffentlichung in Rom durch Anheften an die Tore der beiden Basiliken St. Peter und *S. Giovanni in Laterano* sowie in den Sekretariaten der zuständigen Dikasterien oder durch Übersendung der Akten an die Bischöfe durch das Staatssekretariat. Die „AAS", wie sie abgekürzt gewöhnlich zitiert werden, haben ferner die Funktion eines Tagebuches der Kurie, denn sie berichten von den hauptsächlichen, vom Papst gewährten Audienzen, Ernennungen und Ordensverleihungen, letztlich auch vom Tod der Kardinäle und Bischöfe. Seit 1929 ist ein Supplement für die Gesetze und Verfügungen der Vatikanstadt beigefügt, in italienischer Sprache redigiert. Sie sollten nicht mit der *Acta Sanctae Sedis* verwechselt werden (→).

N. Del Re

ACTA SANCTAE SEDIS

Eine monatlich erscheinende Zeitschrift, die vom röm. Kanonisten Pietro Avanzini gegründet wurde mit dem Ziel, die vom Hl. Stuhl erlassenen Akten zu veröffentlichen. Er wurde von Pius IX. autorisiert und begann 1865 seine Veröffentlichungen. Diese besaßen jedoch privaten Charakter, obwohl sie in der Druckerei der Kongr. für die Glaubensverbreitung gedruckt wurden. Am 23. Mai 1904 erklärte die gleiche Kongr. sie für authentisch und offiziell, dennoch mußte die Zeitschrift ihr Erscheinen Ende 1908 infolge der Gründung der Acta Apostolicae Sedis (→) einstellen. Sie bildet eine wertvolle Sammlung historisch-juristischer Quellen und umfaßt gut 41 Bände. Kürzlich erschien ein Neudruck der Reihe im amerikanischen Verlag „Johnson Reprint Corporation" in New York.

N. Del Re

ADELSTITEL, PÄPSTLICHE

Für besondere Verdienste sowohl um die Kirche als auch um das jeweilige Pontifikat haben die Päpste immer schon Adelstitel (Titoli Nobiliari Pontifici) verliehen, wie es auch andere Souveräne tun. Aber während in verschiedenen katholischen Staaten, vor allem den Monarchien, die päpstl. Adelstitel immer anerkannt worden sind, war dies in Italien in der Zeit von 1870 bis 1925 nicht der Fall. Dem Papst ist im *Legge delle Guarentigie* (13. Mai 1871) das Recht aberkannt worden, Adelstitel zu verleihen. Deshalb wurde italienischen Bürgern die Anerkennung solcher päpstl. Titel immer verweigert und auch in dieser Sache angerufene Gerichte haben dies bestätigt. Erst im Konkordat mit dem Hl. Stuhl vom 11. Februar 1929, in dem die volle Souveränität des Papstes bestätigt wurde, sind in einem Dekret rückwirkend die seit 1870 erhaltenen päpstl. Adelstitel anerkannt worden.

Seither werden die päpstl. Adelstitel in den offiziellen Verzeichnissen des italienischen Adels mit der besonderen Bemerkung *concessione pontificia* eingeschrieben. Der Gebrauch solcher Adelstitel muß auch heute noch vom Staatspräsidenten bestätigt werden, obwohl Adelstitel in Italien generell gemäß Art. 14 der Übergangs- und der Abschlußbestimmungen zur Republikanischen Verfassung abgeschafft worden sind.

Bibl.: T. Bertucci, *I titoli nobiliari e cavallereschi pontifici prima e dopo il XX settembre 1870 e la legge delle Guarentigie*, Rom 1925; M. Cosatti, *I titoli pontifici dopo la legge delle Guarentigie*, ebd. 1925; G. Martinuzzi, *Titoli di nobiltà concessi dai Sommi Pontefici dopo il 1870 autorizzati all'uso nel Regno*, ebd. 1929; M. Gorino Causa, *Titoli nobiliari e Ordini equestri pontifici*, Turin 1933; G. Cansacchi, *Il disconoscimento dei titoli nobiliari pontifici*, in *Rivista araldica*, 46 (1948), S. 65–66; F. S. Pericoli Ridolfini, *Titoli nobiliari pontifici riconosciuti in Italia*, Rom 1963.

N. Del Re

ADEODATUS I. (DEUSDEDIT)

Papst, Hl. Er war von Geburt Römer und Sohn eines Subdiakons. Adeodatus war fast 40 Jahre lang Priester, bis er als Nachfolger Bonifatius' IV. den päpstl. Thron bestieg und am 19. Oktober 615, nach fünf Monaten Sedisvakanz, geweiht wurde. Er hob die Weisung Gregors des Großen zur Privilegierung der Mönche auf und gab dem Weltklerus wieder die Präzedenz bei der Übernahme von Ämtern. Der *Liber Pontificalis* (I, 319–320), der eine der wenigen Quellen für die Geschichte der Kirche in den ersten Jahrhunderten bildet, bezeugt, daß er auf alle Kirchen Roms die Konstitution Leos des Großen ausdehnte, in den Hauptbasiliken eine zweite Messe zu feiern. Nach Duchesne handelt es sich um die Einführung des Abendoffiziums neben der morgendlichen Eucharistiefeier.

Adeodatus zeichnete sich aus durch seine Fürsorge gegenüber den Armen und Pestkranken nach dem Erdbeben und der Pestepidemie in Rom im August 618. Eine Legende will, daß er mit einem Kuß einen Aussätzigen geheilt habe und daher als Heiliger verehrt wird. Sein Name findet sich im Heiligenverzeichnis des *Martyrologium Romanum* (S. 504–505), obwohl er in den ältesten Heiligenverzeichnissen nicht zu finden ist. Er starb am 6. November 618 und wurde in St. Peter beigesetzt. Erhalten blieb sein hängendes Siegel, die älteste bekannte Bulle eines Papstes mit Bleisiegel. Auf der Vorderseite findet sich das Bild des Guten Hirten mit den griechischen Buchstaben *Alpha* und *Omega*, auf der Rückseite die dreizeilige Inschrift „Deusdedit Papa".

Bibl.: I. Daniele, in *Bibliotheca Sanctorum*, 1, Sp. 250–251, mit Bibl.

G. Morello

Adeodatus II.

Papst. Er war Römer, Sohn des Gioviniano, folgte 672 auf den hl. Vitalian und wurde am 11. April geweiht. Sein Pontifikat dauerte vier Jahre. Nach den Quellen (LP I, 346–347) soll Adeodatus II. in seiner Jugend eine Ausbildung als Mönch im Kloster des hl. Erasmus auf dem *Celio* erhalten haben. Er ließ später als Papst das Kloster restaurieren und vergrößern. Unbeugsam ging er gegen die Irrlehre der Monotheleten vor. Von ihm sind zwei Briefe überliefert (PL 87, 1141–46). In einem davon erscheint zum ersten Mal die Grußformel *Bene Valete* (→), die im Mittelalter zur Bekräftigung päpstl. Akte diente. Er starb am 17. Juni 676 und wurde in St. Peter beigesetzt.

G. Morello

Adjutanten di studio

So heißen die Angestellten der meisten Dikasterien der Röm. Kurie, die zur Gruppe der niederen Beamten ersten Grades gehören. Von ihnen wird das Doktorat oder ein gleichwertiger Universitätstitel gefordert. Ihre Aufgaben sind klar in Art. 29 der allgemeinen Satzung für die Kurie umschrieben, die 1992 in Kraft trat (AAS, LXXXIV [1992], S. 202–267). Sie haben a) die ihnen anvertrauten Fälle zu prüfen, Lösungen vorzuschlagen, sie zu begründen und den Entwurf der Briefe und anderer Dokumente vorzubereiten; b) beim *Congresso* (→) aufzutreten; c) den amtlichen Text sowie die Zusammenfassung der Akten und Dokumente zu erarbeiten, wenn der Fall vor eine ordentliche Sitzung oder die Vollversammlung kommen soll, schließlich jene Bemerkungen hinzuzufügen, die für die Behandlung des Falles notwendig oder nützlich sind; d) im Auftrag der Vorgesetzten an Spezialistentagungen zu Themen, die in die Zuständigkeit des eigenen Dikasteriums fallen, teilzunehmen. Bei der Aufteilung der Arbeit richtet man sich gewöhnlich nach dem Territorium und dem Inhalt, um so Personal zu bekommen, das über die Bedürfnisse und Verhältnisse der verschiedenen Länder besonders gut informiert ist.

N. Del Re

Advokat der Armen

Er wurde aus den Konsistorialadvokaten (→) gewählt und hatte die Aufgabe, unentgeltlich die Armen vor Gericht zu verteidigen, ihnen zu helfen und sie zu beraten, dafür zu sorgen, daß sie von den Richtern, dem Vollzugspersonal und den Gefängniswärtern nicht benachteiligt wurden. Notfalls besuchte er die Armen auch in den öffentlichen Gefängnissen. Er war ferner mit dem Schutz der Minderjährigen und Frauen betraut. Die Aufgabe eines *Advokaten der Armen* geht bis in die Zeiten des röm. Kaiserreiches zurück; denn viele Schriftsteller weisen die Einführung Kaiser Trajan zu. Sicher belegt sind sie in den Akten des Konzils von Nicäa, das vom hl. Silvester einberufen und in Gegenwart des Kaisers Konstantin 325 abgehalten wurde. Der *Advokat der Armen* wurde reich entlohnt und besaß verschiedene Rechte und Privilegien, vor allem konnte kein Gerichtsfall der Armen entschieden werden, ohne daß man ihn vorher angehört hatte. Nach einer Notiz von Kardinal Giuseppe Garampi ist der älteste *Advokat der Armen*, dessen Namen man kennt, Giovanni Bruni, Kanoniker von Dol in Frankreich, der in der Bulle *Cum Illius* vom 31. August 1369 erwähnt ist (BR IV, S. 524–528), mit der Urban V. die Diözese Montefiascone errichtete.

N. Del Re

Advokaten des Hl. Stuhles

Nach Aufhebung der früheren Kollegien der Konsistorialadvokaten (→) und der Prokuratoren der Apost. Paläste (→) setzte Johannes Paul II. mit dem Motu Proprio *Justi Judicis* vom 28. Juni 1988 (AAS, LXXX, S. 1258–61) den „Corpus" der Advokaten des Hl. Stuhles ein und übertrug ihm alle ehem. Aufgaben der Mitglieder der erwähnten Kollegien. Unberührt davon blieben aber die Rechte und Privilegien der am Tag des Motu Proprio noch vorhandenen Konsistorialadvokaten und Prokuratoren.

Sie werden vom Kardinalstaatssekretär nach Anhören einer fest für diese Aufgabe bestimmten Kommission für fünf Jahre ernannt, sind in ihrer Zahl nicht begrenzt und haben keine besonderen Voraussetzungen. Ihnen ist vor allem die Verteidigung der öffentlichen Verwaltung der Kirche vor kirchlichen und zivilen Gerichten anvertraut, doch können sie keine Fälle gegen die öffentliche Verwaltung der Kirche übernehmen. In den fünf Jahren ihrer Tätigkeit sind diese Advokaten *ipso facto* auch Advokaten der Rota, und als „Corpus" bilden sie ein beratendes Kollegium in Disziplinarfällen gegen die Advokaten der Rota. Das Amt der Advokaten des Hl. Stuhles erlischt am Ende der Fünfjahresfrist, beim Erreichen der Altersgrenze von 75 Jahren, und falls sie aus schwerwiegenden Gründen vom Kardinalstaatssekretär entfernt werden.

Bibl.: C. Gullo, *Gli avvocati (Art. 183–185 Cost. Ap. „Pastor Bonus")*, in *La Curia Romana nella Cost. Ap. „Pastor Bonus"*, Hrg. P. A. Bonnet u. C. Gullo, Vatikanstadt 1990, S. 531–547.

N. Del Re

Agapet I.

Papst, Hl. Er stammte aus einer berühmten röm. Senatorenfamilie, vermutlich aus dem Geschlecht der Anicier und war mit dem Haus des hl. Gregor des Großen verwandt. Sein Vater Gordianus war einer der Priester, die von den Anhängern Lorenzos getötet wurden, als diese im September 502 Symmachus überfielen, der mit seinem Gefolge die Kirche *S. Croce in Gerusalemme* zu erreichen suchte, wo das von Theoderich einberufene Konzil tagte, das den Papst richten wollte. Wir wissen nicht viel vom Leben des Agapet vor seiner Papstwahl. Ein bedeutender Platz wird ihm aber im kulturellen Leben Roms eingeräumt, wo er in einem Gebäude neben seinem Palast auf dem *Celio* eine reiche Bibliothek der lateinischen und griechischen Kirchenväter zusammengetragen hatte, ein erster Grundstock für eine in Rom zu gründende christliche Universität, hinter der auch Cassiodor stand (PL 70,1105–6).

Die Wahl Agapets auf den päpstl. Thron erfolgte in einer für Rom und das Papsttum recht verworrenen Zeit. Zehn Jahre zuvor versuchte man bei der Wahl Felix' IV. (526), die Theoderich befohlen hatte, den Nachfolger durch Bestimmung des amtierenden Papstes zu bekommen, statt den neuen Papst durch den röm. Klerus wählen zu lassen. Nachdem er am 13. Mai 535 zum Papst geweiht war, verfügte Agapet das Verbot der Bestimmung des eigenen Nachfolgers durch den regierenden Papst. Er verbrannte vor versammeltem röm. Klerus den Text des Bannes, mit dem zu Unrecht Dioskur belegt worden war, den man zum Papst gewählt hatte, obwohl Felix IV. für Bonifatius II. plädiert hatte.

Das kurze Pontifikat Agapets I. ist ganz von seiner Reise nach Byzanz zu Kaiser Justinian ausgefüllt, der unter dem Vorwand, Amalasunta zu rächen, General Belisar zur Rückeroberung Italiens gesandt hatte. Dieser hatte sich sofort Siziliens bemächtigt, während andere byzantinische Truppen Dalmatien besetzten. Durch das Vordringen der feindlichen Heere erschreckt, trat der Ostgotenkönig Deodatus vor den Papst und den Senat von Rom mit der Forderung, ihre Hilfe anzubieten und Justinian zum Rückzug der Truppen zu veranlassen. Er drohte, andernfalls alle Senatoren mit Frauen und Kindern zu töten. Ende 535 begab sich Agapet also nach Byzanz, wo er triumphal empfangen wurde, auch wenn sein politisches Anliegen erfolglos blieb. Da er den Kaiser nicht von seinen Kriegsplänen abbringen konnte, setzte sich der Papst für eine Verbesserung der angespannten Beziehungen zwischen den Kirchen von Ost und West ein. Er befreite Justinian vom Einfluß der Monophysiten, die in Kaiserin Theodora ihre große Beschützerin hatten. Er weihte den Mönch Mennas zum Patriarchen von Konstantinopel, nachdem er die Vertreibung des Antimos aus dem Palast erreicht hatte, der auch als Häretiker angeklagt war. Bei dieser Gelegenheit legte Justinian ein feierliches Glaubensbekenntnis ab, erkannte die zwei Naturen in Christus an – die göttliche und menschliche – und verwarf damit den Monophysitismus. Doch der Erfolg dieser Aktion, die die judikative Oberhoheit der Kirche Roms am Sitz des Kaiserreiches selbst bestätigte, wurde durch den vorzeitigen Tod des Papstes am 22. April 536 unterbrochen. Nach den feierlichen Exequien in Konstantinopel wurde die Leiche des Papstes nach Rom gebracht und in St. Peter beigesetzt. Von Agapet I. verbleiben uns einige Dokumente, die seinen Jurisdiktionsprimat über die Kirchen der fränkischen Reiche und Nordafrikas konkret bezeugen.

Er wird sowohl von der lateinischen als auch von der griechischen Kirche als Heiliger verehrt.

Bibl.: O. Bertolini, in *Dizionario biografico degli Italiani*, I, S. 362–367; H.I. Marrou, *Autour de la bibliothèque du pape Agapit*, in H. I. Marrou, *Christiana tempora. Mélanges d'histoire*, Rom 1978, S. 167–212.

G. Morello

AGAPET II.

Papst. Der gebürtige Römer folgte am 10. Mai 946 auf Marinus II. Sein Amt vollzog sich im Schatten der Autorität Alberichs II., der sich zum *princeps romanorum* ernannt hatte. Wie seine Vorgänger, von Johannes XI. bis zu Marinus II., übte er keinerlei weltliche Gewalt aus. Doch erschien während seines Pontifikates Otto I., der zur Unterstützung Adelheids, der Witwe Lothars aus der Provence, gegen Berengar II. nach Italien kam. Nach der Heirat mit Adelheid krönte sich Otto I. in Pavia zum König von Italien. Er hatte sich dann nach Rom begeben wollen, um auch die Kaiserkrone zu empfangen. Doch mußte Agapet sie ihm angesichts der übermächtigen Präsenz Alberichs verweigern. Er gewährte jedoch auf Bitte Ottos volle Unabhängigkeit in der Schaffung neuer Bischofssitze in Sachsen. Um die klösterliche Disziplin in St. Paul vor den Mauern wiederherzustellen, ließ Agapet einige Mönche nach Rom kommen. Auf dem Röm. Konzil von 949 bestätigte er die Entscheidungen der Synoden von Ingelheim und Trier zugunsten von Artaud, der auf dem Bischofssitz von Reims durch den minderjährigen Hugo von Vermandois ersetzt worden war. Agapet starb im Dezember 955 und wurde hinter der Apsis der Lateranbasilika beigesetzt.

G. Morello

Agathon

Papst, Hl. Der gebürtige Sizilianer besaß vermutlich monastische Bildung. Er folgte am 27. Juni 678 als Papst auf Donus. Er zeichnete sich durch Sanftmütigkeit (LP I, 350–358) und als guter Verwalter aus. Als Papst fungierte er zeitweise als Schatzmeister der Röm. Kirche und schaffte jene Steuer ab, die für jede neue Papstwahl dem Kaiser zu entrichten war.

Während seines Pontifikates fand das VI. Ökumenische Konzil statt (vom 7. November 680 bis zum 17. September 681), zugleich das III. von Konstantinopel. Konstantin IV. Pogonatus hatte es einberufen und neben sehr vielen Bischöfen der Ostkirche nahm auch eine Delegation von ausgewählten Bischöfen der Röm. Kirche teil, die sich vorher in Rom zu einer Synode versammelt hatten.

Das Konzil stand unter dem Vorsitz der päpstl. Legaten Theodor und Georg, röm. Priester, sowie des Diakon Johannes, später Papst Johannes V. Ergebnis war die Verurteilung der Häresie des Monotheletismus und die feierliche Anerkennung der Oberhoheit des Bischofs von Rom. In der Schlußrede an den Kaiser hieß es ausdrücklich „durch Agathon hat Petrus gesprochen“ (Mansi XI, Spalte 666). Unter seinem Pontifikat fand ein weiteres, für die Einheit der Kirche wichtiges Ereignis statt: die Annäherung der Kirche von Ravenna, die sich als autokephal erklärt hatte. Erzbischof Theodor kam daraufhin nach Rom, um dem Papst seine Ehre zu erweisen und aktiv an den Arbeiten der Röm. Synode teilzunehmen. Agathon starb am 10. Januar 681, während sich die Arbeiten des Konzils noch in voller Entwicklung befanden. Er wurde in St. Peter beigesetzt und wird im Westen am 10. Januar sowie im Osten am 19. oder 20. Februar als Heiliger verehrt (Synax. Constantin. Sp. 476–477).

G. Morello

Ager Vaticanus

Zur Herkunft der Bezeichnung *Vaticanus* geben die alten Quellen nur spärlich begründete Etymologien, wie zum Beispiel *vates* (Paul. ex Fest. S. 519 L) oder *vaticinius* (Gell. 16.17,1–2) oder leiten ihn vom Namen des Gottes *Vaticanus* ab (Varro, fr. 107 Cardauns). Wahrscheinlicher ist die von Niehbur schon im vergangenen Jahrhundert aufgestellte Hypothese, daß die Bezeichnung adjektivisch sei, abgeleitet von einem als *Vaticum* zu definierenden Wortstamm. Das Wort *ager* bezeichnet im allgemeinen das Territorium eines bewohnten Gebietes oder einer archaischen Gemeinschaft.

Auf jeden Fall existiert der Ausdruck *Vaticanus* seit antiker Zeit, denn wir finden ihn als Beinamen von *Titus Romilius Rocus Vaticanus*, Konsul 455 v. Chr. und *Publius Sestius Capito(linus?) Vaticanus*, Konsul 452 v. Chr. Der *Ager Vaticanus* wird ferner beim Eigentum des Cincinnatus in den *prata Quinctia* (Plin. Nat. Hist. 18.20) im 5. Jh. v. Chr. erwähnt und in Beziehung zu den Truppenbewegungen vor der Schlacht von Sentino 295 v. Chr. (Liv. 10.26.15.27.5). Danach ist in einem Brief Ciceros an Atticus (13.20) von 45 v. Chr. von einem vatikanischen Gebiet die Rede, nämlich dem Projekt, den Tiber von der Milvischen Brücke bis zum heutigen *Janiculus* die Hügel entlang umzuleiten, um die vatikanische Ebene mit dem Marsfeld zu verbinden.

Die Ausdehnung des *Ager Vaticanus* war in der Antike viel größer als das heute mit dem Begriff „Vatikan“ bezeichnete Gebiet. Er reichte nordwärts das rechte Tiberufer entlang bis auf die Höhe von Fidene (Plin. Nat. Hist. 3.53). Das Zentrum befand sich auf dem gegenüberliegenden Ufer des Flusses auf dem Gebiet des heute gleichnamigen Viertels, während er im Süden auch die Höhen des heutigen *Janiculus* umfaßte. Erst in späterer Zeit wird man im eigentlichen Sinn vom *mons Vaticanus* sprechen können. Im Lauf der Zeit wurde die Ortsbezeichnung auf ein erheblich kleineres Gebiet bezogen. Der *Ager Vaticanus* wird nach Gellius, der um die Mitte des 2. Jh. n. Chr. schreibt, bereits nicht mehr erwähnt.

Seit dem 2. Jh. spricht man einfach von *Vaticanum* und meint ein wenig ausgedehntes Gebiet. In der späten Kaiserzeit umfaßte der Vatikan über das Territorium der Basilika mit ihren Nebengebäuden hinaus auch jenen Teil des Hügels, den die heutige Vatikanstadt bedeckt, und reichte bis zum Bereich der heutigen *Via della Conciliazione.* Seit dem 4. Jh. wird der Vatikan *mons* genannt.

Der *Ager Vaticanus* wurde von zwei Hauptstraßen durchquert, der *Via Trionfale* und der *Via Cornelia,* die in der Kaiserzeit von der Nero-Brücke ausgehen mußten, unmittelbar unterhalb der heutigen Brücke *Vittorio Emmanuele II.* Von hier lief die *Via Trionfale* auf das Gebiet des heutigen Petersplatzes zu und aufwärts, wo sich heute die *Via del Pellegrino* und die *Via Leone IV.* befinden, um sich dann dem *Monte Mario* im noch heute so genannten Verlauf zuzuwenden und endlich nach Veji zu führen. Die *Cornelia* dagegen verlief nach Westen und führte südlich des Gebietes der heutigen Peterskirche vorbei.

Dieses Gebiet am Rande der eigentlichen Stadt war sumpfig und wurde häufig überschwemmt (Tac. Hist. 2.93; Plin. Nat. Hist. 8.37). In spätrepublikanischer Zeit dagegen war es von Villen mit üppigen Parks bedeckt. Es genügt, an die *Horti Scapulani* zu erinnern, die Cicero lange Zeit erwerben wollte (Att. 12.37.2; 13.33.4). Zugleich entfalteten sich entlang der Hauptstraßen, die das Gebiet durchquerten, ausgedehnte Totenstädte. Die berühmteste unter ihnen ist die Vatikanische Nekropole (→), die sich unter dem Petersdom befindet, doch wurde auch ein Bestattungsraum aus dem 1. Jh. n. Chr. während des Baus der Audienzhalle Pauls VI. entdeckt. Nicht zu vergessen sei das monumentalste Grabmal der Zone, das Mausoleum des Hadrian, die heutige Engelsburg.

Das größte und kennzeichnende Gebäude des Vatikan zu Beginn der Kaiserzeit ist der von Kaiser Caligula erbaute Zirkus in den *Horti Agrippinae,* von dem der gewaltige Obelisk erhalten blieb, der auf einem eigens dafür gebauten Schiff nach Rom gebracht wurde (Plinius, Nat. Hist. 16.201) und sich heute auf dem Petersplatz befindet.

Auch Nero legte Hand an den Zirkus und übte dort mit dem Viergespann (Tac. Ann. 14.14.1–2). Der Zirkus und die umliegenden Gärten waren auch Schauplatz der Christenverfolgung (Tac. Ann. 15.44.4–5). Von der Substanz des Bauwerkes kennen wir einen Teil des Fundaments des Obelisken und Teile der *carceres* oder Boxen, aus denen die Zweigespanne hervorkamen. Nach den Studien von F. Magi kann man somit den Zirkus auf einer Länge von etwa 500 m in nahezu parallelem Verlauf zur linken Seite der Basilika rekonstruieren, gemäß der Nekropole unter St. Peter. Der Zirkus wurde bereits im 2. Jh. aufgegeben, wie der Fund einer Grabstätte aus dieser Zeit bei den Fundamenten des Obelisken auf der Piste des Zirkus beweist.

Bibl.: Zu den Problemen der allgemeinen Topographie: A. Elter, *Vaticanum, Rhein. Museum für Philologie* XLVI, 1891, S. 112–138; R. Valentini/G. Zucchetti, *Codice topografico della città di Roma* I, Rom 1940; G. Lugli, *Il Vaticano nell'età classica*, in G. Fallani/M. Escobar (Hrsg.), *Vaticano*, Florenz 1946, S. 1–22; G. Radke, in *Real-Enzyklopädie der klassischen Altertumswissenschaft* VIII A 1 (1955), Sp. 490–493 *Vaticanus ager*; P. Liverani, *Preesistenze archeologiche: la necropoli vaticana e la tomba dell'Apostolo. Il circo di Caligola. L'obelisco*, in C. Pietrangeli (Hrsg.), *La Basilica di S. Pietro*, Florenz 1989, S. 18–37; P. Castagnoli, *Il Vaticano nell'antichità classica*, Vatikanstadt 1992.
Zu den Totenstädten: B.M. Apollonij Ghetti/A. Ferrua/E. Josi/E. Kirschbaum, *Esplorazioni sotto la Confes-*

sione di S. Pietro in Vaticano eseguite negli anni 1940–42, Vatikanstadt 1951; H. Mielsch/H. von Hesberg. *Die heidnische Nekropole unter St. Peter in Rom, die Mausoleen A-D, Memorie della Pontificia Accademia Romana di Archeologia*, XVI. 1, Rom 1986; E. Josi, *Scoperta di un sepolcro romano nel territorio della Città del Vaticano, L'Illustrazione Vaticana,* II. 3, 1931, S. 27–35; F. Magi, *Ritrovamenti archeologici nell'area dell'autoparco vaticano,* in *Triplice omaggio a Sua Santità Pio XII.*, Vatikanstadt 1958, S. 87–99; F. Magi, *Un nuovo mausoleo presso il Circo Neroniano e altri minori scoperte. Rivista di Archeologia Cristiana* 42, 1966, S. 207–226); V. Väänänen/R. Pahtakari/V. Väätaja, *Le iscrizioni della necropoli dell'autoparco vaticano. Acta Instituti Romani Finlandiae* VI, Rom 1973; E.M. Steinby, *La necropoli della via Triumphalis. Pianificazione generale e tipologica dei monumenti funerari*, in *Römische Gräberstraßen. Abhandlungen der Bayerischen Akademie der Wissenschaften* 96, 1987, S. 85–110.
Zum Zirkus des Caligula und zum Obelisken: F. Castagnoli, *Il circo di Nerone in Vaticano,* in *Rendiconti della Pontificia Accademia Romana di Archeologia,* XXXII (1959–60), S. 97–121; F. Magi, *Le iscrizioni recentemente scoperte sull'obelisco vaticano. Studi Romani*, XI (1963), S. 50–56; F. Magi, *L'obelisco di Caio Cornelio Gallo. Capitolium* XXXVIII, 1963, S. 488–494; E. Iversen, *The Date of the so called Inscription of Caligula on the Vatican Obelisk. Journal of Egyptian Archaeology* LI, 1965, S. 149–154; F. Mago, *Il circo Vaticano in base alle più recenti scoperte. Il suo obelisco e i suoi „carceres". Rendiconti della Pontificia Accademia Romana di Archeologia* XLV, 1972–73, S. 37–73; J.H. Humphrey, *Roman Circuses*, London 1986, S. 545–552. G. Alföldi, *Der Obelisk auf dem Petersplatz in Rom. Sitzungsberichte der Heidelberger Akademie der Wissenschaften*, 1990, 2.

P. Liverani

AGNUS DEI

Hier handelt es sich um das Sakramentale, das aus ovalen Täfelchen aus weißem Wachs besteht und vorne das Bild des Lamm Gottes trägt sowie den Namen des regierenden Papstes. Die Rückseite zeigt das Bild eines Heiligen. Ihre Prägung liegt derzeit in den Händen der Zisterzienser der röm. Basilika *S. Croce in Gerusalemme,* gemäß einem Privileg, das von Clemens VIII. (1592–1605) gewährt und von Paul V. (1605–1621) bestätigt wurde. Diese Täfelchen wurden früher vom Papst im ersten Jahr seines Pontifikates gesegnet und zwar am Mittwoch, Donnerstag und Freitag in der Osterwoche. Der Ritus konnte auch alle sieben Jahre und bei den Jubiläen wiederholt werden. Seit Beginn des vergangenen Jahrhunderts aber werden sie am Ende des Jahres gesegnet, in dem neue Heilige verkündet wurden, deren Bilder auf die Rückseite eingeprägt wurden. Zur Segnung der *Agnus Dei*-Täfelchen verwendet man Weihwasser, vermischt mit Balsam und hl. Chrisam nach dem Ritual Benedikts XIV. aus dem Jahre 1752.

Mit den *Agnus Dei*, deren älteste Beispiele in die Zeit Gregors IX. (1227–41) zurückreichen, wollte man wohl die Fragmente der Osterkerze ersetzen, die man seit den ersten Jahrhunderten der Kirche am Karsamstag an das Volk zu verteilen pflegte und die daher der großen Nachfrage nicht mehr genügten. Die Täfelchen wurden von den Päpsten und Gläubigen in hoher Ehre gehalten. Fälscher wurden daher schwer bestraft.

Bibl.: B. Armati, *Notizie storiche sugli Agnus Dei,* in *Cosmos catholicus*, 2 (1900), S. 510–513.

N. Del Re

AKADEMIE DER IMMAKULATA, PÄPSTLICHE

Sie entstand 1835 in Rom zu Ehren der Unbefleckten Jungfrau als Zusammenkunft von Jugendlichen für Studium und Glaube und erhielt anfänglich den Namen „Emilia" nach ihrem Gründer und ersten Direktor, Don Vincenzo Emili. Sie stieg sehr bald zu einer Akademie für Naturwissenschaften, Literatur und Kunst auf und wurde am 7. Juli 1847 von der Hl. Kongr. für die Studien approbiert, die ihr zugleich den heutigen Namen gab, um der

Jungfrau Maria auch den besonderen Ehrenerweis der Wissenschaft zu verschaffen. 1854 bekam sie ihren Sitz im Röm. Konvent der Franziskaner-Konventualen bei der Zwölfapostelkirche. Pius IX. verlieh ihr 1864 den Titel „päpstlich“ und schrieb sich im folgenden Jahr auch selbst in die Liste der Professoren ein. Benedikt XV. organisierte die Akademie 1921 neu. Nach den Statuten von 1953 ist die *Päpstl. Akademie der Immakulata* in eine wissenschaftlich-theologische, eine literarisch-künstlerische und in eine organisatorische Abteilung gegliedert.

Infolge der letzten Statuten vom 8. Dezember 1988 hat die Akademie eine andere Gestalt gewonnen, als eine nach Art. 1 „mit dem Hl. Stuhl verbundene Institution zur Förderung und Koordinierung der Studien zur Vertiefung des marianischen Dogmas der Unbefleckten Empfängnis und zur Förderung pastoraler Initiativen, die sich von der erwähnten Glaubenswahrheit inspirieren lassen“. Dazu arbeitet sie mit den zuständigen Dikasterien des Hl. Stuhles zusammen, mit den Bischofskonferenzen und den einzelnen Bischöfen, ferner mit spezialisierten kirchlichen Institutionen. Die Akademie besteht aus regulären und Ehrenmitgliedern, ist unter der Leitung eines Kardinal-Präsidenten, dem drei Vizepräsidenten zur Seite stehen, die sich auch eines akademischen Rates bedienen können. Nach Art. 9 der geltenden Statuten können zu „angeschlossenen Mitgliedern“ Institute des gottgeweihten Lebens sowie vom Hl. Stuhl approbierte Verbände ernannt werden, die die Verehrung der Immakulata pflegen.

Bei der Präsidentschaft besteht ferner ein besonderer Rat, der aus Jugendbewegungen und -verbänden besteht, die zur Verwirklichung der akademischen institutionellen Ziele vor allem im Bereich der Pastorale beitragen wollen. Die Päpstl. Akademie bildet eine kanonische und zivile vatikanische Person und hat ihren Sitz in der Vatikanstadt, während sich das Sekretariat mit zwei Sekretären bei der Päpstl. Theologischen Fakultät zum hl. Bonaventura der Franziskaner-Konventualen in Rom (Via del Serafico 1) befindet. Seit 1938 folgt sie einer von Pius XI. gebilligten Initiative, am Festtag, dem 8. September, ein Blumengebinde am Monument der Immakulata auf dem Spanischen Platz in Rom niederzulegen. Jährlich beteiligen sich auch Papst und Stadtverwaltung an diesem Brauch.

Bibl.: L. Di Fonzo, *La Pontificia Accademia dell'Immacolata*, in *Ecclesia* 13 (1954), S. 427–429; L. Peroni, *Il monumento all'Immaculata in Piazza di Spagna a Roma*, in *Miles Immaculatae*, 24 (1988), S. 485–490.

N. Del Re

Akademie der Katholischen Religion

Sie wurde von Msgr. Giovanni Francesco Zamboni (1756–1850) gegründet und von Pius VII. approbiert. Diese alte röm. Bruderschaft hatte das Ziel, das Studium der katholischen Religion zu fördern, um den Irrlehren entgegenzuwirken. Sie vereinte Kleriker und Laien mit gleichem Recht, die in Italien und im Ausland ausgewählt wurden. Sie ließ ferner junge Menschen beider Gruppen zu, die die Klasse der angehenden Akademiker bildeten. Dies kennzeichnete die Zeit ihrer ersten Tätigkeit (1801–46). Unter Pius IX. (1846–78) bewies sie verstärkt ihre Universalität, denn die Zahl der Mitglieder stieg aufgrund ihrer weltweiten Verbreitung auf 341; zu ihr gehörten auch Vertreter der Vereinigten Staaten, von Mexiko, Brasilien, Peru, Chile, Kolumbien und Equador.

Nach Auflösung des Kirchenstaates blieb die Akademie untätig und konnte ihre volle Aktivität erst 1878 an ihrem neuen Sitz im Palast der *Cancelleria* (→) wieder aufnehmen. Dies geschah auf Veranlassung des gerade gewählten

Leo XIII., der mit seinen Lehranweisungen erheblichen Einfluß auf eine strengere Auswahl der neuen Professoren hatte, die den verschiedensten kulturellen Kreisen angehörten, erneut den Thomismus vertraten, den Humanismus sowie die historische Forschung und das Studium des Rechts pflegten. Der Thomismus, der nach 1850 in der katholischen Kultur aufblühte, mußte die Akademie unvermeidlich eines Tages der bekannteren und blühenden Röm. Akademie des hl. Thomas von Aquin (→) zuführen, in die sie Anfang 1934 von Pius XI. auch integriert wurde, der über 20 Jahre lang ihr hervorragendes Mitglied war und verfügte, die Thomasakademie sollte nun den Namen der Akademie der katholischen Religion tragen.

Bibl.: A. Piolanti, *L'Accademia di Religione Cattolica; profilo della sua storia e del suo tomismo*, Vatikanstadt 1977.

N. Del Re

Akademie der Künstler vom Pantheon, Päpstliche

Sie wurde im Pantheon in Rom am 5. Oktober 1542 vom Zisterzienser Desiderius di Pietro d'Adiutorio (1481–1546) als Kongregation mit religiösen, philanthropischen und künstlerischen Zielen gegründet und hielt ihre erste Versammlung am Neujahrstag 1543. Ihre Mitglieder wurden „Virtuosi" genannt, weil sie die Schönen Künste zur Zierde und Ruhm des Glaubens pflegten. Im Verlauf der Jahrhunderte gehörten zu ihnen die berühmtesten Künstler, von Antonio da Sangallo und Vignola bis zu Zuccari und Cavalier d'Arpino, von Caravaggio und Bernini bis zu Vanvitelli und Canova. Durch diese Künstler wurde 1833 das Grab Raffaels wieder aufgefunden, der hier seine letzte Ruhestätte gewählt hatte.

1861 verlieh Pius IX. der Akademie den Titel „päpstlich". Am 19. Mai 1928 erhob Pius XI. sie zur eigentlichen Akademie, als er ihre neuen Statuten approbierte, die darauf abzielen, „das Studium, die Pflege und Vervollkommnung der Schönen Künste zu fördern, insbesondere die sakrale Kunst, sowie für die geistliche Anregung der Künstler zu sorgen". Derzeit besteht sie aus Akademikern verdienst- und ehrenhalber, eingeteilt in residierende und korrespondierende Mitglieder, jeweils 60 pro Abteilung und weiter in vier Klassen aufgeteilt: 1. Architekten, 2. Maler, 3. Bildhauer, 4. Musiker, Archäologen, Historiker, Liturgiker usw. Es können auch Frauen aufgenommen werden. Ihr historischer Sitz ist das Pantheon, doch seit 1945 besitzt sie auch ein aktives Quartier in einigen Räumen des Palastes der *Cancelleria* (→), die ihnen Pius XII. als Protektor und Akademiker ehrenhalber zuwies.

Bibl.: S. Kambo, *La S. Insigne Accademia dei Virtuosi al Pantheon e le sue vicende di fede e di arte,* in *Atti del I. Congresso nazionale di studi romani*, I, Rom 1928, S. 703–716; A. Schiavo, *La Pontificia Insigne Accademia Artistica dei Virtuosi al Pantheon,* in *L'Urbe*, 48 (1985), S. 9–32.

N. Del Re

Akademie der Sozialwissenschaften, Päpstliche

In seiner Weihnachtsanspache 1991 hat Johannes Paul II. die Gründung dieser Akademie angekündigt, die dann am 1. Januar 1994 mit dem päpstl. Motu Proprio *Socialium scientiarum* erfolgte. Sie steht damit in enger Verbindung mit der anerkannten und ruhmvollen *Päpstl. Akademie der Wissenschaften* (→). Beide haben ihren Sitz in der Casina Pius' IV. (→) in den Vatikanischen Gärten. Ziel dieser Päpstl. Akademie für Sozialwissenschaften ist nach Art. 1 der Statuten „die Förderung des Studiums und des Fortschritts der sozialen, wirtschaftlichen, politischen und Rechtswissenschaften im Licht der Soziallehre der Kirche".

Im Gründungsdokument beruft sich Johannes Paul II. auf seine Enzyklika *Centesimus annus* vom 1. Mai 1991, welche an die berühmte Enzyklika *Rerum novarum* von Leo XIII. erinnert. Diese habe der Kirche gleichsam das „Bürgerrecht" in der wechselnden Wirklichkeit des öffentlichen Lebens (Nr. 5) verliehen. Die Akademie solle als kulturelles Organ alles auswerten und anregen, was die Sozialwissenschaften für die Menschheit in ihrem Streben nach größerer Gerechtigkeit und Solidarität leisten. So formulierte es Kardinal Roger Etchegaray, der Präsident des Päpstl. Rates für Gerechtigkeit und Frieden vor Journalisten im Pressesaal des Hl. Stuhles, als er die neue Akademie den Journalisten vorstellte.

Die Päpstl. Akademie für Sozialwissenschaften besteht aus maximal 40 Mitgliedern, die vom Papst ernannt werden, verschiedenen religiösen Bekenntnissen angehören und aus vielen Ländern der Welt stammen. Die Wissenschaftler werden aufgrund ihrer fachlichen Kompetenz ausgewählt. Die Akademie wird finanziell durch einen Gründungsrat unterstützt, der aus acht Mitgliedern besteht, der Präsident eingeschlossen.

N. Del Re

Akademie der Wissenschaften, Päpstliche

Am 17. August 1603 wurde sie von Federico Cesi zusammen mit weiteren jungen Wissenschaftlern (Giovanni Heck, Francesco Stelluti und Anastasio de Filiis) in Rom gegründet. Erst 1609 erhielt sie die allgemeine Anerkennung bei italienischen und ausländischen Wissenschaftlern. Damals hieß sie noch *Accademia dei Lincei* – der „Luchse", benannt nach dem scharfen Blick des Luchses, der auch zum Emblem des Instituts mit dem Motto *Sagacius ista* wurde. Sie widmete sich der Erneuerung wissenschaftlicher Methoden unter Verwendung der neuentwickelten Systeme von Galileo Galilei. Galilei wurde ebenfalls am 25. April 1610 als Mitglied aufgenommen. Mit dem allzu frühen Tod des unermüdlichen Förderers Federico Cesi am 1. August 1630 begann der Niedergang der Akademie, die 1651, trotz aller Versuche, sie zu erhalten, jede Tätigkeit einstellte.

1744 bis 1801 bemühte sich Herzog Francesco Caetani um die Wiedererrichtung der Akademie, die dann bis 1840 trotz eines wechselvollen Auf und Abs bestand. Zuletzt wurde sie von Gregor XVI. gefördert, der ihr zwei Jahre zuvor auch den Titel „päpstlich" verliehen hatte. Sie lebte dann 1847 unter Pius IX. wieder auf, wurde diesmal aber als eine echte päpstl. Institution mit dem Namen *Pontificia Accademia dei Nuovi Lincei* völlig neu organisiert. Ihre Arbeitsgebiete beschränkten sich auf Physik, Mathematik und weitere Naturwissenschaften. Nach 1870 kam es zu einer Verdoppelung in päpstliche und königliche Akademie. Sie wechselte mehrfach ihren Sitz und 1902 auch ihren Namen in *Accademia Romana dei Nuovi Lincei.* Pius XI. verdanken wir die weitreichende Umstrukturierung und Reform, die er in dem Motu Proprio *In multis solaciis* vom 28. Oktober 1936 (AAS, XXVIII [1936], S. 421–424) verfügte. Aus der alten Akademie entstand ein wirklich neues Institut mit universalem Charakter. Mit ihren hervorragenden Mitgliedern aus dem Bereich der internationalen Wissenschaft ist sie einmalig in der Welt. Zu ihnen zählen Katholiken wie Nichtkatholiken. Am 1. Juni 1937 ist sie unter dem Namen *Päpstl. Akademie der Wissenschaften* offiziell errichtet und der „obersten und direkten Aufsicht des Papstes" unterstellt worden. Derzeit gehören ihr 80 vom Papst ernannte Mitglieder an, die aus den anerkanntesten wissenschaftlichen Kapazitäten der Welt ausgewählt werden. Pius XII. verlieh ihnen 1940 den Titel „Exzellenz“. Zu den Päpstl. Mitgliedern zählen auch Ehrenmitglieder, die wegen ihrer Verdienste um die Akademie ernannt werden, und denen 1961 Johannes XXIII. ebenfalls den Titel „Exzellenz“ verlieh. Schließlich gibt es Mitglieder *perdurante munere* (für die Dauer ihres Amtes), wie den Direktor der Vatikanischen Sternwarte sowie die Präfekten des Vatikanischen Geheimarchivs und der Vatikanischen Bibliothek.

Die *Akademie der Wissenschaften* hat ihren Sitz seit 1922 auf Weisung Pius' XI. in der *Casina Pius' IV.* (→) in den Vatikanischen Gärten. Über ihre Aktivitäten informieren drei periodische Veröffentlichungen: die *Commentarii*, die *Documenta* und die *Scripta varia*.

Bibl.: F. Severi, *La P. Accademia delle Scienze*, in *Il Vaticano*, hrsg. von G. Fallani/M. Escobar, Florenz 1946, S. 615–630; ders. *La P. Accademia delle Scienze e padre Agostino Gemelli*, in *Vita e pensiero*, 42 (1959), S. 631–645; G.B. Marini-Bettòlo, *L'attività della Pontificia Accademia delle Scienze*, 1936–1986, Vatikanstadt 1987; G. Marchesi, *La Pontificia Accademia delle Scienze luogo d'incontro tra ragione e fede*, in *La Civiltà cattolica*, 139 (1988), 3, S. 235–246; R. Ladous, *Des Nobel au Vatican; la fondation de l'Académie Pontificale des Sciences*, Paris 1994.

N. Del Re

Akademie des hl. Thomas von Aquin und der kath. Religion, Päpstliche

Gegründet am 15. Oktober 1879 durch Leo XIII. sollte die Akademie das Studium der thomistischen Philosophie fördern, in Übereinstimmung mit dem Programm der Enzyklika *Aeterni Patris* vom voraufgehenden 4. August (Leonis XIII. P.M. Acta I, S. 255–284). Der Papst entwarf selbst ihre Struktur und die Programme. 1895 veröffentlichte er die Statuten, allerdings „ad experimentum“.

Bestätigt durch Pius X. 1904, wurde die Akademie unter Benedikt XV. erweitert und ihre Statuten mit dem Motu Proprio *Non multo post* vom 31. Dezember 1914 reformiert. Die Akademie stand nun unter der Präsidentschaft von drei Kardinälen, deren erster *de iure* der Präfekt der Hl. Kongr. für Seminare und Universitäten sein mußte. Pius XI. vereinigte sie 1934 mit der Akademie für Katholische Religion (→), die 1801 errichtet worden war. Durch Pius XII. erhielt die Akademie 1940 ihren festen und endgültigen Sitz in einigen Räumen des Palastes der *Cancelleria* (→) aus dem 16. Jh. Er gründete 1946 auch die wirtschaftsrechtliche Abteilung. Paul VI. stellte die neu organisierte Akademie ab 1959 unter die Leitung eines einzigen Präsidenten, dem ein Vizepräsident zur Seite steht. Die Professoren verteilen sich auf drei Fakultäten: Theologie, Philosophie und Wirtschaft/Recht. Zu den Veranstaltungen der Akademie sind die Woche für thomistische (1923) und augustinisch-thomistische Studien (1930) und neun internationale Thomistenkongresse zu zählen, der letzte mit dem Thema „Der Aquinat als *Doctor Humanitatis*“, der in Rom vom 24.–29. September 1990 veranstaltet wurde. Die Dissertationsschriften der Mitglieder wurden von 1881–1890 unter dem Titel der Akademie veröffentlicht. Von 1934–1947 erschien jährlich die *Acta*, seit 1948 die vierteljährliche Zeitschrift *Doctor communis* als akademisches Organ.

Bibl.: A. Piolanti, *La P. Accademia Romana di S. Tommaso d'Aquino nel centenario della sua fondazione*, Vatikanstadt 1980.

N. Del Re

Akademie für Archäologie, Päpstliche

Gegründet wurde sie unter dem Namen *Freie Röm. Akademie für Archäologie* am 4. Oktober 1810 unter der Herrschaft Napoleons. Ihr Initiator, Baron Joseph-Marie de Gérando, Philosoph und Politiker aus Lyon, war hoher Funktionär der damaligen französischen Regierung in Rom und auch erster Präsident der Akademie, bis er schon 1811 durch Antonio Canova ersetzt wurde. Nach einer zwischenzeitlichen Auflösung wurde die Akademie 1816 durch Pius VII. wiederhergestellt und auch Canova als Präsident bestätigt. Päpstl. wurde die Akademie 1829 durch Pius VIII. mit Unterstützung von Msgr. Nicola Maria Nicolai, eines ausgezeichneten Historikers des *Ager Romanus*, der ihr dritter Präsident wurde.

Forschungsgebiet der Röm. Akademie für Archäologie ist vor allem das klassische Altertum, doch greifen die Studien auch bis hin zur Prähistorie oder Renaissance. Reformiert nach den Statuten von 1964 besteht die Akademie aus 140 Mitgliedern, darunter 20 Ehrenmitglieder, z.B. prominente Persönlichkeiten aus dem Bereich der Kultur. Aktive Mitglieder zählt man 40, ausgewählt aus Archäologen, Historikern und Kunsthistorikern, die in Rom leben oder häufig dort hinkommen. Hinzu kommen 80 korrespondierende Mitglieder. Ehrenpräsident der Akademie ist der Papst, Protektor der Kardinalstaatssekretär. Sie wird geleitet von einem Präsidenten, dem ein akademischer Rat aus neun Mitgliedern zur Seite steht. Ihr Sitz befindet sich seit 1943 im Palast der *Cancelleria* (→). Von November bis Juni veranstaltet sie jeden Monat eine öffentliche Sitzung. Die Aufsätze der Mitglieder werden in den jährlich erscheinenden *Rendiconti* aufgenommen (52 Bände bis 1982) wie auch in den *Memorie*.

Bibl.: F. Magi, *Per la storia della P. Accademia Romana di Archeologia*, in *Rendiconti* der Akademie 16 (1940), S. 113–130; A. Busiri Vici, *Intorno alla rinascita dell' Accademia Romana di Archeologia (4 ottobre 1810)*, ebd. 44 (1971–1972), S. 329–341; C. Pietrangeli, *La Pontificia Accademia Romana di Archeologia*, Rom 1983, mit Mitgliederverzeichnis, hrsg. von A. Diotallevi (S. 57–93)

N. Del Re

Akademie für das Leben, Päpstliche

Mit dem Motu Proprio *Vitae mysterium* vom 11. Februar 1994 schritt Johannes Paul II., der gerade erst am voraufgehenden 1. Januar die Päpstl. Akademie für Sozialwissenschaften(→) gegründet hatte, zur Einrichtung der Päpstl. Akademie für das Leben, die ein dreifaches Ziel hat: sie soll die hauptsächlichen Probleme der Biomedizin und des Rechts im Bereich der Förderung und Verteidigung des Lebens studieren, darüber informieren und ausbilden, zudem die direkten Beziehungen zur christlichen Moral und den Weisungen des Lehramtes der Kirche erarbeiten. Die Päpstl. Akademie für das Leben hat ihren Sitz ebenfalls im Vatikan und steht unter dem Vorsitz eines Präsidenten, der souverän ernannt wird und dem ein Rat von fünf Mitgliedern sowie ein kirchlicher Rat zur Seite steht. Er beruft die Versammlung der Akademiker ein, regt ihre Tätigkeit an, billigt das jährliche Programm und überwacht die Verwaltung nach Maßgabe der eigenen Statuten, die vom Hl. Stuhl approbiert sind. Die Akademie für das Leben besteht aus 70 Mitgliedern, die alle vom Papst ernannt werden und die verschiedenen Zweige der biomedizinischen Wissenschaften vertreten und jene, die enger mit den Problemen der Förderung und Verteidigung des Lebens verbunden sind. Vorgesehen ist auch eine Gruppe von korrespondierenden Mitgliedern.

Die Auswahl der Akademiker erfolgt ohne jegliche Diskriminierung wegen des religiösen Glaubens oder der Nationalität der einzelnen Mitglieder. Nur muß jeder bewußt die Lehrfunktion der Kirche im Hinblick auf die Förderung und den Schutz des menschlichen Lebens von seiner Empfängnis bis zu seinem natürlichen Ende bejahen. Jedes Mitglied muß daher bei der Annahme seiner Ernennung ein besonderes „Attest der Diener/innen des Lebens" unterzeichnen, das auf den erwähnten Grundsätzen beruht. Obwohl sie in ihrer spezifischen Aktivität autonom ist, bleibt die Päpstl. Akademie für das Leben doch mit dem Päpstl. Rat für die Seelsorge im Gesundheitsdienst (→) verbunden und arbeitet eng mit ihm zusammen. Gemäß ihren Statuten pflegt sie auch Kontakt zu vier Dikasterien der Röm. Kurie, der Kongregation für die Glaubenslehre, der Kongregation für das Katholische Bildungswesen sowie zu den päpstl. Räten für die Familie und für die Kultur. Empfohlen wird auch die Mitarbeit von nichtchristlichen Ärzten und medizinischen Experten.

N. Del Re

Akademie für die Liturgie, Päpstliche

1740 durch Benedikt XIV. gegründet, wurde sie mit einer modernen akademischen Struktur durch Gregor XVI. 1840 neu errichtet. Sie stand unter der Präsidentschaft des jeweiligen Kardinalvikars und wurde von einem Missionspriester geleitet. Sie besteht aus einer unbestimmten Zahl von Akademikern aus dem Welt- und Ordensklerus und maximal 40 Rezensoren, die bei ihren Tagungen ihre Ansicht (Zensur) zu vorgeschlagenen Lösungen formulieren. Diese werden dann in den *Ephemerides liturgicae* veröffentlicht, dem 1887 gegründeten Organ der Akademie. Die liturgische Akademie pflegt sich zwölfmal im Jahr an ihrem Sitz in der *Casa delle Missione* in Rom zu versammeln.

N. Del Re

Akademie für Theologie, Päpstliche

1695 von Raffaele Cosimo de' Girolami (1670–1748) aus Florenz gegründet, wurde sie kurz darauf durch Clemens' XI. approbiert, der ihr zunächst einen eigenen Sitz in der *Sapienza* gab und sie dann mit dem Breve *Inscrutabili* vom 23. April 1718 zur Päpstl. Akademie erhob. Clemens XI. strukturierte die Akademie, gewährte ihr verschiedene Privilegien wie später auch Benedikt XIII., der 1726 ihr Forschungsprogramm bestätigte und finanzielle Mittel zur Verfügung stellte. Clemens XIV. erneuerte 1770 alle Privilegien. Zu Beginn des 20. Jh. setzte ein Niedergang ein, doch wurde die Akademie durch Pius XII. auf neuen Grundlagen mit dem Breve *Magistra veritatis* vom 5. Juni 1956 (AAS, XLVIII [1956], S. 493–496) wieder errichtet.

Nach den letzten Statuten umfaßt der Lehrkörper einen Protektor, der immer der jeweilige Kardinalpräfekt der Kongr. für das Katholische Bildungswesen ist, einen Prälaten als Sekretär, einen akademischen Rat und 40 Akademiker aller Nationen. Organ der Akademie, deren Sitz sich derzeit in der Päpstl. Lateranuniversität befindet, ist die Zeitschrift *Divinitas*, die seit 1957 erscheint.

Bibl.: A. Silvestrelli, *La P. Accademia Teologica Romana nella sede dell'Università Lateranense*, in *La Pontificia Università Lateranense; profilo della sua storia, del suoi maestri e dei suoi discepoli*, Rom 1963, S. 47–51.

N. Del Re

Akolythen

Die sog. Kerzenträger, sieben an der Zahl, gingen ehemals mit brennenden Fackeln zusammen mit dem Weihrauch tragenden Subdiakon dem Papst voran. Dies geschah zum Zeichen besonderer Ehre, wenn sich der Zug bei feierlichen päpstl. Stationsgottesdiensten zum Altar hinbewegte, um dann zu den Seiten des Altars oder hinter ihm Aufstellung zu nehmen. Zur Zeit Innozenz' III. (1198–1216) waren die Träger auf zwei reduziert, blieben bei den größeren Feierlichkeiten aber sieben. Seit dem 14. Jh. blieb ihre Anzahl konstant zwei. Die Akolythen gehörten zur *Famiglia Pontificia* (→), wurden aber aufgelöst, als Paul VI. die *Casa Pontificia* mit dem Motu Proprio *Pontificalis Domus* vom 28. März 1968 (AAS, LX [1968] S. 305–315) neu ordnete. Sie wurden in die Zahl der Kleriker der *Cappella Papale* (→) eingereiht.

N. Del Re

Akten, Päpstliche

So heißen alle vom Papst in Ausübung seiner obersten Vollmacht der Jurisdiktion und des Lehramtes erlassenen Akten. Je nach Natur und Form, in der sie abgefaßt sind, werden sie unterschiedlich bezeichnet.

Der Natur der Päpstl. Akte nach unterscheidet man 1.) Apost. Konstitutionen (→). Sie enthalten Verfügungen allgemeinen oder dauerhaften Charakters (dogmatische Definitionen, Änderungen der Umschreibung kirchlicher Sprengel, Reform kanonischer Gesetze usw.). 2.) Motu Proprio (→), benannt nach ihren ersten beiden Worten. Es sind Verfügungen, die der Papst spontan erläßt. 3.) Apost. Briefe zu gewöhnlichen Verwaltungsangelegenheiten. 4.) Päpstl. Briefe oder Schreiben. Wenn sie diesen oder jenen Punkt der katholischen Moral oder Lehre erläutern, um zu ermahnen, zu mißbilligen usw. Sie heißen Enzyklika (→), wenn sie an alle Bischöfe der Welt oder einen Teil von ihnen gerichtet sind, ebenso wenn sie sich an eine bestimmte Gruppe von Bischöfen, z. B. einer einzigen Nation wenden.

Was die Form der Päpstl. Akten angeht, unterscheidet man 1.) Bullen (→). Sie sind feierlich abgefaßt und unterscheiden sich nach dem Grad der Feierlichkeit in a) Konsistorialbullen, die vom Papst und allen Kardinälen, die beim Konsistorium anwesend sind, unterzeichnet werden; b) Bullen mit Bleisiegel, weil sie ein Bleisiegel mit dem Bild der hll. Petrus und Paulus und den Namen des Papstes tragen; c) Bullen mit eingeprägtem roten Siegel und den gleichen Bildern wie das vorher genannte. 2.) Breven (→). Sie sind in weniger feierlichem Stil abgefaßt und mit dem Fischerring (→) gesiegelt, von roter Farbe und so genannt, weil er das Bild des hl. Petrus zeigt, wie er das Netz auswirft. 3.) Briefe richten sich an bestimmte Personen und werden vom Papst selber unterzeichnet. 4.) Reskripte enthalten schriftliche Antworten des Papstes auf eine Bitte, ausgefertigt vom zuständigen Dikasterium. 5.) Dekrete sind alle Akte, die nicht die Form eines Briefes haben. 6.) Mündliche Äußerungen (*Oracula vivae vocis*) heißen alle jene Verfügungen des Papstes, die dieser nur mündlich statt schriftlich abgibt. Sie können die Gewährung von Gnaden, Privilegien, Erlaubnisse, Dispensen usw. betreffen.

Bibl.: J.M. Gonzalez del Valle, *Los actos pontificios come fuente del derecho canónico*, in *Ius canonicum* 32 (1976), S. 245–292.

N. Del Re

Albert

Als Bischof von Sabina wurde er vom Gegenpapst Clemens III. zum Kardinal kreiert und 1102 von den Anhängern des Guibert als Gegenpapst zu Paschalis II. (1099–1118) gewählt – als Nachfolger des Gegenpapstes Theoderich. Es gelang ihm aber nicht, sich durchzusetzen, weil er sofort von den Anhängern des amtierenden Papstes gefangen, zunächst in einen Turm eingeschlossen und dann im Kloster *S. Andrea* in Aversa, seiner Heimat, festgesetzt wurde. Er starb offensichtlich im Jahr 1105, denn am 18. November des gleichen

Jahres wurde von der kaiserlichen Partei ein weiterer Gegenpapst in Person des Römers Maginulph gewählt, der den Namen Silvester IV. annahm.

N. Del Re

Alexander I.

Papst, Hl. Er war Römer und folgte im Jahr 105 auf Evaristus. Über sein Leben und sein Lehramt ist wenig bekannt. Er wird im *Liber Pontificalis* mit dem Märtyrer Alexander verwechselt, der am VII. Meilenstein der *Via Nomentana* mit Eventius und Theodulus beigesetzt wurde. Weder der hl. Irenäus noch Eusebius von Cäsarea bezeichnen ihn als Märtyrer. Er starb 115 und wurde wahrscheinlich auf dem Friedhof des Vatikan beigesetzt, wo alle Päpste der ersten beiden Jahrhunderte bestattet sind. Einige Briefe, die ihm zugeschrieben werden, sind apokryph. Sein Fest ist am 3. Mai.

Bibl.: E. Josi, in *Bibliotheca Sanctorum*, I, Sp. 792–801.

N. Del Re

Alexander II.

Papst. Anselmo da Baggio gehörte einer mit dem Kaiserhof verbundenen Familie an und studierte im Kloster von Le Bec (Normandie) unter Anleitung des Lanfranco von Pavia. Als er Bischof von Lucca geworden war (1056), entfaltete er eine intensive pastorale Tätigkeit, besuchte die Pfarrgemeinden und förderte die Einrichtung von Pfarrhäusern sowie das Mönchsleben. Er stützte das Kapitel der Kathedrale und bekämpfte die Simonie, ferner versuchte er die Reformbestrebungen zu vereinen. Er war päpstl. Legat in der Lombardei, zunächst mit dem Erzdiakon Hildebrand gegen Ende 1057, dann im Winter 1060–61 gemeinsam mit dem hl. Pier Damiano, um die Ausschreitungen der Patarini einzugrenzen und den Klerus zu reformieren.

Am 1. Oktober 1061 wurde Anselmo da Baggio nach den Verfügungen Nikolaus' II. (1059) als dessen Nachfolger zum Papst gewählt und nahm den Namen Alexander II. an. Doch kurz darauf setzte ein Konzil von deutschen und lombardischen Bischöfen, die gegen die Reform waren und sich in Basel versammelt hatten, ihm den Bischof von Parma, Cadalus, entgegen, der als Gegenpapst den Namen Honorius II. annahm. Unterstützt von kaiserlichen Waffen konnte der Gegenpapst am 14. April 1062 Rom betreten und sich in der Engelsburg niederlassen. Er besetzte auch die gesamte Leostadt, während sich Alexander II. in die befestigte Benediktinerabtei von *S. Maria in Ara Coeli* flüchtete. Inzwischen hatte Gottfried von Lothringen, besorgt über die Allianz Alexanders II. mit den Normannen, sein Heerlager vor der Milvischen Brücke aufgeschlagen. Er forderte Papst und Gegenpapst auf, sich in ihre jeweiligen ursprünglichen Bischofssitze zurückzuziehen, bis geklärt wäre, wer von beiden der rechtmäßige Papst sei. Das dafür nach Augusta einberufene Konzil (27. Oktober 1062) stimmte für Alexander II., der dort durch den hl. Pier Damiano vertreten war. Gottfried von Lothringen führte somit den Papst nach Rom zurück. Dieser hielt im April 1063 eine Synode im Lateran, auf der er Cadalus exkommunizierte und das Dekret Nikolaus' II. zur Papstwahl erneuerte. Er verbot den Gläubigen, an Gottesdiensten von im Konkubinat lebenden Priestern teilzunehmen, untersagte die Anhäufung von Benefizien und die Einsetzung in kirchliche Ämter durch Laien, wenn der Bischof nicht zustimmte. Der Gegenpapst Honorius II. berief seinerseits ein Konzil nach Parma ein, exkommunizierte Alexander II. und kehrte mit Hilfe eines lombardischen Heeres und des röm. Adels nach Rom zurück, wo er in der Engelsburg residierte.

Als der hl. Pier Damiano, Legat in Frankreich, den Kölner Erzbischof Anno aufforderte, Papst und Gegenpapst vor ein Konzil zu rufen, um die Vorwürfe der Unrechtmäßigkeit gegen Alexander aus der Welt zu schaffen, stand die Mehrheit zu Alexander II. Das Konzil tagte Pfingsten 1064 in Mantua, setzte Honorius II. ab und exkommunizierte ihn. Dieser blieb jedoch hartnäckig bei seinem Schisma bis zu seinem Tod 1072. Auf einer Synode in Melfi setzte Alexander II. am 1. August 1067 verschiedene unwürdige Bischöfe ab, annullierte irreguläre Hl. Weihen, erkannte die Privilegien des Metropolitansitzes von Canossa an und setzte den lateinischen Ritus gegen den griechischen durch. Als der Papst aber die patarinische Bewegung durch Entsendung einer Gesandtschaft in die Lombardei unterstützte, mißfiel das Heinrich IV., der daraufhin Beziehungen zum Gegenpapst aufnahm und deswegen auf einer Synode 1068 exkommuniziert wurde.

Alexander II. sorgte für die Neuordnung der Beziehungen zu Spanien durch den Apost. Legaten Kardinal Hugo Candido, dem es bei einer zweiten Gesandtschaft auch gelang, den Röm. Ritus wiederherzustellen und die mozarabische Liturgie abschaffen zu lassen. Die Beziehungen zu England waren durch die Anerkennung der Reformen gekennzeichnet, die Wilhelm der Eroberer durchführte. Sehr gut gestalteten sich auch die Beziehungen zu den Normannen. Einer der letzten Amtshandlungen Papst Alexanders war das röm. Konzil in der Fastenzeit 1073, auf dem vor allem das Wirken des Hugo Candido in Spanien besprochen wurde. Die Mönche von Cluny hatten ihn der Simonie angeklagt, doch hatte sich zu seiner Verteidigung Erzdiakon Hildebrand erhoben, der erklärte, den Anklagen läge die Tatsache zugrunde, daß die zu Cluny gehörenden Kirchen in Spanien vom Kardinallegaten wieder direkt vom Apost. Stuhl abhängig gemacht würden. Nach Initiative Hildebrands wurde ferner Guibert, der alte Kanzler des Reiches und Parteigänger des Gegenpapstes Honorius II., als Erzbischof von Ravenna anerkannt, was auch die Kaiserin Agnes unterstützte, welche zugleich die Verurteilung der Ratgeber verlangte, die die Kirchenpolitik Heinrichs IV. bei den kirchlichen Investituren bestimmt hatten. Alexander II. starb am 21. April 1073 und wurde in der Lateranbasilika beigesetzt.

Bibl.: C. Violante, in *Dizionario biografico degli Italiani,* II, S. 176–183, mit Bibl.; T. Schmidt, *Alexander II. (1061–1073) und die römische Reformgruppe seiner Zeit,* Stuttgart 1977.

A. Ilari

ALEXANDER III.

Papst. Rolando Bandinelli wurde in Siena im ersten Jahrzehnt des 12. Jh. geboren, studierte in Bologna mit Gratian und wurde in Pisa zum Priester geweiht. Dort schloß er Freundschaft mit dem Zisterzienser Pietro Bernardo, der als Papst Eugen III. ihn zum Kardinal erhob und zum Kanzler der Röm. Kirche ernannte. Weil er die Allianz des Apost. Stuhles mit den Normannen bejahte, bekämpfte er die Kardinäle der kaiserlichen Partei und trat Friedrich Barbarossa in Besançon entgegen (Oktober 1157). Als ausgezeichneter Jurist und hartnäckiger Verfechter der päpstl. Oberhoheit bestieg er den päpstl. Thron unter dem Namen Alexander III. am 7. September 1159 als Nachfolger Hadrians IV., dessen vertrauter Ratgeber er gewesen war. Gleichzeitig schritten die Kardinäle der kaiserlichen Partei zur Wahl des Ottaviano von Monticelli, der sich Viktor IV. nannte. In die doppelte Papstwahl griff Barbarossa ein, indem er sich auf seine alten kaiserlichen Rechte berief. Um über die Gültigkeit der Wahl und die Rechtmäßigkeit des Gewählten zu entscheiden, berief er für Januar 1160 ein Konzil nach Pavia, das sich für Viktor IV. aussprach. Von Anagni aus exkommunizierte Alexander III. den Gegenpapst sowie den Kaiser am 24. März 1160 und konnte um die Mitte des folgenden Jahres unter dem Schutz der Frangipane nach Rom zurückkehren. Doch da er sich unsicher fühlte, begab er sich zu Ludwig VII. nach Frankreich, wo er in Gegenwart des Königs und Heinrichs II. von England Tagungen abhielt, um die Ereignisse zu klären, die zu seiner Wahl geführt hatten. Deren Rechtmäßigkeit wurde im übrigen weitgehend durch das Konzil von Tours im Mai 1163 anerkannt, wobei Alexander III. alle Amtshandlungen des Gegenpapstes für ungültig erklärte.

Der Tod Viktors IV. am 20. April 1164 beendete das Schisma jedoch nicht, da die kaiserliche Partei ihm mit Kardinal Guido von Crema sofort einen Nachfolger gab, der den Namen Paschalis III. annahm und in Viterbo residierte. Doch die Position Alexanders festigte sich immer mehr, so daß sich der Papst zur Rückkehr nach Italien entschloß und am 23. November 1165 Rom betrat, wo er triumphal aufgenommen wurde. Um Papst und Normannen zu beseitigen, kam Friedrich I. zum vierten Mal nach Italien, zerschlug die Milizen des Röm. Volkes bei Monte Porzio Catone am 29. Mai 1167 und ließ sich erneut durch Paschalis III. zum Kaiser krönen, während Alexander zunächst in Terracina und dann in Benevent Zuflucht suchte. Doch auch der Kaiser mußte sehr bald Rom wieder verlassen, da die Pest sein Heer dezimiert hatte.

Die Beziehungen zu England waren inzwischen gespannt, weil Heinrich II. 1164 die englische Kirche mit den 16 Artikeln von Clarendon der Krone lehenspflichtig gemacht hatte. Der Papst hatte zunächst keine entschiedene Haltung eingenommen. Als aber der König den Erzbischof Thomas Beckett in der Kathedrale von Canterbury am 29. Dezember 1170 ermorden ließ, weil dieser die Artikel abgelehnt hatte, legte er Heinrich eine öffentliche Buße auf, verlangte die Rücknahme der Konstitution von Clarendon und die Anerkennung seines Reiches als einen Vasallenstaat der Röm. Kirche. Nicht weniger harte Auseinandersetzungen gab es für den Papst mit dem Röm. Volk um den Besitz der Festung von Tusculum, weswegen er sich im November 1172 sogar nach Segni unter den Schutz der Normannen flüchten mußte.

Die Städte der lombardischen Liga begannen wegen der Allianz des Papstes Verdacht zu hegen, als sie bemerkten, daß die Unnachgiebigkeit des Papstes gegenüber Barbarossa bei seinem fünften Italienzug angesichts der Vorschläge des Kaisers keine Wirkung mehr hatte. Doch Alexander III. machte von Veroli aus klar, daß er seine Haltung nicht geändert habe. Der große Sieg der lombardischen Liga bei Legnano am 29. Mai 1176 veranlaßte den Kaiser endlich, mit dem Papst und den Städten zu verhandeln, so daß in Anagni am folgenden 4. November ein Vorvertrag unterschrieben wurde, dem dann der Friedensschluß von Venedig folgte. Am 23. Juli 1177 schwor Friedrich dem Schisma ab und wurde von der Exkommunikation losgesprochen. Calixtus III. aber, seit 1168 Nachfolger des Gegenpapstes Paschalis III., begab sich, von Barbarossa verlassen, zu Alexander III., der sich in der Festung Tusculum befand, und unterwarf sich. Damit fand das Schisma am 29. August 1178 ein Ende.

Von großer Wichtigkeit ist das III. Ökumenische Konzil im Lateran, das Alexander III. für März 1179 einberief und auch Vorsitz führte. Mit einer Teilnahme von über 300 Bischöfen und vielen Äbten aus allen Ländern wurden die Katharer und die Waldenser als Häretiker verurteilt. Es wurden ferner 27 Canones zur Disziplin erlassen, von denen der erste verfügte, daß zur rechtmäßigen Wahl eines Papstes wenigstens zwei Drittel der Stimmen der wählenden Kardinäle notwendig seien. Das Konzil verbot ferner die Wahl eines Bischofs, der noch nicht 30 Lebensjahre vollendet hatte, die Anhäufung von Benefizien, Simonie und Wucher. Es verfügte geringere Kosten für die Pastoralbesuche und richtete Schulen für die Armen ein.

Der Tod überraschte Alexander III. am 30. August 1181 in Civitacastellana auf der Flucht aus dem aufständischen Viterbo. Nach Rom überführt, wurden die sterblichen Überreste des Papstes in der Lateranbasilika bestattet.

Bibl.: P. Brezzi, in *Dizionario biografico degli Italiani*, II, S. 183–189, mit Bibl.; R. Sommerville, *Pope Alexander III and the Council of Tours (1163); a study of ecclesiastical politics and institutions in the twelfth century*, Berkeley-London 1977; R. Weigand, *Magister Rolandus und Papst Alexander III.*, in *Archiv für katholisches Kirchenrecht*, 149 (1980), S. 3–44; *Miscellanea Rolando Bandinelli, papa Alessandro III.* hrsg. von F. Liotta/R. Tofanini, Siena 1986; L. Falkenstein, *Leistungsersuchen Alexanders III. aus dem ersten Jahrzehnt seines Pontifikates*, in *Zeitschrift für Kirchengeschichte*, 102 (1991), S. 45–75.

A. Ilari

ALEXANDER IV.

Papst. Rinaldo Graf von Segni wurde gegen Ende des 12. Jh. geboren. Er war ein Neffe Gregors IX. (1227–41), den er auf der Legation in die Lombardei 1221 begleitet hatte. Als Papst erwählte Gregor ihn 1227 zum Kardinal. Rinaldo begegnete als päpstl. Legat Kaiser Friedrich II. mit dem Auftrag, das Problem von Viterbo und Perugia zu lösen. Zusammen mit Kardinal Tommaso von S. Sabina wurde er dann in die Lombardei gesandt, um den Frieden zwischen dem Kaiser und der zweiten lombardischen Liga zu vermitteln, was aber durch den Sieg des Kaisers bei Cortenuova 1237 überholt wurde.

Zum Nachfolger Innozenz' IV. gewählt, bestieg Rinaldo in Neapel am 12. Dezember 1254 den päpstl. Thron unter dem Namen Alexander IV. Eines der ersten Probleme, denen sich der neue Papst gegenüber sah, war der Schutz Konradins von Schwaben, der von Konrad IV. dem Apost. Stuhl anvertraut worden war und die Anerkennung der Rechte Manfreds, eines natürlichen Sohnes Friedrichs II, auf das Königreich Sizilien. Erst gegen Ende November 1255 konnte Alexander IV. Rom betreten, doch als sich die Stadt im Mai 1257 gegen den Senator Emanuele Maggi erhob und die Römer den Bolognesen Brancaleone von den Andalò zur Regierung beriefen, war er zur Flucht nach Viterbo gezwungen. Manfred schloß inzwischen ein Bündnis mit Genua und Venedig und ließ sich am 11. August 1258 zum König von Sizilien krönen, ohne die Zustimmung des Papstes einzuholen. Alexander, der bis dahin eine Politik des Abwartens verfolgt hatte, exkommunizierte ihn nun mit all seinen Anhängern. Dennoch wuchs der Einfluß Manfreds auf die Ghibellinen infolge seines Sieges über Florenz in der Schlacht von Montaperti (4. September 1260), und er gewann sogar Brancaleone als Verbündeten.

Alexander IV. pflegte die Beziehungen zum orientalischen Klerus, besonders auf der Insel Zypern. Dem Haupt der Maroniten, die den röm. Primat anerkannt hatten, verlieh er den Titel eines Patriarchen von Antiochia. Er setzte sich ferner, wenn auch erfolglos, mit Theodor IV. Lascaris für die Vereinigung der lateinischen Kirche mit der griechischen ein und zählte auf Bela IV., König von Ungarn, um den Widerstand der Christenheit gegen die Tartaren zu stärken. Zu den wichtigen Maßnahmen Papst Alexanders gehören die den neu erwählten Bischöfen auferlegte Pflicht, sich innerhalb von sechs Monaten weihen zu lassen und den Besuch *ad limina* zu machen. Für die Bettelorden (Franziskaner und Dominikaner), hob er alle vorher von Innozenz IV. beschlossenen Einschränkungen auf. Mit der Konstitution *Quasi lignum* vom 14. April 1255 bestätigte er ihnen ferner das Recht, in Paris zu dozieren, denn aus Mißgunst wollten die weltlichen Professoren sie davon ausschließen – angestachelt von Wilhelm von Saint-Amour, dessen Schmähschrift *De periculis novissimorum temporum* der Papst verurteilte, weil die Ordensleute dort als Vorläufer des Antichrist hingestellt wurden. Er nahm sich ferner der Eremiten an, die sich an die Regel des hl. Augustinus hielten, und faßte sie mit der Bulle *Licet Ecclesiae* vom 9. April 1256 in einem einzigen Orden zusammen.

Alexander IV. starb am 25. Mai 1261 in Viterbo und wurde dort in der Kathedrale beigesetzt. Nach den von Kardinal Giovan Lorenzo Gambara angeordneten Restaurierungsarbeiten 1569 fehlt von seinem Grab jede Spur.

Bibl.: R. Manselli, in *Dizionario biografico degli Italiani*, II, S. 189–193, mit Bibl.; S. Sibilia, *Alessandro IV (1254–1261)*, Anagni 1961; G. Marinangeli, *Alessandro IV e l'Aquila*, in *Bullettino della Deputazione Abruzzese di Storia patris* 66–68 (1970–78), S. 389–451; N. Del Re, *Chi fu l'unico vero cardinale creato da Alessandro IV*, in *Strenna dei Romanisti*, 48 (1987), S. 169–176; S. Andreotti, *La famiglia di Alessandro IV e l'Abbazia di Subiaco*, Subiaco 1987.

A. Ilari

Alexander V.

Gegenpapst. Pietro Filargo, genannt auch Peter von Candia, wurde in Kare auf der Insel Kreta um 1340 geboren. Er trat 1357 bei den Franziskanern ein, studierte in Oxford und Paris, lehrte in Pavia und wurde daraufhin Berater von Gian Galeazzo Visconti, der ihm später die Bistümer Piacenza (1386), Vicenza (1388), Novara (1389) und am 17. Mai 1402 das Erzbistum Mailand verschaffte. Er beauftragte ihn inzwischen mit verschiedenen diplomatischen Missionen. Am 12. Juni 1407 machte ihn Innozenz VII. zum Kardinal mit der Titelkirche der *Zwölf Apostel.*

Das Schisma des Westens fand Filargo auf seiten der röm. Obödienz, von der er sich aber beim Tod Innozenz VII. löste. Er setzte sich aktiv für die Einheit der Kirche ein, die per Konzil erreicht werden sollte. Am 25. März 1409 nahm er an einem nach Pisa einberufenen Konzil der gegen die beiden Obödienzen opponierenden Kardinäle teil, das in der Sitzung XV vom 5. Juni sowohl den röm. Papst Gregor XII. als auch den Avignoner Benedikt XIII. absetzte. Es erklärte dann die Vakanz des Apost. Stuhles, worauf die Kardinäle zum Konklave zusammentraten und am 26. Juni 1409 in Pisa Kardinal Pietro Filargo zum Papst wählten, der den Namen Alexander V. übernahm. Doch war das Schisma damit nicht beendet und es folgte die dritte Obödienz von Pisa, da weder der Papst noch der Gegenpapst die Autorität des Konzils anerkannt hatten. Von Bologna aus, wohin Alexander V. sich auf Anraten des Kardinals Baldassarre Costa (der sich als sein Nachfolger Johannes XXIII. nennen sollte) begeben hatte, erneuerte er die Verurteilung seiner Gegenspieler und bestätigte ferner alle Akte des Konzils von Pisa. Doch sein Pontifikat dauerte nicht lange, denn schon am 3. Mai 1410 starb er unvorhergesehen im Bologneser Kloster *S. Maria dei Crociferi.* Seine sterblichen Reste wurden in der Kirche zum hl. Franziskus in dem von Niccolò Aretino geschaffenen Grabmal beigesetzt, das 1887 restauriert wurde.

Er war ein angesehener und geschätzter Theologe, der uns einen umfangreichen Kommentar zu den Sentenzen des Petrus Lombardus hinterließ, der von Franz Ehrle 1925 in Münster veröffentlicht wurde (*Der Sentenzenkommentar Peters von Candia, des Pisaner Papstes Alexanders V.*) und zwei Traktate über die Unbefleckte Empfängnis, die von den Franziskanern in Quaracchi 1954 und 1955 herausgegeben wurden.

Bibl.: A. Petrucci, in *Dizionario biografico degli Italiani,* II, S. 193–196; mit Bibl.; J.W. Frank, *Die Obödienzerklärung der österreichischen Herzöge für Papst Alexander V. (1409),* in *Röm. Hist. Mitt.* 20 (1978), S. 49–76; A. Tuilier, *L'élection d'Alexandre V, pape grec, sujet vénitien et docteur de l'Université de Paris,* in *Rivista di studi bizantini e slavi*, 3 (1983), S. 319–341.

A. Ilari

ALEXANDER VI.

Papst. Rodrigo de Borja wurde in Játiva in Spanien (Provinz Valencia) am 1. Januar 1431 geboren und studierte in Rom und Bologna, wo er das Doktorat in Recht erwarb. Die Protektion seines Onkels mütterlicherseits, Alfonso de Borja, als Kardinal und mehr noch als Papst (Calixtus III. 1455–58) brachte ihm eine große Zahl ertragreicher Benefizien ein, gute Pfründen und wichtige kirchliche Aufträge. 1455 wurde er Kardinal, dann Vizekanzler der Hl. Röm. Kirche und nach einem zeitgenössischen Chronisten konnte Rodrigo de Borja als der reichste Kardinal nach dem Franzosen Wilhelm von Estouteville gelten. Er erwies sich unter den vier folgenden Pontifikaten als eines der einflußreichsten Mitglieder des Hl. Kollegiums.

Als er 1484 bei der Papstwahl scheiterte, gelang es ihm, sich im Konklave von 1492 wählen zu lassen. Er nahm den Namen Alexander VI. an. Sein Pontifikat, dessen Beginn mit dem Tod Lorenzo des Prächtigen zusammenfiel, bedeutete eine Schwächung der Position der Kirche innerhalb der Liga der italischen Fürsten. Die Invasion der Heere Karls VIII. (1494) und Ludwigs XII. von Frankreich (1499) bedeutete das absehbare Ende der Liga. Ihr endgültiges Scheitern erfolgte erst unter dem Pontifikat Julius' II., der sie ausschließlich für seine Zwecke benutzte. Die Rivalität zwischen dem Papsttum und Florenz ging weiter, doch im Unterschied zur energischen, wenn auch nicht immer glücklichen Politik Sixtus' IV. und Innozenz' VIII. zeigte Alexander eine vorsichtige Haltung. Die frankreichfreundliche Politik, die seit 1498 vom Sohn Alexanders VI., dem berühmten Cesare, Herzog von Valentino, verfolgt wurde, der sich in der Romagna einen eigenen Staat zu seinem und der Kirche Vorteil schaffen wollte, bedeutete in Wirklichkeit eine Unterwerfung unter Ludwig XII. Im Inneren verursachten die äußerst heftige Polemik G. Savonarolas gegen Alexander und die Mißwirtschaft der Kirche ständig Ärgernisse. Alexander gewann das Spiel, indem er den Dominikanerbruder exkommunizierte und hinrichten ließ. Doch führten manche Anhänger in damaligen röm. Kreisen dessen Bestrebungen fort. Der Nepotismus Alexanders gegenüber Cesare Borgia sowie seine Expansionspolitik, die auch durch die Heirat seiner Tochter Lucrezia unterstützt wurde, endete rasch. Die Romagna, die mit so viel Hartnäckigkeit und Blutvergießen von Cesare erobert worden war, ging gleich nach dem Tode des Papstes verloren, auch wenn er sich in den elf Jahren seiner Herrschaft als guter Souverän erwiesen hatte. Durch seine unmoralische Lebensführung und listige Politik jedoch bleibt er einer der umstrittensten Päpste der Geschichte. Doch vermochte keiner besser als er die Worte des hl. Leo des Großen zu beweisen: *Petri dignitas etiam in indigno haerede non deficit* (die Würde Petri hört auch in einem unwürdigen Erben nicht auf). Neben dem Kreuzzug gegen die Mauren und dem Jubiläum von 1500 ragen unter den Amtshandlungen seines Pontifikates die beiden Bullen *Inter caetera* vom 3. und 4. Mai 1493 heraus (BR V, S. 361–364), mit denen auf Bitten des Königs von Spanien die Demarkationslinie zwischen spanischen und portugiesischen Eroberungen festgelegt und die Neue Welt aufgeteilt wurde.

Alexander VI. starb am 18. August 1503 und wurde in der Kirche *S. Maria della Febbre* neben der Petersbasilika beigesetzt. Als diese dem Neubau des Petersdoms weichen mußte, wurden seine sterblichen Überreste zusammen mit denen seines Onkels Calixtus III. (1455–58) im Jahre 1610 in die spanische Nationalkirche *S. Maria di Monserrato* übertragen, wo sie bis 1889 vergessen blieben, um erst dann in ein bescheidenes Mausoleum aus Marmor in der Kapelle des hl. Jakob zu kommen, ein Werk des spanischen Bildhauers Filippo Moratilla.

Wie alle einflußreichen Persönlichkeiten der Zeit war Alexander ein Mäzen und Protektor der Künstler. Als er noch Kardinal war, wurden für ihn der heutige Palast Sforza Cesarini und der Borgia-Palast in Pienza, heute Bischofssitz, errichtet. Antonio da Sangallo d. Ä., berühmter Militärarchitekt, erbaute ihm die Burgen in Civita Castellana und Nettuno. Weil sich Alexander dann fest im Vatikan niederließ, ließ er dort zahlreiche Arbeiten beginnen oder weiterführen. Er eröffnete ferner die heute verschwundene *Via Alessandrina,* die von der Engelsburg zum Vatikan führte. Sein bedeutendster und berühmtester Auftrag bleibt die Ausschmückung des sog. *Appartamento Borgia* (→) im Vatikanpalast (1492–1494), die Pinturicchio anvertraut wurde, der im Saal der Mysterien uns ein eindrucksvolles Porträt Alexanders VI. hinterlassen hat, eine Profilansicht ohne ästhetische Zugeständnisse: Es ist das Antlitz eines älteren Mannes, der selbstsicher und gelöst die Wirklichkeit um sich herum betrachtet.

Bibl.: G.B. Picotti, in *Dizionario biografico degli Italiani*, mit Bibl.; S. Schuller Piroli, *Die Borgia Päpste Kalixt III. und Alexander VI.*, München 1980; G. A. Scaltriti, *Luci ed ombre del '400. S. Francesco di Paola, Alesandro VI papa Borgia, fra Girolamo Savonarola*, Neapel 1983.

M. A. De Angelis

ALEXANDER VII.

Papst. Fabio Chigi wurde am 13. Februar 1599 in Siena von Flavio, einem Nachkommen Augustins des Prächtigen, und Laura Marsilli geboren. In Siena verbrachte er seine Jugendjahre unter Anleitung des berühmten Literaten Celso Cittadini, wobei schon seine gelehrten Interessen und sein künstlerischer Geschmack hervortraten, die ihn sein ganzes Leben begleiteten und im glänzenden Mäzenatentum seines Pontifikates gipfelten. Er begab sich dann nach Rom und schlug die kirchliche Laufbahn ein, die im Priesterberuf enden sollte. Chigi bekleidete wichtige diplomatische und Regierungsaufgaben, bevor er den päpstl. Thron bestieg. Er war Vizelegat in Ferrara, dann Inquisitor und apost. Visitator in Malta beim Malteserorden, dann 1639 Nuntius in Köln, wo er mit den ersten Auseinandersetzung nach Verurteilung der Werke des Jansenius zu tun hatte.

1643 wurde er als außerordentlicher Nuntius zum Kongreß von Münster entsandt, der den Westfälischen Frieden verabschieden sollte, in dem trotz seiner Mittlerfähigkeiten die katholischen Interessen schwer beeinträchtigt und die religiöse Spaltung in Europa bestätigt wurden. Chigi bezeichnete den Friedensschluß von Münster als „infam“ und verweigerte die Unterzeichnung der Protokolle. Er protestierte auch offiziell gegen die Entscheidungen der Bevollmächtigten. Nach Erledigung weiterer wichtiger diplomatischer Aufgaben wurde er nach Rom zurückgerufen, zum Staatssekretär ernannt, endlich am 19. Februar 1652 zum Kardinal.

Zum Papst wählte ihn das Konklave nach dem Tod Innozenz' X. trotz anfänglichem französischen Widerstands. Er wurde am 18. April 1655 geweiht und wählte den Namen Alexander in Erinnerung an seinen fernen Vorgänger Alexander III., der ebenfalls aus Siena kam. Die Feindseligkeit Frankreichs, besonders des

Kardinals Mazarin, die sich seit dem Kongreß von Münster gezeigt hatte, beeinflußte ständig die Politik des Pontifikates Alexanders VII. und endete mit der Besetzung von Avignon und der Grafschaft Venaissin durch die Truppen Ludwigs XIV. Der Papst hörte andererseits trotz der französischen Haltung nicht auf, sich an die Souveräne zu wenden und sie zur Schaffung einer Liga gegen die Türken zu gewinnen, die die Insel Kreta und sogar Wien bedrohten. Er selbst sparte keine Mittel für dieses Unternehmen und gab während seines Pontifikates mehr als anderthalb Millionen Scudi für die Bewaffnung der päpstl. Flotte aus. Vom Standpunkt der Lehre war das Pontifikat Alexanders VII. durch die lange Auseinandersetzung mit dem Jansenismus gekennzeichnet, der inzwischen von den Niederlanden nach Frankreich gekommen war, genährt auch durch das Klima eines offenen Gallikanismus, das an der Sorbonne herrschte. Die Verurteilung einiger als zu lax betrachteter moralischer Sätze durch zwei Dekrete des Hl. Offiziums von 1665 und 1666 stellte einen ersten wichtigen Sieg der Gegner der Jesuiten dar, denen man eine lockere Auffassung der Moral vorwarf.

Ein Ereignis, das für viel Aufregung sorgte und das Chigi-Pontifikat beeinflußte, war der Thronverzicht der Königin Christina von Schweden und ihr späterer Übertritt zum Katholizismus. Die Tochter Gustav Adolfs von Schweden wurde in Rom mit königlichen Ehren empfangen und stellte gleichsam eine lebendige Revanche für die Schmach von Münster dar. Christina kam zunächst im Palast Mazarin auf dem Quirinal unter und übersiedelte dann mit ihrem Hof in den Palazzo Riario (heute Corsini) auf dem rechten Tiberufer, der zum Ort bezeichnender Begegnungen für das Leben Roms wurde.

Das Pontifikat Alexanders VII. war besonders auf kulturellem Gebiet bedeutsam. Unter seinen Ratgebern und direktesten Mitarbeitern finden wir die erlauchtesten Namen der röm. Kultur des 17. Jh. wie Allacci, Holstenius, Kircher und Ughelli, die gewiß die Entscheidung des Papstes zur Vollendung des Baus der Universität bei der Sapienza mitbestimmten, die mit einer reichen Bibliothek, zu seiner Ehre „Alessandrina“ genannt, ausgestattet wurde. Ein weiteres großes Verdienst Alexanders VII. war die Bereicherung der Vatikanischen Bibliothek mit der reichen Bibliothek der Herzöge von Urbino, die sonst verlorenzugehen drohte. Viel später, nämlich 1922, kam zur Vatikanischen Bibliothek auch die Privatbibliothek des Papstes, die bei seiner Familie geblieben und im Laufe der Jahre gewachsen war. Die Persönlichkeit Alexanders VII. entfaltete sich somit besonders auf dem Gebiet der Künste. Die lange und fruchtbare Zusammenarbeit mit Gian Lorenzo Bernini und anderen berühmten Künstlern wie Francesco Borromini und Pietro von Cortona bestimmten am Ende das Bild Roms für immer. Der Papst beschäftigte sich nicht nur mit den städtebaulichen Projekten wie dem Petersplatz, der *Piazza del Popolo* und der *Minerva* wie mit der Sanierung des Abwassersystems der Stadt, sondern auch mit bescheideneren Dingen. Sein handgeschriebenes Tagebuch informiert darüber genau und regelmäßig. Der Papst wollte Rom ein neues und eindrucksvolles Gesicht geben. Es sollte nicht nur die Pilger, die nach Rom kamen, positiv beeindrucken, sondern der Hauptstadt der katholischen Welt auch einen Primat über jede andere Stadt sichern.

Alexander VII. starb am 22. Mai 1667 und wurde in St. Peter beigesetzt. Sein Grabmal ist ein Meisterwerk des Gian Lorenzo Bernini und bedeutet zugleich eine Wende in der Grabgestaltung des 17. Jh.

Bibl.: M. Rosa, in *Dizionario biografico degli Italiani*, II, S. 205–215, mit Bibl.; U. Schlegel, *Zum Grabmal Alexanders VII. (1671–1678),* in *Mitt. d. Kunsthist. Institutes in Florenz*, 28 (1984), S. 415–422; R. Krautheimer, *The Rome of Alexander VII. 1655–1667*, Princeton, N.J. 1985; J.E. Bernstock, *Bernini's tomb of Alexander VII.* in *Saggi e memorie di storia dell'arte*, 16 (1988), S. 167–190, 363–373.

G. Morello

ALEXANDER VIII.

Papst. Pietro Ottoboni wurde am 22. April 1610 in Venedig geboren. Er studierte in Padua, erwarb dort das Doktorat in beiden Rechten und wurde bald ein geschätzter Jurist. 1643 wurde er von Urban VIII. zum Auditor der Hl. Rota ernannt. Nachdem er reiche Erfahrung mit den aktuellen kirchlichen und politischen Problemen bei verschiedenen Aufgaben gewonnen hatte (er war 1664 auch Sekretär des Hl. Offiziums), ließ er sich, bereits Kardinal geworden, endgültig in Rom nieder, wo Clemens IX. 1667 ihn zum Leiter der Datarie ernannte. Er kämpfte gegen häretische Tendenzen wie den Quietismus, den Regalismus und den Jansenismus im Namen einer klaren Sicht der Kirche als juristische Organisation, die sich auf das Corpus der Lehren des kanonischen Rechts stützte. Beim Tod Innozenz' XI. wurde er am 6. Oktober 1689 trotz der Opposition Frankreichs zum Papst gewählt. In seinem kurzen Pontifikat (er starb am 1. Februar 1691) hatte Alexander mit der Frage der Beziehungen zum Frankreich Ludwigs XIV. zu ringen, der den sog. Gallikanismus förderte und diesen bereits von einer Generalversammlung des Klerus 1682 hatte billigen lassen. Dies geschah durch die „Erklärung der vier Artikel der gallikanischen Kirche" von Bossuet, die die Oberhoheit der Konzilien über den Papst sowie die Abhängigkeit der französischen Nationalkirche vom Souverän in all jenen Dingen aussprach, die nicht streng geistlichen Charakter hatten. Der König gab der Kirche daraufhin Avignon und die Grafschaft Venaissin zurück und verzichtete auf das Asylrecht für die französische Botschaft in Rom. Alexander aber wollte die politischen Auseinandersetzungen mildern und gestattete dem König das Ernennungsrecht für einige wichtige französische Bischofssitze. Er verurteilte aber die Erklärung von 1690, die dann 1693, unter Innozenz XII., zurückgezogen wurde.

Auch auf kulturellem Gebiet war Alexander VIII. tätig. Er erwarb beim Tode Christinas von Schweden deren Bibliothek und fügte sie der Vatikanischen ein, ferner bekam er als Geschenk die Bibliothek des Kardinals Altemps. Unter seinem Pontifikat wurde zudem die „Akademie Arkadiens" gegründet.

Das aufwendige Grabmal Alexanders VIII. im Petersdom, das 1725 sein Neffe, Kardinal Pietro Ottoboni, einer Gruppe von Künstlern unter Führung des Angelo De Rossi in Auftrag gab, setzt die Tradition fort, die Algardi in der Basilika mit dem Grabmal für Leo XI. begonnen hatte. Der vielfarbige Reichtum der Marmorarten, die Intarsien und Bronzearbeiten sowie die geschwungene Linienführung machen es zu einem bemerkenswerten Beispiel des röm. Rokoko.

Bibl.: A. Petrucci, in *Dizionario biografico degli Italiani,* II, S. 215–219, mit Bibl.; V. Martinelli, *Un modello di Angelo De Rossi per la statua di Alessandro VIII Ottoboni* in *S. Pietro, in Studi Romani,* 7 (1959), S. 429–437; A. Schiavo, *La definitiva sepoltura di Alessandro VIII in una lettera del cardinale Ottoboni,* in *Strenna dei Romanisti* 45 (1984), S. 508–515.

M. A. De Angelis

ALMOSENAMT, APOSTOLISCHES

Die Apost. Almosenverwaltung ist das Amt, welches „im Namen des Papstes den Pflegedienst für die Armen erfüllt", definiert in Art. 193 der Konstitution *Pastor Bonus* von Johannes Paul II. vom 28. Juni 1988 (AAS, LXXX

[1988], S. 814–912). Damit wurde die traditionelle Bezeichnung des Amtes wiederhergestellt, das seit dem 9. Mai 1968 durch Verfügung Pauls VI. geändert worden war in „Päpstl. Wohltätigkeitsdienst“, obwohl ein hoher Prälat als Direktor der Einrichtung sich weiter „Almosenier Seiner Heiligkeit“ nannte.

Sehr alt ist der Ursprung des Almosenmeisters (Elemosiniere Segreto). Seine Tätigkeit war nicht von Anfang an ein Amt gebunden. Es erfolgte auch nie eine spezifische formelle Einrichtung. Denn immer war die Kirche für die Betreuung und Hilfe der Armen und Bedürftigen aller Art zuständig und hat ihnen sowohl mit Geld wie mit Lebensmitteln geholfen. Als die Diakone diese ihnen besonders zugeteilte Aufgabe nicht mehr erfüllten, ging sie an den *Saccellarius* und den *Vestararius* über, Verwaltungskräfte des Päpstl. Hofes. Sie teilten sich diese Aufgabe, bis für diesen Bereich eine einzige Person verantwortlich wurde: der Almosenmeister. Er begegnet uns unter dieser Bezeichnung zum ersten Mal gegen Ende des 12. Jh. Innozenz III. hatte in einer Bulle vom 3. Juni 1208 (BR III, S. 388) angeordnet, für das Fest Epiphanie eines jeden Jahres besondere Geldgeschenke an 1.300 Arme zu verteilen, – „durch den Almosenmeister des Papstes“. Sein Name wird nicht genannt, doch verfügte er bereits in jener Zeit über ein eigenes *„domum elemosynariam in Laterano Palatio et in Palatio Vaticano“*. Dies geht aus einem Dokument des Vatikanischen Archivs (*Miscellanea, Arm. XI*, 86, 13) hervor. Der erste Almosenmeister, dessen Namen wir kennen, ist Bruder Pasquale, im Amt unter Gregor IX. 1240 (vgl. *Les Registres de Grégoire* IX, Paris 1908, S. 247). Wenn also Gregor X. (1271–1276) auch nicht das Amt eingesetzt hat, wie allgemein angenommen wird, so verdankt man ihm doch in jedem Fall die ersten genauen Normen zur Regelung der Aufgaben des Almosenmeisters, die dann später von Innozenz VI. 1361 und von Alexander V. 1409 erweitert wurden. Durch Innozenz XII. (1691–1700), den „Vater der Armen“, erreichte das Amt seine volle Entfaltung.

Später gab es seit Paul V. (1605–21) sogar zwei Almosenmeister, nämlich einen Geheimen Hauptalmosenmeister und den gewöhnlichen Almosenmeister, der dem ersten unterstand. Mit Clemens IX. (1667–69) kehrte man erneut zu einem einzigen Almosenmeister zurück. Seit Ende des 16. Jh. ist er immer Titularbischof oder -erzbischof. Zunächst gehörte er zu den „wirklichen“ *Geheimkämmerern* (→), hat aber dann den Titel „Geheimer Almosenmeister“ verloren, als Paul VI. mit dem Motu Proprio *Pontificalis Domus* vom 28. März 1968 (AAS, LX [1968], S. 305–315) die Neuordnung des „Päpstl. Hauses“ verfügte. Er gehört aber weiter zur „Päpstl. Familie“ mit dem einfachen Namen „Almosengeber Seiner Heiligkeit“. Als solcher nimmt er auch an den offiziellen Gottesdiensten und Audienzen des Papstes teil. Seine Aufgabe erlischt nicht bei der Sedisvakanz (→). Er arbeitet dann in Abhängigkeit vom Hl. Kollegium, wie es die Konstitution *Romano Pontifice eligendo* Pauls VI. vom 1. Oktober 1975 (vgl. I, Kap. III, Nr. 22) vorsieht.

Direkt dem Papst unterstellt ist die heutige „Apost. Almosenverwaltung“, die sich in der Vatikanstadt in der Nähe des St. Anna-Tors befindet und aus zwei Abteilungen besteht. Die eine umfaßt das Sekretariat und die Verwaltung, wo die Anfragen der Bittsteller zusammenkommen und bearbeitet werden. Von hier aus werden auch die gewährten Hilfen angewiesen und verteilt. Die andere besteht aus dem alten „Amt für den Päpstl. Segen“, das 1893 entstand und 1917 in die Almosenabteilung eingefügt wurde. Sie gewährte den Apost. Segen, der aus wichtigem Anlaß von den Gläubigen aus aller Welt erbeten werden konnte, entweder in Form von besonderen Reskripten oder auf gedruckten Formularen. Die Päpstl. Almosenverwaltung betreut und kontrolliert auch einige Wohltätigkeitsinstitute, die direkt vom Hl. Stuhl abhängen. Als Beispiele können das „Konservatorium der hll. Clemens und Crescentius", das „Hospiz der Unbefleckten Empfängnis und des hl. Aloisius" und einige Schulen genannt werden, die in verschiedenen Stadtvierteln Roms entstanden sind. Dazu kommt die von Benedikt XIV. 1744 gegründete Schule in *Castelgandolfo*, die Pius XI. 1925 in die „Päpstl. Sommerresidenz" verlegt hat. Sie kann sich rühmen, die älteste Schule zu sein, die von der Apost. Almosenabteilung abhängt und heute noch besteht.

Bibl.: A. Peronti, *Indagine storico-giuridica sul „Servizio Assistenziale del Santo Padre" (L'Elemosiniere segreto di Sua Santità et l'Elemosiniere Apostolica).* Diss. Università Lateranense, Rom 1969.

N. Del Re

Amt für die liturgischen Feiern des Papstes

Dies ist der heutige Name, den kraft der Konstitution Johannes Pauls II. *Pastor Bonus* vom 28. Juni 1988 (AAS, LXXX [1988], S.841–930) das frühere „Büro für die päpstl. Zeremonien" angenommen hat. Es wurde der Röm. Kurie angegliedert und hat die Aufgabe, die liturgischen Feiern mit dem Papst vorzubereiten, auch die in seinem Namen vollzogenen. Es hat ferner die Zeremonien zu leiten nach den geltenden Vorschriften des liturgischen Rechts (Art. 182, § 1), die sich an den Normen des II. Vatikanischen Konzils ausrichten.

Am päpstl. Hof gab es schon früher ein solches *Collegium*, wie in einem Breve Pius' IV. vom 10. Mai 1563 nachzulesen ist. Der Papst bekräftigt darin einige Rechte der *„Magistri nostri caeremoniarum"*, die in späteren Regelungen bestätigt wurden, zuletzt durch Benedikt XV. Laut Dekret vom 25. Juni 1917 bildeten die „Zeremonienmeister der Hl. Röm. Kirche und des Apost. Stuhles" ein Kollegium unter dem Vorsitz eines Präfekten, der direkt vom Papst ernannt wurde. Seine Mitglieder zählten zu den Hausprälaten (den derzeitigen Ehrenprälaten Seiner Heiligkeit) wie auch zu den Apost. Protonotaren *ad instar* (den heutigen „überzähligen" Apost. Protonotaren), während die übrigen Zeremonienmeister zu den *Cubicularii intimi ad vitam* (den heutigen Kaplänen Seiner Heiligkeit) gehörten. 1970 neu strukturiert, besteht das *Collegium* heute aus zwölf päpstl. Zeremoniaren, acht davon „Wirkliche" (darunter der *Maestro delle Ceremonie*) und vier „Zugeordnete". Sie haben die Aufgabe, die Zeremonien bei den feierlichen Papstmessen wie auch bei Pontifikalämtern zu leiten (jeder Kardinal bekommt mit seiner Kreierung im Konsistorium einen Zeremoniar zugewiesen). Die päpstl. Zeremoniare wirken außerdem mit bei den Konsistorien, bei der Übergabe der hl. Pallien (→), bei den Bischofsweihen und Abtweihen in Rom, wenn diese im Auftrag des Papstes erteilt werden. Sie leiten auch alle liturgischen Feiern, für die sie entsandt oder erbeten werden und gehören zum Gefolge der Kardinallegaten in päpstl. Missionen. Während der Sedisvakanz (→) nehmen sie an den Generalversammlungen der Kardinäle teil und begleiten den *Maestro* auch ins Konklave (→), um die ihnen zugeteilten Aufgaben zu erfüllen, wie die Konstitution Pauls VI. *Romano Pontifici eligendo* vom 1. Oktober 1975 in Teil II, Kap. II. Nr. 43 verfügt. Unter dem Zeremonienmeister, der vom Papst für fünf Jahre ernannt wird, arbeiten in diesem Amt neben den ebenfalls für fünf Jahre ernannten Zeremoniaren einige Offiziale, die die Arbeit des Sekretariates leisten, eine Gruppe von Verantwortlichen für die Päpstl. Sakristei (→) und einige Konsultoren. Der Sitz dieses Amtes befindet sich im Vatikan, derzeit in einigen Räumen, die am 11. März 1954 eingeweiht wurden und sich zwischen dem Damasushof und dem *Cortile del Maresciallo* befinden. Als die Funktion des *Sacrista della Casa Pontificia* durch Johannes Paul II. abgeschafft wurde und mit Handschreiben *Dopo la costituzione* vom 14. Januar 1991 (AAS, LXXXIII [1991], S. 147–148) das „Vikariat der Vatikanstadt" (→) neu geordnet wurde, gingen die Funktionen des Sakristans auf den päpstl. Zeremonienmeister über, der damit für die päpstl. Sakristei und die Gottesdienste im Apost. Palast zuständig wurde.

Die päpstl. Zeremonienmeister fassen auch heute noch Tagebücher ab und folgen damit einem Brauch, der ins 15. Jh. zurückreicht. Berühmt wurde damals vor allem der Elsässer Johannes Burckard, dessen Tagebuch (1483–1506, mit einigen Unterbrechungen) eine kostbare Nachrichtenquelle über das Pontifikat Alexanders VI. (1492–1503) darstellt und mehrfach veröffentlicht wurde, ferner der Bologneser Paride de Grassi, dessen *diarium* (Tagebuch von 1506–21) das vorgenannte fortsetzt. Die lange Reihe der handgeschriebenen Tagebücher werden zusammen mit zahlreichen anderen Schriftstücken und Dokumenten der päpstl. Zeremonienmeister aus den verschiedenen Zeiten beim „Amt für die liturgischen Feiern des Papstes" im Vatikanpalast aufbewahrt (→ Archiv der Päpstl. Zeremonienmeister).

N. Del Re

Anaklet (Cletus) I.

Papst, Hl. Er war Römer und folgte im Jahr 76 auf den hl. Linus, wie die älteste Tradition (der hl. Irenäus und Eusebius von Cäsarea) sagt und leitete die Kirche von Rom 12 Jahre lang. Er wird auch Cletus genannt. Diesen Namen trug aber auch ein anderer Papst, denn laut *Liber Pontificalis* wäre Anaklet griechischen Ursprungs, und laut *Martyrologium Romanum* gibt es sowohl am 26. April einen Cletus als Papst und Märtyrer wie auch am 13. Juli einen Anaklet, ebenfalls Papst und Märtyrer. Anaklet war ein Helfer des hl. Petrus und soll ein Grabdenkmal (memoria) über dem Grab des Apostelfürsten errichtet haben, wo er nach seinem Tode im Jahre 88 bestattet wurde, doch blieb der genaue Ort des Grabes immer unbekannt. Einige unter seinem Namen laufende Briefe sind apokryph.

N. Del Re

Anaklet II.

Gegenpapst. Pietro Pierleoni gehörte zu einer sehr reichen ursprünglich jüdischen Familie, die sich seit wenigstens hundert Jahren zum Christentum bekehrt hatte. Er hatte in Paris studiert und war in Cluny Mönch geworden, von wo er aber bald nach Rom zurückkehrte, weil Paschalis II. ihn rief. Dieser machte ihn auch zum Kardinal und sandte ihn 1120 als Legaten nach Frankreich und England. Kardinal Pierleoni war ein Mann von hoher Intelligenz und ausgeprägter Persönlichkeit. Er hatte sich in Rom eine starke Partei geschaffen, die sein Bestreben, Papst zu werden, unterstützte. Aber nach dem Tod Honorius' II. versammelten sich zwölf Kardinäle der Gegenpartei in aller Eile in der Kirche *S. Gregorio in clivio Scauri* am 14. Februar 1130 und wählten im geheimen Gregorio Papareschi zum Papst, der sich Innozenz II. nannte. Am Nachmittag des gleichen Tages schritten 14 andere Kardinäle mit einem Gefolge von röm. Adeligen und Bürgern in *S. Marco* zur Wahl des Pierleoni, der sich Anaklet nannte. Unklar bleibt der Ablauf der beiden Wahlen, doch auch wenn die Priorität der Zeit für Innozenz II. sprach, so hatte Anaklet eine größere Zahl von Wählern auf seiner Seite.

Beide Gegner hielten sich für den rechtmäßigen Papst und taten alles, um gegen den anderen auch als rechtmäßig anerkannt zu werden. Papst Innozenz hatte jedoch die Sympathie Kaiser Lothars, der 1133 nach Italien zog, um ihn gegen Anaklet zu stützen. Dieser wiederum hatte sich an Roger, den Herzog von Sizilien, gewandt, dem er zugleich die Königskrone versprach, die er ihm auch im Dom von Palermo übergab. Nach ständigen Diskussionen und Kämpfen und mehreren Konzilien zur Unterstützung Innozenz' II. fand dieser im hl. Bernhard von Clairvaux einen einflußreichen Förderer. Selbst als Innozenz schließlich Rom wieder betreten konnte, residierte Anaklet II. weiter im Lateran. Erst mit seinem Tod am 25. Januar 1138 konnte die Angelegenheit als abgeschlossen gelten, auch wenn sich das Schisma noch kurze Zeit mit der Wahl des Gegenpapstes Viktor IV. am 15. März fortsetzte, der sich aber kurz darauf unterwarf.

Bibl.: P. F. Palumbo, *Lo scisma del MCXXX; i precedenti, la vicenda romana e le ripercussioni europee della lotta fra Anacleto II ed Innozenzo II*, Rom 1942; F.J. Schmale, *Studien zum Schisma des Jahres 1130*, Köln-Graz 1961; Mario da Bergamo, *Osservazioni per la duplice elezione papale del 1130*, in *Aevum*, 39 (1965), S. 45–65; Ders. *La duplice elezione papale del 1130*, in *Raccolta di studi in memoria di Giovanni Soranzo*, Mailand 1968, S. 265–302; G. v. Le Fort, *Der Papst aus dem Ghetto, die Legende der Pierleoni*; Mailand 1975; M. Stroll, *The Jewish Pope; ideology and politics in the papal scism of 1130*, Leiden 1987.

N. Del Re

ANASTASIUS DER BIBLIOTHEKAR

Gegenpapst. Er war Römer und Kardinalpriester von S. Marcello, wurde aber 853 durch Leo IV. abgesetzt, weil er fünf Jahre zuvor seine eigene Kirche ohne ausreichenden Grund verlassen hatte und trotz wiederholter Aufforderungen die Rückkehr verweigerte. Er wandte sich an Kaiser Ludwig II., der beim Tod Leos die Kandidatur des Anastasius unterstützte, dem es auch gelang, sich im Lateran niederzulassen, nachdem er Benedikt III., der am 18. Juli 855 kanonisch gewählt worden war, von dort vertrieben hatte. Seinerseits vom aufständischen Volk vertrieben, zog sich Anastasius doch zurück und unterwarf sich Papst Nikolaus I. dem Großen und wurde sogar dessen Sekretär. In der zweiten Hälfte des 9. Jh. war er eine herausragende Figur in Rom und umfassend gebildet. Anastasius hatte großen Einfluß auf die Beziehungen des Hl. Stuhles mit dem Kaiserreich von Byzanz während der Krise, die zum Schisma des Photius führte. Er hinterließ verschiedene Werke, fast alles lateinische Übersetzungen griechischer, vorwiegend historischer Werke. Lange Zeit galt er auch als Verfasser des *Liber Pontificalis* (→), doch verdanken wir ihm nur die Biographie Nikolaus' I. (858–867) und vielleicht zum Teil die seines Nachfolgers Hadrian II. (867–872), von dem Anastasius zum Bibliothekar ernannt worden war. Dieses Amt bekleidete er bis zu seinem Tod um 878 in Rom.

Bibl.: E. Perels, *Papst Nikolaus I. und Anastasius Bibliothecarius*, Berlin 1920; G. Arnaldi, *Studi e ricerche su Anastasio Bibliothecario. I: Come nacque la attribuzione ad Anastasio del „Liber Pontificalis"*, in *Bullettino dell'Istituto Storico Italiano per il Medio Evo e Archivio Muratoriano*, 75 (1963), S. 1–26; Ders. in *Dizionario biografico degli Italiani*, III, S. 25–37, mit Bibl.; C. Leonardi, *Anastasio Bibliothecario e l'Ottavo Concilio ecumenico*, Spoleto 1987.

N. Del Re

ANASTASIUS I.

Papst, Hl. Er war Römer, folgte auf Siricius und regierte zwei Jahre und 21 Tage (399–401). Er beschäftigte sich hauptsächlich mit dem Streit um die Häresie des Origenes, den er bei zwei Gelegenheiten mit verschiedenen Briefen verurteilte. Gegen die Donatisten in Afrika verfaßte er einen weiteren Brief, der sie zwar nicht völlig verurteilte, aber Gnade für die Reuigen nahelegte. Vom *Liber Pontificalis* wird ihm die Gründung einer Basilika „Crescenziana" zugeschrieben. Wir besitzen heute darüber nur die Nachricht eines „Titulus Crescentianae" auf der Synode von 499. Später wurde sie nach dem hl. Sixtus II. benannt und erscheint unter diesem Namen auf der Synode von 595. In der Liturgie führte Anastasius ein, daß die Priester bei der Lesung des Evangeliums mit geneigtem Haupt stehen mußten. Die Verehrung Anastasius' I. reicht mit Sicherheit wenigstens in die Mitte des 5. Jh. zurück, wie das *Martyrologium* des Hieronymus bezeugt, das ihn am 27. April erwähnt. Er wurde beigesetzt auf dem Friedhof des Pontianus an der Via Portuense.

Bibl.: F. Caraffa/C. Celletti, in *Bibliotheca Sanctorum* I, Sp. 1065–71.

M. A. De Angelis

Anastasius II.

Papst. Er war Römer und folgte am 24. November 496 auf Gelasius I. Er führte die Politik seines Vorgängers weiter und versuchte die guten Beziehungen mit den Kirchen des Ostens wieder zu festigen, mit der Auflage, die monophysitische Häresie des Akakios, Patriarch von Konstantinopel, zu verurteilen, der in Christus nur die eine göttliche Natur anerkannte. Doch wurden seine Forderungen im wesentlichen abgelehnt. Durch seine nachgiebige Haltung zum Schisma des Akakios verlor er die Sympathie eines Teils des Klerus, daher wohl auch seine Verurteilung im *Liber Pontificalis*, daß er der Irrlehre zugeneigt sei. Tatsächlich bezeugen die Dokumente des Anastasius aber seine grundlegende Rechtgläubigkeit. Apokryph ist der Brief, in dem Anastasius dem Frankenkönig Chlodwig I. zu seiner Bekehrung zum Christentum gratuliert haben soll. Er starb am 19. November 498 und wurde in der Vorhalle von St. Peter beigesetzt.

Bibl.: P. Bertolini, in *Dizionario biografico degli Italiani*, III, S. 22–24, mit Bibl.

M. A. De Angelis

Anastasius III.

Papst. Er war Römer, folgte auf Sergius III. und war Papst von April 911 bis Juni 913. Die kritische Lage Roms, das vom Konsul und Senator Theophylakt und seiner Frau Theodora kontrolliert wurde, gestattete dem Papst nicht, auf das politische Leben der Stadt Einfluß zu nehmen. Die Bulle, in der er dem Bischof Regempertus von Vercelli das Pallium verlieh, ist die einzige authentische Amtshandlung, die uns aus dem Pontifikat Anastasius' III. überliefert ist. Apokryph sind daher die Bulle *Convenit apostolico* über die Primatialstellung der Diözese Hamburg gegenüber der von Köln, wie auch die Bulle, in der er dem Bischof von Pavia einige Privilegien verleiht. Anastasius III. wurde vom Patriarchen Nikolaus dem Mystiker von Konstantinopel aufgefordert, sich zur Frage der vierten Hochzeit Kaiser Leos VI. von Byzanz zu äußern. Die Stellungnahme des Papstes ist nicht bekannt. Er wurde in der Petersbasilika beigesetzt, sein Grab mit einer metrischen Inschrift geschmückt.

Bibl.: P. Bertolini, in *Dizionario biografico degli Italiani*, III, S. 24, mit Bibl.

A. Ilari

Anastasius IV.

Papst. Der Römer Corrado della Suburra soll ein Neffe von Papst Honorius II. (1124–30) und schon seit 1121 Kardinal des Titels S. Pastoris (der heutigen Caetani-Kapelle in der S. Pudenziana Basilika) gewesen sein. Im Kampf um die Nachfolge auf dem Papstthron zwischen Innozenz II. (1130–43) und Anaklet II. (1130–38), der später zum Gegenpapst erklärt wurde, stand Corrado auf der Seite des Innozenz. Er wurde dessen italienischer Vikar, als der Papst nach Frankreich flüchtete. In diesem Amt wurde er auch von Coelestin II. und Eugen III. bestätigt, auf den er schließlich am 12. Juli 1153 selbst folgte.

Anastasius IV. erbte und löste die Kontroversen seines Vorgängers mit Friedrich Barbarossa und billigte die Versetzung des Bischofs von Zeitz-Naumburg, Wichmann, auf den Sitz von Magdeburg, die der Kaiser im Gegensatz zum Papst gewollt hatte. Diese Lösung stieß auf Widerstand, so auch auf den der großen deutschen Mystikerin, der hl. Hildegard von Bingen. Die gleiche Linie verfolgte er im Kampf um den Bischofsitz von York, indem er die Wahl Wilhelms, eines Verwandten des Königs von England, anerkannte und ihn persönlich am 10. Dezember 1153 weihte. Er schenkte seine Aufmerksamkeit auch der skandinavischen Halbinsel und sandte den Kardinal von Albano, um die Beziehungen von Schweden und Norwegen zum alten Sitz von Lund zu regeln. Nicht wenige Schwierigkeiten bereitete Anastasius die Predigertätigkeit des Arnaldo von Brescia in Rom. Der bekannte politische Agitator und religiöse Reformator nährte das Freiheitsbestreben der Bürger. Anastasius starb am 3. Dezember 1154 und wurde in der Lateranbasilika beigesetzt.

Bibl.: R. Manselli, in *Dizionario biografico degli Italiani*, III, S. 24–25, mit Bibl.

A. Ilari

Anicet

Papst, Hl. Er wurde in Emesa in Syrien geboren und folgte im Jahr 155 auf den hl. Pius I., was auch durch Irenäus und Eusebius von Cäsarea bezeugt wird. Auch Hegesipp bestätigt es, nur läßt er Soter auf Anicet folgen, dessen Pontifikat bis 166 dauerte. Er empfing in Rom den hl. Polykarp, Bischof von Smyrna, der vor allem zur Lösung der Osterfrage dorthin gesandt worden war, denn die asiatische Kirche beging Ostern am Tag, auf den die XIV. Mondphase des März fiel, während man es im Westen am Sonntag nach dem Vollmond, der Tag- und Nachtgleiche des Frühlings, feierte, wie es heute noch ist. Damals blieb die Frage aber ungelöst und wurde später unter dem Pontifikat von Victor I. (189–199) wieder aufgenommen. Obwohl in den damaligen Jahren sich in Rom zahlreiche gnostische Häretiker befanden, wissen wir nicht, welche Maßnahmen Anicet gegen die Irrlehre ergriff. Das Röm. Martyrologium erwähnt ihn als Märtyrer am 17. April.

Die Reliquien von Papst Anicet wurden in den Katakomben des hl. Sebastian aufgefunden und 1602 von Clemens VIII. an Herzog Gian Angelo Altemps geschenkt, der sie der öffentlichen Verehrung darbieten wollte und daher neben seinem Palast eine dem Märtyrer geweihte Kapelle errichten ließ, die noch erhalten ist. Dem gleichen Herzog verdanken wir auch eine Biographie des hl. Anicet, die 1617 in Rom veröffentlicht wurde.

Bibl.: F. Caraffa, in *Bibliotheca Sanctorum*, I, Sp. 1259–64.

N. Del Re

Anno Santo

→ Heiliges Jahr

Annona ed Economato

Seit 1932 war im Vatikanstaat der Erwerb und die Einfuhr von Waren gesetzlich geregelt. Die Abteilung *Annona ed Economato* unterstand dem Zentralsekretariat des Governatorats und war auch mit der Verteilung und dem Verkauf von Produkten der päpstl. Villen und Gärten beauftragt.

Die Bestimmungen von 1932 wurden in der Folge modifiziert. Die Sektion *Annona ed Economato* ging in die Abhängigkeit der Generaldirektion der wirtschaftlichen Dienste über. Hier wurde auch genau präzisiert, womit die Sektion beauftragt war. Ihr – so heißt es dort – „obliegt die Versorgung mit Lebensmitteln und vor allem deren Einkauf und Verkauf, die Verteilung der Waren und Lebensmittel sowie der Öle und Brennstoffe in die Lager der entsprechenden Magazine, der Erwerb und die Distribution von Postkarten, Kunstführern und Fotografien, schließlich die Erfüllung aller von den entsprechenden Bestimmungen vorgesehenen Aufgaben". 1943 sind die Zuständigkeiten nochmals neu geordnet worden, so wie sie bis heute gelten.

In den *Spacci Annonari* werden Lebensmittel und Getränke verkauft. Die Verkaufsräume, eine Art Supermarkt, liegen in der *Via della Tipografia,* während im unteren Teil des Gebäudes, einschließlich der dazugehörigen Zufahrtsrampen, sich die Lager- und Kühlräume befinden. Als Pius XI. diesen Komplex einweihte, begann er seinen Besuch in eben diesen Lagerräumen und fuhr mit einem Transportaufzug in die Verkaufsräume nach oben. Das alte Gebäude von 1931 ist unter Papst Paul VI. vollständig erneuert und den Bedürfnissen angepaßt worden.

Um in der *Annona* – wie sie im allgemeinen Sprachgebrauch heißt – einkaufen zu können, bedarf es eines besonderen Ausweises, der nur an Vatikanangestellte abgegeben wird. Der Umfang der Einkaufsberechtigungen ist danach geregelt, ob sich der Angestellte im aktiven Dienst oder in Pension befindet. Um jede Spekulation mit diesen Waren zu vermeiden, unterliegt die Einkaufsmenge präzisen Regelungen, auch deswegen, weil die Preise erheblich niedriger sind als in den entsprechenden Geschäften der Stadt Rom. Auch die Einkaufszeiten sind streng geregelt, und der ganze Ablauf unterliegt der Kontrolle vatikanischer Gendarmen.

Das *Magazzino economato* befindet sich in großen Räumen im Souterrain des Gouverneurspalastes (→); hier werden neben Bekleidung für Damen, Herren und Kinder auch Stoffe und Wäsche verkauft. Auch hier kann nur einkaufen, wer sich im Besitz des Ausweises befindet, der zum Einkauf in der *Annona* berechtigt.

Das *Magazzino tabacchi* befindet sich ebenfalls im Gouverneurspalast. Hier werden Tabakwaren aus aller Welt ebenfalls nur an diejenigen verteilt, die dazu berechtigt sind. Wegen der fehlenden Tabaksteuer sind hier natürlich die Preise erheblich niedriger und so auch die Verteilkontingente limitierter. Jeder Vatikanangestellte hat das Recht auf eine monatliche Ration, die über die einzelnen vatikanischen Ämter an die Mitarbeiter verteilt werden. Nur die Pensionierten können sich ihren Anteil direkt in dem Magazin abholen.

Schließlich geht es noch um den begehrten Treibstoff für Kraftfahrzeuge, der an Zapfsäulen, die sich sowohl im Innern der Vatikanstadt als auch in einigen extraterritorialen Gebäuden des Vatikan auf röm. Stadtgebiet befinden, getankt werden kann. Auch hier ist eine besondere Bescheinigung erforderlich, die vom *ufficio carburante* der Vatikanregierung ausgestellt wird. Die Menge des verteilten Benzins richtet sich nach der Art des Arbeitsverhältnisses sowie nach dem Hubraum des entsprechenden PKW.

A. Martini

Annuario Pontificio

Es handelt sich um das bekannte, in rotes Leinen gebundene päpstl. Jahrbuch, das vom Statistischen Zentralbüro der Kirche (→) herausgegeben und von der *Libreria Editrice Vaticana* gedruckt wird: Ein offizielles Nachschlagewerk des Hl. Stuhls mit allen Daten und mit Listen der zur katholischen Hierarchie gehörigen Personen (Papst, Kardinalskollegium, Patriarchate, Erzdiözesen und Diözesen, Titularbistümer, Prälaturen und Abteien, apost. Exarchate und Ordinariate für Gläubige des orientalischen Ritus, apost. Vikariate, apost. Präfekturen, Missionen *sui iuris*, apost. Administraturen, Militärbischofsämter, Bischofssynode, Bischofskonferenzen, Kustodien im Hl. Land). Weiter sind aufgezählt die Mitarbeiter der Röm. Kurie (Staatssekretariat, Kongregationen, Tribunale, Päpstl. Räte, Kommissionen, Komitees u. weitere Ämter). Zu finden sind außerdem alle mit dem Hl. Stuhl verbundenen Einrichtungen, die päpstl. Vertretungen, die Liste des beim Hl. Stuhl akkreditierten diplomatischen Korps, die Mitarbeiter im Staat der Vatikanstadt, im röm. Vikariat, in den Instituten geweihten Lebens und die Mitglieder der männlichen und weiblichen Ordensgesellschaften päpstl. Rechts sowie kulturelle Einrichtungen etc. Am Beginn des *Annuario pontificio* steht die Liste aller röm. Päpste vom hl. Petrus bis zum heutigen Papst (wobei auch die Gegenpäpste aufgeführt sind). Innerhalb der Namenslisten befinden sich kurze historische Anmerkungen zu den verschiedenen Organen und am Schluß ein ausführlicher alphabetischer Index.

Eine Art Vorgänger besaß das *Annuario pontificio* in den *Notizie per l'anno*, einer Initiative der Drucker Chracas im Jahre 1716, die über die Namen und Struktur der Röm. Kurie aber nur schematisch berichtete. Diese *Notizie* gab es als Jahrbuch bis 1859 mit einigen wenigen Unterbrechungen zwischen 1798 und 1817. Ab 1850 ließ dann die Apost. Kammer ein Jahrbuch unter dem Titel *Gerarchia della S.Chiesa cattolica apostolica romana in tutto l'orbe ed in ogni rito con cenni storici* publizieren, wobei zwischen 1860 und 1870 bereits der Buchtitel *Annuario pontificio* verwandt wurde. Dann gab es wieder eine zweijährige Unterbrechung bis zur Neuerscheinung eines Jahrbuchs unter dem Titel *La Gerarchia cattolica e la Famiglia pontificia.* Im Jahre 1912 wurde der alte Titel *Annuario pontificio* wieder eingeführt und ist bis heute ohne Unterbrechungen in Gebrauch.

Bibl.: P. Ciprotti, *L'Annuario pontificio (un secolo di storia),* in *Ecclesia,* 2 (1943), Nr. 3, S. 49–54.

N. Del Re

ANNULUS PISCATORIS

→ Fischerring

ANTERUS (ANTEROTE)

Papst, Hl. Er war Grieche und wurde am 21. November 235 als Nachfolger des zurückgetretenen Papstes, des hl. Pontianus, gewählt. Während dieser nach Sardinien gebracht wurde, um der Verurteilung zur Bergwerksarbeit zu folgen, die ihn in der Verfolgung des Maximinus ereilte, wurde auch Anterus dessen Opfer. Er starb am 3. Januar 236 nach einem sehr kurzen Pontifikat von kaum 43 Tagen. Anterus wurde in den Katakomben des Calixtus begraben, und zwar als erster in der Papstkrypta, wo im Jahre 1854 der berühmte Archäologe Giovanni Battista De Rossi ein Fragment seines Grabsteines fand, auf dem in griechischen Buchstaben Anteros Epi(scopos) zu lesen ist.

Bibl.: M.V. Brandi, in *Bibliotheca Sanctorum,* II, Sp. 51–56.

N. Del Re

Anticamera, Beauftragter der

So heißen heute nach der Reform der *Casa Pontificia* und der *Famiglia Pontificia* durch Paul VI. mit dem Motu Proprio *Pontificalis Domus* vom 28. März 1968 (AAS, LX [1968] S. 305–315) die früher *Bussolanti* (→) genannten Mitglieder der *Famiglia Pontificia.* Sie leisten den gewöhnlichen Dienst der *Anticamera* im Saal der Wandteppiche (→) sowie bei all den Gelegenheiten, zu welchen der Papst seine Privatwohnung verläßt.

N. Del Re

Anticamera, Päpstliche

Dieser Ausdruck hat die ältere „Päpstl. Geheimkammer“ (→) ersetzt und ist lokal und institutionell zu verstehen. Er bezeichnet die Räume, wo die verschiedenen dort zuständigen Würdenträger Dienst tun, aber auch die Gesamtheit der Personen, die zur *Anticamera* des Papstes gehören. Früher entsprachen diese Räume der Privatwohnung des Papstes (→). Der heutige Bereich im zweiten Geschoß des Apost. Palastes und der oberen Loggia wurde von den Päpsten bei ihrem Aufenthalt im Vatikan bis auf Leo XIII. (1878–1903) bewohnt. Pius X. trennte gleich nach seiner Wahl 1903 die *Anticamera*, die im Geschoß der zweiten Loggia blieb, von den Privatgemächern, die in den Bereich der dritten Loggia verlegt wurden, wo bis dahin der Kardinalstaatssekretär gewohnt hatte. Die verschiedenen Räume der päpstl. *Anticamera* (Sala Clementina, Konsistoriensaal, Saal der Stuhlträger, Saal des hl. Ambrosius usw.), wurden hauptsächlich in den Pontifikaten von Gregor XIII., Clemens VIII. und Paul V., also vom Ende des 16. bis zum Beginn des 17. Jh. ausgestaltet.

L. Del Gallo

Antipapst

→ Gegenpapst

Apotheke, Vatikanische

Wie eine ganz normale Apotheke ist sie im *Palazzo Belvedere* untergebracht und den Hospitalbrüdern des hl. Johannes von Gott (Barmherzige Brüder) anvertraut. Ihre Hauptaufgabe besteht in der Beschaffung von Medikamenten für vatikanische Bürger, Angestellte des Apost. Stuhles und der Vatikanstadt, die fast alle im FAS, dem „Fonds für den Gesundheitsdienst“ (→) eingeschrieben sind. Erfüllt werden auch Wünsche von auswärtigen Kunden, z. B. aus Rom, die dort spezielle Medikamente erwerben können, die in Italien noch nicht im Handel sind. Außer dem sehr reichen Angebot an internationalen Medikamenten kann man dort auch Alkohol, medizinische Liköre, Mineralwasser und Mineralsalze, hygienische und sanitäre Artikel sowie Kosmetika erstehen.

Bis 1870 hatten sich die Angehörigen des Päpstl. Hofes und die Bediensteten des Apost. Stuhles, die in den Apost. Palästen wohnten, für den Erwerb von Medikamenten an die Apotheken Roms in der Nähe des Quirinals oder des Vatikans gewandt. Diese Gewohnheit bestand auch noch einige Zeit nach 1870, doch mit immer größeren Schwierigkeiten. Die politischen Verhältnisse und die problematischen Beziehungen zwischen dem Apost. Stuhl und Italien, die für die ersten Jahre nach der Besetzung Roms kennzeichnend waren, ließen es für besser erscheinen, den Vatikan möglichst selten zu verlassen, besonders zu nächtlicher Stunde. Für dringend benötigte Medikamente begab sich jeden Abend ein Karmeliterbruder von der Apotheke des Konvents *S. Maria della Scala in Trastevere* in den Vatikan. Er war dann beim Korps der Schweizergarde an der *Porta S. Anna* untergebracht, wo man ihn im Notfall mit seinem Vorrat an Medikamenten finden konnte. Am Morgen kehrte der Bruder, wenn die Apotheke im *Borgo* öffnete, in seinen Konvent zurück. Mit der Zeit erwies sich diese Lösung als unbefriedigend und eine Neuordnung des Medikamentendienstes schien angeraten. Man entschied, diesen Dienst den Barmherzigen Brüdern anzuvertrauen, die ihre entsprechende Qualifikation schon öfter in der Vergangenheit bewiesen hatten. Das war wiederholt durch päpstl. Anerkennungen 1722 und 1740 bestätigt worden, wie auch ein Reskript des Kardinals Consalvi beweist, der ihnen am 17. November 1817 umfangreiche Vollmachten für die Herstellung und den Verkauf von Medikamenten erteilte.

Zur Durchführung dieses Projekts begab sich im Namen von Kardinal Antonelli am 2. März 1874 der Commendatore Gioachino Spagna, *Maestro di Casa* der hl. Paläste, zum Generalsuperior der Barmherzigen Brüder und schlug ihm die Gründung eines nächtlichen Medikamentendienstes vor, der einem Mitglied seines Ordens anvertraut werden sollte. Am Tag darauf begab sich der Generalobere in den Vatikan, um seine Bereitschaft gegenüber Kardinal Antonelli zu bestätigen. Für die Aufgabe ausersehen hatte er seinen deutschen Mitbruder Eusebius Frommer, einen praktizierenden Apotheker. Am 4. März 1874 bestätigte der Generalobere das Gespräch vom Vortag mit dem Commendatore Spagna und bat ihn, dem Papst für die seinem Orden erwiesene Ehre zu danken. Er bestätigte auch, daß er nichts dagegen habe, wenn ein Teil der Medikamente weiter in der bisher konsultierten Apotheke des Borgo erworben würde. „Unser Institut wird sich auf den nächtlichen Dienst und das Personal beschränken", versicherte er. Außerdem habe er den „Raum angeschaut, der zur Apotheke bestimmt war, wie Kardinal Antonelli mir nahegelegt hat."

Die Verhandlungen führten zum Erfolg. Der vatikanische Apothekendienst begann seine Arbeit am 1. April 1874. In einem Raum beim *Cortile Sixtus' V.* wurde die Apotheke untergebracht und daneben eine Ambulanz für den Arzt. Es war praktisch eine Erste-Hilfe-Station mit einem reichen Angebot an Medikamenten, nicht nur für die erste Versorgung wie zu den Zeiten des *Frate della Scala*. Der Dienst der Barmherzigen Brüder hatte großen Erfolg, so daß Benedikt XV. 1917 die Apotheke in einen Raum der alten Kaserne der Schweizergarde beim Ulmenhof am St. Anna-Tor verlegen ließ. Tagsüber konnten auch röm. Bürger dort einkaufen.

Nach Bildung des Staates der Vatikanstadt 1929 wurden alle Dienste neu geordnet. Auch die Apotheke bekam ein neues Gesicht und einen neuen Sitz. Das „Gesetz über die betriebswirtschaftliche, kommerzielle und berufliche Ordnung" vom 7. Juni 1929 (AAS, Suppl. 1 [1929], S. 25–28) legte fest, daß der Erwerb und der Verkauf von Waren oder Lebensmitteln auf dem Gebiet des Staates der Vatikanstadt diesem als Monopol vorbehalten sind. Daraus folgte auch eine eigene Organisation für den Apothekendienst (Art. 4).

Mit dem „*Regolamento* für das Sanitätskorps sowie für die hygienisch-sanitären Dienste" vom 9. Mai 1933 (AAS, Suppl. 5 [1933], Nr. 3, S. 9–19) werden der leitende Apotheker und sein Assistent zu den Mitgliedern des Sanitätsdienstes gerechnet und – solange diese Aufgaben Ordensleuten anvertraut sind – ist ihre Ernennung dem Papst vorbehalten. Der Leiter ist alleinverantwortlich für das Funktionieren der Apotheke und aller hier vom Gesetz vorgesehenen Dienstleistungen. Kontrolliert wird er von der Leitung des sanitären Dienstes. Im *Regolamento* ist auch festgelegt, daß „die Päpstl. Vatikanische Apotheke absolutes und ausschließliches Eigentum des Hl. Stuhles ist und mit dessen Mitteln unterhalten, versorgt und geführt wird". Das Verhältnis zwischen der Verwaltung und dem Orden der Barmherzigen Brüder in Fragen des Personals der Apotheke und die Festsetzung der entsprechenden Entgelte werden durch eine Abmachung geregelt. Die gleiche Norm legt auch fest, welche Produkte verkauft werden und zu welchen Preisen, die das Gouverneursamt auf Vorschlag des Sanitätsdienstes zu billigen hat. Das Gouverneursamt bestimmt auch die Öffnungszeiten für das Publikum. Jedoch muß ein Apotheker auch nach Ladenschluß in ständiger Bereitschaft sein.

Mit der neuen Organisation bekam die Apotheke zugleich ihren neuen Sitz im *Palazzo Belvedere*. Die Räumlichkeiten dort wurden 1963 und dann wieder 1987 restauriert und erweitert und die Einrichtung durch neues Stahlmobiliar ersetzt. Vollständig modernisiert und erweitert wurde auch die Klausur der Ordensleute einschließlich einer Kapelle über der Apotheke, mit der die Wohnung durch einen internen Aufzug verbunden ist.

Der Umsatz der Vatikanischen Apotheke stieg beträchtlich mit der Schaffung des „Fonds für den Gesundheitsdienst" (FAS) für das Personal des Apost. Stuhles und des Staates der Vatikanstadt. Dessen Statut schreibt vor, daß sich die Eingeschriebenen zur kostenlosen Besorgung der Medikamente oder anderer therapeutischer Mittel der Vatikanischen Apotheke bedienen müssen. Bei der Apotheke sind Ordensleute angestellt, denen auch qualifiziertes Laienpersonal helfend zur Seite steht. Unter den Brüdern, die sich in ihrer Tätigkeit als Apotheker besonders ausgezeichnet haben, sind außer dem ersten Apotheker Eusebius Frommer, der Direktor Fra Prodocimo Bianchini und Fra Diodato Camurani zu nennen, der auch Erfinder der Zusammensetzung einiger Medikamente und erlesener Elixiere war.

Bibl.: L. Huetter, *Minuscula Vaticana*, in *Vaticano*, Florenz 1946; M. Francini, *Il Tevere sotto il letto*, Rom 1982.

A. Martini

APPARTAMENTO ALEXANDERS VI.

→ Appartamento Borgia

APPARTAMENTO BORGIA

So hießen nach dem italienisierten Familiennamen Alexanders VI., Rodrigo de Borja y Doms, die vom spanischen Papst im Vatikan bewohnten Gemächer. Bis zur Fertigstellung eigener Wohnräume 1507 bewohnte sie auch Julius II.

Das *Appartamento* besteht aus sieben Räumen. Die ersten zwei liegen in einem quadratischen Turm, der *Torre Borgia* (→), während die übrigen fünf in jenem Bereich des Vatikanischen Palastes liegen, den Nikolaus V. erbaut bzw. umgebaut hat. Von diesen letzteren besitzen der vierte, fünfte und sechste ein doppeltes Kreuzgewölbe, dessen Gurtbogen parallel zur Nordwand verläuft. Im 19. Jh. wurden die Räumlichkeiten für die Pinakothek verwendet, dann für die Druckerei der Vatikanischen Bibliothek. Nach der Restaurierung durch Leo XIII. wurden sie 1897 dem Publikum geöffnet. Heute beherbergen sie einen Teil der „Sammlung moderner religiöser Kunst".

Das *Appartamento* ist wegen der Darstellungen der Borgia-Wappen berühmt, vor allem aber wegen der Freskendekoration, die von Pinturicchio und seinen Assistenten im Auftrag Alexanders VI. zwischen 1492 und 1495 ausgeführt wurde. Der erste Raum ist der sog. „Saal der Sibyllen", weil in zwölf Lünetten Sibyllen und Propheten dargestellt sind. In diesem Saal wurde 1503 auf Anweisung Julius' II. Cesare Borgia gefangen gehalten. Die Malereien stammen wahrscheinlich von Antonio di Viterbo, einem Schüler Pinturicchios.

Der zweite Saal heißt „Saal des Credo“ und zeigt in den Lünetten Propheten und Apostel, die Schriftrollen mit den Worten des Apost. Glaubensbekenntnisses in der Hand halten. Die Arbeit stammt wahrscheinlich von Pier Matteo d'Amelia, einem Schüler Pinturicchios.

Der dritte Saal heißt „Saal der Freien Künste“ und ist großenteils ein Werk des Antonio di Viterbo. Die Lünetten dieses Saales, den Alexander VI. als Studienzimmer benutzte, stellen die sieben Freien Künste dar: die des Trivium (Grammatik, Dialektik und Rhetorik) und des Quadriviums (Geometrie, Arithmetik, Musik und Astronomie). In der Mitte des Stichkappengewölbes sind Szenen zur „Iustitia“ dargestellt, darunter Trajan, der einer armen Witwe Recht verschafft, deren einzigen Sohn man getötet hatte. In diesem Saal befindet sich ferner ein großer Marmorkamin nach einem Entwurf von Sansovino.

Der vierte Saal, der „Saal der Heiligen“, ist besonders reich ausgestaltet. Die Fresken gelten als die Hauptwerke Pinturicchios. Dargestellt sind der hl. Abt Antonius und der hl. Einsiedler Paulus, die hl. Katharina von Alexandrien und ihre Auseinandersetzung mit den Philosophen vor Kaiser Maximinus, die Legende der hl. Barbara und das Martyrium des hl. Sebastian. Über der Tür befindet sich eine Madonna mit dem Kind und Cherubim. Die Marmorleisten an den Wänden enthalten heraldische Verzierungen von Alexander VI.

Der fünfte Saal wird „Saal der Mysterien“ genannt. Pinturicchio hat hier die *Verkündigung*, die *Geburt*, die *Anbetung der Könige*, die *Auferstehung* (mit einer Darstellung Alexanders' VI. als Stifterfigur, der sich kniend dem Erlöser zuwendet), die *Himmelfahrt*, das *Pfingstwunder* und *Mariae Himmelfahrt* dargestellt. Dieser Saal gilt als Speisesaal des Borgia-Papstes.

Der sechste Raum, der „Saal der Päpste“, ist der größte, da er für die offiziellen Zeremonien bestimmt war. Am 29. Juni 1500 lief Alexander VI. Gefahr, von der einstürzenden Decke erschlagen zu werden. Diese wurde unter Leo X. erneuert und von Giovanni aus Udine sowie Perin del Vaga mit dem Tierkreis und Planeten geschmückt.

Bibl.: F. Ehrle/E. Stevenson, *Gli affreschi del Pinturicchio nell'Appartamento Borgia del Palazzo Apostolico Vaticano*, Rom 1897; D. Redig de Campos, *Restauri all'Appartamento Borgia*, in *Ecclesia*, 9 (1949), S. 35–37; Ders. *Itinerario pittorico dei Musei Vaticani*, Rom 1954, S. 45–84; J. Schulz, *Pinturicchio and the revival of antiquity*, in *Journal of the Warburg und Courtauld Institute*, 25 (1962), S. 33–55; S. Poeschel, *Age itaque Alexander. Das Appartamento Borgia und die Erwartungen an Alexander VI.*, in *Röm. Jahrbuch der Bibliotheca Hertziana*, 25 (1989), S. 127–165; P. Pedraza, *Pacis cultor. Apuntes para una interpretación del Appartamento Borgia del Vaticano*, in *Lecturas de historia de arte*, 1 (1989), S. 123–160; G. Cornini; A. M. De Strobel, *Le Sale dei Paramenti e l'Appartamento Borgia*, in *Il Palazzo Apostolico Vaticano*, hrsg. von C. Pietrangeli, Florenz 1992, S. 89–105.

G. C. Alteri

ARBEITNEHMERVEREINIGUNG DER LAIEN IM VATIKAN (ADLV)

Diese Assoziation entstand am 4. Dezember 1979 und wurde nach päpstl. Verfügung als rechtmäßig konstituierter Verband im Staat der Vatikanstadt am 15. Mai 1980 anerkannt. Die *Associazione dipendenti laici Vaticani* (ADLV) hat das Ziel, ihre Mitglieder bei den zuständigen Verwaltungsorganen des Hl. Stuhles und des Staates der Vatikanstadt zu vertreten und eventuell sich ergebende Probleme beim Arbeitsverhältnis vorzutragen, um eine gerechte Lösung zu finden. Der Verband hat seinen Sitz im Vatikan, richtet sich in seinen Grundsätzen und Vorgehen nach der Soziallehre der Kirche und hält sich bei den Gewerkschafts-

und Arbeitsrechten an die in internationalen Vereinbarungen verbrieften Rechte, zumal an die italienische Gesetzgebung zum Schutz der Arbeitsbedingungen sowie der Entfaltung der Persönlichkeit des Arbeitnehmers und seiner Familie.

Der Verband besitzt Zentralorgane (Generalversammlung, Rat der Delegierten und Exekutivrat), die Probleme allgemeiner Art verhandeln und festlegen können, sowie weitere Organe, die spezifische Probleme eines Sonderbereichs verhandeln. Im Sinn des Art. 4 des Statutes, das am 3. Juni 1981 verabschiedet wurde, ist das oberste Organ des Verbandes die Generalversammlung sämtlicher eingeschriebener Mitglieder. Der vom Rat der Delegierten gewählte Präsident leitet und koordiniert die Tätigkeit des Verbandes und vertritt ihn rechtlich Dritten gegenüber. Der Exekutivrat von acht Mitgliedern steht ihm zur Seite und wählt aus ihnen den Vizepräsidenten, den Sekretär und den Schatzmeister, der für die Verwaltung des Verbandes zuständig ist. Alle Ämter gelten für ein Jahr. Der Verband veröffentlicht ein *Notiziario*, für das der Exekutivrat sorgt.

N. Del Re

Arbeitsbüro des Apostolischen Stuhles (ULSA)

In Art. 36 der Konstitution *Pastor Bonus* über die Reform der Röm. Kurie vom 28. Juni 1988 (AAS, LXXX [1988], S. 841–912) kündigte Johannes Paul II. die Einrichtung eines „Zentralbüros für Arbeit" an, das sich mit den Arbeitsverhältnissen in der Röm. Kurie und den damit verbundenen Fragen beschäftigen sollte. Mit dem Namen *Ufficio del Lavoro della Sede Apostolica* (ULSA) wurde es mit Motu Proprio *Nel primo anniversario* vom 1. Januar 1989 (AAS, LXXXI [1989], S. 145–155) gegründet. Es bekam zugleich ein *ad experimentum* für fünf Jahre gebilligtes Statut. Definitiv in seiner heutigen Form ist das Büro mit dem Motu Proprio *La sollecitudine per coloro* vom 30. September 1994 errichtet worden und enthält gegenüber dem früheren Statut kleine Änderungen bezüglich der Verfahrensnormen. Ergänzt wurde es durch zwei Anlagen: die eine betrifft das Verzeichnis der Advokaten beim Schiedsgericht der ULSA, die andere befaßt sich mit den Normen für das Einspruchsrecht gegen Entscheidungen des Amtes.

In Art. 2 des neuen Statutes, das am 1. Oktober 1994 in Kraft trat, werden die Aufgaben dargelegt, die sich auf die Arbeit des Personals bei den Ämtern der Röm. Kurie, dem Staat der Vatikanstadt, von Radio Vatikan und weiteren Organen des Hl. Stuhls auch außerhalb der Vatikanstadt beziehen. Die Zuständigkeit des Büros kann nur nach Verfügung der vorgesetzten Stellen auf andere Organe oder Stellen ausgedehnt werden. Ausgeschlossen sind Arbeitsverhältnisse, die aus anderen Arbeitskontrakten oder freien Mitarbeiterverhältnissen herrühren.

Das Amt soll nach dem Willen des Papstes dazu beitragen, „eine Gemeinschaft der Arbeit" zu bilden, um sicherzustellen, daß die Würde eines jeden Mitarbeiters gewahrt, seine wirtschaftlichen und sozialen Rechte anerkannt und gefördert werden. Immer – so wird erwartet – sollen die jeweiligen Pflichten treu erfüllt werden. Ein „lebendiger Sinn für Mitverantwortung" soll gepflegt und „der Dienst immer besser ausgeführt werden". Das Büro sorgt ferner für die Regelung eventueller Probleme vertraglicher oder wirtschaftlich-sozialer Art, die sich bei den verschiedenen Organen des Apost. Stuhles ergeben, wobei immer zu berücksichtigen ist, daß der Hl. Stuhl „ein Arbeitgeber besonderer Art" ist und damit die in seinem Dienst geleistete Tätigkeit ebenfalls einen besonderen Charakter hat. Anstelle von Streiks müßten z. B. zunächst einmal „die Wege eines aufrichtigen Dialogs eingeschlagen werden, um gemeinsam nach Lösungen zu suchen, wobei die vorgesehenen Schlichtungsverfahren zur Anwendung kommen können".

Aufgrund von Art. 3 des geltenden Statuts ist daher die Hauptaufgabe des Arbeitsbüros die Förderung gemeinschaftlicher Arbeit, für die Anwendung der spezifischen Regelungen, für die Harmonisierung und Verbesserung der Versorgungsleistungen und vor allem für eine gerechte und gleiche Behandlung des Personals Sorge zu tragen. Deshalb sieht z.B. Art 10, Nr. 3 vor, daß jeder, der sich in seinen Rechten durch eine Verwaltungsvorschrift eingeschränkt sieht, sofern sie nicht vom Papst selbst stammt oder von ihm in besonderer Weise approbiert wurde, innerhalb von 30 Tagen nach erfolgter Mitteilung Einspruch erheben und ihn dem Generaldirektor des Büros vorlegen kann.

Das Arbeitsbüro des Apost. Stuhles ist wie folgt gegliedert: 1. Das Präsidium als Leitungsorgan, das aus einem Präsidenten, evtl. einem Vizepräsidenten besteht, die beide vom Papst ernannt werden, sowie aus zwei Assessoren. Es kann zur Arbeits- und Dienstordnung Vorschläge machen und soll eine einheitliche Ausrichtung der Arbeitsverwaltung fördern (Art. 5–6); 2. Der Rat, der normative Vorschläge zu Arbeitsfragen erarbeitet. Zu ihm gehören zwei Assessoren, ein weiterer vom Kardinalstaatssekretär ernannter Fachmann, ein Vertreter der „Kongr. für die Evangelisierung der Völker", einer der „Verwaltung der Güter des Apost. Stuhles", je einer des Vatikanischen Druckhauses und von Radio Vatikan, einer der Dombauhütte von St. Peter, einer des Governatorats des Staates der Vatikanstadt und sieben Mitglieder des Personals, darunter ein Kleriker, ein Ordensmann, eine Ordensfrau und vier Laien, die vom Kardinalstaatssekretär ernannt werden. Sie bleiben unter Vorsitz des Präsidenten fünf Jahre im Amt. Der Rat muß wenigstens viermal im Jahr einberufen werden und immer dann, wenn es das Präsidium für notwendig hält oder neun seiner Mitglieder es beantragen. Der Rat kann die Prüfung bestimmter Probleme Sonderkommissionen anvertrauen, deren Mitglieder vom Präsidenten ernannt werden (Art. 7–8); 3. Die Generaldirektion, deren Direktor auf fünf Jahre vom Papst ernannt wird und bestätigt werden kann. Er hilft dem Präsidenten bei der Leitung des Büropersonals, nimmt mit beratender Stimme und als Sekretär an den Tagungen des Rates und der Präsidentschaft teil, sorgt für die Verbindung des Büros mit den verschiedenen Verwaltungen und betreut das Studium, die Zusammenstellung der Vorschläge zur Entfaltung der Normen und die Programme für die Ausbildung des Personals (Art. 9); 4. Das Schlichtungs- und Schiedsgericht, dem die Prüfung aller Streitfragen anvertraut ist, wenn vorher alle Versuche einer gütlichen Einigung gescheitert sind. Zu ihm werden qualifizierte Fachleute berufen, die vom Kardinalstaatssekretär für fünf Jahre ernannt werden. Es geht nach Maßgabe des Art. 11 vor. Gegen seine Entscheidungen kann Einspruch gemäß den dem Statut beigefügten Normen (Anlage 2) eingelegt werden.

Im päpstl. Gründungsdokument und im Statut des „Arbeitsbüros des Apost. Stuhles" fehlt jeder Hinweis auf die *Associazione dei Dipendenti Laici Vaticani* (ADLV) (→Arbeitnehmervereinigung der Laien im Vatikan). Dennoch wurde mit dem „Arbeitsbüro" endlich der von der *Associazione* immer wieder geforderte direkte Gesprächspartner geschaffen, also eine Art Arbeitgeberbüro. Doch ist im Statut auch festgelegt, daß bei Meinungsverschiedenheiten von Gruppen die Parteien mit einer eigenen Vertretung vorstellig werden müssen, die aus maximal drei Personen bestehen darf (Art. 11, Nr. 5c).

Seit 1991 veröffentlicht das Arbeitsbüro ein Bulletin als Informationsorgan über die offiziellen Vorgänge, die Normen für die beim Hl. Stuhl geleistete Arbeit und die Aktivitäten des Büros, das allen Personalbüros und betroffenen Angestellten zugänglich gemacht wird.

Bibl.: L. Mattioli, *L'Uffizio del Lavoro della Sede Apostolica secondo lo Statuto unito al M.P. „Nel primo anniversario" dell' 1.1.1989*, in *La Curia Romana nella Cost. Ap. „Pastor Bonus"*, Hrsg. P. A. Bonnet/C. Gullo, Vatikanstadt 1990, S. 505–529.

N. Del Re

Architekt der Dombauhütte von St. Peter

Als der Apost. Stuhl von Avignon nach Rom zurückkam, stellte sich u. a. das Problem der Restaurierung der Peterskirche, die stark gelitten hatte, so daß der Architekt Leon Battista Alberti eine unmittelbar bevorstehende Katastrophe befürchtete. Als Versuche zur vorläufigen Sicherung gescheitert waren, gedachte man, über dem Grab des Apostelfürsten einen Neubau zu errichten. Der Architekt der *Fabbrica* gewann damit eine wichtige, wenn nicht unersetzliche Stellung.

Der erste Entwurf für eine neue Basilika geht auf Bernardo Rossellino zurück, der einen Bau über dem Grundriß eines lateinischen Kreuzes vorsah, mit Apsis und einer großen, zentralen Kuppel. Doch erst Julius II. brachte das Projekt auf den Weg. Am 18. April 1506 legte er den Grundstein für die neue Basilika, die den aus dem 4. Jh. stammenden Bau von Alt-St.-Peter ersetzen sollte.

Die Überwachung der Arbeiten sowie die Lösung der technischen und wirtschaftlichen Probleme war Aufgabe der Verantwortlichen der Bauhütte, die den jeweiligen Bauabschnitt bestimmten und den Architekten ernannten. Clemens VII. schuf ein Kollegium von 60 Mitgliedern für den Bau und die Verwaltung der Basilika. Unter Clemens VIII. wurde dieses Kollegium dann durch eine eigentliche Kardinalskomm. ersetzt, an deren Spitze der Erzpriester der Basilika stand.

Der erste Architekt, der sich bei der gewaltigen Aufgabe hervortat, war Donato Bramante, den Julius II. zur Leitung der Arbeiten berief. Nach dem Tod Bramantes 1514 rief Leo X. Raffael und ernannte ihn am 1. August 1514 zum Chefarchitekten. Nach Raffaels Tod wurde Antonio da Sangallo leitender Architekt der Dombauhütte.

Michelangelo Buonarroti, der schon Architekt des Palastes war, verband seinen Namen unlösbar mit dem Bau der gigantischen Kuppel. Er begann 1546–47 als Architekt der Dombauhütte, von Paul III. persönlich mündlich ernannt. Als Michelangelo 1564 starb, folgte ihm für kurze Zeit Pirro Ligorio und dann Giacomo Barozzi, genannt Vignola, bis zu seinem Tod 1573.

Giacomo della Porta erscheint in den Rechnungsbüchern seit 1572. Zu ihm stößt unter dem Pontifikat Sixtus' V. Domenico Fontana, dann übernahm Giacomo Maderno die Leitung, mit dessen Namen die Fassade und das verlängerte Hauptschiff verbunden sind. Beim Tod Madernos übernahm Gian Lorenzo Bernini die Leitung der Arbeiten, der dem Innenraum der Basilika ihr heutiges barockes Aussehen gab. Mit ihm schließt die Reihe der berühmten Architekten der Dombauhütte, deren Architekten nun die Restaurierungs- oder Umbauarbeiten zu leiten hatten, die im Laufe der Zeit nötig wurden. Derzeit ist ein Kollegium von regulären Architekten damit beauftragt.

Bibl.: E. Muntz, *Les Architects de Saint-Pierre de Rome*, in *Gazzette des Beaux-Arts*, II, 19 (1879), S. 353–368; 20 (1879), S. 506–524; E. Francia, *1506–1606. Storia della costruzione del nuovo S. Pietro*, Rom 1977; M. Basso, *I privilegi e le consuetudini della Rev. Fabbrica di S. Pietro in Vaticano (secc. XVI–XX)*, Rom 1987, S. 89–100.

G. Morello

Architekt des Hl. Apostolischen Palastes

Dieser Architekt beaufsichtigt gewöhnlich die Bau- und Umbauarbeiten an den päpstl. Palästen – eine Aufgabe, in der sich die größten Architekten, vor allem italienische, im Laufe der Jahrhunderte abgelöst haben. Mit dem Beginn der großen Bauarbeiten am Vatikanischen Palast, dann am Quirinal und in Castelgandolfo kam dem Baumeister am Päpstl. Hof besondere Bedeutung zu.

Mit dem Pontifikat Eugens IV. (1431–47) wird in den Rechnungsbüchern des Palastes ein besonderer Baumeister aufgeführt, dann regelmäßig ein Palastarchitekt und bald nur noch die einfache Bezeichnung „Architekt".

Ein Breve Julius' II. vom 6. April 1506 nennt Bramante als Palastarchitekten. Auch Raffael und Baldassarre Peruzzi waren *Architetti*, während Paul III. Michelangelo zum „Obersten Architekten, Bildhauer und Maler des Palastes" ernannte. Bald aber wurde der Architekt des Hl. Apost. Palastes von dem „Architekten Dombauhütte von St. Peter" (→) unterschieden, auch wenn oft beide in einer Person zusammenfielen.

Im 15./16. Jh. läßt sich nur sehr schwer die genaue Chronologie der Architekten verfolgen, zumal Planer, Erbauer und einfache Maurer gleichermaßen als „Architekt" bezeichnet wurden. Große Baumeister werden in den Rechnungsbüchern oft einfach als Maurer oder Schreiner bezeichnet.

Der erste Palastarchitekt, der namentlich in den Büchern erscheint, ist 1557 Giovanni Sallustio Peruzzi. 1559–61 kommt Pirro Ligorio hinzu und bis 1566 finden sich dann beide nebeneinander. 1587 wird Domenico Fontana als Architekt genannt, der bis 1595 im Amt blieb, welchem 1592 Taddeo Landini als Gehilfe zur Seite gestellt wurde. Ab 1633 wird Gian Lorenzo Bernini aufgeführt, der bis zu seinem Tode 1680 im Amt blieb.

Von 1879 bis 1882 ist Francesco Fontana Palastarchitekt, von 1887 bis 1889 Graf Francesco Vespignani, dem Costantino Sneider folgt, der bis 1930 tätig ist, als das Amt des Architekten in den Technischen Diensten des Governatorats des neuen Staates der Vatikanstadt aufgeht.

Die Kurienreform Pius' VI. legte fest, daß zwei Architekten unter Leitung des jeweiligen Hausprälaten in den Lohnlisten geführt werden. Derzeit wird der Architekt der Apost. Paläste im *Annuario Pontificio* (→) unter den Mitgliedern der Päpstl. Familie genannt, obwohl das Motu Proprio *Pontificalis domus* Pauls VI. vom 28. März 1968 (AAS, LX [1968], S. 305–315) über die Reform des Päpstl. Hauses ihn weder ausdrücklich nennt, noch besagt, daß sein Amt endgültig abgeschafft sei.

G. Morello

Archiv der Dombauhütte

20 Jahre nach der Grundsteinlegung für den Petersdom, am 18. April 1506, war das angesammelte dokumentarische Material noch nicht sehr umfangreich. Dieser Bestand ging beim verheerenden *Sacco di Roma* 1527 fast gänzlich verloren. Wenn wir noch einiges über die Tätigkeit in diesen Jahren wissen, so verdanken wir das dem Bemühen von Francesco Magalotti, dem damaligen Buchführer der Dombauhütte, der alles in drei kleinen Gedenkschriften zusammenfaßte. Nach der Wiederaufnahme der Arbeit 1539 stieg die Zahl der Dokumente schnell an und hatte gegen Ende des Jahrhunderts die Hundert schon weit überschritten. Da

man notwendig an ein eigenes Archiv der Dombauhütte denken mußte, wählte man dafür einen Raum in der alten Sakristei und fügte bald einen zweiten hinzu. Eine erste Ordnung des Materials verdanken wir Agostino Brascalomacci, der 1616 als bezahlter Archivar erscheint und 1625 Buchführer und Prokurator der Dombauhütte wurde. Die endgültige Inventarisierung leisteten 1651 die Archivare Leonini und Palomba. Als 1776 die alte Sakristei abgerissen wurde, um dem Neubau Marchionnis Platz zu machen, wurde das Material in das nahe Oktagon über dem kleinen Gewölbe der *Cappella Clementina* überführt, wo es bis 1839 verblieb und in Vergessenheit geriet, während die notarielle Abteilung zunächst im Borromeo-Palast und dann im heutigen *Palazzo Torlonia* unterkam. Nach 1870 kam es in das Staatsarchiv Roms, wo sich heute noch 34 Bände mit Urkunden befinden.

Die Dokumente zur Baugeschichte von St. Peter wurden 1839 von Msgr. Antonio Matteucci, dem neuen Sekretär der Dombauhütte, auf dem Fußboden angehäuft vorgefunden. Er ließ das Material sofort in Räume bei der Kapelle der hl. Petronilla bringen, wo es bis 1984 blieb. Nach einem dreijährigen Umbau kam es in zwei neue große Räume, die Johannes Paul II. einweihte. Das Generalarchiv der Dombauhütte kann jetzt über 420 m^2 Raum verfügen, wo 100 Stahlschränke mit insgesamt 800 m Regalen Platz finden.

G. B. Carinci (1839–96) begann als Archivar auch ein Verzeichnis, das allerdings unvollendet blieb. Erst in unseren Tagen hat der Archivar Dom Cipriano Cipriani in zwanzig Jahren geduldiger Arbeit ein vollständiges Inventar für die Wissenschaftler aus aller Welt erstellt.

Das Archiv der Dombauhütte enthält drei Arten von Dokumenten mit insgesamt fünftausend Exemplaren für den Zeitraum von 1506–1987: I. Rechnungsbücher und die Verzeichnisse der Arbeiter; II. Korrespondenz des Sekretariates mit den Kommissaren und den Einkünften aus Ablaßpredigten; III. Gerichtsakten und Unterlagen für Legate.

Bibl.: M. Basso, *I privilegi e le consuetudini della Rev. Fabbrica di S. Pietro in Vaticano (sec. XVI–XX),* Rom 1987, S. 19–35.

C. Cipriani

ARCHIV DER PÄPSTLICHEN ZEREMONIENMEISTER

Als 1588 durch Sixtus V. die Zeremonialkongr. eingerichtet und mit der genauen Beobachtung der religiösen und bürgerlichen Zeremonien beauftragt war, deren Ablauf sie zu regeln hatte und für die sie verantwortlich war, bildete sich fast gleichzeitig bei diesem Dikasterium ein besonderes Archiv. Dort wurden alle jene Dokumente gesammelt und aufbewahrt, die die Zeremonien des Papstes und der Kardinäle betrafen, angefangen bei den äußerst kostbaren Tagebüchern der Zeremonienmeister aus dem 15. Jh., wo die jeweiligen Amtsinhaber nicht nur sorgfältig die Ereignisse ihrer Zeit aufzeichneten, sondern auch das, was sie aus der Überlieferung bzw. von ihren Vorgängern erfahren hatten. Zu den alten Tagebüchern, die bis ins Jahr 1294 zurückgehen, kamen regelmäßig die neuen hinzu, dazu die zahlreichen Verfügungen zur Regelung aller liturgischen und profanen Zeremonien, die Instruktionen für die Nuntien und Apost. Legaten sowie die gesamte Dokumentation über den Empfang von Souveränen und Fürsten, die Präzedenz ihrer Botschafter und Minister sowie die Lösung der hier sich oft ergebenden Streitpunkte.

Das Archiv wurde ursprünglich und lange Zeit im Apost. Palast des Quirinals aufbewahrt. Nach Verfügung Pius' VI. (1775–99) kam das gesamte Archivmaterial dann in das Haus des Zeremonienmeisters Msgr. Giuseppe Dini, der es ordnen wollte. Dort blieb es auch noch einige Zeit nach seinem Tode 1799, bis es im August 1802 in ungeordnetem Zustand in den Quirinal zurückkehrte. Eine Neuordnung erfolgte durch Msgr. Giovanni Fornici, der 1803 auch ein Verzeichnis veröffentlichte, 1893 überarbeitet von Dom Gregorio Palmieri. Dieser Katalog ist noch heute den Benutzern dienlich.

Zur Zeit der französischen Besetzung Roms wurde das Archiv aus Sicherheitsgründen aus dem Quirinal entfernt, kam aber 1833 dorthin zurück, bis es 1870 in den Vatikan überführt wurde, ohne viele Jahre lang einen festen Platz zu bekommen. Erst 1954 wurde es beim heutigen „Amt für die liturgischen Feiern des Papstes" (→) in Räumen nahe dem Damasushof endgültig untergebracht. Bei dieser Gelegenheit wurde das gesamte Archivmaterial, das aus Manuskripten und zahlreichen Einzeldokumenten besteht, vom damaligen Zeremonienmeister Enrico Leonida Dante, dem späteren Kardinal, bis 1956 archiviert und ein neuer Generalkatalog erstellt, schließlich auch eine sehr nützliche Sachkartei hinzugefügt.

Bibl.: G. Palmieri, *Brevis notitia et catalogus Archivi Sacrae Congregationis Caeremonialis,* Rom 1893.

N. Del Re

Archiv des II. Vatikanischen Konzils

Es wurde am Ende des Konzils von Paul VI. eingerichtet mit dem dreifachen Ziel, die Konzilsakten zu veröffentlichen, die ganze dazugehörige Dokumentation zu ordnen und den Wissenschaftlern bei ihren Forschungen zur Vertiefung der Geschichte und Lehre des Vaticanums II zu helfen.

Mit dem Druck des umfangreichen Verzeichnisses mit 958 Seiten, das Ende 1980 herauskam, hatte das Konzilsarchiv seine erste Aufgabe erfüllt und ein monumentales Werk von 49 Bänden in Großformat herausgebracht. Die erste Abteilung umfaßt die *Antepraeparatoria* und die *Praeparatoria* mit 16 bzw. 7 Bänden und der Serie von Konsultationen, die Johannes XXIII. angeordnet hatte. Der andere Teil beinhaltet die von den verschiedenen Vorbereitungskommissionen erarbeiteten Entwürfe und deren Diskussion in der zentralen Kommission. Die zweite Abteilung umfaßt in 26 Bänden in chronologischer Ordnung die Texte der Debatten der Konzilsväter bis zur endgültigen Billigung der einzelnen Entwürfe und ihrer Veröffentlichung. Vorgesehen sind weitere Indexbände.

Was die Dokumentation des reichen Materials angeht, so hat man es in vier Abteilungen gemäß den verschiedenen Abschnitten der Vorbereitung und Durchführung des Konzils aufgeteilt. 1.) die *Antepraeparatoria* mit allen Akten der *Antepraeparatoria-Komm.* und des Generalsekretariates, die Befragungen des Episkopates und der Ordensoberen, der Dikasterien der Röm. Kurie sowie der katholischen Universitäten und Fakultäten. 2.) die *Praeparatoria* mit allen Akten des Generalsekretariates, der Vorbereitungskomm.- und -sekretariate und die der zentralen Vorbereitungskomm. 3.) das Konzil mit allen Akten der Generalversammlungen und der öffentlichen Sitzungen, des Generalsekretariates sowie der Konzilskomm.- und Sekretariate. 4.) die nachkonziliäre Abteilung mit allen Akten des Generalsekretariates und der nachkonziliären Komm. bis zum Motu Proprio *Ecclesiae Sanctae* vom 6. August 1966 (AAS, LVIII [1966], S. 757–787), zur Durchführung einiger Dekrete des II. Vatikanischen Konzils.

Was dann die Zusammenarbeit mit den Wissenschaftlern angeht, hat sich das Archiv immer bemüht, gemäß den genauen Verfügungen der Päpste allen zu helfen, die dieses Archiv im Palast der Kongregationen (Rom, Piazza Pio XII., 10) aufsuchen.

Bibl.: V. Carbone, *L'Archivio del Concilio Vaticano II*, in *Archiva Ecclesiae*, 34–35 (1991–1992), S. 57–68.

N. Del Re

Archiv des Kapitels von St. Peter

Seit ältester Zeit liegen Nachrichten über ein Archiv beim Grab des Apostelfürsten vor, wo Dokumente über Schenkungen der langobardischen Könige und Herzöge sowie der ersten Karolingerkaiser an den hl. Petrus aufbewahrt wurden.

In einer Bulle Agapets II. aus dem Jahre 948 findet sich zum ersten Mal die Bezeichnung „Archiv des hl. Petrus", dann wieder als Gregor VII. (1073–85) ein falsches Diplom Karls des Großen im „Archiv der Peterskirche" erwähnte. Das Archiv war sehr reich an Dokumenten, weil der Brauch bestand, bei der Confessio, das heißt beim Hauptaltar der Basilika, alle Akte von Schenkungen an die Kirche bzw. den Apostel niederzulegen. In diesem Archiv wurden auch – die Forschung streitet dies z.T. ab – die Glaubensbekenntnisse der Päpste und Bischöfe aufbewahrt. Nicht verwechseln darf man dieses Archiv mit dem „Archiv der Hl. Röm. Kirche", das sich bei der Lateranbasilika befand. Die ältesten im heutigen Archiv des Kapitels von St. Peter aufbewahrten Dokumente stammen aus dem 10. Jh., doch ist aus dieser Zeit wie auch aus dem 11./12. Jh. nur wenig erhalten. Das sehr reiche Erbe an alten Briefen, die man den Nachrichten aus dem *Liber Pontificalis* und anderen Zeugnissen entnehmen kann, ging unwiederbringlich verloren, ein Großteil vermutlich bei den wiederholten Plünderungen und Kämpfen in der Stadt, die auch andere wichtige Archive betrafen. Dennoch bleibt das Archiv des Kapitels von St. Peter eine der Hauptquellen für die Geschichte Roms, es ist zugleich eines der wichtigsten, wenn nicht das erste Kapitelarchiv Italiens. Seit 1940 befindet es sich mit den Manuskripten des Kapitels von St. Peter in der Vatikanischen Bibliothek (→).

Beim Kapitel selbst wird dagegen noch die bedeutende Reihe der Tagebücher aufbewahrt, ferner besteht das wichtige „Archiv der Dombauhütte von St. Peter" (→).

Bibl.: L. Schiaparelli, *Le carte antiche dell'Archivio Capitolare di S. Pietro in Vaticano*, in *Archivio della Società Romana di Storia Patria*, 24 (1901), S. 393–496; 25 (1902), S. 273–354.

G. Morello

Archivar der Hl. Römischen Kirche

Diesen Titel trägt der Kardinal, dem die oberste Leitung des Geheimarchivs des Vatikans anvertraut ist. Er wird vom Papst ernannt und ist diesem direkt für die Ordnung der Einrichtung und Erhaltung des gesamten Archivmaterials verantwortlich. Die normale Verwaltung überläßt er dem Präfekten des Archivs, der von ihm abhängt und für den Ablauf der verschiedenen Dienste des Personals sorgt. Der Titel eines Archivars der Hl. Röm. Kirche findet sich 1879 zum ersten Mal, als Leo XIII. den Kardinal Joseph Hergenröther zum Archivar des Apost. Stuhles ernannte. Der Titel wurde vom Tod des Kardinals 1890 bis 1917 nicht mehr verwendet, als Benedikt XV. den Kardinal Aidano Gasquet zum Archivar des Hl. Stuhles ernannte. Diesen Titel hatte der Kardinal zusammen mit dem des Bibliothekars der Hl. Röm. Kirche inne, den er 1919 erhielt. Beide Titel blieben dann vereint, so daß wir auch heute noch einen Kardinal als Bibliothekar und Archivar der Hl. Röm. Kirche besitzen.

N. Del Re

Armeekorps, Päpstliche

Nach dem Fall der weltlichen Macht und der Auflösung des Kirchenstaates gab es noch vier militärische Formationen im Dienste des Apost. Stuhls und zum Schutz der Apost. Paläste: Die Nobelgarde, die Schweizergarde, die Palatingarde und die Päpstl. Gendarmerie. In der Note zur Kapitulation, die am Morgen des 20. September 1870 vom Kommandanten der päpstl. Truppen, Ermanno Kanzler, dem General der italienischen Truppen, Raffaele Cadorna, übergeben wurde, heißt es ausdrücklich, daß „die Nobelgarde, die Palatingarde, die Schweizergarde, in dem sie dem unmittelbaren Schutz Seiner Heiligkeit dienen, in voller Freiheit ihren Dienst fortsetzen dürfen.". Dies wurde von den Besatzern akzeptiert. In Art. 3, Abs. 2 des Gesetzes vom 13. Mai 1871, genannt das „Legge delle Guarentigie", das der Hl. Stuhl nie akzeptierte, erkennt Italien u. a. an, daß „der Papst das Recht hat, eine notwendige Anzahl von Garden zum Schutz seiner Person und zum Schutz der Paläste in völliger Freiheit und Unabhängigkeit bestehen zu lassen".

Beim Tode Pius' IX. (7. Februar 1878) hätte man glauben können, daß die Bedeutung der päpstl. Armeekorps trotz der ständigen Proteste gegen die Okkupation durch Italien zurückging. Der Zeitchronik muß man jedoch entnehmen, daß das Gegenteil der Fall war: In dieser Zeit wurden im Vatikan in der Waffenkammer des Belvedere noch funktionierende Kanonen aufbewahrt, gut bewacht von einigen älteren päpstl. Artilleristen, die allerdings ihre Uniform bereits abgelegt hatten. Vielleicht um seine Intransigenz in der „Röm. Frage" zu unterstreichen, hat Leo XIII., der Nachfolger von Pius IX., verfügt, daß die Artilleristen ihre Uniform wieder anzogen. So hatte er es auch den Dragonern befohlen, die im Innern der vatikanischen Paläste Dienst taten. Wieder aufgerüstet wurden auch die „Guardie del Fuoco", die im alten System der päpstl. Armeen als militärisch angesehen wurden.

Unmittelbar nach dem 20. September 1870 glaubte man im Vatikan noch an die rasche Wiederherstellung der weltlichen Macht. Diese Überzeugung beeinflußte das Verhalten der päpstl. Armeen, die sich für diesen Fall bereit hielten. Im Laufe der Zeit wurde allerdings diese Möglichkeit immer geringer und die Präsenz von militärischen Garden um den Papst diente neben der Ehrenbezeugung auch dazu, seine weltliche Souveränität zu unterstreichen und mehr oder weniger heftig den stillen Protest zum Ausdruck zu bringen, der bis zur Versöhnung andauerte. Im Zeitraum zwischen 1870 und 1929 taten also die päpstl. Armeen weiter unverändert ihren Dienst, bis auf verschiedene Modifikationen ihrer Uniformen. Natürlich wurde auch die Bewaffnung modernisiert und neben Schwertern und Hellebarden gab es auch moderne Handfeuerwaffen.

Am Ende des vergangenen Jahrhunderts wurde die alte Waffenkammer vom Belvedere ausgeräumt und die Kanonen, Gewehre und andere unnütze und überholte Waffen als Altmetall verkauft. Glücklicherweise wurden einige alten „Schätzchen" gerettet. Drei gußeiserne Kanonen wurden im Rahmen der großen Arbeiten der 30er-Jahre aufgefunden, von Rost befreit und auf Travertin-Blöcken im heutigen Innenhof der Schweizergarde aufgestellt, wo sie noch zu sehen sind.

Am Beginn des Jahres 1870 wurden von den Waffenlagern von *Civitavecchia* acht Marine-Kanonen zur Verteidigung der Stadtmauern nach Rom gebracht. Zwei davon von englischer Fabrikation blieben im Vatikan und zierten den Eingang des Quartiers der Palatingarde. Weitere zwei Bronzekanonen befanden sich im *Cortile del Triangolo*: die kleinere trug den Namen *Mathieu* und das Wappen der Herzöge De la Rochefoucauld, die sie zusammen mit elf weiteren, jede einem der Apostel gewidmet, Papst Pius IX. geschenkt hatten; die größere Kanone im *Cortile del Triangolo* trug den Namen *Annone*. Anfang der 30er-Jahre ließ sie der Hauptmann der Palatingarde, Enrico Vuillemenot, von der Direktion der Artillerie des italienischen Heeres restaurieren. Die Holzteile sind inzwischen wegen mangelnder Pflege beschädigt. Nach Auflösung der Garde im Jahr 1970 wurde alles in das Historische Museum (→) überbracht, zusammen mit einem kleinen Minenwerfer aus Beständen der Marine, der aus dem Quartier der Nobelgarde kam.

In den Lateranverträgen werden die päpstl. Armeen mit keinem Wort erwähnt. Die Anerkennung der Souveränität des Papstes auf dem Territorium der Vatikanstadt implizierte jedoch sein klares Recht, Militäreinheiten zu besitzen. Art. 10 der Verträge sieht vor, daß alle Personen, die zum Päpstl. Hof gehören, „zwar dem italienischen Staat Respekt schulden, jedoch befreit sind vom Militärdienst und von jeder persönlichen Verpflichtung". Dies galt natürlich auch für italienische Staatsbürger, die im Vatikan Militärdienst leisteten.

Die Befreiung von jeglichen Pflichten in Italien wurde in einem ergänzenden Protokoll zu den Vatikanverträgen am 6. September 1932 niedergelegt. Sie betrafen die Nobelgarde und die Palatingarde. Die Gendarmerie findet keine Erwähnung, weil deren Angehörige im Augenblick ihrer Einschreibung im Korps vatikanische Staatsbürger werden. Für die Schweizergarde existierten bereits besondere Abmachungen zwischen dem Hl. Stuhl und der helvetischen Regierung.

Die Bildung des neuen Staates führte bei den Päpstl. Garden zu notwendigen Veränderungen und auch zur Revision der früheren Statuten. Die Gendarmerie wurde jetzt mehr mit dem Wach- und Polizeidienst beauftragt und – aus der Abhängigkeit des Präfekten der Apost. Paläste entlassen – dem Governatorat der Vatikanstadt unterstellt. Insgesamt stellten die traditionsreichen Militärformationen neben ihren beibehaltenen Funktionen zur Ehrenbezeugung und zu Paraden, zu Schutz und Ordnung innerhalb des Staates, ein sichtbares Zeichen der Treue zum Apost. Stuhl dar. Darüber hinaus gaben sie religiösen und zivilen Manifestationen ihren festlichen Charakter. Die Nobelgarde und die Palatingarde, deren Angehörige im ehrenamtlichen Dienst standen, repräsentierten auch symbolisch die Vertretung des röm. Adels sowie des Volkes beim Stuhl Petri.

Der weitere Verlauf der Zeiten und Tendenzen, wie sie aus dem II. Vaticanum entstanden, nicht zuletzt der Bedeutungsverlust bestimmter Traditionen, führte praktisch zum plötzlichen Ende der päpstl. Armeekorps. Mit einem Schreiben vom 14. September 1970 an den Kardinalstaatssekretär Jean Villot in seiner Eigenschaft als Präfekt des „Rates für die Auswärtigen Angelegenheiten der Kirche" (→) verfügte Paul VI. die Auflösung aller militärischen Korps mit einer Ausnahme, der Schweizergarde. In dem Dokument erklärt der Papst die Motive seiner Entscheidung und bezieht sich ausdrücklich auf das II. Vatikanische Konzil, nach dessen Lehre auch die Umgebung des Nachfolgers des hl. Petrus „den religiösen Charakter seiner Mission, immer inspiriert an evangelischer Einfachheit" zum Ausdruck bringen soll. Paul VI. fuhr fort: „Unsere in der Vergangenheit hoch verdienten Militärkorps sind daher nicht mehr zeitgemäß für einen Dienst am Hl. Stuhl, weil die Notwendigkeiten entfallen sind, für die sie damals eingerichtet wurden." (vgl. AAS, LXII [1970], S. 587–588).

Heute werden die Wach- und Polizeidienste im Vatikan von einem neuen zivilen Organismus ausgeübt, der „Wachdienst des Staates der Vatikanstadt" (→) heißt. In ihm fanden zahlreiche Soldaten der aufgelösten Gendarmerie Aufnahme. Die „Assoziation der hll. Petrus und Paulus" (→) übernahm große Teile der

Angehörigen der aufgelösten Palatin-Ehrengarde, die ihrerseits im vatikanischen Ordnungsdienst tätig ist. Die Nobelgarde verfügt über keinerlei organisierte Beziehung mit dem Hl. Stuhl mehr.

Bibl.: A. Vigevano, *La fine dell'Esercito pontificio*, Roma 1920; S. Negro, *Vaticano minore*, Mailand 1937; A. Lancellotti, *Modo vaticano*, 1941, S. 11–49/87–109; P. Dalla Torre, *I Corpi Armati pontifici*, in *Vaticano*, Florenz 1946, S. 223–252; G. Imbrighi, *I Corpi Armati pontifici*, Vatikanstadt 1953.

A. Martini

Artilleristen der Engelsburg

Das Artilleriekorps der Engelsburg, die *Bombardieri di Castello*, wurde 1592 neu organisiert und bestand aus einer Kompanie mit einem kommandierenden Hauptmann, mehreren Offizieren und 13 Schützen, darunter auch die, die beim Vorbeizug des Papstes in der Nähe der Festung Salutschüsse abgaben. Es wurde 1797 aufgelöst.

Bibl.: A. Da Mosto, *Milizie dello Stato Romano (1600–1796),* in *Memorie storiche militari*, X, Città di Castello 1914, S. 411–416; P. Pagliucchi, *I castellani di Castel S. Angelo di Roma*, II, Rom 1928 (Neuauflage 1973), S. 39–41, 169.

C. De Vita

Assessor im Staatssekretariat

Der Assessor gehört zur Klasse der höheren Beamten bei den verschiedenen Dikasterien der Röm. Kurie. Der Assessor im Staatssekretariat ist in diesem Organ neu und wurde mit der Reform Pauls VI. vom 15. August 1967 eingeführt. (Vgl. die Konstitution *Regimini Ecclesiae universae*, II, 1, Nr. 19, § 1). Er hilft dem Substituten (→) bei seinen weitgespannten Aufgaben und ist im Staatssekretariat für Bereiche ähnlich der der Untersekretäre der röm. Kongr. zuständig.

N. Del Re

Assessoren der römischen Kongregationen

Assessoren hießen die höheren Prälaten der drei Kongr. des Hl. Offiziums (der heutigen Kongr. für die Glaubenslehre), der Konsistorialkongr. (heute Kongr. für die Bischöfe) und der Kongr. für die Ostkirchen in der Röm. Kurie, deren Präfekt der Papst war. Der Kardinal an ihrer Spitze war der Sekretär, der praktisch das Dikasterium leitete. Die Assessoren waren also in allem und für alles den tatsächlichen Sekretären der anderen röm. Kongr. gleichgestellt, was Rang, Aufgaben und Privilegien angeht, kraft der Konstitution Pius' XI. *Ad incrementum decoris* vom 16. August 1934 (AAS, XXVI [1934], S. 497–521). Nach den Verfügungen Pauls VI. vom 9. Februar 1966 zur Vereinheitlichung der Terminologie für die höheren Stellen der röm. Kongr. haben die Assessoren ihren Namen verloren und heißen wie alle entsprechenden Beamten Sekretäre.

N. Del Re

Assoziation der hll. Petrus und Paulus

Um den ausschließlich religiösen und geistlichen Charakter der Kirche zu betonen und infolge der Richtlinien des II. Vatikanischen Konzils (1962–65) verfügte Paul VI. mit dem Brief vom 14. September 1970 an den Kardinalstaatssekretär (AAS, LXII [1970], S. 587–588) die Auflösung aller „militärischen Korps des Papstes mit Ausnahme der traditionellen Schweizergarde" (→). Die Ehrengarde Seiner Heiligkeit (→), die Päpstl. Gendarmerie (→) sowie die Palatin-Ehrengarde (→) wurden aufgehoben. Ihrem Kommandanten wurde die Entscheidung des Papstes in einem Schreiben des Staatssekretariates vom 15. September 1970 mitgeteilt, wo u. a. gesagt war, daß für die Angehörigen der Palatingarde ein Verband mit

Sitz im Vatikan gegründet wird, dem sie frei beitreten können, um ihre Gefühle der Freundschaft und Solidarität zu pflegen und ihrem Wunsch nach geistiger Kultur, Apostolat und Übung der Caritas entgegenzukommen. Die Umwandlung des Korps in eine zivile Bruderschaft wurde größenteils gut aufgenommen. Dies war der Anfang der *Assoziation der hll. Petrus und Paulus* mit allen Angehörigen der bisherigen Palatin-Ehrengarde, die ein besonderes Zeugnis des christlichen Lebens, des Apostolates und der Treue zum Apost. Stuhl geben wollten. Ihr Statut wurde *ad experimentum* am 24. April 1971 gebilligt und endgültig am 9. Juni 1976 bestätigt.

Die *Assoziation der hll. Petrus und Paulus* hat drei Abteilungen:

1. Die für kulturelle und verschiedene Tätigkeiten: Sie fördert und organisiert Angebote zur religiösen Bildung der Mitglieder und bereitet diese für liturgische und karitative Tätigkeiten vor.
2. Die für liturgische Tätigkeiten: Sie leistet nach entsprechender Vorbereitung die verschiedenen, von den zuständigen Büros des Hl. Stuhles erbetenen Dienste bei Gelegenheit päpstl. Zeremonien, darunter den Ordnungs- und Wachdienst in der Vatikanischen Basilika.
3. Die für karitative Tätigkeiten: Sie fördert mit Billigung der sozialen Organe Initiativen zugunsten aller, die sich in dringender Not befinden. Sie bietet nicht nur materielle Hilfe, zumal sie von der alten Palatingarde die „Vinzenzkonferenz“ übernommen hat, die bereits seit langem tätig war und durch spontane Gaben aller Mitglieder unterstützt wird.

Der Verband hat einen Präsidenten, dem ein Sekretär zur Seite steht, einen Schatzmeister und die Leiter der drei Abteilungen. All diese Ämter werden per Wahl besetzt, während der geistliche Assistent direkt vom Staatssekretariat ernannt wird. Während ihrer Dienst- und Wachstunden tragen die Mitglieder einen gewöhnlichen zivilen, dunklen Anzug mit einem Abzeichen des Verbandswappens in Rot-Gold und der Inschrift „Wache“. Die Assoziation der hll. Petrus und Paulus hat ihren Sitz im Apost. Palast mit Eingang im Damasushof (→). Die früheren Räume der Palatingarde wurden 1981 entsprechend modernisiert. Organ des Verbandes ist die seit 1973 zweimal jährlich erscheinende Zeitschrift *Incontro*, die von der Kulturabteilung betreut wird und neben Nachrichten über die soziale Tätigkeit auch Beiträge zu Katechese, Moral und Kultur bringt.

A. Martini

Äthiopisches Kolleg, Päpstliches

Über fünf Jahrhunderte lag das Erbe des alten Hospizes der Abessinier zum hl. Stephanus neben der dem hl. Erzmärtyrer Stephanus geweihten Kirche hinter der Apsis der Peterskirche. Das heutige Äthiopische Kolleg liegt etwas höher auf dem Vatikanischen Hügel und wurde eigens durch Pius XI. 1929 am Ort des alten, aber verfallenen und dann abgerissenen Gebäudes errichtet. Bereits 1919 hatte es Benedikt XV. für einige äthiopische Studenten in Rom bestimmt, wie die Inschrift in tigrischer Sprache über dem Eingang in Erinnerung ruft: „Papst Benedikt XV. gestaltete das alte äthiopische Hospiz 1919 in ein Kolleg um, das sein Vorgänger Sixtus IV. nahe der Kirche des hl. Erzmärtyrers Stephanus errichtet hatte, um die äthiopischen Alumnen geziemend auszubilden. Papst Pius XI. verschaffte 1930 dem Kolleg in der Vatikanstadt einen neuen, erweiterten Sitz sowie den Namen und die Rechte eines päpstl. Seminars“.

Das Kolleg wurde vom Architekten Giuseppe Momo entworfen und weist in seiner hufeisenförmigen Form einen historisierenden gotisch-romanischen Stil auf, in der Mitte einen Brunnen und im obersten Stockwerk zwei große Galerien. Es besitzt eine Spezialbibliothek, ein kleines Museum und eine Kapelle in äthiopischem Stil mit Ikonenwand, wo die Hl. Feiern immer nach äthiopisch-alexandrinischer Art abgehalten werden, der auch die mit Rom vereinte katholische äthiopische Kirche folgt. Die einschiffige Kapelle wurde vom Maler Arturo Berti ausgeschmückt. Auf jedem der drei Altäre befindet sich eine Ikone von Achille Tamburlini. Das Bild über dem Hochaltar stellt die *Hl. Familie* dar, rechts den *hl. Franz von Assisi*, links den hl. *Erzmärtyrer Stephanus*, das Bild auf dem linken Altar den *hl. Frumentius* (etwa 310–380), den ersten Bischof von Aksum und Apostel Äthiopiens. Das Bild auf dem rechten Altar zeigt den seligen *Märtyrer Ghébre Michael*, einen abessinischen Priester, der ein langes und schmerzvolles Martyrium um des katholischen Glaubens Willen erlitt (1791–1855). Pius XI. erhob ihn am 31. Oktober 1926 zur Ehre der Altäre.

Die Leitung des Kollegs, wo eifrige Missionare für die Bekehrung ihrer Landsleute herangebildet werden, lag bis 1972 in den Händen der europäischen Kapuziner und wurde dann vom Äthiopier Samuel Asghedom von den Zisterziensern übernommen, dem der derzeitige Rektor P. Luca Kelati aus dem gleichen Orden folgte. Angesichts der geringen Zahl der Gäste wurde ein Teil des Kollegs vorübergehend an die italienischen Schwestern von Maria Bambina zur Verfügung gestellt, die in den vatikanischen Büros arbeiten.

Bibl.: Pontificio Collegio Etiopico. Giubileo d'oro. 1919–1969, Vatikanstadt 1969; E.M. Jung-Inglessis, *Il Collegio Teutonico in Camposanto e il Collegio Etiopico*, in *Der Vatikan und das christliche Rom*, Rom 1975, S. 161–165

A. Martini

Atrium der vier Tore

Atrio dei Quattro Cancelli ist die Bezeichnung sowohl für den großen Eingangssaal des „Museum Pio-Clementino“ (→) mit seinen vier schmiedeeisernen Toren als auch für das Gebäude, in dem sich der Saal befindet. Dieses grenzt im Norden an den *Cortile delle Corazze*, im Süden an die Belvederealle, im Osten an das Vestibül der Simonetti-Treppe und im Westen an den Neorenaissance-Portikus, an dem sich heute der Eingang zu den Vatikanischen Sammlungen befindet. Das Gebäude stellt das erste und wichtigste Werk von Giuseppe Camporese (Rom, 1763–1822) für die Vatikanischen Museen dar, nachdem er 1786 zum Päpstl. Architekten ernannt worden war. Die zwei Geschosse sind von einer Kuppel überwölbt, die von außen wie die des Pantheon flach erscheint, innen jedoch eine perfekte Halbkugel bildet. Das große Travertinportal öffnet sich zur Südseite hin und wird an beiden Seiten von zwei Säulen flankiert. Auf dem Architrav der Ädikula oberhalb des großen Fensters im Obergeschoß befindet sich die Inschrift: PIUS. SEXT. P.M.A. XVII. In jenem Jahr (1792–1793) wurden die Bauarbeiten am Atrium abgeschlossen. Der Saal im Erdgeschoß dient nicht nur der Aufnahme der Besucher, sondern auch zur Präsentation des Museums und einiger seiner Werke. Der Raum ist in vier Bögen mit acht Nischen unterteilt, die vier Statuen und vier Büsten beherbergen. Im oberen Geschoß befindet sich der Saal des Zweigespanns, so genannt nach dem marmornen Gespann, das dort ausgestellt ist.

Bibl.: D. Redig de Campos, *I Palazzi Vaticani*, Bologna 1967, S. 209, 227, 234–238; C. Pietrangeli, *I musei Vaticani*, Rom 1985, S. 79, 184, 211.

G. Odorisio

ATRIUM VON ST. PETER

→ Petersdom (Basilika St. Peter)

ATTIVITÀ DELLA SANTA SEDE

Der „Jahresbericht des Hl. Stuhls“ ist eine jährliche, nicht offizielle Veröffentlichung mit einem genauen Verzeichnis der verschiedenen päpstl. Amtshandlungen wie der Tätigkeiten der vielfältigen päpstl. Organe (Röm. Kurie, Bischofssynode, Governatorat der Vatikanstadt, karitative Organe, Aktivitäten in Kultur, Kunst und Wissenschaft). Der erste Band erschien Ende November 1939 auf Initiative des damaligen Substituten im Staatssekretariat, Msgr. Giovanni Battista Montini (der künftige Papst Paul VI.). Er wollte damit dem Wunsch entsprechen, den Vertreter der beim Hl. Stuhl akkreditierten Regierungen geäußert hatten, ihnen einen Überblick über die Hauptereignisse des Jahres zu verschaffen, um sie in den einzelnen Jahresberichten an ihre Regierungen genau wiederzugeben.

Doch von den ersten Bänden an bot die Tätigkeit des Hl. Stuhles über die erwähnten Themen hinaus auch Nachrichten über die bedeutendsten Dokumente der verschiedenen Dikasterien der Kurie. Daher fand die Veröffentlichung sofort überall großes Interesse, das allmählich zu einer immer ausführlicheren Erarbeitung der Daten und einer immer weiteren Ausdehnung des Materials führte. Die Ausgabe war nach Kapiteln geordnet und mit zahlreichen Fotos versehen und wuchs von den kaum 37 Seiten des ersten Bandes 1939 bis auf 1800 Seiten des Bandes von 1991.

N. Del Re

AUDIENZHALLE (AULA PAULS VI.)

Am 30. Juni 1971 bei der Einweihung der großen Audienzhalle sprach Paul VI. in Gegenwart von über 15.000 Personen. Zweck dieser Aula sei es, die Peterskirche vom Zustrom der großen Menge bei Generalaudienzen zu befreien und ihr einen besseren Empfangsraum zu bieten.

Zu den Audienzen des Papstes kamen in unserem Jahrhundert immer mehr Gläubige, so daß man schon bald an eine Aula für die Aufnahme großer Massen von Pilgern dachte. Während des Pontifikates Pius' XI. (1922–39) fanden fast alle Audienzen in den Sälen des Palastes statt. Zur Zeit Pius' XII. (1939–58) wurde normalerweise die Benediktionsaula über der Vorhalle von St. Peter beansprucht. Seit Johannes XXIII. wurden die immer zahlreicheren Pilger in der Peterskirche empfangen.

Paul VI. entschied sich dann für den Bau einer großen Aula für die Generalaudienzen. Ihm war die Enttäuschung der Gläubigen klar, die von weither und oft unter großen Opfern nach Rom kamen, aber gerade bei ihrer Begegnung mit dem Papst diesen zuweilen nicht einmal sehen konnten. Erst recht war das beim II. Vatikanischen Konzil klar geworden, als das Mittelschiff von St. Peter über drei Jahre lang besetzt war.

Nach gründlicher Prüfung wählte man den Platz links der Vatikanischen Basilika zwischen dem Palast des Hl. Offiziums und dem Hospiz *S. Marta.* Der Bau lag damit zu einem Drittel auf vatikanischem Gelände und zu zwei Dritteln auf italienischem Gebiet.

Mit der Planung wurde der Architekt Pierluigi Nervi beauftragt, der in Italien und im Ausland bereits berühmt war, weil er bedeutende Baukomplexe mit genialen Lösungen von hohem künstlerischen und technischen Wert geschaffen hatte. Ein erster Entwurf wurde dem Papst am 18. Mai 1964 vorgelegt und Nervi bekam den endgültigen Auftrag.

Am 20. Juli 1964 erteilte Paul VI. einer Sonderkommission den Auftrag, für den Bau der neuen Aula zu sorgen. Nach den Plänen entstanden nun die Modelle, die der Papst in der dritten Loggia am 23. Februar 1965 besuchte. Architekt Nervi legte zusammen mit seinen Söhnen Antonio, Mario und Vittorio das Projekt im einzelnen dar.

Das gesamte Gebäude hat ein Volumen von über 200.000 m^3, die große Aula 6.300 Sitzplätze. Durch Entfernen eines Teils der Sitze kann die Kapazität auf 12.000 Personen erhöht werden. Würde man alle Sitze entfernen, käme die Kapazität vielleicht auf über 20.000 Personen. Die kleinere Aula befindet sich im ersten Stock über der Vorhalle. Sie verfügt über weite Räume und Dienste in den Korridoren. Dem Papst steht ein 150 m^2 großer Saal für Sonderaudienzen zur Verfügung. Weitere Räume befinden sich oben entlang der Hauptaula. Sie dienen Presse, Radio und Fernsehen. Man kann von hier das Podium des Papstes und den ganzen Raum vollständig überschauen.

Die sanitären Anlagen für das Publikum befinden sich unter der Erde, und man gelangt über zwei breite Rampen von der Vorhalle aus hin. Drei Klimaanlagen sichern ständig eine optimale Temperatur, Feuchtigkeit und Reinheit der Luft in allen Räumen.

Die Bauzeit belief sich auf über 7 Jahre, die Kosten betrugen etwa 6 Milliarden Lire. Man war bemüht, die Aula so anzulegen, daß sie sich möglichst unauffällig in den Komplex und die Ansicht des Vatikans eingliedert.

Für alle praktischen Dinge wurde bestens gesorgt, so für Beleuchtung, Akustik, ungehinderter Ein- und Ausgang der Gäste. Besonders während der Pontifikates von Johannes Paul II. wurden die Möglichkeiten des Zugangs unermeßlicher Scharen von Pilgern voll ausgeschöpft und erwiesen damit die volle Funktionalität der Anlage.

Hinter dem Papstthron erhebt sich ein grandioses Relief in vergoldeter Bronze. Pericle Fazzini hat den Auferstandenen Christus dargestellt. Die beiden ovalen Glasfenster, die der Aula Licht spenden, sind ein Werk des ungarischen Künstlers Giovanni Haynal.

Normalerweise wird der Komplex für Audienzen in der großen Aula benützt. Die kleine Aula beherbergt die Generalversammlungen der Bischofssynode, deren erste kurz nach der Einweihung vom 30. September bis zum 6. November 1971 stattfand.

In der großen Aula fanden auch bedeutende Konzerte in Gegenwart Paul VI. und Johannes Paul II. statt.

Bibl.: G. Fallani, *La nuova Aula delle udienze pontificie*, in *Osservatore della Domenica*, 5. Juni 1966; F. Alessandrini, *Un'Aula grande, moderna, accogliente per gli incontri del papa con i fedeli*, in *L'Osservatore Romano*, 26. Juni 1971; D. Redig de Campos, *Sobrio accostamento*, in *L'Osservatore Romano*, 26. Juni 1971.

A. Martini

AUDITOR SEINER HEILIGKEIT

Er war der dritte der Palatinischen Prälaten (→), die zur geheimen Kammer des Papstes gehörten. Der Auditor Seiner Heiligkeit war der persönliche Berater des Papstes in rechtlichen Dingen. Sein Amt reicht nicht sehr weit zurück, war aber in der Vergangenheit enorm wichtig, weil alle Streitfragen im kirchlichen und zivilen Bereich in seinen Händen lagen. Er hatte die Vollmacht, im Namen des Papstes, der ihn daher aus den erfahrensten Juristen auswählte, die Urteile sämtlicher Gerichtshöfe oder Kongr. zu überprüfen oder einzustellen. Den bereits weitreichenden Aufgaben des Auditors fügte Benedikt XIV. 1740 noch die eines Sekretärs der wieder errichteten „Kongr. für die Wahl der Bischöfe" hinzu. Auch als dieses Dikasterium praktisch seit 1744 zu arbeiten aufhörte, blieb dem Auditor weiter die Aufgabe, die nötigen Informationen über Kleriker zu sammeln, die zur Leitung vakanter Diözesen vorgesehen waren, zumal wenn der Papst sie frei besetzen durfte.

Eine erste Beschränkung der umfangreichen Vollmachten des Auditors Seiner Heiligkeit führte Pius VII. mit dem Motu Proprio *Nello stabilire* vom 22. November 1817 (BRC VII, Prato 1850, S. 1576–1683) ein. Dazu kamen später die einschränkenden Verfügungen Leos XII. von 1824, der damals die Gerichte reformierte. Der Auditor des Papstes verlor jetzt die Vollmacht, die Urteile der Gerichtshöfe zu ändern. Kraft der „Organischen Regelung für die Verwaltung der zivilen Gerechtigkeit", die Gregor XVI. am 5. Oktober 1831 veröffentlichte, wurden seine Zuständigkeiten auf unumstrittene Fälle eingeschränkt. Pius IX. fügte 1854 und Pius X. 1903 weitere Einschränkungen hinzu. Mit der Abschaffung der Kongr. für die Wahl der Bischöfe war auch der Auditor nicht mehr ihr ständiger Sekretär. 1915 verfügte Benedikt XV. mit dem Handschreiben *Attentis expositis* vom 28. Juni (AAS, VII [1915], S. 320–325) die Vereinigung des Amtes des Auditors Seiner Heiligkeit mit der des jeweiligen Sekretärs des Obersten Gerichtshofes der Apost. Signatur (→). Dieser hat dennoch 1968 die Funktion eines Auditors verloren, als sein Amt im Rahmen der Neuordnung des *Casa Pontificia* (→) durch Paul VI. mit dem Motu Proprio *Pontificalis Domus* vom 28. März (AAS, LX [1968] S. 305–315) abgeschafft wurde.

Bibl.: L. Pastor, *Guida delle fonti per la storia dell'America Latina negli Archivi della Santa Sede e negli archivi ecclesiastici d'Italia*, Vatikanstadt 1970, S. 185–194.

N. Del Re

Ausstellung der Katholischen Presse, Internationale

Im Jahre 1936 bot die Feier des 75. Jahrestages des *L'Osservatore Romano* Gelegenheit zu einer Weltausstellung der Katholischen Presse unter dem Motto *„arma veritatis"* (Waffe der Wahrheit). Die Initiative wurde bereits Ostern 1934 bekanntgegeben und von der Vatikanzeitung als Ehrung für den Papst betrachtet. Der Papst selbst förderte sie und machte Vorschläge zu ihrer Verwirklichung. Sie wurde am 12. Mai 1936 eröffnet. Auf einer Fläche von 20.000 m² gab es sechs große Abteilungen: der allgemeine Teil, die Nationen, die Missionen und die missionarische Zusammenarbeit, die weltweite Katholische Aktion und die religiösen Orden und Kongregationen.

Der allgemeine Teil füllte 15 Säle und bot einen Gesamtüberblick über die Geschichte, Organisation und Statistik der katholischen Presse in aller Welt. Zur Abteilung der Nationen leisteten 45 Staaten Europas und Amerikas ihren Beitrag und 53 Regionen aus den übrigen drei Kontinenten. Teilnehmer waren vor allem die katholischen Nationen Argentinien, Belgien, Brasilien, Italien, Mexiko, Österreich, Polen, Spanien, Schweiz und Ungarn. Im Pavillon des Staates der Vatikanstadt war die Geschichte des röm. Journalismus dargestellt, u.a. die *Gazzetta di Roma*, *il Giornale di Roma* und der *Osservatore Romano*, 1861 gegründet, mit dem *L'Osservatore Romano della Domenica* und *L'Illustrazione Vaticana*. Unter den periodischen Veröffentlichungen des Hl. Stuhles wurden die *Acta Apostolicae Sedis* und das *Annuario pontificio,* das päpstliche Jahrbuch gezeigt.

Die missionarische Abteilung belegte die Vielfalt und das Bemühen der Missionspresse. Daran nahm auch die Kongregation *Propaganda Fide* teil, die ihre Dokumentensammlung zeigte. Es waren 33 Ordensinstitute vertreten, monastische Orden, Bettelorden, Regularkleriker und die neueren Gründungen, die sich zum Teil besonders durch ihr Presseapostolat hervortaten. Teilgenommen haben auch Organisationen der Katholischen Aktion mit Zeitungen, periodischen Veröffentlichungen, sowie Verleger, Vertreter von Universitäten und anderen Kulturinstituten. Ausgestellt wurden insgesamt 11.974 Stücke, darunter Publikationen, Grafiken, Statistiken und historische Dokumente.

Im Rahmen der Ausstellung wurden auch zahlreiche Veranstaltungen durchgeführt, darunter die Woche der Religiösen Kunst, der Kongreß *Bonne Presse et La Croix* und der Kongreß der Terziaren aus den vier franziskanischen Familien. Am 2. Mai 1937 fand der Kongreß der Apostolatswerke und der Werke religiöser Kultur der Jesuiten statt, die damals 1.112 Zeitschriften mit einer Auflage von insgesamt 144.206.769 Exemplaren hatten. Es folgten am 6. Mai der Kongreß der Dominikaner-Terziaren und am folgenden 23. Mai feierte die alte röm. Sodalität *L'Artistica Operaia* den 60. Gründungstag ihres Bulletins *Fede e Lavoro.*

Die Ausstellung schloß am 31. Mai 1937.

Bibl.: G. Ponti, *L'Esposizione Mondiale della Stampa Cattolica: il concetto architettonico*, in *L'Illustrazione Vaticana* 7 (1936) S. 421–426; E. Rosa, *L'Apostolato della Stampa e la „Mostra Internazionale della Stampa Cattolica" in Vaticano*, in *La Civiltà cattolica* 87 (1936) II, S. 267–275; *Guida alla Esposizione mondiale della Stampa Cattolica*, Vatikanstadt 1936; *La stampa cattolica nel mondo: insegnamenti e conclusioni dell'Esposizione mondiale della Stampa Cattolica nella Città del Vaticano*, Mailand 1939.

A. Martini

AUTOMOBILE, PÄPSTLICHE

Als die Zeit der päpstl. Kutschen (→ berline papale) zuende ging, kamen die Automobile. Die ersten Papstautos hatten einen thronartigen mit roter Seide bezogenen Sitz. Das erste Auto im Vatikan zum persönlichen Gebrauch des Papstes war ein Itala 20/30, das 1909 von Msgr. Farlen, Bischof von New York, Papst Pius X. geschenkt wurde, doch der Papst benutzte es ebenso wenig wie die beiden später geschenkten Autos. 1922 erhielt Pius XI. ein Bianchi, Typ 15 von mailändischen Damen. 1926 kam ein weiterer Bianchi, Typ 20 hinzu. Doch erst nach den Lateranverträgen von 1929, als der Papst wieder den Vatikan verlassen konnte, kamen mehrere Fahrzeuge in den Vatikan. In einem amerikanischen Graham-Paige verließ Pius XI. am 22. Dezember 1929 zum ersten Mal den Vatikan, um sich bei Gelegenheit seines Priesterjubiläums zum Lateran zu begeben, wo er am 20. Dezember 1879 geweiht worden war.

Von da an gaben sich die Autofirmen Italiens und des Auslandes oft die Ehre, dem Papst ein Auto aus der eigenen Produktion zu schenken. Daneben wurden andere angeschafft. In einem Mercedes begab sich Pius XII. 1939 zum ersten Mal zur Besitznahme in die Lateranbasilika. Johannes XXIII. zog einen Mercedes-Benz 300 für die Fahrten in seine Sommerresidenz Castelgandolfo vor. Ein japanischer Toyota erwies sich unter Paul VI. bald als ideal für die großen Audienzen unter offenem Himmel, denn der Papst konnte darin von den Gläubigen gut gesehen werden.

Johannes Paul II. pflegte in einem weißen Fiat Campagnola bei den Audienzen auf dem Petersplatz durch die Menge der Gläubigen zu fahren. In diesem Auto erlitt der Papst auch das Attentat vom 13. Mai 1981, und im gleichen Auto fuhr er am folgenden 7. Oktober wieder durch die Menge.

Zuletzt bekam der Papst einen Daily mit besonderen Sicherheitsvorkehrungen, wie einem 2 m hohen Aufbau aus schußfestem Glas.

Bibl.: V. Mosetti, *Le auto dei Papi; settant'anni di automobilismo vaticano. Ricerca iconografica di Maliù Varano*, Rom 1981 (Text u. Bildbeschreibungen auch in Englisch).

C. De Vita

B

Bahnhof, Vatikanischer

In den Lateranverträgen vom 11. Februar 1929 verpflichtete sich Italien, innerhalb des Territoriums des Staates der Vatikanstadt eine Eisenbahnstation zu bauen, die den Vatikan mit der *Stazione S. Pietro* verbinden sollte. Die Planung und Leitung der Arbeiten wurde der Generaldirektion für die neuen Eisenbahnbauten im Ministerium für Öffentliche Arbeiten anvertraut, die am folgenden 3. April mit den Arbeiten innerhalb und außerhalb des vatikanischen Territoriums begann. Der neue Bahnhof im Vatikan ist mit der Bahnlinie Rom-Viterbo verbunden und erreicht sie über ein gemauertes Viadukt, der das Tal des *Gelsomino* überbrückt.

Der Bebauungsplan der Vatikanstadt verlegte die Station und die Eisenbahneinrichtungen in das Gebiet zwischen der *Piazza S. Marta* und dem Gouverneurspalast (→), wo wichtige Umschichtungen des Bodens notwendig wurden, um das Erdreich auf ein Niveau von 38 m über dem Meeresspiegel, also auf die gleiche Höhe wie die *Stazione S. Pietro* zu bringen. Die Einfügung des neuen Stranges in die vorhandene Eisenbahnlinie bot keine Schwierigkeiten, während die Erweiterung der alten Station auf dem Hügel des *Gelsomino* und der Bau des Viaduktes erheblichen Aufwand erforderten.

Die Linie zweigt von den normalen Gleisen der *Stazione S. Pietro* etwa 250 m ab und erreicht nach Überquerung des Viaduktes in einer kleinen Kurve und dann in einem kurzen geradlinigen Stück das vatikanische Territorium durch einen Tunnel. Innerhalb der Vatikanstadt führen die Gleise an der Station vorbei und erreichen einen Tunnel zum Manövrieren, der in die Hügel unter den Gärten getrieben wurde. Der ganze Verlauf der Linie ist eben, bis auf das letzte Stück zum Tunnel hin, das eine Neigung von 2,5‰ hat, um den Abfluß des Wassers zu ermöglichen. Die Gesamtlänge der Linie beträgt 861,78 m, während es zwischen der Achse der *Stazione S. Pietro* und der der vatikanischen Station 624,25 m sind.

Die Arbeiten, die vom Amt für Eisenbahnbauten in Rom geleitet wurden, erfolgten in drei Bauabschnitten: die Erweiterung der *Stazione S. Pietro*, der Bau des Viaduktes über den Gelsomino und der Bau des Vatikanischen Bahnhofs. Der technisch aufwendigste Teil war der Bau der Brücke. Sie besteht aus acht Bögen mit 15,30 m lichter Höhe auf einer Länge von 143,12 Metern, zum Teil in einer Kurve, zum Teil geradlinig. Die Breite auf der Plattform beträgt 10,04 m, während der Raum zwischen den beiden Brustwehren 9,50 m beträgt, ausreichend für die Zugangsgleise zum Vatikan und die Manövriermöglichkeit. Nur beim letzten Bogen erweitert sich der Raum um einen halben Meter, um die Ein- und Ausfahrt in den vatikanischen Bahnhof zu ermöglichen. Der Bau war wegen des sandigen Erdreiches besonders schwierig. Für einen der Pfeiler wurde ein 23 m tiefes Fundament benötigt. Auch für den Bau der Stützmauern des Viadukts mußte man sich zahlreicher Stützpfeiler bedienen, die zwischen fünf und 16 Meter tief getrieben wurden. Die Arbeiten am Viadukt wurden im April

1929 begonnen und im Dezember 1930 abgeschlossen.

Den Eingang in den Vatikan gewann man durch eine Öffnung von 16,70 m lichter Höhe in den alten Vatikanischen Mauern, oben begrenzt und zum Teil polyzentrisch. Der Bogen ist ganz mit Ziegeln errichtet, die nach Form und Maß die alten Mauern nachahmen. Das Portal, welches den Durchbruch schließt, besteht aus zwei Flügeln mit einem Gesamtgewicht von 35,5 t. Sie bestehen aus einer Eisenkonstruktion, bedeckt mit Blech, und oben mit großen Spitzen versehen. Zur Öffnung und Schließung des Durchgangs für die Züge laufen die Torflügel elektrisch auf gleicher Höhe wie die Eisenbahngleise. Im Falle eines Versagens kann das Manöver mit der Hand ausgeführt werden.

Der Platz des Bahnhofs ist 370 Meter lang, die Bahnsteige zehn Meter und zum Teil mit einem Schutzdach bedeckt. Zwei weitere tote Gleise dienen dem Ausladen der Waren, eins für seitlich zu entladende Stücke, das andere für aufrecht zu entladende. Im Gebiet des heutigen Bahnhofs gab es zahlreiche kleine Häuser. Es wurde daher notwendig, etwa 3.700 m^2 Mauerwerk abzutragen und 67.000 m^3 Erdreich zu bewegen. Die Flanke des Hügels, der aus dem üblichen Mergelsand des ganzen Vatikanischen Hügels besteht, mußte mit einer hohen und sehr breiten Mauer gestützt werden, erbaut in Bruchsteinen und geschmückt mit Ziegeln, einem Sockel und Gesimsen von Travertin. Der zentrale Teil der Mauer ist mit einem eleganten Balkon geschmückt, von dem aus man den ganzen Eisenbahnbereich überblicken kann.

Der Bahnhof wurde gebaut nach einem Entwurf von Giuseppe Momo, der den Komplex mehr für Repräsentationsaufgaben gestaltet hat. Man dachte vor allem an Abreisen des Papstes und an die Ankunft von hohen Persönlichkeiten, die zu einem offiziellen Besuch kamen. Das Gebäude besteht aus einem zentralen Teil, der 45 m lang ist, in der Mitte 26 m und 18,50 m hoch, mit einem weiträumigen Vorbau zum äußeren Platz hin. Ergänzt wird der Bau durch zwei niedrige Seitenbauten, die 21,80 x 7,80 m und eine Höhe von 5,95 m messen. Der zentrale Teil wird ganz von einem Saal eingenommen, der mit einem Gewölbe bedeckt ist. Zwei große Fenster in den Rückwänden und erhellen den Salon, während zwei andere Säle dreiteilige Fenster haben. Die Seitenbauten sind jeder in drei Räume eingeteilt für die Eisenbahn- und Wachdienste. Die Zugänge zu den Sälen öffnen sich zum Bahnsteig und zum äußeren Platz hin. Der Zugang zu den Diensträumen verläuft durch zwei Korridore vom Vorraum aus.

Die Fassade zeigt zum äußeren Platz hin, an der Spitze des Vorbaus, ein großes Wappen Pius' XI., das von zwei Engeln getragen wird. Eingefügt in den Sockel, der die zwei Säulen und die zwei Pilaster trägt, findet sich ein kleiner Brunnen, der aus einer Schale besteht, die das aus einem Löwenmaul kommende Wasser aufnimmt. Ein weiteres Wappen ist in den gebrochenen Giebel der Tür eingefügt, die vom Vorbau in den Salon führt. Die Stirnseiten der Seitenbauten sind mit zwei Basreliefs des Bildhauers Edoardo Rubino geschmückt und stellen Christus und die Apostel im Schifflein Petri dar (links), und die Auffahrt des Propheten Elias im feurigen Wagen in den Himmel (rechts). Beide Themen sind auf das Reisen bezogen. Die Repräsentationsräume sind mit kostbarem Marmor ausgestaltet. Die acht monolithischen Säulen (7,50 m hoch) sind aus Cipollin und stammen aus den Steinbrüchen von Versilia oder Seravezzo und wurden besonders sorgfältig ausgewählt, bezüglich der Beständigkeit und Farben.

Die künstliche Beleuchtung stammt aus Lampen, die sich über den Gesimsen des zentralen Salons befinden und auf den Fensterbrettern der seitlichen Säle. Zwischen der Säulenpaaren sind ferner vier große Marmorgefäße aufgestellt, in denen sich Lampen aus Murano-Glas befinden.

Die erste Lokomotive kam im März 1932 zu einer Kontrollfahrt in den Vatikan. Doch erst im Oktober 1934 wurde der Bahnhof vom Ministerium für Öffentliche Arbeiten den vatikanischen Autoritäten übergeben. Das erste Gesetz der Vatikanstadt für seine Eisenbahn ist enthalten im Gesetz über die Quellen des Rechts, Nr. II vom 7. Juni 1929. Hier wird festgelegt, daß für den Eisenbahndienst die italienische Gesetzgebung zu beachten sei (Art. 20, c.4).

Die technische und kommerzielle Abwicklung des Eisenbahndienstes blieben zunächst getrennt. In der Regelung für die Ämter und Dienste des Governatorats Nr. 33 vom 5. Dezember 1932 kam der technische Bereich in die Zuständigkeit der Abteilung Eisenbahn und Transporte und hing vom Zentralamt der Technischen Dienste ab. Die Abwicklung der Waren- und Zollformalitäten erfolgte über das Zentralamt der Sekretariats.

Am 27. Dezember 1939 wurde das Gesetz erlassen, nach dem der Gouverneur des Staates ein Amt für die Einfuhr, für die Ausfuhr und die Überprüfung der Waren und die Bestimmung ihrer Zuweisung einzurichten hat (Nr. IV). Diesem neuen Amt für Waren wurde unter anderem die Durchführung der Operationen und Formalitäten übertragen, die im Eisenbahnabkommen zwischen dem Hl. Stuhl und Italien vom 20. Dezember 1933 vorgesehen waren. Im Gesetz über die Regierung der Vatikanstadt Nr. LI vom 24. Juni 1969 wurde das Amt vom Generalsekretariat abhängig (Art. 5, I,6). Erst am 1 April 1977 bekam das Amt mit dem Dekret der Päpstl. Komm. für den Staat der Vatikanstadt den offiziellen Auftrag, die vatikanische Eisenbahn zu führen und zu leiten. Bereits in einem amtsinternen Dokument, „Aufgaben und Funktionen des Amts für Waren" vom 31. März 1976, das W. Schulz veröffentlicht hat, der es nur in maschinenschriftlicher Kopie auffand, war im übrigen die Weise der Durchführung des Eisenbahndienstes vorgesehen.

Über die Funktionen und den Nutzen der vatikanischen Eisenbahn wurde viel diskutiert. Man dachte an große Massen von ankommenden und abfahrenden Reisenden, insbesondere bei Jubiläen und großen religiösen Zeremonien. Man glaubte, die Päpste und Persönlichkeiten, die sich zu ihnen begeben, würden die Eisenbahn benutzen und der Bahnhof der erste Ort ihres Eintreffens sein. Auch das offizielle Denken muß in diesem Sinne orientiert gewesen sein, wenn man an die luxuriöse Marmorausstattung der Repräsentationsräume denkt. *L'Illustrazione Vaticana* (1932, S. 376) sprach erst vom Zug Pius' IX., um dann einen anderen päpstl. Zug zu erwähnen: „Für die neue Eisenbahn der Vatikanstadt wird ein Zug vorbereitet, und auch dieser wird wie der von Pius IX. nicht nur der italienischen Industrie würdig sein (sic), sondern vor allem auch der erhabenen Person des Papstes". Der päpstl. Zug wurde nicht gebaut. Es ist noch kein Zug mit ankommenden oder abfahrenden Reisenden auf der vatikanischen Station gesehen worden, von zwei Ausnahmen abgesehen: die italienischen Bahnen stellten dem Vatikan für den Transport des Leichnams Pius' X. nach Venedig am 11. April 1959 einen Zug zur Verfügung. Und Johannes XXIII. begann dort seine Reise nach Assisi und Loreto am 4. Oktober 1962. Außerdem verfügt der Vatikan weder über Eisenbahner, noch besitzt er Waggons.

Der Warenverkehr der vatikanischen Eisenbahnen belief sich im Jahr 1986 auf 476 Transporte mit 3.384.933 kg Waren, dazu 155 Speditionen mit einem Transportvolumen von 28.625 kg. Nur 14% bzw. 4,8% des gesamten Warenverkehrs, der im Staat der Vatikanstadt ankommt bzw. abgeht, erfolgt per Eisenbahn, der Rest wird mit Lastwagen transportiert.

Bibl.: Ministero dei Lavori Pubblici, *La Ferrovia per lo Stato della Città del Vaticano*, Roma 1934; G. Pini, *La ferrovia della Città del Vaticano*, Roma 1934; F. Zanetti, *Dalle prime ferrovie dello Stato Pontificio a quella dello Stato della Città del Vaticano*, in *L'Illustrazione Vaticana*, 3 (1932), S. 376–378.

A. Martini

Baldachin im Petersdom

Der Baldachin über dem Papstaltar (→) des Petersdoms ist eine Synthese aus Architektur und Symbolik. Das Altarziborium befindet sich, leicht aus der Symmetrieachse verschoben, im Zentrum der kreuzförmigen Anlage Michelangelos. Ziborien entstanden seit dem 4. Jh. bis zur ausgehenden Hochrenaissance, doch erst durch Verschmelzung und Zusammenführung der traditionellen Hauptformen des Ehrenbaldachins ist eine Anlage wie der Baldachin in St. Peter denkbar: architektonisches Ziborium, Prozessionsbaldachin, Begräbniskatafalk. Seine grandiose Wuchtigkeit – die Höhe mißt tatsächlich ca. 29 Meter – ist durch die fragile und luftige Erscheinungsform der Archetyp jeglichen barocken Formwollens. Das von Urban VIII. ohne die offizielle Komm. am 29. Juni 1633 eingeweihte Meisterwerk gilt als Resultat der genialen Schaffenskraft Gian Lorenzo Berninis.

Die Arbeiten begannen 1624, als der junge Bernini mit den Engelsfiguren des provisorischen Baldachins für Paul V. beschäftigt war, den noch Buonvicino entworfen hatte. Bereits im nächsten Jahr waren die Holzmodelle der gedrehten Säulen mit gewundenem Schaft fertig. Im Jahr 1628 wurde der Vertrag für die Ausführung der abschließenden Partien abgeschlossen. Die Terrakotta-Modelle der Engel und Putten schuf eine Künstlergruppe, darunter Domenico und Gregorio De Rossi, Francois Duquesnoy, Giuliano Finelli, Orazio Albrizi und Luigi Bernini. Diese Modelle wurden 1629 in Bronze gegossen. Vier Jahre später montierte man die Gesimse, Friese, Architrave, Engel (sie sind dreieinhalb Meter hoch), die Kugel und das abschließende Kreuz.

An den Seitenflächen der Marmorsockel, an deren Dekoration Francesco Borromini – dem wir wahrscheinlich den Entwurf verdanken – und Agostino Radi beteiligt waren, sieht man die Wappen Urbans VIII. Barberini, der der Auftraggeber des Werkes war. In jedem der acht Wappen erblickt man, von Delphin-Voluten gerahmt, ein Frauengesicht, das, in einer studierten und enigmatischen psychologischen Steigerung, seine Mimik von einer glücklichen Heiterkeit bis zum tiefsten Schmerz ändert. Romantische Interpretationen (die Serie ist tatsächlich mit den Freuden und den Schmerzen der Geburtswehen einer Nichte Urbans VIII. identifiziert worden) sind eher abzulehnen. Die Sequenz ist vermutlich einfach unter dem Aspekt einer Physiognomie- und Charakterstudie zu sehen und somit bezeichnend für Bernini wie auch Borromini. Eine faszinierende Hypothese ist, daß diese Bilderserie – auf den Spuren der Legende über die Päpstin Johanna – eine Darstellung der „archaischen Vorstellung der *Mater Ecclesia*“ sei mit allen ihren liturgisch-symbolischen Implikationen. Damit hätte Papst Urban VIII. in jener problematischen Epoche der Religionskriege den Primat der Röm. Kirche besonders hervorgehoben; einer Kirche „sub specie matris“, die ihr eigenes Fortbestehen durch die kontinuierliche Neugründung mit der Wahl des Nachfolgers Petri sichert.

Für den Guß der Spiralsäulen des Baldachins wurde sowohl die Verkleidung der Kuppelrippen von St. Peter verwendet, als auch das Gebälk des Portikus des Pantheons Die sich nach oben leicht verjüngenden Bronzesäulen sind in drei verschiedene Ordnungen geteilt. Im unteren Teil weist die Säulenwindung in ihrer aufwärtssteigenden Entasis (Schwellung der Säule) tiefe Hohlkehlen auf. Dieses Rillenmotiv entstammt dem aufmerksamen archäologischen Studium des religiösen und historischen Bestands der Basilika, wie beispielsweise der konstantinischen „Pergola". In den beiden oberen, durch eine Akanthusblättergirlande getrennten Ordnungen schlingen sich Lorbeerranken um den gewundenen Säulenschaft und Putten tanzen in den Blättern – eine Allegorie der Kindheit in Unschuld und Frohsinn. Schwärme von Bienen begleiten diese Putten, ein klarer Hinweis auf Papst Barberini selbst. Auf den Akanthuskapitellen ruht das reiche Gebälk mit strahlenden Gestirnen, Eierstab, Zackenbändern, die nur von den herabhängenden Vorhangteilen des Baldachins unterbrochen werden. Im Zentrum schwebt die Taube des Heiligen Geistes von einer Strahlenglorie umgeben. Die Bekrönung dieser prächtigen und bewegten architektonische Komposition besteht in geschlungenen Bögen aus dreifachen Delphinrücken-Voluten, über welchen sich die Kugel mit dem Kreuz erhebt. Ursprünglich sah hier das Projekt Berninis die Statue des triumphierenden Erlösers vor. Zu ihrer Ausführung kam es nicht mehr, da man sie als zu schwerfällig empfand.

Bibl.: M. Fagiolo/M. Fagiolo Dell'Arco, *Bernini, Una introduzione al gran teatro del Barocco,* Rom 1967; C. D'Onofrio, *La Papessa Giovanna. Roma e papato tra storia e leggenda,* Rom 1979, S. 243–265; W. Ch. Kirwin, *Bernini's Baldacchino reconsidered,* in *Röm. Jb. f. Kunstgeschichte,* 19/1981, S. 141–171; O. Berendsen, *I primi catafalchi del Bernini e il progetto del Baldacchino,* in *Immagini del Barocco. Bernini e la cultura del Seicento,* Hrg. M. Fagiolo/G. Spagnesi, Rom 1982, S. 133–143.

R. Del Signore

BEICHTVATER DER FAMIGLIA PONTIFICIA

Es handelte sich um einen Kleriker mit dem Auftrag, die Beichten der Mitglieder der *Famiglia Pontificia* (→) zu hören, wenn ein Mitglied dies erbitten sollte und besonders, wenn sie zum Empfang der hl. Kommunion aus den Händen des Papstes selbst zusammenkamen. Obwohl sich die genaue Zeit seiner Errichtung nicht bestimmen läßt, ist das Amt des Beichtvaters der *Famiglia Pontificia* sehr alt und scheint ursprünglich mit dem des Sakristans (→) verbunden gewesen zu sein. Nach Gewohnheitsrecht wurde es seit dem 16. Jh. einem Ordensmann der Diener Mariens (Serviten) anvertraut und 1762 durch Clemens XIII. sogar ausschließlich diesem Orden reserviert. Mit dem Breve *Gravissimae apostolicae regiminis* vom 19. Januar kam seine Ernennung nur dem Papst zu. Mit Reskript vom folgenden 14. April wies er dem Beichtvater der *Famiglia Pontificia* bei den päpstl. Gottesdiensten den Platz hinter den Generalprokuratoren der Orden zu. Bis zum Beginn unseres Jahrhunderts hatte der Beichtvater das aktive und passive Stimmrecht auf allen Kapiteln und Definitorien seines Ordens. Es wurde 1916 auf Bitten des Generalpriors der Serviten durch Benedikt XV. abgeschafft. Lange Zeit residierten die Beichtväter der *Famiglia Pontificia* im Apost. Palast, doch schon vor 1870 wohnten sie wieder in ihren Konventen in Rom bei *S. Marcello* oder S. *Maria in Via,* immer bereit, sich bei einem Anruf in den Vatikan zu begeben.

Das Amt des Beichtvaters der *Famiglia Pontificia* wurde 1968 von Paul VI. mit dem Motu Proprio *Pontificalis Domus* vom 28. März abgeschafft (AAS, LX [1968], S. 305–315), in dem der Papst die *Casa Pontificia* neu ordnete.

Bibl.: A.M. Vicentini, *Il Confessore del S. Palazzo Apostolico e l'Ordine dei Servi di Maria,* Vicenza 1925.

N. Del Re

Belvedere

So wurde der kleine Renaissancepalast Innozenz' VIII. (→) genannt, den der Papst als Sommerresidenz am Hang des Vatikanhügels an der Seite zum *Monte Mario* bauen ließ wegen der großartigen Sicht auf Rom und die Umgebung vom *Soratte* bis zu den Albaner Bergen.

Im Mittelalter war die Gegend als *Mons S. Aegidii* nach dem Namen der benachbarten Kirche bekannt. Die Bezeichnung ist noch heute im „St.-Ägidius-Tunnel" erhalten, der 1932 als neue Straße zu den Vatikangärten gebaut wurde. Die Bezeichnung *Belvedere* bezog sich schließlich auf die ganze Gegend des Vatikan zwischen dem Apost. Palast und dem Palast Innozenz' VIII., benennt aber gleichzeitig einzelne Orte und Gebäude in dem Areal wie den Belvederehof (→), den Belvederegarten, den *Nicchione*, die Belvedere-Bastion, sowie einzelne Objekte und Kunstwerke wie den Belvedere-Pinienzapfen, den Apoll von Belvedere usw.

G. Morello

Belvedere-Bastion

Das breite Mauerglacis am Ende des Belvederehügels gegenüber von *Monte Mario* wurde unterhalb der *Palazzina* von Innozenz VIII. unter dem Pontifikat Pauls III. Farnese zwischen 1545 und 1547–48 errichtet.

Obwohl sie generell Michelangelo zugeschrieben wird, wurde sie wahrscheinlich von Antonio da Sangallo d. J. entworfen und begonnen. Dieser hatte dem Papst einen breit angelegten Festungsplan unterbreitet, der das noch vom *Sacco di Roma* 1527 aufgerührte Rom in die am besten verteidigte Stadt der Welt verwandelt hätte. Sangallo gelang es jedoch nur, einen kleinen Teil seines Projektes zu realisieren: die Befestigungen am Aventin und im Borgo. Auch hier dachte Sangallo an ein weit gefaßtes System, das die gesamten Vatikanhöhen eingeschlossen hätte. Das Projekt stieß jedoch auf breiten Widerstand. Um den Streit zu schlichten, setzte der Papst eine Kommmission ein, an der auch Sangallo selbst teil hatte und in die auch Michelangelo berufen wurde, der wegen der Realisierung der Florentiner Mauern auch einen hervorragenden Ruf als Militärarchitekt genoß. Auch Michelangelo selbst war gegen den Entwurf Sangallos. Die Bauarbeiten wurden jedoch bis zum Tod Sangallos 1546 unter seiner Leitung fortgesetzt. Danach führte Michelangelo sie gemeinsam mit Jacopo Meleghino fort.

Michelangelos Hauptaugenmerk konzentrierte sich vor allem auf die Bastion unter der Belvedere-Villa, die er derart robust anlegte, daß sie von den Zeitgenossen „die Festung" genannt wurde. Die Bastion, die später vielfach restauriert wurde, ist mit Ziegelsteinen verkleidet, am vorspringenden Winkel mit Travertin verstärkt und trägt ein monumentales Wappen von Paul III., das rechts und links von denjenigen des Kardinals Guidascanio Sforza, des Senats und des Volkes Roms flankiert wird. Die Legende darunter „Paolo III Pont. Max. Anno VIII" bezeugt wahrscheinlich das Jahr des Baubeginns der Borgobefestigungen (1542), während die Zahlungsanweisung des Militärgraveurs vom 5. Juni 1547 auf eine Vertauschung des Buchstabens V durch ein X schließen läßt.

Bibl.: Michelangelo Architetto, Hrsg. P. Portoghesi/B. Zevi, Turin 1964, S. 898–900

G. Morello

Belvederehof

Der gegenwärtig „Belvedere" genannte Hof behielt den Namen bei, mit dem ursprünglich die weitläufige Anlage zwischen den Korridoren des Bramante bezeichnet wurde. Heute sind die ehemaligen Terrassen durch Querbauten (Sixtinische Bibliothek/*Braccio Nuovo*) in drei getrennte und unabhängige Höfe unterteilt: den eigentlichen Belvederehof in der unteren Ebene, den mittleren Hof oder *Cortile della Biblioteca* (→) und den oberen Hof oder *Cortile della Pigna* (→).

Das innovative Projekt des Bramante war Teil des von Julius II. für den Vatikan geplanten Erneuerungsprogramms, dem der Entwurf Nikolaus' V. unmittelbar vorherging, der nur zum Teil ausgeführt wurde, aber nach Ackerman im Kern das Projekt Bramantes enthielt, da er die einzige Quelle des 15. Jh. ist, die Kombination der Gärten, eines Theaters, der Höfe und der Brunnen inspiriert haben kann.

Die Idee Julius' II., eine direkte Verbindung zwischen den vatikanischen Palästen und der 300 m entfernten, 20 m höher liegenden Villa des Belvedere zu schaffen, steht unter dem programmatischen Gesichtspunkt der Verherrlichung des Gedankens eines Papst-Herrschers. Dieses Selbstverständnis findet die direkte Entsprechung in den Palästen der antiken röm. Kaiser, was durch die Ruinen und die suggestiven Beschreibungen der antiken Schriftsteller wie Tacitus, Sueton und Plinius belegt wird. Wie ausführlich bewiesen wurde, sind die Zitate der röm. Architektur eindeutig. Hierzu gehören der von der reinen Funktionalität gelöste Raum als Ort der Ruhe, Erholung und Schauspiele, die Beziehung zur Natur, die immer von der Kultur vermittelt wird. Selbst die Dimensionen des Hofs und insbesondere die numerischen Beziehungen, die seine Formen bestimmen und die direkt zu den Proportionen und den feststellbaren Beziehungen ihrer typischen röm. Formen, wie Stadion oder Zirkus in Verbindung stehen (Zirkus Maximus, Stadion des Domitian). Weiter anzuführen sind das unterstellte architektonische Procedere und die auf der Kreisform basierende Konstruktion nach Vorbild der Römer sowie die Idee der 300m langen Korridore, deren Länge die bei Sueton erwähnten Bogengänge in Erinnerung ruft, und die Wahl der Halbkreise für die Abschlüsse der kurzen Seiten (Tempel der Palestrina, Canòpo, die Hadriansvilla, die toskanische Villa des Plinius). Sogar die ungefähr in der Mitte der Korridore angebrachten Türme erinnern an die „turres" der röm. Zirken (Zirkus des Maxentius in Caracalla). Vor allem ist die röm. Größenskala, durch die Bramante den zur Verfügung stehenden Raum auflöst und kontrolliert, bewußt gewählt.

Nachdem er die Topographie des Ortes studiert hatte, entwarf Bramante einen absolut neuen Raum im Freien, wo das rational von Menschenhand Geschaffene über die Natur dominierte: Die natürliche Hanglage wurde durch eine geometrische Abfolge der drei Terrassen ersetzt, die als Grünanlagen und Beete angelegt waren. Sie waren getrennt und gleichzeitig von steilen Abhängen und Mauern verbunden, an deren Innenseiten breite und dynamisch geschwungene Treppen waren, die außer dem funktionalen Aspekt ein Mittel der sichtbaren Verbindung darstellten (→ C. della Pigna, C. della Biblioteca).

Der als Schauspielbühne konzipierte Platz, für den die Gesamtoptik wesentlich ist, war von unten (Süden) nach oben (Norden) hin ausgerichtet. Die Einheit des gesamten Raums und das streng perspektivische Schema der drei Höfe war besonders von der Papstloggia aus erfaßbar. Entlang einer zentralen Achse folgten Nischen, Treppen usw. Das wichtigste verbindende Element waren die langen Korridore, die nach den drei klassischen Ordnungen angelegt waren (dorisch, ionisch, korinthisch) und sich bei konstanter Höhe durch die variierte Geschoßzahl ans Gelände anpaßten. Die bewußt monotone Fassadengestaltung betont die

Zentralperspektive der Anlage. Die Fassaden waren zum Hof hin offen und gefällig gestaltet, zeigten nach außen hin aber ein militärisch schmuckloses Aussehen. Bramantes Konzept ist heute durch die eingefügten Querbauten und Veränderungen stark beeinträchtigt. Von fundamentaler Wichtigkeit für die Wiederherstellung der ursprünglichen Anlage sind die Pläne aus dem 15. Jh., insbesondere jene des sog. Coner Codex (ungefähr 1520). Sie sind vermutlich eine Kopie von zweiter oder dritter Hand des Bramante-Entwurfs bzw. weiterführenden Pläne und der beteiligten Architekten wie Peruzzi, Antonio di Sangallo d. J. und Pirro Ligorio. Auskunft über den früheren Cortile geben außerdem diverse Stadtansichten Roms, wie vor allem die perspektivischen Panoramen des Perin, des Vega, des Dosio, des Dupérac, des Cartaro und ergänzend zeitgenössische literarische Quellen wie Vasari und Albertini.

Gemäß dem ursprünglichen Plan waren die Korridore auf drei Ebenen verschiedener Länge angelegt – entsprechend dem Höhenunterschied zwischen den drei Geländeterrassen. Dies erlaubte aus funktionaler Sicht eine bequeme Verbindung mit den bestehenden Gebäuden. So gelangte man nun ebenerdig in das Untergeschoß des Flügels von Nikolaus V., vom ersten Geschoß in den Damasushof und die Päpstl. Bibliothek sowie vom zweiten Geschoß zur Loggia des *Appartamento Borgia*. Aus architektonischer Sicht verband man die Anlagen durch die drei wesentlichen Ordnungen Vitruvs, der dorischen, der ionischen und der korinthischen: der Dreifach-Portikus, von dem Sueton in der Beschreibung der *Domus Aurea* des Nero spricht.

In dem unteren Hof, gegenwärtigen Belvederehof, bestand das Erdgeschoß aus einer Galerie von siebzehn Arkaden, gestützt durch dorische Pfeiler mit Gesims und Architrav aus Travertin. Jeder Bogenöffnung des eingewölbten Säulengangs entsprach auf der Rückwand eine Nische. Auf der Höhe der neunten Bogenöffnung, d.h. in der Mitte des Ostkorridors, öffnet sich der Hauptzugang aus der Stadt, das Julius-Tor. Das einem einfachen antiken Triumphbogen ähnelnde Tor, das nach antiken Quellen aus Travertin bestand, sprang aus der Flucht der Wände hervor und war aus Bossenquadern in abwechselnder Höhe und Breite gemauert.

Die Ebene des ersten Geschosses im Belvederehof war durch ionische Pilaster rhythmisch gegliedert, zwischen denen sich breite rechteckige Fenster mit Segmentbogen- oder Dreiecksgiebeln öffneten, an deren Seite sich jeweils Muldennischen befanden. Das zweite Geschoß, das letzte des Bramante-Entwurfs, öffnete sich mit einem Bogengang mit korinthischen Pilastern, die mit den anderen Ordnungen achsengleich waren, zum Hof. Auf den Pilastern ruhte ein hoher Architrav, gleich einer Attika mit jeweils drei Pilastern pro Arkadenöffnung. Dies schien der obere Abschluß der Gebäude zu sein; am Flachdach verlief vermutlich eine „Straße“ zur raschen Verbindung zwischen Palästen und der Villa Innozenz’ VIII., die auch mit Pferden benutzt werden konnte (Rampen).

Bei der Gestaltung der Fassaden der Korridore übertrug Bramante, wie bei der Kirche *S. Maria della Pace,* die Maßverhältnisse der unteren Ordnung auf die gesamte Anlage. Er nahm die dorische Ordnung als Modul und entwarf danach das theoretische Gesamtkonzept. Bei der Ausführung manifestierte sich das Talent des Architekten, der durch „ingeniorum acumen“ (Scharfsinn) das Zahlengesetz veränderte. Es gibt genaue Angaben von Sebastiano Serlio über Bramantes Methode zur proportionalen Aufteilung der Grundeinheit des unteren Hofs. Bestimmend für das Verständnis der dem Aufriß zugrundeliegenden Logik sind die Rekonstruktionen von Ackerman und Bruschi.

Ausgehend von der auf einem Modul von ungefähr 15 Ellen beruhenden Tiefe des Portikus, legte Bramante die Höhe der ersten Ordnung im Verhältnis zur Mittelachse auf 2 : 3 fest, was 22 Ellen (12,30 m) entspricht. Daraus ergibt sich ein gleichseitiges Dreieck, das der diagonalen Hälfte eines Quadrats entspricht. Die Höhe der zweiten Ordnung, der ionischen, bildet ein Quadrat mit einer Seitenlänge von ca. 15 Ellen (ungefähr 8,20 m), die dem Achsenabstand entspricht. Die dritte Ordnung folgt einer analogen proportionalen Aufteilung. Auf diese Weise kann die gesamte Höhe in sieben Teile unterteilt werden, wobei jeder Abschnitt der Hälfte des im Plan festgelegten Achsenabstandes entspricht. Dieses Modul wird auch für den oberen Hof angewandt. Genaue Maßverhältnisse bestimmen die Dimensionen und Proportionen der einzelnen Elemente und ermöglichen eine korrekte Zentralperspektive. Im Erdgeschoß wurde die Breite des Säulenschafts durch die Arkadenkämpfer reduziert und außerdem das Profil verjüngt, wodurch der Vertikalismus betont wird. Auf der ersten Ebene wendete Bramante eine Reihe von Tricks an, um die durch zu große Achsenabstände entstehende Absenkung der ionischen Ordnung zu kompensieren, wie z.B. die Form der Kapitelle mit diagonalen Voluten, die geeignet sind, den Vertikalismus des Schafts zu unterstützen bis hin zum Verschmelzen der Pilaster mit dem Architrav, dem so seine horizontale Schwere genommen wird. Ein weiterer Kunstgriff ist die Reduktion der Interkolumnien durch zwei Halbpfeiler neben den ionischen Pilastern und die Auflösung der glatten Wände durch die großen, nischengerahmten Fenster.

Die dritte Ebene, für die Bramante die korinthische Ordnung vorgesehen hatte, scheint sich über dem Stockgesims zu erheben – so wie in *S. Maria della Pace.* Im Unterschied zu den anderen Ordnungen wurde sie, nach einer Hypothese Frommels, vermutlich nicht von Bramante selbst entworfen und ausgeführt. Daher ist die Lösung für den oberen Abschluß, der architektonisch die ganze Front vollenden mußte, nicht bekannt und scheint nach den erhaltenen Zeichnungen aus einer zweiten, niederen Ordnung mit zwei kleinen, eingestellten toskanischen Säulen bestanden zu haben. So entstand in manieristischem Stil ein zweites Geschoß über den korinthischen Pilastern. Über dem dunklen Band der Loggiaöffnungen folgte ein abschließendes Plattenband, von Gesimsen eingefaßt, wodurch das Problem des doppelten Gebälks umgangen wird.

Die Nordseite des gegenwärtigen Belvederehofs war von einem mit Gras bewachsenen, steilen Abhang begrenzt. In der Mitte führte eine breite Treppe zur mittleren Etage. An diesem Abhang wurde später unter Pius IV. (1559–65) ein Stufenaufgang angelegt, den die Zuschauer benutzen konnten, die bei den Spielen im Belvedere-Theater oder von den Zeitgenossen sog. *Atrio del Piacere* in großen Mengen zusammenkamen. Die genau in Höhe der Korridore angelegten, vorspringenden Türme wurden zur Kulisse der Theaterszene.

Es ist wenig zu Bramantes Plan für die schmale Südfront überliefert. Es stellte sich das Problem, den neuen einheitlichen Gebäudekomplex aus dem 15. Jh. mit dem zusammengesetzten Trakt der Vatikanischen Paläste zu verbinden, die im Wesentlichen noch mittelalterlich waren. Nach den in dem Soane-Plan gefundenen Angaben sollte die kurze Seite im Süden des Hofs mit einer Quermauer schließen. Sie war auf beiden Seiten von quadratischen Baukörpern umgeben, die später als Treppenaufgänge genutzt wurden, und hatte in der Mitte einen Durchgang. Sicher ist, daß eine Reihe von Verschönerungsmaßnahmen an der Fassade der Vatikanischen Residenz vorgesehen waren. Dazu zählt eine Galerie aus Pfeilern und

Säulen und über den Fenstern der Stanzen. Als Auflager wurden die Konsolen aus dem 14. Jh. verwandt, die Bestandteil der Attika des alten vatikanischen Palastes waren, da auf den Pilastern der Balustrade ein Schriftzug mit dem Namen Julius' II. erhalten ist. Der eigentliche Borgiaturm verlor seinen Zinnenkranz und wurde mit einer Kuppel geschlossenen, die 1523 wieder zerstört wurde.

Der genau im Zentrum des Hofs (→ Brunnen des Belvedere) errichtete Brunnen sollte der erste wichtige Bezugspunkt der Zentralachse aus der Sicht von unten sein. Gleichzeitig war er von dem einzigen Seitenzugang, der Julius-Pforte, aus zu sehen. Das Aufstellen des großen Marmorbeckens aus den Titus-Thermen war Teil der ersten Baumaßnahmen.

Vasari erwähnt den Belvedere unmittelbar nach der Wahl Julius' II. (1503–13) zum Papst und läßt anklingen, daß es sich um den ersten von ihm geförderten Bau handelt. Im Frühjahr/Sommer 1505 waren, wie einige Dokumente bestätigen, einige Aushubarbeiten unter der Leitung von Menicantonio in Gang. Die Zeugnisse der Zeit stimmen darin überein, daß die Arbeiten ziemlich rasch vonstatten gingen. Wie auch von Albertini in seinem *Opuskulum* von 1509 versichert wird, war die Julius-Pforte bereits erbaut und die erste Ordnung des Ostkorridors mit seiner äußeren Umfassungsmauer. Man hatte mit der Arbeit an den Türmen angefangen und Vorkehrungen für die Errichtung der Aquädukte und die Zufuhr des Wassers zu den Brunnen im oberen Hof getroffen, wie Zahlungsanweisungen belegen. Der Statuenhof beherbergte bereits antike Skulpturen, darunter den Laokoon.

Vor dem Tod Julius' II. war zumindest die zweite Etage des Ostflügels zum Teil fertiggestellt, mit dem Turm, der den Anschluß zum Aufgang des Theaters herstellte. Auch legte man die Fundamente des Ostkorridors (Vasari). Noch im selben Zeitraum soll die große zentrale Treppe vollendet worden sein, die den unteren Hof mit der mittleren Terrasse verband sowie die dreiläufige Treppe mit dem Nymphentempel auf dem Weg zur oberen Terrasse, dem gegenwärtigen *Cortile della Pigna*.

Beim Tod Bramantes im Jahr 1514 folgte ihm auf Wunsch Leos X. Raffael, der seit dem 1. Januar desselben Jahres Giuliano da Sangallo unterstützte. Raffael vollendete die zweite Ordnung der Ostkorridore und errichtete die dritte.

Am 7. Januar 1531 stürzte verheerenderweise ein Teils des Ostkorridors des unteren Hofs zusammen, wovon auch Vasari berichtet: Aus einer Notiz Peruzzis schließen wir, daß ein sich über drei Geschosse erstreckender Teil des „15 canne" (33,50 m) langen Bauwerks zusammenbrach. Danach wurde eine Reihe von Konsolidierungsmaßnahmen durchgeführt. Unter Paul III. (1534–49) verstärkte Baldassare Peruzzi, der als Architekt den Bau des Petersdoms vertretungsweise leitete, den dorischen Portikus mit gemauerten Strebebögen (Serlio) und begann mit dem Wiederaufbau des zweiten Geschosses. In der Mitte des Ostkorridors wurde an der Außenseite ein Treppenhaus begonnen, das Pirro Ligorio wieder abriß.

Danach führte Antonio da Sangallo d. J., der Nachfolger Peruzzis seit 1536, den Wiederaufbau und die Konsolidierung des Ostkorridors fort und arbeitete an der Fertigstellung der letzten noch nicht fertiggestellten Etage.

Im Jahr 1549 waren die Arbeiten am eingestürzten Korridor beendet. Die von Antonio da Sangallo geleiteten Maßnahmen, die zur Verschlimmerung der statischen Probleme des Baus führten, leiteten zwangsläufige Veränderungen des Projekts Bramantes ein. Im ersten Geschoß wurden die Fenster mit Segment- und Dreiecksgiebeln durch andere schmucklose Bogenfenster ersetzt und die Nischen der Fenster verschwanden, wodurch eine massive Wand geschaffen wurde. Vor allem das zweite Geschoß wurde grundlegend verändert und geht größtenteils auf Sangallo zurück, in Anlehnung an einen von ihm signierten Entwurf. Aus der korinthischen Ordnung wurde die ionische. Sie behielt die Säulen in Peperin und die Pfeilerarkaden, doch wurden später aus Gründen der Statik die Öffnungen und Zwischenräume zugemauert, wodurch die leichte, rhythmische Gestaltung Bramantes, die Sangallo zwar zu respektieren versuchte, zunichte gemacht wurde. Um zwei Eingänge zum Belvedere, zu den Vatikanischen Palästen sowie an Ostende zu schaffen, konstruierte er zwei Trakte mit einem vierten und letzten Geschoß, wo er die Kompositordnung einführte.

Als Pius IV. 1559 zum Papst gewählt wurde, hatte der Hof wahrscheinlich das in der bekannten Ansicht Drosos dargestellte Ausehen (um 1560). Die wichtigsten unter diesem Pontifikat ausgeführten Arbeiten wurden von 1561–1565 von Pirro Ligorio geleitet, der mit dem Bau des Westkorridors begann. Ligorio bemühte sich, dem Projekt Bramantes zu folgen und den neuen Korridor nach dem Vorbild des alten zu errichten. In den Entwürfen unterscheidet sich der neue Flügel durch die *Serliana*, die in der dritten Ordnung eingefügt wurde und durch den Giebel, der von einer Säulenbalustrade umgeben war, die von kleinen Sockeln unterbrochen wurde, auf denen jeweils eine Statue stand. Die Wandflächen sollten der Einheitlichkeit halber mit Bossenputz verkleidet werden. Anstelle der Natursicht-Wand wie sie später für die Südseite erhalten blieb, hatte Ligorio eine Exedra über zwei Etagen konzipiert, die die Fenster des Borgiaturms verbergen würde. Wie die Bühnenwand eines röm. Theaters war die Exedra mit Nischen und Statuen geschmückt, davor befand sich ein Stufentribüne. Diese Tribüne war von zwei Basreliefs in Travertin mit großen Füllhörnern und dem Wappen der Medici geschmückt, wovon eines heute in dem Hof der Wandelhalle (Andatora) hinter dem *Nicchione* eingemauert ist. Im Vergleich zum Projekt Bramantes überbot hier die Dekoration die Architektur. 1562 wurde der Balkon auf der Ebene des *Appartamento Borgia* fertiggestellt.

Am Ende des Pontifikats Pius' IV. (1565) war ein großer Teil des Programms ausgeführt. Der Westkorridor war bis zur zweiten Etage hochgezogen. Der zukünftige Palast von Pius V. erreichte am südlichen Ende des Korridors die 1. Etage und die mehrläufige Treppe wie auch die große zentrale Treppe zwischen dem unteren und mittleren Hof war gebaut. Der Halbkreis im Süden entstand, wie ihn Pirro Ligorio entworfen hatte, aber um eine Etage niedriger, um die Fenster des *Appartamento Borgia* nicht zu verdecken.

Ein über der siebten Arkade im Erdgeschoß eingemauerter Schlußstein erinnert an die ungeheure Arbeit. Das so angelegte *Atrio del Piacere* war Schauplatz eines Turniers, das dort am 5. März 1565 zu Karneval aus Anlaß der Hochzeit zwischen dem Grafen Annibale Altemps und Ortensia Borromeo veranstaltet wurde, die beide Nepoten des Papstes waren. Bis Ende Januar desselben Jahres wurde das große zentrale Becken entfernt und in den Boden eingelassen. Später wurde es von Carlo Maderno mit neuem Sockel und Verzierungen wieder aufgerichtet.

Die Arbeiten am Westkorridor wurden unter Pius V. (1566–72) mit dem Bau der Galerie im zweiten Geschoß von 1566–1572 nach einem Entwurf Pirro Ligorios wieder aufgenommen. In dem Bereich zwischen dem Borgia-Turm und dem Ende des neuen Korridors erhob sich ein viergeschossiges Gebäude, der Pius-Turm. Auf dem Architrav eines kleinen Durchgang zum Belvederehof und zum Hof der Wachen ist der Name des Papstes zu lesen, der u.a. die Schauspiele und Turniere verbot.

Die dritte Etage des Westkorridors wurde von Gregor XIII. (1572–85) angefügt und damit die Architekten Martino Longhi d. Ä. und Ottaviano Nanni, genannt „Mascherino", beauftragt. In den 17 von korinthischen Lisenen gegliederten Bögen, die die *Galerie der Landkarten* (→) bilden, sind rechteckige Fenster mit Ausnahme der mittleren Arkade angebracht, wo an die Stelle des Fensters eine elegante sich auf einen Balkon öffnende *Serliana* angebracht ist, von der sich zwei Entwürfe mit Varianten in der Bibliothek von S. Luca in Rom befanden. Mit dem Bau der Galerie, die der Autor der Gedenkschrift des Archivs, Boncompagni, Mascherino zuschreibt, wurde wahrscheinlich nach 1578 begonnen. Sie war in ein paar Jahren fertiggestellt.

Das niedrige Attikageschoß unter dem Dach wurde von Urban VIII. (1623–44) errichtet und erscheint zum ersten Mal 1676 in dem Plan von Faldo.

1587 wurden die Arbeiten an der Bibliothek von Sixtus V. (1585–90) in Angriff genommen. Dieser Bau ist ein Querriegel im Bereich der Treppenanlage zum nächsthöheren Hof. Auf Veranlassung Pius' IV. wurde die Zentraltreppe abgerissen und Vorbauten hinzugefügt, die die Korridore flankierten, wodurch sie den unteren Hof von den oberen trennten und für immer die ursprüngliche planerische Anlage unkenntlich machten.

Der Papst beauftragte Domenico Fontana mit dem Bau, den Architekten der *Casa di Via dei Leutari*, die von ihm bewohnt worden war, als er Kardinal war. Nach dem Abriß des Theaters ging der Bau der Bibliothek rasch vorwärts. Er war in weniger als einem Jahr fertig, wie eine am 28. Sept. 1588 vorgenommene Zahlung bestätigt. Dieses Datum erscheint auch auf der Inschrift unter dem zentralen Bogen des Portikus im Erdgeschoß, die heute von einem mit dem Wappen Benedikts XIII. geschmückten Strebepfeiler verdeckt ist. Aus demselben Grund ist auch das Wappen Sixtus' V. verschwunden, das schon in der Mitte des Kranzgesimses eingraviert war.

Ursprünglich bestand die Bibliothek aus einem Loggiageschoß, auf das die Fenster eines Mezzaningeschosses folgten und zwei weitere Geschosse mit rechteckigen Fenstern, die insgesamt der Architektur des Westkorridors ähnlich waren und von denen Fontana sagte, sie würden „Ordnung befolgen". Es scheint, daß die Wände mit Sgrafitto in Chiaroscuro von Symbolen und allegorischen Figuren geschmückt waren.

Bis zum 18. Jh. wurde die Fassade der Bibliothek durch fünf vorspringende Konstruktionen verändert, die als Streben fungieren. Auch an die Ostfront des Korridors von Pirro Ligorio wurden unter Clemens VIII. (1592–1605) von einem unbekannten Architekten (vielleicht Giacomo della Porta oder Carlo Maderno) Streben angefügt, um zur Auflast der von Maderno gebauten neuen Etage ein Gegengewicht zu schaffen. Vier zentrale Strebepfeiler wurden gemauert, die alle die Wappen des Aldobrandini-Papstes führten. Danach wurden jene Verstrebungen auf den ganzen Hof einschließlich der Front der Bibliothek Sixtus' V. ausgedehnt. Die sechste und siebte wurde am Bramantekorridor auf Veranlassung Clemens' XI (1700–21) angebracht, wohingegen Benedikt XIII. (1724–30) den letzten Stützpfeiler an den Westkorridor anbringen ließ, einen ersten an den Ostkorridor und den fünften an die Fassade der Sixtinischen Bibliothek.

Benedikt XIV. (1740–58) ließ den vierten und achten Strebepfeiler an dem Westflügel anbringen und errichtete die den Hof nach Süden abschließende Exedra mit zentraler Ädikula und Nischen, wodurch er 1755 das Theater Pirro Ligorios ersetzte. Da dieses zum Teil herabgestürzt war, besonders in die Sitze der Treppen, baute er es unter dem Pontifikat Benedikts XIV. um (Chattard). Die Statue der Mater Sapientiae (Thronenden Muttergottes) wurde unter Pius XI. (1922–39) dort aufgestellt.

Die letzten zwei Strebepfeiler (den zweiten u. dritten des Bramantekorridors) ließ Clemens XIII. (1758–69) aufmauern, wie aus den Wappen zu schließen ist. Im 19. Jh. ließ Leo XIII. (1878–1903) den Portikus im Erdgeschoß der Bibliothek schließen, um dort ein Depot für die Skulpturen und die „Restaurierungswerkstatt für die antiken Monumente, die täglich dazu erworben werden" einzurichten.

Bibl.: J. S. Ackerman, *The Cortile del Belvedere,* Vatikanstadt 1954; O. H. Forster, *Bramante,* München-Wien 1954; B. Lowry, *Recensione di Ackerman 1954,* in *The Art Bulletin* 39 (1957), S. 159–168; D. Redig de Campos, *I Palazzi Vaticani.* Bologna 1967; A Bruschi, *Bramante architetto,* Bari 1969; C. I Frommel, *Bramantes „Disegno grandissiomo" für den Vatikanpalast.* in *Kunstchronik* 30 (1977). S. 63ff., Ib. *Lavori architettonici di Raffaello im Vaticano,* in *Raffaello architetto,* Mailand 1984, S. 357–378; F. Borsi. *Bramante,* ib. 1989.

M. Cogotti

Bene Valete

Besondere Grußformel, die sich in mittelalterlichen Papstdokumenten findet und die in manchen Fällen die eigenhändige *subscriptio* des Papstes darstellt. Die Formel stammt aus der röm. Briefkultur und erscheint zum ersten Mal in einem Brief von Adeodatus II. aus dem Jahr 674 (PL, 87, 1141). Später wird sie zur Bestätigungsformel der feierlichsten Papstdokumente *(privilegi).* Das älteste erhaltene Original mit dem Bene Valete ist ein Privileg Paschalis' I. vom 11. Juli 819 an die Kirche in Ravenna, das dort aufbewahrt wird. Die anfangs in großen kalligraphischen Lettern geschriebene Formel wurde rechts unter den Text erst auf zwei, dann auf eine Zeile hinter ein Kreuzzeichen gesetzt. Unter dem Pontifikat Leos IX. (1049–1054) wurde sie auf ein Monogramm reduziert, in dem um ein großes N alle anderen Buchstaben herumgruppiert waren. Es wurde rechts unter den Text in symmetrischer Position zur Rota (→) gesetzt, deren Ursprung im primitiven Kreuzzeichen liegt.

N. Del Re

Benedikt I.

Papst. Römer, wahrscheinlich nach dem Tod Johannes' III. (13. Juli 574) gewählt, jedoch erst am 2. Juni 575 geweiht. Aus dem *Liber Pontificalis* wissen wir, daß er die Kirche in der ersten Zeit der Langobardeninvasion führte, als viele byzantinische Festungen vor dem Feind kapitulierten, um der Hungersnot zu entgehen, die durch die Kornsendungen des Kaisers nicht gelindert wurde. Benedikt I. starb vier Jahre später am 30. Juli 579, als die Langobarden Rom bedrohten und Italien verwüsteten.

Bibl.: O. Bertolini, in *Dizionario biografico degli Italiani,* VIII, S. 323–325.

M. A. De Angelis

Benedikt II.

Papst, Hl. Die Wahl Benedikts aus dem röm. Klerus, der auf Agathon (678–681) und Leo II. (682–683) folgt, stellt nach diesen beiden sizilianischen Päpsten mit byzantinischer Kultur ein Wiedererstarken des röm. Kurienambientes dar. Er wurde am 26. Juni 684 wahrscheinlich wegen der verspäteten Ankunft der kaiserlichen Bestätigung erst ein Jahr nach dem Tod Leos II. geweiht. Sein nur ein Jahr währendes Pontifikat war vom Kampf gegen die monothelitische Häresie geprägt, die von Makarius von Antiochien angeführt wurde. Benedikt versuchte vergeblich, ihn zur Abschwörung zu bewegen. Der *Liber Pontificalis* beschreibt ihn als streng und großzügig. Zeugnis dafür legen seine Hinterlassenschaften an Diakonien, karitative Institutionen und Hilfen für Notleidende ab. Er ließ *St. Peter* und *S. Lorenzo in Lucina* restaurieren sowie *S. Valentino* und *Sancta Maria ad Martyres* (Pantheon) verschönern. Er starb am 8. Mai 685 und wurde in der Petersbasilika beigesetzt.

Bibl.: Bertoloni, in *Dizionario biografico degli Italiani*, VIII, S. 325–329 mit Bibl.

M. A. De Angelis

Benedikt III.

Papst. Der Weihe Benedikts III. (29. September 855) ging der Versuch Anastasius des Bibliothekars (→) voran, mit Hilfe des deutschen Ludwig II. gewaltsam die Papstwahl durchzusetzen. Dank der geschickten Verhandlungsweise Benedikts mit den kaiserlichen Gesandten und wegen eines Volksaufstands mußte Anastasius von seinem Vorhaben ablassen. Dieses Vorgehen des Anastasius, der später zum umstrittenen Leiter der Päpstl. Hofes von Hadrian II. werden sollte, zeigt in seiner Art fast wie ein „Staatsstreich“, daß die Einmischung der Kaiser im Leben der Kirche, die nur noch Spielzeug in den Händen politischer Macht war.

Die wenigen Nachrichten über die politischen Aktivitäten Benedikts zeigen ihn in der Verteidigung der Kircheninteressen gegen die autoritären Ansprüche der fränkischen Könige und deren Vasallen. Gegen die Ostkirche verteidigte Benedikt wie sein Vorgänger Leo IV. den Primat des Petrussitzes, auch wenn seine Bemühungen nur vorübergehend wirksam waren, bis die Frage des Schismas von Photius unter Hadrian II. einer Lösung entgegenging.

Benedikt starb am 17. April 858 und wurde in St. Peter beigesetzt. Sein im *Liber Pontificalis* beschriebener Einsatz als Kunstmäzen macht aus ihm einen Repräsentanten der Kirche, der sich nach den dramatischen Anfängen seines Pontifikats offensichtlich sozialen und wirtschaftlichen Wohlstands erfreute.

Bibl.: O. Bertoloni, in *Dizionario biografico degli Italiani*, VIII, S. 330–337 mit Bibl.

M. A. De Angelis

Benedikt IV.

Papst. Römer, Abkömmling einer sozial hochgestellten Familie, wurde nach dem Tod von Johannes IX. gewählt. Sein Pontifikat liegt in der Zeit politischer Unruhen, die auf den Tod von Papst Formosus folgten, der wegen seiner Abneigung gegen die autoritäre Haltung der Spoletiner in Rom *post mortem* von diesen in einer makabren „Zeremonie“ entehrt wurde. Benedikt IV. war ein Formosianer und verteidigte die politische Linie von Kaiser Ludwig III., den er im Februar 901 in St. Peter krönte. Das Fehlen eines genauen Datums für die Papstwahl (zwischen Januar und Mai 900) ist sicher ein Zeichen für die Konflikte, die wegen der Machtkämpfe zwischen den Herzögen des Reiches Italien und dem Provenzalen Ludwig III. auf dem Land lasteten.

Es hat sich ein Urteil aus dem Jahr 901 erhalten, das von Ludwig und Benedikt gemeinsam zu dem Zweck verbreitet wurde, die Kirchengüter zurückzuerhalten, die unrechtmäßig entzogen worden waren. Im Hinblick auf die Mißbräuche und Gewaltakte bei den französischen Bischofswahlen intervenierte Benedikt mit Entschiedenheit. Er starb im Juli 903 und wurde in St. Peter beigesetzt.

Bibl.: O. Bertoloni, in *Dizionario biografico degli Italiani*, VIII, S. 337–342 mit Bibl.

M. A. De Angelis

Benedikt V.

Papst, Römer. Gegen den Willen Kaiser Ottos I. wurde Benedikt am 22. Mai 964 wenige Tage nach dem Tod Johannes' XII. zum Papst gewählt. Bereits dieser Vorgänger war durch eine in St. Peter am 4. Dezember 963 abgehaltene Synode zum Rücktritt gezwungen worden. Den Vorsitz der Synode hatte der Kaiser selbst inne, der schon zuvor mit Leo VIII. einen Gegenpapst eingesetzt hatte. Die Wahl Benedikts, wegen seiner großen Kultur auch *Grammaticus* genannt, mißfiel dem Kaiser derart, daß er sofort nach Rom zurückkehrte, um die Römer zu zwingen, Leo als legitimen Papst anzuerkennen und gleichzeitig gegen Benedikt vorzugehen. Dieser verzichtete freiwillig auf seine päpstl. Insignien, erniedrigte sich vor dem Kaiser, der ihn absetzte, ins Exil schickte und dem Erzbischof von Hamburg übergab, der ihn allerdings mit großem Respekt behandelte. Nach dem Tod Leos VIII. am 1. März 965 schickten die Römer Gesandte nach Sachsen, um den Kaiser um die Rückkehr Benedikts zu bitten. Doch als es so schien, daß Otto bereit wäre, ihn nach Rom zurückkehren zu lassen, machte der plötzliche Tod Benedikts am 4. Juli 966 in Hamburg alle Bemühungen zunichte.

Die Historiker sind sich noch heute im Unklaren über die Legitimität der beiden Päpste: Wenn die Absetzung Johannes' XII. rechtskräftig war, gilt Leo VIII. als legitimer Papst. In Folge wäre Benedikt als Gegenpapst zu betrachten. Wenn umgekehrt die Wahl Leos als illegitim anzusehen ist, wäre Benedikt der rechtmäßige Papst gewesen.

Bibl.: P. Delogu, in *Dizionario biografico degli Italiani*, VIII, S. 342–344 mit Bibl.

M. A. De Angelis

Benedikt VI.

Papst. Römer, wurde am 19. Januar 973 als Nachfolger Johannes' XIII. gewählt. Als einer der Anführer der sog. Kaiserlinie folgte er der pro-germanischen Politik, die Otto I. gebot, durch den Tod des Kaisers am folgenden 7. Mai aber in eine Krise kam. Die röm. Partei, die die Autonomie der Stadt stärken wollte, profitierte davon, daß der neue Kaiser, Otto II., in sicherer Entfernung war und setzte Benedikt in der Engelsburg gefangen. Dort wurde er 974 ermordet und durch Bonifatius VII. ersetzt. Dem kaiserlichen Gesandten Siconus gelang es dann jedoch, die Autorität Ottos II. wiederherzustellen und setzte Benedikt VII. auf den päpstl. Thron. Bonifatius VII. hingegen mußte Rom verlassen und floh nach Konstantinopel.

Ende des letzten Jahrhunderts wurde in der Kirche *S. Maria della Pietà* im Campo Santo Teutonico ein Inschriftfragment gefunden, dessen erste beiden Verse wie folgt zu rekonstruieren sind: „*(Pontificis) hoc membra iacent rep*LICATA SVB ANTRO/*se*XTI BENEDICTI". Das bedeutet vermutlich, daß der Papst im Friedhof der *Schola Francorum* von seinen Unterstützern und den Romdeutschen beigesetzt wurde. (vgl. A. de Waal, *La Schola Francorum*. Rom 1897, S. 18)

Bibl.: P. Delogu, in *Dizionario biografico degli Italiani*, VIII, S. 342–344 mit Bibl.

M. A. De Angelis

Benedikt VII.

Papst. Römer, war Bischof von Sutri, als er im Oktober 974 nach der Vertreibung des Usurpators Bonifatius VII. gewählt wurde. Er wurde sicher von kaiserlicher Seite vorgeschlagen, auch wenn er sich als Vermittler zwischen den röm. Parteien erwies. Dementsprechend folgte seine Politik derjenigen Ottos II.: Konzessionen und Bestätigungen von Privilegien an Bischofssitze und Klöster in Frankreich, Deutschland und Italien. Außerdem förderte er die Klosterreform, um Papst- und Kaisermacht durch das System souveräner Anerkennung zu verbinden. Die Beziehungen zwischen Benedikt und Otto wurden noch enger, nachdem der Kaiser nach Italien gekommen war, um den Papst gegen eine Verschwörung des abgesetzten Bonifatius VII. zu verteidigen. Benedikt ordnete die Einberufung diverser Synoden an, deren zwei er unter Teilnahme des Kaisers in Rom selbst zelebrierte und bei denen Maßnahmen zum Kircheneigentum und gegen die Simonie beschlossen wurden. Er starb am 10. Juli 983 – Otto II. wenig später am 7. Dezember – und wurde in der Kirche *S. Croce in Gerusalemme* beigesetzt.

Bibl.: P. Delogu, in *Dizionario biografico degli Italiani*, VIII, S. 346–350 mit Bibl.

M. A. De Angelis

BENEDIKT VIII.

Papst. Theophylakt aus dem Grafengeschlecht von Tusculum, stieg direkt aus dem Laienstand auf den Papstthron und wurde am 18. Mai 1012 geweiht. Er mußte sofort gegen den Gegenpapst Gregor kämpfen, den die Partei der *Crescenzi* ihm entgegenstellte und noch mehr gegen die Crescenzianer, indem er seine Position mit der Ernennung seines Vaters Gregor zum Präfekten von Rom und seines Bruders Romanus zum „Senator omnium Romanorum“ zu konsolidieren versuchte. Er wurde von Heinrich II. von Deutschland unterstützt, den er 1014 krönte. Ihm fehlten jedoch gute Regierungsqualitäten. Gemeinsam mit Pisanern und Genuesen kämpfte er siegreich gegen die Sarazenen, die Sardinien wiedererobert hatten, leistete gegen den Herzog Ranieri von Toskana Widerstand und setzte sich gegen den Ostkaiser Basilius II. durch, der die byzantinische Präsenz in Süditalien verstärken wollte. Er förderte das reformierte Ordensleben und gab der Kirchendisziplin neue Stärke. Bei einem 1018 in Pavia abgehaltenen Konzil wandte er sich gegen das Konkubinat der Priester, führte den Zölibat wieder ein und verurteilte die Simonie. 1020 begab er sich auf Einladung des Kaisers nach Deutschland, von dem er die direkte Herrschaft über die Stadt und Diözese Bamberg erhielt. Er starb am 9. April 1024 in Rom und wurde in St. Peter beigesetzt.

Bibl.: G. Tellenbach, in *Dizionario biografico degli Italiani*, VIII, S. 350–354 mit Bibl.

A. Ilari

BENEDIKT IX.

Papst. Als Sohn von Alberich III. und Neffe zweier Tusculumpäpste, bestieg Theophylakt am 27. August oder am 3. September 1032 in jungem Alter den Papstthron. Seine Politik orientierte sich am Interesse der Grafen von Tusculum. 1037 begab er sich nach Cremona, wo sich der Kaiser aufhielt, der ihn im Kampf gegen den Erzbischof von Mailand, Aribert, unterstützte. Er unterhielt gute Beziehungen zu Heinrich III., den er im Kampf gegen den böhmischen König Bretislaus unterstützte, der die Gebeine des Hl. Adalbert entführt hatte.

Die Auflösung der Beziehungen zwischen Papst und Kaiser begünstigten im September 1044 einen Angriff der *Crescenzi* gegen die Tusculaner, der zu der Vertreibung des Papstes führte, dem am 20. Januar 1045 Silvester III. nachfolgte. Benedikt kehrte im April desselben Jahres nach Rom zurück, wo er, von den Römern verachtet, am 1. Mai zurücktrat, nachdem er eine große Summe Geld erhalten hatte. Diese wurde ihm von Johannes Gratianus übergeben, der am 5. Mai unter dem Namen Gregor VI. zum Papst gewählt wurde, nachdem auch Silvester III. verzichtet hatte. Die Anarchie unterwanderte zusehends die Strukturen der Stadt, in die bald darauf sowohl Benedikt IX. als auch Silvester III. zurückkehrten. Beide verfolgten das Ziel, die Leitung der Kirche wieder in ihre Hand zu nehmen, was zeitweise dazu führte, daß es gleichzeitig drei Päpste gab. Dem setzte das am 20. Dezember 1046 von Heinrich II. in Sutri einberufene Konzil ein Ende, das sowohl Gregor als auch Silvester als abgesetzt erklärte. Das am 24. Dezember folgende röm. Konzil entthronte Benedikt IX., der am 8. November 1047 nach Rom zurückkehrte, um nach dem Tod Clemens' II. die päpstl. Macht wieder zu ergreifen. Er behielt diese bis zum 17. Juli 1048, als er endgültig aus Rom vertrieben wurde.

Bibl.: O. Capitani, in *Dizionario biografico degli italiani*, VIII, S. 354–366 mit Bibl.; L. L. Ghirardini, *Il papa fanciullo Benedetto IX (1032–1048); la verità storica su un fatto straordinario*, Parma 1980.

A. Ilari

Benedikt X.

Gegenpapst. Bischof Johannes von Velletri wurde am 5. April 1058 wenige Tage nach dem Tod Stephans IX. (29. März) von der röm. Tusculumpartei zum Papst gewählt. Diese Wahl stellt den letzten Versuch der aristokratischen Kreise Roms dar, die Kontrolle über das Pontifikat wiederzuerlangen. Dies konnte wegen der Unsicherheit gelingen, die am Hof Heinrichs IV. von Franken herrschte.

Bevor er starb, hatte Stefan IX. das Volk Roms schwören lassen, keinen neuen Papst zu wählen, bis Kardinal Hildebrand aus Deutschland zurückgekehrt wäre. Unter dem Druck der Tuskulaner erfolgte die Wahl trotzdem. Als Hildebrand zurückkehrte, veranlaßte er zusammen mit den Kardinälen von Siena Ende 1058 die Wahl des Erzbischofs von Florenz, der den Namen Nikolaus II. annahm. Der durch Botschafter unterrichtete Kaiser beauftragte Goffred von Lorraine, den neuen Papst mit Gewalt in Rom einzusetzen. Als Rom am 29. Januar 1059 besetzt wurde, floh Benedikt, um sich im Sommer des selben Jahres Nikolaus zu unterstellen. In der Kirche St. Agnes vor den Mauern lebte er bis zu seinem Tod unter dem Pontifikat Gregors VII. als Gefangener. Er wurde dort auch beigesetzt.

Bibl.: O. Capitani, in *Dizionario biografico degli Italiani*, VIII, S. 366–370 mit Bibl.

A. Ilari

Benedikt XI.

Papst, selig gesprochen. Nikolaus di Boccassio wurde 1240 in Treviso geboren, trat 1257 in den Dominikanerorden ein, studierte wohl in Mailand (1262–68) und bekleidete später verschiedene Ämter des Ordens, dessen Generaloberer er 1296 wurde. Als päpstl. Legat seit 1297 gelang es ihm gemeinsam mit dem Franziskanergeneral Giovanni de Murro, Philipp IV. den Schönen mit Eduard I. von England zu versöhnen. Dafür wurde er am 5. Dezember 1298 von Bonifatius VIII. zum Kardinal kreiert, der ihn als Legat nach Ungarn schickte, um den Aufstieg zum Thron Caroberts von Anjou zu unterstützen. Auf dem Höhepunkt des Konflikts zwischen Bonifatius VIII. und Philipp dem Schönen befand er sich in Anagni, als der Papst von Wilhelm von Nogaret und Sciarra Colonna gefangengesetzt wurde.

Nachdem er am 22. Oktober 1302 zum Papst gewählt wurde, setzte er sich für eine allgemeine Befriedung ein. Nogaret ließ den Papst warnen, daß Frankreich von seiner Forderung nach einem Konzil über Bonifatius VIII. nicht absehen würde, während die pro-französische Partei in Rom so viel öffentliche Unruhe stiftete, daß Benedikt XI. nach Perugia umsiedelte. Er hob 1304 den auf Philipp dem Schönen lastenden Kirchenbann auf, stellte die Maßnahmen seines Vorgängers gegen die Gültigkeit französischer Universitätstitel ein, annullierte die Prozesse gegen die Könige Frankreichs, erwies sich aber den Urhebern des Attentats von Anagni gegenüber als unbeugsam.

Er starb am 7. Juli 1304 in Perugia und wurde dort in *S. Domenico* beigesetzt.

Bibl.: I. Walter, in *Dizionario biografico degli Italiani*, VIII, S. 370–378 mit Bibl.; B. Beltrame, *La patria del b. Benedetto XI papa (1240–1304),* in *Padova*, 26 (1980), Nr. 7, S. 11–17.

A. Ilari

Benedikt XII.

Papst. In Saverdun 1280/85 als einfacher Müllerssohn geboren, wurde Jakob Fournier in der Zisterzienserabtei Boulbonne zum Priester geweiht und 1311 Abt von Fontfroide. Nach den Studien am Pariser St.-Bernhards-Kolleg wurde er 1312 Bischof von Pamiers, 1326 Bischof von Mirepoix. Überall bekämpfte er aktiv Albigenser und Waldenser. Nachdem er am 18. Dezember 1327 von Johannes XXII. die Kardinalswürde erhielt und als Theologe der Päpstl. Kurie eingesetzt worden war, intervenierte er in der Frage der „beseligenden Vision", indem er die Anklagen von Meister Eckhart und Wilhelm von Ockam als grundlos widerlegte.

Der am 20. Dezember 1334 als dritter Avignoner Papst gewählte Benedikt XII. setzte sich, ganz im Gegenteil zu seinen Vorgängern, für die Verbesserung der Kirchendisziplin und die Tilgung allen Mißbrauchs am Päpstl. Hof ein. Er verpflichtete die Prälaten mit Seelsorgsaufgaben zum festen Wohnsitz, führte eine Prüfung für Kirchenamtskandidaten ein, verbot die Ämterhäufung, befahl Überprüfungen im Besitzstand des weltlichen Klerus und organisierte das Klosterleben neu. Der Papst richtete seine Aufmerksamkeit auch auf die Mongolei und nach China, indem er 1342 den Khan von Kiptehak nach Orbek und eine Mission nach Peking entsandte. Neben fehlgeschlagenen Initiativen gelang es ihm, Alfons XI. von Kastilien mit Alfons IV. von Portugal zu versöhnen und so eine Konsolidierung der christlichen Staaten gegen die arabische Welt zu erreichen. Trotz seiner erklärten Absicht, den Papstsitz nach Rom zurückzuverlegen, ließ er den Bau des Papstpalastes in Avignon beginnen.

Er starb am 25. April 1342 in Avignon und wurde in der Kathedrale beigesetzt. Seit dem 15. Jh. wird Benedikt XII. von den Zisterziensern als Seliger verehrt.

Bibl.: B. Guillemain, in *Dizionario biografico degli Italiani,* VIII, S. 378–384 mit Bibl.; R. Pérez-Bustamante, *Benedicto XII y la Cruzada del Salado*, in *Homenaje a Fray Justo Pérez Urbel, O.S.B.*, II, Burgos 1977, S. 177–203; E. Sabbadini, *Un pontefice avignonese riformatore della Chiesa: Benedetto XII (Cistercense),* in *Rivista Cistercense*, 2 (1985), S. 19–30.

I. Ilari

Benedikt XIII.

Papst. Der am 2. Februar 1650 in Gravina bei Bari geborene Pierfrancesco Orsini trat 1668 in den Dominikanerorden in Venedig ein. Er studierte Theologie und Philosophie, wurde 1672 zum Kardinal und 1675 zum Erzbischof von Siponto ernannt. Im Konklave nach dem Tod Innozenz XIII. (1724) wurde der Orsini am 29. Mai zum Papst gewählt, weil er nicht in Parteiinteressen verwickelt war. Dieser fromme und asketische Papst wurde bald schwach, leicht beeinflußbar und schadete seinem Ruf, indem er sich mit korrupten und unfähigen Mitarbeitern umgab. Im Bemühen um liturgische Feiern und die Weihen von Kirchen vernachlässigte er die Regierungstätigkeiten.

Die Haltung Benedikts XIII. gegenüber der französischen Kirche wegen der Bulle *Unigenitus* und des Jansenismus erwies sich als unglücklich. Sein versöhnlicher Geist hatte in den Jansenisten große Hoffnung auf ein Ablaßdokument geweckt. Das Breve, das den Konflikt lösen sollte, rief jedoch die Besorgnis der Kurie und der Jesuiten auf den Plan. Dank seiner Bemühungen war jedoch eine neue Stabilisierung der kirchlichen Disziplin durch eine kulturelle Erhebung des Klerus, sowie ein besseres Funktionieren der Diözesen und Kirchenorgane zu verzeichnen. Unter seinem Pontifikat erlebte das Missionswesen eine bedeutende Entwicklung, in dessen Rahmen Franziskaner, Kapuziner, Dominikaner und Jesuiten in Amerika und Asien ihre Aktivitäten entfalteten. Benedikt XIII. starb am 21. Februar 1730 und wurde in *S. Maria sopra Minerva* beigesetzt.

Bibl.: G. de Caro, in *Dizionario biografico degli Italiani*, VIII, S. 384–393 mit Bibl.; P. Savoia, *L'episcopato beneventano di papa Orsini*, Acerra 1973; G. B. Vignato, *Storia di Benedetto XIII dei Frati Predicatori*, 9 vv., Mailand 1952–76; A. De Spirito, *Cultura e pastoralità del card. Vincenzo Maria Orsini arcivescovo di Benevento (1686–1730)*, in *Ricerche di storia sociale e religiosa*, Nr. 33 (1988), S. 45–78.

M. A. De Angelis

Benedikt XIII., Gegenpapst

Gegenpapst. Aus aristokratischer aragonesischer Familie stammend studierte Pedro de Luna in Montpellier Jurisprudenz und wurde von Gregor XI. 1375 zum Kardinal kreiert. Nachdem er die Wahl von Urban VI. im röm. Konklave 1378 unterstützt hatte, wurde er einer der stärksten Anhänger des Gegenpapstes Clemens VII., für den er die Könige von Spanien und Portugal gewann. Auf ihn folgte er dann am 28. September 1394 trotz des Druckes auf die französische Kurie seitens Karls VI. von Frankreich und der Sorbonne von Paris, damit es keine neue Wahl gebe. Um das Schisma zu beenden, hätte es ausgereicht, den legitimen Papst Bonifatius IX. anzuerkennen, der in Rom gewählt worden war. Pedro de Luna gelang es jedoch, die Avignoner Kardinäle mittels des Versprechens, daß er nötigenfalls zurücktreten werde, von seiner Wahl zu überzeugen. Am Ende verhandelte er mit Bonifatius IX. und dessen Nachfolgern. Die Lage wurde durch das Konzil von Pisa 1409 noch verschlimmert, das Papst und Gegenpapst als abgesetzt erklärte und mit der Wahl Alexanders V. die *Pisaner Obödienz* begründete. Obwohl Benedikt XIII. keine Unterstützung mehr hatte, gab er nicht auf, als er vor das Konzil von Konstanz berufen wurde, wo er jedoch am 26. Juli 1417 erneut abgesetzt wurde. Er starb auf einer Insel bei Valencia, wo er sich von seinen Kardinälen versprechen ließ, daß man ihm einen Nachfolger geben würde. Dieser wurde Clemens VIII.

Bibl.: A. Glasfurd, *The Antipope (Peter de Luna, 1342–1423), a study in obstinacy*, London 1965; A. Xavier, *El Papa de Peniscola*, Valencia 1975, J. B. Simó Castillo, *La verdad sobre el „indestronable" papa Luna*, Bilbao 1976; F. de Moxó y Montoliu, *El papa Luna; un imposible empeno. Estudio politico-económico*, Saragoza 1986.

A. Ilari

Benedikt XIV.

Papst. Prospero Lambertini wurde als Abkömmling einer Adelsfamilie am 31. März 1675 in Bologna geboren. Er studierte bei den Somasken und im Clementinischen Kolleg in Rom. Am 30. April 1728 machte ihn Benedikt XIII. zum Kardinal, 1731 wurde er Erzbischof von Bologna. Diesen Sitz behielt er auch nach seiner Wahl zum Papst am 17. August 1740 für viele Jahre bei.

Das Pontifikat Benedikts XIV. wurde in verschiedene Richtungen aktiv. Einerseits resultierten aus der dynamischen Außenpolitik eine Reihe von Konkordaten, durch die die Kirchenangelegenheiten mit den Regierungen von Neapel, Sardinien, Venedig, Spanien, Portugal und Österreich geregelt werden sollten. Andererseits war die intensive Tätigkeit im Innern des päpstl. Staates, die Benedikt oft selbst ausführte, indem er den Kardinalsrat überging. Er pochte auf die Anwendung der tridentinischen Reformen, die Moralisierung des religiösen Lebens und eine starke missionarische Ausrichtung vor allem auf China und Indien.

Am bedeutendsten war jedoch die rechtliche Umformung des Kirchenapparates. Dabei ging es vor allem um die Reform des röm. Breviers, eine Reihe von Neuregelungen, um die Teilnahme des Volks an religiösen Zeremonien zu vereinfachen, die Neufassung des Martyrologium u. a.

Während des österreichischen Erbfolgekrieges nahm Benedikt zwischen Friedrich II. und Maria Theresa eine ambivalente Position ein, die diktiert war vom Schutz der kirchlichen Interessen in den miteinander im Konflikt liegenden Ländern.

Mit Expertenhilfe unternahm er auch den Versuch, die in Unordnung geratene Staatswirtschaft zu sanieren. Das wichtigste Unternehmen dabei war die Liberalisierung des Kornhandels, um die ärmeren Gegenden zu fördern. Wenn diese Reformen auch einiges bewirkten, gelang es mittels ihrer doch nicht, die Grundstruktur zu ändern. Das radikale Mißtrauen Benedikts gegen die weltliche und rationalistische Kultur der Aufklärung und sein katholischer Intellektualismus bestimmen den Kern seiner Persönlichkeit und historischen Position.

Das Mäzenatentum Benedikts war großzügig, wenn auch oft von schweren wirtschaftlichen Engpässen eingeschränkt. Besonders wichtig war die Restaurierung von *S. Maria Maggiore*, die jedoch das antike Aussehen der Kirche sehr beeinträchtigte. Glücklicher verliefen die Arbeiten an St. Peter und am im Bau befindlichen Trevibrunnen. Benedikt sind auch die ersten Restaurierungsarbeiten am Kolosseum zu verdanken, das zum baufälligen Aufenthaltsort für die Ausgestoßenen der Stadt geworden war, und in dem er den ersten Kreuzweg einrichtete. Unter seinem Pontifikat wurde auch eine Restaurierung der Kapitolinischen Museen begonnen, für die Benedikt große Summen zum Ankauf röm. Antiken zur Verfügung stellte. Sein weiteres Augenmerk galt den röm. Universitäten und Akademien, von denen er selbst vier eröffnete. Diese kulturelle Aktivität kulminierte mit der Eröffnung des ersten öffentlichen Museums im Vatikan: dem Christlichen Museum.

Der auch von seinen Feinden geachtete Papst starb am 3. Mai 1758 und wurde in St. Peter beigesetzt.

Bibl.: M. Rosa, in *Dizionario biografico degli Italiani*, VIII, S. 393–408 mit Bibl.; T. Bertone, *Benedetto XIV (1740–1758) e la gerarchia ecclesiastica*, in *Salesianum* 38 (1976), S. 475–588: Ders., *Il governo della chiesa nel pensiero di Benedetto XIV (1740–1758)*, Rom 1977; *Benedetto XIV (Prospero Lambertini). Atti del Convegno internazionale di studi storici su Benedetto XIV*, Cento, 6.–9. Dezember 1979, Cento 1982.

M. A. De Angelis

BENEDIKT XIV., GEGENPAPST

Der Sakristan Bernard Garnier wurde geheim am 12. November 1425 von Kardinal Jean Carrie, einem Anhänger des Gegenpapstes Benedikt XIII., aus Protest gegen die simonistische Wahl Clemens' VIII. gewählt. In seiner Rolle als Gegenpapst des Gegenpapstes, dessen Spuren sich darüber hinaus nach 1430 völlig verlieren, wäre er eigentlich wenig bedeutend, würde er nicht ein Symbol für den extremen Widerstand gegen das Schisma des Westens darstellen.

Bibl.: N. Valois, *La prolongation du Grand Schisme d'Occident au XV siècle dans le Midi de la France*, in *Annuaire – Bulletin de la Société de l'histoire de France*, 36 (1899), S. 161–195.

N. Del Re

Benedikt XV.
Papst. Giacomo della Chiesa wurde am 21. November 1854 in Genua geboren. Er studierte in seiner Geburtsstadt Jura und wurde am 21. Dezember 1878 zum Priester geweiht. Nachdem er als Sekretär der Nuntiatur in Madrid war, wurde er am 16. Dezember 1907 Erzbischof von Bologna. Später wurde er von Pius X. am 25. Mai 1914 zum Kardinal erhoben und folgte diesem als Papst am 3. September nach. Am 8. September richtete der neue Papst an die katholische Welt die Aufforderung *Ubi primum*, in der er das Ende des eben ausgebrochenen Krieges beschwor. Am 1. November gab er die Enzyklika *Ad Beatissimi Apostulorum Principis* zum Frieden der Welt heraus, also die Beendigung des Krieges, Hasses und Menschenverachtung und gerechte Wiederherstellung der schwankenden internationalen Ordnung; die materiellen Güter seien zum einzigen Ziel menschlicher Aktivitäten geworden. Er verurteilte den nationalistischen Egoismus, den Rassenhaß und den Klassenkampf, sowie die Entchristianisierung der Gesellschaft und den Umbruch der menschlichen Aktivitäten zur reinen persönlichen Befriedigung.

Der Papst leitete große Hilfsaktionen ein, um die Schmerzen des Krieges zu lindern. Dabei gelang es ihm, den Austausch von kriegsdienstunfähigen Gefangenen zu erreichen und die Krankenbetreuung von Verwundeten und Kranken aller kriegführenden Länder in der Schweiz. Er sandte den am meisten betroffenen Bevölkerungen wie Belgien, Montenegro, den Maroniten im Libanon, Christen in Syrien und russischen Flüchtlingen Hilfe. Wichtig ist das Schreiben vom 1. August 1917, in dem er zu Abrüstung nach festzulegenden Normen aufruft; anstatt der Waffen sollte eine Vermittlungsstelle eingesetzt werden. Er beschwor die Freiheit der Meere, den gegenseitigen Erlaß der Kriegsschulden und die Rückgabe der besetzten Gebiete. Das Papstdokument wurde von England nach Italien gesandt. Der Hl. Stuhl unterhielt zu diesem Zeitpunkt keine diplomatischen Beziehungen mit Italien und war im Art. 15 des Londoner Abkommen von den Friedensverhandlungen ausgeschlossen worden.

Benedikt XV. veranlaßte einen wichtigen Schritt, um die Interessen der katholischen Missionen in ehemaligen deutschen Kolonien zu wahren. Bei dieser Gelegenheit wurde dem italienischen Ministerpräsidenten ein Lösungsvorschlag der „Röm. Frage“ unterbreitet, in dem Verhandlungen mit dem italienischen Reich für die Anerkennung eines unabhängigen Kirchenstaates vorgesehen waren, kaum größer als das 1929 vereinbarte Territorium der Vatikanstadt. Als König Viktor Emmanuel davon informiert wurde, widersetzte er sich. Benedikt, der seine Annäherung an Italien mit dem Bruch des alten Formalismus begonnen hatte, lud Katholiken dazu ein, an der Verwaltung des italienischen Staates teilzunehmen. Die internationalen Beziehungen des Hl. Stuhls erlebten unter Benedikt einen enormen Aufschwung. Die Nuntiaturen stiegen von 14 auf 27. Die Beziehungen zu Frankreich und England wurden wiederhergestellt und die zu China und Portugal aufgenommen. Benedikt gab den Beziehungen zum christlichen Osten neuen Auftrieb, indem er die Kongr. für die Ostkirchen gründete. Außerdem belebte er die Studien mit der Gründung der Kongr. für Seminare und Universitäten. Die Verbreitung des kanonischen Rechts mit der Konstitution *Providentissima Mater* vom 27. Mai 1917 – die das komplizierte „ius decretalium“ ablöste – und die Einsetzung der Komm. für die authentische Interpretation des kanonischen Rechts mit dem Motu Proprio *Cum nobis* am 15. September 1917 gingen der Erneuerung durch Johannes XXIII. voraus.

Benedikt starb am 22. Januar 1922 und wurde in den Grotten von St. Peter beigesetzt.

Bibl.: C. De Rosa, in *Dizionario biografico degli Italiani*, VIII, S. 408–417 mit Bibl.; F. della Rocca, *I papi della questione romana (da Pio IX a Pio XI)*, Rom 1981; C. Bonfiglio, *Direttive del papa Benedetto XV per il laicato cattolico*, ib. 1987; *Benedetto XV e la pace – 1918*, Hrsg. G. Rumi, Brescia 1990; G. M. Pizzuti, *La grandezza di un pontefice misconosciuto: Benedetto XV*, in *Humanitas*, 45 (1991), S. 126–132.

A. Ilari

Benediktionsaula

Sie liegt über dem weiten Atrium der Peterskirche mit einer Fläche von 900 m^2. Sie hat ihren Namen vom großen Balkon in der Mitte der Basilika, von dem sich der Papst bei besonders feierlichen Gelegenheiten zeigt, um den Apost. Segen *Urbi et Orbi* zu erteilen (→). Als Werk des Carlo Maderno wirkt die Benediktionsaula in ihrer Einfachheit feierlich. Sie wird bei Audienzen für nur einige Tausend Teilnehmer benutzt. Die Wände sind mit großen Gemälden zu biblischen Szenen aus dem Alten und Neuen Testament geschmückt, die 1888 entstanden zum Priesterjubiläum Leos XIII., der hier außerdem sämtliche Seligsprechungen seines 25jährigen Pontifikates vollzog. Bis 1870 und nach 1929, dem Jahr der Versöhnung mit dem italienischen Staat, erfolgte auf dem Balkon der Benediktionsaula die feierliche Zeremonie der Papstkrönung (→).

Im Durchgang der Benediktionsaula zur Sala Regia (→) kann man ein großes Temperagemälde des deutschen Malers Johann Friedrich Overbeck mit einer Steinigung Jesu bewundern.

N. Del Re

Berline des Papstes

Bei offiziellen Anlässen benutzten die Päpste seit dem 16. Jh. das Pferd oder die Sänfte als Transportmittel, aber schon bald änderte sich die Tradition durch die bequemen Reisewagen – vor allem bei längeren Strecken. Bald war der Einsatz der Kutsche auf allen Ebenen des Päpstl. Hofs weit verbreitet und auch den Päpsten selbst standen mehrere zur Verfügung, je nach der Vorschrift des Zeremoniells. Einige dieser Kutschen, wie die prunkvolle Galaberline, die Leo XII. bauen ließ und die dann als Papstberline bekannt wurde, stehen heute im Historischen Museum (→).

Diese goldene Berline übertrifft in Ausstattung und Ausmaß bei weitem die üblichen (6 x 3,2 m). Die Kutsche mit rotem Kutschbock ist reich mit vergoldeten Schnitzereien verziert, mit Darstellungen der Hoffnung, Gerechtigkeit und Eucharistie, sowie mit vergoldeten Girlanden. Innen befindet sich ein Papstthron aus vergoldetem Holz und rotem Samt, dem ein Bänkchen in rotem Samt gegenüber steht. Darüber ist der Heilige Geist in Form einer Taube mit einer Strahlengloriole dargestellt.

Bibl.: F. di Carpadasco, *Le carrozze pontificie*, in *L'illustrazione vaticana*, 2 (1931), Nr. 18, S. 23–27.

C. De Vita

Bibelkommission, Päpstliche

Leo XIII., der bereits 1893 mit der Enzyklika *Providentissimus Deus* vom 18. November (ASS, XXVI [1893–94], S. 269–292), die man als „Magna Charta“ der biblischen Studien betrachten kann, die Normen für eine genaue Interpretation und Gebrauch der Hl. Schriften festgelegt hatte, hat mit dem Breve *Vigilantiae studii memores* vom 30. Oktober 1902 (ASS, XXXV [1902–1903], S. 235–238) eine besondere Kardinalskommission eingesetzt. Diese hatte die Aufgabe, vor allem jeden Zweifel aufzulösen, der ihr zur richtigen Interpretation der Hl. Schrift vorgetragen wurde, und ferner die biblischen Studien zu fördern. Pius X. erweiterte die Befugnisse der Komm. und gestattete ihr auch die Verleihung akademischer Grade (Lizentiat und Doktorat) in Bibelwissenschaft, wofür er zugleich die Normen im Apost. Brief *Scripturae Sanctae* vom 23. Februar 1904 festlegte (ASS, XXXVI [1903–1904], S. 530–532). Zur Vorbereitung der Kandidaten auf den Erwerb der Titel errichtete er in Rom mit dem Apost. Brief *Vinea electa* vom 7. Mai 1909 (AAS, I [1909], S. 447–449) zugleich das Päpstl. Bibelinstitut als Zentrum für die höheren Studien der Heiligen Schriften.

Um die Wichtigkeit dieser Studien zu unterstreichen, stellte Pius XI. die von der Päpstl. Bibelkommission verliehenen Titel mit dem Motu Proprio *Bibliorum scientia* vom 27. April 1924 (AAS, XVI [1924], S. 180–182) und der Konstitution *Deus scientiarum Dominus* vom 24. Mai 1931 (AAS, XXIII [1931], S. 241–262) gleich mit denen der von den anderen Päpstl. Hochschulen verliehenen. Pius XII. gab dann am 6. Juli 1942 die Erlaubnis, auch den geringeren Titel des Bakkalaureates jenen Studenten zu verleihen, die wenigstens die ersten Examina bestanden hatten.

1971 wurde sie durch Paul VI. mit dem Motu Proprio *Sedula cura* vom 27. Juni (AAS, LXIII [1971], S. 665–669) völlig neu strukturiert. Die heutige Bibelkomm. behält zwar unverändert ihre Gestalt, ist aber nun mit der Kongr. für die Glaubenslehre koordiniert und verbunden, wo sie auch ihren Sitz hat. Sie besteht aus einem Präsidenten, von Amts wegen Kardinalpräfekt der Kongr., einem Sekretär, der zugleich ihr Konsultor ist, einem Sekretär und aus zwanzig Mitgliedern, die aus den bedeutendsten Vertretern der Bibelwissenschaften ausgewählt werden. Zur Zusammenarbeit mit den Unterkommissionen können auch bekannte nicht katholische Bibelwissenschaftler eingeladen werden, die damit aber nicht Mitglieder der Komm. werden.

Die Antworten in Fragen der Lehre der Päpstl. Bibelkommission sind sehr bedeutend und besitzen den gleichen Wert wie die der Röm. Kongregationen.

Bibl.: Spadafora, in *Dizionario biblico*, Rom 1955, S. 121–123; G. Caprile, *Riordinamento della Pontificia Commissione Biblica*, in *La Civiltà cattolica*, 122 (1971), III, S. 402–405.

N. Del Re

BIBLIOTHEK SIXTUS' IV.

Die Bibliothek Sixtus' IV. stellte den Grundstock der Vatikanischen Bibliothek (→) dar, die mit ihrem immensen Bestand an Manuskripten, Inkunabeln, Pergamenten, Zeichnungen und Drucken zu den berühmtesten und wertvollsten Bibliotheken der Welt gehört. Die Gründung dieser Institution – der ältesten derartigen nicht nur innerhalb des Vatikan, deren Geschichte ununterbrochen durch mehr als fünf Jahrhunderte verläuft – geht auf Sixtus IV. (1471–84) zurück.

In den vorangegangenen Jahrhunderten stattete sich der Apost. Stuhl mit diversen Text- und Archivsammlungen aus, die jedoch immer wieder verloren gingen, neu aufgebaut wurden und über die die Dokumentation nur sehr spärlich ist. Heute datiert man die Entstehung der Vatikanbibliothek auf das 15. Jh. unter dem Pontifikat Nikolaus' V. (1447–55) als Erbe der älteren päpstl. Bibliotheken. Dieser Papst, der Humanist und leidenschaftlicher Sammler von Handschriften war, hinterließ bei seinem Tod über 1.500 Manuskripte (deren viele in der berühmten Florentiner Schreibstube des Vespasiano da Bisticci kopiert worden waren) und die, wenn auch nicht vollständig, den ersten Kern der Vatikansammlung bilden.

Der eigentliche Urheber der Bibliothek war jedoch Sixtus IV., dessen *Bulle Ad decorem militantis Ecclesiae* vom 15. Juni 1475 als die Geburtsurkunde der Bibliothek angesehen werden kann, die „zur Förderung des katholischen Glaubens, zum Nutzen der Wissenschaftler und Glanz des Röm. Papstes" gegründet wurde. So stattete der Papst die neue Institution mit einer eigenen Rendite aus, ernannte einen Bibliothekar und setzte den Sitz in den Erdgeschoßsälen des Nordflügels des Palastes Nikolaus' V. mit Eingang *Cortile del Pappagallo* (→) und Blick auf den großen *Cortile del Belvedere* (→) fest, der damals als Wein- und Kornkeller genutzt wurde. Die Bibliothek wurde in einen öffentlichen und einen geheimen Teil getrennt, später kam der päpstl. Teil hinzu.

Die *öffentliche Bibliothek* hatte ihren Sitz in zwei Sälen: In dem ersten größeren, der sog. *bibliotheca latina,* waren die lateinischen Handschriften aufbewahrt, der zweite, in dem die griechischen Schriften verwahrt wurden, hieß *bibliotheca graeca.* Im ersten Saal malten Domenico und David Ghirlandaio in beide Lünetten zwei Kirchenväter und Philosophen der Antike, deren Halbbüsten aus der Wand in den Raum ragen. In diesem Saal, von dem aus eine Tür zur Wohnung des Bibliothekars führte und dessen eines Fenster dazu diente, den Saal zu überwachen, führte Melozzo da Forlì eines seiner besten Werke aus: das berühmte zwischen 1475 und 1477 entstandene Fresko, das den ersten Bibliothekar Platina darstellt, wie er vor dem Papst kniend, der von seinen Neffen Riario und Della Rovere umgeben auf seinem Thron sitzt, die Ernennung erhält. Das Fresko wurde 1820 auf Leinwand übertragen und befindet sich nun in der Vatikanischen Pinakothek (→). Der Saal der griechischen Bibliothek ist ähnlich wie der angrenzende gestaltet, nur daß man anstelle der Figuren große Blumenvasen sieht, die sich vor dem Hintergrund des Himmels abheben. Am Bogen befinden sich im Unterschied zu dem der lateinischen Bibliothek, der mit Wappen Sixtus IV. bemalt ist, zwei große Wappen von Nikolaus V., die wahrscheinlich aus der Zeit der Errichtung des Palastes stammen.

Die *Bibliotheca secreta*, in der die wertvollsten Handschriften verwahrt wurden, ist heute trotz ihrer einst großen Bedeutung völlig schmucklos; die Ausmalung von Melozzo da Forlì und Antoniazzo Romano existiert nicht mehr.

Der letzte Saal beherbergte die *Bibliotheca pontificia*, in der vor allem Archivmaterial aufbewahrt wurde. Er wurde 1480 errichtet und ebenfalls von Antoniazzo und Melozzo ausgemalt. Erhalten ist nur das Gewölbe, das mit einer besonders schönen Helldunkelmalerei in Form eines Blätternetzes ausgemalt ist.

Der Fußboden der vier Säle stammt aus der Zeit Alexanders VI. (1492–1503), der über der Bibliothek das Appartamento Borgia (→) errichten ließ.

Eine bedeutende Ansicht der Bibliothek stellt ein Fresko dar, das ein Schüler Melozzos im „Komtur-Palast von Santo Spirito" realisierte, auf dem Sixtus IV. bei einem Besuch der Bibliothek zwischen den Bänken dargestellt ist. Ein Teil dieser Bänke mit wunderbaren Intarsienarbeiten ist noch im Vestibül des *Salone Sistino* (→) der Vatikanischen Bibliothek erhalten. Sie sind ein Werk von Giovannino de' Dolci, der als Architekt der *Sixtinischen Kapelle* (→) bekannt ist.

An diesem Ort blieb die Bibliothek mehr als ein Jahrhundert lang. Wegen der stetig wachsenden Sammlungen mußte sie dann an einen anderen Ort verlagert werden, der von Sixtus V. (1585–90) erbaut wurde.

Bibl.: D. Redig de Campos, *I Palazzi Vaticani*, Bologna 1967, S. 57–63; Ders., *Il restauro delle Aule di Niccolò V e di Sisto IV nel Palazzo Apostolico Vaticano*, Vatikanstadt 1967; J. Ruysschaert, *Sixte IV, fondateur de la Bibliothèque Vaticane, in Archivum Historiae Pontificiae*, 7 (1969), S. 513–524; Ders., *La Biliothèque Vaticane dans les dix premières anneés du pontificat de Sixte IV*, ib., 24 (1986), S. 71–90.

G. Morello

BIBLIOTHEKAR DER HL. RÖMISCHEN KIRCHE

Diesen Titel trägt der Kardinal, der den „generellen Ablauf in der Vatikanischen Bibliothek überwacht".

Die Aufgabe des *Bibliotecario di S. R. C.* geht auf das Hochmittelalter zurück und bestand vor allem darin, die Konzilsakten und das Register der Papstbriefe zu verwahren und über die Bände der Papstbibliothek zu wachen. Seit die Aufgabe an Bedeutung und Prestige gewann, wurde der Bibliothekar unter den Suburbikarbischöfen gewählt und bald mit Kardinalswürden ausgestattet.

Während des 11.–13. Jh. verschwand der Posten mit der Verteilung der Bibliothek und der Archive. Während der Avignoner Zeit wurde er einfachen Mönchen, Dominikanern und Augustinern anvertraut. Nach der Rückkehr der Päpste nach Rom und dem Wiederaufbau der Bibliothek mit der Gründung der Vatikanbibliothek wurde die Aufgabe Wissenschaftlern und Humanisten überlassen.

Bibl.: J. Bignami Odier, *La Bibliothèque Vaticane de Sixte IV a Pie XI; recherche sur l'histoire des collections de manuscrits*, Mitarb. J. Ruysschaert, Vatikanstadt 1973.

N. Del Re

BISCHOFSSYNODE

In seiner Eröffnungsansprache zur vierten Sitzungsperiode des II. Vatikanischen Konzils kündigte Paul VI. die Errichtung einer ständigen Bischofssynode an und verfügte mit dem Motu Proprio *Apostolica sollicitudo* vom 15. September 1965 (AAS, LVII [1965], S. 775–780) ihre Einsetzung. Sie sollte als ein festes Organ dem Papst bei der Leitung der universalen Kirche zur Seite stehen. Ihre Ziele sind inzwischen in can. 342 des geltenden Codex des Kirchenrechts umschrieben, wo es heißt: „Die Bischofssynode ist eine Versammlung von Bischöfen, die, aus den verschiedenen Gegenden der Erde ausgewählt, zu bestimmten Zeiten zusammenkommen, um die enge Verbundenheit zwischen Papst und Bischöfen zu fördern und um dem Papst bei der Bewahrung von Glaube und Sitte und bei der Festigung der kirchlichen Disziplin mit ihrem Rat hilfreich beizustehen sowie um Fragen bezüglich des Wirkens der Kirche in der Welt zu beraten." Der diesem neuen kirchlichen Organ im hierarchischen Aufbau der Kirche zugewiesene Platz entspricht seiner Bedeutung. Im Codex des kanonischen Rechts von 1983 wird die Bischofssynode (can. 342–348) noch vor dem „Kardinalskollegium" (→) und der „Röm. Kurie" (→) behandelt. Damit sollte ihr eine besondere Würde und eine gewisse strukturelle, aber nicht hierarchische Überordnung gegenüber dem Kardinalskollegium und der Röm. Kurie zukommen, obwohl die Synode die Funktionen der letzteren in keiner Weise berührt. Die Kurie behält daher als solche innerhalb der Synode ihre maßgebenden Aufgaben (vgl. Nr. V–VI des erwähnten Motu Proprio *Apostolica sollicitudo*) als Organ der zentralen Leitung der Kirche und ausführendes Organ der Primatsvollmacht und ist, wie die Synode, unmittelbar dem Papst unterstellt. Außerdem kann nur die Kurie der Synode vollständige Informationen liefern, die die ganze Kirche betreffen.

Nach can. 344 des Codex von 1983 kommt es dem Papst zu: 1.) die Synode einzuberufen, sooft es ihm angebracht erscheint und den Tagungsort zu bestimmen; 2.) die Wahl jener Synodalen, die nach Maßgabe von besonderem Recht zu wählen sind, zu bestätigen sowie andere Synodalen zu bestimmen und zu ernennen; 3.) die Verhandlungsgegenstände in angemessener Frist nach Maßgabe von besonderem Recht vor Beginn der Synodalversammlung festzulegen; 4.) die Tagesordnung zu bestimmen; 5.) der Synode persönlich vorzusitzen oder sich durch andere vertreten zu lassen; und 6.) die Synode selbst zu schließen, zu verlegen, zu unterbrechen und aufzulösen.

Die Bischofssynode kann in drei Formen zusammentreten: als Generalversammlung, als Außerordentliche Versammlung oder als Spezialversammlung (can. 345), je nachdem, ob die Themen das Wohl der Gesamtkirche behandeln oder sich der Angelegenheiten annimmt, die unmittelbar eine oder mehrere Regionen betreffen. Zu den diskutierten Fragen kann die Synodenversammlung nur Vorschläge machen. Sie kann nicht entscheiden oder entsprechende Dekrete erlassen, es sei denn, der Papst hätte ihr „in bestimmten Fällen" das Recht der Entscheidung übertragen (can. 343). Vielfach wird gewünscht, daß dieses Recht der Bischofssynode autonom und nicht durch Gewährung des Papstes zugestanden wird. Ihm bliebe in jedem Fall aber die Ratifizierung ihrer Entscheidungen vorbehalten.

Die als Generalversammlung tagende Synode setzt sich größtenteils aus Bischöfen zusammen, die dafür von den Bischofskonferenzen nach den für die Synode festgelegten Rechtsnormen gewählt worden sind. Dazu kommen weitere Mitglieder, die teils aufgrund des gleichen Rechts ausgewählt, teils direkt vom Papst ernannt werden (bis zu 15% der Gesamtzahl). Zehn Ordensleute sind in der Regel als Vertreter der religiösen Ordensinstitute von der Union der Generaloberen (can. 346, § 1) ausgewählt und vom Papst ernannt. Die als Außerordentliche Versammlung zusammentretende Synode, die ebenfalls Fragen behandelt, die die Gesamtkirche betreffen, aber besondere Ergebnisse erfordern, ist ebenfalls größtenteils aus Bischöfen zusammengesetzt, die nach der Synodenordnung aufgrund ihres Amtes abgeordnet sind. Dazu kommen andere direkt vom Papst ernannte Mitglieder, ferner drei Ordensleute als Vertreter der kirchlichen Ordensinstitute, die von der Union der Generaloberen (can. 342, § 2) gewählt sind. Tritt die Synode als Spezialversammlung zusammen, besteht sie nach dem *Regolamento* für die Synode vor allem aus Mitgliedern der Regionen, für die die Synode einberufen ist (can. 342, § 3). Falls das in den verschiedenen Versammlungsformen behandelte Thema eine Vertiefung erforderlich macht, können durch den Delegierten Präsidenten besondere Studienkommissionen gebildet werden, die aus zwölf Fachleuten für das Thema bestehen. Acht wählt die Versammlung, während vier der Papst ernennt. Dieser bestimmt auch den Präsidenten, während der Sekretär von den Mitgliedern selbst gewählt wird. Zu Beginn einer jeden Versammlung wird ferner vom Papst eine Schiedskommission von drei Mitgliedern gebildet, die die aufgeworfenen Streitfragen prüft und ihm unterbreitet (vgl. Kap. V–VI der Synodenordnung).

Das bei der Synode erhaltene Mandat der Bischöfe und der anderen Synodenmitglieder erlischt unmittelbar nach Abschluß der Synode (can. 347, § 1), während bei einer Sedisvakanz die Synodenversammlung unterbrochen bleibt, bis der neue Papst ihre Weiterführung oder Auflösung bestimmt hat (can. 347, § 2). Entsprechend can. 348, §§ 1–2 besitzt die Bischofssynode ein ständiges Generalsekretariat (dessen Büro sich in den *Via della Conciliazione* 34 befindet). An seiner Spitze steht ein vom Papst ernannter Generalsekretär im Kardinalsrang, sowie ein Untersekretär. Für jede Synodalversammlung wird ein aus 15 Kardinälen und Bischöfen bestehender Synodenrat gebildet. Zwölf von ihnen werden von der Bischofssynode nach Maßgabe des *Regolamento* gewählt und drei vom Papst ernannt. Auch ihr Amt endet nach jeder Bischofssynode. Für jede Synodenversammlung werden ferner ein oder mehrere Sondersekretäre bestimmt, die Fachleute für das von der Synode behandelte Thema sind und vom Papst ernannt werden. Auch ihr Amt endet mit dem Abschluß der Versammlung.

Die erste Generalversammlung der Bischofssynode fand 1967 unter dem Vorsitz von Paul VI. statt (29. September – 29. Oktober), der dann (1969, 1971, 1974 und 1977) nur General- und Außerordentliche Versammlungen einberufen hat. Johannes Paul II. hingegen begann mit der Einberufung von Spezialversammlungen im Januar 1980, als er die holländischen Bischöfe im Vatikan versammelte, um mit ihnen schwerwiegende Fragen theologischer und pastoraler Art in den Bistümern der Niederlande zu besprechen. Im März 1980 berief er die Bischöfe der Ukraine ein, um die Nachfolge von Kardinal Josef Slipyi zu regeln, der dann 1984 in Rom starb. Der Kardinal erhielt vorerst einen Koadjutor. Synoden der ersten beiden Formen wurden von Johannes Paul II. dagegen 1983, 1985, 1987 und 1990 abgehalten, während 1991 eine neue Spezialversammlung für Europa folgte. Als vorläufig letzte Bischofssynoden fanden im April/Mai 1994 die „Afrika-Synode“ und im November/Dezember 1997 die Synode für ganz Amerika statt.

Bibl.: V. Fagiolo, *Synodus episcoporum*, in *Ephemerides iuris canonici*, 25 (1969), S. 9–64; V. Ferrara, *Il Sinodo dei Vescovi tra ipotesi e realtà*, Rom 1970; J.I. Arrieta, *El Sínodo de los Obispos: criterios que emarcan su evolución normativa*, in *Ius canonicum*, 24 (1984), S. 51–85; *Sinodo dei Vescovi; natura, metodo, prospettive*, Hrsg. Jozef Tomko, Vatikanstadt 1985; G.P. Milano, *Il Sinodo dei Vescovi*, Mailand 1985; J.I. Arrieta, *El Sínodo de los Obispos*, Pamplona 1987; ders., *Lo sviluppo istituzionale del Sinodo dei Vescovi*, in *Ius Ecclesiae*, 4 (1992), S. 189–213.

N. Del Re

BONIFATIUS I.

Papst, Hl. Römer, übte unter dem Pontifikat Innozenz I. (401–417) verschiedene Aufgaben am Hof von Konstantinopel aus. Nach dem Tod von Papst Zosimus am 26. Dezember 418 wählte der in zwei Gruppen gespaltene Klerus gleichzeitig Eulalius und Bonifatius und weihte sie in zwei verschiedenen Kirchen. Der in Ravenna residierende Kaiser Honorius, der auf der Seite von Eulalius stand, erklärte, als er von den Vorfällen erfuhr, Bonifatius für abgesetzt und vertrieb ihn aus Rom. Bonifatius gab nicht auf und bewegte den Kaiser mit Hilfe auch Galla Placidias zu einer Umorientierung. Doch auch wegen seines rebellischen Verhaltens wurde Eulalius aus der Stadt vertrieben und Bonifatius als legitimer Papst anerkannt. Während seines Pontifikats pflegte er enge Kontakte mit den berühmten Kirchenvätern Augustinus und Hieronymus; im Kampf gegen die Häresie der Elasger beauftragte Bonifatius Augustinus mit einer schriftlichen Prüfung. Gegenüber den gallischen, afrikanischen und illyrischen Kirchen vertrat Bonifatius eine zentralistische Politik, indem er Entscheidungsrechte auch über interne Fragen an sich zog, um gefährliche Autonomiebestrebungen zu unterbinden. Er starb am 4. September 422 und wurde auf dem Friedhof der Hl. Felicitas beigesetzt

Bibl.: F. Caraffa, in *Bibliotheca Sanctorum*, III, Sp. 328–331, mit Bibl.; S. Cristo, *Some notes on the Bonifacian-Eulalian Schism*, in *Aevum*, 51 (1977), S. 173–167.

M. A. De Angelis

Bonifatius II.

Papst. Römer gotischer Abstammung. Bonifatius wurde am 22. September 530 durch den sterbenden Felix IV. mit einer ungewöhnlichen Prozedur zu seinem Nachfolger ernannt. Dies löste eine heftige Krise innerhalb des röm. Klerus aus. Während der Weihe im Lateran wählte die Mehrheit der Priester aus Protest gegen die Einführung einer derartigen Papsternennung Dioskur aus Alexandria zum Papst. Durch den plötzlichen Tod des Dioskur wurde das Schisma sofort beendet und Bonifatius als Papst anerkannt. Um den Einfluß des Klerus einzuschränken, versuchte auch er, seinen Nachfolger zu ernennen. Doch akzeptierte der Senat Roms die Ernennung des Vigilius nicht. Bonifatius starb am 17. Oktober 532.

Bibl.: P. Bertolini, in *Dizionario biografico degli Italiani*, XII, S. 133–136 mit Bibl.

M. A. De Angelis

Bonifatius III.

Papst. Römer griechischer Abstammung. Fast ein Jahr nach dem Tod von Papst Sabinianus folgte Bonifatius am 19. Februar 607 auf dessen Thron. Sein kurzes Pontifikat ist von der durch ihn in Rom einberufenen Synode charakterisiert, die festsetzen sollte, daß wenigstens drei Tage nach dem Tod eines Papstes vergehen müßten, bevor man zur Wahl des nächsten übergehen könne. Außerdem protestierte er gegen den Titel „ökumenischer Patriarch", den sich der Patriarch von Konstantinopel zugesprochen hatte. Er starb am 12. November 607 und wurde in St. Peter beigesetzt.

Bibl.: P. Bertolini, in *Dizionario biografico degli Italiani*, XII, S. 136–137 mit Bibl.

M. A. De Angelis

Bonifatius IV.

Papst, Hl. Nach einem langen Zeitraum folgte er am 25. August 608 auf Bonifatius III. Der ehemalige Mitstreiter Gregors des Großen folgte dessen Spuren und setzte sich für eine religiöse Befriedung Italiens ein, das durch das Schisma der „Drei Kapitel" beunruhigt war wie auch für eine Versöhnung zwischen Byzantinern und langobardischen Besatzern. Bonifatius betrieb sowohl die Zusammenarbeit mit Byzanz als auch die mit den Langobarden, damit der Papstsitz in Rom bleiben konnte.

Besonders bemühte sich Bonifatius um die Kirche Englands und die Beziehungen zu Kaiser Agrippa, der die Umwandlung eines der wichtigsten paganen Denkmäler in eine der Jungfrau Maria geweihte Kirche ermöglichte. Bonifatius starb am 8. Mai 615 und wurde in St. Peter beigesetzt. Bonifatius VIII. (1294–1303) ließ ihn heiligsprechen und in die von Arnolfo di Cambio errichtete Kapelle überführen. Festtag am 25. Mai.

Bibl.: F. Caraffa, in *Bibliotheca Sanctorum*, III, Sp. 331–333 mit Bibl.; P. Bertolini, in *Dizionario biografico degli Italiani*, XII, S. 137–140 mit Bibl.; S. D'Amato, *„De Civitate Valeria": papa S. Bonifacio IV*, in *Bullettino della Deputazione Abruzzese di Storia Patria*, 79 (1989), S. 121–196; F. Michetti, *S. Bonifacio IV e il suo pontificato*, Peo dei Sardi 1992.

M. A. De Angelis

Bonifatius V.

Papst. Neapolitaner, Nachfolger Adeodatus' I. (618), wurde wegen der verspäteten Ankunft der kaiserlichen Bestätigung aus Byzanz erst am 23. Dezember 619 geweiht. Unter seinem Pontifikat verstärkten sich das besondere „Asylrecht" und die Missionspolitik in England. Er starb am 25. Oktober 625 und wurde in St. Peter beigesetzt.

Bibl.: P. Bertolini in *Dizionario biografico degli Italiani*, XII, S. 140–142 mit Bibl.

M. A. De Angelis

BONIFATIUS VI.

Papst. Römer, folgte auf Papst Formosus im April 896, wurde mit Hilfe der Partei Lambertos aus Spoleto und des deutschen Königs Arnulf gewählt, der sich in Rom befand. Sein Pontifikat dauerte nur 15 Tage. Er wurde in St. Peter beigesetzt.

Bibl.: P. Bertolini in *Dizionario biografico degli Italiani*, XII, S. 142–143 mit Bibl.

M. A. De Angelis

BONIFATIUS VII.

(Gegenpapst). Wurde 974 von der Volksfraktion unter Crescenzio di Teodora gegen den legitimen Papst Benedikt VI. gewählt, der auf Seiten des Kaisers stand. Der über die Vorgänge informierte Kaiser Otto II. ließ den Gegenpapst aus Rom vertreiben, welcher nach Konstantinopel flüchtete, nachdem er Benedikt hatte ermorden lassen. Nach dem Tod des Kaisers am 7. Dezember 983 gewann die Partei der Crescenzi erneut die Oberhand und rief Bonifatius nach Rom zurück, der sofort Johannes XIV., den Nachfolger Benedikts VII., in der Engelsburg gefangen setzen ließ. Etwa ein Jahr lang behielt Bonifatius seinen Titel, übte jedoch keine Autorität aus, da Giovanni di Crescenzio sie an sich gerissen hatte. Der vom Volk wegen seiner Ruchlosigkeit „Malificio" genannte Bonifatius starb im Juli 985, woraufhin seine Leiche vom röm. Volk nackt durch die Stadt gezogen wurde.

Bibl.: P. Delogu, *Dizionario biografico degli Italiani*, XII, S. 143–146.

A. Ilari

BONIFATIUS VIII.

Papst. Benedikt Caetani wurde um 1235 in Anagni geboren. Nach dem spektakulären Rücktritt von Coelestins V. in Neapel wurde er beim Konklave am 24. Dezember 1294 als Bonifatius VIII. gewählt. Er verließ Neapel, um nach Rom zurückzukehren, wohin er den ehemaligen Papst mitnahm. Im Zentrum des Pontifikats von Bonifatius VIII. stand die Rückgabe Siziliens an die röm. Kirche und die Verwaltung der Anjou. Eine andere Frage, die das Pontifikat bestimmte, war der Kampf gegen die mächtige Familie der Colonna, der mit der Degradierung der beiden Kardinäle Jakobus und Petrus Colonna seinen Anfang nahm. Die Gründe waren sowohl familiärer als auch politischer und religiöser Natur. Der Papst zögerte am Ende nicht, mit einem offenen Krieg gegen die Besitztümer der Colonna vorzugehen, der in der völligen Zerstörung der Stadt Palestrina seinen Höhepunkt fand.

Mit der Bulle *Antiquorum habet* verkündete er am 22. Februar 1300 das erste Heilige Jahr (→), das für alle Rompilger mit dem Erhalt eines vollkommenen Ablaß verbunden war. Die letzten beiden Jahre des Pontifikats waren durch den immer schärfer werdenden Konflikt mit dem französischen König Philipp dem Schönen geprägt. In der berühmten Bulle *Unam Sanctam* vom 18 November 1302 erklärte er, dem Papst komme die *plenitudo potestatis* zu und daß nur Gott allein über ihn urteilen könne. Er starb am 11. Oktober 1303.

Bibl.: E. Dupré Theseider, in *Dizionario biografico degli Italiani*, XII, S. 146–170 mit Bibl.; G. Giammaria, *Bonifacio VIII in Anagni nell'anno del primo giubileo*, Anagni 1983; E. Gallina, *De potestate Ecclesiae in temporalibus iuxta doctrinam Bonifacii VIII*, in *Ephemeride iuris canonici*, 45 (1989), S. 9–37.

A. Ilari

Bonifatius IX.

Papst. Perrino Tomacelli wurde um 1350 in Neapel geboren, wo er seine Studien absolvierte. 1381 wurde er von dem ihm verwandten Urban VI. zum Kardinal mit dem Titel *S. Giorgio in Velabro* kreiert. Nach dem Tod Urbans am 15. Oktober 1389 wurde er zum Papst gewählt. Die christliche Welt war zu der Zeit in das römische und das Avignoner Lager unter dem Gegenpapst Clemens VII. gespalten. Der französische König Karl VI. und die Sorbonne übten auf beide Seiten starken Druck zur Beendigung des Schismas aus.

Von weitaus weniger cholerischem Charakter als sein Vorgänger hielt sich Bonifatius IX. flexibel und begann damit, die von Urban VI. ihres Amtes enthobenen Kardinäle zu rehabilitieren und sich sowohl mit dem Reich Neapel als auch mit dem Volk Roms zu versöhnen. Er starb am 1. Oktober 1404 und wurde in der Petersbasilika beigesetzt. Sein Pontifikat ist für ausgeprägten Nepotismus bekannt geworden. Sein Ziel war, ein Fürstentum für seine Familie um die Abtei von Montecassino zu errichten.

Bibl.: A. Esch, in *Dizionario biografico degli Italiani*, XII. S. 170–183 mit Bibl.; S. Fodale, *Documenti del Pontificato die Bonifacio IX. Documenti sulle relazioni tra la Sicilia e il Papato fra Tre e Quattrocento*, Palermo 1983.

A. Ilari

Borgia-Gemächer

So wurden die beiden am gleichnamigen *Appartamento* (→) gelegenen Räume genannt, die früher „*camerae secretae*" hießen, da sie für den Privatgebrauch Alexanders VI. (1492–1503) bestimmt waren. Der erste der beiden war mit dem „Saal der *Artes liberales*" verbunden und diente als Schlafzimmer des Papstes. Nach Angaben des damaligen Zeremonienmeisters starb Alexander VI. in diesem Zimmer. Es weist eine geschnitzte, vergoldete Holzdecke auf, die mit den Wappen und Darstellungen der Taten der Borgia geschmückt ist. Darunter befinden sich auch Landschaftsszenen aus dem folgenden Jahrhundert. Dieser Raum wie auch die angrenzenden wurden von Pinturicchio ausgemalt. Neben der Tür zum Saal der freien Künste führte eine von der Dekoration verdeckte Treppe zu einem höher gelegenen Fenster. Von hier aus konnte man diskret zuhören, ohne gesehen zu werden.

Auch das andere Zimmer weist eine ähnliche, wenn auch schlichtere Holzdecke auf. Die Landschaftsszenen wurden wahrscheinlich unter dem Pontifikat Pauls V. (1605–21) realisiert, wie man aus Drachen und Adler schließen kann, den Wappentieren des Borghese-Papstes. Diese Zimmer beherbergen heute gemeinsam mit dem *Appartamento Borgia* und anderen Räumlichkeiten die große „Sammlung moderner religiöser Kunst" (→).

G. Morello

Borgia-Turm

→ Torre Borgia

Boten, Päpstliche

Diese Läufer oder Boten haben ihren Ursprung in der Mitte des 10. Jh. und waren niedere Angestellte des Päpstl. Hofes. Unter Gregor XVI. (1831–46) wurden sie dem Maggiordomo Seiner Heiligkeit (→) unterstellt, dem die entsprechende Auswahl und Ernennung oblag.

Ihre Aufgabe bestand vor allem darin, hochgestellten kirchlichen Persönlichkeiten wie auch Laien offizielle Einladungen zu überbringen, z. B. zur Teilnahme an Konsistorien, an den Papstgottesdiensten und an weiteren religiösen und profanen Zeremonien. Bis vor nicht langer Zeit waren sie auch dafür zuständig, die päpstl. Konstitutionen und die Dekrete der röm. Kongregationen an den Portalen (*ad valvas*) der Hauptbasiliken oder, wo es ihnen eigens aufgetragen wurde, anzubringen. Die erfolgte Publikation (z.B. das Dekret über die Verurteilung von Büchern seitens der Indexkongr.) mußte mittels einer eigenen Formel gegenüber dem „Chefboten" bestätigt und unterschrieben werden: „*Ego infrascriptus magister cursorum testor supradictum decretum affixum et publicatum fuisse in urbe*".

Im Mittelalter und in den späteren Epochen hatten die Apost. Läufer (die in etwa mit den Herolden in den zivilen Staaten korrespondierten) eine zusätzliche Bedeutung. Sie mußten alle Arten von Dokumenten den Bischöfen der Christenheit und anderen hohen Prälaten überbringen – mit der Verpflichtung, eine ordentliche Quittung über den erfolgten Empfang nach Rom zurückzubringen. Viele Exemplare dieser Quittungen befinden sich bis heute noch im Vatikanischen Geheimarchiv. Gab es gegen Ende des Kirchenstaates noch zahlreiche Boten, verloren sie mit dem weiteren Fortschritt der modernen Kommunikationsmittel ihre Bedeutung, die sich am Schluß nur noch auf die Verteilung von Einladungen innerhalb der Stadt beschränkte.

Die offiziellen „Apost. Boten" wurden von Paul VI. 1968 im Rahmen seiner Neuordnung des Päpstl. Hauses mit dem Motu Proprio *Pontificalis Domus* vom 28. März (AAS, LX 1968, S. 305–315) abgeschafft. Ihre Funktionen werden heute vom Personal der Präfektur der *Casa Pontificia* (→) ausgeführt.

N. Del Re

Braccio di Carlo Magno

Bezeichnung für den langen Korridor von Gian Lorenzo Bernini, der den linken Säulengang des Petersplatzes mit dem Atrium der Petersbasilika verbindet. Der Name stammt von einer barocken Reiterstatue Kaiser Karls des Großen, die sich gegenüber dem Reiterstandbild Konstantins am anderen Ende des Atriums befindet und die dem dazu parallelen Korridor den Namen *Braccio di Costantino* (→) gibt.

Der lange, leicht ansteigende Raum mit seiner schlichten aber monumentalen Architektur wurde für verschiedene Zwecke genutzt, nachdem er seinen ursprünglichen als Wetterschutz für Pilger verloren hatte.

G. Morello

Braccio di Costantino

Der sog. Konstantinsflügel erhielt seinen Namen von der auf seiner Seite aufgestellten Reiterstatue des Kaisers Konstantin I. in der Vision des Kreuzes, einem Meisterwerk Gian Lorenzo Berninis. Dieser Flügel bzw. Laufgang verbindet durch das *Bronzetor* die Ostseite der berninischen Kolonnaden mit dem Atrium der Petersbasilika. Früher lösten sich hier die berühmten Geleitzüge auf, die den Papst begleiteten, wenn er sich zu feierlichen Gelegenheiten vom Apost. Palast nach St. Peter begab.

Am Ende des Korridors beginnt die *Scala Regia* (→), die eindrucksvolle barocke Treppenanlage Berninis in illusionistischer Manier. Sie war einst der Ehrenzugang zum Vatikanpalast, der heute vom Damasushof (→) abgeht.

G. Morello

Bramantekorridor

Kurz nach seiner Wahl zum Papst erteilte Julius II. 1503 Donato Bramante aus Urbino den Auftrag, den vatikanischen Palast mit dem 300 m weiter nördlich und wesentlich höher gelegenen Belvedere Innozenz' VIII. (1484–92) architektonisch zu verbinden. Das Gelände wurde dreifach terrassiert und die Bauten mit zwei langgestreckten, mehrgeschossigen Korridoren verbunden. Sie waren in der Art von Galerien angelegt, wobei der östliche Flügel eine direkte Verbindung zwischen den Papstgemächern der oberen Loggia und dem ersten Geschoß der Belvedere-Villa ermöglichte. Die darunter liegende Galerie, das heutige Lapidarium und Chiaramonti-Museum der Etage des *Appartamento Borgia*, führte zum Hof der *Palazzina*, während eine zweite, wiederum tiefer gelegene Galerie vom Niveau des heutigen Damasushofes ausging. Die letzte Galerie war ebenerdig und wird heute, wie die darüber befindliche, als Magazin der Vatikanischen Bibliothek benutzt.

Die Korridore sind unterschiedlich lang. Ihre Fassaden sind zum Innenhof hin mit Arkaden, Pilastern, Fenstern usw. gegliedert, während sie nach außen schmucklose Wehrarchitektur aufweisen. Über dem großen Portal in Bossenwerk, bekannt als *Porta Julia* (Julius-Tor), ist eine Inschrift in Marmor angebracht. Nachdem der 1523 vollendete östliche Korridor wenige Jahre später einstürzte, wurde er durch Baldassare Peruzzi erneuert. Vom westlichen Flügel standen nur die Fundamente, die Vollendung nach Vorbild des Bramanteflügels erfolgte unter dem Pontifikat Pauls IV. (1559–65). Der von diesen beiden langen Korridoren begrenzte Raum bildet zusammen mit dem Nordriegel den sog. Bramante-Hof oder Cortile del Belvedere (→). Der mit einer großen Brunnenanlage und antiken Statuen geschmückte Hof wurde auch „Belvedere-Theater“ genannt, da dort auch Schauspiele und Turniere stattfanden.

Bibl.: J. S. Ackerman, *The Cortile del Belvedere,* Vatikanstadt 1954; D. Redig de Campos, *I Palazzi Vaticani,* Bologna 1967.

G. Morello

Bramantetreppe

Diese große Treppenspirale im Belvedere-Komplex wurde von Bramante im Jahr 1512 begonnen. Sie war Teil des Erweiterungsprojekts der Gemächer von Innozenz VIII., zu denen sie den direkten Zugang ermöglichte. Die Treppe, die auch für Pferde zugänglich war, wird von 36 Travertinsäulen gesäumt. Sie respektieren in ihrer Anordnung die klassische Hierarchie: zunächst sechzehn dorische Säulen, dann acht ionische und schließlich zwölf korinthische. Auf dem Kapitell der letzten dorischen Säule sind Eichenblätter abgebildet, die auf den Rovere-Papst anspielen. Ein Zahlungsbeleg vom Februar 1512 bezeugt den Fortgang der Arbeiten, die auch 1534 noch im Gange sind. 1535 werden sie von Baldassare Peruzzi weitergeführt und 1564 von Pirro Ligorio beendet. Die architektonische Einheitlichkeit zeigt jedoch, daß man sich an den ursprünglichen Entwurf des ersten Architekten gehalten hat. Die Bramantetreppe diente zahlreichen anderen als Vorbild, so etwa den Treppen am Quirinalspalast und im Palast der Borghese in Rom.

Bibl.: G. P. Chattard, *Nuova descrizione del Vaticano ossia del Palazzo Apostolico di S. Pietro,* III, Roma 1776, S. 114–120; J. S. Ackerman, *The Cortile del Belvedere,* Vatikanstadt 1954, S. 38–40, 62, 94; D. Redig de Campos, *I Palazzi Vaticani,* Bologna 1967, S. 98–100; A. Bruschi, *Bramante,* Bari 1977, S. 187–193.

C. Capitani

Breve

Noch heute gebräuchlicher Ausdruck für eine besondere Form eines Papstdokuments, das gewöhnlich für die Gewährung von Privilegien oder Indulten an Personen oder Behörden, für Prälatenernennungen, die Gewährung von Auszeichnungen und Ehrungen, für die Aussendung von Kardinallegaten zu Kongressen und die Übermittlung von Glückwünschen oder anderen Gesten an Staatsoberhäupter benutzt wird.

Das Breve unterscheidet sich durch bestimmte Eigenheiten von allen anderen Papstdokumenten: weißes und dünnes Pergament; Schriftart und die Form des Siegels, das einst aus rotem Wachs mit dem Aufdruck des „Fischerrings" (→) bestand und seit 1842 aus roter Tinte ist.

Das älteste bekannte Breve trägt das Datum des 17. Oktober 1390 und wurde von Bonifatius IX. an Franz Gonzaga gerichtet.

Bibl.: P. Rabikauskas, *De significatione verborum „bulla", „breve"*, in *Periodica de re morali, canonica, liturgica*, 55 (1966), S. 85–92.

N. Del Re

Briefe, Päpstliche

Sie werden auch päpstl. Episteln genannt und bilden einen der verschiedenen Typen, in die sich die vom Papst in Ausübung seiner obersten Jurisdiktionsgewalt oder seines Lehramtes erlassenen Akten unterscheiden. Als päpstl. Briefe werden jene vom Papst verfaßten Schriftstücke bezeichnet, die Erläuterungen zur Lehre oder Moral enthalten, Mahnungen oder Glückwünsche, Weisungen, Tadel und Ähnliches äußern, je nach Anlaß.

Richten sie sich an bestimmte Personen, so sind diese Briefe auf gewöhnlichem Papier verfaßt und vom Papst handschriftlich unterzeichnet. Sind sie an alle oder an eine große Zahl von Bischöfen der Welt gerichtet, heißen solche Briefe *Lettere encicliche*. Als *Epistole encicliche* (→ *Enzyklika*) werden sie bezeichnet, wenn der Adressat z.B. eine bestimmte Gruppe von Bischöfen einer einzelnen Nation ist.

N. Del Re

Briefmarken, Vatikanische

Mit einem Edikt des Staatssekretariates vom 29. November 1851, das von Kardinal Giacomo Antonelli unterzeichnet war, wurde im Kirchenstaat der Gebrauch von Briefmarken eingeführt. Er trat deswegen am 1. Oktober 1852 in die Postliga Österreich-Italien ein. Am 1. Januar 1852 kam die erste Serie päpstl. Briefmarken mit neun Werten von 1/2 bis zu 8 *bajocchi* heraus, gedruckt in verschiedenen Formaten und Farben und hergestellt von der Druckerei der Apost. Kammer (→). Zu ihnen kamen am folgenden 12. Juli zwei weitere Werte zu 50 *bajocchi* und 1 *scudo*. Alle Marken zeigten in der Mitte die gekreuzten Schlüssel unter der Tiara sowie im oberen Feld die Aufschrift: *„Franco Bollo Postale"*, während der Wert auf dem unteren Feld angegeben war. Abgesehen von einigen farblichen Varianten blieben diese Briefmarken bis zum 21. September 1867 unverändert, als infolge der Einführung der Lira in den röm. Staaten der Wert in *Centesimi* geändert wurde. Zunächst gab es eine Serie von sieben Briefmarken zu 2, 3, 5, 10, 20, 40 und 80 *Centesimi*. Am 20. September 1870 nach dem Ende des Kirchenstaates sind die päpstl. Briefmarken aus dem Verkehr gezogen und als ungültig erklärt worden, auch wenn man in der Provinz noch einige Exemplare versehentlich gestempelt bzw. entwertet hat.

Mit der Bildung des Staates der Vatikanstadt mit den Lateranverträgen vom 11. Februar 1929 und der folgenden Einführung u.a. der postalischen Dienste, verpflichtete sich Italien, diese Dienste mitzubetreuen, auch in Form der Kooperation mit den übrigen Staaten der Welt. Daher konnte der neue Vatikanstaat seine eigenen Briefmarken herausgeben. Die ersten Exemplare erschienen am 1. August 1929 in einer Serie von 15 Werten für die normale Post und zwei Expressmarken (Serie der Versöhnung). Mit den gekreuzten Schlüsseln in der

Mitte erinnerten die ersten sieben Werte an die Briefmarken des alten Kirchenstaates, während die anderen das Bild Pius' XI. trugen, des ersten Papstes also, der auf den Briefmarken seines Staates erschien.

Am 1. Oktober 1931 kamen zur Ergänzung der notwendigen Postwerte die Strafportomarken und die Marken für den Versand von Päckchen heraus, dazu der Wert 25 *Centesimi* für gewöhnliche Post. Doch alle diese Marken entstanden einfach durch Aufdruck auf der Versöhnungsserie. Mit diesen Ausgaben begann das Governatorat, für den Druck von Briefmarken zu sorgen. Die erste eigene Gedenkserie der vatikanischen Post zum Heiligen Jahr der Erlösung 1933/34 stammte vom 3. April 1933 und bestand aus vier Werten, die in einer Auflage von einer Million Exemplaren in Umlauf gebracht wurden. Die Luftpost bekam ihre ersten Marken am 22. Juni 1938 mit acht Werten.

Die Produktion, die Aufbewahrung und der Verkauf der Briefmarken liegt beim „Amt für Briefmarken und Münzen" (*Ufficio filatelico e numismatico*) beim Generalsekretariat des Gouverneursamtes der Vatikanstadt. Das Amt studiert und verwirklicht auf Weisung der vorgesetzten Stellen die Projekte und Entwürfe der Postwertzeichen und steht für deren Ausführung mit den Künstlern und der Druckerei in Verbindung. Das gleiche Amt hält Kontakt mit den Postverwaltungen, den Briefmarkenverbänden, der Fachpresse und den Vertretern der Briefmarkenhändler, wenn die Vatikanstadt an internationalen Ausstellungen oder anderen Veranstaltungen teilnimmt und neue Briefmarkenserien herausgibt. Das Amt bewahrt ferner die Postwertzeichen auf, verkauft sie an Briefmarkenfreunde und händigt die für das Frankieren notwendigen Werte an die vatikanischen Postämter aus.

Der Verkauf von Briefmarken an Briefmarkenfreunde, Händler und Sammler geschieht auf dem Postweg, wobei der Gegenwert vorher eingezahlt werden muß. Auch direkter Erwerb beim Hauptpostamt im Vatikan ist möglich, für geringere Mengen auch bei den Postämtern auf dem Petersplatz.

Die künstlerische Qualität der vatikanischen Postwertzeichen befand sich schon immer auf hohem Niveau wegen der geglückten Verbindung von gelungenen Entwürfen und der vollkommenen graphischen Ausführung. Gedruckt werden alle Serien von der italienischen Staatsdruckerei. Eine Ausnahme hat es gegeben: die Gedenkmarken zum Heiligen Jahr 1933 sind in Paris gedruckt wurden und die der *Virtuosi* vom Pantheon in der Druckerei Staderini in Rom. Die Entwürfe der Briefmarken des Vatikan stammen von so berühmten Künstlern wie Duilio Cambellotti, Casimira Dabrowska, Nello Ena, Enrico Federici, Luigi Gasbarra, Andreina Grassellini, Piero Grassellini, Emilio Greco, Enrico Manfrini, Admondo Pizzi, Giuseppe Rondini, Raffaele Scorzelli und Emidio Vangelli.

Von 1929 bis 1987 wurden für fünf Pontifikate und fünf Sedisvakanzen Briefmarken herausgegeben; in der Serie der Päpste fehlt Johannes Paul I., der nur wenige Tage regiert hat. Im gleichen Zeitraum hat die Vatikanpost 827 Briefmarken für den gewöhnlichen Postverkehr herausgegeben, davon neun Wohltätigkeitsmarken, 637 Gedenkmarken und 19 Werte während der Sedisvakanzen. Dazu kommen 82 Luftpostmarken mit vier Gedenkmarken, endlich 18 Expressmarken, 24 Stempelmarken und 15 für Päckchen, also eine Gesamtzahl von 966. Drucke von Briefmarken erschienen ferner auf 83 Postkarten und 23 Luftpostbriefen.

Bibl.: U. Monaco, *L'organizzazione postale dello Stato Pontificio al tempo di Pio IX*, Rom 1978, S. 86; *I francobolli dello Stato della Città del Vaticano 1929–1976*, Città del Vaticano 1977, dazu die Ergänzungen für die Zeit 1977–1980. Für die nachfolgende Zeit *I francobolli dello Stato della Città del Vaticano 1977–1980*, veröffentlicht 1981; *I francobolli (1981–1986) e gli interi postali (1929–1986) dello Stato della Città del Vaticano*, Vatikanstadt 1987.

A. Martini

BRUDERSCHAFT DER AKADEMIE DER „VIRTUOSI" DES PANTHEON

Die *Akademie der Meister vom Pantheon* (→) wurde 1542 von Künstlern gegründet und hatte das Ziel, die freien Künste zu fördern. Die Gründer wählten zu ihrem Haupt und geistlichen Führer Desiderio d'Adiutorio, Hofprälat Pauls III. und Kanoniker von *S. Maria ad Martyres*. Er gründete eine vom Papst gebilligte Bruderschaft und weihte sie dem hl. Joseph vom Hl. Land. Piazza führt den Ursprung dieses Titels auf die Reliquien des hl. Joseph zurück, die d'Adiutorio von einer Reise nach Palästina mitgebracht hatte. Die Bruderschaft trug damals weder besondere Kleidung noch Abzeichen, doch die Brüder übten alle geistlichen und karitativen Tätigkeiten aus, die den Bruderschaften eigen waren: sie besuchten die Kranken, begleiteten die Toten und beteten für ihr Seelenheil. An allen Festtagen sangen sie das Marianische Offizium, teilten Almosen aus und vermachten armen Mädchen eine Mitgift. Ihrer geistlichen Tätigkeit diente die erste Kapelle links im Pantheon, die sie dem hl. Joseph weihten.

Seit ihrer Gründung organisierte die Akademie zum Fest des hl. Joseph im Portikus des Pantheon Kunstausstellungen, die in künstlerischen Kreisen Roms bald breiten Widerhall fanden. Zu den zahlreichen Verdiensten der Akademie und der Bruderschaft gehört auch die Suche nach dem Grab Raffaels, das am 24. September 1833 in Gegenwart zahlreicher Autoritäten eröffnet wurde. Die gefundenen Gebeine wurden acht Tage lang vor dem Publikum ausgestellt und dann in einem Steinsarkophag, einem Geschenk Gregors XVI., beigesetzt.

Unter dem Pontifikat des gleichen Papstes und durch ihn autorisiert nahmen der Leiter der Akademie, der Bildhauer Giuseppe Fabris, und der ständige Sekretär, der Architekt Gaspare Servi, die alte Gewohnheit wieder auf und riefen Wettbewerbe für Malerei, Bildhauerei und Architektur ins Leben. Gleichzeitig wurde den „Virtuosi" die Verwendung eines Gewandes gestattet, das nach Moroni aus halbhohen schwarzen Stiefeln, einem türkisblauen Untergewand mit Goldstickerei, einem Schwert mit vergoldetem Knauf, weißer Krawatte und einem Hut mit schwarzen Federn bestand.

Die Bruderschaft, die seit etlichen Jahren jede Tätigkeit eingestellt hat, hat seinerzeit Andenken und Archiv in einigen Räumen des *Palastes der Cancelleria* zusammengetragen.

Bibl.: M. Maroni Lumbroso/A. Martini, *Le Confraternite romane nelle loro chiese*, Rom 1963, S.184.

A. Martini

BRUDERSCHAFT DER HL. MARTHA DER BEDIENSTETEN DES PAPSTPALASTES

Um ihren armen und kranken Kollegen zu Hilfe zu kommen, bildete eine Gruppe von Bediensteten des Apost. Palastes zu Beginn des 16. Jh. eine Bruderschaft, deren Sitz sich in einigen bescheidenen Räumen hinter der Apsis des Petersdoms befand. Ihr karitatives Wirken begann mit sehr spärlichen Mitteln, entwickelte sich aber bald erheblich, so daß eine eigene Bruderschaft errichtet wurde mit dem Ziel, bedürftige Mitglieder zu unterstützen und sogar ein Hospital zu führen, das für sie und ihre Familienangehörigen reserviert war. Mit einem Breve vom 3. März 1538 gab Paul III. dem Bischof von Nicastro, Paolo Capizucchi, Vikar von Rom, die Vollmacht, die Bruderschaft zu genehmigen. Es folgte der Bau einer Kirche und eines Hospitals auf einem Gelände, das die Bediensteten seit Beginn des Jahrhunderts in Besitz hatten, ein weiteres kleines Gelände konnte als Friedhof genutzt werden. Die Arbeiten wurden schnell durchgeführt, und Kirche und Hospital konnten in kurzer Zeit in Funktion treten. Bruderschaft und Kirche wurden der hl. Martha geweiht zum Andenken an die Gastfreundschaft, die sie Jesus in ihrem Haus in Bethanien gewährte. Die laufenden Ausgaben für die gute Arbeit der verschiedenen Institutionen wurden aus dem Ertrag eines Kapitals gedeckt, das Paul III. der Bruderschaft zugewiesen hatte. Gregor XIII. stockte es 1580 auf. Nach fast zwei Jahrhunderten Tätigkeit wurde die Bruderschaft zur hl. Martha während des Pontifikats von Benedikt XIII. (1724–30) aufgelöst und das Hospital geschlossen.

Bibl.: M. Maroni Lumbroso/A. Martini, *Le confraternite romane nelle lore chiese*, Rom 1963, S. 301; A. Martini, *Arti, mestieri e fede nella Roma dei papi*, Bologna 1965, S. 111.

A. Martini

BRUDERSCHAFT DER HL. MÄRTYRER UND DES HL. SEBASTIAN DER SCHWEIZERGARDE

Auf den 22. Januar 1506 führt man gewöhnlich die Gründung des Korps der Päpstl. Schweizergarde (→) zurück, als 150 Schweizer Soldaten durch die *Porta del Popolo* Rom betraten, um den Schutz des Apost. Palastes zu übernehmen. Wie schon andere Kolonien vom Fremden, schufen auch diese Schweizer Soldaten eine Bruderschaft, die sie nach ihrem Schutzheiligen, dem hl. Martin benannten. Eine erste Nachricht können wir der Inschrift in der Kirche *S. Maria in Campo Santo* im Vatikan entnehmen: „Die Gesellschaft der Schweizer Fußsoldaten im Dienst unseres Herrn Papstes ließ dieses Heiligtum mit Malereien ausschmükken“. Auf einem der Fresken mit einer *Kreuzigung* von Polidoro da Caravaggio (1500–46) ist der Kommandant der Schweizergarde, Kasper Roist aus Zürich zu sehen, gefallen bei der tapferen Verteidigung des Vatikan am 6. Mai 1527 beim *Sacco di Roma*. Die Präsenz einer Bruderschaft Schweizer Soldaten ist daher wenigstens seit diesem Datum bezeugt.

Nach ziemlich unsicheren Nachrichten ist die kanonische Errichtung der Bruderschaft um 1568 erfolgt, als Pius V. beim Quartier der Garde die kleine Kirche zu den hll. Martin und Sebastian (→) errichten ließ – zum leichten Zugang für die Soldaten und ihre Familien. Später bekamen die Schweizer als Nationalkirche die Kirche *S. Pellegrino* (→) am gleichnamigen Weg. Nach 1929 wurde sie dem Korps der Päpstl. Gendarmen überlassen, und ist dann – sozusagen in deren Erbe – auf den „Wachdienst des Staates der Vatikanstadt“ (→) oder *Corpo di Vigilanza* übergegangen.

Bibl.: M. Maroni Lumbroso/A. Martini, *Le Confraternite romane nelle loro chiese*, Rom 1963, S. 301–303.

A. Martini

BRUNNEN DER BIENEN

Er befindet sich heute am Anfang der *Via del Pellegrino*, auf der Höhe der Kirche *S. Anna dei Palafrenieri* (→). Dieser kleine Brunnen wird dem berühmten Bildhauer und Architekten Gian Lorenzo Bernini zugeschrieben und hat seinen Namen von den Bienen, den Wappentieren Urbans VIII. Barberini (1623–44). An seinen heutigen Platz kam der Brunnen der Bienen erst 1930. Vorher befand er sich am Eingang des grottenartigen Tunnels, der in den *Cortile del Belvedere* (→) führt und wo heute ein Gedenkstein an seinen ursprünglichen Platz erinnert.

Der Brunnen besteht aus einer halbkreisförmigen Marmorschale, über der sich ein kleiner Berg mit Lorbeerzweigen erhebt, am Sockel die fünf Bienen. Oben unter einer strahlenden Sonne, einem weiteren Wappenteil der Barberini, enthält eine große Marmortafel ein lateinisches Distichon, das Papst Urban selbst diktiert hat: „Warum wunderst du dich, wenn die Biene, die aus den Blumen Honig saugt, hier für dich ein Wasser ergießt, das süß wie Honig ist?" Während das Projekt auf Bernini zurückgeht, der das Motiv der Bienen der Barberini am Brunnen der heutigen *Piazza Barberini* wiederholt, wurde die Detailarbeit von Francesco Borromini ausgeführt, damals ein junger Lehrling in der Werkstatt des schon berühmten Meisters. Dies beweist eine Bezahlung von 112 Scudi vom April des Jahres, die im Staatsarchiv von Rom aufbewahrt ist (*Camerale I. Giust. di Tesoreria b.* 57, fasc. 4).

Bibl.: C. D'Onofrio, *Le fontane di Roma*, Rom 1986, S. 353–355.

G. Morello

Brunnen der Delphine oder des Borgo

Er befindet sich derzeit im Garten des vatikanischen *Autoparco* (Fuhrpark). Ursprünglich war er aber auf der *Piazza Pia* am Kopf der *„spina"* der *Borghi.* Der Architekt Antonio Martinucci hatte ihn 1862 im Auftrag Pius IX. dort aufgestellt, wo sich vorher der Brunnen des *Mascherone* von Carlo Maderno befand, der aber 1849 zur Zeit der Röm. Republik verlorenging. In neoklassischem Stil besteht der neue Brunnen aus einer Marmorschale mit zwei Delphinen in einer Muschelnische, die von zwei ionischen Säulen flankiert ist. Die Delphine halten einen Architrav mit der Inschrift *„Pius IX, Pont. anno XVI"*, dazu das Wappen des Papstes. Wegen des Abrisses der *„spina"* wurde der Brunnen 1958 an der heutigen Stelle aufgebaut; bei dieser Gelegenheit wurde die alte Inschrift durch die folgende ersetzt: *„Fons a Pio IX Anno XVI Pont. instructus / a Pio XII anno XIX Pont. huc traductus est."* (Der von Pius IX. im 16. Jahr seines Pontifikates errichtete Brunnen wurde von Pius XII. im 19. Jahr seines Pontifikates hierher überführt).

Bibl.: M.C., *Piazza Pia* in *La scienza e le arti sotto il pontificato di Pio IX.* III, Rom 1864; C. Pietrangeli, *Fontane perdute, fontane spostate, fontane alterate*, in *Lunario Romano 1974*, S. 250–251; G. M(orello), *Fontana di Borgo*, in *Guide del Vaticano: la Città, parte orientale*, Rom 1989, S. 39–41; L. Gigli, *Guide rionali di Roma. Rione XIV: Borgo*, I, Rom 1990, S. 72,75,79.

L. Gigli

Brunnen der Galeere

An der äußeren Mauer der *Palazzina* von Innozenz VIII. im Belvedere, an der Seite der Bramantetreppe (→) befindet sich, an einem dem Publikum nur schwer zugänglichen Ort, der malerischste Brunnen des Vatikan. Er hat seinen Namen vom metallenen Kriegsschiff (*galera*), das in eine große Schale gestellt ist. Das Schiff wurde in Miniatur aus Kupfer und Blei originalgetreu hergestellt. Aus den Kanonen spritzen Wasserstrahlen. Martino Ferrabosco zeichnete für die Architektur verantwortlich. Der Holländer Hans Van Santen, bekannt auch unter dem italienisierten Namen Vasanzio, ist der Architekt des Brunnen, wie in den Familienregistern von Paul V. (1605–21) vermerkt ist. In seiner heutigen Gestalt geht der Brunnen der Galeere auf die Zeit Pius' VI. zurück, der ihn 1779 restaurieren ließ. Der lateinischen Inschrift unter dem Wappen des Papstes ist zu entnehmen, daß sich die frühere Form des Brunnens erheblich geändert hat: „Pius VI. hat den von Paul V. in rustikalem Stil errichteten Brunnen in dieser eleganteren und glänzenderen Form im Jahr des Herrn 1779, dem 5. Jahr seines Pontifikates, erneuert“.

Bevor die Galeere zwischen 1620 und 1621 in die große Schale gestellt wurde, wie Cesare D'Onofrio feststellen konnte (s. Bibl.), bestand der Brunnen aus einem großen felsigen Berg, auf dessen Gipfel ein großer Adler ruhte – einem der beiden Wappentiere der Familie Borghese. Dieser rustikale Brunnen war unter Paul V. geschaffen worden. Möglicherweise von Ferrabosco, der einen bereits existierenden Brunnen umgestaltet hat, welcher in der großen Ansicht der Vatikanischen Gärten von Mario Cartaro aus dem Jahre 1574 als „Fischteich Julius' III.“ eingezeichnet ist.

Bibl.: C. D'Onofrio, *Le fontane di Roma*, Rom 1986, S. 510–518.

G. Morello

BRUNNEN DER KLEOPATRA

Julius II. ließ im oberen Teil des Belvederehofs (→) berühmte archäologische Funde aufstellen, wie den Laokoon, die Venus felix, den Apoll, den Torso u.a. Von da an wurde der Ort als Hof der Statuten, später auch als *Cortile Ottagono* (→) bezeichnet. Im Jahr 1511 erwarb er von den Maffei die Skulptur einer liegenden Frau, die seit ihrer Auffindung als Kleopatra bezeichnet wurde. Im folgenden Jahr war die Statue bereits als Brunnen in der Nordostecke des Hofes innerhalb einer rustikalen Nische angebracht. Aus den Felsen der Nische floß Wasser in einen alten bemalten Sarkophag, der von zwei marmornen Delphinen getragen wurde, wie man auf dem Gemälde von Francisco de Hollanda von 1543 sehen kann. Vor der Nordwestecke wurde wenige Jahre später die Statue einer Flußgottheit aufgestellt, der sogenannten *Tigri*. Den Zeitpunkt könnte man im Pontifikat Leos X. (1513–21) ansetzen. Das beweist eine Rechnung der Medici über den Diamanten, der unten am Gefäß angebracht ist, das die Statue mit ihrer Rechten trägt. Auch diese Statue wurde als Brunnen verwendet. Das Wasser kam aus den Felsmassen hervor, welche die Statue trugen und fiel in einen antiken Sarkophag, der nur von einem Paar großer Schildkröten getragen wurde. Nach Vasari wurde die Aufstellung des Brunnens unter Clemens VII. (1523–34) Michelangelo anvertraut.

Während des Pontifikats Julius' III. (1550–55) wurde die Statue der Kleopatra von Visconti als Arianna identifiziert und an den Beginn des Bramante-Korridors gestellt, dem späteren Atrium des Torso. Aber Daniele da Volterra machte wieder einen Brunnen daraus und stellte diesen in eine stuckierte Grotte. Ebenso wurde der ganze Raum, der seinen Namen von der Statue erhielt, mit Stuckaturen und Groteskenmalereien versehen. Später wurden die beiden Statuen in das *Museo Pio-Clementino* gebracht und entlang der *Scala Simonetti* aufgestellt, während die Schildkröten der beiden Brunnen schon zur Zeit Pauls V. (1605–21) in die Gärten des Quirinal gekommen waren, wo sie einem noch vorhandenen Brunnen den Namen geben (vgl. A. Negro, *Guida del Quirinale*, Rom 1985, S. 228).

G. Morello

BRUNNEN DER SPIEGEL

Angebracht an der neuen Treppenanlage, die Paul V. Borghese (1605–21) gewünscht hatte, schmückt er eins der drei Gebäude, die der Papst im Komplex der Vatikanischen Paläste erbauen ließ. Keiner der drei Bauten diente Wohnzwecken. Der älteste von ihnen wurde entworfen, um eine direkte Verbindung zwischen dem Palast und den Gärten zu schaffen (so daß der Papst aus seinem Privatgemach leicht in die unten gelegenen Gärten hinabsteigen konnte (vgl. Bonanni 221). Das Gebäude besteht aus drei verschiedenen, aber voneinander unabhängigen Flügeln, wie Redig de Campos beschreibt: „.. ein sehr langer Flügel mit der Hauptachse Ost-West und eingefügt in die Zone zwischen der *Torre Pia* und dem Korridor des Pirro Ligorio; ein anderer Flügel weiter unten, architektonisch ganz anders angelegt, wurde am Ende des erwähnten Flügels nach Norden hin gebaut; schließlich ein dritter Baukörper an der Westseite des zweiten, weniger hoch, aber länger. Im ersten finden wir den Durchgangsbogen vom Hof des Ofens zur großen Straße, die später die der Museen genannt wurde, und verschiedene korrespondierende Fenster zu ebener Erde und paarweise nur halbhoch; im zweiten Baukörper befinden sich unten einige kleine Zimmer und zwei große Korridore, durch die man zur Treppe gelangt, die sich im dritten Baukörper befindet. Von hier aus betritt man den Garten durch zwei kleine Türen mit schönem Türsturz, wo sich der Spiegelbrunnen befindet."

An dem Hauptflügel des Gebäudes, der als einziger Teil mit dem Wappen der Familie Borghese verziert ist, befindet sich eine Travertintafel mit der Inschrift „Paulus V. Pont. Max. an. III" (d. h. 1607–1608), so daß der Bau datiert werden kann. Wie andere kleinere Brunnen im Vatikan den drei Künstlern Maderno, Vasanzio und Ferrabosco zugeschrieben, blieb der Brunnen der Spiegel – charakteristisch wegen seiner Form als Grotte und Mosaikbesatz – aufgrund des Todes Pauls V. 1621 unvollendet.

Bibl.: F. Bonanni, *Numismata Summorum Pontificum Templi Vaticani fabricam indicantia*, Rom 1696, S. 221; D. Redig de Campos, *I Palazzi Vaticani*, Bologna 1967, S. 204–205/208–209; C. Pietrangeli/F. Mancinelli, *Vaticano. Città e giardini*, Florenz 1985, S. 60.

E. Giacometti

Brunnen der Türme

Auch er ist einer der vielen kunstvollen Brunnen, die Paul V. Borghese zur Ausschmückung der Vatikanischen Gärten (→) erbauen ließ. Sein Name stammt von den beiden falschen seitlichen Halbtürmen, die mit ghibellinischen Zinnen bewehrt sind, darüber der Drache aus dem Wappen der Familie Borghese. Er liegt hinter der alten Münze im Bereich eines Tores in den Leoninischen Mauern und trägt auch den Namen „ Brunnen des Sakramentes" aufgrund des besonderen Wasserspiels. Es erinnert an eine Monstranz, die auf dem Altar zwischen sechs Kerzen steht. Der Brunnen wurde 1609 durch Martino Ferrabosco und Giovanni Vasanzio, also den gleichen Künstlern erbaut, die später den Brunnen des Adlers (→) errichteten. Der Brunnen der Türme trägt oben eine Inschrift: „Papst Paul V. ließ ihn zur besseren Aussicht auf den Palast und zur Zierde der Gärten errichten im 4. Jahr seines Pontifikates".

Bibl.: D. Redig de Campos, *I Palazzi Vaticani*, Bologna 1967, S. 208–209; C. Pietrangeli/F. Mancinelli: *Vaticano, Città e giardini*, Florenz 1985, S. 60.

E. Giacometti

Brunnen des Adlers

Er liegt auf dem Hügel südwestlich der „Casina Pius' IV." (→) und hat seinen Namen von dem großen Adler, der mit einigen Drachen, auf einer Reihe von künstlichen Felsen sitzt (daher auch die Bezeichnung Drachenbrunnen). Es ist einer der wichtigsten Brunnen, die in den Vatikanischen Gärten (→) von Paul V. Borghese errichtet wurden, in dessen Wappenbild sowohl der Adler wie der Drache zu sehen sind. Auch „Brunnen des Felsens" genannt, übernahm er zugleich die Funktion einer Darstellung der *Aqua Paola* im Vatikan, um an die Wiederherstellung der alten Wasserleitung des

Trajan von Braccianer See nach Rom durch Paul V. zu erinnern. Der Brunnen ist von zwei Künstlern um 1611 errichtet worden, von Martino Ferrabosco „über dem Brunnen des Borgo und dem des Belvedere" (vgl. J.A.P. Orbaan, *Documenti sul barocco in Roma*, Rom 1920, S. 347), und von Vasanzio (italienisierter Name des Flamen Jan Van Santen). Stefano Maderno ist dagegen der Triton zuzuschreiben, den man zur Rechten sieht, ikonographisch dem von Bernini am gleichnamigen Brunnen auf der *Piazza Barberini* in Rom sehr ähnlich.

Bibl.: D. Redig de Campos, *I Palazzi Vaticani*, Bologna 1967, S. 209; C. Pietrangeli/F. Mancinelli, *Vaticano, Città e giardini*, Florenz 1985, S. 60.

E. Giacometti

BRUNNEN DES BELVEDERE

Typisches Beispiel der Umfunktionierung einer antiken Wanne in einen Brunnen, was in Rom weit verbreitet war. Dieser Brunnen ist verbunden mit der Verwirklichung des Belvedere von Bramante (→ Belvederehof). Nach Vasari war die Aufstellung eines Brunnens im Plan des Bramante von Anfang an vorgesehen, um den weiten Raum auszuschmücken. Er sollte als Blickfang in der langen Flucht des Platzes dienen, der mit der *Exedra* der Wand im Hintergrund abschloß. Dieser war ein zweiter Brunnen vorgelagert, der aber geringere Ausmaße hatte und im Zentrum der oberen Terrasse stand. Diese Hypothese bekräftigen zwei Zahlungsanweisungen von 1504, von Ackerman veröffentlicht, über 400 und 200 Scudi für den Transport der ersten und der zweiten Wanne zum Belvedere. Sie stammten aus den Ausgrabungen, die Julius II. (1503–13) in den Thermen des Titus angeordnet hatte.

Die große Schale aus orientalischem Granit liegt auf einem niedrigen achteckigen Fundament und wurde im Zentrum des Hofes aufgestellt, gespeist mit dem Wasser von *S. Damaso.* Auf dem Sockel des *labrum* befand sich eine Inschrift, die Grimaldi (1600) wiedergibt, die aber heute nicht mehr lesbar ist: „Papst Julius II. hat im ersten Jahre seines Pontifikates 1504 diese 23 einhalb Fuß (etwa 7 Meter) breite Wanne von den Thermen des Titus Vespasian in den Carine, wo sie von den Unbilden der Zeit zerbrochen lag, in die Vatikanischen Gärten gebracht und sie in ihren ursprünglichen Zustand zurückversetzt und ausgeschmückt".

Der so gestaltete Brunnen, der auf der Ansicht des Dosio (1560) noch zu sehen ist, blieb bis 1565 an diesem Ort, dem Jahr, in dem das sogenannte Theater des Belvedere mit einem berühmten Turnier eingeweiht wurde. Es gehörte zu den von Pius IV. (1559–65) vorgenommenen Umgestaltungen und ist auf vielen Bildern dieser Zeit wiedergegeben. Das Turnier war zu Ehren der Hochzeit von Annibale Althemps und der Ortensia Borromeo, beide Neffe oder Nichte des Papstes, veranstaltet worden. Bei dieser Gelegenheit wurde die Wanne, die hinderlich schien, entfernt und in der Erde an der gleichen Stelle versenkt. Nach einem Augenzeugenbericht Grimaldis, Notar der *Fabbrica di S. Pietro,* wurde der Brunnen wieder ausgegraben, nachdem die wichtigen Arbeiten der Wasserleitung von Bracciano nach Rom durch Paul V. (1605–21) abgeschlossen waren. Es scheint, daß bei Auffindung der Schale ein alter Maurer, Maestro Battista, ganz entscheidend behilflich war, der nahe bei *S. Leonardo* in Trastevere wohnte und das Vergraben vor 40 Jahren beaufsichtigt hatte.

Der Brunnen, gespeist von der *Aqua Paola*, wurde nach dem Plan des Carlo Maderno wiederhergestellt, der in diesen Jahren mit der Vollendung der Fassade der Basilika St. Peter beschäftigt war, und abermals im Zentrum des Hofes aufgestellt. Bei dem neuen Brunnen erscheint die frühere Wanne nun auf einem mächtigen achteckigen Postament, aus dem sie sich als weite und elegante Schale erhebt. Hier sammelt sich das Wasser, das aus der großen Granitschüssel fließt, in deren Zentrum eine mächtige Wasserfontäne zum Himmel steigt. Aus den vier Ecken der unteren Wanne ergießen sich vier Wasserstrahlen, die die obere Schale erreichen. Obwohl die berühmte Ansicht von Falda (Ende 1600) nicht das Vorhandensein der vier Wasserstrahlen zeigt, ist dies in der Ausführung Madernos doch durch verschiedene spätere Reproduktionen des Brunnens dokumentiert. Wichtige Quelle für die Wanne ist vor allem ein Abschnitt der Lebensbeschreibung Pauls V. des Dominikaners Abramo Bzowski im Jahr 1625, der sie ausdrücklich erwähnt (Pietrangeli). Die untere Wanne war ferner von einem Kanal umgeben, der das überflüssige Wasser sammelte, aber heute nicht mehr sichtbar ist, weil das Erdreich im Belvederehof aufgeschüttet wurde. Dazu war der ganze Brunnen von 16 kleinen Säulen, die mit Eisenstangen verbunden waren, geschützt, um die Pferde am Trinken zu hindern.

Der hohe achteckige Sockel, verschönert durch Basreliefs und Gravuren, trägt an den Seiten zwei Wappen von Paul V. und die Wappentiere seiner Familie, den Drachen und den Adler. Sie sind wahrscheinlich ein Werk des Bildhauers Carlo Fancelli, wie einige Zahlungsanweisungen für die Arbeiten bezeugen, die in einem Band des *Fondo Camerale* des Staatsarchivs von Rom (Morello) enthalten sind. Dort finden sich ferner zwei Inschriften des 5. Jahres seines Pontifikates (1609–1610). Die erste lautet: „Papst Paul V. hat die Wanne, die aus den Ruinen der Thermen des Titus Vespasian ausgegraben und von dem Ort entfernt worden war, wo Julius II. sie aufgestellt hatte, erneut an ihren Platz gebracht, nachdem er die Basis im V. Jahr seines Pontifikates erneuert und geschmückt hatte“. Auf der zweiten ist zu lesen: „Papst Paul V. hat im V. Jahr seines Pontifikats angeordnet, daß die seit über vierzig Jahren vergrabene Wanne, die früher eine Zierde dieses sehr großen Theaters war, ausgegraben und wieder aufgestellt werde“.

Während des Pontifikats Pius XI.' (1922–39) wurde über der Granitschale eine zweite Schale, ebenfalls aus röm. Zeit, angebracht, die unbenutzt im Vatikan stand. Sie wurde aber kürzlich (1987) wieder entfernt, um den Brunnen von Maderno wiederherzustellen.

Bibl.: J. S. Ackerman, *The Cortile del Belvedere*, Città del Vaticano 1954; G. Morello, *La fontana di Carlo Maderno nel Cortile del Belvedere*, in *L'Osservatore romano* vom 19. April 1986; C. Pietrangeli, *La fontana del Cortile del Belvedere*, in *Strenna dei Romanisti*, 48 (1987), S. 475–484.

M. Cogotti

Brunnen des Damasushofes

Dieser kunstvolle Brunnen, der sich zwischen zwei Säulen des Mittelbogens des westlichen unteren Portikus des Damasushofes (→) befindet, wurde 1649 nach einem Entwurf von Alessandro Algardi errichtet. Er erinnert an einen bereits vorhandenen Brunnen, der die Zisterne am Ende der kurzen Wasserleitung bildete, die auf Damasus I. (366–384) zurückging. Von ihm hatte der Hof zwar seinen Namen bekommen, wurde aber auch als „Hof der Zisterne“ bezeichnet. Papst Damasus hatte nämlich die Wasser, die von der *Porta Pertusa* zur Konstantinischen Basilika liefen und deren Substanz gefährden konnten, kanalisiert und so die Gefahr beseitigt. Zugleich versorgte er die Kirche mit Wasser und speiste auch den Taufbrunnen, den er selbst am Ende des letzten Schiffes der Basilika hatte anbringen lassen. Dies bezeugt eine Inschrift Damasus', die sich in den Vatikanischen Grotten befindet (vgl. C. Galassi Paluzzi, *San Pietro in Vaticano III:*

Le Sacre Grotte, Rom 1965, S. 215–216). Das Basrelief, welches die Vorderseite der Schale des Brunnens schmückt, ist ebenfalls ein Werk von Algardi und stellt Damasus I. dar, wie er die Taufe spendet. Über dem Bogen, der von einem großen Wappen Innozenz' X. Pamphili (1644–55) überragt wird, erinnert eine lange lateinische Inschrift daran, daß sich auf dem Vatikanischen Hügel Wasser befand, das dann von Papst Damasus kanalisiert wurde. Innozenz X. hat später den Brunnen erneuern lassen, um die Apost. Paläste mit Wasser zu versorgen.

G. Morello

BULLARIUM

Von Bulle (→) stammender Ausdruck für eine Sammlung der wichtigsten päpstl. Dokumente jeder Art, die chronologisch geordnet und veröffentlicht sind. Es gibt allgemeine und besondere Bullarien, letztere nach einem Pontifikat, einer bestimmten Region, einem religiösen Orden oder einer kirchlichen Institution geordnet. Unter den ersten Bullarien ist das *Magnum Bullarium Romanum* bekannt. Es enthält Dokumente aus der Zeit von Leo I. (440–461) bis zu Benedikt XIV. (1740–58). Seit 1909 sind die Bullarien durch die *Acta Apostolicae Sedis (AAS)* (→), dem offiziellen Mitteilungsorgan des Hl. Stuhls ersetzt.

N. Del Re

BULLATORES

→ Siegelplombierer

BULLE

Die Bezeichnung bezog sich ursprünglich auf ein in einer Metallkapsel enthaltenes Siegel und wurde später für den Bleistempel verwendet, der an Dokumenten hing. Am Ende wurde er für das Dokument selbst verwendet, vor allem für päpstl. Dokumente. Der ursprünglich byzantinische Gebrauch des Bleisiegels (*bulla*) ist für die Päpste seit dem 6. Jh. dokumentiert. Das älteste päpstl. Bleisiegel, von dem jedoch nur eine Zeichnung erhalten ist, ist das von Agapet I. (535–536).

Das Siegel bestand aus einer kleinen Rundplatte oder aus einem Bleiplättchen, das in einer Matrize gepreßt wurde. Dieser Akt wurde in der *Casa Pontificia* (→) in einem besonderen Büro durch die Siegelplombierer (→) ausgeführt. Für besonders wichtige Dokumente wurde anstelle des Bleis Gold verwendet. Im Geheimarchiv des Vatikan wird eine sehr wertvolle und umfangreiche Sammlung von Goldsiegeln verwahrt, insgesamt 78 einzelne Stücke in 40 verschiedenartigen Prägetypen.

Vom 13. Jh. an bezeichnete der Begriff Bulle die mit Bleisiegel versehenen Dokumente im Unterschied zu dem mit Wachs versiegelten *Breve* (→) und dem ohne Siegel, wie dem Motu Proprio. Ursprünglich wurden sie auf Papyrus geschrieben, später auf Pergament, das noch heute in der Röm. Kurie für besonders wichtige Dokumente verwendet wird. Die Bullen waren immer in lateinischer Sprache abgefaßt und wurden in der zeitgenössischen Schrift geschrieben. Vom 14. Jh. an entwickelte sich ein besonderer kalligraphisch ausgearbeiteter Schrifttypus, die sog. Urkundenschrift (→), die im Lauf der Jahrhunderte fast unentzifferbar wurde, so daß sie 1878 von Leo XIII. verboten und durch moderne Buchstaben ersetzt wurde.

Bibl.: P. Sella, *Le bolle d'oro dell'Archivio Vaticano,* Vatikanstadt 1934; Ders., *I sigilli dell'Archivio Vaticano,* Vatikanstadt 1937–64; P. Rabikauskas, *De significatione verborum „bulla", „breve",* in *Periodica de re morali, canonica, liturgica,* 55 (1966), S. 85–92.

G. Morello

Bulle zur territorialen Abgrenzung der Diözesen

Päpstl. Dokument, mit dem der Hl. Stuhl entsprechend den vorherigen Abkommen mit den Staatsregierungen das Territorium der Diözesen einer Nation oder besonderer Kirchenprovinz abgrenzt und die dortigen Bischöfe ernennt, sowie deren Bezahlung und das Kirchengut festsetzt.

Manchmal nahmen diese Bullen die Form eines Konkordats an, das das Verhältnis zwischen Staat und Kirche regelte, wie das z.B. für einige deutsche Länder nach der Säkularisierung Preußens geschah.

N. Del Re

C

Calixtus I.

Papst, Hl. Nach dem Zeugnis seines Zeitgenossen Hippolyt stammte der in der zweiten Hälfte des 2. Jh. geborene Calixtus aus einer christlichen, röm. Familie aus dem Sklavenstand. Er war Sklave eines gewissen Carpophorus, eines Christen aus der Familie des Kaisers Commodus, der ihm die Verwaltung seines Vermögens anvertraute. Calixtus mußte jedoch wegen schlechter Verwaltung fliehen, wurde verhaftet und dazu verurteilt, die Mühle seines Herrn zu drehen. Ein Streit mit den röm. Juden hatte die Deportation in die Minen von Sardinien zufolge, wo er in die Gruppe der Bekenner eintrat, die später auf Initiative Marcias, der Favoritin des Kaisers Commodus, befreit wurde. Es scheint aber, daß Calixtus ursprünglich nicht auf der Liste der zu befreienden Christen gewesen ist, weil seine Rückkehr nach Rom von Papst Viktor I. (189–199) verhindert wurde. Seine Befreiung ist wohl nur die Folge eines Mißverständnisses gewesen, denn der Papst verbannte ihn von Rom aus sofort nach *Anzio,* wo er bis zum Tod Viktors blieb. Dessen Nachfolger Zephyrinus (199–217) machte Calixtus zu einem seiner wichtigen Berater, indem er ihn zum Diakon erhob und die Verwaltung der an der *Via Appia* angelegten Gräberanlage übertrug, die heute als „Calixtuskatakomben" bekannt ist. Dort wurden alle Päpste des 3. Jh. bis auf Calixtus selbst beigesetzt.

Wegen seines großen Einflusses wurde Calixtus 217 als Nachfolger des Zephyrinus vorgeschlagen, doch widersetzte sich Hippolyt aus doktrinären Gründen vehement dieser Wahl und ließ sich von einigen seiner Anhänger zum Bischof von Rom wählen. Die extreme Rivalität läßt an der Authentizität der Nachrichten Hippolyts über Papst Calixtus zweifeln. Seine Informationen tendieren dazu, die turbulente und abenteuerliche Jugend von Calixtus in den Vordergrund zu stellen und dessen Fehler zu betonen.

Das Pontifikat des Calixtus wird von seinem Kampf gegen die Häresie geprägt und im Gegensatz zu Hippolyt, der jeden Kontakt mit den Häretikern ablehnte, gewährte Calixtus diesen die Möglichkeit der Reue und der Wiederaufnahme in die Kirchengemeinschaft. Daher wurde er von den Anhängern Hippolyts einer generellen Vernachlässigung der Kirchensitten angeklagt und ihm unterstellt, daß er den Häretikern nur vergebe, um die Zahl seiner Anhänger zu vergrößern.

Über den Tod von Calixtus am 14. Oktober 222 gibt es zwei widersprüchliche Versionen: Nach der populären wurde er auf Anordnung des Kaisers Alexander zum Märtyrer, indem er mit einem Stein am Hals aus einem Fenster in den Brunnen gestoßen wurde, der noch heute Teil des Kongregationspalastes in Trastevere ist. Andere behaupten, es sei unwahrscheinlich, daß ein Kaiser wie Alexander, der sechs Monate vor dem Tod des Calixtus im Alter von dreizehn Jahren auf den Thron gestiegen war und der den Christen gegenüber als gerecht und milde galt, ihn auf so barbarische Art habe umbringen können; nach dieser Version wurde Calixtus bei einem Volksaufstand gegen die Christen getötet, was auch die Überführung der

Leiche in „seine“ Katakomben verhindert habe. Beim Transport hätte man nämlich vom Ort des Martyriums zur *Via Appia* die Stadt durchqueren müssen und so weitere Zwischenfälle riskiert. Calixtus wurde daher an der 3. Meile der *Via Aurelia* in der Gräberanlage des Kalepodius beigesetzt, wo vor einiger Zeit sein Grab und einige Bildfragmente mit Darstellungen seines Martyriums aufgefunden worden sind. Seine sterblichen Überreste wurden jedoch schon im 8. Jh. nach *S. Maria in Trastevere* gebracht. Sein Festtag ist am 14. Oktober.

Bibl.: G. Ferretto, in *Bibliotheca Sanctorum*, III., Sp. 680–691; A. Nestori, *La catacomba di Calepodio al III miglio dell'Aurelia vetus e i sepolcri dei papi Callisto I e Goilio I*, in *Rivista di archeologia cristiana*, 47 (1971), S. 169–278; 48 (1972), S. 193–233; G. N. Verrando, *La „Passio Callisti“ e il santuario della via Aurelia*, in *Mélanges de l'Ecole francaise de Rome, Antiquité*, 96 (1984), S. 1039–83.

C. Coccoli

CALIXTUS II.

Papst. Guido von Burgund wurde etwa Mitte des 11. Jh. geboren und war mütterlicherseits mit den Grafen der Normandie verwandt. Als Erzbischof von Vienne befand er sich wegen seiner Treue zur gregorianischen Reform in scharfem Gegensatz zu Paschalis II., der 1111 Kaiser Heinrich V. zugebilligt hatte, daß die Laieninvestitur der päpstl. Krönung vorangehe (Kompromiß von Sutri). Aus dieser Schwierigkeit half ein klärender Brief des Papstes. Guido von Burgund sollte vermeiden, den Kaiser wegen der Frage der Laieninvestitur nach den Konzilsbeschlüssen von 1112 zu exkommunizieren.

Nach dem Tod Gelasius' II. am 28. Januar 1119 in Cluny erklärten die Kardinäle von Ostia und Palestrina Guido von Burgund zu dessen Nachfolger. Dieser nahm den Namen Calixtus II. an und erhielt wenig später die Zustimmung aller röm. Kardinäle mit der Bitte, ein Konzil einzuberufen, um die Einheit der kirchlichen Gemeinden wieder herzustellen. Das erste Anliegen des neuen Papstes war die Beilegung des Investiturstreits. Er lud daher sofort zu einem Konzil nach Reims ein und begann Verhandlungen mit dem Kaiser. Diese blieben ergebnislos und endeten mit der Exkommunizierung Heinrichs V. und des Gegenpapstes Gregor VIII., den der Kaiser ein Jahr zuvor gegen den legitimen Gelasius I. ernannt hatte. Vor seiner Rückkehr nach Rom bemühte sich Calixtus noch um ein Friedensabkommen zwischen den Königen von England und Frankreich und sprach Abt Hugo von Semur am 6.1.1120 in Cluny heilig. Zurück in Rom, setzte sich Calixtus mit dem nach Sutri geflohenen Gegenpapst Gregor VIII. auseinander, den er dort schließlich gefangennehmen ließ und in die Benediktinerabtei von *Cava dei Tirreni* (Salerno) verbannte. Nach dem Fall des Gegenpapstes verschlechterte sich die Position Heinrichs V. zusehends, besonders auch wegen der Aufstände der Feudalherren, so daß er letztlich eine Versöhnung mit dem Papst suchte, die im Wormser Konkordat zum Abschluß kam: 1. kirchliche Amtseinsetzungen werden von der Kirche vorgenommen, Feudalämter hingegen vom Reich vergeben; 2. in Deutschland muß der säkularen Einsetzung die religiöse Weihe folgen, während sie in Italien vor dieser stattfindet; 3. im Kirchenstaat kommen dem Papst beide Rechte zu. Das Wormser Konkordat wurde 1123 beim ersten ökumenischen Laterankonzil verabschiedet. Die Lösung des jahrhundertealten Investiturstreits begünstigte den Papst, indem es jeden weltlichen Einfluß bei der Wahl von Kirchenoberhäuptern und dem Klerus ausschloß.

Calixtus II. starb am 13. Dezember 1124 und wurde in der Lateranbasilika beigesetzt.

Bibl.: G. Miccoli, in *Dizionario biografico degli Italiani*, XVI, S. 761–768 mit Bibl.; A. Hofmeister, *Das Wormser Konkordat; zum Streit um seine Bedeutung*, Darmstadt 1979; R. Somerville, *The Councils of Pope Calixtus II: Reims 1119*, in *Proceedings of the Fifth International Congress of Medieval Canon Law*, Salamanca 1976, Vatikanstadt 1980, S. 35–50.

A. Ilari

Calixtus III.

Papst. Alonso de Borgia wurde am 31. Dezember 1378 in Spanien geboren. Er studierte und unterrichtete Rechtswissenschaften, bevor er Sekretär des Königs Alfons V. von Aragon war. 1429 wurde er Bischof von Valencia und 1444 Kardinal. Am 8. April 1455 bestieg er als Calixtus III. den Papstthron. Die Wahl eines Ausländers rief jedoch Unruhe in den Kreisen der Röm. Kirche hervor und die italienischen Kardinäle befürchteten eine Verlagerung des Papstsitzes ins Ausland. Außerdem befürchtete man, daß durch den Spanier, den ehemaligen Sekretär und Berater Alfons' von Aragon, der Einfluß des letzteren noch zunähme. So schien direkt nach der Wahl des Borgia ein Schisma unumgänglich, da viele Kardinäle sich ungern einem Spanier unterwarfen – es blieb jedoch aus.

Unter den verschiedenen widersprüchlichen Meinungen zu seinem Vorgehen sei auf die vehementen Anklagen der Humanisten hingewiesen, die sich um die große Veränderung der päpstl. Politik sorgten. Nikolaus V. (1447–55) war ein großer Mäzen der Renaissance gewesen, während Calixtus es vorzog, die Gelder, die sein Vorgänger für Kultur ausgegeben hatte, in sein Hauptanliegen, den Krieg gegen die Türken, zu investieren. So wurde er angeklagt, allein seine Verwandten und Landsleute zu begünstigen – er galt als Urheber des Nepotismus – und sogar die Vatikanbibliothek verkauft zu haben. Der große Kreuzzug aber, für den er bis zu seinem Ende kämpfte, erbrachte nicht die Eroberung Konstantinopels. Calixtus III. starb am 6. August 1458 von allen bis auf seinen Lieblingsneffen Rodrigo, dem zukünftigen Alexander VI., verlassen.

Bibl.: M. E. Mallet, in *Dizionario biografico degli Italiani*, XVI, S. 768–774 mit Bibl.; S. Schüller-Piroli, *Die Borgia Päpste: Kalixt III. und Alexander VI.*, München 1980; I. Cloulas, *I Borgia*, Rom 1988; J Roubichon, *Les Borgia. La trinité maudite*, Paris 1989.

C. Coccoli

Calixtus III., Gegenpapst

Gegenpapst. Johannes, der Abt des Vallombrosanerklosters *S. Fedele di Strumi* (Arezzo), gehörte zu den Anhängern Kaiser Friedrich Barbarossas, weshalb er sich dem Gegenpapst Viktor IV. angeschlossen hatte. Wenige Tage nach dem Tod des Gegenpapstes Paschalis' III. am 20. September 1168 wurde er von der Partei des Kaisers zum Papst gewählt. Er hielt sich fast immer in Viterbo auf, wo er von den Feudalherren und Kaisersoldaten beschützt wurde. Ihm unterstanden die Stadt Rom und einige Regionen des Kirchenstaates sowie die Toskana und die Rheinregion. Nach der schweren Niederlage Barbarossas in *Legnano* am 29. Mai 1176 wurde Calixtus vom Kaiser seinem Schicksal überlassen. Dieser versuchte durch die Vermittlung Alexanders III. den Frieden zu erlangen. Ein in Anagni unterzeichneter Vertrag sah dann auch die Absetzung des Gegenpapstes Calixtus III. vor, dem eine Abtei zugesichert wurde. Am 29. August 1178 schwor Calixtus seinem Schisma ab und wurde vom Papst zum Regenten von Benevent erklärt, wo er bis zu seinem Tod, dessen Datum unbekannt ist, blieb.

A. Ilari

Camerlengo der Hl. Römischen Kirche

Es handelt sich um den Kardinal, der der Apost. Kammer (→) vorsteht. Er wird bereits seit dem 15. Jh. unter den Mitgliedern des Hl. Kollegiums ausgewählt und vom Papst im Konsistorium ernannt. Seine Befugnisse waren früher sehr ausgedehnt, erhalten jetzt aber nur bei der Sedisvakanz (→) größere Bedeutung. Dann nämlich befindet sich die provisorische Verwaltungsmacht der Kirche in den Händen des *Camerlengo.* Seit der durch Johannes Paul II. mit der Konst. *Universi Dominici Gregis* am 22 Februar 1996 (AAS, LXXXVIII [1996], S. 305–343) erfolgten Neuregelung der Bestimmungen zur Sedisvakanz und zur Neuwahl des Papstes ist es Aufgabe des *Camerlengo* der Hl. Röm. Kirche, „die Güter des Apost. Stuhls zu schützen und zu verwalten, mit Hilfe von drei Kardinal-Assistenten, wobei in schwerwiegenden Fällen das Votum des Kardinalskollegiums eingeholt werden muß“ (Nr. 17).

In Übereinstimmung mit dieser Verordnung muß der Camerlengo, vom Tode des Papstes in Kenntnis gesetzt, „in Gegenwart des Päpstl. Zeremonienmeisters, der Geheimsekretäre und des Kanzleivorstehers der Apost. Kammer offiziell den Tod beurkunden und die Sterbeurkunde ausstellen, die dann im vatikanischen Geheimarchiv aufbewahrt wird. Darüberhinaus muß der Camerlengo: Studio und Zimmer des Verstorbenen versiegeln und dafür sorgen, daß das mit der Betreuung des Papstes beauftragte Personal bis zur Beisetzung dort wohnen bleiben darf, bis dann die ganze Wohnung versiegelt wird; die Nachricht vom Tode des Papstes seinem Generalvikar für das röm. Bistum mitteilen, der seinerseits das röm. Volk unterrichtet; dem Kardinal-Erzpriester von St. Peter eine entsprechende Mitteilung machen; vom Apost. Palast und, persönlich oder durch Delegierte, vom Lateranpalast und von den Villen in Castelgandolfo Besitz ergreifen und für die ordnungsgemäße Fortführung ihrer Funktionen Sorge tragen; nach Anhörung der jeweils Ranghöchsten der drei Kardinalsorden (Kardinalbischöfe, Kardinalpriester und Kardinaldiakone) die Formalitäten für die Beisetzung festlegen, falls der Papst nicht eigene Bestimmungen hinterlassen hat; schließlich in Übereinstimmung mit dem Hl. Kollegium die Rechte des Apost. Stuhls schützen und für eine ordnungsgemäße Verwaltung Sorge tragen.

N. Del Re

Camerlengo des Kardinalskollegiums

Es ist der Kardinal, der der Kardinalskammer (→) vorsteht, die mit der Finanzverwaltung der Güter und der Einkünfte des Kardinalskollegiums befaßt ist. Das Amt des *Camerlengo del S. Collegio* wurde von Leo X. 1515 eingeführt und von Paul III. (1534–49) bestätigt. Es ist nicht mit dem des *Camerlengo* der Hl. Röm. Kirche (→) zu verwechseln und wird im Jahresturnus von allen in Rom residierenden Kardinälen, angefangen vom ersten der Kardinalbischöfe bis zum letzten der Kardinaldiakone, ausgeübt.

Die Ernennung erfolgt beim ersten Konsistorium des Jahres. Übertragen wird das Amt nach der Tradition durch Übergabe einer Tasche aus mit Gold verbrämter violetter Seide, die der Papst dem neuen Amtsinhaber überreicht, nachdem dieser den Amtseid geleistet hat. In der Tasche befinden sich die Vorschriften für die Abhaltung eines Konsistoriums. Der Camerlengo des Hl. Kollegiums hat auch notarielle Funktionen. Er betreut beispielsweise die *Acta consistorialia*, in denen alle Entscheidungen des Konsistoriums niedergeschrieben werden.

Bibl.: G. van Gulik/C. Ebel, *Hierarchia catholica medii aevi*, III, Münster 1910, S. 93–96.

N. Del Re

Campo Santo Teutonico

Diese älteste deutsche Nationalstiftung in Rom ist in gewissem Sinn als Hospiz und Friedhof Erbe der mittelalterlichen *Schola Francorum* Karls des Großen (Gründung 797). Sie befindet sich als „Annex des *S.Offizium*" auf extraterritorialem Gebiet innerhalb der Vatikanstadt im Schatten der Peterskuppel. Rechtsträgerin ist die im 15. Jh. gegründete „Erzbruderschaft zur Schmerzhaften Muttergottes am Campo Santo Teutonico"(→) In dieser Zeit wurde auch der Friedhof vor dem Verfall gerettet und die vom Einsturz bedrohte Marienkirche wiederhergestellt. Sie wurde Anfang der 70er Jahre unseres Jahrhunderts grundlegend restauriert. Seit 1876 befindet sich in dem Komplex ein wissenschaftliches Priesterkolleg, wo sich Geistliche und Laien aus dem deutschen Sprachraum dem Studium der Christlichen Archäologie und der Kirchengeschichte widmen. Der Rektor des Priesterkollegs ist zugleich Rektor der Erzbruderschaft.

Bis heute wird der Campo Santo als Friedhof benutzt. Grabrecht haben nach dem Statut alle deutsch- oder flämischstämmigen und in Rom wohnenden Mitglieder der Erzbruderschaft, Angehörige verschiedener deutscher Ordenshäuser in Rom, des deutschen Kollegs von *S. Maria dell'Anima* und des Germanikums sowie bei einer offiziellen kirchlichen Pilgerfahrt in Rom verstorbene Katholiken aus dem deutschen Sprachraum.

Der Campo Santo Teutonico – durch verschiedene Baumaßnahmen der Päpste wie z.B. den Bau der neuen Sakristei von St. Peter immer kleiner geworden – öffnet sich zur *Piazza dei Protomartiri Romani*. Von dort hat man Zugang durch ein schmiedeeisernes Tor mit der Aufschrift *TEUTONES IN PACE*. Innerhalb des Campo Santo zeigen Majolikabilder an der Einfriedung die Kreuzweg-Stationen, vor denen die Mitglieder der Bruderschaft regelmäßig beten. Eine großformatige Darstellung des Martyriums des hl. Petrus, die im Hintergrund den Zirkus des Nero erkennen läßt, erinnert an die Christenverfolgungen. Genau über diesem Zirkus ist der Campo Santo Teutonico errichtet worden. In der Mitte des Friedhofs steht ein hohes Bronzekruzifix des Bildhauers Wilhelm Achtermann. Es gibt unzählige Gräber auf diesem Friedhof, meist unbekannter Personen. Darunter befinden sich aber auch viele Prominente aus dem kirchlichen, künstlerischen, literarischen und politischen Leben der vergangenen Jahrhunderte. Der älteste Grabstein geht auf das Jahr 1474 zurück und erinnert an eine Adlige aus Lüttich.

Der Campo Santo entging zweimal der Schließung: das erste Mal 1836, als Gregor XVI. anordnete, daß alle Verstorbenen unterschiedslos auf dem neuen Friedhof von *S. Lorenzo al Verano* beigesetzt werden sollten; der Erzbruderschaft gelang es jedoch, für ihre Mitglieder eine Ausnahmeregelung zu erreichen. 1875 befahl dann die Stadt Rom die Schließung, da sich der Friedhof unerlaubterweise im Stadtgebiet befand. Aber auch dieses Mal konnte die Auflösung durch eine Intervention des italienischen Innenministers verhindert werden.

Bibl.: B. Hanssler, *Der deutsche Campo Santo in Rom*, München/Zürich 1974; A. Weiland, *Der Campo Santo Teutonico in Rom und seine Grabdenkmäler*, Rom 1988.

N. Del Re

Canonica von St. Peter

Die *Canonica* ist die Wohnstätte der Kanoniker des Peterskapitels, die sich links von der Basilika in einem an der Sakristei von St. Peter (→) liegenden Gebäude befindet. Eine der Hauptpflichten der Kanoniker eines Kapitels besteht darin, neben der Kirche zu wohnen, in deren Dienst sie stehen, um dort Gottesdienste zu halten und gemeinsam das Offizium zu beten. Die Residenzpflicht setzt voraus, daß adäquate Wohnverhältnisse zur Verfügung gestellt werden, aber nicht immer erfuhr der vatikanische Klerus diesen Vorzug.

Das gemeinsame Leben der Kanoniker ist sehr alten Ursprungs; einen ersten Hinweis auf ihr Stift findet sich in einer Bulle Hadrians IV. (1154–59). Genaue und ausführliche Regeln über das gemeinsame Leben gehen auf Innozenz III. (1198–1216) zurück; der Klerus hatte damals ein Refektorium und einen einzigen Schlafsaal für 30 Kanoniker und einen weiteren für 30 Benefiziaten. Nikolaus III. (1277–80) setzte fest, daß jeder für die Nahrung selbst Sorge trug und forderte von den Geistlichen nur, daß sie im Pfarrhaus oder in den ihnen zugewiesenen Häusern in der Nähe der Basilika wohnten.

Am Ende des 14. Jh. scheint das Gebäude der *Canonica* fast völlig zerfallen gewesen zu sein. Erst unter Martin V. (1417–31) wurde es wieder errichtet und die Residenzpflicht wieder eingeführt.

Nikolaus V. (1447–55) plante im Rahmen des Wiederaufbaus des Petersdoms auch das Haus für den Klerus neu zu errichten. In der Folge planten fast alle Päpste eine Neufassung der Regeln des Kapitels und den Bau entsprechender Unterkünfte. Die endgültige Ausschreibung wurde unter Pius VI. (1775–99) durchgeführt. Am 13. Juni 1784 wurde dann der Komplex eingeweiht, in dem sich die verschiedenen Sakristeien, der Saal der Domherren, das Archiv, das Museum, die Dombauhütte und das Gebäude für die Wohnstätten befanden. Das Gebäude wurde auf vier Stockwerken mit zweiunddreißig Wohnungen und allen erforderlichen Bequemlichkeiten ausgestattet. Auch heute noch erfüllt es seinen Zweck, nachdem es im Laufe der Zeit einige nützliche, aber nicht grundsätzliche Veränderungen erfahren hat.

Bibl.: F. Cancellieri, *Sagrestia vaticana eretta dal regnante Pontefice Pio VI*, Rom 1784; L. Martorelli, *Storia del clero vaticano*, ib. 1792; C. Galasi Paluzzi, *La Basilica di S. Pietro*, Bologna 1975.

A. Martini

CAPITANI DELLE ROTE

→ Konklave, Aufseher des

CAPPELLA CLEMENTINA IN ST. PETER

Die Kapelle befindet sich im südöstl. Eckjoch des zentralen Kuppelraums im Petersdom, d.h. vom Mittelschiff links, und entspricht im Aufbau der ihr gegenüberliegenden Cappella Gregoriana (→). Es handelt sich um eine Auftragsarbeit von Clemens VIII. (1592–1605), dessen Wappen auf dem Fußboden hervorsticht und der Kapelle ihren Namen gab. Die Kapelle wurde von Giacomo della Porta vollendet. Die Kuppel – eine der vier kleineren der Vatikanbasilika – ist mit Mosaiken geschmückt, die sich auf Symbole der hl. Jungfrau Maria beziehen. An den Seiten sind der *hl. Ambrosius* und der *hl. Augustinus*, Kirchenväter und Kirchenlehrer der lateinischen Kirche mit dem *hl. Athanasius* und dem *hl. Johannes Chrysostomus* aus der griechischen Kirche dargestellt, während in der Lünette *Mariä Heimsuchung, der hl. Zacharias und die hl. Elisabeth, Malachias und der Engel sowie Daniel in der Löwengrube* dargestellt sind. Das Altarbild ist eine als Mosaik ausgeführte Kopie eines Bildes von Andrea Sacchi, das an eine Szene aus dem Leben des hl. Gregor des Großen erinnert. Gregor hatte einem berühmten Arianer ein *brandeum* (d.h. eines der Leinentücher, die als Reliquien betrachtet wurden, weil sie auf den Gräbern der Märtyrer gelegen hatten) als Geschenk geschickt und von diesem als nutzlosen und wertlosen Gegenstand zurückerhalten. Um die Ungläubigen von der Verehrungswürdigkeit des Tuches zu überzeugen, zerschnitt der Papst mit einem Stilett das Tuch, und die erstaunten Anwesenden konnten sehen, wie daraus wunderbarerweise lebendiges Blut floß. Unter dem Altar der *Cappella Clementina* werden in einem heidnischen Sarkophag die sterblichen Überreste des hl. Papstes bewahrt.

Links davon befindet sich über der Tür, die zu einer der Orgeln in der angrenzenden Chorkapelle (→) führt, das Grabmal von Pius VII. (1800–1823). Das Werk des dänischen Bildhauers Bertel Thorvaldsen stellt den Papst auf der Cathedra sitzend mit segnender Geste dar, flankiert von den Statuen der *Prudentia*, die über die Bibel meditiert, und der *Fortitudo*, die mit einem Löwenfell bekleidet ist; etwas höher befinden sich zwei *geflügelte Genien*, von denen der linke die Werke des Papstes aufschreibt und der rechte auf einer Sanduhr das Ende seiner irdischen Existenz abliest.

G. C. Alteri

CAPPELLA DELLA PIETÀ

Die erste Kapelle des nördlichen Seitenschiffes von St. Peter (vom Eingang aus gesehen rechts). Die ehemalige Kreuzkapelle wurde 1749 nach der Marmorskulptur der *Pietà* von Michelangelo benannt, die hier ihren endgültigen Platz fand. Sie zeigt die auf einem Fels sitzende Muttergottes in ein Gewand gehüllt, in tiefer Andacht versunken. Ihr Haupt ist über den Leib des toten Sohnes geneigt, der auf ihrem Schoß ruht. Die Skulptur wurde Ende 1497 von Jean Villiers de la Grolaie (genauer Bilhères de Lagraulas), dem französischen Botschafter in Rom, für dessen Grabkapelle in Auftrag gegeben. Michelangelo beendete das Meisterwerk zwischen 1499 und 1500. Zunächst wurde es auf Willen des Auftraggebers in das Mausoleum von *S. Petronilla*, in die sog. „Kapelle der französischen Könige" gebracht. Dort blieb die Pietà, bis die Kapelle von Bramante abgerissen wurde. Danach kam sie – nach mehreren Umstellungen – an ihren heutigen Platz. Das Gewölbe dieser ehemaligen „Kreuzkapelle" zeigt ein Fresko von Giovanni Lanfranco, das den *Triumph des Kreuzes* darstellt.

Die Skulptur ist Ausdruck der vollen künstlerischen Reife Michelangelos und als einzige von ihm signiert – angeblich um Gerüchte zurückzuweisen, die das Werk dem Mailänder Bildhauer Cristoforo Solari zusprachen. Auf dem Band über der linken Schulter der Madonna ist zu lesen: MICHAEL ANGELUS BONAROTUS FLOREN FACIEBAT. Nachdem ein psychisch Kranker die Statue am 20. Mai 1971 mit Hammerschlägen beschädigt hatte, wurde sie in der Restaurierungswerkstatt des Vatikan sorgfältig wiederhergestellt.

Bibl.: A. Schiavo, *Giovanni Bilhères de Lagraulas e la „Pietà" di Michelangelo,* in *Studi romani,* 6 (1958), S. 659–667; D. Redig de Campos, *Un nuovo aspetto della „Pietà" di Michelangelo in S. Pietro,* in *Capitolium,* 38 (1963), S. 188–191.

G. C. Alteri

CAPPELLA DER „MATER REDEMPTORIS"

Sie liegt im zweiten Stock des Apost. Palastes hinter der Uhr des Damasushofes. Diese ehemalige *Cappella Matilde* (→) mit Eingang an der Loggia des Raffael bekam ihren jetzigen Namen nach dem Umbau, den Johannes Paul II. 1988 durchführen ließ. Es ist ein schlichter, fast quadratischer Saal, an dessen Tonnengewölbe das Wappen Gregors XIII. (1572–85) prangt, zu dessen Wohnung er gehörte. Außerdem ist das Wappen von Pius X. zu sehen, der den Raum 1907 in eine Kapelle umbaute, die Mathildenkapelle.

Wie früher wird die Kapelle noch heute fast ausschließlich in der Fastenzeit für die Exerzitien der *Famiglia Pontificia* (→) und der Laien in der Verwaltung des Apost. Stuhls genutzt. Manchmal nimmt auch der Papst daran teil, der jedoch in der angrenzenden Kapelle des hl. Laurentius Platz nimmt. Diese Kapelle wurde 1572 errichtet und benannt nach dem heiligen röm. Märtyrer, dessen Haupt dort als Reliquie verwahrt wird. Früher war sie auch als „gemeinsame Kapelle der *Famiglia Pontificia*" bekannt.

Bibl.: C. Pietrangeli, *Il Palazzo di Gregorio XIII e la Cappella „Redemptoris Mater"*, in *Strenna dei Romanisti*, 51 (1990). S. 395–402.

N. Del Re

Cappella des Fra Angelico

→ Cappella Niccolina (Nikolaus' V.)

Cappella Giulia (Julianischer Chor)

Der Julianische Chor gehörte in die Reihe der päpstl. Chöre. Sixtus IV. genehmigte mit dem Schreiben *Licet ex debito* vom 1. Januar 1479 die Gründung eines Chors für den liturgischen Dienst in der Vatikanbasilika und gestand ihm dieselben Privilegien zu, deren sich auch die Sänger anderer päpstl. Chöre erfreuten. Unter dem Pontifikat Julius' II., einem Neffen Sixtus' IV., erfolgte ein zweites Schreiben, *In Altissimo militantis* vom 19. Februar 1513, mit dem Julius den Chor restrukturierte und ihm seinen Namen gab. Da Julius II. zwei Tage nach dem Apost. Schreiben verstarb, wurden die Verfügungen allerdings erst 1543 umgesetzt.

Der Chor bestand aus zwölf erwachsenen Sängern und zwölf Sängerknaben. Die Sängerknaben mußten wie die Schüler der gregorianischen *„Schola cantorum"* unter Aufsicht von zwei Lehrern Grammatik und Musik studieren. Sixtus V. erhöhte am 1. Oktober 1589 die Zahl der erwachsenen Sänger auf sechzehn. Die Reihe der Chorleiter beginnt 1551 mit Palestrina, während des Pontifikats von Julius III. Er übte das Amt vier Jahre lang aus, bis er päpstl. Kantor wurde. 1571 übernahm er die Leitung jedoch wieder bis zu seinem Tod am 2. Februar 1594. Während des gesamten 16. Jh. folgten der Julianische wie auch der Sixtinische Chor der gleichen musikalischen Richtung; zu Beginn des 17. Jh. allerdings begannen sie zu differieren. Neben der Polyphonie *„alla Palestrina"* des päpstl. Chors, entwickelte sich die barocke Mehrstimmigkeit des Julianischen Chors. Orazio Benevoli, der Hauptvertreter der röm. Barockschule, ließ Messen, Hymnen und Psalmen von drei, vier, ja sogar sechzehn Chören vortragen, von denen ein Teil sogar in der Kuppel untergebracht wurde. Am Fest des hl. Petrus im Jahr 1628 wurde Vokal- und Instrumentalmusik von zwölf Chören vorgetragen. Neben den Sängern, die man aus mehreren röm. Chören zusammengerufen hatte, nahmen auch zwölf Organisten teil, unter ihnen Frescobaldi.

Bei der *Cappella Giulia* wurde im Gegensatz zur *Cappella Sistina* eine Orgel eingesetzt. Die Aufgabe des Organisten bestand darin, die Sänger zu begleiten und Toccaten oder Phantasien zu spielen, wenn der Chor schwieg. Frescobaldi war hier von 1608 bis zu seinem Tod 1643 Organist. Als er das erste Mal spielte, hatte er dreißigtausend Zuhörer. So schreibt Libanori: „Es verbreitete sich der gute Ruf dieses fabelhaften und außergewöhnlichen Musikers und dieses wundervollen Organisten. Als er das erste Mal spielte, hatte er mehr als dreißigtausend Zuhörer, und selbst die ältesten und gefeiertsten Organisten waren begeistert und nicht wenige ein bißchen neidisch." Das musikalische Archiv des Julianischen Chors wurde 1941 in die Vatikanische Bibliothek gebracht. Alle seit dieser Zeit entstandenenen musikalischen Unterlagen werden im Archiv des Chors beim Kapitel von St. Peter verwahrt. Am 29. Juni

1979 hat die ehrenwerte Institution ihre mehrere Jahrhunderte dauernde Aktivität eingestellt.

Bibl.: J. M. Llorens, *Le opere musicali della Cappella Giulia. I: Manoscritti e edizioni fino al' 700,* Vatikanstadt 1971; G. Salvatori, *Notizie storico-artistiche sulla ven. Cappella Giulia di S. Pietro in Vaticano e i suoi maestri ed organisti attraverso i secoli,* Roma 1976.

M. Ilari

CAPPELLA GREGORIANA IN ST. PETER

Diese Kapelle im Petersdom erhielt ihren Namen von Gregor XIII. (1572–85), unter dessen Pontifikat sie vollendet wurde. Sie befindet sich gegenüber der Cappella Clementina (→) im zentralen Kuppelraum des Petersdoms im nordöstlichen Eckjoch, d.h. rechts vom Mittelschiff. Von Michelangelo begonnen, wurden nach dessen Tod die Arbeiten von Giacomo della Porta vollendet. Dieser entwarf auch die Kuppel, eine der vier kleineren der Basilika, mit dem runden Tambour und der achteckigen Kalotte. Sie ist mit Alabaster, Amethysten und anderen Edelsteinen geschmückt und weist zwei Säulenreihen aus afrikanischem und grünem Marmor auf. Der Altar ist der *Madonna del Soccorso (der Hilfe)* gewidmet, deren viel verehrtes Bildnis aus dem 11. Jh. von Gregor XIII. 1580 hier aufgestellt wurde. Unter dem Altar befinden sich die sterblichen Überreste des hl. Gregor von Nazianz, des 389 gestorbenen Patriarchen von Konstantinopel. Sie wurden ebenfalls 1580 aus dem Benediktinerkloster *S. Maria in Campomarzio*, wo sie sich seit dem 8. Jh. befanden, hierher überführt. Die Ausstattung wurde im 16. Jh. begonnen und im 18. mit Mosaiken vollendet. In den Lünetten kann man die *Verkündigung* und die Propheten *Jesaja* und *Ezechiel* bewundern, während in den Zwickeln zwei lateinische Kirchenväter, der hl. *Hieronymus* und *Gregor der Große* und zwei griechische Kirchenväter, die hll. *Basilius* und *Gregor von Nazianz* dargestellt sind.

Rechts der Cappella Gregoriana befindet sich an der Tür, die zur Sakramentskapelle (→) führt, das Grabdenkmal Gregors XVI. (1831–46) von Luigi Amici, einem Schüler Canovas, der den thronenden Papst segnend darstellt. Die Urne ist flankiert von der Statue der *Sapientia* mit Flammen über dem Haupt und der *Prudentia* mit Spiegel und Schlange. Das Basrelief auf dem Sarkophag spielt auf die Einrichtung der Mission an, die Glaubensverbreitung, die der Papst vorantrieb.

C. G. Alteri

CAPPELLA MATILDE

Bis 1988 wurde so die heutige *Cappella der „Mater Redemptoris“* (→) genannt, die nach dem Willen Johannes Pauls II. umgebaut wurde. 1907 wurde dieser schlichte Raum, der Teil der Gemächer Gregors XIII. (1572–85) war, wie das Wappen des Papstes anzeigt, von Pius X. umgebaut, dessen Wappen ebenfalls an der Decke zu sehen ist.

Der Name der Kapelle stammte von den Fresken, die die gesamten Wände des rechteckigen Raums bedecken und auf denen Geschichten aus dem Leben der berühmten Gräfin Mathilde von Canossa (1046–1115) erzählt werden. Die Fresken dieser Unterstützerin des Apost. Stuhls wurden zwischen 1637 und 1642 ausgeführt. Vom Namen des Freskomalers Gianfrancesco Romanelli stammte auch der Name *Romanelli-Galerie*, die mit einem Tonnengewölbe 1632 errichtet und mit dem angrenzenden, heute geschlossenen Raum, dazu gedacht war, die Stanzen Raffaels mit dem sog. sixtinischen Flügel des Apost. Palastes zu verbinden. Der Auftraggeber der Kapelle, Urban VIII., ordnete die Überführung der sterblichen Überreste der Gräfin Mathilde nach Rom an, die wegen ihrer vehementen Verteidigung auch „Bannerträgerin der Hl. Röm. Kirche" genannt wurde. Heute werden in dem Raum Reliquienschreine aller Art verwahrt, darunter Meisterwerke der Goldschmiedekunst. Außerdem wird er als Sakristei der heutigen „Mater Redemptoris"-Kapelle genutzt.

Bibl.: J. Martin, *Vaticano sconosciuto*, Vatikanstadt 1990, S. 63–73.

M. A. De Angelis

CAPPELLA MUSICALE PONTIFICIA

→ Chöre, Päpstliche

CAPPELLA NICCOLINA (NIKOLAUS' V.)

Die *Cappella Niccolina* befindet sich im Ostflügel des zweiten Stocks des Apost. Palastes. Nikolaus V. beauftragte Fra Angelico und dessen Schüler mit der Freskendekoration, die zwischen 1447 und 1450 entstand. Obwohl Fra Angelico sich schon von der zweiten Hälfte des Jahres 1445 in Rom aufhielt, ist der Zyklus in der Nikolauskapelle der einzige im Vatikan, der sein Wirken in der Stadt bezeugt.

Seit der Zeit Gregors XIII. (1572–85) wurde sie mehrfach restauriert. Die letzte Restaurierung zwischen 1947 und 1951 hat unter den Übermalungen den Sockel mit der Originaldekoration Fra Angelicos zum Vorschein gebracht sowie einige Vorhänge in korrespondierender Farbgebung mit den darüberliegenden Fresken. Sie stellen Szenen aus den Viten des hl. Stephanus und Laurentius dar und greifen das von Eugen IV. (1431–47) begonnene Programm auf, das sein Nachfolger Nikolaus V. fortführte. Stephanus und Laurentius zählen zu den ersten Märtyrern der Kirche. Sie sollten sinnbildlich die Stärke und ursprüngliche Kraft der apostolischen Mission (sowie die wiedergewonnene Hoheit des Papstes über das Konzil) ausdrücken, um die sich die spirituelle und intellektuelle *„Renovatio"* nach dem Avignoner Exil und dem Konzil von Konstanz (1414–18) im Papsttum bemühte. Nachdem Eugen IV. und Nikolaus V. siegreich aus dem Konzil von Basel (1431–49) hervorgegangen waren, hegten sie für Rom als Sitz des Papsttums ehrgeizige Projekte. Die Ausschmückung der Nikolauskapelle, die die ruhmreichen Ursprünge der Kirche herausstellt, ist ein Teil der Bau-, Erneuerungs- und Restaurierungsprojekte des Papstes. Für den Städtebau wählte er Leon Battista Alberti, der in der Profanarchitektur die kontinuierliche Autorität demonstrieren sollte, die das päpstliche vom kaiserlichen Rom geerbt hatte.

Beschreibung der Kapelle: Der Freskenzyklus läuft zweizonig über drei Wände. Die obere Zone zeigt die Vita des hl. Stephanus, die untere die des hl. Laurentius. An der Stirnwand steht der Altar, über dem sich – nach Vasari – eine Kreuzabnahme von Fra Angelico befand, die heute nicht mehr vorhanden ist. Aus dem Leben des hl. Stephanus schildern die Fresken die Weihe zum Diakon durch Petrus und die Verteilung von Almosen, Predigt des Heiligen und Disput in der Versammlung, Abführung und Steinigung. Der Zyklus zum Leben des hl. Laurentius zeigt, wie der Heilige von Papst Sixtus II. (der die Züge Nikolaus' V. trägt) zum Diakon geweiht wird, Sixtus vertraut ihm die Schätze der Kirche an, der Heilige verteilt Almosen an die Armen, der Heilige vor Gericht und sein Martyrium. Hier zeigt ein kleines offenes Fenster im Turm, das als Zäsur fungiert, wie der hl. Laurentius in der Zelle den Gefängniswärter bekehrt. Auf den Lisenen zwischen den Fresken sind die acht Kirchenlehrer zu sehen, (der hl. Athanasius und der hl. Johannes Chrysostomus beschädigt), in den vier Ecken die Evangelisten und über den Fenstern Fresken, die Christus sowie einige Patriarchen und Propheten darstellen.

Die Zyklen von Stephanus und Laurentius zeigen die entscheidenden Punkte eines vorbildlichen Priesterlebens: Berufung, Apostolat, Martyrium. Darin liegt ihr symbolischer Wert als „politisches“ Programm der Kirche und ihr ethischer „Mahnruf“ für den Betrachter. Es gibt eine mögliche Entsprechung des hl. Laurentius, als Patron der Bibliophilen mit dem bibliophilen Nikolaus V. Im Zyklus der Nikolauskapelle kommen die Leitlinien der Ästhetik des Fra Angelico auf thomistischer Basis zum Ausdruck: das Schöne gleichzeitig als *proportio* (Proportion der Formen) und als *claritas* (Klarheit in Bezug auf die Farbgebung). Fra Angelico definiert den „Raum“ der Erzählungen sowohl im Inneren als auch im Äußeren nach der Methode der *perspectiva artificialis*, indem er die perspektivischen Elemente so anordnet, daß er Räume erhält, die der menschlichen Proportion entsprechen. Die architektonischen Strukturen dienen als Ambiente aber auch als geschickt aufgestellte Kulisse, die den Erzählfluß strukturiert. Krautheimer (*Fra Angelico and – perhaps – Alberti,* in *Studies. in honor of M. Meiss,* I, New York, 1977, S. 290–296), nimmt an, daß die architektonischen Strukturen, die in den Fresken der *Weihe des hl. Laurentius*, des *hl. Laurentius, der Almosen verteilt* und vor allem der *Weihe des hl. Stephanus* das Innere einer Kirche andeuten, zum Projekt des Neubaus des Petersdoms in Beziehung zu setzen sind, den Nikolaus V. genau in diesen Jahren plante. Vor allem Leon B. Alberti – als päpstl. Baumeister – habe auf die – vor allem im Fresko der Weihe des Stephanus – dargestellte Architektur Einfluß genommen.

In diesen Fresken läßt sich außerdem Fra Angelicos Antikenstudium erkennen. Im Zyklus des hl. Stephanus dominieren in der Architektur noch gotische Elemente der florentinischen Landschaft. Im Zyklus des hl. Laurentius hingegen scheint sich der Stil zu eher klassischen Formen hin zu entwickeln. So zeigt sich eine Art Lokalkolorit, welches in das Palästina des hl. Stephanus mit seiner pittoresken Bauweise und in das kaiserliche Rom des hl. Laurentius versetzt. Weiter ist in der Szene, in welcher der hl. Laurentius Almosen an die Armen verteilt, die Menschlichkeit und Ausdruckskraft von Masaccio zu spüren. Die Gruppe der Bettler bedeutet eine beachtliche Abweichung von der Ästhetik im Vergleich zu den anderen Darstellungen Fra Angelicos, der in der menschlichen Figur das Ideal einer realen Schönheit sieht.

Bibl.: C. Gilbert, *Fra Angelico's fresco cycles in Rome: their number and dates,* in *Zeitschrift für Kunstgeschichte,* 38 (1975), S. 245–265; A. Greco, *La Cappella di Niccolò V del Beato Angelico,* Roma 1980.

M. A. De Angelis

CAPPELLA PAOLINA

Die *Cappella Paolina* liegt im ersten Stock des Apost. Palastes in der Nähe der Sixtinischen Kapelle (→). Paul III. (1534–49) beauftragte Antonio da Sangallo d. J. mit dem Bau der Kapelle, die nach ihm „Paulskapelle“ genannt wurde. 1540 mußten die Arbeiten schon weit vorgeschritten sein, da am 25. Januar dieses Jahres in der Kapelle eine Messe gefeiert wurde. Der rechteckige Saal schließt gegenüber des Eingangs mit einer rechteckigen Apsis als Chor, wo sich der Altar befindet. Der architektonische Aufbau besteht in einem ungegliederten Sockel über dem sich Lisenen und Pilaster erheben und die Wände in drei Zonen unterteilen. Über dem einfachen Rahmen setzen die Lünetten an. Die Proportionen werden von den Maßen des Chors vorgegeben. Dieses Kompositionsschema Sangallos ist ähnlich dem der Kapelle *S. Giacomo degli Spagnoli* (ca. 1516–17).

Die beiden großen einander gegenüberliegenden Fresken der Längswände, die das Thema für die gesamte restliche Ausstattung lieferten, wurden von 1542 bis 1550 von Michelangelo ausgeführt. Diesem wurde von den Erben Julius II. die Erlaubnis gegeben, die Arbeiten an dessen Grabmal zu unterbrechen, um sich den Fresken der Kapelle Pauls III. widmen zu können. Die *Bekehrung des Saulus* und die *Kreuzigung des hl. Petrus* stellen nach Ansicht des Kunsthistorikers Argan „die zwei wichtigsten Momente des religiösen Lebens und der menschlichen Askese dar, Bekehrung und Martyrium". 1545 wurde die Kapelle durch einen Brand beschädigt, der wahrscheinlich auch einige der Werke Michelangelos beeinträchtigte. Bei der Restaurierung von 1934 stellte sich heraus, daß es Temperaübermalungen und moralisierende Faltenwürfe auf nackten Engeln gab.

Diese Kapelle führt die dramatische Geschichte des letzten Gerichts aus der Sixtinischen Kapelle weiter. Die zuerst ausgeführte *Bekehrung des Saulus*, geht von der Schilderung der *Apostelgeschichte* (9,3–7) aus. Der geblendete Saulus liegt auf dem Boden. Ihm helfen seine Begleiter, mit intensivem Ausdruck des Schreckens in der Vision Christi und der Himmlischen Scharen. Das Pferd des Saulus in der Mitte der Szene, das von hinten in einer großartigen perspektivischen Sicht zu sehen ist, wird vergebens zurückgehalten. Am rechten Rand die Stadt Damaskus, das Ziel Sauls, in dessen Zügen man ein Selbstbildnis Michelangelos vermutet. Nach F. Baumgart (*Gli affreschi di Michelangelo, di L. Sabbatini e F. Zuccari nella Cappella Paolina*, Vatikanstadt 1934) wird in diesem Fresko die große Bewegung durch eine Kreisstruktur verwirklicht, die von Saul ausgehend über die Glieder der Männer und der Engel auf der linken Seite bis zu den Armen Christi verläuft, um sich zu der rechten Gruppe wieder abzusenken, besonders zu der großen Männerfigur, die mit dem Rücken hervortritt. Der Eindruck der Tiefe wird durch das graduelle Aufhellen der Farben von den Seiten zum Zentrum des Freskos hin erzeugt.

Die *Kreuzigung des hl. Petrus* entwickelt die ausdrucksvolle Bewegung auf eine andere Weise. Baumgart zufolge handelt es sich auch hier um eine Kreiskomposition mit konzentrischen Kreisen und einer entgegengesetzten Bewegung, in deren Mitte das Haupt von Petrus ist. Wahrscheinlich hatte Michelangelo, wie man einem Druck. B. dè Cavalieris entnehmen kann, für die aufsteigende Perspektive der beiden äußeren seitlichen Gruppen zwei Treppen geplant, die später entfernt wurden.

Das Fehlen der Stufen gibt den Figuren eine unwirkliche Bewegung, die ihre Körperlichkeit mit einem offensichtlichen Gefühl der Schwere und der inneren Unruhe darstellt.

Bibl.: F. Baumgart, *Il progetto di decorazione della Cappella Paolina*, in *L'Illustrazione vaticana*, 4 (1933), S. 378, 382; C. von Tolnay, *I disegni di Antonio da Sangallo per la Cappella Paolina*, Ders., 5 (1934), S. 350–353, D. Redig de Campos, *La „terza maniera" di Michelangelo nella Cappella Paolina*, ebd., 7 (1936), S. 212–216; C. L. Frommel, *Antonio da Sangallos Cappella Paolina; ein Beitrag zur Baugeschichte des Vatikanischen Palasts*, in *Zschr. für Kunstgesch.*, 27 (1964), S. 1–24; J. Martin, *Vaticano sconosciuto*, Vatikanstadt 1990, S. 77–88.

M. A. De Angelis

Cappella Papale

Begriff, mit dem gewöhnlich die Gottesdienste bezeichnet werden, die im Apost. Palast oder in der Vatikanbasilika stattfinden und an denen der Papst teilnimmt. Er ist dabei von Klerikern und Laienmitgliedern der *Casa Pontificia* (→) umgeben, wenn er selbst die Messe feiert oder das Pontifikalamt von einem Kardinal gefeiert wird. Es gibt Zeugnisse über Gottesdienste, die mit besonderer Feierlichkeit vom Bischof von Rom seit den ersten Zeiten der Kirche bis zum

Mittelalter in den großen Basiliken der Ewigen Stadt gefeiert wurden. Der Brauch der *Cappella Papale* stammt vom Beginn des Exils der Päpste in Avignon, wo es keine großen Kirchen oder Basiliken gab. Daher beschloß Clemens V. selbst, daß feierliche Messen in der Kapelle des Palastes stattfinden sollten. Daher stammt die Bezeichnung *Palastkapelle*, die später in *Cappella Papale* umgeändert wurde. Dieser Begriff bezieht sich auf die im Palast gefeierten Messen, die entweder vom Papst selbst gelesen wurden oder denen er zumindest vorstand. Der Brauch wurde auch nach der Rückkehr der Päpste nach Rom fortgesetzt. Zu diesem Zweck wurden weitere Kapellen im Vatikanpalast errichtet, der fester päpstl. Sitz geworden war. Dort ließen Sixtus IV. (1471–84) die Sixtinische Kapelle (→) und Paul III. (1534–49) die Cappella Paolina (→) errichten. Der Brauch, Messen in der Palastkapelle abzuhalten, wurde auch dann aufrecht erhalten, als Sixtus V. 1586 die Teilnahme des Papstes an den Gottesdiensten in den verschiedenen röm. Basiliken wiederbelebte. Während die *Cappella Papale* bis weit in die zweite Hälfte des letzten Jh. hinein noch sehr häufig war, wurde sie mit der Zeit jedoch immer rarer. Besonders seit den Reformen Pauls VI. 1968 ist ihre Anzahl reduziert und ihre äußerliche Pracht eingeschränkt. Doch bleibt die Feierlichkeit der *Cappella Papale* unverändert, bedingt durch die Teilnahme des Papstes und des Kardinalskollegiums sowie aller hohen kirchlichen und weltlichen Würdenträger der *Casa Pontificia*.

Bibl.: C. Lolli, *La „Cappella Pontificia"*, in *L'Illustrazione vaticana*, 2 (1931), Nr. 4, S. 23–26.

L. Del Gallo

CAPPELLA PIA LATERANENSE

Es handelt sich um den Chor der Lateranbasilika, der im Namen den Zusatz *Pia* erhielt, nachdem Papst Pius VI. ihn im Jahr 1784 mit neuen Dotierungen ausgestattet hatte und ihm seinen eigenen Namen gab. Mittels Breve wurde aus diesem Lateranchor 1801 die *Cappella Musicale Pontficia*, der päpstl. Chor, dem Pius VII. auf diese Weise die gleichen Privilegien zubilligte, wie den sixtinischen Kantoren. Die Vorteile bestanden in besonderen zivilen und strafrechtlichen Immunitäten. Für die Kantoren war ein besonderes Gericht zuständig, das Tribunal des *Maggiordomato der Apost. Paläste.* Die Sänger des Lateranchors unterstanden keiner Hierarchie der Musikerkongregationen, sondern einzig dem Kapitel der Erzbasilka und dem Chorpräfekten.

Die *Cappella Pia Lateranense* ist Erbe der „*Schola cantorum*" Gregors des Großen und wurde – nach deren Schließung 1370 durch Urban V. – im Jahr 1535 vom Erzpriester der Lateranbasilika gegründet. Die Schließung der *Schola cantorum* hatte aber nie das völlige Fehlen von Kantoren in der Lateranbasilika zur Folge gehabt. In geringerer Anzahl sangen sie auch in der Zwischenzeit bei liturgischen Feiern. Die Älteren unterrichteten die neu Aufgenommenen im Gesang; es fehlte nur bis zur Gründung der *Cappella* die Struktur eines Kantorenkollegs.

Um die Gesangspausen des Chors auszufüllen und später, um den Gesang zu begleiten, wurde die Orgel gespielt, die vor dem Pontifikat von Clemens VIII. im Querschiff stand, wo sich jetzt der Sakramentsaltar befindet. Clemens VIII. beauftragte 1597 den berühmten Orgelbauer aus Perugia, Luca Blasi, mit dem Bau der großen Orgel, die sich seit dem Umbau durch Giacomo della Porta über der Eingangstür des Querhauses befindet. Unter dem Pontifikat Leos XIII., der das von Pius IX. begonnene Werk der Verlängerung der Apsis vollendete, kamen zwei weitere noch heute im Gebrauch befindliche Orgeln hinzu, die in dem neuen Apsisraum einander gegenüber plaziert wurden.

Die Prüfung für die Ernennung des Organisten erfolgte nach der Kapitelverfassung von 1836 und 1872 und bestand in der Stegreifausführung des tiefen Registers, dem Vortrag einer Eröffnung und der Ausführung einer Fuge. Die Prüfung fand im Beisein des Präfekten, des Kantorenkollegs und dreier Harmoniemeister als Richter statt. Orlando di Lasso war von April 1553 bis Juli 1554 Chorleiter; Giovanni Pierluigi da Palestrina hatte dieses Amt vom Oktober 1555 – nach seinem Wechsel aus dem sixtinischen Chor – bis 1560 inne, als er nach *S. Maria Maggiore* ging.

Die Kapitelbestimmungen für den Lateranchor von 1836 und 1872 sahen eine Besetzung aus dreizehn Personen vor: ein Chormeister, drei Bässe, sechs Tenöre, ein Alt, einen Sopran und einen Organisten. Dazu kamen ein Orgelstimmer und ein Balgheber. Der Chormeister war verpflichtet, „dem Archiv des Chors jedes Jahr gratis drei neue komplette Kompositionen zu präsentieren; eine Vesper und zwei gesungene Messen, eine für die Lebenden, eine für die Toten“. Die Ernennung zum Chormeister erfolgte auf den guten Ruf des Betreffenden hin, während die des Kantors einer Prüfung folgte. Dem Kantor wurde es nicht gestattet, in öffentlichen Theatern aufzutreten. Am 1. Januar jeden Jahres übertrug der Präfekt des Chores Ämter, deren Annahme Pflicht war: Archivar, Krankenbesucher, Notenschreiber, Einlader. Der Archivar mußte über alle im Archiv befindlichen Partituren wachen. Kein Kantor durfte sie kopieren.

Der *Cappella Pia Lateranense* wurde 1915 die von Msgr. Raffaele Casimiri gegründete *„Schola puerorum“* zur Seite gestellt. Die *„Pueri cantores“* sind 1976 durch weibliche Stimmen ersetzt worden. Casimiri ist zu verdanken, daß im Lateranarchiv das verloren geglaubte, einzige authentische Manuskript von Palestrina wiedergefunden wurde, der Codex 59. Das Manuskript, das Palestrina als Vorlage für den Kopisten und Drucker fertigte, enthält 45 Hymnen, verschiedene Klagelieder für die Karwoche, die berühmten Schmähungen, ein Magnificat und Motetten.

M. Ilari

Cappella Pontificia

Begriff für eine der beiden Körperschaften, aus denen die heutige *Casa Pontificia* (→) zusammengesetzt ist, und die seit der Reform des ehem. *Päpstl. Hofes* 1968 durch das Motu Proprio *Pontificalis Domus* Pauls VI. (AAS, LX [1968], S. 305–315) neu strukturiert ist. Damit wurden einige Aufgaben und Bezeichnungen, die den heutigen Anforderungen nicht mehr entsprachen, abgeschafft, während andere entsprechend verändert und auf den heutigen Stand gebracht wurden. Der neuen Norm in Absatz 1, § 2 zufolge wurden sowohl Mitglieder der verschiedenen Kategorien des Gottesvolks (Bischöfe, Priester und Laien) als auch eine Vertretung aus all denen, die dem Papst in der Ausführung seiner legislativen, judikativen und administrativen Macht zur Seite standen, zu Mitgliedern der *Cappella Pontificia.* Im folgenden Abschnitt aus den neuen Bestimmungen sind die neuen Ämter und die, deren Bezeichnung verändert wurden, kursiv gedruckt:

„Die Cappella Pontificia ist außer aus den Mitgliedern der Famiglia Pontificia (→) wie folgt zusammengesetzt: die Mitglieder der verschiedenen Orden des Kardinalkollegiums; die Patriarchen, Erzbischöfe sowie Bischöfe und Eparchen des lateinischen und orientalischen Ritus; der Vizecamerlengo der Hl. Röm. Kirche bei Sedisvakanz; jeder Kongr., der Sekretär des Obersten Tribunals der Apost. Signatur, der Dekan der Röm. Rota; *die höheren Prälaten der drei Sekretariate;* der *Präsident der Päpstl. Komm. für soziale Kommunikation*; der Abt von Montecassino und Generaläbte der Regelarkanoniker und der Klosterorden; der Generalobere oder in dessen Abwesenheit der Beauftragte aller Bettelorden; Auditoren der Röm. Rota; *Mitglieder der Kapitel der drei Patriarchalbasiliken*; Konsistorialanwälte; *Pfarrer von Rom*; *Geistliche der Cappella Pontificia*; *Mitglieder des Päpstl. Laienrates und der Päpstl. Komm. „Iustitia et Pax"; Familienangehörige des Papstes".*

Zahlreiche Würdenträger erscheinen somit in der reformierten *Cappella* nicht mehr. Die infolge der Modifikationen von 1968 verifizierte neue Zusammensetzung entspricht der im letzten *Annuario Pontificio* veröffentlichten.

L. Del Gallo

Cappella Sistina

→ Sixtinische Kapelle

Cappella Sistina (Chor)

→ Chöre, Päpstliche

Cappellani comuni Pontifici

Geistliche, die zur *Famiglia Pontificia* (→) zählten. Sie assistierten bei öffentlichen und privaten Zeremonien (Taufen, Firmungen, Hochzeiten etc.), die in der päpstl. Geheimkapelle zelebriert wurden. Ernannt auf Lebenszeit waren diese Kapläne in zwei Klassen geteilt: in die *Partecipanti* und die *Sopranumerari*. Man begegnet ihnen zum erstenmal unter dem Pontifikat Benedikts XIV. (1740–58). Ihre Anzahl variierte, es waren aber nie mehr als zwölf Personen. Sie bildeten ein Kollegium, dem der Dekan vorstand, ein Titel, den der nach seiner Ernennung Älteste tragen durfte. Ihm vertraute Pius IX. auch die Aufgabe des *Subvestiarius* an, wie es einem Breve *Quam nonnulla* zu entnehmen ist. Diese Kapläne übernahmen im Laufe der Zeit auch das Amt der Akolythen und gehörten in dieser Eigenschaft der *Cappella Pontifica* an. Im Verlauf der Reorganisation der *Casa Pontificia* durch Paul VI. 1968 wurde auch der Rang der *Cappellani Pontifici* abgeschafft.

L. Del Gallo

Cappellani d'Onore „extra Urbem"

→ Ehrenkaplan, „extra Urbem"

Cappellani di Sua Santità

→ Kaplan Seiner Heiligkeit

Cappellani segreti

→ Geheimkaplan

Cappellani segreti d'Onore

→ Ehrengeheimkaplan

Cappelle des hl. Pius V.

Die drei Kapellen des hl. Pius V. befinden sich übereinander gelegen an der südwestlichen Ecke des Apost. Palastes, am Belvederehof, wo Pius V. (1566–72) seine Wohnung erbauen ließ. Der Komplex hat daher auch den Namen Pius-Turm, erhalten. In diesem monumentalen Gebäude ließ Pius im ersten, zweiten und dritten Stock, verbunden durch eine Wendeltreppe, drei Kapellen errichten, die von Pirro Ligorio gebaut und von Giorgio Vasari in den Jahren 1570–71 ausgemalt wurden.

Im päpstlichen Auftrag hatte Vasari bereits zahlreiche Werke unter anderem in Boscomarengho, dem Geburtsort Pius', geschaffen. Von seinem Freund Sangalletti, dem Schatzmeister des Papstes, wurde er dann im Dezember 1570 nach Rom gerufen. Die obere von ihm ausgemalte Kapelle ist dem Erzengel Michael geweiht.

Diese Kapelle ist heute für die Besucher der Vatikanischen Museen am Ende der langen Galerie sichtbar, in der die Gobelins hängen. Die ovale Decke mit dem Fresko der Engel, die gegen die sieben Hauptsünden ankämpfen, ist wahrscheinlich ein Werk von Jacopo Zucchi, einem Schüler Vasaris. Der Meister selbst war jedoch für die Ikonographie und die Vorarbeiten zuständig, wie man seinen Briefen im *Archivio Vasariano* in Arezzo entnehmen kann. Unter der Decke finden sich in vier Tafeln Szenen des Tobias mit dem Engel und zwei Darstellungen der Tugenden. Die darunterliegenden Medaillons an den vier Eckpfeilern gehören der auf Vasari folgenden Periode an. Über dem Altar befand sich ein Altarbild mit der „Krönung Mariens", heute in der Kirche S. Caterina in Livorno.

Die darunterliegende Kapelle kann auch von den Vatikanischen Museen aus besichtigt werden und gehört zu den Ausstellungssälen der Vatikanischen Bibliothek; man findet sie dort, wo man nach dem Verlassen der Sixtinische Kapelle (→) das Museum der Sakralkunst (→) erreicht.

Diese zweite Kapelle ist dem hl. Märtyrer Petrus geweiht, einem Heiligen aus dem Dominikanerorden, dem auch der damalige Papst angehörte; die Kassettendecke zeigt in verschiedenen eckigen und ovalen Rahmungen zahlreiche Männer und Frauen des genannten Ordens gleichsam als Personifizierung theologischer Tugenden. An den Wänden zeigen mit Goldstuckvoluten eingefaßte Fresken vier Episoden aus dem Leben des hl. Abtes Antonius, darunter die bekannte Szene des Flugs des Esels. Beidseitig der Tür, die zur Sixtina führt, befinden sich die hl. Petrus und Paulus, während sich über dem Architrav ein Fresko der Jungfrau Maria mit drei Putten befindet.

Die Bildtafel, die die Szene des Martyriums des Heiligen zeigt, ein Zucchi zugeschriebenes Werk, das sich über dem Altar befand, wird jetzt im Kunsthistorischen Museum in Wien aufbewahrt.

Im Jahre 1963 ist in einer Fensteröffnung, die zum Hof der Wache, dem *Cortile della Sentinella,* (→) zeigt, eine Vitrine eingebaut worden, in der die wertvollsten Stücke des sog. Schatzes der *Sancta Sanctorum* ausgestellt sind.

Flügeltüren aus der Zeit Pius' IX. (1846–78) mit Originalteilen aus den Fenstern der *Seconda Loggia* nach Skizzen Raffaels schmücken die Eingänge, die aus Richtung *Sixtina* zur *Sala degli Indirizzi* (→) führen.

Die letzte Kapelle, dem hl. Stephanus geweiht, ist dem Publikum nicht zugänglich und gehört zu den Räumen, in denen das Vatikanische Geheimarchiv (→) untergebracht ist. Die Decke – oval wie die der ersten Kapelle – zeigt ein Fresko mit dem thronenden Gottvater in einem weiten Himmelsraum. An den Wänden sind, jeweils rechteckig gefaßt, vier Episoden aus dem Leben des hl. Diakon Laurentius dargestellt. Oben über der Apsis ist das Abschlußdatum der Arbeiten Vasaris erkennbar, *„Anno Domini MDLXXI".*

Bibl.: D. Redig de Campos, *I palazzi vaticani*, Bologna 1968, S. 167; J. Kliemann, *Le cappelle di Pio V*, in *Giorgio Vasari (Werkverzeichnis),* Florenz 1981, S. 95–97.

G. Morello

CAPPELLINA ST. LAURENTIUS

→ Cappella der „Mater Redemptoris"

CASA DEL GIARDINIERE

→ Gärtnerhaus, Vatikanisches

Casa Pontificia

Dieser Name ist der Oberbegriff eines ganzen Komplexes von Einrichtungen und Personen – Kleriker oder Laien verschiedener Grade –, die aufgrund ihrer Würde, ihrer Verwaltungs- und Assistenzaufgaben, die Person des Papstes umgeben. Die Aktivitäten sind traditionsgemäß aufgegliedert in die beiden Organe *Cappella Pontificia* (→) und *Famiglia Pontificia* (→), und dies ist auch nach einigen notwendigen Modifikationen so geblieben, die von Paul VI. in seinem Motu Proprio *Pontificalis Domus* vom 28. März 1968 (AAS, LX [1968], S. 305–15) angeordnet wurden.

Früher gab es auch die Bezeichnung *Päpstl. Hof*, wie dem *Annuario Pontificio* (→) bis 1926 zu entnehmen war. Der Ausdruck *Päpstl. Hof* taucht dann nochmals in Artikel 10 der Lateranverträge vom 11. Februar 1929 auf. Im dazugehörigen Protokoll zwischen dem Hl. Stuhl und Italien vom 6. September 1932, ist u. a. die vollständige Liste der Zusammensetzung des entsprechenden „Hofstaats" aufgeführt. In der Tat hatte sich in Anlehnung an kaiserliche Höfe um den Römischen Pontifex, vor allem in seiner Residenz im Lateranpalast ein wirklicher Hofstaat gebildet, der auch in der Lage war, der Hauptstadt des Röm. Reiches nach Abzug der weltlichen Herrscher einen gewissen Glanz zu verleihen. Schon im *Liber Pontificalis* in der Vita des hl. Papstes Julius I. (337–352) ist der *Primicerius notariorum* erwähnt, der ungefähr die Aufgaben ausübte, die heute dem Kardinalstaatssekretär (→) zukommen. Er bildete mit dem Erzdiakon und dem Erzpriester die *servantes locum Sanctae Sedis Apostolicae*, die vor allem in Zeiten der Sedisvakanz die Kirchenregierung ausübten. Daneben gab es den *Arcarius* und den *Sacellarius*, die die Kasse und den päpstlichen Schatz betreuten und für die Ein- und Ausgänge der Gelder zuständig waren. Weiter kann man in alten Texten die Bezeichnung *Primicerius defensorum* finden, dem der Schutz der Rechte der Römischen Kirche anvertraut war und der sich auch um Rechtsangelegenheiten kümmerte. Ein *Nomenculator (Adminiculator)* besorgte die Interessen derjenigen, die nicht im Besitz ihrer vollen Rechte waren, z. B. die Witwen, die Minderjährigen und die Behinderten etc. Schließlich gab es den *Cubicularius*, der die Aufsicht über das gesamte Personal im Apost. Palast hatte und natürlich den *Bibliothecarius*, der der Bibliothek der Päpste vorstand. Aus den Inhabern dieser früheren Ämter entwickelte sich im Laufe der Zeiten, speziell in der Periode von Avignon (1305–1376), der größte Teil der Komponenten der *Famiglia Pontificia* bzw. des *Päpstl. Hofes* im strengeren Sinne, die für neue Aufgaben zur Verfügung standen.

Anhand der verschiedenen Verzeichnisse der *Famiglia Pontificia*, vom ältesten unter Papst Nikolaus III. aus dem Jahre 1278 bis zu den jüngsten, die uns das *Annuario Pontificio* liefert, kann man nicht nur die Entwicklung der verschiedenen Aufgaben am *Päpstl. Hofe* verfolgen, sondern eine Menge von bekannten oder auch unbekannten Namen finden, gleichsam Italiener wie Ausländer. Sie standen im Dienst eines in seiner Art einzigartigen Hofes, der praktisch bis in unsere Tage unverändert blieb. Natürlich haben sich mit der Auflösung des Kirchenstaates und mit der Aufhebung der weltlichen Macht der Päpste im Jahre 1870 verschiedene Ämter zu Ehrenämtern oder nurmehr repräsentativen Funktionen verändert, weil sie – wie sich Paul VI. ausdrückt – „nicht mehr mit der konkreten Wirklichkeit unserer Zeit übereinstimmten". So war auch die *Casa Pontificia* Reformen unterworfen, die Paul VI. 1968 in dem Motu Proprio *Pontificalis Domus* vom 28. März dekretiert hat. Es gehe ihm um die Erfordernisse in der Gegenwart, schrieb der Papst damals: „Deshalb wünschen wir, daß die Mitglieder der *Casa Pontificia* sowie der *Cappella Pontificia* im Dienst des Papstes als Oberhaupt der katholischen Christenheit wie auch die *Famiglia Pontificia* im Dienste des Papstes als Souverän des Vatikanstaates, der im öffentlichen Bereich mit Staaten und Internationalen Organisationen verhandelt, sämtliche Funktionen und Handlungen in geistlicher und politischer Hinsicht ausüben". In feierlicher Weise sprach er von „unserem hochverdienten Hof", den er aber jetzt mit der ehrbaren Bezeichnung einer „Casa Pontificia" versehen wolle. Diesem „Päpstl. Haus" sollen nach seinem Wunsch „Kleriker wie Laien angehören, die bisher schon wertvolle Dienste im Bereich des Apostolates, der Kultur, der Wissenschaft und der verschiedenen Berufe ausgeübt und für das Seelenheil und zum Ruhme des Namens des Herrn gewirkt haben".

Wie dem Art. 1, § 1 des erwähnten Dokumentes zu entnehmen ist, untersteht die *Casa Pontificia* der Leitung eines Präfekten, der seine Mitglieder zu den jeweiligen Zeremonien zusammenruft und die Durchführung ihrer Dienste regelt. Alle Mitglieder des Päpstlichen Hauses werden vom Papst ernannt und ihre Ämter sind nicht erblich. Die Amtsdauer beträgt für Laien fünf Jahre und ist verlängerbar. Die Amtsdauer der Kleriker richtet sich nach den Normen, die in der Konstitution der Kurienreform *Regimini Ecclesiae universae* vom 15. August 1967 (AAS, LIX [1967], S. 885–928) und in anderen entsprechenden Dokumenten erhalten sind.

N. Del Re

Casina Pius' IV.

Das Gebäude befindet sich in den Vatikanischen Gärten westlich vom *Cortile del Belvedere*. Pius IX. machte diese ehemalige Privatresidenz der Päpste zum Sitz der Päpstl. Akademie für Naturwissenschaften (*Pont. Accademia dei Nuovi Lincei),* die im Jahre 1847 wieder errichtet wurde. Seit 1936 befindet sich hier der Sitz der Päpstl. Akademie der Wissenschaften (→), eine Tatsache, auf die einige moderne Anbauten zurückgehen. Die eigentliche Casina (Villa) Pius' IV. zeigt eine Kompositionsarchitektur aus einer zweigeschossigen Villa und einer Brunnenloggia – einem elliptischen Hof mit umlaufenden Steinbänken –, die mit der Villa durch eine Rampentreppe, Portale und Arkadengänge verbunden ist. Einschließlich des dekorativen Programms – Stuck und Ausmalung – ist die Casina ein Meisterwerk des manieristischen Architekten Pirro Ligorio.

Pläne gab es bereits im letzten Jahr des Pontifikats Pauls IV. (1555–59), doch als bescheidenen, einfachen Bau. Errichtet wurde die Villa dann zwischen 1558 und 1563 durch Pirro Ligorio. Das Programm der Fresken im Innengebäude wurde offensichtlich von Pius IV. selbst und Kardinal Marcantonio de Mula entworfen.

Der Gesamtkomplex steht in engem Bezug zu Idealrekonstruktionen antiker Villen wie z. B. der Hadriansvilla in Tivoli oder der Villa Plinius' d. Jüngeren in Tusci und reiht sich in die Tradition der Wiederaufnahme antiker Formen vor dem Manierismus, der dann klassische Formen (Nymphaeum, Ädikula, Innenhof, Karyatidenloggia) mit „modernem" Geschmack verband.

Die Stuckdekoration zeigt päpstl. Wappen, Natur- und Jahreszeitendarstellungen. Die Symbolik der Ausstattung schafft im Sinne des Humanismus eine Synthese zwischen biblischen und mythologischen Themen zur Kontemplation: die Schiffahrt als Allegorie des Lebens und der Brunnen als Ausdruck der lebenserhaltenden Kraft des Wassers. Die Casina ist ein Musentempel, eine Akademie und eine Sonnenstadt, gleichsam als Sinnbild für die Rückkehr des goldenen Zeitalters.

Zur Ausschmückung gehörten auch zahlreiche antike Statuen, die die klassische Einrichtung des Gebäudes vervollständigten. Die meisten wurden von Pius V. in seiner „Säuberungsaktion“ im Vatikan entfernt und im Jahre 1569 an Franz I. verkauft. Ihr Fehlen hat die architektonische Inszenierung Pirro Ligorios beeinträchtigt. Das gilt auch für die Entfernung der großen Karyatiden, die die Brunnenloggia verzierten. Die später dort eingefügten Mosaiken ersetzen keineswegs den früheren Eindruck der Plastizität der Fassade.

Die Freskenausmalung in den acht Innenräumen ist das Werk verschiedener Künstler, die teilweise auch in Gruppen arbeiteten. Nach Angaben von Vasari und Bellori waren u. a. beteiligt: Federico Barocci, Leonardo Cungi, Durante del Nero, Santi di Tito und Lorenzo Costa. Alle diese Maler werden von Vasari als „jung“ definiert. Zu ihnen muß man noch Federico Zuccari zählen, der auch einen Teil der Bilder gemalt hat. Ihm sind die Szenen des *Adonis* in der Loggia über dem Brunnen und die *Mystische Hochzeit der hl. Katharina* in der Galerie über dem Portikus der Villa zuzuschreiben. Federico Barocci aus Urbino hat im ersten Raum die vier Wände gearbeitet: neben der Darstellung der *Tugenden* auch die *Hl. Familie mit dem hl. Johannes dem Täufer, der hll. Elisabeth und Zacharias*. Im zweiten Raum malte Barocci die Szene der *Verkündigung*.

Insgesamt sind bei den Freskenzyklen Themen aus dem Alten und Neuen Testament unter besonderer Berücksichtigung der Sündenvergebung durch die Taufe gewählt worden. Das Thema der Taufe und die damit verbundenen Gnadengaben ziehen sich durch die verschiedenen Fresken, um dann in das Element Wasser überzugehen. Darüber hinaus gibt es Themen, die sich mit der Institution des Papsttums und seiner Autorität befassen. Die zeitliche Übereinstimmung ihrer Ausführung mit den letzten Sitzungen des Konzils von Trient (1561–63) läßt außerdem vermuten, daß Pius IV. die Lehrintentionen des Konzils zum Ausdruck bringen wollte.

Die Casina zeigt sich daher als eine komplexe Welt von Bildern, die Anspielungen an die Natur und Religion mittels des Themas „Sonne“ gleich Christus und „Wasser“ gleich Taufe gleich Leben enthalten. Zum Ausdruck kommt auch eine Art ökumenischer Enthusiasmus über die Möglichkeit der vollkommenen Erlösung des Menschen von religiösen und politischen Schismen, ein Enthusiasmus, der die Zeit nach dem Konzil bestimmt hat.

Bibl.: W. Friedländer, *Das Kasino Pius des Vierten*, Leipzig 1912; M. Fagiolo/M. L. Madonna, *La Casina di Pio IV in Vaticano: Pirro Ligorio e l'architettura come geroglifico*, in *Storia dell'arte*, 1972, S. 237–281; G. Smith, *The Casino of Pius IV*, Princeton 1977.

M. A. De Angelis

Cathedra des hl. Petrus

→ Kathedra des hl. Petrus

Chöre, Päpstliche

Schon seit alter Zeit gab es am Päpstl. Hof Chöre für den liturgischen Dienst. Der St. Galler Codex Nr. 349 des 6. Jh. schreibt Papst Damasus (gest. 384) die erste Gründung eines päpstl. Chores zu. Der hl. Leo der Große (440–461) habe, so heißt es weiter, die Gesänge des liturgischen Jahres festgelegt und Variationen streng verboten. Die Päpste Gelasius, Symmachus, Bonifatius, Gregor der Große und die Äbte Catolenus (zuständig für den Dienst am Grab des Apostels Petrus), Maurianus (zuständig für das gleiche Amt) und Virbonus schrieben dem Codex zufolge die Gesänge, die von einem Priesterkollegium ausgeführt werden mußten.

Diese erste musikalische Institution, die wahrscheinlich aus dem mit den Chordiensten beauftragten Klerus und den für den Meßgesang zuständigen Mönchen bestand, wurde von Gregor dem Großen (590–604) neu organisiert, um die röm. Interpretation der kirchlichen Gesänge zu erhalten. Mit einer Stiftung von Ländereien und Häusern gründete er zwei „*Scholae Cantorum*", eine für die Petersbasilika, die andere für die Erzbasilika des Lateran, *Urbis et Orbis ecclesiarum mater et caput,* und wirklicher erster päpstl. Chor. Die päpstl. Kantoren, die vor dem Pontifikat von Gregor des Großen Diakone waren, wurden unter den Subdiakonen ausgewählt und der Zölibatspflicht enthoben. Zu den Subdiakonen kamen für chorale Gesänge die *pueri cantores* hinzu, die eine vollständige Ausbildung in Musik und den Künsten genossen. Die Schulung in Gesang erfolgte rein mündlich: die Melodien mußten ohne Hilfe der Schriftzeichen auswendig gelernt werden. Die technische Vorbereitung eines Kantors dauerte mindestens neun Jahre. Es gab vier Vertreter der *Schola*: der *Primicerius* oder *Archicantor* – eigentlicher Meister der *Schola,* der auch Kompositionsaufgaben innehatte – der *Secundicerius*, der *Tertius* und der *Quartus Scholae.* Letzterer wurde, da er für die begabteren Schüler (*paraphonistae*) zuständig war, *Archiparaphonista* genannt.

SCHOLA CANTORUM LATERANENSE: Die *Schola lateranense* hat seit dem 6. Jh. über das gesamte Mittelalter eine unbestrittene Vormachtstellung im Kontext der liturgischen Musik eingenommen. Der Lateranpalast war bis zum Avignoner Exil (1305–1377) Sitz der Päpste. Die dazugehörige *Schola*, die vor allem für die Zeremonien des Papstes gegründet worden war, nahm an allen Riten teil, die unter seinem Vorsitz in seiner Basilika (Erzbasilika im Lateran) oder in anderen Basiliken, in denen er zelebrierte, stattfanden.

Die Bedeutung der Kantoren mißt sich an der Tatsache, daß der Name des Solisten, der *graduale*, *tractatus* und *alleluia* sang, vor dem Beginn der Tagesliturgie dem Papst mitgeteilt wurde. Der „*Ordo romanus primus*" bezeugt, daß es nach dieser Mitteilung unter Androhung der Exkommunizierung für die Würdenträger der *Schola* verboten war, die Kantoren auszutauschen. Sobald der Papst die Basilika betrat, stimmte der *Prior Scholae* das „*ad introitum*" an, dem ein Psalm folgte, der auf einen Wink des Papstes hin beendet wurde. Der *Prior Scholae* hatte auch die Aufgabe, den Segen zu erbitten. Nachdem der Diakon die Versammlung mit dem „*Ite missa est*" aufgelöst hatte, ging der *Primicerius* mit der gesamten *Schola* dem Papst entgegen, indem er „*Jube domine benedicere*" sang. Auf das päpstl. „*Benedicat nos Dominus*" hin antwortete die *Schola* „*cum strepitu, Amen*". Diese *Schola*, nach deren Vorbild auch *Scholae* in Metz, St. Gallen, Reichenau und Montecassino gegründet wurden, verfiel während des Exils in Avignon. Als Clemens V. 1305 nach Avignon zog, blieb die *Schola* in Rom. Urban V. bestimmte 1370 ihre Schließung.

Die zu St. Peter gehörige *Schola* übte in der Vatikanbasilika ähnliche Funktionen aus wie die *Schola* im Lateran. Im 7./8. Jh. wurden die „Kantorenäbte" berühmt; 678 schickte Papst Agathon den Erzkantor Johannes nach England, um die englischen Kantoren in der röm. Kunst zu unterrichten und die gregorianischen Gesänge zu überbringen. Die gregorianische Liturgiereform gewann dann auch größte Bedeutung und verbreitete sich in ganz Europa.

SIXTINISCHER CHOR: Die Rückkehr der Päpstl. Kurie nach Rom im Jahr 1377 nützte dem Wiederaufbau der geschlossenen *Schola Cantorum* im Lateran nicht. Der Patriarchatspalast war nach Jahren der Abwesenheit des Papstes nicht mehr geeignet, den Päpstl. Hof zu beherbergen. Das geistige Zentrum zog auf den Vatikanhügel, der den Kanonikern der Petersbasilika gehörte. Im Gefolge des Papstes war eine Gruppe von Kantoren des Avignoner Chors nach Rom gekommen. Es handelte sich um flämische und französische Kantoren, die Experten in der Kunst des Kontrapunkts waren. Diese Gruppe verband sich mit den Resten der historischen röm. *Schola*. Die melodische Reinheit des gregorianischen Gesangs wurde durch den Diskant ersetzt und die jahrhundertealte gregorianische Tradition kam außer Gebrauch.

Am Ende des 15. Jh. ließ Sixtus IV. (1471–84) im Apost. Palast des Vatikan die Sixtinische Kapelle errichten, *das Sacellum Sixtinum*, in der täglich von dafür bestimmten Geistlichen Messen gelesen wurden. Mit dem Bau des *Sacellum Sixtinum* organisierte Sixtus IV. gleichzeitig nach dem Vorbild Gregors des Großen die Kantorei neu.

Der Päpstl. Chor, der nun der persönliche Chor des Papstes geworden war, wurde seitdem *Cappella Sistina* (Sixtinischer Chor) genannt, da er von Sixtus IV. neu gegründet worden war und bei den Gottesdiensten im *Sacellum Sixtinum* eingesetzt wurde.

Es gibt nur wenige Informationen über die Aktivitäten der Kantoren vor 1535, weil das gesamte Archiv des Chors im *Sacco di Roma* (Mai 1527) zerstört wurde oder verloren ging. Auch die alte Verfassung ging verloren, denn Paul III. befahl den Kantoren, sie aus der Erinnerung zu rekonstruieren. Die „Sixtinischen Tagebücher" – tägliche Notizen, die von einem dazu bestimmten Kantor in einem Buch aufgezeichnet wurden – beginnen im Jahr 1535.

Giovanni Pierluigi da Palestrina wurde 1555 von Julius III. auf Lebenszeit zum Kantor der Sixtinischen Kapelle ernannt. Die Anstellung Palestrinas dauerte jedoch kaum ein halbes Jahr. Die Disziplinarreform Pauls IV. verursachte die Entlassung von drei Kantoren: Palestrina, Leonardo Barré und Domenico Ferrabosco. Palestrina lieferte weiterhin Kompositionen, so daß er später zum Komponisten des Päpstl. Chors ernannt wurde. Dieser Titel war vorher nie vergeben worden und wurde danach einzig Felice Anerius zuerkannt. Es war Palestrina, der mit der Messe *„Papae Marcelli"* eine neue Schule gründete und einen neuen, von allen Künstlichkeiten und übertriebenen Kombinationen der kontrapunktischen Kunst freien Stil entwickelte.

Die *Cappella Sistina* wurde von Sixtus V. 1586 neu organisiert. Er bestimmte, daß der Chor sich immer unter dem Schutz eines Kardinals befinden und das Amt des *maestro* einem Musiker anvertraut werden müsse. Das ehemalige Magisteramt, das von einem Bischof oder Prälaten erfüllt wurde, beschränkte er auf rein disziplinäre Funktionen. Außerdem setzte er fest, daß Kantoren bei Krankheit oder im Alter mit einer angemessenen Pension ausgestattet wurden, bevor man sie entließ. Der Chormeister wurde jedes Jahr aus den ältesten Kantoren gewählt.

Sixtus V. reduzierte die bislang unbegrenzte Mitgliederzahl auf 21. Die Kantoren mußten jeden Tag in der Kapelle oder in anderen Kirchen singen, in die sich der Papst begab, und bei den Sonn- und Feiertagsmessen anwesend sein. Das Kantorenkolleg hatte seit dem 17. Jh. eine eigene Begräbnisstätte. Noch im 16. Jh. wurden berühmte päpstl. Kantoren nach den sixtinischen Tagebüchern in verschiedenen Kirchen beigesetzt: Costanzo Festa (gest. 1545) in *S. Maria in Traspontina,* Luca Maenzio (gest. 1599) in *S. Lorenzo in Lucina*, Ruggero Giovannelli (gest. 1625) in *S. Marta al Vaticano.*

Am 29. März 1639 beschlossen die Kantoren in einer Versammlung, sich um eine eigene Begräbnisstätte zu bemühen, die sie schließlich vom Philippinerorden in der *Chiesa Nuova* erhielten. Als erster wurde der päpstl. Kantor

Gregorio Allegri, ein Schüler von Nanino, 1652 in der *Chiesa Nuova* beigesetzt. Sein *Miserere* – die Päpste hatten allen Ausführenden verboten, Kopien davon anzufertigen oder es zu verbreiten – wurde über Jahrhunderte in der Sixtinischen Kapelle und im Petersdom gesungen und zog das Interesse vieler Künstler auf sich. Mozart, der sich als Vierzehnjähriger während einer Italienreise in Rom aufhielt, gelang es, die ganze Komposition aufzuschreiben, nachdem er sie während der Gottesdienste der Karwoche gehört hatte.

Im 18. Jh. fehlen im Päpstl. Chor mit Ausnahme von Pasquale Pisari bedeutende Komponisten. 1795 wurde Giuseppe Baini zum Kantor der *Cappella Sistina* ernannt, der dann später ihr Direktor wurde. Er zeichnete sich besonders aus durch die Pflege der Musik des Palestrina. Seinem Tod im Jahr 1844 folgte eine Periode des Niedergangs. Zwar gab es fähige Sänger, aber keinen Komponisten von Bedeutung. Erst durch den Eintritt des Sopranisten Domenico Mustafá im Jahr 1848, berühmt durch die Kunstfertigkeit seiner Koloraturen, und später ständiger Direktor des Chores, schien sich das Schicksal zu wenden. Sein „Tu es Petrus“ kam 1867 in grandioser Inszenierung in der Vatikanbasilika zur Aufführung. Anläßlich der 1800-Jahrfeier des Todes der Apostelfürsten Petrus und Paulus sangen insgesamt drei Chöre, und zwar an der Cathedra, unter der Kuppel und vor dem Haupteingang von St. Peter. Seit 1898 wurde der *Maestro* in der Leitung der Cappella Sistina durch Lorenzo Perosi unterstützt, der 1903 mit dem Titel *Maestro Direttore perpetuo* die Direktion übernahm. Mustafá hatte noch das Musikgeschehen des Hl. Jahres 1900 geleitet.

Die von Perosi begonnen Reformen betrafen zunächst die Abschaffung der Männersopranstimmen, ihre Ersetzung durch Knabenstimmen und die Anwendung von strengen Kriterien beim Üben anstelle der Improvisation. Die von Perosi durchgeführte Neuordnung des päpstlichen Chores fand ihre Bestätigung durch ein Motu Proprio Pius' X. vom 20. Juni 1905. Nach dem Tode von Lorenzo Perosi im Jahr 1956 übernahm Domenico Bartolucci, Komponist und Dozent an *S. Cecilia,* das Amt des Ständigen Direktors, das er bis 1997 inne hatte.

Die heute gültigen Normen, die die konzertanten Aktivitäten des Chors außerhalb des eigenen Sitzes bestimmen, wurden von Paul VI. 1969 und 1970 festgelegt. Der Chor ist danach aus folgenden Elementen zusammengesetzt: a) Dirigent, b) stellvertretender Dirigent, c) Verwalter, d) Assistent der Knaben, e) Sekretär – Archivar, f) 20 erwachsene Kantoren (6 erste Tenöre, 5 zweite Tenöre, 4 erste Bässe, 5 zweite Bässe), g) ca. 30 Knaben (Sopran/Alt) der *Schola Puerorum.*

Die Chorknaben, ausgewählt nach der Qualität ihrer Stimmen und ihrer musikalischen Begabung, sind in zwei Kurse aufgeteilt: der niedere oder vorbereitende Kurs und der höhere Kurs. Für ihre Darbietungen in der *Capella Sistina* erhalten die Sängerknaben keinerlei Gehalt oder sonstige materielle Zuwendungen. Allerdings können sie kostenfrei die Mittelschule und die Gesangsschule besuchen.

Bibl.: F. X. Haberl, *Die römische „Schola cantorum“ und die Päpstl. Kapellsänger*, Leipzig 1888; R. Casimiri, *I diari sistini*, in *Note d'archivio per la storia musicale*, 13 (1936), S. 59–76, 14 (1937), S. 19–33; J. Smits van Waeberghe, *Neues über die Schola Cantorum zu Rom*, in *Atti del II congresso di musica sacra*, Wien 1954; J. M. Llorens, *Cappellae Sixtinae codicesmusicis notis instructi sive manu scripti sive praelo excussi*, Vatikanstadt 1954; A Gabrielli, *Riassunto delle conversazioni sulla storia delle Cappelle musicali romane*, Rom 1940; G. B. Salvatori, *Le Cappelle musicali*, in *Il Vaticano e Roma cristiana*, Vatikanstadt 1975, S. 355–363.

M. Ilari

Chorkapelle in St. Peter

Sie ist vom Mittelschiff der Basilika aus zu erreichen und ähnlich wie die Sakramentskapelle (→) strukturiert, die ihr im rechten Seitenschiff gegenüberliegt. Die Chorkapelle ist mit einem kunstvollen Gitter aus Bronze und Kristall von Borromini für das Publikum verschlossen und nur für das Kapitel von St. Peter (→) zugänglich, dessen Mitglieder sich dort jeden Tag zum Rezitieren des *Officium* einfinden. Sowohl im Entwurf als auch in der Ausschmückung ist sie ein Werk von Carlo Maderno. Nach Baubeginn im Jahr 1607 wurde die Chorkapelle im Jahr 1622 fertiggestellt, wie das Datum unterhalb der kleinen Laterne angibt. Die Stuck- und Mosaikdekoration wurde hingegen erst unter Urban VIII. (1623–44) zu Ende geführt. Die Ausschmückung des Gewölbes stammt von G.B. Ricci da Novara und besteht aus vergoldetem Stuck auf weißem Grund. Sie stellt Szenen aus dem Alten und dem Neuen Testament dar, von der *Erschaffung der Welt* bis zur *Taufe Jesu*, während in der Rundung die *Visionen der Apokalypse* mit Engeln, Auserwählten und den vier symbolischen Tieren, die den Thron Gottes umstehen, ins Auge fallen.

Das große Bild über dem Altar reproduziert in Mosaikform das unvollendete Original von Pietro Bianchi, das die *Immakulata mit dem hl. Franz von Assisi, dem hl. Antonius von Padua und dem hl. Johannes Chrysostomus* darstellt. Dessen Bild ist dort, weil seine sterblichen Überreste seit 1626 unter dem Altar ruhen. Die anderen beiden sollen daran erinnern, daß auch sie gemeinsam mit der hl. Jungfrau bei der Weihe der ehemaligen Chorkapelle erscheinen sind, die von dem Franziskanerpapst Sixtus IV. (1471–84) errichtet und geweiht wurde. Er hatte sie zu seiner Grabstätte erwählt und von ihm hatte sie auch den Namen „Sixtina“. Das Bild der hl. Jungfrau wurde am 8. Dezember 1854 zur Verkündigung des Dogmas von der Unbefleckten Empfängnis durch Pius IX. feierlich gekrönt. Ihr wurde das jetzige Diadem aus zwölf Sternen, auf dem ebensoviele Diamanten erstrahlen, – von Katholiken aller Nationen gestiftet – durch Pius X. zum fünzigsten Jahrestag der Verkündigung des Dogmas aufgesetzt.

Bernini sind die Zeichnungen des Altarbaldachins und des dreigeschossigen Chorgestühls für die Vatikandomherren zu verdanken, dessen Aufbau sich über das gesamte Pontifikat Urbans VIII. hinzog. Ein bescheidener Gedenkstein auf dem Fußboden der Kapelle erinnert daran, daß darunter Clemens XI. (1700–1721) ruht. Er wollte hier beigesetzt werden, um als ehemaliger Kapitular wieder bei den Domherren von St. Peter sein zu können. Bleibt schließlich noch daran zu erinnern, daß sowohl von 1560 bis 1609 in der alten als auch später 127 Jahre lang in der neuen Chorkapelle die berühmte *Pietà* von Michelangelo ausgestellt war, um von den Gläubigen bewundert und verehrt zu werden, bis sie 1749 endgültig in ihrer eigenen Kapelle Platz fand.

Bibl.: A. Schiavo, *La Cappella vaticana del Coro e vicende dei sepolcri di Sisto IV E Giulio II*, in *Studi Romani*, 6 (1958), S. 297–307.

G. C. Alteri

Christophorus

Gegenpapst. Röm. Presbyter von *S. Damaso*, der sich gegen Leo V. auflehnte und sich im Oktober 903 auf dessen Platz setzte. Mit Unterstützung der Milizen von Alberich von Spoleto wurde er von Sergius III. vertrieben, eingekerkert und umgebracht, zusammen mit seinem Vorgänger Leo V. Von seiner kurzen Regierungszeit, die nicht einmal vier Monate dauerte, ist uns eine Bulle überliefert, mit der Christophorus die Abtei von Corbie und deren Privilegien bestätigt hat.

Bibl.: P. Brezzi, *Roma e l'impero medioevale (774–1252)*, Bologna 1947, S. 102–103

N. Del Re

CIRCOLO SAN PIETRO

Religiöse und karitative Vereinigung, gegründet in Rom am 28. April 1869 mit den Hauptzielen der „Verteidigung des Dogmas der christlichen Moral und des Stellvertreters Christi".

Die sozialen Aktivitäten folgen dem Motto: „Gebet, Aktion, Opfer". Über die Anfangsaufgaben hinaus beteiligte sich der *Circolo* an Maßnahmen zur Befreiung armer Kleriker vom Militärdienst; am Protest gegen die Unterdrückung religiöser Vereinigungen, half bei der Sammlung des *Peterspfennigs* (→) und verschiedener Kollekten zugunsten von Ordensleuten. Das Leben der Sodalen war darauf ausgerichtet, „die Mitglieder zum freien Glaubensbekenntnis und Einhaltung christlicher Gebote zu bewegen". Zu diesem Zweck wurden feierliche Messen organisiert, Pilgerfahrten zu den Gräbern der Märtyrer, Besuche bei den Sieben Kirchen und die Abhaltung von Exerzitien. Zur kulturellen Bildung der Mitglieder wurde eine Bibliothek und Wanderbibliothek gegründet sowie eine wissenschaftliche Akademie. Man beteiligte sich auch an verschiedenen Initiativen des röm. Bistums, so z.B. an preiswerten Mittagstischen für die Ärmsten der Bevölkerung. Die erste Küche dieser Art wurde am 3. Juni 1877 in der Region *Ponte* (*Vicolo Orbitelli*) eingerichtet, weitere folgten in kurzen Abständen an verschieden anderen Stellen der Stadt. Die Initiative half besonders in Notsituationen wie Krieg oder schweren Naturkatastrophen. Allein im Kriegsjahr 1918 wurden 4.784.095 Mittagessen verteilt – zum größten Teil gratis. Während des Zweiten Weltkriegs boten die Küchen des *Circolo* oft die einzige Nahrungsquelle für viele röm. Bürger und eine große Zahl von Flüchtlingen.

Organe des *Circolo di S. Pietro*, der gegenwärtig seinen Sitz im *Palazzo dell'Apollinare* hat, sind gemäß der Statuten von 1967 die Mitgliederversammlung, der Exekutivrat, der Präsident, Vizepräsident, Sekretär und Schatzmeister. Alle Ämter, bis auf das des kirchlichen Assistenten, der direkt vom röm. Vikariat ernannt wird, werden gewählt. Gegenwärtig verfügt der *Circolo* über ca. 600 Mitglieder, die u. a. auch bei päpstl. Zeremonien den Ehrendienst übernehmen. Auf ihrem Abzeichen ist das Christusmonogramm zu sehen, gestaltet mit dem umgekehrten Petruskreuz umgeben von dem Motto: „*Preghiera, Azione, Sacrificio*". Dieses Abzeichen ist normalerweise in Silber für alle Mitglieder, in Gold erhalten es diejenigen, die über 25 Jahre dem *Circolo* angehören.

Bibl.: G. B. Sacchetti, *Il Circolo S. Pietro,* in *La caritá cristiana in Roma,* hrsg. von V. Monachino, Bologna 1968; *Il Circolo S. Pietro nel centenario di sua fondazione,* Rom 1969; G. L. Masetti Zannini, *Il Circolo S. Pietro,* Rom 1969; A. D'Ambrosio, *Il Circolo San Pietro, 120 anni di caritá* in *Strenna dei Romanisti,* 50 (1989), S. 137–157.

A. Martini

CLEMENS I.

Papst, Hl. Er war Römer und dritter Nachfolger des hl. Petrus nach Linus und Anaklet. Er leitete die Geschicke der Kirche in der Zeit von 92 bis 101, wie Eusebius berichtet (Kirchengeschichte III, 15.34). Der Roman der „Pseudo-Klementinen" und einige moderne Wissenschaftler, die sich auf jüngere archäologische Funde stützen, wollten ihn mit dem Konsul Titus Flavius Clemens, einem Vetter des Domitian identifizieren, der von diesem im Jahr 95 unter der Anklage der Gottlosigkeit zum Tode verurteilt wurde. Diese Identifizierung ist aber nicht nur durch seine bezeugte Tätigkeit als Papst in den Jahren nach 95 ausgeschlossen, sondern auch durch eine aufmerksame Prüfung seiner Schriften. Somit stammte er wohl aus dem griechenfreundlichen Judentum, nicht aus dem Heidentum. Eusebius und Origines halten Papst Clemens für einen der aktivsten Mitarbeiter des hl. Paulus bei der Evangelisierung von Mazedonien. Sie zitieren zur Bekräftigung ihrer Ansicht die Worte des Apostels aus dem Philipperbrief (4,3).

Von den sehr vielen Clemens zugeschriebenen Schriften gilt nur der I. Brief an die Korinther als authentisch, der im ganzen Altertum so hoch verehrt wurde, daß er sogar als kanonische Schrift galt. Er ist uns in zwei Codices überliefert: der erste, nämlich der Codex Alexandrinus der Bibel aus dem 5. Jh., bietet einen Text ohne die Kapitel 58–63; der zweite dagegen, der berühmte Codex von Jerusalem (11. Jh.), der 1873 von Theophilus Bryennios entdeckt wurde, enthält den vollständigen Text.

Die Abfassung dieses Briefes wurde Papst Clemens durch die Notwendigkeit nahegelegt, in der christlichen Gemeinde von Korinth den Frieden wiederherzustellen, da einige der von den Aposteln eingesetzten und geweihten Presbyter abgesetzt wurden. Nach den einleitenden Worten zu Lastern und Tugenden, behandelt der Brief ausdrücklich die Lage der Kirche in Korinth, um die Dringlichkeit der Unterwerfung der Rebellen unter die kirchliche Hierarchie zu betonen. Der Brief ist historisch sehr bedeutsam, da er das erste Dokument darstellt, das die unbestrittene Geltung des Primats der Kirche von Rom hervorhebt und außerdem die Kirchengeschichte mit einer interessanten Quelle zu den ersten Jahrzehnten des Lebens der Kirche bereichert (z. B. wertvolle Hinweise zum Aufbau der ersten christlichen Gemeinden, zur Predigt des hl. Paulus und den ersten Verfolgungen). Ferner behandelt er kurz einige theologische Themen wie das trinitarische Dogma, die Christologie und den Röm. Primat. Der geradlinige und deutliche Stil spiegelt sowohl das hohe Niveau des Papstes wie auch dessen starkes Bewußtsein der Wichtigkeit des Primat der Kirche von Rom wieder. Nicht zufällig zeigt der Stil dieses Clemensbriefes klare Analogien mit dem Paulusbrief an die Hebräer, der nach Origenes von Paulus entworfen und von Clemens verfaßt wurde.

Einen zweiten Korintherbief kann man Clemens allerdings nicht zuschreiben, da es sich um das erste Exemplar einer Homilienschrift um die Mitte des 2. Jh. handelt und die Notwendigkeit der Buße sowie die christliche Vollkommenheit beinhaltet. Apokryph sind auch die beiden Briefe *ad Virgines*, die Asketen beider Geschlechter vor den Gefahren eines gemischten Zusammenlebens warnen und sie ermahnen, sich den Adel des jungfräulichen Standes vor Augen zu halten. In die gleiche Zeit sind die Pseudo-Klementinen einzuordnen, eine Sammlung von Schriften, fast in Form eines apost. Romans abgefaßt, die in zwei Fassungen überliefert sind: Die erste enthält 10 Bücher *Recognitiones* und 20 mit Homilien. Irrtümlich wurde Clemens auch die Abfassung der Apost. Konstitutionen zugeschrieben.

Clemens starb unter Trajan als Märtyrer, wie der *Liber Pontificalis* berichtet, unmittelbar nachdem er einige Priester, Diakone und Bischöfe geweiht hatte.

Bibl.: G. Zannoni, in *Bibliotheca Sanctorum*, IV, Sp. 38–48 mit Bibl.; L. Grazzi, *I tre 'missi' della 'Prima Clementis'*, Parma 1974; J. Rius-Camps, *Las Pseudoclementinas; bases filológicas para una nueva interpretación,* in *Revista catalana de teologia*, 1 (1976), S. 79–155; A. Faivre, *Le 'système normatif' dans la lettre de Clément de Rome aux Corinthiens*, in *Revue des sciences religieuses*, 54 (1980), S. 129–152; E. Peretto, *Clemente Romano ai Corinti. Sfida alla violenza*, in *Vetera Christianorum*, 26 (1989), S. 89–114; M. Mees, *Das Christenbild des ersten Clemensbriefes*, in *Ephemerides theologicae Lovanienses*, 66 (1990), S. 297–318.

C. Petruzzi

CLEMENS II.

Papst. Suitger von Morsleben und Hornburg wurde zu Beginn des 11. Jh. geboren, war Bischof vom Bamberg und wurde am 24. Dezember 1046 als Papst eingesetzt.

Er wurde nicht im eigentlichen Sinn gewählt, weil Kaiser Heinrich III. den sächsischen Bischof bestimmte und es Klerus und Volk von Rom nur überließ, ihm zuzustimmen. Die erste Amtshandlung des neuen Papstes war die feierliche Krönung des Kaisers und seiner zweiten Frau, Agnes von Poitou, in St. Peter. Er verlieh ihnen zugleich den Titel „röm. Patrizier" und gewährte ihnen das Recht, bei der Wahl des Papstes einzugreifen, ein Zugeständnis, das später Heinrich IV. zum Gegenstand seiner Ansprüche machte.

Clemens II. berief, von einem deutlichen Reformgeist erfüllt, für den 5. Januar 1047 ein Konzil nach Rom, an dem auch der Kaiser teilnehmen sollte. Beschlossen wurde die Exkommunikation der Simonisten und eine Buße von 40 Tagen für alle, die Ämter und Pfründe von einem der Simonie schuldigen Bischof erhalten hatten. Gelöst wurden ferner einige Fragen des Vorrangs zwischen dem Patriarchen von Aquileja sowie den Erzbischöfen von Mailand und Ravenna. Es blieb aber dabei, daß in Abwesenheit des Kaisers dem letzteren der Platz zur Rechten des Papstes zustand.

Während der hl. Petrus Damian und alle, die im Papst einen entschiedenen Gegner der Mißbräuche sahen, die sich ins Leben der Kirche eingeschlichen hatten, ihn lobten, war das kurze Pontifikat Clemens II. allen zuwider, die sich um gewisse Einmischungen des Kaisers in kirchlichen Angelegenheiten Sorge machten. Einige bestritten sogar die Gültigkeit der Wahl des Papstes, weil sie von einem Souverän, nicht aber von Gott gewollt sei. Nach dem Röm. Konzil begleitete Clemens II. den Kaiser auf einer Reise nach Süditalien, um von den Normannen in Apulien die Bestätigung ihrer Treue zum Kaiser zu erlangen. Er wollte gleichzeitig dem lateinischen Klerus einige Diözesen Kalabriens sichern, die vom griechischen Klerus beansprucht wurden. Von einer Reise nach Deutschland, weiter in Begleitung des Kaisers, zurückgekehrt, starb Clemens II. auf mysteriöse Weise am 9. Oktober 1047 im Kloster des hl. Thomas zu *Foglia* in der Nähe von Pesaro. Sein Leichnam wurde nach Bamberg gebracht und im dortigen Dom beigesetzt, wo ihm 1237 auch ein Grabmal errichtet wurde. Er ist der einzige in Deutschland beigesetzte Papst.

Bibl.: H. P. Laqua, in *Dizionario biografico degli Italiani*, XXVI, S. 178–181, mit Bibl.

C. Coccoli

CLEMENS III.

Papst. Nach dem Tod Gregors VIII. am 17. Dezember 1187 in Pisa wurde dort zwei Tage später der röm. Kardinal Paolo Scolari, Bischof von Palestrina, zu seinem Nachfolger mit dem Namen Clemens III. gewählt. Erst im Februar 1188 konnte dieser Rom wieder betreten, nachdem ihm die Befriedung der Stadt gelungen war. Durch wachsende Zustimmung beim röm. Volk gelang es ihm, die päpstl. Autorität wiederherzustellen. Am 31. Mai schloß er mit der Stadtverwaltung ein wichtiges Abkommen, das ihm eine Rückerstattung der Verluste des Papsttums infolge der Revolution von 1143 gewährte. Nachdem Jerusalem inzwischen in die Hände Saladins gefallen war, wurde Clemens III. zum glühenden Förderer des 3. Kreuzzugs, an dem die starken italienischen Seerepubliken, Kaiser Friedrich Barbarossa, Philipp II. August von Frankreich und Richard Löwenherz, König von England, teilnahmen. Doch die Gegensätze unter den christlichen Fürsten sowie vor allem der Tod Barbarossas, der am 10. Juni 1190 ertrank, ließen das Unternehmen scheitern. Doch wurde mit Saladin ein Vertrag ausgehandelt, der den Christen den freien Besuch der heiligen Stadt Jerusalem gestattete. Erschöpft von den vergeblichen Versuchen, die Gegensätze beizulegen, starb Clemens III. in Rom zwischen Ende März und Anfang April 1191.

Bibl.: V. Pfaff, *Papst Clemens III*, in *Zeitschrift der Savigny-Stiftung für Rechtsgeschichte. Kanonistische Abteilung*, 97 (1980), S. 261–316; J. Petersohn, in *Dizionario biografico degli Italiani*, 26, S. 188–192, mit Bibl.

N. Del Re

Clemens III., Gegenpapst

Gegenpapst. Wibert stammte aus adeliger ghibellinischer Familie und wurde um 1023 in Parma geboren. Er war Kanzler des Reiches und kaiserlicher Vikar in Italien (1058–63), wurde dann, begünstigt durch die Kaiserin Agnes, auf den erzbischöflichen Sitz von Ravenna erhoben und 1072 von Alexander II. bestätigt. Als Hofbischof und Gegner der Reform schlug er sich im Investiturstreit auf die Seite Heinrichs IV. und entfernte sich daher von Gregor VII. auf einem kleinen Konzil 1076 in Pavia. Er wurde dann selbst unter dem Namen Clemens III. am 25. Juni 1080 gegen Gregor auf der vom Kaiser einberufenen Pseudosynode von Brixen zum Papst gewählt. Dem Kaiser gelang es aber erst 1084 und nach Bestechung der Torwachen in Rom einzuziehen. Er ließ dann am 24. März Clemens III. konsekrieren und empfing aus seinen Händen am folgenden 31. März die Kaiserkrone. Gegenpapst und Kaiser mußten jedoch sehr bald die Stadt verlassen, die von den Normannen des Robert Guiscard, der zum Schutz des rechtmäßigen Papstes herbeigeeilt war, erobert wurde. Gregor VII. folgte den Normannen nach Salerno, wo er nach erneuter Exkommunikation Heinrichs IV. und des Gegenpapstes am 25. Mai 1085 starb.

Clemens III. nahm die Herrschaft in Rom wieder auf und versammelte dort am 5. Mai 1089 in der Vatikanischen Basilika eine Synode, auf der er alle Exkommunikationen Heinrichs IV. für wirkungslos erklärte. 1097 endlich durch Urban II. vertrieben, der Rom zurückerobert hatte, gelang es dem Gegenpapst 1099 erneut, während der Sedisvakanz nach Rom zu kommen. Endgültig vertrieben, begab er sich erst nach *Sutri,* dann nach *Civita Castellana,* wo ihn am 8. September 1100 in fast völliger Verlassenheit der Tod ereilte. Auf Anordnung von Paschalis II. wurden die sterblichen Überreste Clemens' III. einige Jahre später exhumiert und in einen Fluß geworfen – vor allem, um dem Kult entgegenzuwirken, den seine früheren Anhänger ihm wegen angeblicher Wunder am Grab erwiesen.

Bibl.: C. Dolcini, in *Dizionario biografico degli Italiani*, XXVI, S. 181–188, mit Bibl.; J. Ziese, *Wibert von Ravenna, der Gegenpapst Clemens III. (1080–1100)*, Stuttgart 1982; M.G. Bertolini, *Istituzioni, miracoli, promozione del culto dei santi; il caso di Clemente III. antipapa (1080–1100)*, in *Culto dei Santi, istituzioni e classi sociali in età preindustriale*. Hrsg. S. Boesch Gajano/L. Sebastiani, L'Aquila-Rom 1984, S. 69–104.

N. Del Re

Clemens IV.

Papst. Nach vier Monaten Sedisvakanz wurde der Franzose Guido Le Gros Foulquois, Kardinalbischof von *Sabina,* zum Nachfolger Urbans IV. gewählt, der am 2. Oktober 1264 in Perugia gestorben war. Zwar fehlte Guido beim Konklave in Perugia, doch befand er sich damals auf dem Rückweg von England, wohin er in diplomatischer Mission vom verstorbenen Papst gesandt worden war. In *Saint-Gilles* in der Provence gegen Ende des 12. Jh. geboren, war Foulquois zunächst ein tüchtiger Advokat, verheiratet und hatte zwei Töchter, bevor er als Witwer sich den Karthäusern anschloß, dann

1257 Bischof von *Le Puy* wurde, 1259 Erzbischof von *Narbonne* und 1261 Kardinal.

Am 5. Februar 1265 bestieg er den Päpstl. Thron unter dem Namen Clemens IV. und führte die Verhandlungen wegen der Investitur Karls von Anjou im Königreich Sizilien zu Ende, der dann von vier päpstl. Legaten in St. Peter in Rom am 28. Januar 1266 gekrönt wurde. Der Papst finanzierte auch die Expedition des neuen Souveräns gegen Manfred, der am 26. Februar 1266 bei Benevent endgültig geschlagen wurde. Doch die Herrschaft des Anjou sicherte nicht den Frieden, weder für Rom noch für Italien. Sie bedeutete vielmehr wegen der Tyrannei und Mißwirtschaft neue Katastrophen. Zwar ging Clemens IV. gegen ihn vor, doch war die schriftliche Ermahnung König Karls vergeblich: „Wenn Deine Minister das Reich ausbeuten, schreibt man Dir die Schuld zu, denn Du hast die Ämter mit Räubern und Mördern angefüllt, die sich Dinge geleistet haben, die Gott nicht gnädig anschauen kann." Ebenso zögerte Clemens nicht, ihn 1268 schriftlich zu beschwören, das Leben des jungen Konradin von Schwaben zu schonen, den er in der Ebene von *Sgurgola* bei *Tagliacozzo* in den Abruzzen am 23. August besiegt, gefangengenommen und wegen Hochverrats zum Tode verurteilt hatte.

Clemens IV. machte sich durch großen Eifer in der Verteidigung der Interessen der Kirche verdient. Von den Umständen gezwungen, ständig Rom fernzubleiben, starb er in seiner gewöhnlichen Bleibe in Viterbo am 29. November 1268 und wurde in der Kirche *S. Maria in Gradi* außerhalb der Stadt beigesetzt, von wo er 1885 nach *S. Francesco* in Viterbo übertragen wurde. Dort rekonstruierte man das Grabmal des Papstes.

Bibl.: H. Keller, *Il sepolcro di Clemente IV in S. Francesco a Viterbo*, in *L'Illustrazione Vaticana*, 6 (1935), S. 237–240; N. Kamp, in *Dizionario biografico degli Italiani*, 26, S. 192–202, mit Bibl.; L. Kolmer, *Papst Clemens IV. beim Wahrsager*, in *Deutsches Archiv für Erforschung des Mittelalters*, 18 (1982), S. 141–165.

N. Del Re

Clemens V.

Papst. Geboren in Vilandraut/Gironde, schloß Bertrand de Got seine Ausbildung in Orléans und Bologna ab, bevor er 1295 zum Bischof von Comminges gewählt und 1297 durch Bonifatius VIII. als Erzbischof von Bordeaux eingesetzt wurde. Das nach dem Tod Benedikts XI. am 7. Juli 1304 in Perugia abgehaltene Konklave war lang und von der Abwägung der allgemeinen politischen Lage beeinflußt. Ein Teil der wählenden Kardinäle unter Führung von Matteo Rosso Orsini befürwortete die Wahl eines Italieners, der die Beleidigung Bonifatius' VIII. 1303 in Anagni ausmerzen sollte. Der andere Teil, als dessen bedeutsamste Vertreter Napoleon Orsini und Nicolò da Prato bezeichnet werden können, war für einen französischen Kandidaten, um den Anstifter der Ereignisse von Anagni, Philipp den Schönen von Frankreich, nicht zu kompromittieren. Nach einer Diskussion von elf Monaten kam es endlich am 5. Juni 1305 zu einer gültigen Wahl, die auf Bertrand de Got fiel. Dieser konnte beide Seiten befriedigen, da er zugleich von Papst Bonifatius erhoben und ein Freund Frankreichs war. Er nahm den Namen Clemens V. an.

Mit ihm begann die Reihe der französischen Päpste, die den Sitz des Papsttums bis 1378 außerhalb Roms verlegten, eine Zeit, die als „Exil von Avignon" bezeichnet wird. Er wurde am 14. November 1305 in Lyon in der Kirche des hl. Justus in Gegenwart Philipp des Schönen gekrönt und entschied, sich nicht sofort nach Rom zu begeben. Wohl ohne die Folgen seiner Entscheidungen zu überschauen, residierte er zunächst in Lyon, dann in Cluny, Bordeaux, Poitiers und am Ende in Avignon, einer Stadt, die inmitten der Grafschaft Venaissin lag, die im Besitz des Hl. Stuhles war. Obwohl die Stadt sich in der Provence und daher wenigstens formell unter der Herrschaft der Anjou, Könige von Neapel, befand und nicht unter der des französischen Königs, übte dieser dennoch Macht über Avignon aus, um das Prestige und die Macht des Papsttums der französischen Krone nützlich zu machen. Nur einen Monat nach der Krönung kreierte Clemens V. zehn Kardinäle, von denen neun Franzosen waren und gab den beiden durch Bonifatius VIII. aus dem Heiligen Kollegium ausgestoßenen Colonna-Kardinälen ihre Würde zurück. In den folgenden Jahren wurde durch Ernennungen von 1310 und 1312 die Dominanz der Gruppe im Kardinalskollegium gesichert, die Philipp IV. gewogen war und ein Prozeß gegen den verstorbenen Caetani-Papst vorbereitet. Das Verfahren wurde vom Papst mehrfach verschoben, doch im März 1310 eröffnet. Es gelang ihm nur mit Mühe, zu verhindern, daß man im Sinne der Anklage Papst Bonifatius der Häresie bezichtigte und seinen Namen aus der Liste der röm. Päpste entfernte. Im Zusammenhang mit diesem Prozeß kann man auch die Heiligsprechung Coelestins V. am 5. April 1313 in Avignon sehen. Damit wurde zugleich die Gefangensetzung Coelestins verurteilt, die nach seinem Verzicht auf das Papsttum von seinem Nachfolger Bonifatius veranlaßt worden war.

Der Verzicht Philipps auf die Verurteilung von Papst Bonifatius, wurde vor allem von seinem Wunsch bestimmt, Clemens für ein anderes politisches Manöver zu gewinnen, weil dessen Ergebnisse für die Krone Frankreichs weit bedeutsamer sein würden. Es ging um die Templerfrage. Die Templer waren ein im 12. Jh. entstandener Ritterorden (seine religiösen Konstitutionen waren vom hl. Zisterzienserabt Bernhard von Clairvaux verfaßt), der im Heiligen Land während der Kreuzzüge einen militärischen und religiösen Dienst leisten sollte. Nach den Niederlagen im Orient kehrte der Orden nach Europa zurück, war durch gezielte Ausübung von Handelstätigkeit unermeßlich reich geworden und besaß allein im Königreich Frankreich so viele Güter, daß Philipp auf diese Macht aufmerksam wurde. Er hatte sich bei Clemens wiederholt für eine öffentliche Verurteilung des Ordens eingesetzt und rufschädigende Anklagen auf Häresie und Unmoral gegen die Templer vorgebracht. Als der Papst seinen Vorschlag, den Orden einfach durch eine Fusion mit den Rittern des hl. Johannes aufzulösen, abgelehnt sah, übertrug er 1309 den Bischöfen die Aufgabe, das Verhalten und die Rechtgläubigkeit der Templer zu prüfen. Die Nachforschungen wurden meist mit Hilfe der Inquisition und oft mit brutalen Methoden durchgeführt. Das galt besonders für die französischen Prozesse, an erster Stelle in Paris, die oft mit Todesurteilen endeten und insgesamt ein höchst negatives Bild des Templerordens zeichneten. Man warf dem Orden Unterschlagungen und ungerechte Bereicherung aufgrund der zahlreichen Privilegien vor und völliges Fehlen jeder religiösen Motivation, bis hin zur Verbreitung gefährlicher Häresien. Philipp der Schöne stützte sich auf diese Ergebnisse und wollte von Clemens eine allgemeine Verurteilung.

Für 1310 wurde ein ökumenisches Konzil einberufen, dann verschoben, um den Prozeß für Bonifatius abschließen zu können, und am 16. Oktober 1311 endlich in Vienne eröffnet. Hier wurde die Auflösung des Templerordens verfügt, doch nicht aus juristischen Gründen, sondern *per modum provisionis* oder um des Allgemeinwohls der Kirche willen. Die Templer wurden also nicht formal verurteilt und ihre Güter wurden dem Orden des hl. Johannes von Jerusalem übertragen, nicht dem Souverän, auf dessen Territorium sie sich befanden. Die Konzilsväter diskutierten weitere wichtige Entscheidungen wie die Verurteilung der Beghinen und Begarden wegen Häresie, während sich die theologische Diskussion mit dem Wert der Sakramente, insbesondere der Taufe beschäftigte. Dazu kamen Regeln zum Verhältnis der Bettelorden zum Weltklerus und zur Lehre an den Universitäten. Clemens V. verdanken wir die Gründung der Universität von Perugia sowie die Neuordnung derer von Orléans und Montpellier. Viele Konstitutionen waren das Ergebnis der intensiven gesetzgeberischen Tätigkeit des Papstes und wurden im *Corpus iuris canonici* unter dem Namen *Constitutiones Clementinae* zusammengefaßt.

Auf politischem Gebiet gelang es Clemens V. nur dann eine gewisse Unabhängigkeit zu bewahren, wenn seine Pläne nicht denen Philipps IV. entgegen standen. Er kam dem König bei vielen Gelegenheiten entgegen, auch durch Ernennung von französischen Rektoren und Legaten für Italien. Wiederholt begünstigte er auch die Anjou, auf deren Gebiet sich Avignon befand. In Italien gelang ihm eine Verstärkung der welfischen Partei, welche die Kaiserkrönung Heinrichs VII. von Luxemburg in St. Peter verhinderte. Die Krönung fand in *S. Giovanni in Laterano* statt. In Ungarn ließ er Carobert von Anjou, Sohn Carls II. von Neapel und Marias von Ungarn, krönen. Ein weiteres schweres politisches Problem stellten die französisch-englischen Beziehungen dar. Clemens kannte die Lage gut, weil seine Heimat Aquitanien zu England gehörte, wobei der englische König als Herzog von Aquitanien ein Vasall des französischen Königs war. Clemens blieb unparteiisch und unterstützte einerseits die englische Krone mit Eduard I. sowie den jungen Eduard II, andererseits blieb er immer dem französischen König gewogen.

Auf Clemens V. geht auch das Dokument *Exivi in paradiso* von 1312 zurück, das den Gegensatz zwischen Franziskaner-Spiritualen und -Konventualen beizulegen versuchte, was sich aber bis zum Ende des Pontifikates seines Nachfolgers Johannes XXII. hinzog, bis zur Bulle *Pastoralis cura* von 1313. Ein gewisses Interesse für den Orient zeigte Clemens V. in den Versuchen, einen neuen Kreuzzug zu organisieren, der dann aber nur zu Teiloperationen mit der Eroberung von Rhodos führte und zur Unterstützung des Papstes für die spanischen Vorbereitungen eines Kreuzzugs gegen Granada. Weitblick und Interesse für die Missionstätigkeit der Kirche bezeugen die Ernennung des Franziskaners Johannes von Montecorvino zum ersten Erzbischof von Peking, die Entsendung von Missionaren in den Fernen Osten und die Einführung des Sprachunterrichts (Hebräisch, Griechisch, Arabisch und Syrisch) an den Universitäten von Paris, Bologna, Oxford, Rom und Salamanca.

Clemens V. starb am 20. April 1314 in Roquemaure an der Rhône und wurde im Kolleg der Regularkanoniker von Uzeste beigesetzt. Das ihm 1356 errichtete Grabmal widerstand dem Bildersturm der Hugenotten zwei Jahrhunderte später nicht.

Bibl.: A. Paravicini, in *Dizionario biografico degli Italiani*, 26, S. 202–215, mit Bibl.; J. Tarrant, *The manuscripts of the Constitutiones Clementinae*, in *Zeitschrift der Savigny-Stiftung für Rechtsgeschichte. Kanonistische Abteilung*, 101 (1984), S. 67–133; 102 (1985), S. 76–146; J. Lacape, *Clément V et Notre Dame d'Uzeste*, Villandraut 1987; A. Pujol, *Clément V, le pape maudit*, La Brede 1988.

A. M. Piazzoni

Clemens VI.

Papst. Pierre Roger wurde 1291 in Maumont im Limousin in einer Familie niederen Adels geboren. Im Alter von zehn Jahren trat er in das Benediktinerkloster La-Chaise-Dieu ein, von wo aus er 1307 zur Fortsetzung seiner Studien nach Paris gesandt wurde. Mit großem Erfolg widmete er sich der Theologie und erwarb den Magistergrad noch vor dem Ende der regulären Kurse. Der brillante Beginn seiner Laufbahn setzte sich in den folgenden Jahren fort. Pierre stieg in der kirchlichen Hierarchie auf und war beim französischen Hof sehr geschätzt, besonders nach der Thronbesteigung Philipps VI. Er wurde 1324 Inspektor des Kollegs der Sorbonne, bekam 1326 die wichtige Abtei Fécamp, wurde 1328 zum Bischof von Arras ernannt, 1329 von Sens und 1330 endlich zum Erzbischof von Rouen, einer der reichsten Diözesen der Kirche in Frankreich. Im Auftrag des Königs ging er nach England, um Eduard III. zu drängen, als Vasall des Königs von Frankreich diesem die gebührende Ehre zu erweisen. Er leitete ferner 1332 eine Gesandtschaft an den päpstl. Hof in Avignon, um den Kreuzzug zu organisieren, als dessen Prediger er dann von Papst Johannes XXII. ernannt wurde.

Am päpstl. Hof von Avignon war Pierre Sprecher des Königs und predigte öfter vor dem Papst und den Kardinälen, wobei er seine rednerischen Fähigkeiten und sein theologisches Wissen unter Beweis stellte. Dies brachte ihm 1338 das Kardinalat ein, und am 7. Mai 1342 wurde er nach dem Tod Benedikts XII. einmütig zum Papst gewählt. Er nahm den Namen Clemens VI. an. Mit seiner Wahl änderte sich das Leben des Hofes von Avignon radikal. Nach einer Zeit der Strenge und Sparsamkeit unter Benedikt XII. erwies sich Clemens als freigebig und förderte die Kunst. Luxus und Aufwand rechtfertigte er als geeignete Mittel zur Machtausübung eines Hofes. Er begünstigte seine Landsleute und Familienangehörigen aus dem Limousin und brachte viele von ihnen im Verwaltungsapparat der Kurie unter.

Um die Residenz des Papstes besser auszustatten, ließ Clemens VI. die strenge Festungs- und Klosterarchitektur, die sein Vorgänger errichtet hatte, erweitern und einen neuen Palast mit großen Räumen bauen für grandiose liturgische Feiern und den Empfang von Gläubigen. Dieser große Eifer beim Neubau zeigte deutlich die Absicht des Papstes, nicht nach Rom zu übersiedeln. Doch auch wenn die Stadt Avignon im Venaissin lag, das seit dem 13. Jh. der Kirche von Rom gehörte, war sie Eigentum der Anjou. Clemens VI. nutzte daher die finanziellen Schwierigkeiten der Königin Johanna aus und erwarb 1348 von ihr die Stadt und ihre Umgebung. Damit besaß der Papst eine vollständige territoriale und rechtliche Unabhängigkeit.

Obwohl Clemens VI. nie die Absicht zeigte, den Sitz des Papstes nach Rom zurückzuverlegen, traf er doch einige Maßnahmen, um die Stadt Rom und alle italienischen Gebiete des Kirchenstaates unter Kontrolle zu halten. Einer Gesandtschaft aus Rom, die 1343 nach Avignon kam, um den heruntergekommenen Zustand der Stadt zu beklagen, gestattete er die Feier eines Jubiläums und legte fest, daß das Heilige Jahr alle 50 statt alle 100 Jahre, wie Bonifatius VIII. 1300 festgelegt hatte, begangen werden sollte. Vor allem wegen der weiten Entfernung des Papstsitzes entglitt die Lage in Italien fast ganz seiner Kontrolle. Die von Benedikt XII. unternommenen Versuche, Ordnung in die Regierung des Staates zu bringen, waren gescheitert und Reformen waren zwar verfügt, aber nicht durchgeführt worden. Rom und die wichtigsten Gebiete des Kirchenstaates wurden von Feudalherren regiert, die eine autonome und oft widersprüchliche Politik betrieben. Rom selbst war mit Unterstützung Ludwig des Bayern in ghibellinische Hände gefallen, dann unter die Herrschaft des Papstes zurückgekehrt, und der Fall Cola di Rienzos, der 1347 vom Volk zum Tribun der Stadt ausgerufen wurde, hatte die ganze Schwierigkeit der politischen Lage gezeigt.

Die nördlichen Gebiete des Staates waren inzwischen Ziel der expansionistischen Bestrebungen des entstehenden Territorialstaates Mailand geworden. Sie hatten auch deswegen Erfolg, weil in Italien einer der traditionellen Alliierten des Papstes ausfiel. Das Königreich Neapel befand sich in einer tiefen Krise. Clemens VI. tat alles, um die Souveränität der Königin Johanna, die ihrem Großvater Robert von Anjou gefolgt war, zu garantieren. Das gelang am Ende auch, doch wurde das Papsttum damit nicht politisch gefestigt.

Das Gleiche kann für den Kampf gegen Ludwig den Bayern gelten, der auch im Interesse Philipps VI. von Frankreich geführt wurde. Es gelang Clemens VI., die deutschen Fürsten zu einer Neuwahl zu veranlassen, bei der Karl von Böhmen triumphierte und am 26. November 1347 gekrönt wurde. Doch geschah dies in einem Europa, das den großen übernationalen Institutionen wie Papsttum und Kaisertum immer weniger Wert beimaß. Größeres Interesse fanden zunehmend die Anliegen der Nationalstaaten, der Regionalstaaten in Italien und vor allem Frankreichs und Englands. Unter Benedikt XII. hatte der hundertjährige Krieg begonnen, in dem sich die Spannungen zwischen den beiden Staaten entluden. Clemens VI. versuchte als treuer Diener des Königs von Frankreich hartnäckig, den Frieden zurückzugewinnen, doch blieb damit der Verdacht verbunden, er fördere die französischen Interessen.

Lebhaft interessierte sich Clemens VI. auch für die Probleme des westlichen Mittelmeeres, doch seine Bemühungen, die Expansion Aragons aufzuhalten, scheiterten. Dem König von Aragon gelang der Erwerb der Territorien des Königs von Mallorca, und er vermochte auch, Korsika und Sardinien aus der feudalen Abhängigkeit von der Kirche Roms zu entreißen. Auch im Orient hatte die Politik von Papst Clemens keinen Erfolg. Der Versuch eines Kreuzzugs gegen die Türken brachte nur kurzfristige Ergebnisse, während die Ausweitung der missionarischen Tätigkeit im mongolischen Asien und die Errichtung von Diözesen in diesen Gebieten, begonnen unter Clemens V., unterbrochen wurde. Nicht fortgeführt wurden ferner die Versuche seiner Vorgänger, Verbindungen zur Kirche von Klein-Armenien anzuknüpfen.

Clemens VI. starb am 6. Dezember 1352. Sein Leichnam blieb bis März 1353 in der Kathedrale von Avignon und wurde dann ins Kloster von *La-Chaise-Dieu* übertragen. Er ist dort in einem Grabmal aus schwarzem Marmor beigesetzt, das er selbst 1346 in Auftrag gegeben hatte.

Bibl.: B. Guillemain, in *Dizionario biografico degli Italiani*, 26, S. 215–222; J.E. Wrigley, *The conclave and the electors of 1342*, in *Archivum historiae pontificiae*, 20 (1982), S. 51–81; D. Wood, *„Omnino partialitate cessante"; Clement VI and the Hundred Years War*, in *Studies in Church history*, 20, Oxford 1983, S. 179–189; ders. *Clement VI; the pontificate and ideas of an Avignon pope*, Cambridge 1987.

A. M. Piazzoni

Clemens VII.

Papst. Als Sohn des Giuliano wurde Giulio de' Medici am 26. Mai 1479 in Florenz geboren und wuchs an einem der glänzendsten europäischen Höfe der damaligen Zeit heran, betreut von seinem Onkel, Lorenzo dem Prächtigen, der ihm auch eine entsprechende Ausbildung und finanzielle Mittel zukommen ließ. Die Krise der Medici in Florenz zwang auch Giulio zum Exil nach Bologna, später nach Rom, unter dem Schutz seines Vetters Giovanni, der 1492 Kardinal geworden war. Nach einer langen Reise durch Europa beteiligte er sich an den Versuchen, die Herrschaft der Medici in Florenz wieder aufzurichten bis zum Erfolg 1512, als die ganze Familie in die Stadt zurückkehrte. Mit der Papstwahl von Giovanni de' Medici 1513, der sich Leo X. nannte, war der Weg für Giulio frei. Er wurde Erzbischof von Florenz und Kardinal und bekam auch noch weitere Aufgaben und Benefizien. Als Vizekanzler Leos X. (1517), war er weithin für die päpstl. Politik verantwortlich, besonders nach der Entfernung von Kardinal Bibbiena 1518, auf den der Papst bis dahin gern gehört hatte. Neben der Kontrolle sämtlicher kirchlicher Geschäfte übernahm Giulio auch die Erledigung der diplomatischen Korrespondenz und die Führung der Staatsgeschäfte. Auf ihn gehen daher einige wichtige Entscheidungen zurück, wie die Maßnahmen gegen Martin Luther im Versuch, die Reformation zu unterdrücken, ferner der Abschluß der Allianz zwischen Leo X. und Karl V. Die vielen Jahre, die Giulio de' Medici Gelegenheit hatte, sich in der Kurie auszuzeichnen, bewirkten, daß er, wenn auch nicht ohne einigen Widerstand, im Konklave nach dem Tod Hadrians VI. am 19. November 1523 mit dem Namen Clemens VII. den päpstl. Thron besteigen konnte.

Seine Fähigkeiten, die Politik anderer wirksam umzusetzen, wie unter den beiden vorhergehenden Pontifikaten bewiesen, reichten jedoch nicht aus, einen eigenen politischen Kurs zu finden und zu verfolgen, insbesondere in einer Zeit der Krise. Die Hintergründe der umfangreichen geistlichen Bewegung, die die Reformversuche Luthers in Deutschland inspirierte, blieben ihm fremd: Es stimmt wohl, daß er sich bei dieser Frage nicht auf den Kampf gegen die Häresie beschränkte, und daß er wie Hadrian VI. versuchte, das kirchliche System neu zu ordnen, doch am Ende verurteilte er, ohne zu verstehen. Auch bei den politischen Geschäften blieb er an die örtlichen und familiären Interessen der Medici gebunden.

Im Konflikt zwischen dem Kaiser und König von Spanien, Karl V., und dem König von Frankreich, Franz I., wollte er zwar als neutraler Friedensstifter fungieren, doch verhielt er sich indifferent bis opportunistisch. Sein Eingreifen war schlecht berechnet, denn die ihm damals feindlichen Truppen Karls V. drangen im Mai 1527 in Rom ein, plünderten es (*Sacco di Roma*) und nahmen sogar Clemens selbst gefangen, der sich vergeblich in die Engelsburg geflüchtet hatte, wo man ihn sechs Monate gefangen hielt. Er wurde nach Zahlung eines Lösegeldes befreit, mußte Neutralität versprechen und lebte dann fast ein Jahr lang in Orvieto und Viterbo, fern von der verwüsteten Stadt. Endlich wurde eine Abmachung mit Karl V. gefunden: der Friede zwischen Papst und Kaiser wurde durch die Kaiserkrönung Karls in Bologna im Februar 1530 besiegelt, und die Herrschaft der Medici in Florenz mit Hilfe der kaiserlichen Truppen im gleichen Jahr wiederhergestellt.. Doch handelte es sich wieder nur um einen vorläufigen Frieden, denn Clemens näherte sich kurz darauf wieder dem Hause Frankreich, indem er die Ehe zwischen seiner Nichte Katharina de Medici und Heinrich von Orléans, dem Sohn Franz' I., förderte und sie persönlich am 28. Oktober 1533 in Marseille einsegnete.

Die unklaren Beziehungen zwischen Papst und Kaiser bildeten so ein Hindernis für eine folgerichtige und wirksame Politik zum Schutz der Christenheit vor Bedrohungen von außen. Tatsächlich mußte man Erfolge der Türken 1526 in Ungarn hinnehmen und 1529 ihre Belagerung Wiens. Zugleich wurde die Verbreitung der protestantischen Reformation in Deutschland erleichtert.

Durch die zwiespältige Haltung Clemens' VII. in der Frage der Ehescheidung Heinrichs VIII. von England und Katharinas von Aragon erfolgte die Exkommunikation des englischen Königs erst 1533, viel zu spät und in einer

Situation, die die Trennung der anglikanischen Kirche von Rom beschleunigte. Vergeblich blieben auch seine Bemühungen, die Verbreitung der protestantischen Reformation in Skandinavien und der Schweiz zu verhindern. Es gelang ihm nur, den Erfolg des Katholizismus in Zentral- und Südamerika zu sichern. Angesichts der tiefreichenden Bedürfnisse der Kirche seiner Zeit zeigte Clemens VII. nicht genügend Verständnis, vor allem für das Verlangen nach religiöser Erneuerung, das hinter den Ereignissen der Reformation stand. Er sah das Ganze zu politisch, auch als er es ablehnte, das von Karl V. erwünschte ökumenische Konzil einzuberufen, das vielleicht hätte konstruktiv wirken können.

Treu seiner eigenen Bildung und dem Mäzenatengeist der Medici förderte Clemens VII. Künstler und Schriftsteller: Seiner Gunst erfreuten sich unter anderen Francesco Guicciardini und Niccolò Macchiavelli, Benvenuto Cellini, Raffael und Michelangelo, dem er das Denkmal für seine Familie in der Neuen Sakristei von *S. Lorenzo* in Florenz in Auftrag gab. Im Vatikan hatte Giulio de' Medici – noch bevor er Papst wurde – Raffael das große Gemälde der *Verklärung Christi* in Auftrag gegeben. Kurz vor seinem Tod übertrug Clemens Michelangelo die Ausmalung der Stirnwand der Sixtinischen Kapelle, wo später das Jüngste Gericht entstand. Während seines Pontifikates wurde der unter Leo X. entworfenene Saal des Konstantin, eine der sog. Stanzen Raffaels, fast ganz ausgemalt und nach dem Tod Raffaels durch Giulio Romano unter Mithilfe von Gianfrancesco Penni und Raffaellino del Colle vollendet.

Clemens VII. starb am 25. September 1534 und wurde zunächst in St. Peter beigesetzt, dann aber in die Kirche *S. Maria sopra Minerva* überführt, wo Baccio Bandinelli 1541 gegenüber dem Denkmal für Leo X. ein Grabmal mit der sehr ausdrucksvollen Statue des Papstes errichtete, ein Werk des Nanni di Baccio Bigio.

Bibl.: Prosperi, in *Dizionario biografico degli Italiani*, 26, S. 237–259, mit Bibl.

A. M. Piazzoni

Clemens VII., Gegenpapst

Gegenpapst. Geboren 1342 im Schloß von Annecy (Hoch-Savoyen) und mit den wichtigsten in Europa regierenden Familien verwandt, war Robert von Genf durch Gregor XI. am 31. Mai 1371 zum Kardinal erhoben worden. Dieser sandte ihn dann nach Italien, um die in *Cesena* ausgebrochenen Unruhen beizulegen, was ihm auch mit großer Energie gelang. Obwohl er die Wahl Urbans VI. als gültig anerkannt hatte – er kündigte sie amtlich Kaiser Karl IV. in zwei Briefen vom 14. April und 8. Mai 1378 an – war er auf der Seite vieler französischer Kardinäle, die die vom neuen Papst wieder eingeführte Strenge nicht ertrugen und noch den Wunsch hegten, den Apost. Stuhl nach Avignon zurückzuverlegen. Sie zogen sich nach Anagni zurück und erklärten dort den Röm. Sitz für vakant. Unter dem Schutz der Königin Johanna von Neapel hatte sich Robert von Genf mit den abgefallenen Kardinälen nach Fondi begeben, wo er sich am 20. September 1378 zum Papst wählen ließ, auch mit der stillschweigenden Unterstützung von drei italienischen Kardinälen. Er stellte sich Urban VI. entgegen, dessen Wahl die ihm verbundenen Kardinäle für ungültig erklärten, unter dem Vorwand, sie sei ihnen mit Gewalt von den Römern aufgezwungen worden, die, wenn schon nicht einen Römer, so doch wenigstens einen Italiener zum Papst haben wollten.

Mit Clemens VII., wie sich der Gegenpapst nannte, begann das große Schisma des Westens, das sich über 39 Jahre hinzog. Er konnte seinen Gegenspieler aber nicht beseitigen und sich in Rom niederlassen. So ging er nach Avignon (20. Juni 1379), wo sich im übrigen noch eine gut ausgestattete Kurie befand. Zur sog. Avignoner Obödienz gehörten Frankreich, die iberischen Staaten, das Königreich Neapel, Schottland und ein Teil von West- und Süddeutschland. Taub für alle Vorschläge, dem Schisma ein Ende zu setzen, beharrte Clemens VII. auf seinem Standpunkt. 1389 hoffte er sogar beim Tod Urbans VI. auf die Anerkennung als rechtmäßiger Papst durch die ganze Christenheit. Er starb in Avignon am 16. September 1394 und wurde dort in der Kirche der Coelestiner beigesetzt. Seit der Säkularisierung fehlt vom Grab dieses Gegenpapstes jedoch jede Spur.

Bibl.: M. Dykmans, in *Dizionario biografico degli Italiani*, XXVI, S. 222–237, mit Bibl.; Ch. Burns, *Papal letters of Clement VII of Avignon (1378–94) relating to Ireland and England*, in *Collectanea Hibernica*, Nr. 24 (1982), S. 7–44; J. Serra Estelles, *Los registros de súplicas y letras pontificias de Clemente VII. de Avignon (1378–94). Estudio diplomatico*, Rom 1988.

N. Del Re

Clemens VIII.

Papst. Ippolito Aldobrandini war ein Sohn des Silvester und der Lisa Deti und wurde am 24. Februar 1536 in Fano geboren. Nach Abschluß seiner Studien in Padua, Perugia und Bologna, wo er das Doktorat im Recht erwarb, wurde er Prälat und später, von Pius V. gefördert, Konsistorialadvokat, Auditor der Camera (1568) und Auditor der Rota (1570), bis er im Mai 1585 durch Sixtus V. zum Datar und am folgenden 18. Dezember zum Kardinal ernannt wurde. Der Papst vertraute ihm die wichtige Aufgabe des Großpönitentiars an. Mitte 1588 wurde er nach Polen gesandt, um den Streit um die Nachfolge auf den dortigen Thron beizulegen, was ihm auch gelang. Durch den Friedensschluß vom 9. März 1589 gewann er auch selbst großes Ansehen. In den beiden Konklave von 1590 und 1591 war er Papstkandidat, doch der spanische Widerstand verhinderte seine Wahl. Am 30. Januar 1592 wurde Ippolito Aldobrandini jedoch zum Papst gewählt und übernahm den Namen Clemens VIII.

Der Ruf des neuen Papstes beruhte auf seinem versöhnlichen Verhalten, seiner unermüdlichen Arbeitsfreude und seinem kritischen Abwägen. Er besaß die Fähigkeit des Vermittelns und jene politischen Gaben, die er in der polnischen Frage gezeigt hatte. Hinzu kam sein Ansehen als frommer Mann mit ehrenhaftem und beispielhaftem Leben, aufrichtig um eine tiefe und bescheidene Religiosität bemüht. Sehr nahe stand er den Oratorianern, aus denen er seine Beichtväter wählte, Giovanni Paolo Bordini und Cesare Baronio.

Drei schwerwiegende Fragen bestimmten das Pontifikat Clemens' VIII.: die Thronfolge in Frankreich, die Thronfolge im Herzogtum Ferrara und die Kontroverse über die Wirksamkeit der göttlichen Gnade, die der spanische Jesuit Luis de Molina aufgeworfen hatte. Rechtmäßiger Anwärter auf die Krone Frankreichs war Heinrich von Bourbon, ein Calvinist, der von Sixtus V. exkommuniziert worden war. Die Katholiken wollten ihn nicht als König von Frankreich anerkennen, obwohl Heinrich III. selbst vor seinem Tod 1589 ihn zu seinem Nachfolger bestimmt hatte und es Heinrich IV. gelungen war, die katholische Liga und die spanischen Alliierten 1589 in Arques und 1590 in Ivry zu besiegen. Um die Gunst der Bevölkerung, insbesondere des fast ganz katholischen Paris, zu gewinnen, kam Heinrich IV. nicht umhin, sich zum Katholizismus zu bekehren. Er schwor am 25. Juli 1593 der Häresie ab, ohne jedoch die Absolution des Papstes abzuwarten. So konnte der neue König am 22. März 1594 in Paris einziehen.

Die Lösung der französischen Frage erwies sich für die päpstl. Politik als grundlegendes Ereignis. Infolge der Versöhnung befreite sich das Papsttum wirksam vom spanischen Einfluß, während sich die Beziehungen zu Frankreich verbesserten, was vor allem auf politischem Gebiet deutliche Ergebnisse brachte. Vom religiösen Standpunkt aus konnte das Papsttum die Gewährung der Glaubensfreiheit an die Hugenotten im Edikt von Nantes 1598 nicht vermeiden, noch wurden die Trienter Dekrete veröffentlicht. Doch durfte die Gesellschaft Jesu 1603 nach Frankreich zurückkehren.

Ein erstes Ergebnis der neuen französischen Unterstützung war der Ausgang der Ferrara-Frage. Alfons II. d'Este war 1597 gestorben und hatte keine direkten Erben hinterlassen. Clemens VIII. erklärte daher das Herzogtum als an die Kirche zurückgefallen, während gleichzeitig Cesare d'Este, Nachkomme einer Seitenlinie der Familie, Ferrara besetzt hielt. Während Spanien neutral blieb, schlug sich Frankreich auf die Seite des Papstes und bot die Unterstützung seines Heeres an. Zur militärischen Bedrohung Cesares kam die päpstliche Exkommunikation, so daß d'Este, politisch isoliert, jeden Anspruch auf Ferrara aufgab und es nicht zum Kampf kam. Während d'Este freigesprochen wurde, konnte Clemens VIII. dank der neuen, ausgewogenen Situation zwischen der französischen und der spanischen Macht ein fruchtbares Vermittlungswerk vollbringen, das an erster Stelle zur Lösung des Konflikts zwischen Frankreich und Spanien durch den Friedensschluß von Vervins 1598 führte. Dank der päpstlichen Vermittlung gelang auch mit der Unterzeichnung des Vertrags von Lyon die Beilegung von Konflikten zwischen Frankreich und Savoyen, das während des französisch-spanischen Krieges 1601 das Gebiet von Saluzzo besetzt hatte.

Unterschiedliche Ergebnisse brachte das Wirken des Papstes für die Innenpolitik diverser christlicher Länder. Es gelang ihm nicht auf die Frage der Nachfolge Rudolfs II. Einfluß zu gewinnen, und sein Wirken gegen den Protestantismus blieb unbefriedigend. Die größten Erfolge erreichte er mit der katholischen Restauration in Polen. Weitere Ergebnisse auf religiösem Gebiet gab es in den deutschen Ländern, wo sich der Papst überall für die Gegenreformation einsetzte. Dagegen scheiterten im wesentlichen die ständigen Bemühungen Clemens' VIII., eine Liga gegen die Türken zu bilden, obwohl er dafür erhebliche finanzielle und militärische Mittel aufwandte.

Die religiösen Bemühungen waren für den Aldobrandini-Papst ein wichtiges Ziel. Er wandte der Reform im Leben der Kirche volle Aufmerksamkeit zu, indem er für Rom eine pastorale Visitation ankündigte, die 1592 begann. Er führte sie streng und genau durch und wurde sich persönlich klar über das religiöse Leben in Rom unter sämtlichen Aspekten. In den Kirchen der Stadt, die dem Weltklerus anvertraut waren, leisteten die Bischöfe die Vorarbeiten für eine Neuordnung nach den Maßstäben von Trient. In den Klöstern und den Kirchen, die von religiösen Orden betreut wurden, erschien der Papst unangemeldet und untersuchte persönlich sogar die Zellen und Schränke der Ordensleute.

Diese pastorale Visitation bildete den Beginn eines umfangreicheren Reformprogramms. Besondere Sorge verwandte der Papst auf die Auswahl der Bischöfe und richtete für ihre Prüfung eine eigene Kongregation ein. Er kontrollierte auch genau ihr Wirken in den eigenen Diözesen. Er regelte das innere Leben der Orden, schuf neue Ordensgemeinschaften. und gründete neue Klöster und Konvente. Großen Auftrieb erfuhr die missionarische Tätigkeit, für die er die Kongregation der Glaubensverbreitung einsetzte. Auf der gleichen Linie liegt der Einsatz des Papstes gegen die Häresie, wie sich an seinem Interesse und seiner Beteiligung am Wirken der Inquisition zeigte. Dazu kam 1596 eine auf neuen Stand gebrachte Ausgabe des Index der verbotenen Bücher. Sein Wirken für den Schutz des rechten Glaubens zeigte sich ferner bei seiner langen Beteiligung von 1595 bis 1605 am thomistisch-molinistischen Streit über die Wirksamkeit der Gnade, doch er erlebte den Ausgang nicht mehr.

Große Wichtigkeit gewannen im Rahmen des Reformprogramms von Papst Clemens die Neuausgaben der liturgischen Bücher und die Revision der sixtinischen *Vulgata*. Nach den Weisungen des Konzils gewann die Kirche damit mehr Einheitlichkeit, weil sie über nur eine Bibel, nämlich die *Vulgata*, verfügte und über nur eine Liturgie, nämlich die römische.

Die künstlerische Tätigkeit unter Clemens VIII. war vor allem handwerklich und praktisch ausgerichtet. Es wurden neue Kunstformen wie die Arbeit mit Gold- und Silberfäden und die Intarsienarbeit mit harten und kostbaren Steinen eingeführt, aber vor allem suchte man die von Sixtus V. begonnenen Werke zu vollenden. Dabei ging es um die Kapitolinischen Paläste, die *Sala Clementina* und den daneben liegenden Konsistoriensaal im Vatikan, der durch G. Alberti und Brill ausgeschmückt wurde, die Bedeckung und Ausschmückung der Kuppel von St. Peter durch Cavalier d'Arpino und die Errichtung des neuen Altars an der *Confessio* durch G. Della Porta.

Die von Clemens in Auftrag gegebenen Arbeiten galten dem Ruhm der Kirche wie auch der Familie Aldobrandini. Zunächst erbaute er eine Kapelle für seine Eltern in *S. Maria sopra Minerva*, dann die Villa in Frascati durch Della Porta, ab 1602 durch Maderno. Ein umfangreiches Programm wurde im Hinblick auf das Heilige Jahr 1600 durchgeführt. Dazu gehörte die Verschönerung der *Cappella Clementina* in St. Peter unter Leitung von Cristofano Roncalli, die Ausführung der Gemälde für die Altäre in den Seitenschiffen, die den Triumph des Papstes durch die Gestalt des hl. Petrus zum Thema hatten, ferner die Arbeiten in der Basilika *S. Giovanni in Laterano*, insbesondere in der Sakramentskapelle, die malerische Ausschmückung des Querschiffs und die neue Orgel gegenüber dem Sakramentsaltar. Durchgeführt wurden schließlich die Restaurierung der Kapellen des hl. Johannes des Täufers und des hl. Johannes des Evangelisten in der Taufkapelle des Lateran und die der Orgel in *S. Maria Maggiore*.

Clemens VIII. starb am 3. März 1605 an einem Schlaganfall und wurde zunächst in St. Peter beigesetzt. Von dort wurden seine sterblichen Überreste nach *S. Maria Maggiore* übertragen, wo ihm Paul V. in der *Cappella Borghese* ein grandioses Grabmal mit einer Statue von Silla von Viggiù errichtet hatte.

Bibl.: A. Borromeo, in *Dizionario biografico degli Italiani*, 26 (1982), S. 259–282, mit Bibl.; W.H. Rudt de Collenberg, *Recherches sur quelques familles chypriotes apparantées au pape Clément VIII. Aldobrandini (1592–1605)*, in *Epeteris*, 12 (1983), S. 5–68; A. Zuccari, *Arte e commitenza nella Roma di Caravaggio*, Turin 1984, S. 9–23 (La visita pastorale di Clemente VIII e il dibattito sulle immagini); S.M. Pagano, *L'edizione delle instruzioni generali di Clemente VIII*, in *Benedictina*, 33 (1986), S. 183–190; K. Jaitner, *Il nepotismo di papa Clemente VIII (1592–1605); il dramma del Cardinale Cinzio Aldobrandini*, in *Archivio storico italiano*, 146 (1988), S. 57–63.

S. Ciofetta

CLEMENS VIII., GEGENPAPST

Gegenpapst. Als Kanoniker und Propst von Valencia folgte Gil Sánchez Múñoz mit dem Namen Clemens VIII. dem Gegenpapst Benedikt XIII. in Avignon, nachdem er von den dortigen Kardinälen am 10. Juni 1423 in Peñíscola (Valencia) gewählt worden war. Er fühlte sich seinerseits veranlaßt, die Wahl des Königs von Aragon, Alfons V. des Großherzigen, zu billigen, der sich damals wegen seiner Ansprüche auf Neapel mit Martin V. auseinandersetzte. Doch kurz darauf leitete der Souverän von Aragon wegen der Mißbilligung seiner Untertanen und entschlossen, das Schisma aufzugeben, Verhandlungen mit Martin V. ein, der den Kardinal Pietro di Foix als Legaten nach Spanien sandte. Dieser erreichte, auch in Zusammenarbeit mit Alfonso Borgia, dem späteren Papst Calixtus III. die Abdankung Clemens' VIII., der sich gemeinsam mit den drei abtrünnigen Kardinälen Martin V. unterwarf. Von diesem wurde er zugleich an die Spitze der Diözese Mallorca auf den Balearen gestellt, wo ihn der Tod am 28. Dezember 1446 ereilte.

Bibl.: M.L. Martín Anzón, *Placas esmaltadas con el escudo de D. Gil Sánchez Múñoz, antipapa Clemente VIII.*, in *Actas del XXIII Congreso internacional de historia del arte. España entre el Mediterraneo y el Atlántico, Granada 1973,* I, Granada 1976, S. 411–416; R. Aubert, *Garnier Bernard, „antipape de l'antipape" Clement VIII. sous le nom de Benoît XIV.*, in *Dictionnaire d'histoire et de géographie ecclésiastiques,* XIX, Sp. 1294–95.

N. Del Re

Clemens IX.

Papst. Giuglio Rospigliosi wurde am 28. Januar 1600 in Pistoia geboren, studierte zunächst in Rom bei den Jesuiten und besuchte dann die Universität in Pisa, wo er den Doktorgrad in Theologie und Philosophie erwarb. Er lehrte dort auch einige Zeit (1623–25) und kehrte 1632 nach Rom zurück, wurde Prälat und bekleidete dann verschiedene Kurienämter, bis er am 9. April 1644 als Nuntius nach Spanien geschickt wurde. Zuvor war er zum Titularerzbischof von Tarsus geweiht worden. Innozenz X. rief ihn 1652 an die Kurie zurück. Sein Nachfolger Alexander VII. machte ihn zum Staatssekretär und im Konsistorium vom 9. April 1657 zum Kardinal. Am 20. Juni 1667 folgte er ihm mit dem Namen Clemens IX. auf den Päpstl. Thron.

Das kurze Pontifikat Clemens' IX. von kaum zweieinhalb Jahren ist durch zwei wichtige Ereignisse gekennzeichnet, die der Papst in verdienstvoller Weise gefördert hat. Das erste ist der Friede von Aachen, der am 2. Mai 1668 zwischen Ludwig XIV. von Frankreich und Karl II. von Spanien das Ende des Erbfolgekrieges markiert und der sog. „Clementinische Friede" am Ende der harten Auseinandersetzungen mit den jansenistischen französischen Bischöfen. Er erbat 1669 das Eingreifen Rußlands und Preußens gegen die Türken und gestattete der Republik Venedig, die Besitztümer zahlreicher Konvente für die Fortsetzung des Krieges um Candia zu verwenden. Doch trotz aller Anstrengungen Clemens' IX., gelang es ihm nicht, die muslimische Expansion einzudämmen, den Fall der Insel und die Unterwerfung der Venezianer am 6. September 1669 zu verhindern. Clemens IX. starb am folgenden 9. Dezember. Er war ein guter und geschätzter Souverän, ein Förderer der Schriftsteller und Wissenschaftler, der auch selbst als Dichter und Verfasser vor allem von religiösen, sehr erfolgreichen Werken geschätzt wurde. Die Manuskripte werden in der Apost. Vatikanischen Bibliothek aufbewahrt (Cod. Vat. lat. 13333–13356).

Nach der vorläufigen Bestattung in St. Peter wurde die Leiche des Papstes nach *S. Maria Maggiore* überführt und vor der *Confessio* in der Erde bestattet, wie er selbst verfügt hatte. Sein Nachfolger Clemens X. ließ ihm 1671 ein aufwendiges Grabmal, ein Werk von Carlo Rainaldi, errichten.

Bibl.: L. von Pastor, *Storia die papi*, XIV, 1, Rom 1932, S. 541–627; R. Cristofori, *Le opere teatrali di Giulio*

Cesare Rospigliosi, in *Studi Romani*, 27 (1979), S. 302–316; L. Osbat/R.Meloncelli, in *Dizionario biografico degli Italiani*, XXVI, S. 282–293, mit Bibl.

N. Del Re

CLEMENS X.

Papst. Emilio Altieri war ein Sohn von Lorenzo und Vittoria Delfino und wurde am 13. Juli 1590 in Rom geboren. Er erwarb das Doktorat beider Rechte 1611 an der Sapienza, war eine zeitlang erfolgreicher Advokat, wählte dann aber den kirchlichen Stand und empfing am 6. April 1624 die Priesterweihe. 1627 wurde er Bischof von Camerino, war auch 1633–34 Vikar in Loreto und ab 1641 Gouverneur der Macerata. 1644 wurde er Nuntius in Neapel, verdarb es sich aber mit Innozenz X. wegen seiner übertriebenen Nachgiebigkeit gegenüber den judikatorischen Ansprüchen der spanischen Minister. Weitere wichtige Aufgaben übertrug ihm Alexander VII., der ihn 1657 zum Sekretär der Kongregation für die Bischöfe und Ordensleute ernannte, später zum Konsultor des Hl. Offiziums. Am 24. November 1669 machte ihn Clemens IX. zum Kardinal, und er folgte diesem am 29. April 1670 auf den päpstl. Thron – als zehnter Inhaber des gleichen Namens. Er nahm die Tiara aber nur widerstrebend an, vor allem wegen seines hohen Alters und seiner gebrechlichen Gesundheit und wollte deswegen an seiner Seite vertrauenswürdige und erfahrene Mitarbeiter haben, mit denen er die Mühen der Regierung teilen konnte. Er ließ sie daher fast ganz in den Händen seines Adoptivneffen, Kardinal Paluzzo Paluzzi Albertoni.

Clemens X. wird gerühmt wegen der energischen Einforderung der Rechte der Kirche und des Klerus gegenüber Ludwig XIV., der die Regalien beanspruchte. Ferner unterstützte er Polen im Kampf gegen die Türken. Diese wurden 1673 bei Chotin in der Ukraine durch Johannes Sobieski besiegt, dessen Thronbesteigung in Polen der Papst begünstigte, um die Kandidatur von protestantischen Fürsten zu verhindern. Im gleichzeitigen Konflikt zwischen Frankreich und Spanien war das Gewicht der Kirche erheblich geringer und die politische Linie weniger folgerichtig, weil sie oft von den verschiedenen Interessengruppen in Rom beeinflußt wurde. Im wesentlichen blieb der Vermittlungsversuch Clemens' X. ohne Wirkung, da nach dem Westfälischen Frieden der Kirchenstaat ohne Einfluß blieb. Die europäischen Mächte hielten die Anknüpfung von Beziehungen zur Kurie nur bei Gelegenheit der Ernennung neuer Kardinäle für nützlich, denn das Kardinalskollegium konnte nicht nur bei der Papstwahl, sondern auch bei der Außen- und Finanzpolitik in den einzelnen Staaten eine bedeutende Rolle spielen. Dem starken Druck, dem Clemens X. ausgesetzt war, setzte er nur begrenzten Widerstand entgegen, doch trotz Ratschlägen von den mächtigen europäischen Höfen, fiel seine Wahl doch meist auf Verwandte und verläßliche Freunde.

Für 1675 kündigte er ein Heiliges Jahr an, das große Scharen von Pilgern nach Rom führte. Er nahm auch einige Heiligsprechungen vor, so die des Petrus von Alcántara, der Maria Magdalena de' Pazzi, des Cajetan von Thiene, des Franz Borgia, des Philippus Benitius, des Ludwig Bertran und der Rosa von Lima. Er war ferner auf die Verschönerung der Stadt bedacht, wobei er besonders der Vatikanischen Basilika seine Aufmerksamkeit schenkte. Er ließ das Eingangstor im Atrium bauen, brachte auf den Kolonnaden die Statuen an und errichtete auf dem Platz vor der Basilika den zweiten Brunnen. Er vervollständigte außerdem die Ausschmückung der Engelsbrücke und bediente sich dabei wie für andere Arbeiten des außergewöhnlichen Talents des Gian Lorenzo

Bernini und seiner Schule. Zur Bekräftigung der Dankbarkeit für seinen Vorgänger ließ er ihm in *S. Maria Maggiore* nach dem Plan von Carlo Rainaldi ein monumentales Grabmal errichten.

Nach kurzer Krankheit verstarb Clemens X. am 22. Juli 1676. Um sein Andenken zu ehren, ließ Kardinal Altieri ihm in St. Peter gegenüber der Sakramentskapelle ein Grabmal errichten.

Bibl.: L. Osbat, in *Dizionario biografico degli Italiani*, 26, S. 293–302, mit Bibl.; A. Schiavo, *Mons. Emilio Altieri (poi Clemente X), nunzio a Napoli, e Masaniello*, in *L'Urbe*, 50 (1987), Nr. 2, S. 9–18.

G. Casale

CLEMENS XI.

Papst. Giovanni Francesco Albani wurde am 22. oder 23. Juli 1649 in Urbino geboren. Eine umfassende Vorbereitung für die kirchliche Laufbahn erhielt er in seinem hochstehenden Familienkreis. 1660 begab er sich nach Rom, um die Schulen am *Collegio Romano* zu besuchen und zeigte hier bald großes Interesse am Studium des Griechischen und des Lateinischen. Er erwarb 1668 in Urbino den Doktorgrad, studierte aber weiter Philosophie, Theologie, Patrologie und Recht. 1670 entschied er sich für die kirchliche Laufbahn und wurde Kanoniker von *S. Lorenzo in Damaso*.

Albani fügte sich leicht in die intellektuellen Kreise Roms ein und nahm an vielen kulturellen Veranstaltungen dieser Jahre teil. Er stand insbesondere dem Kreis der Königin Christina von Schweden nahe, die ihm ihre uneingeschränkte Hochachtung schenkte. 1677 trat er offiziell in den Dienst der Kirche und erhielt die ersten Aufgaben von Innozenz XI., der ihn 1687 zum Sekretär der Breven ernannte. 1688 wurde er Kanoniker von St. Peter. Alexander VIII. machte ihn am 13. Februar 1690 zum Kardinaldiakon von *S. Maria in Aquiro*. In den folgenden Jahren erwarb sich Albani viel Erfahrung in Staatsangelegenheiten und am Päpstl. Hof, wodurch er seine Machtposition verstärken konnte. Innozenz XII. starb am 27. September 1700. Das Konklave begann am 9. Oktober in absoluter Ungewißheit, da das politische Klima angespannt war und zwischen Frankreich und dem Reich wegen der spanischen Erbfolge ein Krieg drohte. Die Nachricht vom Tode Karls II. brachte dann für die Wahl des neuen Papstes die entscheidende Wende. Die Partei der Eiferer, zu der Albani gehörte, betonte die absolute Notwendigkeit, einen Mann zu wählen, der eine fruchtbare Vermittlertätigkeit zwischen den europäischen Mächten ausüben könnte und in der Lage war, das Ansehen des Papstes zu stärken. Ihr Kandidat war Albani. Seine Wahl erfolgte am 20. November 1700 und wurde am 23. November bekanntgegeben. Der neue Papst wählte den Namen Clemens XI.

Sein Pontifikat begann in einer konfliktgeladenen Zeit. Die spanische Erbfolge machte die Auseinandersetzung zwischen Frankreich und dem Kaiser unvermeidlich. Clemens XI. versuchte zunächst, streng neutral zu bleiben, um Frieden zwischen den katholischen Nationen stiften und den Krieg von den italienischen Gebieten fernhalten zu können. Er war sich aber nicht bewußt, daß die Kirche weder geeignete diplomatische Mittel besaß, noch die Autonomie eines politischen Apparates als Grundlage für eine wirksame neutrale Strategie. So scheiterte sein Plan, und er vermochte nicht zu verhindern, daß im Mai 1701 die Truppen der streitenden Nationen sich nach Italien wandten. Da begann die neutrale Haltung des Papstes in Richtung Frankreich zu tendieren, was schließlich eine direkte Auseinandersetzung mit dem Kaiser auf italienischem Boden unvermeidlich machte. Seit 1706 verschlimmerte sich die Lage einhergehend mit den französischen Niederlagen, und der Papst stand den kaiserlichen Truppen allein gegenüber. Erst 1709 kam es zu einer leichten Entspannung durch ein Abkommen, das Clemens XI. zur Entwaffnung der Truppen und zur Anerkennung Karls von Habsburg als König von Spanien zwang. Diese neue Situation rief natürlich die unmittelbare Reaktion Philipps V. hervor und führte zum Abbruch der diplomatischen Beziehungen mit Madrid.

Als das Ende des Krieges nahte, zeigte sich die Ohnmacht des Apostolischen Stuhles noch deutlicher, besonders als es zu den großen Friedensverträgen kam. In Utrecht, Rastatt und Baden wurden die großen Linien der Ordnung Europas festgelegt, ohne die Rechte der Kirche zu berücksichtigen. Der Papst faßte am 21. Januar 1715 in einer Ansprache beim Konsistorium das Ergebnis zusammen und stellte das Scheitern seiner diplomatischen Aktion deutlich fest.

Ein weiterer Bereich der internationalen Politik war der Kampf gegen die Türken, der zweifellos günstiger ausging. Die Siege des Fürsten Eugen von Savoyen führten zur Rückeroberung Belgrads, während im Mittelmeer die Befreiung Korfus gelang.

Ein anderes Gewicht hatte das Wirken des Papstes im religiösen und dogmatischen Bereich. Durch das Pontifikat Clemens' XI. hindurch zog sich eine leidenschaftliche Diskussion der jansenistischen Frage. Zunächst hielt es der Papst für möglich, die Einheit der Kirche auf der Grundlage absoluter Achtung vor der nachtridentinischen Rechtgläubigkeit wiederherstellen zu können, doch dann wurde ihm langsam bewußt, daß die einzige Lösung des Problems in der Unbeugsamkeit bestand. In der Bulle *Unigenitus Dei Filius* vom 8. September 1713 wurden 101 Aussagen der *Réflexions morales* von P. Quesnel zusammengestellt und feierlich verurteilt. Clemens XI. weigerte sich, den gefährlichen doktrinären Streit fortzusetzen und reagierte mit einer Reihe von drohenden Breven, die zur Ordnung riefen und zur Achtung vor dem Hl. Stuhl als der einzigen Grundlage der dogmatischen Wahrheiten.

Unter seinem Pontifikat erfuhr die Organisation der Missionen einen starken Impuls, doch kam die effektive Verbreitung des Christentums dennoch zum Stehen. Der Papst unterstützte jedoch ständig die aufstrebende Kongr. der Glaubensverbreitung. In der Innenpolitik des Kirchenstaates suchte er einer strengen Linie zu folgen und achtete besonders auf das moralische Verhalten und die Einhaltung der Residenzpflicht bei sämtlichen Prälaten. Tatsächlich wirkte sich die Schwächung des Papsttums aber unvermeidlich im inneren Leben des Kirchenstaates aus, der strukturell ernsthaften Schaden nahm. Erwähnung verdient Clemens' Kulturpolitik, denn er gründete die wichtige orientalische Abteilung der Vatikanischen Bibliothek. Noch wichtiger waren seine Eingriffe zur Rettung und Erhaltung des kunsthistorischen Erbes des Kirchenstaates. Sie zeigten sich in der Restaurierung zahlreicher Gebäude wie des Pantheon, der Basilika *S. Clemente* und *S. Michele*. Berühmt wurden ferner die Restaurierungen von Raffaels Stanzen, durchgeführt von Carlo Maratta und seiner Schule. Sein Mäzenatentum umfaßte auch die zeitgenössischen Künstler, denen er wichtige Aufträge gab, wie zwei Gemäldezyklen in den Hauptschiffen von *S. Clemente* und *S. Giovanni in Laterano*. Clemens XI. starb in Rom am 19. März 1721.

Bibl.: S. Andretta, in *Dizionario biografico degli Italiani*, 26 (1982), S. 302–320, mit Bibl.; C. Burs, *Pope Clement XI and the British Isles. The inventory of Fondo Albani, 163–168*, in *Ecclesiae memoria, Miscellanea in onore del R.P. Josef Metzler OMI*, Hrsg. W. Henkel, Rom 1991, S. 41–85.

G. Casale

CLEMENS XII.

Papst. Geboren im Florenz am 7. April 1652 vom Marchese Bartolomeo und Elisabetta Strozzi, studierte Lorenzo Corsini in Florenz und Rom und erwarb dann das Doktorat beider Rechte an der Universität Pisa. 1685 entschloß er sich für die kirchliche Laufbahn und bekleidete Ämter an der Apost. Kammer. Alexander VIII. ernannte ihn zum Erzbischof von Nikomedien und übertrug ihm 1690 die Nuntiatur am Hofe von Wien. Doch konnte er wegen der Gegensätze zwischen dem Hl. Stuhl und dem Kaiser nie wirksam tätig werden. Seit 1695 bekleidete er das wichtige Amt des General-Schatzmeisters der Kammer und eines Generalkommissars des Meeres, was er bis 1707 blieb. Er förderte die zentrale Finanzverwaltung und verfolgte eine protektionistische Politik. 1706 wurde er Kardinal, 1725 bekam er das Bistum Frascati.

Er war ein hochgebildeter Mann, von erleuchtetem Geist und führte in seinem Palast einen der angesehensten römischen Salons. Die 1678 von seinem Onkel, Kardinal Neri Corsini, geerbte Bibliothek bereicherte er mit zahlreichen weiteren Bänden. Er war bereits in den Konklaven von 1721 und 1724 Kandidat, als Innozenz XIII. und Benedikt XIII. gewählt wurden. Lorenzo Corsini wurde am 12. Juli 1730 nach einem langen und schwierigen Konklave zum Papst gewählt.

Die schwierige politisch-finanzielle Lage, in der sich der Kirchenstaat befand, sowie der um die Mißbräuche des Kardinals Niccolò Coscia entstandene Skandal veranlaßten Clemens XII. zur sofortigen Einsetzung von vier besonderen Kongregationen. Die erste hatte die Aufgabe, die Tätigkeiten des angeklagten Kardinals und der sog. Beneventer Gruppe zu untersuchen und führte zur Verurteilung des Kardinals zu zehn Jahren Haft, seiner Exkommunikation und zum Einzug seiner Güter. Die zweite Kongregation hatte die zahlreichen Gnadenerweise und Handschreiben zu untersuchen, die man sich vom gutgläubigen Benedikt XIII. erschlichen hatte, und endete mit dem Widerruf zahlreicher Privilegien, auch religiöser Orden. Viel wichtiger war aber die undankbare Aufgabe der dritten Kongregation, die das Konkordat zwischen Benedikt XIII. und Vittorio Amedeo II. von Savoyen zu überprüfen hatte. Die Eröffnung der Verhandlungen war derart stürmisch, daß es zum Abbruch der diplomatischen Beziehungen kam. Nur das Versprechen, Pietro Giannone, der vom sardischen Minister d'Ormea verhaftet worden war, der päpstlichen Autorität auszuliefern, brachte den Dialog beider Staaten wieder in Gang, und es kam zur Revision des Konkordates.

Die vierte Kongregation sollte die Finanzen neu ordnen und führte zur sofortigen Auflösung der Steuervorschriften, die Kardinal Coscia eingeführt hatte. Eine andere Entscheidung, die in der Welt des Handels großes Interesse weckte, war die Einrichtung eines Freihafens in Ancona, der regen Handel auslöste, aber nicht die erhofften positiven Ergebnisse brachte.

Eine amtliche Stellungnahme mußte Clemens XII. gegenüber den Gruppen der Freimaurer abgeben, die insbesondere in England verbreitet waren. Er verurteilte sie mit der Bulle *In eminenti* vom 28. April 1738 und einer Verfügung vom 14. Januar 1739. Auf der anderen Seite erlebte er die Niederlage des Jansenismus in Frankreich infolge des Eingreifens von Clemens XI. und Benedikt XIII. Nachdem fast ganz Lateinamerika für das Christentum gewonnen war, wurde für die Jesuiten der Ferne Osten das neue Missionsgebiet: Tibet, Birma, Korea, China und Indien, wo sie auf starken Widerstand stießen, da hier die Einführung der neuen Religion weit hartnäckiger abgelehnt wurde als bei den Indios. 1733 mußte der Papst mit einem amtlichen Dokument eingreifen, das genau die Grenzen der Annahme der Malabar-Riten festlegte.

Als Zeugnis für die Entfaltung der Kunst unter Clemens XII. bleibt der großartige Palast der Consulta, der zugleich mit den neuen päpstlichen Stallungen im Quirinalspalast von Ferdinando Fuga geplant wurde, ferner die majestätische Hauptfassade der Erzbasilika *S. Giovanni in Laterano,* ein Werk des Alessandro Galilei, der auch die *Cappella Corsini* in der Basilika selbst gestaltete. Clemens XII. bestimmte ferner die archäologische Sammlung Albani für das Kapitolinische Museum und ließ dafür einen neuen Flügel an das Museum anbauen, der symmetrisch dem des Konservatorenpalastes gegenüberliegt. Außerhalb Roms sei an den Wiederaufbau des Hafens von Ravenna erinnert sowie an die Erweiterung des Hafens von Ancona. Nach fast völliger Erblindung starb Clemens XII. am 6. Februar 1740 und wurde in der *Cappella Corsini* in der Lateranbasilika beigesetzt.

Bibl.: A. Caracciolo, in *Dizionario biografico degli Italiani*, 26 (1982), S. 320–328, mit Bibl.; A. Kieven, *Die Statue Clemens' XII. im Palazzo Corsini in Florenz, ein Werk des Carlo Monaldi*, in *Mitt. d. Kunsthist. Institutes in Florenz*; 29 (1985), S. 410–418.

F. Cochetti

Clemens XIII.

Papst. Er wurde am 7. März 1693 in Venedig von Giambattista Carlo Rezzonico und Vittoria Barbarigo geboren, erhielt seine erste Ausbildung in Bologna am Jesuitenkolleg zum hl. Franz Xaver und besuchte dann die Universität Padua, wo er 1713 das Doktorat beider Rechte erwarb. Er vollendete seine juristischen Studien in Rom und begann dort seine Laufbahn an der Kurie mit der Ernennung zum apost. Protonotar. Nach Bekleidung zahlreicher anderer öffentlicher Aufgaben, wurde er 1728 als Auditor an die Hl. Rota berufen und am 20. Dezember 1737 Kardinaldiakon mit der Titelkirche *S. Nicola in Carcere*.

In diesen Jahren wurde er vor allem als frommer und strenger Vertreter des nachtridentischen Katholizismus bekannt und übte seine pastorale Tätigkeit vor allem in Padua aus, wohin er 1743 als Bischof gesandt wurde. Von 1749–1751 hielt er sich erneut auf Einladung Venedigs hin in Rom auf, um den jahrhundertealten Konflikt zwischen dem Kaiser und der Republik um die Frage des Patriarchates Aquileja beizulegen. Dieses Amt wurde gewöhnlich von einem venezianischen Adeligen ausgeübt, der in Udine saß, doch sein seelsorgliches Verwaltungsgebiet reichte bis Aquileja, das unter österreichischer Herrschaft stand. Unter Vermittlung des Rezzonico wurde die Abschaffung des Patriarchates beschlossen, welches 1751 durch die beiden Bistümer von Gorizia und Udine ersetzt wurde.

Das Konklave von 1758 war von zwei Hauptgruppen beherrscht: die eine strebte die Wahl eines jesuitenfreundlichen Papstes an, während die andere eine jesuitenfeindliche Haltung einnahm. Die Kandidatur des Kardinals Rezzonico schien eine Kompromißlösung zu sein, da er den Jesuiten sympathisch gegenüberstand, ohne darin zu weit zu gehen. Als er am 6. Juli 1758 den päpstl. Thron bestiegen hatte, ernannte er jedoch Kardinal Torrigiani zum Staatssekretär, der als einer der schärfsten Vertreter der tridentischen Position, als Gegner jeder Reformströmung und jesuitischen Kreisen höchst verbunden galt. Wahrscheinlich war es gerade die Intransigenz des Kardinals Torriginani, die den Kampf gegen die Gesellschaft Jesu in den einzelnen europäischen Staaten zum direkten Krieg gegen die Kirche werden ließ, der die Vertreibung der Jesuiten 1759 aus Portugal, die Auflösung des Ordens in Frankreich 1764 und ihre Vertreibung aus den bourbonischen Gebieten zwischen 1767 und 1768 zu einer Serie harter Niederlagen für die Kirche werden ließ und sogar ihr Recht auf irdische Macht in Frage stellte. Der Gipfel des Streites wurde 1768 erreicht, als der Papst als Antwort auf die Unterdrückung der Gesellschaft Jesu im Herzogtum Parma das als „Monitorium von Parma" bekannte Breve erließ. Dieses erklärte alle Verfügungen des Ministers Du Tillot gegen den Hl. Stuhl für ungültig sowie die Urheber und Verteidiger dieser politischen Aktion für exkommuniziert, weil sie ein Gebiet betraf, das die Kirche weiter als ihr Lehen betrachtete. Der außerordentliche Rat von Kastilien versuchte vergeblich, die Rücknahme des Monitoriums zu erreichen, und die bourbonischen Mächte schritten als Vergeltung zur Besetzung von Avignon und der Grafschaft Venaissin, von Pontecorvo und Benevent, wozu sie später ein Memorandum herausgaben.

Gegen Ende dieses Jahres antwortete Clemens XIII. trotz der Spaltungen innerhalb der Kurie mit unerwarteter Härte auf das bourbonische Memorandum, was zur Forderung der bourbonischen Mächte nach einer Auflösung der Gesellschaft Jesu führte. Am 2. Februar 1769, einen Tag vor der Einberufung der besonderen Kardinalsversammlung für die Angelegenheiten der Jesuiten, verstarb der Papst infolge eines Schlaganfalls. Sein Tod erschien einigen Beobachtern als eine „Wohltat für ihn selbst".

Die streng kurialistische Politik Clemens XIII. in einer vom Jurisdiktionalismus beherrschten Zeit ließ Gegensätze zwischen dem Apostolischen. Stuhl und den europäischen Staaten auch auf anderen Gebieten entstehen. Eine der am meisten diskutierten Fragen war die Autonomie der Bischofssitze gegenüber Rom. Diese Forderung wurde am schärfsten in Deutschland durch Bischof J. N. von Hontheim von Trier vertreten, der unter dem Pseudonym G. Febronius 1763 das Werk *De praesenti statu ecclesiae* veröffentlichte, das in großem Stil die Thesen des Episkopalismus vertrat und an vielen katholischen Höfen Europas akzeptiert, 1764 auf den Index gesetzt wurde. Ein weiteres schwieriges Problem bildete die besorgniserregende Ausbreitung der Toten Hand, die mit dem Wachsen der religiösen Orden im Inneren der Staaten eine immer größere Ansammlung von unbesteuerten Gütern schuf. Venedig unterstellte daher 1767 die religiösen Orden der Jurisdiktion der Ortsbischöfe und verbot Schenkungen an kirchliche Stellen. Damit wurde eine echte und eigentliche Kampagne gegen die religiösen Orden eröffnet, die auch der österreichische Minister Kaunitz mit großem Interesse verfolgte.

Benedikt XIV. war es trotz seiner umsichtigen Politik nicht gelungen, die gewaltige Finanzlücke zu schließen, die die wirtschaftliche Stabilität des Landes in den Fundamenten bedrohte. Clemens XIII. wollte durch die Trockenlegung der Pontinischen Sümpfe weitere Flächen für die Landwirtschaft erschließen. Doch blieb die Trockenlegung in den Anfängen stecken, weil das ganze Land 1764 eine Notzeit durchmachte, zum Teil durch eine schlechte Ernte, vor allem aber durch die Spekulationen der Landbesitzer und der Getreidehändler. Nach dieser traurigen Erfahrung begann der umfassende Plan einer Finanzreform unter Führung des Generalschatzmeisters Giovan Angelo Braschi, der den Papst u. a. zur Errichtung einer Kongregation veranlaßte, die die Zollreform studieren sollte.

Clemens XIII. führte 1761 das Herz-Jesu-Fest ein, und die Verehrung des Heiligsten Herzen fand in der katholischen Welt auch nach der Unterdrückung der Gesellschaft Jesu viel Zuspruch. Mit der Enzyklika *Christianae rei publicae* vom 25. November 1766 verurteilte er die Texte, die im Gegensatz zu den katholischen Dogmen standen. Damit wurden als Ganzes die Werke der Enzyklopädisten in Frankreich und die Theorien der Aufklärung getroffen und ihre schon 1759 ausgesprochene Verurteilung bestätigt.

Auf dem Gebiete der Kunst gelang es Clemens XIII., sein Wappen an der *Fontana di Trevi* anzubringen, deren Bau nach jahrzehntelangen Arbeiten unter Leitung von Nicola Salvi (1697–1751) erst 1762 unter seinem Pontifikat vollendet werden konnte. Als Grabstätte für Clemens XIII. ließ der röm. Senator Abbondio Rezzonico, ein Neffe des Papstes, durch Antonio Canova das majestätische Grabmal in St. Peter errichten.

Bibl.: J. Cajani/A. Foa, in *Dizionario biografico degli Italiani*, 26 (1982), S. 328–343, mit Bibl.; J. P. Burgués, *La denegación del „Regium exequatur" a la constitución „Sacrosancti apostolatus" de Clemente XIII (1762). Un hecho significativo en las relaciones Estado espanol-Escuelas Pias en la segunda mitad del siglo XVIII*, in *Archivum Scholarum Piarum*, Nr. 19–20 (1986), S. 203–214.

F. Cochetti

Clemens XIV.

Papst. Als Sohn des Arztes Lorenzo und der Angela Serafina Mazza wurde Giovanni Vincenzo Antonio Ganganelli in Santarcangelo/Romagna (Forlì) am 31. Oktober 1705 geboren und schloß sich mit 18 Jahren den Franziskaner-Konventualen von Mondaino (Urbino) an. Nach Vollendung der theologischen Studien am Kolleg des hl. Bonaventura in Rom lehrte er neun Jahre lang Philosophie und Theologie an verschiedenen Schulen seines Ordens und übte gleichzeitig erfolgreich das Predigtamt aus. 1745 wurde er durch Benedikt XIV. zum Konsultor des Hl. Offiziums ernannt und am 24. September 1759 durch Clemens XIII. zum Kardinal erhoben, dem er am 19. Mai 1769 nach einem stürmischen Konklave von dreieinhalb Monaten auf den päpstl. Thron folgte. Als Papst wählte Ganganelli in Dankbarkeit zu seinem Vorgänger den Namen Clemens XIV. Seine Wähler waren gespalten in Freunde und Gegner der Jesuiten. Die Vorherrschaft der Jesuiten in der Kirche zog seit einigen Jahren die Mißgunst der Politiker, den Haß zahlreicher Intellektueller und auch die Eifersucht einiger Vertreter der religiösen Orden und hoher Prälaten auf sich, so daß die reformerischen Fürsten die Auflösung der Gesellschaft forderten. Der Papst mußte sich sofort mit der Jesuitenfrage beschäftigen, die von einer Lösung aber noch weit entfernt war. Die Jesuiten waren aus fast allen europäischen Ländern vertrieben. Es häuften sich zahllose Verleumdungen und falsche Anklagen. Seit 1762 betonte das Parlament von Paris, der Orden des hl. Ignatius sei für jeden Staat unannehmbar, weil er dem Naturrecht widerspreche. Alle Versöhnungsversuche, die der Papst unternahm, waren vergeblich, und auch die Wiederaufnahme der Beziehungen zu Frankreich und Portugal blieb ergebnislos, weil die bourbonischen Höfe weiter die Auflösung forderten. Dies befürworteten auch viele Kardinäle, und der spanische Außenminister Giuseppe Monino drohte sogar mit einem Schisma.

Angesichts dieses Dilemmas und in der Absicht, zu retten, was zu retten war, unterzeichnete Clemens XIV. am 21. Juli 1773 nach vier Jahren nutzlosen Widerstands das Breve *Dominus ac Redemptor*, in dem er die Aufhebung der Gesellschaft verfügte. Das päpstl. Dokument erkannte dennoch ihre Verdienste an und lehnte Anklagen gegen die Mitglieder ab, insbesondere jene gegen ihr Verhalten und ihre Lehre. Der Papst tat diesen schwerwiegenden Schritt, um ein Schisma zu vermeiden und der Kirche Frieden zu schenken, während ihm im übrigen seine Ohnmacht gegenüber dem massiven Druck klar war. Das Breve wurde von allen Souveränen Europas angenommen, mit Ausnahme von Katharina II. von Rußland und Friedrich II. von Preußen, obwohl er den Papst hochschätzte. Die Jesuiten konnten damit in jenen beiden nicht katholischen Ländern ungestört verbleiben, wo sie im übrigen auch sehr blühende Kollegien führten.

Clemens XIV. zeichnete sich auch als Verwalter der päpstl. Finanzen aus. Er ließ die Häfen von Ancona und Civitavecchia restaurieren und gründete das Museum, das von seinem unmittelbaren Nachfolger bereichert, den Namen Museo Pio Clementino (→) erhielt.

Er starb am 22. September 1774 nach der Überlieferung einiger Zeitgenossen durch Gift. Andere wiederum schildern, daß er in seinen letzten Stunden vom hl. Alfons Maria von Liguori betreut wurde. Er wurde zunächst in St. Peter beigesetzt, dann Anfang 1802 in die Basilika der hl. Apostel transferiert, wo Canova für ihn ein Grabmal geschaffen hatte.

Bibl.: M. Rosa, in *Dizionario biografico degli Italiani*, 26, S. 343–363, mit Bibl.; G. Montanari, *Fra Lorenzo Ganganelli maestro di teologia*, in *Studi romagnoli*, 34 (1983), S. 295–312; G.L. Masetti Zannini, *Romagna e romagnoli tra i „brevi" di Clemente XIV.*, ebd. S. 313–340; G. Parisciani, *Gianvincenzo e Lorenzo Ganganelli „figli" del convento di Urbino. Due opposte vicende*, Ancona 1988.

N. Del Re

Cletus

Papst, Hl. → Anaklet I.

Coelestin I.

Papst, Hl. Gewählt am 10. September des Jahres 422 als Nachfolger von Bonifatius I. machte er sich sofort nach Amtsantritt an die Wiederherstellung der Lehre und Disziplin und ließ u. a. die novatianischen Kirchen schließen sowie mit extremen Nachdruck die pelagianischen und semi-pelagianischen Irrtümer sowie die Irrlehre des Nestorius bekämpfen. Zu diesem Zweck berief er eine Synode in Rom im Jahr 430 ein und ein Jahr später das Konzil von Ephesus. Synode und Konzil verurteilten beide die Theorie der zwei unterschiedlichen Personen in der Gestalt Jesu Christi, die Definition der göttlichen Mutterschaft Mariens und die Irrlehre des Nestorius. In verschiedenen Briefen, gerichtet an den Kaiser, an den neuen Patriarch von Konstantinopel Maximian und an die Gemeinden der Gläubigen hob der Papst den Sieg über die Feinde der Wahrheit und über die falschen Lehren, die in der Kirche kursierten, hervor. Um den Pelagianismus zu bekämpfen, sandte er außerdem den Bischof Germanus von Auxerre nach Britannien und Palladius nach Irland, der dort der erste Bischof wurde. Papst Coelestin stand in Briefkontakt mit dem hl. Augustinus, durch den Nachrichten über Unstimmigkeiten zwischen dem Papst und der afrikanischen Kirche überliefert sind.

Schließlich erwarb sich Coelestin I. Verdienste durch die Restaurierung der *Basilica Giulia*, der heutigen Kirche *S. Maria in Trastevere* und durch den Bau der Kirche *S. Sabina* auf dem Aventin. Er starb am 27. Juli 432 und wurde im Priscilla-Friedhof an der *Via Salaria* beigesetzt, sein Grabmal schmücken Fresken mit Themen des Konzils von Ephesus. Um das Jahr 817 ließ Papst Paschalis I. die sterblichen Überreste in die Basilika von *S. Prassede* überführen.

Bibl.: I. Daniele, in *Bibliotheca Sanctorum*, III, Sp. 1096–1100; H. J. Vogt, *Papst Coelestin und Nestorius*, in *Konzil und Papst. Festgabe für Hermann Tüchle*, Paderborn 1975, S. 85–101.

C. Coccoli

Coelestin II.

Papst. Er gehörte zu einer adeligen Familie aus Città di Castello, trug den Namen Guido (oder

Wido) und war Kanoniker des Kathedralkapitels von S. Florido, als er von Papst Honorius II. 1127 zum Kardinal erhoben wurde. In der doppelten Papstwahl vom 14. Februar 1130 gehörte er zu den Wahlmännern von Innozenz II. gegen den Antipapst Anaklet II. Im Vorfeld seiner eigenen Wahl führte er zahlreiche schwierige Missionen aus, die ihm in den historischen Akten den Namen *„Wido Sancte Romane Ecclesie indignus sacerdos“* eintrugen. Nur zwei Tage nach dem Tode Innozenz' II. wurde Guido einstimmig gerufen, seine Nachfolge anzutreten. Dies geschah am 26. September 1143. Er wählte den Namen Coelestin II. Sein Pontifikat dauerte jedoch nicht einmal ein halbes Jahr, genügte aber, um die Frage der Bischofswahlen in Frankreich zu lösen, Verhandlungen mit dem König von Sizilien einzuleiten sowie dem Königreich England Frieden zu bescheren. Außerdem erweiterte er in bemerkenswerter Weise das Hl. Kollegium, indem er am 17. Dezember 1143 auf einen Schlag zehn neue Kardinäle kreierte. Er starb am 8. März 1144 und ist in der Lateranbasilika neben Papst Honorius II. beigesetzt. Es ist noch zu erwähnen, daß unter seinem Pontifikat die sog. *Prophezeiungen des Malachias* ihren Anfang nahmen. Es handelt sich um das bekannte Kompendium von 112 Viten oder Charakteristika der nachfolgenden Päpste bis hin zu Petrus II., unter dessen Pontifikat der Weltuntergang stattfinden soll.

Bibl.: D. Girgesohn, in *Dizionario biografico degli Italiani,* XXIII, S. 388–392, mit Bibl.

C. Coccoli

COELESTIN II., GEWÄHLTER PAPST

Gewählter Papst. Es handelte sich um Tebaldo Buccapecus, ein Römer, der als Kardinalpriester von *S. Anstasia* am 15. Dezember 1124 zum Nachfolger von Papst Calixtus II. gewählt worden war. Kaum hatte er jedoch die Päpstl. Insignien und den Namen übernommen, als Roberto Frangipane mit seinen bewaffneten Gefolgsleuten in die Kirche von *S. Pancrazio* im Lateran eindrang, wo gerade das *Te deum* über die erfolgte Papstwahl gesungen wurde. Kurzerhand ließ er den Kardinalbischof von Ostia, Lamberto di Fiagnano, per Akklamation mit dem Namen Honorius II. zum Papst wählen. Der rechtmäßig gewählte Papst Coelestin II. – es handelte sich also nicht um einen Gegenpapst – verzichtete sofort auf sein Amt, um einem möglichen Schisma entgegenzuwirken und leistete Papst Honorius den Gehorsamseid, der sich erst nach einer neuen Wahl zu seinen Gunsten letztendlich doch zum Papst einsetzen ließ.

N. Del Re

COELESTIN III.

Papst. Sohn von Pietro di Bobo und Bruder des Haupterben der Orsini-Familie. Sein Name war zunächst Giacinto Bobone. Er wurde um 1106 in Rom geboren, studierte in Paris unter dem berühmten Abaelard gemeinsam mit Guido aus Città di Castello, dem zukünftigen Papst Coelestin II., durch den er im Jahr 1144 in *S. Maria in Cosmedin* zum Kardinal kreiert wurde. In seinem fast 50jährigem Kardinalat führte er zahlreiche diplomatische Missionen durch, u.a. hielt er sich zweimal als Päpstl. Legat in Spanien auf (1154–56, 1172–74). In der Zwischenzeit tat er Dienst unter Kaiser Friedrich Barbarossa, der ihm gegenüber eine ausgesprochene Konzilianz entwickelte, und in Frankreich von 1162– 1165. Nach dem Tode von Papst Clemens III. wurde er am 30. März 1191 Papst mit dem Namen Coelestin III. Zu dieser Zeit war er bereits 85 Jahre alt. Seine erste Amtshandlung war die Krönung König Heinrichs VI. von Schweden in der Petersbasilika, den er in der Folge vergeblich an der Eroberung des sizilianischen Königreichs zu hindern suchte. Kaiser Heinrich ließ sich nach dem Tode des Königs Tancredi von Altavilla 1194 zu einer radikalen Repression jeglicher Art von Opposition hinreißen, wobei zahlreiche bürgerliche und kirchliche Persönlichkeiten unter dem Vorwand der Konspiration das Leben ließen. Weitere verbrecherische Handlungen riefen die tiefe Indignation des Pontifex hervor. Er war jedoch unfähig, mit angemessener Energie auf diese verabscheuungswürdigen Vorgänge zu reagieren. Wenig glücklich war der Papst auch in der Vermittlung zwischen Frankreich und England in einem Territorialkonflikt.

So war es nicht verwunderlich, daß dieser Papst trotz seiner Fähigkeiten, seiner soliden theologischen Grundlage und seiner überzeugenden Eloquenz später große Kritik erfuhr. Die Römer selbst waren weniger kritisch, weil ihnen einige Vergünstigungen zufielen und während seines Pontifikats auch die Kunst gefördert wurde. Ihm zu verdanken ist die Ausmalung der Kirche *S. Giovanni a Porta Latina* (der späteren Titelkirche von Kardinal Josef Frings) und die Herstellung der Bronzetore des Baptisteriums der Lateranbasilika. Außerdem billigte er die Errichtung des deutschen Ordens, dessen Ursprünge in Akri waren, mit dem Zweck die Pilger zu schützen, die sich in das Heilige Land begaben.

Unter den von Coelestin III. kreierten Kardinälen befand sich auch Cencio Savelli (der zukünftige Papst Honorius III.), Autor des *Liber censuum Ecclesiae Romanae* (→), eine Aufzeichnung der verschiedenen Kontribute von kirchlichen und laikalen Einrichtungen aus ganz Europa für die Gesamtkirche. Coelestin III. starb am 8. Januar 1198 und wurde in der Lateranbasilika begraben „*iuxta S. Mariam de Reposo*“, wie man in der Beschreibung der Lateranbasilika von Giovanni Diacono lesen kann.

Bibl.: V. Pfaff, in *Dizionario biografico degli Italiani*, 23, S. 392–398, mit Bibl.; K. Baaken, *Zu Wahl, Weihe und Krönung Papst Coelestins III.*, in *Deutsches Archiv für Erforschung des Mittelalters,* 41 (1985), S. 203–211.

A. Ilari

Coelestin IV.

Papst. Goffredo Castiglioni aus Mailand, Neffe Urbans III. mütterlicherseits, war Mönch in der Zisterzienserabtei von Hautecombe in Savoyen. Am 18. September 1227 wurde er von Papst Gregor IX. zum Kardinal kreiert, der ihn als Legat in die Toskana und dann in die Lombardei sandte. Dort handelte er die Entsendung von Miliz in die Gebiete des Kirchenstaates seitens der Kommunen aus, einen Waffenstillstand zwischen Padua und Treviso sowie eine Übereinkunft zwischen den verschiedenen Parteien in der Stadt Bergamo. Außerdem organisierte er in der Stadt Lodi eine Synode mit der Beteiligung fast aller lombardischen, piemontesischen und ligurischen Bischöfe. Nach dem Tode von Gregor IX. (22. August 1241) wurde Castiglioni am 25. Oktober 1241 zum Papst gewählt und nahm den Namen Coelestin IV. an. Er starb jedoch nach nur siebzehn Tagen seines Pontifikats am 10. November des gleichen Jahres, so daß er noch nicht einmal zum Papst gekrönt werden konnte. Er ist im Petersdom beigesetzt.

Bibl.: A. Paravicini Bagliani, in *Dizionario biografico degli Italiani,* 23, S. 398–402, mit Bibl.

A. Ilari

Coelestin V.

Hl., Papst. Pietro del Morrone stammte aus einfacher Familie und wurde in S. Angelo di Macchia di Iserna 1209/1210 geboren. Als Fünfzehnjähriger trat er in das Benediktinerkloster von *S. Maria di Faifola* ein, beschloß aber in relativ kurzer Zeit das Leben eines Eremiten auf dem Berg Palleno zu führen. Im Jahr 1238 erhielt er die Priesterweihe in Rom, siedelte danach zunächst einmal auf dem Monte Morrone in der Nähe von Sulmona, um dann jedoch nach Maiella zu gehen, wo er im Jahre 1246 eine eremitische Mönchsgemeinschaft beim Oratoriun zum Heiligen Geist gründete. Diese wurde 1263 von Papst Urban IV. als Benediktinerorden anerkannt. Mit Billigung Papst Gregors X. (1274) gründete er seinen eigenen Orden der *„Fratelli dello Spirito Santo"* (Brüder des Hl. Geistes), der sich schnell vergrößerte und auch außerhalb der Abruzzen in Apulien und im Latium ausbreitete. Da er aber die Einsamkeit liebte, verzichtete Fra Pietro auf das Priorat. 1286 setzte er sich nach verschieden Pilgerfahrten am Westteil des Monte Morrone fest, wo er 1293 die Eremitenabtei *S. Onofrio* gründete. Hier erreichte ihn völlig unerwartet die aufsehenerregende Nachricht seiner Berufung auf den päpstl. Thron, die einstimmig am 5. Juli 1294 auf Vorschlag von Latino Malabranca im Konklave erfolgte. Das Konklave hatte nach dem Tod von Papst Nikolaus IV. (4. April 1292) in Perugia ca. 27 Monate gedauert.

Ob die Wahl aufgrund der anerkannten Heiligkeit Pietros del Morrone erfolgte oder vielleicht nur ein politischer Schachzug des Königs von Neapel, Karl II. von Anjou, war, muß offenbleiben – jedenfalls wollten die Kardinäle ein geistliches Oberhaupt, einen *„papa angelico"*. Der vom Einsiedler zum Papst erhobene nannte sich Coelestin V. Leider wurde er schon bald das Opfer von politischen Manövern, indem er, statt sich zu den in Perugia wartenden Kardinälen zu begeben, dem König zur Papstkrönung nach Aquila folgte. Er akzeptierte auch die Einladung, sich mit der Kurie in Neapel niederzulassen und kreierte auf Druck des Königs von Neapel zwölf neue Kardinäle, unter ihnen sieben dem König wohlgesinnte Franzosen. Außerdem übertrug er die Verwaltung des Erzbistums von Lyon an Ludwig von Anjou, dem zwanzigjährigen Sohn Karls II. Papst Coelestin stiftete zahlreiche Gaben und kirchliche Privilegien, ohne die Geldgier der Empfänger zu beachten. Umfangreiche Privilegien erhielten der von ihm gegründete Orden sowie die von Pietro di Macerata und Angelo Clareno geleiteten *Francescani ribelli*, denen er eine vom Orden getrennte Kommunität zu gründen gestattete, die sich *Poveri eremiti di Celestino* nannten.

Trotz seiner Unbescholtenheit war sich Papst Coelestin relativ schnell der Gefahren bewußt, der die Kirche aufgrund seiner Regierungsunfähigkeit, seiner politischen Unerfahrenheit und seiner Schwäche ausgesetzt war. Ein Gedicht von Jacopone da Todi beweist, wie sehr der Papst dem Spott ausgesetzt war: „Was machst Du, Peter von Morrone?/ Deine Arbeit hast Du im Himmel verrichtet, während die Welt von Dir betrogen wurde, nimmt der Fluch seinen Lauf" (Vgl. *Lauda 74* Ed. F. Mancini Bari 1974, S. 218). Nach gründlichem Nachdenken beschloß er, die Tiara niederzulegen und sich in die Abgeschiedenheit eines Eremiten zurückzuziehen. Er teilte den Kardinälen seinen unwiderruflichen Beschluß des Rücktritts vom Pontifikat mit und berief mit ihrer Zustimmung für den 13. Dezember 1294 ein Konsistorium ein. Mit fester Stimme verlas er den Akt der Demission: „Ich, Coelestin V., bewegt von legitimen Gründen, aus der Notwendigkeit der Demut, der moralischen Perfektion und aus Gewissensgründen, aber auch aus der Schwäche des Körpers, wegen der Unfähigkeit zum Lehramt, wegen der Schwäche meiner gesamten Person und schließlich um den Frieden und die Versöhnung mit meinem früheren Leben wieder zu erlangen, trete ich aus freiem Willen vom Pontifikat zurück und verzichte ausdrücklich auf den Thron, auf die Würde, auf das Amt und auf die Ehre, indem ich von diesem Moment an die volle und freie Macht an das hl. Kollegium der Kardinäle übergebe, nach kanonischem Recht einen neuen Hirten für die Universalkirche zu wählen“. Und um für künftige Zeiten jeden Zweifel über die Möglichkeit eines Papstes zum Rücktritt auszuräumen, erließ er in Übereinstimmung mit den anwesenden Kardinälen in feierlicher Weise das Dekret *Romanum Pontificem posse libere resignare*, das unmittelbar nach seiner Wahl von seinem Nachfolger Bonifatius VIII. bestätigt worden ist, der es einfügte in seinem *Liber sextus* (C. I, *De renuntiatione*, I, 7), die Sammlung der Gesetzestexte, die von ihm im Jahr 1298 promulgiert wurde.

Der Verzicht auf die Tiara seitens Coelestin V. ist zu damaliger Zeit wie heute in verschiedenster Weise interpretiert und beurteilt worden. Die Meinungen gehen von einem negativen Urteil aus, wie dem des großen Dichters Dante, der in einem zurückgetretenem Papst „denjenigen sieht, der aus Feigheit diese Verweigerung beging“ (Inf., III, 59–60; obwohl diese kritische Meinung heute von Wissenschaftlern dem in Dantes Schatten stehenden Kardinal Matteo Rosso Orsini zugeschrieben wird, der im ersten Wahlgang für Coelestins Nachfolge gewählt, die Wahl jedoch ablehnte.) Zu einem positiven Urteil kam der Dichter Petrarca, der den Rücktritt als ein „Factum“ bewertete, das „aus einem freien Entschluß und aus einer Seele kommt, die sich nicht unterjochen ließe und wirklich himmlisch war“ (*De vita solitaria,* II, 18). Nachdem er den päpstl. Mantel abgelegt und die einfache Mönchskutte umgelegt hatte, fand Pietro di Morrone jedoch nicht die von ihm so ersehnte Ruhe und den Frieden eines Eremiten. Sein Nachfolger Bonifatius VIII., gewählt am 24. Dezember 1294, ließ ihn nach einem Versuch der Emigration nach Griechenland in die antike Festung von Fumone (Frosinone) einsperren, wo er am 19. Mai 1296 verstarb. Nicht richtig ist das Gerücht, daß er eines gewaltsamen Todes starb. Er wurde zunächst in Ferentino in der Kirche *S. Antonio fuori le mura* beerdigt. Im Jahre 1327 wurden die Gebeine des ehem. Papstes von den Ferentinern selbst aus Gründen größerer Sicherheit in die Stadtkirche *S. Agata* überführt, von wo sie jedoch von Coelestinermönchen gestohlen und nach Aquila gebracht wurden. Die Gebeine wurden in der dortigen Kirche *S. Maria dei Collemaggio* beigesetzt, nachdem bereits 17 Jahre nach seinem einsamen Tod vergangen waren. Im Jahr 1313 hatte jedoch bereits Papst Clemens V. die feierliche Heiligsprechung seines Vorgängers veranlaßt, indem er den zur Ehre der Altäre erhob, der von seinem hohen Thron heruntergestiegen war – in vollem Bewußtsein dessen, daß er damit dem höchsten Gut der Kirche gedient hat.

Bibl.: P. Herde, in *Dizionario biografico degli Italiani*, 23, S. 402–415, mit Bibl.; *Coelestin V, 1294 (Peter von Morrone), der Engelpapst* , Stuttgart 1981; Ch. T. Wood, *Celestin V Boniface VIII and the authority of Parliament*, in *Journal of medieval history*, 8 (1982), S. 45–62; O. Gurgo, *Celestini V*, Milano 1982; L. Pellegrino, *Celestino V tra agiografia e storia* in *Bullettino della Deputazione abruzzese di storia patria*, 72 (1982), S. 345–364; E. Del Signore, *Non fu di Celestino V il „gran rifiuto“*, Roma 1984; *Celestino V papa angelico. Atti del 2 Convengo storico internazionale (L'Aquila. 26–27 agosto 1987)*, L'Aquila 1988; *San Pietro del Morrone; Celestino V nel medioevo monastico. Atti del Convengo storico internazionale, L'Aquila 26–27 agosto 1988,* L'Aquila 1989.

N. Del Re

COLLEGIUM CULTORUM MARTYRUM

Aus den religiösen Versammlungen, die einige junge Schüler des bekannten röm. Archäologen Giovanni Battista De Rossi (1822–1894) seit 1871 in den Calixtus-Katakomben abhielten, entstand der Gedanke an die Bildung einer Vereinigung mit dem zweifachen Ziel, das Studium der Katakomben und die Förderung des Kultes der heiligen Märtyrer zu pflegen. Diese Erneuerung sollte nicht nur in den römischen Katakomben, sondern auch dort gefördert werden, wo der Kult in Vergessenheit geraten war.

So trat am 2. Februar 1879 das *Collegium Cultorum Martyrum* ins Leben, wie die Bruderschaft genannt wurde, die ihren ersten Sitz in einem bescheidenen Raum des Deutschen Kollegs im Vatikan fand, den der Rektor des *Campo Santo Teutonico* (→), Msgr. Anton De Waal, zur Verfügung gestellt hatte. 1884 wurde die *Lex Collegii* veröffentlicht, die Stevenson nach dem Vorbild der Lex des alten Bestattungskollegiums von Lanuvium aus dem Jahre 133 n. Chr. erarbeitet hatte. Es folgte eine Satzung, deren letzte Ausgabe aus dem Jahr 1970 stammt.

Das *Collegium Cultorum Martyrum* besteht aus einer nicht festgelegten Zahl von Sodalen, die alleine mit entscheidendem Stimmrecht an allen Versammlungen teilnehmen; es gibt aber auch assoziierte Mitglieder, auch Frauen sind zugelassen. Die Bruderschaft wird geleitet von einem Rat aus sieben Kuratoren. Der Vorstand besteht aus einem Präsidenten, einem Priester für die Gottesdienste, dem Sekretär, dem Schatzmeister und dem Prokurator, der die Agapefeiern ausrichtet, mit denen die Sodalen an das brüderliche Verhalten der ersten Christen erinnern wollen. Derzeit hat das Collegium seinen Sitz beim Institut für Christliche Archäologie in Rom (Via Napoleone III. 1), mit dem es auch im Sinn eines Motu Proprio Pius' XI. vom 11. Dezember 1925 koordiniert ist.

Bibl.: Collegium Cultorum Martyrum, Primo exeunte Saeculo 1879–1979, Vatikanstadt 1980.

N. Del Re

Colonna degli Ossessi

→ Säule der Besessenen

Confessio

So wird der Papstaltar (→) des Petersdoms genannt, weil er sich über dem Grab des Apostels Petrus befindet und an sein Martyrium (confessio) erinnert. Er steht unter der grandiosen Kuppel des Michelangelo, doch nicht im Zentrum der Basilika, sondern zur Apsis hin verschoben. Er wurde 1594 durch Clemens VIII. konsekriert, der darin die früheren Altäre der alten Basilika einschließen ließ, nämlich die des hl. Gregor (590–604) und Calixtus I. (217–222). Gian Lorenzo Bernini fügte 1633 nach zehn Jahren harter Arbeit den Baldachin (→) in Bronze hinzu, ein triumphales Werk des Barock. Der Altar wurde aus einem großen Marmorblock auf dem Forum der Nerva herausgehauen und ist den Gläubigen zugewandt, also nach Osten ausgerichtet, zur aufgehenden Sonne hin, wie es in den frühchristlichen Basiliken üblich war.

Unter dem Altar befindet sich die Krypta, mit vielfarbigem Marmor geschmückt, ein Werk von Carlo Maderno und Martino Ferrabosco, umgeben von einer halbkreisförmigen Balustrade, geziert von den Flammen, die hier ständig in den Bronzelampen ringsum brennen. Im Zentrum liegt die „Pallium-Nische", wo in einer von Benedikt XIV. (1740–58) geschenkten Bronzeurne sich die leichten weißen Stolen mit eingestickten schwarzen Kreuzen befinden, die aus der Wolle der am Feste der hl. Agnes gesegneten Lämmer gewebt sind und Symbole der Würde der Erzbischöfe und Metropoliten darstellen. Sie werden über dem Grab des hl. Petrus aufbewahrt, um die tiefe Verbindung anzudeuten, die die verschiedenen Kirchen mit dem Apost. Stuhl eint.

Die Nische, die im Hintergrund ein Mosaikbild des Erlösers zeigt und ins 9. Jh. zurückreicht, ist durch ein künstlerisch gearbeitetes und verziertes Bronzegitter geschützt, das im unteren Teil eine silberne Tür aufweist, die direkt mit dem darunter liegenden Grab des Apostels Petrus verbindet. Im oberen Teil der Nische ist ein Rest des Verschlusses zu sehen, den Innozenz III. (1198–1216) angebracht hatte, und der mit kostbaren Edelsteinen aus der berühmten Schule von Limoges geschückt war. Einige von ihnen werden heute im *Museum für Sakralkunst der Vatikanischen Bibliothek* (→) aufbewahrt. Früher war dieser kostbarste Ort der Basilika, unter dem die Überreste des Apostelfürsten aufbewahrt wurden, von einer goldenen Tafel geschützt, die Kaiser Valentinian im 5. Jh. gestiftet hatte. Sie wurde von den Sarazenen bei der Plünderung des Jahres 846 mitgenommen. Später ließ Leo IV. (847–855) eine andere, ebenfalls goldene Tafel anbringen, die ihrerseits 1167 den Soldaten des Barbarossa zur Beute fiel.

Gegenüber der Nische stand die Statue Pius' VI. (1775–99), eines der letzten Werke des Antonio Canova. Sie stellte den knieenden Papst im Gebet vor der Confessio dar. Kürzlich wurde sie in den Vatikanischen Grotten (→) aufgestellt.

Bibl.: A. Lipinsky, *La Confessione Beati Petri; sacra testimonianza della cattolicità*, in *L'Illustrazione Vaticana*, 8 (1937), S. 617–622.

G. Morello

CONGRESSO

Eine Art „Führungsstab" beim jeweiligen Dikasterium der Röm. Kurie (→), der regelmäßig zusammenkommt. Der „Kongreß" setzt sich zusammen aus dem Leiter des Dikasteriums, aus dem Sekretär, dem Untersekretär und dem Untersekretär der entsprechenden Sektion (falls das Dikasterium in verschiedene Sektionen aufgeteilt ist), aus den Büroleitern und deren Beisitzern sowie weiteren Beamten, falls es vom einzelnen Dikasterium nicht anders vorgesehen ist. Gemäß Art. 103 des letzten *Regolamento generale della Curia Romana,* gebilligt und promulgiert am 4. Februar 1992 (AAS, LXXXIV [1992], S. 201–267), ist der Vorsitzende des „Congresso" der Leiter des Dikasteriums oder im Falle seiner Abwesenheit der Sekretär. Das Leitungsgremium hat die Aufgaben: a) bestimmte Fragen zu prüfen und sowohl sofortige Entscheidungen zu treffen als sie auch der Plenarversammlung, dem interdisziplinären Gremium, oder direkt dem Papst zur Billigung vorzulegen; b) festzusetzen, daß verschiedene Vorlagen an die Konsultoren (→) oder anderen Fachleuten weitergegeben werden, falls es besonderer Studien bedarf oder entsprechende Sitzungen der *Consulta* bevorstehen; c) über entsprechende Rechtsfragen, Ausnahmeregelungen und Gnadenerweise zu befinden.

Zum Zwecke einer gültigen und legitimen Versammlung des „Congresso" genügt die Teilnahme von wenigstens zwei der drei mit jurisdiktionellen Befugnissen ausgestatteten Leitungsmitgliedern des Dikasteriums sowie die des Büroleiters und des für den entsprechenden Vorgang zuständigen Referenten. Nach Art. 104 des erwähnten *Regolamento* müssen vom „Congresso" jede Art von Zweifelsfällen an den Päpstl. Rat für die Interpretation der Gesetzestexte (→) gerichtet werden.

N. Del Re

CONSULTA DES STAATES DER VATIKANSTADT

Dieser Rat (*Consulta*) wurde von Papst Paul VI. mit dem Motu Proprio *Una struttura particolare* am 28. März 1968 (AAS, Suppl. XL [1968], Nr. 2) gegründet und hat die Aufgabe, der

„Päpstl. Kommission für den Staat der Vatikanstadt“ (→) als Konsultativorgan zur Seite zu stehen. Er ist mit der Lösung bestimmter, die Vatikanstadt betreffender Probleme beauftragt und soll Gutachten erarbeiten, die für die Regierung des Staates von Nutzen sein können. Vorsitzender ist *ipso iure* der *Delegato speciale* des Staates der Vatikanstadt. Der Rat setzt sich zusammen aus 24 Mitgliedern, ausgewählt aus Laien, die sich gegenüber dem Apost. Stuhl besondere Verdienste erworben haben und über spezielle Fachkompetenz verfügen. Ausdrücklich wird in Art. 5 des Motu Proprio festgehalten, daß diesem Beratungsorgan keine Amtsträger des Staates der Vatikanstadt oder sonstige bezahlte Angestellte angehören dürfen. Der *Consulta* gehören auch fünf Ehrenmitglieder an, die in der Regel außerhalb Roms wohnen.

Die Konsultoren arbeiten ehrenamtlich und werden für fünf Jahre vom Papst ernannt, können jedoch in ihrem Amt bestätigt werden. Sie sind Mitglieder der „Päpstl. Familie“ (→). Die *Consulta* tritt in der Regel alle drei Monate zusammen, kann aber zu außerordentlichen Sitzungen zusammengerufen werden, wenn ihr die Päpstl. Komm. für den Staat der Vatikanstadt Probleme von besonderer Dringlichkeit vorlegen möchte. Die *Consulta* kann auch Kommissionen zur Prüfung einzelner Fragen bilden. Zur Gültigkeit der Beschlußfassung ist die Anwesenheit von mindestens der Hälfte ihrer Mitglieder erforderlich. Beschlüsse sind mit absoluter Stimmenmehrheit zu fällen. Als Sekretär der *Consulta* fungiert der Chef der Rechtsabteilung des Staates der Vatikanstadt.

N. Del Re

CORNELIUS

Papst. Hl. Er war röm. Presbyter. Nach der heftigen Christenverfolgung des Kaisers Decius, dessen Opfer auch Papst Fabian wurde, war die schnelle Wahl eines Nachfolgers unmöglich. Erst nach einer einjährigen Sedisvakanz (→) wurde Cornelius im Jahr 251 von einer Mehrheit zum Papst gewählt. Wegen seiner zu sanften Bußpraxis gegenüber den während der Christenverfolgung Abgefallenen erhob ein Teil des röm. Klerus den rigorosen Novatian zum Gegenpapst. Sowohl Cornelius als auch der Antipapst richteten Schreiben an die verschiedenen Kirchen und teilten ihre Wahl mit. Dadurch entstand eine solche Konfusion, daß sich einige Bischöfe veranlaßt fühlten, Boten nach Rom zu schicken, um sich ein Bild von der Situation zu machen. Cornelius erlangte aber die Anerkennung von 60 Bischöfen, die auf einer röm. Synode im Jahr 251 seine Bußpraxis bestätigten. Novatian wurde aus der Kirche ausgeschlossen. Ausführlich hat Cornelius darüber mit den Kirchen von Alexandrien, Antiochien und Karthago korrespondiert, wobei er in einem Brieffragment an den Bischof von Antiochien die sieben Weihegrade des röm. Klerus darlegte. Opfer neuer Christenverfolgungen unter Kaiser Gallus wurde Papst Cornelius selbst, den man ins Exil nach *Centrumcellae* (dem heutigen Civitavecchia) verbannte. Dort starb er wahrscheinlich eines natürlichen Todes im Juni 253. Sein Leichnam wurde nach Rom gebracht und auf dem Friedhof der Calixtus-Katakomben beigesetzt.

Bibl.: G. D. Gordini/R. Aprile, in *Bibliotheca Sanctorum*, IV, Sp. 182–189; M. Bévenot, *Cyprian and his recognition of Cornelius*, in *The Journal of theological studies*, 28 (1977), S. 346–359.

C. Coccoli

CORTILE BORGIA

Der Borgiahof oder „Hof der Eisentüre“ ist der zweite einer Reihe von drei „historischen“ Höfen (der Papageienhof, der Borgiahof und der Hof der Wachen), um die sich der älteste

Teil der vatikanischen Paläste anordnet. Sie sind auf der Anhöhe eines kleinen Hügels errichtet, der von den Quellen als *Mons saccorum* (Berg der Plünderungen) zitiert wird und im Norden der vatikanischen Basilika eine dominante Stelle einnahm. Um die Kirche und daher auch in der hier angesprochenen Zone waren wahrscheinlich bis zum 4. Jh. die zur Basilika gehörenden Dienstgebäude angesiedelt. Da der Lateran die offizielle Residenz der Päpste war, hatten diese Gebäude bescheidene architektonische Ausmaße und Merkmale. Nur die Konstruktion des von Leo IV. (847–855) in Auftrag gegebenen *Passetto* (→) (überdachter, bewehrter Laufgang) brachte eine gewisse bauliche Entwicklung in Gang. Mit Beginn des 13. Jh. begann unter dem Pontifikat Innozenz' II. (1198–1216) in diesem Gebiet eine besonders die Residenzen der Päpste betreffende Bautätigkeit. Das Bauprojekt des Papstpalastes wurde von den nachfolgenden Päpsten – insbesondere Nikolaus III. (1277–80) – nach mehr oder weniger übereinstimmenden Plänen durchgeführt und hatte unter der langen Unterbrechung des Exils in Avignon (1309–77) und der großen Kirchenspaltung (1378–1417) zu leiden. Die Bautätigkeit wurde von Nikolaus V. (1447–53) mit großer Entschlossenheit wiederaufgenommen. Der Palast wurde konzipiert mit vier um den Papageienhof angeordneten Baukomplexen, durch Ecktürme und weitere Befestigungen bewehrt. Das Karree des Bauwerks wurde im 15. Jh. geschlossen. Pius II. (1458–64) baute die vierte Seite, die gegenwärtig die Ostseite des Borgiahofs bildet. Auch die eckige Verteidigungsstruktur wurde nach dem Südostturm Nikolaus' II. und dem Nordostturm Bonifatius' VIII. in den letzten Jahrzehnten des 15. Jh. mit dem Bau der Sixtinischen Kapelle durch Sixtus IV. (1471–84) vollendet, die außer ihrer expliziten liturgischen Funktion auch eine defensive Funktion erfüllte, da sie eine Art Festung an der Südwestseite des Päpstl. Palastes bildete. Die Sixtinische Kapelle mit ihren hohen, steil abfallenden Mauern, mit ihren spärlichen Öffnungen, dem im oberen Teil angebrachten Rundgang, zinnengekrönt mit Maschikulis, bildet gegenwärtig die Südansicht des Borgiahofs. Ein Jahrzehnt später, zwischen 1492 und 1494, schloß Alexander VI. (1492–1509) mit dem vierten Turm die Verteidigungsanlage, dem sogenannten Borgiaturm an der Nordwestseite des Päpstl. Palastes. Der Turm unterscheidet sich in Ausrichtung und Achse von den bestehenden Gebäuden, ist jedoch in Größe und Lage auf den wuchtigen Bau der Sixtinischen Kapelle ausgerichtet. Als Rechteck (18 x 16,5 m) wurde er mit seiner Längsachse parallel zur Sixtinischen Kapelle gebaut, wodurch er die dritte, nördliche Seite des Borgiahofs bildet. Der Turm ist innen viergeschossig (Kellergeschoß, Erdgeschoß, Obergeschoß, Loggia). Die Öffnungen nach dem Hof zu sind unregelmäßig und folgen dem Innenaufriß. Der Zugang zum Turm war zu ebener Erde, eine Bogenöffnung mit Fassung und Bossenwerk in Travertin und mit einem (mit Bronze und Eisen beschlagenem) Türblatt in Holz. Dieser hat den älteren Namen geprägt, unter dem dieser Hof bekannt ist: Hof der Eisentüre.

Die vierte Seite des Hofs nach Westen wurde vermutlich zur gleichen Zeit errichtet. Es handelt sich um eine wuchtige Mauer, die den Hof schließt, die Sixtinische Kapelle und den Borgiaturm statisch verbindet und eine wichtige Verteidigungsfunktion übernimmt. Sie stellte ein dem Hof vorgestelltes Verteidigungsbollwerk dar.

Am Ende des 15. Jh. war die Raumaufteilung des Hofs endgültig festgelegt. Im 16. Jh. wurden nur kleinere architektonische Maßnahmen registriert, die die ursprüngliche Gliederung der Wände veränderten. Julius II. (1503–13) öffnete z. B. zwei große Spitzbogenfenster in der Ostwand des Hofs an der Stelle des ursprünglich pilastergerahmten Rundbogenfensters. Julius II. ließ eine Galerie errichten, die den Borgia-Turm mit der *Sala Regia* verband. Darüber hinaus öffnete er von der *Sala Regia* zum Borgiahof eine elegante *Serliana*, eine dreiflügelige Öffnung mit zentralem Rundbogen und architravierten Nebenflügeln, welche die durch den Borgia-Turm verschlechterten Lichtverhältnisse im Innern verbessern sollte. Paul II. (1534–49) beseitigte diesen Mißstand, indem er in der von Sangallo neu erbauten *Sala Regia* an der betreffenden Nordwand ein größeres und prächtiges röm. Thermenfenster einfügen ließ. Im späten 16. Jh. entstand schließlich an der Ostwand unter der Galerie Julius' II. eine zweite Galerie, um den Borgia-Turm mit der *Sala Regia* zu verbinden. Die Konsolen beim Turm tragen die Wappen des hl. Pius' V., die übrigen die Insignien Sixtus' V.

Bibl.: D. Redig de Campos, *I Palazzi Vaticani.*, Bologna 1967.

P. L. Lotti

CORTILE DEGLI ARCHIVI

Der Hof der Archive und der angrenzende Statuenhof existieren heute beide nicht mehr. Sie nahmen den Platz hinter dem *Nicchione* des Belvedere ein. An ihrer Stelle befinden sich heute der Rüstungshof und Wandelgang. Den Achteckhof bzw. Statuenhof hatte Bramante während der Arbeiten zur Anlage des Gebiets des Belvedere zwischen 1510 und 1513 für die Antikensammlung Julius II., den Kern des ersten päpstl. Museums, erbaut. Auf diesen Hof geht der Hof der Archive zurück. Die monumentale Front des Hofs bestand aus einem Bogengang mit Brunnen. Hinter dem Bogengang hatte Antonio da Sangallo d. J. für Clemens VII. einen Garten angelegt.

Pirro Ligorio riß 1560 den Portikus Bramantes ab, um hinter der großen Nische ein Gebäude zu errichten, das Ende des 18. Jh. mit in das Museum Pio-Clementino (→) einbezogen wurde. Dieses Gebäude entspricht heute im Erdgeschoß der südlichen Hälfte des „Saals der Tiere“ und auf der ersten Etage dem „Saal III“ oder „Saal der Bronzestatuen“ des Gregorianisch-Etruskischen Museums (→). An dieses erste Bauwerk fügte Ligorio am nördlichen Ende ein zweites, niedriges Gebäude an, das sich nach Westen erstreckte und während des Baus des Museums Pio-Clementino vollkommen zerstört wurde. Dieses Gebäude, das in der Ausrichtung dem gegenwärtigen „Saal der Musen“ entspricht, präsentierte sich in einer schlichteren architektonischen Gestalt. Es war eingeschossig und durch einfache rechteckige Fenster und Türen gegliedert. Der Bau wurde von einem quadratischen Turm begrenzt, der vermutlich zum von Nikolaus II. gebauten Bereich gehörte und sich über dem gegenwärtigen Eingang zu den Museen erhob. Ein drittes, ähnliches Bauwerk wurde im rechten Winkel angefügt. Die südliche Seite war jedoch von einer Mauer mit einem Portal geschlossen, das Zugang zu einer Allee der Gärten gewährte. Durch diese Veränderungen Pirro Ligorios wich der Garten einem von Gebäuden umschlossenen Raum. Nach verschiedenen Bestimmungen wurden um 1565 schließlich die Archive in den Hof verlegt. Ende des 18. Jh. wurden durch den Bau des Pio-Clementino Museums der Hof und die angrenzenden Gebäude zum großen Teil zerstört.

Bibl.: : J. S. Ackerman, *The Cortile del Belvedere,* Vatikanstadt 1954; D. Redig de Campos, *I Palazzi Vaticani.* Bologna 1967.

P. L. Lotti

Cortile del Belvedere

→ Belvederehof

Cortile del Maresciallo

Der Marschall der Hl. Röm. Kirche, Hüter des Konklave (→), bewohnte während der Sedisvakanz jene Wohnung, die auf einen Innenhof Ausblick hatte, der daher *Hof des Marschalls* genannt wurde. Dieser Hof ist trapezförmig und erstreckt sich zwischen dem älteren Kernbereich der Vatikanischen Paläste im Norden, dem Damasushof im Osten und dem *Braccio di Costantino* im Süden. Über Jahrhunderte war der Marschallhof ein wichtiger Knotenpunkt der Bewegungen innerhalb des Vatikan und hatte repräsentative Funktionen, die später der Damasushof erfüllte. Hier stiegen hohe Gäste des Papstes ab und formierten sich die Gefolge, um sich in die *Sala Regia* (→) zu begeben. Dies wird aus einem in den Uffizien erhaltenen, einen Teil des Vatikanischen Palastes darstellenden Entwurf ersichtlich (Dis. Arch. 287): Auf der rechten Seite erkennt man den Belvederehof, im Zentrum ist der ältere Kern der Paläste und auf der linken Seite der weite Raum zwischen den Palästen und der Basilika dargestellt. Es handelt sich um einen sehr weitläufigen Hof, zu dem man von einem Portal rechts der Fassade von Alt-St. Peter gelangte. Hinter dem Portal befand sich die Treppe, die die Sala Regia mit der Basilika verband. Wenn man unter ihr hinwegging, war es möglich, die Pferdeställe und andere Dienstgebäude des Vatikans zu erreichen. Auf der rechten Seite gab es ein System von Rampen, über die man zum Marschallhof aufstieg und von dort zu den anderen Repräsentationsräumen der Papstpaläste.

Eine andere Zeichnung in den Uffizien (Dis. Arch. 1333) zeigt uns im Einzelnen die Lage des Hofs vor der Umstrukturierung durch Sangallo. Es handelt sich um ein schmales unregelmäßiges Rechteck mit vorherrschender Ost-West-Orientierung. In der Süd-West-Ecke war der Treppenturm *(turris scalarum)* gelegen, von dem aus das ganze System der Zugänge zum Palast geregelt wurde. Die Südseite wurde von einem durch Paul II. (1464–71) erbauten, großen Portikus eingenommen, der sich zum Hof zu mit sechs Arkaden öffnete, die auf achteckige Pfeiler gestützt waren und auf den unteren Hof durch sechs Fenster Ausblick hatten. Auf der Ostseite war die Treppe Innozenz' VIII. gelegen, die Zugang zur Papstwohnung gewährte. Bramante ersetzte sie durch ein System von Zugängen und Rampen, wodurch es möglich war, zu den verschiedenen Etagen des Palastes auch zu Pferd zu gelangen. Nach Norden lag der ältere Kern der Vatikanischen Gebäude mit der *Sala Ducale* auf der ersten Etage und der *ferraria* zu ebener Erde. Nach Osten war schließlich die alte Marschalltreppe angelegt, ein enger Gang, der es ermöglichte, direkt zur *Sala Regia* zu gelangen. Auch auf der Ostseite konnte man die Apsis der Kapelle des hl. Nikolaus sehen, die wahrscheinlich unter Bonifatius VIII. (1294–1305) erneuert worden war und den Raum zwischen der Marschalltreppe und der *Sala Ducale* mit Kreuzgewölben überspannte. Die St. Nikolaus Kapelle, mit Werken Donatellos und Fra Angelicos, sollte eine wesentliche Rolle im Tagesablauf des Palastes spielen, da dort während der Konklave die Papstwahlen stattfanden. Insgesamt zwölf Päpste wurden dort gewählt, dort nahm auch der Papst Abschied von im Vatikan beherbergten Souveränen.

Das auf den Marschallhof zentrierte System wurde während der Umstrukturierung durch Antonio da Sangallo d. J. zwischen 1538–40 unter dem Pontifikat Pauls III. wesentlich geändert. Die Arbeiten umfaßten den Bau einer neuen und größeren Marschalltreppe einhergehend mit der Zerstörung der St. Nikolaus Kapelle, deren Funktionen auf die neue *Cappella Paolina* (→) übertragen wurden. Auch der Königssaal wurde umgebaut sowie die für das öffentliche Konsistorium bestimmte *Sala Ducale* von Grund auf restauriert. Im Mittelpunkt dieser Arbeiten stand der Marschallhof, dessen Nordwand von Sangallo durch eine Böschung verstärkt wurde, um den darüber liegenden Fürstensaal zu stützen. Zur Umgestaltung des länglichen Raums des alten Hofs wurde der Portikus Pauls II. abgerissen, wobei jedoch die sechs Arkaden in zwei neuen Gebäudeteilen wiederverwendet wurden (zwei an der Westwand und vier an der Ostwand). Der neue Hof erhielt die klassischeren Proportion eines Quadrats. In dieser verbesserten architektonischen Gestalt erfüllte der Hof seine Repräsentationsfunktion noch einige Jahrzehnte, bis sie gegen Ende des 15. Jh. von dem neuen Damasushof übernommen wurden. Mit dem Bau des *Braccio Costantino* durch Bernini zwischen 1663 und 1665 wurde der Marschallhof auch sichtbar vom Dialog mit der Stadt ausgeschlossen.

Bibl.: D. Redig de Campos, *I Palazzi Vaticani,* Bologna 1967.

P. L. Lotti

Cortile del Pappagallo

Der Papageienhof ist der innerste und älteste der Vatikanischen Höfe. Er war der ursprüngliche Kern, um den sich seit dem Mittelalter die Anlage der heiligen Paläste gruppierte. Zahlreiche Archivdokumente und entsprechende Untersuchungen haben es ermöglicht, diesen Ort als die Kuppe eines Hügels zu identifizieren, der im Mittelalter als *Mons saccorum* zitiert wurde. Er erhob sich nördlich von St. Peter und war von der Leoninischen Mauer umgeben. Hier hatte Innozenz III. (1198–1216) in den ersten Jahren des 13. Jh. einen Gebäudekomplex anlegen lassen, um die Päpstl. Kurie mit ihren jeweiligen Dienstgebäuden unterzubringen. Zum Schutz dieses Komplexes hatte er eine Umfassungsmauer und zwei Türme errichten lassen. Die Analyse des Mauerwerks, die im Verlauf einer Restaurierung nach dem 2. Weltkrieg durchgeführt wurde, hat es ermöglicht, einen dieser Türme aus dem 12. Jh. als denjenigen zu identifizieren, der an dem Platz der Kapelle Nikolaus' V. stand. Außerdem wurde ein Teil der restlichen Verteidigungsstruktur identifiziert, die später als *Aula tertia* erwähnt wurde und in der *Sala Ducale* und einem Teil des Ostflügels des Papageienhofs aufgegangen ist.

Wesentlich ausführlicher dokumentiert und aus Quellen oder Mauerresten zu erschließen ist der *Palatium novum*, den Nikolaus III. (1277–80) im Vatikan erbauen ließ. Der Palast diente als Residenz, das unter Innozenz errichtete Gebäude eingeschlossen. Verschiedene Urkunden zeugen vom Erwerb von Weingärten und Parzellen auf dem *Mons saccorum* oder in der unmittelbaren Nähe. Der zu Anfang des 13. Jh. erbaute Kern wurde danach von dem Orsini-Papst nach Norden und Westen erweitert. Nach Westen wurde die *„Aula secunda“*, die *„Aula magna* oder *prima“* gebaut, (die der gegenwärtigen *Sala Regia* entsprechen) und die *Cappella palatina* (heute Sixtinische Kapelle). Die Analyse des Mauerwerks hat erhebliche Unterschiede in der Bausubstanz aufgedeckt, die sich in zwei Bauphasen des südlichen Flügels des Papageienhofs unterscheiden läßt. Um die Anlage der nebeneinanderliegenden *Aula secunda* und *Aula tertia* baulich zu verbinden und zu stabilisieren, ließ Nikolaus III. fünf Mauerstreben zwischen den Turm Innozenz' III. und der *Sala Regia* errichten. Diese Streben, die durch sechs tonnengewölbte Bögen verbunden waren, wurden im 15. Jh. im Erdgeschoß entfernt, wodurch eine Art Bogengang entstand, der auch noch heute die südliche Seite des Papageienhofs charakterisiert. Auch die östliche Seite des Hofs verdankt ihr strukturelles Gepräge den Arbeiten unter Nikolaus III. Hier wurde der ursprüngliche Kern des Innozenzbaus einbezogen und um eine Reihe von Räumen erweitert, die an der Westseite, wo der Hügel flacher wurde, von fünf starken Streben verstärkt wurde. Der Nikolausbau war im Erdgeschoß als Zweckbau konzipiert (Getreidespeicher, Zisterne etc.), die oberen zwei Etagen wurden als Papstresidenz eingerichtet. Die Innenräume waren mit Malereien ausgestattet, von denen, nach den zahlreichen Änderungen der Raumhöhen, einige Reste erhalten geblieben sind.

Zur Stadt hin hat der Nikolausbau einen Portikus auf Pilastern mit zwei übereinanderliegenden Galerien, d.h. eine Formensprache, die leicht variiert die Idee Bramantes in den Loggien des Damasushofes antizipiert. An der östlichen Innenhofwand des *Cortile del Pappagallo* ist der Aufriß des Palastes Nikolaus' III. noch erkennbar. An dieser Wand wurde 1466 von Paul II. (1464–71) eine die Südostecke des Hofs einnehmende Treppe errichtet. Eine analoge Treppe wurde unter Julius II. (1503–13) in der Nordostecke konstruiert, um die drei Ebenen seiner Residenz besser zu verbinden. Der Gang zwischen den beiden Treppen, der vom Papageienhof in den des hl. Damasus führt, wurde ebenso erst nach Nikolaus III. geöffnet, als dieser Hof Repräsentationsfunktionen übernahm. Das von Zinnen und Türmen befestigte *Palatium* Nikolaus' III. war durch einen Mauergürtel geschützt, der sich nach Norden hin zur Anhöhe des *Mons Sancti Aegidii* erstreckte, dem gegenwärtigen Belvedere. Der Palast selbst blieb in wesentlichen Teilen unvollendet. Wie R. De Campos erwähnt, entspräche der Bau von zwei weiteren Flügeln nach Norden und Westen der planimetrischen Logik der mittelalterlichen Gebäude dieser Art. Sie bildeten einen viereckigen Baukomplex der um den Papageienhof plazierten, rechteckigen Türme. An solch einen Ansatz hielten sich auch in den zwei nachfolgenden Jahrhunderten seine Nachfolger, die mit dem Bau des von Alexander VI. (1492–1503) in Auftrag gegebenen Borgiaturm die Anlage vervollkommneten. Eine erste Erweiterung des Palastes Nikolaus' III. erfolgte in den letzten Jahren des 13. Jh., unter dem Pontifikat Bonifatius' VIII. (1294–1303), als hinter den Strebemauern Nikolaus' ein Bauwerk mit einem geräumigen Saal zu ebener Erde und zwei weiteren Geschossen gebaut wurden, das mit einem Zinnenkranz abschloß und einem rechteckigen Turm an der Nordostecke bewehrt war, der in den zahlreichen Ansichten des Vatikan bis 1533 zu sehen ist. Dieser Bau war für viele Jahre die letzte Bautätigkeit im Vatikan wegen des Exils in Avignon (1309–1377) und dem großen Schisma (1378–1417). Erst mit Nikolaus V. begann die Baugeschichte der heiligen Paläste und daher der Höfe von neuem. Der Papst, Liebhaber der Literatur und Künste, machte es sich zur Aufgabe, die Residenz der Päpste endlich zu vollenden. Noch einmal setzte jedoch die Fertigstellung der Gebäude beim Tod des Papstes (1455) aus, als der dritte Flügel, d. h. die Nordseite des Hofs errichtet war. Trotz des Umbruchs vom Mittelalter zur Renaissance respektierte man im Neubau den früheren Bau mit Zinnen und Konsolen. Lediglich die großen Fensterkreuze, die man auch in den alten Bau einfügte, sind ein Zeichen der Neuzeit. Die Innenräume harmonieren durch ihre Proportioniertheit, durch das Material und die Renaissancedekoration. Im Aufbau zeigt sich das Gebäude viergeschossig. Unter dem Hof befindet sich ein Kellergeschoß (ein weitläufiger Saal mit doppeltem Kreuzgewölbe auf zwei massiven Mittelstützen, auf der Nordseite von drei Fenstern und auf der Südseite nach dem Hof hin von zwei Löwenmäulern belichtet. Das Erdgeschoß gleicht dem Keller und diente als Getreidespeicher. Unter Sixtus IV. wurde es Teil der Vatikanischen Bibliothek. Drei Türen verbanden das Erdgeschoß mit dem Hof. Die erste Etage (drei quadratische Säle mit doppeltem Kreuzrippengewölbe) sollte zum *Appartamento Borgia* werden. Schließlich gab es zwei weitere Etagen (der ersten ähnlich, aber mit einfachem Kreuzrippengewölbe), die die Stanzen Raffaels aufnehmen sollten. Eine von Nikolaus V. vorgesehene dritte Etage kam nicht über das Stadium des Plans hinaus. Nach Westen hatte der Flügel Nikolaus' V. Fenster, die später vom *Torre Borgia* versperrt werden sollten.

Der Papageienhof wurde mit dem Bau der vierten, den Raum nach Westen abschließenden Seite vollendet. Dies geschah in der zweiten Hälfte des 15. Jh. auf Veranlassung eines Nachfolgers Nikolaus' V., von dem der Name nicht überliefert ist, vermutlich jedoch Paul II. (1464–71). Pius II. (1458–64) stellte den Gang zwischen dem Papageienhof und dem Marschallhof fertig und wahrscheinlich den Portikus an der Südseite des Hofs. Bei der Gelegenheit wurden die Strebemauern Nikolaus' III. verändert und mit achteckigen Pilastern verstärkt. Darüber hinaus gab es einen Balkon auf dem Niveau der *Sala Ducale*, wodurch die Fassade hervorsprang. Paul II. erbaute die Treppe *„Scala a branchetti"* in der Südwestecke des Hofs. Der Westflügel des Hofs entstand im Wesentlichen vor den Baumaßnahmen Sixtus' IV., abweichend von den Plänen Nikolaus' V., enger und ohne Keller mit einem Erdgeschoß wie der vorher vollendete Flügel, aber insgesamt fünfgeschossig. Die Fassade nach dem Hof hin war ungegliedert mit wenigen, kleinen und unregelmäßig verteilten Öffnungen. Von diesem geschlossenen, quadratischen Hof gelangte man durch einen Zugang an der Südwestecke des Papageienhofs nach außen, d. h. zum gegenwärtigen Borgiahof.

Als Sixtus IV. (1471–84) auf den Thron stieg, war die quadratische Struktur des Papstpalastes, die sich im Verlauf der vorhergehenden Jahrhunderte gruppiert hatte, vollendet. Die intensive Bautätigkeit dieses Papstes erreichte ihren Höhepunkt mit der Sixtinischen Kapelle (→) und der Vatikanische Bibliothek (→). Die Sixtinische Kapelle, die die Funktionen und den Standort der *Cappella magna* Nikolaus' III übernahm, stellte die notwendige Fortführung des planimetrischen, quadratischen Systems mit viereckigen Türmen um den Hof dar.

Nach dem Turm Nikolaus' III. (Südostecke) und Bonifatius' VIII. (Nordostecke) sowie vor dem Turmbau Alexanders VI. (Nordwestecke) stellte die Sixtinische Kapelle (an der Südwestecke) einen wirklichen Wehrbau für die Verteidigung der heiligen Paläste dar. Die Baumaßnahmen an der Vatikanischen Bibliothek waren zweckgebundener. Im Auftrag Sixtus' IV. rekonstruierte Bartolomeo Platina den Nordflügel des Hofes, um dort die Bände der Vatikanischen Bibliothek unterzubringen. Keller und Getreidespeicher des Nikolausbaus wurden für diesen Zweck verändert, indem man die zwei Zwischenwände beseitigte, die Fenster vergrößerte sowie die zentrale Tür nach dem Hof erweiterte. Auch die Räumlichkeiten des Westflügels, wo die Küche war, wurden verändert. Zu ebener Erde wurden zwei Zimmer als Wohnung für Platina, zwei für seine Assistenten eingerichtet und die zwei halben oberen Zimmer zur Unterkunft des Bibliothekars.

Die nachfolgenden Päpste veränderten die Anlage des Papageienhofs nicht wesentlich. Julius II. (1503–13) ließ an der schmucklosen großen Mauer der Nordwand zwei Fenster einbauen, die zu den Stanzen Raffaels gingen. An der Ostwand errichtete er jene schon erwähnte

Treppe mit kleinen Bänkchen, symmetrisch zu der, die Paul II. errichten ließ. Leo X. (1513–1521) ließ am Westflügel einen Wandelgang erbauen, um die Stanzen Raffaels direkt mit der *Sala Ducale* zu verbinden.

Pius IV. (1559–65) schließlich ließ eine Reihe von zusammenhängenden vier Zimmern über den Portikus Pius' II. und an der Nordseite der *Sala Ducale* errichten. So wurde die Südfassade des Hofs allmählich verändert. Indem die Flucht dieser Fassade auf den Portikus abgestimmt wurde, gelang es, den Hof zu verengen. Das Bauwerk wurde wahrscheinlich im letzten Jahr des Pontifikats Pius' IV. errichtet, auch wenn die Dekoration der Innenräume, wie es die Wappen Gregors XIII. zeigen, erst später vollendet wurde. Pius IV. ließ außerdem an die Wand des Hofs naturalistische Malereien anbringen. Die Fresken, die heute zum großen Teil zerstört sind, stellten Pergolen, dekorative Vasen und Vögel (unter ihnen Papageien) dar, die den gegenwärtigen Namen dieses Hofs bestimmten.

Wir verdanken Clemens XI. (1700–21) die letzten zusammenhängenden Veränderungen im Papageienhof. Er unternahm die Öffnung des Durchgangsbogens an der Ostwand zum Damasushof, während symmetrisch, an der gegenüberliegenden Westwand, ein Durchgangsbogen eröffnet wurde, um den Papageienhof mit dem Borgiahof zu verbinden, nachdem der ältere Durchgang Pius' II. zugebaut worden war.

Bibl.: D Redig de Campos, *I Palazzi Vaticani,* Bologna 1967, mit Bibl.

P. L. Lotti

Cortile del Porticato

Dieser Hof hat eine unregelmäßige Gestalt, die einem Dreieck mit ungleichen Seiten ähnlich ist und erstreckt sich zwischen der Stützmauer Nikolaus' V., dem Borgia-Korridor und dem ihm den Namen gebenden berninischen Portikus. In diesem Bereich, der über eine von Pius IV. (1559–65) geöffnete Pforte mit dem benachbarten *Cortile dell'Olmo* (→) verbunden ist, waren die Truppen für die Verteidigung des Papstes untergebracht. Er wird auch *Largo S. Martino della Cappella della Guardia Svizzera* genannt und ist den hll. Martin und Sebastian gewidmet. Die zwischen dem *Passetto* (→) und der Mauer Nikolaus' V. (wo diese zur Basilika abbiegt) befindliche Kapelle wurde von Pius V. (1566–72) gebaut und ist der einzige diesem Papst zugeschriebene Bau des Vatikan. Es handelt sich um eine einfache kleine Kirche: Die Fassade ist von vier Pilastern gegliedert, die durch den Architrav verbunden sind, auf dem ein dreieckiger Giebel mit dem Wappen Pius' V. aufliegt. An den Ghislieri-Papst wird auch auf dem Architrav des kleinen Portals erinnert (PIUS. V. P.M.). Ein einfaches Rundfenster beleuchtet den mit Fresken geschmückten Innenraum von Julius Mazzoni da Piacenza, einem Schüler Vasaris und Daniele da Volterras. Die Schweizergarde wurde nach der Umgestaltung des Petersplatzes durch Bernini auf die andere Seite des *Passetto* verlegt, wo Leo XII. (1823–29) eine neue Kaserne erbauen ließ. In dem kleinen, neben der Kapelle stehenden Häuschen verblieben jedoch „die zwei Pfeifer und Trommler dieser Garde".

Bibl.: G. P. Chattard, *Nuova descrizione del Vatican,* Rom 1762–67.

P. L. Lotti

Cortile del Triangolo

Der Dreieckshof zwischen Belvederehof und Damasushof wird auch „Hof der Tischler" genannt. Sein heutiger Name wurde per Regierungsdekret am 14. Mai 1932 festgelegt.

Die Nordseite des Hofes ist Teil einer der besterhaltenen Abschnitte der Befestigungen Nikolaus' V. Die Anlage nimmt hauptsächlich die Entwürfe Leos IV. (847–55) wieder auf und schließt den mächtigen Rundturm Nikolaus' V. (→ Turm Nikolaus' V.) und einen kleineren Turm (heute Radiosender) mit ein. Dieser Trakt wurde durch Bramante bei dem Bau des Belvederehofs größtenteils zerstört. Bei dem noch erhaltenen Teil handelt es sich um eine Ziegelsteinmauer mit einem abschließenden Band von zwei Lagen Peperinstein. Die Mauer Nikolaus' V. wurde von Paul IV. (1555–59) für den Bau einer Passage zwischen den Gemächern Julius' III. und dem Turm Nikolaus' V. verwendet. Die einfache Fassade der Passage mit einer Reihe peperingefaßter Fenster und einem Satteldach realisierte Giovanni Battista Della Bella. Sie blieb jedoch nur wenige Jahrzehnte in Gebrauch, bis Domenico Fontana einen Teil abriß, um die Nordostecke des Palastes Sixtus' V. einzuschieben.

An der Westseite, hinter dem Belvederehof, im Bereich zwischen der nikolinischen Mauer und den Treppen, die die verschiedenen Ebenen der Loggien Raffaels verbinden, ließ Julius III. (1550–55) ein siebengeschossiges Gebäude errichten, einen Zweckbau von nüchterner Architektur. Der Bau war für diverse Büros, das oberste Geschoß als Papstwohnung bestimmt. Pius IX. fügte ein achtes Geschoß hinzu. Zudem wurde das Gebäude durch einen quadratischen Flügel über der nikolinischen Mauer erweitert, als *Appartamento* für den Kardinal Giovanni Ricci da Montepulciano. Heute befinden sich dort die Büros und die Wohnung des Präfekten der *Casa Pontificia*. Ins *Appartamento Julius' III.* verlegte man die Päpstl. Nobelgarde. Zu den Baumaßnahmen unter Paul IV. zählen die Vergrößerung der ursprünglichen Kapelle mit Apsidiole, die heute von der Fassade des Hofes eingebaut ist.

Die dritte, südöstliche Seite des *Cortile del Triangolo* erhielt unter Gregor XIII. (1572–85) ihre endgültige Form. In den ersten zwei Jahren seines Pontifikates erbauten Martino Longhi d. Ä. und Ottaviano Nonni, gen. „Il Mascherino", den Nordflügel der Loggien des hl. Damasus, indem sie die drei von Pirro Ligorio begonnenen Bögen fortsetzten. Jener Trakt der Loggien stieß an den „Palast Gregors XIII.", ein Bau, der von den beiden Architekten stammt, an bestehende Paläste anschloß und eine Fassade mit sechs einfachen Fensteröffnungen auf den *Cortile del Triangolo* hatte. Die vierte Seite des Palastes öffnete sich mit einer Reihe Bogenfenster zur Stadt. Die Innendekoration wurde von den zahlreichen Künstlern mit ausgeführt, die in den Loggien beschäftigt waren (Matteo u. Paolo Bril, Marco da Faenza, Antonio Vanosino, Raffaelino da Reggio, Paris Nogari, Niccolò Circignani, Cristoforo Roncalli, Antonio Tempesta u.a.). Sixtus V. (1585–90) vollendete das Werk seiner Vorgänger im Vatikan, indem er den dritten Arm des Damasushofes erbauen ließ und einen noch größeren Päpstl. Palast. Die Nordseite des Sixtinischen Palastes lehnt sich z.T. an den Palast Gregors XIII., von dem er die Geschoßhöhen und -zahl übernimmt und so die dritte Seite des Dreieckshofes komplettiert. Die neue Architektur, devot wie alle sixtinischen Bauten Fontanas, erhebt sich über der Mauer Nikolaus' V. Die vier Fensteröffnungen weisen größere Abstände auf, als die vorhergehenden. Unterschiedlich auch die Ansicht der Fenster: im Bau Gregors XIII. einfach viereckig in Travertin gefaßt, aufwendig mit wechselnden Giebelformen und Fensterstürzen im Palast Sixtus' V.

Bibl.: D. Redig De Campos, *I Palazzi Vaticani*, Bologna 1967.

P. L. Lotti

Cortile dell'Olmo

Der von dem großen Turm des Nikolaus' V. (→) dominierte Ulmenhof ist nahe der alten *Porta S. Pellegrino* (→) gelegen. Wie man am Grundriß von Duperac-Lafréry (1557) sehen kann, war dort ein Gebäudekomplex für die Wachen entstanden, der sich zwischen einem durch Pius IV. an der alten Mauer des *Passetto* (→) geöffneten Portal und einem vom großen Turm beherrschten Tor zu den Hängen erstreckte. Hinter dem *Passetto* war ein weiterer umschlossener Bereich gelegen, wo die päpstl. Wachtruppen untergebracht waren. Dieser war durch eine im hinteren Teil gelegene Pforte direkt mit dem Petersplatz verbunden. Nach dem Bau der Kolonnaden des Bernini wurde das Quartier der Schweizergarde in den Ulmenhof gegenüber dem großen Turm verlegt, wo sich auch die Apost. Almosenstelle befand.

Die heutige Bezeichnung geht zurück auf einen aus dem Volksgut übernommenen, geheiligten Namen. Er ist vermutlich auf den Baum zurückzuführen, der im erwähnten Plan des Duperac-Lafréry sichtbar ist. Platz der Ulme wurde der Ort vor der *Porta Angelica* genannt. In den *Taxae Viarum* aus dem Jahr 1631 wird z.B. an *„il chiavicono dell'Olmo a Porta Angelica"*, den großen Entwässerungsstollen bei der Ulme erinnert. Noch zu Anfang des Jahrhunderts, bevor der gegenwärtige *Viale Angelico* angelegt wurde, existierte in der Nähe eine berühmte *Trattoria* mit dem Ulmenwappen, vielleicht zur Erinnerung an den alten Ort.

Bibl.: Pietro Romano (Pseud. v. P. Fornari), *Roma nelle sue strade e nelle sue piazze,* Rom 1947, S. 340.

P. L. Lotti

Cortile della Biblioteca

Auch *Cortile della Libreria* (Büchereihof) oder *„dei merangoli"* genannt, umfaßt der Bibliothekshof den freien Platz zwischen dem sixtinischen Gebäude der Vatikanbibliothek und der großen Freitreppe des Bramante, die zur höhergelegenen Ebene des gegenwärtigen *Cortile della Pigna* (→) führte, der z. T. vom *Braccio Nuovo* (→) eingenommen wird. In der Mitte der großen Freitreppe hatte Bramante eine große Nische für einen kunstvollen Brunnen vorgesehen, der Pirro Ligorio bzw. dem flämischen Architekten Johann van Santen, gen. „Vasanzio", zugeschrieben wird. Dieser Brunnen verschwand mit dem Bau des *Braccio Nuovo* der Museen (1822). In der freigelegten Nische – in der sich heute die Cafeteria der Bibliothek befindet – ist noch die ursprüngliche Architektur erhalten.

Der Hof verbindet das päpstl. Bibliotheksgebäude mit dem des Vatikanischen Geheimarchivs, auf dessen Fassade noch bemerkenswerte Reste einer Dekoration mit allegorischen Figuren von Giovanni u. Cherubino Alberti aus der Zeit zwischen 1587/88 für Sixtus V. erhalten sind. Vor einigen Jahren hat man den Hof unterirdisch ausgebaut und einen Raum von 3700 m^3 (700 m^2) als neues Magazin für den Manuskriptenbestand der Vatikanischen Bibliothek geschaffen. In der Fensternische der Apsis des *Braccio Nuovo*, des Neuen Flügels ist eine große Bronzestatue aufgestellt, die den Patriarchen Giuseppe, *Custos ac Provisor* der Päpstl. Vatikanischen Bibliothek, darstellt, mit dem Jesuskind am Arm, ein Werk des Tommaso Gismondi.

G. Morello

Cortile della Pigna

Der Pinienzapfenhof, der seinen Namen von dem monumentalen, im *Nicchione* aufgestellten

Bronzezapfen erhielt, verdankt seine gegenwärtige Stellung als abgeschlossener Hof dem Bau des *Braccio Nuovo* (→). Ursprünglich bildete er *la curia superiore,* den oberen und offenen Hof des sog. *Cortile del Belvedere* (→), der gigantischen und innovativen Anlage, die von Julius II. (1503–13) als Verbindung zwischen den Päpstl. Palästen und der *Palazzina Innozenz' VIII.* (→) geplant war. Die einzigartige Gestaltung, für die Bramante einen Raum von außergewöhnlichen Dimensionen entwarf, war an den fast 300m langen Seiten von den berühmten „Korridoren" beherrscht und in drei, auf verschiedenen Ebenen liegende Höfe aufgeteilt, die durch Treppen, Aufgänge und Grünanlagen verbunden waren. Die Orientierung von Süden nach Norden wurde durch die architektonische Gestaltungen entlang einer Zentralachse unterstrichen, die an der Exedra der abschließenden Wand endete (→ Cortile del Belvedere).

Im Unterschied zum unteren Bramante-Hof, der für Schauspiele, Wettkämpfe und Turniere konzipiert war, bot sich die obere Ebene für eine private Nutzung an. Der Pinienzapfenhof bildete mit den anderen Terrassen, geschmückt von prachtvollen Gärten und architektonisch gestaltet, den sichtbaren Abschluß der langen Perspektive, der wahren „Bühne" des Belvedere-Theaters.

Der Gesamtplan, nach der Rekonstruktion von Ackerman, sah vor, daß der Hof an den Seiten von einem fortlaufenden Portikus begrenzt würde, der die Verlängerung der dritten Ordnung des Portikus des unteren Hofes darstellen sollte. Auch wenn subtile Übereinstimmungen die beiden architektonischen Teile verbinden (Hauptachse, Maßeinheit, Ordnung), wählte Bramante in Wirklichkeit für diesen Platz eine neue Lösung, indem er den Rhythmus des unteren Hofs unterbrach. Es ist auch möglich, daß der Entwurf der den Pinienhof begrenzenden Korridore, während der Bautätigkeit der 1509 vollendeten Arbeiten geändert wurde, da die Harmonie der Gesamtanlage vom privilegierten Gesichtspunkt der päpstl. Zimmer kontrolliert werden konnte.

Für den oberen Hof nimmt Bramante ein in der Renaissance-Kultur nicht neues Thema wieder auf und interpretiert es auf originelle Weise: Das System der doppelten Wandpfeiler mit Bögen, wobei die Auflage mit dem Bogen auf eine von den röm. Triumphbögen inspirierte Weise verschmilzt; ein Schema, das auch in dem von Alberti geprägten System in der Kirche der *SS. Annunziata* in Florenz neugestaltet wird. Das Thema, das in den dreizehn Bogenöffnungen des Portikus entwickelt wurde, war schon angekündigt im Nymphäum am Eingang der Terrasse, wovon sich eine z.T. noch sichtbare doppelte Säulenreihe von der mittleren Terrasse zum höhergelegenen Hof erstreckte.

Über das System der proportionalen Gliederung gibt es genaue Angaben von Serlio, auch wenn dieser die Maße nicht perfekt einhielt, wie Bruschi verdeutlicht hat. Die Vitruvsche Maßeinheit erhielt man, indem man die Gesamtlänge des Pilasters in 11 Teile aufteilte. Dies liefert das Maß des Ganzen, dessen Breite der des Bogens entspricht. Die theoretische Einheit, die 2/3 der röm. Elle entspricht (0,372 m), stimmt auch perfekt in einigen Achsen, wie z. B. in dem Sockel des Wandpfeilers. An anderer Stelle, vor allem in der Höhe, scheinen die Maße leicht modifiziert zu sein.

Wie im unteren Hof (→ Cortile del Belvedere) begnügt sich Bramante nicht mit der strikten Anwendung des geometrischen, theoretischen Schemas oder des modularen „vitruvianischen" Systems der Proportioniertheit, sondern interpretiert und transformiert den Kanon mit dem Zweck, das formale Resultat des Unternehmens zu verändern. Der zentrale Bogen und die Nischen z. B. haben keine verbindende Gliederung. Zwischen den doppelten Wandpfeilern über der Auflage des Bogens und zwischen den Sockeln wird eine quadratische Einfassung angebracht, die sich ursprünglich farblich von der Tönung des Ziegelsteins unterschied. Eine andere absolute Neuheit ist das über den Wandpfeilern vorspringende und über den Bögen abgeflachte Gebälk im Gegensatz zu röm. und Renaissance-Prototypen. Wie im Innenhof werden außerdem alle Gliederungen auf das Wandpfeilerpaar bezogen. Nur das Kranzgesims läuft durch und verleiht Kontinuität. Konsequent nach einer szenographischen Logik scheint es, daß die Ebene des Hofs nicht waagerecht ist, sondern in eine zur Abschlußwand ansteigende Schräge geneigt ist. Diesen Eindruck verstärken auch die verschiedenen Sockelhöhen der Wandpfeiler und das leichte Ansteigen des Gebälks (Bruschi).

Die Nordfassade wie die Seitenfassaden durften nur eingeschossig sein (Frey). Statt des gegenwärtigen *Nicchione* (große Nische) gab es in der Wand ursprünglich eine Exedra, die in einer Höhe von ca. 3 m über der Exedra des Hofs angebracht war, mit dem sie durch eine besondere Treppe verbunden war. Das Ganze erfüllte die doppelte Funktion, den Hof mit dem angrenzenden Bereich der *Palazzina Innozenz' VIII.* in Verbindung zu bringen, die auf einer höheren Ebene angelegt war, um einen formalen Abschluß der langen, zentralen, freien Perspektive zu schaffen, die man von den Gemächern des Papstes aus hatte.

Das architektonische Motiv der Exedra erschien vereinfacht. Die korinthischen Wandpfeilerpaare unterteilten die Wand in sieben Felder und rahmten abwechselnd halbrunde und viereckige Nischen. Dabei entsprach das Verhältnis der Nischenhöhe zur Wand dem der Gebäude zueinander, nämlich 2 : 3.

Die Treppe, die ursprünglich den Höhenunterschied von 2,70 m zwischen dem Hof und dem Bodenniveau der Exedra überwand, bestand aus 16 halbkreisförmigen Stufen (Ackerman). Die ersten acht von einem stetig abnehmenden Durchmesser, die einem konvexen Profil folgten, führten zu einem kleinen, runden Treppenabsatz, von wo aus weitere 8 Stufen ausgingen, auch diese halbrund, aber diesmal konkav und immer breiter werdend. Diese Treppe, die durch ihre Originalität und Eleganz ein Meisterstück darstellte, wurde bedauerlicherweise von Julius III. im Verlauf der Umbaumaßnahmen durch eine andere ersetzt.

In der Mitte des Hofs war ein Brunnen vorgesehen, der erst nach 1550 unter Julius III. aufgestellt wurde. Ursprünglich befand sich das Granitbecken, wie auch das des unteren Hofes, 1504 im Vatikan, wie ein Zahlungsbeleg bestätigt. Es wurde 1835 von Gregor XVI. beseitigt, um für den Sockel der Antonina-Säule Platz zu schaffen. Danach wurde es in dem sog. Quadratischen Garten der Vatikanischen Gärten (→) aufgestellt.

Das Projekt Bramantes wurde z.T. unter seiner direkten Leitung durchgeführt. Bei seinem Tod (1514) waren die Arbeiten wohl beendet, abgesehen von dem Nymphäum mit der doppelten Stufenrampe, der Nordfassade und dem abschließenden Halbkreis, so Albertini in seinem *Opusculum*. Von 1506 an war in einer Nische der Südwand des Statuenhofs, der an die hintere Wand des aktuellen Pinienzapfenhofs angrenzt, die Laokoongruppe aufgestellt. Die abschließende Exedra mit der konkav-konvexen Treppe wurde unter Paul III. im Jahr 1535 von Baldassarre Peruzzi vollendet, der Architekt der Dombauhütte geworden war. Später baute Antonio da Sangallo, der seit 1541 mit den Umbauarbeiten und der Konsolidierung des Ostkorridors beschäftigt war, an den zwei Enden der über den Portikus führenden „freischwebenden Straße" zwei weitere Zugänge in Kompositordnung.

Die Umbauten des oberen Hofs wurden mit Julius III. (1550–55) in Angriff genommen und unter Pius IV. fortgeführt, als der *Nicchione* entstand. 1550/51 wurden die Räume an der linken Seite des Halbkreises gebaut, der ursprünglich nur eine Einfassung der oberen Terrasse war. Um eine direkte Verbindung zwischen den neuen Räumlichkeiten und dem schon rechts des Halbkreises gelegenen Statuenhof zu schaffen, verengte man den Durchmesser der Exedra durch die Errichtung einer konzentrischen Mauer mit einem verdeckten Korridor. Der ursprünglich halbkreisförmige Treppenabsatz des Bramante wurde in den Laufgang einbezogen.

Die unter der Leitung von Girolamo da Carpi durchgeführten und vermutlich unter Michelangelo um 1552–1553 fertiggestellten Umbauten betreffen auch die Erhöhung der ganzen Nordfront einschließlich des Halbkreises um eine Etage.

Unter Pius IV. (1559–65) wurde die Exedra des Bramante vollendet, lag jedoch nun hinter der im mittleren Bereich zurücktretenden Fassade. Pirro Ligorio, unterstützt von Sallustio Peruzzi, errichtete über der Exedra einen Bau nach dem Vorbild des Palatinischen Stadions. Er schuf eine flache Kuppel mit einem Durchmesser von 15 m, die in Höhe des Kranzgesimses der Gebäudeflügel ansetzte. Sie war von sieben Fenstern durchbrochen. Die Kalotte war nach antiker Art mit Ziegelsteinen durchsetzt mit dem Zweck, das Gewicht zu verringern, wie die genaue Restaurierung deutlich gemacht hat.

Die im Jahr 1562 begonnenen Arbeiten wurden Ende 1565 abgeschlossen. In der Zwischenzeit (1564) war der ursprünglich mit einem Dach versehene *Nicchione* durch die noch heute erhaltene Überbauung mit Dachterrasse und Halbkreisperistyl vollendet worden. Zur Fassade des *Cortile della Pigna* schließt die Terrasse mit einer Balustrade, rechts und links die Front des Peristyls mit zwei Ädikulen. Obwohl sie dem Maßstab des Gebäudes nicht entsprechen, wurden antike röm. Fresken eingefügt, doch rechtfertigt ihre Qualität die Einfügung (Ackerman).

Die Unterschiede im neu entstandenen Baukörpergefüge glich Ligorio mit einer dicken Putzschicht in Bossensicht aus: so bei der Nordfront und dem Ostkorridor, die ursprünglich in Ziegelsicht belassen waren. Am Architrav im Erdgeschoß zu beiden Seiten des *Nicchione* ist die folgende Inschrift zu lesen: PIUS IIII MEDICES PONTIFEX MAXIMUS.

Paul V. (1605–21) ließ im Vatikan zahlreiche Brunnen errichten, die aus dem Braccianer See gespeist wurden, sowie Instandsetzungsarbeiten am Belvederehof durchführen. In diesem Zusammenhang wurde auch der gigantische Bronzezapfen, der dem *Cortile della Pigna* seinen Namen geben sollte, im *Nicchione* des Pirro Ligorio aufgestellt. Der Zapfen stammt aus der röm. Kaiserzeit und ist signiert. Im Mittelalter befand er sich im Atrium von St. Peter (dem sog. Paradies), das dem Kreuzgang vorgelagert war, wo er als Brunnen benutzt wurde. Wegen der Arbeiten an der Basilika wurde der Zapfen an seinen gegenwärtigen Standort transportiert (1608) und in die Mitte der Nische gestellt, von wo er während des Pontifikats Clemens' XI. (1700–21) auf die Balustrade der Treppe verlegt und auf ein großes röm. Kapitel gestellt wurde.

1761 wurde unter Clemens XIII. (1758–69) der Westkorridor um eine Etage aufgestockt durch den Bau einer weitläufigen Bogenloggia zwischen dem *Turm der Winde* und dem *Ritiro del Belvedere*. Danach wurde die Loggia unter Pius VI. (1775–99) wahrscheinlich durch Giuseppe Camporese geschlossen, um die Anforderungen des Skulpturenmuseums erfüllen zu können.

Unter Pius VII. (1800–23), der das Antikenstudium und Ausgrabungen förderte, wurde der *Braccio Nuovo*, der nach Süden den *Cortile della Pigna* abschließt, konzipiert, um mehr Platz für die Sammlungen der Skulpturen zu schaffen. Die Idee zu dieser Erweiterung, die Canova dem Papst suggerierte und wofür ein erster Entwurf vom Architekten Giuseppe Palazzi unterbreitet wurde, erfuhr 1816 eine Wiederbelebung bei der Rückkehr der von Napoleon entwendeten Skulpturen. Mit den Arbeiten wurde Raffaele Stern, päpstl. Architekt seit 1805, beauftragt. Der Bau, dessen einfache Hoffassade mit den übrigen Gebäuden in Einklang steht, hat mittig eine Vorhalle, die von acht Säulen gestützt ist, über denen sich röm. Statuen erheben. Der *Braccio Nuovo* wurde 1817 begonnen und nach dem Tod von Stern 1820 von Pasquale Belli zu Ende geführt. Die neue Galerie, die für das Publikum 1822 zugänglich gemacht wurde – eine Münze erinnert an diesen Anlaß – ist der letzte im Vatikan errichtete Gebäudetrakt.

Gegenwärtig befindet sich unter dem Hof das neue unterirdische Depot des Vatikanischen Geheimarchivs, das 1980 seiner Bestimmung übergeben wurde. Im Verlauf des Jahres 1990 wurde im Zentrum des Hofes eine Skulptur des Künstlers Giò Pomodoro aufgestellt.

Bibl.: J. S. Ackerman, *The Cortile del Belvedere* Vatikanstadt 1954; S. Angelucci, *Il restauro della Pigna vaticana,* in *Musei e Gallerie Pontificie. Bollettino* 6 (1986), S. 5–49; P. Liverani, *La Pigna vaticana, Note storiche (ib.,* S. 51–63. I. Di Stefano Manzella, *Le iscrizioni della Pigna vaticana, ib.,* S. 65–78.

M. Cogotti

Cortile della Sentinella

Der Hof der Wache ist der dritte in der räumlichen und zeitlichen Folge der Höfe, um die herum allmählich die Vatikanischen Paläste gebaut wurden, nach dem Papageienhof, dem Kern der Papstresidenzen, der zwischen dem 13. und 15. Jh. entstand und nach dem Borgiahof aus dem 15. Jh.

Die spätere Erweiterung der Paläste nach Osten in dem Bereich zwischen dem gegenwärtigen Belvedere und der Sixtinischen Kapelle begrenzte in der zweiten Hälfte des 15. Jh. diesen dritten Hof, der schließlich jene Funktionen der Beaufsichtigung und der Bewachung übernahm, die bis dahin zu den Aufgaben des Borgiahofs gehörten.

Der Ausbau der Päpstl. Paläste in diesem Bereich ist verbunden mit dem Ausbau des Belvederehofs Bramantes durch Pirro Ligorio für Pius IV. (1559–65), insbesondere mit dem Bau des Westflügels des Belvederehofs (des sog. Westkorridors), der zwei vorspringenden Vorbauten und der halbelliptischen Stufen des „Theaters", die nach Süden den Hof abschlossen. Der Westkorridor lief bis zum äußersten Südende der unteren Galerie, in den sog. *Grottone*, die große Grotte, aus. Von dort stieg eine Treppe (in eine Rampe umgebaut) von der Höhe des Belvederehofs zu der des gegenwärtigen Hofs der Wache hoch. In diesem Bereich zwischen dem Korridor und dem Borgiaturm hatte Pirro Ligorio ein Gebäude mit einem fünfgeschossigen Turm mit ovaler Wendeltreppe geplant. Die hier vorgesehenen und 1561 begonnenen Arbeiten waren beim Tod des Papstes 1565 nur z.T. fertiggestellt. Unter dem Korridor waren die zwei ersten Galerien errichtet, die dritte angefangen. Vom Turm waren nur die zwei ersten Etagen fertiggestellt.

Der Nachfolger Pius V. (1566–72) nahm die Arbeiten sowohl im Westflügel des *Cortile del Belvedere* als auch am nach ihm benannten *Pius-Turm* wieder auf. 1570 waren die Bauarbeiten im wesentlichen abgeschlossen, wenn auch mit einigen Abänderungen. In der Südwestecke des Gebäudes, z.B. an der Stelle der von Pirro Ligorio geplanten Wendeltreppe, wurden drei Kapellen von ovalem Grundriß übereinander gebaut. Die Fassade des Turms oder Palastes Pius' V. nach Süden, d.h. nach dem Hof der Wache, kann als Hauptfassade betrachtet werden. Zum Hof der Wache präsentiert die Fassade eine gleichmäßige Gliederung, vier Fensterformen (teils gebogen, teils rechteckig) horizontale Bänder, ein Balkon mit dem Wappen des Papstes. Der Platz zwischen diesem neuen Gebäudekomplex Pius' V. und der schon bestehenden Sixtinischen Kapelle wurde nach Westen von einer Mauer geschlossen, wodurch der „Hof der Wache" geschaffen wurde. In der Mitte der Mauer befand sich das Zugangsportal, eine Bogenöffnung, die innen das Wappen des Papstes zeigt. Auf der Mauer erhoben sich zwei mächtige Strebepfeiler (wie bei der angrenzenden Trennmauer zum Borgiahof). Die mittlere Mauer wurde von Sixtus V. (1585–90) dazu bestimmt, eine Treppe mit Brüstung zu stützen. Diese erlaubte es, von den Gemächern Pius' V. die Sakristei der Sixtinischen Kapelle zu erreichen und von dort zu einer breiteren, in die Basilika führenden Treppe zu kommen.

Bibl.: D. Redig de Campos, *I Palazzi Vaticani,* Bologna 1967.

P. L. Lotti

Cortile delle Corazze

Der Hof der Rüstungen ist einer der neueren Höfe in dem Komplex der vatikanischen Paläste. Die Bezeichnung stammt von einem zwischen 1809 und 1814 als Kaserne der napoleonischen Kürassiere genutzten Gebäude an der Westseite des Hofs, wo gegenwärtig der Sitz der Generaldirektion der Vatikanischen Museen ist und früher der Hof der Archive (→) war. Der Hof trug auch den Namen Hof der *„Tipografia Vaticana"*, da die Druckerei bei ihrer Gründung 1587 dort eingerichtet wurde. 1618 wurde das besagte Gebäude für die *Famiglia Pontificia* verwendet. In der Folgezeit wurde es dann für das Archiv bestimmt, jedoch auch weiterhin zu Wohnzwecken genutzt. Die Ostseite des Hofs schließt eine Gebäudezeile, die unter Pius VI. (1775–99) erbaut wurde und das Museum Pio-Clementino mit dem übrigen Komplex der Vatikanischen Museen und Paläste architektonisch verbinden sollte.

Von rechts nach links finden wir vor: Die *Simonetti-Treppe*, entstanden 1788–89, benannt nach ihrem Architekten Michelangelo Simonetti, in dem Bereich, wo früher das *„Appartamento di ritiro"* Pius' IV. und die *„Rimessa del Maestro del Sacro Palazzo"* war; der *Saal des griechischen Kreuzes*, nach dem Vorbild röm. Thermen-Architektur und Giuseppe Camporese zugeschrieben; die *Rotonda*, eine neoklassizistische Auslegung des Pantheon und Hauptwerk Simonettis. Die Rotunde erfüllt vortrefflich die Funktion als Verbindungsglied zwischen der Nordsüdachse des Korridors des Pirro Ligorio und der Ostwestachse des Belvedere-Komplexes. Sie ist zudem das einzige der Gebäude Pius' VI. mit einer architektonisch bedeutenden Front zum Hof. Die zylindrische Schauseite ist gegliedert durch Spiegelnischen und Pilaster über einer hohen Sockelzone und mit einem abschließenden Gesims zusammengefaßt. In der Zone über diesem Gesims wechseln Wandpfeiler mit Halbkreisbogenfenstern ab, durch ein Kranzgesims begrenzt. Am Giebel erheben sich in der Flucht der Pilaster über zehn Sockeln Kopien antiker Skulpturen.

Die Nord- und Westseite des Hofes schließt ein niedriger Baukörper, der die Rotunde des Simonetti und das Gebäude der Direktion der Museen verbindet. Dieses auch zur Zeit Pius' VI. errichtete Verbindungsglied ist gegliedert durch Bogenöffnungen, gerahmt von Lisenenpaaren. Ursprünglich hatte die Wand einen Verputz mit Scheinbossen. In der Mitte des Westriegels befand sich eine Brunnennische und eine Treppe mit doppelter Rampe. Unter Pius XI. 1932 wurden durch den Architekten Giuseppe Momo die Treppe und der Brunnen entfernt sowie die Front mit Travertinstein verkleidet, die neoklassizistische Wandgliederung blieb dabei jedoch erhalten. Die Nordseite weist eine gefaßte Öffnung auf, die, wohl infolge einer Restaurierung, von dorischen Säulen gerahmt ist. Der Westriegel beherbergt einen Gedenkstein zur Erinnerung an die hier unter Pius XI. durchgeführten Arbeiten (Zugang zu den Vatikanischen Museen).

Im Süden besteht die Front aus einem Portikus zur Verbindung des älteren Teils des Belvedere mit dem jüngeren der Pinakothek und der zuerst im Lateran untergebrachten Sammlungen. Architektonisch bedeutend ist das *Atrio dei Quattro Cancelli,* „Hof der Vier Gittertore". Hier befand sich zuvor ein Portal, das zum Archivhof führte und durch Paul V. errichtet, jedoch unter Pius VI. zerstört wurde, um das gegenwärtige Bauwerk zu errichten. Der „Hof der Vier Gittertore" wird als Hauptwerk des Giuseppe Camporese betrachtet und bildet den monumentalen Zugang zu den Museen. Eine Inschrift an der Südfassade nennt das Jahr der Fertigstellung (1792). Eine andere Inschrift in Goldlettern auf blauem Grund an der Eingangswand des Hofes bringt die Einrichtung des *Museo Profano* durch Clemens XIII. in Erinnerung. Das Bauwerk ist über quadratischem Grundriß errichtet mit einer Halbkuppel, die auf einem Tambour ruht, der von außen nur halb so hoch erscheint. Die Hauptfassade liegt nach Süden. Sie hat im Untergeschoß ein Gittertor-Portal, flankiert von zwei dorischen Säulen und Stützpfeilern, die einen Balkon tragen. Im ersten Geschoß besteht die Öffnung aus einem Türfenster, das das Wappen der Braschi zwischen zwei liegenden Löwen trägt. Auf dem Architrav findet sich folgende Inschrift PIUS. SEXT. P.M.A. XVII. An den Seiten des Fensters wird in verkleinertem Maßstab das Motiv der ionischen Säulen und Stützpfeiler wiederholt, die nun ein dreieckiges Tympanon stützen und so eine Ädikula bilden. Die anderen zwei Schauseiten des Hofes wiederholen dasselbe Muster mit dem Unterschied, daß im unteren Bereich Halbsäulen (statt Freisäulen) vorgelegt sind und im oberen Bereich eine massive Brüstung (statt des Balkons mit Balustern) entstanden ist. Der Grundriß des „Hofes der Vier Gittertore" greift in reduzierter Form den der „Aula des Griechischen Kreuzes" wieder auf: Vier lisenengerahmte Pfeilerarkaden mit Nischen. Im oberen Geschoß ist die *Sala della Biga* untergebracht, wo der kreisrunde Grundriß an die Rotunde des Simonetti erinnert. Abwechselnd mit breiten Fenstern wiederholt sich das Muster der Pfeilernischen (die Lisenen sind hier durch acht kannellierte korinthische Säulen ersetzt), die ein Gewölbe mit achteckigen Kassetten und zentralem Opaion stützen.

Bibl.: D. Redig de Campos, *I Palazzi Vaticani*, Bologna 1967; C. Pietrangeli, *Le Vicende di un edificio vaticano senza storia*, in *Bolletino dell'Unione Storia ed Arte,* 31 (1988), S. 93–99.

P. L. Lotti

Cortile di San Damaso

→ Damasushof

Cortile Ottagono

Dieser achteckige Hof wird auch Statuenhof genannt. Bramantes großes Projekt des Belvederehofes (→) sah auch die Ausschmückung der Treppenanlagen und Plätze mit Brunnen und antiken Statuen vor. Julius II. (1503–13), der über eine beträchtliche Antikensammlung verfügte, unter ihnen den berühmten Apoll des Belvedere, ließ im Innengarten der Palazzina Innozenz' VIII. neben der eigenen Sammlung auch Fundstücke aus Rom, wie den Laokoon, aufstellen, der 1506 nahe der Kirche *S. Maria Maggiore* ausgegraben wurde. Der Garten war auf einem höheren Niveau als der untere Belvederehof angelegt, nach Südwesten offen und hatte einen leicht unregelmäßigen Grundriß. Bramante wandelte ihn in einen quadratischen Hof um, indem er die Wandflächen schloß und Nischen für die Statuen anlegte. Während des Pontifikats Leos X. (1513–21) wurde der Kleopatra-Brunnen und, für die gegenüberliegende Ecke, der Brunnen des „Tigris" oder „Arno" geschaffen, während in den anderen beiden Ecken die monumentalen Statuen des Tiber (heute im Louvre) und des Nils Platz fanden, die einige Jahre zuvor (1511–13) gefunden wurden. 1772 betraute Clemens XIV. Michelangelo Simonetti, den Architekten der hl. Paläste, mit der Aufgabe, den Hof umzugestalten, wobei dessen quadratischer Grundriß durch den Bau eines umlaufenden Portikus in ein Achteck umgewandelt wurde. Dieser hat an jeder der vier Seiten Rundbogen über ionischen Pilastern errichtet, flankiert von je zwei Granitsäulen mit Architraven. Die Ecken überspannen vier Bögen, ähnlich den zentralen, hinter denen sich sechseckige Räume zur Aufstellung der Statuen, wie des Apoll, Laokoon, Antinoo usw. Diese Räume wurden später von Canova geschlossen, jedoch 1954 wieder geöffnet.

Über dem Bogengang errichtete Simonetti eine einheitliche Front, rhythmisiert durch Fenster (z.T. Blendfenster). Die Westwand weist eine Inschrift mit dem Wappen Clemens' XIV. auf, der den heute *Cortile Ottagono* genannten Hof sehr rühmte. In der Mitte des Achteck-Hofes fand das monolithische Porphyr-Becken aus der *Domus Aurea* des Nero Aufstellung, das später in den „Runden Saal" des Clementinischen Museums gebracht wurde.

Bibl.: G. Michaelis, *Geschichte des Statuenhofs im Vatikanischen Belvedere,* in *Jb. des Deutschen Archäologischen Instituts,* 5 (1890) S. 7–72; C. Pietrangeli, *Il Museo Clementino Vaticano,* in *Rendiconti della Pont. Accademica Romana di Archeologia* 27 (1951–53), S. 87–109; D. Redig de Campos, *I Palazzi Vaticani.,* Bologna 1967; H. Brummer, *The Statue Court in the Vatican Belvedere,* Stockholm 1970.

G. Morello

Croccia

Bezeichnung für einen violetten Wollmantel, der bis zum Boden reichte und mit einem Saum verziert war. Er wurde von den Kardinälen bei einigen Zeremonien während des Konklaves (→) getragen. Die älteste Erwähnung dieses Mantels findet sich in einer Beschreibung von Kardinal Jacopo Ammannati Piccolomini, der aus dem Konklave von 1464 als gewählter Papst Paul II. hervorging. Fest vorgeschrieben wurde der Gebrauch der *Croccia* im Konklave durch die Kardinäle von Gregor XV., der mit der Konstitution *Decet Romanum Pontificem* vom 12. März 1622 (BR, XII, S. 662–673) das Zeremoniale für die Papstwahl festlegte. Diesbezüglich ordnete er an: „*Quod vero attinet ad vestes, non solum cum ad electionem cardinales procedunt, croceis uti debent, sed, iuxta vetus coeremoniale, cum aliquid collegialiter agendum sit*". Gegenwärtig gehört die *Croccia* nicht mehr zu den Kardinalsgewändern. Der Mantel wurde am 8. Juni 1967 von Paul VI. im Hinblick auf das bevorstehende Konsistorium und im Rahmen neuer Verfügungen abgeschafft.

N. Del Re

Crux Vaticana

Dies ist die Bezeichnung eines großen, mit Edelsteinen besetzten Vortragekreuzes, das im

Jahre 570 vom byzantinischen Kaiser Justinus II., einem Neffen von Justinian, der Vatikanbasilika zum Geschenk gemacht wurde. Derzeit wird es im Domschatz von St. Peter (→) aufbewahrt, stellt eines der ältesten und wertvollsten Kostbarkeiten dar und wird bei außerordentlichen Anlässen benutzt. Das Kreuz ist 40,8 cm hoch und 32,2 cm breit, mit einer Dicke von 15 cm. Es besteht aus silberlaminiertem Kupfer und ist mit zahlreichen Edelsteinen geschmückt. Auf der Vorderseite findet sich die folgende lateinische Inschrift: *Ligno quo Christus humanum subdidit hostem / Dat Romae Iustinus opem et socia decorem* (Mit diesem Kreuz, von dem Christus den Feind der Menschheit besiegt hat, schickt Justinus Hilfe nach Rom und verehrt seine Begleiterin); mit Begleiterin ist die Kaiserin Sophia gemeint, nicht nur als Lebensgefährtin des Kaisers, sondern auch als kluge Mitregentin in der Zeit, in der Justinus schwer erkrankt war.

Während die großen Edelsteine, die das Kreuz zieren, sich alle in damals gebräuchlichen Fassungen befinden, sind die Perlen perforiert und auf einen metallischen Faden gezogen. Eine Kapsel in der Mitte enthält Reliquien des Heiligen Kreuzes und spielt auf die oben erwähnte Inschrift an. Sie enthält leider nicht mehr die 18 Perlen, von denen ursprünglich in einer Bemerkung von Kardinal Stefano Borgia (vgl. Bibl.) die Rede war. Vermutlich wurden sie während der röm. Republik 1798–99 gestohlen. Die Rückseite des Kreuzes trägt fünf kleine Medaillen, wobei auf dem Längsbalken oben *Gott Vater*, im Zentrum das *heilige Lamm* und unten der *segnende Christus* dargestellt ist, während am äußeren Ende der Querbalken der *Kaiser Justinus II.* rechts und links *Sophia* dargestellt sind, die für die Ausschmückung einige wertvolle Reliquien stiftete. An den zwei Querbalken hängen vier große Achatsteine, die offenbar zu einer späteren Zeit hinzugefügt worden sind, die aber bereits in sehr alten Inventarlisten Erwähnung finden.

Bibl.: S. Borgia, *De Croce Vaticana ex dono Justini augusti in parasceve majoris hebdomadae publicae venerationi exhiberi solita commentarius*, Rom 1779.

N. Del Re

CTV

→ Fernsehzentrum, Vatikanisches

D

Damasus I.

Papst, Heiliger. Er stammte aus einer Familie spanischen Ursprungs. Damasus wurde 305 in Rom geboren. Seine Eltern waren Laurentia und Antonio, der später einer der zahlreichen Bischöfe auf dem *Ager Romanus* wurde. Damasus folgte recht bald der Karriere seines Vaters. Nachdem er die Aufgaben eines Klerikers bei der Zentralverwaltung der Röm. Kirche ausgeübt hatte, wurde er Ende 355 Diakon. Er schlug sich zunächst auf die Seite des Gegenpapstes Felix, versöhnte sich aber 358 mit seinem Vorgänger Liberius, dessen Amt er am 1. Oktober 366 als Papst Damasus I. übernahm.

Zahlreich waren die Widerstände, denen er sich während seines Pontifikates gegenüber sah. Eine Partei, die aus unnachgiebigen Antifelicianern und anderen Sektierern bestand, stellte ihm den Diakon Ursinus entgegen. Sehr bald brachen blutige Auseinandersetzungen in den Straßen und Kirchen Roms aus, bei denen Damasus am Ende aber die Oberhand behielt. Er erwarb sich auch die Zustimmung der zivilen Autorität und erreichte die Vertreibung der Schismatiker. Doch die Anhänger des Ursinus zettelten, obwohl sie sich im Exil befanden, gegen ihn einen Prozeß an, wahrscheinlich wegen Mordes. Damasus wurde am Ende freigesprochen. Den ständigen Angriffen der Ursinianer setzte schließlich Kaiser Gratian ein Ende, als er die Widerstände aus den eigenen Reihen durch das Konzil von Aquileia im Jahr 381 beseitigen ließ.

Das pastorale Wirken des Damasus wurde durch blutige Konflikte überschattet, die zwischen den Sekten der Donatisten, der Luziferianer und der Meletianer im Westen und den Arianern im Osten ausbrachen. Mit den Angelegenheiten der Kirche konnte er sich nicht in dem Maße beschäftigen, wie er es gewünscht hätte. Immerhin war er der erste Papst, der jedes Jahr am 30. September, dem Tag seiner Wahl, die Bischöfe Italiens um sich versammelte und mit ihnen gemeinsam zahlreiche Entscheidungen für die Universalkirche traf. Auf mehreren Synoden ging er gegen die letzten arianischen Bischöfe im Westen vor, vor allem in Illyrien. Er unterstützte das noch energischere Wirken des Ambrosius. Theodosius, der das Ostreich zum Katholizismus zurückführte, zwang diese Bischöfe zu der von Damasus festgelegten Glaubensnorm. Wenig wirksam waren dagegen seine Eingriffe im Osten. Der erneut vom Kaiser Valens den Arianern gewährte Schutz hätte ein entschiedeneres Eingreifen gegen den entstehenden Apollinarismus notwendig gemacht. Dies gilt auch für die Gegensätze, die sich aus der Bischofsnachfolge in Antiochien und Konstantinopel ergaben. Sein Verhalten war zuweilen durch wenig Verständnis und durch Zweideutigkeit gekennzeichnet, was Basilius den Großen zu sehr bitteren Worten gegen den Papst veranlaßte. Man muß allerdings feststellen, daß Damasus auf Synoden und Konzilien stets bestrebt war, die Lehren, nicht aber die Personen zu verurteilen. Dabei war es sein besonderes Anliegen, den reinen Glauben von Nicäa wiederherzustellen.

Damasus war der Papst der ersten Dekretalien und zugleich der erste Schriftsteller, der die

Cathedra des Petrus bestieg. Der hl. Hieronymus, den er besonders schätzte und mit dem er eine umfangreiche Korrespondenz unterhielt, erwähnt seine Werke *brevia opuscula* in Hexametern sowie sein kleines Traktat *De virginitate versu prosaque*, wobei er seine Begabung für die Zusammenstellung eleganter Verse hervorhob (*De viris illustribus*, 103). Diese dichterischen Werke, die vor allem aus ruhmvollen Versen für die Gräber der röm. Märtyrer bestanden, wurden von Damasus diktiert und dann von seinem Steinmetz Furius Dionysius Filocalus auf Marmortafeln in schönen Buchstaben übertragen, die später nach Damasus benannt wurden. Diese Versinschriften zeigen zwar wenig Inspiration und sind auch nicht immer stilgerecht. Doch sind sie wertvoll wegen ihrer archäologischen und hagiographischen Bedeutung.

Als hochgebildeter Mann mit ausgesprochener Vorliebe für Sprachen und klassische Literatur übertrug Damasus Hieronymus die Aufgabe, die lateinische Ausgabe des Neuen Testamentes nach dem griechischen Urtext zu überprüfen und auch die *Septuaginta* zu verbessern. So entstand jene Fassung der Bibel, die wegen ihrer Bedeutung *Vulgata* genannt wurde. Wenn auch nicht frei von Fehlern, ist sie immer noch eines der bedeutendsten literarischen Werke des christlichen Altertums. Auf Papst Damasus geht auch, vielleicht auf Anregung des hl. Hieronymus, die älteste Fassung des Kanons der Bibel zurück, die 374 veröffentlicht wurde. Fälschlicherweise ihm zugeschrieben werden auch die Abschnitte in den *False Decretali* , im *Liber Pontificalis* und eine Fassung des *Salterio*, sodaß der apokryphe Damasus den echten zu übertreffen droht. Er beschäftigte sich ferner mit dem kirchlichen Bauwesen und übertraf darin alle seine Vorgänger. Beim Theater des Pompejus ließ er beispielsweise die Basilika des hl. Laurentius errichten, die später in *S. Lorenzo in Damaso* umbenannt wurde; dann die etwas außerhalb der Stadt Rom gelegene Kirche der hl. Markus und Marcellianus und die der Apostel an der *Via Appia*. Er ließ ferner in fast allen Katakomben bedeutende Arbeiten durchführen, um die Gräber der Märtyrer zu schmücken sowie ihren Besuch und ihre Verehrung zu erleichtern. Er ließ die Wasseradern trockenlegen, die im Untergrund des Vatikanischen Hügels die Gräber der Märtyrer und Päpste beschädigten und leitete sie in die von ihm erbaute neue Taufkapelle von St. Peter. Für sein Interesse und seine Liebe zum Bau und zur Restaurierung von Gebäuden hat sich Damasus die Anerkennung der Archäologen erworben, die ihn zu ihrem Beschützer erwählten. Er starb am 11. Dezember 384 und wurde in der suburbikarischen Kirche der hl. Markus und Marcellianus beigesetzt, von wo seine Gebeine später nach *S. Lorenzo in Damaso* überführt wurden.

Bibl.: G. Ferretto in *Bibliotheca Sanctorum* IV, Sp. 433–443, mit Bibl.; C. Basevi, *La humanidad y la divinidad de Cristo:las controversias cristologicas des s. IV. y las cartas sinodales del papa s. Damaso (366–377),* in *Scripta theologica* 11 (1979), S. 953–1001; P. Nautin, *Le premier échange épistolaire entre Jerome et Damase: lettres réelles ou fictives?*, in *Freiburger Zeitschrift für Philosophie und Theologie 30* (1983), S. 331–344; *Damaso e i martiri di Roma. Anno Damasi saeculari XVI.* Übers. v. A. Ferrua, Einl. u. Kommentar v. C. Carletti, Vatikanstadt 1985; *Saecularia Damasiana. Atti del Convegno internazionale per il XVI centenario della morte di papa Damaso I (11.12.384 – 10/12. 12. 1984).* Rom 1986.

C. Petruzzi

Damasus II.

Papst. Nach dem mysteriösen Tod von Clemens II. (9. Oktober 1047) vergingen über neun Monate, bis Kaiser Heinrich III. Poppo (oder Bruno), den Bischof von Brixen, als Papst mit dem Namen Damasus II. designierte. In Rom gelang es aber dem schon 1046 abgesetzten Benedikt IX., sich wieder des Papststuhls zu bemächtigen. Inzwischen hatte sich eine Abordnung von Römern nach Deutschland begeben, um vom Kaiser die Zustimmung zur Wahl des allerdings widerstrebenden Alinard, Erzbischof von Lyon, gegen Benedikt IX. zu erreichen. Damasus II. war sächsischer Abstammung. Er wurde am 17. Juli 1048 in St. Peter konsekriert. Wie im *Liber Pontificalis* nachzulesen, war der neue Papst ein sehr gelehrter und frommer Mann und der Tiara würdig. Er sollte sie allerdings nur 23 Tage tragen. Am folgenden 9. August starb er in Palestrina, wo er sich aus Sicherheitsgründen niedergelassen hatte. Er wurde wahrscheinlich ein Opfer der Malaria, wenn nicht des Giftes, das ihm einigen Quellen zufolge vom unerbittlichen Benedikt IX. zugeführt worden sein soll, der dann endgültig aus Rom verjagt wurde. Der Leichnam von Damasus II. wurde in der Basilika *S. Lorenzo fuori le Mura* beigesetzt.

Bibl.: P. Bertolini in *Dizionario biografico degli Italiani,* 32, S. 289–292, mit Bibl.

N. Del Re

DAMASUSHOF

Im Zentrum der Vatikanischen Paläste nimmt dieser Hof die Anhöhe eines Hügels ein, wo die ältesten vatikanischen Bauten entstanden, insbesondere nach der Errichtung der Einfriedungsmauer durch Leo IV. (847–855). Damit kündigte sich gleichzeitig der Anfang einer steten baulichen Entwicklung an. Der erste Papst, der dort ein Gebäude als Residenz der Päpste, die bis dahin im *Patriarchium* im Lateran gewohnt hatten, errichten ließ, war Innozenz III. (1198–1216). Der Palast entstand auf der Anhöhe, die *Mons saccorum,* Platz der Plünderungen, genannt wird und dessen Reste in einem Turm (der heutigen Kapelle Nikolaus' V.) und der engeren Umgebung identifiziert wurden. Ziemlich weitläufig und noch zu erkennen ist der von Nikolaus III. (1277–80) errichtete Gebäudekomplex. Dieser ließ den Kernbau Innozenz' III. nach Süden und Westen erweitern, um sein neues *palatium novum* zu errichten, nachdem er verschiedene Grundstücke auf dem *Mons saccorum* erworben hatte. Der interessanteste Teil der Baumaßnahmen des Orsini-Papstes war die Umgestaltung der Ostfassade (d. h. zur Engelsburg und der Stadt), die der Lösung Bramantes für die Loggien des Damasushofes als Grundlage dienten. Es handelt sich um drei übereinander errichtete Galerien, die zu ebener Erde aus einem Portikus mit auf Pfeilern gestützten Kreuzrippengewölben und in den zwei oberen Stockwerken aus einfacheren Bogengängen bestanden. Einige der Pfeiler, die von Bramante in die Konstruktion der Bogengänge einbezogen worden sind, wurden während der letzten Restaurierungsarbeiten wieder sichtbar gemacht.

Am Ende des 13. Jh. wurde der Palast nach Norden erweitert, wahrscheinlich auf Veranlassung Bonifatius' VIII. (1294–1303). Dies schloß die Verlängerung des Portikus durch zwei neue Arkaden und den Bau eines mächtigen, eckigen Turms an der Stirnseite des Portikus ein. Die Ostfassade des Papstpalastes aus dem 13. Jh. erfüllte hervorragend zwei weitere Jahrhunderte ihre Funktion. Erst unter Julius II. (1503–13) und Bramante, zweier radikaler Verfechter des Renaissance-Baustils, wurde die endgültige Struktur des Hofes festgelegt. Der Stand der baulichen Entwicklung zu dieser Zeit ist durch eine Radierung von H. Schedel aus dem Jahr 1493 bezeugt, die einen auf neun Pfeiler gestützten Portikus mit Kreuzgewölbe flankiert von zwei Türmen zeigt. Der zinnenlose Bau mit Satteldach hat Ausblick auf den *hortus secretus,* den zukünftigen Hof des hl. Damasus. Bramante griff die bestehende architektonische Konzeption auf, um Zeit und Geld zu sparen, und erweiterte die Anlage um weitere 22 m, bei einer Länge von insgesamt 65 m und einer Breite von 4 m. Über dem ebenerdigen Portikus errichtete er zwei Galeriegeschosse – klassisch in Travertingestein auf Sichtziegel, die aus 13 lisenengerahmten Bögen bestehen, wovon die unteren dorischer und die oberen ionischer Ordnung sind. Nachdem die Arbeiten 1512 begonnen und durch den Tod Bramantes 1514 unterbrochen wurden, führte Raffael sie unter dem Pontifikat Leos X. (1513–21) fort. 1519 wurde nach Fertigstellung der zweiten Galerie ein drittes Geschoß errichtet, das von 14 korinthischen Granitsäulen mit Architrav gestützt wird.

Nach dem Tod Raffaels (1520) ernannte Leo X. Antonio da Sangallo zum Architekten. Dieser stellte das Peristyl der Bogengänge des Damasushofes unter Clemens VII. (1523–34) fertig und schloß es mit einem Kranzgesims in Holz ab, um den Eindruck der Schwere zu mildern. Bei dieser Gelegenheit wurde wahrscheinlich auch der Portikus gebaut (um die Gesamtheit des Gebäudes zu konsolidieren) und das bossierte Portal errichtet, das Zugang zum *Cortile del Maresciallo* (→) gewährte. An diesem Punkt kann man die Festlegung der Form der Loggien des hl. Damasus als definitiv bezeichnen. Die architektonische Struktur der Westseite des Hofs sollte von den anderen Päpsten, die die übrigen drei Seiten errichteten, bis zu Pius IX. (1846–78) unverändert übernommen werden. Im übrigen beabsichtigte schon da Sangallo, die Fassade des Bramante zu isolieren, indem er im rechten Winkel einen zweiten Flügel hinzufügte, der die Umwandlung des „geheimen Gartens“ in einen Hof in die Wege leiten würde. Die Idee Sangallos wurde unter Pius IV. (1559–65) von Pirro Ligorio übernommen, der sich in diesem Werk darauf beschränkte, die Fassade des Bramante umzugestalten, ohne selbst Neues hinzuzufügen. Er reduzierte die Anzahl der Bögen von dreizehn auf neun. Die 1563 begonnenen Arbeiten wurden jedoch 1565 durch den Tod des Papstes unterbrochen. Zu den von Pius IV. in Auftrag gegebenen Baumaßnahmen rechnet man auch die große Zisterne unter dem Hof, der daher auch als *Cortile della Cisterna* bezeichnet wird.

Die Konstruktion der Loggien wurde 1574 von Martino Longhi d. Ä. weitergeführt, der in der Zwischenzeit von Gregor XIII. zum päpstl. Architekten ernannt worden war. Dieser leitete die Arbeiten mit dem größten Respekt für die vorhandenen stilistischen Merkmale. Auf ihn geht außerdem die Errichtung des sog. Palastes Gregors XIII. zurück, während das Projekt für den dritten und vierten Flügel der Loggien Ottaviano Mascherino zuzuschreiben ist. Mit Sixtus V. (1585–90) wurde die Vollendung des dritten Flügels eingeleitet, wobei die Sicht über Rom, die man von den beiden anderen Flügeln genießen konnte, bewahrt wurde. Bei dieser Gelegenheit wollte Sixtus V. sich und seinen Nachfolgern einen größeren und prachtvolleren Palast errichten, da er die Residenzen seiner Vorgänger inzwischen unzureichend fand. Er beauftragte Domenico Fontana, dessen Gebäude mit fast quadratischem Grundriß (53 x 52,40 m) mit einer 43 m hohen Fassade auf den Damasushof geht. Es stellt den dritten Flügel der Loggien dar und paßt sich dem Aufriß der Vorgängerbauten an. Allerdings beschränkte sich Fontana wegen des oben erwähnten Problems der Aussicht auf nur acht Bögen. Auch wenn Innozenz X. (1644–55) kaum baulich tätig wurde, gab er doch dem bisher Zisternenhof genannten Hof eine neue Bezeichnung. Der Hof wurde nach dem hl. Papst Damasus I. (366–384) in *Cortile di S. Damaso* umbenannt. Am Brunnen zwischen den Säulen des mittleren nördlichen Bogens befindet sich ein Basrelief mit der Darstellung des Papstes (→ Brunnen des Damasushofes). Um den Portikus des Konstantin mit dem

Damasushof zu verbinden, ließ Pius IX. 1860 vom Architekten Filippo Martinucci eine breitere und bequemere Treppe (Scala Pius IX.) bauen, die in einen neunachsigen Portikus über quadratischen Jochen ausläuft und die Anlage der Loggien zum Viereck schließt. Die architektonische Gliederung führte Martinucci 1863 historisierend fort, mit der einzigen Ausnahme des mittleren Bogens des Südflügels mit einem von ionischen Säulen flankierten Portal, das einen Balken mit einer Inschrift trägt.

Mit diesen letzten Änderungen schloß die 350jährige Baugeschichte des Damasushofes.

Bibl.: D. Redig de Campos, *I Palazzi Vaticani,* Bologna 1967; G. Sacchetti, *Minima vaticana,* in *Strenna dei Romanisti* 50 (1989), S. 507–512.

P. L. Lotti

DATARIE, APOSTOLISCHE

Der Ursprung dieses alten röm. Amtes, das 1968 aufgehoben wurde, läßt sich auf die Praxis zurückführen, den päpstlichen Akten die Formel *datus per manus* beizufügen. Wegen seiner vielfältigen Aufgaben war dieses Amt in der Vergangenheit zweifellos eines der wichtigsten der Röm. Kurie. Es hatte sich als besondere Abteilung der Apost. Kanzlei gebildet. Einer ihrer Beamten hatte beispielsweise den Auftrag, Gnadenerlasse und sonstige päpstliche Dokumente zu datieren. Die beiden Ämter wurden getrennt, was eine Eingrenzung der jeweiligen Aufgaben erforderlich machte. Danach hatte die Datarie die Bittgesuche anzunehmen, zu prüfen und die Gnaden zu gewähren, während die Kanzlei die Aufgabe behielt, die Ausfertigung an die Bittsteller abzufassen.

Seit dem Beginn des 15. Jh. war die Apost. Datarie ein autonomes Amt, das bereits im Pontifikat von Martin V. (1417–31) erwähnt wird. Von Sixtus V. (1585–90) neu organisiert und in ihren Kompetenzen erweitert, sorgte die Apost. Datarie nun für die Vergabe von nicht ans Konsistorium gebundenen Benefizien und solchen mit rechtmäßiger Anwartschaft. Sie dispensierte im *forum externum* von jenen Hindernissen, die nicht mit analogen Aufgaben der „Hl. Apost. Pönitentiarie“ in Konflikt standen. Sie gewährte Pensionen und belegte die Benefizien und kirchlichen Güter mit Auflagen. Sie gewährte kirchlichen Ämtern und Institutionen Gnaden- und Gunsterweise, sanierte fromme Stiftungen und änderte die Auflagen.

Den Vorsitz im Amt führte ein Prälat mit dem Titel „Datar“ (der Titel erscheint zum ersten Mal in der Vorschrift Nr. 112 der *Cancelleria* von 1420: „*...et post signaturam per datarium, qui in eadem signatura presens erit*“). Er wurde zunächst aus den Offizialen der *Cancelleria* gewählt, später aus den Auditoren der Rota. Als im 17. Jh. der Brauch aufkam, an die Spitze dieses Amtes einen Kardinal zu stellen, übernahm dieser den Titel „Pro-Datar“. Die Wichtigkeit seiner Aufgaben als *oculus papae* (Auge des Papstes) führte dazu, ihm einen „Unterdatar“ an die Seite zu stellen. Dieser übernahm bei Abwesenheit dessen Aufgaben, überwachte den allgemeinen Ablauf der verschiedenen Dienste des Amtes. Mitgearbeitet haben auch eine große Schar weiterer Offiziale: der Präfekt *per obitum*, der sich mit den vakant gewordenen Benefizien befaßte; der Präfekt des *concessum* (benannt nach der in den Reskripten verwendeten Formulierung), der die Gewährung von Ehedispensen *de minoribus* vorbereitete; der Präfekt der Daten, der die Bittgesuche datierte; der Revisor der Eheangelegenheiten, dem die Aufgabe oblag, die Anträge auf gewöhnliche Ehedispense zu prüfen; der erste und der zweite Revisor der Bittschriften; der Offizial *de missis*, der für die Weitergabe der Bittschriften an die Registratur unter Benennung der jeweiligen Gebühren sorgte; der Offizial der Breven, der die jeweiligen Schreiben aufzusetzen hatte, die er dann den Boten zur Kopie auf Pergament übergab; der Revisor der Bücher; der Schreiber der Bullen; die Verwahrer der Bittschriften und der Register der Bullen; die Registratoren sowie weitere untergeordnete Offiziale.

Als erster schränkte Benedikt XIV. den Aufgabenbereich der Apost. Datarie ein. Mit der Konstitution *Gravissimum ecclesiae universae* vom 26. November 1745 (*Benedicti XIV P.M. Bullarium I*, S. 601–606) entzog er dem Amt einen großen Teil seiner früheren Zuständigkeiten. Die „Signatur für Gnadenerweise" wurde mit dem „Sekretariat der Breven" zusammengelegt. 1872 erweiterte Pius IX. mit einem Reskript vom 3. März erneut den Aufgabenbereich des Amtes und gab ihm die Vollmacht, „im Namen des röm. Papstes" die Normen zur Übertragung von Benefizien zu interpretieren. Leo XIII. entzog der Datarie verschiedene Aufgaben infolge der Aufhebung zahlreicher dem Apostolischen Stuhl gehöriger Benefizien zwischen 1878 und 1898. Mit der am 6. Februar 1901 gebilligten Regelung sorgte Leo XIII. ferner für eine Reorganisation der Datarie und teilte sie in drei Abteilungen auf (Art. 2). Der ersten übertrug er die Benefizien und andere Gnadenerweise, die zweite dagegen erhielt die Zuständigkeit für Ehedispense, die dritte die Verwaltung. Hinzu kam noch ein Rat von vier Theologen und ein Sekretariat.

Weitere Einschränkungen gab es durch die Kurienreform Pius' X. 1908, dessen Verfügungen fast wörtlich in den Codex des kanonischen Rechts von 1917 übernommen wurden. Nach der Norm von can. 261 hatte die Datarie die Eignung von Kandidaten für Benefizien zu beurteilen, die weder von einem Konsistorium abhingen noch dem Hl. Stuhl reserviert waren; sie mußte ferner die Apost. Briefe abfassen und versandfertig machen; sie gewährte Ausnahmen bei der Benefizienverleihung, falls diese nicht in die Zuständigkeit des Ortsordinarius fiel; sie sorgte ferner für das Eintreiben der Pensionen und Lasten, die der Papst mit der Übertragung dieser Benefizien verbunden hatte.

An der Spitze der Apost. Datarie stand ein Kardinal, der nach der Reform Pius' X. endgültig den Titel „Datar" übernommen hatte. Sein Amt war von Rechts wegen mit der Kardinalswürde verbunden. Als solcher war dieser Kardinal der erste der Palatinischen Kardinäle (→). In seiner letzten Zusammensetzung umfaßte das Amt den Unterdatar, einige Adjutanten, den Protokollführer und den Archivar, den Kassierer und die Schreiber der Bullen. Bei der Überprüfung der Bewerbungen arbeiteten auch einige Theologen mit.

Mit dem Dekret *Christus Dominus* (Nr. 28) des II. Vaticanums und dem Motu Proprio *Ecclesiae Sanctae* (Art. 18, § 1) Pauls VI. wurde ihr Aufgabenbereich erheblich eingeschränkt. Schließlich verfügte Paul VI. am 1. Januar 1968 die Abschaffung der Apost. Datarie. Die verbliebenen Aufgaben dieses traditionsreichen Amtes wurden vom Staatssekretariat übernommen, gemäß den Bestimmungen der Konst. *Regimini Ecclesiae universae* vom 15. August 1967 (AAS, LIX [1967] S. 885–928).

Bibl.: N. Storti, *La storia e il diritto della Dataria Apostolica dalle origini ai nostri giorni*, Neapel 1969; Ders. *La scomparsa di un antico dicastero ecclesiastico; la Dataria Apostolica nel decentramento postconciliare della Curia Romana, in Atti del Congresso internazionale di diritto canonico, II*, 2, Mailand 1972, S. 1227–40.

N. Del Re

Dekan der Römischen Rota

Der Dekan ist Präsident des Apost. Gerichtshofes mit dem Namen *Rota Romana* (→), des einzigen Dikasteriums, dem keine Kardinäle angehören. Bis vor kurzem wurde das Amt *ipso iure* mit dem dienstältesten Auditor besetzt, während der Dekan der Rota derzeit vom Papst ernannt wird, der ihn aus den Richtern der Rota auswählt. So sieht es auch Art. 127 der Konst. Johannes Pauls II. *Pastor Bonus* für die Röm. Kurie vom 28. Juni 1988 (AAS, LXXX [1988], S. 841–912) vor. Im Kollegium der „Prälaten-Auditoren" ist er *primus inter pares*. Praktisch leitet er aber alle Verfahren, wobei er mit besonderem Dekret die Fälle verschiedenen Kammern zuweisen kann, deren Präsidenten und Beisitzer er ernennt. Er sorgt ferner für den Ersatz der verhinderten Auditoren und prüft *in limine* gemeinsam mit zwei älteren Auditoren, ob die Fälle vor Gericht oder auf dem Verwaltungsweg zu behandeln sind. Er vertraut Advokaten der Rota die Fälle des Armenrechts an. Kraft Art. 16 des Motu Proprio von Pius XII. über das Gerichtswesen vom 1. Mai 1946 (AAS, XXXVIII [1946], S. 170–172) ist der Dekan der Röm. Rota zugleich auch Präsident des Appellationsgerichts der Vatikanstadt, ferner Rektor des *Studio Rotale* (→ Rotauniversität), das dem Apost. Gerichtshof angefügt ist und für die Ausbildung neuer Advokaten für das kirchliche Gericht und künftiger kirchlicher Richter zuständig ist.

Bibl.: E. Cerchiari, *Capellani Papae et Apostolicae Sedis Auditores causarum Sacri Palatii Apostolici seu Sacra Romana Rota ab origine ad diem usque 20 septembris 1870*, I, Rom 1921, S. 280–297 mit der chronolog. Serie aller Dekane von 1443 bis 1870.

N. Del Re

Dekan des Heiligen Kollegiums

→ Kardinaldekan

Dekan des Saales

Es ist der letzte in der Reihe der *Famiglia Papale* (*magister palafrenariae*), Chef der Ordnungskräfte und der päpstl. Sediarier (→), die im Vorzimmer, früher Saal der Stuhlträger genannt, Dienst tun. Es liegt zwischen der *Sala Clementina* und dem Konsistoriensaal. Der Dekan des Saales und und seine Helfer überwachen den Zugang zu den übrigen Audienzräumen. Er trägt im Dienst einen Frack mit schwarzer Weste, Kniehosen und schwarze Schuhe. Ebenso ist der Unterdekan gekleidet, der ihm bei der Erfüllung seiner Aufgaben hilft.

N. Del Re

Delegat, Apostolischer

Darunter versteht man den Abgesandten des Papstes in amtlicher Mission bei den Bischöfen und katholischen Gemeinschaften bestimmter Länder, der sich über den Zustand der Kirchen und die rechte Befolgung der kanonischen Gesetze informieren soll. Er stellt ein offizielles Organ des Austausches zwischen dem Hl. Stuhl und der kirchlichen Hierarchie vor Ort dar. Über die diplomatischen Vertreter des Hl. Stuhls hinaus, also den → Apost. Nuntien, Pro-Nuntien und Apost. Internuntien, die bei den einzelnen Staaten akkreditiert sind, läßt sich der Hl. Stuhl bei besonderen Gelegenheiten durch solche Delegaten vertreten, die keinen diplomatischen Charakter besitzen.

Aufgrund einer Mitteilung des Staatssekretariates vom 8. Mai 1916 (AAS, VIII [1916], S. 213) überwachen diese päpstl. Delegaten die Kirchen und die katholischen Werke in den ihnen übertragenen Gebieten (die im allgemeinen mehrere Diözesen oder Apost. Vikariate bzw. Präfekturen umfassen) und erstatten darüber dem Papst Bericht. Sie sind nicht unbedingt bischöfliche Würdenträger.

Sie dürfen nicht mit jenen Apost. Delegaten verwechselt werden, die gelegentlich von den Päpsten mit diplomatischem Rang zu einer Regierung entsandt werden und die nach Giobbio mit „Ministern zweiter Klasse" verglichen werden können. Die Apost. Delegaten im üblichen Sinn dieses Wortes werden fest in jene

Länder entsandt, die mit dem Hl. Stuhl keine diplomatischen Beziehungen unterhalten, was vor allem in einigen Missionsländern der Fall ist. Hier bestehen auch Apost. Delegaturen, durch die der Hl. Stuhl in Abwesenheit eines Apost. Nuntius, Pro-Nuntius oder Internuntius die Möglichkeit hat, die Lage der Kirche in jenen Gebieten zu beobachten.

Da sie über den Ortsordinarien stehen, sofern diese keine Kardinäle sind, besitzen die Apost. Delegaten durch ihre Würde alle Kontrollrechte in Diözesen bzw. Apost. Vikariaten und Präfekturen. Dazu gehört auch die Berechtigung, den wirtschaftlichen und disziplinären Zustand der ihnen anvertrauten kirchlichen Gebiete zu prüfen. Sie können auch von allen Ortsordinarien Rechenschaft über ihre Verwaltung verlangen und Weisungen erlassen, ohne in die freie Jurisdiktion der Ordinarien einzugreifen. Zur Überwachungsvollmacht der Apost. Delegaten gehört insbesondere, die Tätigkeit der einzelnen Ordinarien zu koordinieren und abzustimmen.

Obwohl man von einer gewissen Analogie mit den früheren Apost. Vikaren und den *legati nati* sprechen kann, die im Verlauf des 12. Jh. an ihre Stelle traten, so ist die derzeitige Institution der Apost. Delegaten erst in der Mitte des 18. Jh. entstanden. Sie wurde vor allem in der Zeit nach der Festigung der katholischen Missionen in jenen Territorien wichtig, wo sich die Kirche durchgesetzt hatte und eine kirchliche Hierarchie bestand.

Als grundlegend für die Geschichte der Apost. Delegaturen ist daher das Datum des 7. Juni 1762 anzusehen. Damals erließ die Kongr. der Glaubensverbreitung eine Instruktion, in der sie die Funktionen des Titulars für die Leitung des neuen lateinischen Apost. Vikariates von Aleppo festlegte, das ein Jahr zuvor durch Clemens XIII. mit dem Breve *Pro commisso Nobis* vom 27. Juni 1761 errichtet worden war. Die Msgr. Arnoldo Bossú zugewiesenen Vollmachten erweiterte man gegenüber denen der Apost. Vikare derart, daß sie fast denen der heutigen Apost. Delegaten entsprachen. Daher kann man das Vikariat Aleppo als erste „Apost. Delegatur“ betrachten und Msgr. Bossú als ersten „Apost. Delegaten“ im heutigen Sinn.

Die Apost. Delegatur von Aleppo blieb die einzige Einrichtung dieser Art im 18. Jh., die noch im folgenden Jahrhundert bestand. Nachdem sie 1818 mit der Ernennung von Msgr. Luigi Gandolfi am alten Sitz wiederhergestellt war, bekam sie den Namen „Apost. Delegatur des Berges Libanon“, wurde aber gewöhnlich „Apost. Delegatur von Syrien“ genannt. Im 19. Jh. ergab sich eine Ausweitung der Apost. Delegaturen. Sie wurden allmählich in all jenen Ländern errichtet, wo es eine kirchliche Hierarchie gab, der Hl. Stuhl aber noch keine diplomatischen Beziehungen mit den betreffenden Regierungen anknüpfen konnte. So entstanden Apost. Delegaturen im Mittleren Orient und in Afrika, wie auch in Mesopotamien (Irak) im Jahre 1832, in der Chaldäischen Nation (*pro Natione catholica Chaldaeorum*) 1837, in Ägypten 1839, in Äthiopien 1840 usw., sowie auch in entfernteren Staaten von Mittel- und Südamerika (die heute alle Sitz von Nuntiaturen sind). Bevor diese Länder einen eigenen Apost. Delegaten erhielten, hatte dessen Aufgaben der Apost. Nuntius in Brasilien wahrgenommen, dann der Internuntius von Kolumbien, zu dessen normalen Aufgaben auch die eines Apost. Delegaten *„in omnibus Americae Meridionalis regionibus, excepto Brasiliae imperio“* gehörte (vgl. G. De Marchi, *Le Nunziature apostoliche dall 1800 al 1956*, Rom 1957, S. 95).

Wie die Apost. Nuntiaturen sind auch die Apost. Delegaturen vom Staatssekretariat abhängig nach den Normen, die Paul VI. 1969 mit dem Motu Proprio über das Amt der päpstl. Vertreter *Sollicitudo omnium Ecclesi-*

arum vom 24. Juni (AAS, LXI [1969], S. 473–484) erlassen hat. Apost. Delegaturen bestehen derzeit nach den Angaben des *Annuario Pontificio* 1997 in folgenden Ländern: Angola, Antillen, Arabische Halbinsel, Dschibuti, Jerusalem und Palästina, Laos, Libyen, Malaysia und Brunei, Mauretanien, Myanmar, Pazifischer Ozean, Somalia.

Bibl.: D. Staffa, *Le Delegazioni apostoliche*, Rom 1959; M. Oliveri, *Natura e funzioni dei Legati pontifici nella storia e nel contesto ecclesiologico del Vaticano II*, Vatikanstadt 1982.

N. Del Re

DEUSDEDIT

→ Adeodatus I.

DEUTSCHES PRIESTERKOLLEG

Mit dem Breve *Pietatis monumenta* vom 21. Dezember 1876 errichtete Pius IX. beim Campo Santo Teutonico (→) auf Initiative von Msgr. Anton De Waal, der auch der erste Rektor wurde, ein Kolleg für deutsche Priester, die sich historischen Forschungen sowie dem Studium der christlichen Archäologie widmeten. Einige waren auch in den verschiedenen Büros der Röm. Kurie beschäftigt. Erste Gäste des Kollegs waren jene jungen deutschen Kleriker, die Opfer des preußischen Kulturkampfs geworden waren und in ihrem Land daher keine Beschäftigung fanden. Einer der beiden Flügel des Kollegs bewahrt auch heute noch seinen mittelalterlichen Charakter, während der andere kürzlich vom Architekten Silvio Galizia neu errichtet wurde.

Seit 1887 veröffentlicht das im Priesterkolleg beheimatete „Römische Institut der Görresgesellschaft" die *Römische Quartalschrift für christliche Altertumskunde und Archäologie*, die dreimal jährlich erscheint. Ihre Herausgabe wurde von 1916 bis 1921 wegen des Ersten Weltkriegs und von 1939 bis 1952 wegen des Zweiten Weltkriegs unterbrochen. Seit 1901 erschien außerdem zweimal jährlich die Zeitschrift *Oriens Christianus* mit Studien über den Nahen Osten, eine Reihe, die 1941 mit dem 36. Band eingestellt wurde.

Das Deutsche Priesterkolleg besitzt auch ein kleines, interessantes Museum, das 1887 von Msgr. De Waal angelegt wurde und antike sowie mittelalterliche Objekte verschiedener Herkunft enthält (christliche Sarkophage, heidnische und christliche Inschriften, Gedenksteine, Lampen in Bronze und Terracotta, Goldglasfragmente, Kreuze usw.). Dazu kommt eine gut ausgestattete Spezialbibliothek mit über 40.000 Bänden vor allem zur Geschichte der Kirche und zur christlichen Archäologie. Weiterhin besitzt es eine reiche Photothek über die Nekropole unter der Basilika St. Peter.

Im Kolleg hat auch – wie erwähnt – die 1888 gegründete Görres-Gesellschaft einen römischen Sitz, die u.a. Stipendien vergibt. Ihre Mitglieder sind katholische Doktoren und Professoren aus dem deutschsprachigen Bereich. Im Campo Santo finden auf Einladung der Gesellschaft in der Regel jeden letzten Samstag im Monat Vorträge zu Themen der Kirchengeschichte und Archäologie statt.

Bibl.: E. Gatz, *Anton de Waal (1837–1917) und der Campo Santo Teutonico*, Rom 1980.

N. Del Re

DIONYSIUS

Papst, Heiliger. Seine Heimat und seine familiäre Herkunft sind unbekannt. Er lebte und wirkte im 3. Jh. Nach dem *Liber Pontificalis* war Dionysius Mönch. Im Jahre 259 unter den Konsuln Emilianus und Bassus wurde er von der römischen Priesterschaft zur Nachfolge Sixtus' II. berufen, der im Jahr zuvor das Martyrium erlitten hatte. Nach einer Zeit der

Vakanz des Apost. Stuhles wegen der Christenverfolgung des Valerian kam Kaiser Gallienus an die Macht. In dieser ruhigeren Zeit vermochte Dionysius die christlichen Gemeinden vorübergehend zu stabilisieren. Spiritualismus und religiöse Sekten, die in philosophischer und theologischer Mystik dem Neuplatonismus des Plotin und Porphyrius nahestanden, bedrohten dann das Christentum erneut.

Durch den Orient beeinflußte Häretiker griffen das trinitarische Dogma an und gewannen vor allem in der Cyrenaika gefährlich an Bedeutung. Das Eingreifen von Papst Dionysius in die trinitarische Kontroverse wurde durch einen Brief des Dionys, Bischof von Alexandria, hervorgerufen, der die Auswüchse der sabellianischen und modalistischen Lehren verurteilte. Seine Trinitätslehre unterlag dem Irrtum einer zu scharfen Unterscheidung der drei göttlichen Personen. Wegen dieser seiner Thesen wurde der Bischof von Alexandrien von seinen Gegnern bei der röm. Synode angeklagt, bei der der Papst Klarstellungen machte.

Die in der Kirche von Alexandrien aufgebrochene trinitarische Kontroverse bot Papst Dionysius bald Gelegenheit, weiter in sehr wichtige Fragen der Lehre einzugreifen. Er verurteilte z. B. entschieden den Modalismus wie auch die Lehren derer, die drei getrennte Hypostasen annahmen. Der in großer theologischer Klarheit und Exaktheit ausgearbeitete Brief von Papst Dionysius bildet noch heute ein wichtiges Dokument des Glaubens und der Wissenschaft aus den ersten Jahrhunderten des Papsttums. Dionysius starb vermutlich als Märtyrer am 26. Dezember 268 unter den Konsuln Claudius und Paternus und wurde in den Calixtus-Katakomben an der *Via Appia* beigesetzt.

Bibl.: A. Amore in *Bibliotheca Sanctorum* IV, Sp. 631–633; L. Abramowski, *Dionys von Rom (†268) und Dionys von Alexandrien (†264/5) in den arianischen Streitigkeiten des 4. Jh.*, in *Zschr. für Kirchengesch.* 93 (1982), S. 240–272; H. Pietras, *La difesa della monarchia divina da parte del papa Dionigi (†268)*, in *Archivum historiae pontificiae* 28 (1990), S. 335–342).

C. Petruzzi

Dioskur

Papst. Seine Heimat und familiäre Herkunft sind unbekannt. Man weiß aber, daß er in den ersten Jahrzehnten des 6. Jh. gelebt hat und Diakon der Kirche von Alexandria war. Von dort wurde er wegen der monophysitischen Streitigkeiten gezwungen, ins Exil nach Rom zu gehen. Hier wurde er bald sehr einflußreich – wegen seiner intellektuellen Fähigkeiten und seines wachen Verstandes, seiner Kenntnis der Welt des Orients und seiner griechischen Sprachkenntnisse. 505 erhielt er von Papst Symmachus den Auftrag, eine Delegation zu Theoderich anzuführen, um gegen die widerrechtlichen Aneignungen des Gegenpapstes Laurentius zu protestieren. Dioskur erfüllte die ihm übertragene Aufgabe so erfolgreich, daß Theoderich sofort die Rückerstattung der Kirchen und Güter veranlaßte, die dem Papst geraubt worden waren. Von Papst Hormisdas wurde Dioskur 519 beauftragt, dem Klerus von Konstantinopel die Gründe für die Verurteilung des Häretikers Akazius darzulegen. Dabei entfaltete er eine derartige Überzeugungskraft, daß er von den Orientalen die Billigung der Verurteilung erhielt und sich damit einen Dankesbrief des Papstes für die geleistete Arbeit einhandelte.

Diese Verdienste und die Anerkennung, die Dioskur beim Klerus von Rom fand, führten zu der Überzeugung, er wäre der beste Nachfolger für Papst Felix IV. Doch dieser befürchtete für den Fall seines Todes, der 530 eintrat, Schismen und Kämpfe. Er hatte daher seinen Erzdiakon Bonifatius als Nachfolger bestimmt. Dieser wurde in der *Basilica Julia* konsekriert, obwohl an seiner Wahl nur eine kleine Minderheit des Klerus teilgenommen hatte. Die Mehrheit wählte am 22. September des gleichen Jahres Dioskur und konsekrierte ihn in der Lateranbasilika. Es zeichnete sich also ein Schisma ab, das aber bald durch den Tod von Dioskur am 14. Oktober 530, nur wenige Tage nach seiner Wahl, beendet wurde. Daher kann er nicht als Gegenpapst angesehen werden. Seine Anhänger unterwarfen sich rechtzeitig Bonifatius und unterzeichneten sogar ein Dokument der Verurteilung des Dioskur, wie man im *Liber Pontificalis* nachlesen kann. Dort wird auch berichtet, daß dieses Dokument, das zunächst von Bonifatius als posthume Verurteilung des Dioskur im Archiv der Kirche aufbewahrt wurde, später durch Papst Agapet 535 vor den Augen des Volkes bei der *Confessio* von St. Peter verbrannt worden ist.

Bibl.: L. Duchesne, *L'Eglise au VI siècle*, Paris 1925, S. 142–145.

C. Petruzzi

Diplomatie, Päpstliche

Weil der Hl. Stuhl kraft seiner geistlichen Souveränität Subjekt des Völkerrechts ist, wurde ihm schon immer das Recht zuerkannt, aktiv und passiv diplomatische Vertretungen zu unterhalten, was übrigens auch vom neuen Codex des kanonischen Rechtes (can. 362) bekräftigt wird. Danach hat er eigene feste Vertreter, die bei den einzelnen Staaten akkreditiert sind. Er akkreditiert seinerseits die diplomatischen Vertreter, die von den jeweiligen Regierungen an den Hl. Stuhl entsandt werden. Ziel der vatikanischen Diplomatie ist vor allem, den röm. Papst bei der Entfaltung und Ausübung seiner Sendung im Dienst des Evangeliums zu unterstützen. Sie wird daher unter seiner unmittelbaren Autorität durch das Staatssekretariat (→) vollzogen.

Das Diplomatische Korps des Hl. Stuhles besteht aus den Nuntien, Pro-Nuntien und Internuntien, die nicht nur den Hl. Stuhl als Zentralorgan der Universalkirche vertreten, sondern auch den Vatikanstaat, dessen internationale Anliegen sie vorbringen. Ihre Aufgabe ist zugleich diplomatisch und in hohem Grade religiös.

Seit dem 4. Jh. hat sich der Papst in den von Rom entfernteren Gebieten vertreten lassen. Bereits im folgenden Jahrhundert begann er, seine Legaten an den kaiserlichen Hof von Konstantinopel zu senden, um Angelegenheiten des Apost. Stuhles zu verhandeln. In der Geschichte der päpstl. Diplomatie werden sie „Apokrisare" genannt, ein Ausdruck des byzantinischen Hofes für die Funktionäre, die die Antworten (*apokrisis*) des Kaisers zu übermitteln hatten. Nach Hartmann Grisar (*Roma alla fine del mondo antico* II, ital. Übersetzung, Rom 1930, S. 421–422) ist die Einrichtung der päpstl. Apokrisare auf Leo den Großen zurückzuführen. Dieser sandte den Bischof Giuliano di Coo als seinen Vertreter an den Hof des Kaisers Martian (450–457), um sich mit dem nötigen Nachdruck gegen das Wiederaufleben der nestorianischen und eutychianischen Häresien einzusetzen, die bereits vom Konzil von Chalzedon verurteilt worden waren (PL 54, 1025). Das Amt der Apokrisare wurde mit Unterbrechungen zweieinhalb Jahrhunderte lang, meistens von Diakonen, ausgeübt und erst im 6. Jh. zu einer festen Institution, die wir in der 6. Novelle des Justinian vorfinden.

Aufgabe des päpstl. Apokrisars, der in Konstantinopel im reich ausgestatteten Palast der Placidia (*Domus Placidiana*) wohnte, war es, die Rechte des Apost. Stuhls zu schützen, die Beziehungen zu fördern und Berichte nach Rom zu senden. Zuweilen beauftragte der Papst ihn auch, in bestimmten Angelegenheiten tätig zu werden. Die Wichtigkeit dieses Amtes wird gut von Pelagius II. (579–590) dargestellt, nach dessen Anmerkungen sich der Apokrisar aus seinem Palast auch nicht für eine Stunde entfernen durfte (vgl. Ph. Jaffé, *Regesta Pontificum Romanorum* I, 1085). Unter den ältesten päpstl. Apokrisaren sind Pelagius und der hl. Gregor der Große berühmt. Pelagius wurde von Papst Agapet 536 nach Konstantinopel gesandt, wo er auch unter den folgenden Pontifikaten des Silverius (536–537) und des Vigilius (537–555) blieb. Der hl. Gregor der Große wurde von Pelagius II. zu Kaiser Tiberius II. (578–582) gesandt. Man kann in dem vom Diakon Giovanni verfaßten Werk über sein Leben nachlesen, mit welcher Geschicklichkeit und Autorität er seinen heiklen Auftrag zu erfüllen wußte (PL 75, 75). Infolge der Kämpfe des Bildersturms spalteten sich Orient und Okzident politisch und beendeten damit die Tätigkeit der Apokrisare um die Mitte des 8. Jh. Ihre Funktionen wurden von Legaten übernommen, die jedoch auch andere Eigenschaften besaßen. Während die „Geborenen Legaten", nämlich die Bischöfe einiger historisch berühmter Sitze wie Reims, Lyon, York, Canterbury, Köln usw. vor allem als Treuhänder des Apost. Stuhles galten, hatten die „Gesandten Legaten" begrenzte und besondere Aufträge zu erfüllen. Im frühen Mittelalter bedienten sich die Päpste nicht selten für diplomatische Missionen auch ihrer Finanzagenten (*collettori*), die in verschiedene europäische Länder gesandt wurden, um vor allem den kirchlichen Zehnten einzutreiben. Die Kollektoren arbeiteten im übrigen gut und nahmen angesichts ihrer Position und Wichtigkeit auch religiöse und diplomatische Aufgaben wahr. Immer häufiger wurden sie für solche Aufgaben verwendet, vor allem seit den letzten Jahrzehnten des 15. Jh., in denen sich die Beziehungen des Apost. Stuhles zu den katholischen Nationen intensivierten. So machte man die Titulare der Sammelstellen zu ständigen diplomatischen Vertretern. Aus der Gruppe der päpstl. Kollektoren wurden die ersten ständigen Nuntien genommen, denen als Titel *nuntius et collector* verblieb, mit dem man die Kollektoren bezeichnet hatte. Der Titel war zunächst in Konkurrenz zum Titel *Orator* verwendet worden, den besonders die diplomatischen Agenten der zivilen Regierungen trugen. Dann blieb er der einzige, der schon unter Paul III. (1534–1549) die päpstl. diplomatischen Vertreter unterschied. So vertritt P. Richard (vgl. Bibl.) mit Recht die These, daß die modernen Apost. Nuntiaturen die natürliche Weiterentwicklung der päpstl. Finanzagenturen sind, die sich in Europa seit dem 13. Jh. gebildet hatten. Die Problematik dieser These und dazu die Dispersion der Dokumente der ersten Nuntien sind der Grund dafür, daß die Ursprünge der Nuntiaturen als ständige päpstl. Vertretungen weiterhin ziemlich im Dunkeln bleiben und es unmöglich ist, das genaue Datum ihrer Errichtung in den jeweiligen Nationen anzugeben.

Nach der Meinung von Anton Pieper (vgl. Bibl.) war man bisher der Auffassung, daß die erste ständige Nuntiatur die von Venedig war, die auf das Jahr 1500 zurückgeht. Kürzlich wurde jedoch aufgrund einer sicheren Quelle nachgewiesen, daß dieser Ruhm der Nuntiatur Spaniens zukommt. Kraft des Auftrags, den Alexander VI. 1493 dem päpstl. Kollektor jener Nation gab, ihn bei den katholischen Königen in allen diplomatischen Angelegenheiten zu vertreten, verband er damit auch die Verpflichtung, am Hof zu wohnen (vgl. J. Fernández Alonso, *Don Francisco de Prats, primer nuncio permanente en España*, in *Anthologica annua* 1 (1953), S. 67–154). Den Apost. Nuntiaturen in Spanien und Venedig folgten kurz nach 1500 die von Frankreich, 1513 die beim Kaiser, 1560 die von Savoyen und Florenz und weitere. Doch eine innere Struktur und Organisation der verschiedenen Nuntiaturen erfolgte erst 1584 durch Gregor XIII., der sie in Klassen einteilte, ihre Funktionen bestimmte und ihr Protokoll regelte. Er stattete die Missionschefs mit der Bischofswürde aus und erließ besondere Weisungen für die Besoldung der päpstl. diplomatischen Vertreter. Schließlich richtete er auch neue Vertretungen ein, da er von der großen Wichtigkeit der Nuntien überzeugt war, „für eine möglichst genaue Kenntnis der objektiven Verhältnisse der einzelnen Nationen, – so Pastor – wie auch für die Möglichkeit eines unmittelbaren Eingreifens in den Verlauf der Ereignisse". Unter Gregors Pontifikat (1572–1585) gab es schon 13 ständige Apost. Nuntiaturen – in Spanien, Venedig, im Reich, in Frankreich, Savoyen, Florenz, Neapel, Köln, Schweiz, Portugal, Flandern, Polen und Graz.

Man darf nicht glauben, daß sich das Institut der festen Nuntiaturen überall friedlich durchgesetzt habe. Es fehlte nicht an Widerstand, zuweilen heftigster Art, von seiten der „Geborenen Legaten", die in dieser Einrichtung den endgültigen Untergang ihrer Macht sahen. Diese Widerstände fanden dann auch nachhaltige Unterstützung in einigen Schriften von Marcantonio De Dominis (1560–1624) und Edmondo Richer (1559–1631), dann von Giustino Febronio (1701–90) und Giuseppe Valentino Eybel (1741–1805). Zwar stritten sie dem Papst gegenüber in keiner Weise dessen Machtbefugnis ab, zeitweise Legaten zu entsenden und unter besonderen Umständen auch Nuntien. Aber sie vertraten die Ansicht, daß die Entsendung von ständigen päpstl. diplomatischen Vertretern die Rechte der Bischöfe einschränkte. Die Errichtung der Nuntiatur in Bayern 1784 zog einen weiteren Protest der vier Erzbischöfe von Mainz, Trier, Köln und Salzburg nach sich, die sich offen und entschieden gegen die Apost. Nuntiaturen aussprachen. Doch die Einrichtung fand eine ebenso autoritative wie kluge Verteidigung in der meisterhaften *Responsio ad Metropolitanos Maguntinum, Trevirensem, Coloniensem et Salisburgensem super Nunciaturis Apostolicis* durch Pius VI. am 14. November 1789.

Nach den radikalen Reformen und den kräftigen Impulsen durch Gregor XIII. erfuhr die päpstl. Diplomatie neuen Glanz. Rom war jetzt Zentrum der europäischen Politik geworden. Dann folgte aber eine Zeit des Niedergangs, der seinen Höhepunkt in den bekannten Napoleonischen Ereignissen erreichte. Damals blieben nur zwei Nuntien im Amt, Msgr. Lorenzo Caleppi, der 1808 mit den Königen von Portugal nach Brasilien ging, und Msgr. Antonio Gabriele Severoli, der dem österreichischen Hof auf seiner europäischen Wanderschaft folgte. Ein neues fruchtbares Kapitel eröffnete sich für die Tätigkeit der päpstl. Diplomatie mit der Wiederherstellung des Kirchenstaates und der nachfolgenden Neuordnung der Apost. Nuntiaturen, deren Leitern sofort das Gewohnheitsrecht eines Doyen des Diplomatischen Korps zuerkannt wurde – kraft des *Règlement sur le rang entre les Agents diplomatiques.* Es wurde ins Protokoll der Bevollmächtigten der acht Unterzeichnerstaaten des Vertrags von Paris in der Sitzung vom 19. März 1815 aufgenommen und vom Wiener Kongreß am folgenden 9. Juni 1815 ratifiziert. In dieser Zeit kam ferner der Brauch auf, die Nuntiaturen mit dem Namen des Staates zu bezeichnen, bei dem sie tätig sind, statt mit dem Namen ihrer Residenzstadt.

Im Verlauf des 20. Jh. kam es zu einer erheblichen Vermehrung der Zahl der Apost. Nuntiaturen. Ursache waren die Umwandlung der verschiedenen diplomatischen Vertretungen in lateinamerikanischen Ländern, die früher Spanien unterstanden und sich nun allmählich in unabhängige Staaten verwandelten; dann aber auch die Errichtung neuer Vertretungen bei den jungen Staaten, die sich nach dem Ende des Zweiten Weltkriegs 1939–45 gebildet hatten. Bekräftigt wurde die Anerkennung des Gewohnheitsrechts der Funktion des „Doyen“ für die Apostolischen Nuntien im Wiener Übereinkommen über diplomatische Beziehungen (Art. 16, § 3), das in Wien am 9. April 1961 mit 53 Stimmen (bei 18 Enthaltungen und keiner Gegenstimme) durch die Vertreter der 71 Staaten auf Initiative der Vereinten Nationen unterzeichnet wurde.

Die Vertretungen des Hl. Stuhles mit diplomatischem Charakter finden sich derzeit nach dem *Annuario Pontificio* 1997 in folgenden Ländern: Äquatorialguinea, Äthiopien, Albanien, Algerien, Andorra, Angola, Antigua und Barbuda, Arabische Republik Ägypten, Arabische Republik Syrien, Argentinien, Armenien, Australien, Aserbaidschan, Bahamas, Bangladesh, Barbados, Belgien, Belize, Benin, Bolivien, Bosnien und Herzegowina, Brasilien, Bulgarien, Bundesrepublik Deutschland, Bundesrepublik Jugoslawien, Burkina Faso, Burundi, Chile, China, Costa Rica, Côte d'Ivoire, Dänemark, Demokratische Republik Madagaskar, Dominica, Dominikanische Republik, Ecuador, El Salvador, Eritrea, Europäische Union, Estland, Fidschi, Finnland, Frankreich, Fürstentum Liechtenstein, Gabun, Gambia, Georgien, Ghana, Großbritannien, Grenada, Griechenland, Guatemala, Guinea, Guinea-Bissau, Äquatorialguinea, Haiti, Honduras, Indien, Indonesien, Iran, Irak, Irland, Island, Israel, Italien, Jamaica, Japan, Jordanien, Kambodscha, Kamerun, Kanada, Kap Verde, Kasachstan, Kenia, Kiribati, Kolumbien, Kongo, Korea, Kroatien, Kuba, Kuweit, Kirgistan, Lesotho, Lettland, Libanon, Liberia, Litauen, Luxemburg, Madagaskar, Malawi, Mali, Malta, Marokko, Marschallinseln, Mauritius, Mazedonien, Mexiko, Moldau, Mongolei, Mosambique, Namibia, Nauru, Nepal, Nicaragua, Niger, Nigeria, Norwegen, Neuseeland, Niederlande, Österreich, Pakistan, Panama, Papua-Neuguinea, Paraguay, Peru, Philippinen, Polen, Portugal, Rumänien, Russische Föderation, Ruanda, Salomonen, San Marino, Santa Lucia, San Vincent und die Grenadinen, São Tomé und Principe, Senegal, Seychellen, Sierra Leone, Simbabwe, Singapur, Slowakische Republik, Slowenien, Spanien, Sri Lanka, Sudan, Südafrika, Suriname, Syrien, Schweden, Schweiz, Swasiland, Tansania, Tadschikistan, Thailand, Togo, Tonga, Trinidad und Tobago, Tschad, Tschechische Republik, Tunesien, Turkmenistan, Türkei, Uganda, Ukraine, Ungarn, Uruguay, Usbekistan, Vanuatu, Venezuela, Vereinigte Staaten von Amerika, Föderierte Staaten von Mikronesien, Weißrußland, West-Samoa, Zaire, Zambia, Zentralafrikanische Republik, Zypern. Weitere Vertretungen des Hl. Stuhles, aber ohne offiziellen diplomatischen Rang sind die Apost. Delegaturen (→).

Dem aktiven Diplomatischen Korps des Hl. Stuhles entspricht ein passives Diplomatisches Korps beim Hl. Stuhl (→). Seit Ende des 15. Jh. gibt es schon diplomatische Gesandte beim Apost. Stuhl mit gewisser Kontinuität, während ab dem folgenden Jahrhundert sich echte und eigentliche Vertretungen bildeten, als erste die der Republik Venedig.

Bibl.: A. Pieper, *Zur Entstehungsgeschichte der ständigen Nuntiaturen*, Freiburg i. Br. 1894; P. Richard, *Origines des Nonciatures permanentes*, in *Revue d'histoire ecclésiastique* 7 (1906) S. 52–70, 317–338; A. Wynen, *Die päpstl. Diplomatie*, Freiburg i. Br. 1922; P. Brezzi, *La diplomazia pontificia*, Mailand 1944; R.A. Graham, *Diplomazia pontificia*, P. Stàcul/R. Romeo, Rom 1962; G.L. Masetti Zannini, *Studi storici di mons. G.B. Montini sulla diplomazia pontificia*, in *Commentari dell Ateneo di Brescia per l'anno 1965*, S. 27–87; M. Oliveri, *Natura e funzione dei legati pontifici nella storia e nel contesto ecclesiologico del Vaticano II*. Vatikanstadt 1982; P. Blet, *Histoire de la représentation diplomatique du Saint Siège des origines à l'aube du XIXe siècle*, ib. 1982.

N. Del Re

DIPLOMATISCHES KORPS BEIM HL. STUHL

In Korrespondenz mit dem aktiven diplomatischen Personal des Hl. Stuhls, z.B. den Apost. Nuntien, besteht auch ein „passives Diplomatisches Korps beim Hl. Stuhl". Es wird gebildet aus den entsprechenden Repräsentanten der Staaten, mit denen der Hl. Stuhl diplomatische Beziehungen pflegt. Schon seit der zweiten Hälfte des 15. Jh. finden sich solche Botschafter mit einem, in gewisser Weise festen Sitz beim Hl. Stuhl, die dann Schritt für Schritt das Korps der festen Repräsentanten der Staaten bildeten. Die erste, die einen Botschafter nach Rom entsandte, war die Republik von Venedig, bald gefolgt von Spanien und den übrigen katholischen Ländern. Das beim Hl. Stuhl akkreditierte Diplomatische Korps blieb auch nach 1870 erhalten und wurde im Laufe der Jahre immer zahlreicher. 1890 gab es 18 ständige diplomatische Missionen, 1921 waren es schon 24 und 1929 schon 27, je nachdem, wie sich die diplomatischen Beziehungen in ihrer Reziprozität entwickelten: Die Zahl der päpstl. Repräsentanten bei den verschiedenen Staaten stimmt heute noch mit der der Botschafter dieser Staaten beim Hl. Stuhl überein.

Die ordentlichen Vertreter dieser Staaten beim Vatikanstaat erfreuen sich aller diplomatischen Rechte nach dem Wiener Übereinkommen, wie das der persönlichen und gerichtlichen Immunität. Dies gilt auch gegenüber dem italienischen Staat, auf dessen Territorium sie in der Regel residieren; in Übereinstimmung mit Art. 12 der Lateranverträge (1929) auch in den Fällen, wo der entsprechende Staat keine diplomatischen Beziehungen mit Italien unterhält.

Alle auswärtigen Botschafter beim Hl. Stuhl sind gegenwärtig akkreditiert als *Ambasciatori straordinari e plenipotenziari* (außerordentliche und bevollmächtigte Botschafter). Nach den Daten des *Annuario Pontificio* 1997 beträgt ihre Zahl 168. Offizielle diplomatische Beziehungen wurden z.B. 1984 auch mit den Vereinigten Staaten von Amerika nach 117 Jahren wieder aufgenommen, die 1867 vom Kongreß in Washington einseitig aufgekündigt worden waren.

Bibl.: E. A. Graham, *Diplomazia Pontificia; studio sulla Chiesa e lo Stato sul piano internazionale*, Rom 1962; O. de La Brosse, *Diplomatprès le Saint-Siège*, in *Etudes*, 364 (1986), S. 111–124.

N. Del Re

DISPENSARIUM ST. MARTHA, PÄPSTLICHES

Eine karitative Einrichtung, die Milch an die Kleinkinder der Ewigen Stadt verteilte. Es entstand 1921 als Stiftung von Dula Rae Drake aus New York, einer Dame der amerikanischen Stiftung „Freie Milch und Hilfe für Italien". Sie schenkte ihre Stiftung Benedikt XV. Dieser bestimmte dafür einen eigenen Raum im „Hospiz St. Martha" (→) und segnete ihn persönlich ein. Durch den Tod Benedikts XV. am 22. Januar 1922 verzögerte sich der Bau einer eigenen Klinik. Sie wurde dann aber unter der Leitung der „Töchter der Liebe des hl. Vinzenz von Paul" errichtet und am 8. Mai 1922 durch eine Verfügung Pius' XI. zusammen mit der Stiftung unter den Schutz der Muttergottes gestellt. Auch nach dem Tod der hochherzigen Gründerin am 22. Dezember 1937 lebte die Stiftung weiter und erhielt in ausreichendem Maße Spenden. Durch Pius XII. ebenso gefördert dehnte die Klinik St. Martha (gewöhnlich „Latte Dryco" genannt) ihre Hilfstätigkeit aus und gab für die Kinder auch Medizin aus. Nach dem letzten Weltkrieg wurde die wohltätige Klinik mit dem Päpstl. Almosenamt (→) vereinigt.

Bibl.: M. T., *Il Dispensario per lattanti nell'Ospizio di Santa Marta*, in *L'Illustrazione Vaticana* 4 (1933) S. 189–191; *Dispensario Pontificio di Santa Marta „Latte Dryco"*, in *Ecclesia* 2 (1943) Nr. 4, S. 41–43.

N. Del Re

Dombauhütte von St. Peter

Die *Fabbrica di San Pietro*, also die Dombauhütte von St. Peter, ist eine besondere vatikanische Einrichtung, die mit der „Erhaltung, Verbesserung und Verwaltung der Petersbasilika und ihres Erbes betraut ist und in gegenseitiger Abstimmung mit dem Kapitel von St. Peter handelt". So setzt es Art. 1 der Regelung fest, die am 18. Januar 1974 veröffentlicht wurde (vgl. W. Schulz, *Leggi e disposizioni usuali dello Stato della Città del Vaticano II*, Rom 1982, S. 451–456). Dieses Organ führt die gleichen Aufgaben weiter, die früher von der *Congregatio della Reverenda Fabbrica di San Pietro* erfüllt wurden, die Clemens VIII. Anfang des 17. Jh. errichtet hatte. Sie wurde mit der Neuordnung der Röm. Kurie durch Paul VI. 1967 in dieser alten Form aufgelöst und mit der Konst. *Regimini Ecclesiae universae* vom 15. August (AAS, LIX [1967], S. 885–928) auf das Niveau einer palatinischen Verwaltung herabgestuft.

Die derzeitige *Fabbrica di S. Pietro* hat die Struktur der früheren Kongregation, wie sie 1908 von Pius X. festgelegt wurde, weitgehend beibehalten. Ihr Leiter bleibt *ipso iure* mit dem Titel eines Präsidenten der Kardinal-Erzpriester der Petersbasilika. Er wird unterstützt von einem Delegaten, den der Papst ernennt und dem er die Vollmachten für die ordentliche Verwaltung überträgt. Der Kardinalpräsident der *Fabbrica* und der Delegat sind ferner jeweils *Protektor* und *Primicerius* der ehrwürdigen „Erzbruderschaft zum Allerheiligsten Sakrament im Petersdom" (→).

Zum Personalbestand der *Fabbrica* gehört ferner ein Verwaltungskomitee bestehend aus fünf Mitgliedern, vier von Amts wegen (Präsident und Delegat, der spezielle Delegierte der „Päpstl. Komm. für den Staat der Vatikanstadt" und der Präsident der „Komm. für den Schutz der historischen und künstlerischen Monumente des Hl. Stuhles"). Ein Mitglied, frei gewählt und vom Papst ernannt, soll in Verwaltungs- und Finanzfragen besonders fachkundig sein, darf aber nicht in Abhängigkeit von anderen Ämtern der Röm. Kurie und/oder des Gouverneursamtes der Vatikanstadt stehen, wie es Art. 3. der Regelung vorsieht. Das Komitee führt die ordentliche und außerordentliche Verwaltung und muß wenigstens alle drei Monate einberufen werden, um über die verwaltungsmäßige und technische Arbeit der *Fabbrica* unterrichtet zu werden (Art. 10).

Es gibt ferner eine Verwaltungsabteilung und ein technisches Amt. Ersteres ist zuständig für: die allgemeine Rechnungslegung; die Ausgabenbilanzen und Kostenvoranschläge; die Verwaltung des Personals; die Verwaltung aller Güter der *Fabbrica* und die Durchführung der entsprechenden Verwaltungsakte; die Verwaltung der Mosaikwerkstatt (→), die zur *Fabbrica* gehört; die Erhaltung des historischen Archivs (→ Archiv der Dombauhütte von St. Peter). Dem technischen Amt dagegen kommt zu: die Erhaltung des Gebäudes der Basilika und ihrer Anbauten; alle Arbeiten, die im Bereich der Basilika auszuführen sind, die Überwachung der allgemeinen Dienste der *Sampietrini* (→), die das untergeordnete Personal der *Fabbrica* bilden und Dienst- und Schutzaufgaben in der Vatikanischen Basilika und den dazugehörigen Räumlichkeiten erfüllen; die Aufbewahrung von Materialien und Einrichtungen, Maschinen und Geräten, die zur *Fabbrica* gehören, ihre Inventarisierung und die Auflistung in den Registern der Ausleihen und der Rückgabe von Geräten (Art. 12 und 13). Ehrenhalber gehört zur *Fabbrica di S. Pietro* eine nicht festgelegte Zahl von Architekten, die der Papst ernennt und die gelegentlich bei Fragen der Erhaltung und Restaurierung der Basilika (Art. 11) ihr Fachurteil abgeben. Zur Lösung eventueller Kontroversen über die Verwaltung der Güter und eventueller Vermächtnisse arbeitet eine eigene Rechtsabteilung.

Für die Regelung der Beziehungen zwischen der *Fabbrica di S. Pietro* und dem Kapitel von St. Peter, eingeschlossen auch der Ablauf von Gottesdiensten in der Basilika, sorgt eine besondere ständige Kommission, die sich aus dem Delegaten der *Fabbrica* selber, dem Vikar des Kardinal-Erzpriesters der Basilika und dem Dekan des Kapitels von St. Peter (→) zusammensetzt.

Bibl.: M. Basso, *I privilegi e le consuetudini della Rev. da Fabbrica di S. Pietro in Vaticano (sec XVI–XX),* Rom 1987.

N. Del Re

Domschatz von St. Peter

Die Räume im Petersdom neben der *Sagrestia dei Beneficiati* bewahren heute das kostbare Kirchengerät und andere Wertgegenstände, die der Dom im Laufe der Jahrhunderte von Herrschern oder anderen Stiftern erhielt (Der erste soll der röm. Kaiser Konstantin gewesen sein). Auch die Päpste selbst machten der Kirche Schenkungen.

846 wurde der Kirchenschatz erstmalig geplündert. Nach dem Raub durch die Sarazenen kam später nochmals kostbares Kirchengerät abhanden, so z.B. beim *Sacco di Roma* und in napoleonischer Zeit. Dennoch umfaßt das Museum heute eine wertvolle Sammlung.

Auch wenn die Exponate heute nicht mehr so zahlreich sind, wie der *Liber Pontificalis* (→) aufführt, und die Menge der „3000 Kilo Gold und 30.000 Kilo Silber“ (nach den Schätzungen des Archäologen Rodolfo Lanciani) lange nicht erreicht wird, fehlt es nicht an kostbaren Objekten: Das älteste und berühmteste ist die *Crux Vaticana* (→), die der byzantinische Kaiser Justinus II. im Jahr 570 schenkte. Fast ebenso bedeutend ist die Dalmatika von Karl dem Großen, zuerst für ein Geschenk des Kaisers gehalten. Sie entstand zwischen dem 9. und 11. Jh. und wurde der Basilika wohl vom Patriarchen Isidor von Kiew geschenkt. Im Inventar des vatikanischen Kapitels ist sie im Jahr 1466 genannt und byzantinischer Herkunft zugeschrieben, wie aus einer griechischen Inschrift hervorgeht. Zu sehen sind außerdem die *Säule der Besessenen* (→), die angeblich aus dem Tempel Salomos stammt, und der sog. „Petrushahn“, den Leo IV. (847–855) oben am Glockenturm von Alt-St. Peter anbringen ließ.

In der Sakristei ist ein Tabernakel von Donatello (um 1432) mit der Darstellung der Kreuzabnahme aufgestellt. Daneben die *Stauroteca minore*, ein Meisterwerk byzantinischer Goldschmiedekunst, sowie verschiedene Reliquare. In einem der Mittelsäle steht das bronzene Grabmal Sixtus' IV., von Antonio Pollaiolo im Auftrag von Kardinal Giuliano della Rovere (des späteren Julius II.) gefertigt. Die *Sala dei Candelieri* enthält mehrere Leuchter und Kelche, wobei die beiden von Alessandro Farnese und Francesco Barberini gestifteten Leuchter besonders bemerkenswert sind. Im Schatz befinden sich auch verschiedene Ostensorien, eines davon ein Geschenk des damaligen französischen Staatspräsidenten Charles de Gaulle (1965).

Sehenswert ist der frühchristl. Sarkophag von Junius Bassus, der 1595 während der Bauarbeiten zur neuen Basilika gefunden und vor einigen Jahren aus den Vatikanischen Grotten hierher gebracht wurde. Es handelt sich bei diesem Sarkophag um das bedeutendste archäologische Fundstück aus dieser Gegend. Aus der kurzen Inschrift ist zu entnehmen, das Bassus Präfekt von Rom war. Der Sarkophag ist reich geschmückt mit Szenen aus dem Alten und Neuen Testament und Darstellungen der vier Jahreszeiten.

Bibl.: G. Turcio, *Il Tesoro di S. Pietro*, Rom 1946; A. Lipinsky, *Il Tesoro di S. Pietro. Guida-inventaria*, Vatikanstadt 1950; F. S. Orlando, *Il Tesoro di S. Pietro*, Mailand 1958; J. D. Drapert, *The Treasury of St. Peter's. The Vatican Collections. The Papacy and art*, New York 1983; E. Francia, *Il Tesoro e le sue vicende nella Basilica di S. Pietro*, hrsg. von C. Pietrangeli, Florenz 1989, S. 307–319.

M. G. Barberini

Donus

Papst. Er wurde in Rom geboren und war ein Sohn des Adeligen Maurizio. Donus oder Domno bestieg die Cathedra des hl. Petrus am 2. November 676 als Nachfolger von Adeodatus II. Sein kurzes Pontifikat galt der Bekämpfung der autonomistischen Willkür der Bischöfe von Ravenna und der Beilegung des Schismas. Durch das energische Eingreifen des Papstes gelang die Unterwerfung des neuen Bischofs Reparatus unter die Kirche von Rom. Erst nach mühsamen Verhandlungen mit dem Kaiser Konstantin Pogonatus konnten die Zwistigkeiten zwischen Orient und Okzident beigelegt werden. Doch unversehens starb er. Aus dem *Liber Pontificalis* (I, 348) erfahren wir weiter, daß Donus in Rom ein syrisches Kloster der Nestorianer entdeckte, die dortigen Mönche auf verschiedene andere Klöster verteilte und das Kloster selbst röm. Mönchen zugewiesen hat.

Als Hüter heiliger Stätten und Bauten ließ er das Atrium des Symmachus in St. Peter, das sogenannte „Paradies", mit großen Platten von weißem Marmor auskleiden, die er wahrscheinlich von einem heidnischen Heiligtum entfernt hatte. Er veranlaßte auch die Restaurierung der Kirche der hl. Euphemia an der *Via Appia* auf dem Gebiet von *Albano* und der Basilika St. Paul vor den Mauern. Er starb am 11. April 678 und wurde in St. Peter beigesetzt.

Bibl.: S. Gasparri, in *Dizionario biografico degli Italiani* 41 (1992), S. 219–222, mit Bibl.

C. Petruzzi

Dragoner, Päpstliche

Gegen Ende des 17. Jh. aufgestellt bestand das Korps der päpstl. Dragoner aus berittenen Soldaten, die in der Regel als Infanteriesoldaten eingesetzt wurden und nur für ihre Verlegung Pferde benutzten. Die Uniform der Dragoner bestand aus einem Waffenrock in hellrotem Stoff mit türkisblauen Mustern, türkisblauen Hosen, schwarzen Stiefeln und einem Hut mit breiten Krempen, geschmückt mit silbernen Tressen und schwarzen Quasten. Bewaffnet waren sie mit Arkebusen mit Bajonetten, einem Schwert an der Seite und zwei „Terzetten" (Pistolen der Zeit mit kurzem Lauf) am Sattel. Sie traten zum ersten Mal am 10. April 1701 bei der „Besitzergreifung" Clemens' XI. in der Öffentlichkeit auf. Francesco Valesio berichtet in seinem interessanten *Diario di Roma* (Ausg. G. Scano I, Mailand 1977, S. 343), daß an diesem Tag „um 18.30 Uhr die beiden Kompanien Dragoner, die neu aufgestellt waren, vom Petersplatz aufbrachen, die eine unter dem Kommando des Markgrafen (Urbanus) Spada, die andere unter dem des Markgrafen (Giovanni) Della Penna. Sie säumten die Straße bis zur *Piazza della Fontana*, bevor sie zum Kapitol hinaufstiegen, wo sie ein Viereck bildeten, sich nach dem Vorbeizug Seiner Heiligkeit mit den Panzerreitern vereinigten und den Weg bis zum Lateran gemeinsam fortsetzten".

Gegen Ende des 18. Jh. wurden die Dragoner in drei Kompanien zu je 152 Mann neu organisiert. Eine war in Civitavecchia stationiert und zwei in Rom. Schon im folgenden Jahr kam die nächste Änderung: sie wurden im Palast der *Consulta* kaserniert und in den gleiche Räumen untergebracht, die bis 1799 von der aufgelösten Kompanie der Panzerreiter belegt waren. In der ersten Hälfte des 19. Jh. wurden sie mehrfach umorganisiert und wechselten ihre Mannschaftsstärke und Uniform. In den letzten Zeiten des Kirchenstaates hatte das

Korps der päpstl. Dragoner die Stärke eines Regiments mit vier aktiven und einem Reservezug mit insgesamt 533 Mann und 416 Pferden, die zum Teil in der *Pilotta* und zum Teil im *Castro Pretorio* kaserniert waren, während sich der erste Zug an verschiedenen Orten zwischen *Viterbo*, *Civita Castellana*, *Monte Rotondo* und *Velletri* befand. Nach der Kapitulation am 20. September 1870 und der Auflösung des päpstl. Heeres wurden die Pferde der Dragoner, von den militärischen Autoritäten der Italiener als „schön, stark und stattlich" beurteilt, deren eigenen Kavallerieabteilungen angegliedert. Einige von ihnen zogen sogar die Wagen des Königs, so daß alte päpstl. Offiziere sie öfter als ihre Pferde wiedererkannten, die an der Seite der Berline von Viktor Emanuel II. trabten.

Der militärische Ruhm der päpstl. Dragoner ist vor allem mit dem Waffengang im venezianischen *Cornuda* am 9. Mai 1848 verbunden. Eine Abteilung von 40 Reitern, die zur Division „Ferrari" gehörten, erhielt den Auftrag, die Österreicher anzugreifen. Sie stürzten sich unerschrocken und mit großem Schwung auf sie und drangen unter ständigem Sperrfeuer über zwei Kilometer in die feindlichen Linien vor. Fast alle fielen oder wurden schwer verwundet. Doch ihr Opfer rettete den Rest der Truppen. Das Vorrücken des Feindes wurde für einige Stunden aufgehalten und die Österreicher staunten über solchen Wagemut.

Was ihren Mut und ihren Sinn für Pflichterfüllung angeht, wurde dieser Akt des Heroismus der päpstl. Dragoner mit dem denkwürdigen Einsatz der italienischen *Carabinieri* in *Pastrengo* am 30. April des gleichen Jahres verglichen. Aber in der offiziellen Geschichtsschreibung wurde er bewußt verschwiegen, weil es sich um päpstl. Soldaten handelte. Nur selten wurden die Dragoner in offener Feldschlacht eingesetzt, häufiger in kleinen Gruppen zu Erkundungs- und Verbindungsaufgaben. Immer aber bewiesen sie ihre gute militärische Schulung.

Seit ihrer Gründung hatten die Dragoner immer auch Repräsentationsaufgaben bei vielen päpstl. Zeremonien zu erfüllen. Zwei von ihnen leisteten täglichen Dienst im Vorzimmer des Papstes und standen im Saal der Stuhlträger dem *Maestro di Camera* (→) zur Verfügung, um die Billette für die Audienzen zu verteilen und andere dringende Botschaften auszutragen. Nach dem 20. September 1870 hörte dieser Dienst auf, wurde aber durch Leo XIII. 1878 wieder eingeführt. Im Damasushof stand ihnen daher immer ein Pferd zur Verfügung. Es war an einem Ring angebunden, der heute noch in der Wand sichtbar ist – zwischen der kleinen Tür der alten Wache der Gendarmen und dem Bogen, der in den *Cortile del Maresciallo* (→) führt.

Bibl.: A. Vigevano, *La fine dell'Esercito pontificio*, Rom 1920, öfter; M. Cingolani, *L'eroica carica dei Dragoni pontifici a Cornuda*, in *Capitolium* 23 (1948) S. 65–66; G. Corso, *La carica dei Dragoni pontifici a Cornuda (9. Mai 1848)*, Mailand 1948; M. Brandani/P. Crociani/M. Fiorentino, *L'esercito pontificio da Castelfidardo a Porta Pia, 1860–1870*, Mailand 1976, S. 46–54; *La Repubblica Romana e il suo esercito*, Rom 1987, S. 42–44.

A. Martini

E

Ecclesia

Illustrierte Monatszeitschrift, die seit September 1942 in der Vatikanstadt herausgegeben wurde. Geleitet wurde sie vom damaligen Msgr. Giovanni Battista Montini (dem späteren Papst Paul VI.). Ihr Ziel war die Dokumentation der vom Hl. Stuhl zugunsten der Kriegsgefangenen vollbrachten Werke. Erarbeitet wurde sie im speziellen „Amt für Informationen", das Pius XII. im Vatikan seit Ausbruch des II. Weltkriegs 1939 eingerichtet hatte. Darin veröffentlicht wurden auch Nachrichten über Kriegsgefangene, damit diese wieder zu ihren Familien finden konnten. Die Jahrgänge der Zeitschrift während des Krieges bieten eine der umfangreichsten fotografischen und statistischen Dokumentationen über die Hilfsaktionen des Vatikans und der Kirche für die Opfer des Krieges. In der Nachkriegszeit stellte sie besonders die religiösen und kulturellen Aspekte ihrer Zeit dar. Leider wurde ihr Erscheinen im Dezember 1969 eingestellt.

Bibl.: U. Piazza, *Una rivista: Ecclesia*, in *L'Osservatore Romano della Domenica*, 9. Januar 1949.

N. Del Re

Ehrengarde Seiner Heiligkeit

(Guardia d'onore). Mit diesem Namen wurde das alte Korps der Päpstl. Nobelgarde in den letzten zweieinhalb Jahren seiner Existenz bezeichnet. Die Änderung des Namens verfügte Paul VI. 1968, als er die Neuordnung des Päpstl. Hauses (→) kraft des Motu Proprio *Pontificalis Domus* vom 28. März (AAS, LX [1968], S. 305–315) vornahm, wo es in § 11, Nr. 9 heißt: „Die Päpstl. Nobelgarde heißt Ehrengarde des Papstes". Gleichzeitig wurde festgelegt, daß sie in Zukunft einen Ehrendienst zu leisten hatte, indem sie an den päpstl. Zeremonien ziviler und offizieller Art teilnehmen sollte, das heißt an den Audienzen für Souveräne, Staatsoberhäupter, Ministerpräsidenten und Außenminister sowie, nach § 4, Nr. 3 des obengenannten Dokumentes, an der Überreichung der Beglaubigungsschreiben von Botschaftern und Ministern, die beim Hl. Stuhl akkreditiert werden.

Als erste in der hierarchischen Ordnung der päpstl. bewaffneten Korps, die beim Hl. Stuhl nach Abschaffung des Kirchenstaates im September 1870 im Dienst blieben, allerdings an zweiter Stelle in der chronologischen Ordnung nach Gründung, war die Päpstl. Nobelgarde von Pius VII. kurz nach seiner Rückkehr nach Rom mit einem Motu Proprio vom 11. Mai 1801 aufgestellt worden. Der Papst griff damit eine Initiative des Marchese Vincenzo Costaguti auf, eine neue „Leibgarde des Papstes" aufzustellen, gebildet aus Angehörigen des vatikanischen Adels. Sie sollte die beiden Formationen „Päpstl.Reiterkorps" (→) und „Gespaltene Lanzen" (→) ersetzen, die im Apost. Palast Bewachungsdienste geleistet hatten und am 16. Februar 1798 mit Beginn der Jakobinischen Röm. Republik aufgehoben worden waren.

Zur Mannschaft der neuen militärischen Formation stießen spontan auch verschiedene Mitglieder der aufgelösten Reiter, an der Spitze ihre beiden letzten Kommandanten (Fürst Giuseppe Mattei und Herzog Luigi Braschi Onesti), die zugleich gemeinsam das Kommando übernahmen mit dem Titel von *Hauptmännern* im Rang von Generalleutnants und den beiden Cornetten, die den Rang von Brigadegenerälen hatten. Dazu kamen sechs der ehemaligen zehn Gespaltenen Lanzen, welche die Gruppe der *Obergefreiten* bildeten, endlich sieben von den zehn Überzähligen, die ihrerseits, mit dem Rang von Oberstleutnants, die Reihe der Kadetten eröffneten.

Nach dem traurigen Zwischenspiel der napoleonischen Besetzung des Kirchenstaates wurde die Nobelgarde wiederhergestellt und ihre Mannschaftsstärke mit einem Handschreiben Leos XII. vom 17. Februar 1824 endgültig auf eine Kompanie oder Schwadron mit zwei Brigaden festgesetzt. Am folgenden 18. Dezember approbierte der Papst auch die erste und eigentliche Satzung des Korps, die bis 1880 in Kraft blieb. Damals wurde sie durch Leo XIII. reformiert und erfuhr weitere Veränderungen 1912, 1918 und 1963 die letzte. Johannes XXIII. billigte damals eine Neuordnung, nach der die Nobelgarde als Korps Seiner Heiligkeit „für den unmittelbaren Schutz der sakralen Person des Papstes bestimmt ist" (Art. 1). Sie bestand aus einem Hauptmann oder Kommandanten im Rang eines Generalleutnants, einem Leutnant I. Klasse im Rang eines Brigadegenerals, einem Leutnant II. Klasse im Rang eines Brigadegenerals, einem Kaplan im Rang eines Obergefreiten, neun Obergefreiten, neun Kadetten im Rang eines Oberstleutnants, 48 Gardisten, angeführt von zehn Hauptmännern, zehn Leutnants und 28 Unterleutnants. Zur Mannschaft der Garde kam ein Sanitäter im Ehrenrang eines Hauptmanns hinzu, vier Trompeter-Ordinanzen im Rang je eines Marschalls, eines Brigadiers, eines Vizebrigadiers und eines Gemeinen, je nach ihrem Dienstalter, schließlich ein Waffenschmied ohne militärischen Rang. Durch souveräne Nominierung wurde der befehlshabende Hauptmann aus dem Kreis der römischen Fürsten- und Herzogsfamilien ausgewählt, während die Familien der Aspiranten, um zum Korps zugelassen zu werden, seit wenigstens hundert Jahren den päpstl. Adelsstand besitzen mußten oder einen anderen legitim nachgewiesenen Adelstitel. Zudem mußten sie die übrigen in Art. 14 gestellten Bedingungen erfüllen.

Während des Dienstes bei Seiner Heiligkeit, oder zur Zeit der Sedisvakanz beim versammelten Hl. Kollegium, trugen die Nobelgarden je nach Vorschrift die Galauniform, die Halbgalauniform oder die Tagesparadeuniform. Die erste bestand aus einem einreihigen roten Waffenrock mit Halskrause und Ärmelaufschlägen in Himmelblau, verziert mit goldenen gestickten Schnüren und vergoldeten Knöpfen, Hosen aus weißem Tuch und hohen Stiefeln mit eisernen Sporen, Schulterstücken, einem breiten Gürtel mit Patronentaschen und Halterung in Gold, Handschuhen aus weißem Leder mit Ärmelaufschlägen und einem Helm mit Helmbusch und Federn. Identisch war die Halbgalauniform, nur war hier der Waffenrock blau und zweireihig, während die Tagesparadeuniform aus einem ebenfalls blauen, zweireihigen Waffenrock bestand, der jedoch rot bestickt war, während die himmelblauen Hosen keine Streifen hatten. Dazu kamen hohe Stiefel mit Sporen, Schulterstücke mit Gehänge, breiter Gürtel, Patronentasche und Halterung aus schwarzem Leder, Handschuhe aus schwarzem Leder mit Ärmelaufschlägen, ein Helm ohne Helmbusch und Federn. Bei allen sonstigen Gelegenheiten trugen die Garden die gewöhnliche Tagesuniform oder die kleine Uniform. Erstere ähnelte der Paradeuniform, doch mit langen blauen Hosen und Absatzsporen sowie schwarzen Lederhandschuhen; wie die gewöhnliche Tagesuniform so war auch die kleine, jedoch ohne Schulterstücke und Gehänge, sondern mit blauem Béret anstelle des Helms. Die Quartiere der Nobelgarde, deren Waffen Säbel, Schwert, Pistole und Karabiner ohne Bajonett waren (Art. 142), lagen in angemessenen Räumen oberhalb des Lapidariums. Benedikt XV. hatte sie bewilligt und Pius XI. im Mai 1922 eröffnet.

Nachdem er 1968 ihren Namen in *Ehrengarde Seiner Heiligkeit* geändert hatte, war Paul VI. dann doch der Auffassung, daß „die hochverdienten militärischen Korps, die weiter im Dienst des Hl. Stuhles stehen, nicht mehr den Bedürfnissen entsprechen, für die sie aufgestellt waren". So beschloß er 1970 die gleichzeitige Auflösung des Korps, der Palatin-Ehrengarde (→) und der Päpstl. Polizei (→) durch einen Brief an den Präfekten des damaligen Rates für die Öffentlichen Angelegenheiten der Kirche, Kardinal Jean Villot (AAS, LXII [1970], S. 587–588). Hingewiesen sei auf die historische Bedeutung des Archivs der aufgelösten Nobelgarde, das am 27. März 1819 eingerichtet wurde und bestens sortiert ist. Es wurde nach der Auflösung des Korps (1970) ins Vatikanische Archiv überführt. Hier sind die verschiedenen päpstl. Dokumente, die die Garde betreffen, gesammelt und aufbewahrt, ferner alle Tagesbefehle seit dem genannten Datum, der Briefwechsel mit den höheren Autoritäten, die täglichen Berichte des Gefreiten vom Dienst der *Anticamera*, die Matrikel der Angehörigen des Korps mit allen persönlichen Dokumenten eines jeden, besonders was ihren Adelsstand betrifft. Hier sei erinnert an die Bitte um Zulassung zur Nobelgarde, die am 26. Juni 1815 der junge Graf Giovanni M. Mastai Ferretti von Senigallia (der spätere Pius IX.) eingereicht hat. Er trug allerdings nie deren Uniform. Nicht etwa, weil er wegen seines Epilepsieleidens abgewiesen worden wäre, wie gelegentlich behauptet wird, sondern weil es „ihm leid tat, sich einen *solchen Posten* verschafft zu haben" – dachte er doch bereits an die kirchliche Laufbahn, wie wir aus einem seiner Briefe vom folgenden 6. November erfahren, den sein Biograph, Msgr. Alberto Serafini in seinem Buch wiedergibt (vgl. *Pio Nono I.* Vatikanstadt 1958, S. 25). Unter den übrigen dort vorhandenen Kostbarkeiten sind auch die Originalpartituren des *Triumphmarsches* und des *Largo religioso* interessant, komponiert 1846 von zwei Nobelgardisten, Marchese Giovanni Longhi und Graf Domenico Silveri. Diese Musik wurde von den sog. *Silberne Trompeten* (→) in der Vatikanischen Basilika bei der Ankunft und beim Abschied des Papstes und bei der Wandlung im feierlichen Pontifikalamt des Papstes vorgetragen.

Bibl.: Centenario del Corpo della Guardia Nobile Pontificia (11. Mai 1801 – 11. Mai 1901), Rom 1901; *La Guardia Nobile del Corpo di Sua Santità nella sua storia e nella sua missione.* Numero unico, ebd. 1922; C. Lolli, *La Guardia Nobile Pontificia*, in *L'Illustrazione Vaticana*, 2 (1931), Nr. 15, S. 15–21; D. De Luca, *Storia dell'uniforme del Corpo della Guardia Nobile Pontificia*, Rom 1975; G. Sacchetti, *I due stendardi della Guardia Nobile Pontificia*, in *Strenna dei Romanisti*, 51 (1990), S. 429–435.

N. Del Re

Ehrenkämmerer „extra Urbem"

Die Einführung dieser heute nicht mehr bestehenden Klasse von Würdenträgern geht auf Pius VI. (1775–99) zurück. Im Rahmen der Reform der *Casa Pontificia* schaffte Paul VI. sie 1968 ab. Ihre Zahl war anfangs auf drei begrenzt, variierte später jedoch nach dem Willen des jeweiligen Papstes. Sie wurden *extra urbem* genannt, weil sie außerhalb Roms wohnten. Sie waren wie die *Ehrenkämmerer in violettem Umhang* (→) gekleidet, durften die Ehrenzeichen aber nur dann tragen, wenn der Papst sich in ihrer Stadt aufhielt.

L. Del Gallo

Ehrenkämmerer in violettem Umhang

Ehrentitel, den die Päpste an verdiente Geistliche vergaben. Paul VI. schaffte sie 1968 im Rahmen der Reform des Päpstl. Hauses ab. Die Bezeichnung stammte von dem violetten Umhang, den sie während der Ausübung ihres Dienstes trugen. Sie genossen den gleichen Rang wie die *Geheimkämmerer* (→). Sie leisteten schichtweise Dienst im Vorzimmer des Thronsaals und erfüllten die gleichen Aufgaben wie die „überzähligen" Geheimkämmerer, mit denen sie gemeinsam während heiliger Zeremonien den Baldachin, die Lichter und die *flabelli* (→) trugen. Man weiß nicht, wann diese Gruppe entstand. Es gab sie jedenfalls schon unter Benedikt XIV. (1740–58).

L. Del Gallo

Ehrenkämmerer Seiner Heiligkeit mit Schwert und Mantel

Ehrentitel, der einst Laien aus aller Welt verliehen wurde, die dem Apost. Stuhl einen besonderen Dienst erwiesen hatten. Diese Gruppe päpstl. Würdenträger ist älter als die der „Geheimkämmerer Seiner Heiligkeit" und existierte seit den Zeiten Pauls IV. (1555–59) am Hof des Papstes. Wie die Geheimkämmerer genoß sie Rechte und Privilegien und war in zwei Klassen unterteilt. Es gab immer vier *numerari* und weitere *supranumerari*, die unter dem *Maestro di Camera* (→) und im Thronsaal unter dem *Maggiordomo* Seiner Heiligkeit (→) bei festlichen Anlässen Dienst leisteten. Die Ehrenkämmerer trugen die gleichen Uniformen wie die Geheimkämmerer und blieben während eines gesamten Pontifikates im Amt. Heute zählen sie zu den „Gentiluomini S. Heiligkeit".

Bibl.: F. Frezza di S. Felice, *Dei camerieri segreti e d'onore del Sommo Pontefice*, Rom 1884, S. 125–134.

L. Del Gallo

Ehrenkaplan, „extra Urbem"

Außerstädtische Ehrenkapläne. Diese Einrichtung geht auf Papst Pius VII. (1800–23) zurück und bezieht sich auf die päpstl. Kapläne, die außerhalb Roms wohnten. Es handelte sich um einen Ehrentitel, der nur dann zum Tragen kam, wenn der Papst ihren Aufenthaltsort besuchte. Sie genossen jedoch die gleichen Privilegien wie die Geheimkapläne, verloren aber ihren Titel *Monsignore* beim Tode des Papstes, der sie ernannt hatte. Auch sie sind nach der Kurienreform von 1968 als Rang abgeschafft worden.

L. Del Gallo

Ehrenprälaten Seiner Heiligkeit

Es handelt sich um einen Ehrentitel, mit dem besonders verdiente Kleriker ausgezeichnet werden. Nach der allgemeinen Neuordnung der *Casa Pontificia* (→) durch Paul VI. 1968 mit dem Motu Proprio *Ponficalis Domus* vom 28. März (AAS, LX [1968] S. 305–315) heißen heute so die früheren „Hausprälaten Seiner Heiligkeit" (*Antistites urbani o Antistites domus Pontificis Maximi*). Sie gehören jedoch weiter zur *Famiglia Pontificia* (→), mit allen ihrem Stand verliehenen Privilegien.

In der Vergangenheit hatten sie echte Funktionen. Doch die Würde des „Hausprälaten" wurde mit der Zeit ein reiner Ehrentitel. Ihre Privilegien wurden von Pius X. mit dem Motu Proprio *Inter multiplices curas* vom 21. Februar 1905 bestätigt. Im allgemeinen wurde der Titel direkt vom Papst gewährt. Kraft ihres Amtes wurden mit dieser Würde ausgezeichnet: sämtliche Mitglieder des Kollegiums der Patriarchen, Erzbischöfe und Bischöfe in ihrer Eigenschaft als Thronassistenten, ferner die Apost. Protonotare *partecipanti* und *soprannumerari* und jene Protonotare *ad instar*, die vor ihrer Ernennung zu Protonotaren durch ein päpstl. Breve Hausprälaten geworden waren.

Ehrenprälaten Seiner Heiligkeit sind derzeit kraft ihres Amtes die Kanoniker der Hauptbasilika von Pisa, die Würdenträger des Metropolitankapitels von Catania, die Kanoniker des Metropolitankapitels von Vercelli, der Senior der Kanoniker der ehrwürdigen Basilika *S. Lorenzo in Damaso* in Rom, die Kapläne der Schatzkammer zum hl. Januarius in Neapel, die Erzpriester des Kapitels der hll. Celsus und Giulianus in Rom, die Auditoren des Rota-Tribunals bei der Apost. Nuntiatur in Spanien, die Kanoniker der Kathedrale von Siena sowie nach souveräner Verfügung Johannes' XXIII. der Propst *pro tempore* von Clusone (Bergamo) und nach einer Verfügung Johannes Pauls II. vom 18. April 1983 der Rektor und der Dekan der Stiftskirche von Prabuty.

Als Mitglieder der Päpstl. Familie können die Ehrenprälaten Seiner Heiligkeit an allen liturgischen Feierlichkeiten unter Vorsitz des Papstes teilnehmen. Die Zuweisung der Plätze erfolgt nach ihrer Rangordnung. Gemäß der von Paul VI. approbierten besonderen Instruktion *ex audientia*, die das Staatssekretariat am 31. März 1969 erlassen hat, und die den Gebrauch der Kleider, Titel und Wappen der Kardinäle, Bischöfe und untergeordneten Prälaten regelt, können die heutigen Ehrenprälaten Seiner Heiligkeit den violetten Talar, das violette Zingulum und Superpelliceum, ansonsten eine rot paspellierte schwarze Soutane mit violetter Schärpe tragen. Über dem Talar können sie statt des Rochetts ein Chorhemd tragen. Ihnen steht der Titel „Prälat" oder „Monsignore" zu.

Bibl.: Matteo da Coronata, *Diritti e privilegi dei Prelati Domestici di Sua Santità*, in *Palestra del Clero 9 (1930)*, S. 548–550; B. Kurtscheid, *De quibusdam Praelatis Romanae Curiae*, in *Apollinaris* 8 (1935) S. 62–71, 559–568.

N. Del Re

Eisenbahn, Vatikanische

→ Bahnhof, Vatikanischer

Elektrizitätswerk

Im Vatikan geht die Produktion und der Verbrauch von Elektrizität auf die ersten Anfänge dieser neuen Energie zurück, als nämlich Leo XIII. den Bau eines kleinen Wasserkraftwerks veranlaßte. In den Vatikanischen Gärten, unmittelbar an der leoninischen Mauern in der Nähe der *Fontana dell'Aquila*, gab es ein altes Gebäude, wo in der Vergangenheit eine Mühle bestand, genannt „Mola dei Francesi", die mit einem Teil der berühmten *Aquae Paula* betrieben wurde. Die Anlage verfiel, aber das Wasser plätscherte munter weiter und man dachte daran, damit elektrische Energie zu erzeugen. Das Projekt und die Leitung der Arbeiten wurden dem Cavalliere Emilio Cabella di Milano anvertraut, der seine Arbeiten in der ersten Septemberhälfte des Jahres 1898 begann. Ihm zur Verfügung standen 14 l/s bei einer Fallhöhe von 14 m, die als Basis für die Erzeugung elektrischer Energie mittels einer Hydraulikturbine der *Tecnomasio Italiano* dienten. Der Turbine angegliedert war eine Gruppe von Gasgeneratoren von 25 PS und eine ausreichende Anzahl von Akkumulatoren. Der Komplex, ein kleines technisches Wunderwerk jener Zeit, wurde am 19. Februar 1899 durch den Sakristan Seiner Heiligkeit, Monsignore Guglielmo Pifferi eingeweiht, dem Pfarrer der Apost. Paläste. Der Zentrale wurde der Name „Alessandro Volta" gegeben, während in Como, der Heimat des Wissenschaftlers, eine Gedenkfeier und historische Ausstellung stattfand.

Die produzierte Energie von rund 8,5 KW diente zur Beleuchtung des päpstl. Appartements und der Wohnungen des Staatssekretärs und des Maggiordomo, insgesamt 600 Karbidlampen mit je 16 Glühbirnen. Der Damasus-

Hof z. B. hatte 40 große Leuchter mit vierundzwanzig Glühbirnen. Nachdem sich der Strombedarf schnell erhöhte, fügte man 1902 eine weitere Dampfturbine von 25 PS an und einen neuen Gasmotor im Jahre 1904–1905. Der Bedarf an Strom im Vatikan stieg immer weiter an. Man wollte sich jedoch noch nicht dem römischen Stromnetz anschließen. Jedoch fehlten geeignete Gebäude entlang dem Verlauf der *Aqua Paula*, die zu den Zwecken genutzt werden konnten. Ein geeignetes Bauwerk wäre die „Münze" von Eugen IV. gewesen. Aber seit 1870 war dies die Münzprägeanstalt des italienischen Staates. Im Jahre 1901 entschied der italienischen Schatzminister, eine neue Münze in der Stadt zu bauen und diejenige auf dem Vatikanischen Hügel zu verlassen.

Papst Leo XIII. erfuhr von diesem Projekt und beauftragte Ernesto Pacelli, mit der italienischen Regierung in Verhandlungen zu treten über den Erwerb des genannten Gebäudes der *Zecca*. So kam es 7. November 1903 zum Verkauf der königlichen „Münze" durch die italienische Regierung an Ernesto Pacelli für den Betrag von 165.000 Lire. Am 12. Februar 1905 gab es jedoch einen Zusatzvertrag zwischen dem Kardinalstaatssekretär Raffaele Merry del Val und Ernesto Pacelli, daß „den genannten Vertrag Herr Ernesto Pacelli nicht nur im eigenem Interesse abgeschlossen habe, sondern in dem ausschließlichen Sinn des Patrimoniums des Hl. Stuhls". Pacelli verpflichtete sich weiter zu einer entsprechenden Übertragung des Eigentums, der am 12. Oktober 1916 unter Mithilfe des Notars Severino Urbani in Rom erfolgte.

Dabei ist noch zu bemerken, daß sich das Gebäude auf italienischem Territorium befand. Dennoch wurde die Anlage zur Produktion von Elektrizität für den Vatikan realisiert dank dieser guten Kontakte, die später dann auch zu den Lateranverträgen führten. Die Bauarbeiten begannen im Jahre 1910 und wurden im Jahre 1913 beendet. An die Einweihung erinnert der folgende Text auf einem Gedenkstein: PIUS PONT: MAX:/ ANNO SACRI PRINCIPATUS X / QUUM VACAVIT AB OPERE NUMMARIO LOCUS OFFICINAM ELECTRICAM / A LEONE XIII DECESSORE INSTITUTAM / ET DE NOMINE ALEXANDRI VOLTA APPELLATAM / ADDITIS MACHINAMENTIS / AD IMPETUM OMNEM AQUAE PAULAE EXERCENDUM / HANC IN SEDEM ACCOMODIATOREM TRANSFERRI IUSSIT.

Wie man sieht, erinnert der Gedenkstein an die alte Stromzentrale von Alessandro Volta und den Umzug in die Räume in das Gebäude der *Zecca*. Von dem kleinen Werk der *Mola dei Francesi* sind keine Spuren übrig geblieben, bis auf einen Dynamo, der im Hauptraum der gegenwärtigen Stromzentrale im Vatikan ausgestellt ist. Der Name „Alesssandro Volta" wurde auch der neuen Zentrale gegeben. Ein weiteres Wasserkraftwerk wurde 1928 gebaut und mit Generatoren Marelli ausgestattet. Angeschlossen wurden außerdem zwei Dieselmotoren.

Nach Entstehung des Staates der Vatikanstadt und dem damit verbundenen Bau neuer Einrichtungen wuchs die Nachfrage nach Stromenergie, die Papst Pius XI. immer noch innerhalb der Grenzen des Vatikanstaates produziert haben wollte. Trotz der Erweiterung durch neue Turbinen und Generatoren zeigte sich recht bald, daß die Stromlieferungen nicht mehr ausreichend waren. Sie waren eben an die Wassermengen der *Aqua Paula* gebunden und konnten nicht ins Unendliche erhöht werden. Man ging deshalb dazu über, die elektrische Energie in Heizkraftwerken zu erzeugen, aus denen auch die Heizungswärme für die Apost. Paläste und die übrigen Gebäude des Staates erfolgten. Die entsprechenden Arbeiten begannen im November 1932 nach Plänen von Ingenieur Franco Ratti, eines Neffen des Papstes.

Die Anlage, die natürlich Lärm- und sonstige Umweltbelästigungen mit sich brachte, wurde unmittelbar an der vatikanischen Mauer zur *Piazza Risorgimento* hin errichtet, entfernt von den Baudenkmälern. Hier konnte man auch noch zu Kühlzwecken die Wasser der *Aquae Paulae* nutzen. Das nüchterne, zweckmäßige Gebäude machte eine umfangreiche Fundamentierung notwendig, weil das darunterliegende Terrain durch Überschwemmungen gefährdet war. Ein besonderes Fundament wurde natürlich für die schweren Turbogeneratoren errich tet, wobei man Antivibrationsmaterial einsetzte.

Die Produktion von Dampf wurde mittels dreier Kessel der Firma Babcock & Wilcox erzeugt, die 3500 Kg/h Dampf mit einem Druck von 21 bar bei einer Erhitzung auf 370° C lieferten. Die Hitze wurde erzeugt durch Dieselbrenner, wobei der Treibstoff in einem unterirdischen 200 m³-Tank aufbewahrt wurde und für eine Monatsproduktion von Energie reichte. Auch die Firma Siemens lieferte zwei Generatoren von 300 KW, die dreiphasigen 230V-Strom lieferten. Unterhalb der Zentrale befanden sich die Kühleinrichtungen sowie drei Transformatoren, die die Energie auf 500 V brachten, um sie in den Verteiler in der *Zecca* zu bringen, wo sie wieder auf 230 Volt zurückgedreht wurden.

Von Anfang an gab es natürlich das Problem der Rauchentwicklung, wobei man natürlich nicht unmittelbar neben die Apost. Paläste einen Schornstein setzten konnte. Man schuf daher ein unterirdisches Rohr von 1,80 m Durchmesser, durch das die Rauchschwaden bis zum Gebäude der *Caserma dei Gendarmi* geführt wurden, wo sie durch eine normalen Kamin entwichen. Die neue Zentrale, genannt *Centrale nuova,* um sie von der *Centrale Allessandro Volta* zu unterscheiden, wurde am 21. Oktober 1933 eingeweiht. Im weiteren Verlauf hieß sie einfach *Centrale Elettrica*. An das Ereignis erinnert eine große Inschrift, verfaßt vom Generaldirektor der Vatikanischen Museen, Bartolomeo Nogara: PIUS XI PONT. MAX./PUBLICIS PRIVATISQUE COMMODIS PROSPICIENS/QUIBUS AMPLIFICATAE CIVITATIS VATICANAE RATIONE HABITA/EXTERNORUMQUE SUBSIDIORUM NECESSITATE REMOTA / PRO SUIS QUISQUE VEL NUMERIBUS VEL FACULTATIBUS/OPERAS EXCITARE LUCEM SUPPETERE / HIEMIS ROGOREM TEMPERARE POSSIT/OFFICINAM PEROPPORTUNO LOCO APTISSIMAM CONSTITUIT / MACHINAS ELECTRICIS ET VAPO-REIS VIRIBUS / TUM ALTERNATIM TUM ETIAM CONSOCIATIM ACTAS ORNAVIT / PRIORES DUCTUS VETUSTATE CONSUMPTOS / QUAM PLIRIMIS EX INTEGRO ADDITIS/UBIQUE INSTAURAVIT / XII KAL: NOV: AN: SACRO REDEMPTIONIS MDCCCXXXIII / SACRI PRINC. XII.

Natürlich fanden im weiteren Verlauf im Hinblick auf den steigenden Bedarf an elektrischer Energie und auch im Hinblick auf den technischen Fortschritt Veränderungen und Erweiterungen statt. Im Jahr 1951 wurden zwei neue Diesel der Firma Brown-Boveri von 1050 KW angeschafft. Die neue Anlage, 1953 in Betrieb genommen, machte den Bau eines weiteren Gebäudes erforderlich. Ein Ausbau der *Centrale Nuova* erfolgte 1965, wobei man sehr schnell erkannte, daß das Vorhaben, die benötigte Energiemenge ausschließlich innerhalb des Vatikan zu produzieren, im weiteren Verlauf unrealistisch war.

Deshalb freundete man sich mit der Idee an, sich den Strom vom italienischen Staat liefern zu lassen. Zu diesem Zweck wurde ein Umspannwerk eingerichtet, genannt „ Gendarmi", wegen der Nähe zur alten Kaserne der Gendarmen. Dieses ist im Jahr 1978 modernisiert und den technischen Erfordernissen angepaßt worden.

Im Jahre 1982 ist nach immerhin 70 Jahren Einsatz die alte Zentrale *Alessandro Volta* an der Münze eingestellt worden. Statt dieser Anlage wurde ein kleiner Transformator bei der *Piazzale del Forno* installiert. Die gesamte Verteilung der elektrischen Energie auf vatikanischem Territorium basiert auf einem Komplex von Transformatoren, die mit mittlerer Spannung versorgt werden und an den Punkten des stärksten Gebrauchs plaziert sind: St. Peter, Vatikanische Museen, Rundfunkstationen etc. Heute wird also der gesamte Strom vom italienischen Stromlieferanten *Enel* geliefert. Nur in Spitzenzeiten des Verbrauchs oder wenn starke Scheinwerfer bei päpstl. Zeremonien im Petersdom eingeschaltet werden, wird auch noch die neue Zentrale zugeschaltet. Was die Lieferung von Heizungswärme betrifft, ist mit Beginn der Wintersaison 1974 eine moderne Anlage in Betrieb genommen worden, die die alte Anlage von 1933 ersetzte. Mit ihr wird die Gesamtheit der Gebäude im Vatikan einschließlich der Apost. Paläste beheizt; sie wird ständig an die neuen technischen Erfordernisse angepaßt.

Bibl.: An., *Gli impianti elettrici dealla Cittá del Vaticano, Mailand 1931 (estratto da L'Energia elettrica, 1931)*; F. Ratti, *La nuova installazione termoelettrica della Cittá del Vaticano*, in *Illustrazione Vaticana*, 4 (1933), S. 831–834; An., *Gli impianti termoelettrici della Città del Vaticano (Milano 1933); Gli impianti della Città del Vaticano* (Mailand 1936).

A. Martini

Eleutherus

Papst, Heiliger. Er war Grieche aus Nicopolis und nach dem *Liber Pontificalis* der Sohn eines gewissen Abbundius. Hegesipp berichtet, daß er unter Anicet Diakon der Röm. Kirche war und Papst Soter im Amt folgte. In sein Pontifikat, das von 175 bis 189 dauerte, erlebte er die von Kaiser Commodus den Christen gewährte Ruhepause. Als wenig wahrscheinlich muß daher die Version gelten, daß er das Martyrium erlitten hat. In den Jahren, da Eleutherus an der Spitze der Kirche stand, brach in Rom die Häresie des Montanus und seiner Anhänger aus, die in einem Zustand prophetischen Überschwangs und der Naherwartung strengste sexuelle Abstinenz predigten. Nicht klar ist, was Eleutherus den Montanisten gegenüber unternahm. Wohl weiß man, daß der Papst mit Klugheit ihre Bewegung verfolgte und erst zu ihrer Verurteilung schritt, als er ihre Lehre gut kannte. Verschiedentlich fiel sein Verdacht auch auf Tertullian, der die Häretiker unterstützt haben solle.

Von großer Bedeutung ist aber die Episode, die uns Eusebius (Historia eccl. V, 3.4) über die Haltung des Eleutherus gegenüber den Montanisten überliefert. Der Historiker von Cäsarea erzählt, daß der Klerus der Kirchen von Lyon und Vienne, zum größten Teil in den städtischen Kerkern eingeschlossen, 177 an Papst Eleutherus ein Schreiben über die Montanisten richtete. Überbracht wurde es von einem Schüler des Polykarp, Irenäus, der nach Erledigung dieses Auftrags zum Bischof von Lyon gewählt wurde. In diesem Brief empfahl die junge christliche Gemeinschaft in Gallien dem Papst eine gewisse Toleranz, um den Frieden im Inneren der Kirche zu bewahren. Doch die Botschaft, die Eusebius als ein weises Dokument lobt, führte nur zu einem vertieftem Nachdenken über die der neuen Lehre zugrunde liegenden Prinzipien. Eleutherus nahm eine reservierte Haltung ein und ließ aber, allerdings weit davon entfernt die Häresie zu begünstigen, entschiedenere Maßnahmen ergreifen. Der *Liber Pontificalis* schreibt Eleutherus ein Dekret gegen die Gnostiker und Martioniten über die Freiheit der Christen zu, jede Art von Speisen essen zu dürfen. Eleutherus starb am 26. Mai 189 und wurde in St. Peter beigesetzt.

Bibl.: B. Cignitti in *Bibliotheca Sanctorum IV*, Sp. 1004–1008, mit Bibl.

C. Petruzzi

Eminenz

Ehrentitel, der in unseren Tagen nur noch den Kardinälen der Röm. Kirche zukommt. Ursprünglich wurde er als Ehrentitel Kaisern und Königen und später auch weniger bedeutenden Persönlichkeiten zugedacht. Im Mittelalter wurde er nicht nur von hohen Prälaten, sondern auch von einfachen Klerikern beansprucht. Um diesen Mißbrauch abzuschaffen, reservierte Urban VIII. mit einem Dekret vom 10. Juni 1630 den Titel „Eminenz" oder „Eminentissimo" den Kardinälen (die bis dahin *Illustrissimi* oder *Reverendissimi* genannt wurden), ferner den drei Erzbischöfen von Köln, Mainz und Trier wegen ihrer Eigenschaft als kirchliche Wahlmänner des *Impero Germanico* und dem Großmeister des Souveränen Militärordens von Malta. Dazu bemerkte der röm. Berichterstatter Giacinto Gigli unter dem gleichen Datum vom 10. Juni 1630: „Montagmorgen ordnete der Papst im Konsistorium an, den Kardinälen den Titel *Eminentissimi* zu geben, während sie vorher *Illustrissimi* hießen. Er tat das, weil dieser Titel *Illustrissimus* so gewöhnlich geworden war, daß jeder niedere Prälat ihn haben wollte, dazu jeder weltliche Herr oder geringe Adelige. *Eminentissimi* werden von nun nur noch genannt der Großmeister von Malta und die kirchlichen Wähler des Reichs" (vgl. G. Gigli, *Diario romano*, 1608–1670, hrsg. von Giuseppe Ricciotti, Rom 1958, S. 113). Nach der Auflösung des Hl. Röm. Reiches und der Umgestaltung des Malteserordens blieb der Titel „Eminenz" ausschließlich den Kardinälen der Röm. Kirche vorbehalten, wie es bis heute der Fall ist.

Bibl.: P. Brayda, *Il titolo di Eminenza ai cardinali ed i duchi di Savoia*, Bene Vagienna 1921.

N. Del Re

Enzyklika

Mit diesem griechischen Wort wurden Briefe bezeichnet, die Fürsten und Richter versandten, um zahlreichen Adressaten gegenüber Gesetze oder verschiedene Verfügungen zur Kenntnis zu bringen. Dem griechischen Ausdruck entsprach das lateinische Wort *circularis*. Obwohl er später ausschließlich von der Kirche verwendet wurde, war diese Art von Brief seit den ersten Zeiten des Christentums immer in Gebrauch. Das Dekret der Apostel aus dem Jahre 50 (Apg 15,22–31) ist der Substanz nach die erste „Enzyklika" der christlichen Geschichte. Doch dann wird er erst wieder erwähnt in der „*Epistola encyclica et commonitoria ad omnes episcopos*" (über die Pflichten der Bischöfe), enthalten in der Bulle Benedikts XIV. *Ubi primum* vom 3. Dezember 1740 (Benedicti XIV *P.M. Bullarium I*, S. 61–65).

Derzeit wird als Enzyklika jenes besondere päpstl. Dokument bezeichnet, das im Unterschied zu allen anderen (→Akten, Päpstl.) nicht an eine einzelne Person oder an eine Gemeinschaft gerichtet ist, sondern „an die ehrwürdigen Brüder Patriarchen, Primaten, Erzbischöfe, Bischöfe und andere Ordinarien, die in Frieden und Gemeinschaft mit dem Apost. Stuhl leben". Man muß weiter unterscheiden zwischen *Lettere encicliche* und *Epistole encicliche.* Mit der ersten Form richtet sich der Papst an alle oder an einen großen Teil der Bischöfe und seit 1959 gelegentlich auch *ad clerum universum et christifideles totius orbis catholici*, oder auch „an alle Menschen guten Willens", also Katholiken und Nichtkatholiken. Dies tat zum ersten Mal Johannes XXIII. mit seiner Enzyklika *Pacem in terris* vom 11. April

1963 (AAS, LV [1963], S. 257–304). Die zweite Form ist dagegen an eine bestimmte Gruppe von Bischöfen, z.B. die Bischöfe einer einzelnen Nation, gerichtet wie z.B. die Enzyklika Leos XIII. *Permoti Nos* vom 10. Juli 1895 an die Bischöfe in Belgien oder *Vigilanti cura* Pius' XI. vom 29. Juni 1936 (AAS, XXVIII [1936]. S. 249–263) an die Bischöfe der Vereinigten Staaten.

Die Natur der Enzyklika ist also die eines Rundbriefs (*litterae encyclicae*), wovon sie ihren Namen hat. In ihnen behandelt der Röm. Papst in Ausübung seiner ordentlichen Lehrvollmacht besondere Themen der Lehre, er verurteilt Irrtümer und erteilt Weisungen, besonders in Fragen des katholischen Glaubens und der Moral. Um eine Definition Pauls VI. in der Generalaudienz vom 5. August 1964 zu verwenden, „kann eine Enzyklika daher lehrhaft oder dogmatisch sein, wenn sie Wahrheiten oder Irrtümer im Glauben behandelt, oder ermahnend, wenn sie beim Leser gute Vorsätze zum christlichen Lebens weckt, die Bande der Disziplin, der Einheit und des Eifers stärkt, die die Kirche innerlich verbinden und ihre geistige Sendung unterstützen sollen“ (vgl. *L'anno liturgico con Paolo VI*, Angelo Bonetti II, Vatikanstadt 1992, S. 196).

Gewöhnlich werden Enzykliken mit den ersten Worten ihres Textes bezeichnet und meist in Latein abgefaßt. Es gibt jedoch einige Ausnahmen. Als Beispiele von Enzykliken in der jeweiligen Volkssprache können drei von Pius XI. genannt werden, nämlich *Non abbiamo bisogno* vom 29. Juni 1931 (AAS, XXIII [1931], S. 285–312) über die Katholische Aktion in Italien, „Mit brennender Sorge“ vom 14. März 1937 (AAS, XXIX [1937], S. 145–167) über die Lage der Kirche im Hitler-Deutschland und *No es muy conocida* vom 28. März 1937 (AAS, XXIX [1937], S. 200–211) über die religiöse Situation in Mexiko.

Die in den Enzykliken enthaltenen Normen sind alle von großer Bedeutung für Leben und Geschichte der Kirche. Sie haben zwar nicht den Charakter einer Definition *ex cathedra* (→), verpflichten dennoch aber die Gläubigen zum Gehorsam, weil einer so von den Päpsten vorgetragenen Lehre über das äußere Ja hinaus vom Glauben und von der inneren Einstellung her zugestimmt werden muß.

Zum Nutzen für alle Forscher sind zwei Sammlungen von päpstl. Enzykliken in chronologischer Reihenfolge erschienen, eine in italienischer Übersetzung: *Tutte le encicliche dei Sommi Pontefici*, von E. Momigliano und G.M. Casolari (5. Aufl. Mailand 1979, 2 Bde.); die andere in englischer Übersetzung: *The Papal Encyclicals* (1740–1981) von C. Carlen (Plymouth, 1981, 5 Bde.). Eine partielle Sammlung davon erschien ferner in spanischer Übersetzung: *Enciclicas Pontificias*, 1832–1965, von Federico Hoyos (4. Aufl. Buenos Aires 1966, 2 Bde.).

Was die sozialen Enzykliken angeht, ist hinzuweisen auf die Sammlung von Igino Giordani, *Le encicliche sociali dei papi da Pio IX a Pio XII* (4. Aufl., Rom 1956), ferner auf die jüngere Ausgabe von R. Iannarone, *Le grandi encicliche sociali* (8. überarb. u. erw. Aufl. Neapel 1983). Eine weitere Sammlung in italienischer Übersetzung enthält auch über die Enzykliken hinaus wichtige päpstl. Dokumente: *Tutte le encicliche, e i principali documenti pontifici emanati dal 1740*, von Ugo Bellocchi. In Deutschland sind die meisten Enzykliken der letzten Jahrzehnte über das Sekretariat der Deutschen Bischofskonferenz in Bonn, Kaiserstr. 163, erhältlich.

Bibl.: C. Falconi, *Storia delle encicliche*, Mailand 1965; A. Pfeiffer, *Die Enzykliken und ihr formaler Weg für die dogmatische Methode*, Freiburg (Schweiz) 1968; S. O'Riordan, *The teaching of the Papal Encyclicals as a source and norm of moral theology; a historical and ana-*

lytic survey, in *Studia moralia* 14 (1976), S. 135–157; E. Iaboni, *Le encicliche sociali della Chiesa*, Casamari 1978; G. Bonafede, *Il problema sociale nelle encicliche pontificie*, in *Atti della Accademia.di Palermo* 2 (1981–82) 2, S. 199–242).

N. Del Re

Ernennungsschreiben

Begriff der Kuriensprache, um jenes kurze Schreiben zu bezeichnen, mit dem im Namen des Papstes Personen eine Ernennung, Beförderung zu bestimmten Ämtern, Würden, Aufgaben usw. mitgeteilt wird. Das Ernennungsschreiben ist eine schnelle Mitteilungsform, dessen man sich in Erwartung der Zustellung des Ernennungsdokumentes bedient.

N. Del Re

Erzbruderschaft des Allerheiligsten Sakramentes in St. Peter

Um 1540 folgten einige Arbeiter der *Fabbrica di S. Pietro* dem Beispiel anderer Bruderschaften uns schlossen sich ebenfalls zusammen, um ihre besondere religiöse Tätigkeit der Verehrung des Allerheiligsten Sakramentes und der Betreuung der Sakramentskapelle zu widmen. Im März 1540 wurde der Kanonikus von St. Peter, Giacomo Hercolano, ein Förderer dieser Initiative. Die Bruderschaft wurde 1548 von Paul III. kanonisch anerkannt. Hercolano war ihr erster Präsident bis zu seinem Tode 1573. Nach einigen Jahren verlieh Gregor XIII. im Januar 1578 der Bruderschaft weitere Ablässe und Privilegien, darunter jenes, jedes Jahr einen zum Tode Verurteilten zu befreien. Zugleich errichtete er sie als Erzbruderschaft. Noch heute ist es das Ziel der Bruderschaft, die Verehrung des Allerheiligsten Sakramentes zu fördern. Bis heute betreuen sie in der Peterskirche die Kapelle, wo die hl. Eucharistie aufbewahrt wird. Die Mitglieder nehmen an feierlichen Aussetzungen des Allerheiligsten und anderen Feiern zu Ehren des Hl. Sakramentes teil.

Mitglieder der Erzbruderschaft sind von Amts wegen der Kardinal-Erzpriester der Basilika, der zugleich ihr Protektor ist, der Delegierte der Dombauhütte, der ihr Vorstand ist, die Kanoniker, Benefiziaten und Kleriker mit einem vatikanischen Benefizium sowie die Prälaten und Würdenträger der *Casa Pontificia*. Zugelassen werden kann jeder, der die notwendigen Voraussetzungen erfüllt, d. h. wenigstens 16 Jahre alt ist, bürgerlich ohne Tadel ist, einen religiösen Lebenswandel aufweist und von einem Mitglied vorgeschlagen wird. Auch die *Sampietrini* (→) gehören dazu, denen die Instandhaltung der Basilika anvertraut ist und weitere Angestellte des Vatikan.

Das Gewand der Mitglieder besteht aus rotem Stoff mit weißer Halskrause. Auf der linken Brust tragen sie als Abzeichen einen Kelch mit der Hl. Hostie auf einem Altar, zur Seite die hl. Petrus und Paulus. Das Ganze wird von einer Tiara mit den hängenden Schlüsseln, dem Wappen der Dombauhütte, gekrönt. Der erste Gebetsraum der Bruderschaft war ein Oratorium in der alten Basilika, während die Versammlungen in der Kapelle des hl. Andreas stattfanden. Später bekamen sie die Kapelle der hll. Simon und Judas, die sich zum Mittelschiff von Alt-St. Peter hin öffnete. 1607 zog die Erzbruderschaft in die Kirche der hl. Katharina nahe des *Palazzo Rusticucci* um. Als diese 1658 den Kolonnaden des Bernini weichen mußte, bekamen sie vom Kapitel von St. Peter die alte Kirche der hll. Michael und Magnus zugewiesen, wo sie sich noch heute versammeln.

Bibl.: M. Maroni Lumbroso/A. Martini, *Le confraternite romane nelle loro chiese*, Rom 1963, S. 63–64; A. Martini, *Arti mestieri e fede nella Roma dei papi*, Bologna 1965, S. 203; M. Bosi/P. Becchetti, *Ss. Michele e Magno*, Rom 1973, S. 67–84.

A. Martini

Erzbruderschaft des Peterspfennigs

Die spontanen Opfergaben, die in alter Zeit dem Papst aus der ganzen katholischen Welt zuteil wurden, werden als *Peterspfennig* (→) bezeichnet. Seit dem hohen Mittelalter war dieser Brauch in der ganzen Christenheit verbreitet. Die Spende war zuerst freiwillig, später verpflichtend und hörte während der protestantischen Reformation auf. Als Pius IX. 1842 Rom verlassen mußte, ergriffen viele Katholiken unterschiedliche Initiativen für seine Rückkehr. In Paris begann damals die Sammlung von Geldern zur konkreten finanziellen Hilfe für den Hl. Stuhl.

Im Februar 1860 wurden dem Papst 35.000 Scudi überreicht, und am 5. Dezember des gleichen Jahres konnte das *Giornale di Roma* verkünden, daß die dem Papst zugeflossene Summe bei weitem zwei Millionen röm. Scudi überschritten hatte. Inzwischen hatte sich am 1. August 1860 in Rom die Vereinigung des Peterspfennigs gebildet, die Pius IX. mit dem Breve *Cum sicut accepimus* vom 31. Oktober anerkannte und ihr zahlreiche Ablässe gewährte. Am folgenden 4. November errichtete er sie mit dem Breve *Quae ad fovendum* als Erzbruderschaft und gab ihr die Erlaubnis, sich andere Vereinigungen anzugliedern. Die Geldsammlung bekam dann den Namen *Peterspfennig* und war in jeder Diözese der Welt beheimatet. Leo XIII. übertrug ihre Verwaltung einer besonderen Kommission unter dem Vorsitz des Präfekten der Hl. Apost. Paläste. Noch heute werden in den Kirchen Gelder für den *Peterspfennig* gesammelt, der einen wichtigen Teil der Einnahmen des Hl. Stuhles darstellt.

A. Martini

Erzbruderschaft S. Anna dei Palafrenieri

Aufgabe der Reitknechte (*Palafrenieri*), die am 19. April 1507 von Julius II. als Kollegium eingerichtet und von Leo X. am 15. April 1517 bestätigt wurden, war die Begleitung des Papstes bei Feiern, für die er zu Pferd oder in der Kutsche den Palast verließ. Die Stuhlträger trugen den Papst bei öffentlichen Zeremonien auf der *Sedia gestatoria* (→), bei der Fronleichnamsprozession auf einem Flachwagen und innerhalb der hl. Paläste in einem Tragstuhl.

Als die Begleitung zu Pferd abgeschafft wurde, vereinigten sich die Reitknechte und die Stuhlträger unter der gemeinsamen Bezeichnung *Sediari pontifici* (→). Der Ursprung der Bruderschaft der Reitknechte des Papstes, der Kardinäle, der Botschafter, der Fürsten und der Prälaten reicht ins Jahr 1378 zurück, als sie sich mit Zustimmung Urbans VI. in einer der hl. Anna geweihten Kapelle der Peterskirche versammelten. Diese wählten sie zu ihrer Schutzheiligen.

Ziel der Bruderschaft war die Förderung der Marienverehrung, des Gebetes für die verstorbenen Mitglieder und die Hilfe für notleidende Mitglieder und ihre Familien. Innerhalb der Bruderschaft wurden auch die Normen für den Dienst beim Papst und anderen Würdenträgern festgelegt. Wegen ihrer Nähe zum Päpstl. Hof wurde sie von zahlreichen Päpsten besonders privilegiert.

Pius IV. gestattete ihnen 1565 den Bau einer St. Annakirche beim Apost. Palast. Der neue Sitz gab der Vereinigung neue Impulse. Sie wuchs an Zahl und bekam weitere Privilegien, darunter das von Sixtus V. gewährte, jedes Jahr einen zum Tode Verurteilten am Fest ihrer Beschützerin zu befreien. Das Fest der hl. Anna wurde immer sehr feierlich begangen.

Wenn die Bruderschaft der hl. Anna an öffentlichen Veranstaltungen teilnahm, zog sie mit zwei ältere Bruderschaften an der Spitze voran. Der Schutz der Vereinigung war dem Dekan des Hl. Kollegiums anvertraut, die geistliche Betreuung aber lag in den Händen des Präsidenten, der gewöhnlich aus den Würdenträgern des Päpstl. Hofes gewählt wurde. Seit die Kirche zur hl. Anna für die Reitknechte (*S. Anna dei Palafrenieri*) Pfarrkirche der Vatikanstadt geworden ist, versammelt sich die Erzbruderschaft gewöhnlich in der Kirche *S. Caterina della Rota.*

Bibl.: M. Maroni Lumbroso/A. Martini, *Le confraternite romane nelle loro chiese*, Rom 1963, S. 47–50; A. Martini, *Arti mestieri e fede nella Roma dei Papi*, Bologna 1965, S. 198–199; A. Cicinelli, *S. Anna dei Palafrenieri*, Rom 1970.

A. Martini

Erzbruderschaft zur Schmerzhaften Muttergottes am Campo Santo Teutonico

Der Tradition zufolge erlangten einige Deutsche, die in Rom wohnten, vom Domkapitel von St. Peter die Erlaubnis, nahe des Petersdomes ein Gebäude als Hospiz mit einem dazugehörigen Friedhof zu bauen. Das geschah auf dem Gelände der sogenannten *Schola Francorum.* Diese neue Gründung stand wahrscheinlich in unmittelbarer Beziehung bzw. Abhängigkeit zum Domkapitel; zumindest geht diese Tatsache aus einigen Dokumenten des 15. Jh. hervor: Um ein kleines Gebäude mit Friedhof zu errichten, mußte der Konsens der Kanoniker eingeholt werden. Das wohl älteste Dokument, das auf die kleine Gemeinschaft Bezug nimmt, ist eine Bulle Calixtus' III. von 1455. Er bestätigt, daß seit langer Zeit einige Deutsche ein Hospiz zum Wohle ihrer Landsleute an einem Ort errichtet haben, der „Campus Sanctus" genannt wird. Die Erzbruderschaft beim Hospiz wurde wahrscheinlich unter dem Pontifikat Nikolaus' V. 1449 durch den Nürnberger Augustinereremiten Johannes Goldner oder Goldener gegründet. Die Anerkennung und Approbation der Statuten durch das Domkapitel von St. Peter erfolgte allerdings erst 1461, *sub invocatione B. Mariae Theutonicorum.* Die Erzbruderschaft bestand aus Deutschen, die an der Verwaltung beteiligt und Zugang zu den Ämtern hatten. Gleichzeitig gab es sogenannte „Devotionsbrüder", die nicht Deutsche sein mußten, dafür aber am spirituellen Teil des Bruderschaftslebens teilnahmen, allerdings ohne Stimme im Kapitel (*senza voce in capitolo*). Als ihre wichtigste Aufgabe sorgte die Erzbruderschaft für Begräbnis und Totengedenken, betreute und versorgte Kranke und Arme und unterstützte caritativ bedürftige Mitglieder. Infolgedessen wurde ein Hospital gebaut, in dem die Deutschen und Flamen, die in Rom wohnten oder zeitweise dort weilten, behandelt wurden.

Ursprünglich wurden die Ausgaben durch die Beiträge der Mitglieder ausgeglichen. Nach und nach erhielt die Erzbruderschaft aber auch Schenkungen und Stiftungen. Vier Prokuratoren verwalteten die Vereinigung, nach 1516 waren es nur noch jeweils ein Deutscher und ein Flame. Zum Vorstand der Erzbruderschaft gehörten zwölf *gubernatores*, die in Rom die unterschiedlichsten Handwerke ausübten. Sie wurden nur abgelöst, wenn sie als unwürdig galten. Die Erzbruderschaft war einer steten Entwicklung unterworfen. Um 1600 befand sich an ihrer Spitze ein *Camerlengo*, entweder ein Deutscher oder ein Flame. Er wurde durch vier Inspektoren und zwölf Assistenten unterstützt. Im 18. Jh. war der *Camerlengo* ausschließlich ein Deutscher. Weil es sich um eine nationale Bruderschaft handelte, besaß diese mehrere Privilegien. Ihre Kapläne spendeten alle Sakramente für die Mitbrüder. Das galt bei deren Wohnungen in Rom, ungeachtet der juristischen Grenzen von Pfarreigebieten. Deshalb hatte der ortsansässige Pfarrer nie ein grundsätzliches Recht, die Beerdigung eines in seiner Pfarrei wohnenden Mitglieds der Erzbruderschaft vorzunehmen, falls dieses im Krankenhaus der Bruderschaft starb. Diese Privilegien wurden unter Pius IV. mit der Bulle *Pastoralis officii* vom 13. Januar 1564 anerkannt und bestätigt. Die Bruderschaft erfreute sich darüber hinaus der Befreiung von jeder Verpflichtung gegenüber dem Pfarrer von St. Peter im Vatikan, auf dessen Gebiet das Hospiz, die Kirche und der Friedhof lagen. Die Privilegien gingen soweit, daß sogar der Ostersegen von den Gebäuden der Gemeinschaft durch ihre Kapläne erteilt werden konnte.

Die Würde der Erzbruderschaft, sich mit anderen Vereinen desselben Titels zusammenzuschließen, und das Recht des Zusammenschlusses mit anderen nationalen deutschen und flämischen Verbänden wurde durch ein Breve Gregors XIII. am 2. Mai 1579 bestätigt, mit der der Papst der Bruderschaft auch offziell den Titel einer Erzbruderschaft zubilligte. Bereits zu Beginn des 16. Jh. war der rein nationale Charakter der Bruderschaft kaum noch beizubehalten. In ihren Kapellen nahmen die „Bruderschaft der Schweizergarde" ebenso Quartier wie eine Gruppe von piemontesischen Arbeitern aus der Nähe von *Tor Sanguigna*. Die Zahl der italienischen Devotionsbrüder stieg rapide, so daß diese ein besondere Rolle im Leben der Bruderschaft spielten und gleichzeitig am Generalkapitel der Vereinigung teilnahmen, allerdings ohne Wahlrecht. Das italienische Element dehnte sich zunehmend aus, so daß 1803 ein Drittel der Erzbrüder aus Italienern bestand. Sie machten fast den gesamten Bestand der Angestellten und des Personals der Erzbruderschaft aus. 1831 wurde endgültig festgelegt, daß nur die Deutschen zu Pflichten und Aufgaben zugelassen waren und ausschließlich ihre Kinder in den Genuß der jährlich anfallenden Benefizien kommen konnten.

Im Mai 1798 sorgte die jakobinische Revolution für die Schließung der Kirche und die Einsetzung eines staatlichen Verwalters. Nach der Restauration wurde der Komplex unter den Schutz des österreichischen Kaisers gestellt. Während der französischen Besatzung hatten sich die frommen deutschen Einrichtungen erfolgreich gegen die Konfiszierung ihrer Vermögen gewehrt. Sie wandten sich einmal an Bayern, dann an Österreich, je nachdem, wer gerade die besseren Beziehungen zu Frankreich unterhielt. Die Protektion aus der Zeit der Okkupation erwies sich als ein zwiespältiges und doppeldeutiges Recht. In einigen Dokumenten wird die Kirche als königlich, in anderen als kaiserlich bezeichnet. Um die Situation zu klären, intervenierte der österreichische Botschafter beim Kardinalprotektor. Maßnahmen wurden aber erst in den letzten Jahren des Pontifikates Gregors XVI. getroffen. Jener ordnete eine Visitation an, die er Kardinal Polidori anvertraute. Unterstützt wurde er von einer Kommission verschiedener Repräsentanten: Österreicher, Bayern, Preußen und dem Präsiden des belgischen Kollegs. 1846 erreichte man so die Verabschiedung der neuen Statuten.

Pius IX. ordnete 1863 eine weitere Visitation an, um eventuellen Mißbräuchen vorzubeugen, die Liturgie zu fördern und die Disziplin unter den Erzbrüdern wiederherzustellen. Außerdem sorgte er so für eine Neuordnung der Verwaltung und der Güter. Die *Sacra Visita* wurde 1876 mit einem neuen Statut und der Gründung eines Kollegs für junge Priester aus Österreich und Deutschland abgeschlossen. Diese konnten im Kolleg wohnen, um so in Rom ihre theologischen Studien fortzusetzen und ihre Dissertationen zu schreiben. Außerdem wurde festgelegt, daß der Rektor des Kollegs kirchenrechtliche Autorität über alle um den Campo

Santo gruppierten Einrichtungen besitzt, inklusive der Erzbruderschaft. Heute hat sie rund 300 Mitglieder, Männer und Frauen, die sich regelmäßig zum Gedenken der Toten und zum Gebet für die Lebenden in der restaurierten Marienkirche oder zur Kreuzwegprozession um das Viereck des Friedhofs versammeln. Die Männer tragen dabei die aus dem 16. Jh. stammenden typischen schwarzen *Saccos*. Voraussetzung für die Mitgliedschaft: römisch-katholisch, deutsch- oder flämischstämmig und in Rom oder Umgebung wohnend.

Bibl.: M. Maroni Lumbruso/A. Martini, *Le confraternite romane nelle loro chiese*, Rom 1963, S. 272–276; Ausführl. Darstellung in *Der Campo Santo Teutonico in Rom*, Hrsg. Erwin Gatz, Bd.1, Albrecht Weiland, *Der Campo Santo in Rom und seine Grabdenkmäler*, 43. Supplementheft der Röm. Quartalsschrift für christl. Altertumskunde u. Kirchengeschichte, Freiburg 1988.

A. Martini

Erzkanzler

In der zweiten Hälfte des 11. Jh. trug diesen Titel einige Zeit der Leiter der Apost. Kanzlei (→). Er wurde zum ersten Mal 1052 an Hermann, den Erzbischof von Köln von Leo IX. verliehen, unter dem die Päpstl. Kanzlei einige strukturelle Änderungen erfuhr. Der Titel „Erzkanzler“ verschwand im Pontifikat Gregors VII. (1073–85) völlig. Die spärlichen historischen Quellen lassen die genauen Aufgaben dieser Persönlichkeit nicht erkennen, die sie, wie es scheint, auch nie persönlich wahrgenommen hat. Hinzufügen läßt sich nur, daß die Einführung dieser reinen Ehrenaufgabe in der päpstl. Kurie auf den Einfluß der kaiserlichen Kanzlei zurückzuführen ist, wo der Erzbischof von Köln tatsächlich Erzkanzler war.

N. Del Re

Erzpriester von St. Peter

Diesen Titel trägt der Kardinal, der dem Kapitel von St. Peter (→) vorsteht. Bis 1967 war er aufgrund alter Gewohnheit Präfekt der hl. Kongr. der Dombauhütte und befaßte sich mit der Verwaltung der Dombauhütte. Heute ist der Kardinal-Erzpriester statutengemäß auch Präsident der *Fabbrica di S.Pietro*. Nach der Umformung der Verwaltung zählt die Dombauhütte nun zu den mit dem Hl. Stuhl verbundenen Institutionen, gemäß Art. 192 der Konstitution Johannes Paul II. *Pastor Bonus* vom 28. Juni 1988 (AAS, LXXX [1988], S. 841–930). Mit Beginn des Jahres 1991 hat der Erzpriester von St.Peter auch Titel und Aufgaben des Generalvikars Seiner Heiligkeit für die Vatikanstadt (→) übernommen, kraft des Handschreibens *Dopo la costituzione* vom 14. Januar 1991 (AAS, LXXXIII [1991], S. 147–148), mit dem Johannes Paul II. das Vikariat der Vatikanstadt neu strukturiert hat.

N. Del Re

Eugen I.

Papst, Heiliger. Er war Römer, Sohn des Ruffiniano und geschätzt wegen seiner Güte und Freigebigkeit. Eugen übte eine Zeitlang die Funktion des *Apokrisar* in Konstantinopel aus. Während des Exils von Martin I. wurde er von Teodoro Calliopa, dem Exarchen von Ravenna wegen des Einsatzes festgenommen, den er im Kampf gegen die monotheletische Häresie gezeigt hatte. Eugen wurde vom Klerus und vom Volk am 10. August 654 zum Papst ausgerufen. Die Legitimität dieser Wahl wurde lange diskutiert. Es hatte nie einen formellen Verzicht auf das Papsttum durch Martin I. gegeben. Doch als der alte Papst von seinem Exil auf dem *Chersones* aus (heute Krim) die Nachfolge billigte und ausdrücklich zeigte, daß er Eugen für einen würdigen Fortsetzer seines Werkes hielt, wagte niemand mehr gegen die Gültigkeit dieser Wahl Zweifel vorzubringen. Während seines ganzen Pontifikates fuhr Eugen fort, gegen die monotheletische Lehre und die kaiserlichen Ansprüche anzukämpfen. Als der byzantinische Patriarch Petrus ihm 656 ein zu unverbindliches und unklares Glaubensbekenntnis sandte, entschloß sich der sonst so milde Papst zur öffentlichen Verurteilung dieses Briefes. Ähnliche Festigkeit zeigte er ferner, als er eine Delegation nach Konstantinopel schickte, um dem Kaiser Constans II. Heraklius seine Wahl mitzuteilen. Er verurteilte auch seine Legaten, die sich den kaiserlichen Ansprüchen gegenüber allzu fügig gezeigt hatten. Der Tod ereilte ihn am 2. Juni 657 und entzog ihn vielleicht einem ähnlichen Schicksal wie dem seines Vorgängers. Er wurde in St. Peter beigesetzt.

Bibl.: D. Mallardo, *Papa Sant'Eugenio I, 654–657*, Neapel 1943; P. Burchi in *Bibliotheca Sanctorum V*, 1964, Sp. 194–195.

C. Petruzzi

Eugen II.

Papst. Er war der Sohn des Boemondo und Römer von Geburt. Er war Erzpriester von *S. Sabina*, als er beim Tod Paschalis' I. am 11. Mai 824 zum Papst gewählt wurde. Seine Wahl wurde heftig angefochten. Schwere Unruhen waren zwischen den fanatischen Vertretern des Reiches und den Vertretern der päpstl. Unabhängigkeit ausgebrochen. Nur wegen des schlichtenden Eingreifens von Wala, Mönch von Corbie und Ratgeber des Kaisers Ludwig des Frommen, konnte Eugen im Juni des gleichen Jahres gekrönt werden. Doch die ständigen Klagen der Römer beim Kaiser über das erlittene Unrecht und die von den päpstl. Richtern auferlegten Strafen veranlaßten Ludwig, seinen Sohn Lothar nach Rom zu senden. Er sollte die Unruhen beenden und der kaiserlichen Autorität neue Geltung verschaffen. Die Sendung des jungen Lothar war von Erfolg gekrönt, weil er die für die Mißbräuche Verantwortlichen ins Exil nach Frankreich geschickt und dadurch die Gemüter beruhigt hat. Es gelang ihm, der kaiserlichen Autorität eine Zeit des Glanzes und der Macht zu sichern, wie sie nie wiederkehren sollte.

Lothar veröffentlichte Bestimmungen über die Inhalte des kaiserlichen Schutzes und die persönlichen Rechte der röm. Bürger. Sie regelten die Auswahl der päpstl. Funktionäre und bestimmten zwei Gesandte, einen kaiserlichen und einen päpstl., als Schiedsrichter bei Streitfragen. Die Wahl des Papstes mußte unter Beteiligung von Laien stattfinden und der Gewählte mußte vor dem kaiserlichen Gesandten und dem Volke einen Eid leisten.

Die Antwort Eugens auf die Vorschläge Lothars ist uns nicht bekannt. Im Hinblick auf einen universalen Frieden nahm er das *Sacramentum Romanum* von Lothar an und wandte sich dann der Lösung der Frage des „Bilderstreits" zu, die 825 mit dem griechischen Kaiser Michael II. aufgebrochen war. Dieser fand beim Kaiser Ludwig leichtes Gehör. Auch gelang es ihm, vom Papst zu erreichen, daß sich gelehrte Bischöfe und Theologen in Paris versammelten, um die Bilderverehrung zu diskutieren. Die Versammlung riet dem Kaiser, sich zurückzuhalten, damit Eugen die röm. Lehre zum Bilderstreit widerrief. Die Bischöfe unterließen es aber nicht, dem griechischen Hof einen Tadel auszusprechen und die Bilderstürmer zu verurteilen. Eugen wurde nie über die ganze Wahrheit der Synode der fränkischen Bischöfe informiert. So blieben immer noch Zweifel, die leider eine weitere Verbreitung der bilderstürmerischen Häresie im Frankenreich zur Folge hatten.

Im folgenden Jahr berief Eugen in Rom ein Konzil von 63 Bischöfen ein, das nicht nur einige Normen zu den Pflichten der Bischöfe, zur Disziplin in den Klöstern und der Ehen festsetzte, sondern auch jedem Bistum und jeder Pfarrei Lehrer und Doktoren zuwies, um gemeinsam den Glauben, das Lesen und Schreiben und die freien Künste zu lehren. Er starb im August 827 und wurde in St. Peter beigesetzt.

Bibl.: L. Duchesne, *Les premiers temps de l'Etat pontifical*, Paris 1911, S. 195–202; E. Amann, *L'epoca carolingia*, in Fliche/Martin/Frutaz, VI, S. 212–225; Th. F.X. Noble, *The place in papal history of the Roman Synod of 826*, in *Church History 45* (1976) S. 434–454.

C. Petruzzi

EUGEN III.

Papst, Seliger. Er gehörte zur adeligen Familie der Paganelli. Als Pier Bernardo wurde er in *Montemagno*, einem Stadtteil von *Calci* geboren, unweit von Pisa. Er war zunächst Kanoniker an der Kathedrale von Pisa, trat 1138 bei den Zisterziensern der französischen Abtei Clairvaux ein und wurde Schüler des hl. Bernhard. Dieser schickte ihn dann zurück nach Italien, wo er im Kloster zum hl. Silvester in Farfa lebte. Er ging dann auf Weisung von Innozenz II. nach *Tre Fontane* bei Rom, wo ihn bald die Nachricht von seiner Wahl auf den päpstl. Thron erreichte (1145).

Rom hatte sich als freie Kommune konstituiert und widersetzte sich der päpstl. Autorität. Die Bemühungen von Coelestin II. und Lucius II. hatten die Proteste nicht bändigen können. Papst Lucius war beim Versuch, die Zitadelle der Volksregierung zu erobern und den Senat zu verjagen, so schwer verwundet worden, daß er am 15. Februar 1145 im Kloster *S. Cesario* auf dem Palatin starb. Die Kardinäle aber schritten am gleichen Tag *ex insperato concorditer* zur Wahl des Paganelli, der den Namen Eugen III. annahm. Die Papstkrönung konnte jedoch nicht in St. Peter stattfinden, weil die Senatoren zur Bedingung gestellt hatten, daß der Papst ihre Macht und die Revolution der Stadt anerkenne. Dieser verließ heimlich Rom und begab sich nach *Farfa*, wo er in der Abtei am 18. Februar 1145 geweiht wurde. Aus diesem Anlaß schrieb der hl. Bernhard seinem alten Schüler einen Brief, in dem er ihn an die Pflichten eines Papstes gemahnte. Später widmete er ihm den Traktat *De consideratione* (PL, CLXXXII, 727–808), der ein nützliches geistliches Direktorium für die Päpste bildet.

Rom war immer noch unsicher, weil die Bevölkerung durch die Straßen strömte und die Häuser der Kardinäle und der Adeligen und sogar Kirchen plünderte. Eugen III. ließ sich also in Viterbo nieder und konnte erst Mitte Dezember 1145 wieder die Stadt betreten. Doch schon Ende Januar 1146 sah er sich zur Rückkehr nach Viterbo gezwungen, während in Rom Arnold von Brescia das Volk gegen den Papst aufwiegelte. Papst Eugen fühlte sich bald in seinem eigenen Staat nicht mehr sicher und begab sich 1147 nach Frankreich, wo er im Mai bei einer Synode in Paris den Vorsitz führte. Eine weitere führte er in Trier durch. Hier ließ er die ersten Schriften der Mystikerin Hildegard von Bingen (*Liber Scivias [sci vias lucis* = erkenne die Wege des Lichtes) prüfen. Eine dritte Synode berief er zum 21. März 1148 nach Reims ein, erließ Disziplinardekrete und verurteilte die Irrtümer des Eon de l'Etoile und des Gilbert Porretano. Während seines Aufenthaltes in Frankreich beauftragte er den hl. Bernhard, zu einem neuen Kreuzzug, dem zweiten, aufzurufen. Er wurde auch durchgeführt von den beiden bedeutendsten Souveränen der Zeit, Ludwig VII. von Frankreich und Konrad III. von Schwaben. Das erhoffte Ergebnis wurde allerdings nicht erreicht.

Bei seiner Wiedereinsetzung 1148 auf seinem röm. Sitz bediente sich Eugen III. des starken Arms Rogers II., König von Sizilien, der die Römer zwang, sich dem Papst zu unterwerfen. Lange blieb er nicht in Rom, denn um die Mitte 1150 mußte er sich erneut entfernen. Zum dritten Mal kehrte er am 9. Dezember 1152 nach Rom zurück. Eugen suchte die Unterstützung Friedrich Barbarossas, mit dem er in Konstanz am 23. März 1153 eine Vereinbarung schloß. Dem Papst blieb nur wenig Zeit, sich an der neuen Situation zu erfreuen, weil er am folgenden 8. Juli in Tivoli starb. Vom Kardinal Ugo von Ostia wurde er gefeiert als „Zierde der Kirche, Vater der Gerechtigkeit, Liebhaber der Religion und ihr Beschützer". Die sterblichen Überreste Eugens III. wurden nach Rom gebracht, vom trauernden Volk begleitet. Beigesetzt wurden sie in St. Peter im Oratorium der Jungfrau, neben dem Grab Gregors III. (vgl. R.U. Montini, *Le tombe dei papi*, Rom 1957, S. 196).

Erwähnenswert sind noch die unter seinem Pontifikat unternommene Restaurierung des Portikus von *S. Maria Maggiore*, den der Papst mit Mosaiken schmücken ließ; die Weihe zahlreicher Kirchen; die Kanonisierung Kaiser Heinrichs II. (1146); die Neuordnung der akademischen Grade an den Schulen der Theologie und des Rechtes; die Übersetzung ins Lateinische der Homilien des hl. Johannes Chrysostomus sowie *De fide orthodoxa* des hl. Johannes Damascenus, mit der Burgundius von Pisa beauftragt wurde; die Kompilation der *Dialogorum adversus Graecos libri III* und der Bericht über die Diskussionen in Konstantinopel über den Päpstl. Primat, den Anselm von Havelberg angeregt hatte. Von den Zisterziensern und Benediktinern schon immer als Seliger verehrt, wurden ihm erst 1872 Titel und Kult in einem Dekret zuerkannt, das Pius IX. am 3. Oktober erlassen hatte.

Bibl.: I. Daniele in *Bibliotheca Sanctorum* V, 1964, Sp. 196–201, mit Bibl.; E. Paratore, *Il Papa di S. Bernardo: Eugenio III. in Lunario Romano VIII: Fatti e figure del Lazio medievale*, Rom 1979, S. 295–304; H. Jakobs, *Eugen III. und die Anfänge europäischer Stadtsiegel: nebst Anmerkungen zum Band IV der Germania Pontificia*, Köln 1980.

M. Di Sivo

EUGEN IV.

Papst. Gabriele Condulmer, Sohn des Angelo und der Beriola Correr, einer Schwester Gregors XII. Geboren wurde er wahrscheinlich in Venedig um 1381, studierte in Padua und trat bald in den kirchlichen Stand ein. 1400 bekam er ein Kanonikat in Verona, das er nur ein Jahr behielt. 1401 nach Venedig zurückgekehrt, wurde er mit der Kommende des hl. Augustinus von Vicenza betraut und trat kurz darauf bei den Säkularkanonikern von *San Giorgio* in *Alga* ein. Von dort ging er 1407 nach Rom, weil sein Onkel, Papst Gregor XII., ihn gerufen hatte. Dieser ernannte ihn im Januar 1408 zum Bischof von Siena und erhob ihn am darauffolgenden 12. Mai zum Kardinal. Er war einige Zeit Legat in der Mark Ancona, dann unter Martin V. (1417–31) in Bologna und ließ sich endlich 1425 in Rom nieder. Er setzte sich ein für die Erneuerung der Basilika St. Paul vor den Mauern und des benachbarten Benediktinerklosters. Am 3. März 1431 wurde er auf den Papstthron erhoben und nahm den Namen Eugen IV. an.

Der Neugewählte griff sofort die Suprematsansprüche des Konzils von Basel auf, das von seinem Vorgänger einberufen worden war und von ihm am 23. Juli 1431 eröffnet wurde. Doch schon im Dezember ließ er es übereilt wieder schließen. Nach heftigem Kampf mit der Familie Colonna gelang es ihm, sie zu unterwerfen und zu zwingen, verschiedene Güter zurückzuerstatten, die ihr durch Martin V. zugestanden worden waren. Verschiedene Gründe, darunter politische Schwierigkeiten zu Hause und der Druck des Kaisers Sigismund, veranlaßten schließlich Eugen IV., das Konzil von Basel mit der Bulle *Dudum sacrum* vom 15. Dezember 1433 anzuerkennen. Die Nachgiebigkeit des Papstes nützte nichts, um die Baseler zu beugen (XVI. Sitzung vom 5. Februar 1434). Sie fuhren fort, ihre Sitzungen zu halten. Eugen IV. war deshalb gezwungen, bei einem Aufruhr des röm. Volkes die Stadt zu verlassen und in Florenz Unterschlupf zu suchen. Von dort aus verfügte er die Auflösung des Konzils von Basel und rief gleichzeitig ein Konzils nach Ferrara ein, um die neue Versöhnung mit der griechischen Kirche zu besiegeln.

Nur eine Minderheit der Väter von Basel nahm das Dekret des Papstes an. Dem Papst gelang es aber 1438, in der Kathedrale von Ferrara eine große Zahl von Griechen zu versammeln, angefangen vom Kaiser Johannes VIII. Paleologus bis zum Patriarchen von Konstantinopel. Mit ihnen waren die Vertreter der Patriarchate von Alexandria in Ägypten, von Antiochien und Jerusalem (damals unter den Türken) gekommen, achtzehn Metropoliten (unter ihnen die von Ephesus, Nicäa und Kiew) und viele Bischöfe. Dort einigten sich Griechen und Lateiner über die Lehre des *Filioque*, über den römischen Primat und über verschiedene andere zur Diskussion gestellten Fragen (Dogma vom Fegefeuer, Verwendung der ungesäuerten Brote usw.) einig. Ein Echo des Konzils von Florenz kann man in der zentralen Bronzepforte der Vatikanischen Basilika finden, auf der einige Episoden dieser ökumenischen Versammlung von Filarete ausgearbeitet wurden.

Beim Konzil von Basel wurde inzwischen die Oberhoheit des Konzils über den Papst verkündet, Eugen IV. zum Häretiker erklärt und abgesetzt (25. Juni 1439). Als Gegenpapst wählte man Felix V. (Amadeus VIII. von Savoyen), übrigens der letzte Gegenpapst in der Geschichte des Papsttums. Das Florentiner Konzil wurde dann in Rom fortgesetzt. 1443 konnte Eugen IV. endlich seinen Sitz am 28. Oktober, nach zehn Jahren Exil, wieder einnehmen. Nach 16 Jahren eines sehr bewegten und schwierigen Pontifikates starb er in Frieden am 23. Februar 1447.

Die Urteile der Historiker über die Persönlichkeit des Papstes Condulmer sind gegensätzlich. Denn Piccolomini nennt ihn „großmütig", Platina „einen großen Geist", Muratori aber „einen harten Kopf". Alle sind sich aber einig über die Reinheit seines Lebenswandels, seine ausgedehnte Hilfsbereitschaft, seine erleuchtete Förderung der Künste und seine Verachtung des Nepotismus. Die sterblichen Überreste Eugens IV. ruhen in der röm. Kirche *S. Salvatore in Lauro* in dem herrlichen Grab von Isaia da Pisa. Auf einer Inschrift würden gut die Sätze Ludwig von Pastors passen (vgl. das in der Bibl. genannte Werk, S. 311): „ Als Eugen IV. zur Herrschaft kam, waren viele und auch edle Mitglieder der Kirche seit der Zeit des Schismas immer noch mit falschen Lehren über den Primat des Papstes beschäftigt und standen dem obersten pastoralen Amt der Kirche feindlich gegenüber. Als er starb, standen die wichtigsten Männer erneut auf der Seite Roms. Die Feinde des Apostolischen Stuhls und der monarchischen Verfassung der Kirche aber hatten eine Niederlage erfahren. Völligen Schiffbruch hatten sie mit dem Versuch erlitten, den Papst zu einem Monarchen dem bloßen Schein nach zu machen, als eine Art kirchlichen Dogen. Im Wesentlichen war der schwerste Kampf zugunsten des Apostolischen Stuhles entschieden, den je ein Konzil gegen Rom geführt hatte."

Bibl.: Pastor, *Storia dei papi I*, Rom 1925, S. 258–320; J.W. Stieber, *Pope Eugenius IV, the Council of Basel and the Secular and Ecclesiastical Authorities in the Empire: the conflict over supreme authority and power in the*

Church, Leiden 1978; P. Sartorelli, *Eugenio IV nel vortice di eventi drammatici*, Vatikanstadt 1990.

M. Di Sivo

EULALIUS, GEGENPAPST

Gegenpapst. Er war röm. Erzdiakon und wurde am 27. Dezember 418 unmittelbar nach dem Tod des Zosimus von einer kleinen Gruppe des Klerus zum Papst ausgerufen, die sich in der Lateranbasilika versammelt hatte. Am folgenden Tag jedoch wurde Bonifatius von der Mehrheit des Priesterkollegiums in der Kirche der Theodora gewählt. Empfohlen durch seinen Freund Symmachus, den Präfekten von Rom, wurde Eulalius von Kaiser Honorius I. bestätigt. Durch die Anhänger des Bonifatius von der wirklichen Situation informiert, berief er für den folgenden Februar nach Ravenna ein Konzil ein, das den Fall entscheiden sollte. Inzwischen verfügte er die Entfernung beider Prätendenten aus Rom. Da sich aber Eulalius widersetzt und sogar die Besetzung des Lateran versucht hatte, wurde er vom Kaiser für abgesetzt erklärt, der am 3. April Bonifatius als rechtmäßigen Papst anerkannte. Aus Rom vertrieben, wurde Eulalius in Kampanien gefangen gehalten, wo er 423 starb.

Bibl.: S. Cristo, *Some notes on the Bonifacian-Eulalian schism*, in *Aevum* 51 (1977), S. 163–167.

N. Del Re

EUSEBIUS

Papst, Heiliger. Sein Ursprung ist unbekannt. Im *Liber Pontificalis* wird er als „Grieche und Arzt" bezeichnet (I,167). Er bestieg den päpstl. Thron in reifem Alter am 18. April 309 (oder 310) und regierte nur kurz als Nachfolger von Bischof Marcellus. Dieser war auf Anordnung des Maxentius aus Rom verbannt worden, weil er für die Auseinandersetzungen über die Frage der Rehabilitierung der während der Diokletianischen Verfolgung abgefallenen Christen verantwortlich gemacht wurde. Aber auch das Pontifikat des Eusebius wurde verdunkelt durch zwischen diesen Bekehrten ausgebrochene Konflikte. Sie wollten wieder in die christliche Gemeinschaft zugelassen werden, ohne sich aber der kanonischen Buße zu unterziehen. Die Unruhen gerieten außer Kontrolle und verursachten ein Schisma. Die der Buße feindliche Partei stellte Papst Eusebius einen Gegner mit Namen Heraklius entgegen, der vier Monate lang als Gegenpapst die christliche Gemeinschaft regierte. Die ständigen Unruhen beendigte Kaiser Maxentius, indem er Eusebius festnahm und nach Sizilien verbannte. Dort verlebte der alte Papst, dem Damasus ein gefühlvolles Gedicht widmete, seine letzten Tage zwischen Angst und Bitterkeit, die er aber mit heroischer Ergebung ertrug. Er starb am 17. August 309 (oder 310). Sein Leib wurde nach Rom gebracht und in der Calixtus-Katakombe beigesetzt.

Bibl.: I. Daniele, in *Bibliotheca Sanctorum* V, Sp. 246–248, mit Bibl.

C. Petruzzi

EUTYCHIANUS

Papst Heiliger. Er war ein Etrusker aus Luni und Sohn eines gewissen Marinus. Er kam in jugendlichem Alter auf die Kathedra des hl. Petrus. Er regierte zwischen 275 und 283, innerhalb der relativ ruhigen 40 Jahre, die der harten Verfolgung des Diokletian vorangingen. Die im *Martyrologium Romanum* enthaltenen Nachrichten sind daher unwahrscheinlich, wonach Eutychianus in seinem Pontifikat an verschiedenen Orten 342 Martyrer beigesetzt haben soll.

Ihm wird der Erlaß eines Dekrets zugeschrieben, wonach während der Hl. Messe zur Ehre Gottes Honigwaben und Trauben darzubringen seien. Bekannt ist, daß sich in jenen Jahren die Häresie der Manichäer verbreitete, nach denen Gemüse und Wein „vom bösen Prinzip herkamen" und als solche aus den Opfergaben für das Meßopfer auszuschließen waren. Daher die Reaktionen der offiziellen Kirche und die Ermahnung an die Kultdiener, auf den Altar doch diese Gaben zum Segnen zu stellen. Die Dokumente zum Pontifikat des Eutychianus wurden während der Verfolgung des Diokletian vernichtet, auch jene über sein Martyrium am 7. Dezember 283 unter der Herrschaft des Numerian. Sein Grab, das in der Papstkrypta der Calixtus-Katakombe aufgefunden, enthält eine lange Inschrift.

Bibl.: A. Amore in *Bibliotheca Sanctorum* V, Sp. 317–319, mit Bibl.; C. Bonfigli, *Il primo papa ligure*, in *Bollettino ecclesiastico di La Spezia* 45 (1975), S. 212–219.

C. Petruzzi

Evaristus

Papst, Heiliger. Dieser erste Papst des 2. Jh. n. Chr. folgte auf Clemens I. und regierte in für die Christen schwieriger Zeit. Man weiß über sein Pontifikat, das von 95–105 dauerte, nur wenig. Seine Herkunft ist ungewiß. Der anonyme Verfasser des *Liber Pontificalis* (I,126) nennt ihn einen Griechen, der in Bethlehem von einem jüdischen Vater geboren wurde. Während der Jahre seines Pontifikates soll er die Priester Roms auf die verschiedenen Titelkirchen der Stadt verteilt haben. Er soll auch festgelegt haben, daß sieben Diakone dem Bischof bei liturgischen Feiern assistieren sollten. Nach den Zeugnissen des Pseudo-Isidor soll Evaristus auch vier Dekretalien veröffentlicht haben (vgl. Jaffé-Wattenbach 20–23). Doch wird diese Nachricht von keiner anderen Quelle bestätigt. Wie bei zahlreichen anderen Päpsten, die in den Jahrhunderten härtester Christenverfolgungen durch die röm. Kaiser regierten, sprechen die Martyrologien auch für Evaristus vom Tod durch Martyrium am 26. Oktober eines nicht näher bestimmten Jahres. Eusebius fügt hinzu, daß Evaristus in den Vatikanischen Gärten beim Grab des hl. Petrus beigesetzt wurde.

Bibl.: Daniele, in *Bibliotheca Sanctorum* V, Sp. 372.373, mit Bibl.

C. Petruzzi

Ex Cathedra

Mit diesem Begriff wird eine feierliche, *ex sese, non autem ex consensu ecclesiae irreformabiles* (Vat.I), also eine absolute und irreversible Lehräußerung des Papstes bezeichnet, wenn er kraft seiner Vollgewalt als Lehrer und Hirte der Gesamtkirche eine Glaubens- oder Sittenlehre als allgemein verbindliche Lehre vorlegt, d.h. als eine Wahrheit, die von allen als von Gott geoffenbart geglaubt werden muß. Unfehlbarkeit kommt dem Röm. Papst also auch persönlich zu, wenn er *ex cathedra* spricht oder kraft seiner obersten apostolischen Autorität definiert, daß eine Lehre zu Glaubens- und Moralfragen von der ganzen Kirche festzuhalten ist. Er besitzt dann kraft des Beistands des Heiligen Geistes, der dem Nachfolger des hl. Petrus verheißen ist, jene Unfehlbarkeit, mit der der göttliche Erlöser seine Kirche bei der Definition einer Lehre über Glaube und Sitten ausgestattet wissen wollte. Diese Lehre, vom I. Vatikanischen Konzil in der Konstitution *Pastor aeternus* vom 18. Juli 1870 (Kap. IV) verkündet, war und ist immer wieder Mißdeutungen ausgesetzt.

N. Del Re

EXCLUSIVA

→ Vetorecht

EXTRATERRITORIALE GEBIETE AUSSERHALB DES VATIKANS

Außerhalb des eigentlichen Territoriums des Staates der Vatikanstadt (→), gebildet am 11. Februar 1929 durch die Lateranverträge, gibt es weitere Gelände und Gebäude auf italienischem Territorium, die einen integralen Teil des Vatikanstaates bilden und die insgesamt eine Fläche von ca. 700.000 qm bedecken. Diese Immobilien erfreuen sich des Privilegs der Extraterritorialität und können nicht enteignet oder mit Steuern belegt werden.

Nach den Abmachungen, die dazu später zwischen dem Hl. Stuhl und Italien zu verschiedenen Zeitpunkten unterzeichnet wurden, sind folgende Bauten und Gelände in Rom extraterritoriale Güter des Hl. Stuhles: 1.) der Komplex von *S. Giovanni in Laterano* (Basilika, Apost. Palast des Lateran mit den dazugehörigen Gebäuden und die Hl. Stiege); 2.) die Basilika *S. Maria Maggiore* mit den dazugehörigen Gebäuden; 3.) die Basilika St. Paul vor den Mauern mit den dazugehörigen Gebäuden; 4.) der Palast der Kanzlei; 5.) der Palast der *Propaganda Fide*, Sitz der Kongregation für die Evangelisierung der Völker; 6.) der Palast *S. Calisto* in Trastevere; 7.) der Palast des Hl. Offiziums und Umgebung, Sitz der Kongregation für die Glaubenslehre (bis 1965 Kongr. des Hl. Offiziums genannt); 8.) der Palast der *Convertendi*, Sitz der Kongregation für die Orientalischen Kirchen; 9.) der Palast *Maffei* oder des Vikariates (früher Sitz der Diözesanverwaltung, die dort weiter einige Dienststellen unterhält); 10.) die Paläste der Kongr. an den Propyläen (Petersplatz); 11.) der *Palazzo Pio*, der 1979 für extraterritorial erklärt wurde (unter Ausschluß der Räumlichkeiten, die derzeit das *Auditorium S. Cecilia* beherbergen), als Ersatz für den Palast der Datarie, der nicht mehr Eigentum des Hl. Stuhls ist; 12.) das Kleine Päpstl. Röm. Seminar; 13.) die Immobilien auf und am Janiculus-Hügel (das Päpstl. Kolleg *Pio Romano*, das Päpstl. Kolleg der Ukrainer zum hl. Josaphat, das Päpstl. Nordamerikanische Kolleg, das Hospital zum Jesuskind, die Kirche *S. Onofrio* und der dazugehörige Konvent, die Päpstl. Universität *Urbaniana*, das Gebiet der Technischen Dienste des Hl. Stuhles, das Internationale Kolleg der Augustiner *S. Monica*, das Generalat der Gesellschaft Jesu, das Institut *Maria Bambina*, die Kirche der hll. Michael und Magnus, das Gebäude der Schwestern Calasantianerinnen, das Haus der Schwestern von der Schmerzhaften Mutter, die Immobilien am *Borgo Santo Spirito* in Verbindung mit dem Generalrat der Jesuiten. Ebenso wie die ganze Vatikanstadt sind auch alle extraterritorialen Güter des Hl. Stuhles in Rom (ausgenommen das Kleine Röm. Seminar) in die Liste des weltweiten Kulturerbes eingeschrieben, sei es wegen ihres individuellen Wertes, sei es, weil sie einen Teil des historischen Zentrums der Stadt Rom bilden. Dies wurde bestätigt durch den Beitritt (1982) des Hl. Stuhles zur Konvention vom 16. November 1972 über den Schutz des weltweiten Kultur- und Naturerbes.

Immobilien mit dem Privileg der Extraterritorialität außerhalb Roms sind: der Päpstl. Palast, die *Villa Cybo* und die *Villa Barberini* in *Castelgandolfo* – die Sommerresidenz der Päpste, die eine Gesamtfläche von 400.000 qm bedecken. Hinzuzufügen ist das Zentrum für Radioübertragungen (Radio Vatikan) in *S. Maria di Galeria*, das sich in der Nähe von *Cesano*, 18 km außerhalb von Rom befindet. Es entstand nach einer Vereinbarung zwischen dem Hl. Stuhl und Italien vom 8. Oktober 1951.

Bibl.: L. Lazzarini, *Notizie storiche su alcune zone extraterritoriali in Roma*, in *Ecclesia*, 3 (1944), Nr. 3, S. 9–23; E. Gallina, *Il Vaticano è di tutti. Staordinari riconoscimenti internazionali della Città del Vaticano e dei Beni extraterritoriali*, Vatikanstadt 1991.

N. Del Re

Extraterritorialität des Papstes

Wie alle mit der Würde eines Souveräns bekleideten Personen, wird auch dem Papst das Privileg der Extraterritorialität zuerkannt, kraft dessen der Röm. Papst der Jurisdiktion eines jeden Staates entzogen ist. Er wird immer als auf seinem Territorium anwesend betrachtet. Auch nach der Einnahme Roms (20 September 1870) wurde dem Papst in Italien dieses Privileg offiziell in zwei Erlassen des Außenministeriums vom 20. September und 18. Oktober 1870 zuerkannt. Anerkannt wurde es auch in Art. 1 des Gesetzes über die Prärogativen des Papstes und des Hl. Stuhles, die das italienische Parlament am 13. Mai 1871 approbiert hat. In diesem gewöhnlich als *Legge delle Guarentigie* bezeichneten Gesetz wird die Person des Röm. Papstes als sakrosankt und unverletzlich erklärt. Über halbes Jahrhundert wurde von einigen Juristen die Frage der Residenz des Papstes auf italienischem Territorium diskutiert und ihm das Privileg der Extraterritorialität bestritten. Mit Abschluß der Lateranverträge zwischen dem Hl. Stuhl und Italien vom 11. Februar 1929 ist jeder Zweifel endgültig beseitigt worden. Der Papst wurde durch die Schaffung des „Staates der Vatikanstadt“ (→) Souverän eines auswärtigen Staates.

N. Del Re

F

Fabianus

Papst, Heiliger. Er war der Sohn des Fabius und wurde in Rom geboren, wie der *Liber Pontificalis* berichtet. Fabian folgte auf Anterus und war Papst von 236 bis 250. Nachrichten über sein Leben werden uns von den Historikern Rufinus, Ciprianus und Hieronymus vermittelt, die sich mit seinem missionarischen Wirken beschäftigen. Eusebius aber richtet die Aufmerksamkeit auf seine legendäre Wahl. Kaum mit einigen Freunden in Rom angekommen, wo das Volk wegen der Wahl der neuen Papstes versammelt war, als sich eine Taube von außerordentlichem Glanz auf sein Haupt gesetzt habe. Das Volk sei so ergriffen und erstaunt gewesen, daß es ihn zum Papst ausgerufen habe.

Während der Jahre seines Pontifikates sandte Fabian zum ersten Male Missionare in beide Gallien. Er teilte die Stadt Rom in sieben Diakonate ein und bildete damit die kirchlichen Gebiete, die viele Jahrhunderte in Kraft blieben. Über die Einrichtung von sieben Subdiakonen und ebenso vielen Regionalnotaren hinaus setzte er auch ein organische Ordnung des Klerus fest, um dessen Aufgaben und Vorrechte für die Gottesdienste und die Praxis der christlichen Caritas zu regeln. Seine Aufgeschlossenheit und die Offenheit, die er den Theologen und Lehrern seiner Zeit gegenüber zeigte, gestatteten ihm einen umfangreichen Briefverkehr mit Origenes, der vor ihm die kontroversen Punkte seiner Lehre rechtfertigte. Während sich in Rom die theologischen Kontroversen verschärften, machte Fabian kein Geheimnis aus seinen Sympathien für Novatian, der im Traktat „Über die Dreifaltigkeit“ die häretischen Lehren gnostischer Prägung widerlegte. Der Papst sah nicht voraus, daß trotz der guten Absichten des Traktates der stolze Ton und vor allem die verdächtige Freundschaft mit den schärfsten Rigoristen Novatian ins Schisma treiben würden. Obwohl er um die geringen Sympathien wußte, die dieser in der röm. Kirche besaß, ließ ihn Fabian doch zur priesterlichen Würde erheben. Er vertraute auf seine guten Dienste, die sein ungewöhnlicher Geist der Kirche leisten konnte, weit davon entfernt vorauszuahnen, daß der hochmütige und ehrgeizige Charakter des neuen Presbyters dazu führen würde, einmal sein Gegenpapst zu werden.

Fabian werden drei Briefe zugeschrieben, die in der Sammlung des Pseudo-Isidor aufgenommen sind, ferner das 21. Dekret des *Codex* des Gratian, Schriften, die heute allgemein als apokryph gelten. Erinnert wird ferner an einige Gebäude, die er über den Friedhöfen der Martyrer errichten ließ. Am 20. Januar 250 während der Verfolgung des Kaisers Decius zu Tode gemartert, wurde Fabian in der Papstkrypta der Calixtus-Katakombe beigesetzt, wie aus seiner Grabinschrift hervorgeht, die hier 1854 gefunden wurde.

Bibl.: G. Morabito/M. C. Celletti, in *Bibliotheca Sanctorum* V, Sp. 425–429, mit Bibl.; G. Ligori Antonio, *S. Fabiano papa non è s. Flaviano vescovo*, Rieti 1987; Ders. *Falsità e malafede sacchettiana sulla polemica Campomoro – La Foresta – Rieti. Supplemento al „S. Fabiano papa non è s. Flaviano vescovo“*, ib. 1990.

C. Petruzzi

Falda

Priesterkleid aus weißer oder cremefarbiger Seide mit langem Schleppe. Es war ausschließlich für den Papst reserviert, der es unter dem Rochett um die Hüften trug. Es wurde mit einem Band festgehalten, das in zwei Zwingen endete. Da sie länger als die Person war und in einer Schleppe endete, mußte man sie anheben, damit der Papst laufen konnte; die beiden vorderen Säume wurden von zwei Protonotaren oder von zwei Auditoren der *Rota* – je nach dem Zeremonial – angehoben. Seitlich wurde sie von zwei Geheimkämmerern, das hintere Ende zusammen mit dem päpstl. Übermantel vom fürstlichen Thronassistenten gehalten. Diese Funktion hatten in früheren Zeiten der Senator Roms oder in seiner Abwesenheit der Würdigste der Konservatoren.

Verschiedentlich gab es auch weitere Persönlichkeiten, die für sein Tragen verantwortlich waren, je nach den Zeremonien: wenn der Papst am Karfreitag zur Kreuzverehrung schritt, wurden bloß die seitlichen Säume der Falda angehoben, während man die Schleppe unberücksichtigt ließ. Es gibt auch verschiedene Beispiele von Fürsten und Souveränen, die als Zeichen der Verehrung die Schleppe der Falda trugen. Es gab auch *Falden* aus Wolle, die der Papst an Werktagen trug sowie an den Sonntagen der Advents- und Fastenzeit. Als die *Falda* außer Mode kam, war sie nur aus Seide: für die Geheimen Konsistorien, bei denen der Papst in Mozetta und Stola erschien, kurz und sehr viel länger, wenn der Papst die päpstl. Gewänder trug. Die *Falda* wurde verwendet bei den feierlichen Messen, den Vespern, den Zeremonien der Karwoche, bei den öffentlichen und halböffentlichen Konsistorien und bei allen Gelegenheiten, bei denen der Papst päpstl. Gewänder trug. Im Apost. Palast des Vatikan wurde die *Falda* vom Papst im „Zimmer der Falda" angelegt, bevor er in den Saal der Paramente schritt.

Der Ursprung des Namens dieses Kleidungsstückes ist ungewiß. Eine Definition von *Falda* lautet: „sehr dünnes und breites Gewebe aus verschiedenem Material". Man weiß weder, wann sie als liturgisches Gewand eingeführt wurde, noch, wann sie ausschließlich dem Papst zukam. In den Tagebüchern der Zeremoniare Alexanders VI. (1492–1503) spricht man von ihr als bereits vorhanden und, wann sie verwendet wurde.

Bibl.: E. Dante, in *Enciclopedia cattolica* V (1950), Sp. 962.

A. Martini

Famiglia Pontificia

Die *Famiglia Pontificia* bildet zusammen mit der *Cappella Papale* (→) die heutige *Casa Pontificia* (→), die in unseren Tagen eine ganz andere Zusammensetzung hat als früher. Das hängt mit der tiefgreifenden Neuordnung des alten Päpstl. Hofes durch Paul VI. zusammen, der am 28. März 1968 das Motu Proprio *Pontificalis Domus* veröffentlichte (AAS, LX [1968], S. 305–315). Einige Ämter und Benennungen verschwanden ganz, weil ihre jeweilige Funktion erloschen war, während andere jene Änderungen und Anpassungen erhielten, die den Erfordernissen der modernen Zeiten entsprachen. Nach den Verfügungen von Nr. 1, § 2 des erwähnten Motu Proprio gehören zur *Famiglia Pontificia* Geistliche und Laien, die besonders verantwortliche Posten bekleiden und im Auftrage des Papstes und in Ausübung seiner Sendung als Haupt des Apost. Stuhles und Souverän des Staates der Vatikanstadt besondere Repräsentationspflichten wahrnehmen. Es gehören zu ihr auch jene, die ihm bei dieser Aufgabe unmittelbar helfen sowie seine Familienangehörigen. Nach Nr. 7, § 1 teilt sich die

Famiglia Pontificia also in eine kirchliche und eine Laienfamilie auf.

Nach der im *Annuario Pontificio* 1997 angegebenen Ordnung gehören zur *Famiglia Pontificia*: der Substitut des Staatssekretariates für die allgemeinen Angelegenheiten; der Sekretär des Staatssekretariates für die Beziehungen zu den Staaten; der Almosenier Seiner Heiligkeit; der Präsident der Päpstl. Diplomatenakademie; der Theologe des Päpstl. Hauses; der frühere *Maestro del Palazzo Apostolico*; das Kollegium der wirklichen Apost. Protonotare, die überzähligen Apost. Protonotare; die päpstl. Zeremoniare; die Ehrenprälaten Seiner Heiligkeit (die früheren Hausprälaten); die Kapläne Seiner Heiligkeit (die früheren überzähligen Geheimkapläne), der Prediger des Päpstl. Hauses. Zur Laienfamilie gehören: die Thronassistenten; der Delegat der Päpstl. Komm. für den Staat der Vatikanstadt; der Kommandant der Schweizergarde; die Konsultoren des Staates der Vatikanstadt; der Präsident der Päpstl. Akademie der Wissenschaften; die Kammerherren Seiner Heiligkeit (die frühren Geheimkämmerer mit Schwert und Mantel, „geheim" oder „ehrenhalber"); die Prokuratoren der Apost. Paläste, die Beauftragter der *Anticamera* (die alten *Bussolanti*); die Familienangehörigen des Papstes; die Ehrenkämmerer Seiner Heiligkeit; der Leiter des päpstl. Vorzimmers, der „Dekan des Saales".

Entsprechend Nr. 7 des Dokuments blieben nach der Reform nicht mehr in der *Famiglia Pontificia:* die Palatin-Kardinäle; die Palatinprälaten (*Maggiordomo* Seiner Heiligkeit, *Maestro di Camera*, Auditor Seiner Heiligkeit); *Maestro del Sacro Ospizio*; *Foriere Maggiore* der Apost. Paläste; der Reitermajor Seiner Heiligkeit; der Generaldirektor der Post; die Überbringer der Goldenen Rose; der Sekretär für die Botschaften; der *Esente* der Nobelgarde; die Ehrenkämmerer in Violett; die Ehrenkämmerer *extra urbem*; die Geheimkapläne; die Geheimkapläne ehrenhalber; Geheimkapläne ehrenhalber *extra urbem* ; die Geheimen Kleriker und Kapläne; der Beichtvater und der *Scalco Segreto*. Nach § 5 wurden ebenfalls aufgehoben: die Bezeichnungen und Aufgaben des Becherreichers, die Sekretäre der Botschaften und der sog. Gardarobe. Abgeschafft wurden ferner Name und Amt des Unterdatars Seiner Heiligkeit und – in Folge der Abschaffung der drei päpstl. Armeekorps, Ehrengarde des Papstes, Palatingarde und Päpstl. Gendarmerie – die entsprechenden Kommandanten, die früher zur *Famiglia Pontificia* gehörten. (Für alle noch vorhandenen und abgeschafften Ämter: (→)die einzelnen Stichworte). Kraft § 8 nehmen die Laienmitglieder der *Famiglia Pontificia* nicht mehr an offiziellen Zeremonien der *Cappella Papale* teil, obwohl ihnen der Anspruch auf einen besonderen Platz bei den Zeremonien erhalten blieb.

N. Del Re

FANONE

Eines der Paramente des Papstes. Es besteht aus zwei gleichen Umhängen, übereinander gewoben aus feinster Seide und Gold, mit abwechselnden weiß/goldenen senkrechten Streifen und einem dritten schmaleren Streifen in trübroter Farbe, oben und unten mit einer goldenen Tresse abgesetzt. Die äußere *Mozzetta* stellt eine Stickerei in Form eines strahlenförmigen Kreuzes dar. Oben spitzförmig genäht und hinten geknöpft, wurden die beiden *Mozzetten* aus Bequemlichkeitsgründen auf Veranlassung von Pius X. (1903–14) getrennt.

Der *Fanone* wurde vom Papst verwendet, wenn er in feierlicher Form nach der kanonischen Hora die Terz zelebrierte. Er zog dann zuerst die *Mozzetta* an, nachdem er zuvor das Unterzingulum (→) und das Brustkreuz angelegt hatte. Darüber kam dann die Stola, die

Dalmatik und das Meßgewand. Darüber wiederum die zweite *Mozzetta*, darauf endlich das Pallium. Der *Fanone* ist antiken Ursprungs und nahm seine endgültige Form im 13. Jh. an. Damals allerdings wurde er in Form einer Kapuze auf dem Haupt unter der Mitra getragen, wie es Clemens IV. (1265–68) und Bonifatius VIII. (1294–1303) hielten. Derzeit wird der *Fanone* nicht mehr verwendet, nachdem Paul VI. seinen Gebrauch kurz nach dem Ende des II. Vatikanischen Konzils (1962–65) abgeschafft hat.

N. Del Re

FELIX I.

Papst, Heiliger. Er war Römer und Sohn des Costanzo. Er folgte 269 auf Papst Dionysius. In den ersten Monaten seines Pontifikates gab es sofort eine harte Auseinandersetzung über die Absetzung des Bischofs Paulus von Samosata, die unter den Christen von Antiochien viel Zwietracht auslöste. Nach Eusebius war es dem Paulus dank der ihm gewährten Gunsterweise der Königin Zenobia gelungen, Bischof von Antiochien zu werden. Hochmütig und arrogant war er vor allem gegenüber der katholischen Orthodoxie. Die orientalischen Bischöfe, darunter auch Dionys von Alexandrien, verurteilten auf verschiedenen Synoden die Ideen und das Verhalten des Paulus von Samosata und klagten ihn an, die bürgerlichen Pflichten den kirchlichen vorzuziehen und die jungen Priester mit seinem schlechten Beispiel zu verderben. Doch Paulus setzte seine Durchtriebenheit ein und zog die Angelegenheit hin, bis Kaiser Aurelian ihn absetzte. Dieser zwang ihn mit Gewalt, den Bischofssitz zu verlassen, der dann denen übertragen wurde, „die in Gemeinschaft mit den Bischöfen Italiens und dem der Stadt Rom standen". Aber die Entfernung des Paulus setzte den Unruhen kein Ende, die sich in den christlichen Gemeinden von Antiochien immer mehr verbreiteten. Papst Felix richtete an sie verschiedene Appelle. In einem Brief an Bischof Maximus, den Nachfolger des Dionysius auf dem Sitz in Alexandrien, griff der Papst in die große christologische Kontroverse ein und verkündete mit feierlicher und bleibender Gültigkeit die Gottheit Christi. Dieser Brief, dessen Echtheit in Zweifel gezogen wurde, hatte zwar keine bemerkenswerte Wirkung, wurde aber 431 auf dem Konzil von Ephesus als Dokument von besonderem Interesse in dieser dogmatischen Kontroverse vorgelesen.

Felix I. wird auch der Erlaß zugeschrieben, in dem festgelegt war, daß der Brauch, die hl. Messe auf den Gräbern der Verstorbenen zu feiern, auf die Gräber der Martyrer zu beschränken sei. Mit dieser Norm wollte der Papst die Praxis der Gottesdienstfeier über den Gräbern der Toten regeln, die in den christlichen Gemeinden kontrovers gehandhabt wurde und sogar erhebliche Proteste hervorgerufen hatte.

Papst Felix mußte ferner die Ambivalenz im Verhalten des Aurelian gegenüber der Kirche erfahren. Der Kaiser war zwar der erste, der der Kirche die volle Jurisdiktion zuerkannte, wenn es um die Ernennung für die Bischofssitze ging. Das hinderte ihn aber nicht daran, wie seine Vorgänger Christen zu verfolgen – Verfolgungen, die wegen ihrer kurzen Dauer von den Historikern übrigens nicht erwähnt werden. Es gab jedoch viele Opfer, unter die Papst Felix nicht einzuschließen ist. Die Überlieferung seines angeblichen Martyriums und seines Grabes an der *Via Aurelia* leitet sich von der Verwechslung seiner Person mit der Felix' II. her. Die Gebeine Felix' I. wurden mit denen anderer Päpste in der Calixtus-Katakombe aufbewahrt und später durch Initiative von Paschalis I. in die Basilika *S. Prassede* übertragen.

Bibl.: A. Amore/M.C. Celletti, in *Bibliotheca Sanctorum* V, Sp. 574–576, mit Bibl.

C. Petruzzi

FELIX II., GEGENPAPST

Gegenpapst. Dieser römische Erzdiakon wurde vom arianerfreundlichen Kaiser Constans II. 356 eingesetzt, als der legitime Papst Liberius in Berea in Thrakien im Exil weilte. Er hatte sich geweigert, die ungerechte Verurteilung des Athanasius, Bischofs von Alexandrien, zu unterschreiben. Felix II. wurde von drei arianischen Bischöfen geweiht und regierte die Kirche von Rom zwei Jahre lang. Dann wurde er gezwungen, den angemaßten Posten zu verlassen, nachdem Liberius im August 358 nach Rom zurückgekehrt war. Von seinen Anhängern unterstützt, versuchte er noch, sich der *Basilica Julii* in *Trastevere* zu bemächtigen, ohne daß es ihm aber gelang. Daher zog er sich auf eins seiner Landgüter an der *Via Portuense* zurück, wo er am 22. November 365 starb.

Da er lange Zeit, angefangen mit dem 5. Jh., als rechtmäßiger Papst betrachtet und auch mit einem der gleichnamigen Martyrer verwechselt wurde, die an der *Via Portuense* und an der *Via Aurelia* beigesetzt sind (erwähnt im *Martyr. Hieronymianum* am 29. Juli), muß Felix II. jedoch als wirklicher Gegenpapst gelten. Er ist der einzige Gegenpapst des Altertums, der das Glück hatte, seinen Namen in den offiziellen Katalog der Römischen Päpste eingeschrieben zu finden, was dann zur falschen Zählung der folgenden Päpste mit dem gleichen Namen führte. Der dritte und vierte Felix müßten also der zweite und der dritte sein.

Bibl.: A. Amore, in *Bibliotheca Sanctorum* V, Sp. 576–579; G. N. Verrando, *Liberio-Felice. Osservazioni e rettifiche di carattere storico-agiografico*, in *Rivista di storia della Chiesa in Italia* 35 (1981), S. 91–125.

N. Del Re

FELIX III.

Papst, Heiliger. Er stammte aus einer adeligen Familie Roms, der *gens Anicia*, ein Senatorengeschlecht, und war Vorfahre Gregors des Großen. Felix war verheirateter Diakon. Seine Gattin Petronia starb am 13. März 483. Er wurde von Klerus und Volk als Nachfolger von Simplicius einmütig zum Papst gewählt. Er hätte den Namen Felix II. statt Felix III. übernehmen müssen, da Felix II. mit Sicherheit unter die Gegenpäpste zu rechnen ist.

Der Beginn des Pontifikates von Felix III. fiel mit einigen Krisen zusammen, die wieder einmal das Leben der griechischen Kirche erschütterten. Über die Situation durch den alexandrinischen Patriarchen Giovanni Talaia sowie durch Briefe unterrichtet, die ihm die griechischen christlichen Gemeinden in ihrem Kampf gegen die monophysitische Häresie geschickt hatten, griff Felix III. klug, aber zugleich entschlossen ein. Er versammelte eine Synode von Bischöfen und Priestern, hörte die Aussagen aller an, die sich gegen die monophysitischen Machenschaften des östlichen Hofes aussprachen, vor allem gegen den Patriarchen von Konstantinopel, Acacius. Dieser hatte die von seinen Vorgängern eingeleitete schismatische Politik fortgesetzt. Es wurde sofort entschieden, die Bischöfe Vitalis und Misenus nach Konstantinopel zu senden mit dem Auftrag, sich in der Hauptstadt des Kaiserreiches für die Lehre des Konzils von Chalzedon einzusetzen und dem Kaiser sowie dem Patriarchen die Protestbriefe des Papstes zu überreichen. Doch die röm. Legaten verstanden es nicht, sich des päpstl. Auftrags würdig zu verhalten und fielen auf die durchtriebenen Künste der Byzantiner herein. Sie wurden gefangen genommen und der Dokumente beraubt und ließen sich vom Kaiser mit Geschenken und schönen Reden verwirren. Sie gingen sogar darauf ein, in einem von Acacius in der *Hagia*

Sophia gefeierten Gottesdiensten beizuwohnen und machten das Volk damit glauben, die Römische Kirche billige die autonomistische Politik des Patriarchen. Papst Felix war inzwischen über die Angelegenheit unterrichtet worden, suspendierte am 28. Juli 484 auf einer Synode von 77 Bischöfen Acacius und seine eigenen Legaten von ihrer bischöflichen Würde und exkommunizierte sie. Dem Patriarchen von Konstantinopel sollte die päpstl. Verurteilung vom *defensor ecclesiae* Tuto erneut überreicht werden. Aber auch dieser ließ sich von Acacius bestechen. Einige kühne Mönche, die dies erfahren hatten, hefteten dem Patriarchen die Dokumente an den Mantel, während er sich zur Feier der hl. Messe begab. Felix III. blieb nichts anderes übrig, als Tuto abzusetzen und ihn ebenfalls zu exkommunizieren. Doch die drastischen Maßnahmen des Papstes reichten nicht, um das Gleichgewicht der Beziehungen mit der Kirche des Ostens wiederherzustellen. Durch die Unterstützung des byzantinischen Hofes wollte sie von Rom unabhängig sein. So wurde das Prinzip der Einheit der Christen in seinen Fundamenten erschüttert. Acacius zerriß in einer verächtlichen Geste die päpstl. Verurteilung und führte den Orient in ein Schisma, das 35 Jahre dauerte. Dessen Ende erlebte Papst Felix nicht mehr.

Das Pontifikat Felix' III. wurde auch durch die Kriege überschattet, die in Italien zwischen Odoaker und Theoderich stattfanden, ferner durch die Verfolgungen der Katholiken durch die Vandalen des Unnerich. Nach dem Historiker Evagrius bat der Papst den Kaiser des Ostens, Zenon, sich beim König der Vandalen zugunsten der Katholiken zu verwenden. Mit dem Tod von Unnerich kehrte allerdings der Frieden zurück und die katholischen Gemeinden konnten wieder unbeschwert leben. Infolge der Entscheidungen der Lateransynode von 487 wurden auch die Bischöfe und Gläubige, die unter der Unterdrückung dem Arianismus anheimgefallen waren, wieder in die Kirche aufgenommen. Felix III. starb am 1. März 492 und wurde als einziger Papst in der Basilika St. Paul vor den Mauern beigesetzt, weil sich dort die Grabstätte seiner Familie befand.

Bibl.: C. Marcora, in *Bibliotheca Sanctorum* V, Sp. 579–580; P. Nautin, *La lettre de Félix III. à André de Tessalonique e sa doctrine sur l'Eglise et l'Empire*, in *Revue d'histoire ecclésiastique* 77 (1982), S. 5–34.

C. Petruzzi

FELIX IV.

Papst, Heiliger. Er stammte aus Samnium. Zur Leitung der Geschicke der Kirche wurde am 12. September 526 berufen, unmittelbar nach dem tragischen Tod Johannes' I. und infolge seiner ausdrücklichen Benennung durch den sterbenden Theoderich. Dieser Akt des Königs stellte zwar einen gefährlichen Präzedenzfall für die Unabhängigkeit der Papstwahl dar und wurde auch einmütig verurteilt. Am Ende aber wurde die Entscheidung doch durch Klerus und Volk von Rom angenommen, die dem neuen Papst bedeutende Fähigkeiten und Tugenden zuschrieben.

Während sich die traurigen Erinnerungen an die letzten Jahre der Herrschaft des Theoderich abschwächten und sich Rom in Kultur, Wissenschaften und Künsten erneuerte, erfuhr die päpstliche Autorität neues Ansehen dank der wieder aufgenommenen Politik der Versöhnung, die die erste gotische Monarchie gekennzeichnet hatte. Cassiodor bezieht sich auf die Normen eines königlichen Ediktes, die das kirchliche Recht vor jeder Verletzung durch die Macht von Laien schützten wollte. Ein entsprechendes Rechtsdokument setzte fest, daß jede Zivil- oder Strafklage eines Laien gegenüber einem Kleriker dem Bischof von Rom oder einer vom ihm beauftragten kirchlichen Autorität vorgelegt werden muß. Andernfalls sollte eine Strafe von zehn Pfund Gold fällig sein, die dem Papst als Hilfe für die Armen zugewiesen werden mußte. Die Politik des Wohlwollens von seiten des Hofes von Ravenna gegenüber dem Papsttum konkretisierte sich nicht nur in den rechtlichen Anerkennungen, sondern auch in der Schenkung von zwei antiken Gebäuden an Felix IV.: des Tempels des Romulus, Sohn des Maxentius, und des Tempels *Sacrae Urbis* an der *Via Sacra*. Diese Gebäude wurden von Felix in eine große christlichen Basilika umgewandelt und den hll. Cosmas und Damian geweiht. Ihre kostbaren Apsismosaiken zählen zu den berühmtesten Roms. Zwischen Bildern aus der Apokalypse thronen dort die Gestalt des Erlösers, die hll. Petrus und Paulus sowie Cosmas und Damian, die greisenhafte, aber energische und strenge Züge zugleich zeigen. Ihnen gegenüber ist das Abbild des weißhaarigen Papstes Felix' IV. zu sehen, eingehüllt in goldene Gewänder – das erste Bild, das von einem noch lebenden Papst gemalt wurde.

Aufgerufen von Cesarius, Bischof von Arles, griff Felix IV. in die Kontroverse der Semipelagianer ein. Der Papst sandte an die Bischöfe beider Gallien ein Lehrschreiben, in dem zwar die Unerläßlichkeit der Gnade betont, aber auch der Wert und die unersetzliche Funktion des freien Willens herausgestellt wird, wie auch der Lehre des hl. Augustinus zu entnehmen sei.

Vor seinem Tod machte sich Felix IV. wegen seiner Nachfolge Sorge, weil wieder Kämpfe zwischen Goten und Byzantinern ausbrachen. Er übergab also sein bischöfliches Pallium mit der Bezeichnung des Nachfolgers dem treuen Erzdiakon Bonifatius, einem Mann deutscher Abstammung. Dieser in der Geschichte des röm. Pontifikats bisher einmalige Vorgang war in der Furcht begründet, bei seinem Tod könne die fehlende Übereinstimmung zwischen den beiden Parteien zu einem Schisma führen. Glücklicherweise aber wurde der Streit in kurzer Zeit beigelegt. Gestorben am 22. September 530 ist er in St. Peter beigesetzt worden.

Bibl.: C. Marcora/C. Celletti, in *Bibliotheca Sanctorum* V, Sp. 580–581, mit Bibl.

C. Petruzzi

FELIX V., GEGENPAPST

Gegenpapst. Als Sohn Amadeus' VII. (der Rote Graf genannt) wurde Amadeus VIII. von Savoyen am 4. September 1383 in Chambéry geboren. Im Jahr 1416 machte ihn Kaiser Sigismund zum ersten Herzog von Savoyen. Mehrere Jahre regierte er den savoyischen Staat mit Erfolg und Weisheit und wußte ihn nach und nach auch erheblich zu vergrößern. Vor allem kümmerte er sich um die Gesetzgebung und verfaßte drei Sammlungen von Normen. Die wichtigste war jene, die am 17. Juni 1430 in Chambéry veröffentlicht wurde (*Decreta seu Statuta*). Dann aber zog er sich in die rauhe Einsiedelei von *Ripaglia* am Genfer See (1434) zurück. Mit ihm gingen sieben Mitbrüder des Ritterordens vom hl. Mauritius, den er selber gegründet hatte. Von hier wurde er 1439 vom Konzil von Basel weggeholt, das ihn nach Absetzung Eugens IV. am 5. November 1493 zum Papst wählte. Amadeus nahm die Tiara an und wurde unter dem Namen Felix V. am 24. Juli in Basel geweiht. Daher das Sprichwort zum Ereignis: „*Basilea peperit basiliscum*". Er heißt auch „Gegenpapst der Herzöge", weil er vor allem von den Herzögen von Savoyen, Mailand, Bayern und Tirol anerkannt wurde.

Seine Wahl diente nur dazu, jenes Schisma zu verlängern, das er selber zu beseitigen gehofft hatte. Nach dem Tod Eugens IV. (23. Februar 1447) und nach einer Zeit intensiver Verhandlungen unterwarf er sich dem neuen Papst Nikolaus V. und dankte am 7. April 1449 ab. Mit dem Verzicht Felix' V., dem letzten Gegenpapst der Geschichte, fand endlich das Schisma ein Ende, das die Kirche über 70 Jahre lang aufgewühlt hatte. Als er wieder Amadeus von Savoyen war, wurde er von Nikolaus V. zum Kardinalbischof von Sabina und zum Legaten in seinen alten Staaten ernannt. Doch er machte nie von diesen Ämtern Gebrauch. Er bot ein wunderbares Beispiel der Demut und zog es vor, sich erneut in seine Einsiedelei von *Ripaglia* zurückzuziehen, wo er am 7. Januar 1451 starb. Emanuel Filibert brachte die sterblichen Überreste Amadeus VIII. von Savoyen, des Friedfertigen, 1576 nach Turin. Sie ruhen in der Königskapelle des Hl. Grabtuches im Dom. König Carlo Alberto ließ ihm hier ein schönes Marmordenkmal errichten, ein Werk von Benedetto Cacciatori.

Bibl.: F. Cognasso, *Amedeo VIII*, Turin 1930; J. Stutz, *Felix V. und die Schweiz (1439–1449),* Freiburg (Schweiz) 1930; Maria José di Savoia, *La Maison de Savoie: Amédée VIII, le duc qui devint pape*, Paris 1962; E. Mongiano, *La cancelleria di un antipapa: il Bollario di Felice V. (Amedeo VIII. di Savoia),* Turin 1988; Ders. *„Consilium cum sanctissimo domino nostro papa residens"; l'antipapa Felice V. governa la Savoia*, in *Archivi per la storia* 3 (1990), S. 77–88; I. Soffietti, *Amedeo VIII. di Savoia, duca legislatore, antipapa; problemi di una riforma legislativa*, ib. S. 281–286.

N. Del Re

Fernsehzentrum, Vatikanisches (CTV)

Das Vatikanische Fernsehstudio wurde am 22. Oktober 1983 von Johannes Paul II. mit dem Reskript *Ex audientia Sanctissimi* gegründet. Zweck des CTV – so die inzwischen gebräuchliche Abkürzung – ist gemäß Art. 3 der Statuten „die Entwicklung der Gegenwart des Lebens der Kirche und der christlichen Kultur, wie sie in der Tradition der katholischen Kirche und in ihrer Hierarchie ausgedrückt ist, unter Zuhilfenahme audiovisueller Mittel, wobei man sich in besonderer Weise der Fernsehübertragungen bedient sowie die Verbreitung und Verteilung von Programmen, religiösen, kulturellen und wissenschaftlichen Inhalts, auch wenn sie von Dritten produziert sind".

Beim CTV handelt es sich um eine juristische Person kanonischen Rechts. Es ist somit dem Kardinalstaatssekretär unterstellt und der Kontrolle des Hl. Stuhls unterworfen; doch genießt sie administrative Unabhängigkeit gegenüber der Vermögensverwaltung des Hl. Stuhls, indem sie sich durch Einkünfte, die aus dem Verkauf der Produkte fließen, selbst finanziert. Weitere Einkünfte erfolgen durch Schenkungen und Spenden von Förderern und Wohltätern erfolgen. Das CTV wird geleitet durch einen Verwaltungsrat, bestehend aus einem Präsidenten, einem Vizepräsidenten und einer bestimmten Anzahl von Mitgliedern (derzeit sieben), einem Generalsekretär, einem Geschäftsführer, einem Sekretär und drei Buchhaltern. Der Sitz des CTV ist derzeit in der Via del Pellegrino in der Nähe des St.-Anna-Tors.

N. Del Re

Ferula

So lautet der lateinische Ausdruck, der heute noch für den Hirtenstab verwendet wird, der ein Kreuz mit gleichlangen Armen trägt. Der Röm. Papst gebraucht es allgemeinen nur, wenn er eine Kirche weiht oder die feierlichen Zeremonien der Öffnung und Schließung der Hl. Pforte (→) vollzieht. Als *„Signum regiminis et coercitionis"* wie im *Ordo Romanus* XIV (Kap. 44; PL, LXXVIII, 1143) zu lesen ist, also als Symbol für die geistliche und weltliche Macht des Papstes wurde die *Ferula* im Mittelalter nach einem Brauch, der schon im 10. Jh. erwähnt wird (PL, CXXXII, 970; CXXXVI, 907), dem neugekrönten Papst zusammen mit den Schlüsseln nach Inbesitznahme der Basilika *S.Giovanni in Laterano* überreicht.

N. Del Re

Feuerwehr, Vatikanische

Inmitten des Vatikans, im Belvederehof existiert eine kleine Feuerwehr. Sie entstand als Ableger des 1810 vom Markgrafen Giuseppe Origo aufgebauten Feuerwehrkorps, das nach der von Napoleon verfügten Angliederung Roms an den französischen Staat für jene Gebiete zuständig war, die vom Kirchenstaat übriggeblieben waren. Nach der Wiederherstellung des Kirchenstaates machte sie Pius VII. zu einer militärischen Einheit. Die Feuerwehrleute unterstanden weiterhin dem Kommando des Grafen Origo, der auch die ersten Geräte zur Brandbekämpfung entwarf und konstruierte, darunter eine hydraulische Pumpe. Sie wurde in Gegenwart des Kardinalstaatssekretärs Ercole Consalvi, des Gouverneurs von Rom, Tommaso Bernetti, und des Generalschatzmeisters der Apost. Kammer, Belisario Cristaldi erfolgreich erprobt. Cristaldi setzte sich dann dafür ein, daß das Korps weitere Geräte zur besseren Erfüllung seiner Aufgaben erhielt. 1827 unterstellte Leo XII. die Feuerwehr dem röm. Gouverneur und legte ferner im folgenden Jahr fest, daß sie als Zivilkorps von den militärischen Autoritäten unabhängig sei. Unter Gregor XVI. im Jahr 1832 wurde sie verwaltungs- und disziplinarmäßig direkt vom Kardinalstaatssekretär abhängig und durch ihn vom Gouverneur Roms. Erst 1845 bekamen die Feuerwehrleute ihre eigene Satzung, die vom neuen Kommandanten Michelangelo Caetani vorbereitet und vom Kardinalstaatssekretär für die inneren Angelegenheiten, Mario Mattei, am 28. Dezember veröffentlicht wurde. Danach galt das Korps der Feuerwehrleute, was Disziplin und Rangordnungen anging, als militärische Einheit, im übrigen aber als ziviles Korps. Es bestand aus einem Generalstab, nämlich einem Kommandanten, einem Oberst, einem Leutnant, einem Arzt, einem Schreiber und insgesamt einer Kompanie von 110 Mann. Mit dem Motu Proprio über „Die Organisation des Rats und Senats von Rom und deren Aufgaben" vom 1. Oktober 1847 (*Atti del Sommo Pontefice Pio IX.* II,1) unterstellte sie Pius IX., der die Schnelligkeit und Tüchtigkeit der Feuerwehr am eigenen Leib erfahren hatte, dem Senator der Stadt Rom. Am 3. Juli 1870 konnte der Papst noch einmal die Einsatzfreude und Kühnheit bewundern, als sie vor zahlreichen geladenen Gästen im Belvederehof (→) einige schwierige, aber gut gelungene Manöver darbot. Hierbei wurde auch zum ersten Mal eine neue Leiter eingesetzt, die mit ihren verschiedenen aufeinander geschobenen Teilen schnell eine erhebliche Höhe erreichte, um Personen in Gefahr zu retten.

Mit einer kleineren Mannschaft blieben die Feuerwehrleute auch nach der Besetzung Roms im Vatikan und hatten ihr Quartier beim Damasushof (→) hinter dem gleichnamigen Brunnen. 1941 fand ein Umzug in neue Räume im Belvederehof (→) statt, wo sie noch heute in Tag- und Nachtbereitschaft sind. Im gleichen Jahr wurden sie auch neu organisiert: zehn Mann, ausgewählt aus den technischen Diensten der Vatikanstadt, die in zwei Schichten Dienst tun. Alle sind in der Zentralen Schule Roms für Brandbekämpfung ausgebildet worden. Heute sind zwölf päpstl. Feuerwehrleute und zwei Gruppenführer unter dem Kommando eines Offiziers im Dienst. Ihre Uniform ist der der italienischen Feuerwehrleute ähnlich. Sie werden über ihre eigentliche Aufgabe hinaus auch für andere Dienste eingesetzt, wobei sie jeweils nach 24 Stunden Dienst 24 Stunden frei haben und alle 14 Tage noch eine Freizeit von 72 Stunden bekommen. Zwei von ihnen müssen beispielsweise täglich nach Schließung der Peterskirche mit den Sampietrini (→) bestimmte Bereiche der Basilika überprüfen, wobei sie auch mit Leitern hinter den Monumenten nachsehen, ob sich dort jemand versteckt hält oder sich dort Gegenstände befinden, die da nicht hingehören. Die Ausrüstung besteht aus drei Feuerwehrautos und zwei Leiterfahrzeugen, eine ausgefahren 30 Meter lang, die andere 12 Meter. Dazu kommen elektrische Geräte, Pumpen, Schaumlöscher und tragbare Feuerlöscher, Apparate zum Feststellen von Gasaustritt usw., so daß sie jeder nur möglichen Gefahrensituation gewachsen sind. In ihrer Kaserne befinden sich die zentralen Alarmanlagen, die auch mit allen Nebengebäuden wie Museen, Bibliothek, Archiv, Druckerei und der Aula Paul VI. verbunden sind.

Bibl.: Vigili del Fuoco. 50. anno 1941–1991, (Vatikanstadt 1991).

N. Del Re

Fides, Internationale Agentur

Sie wurde am 5. Juni 1927 vom oberen Generalrat der Päpstl. Werke der Glaubensverbreitung (→) mit Billigung der Kongregation für die Glaubensverbreitung gegründet und ist ein Organ für missionarische Informationen, die solche sammelt, sichtet und der Presse im allgemeinen, insbesondere der katholischen weitergibt. Es handelt sich um Nachrichten aus allen katholischen Missionen, beschafft durch ein enges Netz von direkten, lokalen und regionalen Korrespondenten in aller Welt.

Die Ausarbeitung des gesammelten Materials erfolgt in einem eigens eingerichteten Redaktion, die der jede Woche in Form eines Pressedienstes (FIDES-Dienst) Informationen in den wichtigsten Sprachen der Welt, darunter deutsch, übermittelt. Die Agentur sorgt für die Weitergabe all dessen, was zur Missionstätigkeit der Kirche gehört und bringt auch alles, was man in der Kirche zur Evangelisierung sagt und tut. Sie hat ihren Sitz bei der Kongregation für die Evangelisierung der Völker und betreut weitere Veröffentlichungen: Informationen, 1928 begonnen und alle zwei Wochen herausgegeben, ferner „Dokumentationen", die 1947 begonnen wurden und keine feste Erscheinungsweise aufweisen.

Bibl.: L. Giannitelli, *L'Agenzia „Fides" organo giornalistico delle missioni*, in *L'Illustrazione Vaticana*, 7 (1936), S. 873–875; *Guida delle Missioni cattoliche*, Rom 1975, S. 177–178.

N. Del Re

Filmothek, Vatikanische

Mit dem Apost. Schreiben *Boni Pastoris* vom 22. Februar 1959 (AAS, LI [1959], S. 183–187), mit dem Johannes XXIII. die Päpstl. Kommission für Film, Radio und Fernsehen neu ordnete, sorgte der Papst am 16. November des gleichen Jahres für die Einrichtung einer vatikanischen Filmothek. Er gründete sie als juristische Person mit Sitz in der Vatikanstadt *(Palazzo S. Carlo)*. Gleichzeitig approbierte er ihr Statut und ließ es veröffentlichen (AAS, LI [1959], S. 875–876). Gemäß Art. 2 des Statuts „hat die vatikanische Filmothek das Ziel, Film- und Fernsehaufzeichnungen zu sammeln und aufzubewahren, die das Leben der Kirche betreffen und sich befassen mit a) dem Papst, seinen Vertretern und den verschiedenen Organen der Röm. Kurie; b) den apost. und karitativen Tätigkeiten der universalen Kirche und der von Katholiken geförderten kulturellen Werke; c) dem religiösen Leben in der Welt; und d) den Werken mit hohem künstlerischem und menschlichem Niveau". Über die Dokumentation von Film- und Fernsehmaterial hinaus, die sich bereits im Besitz des Hl. Stuhles befanden, gehören zur vatikanischen Filmothek Kopien von im Territorium des Vatikan gedrehten Filmen und Aufzeichnungen von Fernsehübertragungen, auch auf extraterritorialen Gebiet. Dazu kommen alle Filme aus den ob. gen. Bereichen, die dem Papst, den Ämtern der Kurie oder der Filmothek selbst überlassen werden.

Unterstützt wird die vatikanische Filmothek seit 1987 von der italienischen Nationalbank für Arbeit, die zugleich ihre technisch-administrativen Wissen zur Erforschung und Auswahl des Filmmaterials einbringt. Der geplante Ausbau umfaßt die Umgestaltung der Filmothek in eine weltweite Datenbank für alle religiös-spirituellen Werke, nicht nur katholische, die auf Film, Tonband, Schallplatte oder ähnlichen Trägern produziert wurden. Dank des Beitrages der Fakultät für Sozialwissenschaften der Päpstl. Universität zum hl. Thomas von Aquin kommt zu der vatikanischen Sammlung noch die Zusammenstellung einer Filmographie hinzu. Durch die Verwendung eines computergestützten Systems mit Karten und Bildern entsteht hier ein Forschungsinstrument modernster Art.

Leitung und Verwaltung der vatikanischen Filmothek sind dem Päpstl. Rat für Soziale Kommunikation (→) anvertraut, die auf Vorschlag ihres Präsidenten einen Mitarbeiter als Leiter Filmothek delegiert.

N. Del Re

FINANZPOLIZEI, PÄPSTLICHE

Bereits 1786 plante man die Aufstellung eines Militärkorps zur Zollüberwachung im Kirchenstaat zu Lande und zu Wasser, wie aus einem Edikt des Generalschatzmeisters Fabrizio Ruffo (später Kardinal) vom 30. April hervorgeht. Diese Idee fand Eingang in den „Generalplan zur Sanierung der Päpstl. Finanzen und Wirtschaft", den Ruffo selbst vorbereitete, um damit die von Pius VI. mit Handschreiben vom 26. April 1786 verfügte Reform des Abgabensystems durchzuführen. Zur Aufstellung der ersten Gruppe der *Finanzpolizei* kam es jedoch erst ein Jahrzehnt später, denn die „Militärischen Verfügungen und Regelungen für die Soldaten im Dienst der Finanzen" datieren von 1795. In 64 Artikeln regelten sie Aufnahme, Pflichten und Disziplin der Finanzpolizei, ferner die Dienste des Instituts mit den entsprechenden Kontrollen und die Verwaltung des neuen Korps. Die gesamte Mannschaft bestand anfangs aus 485 Mann. Sie war auch während der Jakobinischen Röm. Republik tätig (1798–99). Aufgelöst wurde die päpstl. Finanzpolizei 1809, als der Kirchenstaat, dessen Macht zu dieser Zeit geschwächt war, ins napoleonische Reich integriert wurde, während die Soldaten in die französischen Zollorgane, die sog. grünen Jäger, inkorporiert wurden.

Mit der Restauration des Kirchenstaates traten auch die Finanzleute der neuen oder erneuerten Truppe für die päpstl. Zölle wieder in Erscheinung. Ihre Aufgabe war die Bekämpfung des Schmuggels, der Schutz der Zollrechte und die Überwachung sämtlicher Operationen des Zollministeriums. Sie blieb aufgrund der Satzung von 1816 in fünf Korps unterteilt, jedes unter dem Kommando eines Hauptmanns, der direkt vom Generalschatzmeister abhängig war. Jedes Korps war wieder in mehrere „Inspektionen" unter dem jeweiligen Kommando eines Leutnants eingeteilt, jede „Inspektion" in Mannschaften unter jeweils einem Feldwebel, jede Mannschaft in verschiedene „Piketten" von je vier Soldaten mit einem Anführer. Nachdem die Finanzpolizei 1821 ein auf dem gesamten Staatsgebiet tätiges, nationales Korps geworden war, organisierte sie der Generalschatzmeister Belisario Cristaldi 1827 im Edikt vom 24. Oktober neu. Er brachte die Mannschaftsstärke des Korps auf 800 Mann. Zusätzlich zu ihren Dienstleistungen mußten sie auf Ersuchen der zuständigen Autoritäten „bei der Durchführung von Polizeimaßnahmen, bei Maßnahmen für die öffentliche Sicherheit und den Schutz von Personen" mitwirken. Inzwischen wurde auch der Dienst der Zollkontrolle auf den Meeren wieder aufgenommen. Die Satzung vom 1. Januar 1828 setzte die Anzahl der Küstenwachboote auf acht für Ancona und die Küste der Adria sowie auf vier für Civitavecchia und die Mittelmeerküste fest.

Infolge der neuen Reform, die Gregor XVI. mit Handschreiben vom 28. September 1833 durchführte, ging die Finanzpolizei in die unmittelbare Abhängigkeit der Generaldirektion der Zölle über. Sie nahm dabei aber durch die Einführung eines Chefinspektors, wie General Giuliano Oliva (vgl. Bibl.) bemerkte, „eine kompaktere Gestalt" an. Dem nachdrücklichen Einsatz des Chefinspektors im Verwaltungsrat ist die Erhöhung der Mannschaftsstärke des Korps auf 1600 Mann zu verdanken. Dazu kam eine Verjüngung der Mannschaft durch entsprechende Verabschiedungen und Neuaufnahmen, schließlich die Aufstellung einer Kavallerie der Finanzpolizei mit einer Stärke von insgesamt 78 Mann mit Standort in Ancona, wo sie vor allem als Begleiter der Postwagen und der Kuriere tätig war.

Nach dem Fall der kurzlebigen zweiten Römischen Republik, während der es im Dienst blieb, wurde das Korps am 30. Juli 1849 aufgelöst und zugleich alle 1458 Finanzpolizisten einem Säuberungsverfahren unterzogen. Im Ergebnis wurden 323 aus den Registern gestrichen, „weil sie Kolonnen und Legionen angehört hatten, die fanatisch für die Verteidigung der angeblichen Republikanischen Regierung marschiert waren". 141 wurden sofort ausgemustert, „weil sie sich der rechtmäßigen Regierung widersetzt hatten". Die Finanzpolizei wurde dann am 12. Oktober 1849 in acht Kompanien neu aufgestellt. Sie standen in Rom (I), *Civitavecchia* (II), *Perugia* (III), *Ancona* (IV), *Forlì* (V), *Ravenna* (VI), *Bologna* (VII) und *Ferrara* (VIII). Dazu kamen vier Abteilungen mit Sitz jeweils in *Rieti, Ceprano, Ascoli* und *S. Angelo in Vado*. Die Gesamtstärke betrug 1540 Mann. Zur gleichen Zeit wurde die Kavallerie wieder aufgestellt, die 35 Mann umfaßte. Diese Streitmacht wurde dann nach und nach vergrößert, bis sie eine Stärke von 1850 Mann erreichte. Gleichzeitig stellte man den militärischen Charakter des Korps wieder her, sodaß die Offiziere „wieder die Schulterstücke ihrer Uniform verwenden konnten", wie im Tagesbefehl vom 28. April 1853 von der Kommission für die Generalinspektion der Finanzpolizei verfügt war.

Als sich der Kirchenstaat 1860 praktisch nur noch auf Latium beschränkte, weil die Romagna, die Marken und Umbrien inzwischen dem Königreich Sardinien-Piemont angegliedert waren, wurde auch die Finanzpolizei auf eine Stärke von 440 Mann in fünf Kompanien verkleinert, die in Rom (zwei), *Civitavecchia*, *Viterbo* und *Ceprano* standen. Mit unveränderter Disziplin erfüllten sie ihre Aufgaben, vereint mit den Marine-Finanzsoldaten unter dem Kommando des berühmten Oberst Alessandro Cialdi (1807–1882), bis zur völligen Auflösung des Kirchenstaates 1870. General Giuliano Oliva lobte am Ende seiner historischen Arbeit alle päpstl. Finanzsoldaten zu Land und zu Wasser mit den Worten: „Die Offiziere und Unteroffiziere der päpstl. Finanzpolizei, die in die Zollbehörden eingetreten waren, führten den militärischen und den Geist ihres früheren Dienstes weiter und trugen erheblich zur Wandlung von Organisation und Verwaltung des neuen Korps der Finanzpolizei bei, was heute noch zu spüren ist".

Bibl.: G. Oliva, *La Guardia di Finanza pontificia*, Rom 1979.

N. Del Re

FISCHERRING

Er heißt so, weil im Siegel der hl. Apostel Petrus beim Fischen dargestellt ist. Dieses Siegel wird gewöhnlich bei den Päpstl. Breven (→) verwendet, aber auch für andere Dokumente. Der Ursprung dieses Ringes ist als privates Siegel der Päpste nicht ganz klar. Clemens IV. war wohl der erste, der sich in einem Brief vom 7. März 1265 des Siegelrings bediente. Das älteste Beispiel ist aus dem Pontifikat Nikolaus' III. (1277–80) erhalten. Dort erscheint auf rotem Wachs ein stehender bartloser Jüngling, der einen Angelstab mit einem Fisch daran trägt. Die Inschrift lautet: + SECRETUM NICOLAI PP. III. Bis zur Mitte des 15. Jh. zeigte der Fischerring nicht immer die Gestalt eines Fischers, denn dies setzte sich erst seit Nikolaus V. (1447–55) durch. Das Siegel hatte eine ovale Form auf rotem Wachs und war etwa zwei cm hoch. Man sieht die Gestalt des hl. Petrus im Schiff, während er die Netze einholt, sowie den Namen des Papstes. Statt des Siegels mit rotem Wachs verwendet man seit 1842 einen runden Stempel mit roter Farbe, der aber die alte Darstellung beibehält. Nach dem Tod des Papstes wird der Fischerring nach alter Gewohnheit in der ersten Sitzung der das Konklave vorbereitenden Generalkongregation (→) des Hl. Kollegiums zerbrochen. Dieser Brauch reicht bis ins Jahr 1521 zurück und wurde von Clemens XII. mit Handschreiben vom 24. Dezember 1732 eingeführt.

Bibl.: E. Watterton, *On the „Annulus piscatoris" or Ring of the Fisherman*, in *Archaeologia*, 40 (1866), S. 138–142.

N. Del Re

FLABELLI

So wurden (lat. *flabellum* = Fächer) jene beiden großen Wedel oder Fächer genannt, die bis vor einiger Zeit zwei Geheime Kammerherren bei feierlichen Zeremonien zu beiden Seiten des Papstes hielten, vor allem wenn er auf der *sedia gestatoria* (→) getragen oder auf dem *Talamo* (→), kniend oder sitzend während der päpstl. Prozession an Fronleichnam, gefahren wurde. Die *Flabelli* waren auf langen Stangen montiert, die mit karmesinroter Wolle umwickelt waren, geschmückt mit einem spiralförmig gewickelten goldenen Band. Sie bestanden aus riesigen Straußenfedern, vermischt mit Pfauenfedern und waren in doppelter Anordnung angebracht.

Die *Flabelli* kamen ursprünglich aus orientalischen Ländern, wie im übrigen auch ihre Darstellungen auf zahlreichen Monumenten assyrisch-babylonischer oder ägyptischer Kultur beweisen. Anfangs dienten die *Flabelli* nur zum Verscheuchen der Mücken und anderer Insekten, die in heißen Gegenden recht unangenehm waren, bis sie als Symbole der Autorität und der Großmächtigkeit verwendet wurden. In der westlichen Welt wurden sie wohl im 9./10. Jh. eingeführt. Die früher auch *„Cherubim"* genannten Fächer waren in moderner Zeit ausschließlich dem Papst vorbehalten. Sie wurden bei den Umzügen des Papstes getragen, bis ihr Gebrauch von Paul VI. (1963–78) zu Beginn seines Pontifikates definitiv abgeschafft wurde.

Bibl.: H. Leclercq, *Flabellum*, in *Dictionnaire d'archéologie chrétienne et de liturgie*, V, 2, Sp. 1610–25, mit Bibl.

N. Del Re

FLAGGE, PÄPSTLICHE

Die Päpstl. Flagge, auch *Bandiera Pontificia,* ist die Flagge der Vatikanstadt. Sie ist zweifarbig: gelb (zur Fahnenstange hin) und weiß. Das weiße Feld zeigt im Zentrum die gekreuzten

Schlüssel unter der Tiara (→). An der Spitze der Fahnenstange befindet sich eine Lanze, die mit einer Bandrosette in den päpstl. Farben und goldenen Fransen verziert ist. Früher war die Fahne des Kirchenstaates gelb-rot, die traditionellen Farben des Senats und der Bevölkerung von Rom. Im Jahre 1808 änderte man die Farben in Weiß und Gelb. Damals befahl Pius VII. seiner Ehrengarde und den übrigen päpstl. Militärkorps, die in Treue zum Papst standen, eine neue Kokarde – in den obengenannten Farben – anzunehmen. Sie sollten sich dadurch von den restlichen, im französischen Heer aufgegangenen Truppen unterscheiden, denen General Sestio A. F. Miollis genehmigt hatte, ihre alte Kokarde beizubehalten.

Die älteste weiß-gelbe päpstl. Flagge, allerdings noch mit diagonal angeordneten Farben, geht auf das Jahr 1824 zurück und wurde erstmalig von der Handelsmarine gehißt. Auf Wunsch Pius' IX. wurden dann die beiden Farben vertikal angeordnet. Nach seinem Exil in Gaeta fügte er das päpstl. Wappen anstelle des 1848 angebrachten Trikolore-Streifens (rot-weiß-grün) hinzu. Erst nach Abschluß der Lateranverträge zwischen dem Hl. Stuhl und Italien am 11. Februar 1929 nahm die päpstl. Flagge ihre heutiges Aussehen an. Sie ist somit als Flagge eines ausländischen Staates anerkannt und deshalb in der gleichen Weise wie alle anderen geschützt (Art. 299, Ital. Strafgesetzbuch).

Die Päpstl. Flagge darf nicht mit dem *vessillo*, der Standarte Hl. Röm. Kirche (→) verwechselt werden, einem Symbol für die geistliche Souveränität des Papstes über die gesamte Welt. Sie ist rot mit symmetrisch angeordneten, goldenen Sechsspitz-Sternen.

Bibl.: M. Belardo, *Le vicende del biancogiallo*, in *L'Osservatore Romano*, 30.3.1956.

G. Morello

FLORERIA, APOSTOLISCHE

Mit diesem Namen wurde bis vor kurzem das päpstl. Ausstattungs- und Geräteamt bezeichnet, in dem gewöhnlich die Möbel und Einrichtungen, Tücher aller Art, Silberzeug, Tafelgeschirr, Kupfergefäße, Hausrat aus dem Bereich der Apost. Paläste aufbewahrt und betreut wurden, soweit sie bei päpstl. Funktionen und Zeremonien Verwendung fanden, ausgenommen allerdings die Kultgeräte und Paramente, die dem Sakristan Seiner Heiligkeit (→) anvertraut waren. Er wurde dann zu Beginn des Jahres 1991 mit allen Befugnissen durch den Päpstl. Zeremoniemeister (→) ersetzt.

Der Ursprung der Apost. *Floreria* geht wohl auf die zweite Hälfte des 14. Jh. zurück, weil im Jahre 1391 die älteste Erwähnung eines *magister floreriae apostolicae* zu finden ist. Er war bei der Vorbereitung und Ausschmückung der Kapelle des Vatikanpalastes beteiligt, in der Bonifatius IX. am 7. Oktober 1391 die feierliche Heiligsprechung der hl. Birgitta von Schweden vornahm. Die älteste Beschreibung des Amtes selbst findet man hingegen in der Zeit Alexanders V. (1409–10), wo ihm nur ein *„unus ecclesiasticus, vel secularis, honestus, fidelis et idoneus"* vorstehen konnte. Es mußte „zwei jugendliche starke, geeignete und tüchtige Diener" haben, wie man im *Codex Latinus* Nr.4736 in der Apost. Bibliothek nachlesen kann.

In den Listen der *Famiglia Papale* aus den folgenden Jahrhunderten taucht normalerweise ein eigener Dienst mit dem Namen *„foreria"* auf, mit einem *maestro* und zwei oder mehr *forieri*, obwohl man bis zum Pontifikat Urbans VIII. (1623–44) warten muß, um den Namen *floriere* zu finden. Pius VII. reduzierte sie auf eine Art „Garderobe" mit wenig Personal infolge der damaligen schwierigen wirtschaftlichen Lage. Im Jahre 1815 erstand die „Floreria" neu, eingeschlossen der *floriere*, der später von Leo XII. in die *Famiglia Papale* aufgenommen wurde. Dieser Papst regelte ihren Dienst mit einem Motu Proprio vom 23. November 1824. Gregor XVI. erweiterte 1832 die Tätigkeit der Apost. Floreria mit einem Motu Proprio vom 10. Dezember, dann erneut 1840 mit der Regelung für die zentralen palatinischen Ämter. Auf dieser Grundlage wurde die *„floreria“* von einem Regenten verwaltet, der direkt dem Großfurier (→) des päpstl. Hauses unterstand. Während der Sedisvakanz vertraten ihn die Geheimkapläne der päpstl. *Anticamera.*

Nach der Bildung des Staates der Vatikanstadt 1929 durch die Lateranverträge wurde die apost. *Floreria* der Generaldirektion der Technischen Dienste des Governatorats unterstellt, kraft des Gesetzes über die Ordnung des Governatorats vom 1. Dezember 1932 (AAS, Suppl. 4 [1932], S. 21–25) und der Regelung vom 5. Dezember 1932, die in Art. 41 auch ihre Aufgaben genauer umschreibt. In Art. 36 dieser Regelung, erlassen am 28. Dezember 1934 (AAS, Suppl. 6 [1934], n. 4, S. 16–24) heißt es: „Die Abteilung Floreria sorgt mit Hilfe des technischen Amts für die ständige und gelegentliche Ausstattung der Räumlichkeiten aller Art und ihren Erhalt; sie sorgt ferner für die Aufstellung des Inventars aller Stücke, ferner für die Führung der Register der Ausleihe und Rückgabe der ihrer Obhut anvertrauten Objekte“.

Im Gesetz über die „Regierung des Staates der Vatikanstadt“ vom 24. Juni 1969 wird bestätigt, daß sie weiterhin als „Apostolisch“ gilt. Erst seit 1972 nennt sie sich einfacher „Dienst der Floreria“, wie es Art. 1 des Dekrets der Päpstl. Kommission für den Staat der Vatikanstadt vom 28. November festlegt (AAS, Suppl. 43 [1972], n. 12, S. 45–51). Unter diesem Namen erschien die Einrichtung von da an immer im *Annuario Pontificio.* Zu ihr gehört der *Floriere* und ein Assistent, die sich zur Durchführung der Arbeiten einer gewissen Zahl qualifizierter Kräfte bedienen.

N. Del Re

Fonds für den Gesundheitsdienst (FAS)

Diese Einrichtung, eine Art Krankenversicherung mit einer Ambulanz im gleichen Gebäude, sorgt im Krankheitsfall für medizinische Hilfe durch Ärzte, ferner für die Bereitstellung von Medikamenten und anderen therapeutischen Mitteln für das Personal, das beim Apost. Stuhl (→) und beim Governatorat der Vatikanstadt (→) angestellt ist. Am 25. Juli 1953 wurde der Fonds für den Gesundheitsdienst (*Fondo Assistenza Sanitaria* -FAS) gegründet und ein Statut veröffentlicht, das am 1. August 1953 in Kraft trat (AAS, XLV [1953], Appendix n. 8, S. 2–7). Dann wurde es durch ein neues am 7. November 1994 erlassenes *Regolamento* ersetzt. In ihm wird die Einrichtung des genannten Fonds auf das Personal bei den Ämtern ausgedehnt, die verwaltungsmäßig vom Apost. Stuhl betreut werden, aber ihren Sitz nicht im Staat der Vatikanstadt haben. Der Fonds ist eine juristische Person mit Sitz in der Vatikanstadt (Palazzo del Belvedere). Er wird geleitet von einem Verwaltungsrat unter Aufsicht der Kardinalskommission für die „Verwaltung der Güter des Hl. Stuhls“ und dem Präsidenten der Päpstl. Komm. für den Staat der Vatikanstadt. Zum Verwaltungsrat gehören: der Direktor des Fonds, der Direktor der sanitären Dienste des Staates der Vatikanstadt, der Chef des Amts für Rechtsfragen des vatikanischen Governatorats und fünf weitere Mitglieder, ernannt jeweils vom Staatssekretariat, vom Präsidenten der Güterverwaltung, vom Präsidenten der Päpstl. Komm. für den Staat der Vatikanstadt, vom Präfekten der Kongr. für die Evangelisierung der Völker und vom Generaldirektor von

Radio Vatikan. Unter dem Vorsitz des Sekretärs der Verwaltung der Güter des Hl. Stuhls bleiben alle Mitglieder des Verwaltungsrates fünf Jahre im Amt (Art. 4). Ausgewählt aus Fachärzten für Innere Medizin und Chirugie und vom Papst ernannt, kommt dem Direktor die technisch-administrative Führung des Fonds zu, der aus Beiträgen der Betreuten und der jeweiligen Verwaltungen finanziert wird.

Eingeschrieben in den FAS sind alle Angestellten der Organe und Stellen, von denen in Art. 1 des geltenden Statuts die Rede ist, ferner alle Pensionsberechtigten. Eingeschrieben werden kann ferner das Personal von Organen, die indirekt dem Hl. Stuhl unterstehen, sofern dessen Verwaltung einen Antrag stellt. Mitglieder können auch Vatikanbürger werden, wenn sie gewisse Voraussetzungen erfüllen. Die Mitgliedschaft im FAS ist auch auf Familienangehörige und Kinder der Eingeschriebenen ausgedehnt. Ohne Altersbegrenzung werden jene aufgenommen, die ein Zeugnis über regelmäßige und dauerhafte Arbeitsunfähigkeit besitzen.

Die gesundheitlichen Leistungen werden vom Fonds direkt in den Ambulatorien des Belverdere-Palastes der Vatikanstadt erbracht oder von Zentren und Ärzten außerhalb, die unter Vertrag genommen sind. In indirekter Form erfolgt die Betreuung durch die Zentren oder Ärzte, die nicht unter Vertrag stehen. Die Leistungen erfolgen für die Berechtigten kostenlos, wenn medizinische Mittel angewandt werden, die vom Fonds direkt zur Verfügung gestellt werden, nicht aber, wenn es sich um indirekte Betreuung (Art. 19) handelt. Für den Erwerb von Medikamenten oder anderer therapeutischer Mittel muß der Eingeschriebene sich der Vatikanischen Apotheke bedienen (→) oder einer anderen Apotheke, die unter Vertrag steht. Bei indirekter Assistenz erstattet der Fonds die Ausgaben zu 70% (Art. 23).

N. Del Re

Formosus

Papst. Er war Römer und Sohn des Leone, wie sich aus dem *Liber Pontificalis* ergibt. Um das Jahr 816 geboren bekleidete er zahlreiche kirchliche Ämter, die ihm von den Päpsten wegen seiner diplomatischen Fähigkeiten anvertraut wurden. Als Kardinal von Porto wurde er 866 von Nikolaus I. als Legat und Missionar nach Bulgarien geschickt. Dort gewann er die Wertschätzung und Gunst des Fürsten Boris, der ihn als Erzbischof der Bulgaren verpflichten wollte. Doch der Papst rief ihn aus Bulgarien zurück, um ihn nach Konstantinopel zu senden, wo das Schisma des Patriarchen Photius sich mit besorgniserregender Schnelligkeit ausbreitete. Formosus griff entschieden ein und zeigte sich besonders streng gegenüber den Klerikern, die sich der Gewalt des Patriarchen gebeugt hatten.

Schwierig waren die Beziehungen zwischen Formosus und Johannes VIII., der ihm zunächst vertrauliche Aufgaben übertrug. Dann aber änderte er seine Haltung, weil ihm die Freundschaft Formosus' mit einigen Anhängern der deutschen, dem Papst feindlichen Partei, verdächtig war. Formosus wurde angeklagt, an einem Komplott der deutschen Partei zur Absetzung des Papstes (876) beteiligt gewesen zu sein. Er wurde von seinem Bischofssitz Porto entfernt und exkommuniziert, während sich weitere schwere Anklagen gegen ihn erhoben, darunter auch die, er habe nach dem Papsttum gestrebt.

Von Papst Marinus 883 rehabilitiert und einige Jahre später Hadrian III. wieder nach Porto gesandt, war Formosus mehrere Jahre Päpstl. Legat in verschiedenen Ländern Europas, bis er am 19. September 891 vom Klerus und Volk von Rom einmütig berufen wurde, die Geschicke der Kirche in die Hand zu nehmen. Sein Pontifikat wurde durch ständige Konflikte zwischen Deutschen und Italienern getrübt, ferner durch die Kontroversen in der Kirche des Orients durch das Schisma des Photius.

In Rom stritten in jenen Jahren zwei Parteien um die Vorherrschaft, die Spoletaner Partei unter Lamberto und die Deutschen unter Arnulf von Kärnten. Formosus schlug sich auf die Seite von Lamberto, den er in Ravenna zum Kaiser krönte. Doch das genügte nicht, ihm die Gunst des Hauses Spoleto zu verschaffen. Die herrschsüchtige Mutter des Lamberto, die Langobardin Angeltrude, stachelte ihren Sohn auf, die Freundschaft mit dem Papst aufzukündigen. Dieser wandte sich nun, von Lamberto wiederholt beleidigt und gedemütigt, an König Arnulf von Kärnten und lud ihn ein, nach Rom zu kommen. Diese Geste entfachte um so mehr den Haß der Spoletaner und trug ihm zudem noch den Vorwurf der Untreue gegenüber dem jungen Monarchen ein, der von ihm selber gekrönt worden war. Im Herbst 895 kam Arnulf mit einem starken Heer aus Bayern, um sich Italiens zu bemächtigen. Er stieß aber auf äußersten Widerstand Lambertos und seiner unbeugsamen Mutter Angeltrude. Sie verteidigten die *Città Leonina* nachhaltig und nahmen mit Hilfe des Diakons Sergius und anderer bedeutender Römer Formosus gefangen und setzten ihn in der Engelsburg fest. Doch es gelang den Deutschen, die Stadt zu besetzen und den Papst zu befreien, der daraufhin Arnulf mit Kreuzen und Fahnen entgegenging und ihn in St. Peter zum Kaiser krönte. Er starb am 4. April des Jahres 896.

Papst Formosus wurde unterschiedlich beurteilt, sowohl von den Historikern wie von seinen Zeitgenossen. Der Biograph Nikolaus I. rühmt ihn als „Bischof von großer Heiligkeit und beispielhaften Sitten“, und sogar Liutprand von Cremona, bekannt als negativ eingestellter Schriftsteller, lobt ihn wegen seiner Frömmigkeit und Kenntnis der göttlichen Dinge. Doch das Bild dieses Papstes war überschattet von den rauhen Sitten und heftigen Konflikten seiner Zeit.

Die sterblichen Überreste des Formosus ruhten schon seit acht Monaten in vatikanischer Erde, als sein Nachfolger Stephan VI. dem Willen der rachsüchtigen Angeltrude nachgab und ihn sakrilegisch ausgraben ließ. Der Leichnam des Papstes wurde mit den päpstl. Gewändern bekleidet und auf einen Thron gesetzt. Dann wurde er als Usurpator der Cathedra von Rom beschuldigt und die von ihm vollzogenen Weihen für ungültig erklärt. Nachdem von dieser sog. “Leichensynode“ das Urteil gesprochen und das Dekret seiner Absetzung unterzeichnet war, wurde sein Leichnam durch die Straßen Roms geschleift und am Ende unter dem Gebrüll des Pöbels in den Tiber geworfen.

Der makabre Vorfall wurde von zahlreichen deutschen und italienischen Historikern ausführlich beschrieben. Die Römer wollten das Andenken an Papst Formosus bewahren. Das Wiederauffinden des Leichnams am Ufer des Tibers nahmen sie zum Anlaß, ihm ein ehrenvolles Begräbnis zu bereiten. Sein Nachfolger Stephan VI. stellte das Ansehen eines nach seinem Tode so geschmähten Papstes wieder her und rühmte ihn als starken Verteidiger der Kirche. Andere Geistliche protestierten gegen die „Leichensynode“, die ihre Weihen für ungültig erklärt hatte. Einer von ihnen, Ausilius, verfaßte eine Schrift, in der er den unglücklichen Papst verherrlicht. Ein anderer schrieb eine heftige Anklageschrift gegen Rom. Sie wird als die Stadt bezeichnet, die ihre Wohltäter ermordet, zu denen sicher auch der „gerechte Formosus“ gehört habe.

Bibl.: G. Domenici, *Il papa Formoso*, in *La Civiltà cattolica*, 75 (1924) I, S. 106–120, 518–530; II, S. 121–135; J. Duhr, *Le concile de Ravenne en 898; la réhabilitation du pape Formose*, in *Recherches de science religieuse*, 22 (1932), S. 541–579; O. Pop, *La défense du pape Formo-*

se, Paris 1933; F. Rubwejanga, *Dignité et foi du ministre et validité des sacrements; les ordinations du pape Formose (891–896)*, in *Revue africaine de théologie*, 6 (1981), S. 5–25, 177–188; M. Bacchiega, *Papa Formoso (processo al cadavere)*, Tratturo Castiglione 1983.

C. Petruzzi

FUHRPARK, VATIKANISCHER

Es ist der Komplex der Fahrzeuge, über die der Staat der Vatikanstadt für alle Bedürfnisse des Transports von Personen und Sachen verfügt, die von den verschiedenen Dikasterien des Hl. Stuhles, den Büros und Diensten des Governatorats täglich beansprucht werden. Damit ist für alle gewöhnlichen und außergewöhnlichen Anlässe wie die Ausfahrten des Papstes aus dem Vatikan gesorgt, aber auch für die offiziellen Besuche von Staatsoberhäuptern und anderen hohen politischen Persönlichkeiten zur Vorlage ihrer Beglaubigungsschreiben, für die Audienzen, die feierlichen Gottesdienste in der Peterskirche usw.

Auch wenn der erste PKW bereits 1909 in den Vatikan kam, kann man von einem vatikanischen Fuhrpark doch erst seit 1930 sprechen, als vier PKW der Marke „Fiat" für die Benutzung durch den Apost. Palast angeschafft wurden. Die Garage für diese vier Autos wurde im Norden des Staates zur *Piazza Risorgimento* hin angelegt, dann immer wieder verändert bis auf den heutigen Standort.

Die gewöhnliche Tätigkeit des vatikanischen Fuhrparks umfaßt vier Bereiche: a) die Fahrten der PKW; b) die Fahrten der Autobusse und Lastwagen; c) die Wartung und Reparatur der Wagen, dazu nach entsprechender Erlaubnis auch die Reparatur der Wagen von Dritten; d) Versorgung mit Benzin und Öl usw. Als Hilfsdienste kommen die Beschaffung und Zulassung neuer Fahrzeuge hinzu, die Eigentum von Angestellten des Hl. Stuhles sind.

Nach einer allgemeinen Restrukturation 1974 gehören zum Dienst des vatikanischen Fuhrparks, der von der Generaldirektion der Technischen Dienste des Governatorats abhängig ist, Angestellte, Kraftfahrer, Mechaniker und Arbeiter unter Führung eines Leiters, dem ein Assistent zur Seite steht. Er betreut insgesamt etwa 100 Fahrzeuge, die für die Dikasterien des Hl. Stuhles und das Governatorat ca. 18.000 Einsätze im Jahr leisten. Die technischen Einrichtungen des vatikanischen Fuhrparks verfügen neben dem Bürogebäude über drei Garagen und Werkstätten, die 1979 völlig neu gestaltet wurden.

N. Del Re

G

Gaius (Caius)

Papst, Hl. Es ist nur wenig über diesen Papst bekannt, der vom 17. Dezember 283 bis zum 22. April 296 auf dem Thron Petri saß. Die ersten Nachrichten über ihn sind in den *passiones* der hll. Sebastian und Susanna zu finden. Aus der zweiten dieser beiden geht die Verwandtschaft des Gaius mit Kaiser Diokletian hervor, eine Information, die sich später im *Liber Pontificalis* (I., 70–73) wiederfindet. Daraus erfahren wir auch, daß Gaius die Reihenfolge der Heiligen Weihen festlegt hat. Danach kann nur derjenige ein Bischofsamt übernehmen, der bereits die niederen Weihen empfangen hat. Über den Tod des Papstes geben die beiden Versionen des *Liber Pontificalis* unterschiedliche Auskunft. Während in der ersten Gaius als Bekenner erscheint, nennt ihn die zweite einen Märtyrer. Seine sterblichen Überreste wurden in der Calixtuskatakombe an der *Via Appia* beigesetzt und werden in der Privatkapelle der *Barberini* verehrt.

Bibl.: A. Amore, in *Bibliotheca Sanctorum*, III., Sp. 646–649 mit Bibl.

N. Del Re

Galerie der geographischen Karten

Verbunden mit dem Turm der Winde (→) ist die Galerie der Karten ein Werk des Architekten Ottaviano Mascherino. Sie hat eine Länge von gut 120 m und befindet sich im zweiten Stock des Westarmes des Belvedere, von dem sie die Hälfte einnimmt. Ihren Namen hat sie von den 40 großen Karten, die sich als Fresken an beiden gegenüberliegenden Wänden zwischen den 34 Fenstern befinden (17 auf jeder Seite, eine zu den vatikanischen Gärten hin, die andere zum Belvederehof). Zahlreiche Maler, die sich an die Karten des bekannten Kosmographen, Mathematikers und Architekten aus Perugia, Ignazio Danti O.P., hielten, waren mit dieser Arbeit von Gregor XIII. (1572–1585) beauftragt. Der Papst war sehr beeindruckt von dem Ruf, den sich der gelehrte Dominikaner durch die herrliche Ausführung des Stadtplanes von Perugia erworben hatte, den er auf die Wände des großen Saales der Stadtregierung gemalt hatte. Die geographischen Karten, die von Danti in der vatikanischen Galerie angebracht sind, sollten ursprünglich nur den Kirchenstaat darstellen. Sie zeigen aber in Wirklichkeit ganz Italien und einige Gebiete außerhalb. Die Aufteilung wird vom Künstler selbst in einem Brief an den flämischen Kartographen Abramo Ortelio (1527–1598) beschrieben: „Ich habe Italien mit Hilfe des Apenningebirges eingeteilt und habe auf einer Seite der Galerie jenen Teil dargestellt, der am ligurischen und thyrrenischen Meer liegt, auf der anderen Seite jenen, der vom adriatischen Meer und den Alpen begrenzt wird. Weiter aufgeteilt habe ich sie dann nach den Staaten und Präfekturen der Regierungen in 40 Teile. So ist also die Galerie in 40 derart große Bilder geteilt, daß 64 Blätter je Bild zur Herstellung der Karten nötig waren“.

Die 40 Karten, aus denen sich das Werk Dantis zusammensetzt, wurden zwischen 1580 und 1583 angebracht. Der Künstler wurde am Ende zum Lohn vom Papst zum Bischof von Alatri ernannt (wo er 1586 starb). Die Karten stellen das alte und das moderne Italien dar. Acht sind dem Kirchenstaat vorbehalten, acht dem Reich von Neapel, zwei der Republik Venedig. Neun von ihnen zeigen die folgenden Staaten und Territorien: Piemont und Monferrato, Ligurien, die Herzogtümer von Mailand, Parma und Piacenza, Mantua, Urbino, Toskana, das Gebiet von Avignon und die Grafschaft Venessin. Sieben Inseln kommen dazu: Sardinien, Korsika, Sizilien, Elba, Tremiti, Korfu und Malta. Vier sind von geringerem Umfang. Die Stadtpläne von Genua, Venedig, Civitavecchia und Ancona sind beigefügt. Doch sind verschiedene Pläne und Stadtansichten in die Karten des Territoriums eingefügt, z. B. Turin auf der Karte von Piemont, Mailand, Mantua, Parma, Piacenza, Ferrara und Urbino auf jener der gleichnamigen Herzogtümer, Rom auf jener von Latium. Doch diese letztere wurde 1631/32 von Simone Lagi unter der Leitung von Lukas Holstenius vollständig erneuert, um das Original von Danti zu ersetzen. Sie wurde sogar durch Einfügung der Obelisken auf neuesten Stand gebracht, den Sixtus V. (1585–90) hatte aufstellen lassen, ferner der Säule mit der Statue der Jungfrau von G. Berthelot, die Paul V. 1613/14 auf der Piazza von *S. Maria Maggiore* hatte errichten lassen (vgl. A. P. Frutaz, *Le piante di Roma* I, Rom 1962, S. 210). Der Stadtplan von Neapel findet sich auf der Karte von Kampanien, die Pläne von Palermo, Syrakus und Messina auf der Karte von Sizilien usw.

Das gigantische geographische Werk des Ignazio Danti, dessen Namenszug nur einmal auf der Karte von Salento auftaucht, und der persönlich die Stadtpläne ausführte, den Verlauf der Flüsse, Kanäle und Straßen, die Festlegung der Maße und die Endlinien der Küsten und der Meere einzeichnete, „ist freilich nicht ohne Fehler – wie Pastor in seiner Papstgeschichte bemerkt – und diese stammen wohl daher, daß die Karten vor allem den künstlerischen Effekt im Auge hatten. Dagegen lassen sich verschiedene Vorzüge wie z.B. die genaue Wiedergabe der Küsten Italiens nicht leugnen“.

Die Galerie ist mit einem Tonnengewölbe mit geometrischen Mustern versehen und vollständig mit Fresken nach Entwürfen von Girolamo Muziano durch Cesare Nebbia ausgeschmückt, in Zusammenarbeit mit verschiedenen anderen Künstlern, unter denen Lorenzo Sabbatini, Niccolò Circignani delle Pomarance und Jacopo Sementa genannt werden. Neben Landschaften, Arabesken und anderen Schmuckmotiven sind historische Ereignisse und Episoden aus dem Leben Johannes des Täufers, der Apostelfürsten, der hll. Benedikt, Severus, Bernardinus, Romualdus und Pier Damiani dargestellt, ferner der Päpste Silvesters I., Leos des Großen und Coelestins V. Die Darstellungen im Gewölbe erscheinen isoliert, sind aber mit den Karten darunter durch Inschriften verbunden, an denen der Besucher erkennt, daß sich dieses oder jenes Ereignis an dem auf der entsprechenden geographischen Karte angegebenen Ort zugetragen hat. Zu den erwähnten historischen Darstellungen, die ganz oder teilweise von Cesare Baronius veranlaßt sein könnten, dem „Vater der Kirchengeschichte“, kommen 24 biblische Szenen aus dem Alten Testament, die in monochromem gelbbraun gemalt sind.

Einer ersten Restaurierung wurde die Galerie der geographischen Karten unter dem Pontifikat von Urban VIII. (1623–44) unterzogen, der die Konsolidierung der Fundamente anordnete und das beschädigte Gewölbe mit den dazugehörigen Wänden erneuern ließ, die durch Feuchtigkeit gelitten hatten. Er ließ zahlreiche Nachbesserungen an den geographischen Karten vornehmen, von denen einige vollständig durch Lukas Holstenius erneuert wurden, wie die beiden Karten, die das alte und das moderne Italien darstellen. Verschiedentlich zur Zeit Pius' VII. (1800–1823) ausgebessert, bekam die Galerie unter Pius IX. (1846–78) einen neuen Boden aus Marmorplatten. Die Papst selbst ließ die Malereien durch Antonio Bianchini säubern und restaurieren.

Bibl.: R. Almagià, *Le Pitture murali della Galleria delle Carte geografiche*, in *Monumenta cartographica vaticana*, III, Vatikanstadt 1952; G. Morello, *La Galleria delle Carte Geografiche e la Torre dei Venti*, in *Il Palazzo Apostolico Vaticano*, hrsg. von C. Pietrangeli, Florenz 1992, S. 187–195; *La Galleria delle Carte Geografiche in Vaticano*, hrsg. von L. Gambi/A. Pinelli, Modena 1994.

N. Del Re

Galerie der Kandelaber

Sie ist etwa 80 m lang und erstreckt sich zwischen dem „Saal der Biga" und der „Galerie der Wandteppiche". Sie ist in sechs Abschnitte unterteilt, deren Gewölbe Szenen aus dem Pontifikat Leos XIII. darstellen (Werke von Domenico Torti, Ludwig Seitz und anderen). Der Papst weihte sie persönlich im Jahre 1884 ein. Die Galerie wird so genannt wegen der Marmorleuchter aus römischer Zeit, die auf die Bögen des Durchgangs verteilt sind (zumal jene aus den Ausgrabungen von *S. Costanza*, *S. Agnese* und *Otricoli*). Die Abteilungen beherbergen zahlreiche Objekte klassischer Kunst, darunter erwähnenswert der sogenannte „*Idolino*", ein Basaltkopf griechischen Ursprungs aus dem 5. Jh. und *das mit Nüssen spielende Kind* aus hellenistischer Schule (Abteilung I); die *Artemis von Ephesus* (Gottheit aus Kleinasien, Symbol der Fruchtbarkeit), der Sarkophag mit Szenen des *Mythos von Orestes und von Protesilaos und Laodamia*, die Kopie des Leocare mit der Darstellung des *Ganymed, der vom Adler geraubt* wird (Abteilung II). Die zehn Fresken (*Monumenti Amaranziani* genannt) wurden in Rom zwischen 1817 und 1823 in der Zone von *Tor Marancia (via Ardeatina)* gefunden. Sie zeigen Darstellungen von Satyren und Nymphen (Abteilung III); die sogenannte *Tyche von Antiochien*, d.h. die Personifizierung der Stadt Antiochien am Fluß Orontes, Kopie des hellenistischen Originals des Eutychides, eines Schülers des Lysipp, und den Sarkophag mit Szenen der *Ausrottung der Niobiden* (Abteilung IV); die sogenannte „*Corridrice Barberini*", oder die Statue eines *laufenden griechischen Mädchens*, im Laufen dargestellt, nach einem Bronzeoriginal aus dem 5. Jh., wahrscheinlich aus der peloponnesischen Schule (Abteilung V); der *kämpfende Perser* aus pergamenischer Zeit (3. Jh. v. Chr.), gestaltet nach einer Figur der Weihgeschenke des Attalus an Athen (Abteilung VI).

Bibl.: D. Farabulini, *La Galleria dei Candelabri al Vaticano rinnovata e arrichita di pitture*, Rom 1884; G. Milanese, *Le nuove opere d'arte nella Galleria de' candelabri in Vaticano*, Venedig 1889; G. Senes, *La Galleria dei candelabri, affreschi di Lodovico Seitz*, Roma 1891; W. Helbig, *Führer durch die öffentlichen Sammlungen klassischer Altertümer in Rom*, I, Tübingen 1963, S. 403–452.

M. Buonocore

Galerie der Vatikanischen Bibliothek

In dem langen Korridor, von Pirro Ligorio gebaut, konnte sich die Vatikanische Bibliothek im Verlauf der Zeit ohne große Schwierigkeiten ausbreiten. Diese Räumlichkeiten bilden heute, zusammen mit dem *Salone Sistino* die Museen der Bibliothek. Sehr bald wurden zum großen Saal und den beiden Sälen von Papst Sixtus' V. auf Anordnung Pauls V. im Jahre 1611 gegenüber die beiden paulinischen Säle hinzugefügt, um dort zahlreiche griechische Manuskripte aufzubewahren, die man dem Papst geschenkt hatte. Die beiden Säle wurden von Ricci mit Fresken zu Ereignissen aus dem Pontifikat des Borghese-Papstes geschmückt, ferner mit Darstellungen berühmter Bibliotheken der Vergangenheit.

In späteren Zeiten wurde der ganze lange Korridor, der von den jetzigen „Vier Türen" bis zur Kapelle Pius' V. (→) reicht, für die Aufnahme der verschiedenen Bestände der Vatikanischen Bibliothek und ihrer ersten musealen Sammlung eingerichtet.

Die Galerie Urbans VIII., die sich an die Sixtinischen Säle anschließt, wurde 1624 vom Barberini-Papst restauriert und für die Aufnahme der berühmten *„Bibliotheca Palatina"* von Heidelberg eingerichtet, die der Herzog Maximilian I. von Bayern zwei Jahre zuvor Gregor XV. (1621–23) geschenkt hatte. Hier ließ Alexander VII. 1657 ferner die berühmte Bibliothek von Urbino unterbringen. Federico di Montefeltro hatte sie gegründet, und sie war reich an herrlichen Manuskripten. Auf der anderen Seite des langen Korridors wurde 1690 auf Anordnung Alexanders VIII. ein weiträumiger Saal durch Schließung der ersten fünf Bögen geschaffen, die sich zum oberen Teil des heutigen Hofes der Pigna öffneten. Der Saal wurde später nach dem Namen des Papstes *„Sala Alessandrina"* genannt. Der Papst bestimmte ihn zum Ort der berühmten Bibliothek der Königin Christine von Schweden, die von den Erben des Kardinals Decio Azzolini erworben worden war. Clemens XII. ließ 1732 weitere acht Bögen zur großen Nische der *Pigna* hin vom Teil des Korridors des Pirro Ligorio abtrennen, den dieser als offene Loggien hinterlassen hatte. Er gewann damit einen langen Raum, der *„Galleria Clementina"* genannt wurde. Zunächst für die Aufnahme der Bibliothek des Kardinals Angelo Maria Querini bestimmt, wurde er dann als Aufbewahrungsort für alte Funde und antiquarische Sammlungen verwendet, die den ersten Kern der musealen Sammlungen der Vatikanischen Bibliothek bildeten.

Später wurde die Galerie im Jahre 1793 in fünf Räume eingeteilt durch eine Reihe von Bögen, die von antiken Porphyrsäulen, zum Teil aus *Tre Fontane,* getragen wurden. Bei dieser Gelegenheit wurden die Türen entfernt, die die verschiedenen im Korridor Pius' IV. geschaffenen Räume trennten, und die jeweiligen Öffnungen erweitert. So erhielt man einen wunderbaren Ausblick, der über 310 m weit reicht. Während des Pontifikats Pius' VII. wurden die erwähnten Räumlichkeiten mit Szenen geschmückt, die Ereignisse aus dem Leben der Päpste Pius VI. und Pius VII. darstellten.

Benedikt XIV. (1740–58) verdanken wir die Schaffung des ersten öffentlichen Museums im Vatikan, des *Museo Sacro* (Christliches Museum). Der neue Saal wurde am Ende der Galerie Urbans VIII. nach einem Entwurf des Architekten Paolo Posi gewonnen, der auch den Eingangsbereich entwarf, wo vier Säulen aus antikem Gelb aufgestellt wurden, die man von dem oberen Säulenhof des Belvedere genommen hatte. An den beiden Seiten wurden die Marmorstatuen des Elio Aristide und des Hypolitus aufgestellt, die aber später entfernt wurden. Letztere befindet sich jetzt im Eingang der Bibliothek. Die Deckengewölbe sind ein Werk von Stefano Pozzi und stellen jeweils den Triumph der Kirche und des Glaubens dar. Längs der Wände wurden in 20 Schränken aus Nußholz die kleinen Bronzebüsten der ersten 24 Kardinäle aufgestellt, die Bibliothekare der Hl. Röm. Kirche waren. Dies ist ein Werk von Luigi Valadier, der ab 1779 das Amt eines „Superintendenten der Restaurierungen antiker Bronzen und Kameenfassungen der beiden Museen, *Museo sacro e profano*" bekleidete. Vom Kardinal-Bibliothekar Alessandro Albani entworfen wurde der folgende Saal „Kabinett der Papyri". Er wurde während des Pontifikates von Clemens XIV. (1769–74) geschaffen, um unter Glas die alten lateinischen Papyri der Kirche von Ravenna (6.–9. Jh.) aufzubewahren, die derzeit durch fotografische Reproduktionen ersetzt sind. Die glänzende Ausschmückung des Saales mit der Allegorie der Geschichte im Mittelpunkt des Gewölbes wurde von Anton Raphael Mengs ausgeführt, dem Cristoforo Unterberger zur Seite stand. Der gleiche Kardinal Albani ließ auch 1767 den schönen Saal des *Museo profano* ausstatten, reich an farbigem Marmor und vergoldetem Stuck. Dort werden noch die herrlichen Schränke aufbewahrt, die nach einem Entwurf von Valadier erbaut wurden, wobei ein Teil seltener Hölzer aus Brasilien verwendet wurde, die Portugal zum Schmuck der Sakristei von St. Peter gestiftet hatte.

Die letzten Säle der Museen der Vatikanischen Bibliothek befinden sich vom *Museo profano* aus gesehen am anderen Ende des langen Arms. Es geht um die *„Sala degli Indirizzi"*, so genannt, weil zur Zeit Pius' XI. (1922–39) hier die an Leo XIII. und Pius X. gesandten Grußadressen der Katholiken aus aller Welt aufbewahrt waren. Der Saal verfügte bereits – in eleganten Schränken im Stil des Kaiserreiches, entworfen vom Architekten Raffaele Stern – über die Bibliothek des Kardinals Francesco Saverio de Zelada und die reiche Sammlung der sogenannten *primitivi* und byzantinischen Ikonen, die sich jetzt in der Vatikanischen Pinakothek befinden.

Der Saal daneben, der zum *Appartamento* des Kardinals Scipione Borghese gehörte, ist bekannt als „Saal der Aldobrandinischen Hochzeit" – wegen des berühmten Freskos aus röm. Zeit mit einer hochzeitlichen Szene, das man zu Beginn des 17. Jh. an einem nicht identifizierten Ort auf dem Esquilin gefunden und dann lange in der Villa des Kardinals Pietro Aldobrandini in *Magnanapoli* aufbewahrt hatte. Er heißt aber auch „Saal des Samson" nach dem Deckengemälde mit Szenen aus dem Leben der biblischen Persönlichkeit, das Guido Reni ausgeführt hat. Diesen Saal ließ Pius VII. restaurieren. Er beherbergte anfangs die Sammlung der Druckwerke der Bibliothek, die vorher in einem Raum untergebracht waren, der beim Bau des *Braccio Nuovo* zerstört wurde. Im Anschluß an die erwähnte *„Sala degli Indirizzi"* öffnet sich der kleine Raum der Kapelle Pius' V., wo heute der Schatz der *Sancta Sanctorum* ausgestellt ist. Sie bildet die zentrale der drei übereinander befindlichen Kapellen und ist geschmückt mit *Szenen aus dem Leben des hl. Petrus* nach einem Entwurf von Giorgio Vasari.

Der letzte Raum, der als einzigen Schmuck ein großes Wappen Pius' IX. (1846–1878) in der Mitte des Gewölbes trägt, ist bekannt als *Sala degli Indirizzi* (der Grußadressen) für Pius IX. Hier waren die Grußadressen aufbewahrt, die Papst Mastai bekommen hatte. Derzeit sind dort byzantinische Stoffe und liturgische Paramente aus den Sammlungen der Bibliothek ausgestellt. Von besonderem Interesse sind die vier Türen des Saales, deren Flügel im inneren Teil einige Originaltafeln enthalten, die Fra Giovanni von Verona und Giovanni Barili geschnitzt haben. Sie stammen wahrscheinlich von den großen Fensterläden der Loggien.

Bibl.: (S. Le Grelle) *Guida delle Gallerie di pittura (Musei e Gallerie pontificie*; V), Rom 1925; G. Morello, *The Library Museums*, in *The Vatican collections, The Papacy and art*, New York 1983, S. 92–97; ders., *La Biblioteca Apostolica*, in *Il Palazzo Apostolico Vaticano*, hrsg. von C. Pietrangeli, Florenz 1992, S. 197–215.

G. Morello

Galerie der Wandteppiche

Sie liegt zwischen der „Galerie der Geographischen Karten" und der „Galerie der Kandelaber“ und wurde unter Pius VI. (1775–99) mit monochromer Gewölbedekoration ausgestaltet. Ausgestellt sind die Wandteppiche mit Szenen aus dem Leben Urbans VIII. aus der Manufaktur Barberini. Ihm gegenüber befinden sich Wandteppiche zum Leben Christi aus der *Scuola Nuova*, so genannt, um sie von den Teppichen der *Scuola Vecchia* zu unterscheiden, die zur Zeit Leos X. (1513–21) nach Entwürfen des Raffael gewebt wurden. Neben diesen zwei Kerngruppen sind der *Tod des Julius Caesar* und die *Bekehrung des Hauptmanns Cornelius* dargestellt, deren Ausführung flämischen Kreisen (16. Jh.) und der Manufaktur von *Vigevano* zugeschrieben werden kann.

Sie waren zur Verwendung bei den päpstl. Konsistorien bestimmt (Adelson, S. 45). Die Wandteppiche der „Neuen Schule“ stellen sechs Szenen aus der Kindheit Jesu dar und weitere sechs Szenen vor und nach der Auferstehung. In der Galerie sind ausgestellt: die „*Anbetung der Könige*“, die „*Anbetung der Hirten*“, die „*Darbringung im Tempel*“, und drei Darstellungen zum „*Mord an den unschuldigen Kindern*“, dann die „*Auferstehung*“, „*Jesus erscheint der Magdalena*“ und das „*Mahl in Emmaus*“. Ausgeführt nach Kartons der Schule des Raffael wurden die Teppiche in der Brüsseler Manufaktur des Pieter van Aelst gewoben und Clemens VII. 1531 ausgehändigt. Ungewiß ist aber, ob der ursprüngliche Auftrag auf Clemens VII. oder auf Leo X. zurückgeht. Er hatte mit der höfischen Tradition gebrochen, nur lokale Werkstätten zu beauftragen, und die künstlerischer Ausführung dem Pieter van Aelst anvertraut; denn der geniale Gedanke des Raffael dürfe nicht – so meinte er – durch eine technisch zu bescheidene Ausführung verfälscht werden.

Die Darstellungen der flämischen Teppichweber aus dem Leben Christi befolgten jene Grundsätze der Monumentalität, Komposition und Aufteilung des Raumes, die schon die Teppiche mit der Schilderung der Apostelgeschichte bemerkenswert gemacht hatten. Seit ihrer Ausstellung 1519 in der Sixtinischen Kapelle hatten sie viel Lob erfahren. Vasari hatte sie mit dem extremen Naturalismus in der Ausführung der Gewässer, der Tiere und Bauten mit der Malkunst verglichen: „Auf ihnen befinden sich Gewässer, Tiere und Bauten derart gut ausgeführt, daß sie nicht als Gewebe, sondern wirklich mit dem Pinsel hergestellt scheinen“ (Viale Ferrero 1982, S. 117).

Die Folge aus dem Leben Christi wird einmütig der Schule des Raffael zugeschrieben. Zur genauen Zuschreibung gibt es verschiedene Hypothesen: Die Namen von Giovan Francesco Penni, Giulio Romano, Perin del Vaga, Tommaso Vincidor werden häufig mit den vorbereitenden Entwürfen und den Kartons in Verbindung gebracht, doch neuerdings ist diese Zuschreibung umstritten.

Von der Vorlage zur „*Anbetung der Könige*“ werden einige Fragmente des originalen Kartons in New York (Metropolitan Museum Inv.-Nr. 2272.1–2) und in Oxford (Ashmolean Museum, Parker, 1956, S. 327, Nr. 605–608) aufbewahrt. Drei Kompositionsstudien, die sich jeweils in Oxford und in Privatsammlungen (Ashmolean Museum, Parker 1956, S. 354, Nr. 665d; Sammlung Hohenzollern, Sigmaringen, Muntz 1897, S. 36; Chatsworth, Adelson 1980, S. 45) befinden, sind mit dem Werk in Verbindung gebracht worden. Dafür wurden die Namen von Peruzzi, Giulio Romano, Perin del Vaga und Polidoro da Caravaggio vorgeschlagen. Redig de Campos legt genaue stilistische Merkmale vor, gestützt durch die Lesart der Buchstaben B. O. auf dem Kollar der ältesten Königsdarstellung, und schreibt den Karton Baren Van Orley zu; der Teppich weise zahlreiche Bezugspunkte zu den Van Orley zugeschriebenen Teppichen auf, zumal mit den

Jagdszenen des Maximilian im Louvre (Adelson 1980, S. 45). Die Darstellung *Christi im Tempel* nimmt die Szene des Entwurfs mit der *Beschneidung* auf (Chatsworth, Inv. 84; S. Ferino 1989, S. 253) und wird Giulio Romano oder Giovan Francesco Penni zugeschrieben.

Bei den Wandteppichen der „Neuen Schule" wird der *„Mord der unschuldigen Kinder"* dreimal dargestellt: Fragmente der originalen Kartons von zwei der drei Darstellungen (Inv.-Nr. 154–155) werden in Edinburgh (National Gallery of Scotland), London (British Museum Nr. 1947–4–14–1) und in Privatsammlungen (Adelson 1980, S. 46; Pouncey-Gere 1962, Nr. 137, Taf. 111) aufbewahrt.

Drei in Haarlem (Teyler Museum, Inv.-Nr. A. 85, a.b.c) aufbewahrte Entwürfe sind in Beziehung gesetzt worden zu dem Teppich mit einem architektonisch gestalteten Hintergrund (Inv.-Nr. 154), wobei Penni dem Entwurf des Giulio Romano gefolgt sein soll (Adelson 1980, S. 46). Die Teppiche mit Szenen der Apostelgeschichte aus Brüssel, der Darstellung der Spiele der Putten und des Lebens Christi trugen zu einer Stilbildung bei, die sich an Raffael inspirierte, oder besser, die in Raffael die beispielhafte Norm erkennt – das Modell schlechthin, „das charismatische Zeichen kultureller und intellektueller Unterscheidung" (Viale Ferrero 1982, S. 131).

Die Serie der Teppiche mit einigen Hauptszenen aus dem Leben Urbans VIII. wurde zwischen 1663 und 1683 von der Manufaktur Barberini gefertigt, die 1627 vom Kardinal Francesco Barberini, einem Neffen Urbans VIII. gegründet worden war. Wenn die Manufaktur sich als Programm die Verherrlichung der Großtaten der Barberini zum Ziel setzte, verband sie sich ideologisch mit anderen Verherrlichungen auf Teppichen: dem Artemisia-Zyklus, – nach Entwürfen von Antoine Caron – der Katharina de' Medici ehren sollte; auch der Teppich mit der *Geschichte des Konstantin*, die Ludwig XIII. nach Modellen von Rubens wollte, um die historischen Ursprünge seines religiösen Glaubens und seine politische Fähigkeit zu unterstreichen (Viale Ferrero 1982, S. 145–148). Die Teppiche zum Leben Urbans VIII. bildeten die letzte Form eines apologetischen Zyklus, bei dem Teppiche und Fresken wunderbar zur Verherrlichung der Barberini und der göttlichen Legitimation ihrer Macht beitrugen: die Darstellung der *Geschichte des Konstantin* stammt ganz aus der französischen Serie und wurde nach Vorlagen des Pietro da Cortona gefertigt. Sie verkündigte und rechtfertigte die historischen Ursprünge der weltlichen Macht der Päpste. Der *Triumph der Göttlichen Vorsehung*, in den Gewölbefresken des Salons des *Palazzo Barberini* dargestellt, bestätigte die Unsterblichkeit Urbans VIII; die Teppiche mit dem Leben Christi aber schmückten bezeichnenderweise die Wände des Salons; abschließend wurden in der Serie zum Leben Urbans VIII. nach einem genauen Schema (Herz 1981, S. 241–255) der Betrachtung direkt die Hauptereignisse aus dem Leben des Papstes dargeboten, darunter: *Maffeo Barberini macht sein Doktorat in Pisa, Maffeo Barberini regelt den Abfluß des Trasimener Sees, Maffeo Barberini wird von Paul V. zum Kardinal ernannt, Maffeo Barberini wird mit dem Namen Urban VIII. zum Papst gewählt, Urban VIII. bewahrt die Stadt Rom vor der Pest und der Hungersnot, Urban VIII. fügt den Staat Urbino dem Kirchenstaat hinzu.*

Zu diesem Programm trugen auch die Einfassungen bei: unten und oben waren jeweils ein Ereignis und eine verherrlichende Inschrift für die verschiedenen auf dem Teppich dargestellten Szenen angebracht; auf den Seiten wurden in die von Hermen getragenen Ovalen, einige Werke aus dem Pontifikat verherrlicht.

Nach verschiedenen Wechselfällen wurde die Serie der zentralen Teppiche in den Vatikanischen Museen nach 1966 neu gestaltet; der größte Teil der Bordüren ging beispielsweise verloren. Eine Ausnahme bilden die Teppiche, die in Boston aufbewahrt sind (Museum of Fine Arts), mit den Bildnissen von Antonio Barberini und Camilla Barbadori, den Eltern Urbans VIII. dem Blick auf die Kirche der hl. Bibiana; der Darstellung der nicht mehr vorhandenen Getreidespeicher der Barberini; dem Bildnis von Francesco Barberini, Präfekt der *Segnatura di Giustizia*. Die Kartons werden in Rom in der Nationalgalerie für antike Kunst im *Palazzo Barberini* und in Florenz in der Sammlung Corsini (*Maffeo Barberini macht sein Doktorat in Pisa, Maffeo Barberini wird von Paul V. zum Kardinal ernannt, Urban VIII. schließt Frieden mit dem Kirchenstaat*) aufbewahrt.

Die Dokumente des Barberini-Archivs, veröffentlicht von Lavin (1975), haben einige Hypothesen der früheren Zuschreibungen bestätigt, z. B. was Antonio Gherardi (Mezzetti 1948, S. 157–179) angeht. Sie haben teilweise Klarheit über die Ausführung der Vorlagen gebracht. Bei ihrer Herstellung waren einige Künstler maßgeblich beteiligt: Lazzaro Baldi (ca. 1624–1703) schuf für uns „einen kleinen Kupferstich und recht preiswerte Kartons zum Weben von Teppichen des Lebens und zum Andenken an Papst Urban VIII." (Zahlungsauftrag vom 14. November 1663, Lavin 1975, S. 3., Dok. 17). Fabio Cristofani (um 1610/1620–1689), bekannter für seine Mosaikarbeiten, schuf 1667 zwei Kartons (Lavin 1975, S. 10, Dok. 88; Dreyer 1968); Pietro Lucatelli (1634 – ca. 1710 oder 1719), dessen künstlerisches Profil von Dreyer (1967, S. 232–273) analysiert wurde, schreibt man das Konzept für *Urban VIII. schloß Frieden im Kirchenstaat* zu. (Zahlungsauftrag 19. August 1675, Lavin 1975, S. 495, Dok.179). Mit dessen Ausführung sind einige Entwürfe in Verbindung zu bringen, die im Kupferkabinett in Berlin (Inv.-Nr. 25689, 25622, 25678, 24011, Dreyer 1967) aufbewahrt werden. Schließlich Urbano Romanelli (1650–1682), der 1679 eine leider verlorene Bordüre schuf mit der Darstellung der *Geschichte des hl. Andenkens an Papst Urban VIII., wie er den Hafen von Civitavecchia befestigen ließ*. (Zahlungsauftrag 4. Juli, Lavin 1975, S. 37, Dok. 299). Vom 8. Mai 1673 (Lavin 1975, S. 9, Dok. 73) stammt der Zahlungsauftrag an Giacinto Camassei für den Karton: *Urban VIII. bewahrt Rom vor Pest und Hungersnot*, früher Ciro Ferri aufgrund eines seiner Entwürfe zugeschrieben und aufbewahrt in der Königlichen Sammlung in Windsor (Barberini 1968, S. 97–98).

Eine entscheidende Rolle wurde Antonio Gherardi (1644–1702) anvertraut. Vom 9. Mai 1664 stammt der Auftrag zur Ausführung der Kartons für *Maffeo Barberini regelt den Abfluß des Trasimener Sees* und *Maffeo Barberini wird von Paul V. zum Kardinal ernannt* (Lavin 1975, Dok. 150). Ihre Ausführung liegt zeitlich vor den Fresken im *Palazzo Nari*. Sie enthalten einige Elemente, die von einer im wesentlichen klassizistischen Kompositionsform bestimmt sind.

Die Teppiche wurden 1683 nach dem Tod von Francesco Barberini (1679) fertiggestellt. Sie waren die letzte in der Manufaktur gewebte Serie. In keiner anderen Zeit haben sich Teppichweberei und Malerei so wunderbar zum Ruhme eines Papstes verbunden. Der apologetische Zyklus fand eine weitere sichtbare Auswirkung in den Fresken, die sich im Erdgeschoß des rechten Flügels des *Palazzo Barberini* befinden, wo die Darstellungen von Theseus, Jason, Bellerofonte und Odysseus, gemalt von Urbano Romanelli, Giuseppe Passeri und Giacinto Camassei den letzten Beitrag zum Andenken an Urban VIII. bildeten

(Montagu 1971, S. 366–371, Zahlungsaufträge 1675–1678).

Bibl.: Für die Teppiche der Neuen Schule: E. Müntz, *Les tapisseries de Raphael au Vatican*, Paris 1897, S. 36ff.; W. Bombe, *Raffaels Teppiche und Pieter van Aelst*, in *Repertorium für Kunstwissenschaft*, 50 (1929), S. 24ff.; D. Redig de Campos, *L'arazzo della Scuola Nuova rappresentante la Natività*, in *L'Illustrazione Vaticana*, 2 (1931), Nr. 23, S. 38–41; ders., *L'arazzo vaticano dell'Epifania, un'opera ignota di Bernardo van Orley*, *ebd.* 3 (1932), Nr. 1, S. 32–36; K. T. Parker, *Catalogue of the Collection of Drawings in the Ashmolean Museum*, II: *Italian School*, Oxford 1956, S. 327ff., Nr. 605–608; C. Hope, *The tapestries of the „Scuola Nuova" in The Vatican Museum*, London 1968; M. Viale Ferrero, *Arazzo e pittura*, in *Storia dell'arte italiana. Forme e modelli*, IV, Turin 1982, S. 117–161; S. Ferino, *Giulio Romano disegnatore e pittore a Roma*, in *Giulio Romano*, Mailand 1989, S. 65–96.
Für die Teppiche: Storie della vita di Urbano VIII: M. Calberg, *Hommage au pape Urbain VIII. Tapisserie de la manufacture Barberini à Rome*, in *Bulletin des Musées Royaux d'art et d'histoire*, 31 (1959), S. 99–110; I. Faldi, *I cartoni degli arazzi Barberini della serie Urbano VIII.* in *X Settimana dei Musei Italiani*, Rom 1967; J. Montagu, *Exortatio ad virtutem. A series of paintings in the Barberini Palace*, in *Journal of the Warburg and Courtauld Institutes*, 34 (1971) S. 366–371; M. Aronberg Lavin, *Seventeenth Century Barberini documents*, New York 1975

A. Draghi

Galerie des Lapidarium

So wird der ungefähr 200 m lange Gang zwischen dem derzeitigen „Museum Chiaramonti" (→) und den Räumen des „Appartamento Borgia" (→) genannt. Hier sind über 5.000 in Stein gehauene Inschriften heidnischer und christlicher Herkunft gesammelt (der größte Teil stammt aus dem Bereich der Stadt), die fast alle an den Seitenwänden rechts und links angebracht sind. Jedes Studium dieses Inschriftenmaterials hat sich auf die folgenden Sammlungen zu beziehen: *Corpus Inscriptionum latinarum* VI und XIV (Berlin 1876–1933); *Sylloge Inscriptionum Christianarum Veterum Musei Vaticani* (Helsinki 1963); *Inscriptiones Graecae Urbis Romae* (Rom 1968–79).

Diese reiche Inschriftensammlung, eine der reichsten Roms, wurde unter dem Pontifikat Benedikts XIV. (1740–58) begonnen und von den Päpsten Clemens XIV. (1769–74), Pius VI. (1775–99) und Pius VII. (1800–23) erweitert. Gaetano Marini kommt das Verdienst zu, das Material geordnet, klassifiziert und in entsprechenden Wandabschnitten angebracht zu haben, auch wenn die topographische Unterteilung nach der Herkunft nicht immer genau ist. Er hielt sich dabei an das, was Scipione Maffei bereits für die Inschriftensammlung des Museums der Philharmonischen Akademie von Verona geleistet hatte. Marini ließ in der ganzen Galerie Vierecke anbringen, in die die Inschriften eingemauert werden sollten (die späteren wurden entweder in den noch frei gebliebenen Stellen der Vierecke befestigt, oder wenn es sich um Sarkophage, Urnen, Altäre, Kurzsäulen oder Stelen handelte, längs der Wände oder unter den Fenstern auf dem Boden aufgestellt). Hier ein Gesamtüberblick über die Inschriftenklassen, wie Marini sie eingeteilt hat, und dazu die Vierecke an der Wand: Hl. Inschriften (Vierecke XLV, XLVII); Inschriften aus der Kaiserzeit (V. XXXIX, XLI, XLIII); Inschriften von Beamten (V. III, XXXV, XXXVII); Inschriften von Offizialen (V. Ia, XXV, XXVII); Griechische Inschriften (V. Ib, XXIII); Grabinschriften (V. A–B, V–XIII, XV, XVII, XIX); Christliche Inschriften (V. XIIII, XVI, XVIII, XX, XXII, XXIV, XXVI, XXXVI, XXXVIII, XL, XLII, XLIV, XLVI, XLVIII).

Nach dem Werk von Marini vergrößerte sich die „Galerie des Lapidariums" nur in bescheidenem Maße. Der verminderte Raum in den Vierecken gestattete keine übermäßigen Erwerbungen, so daß viel von dem Material, das die

„Apost. Kammer“ auf dem reichen antiquarischen Markt in Rom erwarb, in den Magazinen der Päpstl. Paläste aufbewahrt blieb.

Bibl.: O. Marucchi, *Guida speciale della Galleria Lapidaria del Museo Vaticano*, Rom 1912; W. Helbig, *Die Päpstl. Sammlungen im Vatikan und Lateran*, Rom 1948, S. 294–311; I. Di Stefano Manzella, *Il riordinamento del Lapidario Profano ex Lateranense*, in *Rendiconti P. Accademia Romana Archeologia*, XLIX (1976–1977) S. 249–251.

M. Buonocore

Galerie Romanelli

→ Cappella Matilde

Galero

So wurde der Kardinalshut bezeichnet, der in der letzten Zeit vor seiner Abschaffung 1969 nur noch bei zwei Gelegenheiten getragen wurde: bei der Zeremonie der Einsetzung des neuen Kardinals, wobei er ihn aus den Händen des Papstes im Konsistorium (→) empfing, und nach dem Tode seines Besitzers. Dabei wurde er zu Füßen des Sarges aufgestellt, um später über dem Grab angebracht zu werden. Er war von roter Farbe, flach mit breiten Krempen und einer kleinen Kalotte, ebenfalls rot – Zeichen für die ständige Bereitschaft des Kardinals, sein Blut zur Verteidigung der Kirche zu vergießen. Der Hut war das erste Erkennungszeichen in Purpur, das von den Kardinälen getragen wurde. Innozenz IV. hatte ihn auf dem I. Lyoner Konzil (1245) den Kardinälen gewährt, um sie unter den verschiedenen Prälaten sofort erkennen zu lassen. Platina schreibt in der Biographie jenes Papstes, er habe festgelegt, „daß die Kardinäle passend in der Öffentlichkeit den roten Hut tragen sollten, um ihren Stand zu ehren“. Von daher kam der Ausdruck „den Kardinalshut empfangen“, um die Erhebung zur Kardinalswürde anzuzeigen.

Faktisch von Paul VI. mit der Instruktion des Staatssekretariates vom 31. März 1969 abgeschafft, unterzeichnet vom Kardinal Amleto Cigognani (AAS, LI [1969], S. 334–340), wird der flache rote Hut von den Kardinälen weiter symbolisch als Zeichen ihrer Würde in ihrem Wappen verwendet, geschmückt mit seidenen Schnüren, die rhombenartig mit fünf Fäden verbunden und kegelartig insgesamt fünfzehn auf jeder Seite des Schildes angeordnet sind. In der gleichen Instruktion wurde zugleich mit dem *Galero* auch der Hut aus rotem Filz abgeschafft, den die Kardinäle gewöhnlich zu tragen pflegten, wenn sie den Purpur anlegten. Derzeit verwenden sie nur den Hut aus schwarzem Samt, den sie mit einer Schnur und rot-gelben Quasten schmücken können.

Bibl.: F. Pasini Frassoni, *I cappelli prelatizi*, Rom 1908; B. B. Heim, *Coutumes et droit héraldiques de l'Eglise*, Paris 1949, S. 79–81.

N. Del Re

Gärten der Agrippina

Unter diesem Namen versteht man die Gärten, die zum Teil zur heutigen Vatikanstadt gehören und anfangs Agrippina der Älteren, der Nichte des Augustus, gehörten. Bei ihrem Tode gingen sie durch Erbschaft an Caligula, Claudius und endlich Nero über, woher auch der Name stammt: *Gärten der Agrippina, des Gaius und des Nero*. Gerade durch Nero erlangten diese *Horti* durch die Hinrichtung der Christen im Jahr 64 n. Chr. infolge des Brandes der Stadt eine traurige Berühmtheit: „Seine Gärten hatte Nero diesem Schauspiel gewidmet, und er veranstaltete hier Zirkusspiele, mischte sich im Gewand eines Wagenlenkers unter das Volk oder stand selbst auf dem Wagen“ (Tac. XV,

44,5). Es ist nicht möglich, wie Hülsen meint (gegen ihn steht mit Recht Lugli), daß die Gärten der Agrippina-Caligula ein anderes Eigentum als das des Nero waren, denn die gleichen Monumente, an erster Stelle der Zirkus (→), werden als in beiden *Horti* vorhanden beschrieben. Es ist somit anzuzweifeln, daß die *Horti neronis* in einem gewaltigen Besitz rechts des Tibers den vatikanischen Hügel und die Ebene zu Füßen des *Monte Mario*, zuzüglich der *Horti Agrippinae* und der *Horti Domitiae* unmittelbar am Tiber umfaßten. Letztere waren wahrscheinlich Eigentum der Domitia Lepida, der Frau des Passienus Crispus und Tante Neros mütterlicherseits, die er 59 n. Chr. töten ließ, um sich ihrer Güter zu bemächtigen, denn beide Gärten bewahren in den *Cataloghi Regionari* noch dieselben ursprünglichen, klar unterschiedenen Bezeichnungen.

Bibl.: G. Lugli, *I monumenti antichi di Roma e suburbio III*, Rom 1938, S. 680–82; ders., *Itinerario di Roma antica*, Mailand 1970, S. 593.

M. Buonocore

Gärtnerhaus, Vatikanisches

In diesem Haus wohnte, wie schon der Name sagt, die Person, die mit der Pflege der Vatikanischen Gärten (→) betraut war. Es handelt sich um ein kleines Gebäude, das westlich der Apsis von St. Peter am Vatikanischen Hügel liegt. In dem Gebäude befinden sich Reste eines mittelalterlichen Turmes, der vermutlich zur Vatikanischen Mauer aus der Zeit Papst Innozenz' III. (1198–1216) gehörte. Im Jahre 1960 wurde das Gebäude zum Sitz der Studiendirektion und der Archäologischen Forschungen, die von Papst Johannes XXIII. am 7. Mai 1960 eingerichtet wurden. Nachdem das „Gärtnerhaus" im Jahre 1970 völlig renoviert wurde, ist in seinem Untergeschoß auch eine Dunkelkammer eingerichtet worden, die der umfangreichen fotografischen Aktivität der Direktion der Museen zur Verfügung stand. Nach einer weiteren gründlichen Restaurierung in den Jahren 1992/93 ist das „Gärtnerhaus" jetzt integraler Bestandteil des neuen Klosters „Mater Ecclesia", das Papst Johannes Paul II. am 13. Mai 1994 eingeweiht hat.

N. Del Re

Gefreiter der Nobelgarde

Der „*Esente*" war der höchstrangige Offizier der „Päpstl. Nobelgarde" (→), dem in den anderen päpstl. Armeekorps und in den Heeren der verschiedenen Nationen ein Oberst entsprach. Diese Bezeichnung wurde in der Nobelgarde seit ihrer Errichtung 1801 eingeführt, mit dem gleichen Grad auch in der Nobelgarde des Königs von Spanien. Der Ausdruck bedeutet im übrigen, daß dieser Offizier von jedem anderen Dienst „befreit" (esente), also frei war für den Schutz des Souveräns. Beispiele für die Verwendung dieses Titels in der militärischen Tradition hat es auch vorher gegeben. Sie bezogen sich aber auf Unteroffiziere, die vom normalen Dienst befreit waren, um besondere Aufgaben zu erfüllen.

Dem *Esente* der Nobelgarde oblag die Verantwortung für den Dienst bei der Person des Papstes. Ihm unterstanden neben der Abteilung der Nobelgarde auch jene der übrigen bewaffneten päpstl. Korps, die täglich Dienst taten. Sie empfingen von ihm Aufträge und Verfügungen und übermittelten durch ihn auch ihre Berichte an die höheren Autoritäten. Der *Esente* faßte am Ende eines jeden Diensttages einen Bericht ab, deren Sammlung ein interessantes Tagebuch der *Anticamera pontificia* darstellt und manchmal auch auf Ereignisse in der Stadt eingeht. Praktisch war er also für den Schutz der Person des Papstes verantwortlich. Als äußeres Zeichen seiner hohen Würde trug er den Kommandostab, ein Symbol, das schon bei den „Gespaltene Lanzen" (→) in Gebrauch war. Von ihrer Formation leitete sich die Nobelgarde her.

Beim normalen Dienst in der *Anticamera* der päpstl. Wohnung im Vatikan erreichte der *Esente* seinen Posten im Saal der Geheimen *Anticamera* (nach der Neugestaltung der Räume zur Zeit Pauls VI. „Saal des Erlösers" genannt), indem er an allen Abordnungen der übrigen Korps, die bereits ihre Posten eingenommen hatten, vorbeiging und deren Ehrenbezeugungen entgegennahm.

Bei den feierlichen Zeremonien nahm die Abordnung der Nobelgarde nach den Anordnungen des *Esente*, der an jenem Tag das Kommando hatte, beim Päpstl. Thron Aufstellung. Die übrigen *Hilfs-Esenti* flankierten die *sedia gestatoria* und bewegten sich im Paradeschritt, den Säbel in der Hand. Der oberste Hilfsgefreite nahm den ersten Platz zur Rechten ein. Bei solchen Gelegenheiten stand nur dem „Verantwortlichen *Esente*" der Kommandostab zu, während die anderen als Zeichen ihres Ranges eine Miniatur trugen, die in die Knopfreihe des Rockes eingefädelt war.

Wenn die Päpste vor 1870 im Wagen zu Zeremonien, Ausflügen oder Reisen ausfuhren, ritt der *Esente*, der die Begleitabteilung kommandierte, an der rechten Tür der Kutsche. Dieser Dienst war sehr ehrenvoll, bedurfte aber großer Geschicklichkeit. Deshalb wurden als *Esenti* nur die geschicktesten und kräftigsten Reiter eingestellt. Schwierig war es z.B., wenn der Wagen hielt. Der *Esente* mußte dann rasch absteigen, um in der Lage zu sein, die Tür des Wagens zu öffnen und den Papst aussteigen zu lassen, um ihn dann zu Fuß zu begleiten.

Auch nach dem 20. September 1870 fuhren die *Esenti* fort, in gleicher Weise den Papst zu begleiten, wenn er im Wagen durch die Gärten fuhr – bis zum Pontifikat Pius' X. (1903–14), der die Stallungen der Reitpferde abschaffen ließ. Das letzte Mal, daß ein *Esente* an der rechten Tür des päpstl. Wagens ritt, war am 28. März 1905. Hier wurde noch einmal sein Dienst gebraucht, als die feierliche Einweihung der Nachbildung der Lourdesgrotte in den Vatikanischen Gärten erfolgte. Da es im Vatikan keine Reitpferde mehr gab, wurden bei dieser Gelegenheit Pferde geliehen.

Den *Esenti* im aktiven Dienst wie auch denen im Ruhestand stand die Bezeichnung „Kämmerer mit Mantel und Degen" zu, wie auch den Offizieren der „Gespaltenen Lanzen", die in dieser Eigenschaft zum Päpstl. Hof bzw. Palast gehörten.

An der letzten verwendeten Uniform trugen die *Esenti* als Rangbezeichnung den Federbusch mit weißen Reiherfedern am Helm mit kleinen schwarzen Federn am Stutzen; dazu metallische Schulterstücke aus getriebenem Gold. Am Knauf des Säbels waren kleine Goldkörner angebracht. Der Helm war mit einer goldenen Tresse geschmückt und das Béret der gewöhnlichen Uniform trug ebenfalls fünf goldene Tressen.

Das auffallendste Zeichen war der Kommandostab, der für den diensttuenden *Esente* aus einer 75 cm langen Ebenholzkeule bestand, mit einem elfenbeinernen Knopf und Zwinge, die im oberen Teil von einer in zwei Quasten mündenden Kordel durchzogen war. Für die übrigen Gefreiten diente als Rangabzeichen der gleiche Stab, der aber nur 25 cm lang war. Der lange Stab konnte in der rechten Hand getragen werden, wurde aber öfter in der linken zusammen mit dem Säbel getragen. Die Miniatur wurde dagegen in die Knopflochreihe des Rockes eingefügt.

Nach Gründung des „Korps der Nobelgarde" eröffneten die früheren Angehörigen der Gespaltenen Lanzen „di numero" die Reihe der *Esenti* im Rang eines Obersten. Es waren der

Graf Alessandro Cardelli, der Ritter Antonio Cicciaporci, Don Girolamo von der Familie der Fürsten Colonna, Graf Michele Moroni, Graf Camillo Mariscotti und Cav. Francesco Bernini. Im Augenblick der Auflösung der Garde am 15. September 1970 waren *Esenti* : Graf Michele Cagiano de Azevedo, Fürst Don Giulio Pacelli, Graf Nasalli Rocca di Corneliano und der Markgraf Roberto Malvezi Campeggi.

Bibl.: La Guardia Nobile di Sua Santità nell'inaugurazione del nuovo Quartiere, Rom 1922; G. Imbrighi, *I Corpi Armati Pontifici*, Vatikanstadt (1953); D. De Luca, *Storia del uniforme del Corpo della Guardia Nobile*, Rom 1975.

A. Martini

GEGENPAPST

Es handelt sich um einen nicht kanonisch und in Opposition zum legitimen Papst gewählten Papst, der sich dessen Würde und Aufgaben anmaßt. Wenn auch der Opponent zuweilen in gutem Glauben handelte, war er Usurpator, wie ihn der alte Ausdruck *Invasor Sedis Apostolicae* nennt. Der Ausdruck *Gegenpapst* wurde dagegen erst vom späten Mittelalter an gebräuchlich.

Meist durch Parteiintrigen und dem Vormachtstreben von Souveränen bewirkt, die die Autorität der Kirche beseitigen wollten, zuweilen auch von theologischen Gegensätzen und jurisdiktionellen Konflikten, haben diese Usurpationen des päpstl. Thrones im katholischen Raum Schismen herbeigeführt, wie zum Beispiel das Schisma des Westens (1378–1417).

In besonders verworrenen Zeiten der Kirchengeschichte war es auch für die Gläubigen nicht leicht zu wissen, welcher Papst kanonisch gewählt war, weil einige Wahlen recht willkürlich erfolgten und andere im Tumult endeten. Auch die Historiker haben Schwierigkeiten, einige Gegenpäpste, die als solche bezeichnet werden, auch als solche anzuerkennen, während andere Päpste, die als rechtmäßig galten, sich durch den Fortschritt der historischen Studien als Gegenpäpste erwiesen.

Das vollständigste und objektivste Verzeichnis hierzu in der Katholischen Enzyklopädie stammt von Msgr. A. P. Frutaz, der eigenen Kriterien folgt. Will man nach Frutaz Papst und Gegenpapst unterscheiden, muß man feststellen 1) ob der Hl. Stuhl durch Tod oder freiwilligen Verzicht des Papstes (einzige rechtmäßige Gründe für eine Vakanz) wirklich vakant war; 2) ob die rechtmäßigen Wähler ihrem Auftrag in Freiheit entsprechen konnten oder in einem folgenden offiziellen Akt die Fehler einer nicht kanonischen oder wenigstens zweifelhaften Wahl saniert haben; 3) ob die geltenden kanonischen Normen bei den einzelnen Wahlen eingehalten wurden.

Aufgrund dieser Kriterien unterschied er *authentische Gegenpäpste*, *zweifelhafte Gegenpäpste* und *Gegenpäpste im uneigentlichen Sinn.*

I. Authentische Gegenpäpste

- Hl. Hippolitus, röm. Priester, 217–35.
- Novatian, röm. Priester, 251 – ca. 258.
- Felix II., röm. Erzdiakon, 355–22. 11. 365.
- Ursinus, röm. Diakon, 366– 67 (vertrieben).
- Eulalius, röm. Erzdiakon, geweiht 29. 12. 418–29. 3. 419.
- Laurentius, röm. Erzpriester, 498 u. erneut 501–507.
- Vigilius, röm. Diakon, 29. 3.–11. 11. 537, gest. am 7. 6. 555, als rechtmäßiger Papst beim Tod des Silverius (11. November 537) anerkannt.
- Paschalis, röm. Erzdiakon, Ende 687, gest. 692, ohne sich zu versöhnen.
- Konstantin, Laie aus Nepi, 28. 6., geweiht 5. 7. 767 – 1. 8. 768.
- Christophorus, röm. Priester, Oktober 903–Januar 904.

- Leo VIII. Laie, 4. geweiht 6. 12. 963–1. 3. 965.
- Bonifatius VII. Francone, röm. Diakon, Juni–Juli 974 u. wieder 984–Juli 985.
- Johannes XVI. Filagatus, Bischof von Piacenza, April 997–Februar 998, gest. um 1013 in Fulda.
- Gregor, 1012.
- Silvester III. Giovanni, Bischof von Sabina, 20. 1.–10. 3. 1045.
- Benedikt X. Giovanni, Bischof von Velletri, 5. 4. 1058–24. 1. 1059.
- Honorius II., Cadalo, Bischof von Parma, 28. 10. 1061–1072, gest. 1072.
- Clemens III., Guibertus, Erzbischof von Ravenna, 25. 6. 1080, geweiht 24. 3. 1084–8. 9. 1100.
- Theodoricus, Bischof von S. Rufina, September bis Dezember 1100, gest. 1102.
- Albertus, Bischof von Sabina, Februar–März 1102.
- Silvester IV., Maginulf, Erzpriester von S. Angelo, 18. 11. 1105–12. 4. 1111.
- Gregor VIII, Mauritius Burdin, Erzbischof von Braga, 8. 3. 1118 bis April 1121, gest. um 1136 im Kerker.
- Anaklet II., Pietro Pierleoni, Kardinalpriester von S. Maria in Trastevere, 14. geweiht 23. 2. 1130–25. 1. 1138.
- Viktor IV., Gregor, Kardinalpriester der hl. 12 Apostel, 15. 3.–29. 5. 1138.
- Viktor IV (V), Ottaviano da Montecelio (Tivoli), Kardinalpriester von S. Cäcilia, 7. 9., geweiht 4. 10. 1159–20. 4. 1164.
- Paschalis III., Kardinal Guido da Crema, 22., geweiht 26. 4. 1164–20. 9. 1168.
- Calixtus III., Giovanni, Abt von Strumi, September 1168–29. 8. 1178.
- Innozenz III., Lando da Sezze, 29. 9. 1179–Januar 1180.
- Nikolaus V., Pietro Rainallucci da Corvaro (Rieti), 12., geweiht 22. 5. 1328–25. 8. 1330.
- Clemens VII., Kardinal Robert Graf von Genf, 20.9., geweiht 31. 10. 1378–16. 9. 1394.
- Benedikt XIII., Kardinal Pietro di Luna, 28.9., geweiht 11. 10. 1394–23. 5. 1423.
- Alexander V., Kardinal Pietro Filargo, 26.6., geweiht 7. 7. 1409–3. 5. 1410.
- Johannes XXIII., Kardinal Baldassarre Cossa, 17., geweiht 25. 5. 1410–29. 5. 1415.
- Clemens VIII., Propst von Valencia, Egidio Sanchez Munoz, 10. 6. 1423–26. 7. 1429.
- Benedikt XIV., wahrscheinl. Bernardo Garnier von Rodez, 12. 11. 1425–1430.
- Felix V., Amedeo VIII. Savoyen, 5. 11. 1439, gew. 24. 7. 1440–7. 4. 1449, gest. 7. 1. 1451.

II. Zweifelhafte Gegenpäpste

- Heraklius, 309 oder 310.
- Bonifatius II. röm. Erzdiakon, 22. 9.–14. 10. 530, gest. 17. 10. 532.
- Hl. Eugenius, aus dem röm. Klerus, 10. 8. 654–16. 9. 655, war rechtmäßiger Papst beim Tod des Vorgängers (16. September 655).
- Sergius III., Bischof von Caere (Cerveteri) die ersten Monate von 904.
- Gregor VI., Giovanni Graziano, Erzpriester von S. Giovanni vor der lat. Pforte, 5. 5. 1045–20. 12. 1046.
- Clemens II., Suitger Herr von Morsleben und Hornburg, Bischof von Bamberg, 24., geweiht 25. 12. 1045–9. 10. 1047.
- Benedikt IX., Theophylakt Graf von Tusculum, war rechtmäßiger Papst, der aber zurücktrat, 8. 11. 1047–17. 7. 1048.

III. Gegenpäpste im uneigentlichen Sinn

- Dioskur, Diakon aus Alexandrien, 22. 9.–4. 10. 530.
- Pietro und Theodor, Erzpriester und Priester in Rom, 2. 8. bis 21. 10. 686.
- Theodor, erneut 21. 9.–15. 12. 687.

- Theophylakt, röm. Erzdiakon, Ende April – Mai 757.
- Philippus, Priester des Klostes von S. Vito, 31. 7. 768.
- (Zinzino), röm. Priester, Februar 824.
- Giovanni, röm. Erzdiakon, Januar 844.
- Anastasius der Bibliothekar, röm. Priester, 853 abgesetzt, August-September 855.
- Coelestin II., Tebaldo Buccapecus, 15–16. 12. 1124.

Bibl.: A.P. Frutaz, in *Enciclopedia Cattolica*, I, Sp. 1483–1489.

G. Morello

Geheimarchiv, Vatikanisches

Trotz der immer schon vorhandenen Sorgfalt der Kirche, alle relevanten Dokumente aufzubewahren, erhält man sichere Angaben über das offizielle Archiv des Apost. Stuhles (Geheimarchiv) erst seit Mitte des 4. Jh. Seine Anfänge sind wohl in der Zeit vor Konstantin zu suchen. Der *Liber Pontificalis* informiert uns nämlich, daß Julius I. (337–352) sämtliche Akten zu Schenkungen und Legaten für die Kirche sammeln und aufbewahrern ließ. Neben einem Archiv beim Lateran schien die *Confessio* von St. Peter am geeignetsten, die Glaubensbekenntnisse der Bischöfe, die Dokumente der Schenkungen Pippins und Karls des Großen und viele andere wichtige Dokumente sorgfältig aufzubewahren. Ein drittes Archiv entstand 1083 am Fuß des Palatin in der Nähe des Titusbogens mit Dokumenten zur Verwaltung der Güter des Hl. Stuhles. Leider ist aufgrund der politischen Ereignisse und der häufigen Umzüge nur noch wenig Material aus der Zeit vor dem Pontifikat Innozenz' III. (1198–1216) erhalten, u.a. Briefe von Johannes VIII. (872– 882) und Gregor VII. (1073–1085), die die Serie von insgesamt 2041 Registern der Papstbriefe einleiten.

Nach zahlreichen erfolglosen Versuchen von Sixtus IV. (1471–84) bis zu Sixtus V. (1585–90), die verschiedenen päpstl. Archive zusammenzulegen und zu ordnen, gelang es der Kirche endlich unter Paul V. 1612, den Großteil ihrer Dokumente im Vatikan zu konzentrieren. Man gründete das heutige „Geheimarchiv des Vatikan", vertraute seine Leitung mit einem Breve vom 31. Januar Baldassarre Ansidei an und begann damit ein Zentralarchiv aufzubauen, wenn auch dessen Charakter bis heute noch nicht klar definiert ist. Das umfangreiche Material kam aus verschiedenen Räumen des Apost. Palastes zunächst in drei großen Sälen der Vatikanischen Bibliothek (→) zusammen. Hier wurden zu Anfang die Register der päpstl. Briefe vereint, die in der geheimen Bibliothek lagen, und die große Zahl der Bände aus der Apost. Kammer, die noch heute in den ursprünglichen Schränken mit dem Wappen des Papstes ruhen, der sie gegründet hat.

Zum ursprünglichen Kern des vatikanischen Geheimarchivs kamen nach und nach neue Räume und zahlreiche Dokumente hinzu, wie man am Wappen Urbans VIII. (1623–44) und Alexanders VII. (1655–67) auf den Schränken sehen kann. Hier befindet sich das Archiv des Staatssekretariates vor der französischen Revolution. Es enthält die Berichte der päpstl. Nuntien zu den laufenden Ereignissen, die sie regelmäßig an den Kardinalstaatssekretär nach Rom sandten – eine kostbare Quelle für die Geschichte Europas und besonders Italiens. 1798 wurde aus Sicherheitsgründen das Archiv der Engelsburg in den Vatikan gebracht, dessen Bestände sich dadurch vergrößerten. Beide ließ dann aber Napoleon im Jahr 1810 nach Paris bringen, von wo sie zwischen 1815 und 1817 zurückkehrten, leider mit erheblichen Schäden und Verlusten. Weil ständig einzelne oder in Bänden zusammengefaßte Dokumente hinzukamen, wurden immer wieder Erweiterungen der Räume nötig. Zuletzt baute man eine über 200 Meter lange Galerie unter dem *Cortile della Pigna* (→), die auf 4.500 m² Fläche 31.000 m³ Raum mit 50.000 laufenden Metern Regale umfassen.

Wenn wir Paul V. die Errichtung des Geheimarchivs der Kirche verdanken, hat Leo XIII. das große Verdienst, 1880 den Wissenschaftlern aller fünf Kontinente den freien, uneingeschränkten Zugang gestattet zu haben. Das Archiv heißt weiter aus traditionellen Gründen „geheim", was aber nur „privat und nicht öffentlich zugänglich" besagt. Um wenigstens die wichtigsten Bestände zu nennen, beginnen wir mit den *Vatikanischen Registern* (→), dazu die *Register des Lateran* (→), von denen 2467 Bände aus dem doppelten Bestand nach dem *Sacco di Roma* und dem Transport nach Paris verblieben, die die Jahre 1389 bis 1897 umfassen. Dann die *Register aus Avignon* (→), die 1783 in den Vatikan kamen und 349 Bände umfassen. Eine andere wichtige Reihe bilden die Register der Bittschriften mit 7365 großformatigen Bänden, die vom Pontifikat Clemens VI. (1342–52) bis zum Ende des letzten Jh. reichen. Wichtig sind auch die über 1000 Bände der Apost. Kammer für die Zeit vor dem 16. Jh., die 5660 Bände des Sekretariates der Breven für die Zeit von 1554–1845, die Briefe an die Fürsten, die mit 252 Bänden von 1560 bis 1836 reichen. Dazu kommen die umfangreichen Bestände des Staatssekretariates seit 1816 in Tausenden großer Ordner, zu denen auch entsprechende Indizes vorhanden sind. Bedeutsam ist ferner das umfangreiche Material aus den Archiven der verschiedenen Dikasterien der Röm. Kurie und besondere Themensammlungen, etwa die Akten des Konzils von Trient (1543–63) und die des I. Vatikanischen Konzils. Dazu kommen die Archive einiger röm. Patrizierfamilien (Borghese, Boncompagni, Patrizi, Rospigliosi usw.), religiöser Orden, Bruderschaften usw.

Als Eigentum des Papstes steht das Vatikanische Geheimarchiv unter Leitung des Archivars der Hl. Röm. Kirche (→), während die Verwaltung einem Präfekten und einem Vizepräfekten anvertraut ist. Dazu kommen Archivare, Schreiber und anderes Personal. Zu ihm gehört auch die Vatikanische Schule für Paläographie, Diplom- und Archivkunde (→), die Leo XIII. 1884 gründete und die unter Paul VI. im Jahr 1970 in neue Räume umzog.

Bibl.: **Einzelne Bestände** d. Vat. G.: K.A. Fink, *Das Vatikanische Archiv; Einführung in die Bestände und ihre Erforschung*, 2. Aufl. Rom 1951. **Allgemein:** G. Battelli, *Le ricerche storiche nell'Archivio Vaticano*, in *Relazioni del X Congresso internazionale di scienze storiche*, Rom 1955, S. 448–477; L. Pásztor, *Per la storia dell'Archivio Segreto Vaticano nei secoli XVII–XVIII*, in *Archivio della Società Romana di Storia patria*, 91 (1968), S. 157–249; L.E. Boyle, *A survey of the Vatican Archives and of its Medieval Holdings*, Toronto 1972; M. Giusti, *L'Archivio Segreto Vaticano*, in *Il Vaticano e Roma cristiana*, Vatikanstadt 1975, S. 335–353; L. Pásztor, *Per la storia dell'Archivio Segreto Vaticano nei secoli XIX–XX. La carica di archivista della S. Sede, 1870–1920. La prefettura di Francesco Rosi Bernardini*, in *Archivum historiae pontificiae*, 17 (1979), S. 367–423; V. Peri, *Progetti e rimostranze; documenti per la storia dell Archivio Segreto Vaticano dall'erezione alla metà del XVIII secolo*, ebd., 19 (1981), S. 191–237; G. Martina, *L'apertura dell'Archivio Vaticano: il significato di un centenario*, ebd., S. 239–307; *Il libro del centenario,* Vatikanstadt 1982; *Sussidi per la consultazione dell'Archivio Vaticano. Lo Schedario Garampi – I Registri Vaticani e i Registri Lateranensi – Le Rationes Camerae, l'Archivio Concistoriale,* Neue überarb. u. erw. Aufl. von G. Gualdo, Vatikanstadt 1989.

N. Del Re

GEHEIME KAMMERHERREN SEINER HEILIGKEIT

Sie heißen *Gentiluomini di Sua Santitá* und sind Würdenträger der *Famiglia Pontificia* (→) aus dem Laienstand, die Paul VI. 1968 im Rahmen der Neuordnung des Päpstlichen Hauses (→) eingesetzt hat, wie im Motu Proprio *Pontificalis Domus* vom 28. März 1968 (AAS, LX [1968], S. 305–315) festgelegt wurde. In dieser Gruppe neuer päpstlicher Würdenträger gingen eine Anzahl der früheren „Kammerherren mit Schwert und Mantel" auf, sei es die „geheimen" (vier *di numero* und etliche „Überzählige" im Augenblick der Veröffentlichung des genannten Motu Proprio), sei es die „ehrenhalber" (ebenfalls vier di numero und viele soprannumerari). Sie blieben alle im Amt und änderten nur ihren Namen in „Ehrenkämmerer Seiner Heiligkeit". Abgeschafft wurde aber die andere Kategorie der Geheimen Kammerherren aus dem Laienstand, die der „partecipanti", zu denen der *Foriere Maggiore* der Hl. Apost. Paläste, der Reiteroberst seiner Heiligkeit, der Generalsuperintendent der Post, die Überbringer der Goldenen Rose und der Sekretär für die Botschaften (→Stichworte) gehörten.

Nach Auflösung der Päpstl. Armeekorps (→) im Jahr 1970 stießen zu den *Gentiluomini* Seiner Heiligkeit die Mitglieder der aufgelösten Nobelgarde und die Offiziere der Palatin-Ehrengarde, nicht dagegen die niederen Ränge der Garde, die „Beauftragte der *Anticamera*" (→) wurden. Mit der Umgestaltung sind auch die alten prunkvollen Uniformen abgeschafft worden. Die Ehrenkämmerer tragen nun im Dienst den Frack, dazu als Zeichen ihrer Würde das goldene Kollar, das bereits die „Kammerherren mit Schwert und Mantel" getragen hatten. Je nach der Bedeutung der Zeremonie schmücken sie sich mit Orden und Abzeichen der Vereinigungen, denen sie angehören.

Heute werden unter die Geheim- oder Ehrenkämmerer Seiner Heiligkeit (*Gentiluomini di Sua Santitá*) unabhängig von ihrer Abstammung Personen aufgenommen, die sich um den Hl. Stuhl besonders verdient gemacht haben. Die Gruppe der Ehrenkammerherren untersteht der Präfektur des Päpstlichen Hauses, die auch für ihren Dienstplan zustandig ist. Als Mitglieder der *Famiglia Pontificia* aus dem Laienstand nehmen sie einen besonderen Platz bei der Feier der päpstlichen Zeremonien ein.

Bei den Audienzen empfangen sie höhere Persönlichkeiten und die Mitglieder des Diplomatischen Korps. Sie begleiten diese zu den für sie reservierten Plätzen und nehmen auch an den zivilen Zeremonien und den Empfängen von Staatsoberhäuptern, Premierministern und anderen bedeutenden Persönlichkeiten teil. Bei den Empfängen begleiten sie die Gäste von ihrem Wohnsitz in Rom zum Vatikanpalast und bringen sie auch wieder in ihre Residenz zurück.

Bibl.: F. de Carli, *La Corte Ponteficia..*, Rom 1951; G. Caprile, *Riforma della Corte Pontificia*, in *La Civiltà Cattolica*, 119 (1968) II, S. 159–161.

A. Martini

Geheimkammer, Päpstliche

Frühere Bezeichnung für das Kollegium der zur Päpstlichen Familie gehörenden kirchlichen Würdenträger, deren Ämter im Apostol. Palast lagen, in dem sich zu Anfang auch ihre Residenzen befanden. Die heutige Bezeichnung lautet Päpstl. *Anticamera* (→).

N. Del Re

Geheimkämmerer

Unter den verschiedenen Bezeichnungen *syncelli, cubicularii, domicelli, camerari* usw. begegnet man seit der Antike Geheimkämmerern, die sich immer in der Nähe des Papstes befanden. Obwohl sie nicht nur bei Gottesdiensten sondern auch im Palast Dienst taten, waren sie für lange Zeit immer Geistliche. Das entsprach einem Befehl Gregors des Großen (590–604), nach dem all diejenigen Kleriker sein mußten, die am täglichen Leben des Papstes teilnahmen.

Mit der Zeit befanden sich neben den Geistlichen auch Laien unter den Geheimkämmerer, wie aus einer Anordnung von 1409 hervorgeht. In der heutigen *Famiglia Pontificia* existieren diese und andere Ehrenämter nicht mehr, nachdem sie durch die Neuordnung der *Casa Pontificia* unter Paul VI. 1968 abgeschafft wurden.

Bibl.: F. Frezza di S. Felice, *Dei Camerieri segreti e d'onore del Sommo Pontefice*, Rom 1884.

L. Del Gallo

Geheimkämmerer mit Schwert und Mantel, „Partecipantes“

Seit dem 16. Jh. gab es neben den geistlichen Geheimkämmerern *partecipanti* (→) auch solche, die Laien waren. Nach ihrer Uniform hießen sie „Geheimkämmerer mit Schwert und Mantel“ und waren durch eigene Titel unterschieden.

Zu dieser Kategorie gehörten daher folgende Päpstl. Würdenträger: der Oberste Bote der Apost. Paläste, der Oberste Reiter Seiner Heiligkeit, der Generalsuperintendent der Post, der General der Päpstl. Garde u.a. Bis auf den Kommandanten der Schweizergarde wurden alle anderen Positionen durch die Reform des Päpstl. Hofes (→) von 1968 durch Paul VI. abgeschafft.

L. Del Gallo

Geheimkämmerer Seiner Heiligkeit mit Schwert und Mantel

Diese Würdenträger existierten seit dem 17. Jh. und ersetzten die Geheimdiener, wenn diese verhindert waren, an den Ausritten teilzunehmen. Später wurden die Geheimkämmerer mit Schwert und Mantel (*Cubicularii intimi seu secreti ab ense et lacerna*), die von Adel sein oder zumindest eine hohe soziale Position inne haben mußten, in die zwei Klassen der Kämmerer *de numero* und *sopranumerari* eingeteilt. Erstere waren immer vier und wurden vom Staatssekretariat nach einer Anordnung aus dem Jahr 1877 von Pius IX. auf Lebenszeit ernannt. Sie leisteten ihren Dienst im Wochenturnus in der *Anticamera* des Papstes, indem sie die Personen empfingen und begleiteten, die sich zur Audienz zum Papst begaben. Es war ihre Aufgabe, diese zu unterhalten oder ihnen Verhaltensregeln über das Zusammensein mit dem Papst und die dabei zu beachtenden Formen zu geben. Die *sopranumerari* erfüllten die gleichen Aufgaben, jedoch nur für die Dauer eines Pontifikats.

Für den täglichen Dienst trugen diese Kämmerer eine Ziviluniform aus schwarzem Stoff, die an Kragen und Ärmeln mit rotem Samt abschloß, während sie bei festlichen Zeremonien ein Prachtgewand *„alla spagnola“* aus dem 16. Jh. anlegten. Außerdem trugen sie ein Ehrenzeichen, das ihnen Gregor XVI. zugebilligt hatte: eine dreifach vergoldete Silberkette mit zehn Emaillemedaillons und der Inschrift C.S. (*Cubicularius Secretus*).

Auch nach der Reform der *Famiglia Pontificia* unter Paul VI. (1968) blieben sie im Amt, nahmen jedoch die Bezeichnung *Gentiluomini di Sua Santità* (Geheime Kammerherren Seiner Heiligkeit →) an.

Bibl.: F. Frezza di S. Felice, *Dei Camerieri segreti e d'onore del Sommo Pontefice*, Rom 1884, S. 103–123.

L. Del Gallo

Geheimkämmerer Seiner Heiligkeit, „Sopranumerari“

Diese geistl. Würdenträger unter der Leitung des *Maggiordomo di Sua Santità* (→) leisteten Turnusdienst im ersten geheimen Vorzimmer und hatten die Aufgabe, die auf die Papstaudienz Wartenden zu unterhalten. Außerdem nahmen sie an den vom Papst gefeierten Gottesdiensten teil. Es ist nicht möglich festzustellen, wann diese Kategorie von Würdenträgern genau gegründet wurde. Es gab sie während des Pontifikats Urbans VIII. (1623–44). Diese überzähligen (*sopranumerari*) Geheimkämmerer wurden immer aus den eifrigsten Prälaten aller Nationen gewählt, um besondere Verdienste auszuzeichnen. Sie wurden mittels eines Schreibens des Staatssekretariats ernannt. Dieser Dienst wurde ohne Besoldung geleistet. Sie besaßen aber die Privilegien der Geheimkämmerer, deren Insignien sie ebenfalls trugen. Ihre Anzahl variierte je nach dem Willen der Päpste. Bis in die Zeit von Pius IX. (1846–78) waren es nicht mehr als 60, in jüngerer Zeit einige Tausend. Die Nominierung endete mit dem Tod des Papstes, der sie ernannt hatte. Sie konnten aber auch von dessen Nachfolger im Amt bestätigt werden. Auch nach der paulinischen Reform von 1968 blieben sie Teil der *Famiglia Pontificia* und der *Cappella Papale*. Jetzt nennen sie sich jedoch *Kapläne Seiner Heiligkeit* (→).

Bibl.: F. Frezza di S. Felice, *Dei Camerieri segreti e d'onore del Sommo Pontefice*, Rom 1884, S. 94–103.

L. Del Gallo

GEHEIMKÄMMERER, „PARTECIPANTES“

Diese Geheimkämmerer hießen *partecipanti*, weil sie in der Vergangenheit nicht nur ein jährliches Gehalt bezogen, sondern auch an der Tafel des Papstes teilhatten, d.h. sie genossen den Teil des Hoflebens, der vor allem in Verköstigung und Reiterzügen bestand. Diese Geheimkämmerer bildeten eine kleine Gruppe enger Familienmitglieder des Papstes, deren Zahl normaler Weise vier betrug: der *Coppiere*, der *Segretario di Ambasciate*, der *Guardaroba* und einer „ohne Titel“ für Spezialaufgaben, u.a. die auf die Papstaudienz Wartenden zu unterhalten. Als solche sind die Geheimkämmerer heute nicht mehr Mitglieder der *Famiglia Pontificia*, nachdem ihre Funktionen im Rahmen der Neuordnung der *Casa Pontificia* von 1968 durch Paul VI. abgeschafft wurden.

Bibl.: F. Frezza di S. Felice, *Dei Camerieri segreti e d'onore del Sommo Pontefice*, Rom 1884, S. 6–38.

L. Del Gallo

GEHEIMKAPLAN („EHRENKAPLAN“)

Neben den Geheimkaplänen (→), die aktiv im Dienst standen, gab es bis 1968 verschiedenen Ehrenkapläne, denen man zum erstenmal unter dem Pontifikat von Clemens VII. (1730–44) begegnet. Die *Cappellani Segreti d'Onore* nahmen an den päpstl. Gottesdiensten teil und trugen die gleichen Insignien wie die anderen Geheimkapläne. Sie verloren jedoch ihr Amt und den Titel Monsignore beim Tod des Papstes, der sie nominiert hatte. Auch ihre Kategorie ist 1968 abgeschafft worden.

L. Del Gallo

GEHEIMKAPLAN

Seit dem 12. Jh. begegnet man am Hof der Päpste diesen Kaplänen, die vor allen Dingen an den Gottesdiensten teilnahmen, die in der Päpstl. Geheimkapelle zelebriert wurden. Ihre Gruppe war in bestimmte Grade aufgeteilt. Außer Priestern gehörten auch Diakone, Subdiakone bis hin zu einfachen Akolythen dazu, die bei den Zeremonien bestimmte Aufgaben vollzogen. Ihre Tätigkeiten beschränkten sich jedoch nicht nur auf den liturgischen Dienst, sondern die Päpste bedienten sich ihrer auch für andere Funktionen, z. B. in diplomatischer

Mission oder für die Bearbeitung von Causen, die dem Urteil des Apost. Stuhl überbracht wurden. Die Kapläne wurden oft damit beauftragt, sich die Fragen anzuhören, sie zu bewerten und dem Papst zur Entscheidung vorzulegen. Mit Papst Honorius III. (1216–27) gab es einen *Cappelanus Auditor*, der gleichsam wie ein Richter die Parteien hören und die Causen definieren mußte, die schließlich dem Papst zur Beurteilung vorgelegt wurden. *Cappellani Pontifici* waren darüber hinaus die ersten *Auditores generales causarum Sacri Palatii*, aus denen später das Tribunal der Rota Romana (→) entstand. Die Unterscheidung zwischen *Cappellani Segreti* und *Cappellani Comuni* geht auf das 17. Jh. zurück, weil man sich nicht darüber einig war, welche der beiden Klassen als erste errichtet worden war. Von alters her waren die *Cappellani Segreti*, nachdem sie in der Päpstl. Geheimkapelle eingesetzt waren, mit verschiedensten Privilegien und Ehrentiteln ausgestattet. Darüber hinaus waren sie adelig und trugen beispielsweise den Titel „Ritter vom goldenen Sporn". Ihre Anzahl wechselte je nach Wunsch der jeweiligen Päpste und ihre Aufgabe bestand hauptsächlich darin, den Papst bei seinen Zeremonien zu assistieren. Einem von ihnen kam es zu, die Messe *„Pro Gratiarum Actione"* zu zelebrieren, unmittelbar nachdem der Heilige Vater selbst in seiner Privatkapelle zelebriert hatte. Die beiden Dienstältesten übten darüber hinaus das Amt des Schleppenträgers (→) und Kreuzträger des Papstes (→) aus und hatten beide das Recht, im Apost. Palast zu wohnen. Auch die Geheimkapläne sind in der *Cappella Papale* nicht mehr anzutreffen, nachdem sie durch die Reform von Paul IV. abgeschafft wurden.

Bibl.: Trombetta, *De iuribus et privilegiis Praelatorum Romanae Curiae tractatus canonicus-liturgicus*, Sorrent 1906, S. 129–148.

L. Del Gallo

GELASIUS I.

Hl. Papst. In einem Brief an den Kaiser Anastasius I., worin er den Primat des Bischofs von Roms vertritt (Ep. 12), bekräftigt er selber seinen röm. Ursprung (Romanus natus). Das ist aller Wahrscheinlichkeit nach wörtlich zu nehmen, auch wenn es dem afrikanischen Ursprung, der vom *Liber Pontificalis* berichtet wird, widerspricht. Gelasius war zunächst Sekretär und Ratgeber Felix' III. und folgte ihm am 1. März 492 auf dem päpstl. Thron. Es war für die Kirche eine schwierige und heikle Zeit. Rom war seit acht Jahren durch den Einfluß des Patriarchen Acacius von Konstantinopel von der Ostkirche getrennt. Die westliche Kirche aber war durch die Aufrichtung der arianischen Reiche geschwächt.

Das Bewußtsein vom Primat des Apost. Stuhles über alle anderen Kirchen kennzeichnete das kurze, aber wichtige Pontifikat Gelasius' I. Seine Bemühungen waren vor allem darauf gerichtet, die Kirche des Ostens wieder zur katholischen Einheit zurückzuführen. Zu diesem Zweck und im Versuch, mit dem Kaiser Anastasius gute Beziehungen einzuleiten, beeilte er sich, diesem seine Wahl zum Papst mitzuteilen. Sein zweiter Brief enthielt die Lehre von den zwei Gewalten, definierte deutlich die Rollen der geistlichen und der weltlichen Autorität, betonte aber zugleich die Achtung und die christliche Brüderlichkeit dem Kaiser gegenüber. Aus demselben Grund bekämpfte er den extremen Flügel des Arianismus, schließlich auch die Reste des Pelagianismus. Hart war andererseits sein Widerstand gegen Acacius und andere monophysitische Bischöfe, deren Namen sich in den liturgischen Diptychen befanden.

Auch im Westen kam es zu Übergriffen häretischer Gruppen. Gelasius mußte sogar ein gewisses Aufflackern des Heidentums in Rom selbst ersticken, wo der Senator Andromachus die Erneuerung der *Lupercalien* (495) gefördert hatte: der Papst schrieb sogar einen *Liber apologeticus*. Vielleicht gehören auch zwölf Meßformulare des *Sacramentarium Leonianum* dazu. Es gelang ihm ferner, aus Rom Mitglieder der Manichäerbewegung zu vertreiben und ihre Bücher zu verbrennen.

Sein besonderes Interesse galt der Verwaltung des Staates. So geht das „Buch der Pachtverträge und der Steuerschätzungen" auf seine Initiative zurück; des weiteren erließ er Grundsätze für eine ausgewogene Verteilung der Einkünfte der Kirche. Beständig setzte er sich für die Wiederherstellung der Disziplin und des Rechts ein, die unter den politischen Ereignissen gelitten hatten. Die Bedeutung seiner Lehrtätigkeit, seine Weisheit und Demut, dazu seine ungewöhnliche Großzügigkeit wurden von seinem gelehrten Zeitgenossen Dionysius dem Kleinen bezeugt. Gelasius starb am 21. November 496 und wurde im *Porticus* von St. Peter beigesetzt.

Bibl.: V. Monachino, in *Bibliotheca Sanctorum*, VI (1965), Sp. 90–93, mit Bibl.; J. Taylor: *The early Papacy at work: Gelasius I. (492–96)*, in *The Journal of religious history*, 8 (1974–75) S. 317–332; W. Ullmann, *Gelasius I. (492–496); Das Papsttum an der Wende der Spätantike zum Mittelalter*, Stuttgart 1981.

G. Scano

Gelasius II.

Papst. Er war der Sohnes des Crescentius, Herzog von Fondi. Giovanni Caetani wurde Mönch in Cassino und von Gregor VII. um 1082 zum Kardinal von *S. Maria in Cosmedin* erhoben. Urban II. ernannte ihn 1089 zum Kanzler der Hl. Röm. Kirche wegen seiner außerordentlichen Gelehrsamkeit. Dann wurde er von Paschalis II. (1099–1118) zum Bibliothekar ernannt und unterstützte diesen energisch im Kampf gegen Heinrich V. Dieser nahm ihn jedoch zusammen mit dem Papst und anderen Kardinälen bei dem Handstreich gefangen, den der Kaiser am 13. Februar des Jahres 1111 unternahm. Er wurde dann am 24. Januar 1118 Papst mit dem Namen Gelasius II., als ihn Cencius Frangipane ohne ersichtlichen Grund in der Kirche *S. Maria in Pallara* auf dem Palatin gefangen nahm, wo die Wahl gerade zu Ende gegangen war. In Ketten wurde er im Turm seines Palastes eingeschlossen, (der dann lange Zeit deswegen *„Turris iniquitatis"* genannt wurde). Kurz darauf befreite ihn aber das Volk, das sich erhoben hatte, und führte den Papst in einem Triumphzug zum Lateran. Wegen der unerwarteten Ankunft des Kaisers aber, den Frangipane gerufen hatte, sah sich Gelasius gezwungen, aus Rom zu fliehen. Mit seinen Kardinälen und großem Gefolge fand er in Gaeta, seiner Heimat, Zuflucht, wo er am 10. März 1118 endlich geweiht und gekrönt werden konnte. Heinrich V. stellte ihm als Gegenpapst Gregor VIII. (Maurizio Burdino) entgegen, der sofort vom rechtmäßigen Papst exkommuniziert wurde. Gelasius II. gelang es, am folgenden 5. Juli heimlich wieder nach Rom zu kommen, das fast ganz im Besitz des Gegenpapstes war. Er hielt sich in der kleinen Kirche *S. Maria in Secundicerio* verborgen.

Da er sich aber in der Stadt nicht sicher fühlte und nicht ein zweites Mal in die Hände der Frangipane fallen wollte, hielt er es für klüger, sich erneut zu entfernen. An seiner Stelle beließ er den Kardinal Pietro von Porto und beauftragte den Normannen Stefan, der zum Bannerträger der Kirche erhoben worden war, mit der Verteidigung der Stadt. Gelasius begab sich nach Frankreich, wo er gegen Ende des Jahres 1118 ankam und mit allen Ehren von einer unermeßlichen Menge Gläubiger empfangen wurde, die ihm „unterwegs entgegeneilten, um den Stellvertreter Christi zu sehen, den nicht die Sarazenen, – wie Gregorovius bemerkt –

sondern die Römer vom Grab des hl. Petrus verjagt hatten". Gelasius II. war dabei, ein Konzil nach Reims einzuberufen, um eine Beilegung des Schismas zu erreichen, als er erschöpft von den beständigen Leiden in Cluny am 28. Januar 1119 vom Tod überrascht wurde. Er fand in der Abteikirche dort seine Ruhestätte, die heute keine bessere Inschrift haben könnte als die Worte, die Cesare Baronio am Ende seines aufgewühlten Pontifikates schrieb: „Schwerlich wird man einen Papst finden, der in so kurzer Zeit mehr als er gelitten hat".

Bibl.: F. Gregorovius, *Storia della città di Roma nel medio evo*; L. Trompeo, VII: Rom 1940, S. 59–70; D. Lohrmann, *Die Jugendwerke des Johannes von Gaeta*, in *Quellen und Forschungen aus italienischen Archiven und Bibliotheken*, 47 (1967), S. 355–445; R. Volpini, *Documenti nel „Sancta Sanctorum" del Laterano; i resti dell'"Archivio" di Gelasio II*, in *Lateranum*, 52 (1986), S. 215–264; F. Dolbeau, *Recherches sur les oeuvres littéraires du Pape Gélase II*, in *Analecta Bollandiana*, 107 (1989), S. 347–383).

N. Del Re

Gendarmerie, Päpstliche

Um die Polizeikräfte im ganzen Kirchenstaat zu vereinheitlichen, die seit langem aus den sogenannten „birri" bestanden und bei der Bevölkerung schlecht angesehen waren, wurde 1816 auf Vorschlags des Gouverneurs von Rom, Tiberius Pacca, und nach einem von ihm selbst ausgearbeiteten Plan das „Korps der Päpstl. *Carabinieri*" geschaffen. Ihm war die „Aufrechterhaltung der öffentlichen Ordnung, die Durchführung der Gesetze und die ständige Überwachung des ganzen Staates" anvertraut, wie es in Art. 2 der Regelung heißt, die am 22. Oktober 1816 von Kardinalstaatssekretär Ercole Consalvi unterzeichnet worden war (v. N. Del Re, *Tiberio Pacca cardinale mancato*, Roma 1984, S. 52). Sie bestand aus drei Regimentern mit je drei Schwadronen, von denen jede wieder zwei Kompanien zählte, insgesamt also aus 2280 Mann. Das „Korps der päpstl. Carabinieri" war gleichmäßig auf alle Provinzen des Staates verteilt. Unter ihren verschiedenen röm. Kasernen sei jene an der *Piazza del Popolo* erwähnt, die Pius VII. hatte bauen lassen und die noch heute existiert – freilich nach 1870 von den italienischen *Carabinieri* benutzt.

Von Gregor XVI. im Jahr 1838 reorganisiert und am 17. Dezember 1849 von der Regierungskommission des Staates nach dem Fall der zweiten Röm. Republik abgeschafft, wurden die Carabinieri durch Dekret Pius' IX., vom 15. Februar 1850 durch den Verband der päpstl. „*Veliti*" ersetzt, denen die gleichen Aufgaben wie den früheren *Carabinieri* übertragen waren. Sie hatten die Stärke eines Regimentes, eingeteilt in drei Schwadronen und 14 Kompanien, die ihren Namen von der Provinz hatten, wo sich ihr Hauptquartier befand. Sie waren ihrerseits in Züge unterteilt und diese wiederum in Brigaden zu Fuß und zu Pferd mit insgesamt 1648 Mann und 525 Pferden. Durch Dekret Pius' IX. vom 12. Juli 1851 erhielt das Korps der „*Veliti*" die neue Bezeichnung „Päpstl. Gendarmerie" – „wie – so war dort bemerkt – diese Abteilung allgemein in allen anderen Staaten heißt". Sie blieb bis in die heutige Zeit unverändert, wie auch ihre Aufgaben die gleichen wie die ihrer Vorgänger blieben. Sie hatten auch weiter Vorrang vor den sonstigen Streitkräften und standen deshalb bei allen Militärparaden rechts. Sie wurden später aufgerufen, einen Teil des Heeres zu bilden. Getreu ihrem Auftrag, die Sicherheit des Staates und seines Souveräns zu sichern, nahmen die Gendarmen aktiv an Verteidigungsaufgaben teil. Im Jahr 1867 stellten sie sich z.B. Versuchen fremder Streitkräfte entgegen, in das Territorium des Kirchenstaates einzudringen (vgl. P. Dalla Torre: *L'anno di Mentana: contributo ad una sto-*

ria dello Stato pontificio nel 1867, Turin 1938.). Ihr Wirken dehnte sich auch auf den Kampf gegen das Banditentum und andere Bereiche aus. Als im Sommer 1867 in Albano die Cholera wütete, lieferten die Gendarmen der örtlichen Station und andere Abteilungen einen Beweis ihres selbstlosen Einsatzes zu Gunsten der von der schrecklichen Krankheit Betroffenen. Gleichzeitig taten sie alles, um für die Sicherheit der Häuser und Güter zu sorgen, die von vielen aus Angst vor Ansteckung verlassen worden waren.

Sie blieben auch nach 1870 im Dienst des Hl. Stuhles kraft eines Artikels, der der Kapitulation beigefügt wurde, wie auch die „Nobelgarde" (→) die „Schweizergarde" (→) und die „Palatingarde" (→). Die päpstl. Gendarmen erfüllten also weiter ihre Aufgaben im Vatikan. Sie bestanden freilich nur noch aus 100 Mann und bildeten das Wachkorps der hl. Apost. Paläste. Unter dem Pontifikat Leos XIII. (1878–1903) konnte das Korps endlich auch seine Fahne wiederbekommen, ähnlich jener, die bei der Übergabe Roms ausgehändigt worden war. Sie ist aus dunkelblauem Tuch und trägt in der Mitte das Wappen des regierenden Papstes, in Gold und Seide gewebt, während sich an der Spitze der Stange eine Kugel mit einer kleinen Statue des hl. Erzengels Michael mit dem Schwert befindet. Zur Zeit Pius' X. (1903–14) wurde sogar das Musikkorps vom damaligen Kommandanten Paolo Ceccopieri wiedererrichtet.

Nach der Bildung des Staates der Vatikanstadt wurde die Päpstl. Gendarmerie direkt vom Governatorat abhängig – gemäß Art. 7 des Grundgesetzes vom 7. Juni 1929 (AAS, Suppl. 1 [1929], Nr. 1, S. 1–4), während sie am 1. Juli 1969 in die Abhängigkeit vom Kardinal-Präsidenten der Päpstl. Komm. für den Staat der Vatikanstadt überging. Sie unterlag aber weiter ihrer eigenen Regelung hinsichtlich des Bestandes und der Disziplin, deren letzte Verfügung mit Dekret der genannten Kommission vom 8. Dezember 1946 Nr. XL erlassen wurde. Kraft dieser Verfügung war sie beauftragt, über die persönliche Unversehrtheit des Papstes zu wachen und darüber hinaus das Territorium des Staates der Vatikanstadt zu schützen, die mit dem Polizeidienst verbundenen Aufgaben zu erfüllen, die innere Ordnung und die Sicherheit zu überwachen, den Gesetzen des Staates und den Regelungen und Weisungen der öffentlichen Autoritäten Geltung zu verschaffen. Sie hatte ferner Ehrendienste zu leisten und sich dabei an die Instruktionen der zuständigen Autorität zu halten, die in Absprache mit dem Kardinal-Präsidenten der Päpstl. Komm. für den Staat der Vatikanstadt handeln mußten. Funktionen der Sicherheit und der Überwachung nahm die Gendarmerie auch in den päpstl. Villen von Castelgandolfo wahr, dazu bei einigen päpstl. Gebäuden, die sich in Rom befinden. Während der Sedisvakanz des Hl. Stuhles stand das Korps der Gendarmen für die Konklavedienste dem „Marschall der Hl. Röm. Kirche" (→), dem Hüter des Konklaves, zur Verfügung.

Die Gendarmerie wurde vom Dekret über die Auflösung der päpstl. Armeekorps betroffen und hörte am 20. Januar 1971 auf zu bestehen. Sie wurde aber kraft des betreffenden Gesetzes LXVII vom 15. Dezember 1970 (AAS, Suppl. 42 [1970], Nr. 11, S. 53–55) durch ein zentrales Amt für den Wachdienst (→) ersetzt, das neu geschaffen wurde und zahlreiche ehemalige Gendarmen aufnahm. Dieses Amt wurde 1991 mit dem Gesetz Nr. CLXVIII vom 25. März (AAS, Suppl. 62 [1991] Nr. 3, S. 9–10) in das Korps „Wachdienst für den Staat der Vatikanstadt" (→) umgewandelt und unter dem gleichen Datum direkt der Päpstl. Komm. für den Staat der Vatikanstadt unterstellt.

Die von den päpstl. Gendarmen getragene Uniform bestand aus einer schwarzen Tunika, die an den Hüften eng geschlossen und mit langen Streifen versehen – ähnlich denen der italienischen *Carabinieri*. Dazu kamen lange Hosen von intensivem Blau mit doppelten schwarzen Streifen. Als Hut verwendeten sie den charakteristischen napoleonischen Zweispitz. Die Galauniform bestand hingegen aus weißen Hosen mit hohen schwarzen Reitstiefeln, während eine hohe Mütze aus schwarzem Fell den gewöhnlichen Zweispitz ersetzte.

Bibl.: A. Lancellotti, *Mondo vaticano*, Mailand 1941, S. 33–42; G. Imbrighi, *I Corpi Armati Pontifici*, Città del Vaticano 1953, S. 57–71.

N. Del Re

GENERALAUDITOR DER APOSTOLISCHEN KAMMER

Diesen Titel trägt noch heute ein hoher Funktionär der Apost. Kammer, ein Büro der Röm. Kurie, das heute nur noch in der mehr oder weniger kurzen Zeit der Sedisvakanz (→) tätig wird. In der Vergangenheit war es als oberstes Verwaltungsorgan des Kirchenstaates von großer Bedeutung. Das Amt des Generalauditors ist heute nur noch eine Ehrenamt ohne wirksame Jurisdiktion. In früheren Zeiten aber besaß er in seiner Eigenschaft als Hauptvertreter der gerichtlichen Gewalt der Kammer hohes Ansehen und wurde auch als *Uditore generale delle cause della Curia della Rev. Camera Apostolica* (Generalauditor für die Angelegenheiten der Kurie der hochw. Apost. Kammer) bezeichnet. In dieser Form wird er zum ersten Mal in der Liste der Familie Nikolaus' III. 1277 erwähnt.

Er war zunächst Auditor des *Camerlengo* der Hl. Röm. Kirche und hatte die Aufgabe, Angelegenheiten aus dessen Zuständigkeit zu behandeln und zu entscheiden. Diese Autorität war anfangs recht beschränkt, doch schon die Konstitution Johannes' XXII. *Ratio iuris* vom 16. November 1331 (BR, IV, S. 317–323) dehnte seine Vollmacht erheblich aus. Nun war er Präsident eines Gerichtshofes innerhalb der Kammer und hatte alle Rechtsfälle zu behandeln, die das Fehlverhalten päpstl. Geldeintreiber, Streitigkeiten zwischen diesen und den Abgabenzahlern, Nachlässe, Zahlungsverweigerungen usw. betrafen, mit denen es die Apost. Kammer zu tun hatte. Die Zuständigkeit des Generalauditors wuchs noch besonders nach der Konstitution Innozenz' VIII. *Apprime ad devotionis* vom 22. Dezember 1485 (BR V, S. 320–323), denn seiner Jurisdiktion waren nun sogar Barone, Fürsten, Botschafter, Würdenträger, Bischöfe, Erzbischöfe, Patriarchen und Kardinäle unterworfen. Gegen die Urteile des Auditors, der in erster Instanz sowohl in zivilen wie in strafrechtlichen Fällen zuständig war, appellierte man direkt an den *Camerlengo*. Als dieser unter Martin V. (1417–31) seine Richterfunktionen verlor, gingen die Appelle an das Gericht der Kammer, das sich aus ihren bedeutendsten Mitgliedern zusammensetzte.

Bei der Beweiserhebung der Fälle konnte sich der Generalauditor, dessen Amt auch nach den Reformen Pius' IV. 1562 und Clemens VIII. 1596 unverändert blieb, der Mithilfe der Auditoren der Hl. Röm. Rota und anderer Ratgeber bedienen. Doch im Unterschied zu diesen war er nicht verpflichtet, ihre Stellungnahme einzuholen. Er konnte sie sogar in seinen Urteilen völlig übergehen. Der Auditor besaß ferner die Vollmacht, alle Angelegenheiten der Kammer an sich zu ziehen, unabhängig davon, wie weit sie schon gediehen war. Er konnte sogar Urteile zu zurückliegenden Appellationen fällen, bei denen man eigentlich nur an den Papst appellieren konnte, um eine Neubehandlung zu erreichen. Mitte des 15. Jh. blieb das Auditorat zeitweise aufgehoben. Denn Papst Paul IV. hatte 1558 das neue Amt eines „Regenten der Hl.

Röm. Kirche und der Apost. Kammer" (→) für seinen Neffen Alfonso Carafa geschaffen, das aber Pius IV. 1561 wieder abschaffte.

Der Generalauditor konnte sich von einem A. C. met (= *Auditor Camerae semet*) vertreten lassen, eine Art Vizegerent als privater Auditor, der aber mit ihm eine einzige juristische Person bildete. Der Vizegerent nahm mit beratender Stimme an den Zivil- und Strafprozessen teil. Pius IX. schaffte mit einem Rundschreiben des Staatssekretariates vom 1. Januar 1847 das Gericht ab. Das für Strafsachen wurde mit dem Gericht der Regierung vereint. Dem Generalauditor aber vertraute der Papst mit dem Motu Proprio *Come è nostro principale desiderio* vom 12. Juni 1847 (Akten Papst Pius IX. II, 1, S. 52–66) das Justizministerium an, das er freilich nur wenige Monate leitete. Anfang 1848 übernahm er wieder seine alten Aufgaben in der Kammer, die freilich arg geschrumpft waren, und das blieb so bis heute.

Bibl.: G. Felici, *La Reverenda Camera Apostolica. Studio storico-giuridico*, Rom 1940, S. 15–16, 104–110 und öfter.

N. Del Re

Generaldirektor der Post

So wurde der für die Post zuständige Würdenträger des Päpstl. Hofes genannt, der unter anderem Namen bereits 1559 erwähnt wird und zur Gruppe der „Geheimkämmerer mit Schwert und Mantel" (→) gehörte. Er war der dritte in der Rangordnung und ihm oblag ursprünglich die Leitung des Staffettendienstes und der päpstl. Boten, die direkt von ihm abhingen. Er sorgte also für das gute und nicht immer leichte Verhältnis zu den Postmeistern, sowohl denen, die von der Verwaltung abhingen, als auch den einfachen Pächtern. Eine weitere Aufgabe des Generaldirektors der Post während der Reisen des Papstes, den er immer begleitete, war die Betreuung und Bereitstellung der Pferdepost und der Unterkünfte. Er ging dem Papst voran und ersetzte bei Abwesenheit auch den „Reitermajor Seiner Heiligkeit" (→). Er hatte die Tür des päpstl. Wagens zu öffnen und zu schließen.

Verschiedene Päpste von Sixtus V. (1585–90) bis zu Pius VIII. (1829–30) befaßten sich von Fall zu Fall damit, die Vorrechte des Superintendenten (Generaldirektors) der Post zu verbessern. Er unterstand dem Camerlengo der Hl. Röm. Kirche (→) und erhielt seine Aufgabe (nach 1870 nur noch eine Ehrenstellung) auf Lebenszeit. Obwohl nicht erblich, war das Amt seit der Zeit Gregors XVI. (1831–46) der röm. Familie der Fürsten Massimo vorbehalten. So erklärt sich vielleicht, warum das erste Postbüro in Rom zunächst seinen Sitz beim ursprünglichen *Palazzo Massimo alle Colonne* hatte und zwischen dem *Corso Vittorio Emanuele II* und der *Piazza Navona* lag – in der Straße, die heute noch *Via della Posta Vecchia,* Straße der alten Post, heißt.

Die Uniform, die der Generaldirektor der Post trug, bestand aus dunklem grünen Tuch. Der Rock war mit ansehnlichen Goldstickereien mit Eichenblättern geschmückt, während die grüne langen Hosen an den Seiten einen Goldstreifen aufwiesen. An Festtagen trug er kurze Hosen aus weißer Seide. Seinen Kopf schmückte ein Zweispitz, der ringsum mit weißen Federn und der päpstl. Kokarde dekoriert war, dazu trug er ein Schwert mit goldenem Knauf an der Seite.

Bei der Neuordnung des Päpstl. Hauses (→) 1968 durch Paul VI. wurde mit dem Motu Proprio *Pontificalis Domus* vom 28. März 1968 (AAS, LX [1968], S. 305–315) sowohl die Aufgabe wie der Name des Generaldirektors der Post abgeschafft. Nach der Gründung des Staates der Vatikanstadt 1929 war er einer der päpstl. Würdenträger gewesen, der zusammen mit dem Gouverneur und dem Generalrat der Vatikanstadt die Souveräne und Staatsoberhäupter an der Grenze des Vatikanstaates empfing, wenn diese sich zu offizieller Audienz zum Papst begaben.

N. Del Re

GENERALKONGREGATION

So heißt die Versammlung aller Mitglieder des Hl. Kollegiums, die während der Sedisvakanz des Apost. Stuhles (→) zur Behandlung aller wichtigeren Angelegenheiten gemäß Kap. II der Konstitution Pauls VI. *Romano Pontifici eligendo* vom 1. Oktober 1975 (AAS, LXVII, S. 609–645) zusammenkommen. Solche Generalkongregationen, an denen alle nicht z. B. wegen Krankheit verhinderten Kardinäle teilnehmen müssen (den über 80jährigen steht es frei), können im Vatikan oder auch anderswo stattfinden, je nach dem Urteil der Kardinäle. Sie findet statt unter Vorsitz des Dekans des Hl. Kollegiums oder des Vizedekans, wenn dieser verhindert ist, oder des ältesten Kardinals nach der üblichen Rangordnung, falls einer von diesen oder beide nicht zum Konklave zugelassen sind, weil sie das 80. Lebensjahr überschritten haben.

Diese Generalkongregationen bereiten den Einzug der Kardinäle ins Konklave vor. Sie wird geleitet vom Dekan des Hl. Kollegiums, der sie nach der vorgegebenen Ordnung täglich einberuft. Hierbei wird alles festgelegt, was im Hinblick auf das kommende Konklave geschehen soll. Zunächst aber müssen die anwesenden Kardinäle einen Eid leisten. Er wird vom Dekan verlesen und lautet: „Wir Kardinalbischöfe, Kardinalpriester und Kardinaldiakone der Hl. Röm. Kirche versprechen, verpflichten uns und schwören, daß wir alle zusammen und jeder einzelne von uns genau und gewissenhaft alle Normen beachten werden, die in der Apostolischen Konstitution *„Universi Dominici Gregis“* Papst Johannes Pauls II. enthalten sind, und alles streng geheim halten werden, was sich in irgendeiner Weise auf die Wahl des Papstes bezieht oder was von Natur aus während der Vakanz des Apostolischen Stuhls die Geheimhaltung erfordert.“ Unmittelbar darauf folgt der Eid sämtlicher Kardinäle nach der vorgeschriebenen Formel. Auch alle in späteren Generalkongregationen hinzukommenden Kardinäle müssen diesen Eid leisten.

Bei den folgenden Generalkongregationen wird nach und nach all das festgelegt, was für den Beginn des Konklaves wichtig erscheint: a) Tag, Stunde und Formen der Überführung des Leichnams des verstorbenen Papstes in die Basilika St. Peter, wo die Gläubigen ihm ihre Ehre erweisen können. b) Die Vorbereitung der Totenmessen für den verstorbenen Papst, die an neun aufeinander folgenden Tagen (Novemdialien) zu halten sind. c) Die Bildung von zwei unterschiedliche Kommissionen, die aus je drei Kardinälen besteht. Die erste bestimmt alle jene, die für die verschiedenen Dienstleistungen ins Konklave kommen dürfen, dazu ihren Leiter. Sie prüft auch sorgfältig, ob ein Konklavist (→) zugelassen werden kann. Die zweite Kommission ist für Ausstattung und Abschließung des Konklaves zuständig und bereitet die Unterbringungsräume für die Wahlmänner vor. d) Vorschlag und Billigung der Ausgaben für das Konklave. e) Verlesung eventueller Dokumente, die der verstorbene Papst dem Hl. Kollegium der Kardinäle hinterlassen hat. f) Zerstörung des Fischerrings (→) und des Bleisiegels, mit denen die apost. Briefe versehen wurden. g) Festsetzung von Tag und Stunde für den Einzug ins Konklave.

N. Del Re

GENERALRAT DES STAATES DER VATIKANSTADT

Im Sinne des Art. 8 des Grundgesetzes der Vatikanstadt vom 7. Juni 1929 (AAS, Suppl. 1 [1929] Nr. 1 S. 1–4) ist der Generalrat des Staates ein beratendes Organ. Er ist gehalten „seine Beratungstätigkeit jedesmal dann auszuüben, wenn es das Gesetz vorsieht oder wenn sie vom Papst oder vom Gouverneur erbeten wird." Wie der Gouverneur des Staates der Vatikanstadt (→) ist auch der Generalrat vom Papst ernannt, wird auch von diesem abberufen und ist ihm direkt unterstellt. Er ist nicht dazu verpflichtet, die vatikanische Staatsbürgerschaft (→) zu erwerben noch innerhalb des Vatikans zu wohnen; denn er ist kein Angestellter, sondern nur Berater. Als solcher bezieht er ein Honorar, in keiner Weise aber ein Gehalt.

Wenn jemand seine Rechte oder Interessen durch einen Verwaltungsakt des Staates der Vatikanstadt verletzt sieht, kann er durch den „Generalrat" beim Papst Beschwerde einlegen. Nur über ihn können Gnadengesuche an den Papst weitergeleitet werden (Art. 16 u. 18 d. gen. Grundgesetzes). Seine Funktion ist jedoch nicht nur die eines Übermittlers, sondern er muß jeweils zu den ihm übergebenen Akten eine persönliche Stellungnahme für den Papst verfassen.

Auch nach der Einsetzung einer „Consulta dello Stato della Città del Vaticano (→)", verfügt von Paul VI. mit dem Motu Proprio *Una struttura particolare* vom 28. März 1968 (AAS, Suppl. XL [1968], Nr. 2), ist der Consigliere generale (Generalrat) ein konsultatives Organ des Staates geblieben: die ihm aufgetragenen Funktionen sind unverändert beibehalten worden (Vgl. Art. 4 des Gesetzes über die Regierung des Staates der Vatikanstadt vom 24. Juni 1969). Nichtsdestoweniger ist die Stelle seit längerer Zeit vakant.

N. Del Re

GENERALRELATOR DER KONGREGATION FÜR DIE SELIG- UND HEILIGSPRECHUNGSPROZESSE

Es handelt sich um einen Priester oder Ordensgeistlichen, der als Generalrelator gegenwärtig dem Kollegium der Relatoren in der Kongr. für die Selig- und Heiligsprechungsprozesse vorsteht, das durch die Reform Johannes Pauls II. für die Prozedur der Selig- und Heiligsprechungen 1983 eingeführt wurde. Aufgabe der Mitglieder dieses Rats ist es, die Prozesse in ihrem historischen Ablauf abzuwägen. Die Einrichtung des Generalrelators gab es schon seit 1930 in der damaligen Ritenkongregation, die eine entsprechende *Sezione storica,* eine „historischen Abteilung", mit der Aufgabe hatte, die Untersuchungen und Beweisführungen über die Feststellung des höheren Tugendgrades oder das Martyrium der Diener oder der Dienerin Gottes in ihrem geschichtlichen Aspekt zu prüfen. Unter Paul VI. wurde sie dann 1967 zur „historisch-hagiographischen Abteilung" umgewandelt. Seit 1983 steht dieser der Generalrelator vor, der in den *Congressi* seine Ansicht über die Vergabe der *Causen* zu einer Selig- oder Heiligsprechung an die einzelnen Relatoren darstellen kann.

N. Del Re

GENTILUOMINI

→ Geheime Kammerherren Seiner Heiligkeit

GERICHTSHÖFE DES HL. STUHLS

→ Pönitentiarie, Apost./ Rota Romana/ Signatur, Apost.

GESCHÄFTSTRÄGER DES HL. STUHLES

Den Namen „Geschäftsträger" trägt ein fest beauftragter Missionschef. Er wird in den Fällen ernannt, wo die Entsendung eines Missionschefs erster oder zweiter Klasse, aus welchen Gründen auch immer, nicht möglich ist. Nach dem geltenden Recht, das im Motu Proprio Pauls VI. *Sollicitudo omnium Ecclesiarum* vom 24. Juni 1969 festgelegt ist (AAS, LXI (1969), S. 473–484), trägt den Namen „Geschäftsträger" der Legat des Röm. Papstes, dem eine päpstl. Vertretung bei einer Ortskirche oder Nation fest, aber ersatzweise anvertraut wird. Er gehört zur dritten Klasse der Missionschefs gemäß Art. 14 der „Konvention über die diplomatischen Beziehungen" (Wien 1961) und wird daher beim Außenministerium der betreffenden Nation akkreditiert. Derzeit besitzt der Hl. Stuhl keinen Ständigen Geschäftsträger. Der letzte war jener, der bis 1951 in Liberia residierte, als die diplomatische Vertretung in diesem afrikanischen Land zunächst zu einer Internuntiatur erhoben wurde, um dann 1966 in eine Nuntiatur umgewandelt zu werden.

Von den genannten Geschäftsträgern sind die *ad interim* beauftragten Geschäftsträger zu unterscheiden. Denn diese sind Päpstl. Vertreter, die einen Missionschef ersetzen, wenn dieser fehlt oder vorübergehend abwesend ist, so daß sie dann alle seine Funktionen gegenüber der Ortskirche und gegenüber der Regierung ausüben. Für sie gelten aber nicht die Aussagen des erwähnten Motu Proprio Pauls VI. Es sei denn, sie werden ausdrücklich erwähnt. Diese Geschäftsträger sind nämlich nicht im Dokument als Päpstl. Vertreter genannt.

Bibl.: M Oliveri, *Natura e funzioni dei legati pontifici nella storia e nel contesto ecclesiologico del Vaticano II* (Turin 1979), Index.

N. Del Re

GESPALTENE LANZEN

Dies ist eine andere Bezeichnung für die *Ritter der Wache*, eine alte päpstl. militärische Abteilung, die zusammen mit dem päpstl. Reiterkorps (→) und der Schweizer Garde (→) die Leibwache des Papstes bildete und ebenso die Wachtruppe zum Schutz der Apost. Paläste unter der Jurisdiktion des *Maggiordomo* der Hl. Paläste. Das Datum ihrer Aufstellung läßt sich nicht angeben, doch steht fest, daß die „Gespaltenen Lanzen" am Päpstl. Hof des 17. Jh. aktiven Dienst taten, wie Girolamo Lunadoro in seiner *Relazione della Corte di Roma* (Venedig 1661) schreibt: „Die Leibwachen bestanden aus zwei Kompanien leichter Reiter, je 50 pro Kompanie, einer Kompanie Schweizer, zwölf Gespaltene Lanzen, alle im Hauptmannsrang". Die täglich anwesende Wachmannschaft bestand aus „fünfzig Schweizer Soldaten, in zwei Gruppen aufgeteilt, ferner zwölf Ritter und vier Gespaltene Lanzen". Besondere Aufgabe dieser kleinen Militärabteilung war es also, über die persönliche Unversehrtheit des Papstes zu wachen; vier Gespaltene Lanzen umgaben nämlich im Quadrat, zu Fuß oder zu Pferd, je nach den Umständen, den Papst bei Ausritten, Besitzergreifungen, Paraden und bei den großen Feierlichkeiten, während weitere zwei von ihnen im allgemeinen den normalen Ablauf der verschiedenen Funktionen leiteten. Sie trugen in der rechten Hand einen Kommandostab.

Sie gehörten zur *Famiglia Pontificia*, und wir finden sie als solche in den *Notizie*, angefangen mit dem Jahre 1741. Aus diesem kleinen Buch geht ferner hervor, daß dieses Korps zwei Klassen von Soldaten umfaßte, das heißt *numerari* und *sopranumerari* (in jenem Jahr jeweils vier und neun) und fast alle röm. Adelige; sie trugen schwarze Uniformen, darüber an Festtagen den Harnisch; sie waren mit einem Schwert bewaffnet und hielten in der Hand einen langen Stab aus Ebenholz mit einem elfenbeinernen Apfel. Von einem bestimmten Zeitpunkt an bilden sie die erste Laiengruppe des Hofes, als geheime militärische Kämmerer noch vor den gewöhnlichen Geheimkämmerern aus dem Klerus. Man kann neben ihnen eine dritte Klasse von Soldaten finden, die als *soprannumerari d'onore* bezeichnet werden und Nicht-Römer sein mußten.

In ihrer letzten Zusammensetzung umfaßten die Gespaltenen Lanzen, die am 16. Februar 1798 zugleich mit der leichten Kavallerie und den Gepanzerten nach der Schaffung der jakobinischen Röm. Republik aufgelöst wurden, zehn gewöhnliche Ritter, zehn Überzählige und zwei Überzählige ehrenhalber. Ein Teil von ihnen, die den ersten beiden Klassen angehörten, stieß auf ihren ausdrücklichen Wunsch hin zur neuen Päpstl. Nobelgarde (→), die von Pius VII. im Jahre 1801 geschaffen worden war. Die normalen Gespaltenen Lanzen eröffneten dabei die Gruppe der Obergefreiten, die Überzähligen aber die Gruppe der Kadetten im Rang eines Oberstleutnants.

Was die Bezeichnung „Gespaltene Lanzen" angeht, „bezieht sie sich zweifellos auf den Ausgang einer Übung mit der Zielscheibe, bei der man die Tüchtigkeit des Lanzenreiters prüfte; diese Zielscheibe aber war nichts anderes als die berühmte *quintana*. Gespaltene Lanze war also jener, der eine Lanze in der *Quintana* spaltete und damit einen Beweis seiner hohen militärischen Tüchtigkeit lieferte. Die *Quintana* ergab die ‚ausgezeichneten Lanzenwerfer'; Gespaltene Lanze ist also ein Titel analog dem heutigen ‚Scharfschützen' bei der Infanterie."

Die obige Darlegung zu den Gespaltenen Lanzen ist der von Attilio Profumo veröffentlichten Studie entnommen, der damals Kommandant der Palatin-Ehrengarde des Papstes war. Der Verfasser schreibt weiter: „Die Gespaltenen Lanzen bildeten keine eigene Päpstl. Leibwache neben dem Korps der Reiter, sie bildeten überhaupt keine eigene Abteilung, und offiziell bezeichnete Gespaltene Lanze nur einige höhere Grade mit der Aufgabe von Unteroffizieren in der Päpstl. Garde, die aus Infanteristen und Reitern bestand". Eine Gruppe von Gespaltenen Lanzen kann man auf einem Gemälde von Giovanni Paulo Pannini dargestellt sehen, das im Quirinalspalast aufbewahrt wird und Benedikt XIV. bei einem Besuch in *S. Maria Maggiore* zeigt.

Bibl.: A. Profumo, *Lancie Spezzate*, in *Centenario del Corpo della Guardia Nobile* Pontificia *(11 maggio 1801 – 11 maggio 1901)*. Veröffentlichung der Zeitung *La Fedeltà,* Roma 1901, S. 65–71; F. Crostarosa, *Le Lancie Spezzate*, Roma 1901.

N. Del Re

GEWÄNDER, PÄPSTLICHE

Bis gegen Ende des 4. Jh. trugen die Päpste kein besonderes Zeichen ihrer Würde. Dann pflegten sie eine weiße kegelförmige Kopfbedeckung phrygischer Art (*camelaucum*) zu tragen, die später am unteren Rand mit einem goldenen Kranz oder Kronenring geschmückt wurde. Einige halten Symmachus (498–514) für den ersten Träger, andere Leo III. (795–816) oder Nikolaus I., den Großen (858–867). Bonifatius VIII. (1294–1303) fügte eine zweite und Clemens V. (1305–14), der erste Papst in Avignon, eine dritte Krone hinzu. Damit war die Tiara (→) eingeführt als Symbol der obersten päpstlichen Autorität.

Heute trägt der Papst tagsüber einen weißen Talar, der in der Mitte von einer seidenen Schärpe in gleicher Farbe gehalten wird, auf dem Kopf den ebenfalls weißen *Pileolus* (Käppchen). Über dem Talar trägt er manchmal Rochett und Mozetta in karmesinroter Farbe. Früher verwendeten die Päpste Purpurgewänder mit rotem Mantel, die aber dann auf die Kardinäle übergingen. Den Kopf bedeckte er dann mit der *camaura* (→) in gleicher Farbe, während er an den Füßen rote Schuhe trug. Die weißen Gewänder der Päpste dienten dazu, sich von Kardinälen zu unterscheiden. Sie gehen wahrscheinlich auf den Brauch zurück, über dem gewöhnlich roten Gewand ein langes weißes Rochett zu tragen. Von Sixtus IV. (1471–84) besitzen wir das älteste Bild eines Papstes, der in Weiß gekleidet war. Es stammt von Melozzo da Forlì und befindet sich derzeit in der Vatikanischen Pinakothek (→). Bei den liturgischen Feiern trägt der Papst wie die Erzbischöfe Pallium und Mitra, während dem Papst allein die *falda* (→) vorbehalten ist, die er gewöhnlich bei feierlichen Gottesdiensten, bei den Vespern, einigen Zeremonien der Karwoche und bei bestimmten anderen Gelegenheiten trägt. Früher gab es noch den *Manto Papale* (→ Papstmantel) und das *succintorio* (→Unterzingulum), das seit Johannes XXIII. (1958–1963) nicht mehr benutzt wird; schließlich den *fanone* (→), der von Paul VI. zum Ende des II. Vatikanischen Konzils abgeschafft wurde.

N. Del Re

GIESSEREI, VATIKANISCHE

Sie wurde von Pius IV. (1559–65) eingerichtet, um für die Herstellung der Waffen, zumal der Artillerie des päpstl. Heeres, zu sorgen. Sie entstand auf dem sogenannten „Prato di Belvedere“, wo heute der kleine Palast der vatikanischen Post und Telegraphie steht. Bei den Ausschachtungsarbeiten für die Fundamente des neuen Postgebäudes traten die Fundamente der alten vatikanischen Gießerei zu Tage. Ihr Aussehen, etwas über 50 Jahre nach ihrem Bau, zeigt uns gut die große Darstellung des Vatikan von Maggi-Mascardi von 1615 – veröffentlicht von Kardinal Franz Ehrle (Rom 1914). In der entsprechenden Bildzeile heißt es: „Räume der Apost. Kammer, volkstümlich Gießerei genannt, wo Kriegswerkzeuge und alles aus Erz zu Gießende hergestellt wird“.

Doch schon in den ersten Jahren des Pontifikates Urbans VIII. schien die ursprüngliche Tätigkeit dieser Gießerei nicht mehr für die normalen Metallgußarbeiten auszureichen. Der Papst hielt es 1625 für angebracht, den Bau einer weiteren Gießerei anzuordnen, die sich neben der vorhandenen erheben sollte, wie aus einem Handschreiben vom 17. November dieses Jahres hervorgeht (veröffentlicht von Fabio Gori in seinem *Archivio storico*, vol. III, 1879, S. 221, Dok. XXXV). Urban VIII. beauftragte Msgr. Girolamo Vidone, Generalschatzmeister der Apost. Kammer, die notwendige Summe für den Bau anzuweisen. Der Papst schrieb: „Da heute für den Dienst des Apost. Stuhles der Bau einer neuen Gießerei mit den Maschinen dazu nötig ist, soll sie neben der alten Gießerei hinter unserem Vatikanischen Palast zum Belvedere hin erbaut werden, um Artilleriestücke und anderes zu gießen, was anfallen wird“. Wie groß im übrigen die „Gießerei der Kanonen“ im Laufe der Zeit wurde, läßt sich gut aus dem Plan Roms von Giovanni Battista Nobili aus dem Jahre 1748 ersehen.

Die vatikanische Gießerei war verwaltungsmäßig von der Apost. Kammer und von der Kongregation der *Fabbrica di S. Pietro* abhängig. Deren Leiter, der Camerlengo des Kardinalskollegiums und der Kardinal-Erzpriester der Vatikanischen Basilika, stellten das Patent eines Gießers der Kammer (der erste) oder eines Gießers der Hochw. *Fabbrica* (der zweite) aus. Es war eine Lebensaufgabe, die mit jährlichen Aufträgen kompensiert wurde. In dieser Funktion folgten nacheinander Männer mit großen Namen wie Giardini, Giardoni, Valadier, Righetti usw.

Die Leiter der vatikanischen Gießerei trugen den Titel „Ehrenkapitän der päpstl. Artillerie“. Neben Waffen und Munition gingen aus ihren

Betrieben auch wertvolle Kunstwerke hervor. Noch offen ist die Frage, ob sie für den Guß von Druckbuchstaben bzw. Matrizen für die Druckerei zuständig waren, obwohl eine solche Hypothese keineswegs auszuschließen ist. Unter den wichtigsten Kunstwerken, die die vatikanische Gießerei schuf, muß gewiß die große Bronzestatue des Erzengels Michael genannt werden, die als Ersatz für die alte Marmorstatue auf dem alten röm. Grabmal des Hadrian, der „Engelsburg", aufgerichtet wurde. Die Statue wurde entworfen vom flämischen Bildhauer Peter Anton Verschaffelt und 1752 von Francesco Giardoni, dem Gießer der Kammer, gegossen. Viele seiner Vorfahren hatten sich bereits in der Leitung der Gießerei abgewechselt. Die große Statue Napoleons I. von Antonio Canova, für die Stadt Mailand modelliert, wurde auf direkten und exklusiven Auftrag des Bildhauers hin 1809 von Francesco Righetti in Bronze gegossen. Das Werk erlebte allerdings ein bewegtes Schicksal, das von Romolo Righetti in der in der Bibliographie zitierten Studie erzählt werden. Auch die schöne Statue der Madonna, die das Monument der Unbefleckten Empfängnis schmückt, das am 5. August 1857 auf der *Piazza di Spagna* zu Ehren der Jungfrau Maria und zur Erinnerung an die Verkündigung des marianischen Dogmas errichtet wurde, ist ein von Luigi de Rossi in Bronze gegossenes Stück, das der Bildhauer Giuseppe Obici aus Modena modelliert hatte. De Rossi verwendete dafür das Metall von Kanonen, die im Krimkrieg 1854–55 von der französischen, englischen und russischen Artillerie verwandt wurden. Dies war das letzte Meisterwerk, das aus der vatikanischen Gießerei hervorging, die wenige Jahre später vollständig abgerissen werden mußte.

Bibl.: S.P., *Le fondamenta dell'antica fonderia pontificia*, in *L'Illustrazione vaticana*, 3 (1932), S. 379–380; R. Righetti, *Fonditori in bronzo romani del Settecento e dell'Ottocento: i Valadier e i Righetti*, in *L'Urbe*, 5 (1950), Nr. 11, S. 2–19.

N. Del Re

Glockentor

Der *Arco delle Campane* (eigentlich „Bogen des Glockenturms") bildet einen der Zugänge zur Vatikanstadt links unterhalb der Fassade der Vatikanischen Basilika. Er heißt so, weil er die Glocken von St. Peter trägt. Den Glockenturm passieren gewöhnlich die Wagenkolonnen hoher Persönlichkeiten, die den Papst zur feierlichen Audienz oder auch von Amts wegen besuchen. Der Zugang wird Tag und Nacht von einer Gruppe der Schweizergarde (→) bewacht, die tagsüber eine Hellebarde tragen. Nachts ist das Tor geschlossen. Vatikanbürger und andere Berechtigte müssen sich in einem entsprechenden Empfangraum bei Schweizergardisten ausweisen, um nach Mitternacht noch in die Vatikanstadt zu gelangen.

N. Del Re

Glockentürme von St. Peter

Im Unterschied zum größten Teil der Kirchen und der röm. Basiliken steht an der Seite des Petersdoms heute kein Glockenturm mehr. Im Mittelalter erhob sich vor der Basilika ein frühromanischer Glockenturm, der höchste der röm. Kirchen, auf dessen Spitze auf einer versilberten Kugel der Bronzehahn stand, der noch lange Zeit in der Sakristei aufbewahrt wurde. Dieser Glockenturm stand an der Nordseite der Marienkirche und stammte aus der Zeit Leos IV. (847–855). Er erhob sich neben der Treppe, die zum sog. „Paradies" führte, dem von einem Säulengang umgebenen Garten mit dem auch von Dante erwähnten Pinienzapfenbrunnen (*Inferno* XXXI, 59).

Der nach der Zerstörung durch einen Blitz wieder aufgebaute Turm wurde 1620 bei der Errichtung der Fassade endgültig abgerissen. Es blieb nun das Problem der Aufhängung der Glocke. Schon im Projekt des Neubaus von Bernardo Rossellino war, wie bei Bramante und Sangallo, die Errichtung einer Doppelturmfassade geplant. Michelangelo aber ignorierte diesen Plan und konzentrierte sich vor allem auf den Bau der Kuppel. Auch Maderno beachtete anfangs die Pläne nicht, bis sie durch den Willen Pauls V. (1605–21), der auch die Fassade erweitern wollte, wieder aufgenommen wurden.

Am 1. August 1618 begann Maderno die Arbeiten am Fundament des Glockenturms links der Fassade, die bis zum 6. September des folgenden Jahres dauern sollten. Maderno gelang es jedoch nur, einen Teil seines Projekts zu verwirklichen, indem er die Türme bis auf die Höhe des Fassadenabschlusses vollendete, u.a. da sich wegen der Instabilität des Unterbodens Risse bildeten.

Gian Lorenzo Bernini, der 1629 als Baumeister auf Maderno gefolgt war, legte ein weit gewagteres Projekt vor, das den Bau zweier Glockentürme mit vier Säulenreihen vorsah. Die Arbeiten wurden 1638 begonnen und kamen auch auf Betreiben Urbans VIII. (1623–44), der den Bau vollenden wollte, schnell voran. 1641 war der linke Turm fast vervollständigt, während die Arbeiten am rechten begannen.

Das Werk wurde jedoch nicht zu Ende geführt. Ein Teil des berninischen Turmes mußte wegen der in der Fassade auftretenden Risse sogar abgetragen werden. Bernini litt sehr unter dieser Entscheidung, ließ aber nicht von der Idee ab. Er präsentierte weitere Entwürfe, die leichtere, filigrane Konstruktionen aufwiesen. Da die Risse sich jedoch verbreiterten und die Substanz der Basilika bedrohten, ließ Innozenz X. die Glockentürme des Bernini ganz abreißen. Danach blieb die Fassade so, wie Maderno sie geplant hatte. Erst am Ende des 18. Jh. erfuhr sie mit den beiden großen Uhren an den oberen Ecken eine weitere Veränderung.

Die Glocken mit der berühmten Großen Petersglocke (→) brachte man nach zwei Jahrhunderten, in denen sie an verschiedenen Plätzen des Daches untergebracht waren, 1788 endgültig im Glockenraum links der Fassade an, wo schon Maderno sie plaziert hatte und wo sie sich noch heute befinden. Sie geben auch dem darunter befindliche Glockentor (→), dem *Arco delle Campane* seinen Namen, durch den man in den Vatikan gelangt.

Bibl.: M. Worsdale, *An earlier project by Bernini for the „Campanili" of Saint Peter's*, in *Apollo*, 111 (1980), S. 18–21; A. M. Corbo, *I Campanili di S. Pietro in Vaticano nelle incisioni di Israel Silvestre*, in *Lazio ieri e oggi*, 16 (1980), S. 155–159.

G. Morello

GLÜCKWUNSCHGEBINDE, PÄPSTLICHE

Solche Glückwunschgebinde oder -schleifchen wurden *fasce benedette* genannt. Die Päpste pflegten sie früher den erstgeborenen Söhnen der Souveräne zu senden. Sie segneten sie persönlich im Verlauf einer feierlichen Zeremonie in einer Kapelle der Apost. Paläste, im Konsistoriensaal (→) oder auch – in früherer Zeit – in verschiedenen Kirchen Roms. Gewöhnlich bestanden sie aus kostbaren Stoffen, die mit vergoldeten Stickereien, feinsten Spitzen und kostbaren Steinen verziert waren. Diese Gebinde wurden den hohen Adressaten von Außerordentlichen Nuntien oder besonderen Apost. Delegaten (→) überbracht, welche bei der Übergabe des päpstl. Gratulationsbreve und der Aushändigung des Geschenkes eine kurze Höflichkeitsansprache zu halten pflegten.

Der Brauch, den Königen ein solches Geschenk zu schicken, scheint auf das Pontifikat Clemens' VIII. zurückzugehen. Er übersandte es 1601 an König Heinrich IV. von Frankreich anläßlich der Geburt seines Erstgeborenen (Ludwig XIII.) und ließ es am 17. Dezember vom Außerordentlichen Nuntius Maffeo Barberini (der spätere Urban VIII.) übergeben. Er selbst erzählt darüber in zwei Berichten aus Paris, die in der Apost. Bibliothek (→) aufbewahrt werden (Cod. Vat. lat. 12431, ff 69–71). Hier findet sich auch die erste Erwähnung der gesegneten Bänder, deren Zusendung später auf persönliche Bitten der Souveräne an den Papst erfolgte. Der Papst gewährte diese, wenn er es für passend hielt. Jedenfalls galten sie nie als geschuldet. In einem Promemoria des Archivs heißt es: „So kann der Papst dieses Geschenk machen, wenn es ihm gut scheint. Man darf nicht glauben, jemand habe ein Recht, es zu fordern, doch man glaubt, allen Grund zu haben, es erhoffen zu dürfen" (vgl. G. Sacchi Lodispoto, in der Bibl. zitiertes Werk). Ausnahmsweise wurden die Glückwunschgebinde auch an die erstgeborenen Söhne der Thronerben gesandt. Innozenz XI. sandte sie z.B. 1683 dem neugeborenen Herzog von Burgund, einem Neffen Ludwigs XIV., der ausdrücklich darum gebeten und es für den eigenen Sohn bereits 1664 erhalten hatte.

Dieses Beispiel wurde von Urban VIII. (1623–44) und von Alexander VII. (1655–67) nachgeahmt – bis zu Pius X., dem bisher letzten Papst, der einem Souverän ein solches Geschenk machte. Er hat 1907 dem König Alfons XIII. von Spanien die Glückwunschbänder zur Geburt des Infanten Alfonso Pio, dem Thronerben, geschickt. Das genaue Datum der Überreichung durch den Nuntius, Msgr. Aristide Rinaldini, ist nicht bekannt. Aus einer Studie von Sacchi Lodispoto erfahren wir auch, daß bis heute insgesamt 27 Mal die gesegneten Glückwunschgebinde überreicht wurden: neun jeweils an die beiden Höfe von Frankreich und Spanien, drei an den Hof von Österreich, vier an den Hof von Portugal und je eins an die von Sardinien und England.

Bibl.: P. Palazzini, in *Enciclopedia cattolica* V, Sp. 1049–50; S. Sacchi Lodispoto, *Le „Fasce Benedette"*, in *Strenna dei Romanisti* 50 (1989), S. 513–536.

N. Del Re

Gouverneur des Konklave

Als Ernennungsurkunde für dieses Amtes kann der Einsetzungsbrief gelten, der am 11. November 1549 von den drei führenden Kardinälen und dem Camerlengo an Giovanni Michele Saraceni, Erzbischof von Acerenza und Matera gesandt wurde. Dieser erhielt den Auftrag, für die Sicherheit des bevorstehenden Konklaves und die Freiheit der wählenden Kardinäle zu sorgen. Anfangs trug er noch die Bezeichnung Gouverneur oder Legat des Borgo (*Legatus administrator et superintendens generalis S. Palatii, et Burgi S. Petri almae Urbis*). Er wurde vom Kardinalskollegium zu Beginn jeder Sedisvakanz (→) ernannt, mit Zivil- und Strafjurisdiktion im Bereich der Leostadt (Rione Borgo) ausgestattet. Er blieb während der ganzen Dauer der Sedisvakanz im Amt, trat also an die Stelle des Laien-Gouverneurs des Borgos, der sein Amt verlor beim Tode des Papstes, von dem er es empfangen hatte. (vgl. N. Del Re, *Il Governatore di Borgo*, in *Studi romani 11* [1963] S. 13–29).

Die Jurisdiktion des Gouverneurs des kirchlichen Borgo als Gouverneur des Konklave blieb auch nach der umfangreichen Reform der Magistratur des Borgo unverändert, die Clemens IX. 1667 mit der Konstitution *In hoc primo nostri pontificatus ingressu* vom 1. September (BR, XVII, S. 547–551) vornahm. Sie wurde lediglich in ihrer territorialen Zuständigkeit etwas eingeschränkt, aber nicht völlig unterdrückt, bis Clemens XII. 1732 einige Neuerungen der Regierung des Hl. Stuhles während der Vakanz mit der Konstitution *Apostolatus officium* vom 4. Oktober einführte (BR, XXIII, S. 443–454). Danach wurde die Regierung des Konklaves dem jeweiligen *Maggiordomo Seiner Heiligkeit* (→) übertragen. Er war der ständige Gouverneur mit der Aufgabe, zusammen mit dem Marschall der Hl. Röm. Kirche (→) und Hüter des Konklave den Dienst der Drehscheiben zu überwachen (zylindrische und drehbare Vorrichtung, die auf der einen Seite offen war und in den Wänden einiger Räume des Konklaves angebracht wurde; man konnte also im Notfall mit jedem in Kontakt treten, der dort eingeschlossen war). Ferner mußte der Gouverneur des Konklave auch an die Versorgung und jegliche Anschaffungen denken, wobei er auch, immer zusammen mit dem genannten Marschall der Hl. Röm. Kirche, das Konklave von außen abzuschließen hatte. Bevor er seine Aufgabe übernahm, mußte der Gouverneur den Eid in die Hände des Dekans des Hl. Kollegiums und in Gegenwart aller übrigen Kardinäle leisten, sein Amt *diligenter ac religiose* zu erfüllen.

Im Anschluß an die Abschaffung des *Maggiordomo Seiner Heiligkeit*, die Paul VI. durchführte im Rahmen seiner Neuordnung der *Casa Pontificia* (→) mit Motu Proprio *Pontificalis Domus* vom 28. März 1968 (AAS, LX [1968], S. 305–315), fiel auch das Amt des Gouverneurs des Konklave weg.

N. Del Re

Gouverneur des Staates der Vatikanstadt

Zusammen mit dem Generalrat des Staates (→) war er eines der zwei wichtigsten Regierungsorgane der Vatikanstadt. Vom Papst ernannt, unterstand der Staatsgouverneur diesem direkt und ausschließlich, so daß er für Amtshandlungen auf zivilrechtlichem, strafrechtlichem Gebiet oder im Rechnungswesen nur dem Papst, jedoch nicht dem Staat gegenüber, verantwortlich gemacht werden konnte. Nach den Art. 5–7 des Grundgesetzes Nr. 1 der Vatikanstadt, erlassen von Pius XI. am 7. Juni 1929 (AAS, Suppl. 1 [1929] S. 1–4), besaß er fallgebundene delegierte Rechtsvollmachten für bestimmte Gebiete oder einzelne Aufgaben. In Ausübung seiner Exekutivvollmacht konnte er auch Regelungen und Weisungen zum Gesetzesvollzug zu erlassen, nicht jedoch Gesetze abschaffen oder davon dispensieren. Neben den verschiedenen Aufgaben innerhalb seines hohen Amtes war der Gouverneur gemäß Verwaltungsanordnung vom 7. Juni 1929 (AAS, Suppl. 1 [1929], S. 21–24) dazu verpflichtet, die vatikanische Staatsbürgerschaft (→) anzunehmen und einen festen Wohnsitz im Vatikan zu haben.

Aus hierarchischer Sicht war der Staatsgouverneur der höchste Beamte der Vatikanstadt nach dem Kardinalstaatssekretär, zu dem allerdings keine direkte Abhängigkeit bestand. Es sei denn, der Papst hielt es für angebracht, dem Gouverneur eventuelle Mitteilungen oder Weisungen durch den Staatssekretär zukommen zu lassen. Vom Gouverneur abhängig war eine Verwaltungsorganisation, die per Gesetz XXXII vom 1. Dezember 1932 eingesetzt und durch die Ordnung vom folgenden 5. Dezember geregelt war. Diese wurde dann durch eine Verordnung vom 28. Dezember 1934 Nr. LIII geändert. Sie blieb so bis zum 20. Juni 1951 in Geltung, als sie durch die Regelung des Dekretes LXVI der Päpstl. Komm. der Vatikanstadt ersetzt wurde. Sie war von Pius XII. am 20. März 1939 eingesetzt worden und damit beauftragt, im Governatorat und den angegliederten Ämtern in seinem Namen und an seiner

Statt den Vorsitz zu führen, ebenso in der Verwaltung der Päpstl. Villen in Castelgandolfo. Das Amt des Gouverneurs blieb dabei bestehen.

Im Falle der Abwesenheit oder der Verhinderung wurde der Gouverneur durch eine von ihm frei bestimmte Person oder, *pure legis*, durch den Generalsekretär ersetzt. Wenn auch dieser fehlte, vertrat ihn der dienstälteste Beamte, wenn keine andere Verfügung erfolgt war. Dabei sollten die eventuellen Stellvertreter keine Funktionen ausüben, die nur dem Gouverneur persönlich zustanden. Gewöhnlich erstreckte sich die Zuständigkeit des Gouverneurs auf den Verwaltungsbereich und nur ausnahmsweise auf den legislativen, finanziellen und juristischen Bereich. In Aufhebung der Statuten in Art. 3 des Grundgesetzes konnte der Gouverneur auch die Vertretung der Vatikanstadt in den Beziehungen zu den italienischen Autoritäten übernehmen, doch nur in Dingen von allgemeinem Interesse, die in die Zuständigkeit des Governatorats fielen. Er konnte auch Abkommen mit den kommunalen, provinziellen und örtlichen Regierungsstellen schließen, die in Rom residierten – gemäß Art. 5, Abschnitt c, d und e des schon erwähnten Gesetzes über die Verwaltungsordnung vom 7. Juni 1929. Entsprechend Art. 12 des Grundgesetzes hatte der Gouverneur an der richterlichen Gewalt insofern Anteil, als er die Verwaltungsbeamten bestimmte, die die Strafgewalt bei Strafbescheiden ausübten. Somit hatte er durch die genannten Beamten Einfluß auf die Jurisdiktion.

Der Staatsgouverneur der Vatikanstadt wurde nur durch Widerruf des Papstes oder angenommenes Rücktrittsgesuch abgelöst, jedoch nicht mit dem Tod des ernennenden Papstes, denn er übte seine Funktionen auch während der Sedisvakanz aus. Allerdings konnte der Gouverneur vom neuen Papst bestätigt oder abgelöst werden. Seit der Staatsgründung der Vatikanstadt im Jahre 1929 hat es bisher nur einen Gouverneur in der Person des Marchese Camillo Serafini gegeben, eines bedeutenden Fachmanns für Münzen und Konservators der Vatikanischen Medaillensammlung (→), der am 7. Juni 1929 durch Pius XI. für sein hohes Amt ernannt und 1939 durch Pius XII. bestätigt wurde. Er bekleidete das Amt dann bis zu seinem Tode im Alter von 88 Jahren am 21. März 1952, auch wenn nach Einsetzung der Päpstl. Kommission der Vatikanstadt seine Tätigkeit sehr eingeschränkt war. Trotz der Existenz der erwähnten Kommission, die nun seit vielen Jahren tatsächlich den Gouverneur ersetzt, besteht das Amt des Staatsgouverneurs noch heute und wird regelmäßig im *Annuario Pontificio* (→) angeführt. Seit 1952 ist die Stelle aber nicht mehr besetzt worden.

Bibl.: F. Cammeo, *Ordinamento giuridico dello Stato della Città del Vaticano*, Florenz 1932, S. 110–124.

N. Del Re

GOVERNATORAT DES STAATES DER VATIKANSTADT

Als Verwaltungsorganisation anfänglich in direkter Abhängigkeit vom Gouverneur der Vatikanstadt konstituiert und eingesetzt, geht das Governatorat auf eine bereits in Kap. II des Gesetzes Nr. IV vom 7. Juni 1929 verkündete Ordnung zurück, die dann mit dem Gesetz Nr. XXXII vom 1. Dezember 1932 (AAS, Suppl. 4 [1932], Suppl. zu Nr. 12, S. 21–25) festgelegt, danach aber noch mehrfach geändert wurde. Eine erste Änderung erfolgte am 20. Dezember 1934 durch einen Erlaß des Gouverneurs zur Bildung und Ordnung des Amtes des Governatorats (AAS, Suppl. 6 [1934], S.14–15) mit gleichzeitigen Änderungen zur Bestimmung vom 5. Dezember 1932. Für die verschiedenen Ämter und Dienste des Governatorats wurde nach der Einrichtung der *Päpstl. Kommission für die Vatikanstadt* (→) 1939 durch Pius XII. eine neue Ordnung erlassen. Sie unterstanden von da an direkt der Kommission; das Amt des Gouverneurs bestand jedoch weiter. Mit einem eigenen Dekret vom 31. März 1943 (AAS, Suppl. 15 [1943], S. 5–11) erließ die Päpstl. Komm. die entsprechenden Normen, die Struktur des zuständigen Personals betreffend, die am 20. Juni 1951 erneut durch weitergehende Bestimmungen der Komm. geregelt wurden (AAS, Suppl. 23 [1951], Nr. 1, S. 37–66).

Eine weitere Aufteilung der Ämter und Dienste des Governatorats wurde durch ein Gesetz betreffend die Regierung der Vatikanstadt verfügt, das Paul VI. am 24. Juni 1969 erließ (AAS, Suppl. 41 [1969], Nr. 5, S. 29–32), während die Päpstl. Komm. der Vatikanstadt ihrerseits eine neue allgemeine Regelung für das abhängige ordentliche Personal mit einem eigenen Dekret, Nr. LII vom folgenden 1. Juli, veröffentlichte (AAS, Suppl. 41 [1969], Nr. 6, S. 33–65). Die erwähnte Neuaufteilung wurde durch die Päpstl. Kommission außerdem durch das Dekret Nr. LXXXVII vom 28. November 1972 geändert (AAS, Suppl. 44 [1972], Nr. 12, S. 45–51). Dadurch wurden einige Änderungen zur Dienstordnung und Bezeichnung der einzelnen Ämter und Dienste hinzugefügt, wie sie noch heute gelten und im *Annuario Pontificio* (→) genannt werden.

1. Das GENERALSEKRETARIAT ist das zentrale Verwaltungsorgan des Governatorats. Von ihm hängen ab: 1) das Gesetzesamt; 2) das Personalamt; 3) das Amt des Zivilstaats und der öffentlichen und privaten Vorgänge; 4) das Protokollamt und das allgemeine Archiv; 5) das zentrale Rechnungsamt; 6) das Amt für Briefmarken und Münzen; 7) das Post- und Telegraphenamt; 8) das Amt für Handel.
2. Von der GENERALDIREKTION DER PÄPSTL. MONUMENTE, MUSEEN UND GALERIEN hängen ab: 1) die Abteilungsleitung; 2) die Restaurierungswerkstätten; 3) das wissenschaftl. Forschungsinstitut und 4) der Verkauf von Veröffentlichungen und Reproduktionen der Vatikanischen Museen. Mit dem Dekret des Präsidenten der Päpstl. Komm. der Vatikanstadt vom 15. Dezember 1992 Nr. 225618 wurde auch die Pilger- und Tourismusinformation, die bisher vom genannten Generalsekretariat abhängig war, der Generaldirektion unterstellt. In dieser Direktion arbeitet auch ein besonderer Koordinator mit dem Auftrag, die Beziehungen zu den „*Patrons of the Arts*" der Vatikanischen Museen zu pflegen, eines Verbandes amerikanischer Katholiken und Nichtkatholiken zur Förderung der Vatikanischen Sammlungen. Er entstand 1982 mit dem Ziel, die notwendigen Restaurierungen der unschätzbaren vatikanischen Kunstschätze zu finanzieren und damit ihren Erhalt zu sichern (Bemerkenswert ist z. B. die völlige Restaurierung des Ägyptischen Museums über mehr als drei Jahre, die von Kalifornien angeboten wurde; Vgl. M. P. Forte, Gli amici americani dei Musei del Papa, in Roma-Rome 6 (1993], Nr. 50, S. 18–25).
3. Von der GENERALDIREKTION DER TECHNISCHEN DIENSTE hängen ab: 1) die allgemeinen Dienste; 2) das Bauamt; 3) der Dienst der Werkstätten und Einrichtungen; 4) der Floristikdienst; 5) der Dienst des Fuhrparks; 6) der Telefondienst; 7) die Vatikanischen Gärten.
4. Die LEITUNG DER WIRTSCHAFTLICHEN DIENSTE.
5. Die LEITUNG DER SANITÄTSDIENSTE, wozu das Sanitätskorps, die Apotheke und die gesundheitliche Betreuung gehören.

6. Die LEITUNG DER VATIKANISCHEN STERNWARTE.
7. Die LEITUNG DER ARCHÄOLOGISCHEN STUDIEN UND FORSCHUNGEN.
8. Die LEITUNG DER PÄPSTL. VILLEN.

Nach Maßgabe des Art. 7. der Regelung von 1969 umfaßt das von der Vatikanstadt abhängige Personal Geistliche und Ordensleute sowie Laien, die entweder fest angestellt oder mit einem Sondervertrag arbeiten. Das zivile Personal ist nach der der Qualifikation und Aufgaben in folgende vier Gruppen eingeteilt: *Verwaltung*, *Verwaltungsaufsicht*, *technische Aufgaben* und *kunsthistorisch-wissenschaftliche Aufgaben*. Je nach Zugehörigkeit werden sie auf Entscheidung der Päpstl. Komm. der Vatikanstadt ihrem Bereich zugewiesen (Art. 4 d. Dekretes Nr. LXXXVII von 1972). Die verschiedenen Organe des seit 1939 von der Päpstl. Komm. der Vatikanstadt abhängigen Governatorats haben ihren Sitz im Palast *del Governatorato* (→) auf dem vatikanischen Hügel hinter der Apsis von St. Peter. Seit 1984 unterstehen sie direkt dem Kardinalstaatssekretär *pro tempore*, dem Johannes Paul II. mit dem Handschreiben *Le sollecitudini crescenti* vom 6. April 1984 „den hohen und besonderen Auftrag" gegeben hat, den Papst in der Zivilregierung der Vatikanstadt zu vertreten und in seinem Namen und an seiner Statt die Vollmachten und Verantwortungen auszuüben, die zu seiner irdischen Souveränität über diesen Staat gehören. Er hat ferner bestimmt, in Aufhebung der Verfügung des Grundgesetzes des Staates Nr. I vom 7. Juni 1929, Art. 7, erster Abschnitt, daß die erwähnte Päpstl. Komm. sich in allen Dingen, die die geltenden Gesetze für die Person des Papstes reservieren, an den Kardinalstaatssekretär zu wenden hat.

N. Del Re

GOVERNATORATSKAPELLE

Sie befindet sich parallel zur hinteren Fassade des Palast des Governatorats (→), von der sich ihr Name ableitet. Sie wurde 1930 von dem Architekten Giuseppe Momo erbaut und im Andenken an die ehemalige gleichnamige Kirche, die dort im gleichen Jahr zerstört worden war, der hl. Martha geweiht. In der Travertinfassade, die das Wappen Pius' XI. ziert, ist ein Portal eingelassen, dessen Tympanon an das Wunder der Eucharistie erinnert, symbolisiert durch einen Kelch mit einer strahlenden Hostie, über der sich die königliche Krone befindet. Der Innenraum – wenngleich ohne architektonische oder künstlerische Originalität – besteht aus einem einzigen Schiff mit Gewölbedecke, die dicht mit Stuckornamenten bedeckt ist. An der linken Seite befinden sich drei Kapellen, die in ihrer Reihenfolge dem hl. Josef, der Madonna von Guadelupe und der hl. Martha geweiht sind, während sich rechts nur zwei Kapellen befinden, von denen eine Johannes dem Täufer und die andere dem Heiligsten Herzen Jesu gewidmet ist; zwischen diesen beiden Kapellen befindet sich der Seiteneingang, der durch eine Glastür mit dem Regierungspalast verbindet. Die Altarbilder wurden alle von dem Maler Antonio Soranzo ausgeführt.

A. Martini

GREGOR, GEGENPAPST

Gegenpapst. Der Römer wurde beim Tod Sergius' IV. (12. Mai 1012) durch die Partei der Creszenzier als Opponent Benedikts VIII., des Grafen Theophylakt von Tusculum gewählt, dem es nach Besetzung des Lateran gelungen war, sich zum Papst konsekrieren zu lassen. Über geraume Zeit widersetzte sich Gregor hartnäckig Benedikt, welcher sich daraufhin nach Deutschland begab, um an König Heinrich II. zu appellieren. Dieser erkannte nach kurzem Zögern Benedikt VIII. als rechtmäßigen Papst an und kam im Januar 1014 mit ihm in Ravenna zusammen. Gregor dankte ab und ward von dann an nicht mehr gesehen.

N. Del Re

Gregor I. der Grosse

Papst, Hl. Er gehörte zur Familie der Anicier. Um 540 in Rom als Sohn des Senators Gordianus und der adeligen Silvia geboren, wurde er im wahren christlichen Glauben erzogen und zur Verehrung der großen Vergangenheit angeleitet. Zu seinen prominenten Vorfahren gehören Papst Felix III. (483–492) und Papst Agapet I. (535–536). Nachdem Gregor die verschiedenen Stufen der Verwaltung durchlaufen hatte und Präfekt der Stadt gewesen war, wählte er zwischen 574–575 das monastische Leben. Er wandelte sein Haus auf dem *Clivus Scauri* in ein dem hl. Andreas geweihtes Kloster um, das der heutigen Kirche *S. Gregorio* auf dem Celius entspricht.

Nach einigen Jahren kontemplativen Lebens empfing er von Papst Benedikt I. das Diakonat – so wenigstens berichtet sein Biograph, Johannes Diaconus (Hymnonides genannt). Sehr viel wahrscheinlicher empfing er es durch Pelagius II., der ihn 579 als seinen Apokrisar nach Konstantinopel schickte, wohin er sich von einigen Mönchen des Andreasklosters begleiten ließ. Seine Vertrautheit mit dem kaiserlichen Hof gestattete ihm, mit den einflußreichsten zeitgenössischen Persönlichkeiten freundschaftliche Beziehungen anzuknüpfen und zugleich wichtige Fragen theologischer und disziplinärer Art zu lösen, die in der Ostkirche aufgekommen waren. Als Pelagius II. am 7. Februar 590 verstarb, wurde Gregor einmütig zum Bischof von Rom gewählt und trotz seiner wiederholten Versuche, sich aus Demut dem hohen Amt zu entziehen, am folgenden 3. September in St. Peter konsekriert.

Große Sympathien brachte Gregor dem Mönchtum entgegen; denn er schätzte das monastische Leben sehr hoch, wie im übrigen auch der Titel bezeugt, den er als Zeichen der Demut in den päpstl. Dokumenten übernahm: „Knecht der Knechte Gottes“ (→Servus Servorum Dei). Er war ein begeisterter Bewunderer des hl. Benedikt, der von ihm im Zweiten Buch der *Dialoghi* gefeiert wird. So führte er die Benediktinische Regel im Andreaskloster ein und wirkte auch für deren Verbreitung in der christlichen Welt. Gleich nach seiner Wahl zum Papst entfernte er zahlreiche Laien von seinem Hof und berief verschiedene Mönche. Seine asketische Lebensführung hielt ihn nicht von großen und umsichtigen Regierungshandlungen ab. Er zeichnete sich auch als Verwalter der Güter der Röm. Kirche aus, die sich vor allem in Kampanien und Sizilien befanden. Um diese Aufgabe zu erfüllen, ernannte er „Rektoren“, die nicht nur mit der Verwaltung der Güter und der Verteilung von Almosen beauftragt waren, sondern auch mit der Überwachung der korrekten Anwendung der Gesetze und vor allem mit der Verteidigung der Bauern gegen die Tyrannei der Byzantiner.

Ebenso griff Gregor bei den Bischofswahlen ein, ernannte Personen, die er für die Verwaltung der Diözesen für besonders geeignet hielt und stellte ihnen Weihbischöfe an die Seite, die den Titularen als Visitatoren halfen. Intensiven Austausch pflegte er mit den Bischöfen der großen Metropolitanbereiche in Italien, wie Mailand, Aquileja und Ravenna, um die gemeinsamen kirchlichen Interessen zu wahren und ihre Bindungen an Rom zu stärken. Er mußte sich mit dem Schisma der *Drei Kapitel* beschäftigen, das im Bereich von Aquileja wieder aktuell geworden war. Es gelang ihm, die Ausbreitung des Schismas in der Diözese Mailand zu vermeiden. Dort wie auch in Ravenna stieß er jedoch in kurialen Kreisen auf Widerstände. Anlaß des Streites mit Erzbischof Marinianus von Ravenna war der Gebrauch des *Palliums*, den man in Ravenna über weitere Bereiche über Rom hinaus ausdehnen wollte. Im übrigen unterhielt Gregor aber gute Beziehungen zu diesem Erzbistum und bediente sich seiner auch für die diffizilen Beziehungen zum byzantinischen Exarchen.

In Afrika, das damals Konstantinopel unterstand, sowie in den Zonen Spaniens, die ebenfalls vom Kaiserreich beherrscht wurden, wie Andalusien, übte Gregor eine hohe patriarchale Jurisdiktion aus. Im gotischen Spanien unterhielt er gute, freundschaftliche Beziehungen zu König Rekkared, der sich zum Katholizismus bekehrt hatte, und mit Leander von Sevilla, auch wenn er sich nie direkt in die Führung der spanischen Kirche einmischte. In Frankreich setzte er sich für die Festigung guter Beziehungen zwischen den fränkischen Souveränen und dem Kaiserreich ein, sandte Briefe an die Könige von Austrasien und Burgund und verlieh dem Bischof von Arles erneut das Pallium und den Titel eines Päpstl. Vikars.

Gespannte Beziehungen unterhielt er dagegen mit Kaiser Mauritius aufgrund unterschiedlicher politischer und militärischer Einstellungen gegenüber den Langobarden sowie verschiedener kirchlicher Fragen. Gregor kritisierte den Erlaß eines kaiserlichen Gesetzes, das den öffentlichen Beamten verbot, Mönche zu werden. Auf einer in Rom versammelten Synode 595 unterbreitete er eine weniger strenge Formulierung des Gesetzes, die der Kaiser dann annahm. Große Differenzen hatte der Papst mit den Patriarchen des Ostens, angefangen vom Patriarchen von Konstantinopel, der sich mit dem Titel „Ökumenischer Patriarch" schmückte. Der Konflikt zog sich ohne Lösung bis zum Tode des Papstes hin, ebenso auch andere Kontroversen. In Antiochien, Alexandrien und Illyrien wandte man sich gegen die von Rom ausgeübte Patriarchalgewalt. Gregor kämpfte ferner gegen die Simonie in der Ostkirche, die durch den Brauch der Kaiser gefördert wurde, die höchsten kirchlichen Aufgaben erst nach Zahlung hoher Geldsummen zu übertragen. Gregors Einsatz galt auch der Befreiung der Untergebenen des Kaiserreiches von den Erpressungen der Hofbeamten im byzantinischen Osten.

Der Papst war trotz härtester Konflikte der kaiserlichen Autorität gegenüber absolut loyal, überzeugt von der Größe des röm. Imperiums. In seiner reichen Briefesammlung läßt sich nachlesen, daß kein Kaiser es versäumte, sich gemeinsam mit ihm für die Verteidigung des rechten Glaubens gegen die Häretiker einzusetzen.

Das Pontifikat Gregors I. wurde durch die Langobardeneinfälle beeinträchtigt, die schon seit einigen Jahren in den Provinzen Italiens wüteten. Eine schwere Bedrohung stellte Ariulf, Herzog von Spoleto dar, der von König Agilulf unterstützt und durch seine Position zwischen der Pentapolis und Rom erstarkt, ständig versuchte in das päpstl. Herzogtum einzufallen. Während der Belagerung Roms hatte sich der Papst zunächst nachdrücklich an die Herzöge Italiens, die Bischöfe und das Volk gewandt, veranlaßte dann aber den langobardischen König, wenn auch gegen einen Tribut, nach Pavia zurückzukehren. Doch die Konflikte waren weit von einer Lösung entfernt, breiteten sich sogar noch aus und erfaßten diesmal auch die Byzantiner. Der Papst hatte gehofft, sie würden sich mit den Langobarden vertraglich einigen. Es war überdies der Spoletaner Ariulf, der König Agilulf aufhetzte, der dann sogar den Papst selbst bedrohte. Auch der Exarch von Ravenna, ein Römer, war daran interessiert, den Abschluß eines Waffenstillstands zwischen dem Kaiserreich und den Langobarden zu vermeiden und erhob sich gegen den Papst. Dennoch gelang 509 ein Friedensschluß durch die Vermittlung der Königin Theodolinda. Die Taufe des Adaloaldus, Sohn des Agilulf, bedeutete den ersten Schritt der Bekehrung der Langobarden zum Katholizismus und zugleich einen der größten Siege, die Gregor der Große errungen hatte.

Das größte Werk der Evangelisierung, das der große Papst vollbrachte, vollzog sich in England und machte ihn zum „Apostel der Angelsachsen". Zu ihrer Evangelisierung sandte er 596 Abt Augustinus mit einer Schar von Mönchen aus. Auf die Bekehrung des Königs Ethelbert von Kent und seiner Frau Berta, einer fränkischen Prinzessin, folgten viele weitere. 604 verlegte Augustinus, nachdem er einige Bischöfe geweiht hatte, die er zu den Ostsachsen schickte, seinen Sitz nach London in die Nähe der Paulskathedrale. Mit der Errichtung des Bischofsitzes in Canterbury begann das Wirken der englischen Kirche, für die Gregor neue Grundsätze des kirchlichen Rechtes aufstellte.

Bedeutend ist Papst Gregors Reform der Röm. Liturgie. Seinen Namen trägt die berühmte Sammlung liturgischer Gebete der Kirche, *Sacramentarium Gregorianum*, die in der Zeit nach ihm redigiert wurde, aber auf Exemplare aus seinem Pontifikat zurückgeht. Im Bereich der Kirchenmusik vollbrachte er das große Werk der Kodifizierung und Synthese verschiedener Texte. Er leitete die Sänger zu liturgischer Korrektheit an, da die Liturgie von profanen und exotischen Elementen bedroht war, die mit dem Gebrauch der verschiedenen Volksdialekte eingedrungen waren. Gregor komponierte nicht nur neue Gesänge, sondern überprüfte auch vorhandenes Material und sammelte es in einer Art *Summa*, dem *Antiphonarius Cento.* Sie sollte die Universalität des römischen Ritus sichern. Die Schule des Kirchengesangs erhielt durch seine Verdienste den Namen „Gregorianischer Gesang". Ebenso geht die große *Schola Cantorum* auf den Papst zurück, die mit dem Lateran verbunden war. Hier war für fast ein Jahrtausend der maßgebliche und unangefochtene Sitz der Lehre des liturgischen Gesanges in der christlichen Welt.

Als Autor war Gregor der Große wegbereitend für die Entwicklung von der frühchristlichen zur mittelalterlichen Literatur. Die in den Jahren 593–94 niedergeschriebenen *Dialogi* erzählen in vier Büchern wunderbare Begebenheiten, die sich in jenen Zeiten in Italien ereignet hatten. Sie behielten ihre Popularität das ganze Mittelalter hindurch. Höchste Autorität gewann die *Regula Pastoralis*, das Handbuch des vollkommenen Bischofs, in dem sich asketische Religiosität mit einer klaren Sicht der notwendigen praktischen Tätigkeit der Kirchenvorsteher verbinden. Sehr verbreitet war das Werk mit dem Titel *Moralia in Iob*, an dem er in den Jahren vor seinem Pontifikat gearbeitet hatte. Es besteht aus einem umfangreichen allegorischen und moralischen Kommentar zum biblischen Buch Hiob. Er stellte auch *Homilien* zu den Evangelien und den Propheten Ezechiel zusammen und hinterließ 854 *Briefe oder Register*, gesammelt in 14 Büchern in chronologischer Reihenfolge. Sie waren gerichtet an Kaiser, Könige, Bischöfe und Laien und bilden ein kostbares Informationsmaterial über seine Tätigkeit als Papst. Ein Dokument hoher religiöser Redekunst stellen die *Discorsi* (Ansprachen) dar, die Gregor bei den sog. *„Stationes"* hielt, großen Versammlungen des Volkes, die auf dem Weg von einer Basilika zur anderen die Stimme des Hirten anhörten. Diese Ansprachen sind voller Frömmigkeit und hoher Spiritualität, wurden später von kirchlichen Notaren schriftlich niedergelegt und von Gregor selbst im Jahre 593 korrigiert. Neben den Werken Gregors kursierten am päpstl. Hof auch Briefe, die Johannes der Diakon, ein Historiker und sein Biograph, schrieb, der am Päpstl. Hof „die lateinische Kultur der Quiriten und um Gregor herum sein Latium fand“.

Gregor I. starb am 12. März 604. Sein Leichnam wurde zuerst in der Vorhalle der Peterskirche neben Leo dem Großen beigesetzt, später aber durch Gregor IV. ins Innere der Basilika transferiert. Aus Sicht der Historiker beendete damit der herausragendste Mann des Jahrhunderts sein Leben, ein Papst, der es verstanden hatte, Rom bis in die entferntesten Länder dieser Erde zu bringen, mit Gerechtigkeit zu regieren und mit Sanftheit zu herrschen. Kein anderer Papst hinterließ so zahlreiche aufgeschriebene Messen. Gregor der Große ist der letzte der vier großen Kirchenväter.

Bibl.: V. Monachino/P. Cannata, in *Bibliotheca Sanctorum*, VII, Sp. 222–287, mit Bibl.; G. De Rosa, *Gregorio Magno e Agilulfo*, Neapel 1970; C. Dagens, *Saint Grégoire le Grand. Culture e expérience chrétiennes*, Paris 1977; J. Richards, *Consul of God; the life and times of Gregory the Great*, London 1980; E. Gandolfo, *Gregorio Magno servo dei servi di Dio*, Mailand 1980; V. Paronetto, *Gregorio Magno; un maestro alle origini cristiane d'Europa*, Rom 1985; G. R. Evans, *The thought of Gregory the Great*, Cambridge 1985; A. de Vogüé, *Grégoire le Grand et ses „Dialogues“ d'après deux ouvrages récents*, in *Revue d'histoire ecclésiastique*, 83 (1988), S. 281–348; R. Godding, *Bibliografia di Gregorio Magno (1890/1989)*, Rom 1990.

C. Petruzzi

Gregor II.

Papst, Hl. Der gebürtige Römer und Sohn des Patriziers Marcellus hatte als Diakon Papst Konstantin nach Konstantinopel und Nicäa begleitet, um die Verhandlungen zwischen Kaiser Justinian und dem Papst zu Ende zu führen. Es ging um die Annahme der auf dem Konzil von Konstantinopel, *Trullanum* oder *Quinisesto* genannt, festgelegten *Canones* durch die Kirche Roms im Jahr 692. Als weiser und unerschrockener Verteidiger der Rechte der Röm. Kirche griff Gregor in die Kontroverse energisch ein, so daß er nachdrücklich alle Einwände des Ostens widerlegen konnte, wie im *Liber Pontificalis* nachzulesen ist.

Am 19. Mai 715 zum Nachfolger Konstantins berufen, widmete Gregor II. seine Kräfte der Sanierung der Mauern, Gebäude und röm. Paläste, die durch Krieg und Verwüstung zerstört waren. 721 hielt er in St. Peter eine Synode ab, an der 19 italienische und drei Bischöfe aus Spanien, England und Schottland teilnahmen, um ungültige Ehen und abergläubische Praktiken zu verurteilen. Er verteidigte das Mönchtum gegen die Langobardeneinfälle der damaligen Zeit, ließ das berühmte Kloster von Montecassino wieder aufbauen und vertraute es Abt Petronace an.

Als Nacheiferer des großen Gregor I. schaute er mit apostolischem Eifer nicht nur auf die Regionen Italiens, sondern vor allem auf die Länder Mittel- und Nordeuropas. Sie waren vom hl. Eligius mit zwölf mutigen Mönchen unter Führung des Priesters Willibrord evangelisiert worden, vor allem aber durch den Mönch Winfried. Ihm übertrug Gregor das Werk der Evangelisierung der germanischen Welt, die sich trotz zahlreicher Bemühungen immer noch der Frohbotschaft des Evangeliums widersetzte. Winfried übernahm dieses Apostolat und fand dafür weithin Anerkennung, u. a. durch seine Ernennung zum Erzbischof von York. Unter dem Namen Bonifatius ging er in die Geschichte der großen Missionare ein.

Gregor II. übte ferner auf die angelsächsische Welt einen erheblichen Einfluß aus, wie seine Freundschaft mit dem englischen König Ine von Wessex bezeugt. Dieser zog sich nach Rom in ein Kloster zurück und gründete dort die *Schola Saxonum*, für deren Unterhalt er seinen Untertanen eine Steuer mit dem Namen

Peterspfennig (→) auferlegte, die später ein allgemeiner Beitrag für den Apostolischen Stuhl wurde. Doch die schwierigste und komplizierteste Aufgabe, die Gregor vollbrachte, fand auf kirchenpolitischem Gebiet statt. Er erkannte die versteckten Gefahren im Stolz des Ostens und in der Verbohrtheit der Langobarden und bekämpfte energisch die Neuorganisation des Steuerwesens, das Leo III. der Isaurier, in Italien einführte. Er setzte auch dem Exarchen von Ravenna mit Hilfe der röm. Milizen und denen der langobardischen Herzöge von Spoleto und Benevent harten Widerstand entgegen. Als sich der Streit mit dem byzantinischen Kaiserreich von der politischen auf die religiöse Ebene verlagerte, erließ Leo der Isaurier 726 sein erstes Edikt gegen den Bilderkult. Gregor II. verurteilte es sofort und forderte die Italiener auf, es nicht zu befolgen. Er organisierte nun auch einen bewaffneten Widerstand in den byzantinischen Herrschaftsgebieten. Dies nützte der Langobarde Liutprand aus, marschierte in das Exarchat und in die Pentapolis ein und stieß bis Rom vor. Über diese Invasion besorgt, beeilte sich Gregor, der italienischen Bevölkerung Treue zum Kaiserreich abzufordern, das er trotz allem noch als einziges Bollwerk für die Verteidigung der zugleich von Sarazenen und Langobarden bedrohten Stadt Rom betrachtete. Es fehlte aber nicht an weiteren Gegensätzen zwischen Papst und Kaiser wegen des Bilderstreits, der sich unter den Christen weiter ausbreitete. Obwohl der Bildersturm auf der Röm. Synode von 729 amtlich verurteilt war, sprach sich Leo der Isaurier mit einem zweiten Edikt 730 erneut gegen die Bilderverehrung aus. Seine Heere wiesen die Angriffe der Langobarden ab und beseitigten damit den letzten Widerstand gegen das Kaiserreich.

Kurze Zeit darauf starb Gregor am 11. Februar 731, ohne daß er die zahlreichen Friedenswerke vollenden konnte, die er eingeleitet und für die er sich energisch und klug eingesetzt hatte. Er wurde in St. Peter beigesetzt.

Bibl.: P. Rabikauskas, in *Bibliotheca Sanctorum*, VII, Sp. 287–290; W. Kelly, *Pope Gregory II on divorce and remarriage; a canonical-historical investigation of the letter „Desiderabilem mihi" with special reference to the response „Quod proposuisti"*, Rom 1976; H. Grotz, *Beobachtungen zu den zwei Briefen Papst Gregor II. an Kaiser Leo III.*, in *Archivum historiae pontificiae*, 18 (1980), S. 9–40; ders., *Weitere Beobachtungen zu den zwei Briefen Papst Gregors II. an Kaiser Leo III.*, ebd. 24 (1986), S. 365–375; H. Michels, *Zur Echtheit der Briefe Papst Gregors II. an Kaiser Leo III.*, in *Zeitschrift für Kirchengeschichte*, 99 (1988), S. 376–391.

C. Petruzzi

Gregor III.

Papst, Hl. Der gebürtige Syrer und Sohn des Giovanni bestieg nach einmütiger Wahl am 18. März 731 den päpstl. Thron. Als würdiger Nachfolger Gregors II. stellte er sich mit gleicher Energie den schwierigen Beziehungen zum Langobarden Liutprand und dem Kampf mit dem Kaiserreich wegen des Bilderstreites. Nachdem zahlreiche päpstl. Briefe an Leo den Isaurier durch Gewalt und Folter der Gesandten ihr Ziel verfehlten, berief Papst Gregor 732 eine Synode nach St. Peter und verkündete die Exkommunikation der Bilderstürmer. Die empörte Antwort Leos war eine Flotte gegen Italien, um den Papst gefangenzunehmen. Nach einem Mißerfolg der Expedition wegen eines heftigen Unwetters griff der Kaiser zu anderen Strafmaßnahmen. Er zog die Güter der Röm. Kirche in Süditalien, Sizilien und Illyrien ein und entzog diese Länder auch der römischen Jurisdiktion, um sie dem Patriarchat Konstantinopel anzugliedern.

Gegenüber Liutprand wandte Gregor eine defensive Politik an, indem er die Allianzen mit den langobardischen Herzögen von Spoleto und Benevent verstärkte, die expansionistischen Bestrebungen des Monarchen jedoch nicht zu zügeln vermochte. Nach einem anfänglichen Vorstoß Richtung Hauptstadt und der Besetzung verschiedener Städte des röm. Herzogtums hielt Liutprand dann vermutlich aufgrund religiöser Bedenken oder politischer Schwankungen inne. Vergeblich war auch der Vorstoß Gregors III. bei Karl Martell, dem Souverän des fränkischen Staates und mächtigsten Politiker des Westens. Dieser stand im Krieg gegen die Araber und brauchte die Hilfe Liutprands, um die musulmanische Invasion von der Provence abzuwehren. Martell lehnte die Appelle des Papstes zunächst ab. Erst gegen Ende des Jahres 741 antwortete er auf weitere Hilfsgesuche des Papstes und sandte seine Legaten nach Rom, um ihm über die Verhältnisse der Kirche zu berichten. Doch kam es nicht mehr zu einem Zusammentreffen, weil Gregor am 27. November des gleichen Jahres starb und in St. Peter in dem kleinen Oratorium, das er selbst für die Reliquienverehrung hatte errichten lassen, beigesetzt wurde.

Bedeutend war die von Gregor III. verrichtete Missionsarbeit für die germanischen Völker, zu denen er Bischof Bonifatius sandte. Dieser organisierte das Leben der Kirche in Bayern durch die Gründung mehrerer Bistümer, denen in Hessen und Thüringen weitere folgten. Ähnlichen Eifer entwickelte Gregor der englischen Kirche gegenüber, indem er den Erzbischof von Canterbury zu seinem Vikar ernannte und Beda dem Ehrwürdigen seine herzliche Freundschaft schenkte. Er öffnete ihm die Päpstl. Archive, damit er die Kirchengeschichte Englands schreiben konnte. Als äußerst gelehrter Papst regierte Gregor III. energisch und bediente sich dabei vor allem seiner „ungewöhnlichen Überzeugungskraft“, wie man im *Liber Pontificalis* nachlesen kann.

Bibl.: P. Rabikauskas in *Bibliotheca Sanctorum*, VII, Sp. 290–294, mit Bibl.; H. Mordek, *Rom, Byzanz und die Franken im 8. Jh.; zur Überlieferung und kirchenpolitischen Bedeutung der Synodus Romana Papst Gregors III. vom Jahre 732*, in *Personen und Gemeinschaft im Mittelalter. Karl Schmid zum fünfundsechzigsten Geburtstag.*, Hrg. G. Althoff, Sigmaringen 1988, S. 125–156.

C. Petruzzi

GREGOR IV.

Papst. Als Römer und Priester des Titels von *S. Marco* wurde er im Jahr 827, nach dem unerwarteten Tod seines Vorgängers Valentin, zum Papst gewählt. Seine Weihe fand nur wenige Monate nach der Wahl statt und befolgte damit die im Jahre 824 durch Kaiser Lothar festgelegte Konstitution, nach der der Papst auf dem Thron des Petrus erst Platz nehmen dürfte, nachdem die Abgesandten des Kaisers seine Wahl ratifiziert hätten. Obwohl Gregor IV. nicht zur Reihe der bedeutenderen Päpste gehört, kann man doch in den zeitgenössischen Quellen nachlesen, daß er „eifrige Tätigkeit und Intelligenz“ zeigte. Schon in den ersten Jahren seines Pontifikates machte er sich Sorgen um die ständigen Bedrohungen durch die Sarazenen, die das Thyrrenische Meer befuhren und die Küsten des Latiums verwüsteten. Daher ließ er Ostia mit eindrucksvollen Verteidigungswerken befestigen und erbaute eine Festung, die er Gregoriopolis nannte.

Als überzeugter Verfechter der unbestrittenen Autorität des Reiches zögerte er nicht, in den verbitterten Nachfolgekrieg zwischen Kaiser Ludwig dem Frommen und seinen drei Söhnen einzugreifen. Im Jahre 838, als der bewaffnete Kampf zwischen den Heeren der aufständischen Söhne und denen des Kaisers tobte, zog Gregor über die Alpen und erreichte das Lager Ludwigs, um ihm seine Vermittlung anzubieten. Doch die Präsenz des jungen Lothar an dessen Seite schien dem alten Kaiser verdächtig. Er verzögerte die Verhandlungen, so daß das problematische Verhältnis zu den Söhnen noch schwieriger wurde. In Frankreich wurde das Eingreifen Gregors in die Auseinandersetzung des Kaisers anders gesehen. Die klerikale Partei billigte die Vermittlung des Papstes, dessen Autorität als unbestritten galt bei allen Dingen, die den Frieden der Kirche betrafen. Die Gegenpartei, zu der auch Bischöfe gehörten, sah im Vorgehen des Papstes dagegen eine Einmischung und drohte mit seiner Absetzung. Verbittert wegen der üblen Nachrede betreffs seiner Friedensabsichten und enttäuscht über das Scheitern der Verhandlungen an dem später „Lügenfeld" genannten Ort, kehrte Gregor nach Italien zurück, ohne daß es ihm gelungen war, das Werk der erhofften Versöhnung in Gang zu bringen. Vergeblich waren auch seine Versuche, nach dem Tod Ludwigs des Frommen 840 den Krieg zwischen den Söhnen zu verhindern. Nach blutigen Schlachten teilten diese das Reich unter sich auf, was mit dem Vertrag von Verdun im August 843 zum Entstehen der drei großen Reiche des Westens führte.

Besondere Aufmerksamkeit widmete Gregor IV. der inneren Organisation des kirchlichen Lebens und der Errichtung von Bauwerken. Ihm verdanken wir die Einführung des Festes Allerheiligen, dessen Feier mit der Geschichte des christlichen Pantheons verbunden ist und im ganzen Westen am 1. November begangen werden sollte. Er sorgte ferner für den Wiederaufbau der Kirche *S. Marco* unterhalb des Kapitols und für die Restaurierung der *Aqua Traiana*, der alten Sabatinischen Wasserleitung, ohne aber den Bau von Bauernhäusern und Siedlungen zu vernachlässigen. In den letzten Jahren seines Pontifikates beteiligte er sich am Aufbau des Erzbistums Hamburg, indem er Erzbischof Ansgar, den er später zum Päpstl. Gesandten für Schweden, Dänemark und die slawischen Länder ernannte, das Pallium verlieh. Gregor IV. starb am 25. Januar 844 und wurde in St. Peter beigesetzt.

Bibl.: A. Saba/C. Castiglioni, *Storia dei Papi*, I, Turin 1936, S. 383–387; U. Broccoli, *Ostia antica, S. Aurea, Gregoriopoli; spigolature sulle vicende di Ostia dalla tarda antichità all'alto medioevo*, in *Lunario Romano XII. Il Lazio nell'antichità romana*, Rom 1982, S. 189–195.

C. Petruzzi

Gregor V.

Papst. Als Sohn des Herzogs Otto von Kärnten und Vetter Ottos III. trug Gregor V. den Namen Bruno oder Brunone und wurde von einem Vetter zum Nachfolger Johannes' XV. bestimmt, gegen den die Römer sich wegen einer neuen Papstwahl aufgelehnt hatten. Er kam unter dem Jubel des Volkes nach Rom und wurde am 3. Mai 996 in St. Peter geweiht. Er war jung und gebildet, streng und entschlossen im Handeln und der erste Papst deutscher Nationalität. So machte er sich mit all seinen Kräften an die Erneuerung der Kirche. Bei diesem Bemühen stieß er auf den Widerstand der aristokratischen Familien Roms, die den deutschen Papst nie so recht angenommen haben. Im September 996 zwang ein Aufstand der antideutschen Partei unter Führung des Crescentius Gregor zur Flucht. Das Haupt der Verschwörer bemächtigte sich der Engelsburg und erhob den Griechen Giovanni Filagato aus Kalabrien unter dem Namen Johannes XVI. zum Richter über die Geschicke Roms auf den Päpstl. Thron. Filagato war schon von der Kaiserin Theophanu begünstigt und zum Bischof von Piacenza gemacht worden. Doch das bewaffnete Eingreifen Ottos III., den Gregor gerufen hatte, stellte die oberste Autorität des Papstes wieder her. Dieser berief eine Synode nach Pavia und exkommunizierte den Gegenpapst, welcher gefangengesetzt und verstümmelt wurde und seine Tage im Kerker beschloß. Crescentius, der in der Engelsburg eingeschlossen war, ergab sich am 29. April 998 und wurde auf den Zinnen der Burg enthauptet, um dann hinuntergestürzt und an einem Pfahl auf dem *Monte Mario* aufgehängt zu werden.

Nach Unterdrückung dieses Aufstands konnte Gregor die Kirche in Frieden regieren, so daß er sich für eine kirchliche Reform nach dem Vorbild von Cluny und ferner für die Abhängigkeit der ganzen Kirche von der päpstl. Jurisdiktion einsetzte. Mit einzigartiger Energie verpflichtete er daher den König von Frankreich und die territorialen Bischöfe zur Wiedereinsetzung des Erzbischofs Arnulf auf den Stuhl von Reims, ohne jedoch zu hart gegen seinen Gegenspieler Gerbert (den künftigen Silvester II.) vorzugehen, den er zum Erzbischof von Ravenna ernannte und später mit dem Pallium auszeichnete. Als strenger Wächter über die kirchliche Disziplin zeigte Gregor V. große Unnachgiebigkeit gegenüber pflichtvergessenen Bischöfen und schritt sogar zur Absetzung derer, die er der Verwaltung des hohen Amtes für unwürdig hielt. Geachtet und geschätzt von zeitgenössischen Gelehrten, beliebt beim Volk, dem er in drei Sprachen predigte, sah Gregor V. dennoch seinen Plan der Erneuerung der Kirche scheitern. Er wurde so ein Opfer jener Römischen Partei, die niemals die beiden jungen Deutschen, die Vertreter des Reiches und des Papsttums, akzeptiert hatten. Unter mysteriösen Umständen starb er am 18. Februar 999 im Alter von erst 30 Jahren und wurde in der sogenannten deutschen Kapelle in den Grotten von St. Peter beigesetzt.

Bibl.: T. E. Moehs*, Gregorius V (996–999). A biographical study*, Stuttgart 1972.

C. Petruzzi

Gregor VI.

Papst. Als Römer und Erzpriester von *S. Giovanni a Porta Latina* war Giovanni Graziano ein Mann von Frömmigkeit und Bildung, dazu ein Förderer der kirchlichen Reform. Er wurde am 5. Mai 1045 zum Papst ausgerufen und folgte mit dem Namen Gregor VI. auf Benedikt IX. Dieser hatte auf die Tiara verzichtet, nachdem die Anhänger Giovanni Grazianos ihn korrumpiert hatten. Von einigen Historikern wurde die Wahl daher als simonistisch bezeichnet (auch von Duchesne). Mönch Hildebrand, früher Schüler des Papstes am Patriarchalsitz im Lateran, war allerdings nicht dieser Auffassung. Er sah in seinem alten Lehrer den Erneuerer der Kirche und übernahm später seinen Namen, als er 1073 selbst zum Papst erhoben wurde. Der gleichen Auffassung waren im übrigen auch Pier Damiano, Otto von Freising, Wason von Lüttich und noch andere bis hin zu Baronius. Doch gelang es Gregor VI. nicht, seine Autorität gegen die in Rom infolge der Rückkehr des zurückgetretenen Papstes Benedikt und des Gegenpapstes Silvester III. aufgetretene Verwirrung zu behaupten. Letzterer bat Kaiser Heinrich III. um sein Eingreifen, der 1046 nach Italien gekommen war und am 20. Dezember in Sutri ein Konzil versammelt hatte. Dabei wurden der Papst aus Tusculum und der Gegenpapst abgesetzt, während es Gregor VI. vorzog, spontan abzudanken. Er wurde in Begleitung von Hildebrand (dem späteren Gregor VII.) nach Deutschland gebracht, in Köln mehr oder weniger in Gefangenschaft gehalten, wo er gegen Ende 1047 starb.

Er wurde vom *Annuario Pontificio* zwar regelmäßig in der Reihe der Röm. Päpste aufgeführt. Doch in einer Anmerkung heißt es: „Wenn die dreifache Entfernung von Benedikt IX. (1044, 1046 im Mai und Dezember) nicht legitim war – und das darf sicher für Silvester

III. gelten – dann waren dieser, Gregor VI. und Clemens II. Gegenpäpste".

Bibl.: G. B. Borino, *L'elezione e la deposizione di Gregorio VI*, in *Archivio della R. Società Romana di Storia Patria*, 39 (1916), S. 141–252, 295–410; ders., *„Invitus ultra montes cum domno papa Gregorio abii"*, in *Studi Gregoriani*, I (1947), S. 3–46; F. J. Schmale, *Die „Absetzung" Gregors VI. in Sutri und die synodale Tradition*, in *Annuarium historiae Conciliorum*, 11 (1979), S. 55–103; O. Widding, *An old Norse Version of a pamphlet on the papacy of Gregor VI*, in *Analecta Romana Instituti Danici*, 15 (1986), S. 51–65.

N. Del Re

Gregor VII.

Papst, Heiliger. Hildebrand von Soana wurde um 1020 in der Toscana geboren und kam dank seines Onkels, Abt des Klosters S. Maria auf dem Aventin, sehr jung nach Rom, wo er die niederen Weihen von Gregor VI. empfing. Bereits in den Jahren vor dem Pontifikat zeigte Hildebrand enormes Profil. Zusammen mit dem Papst wurde er von Heinrich III. in großen Ehren in Köln empfangen, nachdem Gregor VI. auf der Synode von Sutri 1046 zur Abdankung gezwungen worden war. Als Mönch in Cluny wuchs Hildebrands Rolle mit dem Reformpontifikat Leos IX., der ihn nach Rom rief und zum Wächter des Altares von St. Peter sowie zu seinem Legaten machte. Von da an dehnte Hildebrand seinen Einfluß aus, bestimmte die Wahl Nikolaus' II. und war für dessen Politik der entscheidende Anreger. Zusammen mit diesem Papst war Hildebrand führend auf der Synode im Lateran 1059, bei der die Reform der Papstwahl beschlossen wurde.

Auch die nächste wichtige Maßnahme im Pontifikat Nikolaus' II. – die Entscheidung für die Allianz mit den Normannen, die sich seit kurzen in Süditalien niedergelassen hatten – entsprach den Vorstellungen und dem späteren Vorgehen Hildebrands. Bereits in diesen Jahren war die Festlegung einer neuen Rolle der Kirche die Crux des künftigen Gregors VII. Die Kirche solle sich von wirtschaftlichen Zwängen, von den Beziehungen zu den Feudalherren und zur zivilen Macht, vor allem vom Reich lösen, das mehr als alle anderen Anspruch auf Universalität erhob. Im Brennpunkt standen – schon im vorausgegangenen Jahrhundert – die Verweltlichung der Kleriker, die Simonie und die Laieninvestitur des Klerus, die inzwischen festes Privileg der Feudalherren und des Kaiserreiches geworden war.

Es läßt sich eine interessante Verknüpfung dieser Themen mit den Revolutionsbewegungen jener Epoche feststellen, wie jene der „Patarer" in Mailand, wo 1057 Diakon Arialdo gegen die Korruption des Klerus und den Erzbischof Guido da Velate zu predigen begann. Zusammen mit Anselmo von Baggio begab sich Hildebrand zur Inspektion nach Mailand und unterstützte Arialdo, erklärte sich aber zum Gegner Erzbischofs Guido. Die Reformforderung Hildebrands ging davon aus, daß Korruption und Simonie Folgen der Unterordnung der Kirche unter die kaiserliche Macht und der Verstrickung des Klerus in das zivile Leben waren.

Zur Zeit des Todes Alexanders II. war Hildebrand in Rom derart populär, daß er am Tag nach der Beisetzung des Papstes als dessen legitimer Nachfolger im Lateran ausgerufen und dann fast gewaltsam in *S. Pietro in Vincoli* geweiht wurde (22. April 1073). Als er den Päpstlichen Thron bestiegen hatte, handelte Gregor VII. – nach einer Pause bis zur Bestätigung seiner Wahl durch das Reich – nach den Grundsätzen seiner Reform. Er konzentrierte sein Wirken auf drei Fragen: den Kampf gegen die Simonie, die Bekräftigung des Zölibats und den Übergang des Investiturrechtes für den Klerus an die Kirche. Die Simonie war für Gregor Korruption, der Zölibat das Werkzeug, um die Kirche von den Verbindungen mit der weltlichen Gesellschaft zu trennen: In der Frage der Investitur aber sah er das wesentliche Ziel, womit er für die Kirche ihre absolute Oberhoheit über das Reich und die Monarchien erreichen konnte.

Gregors Vision der Kirche, wie sie im *Registrum* und in seinem Briefwechsel mit Hermann von Metz zum Ausdruck kommt, war gänzlich auf der Notwendigkeit der *„Libertas Ecclesiae"* oder auf dem Grundsatz der Unterordnung der amtierenden Regierung unter den Papst aufgebaut. In den 27 Artikeln des *Registrum* (dem *Dictatus papae*) sind die Grundsätze eines neuen Kirchenrechtes formuliert, mit dem Papst als Zentrum und absolute Quelle des Rechts.

Im Jahre 1074 erließ Gregor die Dekrete über den Zölibat und die Simonie. Die verheirateten Prälaten und jene mit Kindern wurden abgesetzt, ebenso alle jene, die als simonistisch galten. Auf dem Konzil vom Februar 1075 wurde dem Klerus verboten, die Investitur durch Laien zu empfangen. Die Opposition gegenüber diesen Verfügungen war enorm. In Rom begann ein Teil der reichen Familien, sich dem Papst zu widersetzen. Unter den abgesetzten Prälaten wuchs die Unzufriedenheit. Besonders in Mailand und in den germanischen Gebieten verstärkte sich auch unter den Bischöfen der Protest gegen Reformen Gregors. In Bremen verweigerte Erzbischof Liemarus seine Abdankung und auch Heinrich IV., der sich bis dahin wegen seiner Schwierigkeiten mit den Sachsen vorsichtig verhalten hatte, ging nach der Niederlage seiner Feinde bei Homburg an der Unstrut im Juni 1075 zum Angriff auf den Papst über. Der 26jährige Heinrich IV. verließ sich auf die Unterstützung der Gregor feindlich gesinnten Bischöfe und weigerte sich, die Entscheidungen des Papstes zu befolgen. Er wies seinen Legaten ab und versammelte in Worms ein Konzil, durch das er den Papst absetzen ließ (Januar 1076). Um die Radikalität der Entscheidung Heinrichs zu verstehen, muß man bedenken, daß die Bande zwischen kaiserlicher Monarchie und kirchlicher Hierarchie sehr eng waren, und daß zwei Erzbischöfe, Anno von Köln und Adalbert von Bremen, bis 1065 Regenten gewesen waren. Der Papst reagierte sofort und radikal. Auf der Synode im Lateran (Februar 1076) exkommunizierte er den König, alle Bischöfe des Konzils von Worms und jene, die sie unterstützt hatten, wie die Lombarden. Die angedeuteten Schwierigkeiten Heinrichs vermehrten sich noch, als der deutsche Adel in Trier seine Treue zum Papst erklärte. Der König wurde zu einem eher taktischen Rückzug sowie zu seiner legendären Wallfahrt im Schnee vor das Schloß der Gräfin Mathilde von Canossa, der Beschützerin des Papstes, gezwungen, um Verzeihung zu erbitten und sich mit Gregor zu einigen.

Wenn der Schritt Heinrichs auf der einen Seite ein Sieg für den Papst war, so führte er auf der anderen Seite auch für Hildebrand zu einer komplizierten Situation. Er riskierte einen Verlust der Kontrolle über die Adeligen des Reiches, weil er dem König Verzeihung gewährt hatte. Er verweigerte zwar in Monza Heinrich die Krone Italiens, konnte seine Aktion aber nicht bis zur endgültigen Absetzung des Königs fortsetzen. Am 13. März 1077 wählte der aufständische Adel bei Forschein Rudolf von Schwaben und setzte Heinrich IV. ab. Damit war die Abmachung von Canossa hinfällig und der Kampf ging leidenschaftlich weiter. Gregor VII. sah sich der Feindschaft der Lombardei und der Städte der Romagna gegenüber, die ihm die Durchquerung ihres Gebietes verweigerten und ihn so daran hinderten, mit den germanischen Herzögen und Fürsten Kontakt aufzunehmen.

Auf der anderen Seite stellten die Normannen im Süden für den Papst eine noch offene Frage dar. Schon länger hatte er die Wichtigkeit der normannischen Unterstützung begriffen und versucht, den Bedürfnissen Robert Guiscards zu entsprechen, sich von den Verbindungen mit dem Kaiserreich zu befreien. Jetzt aber zwangen die Kämpfe Roberts mit den Langobarden und mit dem Adel in Apulien die Normannen, sich mit Gregor zu einigen. Für den geschickten Papst war es nicht schwierig, das Treueversprechen Roberts zu erhalten (Ceprano, 29. Juni 1080). Die Abmachung sah für den normannischen König den Erwerb des ganzen Südens und Siziliens vor, während Benevent in päpstlichen Besitz blieb. Die Normannen mußten den Papst verteidigen und einen Tribut zahlen. Diese Abmachung war ausschlaggebend, als Heinrich IV. 1081 nach Italien kam und Rom belagerte. Nachdem der Papst den König erneut exkommuniziert und Rudolf als Kaiser anerkannt hatte, wiederholte sich 1080 in Mainz, was in Worms geschehen war. Kurz darauf wurde in Brixen mit Guiberto di Ravenna ein Heinrich gewogener Antipapst gewählt, der den Namen Clemens III. führte.

Nach dem Tod Rudolfs von Schwaben in der Schlacht von Elster (1080) verlagerte sich der Konflikt direkt ins päpstliche Rom. Die erste Belagerung durch Heinrich verlief erfolglos. In der Lombardei bekämpfte Heinrich Herzogin Mathilde und stand schließlich 1082 wieder vor den Mauern Roms, bis es ihm nach siebenmonatiger Belagerung gelang, in die Leostadt einzudringen. Der Papst flüchtete sich in die Engelsburg, doch für die Stadt begann ein langes Martyrium. Heinrich IV. erbat die Unterstützung der Römer, um die Kaiserkrone zu erlangen. Verhandlungen zwischen dem König und den Legaten des Papstes in *S. Maria in Pallara* auf dem Palatin verliefen äußerst hitzig und scheiterten. Heinrich aber war entschlossen, die Krone zu erlangen und versuchte die Römer mit byzantinischem Gold zu bestechen. In der Tat kam es in Rom zur Volkserhebung gegen den Papst, wodurch die Wahl des Gegenpapstes Clemens III. möglich wurde. Nach kurzem Vordringen gen Süden betrat Heinrich am 21. März 1084 durch die *Porta S. Giovanni* erneut Rom und ließ sich wenige Tage später von seinem Papst zum Kaiser krönen. Inzwischen hatten sich die Feindseligkeiten in einen Kampf der Stadt gegen die Aristokratie verwandelt, die Gregor in der Engelsburg verteidigte.

Nun griff Robert Guiscard ein und kam kurz nach der Flucht Heinrichs IV. nach Rom. Mit seinen 6000 Reitern und 30.000 Fußsoldaten befreite Robert Gregor VII. und stellte sich der Bevölkerung entgegen, die den Kaiser hergebeten und legitimiert hatte. Der normannische Angriff verursachte ein blutiges Massaker und führte zu einer der schwersten Zerstörungen in der mittelalterlichen Geschichte Roms.

Das Wüten der königlichen Truppen traf die Stadt schwer. Das Marsfeld wurde zerstört und das ganze Viertel vom Lateran bis zum Kolosseum, das Celius-Viertel eingeschlossen, in Brand gesteckt. Das Kolosseum, der Severusbogen und der Circus Maximus erlitten unwiederbringlichen Schaden. Auch der *Portikus* von St. Paul vor den Mauern und die Leostadt, zum Teil auch St. Peter, waren schon vorher durch die Belagerung Heinrichs IV ernsthaft beschädigt. Nach der Zerstörung der Viertel des Celius und des Palatin folgte dann die schrittweise Entvölkerung dieser Zonen und die Besiedlung des Marsfeldes. Nachdem Robert den Angriff zu Ende gebracht hatte, nahm er Gregor mit nach Salerno, wo der Papst am 25. Mai 1085 starb. In der europäischen Geschichte stellte sein Pontifikat einen Einschnitt dar: es hinterließ zwei getrennte, universale Mächte: Papsttum und Kaisertum.

Bibl.: G. Miccoli, in *Bibliotheca Sanctorum*, VII (1966), Sp. 294–378, mit Bibl.; L. L. Ghirardini, *Saggio di una bibliografia dell'età matildico-gregoriana (1046–1122)*, Modena 1970; R. Morghen, *Gregorio VII e la riforma della Chiesa nel secolo XI*, Palermo 1974; J. Vogel, *Gregor VII. und Heinrich IV. nach Canossa. Zeugnisse ihres Selbstverständnisses*, Berlin 1982; G. Fornasari, *Del nuovo su Gregorio VII? Riflessioni su un problema storiografico „non esaurito"*, in *Studi medievali*, 24 (1983), S. 315–353; G. Grimaldi, *Frammenti di storia gregoriana*, Salerno 1985; G. Fornasari, *Coscienza ecclesiale e storia della spiritualità. Per una ridefinizione della riforma di Gregorio VII*, in *Benedictina*, 33 (1986), S. 25–50; *Il Papa ed il sovrano. Gregorio VII ed Enrico IV nella lotta per le investiture*, Hrsg. G. M Cantarella/D. Tuniz, Novara 1986; O. Capitani, *Gregorio VII e l'unità europea*, in *Aevum*, 60 (1986), S. 183–192; *Studi Gregoriani per la storia della „Libertas Ecclesiae"*. XIII, Hrsg. A. M. Stickler, Rom 1989.

M. Di Sivo

Gregor VIII.

Papst. Kardinal Alberto de Morra, in Benevent geboren, wurde am 21. Oktober 1187, nur einen Tag nach dem Tod Urbans III., in Ferrara zum Papst ausgerufen. Er war ein Mann von großer Frömmigkeit und dem Kaiser genehm, mit dem er alsbald eine Politik der Versöhnung einleitete. Die erste Amtshandlung des neu gewählten Papstes war ein dringlicher Aufruf an die Christenheit zum Kreuzzug, nachdem Jerusalem am vorherigen 2. Oktober in die Hände Saladins gefallen war. Doch Gregor VIII. konnte weder den Ausgang dieses Unternehmens erleben, noch gelang es ihm, seinen Römischen Stuhl zu erreichen. Er hatte sich nach Pisa begeben, um eine Versöhnung zwischen den Pisanern und den Genuesern gerade im Hinblick auf den Kreuzzug einzuleiten. Dort verstarb er nach kaum zwei Monaten Pontifikat am 17. Dezember 1187 und wurde im Dom beigesetzt. Sein Grab wurde bei einem Brand im 16. Jh. schwer beschädigt.

Bibl.: G. Kleemann, *Papst Gregor VIII*, Bonn 1913; F. Kehr, *Papst Gregor VIII. als Ordensgründer*, in *Miscellanea Franz Ehrle*, II, Rom 1924, S. 248–275; E. Sastre Santos, *Alberto de Morra, „cardenal protector" de la Orden de Santiago*, in *Hidalguía*, 31 (1983), S. 369–392; P. Nadig, *Gregorio VIII e i suoi 57 giorni di pontificato*, in *Studi beneventani*, 1 (1989), S. 85–158.

N. Del Re

Gregor VIII., Gegenpapst

Gegenpapst. Maurizio, genannt Burdinus, gebürtig in Südfrankreich, Erzbischof von Braga in Portugal und päpstl. Legat. Er befand sich in Rom, als die Stadt von Kaiser Heinrich V. besetzt wurde. Der Kaiser stellte ihn dem rechtmäßigen Papst Gelasius II. entgegen, der nach Gaeta geflüchtet war, um dem deutschen Souverän nicht begegnen zu müssen. Der Gegenpapst ergriff vom Lateran Besitz und wurde am 8. März 1118 mit dem Namen Gregor VIII. geweiht. Er wurde in Teilen Italiens, Deutschlands und Englands anerkannt und es gelang ihm, sich auf dem usurpierten Stuhl mit Unterstützung der Frangipane und der Deutschen bis zum Juni 1121 zu halten. Dann sah er sich gezwungen, Rom zu verlassen, das den neuen Papst Calixtus II. triumphal empfangen hatte. Calixtus II. war inzwischen auf den am 28. Januar 1119 im französischen Cluny gestorbenen Gelasius II. gefolgt. Gregor VIII. begab sich nun nach Sutri, widerstand dort aber nicht lange, wurde sehr bald gefangengenommen und nach Rom zurückgebracht. Hier mußte er auf dem Höcker eines Kamels, das Gesicht dem Schwanz des Tieres zugewandt und mit einem Hammelfell bekleidet, durch die Straßen der Stadt ziehen. Jedoch rettete er sein Leben, wurde zunächst in einen Turm geschlossen und schließlich in die Abtei von *Cava dei Tirreni* gebracht, wo er um 1136 starb.

Bibl.: R. Aubert, in *Dictionnaire d'histoire et de géographie ecclésiastiques*, XXI, Sp. 1433–36.

N. Del Re

GREGOR IX.

Papst. Graf Ugolino von Segni wurde 1170 in Anagni geboren, studierte Recht in Bologna und Theologie in Paris. 1198 wurde er Kardinal und 1206 Bischof von Ostia. Er führte wichtige diplomatische Aufträge in Italien und Deutschland unter Innozenz III. (1198–1216), dessen Verwandter er war, und für Honorius III. (1216–27) aus. Er beschäftigte sich nebenbei mit dem neuen, von Franz von Assisi gegründeten Orden der Minderbrüder. Diesen nahm er in Rom gastfreundlich auf und arbeitete zusammen mit ihm an der endgültigen Fassung der Regel der Minoriten und Klarissen. Am 19. März 1227 bestieg Ugolino den Päpstl. Thron mit dem Namen Gregor IX. Sein erster Gedanke war die Durchführung eines Kreuzzugs, für den er sich schon als Kardinal aktiv eingesetzt hatte. Er forderte daher Friedrich II. zum Aufbruch gen Osten auf. Doch zeigte sich jener aus persönlichen Interessen wenig geneigt, sein Wort zu halten. Als er sich endlich doch zum Aufbruch entschloß, kehrte der Kaiser unter dem Vorwand einer unter den Soldaten ausgebrochenen Epidemie bald zurück. Da der Papst aber seinen Motiven keinen Glauben schenkte, exkommunizierte er ihn und zwang ihn, erneut ins Heilige Land aufzubrechen. Hier gelang Friedrich durch einen Vertrag mit Malek-Khamal, dem Sultan von Ägypten, die Besetzung Jerusalems (1229). Trotzdem zog Gregor die Exkommunikation nicht zurück, sondern entband sogar alle dem Kaiser untergebenen Völker vom Gehorsam. Nach Italien zurückgekehrt, führte Friedrich gegen den Papst Krieg, der 1230 mit dem Friedensschluß von S. Germano (Cassino) endete, wobei beide Teile Zugeständnisse machten.

Nach einigen Jahren scheinbarer Ruhe entbrannte der Streit mit Friedrich erneut mit besonderer Heftigkeit wegen der lombardischen Städte, die 1237 bei Cortenuova geschlagen worden waren. Ihre Unterwerfung unter den Kaiser hätte nämlich ihre Unterwerfung unter die Regierung des Kirchenstaates und des Papsttums mit sich bringen können. Der Kampf wurde immer dramatischer, so daß der Papst 1239 den Kaiser erneut exkommunizierte. Friedrich hatte völlig skrupellos die Abmachungen über die Freiheit der Kirche im Königreich Sizilien verletzt und ebensowenig das Recht der Souveränität der Kirche über Sardinien beachtet, als er seinem natürlichen Sohn Enzo bei dessen Hochzeit mit Adelasia, einer Richterin von Torres und Gallura, den Titel eines Königs von Sardinien verlieh. Über die Exkommunikation hinaus entband Gregor IX. die Untergebenen des Kaisers von ihrem Treueeid und berief für Ostern 1241 ein Konzil nach Rom, um über dessen Verhalten zu Gericht zu sitzen. Doch es gelang Friedrich, die Genueser Flotte, auf der sich die Kardinäle und Prälaten befanden, die nach Rom wollten, bei der Isola del Giglio zu vernichten. Einige der Prälaten ertranken, andere wurden gefangengenommen. Der Papst ertrug diesen letzten Schlag nicht mehr und starb am 22. August 1241.

Wenn auch das gesamte Pontifikat Gregors IX. vom ständigen und heftigen Konflikt mit Friedrich II. bestimmt war, so bestimmte dennoch nicht nur das politisches Handeln sein Pontifikat. Der Papst kümmerte sich ebenso um die Kanonsammlungen. Daher beauftragte er seinen Kaplan und Pönitentiar Raimund von Penafort, eine kompakte, authentische Sammlung von Dekretalen vorzubereiten, in der alle bisherigen zusammengefaßt wären. Die neue Sammlung wurde am 5. September 1234 mit der Konstitution *Rex pacificus* veröffentlicht, eingeteilt in fünf Bücher und ist unter dem Namen *Decretales Gregorii IX.* bekannt. Sie wurde den Universitäten von Bologna und Paris für den Unterricht übersandt mit dem ausdrücklichen Verbot, andere Sammlungen

„ohne besondere Erlaubnis des Apostolischen Stuhles" zu beginnen. So wurden die *Decretales* ein Teil des *Corpus iuris canonici*. Gregor IX. verdanken wir ferner eine Reorganisation des den Dominikanern anvertrauten Inquisitionsverfahrens, die Versöhnung des Aristotelismus mit der katholischen Theologie sowie die Förderung von Maßnahmen zur Wiedervereinigung der griechischen mit der lateinischen Kirche und schließlich die Gründung der Universität Toulouse in Frankreich.

Bibl.: E. Brem, *Papst Gregor IX. bis zum Beginn seines Pontifikates*, Nendeln 1977; R. T. Spence, *The impact of historical events on the compilation of the „litterae curiales" from Pope Gregory IXs twelfth year*, in *Archivum historiae pontificiae*, 18 (1980), S. 383–393; ders., *Gregory IXs attempted expeditions in the Latin Empire of Constantinople: the Crusade for the union of the Latin and Greek Churches*, in *Journal of Medieval history*, 5 (1979), S. 163–176; R. Manselli, *Federico II e Gregorio IX. Appunti di una ricerca*, in *Studi storici meridionali*, 2 (1982), S. 3–14; E. Pàsztor, *St. Francis, cardinal Hugolino, and „The Franciscan question"*, in *Analecta Tertii Ordinis Regularis S. Francisci de Paenitentia*, 19 (1986–87), S. 461–497; J. P. Lomax, *Ingratus or indignus: canonist argument in the conflict between Pope Gregory IX and Emperor Frederick II*, Ann Arbor (Mi) 1989.

N. Del Re

GREGOR X.

Papst, Seliger. Tedaldo (oder Teobaldo) Visconti wurde 1210 in Piacenza als Sohn einer adeligen Familie geboren, die mit der gleichnamigen und berühmteren Familie von Mailand jedoch nicht in Zusammenhang stand. Er war sehr bald in den Dienst des Kardinals Giacomo von Pecorara getreten, in dessen Gefolge er dann in Lyon und Lüttich verweilte. Dorthin kehrte er 1244 nach dem Tod seines Protektors zurück, um sein Dienstamt voll auszufüllen. In der Zwischenzeit hatte er als Mitschüler des Bonaventura von Bagnoregio und des Thomas von Aquin die Universität von Paris besucht. Visconti war während des letzten Kreuzzugs Apost. Legat im Heiligen Land und befand sich gerade in *S. Giovanni d'Acri*, als er 1271 von der unerwarteten Nachricht seiner Wahl zum Papst am 1. September in Viterbo überrascht wurde. Ein langes und tumultreiches Konklave war der Wahl vorangegangen. Visconti nahm nur an, um einer allzu langen Sedisvakanz ein Ende zu bereiten.

Nach dem Tod Clemens IV. am 29. November 1268 waren schon fast drei Jahre vergangen, ohne daß die in entgegengesetzte Parteien gespaltenen Kardinäle sich über die Wahl des Nachfolgers einig werden konnten. Diese war am Ende als Kompromiß auf den dem Hl. Kollegium völlig fremden Visconti gefallen, so daß seine Wahl von Kardinal Giovanni von Toledo bitter mit den Worten kommentiert wurde: „Das Amt des Papstes erhielt ein Erzdiakon, den die Uneinigkeit seiner Brüder zum Vater der Väter machte". Tedaldo Visconti wurde also zunächst zum Priester und dann zum Bischof geweiht und am 27. März 1272 mit dem Namen Gregor X. in *S. Giovanni in Laterano* in Rom gekrönt. Entgegen den Erwartungen seiner Zeitgenossen war das Pontifikat Gregors X. eines der beachtenswertesten des 13. Jh. Er war der erste italienische Papst, der längere Zeit fest in Rom blieb und sich der absoluten Wichtigkeit seiner geistlichen Macht, aber auch der des Kaisers für die Kirche voll bewußt war. So agierte er mit dem klaren Ziel, die kaiserliche Autorität wiederherzustellen. Das aufstrebende Reich sollte sich der Bedrohung durch die Anjou entgegenstellen. Denn in der Zeit des Konklaves war Karl von Anjou, dank seines Amtes als Senator, das ihm Clemens IV. zugestanden hatte, auch in Rom zur Herrschaft gelangt. Ihm verweigerte Gregor trotz massiven Drucks den Kaisertitel, womit er seine ganze Entscheidungsvollmacht ausschöpfte und sich so als Quelle der Legitimation des Kaisers bestätigte. Er unterstützte keinen der verschiedenen Kandidaten, weder Alfons von Kastilien, noch Ottokar von Böhmen, noch Philipp III. von Frankreich, ein Neffe Karls von Anjou. Vielmehr setzte er sich dafür ein, daß die Kurfürsten wählen sollten und unterstützte Rudolf von Habsburg. Mit der Wahl Rudolfs durch die Kurfürsten begann das Glück seiner Familie. Im Gegenzug zur Bereitschaft des Papstes, den Titel erblich zu machen, schwor der Kaiser dem Papst die Treue. Er verzichtete sowohl auf die italienischen Ansprüche des Reiches wie auch auf den Einfluß bei Bischofswahlen. Dieses Vorgehen Gregors zeugte von erheblicher politischer Intelligenz und bekräftigte die Kirche in ihrer Mittlerfunktion, mit der sie die verschiedenen koexistierenden Mächte auf der italienischen Halbinsel im Gleichgewicht hielt. So wurde die anjoufreundliche Partei in Piemont und in Genua, Pisa und Siena geschwächt. Inzwischen wurde Gregor X. auch an der byzantinischen Front tätig und verstärkte die Kontakte mit Michael Paleologus. Dieser stand mit Karl von Anjou in Streit. Er hatte Albanien und Achaia erobert und wandte sich nun gefährlich nach Byzanz. Die Wirkung der Ostpolitik des Papstes zeigte sich auf dem Konzil von Lyon vom 7. Mai bis 17. Juli 1274 in der Wiederherstellung der Beziehungen mit den Griechen, welche die Lehre des *Filioque*, den Primat des Papstes und das Recht anerkannten, sich an sein Tribunal zu wenden. Nach dem festen Willen Gregors X. wurden auf dem II. Konzil von Lyon ferner auch Normen zum Verhalten des Klerus aufgestellt und Vorkehrungen für einen neuen Kreuzzug getroffen, der jedoch nie stattfand. Doch vor allem wurde die berühmte Konstitution *Ubi periculum* (C, 3, I, 6 in Sexto) über die Papstwahl veröffentlicht, in der das Konklave (→) im heutigen Sinn des Wortes eingesetzt und seine Ordnung festgelegt wurde. Nach dem Konzil kehrte Gregor X. nicht mehr nach Rom zurück. Er brach im Juni 1275 von Lyon auf und begab sich im folgenden Oktober nach Lausanne, wo er sich mit dem Kaiser traf. Dann besuchte er verschiedene italienische Städte, um dort friedensstiftend zu wirken. Auf dieser letzten Reise starb er am 10. Januar 1276 in Arezzo. Die Kathedrale der Stadt nahm seine sterblichen Reste auf und bewahrt sie bis heute. Der Kult um seine Person wurde durch Clemens XIII. am 12. September 1713 durch die Seligsprechung bestätigt.

Bibl.: F. Molinari, in *Bibliotheca Sanctorum*, VII (1966), Sp. 379–387, mit Bibl.; *Atti del Convegno di studio: VII centenario del 1. conclave (1268–1271)*, Viterbo 1975; A. Tafi, *Il beato Gregorio X e la città di Arezzo*, Arezzo 1976; *Gregorio X. nel VII centenario della morte*, Piacenza 1977.

M. Di Sivo

Gregor XI.

Papst. Pierre Roger de Beaufort wurde 1329 in Rosier d'Egleton im Limousin geboren. Er studierte Recht in Perugia und wurde dank der Hilfe seines Onkels, Clemens VI., mit kaum 18 Jahren Kardinal mit dem Titel *S. Maria Nova* auf dem Forum Romanum. Am 30. Dezember 1370 bestieg er nach schneller und einmütiger Wahl den Päpstlichen Thron unter dem Namen Gregor XI. Er war der siebte und letzte französische Papst in Avignon.

Nachdem sein Vorgänger Urban V. vorübergehend in Rom verweilte, sich 1370 aber wieder in Avignon niedergelassen hatte, stellte sich Gregor erneut die Frage nach dem Sitz des Papstes. Der Druck der Kardinäle und der französischen Monarchie sowie überdies der hundertjährige Krieg, der die Rückkehr Urbans V. nach Frankreich bestimmt hatte, war noch stark. Doch entscheidend für Gregor war das Problem der Kontrolle des Kirchenstaates. Die politisch-militärische Operation von Albornoz unter den Päpsten Innozenz VI. und Urban V. hatte zwar den Expansionismus der Visconti abgewehrt und die Macht der auf päpstl. Gebiet herrschenden Familien eingeschränkt, doch keinen regionalen Staat begründen können. Nun veranlaßte die kritische Beziehung zu den französischen Legaten und die tumulthafte Situation in Rom den Papst trotz persönlicher Abneigung zur Übersiedlung nach Italien.

In Perugia, Bologna, Prato und Florenz sah sich der Papst großen Schwierigkeiten gegenüber. Nachdem der Kardinal von Bologna eine Söldnerbande unter Führung des Hawkwood geschickt und die Versorgung mit Getreide blockiert hatte, rief Florenz eine antipäpstl. Liga ins Leben. Die Allianz vereinigte gut 80 Städte, darunter Mailand und Siena, das sich für vier Jahre anschloß, Arezzo, Lucca und Neapel. Es kam so zum Krieg mit dem Papsttum und zu einer Erhebung der Bevölkerung in Florenz. Im Sommer 1375 wurden Komitees der „Acht für Krieg und Gewaltanwendung", die auch „die acht Heiligen" genannt wurden, gebildet, um die kirchlichen Güter der „elenden Barbaren, die sich mit dem Gut und Blut der Lateiner nährten" (*Coluccio Salutati*) einzuziehen.

Im Herbst 1375 erhoben sich zuerst *Perugia, Montefiascone, Narni, Città di Castello*, dann die Städte von der Romagna bis nach Kampanien. Die Krise führte zu einer ernstlichen Bedrohung des Papsttums, weil Florenz versuchte, die Allianz zu festigen und die Zustimmung der Römer zu gewinnen. In Rom waren die Lager gespalten. Aber generell herrschte ein gewisses Mißtrauen gegenüber den Gegnern von Florenz, weil man die wirtschaftliche Macht der Stadt fürchtete.

Die Geschick Gregors XI. bestand in der Ausnutzung jenes Mißtrauens, welches sich durch die Eroberung Viterbos im Jahre 1375 seitens Francesco di Vicos – Anhänger der Liga – noch verstärkte. Es gelang ihm, die florenzfreundliche Front zu spalten und damit zu demonstrieren, wie stark die Hegemonie des Papstes in Italien und Europa noch war. Dies bedeutete eine Wende im Konflikt sowie eine klare Anerkennung des päpstlichen Einflusses. Hinzuzufügen ist, daß diese Initiative klug vorbereitet war. Sie nutzte die bereits vorhandenen Feindseligkeit gegenüber den florentinischen Kreditgebern aus. In England und Frankreich bedeutete das Interdikt die automatische Befreiung von aufgenommenen Schulden und einen erheblichen Einzug von Gütern.

Die Politik Gregors XI. mußte bei seiner Rückkehr nach Rom abgeschlossen sein, denn „er begriff damals, daß die Päpste den Kirchenstaat und Italien verloren hätten, wenn sie noch länger in Avignon geblieben wären" (Gregorovius, *Geschichte der Stadt Rom im Mittelalter*). Am 13. September 1376 brach der Papst aus der französischen Stadt auf und erreichte sein Ziel am 17. Januar 1377. Vor ihm traf, an der Spitze einer Truppe von Bretonen, Robert von Genf, sein Legat für die Marken und die Romagna, ein. Er war vorausgeschickt worden, um mögliche Revolten zu unterdrücken. Am 1. Februar töteten seine Soldaten in Cesena rund 4.000 Personen, die sich dem Legaten widersetzt hatten.

In Rom war inzwischen in einer Zeremonie in St. Paul die Schlüsselübergabe erfolgt und der Geleitzug des Papstes begab sich nach St. Peter. Mit der Stadt erzielte man eine Abmachung, in der sie ihre Rechte über die Brücken, die Mauern und Befestigungen abtrat, aber die Scharfrichter und die Armbrustschützen behielt. Der Kompromiß war für Gregor XI. nicht befriedigend, noch weniger für die Aristokratie, die mit Luca Savelli und dem Grafen Fondi dem Volksheer unterlag. Im Anschluß ernannte der Papst Gomez Albornoz, einen

Neffen des Egidius, zum Senator. Eines seiner Ziele war die Kontrolle des Heeres.

Gregor zog sich dann nach Anagni zurück und erreichte einen Friedensschluß, der am 10. November 1377 vom Generalrat Roms bestätigt wurde. Der Tod des Papstes am 26. März 1378 stoppte diesen Friedensprozeß. Seinen Nachfolgern gelang keine endgültige Beseitigung des Interessenkonflikts, da nach Gregor XI. eine Zeit größter Spannungen folgte, die im Schisma mündete. Dies hatte der Papst vermeiden wollen, indem er die Gültigkeit der Papstwahl nur von einer einfachen Mehrheit des Konklave abhängig machte.

Bibl.: Glénisson, *La Politique de Louis de Gonzague, seigneur de Mantoue, pendant la guerre entre Grégoire XI et Bernabò Visconti (1371–1375)*, Paris 1952; G. Mollat, *Relations politiques de Grégoire XI avec les siennois et les florentines*, ebd. 1956; A. Pélissier, *Grégoire XI ramène la papauté à Rome. Troisième pape limousin (1370–1378)*, Clairvivre 1956; P. Thibault, *Pope Gregory XI (1370–1378) and the Crusade*, in *Canadian Journal of history*, 20 (1985), S. 313–335; ders. *Pope Gregory XI: the failure of tradition*, Lanham 1986.

M. Di Sivo

GREGOR XII.

Papst. Angelo Correr gehörte einer alten venezianischen Patrizierfamilie an und wurde um 1325 in Venedig geboren. Er war für einige Zeit Bischof seiner Heimatstadt, dann lateinischer Patriarch von Konstantinopel. Innozenz VII. machte ihn 1405 zum Kardinal der Titelkiche von *S. Marco*. Am 30. November 1406 folgte er ihm unter dem Namen Gregor XII., während in Avignon weiter Benedikt XIII. regierte. Wie alle anderen Kardinäle hatte sich auch Correr im Konklave dazu verpflichtet, sich im Falle seiner Wahl innerhalb von drei Monaten mit dem Gegenpapst zu treffen und gemeinsam mit ihm abzudanken, um der Kirche ihre Einheit wiederzuschenken. Doch der Konflikt unter den europäischen Mächten und der italienischen Staaten untereinander verzögerte noch um etliche Jahre das Ende des Schismas und der Obödienz von Avignon. Die Begegnung der beiden rivalisierenden Päpste, die in Savona stattfinden sollte, war aufgrund mangelnder Kooperationsbereitschaft nicht möglich. Zudem sprach sich der König von Neapel, Ladislaus von Durazzo, ausdrücklich gegen eine Versöhnung unter französischem Vorrang aus. Eine solche Lösung hätte die Anhänger der Anjou und ihre Ansprüche auf das Königreich Neapel nur weiter bestärkt, während ein schwacher und alter Papst wie Gregor XII. ihn seinem Ziel, der Eroberung Roms, näher gebracht hätte, das damals durch das Schisma geschwächt war und eine marode Stadtverwaltung besaß.

Beide Päpste profitierten letztlich von dieser Situation: Gregor, weil sie die Ansprüche des Gegenpapstes auf Rom behinderten und Benedikt, weil die konziliaristischen Interessen der französischen Monarchie im Gegensatz zu seinem hartnäckigen Bemühen standen, die Tiara zu behalten. Inzwischen versammelten sich in Livorno 14 römische und zehn avignoneser Kardinäle und beschlossen, in Pisa ein Konzil abzuhalten, welches dann am 25. März 1409 eröffnet wurde. Das Konzil erklärte am 5. Juni sowohl Gregor wie auch Benedikt für abgesetzt und wählte am folgenden 26. Juni einen dritten Papst in der Person des Pietro Filargo, Kardinal von Candia, der den Namen Alexander V. annahm. Am 17. Mai 1410 folgte ihm Johannes XXIII. (Baldassarre Cossa) nach. Die Kirche hatte somit drei Oberhäupter, da zusätzlich die Obödienz von Pisa entstanden war.

Das Konzil von Konstanz, das die Häretiker Johannes Wicliff und Johannes Hus sowie die konziliaristischen Thesen verurteilt hatte, endete mit der Wahl Martins V. am 11. November 1417. Der neue Papst wurde von allen anerkannt, nachdem Angelo Correr bereits am 18. Oktober in Recanati verstorben war. Mit dem Ende des großen Schismas im Westen wurde der Christenheit der Friede wiedergeschenkt und die Einheit der Kirche gestärkt. Gregorovius kommentiert in seiner Geschichte der Stadt Rom im Mittelalter: „Jedes weltliche Reich wäre unter einem solchen Schlag zugrunde gegangen, die Organisation des Reiches der Kirche aber war so wunderbar geordnet und die Idee des Pontifikates derart unzerstörbar, daß dieses schwerste aller Schismen der Kirche nur deren Unteilbarkeit erwies".

Bibl.: A. Saba/C. Castiglioni, *Storia dei papi*, II, Turin 1936, S. 82–97; C. Cavallari, *Tre papi e un Malatesta; il grande scisma della Chiesa. Carlo Malatesta e Rimini, sede pontificia di papa Gregorio XII*, Rimini 1980; A. Mercati, *Saggi di storia e letteratura*, II, Rom 1982, S. 49–93/115–120; D. Girgensohn, *Venezia e il primo veneziano sulla Cattedra di Pietro: Gregorio XII (Angelo Correr) 1406–1415*, Venedig 1985; A. Meyer, *Arme Kleriker auf Pfründensuche; eine Studie über das in forma pauperum-Register Gregor XII. von 1407 und päpstliche Anwartschaften im Spätmittelalter*, Köln 1990.

M. Di Sivo

Gregor XIII.

Papst. In Bologna am 1. Januar 1502 als Sohn des Cristoforo und der Angela Marescalchi geboren, studierte Ugo Boncompagni Recht an der dortigen Universität, wo er dann von 1531–1539 selbst lehrte. Unter seinen Schülern befanden sich unter anderen die künftigen Kardinäle Carlo Borromeo, Alessandro Farnese und Reginaldo Pole. Boncompagni ging dann nach Rom und wählte die kirchliche Laufbahn. Paul III. (1534–49) ernannte ihn nacheinander zum zweiten Beisitzer der Kurie auf dem Kapitol, zum „Abbreviator" des *Parco Maggiore* und zum Referendar beider Signaturen. Er war Mitglied verschiedener diplomatischer Gesandtschaften, nahm auch am Konzil von Trient teil und wurde 1558 zum Bischof von Vieste in Apulien erwählt. Er verwaltete diese Diözese aber nie persönlich, weil ihn Paul IV. in Rom festhielt, um ihn 1559 als Mitglied des kürzlich eingerichteten Staatsrates zu gewinnen. Im Konsistorium vom 12. März 1565 machte ihn Paul IV. zum Kardinal mit dem Titel von *S. Sisto.* Unter Pius V. wurde Boncompagni Leiter der „Signatur der Breven". Nach einstimmiger Wahl durch die Kardinäle und unter Zustimmung der spanischen Monarchie folgte er am 13. Mai 1572 Pius V. auf den Päpstlichen Thron.

Das Pontifikat Gregors XIII., wie der neue Papst in Gedenken an den großen Gregor VII. genannt werden wollte, ist durch wichtige Initiativen hervorgetreten: die Förderung der kirchlichen Studien und der intellektuellen, geistlichen Heranbildung des Klerus, die Einrichtung von festen und dauerhaften Nuntiaturen, die Einrichtung neuer Kongregationen und die Reform des Julianischen Kalenders. Ihm verdanken wir auch den Ausbau des *Collegio Romano*, das die hll. Ignatius von Loyola und Francesco Borgia gegründet hatten. Das später „Universität" *Gregoriana* genannte Institut wurde von ihm erweitert und durch großzügige Schenkungen gefördert. Hier lehrten Männer wie Toledo, Bellarmin und Suarez. Am 1. Mai 1579 errichtete er in den Räumlichkeiten des alten Hospizes das Englische Kolleg in Rom und stattete es ebenfalls großzügig aus. Das Hospiz arbeitete bereits seit zwei Jahren als Studien- und Schulungszentrum für englische Priester. Sie sollten dann in ihre Heimat zurückkehren, um dort den katholischen Glauben wieder aufzurichten, der durch den Anglikanismus verdrängt worden war. Er stellte auch das Germanikum unter seinen Schutz, stattete es entsprechend aus und fügte ihm das Ungarische Kolleg hinzu. Ebenso sorgte er für ein besseres Arbeiten der Kollegien für Irland,

Griechenland und die Maroniten und zeigte sich großzügig gegenüber sämtlichen Seminarien und Bildungseinrichtungen. Als Jurist ordnete er die Veröffentlichung eines gültigen Textes der Kanonsammlungen an. Ohne einheitlichen Titel 1582 erschienen, erhielt die Sammlung in der Ausgabe von Lyon 1671 den Titel *Corpus iuris canonici*, der dann allgemein übernommen wurde. Ihm verdanken wir ferner die erste offizielle Ausgabe des *Martyrologium Romanum*, die 1583 herauskam und im Folgejahr durch die Konstitution *Emendata* vom 14. Januar 1584 für die ganze Kirche verpflichtend wurde, d.h. „jedes andere Martyrologium wurde abgeschafft".

Auf diplomatischem Gebiet schritt Gregor XIII. im Jahre 1584 zu einer inneren Neuorganisation der bestehenden Nuntiaturen, klassifizierte sie, legte genau ihre Aufgaben fest, regelte ihr Protokoll, stattete die Missionsleiter mit der bischöflichen Würde aus. Außerdem erließ er besondere Verfügungen zur finanziellen Ausstattung der Päpstl. Diplomaten und richtete ferner neue Vertretungen ein. Die Apost. Nuntien (→) war für ihn höchst bedeutend, „wenn er eine möglichst genaue Kenntnis der objektiven Verhältnisse der einzelnen Nationen gewinnen wollte, verbunden mit der Möglichkeit eines unmittelbaren Eingreifens in den Ablauf der Ereignisse" (Pastor). Unter seinem Pontifikat stiegen daher die festen Nuntiaturen auf 13 an, die in Spanien, Venedig, Frankreich, im Reich, in Savoyen, Florenz, Neapel, Köln, Schweiz, Portugal, Flandern, Polen und Graz bestanden. Eine außerordentliche Tatkraft entwickelte Gregor XIII. in der Einrichtung von Kardinalskongregationen. Aus einem anonymen Bericht des Röm. Hofes vom 20. Februar 1574 ergibt sich, daß neben den vier vorhandenen festen Kongregationen (Hl. Offizium, Konzil, Index und Bischöfe) verschiedene andere Kongregationen arbeiteten, z.B. „für die Frage des Erzbischofs von Toledo (Bartolomeo Carranza), für die Liga gegen die Türken, für die Erledigung der deutschen Angelegenheiten, für die Reform im allgemeinen, für die Reform des Kirchenrechtes und des Zeremoniale, für die Angelegenheiten der kirchlichen Politik, für das Heilige Jahr, für die Neuausgabe der Hl. Schrift, für die Finanzen, für die Straßen und die Überwachung Roms sowie der Wasserläufe, endlich für die Interessen des Kirchenstaates".

Doch das Werk, mit dem der Name Gregors XIII. am engsten verbunden ist, ist die Reform des Julianischen Kalenders, die schon die Konzilien von Konstanz (1414–18) und Basel (1431) gefordert hatten. Das Konzil von Trient übertrug zuletzt ausdrücklich dem Hl. Stuhl diese Aufgabe. 1577 setzte der Papst daher eine entsprechende Kommission ein, die fünf Jahre später ihre Arbeit vollenden konnte. Sie entschied sich für das Berechnungssystem, das der Arzt und Astronom Luigi Lilio (†1576) aus Kalabrien erarbeitet hatte, dessen Bruder Antonio es dem Papst vorlegte. Dieser ordnete mit der Bulle *Inter gravissimas* vom 24. Februar 1582 das Überspringen von zehn Tagen des laufenden Jahres an und legte fest, man solle vom 5. gleich zum 15. Oktober übergehen. Zudem sollten alle vier Jahrhunderte drei Jahre, die eigentlich Schaltjahre wären, keine sein, genauer gesagt: die Jahre der vollen Jahrhunderte, deren erste beiden Ziffern nicht durch vier teilbar seien (1700, 1800, 1900, 2100 usw.). Der „Gregorianische Kalender", wie er gewöhnlich genannt wird, um den Boncompagni-Papst zu ehren, ist heute mit Ausnahme der muslimischen Länder und bei den Juden überall in Kraft.

Als Verehrer Pius' V. gab Gregor XIII. der katholischen Reform und den Missionen einen kräftigen Impuls, vor allem in Rußland und Japan. Feierlich beging er das Heilige Jahr 1575, das auf dem Gipfel der katholischen

Restauration stattfand. Zu diesem Anlaß gab der Papst zahlreiche Beispiele der Heiligkeit und Frömmigkeit, wenn er die Pilger bei Tisch bediente und ihnen die Füße wusch.

Seine politische Tätigkeit war weniger erfolgreich. Die von ihm finanzierten Revolutionsversuche in Irland gegen Königin Elisabeth I. von England erwiesen sich als vergeblich, ebenso die Versuche, eine Liga gegen die Türken zu bilden, sodaß der Schaden für den Staat wegen der immensen Ausgaben groß war. Eine weitere negative Seite seines Pontifikates war die Zunahme des Banditentums durch die großen Familien der Barone, die sich wegen der vom Papst angeordneten Konfiszierungen, mit denen er die staatlichen Einnahmen zu steigern gedachte, schadlos halten wollten. Anfang April 1585 wurde Gregor XIII. von einer schweren Krankheit heimgesucht und starb am 10. April des Jahres. Er wurde in St. Peter beigesetzt, wo ihm erst im Jahre 1723 Kardinal Giacomo Boncompagni ein Grabmal errichten ließ, ein Werk des Bildhauers Camillo Rusconi.

Bibl.: L. Pastor, *Storia dei papi,* IX, Rom 1925; G. Levi della Vida, *Documenti intorno alle relazioni delle Chiese orientali con la S. Sede durante il pontificato di Gregorio XIII*, Vatikanstadt 1948; *Gregorian reform of the Calendar. Proceedings of the Vatican Conference to commemorate its 400th anniversary 1582–1982*, Hrsg. C.V. Coyne, ebd. 1983; F. M. De' Reguardati, *Il fenomeno del banditismo sotto Gregorio XIII (1572–85) e Sisto V (1585–90). Suoi riflessi sulla nobiltà*, in *Rivista araldica*, 85 (1987), S. 198–207; J.I. Tellechea Idígoras, *Carranza y Gregorio XIII; una carta del arzobispo preso al Papa, 8. noviembre 1572*, in *Estudios canónicos en homenaje al profesor D. Lamberto de Echeverria*, Salamanca 1988, S. 49–60.

M. Di Sivo

GREGOR XIV.

Papst. Niccolò Sfondrati wurde am 11. Februar 1535 in Somma Lombardo (Varese) als Sohn von Francesco und Anna Visconti geboren und gehörte einer adeligen Familie cremonesischen Ursprungs an. Er studierte in Perugia und Padua die Rechte, erwarb das Doktorat aber in Pavia und entschied sich dann für die kirchliche Laufbahn. Er war ein Mann von großer Frömmigkeit und Tugend aus der Schule des hl. Karl Borromäus. Er wurde von Pius IV. am 12. März 1560 zum Bischof von Cremona ernannt. Als solcher nahm er an den letzten Sitzungen des Konzils von Trient teil. Gregor XIII. ernannte ihn im Konsistorium vom 12. Dezember 1583 zum Kardinal. Weiterhin jedoch verwaltete er die Diözese Cremona, bis er am 5. Dezember 1590 zum Papst gewählt wurde. Die Wahl nahm Sfondrati jedoch nur widerstrebend an, vor allem wegen seiner schwachen Gesundheit und seiner politischen Unerfahrenheit.

Unter dem Namen Gregor XIV. regierte er die Kirche und seinen Staat mit Hilfe seines jungen Neffen, Paolo Emilio Sfondrati, der nicht vertrauenswürdig und ein politischer Neuling war. Am 19. Dezember 1590 Kardinal geworden, mißachteten ihn ihn fast alle wegen seiner bald erkennbaren despotischen Haltung. Der Papst exkommunizierte Heinrich von Navarra (als Heinrich IV. später König von Frankreich) als einen Förderer der Häretiker und begünstigte so die katholische Liga, die sich gegen Heinrich in Frankreich bildete. Er unterstützte sie mit Geld und Soldaten unter dem Kommando seines anderen Neffen, Ercole Sfondrati, doch erlebte er den Ausgang des Konflikts nicht mehr mit, da er am 16. Oktober 1591 verstarb.

In seinem kurzen Pontifikat erwies sich Gregor XIV. aus der Sicht von Kardinal Giulio Antonio Santori als „ein frommes und gutes Oberhaupt, erfüllt mit besten Absichten und höchster Güte, jedoch schwach und in Regierungsgeschäften unerfahren“ (Pastor). Immerhin wußte er einen nennenswerten Einfluß auf die französisch-spanischen Religionskämpfe auszuüben, wie auch sein religiöser Eifer und seine Maßnahmen zur Ordnung der kirchlichen Disziplin erwähnenswert sind; man sollte sich ferner auch seiner den Kamillianern gewährten Protektion und der Revision der sixtinischen Ausgabe der *Vulgata* sowie der Konstitution vom 24. Mai 1591 (BR, IX, S. 424ff.) über das Asylrecht erinnern, das den gewandelten Zeitverhältnissen angepaßt wurde. Gregor XIV. ist in St. Peter in einer einfachen Urne beigesetzt.

Bibl.: M. Faccini, *Il pontificato di Gregorio XIV*, Rom 1911; L. Pastor, *Storia dei papi dalla fine del medio evo*, X, Rom 1928, S. 533–575

N. Del Re

Gregor XV.

Papst. Alessandro Ludovisi wurde am 9. Januar 1554 in Bologna als Sohn von Prospero und Camilla Bianchini geboren und gehörte einer alten Familie aus Bologna an. Nach Vollendung der theologischen Studien bei den Jesuiten in Rom erwarb er 1575 das Doktorat der Rechte in Bologna, kehrte aber bald nach Rom zurück. Von Gregor XIII. wurde er zum ersten Beisitzer der Kurie auf dem Kapitol (1582) ernannt, von Clemens VIII. dann zum Referendar bei beiden Signaturen und zum Auditor bei der *Rota*, wobei er sich in Gerichtsverfahren auszeichnete. Er war Advokat am Gerichtshof des Vikariates von Rom, dann *Vicegerente* (1597–98). Von Paul V. wurde er 1612 zum Erzbischof von Bologna erwählt und am 1. September 1616 auch zum Kardinal ernannt. Ludovisi folgte ihm dann am 9. Februar 1621 auf den Päpstlichen Thron. Er gab sich den Namen Gregor XV.

Die großen Taten seines kurzen Pontifikates galten alle der Rückgewinnung der katholischen Positionen, wie sie in den Anfangsjahren des 30jährigen Krieges bestanden. Die katholische Restauration und die Vermittlung zwischen Frankreich, Spanien und Österreich waren die zentralen Elemente der Politik Gregors XV. Er verstand es im Anschluß an den Sieg am Weißen Berg 1620 Kaiser Ferdinand II. davon zu überzeugen, Herzog Maximilian von Bayern die Kurfürstenwürde zu verleihen, wodurch das Gleichgewicht im Wahlgremium des Reiches zugunsten der katholischen Fürsten verschoben wurde (fünf gegen drei). In Böhmen wurde die Gegenreformation nach einer inzwischen gefestigten Linie durchgeführt. Doch war eine Restauration der katholischen Vorherrschaft nicht so einfach, da das Hussitentum sehr tief in die Gesellschaft Böhmens eingedrungen und auch enge Bande zwischen dieser religiösen Bewegung und dem Kaiser bestanden, der von katholischen und protestantischen Fürsten gewählt wurde. Vom Eingreifen der Jesuiten war auch die Opposition des Papstes zum Venedig des Paolo Sarpi bestimmt, einer Stadt, die die protestantischen Kaufleute gastlich aufnahm, der Gesellschaft Jesu gegenüber aber intolerant war. Auch mit Frankreich und Spanien unterhielt Gregor XV. sehr intensive diplomatische Beziehungen und versuchte, diese beiden Mächte im nationalen Kampf gegen den Protestantismus auf eine Linie zu bringen. Für die Spanier war dieses „Schlüssel“-Gebiet von großem Interesse, da es sich hierbei um ein Verbindungsglied zwischen Mailand und dem österreichischen Tirol handelte, was natürlich den Widerstand der Franzosen provozierte.

Doch die beiden wichtigsten Ergebnisse des Pontifikates Gregor XV. waren 1622 die Errichtung der Kongregation *Propaganda Fide* (heute Kongr. für die Evangelisierung der Völker) sowie die Kodifizierung der bisher zum Konklave und zur Papstwahl erlassenen Normen. Die Zielsetzungen der neuerrichteten

Kongr., die mit Recht als „Meilenstein für die Entwicklung der Missionen" bezeichnet wurde, waren insbesondere die Verbreitung des christlichen Glaubens unter den Ungläubigen und seine Verteidigung an den Orten, die von der Häresie zerstört waren, oder die Evangelisierung dort, wo die Katholiken sich in direktem Kontakt mit den Ungläubigen befanden. Mit weitreichenden Vollmachten ausgestattet, dehnte dieses besondere Missionsministerium seine Vollmachten über fast alle Regionen der Welt aus und behielt ihre Jurisdiktion bis in die Anfänge unseres Jahrhunderts unverändert bei. Mit den beiden Konstitutionen *Aeterni Patris* vom 15. November 1621 und Decet *Romanum Pontificem* vom 12. März 1622 (BR XII, S. 619–627 u. 662–673) legte Gregor XV. definitiv sowohl die Organisation und das Verfahren des Konklave (→) fest, als auch das zu befolgende Zeremonial, um ein für allemal die Mißbräuche zu verhindern, die sich bei jeder Papstwahl neu gezeigt hatten. Es war ferner seine Absicht, – was leider sofort vereitelt wurde – das stets ungern gesehene Eingreifen der großen katholischen Staaten Österreich, Frankreich und Spanien zu neutralisieren, welche seit Beginn des vorherigen Jahrhunderts die Möglichkeit hatten, sich der Wahl eines bestimmten Kandidaten zu widersetzen (→Vetorecht).

Zwei von den durch Gregor XV. eingeführten Änderungen sind besonders wichtig: Einmal die Verfügung, die Papstwahl nur im Konklave durchzuführen, und dann das absolute Verbot für die Kardinäle, sich selbst zu wählen.

Gregor war von schwächlicher Gesundheit und starb am 8. Juli 1623. Er wurde in der Kirche *S.Ignazio* beigesetzt, wo ihm sein Neffe, Ludovico Ludovisi, der ihm immer zur Seite stand und mit politischer Gewandtheit und höchster Diskretion regiert hatte, ein grandioses Grabmal, ein Werk von Pierre II. Legros, errichten ließ.

Bibl.: L. Pastor, *Storia dei papi*, XIII, Rom 1931, S. 25–226; D. Mahon, *Guercino as a portraitist and his „Pope Gregory XV"*, in *Apollo*, 113 (1981), S. 230–235; A. M. Navas Gutiérrez, *El papa Gregorio XV y sus relaciones con España*. Diss. Universität Gregoriana, Rom 1982; ders., *Los nuncios en España durante el pontificado de Gregorio XV*, in *Archivo teológico granadino*, 50 (1987), S. 357–403.

M. Di Sivo

GREGOR XVI.

Papst. Bartolomeo Alberto Cappellari wurde am 18. September 1765 von Giovanni Battista und Giulia Cesa in Belluno geboren. Im Jahr 1783 trat er bei den Kamaldulensern ins Kloster *S. Michele von Murano* in Venedig ein und änderte seinen Taufnamen in Maurus. 1787 zum Priester geweiht, lehrte er für einige Zeit Philosophie und wurde dann Abt von *S. Gregorio* auf dem Celius in Rom. Dort veröffentlichte er 1799 sein Werk *„Triumph des Hl. Stuhles und der Kirche über die Angriffe der Neuerer, geschlagen und zurückgewiesen mit ihren eigenen Waffen"*. Darin verteidigte er die päpstliche Unfehlbarkeit, machte sich zum Wortführer der Restauration und lehnte jede Neuerung ab. Er kehrte für ein Jahrzehnt nach Murano zurück (1805–14), ließ sich dann aber endgültig in Rom nieder, weil Pius VII. ihn gerufen hatte. Er bekleidete hier nacheinander verschiedene Ämter an der Kurie, bis Leo XII. ihn am 31. März 1826 zum Kardinal machte und an die Spitze der Kongregation *Propaganda Fide* stellte. Diese leitete er, bis er, als Nachfolger Pius VIII., am 2. Februar 1831 zum Papst gewählt wurde. Er wählte den Namen Gregor XVI.

Schon bald nach Besteigen des Päpstl. Throns mußte er mit den revolutionären Bewegungen im Kirchenstaat fertig werden. Am 4. Februar erhob sich Bologna und hißte die Trikolore. Diesem Beispiel folgten umgehend Forlì, Ferrara, Ravenna, Ancona und Perugia, während in Rom selbst die liberale Bewegung eine Erhebung versuchte. Gregor mußte auf die Hilfe Österreichs zurückgreifen, dessen Truppen sehr bald über den bewaffneten Widerstand der provisorischen Regierungen die Oberhand gewannen und sie zur Kapitulation zwangen. Das ganze Pontifikat Gregors XVI. war im übrigen durch die österreichische Protektion gekennzeichnet. 1831 wurde der *Staat der Vereinigten Provinzen (Stato delle Province Unite)* zerschlagen, trotzdem aber die Bevölkerung in die Arme der nationalliberalen Bewegung getrieben. Der Papst und sein Staatssekretär, Kardinal Tommaso Bernetti, waren sich zwar des Ausmaßes des Problems bewußt und versuchten, die politische Krise zu lösen. Sie weigerten sich aber, ein *Memorandum* über Reformen zu akzeptieren.

Auch wenn er das Dokument grundsätzlich ablehnte, hatte Bernetti doch die Absicht, ein neues bewaffnetes Eingreifen Österreichs zu vermeiden. Dennoch wurde, als sich im folgenden Jahr die Spannung in der Romagna bis zur blutigen Auseinandersetzung mit den päpstl. Truppen zuspitzte, das Eingreifen Österreichs erneut notwendig. Die Sorge des österreichischen Kanzlers, Fürst von Metternich, galt der möglichen Verschärfung der Revolten und darüber hinaus einem eventuellen Eingreifen Frankreichs, was die diplomatische Lösungsversuche belastet hätte. Sobald nun die Österreicher in Bologna eindrangen, wurde Ancona von den französischen Truppen besetzt, und der Kirchenstaat sah bis 1838 zwei fremde Heere auf seinem Gebiet. Gerade um eine Auseinandersetzung mit Frankreich zu vermeiden, hatte Metternich am *Memorandum* mitgearbeitet. Darin forderten die Mächte praktisch eine größere Öffnung der staatlichen Verwaltung für die Laien und eine Reform des Gerichtswesens. Die Zurückweisung dieser Vorschläge durch Bernetti wurde durch den Versuch gemäßigt, Legationen von Kardinälen – die nördlichen Regionen des Staates einbezogen – und Provinzräte ins Leben zu rufen, die bei den öffentlichen Ausgaben entscheidend mitreden durften (Edikt vom 5. Juli 1831). Diese institutionellen Reformen brachten aber nur spärliche Ergebnisse, auch wenn der Prozeß der Aufnahme von Laienpersonal in die Verwaltungsstrukturen inzwischen unumkehrbar geworden war. Der Versuch war gänzlich ungenügend und weit von den Forderungen der aufstrebenden Schichten in den Städten entfernt. Auch die Unterstützung Metternichs half dem schon verhaßten Bernetti zusammen mit dem noch unnachgiebigeren und konservativeren Kardinal Luigi Lambruschini nichts.

Im Zuge des fünfzehnjährigen Pontifikats Gregors XVI. waren somit Konflikte unvermeidlich, auch im Hinblick auf die explosive Lage in Europa. In Spanien und Portugal kam es zur Rückberufung der Apost. Nuntien 1835–40 infolge der antiklerikalen Gesetzgebung in diesen Ländern. In Frankreich stellte die angedrohte Ausweisung der Gesellschaft Jesu ein Problem dar. Doch der größte Streit vollzog sich mit der Bewegung von Hugues de La Mennais, der mit seinen Artikeln und seiner Zeitung *L'Avenir* einen Katholizismus vertrat, der den liberalen Thesen für ein Rechtssystem der Trennung von Kirche und Staat sehr nahe stand und von der Kultur der Aufklärung beeinflußt war. Gregor XVI. brachte seine unnachgiebige Antwort in den Enzykliken *Mirari vos* vom 15. August 1832 und *Singula Nos* von 1834 zum Ausdruck. Der Gegensatz steigerte nur noch den Radikalismus von La Mennais, der dann einer der Vorkämpfer des Jahres 1848 in Frankreich wurde. Ähnlich kritisch war der Papst gegenüber Georg Hermes, einem deutschen Theologen, der im Apost. Brief *Dum acerbissima* von 1835 als „rational“ und „antidogmatisch“ verurteilt wurde.

Bemerkenswert waren die Initiativen des Papstes auf kulturellem Gebiet, die sich vor allem auf die Vatikanischen Museen (Gründung des Gregorianisch-Etruskischen, des Gregorianisch-Ägyptischen und des *Museo profano* im Lateran) und die archäologischen Ausgrabungen konzentrierten. Gregor XVI. gilt auch als großer Förderer der Mission. Die wirksamen Impulse, die er den Missionen gab, wurden konkret in der Errichtung einer großen Zahl von kirchlichen Sprengeln in Afrika, Asien und Amerika und in der pastoralen Sorge für die Erziehung und Ausbildung des heimischen Klerus. Trotz der negativen Seiten seiner Regierung darf man wiederholen, was Silvio Pellico in einem Brief an seinen Freund Giorgio Briano schrieb (1847): „Gregor XVI. war verehrungswürdig wegen seiner Tugenden und seiner heiligen Absichten. Er war hochherzig und widerstand den starken Ungerechten, wie im Fall Rußlands zu sehen ist. Seine Herrschaftsgebiete brauchten Reformen, aber es ist nicht recht, ihn zu tadeln, weil er sie nicht durchzuführen wußte. Er tat das, was er zu seiner Zeit und bei den Schwierigkeiten, die ihn umgaben, glaubte tun zu können". Gregor XVI., gegen den man sehr oft zu Unrecht die Satire des großen G.G. Belli verwendete, starb am 1. Juni 1846 und wurde in St. Peter in der *Cappella Gregoriana* beigesetzt (so genannt, weil sie unter dem Pontifikat Gregor XIII. vollendet wurde). Die von ihm kreierten Kardinäle ließen ihm 1853 ein weißes Grabmal errichten, ein Werk des Bildhauers Luigi Amici.

Bibl.: Gregorio XVI. Miscellanea commemorativa, Rom 1948; D. Demarco, *Il tramonto dello Stato pontificio; il papato di Gregorio XVI*, Turin 1949; E. Morelli, *La Politica estera di Tommaso Bernetti, Segredario di Gregorio XVI*, Rom 1953; A. M. Ghisalberti, *Gregorio XVI da Roma a Loreto (1841),* in *Strenna dei Romanisti*, 40 (1979), S. 271–291; V.G. Pacifici, *Gregorio XVI artefice dei cunicoli, oggi nella storia*, in *Atti e memorie della Società Tiburtina di Storia e d'arte*, 58 (1985), S. 129–156; J. M. Castillo, *Gregorio XVI y la nobleza*, in *Miscellanea Augusto Segovia*, Granada 1986, S. 285–302; A. M. Ghisalberti, *„Questi furo gli estremi onor renduti"*, in *Rassegna storica del Risorgimento*, 73 (1986), S. 403–415.

M. Di Sivo

Grossatores

→ Schreiber

Grossfurier des Päpstlichen Hauses

So wurde bis vor kurzem der erste der „Geheimkämmerer mit Schwert und Mantel" (→) genannt, der die Oberaufsicht über die Werkstätten, Gärten, Gewässer und Einrichtungen der Apost. Paläste innehatte. Ihm zur Seite standen ein *Sottoforiere* und der *Floriere*, denn er hatte auch die Aufgabe, auf den Reisen für die Ausstattung der Unterkünfte des Papstes und seiner Begleitung zu sorgen. Die älteste Erwähnung dieser Würde eines Laien im Vatikan findet sich im lateinischen *Codex Vaticanus* 4736, der zur Zeit Alexanders V. (1409–1410) geschrieben wurde und in der Apost. Bibliothek aufbewahrt ist, wo er als *„Florarius Palatii"* (vgl. G.B.Gattico, *Acta selecta ceremonialia Romanae Ecclesiae I.* Rom 1753, S. 268) bezeichnet wird. In den Registern Julius' III. (1550–55) wird er mit dem Namen *Forero* erwähnt, der später in *Foriere Maggiore* (*„Florius Apostolicus Maior"*) unter dem Pontifikat Sixtus' V. (1585–90) geändert wurde. Eine weitere Aufgabe des *Foriere Maggiore* der Hl. Apost. Paläste, der mit der Zeit auch einige Aufgaben des *„Maestro* des hl.Hospizes" (→) übernommen hatte, war die Kontrolle über die Bewegungen der *Sedia gestatoria* (→), die von den Päpstl. Sediariern (→) auf den Schultern getragen wurde. Eine ähnliche Funktion übte er aus für den *Talamo* (→) oder den Flachwagen, auf dem der Papst Platz nahm, wenn er das Allerheiligste Sakrament in den päpstl. Prozessionen an Fronleichnam trug. Zusammen mit dem *maggiordomo* mußte der Großfurier am Fuß der Treppen, die in den Apost. Palast führten, die Souveräne empfangen, die den Heiligen Vater besuchen wollten.

Der Großfurier wurde mit päpstl. Breve auf Lebenszeit ernannt. Seine Aufgaben, die Gregor XVI. am 10. Dezember 1832 festgelegt hatte, waren zuletzt von Leo XIII. 1882 neugeregelt worden. Diese Regelung galt bis 1968, als Aufgabe und Name des *Foriere Maggiore* abgeschafft wurden – kraft Motu Proprio *Pontificalis Domus* vom 28. März (AAS, LX [1968], S. 305–315), mit dem Paul VI. dem Päpstl. Haus (→) eine neue Ordnung gab.

Seit Ende des 18. Jh. war die Aufgabe einem Mitglied der röm. Adelsfamilie Sacchetti anvertraut. Vom Markgrafen Giulio Sacchetti, Sohn des Giovambattista, dem letzten Titular dieser Funktion, erfahren wir, daß sowohl der „*Foriere Maggiore* der Hl. Apost. Paläste" als auch der „Reitermajor Seiner Heiligkeit" (→) drei Uniformen hatten: a) das typisch spanische Gewand, eine Tunika aus schwarzem Tuch, mit Samt besetzt. Der obere Teil der Ärmel war geschmückt mit Aufschlägen aus schwarzem Atlasstoff, der untere Rand mit alten Spitzen. Die Halskrause hatte drei Reihen aus weißem Battist mit Spitzen. Der große Gürtel bestand aus Samt mit einem Stahlband darin, welche das Schwert hielt. Die Schuhe waren aus schwarzer Seide, die Hosen aus schwarzem Tuch, unter dem Knie mit einem kleinen Samtgürtel abgebunden. Der Hut aus schwarzem Samt trug eine Kordel und eine Goldquaste. Dieses Gewand wurde bei den feierlichen Funktionen und den Empfängen für Souveräne oder Botschafter getragen. b) die Stadtuniform mit offenem Frack aus grünem Tuch und Hosen von der gleichen Farbe mit Goldstreifen. Die Jacke war mit zahlreichen goldenen Borten geschmückt. Die weiße Weste hatte goldene Knöpfe; dazu kam eine weiße Krawatte, ein Zweispitz mit weißen Federn und der päpstl. Kokarde sowie ein kleines Schwert mit goldenem Knauf. Sie wurde bei weniger wichtigen Anlässen verwendet. c) die Reiseuniform, ein roter offener Frack, mit zahlreichen goldenen Tressen verziert, dazu schwarze Hosen mit goldenen Streifen. Dazu eine weiße Weste, weiße Krawatte, Zweispitz mit weißen Federn und päpstl. Kokarde, kleines Schwert mit goldenem Knauf und Schuhe aus Kopalleder. Sie wurde während der Reisen des Papstes getragen (vgl. G. Sacchetti, *Una udienza solenne di Pio XI, in Bolletino (dei) Monumenti, Musei e Galerie Pontificie* 9 (1989), S. 220, Anmerkung 14).

Bibl.: F. Frezza di San Felice, *Dei Camerieri Segreti e d'Onore del Sommo Pontefice*, Rom 1884, S. 71–79.

N. Del Re

GROTTEN, VATIKANISCHE

Die Vatikanischen Grotten (oder Hl. Vatikanische Grotten) sind als ein Verbindungsglied zwischen der heutigen Basilika und der nicht mehr bestehenden konstantinischen Basilika zu betrachten (Der Eingang liegt rechts von der kleinen Piazza Braschi). Von hier steigt man auf einer Treppe hinab zum Gewölbe der Vatikanischen Nekropole (→). Die Heiligen Grotten bestehen aus den Neuen und den Alten Grotten. Die Neuen wurden zwischen 1534 und 1546 unter Paul III. geschaffen, als nach Beginn des Neubaus der Boden der Basilika erhöht wurde. Sie umgeben im Halbkreis die Kapelle des hl. Petrus. Später wurden strahlenförmig die Abzweigungen hinzugefügt, die zu den vier Oratorien führen (hl. Veronika, hl. Helena, hl. Longinus und hl. Andreas) sowie zu drei Kapellen. 1606 ließ Paul V. den vorderen Teil, der von der alten Basilika geblieben war, abbrechen und die Alten Grotten wurden geschaffen. Sie bestehen aus drei Schiffen, die sich etwa 500 Meter weit unter dem Mittelschiff der heutigen Basilika erstrecken. Hierhin wurden seit damals Grabmäler, Altäre, Skulpturen, Mosaiken und Fresken von Alt- St. Peter gebracht.

Von 1940 bis 1950 wurden auf Initiative Pius' XII. wichtige Ausgrabungen und Veränderungen durchgeführt, darunter die Hinzufügung von zehn neuen Sälen für die Aufbewahrung der Kunstwerke, die bis dahin im aufgelösten Museo-Petriano (→) ausgestellt waren. Gerade während dieser Ausgrabungsarbeiten wurde der Plan der konstantinischen Basilika entdeckt. Diese war augenscheinlich in dem Bereich des Hügels gegründet worden, wo sich ein röm. Friedhof aus dem 1. Jh. n. Chr. befand. Er wurde zur Zeit des Konstantin noch benutzt, wobei sich darin heidnische und christliche Gräber und Sarkophage befanden (→ Petrusgrab).

Unter den zahlreichen und berühmten Monumenten, die die Kapellen und Räume der Alten und Neuen Vatikanischen Grotten schmücken, muß man folgende nennen: das *Monument für Paul II. Barbo* (gestorben 1471), ein Werk des Giovanni Dalmata und Mino da Fiesole; die Kapelle des hl. Petrus in Form eines lateinischen Kreuzes mit einem malachitverkleideten Altar gegenüber der Nische mit dem Marmorgrab Pius' XII; die Kapelle der *Madonna für Fieber und Schwangere*, endlich in Saal VIII der Alten Grotten den berühmten altchristlichen Sarkophag des Anicius Petronius Probus, Prokonsul von Asien und Präfekt des Prätoriums für Italien, ein großer Freund des hl. Ambrosius.

Bibl.: C. Galassi Paluzzi, *S. Pietro in Vaticano III: Le Sacre Grotte*, Rom 1965, mit Bibl.; G. Delfini Filippi, *S. Pietro (Guide del Vaticano),* Rom 1991, S. 27–58.

M. Buonocore

H

Hadrian I.

Papst. Er gehörte einer adeligen römischen Familie an und wurde als Nachfolger Stephans III. am 9. Februar 772 zum Papst gewählt. Im Mittelpunkt seiner Tätigkeit stand die Verteidigung der Kirche in den heftigen Auseinandersetzungen mit den Franken, Langobarden sowie der byzantinischen Herrschaft. Den ersten bedrohlichen politischen Konflikt trug Hadrian nach seiner Wahl mit dem Fall Paolo Afiarta aus, der in Rom an der Spitze der langobardenfreundlichen Gruppe von König Desiderius stand, während der Papst die karolingischen Franken bevorzugte. In dieser komplizierten Angelegenheit mußte sich Hadrian mit Leo, dem Erzbischof von Ravenna, auseinandersetzen, der entgegen klarer päpstlicher Weisung Paolo Afiarta ausliefern und vom Magistrat in Ravenna zum Tode verurteilen ließ. Dieser Vorfall bedeutete für Hadrian einerseits die Befreiung von einem störenden Element auf der politischen Szene, andererseits den Beweis, in seiner Autorität Schwierigkeiten zu haben. Was die fränkisch-langobardische Frage anging, bat Desiderius den Papst, die Söhne von Karlmann, einem Bruder Karls des Großen, zu salben und so als Nachfolger zu erklären. Er wollte damit eine Spaltung im Frankenreich hervorrufen, das gerade unter Karl dem Großen geeint war, und den Papst zu verantwortlichem Handeln zwingen. Über einige territoriale Versprechungen hinaus führte der langobardische König auch politisch überzeugende Argumente ins Feld wie die regelmäßigen Einfälle ins Exarchat und die Pentapolis. Karl der Große aber erwartete als *Patricius Romanorum* von Hadrian die Bitte um Hilfe gegen Desiderius. Diese erhielt er Anfang 773, weil Desiderius und sein Sohn Adelchi von Pavia aus mit einem starken Heer gegen Rom zogen. Hadrian bereitete die Verteidigung der Stadt vor und suchte den politisch besten Augenblick, um sich vom fränkischen König die für ein Überleben der Kirche notwendigen territorialen Zugeständnisse garantieren zu lassen. Diese Gebiete, die ihre Garantie von der „Konstantinischen Schenkung" herleiteten und von den Langobarden besetzt waren, umfaßten die beiden Venezien, Istrien, das Exarchat, die Herzogtümer Spoleto und Benevent, Korsika und einen Landstreifen, der direkt von den Langobarden verwaltet wurde und von der Stadt Luni bis zur Mündung der Magra reichte. 774 und 781 kam es zwischen Karl und Hadrian zu Verhandlungen. Hadrian aber salbte bei der letzten Begegnung Pippin zum König von Italien und Ludwig zum König von Aquitanien.

Somit war die Bedrohung durch Desiderius, der schon 774 von Karl geschlagen und eingekerkert worden war, gebannt. Aber nur scheinbar hatte Hadrian sein Ziel erreicht. Die territorialen Zusagen Karls erwiesen sich als unzuverlässig. Das Herzogtum Rom konnte sich nicht alle auf dem Papier versprochenen Territorien angliedern, doch immerhin jene, die schon im Bannkreis Roms lagen wie das Exarchat, die Pentapolis und das Herzogtum Perugia. Diese lösten sich endgültig aus der Jurisdiktion von Byzanz. Der Papst ließ dort

Münzen prägen und in den öffentlichen Akten das Jahr der Herrschaft der Kaiser durch das Jahr des Pontifikates ersetzen.

Doch schon nach kurzer Zeit wirkten sich die scheinbaren Siege Hadrians zugunsten der Franken aus. Karl der Große legte seinen Titel *Patricius Romanus* so weit aus, daß damit die Voraussetzung für seine Interventionspolitik geschaffen wurde. Seine Einmischungen zwangen Hadrian schließlich, sie de facto anzuerkennen, wenn er den Frieden nicht gefährden wollte. Die Frage der Reform des spanischen Episkopates, einem Gebiet, das unter fränkischer Autorität stand, wurde mehr von Karl als von Hadrian geregelt.

Ebenso gab es Kontroversen beim Problem der Annäherung zwischen den Kirchen von Ost und West im Ikonoklasmus. Hadrian erstrebte eine religiöse Entspannung mit Byzanz und ein Gleichgewicht zwischen der Ostkirche und den Westmächten der Franken und Langobarden. Das Konzil von Nizäa 787 stellte die Bilderverehrung wieder her, dessen Ergebnis Karl der Große und seine fränkischen Theologen durch eine strittige lateinische Übersetzung erfuhren. Der fränkische Episkopat reagierte mit einem *Capitulare* über die Bilder. Darin wurde auch der Papst als Urheber schwerer Glaubensverirrungen angeklagt. Ein neues Konzil trat 794 unter Zustimmung Hadrians in Frankfurt zusammen und hob jenes von Nizäa auf. Über die persönliche Stellungnahme des Papstes zur Versammlung in Frankfurt wissen wir nichts, doch beendete sein Tod am 25. Dezember 795 weitere Entwicklungen.

Bedeutend war das Verhandlungsgeschick Hadrians mit den großen politischen Mächten seiner Zeit. Mit ihm begann die Auffassung der Kirche als Staat, als autonome politische und moralische Instanz. Der zweite Teil seiner Lebensbeschreibung im *Liber Pontificalis* erzählt von den Aktivitäten Hadrians in Rom, die dank der langen Friedenszeit sehr umfangreich waren. Aufzuzählen sind zahlreiche Kultgebäude des 8. Jh., die unter Hadrian neu- oder umgebaut wurden und ihn sozusagen zu einem zweiten Gründer der Kirche machten. Er veranlaßte die Rekonstruktion von Atrium und Vorhalle in St. Paul, die Restaurierung der Kirche *S. Marco* und *S. Lorenzo in Damaso*, ferner restaurierte er den Friedhof der hl. Petrus und Marcellinus und die Wasserleitung des Claudius. Er gründete mehrere landwirtschaftliche Kolonien auf den umfangreichen Besitztümern in der Umgebung von Rom. Äußerst zahlreich waren auch seine Aufträge für die Gold- und Seidenverzierung von Kultgegenständen, die heute leider verloren sind.

Bibl.: O. Bertolini, in *Dizionario biografico degli Italiani*, I, S. 312–323, mit Bibl.; D. S. Sefton, *The pontificate of Hadrian I (772–795); papal theory and political reality in the Reign of Charlemagne*, Ann Arbor (Mich.) 1975.

M. A. De Angelis

HADRIAN II.

Papst. Nach dem *Liber Pontificalis* stammte Hadrian aus einer aristokratischen röm. Familie, die der Kirche bereits zwei Päpste geschenkt hatte: Stephan IV. (816–817) und Sergius II. (844–847). Er wurde am 14. Dezember 867 gewählt und war in der schwierigen Lage, von der erstarkten kaiserlichen Partei im römischen Klerus, welche die Interessen Ludwigs II. vertrat, bedroht zu werden.

Weitere Probleme boten die Beziehungen zu Byzanz und das Problem der Kirche in Bulgarien, zudem die Kaisernachfolge in Lothringen nach dem Tod Lothars II. und vor allem der Nationalismus des fränkischen Episkopates. Der Gegensatz zwischen Byzanz und Rom wegen der Anerkennung der obersten Autorität des Papstes reichte schon in die Zeiten Nikolaus' I. (858–867) zurück, gegen den der Patriarch Photius auf dem Konzil von Konstantinopel 867 eine große Exkommunikation ausgesprochen hatte.

Photius, der das *filioque* vertrat, erkannte den Primat der Cathedra des hl. Petrus nicht an. Wenige Monate vor der Wahl Hadrians war Basilius I. Kaiser im Osten geworden. Er wollte sich dem Westen annähern, setzte Photius ab und den Patriarchen Ignatius wieder ein. Diese entspannende Geste erlaubte es Hadrian, Photius auf einem Konzil in St. Peter am 10. Juni 869 mit dem Bann zu belegen. Die endgültige Verurteilung der Häresie des Photius erfolgte auf einem späteren Konzil in Konstantinopel (869–870), bei dem eine gemeinsame Versammlung der Kirchen von Ost und West die Entscheidungen Nikolaus' I. und Hadrians II. bekräftigte und Ignatius auch amtlich wieder einsetzte. Doch die wichtige Anerkennung des Primats des Papstes erwies sich als nur vorübergehend. Sie war einzig von politischen Gründen diktiert, denn die Byzantiner wollten den Verlust des muslimisch besetzten Süditalien vermeiden. Was die Kirche in Bulgarien und generell die slawischen Kirchen angeht, stieß Hadrian auch dort wieder auf den langen Arm von Byzanz. Doch während er in Bulgarien erfolglos war, gelang es Hadrian II., im Gebiet von Mähren und Ungarn (damals Pannonien) das unter Nikolaus I. durch die hl. Cyrillus und Methodius begonne Werk der Evangelisierung weiterzuführen. Die Übernahme der slawischen Sprache, die vom Papst für die liturgischen Feiern in verschiedenen Kirchen Roms gestattet worden war, galt als neu und bezeichnend.

Bei der Kaisernachfolge in Lothringen stieß die Kandidatur Ludwigs II., die der Papst befürwortete, auf den Widerwillen der westfränkischen und lothringischen Kirche, an deren Spitze Hinkmar von Reims stand. Sie wählten am 9. September 869 Karl den Kahlen, worauf Hadrian Hinkmar mit der Exkommunikation drohte, falls er dessen Krönung verweigerte. Doch erklärte dieser das päpstliche Eingreifen in eine innere Angelegenheit des Frankenreiches für unannehmbar. Auch in Bezug auf den Sohn Karls des Kahlen, den von den fränkischen Bischöfen exkommunizierten Karlmann, überwarf sich Hadrian mit den Franken, so daß die Beziehungen zwischen Rom und dem fränkischen Episkopat fast zusammenbrachen. Hadrian II. starb am 14. Dezember 872 und wurde in St. Peter beigesetzt.

Bibl.: O. Bertolini, in *Dizionario biografico degli Italiani*, I, S. 323–329, mit Bibl.; H. Grotz, *Erbe wider Willen; Hadrian II. (867–872) und seine Zeit*, Wien 1970.

M. A. De Angelis

Hadrian III.

Papst, Heiliger. Laut *Liber Pontificalis* war er Römer, eine Lebensbeschreibung fehlt jedoch. Hadrian III. folgte auf Marinus I. am 17. Mai 884. Das Wenige, was wir sicher über seine Tätigkeit wissen, betrifft seine versöhnliche Haltung gegenüber Photius und seine Beziehungen zu Kaiser Karl dem Dicken. Von diesem wurde er nach Deutschland zur Teilnahme am Reichstag von Worms eingeladen, wo die Nachfolge auf dem Kaiserthron entschieden werden sollte. Hadrian ließ also als Stellvertreter Johannes, den Bischof von Pavia und kaiserlichen Gesandten, in Rom zurück und begab sich auf die Reise. Doch erkrankte er unterwegs und starb im September 885. Er wurde in der Abteikirche von Nonantola beigesetzt, wo er bald von den dortigen Mönchen als Heiliger verehrt wurde. Sein Kult wurde von der Ritenkongregation aber erst 1891 bestätigt. Zweifelhaft sind die beiden Dekrete, die Hadrian III. zugeschrieben werden: Das erste verfügte, der Papst könne auch in Abwesenheit der kaiserlichen Gesandten geweiht werden, das zweite, daß die Kaiserkrone nach dem Tod Karls des Dicken, der ohne Nachkommen war, an einen italischen Fürsten übergehen sollte.

Bibl.: O. Bertolini, in *Dizionario biografico degli Italiani*, I, S. 329–330, mit Bibl.; F. Caraffa, in *Bibliotheca Sanctorum*, I, Sp. 271–273, mit Bibl.

M. A. De Angelis

HADRIAN IV.

Papst. Er ist der einzige Engländer, der die Cathedra des Petrus bestieg. Nikolaus Breakspear wurde zwischen 1110 und 1120 zu Abbot's Langley in Hertfortshire geboren, vollendete seine Studien in Paris und entschied sich für das Ordensleben nach der Regel des hl. Augustinus bei den Regularkanonikern von St. Rufus bei Avignon. 1149 wurde er Kardinalbischof von Albano und 1152 von Eugen III. nach Norwegen und Schweden gesandt, um die dynastischen Kämpfe beizulegen und die kirchliche Hierarchie neu zu organisieren. Er schuf einen Metropolitansitz in Trondheim und machte somit die norwegische Hierarchie unabhängig, da sie bisher der dänischen in Lund untergeben war. Dann berief er ein Konzil nach Linköpping in Schweden im Februar 1153, an dem mit den Bischöfen auch der König und seine wichtigsten Feudalherren teilnahmen, doch gelang es ihm nicht, eine Kirchenprovinz zu gründen. Er führte in Norwegen und Schweden den „Gottesfrieden" und den Peterspfennig (→) ein.

Seit dem 4. Dezember 1154 Papst, sah sich Hadrian IV. einer wachsenden zentralistischen Politik Friedrich Barbarossas gegenüber. Aufregung in Rom gab es infolge der Predigt des Arnaldo von Brescia und dem Expansionsstreben Wilhelms I. König von Sizilien, der Benevent besetzte und die röm. *Campagna* bedrohte. Der Papst exkommunizierte König Wilhelm und erneuerte mit dem Kaiser den Vertrag von Konstanz (Januar 1155). Hadrian IV. begegnete Barbarossa zum erstenmal am 8. Juni 1155 in Sutri, wo der Kaiser sich weigerte, dem Papst auf dem Pferd den Dienst an Zügel und Steigbügel zu leisten.

Nach Empfang der Kaiserkrone am 18. Juni 1155 mußte Friedrich Barbarossa einen Aufstand des römischen Volkes niederschlagen. Vom Präfekten der Stadt ließ er sich Arnaldo von Brescia übergeben, der auf dem Scheiterhaufen endete. Dann kehrte er nach Deutschland zurück, ohne seine Verpflichtungen aus dem Vertrag von Konstanz zu erfüllen. Es gab keine Abmachung über die Ehre des Kaiserreiches und die Ehre des hl. Petrus. Ebenso blieb die normannische Frage ungelöst. Das Gebiet von Tivoli, das dem Papst unterstellt werden sollte, wurde unter Wahrung der kaiserlichen Rechte offengelassen. Nun bildete Hadrian IV. eine Liga gegen die aufständischen Normannen, und mit dem Abgesandten des oström. Kaisers zog er gegen König Wilhelm. Das militärische Unternehmen gelang. Im Konkordat vom 18. Juni 1156 in Benevent bekräftigte der König die Oberhoheit des Papstes über sein Reich und sicherte einen jährlichen Tribut von 1000 Denaren in Gold zu, während der Papst Wilhelm den Königstitel und die apostolische Delegation für Sizilien zuerkannte – gemäß einem Privileg, das Urban II. 1098 dem Grafen Roger verliehen hatte. Hadrian IV. informierte Barbarossa über die Abmachung von Benevent und sandte die Kardinäle Rolando Bandinelli (der künftige Papst Alexander III.) und Bernhard vom hl. Clemens zu ihm, auch in der Absicht, sich für die Befreiung Eschilos, des Erzbischofs von Lund, einzusetzen, der in Burgund festgehalten wurde. Eschilo, der Päpstl. Legat für den Norden, galt als Feind des Reiches, weil er gegen die Ansprüche der Bischöfe von Hamburg und Bremen war. Friedrich aber wollte seine Macht auf Skandinavien ausdehnen und hatte sich auf die Seite der beiden Hansestädte gestellt.

Der Kampf zwischen Kaiser und Papst führte zu großen Spannungen. Reinald von Dassel, der Kanzler des Kaisers, hatte im Oktober 1157 auf dem Reichstag zu Besançon aus einem Brief des Papstes an Friedrich Barbarossa das Wort „beneficium“ (Wohltat) mit Lehen übersetzt, während dieser der Auffassung war, das Reich könne nicht als irgendeines Lehen betrachtet werden. Der Papst erklärte dem Kaiser schriftlich die Bedeutung von „beneficium“, das wohl verliehen, nicht aber auferlegt werde. Friedrich nahm die Erklärung des Papstes an, doch er erneuerte im November 1158 auf dem Reichstag in Roncaglia für die italienischen Gebiete die alten Rechte der Krone und eignete sich einige Gebiete aus dem *Patrimonium Petri* an. Der Papst verbündete sich nun mit Mailand, Brescia und Piacenza und drohte, den Kaiser zu exkommunizieren, wenn er nicht innerhalb von 40 Tagen die Verfügungen zurücknähme. Doch der Papst starb schon am 1. September 1159 in Anagni und wurde in St. Peter beigesetzt.

Hadrian IV. unterhielt gute Beziehungen zu den europäischen Nationen. Kraft der Souveränität, die er über die britischen Inseln besaß, nutzte er die Dienste Johannes' von Salisbury und übertrug die Souveränität Irlands an Heinrich II. Er griff in England in die Kontroverse um Theobald, den Erzbischof von Canterbury, ein und in Frankreich in Vézelay zur Verteidigung der Feudalrechte der alten Abtei. Er verteidigte die Rechtgläubigkeit in der christologischen Frage bei den Schülern des Gilberto Porretano und des Petrus Lombardus und schätzte die berühmte Mystik der Hildegard von Bingen. In Rom trat er für die sakrale Kunst ein. Wichtig ist der *modus vivendi*, den er zwischen den Mönchen und den Bischöfen erreichte.

Bibl.: P. Lamma, in *Dizionario biografico degli Italiani*, I, S. 330–335, mit Bibl.; M.F. Farley, *Adrian IV England's only Pope*, in *History today*, 28 (1978), S. 530–536.

A. Ilari

Hadrian V.

Papst. Ottobono Fieschi wurde zu Beginn des 13. Jh. in Genua als Sohn der Grafen von Lavagna geboren und war ein Neffe Papst Innozenz' IV. (1243–54), der ihn 1251 zum Kardinal von St. Hadrian machte. Er verteidigte erfolgreich Giovanni von Parma, der als Haupt des Franziskanerordens zurückgetreten war. Er hatte in Paris das Buch „*Introductorius in evangelium aeternum*“ 1254 von Gerardo da Borgo S. Donnino veröffentlicht und war der Häresie angeklagt und 1259 eingekerkert worden. Clemens IV. schickte Fieschi nach England zur Unterstützung der Königspartei und Beendigung des Krieges der Barone. Da er sich der Unterdrückung durch Heinrich III. widersetzte, wurde er durch Robert von Glover im Tower zu London eingekerkert. Nach der Befreiung durch Kronprinz Eduard, setzte er die Verhandlungen zwischen den beiden Parteien fort und es gelang ihm, sie zu befrieden. Auf einer Synode in Northampton um 1267 verurteilte er alle Gegner des Königs, bestätigte die Zugeständnisse Clemens' IV. und organisierte die kirchliche Hierarchie in England neu.

Als er am 11. Juli 1276 zum Papst gewählt wurde, wollte er im Gedenken an seine Gesandtschaft in England wie sein englischer Vorgänger Hadrian heißen. Auf die Wahl des Fieschi scheint Karl I. von Anjou großen Einfluß genommen zu haben, der in seiner Eigenschaft als Senator von Rom über die Vorgänge des Konklaves wachte. Er war mit dem neuen Papst durch alte Freundschaft verbunden. Mit Karl hatte Fieschi bereits über die Vertreibung der Ghibellinen aus Genua 1772 verhandelt und nach der Begegnung Gregors X. mit Rudolf von Habsburg in Lausanne 1275 sich für eine Verständigung der Anhänger des Anjou mit den Habsburgern eingesetzt.

Gleich nach der Wahl begab sich Hadrian V. nach Viterbo, wo er am 18. August 1276 starb, ohne die Weihe zum Papst erhalten zu haben. Auf seinen ausdrücklichen Wunsch hin wurde er in der dortigen Kirche zum hl. Franziskus beigesetzt. Unter den Akten seines sehr kurzen Pontifikates sei das Dekret der Aufhebung der Bulle Gregors X. *Ubi periculum*, die das Konklave regelte, erwähnt.

Bibl.: L. Gatto, in *Dizionario biografico degli Italiani*, I, S. 335–337; N. Schöpp, *Papst Hadrian V, (Kardinal Ottobuono Fieschi),* Heidelberg 1916 (Neudruck Nendeln 1976). T. Iazeolla, *Il monumento funebre di Adriano V in S. Francesco alla Rocca a Viterbo*, in *„Scultura e monumento sepolcrale del tardo medioevo a Roma e in Italia“*, Wien 1990, S. 143–157.

A. Ilari

Hadrian VI.

Papst. Hadrian Florensz wurde am 2. März 1459 in Utrecht in bescheidenen Verhältnissen geboren. Seine Studien absolvierte er an der Universität von Löwen und lehrte dann dort Philosophie und Theologie. Unter seinen Schülern befand sich auch Erasmus von Rotterdam. Wegen seiner hohen Moral und Lehrqualitäten wurde er ein geschätzter und gern gehörter Berater. Kaiser Maximilian I. bestimmte ihn 1507 zum Lehrer seines Neffen Karl, des künftigen Kaisers Karl V. Im Jahr 1516 wurde er Bischof von Tortosa und am 1. Juli des folgenden Jahres durch Leo X. zum Kardinal erhoben, dem er am 9. Januar 1522 nach einem bewegten Konklave auf den Päpstl. Thron folgte. Die überraschende Nachricht seiner Wahl erreichte ihn in Vitoria in Spanien. Er nahm die Tiara an, behielt seinen Taufnamen bei und nannte sich Hadrian VI.

Als Papst versuchte er gleich, Mißbräuche in Kurie und Kirche abzuschaffen. Sein Wirken richtete sich besonders gegen die Anhäufung von Benefizien, gegen den Nepotismus der hohen Prälaten und die Beseitigung der Laster von Klerus und Laien. Er wollte die Reformation Luthers eindämmen. Mit einer strengen Wirtschaftspolitik und weitreichenden Sparmaßnahmen unterstützte er die christlichen Fürsten in ihrem Kampf gegen die Invasion der Türken, vermochte aber nicht zu verhindern, daß diese am 24. Oktober 1522 Rhodos eroberten.

Sein Regierungsprogramm brachte Hadrian VI. den erbitterten Widerstand oder Haß all derer ein, die sich der vom Papst praktizierten Strenge nicht anzupassen wollten. Heftige Schmähschriften und böswillige Pamphlete attackierten den Papst. Auch in der Außenpolitik konnte er keine Erfolge verzeichnen. Er war gezwungen, sich mit Karl V., dem König von England und mit Venedig gegen Franz I. von Frankreich zu verbünden. Die politischen Schwierigkeiten zehrten an seiner Gesundheit. Er starb am 14. September 1523 in Rom. Hadrian bekam ein provisorisches Grabmal in St. Peter in der Kapelle des hl. Andreas. Von dort wurden seine sterblichen Überreste am 12. August 1533 in die Nationalkirche der Deutschen nach *S. Maria dell'Anima* übertragen. Hier ließ ihm Kardinal Wilhelm Enckevoirt, ein Vertrauensmann des Papstes und der einzige von ihm kreierte Kardinal, ein würdiges Grabdenkmal errichten, ein Werk des Baldassarre Peruzzi und weiterer bekannter italienischer Künstler.

Bibl.: L. Pastor, *Storia dei papi*, IV, 2, Rom 1923; S. 3–148; E. Hocks, *Der letzte deutsche Papst Hadrian VI. 1522–1523*, Freiburg i. Breisgau 1939.

N. Del Re

HANDSCHREIBEN

Ein päpstl. Dokument, gegenwärtig nur noch selten in Gebrauch, das in der Regel Anweisungen administrativer Art enthält. Es wird so genannt, weil es die eigenhändige Unterschrift des Papstes trägt und eigentlich in seinem ganzen Umfang vom Papst handschriftlich ausgeführt sein müßte. Das Handschreiben ist auf Papier ohne Kanzleivermerke und fast immer in italienischer Sprache verfaßt. Diese besondere Art eines päpstl. Dokuments tauchte erstmalig zwischen dem 15./16. Jh. auf und wurde damals von den Apostolischen Sekretären vorbereitet. Gelegentlich hatte das Handschreiben auch den juristischen Wert eines Motu Proprio (→), wobei dann aber im Text selbst eine entsprechende Anmerkung erfolgen mußte.

N. Del Re

HAUSPRÄLATEN SEINER HEILIGKEIT

→ Ehrenprälaten Seiner Heiligkeit

HEILIGER STUHL

Moderne und gebräuchliche Bezeichnung für den Sitz des Papstes. Sie findet sich seit dem am 17. Februar 1448 zwischen Nikolaus V. und Friedrich III., König von Deutschland und künftigem Kaiser, abgeschlossenen Konkordat häufig in den Papstdokumenten. Auch der ältere Ausdruck *Apostolischer Stuhl,* der sich im 4./5. Jh. gebildet hat, wird vor allem in der Sprache der Römischen Kurie noch gebraucht. Die rechtliche Bedeutung der beiden Bezeichnungen findet sich heute in can. 361 des neuen Codex von 1983, der unter *Hl. Stuhl* oder *Apostolischer Stuhl* nicht nur den Papst, sondern auch – „...wenn nicht aus der Natur der Sache oder aus dem Kontext anderes offensichtlich ist"(can. 361) – das Staatssekretariat, den Rat für die öffentlichen Angelegenheiten der Kirche und andere Einrichtungen der Röm. Kurie versteht. Die Bezeichnung *Hl. Stuhl* kann zwei Bedeutungen haben: eine weiter gefaßte, die mit dem Papst die zentralen Einrichtungen erfaßt, die ihn bei der Regierung der Katholischen Kirche unterstützen und gemeinsam mit ihm die Römische Kurie bilden sowie eine enger gefaßte, die nur das Amt des Papstes als oberste Einrichtung der Kirche meint (Canones 113 §1, 359, 364, 367, 1354 §3, und 1404).

Als juristische bzw. „moralische" Person „ex ipsa ordinatione divina" (can. 113, § 1) ist der Hl. Stuhl auch in seiner doppelten Funktion als Inhaber der Souveränität des Vatikanstaats sowie als oberstes Repräsentationsorgan der Katholischen Kirche Objekt internationalen Rechts. Daher tritt er mit allen anderen Mitgliedern der internationalen Gemeinschaft in Verbindung und übt das Recht aus, mit den Staaten und Internationalen Organisationen diplomatische Beziehungen anzuknüpfen und Konventionen zu vereinbaren. Wörtlich heißt es in den Lateranverträgen von 1929: „Um dem Hl. Stuhl absolute und sichtbare Unabhängigkeit, unanfechtbare völkerrechtliche Souveränität zu garantieren, wurde man sich über die Notwendigkeit klar, mit entsprechenden Modalitäten den Staat der Vatikanstadt zu gründen und dem Hl. Stuhl das volle Eigentumsrecht, die ausschließliche und absolute Machtausübung sowie die souveräne Gerichtsbarkeit zuzuerkennen."

Bibl.: G. Piola, *La posizione giuridica della S. Sede in Italia,* Torino 1912; R. Jarrige, *La condition internationale du Saint-Siège avant et aprés les Accords du Latran,* Paris 1930; P.A. D'Avack, *La qualifica giuridica della S. Sede nella stipulazione del Trattato Lateranense,* in *Rivista di diritto internazionale,* 1935, S. 83–124, 217–236; J.P. de Grandt, *L'extension des relations diplomatiques du Saint-Siège depuis 1900,* Roma 1987; S. Ferlito, *L'attività internazionale della S. Sede,* Mailand 1988; F. Salerno, *Sede Apostolica o S. Sede e Curia Romana,* in *La Curia Romana nella Cost. Ap. „Pastor*

Bonus", Hrsg. P. A. Bonnet/C. Gullo, Vatikanstadt 1990, S. 45–82.

N. Del Re

HEILIGES JAHR

Die in der Katholischen Kirche begangenen Heiligen Jahre erinnern an die Jubiläumsjahre der Juden, die sie aufgrund der hl. Siebenzahl alle 50 Jahre feierten. Nach altem mosaischen Gesetz war nach dem Vorbild des Schöpfers der siebente Tag ein Ruhetag. Wenn nun sieben mal sieben Jahre, also 49 Jahre vergangen waren, dann mußte das fünfzigste Jahr ein besonderes Ruhejahr sein (*Leviticus*, 25, 9–13; 19–43). Die Juden des Alten Testaments nannten dieses Jahr ein „Jobeljahr", das mit dem Schall der Widderhörner (gleich *Jobel*) verkündigt wurde. Das hebräische Wort *Jobel* hatte verschiedene Bedeutungen: Horn, Schall, Jubel und Befreiung. Es wurde dann in der *Vulgata* mit dem lateinischen Wort „Jubiläum" oder *annus jubilei* übersetzt. Das „Jobeljahr" hatte eine große soziale Bedeutung. Menschen, Tiere, Äcker und Weinberge sollten ruhen, ein jeder Grundbesitz in die Hände seiner ursprünglichen Besitzer zurückgehen und alle Sklaven freigelassen werden. In der christlichen Übertragung machte man daraus ein Jahr des Friedens und der Vergebung, in dessen Verlauf ein vollkommener Ablaß all denjenigen Gläubigen gewährt wurde, die nach Ausübung verschiedener Bedingungen inständig darum gebeten hatten. Aber während das hebräische Jubiläum sich auf die zeitliche Ökonomie beschränkte und ein rein theoretischer Vorgang blieb, gründete sich von Anfang an das christliche Jubiläum oder das „Heilige Jahr" auf die Ökonomie des Geistes und der göttlichen Gnade. Die gläubige Menschheit erfährt es jedesmal als neue Herausforderung und als eine neue Erlösung von allerhöchstem Wert. „Der Geist des Herrn hat mich gesandt, damit ich ein Gnadenjahr des Herrn ausrufe." Diese Worte des Propheten Jesaja (61, 1–2) zitierte Jesus in der Synagoge von Nazareth (LK 4, 16 ff).

Es fehlt jeder Hinweis auf ein Heiliges Jahr vor dem von Papst Bonifatius VIII. für das Jahr 1300 verkündete. Hinweise auf das hebräische Jubiläum findet man möglicherweise beim hl. Ambrosius (PL, 14, 907) der in seiner *Apologia prophetae David* die 50ste Zahl als *numerus remissionis* definierte. Ähnliches ist beim hl. Isidor von Sevilla (PL, 82, 222) zu finden. Im Verlauf des sehr bewegten 13. Jh. verbreitete sich die Meinung, daß all diejenigen, die anläßlich der Hundertjahrfeier der Geburt des Erlösers nach Rom pilgerten, einen umfassenden Ablaß bekommen würden, wie es sich – so sagte man – ein Jahrhundert vorher ereignet habe. Der große Zufluß von Pilgern, der in der Vergangenheit ohne Beispiel war, verwunderte den Papst nicht weniger als die Bezugnahme auf das angebliche Jubiläum von 1200. Jedenfalls ließ Bonifatius VIII. vergeblich alle Archive gründlich durchsuchen, um auf diesbezügliche Zeugnisse zu stoßen.

Den ungewöhnlichen religiösen Eifer der Gläubigen konnte man natürlich nicht enttäuschen. Deshalb sah sich der Pontifex der Notwendigkeit gegenüber, mit der Bulle *Antiquorum habet fida relatio* vom 22. Februar 1300 (BR, IV, S. 156–157) das erste christliche Jubiläumsjahr anzukündigen. Dieses „Jubeljahr" löste in der Tat großen Jubel aus. Viele Menschen aus allen europäischen Ländern pilgerten nach Rom, um davon zu profitieren, was sich nur alle hundert Jahre bietet: einen vollkommenen Ablaß zu gewinnen, wenn man reumütig und bekehrt den Petersdom und die Paulskirche fünfzehnmal an fünfzehn Tagen besuchte. Die Römer mußten dies sogar dreißigmal tun. Mit dieser Verkündungsbulle von Papst Bonifatius VIII. ist der Beginn der christlichen Tradition der „Heiligen Jahre" begründet – der Maler Giotto hat dies in einem berühmten Fresko im Lateran festgehalten. Unter den rund eine Million Pilgern, die sich in diesem Jahr 1300 in der Ewigen Stadt aufhielten, befand sich auch der berühmte Dante, um seine Seele ebenso rein zu waschen. Es gibt einen Chronisten dieses ersten Heiligen Jahres, den Kardinal Iacopo Stefaneschi, der die vielfältigen und außergewöhnlichen Ereignisse dieses Jahres in seinem *Liber de centesimo sive jubileo anno* ausführlich beschrieben hat – vermutlich am Ende des Jubiläumsjahres.

Die Abfolge der Heiligen Jahre, von Bonifatius VIII. auf hundert Jahre festgelegt, wurde bereits in der Hälfte des folgenden 14. Jh. auf Druck der Römer von Papst Clemens VI. halbiert. Nicht zuletzt der damals lebende römische Volkstribun „Cola di Rienzo" regte an, daß im Jahre 1342 eine Delegation zum Papst nach Avignon gesandt wurde, bestehend aus 18 Mitgliedern, ausgewählt aus Adel, Bürgertum und Volk. Diese sollten dem Papst die Regierung der Stadt anbieten und ihm die dringende Bitte übermitteln, die Feier der Jubeljahre alle 50 Jahre zu ermöglichen. Verbunden war mit dieser Initiative die heimliche Hoffnung, daß aus Anlaß des Heiligen Jahres Papst und Kurie nach Rom, an ihren natürlichen Sitz, zurückkehrten. Mit der Bulle *Unigenitus Dei Filius* vom 27. Januar 1343, jedoch erst am 17. August 1349 veröffentlicht, promulgierte Papst Clemens VI. das Jubiläum für das Jahr 1350 und führte als Gründe für den Fünfzigjahresturnus die Kürze des menschlichen Lebens und die Erinnerung an die jüdische Tradition an. Auch der Dichter Petrarca hatte sich mit den gleichen Argumenten und in dichterischer Form der Bitte der Römer angeschlossen. Das Jubiläum des Jahres 1350 brachte Tausende von Pilgern an das Grab des hl. Petrus. Die erwartete Rückkehr des Papstes bzw. des Apostolischen Stuhls blieb aus; sie waren nur durch die Kardinäle Annibaldo da Ceccano und Guido di Boulogne-sur-Mer vertreten.

Eine weitere Verkürzung der Abstände des Jubiläums sollte unter Papst Urban VI. erfolgen, der keine fünfzig Jahre warten wollte. Angesichts des Schismas beabsichtigte er damit die Vorrechte Roms zu unterstreichen. Mit der Bulle *Salvator noster* vom 8. April 1389 verkündete er das Heilige Jahr für das Jahr 1390. Er starb jedoch wenige Tage vor der feierlichen Eröffnung. Dies und die Durchführung des *Anno Santo* des Jahres 1390 blieb dann seinem Nachfolger Bonifatius IX. überlassen. Übrigens war bei diesem Jubiläum zum ersten Mal der Erwerb des Ablasses mit der Verpflichtung verbunden, die vier großen röm. Basiliken zu besuchen. Dazu hatte schon im Jahre 1373 Papst Gregor XI. klare Dispositionen erlassen. Zehn Jahre später fand dann das vierte Jubiläum statt. Damals gab es eine ähnliche religiöse Unruhe wie hundert Jahre zuvor. Bußfertige und Geißelbrüder, normale Pilger und religiöse Fanatiker, Adlige und Bettler strömten mit weißem Sackleinen bedeckt und die Häupter verhüllt nach Rom und flehten um Erbarmen. Wegen dieser, immer aus mehreren 10.000 Geißelbrüdern bestehenden Gruppen, auch aus Deutschland, erhielt dieses Heilige Jahr den Beinamen „Jubiläum der Weißen".

Im Respekt auf die Vorschrift von Papst Urban VI., der die Abfolge der Jubiläen auf 33 Jahre festgelegt hatte, ordnete Papst Martin V. für das Jahr 1423 ein neues Heiliges Jahr an. Wegen der schwierigen Zeiten blieb es jedoch relativ bedeutungslos, wie verschiedenen Berichten des berühmten toskanischen Humanisten Poggio Bracciolini zu entnehmen ist. Dagegen verlief geradezu grandios für die große Anzahl von Pilgern aus allen Teilen Europas das Jubiläum von 1450, das Papst Nikolaus V. mit der Bulle *Immensa et innumerabilia* vom

19. Januar 1449 ausgerufen hatte, um die Wiedergewinnung des kirchlichen Friedens zu zelebrieren. Dieses Jubiläum wurde jedoch in seinem Verlauf von tragischen Ereignissen überschattet. Eine Pestepidemie brach in Rom aus und raffte Tausende von Pilgern dahin. Zudem starben ca. 200 Menschen, als an der Engelsbrücke ein Maultier scheute und eine panische Fluchtreaktion hervorrief. Ein Großteil der Menge stürzte in den Tiber und ertrank. Zur Erinnerung an dieses Unglück ließ der Papst am Beginn der Brücke zwei Kapellen errichten, die später vom Papst Clemens VII. (1534) durch zwei Statuen der Apostelfürsten ersetzt wurden.

Die bis heute gültige Abfolge der Jubiläen alle 25 Jahre wurde im Jahre 1470 von Papst Paul II. verfügt. Ihm ging es darum, möglichst jeder Generation die Möglichkeit zu verschaffen, den vollkommenen Ablaß zu erwerben. Mit seiner Bulle *Ineffabilis Providentia* vom 19. April 1470 (BR, V, S. 200–203) wurde diese Abfolge festgelegt und darüber hinaus verfügt, daß das *Anno Santo* jeweils von einem Weihnachtsfest zum nächsten verlaufen solle. Sein Nachfolger Papst Sixtus IV. bestätigte diese Maßnahme mit der Bulle *Quaemadmodum operosi* vom 29. August 1473, der dann auch das Heilige Jahr 1475 zelebrierte, zu dem wiederum ein großer Zustrom von Pilgern zu verzeichnen war. Dieses siebente Jubiläumsjahr war nicht nur das erste der jetzt in 25jährigem Abstand zu begehenden Feier, sondern auch das erste, das sich die Erfindung des Johannes Gutenberg zu nutzen machte. Tatsächlich wurde die Proklamationsbulle zum ersten Mal gedruckt und dazu auch einige Broschüren mit Hinweisen über Ablässe und Beichten für die Pilger.

Für die nunmehr 25jährige Abfolge hat es nur zwei Ausnahmen gegeben: Im Jahr 1800 und im Jahr 1850. Jedenfalls war das nächste „*Anno Santo*" – ein Ausdruck der immer mehr die bisherigen Benennungen „Jubiläum" oder „Jubeljahr" ersetzte – im Jahre 1500 begangen und von Papst Alexander VI. mit der Bulle *Inter multiplices* vom 28 März 1499 einberufen worden. Mit einer weiteren päpstl. Bulle wurden die diesbezüglichen Zeremonien geregelt, wie sie noch bis heute in Gültigkeit sind: die gleichzeitige feierliche Eröffnung der hl. Pforten in den vier Patriarchalbasiliken, die Öffnung in St. Peter durch den Papst persönlich und durch drei seiner Legaten in den anderen.

Auf die „außerordentlichen Umstände, besonders bei den ultramontanen Völkern", so wurde es von Francesco Guicciardini bezeichnet, war die geringe Begeisterung zurückzuführen, die das neunte Jubiläum charakterisierte. Es wurde von Papst Clemens VII. mit der Bulle *Inter sollicitudines* vom 17. Dezember 1524 ausgerufen und mußte sich mit der Tatsache abfinden, daß sich unter dem Druck des lutherischen Protestantismus ein Teil der Katholiken aus dem Gehorsam der Römischen Kirche gegenüber löste. Das folgende Jubiläum im Jahr 1550 wurde von Papst Paul III. angekündigt, aber von seinem Nachfolger Papst Julius III. (Bulle *Si pastores ovium* vom 24. Februar) durchgeführt. Es stand ganz im Zeichen des hl. Philipp Neri aus Florenz und seiner Bruderschaft der Allerheiligsten Trinität, die sich der zahlreichen Pilger annahmen. Fast eine halbe Million Pilger wurden während dieses und der darauffolgenden Heiligen Jahre beherbergt und bewirtet. Auf dem Höhepunkt der Gegenreformation fand das Jubiläum von 1575 statt, verkündigt von Papst Gregor XIII. mit der Bulle *Dominus ac Redemptor* vom 10. März 1574.

Zum Jubiläum des Jahres 1600 wurde Rom wieder durch eine riesige Schar von Pilgern überschwemmt. Ohne Zweifel handelte es sich bei diesem um das großartigste aller bisher zelebrierten Heiligen Jahre, währenddessen nach den Äußerungen des Chronisten A. L. Muratori „die Liebe des röm. Pontifex, der Kardinäle und des ganzen röm. Volkes wegen der guten Taten und wegen der Gastlichkeit gegenüber den Pilgern weithin ausstrahlte.“ Papst Clemens VIII. hatte dieses *Anno Santo* mit der Bulle *Annus Domini placabilis* vom 19. Mai 1599 (BR, X, S. 504–510) ausgerufen, zu der eine andere Bulle gehört mit dem Titel *Tempus acceptabile* vom 30. Oktober des gleichen Jahres (BR, X, S. 548), in der der Papst alle Bischöfe auffordert, zur Feier des Heiligen Jahres nach Rom zu kommen, „um den Gläubigen selbst mit gutem Beispiel voranzugehen“. Auch wenn sie vom Prunk des 16. Jh. beeinflußt waren, boten die darauffolgenden Jubiläen wiederum Beispiele großer Frömmigkeit und tiefer Religiosität. Eine Neuigkeit des *Anno Santo* von 1625, ausgerufen durch Papst Urban VIII. mit der Bulle *Omnes gentes* vom 29. April 1624 (BR, XIII, S. 143–147) war die allen Ordensleuten in strenger Klausur, allen Kranken und allen Gefangenen eingeräumte Möglichkeit, den üblichen vollkommenen Ablaß auch dann zu erwerben, wenn sie daheim blieben. Das 14. Jubiläum, feierlich zelebriert von Papst Innozenz X. und angekündigt mit der Bulle *Appropinquat* am 4. Mai 1649 (BR, XV, S. 628–632), war demgegenüber von der strengen Mahnung des Papstes gekennzeichnet, die Verpflichtung des 30-maligen Besuches der vier Basiliken einzuhalten. In dem von Papst Clemens X. mit der Bulle *Ad Apostolicae vocis oraculum* vom 16. April 1674 (BR, XVIII, S. 476–480) angekündigten Heiligen Jahr von 1675 erlebte Rom fast eine kontinuierliche Abfolge von Glaubensfesten, gekennzeichnet von ständigen ebenso feierlichen wie pittoresken Prozessionen der verschiedenen karitativen Gemeinschaften und Bruderschaften.

Auch verschiedene tragische Ereignisse wie der Tod des Papstes, die Sedisvakanz, das Tiberhochwasser etc. konnten den vollen Erfolg des *Anno Santo* 1700 nicht beeinträchtigen. Es war von Papst Innozenz XII. mit der Bulle *Regi saeculorum* vom 18. Mai 1699 (BR, XX, S. 876–881) angekündigt worden und dann von seinem Nachfolger Clemens XI. abgeschlossen worden. Auch diesmal gab es bewegende Manifestationen des Glaubens, die sich auch in den Jubiläen des darauffolgenden 18. Jh. fortsetzten, obwohl gerade dieses Jahrhundert durch eine verbreitete religiöse Indifferenz gekennzeichnet war. Die Heiligen Jahre 1725 und 1750 wurden durch die Päpste Benedikt XIII. und Benedikt XIV. begangen. Letzterer erließ auch neue Bestimmungen über den Ablauf der Zeremonien.

Das *Anno Santo* 1775 ging als das kürzeste von allen in die Geschichte ein. Es wurde noch normal von Papst Clemens XIV. mit der Bulle *Salutis nostrae auctor* vom 30. April 1774 (BRC, V, S. 716–719) angekündigt, der dann aber im darauffolgenden September starb. Es konnte erst am 26. Februar des Jubiläumsjahres vom soeben neugewählten Pontifex Pius VI. eröffnet werden. Der Tod Pius' VI., Gefangener des Staates im Exil in Valenza, die Besetzung Roms, die Sedisvakanz, die bis zum März 1800 dauerten und die Kriege in Europa hatten das Jubiläum nicht zugelassen. So wurde damals erstmalig der 25jährige Rhythmus unterbrochen, bis im Jahre 1825 Papst Leo XII. mit der Bulle *Quod hoc ineunte saeculo* vom 24. Mai 1824 (BRC, VIII, S. 64–68) ein weiteres *Anno Santo* ausrief. Dieses Heilige Jahr muß als das einzige im 19. Jh. angesehen werden. Weder 1850 noch 1875 fanden normale Jubiläumsjahre statt. Die düsteren Wolken über Europa hatten sich noch nicht verzogen und es herrschte besonders in Italien eine Krisenstimmung. Im Jahre 1850 hatte sich Papst Pius IX. im Exil in

Gaeta befunden. Das *Anno Santo* war nicht gefeiert worden. Auch das von ihm am 24. Dezember 1874 angekündigte Heilige Jahr fand ohne Feierlichkeiten und ohne Pilger statt. Das *Anno Santo* 1875 wurde also mehr in den Diözesen in aller Welt gefeiert als in Rom. Erst fünf Jahre waren vergangen, seit dem Papst die weltliche Macht aberkannt worden war, und er sich als „Gefangener im Vatikan" bezeichnete. Zeitgenossen berichten von einem „sehr bitteren Heiligen Jahr" wegen des antiklerikalen Geistes, der sich in Rom ausgebreitet hatte. Der Beginn unseres Jh. brachte eine Wiedergeburt des Jubiläums, diesmal durch Papst Leo XIII. am 11. Mai 1899 mit der Bulle *Properante ad exitum saeculo* angekündigt. Zum ersten Mal wurde das Heilige Jahr von einem nur mit geistlicher Macht ausgestatteten Papst zelebriert. Die Kirche wußte sich den Zeiten anzupassen, in dem die Pilgerscharen aus aller Welt mit großer Frömmigkeit an den Zeremonien teilnahmen und betend und singend zu den Kirchen der Ewigen Stadt zogen. Der 90jährige Papst forderte die Katholiken in aller Welt auf, das 20. Jahrhundert dem Heiligsten Herzen Jesu zu weihen.

Dem Heiligen Jahr 1925, ausgerufen von Papst Pius XI. mit der Bulle *Infinita Dei misericordia* vom 29. Mai 1924 (AAS, XVI [1924], S. 209–215), wollte der Pontifex einen besonderen missionarischen Akzent verleihen. Dazu trug eine beeindruckende Missionsausstellung im Vatikan bei, und beides, das Jubiläum und die Ausstellung, waren nach seinen Worten „zwei große Visionen von Glauben und Caritas, zwei großartige Szenen von Brüderlichkeit und universaler Friedfertigkeit". Bei Vollendung des halben Jahrhunderts, im Jahr 1950, fand das erste Jubiläumsjahr nach dem Krieg statt, von Papst Pius XII. mit der Bulle *Jubilaeum maximum* vom 26. Mai 1949 (AAS, XLI [1949], S. 257–261) proklamiert. Nochmals wurde die Zahl der verpflichtenden Besuche in den röm. Basiliken reduziert. Zum Ablaß genügten der Besuch einer Basilika und das Durchschreiten der Heiligen Pforte (→ Portale von St. Peter). Einer der Höhepunkte dieses Jahres war die Proklamation des Dogmas von der Himmelfahrt Mariens. Mit der Bulle *Apostolorum limina* kündigte Papst Paul VI. das Hl. Jahr 1975 an (AAS, LXVI [1974], S. 289–307). Wie der Papst selbst am Abschluß des Jubiläums sagte, sei von nicht wenigen der Einwand erhoben worden, „daß der kulturelle Mutterboden, die moderne Mentalität, der unaufhaltsame Prozeß der Säkularisierung von vornherein solche Feiern kompromittiert hätten und das ganze Jubiläum ein anachronistisches Relikt aus dem Mittelalter wäre". Durch die große Zahl von Einzelpilgern und Gruppen jeglicher Provenienz und speziell wegen der Teilnahme von jungen Menschen in großer Zahl wurde das Jubiläum dennoch ein großer Erfolg und ein vielversprechendes Zeichen für die zukünftige Entwicklung der Kirche.

In der nunmehr viele Jahrhunderte andauernden Geschichte der Heiligen Jahre zählt man außer den 25 ordentlichen Jubiläen 86 außerordentliche oder kleinere Heilige Jahre, von denen 65 weltweit und 21 in den Ortskirchen gefeiert wurden. Für die Gläubigen waren mit diesen Feiern die gleichen geistlichen Früchte und Privilegien wie bei den ordentlichen Jubiläen verbunden. Ihre Dauer betrug meist nur wenige Tage, manchmal aber auch ein ganzes Jahr, wie es sich beispielsweise beim außerordentlichen Heiligen Jahr 1933 zutrug. Papst Pius XI. hatte es anläßlich der 1900-Jahr-Feier Christi Erlösung einberufen. Es fand statt vom 2. April 1933 bis zum 2. April 1934. Ebenso im Jahr 1983, als Johannes Paul II. die 1950-Jahr-Feier des Erlösertodes Christi begehen wollte und dieses Jahr mit der Bulle *Aperite Portas Redemptori* am 6. Januar 1983 ankündigte (AAS, LXXV [1983], S. 89–106) und am 25. März des gleichen Jahres eröffnete. Auch dieses außerordentliche Jubiläum dauerte genau ein Jahr. Die große Neuigkeit lag in der gleichzeitigen Zelebration der Erlösung mit all ihren geistlichen Früchten in allen Diözesen der Welt.

Am 10. November 1994 hat Papst Johannes Paul II. mit seinem Apost. Schreiben *Tertio millenio adveniente* das „Große Jubiläum", das Heilige Jahr 2000, ausgerufen. Es soll im Hinblick auf das Bimillenarium als besonderes Jubiläumsjahr gefeiert werden, größer als die alle 25 Jahre stattfindenden Jubiläen. Nach dem Willen des Papstes soll die Feier nach einigen Vorbereitungsjahren „gleichzeitig im Heiligen Land, in Rom und in den Kirchen der ganzen Welt erfolgen" (Nr. 55). Höhepunkte sind in der Planung der Eucharistische Weltkongreß in Rom, ein panchristliches Ökumenisches Treffen und eine Pilgerreise des Papstes auf dem Weg des Gottesvolkes des Alten Bundes über den Berg Sinai bis nach Damaskus, dem Ort der Bekehrung des hl. Paulus.

Am Ende des zweiten christlichen Jahrtausends gilt es, dem Werteverfall entgegenzuwirken, sich auf das Evangelium zu besinnen und den Glauben sowohl traditionsgetreu zu bekennen als auch in zeitgemäßen Formen weiterzugeben. Ein solches glaubwürdiges Zeugnis, verbunden mit einem intensiven Dialog mit anderen christlichen Religionen, dürfte auch in einer immer stärker säkularisierten Welt nicht ohne Wirkung bleiben.

Bibl.: P. Perali, *Prontuario bibliografico per la storia degli anni santi*, im Anhang zu *Cronistoria dell'anno S. MCMXXV*, Rom 1928; P. Brezzi, *Storia degli anni santi*, Mailand 1949; J. de Blasi, *Il giubileo*, Florenz 1950; A. Loehr, *L'année du Seigneur*, Brügge 1950; M. Giraudo, *I giubilei straordinari*, in *Sapienza*, 3 (1950), S. 69–85; *La città giubilare*, in *Roma nobilis*, Hrsg. I. Cecchetti, Rom 1953, S. 525–767; A. Samoré, *Giubilei straordinari*, in *Miscellanea in onore di Martini Giusti,* I, Vatikanstadt 1978, S. 1–28; C. Schwarzenberg, *L'Anno S. straordinario 1983–1984*, Vatikanstadt 1984; M. Fagiolo/M. L. Madonna, *Roma 1300–1875. L'arte degli Anni Santi*, Mailand 1985.

N. Del Re

HEILIGKEIT

Ehrentitel, der heute nur dem Papst gebührt. Früher wurde er auch als Respekterweis gegenüber anderen Personen angewandt, ohne dabei auch nur im geringsten auf eine mögliche Heiligkeit der Angesprochenen anzuspielen. Bei den Römern wurde der Kaiser mit dem Titel „Heiligkeit" angeredet. Im Christentum wurden eine ganze Weile die Bischöfe von den Päpsten so angesprochen. Das geht aus einem Brief des hl. Hilarius aus dem Jahr 465 hervor, in dem der Papst den Bischof von Arles mit *Sanctitas vestra* anspricht. Vom 14. Jh. an wird nur noch der Papst so angeredet.

N. Del Re

HERAKLIUS

Gegenpapst (?). In einem Gedicht des hl. Damasus zu Ehren von Papst Eusebius wird ein Heraklius erwähnt. Dieser habe sich mit Entschiedenheit gegen die Wiederaufnahme der während der Verfolgung abgefallenen Christen gewandt, weil sie den christlichen Glauben verleugnet hätten, um den angedrohten Foltern zu entgehen (*Heraclius vetuit lapsos peccata dolere*). Es ist nicht sicher, ob Heraklius, der bereits Marcellus I. ins Exil geschickt und ein Schisma in der Gemeinschaft der Christen hervorgerufen hatte, gegen den legitimen Papst Eusebius gewählt wurde oder nur das Haupt seiner Bewegung blieb. Wegen des großen Streites sind sowohl Eusebius als auch Heraklius vom Kaiser Maxentius 309 oder 310 ins Exil geschickt worden. Heraklius muß also unter die zweifelhaften Gegenpäpste gezählt werden.

Bibl.: A. Ferrua, *Epigrammata Damasiana*, Vatikanstadt 1942, S. 129–134.

N. Del Re

Heraldik, Päpstliche

Dies ist eine besondere Abteilung der Wappenkunde, welche die Geschichte der Wappen der Päpste studiert, ihre Regeln festlegt, vor allem was Form, Gestalten und Ornamente angeht. Sie unterscheidet sich darin von der kirchlichen Wappenkunde, welche die Wappen aller kirchlichen Hierarchen studiert.

Der erste Papst, dessen Wappen erwähnt wird, ist Innozenz III. (1198–1216). Im Mittelalter übernahmen die Päpste diesen Brauch und ließen sich zu Beginn ihres Pontifikates Wappen machen, die meist ihren Familienwappen ähnlich waren. Doch mit Clemens VI. (1342–52) wurden die Wappen der Geschlechter unter den gekreuzten Schlüsseln mit der Tiara verwendet, um diese auch bei wichtigen Restaurierungen von Palästen und Gebäuden dort anbringen zu können.

Päpstl. Wappensymbole wurden auch ins Wappen der Verwandten des Papstes oder das von Persönlichkeiten aufgenommen, die sich in der Verteidigung der Christenheit besonders hervorgetan hatten. Eine Besonderheit stellt das Wappen des derzeitigen Papstes Johannes Paul II. dar, das von einem großen Kreuz beherrscht wird, dessen Form keinem der überlieferten Wappenmodelle entspricht. Im unteren Teil enthält es ein großes „M“, womit der Papst auf seine besondere Muttergottesverehrung Bezug nimmt.

Bibl.: F. Passini Frassoni, *Essai d'armorial des Papes*, Rom 1906; D.L. Galbreath, *Papal Heraldry*, London 1972; B.B. Heim, *Heraldry in the Catholic Church*, (o. O.) 1978.

G. Morello

Hilarus

Papst, Hl. Aus Sardinien gebürtig, war Hilarus Diakon in Rom unter dem Pontifikat Leos I. Dieser sandte ihn 449 mit anderen zum nach Ephesus gegen den Patriarchen Flavian von Konstantinopel einberufenen Konzil, das wegen der dort verübten Gewalttätigkeiten als „Räubersynode von Ephesus“ in die Geschichte einging. Energisch stellte er sich der Lehre des Eutyches entgegen. Doch dann wurde er von Dioskur, dem Patriarchen von Alexandrien bedroht und zur Flucht gezwungen, um sein Leben zu retten. Nach Rom zurückgekehrt und zum Erzdiakon ernannt, wurde er von Leo I. an der Regierung der Kirche beteiligt, dem er auch am 19. November 461 auf die Cathedra des Petrus folgte. Entschlossen trat er in die Fußstapfen seines großen Vorgängers und es gelang ihm, jeden Versuch der mazedonianischen Irrlehrer zu unterdrücken und sie auch mit der Unterstützung des Kaisers Antemius daran zu hindern, eigene Kultstätten in Rom zu errichten. Erfolgreich griff er ferner bei den Kirchen Galliens und Spaniens ein und stellte sich dort hinter die Rechte des Metropoliten von Tarragona, während er den Erzbischof von Arles als Primas und Päpstl. Vikar Galliens bestätigte.

In Rom führte er die Restaurierungarbeiten fort, die Leo I. nach den Verwüstungen durch die Vandalen begonnen hatte. Sie sind übrigens im *Liber Pontificalis* genau aufgezählt. Bemerkenswert sind die Arbeiten an der Taufkapelle des Lateran, der er die beiden Oratorien des hl. Johannes des Täufers und des hl. Evangelisten Johannes anfügte, die bis heute erhalten blieben. Weitere Arbeiten wurden in *S. Lorenzo fuori le Mura* durchgeführt, wo ein Kloster für die Mönche entstand, die Dienst taten, ferner Wohnräume und Bäder für die Pilger. Nicht belegbar ist dagegen die Behauptung, der Papst habe dort zwei Bibliotheken (eine griechische und eine lateinische) eingerichtet. Denn Forschungen haben ergeben, daß Hilarus die älteste Zentralbibliothek der Kirche im Lateran begründet hat. Wichtige Restaurierungen ließ er ferner an der Kirche der hl. Anastasia am Palatin durchführen und an den drei Basiliken St. Peter, St. Paul vor den Mauern und St. Johannes im Lateran. Er starb am 29. Februar 468 und wurde in *S. Lorenzo* am Campo Verano begraben an der Seite der Päpste Zosimus (417–418) und Sixtus III. (432–440). Doch ging jede Spur von ihren Gräbern verloren. Es wurde ihm öffentlicher Kult erwiesen und sein Fest auf den 28. Februar gelegt (in Schaltjahren auf den 29. Februar), wie derzeit im *Proprium* der Diözese Rom angegeben ist.

Bibl.: B. Cignitti, in *Bibliotheca Sanctorum*, VII (1966), Sp. 737–753, mit Bibl.; G. Scalia, *Gli „archiva" di papa Damaso e le bibliotheche di papa Ilario*, in *Studi medievali* 18 (1977) S. 39–63.

N. Del Re

Hippolyt, Gegenpapst

Gegenpapst, Heiliger. Nach Forschungen aus der neueren Zeit war Hippolytus ein Priester der Kirche Roms, seinem Geburtsort. Wegen der Glaubenslehre stellte er sich gegen Papst Calixtus I. und gründete 217 in Rom selber eine Gegenkirche. Vermutlich ist er der erste Gegenpapst der Geschichte, blieb es auch während der beiden folgenden Pontifikate Urbans I. und des Pontianus, bis er ein Opfer der Verfolgung des Maximinus wurde, der ihn zusammen mit dem rechtmäßigen Papst Pontianus nach Sardinien verschleppen ließ. Mit diesem versöhnte sich Hippolytos dann und erkannte die eigenen Irrtümer an, bevor er 235 als Martyrer starb. Seine sterblichen Überreste wurden nach Rom gebracht und auf dem Friedhof an der *Via Tiburtina* beigesetzt. In den *Depositio Martyrum* heißt es nämlich unter dem 12. August: „*Ypoliti in Tiburtina et Pontiani in Callisti*". Wegen der wenigen Nachrichten über ihn gab es immer wieder Verwirrung zwischen dem röm. Martyrer und einigen anderen Gleichnamigen.

Er war offenbar ein fähiger und fruchtbarer Schriftsteller. An Gelehrsamkeit und Originalität kam er jedoch nicht an seinen Zeitgenossen Origenes heran, mit dem er in Verbindung stand. Hippolyt, der von Papst Damasus gelobt wird, ist Verfasser zahlreicher Werke, die größtenteils verlorengingen. Einiges spricht dafür, daß ihre Titel auf der Rückenlehne einer Cathedra zu lesen sind, auf der eine Persönlichkeit sitzt, die bis vor kurzem mit dem heiligen Martyrer identifiziert wurde. Die Statue ist im oberen Teil beschädigt und wurde 1551 in dem Gebiet über dem nach Hippolyt benannten Friedhof an der *Via Tiburtina* gefunden, unweit von der Basilika *S. Lorenzo fuori le Mura*. Die Identität der dargestellten Persönlichkeit mit Hippolyt wurde von der bekannten Gelehrten Margherita Guarducci aber 1977 angezweifelt.

Wir kennen insgesamt 35 Werke des hl. Hippolyt, alle in griechisch geschrieben. Einige sind Traktate über die Heilige Schrift, andere gegen die Häresien, darunter die wichtigen *Philosophumena*, die 1851 wieder aufgefunden und veröffentlicht wurden. Wieder andere haben apologetischen oder dogmatischen Charakter, wie *De Antichristo*, die einzige Schrift Hippolyts, die uns vollständig erhalten blieb.

Bibl.: A. Amore/M.C. Celletti, in *Bibliotheca Sanctorum VII*, Sp. 868–879; *Ricerche su Ippolito*, Rom 1977; J.J.I. von Döllinger, *Hippolytus und Kallistus oder die röm. Kirche in der 1. Hälfte des 3. Jahrhunderts*, Aalen 1977; A. Zani, *La cristologia di Ippolito*, Brescia 1983; C. Osborne, *Rethinking early Greek philosophy: Hippolytus of Rome and the presocratics*, Ithaca, N.Y. 1987; *Nuove ricerche su Ippolito*, Rom 1989.

N. Del Re

Honorius I.

Papst. Er stammte aus einer vornehmen campanischen Familie und war Schüler Gregors d. Gr. Er wurde am 27. Oktober 625 zum Papst gewählt, nur zwei Tage nach dem Tod Bonifatius' V.

Leider zeigte seine Politik nicht den erwarteten Erfolg: Die Thronbesteigung der beiden arianischen Herrscher Arialdus und Rotari war eine Schmach für die Kirche, die auch nicht von der Autonomie der Bischöfe des Langobardenreiches ausgeglichen wurde. Auf der anderen Seite bemühte sich der Patriarch Sergius in Konstantinopel, die Monophysiten wieder der Kirche einzugliedern, indem er die Lehre der doppelten Natur Christi interpretierte als von einem einzigen Willen hergeleitet. Diese Formulierung war jedoch irreführend und wurde von seinem Nachfolger Severinus sofort richtiggestellt.

Die Zweideutigkeit des von Honorius in diesem Zusammenhang verfaßten Dokuments gab Anlaß zu Auseinandersetzungen über seine Rechtgläubigkeit und über die päpstl. Unfehlbarkeit (die von den Protestanten abgelehnt wird) bis zum I. Vatikanischen Konzil (1869–70), das die theologische Unzulänglichkeit dieses Begriffs bestätigte.

Rom verdankt Honorius die ersten Restaurierungen der antiken Basiliken und den Bau einiger neuer Kirchen, z.B. *S. Agnese fuori le Mura* (Honorius im Apsismosaik), *S. Apollinare in Portico*, usw. Er starb am 12. Oktober 638 und wurde in *S. Agnese* beigesetzt, doch fehlt von seinem Grab heute jede Spur.

Bibl.: G. Mollat, in *Enciclopedia cattolica*, IX, Sp. 140–141; G. Kreuzer, *Die Honoriusfrage im Mittelalter und in der Neuzeit,* Stuttgart 1975; P. Conte, *Note su una recente appendice sulla questione di Onorio,* in *Rivista di Storia della Chiesa in Italia,* 37 (1983), S. 173–182; F. Carcione, *Sergio di Costantinopoli ed Onorio I nella controversia monitelita del VII secolo; alcuni chiarimenti sulla loro dottrina e sul loro ruolo nella vicenda,* Rom 1985; E. Zocca, *Onorio I e la tradizione occidentale,* in *Augustinianum,* 27 (1987), S. 571–615; A. Thanner, *Papst Honorius I. (625–638),* St. Ottilien 1989.

G. Scano

Honorius II.

Papst. Aus einer einfachen Familie aus der Gegend von Imola stammend, wurde Lamberto Scannabecchi von Paschalis II. zum Kardinal und Bischof von Ostia ernannt. Durch sein diplomatisches Geschick erwarb er sich das Vertrauen Gelasius' II., dem er ins Exil folgte, und Calixtus' II., den er beim Wormser Konkordat vertrat, als der Investiturstreit beigelegt wurde. Trotz seiner Verdienste erfolgte seine Wahl nicht einhellig, da verschiedene Adelsfamilien die Macht an sich zu reißen versuchten. Am 15. Dezember 1124 ließ die Familie Pierleoni Theobald Buccapecus zum Papst wählen (Coelestin II.), während am gleichen Tage Roberto Frangipane die Kandidatur Lambertos durchsetzte, der den Namen Honorius II. annahm. Theobald verzichtete auf die Papstwürde und unterwarf sich Honorius freiwillig, der daraufhin auch die einstimmige Billigung der Kardinäle erhielt.

Seine Gelehrsamkeit und Erfahrung brachten Honorius II. Achtung und Respekt ein, so z.B. als er beim Tod Heinrichs V. (1125) Lothar v. Supplinburg als Nachfolger auf dem deutschen Thron bestätigte – gegen Konrad von Staufen, der sich 1127 zum Gegenkönig wählen ließ und deswegen vom Papst exkommuniziert wurde.

Roger II. von Sizilien forderte von Honorius den Frieden mit Süditalien (1128), wodurch die Vereinigung Italiens mit dem Ursprung der neapolitanischen Monarchie erzielt wurde.

Durch das päpstl. Eingreifen in die Auseinandersetzungen um die Klöster Farfa, Cluny und Montecassino konnten diese schweren

Konflikte beigelegt werden. Außerdem kümmerte er sich um verschiedene Teilkirchen in Frankreich. 1126 bestätigte er den Prämonstratenserorden und 1128 den Templerorden. Schwerkrank ließ er sich in das Kloster von *S. Gregorio al Celio* bringen, wo er am 13. Februar 1130 starb. Er wurde im Lateran beigesetzt.

Bibl.: P. Gritti, *Osservazioni sull'elezione papale del 1124 (Onorio II).* Diss. Univ. Catt. Mailand 1970; F. V. Lombardi, *La bolla di papa Onorio II a Pietro vescovo di Montefeltro (anno 1125),* in *Studi Montefeltrani,* San Leo 1976, S. 57–99.

U. Penteriani

HONORIUS II., GEGENPAPST

Gegenpapst. Cadalus kam aus einer mächtigen, deutschstämmigen Familie und war Bischof von Parma, als er am 28. Oktober 1061 von den reformfeindlichen Bischöfen zum Papst gewählt wurde – als Gegner Alexanders II., der am 1. Oktober sein Amt als Pontifex angetreten hatte. Der Gegenpapst, ein gelehrter und entschlossener Mann, stellte sofort ein Heer auf, um nach Rom zu ziehen und den Lateran in Besitz zu nehmen. Es gelang ihm, vor allem dank der Unterstützung des deutschen Herrscherhauses, einen Teil Roms zu besetzen. Aus verschiedenen Gründen mußten allerdings sowohl Alexander II. als auch Honorius Rom wieder verlassen. Sie exkommunizierten sich gegenseitig.

Alexander II. wurde unterstützt von Kardinal Petrus Damiani, während Honorius den Bischof von Alba, Benzo, auf seine Seite zog. Benzo war skrupellos und ein Erzfeind der Reformpartei. Zur Lösung der Legitimitätsfrage trug schließlich vor allem die veränderte politische Situation in Deutschland bei. Der apodiktische Kölner Erzbischof veranlaßte den jungen Heinrich IV., eine Synode in Augsburg einzuberufen, bei der die Legitimität Alexanders II. vorläufig anerkannt werden sollte. Allerdings ließ das Ende des Schismas noch bis zum Konzil von Mantua (1064) auf sich warten, das den Gegenpapst endgültig exkommunizierte. Cadalus zog sich nach Parma zurück, wo er gegen Ende des Jahres 1071 oder Anfang 1072 verstarb.

Bibl.: L. L. Ghirardini, *L'antipapa Cadalo e il tempo del bene e del male; grandezza e miseria del piú famoso vescovo di Parma (1045–1071),* Parma 1984.

N. Del Re

HONORIUS III.

Papst. Cencio Savelli war Kanoniker von *S. Maria Maggiore* und Kämmerer Coelestins III., als er am 24. Juli 1216 (damals Kardinal der Kirche *SS. Giovanni e Paolo*) in Perugia zum Papst gewählt wurde. Als Nachfolger Innozenz' III. gedachte er dessen mutige politische Linie weiterzuführen. Die erste Handlung seines Pontifikats war die Krönung des Franzosen Peter II. v. Courtenay zum Kaiser des lateinischen Ostreichs (1217). Dieser bestieg allerdings nie den Thron, weil er auf dem Weg nach Konstantinopel als Gefangener des albanischen Despoten Theodor Angelus starb.

Kurz darauf wurde Honorius III. gezwungen, Rom zu verlassen, konnte aber 1220 zurückkehren, um Friedrich II. am 22. November desselben Jahres zum Kaiser des Hl. Röm. Reiches zu krönen. Allerdings hatte der Papst während seines ganzen Pontifikats Mühe mit den diversen Versprechungen des Kaisers: dem Kreuzzug, der Abtretung Siziliens an seinen Erstgeborenen Heinrich und den Schutz der Freiheit und der Rechte der Kirche. Honorius III. war gegenüber Friedrich II. nachsichtig, sprach ihm jedoch seine tiefe Enttäuschung wegen des Kreuzzugs aus, der vom Kaiser immer weiter hinausgezögert wurde. Um den Papst zu besänftigen, erließ Friedrich verschiedene Maßnahmen gegen die Häretiker und zeigte sich kirchenfreundlich. Es war dem Papst jedoch bis an sein Lebensende nicht vergönnt, den Kaiser zum Kreuzzug aufbrechen zu sehen. Honorius III. war auch bemüht, den Streit zwischen England und Frankreich um die Normandie beizulegen und die Republiken von Genua und Pisa, die sich um den Besitz Korsikas und Sardiniens bekriegten, zur Eintracht zu bringen.

Auf religiösem Gebiet richtete sich die Tätigkeit Honorius' III. vor allem auf die Evangelisierung der Völker Nordeuropas. Er bestätigte 1216 den Dominikanerorden und 1223 den Franziskanerorden. Außerdem ließ er all seine Dekretalen zusammenstellen, die er als authentische Sammlung 1226 an Tankred sandte unter der Bezeichnung *Compilatio quinta*, da sie die fünfte dieser Art war. Wir verdanken ihm auch einen *Ordo romanus de consuetudinibus* über die Krönungsfeiern der Päpste und Könige, sowie das *Liber censuum Romanae Ecclesiae* (→), das eine vollständige Liste aller Abgaben an die Kirche enthält. Er starb in Rom am 18. März 1227 und ist in der Basilika von *S. Maria Maggiore* bestattet. In St. Paul vor den Mauern ist er im Apsismosaik vor dem Erlöser kniend als Stifter abgebildet.

Bibl.: J. M. Powell, *„Pastor Bonus", some evidence of Honorius III's use of the Sermons of pope Innocent III*, in *Speculum* 52 (1977), S. 522–537; R. Lefevre, *Un papa Savelli (Onorio III) che non fu Savelli?*, in *Strenna dei Romanisti*, 52 (191), S. 283–290.

F. Guglielmi

HONORIUS IV.

Papst. Giacomo Savelli wurde in Rom als Sohn des Luca Savelli und der Giovanna Aldrobrandeschi geboren. 1261 wurde er in den Kardinalsstand erhoben und 1285 in Perugia einstimmig zum Papst gewählt. Er nahm im Gedenken an seinen Onkel Honorius III. (Cencio Savelli) den Namen Honorius IV. an. Trotz seines fortgeschrittenen Alters und seiner gebrechlichen Gesundheit war er ein willensstarker, weiser und umsichtiger Papst. Honorius bestätigte seinen Bruder Pandolfus in seinem Amt als Stellvertreter, so daß in jenen Jahren die geistliche und weltliche Macht in Rom in den Händen der Familie Savelli konzentriert war. Der Papst residierte in seinem Palast auf dem Aventin, den er entsprechend ausgebaut hatte.

Während seines kurzen Pontifikats war Honorius IV. bestrebt, den Frieden im Kirchenstaat zu erhalten. Unter seiner Leitung kehrte in der Romagna Frieden ein. Danach wandte sich Honorius der Sizilienfrage zu. Er exkommunizierte Jakob v. Aragon, der sich von den (ebenfalls exkommunizierten) Bischöfen von Cefalù und Neocastro zum König hatte krönen lassen. Obwohl er dem Hause Aragon nicht freundlich gesinnt war, erließ er für Sizilien mildere Steuergesetze als für Anjou.

Er befürwortete (ohne großen Erfolg) die Einheit mit den Ostkirchen und ließ zu diesem Zweck das Studium der orientalischen Sprachen an mehreren Universitäten als Pflichtfach einführen. Er förderte die Bettelorden und verbot sowohl die Flagellanten als auch die Sekte der Apostoliker, die sich offen gegen die kirchliche Autorität gestellt hatten. Honorius verstarb am 3. April 1287 in seiner Residenz auf dem Aventin in Rom und wurde in der Peterskirche beigesetzt. Seine sterblichen Überreste wurden im 16. Jh. nach *S. Maria in Aracoeli* überführt.

Bibl.: B. Pawlicki, *Papst Honorius IV.*, Münster 1906.

F. Guglielmi

HORMISDAS

Hl., Papst. Er war Diakon von Papst Symmachus, bevor er am 20. Juli 518 dessen Nachfolger wurde. Sein Pontifikat verlief friedlich und zeigte eine bedeutende Wirkung: Zuerst gelang es ihm, das vom Gegenpapst Laurentius verursachte Schisma beizulegen, und dann sogar das akazianische Schisma, das die Kirche seit 484 spaltete. Die von ihm vorgeschlagene Glaubensregel wurde in der Tat 519 vom Patriarchen von Konstantinopel und von allen Bischöfen des Orients unterzeichnet („Hormisdas-Formel"). Hormisdas entfaltete auch eine weitgefächerte Tätigkeit in Gallien, Spanien und Afrika, wo die Christenverfolgungen zu Ende gingen. Eine Sammlung der *Canones* der griechischen Konzilien (mit lateinischer Übersetzung) ließ er vom Mönch Dionysos dem Kleinen zusammenstellen, doch ging diese leider verloren. Er starb am 6. August 523 und wurde in St. Peter beigesetzt. Der Epitaph wurde von seinem Sohn Silverius verfaßt, der später selbst Papst wurde. Von Hormisdas sind 75 Briefe in der *Collectio Avellana* erhalten.

Bibl.: I. Ferranti Corti, in *Bibliotheca Sanctorum,* IX (1967), Sp. 1237–40; C. Capizzi, *Sul fallimento di un negoziato di pace ecclesiastica fra il papa Ormisda e l'imperatore Anastasio I (515–517),* in *Critica storica,* 17 (1980), S. 23–54; G. Sperduti, *Il papa frusinate sant'Ormisda e san Cesario vescovo di Arles,* in *Rivista Cistercense,* 2 (1985), S. 269–274.

N. Del Re

Hospiz „Dono di Maria"

Dieses Haus im Vatikan bietet die Möglichkeit zur Betreuung von Obdachlosen und Mittellosen. Das Armenhaus ist am 22. Mai 1988 von Papst Johannes Paul II. eingeweiht worden, der in seiner Einweihungsrede auf die schweren Probleme der Obdachlosen in Rom hingewiesen hat. Der Eingang zum Gebäude befindet sich in der Leoninischen Mauer des Vatikan in unmittelbarer Nähe des Hl. Offiziums und erstreckt sich über eine Fläche von 1000 m² bis hin zur Audienzhalle.

In einem Teil des Gebäudes befinden sich nach Männern und Frauen getrennte Schlafsäle, die bis zu 70 Personen aufnehmen können, jeweils in kleinere Bereiche für vier Personen unterteilt. Im zweiten Teil des Gebäudes, in dem sich die kleine Kirche *S. Salvatore in Terrione* (→) angliedert, gibt es drei Etagen. In der unteren befindet sich die Küche und der Speisesaal mit über 100 Plätzen. Auf der zweiten Etage befindet sich ein Versammlungsraum und eine kleine Krankenstation und im oberen Stockwerk eine kleine Kapelle und die Räume, in denen die Ordensschwestern der Mutter Teresa von Kalkutta wohnen. Ihnen ist die Betreuung der Obdachlosen und die Führung des Hauses anvertraut.

Bei der Einweihung hat Johannes Paul II. auch über den Namen „Dono di Maria" (Gabe Mariens) gesprochen, der nicht nur dem Gedenken an das damals gefeierte Marianische Jahr gelten sollte, sondern auch an das Vorbild Mariens in den Diensten der Nächstenliebe.

Bibl.: L'Osservatore Romano, 22. Mai 1988, S. 5.

N. Del Re

Hospiz von St. Martha

Es wurde von Leo XIII. im Jahr 1884 zur Aufnahme und Pflege Cholerakranker gegründet und 1886 den Vinzenzschwestern anvertraut. In der Folgezeit wurde das Hospiz teils als Krankenhaus, teils als Pilgerheim genutzt. Es ist kürzlich in seinem an der Vatikanmauer liegenden Teil nahe dem Eingang *Perugino* zu einem modernen Gästehaus umgebaut worden, in dem Mitarbeiter und Besucher der Röm. Kurie wohnen dürfen und wo auch die Kardinäle während des Konklaves wohnen sollen.

N. Del Re

Hubschrauberlandeplatz des Vatikan

Er wurde 1976 durch die technischen Dienste des Vatikanstaates gebaut, die sich für die Wahl des Ortes und die Planung bei der Luftwaffe Italiens Rat holten. Der vatikanische Hubschrauberlandeplatz liegt in den „Vatikanischen Gärten" (→), ein wenig versteckt in der Nähe des Johannesturmes, ohne die herrliche Umgebung zu beeinträchtigen. Er liegt hoch und gilt als besonders geeignet für die Manöver der Hubschrauber. Er wird, nicht zuletzt zur Entlastung des röm. Verkehrs, für die Transfers des Papstes zum Flugplatz und seine Übersiedlungen in die Sommerresidenz Castelgandolfo benutzt. Zugleich dient er als Landeplatz bei Besuchen von Staatsoberhäuptern sowie anderen politischen und diplomatischen Persönlichkeiten im Vatikan.

Er entspricht in vollem Maße allen Erfordernissen der Sicherheit. Seine Plattform zum Starten und Landen besteht aus einer Betonfläche von 25 x 20 Meter; wenn man die Randbefestigung einbezieht, mißt sie 32 x 26 Meter. Er ist mit allen notwendigen Einrichtungen ausgestattet für Tag- und Nachtlandung, einschließlich einer Wetterstation. Angeschlossen ist er an die Flugüberwachung der röm. Flughäfen *Fiumicino* und *Ciampino*. Zur Erinnerung an seine Eröffnung in Anwesenheit zahlreicher prominenter Ehrengäste wurde eine Gedenktafel mit der Inschrift angebracht: „Papst Paul VI. hat diesen Hubschrauberlandeplatz im Jahre 1976, im 13. Jahr seines Pontifikates, anlegen lassen und eröffnet, um den Reisenotwendigkeiten im Vatikanstaat besser gerecht zu werden".

N. Del Re

Hyginus

Papst, Hl. Athener von Geburt und Philosoph, wurde Hyginus in den röm. Klerus aufgenommen, wo er sich bald durch seine Tugenden auszeichnete. Er folgte im Jahre 136 auf Telesphorus. Eusebius von Cäsarea spricht vom Jahr 138. Von diesem wissen wir auch, daß er nur vier Jahre lang die Kirche von Rom regierte. Unter anderem habe er die Lehren des Cerdon und Valentin, zwei gnostische Häretiker, verurteilt (Hist, Eccl. IV, 10 ff.). Papst Hyginus verdanken wir die Einführung der niederen Weihen und die Ordnung der kirchlichen Hierarchie, wie der *Liber Pontificalis* bezeugt, der auch von seinem Tod am 11. Januar während der Verfolgung des Antoninus Pius (140) und sein Begräbnis im Vatikan berichtet, *iuxta corpus beati Petri* (neben dem Leib des hl. Petrus). Unsicher bleibt, ob er Martyrer war, wie das *Martyrologium Romanum* berichtet, während Irenäus, Eusebius und der *Liber Pontificalis* darüber schweigen.

Bibl.: A. Amore/C. Mocchegiani Carpano, in *Bibliotheca Sanctorum*, VII (1966), Sp. 652–653, mit Bibl.

N. Del Re

I

Illustrazione(L') Vaticana

Diesen Titel führte eine in den 30er Jahren vierzehntägig erscheinende Kulturzeitschrift, die mit Unterstützung des Vatikan veröffentlicht wurde. Ihr erster und einziger Direktor war Graf Giuseppe Dalla Torre, der damals auch den *L'Osservatore Romano* (→) leitete. Ihm zur Seite stand ein Direktionskomitee mit Msgr. Angelo Mercati, Präfekt des Vatikanischen Geheimarchivs, Prof. Bartolomeo Nogara, Generaldirektor der Päpstl. Museen und Galerien und G. Peruzzi als Verlagsleiter. Als *L'Illustrazione Vaticana* am 25. Dezember 1930 herauskam, wurde sie zu einem großen Erfolg bei den Lesern, die noch unter dem Einfluß der kurz zuvor vereinbarten Lateranverträge (11. Februar 1929) standen. Die Zeitschrift konnte mit der Zusammenarbeit zahlreicher bekannter Autoren rechnen, die mit einer Reihe von Artikeln nicht nur die Ereignisse des Pontifikates Pius' XI. (1922–39) kommentierten, der die Versöhnung herbeigeführt hatte, sondern auch je nach ihrer Fachkenntnis gediegene historische, künstlerische und literarische Beiträge lieferten. Nach etwa acht Jahren regelmäßigen Versandes unterbrach *L'Illustrazione Vaticana* mit Nr. 20 vom 31. Oktober 1938 plötzlich und endgültig ihr Erscheinen. Vergeblich war auch der Versuch, sie durch eine monatliche Ausgabe zu ersetzen.

N. Del Re

Immunität des Papstes

Mit der Person des Römischen Papstes ist der Vorzug der Unverletzlichkeit oder Immunität verbunden, durch den er der italienischen Strafverfolgung entzogen ist. Es wird nicht unterschieden, ob der Papst eventuelle strafbare Handlungen vor oder nach seiner kanonischen Wahl begangen hat. Doch zum Begriff der Immunität gehört auch die politische „Nicht-Verantwortlichkeit", aufgrund derer die Regierungstätigkeit des Papstes keinerlei Kontrolle durch den italienischen Staat unterliegt.

Sie war schon im sogenannten *Legge delle Guarentigie* (Art. 1) anerkannt und wurde einschlußweise in den Verträgen zwischen dem Hl. Stuhl und Italien vom 11. Februar 1929 bekräftigt. Dort ist in Art. 8 der besondere Schutz vor Strafverfolgung für die Person des Papstes ausgesprochen, die als „sakral und unverletzlich" gilt. Ein Attentat oder Provokationen gegen ihn sind daher als strafbar erklärt, so als wären sie gegen die Person des Staatsoberhauptes gerichtet. Das Gleiche gilt für öffentliche Beleidigungen oder Schmähungen in Reden, Schriften oder Taten. Der geltende Codex des Kirchenrechtes bestraft wie schon das von Benedikt XV. promulgierte Kirchengesetzbuch von 1917 jeden, der physische Gewalt gegen den Papst ausübt, mit der unmittelbar eintretenden Exkommunikation *latae sententiae*, die dem Apost. Stuhl vorbehalten ist. Je nach der Schwere des Delikts gilt das Gleiche für einen Kleriker, der mit einer anderen, nicht näher bestimmten Strafe, möglicherweise dem Ausschluß aus dem Klerikerstand, belegt wird. (can. 1370, § 1).

N. Del Re

Innozenz I.

Papst, Hl. Er stammte aus Albano in Latium und folgte am 22. Dezember 401 Papst Anastasius I. auf Petri Stuhl, als dessen Sohn ihn der hl. Hieronymus bezeichnet (Ep. 130,16, in PL XXII, Spalte 1120), was leiblich oder geistlich verstanden werden kann. Unter seinem Pontifikat wurde Rom von den Goten unter Alarich belagert. Innozenz I. gelang es, einen Waffenstillstand zu schließen. Er begab sich zu Honorius nach Ravenna, um vom Kaiser Land für die Goten und besondere Vollmachten für ihren König zu erhalten. Doch während seiner Abwesenheit bemächtigte sich Alarich am 24. August 410 Roms, das drei Tage hindurch einer schlimmen Plünderung anheimfiel. Innozenz kehrte 412 nach Rom zurück und half der Bevölkerung bei der Beseitigung der Schäden. Er restaurierte unter anderem die Basilika der hl. Agnes außerhalb der Mauern und weihte die Kirche der hl. Gervasius und Protasius, die später *S. Vitale* genannt wurde. Während des Pontifikats Innozenz' I. verbreitete sich die pelagianische Irrlehre, die starken Einfluß vor allem auf das Leben der Kirche in Afrika hatte. Auf dem Konzil von Milevi wurde sie 416 verurteilt. Zugleich aber entschied man, sich an den Bischof von Rom zu wenden, der natürlich die Verurteilung des Pelagius und seines Schülers Celestius bestätigte. Der hl. Augustinus, hoch zufrieden, schrieb: da Rom die afrikanischen Synoden bestätigt habe, sei der Fall abgeschlossen und damit der Irrtum beendet. Von daher kommt der Aphorismus *„Roma locuta, causa finita est"*. Dies wurde später über die streng kirchlichen Angelegenheiten hinaus auch im Gerichtswesen für die Urteile der Rota angewandt. Von den vielen Briefen, die Papst Innozenz I. geschrieben hat, sind uns nur 38 erhalten, darunter die beiden, die ihm nur zugeschrieben werden (PL, XX, Spalten 457–638). Sie bezeugen seinen großen Eifer für die Bedürfnisse der universalen Kirche und zeugen von seiner tiefen Weisheit und zugleich eifriger pastoraler Tätigkeit. Der hl. Innozenz starb am 12. März 417 und wurde auf dem Friedhof des *Pontianus* an der *Via Portuense* begraben, von wo seine Reliquien später – die genaue Zeit wissen wir nicht – in die Basilika der hll. Silvester und Martinus übertragen wurden. Sein Fest ist am 12. März.

Bibl.: G. B. Proia, in *Bibliotheca Sanctorum*, VII, Sp. 840–843; V. Monachino, *La lettera decretale di Innozenzo I. a Decenzio vescovo di Gubbio*, in *Ricerche sull' Umbria tardo antica e preromanica.* Atti del II Convegno di studi umbri, Gubbio 24–28 Mai 1964, Perugia 1965, S. 211–234.

N. Del Re

Innozenz II.

Papst. Gregorio Papareschi war Römer und wurde von Paschalis II. zum Kardinal mit dem Titel von Sant' Angelo (um 1116) erhoben. Er wurde bald eine der hervorragenden Gestalten des Heiligen Kollegiums, vor allem als einer der päpstl. Unterhändler, die an der Formulierung des Wormser Konkordates von 1122 mitgewirkt hatten. Als Legat in Frankreich, zusammen mit Pietro Pierleoni, seinem künftigen Rivalen, nahm er zwischen 1120 und 1124 aktiv an der Regierung der Ortskirchen teil. Am Tag nach dem Tod von Papst Honorius II. (13. Februar 1130) wurde Papareschi von 15 Kardinälen, insgeheim in *S.Gregorio* auf dem Coelius zum Papst gewählt und nahm den Namen Innozenz II. an. 20 andere Kardinäle, unterstützt von einem großen Teil des Klerus und des röm. Adels wählten in der Kirche *S. Marco* Pietro Pierleoni, der sich Anaklet II. nannte. Er konnte sich auf die erwähnte Mehrheit berufen, nicht zuletzt dank des erheblichen Einflusses seiner Familie auf die röm. Wirtschaft. So begann die lange Auseinandersetzung zweier

Gegner, die in Kämpfe zwischen Papsttum und röm. Senat ausarteten, was schließlich zur Bildung der Stadtgemeinde Rom führte. Nach der Weihe, die Anaklet in St. Peter und Innozenz im Lateran empfing, erhob sich das Volk gegen den letzteren. Er mußte fliehen, zunächst zu seinen Gönnern, den Frangipane, dann nach Frankreich. Um jeden Zweifel an der doppelten Wahl in Rom auszuräumen, wandten sich Bischöfe und Fürsten an den hl. Bernhard von Clairvaux, den großen Mystiker, der damals als das „Orakel des Jahrhunderts" galt. Er sollte sich für den legitimen Papst aussprechen. Der hl. Abt entschied sich aus mehreren Gründen für Papareschi, der dann von den Königen von Frankreich und England anerkannt wurde, ferner vom erwählten Kaiser Lothar II. von Supplinburg, von Spanien und von fast allen monastischen Orden, deren allgemeine Unterstützung für Innozenz II. aus Anaklet deutlich einen Gegenpapst machten. Auf seiner Seite blieben nur wenige wie Roger von Altavilla, den er zum König von Sizilien krönen ließ. Lothar brauchte seinerseits damals im Kampf gegen den Gegenkönig Konrad von Hohenstaufen sehr die Anerkennung des Papstes und begab sich deswegen mit diesem nach Rom, nachdem er ihn 1131 in Lüttich getroffen hatte. Lothar brachte ihn auf den Päpstl. Thron und empfing zugleich von ihm die Kaiserkrone. Das mußte aber im Lateran geschehen, weil man den in der Engelsburg verschanzten Gegenpapst nicht niederringen konnte. Da Innozenz II. sich aber im Lateran nicht sicher fühlte, begab er sich bald nach Pisa, wo er am 30. Mai 1134 ein Konzil versammelte, das die Exkommunikation Anaklets bestätigte. Im Jahr 1137 sah sich Lothar veranlaßt, erneut mit einem starken Heer nach Italien zu kommen, um Roger II. niederzukämpfen, der trotz der erlittenen Niederlagen am Ende auch über den Papst die Oberhand gewann. Innozenz mußte also in Friedensverhandlungen eintreten. Er bestätigte Roger den Königstitel und erkannte dessen Eroberungen mit Ausnahme Benevents an, während sich der König von Sizilien zur Zahlung eines entsprechenden jährlichen Soldes als Vasall an den Apost. Stuhl verpflichtete. Inzwischen war Anaklet gestorben. Der neue Gegenpapst, Viktor IV. (1138), unterwarf sich spontan. Innozenz wollte nun auch die letzten Funken des Schismas auslöschen sowie die Irrtümer und Mißbräuche verurteilen, die sich auf kirchlichem Gebiet ausgebreitet hatten. Er berief 1139 ein Konzil ein, das 10. Ökumenische und das zweite im Lateran (12.–17. April), das wegen der Zahl der Teilnehmer aus fast allen Teilen der Christenheit beeindruckte. Nach Otto von Freising sollen es 1000 Konzilsväter gewesen sein, die wichtige Entscheidungen trafen, um das Reformprogramm im Sinne Gregors VII. weiterzuführen. Die letzten Jahre des Papstes waren durch den Krieg zwischen Rom und Tivoli gestört, das am Ende unterlag. Der Papst starb am 24. September 1143 und wurde in der Basilika *S.Maria in Trastevere* begraben, die er hatte restaurieren und mit herrlichen Mosaiken schmücken lassen.

Bibl.: P. F. Palumbo, *Lo scisma del MCXXX; i precedenti, la vicenda romana e le ripercussioni europee della lotta tra Anacleto e Innocenzo II*, Rom 1942; Mario da Bergamo, *Osservazioni sulle fonti per la duplice elezione papale del 1130*, Mailand 1965; ders., *La duplice elezione papale del 1130; i precedenti immediati e i protagonisti*, ib. 1968; A. Graboïs, *Le Schisme de 1130 et la France*, in *Revue d'histoire ecclésiastique*, 76 (1981), S. 593–612; T. Reuter, *Zur Anerkennung Papst Innozenz' II. Eine neue Quelle*, in *Deutsches Archiv für Erforschung des Mittelalters*, 39 (1983), S. 394–416.

M. Di Sivo

INNOZENZ III.

Papst. Lotario di Segni, Sohn des Trasmondo, Graf von Segni und der röm. Adeligen Clarice

Scotti. Er wurde auf dem Schloß von Gavignano bei Segni 1160 geboren. Seine erste Ausbildung empfing er in Rom, studierte Theologie an der Universität von Paris, wo er Pierre de Corbeil zum Lehrer hatte, dann Jura in Bologna, wo er ein Schüler des Uguccione von Pisa war. Er kehrte um 1185 nach Rom zurück, wurde 1187 von Gregor VIII. zum Subdiakon geweiht und 1190 von seinem Onkel Clemens III. zum Kardinaldiakon mit dem Titel der hll. Sergius und Baccus erhoben. Während des Pontifikates Clemens' III. übte er keine nennenswerte Tätigkeit aus, widmete sich vielmehr der Vertiefung seiner Studien in Aszetik und Theologie. In diese Zeit gehören seine Traktate *De contemptu mundi, sive De miseria conditionis humanae, De sacro altaris mysterio, De quadripartita specie nuptiarum.* Beim Tod Coelestins III. am 8. Januar 1198 wurde er mit nur 38 Jahren einstimmig zum Papst gewählt und nahm den Namen Innozenz III. an. Die schwierige Situation des Augenblicks mit den aufkommenden Häresien, die Notwendigkeit der Reform und die Probleme in den Beziehungen zwischen Staat und Kirche hatten die Wähler bewogen, sich auf den jungen Kardinal zu einigen. Er war ein guter Theologe und Jurist, führte ein strenges Leben, war voll lebendigen Glaubens und religiösen Eifers, ein geschickter Diplomat und mit allen Fähigkeiten ausgestattet, um mit sicherer Hand die Kirche zu regieren. Tief erfüllt von seiner apost. Sendung und den mit seinem pastoralen Lehramt verbundenen Pflichten, zu denen Gott ihn berufen hatte, formulierte er die Lehre von der päpstl. Vollgewalt, dem die Oberhoheit über alle Mächte der Erde anvertraut war. Innozenz übernahm den *Dictatus papae* Gregors VII. und vertrat bei der Entfaltung seiner Theorie die Lehre, daß der Stellvertreter Christi als König der Könige und Herr aller Herrschenden eine der zeitlichen Macht überlegene geistliche Macht besitzt – so wie die Seele höher steht als der Leib, die Sonne höher als der Mond. Was die Sünden angeht, hat der Papst das Recht, in alle irdischen Fragen einzugreifen. Die moralische und disziplinäre Reform der Kiche, die Verteidigung des von der Häresie bedrohten Glaubens, der Kreuzzug gegen die Ungläubigen und die Zurückgewinnung der Heiligen Stätten bildeten die wichtigsten Punkte seines Regierungsprogramms. Unter seinen ersten Maßnahmen sind die der Reform der Röm. Kurie zu nennen, bei der er schwere Mißbräuche abschaffte, die Käuflichkeit unwürdiger Amtsträger unterband und Ordnung und Einfachheit einführte. In Rom gelang es ihm mit einer geschickten Politik und mit der Unterstützung seiner mächtigen Familie, die Macht des *praefectus urbis* einzuschränken. Dieser war noch Vertreter des Kaisers und nahm dem Apost. Stuhl gegenüber eine kritische Haltung ein. Innozenz zog die Ernennung des Senators an sich und stellte die päpstl. Autorität wieder her. Er wirkte entschieden für die Rückgewinnung der Herrschaftsbereiche in Mittelitalien, die damals in den Händen von deutschen Feudalherren lagen, die Heinrich VI. eingesetzt hatte. Er billigte die Statuten der toskanischen Liga und nach der Niederlage von Marcoalto kehrten die Mark Ancona, das Herzogtum Spoleto und die Grafschaft Assisi unter die Herrschaft des Apost. Stuhles zurück. Der Papst setzte sich ferner nachdrücklich für die Rückgewinnung der Feudalrechte der Kirche über Sizilien ein. Konstanze, die Witwe Kaiser Heinrichs VI., hatte bei ihrem Tod im November 1198 testamentarisch diese Rechte anerkannt und den Schutz sowie die Herrschaftsrechte ihres Sohnes Friedrich dem Papst anvertraut, der diese auch wahrnahm. Aus einem Konflikt mit den normannischen und deutschen Feudalherren, die im Gefolge Heinrichs VI. hergekommen waren, ging er siegreich hervor. Allerdings stellte sich bei dessen Tod am 20. September 1197 das komplexe Problem der Nachfolge. In Deutschland stritten um den Thron Philipp von Schwaben, Bruder des verstorbenen Kaisers, Kandidat der Ghibellinen, die ihn im März 1198 wählten, und Otto von Braunschweig, ein Welfe, Sohn Heinrichs des Löwen, der am folgenden Juni gewählt wurde. Innozenz nahm in diesem Streit eine kluge Haltung ein, zögerte lange und sprach sich im März 1201 für Otto aus. Der hatte sich verpflichtet, auf die Rechte des Reiches in Italien zugunsten der Kirche zu verzichten, was einen lebhaften Protest bei den Freunden des Schwaben auslöste. Der Papst antwortete ihnen aber mit dem Dekret *Venerabilem* vom Jahre 1202, in dem er seine Lehre vom Recht des Papstes zum Eingreifen in die Wahl darlegte und zwischen der Herrschaft über Deutschland und dem röm. Kaiserreich unterschied. Doch da sich der Bürgerkrieg in Deutschland zwischen den Heeren der beiden Gegner zugunsten Philipps zu wenden schien, der einen Kreuzzug und umfangreiche Zugeständnisse für die Kirche versprach, leitete die Päpstl. Kurie Verhandlungen mit ihm ein. Sie kamen aber nicht zum Abschluß, weil Philipp am 21. Juni 1208 ermordet wurde. Otto von Braunschweig wurde nun einmütig anerkannt und wurde am 22. März 1209 zum deutschen König gewählt. Er unterzeichnete das Dokument von Speyer, in dem er die vom Papst gestellten Bedingungen annahm und die schon gemachten Versprechungen bestätigte. Dann reiste er nach Italien und Innozenz vollzog am 4. Oktober 1209 in der Peterskirche die Kaiserkrönung. Doch nach Empfang des kaiserlichen Diadems mißachtete Otto die übernommenen Pflichten. Um seine Autorität zu festigen, zog er durch Nord- und Mittelitalien, gewährte einigen Städten Privilegien und Gunsterweise, übertrug das Herzogtum Spoleto Diopold von Vohburg, einem hartnäckigen Gegner der Kirche. Er drang auch in den Kirchenstaat, das *Patrimonium Petri*, ein und zog sogar in das Königreich Sizilien, wo er wichtige Zentren Kampaniens besetzte. Innozenz exkommunizierte Otto daher am 18. November 1210 und löste die Untergebenen vom Treueeid. Otto kehrte nach Deutschland zurück, geriet erneut in die Auseinandersetzung zwischen Guelfen und Ghibellinen und erlitt am 27. Juli 1214 in der Schlacht bei Bouvines gegen Philipp August eine schwere Niederlage, die seinen endgültigen Abgang besiegelte. Die unermüdliche Tätigkeit des Papstes, die der Auffassung von seiner Apost. Sendung entsprach, umfaßte auch die Beziehungen zu den Souveränen Europas, die sich oft in heiklen und verworrenen Situationen befanden. Innozenz brachte seine Autorität zur Geltung. In Frankreich hatte König Philipp August seine rechtmäßige Frau, Ingeborg von Dänemark, 1193 verstoßen, um Agnes von Meranien zu heiraten. Der Papst erinnerte den Souverän an seine Pflichten und belegte Frankreich mit dem Interdikt, als er seine verstoßene Frau nicht wieder aufnehmen wollte. Philipp August unterwarf sich nun und rief Ingeborg zurück. Der Papst hob das Interdikt auf und legitimierte die Kinder der Agnes, die den König in gutem Glauben geheiratet hatte. Einen langen Kampf hatte Innozenz auch mit dem englischen König Johann ohne Land wegen der umstrittenen Wahl des Stephan Langton zum Erzbischof von Canterbury zu führen. Der Souverän erkannte diese Wahl nicht an und Innozenz exkommunizierte ihn. Nun unterwarf sich Johann ohne Land doch und unterzeichnete am 15. Mai 1213 in Dover zwei Dokumente, in denen er die Bedingungen des Papstes annahm und sein Reich der Heiligen Röm. Kirche anbot, von der er es als Lehen zurückerhielt und damit ein Vasall des Papstes wurde. Auch Petrus II. von Aragon, Kalojan von Bulgarien, Ottokar von Böhmen und Sancius I. von Portugal nahmen ihre Reiche vom Papst als Lehen. Die Autorität des Apost. Stuhles wurde ferner von Schweden, Dänemark, Polen, Ungarn und Serbien anerkannt.

Der Kampf gegen den Islam bildete für Papst Innozenz eines der dringendsten Anliegen seiner Regierungszeit. Daß die Souveräne jetzt seine Vasallen waren und eine einzige Christenheit bildeten, ließen ihn die Hoffnung auf eine nicht ferne Befreiung der Heiligen Stätten hegen. Gleich nach seiner Wahl rief er den IV. Kreuzzug aus und kam immer wieder auf dieses Thema zurück, das ihm so sehr am Herzen lag. Tüchtige Prediger entflammten die Herzen der christlichen Fürsten und Menschen; es wurde eine Kreuzzugsarmee aufgestellt, an deren Spitze Balduin IX. Graf von Flandern stand, ferner Theobald, Graf der Champagne und Bonifatius II. Markgraf von Monferrato. Im Oktober 1202 wurde die Flotte der Kreuzzugsteilnehmer durch die Venezianer veranlaßt, das aufständische Zara anzugreifen, das zurückgewonnen wurde. Es folgte die Eroberung von Konstantinopel und die Bildung des lateinischen Kaiserreiches des Ostens 1204. Das Ziel der Unternehmung geriet damit in Vergessenheit und der Papst verurteilte das Vorgehen der Verantwortlichen. Er hoffte jedoch, der negative Ausgang könne der Einheit mit der Ostkirche dienen. Die bittere Enttäuschung des Papstes wurde aufgewogen durch den Sieg der Koalition der christlichen Staaten Spaniens vom 16. Juli 1212 über den Islam auf der iberischen Halbinsel.

Die Reformtätigkeit Innozenz' III. im Languedoc und in der Provence, die Predigt der Zisterzienser und das gewaltige Eingreifen des hl. Dominikus und seiner Gefährten, die Legationen und die Aufforderungen an die Feudalherren, sie möchten strenger gegen die Häretiker vorgehen, führten nicht zum gewünschten Ergebnis und damit zum Krieg gegen die Albigenser. Die Ermordnung des päpstl. Legaten Pietro von Castelnau durch die Schergen des Grafen von Toulouse, der die häretischen Albigenser schützte, veranlaßten den Papst, einen Kreuzzug gegen diese auszurufen. 1209 zog das sogenannte Kreuzfahrerheer unter Führung Simons von Montfort gegen die Feinde. Sie ließen sich nicht nur von religiösem Eifer leiten, sondern auch von der Aussicht, sich der fruchtbaren Gebiete des Südens bemächtigen zu können. So entartete der Kreuzzug zu einem blutigen Eroberungskrieg. Am 12. September 1213 wurden die Albigenser in der Schlacht von Muret geschlagen und Simon von Montfort übernahm das Herrschaftsgebiet Raimunds von Toulouse, das ihm auch von der Synode in Montpellier zugesprochen wurde. Der Papst bedauerte heftig die Art der Durchführung des Kreuzzugs, riet zur Mäßigung, um den völligen Ruin Raimunds zu vermeiden, dessen Sohn später einen Teil des väterlichen Besitzes zurückbekam.

Obwohl tief in die weltlichen Probleme verwickelt, die der Kirche die Durchführung ihrer geistlichen Aufgaben sichern und so den Christen die Voraussetzung für die rechte Annahme des Evangeliums und ihre Einheit bieten, widmete sich Innozenz mit ganzer Energie auch der Reform der Kirche. Die Wahl der Bischöfe übertrug er den Domkapiteln, zu denen auch Elemente des Klerus gehören sollten. Damit würdigte er ihre beispielhafte Lebensführung und ihre Treue zum Apost. Stuhl. Er erließ Normen für eine bessere Ausbildung des Klerus, förderte die Reform der Männer- und Frauenklöster und betrachtete wohlwollend die Gründung neuer Orden. Er billigte den Trinitarierorden zum Loskauf der Gefangenen, den der Humiliaten und den Orden vom Heiligen Geist zur Betreuung mittelloser Kranken, den Guido von Montpellier gegründet hatte. Diesen lud er auch nach Rom ein zur Gründung des Hospitals vom Heiligen Geist. Der hl. Franz von Assisi und der hl. Dominikus von Guzmán begannen unter seinem Pontifikat ihr Apostolat. Der Papst erkannte sie an und ermutigte sie. Er unterstützte ihre Aufgabe, weil er ihr Charisma, ihren Reformeifer und ihre Berufung im Sinn des Evangeliums verstanden hatte. Um den Kreuzzug vorzubereiten, die Häresien auszurotten und das Reformwerk anzuregen, dem er sich seit Beginn seines Pontifikates beharrlich verschrieben hatte, berief Innozenz III. das Vierte Ökumenische Konzil im Lateran, an dem seit November 1215 viele Erzbischöfe, Bischöfe und Äbte, Fürsten und Abgesandte der Souveräne teilnahmen. Die vom Konzil verabschiedeten *Canones* kamen wegen ihrer großen Bedeutung für die kirchliche Gesetzgebung größenteils in das *Corpus iuris* hinein. Das Laterankonzil bot eine theologische, juridische und organisatorische Synthese der Gedanken von Papst Innozenz und ließ die moralischen, religiösen und politischen Probleme einer aufgewühlten Zeit erkennen. In vielem war die lichtvolle Gestalt eines großen Papstes zu erkennen. Auf einer Reise nach Norditalien, wo er die italienischen Städte, zumal Pisa und Genua befrieden wollte, um einen neuen Kreuzzug vorzubereiten, erkrankte Innozenz III. Er starb in Perugia am 16. Juli 1216 und wurde in der Kathedrale von *S.Lorenzo* begraben. Erst 1890 wurden seine sterblichen Überreste im Auftrag Leos XIII., der ihn sehr verehrte, nach Rom überführt und in der Lateranbasilika beigesetzt.

Bibl.: F. Hurter, *Storia di Innocenzo III e dei suoi tempi*; M. Maccarrone, *Innocenzo III prima del pontificato*, in *Archivio della Società Romana di Storia patria*, 66 (1943), S. 59–134; G. Martini, *Innocenzo III e il finanziamento delle crociate*, ib. 67 (1944), S. 309–335; Ch. R. Cheney, *Pope Innocent III and England*, Stuttgart 1976; F. Baethgen, *Die Regentschaft Papst Innozenz III. im Königreich Sizilien*, Nendeln 1977; H. Tillmann, *Pope Innocent III.* Amsterdam 1980; G. Martini, *Traslazione dell'Impero e donazione di Costantino nel pensiero e nella politica d'Innocenzo III.*, in *Nuova rivista storica*, 65 (1981), S. 3–72; M. Maccarrone, *Innocenzo III e gli avvenimenti di Romagna del 1198*, in *Miscellanea Augusto Campana*, II, Padua 1981, S. 403–443; A. Prieto Prieto, *Inocencio III y el Sacro Romano Imperio*, Leon 1982; F. Kempf, *Innozenz III. und der deutsche Thronstreit*, in *Archivum historiae pontificiae*; 23 (1985). S. 63–91; Th. Holzapfel, *Papst Innozenz III., Philipp II., August, König von Frankreich und die englisch-welfische Verbindung 1198–1216*, Frankfurt/M 1991; M. Maccarrone, *Nouvi studi su Innocenzo III*, Rom 1992.

U. Penteriani

Innozenz III., Gegenpapst

Gegenpapst. Nach der Unterwerfung des Gegenpapstes Calixtus III. (Giovanni, Abt von Strumi) im Anschluß an den Frieden von Venedig (1177), den Friedrich I. Barbarossa mit Papst Alexander III. geschlossen hatte, wählten einige Feudalherren der Röm. Campagna am 29. September 1179 einen neuen Gegenpapst mit dem Namen Innozenz III. in der Person des Lando von Sezze. Als vierter Gegenpapst hintereinander blieb Innozenz III. bald ohne echte Unterstützung und wurde Anfang 1180 durch Verrat gefangengenommen und Alexander III. übergeben. Dieser ließ ihn im Kloster von Cava einschließen (Salerno), wo er einige Monate später starb.

N. Del Re

Innozenz IV.

Papst. Sinibaldo Fieschi wurde in Genua um 1195 aus adeliger Familie geboren. Als Graf von Lavagna wurde er von seinem Onkel Opizzone erzogen – dem Bischof von Parma, wo er seine literarischen Studien vollendete. Er entschied sich für den Ordensstand, trat in die Abtei des hl. Benignus in Fruttuaria (Turin) ein, besuchte an der Universität von Bologna die

Kurse in Recht und lehrte dieses Fach anschließend auch einige Zeit. Dann ging er nach Rom und trat in den Dienst des Kardinals Ugolino, Graf von Segni (des künftigen Papstes Gregor IX.). Bei ihm lernte er die hohe Kunst der Diplomatie. Er wurde 1227 Kardinal und Bischof von Albenga und bestieg den Päpstl. Thron in Anagni nach einer aufregenden Sedisvakanz am 25. Juni 1243. Mit dem Namen Innozenz IV. übernahm er zugleich dessen politisches und religiöses Programm. Als die Versuche einer Absprache mit Friedrich II. scheiterten, auf dem noch die ihm von Gregor IX. auferlegte Exkommunikation lastete, fühlte der Papst sich in Rom nicht mehr sicher und flüchtete zuerst nach Sutri, dann nach Genua. Dort blieb er einige Zeit und begab sich dann nach Lyon, damals eine freie Stadt, wo er für das kommende Jahr ein großes Ökumenisches Konzil einberief. Ein Vorhaben, das bereits Gregor IX. hatte, aber wegen der Opposition des Kaisers nicht verwirklichen konnte. Das Konzil sollte nicht nur in Glaubensdingen Gesetze erlassen, sondern auch aus Sicht der Christenheit die schwerwiegenden Fragen der Beziehungen zu Kaiser Friedrich II. klären.

Er eröffnete das Konzil am 28. Juni 1245 und legte gleich die wichtigsten Punkte dar: Jerusalem war in die Hände der Ungläubigen gefallen mit fatalen Konsequenzen für das lateinische Kaiserreich von Konstantinopel; die Tartaren drangen in Europa ein; der Klerus bot fast überall ein trauriges Bild; dazu kam endlich die schlimme Lage, in die Friedrich die Kirche gebracht hatte. Er wurde herbeizitiert, um sich zu rechtfertigen, kam aber nicht. Stattdessen sandte er als seine Vertreter Gualtiero von Ocra und Thaddäus von Suessa, die sich gekonnt, aber vergeblich um die Verteidigung Friedrichs mühten. So erneuerte daher der Papst am 17. Juli die Exkommunikation gegen den Kaiser und verfügte seine Absetzung. Seit den Zeiten Gregors VII. war dies das erste Mal, daß ein Papst sich gezwungen sah, dem Kaiserreich deutlich zu machen, daß die Macht Roms noch groß und in der Lage war, energisch die Rechte und die Freiheit der Kirche zu verteidigen. Die Reaktion Friedrichs war heftig. Er wandte sich in einem Brief an die Souveräne Europas und befand darin die Ungültigkeit des Dekretes der Absetzung durch Innozenz. Dieser antwortete mit der Bulle *Eger, cui lenia* und betonte darin, daß der Päpstl. Primat unmittelbar vom Sohne Gottes eingesetzt sei und sich niemand der Jurisdiktion des Stellvertreters Christi entziehen könne. Damit stellte er die unverletzliche Regel der Päpstl. Theokratie des Mittelalters auf.

Die Verurteilung von Lyon bedeutete praktisch das Ende Friedrichs, dessen Einfluß ständig wegen aufständischer Untertanen und militärischer Niederlagen zurückging, bis ihn unversehens der Tod traf. Das geschah am 13. Dezember 1250 in Fiorentino in Apulien. Nach dem Hinscheiden des Kaisers, das Innozenz IV. 1251 der Welt mit der Bulle *Laetentur caeli* verkündete, konnte der Papst endlich im Oktober 1253 Rom betreten, wo er den Kampf gegen die Erben und Nachfolger Friedrichs II. fortsetzte, die ihn bis ans Ende seiner Tage am 7. Dezember 1254 in Atem hielten. Er starb in Neapel, wohin er sich begeben hatte, um aus der Nähe den Kampf gegen Manfred zu verfolgen, der die Krone Siziliens anstrebte. Innozenz war ein Eiferer für die Seelen und die Interessen der Kirche, dagegen wenig auf die religiösen Reformen bedacht, obwohl er die beiden Orden der Silvestriner und der Serviten anerkannt hatte. Als äußerst fähiger Diplomat und guter Jurist hinterließ Innozenz IV. einen wertvollen *Apparatus in quinque libros decretalium*, der von großem Interesse ist, insbesondere wegen seines wichtigen Beitrags zur Theorie der juristischen Person.

Bibl.: L. Pisanu, *Innocenzo IV e i Francescani*, Rom 1968; S. Panizo Orallo, *Persona juridica y ficción; estudio de la obra de Sinibaldo de Fieschi*, Pamplona 1975; G. Ancidei, *Un „exemplar" dell' „Apparatus Novellarum Inocentii IV" di Bernardo di Compostella*, in *Palaeographica diplomatica et archivistica. Studi in onore di Giulio Battelli*, I, Rom 1979, S. 333–341; A. Staring, *Four Bulls of Innocent IV. A critical edition, in Carmelus*, 27 (1980), S. 273–285; A. Bernal Palacios, *Repertorios del Comentario de Innocencio IV a las Decretales de Gregorio IX*, in *Escritos del Verdat*, 17 (1987), S. 143–172; G. Schwaiger, *Innozenz IV*, in *Theologische Realenzyclopedie*, 16 (1987), S. 182–186; A. Melloni, *Innocenzo IV; la concezione e l'esperienza della cristianità come „regimen unius personae"*, Genua 1990.

F. Guglielmi

INNOZENZ V.

Papst, Seliger. Pierre von Tarentaise, einem Gebiet im südöstlichen Frankreich, um 1224 geboren. Um 1240 wurde er in Lyon Dominikaner, studierte an der Universität von Paris, erwarb dort 1259 den Grad eines „Magisters in Theologie" und lehrte dann dort bis 1264. Im Jahr 1269 wurde er zum Provinzial von Frankreich gewählt, gab seine Lehrtätigkeit endgültig auf und beschäftigte sich nach dem Willen Clemens IV. mit der Predigt zum Kreuzzug. Am 6. Juni 1272 wurde er durch Gregor X. zum Erzbischof von Lyon und Primas von Gallien ernannt. Dieser Bischofssitz machte gerade eine recht kritische Zeit durch, nicht nur wegen der inneren Kämpfe, sondern auch weil Philipp III. das Gebiet annektieren wollte. Gregor X. erhob Pierre am 28. Mai 1273 zum Kardinal. Weiterhin, zumal nach dem Tod des Bonaventura von Bagnoregio, blieb er die Seele des Lyoner Konzils (1274), das die Vereinigung mit der griechischen Kirche, den Aufruf zu einem neuen Kreuzzug und die Reform des Klerus zum Thema hatte. Beim Tod Gregors X. am 10. Januar 1276 wurde er einmütig zu seinem Nachfolger berufen. Er nahm den Namen Innozenz V. an und machte den Kreuzzug zum beherrschenden Thema seines diplomatischen Wirkens. Nach einem ersten Appell an die christlichen Machthaber stießen die Hoffnungen Innozenz' V. leider auf Schwierigkeiten. Die Monarchen zögerten und die meisten wurden sogar gleichgültig. Dominikaner und Franziskaner predigten weiter den Kreuzzug. Der Papst förderte Karl von Anjou in der Hoffnung, dieser würde eher als der byzantinische Kaiser den Kreuzzug befürworten und die Einigung mit den Griechen erreichen. Die italienischen Republiken Genua und Pisa versuchte er zur Treue gegenüber dem Kaiser zu veranlassen.

Der Pontifikat Innozenz' V., des ersten Dominikaner-Papstes, war nur von kurzer Dauer. Nach nur fünf Monaten Regierung warf ihn das Malariafieber nieder. Er starb in Rom am 22. Juni 1276. Die großen Hoffnungen, die man auf ihn gesetzt hatte, wurden nur teilweise befriedigt. Mit dem Titel *doctor spectabilis* ausgezeichnet war Pierre von Tarentaise einer der bedeutendsten Theologen seiner Zeit. Zwar löste er sich nicht von den damals gängigen neuplatonischen Thesen, doch nahm er immer wieder Bezug auf den hl. Thomas v. Aquin. Wegen der großen Frömmigkeit, die sein Leben prägte, wurde Innozenz V. bald öffentliche Verehrung zuteil. Am 13. März 1898 wurde er durch Leo XIII. seliggesprochen.

Bibl.: Beatus Innocentius S. V. (Petrus de Tarantasia OP), Rom 1943; M.-H. Laurent, *Le bienheureux Innocent V (Pierre de Tarentaise) et son temps*, Vatikanstadt 1947 (grundlegend); N. Del Re/A. Cardinali, in *Bibliotheca Sanctorum*, VII, Sp. 844–848.

N. Del Re

INNOZENZ VI.

Papst. Etienne Aubert, Franzose, gegen Ende des 12. Jh. in Beyssac-en-Corrèze im Limousin geboren, war Rechtsprofessor in Toulouse und wurde 1342 Kardinal. Als er am 18. Dezember

1352 zum Papst gewählt wurde, war die Situation des Kirchenstaates, der vom fernen Avignon aus durch Legaten regiert wurde, weithin außer Kontrolle des Papstes geraten. Einige Städte wie Bologna und Ancona waren inzwischen autonom und nur schwer zu unterwerfen. In allen Zentren des Kirchenstaates hatten die Adelsfamilien die örtliche Macht aufgebaut und in Rom standen die Legaten seines Vorgängers Clemens' VI. unter der ständigen Angst vor der Wut des Volkes. Durch die Gefangennahme des Cola di Rienzo, der am Sitz des Papstes sein Urteil erwartete, verstärkte sich diese noch. Nach sieben Jahren der Regierung des Volkstribun war es weder den Senatoren noch den Legaten des Papstes gelungen, die sozialen Probleme in Rom zu lösen, die sich durch die Pest und das Erdbeben von 1348 noch verschärft hatten.

Im Konflikt zwischen Aristokratie und Volk war es für die Kirche schwierig, die Adelsfamilien zu unterstützen. Denn ihre Häupter erstrebten Autonomie und betrieben die Auflösung des Staates. Es war aber ebenso unmöglich, die Volkserhebungen zu unterstützen, weil diese nur schwer unter Kontrolle zu bringen waren. Innozenz VI. begegnete diesen Problemen mit großer politischer Scharfsicht, die sich vor allem in der Wahl seines Legaten in Italien, des spanischen Kardinals Egidio de Albornoz zeigte.

Der spanische Legat zeigte große militärische Fähigkeiten und überzog Mittelitalien mit Felsenburgen, die großenteils heute noch bestehen. Er brachte den von Innozenz VI. befreiten Cola di Rienzo mit nach Rom, und ein Brief des Papstes an die Stadt zu seinen Gunsten ging ihm voraus. Albornoz brachte 1354 ganz Umbrien, Sabina und Toskana in seine Gewalt. 1355 unterwarfen sich die Malatesta von Ancona und die Montefeltro von Urbino der Kirche und im Jahre darauf auch die Manfredi von Faenza. Die Ordelaffi von Forli und Cesena wurden erst 1358 unterworfen. Die einzelnen Städte suchten möglichst ihre Autonomie zu bewahren. Doch alle wurden den *Constitutiones Aegidianae* unterstellt, die der Kardinal 1357 in Fano erließ.

Die gegensätzlichen Interessen und Positionen veranlaßten sogar die Feinde in der Lombardei und Venedig, sich an Karl IV. um Unterstützung zu wenden. Florenz aber hoffte auf ein Eingreifen des Papstes. Karl wurde 1355 in Rom gekrönt, von wo er aber sogleich wieder aufbrach, ohne eine der kämpfenden Parteien zu unterstützen. Doch obwohl sich Karl dem Willen des Papstes gehorsam zeigte, stieß die Politik Innozenz' VI. in Rom auf erhebliche Widerstände. Hier waren Bevölkerung und Senat, aber auch die vielen reichen Familien der Stadt in die Kämpfe verwickelt. Cola di Rienzo aber wurde bald zum Tyrannen, dessen Kampf gegen den Adel und zumal gegen die Colonna nicht von der Bevölkerung unterstützt wurde. So kam er am 8. Oktober 1354 tragisch ums Leben.

1357 wurde der Sitz des Papstes in Avignon durch Arnold von Cervolles belagert. Innozenz mußte Egidio Albornoz zu seiner Verteidigung zurückrufen, der den Kirchenstaat wieder dem Streit der verschiedenen Gruppen überließ. Als der Kardinal 1358 nach Italien zurückkehrte, unterstützte er vor allem die Romagna im Kampf gegen Mailand. Da er in Rom nicht direkt eingriff, bot er der Stadtverwaltung Gelegenheit, eine erste militärische Einheit aufzustellen. Doch die Unsicherheit der Herrschaft der Senatoren ließ die Römer eine Abmachung mit Albornoz schließen. Der Papst konnte die Kämpfe nicht beilegen, weil er am 12. September 1362 starb. Die zehn Jahre seines Pontifikates zählen zu den bedeutendsten der Zeit von Avignon. Mit ihm hat sich der Kirchenstaat als Kraft des Gleichgewichts und des

Gesprächs unter den italienischen Mächten erwiesen. Zugleich wurde der Weg zur Rückkehr des Papstes nach Rom geebnet. In Avignon hat er vor allem den Luxus der Hofhaltung eingedämmt und die Korruption beim Klerus unterdrückt, indem er die Residenzpflicht einführte und dadurch eine Anhäufung von Benefizien verhinderte. Dazu kam sein Mäzenatentum gegenüber den Schriftstellern, darunter auch Petrarca. Seinen Studien verdanken wir unter anderem die Errichtung der Theologischen Fakultät an der Universität Bologna.

Bibl.: A. Pélissier, *Innocent VI le réformateur, deuxième pape limousin, 1352–1362*, Chairvivre 1961.

M. Di Sivo

INNOZENZ VII.

Papst. Cosma Migliorati wurde um 1336 geboren. Er war zunächst ein Beamter der Kurie, wurde dann Erzbischof von Ravenna (1387) und Bologna (1389). Bonifatius IX. erhob ihn am 18. Dezember 1389 zum Kardinal mit dem Titel von *S. Croce in Gerusalemme*. Im folgenden Jahr sandte ihn der Papst als Legat in die Lombardei und die Toskana, um zwischen Galeazzo Visconti sowie den Stadtverwaltungen von Florenz und Bologna Frieden zu stiften. Am 17. Oktober 1404 bestieg er den päpstl. Thron mit dem Namen Innozenz VII. Er war von den Kardinälen zum Nachfolger des rechtmäßigen Papstes gewählt worden, während in Avignon bereits seit zehn Jahren der Gegenpapst Benedikt XIII. regierte und Rom eine Beute der Parteienkämpfe war, welche die Colonna und die Orsini angezettelt hatten. Auch Ladislaus von Durazzo, der König von Neapel, mischte sich in die Kämpfe ein. Er kam unter dem Vorwand, den Papst zu verteidigen, nach Rom, zwang diesen dann, den verhängnisvollen Vertrag vom 27. Oktober zu unterzeichnen, in dem den Römern eine unabhängige Regierung zugesichert wurde. Noch nie in der Vergangenheit war dies der Fall gewesen. Trotzdem erhob sich die Stadt 1405 erneut gegen den Papst, weil sein Neffe, Ludovico Migliorati, Gewalt angewandt hatte. Innozenz VII. mußte nach Viterbo ziehen, wo er bis Anfang März 1406 blieb. Von den Römern selber wurde er in die Stadt zurückgerufen. Er blieb aber nur noch kurze Zeit auf dem Thron und starb am 6. November 1406. Er hatte den Wissenschaften und der Literatur wichtige Impulse gegeben und die von Bonifatius VIII. gegründete Universität Rom zu neuer Blüte gebracht, indem er die berühmtesten Lehrer seiner Zeit berief und neue Fächer wie Medizin und Philosophie einführte.

Bibl.: P. Brand, *Innocenzo VII ed il delitto di suo nipote Ludovico Migliorati*, in *Studi e documenti di storia e diritto*, 21 (1900), S. 179–215; M. Maillard-Luypaert, *Une lettre d'Innocent VII du 2 octobre 1405 à propos du retour de Liège à l'obédience romaine*, in *Revue d'histoire ecclésiastique*, 72 (1977), S. 54–60; G. Bolino, *Papa Innocenzo VII di Giuseppe Capogrossi*, in *Bullettino della Deputazione abruzzese di Storia patria*, 70 (1980), S. 487–510.

N. Del Re

INNOZENZ VIII.

Papst. Giovanni Battista Cibo wurde 1432 in Genua in einer angesehenen Familie geboren. Er verbrachte seine Jugend in Neapel, wo sein Vater in der Verwaltung von Aragon beschäftigt war. Er studierte dann in Padua und Rom, wohin er seinem Vater folgte, der Senator der Stadt geworden war. Bevor er das Gewand der Kleriker anlegte, führte er ein zügelloses Leben und hatte zwei uneheliche Kinder, Franceschetto und Teodorina, die er – einmal Papst geworden – anerkannte und mit Ehre und Reichtum überhäufte. In Rom stand er in Diensten des Kardinals Filippo Calandrini, der ihn bei seiner steilen Karriere am Päpstl. Hof sehr unterstützte. Paul II. verlieh ihm 1467 das Bistum Savona, später das von Molfetta. 1472 erhielt er dank der Unterstützung des Calandrini und des Giuliano della Rovere (der spätere Papst Julius II.) das Amt des Datars und wurde im Konsistorium vom 7. Mai 1473 zum Kardinal erhoben.

Beim Tod Sixtus' IV. am 12. August 1484 brachen in Rom schwere Unruhen aus. Die Ruhe kehrte erst wieder ein, als die Kardinäle den Forderungen der Bevölkerung entgegenkamen. Beim Konklave standen sich zwei Machtgruppen gegenüber: an der Spitze der ersten befand sich Rodrigo Borgia, an der Spitze der zweiten Giuliano della Rovere, der sich durchsetzte und seinen Kandidaten, Giovanni Battista Cibo, am 29. August 1484 wählen ließ. Dieser nahm den Namen Innozenz VIII. an.

Der neue Papst war von schwachem Charakter und wurde zum Opfer derer, die ihn zu beeinflussen wußten. Mehrfach erlitt er schwere Krankheiten, die um sein Leben fürchten ließen. Beim Volk war er beliebt, weil er sehr mitteilsam war und sich als liebenswürdig erwies. Die päpstl. Finanzen zwangen ihn allerdings, sogar Zeichen seiner Macht zu verpfänden, indem er neue Kurienämter schuf und sie zu hohen Preisen verkaufen ließ. Er sorgte aber auch für eine Neuordnung der Verwaltung, vor allem der Apost. Kammer (→) und des Gerichtshofes der Rota (→). Politisch war sein Pontifikat von inneren und äußeren Kämpfen bestimmt. Die jahrhundertealte Rivalität zwischen den mächtigen römischen Familien der Orsini und Colonna spitzten sich mit seiner Wahl zu. Rom selbst erlebte schreckliche Zeiten. Es drohten Invasionen und es herrschte eine Hungersnot. Erst 1486 kam es zum Friedensschluß. Doch bald schon brachen die Gegensätze zwischen Papst und dem König von Neapel erneut aus, der sogar an ein Konzil appellierte. Erst kurz vor dem Tod des Papstes 1492 konnten sie beigelegt werden. Aus politisch-finanziellen Gründen hatte sich der Papst inzwischen Lorenzo de' Medici angenähert. Die neue Allianz wurde besiegelt mit der Heirat von Franceschetto mit einer Tochter Lorenzos und der Erhebung seines 13jährigen Sohnes Giovanni zum Kardinal (der spätere Leo X.).

Der Papst warb sehr für einen Kreuzzug gegen die Türken, konnte sich allerdings 1489 erst einmal mit Sultan Bajazid II. einigen. Der Großmeister von Rhodos, Dschem, hatte nämlich den Bruder und gefürchtesten Gegner des Sultans dem Papst übergeben, der ihn – freilich in allen Ehren – im Vatikan gefangen hielt. Für diesen „Gunsterweis" zahlte Bajazid jährlich 45.000 Dukaten. Zugleich schenkte er dem Papst eine hochgeschätzte Reliquie, die „Heilige Lanze", die in Rom mit großen Ehrenbezeugungen empfangen wurde. In der Außenpolitik erkannte er am Ende des „Krieges der beiden Rosen" Heinrich VII. Tudor 1486 als Souverän Englands an. Nach dem Fall Granadas sowie der folgenden Vertreibung der Araber aus Spanien verlieh er Ferdinand von Aragon den Titel eines „Katholischen Königs". Nach neuen Studien scheint ferner Innozenz VIII., und nicht die Könige Spaniens, die erste Expedition von Kolumbus nach Amerika finanziert zu haben.

Auf religiösem Gebiet erließ er die Bulle *Summis desiderantes* gegen das Hexenwesen und verurteilte die Thesen des Pico della Mirandola. Am 5. Dezember 1484 übertrug er den beiden Dominikaner-Inquisitoren Heinrich Institoris und Jakob Sprenger umfangreiche Vollmachten. Er wollte so die in Deutschland besonders verbreiteten, magischen Praktiken bekämpfen und ließ dabei mit besonderer Härte bereits gegen nur Verdächtige verfahren. Im Anschluß an diese Erfahrung verfaßten die beiden Patres dann den berühmten Hexenhammer, der 1486 in Köln herauskam. Nach der

Verurteilung von 900 Thesen, die der junge Pico della Mirandola formuliert hatte, durfte dieser eine Verteidigungsschrift verfassen, zog sich dann aber in die Nähe von Florenz zurück und führte ein beschauliches Leben. Der Papst war ein Förderer der Künste und der Literatur, wobei er den Weg seiner Vorgänger fortsetzte. Sehr aufmerksam verfolgte er das Leben der römischen Universitäten. An verschiedenen Gebäuden ließ er zahlreiche Arbeiten durchführen. So baute er die Kirche *S. Maria in Via Lata* wieder auf, die 1506 eingeweiht wurde. Sein bedeutendstes Werk war die Errichtung des berühmten Belvedere im Vatikan. Die Villa wurde von Andrea Mantegna ausgeschmückt. Doch die Fresken, die die Kapelle des hl. Johannes des Täufers und die Sakristei schmückten, gingen im Laufe des 18. Jh. verloren. Unter seinem Pontifikat waren in der Stadt auch Filippino Lippi, Perugino, Andrea Bregno und Antonio Pollaiolo tätig. Der letztere hatte gerade das Grabdenkmal für Sixtus IV. 1494 vollendet und wurde durch Kardinal Lorenzo Cibo beauftragt, ein solches für seinen Onkel zu schaffen. Es zeigt Papst Innozenz, wie er den Gläubigen die Reliquie der „Heiligen Lanze" darbietet.

Bibl.: L. von Pastor, *Geschichte der Päpste*, III. Rom 1925, S. 167–274; E. P. Rodocanachi, *Histoire de Rome: une cour princière au Vatican pendant la Renaissance, Sixte IV, Innocent VIII, Alexandre VI Borgia*, Paris 1925; R. Palmarocchi, *La politica italiana di Lorenzo de' Medici, Firenze nella guerra contro Innocenzo VIII*, Florenz 1933; E. Pontieri, *La „guerra dei baroni" napoletani e di papa Innocenzo VIII contro Ferrante d'Aragona in dispacci della diplomazia fiorentina*, in *Archivio storico per le province napoletane*, S. 3, IX, 1970, S. 213–16; D. Coffin, *Pope Innocent VIII and the Villa Belvedere*, in *Studies in late medieval and Renaissance painting in honor of Millard Meiss*, 1977, Bd. 1, S. 88–97.

A. M. Cerioni

Innozenz IX.

Papst. Giovanni Antonio Facchinetti wurde von armen Eltern am 20. Juli 1519 in Bologna geboren. Er studierte an der örtlichen Universität Rechtswissenschaften. 1544 erwarb er das Doktorat. Er ging dann nach Rom und stand im Dienst des Kardinals Alessandro Farnese. Von Paul IV. wurde er zum Referendar der beiden Signaturen ernannt und 1560 zum Bischof von Nicastro geweiht. Als solcher nahm er am Konzil von Trient teil. Von 1566–1575 war er Apost. Nuntius in Venedig, wo er sich für die Durchführung der Konzilsdekrete einsetzte und eine rege diplomatische Tätigkeit für die antitürkische Liga entfaltete. Venedig sollte seine Neutralität gegenüber den Türken aufgeben und sich der Heiligen Liga anschließen, die unter spanischem Kommando stand. Gregor XIII. erhob ihn am 12. Dezember 1583 zum Kardinal. Er wurde ein angesehenes Mitglied der *Consulta*, der Inquisition und der Signatur für Gerechtigkeit. Er studierte Plato und Aristoteles und schrieb über die Politik des letzteren eine Dissertation. In einem Buch bekämpfte er auch das Denken des Macchiavelli, doch wurden diese und andere Arbeiten von ihm nie veröffentlicht.

Er war bereits 1590 ein Papstkandidat und bestieg beim Tod Urbans VII. am 29. Oktober 1591 den Päpstl. Thron, wobei er den Namen Innozenz IX. annahm. Trotz seiner schlechten Gesundheit begann er sofort eine intensive Regierungstätigkeit. Er suchte das Banditentum einzudämmen und den Getreidemangel zu überwinden. Eine seiner ersten Maßnahmen galt der städtebaulichen Gestaltung Roms, wobei er die Dämme des Tiber verstärkte, den *Borgo* sanierte und die Kuppel von St. Peter weiterbaute. Zugleich bemühte er sich um die Wiederbeschaffung des Schatzes in der Engelsburg, der von Gregor XIV. im Kampf gegen Heinrich IV. von Frankreich eingesetzt worden war. Er veranlaßte ferner die Reform des Klerus und bekräftigte das Prinzip der Unveräußerlichkeit kirchlicher Lehen, das Pius V. aufgestellt hatte. Wichtig wurde seine Unterteilung des Staatssekretariates in drei Abteilungen, eine für Frankreich und Polen, eine für Italien und Spanien, eine dritte endlich für Deutschland, der er zugleich die *Congregatio Germanica* zuordnete. Innozenz IX. starb am 30. Dezember 1591. Sein Pontifikat dauerte kaum zwei Monate. Er wurde in den Vatikanischen Grotten begraben.

Bibl.: L. von Pastor, *Geschichte der Päpste*, X, Roma 1928, S. 576–590.

M. Di Sivo

Innozenz X.

Papst. Giovanni Battista Pamphili wurde als Sohn des Camillo und der Maria Flaminia del Bufalo am 7. Mai 1574 in Rom geboren. Erzogen wurde er unter der Leitung seines Onkels, Girolamo Pamphili, der ihm riet, den Klerikerstand zu wählen. Er erwarb das Doktorat beider Rechte an der *Sapienza* in Rom. Clemens VIII. ernannte ihn zunächst 1601 zum Konsistorialadvokaten, dann 1604 zum Auditor der Rota anstelle seines Onkels, der Kardinal geworden war. Er erfreute sich höchster Wertschätzung bei Gregor XV., der ihn 1621 als Nuntius nach Neapel sandte. 1625 wurde er von Urban VIII. nach Rom zurückgerufen, der ihn seinem Kardinal-Neffen Francesco Barberini an die Seite stellte. Er gewann dessen volles Vertrauen. Zufrieden war auch der Papst, der ihn 1626 als Nuntius nach Spanien schickte. 1627 wurde er zum Kardinal *in pectore* ernannt, was am 19. November 1629 veröffentlicht wurde. Um die Mitte des folgenden Jahres kehrte er nach Rom zurück und wurde Mitglied mehrerer Kongregationen, bis er 1639 zum Präfekten der Konzilskongr. ernannt wurde. Dies blieb er bis zu seiner Papstwahl am 15. September 1644. Er nahm den Namen Innozenz X. an.

Seinen Familienangehörigen gegenüber schwach und nachgiebig, geriet er bald unter den Einfluß von Olympia Maidalchini, der Frau seines Bruders Panfilius. Der sehr herrschsüchtigen Frau gelang es, um den hohen Verwandten ein dichtes Netz von Intrigen zu spannen, sehr zum Ärgernis der Römer, die Kardinäle, Botschafter und Vertreter des röm. Adels zu ihr eilen sahen, um Gunsterweise und Benefizien vom Papst zu erhalten. Innozenz X. brach plötzlich mit der Tradition des Kardinals-Neffen als engstem Berater des Papstes. Überraschend ernannte er zu seinem Staatssekretär den Kardinal Giangiacomo Panciroli, der mit den Absichten päpstl. Politik bestens vertraut war.

Der Pontifikat Innozenz' X. brachte eine Änderung in der Politik des Apost. Stuhles. Die Frankreich-Freundlichkeit Urbans VIII. wandelte sich in eine Politik der Annäherung an Spanien, das zu Beginn des 30jährigen Krieges Frankreich den Primat in Europa streitig machte. Dadurch wurden die Feindseligkeiten des Kardinals Mazzarin gegenüber dem Papst neu entfacht, der bereits seit 1645 nach der Kreierung einiger Kardinäle mit antifranzösischer Tendenz erbost war. Dazu kam der Prozeß, den Innozenz X. gegen die Barberini eröffnen wollte, die sich zum Schaden des Staates bereichert hatten und nach Frankreich geflüchtet waren, wo Mazzarin sie beschützte. Da er Gegenmaßnahmen androhte, gab Innozenz X. nach und empfing die flüchtigen Barberini wieder in Rom. Das ganze weitere Wirken des Papstes galt dem Erhalten des Gleichgewichts, um die Rechte der Kirche in einem vom Krieg geschüttelten Europa zu wahren. Als Vermittler sandte er als seinen Legat Fabio Chigi (den künftigen Alexander VII.) zum Friedenskongreß nach Münster. Dieser bemühte sich aber vergeblich, die Rechte der Kirche zu verteidigen. So wollte er unter den Text des „Westfälischen Friedens“ im Oktober 1648 weder den Namen des Papstes noch den seinen setzen.

Als universaler Hirte der Kirche betrieb Innozenz X. die Reform der religiösen Orden und löste alle Klöster auf, die keine ausreichende Zahl von Mitgliedern besaßen; er vermehrte dagegen die Vollmachten der Kongr. für die Glaubensverbreitung (→), um die Missionen zu fördern. Feierlich beging er das Heilige Jahr 1650 und verurteilte mit der Bulle *Cum occasione* vom 31. Mai 1653 die berühmten fünf jansenistischen Thesen aus der augustinischen Theologie. Er setzte, wenn auch in geringerem Maß als seine Vorgänger, die Bautätigkeit fort und ließ die *Piazza Navona* in der Form eines antiken Stadions herrichten, sowie den *Palazzo Pamphili* erweitern und mit eindrucksvollen Malereien ausschmücken. Borromini übertrug er den Bau der Kirche *S. Agnese in Agone*, Bernini aber die Errichtung des monumentalen Vierflüsse-Brunnens gegenüber. Er ließ ferner die Lateranbasilika restaurieren und den Konservatorenpalst auf dem Kapitol bauen. Am 7. Januar 1655 verstorben, fand Innozenz X. sein endgültiges Grab in der genannten Kirche der hl. Agnes, wo sein Neffe Camillus ihm ein schönes Grabmal, ein Werk des Giovanni Battista Maini, errichten ließ.

Bibl.: L. von Pastor, *Geschichte der Päpste*, Rom 1934; F. F. Mastroianni, *L'inchiesta di Innocenzo X sui conventi cappuccini italiani (1650)*, in *Studi e ricerche francescane*, 13 (1984), S. 143–280; P. M. Fossati, *Il busto in marmo di Innocenzo X della Cattedrale di Acquapendente, opera di Alessandro Algardi*, Acquapendente 1987; *Innozenzo X Pamphilj. Arte e potere a Roma nell'età barocca*, hrsg. von A. Zuccari/S. Macioce, Rom 1990.

F. Guglielmi

INNOZENZ XI.

Papst, Seliger. Benedetto Odescalchi war das vierte Kind von Livio und Paola Castelli und wurde am 19. Mai 1611 in Como geboren. Die höheren Studien machte er in Rom und Neapel, wo er das Doktorat in beiden Rechten erwarb. Dann trat er in den Klerikerstand ein und wurde Apost. Protonotar. Er bekleidete auch verschiedene öffentliche Ämter. 1645 wurde er von Innozenz X. zum Kardinaldiakon der hll. Cosmas und Damian erwählt und als Legat nach Ferrara gesandt. Der Papst erwählte ihn auch zum Bischof von Novara. Odescalchi aber verzichtete 1656 auf diesen Sitz und begab sich nach Rom, wo er sich gänzlich dem Dienst der Kirche widmete. Am 21. September 1676 wurde er mit dem Namen Innozenz XI. als Nachfolger Clemens' X. zum Papst gewählt. Sofort schritt er energisch gegen den Nepotismus ein. Er zeigte sich auch streng gegen seinen einzigen Neffen, Livio Odescalchi, und befahl ihm, sich nie in Regierungsgeschäfte einzumischen.

Mit dem Pontifikat und dem Namen Innozenz' XI. sind zwei große Ereignisse verbunden: der siegreiche Kampf gegen den Gallikanismus und der Sieg über die Türken, der in der Befreiung Wiens und der Rückgewinnung der Festung Buda in Ungarn gipfelte. Hart war der Kampf des Papstes gegen Ludwig XIV., den „christlichsten“ König, der als Haupt des Gallikanismus die königliche Autorität in der Kirche Frankreichs zum Schaden des Papstes zu erweitern suchte. Den Ansprüchen des Sonnenkönigs, die Regalien oder die Verwaltung aller vakanten Diözesen Frankreichs rechtlich zugesprochen zu bekommen, widersetzte sich Innozenz vergebens. Wegen dieser Regalien versammelten sich 1681 in Paris 34 Bischöfe und 38 niedere Prälaten nach Verfügung des Königs zu einem Nationalkonzil. Hier wurden die berühmten vier Freiheiten formuliert, die zum

Wesen des Gallikanismus gehören: die Unabhängigkeit des Königs von der Päpstl. Autorität in zeitlichen Dingen; die gleichberechtigte Autorität des Ökumenischen Konzils und des Papstes; die Verpflichtung des Papstes, die Traditionen der Kirche in Frankreich zu achten; die Notwendigkeit der Zustimmung der universalen Kirche zu den Entscheidungen des Papstes. Innozenz XI. verurteilte mit Entschiedenheit diese vier Freiheiten und ließ sich auch nicht mit der Androhung eines Schismas einschüchtern. Er tadelte im Gegenteil die französischen Bischöfe heftig wegen ihrer Nachgiebigkeit gegenüber dem König und weigerte sich, die Bischofsernennungen Ludwigs XIV. zu bestätigen.

Beim Krieg gegen die Türken war das diplomatische Vorgehen Innozenz' XI., der dem christlichen Heer zugleich erhebliche Summen Geld zur Verfügung gestellt hatte, entscheidend für den Abschluß der Allianz zwischen dem Apost. Stuhl, dem Kaiser und dem König von Polen, die zur Befreiung Wiens am 12. September 1683 durch Johannes III. Sobieski führte. Ebenso gelang dem Papst der Abschluß der „Heiligen Liga“ zwischen dem Kaiser, Venedig und Rußland, die am 2. September 1686 zur Befreiung von Buda führte, worüber die Ungarn jubelten.

Innozenz XI. lag immer die Bildung des Volkes am Herzen, nicht nur die religiöse Unterweisung. Er ließ Lehr- und Studienprogramme ausarbeiten und richtete ein Kolleg für Lehrerinnen ein, ließ Unterrichtshilfen und Lehrbücher verteilen, ordnete Schulinspektionen an und stiftete Prämien für besondere Leistungen. Nach der Verurteilung des Probabilismus 1679 ließ er 1687 auch den Quietismus des spanischen Theologen Miguel de Molinos verurteilen, der dann in Gefangenschaft gehalten wurde, obwohl er seinen Irrtümern abgeschworen hatte. Er war ein Reformpapst, ein starker Verteidiger der Kirche und ein barmherziger Mensch. Die Heiligkeit seines Lebens stach hervor und verdiente sich das Lob des protestantischen Historikers Leopold von Ranke wie auch Ludwig von Pastors. Er starb am 12. August 1689 und wurde in St. Peter begraben, wo sein Neffe Livius ihm ein schönes Grabmal errichten ließ, ein Werk des französischen Bildhauers P.E. Monnot. Er wurde schon im Leben verehrt, aber seit 1691 wurde auch ein Seligsprechungsprozeß eingeleitet. Dieser blieb nach Verfügung Benedikts XIV. (1740–58) unterbrochen, wurde aber durch Pius XI. wieder aufgenommen. Erst Pius XII. verkündete ihn am 7. Oktober 1956 als Seligen.

Bibl.: P. Gini, in *Bibliotheca Sanctorum*, VII (1966), Sp. 848–856; ders., *Profilo storico di Innocenzo XI papa nel III centenario della sacra elevazione al supremo Pontificato*, in *Periodico della Società storica Comense*, 48 (1974–77), S. 169–178; *Epistolario innocenziano. Lettere del card. Benedetto Odescalchi e di Innocenzo XI papa*, hrsg. von P. Gini, Como 1977; A. Sammer, *Der Türkenpapst Innozenz XI. und die Wiener Türkenbelagerung von 1683*, Wien 1982; R. J. Maras, *Innocent XI Pope of Christian unity*, Notre-Dame (Ind.) 1984.

F. Guglielmi

INNOZENZ XII.

Papst. Als Angehöriger einer vornehmen Familie aus Neapel wurde Antonio Pignatelli am 13. März 1615 in Spinazzola (Bari) als Sohn des Francesco, Fürst von Minervino, geboren. Nachdem er die Studien am *Collegio Romano* vollendet und das Doktorat in beiden Rechten erworben hatte, trat er bald in die röm. Prälatur ein und war Vizelegat in Urbino, 1646 Inquisitor in Malta und Gouverneur von Viterbo. Zum Titularbischof von Larissa ernannt, wurde er 1652 als Nuntius nach Florenz gesandt, ging dann 1660 nach Polen und 1668 nach Wien. Clemens X. rief ihn zurück und erwählte ihn zum Bischof von Lecce. Danach wurde er 1673

Sekretär der „Kongregation für die Bischöfe und Ordensleute" und zwei Jahre später *Maestro di Camera* Seiner Heiligkeit. Innozenz XI. bestätigte ihn in diesem Amt, machte ihn am 1. September 1681 zum Kardinal und schickte ihn als Legat nach Bologna, wo er bis 1687 blieb. Endlich wurde er zum Erzbischof von Neapel ernannt und verwaltete diese wichtige Diözese vier Jahre lang, bis er als Nachfolger Innozenz' XII. am 12. Juli 1691 nach einem langen und mühevollen Konklave den Päpstl. Thron bestieg.

Trotz der guten Beziehungen zum Kaiserreich, ernannte der Papst zunächst den Kardinal Fabrizio Spada zum Staatssekretär, der Nuntius in Frankreich gewesen war und als Freund des franzosenfreundlichen Kardinals Altieri galt. Damit begünstigte er Ludwig XIV. – dies war zumindest der Eindruck der kaiserlichen Gesandten. Innozenz setzte sich für eine Beendigung der Auseinandersetzungen der europäischen Mächte ein, äußerte sich aber bei verschiedenen Gelegenheiten zugunsten der Bourbonen.

Doch fehlte es auch bei den Beziehungen zu Frankreich nicht an Problemen und Gegensätzen, zumal über den Gallikanismus und die vier Freiheiten, die 1690 durch Alexander VIII. verurteilt worden waren. Der Krieg und die Gefahren im Inneren veranlaßten Ludwig XIV., teilweise zurückzustecken und den Bischöfen die Anerkennung der Autorität des Papstes zu gewähren. Öffentlich entschuldigte er sich in einem Brief vom 14. September 1692 bei diesem. Auch gegenüber den Jansenisten bestätigte Innozenz XII. die Verurteilungen, doch suchte er auch vorsichtig zu vermitteln. Das gleiche geschah im Fall des Daniel Papebroeck. Unnachgiebig forderte der Papst dagegen die Unterwerfung der Quietisten und Fénelons, des erbitterten Feindes Ludwigs XIV. Sehr intensiv war die Tätigkeit Innozenz' XII. für die Missionen, für die er der *Propaganda fide* entsprechende Mittel zur Verfügung stellte, zumal für China, wo die Auseinandersetzung mit den Jesuiten über den Ritenstreit weiterging.

Für die Verwaltung des Kirchenstaates hinterließ Innozenz XII. ein bedeutendes Zeichen mit der Bulle *Romanum decet Pontificem* vom 22. Juni 1692 gegen den Nepotismus. Erneut versuchte er, die Privilegien der päpstl. Familien einzuschränken. Nach seiner Wahl hatte er feststellen müssen, daß den Familienangehörigen des Papstes hunderttausende von Scudi geschenkt worden waren. Mit seinem Eingriff schaffte der Papst die Titel ab, die den Neffen traditionell zukamen und begrenzte die Einkünfte der Kardinäle, die mit dem Papst verwandt waren, auf 12.000 Scudi. Diese Maßnahme hatte im übrigen mehrere Ziele: Geld für die Bilanz des Staates zurückzugewinnen und den Protestanten den Wind aus den Segeln zu nehmen. Er schränkte den Verkauf von Ämtern stark ein und ersetzte die geringeren Einkünfte durch neue Auflagen und eine Verminderung der Ausgaben des Hofes. Auch erließ er ein Dokument zur Beschränkung des Luxus. Dies hatte nicht nur moralische Gründe, sondern er wollte damit das Handelsdefizit, verursacht durch die Einfuhr von Textilien, vermindern.

Die Verbesserung der wirtschaftlichen Situation hat Innonzenz XII. durch die Schaffung von staatlichen Betrieben vorangetrieben. Der wichtigste war *S. Michele* am Tiberufer, der am Ende ca. 5.000 Personen beschäftigte. Da er an einer geordneten Rechtsprechung interessiert war, regelte und vereinfachte er die Arbeit der Gerichte, die damals alle in der *Curia Innocenziana* im *Palazzo di Montecitorio* tagten, dem heutigen Sitz des italienischen Parlaments. Innozenz XII. verdanken wir ferner wichtige Arbeiten in den Häfen des Kirchenstaates und bei der Errichtung von Zollstätten.

Mit der Bulle *Regi saeculorum* vom 18. Mai 1699 (BR XX, S. 876–881) rief Innozenz XII. das Heilige Jahr 1700 aus, in dem eine große Zahl von Pilgern nach Rom kam. Das Ende des Jubiläumsjahrs erlebte er aber nicht mehr, weil ihn am 27. September der Tod überraschte. Er wurde in St. Peter begraben, doch erst 1746 wurde seinem Andenken ein kostbares Grabmal errichtet, ein Werk von Filippo Valle und Ferdinando Fuga.

Bibl.: L. von Pastor, *Geschichte der Päpste*, Rom 1934; L. Lotti, *Innocenzo XII a Carroceto in un dipinto inedito conservato a Palazzo Borghese*, in *Strenna dei Romanisti*, 42 (1981), S. 262–276; P. Gini, *La spiritualità di Innocenzo XII*, in *Archivio storico della Diocesi di Como*, 2 (1988), S. 7–18.

M. Di Sivo

Innozenz XIII.

Papst. Als Sohn des Carlo und der Isabella Muti wurde Michelangelo dei Conti am 13. Mai 1655 in Poli (Rom) geboren und studierte am *Collegio Romano*. Unter Innozenz XII. wurde er Gouverneur von Ascoli, dann von Frosinone und endlich von Viterbo. Im Jahr 1695 zum Titularerzbischof von Tarsus ernannt wurde er zunächst Apost. Nuntius in der Schweiz, dann 1698 Nuntius in Lissabon, wo er mit der portugiesischen Monarchie gute Beziehungen pflegte und das uneingeschränkte Vertrauen der Königin Maria Anna gewann. Clemens XI. erhob ihn am 7. Juni 1706 zum Kardinal. Doch erst 1710 kehrte er nach Rom zurück, um die Verwaltung der Diözese Osimo zu übernehmen, die er 1712 mit der von Viterbo vertauschte. Von Kaiser Karl VI. begünstigt, bestieg Kardinal Conti am 8. Mai 1721 den Päpstl. Thron und nannte sich zu Ehren seines großen Vorgängers Innozenz XIII. Im Konklave standen sich habsburg- und bourbonenfreundliche Kardinäle gegenüber. Mit ihm wollte das Heilige Kollegium offenbar auch im Hinblick auf seinen schlechten Gesundheitszustand einen „Übergangspapst" wählen.

Schon in der europäischen Politik erwies sich dieser als schwach. Am 9. Juni 1722 belehnte er Karl VI. mit dem Königreich Neapel. Vergeblich forderte er jedoch vom Kaiser die Einschränkung der Privilegien der „Sizilischen Monarchie", die Rückgabe von Comacchio und den Verzicht auf das Herzogtum Parma und Piacenza. Dabei handelte es sich um wesentliche Forderungen, weil es um die Unantastbarkeit der Gebiete des Kirchenstaates und um die politische Rolle des Papstes in Italien ging. Vergeblich kritisierte Innozenz XIII. auch in Spanien die Ansprüche der Monarchie, die örtliche kirchliche Immunität nur einem oder zwei Bischofssitzen zuzugestehen. Eine entsprechende Bulle zeigte keinerlei Wirkung. Der Papst richtete daher eine eigene „Kongregation für die Reform des spanischen Klerus" ein. Nur bei König Johannes V. von Portugal konnte Innozenz XIII. seine Entscheidungen durchsetzen, als dieser den Nuntius Bichi nicht mehr in Lissabon haben wollte.

Im Hinblick auf die kirchliche Lehre ging er gegen Jesuiten und Jansenisten gleichzeitig vor. Ein Appell von sieben französischen Bischöfen gegen die Konstitution Clemens' XI. *Unigenitus Dei Filius* von 1713 wurde 1722 von der Inquisition abgelehnt. Auch wurde die gewünschte Autonomie der holländischen Bischöfe zurückgewiesen ebenso ihre Forderung, Bischof Cornelio Steenoven zu bestätigen. Die Auseinandersetzung mit den Jesuiten war noch härter, weil es um die Streitfrage über die chinesischen Riten ging. Die Gesellschaft Jesu war der lehrmäßigen Abweichung und zu großer Toleranz angeklagt und stand auch im Verdacht, den chinesischen Kaiser bei der Ablehnung anderer Missionare unterstützt zu haben. Der Brief an den General der Jesuiten, Michele Tamburini, vom 13. September 1723 kann als ernsthafte Drohung für eine Aufhebung des Ordens angesehen werden.

Bei den inneren Problemen des Kirchenstaates führte Innozenz XIII. die Initiativen seiner Vorgänger weiter. Er erleichterte die wirtschaftliche Lage und liberalisierte teilweise den Getreidehandel. Er bestätigte die Beschränkung der Einführung von Textilien aus Venedig, Neapel und den deutschen Ländern, um die Produktion im Inneren zu steigern. Er bereicherte die Vatikanische Bibliothek mit kostbaren Manuskripten aus dem Orient. Bei seiner Bautätigkeit in der Ewigen Stadt sind die Fundamente der Engelsbrücke, die Treppen zur *Trinità dei Monti* und die Errichtung der Hauptfassade der Lateranbasilika zu erwähnen. Er starb am 7. März 1724 und wurde in St. Peter begraben, wo allerdings kein Denkmal an ihn erinnert.

Bibl.: Ludwig von Pastor, Geschichte der Päpste, XV, Rom 1933, S. 411–486

M. Di Sivo

INSTITUT FÜR WERKE DER RELIGION

Zum Zwecke der Sicherung und Verwaltung von Kapital oder von Geldern, die für Werke der Religion oder der christlichen Frömmigkeit bestimmt waren, ließ Papst Pius XII. im Jahre 1942 dieses besondere Institut mit Handschreiben *„Il Nostro Predecessore"* vom 27. Juni (AAS, XXXIV [1942], S. 217–219) errichten. In diesem Schreiben wird u. a. deutlich, daß das heutige „Institut für die Werke der Religion" (IOR) sich in natürlicher Weise aus früher bestehenden Organen entwickelt hat. Tatsächlich hatte schon Papst Leo XIII. mit der Absicht, das Kapital aus frommen Stiftungen verwalten zu lassen, eine Kardinalskommission *ad pias causas* gegründet, dessen Statut das Datum vom 11. Februar 1887 trägt und bis zum Jahre 1904 Gültigkeit hatte. Ein neues Statut wurde von Papst Pius X. am 10. August 1904 erlassen, wobei zunächst eine „Kardinalskomm. für die religiösen Werke" entstand, später dann umgeformt in eine Prälatur. Derselbe Pius X. überführte einen Teil der von der Kardinalskommission ausgeübten Funktionen in die „Hl. Konzilskongregation" (gegenwärtig „Kongregation für den Klerus"). Dies war insbesondere eine Folge der großen Reform der Röm. Kurie auf der Basis der Konstitution *Sapienti consilio* vom 29. Juni 1908 (AAS, I [1909], S. 7–19).

Mit dem von Papst Pius XII. am 17. März 1941 gebilligten Statut wurde die vorgenannte Kommission noch einmal umbenannt in *Amministrazione delle Opere di Religione* (Verwaltung der Werke der Religion). Diese wurde erneut einer Kardinalskommission unterstellt und muß als logischer Zwischenschritt gesehen werden, mit der Folge der Zuerkennung des Charakters einer juristischen Person an das Institut für die religiösen Werke. Nach dem Gründungsdokument von Papst Pius XII. vom 27. Juni 1942 sollte auch die Eigenverantwortlichkeit der Verwaltung des Instituts der religiösen Werke und ihre absolute Trennung von anderen Organen des Hl. Stuhls verdeutlicht werden. Es sollte ein Instrument sein „im Dienst an den allgemeinen Funktionen des Hl. Stuhls und mit dem präzisen Auftrag, für die Bewahrung und Verwaltung der Kapitalien – in Titeln oder Bargeld – und der Immobilien Sorge zu tragen, welche diesem Institut von physischen oder juristischen Personen freiwillig anvertraut werden und deren Erträge für Werke der Kirche und für christliche Wohltätigkeit in allen Teilen der Welt bestimmt sind". Demnach bildet das IOR ein vatikanisches Finanzorgan, das mit der Verwaltung von kirchlichen Werken in aller Welt beauftragt ist. Es ist also keine Bank im herkömmlichen Sinn des Wortes.

Zu unterstreichen ist die neue Rolle, die einem entsprechenden Verwaltungsbüro übertragen wurde, welches in operativem Sinne die Machtbefugnisse der Kardinalskommission ersetzte, der nur noch eine Aufsichtsfunktion blieb. Nichtsdestoweniger blieben die Präsidentschaft des Instituts und seine Vertretung nach außen dem Präsidenten der Kardinalskomm. anvertraut. Ein weiterer Schritt hin zur Trennung der beiden Aufgabenbereiche erfolgte durch ein Handschreiben Papst Pius' XII. vom 24. Januar 1944 (AAS, XXXVI [1944], S. 45–46) in dessen Folge die Präsidentschaft des Institutes gegenüber der Kardinalskomm. autonom wurde. Es wurde ein Prälat mit der Aufgabe betraut, die bisherigen Funktionen des Kardinalspräsidenten auszuüben. Über die Ernennung des Präsidenten hinaus mußte die Kardinalskomm. den Sekretär, seinen Vertreter, die Angestellten des Verwaltungsbüros, die Konsultoren und zwei Revisoren für die regelmäßige Finanzkontrolle bestimmen. Ihr war nach den Statuten außerdem die jährliche Rechnungs- und Bilanzprüfung auferlegt mit der Verpflichtung, einen entsprechenden Bericht abzufassen. Der *Prelato presidente* war außerdem Sekretär der Kardinalskomm., darüberhinaus verantwortlich für die jeweiligen Tagesordnungen der Kommissionssitzungen und war Repräsentant des Instituts.

Im Jahre 1990 ist das IOR von Johannes Paul II. völlig neustrukturiert worden. Mit einem Handschreiben vom 1. März 1990 (AAS, LXXXII [1990], S. 1619–29) hat der Papst der Billigung eines neuen Statuts zugestimmt, aufgrund dessen die gesamte Struktur und der Geschäftsablauf verändert wurden. Erhalten blieb jedoch der Zweck des Institutes, nämlich „für die Bewahrung und Verwaltung mobiler und immobiler Güter zu sorgen, die dem Institut von physischen oder juristischen Personen überlassen wurden und für Werke der Religion und der Caritas bestimmt sind" (Art. 2).

Nach Art. 4 des neuen Statuts verfügt das IOR jetzt über die folgenden Organe: die Kardinalskommission, den Prälat, den Aufsichtsrat, die Direktion und die Revisoren. Die Kardinalskomm. setzt sich aus fünf Kardinälen zusammen mit einer jeweiligen Amtszeit von fünf Jahren. Sie versammelt sich mindestens zweimal jährlich oder auch dann, wenn es ihr Präsident für notwendig hält. Ihre Aufgabe ist es, über die treue Einhaltung der statutarischen Normen durch das Institut zu achten, die Ernennung der Mitglieder des Aufsichtsrates und ihrer Ablösung vorzunehmen und die anderen im Statut vorgesehenen Funktionen auszuüben (Art. 5–8). Der Prälat wird von der Kardinalskomm. ernannt und verfolgt die Aktivitäten des Instituts. Er nimmt an den Sitzungen der Komm. in der Funktion eines Sekretärs teil und wohnt den Versammlungen des Aufsichtsrates bei, wobei er verpflichtet ist, der Kardinalskomm. Bericht zu erstatten (Art. 9).

Der Aufsichtsrat hat die Verantwortung für die Verwaltung und die Geschäftsführung des Institutes wie auch die Aufsicht und Supervision über seine Aktivitäten auf finanziellem, wirtschaftlichem und operativem Gebiet; er setzt sich zusammen aus fünf Laienmitgliedern mit anerkannter Erfahrung auf wirtschaftlich-finanziellem Gebiet. Er wird für fünf Jahre von der Kardinalskomm. ernannt und ist einem Verwaltungsrat vergleichbar. Im wesentlichen hat er die Aufgabe, die politischen Leitlinien des Institutes festzulegen, die Kriterien für die Ausarbeitung der Arbeitsprogramme zu definieren und jährlich den Jahresabschluß und die Bilanz, die von der Direktion vorgelegt wird, zu prüfen. Ihm obliegt damit praktisch die volle Verantwortung für Verwaltung und Geschäftsführung des IOR. Der Verwaltungsrat muß sich mindestens alle drei Monate treffen bzw. jedesmal, wenn es der Präsident für notwendig hält, dem darüber hinaus die Außenvertretung des Instituts obliegt (Art. 10–18).

Die Direktion des Institutes wird gebildet durch den General- und den Vizedirektor – beide nach Billigung durch die Kardinalskomm. vom Aufsichtsrat ernannt. Ihnen obliegt die Verantwortung für alle ausführenden Aktivitäten. Sie sind verpflichtet, jeden Monat einen Bericht über die wirtschaftliche und finanzielle Situation des jeweiligen Vormonates zu erstellen (Art. 19–25). Schließlich gehören zur Leitung des IOR die drei Revisoren, für drei Jahre vom Aufsichtsrat ernannt, mit der besonderen Funktion, alle drei Monate die Bücher zu prüfen und darüber hinaus die Jahresbilanz und die entsprechenden dazugehörigen Dokumente, worüber dem Aufsichtsrat ein schriftlicher Bericht zu erbringen ist (Art. 26–28).

Das IOR hat also seine juristische Gestalt nicht verändert und vor allem die ihm eigene Autonomie bewahrt. Den Notwendigkeiten angepaßt wurden jedoch die Methoden der Geschäftsführung und der Geschäftsablauf. Ein Konto zu eröffnen, bleibt demnach ausschließlich den religiösen Instituten, den Vatikanbürgern, den Angestellten des Apost. Stuhls und all denjenigen Stiftungen vorbehalten, deren erklärter Zweck religiösen Charakters ist. Um seine Ziele zu verwirklichen, nimmt das Institut Einlagen entgegen, investiert oder reinvestiert in Verwahrung genommene Depots, deponiert Kapitalien auf Kontokorrentkonten bei italienischen Kreditinstituten und behält für seine Verwaltungskosten einen gewissen Prozentsatz aus den Zinsen ein, die zu Gunsten der Einleger entstehen. Der Zweck, nämlich die Erfüllung von Werken der Religion und der christlichen Frömmigkeit, ist somit nicht vom Institut gewährleistet, sondern von den Einlegern, die durch die Anlage der erhaltenen Gelder mittelbar zur Erfüllung dieses Zweckes beitragen.

Es handelt sich also um ein vatikanisches Finanzorgan, das natürlich in seinen Aktivitäten auch die notwendigen Bankdienste anbietet. Im Rahmen seiner Ansprache an die Kardinäle im November 1982 hat der damalige Kardinalstaatssekretär, Kardinal Agostino Casaroli, die folgende Erläuterung gegeben: „Dieser spezielle Typ einer praktischen Aktivität ist für eine Organisation wie die katholische Kirche notwendig, die ja in der ganzen Welt unzählige Werke von großem menschlichem, religiösem und kulturellem Wert unterhält, die Personen anvertraut sind, die sich mit großem Einsatz und völlig selbstlos dem Dienst an den Brüdern widmen.“ (Vgl. *L 'Osservatore Romano*, 28. 11. 1992).

Das IOR wird häufig als „Vatikanbank“ bezeichnet: Man muß jedoch anmerken, daß die erzielten Gewinne des Institutes nicht an Aktionäre gehen, die es im Falle des IOR grundsätzlich nicht gibt. Sie werden ausschließlich für religiöse Aktivitäten verwandt. Es ist in etwa vergleichbar mit den früheren Aufgaben der „Banco di Napoli e di Sicilia“, die zunächst keine bankspezifischen Aufgaben hatte, sondern für die Sozialversorgung zuständig war. Das *Ufficio italiano di Cambi* (UIC) betrachtet das IOR ausdrücklich als Banksubjekt *non residente* (ohne Residenz in Italien) und somit wie jede andere ausländische Bank (Vgl. Mitt. d. UIC, D. C. 468 von 1978 u. D. M. vom 12. März 1981).

Als solches ist das IOR keinerlei Kontrollen italienischer Aufsichtsbehörden unterworfen (Vgl. Parlamentsakten d. Abgeordnetenkammer d. achten Legislaturperiode, Sitzung 8. 10. 1982, Stgr. S. 52656 ff). In diesem Zusammenhang ist von mehreren Seiten eine Reform des Bankensystems für wünschenswert erachtet worden, um mehr Kontrollmöglichkeiten und größere Transparenz für den Banksektor zu gewährleisten.

Vor diesem Hintergrund ist ein Spruch des Tribunals des Hl. Stuhls interessant, der mit Datum vom 25. April 1987 die von Italien geforderte Auslieferung mehrerer leitender Angestellter des IOR abgelehnt hat, die sich auf vatikanischem Territorium befanden. Von offizieller vatikanischer Seite ist damals festgestellt worden, daß das IOR eine *ente centrale* (Zentraleinrichtung) der Kirche sei und somit zu den Einrichtungen der Röm. Kurie gehört, die für die geistliche Leitung der Universalkirche zuständig sind. Art. 11 der Lateranverträge schließt jede Einmischung seitens des italienischen Staates in diesen Zentraleinrichtungen der Kirche aus. Diese Qualifizierung des IOR als *ente centrale* der katholischen Kirche ist verschiedentlich in Zweifel gezogen worden, vor allem mit Hinweis auf ihre Autonomie gegenüber anderen kirchlichen Organisationen. Die Konstitution *Regimini Ecclesiae Universae* von 1967 hat im Rahmen der Kurienreform ein neues Kontrollorgan geschaffen: die „Präfektur für die wirtschaftlichen Angelegenheiten des Hl. Stuhls" (→). Diese hat sämtliche Verwaltungen der Güter des Hl. Stuhls zu koordinieren und entsprechende Aufsichtsfunktionen zu erfüllen. Dieser Aufsichtspflicht unterliegt nicht das IOR, indem in der Konstitution deutlich auf die Autonomie des Institutes gegenüber den mit dem Hl. Stuhl verbundenen Organen hervorgehoben wird: *„..salva tamen peculiari ordinatione Instituti Religionis operibus tutandis"*(Art. 120, Nr. 1).

Aber auch wo die Definition des IOR als *ente centrale* akzeptiert wurde, ist von zahlreichen Kommentatoren bestritten worden, daß sich von Art. 11 der Lateranverträge die Unzulässigkeit eines Eingriffs italienischer Justizbehörden im Hinblick auf Aktivitäten des Institutes auf italienischem Territorium ableiten ließe und somit dem Wort „Nicht-Einmischung" klare Grenzen gesetzt seien. Infolge der Verwicklung von leitenden Angestellten des IOR in der Affäre des Zusammenbruchs des *Banco Ambrosiano* ist genau dieser Art. 11 der Vatikanverträge häufig gegensätzlich interpretiert und der Versuch unternommen worden, die juristische Abgrenzung zwischen dem italienischen Staat und dem Staat der Vatikanstadt neu zu formulieren. Die juristischen Auseinandersetzungen haben mit dem Spruch des Kassationshofs vom 17. Juli 1987 ihr Ende gefunden. Der Kassationshof hat das Urteil des Tribunals aufgehoben, das die Haftbefehle gegenüber Spitzenbeamten des IOR zuvor als legitim bezeichnet hatte. Der italienische Staat und somit die italienische Gerichtsbarkeit habe gemäß Art. 11 der Lateranverträge nicht das Recht, sich in Angelegenheiten der Zentralorgane der Kirche, unter die auch das IOR zählt, einzumischen und dürfe somit auch nicht seine Repräsentanten gerichtlich verfolgen.

Bibl.: G. Cereti, *Le risorse e le attività finanziarie del Vaticano,* in *Le finanze della Chiesa,* „Concilium", Rivista Internationale di Teologia, 1978, S. 23–26; P. Bellini, *Lo IOR non è intoccabile,* in *Queste Istituzioni,* 52 (1982), S. 3–7; C. Cardia, *Le prospettive di riforma,* ib., S. 29–31; S. Lariccia, *Gli enti centrali della Chiesa nell'ordinamento italiano: quali garanzie e quali limiti,* ib., S. 8–13; G. Minervini, *Realizzabilitá deie crediti nei confronti dello IOR, ib., S. 14–17; 5. Ristuccia, Perché va cambiata la condizione giuridica dello IOR nei rapporti finanziari internazionali,* ib., S. 32–39; S. Lariccia, *Banche e opere di religione,* in *Bozze 83,* 2 (1983), S. 107–113; F. Finocchiaro, *Lo IOR (Istituto per le Opere di Religione) nel diritto italiano,* in *Giurisprudenza Italiana,* 4, 1984, S. 19–28; E. Vitali, *L 'Istituto per le Opere di Religione (IOR) e il diritto italiano,* in *Il Diritto ecclesiastico,* 1987, S. 1171–90.

S. Stella

INSTRUKTIONEN DER RÖMISCHEN KONGREGATIONEN

Es handelt sich hierbei um Direktiven, die Papst Benedikt XV. mit seinem Motu Proprio

Cum iuris canonici vom 16. September 1917 (AAS, IX [1917] S. 483–484) erlassen hat mit der Absicht, die röm. Kongregationen zur präzisen Beachtung der Vorschriften des kirchlichen Gesetzbuches zu veranlassen. Nach der Promulgation des neuen kirchlichen Gesetzbuches im Jahre 1917 wurden jedoch von den röm. Kongregationen eigene diesbezügliche Instruktionen erlassen, z.B. die Instruktion vom 20. Oktober 1980 der Glaubenskongregation über die Kindertaufe (AAS, LXXII [1980], S. 1137–56).

Bibl.: L. Spinelli, *Peculiarità nell'attività legislativa delle Congregazioni romane*, in *Iustitia*, 29 (1976), S. 23–33.

N. Del Re

INTERNUNTIUS, APOSTOLISCHER

Diesen Titel, der schon im Pontifikat Leos X. (1513–21) auftritt, trug bis vor kurzem der feste diplomatische Vertreter im Bischofsrang, den der Hl. Stuhl auf erst kürzlich eingerichtete Posten schickte oder dorthin, wo seine rechtliche Stellung noch nicht genau definiert war. Der erste ständige Internuntius war Francesco Capaccini, der 1828 in die Niederlande gesandt wurde, um das im Jahre zuvor ausgehandelte Konkordat durchzusetzen. Er wurde auf Wunsch von König Wilhelm I. dort auch als solcher akkreditiert, womit zugleich die diplomatischen Beziehungen dieses Landes mit dem Hl.Stuhl begannen.

Er gehörte zur zweiten Klasse der Diplomaten im Rang außerordentlicher Gesandten und bevollmächtigter Minister und hatte wie der Apost.Nuntius (→) die doppelte Aufgabe, nach den empfangenen Instruktionen die diplomatischen Beziehungen zwischen dem Hl. Stuhl und der Regierung, bei der er akkreditiert war, zu pflegen sowie dort über das kirchliche Leben und die Disziplin der Hierarchie, des Klerus und der Gläubigen zu wachen und dem Papst zu berichten. Um vor allem jede Möglichkeit einer ungenauen Deutung der Figur des Internuntius zu vermeiden, definierte Benedikt XV. 1916 diesen Titel im Rahmen der Päpstl. Diplomatie neu. Ein Internuntius konnte ferner entsandt werden, um die Aufgaben des Nuntius dort zu erfüllen, wo vorübergehend ein Titular fehlte oder seine Ankunft erwartet wurde.

Heute ist der Titel „Internuntius" praktisch verschwunden, weil 1965 die neue Form der Apost. Pro-Nuntien (→) geschaffen wurde, die den Rang von Botschaftern besitzen, ohne aber Doyen (oder Dekan) des Diplomatischen Korps zu sein. Allerdings ist die Möglichkeit, Internuntien zu ernennen, nicht absolut ausgeschlossen, weil das Motu Proprio Pauls VI. *Sollicitudo omnium Ecclesiarum* vom 24. Juni 1969 (AAS, LXI (1969), S. 473–484) zum Amt der Päpstl. Vertreter ihre juristische Existenz bestätigt.

Bibl.: M. Oliveri, *Natura e funzioni dei legati Pontifici nella storia e nel contesto ecclesiologico del Vaticano II.* (Turin 1979), Index.

N. Del Re

INTHRONISATION, PÄPSTLICHE

So hieß die feierliche Inbesitznahme des Päpstlichen Thrones. Es bleibt aber unsicher, auf welche Zeit die Gewohnheit, die römischen Päpste zu inthronisieren, zurückgeht. Die einen nennen Johannes V. als ersten Papst, der 685 inthronisiert wurde, andere Conon im Jahr 686, wieder andere Gregor III. im Jahre 731. Der Ritus der Inthronisation, die früher mit großem Aufwand in der Vatikanischen Basilika erfolgte, fand seit dem 15. Jh. nicht mehr statt, weil an ihre Stelle die Zeremonie der Papstkrönung (→) trat.

Bibl.: F. Wasner, *De consecratione, inthronisatione, coronatione Summi Pontificis*, Rom 1936.

N. Del Re

INTIMATIO

Damit wird die öffentliche Einladung durch den Präfekten des Päpstl. Hauses (→) im Namen des Papstes an die Kardinäle, Bischöfe und alle Prälaten der Kurie bezeichnet, die das Privileg besitzen, an den liturgischen Zeremonien der *Cappella Pontificia* (→), an den Konsistorien sowie anderen besonderen päpstl. Zeremonien und Versammlungen teilzunehmen. Über Zeit und Ort hinaus, wo die Funktion stattfindet, wird in der *Intimatio* auch die für jeden Fall vorgeschriebene Kleidung genannt. Während der Vakanz des Apostol. Stuhles wird die *Intimatio* je nach der entsprechenden Zuständigkeit vom Kardinal-Dekan des Heiligen Kollegiums (→) oder vom Camerlengo der Hl. Röm. Kirche (→) erlassen.

N. Del Re

IOR – ISTITUTO PER LE OPERE DI RELIGIONE

→ Institut für die Werke der Religion

J

Jahrbuch der Kirche, Statistisches

Eine periodische Veröffentlichung des Hl. Stuhls, herausgegeben vom Zentralen Statistikamt der Kirche (→), die zusammenfassend und nach Ländern und Kontinenten die Hauptdaten zu Präsenz und Wirken der Kirche in der Welt anbietet. Der erste Band des *Statistischen Jahrbuchs der Kirche* erschien im Oktober 1971 noch unter dem Namen „Sammlung von statistischen Überblicken – 1969", doch trug die folgende Ausgabe bereits die aktuelle Bezeichnung, da sie mehr dem periodischen Charakter der Ausgabe und dem erweiterten Material entsprach. Die Daten stammen aus den Fragebögen an die Kurien der verschiedenen kirchlichen Sprengel (Patriarchal- und Metropolitansitze, Erzbistümer, Bistümer, Prälaturen usw.) und sind analytisch nach Ländern und Kontinenten geordnet. Dabei wird im Jahrbuch der Ausdruck Land oder Kontinent als geographische Einheit verstanden, die eine oder mehrere kirchliche Sprengel umfaßt, unabhängig von ihrem internationalen Status. Die in anderen Tabellen zusammengefaßten Daten, die sich nicht geographisch ordnen lassen, werden nach der Natur der dargestellten Erscheinungen geordnet. Die einzelnen Länder sind alphabetisch aufgeführt und nach Kontinenten zusammengefaßt, aber in einigen Fällen auch in größeren geographischen Einheiten, die Teil eines gegebenen Kontinents sind (Antillen, Mittlerer Osten usw.). Die Hinweise der Kopfzeile einer jeden Tafel, die in den ersten Bänden in Italienisch abgefaßt waren, sind zum leichteren Gebrauch später in Latein, Englisch, Französisch, Deutsch, Spanisch und Portugiesisch angegeben worden, während sie derzeit nur in Latein, Englisch und Französisch gebracht werden, was auch für die Beobachtungen und Hinweise vor den Tabellen und die entsprechenden Anmerkungen gilt, die anfänglich nur in Italienisch und Latein abgefaßt waren.

N. Del Re

Johannes

Gegenpapst. Er war röm. Erzdiakon und wurde beim Tod Gregors IV. (25. Januar 844) von der Volkspartei gewählt. Der *Liber Pontificalis* (II,87) bezeichnet ihn als „verrückt, daß er an der Spitze einer ungeordneten Menge von Volk, von gewaltbereiten und aufsässigen Leuten bis zum Lateran vordrang". Zugleich wurde er von der aristokratischen Partei Papst Sergius' II., Erzpriester von St. Martin auf dem Esquilin gewählt und sofort in St. Peter konsekriert. Seine Legitimität wurde auch von Ludwig, dem Sohn des Kaisers Lothar anerkannt, der vom Vater nach Rom gesandt worden war, um sich ein Bild über die Lage zu machen. Als er endlich den letzten Widerstand seiner Anhänger gebrochen sah, die Partie also verloren war, verschwand Johannes (der übrigens zu den im uneigentlichen Sinne so genannten Gegenpäpsten zu zählen ist), ohne irgendeine Spur zu hinterlassen.

N. Del Re

JOHANNES I.

Papst, Hl. Er stammte aus Tuszien und war ein Sohn des Costanzo. Er folgte auf Papst Hormisdas am 13. August 523 und hatte die Cathedra Petri in den letzten Jahren der Herrschaft des Theoderich inne. Dieser begann nach 30 Jahren maßvoller und weiser Herrschaft stark an der Treue der Römer zu zweifeln. Er verdächtigte sie des Paktierens mit dem Hof von Konstantinopel und mit der entschieden antiarianischen Politik des Kaisers Justinus. Der Gotenkönig ließ daher einige religiöse Gebäude der Katholiken zerstören und verfolgte sie, kerkerte eine große Zahl ein und ließ viele töten. Als Justinus seinerseits im Osten den Arianern die Kirchen wegnahm, um sie den Katholiken zu übergeben, rief der alte König den Papst nach Ravenna. Er verpflichtete ihn, sich nach Konstantinopel zu begeben, um den Kaiser zur Beendigung der Verfolgung gegen die Arianer zu veranlassen. Ferner sollte er die Rückkehr zum Arianismus all jenen gestatten, die durch Folter gezwungen ihm zugunsten des Katholizismus abgeschworen hatten. Angesichts der Drohung des Königs, ein Gemetzel unter den Katholiken anzurichten, stimmte der Papst zu, erklärte jedoch, er könne nicht zugunsten des Arianismus tätig werden. Er schiffte sich also mit einigen Senatoren sowie den Bischöfen von Ravenna, Fano und Capua ein. In Konstantinopel wurde er vom Volk jubelnd als erster Bischof von Rom begrüßt, der den Fuß hinter die Mauern dieser Stadt gesetzt hat. Vom Kaiser wurde er mit den Ehren eines Stellvertreters Christi empfangen. Johannes I. hielt ein feierliches Pontifikalamt in lateinischem Ritus in der Basilika der *Hagia Sophia* zum Osterfest, dem 19. April 526.

Uneinig sind die Quellen über den Verlauf der Gespräche zwischen Kaiser und Papst. Man kann aber mit einiger Wahrscheinlichkeit sagen, daß Johannes von Justinus das Versprechen erhielt, die Arianer milde zu behandeln. Die Frage der Rückkehr der Katholiken, die sich zur arianischen Häresie bekehrt hatten, wurde wohl nicht angeschnitten. Der Ausgang der Gesandtschaft befriedigte Theoderich nicht. Er wurde noch ungnädiger bei der ihm von seinen Gefolgsleuten in Konstantinopel übermittelten Nachricht, der byzantinische Kaiser sei vom Papst gekrönt worden. Kaum nach Ravenna zurückgekehrt, wurde Johannes in den Kerker geworfen, wo er am 18. Mai 526 infolge der erlittenen harten Torturen starb.

Zunächst außerhalb der Stadtmauern von Ravenna beigesetzt, wurde die Leiche des Papstes vier Jahre später nach Rom gebracht und im Atrium von St. Peter gegenüber seinen Vorgängern beigesetzt. Das glorreiche Martyrium Johannes' I. wird in der Inschrift, die sein Grab schmückt, mit Versen gerühmt, die eine ergreifende Verehrung zeigen. In den Annalen seines Zeitgenossen, des Historikers Maximilian, wird erzählt, daß während der Leichenfeier für diesen Papst ein Besessener geheilt wurde, als er an seiner Leiche vorüberging. Das Volk und die Senatoren eigneten sich ehrfürchtig Teile des päpstl. Gewandes als hl. Reliquien an. Aus dem *Liber Pontificalis* erfahren wir weiter, daß Papst Johannes I. den Friedhof der hl. Märtyrer Nereus und Achilleus an der *Via Ardeatina* restauriert hat, wie auch den der hl. Felix und Adauctus, der auch Friedhof der Commodilla genannt wurde. Auch die Friedhofsbasilika der Priscilla, die wahrscheinlich jene des hl. Silvester ist, wurde zum Teil nach Verfügung dieses Papstes restauriert. Die Römische Kirche gedenkt Johannes I. am 27. Mai als eines „Papstes, der ruhmvoll gefallen ist".

Bibl.: C. Callovini in *Bibliotheca Sanctorum*, VI, Sp. 926–927, mit Bibl.

C. Petruzzi

Johannes II.

Papst. Er war Römer von Geburt und Sohn des Adeligen Proietto. Am 2. Januar 533 wurde er mit den Stimmen des Klerus und des Volkes der Stadt als Nachfolger Bonifatius' II. berufen. Er hieß Mercurius, doch kaum gewählt hielt er es für angebracht, seinen heidnisch-mythologischen Namen in Johannes II. zu ändern – erstes Beispiel eines Papstes, der beim Besteigen des Thrones des Stellvertreters Christi seinen Namen änderte (→ Namen der Päpste).

Bevor er zum Papst gewählt wurde, war er Presbyter der Basilika *S. Clemente* auf dem Celius, wo noch heute zwei Inschriften auf einem Marmorziborium auf Säulen an einen „Presbyter Mercurius" erinnern, während die Einfassung der *Schola Cantorum* als Monogramm zur Erinnerung an ihre Errichtung durch den Papst den Namen Johannes trägt.

Das Pontifikat Johannes' II. wurde überschattet durch die Korruption einiger Kleriker, die den Röm. Stuhl anstrebten und versuchten, sich durch Geschenke die Gunst der einflußreichsten Senatoren zu erkaufen; dabei veräußerten sie sogar Güter der Kirche. Ein Dekret des Röm. Senats gegen dieses Treiben wurde durch den Papst bestätigt und von Atalrich ratifiziert, der wiederum ein Edikt gegen die Simonie erließ, welches er gut sichtbar am Portikus der Vatikanischen Basilika anbringen ließ.

Besondere Aufmerksamkeit wandte Johannes II. dem theologischen Lehramt zu. Energisch bekämpfte er die nestorianischen Positionen der acemetischen Mönche zum trinitarischen Dogma. Auf der röm. Synode von 534 kam er auf die Lehre seines Vorgängers Hormisdas zurück und ließ den berühmten theologischen Satz billigen: „Einer aus der Trinität wurde gekreuzigt". Er fügte freilich die Worte „dem Fleische nach" hinzu. Kaiser Justinian I. sprach seine volle Verbundenheit mit den vier Allgemeinen Konzilien der Kirche Gottes aus und sandte auch kostbare Geschenke für die Vatikanbasilika an den Papst. Daher schickte Johannes II. am 25. März 534 Justinian einen Brief, in dem er seinen katholischen Glauben hervorhob und die acemetischen Mönche verurteilte. Andere Briefe zur trinitarischen Frage richtete der Papst an herausragende Männer des griechischen Orients. Er war ferner gezwungen, sich mit der in den beiden Teilen Galliens aufgebrochenen Kontroverse zwischen den Bischöfen Cesarius von Arles und Contumelioso von Riez zu beschäftigen. Gegen den Letzteren ergriff Johannes Strafmaßnahmen und übertrug dessen Jurisdiktion dem Bischof von Arles.

Sein ganzes Leben hindurch hat Johannes II. die Einmischung in politische Angelegenheiten der Zeit vermieden, obwohl sein Pontifikat mit einem bedeutsamen Abschnitt der gewalttätigen Gotenkriege zusammenfiel. Er starb am 8. Mai 535 und wurde in der Basilika St. Peter beigesetzt.

Bibl.: A. Saba/C. Castiglioni, *Storia dei papi*, I, Turin 1936, S. 173–175; M.V. Anastos, *Justinian's despotic control over the Church as illustrated by his edicts on the Theopaschite formula and his letter to Pope John II.*, in M.V. Anastos: *Studies in Byzantine intellectual history*, London 1979, Nr. 4.

C. Petruzzi

Johannes III.

Papst. Über Papst Johannes III. sind nur spärliche Nachrichten überliefert. Er war von Geburt ein Römer und Sohn des Adeligen Anastasio mit dem Beinamen *„Catelino"*. Am 17. Juli 561 als Nachfolger Pelagius' I. berufen, mußte er über vier Monate auf die Zustimmung des Kaisers von Byzanz auf seine Konsekration warten – aufgrund des dem Hofe vorbehaltenen Rechtes der Bestätigung der Papstwahl.

Während seines Pontifikates hörte der Brauch auf, die Toten in der Nähe des Grabes der Märtyrer beizusetzen. Es begann sich die fromme Gewohnheit zu verbreiten, diese Stätten zu besuchen, um die hl. Reliquien der christlichen Märtyrer zu verehren. Johannes III. ließ die Katakomben restaurieren und verfügte, daß die für diese bestimmten Gaben, Ampullen und Lichter, vom Lateranpalast zur Verfügung gestellt werden sollten.

Johannes III. führte das Werk seines Vorgängers Pelagius fort und vollendete den Bau der Basilika der *SS. Apostoli*, um sie dann zum Kardinalstitel zu erheben. Der unermüdliche Eifer, den Johannes III. beim Bau von Kirchen selbst in Zeiten äußerster Not zeigte, wie die nach dem Gotenkrieg, brachte ihm die Bewunderung früherer und späterer Historiker ein.

In den Jahren des Pontifikates Johannes' III. rückten die Langobarden in Italien unter Führung des Alboin vor. Nach dem *Liber Pontificalis* begab sich Papst Johannes nach Kampanien, um den alten General von Justinian, Narses, zu besänftigen. Es gelang ihm auch, ihn zur Rückkehr nach Rom zu veranlassen, um die Stadt gegen die Barbaren zu verteidigen; doch Narses starb gleich nach seiner Ankunft und überließ Italien als Beute den neuen Eindringlingen, ohne jede Hilfe von seiten des Hofes von Byzanz. Die Historiker liefern uns keinerlei Nachricht über die letzte Zeit des Pontifikates von Johannes III., der sehr schwierige Tage durchleben mußte, bedrängt von den Gefahren und Drohungen der Langobarden. Er war sogar gezwungen, einige Monate in den Katakomben des Pretextatus zu verbringen. Er starb am 13. Juli 574 und wurde in St. Peter beigesetzt.

Bibl.: O. Bertolini, *Roma di fronte a Bisanzio e ai Longobardi*, Bologna 1941, S. 220–224.

C. Petruzzi

Johannes IV.

Papst. Dalmatischen Ursprungs und Sohn des „Scholastikers" Venantius, wurde er am 24. Dezember 640 zum Papst und Nachfolger des Severinus gewählt. In Norditalien tobte damals der Krieg zwischen dem Exarchen von Ravenna und König Rotari. Die Gegend um Rom war davon nicht betroffen, so daß Johannes IV. seinen Dienst ohne große Beeinträchtigungen ausüben konnte. Sehr gespannt waren die Beziehungen zum Kaiserreich Byzanz wegen der bekannten theologischen Auseinandersetzungen. Unnachgiebig in dogmatischen Fragen verkündete Johannes IV. eine schwere Verurteilung der Ekthesis, einer umfangreichen Darlegung der monotheletischen Häresie, die der Patriarch Sergius verfaßt und Kaiser Herklius unterzeichnet hatte. Der Kaiser sah sich nun gezwungen, sein Verhalten gegenüber dem Papst in einem Brief zu rechtfertigen, in dem er den Patriarchen als einzig Verantwortlichen für das verurteilte Dokument angab. Nach dem Tode des Kaisers bekamen die dem Monotheletismus nahestehenden Kreise am Hof von Konstantinopel das Übergewicht, während Johannes IV. weiter versuchte, die Lehre der Kirche von Rom zu verteidigen.

Von Interesse sind seine Briefe zur monotheletischen Kontroverse. Sie klären die Haltung seines Vorgängers Honorius. Die Apologie des Honorius, von Johannes 641 verfaßt, ist an den Kaiser Konstantin III. gerichtet und will daher eine Bestätigung der Rechtgläubigkeit der von Honorius vertretenen Prinzipien sein. Sie war zugleich eine Bitte an den Kaiser, die Verteidigung des wahren Glaubens in die Hand zu nehmen. Weitere Briefe Johannes' IV. sind an Mönche in Italien und Gallien gerichtet, um ihnen ihr Recht zu bestätigen, die Priester ihrer Kirchen bei allen offiziellen Zeremonien vorzustellen. In Dalmatien setzte er sich für die Auslösung der Istrianer und Dalmatiner ein, die

Sklaven der Slaweninvasionen geworden waren. Er brachte aus Dalmatien auch zahlreiche Reliquien von Märtyrern nach Rom. Er starb am 12. Oktober 642 und wurde in St. Peter beigesetzt.

Bibl.: O Bertolini, *Roma di fronte a Bisanzio e ai Longobardi*, Bologna 1941, S. 325–327.

C. Petruzzi

Johannes V.

Papst. Von Geburt war er Syrer, Sohn des Cyriacus, geboren in der Provinz Antiochia. Er folgte auf Benedikt II. am 23. Juli 685. Mit ihm begann eine Reihe syrischer und griechischer Päpste, die weitgehend an die Macht kamen durch den Einfluß, den der Exarch von Ravenna und der Kaiser von Byzanz auf die Wahl der Päpste ausübten. Als Diakon war Johannes V. von Papst Agatho als Legat zum IV. ökumenischen Konzil von Konstantinopel gesandt worden. Er kehrte mit den Akten der Synode nach Rom zurück mit der Weisung des Kaisers Konstantin, der Kirche das Erbe von Kalabrien und Sizilien zu bewahren. Zum Papst gewählt, nahm er seinen Sitz im Bischofspalast des Lateran ein, wo er von den drei Bischöfen von Ostia, Porto und Velletri konsekriert wurde, wie es auch bei Leo II. der Fall gewesen war.

Nach dem *Liber Pontificalis*, der einzigen Nachrichtenquelle über Johannes V., griff der Papst in die Kontroverse über die Konsekration der Bischöfe von Sardinien ein. Johannes V. nahm Citonatus, dem Bischof von Cagliari, dieses Privileg und vertrat nachdrücklich den Grundsatz, die Bischofsweihen von Sardinien lägen in der Zuständigkeit des Apost. Stuhles. Doch eine lange Krankheit bereitete Papst Johannes Probleme in der Ausübung seines Dienstes, so daß es ihm nur mit Mühe gelang, die Bischöfe zu weihen. Er starb am 2. August 686 und wurde in St. Peter beigesetzt. Hervorzuheben ist bei ihm vor allem seine außergewöhnliche Klugheit und Großzügigkeit, die im übrigen durch sein Testament bestätigt wurde, in dem er die Verteilung von 1900 Goldsoldi an Klöster, Diakonien und Missionare verfügte.

C. Petruzzi

Johannes VI.

Papst. Grieche der Herkunft nach, folgte er am 30. Oktober 701 auf Sergius I. nach einer Vakanz von kaum zwei Monaten. Obwohl seine Wahl byzantinischem Einfluß zuzuschreiben war, zeigte Johannes recht bald eine ausgeprägte Persönlichkeit. Mit dem aufkommenden Nationalgefühl ersehnten die Italiener immer mehr ihre Befreiung vom byzantinischen Joch. Johannes VI. war sich dessen voll bewußt. Als er sich nämlich für die Beilegung der Revolte der Römer gegen den Exarchen Theophylakt einsetzte, nahm er eine loyale Haltung gegenüber der Herrschaft von Byzanz ein, allerdings mit Sympathie für die italienische Sache.

Ein weiteres Friedenswerk unternahm Johannes mit dem langobardischen Herzog Gisulf II. von Benevent, der die griechische Herrschaft in Mittelitalien niederzuschlagen suchte. Er konnte ihn vom Krieg abhalten. Die Kriegsgefangenen aber löste er mit den Schätzen der Kirche aus. Johannes VI. griff schließlich 704 die Sache des Wilfrid, Bischof von York, auf, der von den britannischen Bischöfen nach dem Willen des Königs von Northhumberland zu Unrecht abgesetzt worden war. Er setzte ihn wieder in York ein. Der *Liber Pontificalis* erzählt ferner, daß dieser Papst einige Restaurierungen an den Basiliken St. Peter und St. Paul veranlaßt habe. Er starb am 11. Januar 705 und wurde in St. Peter beigesetzt.

C. Petruzzi

Johannes VII.

Papst. Er war der Sohn des Griechen Platon und wurde am 1. März 705 zum Papst gewählt. Schon bald mußte er gegen Kaiser Justinian II. kämpfen, der erneut den Versuch unternommen hatte, den Papst zur Billigung einer Synode zu veranlassen, die weitgehend die Autorität der lateinischen Kirche verletzte. Der *Liber Pontificalis* bezeichnete Johannes als „aus menschlicher Gebrechlichkeit furchtsam", denn er wagte weder, die Synodenakten zu bestätigen, noch sie zu verurteilen. Er setzte die versöhnliche Politik seiner Vorgänger gegen die Langobarden fort, die sich großenteils schon zum Christentum bekehrt hatten. Er verband sich in Freundschaft mit König Aribert II., der ihm Kirchengüter zurückerstattete, deren sich einige Feudalherren bemächtigt hatten.

Hervorzuheben ist die Bautätigkeit Johannes' VII., darunter die Restaurierung des Klosters von Subiaco, das die Langobarden 601 zerstört hatten. Er ließ ferner in St. Peter eine Kapelle errichten, die er mit Mosaiken ausschmücken ließ, von denen noch heute wertvolle Fragmente in den Vatikanischen Grotten erhalten sind. Dort gibt es auch eine Inschrift zur Reliquie des Schweißtuchs der Veronika. Weitere wertvolle Malereien ließ er in der Kirche *S. Maria Antiqua* auf dem Forum anbringen, die man als eine der wichtigsten Stätten der Marienverehrung in Rom betrachten darf. Ihr Bild erscheint übrigens öfter auf den Malereien, vor allem als „Mutter Gottes" und als „Königin" (vgl. E. Tea, *La Basilica di S. Maria Antiqua*, Rom 1937). Johannes VII. wird als sehr gelehrt und redegewandt bezeichnet. Er interessierte sich in verschiedenen Briefen für die Angelegenheiten des Klosters Farfa und die kirchliche Disziplin in England. Er starb am 18. Oktober 707 und wurde in St. Peter beigesetzt.

Bibl.: J. M. Sansterre, *Jean VII (705–707); idéologie pontificale et réalisme politique*, in *Rayonnement grec. Hommage à Charles Delvoye*, Brüssel 1982, S. 377–388; P.J. Nordhaben, *S. Maria Antiqua revisited*, in *Arte medievale*, 1 (1984), S. 49–51; J. M. Sansterre: *A propos de la signification politico-religieuse de certaines fresques de Jean VII à Ste-Marie-Antique*, in *Byzantion*, 57 (1987), S. 434–440.

C. Petruzzi

Johannes VIII.

Papst. Er war Römer von Geburt, aber wahrscheinlich langobardischer Herkunft. Er war seit 20 Jahren Erzdiakon der röm. Kirche und bereits alt und von gebrechlicher Gesundheit, als er in Gegenwart von Kaiser Ludwig II. am Tag des Todes von Hadrian II., am 14. Dezember 872 gewählt wurde. Als überzeugter Vertreter der päpstl. Autorität setzte er sich mit besonderer Energie und Umsicht für die volle Bewahrung der kirchlichen Privilegien und Güter ein sowie für die Festigung des röm. Primats. Er war ein strenger Hüter der Disziplin des Klerus und kämpfte hart gegen den falschen Anspruch der Kirche von Ravenna durch den Erzbischof Johannes. Er scheute auch von der Exkommunikation jener nicht zurück, die ob Kleriker oder Laien seine Verfügungen mißachteten. Seine umfassende Autorität bei Bischofsernenungen und -verurteilungen erlaubte es ihm, der Kirche die Einheit auf dogmatischem und lehrmäßigem Gebiet wie bei der Organisation des gemeinschaftlichen Lebens zu sichern.

Ungewöhnliche Umstände ließen den Papst zweimal über das Kaiserreich verfügen, als dessen Schützer er sich schon beim Tod Ludwigs II. betrachtete. Im Streit zwischen Karl dem Kahlen und Ludwig dem Deutschen nahm Johannes VIII. Partei für Karl, den Souverän des röm. bestimmten Teils des Kaiserreiches, der auch wegen seiner Frömmigkeit, Bildung und seines Charakters gelobt wurde. Er sandte daher an Karl den Kahlen eine Gesandtschaft mit Formosus, dem Bischof von Porto an der Spitze, um ihn nach Rom einzuladen. Dort empfing er ihn mit großen Ehren und und krönte ihn in St. Peter an Weihnachten 875 zum Kaiser. Doch bald sah sich Johannes allein gegenüber den Parteien der röm. Adeligen und der Spoletaner, die den deutschen Zweig unterstützten, wie auch gegenüber dem Vordringen der Sarazenen, die bereits die Umgebung Roms verwüsteten. Der alte Papst nahm mit ungewöhnlichen Stärke die Situation in Angriff, knüpfte Bündnisse, exkommunizierte seine Feinde und ließ die Verräter hinrichten. Er rüstete schließlich eine Flotte von röm. Kriegsschiffen aus – das erste Beispiel einer päpstl. Marine – und fuhr selbst mit zum *Capo Circeo.* Dort richteten seine Soldaten ein Blutbad an und kaperten einen Teil der feindlichen Flotte. Sie befreiten auch eine große Zahl von Gefangenen und kauften andere mit Geld frei. Papst Johannes trug auch Sorge, Rom vor den Plünderungen der Sarazenen zu bewahren und schuf um St. Paul eine *Joannopolis*, so wie Leo I. die Basilika St. Peter mit einer Mauer umgeben hatte.

Der Tod Karls des Kahlen 881 gab der deutschen Partei neuen Auftrieb. Doch der Papst zögerte nicht, sie zu exkommunizieren und wandte sich dann an Karl den Dicken, den er in St. Peter zum Kaiser krönte. Trotz seiner flehentlichen Bitte um Hilfe gelang es ihm nicht, dessen Unterstützung zu erreichen. Dann wurde er noch einmal Schiedsrichter über die Geschicke des Kaiserreiches, was ihm aber nur bittere Enttäuschungen einbrachte wegen der mangelnden Entschlußkraft des neuen Kaisers. Er erwies sich als unfähig, überzeugend zu regieren und vor allem die Muslime zu bekämpfen. In der Orientfrage handelte Johannes VIII. übereilt. Er bestätigte auf dem Patriarchensitz von Konstantinopel den alten Photius, der aber – wieder im Amt – in keiner Weise die Bedingungen beachtete, die mit seiner Anerkennung verbunden waren. Er las im Konzil die ihm vom Papst gesandten Briefe vor, ließ aber jene Teile aus, die ihn zum Gehorsam gegenüber dem röm. Papst verpflichteten. Johannes blieb daher nichts anderes übrig, als die Verurteilung des unversöhnlichen Patriarchen zu erneuern, die bereits seine Vorgänger ausgesprochen hatten.

Johannes VIII., der unerschrockene und eifrige Papst, den weder die Zeitgenossen, noch die späteren Historiker zu schätzen wußten, wie Muratori gut bemerkt hat, wurde Opfer einer dunklen Verschwörung, die uns nur aus der Erzählung des anonymen Annalenschreibers von Fulda bekannt ist. Er wurde zunächst vergiftet, und als das nicht genügte, von einigen seiner Verwandten mit Hammerschlägen am 16. Dezember 882 ermordet – der erste Papst, der eines gewaltsamen Todes starb.

Bibl.: P. Balan, *Il Pontificato di Giovanni VIII*, Rom 1880; B. Gorla, *L'arcivescovo Ansperto e i suoi rapporti con Giovanni VIII*, in *Ricerche storiche sulla Chiesa Ambrosiana*, 2 (1971), S. 24–115; A. Lapotre, *Etudes sur la Papauté au IX*^{e}*. siècle*, II, Turin 1978 (anastatischer Neudruck), S. 57–437 (*Le pape Jean VIII, 872–882*).

C. Petruzzi

JOHANNES IX.

Papst. Geboren in Tivoli als Sohn des Adeligen Rampaldo, folgte Johannes auf Theodor II. im Januar 898. Kaum gewählt rehabilitierte er Papst Formosus, der ihn ordiniert hatte und verwarf das Ansinnen Sergius' (Leichensynode). Er bestätigte außerdem die Gültigkeit der von Formosus getätigten Ordinationen. Der Erwähnung wert sind ferner die Entscheidungen zur Wahl und Salbung von Lamberto und die zur Nichtigkeit der Kaiserkrönung des Arnulf von Kärnten führten. Johannes IX. erneuerte ferner die Normen zur Wahl des Papstes und setzte fest, daß der Papst von den Bischöfen und vom Klerus zu wählen sei – „auf Bitten des Senats und des Volkes“. Er solle in Gegenwart der kaiserlichen Legaten konsekriert werden.

Überzeugt davon, daß der Niedergang der kaiserlichen Macht am Ende auch den Ruin des Papsttums nach sich ziehen würde, setzte sich Johannes energisch für die Wiederherstellung des Kaiserreiches ein. Er unterstützte den jungen und wagemutigen Lamberto von Spoleto, der auch den Italienern als der Mann erschien, um das wankende Schicksal des Kaiserreiches wieder zu festigen. Auf einer Synode zu Ravenna zögerte der Papst nicht, die Wahl des Kaisers Lamberto zu verkünden und ein kaiserliches Gericht einzusetzen, um die Schwachen gegen die Anmaßung der Mächtigen zu schützen. Er sorgte gleichzeitig für eine Bekräftigung der Besitzrechte des Kirchenstaates sowie der Oberhoheit des Papstes über seine Gebiete und über Rom. Johannes IX., der auf dem Konzil von Ravenna seine Fähigkeiten als Reformer gezeigt hatte, setzte sich auch für feste Abmachungen mit dem Kaiser Lamberto ein, um die mörderischen Bruderkämpfe zu verhindern und Rom eine Zeit des Friedens zu sichern. Doch wurden diese Hoffnungen durch den vorzeitigen Tod des Lamberto (15. Oktober 898) enttäuscht, als ein schrecklicher Überfall der Ungarn Italien in neue blutige Kämpfe verstrickte.

Auch in den Beziehungen zum Orient zeigte sich Johannes versöhnlich und machte sich zum Mittler zwischen den Parteien des Ignatius und des Photius. Er sandte ferner Legaten nach Mähren, um die Eintracht zwischen den dortigen Kirchen wiederherzustellen und dabei die Oberhoheit Roms über die slawischen Länder zu bekräftigen. Er starb im Januar 900 und wurde in St. Peter beigesetzt.

Bibl.: M. Petrocchi, *La personalità di Papa Giovanni IX (898–900)*, in M. Petrocchi, *Il simbolismo delle piante in Rabano Mauro e altri studi di storia medievale*, Rom 1982, S. 43–55.

C. Petruzzi

Johannes X.

Papst. Er wurde in Tossignano bei Imola 860 geboren und bestieg den päpstl. Thron im März 914. Er war Diakon und dann Bischof von Bologna, seit 905 Metropolit von Ravenna und wurde nach dem Tod seines Vorgängers Lando zum Papst gewählt, nicht ohne Einfluß der Theophylakten, der Herren von Rom. Die historische Überlieferung, die sich vor allem auf die Chronik des verleumderischen Liutprand stützt, bietet von diesem Papst ein düsteres Bild. Bei dessen Wahl soll die intrigante Teodora eine Rolle gespielt haben, die ihn in Rom sehen wollte. Doch diese Nachricht hat sich dank neuerer Studien, die die kraftvolle Gestalt und das unermüdliche Wirken Johannes' X. rehabilitiert haben, als historisch nicht begründet erwiesen. In den 14 Jahren seines Pontifikates zeigte er ungewöhnliche Energie und ein ausgeprägtes Staatsbewußtsein – trotz der Einflußnahme der mächtigen Frauen aus der Familie der Theophylakten auf das Papsttum.

Italien fürchtete damals bereits seit einigen Jahren die Bedrohung durch die Sarazenen, die in das Herzogtum Rom eindrangen. Sie zerstörten auch die Kirchen, ohne daß die Könige und Feudalherren Italiens es vermochten, eine wirksame Verteidigung aufzubauen. In dieser Bedrängnis bot Johannes X. in der Überzeugung, daß zur Verteidigung Roms und der Kirche eine Kräftigung des Kaiserreiches nötig war, die Kaiserkrone dem König des langobardischen Italien Berengar an, dem einzigen, der sie damals zu verdienen schien. Er ebnete ihm den Weg nach Rom und krönte ihn 915 feierlich in St. Peter.

In Italien entstand inzwischen ein Nationalgefühl. Es reifte das Bewußtsein heran von der Notwendigkeit, die muslimische Bedrohung abzuwehren. Es war daher für Johannes X. nicht schwer, in einer Liga den römischen Kaiser, den griechischen Kaiser und den Feudaladel Zentral- und Mittelitaliens zur Abwehr der sarazenischen Offensive zu vereinigen. Man stellte ein mächtiges Heer und eine gewaltige Flotte auf mit dem Papst dabei an der Spitze seiner Milizen. Trotz der Abwesenheit Berengars, der in Norditalien von dort ausgebrochenen schweren Tumulten festgehalten wurde, wichen die Sarazenen nach einem harten Gefecht am Garigliano im August 915 vor Johannes X. zurück, der mit reicher Beute nach Rom zurückkehrte. Doch recht bald empörten sich die italienischen Fürsten gegen Berengar und riefen einen anderen fremden Fürsten, Rudolf von Burgund, nach Italien, um ihm die Kaiserkrone anzubieten. Berengar erbat nun Hilfe von den Ungarn, die nach Italien kamen und Überfälle aller Art durchführten, Pavia anzündeten und ein Blutbad unter den Bürgern anrichteten. Gegen den König Italiens erhoben sich daher die empörten adeligen Feudalherren, die ihm die Verantwortung für den wilden Überfall zuschrieben. Sie zettelten eine Verschwörung gegen ihn an, die zu seinem Tod durch Mord im Jahre 924 führte.

Da das Werk des Papstes gescheitert und das Kaisertum der italienischen Nation entgangen war, versank diese wieder in Anarchie. In Rom überstürzten sich die Ereignisse wegen der Mißbräuche und Intrigen des Adels unter Führung des Alberich und der sehr ehrgeizigen Frauen Marozia und Ermengarda, die mit allerlei Intrigen in Rom die Vorherrschaft gewinnen wollten. Zwei Jahre konnte Johannes X. die Tumulte unterdrücken, die immer zahlreicher zwischen den röm. Parteien ausbrachen – auch dank der militärischen Hilfe seines Bruders Pietro, der in der Schlacht von Orte gegen Alberich die päpstl. Milizen befehligt hatte. Doch gegen Ende 927 provozierte die Marozia eine gewaltsame Erhebung des Volkes gegen den Papst, der den Patriarchensitz des Lateran nicht gegen den Pöbel zu verteidigen vermochte und gezwungen war, sich zu ergeben. Er wurde gefangen und in den Kerker geworfen, wo er im Mai 928 erdrosselt wurde und starb.

Die Quellen der Kirchengeschichte belegen das vielfältige Wirken Johannes' X., die guten Beziehungen, die er mit allen Ländern der Christenheit unterhielt, und die Reform des Mönchtums, die in der strengen Regel von Cluny deutlich wurde. In Rom gibt es kein Monument, das an Papst Johannes X. erinnert. Wahrscheinlich aber ist, daß er den Bau der Lateranbasilika vollendete und den gleichnamigen Palast mit Malereien ausschmücken ließ. Er widmete ferner besondere Sorge den Klöstern in Fulda, St. Gallen und Subiaco und gehörte auch zu den Wiedererbauern der Abtei von Montecassino nach der Zerstörung durch die Sarazenen. Zugleich energisch und versöhnlich gelang es ihm, ein kleines Schisma in der Kirche von Narbonne beizulegen. Behutsam griff er in die byzantinischen Kontroversen ein und beschränkte sich darauf, seinen Legaten die Aufgabe anzuvertrauen, die Zwistigkeiten beizulegen. Er stützte den lateinischen Ritus und ermahnte die Bischöfe Dalmatiens, den Gebrauch der slawischen Sprache einzustellen und sich mit den Kroaten zu versöhnen.

Bibl.: T. Venni, *Giovanni X*, in *Archivio della R. Deputazione Romana di storia patria*, 59 (1936), S. 1–136; M Marazzi, 916: *la vittoria sul Garigliano contro i saraceni*, in Lunario Romano VIII. *Fatti e figure del Lazio medievale*, Rom 1979, S. 239–261.

C. Petruzzi

JOHANNES XI.

Papst. Er wurde in Rom als Sohn von Marozia und Alberich I. geboren und im Februar 931 im Alter von 25 Jahren zum Papst ernannt. Dies hatte seine Mutter durchgesetzt, die über die Geschicke der Stadt entschied. Mit der Wahl ihres Sohnes erreichte Marozia den Gipfel ihrer Macht. Nach dem Tod ihres zweiten Mannes, Guido von Toscana, heiratete sie Ugo von Provenz, den König von Italien, dem sie allzugern die Kaiserkrone verschafft hätte. Doch die Arroganz des zügellosen und stolzen Souveräns weckte recht bald die Empörung Alberichs II., Sohn der Marozia und Bruder des neuen Papstes. Der junge Mann stiftete nach zahlreichen Übergriffen Ugos einen Volksaufstand an, der Ugo zwang, nach Pavia zu flüchten. Nunmehr Herr von Rom warf Alberich II. seine Mutter als Gefangene in die Engelsburg und schloß seinen Bruder Johannes gut bewacht im Lateran ein. Er nahm ihm alle politische Macht und ließ ihm nur die geistliche Betreuung der Kirche.

Die wenigen Akten, die von diesem Pontifikat erhalten geblieben sind, beziehen sich sämtlich auf die Disziplin einiger Klöster. Johannes X. unterstützte energisch Odilo von Cluny, den großen Reformator des Mönchtums. Ihm vertraute er die Aufgabe an, verschiedene röm. Klöster zu reformieren und ein neues auf dem Aventin zu bauen. Er förderte ferner die Erneuerung anderer italienischer Abteien und schenkte dem Kloster Farfa, das sich der Herrschaft Alberichs II. energisch widersetzte, besondere Aufmerksamkeit. Gezwungen, unter der strengen Überwachung durch seinen Bruder zu leben, wurde er zum Werkzeug von dessen politischen Bestrebungen. Um sich den Hof von Byzanz zu verpflichten, hatte Alberich den Papst sogar veranlaßt, Theophylakt, dem Patriarchen von Konstantinopel, das Pallium zu verleihen.

Die letzten Jahre des Pontifikates von Johannes X. verliefen ohne Höhepunkte wegen der schwierigen politischen Situation, in der sich Rom befand, vor allem aber wegen seiner Nachgiebigkeit gegenüber seinem ehrgeizigen Bruder. Er starb im Dezember 935 und wurde in der Lateranbasilika beigesetzt.

Bibl.: L. Duchesne, *Serge III. et Jean XI*, in *Mélanges d'archéologie et d'histoire*, 33 (1913), S. 25–64.

C. Petruzzi

JOHANNES XII.

Papst. Ottaviano, Graf von Tusculum, Sohn Alberichs II. Er bestieg den päpstl. Thron mit 18 Jahren am 16. Dezember 955 als Nachfolger Agapeths II. und änderte seinen Taufnamen in „Johannes XII.“. Er war ein Vertreter der mächtigen Familie der Theophylakten, die inzwischen das Papsttum in der Hand hatten. Es gelang ihm, den in Rom herrschenden Gegensatz zwischen Feudalherren und dem Klerus auszugleichen. Da er wie die adeligen Jünglinge seiner Zeit mehr den Vergnügungen des Lebens und weniger der Strenge und Mäßigung zugeneigt war, verhielt er sich auch als Papst wie ein weltlicher Fürst. Er ließ sich von ehrgeizigen Bestrebungen leiten und vom Beispiel seines Vaters anregen, von dem er freilich nur den Wagemut, aber nicht die Klugheit und das politische Unterscheidungsvermögen geerbt hatte. Dabei wären diese Eigenschaften für die Regierung eines wankelmütigen Volkes sehr notwendig gewesen, das nicht mehr durch die feste Hand und die starke Herrschaft des Alberich im Zaum gehalten wurde. Johannes scheiterte daher bei dem Versuch, die Kirchengüter von den Herren im Süden zurückzuerhalten. Auch mißlang ihm das Unternehmen, die römischen Adelskreise zu zügeln, die nach dem Tod des Alberich aufrührerisch geworden waren.

Keinen Erfolg hatten ferner seine Bemühungen, die Soldaten des Berengar und jene des Adalbert vom Territorium der Kirche fernzuhalten. Er sah sich also gezwungen, den deutschen König Otto zu Hilfe zu rufen, der Weihnachten 961 nach Italien kam. Er wurde mit der eisernen Krone in Pavia gekrönt und wandte sich dann nach Rom, wo er in St. Peter am 2. Februar 962 die Kaiserkrone erhielt. So wurde durch die deutsche Nation das „Heilige Römische Reich“ wiederhergestellt, das bis Anfang des 19. Jh. bestehen sollte. Durch das berühmte *Privilegium Ottonianum*, das in Form eines Eides verlesen wurde, verpflichtete sich Otto, dem Papst das *Patrimonium Petri* zurückzugeben und sich nicht in die kirchlichen Angelegenheiten Roms einzumischen. Der Papst und die Römer verpflichteten sich ihrerseits, nicht die Waffen zugunsten der Feinde des Kaisers zu ergreifen und nicht zu einer Papstweihe zu schreiten, bevor der Erwählte einen Eid auf das Kaiserreich in Gegenwart des Kaisers oder seiner Legaten abgelegt hatte.

Doch die Abmachung zwischen Johannes XII. und Otto sollte nicht von Dauer sein, sei es wegen der Reaktion der röm. Aristokratie, die ihre Privilegien gefährdet sah, sei es wegen des Despotismus Ottos. Dieser wollte nämlich die kaiserlichen Rechte in den Staaten der Kirche und sogar über das *Patrimonium Petri* ausüben und änderte sein Verhalten gegenüber dem Papst. Nach der Abreise des deutschen Kaisers von Rom wurde sich Johannes der Last der eingehandelten Verträge bewußt und nahm erneut Verhandlungen mit Berengar und Adalbert auf. Sobald Otto erfuhr, daß Adalbert in Rom eingedrungen war, kehrte er um, zerschlug die römischen Milizen und zwang ihn und den Papst selbst zur Flucht mit den Schätzen der Kirche in die Berge Kampaniens, wie die Chronik von Farfa erzählt. Der Kaiser zog unter feierlichem Applaus in Rom ein und berief eine Synode von Bischöfen und Adeligen nach St. Peter, um den Papst anzuklagen und ihn dann wegen Verrats abzusetzen. Trotz der Drohungen Johannes' XII. mit der Exkommunikation, schritt die Synode am 4. Dezember 963 zur Wahl eines neuen Papstes gegen die kanonischen Vorschriften. Es war der Protoscriniar Leo, der sich sogleich als williges Werkzeug in der Hand der kaiserlichen Partei erwies. Mit der Einsetzung Leos, der als Gegenpapst den Namen Leo VIII. annahm, brachen in der Stadt neue blutige Tumulte aus. Zwischen Niederlagen und Siegen gelang es Johannes XII., wieder Rom zu betreten, unterstützt vom Volk, das allmählich der vielen Kämpfe müde war und nach Frieden verlangte. Er versammelte am 26. Februar 964 eine Synode in St. Peter, verurteilte zunächst das falsche Konzil Ottos und bestrafte seine Gegner grausam: So ließ er ihnen Nase und Hände abschlagen und wurde von der Versammlung als einzig legitimer Bischof und Herr von Rom anerkannt. Auf diese Nachricht hin schickte sich Otto erneut an, nach Rom zu ziehen, als er vom Ende Johannes' XII. erfuhr, der am 14. Mai 964 tragisch zu Tode gekommen war.

Der Pontifikat Johannes XII. war zutiefst vom konfliktreichen Gegensatz zwischen den beiden Funktionen des Papstes als irdischer Fürst und Stellvertreter Christi gekennzeichnet. Sein jugendliches Alter und die Last des väterlichen Erbes, aber auch die Härte der Zeiten waren für ihn schwierige Umstände.

Aus seinem *Regesto* entnehmen wir, daß er die Ernennung Dunstanos zum Bischof von Canterbury bestätigte, ihm das Pallium verlieh und ihn zu seinem Vikar in England berief. Außerdem beschäftigte er sich mit der Kirche in Deutschland, dem Bischofssitz in Reims und der Missionierung in Ungarn. Seine besondere Zuwendung galt dem berühmten Kloster von Subiaco und dessen Mönchen.

Bibl.: P. Brezzi, *Roma e l'impero medioevale (774–1252)*, Bologna 1947, S. 127–134; H. Zimmermann, *Prozeß und Absetzung Papst Johannes XII. im Jahre 963*, Wien 1961; K. Hampe, *Die Berufung Ottos des Großen nach Rom durch Papst Johannes XII.*, in *Historische Aufsätze Karl Zeumer.*., Frankfurt/M 1987, S. 153–163.

C. Petruzzi

Johannes XIII.

Papst. Er war ein Neffe der Marozia und Bischof von Narni und wurde am 1. Oktober 965 in Gegenwart der Legaten von Kaiser Otto I. zum Papst gewählt. Erzogen wurde er im Lateran, wo er alle Grade der priesterlichen Würde erreicht und sich wegen seiner Gelehrsamkeit und Bildung großes Ansehen erworben hatte. Von Anfang seines Pontifikates an war es sein Anliegen, die Kirche wieder zu alter Disziplin und moralischer Strenge zurückzuführen. Doch die heikle Lage, in der sich das römische Volk aufgrund der Übermacht und Intoleranz der Aristokratie befand, veranlaßte ihn, sich gelegentlich dem deutschen Kaiser unterwürfig anzunähern. Diese Haltung provozierte einen von den Adeligen geführten Aufstand, bei dem der Papst gefangen und zunächst in der Engelsburg eingeschlossen wurde, um dann als Gefangener des Grafen Roffredo nach Kampanien gebracht zu werden. Hier blieb er fast zehn Monate im Exil. Zu seiner Befreiung kam die Armee Ottos, der die für die gewalttätige Erhebung verantwortlichen Adeligen umbringen ließ. Damit war die Autorität sowie das Ansehen des Papstes wiederhergestellt. Während der sechs Jahre, die Otto in Italien verbrachte, hielt Johannes XIII. verschiedene Synoden in Ravenna und Rom ab und erreichte bei diesen Gelegenheiten vom Kaiser die Rückgabe verschiedener Besitzungen der Kirche. Weihnachten 967 beugte er sich dem kaiserlichen Willen und krönte in St. Peter den zwölfjährigen Sohn Otto des Großen, Otto II. und segnete am 14. April 972 auch dessen Hochzeit mit der byzantinischen Prinzessin Theophanu, der Tochter Romanus' II., des Kaisers im Osten.

Die zahlreichen Dokumente, die uns aus dem Pontifikat Johannes' XIII. überkommen sind, werfen nicht nur Licht auf die bewegte religiöse und politische Geschichte des 10. Jahrhunderts – sie bezeugen auch das von diesem Papst vollbrachte Werk zugunsten des monastischen Lebens, der kirchlichen Disziplin und der Missionen. So sandte er den Bischof Egidius von Tusculum zu den Polen, die sich seit kurzem bekehrt hatten und spielte auch eine entscheidende Rolle bei der Verbreitung des Glaubens unter den Slawen und Ungarn.

Johannes XIII. starb am 6. September 972 und wurde in der Basilika St. Paul außerhalb der Mauern beigesetzt, wo seine Grabinschrift aufbewahrt wird, die ihn der Nachwelt als „klugen Hirten" in Erinnerung hält.

Bibl.: C. Cecchelli, *Note sulle famiglie romane fra il IX e il XII secolo*, in *Archivio della R. Deputazione Romana di storia patria*, 58 (1935), S. 72–97 (La famiglia di Giovanni XIII e le prime fortune dei Crescenzi); P. Brezzi, *Roma e l'impero medioevale (774–1252)*, Bologna 1947, S. 142–148.

C. Petruzzi

Johannes XIV.

Papst. Pietro Canepanova war Kanzler des Kaiserreiches und Bischof von Pavia und wurde nach dem Willen Otto II. im Dezember 983 mit dem Namen Johannes XIV. zum Papst gewählt. Kaum konsekriert, mußte er dem jungen Otto II. im kaiserlichen Palast beim Vatikan auf seinem Sterbebett beistehen. Dieser war der einzige Kaiser germanischer Herkunft, der in Rom starb und im „Paradies" der alten Basilika (heute in den Grotten) von St. Peter beigesetzt wurde. Nachdem Otto II. seine Güter an die italienischen Kirchen verteilt hatte, bekräftigte er auf dem Totenbett auch den unbestrittenen Primat des Papstes.

Doch das zarte Alter und die Unerfahrenheit von Theophanu, der kaiserlichen Erbin und Witwe Ottos II., weckten in der Stadt erneut die feindlichen Gefühle der antikaiserlichen Partei. Diese rief Bonifatius VII., den bereits von Benedikt VI. exkommunizierten und ins Exil nach Konstantinopel geschickten Gegenpapst zurück, der die Schwäche des deutschen Kaiserreiches ausnützte und leicht die Oberhand über den rechtmäßigen Papst gewann. Johannes XIV. wurde in der Engelsburg eingeschlossen, wo er am 20. August 984 nach vier Monaten harter Entbehrungen starb, wahrscheinlich durch Gift getötet. Er wurde in St. Peter beigesetzt.

Bibl.: P. Brezzi, *Roma e l'impero medioevale (774–1252)*, Bologna 1947, S. 156–158.

C. Petruzzi

Johannes XV.

Papst. Er war Römer von Geburt und ein Sohn des Priesters Leo. Er wurde im August 985 unter wenig bekannten Umständen zum Papst gewählt. Er folgte auf Johannes XIV. und bekam bald die Übermacht der röm. Adelsfamilie der Crescenzier zu spüren, die er sich durch die Verleihung wichtiger Ämter und großzügige Geschenke günstig stimmen mußte. Doch ständig von den Schikanen der Adeligen bedrängt, rief er die Kaiserin Theophanu nach Rom, die einen Freundschaftspakt mit den Crescenziern schloß und in der Stadt gütig und entschlossen regieren konnte. Der Tod Theophanus 991 veranlaßte Johannes XV., Rom zu verlassen und sich zu Ugo von Toscana zu flüchten, von wo er die Hilfe Ottos III. herbeirief, der daraufhin nach Rom aufbrach. Auf die Kunde von der bevorstehenden Ankunft des jungen Kaisers in der Stadt, wurden die Adeligen und das Volk von Schrecken ergriffen. Sie riefen den Papst aus dem Exil zurück und empfingen ihn mit feierlichen Ehren. Doch Johannes XV. konnte sich nicht lange des zurückgewonnenen Ansehens erfreuen, weil er im März 996 starb, als Otto auf dem Weg nach Rom gerade in Ravenna angekommen war.

Von diesem Pontifikat, das keine wesentliche Rolle im politischen Leben Roms spielte, sind aber andere erwähnenswerte Tatsachen bekannt. So wissen wir, daß er energisch in England eingriff und sich für einen Friedensvertrag zwischen König Ethelred II. und Richard, dem Herzog der Normandie einsetzte. Er führte bei dieser Gelegenheit auch die Regel des „Waffenstillstands Gottes“ ein. Johannes XV. war ferner der erste Papst, der mit einem normalen Dekret eine Heiligsprechung ermöglichte. Bei der Lateransynode vom 31. Januar 993 trug er den Bischof Ulrich von Augsburg, der kaum zwanzig Jahre tot war, in das Verzeichnis der Heiligen ein (vgl. N. Del Re, in *Bibliotheca Sanctorum XII*, Sp. 796–797). Bei einer sehr schweren in Frankreich ausgebrochenen Krise verteidigte er die Autorität des Papsttums gegen die ersten gallischen Übergriffe, die sich auf der Synode von Saint-Basle von Verzy bei Reims zeigten. Bei dieser Gelegenheit ließ Hugo Capet, König von Frankreich, Arnulf, den Erzbischof der Stadt unter der Anklage des Verrats absetzen, um ihn durch Gerbert, den künftigen Papst Silvester II. zu ersetzen. Im Streit um die Oberhoheit des Papstes über das Konzil verteidigte Johannes XV. den Primat des Papstes und veranlaßte Gerbert und die übrigen Bischöfe, die sich den Kapetingern angedient hatten, zur Unterwerfung, auch wenn Arnulf erst nach dem Tod des Königs Hugo den Sitz in Reims wieder einnehmen konnte. Johannes XV. wurde in St. Peter beigesetzt, wo ihm eine Grabinschrift gewidmet wurde, die ihn als „ausgezeichneten Lehrer“ bezeichnete, der sich weder „durch Furcht, noch durch Geld oder sonst eine Gunst“ bezwingen ließ.

Bibl.: F. Schneider, *Papst Johann XV. und Ottos III. Romfahrt*, in *Mitteilungen des Österreichischen Instituts für Geschichtsforschung*, 39 (1923), S. 193–218; P. Brezzi, *Roma e l'impero medioevale (774–1252)*, Bologna 1974, S. 158–164.

C. Petruzzi

Johannes XVI.

Gegenpapst. Im September 996 wurde Gregor V. aus Rom vertrieben, weil er dort als Deutscher nicht gern gesehen war. An der Spitze der Volkserhebung stand Crescentius (oder Cencius), der sich zum Volkstribun ernannt hatte. Zum Papst wurde anstelle Gregors von den Aufständischen im April 997 der Erzbischof von Piacenza ausgerufen, Giovanni Filagato, der von griechischen Eltern in Rossano in Kalabrien geboren war. Von Pavia aus, wohin er sich geflüchtet hatte, rief Gregor seinen Vetter, Kaiser Otto III. zur Hilfe an, der daraufhin im Januar 998 nach Italien vorrückte und den rechtmäßigen Papst nach Rom zurückführte. Ohne Schwierigkeiten gelang es ihm, den Crescentius zu fangen, der unverzüglich hingerichtet wurde. Auch dem Gegenpapst wurden nach der grausamen Sitte der Zeit die Augen ausgestochen, Hände und Ohren abgeschnitten, Nase und Zunge verstümmelt, obwohl für ihn sein Landsmann, der hl. Nilus, der dazu eigens nach Rom gekommen war, Fürsprache einlegte. Johannes XVI. wurde ferner vor ein Konzil im Lateran gebracht und schuldig befunden. Er wurde im Februar seines angemaßten Amtes enthoben und gezwungen, die ganze Stadt auf einem Esel zu durchqueren, dessen Schwanz er halten mußte, um die Verhöhnung noch zu steigern. Schließlich wurde er zu ständiger Haft verurteilt und verbrachte den Rest seines Lebens in einem Kloster, vielleicht in Fulda. Er starb in Deutschland im Jahr 1013.

Bibl.: S. Borgia, *Monumento di Giovanni XVI*, Rom 1750.

N. Del Re

Johannes XVII.

Papst. Er war Römer und gehörte einer adeligen Familie an. Siccone war vor seinem Aufstieg zum Papsttum im Juni 1003 als Nachfolger von Silvester II. verheiratet und hatte drei Söhne, die später alle drei ebenfalls Kleriker wurden. Vom kurzen Pontifikat Johannes' XVII. ist fast nichts überliefert. Es dauerte auch kaum ein halbes Jahr und war im übrigen getrübt durch die Tumulte der Parteien, die damals in Rom um die Vorherrschaft kämpften. Er starb im Dezember des gleichen Jahres, ohne irgendein Dokument über seine Tätigkeit zu hinterlassen. Zweifelhaft bleibt auch der Ort seines Grabes. Man weiß nicht, ob es sich im Lateran befindet, oder im Kloster *San Saba in Cella Nova* auf dem Aventin.

Bibl.: R. Poupardin, *Notes sur la chronologie de Jean XVII*, in *Mélanges d'archéologie et d'histoire*, 21 (1901), S. 387–390.

N. Del Re

Johannes XVIII.

Papst. Giovanni Fasano. Er war Römer und Sohn des Priesters Orso und der Stefania. Als Kardinal von St. Peter wurde er im Januar 1004 als Nachfolger Johannes XVII. zum Papst gewählt. Auch von diesem Papst, Günstling des mächtigen Patriziers in Rom, Giovanni Crescenzio III., weiß man recht wenig. Von ihm sind uns aber einige Dokumente verblieben, die seine Interventionen bei der griechischen Kirche zugunsten der Ökumene, ferner bei den Kirchen von England und Deutschland beweisen, wo er das Bistum Bamberg errichtete. Sein Pontifikat dauerte immerhin bis Juli 1009, als er, wie es scheint, entthront wurde, um seine Tage in der Abtei von St. Paul zu beenden, wie in der Chronik des Ekkehard nachzulesen ist. („Er starb in St. Paul als Mönch.")

Bibl.: W. Ziezulewicz, *A monastic forgery in an age of reform; a Bull of Pope John XVIII for Saint-Florent-de-Saumur (April 1004)*, in *Archivum historiae pontificiae*, 23 (1985), S. 7–42.

N. Del Re

Johannes XIX.

Papst. Romanus, Graf von Tusculum, Sohn des Patriziers Gregor. Er folgte im Mai 1024 seinem Bruder Benedikt VIII. auf den Papstthron, obwohl er ein einfacher Laie war. Er schenkte dabei auch Geld, doch war seine Wahl im Gegensatz zu den Behauptungen des Rodolfo Glabro nicht simonistisch. Zum Zeitpunkt der Wahl war er Senator aller Römer und behielt diese Würde auch nachher bei, so daß er „am gleichen Tag Präfekt und Papst" war, wie Bonizone von Sutri in seinem *Liber ad amicum* (MGH, Libelli di lite I) erklärt. Er blieb damit Haupt der Stadtregierung, während er zugleich Haupt der Kirche wurde.

Er wurde im Juni mit dem Namen Johannes XIX. konsekriert und führte die politische Linie seiner Familie weiter. Er unterstützte Konrad den Salier, den er feierlich am 26. März 1027 in St. Peter zum Kaiser krönte. Anwesend waren dabei zwei Könige, Rudolf III. von Burgund und Knut II. von Dänemark und England. Unmittelbar nach der Krönung im Lateran mußte der Papst auf Druck des Kaisers dem Patriarchat von Aquileja das von Grado unterstellen, das er selber bereits als unabhängig erklärt hatte. Byzanz gegenüber günstig gesonnen, war er bereit, dem dortigen Patriarchen den Titel eines ökumenischen Bischofs zu verleihen, doch wurde er daran durch den energischen Widerstand der italienischen Bischöfe und der Mönche von Cluny gehindert. Johannes XIX. pflegte die Musik und rief 1027 oder 1028 Guido von Arezzo nach Rom, der in einem Brief an den Mönch Michele später diesen Besuch beim Papst beschrieb und lebhaft sein Antiphonar bewunderte. Er starb 1032 und wurde in St. Peter beigesetzt.

Bibl.: J. Gay, *I Papi del sec. XI e la chritanità.* Übersetzung von A. Viggiani, Florenz 1929, S. 102–108; F. Gregorovius, Storia della città di Roma nel medio evo.; L. Santifaller, *Chronologisches Verzeichnis der Urkunden Papst Johannes XIX.*, in *Römische historische Mitteilungen*, 1 (1956–1957), S. 35–76; K.-J. Herrmann, *Das Tuskulanerpapsttum (1012–1046): Benedikt VIII., Johannes XIX., Benedikt IX.*, Stuttgart 1973.

N. Del Re

Johannes XX.

Papst. Ein Papst dieses Namens und dieser Bezifferung hat nie existiert. In der amtlichen Reihe der Röm. Päpste folgt auf Johannes XIX. (Romanus der Grafen von Tusculum) sofort Johannes XXI. (Pietro Juliani oder Pietro Ispano, 1276–77). Der Grund für die irreführende Einfügung dieses nicht vorhandenen Johannes XX. in die Chronik der Päpste wird verdeutlicht in einer Anmerkung von Msgr. Angelo Mercati, dem alten Präfekten des Vatikanischen Geheimarchivs, die das *Annuario Pontificio* seit 1947 immer abdruckt und sich auf Johannes XIV. bezieht. Wir halten es daher für sinnvoll, diese Anmerkung auch hier vollständig wiederzugeben: „Da seit dem Ende des 12. Jh. Papstchroniken und historische Zusammenstellungen den Fehler begingen, das Pontifikat Johannes' XIV. (983–984) auf zwei Päpste mit dem Namen Johannes aufzuteilen und in die Reihe der rechtmäßigen Päpste auch die Nummer XVII bei den Johannespäpsten einzufügen, die statt dessen als XVI. einem Gegenpapst, Giovanni Filigato, zukommt (997–998), kam es, daß die Liste zwei Johannespäpste mehr zählte als existierten. Da nun Romanus von den Grafen von Tusculum, der 1024 gewählt wurde, den Namen Johannes annahm, hätte er nach korrekter Zählung Johannes XVIII. sein müssen, doch in der oben erwähnten Literatur bekam er die Nummer XX, die dann mit XXI (1276) weitergeführt wurde und mit XXII (1316). Tatsächlich aber hätten es XIX und XX sein müssen. Dann kam die Nummer XXIII des Gegenpapstes B. Cossa (1410). Aus diesen Fehlern erklärt sich auch die merkwürdige Bezeichnung einiger Johannespäpste wie bei der ikonographischen Serie von Papstbildnissen in der Basilika St. Paul vor den Mauern. Sie lautet: „Johannes XVI. oder XVII.", „Johannes XVII. oder XVIII.", Johannes XVIII. oder XIX. oder XX." usw."

N. Del Re

JOHANNES XXI.

Papst. Pietro Juliani, der so nach dem Namen seines Vaters genannt wurde, aber besser als Pietro Ispano bekannt ist, wurde um 1220 in Lissabon geboren. Als Erzbischof von Braga 1273 eingesetzt, wurde er im gleichen Jahr durch Gregor X. zum Kardinalbischof von Tusculum erhoben und am 8. September 1276 auf den päpstl. Thron als Nachfolger Hadrians V. gewählt. Grund für seine Wahl war auch der Druck, der auf das Hl. Kollegium durch Kardinal Giovanni Gaetano Orsini (den späteren Nikolaus III.) ausgeübt wurde. Während seines sehr kurzen Pontifikates von wenig mehr als acht Monaten spielte Johannes XXI. mit dem Gedanken an einen neuen Kreuzzug. Für ihn wollte er Philipp III. von Frankreich, Alfons X. von Kastilien und einige deutsche Fürsten gewinnen, während er gleichzeitig mit dem Kaiser des Ostens, Michael Paleologus über die Beendigung des Schismas verhandelte.

Mit der Konstitution *Licet* vom 20. September 1276 schaffte er die Normen ab, die zwei Jahre vorher Gregor X. für das Konklave erlassen hatte und erreichte damit leider wieder die langen Vakanzen des Apost. Stuhles, die die Gesetze Gregors zu verhindern suchten. Dieser hatte den im Konklave versammelten Kardinälen die Klausur auferlegt. In der Tat vergingen über sechs Monate bis zur Wahl seines Nachfolgers Nikolaus III. (1277), ebenso viele bis zur Wahl Martin IV. (1281), fast elf Monate bis zur Wahl Nikolaus' IV. (1288), dessen Tod am 4. April 1292 eine Sedisvakanz von über zwei Jahren folgte. Johannes XXI. starb am 20. Mai 1277, als der Boden seines Studierzimmers im Papstpalast zu Viterbo, wo er sich in diesem tragischen Augenblick befand, einbrach. Mit diesem zufälligen Tod wuchs aber das Gerücht der schwarzen Magie, das ihn wegen seiner umfassenden Gelehrsamkeit als Arzt und Philosoph, aber auch wegen der Unwissenheit und des Aberglaubens seiner Zeitgenossen umgab. Man behauptete sogar, der Teufel selber habe das Einstürzen hervorgerufen, dem der Papst zum Opfer fiel.

Johannes XXI. ist der Verfasser verschiedener philosophischer und naturwissenschaftlicher Werke, die auch später weite Verbreitung fanden. Bemerkenswert sind darunter seine *Summulae logicales*, die sich großer Anerkennung in den Schulen erfreuten und vor allem interessant sind hinsichtlich der Entwicklung der Theorie der Supposition, einem sehr wichtigen Thema in der terministischen Logik des Mittelalters, das Dante veranlaßte, über ihn zu sagen: „viel Licht in zwölf Büchern" (Par. XII, 135). Das Werk wurde mehrfach veröffentlicht und kommentiert, die neueste Ausgabe stammt von De Rijk (Assen 1972). Nennenswert ist auch der *Liber de anima*, sein wichtigstes philosophisches Werk (Ausg. M. Alonso 1941), ferner der *Tractatus maiorum/fallaciarum e Syncategoremata* ; sowie medizinische Werke wie *De oculo* und *Thesaurus panperum*, veröffentlicht von da Rocha Pereira (Coimbra 1973).

Bibl.: J. M. Cruz da Pontes, *Un nouveau manuscrit des „Quaestiones libri de anima" de Pierre Hispanus Portugalensis,* in *Recherches de théologie ancienne et médiévale,* 43 (1976), 167–201; Id., *A Propos d'un centenaire: une nouvelle monographie sur Petrus Hispanus Portugalensis, le pape Jean XXI († 1277) est-elle nécessaire?,* ibid., 44 (1977), 220–230; L. Craveiro da Silva, *Pedro Hispano (1277–1977) à luz dos últimos estudos, in Revista portuguesa de filosofia,* 33 (1977), 113–123; E. Brasão, *João XXI o único papa portugués (1276–1277),* in *Anais da Academia Portuguesa de Historia,* 26 (1980), 381–404; J. Ferreira, *Importancia historico-filosófica de Pedro Hispoano no contexto da escolástica,* in *Leopoldianum,* 11 (1984), n. 32, 99–110.

N. Del Re

JOHANNES XXII.

Papst. Von bescheidener Herkunft, wurde Jaques Duèse (oder d'Euze) 1243 in Cahors in Frankreich (Lothringen) geboren. Er war nacheinander Bischof von Fréjus (1300) und Avignon (1310) und wurde von Clemens V. 1312 zum Kardinal von Porto ernannt. Er folgte diesem auf dem päpstl. Thron am 7. August 1316 mit dem Namen Johannes XXII. nach einem langen und stürmischen Konklave und einer Sedisvakanz von über 27 Monaten. Vom fernen Avignon aus, wo er sich endgültig niedergelassen hatte, versuchte er erneut, die Autorität des Papstes durchzusetzen. Er griff in die Politik Deutschlands und Italiens ein und sandte 1319 als Legaten seinen Neffen (andere sagen seinen Sohn), Kardinal Bertrand del Poggetto, um die Guelfen wiedereinzusetzen und den Kirchenstaat wiederherzustellen. Dort sollte er die Wahl Ludwigs IV. von Bayern zum König der Römer anfechten, dem es in Mühldorf gelungen war, seinen Gegenspieler Friedrich III. von Österreich, der vom Papst gestützt wurde, zu schlagen.

Das Pontifikat Johannes' XXII. war gekennzeichnet vom heftigen und von ihm selber angezettelten Kampf gegen den Bayern. Es war der letzte Kampf zwischen Priestertum und Kaisertum, der seine beiden Verfechter zu den äußersten Mitteln greifen ließ, die in der Exkommunikation Ludwigs und der gegenseitigen Absetzung gipfelten. Nachdem Ludwig IV. eine Allianz mit den wichtigsten Vertretern der Ghibellinen in Italien geschlossen hatte, zog er 1327 nach Italien, um das Reich in antipäpstlichem Sinn wieder aufzurichten. Nachdem er die eiserne Krone am 31. Mai in Mailand aus den Händen Guido Tarlatis, schismatischer Bischof von Arezzo, erhalten hatte, setzte er sich am 17. Januar 1328 in Rom auch die Kaiserkrone auf – aber nicht in St. Peter, sondern gleichsam als Verachtung des Papstes auf dem Kapitol. Am folgenden 18. April erklärte er mit kaiserlichem Spruch den Papst für abgesetzt, indem er ihn der Häresie und Majestätsbeleidigung anklagte; er ließ zu, daß das Volk dessen Abbild verbrannte. An seine Stelle setzte er den Minoriten Pietro Rainallucci, dem er den Namen Nikolaus V. gab. Durch die Erbitterung des Volkes gezwungen, das sich gegen seine Schikanen auflehnte, mußte der Bayer Ende 1329 nach Deutschland zurückkehren. Wie Cesare Balbo bemerkt, „hinterließ er diesseits der Alpen ein verabscheuungswürdiges Andenken bei den Guelfen und vielleicht nicht weniger bei den Ghibellinen".

Auf religiösem Gebiet griff Johannes XXII. häufig ein. Er verurteilte mit der Bulle *Vas electionis* von 1321 die Lehre des Giovanni von Pouilli (de Polliaco), der die von Ordensleuten erteilte sakramentale Absolution für ungültig erklärt hatte. Er trat auf die Seite der Konventualen gegen die Spiritualen und verwarf die Lehre von der absoluten Armut, die sie Christus zuschrieben. Er erklärte in der Konstitution *Cum inter nonnullos* vom 12. November 1323, daß Christus zwar arm gelebt, aber das Recht auf Eigentum nicht geleugnet habe. Es gelang ihm damit, die häretische Tendenz des extremen Franziskanertums zu unterbinden. Mit der Konstitution *Licet iuxta doctrinam* vom 28. Oktober 1327 verurteilte er die Irrtümer gegen den Glauben und den göttlichen Ursprung der Kirche, die im Werk *Defensor pacis* des Marsilius von Padua und des Giovanni di Jandun enthalten waren. Beide wurden daher exkommuniziert. Sie hatten sich seit 1324 zu Ludwig dem Bayern geflüchtet, dem das Werk gewidmet war, und der sich bereits im Streit mit dem Papst befand. Er verurteilte schließlich im Jahre 1329 genau 28 Sätze aus den Werken des Meister Eckhart als vom Pantheismus beeinflußt (vgl. Denzinger-Bannwart, *Enchiridion symbolorum*, 501–529).

Johannes XXII. hatte Dispute mit den Theologen, weil er als einfacher Gelehrter die These vertrat, daß die Seelen der Gerechten Gott erst vom Tag des Endgerichtes an schauen werden, die Verurteilten aber erst am Ende der Welt in die Hölle kommen, Sätze, die tatsächlich sehr viele Proteste hervorriefen und zahlreiche Entgegnungen anregten. Der Papst unterwarf aber seine Meinungen dem Urteil der Kirche und zog sie kurz vor seinem Tod zurück. Er war ein guter Kenner des Rechts, das er in Neapel auch gelehrt hatte. Er setzte die gesetzgeberische Tätigkeit seines Vorgängers Clemens V. fort und sorgte mit der Konstitution *Quoniam nulla iuris* vom 25. Oktober 1317 für die amtliche Anerkennung der Sammlung seiner Dekretalen (*Clementinae*), die 1314 veröffentlicht worden waren und an der er mitgewirkt zu haben scheint. Er hinterließ ferner eine private Sammlung seiner 20 Dekretalen (*Extravagantes Johannis XXII*), besorgt vom französischen Kanonisten Janselin de Cassagnes (*Zenzelino dei Cassani*).

Von kleiner Statur und schwacher Gesundheit war Johannes XXII. hingegen mit einem starken Willen ausgezeichnet und außergewöhnlich fleißig. Er war gelehrsam und gleichzeitig ein ungewöhnlich fähiger Verwaltungsfachmann, so daß ihm eine gute Reorganisation der päpstlichen Finanzen, eine feste Ordnung des Gerichtshofes der *S. Romana Rota* (→), sowie ein genauer *Corpus* von Normen ür die Apost. Kammer zu verdanken ist. Er befaßte sich ferner auch mit der Evangelisierung Asiens, indem er Missionare und materielle Hilfen sandte und neue Diözesen errichtete. Er starb am 4. Dezember 1334 in Avignon, das er nie verlassen hatte, und wurde in der Kathedrale dort beigesetzt. Er wird allgemein als der wichtigste der Päpste in Avignon betrachtet. Doch Dante ersparte ihm nicht harte tadelnde Bemerkungen (Paradies XVIII, 130–136, XXVII, 58–59).

Bibl.: N. Valois, *Jacques Duèse, pape.. Jean XXII*, in *Histoire littéraire de la France*, XXXIV (1914), S. 391–630; A. Fliche, *L'action missionnaire du Pape Jean XXII*, in *Bulletin des mission,* 22 (1948), S. 1–7; M. Dykmans, *Les sermons de Jean XXII sur la vision béatifique*, Rom 1973; A. Russo, *Giovanni XXII. Benedetto XII e Ludovico il Bavaro; l'ultima lotta tra sacerdotium e imperium nel medioevo*, in *Rivista di letteratura e di storia ecclesiastica*, 7 (1975), S. 155–187; R. Pozzelli, *La personalità di Giovanni XXII e la bolla „Altissimo in divinis" del 18. novembre 1323*, in *Prime manifestazioni di vita communitaria maschile e femminile nel movimento francescano della penitenza (1215–1445).* Atti del Convegno di studi francescani, Assisi 30 giugno–2 luglio 1981, Rom 1982, S. 39–65; L. Duval-Arnould, *La constitution „Cum inter nonnullos" de Jean XXII sur la pauvreté du Christ et des apotres. Rédaction préparatoire et rédaction définitive*, in *Archivum franciscanum historicum*, 77 (1984), S. 406–420; J. Heft, *John XXII and Papal teaching authority*, Lewiston, N.Y. – Queenston, Ont. 1986.

N. Del Re

Johannes XXIII.

Papst. Angelo Giuseppe Roncalli wurde als erstes Kind von Battista und Marianna Mazzola in Sotto il Monte (Bergamo) am 25. November 1881 geboren. Er studierte am Seminar von Bergamo sowie am Päpstl. Kolleg *Apollinare* in Rom, wo er am 13. Juli 1904 das Doktorat in Theologie erwarb. Die Priesterweihe empfing er am folgenden 10. August. Er war zunächst Sekretär des Bischofs von Bergamo, Giacomo Radini Tedeschi und dann nationaler Präsident des Päpstl. Werkes für die Glaubensverbreitung (1920), bis Pius XI. ihn zum Titularerzbischof von Areopoli und zum Apost. Visitator in Bulgarien ernannte. Dort verstand er es, sowohl die Anerkennung der staatlichen Autoritäten als auch des örtlichen orthodoxen Klerus zu gewinnen. 1934 wurde sein erster Titel in den des Erzbischofs von Mesembria geändert. Er wurde als Apost. Delegat in die Türkei und nach Griechenland geschickt. Dort gelang es ihm, nicht nur die katholische Gemeinschaft neu zu organisieren, sondern auch beste Beziehungen mit den jeweiligen Regierungen sowie den Orthodoxen zu knüpfen. Die gute Bewährung in der Erfüllung delikater diplomatischer Aufgaben führte am 22. Dezember 1944 zu seiner Ernennung für die Apost. Nuntiatur in Frankreich durch Pius XII., die er bis zum 12. Januar 1953 leitete. Dann wurde er zum Kardinal erhoben und auf den Patriarchensitz von Venedig ernannt. Hier entfaltete er ein intensives Apostolat, inspiriert von jener dem Evangelium entsprechenden Liebe, die ihn immer geleitet hatte.

Am 28. Oktober 1958 bestieg er schließlich den Päpstlichen Thron mit dem Namen „Johannes XXIII.". Obwohl einige ihn ziemlich schnell wegen seiner 77 Jahre als „Übergangspapst" bezeichneten, hat er doch in der relativ kurzen Zeit seines Pontifikates eine unauslöschliche Entwicklung eingeleitet. Auch auf der Cathedra des Petrus fühlte sich Johannes XXIII. vor allem als Hirte. Als solcher ergriff er Initiativen, die vielleicht für einen Papst ungewöhnlich sind, aber immer von apostolischem Eifer und von denkwürdigem Einsatz geprägt waren. Einige Ernennungen kurz nach seiner Wahl ließen an eine traditionelle Ausrichtung denken. Aber als er am 25. Januar 1959 in der Basilika St. Paul vor den Mauern seine Ansicht kundtat, ein Ökumenisches Konzil einzuberufen, ferner eine Synode für den römischen Klerus und die Ernennung einer Kommission für die Reform des Codex des Kirchenrechtes zu planen, hatte man nach kurzer Überraschung das Gefühl, einen Papst vor sich zu haben, der Entscheidungen von großer Tragweite traf, eine neue Ära eröffnete und dabei stets für die Botschaft des Evangeliums offen war.

Die Worte Christi: „Alle sollen eins sein", die Johannes XXIII. noch auf dem Sterbebett wiederholte, bildeten die programmatische Grundlage seines Pontifikates, dessen immer wiederkehrendes Motiv die Ökumene war. Widerlegt wurden jene, die dachten, das Konzil würde nur eine Sache der Römisch-Katholischen Kirche sein. Der Papst sprach in seiner Ansprache an das Griechische Kolleg am 14. Juni 1959 deutliche Worte, als er verkündete, die einmal modernisierte und verjüngte Kirche werde die getrennten Brüder einladen, um sich mit ihr zu vereinigen.

Am 29. Juni 1959 wurde die Enzyklika *Ad Petri cathedram* veröffentlicht, in der die erste amtliche Ankündigung des Ökumenischen Konzils erfolgte. Folgende Hauptgründe wurden von ihm für seine Einberufung angeführt: Verkündigung der Wahrheit, Verlebendigung des katholischen Glaubens, Anpassung der Kirche an die neuen Zeiten und die Einheit der Christen. Der Papst setzte am 5. Juni 1960 zehn Konzilskommissionen ein, die Zentralkommission und ein Sekretariat für die Einheit der Christen. Nach einer Bittwallfahrt des Papstes zu den Heiligtümern von Loreto und Assisi am 11. Oktober 1962 begann das II. Vatikanische Konzil, an dem über 2500 Konzilsväter teilnahmen. Es waren auch Vertreter von 18 nichtkatholischen Kirchen anwesend, die die Einladung des Papstes angenommen hatten. In der Eröffnungsansprache erklärte Johannes XXIII., die Kirche müsse auf die Erwartungen der neuen Zeit durch das Vorbringen und die Verbreitung der Glaubenswahrheiten und nicht durch Verurteilungen eine Antwort geben. Die zu behandelnden Themen bestätigten, daß die Kirche sich für die angekündigte Modernisierung und die Vereinigung mit den getrennten Brüdern bereithielt. Am 2. Dezember 1962 schloß die erste Sitzung des Konzils. Man erfuhr damals, daß der Papst an einer schweren unheilbaren Krankheit litt. Trotzdem wollte er die Schlußansprache in der Basilika St. Peter halten.

Die Beziehungen des Hl. Stuhles auf internationalem Gebiet waren im Verlauf des Pontifikats intensiv und erfolgreich. Zahlreiche hohe Persönlichkeiten wurden vom Papst in Audienz empfangen. Unter anderen besuchten ihn die Präsidenten De Gaulle, Eisenhower und Segni sowie die Könige von England und Belgien, Bundeskanzler Konrad Adenauer und Nikita Chruschtschow, der an der Spitze der Sowjetunion mit kommunistischem und atheistischem Regime stand. Auch er schien empfänglich für die Botschaft der Güte und des Friedens, die der Papst an die ganze Welt richtete. Anläßlich der Vollendung des 80. Lebensjahres sandte Chruschtschow dem Papst eine Glückwunschbotschaft. Diese Höflichkeitsgeste bildete die Grundlage eines Dialogs, der über nicht offizielle Kanäle zur Entlassung des seit achtzehn Jahren inhaftierten ukrainischen Metropoliten Josef Slipij führte. Er gestattete dem Papst ferner, informell eine Aktion des Friedens zwischen UDSSR und USA in der Kubakrise durchzuführen. Zur Überraschung der traditionalistischen Kreise empfing der Papst auch die Tochter Chruschtschows, Rada mit ihrem Mann Alexis Adschubei. In das neue ökumenische Klima gehören die Audienzen für den orthodoxen Erzbischof Jacovos (1959), den Erzbischof von Canterbury, Geoffrey Fisher (1960), den Moderator der Presbyterianer von Schottland, Archibald Craig und anderen nicht katholischen Kirchenmännern.

Während seines Pontifikats vollzog Johannes XXIII. zehn Heilig- und acht Seligsprechungen. Im Jahre 1959 proklamierte er den hl. Laurentius von Brindisi zum Lehrer der universalen Kirche aufgrund seines Wirkens als Theologe und Prediger. Besonders am Herzen lagen ihm die hl. Studien. Einige kirchliche Athenäen in Rom erhob er zu Päpstl. Universitäten. Leben und Förderung der katholischen Gemeinschaften in den Missionsländern waren Ziel wichtiger Initiativen. Er förderte die Ausbildung des einheimischen Klerus und eine örtliche Hierarchie, die in autonomer Verantwortung handelte. Er sorgte gemäß seiner Prinzipien für die Ernennung von einheimischen Kardinälen: Schwarzafrika, Japan, Mexiko, Venezuela, Philippinen und weitere Länder erhielten unter ihm ihre ersten Purpurträger. In den Botschaften, Ansprachen und Enzykliken von Johannes XXIII. werden mehr pastorale als dogmatische Themen behandelt. Unter den verschiedenen Enzykliken sei auf *Sacerdotii nostri primordia* (1. August 1959) hingewiesen, in der die außergewöhnliche Gestalt des hl. Pfarrers von Ars, Johannes Maria Vianney zum 100. Jahrestag seines Todes hervorgehoben wird; *Grata recordatio* (26. September 1959), eine Einladung zum Beten des Rosenkranzes auch für das gute Gelingen der Römischen Diözesansynode; *Princeps pastorum* (28. November

1959) über die Einheit der Kirche; *Mater et magistra*, veröffentlicht am 15. Mai 1961 anläßlich des 70. Jahrestages von *Rerum novarum* von Leo XIII., auf die er sich zugleich mit *Quadragesimo anno* von Pius XI. und der Radiobotschaft von Pius XII. an Pfingsten 1941 berief. Das päpstl. Dokument greift die großen Wandlungen und radikalen Neuerungen der letzten 20 Jahre auf und bringt den Einsatz der Kirche für soziale Gerechtigkeit gegenüber den Bedürfnissen der Zeit zum Ausdruck. Es legt den Akzent auf die Pflicht, ein ökonomisches Gleichgewicht zwischen den Völkern auf unterschiedlichen Entwicklungsebenen anzustreben. Doch das Lehramt Johannes' XXIII. strahlt vor allem ein Licht prophetischer Liebe aus und erreicht seinen Höhepunkt mit *Pacem in terris*, seiner letzten Enzyklika, die am 11. April 1963, weniger als zwei Monate vor seinem Tod, veröffentlicht wurde. Sie stellt das geistliche Testament des greisen Hirten dar, das er der ganzen Welt als Erbe hinterläßt. Beherrschendes Thema ist der Frieden unter allen Völkern, gegründet auf Wahrheit, Gerechtigkeit, Freiheit und Liebe. Der wahrhaft ökumenische Brief hat einen weiten evangelischen und sozialen Anspruch und fordert zu mutigen Veränderungen auf: bei der Frage der Koexistenz, bei der Aufforderung, zwischen Irrtum und Irrendem zu unterscheiden, bei den Beziehungen unter den politischen Gemeinschaften mit Regimen analoger oder unterschiedlicher Ideologien und über die Pflicht, sich am politischen Leben zu beteiligen. Diese und andere Themen von drängender Aktualität werden von *Pacem in terris* aufgegriffen. Sie erkennt die Allgemeine Erklärung der Menschenrechte als einen Akt von großer Bedeutung an, die von den Vereinten Nationen am 10. Dezember 1948 abgegeben worden war. Am 10. Mai 1963 wurde an Johannes XXIII. der *Preis der Stiftung Eugenio Balzan* für den Frieden verliehen als feierliche Anerkennung seines ständigen Wirkens für den Weltfrieden, nicht nur durch die Veröffentlichung des erwähnten Dokuments, sondern auch durch die Botschaften und andere Bemühungen, die einmütige Zustimmung erhielten. Wenige Tage später verschlechterte sich die gesundheitliche Verfassung des Papstes. Er starb an seiner unheilbaren Krankheit am 3. Juni 1963.

Das Grab Johannes XXIII. in den Vatikanischen Grotten ist Ziel ständiger Wallfahrten. Die Verehrung des „guten Papstes" durch Personen aller sozialen Schichten ist noch immer lebendig. Sein Nachfolger Paul VI. sagte von ihm: „Das Grab ist zu klein, um sein ganzes Erbe zu beherbergen!". Am 19. Oktober 1967 leitete Paul VI. den Seligsprechungsprozeß ein.

Bibl.: G. Spinelli, in *Bibliotheca Sanctorum*, Erster Anhang (1987), S. 572–584, mit umfangreicher Bibl.; *Papa Giovanni*, hrsg. von G. Alberigo, Bari 1987; K. Juárez, *Papa Giovanni XXIII; la vita, i messaggi, le profezie e le benedizioni del papa buono*, Mailand 1987; F. Marion-Ribas, *Jean XXIII et la bonté*, Paris 1987; *Giovanni XXIII, transizione del Papato e della Chiesa*, hrsg. von G. Alberigo, Rom 1988; L. A. Dorn, *Giovanni XXIII, Gli ultimi testimoni*, mit einem Nachtrag von L.F. Capovilla, Cinisello Balsamo 1988; S. Ferrari, *I sinodi diocesani di A. G. Roncalli*, in *Cristianesimo nella storia*, 9 (1988), S. 113–133; P. Hebblethwaite, *Giovanni XXIII, il Papa del Concilio*, Mailand 1989; P. Tanzella, *Giovanni XXIII*, Rom 1989; M. Manzo, *Papa Giovanni vescovo a Roma; sinodo e pastorale diocesana nell'episcopato romano di Roncalli*, Cinisello Balsamo 1991.

U. Penteriani

JOHANNES XXIII., GEGENPAPST

Gegenpapst. Baldassarre Cossa stammte aus adeliger Familie und wurde 1370 in Neapel geboren. Nachdem er, wie es scheint, Soldat und Matrose gewesen war, entschied er sich in Bologna für das kirchliche Leben. Es gelang ihm, das Wohlwollen Bonifatius' IX. zu gewinnen, der ihn 1402 zum Kardinal und seinem Legaten in Bologna machte. Er war ein tüchtiger Politiker und Höfling, nach Hergenröther „mehr Kriegsmann als Priester". Im Konzil von Pisa, das 1409 einberufen worden war, versuchte Cossa, „das große Schisma des Westens" beizulegen. Mit der Wahl eines dritten Papstes, Alexander V., schuf er nach vergeblicher Absetzung der damals schon widerstreitenden Päpste (dem rechtmäßigen Gregor XII. und dem Avignonesen Benedikt XIII.) die sogenannte „Pisaner Obödienz". Sie ersetzte also den verbrecherischen Dualismus, wie er genannt wurde, durch ein verwerfliches Dreigespann, dem kurz darauf Cossa selbst angehörte, als es ihm mit skrupellosem Geschick gelang, am 17. Mai 1410 dem verstorbenen Alexander V. mit dem Namen Johannes XXIII. nachzufolgen.

Er setzte sich sofort positiv für die Anerkennung Sigismunds von Luxemburg als König von Deutschland und König der Römer ein, einen weitsichtigen und energischen Souverän und entschiedenen Förderer der Reform und der Einberufung eines ökumenischen Konzils, das dem Schisma ein Ende setzen und die Christenheit unter ein einziges geistliches Haupt zurückführen sollte. Johannes XXIII. sprach sich mit dem König in Lodi im November 1413 ab. Aus dem durch den König von Neapel, Ladislaus von Durazzo, erneut besetzten Rom hatte er fliehen müssen. Für November 1414 berief er in die deutsche Stadt Konstanz ein Konzil ein, und zur Teilnahme wurden auch Gregor XII. und Benedikt XIII. eingeladen. Nach Überwindung großer Schwierigkeiten wurde das Konzil, vor allem infolge der energischen Entschlossenheit von König Sigismund, am 5. November 1414 von Johannes XXIII. eröffnet. Er wurde sich sofort über die Feindseligkeit der Konzilsväter ihm gegenüber klar, obwohl er den Verzicht auf die Papstwürde versprochen hatte, sobald der röm. Papst und der von Avignon das Gleiche täten. Doch dann bereute er dies, fürchtete für sein persönliches Wohl und hoffte zugleich, das Konzil würde aufgelöst werden. Er floh in der Nacht des 20. März 1415 insgeheim aus Konstanz und ging unter dem Schutz Friedrichs IV., Herzog von Österreich und Tirol, nach Schaffhausen. Doch dank Sigismund blieb das Konzil zusammen und beschloß am folgenden 29. Mai die offizielle Absetzung Johannes' XXIII., der dann gefangen genommen und in Radolfzell festgesetzt wurde. Man brachte ihn nach Gotleben (wo auch der böhmische Häretiker Johannes Hus gewesen war) und inhaftierte ihn schließlich in den Schlössern von Heidelberg und Hausen. Für die Summe von 38.000 Florinen wurde er aus der dortigen Gefangenschaft durch Papst Martin V. freigekauft, der ihn nach Florenz bringen ließ. Nach Zusicherung seiner rückhaltlosen Unterwerfung, setzte er ihn erneut als Kardinal ein und wies ihm den suburbikarischen Sitz von Tusculum zu. Doch Cossa begab sich nie dorthin, weil er am 23. Dezember 1419 in Florenz vom Tod überrascht wurde. Sein Grab fand er in der Taufkapelle des hl. Johannes, wo Cosimo de' Medici ihm ein würdiges Grabmal errichten ließ, ein Werk des Donatello und des Michelozzo. Auf der Grabinschrift steht zu lesen: „Johannes XXIII., ehemals Papst".

Bibl.: H.G. Peter, *Die Informationen Papst Johanns XXIII. und dessen Flucht von Konstanz bis Schaffhausen*, Freiburg i. Br. 1926; F.L. Ravaglia, *Baldassare Cossa e la Romagna*, Forli 1961; E .J. Kitts, *Pope John the Twenty-Third and Master John Hus of Bohemia*, New York 1978 (Neudruck der Ausgabe von London 1910); D. Girgensohn, *Antonio Loschi und Baldassare Cossa vor dem Pisaner Konzil von 1409 (mit der „Oratio pro unione ecclesiae")*, in *Italia medioevale e umanistica*, 30 (1987), S. 1–93; W. Brandmüller, *Infeliciter electus fuit in Papam; zur Wahl Johannes XXIII*, in *Ecclesia et regnum. Beiträge zur Geschichte von Kirche, Recht und Staat im Mittelalter. Festschrift für Franz-Josef Schmale*, Bochum 1989, S. 309–322.

N. Del Re

Johannes Paul I.

Papst. Als Sohn von Giovanni und Bortola Tancon wurde Albino Luciani in Forno di Canale (seit 1964 Canale d'Agordo), einem kleinen Zentrum des Veneto in der Provinz Belluno, am 17. Oktober 1912 geboren. Nach Abschluß seiner Studien am Seminar in Belluno, die er später in Rom an der Universität Gregoriana fortsetzte, empfing er 1935 die Priesterweihe. Dann lehrte er ein Jahrzehnt Theologie am Seminar in Belluno, bis er zum Pro-Generalvikar seiner Diözese ernannt wurde. Zum Bischof von Vittorio Veneto am 15. Dezember 1958 geweiht, wurde er am 15. Dezember 1969 Patriarch von Venedig, doch er hatte im italienischen Episkopat wenig Einfluß. Von der Italienischen Bischofskonferenz nie für die Teilnahme einer Bischofssynode (→) vorgeschlagen, nahm er dennoch, von Paul VI. direkt ernannt, an den Synodenversammlungen von 1971, 1974 und 1977 teil. Dieser Papst verlieh ihm auch am 5. März 1973 den Purpur. Albino Luciani sollte ihm dann am 26. August 1978 auf dem Papstthron folgen, wobei er zum ersten Mal in der Geschichte des Papsttums zwei Namen annahm, nämlich Johannes und Paulus im Andenken an seine beiden unmittelbaren Vorgänger Johannes XXIII. und Paul VI., deren pastoraler und lehrmäßiger Linie er folgen wollte. Er pflegte diesbezüglich zu sagen: „Noch vor einer rechtlichen Institution ist der Primat des Petrus ein Charisma. Ein Charisma, das den Papst dahin führt, sich in den Dienst seiner Brüder zu stellen und die Bischöfe einzuladen, sich ihm gegenüber mit der Achtung und Zuneigung zu verhalten, die einem älteren Bruder gebührt".

Er war ein Mensch von tief empfundener Demut und äußerster Einfachheit. Er wußte sich die Herzen der Gläubigen auch mit seinem offenen und einladenden Lächeln zu gewinnen. Jedoch sollte er nur kurze Zeit regieren. Plötzlich und unerwartet starb er am 28. September nach kaum 33 Tagen Pontifikat. So war es ihm nicht vergönnt, bedeutende amtliche Akten zu hinterlassen, abgesehen von der Erinnerung, daß er als erster Papst einen Doppelnamen wählte und auf die Zeremonie der Krönung verzichtete. Uns bleiben von ihm zwei Schriften: *Illustrissimi,* eine Sammlung von fiktiven Briefen an große Persönlichkeiten der Vergangenheit (Hippokrates, der hl. Bernhard, die hl. Theresa, Goethe und sogar Jesus Christus), das in mehrere Sprachen übersetzt wurde, und *Catechesi in briciole*, aus seiner pastoralen Erfahrung entstanden. Beide Schriften wurden kürzlich in den *Opera omnia* (9 Bände, Padua 1988–89) veröffentlicht, die auch seine Ansprachen 1959–1974 enthalten und die verschiedenen Artikel, die im *Gazzettino* von Venedig und in der religiösen Zeitschrift *Il Messagero di Sant'Antonio* erschienen waren.

Bibl.: C. Napoli/E. Marcucci, *Giovanni Paolo I, papa per 33 giorni*, Bologna 1978; N. Valentini/M. Bacchiani, *Il papa buono che sorrideva*, Mailand 1978; F. S. Pancheri, *Il breve sorriso di papa Luciani*, Rom 1979; G. Huber, *Giovanni Paolo I, o La vocazione di Giovanni Battista*, ebd. (1980?); G. Nicolini, *Trentatré giorni: un pontificato*, Bergamo 1983; D.A. Yallop, *In nome di Dio; la morte di papa Luciani*. Ital. Übers. Neapel 1985; L. D'Orazi, *Impegno all'umiltà; la vita di papa Luciani*, Rom 1987; ders., *In nome di Dio o del diavolo? la morte di papa Luciani*, ebd. 1988; R. Kummer, *Albino Luciani, papa Giovanni Paolo I. Una vita per la Chiesa*, Padua 1988; J. Cornwell, *A thief in the night; the death of Pope John Paul I*, London 1989; C. Bassotto, *„Il mio cuore è ancora a Venezia". Albino Luciani*, Venedig 1990.

N. Del Re

Johannes Paul II.

Papst. Er wurde am 18. Mai 1920 in Wadowice (Krakau, Polen) als Sohn von Karol und Emilia Kaczrowska geboren. Karol Jozef Wojtyla vollendete seine ersten Studien in der Heimat und schrieb sich dann an der Fakultät für Literatur an der Jagellonen-Universität von Krakau ein. 1939 durch die deutsche Besatzung zur Arbeit gezwungen, um seinen Lebensunterhalt zu verdienen, wurde er Arbeiter in der Solvay-Fabrik. So entstand zwischen Studium und Arbeit seine religiöse Berufung. Es gelang ihm, heimlich das Seminar zu besuchen, das von Erzbischof Adam Sapieha, dem Fürsten, wie der Bischof allgemein in Krakau genannt wurde, geleitet wurde. Sapieha war eine einflußreiche Gestalt im Klerus von Polen. Von ihm empfing Wojtyla am 14. November 1946 die Priesterweihe. Er setzte seine Studien an der St.Thomas-Universität „*Angelicum*" in Rom fort, wo er 1948 in Ethik das Doktorat erwarb. Nach Krakau zurückgekehrt, wurde sein röm. Doktorat anerkannt und er erwarb ein weiteres in Theologie an der Jagellonen-Universität (1953). Er hielt dann Ethik-Vorlesungen an Seminar und Universität von Krakau und wurde nach der Schließung der Theologischen Fakultät in Krakau auf den Lehrstuhl für Ethik an der Katholischen Universität Lublin berufen (1954). Darüberhinaus setzte er sich für das Apostolat unter den Jugendlichen ein.

Am 4. Juli 1958 wurde er vom Papst zum Titularbischof von Ombi und zum Weihbischof von Krakau ernannt, am folgenden 28. September zum Bischof geweiht. Als solcher nahm er am II. Vatikanischen Konzil teil, wo er durch seine besonderen Fachkenntnis, besonders auf dem Gebiet der Religionsfreiheit hervortrat. Die Zusammenstellung des letzten Teiles der Pastoralkonstitution *Gaudium et spes* vom 7. Dezember 1965 über die „Kirche in der Welt von heute" ist ihm zu verdanken. Am 13. Januar 1964 erhob ihn Paul VI. zum Erzbischof von Krakau und im Konsistorium vom 26. Juni 1967 zum Kardinal. Seine Kontakte mit Rom wurden immer häufiger. Besonders aktiv nahm er an allen Versammlungen der Bischofssynode (→) teil. Für viele überraschend wurde er am 16. Oktober 1978 zum Papst gewählt, als erster Nicht-Italiener nach über 450 Jahren nach dem Holländer Hadrian VI. (1522), und als erster slawischer Papst in der Geschichte der katholischen Kirche.

Das Pontifikat Johannes Pauls II., wie sich der Papst im Andenken an seinen unmittelbaren Vorgänger nannte, ist von einer besonderen missionarischen Dynamik gekennzeichnet. Sie veranlaßte ihn zu Pastoralbesuchen in allen Kontinenten als „Pilger des Friedens", angefangen am 26. Januar 1979 mit seinem Aufenthalt in Lateinamerika.in der Dominikanischen Republik und in Mexiko. Später begab er sich mehrmals nach Afrika, Asien und Australien, abgesehen von seinen zahlreichen Apostolischen Reisen zu den europäischen Nationen, vor allem in seine Heimat Polen, das damals noch unter kommunistischer Herrschaft stand. Er wurde dort im Juni 1979 geradezu triumphal empfangen. Das schreckliche Attentat auf dem Petersplatz, bei dem ihn am 13. Mai 1981 auf dem Petersplatz der junge Türke Ali Agca schwer am Unterleib verwundete, schränkte nach seiner Genesung sein Wirken nur wenig ein. Von Kardinal Paul Poupard (*Il Papa*, Casale Monferrato 1988, S. 111) erfahren wir, daß der Papst „während der ersten neun Jahre seines Pontifikates 65 Länder auf 36 Reisen außerhalb Italiens besucht hat, wobei er in 251 Tagen 540.244 km, oder vierzehn Mal den Erdumfang, oder anderthalb Mal die Entfernung der Erde vom Mond zurücklegte. Im gleichen Zeitraum machte er 70 Reisen in Italien mit 31.040 km in 92 Tagen". Am Beginn seines 19. Pontifikatsjahres am 16. Oktober 1996 hatte er fast eine Million Reisekilometer zurückgelegt. Sie haben den „Apostolischen Pilger" in 118 Länder geführt.

Beredter Ausdruck des Lehramtes von Johannes Paul II. sind die verschiedenen, bisher von ihm herausgegebenen Enzykliken, als erste *Redemptor Hominis* vom 4. März 1979, in Polnisch geschrieben und gerichtet an „alle Menschen guten Willens". Im Mittelpunkt steht dort die Person des Menschen in ihrer ganzen Würde, für dessen Rechte er sich als Vorkämpfer glaubt. Er richtet an die Welt die Mahnung, den Menschen zu achten, weil er nach dem Bild Gottes gemacht ist. Es folgten *Dives in misericordia* am 30. November 1980 und *Laborem exercens* am 14. September 1981, *Slavorum Apostoli* am 2. Juni 1985, veröffentlicht anläßlich der 1100-Jahrfeier des Werkes der Evangelisierung der hl. Cyrillus und Methodius und verfaßt im Gedanken an die Länder des Ostens; *Dominum et vivificantem* vom 18. Mai 1986 über den Heiligen Geist im Leben der Kirche, *Redemptoris Mater* vom 25. März 1987, nach der ein Marianisches Jahr (Pfingsten 1987 – 15. August 1988) verkündet wurde; ferner *Sollicitudo rei socialis* vom 30. Dezember 1987 zum 20. Jahrestag von *Populorum progressio* Paul VI., *Redemptoris missio* vom 7. Dezember 1990 über die bleibende Gültigkeit des missionarischen Auftrags, anläßlich des 25. Jahrestages des Konzilsdekretes *Ad gentes*, die Enzyklika *Centesimus annus* vom 1. Mai 1991 zum 100. Jahrestag von *Rerum novarum*, deren Gedankengut Johannes Paul II. „in den charakteristischen Teilen" aktualisieren wollte. Als bisher letzte sind zu nennen: *Veritatis splendor* vom 6. August 1993, in der die Morallehre der Kirche dargestellt wird, und *Evangelium vitae* „über den Wert und die Unantastbarkeit des menschlichen Lebens" vom 30. März 1995.

Nicht weniger wichtig und reich an Bedeutung sind seine Apost. Briefe, darunter *Salvifici doloris* vom 11. Februar 1984 über den Wert des menschlichen Leidens, ausgearbeitet während seines Aufenthaltes in der Poliklinik „Gemelli" im Mai 1981, sowie *Ecclesia Dei*, geschrieben anläßlich des Schismas des französischen Bischofs Marcel Lefebvre, und der Französisch abgefaßte Brief *Les Grands Mystères* über die tragische Situation im Libanon, der vom mörderischen Bürgerkrieg zerrissen war. Daneben sind seine Apost. Schreiben zu nennen, vor allem *Familiaris consortio* vom 22. November 1981, auf das die Charta der Rechte der Familie folgte, und *Christifideles laici* über die Sendung der Laien in der Kirche.

Weitere Fixpunkte im Pontifikat von Johannes Paul II. bilden die 1983 erfolgte Veröffentlichung des neuen Codex des kanonischen Rechtes mit der Konstitution *Sacrae disciplinae leges* vom 25. Januar. Der Papst bezeichnet ihn als „unerläßliches Werkzeug zur Sicherung der gebührenden Ordnung im persönlichen und sozialen Leben, aber auch in der Tätigkeit der Kirche". Der Codex ist übrigens nicht nur in seiner formalen Struktur neu (1752 Canones insgesamt statt 2414 des pio-benediktinischen Codex), sondern auch, weil er sich auf einer Linie mit den Weisungen und Zielsetzungen des II. Vatikanischen Konzils befindet und nicht einfach eine Überarbeitung der vorhergehenden Normen darstellt. Ein anderer Schwerpunkt seines Pontifikates ist die Neuordnung der Röm. Kurie (→) durch die Konstitution *Pastor Bonus* vom 28. Juni 1988 (AAS, LXXX [1988], S. 841–939), um deren Aktivitäten mit dem geltenden Codex des kanonischen Rechtes in Übereinstimmung zu bringen und sie zugleich noch mehr den Weisungen des Konzils anzugleichen. „ Es ging mir vor allem darum – sagte der Papst in seiner Ansprache beim Konsistorium, – daß das Erscheinungsbild der Röm. Kurie den Erfordernissen unserer Zeit entspricht und die Veränderungen der letzen Jahre berücksichtigt". Anfang 1996 hat Johannes Paul II. neue Normen über die Sedisvakanz (→) und die Wahl des Röm. Papstes folgen lassen, die in der Konstitution *Universi Dominici gregis* vom 22. Februar 1996 (AAS, LXXXIII [1996], S. 305–343) enthalten sind.

Auf der politischen Szene Italiens war Johannes Paul II. an der Lösung der Revision des Laterankonkordates beteiligt, um den Vertragstext dort zu verbessern, wo er nicht mehr dem modernen Volksempfinden entsprach. Den Abschluß bildete die Unterzeichnung eines neuen Konkordates in der *Villa Madama* am 18. Februar 1984 – Ergebnis seiner anerkannten Vermittlungsfähigkeit, die der Papst weithin gegenüber den Regierungen und den politischen Kräften beweist. Immer jedoch bleibt es sein ständiges Anliegen, dem Religiösen den Vorrang gegenüber dem Politischen zu sichern. Getreu dem Geist des II. Vatikanischen Konzils, zu dem er im übrigen zu seiner Zeit einen bemerkenswerten persönlichen Beitrag geleistet hat, hat sich Johannes Paul II. immer auf der großen ökumenischen Linie bewegt. Daher sind gewisse Vermutungen völlig unberechtigt, es ginge ihm um Restauration oder gar Reaktion, wie man einigen seiner Verhaltensweisen unterstellt oder gewissen Stellungnahmen nachgesagt hat. Vielmehr ist sein Wirken von einem klaren Realismus und der Überzeugung bestimmt, daß man beim Aufbau der Zukunft die Vergangenheit nicht mißachten darf.

Neben den Enzykliken, Briefen, Apost. Schreiben und allen anderen amtlichen Dokumenten seines Pontifikates, sind auf anderer Ebene alle jene Arbeiten zu nennen, in denen nicht mehr Johannes Paul II. spricht, sondern einfach Karol Wojtyla als Dichter, Schriftsteller, Philosoph, Exeget, was sich in der „Der Laden des Goldschmieds“ zeigt, ein Werk, das unter dem Pseudonym Andrzej Jawien veröffentlicht und in fast alle Sprachen übersetzt wurde. Zudem die Dramen „Bruder unseres Gottes“ und „Strahlen der Väterlichkeit“ und zahlreiche verschiedene Artikel und Kommentare zu den Konzilstexten, deren Sprache immer die gleiche ist: die des Glaubens, der Liebe und der Hoffnung.

Bibl.: M. Malinski, *Le radici di Papa Wojtyla*, ital. Übersetzung von A. Linowska D'Ugo, Rom 1980; T. Bosco, *Papa Wojtyla*, Turin 1980; D. Evangelisti, *Johannes Paulus II, luce della Chiesa*, Vatikanstadt 1989; L. Brenno, *Chi ha sparato a Papa Wojtyla?* Rom 1981; R. Buttiglione, *Il pensiero di Karl Wojtyla*, Mailand 1983; R. Uboldi, *Vita di Papa Wojtyla*, Mailand 1983; G. Zizola, *La restaurazione di Papa Wojtyla*, Bari 1985; A. Siuda, *L'impegno politico e l'insegnamento di Giovanni Paolo II*, Casale Monferrato 1986; *Karol Wojtyla filosofo, teologo, poeta*, Atti del I Colloquio internazionale del pensiero cristiano, Vatikanstadt 1986; G. Nicolini, *Giovanni Paolo II e la crescita della Chiesa*, Bergamo 1986; G. Giansanti, *Papa Wojtyla cittadino del mondo*, Mailand 1987; S. Transatti/A. Mari, *Il Papa della speranza. Il tempo del dialogo*, Gorle 1988; A. Frossard, *Portrait de Jean-Paul II*, Paris 1988; ders., *Conversando con Giovanni Paolo II* (ital. Übers. des vorherigen Werkes), Mailand 1989; W. Wynn, *Custodi del Regno: Giovanni XXIII, Paolo VI, Giovanni Paolo II, tre Papi che hanno cambiato la Chiesa*, ital. Übers. von Rita Parks, Mailand 1989; L. Di Schiena, *Karol Wojtyla*, Rom 1991.

N. Del Re

Johannesturm

→ Torre di S. Giovanni

Julius I.

Papst, Hl. Er war Römer, Sohn des Rusticus und wurde am 6. Februar 337 berufen, dem hl. Papst Markus nachzufolgen. Sein Pontifikat war durch die nach dem Tode Kaiser Konstantins wieder aufflammende Reaktion gegen das Konzil von Nicäa beeinträchtigt, welche von dem jungen Kaiser Konstans, der mit der arianischen Partei sympathisierte, unterstützt wurde. Ein energischer Verfechter der antiarianischen Thesen und eifriger Verteidiger der orthodoxen Lehre war in jenen Jahren Athanasius, Bischof von Alexandrien. Er hatte sich aus seinem Exil nach Rom geflüchtet, wo er von

Papst Julius in herzlicher Achtung aufgenommen wurde und 18 Monate verweilte.

Im Herbst 341 versammelte Julius I. ein Konzil, für das man aber vergeblich das Erscheinen der Ankläger des Athanasius erwartete. Vielmehr stellten sich dort einige geächtete Bischöfe vor, unter ihnen Marcellus von Ancyra, deren Sitze zu Unrecht von Arianern besetzt worden waren. Das Konzil rechtfertigte Athanasius in vollem Umfang und bestätigte seine Thesen. Es setzte die vertriebenen Bischöfe wieder in ihre Diözesen ein und ließ sie erneut zur apostolischen Gemeinschaft zu. Die orientalischen Bischöfe versammelten sich auf einer Synode in Antiochien und wurden über die Entscheidungen des Konzils von Rom durch einen Brief des Papstes informiert, der ein maßgebendes Dokument für die Bestätigung des Römischen Primats darstellte. Durch die Konzilsergebnisse verunsichert, versuchten die Antiochier in ihrer Kompilation liturgischer Texte den Definitionen von Nicäa möglichst zu entsprechen, doch ohne je zu bekennen, daß der Sohn dem Vater wesensgleich sei.

Der Druck der Arianer auf Kaiser Konstans und der Ostkirche auf den jungen Konstantius veranlaßte die beiden kaiserlichen Brüder schließlich, sich für die Einberufung einer universalen Synode auszusprechen. Diese fand im Herbst 343 in Sardica unter Beteiligung von 90 westlichen Bischöfen und des Legaten von Julius I. statt. Verstimmt über die ehrenvolle Behandlung Athanasius' im Verlauf der Synode, verließen die Orthodoxen den Saal, traten in Philippopolis in Thrakien zusammen und verurteilten Athanasius erneut, ja äußerten sich sogar gegen den Papst. Die Synode von Sardica setzte ihre Arbeit dennoch fort und beschloß in einer der letzten Sitzungen, den Rekurs der zu Unrecht verurteilten Bischöfe an den Apostolischen Stuhl als richtig und legitim zu bezeichnen. Den Kanon aber, der das Rekursrecht beim Apost. Stuhl anerkannte, ließ Julius in seinen Registern neben das Glaubensbekenntnis von Nicäa schreiben.

Nach dem *Liber Pontificalis* erließ Julius I. außerdem ein Dekret, das den Klerikern verbot, Rechtsfälle vor nichtkirchlichen Gerichten zu verteidigen. Er ordnete an, daß jedes Jahr dem Apost. Stuhl sämtliche Register mit den von den kirchlichen Notaren abgefaßten Akten auszuhändigen seien. In seine Amtszeit fällt der Bau einiger Kirchen in Rom, wie *S. Maria in Trastevere* und *Dodici Apostoli*, ferner der Basiliken der christlichen Friedhöfe des hl. Valentin an der *Via Flaminia*, des hl. Felix *ad Insalatos* an der *Via Portuense* und einer weiteren an der *Via Aurelia*, in der er dann auch beigesetzt wurde.

Julius I. starb am 12. April 352, als die Kontroversen mit der Ostkirche, weit von ihrer Beilegung entfernt, auf der Synode von Sirmium nach dem Tod des Konstans sogar neue Kraft gewannen und den Arianern neue Freiheit gaben.

Bibl.: A. Amore, in *Bibliotheca Sanctorum* VI, Sp. 1234–35 mit Bibl.; L. W. Barnard, *Studies in Church history and patristics*, Tessalonica 1978, S. 341–353 *(Pope Julius, Marcellus of Ancyra and the Council of Sardica)*; ders. *The Council of Sardica. Some problems reassessed*, in *Annuarium historiae Conciliorum*, 12 (1980), S. 1–25; I. Opelt, *I dissidenti del Concilio di Sardica*, in *Augustinianum*, 25 (1985), S. 783–791.

C. Petruzzi

JULIUS II.

Papst. Giuliano della Rovere wurde in Albissola (Savona) am 5. Dezember 1443 geboren. Er studierte in Perugia im Konvent der Franziskaner und wurde später von seinem Onkel Sixtus IV. zum Bischof von Avignon und verschiedenen anderen Sitzen ernannt, sowie 1471 auch zum Kardinal mit dem Titel von *S. Pietro in*

Vincoli. Er war unter Innozenz VIII. sehr einflußreich und Vorkämpfer beim Konklave 1503 nach dem Tode Alexanders VI. Borgia, seinem bittersten Feind, mit dem er sich heftig über die Simonie gestritten hatte. Nach dem kurzen Pontifikat Pius' III. (22. September – 18. Oktober 1503) wurde della Rovere am folgenden 31. Oktober einmütig als Julius II. zum Papst gewählt, nachdem er sich relativ skrupellos die notwendige Zustimmung erkauft hatte. An die Spitze des Kirchenstaates gelangt, war er mit einer verheerenden wirtschaftlichen Lage und einer äußerst zerbrechlichen politisch-territorialen Situation konfrontiert. Die Ursachen lagen zum einen in der Übermacht Venedigs und Frankreichs in der Romagna, zum anderen in den Manövern des Cesare Borgia, dessen Eroberungspläne bisher von seinem Vater unterstützt worden waren und schließlich bei Alfonso d'Este, der von Frankreich unterstützt wurde und am Salzhandel von Comacchio interessiert war.

Bevor Julius II. den Expansionismus Venedigs bekämpfte, arbeitete er energisch auf die Zurückgewinnung der Städte der Borgia unter die Herrschaft Roms hin. Er nahm Cesare gefangen, schloß ihn im Kastell von Ostia ein und zwang ihn zur Herausgabe der Ländereien im Austausch gegen die Freiheit (1504). Das Ende der Macht der Borgia öffnete Venedig große Möglichkeiten. Die aufstrebenden Stadtgemeinden sahen nun in Venedig die Möglichkeit, ihre Privilegien zu erweitern, was den Aufstieg Venedigs begünstigte. Wollte der Papst aber die Rückgewinnung der Romagna vervollständigen und eine Allianz zur Isolierung Venedigs ins Leben rufen, mußte er mit ungewöhnlicher Gewandtheit die Optimaten und die Stadtgemeinden für den römischen Eroberungszug und den Aufbau eines komplexen Netzes diplomatischer Beziehungen in Europa gewinnen.

Mit dem Imperium und Frankreich wurde am 22. September 1504 in Blois eine Liga gegen Venedig möglich, die im Verlauf eines Jahres die Stadt zu Verhandlungen zwang, so daß ein Großteil der Gebiete wieder unter der Herrschaft des Kirchenstaates stand.

In den beiden wichtigsten „indirekt untergebenen" Städten Perugia und Bologna waren die herrschenden Familien, die Baglioni und die Bentivoglio, bei der örtlichen Oligarchie nicht gut gelitten. Die bestehende Spannung hatte die Lage unregierbar gemacht. 1506 wurden beide Städte daher der Herrschaft des Papstes unterstellt, der mit Zustimmung der Franzosen Perugia militärisch eroberte und den Baglioni nur eine Randfunktion überließ, um sich gleich Bologna zuzuwenden. Hier wurde unter Ausschluß der Bentivoglio und unter Beteiligung der papstfreundlichen Aristokratie die Stadtverwaltung neu aufgestellt.

Julius II. folgte generell dieser Vorgehensweise. Er setzte auf eine Erweiterung des Privilegiennetzes der Optimaten, gab ihnen eine gewisse Autonomie und beschränkte die Macht der herrschenden Familien. In Imola wurden die Sassatelli durch die Entscheidung des Papstes entthront, die Steuerfreiheit der Aristokratie zum Nachteil der bürgerlichen Kreise beibehalten. In Rimini erlitten die Malatesta das gleiche Schicksal. Hier nahm die Einführung der Stadtrechte der Stadt die von der Familie Malatesta aufgebürdete Steuerlast weg. Auch in Ravenna nahm die Aristokratie sehr gern die päpstliche Autorität im Austausch gegen eine erweiterte Autonomie an: Die Straf- und Zivilverfahren wurden dem Stadtvogt überlassen und die Abgaben an die Apost. Kammer wurden auf tausend Dukaten im Jahr beschränkt. Die in Italien, wo das sehr zerbrechliche Kräftegleichgewicht zum Gradmesser des Gleichgewichtes in Europa geworden war, stattfindenden Veränderungen beeinflußten spürbar die

Beziehungen zwischen den Mächten, so daß Venedig, 1508 durch das kaiserliche Heer besiegt, der Allianz des Reiches und Frankreichs keinen Widerstand leisten konnte und 1509 bei Agnadella unterlag.

Die Niederlage Venedigs erleichterte Julius II. zwar die Verhandlungen um die Herrschaft über die venezianischen Gebiete im Kirchenstaat, doch gleichzeitig bereitete die übergroße Macht der Franzosen in Italien dem Papst Sorge. Nachdem die Venezianer erneut an der Polesella (1510) geschlagen waren, waren alle Voraussetzungen für eine Umkehr der Allianzen gegeben. Nun war der Hauptfeind des Papstes Frankreich, das durch den Herzog von Ferrara Alfonso d'Este und dessen Expansionspläne in der Romagna, ernsthaft den Plan der Wiederherstellung des Kirchenstaates zu behindern drohte. Die Absicht Alfons', sich am Salzmarkt in Norditalien zu beteiligen, brachte ferner das Monopol des Bankiers Agostino Chigi in Gefahr, des unersetzlichen Geldgebers für die Kriege Julius' II., dem der Papst die Ausbeutung der Salinen von Cervia übertragen hatte. Dieses Problem löste den Konflikt mit Frankreich aus, der zudem durch das päpstliche Bündnis mit Venedig vorprogrammiert war und die Karten in Europa neu mischte.

Mit der Androhung eines Schismas von Seiten der frankreichfreundlichen Kardinäle griff Ludwig XII. das Papsttum auch in geistlicher Hinsicht an. Militärisch gelang ihm die Einnahme Bolognas, wo er die Bentivoglio wieder einsetzte. So mußte sich Julius II. in dem Versuch, eine Hegemonie Frankreichs zu verhindern und die Mächte Frankreich und Spanien erneut ins Gleichgewicht zu bringen, an den König von Neapel wenden. Die Heilige Liga, die das Papsttum, Venedig und Spanien schlossen, der sich auch Heinrich VIII. von England und die Schweizer anschlossen, brachte einen durchschlagenden Erfolg über die Franzosen, so daß im Verlauf weniger Monate die Romagna im Juni 1512 wieder unter der Kontrolle des Kirchenstaates war. Die Franzosen hatten Pavia verloren, hielten Mailand nur mit Mühe, hatten aber nicht mehr die Kraft, Alfonso von Ferrara zu unterstützen. Der Papst gewann also leicht die Oberhand über den Herzog von Este.

Auf dem Kongreß zu Mantua (August 1512) führten die außerordentlich komplexen Allianzen zu einer schwierigen Verhandlung zwischen Papsttum und Kaiserreich, deren Hauptproblem die Frage von Ferrara war. Dazu kam das Problem Modena, da die Stadt vom Heer Maximilians besetzt war. Eine Übereinkunft mit dem Reich war für den Kirchenstaat absolut notwendig, um die schismatischen Bestrebungen der frankreichfreundlichen Kardinäle zu neutralisieren und Ferrara endgültig dem Kirchenstaat einzugliedern. Daher die Verfügbarkeit des Papstes bei Modena, doch auch die Änderung der Haltung Venedigs, das mit Frankreich wegen der kaiserlichen Bedrohung von Verona und Vicenza Verhandlungen anknüpfte. Die Verhandlung zwischen Julius II. und Maximilian wurde somit sofort durch die Allianz zwischen Frankreich und Venedig ausgeglichen. Gegen Venedig konnte der Papst nicht so einfach vorgehen, wenn er die in der Romagna erreichten Ergebnisse nicht gefährden wollte. Es entstand damit eine heikle Situation, die der Papst aber nicht mehr zu lösen in der Lage war, da er am 21. Februar 1513 verstarb.

In Rom vermochte es Julius II. nicht, Schwierigkeiten mit dem Adel durch seine Reformpolitik, auch im Agrarbereich, zu beseitigen, die auf eine Einschränkung der Macht des Adels und der Staatsbeamten hinzielten. Aufgrund von Problemen mit dem strukturell defizitären Steueraufkommen, das durch die Großgrundbesitzer und deren extensive Weidewirtschaft verursacht wurde, erließ der Papst am 1. März 1508 eine Bulle, in der er die alten Verfügungen Sixtus' IV. bekräftigte, wonach die Bauern ein Drittel der beweideten Flächen für Getreideanbau verwenden konnten. Die Neuregelung dieser zentralen Frage machte eine größere Kontrolle durch die Apost. Kammer notwendig. Julius II. ersetzte auch Repräsentanten des Adels durch Schweizergardisten als Wachmannschaft für die Apost. Paläste und berief ihm nahestehende Bankiers, die wie er aus Ligurien kamen, zur Mitarbeit im Wirtschaftsgefüge des Kirchenstaates. Mit dieser Politik waren ferner städtische Umgestaltungen verbunden. Das Wirtschafts- und Finanzzentrum Roms wurde mit der Schaffung der *Via Giulia* und der Zone der Banken auf den Vatikan hin ausgerichtet. Auch die kirchlichen Gerichtshöfe verlegte man in dieses Gebiet. Gerade die Frage der gerichtlichen Zuständigkeit entfachte einen Konflikt mit der Stadtverwaltung auf dem Kapitol, die bis 1512 der römischen Aristokratie verbunden war. Julius II. verstand es, die Front seiner Gegner durch Verhandlungen mit der Stadtverwaltung zu spalten, ohne wirklich von seinen Zielen zu lassen. Er bestimmte und regelte mit der Bulle *Decet Romanum Pontificem* vom 28. März 1512 die Kompetenzen der Stadtregierung.

Der Ausgleich mit der Stadtverwaltung hatte Erfolg; ein klares Ergebnis dieser gewandelten Stadtpolitik war die Aufhebung der erwähnten städtischen Umgestaltung. Es wurde damit für die Adeligen erheblich schwieriger, sich der Regierung des Papstes zu widersetzen. In Rom entwickelte sich eine neue Schicht von Bankiers, welche Beamtenstellungen in der Apost. Kammer erwarben und sich daher leicht in die kirchliche Hierarchie einordneten. Durch diese institutionellen Änderungen, verbunden mit der politischen und militärischen Tatkraft Julius' II., wurde sein Pontifikat eines der meist diskutierten in der Geschichtsschreibung. Die territoriale Ausdehnung, die Überführung der neuen Städte in den Status der direkten Unterwerfung sowie die Auseinandersetzungen mit dem römischen Adel sind alles Argumentationspunkte, welche die Hypothese einer päpstlichen Machtkonzentration untermauern. Andere Historiker argumentieren, daß es unumgänglich war, den Patriziern die Kontrolle über die Stadt zu belassen, ihnen Autonomie zu gewähren sowie feudale Privilegien über das ganze Staatsgebiet zu erhalten.

Die Urteile der Historiker über Julius II. sind somit gegensätzlich und hängen stark von der persönlichen Einstellung der einzelnen Verfasser ab. Selbst wenn Guicciardini, um nur einen Autor zu zitieren, ihn „den am wenigsten priesterlichen und am meisten profanen Papst" nennt, muß man auch immer sein erleuchtetes Kunstmäzenatentum berücksichtigen, das sich in den drei Namen Bramante, Raffael und Michelangelo zusammenfassen läßt. Michelangelo verdanken wir unter anderem das Grabdenkmal für die sterblichen Überreste des so kämpferischen Papstes. So lebt seine unerschütterliche Gestalt in der majestätischen Statue des Moses weiter, von der Vasari schreibt: „Keine moderne Schöpfung kann diese Statue an Schönheit erreichen, noch reichen die antiken an sie heran".

Bibl.: L. Pastor, *Storia dei papi*, III, Rom 1925, S. 521–832; F. Seneca, *Venezia e papa Giulio II*, Padua 1962; C. Fusero, *Giulio II*, Mailand 1965; L. Partridge/R. Stern, A. *Renaissance likeness; art and culture in Raphael's Julius II*, Berkeley (Ca.) 1980; G. Fallani, *La cultura in Vaticano al tempo di Giulio II e Leone X. In margine al centenario di Raffallo*, in *Cultura e scuola*, 89 (1984), S. 182–187; I. Cloulas, *Jules II: le pape terrible*, Paris 1990.

M. Di Sivo

Julius III.

Papst. Giovanni Maria Ciocchi del Monte wurde 1487 in Rom geboren. Nach dem Tode Pauls III. Farnese (10. November 1549), traten die im europäischen Konflikt gespaltenen Parteien innerhalb des Konklaves auf. Die frankophile Partei stand unter der Führung des Kardinals von Guise, die kaiserfreundliche unter der des Kardinals Alessandro Farnese. Die Härte des Gegensatzes zwischen den Mächten und die Stärke beider Parteien bewirkten ein langes und schwieriges Konklave, das am 7. Februar 1550 mit der vermittelnden Wahl des Kardinals Del Monte endete, der den Namen Julius III. annahm. Die ersten Amtshandlungen des Papstes erfolgten zugunsten der Farnese, weil Camillo Orsini gezwungen wurde, Parma an Ottavio Farnese zurückzugeben; für die Rückkehr Piacenzas unter die Farnese setzte sich Julius III. sogar bei Karl V. ein.

Diese Marschroute änderte sich jedoch schon bald und plötzlich. Mitten in den Verhandlungen des Papstes mit dem Kaiser verband sich Ottavio Farnese mit Heinrich II. von Frankreich. Dieses Vorgehen ließ sich nur schlecht mit dem Vorhaben des Papstes vereinbaren, das Konzil von Trient wieder aufzunehmen und weiterzuführen. Wenn die Farnese den Konflikt nach Italien trugen, liefen sie Gefahr, das französische Schisma zu fördern und das Konzil scheitern zu lassen, das erst am 1. Mai 1551 wieder eröffnet worden war.

Trotz der Verhandlungsbemühungen Julius' III. – er bot Ottavio das Herzogtum Camerino an – drang Farnese in päpstliche Gebiete ein. In diesem Konflikt wurde der Papst von den Herzögen von Urbino und Ferrara unterstützt. Zu diesem Zeitpunkt war der Streit der d'Este mit dem Papst beigelegt, da der Apostolische Stuhl das Salzmonopol in der Lombardei verloren hatte und zu einem gemeinsamen Abkommen bereit war.

Der Krieg gegen Ottavio Farnese verlief für den Papst nicht günstig, da er den neuen Herzog von Parma anerkennen und Verurteilungen gegen ihn aufheben mußte. Zugleich erhob sich Siena, ebenfalls von Frankreich unterstützt, gegen die Kaiserlichen. So wurde der Kirchenstaat Durchzugsgebiet der in Neapel stehenden Truppen Karls V. und von der großen europäischen Auseinandersetzung überrollt. Das zeigte sich auch in Trient, wo das Konzil nach vier Sitzungen unterbrochen werden mußte.

Die militärischen Ausgaben hatten, wie es bereits seit mehreren Jahrzehnten der Fall war, erhebliche Auswirkungen auf die Finanzlage des Staates. Julius III. folgte dem Weg, den Clemens VII. mit seinem Glaubensinstitut (*Monte della Fede*) begonnen hatte. Er benutzte die öffentliche Schuld als Finanzsystem und richtete das Julius-Institut (*Monte Giulio*) ein, wodurch er einen Kredit von 150.000 Scudi zu einem Prozentsatz von 12% bekam, die er mit Zolleinnahmen bezahlte.

Mit diesem neuen, 1526 geschaffenen Instrument entstand eine andersartige Verbuchungsform der Einkünfte, bei der die Steuern die Stütze für die Zinsen aus Wertpapieren werden konnten. Das Julius-Institut war ferner gegenüber dem Glaubens-Institut nicht an das alte Finanzsystem gebunden. Es handelte sich um enorme Neuerungen, neben denen der alte Fiskus aber weiter bestand. Julius III. führte 1551 die Mehlsteuer wieder ein, um damit die Zinsen eines zweiten Geldinstituts, des sog. Mehl-Instituts, zu zahlen. Die Häufigkeit, mit der man Geldinstitute einrichtete, zu denen 1552 das von Ancona hinzukam, war ein Zeichen für das immer intensivere Verhältnis zwischen der Verwaltung und den Bankiers in der Apostolischen Kammer. Julius III. erteilte dem Gouverneur der Stadt volle Autonomie, womit dessen Autorität gestärkt und aus der Unterordnung unter die Leitung der Apostolischen Kammer gelöst wurde.

Bezüglich der Fragen, die mehr die Interessen der Adeligen angingen, zeigte sich Julius III. ihrem Machtgewinn aufgeschlossen. Er ließ die Herzogtümer Parma und Castro praktisch autonom und gab den Colonna die Möglichkeit, sich in den Gebieten Marittima und Campagna neu niederzulassen. Auch die Abwicklung des Getreidemarktes begünstigte die Grundbesitzer, da eine Preiserhöhung gestattet und damit das System der Produkteinlagerung legitimiert wurde. So gelang es dem hohen Adel, das Monopol zu behalten und die Verteilung zu kontrollieren.

Als Förderer der Künste und der Künstler ließ sich Julius III. zwischen 1551 und 1553 von Ammanati und Vignola die prachtvolle *Villa Giulia* errichten, zu der er sich oft begab, um sich einige Stunden zu erholen. In der Erinnerung der Römer blieb die Villa als „Weinberg von Papst Julius" sprichwörtlich erhalten. Der Papst selbst hatte dem Volk freien Zugang dorthin gestattet, damit es sich nach Belieben ergötzen könne. Julius III. starb am 23. März 1555 und ist in den Vatikanischen Grotten beigesetzt.

Bibl.: L. Pastor, *Storia dei papi*, IV, Rom 1922, S. 1–299; F. Rosati, *La villa di papa Giulio*, in *Capitolium*, 51 (1976), Nr. 7–8, S.2–13; F. Gavioli, *Papa Giulio III durante l'assedio della Mirandola attraverso il carteggio dei suoi segretari*, in *Mirandola e le terre del Basso Corso del Secchia dal medioevo all'età contemporanea. Atti del Convegno (13–15 Mai 1983)*, I, Modena 1984, S. 69–74; S. Cocchia/A. Palminteri/A. Petroni, *Villa Giulia; un caso esemplare della cultura e della prassi costruttive nella metà del Cinquecento*, in *Bollettino d'arte*, Nr. 42 (1987), S. 47–90.

M. Di Sivo

K

Kammer, Apostolische

Unter den verschiedenen Ministerien der Röm. Kurie hatte die Apostolische Kammer in der Vergangenheit besonders zwischen dem 4. und 18. Jh. besondere Bedeutung, da sie fast alle weltlichen Angelegenheiten des Apost. Stuhls verwaltete. Seit seiner Entstehung oblag diesem Amt die Verwaltung der Kirchengüter. Erst seit dem 11. Jh. ist es mit der Bezeichnung *Camera* belegt. Am Ende des folgenden Jahrhunderts ist die Kammer bereits fest organisiert. Ihre verwaltungstechnisch und rechtlich ausgedehnten Befugnisse weiteten sich immer mehr aus.

Ihre Leitung hatte der *Camerarius domini Papae* inne, d.h. der Kämmerer. Diese Aufgabe wurde seit Anbeginn hohen Prälaten, manchmal einem Kardinal anvertraut, letzteres vor allem seit dem 15. Jahrhundert. Im Fall der Abwesenheit des Kämmerers wurde ein Vizekämmerer ernannt, dessen Aufgabe späterhin dauerhaft wurde, sodaß dieser alle Würden des Kämmerers behielt. Er konnte daher auch seit Mitte des 15. Jh., mit Ausnahme der Zeit unter Sixtus V., die Funktion eines Gouverneurs der Stadt Rom mit rechtlichen Kompetenzen ausfüllen.

Einem der Geistlichen der Kammer wurde anfangs auch das Amt des Schatzmeisters anvertraut, das in der Folge unabhängig wurde. Sixtus V. gab eine Verfassung heraus, die der Notwendigkeit, ein Amt für die ausgedehnten finanziellen Aktivitäten des Apostolischen Stuhls zu gründen, Rechnung trug. Häufig wurden Klagen eingereicht gegen verschiedene Finanzaktionen der Kammer. Deshalb ist im 13. Jh. innerhalb der Kammer ein Gericht gegründet worden, dessen Kompetenzen im Lauf der Zeit erweitert wurden. Vor allem im Falle der Sedisvakanz erhielt die Apost. Kammer besondere Bedeutung, da sie der einzige Richter über alle weltlichen Angelegenheiten der Kirche wurde. Die wachsende Autonomie der von der Kammer abhängigen Ämter trug dazu bei, daß sich ihre Aufgaben bald auf die Verwaltung reduzierten, bis sie mit dem Ende der weltlichen Macht der Päpste 1870 ihre Aktivitäten einstellte.

Im Codex vom 1917 (can 262) wurden der Apost. Kammer wieder Aufgaben übertragen: die Verwaltung der Güter und die Vertretung der weltlichen Rechte des Apost. Stuhles. Besondere Bedeutung hat sie in der Zeit der Sedisvakanz (→). Nach der Konstitution Pauls VI. *Regimini ecclesiae universae* vom 15.August 1967 (AAS, LIX [1967], S.885–923) kommt es dann unter Leitung des Camerlengo der Hl. Röm. Kirche (→) der Apost. Kammer zu, den päpstl. Palast und die sonstigen Immobilien des Hl. Stuhles in Besitz zu nehmen und alle Maßnahmen zu ergreifen, die die Beisetzung des verstorbenen Papstes und die Abhaltung des Konklaves betreffen. Zuletzt hat Johannes Paul II. mit der Konstitution *Universi Dominici gregis* vom 22. Februar 1996 (AAS, LXXXVIII [1996]. S. 305–343) diese Bestimmungen für die Sedisvakanz bestätigt. Die heutigen Amtsinhaber üben keine Rechtsgewalt mehr aus, tragen jedoch noch die Ehrentitel. Immer noch wird die Apost. Kammer vom Kardinal-Camerlengo geleitet, den der Vizecamerlengo vertritt.

Dazu kommen ein Generalauditor , ein Kollegium von Prälaten und ein Notar.

Bibl.: G. Felici, *La Rev. Camera Apostolica*, Vatikanstadt 1940; Italia. Ragioneria Generale dello Stato, *Istituzioni finanziarie, contabili e di controllo dello Stato pontificio dalle origini sino al 1870*, Rom 1961; N. Del Re, *La Curia Romana*, Rom 1970, S. 295–309 u. 601–604, Bibl.; M. G. Pastura Ruggiero, *La Reverenda Camera Apostolica e i suoi archivi (secoli XV–XVIII)*, Rom 1984.

N. Del Re

KAMMERDIENER SEINER HEILIGKEIT

Er gehörte zur Gruppe der *Cubiculari* und leistete dem Papst die streng persönlichen Dienste. Früher gab es acht. Sie hatten eine eigene Satzung, nach der sie täglich zu zweit ihren Dienst ausübten. Während der Pontifikate Pius' VIII. (1829–30) und Gregors XVI. (1831–46) versah der Kammerdiener zugleich die Aufgabe des Spendeneinnehmers in Abhängigkeit vom Geheimen Schatzmeister Seiner Heiligkeit (→). Die Zahl der weiteren Helfer ging im Laufe der Zeit zurück. Es blieb nur einer, wie es heute der Fall ist. Zu seinen verschiedenen Aufgaben gehört es auch, das Antlitz des verstorbenen Papstes zu enthüllen für den Akt der formellen Todesfeststellung durch den Kardinal-Camerlengo (→), bevor dies offiziell bekanntgegeben wird.

N. Del Re

KAMMERHERREN DER BUSSOLA

Bis zur Reform unter Paul VI. wurden diejenigen Mitglieder der Päpstl. Familie *Bussolanti* genannt, die ihren Dienst am Eingang der päpstl. *Anticamera* (→), wo der Kompaß (*bussola*) stand, leisteten. Diese Funktion übten bereits unter dem Pontifikat Clemens' VIII. (1592–1605) neun *Camerieri della Bussola* aus. Unter Clemens X. (1670–76) wurde ihre Zahl auf zwölf erhöht.

Später wurden sie in ein Kollegium zusammengefaßt, dem ein Dekan vorstand. Sie befolgten die Anweisungen des *Maggiordomo Seiner Heiligkeit* (→) oder des *Maestro di Camera* (→). Die Kammerherren der Bussola leisteten meist zu zweit im Vorzimmer Dienst, wurden jedoch oft mit anderen Aufgaben außerhalb des Apost. Palastes betraut. So hatten sie die Aufgabe, den Kardinälen und Mitgliedern des Diplomatischen Korps, die nicht an den Gottesdiensten teilnehmen konnten, gesegnete Kerzen und Palmzweige zu überbringen. Auch mußten sie den Geheimkämmerer begleiten, der neuernannten Kardinälen den roten Kardinalshut überbrachte, die ihn nicht aus den Händen des Papstes hatten erhalten können. Unter der seit der Reform von 1968 gültigen Bezeichnung *Beauftragter der Anticamera* (→) leisten sie sowohl Dienst im Vorzimmer als auch während der offiziellen Empfänge und feierlichen Audienzen.

Bibl.: F. Frezza di S. Felice, *Brevi notizie sul Collegio dei bussolanti pontifici*, Venedig 1886.

L. Del Gallo

KANZLEI DER APOSTOLISCHEN BREVEN

Bis zur generellen Reform der Röm. Kurie durch Paul VI. 1967 bildete die Kanzlei der Apost. Breven die dritte der drei Sektionen, in die das Staatssekretariat (→) 1908 von Pius X. unterteilt worden war. Sie hatte die Aufgabe, die päpstlichen Breven vorzubereiten und zu verschicken. Dabei mußte sie nicht nur für das einwandfreie Latein der Schreiben sorgen, sondern auch für deren künstlerische Miniaturschriftform, die in der letzten Zeit nur noch auf wichtige Breven angewandt wurde. Solche sind die Dekrete für Selig- und Heiligsprechungen, die Erhebung von Kirchen zu Basiliken, die Ernennung hl. Patrone, Hof- und Kurienernennungen usw. All diese Aufgaben erfüllte vorher das „Sekretariat der Breven“, das sich aus dem ehem. *Apost. Sekretariat* entwickelt hatte und bald ein unabhängiges Organ der Kurie wurde. Es muß schon bald große Bedeutung erlangt haben, da ihm bereits zu Beginn des 18. Jh. ein Kardinal vorstand, der weitreichende Befugnisse besaß. 1745 wurde eine genaue Bestimmung der Aufgaben des Sekretariats der Breven durch Benedikt XIV. nötig, die eine Unterteilung der Befugnisse des Kardinals der Kanzlei der Breven in drei Kategorien vorsah: Kirchendisziplin, Kirchenstaat und die Ausarbeitung von Ernennungen, Ämtern, Privilegien und Ehrentiteln.

Nach der Kurienreform Pius' X. von 1908 wurden die Befugnisse der ersten Kategorie einigen Kongregationen übergeben, während dem Staatssekretariat das Recht zugesprochen wurde, Ehrentitel zu verleihen. Daher machte Pius X. aus dem alten Amt einen Teil des Staatssekretariats, dessen dritte Sektion es unter der Bezeichnung *Kanzlei der Apost. Breven* wurde.

Bibl.: A. Serafini, *Le origini della Pontificia Segreteria di Stato e la „Sapienti consilio“ del b. Pio X*, in *Romana Curia a b. Pio X sapienti consilio reformata*, Rom 1951, S. 210–214.

N. Del Re

KANZLEI, APOSTOLISCHE

Sehr altes Amt der Röm. Kurie, dessen Ursprung von vielen bis ins 4. Jh. datiert wird. Die Korrespondenz der Päpste, die in dieser Zeit ihren Anfang hatte, überzeugt auch trotz fragmentarischer Überlieferung von der Existenz eines Organs, dem die Vorbereitung und Verschickung von Papstdokumenten oblag. Ein weiteres Indiz dafür besteht in dem seit damals üblichen Gebrauch gewisser Formulare. Sie erlauben es, den Ursprung der Kanzlei mit der *Schola notariorum* in Verbindung zu bringen, die in derselben offiziellen Papstresidenz im Lateran gebildet und von einem *Primicerius notariorum* geleitet wurde, dem ein *secunderius* zur Seite stand.

Unter den ersten Päpsten, die sich mit diesem Amt beschäftigten, ist Gregor der Große (590–604) zu nennen, der es nach dem *Auditorium* der röm. Ostkaiser aufbaute. Veränderungen des Personals und der Prozeduren erwirkten Leo IX. (1049–54), Honorius II. (1124–30) und Lucius II. (1144–45). Die ersten gesicherten Zeugnisse über die Bildung der Apost. Kanzlei stammen vom Beginn des 13. Jh., als das Amt von Innozenz III. (1198–1216) neu organisiert und vergrößert wurde. In ihrer ältesten Zeit war die Kanzlei bis zum 11. Jh. mit der Päpstl. Bibliothek und dem Archiv verbunden, von denen sie sich langsam löste, als die Aufgaben der Kurie umfangreicher wurden. Seit dem 13. Jh. beschäftigt sie sich daher ausschließlich mit der Vorbereitung und Verschickung päpstlicher Dokumente. Als der *Primicerius* als Leiter des Amtes verschwand, wurde er anfangs durch den *Biliothecarius* ersetzt. Dieses Amt wurde von Gelasius II. (1118–19) einem Kardinal anvertraut; 1144 gab es dann den *Cancellarius*, der nach dem Vorbild der kaiserlichen, von Kirchenfürsten geleiteten Kanzlei anfangs ein Bischof war, später ein Kardinal. Als Honorius III. bestimmte, daß auch einfache Prälaten das Amt übernehmen konnten, wurde der Titel in *Vicecancellarius* umbenannt. Dieser Titel blieb auch, als 1325 unter dem Pontifikat Johannes XXII. erneut ein Kardinal das Amt übernahm. In dieser Zeit, in der die Apost. Kanzlei sehr aktiv war, besorgten die Protonotare die Vorbereitung der Briefe mit Hilfe der „Abbreviatoren“ (→), die die Kladden erstellten und der Schreiber, die die Abschriften besorgten. Dem Leiter der Kanzlei unterstand das gesamte Personal, unter dem sich auch der *Corrector litterarum apostolicarum*, der die Originale vor der Übermittlung durchsah, der *computator*, der die Gebühren und deren Registrierung kontrollierte und die Siegelplombierer (→) befanden, die die Siegel anbrachten. Eine besondere Rolle spielte seit dem Beginn des 13. Jh. die *Audientia litterarum contradictarum*, der vor ihrer Verschickung die Briefe *de iustitia* unterbreitet wurden, damit Einwendungen berücksichtigt werden konnten.

Die ersten festen Regeln, die die bis dahin nach dem Brauch funktionierende Praxis der Kanzlei ordneten, führte Johannes XXII. 1331 ein. Die Kompetenzen der Kanzlei wurden im 15. Jh. mit der Gründung des *Kanzlei für die Breven* (→) eingeschränkt, die einen Großteil ihrer Aufgaben übernahm. Paul VI. enthob dieses sehr alte Amt 1973 aller seiner Funktionen, die von da an durch das Staatssekretariat erfüllt wurden.

Bibl.: N Del Re, *La Curia Romana*, Rom 1970, S. 277–291 u. 598–601 Bibl.; P. Rabikauskas, *Cancelleria Apostolica (in eius memoriam: saec. XI – die 31 martii 1973)*, in *Periodica de re morali, canonica, liturgica*, 63 (1974), S. 243–273.

N. Del Re

Kanzleiregeln, Apostolische

Es handelt sich um die Normen, auf deren Basis von der Apost. Kanzlei (→) aus die päpstl. Briefe verschickt wurden. Die Normen hat jeder Papst beim Beginn seiner Amtszeit den Erfordernissen gemäß modifiziert. Ihre Bedeutung erklärt sich daher, daß sie die Gültigkeit der verschiedenen päpstl. Dokumente regeln, die durch die Kanzlei verteilt werden (Zuerkennung von Begünstigungen, Vorteilen und Dispensen). Außerdem stellen sie eine wichtige Quelle für das kanonische Recht dar. Der erste Papst, der ein Regelschema einführte, war Nikolaus III. 1278. Johannes XXII. faßte sie dann 1331 in eine systematische Ordnung zusammen. Die Normen galten immer während eines Pontifikats und wurden beim Tod des Papstes ungültig, der sie erlassen oder bestätigt hatte. 1910 reformierte sie Pius X., nachdem sie seit 1730 unverändert geblieben waren. 1917 wurden sie jedoch abgeschafft.

Es gab 72 Kanzleiregeln, die in vier Kategorien unterschieden waren: 1.) *expeditoriae*, diejenigen Regeln, die die Formalitäten bei der Abfassung und Verschickung der päpstl. Akten regelten; 2.) *reservatoriae*, diejenigen Regeln, die die Auflösung und Reservierung von Benefizien betrafen; 3.) *iudiciariae*, diejenigen, die die Prozedur im Fall von Rekursen betrafen; 4.) *revocatoriae*, diejenigen, die die vom vorhergehenden Papst zugebilligten Privilegien annullierten.

Bibl.: E. Göller, *Die Kommentatoren der päpstl. Kanzleiregeln vom Ende des 15. bis zum Beginn des 17. Jh.s*, in *Archiv für katholisches Kirchenrecht*, 85 (1905), S. 441–460; 86 (1906), S. 21–34, 259–265.

N. Del Re

Kanzleiregent

Es handelt sich um den obersten Prälaten der mittlerweile abgeschafften Apostolischen Kanzlei (→) und Vertreter des *Camerlengo* der Hl. Röm. Kirche, der dieses Büro leitete. Er koordinierte dessen verschiedenen Aktivitäten, sorgte für die Einhaltung der Disziplin, stellte die Übereinstimmuing mit der Ordnung der Röm. Kurie und den Normen des Dikasteriums her. Er gehörte zur *Cappella Pontificia* (→). Das Amt des Regenten als Vertreter des Kanzlers geht auf Gregor XI. zurück, der es zum ersten Mal 1377 dem Erzbischof von Bari, Bartolomeo Prignani, dem zukünftigen Papst Urban VI., anvertraute. Prignani wurde so zum Stellvertreter von Kardinal Peter de Montéruc. Dieser hatte sich geweigert, dem Papst nach Italien zu folgen, als der Päpstl. Stuhl endgültig von Avignon nach Rom zurückverlegt wurde.

N. Del Re

Kanzler der Hl. Römischen Kirche

Titel, der dem Kardinal verliehen wurde, der dem ältesten Amt der Römischen Kurie, der Apostolischen Kanzlei (→), vorstand, welches von Paul VI. 1973 abgeschafft wurde. Der Titel *Cancellarius S. Sedis Apostolicae* erscheint zum ersten Mal in einem Dokument von Papst Formosus von 894, bürgerte sich aber erst in der Mitte des 10. Jh. ein. Der Kanzler wurde als Notar des Konsistoriums angesehen und erhielt nach einer alten Bestimmung von Clemens VII. die Titelkirche *S. Lorenzo in Damaso,* deren angrenzender Palast seit 1517 Sitz des Amtes war. Diese Kirche wurde als Diakonie angesehen, wenn der Kanzler ein Kardinaldiakon war, als Presbyterialtitel, wenn er ein Kardinalpriester war, oder wurde zur Kommende, falls es sich um einen Bischof handelte, der seinen vorherigen Titel beibehielt.

N. Del Re

Kapelle der Pietà

→ Cappella della Pietà

Kapelle Pauls III.

→ Cappella Paolina

Kapelle, Päpstliche

→ Cappella Pontificia

Kapitel von St. Peter

Das vatikanische Kapitel wurde für die feierlichere Ausübung der Gottesdienste in der Petersbasilika gegründet. Es ging hervor aus Gruppen von Benediktinermönchen der verschiedenen Klöster (St. Johannes und Paulus, St. Martin, St. Stefan) bei der alten Konstantinsbasilika, die sich dorthin zum Beten und Psalmodieren begaben. Später wurden die Mönche in der Ausübung des Chores von Mitgliedern des weltlichen Klerus ersetzt, die im St.-Martins-Kloster wohnten und damals schon eine Art Kapitel von St. Peter bildeten. Ihnen stand ein Erzbischof vor, der dann von einem Kardinal abgelöst wurde, von dem wir zum ersten Mal in einem Dokument von 28. April 1083 erfahren. Diese *Presbyter* hatten die Aufgabe, für alle Dienste in der Basilika zu sorgen (vom Chordienst bis zur Erteilung der Sakramente und zu jedem anderen kirchlichen Dienst). Sie wurden seit der Zeit Leos IX. (1049–54) „Kanoniker“ genannt und waren verpflichtet, ein gemeinsames Leben an einem festen Ort zu führen, der seit dem Pontifikat Hadrians IV. (1154–59) als *Canonica* (Kanonikerstift) bezeichnet wird. Ihre Versorgung wurde durch die ihnen vom Papst zugewiesenen Pfründe gesichert.

Auf sie geht der erste der drei Orden zurück, aus denen heute das Vatikankapitel besteht. Den *Kanonikern* folgen heute die von Nikolaus III. (1277–80) zum Ersatz für fehlende Kanoniker geschaffene Kategorie der „Benefiziaten“, die der begünstigten Geistlichen, die Bonifatius VIII. sofort nach dem Jubiläum des Jahres 1300 einsetzte, um den religiösen Dienst in der Basilika zu erweitern. Unter diese drei kanonischen Orden fallen auch die *Innozenzkapläne*, die so genannt wurden, da Innozenz VIII. (1484–92) sie mit der Aufgabe betraute, einen besonderen Dienst am Altar der Jungfrau Maria in der Peterskirche zu erfüllen. Den Mitgliedern des vatikanischen Kapitels steht ein Kardinalerzpriester (→Erzpriester von St. Peter) vor. Die Mitgliederzahl des Kapitels variierte im Lauf der Jahrhunderte; zur Zeit gibt es 34 Kanoniker, 26 Benefiziaten, zwei „Innozenzkapläne" und 25 „chierici beneficiati", die sich in St. Peter jeden Sonntag und an den Vorabenden der großen Feste zur Rezitation der Psalmen versammeln. Danach begeben sie sich in einer Prozession zum Altar der Cathedra, um der gesungenen Messe beizuwohnen; am Nachmittag dieser Feiertage versammeln sie sich zum Gesang der Vesper erneut. Während des Chordienstes tragen die Mitglieder des vatikanischen Kapitels die violetten Mäntel, die ihnen Nikolaus V. (1447–55) statt der bis dahin üblichen schwarzen zugestand, um ihnen größere Würde zu verleihen. Derselbe Papst stellte dem Kardinalerzpriester der Basilika einen Vikar im Bischofs-rang zur Seite, damit dieser ihn im Notfall vertreten könne.

Bibl.: L. Schiapparelli, *Le carte antiche dell'Archivio Capitolare di S. Pietro in Vaticano*, in *Archivio della R. Società Romana di Storia patria*, 24 (1901), S. 393–496, 25 (1902). S. 273–354).

N. Del Re

KAPLAN SEINER HEILIGKEIT

Die Kapläne Seiner Heiligkeit ersetzten 1968 die früheren Geheimkämmerer sopranumerari und stellen die einzige Kategorie Päpstlicher Kämmerer dar, die bis heute zur *Famiglia Pontificia* gehören, wie es das Motu Proprio Pauls VI. *Pontificalis Domus* vom 28. März 1968 vorsieht (AAS, LX [1968] S. 305–315). Sie sind durch das Staatssekretariat auf Lebenszeit ernannt und leisten in Abhängigkeit vom Präfekten der *Casa Pontificia* ihren Dienst im Vorzimmer des Papstes.

Mit dem Ehrentitel „Kaplan seiner Heiligkeit" zeichnete der Papst bis heute Geistliche in aller Welt aus, die sich durch ihren besonderen Eifer für die Kirche verdient gemacht haben. In Deutschland tragen sie den Titel „Monsignore". Die Würde erhalten seit Pius XIII: auch die Domherren der römischen Kirche SS Celso e Giuliano „durante munere", also während der Dauer ihres Amtes. Als Kleidung tragen sie eine violett paspelierte schwarze Soutane mit violetter Schärpe.

L. Del Gallo

KARDINAL

Es handelt sich um die älteste kirchliche Ehrenfunktion, die in der Rangordnung unmittelbar auf den *Summus Pontifex* folgt. Ihre Einrichtung geht auf älteste Zeiten zurück, da man schon unter dem Pontifikat Silvesters I. (314–335) dem Ausdruck *„presbyteri e diaconi cardinales"* begegnet – nach einem Zeugnis Papst Zacharias' (741–52). Der Ausdruck bezieht sich ursprünglich auf einen an einer der römischen Hauptkirche (*cardo*) angestellten Geistlichen (*in cardinatus cardinalis*). Den Kardinälen war eine Kirche oder eine Diakonie als Titelkirche (*tituli cardinales*) von Rom anvertraut.

Ihre Zahl war bis zum Ende des 16. Jh. unterschiedlich. Sie vermehrte sich im Verhältnis zum wachsenden Umfang der kirchlichen Angelegenheiten und der Ausdehnung der Kirchenverwaltung. Das Konzil von Konstanz (1414–18) hatte die Zahl der Kardinäle auf 24 begrenzt. Aber schon zu Zeiten Pauls IV. (1555–59) war ihre Anzahl auf 70 gewachsen, die sich unter dem Pontifikat des Nachfolgers Papst Pius' IV. (1559–65) weiter auf 76 erhöhte. Mit der Konstitution *Postquam verus* vom 3. Dezember 1586 (BR, VIII, S. 808–816) setzte Papst Sixtus V. ihre Zahl auf 70 gemäß der Stämme Israels fest. In der gleichen Konstitution wurde das Kardinalskollegium in drei Ordnungen aufgeteilt: die sechs Kardinalbischöfe, Inhaber der suburbikarischen Bistümer; die 50 Kardinalpriester, Vorsteher der 25, später 28 Titelkirchen und die 14 Kardinaldiakone, die Vorsteher der übrigen alten Kirchen Roms, der sog. Diakonien. Diese Disposition durch Papst Sixtus' V. gilt bis heute. Im neuen Codex des kanonischen Rechts (can. 350, §1) wurden in den *Ordo* der Kardinalbischöfe auch die Patriarchen der Ostkirche eingefügt: „*Qui in Cardinalium Collegium relati sunt*". Die Kardinäle wurden vom Papst zur Mitarbeit herangezogen. Ihr Amt erfuhr eine herausragende Bedeutung, als Papst Nikolaus II. 1059 und Alexander III. 1179 ihnen das ausschließliche Papstwahlrecht verlieh. Im Mittelalter betrug ihre Höchstzahl in den drei Ordnungen sechs Kardinalbischöfe, 28 Kardinalpriester und 28 Kardinaldiakone. Häufig sank sie auch unter die Hälfte dieser Zahl. Die Reformkonzilien von Konstanz und Basel setzten ihre Zahl auf 24 fest, Papst Sixtus V. erhöhte sie – wie schon erwähnt – 1586 auf siebzig. Diese Zahl wurde erstmals 1958 von Johannes XXIII. überschritten, der sie unter dem Druck der wachsenden apostolischen Erfordernisse auf 75 erhöhte, ohne jedoch präzise Bestimmungen zu hinterlassen. Jedenfalls ist ihre Zahl im weiteren Verlauf stets gestiegen. Nach dem Konsistorium vom 5. März 1973 betrug sie 144. In dieser Zahl eingeschlossen sind die *Titolari* der sieben suburbikarischen Bistümer (*Albano, Frascati, Palestrina, Porto e S. Rufina, Sabina e Poggio Mirteto, Veletri, Ostia:* an dieses Bistum ist auch immer der Titel des „Kardinaldekan" gebunden, wie dem Motu Proprio *Ad suburbicarias sedes* vom 10. März 1961 (AAS, LIII [1961], S. 198) zu entnehmen ist.

Die Kardinäle werden vom Papst im „Geheimen Konsistorium" (→) ernannt. Aus kirchenpolitischen Gründen wird manchmal der Name des Auserwählten zunächst nicht bekanntgegeben. Er bleibt dann „Kardinal *in pectore*". Mit der Bekanntgabe ihrer Ernennung erhalten die Kardinäle all ihre Rechte, unabhängig von der Insignienübergabe bei der nachfolgenden Zeremonie. Zu Kardinälen werden Bischöfe und Geistliche aus aller Welt ernannt („*Doctrina, moribus, pietate necnon rerum agendarum prudentia egregie praestantes*"). Jegliche Intervention durch zivile Mächte ist ausgeschlossen, wie sie in der Vergangenheit von einigen katholischen Nationen (Österreich, Frankreich, Spanien), die sog. „Kronkardinäle" benennen durften, ausgeübt wurde. Die Wahl und die Bekanntmachung neuer Kardinäle wird vom Papst in einem Konsistorium (→) vollzogen, nachdem ihnen von da an das aktive und passive Wahlrecht und die durch ihre Kreierung erhaltenen Privilegien zustehen. Die Kardinäle *in pectore* (can. 351) werden erst später verkündet, haben aber vom Tag ihrer Ernennung *in pectore* an ihre Rechte.

Die Voraussetzungen zu ihrer Wahl sind seit dem Konzil von Trient (24. Sitzung am 11. November 1563, C. 1, de reformatione) die gleichen geblieben: ehel. Geburt, frei von Irregularitäten und Weihehindernissen, Priesterweihe sowie Gelehrsamkeit und Frömmigkeit. Nahe Blutsverwandte von Kardinälen, Väter und Großväter, werden nicht ernannt.

Sie werden als „Kirchenfürsten" angesehen und sind mit dem Titel Eminenz (→) ausgestattet, wobei sie zahlreiche Privilegien u.a. das *privilegium canonis* und das *privilegium fori* erhalten, nach dem sie ausschließlich vom Papst bestimmt und abgesetzt werden können (can. 5, § 1, Nr. 2). Die Kardinalpriester und Kardinaldiakone genießen darüber hinaus das sog. „Optionsrecht", d.h. sie können gemäß ihrem Dienstsalter eine freie Diakonie bzw. eine Titelkirche in Rom auswählen. Kardinaldiakone können nach zehn Jahren in den *Ordo* des Kardinalpriester aufsteigen. Kardinalpriester im Kuriendienst können auf ein freigewordenes suburbikarisches Bistum optieren. Die in Rom residierenden Kardinäle werden als vatikanische Staatsbürger angesehen, auch wenn sie außerhalb der Vatikanstadt wohnen (Art. 20 d.

Lateranverträge). Neben anderen haben sie das Recht auf eine jährliche Pension, der sog. *Piatto cardinalizio* (→), den Kardinalsteller, dem sich der sog. *Rotulus* (→) hinzufügt, ein Beitrag aus den Erlösen des Heiligen Kollegiums, der auch den nicht in Rom Residierenden in einer Höhe zusteht, die sich nach der Dauer ihrer Präsenz in Rom ausrichtet.

Die Kardinäle sind die ersten Mitarbeiter des Papstes und helfen ihm als oberstem Hirten bei der Leitung der Universalkirche. Sie sind gegenwärtig alle mit der Bischofswürde ausgezeichnet (can. 352, § 1), wodurch die Aufteilung in drei Ordnungen heute nur noch geschichtlich gerechtfertigt ist. Sie üben ihren Dienst in der Röm. Kurie aus und bekleiden in der Regel Leitungsaufgaben in den Dikasterien (Kongregationen, Päpstl. Räten, Tribunalen u. Ämtern) sowie in anderen Organen des Hl. Stuhls, denen sie vorstehen (can. 354). Außerdem üben sie die bischöfliche Gewalt in ihren Bischofssitzen, Titelkirchen oder Diakonien aus, besitzen jedoch nicht die Jurisdiktion über die Gläubigen. Diese Begrenzung wurde von Papst Innozenz XII. im Jahr 1692 verfügt und ist auch im neuen Codex (can. 357, § 1) enthalten.

Das Heilige Kollegium gilt dagegen als juristische Person mit entsprechenden Funktionen, und zwar in seiner dreifachen Natur als *„organo coadiutore, organo supplente, organo elletore“* des Papstes. „Außergewöhnlich“ ist die Funktion der Kardinäle während der Sedisvakanz, „normal“ im sog. „Konsistorium“ also jener Versammlung, wo sich alle Kurienkardinäle unter dem Vorsitz des Papstes versammeln, um über wichtige Angelegenheiten der kirchlichen Regierung und der Vatikanstadt zu befinden. Dieses Konsistorium hat wegen der ausschließlichen Vollmacht des Papstes nur konsultativen Charakter.

Noch wichtiger sind die Funktionen der Kardinäle während der Sedisvakanz. Hier stehen die Kardinäle an der Spitze der Regierung der Kirche und gleichzeitig auch, gemäß den Lateranverträgen von 1929, an der Spitze der Regierung des Staates der Vatikanstadt. Von besonderer Bedeutung sind natürlich ihre Rechte bei der Wahl eines neuen Papstes auf der Basis der jüngsten Bestimmungen in der Konstitution Johannes' Paul II. *Universi Dominici gregis* vom 22. Februar 1996 (AAS, LXXXVIII [1996], S. 305–343). Auch wenn sich die päpstliche Gerichtsbarkeit während der Sedisvakanz nicht auf das Heilige Kollegium ausdehnt, kann man nichtsdestoweniger das Kardinalskollegium als Organ ansehen, das „ad interim“ die päpstliche Macht ersetzt. Die Begrenzungen ihrer Funktion in der Kirchenregierung sind in der genannten Konstitution Johannes' Paul II. niedergelegt, u.a. das Verbot, legislative Macht auszuüben, die Beschränkungen in der administrativen Macht und die teilweise Aufhebung der judikativen Macht.

Die dringendsten Geschäfte werden von den Kardinälen in der Generalkongregation (→) mit Mehrheit beschlossen, während die weniger wichtigen eine kleinere Kongregation im Namen des gesamten Kollegiums ausübt, die sich aus dem Camerlengo der Hl. Röm. Kirche (→) und je drei Kardinälen zusammensetzt, einer pro *Ordo* und per Los bestimmt. Herausragende Funktion des Heiligen Kollegiums während der Sedisvakanz, eingerichtet im Jahr 1059 von Nikolaus II. und bestätigt von Alexander III. im Jahr 1179, ist die Wahl eines neuen Papstes, welche von den Kardinälen im sog. Konklave (→) ausgeübt wird. Von diesem Konklave ausgeschlossen sind im Augenblick nur die Kardinäle, die das 80. Lebensjahr vollendet haben. Gemäß der Bestimmung Papst Pauls VI. in seinem Motu Proprio *Ingravescentem aetatem* vom 21. November 1970 (AAS, LXII [1970], S. 810–813), sind Kardinäle in diesem Alter nicht mehr Mitglied in den Dikasterien der Röm. Kurie oder in allen ständigen Organen des Hl. Stuhls sowie des Vatikanstaates und verlieren damit das Recht, den Papst zu wählen.

Nach der Errichtung der Bischofssynode (→) durch Paul VI. erhoben sich gewisse Stimmen mit der Forderung nach einer Verringerung der dem Kardinalskollegium übertragenen Aufgaben und einer Überprüfung ihrer Funktionen innerhalb der Röm. Kurie. Solche Vorstellungen wurden von Papst Paul VI. im Jahr 1967 kategorisch zurückgewiesen. In seiner Ansprache beim Konsistorium vom 28. Juni 1967 bekräftigte er die Bedeutung und die Notwendigkeit des Heiligen Kollegiums und sagte: „Wir haben keinerlei Motive, die uns dazu veranlassen könnten, die von unseren verehrten Vorgängern überlieferte Disziplin zu verändern. Wir sind selbst auch davon überzeugt, daß die vielfältigen Bedürfnisse der Kirche uns nahelegen, diese Funktionen zu verstärken, die nach dem Kirchenrecht das Heilige Kollegium ausübt und die uns von äußerster Nützlichkeit sind. Die Funktion des Heiligen Kollegiums ist wirklich heilig und kirchlich, weil sie sich der Mitarbeit mit dem *Summus Pontifex* in der Universalkirche widmet. Vor allen Dingen ist das ihnen zustehende Recht der Papstwahl gemäß den *Canones* andernfalls Einflüssen von außen und schädlichen Gefahren für die ganze Kirche ausgesetzt, wenn es nicht, wie jetzt, von einem qualifizierten Kardinalskollegium ausgeübt wird, das immun ist gegen jede unerlaubte und äußere Einflußnahme“.

Dem Heiligen Kollegium steht der Kardinaldekan (→) vor, der jedoch keine Jurisdiktionsgewalt über die anderen Kardinäle besitzt, sondern „primus inter pares“ ist. Die Güter des Hl. Kollegiums verwaltet der *Camerlengo* des Hl. Kollegiums (→), nicht zu verwechseln mit dem Camerlengo der Hl. Röm. Kirche, während die Funktionen des Sekretärs des Kardinalskollegiums vom Sekretär der Bischofskongregation ausgeübt werden, dem ein Stellvertreter und ein Schatzmeister zur Seite stehen. Die Funktion eines Kardinals verlieren derjenige, der zum Papst gewählt wurde, aber auch diejenigen, die freiwillig darauf verzichten oder vom Papst ihre Rechte entzogen bekommen, nicht zuletzt jeder neue Kardinal, der sich weigert, den entsprechenden Eid zu leisten.

Bibl.: M. Belardo, *De iuribus S.R.E. cardinalium in titulis*, Vatikanstadt 1939; M. Andrieu, *L'origine du tître de cardinal dans l'Eglise romaine*, in *Miscellanea Giovanni Mercati*, V, Vatikanstadt 1946, S. 113–144; T. B. Morgan, *Speaking of cardinals*, New York 1946; G. Mollat, *Contribution à l'histoire du Sacré Collège de Clément V à Eugène IV*, in *Révue d'histoire ecclésiatique*, 46 (1951), S. 22–112, 566–594; H. W. von Klewitz, *Die Entstehung des Kardinalskollegiums*, Weimar 1957; G. D. Kitter, *The papal princes; a history of the Sacred College of Cardinals*, New York 1960; A. de la Hera, *La reforma del colegio cardinalicio bajo el pontificado de Juan XXIII*, in *Ius canonicum*, 2 (1962), S. 677 – 716; C. van Lierde/A. Giraud, *Il Senato della Chiesa; il Collegio cardinalizio*, Catania 1964; Ch. Lefebvre, *Les origines et le rôle du cardinalat au Moyen Age*, in *Apollinaris*, 41 (1968), S. 59–70; A. Mühr, *Herrscher in Purpur. Die Geschichte der Kardinäle*, München 1977; J. F. Broderick, *The Sacred College of Cardinals: size and geographical composition (1099–1986)*, in *Archivum historiae pontificiae*, 25 (1987), S. 7–71; T. Bertone, *Il servizio del cardinalato al ministero del successore di Pietro*, in *Salesianum*, 48 (1989), S. 6–15; A. Rossi, *Il Collegio cardinalizio*, Vatikanstadt 1990.

N. Del Re

KARDINAL „IN PECTORE“

In einem Konsistorium kündigt der Papst die Kreierung neuer Kardinäle an und ernennt sie einzeln. Zu gleichen Zeit kann er sich jedoch vorbehalten, den Purpur zu verleihen, ohne den Namen des Betreffenden bekannt zu geben. Dieser wird dann in einem der folgenden Konsistorien bekannt gegegeben. Diese Kardinäle, deren Namen also geheim bleiben, werden Kardinäle *in pectore* genannt, gemäß der Formel des Papstes: „*Alios autem in pectore reservamus, arbitrio nostro quandoque declarandos*". Dieser Brauch scheint auf Papst Martin V. (1417–31) zurückzugehen. Die Normen, die ihn jedoch gegenwärtig regeln, stammen von Papst Urban VIII. (1623–44).

Die Kardinäle *in pectore* können sich jedoch in der Zwischenzeit nicht der Rechte und Privilegien des Kardinalstatus erfreuen. Wenn ihre Ernennung erst einmal publiziert ist – und zwar in authentischer Form – haben sie die Pflichten und Rechte von dem Tag an, an dem der Papst sie *in pectore* ernannt hat (can. 351, § 3 des neuen Codex d. Kirchenrechts). Wenn der Papst stirbt, ohne die Namen der Kardinäle *in pectore* veröffentlicht zu haben, verlieren sie alle Rechte, wie es z.B. im Falle von drei Kardinalskandidaten *in pectore* unter Papst Johannes XXIII. (1963) geschehen ist.

Es ist in der Vergangenheit darüber diskutiert worden, ob eine testamentarische Disposition den Charakter einer Publizierung besitzt und die Kardinalsernennung so auch nach dem Tode eines Pontifex anerkannt werden müßte. Doch obwohl die Frage von Papst Pius IX. im Konsistorium vom 18. März 1875 positiv entschieden wurde, ist die Ernennung von Kardinälen *in pectore* immer umstritten geblieben.

Bibl.: P. A. Kirsch, *Die reservatio „in petto" bei der Cardinalscreation*, in *Archiv für katholisches Kirchenrecht*, 81 (1901), S. 421–32.

N. Del Re

Kardinal, Palatinischer

So wurden im 8. Jh. Kardinäle mit spezifischen Aufgaben genannt, die im Apost. Palast residierten, um so als dessen „Familienmitglieder" zur unmittelbaren Verfügung des Papstes zu stehen. Wir begegnen ihnen zum ersten Mal im Jahre 735, als Papst Gregor III. den 14 Diakonen weitere vier angliederte, die er mit der Bezeichnung *Cardinali Palatini* versah und deren Aufgabe es primär war, den Papst während der hl. Zeremonien in den beiden päpstl. Basiliken *S. Giovanni in Laterano* und St. Peter zu assistieren. In der Folgezeit übernahmen diese Kardinäle auch wichtige Funktionen in der *Famiglia Pontificia*, die bislang von einfachen Prälaten ausgeübt wurden. Allerdings sind sie von jedem neuen Papst neu zu ernennen gewesen.

Die Gruppe der *Cardinali Palatini* setzte sich aus dem Pro-Datar, dem Staatssekretär, dem Sekretär der Memorialen und dem Sekretär der Breven zusammen. Hinzu kamen die Kardinalnepoten sowie der Auditor Seiner Heiligkeit und der Bibliothekar, falls er im Vatikan wohnte. Noch zu Beginn unseres Jahrhunderts gab es vier Palatinische Kardinäle, später dann zwei, als das Sekretariat für die Memorialen 1904 durch Pius X. abgeschafft und das Sekretariat der Breven 1908 der dritten Sektion im Staatssekretariat zugeteilt wurde. Auch nach der Reorganisation des *Casa Pontificia* durch Papst Paul VI. mit dem Motu Proprio *Pontificalis Domus* vom 28. März 1968 (AAS, LX [1968] S. 305–315) sind auch die *Cardinali Palatini* abgeschafft worden.

N. Del Re

Kardinaldatar

Es war der Kardinal, der an der Spitze der Apost. Datarie (→) stand, also dem Amt der Römischen Kurie, dem bis zur seiner Abschaffung bei der großen Reform Pauls VI. 1967 die Benefizienverleihung und weitere Verwaltungsangelegenheiten des Hl. Stuhls anvertraut waren. Der Name leitet sich von der Aufgabe her, päpstliche Gnadenbewilligungen mit dem maßgebenden Datum zu versehen (datare) und dann dem Heiligen Vater zur Approbation vorzulegen. Der Ausdruck *Datario* ist seit 1420 im

Gebrauch, als seit dem Pontifikat Martins V. eine kontinuierliche Reihe von Trägern dieses Amtes festzustellen ist. Von Rechts wegen gibt es einen Kardinaldatar erst seit der Kurienreform von 1908 durch Pius X., der festlegte, daß die *Dataria Apostolica* von einem Kardinal geleitet werden müsse, „*qui in posterum* Datarii *non vero Pro-Datarii nomen obtinebit*". Bislang gab es nämlich auch den Pro-Datar, da der Titel über lange Zeit hinweg nicht ausschließlich einem Kardinal vorbehalten war. Neben verschiedenen Privilegien hatte der Kardinaldatar auch das Recht, mit seinen Familiaren im Palast der Datarie (→) zu wohnen.

Bibl.: N. Storti, *La storia e il diritto della Dataria Apostolica dalle origini ai nostri giorni*, Neapel 1969, S. 138–174.

N. Del Re

KARDINALDEKAN

Er steht an der Spitze des Heiligen Kollegiums, ohne jedoch irgendeine Jurisdiktionsgewalt über die anderen Kardinäle zu haben. Einzig und allein ist er *primus inter pares* (Erster unter Gleichen). Sein Amt geht zurück auf das 12. Jahrhundert und wurde jeweils von dem Kardinal aus dem *Ordo* der Kardinalbischöfe ausgewählt, der der Dienstälteste war. Zur Zeit gelten jedoch die Unterscheidung der Anzianität und andere Unterscheidungen nicht mehr. Der Kardinaldekan wird aus den Kardinalbischöfen mit einer suburbikarischen Diözese gewählt, wie es die Disposition Pauls VI. im Motu Proprio *Sacro Cardinalium consilio* vom 24. Februar 1965 (AAS, LVII, [1965], S. 296–297) vorsieht. Diese Regelung schließt sich an diejenige des neuen Codex an (can. 352). Wenn also die Funktion des Kardinaldekans vakant ist, kommen die Kardinalbischöfe bzw. die Titelträger einer suburbikarischen Diözese unter Vorsitz des Subdekans zusammen, um aus ihrer Gruppe einen neuen Dekan des Hl. Kollegiums zu wählen. Diese Wahl muß vom Papst bestätigt werden. Mit der gleichen Wahl wird der Subdekan bestimmt, der somit nicht automatisch auf das Amt des Dekans bei seiner Vakanz nachrückt.

Der Kardinaldekan ist verpflichtet, in Rom zu wohnen. Er präsentiert und repräsentiert das Heilige Kollegium, wobei ihm besonders bei der Sedisvakanz (→) spezielle Aufgaben obliegen, z.B. die Konvokation der Kardinäle zum Konklave (→), die Leitung des Vorgangs der Papstwahl, die Frage an den neugewählten Papst, ob er sein Amt annehmen will oder nicht sowie dessen Bischofsweihe im Falle der Notwendigkeit. Wenn der Dekan des Hl. Kollegiums jedoch am Konklave nicht teilnehmen kann, weil er über 80 Jahre alt ist – gemäß der Bestimmung Pauls VI. *Ingravescentem aetatem* vom 21.11.1970 (AAS, LXII [1970], S. 810–813) – werden seine Funktionen im Konklave vom Subdekan oder im Falle auch seiner Abwesenheit von einem anderen Kardinal gemäß der allgemeinen Rangfolge (can. 355, § 1) ausgeübt.

N. Del Re

KARDINALNEPOTEN

So wurden die Verwandten des amtierenden Pontifex genannt – in der Regel Neffen, auch Adoptionsneffen (daher stammt der Ausdruck), die im ersten Konsistorium nach der Papstwahl zu Kardinälen kreiert und an die Spitze des päpstl. Sekretariats gestellt wurden. Sie waren verantwortlich für die politischen, diplomatischen und administrativen Aktivitäten des Apostolischen Stuhls. Die Einrichtung des Kardinalnepoten stellt einen besonderen Aspekt des sog. „kleinen Nepotismus" dar, der darin bestand, daß die Päpste ihre nächsten Verwandten mit Würden und Privilegien ausstatteten und verschiedene Familien in besonderer Weise begünstigten. Dies zeigen die Beispiele der Familien Aldobrandini aufgrund der entsprechenden Maßgaben von Clemens VIII. (1592–1605), der Familie Borghese durch Paul V. (1605–21), der Familie der Barberini durch Papst Urban VIII. (1623–44), der Pamphili durch Innozenz X. (1644–55) und durch verschiedene andere.

Kardinalnepoten waren gleichsam „Generalsuperintendenten des Kirchenstaates", eine Art Ministerpräsident des Papstes, der sein persönliches Vertrauen besaß und als Intermediär für die verschiedenen Organe der Kurie fungierte. Er war auch der einzige Kardinal mit dem Recht einer täglichen Audienz. Insofern vereinigten sich in seinen Händen die effektive Macht der Kirchenregierung und des Päpstl. Hofes für rund anderthalb Jahrhunderte. Das Modell zeichnete sich schon im ersten Viertel des 16. Jh. mit Kardinal Giulio de Medici ab, dem zukünftigen Clemens VII., und wurde unter Papst Paul III. (1534–49) schon fast zur Institution. Dann aber stieß diese Einrichtung auf den steigenden Widerstand der wachsenden Macht des Staatssekretariates (→) und auch auf Reaktionen von ehrlichen und rechtschaffenen Päpsten wie Clemens IX. (1667–69), Innozenz XI. (1676–89) und Innozenz XII. (1691–1700). Dieser ließ durch den Abt Coelestin Sfondrati, der später Kardinal wurde, ein Schreiben über die schlimmen Folgen dieser nur scheinbaren Liebe zu den eigenen Verwandten veröffentlichen; die Schrift trug den Titel *Nepotismus theologice expensus*. Für alle zukünftigen Päpste ordnete Innozenz XII. durch die Konstitution *Romanum decet Pontificem* vom 22. Juni 1692 (BR, XX, S. 440–446) das Verbot dieser schlechten Sitte an. Sie wurde von ihm selbst in Zusammenarbeit mit den Kardinälen Gian Francesco Albani und Bernardino Pianciatici ausgearbeitet. Demnach war es verboten, irgendwelche Verwandten zu bereichern oder ihnen Ämter und Würden zu übergeben. So wurde dann dem langen Regiment der Kardinalnepoten ein Ende gesetzt.

Bibl.: A. Kraus, *Amt und Stellung des Kardinalnepoten zur Zeit Urbans VIII. (1623)*, in *Röm. Quartalschrift für christliche Altertumskunde und Kirchengeschichte*, 53 (1958), S. 238–243; M. Laurain-Portemer, *Absolutisme et népotisme, la surintendance de l'Etat ecclésiastique*, in *Bibliothèque de l'Ecole des Chartes*, 131 (1973), S. 487–568.

N. Del Re

Kardinalpräfekt

Mit diesem Namen bezeichnet man den Kardinal in einer Spitzenfunktion verschiedener Dikasterien der Röm. Kurie, vor allem die eines Leiters einer Kongregation. Der Kardinalpräfekt ist für alle ihre Aktivitäten verantwortlich (Art. 24 d. jüngsten *Regolamento generale della Curia Romana*). Ihm steht ein Erzbischof zur Seite, der die unmittelbare Leitung des Amtes ausübt und außerdem verschiedene höhere und niedere Offizialen. Präfekt wird auch derjenige Kardinal genannt, der dem höchsten Gericht der Apost. Signatur (→) vorsteht, während der Kardinal an der Spitze des Tribunals der Hl. Pönitentiarie (→) den Titel „*Pönitentiarius Maior*" innehat.

In allen anderen Dikasterien und Organen der Kurie, auch wenn deren Leiter ein Kardinal ist, erhält er die Qualifikation eines Präsidenten, die dem des Präfekten gleicht. Besondere zusätzliche Titel sind Kardinalstaatssekretär (→) und *Camerlengo* der Hl. Röm. Kirche (→).

N. Del Re

Kardinalprotektor

Die Einrichtung des Kardinalprotektors gab es bis zum Jahr 1964. Ihm war der Schutz eines Ordens oder einer religiösen Kongregation anvertraut mit einigen wenigen Ausnahmen (z. B. die Gesellschaft Jesu oder das Caritas-Institut). Die Funktion des Kardinalprotektors, der ordnungsgemäß vom Staatssekretariat ernannt wurde, beschränkte sich darauf, gegenüber dem Hl. Stuhl mit seinem Rat und Schutz die Interessen der Gemeinschaft zu vertreten, über die er jedoch keinerlei judikative Gewalt besaß, es sei denn, daß sie ihm von Fall zu Fall übertragen wurde. Das Protektorat der Kardinäle über religiöse Gemeinschaften erfuhr seine Ursprünge im Beispiel des hl. Franz von Assisi, der am Ende der *Regula* II ausdrücklich seinen Nachfolgern auftrug, von mal zu mal den Papst um „*Unum de Sanctae Romanae Ecclesiae Cardinalibus, qui sit gubernator, protector et corrector istius communitatis*" (vgl. *Opuscula S. Patris Francisci Assisiensis secundum codices mss. emendata et denuo edita a S. S. Bonaventurae,* Quaracchi 1904, S. 74) zu bitten. Im Unterschied zur jüngeren Zeit besaß der Kardinalprotektor früher eine wirkliche Vormachtstellung, die langsam wuchs, bis Papst Innozenz XII. im Jahr 1694 mit der Konstitution *Christifidelium* vom 16. Februar die Pflichten der Kardinalprotektoren festlegte. Ihre Funktionen blieben bis 1964 erhalten, als mit Schreiben des Staatssekretariates Nr. 20785 vom 28. April die Einrichtung der religiösen Protektorate aufgehoben wurde. Die bestehenden Kardinalprotektoren konnten ihr Amt weiter ausüben, jedoch ohne im *Annuario Pontificio* mit dieser Funktion aufgeführt zu sein. Gegenwärtig gibt es Kardinalprotektoren nur bei einigen kirchlichen Bildungsinstitutionen (*Pont. Accademia Ecclesiastica*) und bei einigen Päpstl. Akademien (*Accademia Teologica Romana, Accademia Mariana Internazionale, Accademia Romana di Archeologia*).

Bibl.: A. Boni, in *Dizionario degli Istituti di perfezione,* II, 1973, Sp. 276–280 mit Bibl.

N. Del Re

Kardinalsbirett

In der Form den Biretten anderer kirchlicher Würdenträger gleich, unterscheidet es sich jedoch in der roten Farbe und im fehlenden Bausch. Das Privileg des roten Biretts wurde von Pius IV. 1564 den Kardinälen zugestanden. Ausgenommen waren jedoch all diejenigen, die religiösen Orden angehörten, die bis 1591 weiter das schwarze Birett trugen, bis Gregor XIV. das Privileg auf alle Kardinäle ausweitete. Im Gegensatz zu früher wird das Auflegen des roten Biretts jetzt direkt vom Papst an allen neuen Kardinäle vorgenommen. Früher wurde in einigen Ländern (Italien, Frankreich, Spanien, Portugal) das Birett den Kardinälen durch einen apost. Ablegat (→) zugesandt und durch altes Privileg von den Staatsoberhäuptern auferlegt.

N. Del Re

Kardinalshut

→ Galero

Kardinalskammer

Es handelt sich um das Organ, das der Finanzverwaltung der Güter des Heiligen Kollegiums der Kardinäle vorsteht. Seine Ursprünge gehen auf das 13. Jh. zurück, als die in einem Kollegium zusammengefaßten Kardinäle begannen, Renditen und Güter zu erhalten. Vorsitzender der Kardinalskammer ist der Kämmerer des Hl. Kollegiums, nicht zu verwechseln mit dem Camerlengo der Hl. Röm. Kirche (→). Die Kardinalskammer (*Camera Collegii Cardinalium*) besteht aus einem Sekretär, der immer auch der Sekretär der Bischofskongregation ist und einigen anderen Amtsinhabern.

N. Del Re

KARDINALSKOMMISSION FÜR DIE HEILIGTÜMER VON POMPEI, LORETO UND BARI

Leo XIII. richtete 1894 diese Kommission ein, nachdem ihm Bartolo Longo die Gebäude des Heiligtums von Pompei übergab. Aus der Jurisdiktion der Diözese Nola unterstellte der Papst sie direkt dem Hl. Stuhl. Die Komm. wurde durch Pius XI. mit der Konstitution *Beatissimae Virginis* vom 8. Mai 1926 (AAS, XVIII [1926], S. 403–406) bestätigt und mit der Konstitution und dem Konsistorialdekret *Pompeiana Praelatura* vom 21. März 1942 (AAS, XXXIV [1942], S. 203–204) durch Pius XII. geregelt.

Der Verwaltung und Leitung des Heiligtums von Pompei fügte die Kardinalskomm. 1965 die des Heiligtums von Loreto hinzu, das ihr von Paul VI. mit einem Brief des Staatssekretariates vom 7. Januar anvertraut worden war. Der Papst verfügte 1969 in der Absicht, die Komm. mehr mit der Kongr. für den Klerus zu verbinden, gemäß der Konstitution *Regimini Ecclesiae universae* zur Kurienreform von 1967, daß ihr Vorsitzender ein Mitglied dieses Dikasteriums sein sollte und ihr Sekretär zugleich Sekretär der Komm. wurde. Dieser verbleibt als Aufgabe weiter der Schutz der berühmten Heiligtümer. Sie überwacht deren geistliche und weltliche Verwaltung. Kürzlich hat sie diese Aufgaben auch auf die päpstl. Basilika des Hl. Nikolaus von Bari ausgedehnt kraft eines päpstl. Reskripts vom 8. November 1980, das ihr alle Vollmachten übertrug, die sie schon für diese Basilika durch die Kongregation für die Bischöfe hatte.

N. Del Re

KARDINALSROCK

Purpurrotes majestätisches Zeremonialgewand der Kardinäle, das Paul II. 1464 den Mitgliedern des Hl. Kollegiums zugestand, um sie von allen anderen Prälaten zu unterscheiden. Evtl. stammt es schon aus der Zeit von Bonifatius VIII. (1294–1303) (s. F. Bonanni, *La gerarchia ecclesiastica*, Rom 1720, S. 435). Der *Große Kardinalsrock* bestand aus mit Hermelin gefütterter Moiréseide. Er war sehr lang und besaß Öffnungen für die Arme sowie eine Schleppe (*syrma*), die früher bis zu drei Metern lang war. Wenn der Kardinal saß, umlegte er sich den Mantel, ging er, trug er ihn auf dem Unterarm, falls er ihn nicht ausgebreitet lassen mußte, da er vom Schleppenträger (→) getragen wurde. Nachdem bereits Pius XII. den Gebrauch 1952 weitgehend eingeschränkt hatte, bestimmte Paul VI. 1969, daß der *Große Kardinalsrock* nur bei besonderen Festlichkeiten außerhalb Roms getragen werden durfte. Am Karfreitag und an den Bußtagen trägt man einen Mantel aus violetter Wolle statt aus Seide.

N. Del Re

KARDINALSTAATSSEKRETÄR

→ Staatssekretär

KARDINALSTELLER

→ Piatto cardinalizio

KARDINALVIKAR

Es handelt sich dabei um den Kardinal, der per Mandat des Papstes, Bischof von Rom, mit ordentlicher Jurisdiktion die röm. Diözese leitet, unterstützt vom Vizegerenten und von Weihbischöfen, die gemeinsam den Bischofsrat der Diözese bilden. Den Kardinalvikar gibt es seit Ende des 13. Jh. als Mitarbeiter und Vertreter des Papstes, wie er unter den Pontifikaten von Urban IV. (1261–64) und Nikolaus IV. (1288–92) entstanden ist.

Anfangs war diese Funktion einem Kardinal anvertraut, dann aber wurde aus dem *Vicariatus Urbis* zur Zeit Alexanders IV. (1254–61) eine

Art Prälatur, die von einem Bischof oder sogar von einem Abt ausgeübt wurde und nur in ganz seltenen Fällen von einem Kardinal. Man kennt auch einige Namen: Stefano Palosio, der 1383 nach Ernennung zum Kardinal der Vikar Papst Urbans VI. wurde; oder auch Virgilio Rosario, der am 15. Juli 1555 zum Vikar von Rom ernannt wurde und dann in diesem Amt von Paul IV. bestätigt und 1557 Kardinal wurde. Zu einer regelmäßigen Einrichtung wurde das Amt des Kardinalvikars durch Paul IV. im Konsistorium vom 25. November 1558.

Die Aufgaben, die der Kardinalvikar als Organ der Röm. Kurie und des Vikariats von Rom ausübt, sind auch die der residierenden Bischöfe; im Falle des Todes eines Papstes übt er weiter sein Amt aus, muß jedoch die Entscheidungen, die bislang dem Papst vorgelegt wurden, dem Hl. Kollegium der Kardinäle unterbreiten gemäß der Dispositionen der Konstitution Johannes' Paul II. *Universi Dominici gregis* vom 22. Februar 1996 (AAS, LXXXVIII [1996], S. 305–343), die u.a. festlegt, daß wenn „in der Zeit der Sedisvakanz der Generalvikar der röm. Diözese ausfiele, der *Vicegerente* an seiner Stelle das Amt des Kardinalvikars ausübe, überdies die vikarische Jurisdiktion. Für den Fall, daß auch der Vicegerente ausfiele, übernimmt der Auxiliarbischof die Funktionen“ (Nr. 16).

Bibl.: K. Eubel, *Series Vicariorum Urbis a. 1200–1558*, in *Röm. Quartalschrift für christliche Alterthumskunde und für Kirchengeschichte,* 8 (1894), S. 492–499; A. Ilari, *I Cardinali Vicari. Cronologia biobibliografica*, in *Rivista diocesana di Roma*, 3 (1962), S. 273–295.

N. Del Re

Kaserne der Päpstliche Gendarmen

Die älteste Kaserne der Päpstl. Gendarmerie befand sich an der Via delle Fondamenta in unmittelbarer Nähe zur Kirche *S. Stefano degli Abissini* in einem bescheidenen Gebäude, das nach verschiedenen Umbauten im Jahre 1929 abgerissen wurde.

Papst Pius IX. ließ im Jahre 1862 durch den Architekten Filippo Martinucci am *Passetto di Borgo* mit Eingang von der *Porta Angelica* ein Gebäude errichten, wo die „Brigade der Päpstl. Gendarmen“ unter der Abhängigkeit der Apost. Paläste gemeinsam mit den Schweizer Gardisten untergebracht waren, die den inneren Teil des Gebäudes belegten.

Wie berichtet wird, ist in den Dokumenten der Kapitulation von Rom vom 20. September 1870 festgelegt worden, daß „die ausgewählte Kompanie des *Capitano* Lambertini Gaetano in einer Stärke von 100 Mann nicht aus Rom abreise, sondern in Diensten des Vatikan bleiben solle.“ Die Gendarmen blieben also in ihrer Kaserne, die den Bedürfnissen angepaßt und deren Eingang zu den Apost. Palästen hin verlegt wurde. Die Kaserne befand sich somit immer noch hinter den Kolonnaden von St. Peter mit Blick auf die *Via di Porta Angelica*, praktisch genau am Beginn des Verbindungsganges zur Engelsburg.

Noch heute kann man in der Kaserne der Schweizergarde den engen Innenhof sehen, der die beiden Gebäudetrakte zwischen Gendarmen und Gardisten trennte. In der Mitte des Hofes befand sich ein schöner Brunnen mit dem Wappen Papst Pius' IX., der aber 1929 zerstört wurde, um die Verbindung zwischen den beiden Trakten zum Nutzen der Schweizergarde herzustellen. Das Korps der Gendarmerie hatte bis zum Jahr 1925 eine weitere Nebenstelle in den Vatikanischen Gärten, wo im Turnus von je 15 Tagen eine Gruppe von Gendarmen unter dem Befehl eines Unteroffiziers standen.

Nach der Gründung des Vatikanstaates wurde das gesamte Gendarmeriekorps in einer neuen Kaserne zusammengefaßt, die man am Ende der Via del Pellegrino errichtete, hinter dem heutigen Sitz der Redaktion des *Osservatore Romano* (→). Dieses Gebäude ließ Papst Pius X. im Jahre 1912 nach Plänen des Architekten Costantino Sneider errichten, damals noch auf italienischen Territorium, aber in unmittelbarer Nähe der Grenzen des Apost. Palastes, um dort eine große Volksschule unterzubringen, in der die Kinder des Borgo-Viertels gratis unterrichtet wurden. Diese Schule wurde 1929 untergebracht, um für die Gendarmen Platz zu machen, die dort 1932 einzogen. Zur Durchführung ihrer Aufgaben besaßen die Gendarmen auch einige kleinere Büros z.B. im Damasushof in der Nähe der Scala Pius' IX., wo sich auch eine Waffenkammer befand, und wo im Jahre 1916 – anläßlich des 100. Jahrestages der Gründung des Gendarmeriekorps – die folgende Marmorplatte angebracht wurde:

COHORS MILITUM PONTIFICUM / QUAM A: MDCCCV / PIUS VII INSTITUIT / C NATALIS SUI DIEM / MAGNA FIDE AC VIRTUTE EXPLETUM / REGNANTE D. N. BENEDICTO XV / CELEBRAVIT / A. D. CAL. NOV. AN. MDCCCXVI / A. D. XI CAL. NOV. AN: MDCCCCXVI.

Darüber hinaus hatte die Päpstl. Gendarmerie noch zwei weitere Basen, die am 16. November 1933 in Funktion traten: der interne Posten in einem Lokal am Damasushof in der Verbindung zum *Cortile del Maresciallo* und der andere im Bereich unterhalb der Sakristei der Petersbasilika. Mit der Auflösung des Gendarmeriekorps im Jahr 1970 wurden die Päpstl. Gendarmen zum „Wachdienst des Vatikanstaates" (→). Sie blieben aber in dem Gebäude der alten Kaserne untergebracht.

Bibl.: P. Chattard, *Nuova descrizione del Vaticano*, II, Rom 1766; L. Castelli, *„Quel tanto di territorio."*, Rom 1944.

A. Martini

KASERNE DER SCHWEIZERGARDE

Die Schweizergarde (→) war zunächst in Gebäuden in der Nähe der Leoninischen Mauer untergebracht, ungefähr in Höhe der *Porta S. Pellegrino* (→). Aus alten Beschreibungen der Gegend weiß man, daß die Kasernen sich rund um drei Höfe befanden, von denen eine jenseits der Mauer war, wo damals die kleine Kirche der hll. Martin und Sebastian (→) stand. Der Haupteingang ging zum Petersplatz, die anderen beiden auf die Seite der *Via Belvedere*. Auf einem alten Stich des Vatikans von Maggi-Mascardi 1615 kann man noch genau die Höfe und Gebäude sehen, die sich in der Nähe des Turmes Nikolaus' V (→) befanden, der aus diesem Grunde für eine gewisse Zeit „Turm der Schweizer" genannt wurde. Zu diesen wenig geordneten Gebäuden kamen dann später der Waschsaal, die Waffenkammer, die Garderobe und die Kantine hinzu, besser bekannt unter dem Namen *bettolino*. Aber schon Alexander VII. (1655–67) ließ den ganzen Komplex wegen des Baus der Bernini-Kolonnaden abtragen. Nachdem die Truppe in napoleonischer Zeit kurzfristig gänzlich aufgelöst war, wurde sie im Jahre 1814 von Papst Pius VII. wieder in den Dienst gerufen. Zu diesem Zwecke ließ der Papst die zerstörte und verlassene Kaserne an anderer Stelle wieder aufbauen, ein Werk das unter Leo XII. 1827 vollendet wurde. Bei dieser Gelegenheit wurde die *Porta S. Pellegrino* restauriert und erneut geöffnet, da sie zeitweise bis auf einen Dienstdurchgang völlig zugemauert war. Das Portal erhielt die Bezeichnung Alexanders VI., der es im Jahr 1492 hatte restaurieren lassen, wobei die Borgia-Wappen noch sichtbar blieben. Jedenfalls erwies sich das Gebäude für die Zwecke der Schweizergarde als viel zu klein und zu unpraktisch.

Sofort nach der Unterzeichnung der Lateranverträge (1929) und der Festlegung der Grenzen des neuen Staates der Vatikanstadt, bezog die Schweizergarde ein von Pius IX. 1862 errichtetes Gebäude(→ Kaserne der Gendarmen). Das Kasernengebäude wurde grundlegend renoviert und modernisiert. Außerdem wurden dort eine Turnhalle untergebracht, eine Bibliothek und ein Lesesaal sowie komfortable Wohnungen für die Hellebardiere, die Unteroffiziere und die Offiziere. Die Offiziersvilla wurde im Jahr 1968 erneut restauriert und erweitert, ebenso die Kaserne.

Von besonderem Interesse ist natürlich die Waffenkammer, wo Waffen und Paradeuniformen aus alter Zeit, teilweise sehr wertvolle Einzelstücke aufbewahrt werden. Unmittelbar an der Stirnwand des großen Kasernenhofes erhebt sich ein Brunnen mit einem Basrelief, das an das heroische Martyrium von Schweizer Gardisten beim *Sacco di Roma* im Jahre 1527 erinnert. Neben den Szenen sieht man die Wappen des amtierenden Papstes Clemens VII. und Pius' XI., des Papstes, in dessen Amtszeit die 400-Jahrfeier dieses Ereignisses fiel. Unter dem Basrelief folgende Inschrift:

MILITBUS HELVETIORUM CUSTODIAE PALATINAE / QUI SUMMUM DEFENDENTES PONTIFICEM PRIDIE / NONAS MAIAS MDXXVII GLORIOSE CECIDERUNT / MEMOR PATRIA.

Viele Geschichten aus der Kaserne der Schweizergarde ranken sich um den sog. *bettolino*, den Hans Barth schon 1909 beschrieben hat. Danach kam die „Gardekneipe“ immer wieder in Reise- und Pilgerbeschreibungen vor, das Lokal sei einfach gewesen und die einzige Ausschmückung habe im Löwen von Luzern und verschiedenen Heiligenbildern bestanden.

In dem erneuerten Quartier der Schweizergarde erfuhr die Kantine eine grundlegende Modifizierung und hat u.a. den traditionsreichen Namen verloren. Der Eingang befindet sich nun unter dem Bogen, der die beiden Höfe der Kaserne verbindet. Die Kantine ist aufgeteilt in einen größeren Saal für die Gäste, zumeist Verwandte der Gardisten zu Besuch. Ausgeschmückt ist er seit 1938 mit einem monumentalen Gemälde des Gardisten Robert Schiess aus Cham im Kanton Zug und militärischen Szenen aus der Schweizer Geschichte. Im zweiten Saal, der als Mensa für die Gardisten reserviert ist, befindet sich das Ölgemälde des Löwen von Luzern von Thorwaldsen, das den Heroismus der Söhne der freien Schweiz rühmt. Die Decke des Saales zeigt die Wappen der 22 Schweizer Kantone und zwei weitere Gemälde von Schiess: Blick auf das Matterhorn und Postkutsche am Paßweg.

Bibl.: H. Barth, *Osterie*, Rom 1909; S. Negro, *Vaticano minore*, Mailand 1937; L. Castelli, *„.quel tanto di territorio.“,* Rom 1944.

A. Martini

Kathedra („Cathedra“) des hl. Petrus

Bei dem Monument handelt es sich um eines der Hauptwerke Gian Lorenzo Berninis: Ein szenografisches Bronzedenkmal in der Petersbasilika, das die sog. „Cathedra“ des Apostels Petrus konserviert.

Diese Cathedra ist vom Besucher der Kirche bereits vom Eingang zu sehen, da Bernini als Erbauer des Baldachins über dem Papstaltar den Durchblick auf die Cathedra bewußt freigelassen hat. Die Cathedra Petri gilt als Sitz des ersten Bischofs der Christenheit, des hl. Petrus und ist damit Ausdruck der Autorität, die der röm. Bischof, nämlich der Papst, in der Nachfolge des hl. Petrus besitzt.

Die Cathedra ist als Reliquienschrein anzusehen, der noch Reste des alten Bischofsstuhls aus Eichenholz enthält, den nach der Überlieferung der Senator Pudens dem hl. Petrus geschenkt haben soll. Nach Auffassung der Forschung handelt es sich somit wahrscheinlich um eine byzantinische Arbeit mit eingearbeiteten Fragmenten der Original-Cathedra des hl. Petrus. Auf einem doppelten Marmorsockel ist die Cathedra gleichsam schwebend zwischen vier großen Statuen errichtet, welche im Vordergrund die zwei Kirchenväter der lateinischen Kirche – den hl. Ambrosius von Mailand und den hl. Augustinus – darstellen und im Hintergrund die zwei Kirchenväter der orientalischen Kirche – den hl. Athanasius und den hl. Johannes Chrysostomus. Sie tragen den Papstthron. Zwei Putten halten die Tiara und die Schlüssel des hl. Petrus, Symbol päpstl. Macht. Zwei andere Engel zur Seite des Stuhls scheinen das Bronzekissen zu streicheln. Oben, über den Wolken zeigt ein von einer Engelschar getragenes Oval aus durchscheinendem gelben Alabaster die leuchtende Taube als Zeichen des Heiligen Geistes. Im Gegensatz zu der betonten Auf- und Abwärtsbewegung der Wolken und Engel scheint die Cathedra in sich selbst zu ruhen. Hier wird angedeutet, daß sich die Lehrautorität des Papstes zwar der Weisheit der Kirchenväter bedient, doch im Grunde ihrer nicht bedarf, da sie letztlich auf den Beistand des Hl. Geistes gründet.

An der Cathedra erinnern drei Szenen an Ereignisse im Leben des Apostels: zuvorderst die Episode „Weide meine Lämmer", an den beiden Seiten die Szenen der „Schlüsselübergabe" und der „Fußwaschung". Unter dem Sitz, geschützt durch ein schweres Gitter aus vergoldeter Bronze, befindet sich der als original erachtete Thron des hl. Petrus.

An diesem Meisterwerk arbeitete Bernini fast während des gesamten, fast neunjährigen Pontifikates des Chigi-Papstes Alexander VII. Erst am 18. Januar 1666, am Fest Petri Stuhlfeier, konnte der Papst in dem großartigen Monument die Reliquie einfügen, die dort nach verschiedenen Standorten in der Basilika einen würdigen Platz erhalten hat.

Zahlreiche Zeichnungen dokumentieren die vorbereitenden Arbeiten und Änderungen des berninischen Werkes. Beispielsweise sind uns einige Modelle für die flankierenden Engelfiguren erhalten sowie die Häupter der hll. Athanasius und Johannes Chrysostomus. Im Eigentum der Dombauhütte (→) befindlich, wurden sie zum erstenmal 1924 der Öffentlichkeit im Petriano-Museum (→) gezeigt und später im Archiv der Dombauhütte verwahrt. Nach der Bernini-Ausstellung 1981 erhielten sie einen festen Platz im Saal der Vatikanischen Pinakothek (→).

In den Jahrhunderten zuvor blieb die Cathedra den Augen der Gläubigen verborgen, außer zu den seltenen Gelegenheiten, wo sie zur Verehrung gezeigt wurde. In einem dieser Momente, im Jahr 1867, konnte die Cathedra von einigen Wissenschaftlern untersucht werden. Unter ihnen befand sich der Archäologe G. B. de Rossi, der ihren Ursprung irrtümlicherweise in die apostolische Zeit verlegte. Wahrscheinlicher ist die These des Jesuiten Garrucci, daß die Cathedra aufgrund einer Bildnisdarstellung Karls des Kahlen im 9. Jh. entstanden sei.

Nachdem seit Ende des vergangenen Jahrhunderts die Diskussion um Ursprung und Herkunft nie aufhörte, beauftragte Papst Paul VI. 1967 eine Studienkommission. Zu diesem Zwecke wurde die Cathedra aus dem Monument herausgenommen. Die Arbeiten dauerten einige Jahre und waren nicht unumstritten. Der Thron wurde in allen Details untersucht und schließlich wieder in die berninische Cathedra plaziert. In zwei Bänden wurden die Ergebnisse der Studie veröffentlicht, die im Grunde die Hypothese Garruccis bestätigen und ihr einen karolingischen Ursprung zuweisen.

Einige Jahre später zweifelte Prof. Margherita Guarducci, bekannt für ihre Studien über das Grab des hl. Petrus, die Ergebnisse an. Sie will wenigstens einige Teile der Cathedra früher datieren und spricht von zwei Teilen des Thrones. Der erste sei vermutlich im ägyptischen Alexandrien um das 3./4. Jh. entstanden und von Kaiser Maximinian *Herculius* in sein Haus im Lateran gebracht worden. Dort sei er dann der offizielle Thron der Päpste im Lateranpalast geworden. Der andere Teil karolingischen Ursprungs sei von Karl dem Kahlen anläßlich seiner Krönung im Jahr 875 nach Rom transferiert worden. Nach den Forschungsergebnissen von Guarducci sei die Cathedra im 13. Jh. in so schlechtem Zustand gewesen, daß man die beiden Teile mit einer Lehne zusammenfügte, die die Arbeiten des Herkules zeigte. Der ganze Thron sei dann in einer Art Holzgehäuse untergebracht gewesen, um Prozessionen zu ermöglichen. Diese Cathedra war so eine Reliquie, sichtbares Zeichen des Lehramtes des Apostels Petrus und allgemein des röm. Papstes, worauf auch die bekannte Formel bei der Verkündigung von Glaubensdogmen zurückzuführen ist: *ex cathedra* (→).

Bibl.: R. Battaglia, *La cattedra berniniana di S. Pietro*, Rom 1943; G. Morello, *Bernini e i lavori a S. Pietro nel „Diario" di Alessandro VII*, in *Bernini in Vaticano*, 1981, S. 321–340; M. Guarducci, *La Cattedra di S. Pietro nella scienza e nella fede*, 1982; M. Maccarrone, *La „Cathedra Sancti Petri" nel medioevo: da simbolo a reliquia*, in *Rivista di storia della Chiesa in Italia*, 39 (1985), S. 349–447.

G. Morello

Kleriker der „Cappella Pontificia"

Gemäß der Neuordnung des Päpstl. Hofes (→) durch Papst Paul XI. im Jahr 1968 mit dem Motu Proprio *Pontificalis Domus* vom 28 März (AAS, LX [1968] S. 305–315) werden so diejenigen Mitglieder der *Cappella Pontificia* (→) genannt, die im Sinne von Art. 6, § 5 des genannten Dokumentes dem Hl. Vater am Altar unter Leitung der Päpstl. Zeremonienmeister (→) assistieren. In diese Kategorie der *Chierici della Capella Pontificia* sind die Mitglieder einiger anderen Kategorien aufgenommen, die früher zur *Cappella Pontificia* gehörten, jedoch 1968 als solche abgeschafft wurden, u. a. die Geheimkapläne, die Ehrengeheimkapläne, die geheimen Kleriker, die Akolythen und Kerzenträger, die *Maestri Ostiari Virga Rubea* (→).

N. Del Re

Kleriker der Kammer

So werden die Prälaten genannt, die Mitglieder der Apostol. Kammer sind. Dieses Amt der Röm. Kurie ist zuständig für die Verwaltung und dem Schutz der weltlichen Güter und Rechte des Hl. Stuhls, aber nur dann, wenn er vakant ist. Ernannt per Brief und bestätigt durch ein Apostol. Breve bilden die *Chierici di Camera* ein Kollegium von acht Mitgliedern, deren ältestes den Titel Dekan führt. Die Aufgaben und Privilegien sind durch Papst Pius XI. mit der Konstitution *Ad incrementum decoris* vom 15. August 1934 (AAS, XXVI [1934], S. 497–521) neu geordnet worden.

Zum ersten Mal wurden sie in einer Bulle Papst Clemens' V. *Pia matris Ecclesiae* vom 11. Februar 1310 (BR, IV, S. 196–209) ernannt. Ihre Funktion und Jurisdiktion war nur kollegial möglich. Ihre Zahl, die lange Zeit unbestimmt blieb, ist mit der Konstitution *Inter cetera gravia* vom 11. Juli 1438 (BR, V, S. 32–33) auf sieben festgelegt worden, wurde aber dann durch Papst Pius V. mit der Konstitution *Romanus Pontifex* vom 7. März 1571 (BR, VII, S. 894–897) auf 12 erhöht, eine Zahl die von Papst Sixtus V. im Jahre 1587 bestätigt wurde.

Mit der Konstitution *Etsi ex pastoralibus* vom 29. April 1502 (BR, V, 397–399) beauftragte Papst Alexander VI. das Kollegium zusätzlich, die jährlichen Inspektionen der Ländereien des Kirchenstaates durchzuführen. Zu diesem Zweck wurden zu verschiedenen Zeiten und alternierend an die Spitze von einigen Präfekturen, Präsidien und Kommissariaten die beiden Präfekturen der Annona und der Grascia gesetzt oder die verschiedenen Präsidien der Straßen, der Ufer, der Archive, der Gefängnisse, der Münze und der Zolleinrichtungen sowie die beiden Kommissariate der Waffen und des Meeres.

Damit die *Chierici di Camera* mit der Auflösung des Kirchenstaats im Jahre 1870 und der damit zusammenhängenden Auflösung der weltlichen Kirchengüter nicht arbeitslos wurden, hat Papst Leo XIII. 1878 verfügt, daß ihr Kollegium zukünftig die erste Sektion der der Konzilskongregation zugeteilten Prälaten bildete, die mit der Durchsicht der Fünfjahresberichte über die Situation in den Diözesen beauftragt waren, die die einzelnen Residenzialbischöfe dem Hl. Stuhl alle fünf Jahre schicken müssen. In dieser Position blieben sie bis zum Jahr 1908. Dann nahmen sie wieder ihren Platz in der Apostol. Kammer ein, die zwischenzeitlich von Pius X. im Rahmen der großen Kurienform vom 29. Juni 1908 reorganisiert worden war (Konstitution *Sapienti consilio*, AAS, I [1909], S. 7–19).

Bibl.: G. Felici, *La Reverenda Camera Apostolica*, Città del vaticano 1940, S. 9–11, 113–150.

N. Del Re

Kleriker, Geheime

Chierici Segreti wurden die beiden Geistlichen genannt, die im wöchentlichen Turnus alternierend damit beauftragt waren, den Altar sowohl für den Papst als auch für den Geheimkaplan vorzubereiten, dem es zukam, unmittelbar nach der Papstmesse einen Dankgottesdienst zu zelebrieren. Wie es scheint, geht die Einrichtung auf Papst Clemens V. (1305–14) zurück. Bei den päpstl. Funktionen waren die *Chierici Segreti* unmittelbar nach den Geheimen Ehrenkaplänen eingeordnet. Ihr Amt verloren sie mit dem Tode des Papstes. Ihre Aufgabe wie auch die Benennung sind von Papst Paul VI. 1968 im Zuge der Reorganisation der *Casa Pontificia* abgeschafft worden (Motu Proprio *Pontificalis Domus* vom 28. März (AAS, LX [1968], S. 305–315). Ihre Funktionen sind auf die der Kleriker der *Cappella Pontificia* (→) übergangen.

N. Del Re

Kloster „Mater Ecclesiae“

Das Kloster, eingeweiht am 13. Mai 1994 auf ausdrücklichen Wunsch Papst Johannes Paul II. als Ort ständigen Gebets „zur Unterstützung des Heiligen Vaters bei seinen täglichen Bemühungen um die Kirche“, beherbergt eine kleine Ordensgemeinschaft aus acht Klausurschwestern, deren unterschiedliche Herkunft und Nationalität an die Universalität der christlichen Verkündigung in der ganzen Welt erinnern soll. Das Kloster, das Maria, der „Mutter der Kirche“, geweiht ist, wird alle fünf Jahre von einem anderen Frauenorden strenger Klausur bezogen, den der Papst selbst auswählt. Da auf das Jahr 1994 die 800-Jahrfeier der Geburt der hl. Klara von Assisi fiel, wurde das Kloster zuerst von Klarissen bewohnt.

Das circa 800 m² große Klostergelände befindet sich westlich der Apsis der Peterskirche. Es umfaßt ein einfaches, altes Gebäude, die sogenannte *Casa del Giardiniere* (→), das vollständig renoviert und in zwölf Zellen sowie einige Gemeinschaftsräume (Labor, Küche, Speisesaal, Vorratskammer, Krankenzimmer etc.) unterteilt wurde. Dazu gehört eine neue, in sehr einfachem Stil gehaltene Kapelle, geschmückt mit einem schönen, von dem Bildhauer Francesco Messina gestifteten Kruzifix, mit bunten Glasfenstern, die die Begegnung mit dem Herrn in Emmaus darstellen, und den Seitenfenstern, die die Symbole einiger Klausurorden tragen.

Bibl.: L'Osservatore Romano vom 11. Mai 1994, S. 4.

N. Del Re

KOKARDE, PÄPSTLICHE

Ein Hoheitszeichen in Form einer Rosette aus einem gefalteten weiß-gelben Band, das einige Mitglieder der *Famiglia Pontificia*, Vertreter der päpstl. Reiterorden und, bis zur Auflösung der entsprechenden Korps, die Ehrengarde Seiner Heiligkeit, die Palatingarde und Päpstl. Gendarmerie trugen. Ursprünglich war die päpstl. Kokarde gelb-rot (oder besser amarantfarbig und rot), was die beiden traditionellen Farben des Senates des röm. Volkes waren und heute noch die der Stadtverwaltung Roms sind. Ihre erstes Zeugnis findet sich bereits in der Standarte der Hl. Röm. Kirche (→).

Eine amarantfarbige und rote Kokarde zierte noch in den ersten Jahren des vergangenen Jh. die Uniformmütze der päpstl. Linientruppen. Doch als im Jahre 1808 infolge der napoleonischen Besetzung Roms und des röm. Staates diese Truppen in das französische Heer eingefügt wurden und weiter ihre Uniformen und Kokarden behielten, wollte Pius VII. sie von jenen Abteilungen unterscheiden, die davon ausgeschlossen waren und in seinem Dienst verblieben (Nobelgarde, Schweizergarde, Finanzpolizei und Miliz des Kapitols) und gab ihnen daher eine neue weiß-gelbe Kokarde. Die Wahl der Farben scheint vom Gold und Silber der gekreuzten Schlüssel beeinflußt, die zusammen mit der Tiara das päpstl. Wappen schmückten. Die weiß-gelbe Kokarde blieb auch nach der Wiederherstellung des Kirchenstaates 1814 erhalten und wird noch heute verwendet.

Bibl.: P. Mac Swiney de Mashanaglass, *La coccarda pontificia. Appunti storici*, Rom 1908.

N. Del Re

KOLONNADEN VON ST. PETER

Am 13. August 1656 notierte Alexander VII. in seinem umfangreichen Tagebuch die Gedanken, die Bernini bei der Planung des Petersplatzes berücksichtigen sollte. Fast ein Jahr später, am 20. Mai 1657 war diese abgeschlossen. Von der ursprünglichen Trapezform, die an den Plan Michelangelos für den Kapitolsplatz erinnerte, kam man zu einem Oval, das der Papst selbst bestimmte. Am folgenden 28. August legte der Chigi-Papst bei der offiziellen Feier zum Beginn der Arbeiten in den Fundamenten die Gedenkmedaille nieder, deren erster Eindruck uns in einem handgeschriebenen Entwurf Alexanders VII. erhalten ist.

Bernini mußte zahlreiche Debatten führen und viele Einwände der Dombauhütte ausräumen, bevor sein Plan gebilligt wurde. Es gibt eine Reihe von Entwürfen und Skizzen, die zum guten Teil in der Apost. Vatikanischen Bibliothek aufbewahrt sind. Die Säulenanlage, die als die größte architektonische Leistung Gian Lorenzo Berninis gilt, wird von zwei Halbkreisen mit vier Säulen dorischer Ordnung gebildet, 284 insgesamt, je etwa 13 m hoch und 88 Pfeilern aus Travertin. Gekrönt wird sie von einem Architrav mit einer Balustrade, auf der 96 Statuen von Heiligen und Wappen des Chigi-Papstes angebracht sind, so daß die Gesamthöhe 21 m beträgt. Die Statuen, für die Bernini die Entwürfe machte, wurden von zahlreichen Künstlern geschaffen. Die von den Säulen gebildete Galerie ist 18 m breit, ihr mittlerer Teil eingewölbt, während die beiden seitlichen Gänge eine Kassettendecke aufweisen.

Die Kolonnaden waren ursprünglich mit einem dritten Arm geplant, der den zentralen

Teil schließen und nur zwei Zugänge auf den Platz haben sollte, um den überwältigenden Eindruck für den Besucher zu verstärken, der aus einem der schmalen Wege des Borgo kam und den „schönsten Platz der Welt", wie Stendhal ihn nennt, betrat. Beim Tod Alexander VII. waren die beiden Halbkreise fast vollendet, während der dritte Arm noch fehlte, der dann aber nicht gebaut wurde. Um die Kolonnaden mit der Basilika zu verbinden, baute Bernini zwei breite überdachte, aber nicht parallele Flügel, die zur Basilika führen. Im Abschluß entsprechen sie dem Aufbau der Kolonnaden. Der rechte Flügel wurde nach der Reiterstatue Konstantins, des ersten christlichen Kaisers, *Braccio di Costantino* (→) genannt. Er beginnt am Bronzetor und bildet den normalen Zugang zu den Vatikanischen Palästen. Die Statue des Kaisers hat Bernini selbst geschaffen und ursprünglich vor der *Scala Regia* (→) aufgestellt.

Der gegenüberliegende Flügel wurde nach Karl dem Großen *Braccio di Carlo Magno* (→) genannt, denn die Reiterstatue des Gründers des Hl. Röm. Reiches, ein Werk von Cornacchini (1725), führt an seinem Ende über das Glockentor (→) in das Atrium des Petersdoms. Derzeit werden die Räumlichkeiten für Kunstausstellungen genutzt.

Bibl.: V. Mariani, *Significato del portico berniniano*, Rom 1935; F. Borsi, *Bernini architetto*, Mailand 1980.; G. Morello, *Bernini e i lavori a S. Pietro nel „diario" di Alessandro VII*, in *Bernini in Vaticano*, Rom 1981, S. 321–340.

G. Morello

KOMITEE FÜR DIE FAMILIE

Infolge verschiedener Anregungen setzte Paul VI. am 11. Januar 1973 dieses besondere Organ ein, um in der Kirche pastorale Initiativen für die Familie zu fördern und zu koordinieren. Dieses Komitee sollte ferner Lösungen zu aktuellen Familienfragen erarbeiten. Es war so strukturiert, daß es die Koordinierung aller vatikanischen Dikasterien, die sich mit Problemen von Familie und Ehe befassen, gewährleisten konnte und qualifizierte Laien an der Formulierung einer Politik des Familienapostolates beteiligte. An der Spitze des Komitees stand daher der Kardinal-Präsident des Päpstl. Rates für die Laien (→), wie das veröffentlichte Motu Proprio *Apostolatus peragendi* Pauls VI. vom 10. Dezember 1976 verfügte (AAS, LXVIII [1976], S. 696–700). Ihm zur Seite stand ein Vizepräsident und Sekretär. Zum Komitee gehörten Vertreter der vatikanischen Dikasterien, die sich bereits mit Familienproblemen beschäftigten, und Mitglieder verschiedener Nationalität. Das Komitee für die Familie bestand bis 1981 und ging in den von Johannes Paul II. eingerichteten *Päpstl. Rat für die Familie* (→) über.

N. Del Re

KOMITEE FÜR HISTORISCHE WISSENSCHAFTEN, PÄPSTLICHES

Der Präsident des Internat. Komitees für Historische Wissenschaften trat an den Hl. Stuhl heran mit der Bitte, er möge sich dieser Organisation anschließen. Pius XII. setzte am 7. April 1954 dieses Komitee und eine Kommission für Kirchengeschichte ein, die beide den gleichen Präsidenten hatten. Zur Mitarbeit berief er bedeutende Wissenschaftler als Vertreter der hauptsächlichen vom Hl. Stuhl abhängigen Institute, die sich mit den historischen Wissenschaften beschäftigten. Er stellte ihnen die Aufgabe, zum immer weiteren Wachstum der historischen Forschungen und Studien durch internationale Zusammenarbeit beizutragen. Mit der Aufstellung des Päpstl. Komitees für Historische Wissenschaften wollte Pius XII.

zugleich die alte „Kardinalskomm. für die Historischen Studien" fortsetzen, die Leo XIII. kurz nach Öffnung des Vatikanischen Geheimarchivs (→) für die Welt der Kultur eingesetzt hatte. Den Gründungsakt bildete ein Brief vom 8. August 1883. Der Papst hatte darin seinen drei Adressaten die Errichtung der Komm. sowie ihre Ernennung als Mitglieder mitgeteilt. Dies waren die Kardinäle Antonio De Luca, Vizekanzler der Hl. Röm. Kirche, Jean-Baptiste Pitra, Bibliothekar der Hl. Röm. Kirche, und Joseph Hergenröther, Präfekt des Vatikanischen Archivs, der auch die Öffnung des Archivs empfohlen hatte.

Das Päpstl. Komitee für Historische Wissenschaften arbeitet unter Leitung eines Präsidenten, dem ein Sekretär zur Seite steht. Es soll kulturelle Veranstaltungen auf historischem Gebiet nicht nur im Rahmen des Internat. Komitees für Historische Wissenschaften, sondern auch in eigener Initiative fördern. Es dient ferner seit seiner Gründung als Unterkomm. des Hl. Stuhles in der Internat. Komm. für vergleichende Kirchengeschichte.

N. Del Re

Kommissar des Hl. Offiziums

Bis vor kurzem hieß so einer der Offiziale der Kongregation des Hl. Offiziums, der die Aufgabe hatte, die Beweiserhebung bei Straffällen zu erbringen, die von der Kongr. als Gerichtshof zu entscheiden waren. Bei seinen Aufgaben wurde der Kommissar des Hl. Offiziums von zwei Hilfskräften unterstützt: einer aus der Gruppe der Konsultoren (→) und einer aus den Qualifikatoren (→) des gleichen Dikasteriums. Sowohl der Kommissar wie seine beiden Mitarbeiter gehörten dem Dominikanerorden an. Kraft eines Privilegs, das Pius V. den Dominikanern der Lombardei gewährt hatte, wurden Kommissar und Mitarbeiter immer aus dieser Provinz gewählt. Pius V. war als Ordensmann der zweite Titular dieses wichtigen Amtes, das er von 1551–1556 bekleidete. 1965 wurde das Amt des Kommissars des Hl. Offiziums im Zuge der Neuordnung der alten Kongr. durch Paul VI. abgeschafft mit dem Motu Proprio *Integrae servandae* vom 7. Dezember (AAS, LXVII [1965], S. 952–955), wobei sie zugleich die neue Bezeichnung erhielt: *Kongr. für die Glaubenslehre* (→).

Bibl.: I. Taurisano, *Series chronologica Commissariorum S. Romanae Inquisitionis ab anno 1542 ad annum 1916*, in *Analecta sacri Ordinis Fratrum Praedicatorum*, 24 (1916), v. 12. S. 495–506.

N. Del Re

Kommission für Christl. Archäologie, Päpstliche

Am 6. Januar 1852 setzte Pius IX. eine besondere Kommission mit der Aufgabe ein, „die alten christl. Friedhöfe zu schützen, zu erhalten und weiter Forschungen zu betreiben, ferner die ältesten Denkmäler der frühchristlichen Zeit, bedeutende Monumente und die ehrwürdigen Basiliken Roms, im Vorstadtbereich und römischen Gebiet, aber auch in den übrigen Diözesen in Absprache mit den jeweiligen Ordinarien zu schützen". Weitere Verfügungen zugunsten der *Komm. für christl. Archäologie* wurden später von Leo XIII. (1878–1903) getroffen, bis Pius XI. mit dem Motu Proprio *I primitivi cemeteri di Roma* vom 11. Dezember 1925 (AAS, XVII (1925), S. 619–624) alle Verfügungen seiner Vorgänger bestätigte, die Vollmachten der Komm. erweiterte und sie zugleich als „päpstlich" erklärte.

Autorität, Wirkungs- und Studienbereich der Päpstl. Komm. für christl. Archäologie wuchsen 1929 infolge des Konkordates mit Italien, das in Artikel 33 dem Hl. Stuhl die Verfügung über die röm. Katakomben und alle übrigen auf italienischem Boden (die bedeutendsten in Neapel und Syrakus) überließ „mit der Verpflichtung, sie zu betreuen, zu verwalten und zu erhalten". Ohne Bevollmächtigung durch die Päpstl. Komm. für christl. Archäologie kann daher an diesen Orten unter ihrem Schutz keine Veränderung vorgenommen werden. Sie leitet jeden vorzunehmenden Eingriff und veröffentlicht am Ende die Ergebnisse. Ihr steht es ferner zu, die Formen des Zugangs zu den christl. Friedhöfen für Wissenschaftler und Besucher zu bestimmen und jede weitere geeignet scheinende Verfügung zu treffen.

Die Päpstl. Komm. für christl. Archäologie ist direkt dem Papst unterstellt, sie handelt in seinem Auftrag und in seinem Namen. Sie besteht aus einem Präsidenten (früher in der Person des Kardinalvikars Seiner Heiligkeit), einem Sekretär und einer entsprechenden Anzahl von Kommissaren, die in Rom residieren (aus ihnen wird auch der Sekretär bestimmt), ferner aus einigen korrespondierenden Kommissaren. Die Komm. besitzt ein eigenes technisches Büro unter Leitung von verantwortlichen Ingenieurs und ein Team von örtlichen Inspektoren für die Katakomben in Latium, Kampanien, Sizilien, Toskana und Umbrien. Das erwähnte Motu Proprio Pius XI. von 1925 verfügt ferner, daß „mit dem Wirken der Komm. die Tätigkeiten der Päpstl. Akademie für Archäologie (→) in Rom und des Päpstl. Institutes für christl. Archäologie koordiniert sind". Sie befaßt sich ferner mit der Tätigkeit der Gesellschaft für die Konferenzen christl. Archäologie sowie der des *Collegium Cultorum Martyrum* (→). Seit 1924 veröffentlicht sie die *Rivista di archeologia cristiana* als ihr amtliches Organ.

Bibl.: C. Carletti, *Il centenario della P. Commissione di Archeologia Sacra*, in *Ecclesia*, 11 (1952), S. 234–237; A. Ferrua, *I primordi della Commissione di Archeologia Sacra* 1851–1852, in *Archivio della Società Romana di Storia Patria*, 91 (1968), S. 251–278; A. Nestori, *Gli „officiali" della Pontificia Commissione di Archeologia Sacra*, in *Quaeritur inventus colitur. Miscellanea in onore di Padre Umberto Maria Fasola*, Rom 1989, S. 483–499.

N. Del Re

Kommission für den belehrenden und religiösen Film

→ Rat für die sozialen Kommunikationsmittel, Päpstl.

Kommission für den Staat der Vatikanstadt, Päpstliche

Die Komm. wurde von Pius XII. am 20. März 1939 eingerichtet und der Gouverneur des Staates mit dem Schreiben Nr. 346 des Staatssekretariates informiert (vgl. W. Schulz, *Leggi e disposizioni usuali dello Stato della Città del Vaticano I*, Rom 1981, S. 179). Die *Kommission für den Staat der Vatikanstadt* wurde „beauftragt in seinem Namen und an seiner statt den Vorsitz in der Regierung des Staates der Vatikanstadt mit den angeschlossenen Büros zu übernehmen, eingeschlossen auch die autonome Verwaltung der Päpstl. Villen in Castelgandolfo". Sie übernahm damit die Aufgaben, die bis dahin vom Zentralrat ausgeübt wurden, der den von Pius XI. 1932 eingesetzten Gouverneur des Staates unterstützte.

Sie bestand anfänglich aus drei Kardinälen, davon ein Präsident, ein Sekretär und ein besonderer Delegierter. Der Papst wollte mit dieser Komm. ein festes und ständiges Gremium bilden, das ihn in der zivilen Leitung des Staates vertrat, dessen Struktur und Arbeit jedoch in den verschiedenen Büros beibehalten wurde. Das Governatorat ging somit in die direkte Abhängigkeit der Päpstl. Komm. über, die dadurch die Exekutivgewalt bekam. Damit sind von ihr abhängig der besondere Delegierte, verschiedene Organe und Dienste der Verwaltung und Technik. Mit der Komm. arbeitet die von Paul VI. 1968 eingesetzte *Consulta* des Staates der Vatikanstadt (→) beim Studium bestimmter Fragen zusammen, gibt Stellungnahmen und Empfehlungen ab. Mit dem Gesetz zur Regierung des Staates der Vatikanstadt vom 24. Juni 1969, Nr. LI (AAS, Suppl. 41 (1969), Nr. 5, S. 29–32) machte Paul VI. die Päpstl. Komm. für den Staat der Vatikanstadt zu einem gesetzlichen Organ

Derzeit besteht die Komm. aus mehreren Kardinälen, die der Papst auf fünf Jahre ernannt hat, darunter ein Präsident. Bis zum 6. April 1984 besetzte dieses Amts der Kardinalstaatssekretär. Auf ihn muß sich – laut Handschreiben Johannes' Paul II. an Kardinal Agostino Casaroli – die Komm. beziehen „bei allen Dingen, die die geltenden Gesetze unserer Person vorbehalten". Damit erhielt der Kardinal den besonderen Auftrag, „uns in seiner Eigenschaft als Staatssekretär bei der zivilen Leitung des Staates der Vatikanstadt zu vertreten und in unserem Namen und an unserer Statt die Vollmachten und Verantwortlichkeiten wahrzunehmen, die zu unserer irdischen Souveränität über den Staat gehören. Er soll sich immer auf uns beziehen, insbesondere in wichtigen Fällen."

Unterstützt wird die Kardinalskomm. von einem Prälaten, der den Titel Sekretär trägt, und einem besonderen Delegierten, dem es zusteht, „wenn die Komm. nicht anders verfügt, die exekutive Gewalt auszuüben und gemäß der geltenden Gesetze und Regelungen für den Gouverneur des Staates zu handeln. Er selbst kann jedoch keine Regelungen erlassen" (Art. 2). Im Falle der Abwesenheit oder Verhinderung wird der besondere Delegierte durch den Generalsekretär des Governatorats ersetzt.

N. Del Re

Kommission für die Kirche in Osteuropa

Diese Kommission wurde 1993 von Johannes Paul II. mit dem Motu Proprio *Europae Orientalis* vom 15. Januar (AAS, LXXXV [1993], S. 309–310) mit dem Ziel errichtet, in den verschiedenen Ländern Osteuropas, die früher unter kommunistischer Herrschaft standen und heute Religionsfreiheit haben, die apostol. Sendung der katholischen Kirche weiterzuführen und zu fördern. Sie hat ferner die Aufgabe, den ökumenischen Dialog mit der orthodoxen Kirche und den übrigen Kirchen orientalischer Tradition zu fördern. Die Zuständigkeit dieser Komm. gilt nicht nur für die Gebiete der früheren Sowjetunion, sondern auch für andere Länder. Angesichts des Umfangs ihrer Zuständigkeiten hat die neue Komm. alle Aufgaben der früheren Päpstl. Komm. für Rußland (→) übernommen.

Aufgaben der derzeitigen Komm. sind vor allem die Unterstützung der verschiedenen katholischen Gemeinschaften in den erwähnten Territorien, die Festigung ihrer Wiederaufrichtung nach der langen Zeit religiöser Verfolgung; dann die Pflege der Beziehungen der katholischen Kirche zu der orthodoxen und den anderen orientalischen Kirchen; schließlich die Förderung und Koordinierung der Tätigkeit der verschiedenen Organe, die bereits zur Unterstützung der katholischen Gemeinschaften in den osteuropäischen Ländern tätig sind.

An ihrer Spitze steht der Kardinalstaatssekretär, dann ein Sekretär und Untersekretär für die internationalen Beziehungen, die Sekretäre der Kongr. für die Orientalischen Kirchen, für den Klerus und für die Institute des geweihten Lebens und Gemeinschaften des Apost. Lebens, sowie der Sekretär des Päpstl. Rates für die Förderung der Einheit der Christen.

N. Del Re

KOMMISSION FÜR DIE KULTURGÜTER DER KIRCHE, PÄPSTLICHE

Unter dieser neuen Bezeichnung arbeitet derzeit aufgrund des Motu Proprio Johannes' Paul II. *Inde a Pontificatus Nostri initio* vom 25. März 1993 die frühere Päpstl. Kommission zum Schutz der Denkmäler des Hl. Stuhles, die der Papst 1988 im Rahmen seiner allgemeinen Neuordnung der Röm. Kurie mit der Konstitution *Pastor Bonus* vom 28. Juni eingerichtet hatte (AAS, LXXX [1988], S. 841–912). Mit dem neuen Namen hat die Komm. auch eine größere Autonomie gewonnen. Sie ist jetzt ganz von der Kongr. für den Klerus getrennt, bei der sie ursprünglich ihren Sitz hatte, und die früher Aufgaben zum Schutz der Kulturgüter der Kirche ausgeübt hat. Nunmehr sind diese in die ausschließliche Zuständigkeit der neuen Komm. übergegangen. Unverändert bleibt daher die ihr bereits in den Artikeln 100–103 der Konstitution *Pastor Bonus* zugewiesene Oberaufsicht über den Schutz des gesamten historischen und kunsthistorischen Erbes der Kirche. Dazu zählen an erster Stelle, wie Art. 100 deutlich sagt, alle historischen Kunstwerke. Diese müssen mit größter Sorgfalt behütet und erhalten werden, während zugleich entsprechend in den Diözesan- und Parochialmuseen alle jene Werke auszustellen sind, die nicht mehr im Gebrauch sind.

Unter den historischen Gütern sind besonders alle Dokumente und juristischen Texte wichtig, die Leben und pastorale Betreuung, ferner alle Rechte und Pflichten der Diözesen, Pfarreien, Kirchen und anderen juristischen Personen der Kirche bezeugen, wie im einzelnen Art. 101 ausführt. Dort wird verfügt, daß dieses historische Erbe in den Bibliotheken und Archiven aufbewahrt werden soll. Dazu kommt die Empfehlung, es solle durch fachkundiges und qualifiziertes Personal, Kleriker oder Laien, betreut werden.

Zu den Aufgaben dieser besonderen Komm. gehört auch die Beratung der Ortskirchen und bischöflichen Organe, d.h. Unterstützung beim Aufbau von Museen, Archiven und Bibliotheken, ferner bei der Durchführung der Sammlung und Bewahrung des gesamten künstlerischen und historischen Erbes auf dem ganzen Territorium (Art. 102). Schließlich soll sich die Komm. nach Absprache mit der Kongr. für das Katholische Bildungswesen und der Kongr. für den Gottesdienst dafür einsetzen, daß sich das Volk Gottes immer mehr der Wichtigkeit und Notwendigkeit bewußt wird, das geschichtliche und künstlerische Erbe der Kirche zu erhalten (Art. 103). Zu diesem Zweck veranstaltet die Komm. Studientage, Tagungen und Kongresse.

Die Päpstl. Komm. für die Kulturgüter der Kirche hat ihren Sitz im Palast der *Cancelleria* (→) in Rom und wird geleitet von einem Kardinal-Präsidenten, dem ein Sekretär und ein Untersekretär zur Seite gestellt sind.

Als Mitglied des Päpstl. Rates für die Kultur (→) muß der Präsident durch regelmäßige Absprache gemeinsame Zielsetzungen und eine fruchtbare Zusammenarbeit sichern. Die Komm. hat seit 1989 alle Aufgaben der Päpstl. Komm. für die kirchlichen Archive in Italien (→) übernommen.

Bibl.: C. Capizzi, *La Chiesa per il suo patrimonio artistico e storico: a proposito di una nuova Commissione Pontificia*, in *La Civiltà cattolica*, 141 (1990), II, S. 26–38.

N. Del Re

KOMMISSION FÜR DIE NEO-VULGATA, PÄPSTLICHE

Diese Komm. wurde am 29. November 1965 durch Paul VI. eingerichtet und beauftragt, „eine neue Bibel in lateinischer Sprache, die Neo-Vulgata, vorzubereiten; eine Ausgabe, die vom Fortschritt der biblischen Studien und der

Notwendigkeit gefordert war, der Kirche und der Welt einen neuen und maßgebenden Text der Hl. Schrift zu verschaffen" (vgl. AAS, LVIII [1967] S. 11–12).

Mit dem lateinischen Namen *Vulgata* (=lat. verbreitet, allgemein bekannt) ist im 16. Jh. eine alte Ausgabe der lateinischen Bibel gemeint, die auf den hl. Hieronymus zurückging und sich seit dem 7. Jh. gegenüber anderen lateinischen Übersetzungen durchgesetzt hatte. Das Konzil von Trient verfügte 1546, die alte *Vulgata* solle zwar weiter als rechtlich authentisch gelten, aber in verbesserter Form herausgegeben werden. So kam es 1592 zur Sixto-Clementinischen Ausgabe, die in der Kirche bis in unser Jahrhundert benutzt wurde. Nun ergab sich die Notwendigkeit, eine neue und vollständige Überprüfung des Textes der lateinischen Vulgata vorzunehmen, „um ihn den ursprünglichen hebräischen, aramäischen und griechischen Originalen aufgrund der Ergebnisse der modernen Wissenschaft anzugleichen".

Die Überarbeitung der *Neo-Vulgata* erfolgte auch mit Hilfe von Protestanten und Juden. Im Verlauf von zwölf Jahren gelang es, die Arbeit mit der Veröffentlichung der Neo-Vulgata in acht Bänden (1969–77) abzuschließen. 1979 wurde dann in einem einzigen Band ohne Anmerkungen der Text unter dem Titel veröffentlicht: *„Nova Vulgata Bibliorum Sacrorum editio, Sacr. Oecum. Concilii Vaticani II ratione habita, iussu Pauli PP. VI recognita, auctoritate Ioannis Pauli II promulgata".* Diese *Neo-Vulgata* orientierte sich eng am Text des hl. Hieronymus. Sie bildet nun den maßgebenden Text der lateinischen Kirche für ihre offiziellen Dokumente (Konzilien, Enzykliken, Synoden usw.) und ihre Liturgie. Sie kann auch als Bezugspunkt für die Übersetzungen in die Nationalsprachen dienen.

In ihrer letzten Zusammensetzung bestand die Päpstl. Komm. für die Neo-Vulgata, die sich nach Erfüllung ihres Auftrags auflöste, aus einem Präsidenten, einem Sekretär und einem Beisitzer, zwölf Mitgliedern und 25 Konsultoren (vgl. *Annuario Pontificio* 1982, S. 1088–91).

Bibl.: T. Stramare, *La Neo-Volgata*, in *L'Osservatore della Domenica*, Nr. 49 vom 4. Dezember 1977.

N. Del Re

Kommission für die Revision des Codex des kanonischen Rechts, Päpstliche

Die Kommission wurde am 28. März 1963 von Johannes XXIII. eingesetzt, der bereits im Januar 1959 seinen Entschluß bekanntgegeben hatte, den seit 1917 in Geltung befindlichen Codex des kanonischen Rechts vollständig zu überarbeiten und auf neuesten Stand zu bringen. Die Komm. hatte die Aufgabe, die Entwürfe für eine Reform des alten Pius-Benedikt-Codex auszuarbeiten und abzufassen, unter Berücksichtigung der Entwicklung der Gesellschaft und der neuen Weisungen und Zielsetzungen des II. Vatikanischen Konzils (1962–65), sei es in den vom ihm erlassenen Dekreten, sei es in den entsprechenden Dokumenten für deren Interpretation und Anwendung. Die Komm., die ihre eigentliche Aufgabe der Überprüfung des Codex bereits nach dem Konzil begonnen hatte, leistete ihre Arbeit in Studiengruppen, denen jeweils ein Teil anvertraut war (so gab es eine Gruppe für die allgemeinen Normen, während andere sich gleichzeitig mit den Sakramenten, der hierarchischen Struktur, den Personen im allgemeinen, den Prozessen usw. beschäftigten). Nach Abschluß der jeweiligen Forschungen sorgte jede Gruppe für die Formulierung der Abschnitte mit den *canones* zu ihrem Thema. Neben der Vorbereitung des neuen Codex des kanonischen Rechtes wurde die Kommission 1965 von Paul VI. ferner damit beauftragt, das „Grundgesetz der Kirche" auszuarbeiten, welches das konstitutionelle Recht des Volkes Gottes enthält. Mit einem Brief des Staatssekretariates Nr. 115121 vom 25. März 1968 wurden der Komm. für die Revision des Codex des kanon. Rechts auch die Aufgaben eines beratenden Organs übertragen, die eine Änderung oder Interpretation des geltenden Rechts mit sich brachten. Sie bestand aus einem Kardinal-Präsidenten, einer Gruppe weiterer Kardinäle, einem Sekretär und einem beigeordneten Sekretär, einigen untergeordneten Offizialen und zahlreichen Konsultoren, Kleriker und Laien aus allen Nationen, welche die Studiengruppen bildeten.

Seit 1969 veröffentlicht die Kommission halbjährlich eine Zeitschrift mit dem Titel „Communicationes", um ausführlich über die gesamte Arbeit zu informieren, wobei sie im einzelnen Informationen über die eigentlichen Arbeiten berichtete und sich auch auf die jüngsten Dokumente des Hl. Stuhles bezog, in denen Normen mit Änderungen oder Ergänzungen des geltenden Rechtes enthalten waren. Nach Abschluß ihrer Aufgabe mit der Veröffentlichung des neuen Codex des kanonischen Rechtes am 25. Januar 1983 hörte die Komm. zu bestehen auf und wurde kraft des Motu Proprio *Recognito Iuris Canonici Codice* vom 2. Januar 1984 aufgelöst (AAS, LXXVI [1984], S. 433–434). Johannes Paul II. setzte die neue Päpstl. Komm. für die authentische Auslegung des Codex des kanon. Rechtes ein, die dann in den Päpstl. „Rat für die Interpretation der Gesetzestexte" (→) umgewandelt wurde – infolge der Neuordnung der Röm. Kurie durch den Papst mit der Konstitution *Pastor Bonus* vom 28. Juni 1988 (AAS, LXXX [1988], S. 841–912).

Bibl.: R. Bidagor, *La Commission Pontificale pour la Revision du Code de droit canonique*, in *L'Année canonique*, 15 (1971), S. 97–107; P. Felici *(Oratio de statu laborum Commissionis. Vindobonae habita)*, in *Communicationes*, 6 (1974), S. 104–115; J. Fox, *A general synthesis of the work of the Pontifical Commission for the Revision of the Code of Canon Law*, in *The Jurist*, 48 (1988), S. 800–840.

N. Del Re

KOMMISSION FÜR FILM, RADIO UND FERNSEHEN

→ Rat für die sozialen Kommunikationsmittel, Päpstl.

KOMMISSION FÜR KIRCHLICHE ARCHIVE ITALIENS, PÄPSTLICHE

Sie wurde von Pius XII. mit dem Brief des Staatssekretariates vom 5. April 1955 an den damaligen Kardinal-Bibliothekar und Archivar der Hl. Röm. Kirche, Giovanni Mercati, errichtet. Sie wurde bestätigt und zur juristischen Person erhoben von Johannes XXIII., der mit dem Motu Proprio *La sollecitudine pastorale* vom 29. Februar 1960 (AAS, LII [1960], S. 997–1000) auch ihr Statut billigte. Nach Artikel 1 dieses Statuts hat die Komm. die Aufgabe, den Ortsordinarien und den Oberen der Ordensinstitute in Italien bei der Inventarisierung und Verwaltung der von ihnen abhängigen Archive zu helfen. Dazu wurde sie leitend, beratend und prüfend tätig und hielt sich an die Verfügungen des Codex des Kirchenrechtes und die späteren vom Hl. Stuhl zu diesem Thema erlassenen Weisungen. Zu den besonderen Aufgaben der Päpstl. Komm. gehörte die Förderung aller Formen der Verwaltung und Erhaltung der kirchlichen Archive Italiens, ihrer Ordnung, der Restaurierung des dokumentarischen Materials und des leichten Zugangs für Wissenschaftler. Sie hatte auch den Zustand und die Bedürfnisse der örtlichen Archive festzustellen, Hilfe zu bieten und einzugreifen, auch bei den zivilen Autoritäten, um eventuelle

Schwierigkeiten oder Unzuträglichkeiten auszuräumen, im Klerus eine tiefere Kenntnis der Funktion der kirchlichen Archive zu verbreiten, sowie die Veröffentlichung von Weisungen, Fach- und Handbüchern zur Pflege der Archive usw. zu fördern (Art. 9).

Sie stand unter dem Vorsitz des Kardinal-Archivars der Hl. Röm. Kirche und wurde von einem Präsidenten in der Person des jeweiligen Präfekten des Vatikanischen Geheimarchivs geleitet. Mitglieder von Rechts wegen waren der Substitut im Staatssekretariat, die Sekretäre der drei Kongr. für den Klerus, die Ordensleute und das Kath. Bildungswesen, ein Vertreter der Verwaltung des Erbes des Apost. Stuhles sowie der Direktor der Vatikanischen Schule für Paläographie und Diplomatik. Hinzugenommen werden konnten auch andere Mitglieder, die vom Präsidenten vorgeschlagen und vom Papst ernannt wurden. Diese Komm., deren Sitz sich im Apost. Palast beim Vatikanischen Archiv befand, hörte 1988 zu bestehen auf, weil damals Johannes Paul II. die Päpstl. Komm. zum Schutz der Denkmäler des Hl. Stuhles(→) errichtete, die seit 1989 alle ihre Aufgaben übernahm.

Bibl.: M Giusti, *I compiti della Pontificia Commissione per gli Archivi Ecclesiastici d'Italia*, in *Archiva Ecclesiae*, 2 (1959), S. 149–157.

N. Del Re

Kommission für Lateinamerika, Päpstliche

Sie wurde am 21. April 1958 von Pius XII. errichtet, der zugleich die 1955 ernannte Sonderkomm. aus Vertretern fast aller Dikasterien der Röm. Kurie bestätigte. Ihre Aufgabe war die Vorbereitung der Arbeiten der ersten Generalversammlung des lateinamerikanischen Episkopates, die vom 25. Juli bis zu 4. August 1955 in Rio de Janeiro stattfand, um die religiöse Lage Lateinamerikas zu diskutieren – unter besonderer Berücksichtigung der Situation des Klerus in den jeweiligen Nationen. Die programmatischen Linien der Arbeit hatte Pius XII. selbst vorgezeichnet in dem Brief *Ad Ecclesiam Christi* vom 29. Juni 1955 (AAS, XLVII [1955], S. 539–544) an Kardinal Adeodato Piazza, Sekretär der damaligen Konsistorialkongregation. Er wurde zum Präsidenten der Versammlung bestimmt, beauftragt „mit dem einheitlichen Studium der grundlegenden Probleme des katholischen Lebens, der Verteidigung des Glaubens und des Entwicklung der Religion in Lateinamerika, wobei eine größere Zusammenarbeit der Dikasterien der Röm. Kurie, die mit ihrer Lösung befaßt sind, anzuzielen ist". Zur Päpstl. Komm. für Lateinamerika (CAL) kam der Generalrat für Lateinamerika hinzu (COGECAL), den Paul VI. am 30. November 1963 zur Koordinierung der gemeinsamen Arbeit und der verschiedenen Initiativen in den einzelnen katholischen Ländern zugunsten Lateinamerikas aufgestellt hatte. Er kam zu diesem Zweck normalerweise einmal im Jahr zusammen.

Die Päpstl. Komm. für Lateinamerika blieb über 10 Jahre lang autonom, bis sie im Juli 1969 in die Kongr. für die Bischöfe eingegliedert wurde als spezifisches Organ zur Koordinierung der Beziehungen des Hl. Stuhles und dem Bischöflichen Rat für Lateinamerika (CELAM). Dessen Tätigkeit wird derzeit von der Komm. zugleich mit jener der nationalen bischöflichen Hilfsorganisationen für die Kirche in Lateinamerika begleitet. Für Personal und wirtschaftliche Mittel waren die beiden Abteilungen zuständig, in die das entsprechende Studienkomitee innerhalb der Kommission aufgeteilt war. Die Päpstl. Komm. wurde 1988 restrukturiert durch das Motu Proprio *Decessores Nostri* vom 18. Juni, das Johannes Paul II. wenige Tage nach der Rückkehr von einer Reise nach Südamerika erließ. Sie bleibt aber eng verbunden mit der Kongregation für die Bischöfe. Ihre Aufgaben und Mitglieder wurden durch Johannes Paul II. in der Konstitution *Pastor Bonus* zur Röm. Kurie vom 28. Juni des gleichen Jahres weiter differenziert (AAS, LXXX [1988], S. 841–912), wo es in Art. 83 heißt: „Aufgabe der Komm. ist die Hilfe durch Rat und wirtschaftliche Mittel für die Einzelkirchen Lateinamerikas, das Studium der Fragen, die Leben und Entwicklung dieser Kirchen betreffen, um sowohl den Dikasterien der Kurie, die aufgrund ihrer Zuständigkeit interessiert sind, als auch den Kirchen selbst bei der Lösung dieser Fragen zu helfen (§ 1). Sie soll ferner die Beziehungen zwischen den internationalen und nationalen kirchlichen Institutionen, die für die Regionen Lateinamerika arbeiten, und den Dikasterien der Röm. Kurie fördern (§ 2)". An ihrer Spitze steht der jeweilige Kardinalpräfekt der Kongr. für die Bischöfe, dem ein Vizepräsident zur Seite steht. Dazu kommen als Ratgeber einige Bischöfe, die aus der Röm. Kurie und den Kirchen Lateinamerikas ausgewählt sind. Die Mitglieder der Komm. werden aus den Dikasterien der Kurie genommen sowie aus dem bischöflichen Rat für Lateinamerika, aber auch aus den Bischöfen der dortigen Regionen und anderen Institutionen. Die Komm. besitzt auch eigene Offiziale (Art. 84, §§ 1–3).

Bibl.: F. Houtard, *L'histoire du CELAM ou l'oubli des origines*, in *Archives de sciences sociales des religions*, 62 (1986), S. 93–105.

N. Del Re

Kommission für öffentliche Arbeiten, Päpstliche

Die Kommission wurde von Pius XI. am 27. Februar 1929 eingesetzt mit dem Auftrag der sorgfältigen Vorbereitung eines Planes für die Aufteilung des Territoriums des neuen Staates der Vatikanstadt, der mit dem Vertrag zwischen dem Hl. Stuhl und Italien entstanden war. Sie sollte ferner die dafür notwendigen baulichen Strukturen planen und durchführen. Mitglieder der Komm. waren der Ing. Giuseppe Momo als Architekt, Ing. Leone Castelli als Bautechniker und Msgr. Gaetano Malchiodi als Sekretär. Später kamen hinzu Ing. Fabio De Rossi als Verantwortlicher für die Hl. Apost. Paläste und Ing. Franco Ratti, ein Neffe des Papstes, als Fachmann für den Bereich Industrie und Elektrotechnik. Sie wurden auch zu Mitgliedern der gemischten Kommission (Regierung und Papst) für die Interpretation und Durchführung der technischen Verfügungen im Lateranvertrag berufen.

Die Päpstl. Komm. setzte zunächst die territorialen Grenzen des neuen Staates fest, um einen genauen Überblick für den Bebauungsplan der Vatikanstadt zu bekommen und ihn dann praktisch umzusetzen. Nach Abschluß dieser vorbereitenden Arbeiten und dem gleichzeitigen Aufbau der endgültigen Verwaltungsstrukturen des neuen Staates wurde die Komm. aufgelöst. Ihre Mitglieder wurden von der Generalleitung der technischen Dienste des vatikanischen Governatorats übernommen oder mit anderen Aufgaben betraut.

Bibl.: G. Anichini, *I lavori pubblici nella Città del Vaticano*, in *Bellezze d'Italia: la Città del Vaticano*, Mailand 1930; F. Ratti, *Monumenti di un pontificato*, Rom 1934.

A. Martini

Kommission für religiöse Beziehungen zu den Muslimen

Auf der Linie der Konzilserklärung *Nostra aetate* vom 28. Oktober 1965 und unter Berücksichtigung der positiven Entwicklung religiöser Beziehungen der katholischen Kirche zum Islam, wurde diese Komm. von Paul VI. am 22.

Oktober 1974 mit dem besonderen Ziel errichtet, innerhalb der Kirche den Dialog mit den Muslimen weiter zu fördern sowie die religiösen und kulturellen Kontakte mit Vertretern der verschiedenen Länder der islamischen Welt anzuregen (Ägypten, Libyen, Algerien, Saudi-Arabien, Jordanien, Iran, Irak usw.). Dies sollte durch Besuche, Begegnungen, und Austausch nicht nur mit islamischen Kulturzentren, Fakultäten islamischer Universitäten und weiterer ähnlicher Institute, sondern auch mit einzelnen muslimischen Persönlichkeiten geschehen. Auch wenn sie als eigenes Organ betrachtet wird, gehört diese Komm. für die religiösen Beziehungen zu den Muslimen zum Päpstl. Rat für den interreligiösen Dialog (→), der ein eigene Stelle für den Islam hat und unter dem Vorsitz des Kardinal-Präsidenten dieses Rates ist. Ihm zur Seite steht ein Vizepräsident und ein Sekretär, beide ebenfalls Mitglieder des gleichen Dikasteriums. Dazu kommt eine Anzahl von Konsultoren.

N. Del Re

Kommission für religiöse Beziehungen zum Judentum

Auf Grundlage der Konzilserklärung *Nostra aetate* vom 28. Oktober 1965, die das ganze 4. Kapitel den Beziehungen zum Judentum widmet, errichtete Paul VI am 22. Oktober 1974 die *Komm. für die religiösen Beziehungen zum Judentum* mit dem Ziel, die Beziehungen zwischen Juden und Katholiken zu fördern und anzuregen, auch in eventueller Zusammenarbeit mit anderen Christen durch Förderung beiderseitiger Kontakte.

Als eigenes Organ konstituiert, um autonom handeln zu können, bleibt die Komm. mit dem Päpstl. Rat zur Förderung der Einheit der Christen (→) verbunden, mit dem sie den Kardinal-Präsidenten gemeinsam hat, dem ein Vizepräsident und ein Sekretär zur Seite stehen sowie eine Gruppe von Konsultoren verschiedener Nationalität, die für die vorgesehene Arbeit besonders qualifiziert sind.

Bibl.: G. Caprile, *Nuovi sviluppi nei rapporti ebraico-cristiani*, in *La Civiltà cattolica* 126 (1975) I, S. 281–289.

N. Del Re

Kommission für Russland, Päpstliche

Für die Seelsorge russischer Gläubiger in ihrer Heimat oder im Ausland setzte Pius XI. am 20. Juni 1925 eine besondere *Komm. für Rußland* ein als autonome Abteilung der Kongr. für die Orientalischen Kirchen. Sehr bald wurde die Komm. aber durch den Papst von der Kongr. getrennt und „sui iuris" mit dem Motu Proprio *Inde ab inito pontificatu* vom 6. April 1930 (AAS, XXII [1930], S. 153–154) errichtet.

Damit wollte er die Prüfung und Behandlung aller kirchlichen Angelegenheiten, welche die in ihrer Heimat oder im Ausland lebenden Russen betrafen, erleichtern. Da zusehends mehr Hilfswerke für Rußland gegründet wurden und sich für die Komm. mehr Arbeit ergab, teilte Pius XI. die Aufgabenbereiche. Er verfügte mit dem Motu Proprio *Quam sollicita* vom 21. Dezember 1934 (AAS, XXVII [1934], S. 65–67), daß Klerus und Gläubige des byzantinisch-slawischen oder eines anderen orientalischen Ritus wieder von der Kongr. für die Orientalischen Kirchen abhängig sein sollten, während die lateinischen Diözesen mit Klerus und Gläubigen unter der Jurisdiktion der Päpstl. Komm. für Rußland blieben. Gleichzeitig verlor diese ihre Autonomie und wurde der Kongr. für die außerordentlichen kirchlichen Angelegenheiten zugeordnet. Diese wurde mit der Kurienreform des Papstes 1967 in den Rat für die öffentlichen Angelegenheiten der Kirche umgewandelt. 1988 ging sie kraft der Konstitution *Pastor Bonus* von Johannes Paul II. über die Röm. Kurie im Staatssekretariat auf und bildet dort die zweite Abteilung der Beziehungen zu den Staaten (Art. 45–47). Ihr jeweiliger Sekretär war zugleich Präsident der Komm. für Rußland. Mitglieder waren der Substitut für die allgemeinen Angelegenheiten des Staatssekretariates, der Sekretär der Kongr. für die Orientalischen Kirchen sowie der Sekretär des Päpstl. Rates für die Förderung der Einheit der Christen.

Da in letzter Zeit die Herausforderungen abnahmen, für die die Päpstl. Komm. für Rußland 1925 eingerichtet worden war, wurde sie Anfang 1993 aufgelöst. Hauptgründe dafür waren die neuen Verhältnisse in den Gebieten der ehemaligen Sowjetunion und die folgenden Anerkennung des Grundrechtes auf Religionsfreiheit, was der katholischen Kirche die Möglichkeit bot, ihre Gemeinschaften in den verschiedenen Ländern Osteuropas neu zu organisieren, die bis dahin unter dem atheistischen Kommunismus gelebt hatten. Um aber die apost. Sendung der katholischen Kirche fortzusetzen und den ökumenischen Dialog mit der orthodoxen und den übrigen Kirchen orientalischer Tradition voranzubringen, ersetzte Johannes Paul II. im gleichen Motu Proprio *Europae Orientalis* vom 15. März 1993 (AAS, LXXXV [1993], S. 309–310) die alte Päpstl. *Komm. für Rußland* durch die neue interdikasteriale ständige *Komm. für die Kirche in Osteuropa* gemäß Art. 21, § 2 der Konstitution *Pastor Bonus*.

Bibl.: J. Creusen, *Transformation de la Commission Pontificale pour la Russie*, in *Nouvelle revue théologique*, 62 (1935), S. 509–510.

N. Del Re

Kommission zum Schutz der Kulturdenkmäler des Hl. Stuhles, Ständige

Um Denkmalschutz und -pflege all der Besitzungen des Hl. Stuhls zu gewährleisten, die von historischem und künstlerischem Interesse sind, setzte Pius XI. 1923 diese besondere Kommission ein, deren Tätigkeitsbereich Paul VI. 1963 erweiterte. Was den Denkmalschutz angeht, ist die Komm. heute für alle Bauerhaltungs und -unterhaltungsarbeiten der Gebäude und Flächen des Hl. Stuhles innerhalb und außerhalb des Staates der Vatikanstadt zuständig, insbesondere derer, die in den Artikeln 13–16 des Lateranvertrages genannt sind. Unter den zahlreichen Arbeiten der Komm. sei an die neue Audienzhalle (→) erinnert und die damit verbundenen Städtebau- und Umweltprobleme. Hervorzuheben ist auch die Restaurierung und statische Verstärkung des *Campanile* der Basilika *S. Maria Maggiore*.

Die Komm. – unter der Leitung eines Präsidenten mit einem Sekretär und verschiedenen qualifizierten Mitarbeitern – ist die auch für die Ausleihe von Kunstwerken aus dem Eigentum des Hl. Stuhles zuständig (Art. 2. der Satzung des Staatssekretariats vom 2. Juli 1965, AAS, LVII [1965], S. 677–679).

N. Del Re

Kommission zum Studium der gesellschaftl. Stellung der Frau

Paul VI. errichtete am 3. Mai 1973 auf Wunsch der Bischofssynode von 1971 in Rom eine spezielle Studienkommission für die Stellung der Frau in der Gesellschaft und übertrug ihr die Aufgabe, die besondere soziale Situation der Frau zu untersuchen, ferner die Beziehungen zwischen Mann und Frau nicht nur im Hinblick auf ihre grundsätzliche Gleichberechtigung, sondern auch unter dem Aspekt der gegenseitigen Ergänzung. Die Komm. sollte eine Verbesserung der Rechte der Frau in den verschiedenen Bereichen des Lebens und der Sendung der Kirche sicherstellen.

Die Studienkommission besteht aus einem Präsidenten und 25 Mitgliedern als Vertreter verschiedener Länder der fünf Kontinente, die sorgfältig aus Frauen, Ordensschwestern und Laien, verheiratet oder nicht, ausgewählt werden. Die Komm. für die Frau hat dennoch einen nur temporären Charakter und erscheint deswegen nicht im *Annuario Pontificio*.

Bibl.: G. Caprile, *La Commissione di Studio sulla Funzione della Donna nella Società*, in *La Civiltà cattolica*, 124 (1973), IV, S. 579–582; M. T. van Lunen-Chenu, *La Commission Pontificale de la Femme*, in *Etudes*, 344 (1976), S. 879–891.

N. Del Re

Kommission zur Interpretation der Dekrete des II. Vaticanums, Päpstliche

Zur Koordinierung der nachkonziliaren Arbeiten und die Interpretation der Dekrete und Konstitutionen, die das II. Vatikanische Konzil erlassen hatte, setzte Paul VI. mit dem Motu Proprio *Finis Concilio* vom 3. Januar 1966 (AAS, LVIII [1966], S. 37–40) eine eigene Zentralkommission ein, der er im folgenden Jahr eine neue, definitive Gestalt geben wollte. Mit dem Brief des Staatssekretariates Nr. 99766 vom 11. Juli 1967 wurde die Einrichtung der Päpstl. Kommission für die Interpretation der Dekrete des II. Vaticanums mitgeteilt – als Ersatz für die alte Zentralkommission zur Förderung, Vertiefung und genauer Interpretation der Konzilsdekrete. In einem weiteren Brief des Staatssekretariates vom 14. April 1969 wurde die Zuständigkeit der Komm. nach Verfügung des Papstes ausgeweitet und umfaßt die Interpretation der vom Hl. Stuhl für die Ausführung des Konzilsdekrete erlassenen Dokumente.

Für das Studium und die Umschreibung der Zweifel und Fragen, die ihr regelmäßig unterbreitet wurden, bediente sich die Päpstl. Kommission gewöhnlich des Votums von Fachleuten auf den verschiedenen Gebieten und wählte sie von Fall zu Fall aus, je nach der Wichtigkeit oder Schwierigkeit der vorgelegten Argumente. Die vom Papst gebilligten und in die rechte Form gebrachten Entscheidungen der Komm. wurden schließlich dem Staatssekretariat zur Veröffentlichung in den *Acta Apostolicae Sedis* (→) übergeben. Zuletzt bestand die Kommission aus sechs Kardinälen, von denen einer den Titel und die Aufgaben eines Präsidenten hatte, dazu aus einigen Prälaten als Mitglieder und einem Sekretär. Am 2. Januar 1984 wurde sie aufgelöst, als Johannes Paul II. die Päpstl. Komm. für die authentische Interpretation des Codex des Kirchenrechtes kraft des gleichzeitig erlassenen Motu Proprio *Recognito iuris canonici Codice* errichtet hatte.

N. Del Re

Kommission zur Interpretation des Codex des Kirchenrechts, Päpstliche

Sie wurde von Benedikt XV. mit dem Motu Proprio *Cum iuris canonici* vom 15. September 1917 eingesetzt (AAS, IX [1917], S. 483–484). Die Kommission hatte die ausschließliche Aufgabe, authentisch den Codex des Kirchenrechtes auszulegen und bei den wichtigsten Fragen, die an sie herangetragen wurden, Entscheidungen zu treffen. Die Tätigkeit der Komm. bestand im wesentlichen darin, neue *canones* aufgrund der in den allgemeinen Dekreten einer Kongregation enthaltenen Verfügungen abzufassen, wenn diese ihr mitgeteilt worden waren und der Papst sie bereits gebilligt hatte. Es war also ihre besondere Aufgabe, die Einfügung dieser *canones* in den Codex zu besorgen. Die Gesetze zur Interpretation des Codex, welche die Päpstl. Kommission in affirmativer oder negativer Antwort auf die Zweifel formulierte, wurden in den *Acta Apostolicae Sedis* veröffentlicht, allerdings ohne Angabe des Auftrags oder der Billigung des Papstes; denn die Komm. handelte mit delegierter Vollmacht nach Norm Nr. 1 des erwähnten Motu Proprio Benedikts XV. Für einige Fragen, die nicht besonders schwerwiegend waren, genügte die Entscheidung des Präsidenten aufgrund der durch die Komm. ihm „unterdelegierten" Vollmacht. Die Komm. bestand aus mehreren Kardinälen, darunter einem als Leiter mit dem Titel eines Präsidenten. Dazu kamen ein Sekretär und eine entsprechende Gruppe von Konsultoren.

Die Päpstl. Komm. für die authentische Interpretation des Codex des Kirchenrechtes wurde am 28. März 1963 unter Johannes XXIII. durch die Päpstl. Komm. für die Revision des Codex des kanon. Rechts (→) ersetzt, die ihre Aufgaben übernahm. Ihrerseits hörte sie am 2. Januar 1984 zu bestehen auf, als Johannes Paul II. die neue Päpstl. Komm. für die authentische Interpretation des Codex des kanonischen Rechtes nach Veröffentlichung des neuen Gesetzestextes am 25. Januar 1983 eingesetzt hatte. Diese wurde später in den *Päpstl. Rat für die Interpretation von Gesetzestexten* (→) umgewandelt, gemäß den Artikeln 154–158 der Konstitution Johannes Paul II. *Pastor Bonus* über die Röm. Kurie.

N. Del Re

KOMMISSION ZUR REVISION DES CODEX DES ORIENTALISCHEN KIRCHENRECHTS, PÄPSTLICHE

Mit der Veröffentlichung des Codex der *canones* der Ostkirchen durch Johannes Paul II. am 18. Oktober 1990 hörte diese Päpstl. Kommission für die Revision des Codex des orientalischen kanonischen Rechtes zu bestehen auf. Sie war 1972 von Paul VI. mit einem von Staatssekretär Jean Villot unterzeichneten und am 10. Juni an Kardinal Joseph Parecattil gerichteten Brief, der ihn gleichzeitig zum Präsidenten ernannte, eingerichtet worden. Zur Veröffentlichung dieses Codex, der am 1. Oktober 1991 in Kraft trat, muß bemerkt werden, daß es sich um ein „historisches Ereignis" handelte, weil zum ersten Mal in der Geschichte der Kirche ein vollständiges Werk veröffentlicht wurde, das für alle 21 katholischen orientalischen Kirchen „in vollkommener Einheit des Glaubens und in voller hierarchischer Gemeinschaft mit dem Apost. Sitz von Rom gilt, die den fünf Mutterkirchen oder ursprünglichen Riten zugehören" (alexandrinisch, antiochenisch, konstantinopolitanisch oder byzantinisch, armenisch und chaldäisch).

Die Komm. trat an die Stelle der aufgelösten Päpstl. Komm. für die Abfassung des Codex des orientalischen kanonischen Rechts (→), die Pius XI. 1935 eingerichtet hatte. Die Aufgabe der neuen Kommission war die Vorbereitung der Reform des Codex des orientalischen kanonischen Rechtes, vor allem aufgrund der Dekrete des II. Vatikanischen Konzils, sei es der schon mit den vier Motu Proprio *Crebrae allatae sunt* vom 22. Februar 1949 über die Disziplin des Ehesakramentes, *Sollicitudinem nostram* vom 2. März 1950 über die Prozesse und Urteile, *Postquam Apostolicis litteris* vom 9. Februar 1952 über die Ordensleute, die zeitlichen Güter und die Bedeutung der Ausdrücke und *Cleri sanctitati* vom 2. Juni 1957 über die orientalischen Riten und die Personen veröffentlichten Teile, sei es in den übrigen Teilen, die noch nicht veröffentlicht waren. Die aufgelöste Päpstliche Kommission stand unter der Leitung eines Kardinal-Präsidenten, ihm zur Seite ein Vizepräsident, ein Sekretär und verschiedene andere Offiziale. Mitglieder waren sämtliche orientalischen Patriarchen, denen einige Kardinäle zur Seite standen. Gleichzeitig besaß sie auch ein Kollegium von Konsultoren, eingeteilt in bestimmte Studiengruppen, je nach der besonderen Zuständigkeit. Die Komm. informierte regelmäßig über ihre Tätigkeit und veröffentlichte einen Kommentar mit dem Titel „Nuntia", der zweimal jährlich erschien. Mit der Nr. 31 wurde er Ende 1990 eingestellt.

Bibl.: Vgl. Nr. 31 von *Nuntia* mit den Ansprachen von Papst Johannes Paul II. und Msgr. Emilio Eid bei der Vorstellung des neuen Codex bei der XXVIII. Generalversammlung der Bischofssynode vom 25. Oktober 1990.

N. Del Re

Kommission zur Revision und Verbesserung der Vulgata, Päpstliche

Johannes Paul II. hat mit einem Brief vom 8. Dezember 1983 die Kommission eingesetzt, die damit die *Päpstl. Abtei zum hl. Hieronymus für die Revision und Verbesserung der Vulgata* (→) ablöste und den Auftrag hat, die bisher von dieser Abtei geleistete Arbeit fortzusetzen und auch das ganze Alte Testament zu überprüfen. Zu den heutigen Mitgliedern dieser Kommission, deren Tätigkeit von einem Leiter der Arbeiten an der *Vulgata* koordiniert wird, gehören einige Benediktiner, die bereits Mitglieder des früheren Organs waren. Ihr Sitz befindet sich in Rom, Via di Torre Rossa 21.

N. Del Re

Kompassdiener

→ Bussolanti (Päpstl. Kammerdiener)

Kongregation für das Katholische Bildungswesen

Unter dem Namen *Congregatio pro Universitate Studii Romani* wurde auch dieses Dikasterium 1588 durch Sixtus V. errichtet mit der Aufgabe, die Studien der Universitäten in Rom zu regeln und zu leiten, sich auch um die übrigen Institute und Kollegien der Stadt wie auch um alle Universitäten der katholischen Welt zu kümmern. Ihr besonderer Auftrag war, die höheren Studien zu fördern und anzuregen, zugleich aber über die Rechtgläubigkeit der Lehre zu wachen. Erst allmählich gewann sie auf das römische „Erzgymnasium" des Kollegiums der Konsistorialadvokaten Einfluß, das Sixtus V. für immer mit der Leitung der Studien verbunden hatte. Zur Zeit Clemens X. (1670–76) hörte sie zu bestehen auf. Pius VII. (1800–23) dachte an die Reform des öffentlichen Unterrichts, doch der Tod des Papstes 1823 verhinderte die Wiedererrichtung. Sein Nachfolger Leo XII. griff den Plan wieder auf und richtete mit der Konstitution *Quod divina sapientia* vom 28. August 1824 (BRC VIII, S. 96–117) die neue Studienkongr. wieder ein und unterstellte ihr alle öffentlichen und privaten Schulen sämtlicher Grade und Arten im Kirchenstaat.

Später befaßten sich mit diesem Dikasterium Gregor XVI. 1841, Pius IX. 1852, Leo XIII. 1895 und zuletzt Pius X., der mit der Konstitution *Sapienti consilio* vom 29. Juni 1908 (AAS, I (1909), S. 7–19) genau ihre Vollmachten festlegte. Er übertrug ihr die oberste Leitung der Studien an allen Universitäten und akademischen Fakultäten, die von der kirchlichen Autorität abhingen, auch wenn sie von Ordensleuten geleitet wurden. Dazu kam die Vollmacht, neue Universitäten und Fakultäten, die akademische Grad verliehen, einzurichten und auch wichtige Änderungen am Stand der existierenden vorzunehmen, alle Kontroversen zu ihrer zeitlichen Verwaltung zu lösen, einige Dozenten zu ernennen, die schulische Leitung zu ordnen usw.

Trotz der folgenden Neuordnungen der Studienkongregation blieben die Seminare außerhalb ihrer Jurisdiktion; denn diese waren mit der Reform von Papst Pius 1908 von der Konsistorialkongr. (der heutigen Kongr. für die Bischöfe) abhängig geworden, bei der kurz darauf ein besonderer Rat für das Studium dieser Angelegenheiten eingerichtet wurde. Benedikt XV. beseitigte endlich diese Ungleichheit und machte mit dem Motu Proprio *Seminaria clericorum* vom 4. November 1915 (AAS, VII (1915), S. 493–95) diese besondere Abteilung der Konsistorialkongr. zu einer selbständigen Kongr. und vereinigte mit ihr die Studienkongr. Er schuf damit ein einziges Dikasterium für den gesamten Bereich der kirchlichen Bildung und der Ausbildung des Klerus. Sie hieß Kongr. für die Seminare und die Studienuniversitäten. Ihre Vollmachten wurden weiter in *can.* 256 des Codex des neuen Kirchenrechtes von 1917 festgelegt.

Mit der umfangreichen Kurienreform Paul VI. von 1967, kraft der Konstitution *Regimini Ecclesiae universae* vom 15. August (AAS, LIX (1967), S. 885–928) wurde das Dikasterium völlig neu strukturiert und mit der Tätigkeit für alle Erziehungsinstitute der Kirche auf den verschiedenen Ebenen beauftragt. Sie übernahm entsprechend auch den neuen Namen Kongr. für das Katholische Bildungswesen. In ihrer erweiterten Zuständigkeit förderte sie drei Abteilungen, die Erziehung und Ausbildung der Kleriker, wissenschaftliche katholische Lehre durch Kleriker und Laien, und das Durchdringen des katholischen Denkens der intellektuellen Welt von heute. Mit der Konstitution *Pastor Bonus* vom 28. Juni 1988 (AAS, LXXX (1988), S. 841–912) ordnete Johannes Paul II. die Röm. Kurie wieder neu, und dieses Dikasterium erscheint in den sie betreffenden Artikeln 112–116 unter dem neuen Namen Kongr. für die Seminarien und Studieneinrichtungen. Kurz darauf aber wurde mit Brief des Staatssekretariates Nr. 236.026 vom 26. Februar 1989 dieser Name lediglich in Klammern dem alten Namen der Kongr. beigefügt, die nun Kongr. für das Katholische Bildungswesen (für die Seminare und Studieneinrichtungen) heißt. Unverändert blieben ihre Zuständigkeiten, die sich weiter auf drei Abteilungen für die Seminare, die kirchlichen und katholischen Universitäten und die katholischen Schulen verteilen.

Die erste Abteilung für die Seminare ist in vier Büros unterteilt und befaßt sich mit all dem, was die Disziplin und zeitliche Verwaltung der Seminare angeht. Ausgeschlossen ist, was in die Zuständigkeit der Kongr. für die Orientalischen Kirchen und der Kongr. für die Glaubensverbreitung gehört, mit der die Kongr. ihre Tätigkeit zu koordinieren gehalten ist. Sie sorgt für die Bildung des Weltklerus und die wissenschaftliche Ausbildung der Ordensleute und Mitglieder der Säkularinstitute. Sie achtet darauf, daß die Alumnen entsprechend erzogen werden, eine gediegene menschliche und geistige, lehrmäßige und pastorale Ausbildung bekommen. Sie wacht sorgfältig darüber, daß das Zusammenleben und die Leitung der Seminare voll den Erfordernissen der Priestererziehung entsprechen, daß die Oberen und Lehrkräfte durch das Beispiel ihres Lebens und ihre rechte Lehre möglichst zur Persönlichkeitsbildung der jungen Geistlichen beitragen. Sie errichtet interdiözesane Seminare und approbiert ihre Statuten. Sie dispensiert von der unehelichen Geburt bei der Zulassung zum Seminar und erlaubt die Aufnahme von Aspiranten, die aus ähnlichen Instituten oder aus Ordensgemeinschaften kommen. Sie gestattet die Abkürzung des Studienkurses oder eine Vorverlegung der Weihe.

Durch ihre zweite Abteilung (Universitäten) errichtet oder approbiert und leitet die Kongr.

die Universitäten und kirchlichen Fakultäten, die katholischen Universitäten und alle anderen katholischen Institute für höhere Bildung. Sie fördert und billigt Institutionen und Verbände, die die Studien anregen. Sie sorgt dafür, daß an den katholischen Universitäten Institute für wissenschaftliche und künstlerische qualifizierte Forschungen entstehen oder wenigstens ein Lehrstuhl für Theologie, der entsprechende Vorlesungen auch für Laienstudenten anbietet. Sie erläßt geeignete Normen für die Akademien und Bibliotheken, ausgenommen die Apost. Vatikanische Bibliothek (→). Sie fördert die gegenseitige Zusammenarbeit durch nationale und internationale Verbände und setzt sich für die Einrichtung von katholischen Konvikten und Universitätszentren bei den nicht katholischen Universitäten ein.

Durch ihre dritte Abteilung (Schulen), die der Kongr. für das Katholische Bildungswesen ihre neue Gestalt gegeben hat und bereits für Italien und Lateinamerika arbeitete, sorgt das Dikasterium für die Errichtung und Erhaltung von Pfarr- und diözesanen Schulen und übt ihre Kontrollfunktionen auf den drei Gebieten der Disziplin und Verwaltung, der Didaktik und Pädagogik sowie der Religion und Moral aus. Vor allem den christlichen Schülern soll damit katechetische Unterweisung und seelsorgerische Betreuung an allen katholischen Schulen jeder Art angeboten werden. So erstreckt sich die Zuständigkeit dieses Dikasteriums bei den Schulen auf die ganze katholische Welt. (Nach dem *Annuario Statistico della Chiesa* 1991 gab es in der Welt 160.899 katholische Schulen mit 40.975.865 Schülern). Ausgenommen sind Schulen in den Kirchenprovinzen, die den beiden Kongr. für die Orientalischen Kirchen und für die Evangelisierung der Völker unterstehen.

Die Kongr. für das Katholische Bildungswesen behandelt ferner die allgemeinen Fragen zu Erziehung und Studium, in Zusammenarbeit mit den Bischofskonferenzen, den zuständigen zivilen Autoritäten sowie nationalen und internationalen Organisationen. Dies alles in enger Zusammenarbeit mit den beiden Abteilungen des Staatssekretariates. Außerdem geht es um eine Koordinierung der Kräfte und Mittel, um die Rechte und Freiheiten der Schule zu sichern. Schließlich befaßt sie sich mit den Ergebnissen nationaler und internationaler Kongresse, auf denen entsprechende Fragen behandelt werden. Zu diesem Dikasterium gehört das „Päpstl. Werk für Priesterberufungen" (→), das Pius XII. 1941 eingerichtet hat und dessen Zielsetzungen und Aufgaben durch ein eigenes Statut geregelt sind.

Unter dem Vorsitz eines Kardinalpräfekten arbeiten in dieser Kongr. rund 35 Kardinäle und sieben residierende Bischöfe als Mitglieder und zahlreiche Konsultoren aus aller Welt mit. Ein Sekretär und ein Untersekretär sind direkt für den guten Arbeitsablauf verantwortlich, zusammen mit einer angemessenen Anzahl von höheren und niederen Offizialen verschiedener Grade. Dreimal jährlich erscheint Zeitschrift *Seminarium,* die für das Bildungswesen der verschiedenen kirchlichen Institutionen Hilfen und Weisungen anbietet.

Bibl.: N. Del Re, *La Curia Romana. Lineamenti storico-giuridici*, Rom 1970, S. 173–184 und 583–584 für die Bibl.; G. Delgado, *La Curia Romana: el gobierno central de la Iglesia*, Pamplona 1973, S. 349–371; F. Rypar, *I Seminari e la S. Congregazione per l'Educazione Cattolica*, in *Seminarium*, 25 (1973), S. 323–362; P. Dezza, *La Sacra Congregazione per l'Educazione Cattolica e l'autorità dottrinale di s. Tommaso*, ib. 29 (1977), S. 674–696; F. Gasnault, *La Congrégation des Etudes de 1824 à 1870*, in *Archivum historiae pontificiae*, 22 (1984), S. 153–226; T. Bertone, *La Congregazione per l'Educazione Cattolica (dei Seminari e degli Istituti di Studi)*, in *La Curia Romana nella Cost. Ap. „Pastor Bonus"*, hrsg. von P.A. Bonnet/C. Gullo, Vatikanstadt 1990, S. 379–394.

N. Del Re

Kongregation für den Gottesdienst und die Sakramentenordnung

Im Rahmen seiner Reform der Röm. Kurie mit der Konstitution *Sapienti consilio* vom 29. Juni 1908 (AAS, I [1909], S. 7–19) hatte Pius X. eine eigene „Kongregation für die Sakramentenordnung" geschaffen. Er hielt es für notwendig, alles, was die Verwaltung und Disziplin der Sieben Sakramente betrifft, in einem einzigen Organ zu konzentrieren. Bisher waren die Aufgaben wenig günstig auf fünf verschiedene Dikasterien aufgeteilt: das „Hl. Offizium" und die Kongr. der Bischöfe und Ordensleute, des Konzils, der Riten und der Glaubensverbreitung. Teilweise zuständig waren auch der Gerichtshof der Apost. Pönitentiarie (→), die Apost. Datarie und das Sekretariat der Breven. Die Verfügungen Pius' X. wurden in den Codex des kanonischen Rechtes von 1917 übernommen (can. 249) und 1967 durch Paul VI. bekräftigt, als er durch die Konstitution *Regimini Ecclesiae universae* vom 15. August (AAS, LIX (1967), S. 885–928) eine weitere Kurienreform anordnete. Dort wurde festgelegt, daß diese Kongr. „sich mit allem befaßt, was die Disziplin der sieben Sakramente betrifft" (Kap. IV, Nr. 54). Später jedoch hielt er es für gut, die Kongr. für die Sakramentenordnung mit jener für den Gottesdienst zu vereinigen, die er selbst 1969 errichtet hatte. Mit der Konstitution *Constans Nobis* vom 11. Juli 1975 (AAS, LXVII (1975), S. 417–20) bildete er dieses Dikasterium mit der Aufgabe, die umfangreichen liturgisch-sakramentalen Fragen zu koordinieren. Sie wurde „Kongr. für den Gottesdienst und die Sakramentenordnung" genannt. Die bisherigen Dikasterien lebten in den zwei Abteilungen der neuen Kongr. fort, eine für die Sakramentenordnung, die andere für den Gottesdienst. Das neue Organ bestand aber nur bis 1984, weil Johannes Paul II. mit seinem Handschreiben *Quoniam in celeri rerum cursu* vom 5. April (AAS, LXXVI (1984), S. 494–495) die beiden Abteilungen selbständig machte. Damit war einerseits die alte „Kongr. für die Sakramentenordnung" wiederhergestellt, andererseits die neuere „Kongr. für den Gottesdienst" wiederbelebt – beide mit ihren ursprünglichen Aufgaben betraut. Als Johannes Paul II. dann seine umfangreiche Kurienreform mit der Konstitution *Pastor Bonus* vom 28. Juni 1988 (AAS, LXXX (1988), S. 841–912) in Angriff nahm, vereinigte er erneut die beiden Dikasterien unter dem Namen „Kongr. für den Gottesdienst und die Sakramentenordnung", weil nach seiner ausdrücklichen Erklärung Liturgie und Sakramente „eine einzige Wirklichkeit bilden".

Das heutige Dikasterium muß sich daher mit allem beschäftigen, was unbeschadet der Zuständigkeit der „Kongr. für die Glaubenslehre" (→) der Apost. Stuhl in der Regelung und Förderung der Liturgie und insbesondere der Sakramente tun kann (Art. 62). Die Tätigkeit der Kongr., die sie in allen Gebieten des Lateinischen Ritus ausübt, eingeschlossen die Missionsländer, bezieht sich bei den Sakramenten hauptsächlich auf die Ehe. Sie dispensiert z.B. von Ehehindernissen, eine Funktion, die derzeit durch die Vollmachten erleichtert ist, die Paul VI. den Ortsbischöfen gewährt hat (vgl. Motu Proprio *Pastorale munus* vom 30. November 1963 (AAS, LVI (1964), S. 5–12) und *De episcoporum muneribus* vom 15. Juni 1966 (AAS, LXVIII (1966), S. 467–472). Dies soll die Zahl solcher Dispense erheblich vermindert haben. Einige Fälle hat sich jedoch nach dem gen. Motu Proprio der Apost. Stuhl vorbehalten (Nr. IX, 11–17).

Das Dikasterium hat ferner über die sog. *sanatio in radice* zu entscheiden, wenn es sich um Ehen handelt, deren Nichtigkeit mit Ehehindernissen begründet ist. Sie behandelt die Trennung der Ehegatten, die Legitimation der

Kinder, ferner die Fälle einer geschlossenen, aber nicht vollzogenen Ehe, die nach der Konstitution *Regimini Ecclesiae universae* von 1967 (vgl. Nr. 56) ausschließlich in ihre Kompetenz fallen, auch die Fälle von nicht katholisch getauften Ehepartnern, oder die von nicht katholisch getauften Eheleuten des lateinischen und orientalischen Ritus. Im letzteren Fall ist sie gehalten, die Prozeßakten durch eine Komm. von Fachleuten in orientalischen Fragen prüfen zu lassen. Bei den Fällen einer nicht vollzogenen Ehe ist hinzuzufügen, daß die Kongr. den zuständigen Ordinarius mit der Führung des Prozesses zum Beweis des behaupteten Nichtvollzugs und des Vorliegens eines ausreichenden Grundes beauftragt (unüberwindliche Abneigung der Ehegatten, Verdacht auf Impotenz, eingetretene ansteckende Krankheit usw.). Die Akten werden dann zur Entscheidung an die Kongr. gesandt mit der schriftlichen Stellungnahme des Bischofs zum Wahrheitsgehalt sowie die Bemerkungen des Verteidigers des Ehebandes.

Was die übrigen Sakramente angeht, gehört zu den Aufgaben dieser Kongr. die Gewährung von eventuellen Dispensen bei Weihehindernissen (Alter, uneheliche Geburt, physische und leichtere psychische Defekte usw.) von Priesteramtskandidaten. Sie erteilt die Vollmacht zur Spendung der Priesterweihe außerhalb der im CIC vorgesehen Zeiten. Sie gewährt bestimmten Priestern die Vollmacht zur Spendung der Firmung, vor allem in sehr ausgedehnten und teilweise unzugänglichen Diözesen. Sie dispensiert die Gläubigen vom eucharistischen Fasten, gestattet den Empfang der Eucharistie in Sonderfällen nur unter der Gestalt des Weines, erlaubt die Aufstellung eines Taufbrunnens in Hospitälern und Geburtskliniken, um die feierliche Spendung der Taufe an Neugeborene in besonders dringenden Fällen zu erleichtern. Sie erteilt auch folgende Dispense: die Heilige Messe in Privatoratorien zu feiern, sie vor oder nach dem vorgeschriebenen Zeitraum zu feiern, sie unter freiem Himmel und auf Schiffen zu zelebrieren, sowie in der Weihnachtsnacht in Kirchen und Oratorien, die normalerweise dieses Recht nicht besitzen. Weiterhin kann sie gestatten, das Allerheiligste in Kirchen und Oratorien aufzubewahren, die dazu nicht berechtigt sind, an einem Tag mehrere Messen zu feiern, aus Krankheitsgründen täglich Votivmessen zu feiern, die Messen ohne Kniebeugen und andere Zeremonien oder auch aus ernsten Gründen sitzend zu feiern, zur Erleichterung der Gläubigen einen tragbaren Altar zu verwenden, z.B. bei Wallfahrten, Ausflügen, Lagern usw. Die Kongr. befaßt sich auch mit Fragen der Gültigkeit der Priesterweihe, die dann an die entsprechenden Tribunale weitergeleitet werden.

Die Zuständigkeit der Kongr. für den Gottesdienst und die Sakramentenordnung ist allerdings in einigen Fällen durch andere Organe der Kurie wie etwa die Kongr. für die Glaubenslehre (→) begrenzt. Sie darf z.B. nicht das *Privilegium Paulinum* gewähren. Die Apost. Signatur ist zuständig für die Terminverlängerung in Eheprozessen, wacht über die regionalen und interregionalen Gerichtshöfe. Die Rota Romana (→) behandelt die dem Apost. Stuhl vorgelegten Prozeßakten in Ehenichtigkeitsverfahren. Die Kongr. für die Orientalischen Kirchen, die Evangelisierung der Völker und für die Institute des gottgeweihten Lebens und die Gemeinschaften des apost. Lebens sind mit weiteren Teilfragen befaßt.

Im Bereich des Gottesdienstes untersteht der Kongr. die Liturgie unter rituellem und pastoralem Aspekt. Sie überwacht die Zusammenstellung und Revision der liturgischen Texte, überprüft die besonderen Kalender und Proprien der Heiligen Messen und Offizien der Diözesen und Ordensgemeinschaften, gewährt entsprechende Dispense von liturgischen Bestimmungen, interpretiert authentisch die Normen und Rubriken in den liturgischen Büchern und betreut endlich die Reliquienverehrung, bestätigt den Ortskirchen auf Anfrage himmlische Patrone und gewährt den Titel einer *Basilica minor*. Sie unterhält ferner Beziehungen zu den Bischofskonferenzen, prüft, billigt und bestätigt deren liturgische Akten gemäß Art. 36, § 3 der Konstitution des Konzils *Sacrosanctum Concilium* vom 4. Dezember 1963. Sie achtet darauf, daß die von den Bischofskonferenzen nach Art. 40 dieser Konstitution vorgenommenen Anpassungen der liturgischen Gesetze mit den Bedürfnissen, Überlieferungen und Besonderheiten der einzelnen Völker in Übereinstimmung stehen. Sie befaßt sich mit dem außerliturgischen Kult oder den Andachtsübungen des christlichen Volkes (Novenen, Triduen, Rosenkranz, Marienmonat usw.), unter Wahrung der Zuständigkeit der Kongr. für die Glaubenslehre. Ferner unterhält sie Beziehungen zu den liturgischen Kommissionen, den gemischten übernationalen Kommissionen, den Instituten für das Liturgische Apostolat, für den Kirchengesang und die sakrale Kunst. Sie sammelt Nachrichten und Publikationen über das liturgische Leben in der Kirche und entnimmt daraus auch statistische Angaben. Sie studiert, wie die Medien der sozialen Kommunikation für den Gottesdienst nutzbar gemacht werden können und fördert endlich die pastoralen Initiativen, die internationalen Verbände und Kongresse zu Fragen der Liturgie.

Die Kongr. wird von einem Kardinalpräfekten geleitet, dem ein Sekretär und zwei Untersekretäre zur Seite stehen (je einer für die beiden Abteilungen). Mitglieder sind eine unbestimmte Zahl von weiteren Kardinälen, sieben Diözesanbischöfe. Höhere und niedere Offiziale verschiedenen Grades sorgen für die Erledigung der anfallenden Aufgaben. Regelmäßig treffen sich zahlreiche Konsultoren aus allen Teilen der Welt, alles Fachleute für Liturgie. Innerhalb der Kongr. arbeiten drei Sonderkomm.: eine für die Fälle der Ungültigkeit der Priesterweihe, eine weitere für die Dispense von den Verpflichtungen des Diakonates und der Priesterweihe bei Angehörigen des Welt- und Ordensklerus des lateinischen und der orientalischen Riten und die dritte für die Dispense bei, *matrimonium ratum et non consumatum* (geschlossenen, aber nicht vollzogenen Ehen), die durch päpstl. Reskript vom 3. Mai 1926 errichtet wurde. Durch Paul VI. am 30. Dezember 1971 bei der Kongr. angesiedelt ist auch ein besonderes „Studio“, das jährliche Kurse für die Verwaltungspraxis, die Eheprozesse und die Behandlung der mit der Priesterweihe verbundenen Fälle abhält. Zugelassen werden Alumnen der juristischen Fakultäten der päpstl. Universitäten in Rom, Offiziale der kirchlichen Tribunale und Mitglieder der Pastoralinstitute für die Familie, die sich auf die Beweiserhebung in Eheprozessen spezialisieren möchten.

Die Kongregation veröffentlicht die Monatszeitschrift *Notitiae*, die vor allem Nachrichten über die liturgische Tätigkeit des Vatikans und der Bischofskonferenzen sowie der nationalen und diözesanen Kommissionen und der Ordensfamilien für Liturgie, darüber hinaus aber auch Studien zu aktuellen Themen auf liturgischem Gebiet enthält.

Bibl.: N. Del Re, *La Curia Romana, Lineamenti storico-giuridici*, Rom 1970, S. 126–139 und 581–582 für die Bibl.; G. Delgado, *La Curia Romana; el gobierno central de la Iglesia*, Pamplona 1973, S. 211–273; A. Khoraiche, *La Sacrée Congrégation des Sacrements. Histoire et activité*, Rom 1978; R. Melli, *La Congregazione del Culto Divino e della Disciplina dei Sacramenti*, in *La Curia Romana nella Const. Ap. „Pastor Bonus“*, hrsg. von A. P. Bonnet/C. Gullo, Vatikanstadt 1990, S. 269–280.

N. Del Re

Kongregation für den Klerus

Vier Jahrhunderte hieß diese Kongregation „Konzilskongregation". Gemeint war das Konzil von Trient. Mit der großen Reform der Röm. Kurie durch Paul VI. 1967 durch die Konstitution *Regimini Ecclesiae universae* vom 15. August (AAS, LIX (1967), 885–928) wurde das alte Dikasterium, das Pius IV. 1564 errichtet hatte, völlig umstrukturiert. Damals hatte es die Aufgabe, alle Zweifel auszuräumen, die sich bei der genauen Interpretation der vom Konzil von Trient (1545–63) erlassenen Dekrete erheben konnten. Zugleich wachte sie über deren praktische Anwendung. Pius V. (1566–72) und noch mehr Sixtus V. (1585–90) erweiterten die Zuständigkeit der Konzilskongregation Im Laufe der Zeit ging diese wieder zurück. Vier kleinere Kongregationen wurden gebildet: für die kirchliche Immunität und für die Bischofsresidenzen, die beide von Urban VIII. 1626 und 1636 gegründet wurden, ferner die Kongr. für den Status der Kirchen, die Benedikt XIV. innerhalb der Konzilskongr. 1740 einrichtete, endlich die Kongr. für die Revision der Provinzkonzilien, die Pius IX. 1849 ins Leben rief.

Eine radikale Umwandlung vollzog Pius X., der die später aufgelöste „Kongregation für Loreto" mit diesem Dikasterium vereinigte und ihm damit ein neues Gesicht gab. Seine neuen Aufgaben sind im alten Codex des kanonischen Rechtes (can. 250) aufgenommen und blieben bis zur neuen Kurienreform von 1967 in Kraft. Diese entzog ihm zwar alle Disziplinarvollmachten über das christliche Volk und beauftragte damit den neu eingerichteten „Päpstl. Rat für Laien" (→), beließ aber seine Zuständigkeit für all das, was die Disziplin des Weltklerus betraf. Das wurde erneut durch Johannes Paul II. mit der Konstitution *Pastor Bonus* über die Röm. Kurie vom 28. Juni 1988 bestätigt (AAS, LXXX (1988), S. 841–912).

Die Kongr. behielt auch weiter ihre drei Abteilungen. Die erste dient der Förderung des geistlichen Lebens und der theologischen Bildung des Klerus (Weltpriester und Diakone) durch geeignete Initiativen wie Errichtung von Instituten für pastorale Studien, Schaffung von kirchlichen Bibliotheken und Organisation von regelmäßigen Treffen der Priester, damit sie ihre apost. Erfahrungen gegenseitig austauschen und ihre pastoralen Tätigkeiten koordinieren können. Sie wacht über das Wirken und die Disziplin des Klerus und befaßt sich mit all dem, was die Kathedral- und Kollegialkapitel, die Pastoral- und Priesterräte, die Pfarrer und Pfarrvikare sowie alle übrigen Priester angeht, die den pastoralen Dienst ausüben, auch wenn es sich um Ordensleute handelt. Sie befaßt sich ferner mit allem, was die Feier der hl. Messe und die Stipendien angeht, mit der Übertragung von Ämter und Benefizien, mit der Verpflichtung zum Breviergebet und den Übungen der Frömmigkeit. Durch diese Abteilung erläßt die Kongr. ferner die Normen für eine bessere Verteilung des Klerus, befaßt sich mit den allgemeinen Verpflichtungen der Kleriker und Laien, wenn nötig in Zusammenarbeit mit dem „Päpstl. Rat für die Laien" (→). Sie wacht darüber, daß in jeder Diözese ein ordnungsgemäß gewählter Priesterrat existiert und sorgt für die Lösung aller Präzedenzschwierigkeiten der Kleriker und legt auf den Verwaltungswege alle weiteren Streitigkeiten zwischen Klerikern, zwischen Klerikern und Laien oder zwischen Welt- und Ordensklerikern bei.

Die zweite Abteilung der Kongregation kümmert sich vor allem um die Förderung der Verbreitung des Wortes Gottes. Man will die Methoden und Werke des Apostolates den Erfordernissen der Zeit und den Bedürfnissen der Menschen von heute anpassen. Sie erläßt geeignete Normen für die religiöse Bildung der Kinder, Jugendlichen und Erwachsenen, sodann Weisungen zum Religionsunterricht in den Schulen und Pfarreien in Absprache mit der „Kongr. für das Katholische Bildungswesen“ (→) und – wenn notwendig – auch mit der „Kongr. für die Institute des gottgeweihten Lebens und die Gemeinschaften des apost. Lebens“ (→). Sie trägt dafür Sorge, daß vor und nach der Eheschließung eine geeignete katechetische Unterweisung erfolgt. Sie kümmert sich um die diözesanen Katechetischen Institute, überprüft und billigt die Leitfäden für die Katechese, wie auch die Programme und Vorlagen für die Verkündigung des Wortes Gottes, die von den Bischofskonferenzen gemäß den unterschiedlichen Alters- und anderen Gruppen der Gläubigen vorgeschlagen werden. Sie sorgt für die Vorbereitung von pastoralen Direktorien für besondere Gruppen von Gläubigen in Zusammenarbeit mit den interessierten Dikasterien. Durch Teilnahme oder Förderung nationaler und internationaler Kongresse soll der Erfahrungsaustausch sichergestellt werden.

Mit der dritten Abteilung überwacht die Kongr. die Verwaltung der zeitlichen Güter der Kirche, unbeschadet der Zuständigkeit anderer Kongr. für jene Güter, deren Verwaltung diesen anvertraut ist. Diese Abteilung ist auch zuständig für fromme Stiftungen, Legate und fromme Werke, die Benefizien, Oratorien, Kirchen und Heiligtümer, das künstlerische Erbe der Kirche, die Immobilien mit Ausnahme jener der Ordensleute, die Finanzabteilungen, die diözesanen Abgaben, die Pensionen aus Benefizien und alle Veräußerungen oder dergleichen. Ihrer Jurisdiktion unterliegen ferner alle Akten und Verträge, welche die Zuständigkeit der Ortsordinarien überschreiten. Sie legt Weisungen vor oder greift entsprechend ein, wenn es darum geht, die kirchlichen Güter zu sichern und das Eigentum zu schützen. Sie unterstützt die Bildung von diözesanen und regionalen Fonds, von Versicherungen gegen Krankheit und Alter und von Pensionsfonds, die auch den Eltern und unverheirateten Schwestern zugute kommen, die sich in den Dienst ihrer priesterlichen Verwandten gestellt haben. Sie überwacht die diözesanen Organe, welche die Gaben der Gläubigen sammeln, die Verwaltungsbüros der Diözesen und erteilt den Verwaltern geeignete Ratschläge.

In Verbindung mit der „Kongregation für den Klerus“ arbeitet das „Studio“, eine Ausbildungsstätte, die Benedikt XV. am 28. Oktober 1919 wieder eingerichtet hat. Sie wird von jungen Klerikern frequentiert, die in den juristischen Dienst bei den Diözesankurien eintreten möchten. Das am Ende des dreijährigen Kurses ausgestellte Diplom berechtigt zur Übernahme von Ämtern wie Kanzler, Direktor, Vizedirektor, Sekretär oder Beigeordneter der Verwaltungsabteilung einer Diözese, ferner das eines Prokurators bei der Röm. Kurie. Von Paul VI. mit Brief vom 7. Juni 1973 autorisiert arbeitet innerhalb dieser Kongr. auch der Internationale Rat für die Katechese, der im Dienst des Apost. Stuhles und der Bischofskonferenzen geeignete Empfehlungen ausarbeitet und den Erfahrungsaustausch anregt. Mit der erwähnten Konstitution *Pastor Bonus* von 1988 (Art. 99) richtete Johannes Paul II. endlich bei ihr die „Päpstl. Komm. für die Bewahrung des künstlerischen und historischen Erbes der Kirche“ ein, das er 1993 mit dem Motu Proprio *Pontificatus Nostri initio* vom 25. März selbständig machte und in „Päpstl. Komm. für die Kulturgüter der Kirche“ (→) umbenannte.

Die Kongregation für den Klerus wird geleitet von einem Kardinalpräfekten, dem eine angemessene Zahl von weiteren Kardinälen und sieben Diözesanbischöfe als Mitglieder zur Seite stehen. Dazu kommen ein Sekretär, ein Untersekretär und verschiedene höhere und niedere Offiziale verschiedener Grade. Jede

Abteilung der Kongr. hat ihre eigenen Konsultoren, die Fachleute für das bestimmte Gebiet sind.

Bibl.: La Sacra Congregazione del Concilio. Quarto centenario della fondazione (1564–1964). Studi e ricerche, Rom 1964; N. Del Re, *La Curia Romana. Lineamenti storico-iuridici*, ib. 1970, S. 149–162, und 582–583 für die Bibl.; G. Delgado, *La Curia Romana; el gobierno central de la Iglesia*, Pamplona 1973, S. 275–318; M.L. Trebiliani, *La Sacra Congregazione del Concilio intorno agli anni '70; contributo allo studio della Curia Romana nel l'800, in Roma tra Ottocento e Novecento. Studi e ricerche*, Rom 1981, S. 1–54; P. Palazzini, *La Controriforma, l'origine e la funzione della S. Congregazione del Concilio*, in *Eremiti e Pastori della Riforma cattolica nell'Italia del '500*, Fonte Avellana 1983, S. 5–18; A. Lauro, *La Congregazione per il Clero*, in *La Curia Romana nella Cost. Ap. „Pastor Bonus"*, hrsg. von P. A. Bonnet/C. Gullo, Vatikanstadt 1990, S. 331–342.

N. Del Re

Kongregation für die Bischöfe

Diese Kongregation für die Bischöfe geht auf die frühere Konsistorialkongregation zurück, in der alle die Bischöfe betreffenden und im Konsistorium behandelten Angelegenheiten bearbeitet wurden. Mit der Errichtung der Kongr. als dritte der fünfzehn Dikasterien, die Sixtus V. mit der Konstitution *Immensa aeterni Dei* vom 22. Januar 1588 bildete (BR VIII, S. 985–999), wollte der Papst dem Konsistorium ein Spezialorgan vor allem für die Errichtung von Diözesen und die Ernennung der Bischöfe zur Seite stellen. Mehrfach hat sie ihren Namen geändert, zuerst in „Kongr. für konsistoriale Angelegenheiten", dann in „Konsistorialkongr.". Dieser Name blieb bis 1967, als Paul VI. mit der Reform der Röm. Kurie durch die Konstitution *Regimini Ecclesiae universae* vom 15. August (AAS, LIX (1967), S. 885–928) ihr den heutigen Namen „Kongregation für die Bischöfe" gab. Pius X. hatte sie durch die Konstitution *Sapienti consilio* in zwei Abteilungen aufgeteilt. Die erste führte die Funktionen des ursprünglichen Dikasteriums Sixtus' V. weiter, während die zweite alle Aufgaben erledigte, die bis dahin der aufgelösten Kongr. für die Bischöfe und Ordensleute zugeteilt waren.

Der Codex des kanonischen Rechtes von 1917 hob zwar die Teilung auf, griff aber in *can.* 248 die Verfügungen Pius' X. auf, die Paul VI. in der erwähnten Konstitution bestätigte. Auch Johannes Paul II. änderte im Rahmen seiner endgültigen Reorganisation der Röm. Kurie durch die Konstitution *Pastor Bonus* vom 28. Juni 1988 (AAS, LXXX [1988], S. 841–912) wenig. Die heutige „Kongr. für die Bischöfe" ist vor allem für die Errichtung und Abgrenzung neuer Diözesen, kirchlicher Provinzen und Regionen in den Gebieten zuständig, die dem allgemeinen Recht unterliegen. Sie reduziert, teilt, vereint oder löst Bistümer und Kirchenprovinzen auf. Sie tut das in erster Linie auf Vorschlag der Bischofskonferenzen und natürlich nach vorheriger Beratung mit ihnen. Sie errichtet Militärordinariate für die pastorale Betreuung der Soldaten, Personalprälaturen in verschiedenen Regionen oder für bestimmte Gruppierungen in der Kirche, die eine besondere Art von geistlichem Beistand wünschen. Sie wählt die Bischöfe aus und ernennt sie, auch die Titularbischöfe, Apost. Administratoren, Koadjutoren und Weihbischöfe, Militärbischöfe sowie Vikare und Prälaten mit persönlicher Jurisdiktion. Sie führt die kanonischen Prozesse vor den Bischofsernennungen in all jenen Gebieten durch, wo nicht auf diplomatischem Weg mit den jeweiligen Regierungen verhandeln werden muß. Sind die Beziehungen Staat-Kirche durch Konkordate geregelt, schaltet sich auch die zweite Abteilung des Staatssekretariates für die Beziehungen zu den Staaten ein.

Die Kongregation behandelt ferner alle Fragen zur Person der Bischöfe, auch wenn diese ihre Funktionen nicht mehr ausüben. Ferner überwacht sie die Leitungen der Bistümer, hilft bei der Vorbereitung der alle fünf Jahre anstehenden „ad limina"- Besuche beim Papst und ihres Ablaufs. Sie nimmt die Berichte entgegen, die alle Ortsordinarien über den Zustand ihrer Diözesen nach vorgegebenen Regeln einsenden müssen. Nach Absprache mit den zuständigen Dikasterien kündigt sie Apost. Visitationen an, prüft nach der Visitation die Berichte und übermittelt den zuständigen Dikasterien, was sie besonders betrifft. Obwohl das Gesetz darüber schweigt, bereitet sie des weiteren die Akten der Angelegenheiten vor, die im Konsistorium behandelt werden. Nach Absprache mit der „Kongr. für den Klerus" und eventuell mit weiteren Dikasterien verfügt die Kongr. für die Bischöfe alles, was die Abhaltung und Revision der Partikularkonzilien (Plenar- oder Provinzialkonzilien), ferner alles, was die Bischofskonferenzen angeht, für deren Arbeit sie die entsprechenden Normen erläßt. Insbesondere bei nationalen Bischofskonferenzen erfolgt eine wirksame Koordinierung der pastoralen Tätigkeit der Bischöfe wie sie dem Willen des II. Vatikanischen Konzils (1962–1965) entspricht, das Prinzipien und Normen erlassen hat.

Der Bereich, für den die Kongr. für die Bischöfe zuständig ist, ist auf den lateinischen Ritus beschränkt. Er umfaßt Kirchengebiete in der ganzen Welt bis auf einige Länder und Gebiete, wo die „Kongregation für die Glaubensverbreitung" (→) zuständig ist. Wie bereits erwähnt, erfahren die Nationen mit Konkordaten eine besondere Behandlung. In diesen Fällen ist das Vatikanische Staatssekretariat zuständig. Im Juli 1969 wurde der Kongr. für die Bischöfe die „Päpstl. Komm. für Lateinamerika" (→) angegliedert als besonderes Organ für die Koordinierung der Beziehungen des Hl. Stuhls zum Lateinamerikanischen Bischofsrat. Mit einem eigenen Dekret vom 22. Februar 1985 hat die Kongr. ferner innerhalb ihres Dikasteriums ein „Zentralbüro für die pastorale Koordinierung der Militärordinariate" eingerichtet, welches die pastorale Tätigkeit unter den Soldaten der verschiedenen Länder fördern soll. Nach der Kurienreform von 1988 ist der „Päpstl. Rat für die Seelsorge an Menschen unterwegs" (→) eigenständiges Kurienorgan. Eine eigene Abteilung koordiniert die Besuche „ad limina" und nimmt wegen des Zeitplans der Besuche Kontakt mit dem Präfekten des Päpstl. Hauses auf.

Bis zur Kurienreform Pauls VI. 1967 führte der Papst selbst in der Kongr. für die Bischöfe den Vorsitz. Derzeit wird sie, wie alle anderen Kongr., von einem Kardinalpräfekten geleitet, dem ein Sekretär zur Seite steht, der traditionsgemäß zugleich Sekretär des Heiligen Kollegiums und Sekretär des Konklaves ist. Ferner gibt es den Untersekretär, eine gewisse Zahl weiterer Kardinäle (darunter von Amts wegen der Kardinalstaatssekretär und die Präfekten der drei Kongr. für die Glaubenslehre, für den Klerus und für das katholische Bildungswesen) sowie die sieben residierenden Bischöfe als Mitglieder der Kongr., verschiedene Konsultoren und eine entsprechende Anzahl von höheren und niederen Offizialen verschiedenen Grades beim Amtssitz des Dikasteriums.

Bibl.: N. Del Re, *La Curia Romana. Lineamenti storico-iuridici*, Rom 1970, S. 113–125 und 580–581 für die Bibl.; G. Delgado, *La Curia Romana: el gobierno central de la Iglesia*, Pamplona 1973, S. 181–210; M. Costalunga, *La Congregazione per i Vescovi*, in *La Curia Romana nella Cost. Ap. „Pastor Bonus"*, Vatikanstadt 1990, S. 281–307.

N. Del Re

KONGREGATION FÜR DIE EVANGELISIERUNG DER VÖLKER

Der älteste Ursprung für ein Zentralorgan zur Leitung des Missionswerke läßt sich in einer

1568 von Pius V. eingerichteten Komm. erkennen, die damit beauftragt war, sich allen Fragen der Entfaltung der christlichen Religion in Ost- und Westindien zu widmen. Sie wurde schon 1569 wieder aufgelöst und konnte erst 1599 reaktiviert werden, als Clemens VIII. durch Kardinal Giulio Antonio Santori für die Einrichtung eines besonderen Missionsdikasteriums sorgte, zuerst *Congregatio super negotiis sanctae fidei et religionis catholicae*, später einfacher *Congregatio de Propaganda Fide* (Kongr. der Glaubensverbreitung) genannt, war sie doch ganz auf die Verbreitung des katholischen Glaubens ausgerichtet. Verschiedene Gründe verhinderten bald die Tätigkeit auch dieser Kongr., deren Arbeit kaum ein Jahr nach ihrem glücklichen Beginn unterbrochen wurde.

Gregor XV. ließ sich von den Missionswerken seiner Vorgänger Pius V., Gregor XIII. und Clemens VIII. anregen und errichtete mit der Konstitution *Inscrutabili divinae Providentiae* vom 22. Juni 1622 (BR XII, S. 690–693) die Kongr. *Propaganda Fide* neu mit dem doppelten Ziel, den katholischen Glauben bei den Ungläubigen zu verbreiten und das Glaubensgut zu schützen. Angesichts der Wichtigkeit seiner Aufgabe wurden diesem neuen Dikasterium umfangreiche Vollmachten erteilt, die es ihm wieder ermöglichten, den Missionaren Vollmachten und Privilegien weiterzugeben, die für einen Erfolg ihrer Arbeit unerläßlich waren. Es galt, mit geeigneten Mitteln das weitere Wachstum der Werke des Apostolates zu fördern und alle notwendigen Verfügungen zu treffen, um das Erreichen ihrer Ziele zu garantieren.

Der Zuständigkeitsbereich der „Kongregation für die Glaubensverbreitung" erstreckte sich über den größten Teil der Welt und blieb auch nach der allgemeinen Reform der Röm. Kurie durch Pius X. erhalten, der ihrer Jurisdiktion nur einige Gebiete entzog, die nicht eigentlich Missionsgebiete waren. Diese wurden der allgemeinen Jurisdiktion unterstellt, so England, Schottland, Irland, Holland und Luxemburg in Europa, die Vereinigten Staaten, Kanada und Neufundland. Als Ausgleich wies er ihr aber zahlreiche Apost. Vikariate und Präfekturen zu, die bis dahin aus politischen Gründen der damaligen „Kongr. für die außerordentlichen kirchlichen Angelegenheiten" unterstanden. Unverändert blieben auch ihre innere Organisation und ihre Zielsetzungen bis auf einige Einschränkungen bei verschiedenen Kultangelegenheit und bei Ehefällen. Als Ersatz für die aufgelöste „ Ökonomische Kongr.", die vor allem Verwaltungsaufgaben hatte, richtete Pius X. ein besonderes Büro für Wirtschaftsfragen ein mit einem eigenen Sekretär, der den Namen Prosekretär für Wirtschaftsfragen erhielt. Der Codex des kanonischen Rechtes von 1917 sorgte dann für die Neuordnung der verschiedenen Aufgaben der Kongr. für die Glaubensverbreitung (*can.* 252). Ihre Zuständigkeiten blieben auch nach der Kurienreform von 1967 durch Paul VI. und 1988 durch Johannes Paul II. (Konstitution *Pastor Bonus* vom 28. Juni (AAS, LXXX (1988), S. 841–912) erhalten.

Das II. Vatikanische Konzil hatte im Dekret *Ad gentes* vom 7. Dezember 1965 noch einmal die Wichtigkeit der Missionstätigkeit der Kirche anerkannt (Nr. 6). Ihre Aufgaben sind die Leitung und Koordinierung der Werke der Evangelisierung der Völker und die missionarische Zusammenarbeit, unbeschadet der Zuständigkeit der „Kongr. für die Orientalischen Kirchen"(→). Sie ernennt, versetzt und verteilt die Mitarbeiter im missionarischen Dienst. Sie errichtet und ändert in den ihr unterstehenden Gebieten, die Pius XI. im Motu Proprio *Sancta Dei Ecclesia* vom 25. März 1938 (AAS, III (1938), S. 154–159) genauer bestimmt hatte, die kirchlichen Sprengel (Erzdiözesen, Diözesen, Apost. Präfekturen und Vikariate, Missionen sui iuris und Apost. Verwaltungen), überwacht den allgemeinen Ablauf, sorgt für die Ernennung der jeweiligen Ordinarien und erfüllt alle die Aufgaben, die die „Kongr. für die Bischöfe" (→) in ihrem Zuständigkeitsbereich ausübt (Art. 89). Sie fördert die Heranbildung eines einheimischen Klerus (auch wenn dazu nichts in *Pastor Bonus* gesagt wird) und kann ihm auch größere Verantwortung übertragen.

Es ist ferner Aufgabe der Kongr., den missionarischen Geist in den von ihr abhängigen Gebieten sowie die Missionsberufungen von Klerikern, Ordensleuten und Laien zu fördern, ferner die missionarische Spiritualität. Anvertraut ist ihr auch die Erziehung der Jugend und die Heranbildung der Kleriker in den Seminaren und der Katecheten, deren Präsenz in den Missionsgebieten äußerst wichtig ist. Sie sorgt für die Errichtung von Bischofskonferenzen, für die Abhaltung von Synoden, kündigt rechtzeitig festgelegte Visitationen an, durch die sie Bedürfnisse und Probleme in den verschiedenen Missionsgebieten besser kennenlernen kann. Ihrer Jurisdiktion sind jedoch alle Fragen des Glaubens entzogen, aber auch die der Hl. Riten und liturgischen Texte, die Heilig- und Seligsprechungsprozesse, die kirchlichen Studien und die katholischen Universitäten, ferner die Dispense von einer geschlossenen, aber nicht vollzogenen Ehe, was alles den zuständigen Dikasterien vorbehalten ist.

Unter dem Vorsitz eines Kardinalpräfekten gehören zur „Kongr. für die Evangelisierung der Völker" eine nicht festgelegte Anzahl weiterer Kardinäle an, dazu von Amts wegen die Kardinal-Präsidenten der drei Päpstl. Räte für die Förderung der Einheit der Christen, für den interreligiösen Dialog und für die Kultur. Infolge der Kurienreform Paul VI. gehört zur Leitung der Kongr. auch ein Rat von 24 Mitgliedern als Vertretern der missionarischen Welt, bestehend aus zwölf Missionsbischöfen und vier Bischöfen von Territorien allgemeiner Jurisdiktion, vier Nationaldirektoren der Päpstl. Missionswerke und vier Generalobere von Missionsinstituten. Dem Kardinalpräfekten steht ein Sekretär zur Seite, der für die innere Leitung des Dikasteriums verantwortlich ist. Ein Untersekretär ist mit der Aufgabe der Koordinierung der Dienste des ganzen Personals des Sekretariates betraut. Ferner gehören ihr zahlreiche Konsultoren aus dem Welt- und Ordensklerus an, die als besondere Fachleute auf dem Gebiet der Missionswissenschaften gelten. Zum Personal der Kongr. gehören weiter einige höhere und zahlreiche niedere Offiziale, darunter die Minutanten, die sich um die Vorbereitung und den Druck der Berichte für die Vollversammlung kümmern. Für den wirtschaftlichen Zustand des Dikasteriums und der von ihm abhängigen Institute (Päpstl. Kolleg Urbanum, Missionswerke usw.) sorgt die Verwaltung, die gegenüber der „Präfektur für die wirtschaftlichen Angelegenheiten des Hl. Stuhles" (Art. 92) Rechenschaft abzulegen hat. Von einem Prälaten als Delegat geleitet, ist dieses Amt in drei Abteilungen aufgeteilt: Sekretariat, Buchführung und Kasse, technisch-rechtliche Aufgaben. Jede Abteilung hat ihr eigenes Personal, das meist aus Laien besteht.

Zur Kongr. für die Glaubensverbreitung gehören ferner vier Kommissionen, an ihrer Spitze jeweils ein Präsident, dazu ein Sekretär, Konsultoren und Fachleute, die mit dem Studium besonderer Fragen beauftragt sind. 1. Die Komm. für Theologie, Spiritualität und missionarische Impulse; 2. die Komm. für die Revision (CISS) der Synoden und Bischofskonferenzen, der Regeln der Ordensinstitute und Seminare, die von der Kongr. abhängig sind; 3. die Pastoralkomm. für das Studium der pastoralen Grundsätze und Methoden zur missionarischen Tätigkeit und Kooperation; 4. die Komm. für die Katechese und die Katechisten, ihre Ausbildung und Lehrmethoden usw. Zur Kongr. gehört auch das Leitungskomitee der Päpstl. Missionswerke (→) sowie ihr Oberster Rat. Sie bilden die amtlichen Organisationen des Hl. Stuhles für die missionarische Zusammenarbeit auf wirtschaftlichem Gebiet. Zu ihr gehören weiter das Generalsekretariat der Päpstl. Werke der Glaubensverbreitung, des Päpstl. Werkes St. Petrus sowie das Päpstl. Werk für Kinder und die Missionarische Union des Klerus. Diese vier Organe sorgen für die Sammlung der Spenden der Gläubigen sowie für ihre angemessene Verteilung in Form von Subsidien für die missionarischen Sprengel. Schließlich hängen von dieser Kongr. das Internationale Zentrum für missionarische Animation ab, das am 31. Mai 1974 errichtet wurde. Zu nennen wäre noch die „Päpstl. Kollekte *pro Afris*“, die ursprünglich für die Befreiung der Sklaven in Afrika bestimmt war und dann auf die ganze Welt ausgedehnt wurde. Päpstlich wurde sie 1890 durch Leo XIII., der sie der Kongr. Propaganda Fide unterstellte. Paul VI. bestimmte sie 1976 in besonderer Weise für die katechetischen Kräfte in allen Missionsländern.

Bibl.: Sacrae Congregationis de Propaganda Fide memoria rerum, 350 anni a servizio delle missioni, 1622–1972, hrsg. von J. Metzler, Rom-Freiburg 1971–76; B. Jacqueline, *L'organisation interne du dicastère missionnaire après 350 ans d'existence*, in *L'Année canonique*, 19 (1975), S. 271–294; J. Metzler, *Contraffazione di „Propaganda Fide“? La Sacra Congregazione „de Propaganda Fide“ difende il suo nome*, in *Euntes docete*, 30 (1977), S. 30–49; ders. *Ecumenical responsabilities of the Sacred Congregation for the Evangelization of Peoples or „de Propaganda Fide“ in the past and today*, in *Portare Cristo all'uomo.* Congresso del ventennio dal Concilio Vaticano II, 18–21 febbraio 1985, II. Rom 1985, S. 161–170; V. De Paolis, *La Congregazione per l'Evangelizzazione dei Popoli*, in *La Curia Romana nella Cost. Ap. „Pastor Bonus“*, hrsg. von A. P. Bonnet/C. Gullo, Vatikanstadt 1990, S. 359–378.

N. Del Re

Kongregation für die Glaubenslehre

Um amtlich gegen die Häresie vorgehen zu können und zugleich die Einheit der Kirche zu sichern, entstanden Institutionen mit dem Ziel, gegenläufige Lehren zu unterbinden. Sie mündeten am Ende in ein zentrales Organ, das bei Bedarf entsprechend eingreifen konnte. Dieses Organ wurde die „hl. Kongregation der röm. und universalen Inquisition“ genannt, die durch Paul III. mit der Konstitution *Licet ab initio* vom 21. Juli 1542 (BR VI, S. 344–346) eingesetzt wurde, nicht zuletzt um dem aufkommenden Protestantismus entgegenzutreten. Sie bildete ferner das Zentrum aller inquisitorischen Vollmachten in Rom, mit denen die Kirche gegen die übertriebene Verselbständigung der verschiedenen nationalen Inquisitionen, insbesondere in Spanien, reagieren wollte. Doch erst unter Pius IV. 1562 nahm die Einrichtung eine in Zuständigkeit und Zielsetzung genau bestimmte Form an. Sie unterschied sich wesentlich von der spanischen Inquisition und anderen Gerichtshöfen. Mit der Konst. Sixtus' V. *Immensa aeterni Dei* vom 22. Januar 1588 (BR VIII, S. 985–999) wurden die Vollmachten näher bestimmt. Seit der sixtinischen Reform stand sie an der Spitze der 15 damals eingesetzten Kongregationen.

Mit umfangreichen Vollmachten ausgestattet, übernahm die Römische Inquisition, die später auch „Hl. Offizium“ genannt wurde, im juristischen Bereich sämtliche den Glauben betreffenden Fragen. Sie dehnte ihre Zuständigkeit auf die gesamte katholische Welt aus. Sie hatte über alle Verstöße gegen den Glauben zu urteilen, über Häresien und Schismen, Apostasien und Zauberei, Wahrsagung, Magie usw. Die Kongr. besaß die Vollmacht, von den Hindernissen der Religionsverschiedenheit und Verschiedenheit des Kultes zu dispensieren. Dazu kam die besondere Zuständigkeit beim sog. *Privilegium Paulinum* (aufgrund dessen eine gültige Ehe zwischen zwei Ungetauften aufgelöst werden kann, auch wenn sie vollzogen ist), ferner die Zuständigkeit für alles, was zwar nicht direkt den Glauben betraf, aber eine innere Beziehung zu ihm hatte, wie das Delikt der Anstiftung zu schändlichen Taten *(ad turpio)*, die Ordensgelübde, Fasten und Abstinenz, die Heiligung der Feste und auch die Zensur und das Verbot von Büchern.

Im Laufe der Jahrhunderte ergeben sich immer wieder Veränderungen in Zuständigkeitsfragen. Deshalb wurden in der zweiten Hälfte des 18. Jh. einige Vergehen der Jurisdiktion der Kongr. unterstellt, die vorher nicht dazu gehört hatten. Bereits seit Pius V. wurde ihr der Bereich der hl. Weihen anvertraut, seit Gregor XVI. mußte sie sich lehrmäßig mit den Heiligsprechungen befassen. Mit dem Motu Proprio *Romanis Pontificibus* vom 17. Dezember 1903 (Akten I. Pius X., S. 113–116) übertrug Pius X. der Kongr. die Vollmacht, die Kandidaten für das Bischofsamt zu überprüfen. 1908 wurde ihr das gesamte Ablaßwesen in lehrmäßigen Fragen übertragen, während Benedikt XV. mit dem Motu Proprio *Alloquentes* vom 25. März 1917 das Gewähren und die Praxis von Ablässen der Apost. Pönitentiarie zusicherte (AAS, IX [1917], S. 167). Mit dem Hl. Offizium wurde die Indexkongr. als Sonderabteilung verbunden, was aber unter Benedikt XV. aufgehoben wurde.

Weitere Reformen zur Modernisierung von Jurisdiktion und Struktur ergaben sich mit dem Motu Proprio Pauls VI. *Integrae servandae* vom 7. Dezember 1965 (AAS, LVII [1965], S. 952–955). Seitdem mußte das Hl. Offizium seinen Namen in „Kongr. für die Glaubenslehre“ ändern. Ihre Aufgaben blieben die gleichen, auch nach der Kurienreform mit der Konst. *Regimini Ecclesiae universae* vom 15. August 1967 (AAS, LIX [1967], S. 885–928), die allerdings den normativen Teil aus dem erwähnten Motu Proprio übernahm. Sie soll die Lehre zu Glauben und Moral in der ganzen katholischen Welt fördern und schützen, wenn auch juristisch weniger streng und unter Betonung von mehr pastoralen Verfahren. Diese Aufgabe hat Johannes Paul II. in Art. 48 der Konst. *Pastor Bonus* vom 28. Juni 1988 (AAS, LXXX [1988], S. 841–912) bekräftigt, als er eine weitere Reform der Röm. Kurie vornahm. Er unterstrich besonders das positive Wirken der Kongr., als er in Art. 50 festlegte: „Einzeln oder auch in ihren Gruppierungen vereint hilft sie den Bischöfen bei der Erfüllung ihrer Aufgabe, die als authentische Lehrmeister des Glaubens bestellt und deswegen gehalten sind, die Integrität dieses Glaubens zu hüten und zu fördern“.

Die Glaubenskongr. prüft daher durch die „Abteilung für die Lehre“ (das ist eine der vier bestehenden Abteilungen) neue Lehren, wo immer sie hervortreten. Sie fördert entsprechende Studien und regt Tagungen an (eine neue Aufgabe innerhalb der Tätigkeit des Dikasteriums), um die neuen Lehren mit der wahren katholischen Lehre zu vergleichen. Zusammen mit diesen Erkenntnissen entscheidet die Kongr., ob neue Entwürfe wirklich den Grundsätzen des Glaubens entsprechen. Vorher holt sie auch Stellungnahmen der Bischöfe jener Nationen ein, in denen solche Lehren aufgekommen und verbreitet sind. Weiter wird gefordert, daß Bücher und andere Schriften, die von Gläubigen veröffentlicht werden und den Glauben und die Sitten betreffen, der vorherigen Prüfung durch die zuständige Autorität unterbreitet werden. Das Dikasterium prüft jene Bücher, die ihm von den örtlichen kirchlichen Autoritäten angezeigt werden. Wenn notwendig, wird die Kongr. darüber ein Urteil fällen. Zuvor muß jedoch der Autor die Möglichkeit erhalten haben, sich auch schriftlich zu verteidigen. Gleichzeitig müssen vorher die entsprechenden

Ordinarien informiert worden sein (vgl. dazu die Instruktion *Nova agendi ratio in doctrinarum examine*, welche die Kongr. am 15. Januar 1971 herausgegeben hat; dort ist das Verfahren beschrieben).

Durch ihre „Abteilung für die Disziplin" urteilt die Kongregation – in diesem Fall als eine Art Gerichtshof – über Verfehlungen gegen den Glauben und die Moral oder bei der Feier der Sakramente. Sie schreitet mit kanonischen Sanktionen ein, die sie gemäß dem allgemeinen oder eigenen Recht (Art. 52) auferlegt. Der Betreffende bekommt die Möglichkeit, sich zu verteidigen und sein Verhalten mit Hilfe eines Verteidigers zu erklären, der unter den von der Kongr. selbst autorisierten Personen ausgewählt wird (was eine weitere erhebliche Neuerung im Vergleich zur früheren Praxis des Dikasteriums darstellt). Sie behandelt in einer „Abteilung für Ehefragen" alle Fragenkomplexe zu Mischehen, insbesondere jene, die direkt oder indirekt das *Privilegium Paulinum* und die Fälle der Eheauflösung „zugunsten des Glaubens" betreffen (Art. 53). Weitere besondere Aufgaben erfüllt sie in ihrer „Abteilung für Priester", die sich bis Anfang 1989 nach den Normen von 1980 mit der Prüfung der Dispensgesuche von den priesterlichen Pflichten befaßte. Danach ist dieser Bereich der Kongr. für den Gottesdienst und die Sakramentenspendung übertragen worden (Verfügung des Staatssekretariates mit Brief Nr. 230.139 vom 8. Februar 1989).

Nach Art. 54 der Konst. *Pastor Bonus* sind vor einem Urteil anderer Dikasterien der Kongr. für die Glaubenslehre alle Dokumente vorzulegen, „sofern sie die Glaubenslehre und die Sitten betreffen". Damit soll die notwendige Einheitlichkeit der Lehraussage der Kirche erreicht werden. So kann die Kongr. für die Selig- und Heiligsprechungsprozesse nur nach einem zustimmenden Votum der Glaubenskongr. den Titel „Kirchenlehrer" verleihen (Art. 73). Ebenso kann die Kongr. für den Klerus die Billigung von Katechismen und andere Schriften zur katechetischen Unterweisung nur mit Zustimmung der Glaubenskongr. erteilen (Art. 94). In Absprache mit ihr müssen auch die Päpstl. Räte für die Förderung der Einheit der Christen (Art. 137) und den interreligiösen Dialog (Art. 161) ihre Beschlüsse der Kongr. vorlegen.

Um das Aufkommen lehrmäßiger Gegensätze zu vermeiden, ist die Kongregation mit der Päpstl. Bibelkomm. (→) verbunden. Außerdem ist ihr die Internationale Theologenkommission (→) zugeordnet, die Paul VI. 1969 errichtet hat, um vor allem bei der Prüfung lehrmäßiger Fragen zu assistieren. Bei der Ausübung ihrer Funktionen, wirkt die Kongr. nicht nur als Organ der Verwaltung und der Gewährung von Gnaden, sondern auch im eigentlichen Sinne als Gericht, denn sie gilt auch als Gnadengericht. Sie geht in erster Instanz und wie auch in der Revision gegen alle Delikte der Häresie, des Abfalls vom Glauben und der Profanierung des Bußsakramentes vor, wobei besondere Normen beachtet werden.

Lange Zeit führte der Papst selbst den Vorsitz der Kongregation. Heute wird sie wie alle anderen röm. Kongr. von einem Kardinalpräfekten geleitet, dem mehrere Kardinäle und sieben Diözesanbischöfe als Mitglieder zur Seite stehen. Zu ihrem Stab gehört ein Sekretär, ein Untersekretär und der Kirchenanwalt, dessen Präsenz auf den Gerichtscharakter des Dikasteriums hinweist und der auch als Vertreter der Anklage gilt. Dazu kommen mehrere Offiziale und Konsultoren, die international ausgewählt sind.

Bibl.: N. Del Re, *La Curia Romana. Lineamenti storico-giuridici*, Rom 1970, S. 89–101 und 578–579 für die Bibl.; G. Delgado, *La Curia Romana; el gobierno central de la Iglesia*, Pamplona 1973, S. 137–162; R. A. Miller,

The Congregation for the Doctrine of the Faith; its origin, concept, and the development of its competency, Washington 1975; J. J. Hamer, *Al servizio del magistero: storia di una Congregazione*, in *Rivista del Clero Italiano*, 57 (1976), S. 227–236; I. Schinella, *La Congregazione per la Dottrina della Fede: magistero vicario e norma morale*, in *Ecclesiologia e cultura moderna*, Saggi teologici von G. Mucci, Rom 1979, S. 35–95; F. Zanchini, *La riforma del S. Uffizio fra Paolo VI e Giovanni Paolo II*, in *Il Tetto*, 17 (1980), S. 458–461; A. Silvestrelli, *La Congregazione della Dottrina della Fede*, in *La Curia Romana nella Cost. Ap. „Pastor Bonus“*, hrsg. von P. A. Bonnet/C. Gullo, Vatikanstadt 1990, S. 225–237.

N. Del Re

Kongregation für die Institute des gottgeweihten Lebens und die Gemeinschaften des apostolischen Lebens

Mit allen Angelegenheiten der Ordensleute beschäftigten sich früher zunächst die „Kongregation zur Befragung der Ordensleute“, die Sixtus V. 1586 eingerichtet hat, dann die „Kongregation für die Bischöfe und Ordensleute“, in der 1601 alle Aufgaben der alten Kongr. nach Verfügung Clemens VIII. zusammengefaßt wurden. Später und parallel zum neuen Dikasterium gab es zwei besondere Kongregationen, eine für „den Zustand der Ordensleute“, 1652 durch Innozenz X. errichtet, und eine für „die Disziplin der Ordensleute“, 1695 von Innozenz XII. errichtet. Drei Jahre später vereinigte er die erste und die zweite, während Pius IX. 1846 die zweite wiederherstellte. 1906 wurden aber beide Dikasterien aufgelöst. Allein zuständig blieb die erwähnte „Kongr. für die Bischöfe und Ordensleute“, jedoch nur kurze Zeit, weil 1908 auch diese bei der großen Kurienreform durch Pius X. aufgelöst wurde. Der Papst übertrug der Konsistorialkongregation die Aufgaben für die Bischöfe. Die Angelegenheiten und die Disziplin sämtlicher Orden und religiösen Genossenschaften beiderlei Geschlechts hat der Papst aber der neuen Kongr. für die Angelegenheiten der Ordensleute übertragen, die in gewissem Sinne als Erbe der alten Einrichtung Sixtus' V. gelten kann.

Die Verfügungen Pius' X. wurden dann 1917 vom alten Codex des kanonischen Rechtes (*can.* 251) übernommen und von Paul VI. in seiner Kurienreform mit der Konst. *Regimini Ecclesiae universae* vom 15. August 1967 (AAS, LIX [1967], S. 885–928) bestätigt. Doch die Religiosenkongr., wie sie in Kurzform bezeichnet wurde, fügte ihrem Namen „und für die Säkularinstitute“ hinzu. Die Aktivitäten des Dikasteriums waren auf zwei paritätische Abteilungen aufgeteilt, die eine für die Ordensleute, die andere für die Säkularinstitute oder jene Gemeinschaften des gottgeweihten Lebens, die sich für Nächstenliebe und christliche Werte in der Gesellschaft einsetzen. Die Kongr. hat infolge der Kurienreform Johannes Pauls II. 1988 mit der Konst. *Pastor Bonus* vom 28. Juni (AAS, LXXX [1988], S. 841–912) erneut ihren Namen geändert. Sie heißt jetzt „Kongr. für die Institute des gottgeweihten Lebens und für die Gemeinschaften des apost. Lebens“, was auch besser ihren Aufgaben entspricht. Sie ist auch für das eremitische Leben und die gottgeweihten Jungfrauen zuständig, die weder den Ordensleuten, noch den Säkularinstituten zugerechnet werden. Dazu kommen weitere Formen in den Gesellschaften des apost. Lebens, deren Mitglieder – ohne Ordensgelübde nach *can.* 731 des geltenden Codex des kanonischen Rechtes – das ihrer Gemeinschaft eigene apostolische Ziel verfolgen und ein gemeinschaftliches brüderliches Leben führen.

Wenn auch Johannes Paul II. im wesentlichen die Vorgaben von Paul VI. 1967 für diese Kongr. bestätigte, so hat er ihren Aufgabenbereich im Hinblick auf die Ordensinstitute erweitert. Sie ist jetzt auch für die missionarischen Ordensinstitute zuständig, die damit der Kongr. für die Evangelisierung der Völker entzogen sind. Da ihre Funktion in der Förderung und Regelung der Praxis der evangelischen Räte besteht (Art. 105), ist sie insgesamt für die Ordens- und Säkularinstitute sowie die Gemeinschaften des apost. Lebens zuständig, billigt ihre Statuten und Regeln, ihre Leitung und ihr Apostolat, ihre Aufnahmebedingungen und die Ausbildung der Mitglieder, dispensiert von Gelübden oder spricht Entlassungen aus. Sie leitet die Verwaltung der Güter, errichtet die Konferenzen der männlichen und weiblichen Ordensoberen und billigt ihre jeweiligen Statuten. Die Zuständigkeit dieses Dikasteriums kennt innerhalb der lateinischen Kirche keine Territorialgrenzen. Sie erstreckt sich über das eremitische Leben und den *ordo* der Jungfrauen hinaus auch auf die Dritten Orden und die Verbände von Gläubigen, die in der Absicht errichtet wurden, später Institute des gottgeweihten Lebens oder Gemeinschaften des apost. Lebens zu werden (Art. 106–111).

Doch hat die Konstitution auch einige Grenzen verfügt. Für gewisse genau definierte Fragen fallen die dieser Kongr. Unterstellten unter die Jurisdiktion einiger anderer Dikasterien: 1.) der Kongr. für die Glaubenslehre in allen Bereichen ihrer ausschließlichen Zuständigkeit; 2.) der Kongr. für die Orientalischen Kirchen für die Fälle im *forum externum* bei allen orientalischen Riten; 3.) der Kongr. für den Gottesdienst und die Sakramentenspendung für die Behandlung der Fälle von mit der Priesterweihe verbunden und nicht erfüllten Verpflichtungen; 4.) der Kongr. für die Bischöfe für alle Ordensleute, welche die bischöfliche Würde erhalten haben; 5.) der Kongr. für die Evangelisierung der Völker für die Gesellschaften des apost. Lebens in Bezug auf errichtete Missionen und für alle Mitglieder der Institute des geweihten Lebens als Missionare, einzeln oder als Gemeinschaft verstanden; 6.) der Kongr. für den Klerus in allen Fragen zum Weihestand der Ordensleute sowie zu den den Ordensleuten gehörenden kirchlichen Gütern, wenn sie z.B. säkularisiert wurden, und schließlich in Fragen der frommen Vereinigungen und Bruderschaften; 7.) der Kongr. für das Katholische Bildungswesen (für die Seminare und Studieneinrichtungen) in allen Bereichen der den Ordensleuten anvertrauten philosophischen und theologischen Lehrbetriebe sowie Bildungsinstitute; 8.) des Päpstl. Rates für die Laien im Bezug auf die Tätigkeit der Dritten Orden in der Welt.

Die Kongregation wird von einem Kardinalpräfekten geleitet, dem mehrere Kardinäle, sieben Diözesanbischöfe und vier Generalobere als Mitglieder zur Seite stehen. Ein Sekretär im Rang eines Bischofs ist mit drei Untersekretären für die unmittelbare Arbeit des Dikasteriums verantwortlich. Dazu eine angemessenen Zahl von Offizialen verschiedener Grade, die in den verschiedenen Abteilungen der Kongr. arbeiten (im Büro für die Approbation und Ordnung, im Büro für die Disziplin, im Büro für Ausbildung, Studien und Erneuerung, im Büro für die Säkularinstitute, im Büro für die Ordensschwestern, im Büro für die Rekurse usw.). Erwähnt sei ferner, daß diese Kongr. das erste röm. Dikasterium war, unter dessen Personal seit 1967 auch Frauen arbeiten. Sie hatten erstmalig kuriale Aufgaben zu erfüllen, z.B. in den Angelegenheiten der weiblichen Ordensinstitute sowie die nationalen und internationalen Konferenzen der höheren Ordensoberen betreffend.

Als Berater von außen arbeiten zahlreiche Konsultoren für die Kongr., ausgewählt aus den Mitgliedern des Welt- und Ordensklerus mit entsprechenden Fachkenntnissen. Dazu kommt die Vereinigung der in Rom residierenden Generaloberen, 1957 kanonisch anerkannt. Sechs Kommissionen, die zu verschiedener Zeit eingerichtet wurden, sind wichtige Bereiche anvertraut wie die Approbation der Institute und ihrer Statuten, die Säkularinstitute, die Fünfjahresberichte, die Rekurse und Entlassungen, die Ausbildung der Ordensleute und ihre Studieneinrichtungen sowie die Föderationen der Klausurkonvente. Bei diesem Dikasterium arbeitet auch der „Rat für die Beziehungen zwischen der Kongr. und den internationalen Vereinigungen der männlichen und weiblichen Ordensoberen". Er wurde 1968 konstituiert und besteht aus 16 Mitgliedern, die zur einen Hälfte die männlichen Institute, zur anderen Hälfte die weiblichen vertreten. Es handelt sich um ein nur beratendes Organ, das höchstens ein- oder zweimal im Jahr einberufen wird.

In enger Verbindung mit der Kongregation arbeitet schließlich eine „Praktische Schule der Theologie und des Ordensrechts". Sie wurde 1951 gegründet und wird vom Sekretär der Kongr. geleitet. Zugelassen werden können auch Weltpriester. Die Vorlesungen und praktischen Übungen werden in der Regel von Offizialen und Konsultoren des Dikasteriums gehalten, eventuell auch von anderen entsprechend approbierten Dozenten. Der vollständige Kurs umfaßt zwei Jahre. Ein Jahreskurs befaßt sich nur mit der Praxis, der andere nur mit Fragen der Lehre. Es handelt sich um ein „Zirkelarsystem", so daß man auch mit dem zweiten Jahr beginnen und dann das erste anfügen kann. Am Ende wird nach Ablegen einer Prüfung den Absolventen ein besonderes Diplom ausgestellt.

Bibl.: N. Del Re, *La Curia Romana. Lineamenti storico-giuridici*, Rom 1970, S. 163–172 und 583 (Bibl.); E. J. Fitzsimmons, *Competence of the Sacred Congregations in the reform of Pope Paul VI.*, ib. 1971, S. 193–209; G. Delgado, *La Curia Romana; el gobierno central de la Iglesia*, Pamplona 1973, S. 319–347; M. Linscott, *La Congregazione per gli Istituti di Vita Consacrata e per le Società di Vita Apostolica*, in *La Curia Romana nella Cost. Ap. „Pastor Bonus"*, hrsg. von P. A. Bonnet/C. Gullo, Vatikanstadt 1990, S. 343–358.

N. Del Re

Kongregation für die Selig- und Heiligsprechungsprozesse

Paul VI. hat sie mit der Konstitution *Sacra Rituum Congregatio* vom 8. Mai 1969 (AAS, LXI [1969], S. 297–305) errichtet, aber nur als Weiterführung der aufgehobenen alten Ritenkongregation, deren zweite Aufgabe seit ihrer Errichtung durch Sixtus V. 1588 die Behandlung der Heiligsprechungsprozesse war. Mit der großen Kurienreform Pauls VI. durch die Konstitution *Regimini Ecclesiae universae* vom 15. August 1967 (AAS, LIX [1967], S. 885–928) übernahm sie vor allem deren Rechtsabteilung. Schon Urban VIII. hatte in seinem berühmten Breve *Coelestis Hierusalem* vom 5. Juli 1634 (BR XIV, S. 436–440) verfügt, daß kein Diener Gottes kirchlichen und öffentlichen Kult erfahren durfte, bevor sich nicht der Apost. Stuhl dazu feierlich geäußert hatte.

Mit der Konst. *Divinus perfectionis Magister*, veröffentlicht am 25. Januar 1983 (AAS, LXXV [1983)], S. 349–355), sorgte Johannes Paul II. für eine Reform des Verfahrens bei den Selig- und Heiligsprechungen, die die Arbeit der Kongr. sichtlich vereinfachte. Er wollte jedoch auch die Ortsordinarien bei diesen Prozessen stärker beteiligen, ferner das kritische Studium der Quellen erhöhen. Die Reform hat außerdem zu einer entsprechenden Umstrukturierung der Kongr. geführt. Johannes Paul II. hat in den Art. 71–74 der Konstitution *Pastor Bonus* vom 28. Juni 1988 (AAS, LXXX [1988], S. 841–912) ihre Zuständigkeit auf alles ausgedehnt, was zur Seligsprechung der Diener Gottes und zur Heiligsprechung der Seligen gehört, auch wenn sie dem orientalischen Ritus zugehörig sind. Eingeschlossen ist auch all das, was die Behandlung, Erhaltung und Echtheitsprüfung der hl. Reliquien angeht. Sie urteilt auch über die Verleihung des Titels „Kirchenlehrer", muß aber vorher das Votum der Kongr.

für die Glaubenslehre über ihre herausragenden Lehren einholen.

An der Spitze der Kongr. steht ein Kardinalpräfekt. Zu den Mitgliedern gehören eine nicht festgelegte Zahl von Kardinälen, zu denen sieben Diözesanbischöfe kommen und seit 1989 einige weitere Bischöfe als „überzählige Mitglieder". Einem Sekretär im Bischofsrang und einem Untersekretär obliegen die Durchführung aller Arbeiten, die früher von der aufgehobenen *Cancelleria* geleistet wurde. Dazu kommt ein Glaubenspromotor und ein Generalrelator, der im Collegium der Relatoren den Vorsitz führt. Er wurde bei der Reform von 1983 eingeführt. Die Mitglieder des Kollegiums haben die Aufgabe, in den Prozessen den historischen Hintergrund zu untersuchen. Zur Kongr. gehören weitere Konsultoren verschiedener Nationalität, auch Laien, endlich Offiziale verschiedener Grade, die die laufenden Geschäfte erledigen.

Aufgrund der Konstitution Johannes Pauls II. von 1983, auf die sich übrigens auch der neue Codex des kanonischen Rechtes bezieht (*Can.* 1403, § 1), liegt die Beweiserhebung für die Seligsprechung von Kandidaten aus neuerer Zeit, (die erst vor kurzem gestorben sind, so daß sich die Beweiserhebung vor allem auf die Aussagen von Augenzeugen stützt), wie auch von früheren *Causen* (für die also nur historische Quellen vorliegen) heute in der Zuständigkeit *iure proprio* der Diözesanbischöfe. Sie handeln nach Eröffnung des Prozesses durch den Apost. Stuhl unter gewissenhafter Beachtung der Normen für die Beweiserhebungen der Bischöfe bei Heilig- und Seligsprechungsfällen,, die die Kongr. am 7. Februar 1983 erlassen hat (AAS, LXXXV [1983], S. 396–403). Sie sammeln also alle Nachrichten und notwendigen Beweise zur Feststellung der heroischen Tugendgrades oder des Martyriums des Dieners Gottes, zum Ruf seiner Heiligkeit oder zu seinem Martyrium, Hinweise auf eine eventuell früher erfolgte Verehrung sowie auf etwaige Wunder, die seiner Fürbitte zugeschrieben werden. Jederzeit können sich dabei die Bischöfe an die Kongr. wenden, um weiteren Rat oder Weisungen zu erbitten.

Ist die diözesane Beweiserhebung abgeschlossen, werden die Akten in doppelter Ausfertigung an die Kongr. gesandt, die erst die genaue Einhaltung der erwähnten Normen prüft. Dann wird die *Causa* einem vom Generalrelator (→) genannten Relator übertragen, der die *Positio super vita et virtutibus (o super martyrio)* erstellt und veröffentlicht. Ein zügiger Verlauf hängt oft von Mitarbeitern (u.a. Postulatoren) ab, die die *Causa* von außen begleiten. In der gedruckten *Positio* müssen nach Art. 16, § 1 des *Regolamento* Leben und Tätigkeit des Dieners Gottes in chronologischer Reihenfolge dargelegt und auch die Zeugnisse für seine Heiligkeit dokumentiert werden. Dann geht das Verfahren an den Glaubensanwalt (→ *Promotore della Fede*) und an die sechs theologischen Konsultoren. Sie untersuchen alles und entscheiden *in congresso* (Kongregationsversammlung), ob die *Causa* zur Prüfung der ordentlichen Mitgliederversammlung der Kardinäle und Bischöfe, die Mitglieder des Dikasteriums sind, vorgelegt werden kann. An der Versammlung nimmt auch der Kongregationssekretär teil, der später den Bericht erarbeiten muß, der dem Papst vorgelegt wird. Nur er kann offiziell in einem eigenen Dekret den heroischen Tugendgrad oder die Kriterien des Martyriums feststellen. Danach werden die Wunder und ihre Beweise behandelt, die der Fürbitte des Dieners Gottes zugeschrieben werden. Dies geschieht durch die bei der Kongr. angesiedelte *Consulta medica*, einer Gruppe von besonders qualifizierten Ärzten, die als Fachleute ein gerichtsmedizinisches Urteil über die vorgelegten Heilungen fällen. Kollegial prüfen sie auch das Votum der Kollegen und behandeln eventuelle wissenschaftliche Einwände, die sich bei der formellen Prüfung der Wunder ergeben haben (Art. 3 der Satzung von 1959).

Seit Errichtung durch den Papst am 2. Juni 1984 arbeitet derzeit bei der Kongregation für die Selig- und Heiligsprechungsprozesse auch ein „Studio“, dessen Aufgabe die Ausbildung der Postulatoren und weiterer Mitarbeiter aus anderen Ämtern der Röm. Kurie ist. Teilnehmen können auch alle, die später einmal als delegierte Richter oder Rechtsanwälte oder als Notare bei den Gerichtshöfen zur Behandlung der *Causen* mitwirken möchten. Das „Studio“ besorgt ferner die Redaktion und ständige Aktualisierung *Index ac status causarum*, in dem alle laufenden Selig- und Heiligsprechungsprozesse aufgelistet sind. Er wird im Auftrag der Kongr. regelmäßig veröffentlicht.

Bibl.: F. Veraja, *Commento alla nuova legislazione per le cause dei santi*, Rom 1983; J. Sanchez y Sanchez, *La nueva Congregación para las causas de los santos*, in *Revista espanola de derecho canónico*, 40 (1984), S. 493–524; L. Porsi, *Cause di canonizzazione e procedura nella Costituzione Apostolica „Divinus perfectionis Magister“. Considerazioni e valutazioni*, in *Monitor ecclesiasticus*, 90 (1985), S. 365–400; *Miscellanea in occasione del IV centenario della Congregazione per le Cause dei Santi (1588–1988)*, Vatikanstadt 1988; A. Eszer, *La Congregazione delle Cause dei Santi*, in *La Curia Romana nella Cost. Ap. „Pastor Bonus“*, ib. 1990, S. 309–329.

N. Del Re

Kongregationen, Aufgelöste

Zahlreiche der heutigen Kongregationen sind, auch wenn sie inzwischen anders heißen, bereits in früheren Jahrhunderten der Kirchengeschichte entstanden. Andere wieder wurden nach der Kurienreform von Sixtus V. 1588 neu gegründet, um den Bedürfnissen geistlicher oder weltlicher Art des Hl. Stuhls zu entsprechen. Sie wurden öfter nach Beendigung ihrer Funktion von neuen Kongregationen ersetzt oder mit diesen zusammengelegt. Ein Überblick über diese sogenannten „aufgelösten röm. Kongregationen“ gehört jedoch zur Vollständigkeit der Geschichte der röm. Kurie im Ablauf der Zeiten.

Im Folgenden geben wir in alphabetischer Ordnung (der italienischen Bezeichnungen) einen Überblick über diese Kongregationen und Stichworte über deren Aufgaben. Nicht zuletzt haben sie einen wertvollen Beitrag zur Entwicklung des öffentlichen Rechts im Kirchenstaat geleistet.

1. *C.* (=Congregazione) *delle Acque e Strade* (der Gewässer und der Straßen)
   Gegr. v. Sixtus V., 1588. Aufgabe: Die Instandhaltung der Wasserleitungen, der Brücken und der Straßen des Kirchenstaates, später auch die Trockenlegung der pontinischen Sümpfe.
2. *C. di Avignone* (von Avignon)
   Gegr. v. Innocenz XII., 1693. Aufgabe: Die Regierung der Stadt Avignon und der anderen im Besitz den Hl. Stuhls in Frankreich befindlichen Ländereien.
3. *C. del Buon Governo* (der guten Regierung)
   Gegr. v. Clemens VIII., 1692. Aufgabe: Schutz der wirtschaftlichen Interessen der Gemeinden des Kirchenstaates sowie Beaufsichtigung der Verwaltung und des Finanzwesens .
4. *C. del Censo* (der Steuern)
   Gegr. v. Pius VII, 1816. Aufgabe: Die Zusammenstellung eines neuen Katasters des Kirchenstaates sowohl in den ländlichen als auch in den städtischen Bezirken.
5. *C. del Cerimoniale* (der Zeremonien)
   Gegr. v. Sixtus V.; 1588. Aufgabe: Die Ordnung der Zeremonien bei liturgischen Feiern mit dem Papst sowie die Regelung

der Zeremonien und des Protokolls am Päpstl. Hof.

6. *C. dei Confini* (der Grenzen)
   Gegr. v. Urban VII, 1627. Aufgabe: Schutz der territorialen Integrität des Kirchenstaates, seine Verteidigung und der Schutz vor der Verbreitung ansteckender Krankheiten.
7. *C. della Sacra Consulta (*der Hl. Consulta)
   Gegr. v. Sixtus V., 1588. Aufgabe: Bearbeitungen der Rekurse und Beschwerden gegen die Lehnsherren, die Regierenden und in Angelegenheit der Wahl der Magistrate und des öffentlichen Gesundheitswesens.
8. *C. sulla Consultazione dei Regolari* (für die Beratung der Ordensleute)
   Gegr. v. Gregor XIII, 1582. Aufgabe: Regelung von Streitfragen zwischen Bischöfen und Ordensleuten vor allem im Hinblick auf Privilegien aber auch zwischen den verschiedenen religiösen Orden.
9. *C. sopra la Correzione dei Libri della Chiesa orientale* (für die Korrektur der Bücher der orientalischen Kirche)
   Gegr. v. Urban VIII, 1623–44. Aufgabe: Die Entfernung von Irrtümern in liturgischen Texten der katholisch-orientalischen Kirchen.
10. *C. della Disciplina Regolare* (der Ordensdisziplin)
    Gegr. v. Innocenz XII, 1995. Aufgabe: Die Prüfung aller Fragen im Zusammenhang mit der Gründung neuer Klöster und der Wiederherstellung früher bestehender.
11. *C. Economica* (wirtschaftliche)
    Gegr. v. Benedikt XIV, 1746. Aufgabe: Verwaltung der öffentlichen Finanzen und Aufsicht über die Wirtschaftsbüros von Rom und anderer Städte des Kirchenstaates.
12. *C. dell'Esame dei Vescovi* (der Prüfung von Bischofskandidaten)
    Gegr. v. Clemens VIII, 1592. Aufgabe: Eignungsprüfung von Kandidaten für Bischofssitze.
13. *C. Fermana* (betreffend die Stadt Fermo)
    Gegr. v. Innocenz XII, 1692. Aufgabe: Politische und wirtschaftliche Führung der Stadt und des Territoriums von Fermo in den Marken.
14. *C. dell'Immunitá Ecclesiastica* (der kirchlichen Immunität)
    Gegr. v. Urban VIII, 1626. Aufgabe: Vermittlung in den Streitigkeiten über die Verletzung der Jurisdiktion und der kirchlichen Privilegien seitens der Laien-Tribunale.
15. *C. dell'Indice* (des Index)
    Gegr. v. Pius V., 1571. Aufgabe: Prüfung von verdächtigen Werken zum Zwecke des Schutzes des Glaubensgutes und der christlichen Moral.
16. *C. delle Indulgenze e delle Reliquie* (der Ablässe und der Reliquien)
    Gegr. v. Clemens IX., 1669. Aufgabe: Rigorose Prüfung von Ablässen und von Reliquien, die angeblich von Hl. Stuhl gewährt worden sind, auf ihre Authentizität.
17. *C. Lauretana* (Loreto)
    Gegr. v. Innocenz XII., 1692. Aufgabe: Geistliche und weltliche Verwaltung des hl. Hauses von Loreto in den Marken.
18. *C. de Propaganda fide per gli Affari del Rito Orientale* (der „Propaganda Fide" für die Angelegenheiten des Orientalischen Ritus)
    Gegr. v. Pius IX., 1862 im Rahmen der „Kongr. der Propaganda Fide". Aufgabe: Die Sorge für die geistlichen Bedürfnisse von Katholiken des Orientalischen Ritus.
19. *C. della Residenza dei Vescovi* (der Residenzpflicht von Bischöfen)
    Gegr. v. Urban VIII., 1636. Aufgabe: Behandlung aller Fragen bezüglich der Resi-

denzpflicht von Bischöfen und anderer Kleriker im Besitz von Benefizien.

20. *C. della Rev. Fabbrica di San Pietro* (der Dombauhütte von St. Peter)
Gegr. v. Julius II., 1510. Aufgabe: Die Leitung der Bauarbeiten an der Vatikanbasilika.
21. *C. per la Revisione dei Concili Provinciali* (für die Revision der Provinzkonzilien)
Gegr. v. Pius IX., 1849. Aufgabe: Die Überprüfung der Konzilien, die auf Provinzebene veranstaltet wurden.
22. *C. di Revisione dei Conti* (der Rechnungsprüfung)
Gegr. v. Leo XII., 1828. Aufgabe: Revision der Generalbilanz der Apost. Kammer und aller weiteren Verwaltungen des Kirchenstaates.
23. *C. dei Riti* (der Riten)
Gegr. v. Sixtus V., 1588. Aufgabe: Die Ordnung aller Riten und Zeremonien sowohl der lateinischen als auch der orientalischen Kirchen sowie die Behandlung von Heiligsprechungsverfahren.
24. *C. speciale Sanitaria* (des Gesundheitswesens)
Gegr. v. Gregor XVI., 1834. Aufgabe: Prüfung und Studium aller Fragen das Gesundheitswesen betreffend, zum Schutze der Gesundheit und der Unversehrtheit der Bevölkerung.
25. *C. del Sollievo* (der Erhebung)
Gegr. v. Clemens XI., 1701. Aufgabe: Wiederbelebung des Ackerbaus und der Wirtschaft im Allgemeinen.
26. *C. sopra lo Stato dei Regolari* (über den Status der Ordensleute)
Gegr. v. Innozenz XI., 1649. Aufgabe: Überprüfung der Verwaltung aller Klöster, der Zahl und der Lebensführung ihrer Mitglieder und das Ergreifen von Maßnahmen gegen Mißbräuche und Unsitten.
27. C. *„Super Statu Ecclesiarum"*
Gegr. v. Benedikt XIV., 1740. Aufgabe: Entgegennahme und Prüfung der Berichte über die Situation in den jeweiligen Diözesen, die regelmäßig nach Rom gesandt werden.
28. *C. dei Vescovi e Regolari* (der Bischöfe und Ordensleute)
Gegr. v. Clemens VIII., 1592–1605. Aufgabe: Prüfung aller Fragen im Zusammenhang der Kompetenz von Bischöfen und Ordensleuten mit gemeinsamer Jurisdiktion.
29. *C. di Vigilanza* (der Aufsicht)
Gegr. v. Leo XII., 1826. Aufgabe: Die regelmäßige Beobachtung über die Lebensführung aller Angestellten der Verwaltung des Kirchenstaates vor allem in Hinblick auf Beschwerden von Privatleuten.
30. *C. della Visita Apostolica* (der apost. Besuche)
Gegr. v. Clemens VIII.,1592. Aufgabe: Der Besuch von Kirchen, Klöstern und Wallfahrtsorten im Bereich der Stadt Rom.

Bibl.: N. Del Re, *La Curia Romana. Lineamenti storico-giuridici,* Roma 1970, S. 323–442 und 605–608 (Bibl.).

N. Del Re

KONKLAVE

Mit diesem Ausdruck wird im kanonischen Recht sowohl der abgeschlossene Ort bezeichnet, wo sich die Kardinäle zur Wahl des Papstes versammeln, als auch die Versammlung der Kardinäle selbst, die dort zur Wahl eines neuen Papstes schreiten. Die Einführung eines „Konklave" geht auf Gregor X. zurück, der mit der Konst. *Ubi periculum* vom 7. Juli 1274 (C. 3, I,6 in Sexto) bei der fünften Sitzung des II. Konzils von Lyon entsprechende Regeln aufstellte. Der eigentliche Ursprung des Konklave kann aber in der erzwungenen Einschließung der Kardinäle 1216 durch die Bürger von Perugia gesehen werden, wohl, um sie jedem Einfluß von außen zu entziehen. Andere meinen, das erste Konklave in der Geschichte des Papsttums sei das von Rom im Jahre 1241 gewesen, als die Kardinäle im *Septizonium* des *Septimus Severus* eingeschlossen wurden und am 25. Oktober Coelestin IV. wählten.

Der eigentliche Grund für die Einführung des Konklave im 13. Jh. war wohl die Absicht, allzu lange Vakanzen des Apost. Stuhles, vor allem infolge der fehlenden Übereinstimmung der Wahlmänner, zu verhindern. Zur Wahl Coelestins IV. 1241 brauchte man zwei Monate, für die Wahl Innozenz IV. 1243 sogar zwanzig. Über fünf Monate ließ die Wahl Clemens IV. 1265 auf sich warten, nach dessen Tod in Viterbo am 29. November 1268 die bis dahin längste Sedisvakanz folgen sollte: Fast drei Jahre dauerte sie, weil die 18 in Viterbo versammelten Wahlmänner über die Wahl eines neuen Papstes völlig zerstritten waren. Die einen wollten einen Italiener, die anderen einen Franzosen. Als nach mehreren Monaten Beratung immer noch keine Übereinstimmung über die Person des zu Wählenden erreicht war, schlossen die Bürger von Viterbo auf Anraten des hl. Bonaventura, damals Generaloberer der Franziskaner, die Kardinäle im Papstpalast ein und entzogen ihnen sogar die Lebensmittel. Sie ließen das Gebäude mit Bewaffneten umgeben, um jede Beschaffung von Proviant zu verhindern.

Als dieses System immer noch nicht funktionierte, ließen der Bürgermeister von Viterbo, Alberto di Montebuono, und der Volkskapitän, Raniero Gatti das Dach des Palastes abtragen, so daß sich die Wähler unter freiem Himmel und der Witterung ausgesetzt sahen. Nur mit einer Sondererlaubnis durfte der schwer erkrankte Kardinal Enrico di Susa das Konklave verlassen. Trotz Wiederbedachung dauerte es aber immer noch mehrere Monate, bis am 1. September 1271 durch ein kleines Komitee von sechs Kardinälen der Erzdiakon von Lüttich, Tedaldo Visconti, zum Papst designiert wurde und wohl nur deswegen die Wahl annahm, um die lange Sedisvakanz zu beenden (vgl. *Atti di Convegno di studio in occasione del VII centenario del I Conclave [1268–1271],* Viterbo 1975).

Es war daher nur logisch, daß Gregor X. – so nannte sich der neue Papst – an ein Konklavegesetz dachte, um eine Wiederholung der skandalösen und für die Kirche unerfreulichen und gefährlichen Vorgänge auszuschließen. Er führte mit der erwähnten Konst. *Ubi periculum* 1274 das Konklave ein und legte auch eine Verfahrensordnung fest, die mit einigen Änderungen bis in unsere Tage in Geltung blieb. Papst Gregor ließ u.a. die wählenden Kardinäle an einem geeigneten Ort einzuschließen (Konklave). Nach drei Tagen ohne Ergebnis sollte ihre Versorgung eingeschränkt werden, nach dem fünften Tag minimiert. Da die Kardinäle das Gesetz Gregor X. negativ aufnahmen, wurde es 1276 durch Hadrian V. aufgehoben und von Johannes XXI. am 20. September des gleichen Jahres sogar völlig abgeschafft. Die Folge war, daß die ohne Konklave außen durchgeführten Wahlen wieder von langer Dauer waren. Für die Wahl Nikolaus' III. im Jahre 1277 waren sechs Monate und fünf Tage notwendig, für die Wahl Martin IV. im Jahre 1281 genau sechs Monate. Fast elf Monate dauerte die Wahl Nikolaus' IV. im Jahre 1288 und nach seinem Tode folgte eine Sedisvakanz von über zwei Jahren. Der damals neugewählte Coelestin V. setzte die Verfügungen Gregors sofort wieder in Kraft, was kurz darauf sein Nachfolger Bonifatius VIII. nochmals ausdrücklich bestätigte.

Von da ab fanden die Gesetze über das Konklave stets Anwendung, auch wenn im Laufe der Zeit von einigen Päpsten wichtige Änderungen erfolgten. Pius IV. zum Beispiel, der 1559 nach über vier Monaten Sedisvakanz gewählt und Zeuge offener Verletzungen der Konklavesatzung wurde, schärfte ihre absolute Geltung mit der Konst. *In eligendis* vom 9. Oktober 1562 ein (BR VII, S. 230–236). Er faßte auch die bis dahin geltenden Regelungen für die Papstwahl zusammen. Gregor XV. war es, der die Organisation, Verfahrensweise und das zu befolgende Ceremoniale des Konklave neu festlegte – mit den beiden Konstitutionen *Aeterni Patris* vom 15. November 1621 und *Decet Romanum Pontificem* vom 12. März 1622 (BR XII, S. 619–627 und 662–673). Damit wollte er nicht nur endgültig Mißbräuche abschaffen, die es fast bei jeder Wahl gegeben hatte, sondern auch das ungern gesehene Eingreifen der drei großen katholischen Staaten, Österreich, Frankreich und Spanien neutralisieren. Diese hatten seit Ende des letzten Jahrhunderts die Möglichkeit, sich der Wahl eines bestimmten Kardinals zu widersetzen.

Besonders wichtig sind zwei von Gregor XV. eingeführte Verfügungen: einmal die Verpflichtung, nur im Konklave zur Wahl des neuen Papstes zu schreiten (damit wurde die von Pius IV. offen gelassene Alternative „innerhalb oder außerhalb des Konklave" abgeschafft), und das absolute Verbot für jeden Kardinal, sich selbst zu wählen. Urban VIII. bekräftigte 1626 das Gesetzeswerk Gregors XV., das im wesentlichen bis zum Beginn des 20. Jh. unverändert blieb. Clemens XII. hatte mit der Konst. *Apostolatus officium* vom 4. Oktober 1732 (BR XXIII, S. 443–454) die Regierung des Apost. Stuhles während der Sedisvakanz genauer geregelt und den Dikasterien der Röm. Kurie bei der Abwicklung der laufenden Geschäfte bestimmte Aufgaben zugewiesen. Ausdrücklich warnte er die Kardinäle vor ungebührlicher Einmischung einiger katholischer Souveräne, die ihre letzte Rechtsform im Veto oder in der *Exklusiva* (→) gefunden hatten.

Weitere Verfügungen zum Konklave von Pius IX. in den Jahren 1871, 1874 und 1877 sowie Leos XIII. von 1882 entsprachen der neuen Situation des Hl. Stuhls nach dem Wegfall der weltlichen Macht. Pius X. hob die gesamte vorherige Gesetzgebung auf und stellte einen neuen einheitlichen Text zusammen, der der Zeit angepaßt war und „in Zukunft allein gelten soll", wie die Konst. *Vacante Sede Apostolica* vom 25. Dezember 1904 (Pii X. P.M. Acta III, S. 239–288) bestimmte. Hauptsächliche Neuerung war die Einforderung der absoluten Freiheit der Kirche bei der Wahl ihres sichtbaren Oberhauptes. Kategorisch wurde also jede Einmischung von außen abgelehnt. Dazu kamen die Einführung absoluter Schweigepflicht über alles, was im Konklave behandelt wurde und die Abschaffung des *Accessus* (→) beim Abstimmungsverfahren, an dessen Stelle ein zweiter Wahlgang trat.

Einige Änderungen der Konklaveordnung Pius' X. nahmen Pius XI. 1922 und Pius XII. mit der Konst. *Vacantis Apostolicae Sedis* vom 8. Dezember 1945 (AAS, XXXVIII [1946], S. 65–99) vor, schließlich Johannes XXIII. im Jahr 1962. Das bisherige Normenwerk der Päpste zum Konklave und zur Papstwahl erfuhr weitere grundlegende Änderungen durch Paul VI. mit der Konst. *Romano Pontifici eligendo* vom 1. Oktober 1975 (AAS, LXVII [1975], S. 609– 645), bis in jüngster Zeit auch Johannes Paul II. in die Konklaveordnung eingriff. Mit seiner Konst. *Universi Dominici gregis* vom 22. Februar 1996 (AAS, LXXXVIII, [1996], S. 305–343) hat er – „im Bewußtsein der neuen Situation, in der die Kirche heute lebt" – und mit Verweis auf die Neufassung des Codex des kanonischen Rechts (1983) und des kanonischen Rechts der Orientalischen Kirchen (1990) die Gesetzgebung zur Sedisvakanz und zur Neuwahl des Papstes neu geregelt.

Die hauptsächlichen Dispositionen Johannes Pauls II. halten sich natürlich im wesentlichen an die Bestimmungen Pauls VI. Sie lassen sich wie folgt zusammenfassen: Das aktive Wahlrecht kommt ausschließlich den Kardinälen der Hl. Röm. Kirche zu, ausgeschlossen diejenigen, die beim Eintritt ins Konklave das 80. Lebensjahr bereits vollendet haben, wobei die Zahl der Wähler 120 nicht überschreiten darf (Nr. 33); vor der Wahl vorgelesen werden muß der erste Teil der erwähnten Konst. *Universi Dominici gregis*, der die Vakanz des Apost. Stuhl und den Eid betrifft, den die Kardinäle ablegen müssen, nämlich alle Wahlvorschriften zu beachten (Nr. 53), strengstes Stillschweigen über alle Vorgänge im Konklave zu wahren (Nr. 60) und auf keinerlei politisches Veto Rücksicht zu nehmen (Nr. 80). Zwei bedeutende Neuerungen Johannes Pauls II. betreffen den Wohnort der Kardinäle beim Konklave. Er befindet sich nicht mehr im Apost. Palast, sondern im eigens dafür hergerichteten „Gästehaus S. Marta" südlich der Petersbasilika auf vatikanischem Territorium (Nr. 13,41–42). Von hier aus werden die Kardinäle in geeigneter Form zur Sixtinischen Kapelle (→) gebracht, dem bisherigen traditionsreichen Ort der Papstwahlen und der dazugehörigen Zeremonien. Im Gästehaus S. Marta werden auch die Konklavisten (→) sowie Pflegepersonen untergebracht, die kranken oder gebrechlichen Kardinälen vom Hl. Kollegium zugestanden werden. Unterkünfte müssen auch für folgende Personen eingerichtet werden: für den Sekretär des Kardinalskollegiums, den päpstl. Zeremonienmeister und vier Helfern, dem Assistenten des Kardinaldekans, den Ordenspriestern, die als Beichtväter fungieren, zwei Ärzten und für das für Unterkunft und Verpflegung zuständige Personal. Vom Beginn der Wahlhandlungen an bis zur Bekanntmachung der erfolgten Wahl wird das *Domus Sanctae Marthae*, die Sixtinische Kapelle und weitere für liturgische Feiern vorgesehene Räume vom Kardinal-Camerlengo hermetisch abgeriegelt. Außerdem wird dafür Sorge getragen, daß die Kardinäle, auch auf ihren evtl. Bustransfers, von niemandem erreicht werden können.

Eine zweite Neuerung Johannes Pauls II. betrifft den Wahlvorgang, der ausschließlich durch geheime Wahl erfolgt. Die bisher gültigen Formen „durch Akklamation oder Inspiration" oder *per compromissum* wurden abgeschafft. Nach dem Willen des Papstes soll das Konklave geistlichen Exerzitien ähneln. Nach drei Tagen erfolgloser Stimmabgabe folgt ein Tag ohne Stimmabgabe, damit die Wähler „eine Pause des Gebets einlegen, eine geistliche Exhortation anhören und frei miteinander sprechen können". Danach folgen sieben weitere Wahlgänge und – nach einer weiteren Pause – eine dritte Serie von sieben Wahlgängen (Nr. 74). Wenn auch danach kein Ergebnis vorliegt, können die Kardinäle mit Mehrheit das weitere Verfahren beschließen, daß z.B. statt der erforderliche Zweidrittelmehrheit die absolute ausreicht oder daß man eine Stichwahl zwischen den beiden Kandidaten mit den meisten Stimmen im vorausgehenden Wahlgang durchführt (Nr. 75). Bestätigt wurde die durch Paul VI. wieder eingeführte Praxis, nach jedem Wahlgang die verwendeten Zettel und alle anderen dazugehörigen Schriftstücke zu verbrennen (Nr. 71), weil das zur Wahrung des Geheimnisses auch in den kommenden Jahrhunderten am sichersten erscheint. Bekräftigt wird natürlich auch das absolute Verbot, ins Konklave technische Geräte mitzubringen oder eventuell vorhandene zu benutzen, die Stimmen oder Bilder registrieren, reproduzieren und übermitteln können (Nr. 61).

Das Konklave endet unmittelbar nach der Wahl des neuen Papstes, wenn dieser die Wahl angenommen hat – es sei denn, der Gewählte verfügt es anders (Nr. 91).

Bibl.: Lucius Lector (Pseudonym für J. Guthlin),. *Le conclave. Origines, histoire, organisation, législation ancienne e moderne*, Paris 1894; G. Grabinski, *Il conclave*, Florenz 1903; E. Ruffini Avondo, *Le origini del conclave papale*, in *Atti della R. Accademia delle Scienze di Torino*, 62 (1927), S. 409–431; E. Ponti, *Il conclave nella storia*, Rom 1939; F. Zanetti, *Da un papa all'altro: il conclave*, Rom 1939; J. Sanchez y Sanchez, *La Constitución apostólica „Romano Pontifici eligendo" de S.S. el papa Pablo VI*, in *Revista espanola de derecho canónico*, 31 (1975), S. 387–394; G. Zizola, *Il conclave. Storia e segreti. L'elezione papale da S. Pietro a Giovanni Paolo II*, Rom 1993; G. Marchesi, Le nuove norme per l'elezione del Papa, in *Civiltà Cattolica*, 147 (1996), II, S. 279–288.

N. Del Re

Konklave, Aufseher des

Capitani delle rote wurden die direkten Mitarbeiter des Marschalls der Hl. Röm. Kirche, des Hüters des Konklaves (→) genannt, die den äußeren Wachdienst am Klausurort der Kardinäle während der Papstwahl leisten. Die Bezeichnung stammt von ihrem Dienst an den *rote*, den drehbaren und an einer Seite offenen, in die Wände gelassenen runden Drehbehältern, über die es im Fall absoluter Notwendigkeit möglich ist, mit den Eingeschlossenen zu kommunizieren. Die Konklave-Aufseher wurden vom Marschall persönlich ausgewählt, der ihnen sofort nach seiner Amtseinführung im Fall der Sedisvakanz das Ernennungsschreiben zukommen ließ. Nach den letzten Veränderungen von 1878 besteht die von den Aufsehern getragene Uniform aus einem schwarzen Frack mit den Symbolen des Hl. Stuhls am Kragen, einer weißen Weste, Hosen mit goldenen Streifen, einem Zweispitz mit der Päpstl. Kokarde und einem an der Seite getragenen Schwert. Seit 1975 gibt es weder die Aufseher noch den Marschall mehr, nachdem Paul VI. die Gesetze zu Sedisvakanz und Papstwahl reformiert hatte.

Bibl.: N. Del Re, *Il maresciallo di S. Romana Chiesa Custode del conclave*, Rom 1962.

N. Del Re

Konklavisten

So wurden die zwei Sekretäre oder Diener genannt, Kleriker oder Laien, die gewöhnlich einem Kardinal im Konklave zustanden. Gewährt hatte sie schon Gregor X., der das Konklave im heutigen Sinn des Wortes einführte und seinen Ablauf durch die Konstitution *Ubi periculum* vom 7. Juli 1274 regelte (C. 3, I, 6 in Sexto). Die Erlaubnis für die Kardinäle wurde 1351 durch Clemens VI. und 1562 durch Pius IV. bestätigt. Letzterer erließ dazu einige Normen, die schwer kranken oder invaliden Kardinälen sogar drei Konklavisten gestatteten. Bestätigt durch Pius X. 1904 und Pius XII. 1945 mußten die Konklavisten Personen mit besten Sitten, seriös und dem Hl. Stuhl aufrichtig ergeben sein und wurden nur nach einer sorgfältigen Prüfung durch eine eigene Komm. zugelassen. Sie wurden ferner vor der Abschließung des Konklave einzeln aufs genaueste in der Kapelle untersucht, um sicherzustellen, daß sich unter ihnen kein Eindringling befand.

Konklavisten konnten weder Prälaten noch Ordensleute sein, noch Verwandte ersten oder zweiten Grades der Kardinäle. Sie mußten einen Eid ablegen, der sie zum absoluten Stillschweigen über alles verpflichtete, was direkt oder indirekt die Wahl des Papstes betraf. Der Eid galt unter Strafe der Exkommunikation, die ausschließlich der Papst vollzog, bis Johannes XXIII. sie milderte und nur dem Hl. Stuhl reservierte. Wenn Konklavisten bei erwiesener schwerer Krankheit das Konklave verlassen mußten, konnten sie keineswegs wieder zurückkehren, während die Konklavisten eines während des Konklaves verstorbenen Kardinals sich unmittelbar entfernen mußten, da es ihnen verboten war, im gleichen Konklave sich von einem anderen Kardinal übernehmen zu lassen. In der Vergangenheit hatten die Konklavisten sehr weitgehende Vollmachten und Privilegien, die jeder neue Papst als einen seiner ersten Akte bekanntgab. Doch wurden sie immer mehr eingeschränkt, bis ihnen nur das Privileg des privaten Oratoriums blieb, wie nach dem Konklave für Pius XII. verfügt wurde. Es blieb aber dem Papst überlassen, die Privilegien im einzelnen festzusetzen.

Nach den Bestimmungen zum Konklave von Paul VI. 1975 mit der Konstitution *Romano Pontifici eligendo* vom 1. Oktober (AAS, LXVII [1975], S. 609–645) ist es den Kardinälen nicht mehr erlaubt, Konklavisten oder persönliche Diener mitzubringen, weder Kleriker noch Laien. Sie können in Zukunft nur noch ausnahmsweise „aus schwerwiegenden Gesundheitsgründen" genehmigt werden. Dazu muß eine eigene Bitte mit den Gründen an den Kardinal-Camerlengo gerichtet werden, der die Bitte einer besonderen Kardinalkomm. vorlegt, die den Fall entscheidet und im positiven Fall die vorgeschlagenen Personen sorgfältig prüft.

N. Del Re

KONON

Papst. Am 21. Oktober 686 wurde er Nachfolger von Johannes V. nach einer ungefähr dreimonatigen Sedisvakanz. Ursache waren Streitereien zwischen dem röm. Klerus, der auf der Wahl des Erzpriesters Petrus bestand und dem Militär, der stattdessen den Priester Theodorus wählen wollte. Schließlich haben sich die beiden Parteien auf die Person des Konon geeinigt, ein betagter Priester, dessen Herkunft unbekannt ist und von dem man im *Liber Pontificalis* nur liest, daß er „bei Sizilien erzogen worden ist". Aus der gleichen Quelle weiß man, das Konon zunächst im Lateran vom Klerus gewählt, dann vom Magistrat und von der Miliz gutgeheißen und schließlich vom Exarchen von Ravenna bestätigt worden ist. Über sein kurzes Pontifikat von rund elf Monaten wissen wir wenig. Eine der wenigen Nachrichten ist dem Brief zu entnehmen, den Justinian II. am 17. Februar 687 dem Papst geschickt habe, in dem er den Empfang der authentischen Texte der Akten des VI. Ökumenischen Konzils von Konstantinopel (680–681) bestätigt. Der Papst starb in Rom am 21. September 687 und ist in der Petersbasilika begraben.

Bibl.: O. Bertolini, *Roma di fronte a Bisanzio e ai Longobardi,* Bologna 1941, S. 396–400.

N. Del Re

KONSISTORIALADVOKATEN

Ihr Ursprung geht auf den hl. Gregor den Großen zurück, der im März 598 sieben *defensores* für die sieben kirchlichen Regionen Roms ernannte, die ungefähr je zwei der alten bürgerlichen Stadtteile umfaßten. Ihre Aufgabe war die Verteidigung bei kirchlichen Rechtsfällen und Klagen der Armen in ihren Regionen. Wann sie den Namen *Konsistorialadvokaten* bekamen, läßt sich nicht sagen, doch zur Zeit Benedikts XII. muß es sie schon gegeben haben, denn dieser verfügte mit der Konstitution *Decens et necessarium* vom 26 Oktober 1340 eine erste disziplinarische Regelung. Sixtus IV. vermehrte die Konsistorialadvokaten 1471 auf zwölf, sie hatten zahlreiche Privilegien, wurden vor allem immer als Familiaren und Tischgenossen des Papstes betrachtet. Da sie seit den Zeiten Gregor des Großen (590–604) ein Prälatenkollegium darstellten, mußten sie sich immer wie Kleriker kleiden, obwohl sie Laien und oft verheiratet waren. Diese Verpflichtung geriet aber nach Pius VII. (1800–23) in Vergessenheit.

Nach der großen Kurienreform Sixtus' V. im Jahre 1588 beschränkte sich das Amt der *Konsistorialadvokaten* auf die Behandlung der Angelegenheiten des Konsistoriums. Unter anderem bekamen sie aber das Recht, im Konsistorium über die Tugenden und Wunder der Diener Gottes zu sprechen, die zu den Ehren der Altäre erhoben werden sollten, und in der Vatikanischen Basilika den feierlichen Vortrag vor dem Papst zu halten, bevor man zur Heiligsprechung der Seligen schritt. Die Konsistorialadvokaten konnten auch bis Ende des vergangenen Jahrhunderts Doktorhüte in beiden Rechten verleihen. Als Advokaten der *Rota Romana* (→) wurden die *Konsistorialadvokaten* 1972 in ihren Aufgaben bestätigt. Sie können ferner bei allen kirchlichen Gerichtshöfen Eheprozesse führen, ohne daß die vorherige Erlaubnis der Ortsordinarien nötig wäre. Auch können sie im Staat der Vatikanstadt die Aufgabe von Notaren wahrnehmen (Art. 11, Gesetz v. 7. Juni 1929, Nr. II).

Alle diese Aufgaben wurden 1988 durch Johannes Paul II. zusammen mit denen der Prokuratoren der Apost. Paläste (→) den neuen Advokaten des Hl. Stuhles (→) übertragen, die mit dem Motu Proprio *Justi Judicis* vom 28. Juni (AAS, LXXX [1988], S. 1258–61) eingesetzt wurden. Die an diesem Datum noch vorhandenen *Konsistorialadvokaten* behielten aber ihre Rechte und Privilegien, so daß diese altehrwürdige Einrichtung erst mit dem Tod des letzten Angehörigen dieser Gruppe zu bestehen aufhört.

Bibl.: O. P. Conti, *Origine, fasti e privilegi degli Avvocati concistoriali, Memorie storiche*, Rom 1898.

N. Del Re

KONSISTORIUM

Das Konsistorium ist die Versammlung der in Rom anwesenden Kardinäle, einberufen vom Papst, der auch den Vorsitz führt. Konsistorien bestehen seit dem 9. Jh., doch als Regierungsorgan im engeren Sinn erst seit dem 11. Jh. Das Konsistorium war zuständig für die Behandlung aller Fragen des Glaubens und der kirchlichen Disziplin, für die Abwicklung normaler Geschäfte der Außen- und Innenpolitik, ferner für die Entscheidung aller Fälle, die man dem Urteil des Apost. Stuhles unterbreitet hatte. Die große Wichtigkeit des Konsistoriums in der Vergangenheit zeigt sich klar an der Häufigkeit seiner Versammlungen, die Alexander III. (1159–81) zunächst auf einmal im Monat festlegte, aber schon Innozenz III. (1198–1216) auf dreimal wöchentlich steigerte (PL, CCXIV, 80–81). Dennoch verminderten sich seit der Mitte des 16. Jh. die Einberufungen des Konsistoriums allmählich, weil es im Laufe der Zeit Kongr. von Kardinälen als Regierungsorgane gab. Das Konsistorium trat für gewöhnlich im Palast der Residenz des Papstes zusammen, nach 1870 nur im Vatikan, wie es bis heute der Fall ist. Berühmt bleiben einige Konsistorien außerhalb Roms, wie das von Pius IX. 1849 in Gaeta, oder sogar außerhalb von Italien, wie jene von Pius VI. und Pius VII 1782 in Wien bzw. 1804 in Paris.

Bis vor einigen Jahren gab es noch drei Formen des Konsistoriums, geheim bzw. ordentlich, öffentlich bzw. außerordentlich und halb öffentlich. Heute gibt es nur noch zwei Arten, das ordentliche und das außerordentliche Konsistorium, was im übrigen der Verfügung des can. 353 des geltenden Codex des kanonischen Rechtes entspricht. Wie in der Vergangenheit treten die Konsistorien auf Weisung und unter dem Vorsitz des röm. Papstes im Konsistoriensaal (→) im zweiten Stock des Apost. Vatikan-

Palastes zusammen. An den außerordentlichen Konsistorien nehmen alle Kardinäle teil. Sie werden einberufen, wenn besondere Bedürfnisse der Kirche es nahelegen oder besonders schwerwiegende Fragen zu behandeln sind (Can. 353, § 3). An den ordentlichen Konsistorien nehmen nur die in Rom weilenden Kardinäle teil; der Papst hält zu Beginn eine lateinische Ansprache und spricht dann mit seinen Ratgebern über die wichtigsten Angelegenheiten der Leitung der universalen Kirche, über die Kreierung und Veröffentlichung neuer Kardinäle, die Einsetzung neuer Erzbischöfe, Bischöfe, Prälaten und Territorialäbte, die Errichtung neuer Diözesen usw.

Nur jene ordentlichen Konsistorien, bei denen besondere Feiern stattfinden, können öffentlich sein, d. h. es werden neben den Kardinälen auch die Prälaten zugelassen, die Vertreter der bürgerlichen Gesellschaft und andere geladene Gäste (Can. 353, § 4). Das Konsistorium wird in der Audienzaula (Aula Pauls VI.) (→) abgehalten, wo sich inzwischen auch die Mitglieder des beim Hl. Stuhl akkreditierten Diplomatischen Korps und die Delegationen der verschiedenen Länder und Diözesen der neuen Kardinäle versammelt haben. Hier wird das Konsistorium mit einer zweiten italienischen Ansprache des Papstes fortgesetzt, um dann den Eid der neuen Kardinäle entgegenzunehmen, denen er den roten Kardinalsrock anlegt und das rote Birett (→) aufsetzt, wobei er sie an die Bedeutung dieser Kleidungsstücke als Zeichen der Kardinalswürde und Symbol eines gänzlich dem Dienst der Kirche gewidmeten Lebens erinnert, „bis zum Opfer des Blutes". Am Ende weist er jedem seine Titelkirche oder Diakonie zu, die ihn in den römischen Klerus eingliedert. Neuerdings finden die öffentlichen Konsistorien wegen der immer zahlreicher werdenden Teilnehmer auf dem Petersplatz statt.

N. Del Re

Konstantin I.

Papst. Wie sein Vorgänger Sisinnius war er Syrer und wurde am 25. März 708 zum Papst geweiht. Der *Liber Pontificalis,* berichtet von einer aufsehenerregenden Reise zum byzantinischen Kaiser Justinian II. Es scheint, daß dieser von Konstantin die Billigung der Dekrete der Trullanischen Konzils (592) erwartete, die weder Sergius I. (687–701) noch Johannes VII. (705–707) bestätigen wollten. Unterstützt vom Diakon Gregor (dem späteren Gregor II.) führte Konstantin ungefähr ein Jahr lang die Verhandlungen und erreichte dann mit dem Kaiser einen gewissen Kompromiß, in dem sie sich wenigstens über die Einheitlichkeit der Begriffe und über den Verbindlichkeitsanspruch der östlichen Synode von 691 einigten. Außerdem erreichte Konstantin die Anerkennung päpstl. Oberhoheit über Ravenna. Nach 711 kam es jedoch wieder zum Bruch mit Philippikos Bardane, dem Nachfolger des ermordeten Justinian. Mit Entschiedenheit wandte sich der Papst gegen Versuche, den Monotheletismus im Osten, dem der neue Kaiser angehörte, wieder einzuführen. Unterstützt vom Klerus und vom röm. Volk hielt er diese Haltung bei, bis Anastasius II. den Thron von Byzanz bestieg und gegenüber Konstantin 713 ein orthodoxes Glaubensbekenntnis ablegte. Damit war die Glaubenseinheit wiederhergestellt. Unter seinem Pontifikat hatte der Papst auch mit inneren Problemen zu kämpfen. So gab es einen Streit mit dem Bischof von Pavia, der direkt vom Papst und nicht vom Erzbischof von Mailand konsekriert werden wollte. Es gelang dem Papst, den Streit zu schlichten. Er starb in Rom am 9. April 715 und wurde in der Petersbasilika beigesetzt.

Bibl.: D. Miller, in *Dizionario biografico degli Italiani,* 30, S. 308–314; J.M. Sansterre, *Le Pape Constantin Ier (708–715) et la politique religieuse des empereurs Justi-*

nien II et Philippikos, in *Archivium historiae pontificiae*, 22 (1984), S. 7–29.

N. Del Re

Konstantin II.

Gegenpapst aus Nepi, der nach dem Tode von Paul I. (28. Juni 767) mit bewaffneter Hilfe seines Bruders Totone, Herzog von Nepi, und seinen Partisanen, sich gewaltsam am 5. Juli vom Bischof von Palestrina ordinieren ließ. Anschließend ließ er sich im Lateran zum Papst ernennen und bemühte sich um die Anerkennung des Frankenkönigs Pippin des Kurzen, dem er in dieser Angelegenheit gleich zweimal schrieb (*Codex Carolinus*, W. Gundlach, *Epistolae* 3, I. S. 649/653). Schließlich wurde er am 31. Juli 768 von Soldaten des Desiderius, König der Langobarden, aus dem Lateran vertrieben. Er war dann ihr Gefangener und wurde von einem röm. Konzil in der Lateranbasilika am 12. April 769 verurteilt. Er floh und über seinen weiteren Verbleib gibt es keine Nachrichten.

Bibl.: F. Gregorovius, *Storia della città di Roma nel medio evo*, L. Trompeo, IV, Rom 1939, S. 18–29.

N. Del Re

Konstitutionen, Apostolische

Päpstl. Konstitutionen. So werden gesetzliche Bestimmungen genannt, die der Papst direkt oder in Form eines Motu Proprio erläßt. Sie sind von allgemeiner und dauernder Wirkung. Sie werden in der Regel erlassen in der Form einer Bulle (→) wie z. B. die Definition eines Dogmas. Mit der Konstitution *Munificentissimus Deus* vom 1. November 1950 proklamierte Pius XII. feierlich das Dogma der Himmelfahrt Mariens. Zu nennen sind auch die wichtigsten Reformgesetze der Kirche wie z. B. die Konstitution *Sacrae disciplinae leges* vom 25. Januar 1983, mit der Johannes Paul II. den neuen Codex des kanonischen Rechtes promulgiert hat oder die Definition oder Modifikation von kirchlichen Gebietsumschreibungen wie Diözesen und Prälaturen. Schließlich die Gründung oder Veränderung einer kirchlichen Einrichtung z. B. eines religiösen Ordens etc.

N. Del Re

Konsultoren

Neben den Mitgliedern gibt es in den Kongregationen, den Päpstl. Räten und in verschiedenen anderen Organe der Röm. Kurie die Gruppe der „Konsultoren“. Es handelt sich um Kleriker oder Laien, die auf verschiedenen theologischen, juristischen, historischen, liturgischen und anderen Gebieten als besondere Fachleute gelten und in den entsprechenden Dikasterien beratend tätig sind. Die Konsultoren gehören nicht zum Arbeitsstab der jeweiligen Behörde, sondern arbeiten ehrenamtlich und werden in der Regel einige Tage vor Beginn der Plenarversammlung des jeweiligen Dikasteriums vom Vorsitzenden der Versammlung zusammengerufen, der auch die Sitzungen und Diskussionen leitet.

Konsultoren gibt es in der Röm. Kurie seit dem Ende des 16. Jh. Als feste Einrichtung wurden sie mit der großen Kurienreform von Pius' X. im Jahre 1908 geschaffen, sodaß sie heute in keinem Dikasterium fehlen. Der Papst ernennt sie auf Vorschlag der jeweiligen Kongregation oder des Amtes mit Ernennungsschreiben des vatikanischen Staatssekretariates. Die Ernennung, die früher auf Lebenszeit erfolgte, gilt heute für eine Amtsperiode von fünf Jahren. Sie kann aber durch den Papst verlängert werden.

N. Del Re

KONZILSAULA

Die Planung dieser Aula im Mittelschiff der Peterskirche begann im Oktober 1961 und war am 15. Mai 1962 abgeschlossen, als die Arbeiten unter Leitung von Ingenieur Francesco Vacchini begannen. Sie zogen sich bis wenige Stunden vor der Eröffnungssitzung des Konzils am 11. Oktober 1962 hin.

Die Länge der Aula beträgt 130 m, die Breite 23 m, sie bietet 2.600 Plätze. Die Treppenanlagen bei den Pfeilern des Mittelschiffes ließen in der Mitte einen weiten begehbaren Raum. Die Plätze der Konzilsväter waren in weiten Treppenabsätzen und Stahlkonstruktion angelegt, der Holzfußboden war mit Gummiplatten bedeckt. Jeder Sitz bot einen bequemen Arbeitsplatz mit allem notwendigen Raum zur Konsultierung von Dokumenten und Büchern und einem einklappbaren Schreibpult.

Die perfekte Beleuchtung wurde durch 40 Scheinwerfer auf den Treppenanlagen gesichert. Der Papstthron wurde vor dem Altar der *Confessio* unter dem Baldachin des Bernini aufgestellt, wobei man den aus der Benediktionsaula verwendete. Zu beiden Seiten der *Confessio* befanden sich die beiden großen Tische für die Präsidentschaft und das Generalsekretariat. Die Kommunikation im Inneren erfolgte durch eine vom externen Netz unabhängige Telefonzentrale. Die Apparate an den Seiten und über den Treppen erlaubten einen direkten Kontakt mit dem Tisch des Sekretariates und dem Konzilsvater.

Bei fast allen früheren Konzilien hatten sich die Teilnehmer über die schlechte Akustik beklagt, die zuweilen zu schweren Mißverständnissen führte. Die verantwortlichen Techniker hatten nun modernste Einrichtungen zur Verfügung. Sie lösten das Problem durch den Einbau von 40 Lautsprechern an den akustisch besten Plätzen. So konnte man die Stimme des Sprechers bei beliebigem Abstand mit der gleichen Deutlichkeit hören. Die vier Mikrophonanlagen, die mit dem Netz der Lautsprecher verbunden waren, erlaubten die Übertragung der Stimme an jeden Punkt der Aula: eine Anlage befand sich beim Thron des Papstes, die übrigen drei beim Tisch der Präsidentschaft, beim Tisch des Sekretariates und an den verschiedenen Stellen, wo die offiziellen Redner sprachen. Weil es zu kompliziert geworden wäre, mit jedem Sitz ein Mikrophon zu verbinden, wurde eins für je zwei Sektoren der Treppenanlage angebracht, so daß der Redner zu seinem Mikrophon maximal 15 m zu laufen hatte.

Der akustische Teil wurde durch vier Registrationszentralen ergänzt, eine für die Ansprachen des Papstes, eine für die Kardinäle und Bischöfe, eine dritte für die amtl. Mitteilungen des Sekretariates. Die vierte stand in Reserve, falls eine der übrigen drei ausfiel. Für die Feststellung der Präsenzen und der Abstimmungen wurde in der Aula ein schalldichter Raum mit einer mechanischen Aufzeichnungsmöglichkeit eingerichtet. So ließen sich augenblicklich die statistischen Werte der 168 Vollversammlungen und 544 Abstimmungen ermitteln. Eingerichtet wurde auch ein vollständiges Fernsehsystem, das auch nach Entfernung der Aula weiter benutzt werden konnte.

Um der Forderung nach einer vollständigen Abschließung der Aula von der Außenwelt während der Sitzungen zu entsprechen, mußte für alle Bedürfnisse der Teilnehmer gesorgt werden. Den Gesundheitsdienst organisierte das Governatorat der Vatikanstadt. Während der ganzen Dauer des Konzils hatte es drei feste Posten eingerichtet, wo jeweils ununterbrochen ein Arzt, zwei Krankenpfleger der Barmherzigen Brüder und zwei Träger verfügbar waren. Während der Sitzungen standen nahe der Aula Sanitätswagen bereit. In enger Zusammenarbeit damit besorgten die Barmherzigen Brüder auch

Medikamente aus der Vatikanischen Apotheke (→). Die vorhandenen sanitären Dienste waren ungenügend und so baute man neue Anlagen außerhalb der Basilika, die noch funktionieren. Die Überwachung dieser ganzen komplexen Organisation war dem Korps der Päpstl. Gendarmen (→) anvertraut, die abwechselnd Tag und Nacht ununterbrochen Dienst taten. Um das Sakrale des Ereignisses zu wahren, trugen die Gendarmen, die in der Aula den Wachdienst ausübten, zivile Kleidung, doch besaßen auch sie eine Erkennungskarte vom Sekretariat des Konzils. Die Geheimhaltung war dadurch gesichert, daß man hauptsächlich Leute beauftragte, die des Lateinischen nicht mächtig waren.

Es gab außerdem in der Aula auch ein Fundbüro, das ebenfalls in den Händen der Gendarmen lag. Die unter dem Vorsitz von Kardinal Gustavo Testa durchgeführten Vorbereitungsarbeiten dauerten etwa fünf Monate, wobei täglich 200 Arbeiter tätig waren. Für den Abbruch der Anlage genügten dagegen etwa zwei Monate.

Bibl.: Osservatore della Domenica, Sondernummer für das II. Vatikanische Ökumenische Konzil (1966), *Aula Sancta Concilii*, Vatikanstadt 1967.

A. Martini

Kreuzträger des Papstes

Es handelt sich um einen Kleriker, in der Regel um einen der Päpstl. Geheimkapläne (→), die beim Einzug des Papstes zu feierlichen Gottesdiensten, das Kreuz mit dem Bild des Erlösers vortragen mußten. Dieser Brauch scheint bis auf das Pontifikat Clemens' I. (88–97) zurückzugehen, wie Filippo Bonanni (*La Gerarchia ecclesiastica*, Rom 1720, S. 378) berichtet. Dort wird auch erwähnt, daß jedesmal, wenn der Papst gemeinsam mit dem Hl. Kollegium einzog, das Amt des Kreuztragens dem Letztgenannten der Auditoren der Hl. Röm. Rota vorbehalten war – in Erinnerung an die Tatsache, daß dieses Tribunal seine Ursprünge in der Kategorie der päpstl. Kapläne hatte. In dieser Funktion wurde der Auditor begleitet vom *Maestro Ostiario di Virga Rubea* (→) und umgeben von den *Mazzieri* (→). Auch dieses Amt ist von Paul VI. 1968 im Rahmen seiner Reorganisation des Päpstl. Hauses abgeschafft worden (Motu Proprio *Pontificalis Domus* vom 28. März (AAS, LX [1968], S. 305–315). Gegenwärtig ist die Aufgabe des Kreuzträgers bei feierlichen päpstl. Funktionen einem der Kleriker der *Cappella Pontificia* (→) anvertraut.

N. Del Re

Kronkardinäle

Es handelt sich um Kardinäle, die bis zum Ende des vergangenen Jahrhunderts von den Päpsten auf Empfehlung eines gekrönten Herrschers ernannt wurden –, nach einem Brauch, der wohl auf Clemens V. (1305–14) zurückgeht, des ersten Papstes in Avignon. Nachdem es sich zuerst um einen Gunsterweis für die hochgestellten Antragsteller handelte, wandelte es sich im Laufe der Zeit zu einem wirklichen Recht, das die Päpste den Kaisern des Hl. Röm. Reiches, den Königen von Spanien, Frankreich, Portugal und Polen und nicht zuletzt dem Dogen von Venedig zuerkannten. Mit einer solchen Ehrung wollten die Genannten die guten Dienste und die Treue z. B. eines Ministers oder eines kirchlichen Ratgebers kompensieren, einem aus der eigenen Verwandtschaft einen Gefallen erweisen oder jemanden aus einer feindlich gesinnten Adelsfamilie für die eigene Sache gewinnen. Jedenfalls blieben diese sog. Kronkardinäle in der Regel in ihren Ursprungsländern und entzogen sich den mit der übernommenen Funktion verbundenen Pflichten als Ratgeber der Päpste, so daß dieses Kardinalat zu einem reinem Ehrentitel wurde.

N. Del Re

Kürassiere

Zusammen mit den Reitern bildeten die Kürassiere die eigentliche Schutztruppe des Papstes. Ihr Name bezieht sich auf den stählernen Panzer, den sie auf ihrer türkisfarbenen Uniform trugen. Beide Reitertrupps dienten vor allem dem Begleitschutz des Papstes außerhalb der Apost. Paläste, wurden aber auch zur Bewachung der Paläste selbst eingesetzt. Das Korps der Kürassiere, errichtet von Innozenz X. (1644–55), bestand aus einer einzigen Kompanie unter dem Kommando eines Hauptmanns, unterstützt durch einen Leutnant und einen höheren Offizier, den man *Cornetta* nannte. Die Kompaniestärke wurde mehrfach geändert. Zum Schluß betrug sie 48 Mann, aufgeteilt in je vier Truppen zu 12, bewaffnet mit Schwert, Karabiner und Pistole, zu denen sich noch zwei Trompeter und ein Trommler gesellte. Im Jahr 1740 wurden sie direkt dem Kommissariat der Armee unterstellt. Ihre Kasernen befanden sich in der Nähe des Vatikans, zunächst im *Borgo Pio* und dann im *Borgo Nuovo „nel Palazzina denominata della Regina“*, wie man es bei G.P. Chattard (*Nuova descrizione del Vaticano, o sia Del Palazzo Apostolico di San Pietro*, III, Rom 1767, S. 341) nachlesen kann. Als dann die Päpste ihren festen Wohnsitz im Apost. Palast des *Quirinal* nahmen, wurde das Korps der Kürassiere zu den Thermen des Diokletian verlegt, um später gemeinsam mit der Kavallerie in geeigneten Räumen im *Palazzo della Consulta* untergebracht zu werden, wo bis 1798 blieben. Dann endete mit dem Beginn der ersten römischen Republik ihr Dienst. Das Korps wurde nach der Restauration nicht wieder gegründet. Die alten Kürassiere wurden in Pension geschickt, erhielten aber das Privileg, lebenslänglich ihre alten Uniformen tragen zu dürfen.

N. Del Re

Kurie, Römische

In der neuesten Fassung des kanonischen Rechts wird die Bezeichnung Röm. Kurie für den Komplex der Zentralorgane des Hl. Stuhls verwendet, die den Papst bei der Generalregierung der katholischen Kirche unterstützen, wie es u. a. can. 360 des geltenden Codex zu entnehmen ist. Noch ausdrücklicher ist der Begriff in der Konstitution zur Kurienreform *Pastor Bonus* definiert, die Johannes Paul II. am 28. Juni 1988 (AAS, LXXX [1988], S. 841–912) herausgegeben hat. Hier heißt es in Art. 1 ausdrücklich: „Die Röm. Kurie ist das Gesamt der Dikasterien und Organe, die den röm. Pontifex in der Ausübung seines höchsten Hirtenamtes zum Wohle und im Dienst der Universalkirchen und der Ortskirchen unterstützen – ein Dienst, durch den die Einheit des Glaubens und die *Communio* des Gottesvolkes gestärkt wird und der die der Kirche eigene Mission in der Welt fördert“.

Röm. Kurie heißt sie nicht nur wegen ihres Sitzes in Rom, sondern auch, weil sie als zur Diözese Rom gehörig gilt, deren Bischof der Papst ist. Die Bildung der verschiedenen Dikasterien erfolgte im Laufe der Zeit in einem langwierigen Prozeß, der bei einigen Einrichtungen bis in die älteste Zeit zurückgeht. Die Ursprünge der *Cancelleria Apostolica* liegen beispielsweise im 4. Jh. Die Gründung fast aller übrigen Dikasterien erfolgte zwischen dem 12. und 16. Jh., so daß man die Röm. Kurie zum Ende desselben und vor allem dank der großen Reformpolitik Sixtus' V. am Beginn des Jahres 1588 als weitgehend organisiert betrachten konnte. Damals wurde die Basis geschaffen, die bis heute gültig ist.

Für die ersten Jahrhunderte der Kirche gibt es keine Hinweise auf eigens für das Apost. Amt des Bischofs von Rom geschaffenen Ämter. Er besorgte in der Regel die Angelegenheiten allein mit Hilfe des Teils des röm. Klerus, der in kollegialer Form das sogenannte *Presbyterium Apostolicae Sedis* bildete, dessen Existenz in vielen Dokumenten aus diesen fernen Zeiten belegt ist. Beispielsweise liest man in einem Brief des Papstes Cornelius aus dem Jahre 251: *„Omni igitur actu ad me perlato placuit contrahi presbyterium“* (PL, 3, S. 742). Die im *Presbyterium* behandelten Argumente betrafen jedoch niemals Glaubens- oder Moralfragen, deren Behandlung höher gestellten Organe vorbehalten war wie der *Synode* oder des *Röm. Konzils.* Für die Niederschrift und für die Aufbewahrung der Akten sorgten jedoch bestimmte Personen, die je nach ihrer Funktion mit verschiedenen Namen benannt waren: *consiliarii, cancellarii, scriniarii, bibliotecarii* etc. In diesen kann man wohl den ältesten Ursprung der heutigen Ämtern der Röm. Kurie betrachten. Von Beginn des 11. Jh. an ist die bislang dem Presbyterium und den Röm. Synoden vorbehaltenen Aktivitäten einem neuen Organ, dem Konsistorium, unterstellt worden, das sich ausschließlich aus Kardinälen zusammensetzte. Dieses erwarb in kürzester Zeit eine wirklich beachtenswerte Rolle in der Regierung der Kirche, wie es auch an der Häufigkeit seiner Sitzungen – unter Innozenz III. (1198–1216) bereits dreimal pro Woche (PL, 214, 80–81) zu erkennen ist.

Die fortschreitende Erweiterung der Kirchenpolitik, verursacht vor allem durch die immer zahlreicheren und intensiveren Kontakte des Apostolischen Stuhls mit den katholischen Nationen, ließ die Aufgaben in einer Weise anwachsen, daß sich das Konsistorium bald mit der Unmöglichkeit konfrontiert sah, sie schnell zu bewältigen. Die Päpste sahen sich daher vor der Notwendigkeit, von Mal zu Mal spezielle Kardinalskommissionen zu errichten mit der Aufgabe, besondere Fragen eigens zu behandeln und zu beschließen. Neben der Gründung solcher vorübergehender Organe wurden gleichzeitig auch einige ständige Organe mit klar umrissenen Aufgabenstellungen gebildet. So entstanden die röm. „Kongregationen“, als erste die des Hl. Offiziums, gegründet 1542 von Paul III. mit der Aufgabe, das Glaubensgut zu schützen und die katholische Moral zu verteidigen – ein Dikasterium, das heute noch unter dem Namen „Kongr. für die Glaubenslehre“ besteht. Dieser folgten 1564 die Konzilskongregation (derzeit Kongr. für den Klerus), gegründet von Pius IV. zur exakten Durchführung der Dekrete des Konzils von Trient, das im Jahr zuvor abgeschlossen worden war. Pius V. errichtete 1571 die „Kongregation des Index“ zur Revision der Bücher und 1572 die Kongregation der Bischöfe zur Prüfung von gegen sie vorgebrachten Beschwerden. Dem energischen Reformeifer Sixtus' V. ist die Gründung der meisten Kongregationen zu verdanken. Mit der Konstitution *Immensa aeterni Dei* vom 22. Januar 1588 erhielt die Röm. Kurie die Form, unter der sie weitgehend bis in unsere Tage existiert.

Zwar wurden die sixtinischen Anordnungen weitgehend von seinen Nachfolgern übernommen, jedoch in einem Auf und Ab von Aufhebungen und Neugründungen, vor allem durch Clemens VIII. (1592–1605), Gregor XV. (1621–23), Urban VIII. (1623–44), Innozenz XII. (1691–1700) und Pius VII. (1800–23).

Der ständige Wechsel der verschiedenen Kongregationen und ihre Zuständigkeiten und die dadurch entstandenen Verwirrungen konnten erst am Beginn unseres Jahrhunderts in der zweiten Generalreform der Röm. Kurie durch Pius X. mit der Konstitution *Sapienti consilio* vom 29. Juni 1908 (AAS, I [1909], S. 7–19) beendet werden. Hauptziele dieser Reform waren die exakte Begrenzung der Kompetenzen eines jeden Dikasteriums und die präzise Trennung von Verwaltungsaufgaben und Rechtsvollmachten. Dabei wurden einige Kongregationen abgeschafft oder machten Platz für neue, wobei auch die zwei Gerichte, die *Sacra Romana Rota* und die Apost. Signatur wieder gegründet wurden, die nach 1870 ihre Tätigkeit einstellen mußten. Das Reformwerk Pius X. wurde weitgehend in den 1917 erlassenen „Codex des kanonischen Rechts" aufgenommen, wobei die „Kongr. für die Seminare und Studieneinrichtungen" und die „Kongr. für die Orientalischen Kirchen" neu gegründet wurden. Abgeschafft worden war bereits von Benedikt XV. im Jahre 1917 die alte „Indexkongregation", deren Aufgabenbereiche in die „Kongr. des Hl. Offiziums" überstellt wurden.

Die veränderten sozialen, politischen und kulturellen Bedingungen unserer Zeit blieben natürlich nicht ohne Auswirkungen auf die Aufgabenstellungen der verschiedenen Dikasterien der Röm. Kurie. Nicht zuletzt rief das Zweite Vatikanische Konzil nach einem *aggiornamento* (Anpassung) der Röm. Kurie als Hilfsorgan des Papstes in der Leitung der Universalkirche. Im Konzilsdekret *Christus Dominus* vom 28. Oktober 1965 wird unter Nr. 9 bekräftigt, daß „in seinem höchsten Dienst und in seiner vollen und unmittelbaren Gewalt über die ganze Kirche sich der Röm. Pontifex der Dikasterien der röm. Kurie bedienen soll, die ihre Aufgabe in seinem Namen und in seiner Autorität zum Wohle der Kirchen und auch im Dienst an den Bischöfen ausüben sollen". Gleichzeitig drückten die Konzilsväter den Wunsch aus, daß diesen Dikasterien „eine neue Ordnung gegeben werden soll, die mehr an Bedürfnissen der Zeit, der verschiedenen Regionen und Riten angepaßt sein solle, besonders was ihre Zahl, ihre Benennung, ihre Kompetenz, ihre Praxis und die Koordination ihrer Arbeit betrifft".

Folgerichtig kündigte Paul VI. kurz nach seiner Wahl in einer Ansprache vom 21. September 1963 an die Mitglieder der Röm. Kurie eine weitere Reform dieser Einrichtung an. Er wolle damit – so sagte er – „nicht so sehr an alten Formen und Normen rütteln, sondern die Röm. Kurie so regeln, daß sie zu einer wirksamen und geeigneten Funktionsfähigkeit gelange".

Nach vierjähriger intensiver Arbeit einer Kardinalskommission, die vom Papst persönlich in der Schlußphase geleitet wurde, erließ Paul VI. mit der Konstitution *Regimini Ecclesiae universae* vom 15. August 1967 (AAS, LIX [1967], S. 885–928) ein Reformwerk, daß die bereits in der Zwischenzeit verfügten Reformen zusammenfaßte: Von einer ersten Dezentralisierung der Macht der Kurie nach dem Motu Proprio *Pastorale Munus* vom 30. November 1963 (AAS, LVI [1964], S. 5–12) bis zu einer größeren Effizienz der Ritenkongregation durch Hinzufügung von zwei Untersekretären Anfang 1965, einem für die Liturgie und einem für die Heiligsprechung; von der Neustrukturierung der traditionsreichen Kongregation des Hl. Offiziums mit dem Motu Proprio *Integrae servandae* vom 7. September 1965 (AAS, LVII [1965], S. 952–955) und ihrer Namensänderung in den einer „Kongregation für die Glaubenslehre" bis zur Zulassung von residierenden Bischöfen in den Kongregationen als „Mitglieder" mit vollen Rechten, verfügt mit dem Motu Proprio *Pro comperto sane* vom 6. August 1976 (AAS, LIX [1967], S. 818–884). Im Jahr 1964 wurden außerdem die Patriarchen als Mitglieder in die „Kongregation für die Orientalischen Kirchen" zugelassen, deren Territorien ihr unterstellt waren.

Eines der herausragendsten Kennzeichen dieser dritten großen Kurienreform war zweifellos die Zuteilung an die Kongregationen von je sieben Diözesanbischöfen, die auf diese Weise bei den jährlichen Vollversammlungen der einzelnen Dikasterien ihre Fragen mit größerem Nachdruck vorbringen konnten. Damit wurde die Entscheidungsbefugnis der Kongregationen, die bislang nur Kardinälen vorbehalten war, auf die residierenden Bischöfe ausgeweitet und so einem ausdrücklichen Votum der Konzilsväter des II. Vaticanums entsprochen: „Es ist außerdem wünschenswert, daß unter die Mitglieder der Dikasterien auch einige Bischöfe, besonders Diözesanbischöfe, aufgenommen werden, weil nur sie umfassend gegenüber dem Papst die Mentalität, die Wünsche und die Notwendigkeit aller Ortskirchen vermitteln" (Dekret *Christus Dominus*, Nr. 10).

Andere Besonderheiten der Kurienreform Pauls VI. wurden als geradezu revolutionär betrachtet:

a) eine stärkere Internationalisierung der Röm. Kurie, deren Mitarbeiter aus den verschiedensten Nationen der Welt ausgewählt werden, wobei besonders professionelle, intellektuelle und moralische Qualitäten eine Rolle spielen;

b) die Einführung einer zeitlichen Begrenzung der Amtsdauer auf fünf Jahre, vor allem was die leitenden Funktionen betrifft;

c) eine engere Verbindung der Röm. Kurie mit den Ortsordinarien und umgekehrt, vor allem über die Bischofskonferenzen;

d) die Einführung von gemischten Versammlungen zwischen den Kongregationen zur Behandlung besonderer Probleme;

e) die Verpflichtung zur Abhaltung einer – ähnlich dem Ministerrat von weltlichen Regierungen – periodisch stattfindenden Versammlung aller Kardinalpräfekten unter der Präsidentschaft des Kardinalstaatssekretär, dessen Funktionen auch auf diese Weise eine erhebliche Aufwertung erfuhren.

Im Zuge der Paulinischen Reform wurden einige ältere Dikasterien abgeschafft, wie z.B. die Kongr. für die Zeremonien, die Apost. Datarie und die zwei Sekretariate der Breven an die Fürsten und für die lateinischen Schreiben, während andere neue Organe gegründet oder aus bereits bestehenden gebildet wurden. So z. B. die „Präfektur des Apost. Palastes, später „Präfektur des Päpstl. Hauses" (entstanden aus der Fusion der Ämter des *Maggiordomo*, des *Maestro di Camera* und der alten Zeremonialkongr.). Andere Ämter wurden vor allem auf Wunsch des Konzils neu geschaffen, wie die drei Sekretariate für die Einheit der Christen, für die Nicht-Christen und für die Nicht-Glaubenden, der Päpstl. Rat für die Laien, die Päpstl. Komm. „Iustitia et Pax" u.a. Absolut neu waren die „Präfektur für die wirtschaftlichen Angelegenheiten des Hl. Stuhls", das „Zentralbüro für die Statistik der Kirche" und das „Verwaltungsgericht", dessen Notwendigkeit besonders zu spüren war.

Eines der wichtigsten und interessantesten Ergebnisse dieser Reform war die Aufwertung des vatikanischen Staatssekretariates, seit längerem schon in eine Abteilung für Äußeres und für Inneres gegliedert. Paul VI. setzte diese beiden an die erste bzw. zweiten Stelle aller Dikasterien der Röm. Kurie. Diese enge Zusammenarbeit mit dem Staatssekretariat war für den Papst bedeutsam in seinem unmittelbarem Dienst als Haupt der katholischen Kirche, als Souverän des Staates des Vatikans und auch in seinen persönlichen Aufgaben.

Noch durch Paul VI. erfolgten weitere Änderungen. Am 8. Mai 1969 entstanden aus der alten Ritenkongr. zwei neue Dikasterien: die „Kongregation für die Heiligsprechungen" und die „Kongregation für den Gottesdienst", die 1975 mit der „Kongregation für die Disziplin der Sakramente" zusammengelegt wurde. 1973 schaffte Paul VI. das traditionsreiche Amt der *Cancelleria Apostolica* ab und übertrug dessen Funktionen dem Staatssekretariat. Insgesamt muß man sagen, daß es Paul VI. mit seiner Kurienreform und den darauffolgenden Maßnahmen gelungen ist, der Kirche Regierungsinstrumente in die Hand zu geben, die, wie es auch dem Wunsche den Konzils entsprach, effizienter und im Hinblick auf die Weltkirche repräsentativer als die bisherigen sind. Paul VI. selbst räumte ein, daß eine solche Reform immer unvollständig bleibe und offen sein müsse für neue Überlegungen, Revisionen und Verbesserungen.

Etwas mehr als zwanzig Jahre später hat Johannes Paul II. mit der bereits erwähnten Konstitution *Pastor Bonus* die Neuorganisation der Rom. Kurie fortgeführt. Auf der Basis der Paulinischen Reform von 1967 hat er einigen aktuellen Notwendigkeiten entsprochen und ist von einer zusätzlichen Betonung der Seelsorge und einer Verminderung des Zentralismus der kirchlichen Regierung ausgegangen. Er hat die Stellung des Staatssekretariates weiter stabilisiert und drei neue Kommissionen gebildet, für die Seelsorge im Gesundheitsdienst, für die Seelsorge am Menschen unterwegs und für die Soziale Kommunikation. In die Röm. Kurie hat er die zwölf Päpstl. Räte integriert und sie in den Rang von eigenen Dikasterien erhoben. Des weiteren verfügte er die Zusammenlegung der Kongr. für den Gottesdienst mit der für die Disziplin der Sakramente und die Umbenennung der Religiosenkongregation in „Kongr. für die Institute des gottgeweihten Lebens und für die Gemeinschaften des apost. Lebens", die er mit weitergehenden Kompetenzen versah.

In Aufhebung der entsprechenden Dispositionen in der Konstitution *Pastor Bonus* hat Johannes Paul II. mit dem Motu Proprio *Inde a Pontificatus Nostri initio* vom 25. März 1993 (AAS, LXXXV [1993], S. 549–592) mit dem „Päpstl. Rat für die Kultur" ein neues Dikasterium geschaffen, in dem die alten Päpstl. Räte „für die Kultur" und „für den Dialog mit den Nicht-Glaubenden" zusammengefaßt wurden. Deren Aktivität werden jetzt in zwei Sektionen „Glaube und Kultur" und „Dialog mit den Kulturen" ausgeübt.

Als Instrumente in den Händen des Papstes, von dem sie Autorität und Gewalt erhalten, stellt sich die Röm. Kurie in ihrer Zusammensetzung heute wie folgt dar:

a) Das Staatssekretariat (→), gebildet aus den zwei Sektionen „Allgemeine Angelegenheiten" und „Beziehungen zu den Staaten", die den alten „Rat für die auswärtigen Angelegenheiten der Kirche" ersetzt;

b) Die neun Kongregationen (→): Kongregation für die Glaubenslehre, Kongregation für die Orientalischen Kirchen, Kongregation für den Gottesdienst und die Sakramentenordnung, Kongregation für die Selig- und Heiligsprechungsprozesse, Kongregation für die Bischöfe, Kongregation für die Evangelisierung der Völker, Kongregation für den Klerus, Kongregation für die Institute gottgeweihten Lebens und die Gemeinschaften apost. Lebens, Kongregation für das Katholische Bildungswesen (für die Seminare und Studieneinrichtungen);

c) Die drei Tribunale der Apost. Pönitentiarie, der Apost. Signatur und der Röm. Rota, (→);

d) Die elf Päpstl. Räte (→): Laienrat, Rat zur Förderung der Einheit der Christen, Rat für die Familie, Rat für Gerechtigkeit und Frieden, Rat „Cor Unum", Rat für die Seelsorge am Menschen unterwegs, Rat für die Seelsorge im Gesundheitsdienst, Rat für die Interpretation der Gesetzestexte, Rat für den interreligiösen Dialog, Rat für die Kultur, Rat für die soziale Kommunikation;

e) Die drei Büros der Apost. Kammer (→), der Güterverwaltung des Apost. Stuhls und der Präfektur der wirtschaftlichen Angelegenheiten des Hl. Stuhls.

Es komplettieren das Generalschema der heutigen Röm. Kurie zwei weitere Organe, nämlich die Präfektur des Päpstl. Hauses und das Amt für die liturgischen Feiern des Papstes, die zu den genannten 27 Dikasterien hinzuzuzählen sind, alle juristisch untereinander gleichwertig (Art. 2, Abs. 2).

Bibl.: N. Del Re, *La Curia Romana. Lineamenti storico-giuridici,* Rom 1970 (S. 569–574 Bibl.); F. Cavalli, *Sviluppo dell'internazionalizzazione nella Curia Romana,* in *La Civiltà cattolica,* 121 (1970), II, S. 555–568; G. Delgado, *La Curia Romana: el gobierno central de la Iglesia,* Pamplona 1973; J. Sánchez y Sánchez, *La Curia Romana hasta Pablo VI: las grandes lineas de su evolución histórica,* in *Revista española de derecho canónico,* 32 (1976), S. 439–458; E. Pitz, *Die Röm. Kurie als Thema der vergleichenden Sozialgeschichte,* in *Quellen und Forschungen aus Italienischen Archiven und Bibliotheken,* 58 (1978), S. 216–359; *Curie Romaine et communion d'Eglise,* in *Concilium,* Nr. 147 (1979); N. Del Re, *Sisto V e la sua opera di riorganizzazione del governo centrale della Chiesa e dello Stato,* in *Idea,* 36 (1980), S. 41–53; J.-B. d'Onorio, *Le système institutionnel du Saint-Siège,* Aix-en-Provence 1981; N. Del Re, *Benedetto XIV e la Curia Romana,* in *Benedetto XIV (Prospero Lambertini). Atti del Convegno internazionale di studi storici su Benedetto XIV. Cento 6–9 dicembre 1979,* I, Cento 1982, S. 637–662; J. L. Gutiérrez, *La Curia Romana ante la nueva codificación,* in *Ius canonicum,* 23 (1983), S. 527–546; R. J. Castillo Lara, *Reforma de la Curia Romana y pastoralidad,* in *Pro fide et iustitia. Festschrift für Agostino Kardinal Casaroli,* Hrsg. von H. Schambeck, Berlin 1984, S. 229–242; J. Sánchez y Sánchez, *Ante una nueva reforma de la Curia Romana. Entre el respeto y la esperanza,* in *Estudios canónicos en homenaje al Profesor D. Lamberto de Echeverria,* Salamanca 1988, S. 245–264; *La Curia Romana nella Cost. Ap. „ Pastor Bonus „,* Hrsg. P. A. Bonnet und C. Gullo, Vatikanstadt 1990.

N. Del Re

KURIENGEBÜHREN

Es handelt sich um eine Art Steuer, die Antragsteller für die Ausstellung verschiedener amtlicher Unterlagen bei den Dikasterien des Hl. Stuhls entrichten müssen. Die Kuriengebühren gliedern sich auf in Verwaltungsgebühren für Kanzleivorgänge wie die Überlassung von Ernennungsurkunden, päpstl. Reskripten und apostolische Briefen, und in Justizgebühren, die als Prozeßkosten für Verfahren gefordert werden, die bei den Gerichten des Hl. Stuhls oder bei der Kongr. für die Selig- und Heiligsprechungsprozesse anhängig sind.

Ursprünglich handelte es sich um freiwillige Zuwendungen, die aber schon im 13. Jh. zwingend wurden. Sie entstanden mit der Errichtung der röm. Dikasterien, wurden von diesen eingezogen und dienten als Lohn für das eigene Personal. Erst nach der Kurienreform 1908 unter Pius X. beanspruchte der Hl. Stuhl diese Einkünfte für sich, weil er jetzt für die Gehaltszahlungen an die Angestellten aller Dikasterien zuständig war. Die Einnahme der Kuriengebühren erfolgt durch besonders beauftragte Personen, die sie turnusmäßig an die Güterverwaltung des Hl. Stuhls (→) abführen. In den Jahren 1920 und dann wieder 1946 bedurfte es einer kompletten Revision dieser Kuriengebühren, um die starke Geldentwertung vor allem nach dem 2. Weltkrieg aufzufangen. Im weiteren Verlauf folgten nur kleinere Anpassungen.

Bibl.: G. Palazzini, in *Enciclopedia cattolica,* XII, Sp. 1780–83.

N. Del Re

KURIENKARDINÄLE

Mit diesem Namen werden allgemein all diejenigen Mitglieder des Hl. Kollegiums bezeichnet, die in Rom residieren und reguläre und aktive Mitarbeiter des Papstes in der Zentralregierung der Kirche, d.h. in den verschiedenen Dikasterien Röm. Kurie sind. Es handelt sich um die Kardinäle, die mit dem Titel eines Kardinalpräfekten an der Spitze einer Kongregation oder des Obersten Tribunals der Apost. Signatur stehen, oder die Leitung eines der Päpstl. Räte, Kommissionen oder Komitees übernommen haben und den Titel eines Präsidenten führen. Darüber hinaus gibt es auch noch besondere Funktionen in der Person des Kardinalstaatssekretärs, des Camerlengo der Hl. Röm. Kirche, des Großpönitentiars, des Bibliothekars und Archivars der Hl. Röm. Kirche und des Generalvikars Seiner Heiligkeit (→). Eine Ausnahme erfolgte mit einer besonderen Autorisierung des Papstes im Falle von John Henry Newman, der von Papst Leo XIII. im Jahre 1879 zum Kardinal kreiert wurde, jedoch weiter in England blieb und dennoch Kurienkardinal war.

N. Del Re

L

Laienrat, Päpstlicher

→ Rat für die Laien, Päpstlicher

Landone

Papst. Eine fast unbekannte Persönlichkeit, von der man nur weiß, daß er einer adeligen sabinischen Familie langobardischen Ursprungs angehörte und Sohn eines Grafen Taino oder Raino war. Er war ein Zögling der Anhänger des Theophylakt aus Tusculum, die damals in Rom den Ton angaben. Landone oder Lando, wie man ihn ebenfalls gelegentlich nannte, wurde im Juli 913 als Nachfolger Anastasius' III. gewählt, führte jedoch kaum Amtshandlungen durch, da er sich während seines Pontifikates fast immer in einer machtlosen Position fand. Auch die Dauer seines Pontifikates ist historisch kaum geklärt. Während nämlich das *Chronicon Farfense* sie auf ein Semester beziffert, gibt der *Liber Pontificalis* (III, 239) nur drei Monate an. Bei anderen mittelalterlichen Chronisten variiert die Zahl. Dabei bleibt unberücksichtigt, daß dieser Papst von einigen Autoren sogar übergangen wird, wie zum Beispiel von Martino Polono in seiner bekannten *Chronica Summorum Pontificum Imperatorumque*. Der Tod Landones erfolgte auf ungeklärte Weise. Das *Annuario Pontificio* gibt den Februar 914 an. Er ist in St. Peter beigesetzt.

N. Del Re

Lapidarium

→ Inschriftensammlung

Lateranbasilika

→ S. Giovanni in Laterano

Lateranpalast

Gemeinsam mit dem sich anschließenden Baukomplex ist der Lateranpalast in zahlreichen Bauphasen im Laufe vieler Jahrhunderte entstanden. Der Name „Lateran“ stammt von der Familie der *Plautii Laterani* , die in röm. Zeit das Gelände besaß. Unter Kaiser Alexander Severus gingen die Gebäude an den kaiserlichen Fiskus über. Fausta wählte sie für ihre Residenz und hielt dort 313 das Konzil von *Milziade* gegen das Schisma ab. Konstantin war der erste Kaiser, der dem Papst die Möglichkeit zubilligte, den Lateranpalast als Wohnung zu nutzen. Von da an wählten ihn viele Päpste als Residenz des Päpstl. Hofes, bis Invasionen und Barbareneinfälle Johannes II. veranlaßten, auf den Palatin umzuziehen. Papst Zacharias (741–752) kehrte zum Lateran zurück, der aus Analogie zur Residenz des Patriarchen von Konstantinopel von da an „*Patriarchium*“ genannt wurde.

Zacharias ordnete einen umfassenden Umbau der antiken Villa an, die noch als Wohnung genutzt wurde. Er ließ außerdem einen Säulengang errichten, der die Villa mit der Kirche verband, sorgte für die Restaurierung des Trikliniums vor der Basilika und ließ ein zweites im

Obergeschoß bauen. Unter Leo III. veränderte man die verschiedenen Gebäude erneut und fügte zwei weitere große Triklinien hinzu. Eines davon wurde die große *Konzilsaula*, zu der im hl. Jahr 1300 die Segensloggia hinzukam. Während der Jahrhunderte wurde das *Patriarchium* durch zahlreiche Oratorien, ein Archiv und eine Bibliothek erweitert. So entstand der Kern der dortigen päpstl. Wohnungen.

Der Umzug des Hl. Stuhls nach Avignon (1305–1377) und das Schisma des Westens verursachten trotz sporadischer Renovierungen den Verfall des Komplexes, so daß Sixtus V. ihn durch Fontana fast gänzlich abreißen ließ. Verschont blieben nur die Heilige Stiege, an der Gericht gehalten wurde und eines der Triklinien Leos III. unter der Apsis, das beim Umbau des 18. Jh. durch Ferdinando Fuga etwas verschoben wurde.

Die 1585 begonnen Bauarbeiten wurden 1589 feierlich mit einem Konsistorium beendet. Sie kamen mit bemerkenswerter Geschwindigkeit voran, da das Baumaterial sowohl aus dem abgerissenen *Patriarchium*, als auch aus den nahen klassischen Denkmälern wie dem *Septizionum* kam, das als Travertingrube genutzt wurde. Der Grundriß wird – vor allem für die Ost- und Westseite – vom alten Gebäude bestimmt, so daß der Papstsaal über der *Konzilsaula* liegt und eine rechteckige Form aufweist. Die drei Fronten des Palastes sind jeweils dreigeschossig mit breiten Portalen. Dem dreigeschossigen Aufriß der Außenseiten entspricht im Hof der dreizonige Portikus. Das Hauptgeschoß hat sich bis heute fast unverändert erhalten und ist in verschiedene Säle unterteilt, unter denen sich auch die päpstl. Kapelle und Wohnung befinden, die jetzt Sitz des Historischen Vatikanischen Museums (→) sind.

Am 11. Februar 1929 wurden im Saal der Päpste, der seit diesem Tag „Versöhnungssaal" heißt, die Lateranverträge von Kardinal Pietro Gasparri und Benito Mussolini unterzeichnet, mit denen die „Römische Frage" gelöst und die Beziehungen zwischen Kirche und italienischem Staat geregelt wurden. Nach den letzten, 1967 beendeten Umbauarbeiten dient das Gebäude nun als Sitz des Vikariats von Rom.

Bibl.: Ph. Lauer, *Le Palais de Latran*, Paris 1911; A. Schiavo, *Il Laterano: palazzo e battistero*, Rom; Id.; *Restauri e nuove opere nella zona extraterritoriale lateranense (1961–1968)*, Vatikanstadt 1968; P. Verzone, *La distruzione dei palazzi imperiali di Roma e di Ravenna e la ristrutturazione del Palazzo Lateranense nel IX secolo*, in *Roma e l'età carolingia. Atti delle giornate di studio 3–8 maggio 1976*, Rom 1976, S. 39–54; G. Delfini, *Contributo alla storia del Laterano*, ib., S. 223–227; A. Ippoliti, *Nuove Acquisizioni sul Palazzo Laterano: la „Scala pontificale"*, in *Quaderni dell'Istituto di Storia dell'Architettura*, Nr. 11, Rom 1988, S. 51–60; *Il Palazzo Apostolico Lateranense*, Hrsg. Carlo Pietrangeli, Florenz 1991.

M. C. Marchei

Legaten, Päpstliche

Unter dieser Bezeichnung versteht man alle diplomatischen Vertreter, die vom Hl. Stuhl entsandt werden – gemäß des neuen Codex des Kirchenrechtes (Can. 362–367) inklusive der Normen des Motu Proprio *Sollicitudo omnium ecclesiarum* vom 24. Juni 1968 Pauls VI. (AAS, LXI [1969], S. 473–484). Ihnen ist die Aufgabe anvertraut, den Röm. Papst bei den Einzelkirchen oder auch bei den Staaten und öffentlichen Autoritäten zu vertreten. Sie werden vom Papst ernannt, können aber auch jederzeit versetzt oder zurückgerufen werden, je nach dem Urteil des Papstes, „allerdings unter Wahrung der Normen des internationalen Rechts, soweit es die Entsendung und Abberufung von Gesandten bei den Staaten betrifft" (can. 362).

Je nach der Gruppenzugehörigkeit benannt, unterscheidet man bei den Päpstl. Legaten *Nuntien*, *Pro-Nuntien* und *Apost. Internuntien*, wenn sie diplomatischen Status haben, und *Apost. Delegaten*, wenn sie diesen nicht besitzen (vgl. die einzelnen Bezeichnungen, insbesondere für die jeweiligen Aufgaben). Nach Maßgabe des can. 363, § 2 des Codex gehören zu den Päpstl. Legaten und Stellvertretern des Hl. Stuhl alle jene Geistlichen oder Laien, die mit einer besonderen Mission betraut sind. Die Delegatentitel unterscheiden sich je nach Position als Mitarbeiter oder Leiter einer Vertretung bei einer internationalen Organisation (bei der der Hl. Stuhl Mitglied ist), als Teilnehmer mit Stimmrecht an einer Konferenz oder einem internationalen Kongreß oder aber als Beobachter ohne Stimmrecht bei internationalen Organisationen (wo der Hl. Stuhl nicht Mitglied ist) und bei internationalen Begegnungen.

Das Amt der Päpstl. Legaten mit allen damit verbundenen Vollmachten wird durch Sedisvakanz nicht aufgehoben, es sei denn, es wäre in den Beglaubigungsschreiben anders verfügt. Es endet nur bei Erfüllung der Sendung, da es sich um Terminaufträge handelt, durch Rückberufung der betreffenden Titulare oder durch deren Verzicht, falls dieser vom Papst angenommen wird, natürlich auch bei Versetzung an einen anderen Ort oder bei Beförderung. In den jeweils zugewiesenen Territorien haben die Päpstl. Legaten, auch wenn sie noch nicht Bischöfe sind, das Recht der Präzedenz gegenüber allen Ortsordinarien, die keine Kardinäle sind.

Bibl.: M. Oliveri, *Natura e funzioni dei Legati pontifici nella storia e nel contesto ecclesiologico del Vaticano II*, Città del Vaticano 1982; A. Talamanca, *I rappresentanti pontifici nella nuova normativa canonistica*, in *Vitam impendere vero.* Studien zu Ehren von Pio Ciprotti, Hrsg. W. Schulz/G. Feliciani, ebd. 1986, S. 277–295; D. Le Tourneau, *Les légats pontificaux dans le Code de 1983, Vingt ans après la Constitution apostolique „Sollicitudo omnium ecclesiarum“*, in *L'Année canonique*, 32 (1989), S. 229–260.

N. Del Re

Legatus „a latere“

Mit diesem Titel, der sich bereits in den Akten des Konzils von Sardica 343 findet (s. K. Kirch, *Enchiridion fontium historiae ecclesiasticae antiquae*, Nr. 502), bezeichnet man heute jenen Kardinal, dem der Röm. Papst den Auftrag erteilt hat, ihn *tamquam alter ego*, gemäß des im geltenden Codex des Kirchenrechts can. 358 verwendeten Ausdrucks, bei einer großen Feierlichkeit oder einer Versammlung von Personen zu vertreten. Obwohl er nur mit einer vorübergehenden und genau bestimmten Aufgabe betraut ist, steht der *Legatus a latere* doch in der Hierarchie der diplomatischen Vertreter des Hl. Stuhles an erster Stelle, sei es als Mitglied des Kardinalskollegiums oder wegen seiner besonderen Stellung als persönlicher Vertreter des Papstes, der den Legaten im übrigen ausschließlich dann als feierliche Geste zu entsenden pflegt, wenn er einem wichtigen Zeremoniell nicht persönlich beiwohnen kann.

Der *Legatus a latere* wird durch Päpstl. Breve (→) ernannt und hat die Präzedenz vor allen Kardinälen außerhalb Roms. Er hat auch das Recht auf souveräne Ehrerweisung sowohl in seinem Zielland als auch in den Passageländern. Ferner steht ihm ein gewisses Gefolge aus qualifizierten Geistlichen und Laien zu, die vom Papst und vom Päpstl. Zeremonienmeister bestimmt werden; sowohl vor seiner Abreise wie nach Rückkehr von seiner Mission wird der *Legatus a latere* mitsamt seinem Gefolge vom Papst empfangen.

Mit dem einfachen Titel eines Kardinal-Legaten wird dagegen jener Kardinal ausgezeichnet, der nicht zur Kurie gehört, aber gesandt wird, um im Namen des Röm. Papstes den Vorsitz bei einer Feierlichkeit oder einem anderen religiösen Zeremoniell zu übernehmen. Er wird durch Apost. Schreiben ernannt und hat auch seinerseits das Recht auf ein besonderes Gefolge, das der Papst ernennt, wie er auch während seiner Mission die Präzedenz vor allen anderen Kardinälen hat.

Bibl.: M. Oliveri, *Natura e funzione dei Legati pontifici nella storia e nel contesto ecclesiologico del Vaticano II*, Torino 1979.

N. Del Re

Leibarzt des Papstes

So nannte man im Altertum den Vertrauensarzt des Papstes, der über dessen Gesundheit wachte, ihn täglich oder von Zeit zu Zeit, je nach den erhaltenen Weisungen, besuchte und ihn bei Krankheit betreute. Den Titel „Päpstl. Leibarzt" übernahm der Arzt des Papstes aber nur, wenn er ihm ausdrücklich vom Papst verliehen wurde. Von diesem Zeitpunkt an gehörte er im Rang eines Geheimkämmerers zu den Privatgemächern und trug den Titel Monsignore, auch wenn er verheiratet war. Er nahm an Reiterzügen zur Besitznahme und an den Zügen durch die Stadt teil, begleitete den Papst auch auf Reisen und bei Ferienaufenthalten und saß normalerweise mit an seinem Tisch, wenn die hauptsächlichen Familienangehörigen zugelassen waren. Nach Verfügung Leos XII. (1823–29) gehörte der Päpstl. Leibarzt ferner zum Medizinerkollegium der Universität Rom. Er beschloß sein Amt mit der Beaufsichtigung der Einbalsamierung der Leiche des verstorbenen Papstes. Einen Leibarzt des Papstes gibt es noch heute. Er ist bei den Zeremonien anwesend und begleitet den Papst auf seinen Pastoralreisen.

N. Del Re

Leo I. der Grosse

Papst und Hl. Aus einer toskanischen Familie, wahrscheinlich aus Volterra stammend, wurde er gegen Ende des 4. oder Anfang des 5. Jh. geboren. Auch wenn nur spärliche Nachrichten über die Jahre seiner Ausbildung vorliegen, können wir aus seinem umfangreichen theologischen Wissen und der reichen Erfahrung schließen, daß er die röm. Schulen besucht hat und sehr bald unter dem Pontifikat Coelestins I. (422–432) verantwortliche Aufgaben bekleidete. Dies bezeugt auch der Ausspruch Cassians im Vorwort von *De Incarnatione Domini contra Nestorium*, wo der zukünftige Papst „Zierde der Röm. Kirche" genannt wird. Gegenstand ist die Bitte Cyrills von Alexandrien um sein amtliches Vorstelligwerden beim Papst gegen die hegemonistischen Bestrebungen des Patriarchen von Jerusalem sowie die heikle Mission nach Galiläa, die ihm vom kaiserlichen Hof anvertraut worden war, um die Abmachung zwischen dem Patrizier Ezius und dem Präfekten des Prätoriums Albinus wieder in Kraft zu setzen.

Während der Verhandlungen Leos verstarb Papst Sixtus III. in Rom am 19. August 440. In der schwierigen Situation waren sich Klerus und Volk darin einig, den Diakon Leo als Nachfolger zu bestimmen, der vorbildlich die *virtus romana* und *pietas christiana* (röm. Tugend und christliche Nächstenliebe) in sich vereinte: Nach vierzig Tagen, am 29. September, fand seine feierliche Konsekration statt.

Zentrales Anliegen seines Pontifikates, eines der längsten und ruhmvollsten der Geschichte, war die nachdrückliche Bekräftigung der Oberhoheit des Bischofs von Rom, wofür er sich voll verantwortlich fühlte. Das häufige Predigen über hochaktuelle Themen war das erste Mittel, gegenüber Klerus und Volk ihre Aufgabe als *civitas sacerdotalis et regia* bewußt zu machen. Nach Paulus Diaconus hatte Leo die zerstörerische Gewalt Attilas aufhalten können (452). Zwar konnte er drei Jahre später die Plünderung durch Genserich nicht vermeiden, doch arbeitete der Papst für die Restaurierung und Verschönerung der Basiliken St. Peter und

St. Paul. Er ließ auch neue Kirchen errichten und stattete die geplünderten mit neuem Inventar aus.

Als strenger Reformator regelte er weise die Beziehungen zwischen Rom und den Bischöfen und prüfte persönlich Eingaben, Klagen und Fragen. Er gab Ratschläge und erließ Verfügungen, die ins Kirchenrecht eingingen. Als Gegenschrift zur Häresie des Eutyches verfaßte er eine dogmatische Darlegung von äußerster Klarheit, den *Tomus ad Flavianum* (Ep. 28), und berief im Jahre 451 als Antwort auf die sog. „Räubersynode von Ephesus" das ökumenische Konzil von Chalzedon, das nicht nur die Glaubenslehre des „Glaubensbekenntnisses von Chalzedon", sondern darüber hinaus auch disziplinäre Anordnungen verkündete. Trotzdem blieb aber das Gleichgewicht der Orthodoxie im Osten immer gefährdet. Leo I. richtete, um rechtzeitig eingreifen zu können, in Konstantinopel eine ständige Gesandtschaft ein, deren erster Aprokrisar oder Botschafter der Bischof Giuliano di Coo, ein zuverlässiger Informant, war. Er kündigte rechtzeitig die Gefahren an, die von zahlreichen Anhängern des Monophysitismus, vor allem in Ägypten und in Mönchskreisen in Syrien und Palästina herkamen.

Das wachsame Wirken Leos I. zugunsten der Einheit der Kirche in einer Zeit des Zusammenbruchs der Röm. Welt darf als erfolgreich bezeichnet werden und erklärt seinen Beinamen „der Große" sowie die Verehrung, die ihm gleich nach seinem Tode zuteil wurde. Er verstarb, dem *Martyrologium* des Hieronymus zufolge, am 10. November 461 und wurde durch Benedikt XIV. (1754) zum Kirchenlehrer erhoben. Seine Beisetzung erfolgte in St. Peter zunächst unter dem Eingangsportikus der alten Basilika, dann in der Säulenkapelle der neuen Basilika unter dem Altar, der mit dem berühmten Marmorrelief von Algardi geschmückt ist.

Als authentische Schriften des hl. Leo des Großen gelten seine *Sermoni* und *Lettere*. Die *Sermoni*, die wirklich gehaltenen Predigten (96), entstammen fast alle dem ersten Jahrzehnt des Pontifikates; sie gehen von den Schriftlesungen aus und folgen dem liturgischen Jahr, doch verbreiten sie sich auch über moralische Erwägungen und praktische Ratschläge, mit Ausnahme der ersten fünf, die auf seine Papstwahl Bezug nehmen, und der folgenden sechs, die die Werke der Nächstenliebe rühmen. In ihrer klaren Eleganz überzeugend, bilden sie die erste Homiliensammlung eines Papstes, die uns erhalten blieb. Die 143 Briefe bieten eine außergewöhnliche Quelle zur Kenntnis der verwickelten Angelegenheiten der damaligen Zeit. In diesen Texten offenbart sich weniger das rein Spekulative, als vielmehr der Hirte, der mit seltenem Geschick die überlieferte Lehre darzulegen verstand. Seine stilistisch eleganten Formulierungen dienten in den kommenden Jahrhunderten den feierlichen Akten der päpstl. Verwaltung als Vorbild. Schwerpunkte der pastoralen Lehre Leos waren die genaue Formulierung des Dogmas von der Menschwerdung und von der Erlösung. Unter dem Einfluß des hl. Augustinus formulierte er die Lehre von der Gnade zeitgemäß um.

Bibl.: G. Zannoni/C. Colafranceschi, in *Bibliotheca Sanctorum*, VII, (1966) Sp. 1232–1280; R. Dolle, *Les sermons en double édition de s. Léon le Grand*, in *Recherches de théologie ancienne et médiévale*, 45 (1978), S. 5–33; Ph. A. McShane, *La romanitas et le pape Léon le Grand. L'apport culturel des institutions impériales à la formation des structures ecclésiastiques*, Tournai-Montréal 1979; Cl. de La Serna, *I sermoni di S. Leone Magno e la 'Regula Benedicti'*, in *Benedictina*, 28 (1981), S. 109–222; G. Hudon, *L'Eglise dans la pensée de saint Léon*, in *Eglise et théologie*, 14 (1983), S. 305–336; A. Sáenz, *S. León Magno y los misterios de Cristo*, Paraná (Arg.) 1984.

G. Scano

LEO II.

Papst, Hl. Er wurde als Sohn eines Paulus in einer der heutigen Provinzen von Messina oder Enna geboren. Der *Liber Pontificalis* bietet uns keine sichere Nachricht außer von seiner Kenntnis der klassischen Sprachen und seiner besonderen Befähigung zum Gesang und zur Psalmodie – Fähigkeiten, die er wahrscheinlich in der Schule des Lateran ausbilden konnte. Unmittelbar nach dem Tod Agathons (681) gewählt, wurde Leo erst etwa ein Jahr später zum Papst konsekriert, am 17. August 682, als die Päpstl. Legaten mit kaiserlicher Vollmacht aufgrund der von Konstantin IV. Pogonatus wieder in Kraft gesetzten Norm nach Rom zurückkehren konnten. Die Sedisvakanz war mit dem sechsten ökumenischen Konzil zusammengefallen, das man in Konstantinopel gegen die Irrtümer der Monotheleten einberief. Leos sehr kurzes Pontifikat war tatsächlich ganz von der antimonotheletischen Frage beherrscht. Noch verwirrender wurde seine Lage, als er die Bestimmungen des Konzils unterzeichnen sollte, welche unter den Anhängern der monotheletischen Häresie auch Papst Honorius I. (625–638) verurteilten. Leo hielt es für angebracht, den Königen und Bischöfen im Westen deutlich zu machen, daß es sich bei seinem Vorgänger gewiß nicht um eine häretische Überzeugung handelte, sondern eher um eine verfehlte Ausdrucksweise. Ein weiteres großes Anliegen war es für ihn, eine Abmachung zwischen Rom und der ravennatischen Kirche zu erreichen, welche auf das Privileg der Autozephalie, das ihr von Konstans II. gewährt worden war, verzichten sollte. Er schenkte seine Aufmerksamkeit ferner einigen alten Kirchen Roms, besonders der Diakonie *S. Giorgio in Velabro* und *S. Bibiana*, wohin er aus der Gegend von Porto die Gebeine der Märtyrer Simplicius, Faustinus und Beatrix übertragen ließ. Er starb im Sommer 683 und wurde am 3. Juli in St. Peter beigesetzt. Im Jahre 1600 fand er seinen Platz in der neuen Basilika unter dem Altar gegenüber jenem des hl. Leo des Großen.

Bibl.: P. Rabikauskas, in *Bibliotheca Sanctorum*, VII (1966), Sp. 1280–1282, mit Bibl.

G. Scano

LEO III.

Papst, Hl. Er war ein Römer aus bescheidenen Verhältnissen und erwarb sich noch in seiner Jugend das Vertrauen der Kurienkreise, wo er verschiedene Aufgaben übernahm bis hin zum *vestararius* oder Hüter der Prunkräume und Kostbarkeiten des Patriarchalsitzes im Lateran. Er war Kardinalpriester von *S. Susanna*, als er, einen Tag nach seiner Wahl, am 27. Dezember 795 zum Papst konsekriert wurde. Das Frankenreich begann den neuen Kirchenstaat zu protegieren. Der neue Papst mußte sodann Karl dem Großen den Tod von Hadrian I. und seine eigene Erhebung auf den Papstthron mitteilen, wobei er gleichzeitig als Zeichen der Ergebenheit die Schlüssel der *Confessio* in St. Peter und das Banner Roms übersandte. Er fügte die Bitte um einen königlichen Legaten hinzu, der seinem Treueeid zum Röm. Volk beiwohnen sollte.

Von den Neffen seines Vorgängers Hadrian I. bedrängt, wäre Leo beinahe Opfer eines Attentates geworden. Er wurde gefangen genommen, aber von dem getreuen Kammerherrn Albinus befreit und nach St. Peter gebracht, von wo aus es Guinigiso, dem Herzog von Spoleto, gelang, ihn in Sicherheit zu bringen. Die schwerwiegende Lage in Rom erforderte jedoch eine radikale Lösung, und man erwartete von der Begegnung des Papstes mit Karl dem Großen im folgenden Sommer in Paderborn Hilfe gegen die Aufständischen. Der König zeigte erhebliche Bedenken über das Verhalten des Papstes, ließ ihn aber von seinen

Truppen bis nach Rom geleiten, um ihn keinen Vergeltungsschlägen des Röm. Adels auszusetzen. Diese Situation begünstigte eine Reise Karls nach Rom, wo er, vom Röm. Klerus und Volk feierlich empfangen, für den 1. Dezember eine Versammlung einberief, bei der er selbst zusammen mit dem Papst den Vorsitz führte. Am Ende des Prozesses, der drei Wochen dauerte, leistete Leo III. gegen die Überzeugung der Bischöfe den Reinigungseid, um seine eigene Unschuld und die Haltlosigkeit der Anklagen zu beweisen. Zwei Tage später, in der Weihnachtsnacht 800, sanktionierte er mit der Krönung Karls des Großen die völlige Unterwerfung des Papstes unter die Oberhoheit des Kaisers. Insgesamt ist ein ausgewogenes und objektives Urteil über die Persönlichkeit dieses Papstes nicht leicht, jedoch kommt ihm das Verdienst zu, durch seine Politik die Franken an die Kirche von Rom gebunden zu haben. Der Streit mit einem Teil der röm. Aristokratie, welche bei dem Versuch Leos, die Mittel für den Unterhalt des Klerus zu vermehren, die eigene Macht geschmälert sah, lebte gleich wieder auf, so daß es beim Tod Karls des Großen (814) zu einer neuen Verschwörung kam. Diese wurde vom Papst mit so unerhörter Gewalt zerschlagen, daß der neue Kaiser Ludwig I. eine Untersuchung über den Vorfall forderte, da dies eines geistlichen Oberhaupts nicht würdig war. Die Auseinandersetzung endete, weil Leo III. in der Zwischenzeit am 11. Juni 816 starb.

Eine seiner ersten Handlungen auf dem Gebiet der Lehre war die endgültige Verurteilung des Adoptianismus, der von den spanischen Bischöfen Felix von Urgel und Eliprand von Toledo vertreten wurde. Sie sahen in dem Menschen Christus nicht den wahren Sohn Gottes, sondern nur den Adoptivsohn. Eine weitere heikle Frage, die Leo III. zu lösen hatte, war die des *Filioque*: In der westlichen Kirche war bekanntlich in den Text des Glaubensbekenntnisses von Nicäa-Konstantinopel nach den Worten *qui ex patre procedit* das *„Filioque“* eingedrungen und üblich geworden, um die Wesensgleichheit der göttlichen Personen zu betonen; aber das, was anfangs Gewohnheitsrecht war, wurde mit der Zeit Ursache eines Streits zwischen Griechen und Lateinern, die sich beide gegenseitig eines falschen Glaubens anklagten. Als im ersten Jahrzehnt des 9. Jh. erneut in Jerusalem und Rom die Frage aufkam, bekräftigte Leo III. in einem Brief an die Mönche vom Ölberg die Richtigkeit des *Filioque,* – wie kurz darauf auf der Synode von Aachen bekräftigt wurde – ohne allerdings die Einfügung ins Credo zu befehlen. Er erwies sich darin als unparteiischer Vater aller Christen.

Nach dem *Liber Pontificalis* wurden von ihm, dank seines Willens und seiner Freigebigkeit, zahlreiche Kirchen Roms restauriert und erneuert. Mit Sicherheit wissen wir von der vollständigen Erneuerung der Titelkirche der hl. Nereus und Achilleus. Leos Gebeine wurden in St. Peter beigesetzt.

Bibl.: P. Rabikauskas, in *Bibliotheca Sanctorum*, VII (1966) Sp. 1283–1288 mit Bibl.; M. Kerner, *Der Reinigungseid Leos III. vom Dezember 800; die Frage seiner Echtheit und frühen kanonistischen Überlieferung*, in *Zeitschrift des Aachener Geschichtsvereins*, 84–85 (1977–78), S. 131–160; M. Borgolte, *Papst Leo III., Karl der Große und der Filioquestreit von Jerusalem*, in *Byzantina*, 10 (1980), S. 401–427; V. Peri, *Il 'Filioque' nel magistero di Adriano I. e di Leone III. Una plausibile formulazione del dogma*, in *Rivista di storia della Chiesa in Italia*, 41 (1987), S. 5–25.

G. Scano

LEO IV.

Papst, Hl. Als Sohn des Römers Radoald wurde er im Benediktinerkloster *S. Martino* bei der Vatikanischen Basilika zu einem streng religiösen Leben erzogen, bis Gregor IV. ihn in den Röm. Klerus aufnahm. Nachdem ihn Sergius II. zum Kardinaldiakon der Kirche *SS. Quattro Coronati* ernannt hatte, verbreitete sich der Ruf seiner Begabung und Heiligkeit seines Lebens derart, daß er noch am Tag des Todes des Papstes (27. Januar 847) einmütig durch Akklamation von Klerus und Volk von Rom als Nachfolger bestimmt wurde. Am 10. April wurde er, ohne daß man auf die Bestätigung durch den Kaiser gewartet hätte, geweiht. In diesem Vorgehen gründete die feindliche Stimmung, die Leo mit Würde abzuschwächen wußte. Tatsächlich begann sich von da an der ererbte Unterwerfungsstatus des Papsttums unter das Frankenreich zu lockern, so daß Leo IV. auch nicht zögerte, seinen gefürchteten Gegenspieler, den Bibliothekar Anastasius, zu exkommunizieren.

Da die Sarazenengefahr anhielt, verwirklichte Leo IV. trotz des Seesiegs von Ostia (849) durch die von ihm in Neapel, Amalfi und Gaeta aufgestellte Liga ein Projekt Leos III. (795–816): die massive Befestigung der Leostadt und den Wiederaufbau von *Centumcellae*, dem heutigen Civitavecchia, das die Sarazenen zerstört hatten. Seine ganze Kirchenpolitik richtete sich auf die Machtstellung und Unabhängigkeit des Apost. Stuhles. Eines der bezeichnendsten Ereignisse war seine Antwort an Ignatius, den Patriarchen von Konstantinopel, bei Erhalt des Palliums: Er stellte fest, daß dies ein Zeichen der Auszeichnung sei, mit dem der Bischof von Rom gern Oberhäupter verschiedener Kirchen ehrte; es sei aber unzulässig, daß er es von ihnen empfinge.

Die ständigen Versuche des kaiserlichen Eingreifens in Rom machten die Beziehungen zu den Franken äußerst schwierig. Nur die Standfestigkeit Leos IV. im Zusammenspiel mit seiner Klugheit und Diplomatie konnten den vollständigen Bruch vermeiden, vor allem in einigen besonders schwierigen Angelegenheiten: Zum Beispiel, als Lothar vom Papst die Weihe für seinen Sohn Ludwig, den er zum Mitkaiser gemacht hatte, begehrte, sie aber nur *sub conditione* (850) erhielt, oder als Leo Lothar das Pallium verweigerte. In seinem kurzen Pontifikat berief Leo IV. ein Konzil nach St. Peter sowie Synoden in Paris, Lyon, Limoges, Mainz und in England ein. Besonders wichtig für die Disziplin der Kleriker waren die Verfügungen des Konzils von Rom 853, die in vierzig Canones zusammengefaßt wurden.

Leo IV. starb am 17. Juli 855 und wurde in St. Peter beigesetzt, wo er später neben seinen drei gleichnamigen Vorgängern Platz finden sollte. Eine zeitgenössische Darstellung findet sich auf dem Himmelfahrtsfresko in der unterirdischen Basilika *S. Clemente*, das den Papst, mit quadratischem Nimbus, als Stifter zeigt.

Bibl.: G. Boccanera in *Bibliotheca Sanctorum*, VII (1966), Sp. 1289–93; Sh. Gibson/B. Ward-Perkins, *The surviving remains of the Leonine Wall*, in *Papers of the British School at Rome*, 47 (1979), S. 30–57; J. Osborne, *The portrait of Pope Leo IV in S. Clemente*, Rom, ebd. S. 58–67.

G. Scano

LEO V.

Papst. Er stammte aus Ardea (Rom) und trat gegen Ende Juli 903 die Nachfolge Benedikts IV. an. Er war laut *Liber Pontificalis* (II, S. 234) ein *presbyter forensis*, also Priester einer kleinen Kirche außerhalb der Stadt im Ort Priapi nahe bei Ardea – als *laudabilis vitae et sanctitatis* (Mann von vorbildlicher Lebensführung und Heiligkeit). Nach einem sehr kurzen Pontifikat von kaum zwei Monaten wurde Leo V. im Oktober durch eine Revolte gestürzt, an deren Spitze Cristoforo, der Kardinal des Titels *S. Damaso* stand, der ihn ins Gefängnis warf und sich an seiner Statt wählen ließ. Er besetzte illegitimerweise den Hl. Stuhl, bis er seinerseits von Sergius III., der zu Beginn des Jahres 904 den Papst und den Gegenpapst zugleich beseitigen ließ, verjagt und eingekerkert wurde.

Bibl.: P. Brezzi, *Roma e l'impero medievale*, Bologna 1947, S. 102.

N. Del Re

Leo VI.

Papst. Leo VI. wurde im Mai 928 als Nachfolger des abgesetzten Papstes Johannes X. gewählt. Er war Römer, Sohn eines Cristoforo. Seine Wahl ging auf den Willen der ehrgeizigen und mächtigen Senatorin und Patrizierin Marozia zurück, die die Geschicke des neuen Papstes während der gesamten Zeit seines kurzen Pontifikates, das im Dezember des gleichen Jahres endete, lenkte. Über Leben und Tätigkeit Leos VI. ist sonst nichts bekannt. Er hinterließ lediglich einen Brief an die Bischöfe von Dalmatien mit der Aufforderung, die Rechte des Bischofs von Spalato (vgl. Jaffé-Wattenbach, Nr. 3579) zu achten. Er wurde in St. Peter beigesetzt.

Bibl.: Liber Pontificalis, II, S. 242.

N. Del Re

Leo VII.

Papst. Als röm. Mönch wurde er am 3. Januar 936 gegen seinen Willen als Nachfolger Johannes' XI. auf den Papstthron erhoben. Über sein vorheriges Leben ist nichts bekannt und kaum etwas über seine öffentliche Tätigkeit. Diese wurde im übrigen von der Übermacht Alberichs, des *princeps atque senator omnium Romanorum*, in Rom behindert, der den Initiativen des Papstes, mit Ausnahme der geistlichen Angelegenheiten, wenig Raum ließ. Leo VII. unterhielt zu ihm dennoch gute Beziehungen und nannte ihn sogar *misericors Albericus* (unser geistlicher Sohn). Die Feststellung des Chronisten Flodoardus, daß dieser Papst ein „wahrer Diener Gottes" sei, ein Mann von beispielhafter Frömmigkeit, legt die Vermutung nahe, daß Leo VII. den Lebenswandel des Klerus reformieren und vor allem das monastische Leben erneuern wollte, wobei er sogar die Unterstützung Alberichs fand. Einfluß übte auch Abt Odo von Cluny aus, den er als engen Freund in Rom empfing. Amtshandlungen Leos VII. sind durch einige Bullen an die Abteien von Farfa und Subiaco dokumentiert, sowie ferner durch ein Aktenstück für die deutschen Bischöfe mit Verfügungen zur strengeren Einhaltung einiger kirchlicher Kanones (vgl. Jaffé-Wattenbach, I, S. 455–457). Leo VII. starb am 13. Juli 939 und wurde in St. Peter beigesetzt.

Bibl.: Liber Pontificalis, II, S. 244.

N. Del Re

Leo VIII., Gegenpapst

Gegenpapst. Nachdem Johannes XII. (Graf Oktavian von Tusculum) auf einer Synode in St. Peter durch Kaiser Otto I. abgesetzt war, wurde Leo VIII. am 4. Dezember 963 an seiner Stelle gewählt. Er war damals *Protoscriniarius* der Röm. Kirche und einfacher Laie. In aller Eile wurden ihm die Hl. Weihen und die Konsekration erteilt. Doch nach der Abreise Ottos trat Johannes XII., unterstützt von seinen Anhängern, in Rom wieder in den Vordergrund und zwang den Gegenpapst zur Flucht, insbesondere nachdem dessen Wahl auf einer neuen Synode am 26. Februar 964 für ungültig erklärt worden war. Als Johannes aber kurz darauf am 14. Mai starb, rief das röm. Volk acht Tage später Benedikt V. auf den Päpstl. Stuhl. Leo wandte sich nun an den Kaiser, der daraufhin

Benedikt absetzte und ihn ins Exil nach Hamburg schickte (wo er starb) und setzte erneut Leo ein. Dieser wurde auf einer weiteren Synode legitimiert, nahm für weitere acht Monate den Apostol. Stuhl ein bis zu seinem Tod am 1. März 965.

Die Legitimität des Pontifikats Leos VIII. bleibt weiter heftig umstritten. Wenn man seinen Gegenspieler Benedikt V. als Gegenpapst betrachtet will, muß Leo VIII. als legitimer Papst gelten, wie übrigens auch das *Annuario Pontificio* gesondert anmerkt, das beide gemeinsam unter den rechtmäßigen Päpste auflistet.

Bibl.: P. Brezzi, *Roma e l'impero medievale*, Bologna 1947, S. 129–134.

N. Del Re

Leo IX.

Papst und Hl. Graf Bruno von Egisheim-Dagsburg im Elsaß, wo er am 21. Juni 1002 geboren wurde, gehörte mütterlicherseits zum romanisch geprägten lothringischen Adel. Er war ein vielversprechender Zögling der Schule in Toul, die sein Vetters Adalberon, der künftige Bischof von Metz, leitete. Bald schon zeichnete er sich durch die klare Formulierungskraft eines Schriftstellers, den Scharfsinn eines Theologen und die Vielseitigkeit eines Musikers aus. Im Alter von kaum zwanzig Jahren wurde er bereits Diakon. Als im Jahre 1024 der Tod Heinrichs II. die Thronbesteigung durch Konrad II. zufolge hatte, übernahm Bruno, als sein Vetter, bei ihm die Aufgabe eines Kaplans und erwarb auch in den öffentlichen Angelegenheiten Erfahrung. So zog Bruno an der Spitze der deutschen Reiter nach Süden, als der altersschwache Bischof von Toul ein Truppenkontingent nach Italien senden mußte. Es war der entscheidende Schritt für Bruno zur Erlangung der Bischofswürde. Beim Tode des Bischofs von Toul wurde ihm – nicht nur aufgrund seiner Verdienste, sondern auch hinsichtlich seiner engen Verwandtschaft zum Kaiser – einmütig die Diözese anvertraut (9. September 1027). Als Bischof von Toul und Befürworter des sog. „Lothringer Projekts" versuchte Bruno jedoch, die Kirche vom Kaisertum zu lösen und verlieh dem Klerus und dem Volk erneut das Recht der Bischofswahl. Sein Vorgehen hielt er für keinesweg unvereinbar mit seiner Treue zum Kaiser. Er selbst wurde in Worms nach dem Tod von Damasus II. zum Papst gewählt, wollte aber seine Wahl vom Röm. Volk bestätigen lassen. Dazu betrat er Rom in einfachen Pilgerkleidern. Er wurde am 12. Februar 1049 konsekriert. Er setzte in Italien, Frankreich und Deutschland Synoden und Konzilien ein. Von reformerischem Geist erfüllt, brach er im Mai nach einer Synode in Pavia nach Köln, Lüttich, Trier, Toul und Reims auf, wo er ein Konzil einberief, um den simonistischen Machenschaften drastisch ein Ende zu setzen. Im Oktober war er in Mainz, wo er eine weitere Synode versammelte, um das schwere Problem des Nikolaismus aufzugreifen, d. h. das des Konkubinats und der priesterlichen Eheschließungen. Im Frühjahr 1050 finden wir ihn in Süditalien, wo er in Siponte eine Synode hielt. Er berief gegen Ende April ein großes Konzil in Rom ein zur Überprüfung der Eucharistielehre des Berengar, Erzdiakon von Angers, und um Dekrete früherer Konzile zu bekräftigen. Im Herbst weilte er nach einer Synode in Vercelli in Lothringen, im Elsaß und Rheinland und in Schweden. Eine dritte Reise über die Alpen unternahm er 1052, weil er durch Andreas von Ungarn gerufen wurde, um den Frieden zwischen ihm und dem Kaiser wiederherzustellen. Doch letzteres, wie auch die entsprechende Rückreise über Regensburg, Bamberg, Worms und Mantua, waren nicht von Erfolg gekrönt.

Seine Bemühungen zur Eindämmung der normannischen Vorstöße auf das Fürstentum Benevent, das seit zwei Jahren päpstl. Besitz war, erwiesen sich ebenfalls als zwecklos. Die päpstl. Truppen, die sich vergeblich auf byzantinische Verstärkungen verließen, erlitten eine Niederlage, so daß der Papst selbst bei Civitate auf dem Fortoro in Gefangenschaft geriet (1053). Erst nach acht Monaten wurde er, nun müde und krank, befreit. Er starb am 19. April 1054, zwei Wochen nach seiner Rückkehr nach Rom. Sein Grab wurde etwa dreißig Jahre später nach Alt-St. Peter verlegt und dann in die neue Basilika unter den Altar des hl. Marzial überführt, der heute Altar der Kreuzigung Petri heißt.

Eine vermutlich zeitgenössische Darstellung Leos IX. findet sich im Kodex 292 von Metz, der in der Kantonsbibliothek von Bern aufbewahrt wird. Der Papst empfängt dort aus den Händen des hl. Abtes Arnolf das Modell des Klosters.

Bibl.: J. Choux, in *Bibliotheca Sanctorum*, VII (1966), Sp. 1293–1301, mit Bibl.; E. Petrucci, *Rapporti di Leone IX con Constantinopoli*, Rom 1975; ders. *Ecclesiologia e politica di Leone IX*, ebd. 1977; M. L. Jacotey, *Bruno, pape alsacien ou Saint Léon IX*, Remiremont 1984; L. Schmugge, *Die Dekretale Papst Leo IX. „Relatum est auribus nostris" (JL 4269) in der kanonistischen Tradition (1052–1234)*, in *Zeitschrift der Savigny-Stiftung für Rechtsgeschichte. Kanonistische Abteilung*, 104 (1987), S. 41–69.

G. Scano

Leo X.

Papst. Giovanni de' Medici, Zweitgeborener Lorenzos des Prächtigen, wurde am 11. Dezember 1475 in Florenz geboren und schon früh für die kirchliche Laufbahn bestimmt. Mit acht Jahren war er Kleriker, mit elf Abt von Montecassino. Zwei Jahre später, 1489, machte ihn Innozenz VIII. zum Kardinal, doch konnte er die Insignien erst 1492 empfangen. Nach der Vertreibung der Medici aus Florenz und während der Zeit der Republik reiste Giovanni als Flüchtling durch Europa und kehrte später nach Rom zurück, wo er von 1500 bis 1511 blieb, um die Wiederherstellung der Medici-Herrschaft bemüht. Als Legat der Romagna unterlag er 1512 den Franzosen, die ihn nach ihrem Sieg über die Hl. Liga in Ravenna arretierten. Der Kriegsverlauf wendete sich bald zugunsten Julius' II. und Florenz fiel ohne Unterstützung Ludwigs XII. in die Hände der Medici zurück. Durch diesen Erfolg bestärkt hatte der Kardinal aus Florenz wenig Schwierigkeiten, nach dem Tod des Della Rovere Papstes am 9. März 1513 das Pontifikat zu übernehmen.

Nach den großen, kaum beigelegten Konflikten jener Epoche wollte Leo X. anfänglich als ein Papst der Vermittlung gelten. Die Medici kamen nicht mehr ohne Bündnispolitik mit den Machthabern aus, wenn sie ihre in Italien verlorenen Positionen zurückgewinnen und halten wollten. Zu diesem Zweck erhielt Alfonso d'Este, der ehemalige Alliierte Ludwigs XII., das Vikariat von Ferrara und die Stadt Reggio Emilia, die damit zu einer „indirekt unterworfenen" Stadt wurde. Dafür verzichtete er auf die Produktion von Salz in Comacchio und überließ das Monopol dem Bankier Agostino Chigi (August 1514). Die Frage um Modena wurde durch den Erwerb der Stadt vom Kaiser für 40.000 Dukaten und ihre Einfügung in ein neues Herrschaftsgebiet gelöst, das Leo X. Giuliano de' Medici zugleich mit Parma, Piacenza und Reggio zu übertragen entschied. Dadurch wurde jedoch zugleich die gegenüber Alfonso d'Este eingegangene Verpflichtung relativiert.

Im spanisch-französischen Konflikt um Mailand zog Leo X. die Neutralität vor, um ein Wiederaufleben des schismatischen Klimas unter den französischen Bischöfen zu vermeiden; seine Entscheidung erwies sich tatsächlich als klug, da nach der Niederlage Frankreichs in Novara die Bischöfe jenseits der Alpen ihr Verhalten bedauerten, und die französische Monarchie die Autorität des Röm. Papstes voll anerkannte. Dies war eines der wenigen Ziele, die Leo X. auf rein religiösem Gebiet erreichte. Dazu kam das V. Laterankonzil (1512–1517), das mit der Auflösung des gallischen Schismas, der Verdammung des Averroismus und der Veröffentlichung mehrerer Dekrete zur Reform von Klerus und Gläubigen zu Ende ging. Verwirrung stiftet jedoch das Verhalten Leos X. in den Auseinandersetzungen um Luther, dessen Irrtümer er mit der Bulle *Exurge Domine* vom 15. Juni 1520 verurteilte und ihn dann am folgenden 10. Dezember exkommunizierte, ohne jedoch das Ausmaß dieses religiösen Umbruchs, der die Kirche erschüttern sollte, zu erkennen.

Alle Entscheidungen des Medici-Papstes waren auf eine Steigerung der Machtstellung seiner Familie ausgerichtet. Dazu unterstützte das päpstl. Heer die florentinische Eroberung Sienas (1516). Dies war auch der Zweck der Konflikte mit Urbino und Perugia. Solche Operationen hatten sich angesichts des raschen Wandels der Lage infolge des französischen Sieges von Marignano und der Eroberung Mailands als notwendig erwiesen, wonach der neue König Franz I. die Herausgabe von Ferrara, Reggio, Modena, Parma und Piacenza anstrebte im Austausch für zwei Ziele, die Leo X. alles bedeuteten: das Salzmonopol in der Lombardei und der Schutz von Florenz (1515). Die Bedeutung von Urbino versteht sich von seiner strategischen Position her, die Aktivitäten Mailands und Venedigs an der Adria kontrollieren und einschränken zu müssen. Nach einigem Tauziehen mit Francesco Maria della Rovere gelang es Lorenzo dem Prächtigen schließlich, Urbino einzunehmen – allerdings nicht ohne den Beitrag des englischen Königs Heinrich VIII. und einer enormen wirtschaftlichen Beihilfe aus den päpstl. Kassen. Der Krieg kostete 800.000 Dukaten. Ein solcher Geldfluß war infolge einer komplizierten Verwaltung der öffentlichen Schulden möglich, die durch den Verkauf von Ämtern und Ehrentiteln finanziert wurden. Mit Perugia war kein eigentlicher Krieg nötig. Die Oberherrschaft über diese Stadt wurde mit Hilfe eines Todesurteils über Giampaolo Baglioni und die Einsetzung des Neffen Gentile, der für das florentin.-päpstl. Bündnis aufgeschlossener war, erreicht.

In der Frage der kaiserlichen Nachfolge war ein Bruch der Neutralität objektiv unvermeidlich. Leo X. versuchte auch in diesem Fall, zwischen den beiden Bewerbern, Franz I. und Karl von Habsburg, zu vermitteln, indem er mit Friedrich von Sachsen einen dritten Kandidaten vorschlug. Leo X. blieb damit jedoch ohne Erfolg und versuchte daher, sich mit dem einen oder anderen zu verbünden, wobei die Wahrung der Interessen der Medici immer der zentrale Punkt blieb. Als die Entscheidung des kaiserlichen Parlaments auf den Habsburger fiel, protegierte der Papst diesen. Es waren aber nicht nur Gründe des unmittelbaren Vorteils, die Leo X. in seinem Urteil lenkten. Die Dinge selbst sprachen am Ende für ein Bündnis mit Karl V., denn der französische König war wegen Venedig nicht bereit, Ferrara zu bekämpfen und die päpstl. Truppen allein waren nicht in der Lage, die Stadt zu erobern.

Auf der anderen Seite garantierte Karl V. die Rückgabe Parmas und Piacenzas an die Kirche, wenn erst einmal Mailand erobert wäre, was am 19. November 1521 erfolgte.

Wie schon angedeutet, wurden die enormen Ausgaben Leos X. – die auch sein Mäzenatentum, dem wir bedeutende Meisterwerke der Renaissance verdanken, einschließen – durch den Verkauf von „Ämtern“ gedeckt, wobei es sich nicht mehr nur um Ämter handelte, wie Kardinalat oder Schatzmeister, sondern auch um Ehrentitel wie die Ritter des hl. Petrus oder die erste Gruppe der Ritter. Ein weiteres Geldbeschaffungssystem war die Gründung der *„Societates officiorum“* (Gesellschaften für Ämterbeschaffung), durch die man erst Geld sammelte und es dann an die Erwerber von Titeln auslieh; das Aufgeld wurde also auf alle verteilt.

Insgesamt wurden die Finanzen von Leo X. in Übereinstimmung mit seiner Medici-freundlichen Politik organisiert. Die Konzessionen der Leiter der Apost. Kammer wurden Florentiner Bankiers anvertraut, während zahlreiche städtische Aufgaben den Verwaltungsaufgaben der Kirche zugeteilt und als Konzessionen vergeben wurden. Mit der Bulle *Etsi pro cunctarum* von 1514 wurden die Vollmachten des Gouverneurs von Rom vermehrt und in seinen Händen, zum Schaden für die Stadt, die zivile, Straf- und geistliche Rechtssprechung konzentriert. Dadurch wurde zugleich jener Prozeß der Ausdehnung der Machtbefugnisse der Kammer über die Gemeindeverwaltungen gefördert, der bereits seit dem 15. Jh. in Gang war. Für Streitfragen zwischen Römern und Florentinern, die nun eine mächtige Gemeinschaft in der Stadt bildeten, wurde eigens ein Gerichtshof geschaffen. Sogar die städtebaulichen Maßnahmen übertrug man Florentiner Firmen und betraute damit Antonio da Sangallo dem Jüngeren, der die Straßen rings um den Hafen Ripetta und die Via Giulia entwickelte. Natürlich bedeutete all dies einen nie dagewesenen kulturellen Aufschwung für Rom, das mit Leo X. ein Anziehungspunkt für Künstler wie Michelangelo oder Raffael und für die große humanistische Tradition von Florenz mit Bembo, Guicciardini und Rucellai wurde.

Den großen Adelsfamilien gegenüber verhielt sich Leo X. unterschiedlich. In der ersten Zeit seines Pontifikates erkannte er sämtliche Steuerbefreiungen für adelige Besitzgüter an, ließ jedoch von der Urbarmachung der pontinischen Sümpfe durch die Gaetani ab, obwohl er bereits einen Plan ausgearbeitet hatte, nach dem die Apost. Kammer diese Ländereien zur Urbarmachung erwerben sollte. Er entschädigte aber die Gaetani, indem er den Plan auf den Fischfang übertrug. Erst nach 1519 griff Leo X. zur Lösung der Versorgungsschwierigkeiten der Getreidekammer auf die Konstitutionen Sixtus’ IV. und Julius’ II. zurück, aufgrund derer die Ackerbauern das Recht hatten, sich ein Drittel der Ländereien anzueignen, die die Barone unbebaut ließen. Das war nicht unproblematisch, denn die Barone mußten oft auf diese Ländereien zurückgreifen, um Ausgaben für die Zurückgewinnung von italienischen Städten in Mittel- und Norditalien wirtschaftlich zu unterstützen. Dies widerfuhr auch den Gaetani von Sermoneta, die zehntausend Dukaten zur Rückeroberung von Parma und Piacenza investierten. Doch noch ehe der Papst ihren Rückgewinn für die Kirche zu feiern konnte, überraschte ihn am 1. Dezember 1521 der Tod, wobei der Verdacht einer Vergiftung nicht ausgeschlossen ist – nach achteinhalb Jahren Pontifikat. Leo X. wurde zuerst in St. Peter beigesetzt, später wurden seine sterblichen Überreste in die Kirche *S. Maria sopra Minerva* (1542) überführt, um schließlich in dem von Baccio Bandinelli nach einem Entwurf von Antonio da Sangallo ausgeführten Grabdenkmal ihre letzte Ruhe zu finden.

Bibl.: L. Pastor, *Storia dei papi,* IV, 1, Roma 1926; G. Truch, *Léon X et son siècle*, Parias 1941; C. Falconi, *Leone X: Giovanni de’ Medici*, Mailand 1987; I. Ciseri, *L’Ingresso trionfale di Leone X. in Firenze nel 1515*, Florenz 1990.

M. Di Sivo

Leo XI.

Papst. Alessandro de' Medici wurde in Florenz am 2. Juni 1535 von Ottaviano und Francesca Salviati geboren und war ein Vetter des Herzogs Cosimo I, des künftigen Großherzogs der Toskana, an dessen Hof er sich in jugendlichem Alter aufhielt. Von dort kam er 1569 als Gesandter nach Rom, wo er ein großer Freund des hl. Philipp Neri wurde, der ihm das Papsttum und dessen kurze Dauer vorhersagte. Er wurde 1573 Bischof von Pistoia und 1574 Erzbischof von Florenz, zwei Diözesen, die er nicht persönlich regieren konnte, weil er in Rom festgehalten wurde. Gregor XIII. machte den Medici zum Kardinal im Konsistorium vom 12. Dezember 1583. Clemens VIII. entsandte ihn 1596 als *Legatus a latere* zu Heinrich IV. von Frankreich, wo er sich für die Veröffentlichung des Edikts von Nantes einsetzte (13. April 1598), das den Hugenotten Religionsfreiheit gewährte. Ebenso veranlaßte er den Abschluß des Vertrages von Vervins, der am folgenden 2. Mai unterzeichnet wurde. In Rom sorgte er für die Restaurierung verschiedener Kirchen (*S. Maria in Trastevere, S. Martino ai Monti, Ss. Quirico e Giulitta* usw.). Die *Villa Medici* auf dem *Pincio* erweiterte und verschönerte er (derzeit Sitz der *Académie française*).

Im Konklave nach dem Tod Clemens' VIII. war Alessandro de' Medici der große Favorit Frankreichs und bestieg den päpstl. Thron am 1. April 1605 unter dem Namen Leo XI., den er zum Andenken an seinen Großonkel Leo X. wählte. Doch hatte er nicht einmal die Zeit, die ersten Ideen zu verwirklichen, die er sich vorgenommen hatte, nämlich die Kaiserlichen gegen die Türken in Ungarn zu unterstützen und die Reform des Konklave zu erledigen. Er starb am 27. April 1605, nachdem kaum vier Wochen seit seiner Wahl vergangen waren. Als Papst, der, *„ostensus magis quam datus"*, „mehr gezeigt als gegeben hat", wurde er in der Inschrift des Grabmals verewigt, das sein Neffe, Kardinal Roberto Ubaldini (1580–1635) ihm im Petersdom durch Alessandro Algardi errichten ließ. Es wurde gegen Mitte des 17. Jh., einige Jahre nach dem Tode des Auftraggebers, vollendet.

Bibl.: L. Pastor, *Storia dei papi della fine del medio evo*, XII. Rom 1930, S. 3–23; H. F. Senie, *The tomb of Leo XI by Alessandro Algardi*, in *The Art Bulletin* 60 (1978), S. 90–95.

N. Del Re

Leo XII.

Papst. Annibale Sermattei della Genga wurde am 2. August 1760 im Schloß seiner Ahnen in Genga (Ancona) geboren, machte seine ersten Studien am *Collegio Campana di Osimo* und setzte sie dann in Rom am *Collegio Piceno* und an der Akademie für adelige Geistliche fort. 1783 zum Priester geweiht, durchlief er eine rasche Karriere und wurde schon 1794 Titular-Erzbischof von Tyrus und Apost. Nuntius in Köln. Er ging dann nach Bayern, wo er 1806 die Grundlagen für ein Konkordat zwischen dem Hl. Stuhl sowie den Staaten Bayern, Baden und Württemberg legte. Doch es konnte damals nicht abgeschlossen werden wegen der Ansprüche der Regierungen und den großen Schwierigkeiten, in denen sich der Hl. Stuhl wegen der napoleonischen Ereignisse befand. Am 8. März 1816 wurde er Kardinal und Bischof von Senigallia, 1820 von Pius VII. zum Vikar von Rom ernannt, dem er auf dem päpstl. Thron mit dem Namen Leo XII. am 28. September nach einem aufregenden Konklave folgte. Dort standen sich die beiden Gruppen der Gemäßigten und der „Eifrigen" gegenüber. Sie wurden von Österreich unterstützt, das gegen Kardinal Castiglione, einen Gefolgsmann des Kardinals Consalvi war. Ihn machte man verantwortlich für die Aversion der Kirche gegenüber der Hl. Allianz

Das Pontifikat Leos XII. war von einer sehr strengen und autoritären Reform gekennzeichnet. Er kämpfte energisch gegen die Häresie und verurteilte Sekten, doch war er gemäßigt in den Beziehungen zu den Regierungen jenseits der Alpen. Seine ersten beiden Enzykliken *Ubi Primum* und *Quo graviora* waren inspiriert vom neuen Reformgeist, der dem Papsttum die Aufgabe zuwies, die religiöse und soziale Reaktion Europas zu lenken und sich als geistlichen Führer der Menschheit darzustellen. In diesem Klima religiöser Restauration verkündete Leo XII. für 1825 ein Heiliges Jahr, das er tatsächlich mit der Konstitution *Quod hoc ineunte saeculo* vom 24. Mai 1824 (BRC, VIII, S. 64–68) trotz der politischen Befürchtungen und Sorgen einberief. Er bewies damit seinen festen Willen und seinen begründeten Optimismus. Nur das Königspaar von Neapel nahm am Jubiläum teil, das sich über alle Erwartungen hinaus als ein religiöser Erfolg erwies. Dazu verstärkte der Papst den Kampf gegen das Banditentum, um die Verbindungswege zwischen dem Königreich Neapel und Rom sicherer zu machen.

Ein weiteres wichtiges Ereignis war der Beginn des Wiederaufbaus der Basilika St. Paul vor den Mauern, die 1823 bei einem Brand zerstört worden war. Der Papst appellierte daher mit der Enzyklika *Ad plurimas atque gravissimas* vom 25. Januar 1825 (BRC VIII, S. 278–280) an die Bischöfe in aller Welt, die Christenheit zu materiellen Beiträgen und Gebeten zu veranlassen. Besondere Sorge verwandte Leo XII. auf die Struktur des öffentlichen Unterrichts. Auf ihn geht hier die gänzliche Neuordnung des Universitätswesens und 1824 die Gründung der Studienkongregation zurück, die er mit der Konstitution *Quod divina sapientia* vom 28. August ins Leben rief (BRC, VIII, S. 95–117), und die alle Autorität auf dem Gebiet des Unterrichts erhielt. Ihrer Überwachung wurden alle öffentlichen und privaten Schulen im Kirchenstaat unterstellt, ob sie von Laien oder kirchlich geführt waren. Leo XII. starb am 10. Februar 1829 und wurde in St. Peter beigesetzt, wo Gregor XVI. ihm ein Denkmal, ein Werk von Giuseppe Fabris, errichten ließ.

Bibl.: A.-F. Artaud de Montor, *Storia del pontefice Leone XII*, Mailand 1843; E. Vercesi, I *papi del sec. XIX. Tre Pontificati: Leone XII, Pio VIII, Gregorio XVI*, 1936, S. 19–114; R. Colapietra, *La Chiesa tra Lamennais e Metternich; il Pontificato di Leone XII*, Brescia 1963; Ib. *La formazione diplomatica di Leone XII*, Rom 1966; A. Laudenzi, *Un papa spoletino: Leone XII*, in *Spoletium* 31 (1986), S. 75–84.

E. Mugavero

Leo XIII.

Papst. Als sechstes Kind des Adeligen Ludovico und der Anna Prosperi Buzi wurde Vincenzo Gioacchino Pecci am 2. März 1810 in Carpineto bei Rom geboren und trat im September 1818 ins Kolleg der Jesuiten in Viterbo ein. Er wechselte zum *Collegio Romano* und lernte die Werke des hl. Thomas von Aquin kennen, die ihn später bei seinem Werk der Wiederbelebung und Aufwertung der Scholastik anregen sollten. 1831 erwarb er *cum laude* das Doktorat in den Sakralwissenschaften und in beiden Rechten an der Römischen Universität. Außer in Theologie und Kirchenrecht glänzte er auch in Literatur sowie in der didaktischen und satirischen Poesie. 1832 wurde er zur *Arcadia* unter dem Namen Neandro Eracleo zugelassen. Als er in die Akademie für adelige Geistliche eintrat, tat er sich dort durch scharfen Geist und eifrige Frömmigkeit hervor. Am 6. Februar wurde er zum Hausprälaten Seiner Heiligkeit ernannt, am folgenden 16. März zum Referendar in den beiden obersten Gerichtshöfen, endlich am 28. Juni in die Kongregation *del Buon Governo* aufgenommen. 1837 zum Priester geweiht, war er Päpstl. Legat in Benevent (1838), dann in Spoleto und Perugia (1841) und zeigte umsichtige Klugheit und Gerechtigkeit. Zum Titular-Erzbischof von Damiata ernannt, wurde er als Nuntius nach Brüssel gesandt (1843). Pecci widmete in seiner diplomatischen Tätigkeit auch religiösen Problemen große Aufmerksamkeit und mischte sich umstrittenerweise auch in die Frage des Lehramts ein. Nach Rom zurückgerufen, wurde er 1846 zum Bischof von Perugia ernannt und sollte 32 Jahre dort bleiben. Sein pastoraler Eifer steigerte die Frömmigkeit der Gläubigen, gab dem Leben der Bruderschaften und der sozialen Hilfe Antrieb, führte sechs Pastoralvisitationen durch, regte die geistliche und kulturelle Vorbereitung der jungen Priesteramtskandidaten an, bis das von ihm eingeführte Ausbildungsmodell bei der Organisation der Seminare befolgt wurde. Seine Hirtenbriefe über „Die Kirche und das 19. Jh." und „Kirche und Kultur" weckten ein weites Echo und deuteten die Züge seiner Soziallehre an, die er im Verlauf seines Pontifikates weiter entwickeln sollte. Am 19. Dezember 1853 wurde er Kardinal und bekam die Titelkirche *S. Crisogono*. 1877 ernannte ihn der Papst zum *Camerlengo* der Hl. Röm. Kirche und rief ihn für sein neues Amt nach Rom zurück. Am 7. Februar 1878 starb Pius IX. In der heiklen politischen Situation ergaben sich Zweifel zum Ort, den man für das Konklave wählen sollte. Es wurde dann in Rom in der Sixtinischen Kapelle gehalten, nachdem die italienische Regierung offiziell die öffentliche Ordnung und die Freiheit der Teilnehmer garantiert hatte. Das Konklave dauerte zwei Tage. Beim dritten Wahlgang wählte es Kardinal Pecci zum Papst, der zum Andenken an Leo XII., den er wegen seiner Tugenden bewunderte, den Namen Leo XIII. übernahm.

Leo XIII. gab zahlreiche Enzykliken heraus und schrieb viele weitere Dokumente, welche die verschiedensten Bereiche betrafen und Themen von großer Wichtigkeit und Aktualität behandelten. Die erste Enzyklika *Inscrutabili Dei consilio* vom 21. April 1878 entwarf ein Programm von großer Tragweite, zu dessen Hauptzielen die Versöhnung von Kirche und Kultur gehörte. In dem Dokument werden unter anderem die Erklärungen und Proteste wiederholt, die Pius IX. gegen die Besetzung des Kirchenstaates sowie die Verletzung der Rechte der Röm. Kirche erhoben hatte. Leo blieb auch während der ganzen Zeit seiner Herrschaft amtlich bei dieser Erklärung: Er verließ den Vatikan nicht, nahm das Garantiegesetz nicht an, und mit dem *Non expedit* gestattete er den italienischen Katholiken nicht, sich politisch zu betätigen. Es fehlte jedoch nicht an informellen Kontakten, welche die Möglichkeit einer Versöhnung mit dem italienischen Staat sondieren sollten; doch wurde jeder Versuch in diesem Sinn durch den ausgeprägten Antiklerikalismus vereitelt, der auch von der Freimaurerei genährt wurde und in gewalttätigen Kundgebungen zum Ausdruck kam. Die Kundgebungen bei der *Porta Pia*, am Denkmal des Giordano Bruno und vor allem der Angriff in der Nacht des 13. Juli 1881 auf den Leichenzug, der den Leichnam Pius IX. mitführte, und den man in den Tiber zu werfen versuchte, verhärteten die Beziehungen zu der italienischen Regierung noch mehr. Die Regierung war aber in den schwerwiegenden Übergriff nicht involviert und bedauerte ihn in durchaus ehrlicher Weise. Die Bischöfe Scalabrini und Bonomelli und der Abt Tosti gehörten zusammen mit anderen würdigen Priestern zu den mutigen, aber unverstandenen Persönlichkeiten, die eine Versöhnung anstrebten.

Am Tag seiner Thronerhebung sandte Leo XIII. Botschaften an die Souveräne von Deutschland und Rußland und an den Präsidenten der Schweizerischen Konföderation und forderte Freiheit und Gerechtigkeit für die verfolgten Katholiken. Mit Deutschland, wo sich die Feindseligkeit gegen den Katholizismus abschwächte, leitete er eine Politik weiser Öffnung und Mäßigung ein, die mit dem Abschluß mehrerer Konkordate zum Ende des Kulturkampfes führte. Bismarck begann Leo XIII. zu schätzen und bestimmte ihn als Vermittler in der Auseinandersetzung mit Spanien wegen der Karolinen-Inseln, die ein friedliches Ende fand. Nun begab sich der neue Kaiser Wilhelm II. nach Rom, war Gast des Königs von Italien und stattete auch dem Papst einen feierlichen Besuch ab (12. Oktober 1888). In Frankreich, wo die wiederhergestellte republikanische Staatsform in katholischen Kreisen auf Widerstand stieß, verursachte ein intoleranter Antiklerikalismus schwere Probleme. Der Papst setzte sich angesichts des schwierigen Standes der Dinge für das sogenannte *„ralliement"* ein und forderte die französischen Katholiken auf, ihre monarchischen Träume aufzugeben und loyal der Republik anzuhängen. Auch in Spanien wurden trotz des mäßigenden Einwirkens des Papstes schwerwiegende antiklerikale Maßnahmen ergriffen. Dieser wandte sich an die katholischen Karlisten, um sie zur Loyalität gegenüber den eingesetzten Autoritäten zu bewegen. In den USA erlebte der Katholizismus ein kräftiges Wachstum während des Pontifikates von Leo XIII., der mit väterlicher Aufmerksamkeit und Sorge die katholischen Werke, die sich dort bildeten und entfalteten, unterstützte. Er ermutigte die hl. Francesca S. Cabrini in ihrer eifrigen Fürsorge zugunsten der Auswanderer, machte J. Gibbons, den gelehrten und verdienten Erzbischof von Baltimore, zum Kardinal und nahm mit Wohlwollen die Gründung der Katholischen Universität in Washington zur Kenntnis (1889). Er verurteilte auf der anderen Seite den „Amerikanismus", der in dem Versuch bestand, Lehre und Disziplin der Kirche der amerikanischen Situation anzupassen. Im Regierungsprogramm des Papstes fehlte auch die ökumenische Ausrichtung nicht, wie es in der Enzyklika *Satis cognitum* vom 29. Juni 1896 deutlich wird. 1879 ging das Schisma der Chaldäer zu Ende; die Armenier kehrten in den Schoß der Kirche von Rom zurück und das armenische Kolleg für die Ausbildung der Priester wurde gegründet. Der Papst förderte die Beibehaltung der orientalischen Riten und sagte, daß „das ehrwürdige Alter dieser Riten einen kostbaren Schatz für die ganze Kirche darstellt und die göttliche Einheit des katholischen Glaubens bezeugt". Zu den Initiativen, die er für die Einheit der Kirche Christi ergriff, gehörte auch der Versuch zur Wiedervereinigung der katholischen mit der anglikanischen Kirche, der von der Oxfordbewegung lebhaft unterstützt wurde.

Die mit dem Zar von Rußland aufgenommenen Kontakte wollten nicht nur die Rechte der katholischen Polen schützen, sie bildeten auch den Versuch, die gewandelte und offene Haltung des Apost. Stuhles gegenüber den orthodoxen Christen klarzumachen. Der apostolische Eifer, der den Papst leitete, zeigte sich ferner in der missionarischen Tätigkeit, der er mächtigen Impuls gab, indem er Initiativen zur Ausbreitung des Katholizismus in Nordeuropa, Afrika, Ozeanien und China anregte. In Japan, wo 1889 die Religionsfreiheit gewährt wurde, schuf er das Erzbistum Tokio, dazu die Suffraganbistümer in Nagasaki, Osaka und Hakodate. Außer in Japan richtete er auch in Mexiko die katholische Hierarchie ein, ferner in Ägypten, Bulgarien und anderen Staaten.

Leo XIII. ist der Papst, der die meisten Enzykliken und ähnliche Dokumente herausgegeben hat, dazu zahlreiche weitere wichtige Schriftstücke, die die verschiedensten aktuellen Themen in Verbindung mit religiösen Problemen berühren. Ein kurzer „Exkurs" über seine umfangreiche Produktion läßt seine Gestalt als Lehrer der Völker hervortreten. Die Enzyklika

Aeterni Patris oder über die christliche Philosophie, veröffentlicht am 4. August 1889, ermahnt zum Studium des hl. Thomas von Aquin, den er als Vorbild der theologischen und philosophischen Studien hinstellt. Im Anschluß an die päpstlichen Äußerungen ist an den kirchlichen Instituten ein Aufblühen der Neuscholastik zu verzeichnen, und man beginnt mit der kritischen Ausgabe der Werke des Aquinaten. Mit der Enzyklika über die christliche Ehe (1880) erinnert er die Eheleute an ihre Pflichten, ermuntert sie zu einem christlichen Leben und verurteilt die Ehescheidung; *Diuturnum*, 1881 kurz nach der Ermordung des Zaren von Rußland, Alexander II., veröffentlicht, umschreibt Natur, Rechte und Verantwortung der politischen Souveränität; in der Enzyklika über die *Costituzione cristiana degli Stati* (1885) beklagt der Papst die Verfolgungen der Kirche in einigen Staaten und betont die Toleranz der Kirche und ihre Achtung vor den Institutionen; *Providentissimus Deus* (1893) gibt den biblischen Studien kräftige Impulse, und nach genauen päpstl. Weisungen wird 1902 die ständige Päpstl. Bibelkommission gegründet. Die Enzyklika *Rerum novarum* vom 15. Mai 1891, von großer sozialer Bedeutung, ist den Problemen der Arbeit gewidmet und weckte unmittelbar großes Interesse; sie gilt als das grundlegende Dokument der katholischen Soziallehre und bildete hier zugleich einen Bezugspunkt für die Nachfolger Leos XIII. In der Enzyklika wird betont, daß es zu den Aufgaben der Kirche gehört, zum Ausgleich zwischen Arbeitgebern und Arbeitnehmern beizutragen; abgelehnt wird der Klassenkampf. Dazu wird betont, daß ein unverzichtbarer christlicher Grundsatz die Achtung der Menschen und seiner Würde ist, so daß die Ausbeutung der Arbeitnehmer zu verurteilen ist. Das Dokument betont nachdrücklich die Pflicht, den gerechten Lohn zu zahlen und erklärt, daß sich der Staat der Lösung der Arbeitsprobleme annehmen muß, „indem er gleichzeitig die Ursachen beseitigt, aus denen voraussichtlich der Konflikt zwischen Arbeitern und Eigentümern entstehen wird". Die Enzyklika ermuntert schließlich zur Gründung von Arbeiterverbänden zum Schutz ihrer Interessen, ferner zur Bildung von Gewerkschaften, die Versorgung und Hilfeleistung garantieren.

Spiritualität und tatkräftige Frömmigkeit, die sein Lehramt trugen, kommen auch in den Dokumenten zum Ausdruck, welche die Erneuerung des christlichen Lebens fördern wollen und zum häufigen Sakramentenempfang, zu eifrigerer Verehrung der Eucharistie, des Heiligsten Herzens, der Muttergottes, der hl. Familie und des hl. Joseph einladen. Mit der Enzyklika *Supremi Apostolatus* vom 1. September 1883 ermuntert er die Gläubigen zum Rosenkranzgebet, und er kommt in weiteren Dokumenten darauf zurück; mit *Quamquam pluries* vom 15. August 1889 wird die Verehrung des hl. Joseph ermuntert, den er als Vorbild der Familienväter und Arbeiter hinstellt, während der hl. Familie am 20. November 1890 *Novum argumentum* gewidmet ist. Die Enzyklika *Annum sacrum*, veröffentlicht am 25. Mai 1899, will die Verehrung des Heiligsten Herzens neu lebendig machen, dem er bei Gelegenheit des Hl. Jahres 1900 die Menschheit weiht. Das Hl. Jahr beging er feierlich, und der größte Zustrom der Pilger aus aller Welt bildete ein greifbares Zeugnis für die Zuneigung, Hochachtung und Verehrung für den Papst. Leo XIII. nahm auch die Selig- und Heiligsprechungen wieder auf, die seit 1870 unterbrochen worden waren. Zu Heiligen wurden von ihm unter anderen ernannt: die sieben Gründer der Diener Mariens, Jean Bapiste de la Salle, Rita von Cascia und Antonio Maria Zaccaria. Er billigte ferner die Gründung einiger neuer Ordenskongregationen, die heute noch bekannt sind: die Weißen Väter, die Priester des Heiligsten Herzens, die Pallottiner und die Missionare vom Göttlichen Wort. Als Theologe, Philosoph, Literat und Humanist zeigte er auch für die Naturwissenschaften Interesse, wie die Einrichtung der Vatikanischen Sternwarte (→) 1891 beweist. Der Papst förderte die thomistische Kultur, verbunden allerdings mit einer gediegenen literarischen und sozialen Vorbereitung. In Rom gründete er das Seminar Leoninum, das seine didaktischen Weisungen befolgte. Unterstützt durch seine Großzügigkeit entstanden in Rom Institute für auswärtige Studenten, die sich in den theologischen Fächern weiterbilden wollten. 1881 öffnete er den Wissenschaftlern das Vatikanische Archiv und auch der Vatikanischen Bibliothek galt seine Aufmerksamkeit.

Leo XIII. starb am 20. Juli 1903 im Alter von 93 Jahren und ist in der Lateranbasilika begraben, nicht weit vom Grab Innozenz' III. entfernt, der von ihm hoch verehrt wurde und ihm als einer der bedeutendsten Vertreter der apostolischen Sendung des Papsttums galt. Spiritualität, Ausgewogenheit, intensive pastorale Tätigkeit, Ausübung des Lehramtes mit tiefgreifender Lehre und glühender apostolischer Glaube kennzeichneten das Pontifikat Leos, das in einer schwierigen und verworrenen Zeit einen beachtlichen Eindruck hinterließ und das Prestige der Kirche in der Welt in hohem Maße steigerte. Das Bedauern über sein Ableben war einmütig, und auch die *Gazzetta Ufficiale del Regno d'Italia*, herausgegeben von einem Staat, der sich noch in starkem Gegensatz zum Hl. Stuhl befand, würdigte seinen Tod mit Worten voll tiefer Achtung und Bewunderung.

Bibl.: Ch. de T'Serclaes, *Le pape Léon XIII. 1894–1906*; L. Thillet, *Les doctrines politiques de Léon XIII.* Paris 1920; E. Soderini, *Il pontificato di Leone XIII,* Rom 1932–33; A. C. Jemolo, *Chiesa e Stato negli ultimi cento anni*, ebd. 1948, S. 372–482; F. Spadafora, *Leone XIII e gli studi biblici*, Rovigo 1976; G. Martina, *L'apertura dell'Archivio Vaticano; il significato di un centenario*, in *Archivum historiae pontificiae*, 19 (1981), S. 239–307; *Atti del l'VIII Congresso Tomistico internazionale, I-III: enciclica „Aeterni Patris"* Città del Vaticano 1981; *90 Jahre Rerum novarum*, hrsg. von A. Rauscher, Köln 1982; A. Piolanti, *Il tomismo come filosofia cristiana nel pensiero di Leone XIII*, Città del Vaticano 1983; G. Rambaldi, *L'incontro tra cattolici e anglicani negli anni 1894–1896; origine e significato della lettera di Leone XIII „Ad Anglos", 14. April 1895*, in *Archivum historiae pontificiae,* 25 (1987), S. 365–410; V. Cárcel Ortí, *León XIII y los catolicos espanoles*; *informes vaticanos sobre la Iglesia en Espana,* Pamplona 1988.

U. Penteriani

LIBER CENSUUM ECCLESIAE ROMANAE

Dies war das Register, in dem alle Beiträge an die Röm. Kirche aufgezeichnet waren, die von Ländereien und Kirchen als *censuales* des Apost. Stuhles entrichtet wurden, ferner von Klöstern, die sich der *defensio* oder *tuitio* des Papstes erfreuten und nicht der Jurisdiktion des Ortsordinarius unterstanden, schließlich von Fürstentümern und Reichen, die sich als Vasallen des Papstes betrachteten. Es wurde 1192 vom Kämmerer Cencio Savelli (dem späteren Papst Honorius III.) nach dem Vorbild früherer Steuerlisten begonnen und bis zu den Zeiten Bonifatius' VIII. (1294–1303) ständig erneuert. Der *Liber censuum* war in zwei Teile aufgeteilt. Im ersten sind Provinz für Provinz die Namen aller einzelnen, dem Apost. Stuhl Steuerpflichtigen aufgezeichnet oder alle *in ius et proprietatem beati Petri et Sanctae Romanae Ecclesiae persistentes*, mit genauer Angabe des Betrags der betreffenden Abgaben. Den zweiten Teil bildete dagegen eine Kartei mit allen konstitutiven Titeln (Testamente, Schenkungen, Kontrakte, bezeugte Ehrengaben usw.) des Eigentums und der Souveränität des Apost. Stuhles (s. G. Felici, La Rev. Camera Apostolica, S. 6–9).

Als Hauptquelle für das Studium der finanziellen Organisation der Kirche gibt der *Liber censuum* klar den erheblichen Umfang der von der Apost. Kammer (→) betreuten Güter und abgewickelten Geschäfte an. Diese erweist sich nun bereits vollkommen strukturiert und funktionsfähig und bezeugt die Tendenz zu einer neuen Organisation, die die kräftige, von Innozenz III. (1198–1216) Entwicklung begleitete. Von Paul Fabre begonnen, wurde die Herausgabe dieses höchst wichtigen Textes dann von Louis Duchesne zu Ende geführt (2 Bde., Paris 1889–1910). Guillaume Mollat fügte 1952 einen dritten Band mit nützlichen Indices hinzu.

Bibl.: P. Fabre, *Etude sur le Liber censuum de l'Eglise de Rome*, Paris 1892 (grundlegend); H. Leclercq in *Dictionnaire d'archéologie chrétienne et de liturgie*, IX, Sp. 180–220; M. Michaud, in *Dictionnaire de droit canonique*, III, Sp. 233–253; T. Montecchi Palazzi, *Cencius Camerarius et la formation du „Liber censuum" in Mélanges de l'Ecole francaise. Moyen Age – Temps modernes*, 96 (1984), S. 49–93.

N. Del Re

Liber diurnus Romanorum Pontificum

Im Mittelalter kam in den Kanzleien die Gewohnheit auf, sich fertiger Akten zu bedienen, die zu Formularen verkürzt waren. So ergab sich die Notwendigkeit einer Sammlung aller dieser Formulare in einem für die tägliche Praxis nützlichen Handbuch. Daß auch die Päpstl. Kammer seit den ältesten Zeiten Formulare verwendete, ergibt sich aus Dokumenten, die Verwandtschaft – und zuweilen fast Gleichheit – von Abschnitten zeigen, die man nicht dem bloßen Zufall zuschreiben kann. Sie sind vielmehr ein sicherer Hinweis auf ihre Herleitung von vorhandenen Modellen. Als älteste Erwähnung von Formularen können einige Sätze (z.B.: *et cetera secundum morem*) gelten, die sich im Register des hl. Gregor des Großen (590–604) befinden. Doch auch wenn die Formulare aus der Zeit Gregors I. uns nicht erhalten geblieben sind, so besitzen wir doch ein späteres Handbuch von größter Wichtigkeit, nämlich den *Liber diurnus Romanorum Pontificum*, wo die zwischen dem 6.–9. Jh. verwendeten Formulare gesammelt sind.

Die Sammlung des *Liber diurnus* ist uns in drei Manuskripten überkommen, von denen aber nur zwei bekannt waren. Das älteste ist jenes, das sich bereits im Besitz des Klosters von Nonantola (Modena) befand, im 13. Jh. nach Rom kam und in der Bibliothek der Kathedrale *S. Croce* aufbewahrt wurde. Zu Anfang des 19. Jh gelangte es ins Vatikanische Archiv, das es heute noch hütet (Arm. XI, t. 19). Es wurde in Rom in karolingischen Minuskeln der ersten Zeit (795–814) geschrieben, und war nach jüngsten Studien das von röm. Notaren tatsächlich verwendete Handbuch, das aus 99 Formularen besteht. Th. von Sickel, der ihre kritische Ausgabe besorgte (Wien 1889), teilte sie in drei Gruppen auf. Die erste umfaßt die Formulare 1–63, die den ursprünglichen Kern bilden und zwischen 625 und 680 zu datieren sind. Ihm wurden später im 7. Jh., jene mit den Nummern 64–81 (zweite Gruppe) angefügt, während die restlichen alle von einer einzigen Person (dritte Gruppe) zusammengestellt sind. Das zweite Manuskript wurde in der Ambrosianischen Bibliothek von Mailand durch Msgr. Antonio M. Ceriani entdeckt und wird auch seinerseits dem 9. Jh. zugeschrieben. Es ist aber sicher ein halbes Jh. älter als der vatikanische Codex, weil es neben den anderen auch Formulare jüngeren Datums enthält; seine kritische Ausgabe verdanken wir L. Grammatica und G. Galbiati (*Il codice ambrosiano del „Liber diurnus Romanorum Pontificum",* Mailand 1921). Das dritte Manuskript stammt ebenfalls aus dem 9. Jh. und befand sich bis 1763 – als es verschleppt wurde, ohne daß man noch etwas von ihm erfahren hätte – in Paris im Kolleg der Jesuiten von Clermont; glücklicherweise war es bereits 1680 veröffentlicht worden. Der *Liber diurnus* wurde von der Apost. Kammer bis zum Tod Alexanders II. (1073) verwendet. Seit Gregor VII. (1073–1085) wurden neue Formulare ausgearbeitet, die mehr den gewandelten Zeitverhältnissen entsprachen. Eine vollständige kritische Ausgabe aller drei Manuskripte mit dem *Liber diurnus* wurde von Hans Förster ediert (Bern 1958).

Bibl.: Th. von Sickel, *Prolegomena zum Liber diurnus*, in *Sitzungsberichte der Wiener Akademie*, CXVII, 1899; K. Hartmann, *Die Entstehungszeit des Liber diurnus*, in *Mitt. des Instituts für österr. Geschichtsforschung*, 1892, S. 239ff; L. Santifaller, *Über die Verwendung des Liber diurnus in der päpstl. Kanzlei*, in *Abhandlungen auf dem Gebiete der mittleren und neueren Geschichte und ihrer Hilfswissenschaften*, 1925, S. 23ff.; W. Peitz, *Liber diurnus, Methodisches zur Diurnusforschung*, Rom 1940; L. Santifaller, *Zur äußeren Geschichte der Vatikanischen Handschrift des Liber diurnus*, in *Anzeiger der phil.-hist. Klasse der Akademie der Wissenschaften in Wien*, 17, (1946), S. 172–212; G. Battelli, in *Enciclopedia cattolica*, VII, Sp. 1262–67; F. Bock, *Bemerkungen zu den ältesten Papstregistern und zum Liber diurnus Romanorum Pontificum*, in *Archivalische Zeitschrift* 57 (1961), S. 11–51; L. Santifaller, *Liber diurnus. Studien und Forschungen von L. Santifaller*, hrsg. von Harald Zimmermann, Stuttgart 1976; P. Palma, *L'origine del codice vaticano del „Liber diurnus"* in *Scrittura e civiltà*, 4 (1980), S. 295–310.

N. Del Re

Liber Pontificalis

Mit diesem nicht ursprünglichen, sondern durch die Tradition gebildeten Titel bezeichnet man eine umfangreiche Sammlung von Papstbiographien, die vom hl. Petrus bis 1460 reichen, dem zweiten Jahr des Pontifikates Pius' II. Von allgemeinen Bezeichnungen, z.B. *Episcopale* und *Liber Episcopalis*, die sich in den ältesten Manuskripten finden, ging man nämlich zu genaueren Bezeichnungen wie *Gesta Pontificum*, *Series Pontificum Romanorum*, *Ordo Episcoporum Sedis Apostolicae Romanae Ecclesiae* in den späteren Manuskripten über, um endlich zum Titel *Liber Pontificalis* in den jüngeren Manuskripten zu gelangen, der im übrigen allgemein in Gebrauch war und dann immer beibehalten wurde. Ein solcher Titel darf nicht an ein einheitliches und organisches Werk denken lassen, da der *Liber Pontificalis* tatsächlich aus einem Komplex von sehr verschiedenen Materialien besteht; anfangs gab es einfache Papstverzeichnisse mit Angabe der Namen, der Dauer des Pontifikats, und bei einigen war auch das eine oder andere von den jeweiligen anonymen Schreibern für denkwürdig gehaltene Ereignis erwähnt. Später wurden die genannten Verzeichnisse überarbeitet und mit weiteren Nachrichten bereichert, so daß sich eine chronologische Serie von Biographien der einzelnen Päpste ergab. Für jeden ist im allgemeinen der Name, der Geburtsort, die Abstammung und die Dauer des Pontifikates angegeben, dazu kurze Nachrichten über das Leben. Es schließen sich weitere Nachrichten zur Gründung und Ausstattung von Kirchen, Klöstern, frommen Instituten usw. an, ferner disziplinäre oder liturgische Dekrete, gespendete Weihen und endlich auch Ort und Datum des Todes und des Begräbnisses.

Der älteste Teil des *Liber Pontificalis* mit Biographien vom hl. Petrus bis 855, dem ersten Jahr des Pontifikates von Stephan V. (VI), ist nicht im originalen Text erhalten, sondern in verschiedenen Ausgaben, die einige auf den hl. Damasus (355–384) zurückführen wollen. Die Gelehrten des 16.–18. Jh. nennen für die Nachfolger den Bibliothekar Anastasius (→), dem man aber wahrscheinlich nur die Biographie Nikolaus' I. des Großen (858–867) zuschreiben kann, dessen Sekretär er war, dazu einen Teil der Biographie von Hadrian II. (867–872), von dem er zum Bibliothekar ernannt wurde. Chronisten, die gegen Ende eines jeden Pontifikates schrieben, müssen dagegen als die Verfasser der Papstbiographien zwischen der zweiten Hälfte des 7. bis zum Ende des 9. Jh. angesehen werden, denn ihr Text ist ausführlicher und zugleich inhaltlich interessanter.. Nach der Meinung von F. Schneider (*Rom und Romgedanke im Mittelalter*, 1925, S. 130) gehen die Texte auf hohe Funktionäre des Patriarchates beim Lateran zurück, auf Personen also, die in Kontakt mit den Päpsten standen und die berichteten Ereignisse miterlebt haben.

Als wertvolle Quelle für die Geschichte der Römischen Kirche, besonders für die Zeit des Hochmittelalters wurde der *Liber Pontificalis* von Msgr. Louis Duchesne in Paria 1886–1892 in zwei Bänden veröffentlicht. Beigefügt ist eine ausführliche Einführung und ein gelehrter Kommentar; 1981 wurde er erneut veröffentlicht und ein dritter Band beigefügt (*Additions et corrections de Msgr. L. Duchesne*, veröffentl. von C. Vogel). Auf diese Ausgabe greift man noch heute zurück, und sie bleibt auch grundlegend.

Bibl.: H. Grisar, *Il Liber Pontificalis sino al secolo IX*, in *Analecta Romana*, Rom 1899, S. 1–25; E. Josi, in *Enciclopedia cattolica*, VIII, Spalte 1278–82, mit Bibl.; H. Geertman, *More veterum. Il „Liber Pontificalis" e gli edifici ecclesiastici di Roma nella tarda antichità e nell'alto medioevo*, Groningen 1975; R.M. Thomson, *William of Malmesbury's edition of the Liber Pontificalis*, in *Archivum historiae Pontificiae* 16 (1978), S. 93–112; R. Giordani, *Note sul significato di „Iuxta" nel „Liber Pontificalis"*, in *Vetera Christianorum* 16 (1979), S. 203–219; Th. F.X. Noble, *A new look at the Liber Pontificalis*, in *Archivum historiae Pontificiae* 23 (1985), S. 347–358; H. Geertman, *Nota sul „Liber Pontificalis" come fonte archeologica*, in *Quaeritur inventus colitur, Miscellanea in onore di padre U. M. Fasola*, Rom 1989, S. 347–361.

N. Del Re

Liberius

Papst. Er war Römer und nach dem *Liber Pontificalis* (I, 207) Sohn eines gewissen Augustus. Am 17. Mai 352 folgte er als Papst auf Julius I. in einer Zeit, die durch die auflebende Opposition gegen Nicäa und die Wiederkehr des von Kaiser Konstans II. unterstützten Arianismus im Orient gekennzeichnet war. Die Verurteilung des hl. Athanasius, Bischof von Alexandrien und nachdrücklicher Verteidiger des Glaubensbekenntnisses von Nicäa, sollte durch den Papst anerkannt werden. Der anfängliche Widerstand gegen den kaiserlichen Druck führte zu Liberius' Verhaftung und Exil in Beröa in Thrakien (für fast zweieinhalb Jahre) und zur Einsetzung des Gegenpapstes Felix II. in Rom. Liberius gab am Ende nach und stimmte der Verurteilung des Athanasius zu. Zugleich unterschrieb er 358 ein neues Glaubensbekenntnis, die sogenannte „dritte Formel von Sirmium", die von der ersten, ebenfalls in Sirmium 351 zusammengestellten Formel abgeleitet und im wesentlichen zwar orthodox, aber dennoch zu frei war, weil die *Consubstantialitas* weggelassen wurde. Obwohl die Formel sicher nicht häretisch war, wurde Liberius der Häresie angeklagt. Allenfalls warf man dem Papst persönliche Schwäche vor, da er stets nachgegeben hatte in der Absicht, die Gegensätze abzuschwächen und der Kirche Frieden zu geben.

Trotz des Unvermögens blieb Liberius seinem Lehramt treu. Dies beweist seine klare Verurteilung der Synode von Rimini 359, ferner seine volle Zustimmung zu den Entscheidungen des Konzils von Alexandrien 362 sowie sein wirksames Eingreifen, um in der ganzen Kirche das Glaubensbekenntnis von Nicäa wieder durchzusetzen. Es gelang ihm sogar 366 einen Großteil der orientalischen Bischöfe dafür zu gewinnen. Bei seiner Rückkehr nach Rom bereitete ihm das Volk einen triumphalen Empfang, verjagte den Kontrahenten Felix II.

und richtete sich gegen die Forderung von Kaiser Konstans, ihn zusammen mit Liberius an der Regierung der Kirche zu beteiligen. Liberius ließ auf dem Esquilin *iuxta macellum Liviae* die nach ihm benannte Liberianische Basilika errichten, die von Sixtus III. (432–440) erneuert und erste Marienkirche Roms wurde. Allgemein ist sie als *S. Maria Maggiore* bekannt. Liberius werden zugleich Werke der Verschönerung der Anlagen beim Grab der Martyrerin Agnes zugeschrieben.

Gestorben am 24. September 366 wurde Liberius auf dem Friedhof der *Priscilla* an der *Via Salaria* begraben und als Bekenner und Märtyrer liturgisch verehrt. Doch führte im Laufe der Zeit der Vorwurf der Häresie, der in den *Liber Pontificalis* aufgenommen auch von einigen modernen Autoren vertreten wird (Duchesne, Zeiller usw.), zu einem Rückgang der Verehrung. Seine Zeitgenossen zweifelten jedoch nicht im geringsten an seiner Heiligkeit, so daß der hl. Ambrosius, der hl. Basilius und der hl. Epiphanius ihn sehr glücklich und heilig nannten. Der Name des Liberius findet sich im *Martyrologium* des hl. Hieronymus, nicht aber im *Martyrologium Romanum*. „Mächtiger Bekenner, heiliger Priester, Lehrer des göttlichen Gesetzes mit aufrichtigem Herzen" wird Papst Liberius ferner in der Grabinschrift genannt, die ihm heute einmütig zugeschrieben wird. Sie kam 1881 ans Licht und wurde von G. B. De Rossi veröffentlicht und kritisch gewürdigt. Hier wird seine Festigkeit im Glauben von Nicäa voll anerkannt, wenn er auch schwere Leiden ertragen mußte, die ihn zum Märtyrer gemacht haben (*insuper exilio decedis martyr ad astra*).

Bibl.: V. Monachino, in *Enciclopedia cattolica*, VII, Sp. 1269–72, mit Bibl.; A. Amore, in *Bibliotheca Sanctorum* VIII, Sp. 17–22; G. N. Verrando, *Liberio-Felice; osservazioni e rettifiche di carattere storico-agiografico*, in *Rivista di storia della Chiesa in Italia*, 35 (1981), S. 91–125.

N. Del Re

LIBRERIA EDITRICE VATICANA

→ Verlagsbuchhandlung, Vatikanische

LINUS

Papst, Hl. Er war der unmittelbare Nachfolger des hl. Petrus und regierte von 67 bis 76, wenn man der Serie der Röm. Päpste aus dem *Annuario pontificio* folgt (die alten Quellen legen andere Daten nahe). Unsicher sind im übrigen auch die sehr wenigen Nachrichten über seine Person und Tätigkeit. Im *Liber Pontificalis* (I, 121) heißt es ohne nähere Einzelheiten, er stamme aus Tuszien, während ihn andere aus Volterra stammen lassen. Er kam dann nach Rom und wurde vom hl. Petrus bekehrt, wurde sein Helfer im Apostolat und dann Nachfolger auf der Cathedra von Rom. Er starb unter Vespasian und ist im Vatikan nahe beim hl. Petrus begraben. Ein Martyrium ist nicht belegt, obwohl er im Röm. Martyrologium am 23. September erwähnt ist. Doch wird er auch anderswo unter anderen Daten genannt. Dem hl. Papst Linus wird das *Martyrium beati Petri Apostoli*, der zweite Teil der apokryphen Akten des Petrus vom Ende des 2. Jh. zugeschrieben.

Bibl.: A. Amore, in *Bibliotheca Sanctorum* VIII, Sp. 56–57; G.N. Verrando, *Osservazioni sulla collocazione cronologica degli apocrifi Atti di Pietro dello Pseudo-Lino*, in *Vetera Christianorum* 20 (1983), S. 391–426; E. Elorduy, *Lino, Claudia y Clemente en la Iglesia apostolica*, in *Estudios de Deusto* 32 (1984), S. 487–503.

N. Del Re

LOGGIEN RAFFAELS

Architektur: Die architektonische Neugestaltung der östlichen Seite der alten Papstresidenz im Vatikan – die auf die Zeiten Nikolaus' III. (1277–80) zurückgeht – nimmt in den Baumaßnahmen unter Julius II. (1503–13) und Leo X. (1513–21) einen hervorragenden Platz ein. Sie konzipierten die kleine Vatikanstadt nach neuen ästhetischen Richtlinien unter dem Aspekt der humanistischen Neugestaltung der Stadt Rom. Der gesamte städtische und monumentale Ausbau wurde von Bramante und Raffael gemeinsam im zweiten Jahrzehnt des 16. Jh. durchgeführt und findet Beachtung in der umfangreichen Umgestaltung der Residenzbereiche, der Innenhöfe und der Büros, die um den zentralen Kern der Petersbasilika angeordnet sind. Die Errichtung einer neuen Fassade auf der östlichen Seite des alten Palastes zur Rechten der Basilika, die vom vorgelagerten Platz aus gut zu sehen sein sollte, schuf große Probleme: Die bestehenden, völlig uneinheitlichen Gebäudefronten und -höhen mußten hinter einer homogenen Blendfassade verschwinden.

Das Konzept einer Fassade mit mehrgeschossigen, weit geöffneten Loggien, stammt nicht nur von Bramante. Redig de Campos wies nach, daß bereits die alte Konstruktion aus den Zeiten von Papst Nikolaus auf der gleichen Seite zwei übereinanderliegende Galerien mit Arkaden umfaßte. Diese wurden von einem Portikus zu ebener Erde und von zwei Türmen an den Seiten eingefaßt, deren nördlicher während des Pontifikats von Alexander VI. (1492– 1503) massiv umgestaltet wurde. Nach der Rekonstruktion von de Campos erreichte der mit einem Dach bedeckte zentrale Teil eine Höhe von 26,30 m, das etwa der Höhe des zweiten Geschosses der heutigen Loggien des Damasus-Hofes entspricht. Im südlichen Teil gab es eine Unregelmäßigkeit, da ein kleinerer, geschlossener und erheblich zurückgesetzter Baukörper das vom Verlauf der Bögen bestimmte Fassadengeschoß unterbrach. Tatsächlich sollte Bramante das dreigeteilte Vorbild der mittelalterlichen Ansicht respektieren. Doch er paßte Struktur und Gestalt den klassischen Vorbildern an. Sicher gab Vitruv den Entwurf vor, Säulen dorischer, ionischer und korinthischer Ordnung hintereinander zu stellen. Ein solches Konzept erfolgte bei vielen röm. Bauten wie dem Kolosseum oder dem Septizonium und wurde von Bramante in den gleichen Jahren auch für die berühmte geschwungene Treppe des Belvedere-Palastes verwendet. Da Bramante nicht mit der Stabilität des romanischen Mauerwerks rechnen konnte, zog er es vor, lediglich den Portikus, der Stützfunktionen hatte, zu bewahren und seine ursprünglichen Arkaden zu schließen, um darüber die Loggien des neuen Gebäudes zu errichten. Er verlängerte außerdem die neue Fassade um etwa zwanzig Meter über die südliche Grenze der Bauten aus dem 13. Jh. hinaus, doch war er dabei gezwungen, den Turm an der Südseite abzureißen. An seiner Stelle entstanden die sog. Treppen *della Floreria*, die Vasari als die erste monumentale Treppenanlage im Vatikan bezeichnete. Ein Entwurf des Nordturmes zeigt (Uffizien Nr. 287 A), ein noch anfängliches Stadium des Projektes (ca. 1505–07) und die Absicht Bramantes, durch Vergrößerung des Treppenturms eine Verbindung zwischen den Gängen und den Loggien, dem Belvederehof und dem neuen Korridor zur Engelsburg zu bewahren. Die architektonische Lösung Bramantes erfüllte somit die Forderung nach einer großzügigen Verbindung der verschiedenen Trakte und ersetzte die unübersichtliche, verschachtelte Wegführung der mittelalterlichen Anlage.

Die neuen Loggien verbanden als korridorähnlicher Bogengang direkt die Gemächer des Papstes mit dem *Cortile del Maresciallo* (durch die *Scala della Floreria*) und mit der Benediktionsloggia auf der Frontseite des alten *Palatium Innocentianum* (durch einen Verbindungsgang, der im Süden entstehen sollte). Im Norden waren sie direkt mit dem zweigeschossigen Portikus verbunden, der im Osten dem Verlauf des Belvederehofes folgte und den

Durchgang von den Wohnräumen der Borgia zum Belvedere Innozenz' VIII. am äußersten nördlichen Ende des Hofes gestattete (C. L. Frommel).

Die dekorative Ausstattung der Loggien war Raffael und seiner Werkstatt anvertraut: Der offene Bogengang (*Loggia*), der ursprünglich noch nicht die heutige Schutzverglasung hatte, bot die Voraussetzungen für ein vollkommenes Zusammenwirken von Architektur und Malerei. Ein Entwurf des Maarten Van Hemskerck in der Albertina in Wien um 1534–35 zeigt die Anlage und Beleuchtung der Loggien, die einen Garten (*hortus secretus*) umschlossen, der in etwa an der Stelle des heutigen Damasus-Hofes lag. Von hier ging der Blick über die ganze Stadt bis zum Horizont der röm. *Campagna*. Natur und Umgebung flossen in die gemalte oder in Stuck ausgeführte Dekoration mit ein, ebenso wie die klassischen Denkmäler der Stadt, in mythologischen Themen und Tausenden von Pflanzengirlanden, die die Gewölbe und Wände der Loggien schmücken.

Die Ausmalung der Loggien wurde nach Ackerman 1509 begonnen, von Bramante auf der Höhe der dorischen Ordnung aber unterbrochen. Dokumente bestätigen, daß beim Tod des Architekten (11. April 1514) alle Rampengeschosse zwischen dem Erdgeschoß und der zweiten Loggia errichtet und eingewölbt waren, auch der Korridor zwischen dem letzten Treppenabsatz und dem Saal der Helldunkel-Malereien. Außerdem hatte man mit den Arbeiten an der Innenwand der ersten Loggia begonnen und die entsprechenden Balustraden zum Hof hin errichtet. Die Datierung der Einwölbung der ersten Loggia durch Kuppeln bleibt aus stilistischen Gründen aber ungewiß, da sie auch eine gewisse Verwandtschaft mit Entwürfen Raffaels in der fast gleichzeitig ausgebauten Chigi-Kapelle in *S. Maria del Popolo* aufweist. Frommel hat immerhin sichergestellt, daß schon unter der Leitung Bramantes eine Umgestaltung der Räume des Kardinals Bibbiena im oberen Geschoß begonnen hatte, im Zusammenhang mit dem Bau der dritten Loggia .

In welchem Stadium die Arbeiten von Raffael weitergeführt wurden, seit dem 1. August 1514 als päpstl. Architekt beauftragt, ist nicht geklärt. Nach Vasari entwarf Raffael als Bauleiter „die päpstl. Treppen und die vom Architekten Bramante begonnenen, aber wegen seines Todes unvollendet gebliebenen Loggien neu. Raffael begann also mit einem neuen architektonischen Plan und schuf davon ein Holzmodell mit noch mehr Elementen und Ausschmückungen als Bramante vorgesehen hatte". Der Eingriff auf der Ebene der Loggia ionischer Ordnung bleibt in der Außenansicht unauffällig, denn er nimmt Rücksicht auf die von Bramante im darunterliegenden Geschoß verwendeten Formen (Pfeilerarkaden mit vorgelegten architravierten Pilastern). Auch die geringfügigen Abweichungen (Kandelaber-Balustraden in der unteren Loggia, in der oberen eingeschnürte Baluster) und die veränderten Dimensionen (das zweite Geschoß ist höher) können auf die veränderte Anordnung zurückgeführt werden. Deutlicher wird die Präsenz Raffaels in der neuen Raumauffassung im Inneren, da er für seine Dekoration die Kalotten Bramantes durch eine Abfolge von Transversalbögen mit Pavillon- oder Spiegelgewölben ersetzte. Dieses Gewölbe vervielfältigt die Möglichkeiten der Dekoration auf den ebenen oder geneigten Flächen, wobei auf den Zwickeln der Transversalbögen zusätzlicher Raum für die Freskenmaler und Stukkateure entstand. Die Aufteilung der Galerie in eine Folge von rhythmischen Raumeinheiten wird auch durch die entsprechende Wandgliederung mit Pilastern betont. Raffael erzielte damit eine wesentlich differenziertere Raum- und Tiefenwirkung als

Bramante mit seinem relativ ungegliederten Wandaufriß. Die inneren Fenster wurden ebenso plastischer konzipiert in Anlehnung an analoge Lösungen der röm. Architektur und deren perspektivische Strukturen, wie man sie in der Galerie des *Tabulariums* unter dem Kapitol findet.

Vor allem das dritte Geschoß läßt die Prägung Raffaels erkennen. Hinter der eleganten Nüchternheit dieser Loggia bleiben die beiden darunterliegenden komplexen Anlagen zurück. Der oberste Bogengang weist Säulenarkaden mit attischer Basis auf, darüber einen einfachen Architrav. Die Arbeiten, die schon unter Bramante 1515 begonnen wurden, mußten spätestens zu Beginn des Jahres 1516 bis zur Höhe der letzten Rampe des Eingangsbereiches gediehen sein; doch erst im Dezember 1519 wird die dritte Loggia in den Tagebüchern von Marcantonio Michiel erwähnt. Ihr Gewölbe zeigt die Wappen Leos X., doch weder beim Tode Raffaels 1520 noch Papst Leos 1521 kann man von einer abgeschlossenen Arbeit sprechen. Erst später, unter Clemens VII., wurde die Loggia durch Antonio da Sangallo dem Jüngeren vollendet.

Zunächst wurde die Ausschmückung der drei Loggien nicht einheitlich geplant: Man kann eine erste Phase, bei der Raffael nur im Mittelgeschoß alle Ausschmückungsarbeiten leitete und koordinierte, von einer unmittelbar folgenden unterscheiden. Es wurde auch eine neue Wanddekoration für das erste und dritte Geschoß geplant. Ein in Rom am 4. Mai 1519 verfaßter Brief Michiels informiert uns, daß „Raffael aus Urbino 4 Räume des Papstes und eine sehr lange Loggia ausgemalt hat und nun darangeht, zwei weitere Loggien auszumalen". Sehr richtig hat N. Dacos den Ausdruck „sehr lange Loggia" mit dem ionischen Geschoß in Verbindung gebracht – als „Loggien Raffaels" bekannt – und ausgeschlossen, daß sich der Ausdruck auf die kleine Loggia bezieht, die zu den Räumen des Kardinals Bibbiena gehörte und 1517 abschließend ausgemalt wurde.

Die anderen beiden von Michiel erwähnten Loggien können mit denen dorischer und korinthischer Ordnung identifiziert werden. Die Ausschmückung der ersten wurde ganz dem Pinsel des Giovanni da Udine anvertraut, der gerade erfolgreich in der *Farnesina* des Agostino Chigi gearbeitet hatte. Wie die pflanzlichen Schmuckelemente der Loggia der Psyche in der Chigi-Villa, sollte der Maler naturalistische Dekorationen im Bogengang Bramantes anbringen. Giovanni ersann eine Reihe von Ranken und Laubengängen, überreich mit Pflanzen und Früchten geschmückt, ein gemalter Raum, der die materiellen Grenzen der Architektur aufhob. Statt dessen blieb das Bild schattiger Hallen, die mit Zweigen bedeckt sind. Vasari, der ausführlich die Kreativität des Udinesen erörterte, äußerte große Bewunderung für „die vage Erfindung vorgetäuschter Laubengänge aus vielfach aufgeteiltem Rohr, alle aber voll von reich mit Trauben, Waldreben und Jasmin gefüllten Weinreben, Rosenstöcken sowie verschiedenen Tieren und Vögeln". Es ist möglich, daß Giovanni, der aus dem Norden kam, die Malkunst Leonardos als Vorbild nahm, vielleicht auch Mantegnas. Doch gewiß hatte er auch naheliegende Anregung von den Arrangements der Feste bekommen, die ähnliche Verwendungen von Baumteilen für Spiel oder Theater kannten. So erblickt man durch das Gewirr der Blätter hindurch Stücke eines blauen Himmels. Die überreich blühenden Orangen, Rosen, Jasminpflanzen, Glockenblumen, weißen und roten Trauben lassen an eine in ihrer Fülle fast paradiesische Natur denken.

Bewußt ist im ersten, vierten und zehnten Bogen der frische Naturalismus der pflanzlichen Architektur durch die reine Geometrie der Einschnitte von Rhomben, Kreisen, Rauten und Polygonen in unterschiedlichen Farben ersetzt. In den Stuckfeldern des siebten Gewölbes erscheint dann das Wappen Leos X. aus dem Geschlecht der Medici, großartig eingerahmt von Girlanden und Engeln. Die dynastischen Embleme des Papstes wiederholen sich auch im zweiten, dritten, fünften und sechsten Gewölbe der Galerie.

Die Arbeit des Malers war bereits im Dezember 1519 abgeschlossen, da Michiel bemerkt: „In diesen Tagen wurde ihm die Loggia unter dem Palast mit den übereinander gelagerten Geschossen, nach Rom ausgerichtet und griechisch angelegt, übergeben – ausgemalt mit Blattwerk, Grotesken und Phantasiegebilden. Es hatte wenig gekostet und war doch eindrucksvoll anzuschauen. Das geschah, weil es für alle bestimmt war und allen zugänglich, auch den Pferden, obwohl wir uns hier im ersten Stock befinden." Die Bestimmung der ersten Loggia für das Publikum, und sie war wegen der Rampen sogar zu Pferde erreichbar, kann Anlaß gewesen sein für die Eisenschutzgitter an den Fenstern zu den Gemächern des Papstes.

Die Ausschmückung der dritten Loggia – bekannt als „Loggia der Kosmographie" – wurde dagegen nur teilweise von Raffael entworfen. Mit Sicherheit gehen auf ihn die kostbare Schnitzdecke mit den Wappen der Medici und die der Architrave mit den Wappen der Orsini zurück. Unter dem Pontifikat Pius' IV. entstanden dagegen die übrigen Malereien und der ursprüngliche Majolikafußboden, die später verlorengingen. Nach von Lanciani veröffentlichten Dokumenten begannen die Arbeiten in den ersten Monaten des Jahres 1560 und endeten vor dem 3. Februar 1564, denn an diesem Tag wurden die abschließenden Zahlungen getätigt. Der Name dieses Bogengangs leitet sich von den kartographischen Reliefs der europäischen, asiatischen und afrikanischen Länder her, die auf der Innenwand des Korridors in den Interkolumnien, die mit der äußeren Bogenstellung der Loggia korrespondieren, angebracht sind. Die dreizehn Malereien – eine für jeden Bogen – stellen die Geographie der verschiedenen Länder dar in unterschiedlicher Farbgebung der Meere, des Festlandes, der Waldgebiete und sogar der Höhenunterschiede. Jede Karte ist mit Ortsbezeichnungen und Erklärungen versehen, die wahrscheinlich später hinzugefügt sind. Die Hauptstädte sind mit kleinen befestigten Ansammlungen von Häusern und Türmen angegeben. Bei den größeren Zentren zeigt oft ein Kreuz einen Bischofssitz an. Die Territorien folgen nach der Reihe: die Britischen Inseln (Insula Britannia sive Anglia) und Irland (Hibernia sive Ihrlandia), auf dem Freiraum der Wand zum äußersten Süden der Loggia hin; die Iberische Halbinsel (Hesperia sive Hispania) mit dem Rand Nordwestafrikas; Frankreich (Gallia) mit Belgien, den Niederlanden und einem Teil von Südengland (Celtogalatia); die italienische Halbinsel mit den größeren Inseln, die Schweiz und die Donaugegend bis nach Dalmatien; Festland- und Inselgriechenland (Graecia) mit dem Balkan (Thracia) und Teilen von Kleinasien und Nordostafrika; Kleinasien (Asia minor) mit den Gegenden des Schwarzen und des Asowschen Meeres und den südlichen Gebieten Syriens, Palästinas und Ostafrikas bis zum Nildelta; Palästina (Judaea sive Cananea et Palestina); Deutschland (Germania) und die Nachbarländer; Mittelosteuropa (Ungaria, Polonia, Lituania); Skandinavien (Scandia) mit den Randgebieten Westfinnlands; Moskowien (Moskovia Ducatus) mit den umliegenden Gebieten (Novgogardia Ducatus, Finlandia); Scizia (Scitia, heute Tartarien); Grönland (Grolandia) mit Nordskandinavien und einem ausgedehnten Polargebiet (Biarmia). Im äußersten Norden der Galerie ist ein Fresko mit der Weltkarte angebracht, welche die Osthalbkugel darstellt.

Die Anlage einer derart komplexen Geographie zeigt das Konzept eines Universalgenies, das sich schon im umfassenden, enzyklopädischen Charakter des Programms Raffaels im darunterliegenden Geschoß andeutet. Das Thema der Kosmographie zeigte unmittelbare Auswirkungen in der direkten Fortsetzung der Serie auf den Wänden des Nordarmes der dritten Loggia unter Gregor XIII. und weiterhin z.B. in der Ausschmückung des Saales der Weltkarte im *Palazzo Farnese* von Caprarola 1574. Almagià kommt das Verdienst zu, die an dem Werk beteiligten Künstler durch Teilzahlungsbelege während einiger Arbeitsabschnitte endgültig bestimmt zu haben. Hauptsächlich erscheinen drei Namen, zuerst Saboath Denti oder Dentis oder De dentibus, der bescheidene Befugnisse als Kolorist und Dekorateur gehabt haben muß und von zwölf bis fünfzehn Arbeitern unterstützt wurde – im wesentlichen Stukkateure und Vergolder – die wöchentlich zwischen dem 8. Juli 1560 und dem 6. Dezember 1562 entlohnt wurden. Der zweite ist ein „Stefano Francese“, der Pariser Architekt Stefan du Pérac, der bereits in den Apost. Palästen tätig gewesen war. Er hatte als Planer und Graveur einen Namen. Die ihn betreffenden Zahlungen – die zusammenhängend zwischen dem 12. Dezember 1561 und dem 28. September 1562 erfolgten – lassen seine Verantwortung für die Anfertigung der vorbereitenden Kartons erkennen. Seit April 1562 taucht neben seinem Namen der bekanntere des Giovanni Antonio Vanosino aus Varese auf, ein einigermaßen bedeutender Maler (Bertoletti), der hier den Entwurf der Fresken besorgte und die letzten Einzelheiten Denti und seinen Gesellen überließ. Neben ihnen wird der alte Giovanni da Udine genannt, der Ende 1560 im Gefolge von Cosimo und Leonora de' Medici nach Rom zurückkehrte. Auf Empfehlung des Vasari wurde der Maler, der bereits vierzig Jahre zuvor meisterlich brillante Ausschmückungen in den Loggien des Raffael und des Bramante ausgeführt hatte, in den Vatikan zurückgerufen und „mit guter Provision mit dem endgültigen Abschluß der letzten Loggia beauftragt“. Ihm vertraute Pius IV. die Ausführung der Groteskenmalerei und die allegorischen Szenen in den Gewölbesegeln an, ferner die Landschaftsmalereien im oberen Fries der Wand. Zusammen mit dem alten Gefährten des Raffael sind ferner der junge Landsmann Donato aus Udine und ein gewisser Sebastiano Secante der Ältere anwesend, auf die wahrscheinlich die ausschmückenden Malereien mit Meeres- oder Blumenmotiven in den Brüstungen unter den Fenstern zurückgehen.

In den freien Gewölbefeldern treten neben den Wappen Pius' IV. reiche Inschriften in Gold auf blauem Grund hervor, welche die bedeutendsten Ereignisse des Pontifikates würdigen; darunter ist besonders deutlich der Hinweis auf den Abschluß des Konzils von Trient im Jahre 1563 zu erkennen, verbunden mit dem wichtigen Fresko des Vanosino, das die letzte Sitzung des Konzils darstellt. Es befand sich ursprünglich auf der Innenwand beim vierten Bogen, wurde aber entfernt, als gerade hier der neue Zugang zum Staatssekretariat geöffnet wurde, in dessen Vorraum sich das Fresko jetzt befindet.

Insgesamt ist Raffaels Dekoration der Loggien des zweiten Geschosses für die Lösungen des ersten und dritten Geschosses grundlegend und wegweisend für viele Werke der Renaissance. Die zweite Loggia hat folgendes *Dekorationsprogramm*: Nach Vasari „schuf Raffael die Entwürfe für die Stuckornamente und die Szenen, die dort in den Räumen gemalt wurden“. Die Loggia besteht aus einer 65 m langen und 4,30 m breiten Galerie mit dreizehn Arkaden und ebenso vielen Raumabschnitten. In einem jeden von diesen sind vier biblische Szenen nach einem kreuzförmigen Schema an den Seiten des zentralen Gewölbequadrates dargestellt, wo Engel aus weißem Stuck abwechselnd den Papstring mit den drei Federn tragen (die eine weiß, eine zweite rot und eine dritte grün als Symbole der drei Tugenden), oder das Joch mit dem Motto *Suave est*, das auf die Herrschaft Leos X. über die Stadt anspielt. Nur im letzten Bogen treten vier Szenen aus den Evangelien an die Stelle alttestamentlicher Szenen der übrigen Gewölbe. Der Hintergrund eines jeden Bogens zeigt geometrische Muster mit kleinen Engeln und Amoretten, klassische Medaillons, illusionistische Architektur, Himmelsszenen mit Vögeln oder tanzenden kleinen Figuren. Die gleiche Begeisterung für die Antike, fern von den ersten humanistischen Rückgriffen, erfüllt auch die Wände und Pilaster der Loggien mit den zahlreichen „grotesken" Ausschmückungen (benannt nach den antiken „Grotten"-Malereien in der *Domus aurea*, die um 1480 entdeckt und studiert wurden). Die Groteskenmalerei nahm seit Raffael im zweiten Jahrzehnt des 16. Jh. großen Aufschwung, so auch in den Räumen des *Bibbiena* und weiteren Loggien Raffaels. Der Wert der neuen Gestaltung liegt nicht in einer beschreibenden oder erzählenden Übereinstimmung mit der Antike, sondern in dem Reichtum an Anspielungen. Bezüge zur griechischen, lateinischen und hebräischen Überlieferung vermischten sich mit den Motiven aus den orientalischen Kulturen und breiteten über die mit Fresken versehenen Flächen ein umfassendes Bild historischer, bildlicher und naturalistischer Bezüge aus. Dabei verband sich die Universalität der Bezüge mit der Kirchenpolitik der Renaissance, die zwischen allen Glaubensformen und Lehren im Zeichen einer versöhnlichen christlichen Ökumene vermitteln wollte.

Der Übergang von der phantastischen Inspiration der Groteskenmalereien zur Botschaft der biblischen Geschichten scheint problemlos: der unbekümmerte Geist der Ausschmückung übersteigt sie ganz natürlich in der dargestellten Begebenheit, die sinnbildlich belehren will, durch die äußerst klare Übereinstimmung von Form und Inhalt. Die sprachliche Prägnanz der sogenannten „Bibel des Raffael" zeigt sich in der Klarheit der Ausdrucksformen und steht daher in Bezug zu den Abhandlungen religiöser Themen der Zeit (Thomas de Vio, Egidio von Viterbo). Auch wenn einige bildliche Übereinstimmungen den Einfluß des Zyklus von Michelangelo in der Sixtinischen Kapelle bestätigen (N. Dacos), vermag die märchenhafte Darstellung der Begebenheiten doch die verhüllte Polemik gegen die Fresken Michelangelos nicht zu verbergen (G. C. Argan). Im übrigen gehört die Gleichgültigkeit, mit der die hl. Szenen neben die heidnischen Mythenerzählungen der Stuckelemente gestellt sind, zu einer bewußt die Probleme vermeidenden Auslegung, bei der sich die Loggien als eine Summe alles Wesentlichen aus dem kulturellen Kosmos der Renaissance darstellen.

Der schon erwähnte Abschnitt in den Tagebüchern des Michiel informiert uns unter anderem, daß in der langen Galerie Statuen „in Nischen aufgestellt waren, die man abwechselnd zwischen den Fenstern auf der gegenüberliegenden Seite zwischen den Säulen und Pilastern gestellt hatte". Die Loggien wurden damit zu einem Ort, der dem Kunstsinn des Papstes und seiner engsten Vertrauten diente, zum Platz gelehrter Erörterungen für alle, die hier vorbeigingen und sich gleichzeitig der Bewunderung der Fresken, der Stuckarbeiten und der Landschaft erfreuten.

Der Fußboden aus glasierter Majolika (Projekt Raffaels) ging auf Papst Leo X. zurück, dem es gefiel, die Symbole der eigenen Macht (päpstl. Ring u. päpstl. Joch) zu sehen, wenn auch verborgen in dem äußerst raffinierten Labyrinth des Fußbodens. Das außergewöhnliche Unternehmen erforderte und rechtfertigte die Berufung von Luca della Robbia dem Jüngeren. Nachrichten darüber geben Bestätigung in drei Dokumenten mit Datum vom 14. Juli, 5. August und 10. September 1518, nach denen Della Robbia Zahlungen über 40, 220 und 225 Dukaten für den „Fußboden der großen Loggia" erhielt. Authentische Ziegel des Bodenbelags aus dem 16. Jh. – der 1869 durch den jetzigen aus weißem und grauem Marmor ersetzt wurde – finden sich heute in der Apost. Vatikanischen Bibliothek. Sie wurden in der Raffael-Ausstellung 1984 im Vatikan gezeigt.

Einen integralen Teil der Ausschmückung bilden die Reliefs der Zwickel und Unterfangbögen, die von Giovanni da Udine in Stuck modelliert wurden. Die einfarbigen Fresken der Sockelzonen haben biblischen Inhalt und verbinden sich mit denen der Gewölbe in fortschreitender Erzählweise. Das zeigt, daß sie von einem bestimmten Moment an (Davidson) in den Gesamtplan eingeschlossen waren. Im übrigen erscheinen auch die Beifügungen der Stuckarbeiten, die aus den gleichen archäologischen Quellen wie die Grotesken und aus den biblischen Geschichten stammen, dialektisch mit den Themen der Heilsgeschichte verbunden sind, die ausführlich auf den Flächen der Gewölbe dargestellt sind.

Neben der Regie Raffaels weist Vasari auf die jeweilige Mitarbeit des Giovanni da Udine, des Giulio Romano, des Giovan Francesco Penni (genannt il Fattore), des Tommaso Vincidor (genannt il Bologna), des Pellegrino da Modena, des Perin del Vaga, des Vincenzo Tamagni aus San Gimignano und des Polidoro Caldara da Caravaggio hin. Diese Namen können wir aufgrund der Forschung Raffaellino del Colles (Celio 1638; Taja 1750) hinzufügen, Pedro Machuca (Longhi 1969; Dacos 1976) und Giullaume Marcillat (Dacos 1976). Die vergleichende Analyse der vorbereitenden Entwürfe, die großenteils erhalten blieben, hat neuerdings eine Rekonstruktion der Arbeiten innerhalb der Werkstatt ermöglicht: Raffael ist endgültig als erster Schöpfer der Szenen gesichert, als der einzige auch, der in der Lage war, die Einheitlichkeit und den Gesamtzusammenhang des Zyklus sicherzustellen. Er mußte eng mit G. F. Penni, einem berühmten Zeichner, zusammenarbeiten (Vasari), der aber getreu die Weisungen seines Meisters seit der Zeit der Arbeiten in den Stanzen durchführte. Seine Aufgabe bestand wahrscheinlich darin, die Skizzen, die Raffael von eigener Hand entworfen hatte, in endgültige Entwürfe umzuzeichnen und zu ordnen, dann auf Malkartons festzuhalten, um sie zugleich unter der Kontrolle des Urbinaten zu verbessern und zu integrieren. Der schöpferische Beitrag des Giovanni bei der endgültigen Ausführung der Bilder ist dort deutlicher, wo die ursprüngliche Erfindung Raffaels weniger ins Detail geht. Die Ausschmückung der Loggien ist demnach als absolute Teamarbeit zu verstehen, also als ein Unternehmen, bei dem die Art des Auftrags und die berufliche Praxis eine enge Zusammenarbeit gebot. Dennoch ist es möglich, einen Gesamtplan der individuellen Beiträge vorzulegen. Wir können uns auf die gründlichen Beobachtungen von Nicole Dacos stützen, die vor allem in der zweiten Auflage ihrer Monographie ihre eigenen Hypothesen der Zuweisung darlegen konnte.

Im Folgenden werden nun in der Abfolge der Gewölbefelder die biblischen Bilder aufgezählt und nach der neuesten Forschung (N. Dacos 1986) den Malern zugeschrieben. Hinzugefügt werden die monochromen Darstellungen der Sockel, die nach Gravierungen aus dem 17. Jh. von Pietro Santi Bartoli identifiziert werden konnten, unterstützt durch die Aquarellkopien von Giovanni Battista Armenini und anderen Mitarbeitern für die Familie Fugger in Antwerpen. Sie sind im Codex Min. 33 der Österreichischen Nationalbibliothek in Wien zusammengefaßt. Die Blätter, welche die gesamte malerische Ausschmückung der Loggia wiedergeben, reichen etwa ins Jahr 1555 zurück und zeigen die ursprüngliche Brillanz der farbigen Flächen vor der Nachdunkelung.

I. Bogen: Szenen aus der Schöpfung, Gott scheidet das Licht von der Finsternis (Giulio Romano); Gott trennt die Erde von den Wassern (Gianfrancesco Penni); Gott schafft die Sonne und den Mond (Guillaume Marcillat); Gott schafft die Tiere (Pellegrino da Modena/Giovanni da Udine). Sockel: Gott ruht am siebten Tag und setzt den Sabbat ein.

II. Bogen: Szenen zum Sündenfall, Erschaffung der Eva (Tommaso Vincidor); Die Erbsünde (Pellegrino da Modena und Tommaso Vincidor); Adam und Eva werden aus dem irdischen Paradies verjagt (Tommaso Vincidor); Adam und Eva bei der Arbeit (Tommaso Vincidor). Sockel: Das Opfer von Kain und Abel und die Tötung des Abel.

III. Bogen: Szenen zu Noah, Bau der Arche (Giulio Romano/Gianfrancesco Penni?); Die große Sintflut (Giulio Romano/Gianfrancesco Penni?); Auszug aus der Arche (Giovanni da Udine); Das Opfer des Noah (Gianfrancesco Penni/Giulio Romano?); Sockel: Gott schließt einen Bund mit Noah und sendet den Regenbogen.

IV. Bogen: Szenen zu Abraham, Abraham und Melchisedek (Giulio Romano); Verheißung an Abraham (Giulio Romano); Abraham und die Engel (Gianfrancesco Penni); Die Flucht des Lot (Giulio Romano/Gianfrancesco Penni?); Sockel: Das Opfer des Isaak.

V. Bogen: Szenen zu Isaak, Gott erscheint Isaak (Gianfrancesco Penni); Isaak und Rebekka werden von Abimelech beobachtet (Giulio Romano); Isaak segnet Jakob (Pedro Machuca); Isaak und Esau (Guillaume Marcillat); Sockel: Rebekka und Jakob beobachten Isaak, wie er Esau ausschickt.

VI. Bogen: Szenen zu Jakob, Traum Jakobs (Alonso Berruguete); Die Begegnung Jakobs mit Rachel (Tommaso Vincidor); Jakob bittet um Rachels Hand (ohne Zuschreibung); Jakob auf dem Weg nach Kanaan (Tommaso Vincidor). Sockel: Der Kampf Jakobs mit dem Engel.

VII. Bogen: Szenen zu Joseph, Joseph erklärt seinen Brüdern die Träume (Gianfrancesco Penni?); Joseph wird von den Brüdern verkauft (Polidoro da Caravaggio); Joseph und die Frau des Putiphar (Giulio Romano); Joseph deutet die Träume des Pharaos (Gianfrancesco Penni?); Sockel: Joseph gibt sich seinen Brüdern zu erkennen.

VIII. Bogen: Szenen zu Moses, Moses wird aus dem Wasser gerettet (Giulio Romano); Der brennende Dornbusch (Guillaume Marcillat); Der Durchzug durch das Rote Meer (Pedro Machuca); Moses schlägt Wasser aus dem Felsen (Pellegrino aus Modena). Sockel: Die Ernte des Manna.

IX. Bogen: Szenen zu Moses, Moses empfängt die Gesetzestafeln (Perin del Vaga); Die Anbetung des Goldenen Kalbes (Pedro Machuca); Die Rauchsäule (Perin del Vaga); Moses stellt dem Volk die Gesetzestafeln vor (Pedro Machuca). Sockel: Der Tod der Söhne Aarons.

X. Bogen: Geschichten zu Josua, Überquerung des Jordan (Polidoro da Caravaggio); Der Fall von Jericho (Perin del Vaga); Josua hält Sonne und Mond an (Perin del Vaga); Aufteilung des verheißenen Landes (Perin del Vaga). Sockel: Josua erneuert in Sichem den Bund.

XI. Bogen: Szenen zu David, Salbung Davids (Giullaume Marcillat); David und Goliath (Perin del Vaga); Triumph des David (Perin del Vaga); David und Bathseba (Perin del Vaga). Sockel: David verspricht Bathseba, daß Salomon das Reich erben wird.

XII. Bogen: Szenen zu Salomon, Weihe Salomons (Vincenzo Tamagni); Das Urteil Salomons (Pellegrino da Modena); Die Errichtung des Tempels (Polidoro da Caravaggio); Salomon und die Königin von Saba (Pellegrino da Modena?). Sockel: Die Begegnung zwischen Jeroboam und Roboam.

XIII. Bogen: Szenen zu Christus, Die Anbetung der Hirten (Perin del Vaga?); Die Anbetung der Könige (Vincenzo Tamagni?); Die Taufe Christi (Perin del Vaga); Das Letzte Abendmahl (Vincenzo Tamagni?). Sockel: Die Auferstehung.

Die Ausschmückungsarbeiten in den Loggien des Raffael müßten mit Guillaume Marcillat 1517 begonnen haben. Nicole Dacos schreibt dem französischen Künstler am ersten Bogen die *Erschaffung der Sonne und des Mondes* zu und vermutet, daß das Fresko in den ersten Juliwochen 1517 ausgeführt wurde. Marcillats Romaufenthalt ist auch durch einen Autograph in der Stadtbibliothek von Arezzo (Fraternità dei Laici, 352) belegt, der auch eine zweite Romreise zwischen Dezember 1517 und Januar 1518 und seit November 1518 erwähnt. Von da an bis 1525 wohnte er in der Nähe von St. Peter. Nach N. Dacos würde gerade in den Januar 1518 die Beteiligung des Franzosen an den Malereien des fünften Gewölbes fallen – mit der Szene von *Isaak und Esau* –, während für die letzten Monate des gleichen Jahres die Ausführung des *Moses vor dem brennenden Dornbusch* im achten Bogen anzusetzen wäre. Nur wenige Monate später wäre man beim elften Bogen angekommen, wo Guillaume die *Salbung Davids* gemalt hätte. Die hypothetische Verzögerung der Arbeiten im Jahre 1518 könnte begründet sein im Beschluß Raffaels, die Fresken der Sockel an der Westwand zu ändern und die vorgesehene Darstellung von Teppichen in biblische Themen zu wandeln.

Nach einem Brief des Michiel war am 4. Mai 1519 die gesamte Dekoration vollendet, da drei Tage später Raffael die immense Summe von 400 Dukaten in Gold empfing (mit der Anwartschaft auf weitere 600). Am 10. Juni wird der Schnitzer Giovanni Barile für das Werk „im Zusammenhang mit der Loggia" entlohnt, d. h. für die beiden Türen an den Enden der Galerien. Am 11. Juni aber werden alle „Arbeiter" mit einer außerordentlichen Gratifikation von je 25 Dukaten bedacht. Am 19. Juni endlich schreibt Baldassare Castiglione an Isabella d'Este: „..nun ist eine ausgemalte Loggia da: mit Stuck ausgestaltet, ein Werk von Raffael, so schön wie nur möglich und vielleicht schöner als alles, was man heutzutage an Modernem sehen kann".

Bibl.: R. Almagià, *Le pitture geografiche murali della terza loggia e di altre sale vaticane*, Vatikanstadt 1955; J. S. Ackerman, *The cortile del Belvedere*, ebd. 1954; D. Redig de Campos, *Bramante e il Palazzo Apostolico Vaticano*, in *Rendiconti della P. Accademia di Archeologia*, 43 (1970–71), S. 283–299; B. Davidson, *Pope Paul III's Additions to Raphael's Logge; his „Imprese" in the Logge*, in *The Art Bulletin* 61 (1979), S. 385–404; Ib.: *The Landscapes of the Vatican Logge from the Reign of pope Julius III*, ib. 65 (1983), S. 587–602; *Raffaello in Vaticano*. Ausstellungskatalog, Mailand 1984; B. Davidson, *Raphael's Bible; a Study of the Vatican Logge*, Philadelphia 1985; N. Dacos, *Le Logge di Raffaello. Maestro e bottega di fronte all'antico*, 2. Aufl. 1986;

G. Cornini

LORENZO, GEGENPAPST

Gegenpapst. Er war röm. Erzpriester und wurde am 22. November 498 in der Basilika *S. Maria in Trastevere* gleichzeitig mit Symmachus von der Partei des Senators Festus gewählt. Lorenzo stand unter dem Einfluß des oström. Kaisers Anastasius I., einiger Senatoren und eines Teiles des Klerus, die alle eine politische Übereinkunft mit Byzanz wollten. Doch wurde schließlich Symmachus als echter und legitimer Papst anerkannt. Bis 501 war Lorenzo Bischof von Nocera, als es erneut zu einer Konfrontation mit Symmachus kam. Trotz der folgenden Verurteilung und Exkommunikation des Gegenpapstes durch die von Symmachus am 23. Oktober 501 einberufene Synode, bekannt durch den Beinamen *Palmare* (vielleicht weil sie ad palmata oder im Atrium der Vatikanischen Basilika stattfand), gelang es Lorenzo, verschiedene Titelkirchen Roms unter seiner Herrschaft zu halten. Es entstand ein Schisma, das sich bis 505 hinzog, als der Ostgotenkönig Theoderich, von Symmachus nach Rom gerufen, ordnend einschritt. Lorenzo verzichtete auf das Papsttum und zog sich in eine Villa des Senators Festus zurück, wo er 507 starb.

Bibl.: L. Ginetti, *Il Sinodo Palmare*, in *Studi Storici* 7 (1898), S. 557–567; R. Cessi, *Lo scisma laurenziano e le origini della dottrina politica della Chiesa di Roma*, in *Archivio della Società Romana di Storia patria*, 42 (1919), S. 5–229; Ders., *Dallo scisma laurenziano alla pacificazione religiosa von l'Oriente*, ib. 43 (1920), S. 209–321; A. Alessandrini, *Teodorico e papa Simmaco durante lo scisma laurenziano*, ib. 67 (1944), S. 153–207; G. B. Picotti, *I sinodi romani nello scisma laurenziano*, in *Studi storici in onore di G. Volpe*, II, Florenz 1958, S. 741–786.

N. Del Re

LOURDESGROTTE IN DEN VATIKANISCHEN GÄRTEN

Am 1. Juni 1902 wurde in den Vatikanischen Gärten (→) eine getreue Nachbildung der berühmten Grotte von Lourdes eingeweiht, die der Bischof von Tarbes, Msgr. Francesco Saverio Schoepfer Leo XIII. zum Geschenk gemacht hatte in Erinnerung an die achtzehn Erscheinungen der Gottesmutter vor Bernadette Soubirous in der Grotte von *Massabielle* (11. Februar – 16. Juli 1858). Finanziert mit dem Ertrag einer Unterschriftenaktion, die von den Missionaren der Immakulata in der ganzen katholischen Welt durch das *Giornale di Lourdes* eingeleitet worden war, wurde die genaue Nachbildung der Grotte von Costantino Sneider geschaffen, dem Architekten der Hl. Apostolischen Paläste. In Gegenwart des Papstes und zahlreicher geladener Gäste, darunter der Botschafter von Frankreich, Armand Nisard, einiger Kardinäle, vieler Bischöfe und Prälaten, erinnerte Msgr. F. S. Schoepfer in seiner Ansprache an das wunderbare Ereignis und betonte die Universalität des Geschenkes der Grotte an den Papst mit den Worten: „Die ganze Welt hat zum Bau dieser Grotte beigetragen, und die Sandkörner, die sie zusammensetzen, sind weniger zahlreich als die religiösen Akte, deren Ergebnis und lichtvolle Zusammenfassung sie ist" (vgl. *L'Osservatore Romano* vom 3. Juni 1902).

Später wurde das Monument erweitert, und man fügte in verkleinertem Maßstab die Kirche hinzu, die Edmond Coignet und Francois Hennebique in Lourdes gebaut hatten. So erhob sich in den Vatikanischen Gärten ein hoher Turm mit neugotischen Verzierungen, flankiert von zwei Rampen mit Treppen, die über zwei Bögen hinwegführten und auf eine geräumige Terrasse mündeten. Am 28. März 1905 nahm Pius X. an der zweiten und endgültigen Einweihung der Grotte teil, in Anwesenheit von Autoritäten und zahlreichen Eingeladenen, doch fehlte diesmal der französische Botschafter infolge des Abbruchs der diplomatischen Beziehungen, der kurz zuvor zwischen Frankreich und dem Hl. Stuhl erfolgt war. 1933 war die Konstruktion, an deren Seite sich ein metallischer Übergang für die Vatikanische Sternwarte (→) befand, baufällig geworden und man hätte sie radikal restaurieren müssen. Zum Zeitpunkt der Entscheidung beschloß Pius XI. den Abriß des gefährdeten Betonturms und befreite somit die Vatikanischen Gärten von „ihrem größten Mißklang", wie Silvio Negro in seinem *Vaticano minore* (Rom 1947) gut formulierte.

Die Grotte von Lourdes, wie sie sich heute dem Blick darbietet, ist das Ergebnis eines weiteren Eingriffs, den Johannes XXIII. 1962 anordnete: Die beiden seitlichen Treppenrampen wurden beseitigt, so daß das Ganze auf seine wesentliche, aber sehr eindrucksvolle Form – mit der kleinen Statue der *Immaculata* und dem Altar als Mittelpunkt – reduziert war. Außerhalb blieben oben die beiden ursprünglichen Mosaikmedaillons bestehen, die Leo XIII. und Bischof Schoepfer darstellen. Der Brunnen befindet sich nun ebenfalls außerhalb der Grotte, bei der großen Steintafel mit der Geschichte dieser Gebetsstätte. Der Brunnen selbst trägt die Inschrift mit den Worten der Jungfrau an die junge Bernadette („Geh und trinke an der Quelle und wasche dich dort"). Der heutige Altar ist derselbe, der 50 Jahre in der Grotte von *Massabielle* als Zeuge inniger Gebete und Bitten von Millionen von Gläubigen stand. Er wurde 1960 dem Papst vom Bischof von Lourdes und Tarbes, Msgr. Pierre Théas, geschenkt, wie man in der Inschrift auf dem Sockel lesen kann.

Bibl.: M. Escobar, *S. Rocco all'Augusteo e la grotta della Madonna di Lourdes nei Giardini Vaticani*, in *Strenna dei Romanisti*, 46 (1985), S. 171–188; J. Martin, *Vaticano sconosciuto*, Vatikanstadt 1990, S. 158–161.

A. Martini

Lucius I.

Papst, Hl. Er war Römer und folgte auf den hl. Cornelius am 25. Juni 253. Doch kaum gewählt, wurde er vom Kaiser Trebonianus Gallus nach *Centocelle* (Civitavecchia) in die Verbannung geschickt, konnte aber kurz darauf, als Valerian zum Kaiser ausgerufen wurde, nach Rom zurückkehren. Während seines kurzen Pontifikates von acht Monaten blieb die Frage der *Lapsi* (der Christen, die in der Verfolgung des Decius abgefallen waren) weiter in der Diskussion. Auch Lucius zeigte sich nach dem Zeugnis des hl. Cyprian, Bischof von Karthago, ihnen gegenüber ziemlich nachsichtig. Bei Cyprian erfährt Lucius hohes Lob und wird als Märtyrer bezeichnet. Doch kann Lucius nicht als solcher gelten, weil der Papst bereits drei Jahre tot war, als Valerian im Jahre 257 die Christen zu verfolgen begann. Die Röm. Kirche verehrt ihn als Bekenner seit dem 4. Jh. Sein Name ist in der *Depositio Episcoporum* verzeichnet, die seinen Tod auf den 5. März verlegt und sein Begräbnis in die Calixtus-Katakombe, wo ein Fragment seiner Grabinschrift gefunden wurde. Alle von Lucius I. geschriebenen Briefe über die *Lapsi* gingen verloren, während der ihm zugeschriebene Brief an die Bischöfe Galliens und Spaniens als apokryph zu gelten hat. Sein Festtag ist der 4. März.

Bibl.: A. Amore in *Bibliotheca Sanctorum*, VIII, Sp. 286–287.

N. Del Re

Lucius II.

Papst. Als Coelestin II. am 8. März 1144 gestorben war, wurde zu seinem Nachfolger Gerardo Caccianemici aus Bologna gewählt, Kardinal von *S. Croce in Gerusalemme* und bereits zur Zeit Lothars II. von Supplinburg Legat in Deutschland und Kanzler der Röm. Kirche. Er bestieg den päpstl. Thron mit dem Namen Lucius II. Im Kampf mit der revoltierenden Stadt Rom, die seine Autorität nicht anerkannte und sich zur freien Stadt erklärt hatte, fand der Papst nach Verhandlungen Unterstützung bei den Normannen. Roger II., König von Sizilien, schickte ihm Verstärkung, ebenso wie einige Souveräne aus Latium. Lucius II. belagerte daraufhin das von den Römern besetzte Kapitol, doch vermochten diese die päpstl. Milizen von dort zu vertreiben. Bei dem Gefecht wurde der Papst durch Steinschlag schwer verwundet. Man brachte ihn ins Kloster des hl. Gregor auf dem Celius, wo er am 15. Februar 1145 verstarb. Seine Todesursache ist nicht geklärt, vielleicht erlag er „quotidianis cruciatibus ac taedio vitae affectus" (dem täglichen Leiden und aus Überdruß am Leben), wie Otto von Freising (VII, c. 21) schreibt. Lucius II. wurde in der Lateranbasilika beigesetzt.

Bibl.: F. Gregorovius, *Geschichte der Stadt Rom im Mittelalter*; F. R. Swietek/T.M. Deneen, *Pope Lucius II and Savigny*, in *Analecta Cisterciensia* 39 (1983) S. 3–25.

N. Del Re

Lucius III.

Papst. Ubaldo Allucingoli, in Lucca geboren, war Kardinalbischof von *Ostia* und *Velletri*, als er am 1. September 1181 zum Nachfolger des großen Alexander III. gewählt wurde. Er übernahm den Namen Lucius. Doch erst Anfang November konnte er das revolutionierende Rom betreten, welches die Autorität des Papstes weiterhin mißachtete. Im März 1182 mußte der Papst daher Rom wieder verlassen. Neben der Feindseligkeit der Römer spielten finanzielle Motive sowie der Streit um die päpstl. Stadt *Tusculum* eine wichtige Rolle. Nachdem Lucius über ein Jahr in *Velletri*, *Albano* und *Segni* geblieben war, wo er am 5. September 1183 die Heiligsprechung des hl. Bruno vornahm, der dort von 1080–1123 Bischof gewesen war, hielt er es für vorteilhaft, sich nach Verona in die Nähe von Friedrich Barbarossa zu begeben, um bei der Eheschließung seines Sohnes Heinrich mit Costanza d'Altavilla, der letzten Erbin der normannischen Dynastie, anwesend zu sein.

Dort versammelte der Papst 1184 eine Synode, an der auch Barbarossa teilnahm. Auf dieser Synode wurden harte Maßnahmen gegen die häretischen Katharer ergriffen und Normen für die Verfolgung der Häretiker erlassen. Sie flossen in das Dekret *Ad abolendam* vom 4. November ein (BR, III, S. 20–22) und können daher in gewissem Sinn als das Dokument gelten, das die Inquisition einsetzte. Doch es war ihm weder möglich, vom Kaiser Hilfe gegen den Senat und das röm. Volk zu erlangen noch Verfügungen im Sinn der Ansprüche des Apost. Stuhles auf die Güter der Mathilde noch die Erfüllung einiger Versprechungen, die 1177 im Vertrag von Venedig erwogen worden waren. Er einigte sich mit Barbarossa jedoch über einen neuen Kreuzzug. Er starb am 25. September 1185 in Verona und ist in der dortigen Kathedrale beigesetzt.

Bibl.: F. Gregorovius, *Geschichte der Stadt Rom im Mittelalter*. G. Gonnet, *Sul concilio di Verona*, in *Bollettino della Società di Studi Valdesi*, 140 (1976), S. 21–30; P. Landau, *Papst Lucius III. und das Mietrecht in Bologna*, in *Proceedings of the IV International Congress of medieval canon law*, Città del Vaticano 1976, S. 511–522; V. Pfaff, *Sieben Jahre päpstl. Politik; die Wirksamkeit der Päpste Lucius III, Urban III, Gregor VII*, in *Zschr. der Savigny-Stiftung für Rechtsgeschichte. Kanon. Abt.*, 98 (1981), S. 148–212; E. Wisplinghoff, *Eine unbekannte Urkunde des Papstes Lucius III.*, in *Rhein. Vierteljahresblätter* 46 (1982), S. 81–84.

N. Del Re

M

Maestri delle Cerimonie pontificie

→ Zeremonienmeister, Päpstl.

Maestri Ostiari di „Virga rubea“

Türwache der *Virga Rubea*, Name der geistlichen, zur *Cappella Pontificia* (→) gehörenden Mitglieder der *Famiglia Pontificia* mit der Aufgabe, die Türen des Zimmers zu bewachen, das noch heute *Camera* oder *Letto dei paramenti II* (Paramentenkammer oder -bett) (→) genannt wird. Als die Päpste noch zu Fuß an den Prozessionen teilnahmen, pflegte der Heilige Vater hier zu ruhen, bevor er das Papstgewand anlegte. Die Bezeichnung *de virga rubea* erklärt sich durch den circa 50 cm langen, mit rotem Samt verkleideten und silbern verzierten Stock, der diese Würdenträger von verschiedenen anderen Türwächtern des Apost. Palastes unterschied. Die *Maestri Ostiari di „Virga rubea“*, einst äußerst zahlreich, waren in jüngster Zeit nur noch zwei. Ernannt wurden sie vom Papst mit Schreiben des *Maggiordomo Seiner Heiligkeit* (→), dem sie unterstanden. Ihre Aufgabe beschränkte sich in letzter Zeit darauf, das Päpstliche Kreuz zu verwahren, es dem Auditor der Rota zu übergeben, der es bei Prozessionen dem Papst vorantrug, und es nach der Zeremonie wieder entgegenzunehmen. 1968 schaffte Paul VI. das Amt im Rahmen der allgemeinen Neuordnung der *Casa Pontificia* (→) mit dem Motu Proprio *Pontificalis Domus* vom 28. März 1968 ab.

Bibl.: G. Felici, in *Enciclopedia cattolica*, VII, Sp. 1807–1808.

N. Del Re

Maestro del sacro Ospizio

Früheres Amt, dessen Ursprung ins 6. Jh. zurückzugehen scheint. Aufgabe des *Magister Sacri Hospitii Palatii Apostolici* war der Schutz des Papstes und seiner Residenz, um deren allgemeine Verwaltung er sich außerdem zu kümmern hatte. Als direkter Untergebener des Kardinalschatzmeisters der Hl. Röm. Kirche war der *Maestro del Sacro Ospizio* (Meister des Hl. Hospizes) der höchste weltliche Würdenträger des Päpstl. Hofes mit weitgehenden zivilen und militärischen Befugnissen. Ende des 14. Jh. wurden die weltlichen Aufgaben dem *Maggiordomo Seiner Heiligkeit* (→) übertragen, dem der *Maestro del Sacro Ospizio* jedoch weiterhin übergeordnet blieb. 1675 erhielt er von Alexander VII. den Titel *Custos Sacri Sacelli*. Benedikt XIV. schloß den *Maestro del Sacro Ospizio* 1740 den *Camerieri Segreti di Spada e Cappa partecipanti* (→) an, um ihm angemessene Einkünfte zu garantieren, da die Bezüge des *Maestro* selbst beträchtlich zurückgegangen waren. Obwohl die Einrichtung verschiedenster Ämter und Würden seine Aufgaben zunehmend einschränkte, blieb er weiterhin höchster weltlicher Würdenträger des Päpstl. Hofes.

Um die Stellung des *Maestro del Sacro Ospizio* anzuheben, löste Benedikt XV. ihn mit dem kurzen Brief *Honorificentissimum magisterium* vom 28. Mai 1916 (AAS, IX [1916], S. 72) aus der Gruppe der *Geheimkämmerer mit Schwert und Mantel „Partecipanti“* und sprach ihm einen eigenen Rang zu. Dem damals amtierenden Fürsten Don Alessandro Ruspoli verlieh er außerdem *ad personam* den Titel „Gran Maestro“

und bestätigte ausdrücklich alle seine geltenden Rechte und Privilegien. Der höchste weltliche Würdenträger des Apost. Palastes hatte bei Ausübung seines Amtes als einziger Anspruch auf ein Geleit, bestehend aus vier Schweizer Gardisten.

Er nahm sowohl an den feierlichen Pontifikalämtern teil, bei denen er dem Papst das Wasser für die Handwaschung reichte, als auch an wichtigen Empfängen. Seine Aufgabe war es, die Herrscher, die sich zur Audienz beim Hl. Vater begaben, zu empfangen und zu begleiten und den Damen dabei von der Kutsche bis zur Wohnung des Papstes den Arm zu bieten.

Nachdem der hohe Titel jahrhundertelang der römischen Adelsfamilie Conti angehört hatte, – *haereditario veluti iure* – welcher er 1420 von Martin V. verliehen worden war, wurde er nach dem Tode Herzog Michelangelo Contis (1808), des letzten Nachkommens dieser Familie, den Fürsten Ruspoli übertragen. Bei dieser Familie verblieb er bis 1952, Todesjahr des oben genannten Don Alessandro. Danach war der Titel vakant, bis er 1968 von Paul VI. im Rahmen der allgemeinen Neuordnung der *Casa Pontificia* (→) mit dem Motu Proprio *Pontificalis Domus* vom 28. März 1968 abgeschafft wurde.

Bibl.: [A. Ruspoli] *Memoria sulla origine e sui diritti del Gran Maestro del S. Ospizio del Palazzo Apostolico,* Vignanello 1925.

N. Del Re

Maestro del sacro Palazzo

Haushofmeister des Apost. Palastes. Titel, mit dem bis 1968 der Vertrauensgeistliche des Papstes bezeichnet wurde, heute Theologe der *Casa Pontificia* (→) genannt. Dieses Amt wurde zwischen 1244 und 1245 mit der Einrichtung des *Studium Romanae Curiae* durch Innozenz IV. geschaffen. Erst im 14. Jh. bezeichnet dieser Titel den Rektor der theologischen Fakultät, ein Amt, das ab 1306 stets einem Mitglied des Dominikanerordens verliehen wurde. Der Orden behielt diese Zuständigkeit auch, als das Studium selbst Anfang des 16. Jh. aufgelöst wurde.

Der *Maestro del Sacro Palazzo* wurde nun in erster Linie Vertrauenstheologe des Papstes, behielt aber auch Aufgaben wie die Auswahl und Ernennung der Prediger der *Cappella Pontificia*, die Untersuchung theologischer Fragen und die Zensur der in Rom gedruckten Bücher, denen er das *Imprimatur* erteilte. Letztere Funktion übertrug Pius XI. im Jahre 1925 dem Stellvertretenden Leiter des röm. Vikariats.

Der *Maestro del Sacro Palazzo Apostolico*, vierter und letzter der palatinischen Prälaten (→), besaß keine eigenen Würdezeichen und trug deshalb sein Ordenshabit. Er behielt seine Kompetenzen auch nach der umfassenden Neuordnung der *Casa Pontificia* (→) bei, die Paul VI. mit dem Motu Proprio *Pontificalis Domus* vom 28. März 1968 durchführte, erhielt jedoch nun die Bezeichnung Theologe der *Casa Pontificia* (vgl. III, Nr. 7, § 4).

Bibl.: Taurisano, *Hierarchia Ordinis Praedicatorum,* 2. Ausg., Rom 1916, S. 27–63, „Series chronologica Magistrorum Sacri Palatii Apostolici ab anno 1217 ad annum 1916“; R. Creytens, *Le „Studium Romanae Curiae“ et le Maître du Sacré Palais,* in *Archivum Fratrum Praedicatorum,* 12 (1942), S. 5–83.

N. Del Re

Maestro di Camera

Kammermagister. Titel des zweiten der *palatinischen Prälaten* (→), der das Hofzeremoniell und das Zeremoniell der *Famiglia Pontificia* (→) regelte und leitete. Seine Aufgabe bestand darin, hohe geistliche und weltliche Würdenträger, die sich zur Audienz einfanden, zu empfangen und dem Hl. Vater vorzustellen. Der *Maestro di Camera* war außerdem mit der Verwahrung des Fischerrings (→) betraut, den er beim Tod des Papstes dem Päpstl. *Camerlengo* (→) zur Vernichtung übergeben mußte.

Der Ursprung dieses Amtes ist ungewiß. Sowohl das Amt selbst, als auch der Titel *Maestro di Camera* (*Praefectus Cubiculi secreti Pontificis*) tauchen schon unter Julius III. (1550–1555) auf. Zusammen mit dem *Maggiordomo Seiner Heiligkeit* (→) hatte der *Maestro di Camera* die Aufgabe, den Papst stets zu begleiten, und genoß alle Privilegien, die den Angehörigen der Päpstliche Familie vorbehalten waren. Er wurde durch ein Schreiben des Staatssekretariats ernannt und verlor sein Amt mit dem Tod des Papstes, der ihn eingesetzt hatte. 1968 schaffte Paul VI. das Amt im Rahmen der allgemeinen Neuordnung der *Casa Pontificia* (→) mit dem Motu Proprio *Pontificalis Domus* vom 28. März 1968 ab.

Bibl.: G. Palazzini, in *Enciclopedia cattolica*, VII, Sp. 1809.

N. Del Re

Maestro di Casa dei Sacri Palazzi

Hausmagister des hl. Palastes. Einer der weltlichen Würdenträger der *Famiglia Pontificia* (→), dem *Maggiordomo Seiner Heiligkeit* (→) untergeordnet und Leiter des einfachen Personals des Apost. Palastes. Die Einrichtung dieses Amtes, ursprünglich mit dem Titel „Magister domus pontificiae“ versehen, geht auf Alexander V. (1409–1410) zurück, der dem neuen Würdenträger einen Teil der Funktionen des Schatzmeisters übertrug. Der Hausmeister, der ab dem Pontifikat Pius' II. (1458–1464) fest in die Ordnung der *Famiglia Pontificia* eingebunden war, war anfangs stets ein Prälat, später aber auch mehrmals ein Laie. Die Aufgaben dieses Würdenträgers wurden von Pius VI. (1775–1799) genau festgelegt. Im Allgemeinen oblag es ihm, für einen reibungslosen Ablauf der Angelegenheiten des Apost. Palastes zu sorgen. 1929 wurden dem Hausmagister einige Obliegenheiten entzogen und dem Gouverneur der neuen, durch die Lateranverträge geschaffenen Vatikanstadt übertragen. Das Amt verschwand 1967 unter Paul VI. mit der Schaffung der Präfektur des Apost. Palastes (VII, c. V) – heute der *Casa Pontificia* – durch die Reform der Kurie *Regimini Ecclesiae universae* vom 15. August.

Bibl.: G. Palazzini, in *Enciclopedia cattolica*, VII, Sp. 1809–1810.

N. Del Re

Maggiordomo Seiner Heiligkeit

Hoher Würdenträger der *Famiglia Pontificia* (→) und erster der palatinischen Prälaten, beauftragt mit der Aufsicht über den Hl. Apost. Palast und die *Famiglia Pontificia* selbst. Das Amt des *magister domus* wurde 1410 von Alexander V. eingerichtet und sah praktisch dieselben Aufgaben vor, die vom 6. bis zum 11. Jahrhundert der *Vicedomino* innegehabt hatte. Schon Martin V. (1417–1431) ersetzte den *magister domus* durch den *praefectus Sacri Palatii,* ein Amt, das bis zum Pontifikat Urbans VIII. (1623–1644) stets wichtigen Prälaten vorbehalten war. Unter Pius II. (1458–1464) erhielt der Präfekt den Titel *Maggiordomo.* 1731 machte Clemens XII. den *Maggiordomo* Seiner Heiligkeit, der auch Gerichtsgewalt über das geistliche und weltliche Personal der Apost. Paläste hatte, zum vierten der *Prelati „di fiocchetto“* (→). Mit dem Schreiben *Apostolatus officium* vom 4. Oktober 1732 wurde er vom Papst *in perpertuo* zum Gouverneur des Konklave (→) ernannt, damit er auch bei Sedisvakanz im Amt bleiben konnte.

1817 vereinte Pius VII. die Ämter des *Maggiordomo* und des Präfekten des Hl. Palastes und erweiterte die Funktionen dieses Würdenträger deutlich, so daß er zu einer Art Gouverneur wurde, dessen Aufgaben Gregor XVI. 1832 (*Acta Gregorii S. XVI,* IV, S. 201–210) genau festlegte. 1926 wurden sie von Pius XI. teils dem *Maestro di Camera* (→), teils der Güterverwaltung des Hl. Stuhls übertragen. Das Amt des *Maggiordomo* Seiner Heiligkeit wurde allerdings weiterhin im *Annuario Pontificio* aufgeführt, bis es von Paul VI. im Rahmen seiner allgemeinen Neuordnung der *Casa Pontificia* durch das Motu Proprio *Pontificalis Domus* vom 28. März 1968 auch dem Namen nach abgeschafft wurde.

Bibl.: R. Ruffo della Scaletta, *La Famiglia Pontificia,* in *Vaticano,* hrsg. von G. Fallani/M. Escobar, Florenz 1946, S. 168–169.

N. Del Re

MARCELLINUS

Papst, Hl., Märtyrer. Nur äußerst wenig ist über das Leben dieses Papstes bekannt. Geschichtlich gesichert ist einzig seine Amtszeit als Nachfolger des Papstes Caius, die am 30. Juni 296 begann und am 25. Oktober (oder 26. April) 304 endete, als Marcellinus der diokletianischen Verfolgung zum Opfer fiel. Begraben wurde er auf dem Friedhof der Priscilla an der *Via Salaria*. Der *Liber Pontificalis* (I, 162–163) bringt die schwere Anschuldigung der Bücherauslieferung gegen ihn vor. Anderen Quellen zufolge hatte er den Götzen Weihrauchopfer dargeboten – eine Behauptung, die schon vom hl. Augustinus überzeugend als falsch zurückgewiesen wurde. Über das Martyrium dieses Papstes wurde eine *Passio* verfaßt, auf die sich der Verfasser des *Liber Pontificalis* bezog, die aber leider verlorenging. Marcellinus ist nicht zu verwechseln mit seinem Nachfolger Marcellus I.

Bibl.: A. Amore, in *Bibliotheca Sanctorum,* VIII, Sp. 651–653.

N. Del Re

MARCELLUS I.

Papst, Hl. Nach vierjähriger Sedisvakanz nach dem Tod Marcellinus' (304) übernahm Marcellus, vormals Diakon seines Vorgängers, am 27. Mai (oder 26. Juni) 308 das hohe Amt, wie aus dem *Catalogo Liberiano*, einer im Jahre 354 verfaßten Liste der Päpste, zu ersehen ist. Er starb am 16. Januar 309 im Exil oder, wie von anderen behauptet, infolge härtester Arbeit als Stallmeister, zu der Maxentius ihn verurteilt hatte. Nach Angaben des *Liber Pontificalis* (I, 164–166) geht auf Marcellus I. die erste Bestellung der Titel in Rom zurück. So ordinierte er fünfundzwanzig Presbyter, die die Bezeichnung *Titulare* erhielten. Er wurde auf dem Friedhof der hl. Balbina an der *Via Ardeatina* beigesetzt. Ende des 8. Jh. wurden seine Reliquien in die Kirche *S. Marcello al Corso* verlegt (L. Gigli, *S. Marcello al Corso*, Rom, 1977, S. 15).

Bibl.: A. Amore, in *Bibliotheca Sanctorum,* VIII, Sp. 672–676.

N. Del Re

MARCELLUS II.

Papst. Marcello Cervini wurde am 6. Mai 1501 in *Montefano* (Macerata) als Sohn von Ricciardo und Cassandra Benci geboren. Er studierte in Siena und Rom, wo er in der Gunst des Kardinals Alessandro Farnese stand. 1539 wurde er als Päpstl. Gesandter zum französischen König Franz I. und zu Karl V. geschickt und später zum Kardinal ernannt. Erst in Reggio Emilia und später in Gubbio tätig, bemühte er sich stets um eine weitreichende kirchliche Reform. 1545 wurde er einer der engsten Berater des Papstes, der ihm zusammen mit den Kardinälen Giovanni Ciocchi del Monte (später Julius III.) und Reginaldo Pole den Vorsitz des Trienter Konzils übertrug. 1550 ernannte ihn Julius III. zum Bibliothekar der Hl. Röm. Kirche (→). Gestützt auf seine umfassende humanistische

Bildung, widmete er sich mit Eifer und Innovationsgeist der Vatikanbibliothek, bis er am 9. April 1555 selbst Papst wurde. Seine Absicht, eine strenge moralische Reform der Kirche durchzuführen, wurde durch seinen Tod am 1. Mai jäh unterbrochen. Seine sterblichen Überreste wurden zunächst in der Peterskirche beigesetzt und 1606 in die Hl. Grotten verlegt. Giovanni Pierluigi da Palestrina widmete ihm die berühmte polyphonische Messe *Missa Papae Marcelli.* Die Legende will, daß die Väter des Konzils von Trient dank dieses Komponisten die Idee aufgaben, die Polyphonie aus der Liturgie zu verbannen.

Bibl.: G. B. Mannucci, *Il conclave di Papa Marcello II,* Rom 1921; L. Pastor, *Storia dei Papi dalla fine del medio evo,* VI, Rom 1922, S. 303–340; O. Mischiati, *„Ut verba intelligerentur"; circostanze e concessioni a proposito della „Missa Papae Marcelli",* in *„Atti del Convegno di studi palestriniani.. 1975.* Hrsg. von F. Luisi, Palestrina 1977, S. 415–426; F. Fossier, *Premières recherches sur les manuscrits latins du cardinal Marcello Cervini (1501–1555),* in *Mélanges de l'Ecole Française de Rome. Moyen Age – Temps modernes,* 91 (1979), S. 381–456; W. V. Hudon, *Papal, episcopal and secular authority in the work of Marcello Cervini,* in *Cristianesimo nella storia,* 9 (1988), S. 493–521.

N. Del Re

MARIANISCHE AKADEMIE, PÄPSTLICHE, INTERNATIONALE

Sie wurde 1946 gegründet als internationales Organ für die Koordinierung der marianischen Studien in aller Welt. 1959 bekam sie Titel, Rechte und Privilegien eines Päpstl. Institutes kraft des Motu Proprio Johannes' XXIII. *Maiora in dies* vom 8. Dezember (AAS, LII [1969], S. 24–26). Hier verfügte der Papst außerdem die Bildung eines ständigen Komitees, um die Organisation, Einberufung und Veranstaltung eines internationalen mariologisch-marianischen Kongresses alle vier Jahre zu regeln, auf dem die wissenschaftlich-spekulativen und historisch-kritischen Studien über die Gottesmutter vorgestellt werden sollten, und der zugleich der höchste und umfassendste Ausdruck der marianischen Wissenschaft und Frömmigkeit sein sollte. Die Akademie hat ferner die Aufgabe, internationale marianische Tagungen zu planen und zu organisieren, um feierliche Veranstaltungen zu Ehren der Heiligsten Jungfrau zu fördern. Sie steht unter der Protektion eines Kardinals und wird nach den Statuten von 1964 von einem Rat geleitet, der aus dem Präsidenten, dem Sekretär und wenigstens sechs weiteren Mitgliedern besteht. Im übrigen umfaßt die Internationale Marianische Akademie ordentliche Mitglieder (höchstens 80), korrespondierende sowie Ehrenmitglieder und Wohltäter. Ihr Sitz befindet sich in Rom beim Päpstl. Athenäum *Antonianum.*

Bibl.: C. Balic, *Pontificia Accademia Mariana Internazionale (Note illustrative),* in *Acta Pontificiae Accademiae Marianae Internationalis,* 1 (1961), S. 18–27; I. Bengoechea, *La Pontificia Academia internacional al servicio de la Mariologia y del culto mariano,* in *Miriam,* 25 (1973), S. 182–188.

N. Del Re

MARINUS I. (MARTIN II.)

Papst, geboren in Gallese (Viterbo), Erzdiakon der Röm. Kirche, bekannt für seine umfassende Bildung und seinen Einsatz für die Rechte der Kirche. Er begab sich mehrmals als Päpstl. Gesandter nach Konstantinopel: zunächst 866; dann 869, um als einer der Vorsitzenden an dem von Kaiser Basileios I. Makedon einberufenen Konzil teilzunehmen, welches das Schisma Photius' verdammte und die Geschichte des Christentums und Europas entscheidend beeinflußte und schließlich als Gesandter Papst Johannes' VIII. Im Jahr 882 wurde er zum Papst gewählt, obwohl er zu jener Zeit Bischof von Cerveteri war, nach den geltenden Regeln nicht in einen anderen Bischofssitz versetzt werden konnte und deshalb in Rom eigentlich nicht wählbar war. Marinus I. erneuerte unverzüglich den Kirchenbann gegen Photius und unterstützte Basileius gegen den schismatischen Patriarchen Konstantinopels. Bischof Formosus, der später Papst wurde, holte er aus Gallien zurück, wo Johannes VIII. ihn aufgrund falscher Anschuldigungen hingeschickt hatte. 883 begab sich Marinus nach Nonantola (Modena), um mit Karl III., dem Dicken, eine gemeinsame Strategie zur Verteidigung des Kirchenstaates auszuarbeiten, der von Guido III., Herzog von Spoleto, bedroht war. Konkrete Ergebnisse wurden allerdings wegen der Schwäche des Kaisers und des plötzlichen, möglicherweise durch Gift verursachten Todes des Papstes am 15. Mai 884, nicht erreicht. In einigen späteren Listen wird Marinus I. als Martin II. bezeichnet.

Bibl.: S. Majarelli, in *Enciclopedia cattolica*, VIII, Sp. 162–163.

N. Del Re

MARINUS II. (MARTIN III.)

Papst. Äußerst wenig ist von Leben und Wirken dieses gebürtigen Römers bekannt. Er trat sein Pontifikat am 30. Oktober 942 unmittelbar nach dem Tode seines Vorgängers Stefan VIII. (IX.) an, begünstigt von dem „*princeps*“ Alberich, der die Stadt Rom 23 Jahre lang (932–955) mit absoluter Macht beherrschte und den Päpsten über den religiösen Bereich hinaus wenig Spielraum ließ. Martin stellte den Titel und das Amt des Apost. Vikars für Germanien und Gallien wieder her, das er dem Erzbischof von Mainz verlieh. Marinus II., ein glühender Verfechter der Kirchendisziplin und wohltätiger Papst, starb im Mai 946. In einigen späteren Listen wird Marinus II., analog zu seinem Namensvorgänger, als Martin III. bezeichnet.

N. Del Re

MARKUS

Papst, Hl. Römer, Sohn des Priscus, der nach dem *Liber Pontificalis* (I, 202–204) am 19. Januar 336 Nachfolger des hl. Silvester I. wurde. Baute in den wenigen Monaten seines Pontifikats die Kirchen *S. Balbina* auf dem gleichnamigen Friedhof an der *Via Ardeatina* und die *Basilica S. Marco Evangelista* am Fuße des Kapitolinischen Hügels, die heute Teil des *Palazzo Venezia* ist. Während seines Pontifikats scheinen die *Depositio Episcoporum* und die *Depositio Martyrum* begonnen worden zu sein, in denen die Jahrestage der Bischöfe und Märtyrer der Röm. Kirche aufgeführt sind. Nicht bewiesen ist, daß auf Markus eine Ordinanz zurückgeht, mit der dem Bischof von Ostia, der das Privileg der Papstweihe innehatte, die Benutzung des Pallium zugesprochen wurde. Markus starb am 7. Oktober 336 und wurde zunächst auf dem Friedhof *S. Balbina* beigesetzt. Später wurden seine sterblichen Überreste in die *Basilica S. Marco* verlegt. Sein Gedenktag ist der 7. Oktober.

Bibl.: G. D. Gordini, in *Bibliotheca Sanctorum,* VIII, Sp. 699–700.

N. Del Re

MARSCHALL DER HL. RÖMISCHEN KIRCHE

Hüter des Konklave. Hoher weltlicher Würdenträger des Päpstl. Hofes, der sein Amt, bis es 1975 abgeschafft wurde, nur bei Sedisvakanz des Hl. Stuhls (→) und während des Konklave der Kardinäle (→) ausübte. Seine Aufgabe war es, darüber zu wachen, daß zwischen den im Konklave eingeschlossenen Personen und der Außenwelt keinerlei Kommunikation stattfinden konnte. Der Ursprung dieses Amtes geht auf den *domni pape marescallus* zurück, der schon im 12. Jh. erwähnt wird (*Liber censuum* Paris 1910, S. 386/389) und zunächst militärische und diplomatische, später jedoch auch richterliche Befugnisse hatte, als er mit der Untersuchung aller zivil- und strafrechtlichen Prozesse gegen weltliche Mitglieder der Kurie und gegen die *Romanam Curiam Sequentes* betraut wurde. Im 14. Jh. verblieben dem *Maresciallo della Curia Romana* oder *Marescallus iustitiae* nur die gerichtlichen Befugnisse; er verfügte nun über ein eigenes Gericht, über von ihm selbst ernannte Richter und ein Gefängnis. Bis zum Pontifikat Martins V. (1417–1431) wurde der *Maresciallo* gewählt. Danach blieb das Amt der alten röm. Familie Savelli vorbehalten und ging nach dem Tode ihres letzten Nachfolgers 1712 auf die Familie Chigi über, die es bis zur endgültigen Abschaffung des Titels beibehielt. Mindestens seit 1585 war der *Maresciallo* der Hl. Röm. Kirche auch mit der Bewachung des Konklave betraut und stand zu diesem Zweck einer speziell dafür rekrutierten Soldatengruppe vor. Dies war die einzige Funktion, die ihm verblieb, als Innozenz X. dem *Maresciallo* 1652 seine gerichtlichen Befugnisse entzog.

Bei Sedisvakanz bezog der *Maresciallo* der Hl. Röm. Kirche unverzüglich eine speziell für ihn eingerichtete, neben der *Sala Regia* (→) gelegene Wohnung im Apost. Palast, in der sich der einzige Zugang zum Konklave befand. Dort hißte er seine Fahne und begab sich anschließend in die Sixtinische Kapelle, um den vorgesehenen Eid zu leisten. Der *Maresciallo* hatte die Aufgabe, die Tür zum Konklave von außen zu verschließen und sie nur aufzumachen, um Nachzügler eintreten oder schwer Kranke herauskommen zu lassen. Er überwachte somit die strikte Klausur der Kardinäle und wurde dabei von den vier *Capitani delle rote* (→) unterstützt, die er selbst ernannte. Außerdem konnte er auf die Schweizergarde (→), die Päpstl. Ehrengarde (→) und die Päpstl. Gendarmerie zurückgreifen, die während der Sedisvakanz seinem Befehl unterstanden. In der Verordnung *Romano Pontifici eligendo* vom 1. Oktober 1975, mit der Paul VI. die gesamte Gesetzgebung zur Sedisvakanz und zur Papstwahl neu ordnete, wurde das Amt des *Maresciallo* der Hl. Röm. Kirche mit keinem Wort erwähnt und ist somit stillschweigend beseitigt worden.

Bibl.: N. Del Re, *Il Maresciallo di Santa Romana Chiesa custode del conclave,* Rom 1962; Ders., *L'ultimo dei Savelli, Maresciallo di S. R. C.,* in *Lunario romano X: Seicento e Settecento nel Lazio,* Rom 1981, S. 43–59; G. Sacchetti, *La bandiera del maresciallo di Santa Romana Chiesa custode del conclave,* in *Strenna dei Romanisti,* 53 (1992), S. 573–578.

N. Del Re

MARTIN I.

Papst, Hl., geboren im umbrischen Todi um 590. Als Diakon der Röm. Kirche wurde er 649 zum Nachfolger Papst Theodors I. gewählt, der ihn eine Zeit lang nach Konstantinopel geschickt hatte. Dort konnte sich Martin mit dem Monotheletismus auseinandersetzen, den er gleich nach Amtsantritt in einem großen Konzil im Lateran als Häresie verdammte. Dadurch zog er den Zorn Kaiser Konstans' II. auf sich, der überzeugter Anhänger des Monotheletismus war und dem Exarchen von Ravenna Olympios nun befahl, den Papst zu verhaften. Martin gelang es jedoch, sich dem geplanten Mordanschlag zu entziehen und zu fliehen. 653 wurde er allerdings von dem neuen Exarchen Theodoros Kalliopas gefangengenommen, in einer äußerst mühevollen, fünfzehnmonatigen Reise nach Konstantinopel gebracht und dort ins Gefängnis geworfen. Nach drei Monaten wurde er trotz seines schlechten gesundheitlichen Zustandes vor ein weltliches Gericht geschleift, öffentlich seiner päpstl. Insignien beraubt, in Ketten gelegt und zum Tode verurteilt. Auf seinem Sterbebett bat der Patriarch Paul den Kaiser jedoch, dem Papst das Leben zu schenken. Martin blieb nun weitere drei Monate im Gefängnis, wo man vergeblich versuchte, ihn zum Übertritt zur Kirche von Konstantinopel zu bewegen. Schließlich wurde er ins Exil nach Chersones an der Krim geschickt, wo er am 16. September 655 starb. Die Kirche, in der er beigesetzt worden war, wurde bald zu einem wichtigen Wallfahrtsziel. Martin I. wird von Anhängern der römischen, griechischen und slawischen Kirche verehrt. Sein Gedenktag ist der 12. November.

Bibl.: I. Daniele, in *Bibliotheca Sanctorum,* VIII, Sp. 1293–1298, mit Bibl. u. Quellen; R. Riedinger, *Aus den Akten der Lateran-Synode von 649,* in *Jahrbuch der Oesterreichischen Byzantinistik,* 33 (1983), S. 87–89; Ders., *Die Lateranakten von 649: ein Werk der Byzantiner um Maximos Homologetes,* in *Byzantina,* 13 (1985), S. 517–534; P. Conte, *Il Sinodo Lateranense dell'ottobre 649. Neuausgabe Rudolf Riedinger. Rassegna critica delle fonti dei secoli VII-XII,* Vatikanstadt 1989.

N. Del Re

Martin II.

Papst. → Martin I.

Martin III.

Papst. → Martin II.

Martin IV.

Papst. Simon de Brion oder de Brie wurde um 1220 in Frankreich geboren und war zunächst Kanoniker in Tours und Kanzler König Ludwigs IX. 1261 wurde er von Urban IV. zum Kardinal ernannt. Nach sechsmonatiger Sedisvakanz, die durch den Konflikt zwischen den Familien Orsini und Annibaldi und die Machenschaften Karls I. von Anjou, König von Sizilien, bestimmt war, wurde er am 22. Februar 1281 zum Papst gewählt und trat sein Pontifikat unter dem Namen Martin IV. an. Martin IV., der Karl I. nicht nur treu ergeben, sondern auch sein enger Freund war, überließ dem König von Anjou sein Senatorenamt in Rom, so daß dieser erneut seine Vorherrschaft in Rom sichern konnte, die Nikolaus III. nicht lange zuvor unterbunden hatte. Der Papst selbst bezog seine Residenz in Orvieto, da das röm. Volk die Wahl eines ausländischen Papstes nicht gern gesehen hatte.

Seine Freundschaft mit Karl I. brachte Martin zwar Vorteile wie die Rückgewinnung der Romagna ein, doch veranlaßte er dadurch die Italiener auch zum Widerstand gegen den König von Anjou. Seiner Macht wurde 1282 durch den Aufstand der Sizilianischen Vesper schließlich ein Ende gesetzt. Karl I. verlor sein Reich, das von Peter III. von Aragon besetzt wurde. Martin IV. belegte Peter unverzüglich mit dem Kirchenbann und sprach ihm gleichzeitig sein spanisches Reich ab, das er König Philipp von Frankreich für seinen zweiten Sohn Karl von Valois anbot. Martin IV. starb zwei Monate nach dem Tod seines Gönners am 28. März 1285 in seiner Burg in Montefiascone (Viterbo), nachdem er zuviel Aal verspeist hatte. Den Chronisten zufolge zählte Aal zu seinen Leibspeisen – eine Tatsache, die übrigens auch von Dante erwähnt wurde (Purg., XXIV, 23–24).

Bibl.: F. Savio, *L'elezione die Martino IV. e Carlo d'Angiò,* Turin 1898; E. Pásztor, *Per la storia dell'amministrazione dello Stato pontificio sotto Martino IV,* in *Miscellanea in onore di monsignor Martino Giusti prefetto dell'Archivio Segreto Vaticano,* II, Vatikanstadt 1978, S. 181–194; Ders., *La guerra del Vespro e i suoi problemi: l'intervento di Martino IV.,* in Quaderni catanesi, 1 (1979), S. 135–158.

N. Del Re

Martin V.

Papst. Oddo Colonna wurde 1368 in Genazzano als Sohn einer der einflußreichsten röm. Familien geboren. 1405 ernannte ihn Innozenz

VII. zum Kardinal. Er nahm an den 1409 und 1414 einberufenen Konzilien von Pisa und Konstanz teil, in denen die Doktrinen von Wicliff, Hus und dessen Schüler Hieronymus aus Prag verurteilt wurden und die das Schisma des Abendlandes durch Absetzung der Gegenpäpste Johannes XIII. und Benedikt XIII. in Pisa und Avignon, durch den Rücktritt des röm. Papstes Gregor XII. und die Wahl eines neuen Papstes beenden sollten. Am 11. November 1417 wurde Oddo Colonna zum neuen Papst gewählt und nahm den Namen Martin V. an. Besorgt um den Machtverlust des Papstes und des Kirchenstaates, der inzwischen ganz der Willkür der lokalen Machthaber ausgesetzt war, schlug er verschiedene Angebote aus, sich endgültig in Frankreich oder Deutschland niederzulassen, und beschloß, nach Rom zurückzukehren, das er zum alleinigen Papstsitz erklärte. Vor seiner Heimkehr mußte er jedoch langwierige Verhandlungen mit dem mächtigen Braccio da Montone führen, Herrscher Umbriens und der Marken. Ebenso mühsam wurde die Einigung mit Königin Johanna II., die Anfang 1419 ihren neapolitanischen Truppen den Rückzug aus der Stadt befahl.

Am 30. September 1420 konnte Martin V. triumphal in Rom einziehen, wo er von einer jubelnden Bevölkerung empfangen wurde. Er begann unverzüglich mit der Sanierung der Stadt und verfolgte selbst die Restaurierung der wichtigsten religiösen Bauwerke und einiger antiker Monumente (Engelsburg, Kolosseum etc.). An die Kardinäle der Stadt appellierte er, bei ihren Kirchen ähnliches zu tun. Außerdem holte er die größten Künstler der Zeit nach Rom. Die Fresken von Gentile di Fabriano und Pisanello in *S. Giovanni in Laterano* sind leider verlorengegangen. Von Masaccio gibt es noch zwei Tafeln, die für *S. Maria Maggiore* bestimmt waren und die sich heute im Museum in Neapel befinden.

1423 rief Martin V. ein Jubiläum aus, das zahlreiche Pilger nach Rom lockte. 1431 berief er ein Konzil in Basel ein, starb jedoch plötzlich am 20. Februar desselben Jahres. Er wurde in der Lateranbasilika beigesetzt, wo man das von Simone Ghini geschaffene Grabmal mit der Inschrift *„temporum suorum felicitas"* bewundern kann – ein Urteil, das ihm den Verdienst zuerkennt, dem Papsttum neues Prestige verliehen, dem Kirchenstaat durch kluge Politik und Diplomatie seinen Platz unter den italienischen Staaten zurückgegeben und erneut Beziehungen zu fast allen europäischen Höfen geknüpft zu haben.

Bibl.: L. Pastor, *Storia dei papi dalla fine del medio evo,* 1, Rom 1925, S. 194–257; M. Dykmans, *D'Avignon à Rome: Martin V et le cortège apostolique,* in *Bulletin de l'Institut historique belge de Rome,* 38 (1968), S. 203–309; Ders., *Les origines de Martin V ou la légende du pape fils d'un cardinal,* in *Revue d'histoire ecclésiastique,* 71 (1976), S. 418–425; A. D. de Sousa Costa, *Leis atentatórias das liberdades eclesiásticas e o Papa Martinho V contrário aos concílios gerais,* in *Studia historico-ecclesiatica. Festgabe für Luchesius G. Spätling O. F.M.,* ed. I. Vázquez, Rom 1977, S. 505–591; M. Harvey, *Martin V and Henry V,* in *Archivum historiae pontificiae,* 24 (1986), S. 49–70; *Alle origini della nuova Roma, Martino V (1417–1431).* Tagungsberichte, Rom, 2.–5. Mai 1992, Rom 1992.

M. Cossu

Mazzieri, Päpstliche

Päpstl. Stabträger. Die *Mazzieri* – so genannt nach ihrem Amtszeichen, einem aus Silber gearbeiteten, mit dem Wappen des jeweiligen Papstes versehenen Stab – waren neun an der Zahl, gehörten zur *Famiglia Pontificia* und gingen dem Zeremonienmeister bei der *Cappella Pontificia* (→) zur Hand. Es handelt sich um ein äußerst altes Amt, das vermutlich auf die *servientes armorum*, eine Art Leibwächter des Papstes, zurückgeht. Während der Päpstl. Zeremonien trugen die *Mazzieri* ihren Stab stets senkrecht erhoben, auf die rechte Schulter gestützt und mit der rechten Hand; ansonsten wurde er unter den linken Arm geklemmt. Die *Mazzieri* trugen ein schwarzes Gewand, das mit gleichfarbigen Samtborten versehen war, einen violetten, mit Spitzen geschmückten Überwurf, ein Barett und an der Seite ein Schwert. Sowohl das Amt, als auch der Titel wurden 1968 von Paul VI. im Rahmen der allgemeinen Neuordnung der *Casa Pontificia* (→) mit dem Motu Proprio *Pontificalis Domus* vom 28. März 1968 abgeschafft.

Bibl.: G. Felici, in *Enciclopedia cattolica*, VIII, Sp. 527–528.

N. Del Re

MEDAILLEN, PÄPSTLICHE

Die Päpstl. Medaillen, die seit fünfeinhalb Jahrhunderten ausgegeben werden, bilden in ihrer Vielgestaltigkeit und ihrem hohen künstlerischen Wert eine eindrucksvolle Sammlung, die unter allen momentan bestehenden Sammlungen eindeutig den ersten Platz einnimmt.

Die erste Päpstl. Medaille wurde unter Martin V. (1417–1431) geprägt und wird Pisanello zugeschrieben. Sie gehört zu der wichtigsten Medaillenserie, die der „Medaillen des Feiertages der hll. Apostel Petrus und Paulus", auch „Jahresmedaillen" genannt. Diese Medaillen werden seit dem 16. Jh. regelmäßig an jedem 29. Juni herausgegeben, wobei es jeweils drei Serien gibt: eine aus Gold, eine aus Silber und eine aus Bronze. Auf der Vorderseite ist die Büste des amtierenden Papstes und die Jahreszahl abgebildet, auf der Rückseite wird an das wichtigste Ereignis des Jahres erinnert (von Heiligsprechungen über die Errichtung wichtiger Gebäude bis zu Reisen des Papstes und wichtige Ereignisse der Kirchengeschichte). Aufgrund der Vielfalt der dargestellten Themen sind die Jahresmedaillen gerade in historischer Hinsicht von besonderer Wichtigkeit. Selbst bei Sedisvakanz wird die Serie nicht unterbrochen. In diesem Falle sind auf der Vorderseite die hll. Petrus und Paulus abgebildet, während die Rückseite das Thema der Sedisvakanz aufnimmt.

Eine andere wichtige Medaille ist die „Fußwaschungsmedaille", die zum ersten Mal unter Leo X. (1513–1521) geprägt wurde. Sie wurde stets am Gründonnerstag herausgegeben, an dem der Hl. Vater in Erinnerung an die Fußwaschung Jesu beim Letzten Abendmahl dreizehn Pilgern die Füße wusch und ihnen im Anschluß die Medaille übergab. Auf der Vorderseite befanden sich das Bildnis des jeweiligen Papstes und die Jahreszahl, auf der Rückseite war die Szene abgebildet, in der Jesus Petrus die Füße wäscht. Die letzte Medaille dieser Art wurde 1870 herausgegeben.

Neben diesen beiden serienmäßig geprägten Medaillen gibt es weitere, „außergewöhnliche" Päpstl. Medaillen, so zum Beispiel die Verdienstmedaille *„Benemerenti"* (→), die ihren Namen durch die Aufschrift auf der Rückseite erhielt und von Pius VII. (1800–1823) eingeführt wurde, um besondere Verdienste um den Hl. Stuhl zu honorieren. Besonders wichtig sind außerdem:

1) Die Krönungsmedaille, herausgegeben zu Beginn des Pontifikats eines neuen Papstes.
2) Die Medaille der Besitznahme, herausgegeben, wenn der neu gewählte Papst, Bischof der Ewigen Stadt, in die Lateranbasilika einzog.
3) Die Gründungsmedaille, die seit Paul II. (1464–1471) in das Fundament von Kirchen oder anderen Gebäuden gelegt wurde, die auf Wunsch des Papstes errichtet wurden.
4) Die Medaillen zur Öffnung und Schließung der Hl. Pforte (→), die den Anfang und das Ende des Heiligen. Jahres angeben.

Außerdem gibt es noch eine Serie außergewöhnlicher Medaillen, die einzelne, wichtige Ereignisse darstellen, an die nicht auf der Jahresmedaille hingewiesen wird.

All diese Medaillen sind sogenannte „offizielle", von den päpstl. Behörden geprägte Medaillen. Daneben gibt es aber auch zahlreiche Medaillen, die von anderen Behörden, Staaten oder auch Privatleuten zu Ehren des Papstes geprägt werden. Auch diese Medaillen können als Päpstl. Medaillen bezeichnet werden, da sie die Büste, das Wappen oder einfach den Namen des Papstes tragen, dem sie gewidmet sind.

Bibl.: F. Bonanni, *Numismata Pontificum Romanorum,* Rom 1699; R. Venuti, *Numismata Romanorum Pontificum,* ib. 1744; F. Bartolotti, *La medaglia annuale dei Romani Pontefici da Paolo V a Paolo VI, 1605–1967,* Rimini 1967; V. Cusumano/A. Modesti, *Pio X e Benedetto XV nella medaglia (1903–1922),* Rom 1986; Idd., *Pio XI nella medaglia (1922–1939),* ib. 1987; Ib., *Pio XII nella medaglia (1939–1958),* ib. 1989; G.C. Alteri, *La medaglia pontificia da Leone XIII a Giovanni Paolo II,* Udine 1992. G. C. Alteri

Medaillensammlung, Vatikanische

Der Grundstock der Vatikanischen Medaillensammlung geht auf Marcellus II. (1555) zurück, der der Vatikanbibliothek schon als Kardinalbibliothekar seine Sammlung antiker, äußerst seltener Münzen schenkte. 1738 kaufte Clemens XII. die berühmte Sammlung des Kardinals Alessandro Albani, die antike griech. und röm. Kaisermedaillen umfaßte, und gliederte sie der Apost. Vatikanischen Bibliothek (→) an. Diese 328 wunderschönen Stücke bilden das Kernstück der Vatikanischen Medaillensammlung, die schon 1741 um die aus 4198 Münzen bestehende Sammlung des Kardinals Gaspare Carpegna bereichert wurde. 1746 kaufte Benedikt XIV. die berühmte, aus mehr als 5.000 z. T. sehr seltenen Stücken bestehende Sammlung des bekannten Numismatikers Saverio Scilla hinzu, für die der Papst 1754 eigene Münzenschränke aus Nußbaumholz anfertigen ließ.

Clemens XIII. (1758–1769) gliederte die Medaillensammlung dem Christlichen Museum der Vatikanbibliothek an und bereicherte sie um 150 außergewöhnlich seltene und gut erhaltene Goldmünzen, die im Schatz Sixtus' V. (1585–1590) in der Engelsburg gefunden worden waren. Dank des Kunstsinns des Papstes und seiner Kardinalsbibliothekare wurde die Sammlung ständig erweitert, u. a. um die vollständige Serie der Päpstl. Silbermedaillen. Durch Kauf, Tausch und Vermächtnisse wuchs der Bestand ständig. 1770 wurde ein erstes Inventar der inzwischen rund 13.000 Stücke angelegt.

Mit Pius VI. (1775–1799) erfuhr die Medaillensammlung eine grundlegende Erneuerung. Valadier entwarf neue, reich geschmückte Medaillenschränke, die sich weiterhin mit wertvollen Stücken wie der allgemein bewunderten Münzsammlung Christinas von Schweden oder der ebenso berühmten Sammlung Odescalchi, die 6.292 Stücke umfaßte, füllten. Ende des 18. Jh. bestand die Vatikanische Medaillensammlung aus mehr Münzen, Medaillen, Siegeln und Plomben als irgendeine andere Sammlung ihrer Zeit. Dieser unermeßliche Reichtum ging 1798 bei der Besetzung Roms durch die französischen Truppen des Generals Louis Alexandre Berthier unwiederbringlich verloren, als die Sammlungen des Vatikans rücksichtslos geplündert wurden. Andere Kunstwerke von unschätzbarem Wert gingen auf dem Weg nach Paris für immer verloren. Der Großteil der Medaillensammlung wurde ohne Inventarisierung in grobe Säcke gefüllt, von denen einige jedoch nie ihren Bestimmungsort erreichten. Von dem einstigen Reichtum blieben nicht mehr als 2.000 praktisch wertlose Bronzestücke zurück.

Nach Ende des napoleonischen Sturms wurde Antonio Canova 1815 beauftragt, sich nach Paris zu begeben und alle Stücke, derer die Vatikanische Bibliothek beraubt worden war, zurückzufordern. Doch weder in Rom, noch in Paris gab es ein vollständiges Inventar der vatikanischen Münzsammlungen, die nach Frankreich verschleppt worden waren. Die Päpstl. Gesandten mußten sich deshalb damit begnügen, die geraubte Stückzahl zurückzuerhalten, nicht jedoch die authentischen Münzen. In den folgenden Jahren konnte die Vatikanische Medaillensammlung durch umfassende Käufe, die der Freigebigkeit der damaligen Päpste zu verdanken sind, vollkommen neu erstehen. 1853 ernannte Pius IX. zum ersten Mal einen Aufseher für die Sammlung. Wichtige Sammlungen wurden hinzugekauft, so z.B. 1851 die Sammlung Andrea Bellis, die zahlreiche mittelalterliche und moderne Päpstl. Medaillen aufwies, 1854 die Sammlung Francesco Sibilios, die aus mehr als 4.000 Silbermünzen bestand, und Ende des Jh. die Sammlung des Kardinals Lorenzo Randi, die aus mehr als 26.000 unvergleichlich schönen Stücken, zum großen Teil Päpstl. Medaillen, bestand und die die Vatikanische Medaillensammlung zur vollständigsten Sammlung Päpstl. Münzen dieser Zeit machte.

1921 bereicherte Benedikt XV. den Bestand des Vatikans durch den Kauf der wichtigen Sammlung Celati, die aus etwa 12.000 Stücken bestand. Pius XI. (1922–1939), selbst ein exzellenter Numismatiker, kaufte zahlreiche, wertvolle Einzelstücke. Hinzu kamen die mittelalterlichen Münzen, die bei den von Pius XII. (1939–1958) angeordneten Ausgrabungen um das Grab des Apostelfürsten zum Vorschein kamen. Heute befindet sich die Vatikanische Medaillensammlung in den neuen, der Apost. Vatikanischen Bibliothek überlassenen Räumen (in denen die Ehrengarde Seiner Heiligkeit untergebracht war). Mit ihren ca. 300.000 Stücken, die überwiegend der *Röm. Serie* und der *Päpstl. Serie* angehören, zählt sie zu den vollständigsten Sammlungen der Welt. Der erste wissenschaftliche Katalog der Vatikanischen Medaillensammlung ist Marchese Camillo Serafini zu verdanken, der lange Jahre der Sammlung vorstand. Unter dem Titel *Le monete e le bolle plumbee pontificie del Medagliere Vaticano* (4 Bde., Mailand 1910–1927) beschreibt er ca. 19.000 Päpstl. Münzen. Dem ersten Band ist ein umfassender geschichtlicher Abriß der Vatikanischen Medaillensammlung vorangestellt.

Bibl.: V. Laurent, *Les sceaux byzantins du Médaillier Vatican,* Vatikanstadt 1962; L. Michelini Tocci, *I medaglioni romani e i contorniati del Medagliere Vaticano,* ib. 1965; G. C. Alteri, *Maria nelle collezioni numismatiche del Medagliere Vaticano,* Vatikanstadt 1988.

G. C. Alteri

Meister des Hl. Hospiz

→ Maestro del Sacro Ospizio

Michelangelo-Bastionen

→ Belvederebastion

Miltiades

oder Melchiades, Papst, Hl. Gebürtiger Afrikaner, der nach dem *Catalogo Liberiano* am 2. Juli 311 Nachfolger von Papst Eusebius wurde. Erster Papst, der im Lateranpalast (→) wohnte, der jahrhundertelang fester Sitz der Päpste (*patriarchium)* bleiben sollte. Im Jahr 313 lud Miltiades 19 Bischöfe zu einer Synode in den Lateran ein, um den heftigen Protest der Donatisten gegen den Bischof von Karthago zu schlichten, dessen rechtmäßige Wahl sie bezweifelten. Die Synode erklärte den Bischof jedoch für unschuldig und schickte ihn in seine

Stadt zurück. Die Donatisten, die diese Entscheidung nie akzeptierten, beschmutzten den Namen des Miltiades noch Ende des 4. Jh. mit falschen Anschuldigungen, die der hl. Augustinus jedoch zurückwies *(De unico baptismate,* 27). Miltiades, ein Zeuge der endgültigen Durchsetzung des Christentums durch den Sieg Konstantins über Maxentius, starb am 10. (11.) Januar 314 und wurde auf dem Calixtus-Gräberfeld an der *Via Appia* beigesetzt. Der *Liber Pontificalis* schreibt ihm verschiedene Disziplinar- und Liturgieverordnungen zu.

Bibl.: A. Amore, in *Bibliotheca Sanctorum,* IX, Sp. 488–491; E. Nash, *Convenerunt in domum Faustae in Laterano S. Optati Milevitani I 23,* in *Röm. Quartalschrift für christl. Altertumskunde und Kirchengesch.,* 71 (1976), S. 1–21; G. Pelliccioni, *Il Concilio Lateranense e la Domus Faustae,* in *Capitolium,* 51 (1976), Nr. 1, S. 13–17.

N. Del Re

Minutanten

Allgemeine Bezeichnung für niedrige Beamte ersten Grades in folgenden Dikasterien der Röm. Kurie (→): Staatssekretariat, Kongr. für die Evangelisierung der Völker, Päpstl. Medienrat, Präfektur der wirtschaftlichen Angelegenheiten des Hl. Stuhls und Zentralamt für kirchliche Statistik. Die Minutanten haben dieselben Aufgaben wie die Adjutanten *di Studio* (→), die in allen anderen Organen der Kurie arbeiten und denen sie vollkommen gleichgestellt sind (Art. 6, § 1/29, u. Anhang II der *Allg. Best. der Röm. Kurie (Regolamento generale della Curia Romana),* gebilligt von Johannes Paul II. am 4. Februar 1992 *„adquinquennium"* und veröffentlicht in *Acta Apostolicae Sedis* (LXXXIV [1992], S. 201–167).

N. Del Re

Missionsausstellung, Vatikanische

Mit einem Brief vom 24. April 1923 teilte Pius XI. dem Präfekten der Kongregation für die Glaubensverbreitung, Kardinal Guglielmo van Rossum, seine Absicht mit, im Vatikan das ganze Heilige Jahr 1925 hindurch eine Ausstellung zu veranstalten. Er wolle damit alle Pilger, die zum Jubiläum nach Rom kämen, in sichtbaren Kontakt mit der Welt der Missionen bringen. Aufgebaut in einem Teil der Vatikanischen Gärten und Museen auf einer Fläche von etwa 7.000 qm, wurde die Missionsausstellung am 21. Dezember 1924 vom Papst selbst eröffnet.

Der einführende und allgemeine Teil der Ausstellung schilderte in vier historischen Abschnitten die Missionstätigkeit. Ein fünfter Teil betraf die Missionen von 1846 bis 1924 und die damals laufenden missionarischen Initiativen. Eine weitere Abteilung war den Heiligen und Martyrern der Missionen gewidmet. Es folgte die Ausstellung eines umfangreichen ethnographischen Materials, das die Kultur der Völker darstellte und eine Vorstellung von dem Umfeld bot, in dem sich die missionarische Tätigkeit abgespielt. Die Ausstellung diente auch dazu, Gaben für die Missionen zu sammeln, ferner die Leistungen der Missionare darzustellen. Der ärztliche Teil mit Studien zur Vorbeugung und Heilung tropischer Krankheiten sowie die Bibliothek mit Studien zur Missionsgeschichte, Anthropologie und Ethnographie bildeten zwei Abteilungen von hohem Rang. In einem weiteren Teil der Ausstellung waren Gegenstände aus allen Teilen der Welt und aus verschiedenen Kulturen zu sehen, die viel Aufmerksamkeit erregten.

Um für die Ausstellung zu werben, wurde ein Plakat in sechs verschiedenen Sprachen und drei Formaten herausgegeben mit dem Hinweis: Heiliges Jahr 1925 – Vatikanische Missionsausstellung. Um die um die Veranstaltung Verdienten auszuzeichnen, wurde eine Medaille geprägt. Sie trägt auf der Vorderseite das Bild des Papstes mit der Inschrift: Pius XI. P.M. im Hl. Jahr 1925. Auf der Rückseite ist der Erdglobus zu sehen, darüber ein strahlendes Kreuz. An der Ausstellung beteiligten sich 40 männliche Orden und Kongr., 170 weibliche Orden und 300 Missionsverbände. Sie wurde von über einer Million Personen besucht. Bei der Schließungszeremonie am 7. Januar 1926 äußerte Pius XI. die Hoffnung, daß nach Abschluß der Ausstellung „die kostbaren Gegenstände nicht verlorengehen, vielmehr in einem Missionsmuseum bleiben sollten, als Schule und als immer offenes Buch, hier, wo sich das eigentliche Zentrum des Verbreitung aller Missionen befindet, hier, wo alle dieses Buch ständig lesen können" (→Missionsmuseum, Ethnologisches).

Bibl.: J. J. Considine, *The Vatican Mission Exposition: a window on the world*, New York 1925; Giovanni di S. Giovanni in Persiceto, *L'Esposizione Missionaria Vaticana e l'Ordine dei Frati Minori Cappuccini*, Rom 1925; R. Streit/U.Bertini, *Le missioni cattoliche: numeri e disegni della Mostra Missionaria*, ib. 1926.

A. Martini

Missionsmuseum, Ethnologisches

Gegründet 1926 mit Motu Proprio von Pius XI., eingeweiht 1927 im Lateranpalast; 1963 auf Anweisung Johannes' XXIII. verlegt in den *Palazzo di S. Calisto* in Trastevere und schließlich 1969/1970 in die eigens für das Museum eingerichteten Räume der Vatikanischen Museen verlegt. Die ausgestellten Gegenstände und Sammlungen stammen größtenteils aus der Missionsausstellung des Hl. Jahres 1925. Später kamen zahlreiche Objekte hinzu, die teils von der Kongr. *Propaganda Fide* (der heutigen Kongr. für die Evangelisierung der Völker) zur Verfügung gestellt worden waren und bereits in dem ethnologischen Museum in Velletri ausgestellt waren, teils von Missionsorden und Privatpersonen stammten oder direkt angekauft wurden.

Der Großteil der ausgestellten Stücke gibt Aufschluß über die nicht-christlichen Religionen, das wirtschaftliche und soziale Leben, das Handwerk und die Kunst der Völker, in denen Missionsarbeit betrieben wird. Es vermittelt einen umfassenden Überblick über Religionen und Riten des Nahen und Fernen Ostens, Afrikas und Amerikas. Besonders viel Platz ist dabei dem Totenkult eingeräumt, der stets besonders zum Verständnis von Geist und Kultur der betreffenden Völker beiträgt. Ausgestellt sind zum Beispiel Grabgeschenke der Dynastien Ch'ing (221–106 v. Chr.), Han (206 v. Chr.–220 n. Chr.) und Tang (618–906 n. Chr.) und eine aus Ton gefertigte Reproduktion eines Leichenzuges in Miniatur aus der letzten Ch'ing-Dynastie (1644–1912 n. Chr.). Diese gibt Einblick in das prunkvolle Leben am Hof und das komplexe Zeremoniell, das das gesamte Leben eines Fürsten von seiner Geburt bis zum Tode bestimmte. Beispiele für andere Totenkulte sind eine kleine, aus geschnitztem Holz gefertigte Pfahlhütte von den Salomoninseln, in der dem Verstorbenen geopfert wurde; zwei Boote von den Marquesasinseln, die die verstorbenen Seelen ins Jenseits geleiten sollten; Trauerkronen vom Tuamotu-Archipel. Ungewöhnlich modern sind eine Reihe abstrakter Skulpturen von Vorfahren und Totemtieren, die in Togo zu Zeremonien an den Gräbern enger Angehöriger benutzt wurden.

Ein anderer, wichtiger kultureller Aspekt sind die Ahnen- und Geisterkulte, die bei animistischen und polytheistischen Religionen besonders ausgeprägt sind. Aus diesem Themenbereich sind Tafeln und Hausaltäre aus Japan ausgestellt und Statuen von zu Gottheiten erhobenen Ahnen aus China, Neu Kaledonien, Zentral- und Ostafrika.

Der Geisterkult ist vertreten durch die Rekonstruktion einer Hütte aus Neuguinea. Diese Hütten, von den Männern des Dorfes gebaut und Frauen nicht zugänglich, besitzen reich geschnitzte und geschmückte Pfähle und Balken. Im Inneren befindet sich eine Feuerstelle, auf der den Geistern geopfert wird.

Vervollständigt wird die kulturgeschichtliche Übersicht des *Museo Missionario Etnologico* schließlich durch zahlreiche Statuen, Altäre und Kultgeräte der wichtigsten Religionen der Erde: die originalgetreue Abbildung eines großen roten Confuzius (551–479 v. Chr.) geweihten Altars; verschiedene Abbildungen von Buddha und eine Reihe von Abdrücken, die das Leben des Meisters schildern und deren Originale sich im Barabudur-Tempel auf Java befinden (9. Jh.); Gegenstände des Schiwaismus und des Wischnuismus, der beiden Hauptrichtungen des Hinduismus; Keramiksterne mit Versen des Korans aus Persien; eine Thora-Rolle (1400 n. Chr.) mit Holzkasten (17. Jh.); und schließlich zahllose Beispiele der christlichen Religion, wie die Krippenfiguren aus Zaire, die Weihegaben aus dem Heiligtum der Madonna aus Verapoly (syrisch-malabarischer Ritus), die Statuen der Jungfrau Maria und eine reiche Auswahl an religiösem Kunsthandwerk, Altargeräte aus Emaille, Bischofsstäbe, eine Abbildung des Jüngsten Gerichtes aus Vietnam (17. Jh.) mit europäischen und buddhistischen Elementen, eine Seidenmalerei aus China mit dem Letzten Abendmahl. Sehr interessant sind schließlich die Modelle und Rekonstruktionen der wichtigsten, den verschiedenen Religionen angehörenden Tempel und die Modelle von Kirchen verschiedener künstlerisch-architektonischer Herkunft.

Bibl.: P. Maarschalkerweerd, *Pitture cristiane delle terre di missione nel Pontificio Museo Missinario Etnologico,* in *Annali Lateranensi,* 2 (1938), S. 11–42; *Il Pontificio Museo Missionario Etnologico del Laterano,* Roma 1939; *Il Museo Missionario Etnologico,* in *Bollettino dei Monumenti. Musei e Galerie Pontificie,* 1 (1959–1974), S. 191–197; G. Penkowski, *Museo Missionario Etnologico,* in *Il Vaticano e Roma cristiana,* Vatikanstadt 1975, S. 261–277.

A. M. Di Nino

MISSIONSVEREINIGUNG DES KLERUS, PÄPSTLICHE

→ Missionswerke, Päpstl.

MISSIONSWERK FÜR KINDER, PÄPSTLICHES

→ Missionswerke, Päpstl.

MISSIONSWERKE, PÄPSTLICHE

Die Päpstl. Missionswerke hängen direkt von der Kongregation für die Evangelisierung der Völker ab. Laut Motu Proprio *Ecclesiae sanctae* Pauls VI. (6. August 1966) handelt es sich um Vereinigungen von Gläubigen zur materiellen und spirituellen Unterstützung der Missionen. Jedes der Päpstl. Missionswerke hat ein Generalsekretariat, das wiederum dem Sekretär der Kongr. für die Evangelisierung der Völker unterstellt ist und einem eigenen Generalrat. Schließlich gibt es ein leitendes Komitee, das alle Päpstl. Werke koordiniert. Auf nationaler Ebene besitzen die einzelnen Werke einen Diözesanrat, unter der Leitung eines Nationaldirektors, der die Tätigkeit durch Sekretäre koordiniert und dem ein eigener Nationalrat zur Seite steht. Obwohl sie verschiedene Satzungen haben, bilden die Päpstl. Missionswerke eine einheitliche Struktur, die in folgende vier Zweige unterteilt werden kann:

1. *Päpstl. Werk der Glaubensverbreitung.* 1822 von Pauline Marie Jaricot in Lyon gegründet, dehnte sich das Werk bald auf ganz Frankreich und andere europäische Staaten aus.

Leo XIII. trug entscheidend dazu bei, dem Werk eine universale Ausrichtung zu geben und Pius XI. verlieh ihm 1922 den Titel „Päpstl.“. Gegenwärtig ist das Werk in fast allen katholischen Ländern präsent. Seine Tätigkeit besteht vor allem darin, das Interesse für die Evangelisierung zu wecken, missionarische Berufungen zu fördern und Spenden für die Missionen zu sammeln, die dann vom Werk selbst an die verschiedenen Missionseinrichtungen verteilt werden. Um das Problem der Missionen bei den Gläubigen besser bekannt zu machen, wurde 1926 der Weltmissionssonntag eingerichtet (vorletzter Sonntag im Oktober). Außerdem wurde 1927 die „Internationale Agentur *Fides*“ (→) ins Leben gerufen, die den Auftrag hat, Informationsmaterial und Dokumente über die katholische Mission zu sammeln und zu verbreiten.

Bibl.: E. J. Hickey, *The Society for the Propagation of the Faith; its foundation, organization and success (1822–1922),* Washington 1922.

2. *Päpstl. Werk vom hl. Apostel Petrus.* 1889 von Stephanie Bigard in Caen (Frankreich) gegründet. Auch das Werk vom hl. Apostel Petrus sammelt Spenden, die jedoch in erster Linie der Ausbildung des autochthonen Klerus sowie der Gründung und dem Unterhalt von Seminaren in Missionsländern zugute kommen.
Das Werk war anfänglich in Frankreich mit großen Schwierigkeiten konfrontiert und mußte deshalb seinen Sitz nach Fribourg (Schweiz) verlegen. Kardinal W. van Rossum – damaliger Präfekt der Kongr. *Propaganda Fide* – gab dem Werk eine ähnliche Struktur wie dem Werk der Glaubensverbreitung und unterstellte es direkt seiner Kongregation, zu der 1929 auch der Sitz des Werkes verlegt wurde. 1946 wurde in Rom das Kolleg vom hl. Apostel Petrus gegründet, wo Priester aus den Missionsländern aufgenommen werden, um ihre Studien in Rom zu vervollständigen.

Bibl.: L. Guizard, *L'Oeuvre Pontificale de St-Pierre Apôtre,* Paris 1945.

3. *Päpstl. Missionswerk für Kinder.* 1843 in Metz von Bischof Charles-Auguste de Forbin-Janson gegründet, um bei den katholischen Kindern der ganzen Welt Spenden zu sammeln für die Unterstützung und die christliche Erziehung heidnischer Kinder. Das Werk ist ähnlich wie die anderen Missionswerke organisiert, hat seinen Sitz aber immer noch in Paris. Es besitzt einen Nationalrat in jedem Land und einen Diözesanrat, der die Tätigkeit der einzelnen Kommissionen in den Pfarreien koordiniert.

Bibl.: P. Lesourd, *Histoire générale de l'Oeuvre Pontificale de la S. Enfance depuis un siècle,* Paris 1947.

4. *Päpstl. Missionsvereinigung des Klerus (Priester-Missionsbund).* 1916 von P. Paolo Manna in Mailand gegründet, ist dies eine Priestervereinigung zum Zweck der Propaganda zugunsten der Missionen beim Welt- und Ordensklerus. 1937 wurde er offiziell unter die Päpstl. Missionswerke eingereiht und 1956 mit dem Titel „Päpstl.“ ausgezeichnet. Dieses Werk steht heute auch Ordensfrauen offen; es hat Filialen in allen Diözesen, und sein Sitz ist bei der Kongr. für die Evangelisierung der Völker in Rom.

Bibl.: S. Paventi, *La celebrazione del cinquantennio della Pontificia Unione Missionaria del Clero,* in *Rivista diocesana di Roma,* 7 (1966), S. 1118–26. Für Missionswerke generell, s. G. B. Reghezza, *Il sistema pontificio della cooperazione missionaria,* in *Guida delle Missioni cattoliche,* 5. Ausg., Rom 1975, S. 133–222.

Monsignore

Ehrentitel, der in Frankreich ursprünglich dem Dauphin und voraussichtlichen Thronfolgern vorbehalten war. Mit dem Avignoner Exil (1305–1376) wurde er zum ersten Mal den Kardinälen verliehen, später auch Patriarchen, Bischöfen und weltlichen Äbten mit Bischofswürde, vor allem nachdem Urban VIII. den Kardinälen 1630 den Titel *Eminenz* (→) vorbehalten hatte. Den Titel Monsignore trugen bis 1968 auch alle Prälaten, die zur *Cappella* und zur *Famiglia Pontificia* (→) gehörten. Seit der Neuordnung der *Casa Pontificia* (→), die Paul VI. im Rahmen der allgemeinen Neuordnung der *Casa Pontificia* mit dem Motu Proprio *Pontificalis Domus* vom 28. März 1968 durchführte, tragen die Apost. Protonotare, die Ehrenprälaten Seiner Heiligkeit und die Kapläne seiner Heiligkeit diesen Titel.

N. Del Re

Mosaikwerkstatt

Die Bildung einer röm. Mosaikschule am Ende des 16. Jahrhunderts ergab sich unmittelbar aus der Geschichte der Gegenreformation und hat ihre schönste Ausdrucksform im Mosaikschmuck der Petersbasilika.

Im letzten Viertel des 16. Jh. gewannen die Überlegungen des Konzils von Trient über sakrale Kunst (1563) Gewicht, die die zeitgenössischen Darstellungsformen auf die Werte und die Sprache der Rechtgläubigkeit der Ursprünge zurückführen wollten. Das Rom der ersten Jahrhunderte der christlichen Ära bildete das ideale Vorbild für geistige Größe, bei der auch die Kunst sich um einen Beitrag zur Verwirklichung des Reiches Gottes bemühte, indem sie ihr eigenes didaktisches Potential in den Dienst der Katechese stellte. Von daher stammt das Interesse am Mosaik als beispielhafter Technik für den Religionsunterricht, weil es die gewünschte formale Vereinfachung erlaubte, gleichzeitig aber die Darstellungskraft und die Wirksamkeit der Lehre zum Ausdruck bringen konnte.

Schon die späthumanistischen Werke von Autoren wie Cesare Baronius, Gabriele Paleotti oder auch Raffaele Borghini beanspruchten für das Mosaik historische und ästhetische Normen, um mit den übrigen traditionellen christlichen Darstellungsformen konkurrieren zu können, wobei sich die alte Technik mit der neuen künstlerischen Auffassung verbinden sollte, die ideologisch an der reformierten Renaissance ausgerichtet war.

Vor diesem Hintergrund wurde jedoch das gewaltige Programm, die Vierung der neuen Peterskirche (1578–1648) auszuschmücken, weder einheitlich geplant noch ausgearbeitet. Schon die Größe der Fläche machte eine Arbeit von über hundert Jahren (1652–1757) notwendig. Dabei setzte sich zusätzlich die Tendenz durch, die großen Gemälde aus dem 16. Jh. für die Altäre der Kirche durch Mosaikkopien zu ersetzen, da sich ihr Zustand wegen der schwankenden Luftfeuchtigkeit in den riesigen Räumen der Basilika schnell verschlechterte und ihr Verfall drohte. Erst später in einem zweiten Abschnitt ging man dazu über, nicht nur die besonders betroffenen, sondern alle Malereien zu ersetzen und hat mit dieser weitblickenden Maßnahme einige der am meisten bewunderten Bilder der Christenheit gerettet.

Von Anfang an behinderten erhebliche Schwierigkeiten die Entscheidung für die neue Mosaiktechnik, angefangen damit, daß in Rom Arbeiter und spezielle Werkstätten zur Herstellung und Einarbeitung der aus Glasfluß herausgeschlagenen Würfel fehlten. Ein wichtiger Briefwechsel zwischen dem Staatssekretariat und der Nuntiatur von Venedig bezeugt die Bemühungen des Hl. Stuhls 1578, von der Prokura der Basilika des hl. Markus vier Mosaikmeister zu bekommen, die eine Werkstatt für die Herstellung der Steinchen und die Ausbildung einer Gruppe von jungen Leuten einrichten sollten. Auf diese Werkstatt geht das heutige *Mosaik-Studio* im Vatikan zurück.

Die ersten Erfolge konnten kurz darauf in den berühmten Ausschmückungen der *Cappella Gregoriana* bewundert werden, dem ersten der vier von Michelangelo entworfenen Räume, die durch Giacomo della Porta (1574?–1578) eine Kuppel erhielten. Der marianische Zyklus in dieser Kapelle kann als die erste monumentale Leistung röm. Mosaikkunst in moderner Zeit betrachtet werden. Sie erhielt einmütige Zustimmung, wie in den begeisterten Schriften des Baglione (1642) nachzulesen ist und in denen zahlreicher anderer Kommentatoren, die eine vielversprechende schöpferische Technik lobten.

Vom Ergebnis ermuntert, entschieden die Verantwortlichen der Werkstatt, auch die übrigen Kapellen im Haupt- und in den Seitenschiffen und die Hauptkuppel von St. Peter mit Mosaiken auszuschmücken. Es gelang ihnen auch, einige der meist geschätzten Künstler dieser Zeit für die Anfertigung von Entwürfen zu gewinnen. Unter ihnen können wir nennen: Girolamo Muziano (Kuppel, Zwickel und Lünetten der *Cappella Gregoriana*), Giovanni de' Vecchi und Cesare Nebbia (Zwickel der Hauptkuppel, 1598–1599), Cristoforo Roncalli, Pomarancio genannt, (Kuppel, Zwickel und Lünetten der *Cappella Clementina*, 1601–1602), Giuseppe Cesari, Cavalier d'Arpino genannt, (Gewölbe der großen Kuppel, 1603–1612), Giovanni Lanfranco (zwei Zwickel der *Cappella della Madonna della Colonna*, 1629–1632), Andrea Sacchi (zwei Zwickel der *Cappella della Madonna della Colonna*, 1628–35; zwei Zwickel der Kapelle des hl. Michael, 1631–47), Carlo Pellegrini (ein Zwickel der Kapelle des hl. Michael, 1626–37), Giovan Francesco Romanelli (ein Zwickel der Kapelle des hl. Michael, 1636–1637 und die Lünetten der *Cappella della Madonna della Colonna*, 1643–44). Später, als die Gerüste in die Seitenschiffe kamen, wurden noch hinzugezogen Lanfranco (Kapelle des Gekreuzigten, heute Kapelle der Pietà, 1629), Raffaele Vanni (die Lünetten der Sakramentskapelle und eine Lünette der Kapelle des hl. Sebastian, 1659–63), Pietro von Cortona (Kuppel und Zwickel der Sakramentskapelle; Kuppel, Zwickel und zwei Lünetten der Kapelle des hl. Sebastian, 1652–62; Kuppel der Kapelle der Gekreuzigten, heute Kapelle der Pietà, 1668–69), Ciro Ferri (Kuppel, Zwickel und Lünetten der Kapelle der Pietà, 1669–81; zwei Zwickel in der Chorkapelle, um 1681), Carlo Maratta (zwei Zwickel der Chorkapelle, 1699–1702; Lünetten, Zwickel und Kuppel der Kapelle der Darstellung, 1683–88 und 1704–13). Im letzten Abschnitt endlich schufen Marcantonio Franceschini (Kuppel und Lünetten der Chorkapelle, 1711–12 und 1713–19), Niccolò Ricciolini (zwei Lünetten der Chorkapelle, 1720–21), Giovan Battista Gaulli (Taufkapelle, 1708–1709) und Francesco Trevisani (Zwickel, Lünetten und Kuppel der Taufkapelle, 1713–23, 1732–37 und 1738–45).

Unter den über neunzig Meistern sind einige besonders bedeutend, weil sie Leitungs- und Überwachungsaufgaben übernahmen. Dazu kommen die Namen von Dutzenden von Gehilfen und Mitarbeitern in den Werkstätten, von denen uns aber kaum genaue Angaben überliefert sind. Einige Namen sind jedoch dokumentarisch belegt. Das Verzeichnis beginnt mit Girolamo Muziano, dem technische Fortschritte beim Anbringen der Stuckelemente und bei der Zusammensetzung der Glassteinchen zugeschrieben werden. Er leitete zwischen 1578 und 1580 eine Gruppe von führenden Malern wie Cesare Nebbia, Paolo Rossetti und Giovanni de' Vecchi, die die schon erwähnten Verschönerungen in der *Cappella Gregoriana* ausgeführt haben. Muziano selbst signierte einen der Zwickel der Kuppel und brachte dort das Datum 1579 an. Er begründete die erste Generation der *Mosaizisten* der Vatikanischen Schule, die für alle Arbeiten zwischen 1599 und 1612 verantwortlich zeichnet. Seine Anweisungen wurden bei der Ausführung der großartigen Evangelisten auf den Mauerstreifen über den vier Pfeilern der Kuppel (1598–1599) beachtet und beim Mosaikschmuck der *Cappella Clementina* (1601–1602) mit etwas größerer Freiheit angewandt. Unter den Namen der zahlreichen Künstler, die in der Kuppel arbeiteten, ist besonders Marcello Provenzale zu erwähnen, der zwischen 1619 und 1621 Materialverwalter der Werkstatt war und berühmter Schöpfer von Mosaiktafeln für Privatleute.

Neben Provenzale waren Andrea Aretino (1605–1608), Pietro Paolo Bernascone (1608–1613) und Giovanni Battista Calandra (1629–1644) in der Werkstatt besonders geachtet, weil sie sich persönlich mit wichtigen Mosaikaufträgen befaßten oder die Handwerker bei der Arbeit anregten und leiteten. G.B. Calandra ist beispielsweise für die Mosaiken in den beiden Westkapellen, *Cappella Madonna della Colonna*, 1630–35 und 1643–44 und *Cappella San Michele* (1638–39 und 1644) verantwortlich. Er entwarf und führte auch selbst Mosaikarbeiten durch, wobei er zum erstenmal versuchte, das Mosaik den der Malerei eigenen Funktionen und Darstellungsweisen anzunähern. (Apostel Petrus und Paulus am Altar der *Confessio* in der Palliennische nach 1625; der hl. Erzengel Michael nach einem Entwurf des Cavalier d'Arpino, 1627–28; hl. Petrus nach einem Entwurf des Cavalier d'Arpino bei der Hl. Pforte um 1633).

Nach dem Tod von Calandra 1644 übernahm Guido Ubaldo Abbatini die Vollendung der halbfertigen Arbeiten (Kapelle des hl. Michael, 1644–47; Kapelle der Madonna von der Säule (1645–47), und zugleich die Leitung der Arbeiten in der Sakramentskapelle (1653–1656) und der Kapelle des hl. Sebastian (1654–1656). Bei beiden Aufgaben arbeiteten mit ihm zusammen Matteo Piccioni (jeweils 1654–56, 1654–60 und 1661) und Orazio Manenti (jeweils von 1656–62, 1657 und 1662–63). Bei den Arbeiten in den beiden Kapellen bewährte sich auch Fabio Cristofari (jeweils 1663, 1657–1660 und 1663), der kurz darauf die Aufgabe erhielt, allein und ohne Gehilfen das Vestibül der Kapelle der Pietà auszuschmücken (1669–1681) und später die Lünetten und Zwickel der Kapelle der Darstellung. In den gleichen Jahren verschaffte ihm die Anerkennung, die er als präziser und dem Neuen aufgeschlossener Künstler fand, die Aufgabe, die vier von Andrea Sacchi für die Altäre der alten Grotten unter der Basilika geschaffenen Bilder in Mosaik zu übertragen. Die Altäre sind unter den Vierungspfeilern gelegen (St. Andreas auf den Knien vor dem Kreuz seines Martyriums, die Begegnung zwischen Veronika und Christus auf dem Kreuzweg, St. Helena und das Wunder des wahren Kreuzes und das Martyrium des hl. Longinus, 1682–89). Es war das erste Mal, daß der Verfall der Gemälde die für ihre Erhaltung Verantwortlichen veranlaßte, Gemälde in ein anderes Material zu übertragen, damit sie den Tücken der Feuchtigkeit und der Zeit standhielten. Im folgenden Jahrhundert ermittelte man dann auf diese Weise eine Reihe von Meisterwerken, die in Mosaik verewigt werden mußten, wobei die Auswahlkriterien unvermeidlich die reifen Werke der röm. Klassik bevorzugten.

Für die ganze erste Hälfte des 17. Jh. beschränkte sich die Aufgabe des *soprastante*, der wie beispielsweise Calandra, Abbatini und ihre Vorgänger die Oberaufsicht hatte, auf die praktische Leitung der Arbeiten der Mosaizisten. Die Werkstatt selbst entsprach noch nicht den großen Aufträgen, die später folgen sollten und befand sich in den kleinen Räumen des Oktagons des hl. Gregor im *Atrium* der Basilika. Da sie noch nicht selbst Mosaiken produzierte, genügten kleine Räume für die geringen Mengen von Glassteinchen, die unter hohen Kosten aus Venedig importiert wurden. Erst in der zweiten Hälfte des 17. Jh., als man selbst zu produzieren begann, brauchte man geräumigere Anlagen für die wachsende Menge der Vorräte.

Kurz nach Mitte des 17. Jh. war Rom schon in der Lage, eigene Steinchen herzustellen dank der Forschungen in der Brennerei des Niccolò Arrigoni und des Giuliano Raffaelli, letzterer Begründer einer Dynastie von Ofenbauern, die die Werkstatt bis zum Ende des Jahrhunderts gut versorgten. Die Steinchen des Arrigoni wurden zum erstenmal in der Kapelle des hl. Sebastian verwendet, nachdem ihre Qualität durch Pietro von Cortona, der den Zyklus entworfen hatte, geprüft und als brauchbar anerkannt worden war. Sie wurden dann weiter in der Kapelle der Pietà verwendet.

Trotz der erreichten Fortschritte konnte die Werkstatt nur durch Künstler wie Cristofari (1656–1689), Giuseppe Conti (1689–1720) und vor allem Pietro Paolo Cristofari (1727–1743), Sohn des Cristofari, ihre Ausdrucksformen verfeinern. Ihre Darstellungskunst mit den Mosaiksteinchen erreichte in vollem Maße die der Malerei.

G. Conti entwarf die Mosaiken für die Zwickel der Chorkapelle zwischen 1699 und 1704, dazu die für die Kuppel der Kapelle der Darstellung, 1704 bis Ende 1717, und wurde auf den Baugerüsten bei der Arbeit unterstützt von Domenico Gossoni, Leopoldo del Pozzo und Giuseppe Ottaviani, deren Leitung er bis 1720 beibehielt.

In dieser besonders glücklichen Phase war P. P. Cristofari der erste Mosaizist, der die amtliche Aufgabe eines Direktors der Werkstatt bekleidet hat, die Benedikt XIII. 1727 förmlich gegründet hatte.

Bis 1740 wurden unter der Leitung von Pietro Paolo zahlreiche Gemälde in Mosaik übertragen und vollendet wie das *Martyrium der hll. Processus und Martinianus*, nach dem Original von Valentin; das *Navicella*, Original von Lanfranco; *die Präsentation Mariens im Tempel*, Original von Romanelli; das *Begräbnis der hl. Petronilla*, Original von Guercino; *die letzte Kommunion des hl. Hieronymus*, Original von Domenichino; die *Taufe Christi*, Original von Maratta und viele andere.

Unter der Leitung von Pier Leone Ghezzi (1743–1755) und Salvatore Monosilio (1755–1776) wurde die Ausschmückung des Innenraums der Basilika vollendet, während gleichzeitig aber auch mit der Erhaltung und Restaurierung begonnen wurde, z. B. in der Kapelle des hl. Sebastian (1723–25) und in der Gregorianischen Kapelle (1768–1779), ferner in der Kapelle des hl. Michael (1719–29) und der Madonna von der Säule (1742–57). In dieser Zeit wurde der größte Teil der Mosaikkopien der Altargemälde vollendet. Dieser Arbeit kamen vor allem die verbesserten Ausdrucksmöglichkeiten durch die Steinchen des Chemikers Alessio Mattioli zugute, der seit 1731 besonders schwierige Farbgebungen herstellen konnte.

Neben Mattioli, dessen Steinchen an Qualität legendär blieben und bis heute unübertroffen sind, können die Brenner Pietro Alberti, Scipione Santucci, Francesco Mantelli und Lorenzo Valle genannt werden, die zwischen dem 18. und 19. Jh. arbeiteten. Herausragende Namen der Zeit sind die des Guglielmo Paleat, Piero Polverelli, Andrea Volpini und vor allem Bernardino Regoli, alles Mosaizisten, die an der

Ausschmückung der Taufkapelle und bei einigen der schwierigsten Altarbilder mitgearbeitet haben wie: die *Unbefleckte Empfängnis* (nach einem Karton des Pietro Bianchi, 1744–47); die *Messe des hl. Basilius* (nach Kartons des Pierre Subleyras, 1748–51), die *Heilung des Gelähmten an der Schönen Pforte des Tempels* (nach Kartons des Francesco Mancini, 1751–58), der *hl. Erzengel Michael* nach dem Original von Reni (1757–58), die *Verklärung* nach dem Original von Raffael und die *Messe des hl. Gregor* nach dem Original von Sacchi (1770–72).

Die Werkstatt war inzwischen in den Palast des Erzpriesters an der *Piazza Santa Marta* übergesiedelt, was 1767 von Chattard bezeugt wird, in größere Räume und konnte endlich auch die Zahl der Handwerker vergrößern. Unter dem Direktorat des Giovan Battista Ponfreni (1776–1795) beschloß Pius VI. die Mosaikarbeiten an den letzten noch vorhandenen Gemälden in St. Peter sowie die Ausführung neuer Mosaiktafeln für das Heilige Haus in Loreto (1776). Weil die inzwischen übervollen Lager der Steinchen und auch die übergroßen Kartons der in Mosaik zu übertragenden Entwürfe eine bessere Bleibe brauchten, drängte er die Kongr. für die Dombauhütte, etwas Geeignetes zu suchen. Man fand die alte Gießerei, die vorher Bernini zum Guß der Bronzeteile seiner Kathedra verwendet hatte. Sie war Eigentum der Werkstatt für St. Peter und lag an der *Piazza Santa Marta* an der Straße, die zur alten *Porta Figulinaria* führte, also zu unterscheiden von der Gießerei, die beim Belvederehof lag, wie man auf den Plänen und Ansichten jener Zeit (1782) sehen kann. Damals wurden z. B. die *Kreuzigung des hl. Petrus* nach dem Original von Reni (1779–84), in Mosaik übertragen und die *Ekstase des hl. Franziskus* nach dem Original des Domenichino.

Die Jahre der Direktion des Domenico de Angelis (1795–1803) und des Vincenzo Camuccini (1803–1844) fielen zum Teil mit den dramatischen Ereignissen der französischen Besetzung zusammen, als die Mosaikwerkstatt zusammen mit anderen vatikanischen Institutionen unter dem Namen *Atélier du Mosaïque* dem *Maison de l'Empereur* (25. Februar 1811) direkt unterstellt wurde. Da sich die Gießerei von Bernini angesichts der hohen Luftfeuchtigkeit für die Steinchen als schädlich herausstellte, entschied man eine Verlegung in den Palast des Hl. Offiziums, der in der Nähe lag. In dieser Zeit entstand ein neuer, sehr schöpferischer Zweig: das Kleinmosaik, das als profane Kunst der im engen Sinn mit sakraler Kunst befaßten Werkstatt zunächst fremd war. Es wurde aber dennoch eingeführt und vervollkommnet und eng mit dem Berufsleben der vatikanischen Mosaizisten sowie ihrer Zulieferer verbunden. Die großartige Qualität und die internationale Nachfrage nach Kleinmosaiken veranlaßten die Verantwortlichen der Werkstatt, dem Drängen nachzugeben und sie auch amtlich in das Arbeitsprogramm mit einzubeziehen, wobei sie ihr jahrhundertealtes Prestige gut einbringen konnte (1795).

Der wirtschaftliche Erfolg des neuen Kunstzweiges ließ aber dennoch die Verantwortlichen nicht vergessen, daß sie eigentlich im Dienst der Basilika standen. Schon 1806 waren die beiden Mosaiktafeln, die *Kreuzabnahme* nach dem Original von Caravaggio, und der *Ungläubige Thomas* nach dem Entwurf von Vincenzo Camuccini in Auftrag gegeben worden. Die Ausführungen zogen sich bis 1821 bzw. 1822 hin.

1825 siedelte die Werkstatt in die Räume der Galerie im Inneren des Apost. Palastes, in die frühere Waffenkammer beim Damasushof. Wenn man von einigen sporadischen Arbeiten an älteren Mosaiken in der Stadt und an der Galerie der Röm. Päpste in der Basilika St. Paul vor den Mauern nach ihrem Brand von 1824 absieht, beschränkte sich die Arbeit nun größtenteils auf die Herstellung von Andachtsgegenständen, künstlerisch von geringer Bedeutung. Die zahlreichen Medaillen auf den Ausstellungen von London (1851), Paris (1867), Wien (1873), Brüssel (1875), Rom (1882) usw. zeichneten am Ende hauptsächlich die historischen Verdienste des Institutes, nicht seine gegenwärtige Tätigkeit aus. Die Jahre nach der Eroberung Roms (20. September 1870) erleichterten die Situation nicht.

Die Qualität verbesserte sich auch nicht bei der Arbeit an der *Erscheinung des Heiligsten Herzens vor der hl. Margaretha Maria Alacoque* (1920–25 nach Kartons von Carlo Muccioli). Erst nach der Bestätigung der vatikanischen Institutionen durch das Konkordat mit Italien und der Gründung des neuen Vatikanstaates (11. Februar 1929), gelang es der Werkstatt, sich der neuen Darstellungskunst zu öffnen. Dies zeigen die Mosaiktafeln, die in der Werkstatt angefertigt worden sind für das Heiligtum der Immakulata in Washington, USA (1927), für die Kathedrale in Rosario, Argentinien (1930), für die Valsalice-Kapelle in Turin (1931), für das Lateinamerikanische Kolleg in Rom (1932–33), für das Heiligtum von Las Lajas in Bogotà, Kolumbien (1933), für den Hauptsaal der Universität von *S. Giovanni in Laterano* in Rom (1937) und für das Mausoleum des Präsidenten Boigny in Yamoussoukro an der Elfenbeinküste (1977). So läßt auch das letzte für St. Peter geschaffene Altarbild, der *hl. Joseph als Patron der universalen Kirche*, 1963 nach Kartons von Achille Funi, in der Farbgebung eine vorsichtige Öffnung erkennen.

Die Mosaikwerkstatt, *Studio del Mosaico,* befindet sich heute im eleganten einstöckigen Gebäude am Abhang hinter dem Gerichtspalast und erstreckt sich von der *Piazza Santa Marta* bis zu den Anlagen der neuen Eisenbahnstation (1933). Das kleine Gebäude steht vor einem ziemlich ansteigenden Gelände, so daß man von dessen Höhe aus gegenüber dem Platz der Eisenbahnstation direkt auf das als Terrasse gestaltete Dach treten kann. Der Bau wurde von der Firma P. Castelli und Söhne in den Jahren 1929–30 errichtet. Der Wechsel von der Waffenkammer beim Damasushof, wo sich die Werkstatt seit 1825 befunden hatte, wurde 1931, im zehnten Jahr des Pontifikats Pius' XI., beschlossen, als man es nach Abschluß des Konkordats für besonders angebracht hielt, eine mit alter Tradition ausgezeichnete Arbeit in den Bereich der Repräsentationsbauten anzusiedeln, die hinter der Basilika entstanden, „um ein Element altehrwürdigen Adels in die neuen Institutionen einzufügen, die heute ihr neues Leben beginnen", so 1931 Vincenzo Strappani.

Der im Verlauf der letzten zehn Jahre umgebaute *Palazzo* besteht aus einem Hauptbau in rechteckiger Form, der der Länge nach von einer Galerie für Ausstellungen durchzogen ist, wie die Mosaikinschrift außen zur Straße hin anzeigt. Er setzt sich in einem zweiten ebenfalls rechteckigen Baukörper von geringeren Ausmaßen fort, in dem die Räume der Direktion und ein Ehrensaal untergebracht sind. Beherrschendes Motiv für die Galerie, in der Mosaikkompositionen aus der eigenen Werkstatt ausgestellt sind, ist die Inschrift mit einer Bronzebüste Pius' XI. (Ratti, 1922–1939) darüber. Sie erinnert an den Umzug des Mosaikstudios vom Sitz im Damasushof zum jetzigen Sitz.

Parallel zur Galerie befinden sich die Räume für die Depots, in denen die 28.000 verschiedenfarbigen, von den Mosaizisten verwendeten Steinchen aufbewahrt werden. Dieses Farbenarsenal, aufgeteilt in kaum wahrnehmbare Abstufungen der Farbtöne, ist auf über 10.000 Schubladen mit je drei Fächern verteilt. Sie sind auf zwei Ebenen in Regalen mit einer Gesamtlänge von 50 Metern unterbracht. Die alten Publikationen versichern, daß noch gewaltige Mengen Steinchen aus den unwiederbringlichen Öfen des 17. Jh. vorhanden sind, so daß „die Arbeit des *Studios* damit noch für viele Jahrzehnte gesichert ist.“ In zwei naheliegenden Räumen befinden sich zwei große Glaskästen, wo die einzelnen Töne identifiziert werden, um dann aus dem Magazin entnommen zu werden. Im äußersten Osten der Galerie an der *Via del Mosaico* öffnet sich die Werkstatt, wo die Werke mittleren Ausmaßes hergestellt werden. Unerläßlich für die Arbeit ist ein besonders starker Lichtstrahl und ein gutes Foto des Originals, damit die Farb- und Lichttöne des Originals unverändert beibehalten werden. Die häufig angewandte Fusionstechnik geht auf die ersten Jahre des 19. Jh. zurück und fand damals Anwendung beim Kleinmosaik. Es gelang damit vor allem die Ausführung von Blumen und Bäumen in beispielhafter Farbgebung. Die endgültige Angleichung an die Malerei wurde durch nachfolgende Bearbeitung mit Wachs und durch Schleifen mit immer feinerem Schmirgel erreicht. Heute werden Kleinmosaiken nur als Auftragsarbeiten hergestellt.

Viel verbreiteter ist die Technik der zerschnittenen Steine. Dabei werden die mittels einer Schneidezange vorbereiteten Scheibchen von Glasfluß mit einem kleinen Hammer auf einem Amboß zerschlagen und mit einem Glasschneider am Ende abgeschnitten. Die gewonnenen Fragmente haben eine ziemlich regelmäßige Schnittfläche, so daß sie mit kleinen Feilarbeiten in das Mosaikganze hineinpassen.

Bibl.: F. Giannelli, *Studio del Mosaico al Vaticano*, in *L'Album*, 12 (1845), Nr. 6, S. 41–55; A. Busiri Vici, *Il celebre Studio del Mosaico*, Rom 1901; L. Hautecour, *I musaicisti Sampietrini del Settecento*, in *L'Arte*, 13 (1910), S. 450–460; V. Strappani, *Lo Studio Vaticano del Mosaico*, in *L'Illustrazione Vaticana*, 2 (1931), Nr. 22, S. 21–25; C. Galassi Paluzzi, *La Basilica di S. Pietro*, Bologna 1974, S. 168–176, 216–221; F. Di Federico, *The Mosaic decorations for the Chapel of the Choir in St. Peter's*, in *Storia dell'arte*, 32 (1978), S. 71–81; C. Pietrangeli, *Mosaici in piccolo*, in *Bollettino dei Musei Comunali di Roma*, 24–28 (1978–80), S. 83–91; F. Di Federico, *The Mosaics of Saint Peter's decorations of the new Basilica*, University Park and London 1983; M. Alfieri/M. G. Branchetti/G. Cornini, *Mosaici minuti romani del 700 e del'800*. Ausstellungskatalog (Vatikanstadt, Okt.-Nov. 1986), Città di Castello 1986; G. Cornini, *Studio del Mosaico*, in *Guida del Vaticano*, 3, Rom 1989, S. 57–62, 120 (Bibl.).

G. Cornini

MOTU PROPRIO

In offiziellen Dokumenten benutzte Formel, die anzeigen soll, daß das entsprechende Dokument auf Eigeninitiative des Papstes zurückgeht. Die *Motu Proprio* genannten Dokumente beginnen heute mit diesen zwei Worten und werden vom Papst unterschrieben. Die ältesten Dokumente dieser Art gehen auf Innozenz VIII. (1484–1492) zurück; sie sind nicht mit einem Siegel versehen und meistens in lateinischer, seltener in italienischer Sprache abgefaßt. Obwohl das Motu Proprio, das normalerweise nach den Anfangsworten des Dokumentes benannt ist, in seinem Stellenwert normalerweise hinter den Päpstl. Schreiben (→) zurückbleibt, kann es doch wichtige Normen enthalten, wie zum Beispiel das Motu Proprio Pauls VI. *Pontificalis Domus* vom 28. März 1968, mit dem der Papst eine allgemeine Neuordnung der *Casa Pontificia* (→) vornahm.

Bibl.: F. Grat, *Etude sur le Motu proprio dès origines au début du XVIe siècle,* Paris 1945.

N. Del Re

MUSEUM CHIARAMONTI

Das Chiaramonti Museum ist nach dem Familiennamen Pius' VII. benannt, der sich seit Beginn seines Pontifikats (1800–1823) mit großem Eifer der Ergänzung der röm. Kunstschätze widmete, die Ende des 18. Jh. zum großen Teil von den Franzosen verschleppt worden waren. Zu diesem Zweck wurden neue Ausgrabungen angeordnet und zahlreiche antike Kunstwerke gekauft, daß schon bald ein neues Antikenmuseum geschaffen werden mußte, welches das größere und wichtigere *Museo Pio Clementino* (→) ergänzte, das erst wenige Jahre zuvor eingerichtet worden war.

Zum Ausstellungsort wurde der Laufgang der Libreria bestimmt, den Donato Bramante 1504 als Loggia entworfen hatte und der unter Clemens XI. (1700–1721) in einen *Corridore* umgewandelt wurde. Der erste Teil dieses langen Raumes war unter Clemens XIV. (1769–1774) unterteilt worden, um zahlreiche heidnische und christliche Grabinschriften aufzunehmen.

Als das neue Antikenmuseum geschaffen wurde, wurden die Grabsteine in den zweiten Teil des Laufgangs verlegt, wo sie noch heute im *Lapidarium* (→) zu sehen sind. Die architektonischen Arbeiten wurden 1817 von Antonio Canova fertiggestellt, der 1802 Generalinspektor der Schönen Künste geworden war. Ein Lünettenbild des Malers Filippo Agricola feiert allegorisch die Gründung des *Museo Chiaramonti*. Hier wurden nun antike Skulpturen aller Art ausgestellt (inzwischen zählt man eintausend Exponate). 1817 begann man mit dem Bau eines neuen Flügels, in dem später hauptsächlich Skulpturen ausgestellt wurden, die unter Napoleon verschleppt worden waren und die Frankreich nach 1816 dem Vatikan zurückgab. Dieser Flügel, von Raffaele Stern entworfen und von Pasquale Belli fertiggestellt, wurde 1822 eingeweiht. Zur gleichen Zeit wurde das Museum von Künstlern der *Accademia di San Luca* mit einer Reihe von Lünettenbildern geschmückt, die Pius VII. und seinen Einsatz für Kunst und Kultur feiern. Zwischen 1927 und 1930 wurde das Museum unter Pius XI. neu geordnet. Nach dem Krieg wurden einige Räume renoviert, die zu Kriegszeiten als Lebensmittellager gedient hatten.

Die Wände der langen Galerie sind zu beiden Seiten in Bögen unterteilt, die mit röm. Zahlen versehen sind. Ausgestellt sind dort antike Skulpturen, zahlreiche Kaiserbildnisse und -büsten, Sarkophage, röm. Reliefs, Kopien griechischer Skulpturen. Im *Braccio Nuovo* sind die klassischen Statuen in Nischen aufgestellt; Mosaiken aus dem 2. Jh., die in Tor Marancia an der *Via Ardeatina* gefunden worden waren, zieren den Boden. Die Reliefs über den Nischen stammen von Massimiliano Laboureur.

Bemerkenswert ist die Marmorskulptur *Augustus di Prima Porta,* die 1863 in den Ruinen der Villa der Livia, der Gemahlin des Kaisers, gefunden wurde und möglicherweise die Kopie einer 20 v. Chr. angefertigten Bronzestatue ist. Sie zeigt den Kaiser mit erhobener Hand, während er zu seinen Soldaten spricht. Erwähnenswert ist auch die *Athena*, röm. Marmorkopie einer griechischen Bronzestatue aus dem 4. Jh. v. Chr.

Bibl.: F. Magi, *I Musei e le Galerie pontificie dal 1939 al 1958,* in. *Triplice omaggio a S.S. Pio XII offerto dalle Pontificie Accademie di S. Tommaso, di Archeologia e dei Virtuosi al Pantheon,* Vatikanstadt 1958; U. Hiesinger, *Canova and the frescoes of the Galleris Chiaramonti,* in *Burlington Magazine,* 120 (1978), S. 655–665; G. Daltrop/F. Roncalli, *I Musei Vaticani,* Antella (Firenze) 1978; C. Pietrangeli, *I Musei Vaticani, Cinque secoli di storia,* Rom 1985.

A. .M. Patella

Museum der Kutschen

Ehemals im Lateranpalast gelegene Abteilung des *Museo Storico Vaticano* (→ Historisches Vatikanisches Museum), bestehend aus einem einzigen, großen, unterirdischen Raum, der sich unter dem sogenannten „Quadratischen

Garten" befindet. In dem Museum – entstanden auf Wunsch Pauls VI., dessen Bronzebüste im Vestibül des Museums ausgestellt ist – sind alte Prunklimousinen von Päpsten und Kardinälen ausgestellt, Landauer, Kutschen und die ersten Fahrzeuge, die die Päpste ab 1928, nach der endgültigen Aufgabe der Pferdewagen, benutzten (→ Papstautomobile). Besonders erwähnenswert ist die Prunklimousine Leos XII. (1823–1829), die – mit Skulpturen, Schnitzereien, Vergoldungen und wertvollen Stoffen geschmückt – den stolzen Preis von 26.000 Scudi kostete.

Außerdem ausgestellt sind Marmorbüsten und Mosaikporträts der Päpste, denen die ausgestellten Stücke gehörten, von Pius VI. (1775–1799) bis zu Benedikt XV. (1914–1922), vollständige Geschirre, sonstiges Zubehör und das Modell des Flugzeugs, mit dem Paul VI. sich 1965 zum Sitz der Vereinten Nationen in New York begab.

Bibl.: F. Di Carpadasco, *Le carrozze pontificie,* in *L'Illustrazione Vaticana,* 2 (1931), Nr. 15, S. 23–27; A. Schiavo, *Recenti realizzazioni in Vaticano: lavori in Piazza S. Pietro e il Museo delle vetture papali,* in *Strenna dei Romanisti,* 30 (1969), S. 357–362.

N. Del Re

Museum der Profankunst im Lateran

→ Museum Gregoriano Profano

Museum der Sakralkunst in der Vatikanischen Bibliothek

→ Galerien der Vatikanischen Bibliothek

Museum der Vatikanischen Bibliothek

→ Galerien der Vatikanischen Bibliothek

Museum des Domschatzes von St. Peter

→ Domschatz von St. Peter

Museum für Post- und Münzwesen des Vatikans

Dieses Museum ist im *Torre Borgia* (→) untergebracht und wurde am 29. September 1987 eröffnet. Es besteht aus vier großen Räumen. Im ersten Raum sind alle Briefmarken des Vatikanstaats ausgestellt. Die ersten davon kamen am 1. August 1929 (nach dem Abschluß der Lateranverträge) während des Pontifikats Pius' XI. heraus. Die Briefmarkenausstellung wird ständig aktualisiert und enthält auch Entwürfe zu den neuen Briefmarken. Im zweiten Saal befinden sich Postwertzeichen des ehemaligen Kirchenstaats, der Briefmarken im Jahre 1852 einführte (→ Briefmarken, Vatikanische); hier sind auch Druck- und Entwertungsmaterialien zu sehen.

Der dritte Raum ist den (seit 1929 erschienenen) Münzen des Vatikanstaats vorbehalten, während im vierten Raum Wanderausstellungen von Briefmarken und Münzen untergebracht werden, aber auch Konferenzen und Studientagungen stattfinden können.

Auch dieses Vatikanische Museum hat seine besondere Bedeutung, weil – wie Kardinal Sebastiano Baggio, Präsident der Päpstl. Komm. für den Vatikanstaat, in seiner Eröffnungsrede sagte – „es einen Treueakt zur unvergleichlichen künstlerischen, kulturellen und humanistischen Tradition des Hl. Stuhls und der Kirche darstellt, sowie eine Anregung zur Vertiefung des Geheimnisses des Lebens und der Beziehung des Menschen zu Gott".

N. Del Re

Museum Gregoriano Profano

Name des ehemaligen *Museo Profano Lateranense,* das gegründet 1844 von Gregor XVI., auf Wunsch Johannes' XXIII. (1958–1963) in den Vatikan transferiert wurde. Das Museum bewahrt archäologische Funde aus verschiedenen Ausgrabungsorten im Kirchenstaat und auch Funde aus Ostia auf. Heute befindet es sich im neuen Flügel der Vatikanischen Museen, wo es seit 1970 dem Publikum zugänglich ist. Es hat vier Abteilungen: röm. Skulpturen des 1.–3. Jh. n. Chr. mit klassisch-griechischen Themen; röm. Skulpturen, chronologisch geordnet; Sarkophage, Urnen und Grabaltäre; religiöse Skulpturen und Fußbodenmosaiken.

Bemerkenswert ist die Marmorgruppe *Athene und Marsyas*, Kopie einer Bronzestatue des Myron (450 v. Chr.), die als Weihgeschenk auf der Akropolis in Athen stand und eine Göttin darstellt, die empört den Satyr Marsyas zurückweist; eine Sophokles-Statue, Kopie einer Bronzestatue von 340 v. Chr., die im Dionysos-Theater in Athen stand; eine große Statue Poseidons, dessen rechter Fuß auf einem Schiffsbug steht, mit einem Delphin; eine große Tiberius-Statue; eine riesige, unvollendete Statue eines gefangenen Barbars; die Statue des Antinoos, Liebling des Kaisers Hadrian, halbnackt als der etruskische Gott Vertumnus dargestellt.

Die Abteilung der Sarkophage ist nach den Themen der Reliefs sortiert: zunächst mythische Themen, dann Amoretten, Philosophen oder Szenen aus Weizenanbau und -verarbeitung. Die Altäre zeigen ausführlich geschilderte Opferszenen und Totenzüge. Besonders interessant ist ein Relief, das fünf antike Gebäude Roms darstellt: Eingangsbogen des Isis- und Serapis-Tempels; Kolosseum; Titusbogen; Titusbogen auf der *Via Sacra*; Jupitertempel am Fuß des Kapitols. Besonders interessant unter den Mosaiken sind die aus den Caracalla-Thermen, auf denen kampfbereite Athleten und Schiedsrichter zu erkennen sind.

Ende des 19. Jh. wurde das Lateranmuseum um die pagane Inschriftensammlung erweitert. Sie enthält griech. und röm., vor allem aus Rom und Ostia stammende Inschriften, die thematisch geordnet sind: heilige, kaiserliche, gerichtliche und militärische. Heute gehört die Inschriftenensammlung zum *Museo Gregoriano*, ist aber nur mit spezieller Erlaubnis der Direktion der Vatikanischen Museen zu besichtigen.

Bibl.: O. Marucchi, *Guida del Museo Lateranense profano e cristiano,* Roma 1922; G. Daltrop, *Museo Gregoriano Profano,* in *Il Vaticano e Roma cristiana,* Vatikanstadt 1975, S. 232–246.

M. G. Barberini

Museum Petriano

Das Museum der Dombauhütte von St. Peter entstand auf Anregung von Monsignor Giuseppe De Bisogno, Verwalter und Sekretär der Dombauhütte von St. Peter, und wurde 1925 in einem eigens errichteten Bau zwischen dem *Braccio di Carlo Magno* und dem Palast des Hl. Offiziums eingeweiht. In 14 Sälen waren dort die wichtigsten sakralen und profanen Monumente ausgestellt, die nach der Zerstörung der Konstantinischen Basilika übriggeblieben und später in den Vatikanischen Grotten untergebracht worden waren. Während des zweiten Weltkrieges war in den Räumen des Museums ein Büro zur Suche nach verschollenen Kriegsgefangenen untergebracht, später Radio Vatikan. 1966 wurde der Bau abgerissen, um Platz für die Errichtung der neuen Audienzhalle (→) zu schaffen. Die ausgestellten Gegenstände befinden sich heute in der Peterskirche, den hl. Grotten und dem Apost. Palast.

Eine vollständige Übersicht über die Exponate des einstigen Museums gibt der Museumsführer *Guida illustrata al nuovo Museo di S. Pietro* (Rom 1924) von Monsignor Giuseppe Cascioli, in dem zunächst einige heidnische Fragmente beschrieben sind, die beim Neubau der Kirche gefunden wurden, sowie Fragmente von Chor- und Altarschranken aus dem 5./6. Jh. Diese wurden später in die Grotten verlegt, wo sich auch der *Sarkophag von Sixtus Petronius Probus* und seiner Frau aus dem 4. Jh. n. Chr. befindet, der bis 1694 als Postament für den Taufstein benutzt wurde und aus dem Mausoleum der Anicier stammte, das 1450 wegen der Arbeiten für die neue Basilika abgerissen wurde. In den Grotten befinden sich auch die *Grabsteine* von Pietro Raimondo Zacosta und Giovanni de Bilhères de Lagraulas (gest. 1499), welcher die berühmte Pietà von Michelangelo in Auftrag gegeben hatte.

Unter den Kunstdenkmälern des ehemaligen Museums ist besonders das *Grab Sixtus' IV.* (1471–1484) zu nennen, eine 1493 vollendete Bronzearbeit von Antonio Pollaiolo, auf deren Sockel das Trivium und das Quadrivium abgebildet sind. Dieses Meisterwerk der Frührenaissance stand ursprünglich in der Chorkapelle der alten Basilika, wurde dann aber mehrmals verlegt und befindet sich heute im Domschatz. Die *Evangelisten,* die aus einer zwölfteiligen Skulpturengruppe aus dem 15. Jh. stammen und von Mino da Fiesole *(Lukas und Johannes)* und Giovanni Dalmata *(Matthäus und Markus)* geschaffen wurden, schmücken heute die Päpstl. Wohnung, wo auch die Büste Bonifatius' VIII. (1294–1303) von Arnolfo di Cambio aufbewahrt wird.

In der Dombauhütte von St. Peter befinden sich heute die Reste des Grabmals Pauls' II. (1464–1471), ein Werk von Mino da Fiesole und Giovanni Dalmata; außerdem verwahrt man dort eine *Liegefigur des Papstes* und das *Jüngste Gericht* Dalmatas sowie eine Urne aus *„Reticella"* von Mino da Fiesole. Bemerkenswert ist das Modell der Basilika, das von Antonio da Sangallo d. J. entworfen und von seinem Schüler Antonio Labacco ausgeführt wurde, und das mit seiner korinthischen Innen- und dorischen Außengestaltung sowie den beiden Glockentürmen neben dem Haupteingang den Zorn Michelangelos auf sich gezogen hatte. Heute befindet es sich im ersten der *Sale degli ottagoni*, während das Holzmodell der von Paul IV. (1555–1559) in Auftrag gegebenen Kuppel Michelangelos mit ihrer zweischaligen Wölbung in den Vatikanischen Museen zu besichtigen ist.

In der Vatikanischen Pinakothek befinden sich heute die Modelle der Engel, die Bernini für die bronzene Cathedra schuf. In einem an die Basilika angrenzenden Raum sind Mosaikfragmente der Marienkapelle zu sehen, die Johannes VII. (705–707) im rechten Nebenschiff der alten Basilika hatte errichten lassen, mit Szenen aus dem Neuen Testament und der Apostelgeschichte. Erwähnenswert sind schließlich die Modelle der Schlußsteine von Niccolò Zabaglia (1674–1755) für die Restaurierungsarbeiten der Gewölbe der Basilika.

Bibl.: G. Sacchi Lodispoto, *Il Museo Petriano della Reverenda Fabbrica di S. Pietro,* in *Strenna dei Romanisti,* 48 (1987), S. 561–586; G. Zander, *La breve vita del Museo Petriano (1925–1966); una proposta per la sua rinascita,* in *Quaderni dell'Istituto di Storia dell'Architettura,* Heft 1–10 (1983–1987), S. 607–616.

M. G. Barberini

Museum Pio Cristiano

Dieses Museum wurde von Pius IX. ursprünglich im Lateran eingerichtet und von Johannes XXIII. in den Vatikan überführt. Es befindet sich jetzt im neuen Flügel der Vatikanischen Museen parallel zur Pinakothek. Die Galerie zeigt, typologisch angeordnet, Sarkophage mit Szenen aus dem Alten oder Neuen Testament

(*Genesis, Exodus, Daniel in der Löwengrube, die Anbetung der Hl. Drei Könige, Madonna mit dem Jesuskind, die Wunder Jesu,* usw.). Vor allem finden sich aber Abbildungen des Guten Hirten, der in der ganzen frühchristlichen Kunst eine besondere Rolle spielt, nicht nur auf Sarkophagen, sondern auch auf Mosaiken, Grabmalereien, Lampen u.a.

Die Exponate tragen die ursprüngliche, lateranensische Numerierung. Zuerst ist ein Sarkophag des ausgehenden 4. Jh. zu nennen mit der in der Kunstgeschichte sehr seltenen Darstellung des Durchzugs durch das Rote Meer. Interessant ist auch ein weiterer Sarkophag aus dem 4. Jh., bei dem in der Mitte die Auferstehung zu sehen ist, dargestellt durch einen Lorbeerkranz mit dem Monogramm Christi über einem Kreuz, auf dessen Querbalken zwei Tauben sitzen; rechts davon ist die Szene mit Christus vor Pilatus und links Simon von Cyrene, das Kreuz tragend.

Unter den bedeutendsten Sarkophagen dieses Museums sind auch zwei aus der Basilika von St. Paul vor den Mauern: Der sog. „Brüdersarkophag" trägt zwei Männerköpfe und wurde 1838 unter der *Confessio* in St. Peter gefunden; der zweite wird der „dogmatische Sarkophag" genannt wegen der reichhaltigen Ikonographie christlicher Dogmen (*Erschaffung des ersten Menschenpaares, Baum der Erkenntnis mit Schlange, Weinwunder von Kanaa, Brotvermehrung, Gefangennahme Petri,* usw.).

Ein wannenförmiger Sarkophag aus einem Gräberfeld an der *Via Salaria* stammt aus dem 3. Jh. Er ist das älteste hier ausgestellte Fundstück. Darauf sind links drei Philosophen abgebildet, in der Mitte der Gute Hirte mit Bart und rechts eine Gruppe von drei Frauen.

Der Gute Hirte ist allerdings nicht nur auf Sarkophagen abgebildet, sondern es gibt davon im Museum auch zwei Statuetten. Die eine geht auf die erste Hälfte des 4. Jh. zurück und zeigt einen bartlosen Jüngling mit langen, lockigen Haaren und kurzer Tunika, der ein Lamm auf den Schultern trägt; die andere zeigt den Hirten, wie er – auf einen Stock gestützt – die Beine des Schafes festhält.

Besonders bedeutend ist das Denkmal für Aberkios, Bischof von Hieropolis in Phrygien, der das Epitaph wohl selbst verfaßte. Es sind nur zwei Fragmente davon erhalten, aber die Inschrift ist vollständig in den *Acta Sanctorum* wiedergegeben (A. Ferrua, *Nuove osservazioni sull'epitaffio di Abercio*, in *Rivista di archeologia cristiana*, 20 (1943), S. 279–305; E. Josi, in *Bibliotheca Sanctorum*, I (1961), Sp. 68–74).

Zum *Museo Pio Cristiano* gehört auch eine große Sammlung frühchristlicher Inschriften, die von G. B. De Rossi klassifiziert und geordnet worden sind. Die Sammlung, die nur mit einer besonderen Genehmigung zugänglich ist, wird unterteilt in: historische Inschriften zu christlichen Monumenten (Basiliken der Apostel und Märtyrer); von Papst Damasus (366–384) zu Ehren der Märtyrer verfaßte Inschriften und Grabinschriften.

Die Sammlung enthält darüber hinaus eine Anzahl von Inschriftsteinen mit christl. Zeichen und Symbolen (Anker, Taube, Christusmonogramm), sowie topographisch (d.h. nach dem Fundort) angeordnete Inschriften.

Bibl.: O. Marucchi, *Guida del Museo Cristiano Lateranense*, Rom 1898; Ib., *I monumenti del Museo Cristiano Pio Lateranense*, Mailand 1910; E. Josi, *Museo Pio Cristiano*, in *Il Vaticano e Roma cristiana*, Vatikanstadt 1975, S. 248–259.

M. G. Barberini

MUSEUM PIO-CLEMENTINO

Die Funde aus der Antike, die zur Zeit der Renaissancepäpste im Vatikan aufgestellt wurden, fanden erst in den letzten drei Jahrzehnten des 17. Jh. neue Beachtung. Die Einrichtung des pioclementinischen Museums zeugt von der lebendigen geistigen Atmosphäre, die zu jener Zeit in Rom herrschte und Ergebnis des unmittelbaren, durch immer neue Ausgrabungen geförderten Bezugs zur Antike war. Durch die Einrichtung einer Ausstellung wollte Clemens XIV. (1769–1774) die Fundstücke der Öffentlichkeit zugänglich machen und vermeiden, daß immer mehr wertvolle Stücke ins Ausland verschwanden. Deshalb wurde das *Museo Pio-Clementino* gegründet, dessen Name nicht nur seinen Gründer, sondern auch Papst Pius VI. (1775–1799) ehrt, der das Projekt zu Ende führte. Zum Ausstellungsort wurde der *Palazzetto del Belvedere* bestimmt, den Innozenz VIII. (1484–1492) hatte bauen lassen und in dem schon seit Anfang des 16. Jh. antike Skulpturen ausgestellt waren. Die Umbauarbeiten wurden größtenteils von Michelangelo Simonetti (1731–1787) durchgeführt, der inzwischen zum Architekten des Apost. Palastes ernannt worden war. Die architektonische Neuordnung betraf vor allem die Wohnung Innozenz', die beiden dazugehörigen Loggien und den *Cortile Ottagono.*

In der langen, weiträumigen, überdachten Loggia nutzte man für die Anordnung der Gegenstände die ursprünglichen Bögen, die später geschlossen wurden, um eine größere Ausstellungsfläche zu erreichen. In der Wohnung wurden die Kamine entfernt und die Zwischenwände durchbrochen, an deren Stelle große, bogenförmige Öffnungen traten. Die Fußböden wurden erneuert und an den Wänden Marmorkonsolen zur Aufstellung der Skulpturen angebracht. Der Hof wurde durch den Bau eines Säulengangs umgestaltet, wo die vorher im Garten ausgestellten Werke besser geschützt waren. Die *Galleria delle Statue* wurde verlängert, indem man die Kapelle *S. Giovannni Battista* abriß. Aus der ehemaligen Sakristei und der angrenzenden Loggia entstand die *Sala degli animali.*

Auf diese Weise schuf Simonetti große Räume in klassischer Gestaltung. Nach 1776 kam es erneut zu Umbauten. So wurde zum Beispiel die *Scala del Bramante* restauriert, ein Teil der offenen Loggia überdacht und das *Gabinetto delle maschere* geschaffen, das mit einem bunten Fußbodenmosaik mit Masken aus der Hadriansvilla aus Tivoli geschmückt ist.

Schon 1780 mußte Museum erweitert werden, um Raum für das neue archäologische Material zu schaffen. So errichtete Simonetti unter Nutzung einiger schon bestehender Nebengebäude mehrere neue Säle. Es entstanden die *Sala delle Muse,* die *Sala Rotonda* und schließlich die *Sala a Croce Greca*, in die man über die 1784 eingeweihte *Scala Simonetti* gelangt.

Im Saal des griechischen Kreuzes wurden zwei Sarkophage aus rotem Porphyr der hl. Helena und der hl. Konstanze aufgestellt, die zu den berühmtesten Beispielen spätrömischer Kunst gehören. Der Rundsaal, dessen Kuppel an das Pantheon erinnert und dessen Fußboden mit schwarz-weißen röm. Mosaiken geschmückt ist, wird von einem beeindruckenden, monolithischen Brunnenbecken aus rotem Porphyr aus der *Domus Aurea* beherrscht. In der Mitte des Musensaals finden wir hingegen den *Torso del Belvedere* von dem Bildhauer Apollonios, Sohn des Nestor, der einen ruhenden Herakles darstellt. Diese Skulptur wurde berühmt durch die grenzenlose Bewunderung der Renaissancekünstler und war Vorbild für Michelangelos „Sklaven“.

In späteren Jahren wurden zahlreiche Ankäufe getätigt, und auch neue Funde kamen hinzu. Einiges wurde aber auch verkauft oder in den zahlreichen Kriegswirren verschleppt. Trotzdem gehört die Sammlung zu den wichtigsten der Welt. Ihre heutige Anordnung verdeutlicht noch immer den klassischen Geist, der die Schaffung dieses Museums beseelt hatte. Sie entspricht also nicht historischen Gesichtspunkten, sondern stellt das einzelne Kunstwerk in den Mittelpunkt oder folgt gelegentlich auch einfach einem ornamentalen Geschmack. Andere Teile der Sammlungen sind thematisch sortiert, wie zum Beispiel die *Sala degli Animali*, in dem aus buntem Marmor gehauene Tiere aller Arten ausgestellt sind, oder die *Sala delle Muse*, in der sich neben dem Kopf des Perikles, einer Kopie der Bronzestatue von Kerilas, verschiedene schöne Kopien griechischer Originale befinden, die Homer und Sokrates, Platon, Sophokles, Euripides, Demosthenes und Epikur darstellen.

Ganz den klassischen Idealen entspricht auch das *Gabinetto di Perseo*, das Antonio Canova gewidmet wurde, den Pius VII. 1802 auf Lebenszeit zum Generalinspektor der Schönen Künste ernannte.

Zahlreich vertreten ist die röm. Porträtkunst vor allem der späten Republik und der Kaiserzeit: der Kopf des Claudius, die Hadriansbüste aus seinem Mausoleum, die Statuen und Büsten der Gens Julia mit Augustus, Lucius Verus und Gaius Caesar (*Sala della Croce Greca*).

Besonderen Wert verleihen der Sammlung schließlich einige Skulpturen, die durch ihre Schönheit, ihre Einzigartigkeit berühmt wurden: der Apoxyomenos, Kopie einer Bronzestatue Lysipps; die Laokoongruppe, die 1506 gefunden wurde, und der Apoll vom Belvedere, außerdem der auf dem Palatin gefundene Apoll Sauroktonos und die Aphrodite aus Knidos, röm. Kopien von Bronzeoriginalen des Praxiteles und schließlich der Hermes, auch Antinoos vom Belvedere genannt, der wohl auch die Kopie einer Statue des Praxiteles aus der Zeit Hadrians ist.

Bibl.: Guida generale ai Musei e alle Galerie di pittura del Vaticano, del Laterano e della Bibliotheca Vaticana, Vatikanstadt 1948; C. Pietrangeli, *I Musei Vaticani. Cinque secoli di storia,* Rom 1985; Ders.; *Pio VI in visita al Museo Pio-Clementino,* in *Bollettino dei Monumenti. Musei e Galerie Pontificie,* 5 (1984), S. 113–120.

M. C. Marchei

MUSEUM, ÄGYPTISCHES

Nachdem Pius VII. (1800–1823) mit dem Sammeln ägyptischer Kunstwerke begonnen hatte, wurde das *Museo Egizio Vaticano* 1839 von Gregor XVI. gegründet. Es bestand damals aus der Kapitolinischen Sammlung und einigen Privatsammlungen, die durch Käufe ergänzt wurden. Geordnet wurde es vom Barnabiten Luigi M. Ungarelli, einem der ersten italienischen Ägyptologen, der auch eine vollständige Beschreibung der ausgestellten Stücke vornahm. Unter Leo XIII. (1878–1903) und Pius X. (1903–1914) konnte das Museum durch mehrere Schenkungen deutlich erweitert werden. 1936 kam eine wichtige Sammlung prähistorischer Objekte hinzu, die die Jesuiten von Kairo Papst Pius XI. schenkten, und 1951 die kleinere Sammlung Nedda Grassis, Witwe des ehemaligen italienischen Botschafters in Kairo.

Das Museum befindet sich im ersten Stock des Nicchione della Pigna unterhalb des *Museo Gregoriano Etrusco* (→ Etruskisches Museum). 1989 wurde es von dem französischen Ägyptologen Jean-Claude Grenier neu nach Themen geordnet. Es ist eine bescheidene Sammlung, die sicher nicht mit denen in London, Paris und Turin mithalten kann, aber dennoch ein Bild über die Religion und Kultur der Ägypter gibt.

Der erste der neun Säle ist der ägyptischen Schrift gewidmet. Besonders erwähnenswert sind eine Sandsteinstele der Königin Hatschepsut, die mit ihrem Neffen Thutmosis III. (um 1400 v. Chr.) dem Gott Amun opfert, und die kleine, kopflose, aus grünem Basalt bestehende und ganz mit Hieroglyphen bedeckte Statue des Priesters Utahorresent aus dem 6. Jh. v. Chr. Im zweiten Saal, der dem Totenkult in seinen verschiedensten Formen gewidmet ist, befinden sich zwei Mumien in ihren Sarkophagen, einige leere Sarkophage aus bemaltem Holz und zahlreiche *Ushebti*, kleine Statuen, die Personen oder Tiere darstellen und in die Gräber gelegt wurden, um dem Verstorbenen im Jenseits zu dienen.

Der dritte Saal beherbergt eine partielle Rekonstruktion der Mauerdekoration des Serapisheiligtums von *Canopo*, die Hadrian sich in seiner Prachtvilla in Tivoli erbauen ließ, und verschiedene Skulpturen. Den fünften Saal, auch *Emiciclo* genannt, beherrschen eine große Statue aus rotem Granit der Königin Tuya, Frau Setis' I. und Mutter Ramses' II. der XIX. Dynastie (um 1250 v. Chr.), und zwei riesige Statuen, die Kaiser Caligula (37–41 n. Chr.) nach Rom brachte und die den griechischen König Ägyptens Ptolemäus II. Philadelphus (285–246 v. Chr.) und seine Schwester und Frau Arsinoe darstellen. In den beiden folgenden Sälen ist die Sammlung *„Carlo Grassi"* ausgestellt, die aus zahlreichen kleinen Bronzestatuen und Keramikgegenständen besteht. Im achten Saal sind Vasen und Geschirr zu sehen; im neunten sind wichtige Werke assyrischer Kunst aus dem 8. und 7. Jh. v. Chr. ausgestellt, die aus den Ausgrabungen in Ninive stammen. Bemerkenswert ist ein großer, geflügelter Genius mit Menschenkopf, Wächter des Lebensbaumes, mit einer Inschrift, die an König Assurnasirpal erinnert, einen der größten assyrischen Herrscher, der 883 bis 859 regierte.

Bibl.: O. Marucchi, *Il Museo Egizio Vaticano descritto ed illustrato,* Rom 1899; V. Castiglioni-Humani, *Le credenze nel paese dei faraoni e l'arte egizia in Vaticano,* in *L'Illustrazione vaticana,* 9 (1938), S. 498–500; S. Bosticco, *Un gruppo di oggetti egizi entrati nel Museo Egizio Gregoriano provenienti dall'Accademia Americana a Roma,* in *Atti della P. Accademia Romana di Archeologia. Rendiconti,* 23–24 (1947–1949), S. 25–35.

A. M. Di Nino

MUSEUM, CHRISTLICH-LATERANISCHES

→ Museum Pio-Cristiano

MUSEUM, ETRUSKISCHES

Dieses Museum, eingeweiht am 2. Februar 1837, dem sechsten Jahrestag der Papstwahl Gregors XVI., nahm die röm., griech. und vor allem etruskischen Funde zahlreicher Ausgrabungen auf, die in den ersten Jahrzehnten des 19. Jh. in der Gegend um *Vulci, Cerveteri, Veji* und *Tuscania* durchgeführt wurden.

Bis zur Gründung des Museums hatten die archäologischen Funde vor allem Antiquitätenhändler und Landbesitzer bereichert, die sie an Sammler verkauften oder selbst große Sammlungen anlegten. Mit dem Edikt des Kardinals Bartolomeo Pacca von 1820 konnte der Kirchenstaat sich die Kontrolle über die Ausgrabungen und das Vorkaufsrecht sichern und so vermeiden, daß das wertvolle Material ins Ausland verschwand. 1834 vereinbarte die Kämmerei mit der Familie Campanari aus *Tuscania* – der übrigens die großartigsten Entdeckungen aus der Gegend um *Vulci, Bomarzo, Tuscania, Poggio Buco, Ischia di Castro* und *Falerii Novi* zu verdanken sind – gemeinsame Ausgrabungen, vor allem in der Nekropole von *Vulci*, vorzunehmen und die Funde dann aufzuteilen.

Ende 1836 beschloß Gregor XVI. die Gründung eines neuen Museums, das schon drei Monate später eingeweiht werden konnte. Standort der Ausstellung wurde die ehemalige Wohnung des Kardinals Francesco Saverio de Zelada an der Nordseite des *Cortile della Pigna*, die von Michelangelo und Girolamo da Carpi entworfen worden war. Schon 1816 wurden in den Räumen auf Wunsch Pius' VII. neu erworbene Bronzestatuen, Tonscherben und andere Funde aus *Vulci* ausgestellt. 1836 beschloß eine eigens eingerichtete Kommission die architektonische Neuordnung der Räume und entschied sich dabei für eine typologische Sortierung der Ausstellungsobjekte. Dem Museum wurden auch eine Reihe von Werken zugeordnet, die sich bereits im Besitz des Vatikans befanden, wie zum Beispiel der *„Putto von Carrara"*, eine Weihstatue aus dem 2. Jh. v. Chr., und die etruskischen Vasen aus der Nekropole in Vulci.

Als wichtigster Neuerwerb im 19. Jh. ist der *„Mars von Todi"* zu nennen, eine Bronzestatue etruskisch-italischer Herkunft aus dem späten 5. Jh. v. Chr., die 1835 entdeckt und 1955 restauriert wurde und eine der wenigen erhaltenen Bronzestatuen der Antike ist. Erwähnenswert sind auch die orientalisierenden Geräte des Grabes Regolini-Galassi, das 1836 in der Nekropole Sorbo in *Cerveteri* gefunden wurde.

Unter der Leitung von Bartolomeo Nogara wurde das Museum 1920 eine wissenschaftliche Einrichtung. Neue Schenkungen und eingehende Studien des Materials führten zu einer grundlegenden Erneuerung des Museums. 1937, zum Anlaß des hundertjährigen Jubiläums, schenkte Herzog Benedetto Guglielmi aus *Vulci* Pius XI. seine Sammlung lokaler antiker Funde, die aus griechischen und etruskischen Vasen und Bronzestatuen bestand und bereits in Civitavecchia ausgestellt war. Das Museum brachte den neuen Bestand in einem Raum des zweiten Stockes des *Palazzetto di Innocenzo VIII.* unter. Besonders erwähnenswert ist das bronzene „Thyamiaterion", eine Tischlampe aus dem 5. Jh. v. Chr.

Neue Räume wurden dem Museum zur Verfügung gestellt, als 1958 die antiken röm. Funde in das oberste Geschoß des *Palazzetto di Innocenzo VIII.* verlegt wurden und damit nun eindeutig von den etruskischen getrennt waren. Später (1988) wurden auch die griechischen Originale verlegt und in das Gregorianische Museum für Profankunst eingegliedert.

In den folgenden Jahren kamen weitere wichtige Schenkungen hinzu, darunter 1968 die rund 900 antike Vasen und Tonscherben umfassende Sammlung von Mario Astarita aus Neapel, dessen Vater ab 1913 in der Provinz Neapel verschiedene Ausgrabungen durchgeführt hatte; 1979 die Sammlung des Kardinals Jean Villot; 1983 die etruskischen Stücke der Antikensammlung des *Pontificio Istituto Biblico* (Päpstl. Biblischen Instituts); 1984 die „Urna Calabresi" aus dem 7. Jh. v. Chr., die 1869 in der Nekropole Banditaccia in Cerveteri gefunden wurde und in Saal II ausgestellt ist.

Unter den zur Zeit genutzten Sälen sind erwähnenswert: Saal I, Monumente aus Stein und Sarkophage; Saal II, Funde aus dem Grab Regolini-Galassi; Saal III, Bronzegegenstände und -statuen; Saal VI, Schmuck; Saal VII, Tongegenstände und -scherben; Saal VIII, *Antiquarium Romanum;* Saal X–XIV, griechische und etruskische Vasen.

Die früheisenzeitliche Villanovakultur des 9./8. Jh. v. Chr. ist mit zwei bauchigen Urnen, glockenförmigen Urnen und Tonvasen vertreten.

Aus dem 7./6. Jh. v. Chr. stammen die Funde aus Bronze und Silberblech aus dem Regolini-Galassi-Grab. Bemerkenswert unter den Bronzegegenständen sind die Kessel mit Raubtierköpfen, die Biga, der Wagen und der Thron; wertvoll auch das Tintenfaß aus Buchero mit Buchstaben- und Silbenliste, eines der ältesten Schriftdokumente der Etrusker.

Aus der archaischen Periode des 6. Jh. sind einige etruskisch-ionische Plastiken, zum Beispiel ein Löwenpaar aus Tuffstein, vorhanden. Interessant ist auch ein Bronzebeschlag mit Maske des Gottes Acheloos vom Anfang des 5. Jh. Der Einfluß der attischen Kunst ist in dem herrlichen geflügelten, gelb, schwarz und rot bemalten Pferd zu sehen.

Der *„Mars aus Todi"* aus dem 5. Jh. v. Chr. ist eine der wenigen noch erhaltenen Bronzestatuen der Antike. Zahlreich die Weihköpfe aus dem 4. und 3. Jh. v. Chr.

Von besonderer Qualität ist die Sammlung griechischer Vasen mit roten und schwarzen Motiven.

Bibl.: F. Magi, *Il Museo Gregoriano Etrusco nella storia degli scavi e degli studi etruschi,* in *Etudes etrusco-italiques,* 1963, S. 529–543; F. Roncalli, *Il Marte di Todi; bronzistica etrusca ed ispirazione classica,* in *Atti della P. Accademia Romana d'Archeologia. Memorie,* XI, 2, 1973; Ib., *Gregoriano Etrusco,* in *Il Vaticano e Roma cristiana,* Vatikanstadt 1975, S. 223–226; M. Scarpignato, *Corredo di oreficerie da una tomba vulcente nel Museo Gregoriano Etrusco,* in *Bollettino. Monumenti, Musei e Galerie Pontificie,* 2 (1981), S. 5–19; *Musei Vaticani: Egizi ed Etruschi,* Florenz 1983; F. Guglielmi, *Nel cinquantenario della donazione della collezione Guglielmi ai Musei Vaticani,* in *Strenna dei Romanisti,* 46 (1985), S. 269–286.

A. M. Patella

MUSEUM, HISTORISCHES VATIKANISCHES

Dieses Museum ist 1987 vom Vatikan in die Papstgemächer des Lateranpalasts (→) überführt worden. Dort hatte sich die offizielle Papstresidenz bis 1377 befunden. Nach der Rückkehr aus dem Exil in Avignon nahmen die Päpste ihren Wohnsitz dann im Vatikan. Das Museum wurde am 1. März 1991 eröffnet und ist durch die Lateranbasilika über die große Treppe, die zur Päpstl. Wohnung führt, zugänglich. Das *Museo Storico Vaticano* ist in drei Abteilungen gegliedert: 1. Päpstl. Ikonographie (vom 16. Jh. bis heute); 2. Päpstl. Zeremoniell; 3. Dokumentation der Päpstl. Armeekorps. Unter den vielen Papstporträts sind besonders die beiden von Marcellus II. (9. April – 1. Mai 1555) und Urban VII. (14.–27. September 1590) interessant, da es sich um die einzigen Abbildungen dieser Päpste handelt.

Die zweite Abteilung über das Zeremoniell zeigt die Objekte, die für die feierlichen Zeremonien im Vatikan typisch waren (bevor Papst Paul VI. sie abschaffte), wie die *Sedia gestatoria* (→), der *Talamo* (→) und die *Flabelli* (→). Auch kann man hier die prunkvollen Gewänder der hohen Würdenträger des Päpstl. Hofes bewundern, deren Ämter ebenfalls 1968 von Paul VI. abgeschafft wurden.

In der dritten Abteilung sind schließlich die Waffen und Uniformen der Mitglieder der Päpstl. Armeekorps sowohl in der Zeit vor 1870 (Zuaven, Bürgerwehr, usw.), als auch in der Zeit bis 1970 (→Ehrengarde S.H., Palatinische Ehrengarde und Gendarmerie, die in dem Jahr aufgelöst wurden) ausgestellt.

Es können auch die – zwischen 1963 und 1967 restaurierten – Papstgemächer besucht werden, in denen sich das Museum befindet. Besonders interessant sind die manieristischen Fresken des ausgehenden 16. Jh. (Nebbia, Guerra, usw.), und die Wandteppiche, die aus Frankreich und Italien stammen. Die französischen sind teilweise Geschenke Napoleons I. an Pius VII.

In einem dieser großen Säle wurden am 11. Februar 1929 die Lateranverträge von Pietro Gasparri und Benito Mussolini unterzeichnet, die die sog. „Römische Frage“ lösten und die internen Beziehungen zwischen der Kirche und dem italienischen Staat regelten.

Bibl.: C. De Vita, *Il Museo storico vaticano,* in *Il Palazzo Apostolico Lateranense,* Florenz 1991, S. 305–323.

N. Del Re

MUSEUM, NEUER FLÜGEL

Die Idee, die Vatikanmuseen für die Antikensammlung Pius' VII. um ein Gebäude zu erweitern, stammte von Antonio Canova. Die Besetzung Roms durch Napoleon und das Exil des Papstes verhinderten die Realisierung des Projekts bis zur Rückkehr der Kunstwerke aus Paris und dem Ankauf weiterer Objekte durch den Papst. Dies machte eine Neuordnung der

Skulpturensammlungen erforderlich.

Längs der Wände stehen die Skulpturen in 28 schlichten Nischen, während zwischen ihnen zahlreiche Büsten aufgestellt sind. Unter den Statuen, die sämtlich aus röm. Zeit stammen, sei besonders auf folgende hingewiesen: der nach dem Fundort genannte *Augustus von Prima Porta*, dessen Rüstung eine bedeutende Reliefdekoration aufweist; *Silen, der in seinen Armen Dionysius wiegt*, röm. Kopie nach einem griech. Original von 300 v. Chr.; *Demostenes*, röm. Kopie nach einem griech. Bronzeoriginal des Polyeuktos, das 280 v. Chr. in der Agorà Athens aufgestellt wurde; *die Justinian-Athena*, nach ihrem vormaligen Besitzer so genannt; *Doriforus*, d. h. Lanzenträger, röm. Kopie nach einem griech. Bronzeoriginal des Poliklet (440 v. Chr.).

Bibl.: D. Redig de Campos, *I Palazzi Vaticani*, Bologna 1968. S. 247–253; G. Daltrop, *Braccio Nuovo*, in *Il Vaticano e Roma Cristiana*, Vatikanstadt 1975, S. 217–220.

G. Morello

MUSIKKAPELLE DER VATIKANSTADT

(*Banda musicale della Città del Vaticano*). Vor 1870 hatten alle Regimenter des Päpstl. Heeres ihre eigenen Musikkapellen. Diese spielten bei Festen oder Zeremonien je nach Anlaß die gewünschten Stücke. Unvergeßlich bleibt hier der 11. April 1869, als das 50. Jubiläum der Priesterweihe Pius' IX. auf dem Petersplatz gefeiert wurde. Bei dieser Gelegenheit musizierten auf der großen Plattform vor der Basilika sechs Militärkapellen und eine Fanfare, die einen Chor von 1.000 Soldaten begleiteten. Dieser Chor sang den von Charles-Francois Gounod eigens dafür komponierten Päpstl. Marsch.

Genau wie alle übrigen militärischen Einheiten, hatte auch die Palatin-Ehrengarde (→) eine eigene Musikkapelle. 1859 durch Pius IX. eingesetzt, wurde sie jedoch im Zuge der Umstrukturierung der Militärkorps nach 1870 aufgelöst. Die Gendarmen (→) hatten eine kleine Musikkapelle, die aus dreißig Mann bestand. Diese verlor jedoch nach und nach ihre Mitglieder bis zu ihrer vollkommenen Auflösung im Jahr 1920. Auch die Schweizergarde hatte eine kleine Musikkapelle, doch wie erstere ohne offizielle Funktion.

Infolge der Reorganisation des Korps der Palatin-Ehrengarde nach dem Ersten Weltkrieg kehrte auch die Musikkapelle wieder und gab am 3. April 1921 ihr erstes Konzert. Im Jahre 1926 wurde sie einer radikalen Reform, 1935 einer Neuregelung unterzogen, bis sie nach 1970 ihre definitive Gestalt annahm. Leitender Dirigent der Musikkapelle der Palatingarde – mit über 70 Musikanten und einer Batterie von 16 Trommeln – war ein Leutnant. In ihrem Repertoire standen auch überaus schwierige Partituren, besonders anläßlich der acht musikalischen Aufführungen, die sie gemäß dem Reglement jährlich geben mußte: davon waren fünf terminmäßig fixiert, drei bestimmte das Staatssekretariat, eventuell auch außerhalb des Vatikanstaates.

Außerdem gab die Musikkapelle besondere Konzerte bei feierlichen Anlässen wie Staatsbesuchen, Weihnachten und Ostern. Zu den regulären Aktivitäten gehörten die militärischen und religiösen Festlichkeiten der Garde. Wenn die Musikkapelle unter der Teilnahme von mindestens einem Bataillon im Dienst stand, dann führte sie die Truppe in Marschordnung und unter Musikbegleitung abwechselnd mit einem Trommelwirbel an.

Am 15. Oktober 1970 wurde die Palatin-Ehrengarde aufgelöst, doch die Musikkapelle besteht mit den gleichen Mitgliedern weiter. In geänderter Uniform leistet sie weiter ihren Dienst bei den großen religiösen Feierlichkeiten als *Musikkapelle der Vatikanstadt*.

A. Martini

N

Nekropole am Vatikanischen Fuhrpark

Bei Bauarbeiten im Vatikan in den Jahren 1956–57 kam eine röm. Nekropole von etwa 250 m^2 zutage. Sie war auf dem einst sehr steilen Gelände des vatikanischen Hügels angelegt worden und ist heute noch zugänglich.

Diese Nekropole belegt unterschiedliche Begräbnisarten, sowohl für Feuer- als auch für Erdbestattungen. Die Gräber liegen um einen schmalen Weg herum, der etwa in der Mitte des Abhangs verlief. Mit dem Bau der Gräber begann man neben der Straße, dann zogen sie sich immer weiter den Hügel hinauf. Das älteste Bauwerk, das etwa auf die Zeit Kaiser Neros zurückzudatieren ist, liegt am niedrigsten Teil des Abhangs und diente zur Aufbewahrung von Aschenurnen. Die anderen Grabstätten sind Kolombarien; allerdings wurde im Laufe des 1. Jh. die Feuerbestattung durch die Erdbestattung ersetzt, die dann zum vorherrschenden Grabritus wurde, wie das jüngste Grab aus dem 3. Jh. belegt.

Zwischen diesen beiden Epochen kam es zur intensiven Nutzung des ganzen Friedhofsgeländes, z.B. durch den Bau winziger Kolombarien oder der Überlagerung verschiedener Grabstätten. Besonders interessant ist das Grab Nr. 6 aus flavischer Zeit, mit schematischen Fresken und Nischen mit Mosaikdekoration.

Viele Grabstätten sind durch kleine Röhren mit der Außenwelt verbunden, durch die die Angehörigen ihren Verstorbenen Gaben zukommen lassen konnten.

Außerdem existieren noch zahlreiche Grabinschriften mit den Namen der Toten und Angaben über ihre Tätigkeit zu Lebzeiten.

Bibl.: F. Magi, *Relazione preliminare sui ritrovamenti archeologici nell'area dell'Autoparco Vaticano*, in *Triplice omaggio a Sua Santità Pio XII*, II, Vatikanstadt 1958, S. 87–115; V. Väänänen/R. Pahtakari/V. Väätaia, *Le iscrizioni della necropoli dell'Autoparco Vaticano*, *Acta Instituti Romani Finlandiae* VI, 1973; E. M. Steinby, *La necropoli della via Triumphalis. Pianificazione generale e tipologia die monumenti funerari*, in *Röm. Gräberstraßen, Abhandl. der. Bayer. Akad. der Wiss. 96*, 1987, S. 85–110.

P. Liverani

Nekropole, Vatikanische

Die vatikanische Nekropole befand sich ursprünglich auf einem Abhang, der heute – wegen der späteren Terrassierungen und Einebnungen – nicht mehr vorhanden ist.

Im Altertum war diese Gegend nur spärlich besiedelt, auch weil es dort – wegen der Nähe des Tibers – zu häufigen Überschwemmungen kam. Trotzdem entstanden hier zu Beginn der Kaiserzeit auch luxuriöse Villen mit großen Parks, so z.B. die *Horti Agrippinae* (→), die der Mutter Caligulas gehörten und dann in kaiserlichen Besitz übergingen.

Die Anordnung der Nekropole war von der damaligen Straßenführung (vor allem *Via Trionfale* und *Via Cornelia*) abhängig, sowie von dem Zirkus Caligulas.

In der Umgebung befand sich eine große Nekropole, von der die unter der Peterskirche aufgefundenen Grabstätten nur ein kleiner Teil sind. So wurden beispielsweise auch unter der jetzigen Audienzhalle und unter dem Petersplatz Gräber entdeckt. Es scheint, daß ab dem 2. Jh. auch im Areal des Zirkus Gräber angelegt wurden.

Man darf dabei nicht vergessen, daß das bedeutendste Grabmal dieses Viertels die Engelsburg, d.h. das Mausoleum des Kaisers Hadrian ist. Bis ins 16. Jh. waren am Anfang der heutigen *Via della Conciliazione* die Überreste eines Pyramidengrabes zu sehen.

Das Nekropolenareal, das in zwei Abschnitten (1940–49 und 1953–57) unter dem Mittelschiff der Peterskirche ausgegraben wurde, besteht aus einer Doppelreihe von Grabbauten (fälschlicherweise „Mausoleen" genannt), die parallel zum Zirkus verliefen. Die ältesten dieser Bauten stammen aus der Zeit Kaiser Hadrians; sie befinden sich in der nördlichen Reihe und waren vor allem für Feuerbestattungen genutzt worden. Die der südlichen Reihe entstanden zu einem späteren Zeitpunkt und waren Erdgräber. Mehrere dieser Grabstätten sind mit Stuck, Fresken und Mosaiken verziert. In einer befand sich sogar ein Bild mit zwei Männern (in denen man Christus und Petrus zu erkennen glaubte) mit einer Inschrift, die den Apostelfürsten nannte. Besonders das Mausoleum der *Iulii* enthält Mosaiken mit christlichen Figuren, darunter der Gute Hirte und ein Achteck mit einer Christusfigur.

Der wichtigste Teil der Ausgrabungen ist allerdings der unter der *Confessio*: Ein offener Bezirk, in dem es schon im ersten nachchristlichen Jahrhundert Begräbnisse gab und in dem das Petrusgrab (→) gelegen haben soll.

Bibl.: A. A. De Marco, *The Tomb of St. Peter. A Representative and Annotated Bibliography of the Excavations*, Leiden 1964; Monographien: Apollonj Ghetti/Ferrua/Josi/Kirschbaum, *Esplorazioni sotto la Confessione di S. Pietro in Vaticano eseguite negli anni 1940–42*, Vatikanstadt 1951, Toynbee/Ward Perkins, *The Shrine of St. Peter and the Vatican Excavations*, London 1956, E. Kirschbaum, *Die Gräber der Apostelfürsten*, Frankfurt a. M. 1974; M. Guarducci, *Pietro in Vaticano*, Rom 1983, S. 36–48; H. Mielsch/H. v. Hesberg, *Die heidnische Nekropole unter St. Peter in Rom, Die Mausoleen A-D*, in *Memorie della Pont. Accademia Romana di Archeologia*, XVI.1, Rom 1986.

P. Liverani

NIKOLAUS I., DER GROSSE

Papst, Hl. Nikolaus wurde in Rom (wahrscheinlich im ersten Viertel des 9. Jh.) geboren, von Sergius II. in den Subdiakonat erhoben und an den Päpstl. Hof geholt. Er war sehr geschätzt sowohl von Leo IV. als auch von Benedikt III., dem er am 24. April 858 auf den Papstthron folgte. Sein Pontifikat festigte die Päpstl. Theokratie auf der Grundlage der Abhängigkeit aller anderen Kirchen und kirchlichen Hierarchien von der Röm. Kirche und von ihrem Oberhirten. Das bekamen vor allem die beiden Erzbischöfe Johannes VIII. von Ravenna und Hinkmar von Reims zu spüren, die sich unabhängig machen wollten. Johannes war öfters vor eine röm. Synode zitiert worden, um Rechenschaft über sein despotisches Tun bei der Bevölkerung des Exarchats und der Pentapolis abzulegen (hohe Steuern, Aneignung der Güter des Apost. Stuhls). Der Papst entschloß sich, Johannes am 24. Februar 861 nicht zu exkommunizieren, sondern begab sich im darauffolgenden Sommer selbst nach Ravenna, um die Dinge persönlich zu regeln und die Verwaltung der Diözese umzugestalten. Der Erzbischof wurde am 18. November zur Unterwerfung gezwungen.

Mit Hinkmar von Reims verfuhr der Papst ähnlich: Hinkmar mußte im Jahr 864 den Bischof Rotadus wieder in sein Amt einsetzen, den er zuvor willkürlich abgesetzt und ersetzt hatte. Eine weitere schwierige Frage, die der Papst zugunsten der Heiligkeit der Ehe entschied, betraf den lothringischen Herrscher Lothar II., der seine rechtmäßige Ehefrau Teutberga zurücknehmen mußte. Er hatte sie mit falschen Vorwürfen verstoßen, um seine Konkubine Valdrada heiraten zu können.

Im Orient mußte sich Nikolaus um die Durchsetzung des Primats Roms bemühen. Dabei ging es vor allem um Photius, der sich unrechtmäßig an Stelle des Patriarchen Ignatius gesetzt hatte. Er wurde schließlich verurteilt und im April 863 vom Papst abgesetzt. Photius brachte seinerseits falsche Anschuldigungen gegen den Papst in Umlauf und störte dadurch die Beziehungen zwischen Byzanz und Rom.

Die vielen Briefe Nikolaus' I. zeigen die dreifache Macht der Päpste – als Priester, Richter und Herrscher. Außerdem sind die berühmten *Responsiones ad consulta Bulgarorum* zu erwähnen, die der Papst an den bulgarischen König Boris sandte.

Als Römer setzte sich der Papst verstärkt für seine Geburtsstadt ein und veranlaßte verschiedene öffentliche Arbeiten, darunter die Instandsetzung von zwei Aquädukten, den Bau sowie die Verschönerung verschiedener Kirchenbauten (*S. Maria in Cosmedin, S. Francesca Romana*). Nikolaus I. wurde später „der Große" genannt, da er eine Persönlichkeit von hohem intellektuellem Rang, großer Tatkraft, asketischer Lebensführung und pastoralen Eifer war. Reginon von Prüm stellt ihn in seinem *Chronicon* als außerordentliche Gestalt in der Kirchengeschichte dar.

Der Papst starb am 13. November 867 und wurde im Atrium der Vatikanbasilika beigesetzt. Bald wurde er öffentlich verehrt, doch ist sein Name erst 1630 in das *Martyrologium Romanum* aufgenommen worden, wo für das Datum des 13. Novembers zu lesen ist: „Romae Nicolai papae vigore apostolico praestantis".

Bibl.: P. Rabikauskas, in *Bibliotheca Sanctorum*, XI, Sp. 860–869; R. J. Belletzkie, *Pope Nicholas I and John of Ravenna; the struggle for ecclesiastical rights in the ninth century*, in *Church history*, 49 (1980), S. 262–272; O. Vartolomeev, *I responsi di papa Nicolò I alle questioni sollevate dai bulgari: una fonte importante per la storia del diritto internazionale privato nel nono secolo*, in *Atti dell'8° Congresso Internazionale di Studi sull'alto medioevo*, Spoleto 3–6. 11. 1981, Spoleto 1983, S. 349–357; B. Paradisi, *Il diritto romano nell'alto medioevo: le epistole di Nicola I e un'ipotesi del Conrat*, in B. Paradisi, *Studi sul medioevo giuridico*, Rom 1987, S. 225–262.

N. Del Re

Nikolaus II.

Papst. Nach neun Monaten Sedisvakanz – und nachdem am 5. April 1058 die röm. Parteien schon den Gegenpapst Benedikt X. eingesetzt hatten – gelang es der Reformpartei unter Leitung des energischen Mönches Hildebrand endlich, am 28. Dezember desselben Jahres, den Bischof Gerhard von Florenz in Siena zum Papst wählen zu lassen. Er stammte aus Burgund und wählte den Namen Nikolaus II. Als „ein sehr gelehrter Mann mit wachem Geist", wie ihn der hl. Petrus Damiani beschreibt, setzte sich Nikolaus II. verstärkt für Reformen ein. Er blieb in der Kirchengeschichte bedeutend wegen einiger grundlegender Dekrete für die Reformbewegung, vor allem aber hinsichtlich seiner Opposition gegen die weltliche Macht. Dieser wollte er das Recht auf Ernennung der Bischöfe entziehen, die Papst und Klerus vorbehalten bleiben sollte. Schließlich setzte er sich für die Unabhängigkeit der Kirche bei der Papstwahl und gegenüber den deutschen Herrschern sowie gegen die Übermacht der röm. Interessengruppen ein. Durch das Dekret *In Nomine Domini*, verabschiedet während der Lateransynode im Jahr 1059, wurde in erster Linie festgelegt, daß die Wahl des Papstes den Kardinal-Bischöfen vorbehalten war; erst danach sollte der restliche Klerus und das Volk das Recht haben, ihre Zustimmung zur Wahl zu geben, während dem König nur ein Konsensrecht (nicht aber ein Bestätigungsrecht) eingeräumt wurde. Außerdem wurde angeordnet, daß bei der Wahl des neuen Papstes ein Mitglied des röm. Klerus bevorzugt werden sollte, und daß die Wahl – im Falle von Unruhen – auch außerhalb Roms stattfinden konnte.

Durch das *Statutum de electione papae* wollte Nikolaus das 1046 beim Konzil von Sutri eingeführte System durchbrechen, dem zufolge der Kaiser das Recht hatte, den Papst zu ernennen (*principatus in electione papae*). Es gibt zwei Fassungen dieses wichtigen Dokuments, das 1060 seine endgültige Form erhielt und über das im vergangenen Jahrhundert soviel debattiert worden ist: eine authentische aus dem Jahr 1059 und die überarbeitete Fassung der kaiserlichen Partei, die eher die Interessen des Kaisers vertreten sollte. Unter entscheidender Mitwirkung des Erzdiakons Hildebrand (des späteren Papstes Gregor VII.) und des hl. Petrus Damiani, arbeitete Nikolaus II. weiter an der Reform, die zum Hauptprogramm seines Pontifikats geworden war. Deshalb bleibt sein Pontifikat trotz der kurzen Dauer kirchengeschichtlich bedeutend, auch weil die Normannenfürsten Robert Guiscard und Richard seine Bemühungen wirksam unterstützten. Er starb am 27. Juli 1061 in Florenz und wurde in der dortigen Kathedrale beigesetzt.

Bibl.: H.-G. Krause, *Das Papstwahldekret von 1059 und seine Rolle im Investiturstreit*, Rom 1960; V. Marcolino, *O decreto del 1059 sobre a eleição do papa*, in *Didaskalia*, 6 (1976), S. 65–91; W. Ullmann, *Zum Papstwahldekret von 1059*, in *Zschr. der Savigny-Stiftung für Rechtsgesch. Kan. Abt.*, 99 (1982), S. 31–51; D. Jasper, *Das Papstwahldekret von 1059. Überlieferung und Textgestalt*, Sigmaringen 1986; H.-G. Krause, *Die Bedeutung der neuentdeckten handschriftlichen Überlieferungen des Papstwahldekrets von 1059. Bemerkungen zu einem neuen Buch*, in *Zschr. der Savigny-Stiftung für Rechtsgesch. Kan. Abt.*, 107 (1990), S 89–134.

N. Del Re

NIKOLAUS III.

Papst. Giovanni Gaetano Orsini wurde 1217 in Rom als Sohn von Matteo Rosso und Perna Caetani geboren. Von Innozenz IV. im Jahr 1244 in den Kardinalsstand erhoben, hatte er entscheidenden Anteil an fast allen wichtigen kirchlichen Ereignissen seiner Zeit. Er nahm an sieben Konklaven teil, die er durch seine starke Persönlichkeit beeinflußte. Er wurde am 25. November 1277 in Viterbo zum Papst gewählt trotz der großen Bemühungen Karls v. Anjou, der seinen eigenen Gewährsmann auf dem Papstthron sehen wollte. Nikolaus III. war diplomatisch sehr geschickt und verfolgte eine Politik des Ausgleichs zwischen Guelfen und Ghibellinen. Außerdem erreichte er die Rückgabe der Romagna von Rudolf I. v. Habsburg zu seinen Gunsten. Im Bemühen, Rom der ausländischen Herrschaft zu entziehen, legte er fest, daß kein Kaiser, König, Fürst, Herzog oder Markgraf das Amt eines römischen Senators bekleiden dürfe, das den römischen Bürgern vorbehalten blieb. Auch Karl v. Anjou mußte deshalb vorzeitig auf dieses Amt verzichten sowie auf das Reichsvikariat in Tuszien.

Möglicherweise strebte Nikolaus III. danach, mit Hilfe Rudolfs v. Habsburg zwei unabhängige Reiche in der Lombardei und in der Toskana zu schaffen, die er seinen Neffen zuteilen wollte. Dies schien ihm nämlich ein wirksames Mittel, um weiteres Unglück von Italien und dem Reich fernzuhalten. Auch die wichtigsten Politiker der Zeit schlossen sich dieser Auffassung an, deren Verwirklichung allerdings durch den jähen Tod des Papstes nicht zustande kam.

Unter seinen Schriften soll auch die Konstitution *Exiit qui seminat* vom August 1279 erwähnt werden, mit der er die Regeln der franziskanischen Armut festlegte. Trotz seiner Strenge konnte dieses Dokument die Bedürfnisse der Geistlichen nicht befriedigen, die sich gegen diese Bulle aussprachen.

In Rom begann er den Bau der vatikanischen Paläste und der Peterskirche, ließ den Lateran und die Kapelle *Sancta Sanctorum* renovieren und das Kapitol herrichten. In Soriano al Cimino ließ er ein großes Kastell bauen, wohin er sich gerne zurückzog. Dort starb er am 22. August 1280 an den Folgen eines Schlaganfalls. Nikolaus III. war als Papst streng und umsichtig und regierte die Kirche mit Weisheit. Allerdings wurde ihm Nepotismus vorgeworfen, weswegen ihn Dante auch in die Hölle verwies (Inf., XIX, 71). Man darf jedoch in diesem Zusammenhang nicht vergessen, daß der Autor der *Göttlichen Komödie* die Familie Caetani, aus der die Mutter Nikolaus III. stammte, ablehnte.

Bibl.: A. Demski, *Papst Nikolaus III.*, Münster 1903; R. Sternfeld, *Der Kardinal Johann Gaetan Orsini (Papst Nikolaus III.) 1244–1277*, Berlin 1905; J. L. Heft, *Nicholas III (1277–1280) and John XXII (1316–1344): Popes in contradiction? A reexamination of text and contexts*, in *Archivum historiae pontificiae*, 21 (1983), S. 245–257; M. D'Onofrio, *Le committenze e il mecenatismo di papa Niccolò III (1277–1280)*, in *Roma anno 1300*. Atti della IV Settimana di studi di storia dell'arte medievale dell'Università di Roma (19–24 maggio 1980), Rom 1983, S. 553–565.

N. Del Re

NIKOLAUS IV.

Papst. Gerolamo Masci wurde in Lisciano (Marken) geboren und wuchs in schlichten Verhältnissen auf. Schon in jungen Jahren trat er in den Franziskanerorden ein. Im Jahre 1274 folgte er dem hl. Bonaventura als Ordensgeneral und behielt dieses Amt bis zum Jahr 1279, als er schon ein Jahr lang Bischof von Palestrina war. Am 22. Februar 1288 wurde er als erster Franziskaner zum Papst gewählt, als Nachfolger von Honorius IV. nach einer Sedisvakanz von über 10 Monaten wegen der Malaria, die auch verschiedene Kardinäle das Leben gekostet hatte. Zuerst versuchte er den unter den Franziskanern entbrannten Armutsstreit beizulegen, was ihm jedoch nicht gelang. Am 29. Mai 1289 krönte er Karl II. v. Anjou in Rieti zum König von Sizilien; dabei hatte er allerdings in keiner Weise den Verzicht Karls II. bei seiner Entlassung aus aragonesischer Gefangenschaft berücksichtigt. Hingegen waren die Beziehungen Nikolaus' IV. zu Rudolf v. Habsburg weniger freundlich wegen des Disputes um das Reich Ungarn, das der Papst Karl Martell v. Anjou zugeteilt hatte, während Rudolf seinen Sohn Albert dafür vorgesehen hatte. 1291 mußte der Papst dann auch den Fall von Akkon erleben, dem letzten Vorposten des lateinischen Reiches von Jerusalem, das am 1. Mai an die Moslems fiel. Nikolaus IV. gab den Missionen der Franziskaner großen Auftrieb: So sandte er zum Beispiel Johannes v. Montecorvino zu den Mongolen in Persien und China, um dort das Christentum zu verbreiten. Erfolgreich waren auch seine Bemühungen um die Wiedervereinigung der Armenier. Doch blieben seine Aufrufe zu einem neuen Kreuzzug ungehört. Er war ein sehr gelehrter Mann und gründete mit Hilfe Philipps des Schönen die Universität von Montpellier (1289). Außerdem war er ein wichtiger Kunstmäzen (Mosaiken von *S. Maria Maggiore* und Baubeginn des Doms von Orvieto). Er starb in Rom am 4. April 1292 und wurde in der Basilika Liberiana bestattet, wo das schöne, von Domenico Fontana ausgeführte Grabdenkmal noch heute zu bewundern ist.

Bibl.: O. Schiff, *Studien zur Geschichte Papst Nikolaus' IV.*, Berlin 1897 (Vaduz 1965); J. Gardner, *Pope Nicholas IV and the decoration of Santa Maria Maggiore,* in *Zschr. für Kunstgesch.*, 36 (1973), S. 1–50; J. D. Ryan, *Nicholas IV and the evolution of the Eastern missionary effort,* in *Archivum historiae pontificiae,* 19 (1981), S. 79–95; G. Martini, *Per la storia dei Pontificati di Niccolò IV, i mosaici absidali di S. Maria Maggiore e l'Oriente,* in *Rivista dell'Istituto Nazionale d'Archeologia e Storia dell'Arte,* 3, 10 (1987), S. 201–224; A. Franchi, *Nicolaus*

Papa IV 1288–1292 (Girolamo d'Ascoli), Ascoli Piceno 1990.

N. Del Re

NIKOLAUS V.

Papst. Tommaso Parentucelli wurde am 15. November 1397 in Sarzana (La Spezia) geboren. Er studierte in Bologna und wurde Sekretär des dortigen Ordinarius Niccolò Albergati, dessen Bischofsamt er 1444 übernahm. 1446 von Eugen IV. zum Kardinal ernannt, bestieg er am 6. März des folgenden Jahres den Papstthron mit dem Namen Nikolaus V. zum Dank an seinen ehemaligen Beschützer.

Die christliche Gemeinschaft war in jener Zeit von vielerlei Konflikten erschüttert: Die Kirche war vom Schisma zerrissen, die Verbindung zu den Griechen sehr labil, Deutschland mit internen Konflikten beschäftigt, Frankreich und England in stetem Krieg gegeneinander. Nikolaus V. ließ sich nicht entmutigen und setzte sich mit großem diplomatischen Geschick für die Befriedung Europas ein. Mit dem zukünftigen Kaiser Friedrich III. schloß er 1448 das Wiener Konkordat; außerdem gelang es ihm, das Schisma von Basel-Lausanne beizulegen und den Gegenpapst Felix V. zur Unterwerfung zu zwingen. Felix V. dankte am 7. April 1449 ab, was die letzten Widerstände des Basler Konzils löste. Die wiedergewonnene Einheit wurde 1450 beim großen Jubiläum, das der Christenheit auch eine wahre spirituelle Erneuerung bescherte, glanzvoll gefeiert.

Auch der Frieden von Lodi im Jahr 1454 war den Bemühungen Nikolaus V. zu verdanken: Er zeigte den Beginn der allgemeinen Befriedung Italiens an, durch die die interne Entfaltung der italienischen Regionalstaaten möglich wurde. Auch der Kirchenstaat erfreute sich wieder eines größeren Wohlstands, da den Fürsten und Kommunen des Staates verschiedene Privilegien eingeräumt wurden und diese ihrerseits die Päpstl. Oberhoheit anerkannten. In Rom allerdings fanden unter Leitung des humanistischen Rebellen Stefano Porcari verschiedene Umsturzversuche statt. Porcari wurde mehrere Male begnadigt, schließlich aber doch zusammen mit anderen Verschwörern am 9. Januar 1453 in der Engelsburg hingerichtet. Mehr noch als die von Porcari angezettelten Unruhen war der Papst über den Fall Konstantinopels bestürzt, das am 29. Mai desselben Jahres unter die Herrschaft der osmanischen Türken Mohammeds II. gelangt war. Er sandte Kardinal Nikolaus v. Kues und Johannes v. Capestrano nach Böhmen und Mähren, um die Hussiten zur Wiedervereinigung mit Rom zu bewegen, hatte damit aber wenig Erfolg.

Neben seiner intensiven politischen und religiösen Tätigkeit erwarb sich Nikolaus V. vor allem für seine Förderung der Künste und Wissenschaften großen Ruhm. Er war aktiv und entschieden an der humanistischen Bewegung beteiligt und unterstützte großzügig eine ansehnliche Zahl von Künstlern und lateinischen und griechischen Literaten. Er ließ Aristoteles ins Lateinische übersetzen und schuf eine Gruppe italienischer Übersetzer für historische Literatur. Er ließ verschiedene sakrale und profane Bauwerke restaurieren, darunter auch die Peterskirche, und gab einen neuen Vatikanpalast in Auftrag, zu dem auch Piero della Francesca, Benozzo Gozzoli und Fra Angelico ihren Beitrag leisteten.

Auch verfügte er die Zusammenstellung einer großen Bibliothek und sammelte deshalb verschiedenste Manuskripte oder ließ genaue Kopien anfertigen in der Absicht, die Bibliothek, die bis dahin als persönliche Sammlung des Papstes gegolten hatte, als öffentliche Einrichtung allen Gelehrten zugänglich zu machen. So kam es, daß der am Anfang seines Pontifikats nur etwa 350 Titel umfassende Buchbestand des Vatikans auf 1235 Manuskripte (824 lateinische und 422 griechische) angewachsen war; die Bibliothek war zur damaligen Zeit (d.h. vor der Erfindung des Buchdrucks) die größte Europas (Pavia: 988; Louvre: 941).

Nikolaus V. war ein leidenschaftlicher und gelehrter Bibliograph und arbeitete sogar einen Plan zur Klassifizierung und Ordnung der Bücher aus, der späterhin von nicht wenigen Bibliotheken verwendet wurde. Er starb in Rom am 24. März 1455 und wurde in St. Peter in einem bescheidenen Sarkophag beigesetzt. Die Grabinschrift bringt in eleganten lateinischen Versen die Verdienste dieses großen humanistischen Papstes zum Ausdruck.

Bibl.: L. Pastor, *Storia dei papi dalla fine del medio evo,* I, Rom 1925, S. 321–578, C. Marinescu, *Le Pape Nicolas V (1447–1455) et son attitude envers l'Empire byzantin,* in *Actes du IVe Congrès international des études byzantines,* I, Sofia 1978 (), S. 331–342; L. Onofri, *Sacralità immaginazione e proposte politiche: la „Vita" di Niccolò V di Gianozzo Manetti,* in *Humanistica Lovaniensia* 28 (1979), S. 27–77; A. Greco, *La Cappella di Niccolò V del Beato Angelico,* Rom 1980; Ch. Burroughs, *Below the Angel: an urbanistic project in the Rome of Pope Nicholas V,* in *Journal of the Warburg and Courtland Institutes,* 45 (1983), S. 94–124; M. G. Blasio, *Un contributo alla lettura del canone bibliografico di Tommaso Parentucelli,* in *Le chiavi della memoria.* Miscellanea in occasione del I centenario della Scuola Vaticana di Paleografia, Diplomatica e Archivistica, Vatikanstadt 1984, S. 125–165; W. W. Carroll, *L'invenzione della città. La strategia urbana di Niccolò V e Alberti nella Roma del '400,* Rom 1984; G. Zander, *Potrà il monumento sepolcrale di Niccolò V essere ricomposto?,* in *Strenna dei Romanisti,* 49 (1988), S. 589–605.

N. Del Re

NIKOLAUS V., GEGENPAPST

Gegenpapst. Ludwig. IV., der Bayer, war aufgebracht gegen Papst Johannes XXII., der ihn abgesetzt und exkommuniziert hatte und ließ sich 1328 in Rom zum Kaiser krönen, allerdings nicht in St. Peter, sondern im Kapitol. Am 12. Mai desselben Jahres ließ er einen Gegenpapst wählen: Pietro Rainalducci aus Corvaro (Rieti), ein Minorit aus dem röm. Konvent *Aracoeli*, dem der Kaiser selbst den Namen Nikolaus V. gab und von dem er sich noch einmal – diesmal in St. Peter – krönen ließ.

Dem Gegenpapst lag jede evangelische und franziskanische Armut fern, denn er umgab sich mit einem mondänen und luxuriösen Hof. Sein Lebensstil erregte schließlich den Unmut der Römer, die sich am 4. August 1328 gegen ihn erhoben und ihn aus der Stadt wiesen. Nikolaus V. hatte nur wenige Anhänger und war selbst von einigen ghibellinischen Städten (darunter Pisa) nicht anerkannt worden. Auch der Kaiser entzog ihm seine Unterstützung, so daß der Gegenpapst schließlich Zuflucht bei Bonifatius v. Donoratico fand, der ihn aber dennoch dem rechtmäßigen Papst auslieferte. Am 25. August 1330 unterwarf sich Nikolaus V. in Avignon, wo er bis zu seinem Tode im Jahr 1333 blieb. Mit ihm starb der unbedeutendste aller Gegenpäpste der Geschichte.

Bibl.: G. Macerone, *L'antipapa Niccolò V,* Rieti 1978; *L'antipapa Niccolò V nel 650^0 anniversario d'incoronazione.* Atti del Convegno di studi storici (Borgorose 1979), Rieti 1981; L. Lopez, *Pietro del Corvaro, antipapa Niccolò V, nei manoscritti di A.L. Antinori,* in *Bullettino della Deputazione Abruzzese di Storia patria,* 72 (1982), S. 301–320.

N. Del Re

NIKOLAUSKAPELLE

→ Cappella Niccolina

NOBELGARDE, PÄPSTLICHE

→ Ehrengarde Seiner Heiligkeit

NOVATIAN, GEGENPAPST

Gegenpapst. Er war wahrscheinlich röm. Herkunft und kam erst in reifem Alter zum Christentum. Nach seiner Priesterweihe hatte er eine führende Stellung im röm. Klerus inne. Er war einer der Hauptverantwortlichen der röm. Kirche während der langen Sedisvakanz nach dem Tod Fabianus' am 20. Januar 250. Seine Hoffnung, diesem auf den Stuhl Petri zu folgen, wurde aber zunichte. So ließ er sich im März 251 als Gegner des rechtmäßigen Papstes Cornelius wählen, mit dem ein heftiger Streit über die viel debattierte Frage der *Lapsi* entbrannt war. Novatian war einer der Hauptverfechter mit der Ansicht, daß diesen reuigen Abgefallenen auch auf dem Totenbett keine Sakramente gespendet werden dürften. Dies führte zu einem tiefen Schisma, das sich bis nach Afrika und Kleinasien ausdehnte. Er wurde mitsamt seinen Anhängern von Papst Cornelius während der röm. Synode im Herbst 251 exkommuniziert. Damit reißen die Nachrichten über ihn ab. Sokrates (*Hist. eccl.*, IV, 28) allerdings schreibt, daß er unter Valerian den Märtyrertod erlitten habe. Novatian war umfassend gebildet und hat viele Schriften hinterlassen, darunter die Abhandlung *De Trinitate* (vor 250 verfaßt), das erste Werk eines röm. Theologen in lateinischer Sprache; *De cibis iudaicis, De spectaculis, De bono pudicitiae,* sowie zwei Briefe an Cyprian, den Bischof von Karthago.

Bibl.: H. Gülzow, *Cyprian und Novatian,* Tübingen 1975; R.J. De Simone, *Novatien, prêtre romain puis antipape,* in *Dictionnaire de spiritualité ascétique et mystique,* XI, S. 479–483; C. Curti, *Lo scisma di Novaziano nell'interpretazione dello storico Socrate,* in *Storiografia nella tarda antichitá.* Atti del Convegno tenuto in Erice (38 dicembre 1978), Messina 1980, S. 313–333; P. Grattarola, *Gli scismi di Felicissimo e di Novaziano,* in *Rivista di storia della Chiesa in Italia,* 38 (1984), S. 376–390.

N. Del Re

NOVEMDIALES

Neun-Tage-Andacht. Dieser Begriff wurde schon bei den Römern verwendet für die Riten, die neun Tage lang zum Gedenken an verstorbene Persönlichkeiten abgehalten wurden. Heute werden damit alle Trauerfeiern und -gottesdienste beim Tode eines Papstes bezeichnet. Diese „neun Tage" werden allerdings für wichtige liturgische Festlichkeiten (Weihnachten, Ostern, Pfingsten, Allerheiligen, usw.) oder im Falle anderer schwerwiegender und einschneidender Ereignisse unterbrochen.

Schon Gregor X. schrieb 1274 die Novemdialen vor, die von Pius IV. in seiner Konstitution *In eligendis* vom 9. Oktober 1562 detaillierter geregelt wurden. Diese Anordnung wurde von Gregor XV. (1622) und von anderen Päpsten bestätigt. Demnach werden die Trauergottesdienste während der ersten sechs Tage vom Kapitel der Peterskirche und während der letzten drei Tage von allen Kardinälen begangen. Sie finden in der Chorkapelle statt, wo ein kleiner Katafalk aufgestellt wird. Seit 1939 werden hier auch die Totenfeiern der letzten drei Tage abgehalten, die seit 1870 in die Sixtinische Kapelle verlegt worden waren. Die Totenfeiern zum Gedenken an Paul VI. und Johannes Paul I. (am 12. August und 14. Oktober 1978) fanden allerdings auf dem Petersplatz statt – in Anwesenheit mehrerer Staatsoberhäupter und Diplomaten und einer großen Menge von Gläubigen.

N. Del Re

NUNTIUS, APOSTOLISCHER

Er ist der ständige Vertreter des Papstes sowohl bei der Regierung als auch bei den katholischen Gemeinschaften in dem Land seiner Akkreditierung. Seine Aufgaben sind in can. 364–365 des geltenden Codex des kanonischen Rechts dargelegt, zu denen Paul VI. in seinem Motu Proprio *Sollicitudo omnium Ecclesiarum* vom 24. Juni 1969 den Grundstein gelegt hatte. Die Hauptaufgabe des Nuntius besteht also darin, die Bande der Einheit zwischen dem Hl. Stuhl und den Ortskirchen zu festigen und zu intensivieren und außerdem die Beziehungen zwischen dem Hl. Stuhl und den weltlichen Behörden des Gastlandes zu aktivieren. Er soll dabei weder Politik betreiben noch sich in die internen Angelegenheiten des Staates mischen. Darüber hinaus soll er sich mit allen Fragen des Verhältnisses zwischen Kirche und Staat befassen (z.B. Abschluß und Umsetzung von Konkordaten), wobei er – den Umständen entsprechend – die Bischöfe des Landes zu Rate ziehen und sie über den Stand der Dinge informieren soll.

Can. 364 zählt die Aufgaben des Nuntius im einzelnen auf: „1) dem Apost. Stuhl Nachrichten zu übermitteln über die Lage, in der sich die Teilkirchen befinden, und über alles, was das Leben der Kirche und das Seelenheil betrifft; 2) den Bischöfen mit Rat und Tat beizustehen, wobei jedoch die Ausübung von deren rechtmäßiger Gewalt unberührt bleiben muß; 3) enge Beziehungen mit der Bischofskonferenz durch die Gewährung jeglicher Unterstützung zu pflegen; 4) für die Ernennung von Bischöfen dem Apost. Stuhl Namen von Kandidaten zu übermitteln oder vorzuschlagen sowie den Informationsprozeß über mutmaßliche Anwärter gemäß den vom Apost. Stuhl erlassenen Normen durchzuführen; 5) sich darum zu bemühen, daß die den Frieden, den Fortschritt und das gemeinsame Mühen der Völker betreffenden Angelegenheiten gefördert werden; 6) mit den Bischöfen zusammenzuarbeiten, damit günstige Beziehungen zwischen der katholischen Kirche und den anderen Kirchen und kirchlichen Gemeinschaften, aber auch den nicht-christlichen Religionen unterstützt werden; 7) die Sendung der Kirche und des Apost. Stuhles durch vereintes Handeln mit den Bischöfen bei den Staatsregierungen zu vertreten; 8) die Befugnisse auszuüben und die übrigen Aufträge zu erfüllen, die ihm vom Apost. Stuhl übertragen werden“.

Die Nuntien erhalten die Bischofswürde und genießen – wie die Botschafter der weltlichen Regierungen – das Privileg der Extraterritorialität; deshalb unterliegen sie auch nicht der Straf- und Zivilgerichtsbarkeit ihres Gastlandes; außerdem darf ihre Korrespondenz nicht zensiert und ihr Gepäck keinerlei Zollkontrollen unterworfen werden.

Mit Rücksicht auf den besonderen Charakter der Aufgabe des Päpstl. Gesandten ist der Sitz der Päpstl. Vertretung von der Leitungsgewalt des Ortsordinarius befreit (außer für Eheschließungen). Der Päpstl. Gesandte ist befugt, möglichst nach vorheriger Unterrichtung des Ordinarius, Gottesdienste in allen Kirchen seines Zuständigkeitsgebietes zu feiern (can. 366). Das Amt des Päpstl. Gesandten endet nicht mit der Vakanz des Apost. Stuhles, wenn nicht Gegenteiliges in dem Ernennungsschreiben festgelegt ist; es endet aber mit Erfüllung des Auftrags, mit der dem Gesandten mitgeteilten Abberufung sowie mit dem vom Papst angenommenen Amtsverzicht (can. 367).

Neben seinem Vorrang über alle kirchlichen Würdenträger seines Zuständigkeitsbereiches (mit Ausnahme der Kardinäle und der Patriarchen der Ostkirchen), ist der Nuntius von Rechts wegen auch Doyen des Diplomatischen Korps, dem er angehört, und zwar unabhängig vom Datum seiner Ernennung.

Es ist an dieser Stelle an die Worte G. B. Montinis (des späteren Paul VI.) zu Apost. Gesandtschaften zu erinnern (1937): „Noch vor ihrer Aufgabe als Organe korrekter Beziehungen zu den bürgerlichen Gesellschaften sind die Nuntiaturen Werkzeuge innerkirchlicher Einheit; sie zielen nicht darauf ab, den Episkopat zu unterdrücken oder ihm seine Aufgaben streitig zu machen, sondern sollen ihn bestärken gegen die Widerstände oder Übergriffe staatlichen Unverständnisses oder Ehrgeizes".

Die Namen aller Apost. Nuntien (von den Ursprüngen bis 1956) sind in den drei großen Verzeichnissen von Henri Biaudet, Liisi Karttunen und Giuseppe De Marchi nachzulesen.

Bibl.: H. H. Dietze, *Die päpstl. Nuntien,* Frankfurt 1944; L. de Echeverría, *Funciones de los legados del Romano Pontífice,* in *Revista espanola de derecho canónico,* 25 (1969), S. 573–636; M. Oliveri, *Natura e funzioni dei legati pontifici nella storia e nel contesto ecclesiologico del Vaticano II,* Turin 1979; P. Bertoli, *Riflessioni sui nunzi e sulle nunziature,* Rom 1981; D. Le Tourneau, *Les légats pontificaux dans le Code de 1983; vingt ans après la Constitution apostolique „Sollicitudo omnium ecclesiarum",* in *L'Année canonique,* 32 (1989), S. 229–260.

N. Del Re

O

Obelisk, Vatikanischer

Der Obelisk wurde unter Pharao Nenkoreos in Heliopolis als Dank für sein wiedergewonnenes Augenlicht für den Sonnengott angefertigt. Der erste Präfekt Ägyptens, Cornelius Gallus, hat später den oberen Teil nach Alexandrien bringen lassen. Von ihm stammt auch eine Inschrift aus Metallettern. Diese Inschrift wurde von einem Nachfolger Cornelius' entfernt, der dafür eine Widmung für Kaiser Tiberius einmeißeln ließ. 40 n.Chr. brachte Caligula den Obelisk auf einem Schiff nach Rom und stellte ihn in seinem Zirkus auf.

Die obengenannte Inschrift ist auch heute noch auf der Ost- und Westseite zu sehen; allerdings ist sie teilweise abgetragen worden, vielleicht auf Veranlassung von Caligula selbst, der Tiberius den Tod seiner Mutter zur Last legte.

Dieser Obelisk ist der einzige in Rom, der keine Hieroglyphen trägt. Er blieb die Antike und das Mittelalter über an seinem Platz in der Nähe der Vatikanbasilika. Mit der Zeit entstanden viele Legenden um den Obelisken selbst, um die vier Astragale und um die oben angebrachte Kugel. Eine davon besagte z.B., daß der Obelisk das von den Römern errichtete Zeichen zum Andenken an die Begegnung zwischen Julius Caesar und dem Magier sei, der ihm sein nahes Ende prophezeit hatte; oder, daß in der Kugel die Asche Cäsars beigesetzt sei (Sixtus V. schenkte sie 1589 der Gemeinde Rom, sie wird heute im Konservatorenpalast aufbewahrt).

Im 15. Jh. unter Nikolaus V. gab es Pläne, im Laufe der Renovierung der Peterskirche den Obelisk an einen anderen Platz zu stellen. Diese Idee (die auch von Paul II. und anderen Päpsten wiederaufgenommen wurde) kam aber nicht zur Ausführung. Erst Sixtus V. überwand alle Schwierigkeiten und berief zu dieser Unternehmung den Architekten Domenico Fontana, der 1586 den Obelisk auf dem Petersplatz aufstellte. Dafür wurden ihm vielerlei außerordentliche Ehrungen und Preise zuteil.

Fontana mußte dazu einige kleinere Häuser auf der linken Seite von St. Peter niederreißen und die Rotunde von *S. Andrea* (damals als Sakristei genutzt) durchbrechen. Außerdem ließ er eine überdimensionale Konstruktion aus Holz errichten, in die der Obelisk zum Transport gebettet werden sollte. Die Vorbereitungsarbeiten nahmen sieben Monate in Anspruch. Beim Abnehmen der Kugel von der Obeliskspitze wurde zum ersten Mal festgestellt, daß sie aus einem Guß war und keinerlei Asche enthielt, sondern nur während des *Sacco di Roma* (1527) von den Landsknechten durchbohrt worden war. Am 30. April 1586 begann der erste Teil des Unternehmens. Mit 907 Männern, 75 Pferden und 40 Flaschenzügen wurde der Monolith zuerst etwas in die Höhe gezogen, dann auf sein „Holzbett" gelegt und zum Petersplatz gebracht. Die Arbeiten wurden mit größter Sorgfalt durchgeführt. Am 10. September wurde der Obelisk dann aufgerichtet, am 16. auf den Sockel plaziert und am 26., zum Abschluß einer feierlichen Prozession, von jedem heidnischen Überrest exorziert, gesegnet und geweiht. Ganz oben wurde das bronzene Kreuz angebracht (über dem Stern). Der Obelisk ist 25,31 m hoch und steht auf einem Sockel von 8,25 m Höhe. Sixtus V. ließ ihn so weit von der Fassade der Peterskirche entfernt aufstellen, weil er sehr wahrscheinlich schon damals vorhatte, die Basilika zu verlängern. Fontana verwandte den ursprünglichen Sockel und fügte noch eine *Kyma* (über der ursprünglichen) hinzu.

Die Inschriften auf der Nord- und Südseite des Sockels erinnern an die Verlegung des Obelisken. Eine weitere Inschrift weist auf die Weihe im Jahr 1586 hin. Um das Ereignis der Aufstellung dieses Monolithen entstand die berühmte Legende, nach der ein Mann – trotz des Sprechverbots während der Aktion – gerufen habe „Wasser auf die Seile!" und damit den reibungsbedingten Riß der Seile vermieden habe.

Weitere Arbeiten am Obelisk erfolgten 1723 unter Innozenz XIII., als die Löcher unter der Inschrift von Caligula durch vier Bronzeadler (einem Teil des Papstwappens) bedeckt wurden; schließlich wurde 1817 unter der Leitung des vatikanischen Astronomen Msgr. Gilii die (heute nicht mehr vorhandene) Sonnenuhr auf dem Petersplatz angelegt, für die der Obelisk als Schattenstab diente.

Bibl.: F. Magi, *Le iscrizioni recentemente scoperte sull'obelisco vaticano,* in *Studi romani,* 11 (1963), S. 50–56; Ib., *L'obelisco di Caio Cornelio Gallo,* in *Capitolium,* 38 (1963), S. 488–494; E. Iversen, *The date of the so called Inscription of Caligula on the Vatican Obelisk,* in *Journal of Egyptian archaeology,* 51 (1965), S. 149–154; G. Guadagno, *C. Cornelius Gallus praefectus fabrum nelle nuove iscrizioni dell'obelisco vaticano,* in *Skrifter utgivna av Svenska Institutet i Rom, 29, Opuscula Romana,* 6 (1968), S. 21–26; C. D'Onofrio, *Gli obelischi di Roma,* Rom 1969, S. 67–103; F. Magi, *Il Circo vaticano in base alle più recenti scoperte; il suo obelisco e i soui „carceres",* in *Rendiconti della P. Accademia Romana d'Archeologia,* 45 (1972/73), S. 37–73.

L. Gigli

Oberster Gerichtshof der Apostolischen Signatur

(→ Signatur, Apostolische)

Osservatore della Domenica (L')

Illustrierte Zeitschrift. Die erste Ausgabe erschien am 6. Mai 1934 als wöchentlicher Überblick über das religiöse und soziale Leben, auch um die Verbreitung der katholischen Presse zu fördern. Die Redaktion der Zeitschrift befand sich im Vatikan, neben dem Sitz des *Osservatore Romano*, während die technische Herstellung im Kupfertiefdruckverfahren außerhalb des Vatikans, in einem anderen römischen Stadtteil erfolgte. Gedruckt wurde das Blatt in Pompei. Am 14. Januar 1949 mußte *L'Osservatore della Domenica* seine Publikation als eigenständige Zeitschrift einstellen, bestand aber weiter als einfache Beilage zum *Osservatore Romano.* Am 1. Dezember 1985 begann eine neue Serie.

Bibl.: Cosi nasce il nostro giornale, in *L'Osservatore della Domenica,* 43 (1976), Nr. 28. November, S. 15–20.

N. Del Re

Osservatore Romano (L')

Politisch-religiöse Tageszeitung der Vatikanstadt. Die erste Nummer der jetzigen Zeitung geht auf den 1. Juli 1861 zurück; allerdings war der Name schon damals nicht neu, da es 1849–50 schon einmal einen *Osservatore Romano* gegeben hatte, der wegen Schwierigkeiten mit der sardisch-piemontesischen Regierung aufgeben mußte. Allerdings hat die Zeitung von heute nichts mehr mit diesem kurzlebigen Vorgänger gemein. Schon 1860 hatte die Päpstl. Regierung vorgehabt, ein religiöses Presseorgan einzurichten, das ursprünglich *L'Amico della Verità* (Der Freund der Wahrheit) heißen sollte.

Mit Zustimmung und Unterstützung von Pius IX. kam im Jahr 1861 wirklich die erste Nummer mit ihrem heutigen Titel heraus. Das Gerücht, die Zeitung sei von Augusto Baviera gegründet worden, entbehrt also jeder Grundlage; allerdings wurde Baviera 1866 Chefredakteur und Alleinverantwortlicher und gab dem Blatt eine stärkere politische Prägung. Nach der Besetzung Roms 1870 mußte der Dienst einen Monat lang eingestellt werden, wurde dann aber aufgrund des ausdrücklichen Willens des Apost. Stuhls wiederaufgenommen. Erst im Jahr 1890 wurde der Apost. Stuhl endgültig offizieller Eigentümer des Blattes.

In den Jahren des Ersten Weltkriegs blieb die Zeitung immer unparteiisch und wurde zum Sprachrohr des Papstes bei seinen ständigen Bemühungen um schnelle Beilegung des Konflikts und um Frieden. Bis 1929 wurde die Zeitung außerhalb des Vatikans gedruckt, aber 1929 – nach den Lateranverträgen – übernahm die *Tipografia Poliglotta Vaticana* (→) im neugegründeten Vatikanstaat ihren Druck der Zeitung.

Während des Faschismus befand sich der *Osservatore Romano* meist im Gegensatz zu den italienischen Politikern, so z.B. 1931, als die Faschisten sich gegen die Italienische Katholische Aktion stellten und ab 1938 wegen den Judenverfolgungen. Auch im II. Weltkrieg behielt die Zeitung eine unparteiische Haltung bei. Am 1. April 1972 billigte Paul VI. die neue Ordnung, durch die das Blatt rechtlich neu strukturiert wurde. Danach ist die Zeitung Eigentum des Hl. Stuhls und wird im Vatikanstaat herausgegeben; sie ist dem Staatssekretariat und der Güterverwaltung des Apost. Stuhls (je nach Kompetenzbereich) unterstellt.

Der *L'Osservatore Romano* ist das offiziöse Organ des Hl. Stuhls, was die Veröffentlichung der offiziellen Dokumente des Vatikans betrifft. Im übrigen gibt er die Meinung der Redakteure und Mitarbeiter wieder. Allerdings hat die Zeitung die Verpflichtung, treu die Meinung des jeweiligen Papstes zu vertreten.

L'Osservatore Romano ist in drei Bereiche unterteilt: Redaktion, unter der Verantwortung des Chefredakteurs, der – wie sein Stellvertreter – vom Papst ernannt wird; Verwaltung, unter der Leitung des Verwaltungsdirektors; Druckerei, für die der technische Leiter verantwortlich ist. Die tägliche Ausgabe der Vatikanzeitung, die am frühen Nachmittag eines jeden Werktages erscheint, wird auf Italienisch veröffentlicht; daneben gibt es auch fünf Wochenausgaben in anderen Sprachen: Französisch (seit 1949), Englisch (seit 1968), Spanisch (seit 1969), Portugiesisch (seit 1969) und Deutsch (seit 1971). Diese Wochenausgaben haben vor allem den Sinn, die offiziellen Dokumente und Nachrichten über den Hl. Stuhl in verschiedenen Sprachen zu veröffentlichen und den verschiedenen Sprachgebieten Dokumentationen und Informationen über die Tätigkeit des Hl. Stuhls, über das Leben der Kirche in der Welt und über Religionsfragen der Gegenwart zu vermitteln. Seit 1947 existiert außerdem eine Wochenausgabe in italienischer Sprache. Gegenwärtig gibt es auch eine Ausgabe auf Polnisch, die seit 1980, jedoch nur einmal monatlich, erscheint. Die Verwaltung der Zeitung ist den Salesianern Don Boscos anvertraut. Gedruckt wird die Zeitung wieder in der *Tipografia Poliglotta*.

Zur Geschichte

Die Päpste des Osservatore Romano
Pius IX. (1846–1878)
Leo XIII. (1878–1903)
Pius X. (1903–1914)
Benedikt XV. (1914–1922)
Pius XI. (1922–1939)

Pius XII. (1939–1958)
Johannes XXIII. (1958–1963)
Paul VI.
Johannes Paul I.
Johannes Paul II.

Die Direktoren des Osservatore Romano
Nicola Zanchini und Giuseppe Bastia (1861– 1866)
Augusto Baviera (1866–1884)
Cesare Crispolti (1884–1890)
Giovan Batista Casoni (1890–1900)
Giuseppe Angelini (1900–1919)
Giuseppe Dalla Torre de Sanguinetto (1920– 1960)
Raimondo Manzini (1960)
Valerio Volnini (1978–1985)
Mario Agnes (ab 1985)

Die Sitze des Osservatore Romano
Via dei Crociferi (1861–1871)
Palazzo del Bufalo (1871–1873)
Piazza S. Claudio (1873–1877)
Palazzo del Bufalo (1877–1887)
Via de' Burrò (1877–1887)
Via del Gesù (1903–1906)
Piazza del Gesù (1906–1911)
Piazza Mignanelli (1911–1919)
Via Ennio Quirino Visconti (1919–1929)
Via del Pellegrino, Città del Vaticano

Bibl.: A. Lazzarini, *„L'Osservatore Romano"*, in *Vaticano,* hrsg. von G. Fallani/M. Escobar, Florenz 1946, S. 631–652; V. Levi, *L'Osservatore Romanon* in *Il Vaticano e Roma cristiana,* Vatikanstadt 1975, S. 365–368; A. Mancucci, *Pio IX, L'Osservatore Romano e il suo primo direttore Augusto Baviera,* in *Atti Senigalliesi: bicentenario nascita Pio IX,* Senigallia 1994, S. 201–216.

N. Del Re

P

Palast der „Propaganda Fide"

In diesem Gebäude befindet sich der Sitz der Kongregation „Propaganda Fide", die nach der Neuordnung der Röm. Kurie durch Johannes Paul II. die Bezeichnung „Kongregation für die Evangelisierung der Völker" trägt. Der Palast wurde in drei Phasen errichtet: Im 16. Jh. entstand der Palast Ferratini, für den 1644 Gian Lorenzo Bernini die auf den Spanischen Platz zeigende Fassade entwarf; der Ostflügel an der *Via Due Macelli* wurde nach einem Entwurf Gaspare De Vecchis 1639–1645 gebaut; der Bau des *Nuovo Collegio* wurde Francesco Borromini 1646 anvertraut. Er wurde aber erst 1667 fertiggestellt.

Der Ferratini-Palast stand am südlichen Ende der *Platea Trinitatis.* Sie hieß so, weil sich auf diesem Hügel die Kirche *Santissima Trinità* erhebt. Kardinal Bartolomeo Ferratini (1537–1606) ließ diesen Palast erbauen. Genaue Daten für die Bauzeit sind auf dem Plan des Du Perac nicht erhalten. Das Gebäude ist jedoch auf einem Stadtpanorama Roms (1589–1590) im Sixtinischen Salon der Vatikanbibliothek abgebildet. Daher ist anzunehmen, daß die Errichtung auf das Pontifikat Gregors XIII. (1572–85) zurückgeht.

Beim Tod des Kardinals Ferratini wurde der Palast den Erben aberkannt. Ein langer Rechtsstreit endete damit, daß das Gebäude dem spanischen Prälaten Juan Battista Vives, dem Erzdiakon der Kathedrale von Valencia, zugesprochen wurde, der es als Sitz der von ihm gegründeten Institution für die Ausbildung weltlicher Priester vorsah, deren Aufgabe die Evangelisierung war: das *Collegio Urbano* erhielt 1627 durch eine Bulle Urbans VIII. seinen Namen.

Nach den Plänen von Vives sollte das Gebäude nicht nur das *Collegio Urbano* beherbergen, sondern auch die 1622 von Gregor XV. gegründete Kongregation der *Propaganda Fide* . Ihr Ziel war, die Orthodoxie in solchen Ländern zu verteidigen, die von der Häresie heimgesucht waren. Gleichzeitig war sie für die Evangelisierung der Völker zuständig. 1634 bekam Gian Lorenzo Bernini den Auftrag, eine kleine Kirche zu Ehren der hl. Drei Könige zu errichten, die auf einem Gelände stehen sollte, das an den Ferratini-Palast angrenzte. Heute heißt diese Straße *Via di Propaganda.* Im November desselben Jahres muß der Bau fast fertig gewesen sein, da Urban VIII. auf dem Weg vom Vatikan in den Quirinalspalast dessen Architektur lobte. Borromini zerstörte bei seinem Umbau die elliptische Kapelle.

Die wachsenden Aufgaben des Kollegs und der Kongr. führten dazu, daß der Raum im Ferratini-Palast nicht mehr ausreichte. 1639 wurden alle angrenzenden Gebäude erworben, um eine Erweiterung durchführen zu können. Das Projekt wurde Gaspare De Vecchi (gest. 1643), dem Sohn des Malers Giovanni, anvertraut, der für den Kardinal von *S. Onofrio,* Antonio Barberini, das *Collegio dei Neofiti* in der Nähe von *S. Maria dei Monti* (1635) gebaut hatte. In dem Neubau, der an der *Via Due Macelli* stehen sollte, waren zwei Läden vorgesehen, deren Einnahmen für die Versorgung der Schüler gedacht war.

Die Bauarbeiten dauerten von 1640 bis 1645. In diesem Jahr schenkte der Kardinal von *S. Onofrio* den gesamten Gebäudekomplex einschließlich der Kirche der Kongregation. Der Entwurf von De Vecchi enthält keine architektonischen Besonderheiten. Nur am Übergang von der *Via Due Macelli* zur *Via della Mercede* findet sich jene abgeschliffene Kante als Verbindung zweier Ebenen wieder, die bereits bei Borromini angedeutet war. Gleichzeitig mit dem Neubau wurde die Renovierung des Ferratini-Palastes beschlossen, der auch wegen Grundwassereinbruchs baufällig geworden war. 1642 wurde die komplette Erneuerung der am Spanischen Platz liegenden Fassade beschlossen und Gian Lorenzo Bernini übertragen. Den einzigen Schmuck an dieser Seite stellt das Barberiniwappen dar, gemeinsam mit dem Engel im Tympanon. Die von den Gesetzen der Symmetrie und Zentralperspektive bestimmte Fassade an der *Piazza di Spagna* kontrastiert stark mit derjenigen Borrominis zur *Via di Propaganda* hin.

Borromini trat erstmals als Berater für den Bau im Jahr 1643 auf und wurde 1646 mit der Wahl von Innozenz X. zum Architekten des Kollegs ernannt. Den Auftrag, das Gebäude zur *Via Capo le Case* und *Via della Mercede* hin fertigzustellen, konnte Borromini bis zu seinem Tod im Jahr 1667 nicht vollständig ausführen.

Bibl.: G. Antonazzi, *Il Palazzo di Propaganda*, Rom 1979.

A. Draghi

Palast der „Convertendi“

Das heute meist „Bramantepalast“ genannte Gebäude steht an der *Via della Conciliazione* 34 und dient als Sitz der „Kongr. für die Orientalischen Kirchen“ (→). Es handelt sich jedoch um einen Nachbau des antiken „Palastes der Konvertiten“ (früher Raffaelhaus), der 1937 während der Bauarbeiten an der sogenannten *Spina dei Borghi* abgerissen wurde. Bei diesen Bauarbeiten verschwand auch die *Piazza Scossacavalli*, an deren Westseite das „Ofenhaus“, ein öffentliches Bad, stand. Dessen Eigentum war umstritten und wurde nach Rechtsstreitigkeiten am Ende als einzigem Eigentümer dem Heilig-Geist-Krankenhaus (*Ospedale di S. Spirito*) zugesprochen. Im Jahr 1500 ging es gegen eine jährliche Pacht von 24.000 Skudi an Alessandro Caprini, dem Apost. Protonotar und Sekretär des Kardinals von Capua, Giovanni Lopez und seine Brüder mit der Auflage, in der *Via Alessandrina* Häuser zu bauen.

Nachdem die Caprinis 1501 einen Teil eines an das Ofenhaus angrenzenden Hauses erworben hatten, ließen sie an Stelle dieser beiden Gebäude von Bramante einen Palast errichten, der den Auflagen einer Bulle Alexanders VI. (1500) entsprach. Durch diese Bulle wurden all denjenigen Benefizien versprochen, die in der neuen *Via Alessandrina* mindestens 15 Meter hohe Paläste bauten. Einigen Wissenschaftlern zufolge wurde der Palast in den ersten Jahren des 16. Jh. errichtet, andere halten ihn für ein Spätwerk Bramantes. Da der Palast 1510 bereits von Bischof Alessandrino bewohnt wurde, muß er zu der Zeit schon in weiten Teilen vollendet gewesen sein. Sieben Jahre später verkauften die Caprinis das Gebäude an Raffael, der es wahrscheinlich für 3.000 Dukaten vollenden ließ und es mit weiteren 600 Dukaten von allen anderen Lasten befreite.

Nach dem Tod des Künstlers, der in diesem Haus seine letzten Jahre verbrachte und hier die „Verklärung Christi“ malte, verkauften es die Erben an Kardinal Pietro Accolti aus Ancona, der bereits Besitzer eines benachbarten Gebäudes war. Der Kardinal erwarb später (1522) auch das Haus von Bartolomeo Zon, das zwischen den bereits in seinem Besitz befindlichen Gebäuden stand, so daß er der Besitzer fast aller Gebäude wurde, die später zum großen „Palast der Konvertiten“ umgebaut wurden. Als Kardinal Pietro Accolti 1532 starb, erbte sein Neffe Benedetto Accolti, der Kardinal von Ravenna, den Palast. Benedetto Accolti wurde wegen Unterschlagungen während seiner Herrschaft über Ancona verurteilt und in der Engelsburg eingesperrt. Er wurde erst wieder auf freien Fuß gesetzt, nachdem er 59.000 Scudi an die Apost. Kammer bezahlt hatte. Diese bedeutende Summe wurde ihm von den Florentiner Bankiers Giulio und Lorenzo Strozzi geliehen, an die er 1540 gezwungenermaßen den Palast für 6.000 Scudi als teilweise Ablösung seiner Schulden verkaufen mußte.

Wenige Jahre später gingen Benedetto Accolti (vorgeblich Sohn des Kardinals) und Pietro, ein Neffe des Purpurträgers, gerichtlich gegen den neuen Besitzer Roberto Strozzi vor und forderten das Vorkaufsrecht auf den Palast. Erst 1559 wurde der Streit mittels einer Zahlung von 1.000 Scudi von Strozzi an die Accoltis beigelegt, die daraufhin auf jedes weitere Vorrecht verzichteten.

Im Lauf der Jahre war das Gebäude baufällig geworden und drohte einzustürzen. Deshalb verkauften Alfonsina Strozzi, die den Palast von der Mutter Maddalena Medici als Mitgift bekommen hatte, und ihr Gemahl Scipione Fieschi den Palast für 9.000 Scudi an den Kardinal Francesco Commendone. Dieser ließ ihn wahrscheinlich durch Annibale Lippi restaurieren, der bereits vor dem Ankauf die Bausubstanz untersucht hatte. Astolfi zufolge war es Lippi, der dem Gebäude die Fassade gab, die es bis zum Abriß 1937 bewahrte, andere halten sie hingegen für eine spätere Restaurierung.

Nach dem Tod von Commendone 1584 erbte ein Neffe, Monsignore Antonio Cocco, den Palast, um ihn später an Camilla Peretti zu verkaufen. Diese hatte das Gebäude für ihren Bruder Sixtus V. erworben, der dort den Großneffen des Papstes, Kardinal Alessandro Peretti (gest. 1623) unterbrachte. Im 17. Jh. gehörte der Palast der Familie Spinola, bislang ist jedoch noch kein Dokument gefunden worden, das ein Verkaufsdatum an die Spinola bezeugt. Antonio Filippo Spinola verkaufte das Gebäude 1676 für 21.000 Scudi an den Kardinal Girolamo Gastaldi, der es bei seinem Tod 1685 dem Hospiz der Konvertiten vererbte.

Dieses Institut war im Jahr 1600 durch den Oratorianerpater Giovenale Ancina für die Häretiker gegründet worden, die bereit waren zu konvertieren. Neuen Impuls gab der Institution 1674 Mariano Sozzini, dank dessen Bemühungen Tausende von Personen „jeden Alters, Geschlechts und Status“ konvertierten. Clemens X. kanonisierte 1675 das Werk durch die Bulle *Inter Alia.* Der Papst stattete das Institut mit einer Pfründe aus und verlegte es zuerst in die *Via di Ripetta*, da es im päpstl. Palast keinen passenden Platz gab. Später zog es in das Haus an der Kirche *S. Maria delle Grazie* an der *Porta Angelica* um, wo es bis 1715 blieb. Dann kam das Institut endlich in den Palast von Kardinal Gastaldi, der eines der Mitglieder des Hospizes war.

Der Palast wurde zum päpstlichen Gebäude erklärt und hing als solches direkt vom Papst ab. Es wurde von gewählten Vertretern desselben Instituts verwaltet und stand unter der Oberaufsicht des *Maggiordomo* des Apost. Palastes. Das Gebäude wurde während des Tiberhochwassers von 1805 schwer beschädigt, wobei eines der Kellergewölbe einstürzte. Gregor XVI. ließ es durch den Architekten Luigi Boldrini restaurieren, der sich besonders um die Fassade zum *Borgo Nuovo* hin bemühte. Nach 1850 beherbergte das Gebäude zeitweise die Konvertiten der anglikanischen Kirche, eine Frauenschule der *Maestre Pie Filippine* und die Kongr. für die Ostkirchen. Zwischen 1937 und 1941 wurde es abgerissen und an der *Via della*

Conciliazione neu errichtet. Die Büros der Kongregation für die Ostkirchen wurden zeitweise in den Vatikan verlegt.

Der Palast, der sich an römischer und mittelalterlicher Architektur inspirierte, stellte eine absolute Neuheit im Profanbau dar und wurde Quelle für neue Formen von Renaissancepalästen. Einige Besonderheiten, wie der Kontrast zwischen den Rustika des Erdgeschosses und dem feinen Haustein des ersten Stockwerks zeigen bereits Eigenschaften des späteren Manierismus.

Heute beherbergt das Gebäude wieder die Kongregation für die Ostkirchen, den Päpstl. Rat zur Förderung der Einheit der Christen, den Päpstl. Rat für den interreligiösen Dialog und die Päpstl. Kommission für Palästina.

Bibl.: S. Zilys, *La Sede della S. Congregazione: il Palazzo dei Convertendi*, in *La sacra Congregazione per le Chiese Orientali nel cinquantesimo della fondazione (1917–1967)*, Rom 1969. S. 65–71; A. Bruschi, *Bramante archittetto*, Bari 1969. S. 1040–46; M. Miraglia, *Palazzetto „Casa di Raffaello"*, in P. Portoghesi, *Roma del Rinascimento*, II, Rom 1971, S. 442–443; C. L. Frommel, *Der Röm. Palastbau der Hochrenaissance*, Tübingen 1973, I, S. 93–96, II, S. 80–87, III, S. 32–34 (Abb.); M. L. Casanova, *La casa di Raffaello in Borgo*, in *Aspetti dell'arte a Roma prima e dopo Raffaello*, Ausstellungskatalog, Rom 1984, S. 156–163; L. Gigli, *Guide rionali di Roma. Rione XIV: Borgo*, II, Rom 1992, S. 44–60, 163–164.

L. Gigli

PALAST DER CANCELLERIA

Bis heute wird er *Palazzo della Cancelleria* (= der Kanzlei) genannt, da in diesem Gebäude über viereinhalb Jahrhunderte das wichtige Kurienbüro, die Apost. Kanzlei (→) ihren Sitz hatte. Sie wurde 1973 aufgelöst. Kardinal Raffaele Sansoni Riario ließ den Renaissancepalast ab 1486 errichten mit dem Einsatz einer beim Würfelspiel von Franceschetto Cybo, dem Neffen Innozenz' VIII., gewonnenen Summe. Vom röm. Chronisten Stefano Infessura wissen wir, daß der Kardinal dem Papst, der ihm deswegen ernste Vorwürfe machte, antwortete, er gebe das Geld „*in ligneis et cementibus et mercedibus fabrorum eo quod struebat eius palatium in platea Sancti Laurentii in Damaso*" aus. Der jetzige Kanzleipalast steht in der Tat auf dem Areal, auf dem der hl. Papst Damasus (366–384) eine dem hl. Laurentius geweihte Basilika und ein Wohnhaus errichten ließ. Nachdem der Bau wegen der Abwesenheit Riarios für eine Weile unterbrochen wurde, nahm dieser die Arbeiten daran nach seiner Rückkehr 1503 wieder auf und führte sie bis 1513 zu Ende, als er durch Julius II. zum Bischof von Ostia ernannt wurde. Dies bezeugt auch der Zusatz *Eps. Ostien.* zu seinem Namen, der sich an der Inschrift der Fassade des Palastes am heutigen *Corso Vittorio Emanuele* befindet. Wegen seiner Beteiligung an der Verschwörung des Petrucci gegen Leo X. (1517) wurde Riario später u.a. gezwungen, den Palast nach seinem Tod im Jahr 1521 der Apost. Kammer zu hinterlassen.

Bis heute ist die Identität des Architekten unbekannt und jeder Verweis auf eine Beteiligung Bramantes bleibt hypothetisch. Der Palast hat quadratischen Grundriß mit vier Ecktürmen und einer Fassade in Travertin, die sich von der Backsteinverkleidung der übrigen Schauseiten abhebt. Auf Domenico Fontana geht das Portal (1589) zurück, dessen Granitsäulen den Balkon tragen und das in einen rechteckigen Innenhof führt. Dieser kunsthistorisch bedeutende Hof wird Bramante zugeschrieben und besteht aus drei Reihen von dorischen Granitsäulen, die vermutlich aus dem nahen Pompejus-Theater stammen.

Interessant ist im ersten Geschoß die *Sala Riaria* oder *Großer Saal*, da es sich um den größten des Gebäudes handelt. Er diente als Vorzimmer und seine Dekoration stammt noch aus der Zeit von Clemens XI. (1700–21). Von hier aus erreicht man den *Saal der 100 Tage*, der so genannt wird, da er in einem solchen Zeitraum von G. Vasari und seiner Werkstatt 1546 mit Fresken ausgestattet wurde. Auftraggeber für diese Arbeit war Kardinal Alessandro Farnese. Das Fresko ist in drei horizontale Ebenen unterteilt, auf deren mittlerer der *Frieden von Crépy zwischen Franz I. und Karl V.* dargestellt ist, für den Paul III. vermittelt hatte. Daneben sehen wir den *Wiederaufbau der Vatikanbasilika* mit dem Farnese-Papst, der den Entwurf des Sangallo studiert, *Paul III., der die Tugenden belohnt* und *das Geschenk der Nationen an Paul III.*; hinter dem *Saal der 100 Tage* befindet sich die Kardinalswohnung mit der *Cappella del Pallio*, die ebenfalls auf Wunsch des Kardinals A. Farnese errichtet wurde.

Während der jakobin. Röm. Republik von 1798–99 war der Kanzleipalast Sitz des Tribunals. In der Zeit der napoleonischen Besetzung (1809–14) residierte hier der kaiserliche Hof. Im Jahr 1848 tagte in dessen Sälen das Parlament des päpstl. Staates. Nachdem das Gebäude auch nach der Einigung Italiens 1870 im Besitz des Hl. Stuhls blieb, wurde es infolge der Lateranverträge von 1929 extraterritoriales Gebiet. Dazu gehört auch die neue Basilika *S. Lorenzo in Damaso*, die die alte Damasuskirche ersetzt. Heute ist hier der Sitz der drei Apost. Gerichte, der Pönitentiarie, der Obersten Signatur und Röm. Rota sowie der Päpstl. Akademie für Archäologie.

Bibl.: A. Schiavo, *Il Palazzo della Cancelleria*, Rom 1964; C. Pericoli Ridolfini, *Guide rionali di Roma. Rione VI: Parione*, II, 1977, S. 70–108; A. Schiavo, *Aggiunte al „Palazzo della Cancelleria"*, in *L'Urbe*, 49 (1986), S. 80–88; P. Rubin, *The private Chapel of Cardinal Alessandro Farnese in the Cancelleria*, in *Journal of the Warburg and Courtauld Institutes*, 50 (1987), S. 82–112; A. Schiavo, *La Sala Riaria nel Palazzo della Cancelleria*, in *Strenna dei Romanisti*, 49 (1988), S. 522–542.

E. Mugavero

Palast der Datarie

Palazzo della Dataria, an der *Salita Montecavallo* gelegen, der *Campo Marzio* mit dem Quirinal verbindet. Der Palast war Sitz des Kardinaldatars (→) und seiner Büros. Im Rahmen der durch Paul V. (1605–21) geförderten Einrichtung des Quirinals als päpstl. Sommerresidenz wurde er von der Apost. Kammer erworben, die dort die Apost. Datarie (→) unterbrachte. Für deren Zwecke reichte das kleine Gebäude am *Cortile della Panetteria* in der Nähe des Vatikanpalastes nicht mehr aus. Um dieser wichtigen Kongr. einen adäquaten Sitz zu geben, ließ Paul V. 1615 den Palast der Grafen Monti erwerben, der bereits 1611 als Wohnsitz für die *Famiglia Pontificia* angemietet worden war. Den Palast hatte Kardinal Orazio Maffei (1580–1609) errichtet. Noch heute ist die Gemäldedekoration der Loggia des Innenhofs zu sehen, die 1954 restauriert wurde. Im Gewölbe befinden sich Grotesken mit mythologischen Szenen, allegorischen Frauenfiguren und Landschaften in den Lünetten. Vier Landschaften, die auf die Jahreszeiten Bezug nehmen, sind stilistisch der Produktion des Flamen Paul Brill nah und werden auf die Wende 16./17. Jahrhundert datiert.

Während des Pontifikats Pius' IX., der in der Gegend des Quirinals verschiedene Veränderungen vornehmen ließ, wurde der Palast in einen größeren Komplex einbezogen. Die 1860 abgeschlossenen Arbeiten führten u.a. zu einer neuen Ansicht von der Straße aus, die die ursprünglichen Strukturen des Maffei-Palastes weitgehend respektierte. Nachdem der Kardinaldatar und seine Büros hier dreieinhalb Jahrhunderte residiert hatten, zogen sie 1961 in den neuen Palast der Kongr. um und das Gebäude wurde verkauft.

Bibl.: A. Negro, *Guide rionali di Roma. Rione II: Trevi*, II, 1, Rom 1985, S. 148–152.

A. Negro

Palast des Governatorats

Er war früher Sitz des päpstl. Franziskanerseminars, ist von Giuseppe Momo geplant und gebaut worden und liegt auf dem vatikanischen Hügel hinter der Apsis des Petersdoms. Noch bevor der Palast vollendet war, wurde er Sitz des Gouverneursamtes (*Governatorat*) des neuen Vatikanstaates, der durch die Lateranverträge am 11. Februar 1929 gegründet wurde.

Der Eingang des Palastes führt in ein breites Vestibül, das von mächtigen Säulen getragen wird. In dessen Mitte erhebt sich eine Stele mit der Marmorbüste von Pius XI. (1922–39), dem „Versöhnungspapst". An den beiden langen Fluren, die vom Vestibül ausgehen, befinden sich die Büros des Governatorats. In der Mitte des ersten Geschosses liegt der Ehrensaal, an den einige kleinere Empfangsräume angrenzen. Im selben Stock ist die Wohnung des Gouverneurs (seit 1952 unbesetztes Amt) und Säle für besondere Gelegenheiten.

Hinter dem Gouverneurspalast erhebt sich eine kleine Kirche, die mit dem Palast durch einen Glasgang verbunden ist. Die Kirche trägt in Erinnerung an die 1930 abgerissene Kapelle *S. Marta* den gleichen Namen (→). Neben den verschiedenen Büros des Governatorats haben im selben Gebäude heute die Päpstl. Komm. für den Staat der Vatikanstadt (→), die *Consulta* des Staates der Vatikanstadt (→), das Generalsekretariat und die Generaldirektion der technischen Dienste ihren Sitz.

Bibl.: Il Palazzo del Governatore, in *L'Illustrazione Vaticana*, 2 (1931), Nr. 21, S. 35–38; M. Ferrazza, *Palazzo del Governatorato*, in *Guide del Vaticano. La Città: parte occidentale*, Rom 1989, S. 64–66.

N. Del Re

Palast des Hl. Offiziums

Seit mehr als 400 Jahren ist dieser Palast Sitz der Kongr. des Hl. Offiziums, das erst 1965 die jetzige Bezeichnung „Kongr. für die Glaubenslehre" (→) bekam. Dieser Palast war ursprünglich von Kardinal Lorenzo Pucci an der *Porta Terrione* (heute *Porta Cavalleggeri*) auf einem Terrain errichtet worden, das Fürst Konstantin von Makedonien 1514 dem Kardinal überlassen hatte. 1525 wurde ohne Wissen des Bauherrn ein Brief mit der Bitte um einen Entwurf für die Fassade an Michelangelo geschickt. Doch es ist unklar, ob der Künstler diesem Wunsch nachkam. Beim Tod des Kardinals 1544 war der Bau noch unvollendet. Pius V. erwarb das Gebäude 1566 als Sitz für die röm. Inquisition oder das Hl. Offizium und ließ es zu diesem Zweck für die bedeutende Summe von 50.000 Scudi durch Pirro Ligorio und Sallustio Peruzzi mit Material aus der Dombauhütte fertigstellen. Der Papst besuchte das Gebäude, dessen Fassade nach Norden ging, im Juli 1567. Zwei Jahre später wurde gemeinsam mit dem Papstwappen folgende heute nicht mehr bestehende Inschrift auf dem Portal angebracht: PIVS V P.M. / CONGREGATIONIS SANCTAE INQUISITIONIS / DOMUM HANC QUA HAERETICAE / PRAVITATIS SECTATORES CAUTIUS / COERCERENTUR A FUNDAMENTIS / IN AUGMENTUM CATHOLICAE / RELIGIONIS EREXIT / ANNO MDLXIX.

Bis in die Zeit Leos XII. sind keine Dokumente über das Gebäude erhalten. Überliefert ist, daß Sixtus V. 1586 ein Gefängnis anbauen und sein Wappen an der westlichen Ecke der Fassade anbringen ließ. Ebenso findet sich der Name Urbans VIII. über dem Architrav einer Tür im ersten Stock, die in den Saal der *Consulta* führt. Leo XII. restaurierte schließlich das Gebäude und ließ das Gefängnis wieder herrichten. Zwischenzeitlich befand sich dort die vatikanische Mosaikwerkstatt, die der französischen Krone unterstand. Benedikt XV. ordnete dann die Erweiterung und den kompletten

Umbau des Palastes an, der für das Hl. Jahr 1925 fertiggestellt war.

Aufgrund der mangelnden Dokumentation und der zahlreichen Veränderungen ist die Baugeschichte schwer rekonstruierbar. Einige Elemente aus den Jahren 1514–15 sind im ursprünglich quadratischen Arkadenhof mit dorischen Pfeilern im Erdgeschoß und dorischen Säulen im ersten Geschoß erhalten. Hier entdecken wir einen Künstler, dessen Namen unbekannt ist und der von den Bramantschen Erneuerungen noch unberührt ist, sondern eher dem Stil des Hofs im Doria Pamphili-Palast (1505) nahesteht.

Die alte Fassade kann nicht sicher datiert werden und der Entwurf von Giuliano Leno wurde nicht realisiert. Nach einer Theorie von Frommel war dies der Architekt, der den ersten Plan für das Gebäude entwarf. Diesem folgte Antonio da Sangallo, der sich im Auftrag des Kardinals Antonio Pucci mit dem Bau zwischen 1532 und 1534 beschäftigte. Später arbeitete Pirro Ligorio daran und hinterließ zwei Entwürfe. Am Beginn des 17. Jh. wurde an der Westseite des Gebäudes das Dominikanerkloster errichtet, das in unserer Zeit der neuen Nervi-Audienzhalle weichen mußte.

1912 wurde der Stil des Palastes, der sich aus Elementen verschiedener Jahrhunderte zusammensetzte, vereinheitlicht. Dabei kamen neue Räumlichkeiten für die Büros des Hl. Offiziums sowie sechs große Wohnungen für die Kardinäle und andere, kleinere, für Prälaten der Kongr. hinzu. Der Hof wurde zu einem Rechteck erweitert. Während dieser Bauarbeiten, bei denen auch das Gefängnis abgerissen wurde, traten Überreste von Abwasserleitungen aus röm. Zeit zutage.

Bibl.: P. Guidi, *La ricostruzione del Palazzo Pontificio del S. Uffizio*, in *L'Architettura italiana*, 1. Juli 1927, S. 73–77; P. Portoghesi, *Roma del Rinascimento*, II, Rom 1971, S. 458; C. L. Frommel, *Der röm. Palastbau der Hochrenaissance*, Tübingen 1973, S. 146–148, III, S. 179–180; G. Cornini, *Palazzo del Sant'Uffizio, in Guide del Vaticano, 3: La Città, parte occidentale*, Rom 1989, S. 18–24.

L. Gigli

Palast des Tribunals

→ Tribunal des Staates der Vatikanstadt

Palast von „San Calisto“

Der Palast des hl. Calixtus, dessen Hauptseite am Platz *S. Maria in Trastevere* liegt, ist sehr alten Ursprungs. Im Mittelalter diente er als Residenz der Kardinäle von *S. Maria in Trastevere*, wie z.B. für den Franzosen Franz von Alençon (gest. 1397), der den Palast in seinem Testament erwähnt. Er wurde von Gregor IV. wahrscheinlich 828 errichtet und von dem anliegenden Kloster für die Mönche getrennt, die in der Basilika dienten. Er war Sitz der Konsistorien während des Pontifikats Urbans VI. (1378–89). Später wurde er vermutlich durch Eugen IV. wieder aufgebaut, der dort 1434 wohnte. Der Aufruhr der Römer zwang ihn, als einfacher Mönch gekleidet nach Florenz zu fliehen. Paul V. ließ das Gebäude erneut umbauen und überließ es 1608 mit den Gärten und der Calixtuskapelle den Benediktinern von St. Paul vor den Mauern, um sie für den Verlust der kleinen Kirche *S. Saturnino a Monte Cavallo* zu entschädigen, die der Erweiterung des Quirinalspalastes weichen mußte. Die Mönche nutzten den Palast als Sommerresidenz, wo sie sich jeweils zwischen dem 15. Mai und dem 15. November von der malariaverseuchten Gegend bei St. Paul entfernt aufhielten. Der Calixtus-Palast mit den Wappen der Benediktiner und Pauls V. beherbergte neben den Unterkünften der Ordensgemeinschaft auch den Sitz der Generalvertretung der Cassiner Kongregation, Wohnungen für nach

Rom reisende Äbte, die Bibliothek der Abtei, ein naturwissenschaftliches Kabinett, das Generalarchiv der Kongr. und den Sitz des Kollegs des hl. Anselm. 1799 wurde das wertvolle Archiv aufgelöst. 1814 beschädigten französische Soldaten das Gebäude, das auch 1849 während der Röm. Republik nicht verschont blieb. Pius IX. ließ es 1854 restaurieren.

Nach 1870 beanspruchte der neu gegründete italienische Staat den Palast, um ihn als Kaserne zu nutzen, gab ihn 1876 jedoch teilweise den Mönchen zurück. Seit den Lateranverträgen gehört das Gebäude wieder dem Hl. Stuhl. Pius XI. ließ es erneut restaurieren, als er dort zwischen 1934 und 1937 das große Gebäude für die Kongr. der Röm. Kurie errichten ließ.

Bibl.: L. Gigli, *Guide rionali di Roma. Rione XIII: Trastevere*, II, Rom 1979, S. 126–130/221–222.

L. Gigli

Palastsekretariate

Mit diesem Sammelbegriff bezeichnete man die verschiedenen Sekretariate, die direkt vom Papst abhängig waren. Sie wurden auch „päpstl. Sekretariate" genannt. Das Attribut „Palast" wurde den Sekretariaten hinzugefügt, da sie ursprünglich alle ihren Sitz im Apost. Palast hatten.

Zu Beginn dieses Jahrhunderts zählten folgende Sekretariate zu den Palastsekretariaten: das „Staatssekretariat", das „Sekretariat für die Papstbreven", das „Sekretariat für die Memoriale", das „Sekretariat für die Fürstenbreven" und das „Sekretariat für die lateinischen Briefe". Den ersten dreien stand ein Kardinal vor, den beiden letzten ein einfacher Prälat. Die Bezeichnung „Palastsekretariat" verschwand mit der großen röm. Kurienreform unter Pius X. im Jahr 1908 aus der Kurienterminologie. Er wandelte das „Sekretariat für die Papstbreven" unter dem veränderten Namen „Kanzlei für apostolische Breven" (→) in die dritte Sektion des Staatssekretariats um. Das Sekretariat für die Fürstenbreven und das Sekretariat für die lateinischen Briefe unterstellte er direkt dem Staatssekretariat. Das „Sekretariat für die Memoriale" war bereits im Jahr 1904 abgeschafft worden.

N. Del Re

Palatin-Ehrengarde

Sie wurde von Pius IX. am 14. Dezember 1850 aufgestellt und leitete sich von der Verschmelzung zweier schon bestehender bewaffneter Korps her: der städtischen Miliz des Volkes von Rom und der ausgewählten Bürgergarde, deren wirksame Fortsetzung sie war. Die Ehrengarde, genannt „Palatingarde", bestand größtenteils aus den Männern, die schon jenem Korps angehört hatten, das dem Souverän während der Röm. Republik von 1848–49 treu geblieben war. Sie übernahm übrigens die gleichen Dienste, die die erwähnten Formationen geleistet hatten. Sie trug auch die gleiche Uniform wie die ausgewählte Bürgergarde, nur waren die Farben der beiden Kleidungsstücke vertauscht. Die neue Palatingarde trug daher einen blauen Waffenrock und rote Hosen, während die Kopfbedeckung, eine hohe schwarze Mütze, unverändert blieb. Nach Art. 10 der ersten Satzung von 1854 bestand die Mannschaft des Korps, das am 1. Januar 1851 in Funktion trat, aus einem Bataillon mit zwei Kompanien zu je achtzig Mann, mit einem großen und einem kleinen Kommando. Dazu kamen einige bezahlte Angestellte. Sie war direkt vom Kardinalpräfekten der Hl. Apostol. Paläste abhängig und für den Dienst bei der hohen Person des Papstes bestimmt. Die Palatingarde leistete also die Ehrendienste bei den päpstl. Zeremonien oder Gottesdiensten und sandte ein entsprechendes Kontingent dorthin. Sie mußte auch einen bewaffneten Trupp für den täglichen Dienst in der *Anticamera* stellen, wobei sie hinter der Nobelgarde stand, ferner gemäß den Instruktionen an den Orten zur Verfügung stehen, wohin sich der Papst begab. Sie konnte auch gelegentlich für andere, dienstfremde Aufgaben herangezogen werden, so daß wir sie oftmals an der Seite der Linientruppen bei den Wachdiensten an den Toren der Stadt und bei Wachrunden finden, oder bei der Bewachung militärischer Anlagen und Gebäude von öffentlicher Wichtigkeit.

1859 verlieh Pius IX. der Palatingarde den Titel „Ehrengarde". Ihre Stärke war inzwischen auf zwei Bataillone zu je vier Kompanien angewachsen (zwei waren jeweils Grenadiere und zwei Jäger). Die Garde hatte ferner die Ehre einer Fahne und einer Musikkapelle. Ihre Angehörigen wurden mit verschiedenen Gunsterweisen und persönlichen Privilegien ausgezeichnet, deren Verdienst sie beständig durch Hingabe und Pflichttreue unter Beweis stellten. In den kommenden Jahren wurde die Garde dann auch als Hilfskorps der Polizei und als Hilfskorps des aktiven Heeres bei Paraden zu öffentlichen Ordnungsdiensten herangezogen. Dies wurde 1867 auch öffentlich von General Hermann Kanzler anerkannt, dem Pro-Minister für das Heer. Nach 1870 wurde die Palatingarde zusammen mit der Nobelgarde (→), der Schweizergarde (→) und der Gendarmerie (→) im Dienst des Papstes belassen, doch erfuhr sie, auch aufgrund eingeschränkter Tätigkeit, eine Reduzierung ihrer Mannschaft. Mit der neuen Satzung von 1892 wurde sie dann wieder auf die ursprüngliche Stärke von einem Bataillon, aber mit vier Kompanien zu je achtzig Mann, mit einem großen und einem kleinen Kommando, zurückgeführt. Dazu kam eine Abteilung ohne Rang, so daß sie insgesamt aus 350 Mitgliedern bestand, die nun unmittelbar vom Kardinalstaatssekretär abhängig waren.

Im Anschluß an die Lateranverträge von 1929 mußte die Palatingarde wegen der gestiegenen Zahl der offiziellen Zeremonien ihre Dienste verstärken, so daß eine neue Reform ihrer Satzung nötig wurde, die am 31. Dezember 1934 erfolgte. Danach orientierte sich die Ordnung der Garde am italienischen Militär. Ihre Stärke blieb bei einem Bataillon zu vier Kompanien zuzüglich Musikkorps und Reservekompanie (Art. 10). Es wurde auch erneut die Art der zu leistenden Dienste festgelegt, die sich in ordentliche und außerordentliche unterschieden. Zu den ersten gehörten die *Anticamera*-Dienste sowie die Parade- und Ehrendienste; zu den zweiten all jene, die der Aufrechterhaltung der Ordnung dienten (Art. 75–77). Die Palatingarde wurde später auf zwei Bataillone verstärkt und zeichnete sich in den Jahren 1943–44 besonders aus, indem sie sich freiwillig den Vatikanischen Autoritäten für all jene Dienste zur Verfügung stellte, die durch aktuelle Anliegen nötig wurden. Eine feste Abteilung von etwa 150 Mann wurde umgehend kaserniert, um eine größere Zahl von Wachdiensten leisten zu können, die sich im übrigen auch auf die extraterritorialen Gebäude erstreckten. Zu ihrer besseren Durchführung mußte man ein Hilfstrupp (*Ausiliari*) aufstellen, das ein Kontingent von fast 2.000 Personen, unterteilt in 16 Abteilungen, bildete, die eine entsprechende Anzahl festgelegter Zonen zu bewachen hatten. Zu Ehren dieses Hilfstrupps der Garde sei der Name von Prof. Salvatore Canalis genannt, der am 24. März 1944 in den *Fosse Ardeatine* erschossen wurde.

Neben den Ehren- oder Ordnungsdiensten war die Palatingarde auch im Bereich der christlichen Nächstenliebe tätig und engagierte sich in verschiedenen Initiativen, die einer solideren geistlichen und kulturellen Weiterbildung aller Angehörigen dieser besonderen

Miliz dienten. Als die Palatingarde schließlich am 14. September 1970 durch Verfügung Pauls VI. mit einem Brief an Kardinal Jean Villot, dem Präfekten des damaligen Rates für die Öffentlichen Angelegenheiten der Kirche, aufgelöst wurde (AAS, LXII [1970], S. 587–588), existierte sie doch unter anderem Aspekt in der Bruderschaft der hl. Petrus und Paulus (→) weiter. Diese wurde am 23. April 1971 gegründet und vereinte fast alle Angehörigen des Kops der Palatin-Ehrengarde in dem Wunsch, weiter „ein besonderes Zeugnis christlichen Lebens, des Apostolates und der Treue zum Apost. Stuhl zu geben", wie Art. 1 des Statuts der neuen Bruderschaft formuliert.

Bibl.: M. Usai, *La Guardia Palatina d'Onore di Sua Santità*, Rom 1942; *Fedeltà Palatina*, ebd. 1945; N. Del Re, *Cento anni di fedeltà; note storiche sulla Guardia Palatina d'Onore di Sua Santità*, ebd. 1950.

N. Del Re

Palatinische Verwaltungen

Unter diesem allgemeinen Namen waren früher einige vatikanische Organe zusammengefaßt, die nicht zur Röm. Kurie, wohl aber zur Verwaltung der Apostol. Paläste gehörten und damit dem Staatssekretariat unterstanden. Wie das *Annuario Pontificio* 1988 angibt, waren es: die Dombauhütte, die Apostol. Vatikanische Bibliothek, das Vatikanische Geheimarchiv, die Vatikanische Druckerei, der Osservatore Romano, Radio Vatikan, der Pressesaal des Hl. Stuhles und das Vatikanische Fernsehzentrum. Infolge der Neuordnung der Kurie mit der Konstitution Johannes Pauls II. *Pastor Bonus* vom 28. Juni 1988 (AAS, LXXX [1988], S. 841–930) tragen alle erwähnten Institutionen den neuen Namen *Institutionen, die mit dem Hl. Stuhl verbunden sind.* Sie gehören zwar nicht im eigentlichen Sinn zur Röm. Kurie, leisten aber doch verschiedene notwendige oder nützliche Dienste für den Papst und die universale Kirche. Es sind nun: das Geheimarchiv des Vatikan, die Apostol. Vatikanische Bibliothek, der Pressesaal des Hl. Stuhles, die Vatikanische Druckerei, die Vatikanische Verlagsbuchhandlung, der Osservatore Romano, Radio Vatikan, das Vatikanische Fernsehzentrum, die Dombauhütte und die Päpstl. Almosenabteilung.

N. Del Re

Palazzina „dei Giardini"

→ Gärtnerhaus

Palazzina Innozenz' VIII.

Innozenz VIII. (1484–92), Giovanni Battista Cybo, ließ diese Villa anlegen, die im 18. Jh. stark verändert wurde, um als Museumstrakt zu dienen.

Das Gebäude liegt auf dem *Mons S. Aegidii* im Norden des Vatikan. Die Arbeiten dazu begannen etwa 1485 (1486 erstmals dokumentiert). Vasari nennt als Architekten des Komplexes den Bildhauer Antonio del Pollaiolo, der auch das Grabmal für diesen Papst schuf, und andere, „da Pollaiolo wenig Bauerfahrung hatte". Laut Dokumenten zählt dazu Jacopo da Pietrasanta, der seit 1452 im Vatikan tätig war. Außerdem soll auch Baccio Pontelli an der Ausführung beteiligt gewesen sein.

Die *Palazzina* sollte ursprünglich als Einkehr-, Freizeit- und Ruhestätte dienen und war deshalb anfänglich (d. h. bevor der Papst sie zu einer kleinen Villa umbauen ließ) als einfacher, offener Wandelgang angelegt mit einer großen Loggia gegen Norden und zwei turmähnlichen Gebäudeteilen an den Seiten. An einer befand sich eine kleine Kapelle mit Sakristei. Die jüngsten Restaurierungen haben bestätigt, daß dem Bau später auf der Ostseite ein weiterer Flügel angeschlossen wurde, um eine Wohnung für den Papst und einige Wirtschaftsräume zu schaffen.

Was die Innendekoration, die größtenteils beim Bau des *Museo Pio-Clementino* verlorenging, betrifft, so sprechen die Archivdokumente nicht von den wichtigsten Künstlern, Mantegna und Pinturicchio, sondern nur von Pier Matteo d'Amelia. Mantegnas Arbeit ist jedoch durch seine Signierung in der Kapelle belegt, während Pinturicchio nur in einigen literarischen Werken Erwähnung findet.

Der Eingang zur Villa befand sich im heutigen *Cortile Ottagono*, wurde aber bei den Bauarbeiten für das Museum geopfert. Über dem Eingang befand sich eine Inschrift und das Wappen des Papstes, das heute im *Appartamento Borgia* aufbewahrt wird.

Wie aus den spärlichen Fragmenten und Darstellungen zu entnehmen ist, war die Dekoration architektonisch als offener Raum konzipiert und den Bogenöffnungen der Loggia waren Blendbögen mit Stadtansichten gegenübergestellt.

Die Fresken in den Lünetten sind besser erhalten: Sechs davon sind späteren Datums und entstanden unter Pius VI. (1775–99). Sie zeigen geflügelte Putten mit Instrumenten, dem Papstwappen, seinem Wahlspruch und seinem Wappentier, dem Pfau.

Das Gewölbe der Loggia ist das ursprüngliche, wurde aber während der Regierungszeit Clemens' XIV. neu mit Sirenen, Greifen und mythologischen Szenen bemalt.

An der Westseite schloß die Loggia mit einer dem hl. Johannes, dem Schutzpatron des Papstes, geweihten Kapelle ab. In der Außenwand befand sich ein großes Fenster, damit man auch von außen an der Messe teilnehmen konnte.

Mantegna kam 1488 nach Rom, um an der Villa zu arbeiten und blieb dort bis 1490. Da er sich über die schlechte Bezahlung und die übermäßige Arbeit beschwerte, ist anzunehmen, daß er nicht nur mit den Malarbeiten, sondern auch mit der Leitung der Dekoration beauftragt war. Als er Rom – vom Papst mit Ehrungen ausgezeichnet – verließ, hinterließ er seine Signierung in der päpstl. Kapelle.

Die Sakristei ist sowohl Mantegna als auch Pinturicchio zugeschrieben worden. Auch die auffallende Ähnlichkeit der dort befindlichen Fresken mit denen der *Sala dei Misteri* im *Appartamento Borgia* ist widersprüchlich interpretiert worden.

Auf der gegenüberliegenden Seite lagen einige Repräsentationsräume, die im 17. Jh. für die *Galleria dei Busti* zusammengelegt wurden. Die Fresken sind nicht mehr erhalten, da die Deckengewölbe größtenteils übermalt wurden. Es sind aber noch heute die Lünetten mit den Fresken der Propheten und Engel zu sehen, die wahrscheinlich von Pier Matteo d'Amelia stammen. In den Lünetten des zweiten Raumes sind sechs männliche Figuren mit verschiedenen Attributen gemalt, die vielleicht die freien Künste darstellen sollen.

Bibl.: C. L. Frommel, *Die Farnesina und Peruzzis architektonisches Frühwerk*, Berlin 1961; C. Pietrangeli, *Mantegna in Vaticano*, in *„L'urbe"*, 24 (1961), S. 95–103; D. Redig De Campos, *Il Belvedere d'Innocenzo VIII in Vaticano,* in *Triplice omaggio a Sua Santità Pio XII*, II, Vatikanstadt 1963, S. 289–317.

G. Manieri Elia

Pallium

Ein liturgisches Ehrenband, das der Papst und die Erzbischöfe, die er damit auszeichnet, bei bestimmten Gelegenheiten tragen. Das Pallium besteht heute aus einem 4–6 cm breiten Streifen weißer Wolle mit sechs schwarzen Seidenkreuzen und wird wie ein Schal um die Schultern gelegt. Dieses Ehrenzeichen war ursprünglich nur dem Papst vorbehalten. Später wurde es auch den Bischöfen zuerkannt, die vom Apost. Stuhl dieses besondere Recht erhielten, nachdem Papst Symmachus es 513 Cäsarius, dem Bischof von Arles verliehen hatte.

Einem Brauch aus der Mitte des 9. Jh. zufolge, müssen die Metropoliten (Erzbischöfe) persönlich oder durch einen Beauftragten innerhalb von drei Monaten nach ihrer Bischofsweihe den Papst um das Pallium bitten.

Die Pallien werden aus der Wolle von zwei in der Kirche *S. Agnese* jeweils am 21. Januar geweihten weißen Lämmern gewoben. Dieser Tag ist das Fest der röm. Märtyrerin Agnes, der Patronin dieser Kirche (→ Lämmer, Segnung der). Die Segnung der neuen Pallien wird am 29. Juni, dem Fest Peter und Paul, vom Papst vorgenommen. Danach werden sie in eine Bronzeurne im Vatikan gelegt, aus der sie entnommen werden, um sie den Metropoliten oder deren Beauftragten zu übergeben.

Bibl.: M. Righetti, *Manuale di storia liturgica*, I, Mailand 1950, S. 524–530.

N. Del Re

Papst

Die Bezeichnung stammt aus dem Griechischen (pappa/pappas), was „Vater" bedeutet. Der Titel Papst ist gegenwärtig in der lateinischen Kirche nur für den Summus Pontifex reserviert in seiner Eigenschaft als Vater aller Gläubigen. In den ersten Jahrhunderten des Christentums wurde er unterschiedslos für alle Bischöfe verwandt, wie der Schrift *De pudicitia* (XIII, 7) des Tertullian (150–230) zu entnehmen ist. Seit dem 4. Jh. n. Chr. läßt sich nachweisen, daß dieser Ehrentitel nur dem Bischof von Rom zusteht. Dies wurde kodifiziert in dem *Dictatus papae* Gregors VII., den die röm. Synode vom 24.–28. Februar 1075 in ihrem Art. 11 mit den Worten „Quod hoc unicum est nomen in mundo" bestätigte. Gleichzeitig gelten für ihn auch folgende Bezeichnungen: Pontifex, Summus Pontifex, Pontifex Maximus, Röm. Pontifex, Stellvertreter Christi, Universaler Hirte der Kirche, Nachfolger Petri oder des Apostelfürsten, Servus Servorum Dei (→), Heiliger Vater oder Heiligkeit (wenn man sich an ihn direkt wendet). Neben seiner Funktion als sichtbares Haupt der Gesamtkirche ist der Papst auch Patriarch des Abendlandes, Primas von Italien, Erzbischof und Metropolit der Kirchenprovinz Rom (einschl. der Diözese Rom u. der sog. suburbikarischen Bistümer von *Ostia, Albano, Frascati, Palästrina, Porto-Santa Rufina, Sabina-Poggio Mirteto, Velletri-Segni*) und Souverän des Staates der Vatikanstadt. Seine Insignien sind der Thron, die Tiara (→), der päpstl. Hirtenstab, der Fischerring (→) u. die päpstl. Gewänder (→).

Der Papst wird ausschließlich im Konklave (→) von Kardinälen gewählt, die das Heilige Kollegium bilden. Mit der legitimen Wahl, von ihm akzeptiert und mit der Bischofsweihe verbunden, pflegt der Papst einen von seinem Geburtsnamen unterschiedlichen Papstnamen (→) anzunehmen. Er übernimmt nach can. 332 § 1 des gegenwärtig geltenden CIC „die volle und höchste Gewalt in der Kirche". Im Codex heißt es außerdem: „Der Bischof der Kirche von Rom, in dem das vom Herrn einzig dem Petrus, dem Ersten der Apostel, übertragene und seinen Nachfolgern zu vermittelnde Amt fortdauert, ist das Haupt des Bischofskollegiums, Stellvertreter Christi und Hirte der Gesamtkirche hier auf Erden; deshalb verfügt er kraft seines Amtes in der Kirche über höchste, volle, unmittelbare und universale ordentliche Gewalt, die er immer frei ausüben kann." (*can.* 331).

In der Erfüllung seines Amtes als höchster Hirte der Universalkirche steht der Papst immer in Gemeinschaft mit den übrigen

Bischöfen der Weltkiche, von denen er sich in seinem Amt auf verschiedene Weisen helfen läßt. Eine ist die Bischofssynode (→), die er regelmäßig zusammenruft und natürlich auch die Organe der Röm. Kurie (→), die in seinem Namen und mit seiner Autorität zum Wohle der Gesamtkirche wirken.

Es folgt eine chronologische Liste aller Päpste nach den Angaben des *Liber Pontificalis* (Ausg. Duchesne, Paris 1886–92) und seiner Quellen, fortgeführt durch die Angaben im *Annuario Pontificio*. Die Gegenpäpste sind durch kursive Schreibweise gekennzeichnet. In einigen Fällen besteht Unklarheit, wer als rechtmäßiger Papst zu gelten hat. Die Geburtsnamen der Päpste sind angefügt, ofern sie historisch belegt sind. Die entsprechenden Biographien der Päpste bzw. Gegenpäpste finden sich unter den jeweiligen Papstnamen.

64/67	hl. Petrus
64–79	hl. Linus
79–90/92	hl. Anaklet I
90/92–101	hl. Clemens
99/101–107	hl. Evaristus
107–116	hl. Alexander I
116–125	hl. Sixtus I
125–138	hl. Thelesphorus
138–142	hl. Hyginus
142–154/55	hl. Pius I
154/155–166	hl. Anicet
166–174	hl. Soter
174–189	hl. Eleutherius
189–198/199	hl. Victor I
199–217	hl. Zephyrinus
217–222	hl. Calixtus I
217–235	*hl. Hippolytos*
222–230	hl. Urban I
230–235	hl. Pontianus
235–236	hl. Anterus
236–250	hl. Fabianus
251–253	hl. Cornelius
251–258	*Novatianus*
253–254	hl. Lucius I
254–257	hl. Stephanus I
257–258	hl. Sixtus II
259/260–267/268	hl. Dionysus
268/269–273/274	hl. Felix I
274/275–282/283	hl. Eutychianus
282/283–295/296	hl. Gaius
296–304	hl. Marcellinus
307–308	hl. Marcellus I
308	
[309, 310]	hl. Eusebius
310–314	hl. Miltiades
314–335	hl. Silvester I
336	hl. Markus
337–352	hl. Julius I
352–366	hl. Liberius
355–358	*Felix II*
366–384	hl. Damasus I
366–367	*Ursinus*
384–399	hl. Siricius
399–402	hl. Anastasius I
402–417	hl. Innozenz I
417–418	hl. Zosimus
418–422	*Eulalius*
418–419	hl. Bonifatius I
422–432	hl. Coelestin I
432–440	hl. Sixtus III
440–461	hl. Leo I
461–468	hl. Hilarus
468–483	hl. Simplicius
483–492	hl. Felix II (III)
492–496	hl. Gelasius I
496–498	Anastasius II
498–514	hl. Symmachus
498–506	*Laurentius*
514–523	hl. Hormisdas
523–526	hl. Johannes I
526–530	hl. Felix III (IV)
530–532	Bonifatius II
530	*Dioskur*

533–535	Johannes II
535–536	hl. Agapeth I
536–537	hl. Silverius
537–555	Vigilius
556–561	Pelagius I
561–574	Johannes III
575–579	Benedikt I
579–590	Pelagius II
590–604	hl. Gregor I
604–606	Sabinian
607	Bonifatius III
608–615	hl. Bonifatius IV
615–618	hl. Deusdedit
619–625	Bonifatius V
625–638	Honorius I
640	Severinus
640–643	Johannes IV
643–649	Theodor I
649–653	hl. Martin I
654–657	hl. Eugen I
657–672	hl. Vitalian
672–676	Adeodatus II
676–678	Donus
678–681	hl. Agathon
682–683	hl. Leo II
684–685	hl. Benedikt II
685–686	Johannes V
686–687	Konon
687	*Theodorus*
687–692	*Paschalis*
687–701	hl. Sergius I
701–705	Johannes VI
705–707	Johannes VII
708	Sisinnius
708–715	Konstantin I
715–731	hl. Gregor II
731–741	hl. Gregor III
741–752	hl. Zacharias
752	*Stephan II*
752–757	Stephan II (III)
757–767	hl. Paul I
767–768	*Konstantin II*
768	*Philipp*
768–772	Stephan III (IV)
772–795	Hadrian I
795–816	hl. Leo III
816–817	Stephan IV /(V)
817–824	hl. Paschalis I
824–827	Eugen II
827	Valentin
827–844	Gregor IV
844	*Johannes*
844–847	Sergius II
847–855	hl. Leo IV
855–858	Benedikt III
855	*Anastasius III*
858–867	hl. Nikolaus I
867–872	Hadrian II
872–882	Johannes VIII
882–884	Marinus I
884–885	hl. Hadrian III
885–891	Stephan V (VI)
891–896	Formosus
896	Bonifatius VI
896–897	Stephan VI (VII)
897	Romanus
897	Theodor II
898–900	Johannes IX
900–903	Benedikt IV
903	Leo V
903–904	Christophorus
904–911	Sergius III
911–913	Anastasius III
913–914	Lando
914–928	Johannes X
928	Leo VI
929–931	Stephan VII (VIII)
931–935	Johannes XI
936–939	Leo VII
939–942	Stephan VIII (IX)
942–946	Marinus II
946–955	Agapeth II
955–963	Johannes XII
	Ottaviano, dei conti di Tuscolo

963–965	Leo VIII
964	Benedikt V
965–972	Johannes XIII
973–974	Benedikt VI
974	*Bonifatius VII*
	Francone
974–983	Benedikt VII
983–984	Johannes XIV
	Pietro
984–985	Bonifatius VII
985–996	Johannes XV
996–999	Gregor V
	Brunone dei duchi di Carinzia
997–998	*Johannes XVI*
	Giovanni Filagato
999–1003	Silvester II
	Gerberto
1003	Johannes XVII
	Siccone
1003/04–1009	Johannes XVIII
	Fasano
1009–1012	Sergius IV
	Pietro
1012–1024	Benedikt VIII
	Teofilatto dei conti di Tuscolo
1012	*Gregor VI*
1024–1032	Johannes XIX
	Romano dei conti di Tuscolo
1032–1045	Benedikt IX
	Teofilatto dei conti di Tuscolo
1045	*Silvester III*
	Giovanni
1045–1046	Gregor VI
	Giovanni Graziano
1046–1047	Clemens II
	Suitger von Morsleben und Hornburg
1048	Damasus II
	Poppone
1049–1054	hl. Leo IX
	Bruno Graf von Egisheim-Dagsburg
1055–1057	Victor II
	Gebhard Graf von Dollnstein-Hirschberg
1057–1058	Stephan IX (X)
	Friedrich von Lothringen
1058–1059	Benedikt X
	Giovanni
1058–1061	Nikolaus II
	Gerhard aus Burgund
1061–1073	Alexander II
	Anselmo da Baggio
1061–1071/72	*Honorius II*
	Cadalo
1073–1085	hl. Gregor VII
	Hildebrand
1080–1100	*Clemens III*
	Wiberto
1086–1087	sel. Victor III
	Dauferio
1088–1099	sel. Urban II
	Oddone di Lagery
1099–1118	Paschalis II
	Raniero
1100–1102	*Theoderich*
1102	*Albert*
1105–1111	*Silvester IV*
	Maginulfo
1118–1119	Gelasius II
	Giovanni Caetani
1118–1121	*Gregor VIII*
	Maurizio e Burdino
1119–1124	Calixtus II
	Guido von Burgund
1124–1130	Honorius II
	Lamberto
1124	*Coelestin II*
	Tebaldo Buccapecus
1130–1143	Innozenz II
	Gregorio Papareschi
1130–1138	*Anaklet II*
	Pietro Petri Leonis
1138	*Victor IV*

1143–1144	Coelestin II Guido
1144–1145	Lucius II Gerardo Caccianemici
1145–1153	sel. Eugen III Bernardo forse dei Paganelli di Montemagno
1153–1154	Anastasius IV Corrado
1154–1159	Hadrian IV Nikolas Breakspear
1159–1181	Alexander III Rolando Bandinelli
1159–1164	*Victor IV* Ottaviano de Monticello
1164–1168	*Paschalis III* Guido da Crema
1168–1178	*Calixtus III* Giovanni
1179–1180	*Innozenz III* Lando
1181–1185	Lucius III Ubaldo Allucingoli
1185–1187	Urban III Uberto Crivelli
1187	Gregor VIII Alberto de Morra
1187–1191	Clemens III Paolo Scolari
1191–1198	Coelestin III Giacinto Bobone
1198–1216	Innozenz III Lotario dei conti di Segni
1216–1227	Honorius III Cencio Savelli
1227–1241	Gregor IX Ugolino dei conti di Segni
1241	Coelestin IV Goffredo Castiglioni
1243–1254	Innozenz IV Sinibaldo Fieschi
1254–1261	Alexander IV Rinaldo Edler von Ienne
1261–1264	Urban IV Giacomo Pantaléon
1265–1268	Clemens IV Guido Fulcodi
1271–1276	sel. Gregor X Tedaldo Visconti
1276	sel. Innozenz V Pietro di Tarantasia
1276	Hadrian V Ottobono Fieschi
1276–1277	Johannes XXI Pietro Iuliani
1277–1280	Nikolaus III Giovanni Gaetano
1281–1285	Martin IV Simone de Brion
1285–1287	Honorius IV Giacomo Savelli
1288–1292	Nikolaus IV Girolamo Masci
1294	hl. Coelestin V Pietro del Murrone
1294–1303	Bonifatius VIII Benedetto Caetani
1303–1304	sel. Benedikt XI Niccolò Boccasini
1305–1314	Clemens V Bertrand de Got
1316–1334	Johannes XXII Jaques Duèse
1328–1330	*Nikolaus V* Pietro Rainallucci
1334–1342	Benedikt XII Jaques Fournier
1342–1352	Clemens VI Pierre Roger
1352–1362	Innozenz VI Etienne Aubert
1362–1370	sel. Urban V Guillaume de Grimoard

1370–1378	Gregor XI Pierre Roger de Beaufort	1503–1513	Julius II Giuliano della Rovere
1378–1389	Urban VI Bartolomeo Prignano	1513–1521	Leo X Giovanni de' Medici
1378–1394	*Clemens VII* Roberto dei conti del Genevois	1522–1523	Hadrian VI Hadriano Florensz
1389–1404	Bonifatius IX Pietro Tomacelli	1523–1534	Clemens VII Giulio de' Medici
1394–1423	Benedikt XIII Pietro de Luna	1534–1549	Paul III Alessandro Farnese
1404–1406	Innozenz VII Sodma Migliorati	1550–1555	Julius III Giovanni Maria Ciocchi del Monte
1406–1415	Gregor XII Angelo Correr	1555	Marcellus II Marcello Cervini
1409–1410	Alexander V Pietro Filargo	1555–1559	Paul IV Gian Pietro Carafa
1410–1415	Johannes XXIII Baldassarre Cossa	1559–1565	Pius IV Giovan Angelo de' Medici
1417–1431	Martin V Oddone Colonna	1566–1572	hl. Pius V Antonio Ghislieri
1423–1429	*Clemens VIII*	1572–1585	Gregor XIII Ugo Boncompagni
1431–1447	Eugen IV Gabriele Condulmer	1585–1590	Sixtus V Felice Peretti
1439–1449	*Felix V* Amedeo duca di Savoia	1590	Urban VI Giambattista Castagna
1447–1455	Nikolaus V Tommaso Parentucelli	1590–1591	Gregor XIV Niccolò Sfondrati
1455–1458	Calixtus III Alonso de Borja	1591	Innozenz IX Giovan Antonio Facchinetti
1458–1464	Pius II Enea Silvio Piccolomini	1592–1605	Clemens VIII Ippolito Aldobrandini
1464–1471	Paul II Pietro Barbo	1605	Leo XI Alessandro de' Medici
1471–1484	Sixtus IV Francesco della Rovere	1605–1621	Paul V Camillo Borghese
1484–1492	Innozenz VIII Giovanni Battista Cibo	1621–1623	Gregor XV Alessandro Ludovisi
1492–1503	Alexander VI Rodrigo de Borja	1623–1644	Urban VIII Maffeo Barberini
1503	Pius III Francesco Todeschini-Piccolomini		

1644–1655	Innozenz X Giovanni Battista Pamphili
1655–1667	Alexander VII Fabio Chigi
1667–1669	Clemens IX Giulio Rospigliosi
1670–1676	Clemens X Emilio Altieri
1676–1689	sel. Innozenz XI Benedetto Odescalchi
1689–1691	Alexander VIII Pietro Ottoboni
1691–1700	Innozenz XII Antonio Pignatelli
1700–1721	Clemens XI Giovanni Francesco Albani
1721–1724	Innozenz XIII Michelangelo dei Conti
1724–1730	Benedikt XIII Pietro Francesco Orsini
1730–1740	Clemens XII Lorenzo Corsini
1740–1758	Benedikt XIV Prospero Lambertini
1758–1769	Clemens XIII Carlo Rezzonico
1769–1774	Clemens XIV Giovanni Vincenzo Antonio Ganganelli
1775–1799	Pius VI Giannangelo Braschi
1800–1823	Pius VII Barnaba Chiaramonti
1823–1829	Leo XII Annibale della Genga
1829–1830	Pius VIII Francesco Saverio Castiglioni
1831–1846	Gregor XVI Bartolomeo Alberto Cappellari
1846–1878	Pius IX Giovanni Maria Mastai Ferretti
1878–1903	Leo XIII Gioacchino Pecci
1903–1914	hl. Pius X Giuseppe Sarto
1914–1922	Benedikt XV Giacomo della Chiesa
1922–1939	Pius XI Achille Ratti
1939–1958	Pius XII Eugenio Pacelli
1958–1963	Johannes XXIII Angelo Giuseppe Roncalli
1963–1978	Paul VI Giovanni Battista Montini
1978	Johannes Paul I Albino Luciani
1978	Johannes Paul II Karol Wojtyla

Bibl.: A. P. Frutaz, in *Enciclopedia cattolica* IX, Sp. 751–768; P. Granfield, *Das Papsttum. Kontinuität und Wandel*, Münster 1984; L. Dorn, *Der Papst und die Kurie. Wie die Weltkirche regiert wird*, Freiburg i. Br. 1989.

N. Del Re

Papstaltar

Es ist der Hauptaltar der fünf röm. Patriarchalbasiliken *S. Giovanni* im Lateran, St. Peter im Vatikan, St. Paul vor den Mauern, *S. Maria Maggiore* und *S. Lorenzo* vor den Mauern, zu denen später noch die der beiden Basiliken *S. Francesco* und. *S. Maria degli Angeli* in Assisi kamen (1754 u. 1909). Nach Maßgabe des *can.* 823, § 3 des Codex von 1917 ist der Papstaltar dem Papst vorbehalten. Niemand konnte dort ohne seine Sondergenehmigung zelebrieren. Eine solche Ausnahme besteht in der Basilika St. Paul, wo der jeweilige Abt am 25. Januar, dem Tag der Bekehrung des hl. Paulus, am Papstaltar die hl. Messe feierte – nach einem Privileg, das 1203 von Innozenz III. gewährt und von Benedikt XV. 1920 bestätigt wurde. Die strenge Durchführung des Privilegs des Papstaltares hat seit Paul VI. mit dem Motu Proprio *Peculiare ius* vom 8. Februar 1966 (AAS, LVIII [1966], S. 119–122) einige Milderungen erfahren. Danach können heute am Papstaltar außer dem Papst auch andere Personen die hl. Messe feiern, wobei die Normen Nr. 1–3 des erwähnten Dokumentes gewahrt bleiben.

Die Gründe für eine Sondergenehmigung sind immer ein großer Zulauf von Gläubigen, sei es zu den Hochfesten der Kirche, sei es bei Kongressen und Versammlungen, sei es bei zahlreichen Pilgergruppen. Für eine Erlaubnis ist ausschließlich jene Person zuständig, der die betreffende Basilika untersteht.

Bibl.: A. Schiavo, *L'altare papale in S. Pietro*, in *Strenna dei Romanisti*, 22 (1961), S. 161–164.

N. Del Re

Papstaudienz

Mit der Formel *ex audientia Sanctissimi* werden alle Vollmachten, Gnaden und Dispensen bezeichnet, die vom Papst direkt bei einer gewöhnlichen Tabellaraudienz (→) gewährt werden, auf Bitten der Vorsteher einer Kongr. oder eines anderen kirchlichen Dikasteriums. Sie berichten dabei dem Papst jeweils, daß eine Dispens, Gnade oder Vollmacht für ihre normale Amtsführung abgelaufen ist.

Päpste, Verzeichnis der

→ Papst

Papsthymne

Wie jeder souveräne Staat, so besitzt auch der Staat der Vatikanstadt seine offizielle Hymne, die nach dem Willen Pius' XII. seit dem 24. Dezember 1949 der Papstmarsch ist, den der berühmte französische Musiker Charles Gounod (1818–1893) komponiert hat. Der Marsch von Gounod wurde zum Jahresgedächtnis der Krönung Pius' IX. geschrieben und zum ersten Mal am Nachmittag des 11. April 1869 bei Gelegenheit des 50. Priesterjubiläums des Papstes auf dem Petersplatz aufgeführt. Eine große Menschenmenge hatte sich eingefunden, um das besondere Konzert der sieben militärischen Musikkapellen zu Ehren des Papstes, die zu ebensovielen in Rom stationierten Regimentern gehörten, anzuhören. Mit besonders großem Beifall wurde der Papstmarsch Gounods bedacht und später auch noch oft gespielt, ohne aber zur Papsthymne zu werden. Denn seit 1857 gab es bereits eine Hymne aus der Feder des österreichischen Kapellmeisters Vittorino Hallmayr, dem Leiter der Musikkapelle des 47. Infanterieregimentes „Graf Kinsky" von der österreichischen Schutztruppe in Italien, die zum ersten Mal im Sommer des Jahres in Anwesenheit Pius' IX. in Bologna aufgeführt worden war. Am Vorabend des Heiligen Jahres 1950 verfügte Pius XII., diese bis dahin verwendete offizielle Hymne durch den Papstmarsch von Gounod zu ersetzen, der „unserer Zeit besser zu entsprechen" schien. Er wurde dann als neue offizielle Hymne am 24. Dezember 1949 zusammen mit der alten Hymne aufgeführt. Der Übergang erfolgte mit einem Tagesbefehl vor der Musikkapelle der Palatin-Ehrengarde, die mit all ihren Abteilungen im Damasushof (→) Aufstellung genommen hatte. Die Papsthymne erklingt im Vatikan, wenn der Papst offiziell auftritt und bei Gelegenheit offizieller Empfänge von auswärtigen Staatsoberhäuptern. Dazu wird natürlich die Nationalhymne der betreffenden Staaten gespielt. Sie wird aber auch außerhalb des Vatikans zu Gehör gebracht, wenn der Papst ausländische Nationen besucht, oder wenn ein Päpstl. Legat im Ausland offiziell empfangen wird. Neben den normalen Fassungen für Musikkapellen gibt es die Papsthymne auch in einer Fassung für Orchester und eine für Klavier, ein Werk des Kapellmeisters Alberico Vitalini von Radio Vatikan. Auf Msgr. Antonio Allegra, den alten Organisten von St. Peter, geht dagegen der italienische Text zurück. Um von allen Gläubigen der Welt gesungen werden zu können, wurde die Hymne von Gounod neuerdings auch mit einem lateinischen Text versehen, der auf den Kanonikus von Savona, Msgr. Raffaello Lavagna, zurückgeht. Er ließ sich bei dieser Arbeit an den vielen Petrusstellen in der Bibel inspirieren. Hier der Anfang: *„O Roma felix- O Roma nobilis/ Sedes es Petri, qui Romae effudit sanguinem,/ Petri, cui claves datae sunt regni caelorum./ qui Romae Pontifex, Tu, successor es Petri; / Pontifex, Tu magister qui tuos confirmas fratres..“* Die Hymne wurde mit diesem Text zum ersten Mal in der Audienzhalle Pauls VI. im Vatikan vom Mitteldeutschen Rundfunk aus Leipzig am 16. Oktober 1993 bei Gelegenheit des 15. Jahrestages der Papstwahl Johannes Pauls II. aufgeführt.

Bibl.: R. Panetta, *L'Inno pontifcio e la sua storia*, in *L'Osservatore della Domenica* vom 15. Juni 1980.

N. Del Re

PAPSTKRÖNUNG

Bei dieser Zeremonie wurde dem neuen Papst die Tiara (→) aufgesetzt. Sie fand in der Regel an einem Sonntag oder einem anderen Festtag in der Vatikanischen Basilika statt. Als erster gekrönter Papst gilt allgemein Nikolaus I. (858). Sicher scheint jedoch, daß die Gewohnheit, die Röm. Päpste zu krönen, auf frühere Zeiten zurückgeht. In letzter Zeit war die Zeremonie der Krönung ein integraler Teil der „Thronbesteigung“ (→). Sie begann mit einer feierlichen Prozession, die den Neugewählten, der auf der *sedia gestatoria* (→) saß, vom Apost. Palast bis zum Altar der *Confessio* in St. Peter begleitete. Auf dem Weg in der Basilika beugte ein päpstl. Zeremoniar dreimal vor dem Papst das Knie und trug dabei einen silbernen Stab, auf dem ein Büschel Werg brannte. Dabei rief er laut die Worte: *„Sancte Pater, sic transit gloria mundi“* (Hl. Vater, so vergeht der Ruhm der Welt), das erste Mal mit tieferer, dann mit immer höherer Stimme. Am Ende des feierlichen Pontifikalamtes sang der Chor den alten Hymnus *Corona aurea super caput eius*, und der Kardinal-Erzdiakon setzte dem Papst die Tiara auf mit den lateinischen Worten: „Empfange die mit drei Kronen geschmückte Tiara und wisse, daß du der Vater aller Fürsten und Könige bist, der Regierer der Welt und Stellvertreter unseres Herrn Jesus Christus auf Erden, dem Ehre und Ruhm seien von Ewigkeit zu Ewigkeit“. Zuweilen erfolgte die Krönung eines Papstes ohne jede äußerliche Feierlichkeit, wie es 1555 bei Marcellus II. der Fall war, der auf der Benediktionsloggia „ohne jeden Aufwand“ gekrönt werden wollte, wie der Päpstl. Zeremonienmeister Giovanni Francesco Firmano bezeugt hat.

Am 30. Juni 1963 erfolgte zum ersten Mal nach über zehn Jahrhunderten dieser Zeremonie im Inneren der Vatikanischen Basilika (Leo XIII. und Benedikt XV. wurden in der Sixtinischen Kapelle gekrönt) die Krönung Pauls VI. auf dem Petersplatz, da die Basilika die Massen der Gläubigen und die zahlreichen Sonderdelegationen nicht fassen konnte. Vertreten waren nämlich 83 Länder, einige durch ihre Staatsoberhäupter, andere durch eigens ausgewählte Persönlichkeiten, an deren Spitze meist der Regierungschef stand, der vom Außenminister begleitet war. Dazu kamen die Vertreter der internationalen Organisationen wie UNO, CECA, Europarat, EU, FAO, EURATOM und

UNESCO. Es war zugleich die letzte Krönung eines Papstes, weil gemäß den Weisungen Pauls VI. bei seinem Nachfolger Johannes Paul I. von einer „Papstkrönung“ keine Rede mehr war, sondern nur von der Zeremonie einer „Amtseinführung als universaler Hirte der Kirche“ gesprochen wurde, wie es dann auch bei Johannes Paul II. der Fall war.

Mit den *Flabelli,* (→) dem Baldachin und der *sedia gestatoria,* die 1963 zum letzten Mal verwendet wurden, verschwand 1978 auch die Tiara. Stattdessen legte der Kardinal-Erzdiakon den Neugewählten das Heilige Pallium (→) um und sprach dabei die neue lateinische Formel: „Gepriesen sei Gott, der dich zum Hirten der ganzen Kirche erwählt hat, indem er dir den Apostolischen Dienst anvertraute. Mögest du viele Jahre des irdischen Lebens lang ruhmvoll hervorragen, bis du, von deinem Herrn gerufen, beim Eintritt ins Himmlische Reich mit der Unsterblichkeit bekleidet wirst“. Die Zeremonie schloß und schließt noch immer mit dem Apostolischen Segen. Wie vom Tag der Krönung an, die im übrigen der Autorität des kanonisch gewählten Papstes nichts hinzufügt, da sie göttlichen Rechtes ist, werden auch heute die Jahre des Pontifikates vom Tag der Amtseinführung gezählt.

Bibl.: F. Wasner, *De consecratione, inthronisatione, coronatione Summi Pontificis*, Rom 1936; E. Eichmann, *Weihe und Krönung des Papstes im Mittelalter*, Münster 1951.

N. Del Re

Päpstliche Ansprache

Der Ausdruck wird verwendet für die feierlichen Erklärungen des Papstes im Konsistorium der Kardinäle oder bei anderen öffentlichen Versammlungen und Gelegenheiten, die auf aktuelle Fragen von besonderem Gewicht für die drängenden Anliegen der universalen Kirche, auf religiöse Fragen und die Beziehungen des Hl. Stuhles zu den zivilen Regierungen usw. eingehen. Unter den zahlreichen Päpstl. Ansprachen, die alle historisch bedeutsam sind, haben einige ein besonderes Gewicht, wie zum Beispiel in unserem Jahrhundert die Ansprache Pius' X. zur Trennung von Kirche und Staat in Frankreich (1906), die Pius' XI. über die drohende Kriegsgefahr (1938) und die Pauls VI. vor der Generalversammlung der Vereinten Nationen (1965).

N. Del Re

Päpstlicher Hof

→ Casa Pontificia

Päpstliches Haus

→ Casa Pontificia

Papstmesse

Einst eingeleitet durch einen prunkvollen Zug, der sich in der *Sala Regia* (→) des Apost. Palastes formierte und den Papst in die Vatikanbasilika begleitete, ist die Papstmesse ein feierliches Hochamt, das der Hl. Vater bei besonderen Anlässen zelebriert. Früher unterschied sich die Papstmesse von der Pontifikalmesse (Hochamt, das von einem Bischof oder einem anderen Prälaten, der das Privileg der Päpstl. Insignien hatte, zelebriert wurde) in mehreren Punkten: vor der *Terz* erfolgte die Obödienz der Kardinäle, die sich zum Thron begaben, um dem Papst die Hand zu küssen; die *Epistel* und das *Evangelium* wurden zunächst von den Kardinälen auf Latein gesungen und gleich darauf vom Diakon und Subdiakon des griechischen Ritus auf griechisch, was die Verbindung des christlichen Abend- und Morgenlandes in der Peterskirche andeuten sollte;

vor der Gabenbereitung und dem Vaterunser fand die *praegustatio* statt, bei der der Sakristan zwei der drei in der Patene zur Konsekration bereitgelegten Hostien und etwas Wein in einem kleinen Kelch zu sich nahm; schließlich empfing der Papst die Kommunion auf dem Thron sitzend, von dem er sich mit einem kleinen Gefolge nur drei Mal entfernte: beim Introitus, bei der Konsekration und bei den letzten Orationen, um sich zum Altar zu begeben.

Weitere Besonderheiten der Papstmesse waren der Brauch, während des *Credo* ein großes Korporale über den Altar zu breiten und die Patene mit einem sogenannten Stern zu bedecken, um sie dem Papst zur Kommunion zu bringen. Zum Trinken des konsekrierten Weins benutzte der Heilige Vater außerdem ein goldenes Röhrchen (*fistula* oder *canna eucharistica*). Die meisten der oben beschriebenen Zeremonien sind durch verschiedene liturgische Reformen abgeschafft worden, sodaß der Unterschied zwischen Papst- und Pontifikalmesse heutzutage äußerst gering ist. Gehalten hat sich das Singen des Evangeliums auf Latein und griechisch bei einigen besonderen Gelegenheiten.

Während der Zelebration der Papstmesse trägt der Heilige Vater die Kleidung der Erzbischöfe, die allerdings um die *Falda* (→) erweitert ist. Bis zum II. Vatikanischen Konzil trug er außerdem das Unterzingulum (Subcintorium) (→) und den *Fanone* (Fanon) (→).

Bibl.: P. Batiffol, *Leçons sur la Messe,* Paris 1923; A. Hudal, *Missa Papalis*, 1925; J. Brinktrine, *Die feierliche Papstmesse,* 1925; M. Righetti, *Manuale di storia liturgica,* 3, Turin 1956; J. A. Jungmann, *Missarum sollemnia,* 1961.

N. Del Re

PAPSTNAMEN

Es ist seit etwa tausend Jahren Tradition, daß der neugewählte Papst seinen Taufnamen gegen einen von ihm gewählten Namen tauscht, den er dem Kardinaldekan sofort nach der rituellen Frage: *Quo nomine vis vocari?* (Wie möchtest du genannt werden?) mitteilt. Dieser neue Name und seine Billigung wird sofort allen Wählern verkündet und in einem speziellen Dokument durch den *Päpstl. Meister der liturgischen Zeremonien* „in Funktion eines Notars und in Anwesenheit zweier Zeremoniare als Zeugen, die zu diesem Moment herbeigerufen wurden", niedergeschrieben (Nr. 87 d. Konstitution *Universi Dominici gregis* Johannes Pauls II. vom 22. Januar 1996). Bei der Namenswahl richten sich die Päpste meistens nach dem Heiligen, den sie besonders verehren, oder nach dem Papst, der sie zum Kardinal ernannt hat; in früheren Zeiten wurde der Name manchmal nicht vom Papst selbst gewählt, sondern ihm von anderen vorgeschrieben.

Diese Namensänderung zu Beginn des Pontifikats ist in keiner Weise auf eine präzise Regel zurückzuführen, sondern nur ein Brauch, der im 10. Jh. aufkam. Allerdings hatte es schon 533 einen solchen Fall gegeben, als Mercurius den Namen Johannes II. annahm. Als erster Papst, der sich zur Namensänderung entschloß, gilt Octavian aus dem Grafengeschlecht von Tusculum, der am 16. Dezember 955 gewählt wurde und als Johannes XII. in die Geschichte einging. Seinem Beispiel folgten 983 Pietro Canepanova (Johannes XIV.), 996 Bruno v. Kärnten (Gregor V.), 999 Gerbert (Silvester II.). Danach wurde dieser Brauch immer beibehalten, mit nur zwei Ausnahmen in den Jahren 1522 und 1555 bei Hadrian VI. (Hadrian Florensz v. Utrecht) und Marcellus II. (Marcellus Cervini).

N. Del Re

PASCHALIS I.

Papst, Hl. Paschalis war Römer und Sohn des Bonosus. Als Abt des Klosters *S. Stefano Maggiore* bei der Petersbasilika wurde er am 25. Januar 817, einen Tag nach dem Tod Papst Stephans IV. (V.), einmütig zu dessen Nachfolger gewählt. Wie es schon bei seinem Vorgänger der Fall war, wollte der Klerus von Rom mit einer neuen, raschen Wahl jede Einmischung des Kaisers vermeiden und rechtfertigte das eigene Vorgehen mit dem Hinweis auf die Verwirrung durch die verschiedenen in Rom anwesenden politischen Gruppen, wodurch besonders im Falle einer längeren Sedisvakanz Unruhen aufkommen könnten. Kaiser Ludwig erkannte die Wahl an und schloß mit dem neuen Papst – ein wichtiges Ereignis – einen Pakt. Er ermöglichte der Kirche wichtige Erwerbungen: die Besitzungen Roms und des Herzogtums, des römischen Tusziens und der Campagna und bestätigte die vorher von Karl dem Großen bestimmten Konzessionen. Der Kaiser garantierte ferner seinen militärischen Schutz für diese Besitzungen sowie das Recht des römischen Klerus, den Papst zu wählen.

Doch trotz dieser wichtigen Garantien für die Römische Kirche von seiten Ludwigs und der Verleihung der Kaiserkrone an Lothar, den Sohn des Kaisers, 823 durch den Papst, verschlechterten sich die Beziehungen zwischen dem Papst und dem röm. Volk zusehends. Die ersten Zeichen der Krise wurden sichtbar, als Lothar aufgrund seiner Befugnisse die Rechtsprechung in Italien auszuüben begann und der Abtei Farfa, die dem Papsttum den jährlichen Tribut nicht entrichten wollte, die Befreiung von dieser Pflicht zuerkannte. Davon profitierten die papstfeindlichen politischen Gruppierungen in Rom, die in der Auseinandersetzung mit dem Papst eine wachsende Bedrohung darstellten, bis hin zu dem gravierenden Vorfall der Blendung und Ermordung zweier päpstl. Würdenträger, des *Primicerius* Theodor und seines Schwiegersohnes, des Nomenklators Leo, die nach dem Zeugnis der *Annales regni Francorum* Lothar allzusehr bevorteilt hätten. Der Vorfall verbesserte gewiß nicht die politischen Beziehungen zwischen Rom und Aachen, auch wenn am Ende der Papst einen Eid leistete, er habe mit den beiden Morden nichts zu tun. Trotzdem erlitt die Popularität von Paschalis I. dadurch einen äußerst harten Schlag, so daß nach seinem Tod am 11. Februar 824 (nach Baronius am 14. Mai) sich das aufständische röm. Volk der Überführung seiner Gebeine nach St. Peter widersetzte. Die Translatio fand dann dennoch durch seinen Nachfolger Eugen II. statt.

Die Gestalt Paschalis' I. gewinnt auch apost. Bedeutung, wenn man an seinen Einsatz für die Evangelisierung der Bevölkerung „jenseits der Elbe in Richtung des heutigen Dänemark und Schweden" denkt, denn hier wirkten Ebbo, der Erzbischof von Reims und Halitgarius, Bischof von Cambrai.

Sehr wichtig war ferner sein Einsatz für die Bilderverehrung, in einer Zeit, da der Ikonoklasmus wieder auflebte. Rom wurde damals zum Asyl vieler traditionalistischer Künstler aus dem Osten, die fliehen mußten, um weiterhin personifizierte Heiligenbilder stellen zu können. So wurde bei der Basilika der hl. Praxedis, die Paschalis I. restaurieren ließ, ein Kloster gebaut, um die zahlreichen Flüchtlinge aus dem Osten aufzunehmen.

Dieser Exodus erwies sich deshalb als bedeutsam, weil die Neuankömmlinge sich in die röm. Schule der bildenden Kunst einbrachten und damit zur Erneuerung der traditionellen Bildauffassung beitrugen. Ein beredtes Zeugnis dafür sind die Mosaiken, die über die Basilika *S. Prassede* hinaus, in die Paschalis I. die Gebeine von etwa zweitausend Märtyrern übertragen ließ, auch die Basilika der hl. Cäcilia sowie die

Diakonie *S. Maria in Domnica* schmücken. So läßt sich beim Apsismosaik der Cäcilienbasilika nachweisen, daß die Christusgestalt im Mittelpunkt byzantinisch aufgefaßt ist, wenn auch die Komposition vom großen Apsismosaik der Basilika der Hll. Cosmas und Damian aus der ersten Hälfte des 6. Jh. ableitbar ist. Die neuartige Darstellung zeigt Christus hieratisch fixiert mit der rechten, argumentierenden Hand, also in der typischen Geste der gelehrten Theologen am Hof von Byzanz. Die rhetorische Haltung der *adlocutio*, welche für die röm. Skulptur kennzeichnend war und an der Bronzeskulptur der Metele-Schule aus dem 1. vorchristl. Jh. beispielhaft ist, wurde aufgegeben. Das Apsismosaik von *S. Maria in Domnica*, stellt ein mariologisches Thema mit großer Kompositionsfreiheit und in solchen Formen dar, daß man glauben könnte, die Madonna „sei einer Ikone entnommen oder einer Apsis aus dem östlichen Mittelmeerraum“ (G. Matthiae, S. Maria in Domnica, Rom (o. J.) S. 42). Es bestätigt die These, daß trotz der von den Franken gewollten „klassischen“ Restauration die bildende Kunst des Ostens weiterhin in die Ewige Stadt Einzug hielt.

Bibl.: P. Rabikauskas/M. C. Celletti, in *Bibliotheca Sanctorum*, X (1968), Sp. 353–358; A. Hahn, *Das Hludowicianum; die Urkunde Ludwigs des Frommen für die römische Kirche von 817*, in *Archiv für Diplomatik, Schriftgeschichte, Siegelkunde und Wappenkunde*, 21 (1975), S. 15–135; M. B. Mauck, *The mosaic of the triumphal arch S. Prassede: a liturgical interpretation*, in *Speculum*, 62 (1987), S. 813–828.

V. Tiberia

Paschalis II.

Papst. Der in Bieda gebürtige Raniero war Mönch von Cluny und wurde durch Gregor VII. zum Kardinal von *S. Clemente* ernannt. Auch Urban II. schätzte ihn sehr, sandte ihn als Legaten nach Kastilien und machte ihn, auf dem Sterbebett, zu seinem Nachfolger. Widerwillig nahm Raniero am 13. August 1099 als Paschalis II. die Papstwahl an.

Er hatte vor allem gegen den Gegenpapst Clemens III. zu kämpfen, der sich, von der kaiserlichen Partei beschützt, nach Albano geflüchtet hatte. Es gelang Paschalis II. aber, ihn mit Hilfe der Normannen von dort zu vertreiben. Der Tod Clemens’ III. (8. September 1100) löste das Problem der Gegenpäpste jedoch nicht, denn es folgten noch drei nach: Theoderich, Bischof von S. Rufina, Albert, Bischof von Sabina, und Maginulf, der Erzpriester (Silvester IV.); die ersten beiden wurden gefangen und in die Obhut von Klöstern gegeben, der dritte erhielt nach dem Rückzug seiner Anhänger zwar die Unterstützung von Guarnerio, Markgraf von Spoleto und Camerino, zog sich aber nach Osimo zurück. Die röm. Barone waren dem Papst, der sie mit äußerster Energie bekämpfen mußte, jahrelang ein Dorn im Auge. Doch der härteste Kampf, dem sich Paschalis stellen mußte, war der um die Investituren, weil er für jeden Herrscher das Verbot bekräftigte, die Investitur mit Bischofsring und -stab zu vollziehen. In England widersetzte sich Heinrich I. anfänglich und wollte auf die Tradition der Investitur *per annulum et baculum* nicht verzichten. Ein Abkommen beschränkte schließlich den Herrscher darauf, von den Prälaten das *homagium* oder den Vasalleneid für die Lehen der Krone zu fordern. In Frankreich wurde der Streit durch die irregulären Eheverhältnisse König Philipps I. verkompliziert, da dieser nach der Trennung von seiner Gemahlin Berta nun mit Bertrada von Montfort zusammenlebte, der Gattin des Folco von Anjou. Der Herrscher entschloß sich schließlich, die Konkubine fortzuschicken und seine rechtmäßige Gemahlin wieder aufzunehmen. So der Exkommunikation entgangen, versöhnte sich Philipp mit der Kirche und verpflichtete sich, bei den Investituren nur den Treueeid zu fordern.

Anders verliefen die Dinge in Deutschland, wo Heinrich V., der als zweiter Sohn des Kaisers Heinrich IV. dank väterlichen Willens zum König gekrönt worden war, sich gegen den eigenen Vater empörte, ihn gefangennahm und zur Abdankung zwang. Da er nach seiner Amtsanmaßung Unterstützung gegen die zahlreichen Feinde brauchte, gab er vor, sich mit dem Papst einigen zu wollen. Aber 1106, auf dem Konzil von Guastalla, welches das Verbot der Investitur mit Ring und Stab durch einen weltlichen Fürsten bestätigte, überzeugte die negative Haltung der Repräsentanten Heinrichs V. den Papst davon, daß die Voraussetzungen für eine Lösung der alten Frage nicht bestanden. Doch anstatt sich nach Deutschland zu begeben, wohin die Gesandten des Herrschers den Papst eingeladen hatten, begab er sich im Vertrauen auf die Unterstützung Philipps I. nach Frankreich.

Im Mai 1107 trat ein Konzil in Troyes zusammen, das nicht nur das mehrfach für die Investituren ausgesprochene Verbot wiederholte, sondern in Konsequenz noch einen weiteren Kanon hinzufügte, der den Erwartungen Heinrichs V. jedoch nicht entsprach. Dennoch bat dieser 1109 den Papst um die Kaiserkrönung. Die Antwort fiel positiv aus, falls die Rechte der Kirche geachtet würden.

Im Jahre 1110 zog der Herrscher mit einem starken Heer nach Italien hinab, wobei er alle feindlichen Städte plünderte, bis er, in Sutri angekommen, mit den Abgesandten des Papstes Kontakt aufnahm. Am 4. Februar 1111 wurde auf der Grundlage des von Paschalis II. formulierten Vorschlags ein Abkommen getroffen, nach dem die Prälaten auf die von den verschiedenen Herrschern erhaltenen Lehen und Regalien verzichten mußten und nur die Freilehen und die Einkünfte aus den Benefizien behalten durften. Die Abmachungen wurden mit der päpstlichen Verpflichtung zur Krönung Kaiser Heinrichs V. ergänzt. Doch als Paschalis II. in der Petersbasilika vor der Krönung erklärte, daß er im Namen der Kleriker, die mit Lehen investiert waren, auf diese Lehen verzichte und verbiete, solche in Zukunft zu empfangen, erhob sich ein Chor energischer Proteste von seiten der belehnten Bischöfe, die ihre Beraubung als ungebührlich und willkürlich bezeichneten. Der König erklärte daraufhin, er könne auf die Investituren nicht verzichten, da die Bischöfe nicht auf die Lehen verzichteten, mit denen sie investiert waren. Obwohl Heinrich damit nicht der vereinbarten Abmachung treu blieb, forderte er vom Papst die Krönung. Infolge der Weigerung des letzteren brach ein Tumult aus, es kam zu Gewaltszenen und die Basilika wurde geplündert. Als die Römer erfuhren, daß man den Papst mitsamt den anwesenden Kardinälen festgenommen hatte, erhoben sie sich zum Kampf gegen den frevlerischen Herrscher. Dieser zog sich aus Rom zurück, behielt aber den Papst und die gefangenen Kardinäle in seiner Gewalt.

Paschalis konnte damals auf keine Hilfe hoffen und gab nach 61 Tagen Gefangenschaft den Drohungen des Königs nach. Mit dem Abkommen vom April 1111 gewährte er das Privileg, die Investitur mit Ring und Stab bei den Bischöfen und Äbten vorzunehmen, wenn diese frei und ohne Simonie, aber mit Zustimmung des Königs gewählt waren. Die Weihe sollte nach der Investitur erfolgen. Der Papst verpflichtete sich wiederum, Kaiser Heinrich V. zu krönen und ihn nicht zu exkommunizieren. Die Krönung fand am 13. April 1111 in der Vatikanischen Basilika statt. Die Gewalt gegen den Papst sowie das erpreßte Dokument, welches später mit bitterem Sarkasmus *pravilegium* statt *privilegium* genannt wurde, riefen Entrüstung und stärkste Reaktionen bei all denen hervor, die die seit Papst Gregor VII. eingeschlagene Reformrichtung vertraten. Einige Bischöfe versammelten Synoden, auf denen das Vorgehen des Papstes verurteilt und Heinrich exkommuniziert wurde. Paschalis II. wurde sogar der Häresie bezichtigt. Der Chor der Proteste und Verurteilungen veranlaßte den Papst, am 18. März 1112 ein Konzil im Lateran zu versammeln. Er legte der Konzilsversammlung die dramatische Lage, in der er sich damals befand, dar, die Drohungen und den erlittenen Zwang, aber auch die Motive, weshalb er das Privileg erteilt hatte. Weil aber von einigen sein Glaube angezweifelt wurde, bekannte er feierlich seine Rechtgläubigkeit. Das Konzil hob nun das Privileg auf, weil es mit Gewalt erzwungen war, exkommunizierte aber Heinrich nicht, aus Achtung vor dem Papst, der versprochen hatte, die gefürchtete Zensur nicht gegen ihn zu verhängen. Die Reaktionen gingen weiter: die Exkommunikationen durch örtliche Synoden setzten sich fort, und es kam sogar zu Aufständen gegen Heinrich V. Während nun die heftigen Polemiken um das erzwungene und dann aufgehobene *privilegium* weitergingen, starb am 24. Juli 1115 die Markgräfin Mathilde von Canossa, deren Erbschaft ein weiteres Motiv der Zwietracht bildete und die Beziehungen zwischen Kaisertum und Papsttum noch weiter verschlechterten. Denn der Papst konnte die Güter, die Mathilde der Kirche als Erbe hinterlassen hatte, nicht in Besitz nehmen. Heinrich war erneut nach Italien gekommen, besetzte die Güter ohne zwischen Lehen und Freilehen zu unterscheiden, und sandte seinen Legaten zum Papst, um sich mit ihm zu versöhnen. Paschalis hatte sich infolge von damals in Rom ausgebrochenen Tumulten gezwungen gesehen, nach Albano zu fliehen. Als der Kampf zwischen den röm. Parteien zu Ende war, kehrte er in die Stadt zurück, floh aber erneut, als er hörte, der Kaiser käme. Dieser begab sich am Osterfest 1117 in die Petersbasilika, wo er vor den kirchlichen Würdenträgern und führenden Römern eine versöhnliche Rede hielt und die Abwesenheit des Papstes beklagte. Doch verweigerten ihm einige anwesende und keineswegs unterwürfige Kardinäle, wie sonst an den höchsten Festtagen üblich, die Kaiserkrone. Schließlich setzte sie der ehemalige päpstl. Legat und exkommunizierte Erzbischof von Braga, Mauritius Burdino, ihm auf das Haupt. Der Papst, der inzwischen zunächst nach Montecassino, dann nach Benevent geflohen war, konnte Ende 1117 nach Rom zurückkehren, starb aber bald darauf am 21. Januar 1118.

Trotz der Belastungen und ständigen Sorgen während des gesamten Pontifikates bemühte sich Paschalis II. auch um die Restaurierung mehrerer Kirchen, wie *S. Bartolomeo* auf der Tiberinsel, *S. Adriano* beim Forum, *S. Maria in Monticelli* und wahrscheinlich auch *S. Clemente.* Was die Kirche der *SS.Quattro Coronati* angeht, muß man wohl eher von einem Wiederaufbau statt von einer Restaurierung sprechen, nachdem sie im Normannensturm fast völlig zerstört wurde. Das Pontifikat Paschalis' II., dieses strengen und gelehrten Mönchs, war eines der schwersten in der Kirchengeschichte mit der traurigen Bilanz, daß der Papst wider Willen in Kämpfe und Waffengänge verwickelt wurde, die in scharfem Kontrast mit dem von ihm gewünschten Leben in Kontemplation und Gebet stand.

Bibl.: E. Amann, in *Dictionnaire de théologie catholique*, XI, 2, Sp. 2057–2074; U. R. Blumenthal, *The early councils of Pope Paschal II 1100–1110*, Toronto 1978; Ders. *Paschal II and the Roman primacy*, in *Archivum historiae pontificiae*, 16 (1978), S. 67–92; C. Servatius, *Paschalis II. (1099–1118), Studien zu seiner Person und seiner Politik*, Stuttgart 1980; G. M. Cantarella, *Ecclesiologia e politica nel papato di Pasquale II*, Rom 1982; Ders. *La costruzione della verità, Pasquale II, un papa alle strette*, Rom 1987.

U. Penteriani

Paschalis III., Gegenpapst

Gegenpapst. Beim Tod des Gegenpapstes Viktor IV. (V.) wurde der schismatische Kardinal Guido von Crema am 22. April 1164 von der kaiserlichen Partei unter der Führung des Rainald von Dassel als zweiter Gegenpapst zu Alexander III. gewählt. Unter dem Namen Paschalis III. residierte der neue Gegenpapst in Viterbo, weil in Rom damals die Partei des rechtmäßigen, am 23. November 1165 zurückgekehrten Papstes zu stark war. Auf dem Reichstag zu Würzburg (Mai 1165) wurde er von Friedrich Barbarossa unterstützt, der 1167 nach Italien zog und Rom eroberte. Dort konnte er Paschalis III. einsetzen, von dem er sich, zusammen mit seiner Gemahlin Beatrix, erneut krönen ließ, obwohl er bereits 1155 von Papst Hadrian IV. die Kaiserkrone empfangen hatte. Es heißt auch, daß Paschalis III., um Barbarossa zu erfreuen, am 29. Dezember 1165 die Heiligsprechung Karls des Großen vollzog. Am 20. September 1168 starb Paschalis in Rom. Unter dem Pontifikat Alexanders III. folgte in der Person des Abtes von Vallumbrosa, Giovanni di Strumi, als Calixtus III. noch ein dritter Gegenpapst.

N. Del Re

Passetto di Borgo

Der Passetto di Borgo ist ein über 800 Meter langes Stück der Stadtmauer, die die Engelsburg mit den Vatikanischen Palästen verbindet, wo sie in den Bauten hinter dem Hof der Apost. Elemosenerie endet. Schon Totila hatte auf dem *ager vaticanus* eine Verteidigungsmauer errichtet. Der kriegerische Ostgotenkönig betrat Rom am 17. Dezember 546 und entfernte sich kurz darauf wieder, um im Süden zu kämpfen. Er ließ in der Stadt eine kleine Garnison zurück, die sich in der Engelsburg verschanzte. Um sich aber besser gegen die Angriffe des Belisar verteidigen zu können, erbaute er eine Umfassungsmauer, die von der Burg aus in die Ebene führte, sich dann dem Fluß zuwandte und wieder die Engelsburg erreichte, wodurch sie ein geschlossenes Terrain befestigte. Nach dem Tod Totilas im Jahre 552 verfiel die Mauer. Nachdem die Gotengefahr im ausgehenden 8. bzw. beim beginnenden 9. Jh. vorüber war, wurde Rom von den Sarazenen bedroht, die im Unterschied zu den arianischen Goten keinerlei Achtung vor den Heiligen Stätten der Christen hatten. Weil die sarazenische Bedrohung wuchs, begann Leo III. (795–816), in Übereinkunft mit Kaiser Karl dem Großen, nach Totilas Beispiel den Bau eines Verteidigungsgürtels. Ausgehend von der Engelsburg sollte er St. Peter und auch den anschließenden Kaiserpalast sowie die *scholae peregrinorum* mit ihren Kirchen, Hospitälern, Gasthäusern und die übrigen in der Nähe liegenden Gebäude einschließen. Doch beim Tod des Papstes am 12. Juni 816 rissen die Römer aus Angst vor einer freiheitsberaubenden Übermacht des Papstes alles nieder.

Dies erwies sich als schwerer Irrtum, denn kurz darauf, am 23. August 846, plünderten die Sarazenen in einem Überraschungsangriff die schutzlosen Basiliken St. Peter und St. Paul, die *scholae*, den Kaiserpalast und alle übrigen Gebäude in der Nähe. Die Stadt Rom jedoch ließen sie unbehelligt, weil sie durch die Aurelianischen Mauern geschützt war. Nach dieser schrecklichen Entweihung forderte Kaiser Lothar noch im gleichen Jahr den Papst, die Römer und alle Bischöfe der christlichen Welt auf, Mittel zu sammeln „*ad murum faciendum circa ecclesiam beati Petri apostoli Rome*" (für den Bau einer Mauer um die Peterskirche in Rom). Diese Aufforderung wurde vom Nachfolger Sergius' II., Papst Leo IV., aufgegriffen. Er begann schon 848 den Mauerbau unter der Leitung des Architekten Agatho, der möglicherweise den Entwurf Leos III. wiederaufnahm. An den Arbeiten beteiligten sich über die örtlichen Arbeiter hinaus die Milizen der *domuscultae*, das heißt der landwirtschaftlichen Kolonien, die zum Kirchenbesitz gehörten. Auf zeitgenössischen Inschriftentafeln, die man zur Zeit Urbans VIII. (1623–44) an der Ecke der *Via di Porta Angelica* anbrachte, sind zwei solcher Kolonien, *la Saltisina* und *la Capracorum* erwähnt.

Während Leo IV. die Befestigungsmauer erbaute, versammelten sich die Sarazenen 849 auf Sardinien und bereiteten einen neuen Angriff auf die Küsten Latiums vor. Doch diesmal gab es keine Überraschung, weil die Nachricht vom Anrücken des Feindes Rom rechtzeitig erreichte und damit für die Flotte der campanischen Liga die Möglichkeit bestand, zur Hilfe herbeizueilen. Sie vereinigte sich bei Ostia mit der päpstlichen Flotte, die den Segen des Papstes erhalten hatte. Als die Feinde vor dem Hafen auftauchten, lief die christliche Flotte auf das offene Meer aus und besiegte unter dem Kommando des Konsuls Caesarius die feindliche Flotte. Fast alle Schiffe des Feindes wurden versenkt, sämtliche Kommandanten getötet, die Schiffsmannschaften gefangengenommen und für den Bau der Mauern herangezogen. Am 27. Juni 852 konnte der Papst die drei Kilometer lange Mauer, die von 44 Türmen bekrönt wurde, einsegnen. Eine feierliche Prozession, an der Klerus und Volk von Rom mit bloßen Füßen und aschebestreuten Hauptes teilnahmen, zog um den ganzen befestigten Teil innen und außen entlang.

Der genaue Verlauf der Mauer ist allerdings nicht mehr bekannt. Außer dem *Passetto* sind von ihr nur kurze Stücke in den Vatikanischen Gärten hinter der Basilika erhalten. Vermutlich führte sie von der Engelsburg aus um St. Peter, über den Hügel zurück zur *Porta Cavalleggeri*, dann in gerader Linie zur sog. Hl. Geist-Pforte zum Tiber, schloß das Kirchlein der hl. Michael und Magnus mit ein und bildete so die sog. Leostadt (*Città Leonina*). Im ganzen Verlauf waren nur zwei Zugänge und nur ein Tor, die S. Pellegrino-Pforte (→), vorgesehen. Von den zwei Zugängen hieß der eine, der auf die *Via della Lungara* stieß und in veränderter Gestalt noch besteht, Sachsenpforte und später Hl. Geist-Tor, während das andere, ganz in der Nähe der Engelsburg befindliche, *S. Angelo*-Tor bzw. *Melonaria*- und zuletzt Burgtor genannt, zerstört wurde. Im Stadtplan von Bufalini (1551) ist es jedenfalls (ohne Benennung) eingezeichnet.

Über jedem dieser Zugänge ließ Leo IV. eine in Verse gefaßte Gedenkinschrift anbringen. Diese rühmte ihn als Gründer der *nova civitas Leoniana*, erinnerte aber auch an Kaiser Lothar und den Sieg von Ostia. Die leoninische Mauer war auf einem 5–6 m hohen Fundament in *Opus cementicium* erbaut, auf dem der Wehrgang mit den Zinnen verlief. Sie bezog im Abschnitt bei den heutigen Torbögen der *Via di Porta Castello*, etwa 200 m vom Graben der Engelsburg entfernt, die wenigen Reste, die von der Umfassungsmauer des Totila erhalten geblieben sind, mit ein. Nach den englischen Gelehrten Gibson und Ward Perkins gehörte dieser Abschnitt der ersten Bauphase unter Leo IV. an. Der nächste Bauabschnitt umfaßte: die mit Bögen zur Stadt hin geöffnete Galerie, das Zumauern der Zinnen, einen Laufgang und einen neuen Wehrgang mit Zinnen. Die Mauer nahm damit abschnittsweise eine der aurelianischen Mauer sehr ähnliche Gestalt an.

Allerdings ist nicht der ganze Verlauf des *Passetto* so gebaut: auf langen Abschnitten, besonders zum Vatikan hin, fehlt die Bogengalerie. Der Laufgang (erhellt durch hohe, schmale Schießscharten), über dem sich ein Wehrgang befindet, verläuft direkt über dem Unterbau. Zu bemerken ist ferner, daß der „Laufgang“ ein einziges Konglomerat aus Mauerwerk verschiedenster Epochen ist. Es hat Restaurierungen, Umbauten und in einigen Abschnitten sogar Rekonstruktionen gegeben, wodurch das Bauwerk nur sehr schwer analysierbar ist. Für weitere Nachrichten über den *Passetto* muß man in die zweite Hälfte des 13. Jh. zurückgehen. Aus alten Quellen ergibt sich, daß Nikolaus III. aus der adeligen und mächtigen Familie Orsini, die damals im Besitz der Engelsburg war, im Jahre 1278 diese alte Verteidigungsmauer nutzte, indem er darüber einen verdeckten Gang anlegte (*Passetto* oder Laufgang). Der *Passetto* sollte als Verbindung zwischen dem in Bau befindlichen Vatikanischen Palast und der Burg dienen. Die Päpste hätten sich dadurch bei Gefahr unbemerkt flüchten können und wären zugleich vor jedem Angriff sicher gewesen. Während des ersten Hl. Jahres 1300 ließ Bonifatius VIII. einen neuen Durchgang bei der heutigen Kirche *S. Maria in Traspontina* in die Mauer des *Passetto* brechen, um den gewaltigen Pilgerstrom zu steuern, der durch das S. Pellegrino-Tor kommend die Stadt nun durch den neuen Durchgang wieder verlassen sollte. Bonifatius IX., auf den nach Prandi die großen Bögen zurückgehen, die innerhalb der Mauer unmittelbar rechts von den Torbögen des Engelstors sichtbar sind, ließ ihn restaurieren.

Weitere Restaurierungsarbeiten wurden von Johannes XXIII. unternommen, wie Bischof Theoderich von Nyem, ein Zeitgenosse und Biograph dieses Gegenpapstes bestätigt, wobei er auch eine außergewöhnliche Verwendung des *Passetto* erwähnt: Ehebrecherinnen und andere öffentliche Sünderinnen wurden darin eingeschlossen und lebten von Almosen – einige, weil sie verurteilt worden waren, andere nach freier Wahl zu immerwährender Buße. Für die Erhaltung und Restaurierung des *Passetto* war stets gesorgt. Über die erwähnten Eingriffe hinaus, sei an die Restaurierungen durch Nikolaus V., Sixtus IV. und Alexander VI. erinnert. Letzterer zog wahrscheinlich Antonio da Sangallo den Älteren heran, als er 1492 das S. Pellegrino-Tor mit den zinnenbewehrten Türmen neu errichten ließ. Er brachte eine lange Inschrift an, die an die geleisteten Arbeiten erinnert.

Der Papst hütete die Schlüssel des *Passetto* persönlich und nutzte sie erst, um sich 1494 in die Engelsburg zurückzuziehen, als Karl VIII. nach Rom kam. Auch Cesare Borgia flüchtete sich nach dem Tod seines Vaters und der Wahl Pius' III. (1503) „unter freundlichem Schutz", zusammen mit seinen Töchtern, zwei Pagen und vier Dienern vom Vatikan durch den Korridor zur Engelsburg, um vor den Orsini geschützt zu sein. Clemens VII. floh im September 1526 durch den *Passetto* in die Festung, um sich vor den Bedrohungen durch die Milizen des Ugo Moncada und Pompeo Colonna in Sicherheit zu bringen. Das gleiche tat er einige Monate später unter noch dramatischeren Umständen, nämlich am tragischen Morgen des 6. Mai 1527, als die Milizen Karls V. in Rom eindrangen und jene Plünderung begannen, die in der Geschichte der Stadt berühmt geblieben ist. Es begleitete ihn Paolo Giovio, der ihn im letzten nicht überdachten Abschnitt mit seinem Mantel bedeckte, damit ihn niemand von unten erkennen und behelligen konnte.

Pius IV. öffnete 1562 einen Torbogen am Anfang der *Via di Porta Angelica* und weitere zur *Via del Mascherino, del Farinone, delle Palline, di Orfeo, del Campanile* und der *Via di Porta Castello* (er brachte darüber jeweils sein Wappen an), um die Verbindung zwischen dem alten und neuen Borgo bzw. der *Civitas Pia* zu erleichtern, die im Norden der leoninischen Mauer entstand und vom Medici-Papst selbst geplant war.

Clemens VIII. wollte nach der verheerenden Überschwemmung Weihnachten 1598 eine

Wiederholung ähnlicher Katastrophen, die Rom des öfteren heimsuchten, vermeiden und plante einen Kanal oder ein neues Flußbett für den Tiber von der heutigen *Piazza Maresciallo Giardino* in gerader Linie bis zum alten Flußbett auf der Höhe des Hospitals *S. Spirito*. Die Arbeiten begannen mit der Öffnung von drei großen Bögen in der Mauer Leos IV. (hinter der Kirche *S. Maria in Traspontina*), unter denen der Fluß durchfließen sollte. Als sich der Plan jedoch als undurchführbar erwies, wurden die Bögen sofort wieder geschlossen. Urban VIII. ließ den Zinnenkranz des Wehrgangs schließen und legte ein Dach darüber, wodurch er einen weiteren Laufgang über dem ersten erhielt. Er veranlaßte ferner den Abriß der im Norden an die alte, militärisch funktionslose leoninische Mauer gesetzten Häuser. Schließlich ließ er über dem Torbogen der *Via di Porta Angelica* die schon erwähnte Inschrift der Saltisina-Miliz anbringen, die man bei Restaurierungsarbeiten an der Mauer gefunden hatte sowie die der *domusculta Capracorum*.

Unter den später am *Passetto* durchgeführten Arbeiten sei an die von Pius IX. erinnert, der den Torbogen zur Engelsburg wieder errichten ließ, der während der Röm. Republik (1849) zerstört worden war. Zu den Arbeiten in moderner Zeit gehören die Bögen, die Attilio Spaccarelli 1934 bei der Engelsburg errichtete wie auch neue Torbögen zur *Via di Porta Angelica* (1933), zur *Via del Mascherino* (1950) und *Via di Porta Castello*.

Auf der Südseite wurde die Mauer seit 1934 im Zuge der Abrißarbeiten des Borgos von allen Häusern befreit, die in den letzten Jahrhunderten dort angebaut worden waren.

Im Jahre 1949 unternahm der Vatikan unter der Führung des Ingenieurs Enrico Galeazzi und unter der Leitung von Adriano Prandi Restaurierungsarbeiten im letzten Teil der Mauer des *Passetto*. Unter anderem machte man jene Zinnen wieder sichtbar, die bei den Arbeiten Urbans VIII. verbaut wurden. Ferner kamen die Baumaßnahmen Alexanders VI. an den flankierenden Türmen der *Porta del Pellegrino* ans Licht, das Fundament der Türme Leos IV. und die Arkaden bei den Torbögen der *Via di Porta Angelica*. Der Architekt Adriano Prandi hat ferner im letzten Abschnitt des Laufgangs ein kleines *Antiquarium* eingerichtet, in dem unter anderen die Funde von den Restaurierungsarbeiten an der Mauer ausgestellt wurden: die Versinschrift Leos IV. vom Sachsentor sowie Reste von anderen Inschriften aus unterschiedlichen Bauphasen des *Passetto*. Ein kleiner Teil dieses Materials befindet sich noch dort, doch existiert das *Antiquarium* als solches heute nicht mehr.

Bibl.: A. Prandi, *I restauri delle mura leoniane e del „Passetto" di Borgo*, in *Palatino*, 5 (1961) S. 166–173; Ders., *Precisazione e novità sulla Civitas Leoniana*, in *Miscellanea di studi storici per le nozze di G. Jacovelli e V. Castano*, Massafra 1969, S. 107–129; ders., *L'„Antiquarium" del Passetto di Borgo*, in *Strenna dei Romanisti*, 34 (1973), S. 356–362; C. D'Onofrio, *Castel S. Angelo e Borgo tra Roma e Papato*, Rom 1978; S. Gibson/B. Ward Perkins, *The surviving remains of the Leonine Wall*, in *Papers of the British School at Rome*, 47 (1979), S. 30–57; ders., *The surviving remains of the Leonine Wall*, II: *The „Passetto"*, ebd., 51 (1983), S. 222–239.

L. Gigli

Paul I.

Papst, Heiliger. Bruder Stephans II. (III.), wurde in Rom aus wohlhabender Familie geboren und bekam bereits in jungen Jahren Vertrauensaufgaben an der Kurie übertragen. Als Diakon wurde er vom Bruder gemeinsam mit dem Erstgeborenen Christoph zu Verhandlungen mit dem neuen König der Langobarden, Desiderius, entsandt. Nach dem Tod des Bruders 757 wurde er gegen den Widerstand einer röm. Minderheit von byzanztreuen Anhängern des

Theophylakt zur Nachfolge bestimmt. Im folgenden Mai wurde er geweiht, ohne die Bestätigung von seiten des Frankenkönigs Pippin abgewartet zu haben. Trotzdem blieben die Beziehungen zwischen Paul I. und dem Frankenreich unverändert auf der Linie der Politik Stephans II. (III.), der, durch die Langobarden bedroht und von Byzanz verlassen, Abkommen mit den Franken geschlossen hatte. Am meisten Sorgen machten Paul I. die Langobardenbedrohung und die Weigerung von Desiderius, dem Apost. Stuhl Bologna, Imola, Ancona und Numana zu überlassen, die seinem Vorgänger versprochen waren. Die versöhnende Intervention Pippins führte zu einem 765 in Rom bestätigten Einverständnis. Auf die gleiche Weise verhinderte der loyale Einsatz Pippins eine gefährliche Allianz zwischen Langobarden und Byzantinern, die um die neue politische Ordnung in Mittel- und Norditalien besorgt waren. Die Unterstützung der Franken fehlte auch nicht beim erneuten Aufflammen des Ikonoklasmus im byzantinischen Reich, der viele Mönche zwang, nach Rom zu fliehen. Hier stellte ihnen Paul I. das Kloster der hll. Stefan und Sylvester zur Verfügung. Die im Beisein Pippins in Gentilly abgehaltene Synode des Jahres 767 trug entscheidend zur Wiedereinführung des Bilderkultes bei.

In der Tradition ist Paul I. als sorgender Vater der Armen und Ausgestoßenen bekannt, der sich um den Kult der röm. Märtyrer bemühte. Er ließ viele Märtyrergräber von außerstädtischen Friedhöfen in die Kirchen der Stadt verlegen. Paul I. starb im Juni 767. Seine sterblichen Überreste wurden drei Monate später in das Oratorium von *S. Maria de cancellis* verbracht, das er an St. Peter hatte errichten lassen.

Bibl.: P. Rabikauskas, *Bibliotheca Sanctorum*, X (1968), Sp. 283–285, mit Bibl.

G. Scano

Paul II.

Papst. Pietro Barbo wurde in Venedig aus adliger, wohlhabender Familie geboren und vom Onkel mütterlicherseits, Eugen IV., zur Kirchenlaufbahn angeleitet. Bereits mit 23 Jahren wurde er zum Kardinal, 1464 zum Papst gewählt. Paul II. sah sich nicht an die durch die vom Konklave beschlossenen Einschränkungen seiner Macht gebunden. Um die Gerichtsbarkeit den Bedürfnissen des Volkes anzupassen, reformierte er die Bestimmungen, auch hinsichtlich der Sanitätsversorgung, der Straßen und Wasservorräte. Unter seinem Pontifikat kam es trotz der Einschränkungen zu einem Aufschwung des röm. Karneval.

Paul II. bemühte sich um die Realisierung des Kreuzzuges gegen die Türken, den bereits sein Vorgänger Pius II. gewünscht hatte und für den er große Summen Geldes bereitstellte. Er erwirkte die Teilnahme von Kaiser Friedrich III., Katharina von Bosnien, Matthias Korvin und dem Albanier Georg Skanderbeg. Der Tod des letzteren und der mangelnde Zusammenhalt der christlichen Staaten verursachten jedoch die Rücknahme des Schlachtplans gegen die Osmanen. In Fragen des Glaubens und des Schutzes der Kirchenrechte war Paul II. unnachgiebig, was zu Konflikten mit Ludwig XI., dem König von Frankreich, den Venezianern und den Florentinern führte. Er exkommunizierte Georg Podebrady, König von Böhmen, der sich als Verteidiger der hussitischen Häresie erwies. Ebensowenig tolerierte er die Anmaßung und Uneinigkeit der großen röm. Familien und erließ strenge Regeln zu Erhaltung der Ordnung.

Obwohl er Kunst und Kultur schätzte, wird er als ein dem Humanismus feindlich gesinnter Papst dargestellt. Er führte den Buchdruck in Rom ein und holte berühmte Drucker in die Stadt. Mit einer Bulle von 1470 bestimmte er, daß das Heilige Jahr alle 25 Jahre in Rom gefeiert werden solle. Er starb 1471 und wurde im Petersdom beigesetzt.

Bibl.: L. Pastor, *Storia dei papi*, II, Rom 1925, S. 277–426; G. Valentini, *La sospensione della crociata nei primi anni di Paolo II (1464–68)*, in *Archivum historiae pontificiae*, 14 (1976), S. 71–101; G. Zippel, *Storia e cultura del Rinascimento italiano*, Padua 1979, S. 402–462; P. Medioli Masotti, *L'Accademia Romana e la congiura del 1468*, in *Italia medioevale e umanistica*, 25 (1982), S. 189–204; G. Zander, *La possibile ricomposizione del monumento sepolcrale di Paolo II*, in *Atti della P. Accademia Romana di Archeologia*, 55–56 (1982–84), S. 175–243.

U. Penteriani

PAUL III.

Papst. Alessandro Farnese wurde in Canino (Viterbo) oder Rom 1468 als Sohn von Pier Luigi und Giovannella Caetani geboren. Als Schüler von Pomponio Leto in Rom vollendete er seine humanistische Bildung in der Renaissancestadt Florenz. Seine Familie, die der Kirche große Dienste erwiesen hatte, forderte ihn auf, eine kirchliche Laufbahn zu beginnen. 1493 machte ihn Alexander VI. zum Kardinal, später wurde er zum Schatzlegaten und Bischof von Corneto, Montefiascone, Parma und Benevent. Bis zum 40. Lebensjahr führte er ein moralisch nicht einwandfreies Leben und hatte mindestens vier Kinder: Pier Luigi, Paolo, Costanza und Ranuccio, von denen zwei, Pier Luigi und Paolo legitimiert wurden. Zu dieser Zeit war er jedoch noch nicht Priester. 1513 änderte der Farnese-Kardinal seine Lebensführung grundlegend. 1519 wurde er zum Priester geweiht und 1524 Bischof von Ostia und Dekan des Hl. Kollegiums. Als Mann großer Kultur, politischer Weisheit und klugen Abwägens geschätzt, wurde er 1534 nach gerade einem Tag Konklave als Paul III. zum Papst gewählt.

Der Aufstieg des Farnese zum Papstthron fiel in eine für die Christenheit besonders problematische Zeit. Die lutherische Häresie, das Schisma von England, der nicht enden wollende Streit zwischen Karl V. und Franz I., die türkische Bedrohung und die dringend notwendige Erneuerung der Kirche stellte das Papsttum vor schwierige Fragen. Der neue Papst wandte sich mit Klugheit, Vorsicht und Mut an die Lösung dieser Probleme. Was die Erneuerung der Kirche anbetraf, so hatte er bereits als Bischof von Parma entschiedene Initiativen ergriffen. Um diesen Einsatz fortzusetzen, machte er als Papst große Persönlichkeiten wie Gasparе Contarini, Gian Pietro Carafa, Jacopo Sadoleto, Reginald Pole, Marcello Cervini, Giovanni Morone und Gregorio Cortese zu Kardinälen. Diese gaben dem Hl. Kollegium die Prägung strenger Doktrin, die für ihr reformatorisches Werk unerläßlich war. Diese Aufgabe erfüllten sie im Einklang mit dem Papst, der seit den ersten Tagen seines Pontifikates die Einberufung eines ökumenischen Konzils anstrebte.

Die Zulassung des Jesuitenordens 1540, ebenso wie die Öffnung gegenüber neuen Orden wie den Theatinern, Kapuzinern, Somasken, Barnabiten und der Ursulinen brachten der Kirche die Unterstützung von fähigen Mitarbeitern bei der Reform ein. 1536 wurde Mantua als Konzilssitz gewählt. Wegen politischer Schwierigkeiten verzögerte sich der Beginn der Versammlung. Im September 1541 kam es zu einer Begegnung zwischen dem Papst und Karl V. wegen einer Einigung über den Sitz des Konzils. Nachdem Trient als Sitz bestimmt wurde, standen der Einberufung immer noch Schwierigkeiten entgegen. Erst nach dem Frieden von Crépy zwischen Karl V. und Franz I. konnte das Konzil von Trient am 13. Dezember 1545 feierlich eröffnet werden. Die Konzilsversammlung verurteilte die Häresie, untersuchte Probleme der Kirchenreform und beschloß Maßnahmen für die Disziplin und gegen die Mißbräuche. Besonders wichtig waren die Dekrete über die Quellen des Glaubens, über die Erbsünde, über die Residenzpflicht der Bischöfe in ihren Diözesen und die Rechtfertigungslehre. 1542 reorganisierte der Papst die Inquisition durch eine Bulle mit einer zentralen röm. Autorität aus sechs Kardinälen, die später Hl. Offizium genannt wurde. Während des Konzils starb Luther am 18. Februar 1546. Die Reformation breitete sich jedoch weiter aus, da sie von protestantischen Fürsten und Städten unterstützt wurde, die sich im Schmalkaldischen Bund zusammengeschlossen hatten.

Am 11. März 1547 beschloß das Konzil mit Zweidrittelmehrheit die Verlegung desselben von Trient nach Bologna. Der Papst billigte diese Entscheidung, aber der Kaiser protestierte dagegen. Nachdem er die Schmalkaldische Liga besiegt hatte, regelte er mit dem *Interim* von Augsburg das Verhältnis Deutschlands zur Kirche. Dieses kaiserliche Dokument wurde jedoch weder von Protestanten noch von Katholiken positiv aufgenommen. Es irritierte besonders den Papst, dessen Verhältnis zu Karl V. seit der Ermordung seines Sohnes Pier Luigi 1547 litt. Vermutlich hatte diese unter Beteiligung der Regierung von Mailand und mit Einverständnis des Kaisers stattgefunden. Der Papst unterbrach 1549 das Konzil. Er hatte Angst vor einem Schisma der deutschen Bischöfe, die sich geweigert hatten, den anderen Konzilsvätern nach Bologna zu folgen. Die politische Linie Pauls III. war vom ständigen Bemühen inspiriert, sich neutral zu halten und eine Versöhnung zwischen Karl V. und Franz I. zu erreichen. Es gelang ihm, die beiden Opponenten 1538 zur Unterzeichnung des Waffenstillstands von Nizza zu bewegen, der zehn Jahre anhielt. Auch der Friede von Crépy ging zu großen Teilen auf seine Vermittlung zurück. Infolge des anglikanischen Schismas belegte er 1538 Heinrich VIII. von England mit dem Kirchenbann. Der Apost. Stuhl zeigte durch das Anathem auch formal, daß jede Hoffnung auf Beendigung des Schismas erloschen war.

Mit Paul III. endete die Renaissance und begann die Zeit der katholischen Reformen, denen er sich mit großem Eifer widmete. Den einzigen Schatten auf dieses Pontifikat wirft die begründete Anklage des Nepotismus. Paul III. gründete die Farnese-Dynastie, indem er seinem Sohn Pier Luigi die Herzogtümer Parma und Piacenza anvertraute, jungen Neffen die Kardinalswürde zusprach und Entscheidungen traf, die Familienmitglieder begünstigten. Als aufgeklärter Mäzen ernannte er Michelangelo zum ersten Architekten, Bildhauer und Maler des vatikanischen Palasts und gab große Summen für die Sanierung Roms aus. Er starb 1549 und ist im Petersdom beigesetzt, wo ihm ein Grabdenkmal von Guglielmo della Porta gewidmet ist.

Bibl.: L. Pastor, *Storia dei papi, V: Paolo III (1534–1549)*, Rom 1924; R. Harprath, *Papst Paul III. als Alexander der Große: das Freskenprogramm der Sala Paolina in der Engelsburg*, Berlin 1978; F. H. Jacobs, *Studies in the patronage and Iconography of Pope Paul III*, Ann Arbor 1981; H. Ost, *Tizian: Paul III., und die Nipoten*, in *Wallraf-Richartz Jahrbuch* 45 (1984), S. 113–130.

U. Penteriani

Paul IV.

Papst. Gian Pietro Carafa wurde 1476 in Capriglia Irpina (Avellino) geboren. 1503 wurde er Protonotar und 1505 Bischof von Chieti. Als Mann außerordentlicher Bildung erhielt er früh zahlreiche politische Aufgaben (1513 Legat bei Heinrich VIII. und Ferdinand dem Katholischen). Nach dem *Sacco di Roma* mußte er nach Venedig fliehen. Seine beiden wichtigsten Ziele waren der Kampf gegen die Häresie und die Gegenreform. 1524 gründete er den Theatinerorden, um den Katholiken ein strenges Lebensideal zu zeigen. 1518 wurde er zum Erzbischof von *Brindisi* ernannt, 1536 zum Kardinal und 1549 zum Erzbischof von Neapel gewählt. Als er 1555 zum Papst gewählt wurde, setzte er seinen Neffen Giovanni, den Erben der Besitztümer der Carafa, als weltlichen Verwalter der Kirche ein. Dessen Bruder Karl wurde zum Kardinal ernannt und entzog ihm diese Aufgabe.

Paul IV. setzte die Politik Pauls III. fort und fand in den Colonna seine schärfsten Gegner. Er ergriff die Gelegenheit des Übergriffs auf französische Galeeren in *Civitavecchia* durch den mit den Colonna verbundenen Alessandro Sforza, um das Kastell von Paliano zu besetzen. Dieses wurde so zu einem soliden Grenzstein in den Händen der Carafa. Später ging der Papst so weit, die Colonna zu exkommunizieren und ihre Güter zu konfiszieren.

1555 zwang Paul IV. die Juden in Rom in einem Ghetto zu wohnen und ein Erkennungszeichen zu tragen. Auch wurde ihnen verboten, Immobilien zu besitzen, Handel zu treiben und ärztliche Tätigkeiten an Christen auszuüben. Inzwischen konnte die Niederlage der kaisertreuen Partei in *Paliano* nicht ohne Reaktion seitens des Sohnes des Habsburgers Karl V., Philipps II., bleiben. Dieser hatte 1556 mit dem spanischen Reich auch die italienischen Territorien geerbt. Im September desselben Jahres besetzte der Herzog von Alba, Vizekönig von Neapel, außer *Paliano* und *Velletri* alle Besitztümer der Kirche bis nach Ostia. Der Krieg, der Rom selbst bedrohte, endete damit, daß der Papst den Frieden erbitten mußte.

Das Scheitern der antihabsburgischen Politik ließ Paul IV. von dem Plan absehen, den Apost. Stuhl von ausländischer Herrschaft zu befreien. Statt dessen widmete er sich der Verteidigung der Religion, der Kurienreform und der Anwendung des tridentinischen Kanons. Seine übertriebene Unnachgiebigkeit führte dazu, daß er Verdächtige mit unverhältnismäßig hohen Strafen belegte und eine immer größere Zahl hervorragender Persönlichkeiten inquisitorisch verfolgen ließ. Unter ihnen befand sich auch der Erzbischof von Canterbury, Kardinal Reginald Pole, der 1556 seines Amtes als Legat enthoben und gegen den Anklage erhoben wurde. 1559 ließ er den *Index librorum prohibitorum* erstellen. Als der Papst 1559 starb, erhob sich das röm. Volk in einer Rebellion gegen die päpstl. Regierung und vor allem gegen die Inquisition. Der Papst wurde zuerst im Petersdom beigesetzt, bis Pius V. 1566 seinen Leichnam nach *S. Maria sopra Minerva* überführen ließ.

Bibl.: L. Pastor, *Storia dei papi*, VI, Rom 1922, S. 340–672; T. Torriani, *Una tragedia nel Cinquecento romano: Paolo IV e i suoi nipoti*; A. Veny Ballester, *Paulo IV, confundador de la Clerecia religiosa (1476–1559). Trayectoria ejemplar de un papa de la Contrarreforma*, Palma de Mallorca 1976; A. Aubert, *Alle origini della Controriforma: studi e problemi su Paolo IV*, in *Rivista di storia e letteratura religiosa*, 22 (1986). S. 303–355; Id., *Paolo IV Carafa nel giudizio dell'età della Controriforma*, Città di Castello 1990.

G. Scano

PAUL V.

Papst. Camillo Borghese wurde 1552 aus röm. Familie geboren. Der Konsistorienanwalt, Vizelegat in Bologna (1588) und Sondergesandte für Philipp II. (1593) erhielt durch Clemens VIII. 1596 die Kardinalswürde, ein Jahr später das Bistum Jesi und wurde 1603 zum Vikar von Rom ernannt. 1605 bestieg er den Papstthron und führte die päpstl. Macht in die Richtung eines Absolutismus. Gegen Venedig sprach er ein Interdikt wegen restriktiver Gesetze zum Kirchenbesitz aus. Er setzte die Politik seiner Vorgänger fort, schränkte die Privilegien für Geistliche ein und führte die Residenzpflicht wieder ein. Sein Pontifikat stand unter dem Zeichen der Pracht und Machtdarstellung: So trägt der Petersdom auf der Fassade seinen Namen in großen Lettern. Im Jahr 1616 ließ er das kopernikanische Weltbild verurteilen. Paul V. starb 1621 und wurde in *S. Maria Maggiore* begraben.

Bibl.: L. Pastor, *Storia dei papi, XII*, Rom 1930; B. Fischer, *Ein bisher unveröffentl. Entwurf des Einleitungs-Dokuments Pauls V. zum Rituale Romanum*, in *Rituels. Mélanges offerts à Pierre-Marie Gy*, Paris 1990. S. 263–271.

G. Scano

Paul VI.

Papst. Giovanni Battista Montini, geboren am 26. September 1897 in Concesio (Brescia) als Sohn des Rechtsanwaltes Giorgio Montini und Giuditta Alghisi spürte schon frühzeitig seine priesterliche Berufung. Von 1916 an studierte er Theologie in Brescia und wurde am 29. Mai 1920 zum Priester geweiht. Nach einem Studium in Rom an den Universitäten Gregoriana und Sapienza erwarb er den Doktorgrad in Theologie und wurde dann in die Päpstl. Diplomatenakademie aufgenommen. Seit 1922 arbeitete er im vatikanischen Staatssekretariat und wurde 1923 für zwei Jahre an die Nuntiatur in Warschau entsandt. Bald kehrte er als Minutant in das Staatssekretariat zurück, wo er ohne Unterbrechungen bis 1954 wirkte. Nebenbei war von 1925–1933 Generalassistent des Katholischen Studentenverbands Italiens (FUCI), was ihm harte Auseinandersetzungen mit dem faschistischen Regime Italiens eintrug. Von 1937 an war er als Substitut engster Mitarbeiter von Kardinalstaatssekretär Pacelli, der ihn als Pius XII. 1952 zum Pro-Staatssekretär ernannte und ihn völlig überraschend zwei Jahre später als Erzbischof nach Mailand schickte. Dort entfaltete er fast acht Jahre lang ein breites Pastoralprogramm, vor allem in der Arbeiterseelsorge, und errichtete zahlreiche neue Kirchen. Am 15. Dezember 1958 erhob ihn Johannes XXIII. zum Kardinal mit der Titelkirche *S. Martino ai Monti*. Dessen Nachfolger auf dem Päpstl. Thron wurde er am 21. Juni 1963, als Johannes XXIII. kurz nach Beginn des Zweiten Vatikanischen Konzils starb.

Schon in seiner ersten Rundfunkansprache Ende Juni 1963 bezeichnete es der neue Papst als seine Hauptaufgabe, das von seinem Vorgänger begonnene Konzil fortzusetzen und zu Ende zu führen. Am 24. September eröffnete er die zweite Sitzungsperiode des Konzils, dem er in seiner Eröffnungsrede vier Aufgaben stellte: die lehramtliche Darlegung des Wesens der Kirche, die innerkirchliche Erneuerung, die Förderung der Einheit der Christen und den Dialog mit der Welt. Mehr als sein Vorgänger griff Paul VI. in das Konzilsgeschehen ein, aus dem wichtige Reformen im Sinne des johanneischen *aggiornamento* hervorgingen. Es gab jedoch auch Kritiker des konservativen Flügels, die dem Papst umstürzlerische Ideen zum Schaden der bewährten innerkirchlichen Strukturen vorwarfen. Er schloß durch eine zügige Führung das Konzil nach seiner 4. Sitzungsperiode am 8. Dezember 1965 ab, nachdem zahlreiche wichtige Dokumente verabschiedet und promulgiert waren.

Sofort machte sich Paul VI. an die Durchführung der Konzilsbeschlüsse und an die Reform kirchlicher Einrichtungen, angefangen bei der Röm. Kurie. Mit dem Motu Proprio *Apostolica Sollicitudo* wurden Organe der Koordinierung (Laienrat, Iustitia et Pax, Familienrat, „Cor unum") und solche des Dialogs (Sekretariat für die Einheit der Christen, für die Nichtchristen und für die Nichtglaubenden) gebildet. Aufsehen erregten auch seine Verfügungen über Kardinäle und Bischöfe. Mit einem Apost. Brief *Ecclesiae Sanctae* vom 6. August 1966 wurden Bischöfe dazu eingeladen, mit Vollendung des 75. Lebensjahres ihren Rücktritt einzureichen. Mit Motu Proprio *Ingravescenten aetatem* vom 21. November 1970 verfügte er, daß über achtzigjährige Kardinäle nicht mehr am Konklave teilnehmen durften.

Nicht nur als in der Tradition verankert, sondern als spürbar aufgeschlossen für die Zeichen der modernen Zeit sind seine Lehräußerungen zu bewerten. Mit seiner ersten Enzyklika *Ecclesiam Suam* vom 6. August 1964 führte er den vom Konzil begonnenen Dialog mit der Welt fort. Mit der Enzyklika *Mysterium fidei* vom 3. September 1965 betonte er, daß die Kirche keinen Anlaß habe, gute und bewährte Lehrtraditionen aufzugeben. In der Sozialenzyklika *Populorum progressio* vom 26. März 1967 unterstrich der Papst, daß Frieden nur durch Versöhnung der Völker und der gesellschaftlichen Klassen möglich und zugunsten der Entwicklungsländer ein gerechter Ausgleich zwischen reichen und armen Ländern erforderlich sei. Das zölibatäre Leben der Priester als Beitrag zur Heilsmission der Kirche betonte Paul VI. in der Enzyklika *Sacerdotalis Coelibatus.* Mit dem Rundschreiben *Humanae Vitae* unterstrich er die traditionelle Lehre der Kirche zu Ehe und Geburtenkontrolle: Unauflöslichkeit, Treue der Ehegatten und Fruchtbarkeit als erster Ehezweck. Sein *Credo* des Gottesvolkes stellte ein klares Bekenntnis zu Wahrheit und Reinheit des Glaubens dar.

Um den vielen, in zahlreichen seiner Dokumente enthaltenen Botschaften an die gesamte Welt Nachdruck verleihen, begann er mit seinen Apostolischen Reisen, deren erste ihn 1964 ins Heilige Land und damit zu den Quellen des Glaubens führte. Es folgten dann Reisen nach Indien, Kolumbien, Fatima, nach Genf, in die Türkei, nach Schwarzafrika und in den Fernen Orient. Zu einem Ereignis mit weltpolitischer Bedeutung wurde sein Besuch beim Sitz der Vereinten Nationen in New York im Oktober 1965, von wo aus er einen leidenschaftlichen Appell für den Frieden und die Förderung der in der Entwicklung befindlichen Länder an die Welt richtete. Von ihm begonnen wurde auch die sog. vatikanische Ostpolitik. Er empfing Besucher aus kommunistisch regierten Staaten und diskutierte mit ihnen über die religiöse Situation ihrer Länder. Diese Informationsgespräche bereiteten verschiedene menschliche Kontakte vor, bevor direkte politische Verhandlungen begonnen wurden.

Im Jahr 1970 wurden diplomatische Beziehungen mit Jugoslawien aufgenommen. 1971 konnte der ungarische Primas, Kardinal Mindszenty, nach 15 Jahren sein freiwilliges Exil in der amerikanischen Botschaft von Budapest verlassen und durfte sich nach Rom begeben. Er war allerdings nicht mehr Erzbischof von Esztergom. Die ungarische Regierung führte ihre harte Linie zugunsten regierungsfreundlicher Bischöfe weiter. Paul VI. förderte Gespräche mit den orthodoxen Kirchen im Sinn einer brüderlichen Öffnung und eines ökumenischen Dialogs. Historisch zu nennen ist die Begegnung zwischen Paul VI. und Patriarch Athenagoras 1964 in Jerusalem und der Besuch des koptischen Patriarchen von Alexandrien Shenouda III. im Jahr 1973 in Rom. Es war seit dem Unionskonzil von Florenz im Jahr 1439 das erste Mal, daß ein Papst wieder einen Patriarchen von Konstantinopel traf. Bereits 1969 war er in Genf mit den Vertretern des Ökumenischen Rates der Kirchen zusammengekommen.

Im Jahr 1975 feierte Paul VI. das Heilige Jahr. Er lud alle Menschen guten Willens zu Frieden und Versöhnung ein. Sein Einsatz für den Frieden erfolgte auch durch eine Intensivierung der diplomatischen Aktivitäten des Hl. Stuhls in aller Welt. Die Zahl der Nuntien wurde unter seinem Pontifikat verdoppelt.

Paul VI. war ein Mann von hoher Kultur. Er liebte die Künste, vor allem die moderne Kunst. So war es nicht verwunderlich, als er in den Vatikanischen Museen eine neue Abteilung für Moderne Kunst einrichten ließ. Paul VI. starb am 6. August 1978 in seiner Sommerresidenz Castelgandolfo. Seine sterblichen Überreste wurden in den Vatikan überführt, wo sie nach einer beeindruckenden Totenfeier auf dem Petersplatz in den Grotten der Basilika beigesetzt wurden.

Sein Pontifikat galt als „schwierig". Die 15 Jahre seiner Regierung fielen in eine Zeit außerordentlicher Ereignisse, starker Gegensätze und eines totalen gesellschaftlichen Umbruchs. In seiner festen Haltung zu Glaubens- und Sittenfragen stellte er sich der Kontestation und nahm Unpopularität bewußt in Kauf. Von den meisten Biographen werden ihm tiefer Glaube, Demut, Nächstenliebe, starkes Kulturempfinden, Respekt vor der Würde der menschlichen Person und vor allem Liebe zur Kirche bescheinigt. Sein Wahlspruch *In nomine Domini* und auch sein Testament zeugen von seiner tiefen pastoralen Sorge und seinem unermüdlichen Eifer im Dienst an der Kirche in einer bewegten Zeitepoche. Um dies alles aufzuarbeiten wurde 1979 in Brescia ein Internationales Zentrum „Paul VI." gegründet, das auch regelmäßig eine Reihe von Studien und Dokumenten über einen der bedeutendsten Päpste in der zweiten Hälfte des 20. Jh. herausgibt.

Bibl.: Paulus PP. VI, 1963–1978. *Elenchus Bibliographicus.* Collegit P. Arató, denuo refudit, indicibus instruxit P. Vian, Breschia/Rom 1981; G. Nicolini, *Paolo VI. Papa dell'umanità*, Breschia 1983; J. L. Gutierrez Garcia, *El magisterio social de Pablo VI*, Madrid 1984; *Paul VI. et la modernité dans l'eglise. Actes du Colloque organisé de l'Ecole française de Rome (Rome 2–4 juin 1983),* Rom 1984; J. Guitton, *Dialog mit Paul VI.*, Wien 1967; G. Adornato, *Giovanni Battista Montini. Religione e lavoro nella Milano degli anni ·50*, Breschia 1988; G. Colombo, *Ricordando G. B. Montini. Archivescovo e papa*, Rom 1989; L. A. Dorn, *Paul VI: der einsame Reformer*, Graz 1989; D. Paoletti, *La testimonianza cristiana nell mondo contemporaneo in papa Montini*, Rom 1991.

U. Penteriani

PELAGIUS I.

Papst. Er stammt aus einer röm. Adelsfamilie und war als junger Diakon im Jahr 536 Apokrisar des Papstes Agapet in Konstantinopel. Im darauffolgenden Jahr setzte er sich bei Kaiser Justinian für die Verhinderung der Rückkehr des abgesetzten Papst Silverius nach Rom ein. 539 wurde er vom Kaiser beauftragt, sich zur Synode von Gaza zu begeben, bei der Paulus, der Bischof von Alexandrien, abgesetzt wurde. Während der Rückreise legten ihm einige Mönche in Jerusalem Auszüge aus Traktaten des Origenes vor und vertrauten sie ihm an, um sie von Justinian verurteilen zu lassen: 543 wurde die Verurteilung durch die Patriarchen des Ostens und durch Papst Vigilius unterzeichnet. Doch lag darin zugleich der Ursprung für den „Drei-Kapitel-Streit", der über ein Jahrzehnt nicht nur das Pontifikat des Vigilius belastete, sondern auch Pelagius selbst in der Zeit vor seiner Weihe. Es ging bekanntlich um die Schriften des Theodor von Mopsvestia, Theodoret von Cyrus und Iba von Edessa, die die Häretische Lehre des Nestorius begünstigten und daher von Justinian als verdammungswürdig betrachtet wurden. Man wollte versuchen, die Monophysiten wieder zur Einheit des Glaubens zurückzuführen: Die Verurteilung wurde sodann auf dem Konzil von Konstantinopel (553) bestätigt. Doch sahen die Bischöfe des Westens – und daher der Widerstand – darin eine Mißbilligung des Konzils von Chalzedon, das 451 die Rechtgläubigkeit von Theodoret und von Iba bestätigt hatte. Papst Vigilius mußte Rom verlassen und nach Konstantinopel reisen und unter Zwang die „Drei Kapitel" verurteilen. Inzwischen war Pelagius noch vor dem Papst nach Rom zurückgekehrt und versuchte, das durch den Goten-Krieg verursachte Leid zu lindern: Nachdem er ergebnislos einen Waffenstillstand erbeten hatte, vollzog er einen historischen Schritt, indem er Totila vor der Petersbasilika erwartete und um Gnade für das hungernde Volk bat. Doch wenn das Volk auch verschont wurde, mußte Pelagius machtlos die Plünderung der Stadt miterleben. Bei dieser Gelegenheit wurde er wieder als Botschafter des Friedens nach Konstantinopel gesandt, doch wollte Justinian in dem erhitzten Klima seinen alten Ratgeber nicht anhören. Seine Antwort bestand darin, daß er Belisar nach Italien sandte, der 547 Rom besetzte. Fünf Jahre später kehrte Pelagius 552 nach Konstantinopel zurück, um Papst Vigilius zu unterstützen, der immer noch die „Drei Kapitel" verteidigte; die Folge war seine Verhaftung und Verwahrung in verschiedenen Klöstern. Angesichts der Kompromißbereitschaft von Vigilius stellte Pelagius, trotz eigener Gefangenschaft, einige Schriften, worin er dem Papst Unbeständigkeit und die Mißachtung des Konzils von Chalzedon vorwarf, gegen die Verurteilung zusammen.

Zu diesem Zeitpunkt ließ Kaiser Justinian Papst Vigilius frei, doch starb er im Juni 555 in Syrakus. Der Kaiser ernannte Pelagius zum Nachfolger, zwang ihn aber, die „Drei Kapitel" anzunehmen. Dadurch machte er sich in den kirchlichen und adeligen Kreisen Roms viele Feinde und wurde auch für das Leiden Papst Vigilius' verantwortlich gemacht. Das führte soweit, daß er sich kurz nach seiner Weihe, die mit Unterstützung des Narses am 16. April 556 erfolgt war, gezwungen sah, öffentlich seine Unschuld zu beteuern. Doch auch dieser Akt der Demut vermochte nicht, die Verdächtigungen und feindseligen Einstellungen, besonders in Frankreich und in Norditalien, zu zerstreuen. In Norditalien kam es sogar zu dem Schisma der Metropoliten von Mailand und Aquileja. Dennoch ist das kurze Pontifikat Pelagius' I. von Werken der Barmherzigkeit für das Volk gekennzeichnet, das unter den Gotenkriegen gelitten hatte. Auch die Restaurierung halbzerstörter Kirchen und die Reintegration des zwischenzeitlich dezimierten römischen Klerus zeichnen ihn aus. Er starb am 4. März 561 und wurde in St. Peter beigesetzt.

Bibl.: O. Bertolini, *Roma di fronte a Bisanzio ed ai Longobardi*, Bologna 1941, S. 164–170, 217–220; H. Maisonneuve, in *Catholicisme hier, aujourd'hui, demain X* (1986), Sp. 1087–1090.

G. Scano

Pelagius II.

Papst. Er war deutscher Abstammung, Sohn des Unigild und wurde in Rom geboren. Pelagius wählte die kirchliche Laufbahn, wurde beim Tod Benedikts I. zum Papst gewählt und am 26. November 579 geweiht, ohne daß er von Byzanz die Zustimmung des Kaisers abgewartet hätte. Die Verhältnisse in Rom blieben weiter dramatisch: die langobardischen Scharen waren bis vor die Stadt gekommen und hatten überall Verwüstung, Ruinen und Elend hinterlassen. Der Papst wandte sich, nach einem wenig erfolgreichen Hilferuf an Konstantinopel, für eine konkretere Unterstützung seiner Herrschaft an Childebert II., König der Franken (580). Dann schickte er eine zweite Gesandtschaft nach Konstantinopel, bis es ihm schließlich nach fünf Jahren gelang, von Autarich einen Waffenstillstand zu erreichen, der bis 589 dauerte. In dieser Zeit relativer Ruhe konnte sich Pelagius seinem geistlichen Lehramt widmen und vor allem, wenn auch vergeblich, versuchen, das Schisma, das im Patriarchat von Aquileja wegen der Frage der „Drei Kapitel" nun schon einige Jahrzehnte andauerte, zu beenden. Zwei seiner sehr ins Detail gehenden und ausgewogenen Plädoyers an den Patriarchen Elias für das Vorgehen des Apost. Stuhles in der berühmten Streitfrage hatten keinerlei Wirkung.

Pelagius unternahm den Wiederaufbau der ursprünglich konstantinischen Basilika *S. Lorenzo* vor den Mauern, die im Mosaik des Triumphbogens eine Darstellung des Papstes zeigt, der Christus ein Modell der neuen Kirche übergibt, „*gladios hostiles inter et iras*“, wie sich aus der betreffenden Inschrift ergibt (vgl. G. Matthiae, *S. Lorenzo fuori le mura*, Rom 1966, S. 12, 106–109). Am 7. Februar 590 starb Pelagius II. als Opfer der durch die schreckliche Überschwemmung des Tibers im November ausgelösten Pestepidemie. Er wurde in St. Peter beigesetzt.

Bibl.: O, Bertolini, *Roma di fronte a Bisanzio ed ai Longobardi*, Bologna 1941, S. 225–300; H. Maisonneuve, in *Catholicisme hier, aujourd'hui, demain X* (1986), Sp. 1090–91.

G. Scano

PETERSDOM (BASILIKA ST. PETER)

I. Die konstantinische Basilika. Als Kern der Basilika, die Kaiser Konstantin zu Ehren des Apostelfürsten errichten wollte, gilt die Grabzelle (*memoria*), die Papst Anaklet (76–88) auf dem Grab des hl. Petrus in den Vatikangärten erbauen ließ. Um sie herum wurden später viele seiner ersten Nachfolger unter dem Pontifikat Silvesters I. (314–335) beigesetzt.

Der Kirchenbau wurde unter großen technischen Schwierigkeiten (Hügelgelände) um 319 begonnen und erst um Mitte des 4. Jh. vollendet. Vor der Fassade im Osten mit sechs großen Fenstern und Mosaikdarstellungen Christi, der vier Evangelisten und des betenden Konstantin erstreckte sich ein „Paradies“ genanntes Atrium mit einer großen Säulenhalle (56 Meter lang und 62 Meter breit), in der sich anfangs ein Garten mit Blumen und Hecken befand. In der Mitte der Säulenhalle dominierte ein Brunnen in Gestalt eines riesigen Pinienzapfens aus vergoldeter Bronze, der im 11./12. Jh. dort aufgestellt wurde. Jetzt befindet er sich im Hof der Vatikanischen Museen (→). Er wurde „Cantharus“ genannt und unter Papst Symmachus (498–514) vollendet, der mehr als jeder andere tat, um die von Konstantin begonnenen Arbeiten zu Ende zu bringen und dem die Mosaiken der Westwände der Säulenhalle zu verdanken waren.

Man betrat die Basilika durch vier Tore: (v. links) *Tor des Gerichts*, weil durch dieses die Totenzüge schritten; *Ravenniana*-Tor, weil es für die Menschen von jenseits des Tiber bestimmt war, *Argentea*-Tor, weil seine Torflügel versilbert waren, *Romana*-Tor, weil es nur Römer benutzten; *Guidonea*-Tor, so genannt, weil es für die von Führern begleiteten Pilger bestimmt war. Später wurde es zur Hl. Pforte (s. u.).

Die Basilika, 118 m x 64 m, war fünfschiffig mit Westquerhaus und Apsis. Die fünf Längsschiffe waren durch vier Reihen aus je 22 Säulen getrennt. Die zwei Säulenreihen des Mittelschiffs trugen einen Architrav, über dem sich die Hochwand erhob, in deren unteren Zone sich Medaillons mit Papstportraits befanden, die unter Liberius (352–366) und Nikolaus III. (1277–80) entstanden. Oberhalb befanden sich drei Freskenreihen: die obere zwischen den Fenstern mit Patriarchen, Propheten und Aposteln, die unteren beiden mit alt- und neutestamentlichen Szenen. Auf den beiden 6 m hohen Säulenreihen der Seitenschiffe ruhten Rundbögen. Die Basilika schloß mit einem hölzernen Satteldach. Die Schiffe endeten im Westen mit großen Transversalbögen zum Westquerhaus, an das sich die Apsis anschloß. Der Triumphbogen zeigte oben ein Mosaik mit der Darstellung Kaiser Konstantins, der Christus und dem hl. Petrus ein Modell der Kirche überreicht.

In der Mitte der Apsis befand sich das Petrusheiligtum, das ursprünglich nicht unter einem Altar stand, sondern von einem Aufbau aus sechs Säulen und Porphyrpilastern umgeben war: vier der Säulen bildeten einen rechteckigen Baldachin, während die anderen beiden sich an der Seite der Apsis befanden. Auf jeder Säule verlief eine „trabes"; von den Enden der vier Mittelsäulen gingen Rundrippen aus, an deren Kreuzungspunkt eine kronenförmige Lampe hing. An der „trabes" angebrachte Vorhänge entzogen die Apsis der Basilika den Blicken der Gläubigen, die dem Apostelgrab durch ein Fenster hinter dem Denkmal huldigen konnten.

Die Apsiskonche war mit einem Mosaik geschmückt, auf dem in der oberen Zone der *Erlöser zwischen den Aposteln Petrus und Paulus* und in der unteren das Lamm mit den vier Flüssen des Paradieses abgebildet waren.

Seit dem 6. Jh. bereicherten Kapellen, Grabdenkmäler und andere Kunstwerke die Basilika. Unter den vielen Werken seien genannt: unter Papst Symmachus (498–514) die Einfriedung des Atriums und sein Marmor- und Musivschmuck, der Wiederaufbau des Treppenaufgangs und der Baldachin über dem Taufbrunnen. Der hl. Gregor der Große (590–604) ließ die Arbeiten am Hauptaltar ausführen, der durch ein Silberziborium geschmückt wurde. Später wurde auf dem Grab ein Baldachin errichtet, während die sechs antiken Spiralsäulen als Schranke in den vorderen Teil verbracht wurden. Den Bau eines neuen Baldachins aus Onyxsäulen unter einem in Silber ziselierten Architrav veranlaßte Gregor III. (731–741) und fügte sechs Spiralsäulen, ein Geschenk des Exarchen von Ravenna, hinzu. Leo III. (795–816) restaurierte Mittelschiff, Querhaus, Atrium, Baptisterium und das Oratorium des Hl. Kreuzes und ließ ein Mosaik mit dem Bild des Erlösers in der Palliennische anbringen, die Innozenz III. (1198–1216) später mit einer Bronzegittertür schloß. Leo IV. (847–855) ließ die Decke des Ziboriums mit Silber verkleiden und den Architrav der Pergola mit Statuen des Erlösers und der Apostel schmücken. Außerdem ließ er die Schäden des Sarazeneneinfalls von 845 ausbessern. Unter Gregor IX. (1227–1241) wurde der obere Teil der Fassade wieder aufgebaut, der mit einem Mosaik geschmückt wurde, das das ältere, unter Gregor IV. (827–844) restaurierte, ersetzte. Der Förderung Kardinal Stefaneschis sind hingegen im ersten Jahrzehnt des 14. Jh. die Bemalung der Apsistribüne und das Mosaik des berühmten „Navicella" zu verdanken, beides durch Giotto.

II. Die neue Basilika. Am Beginn des 15. Jh. war die Konstantinsbasilika nach Plünderungen, Überschwemmungen und Erdbeben trotz zahlreicher Restaurierungen baufällig. Nikolaus V. (1447–55) beauftragte im Rahmen seines Sanierungsprogramms für das Vatikanviertel Bernardo Rossellino mit dem Wiederaufbau der Kirche. Dieser begann 1451 mit der Apsisseite. Die Arbeiten gingen, nachdem sie durch den Tod des Papstes unterbrochen waren, sehr langsam voran. Papst Julius II. wagte endlich den mutigen Abriß eines Teils des Gebäudes, auch weil das neue Gotteshaus das prächtige Grabmal beherbergen sollte, mit dem Michelangelo beauftragt war. Die Leitung des Bauwerks wurde Donato Bramante übertragen. Dieser entwarf einen Plan für die neue Basilika, die an Ausdehnung und Großartigkeit alle bislang existierenden Kirchen übertreffen sollte. Der Entwurf hatte die Form eines griechischen Kreuzes mit vier apsidial schließenden Armen, über denen sich Kuppeln und Türme erhoben; im Zentrum des Gebäudes sollte sich eine riesige Kuppel ähnlich der des Pantheons auf vier enormen Pfeilern erheben. Am 18. April 1506 legte der Papst den ersten Stein der heutigen Kirche, aber bei seinem Tod waren nur die vier Stützpfeiler vollendet. Als ein Jahr später auch Bramante starb, wurde an seine Stelle Raffael gerufen (1514), dessen fachkundige Mitarbeiter Giuliano da Sangallo und Fra Giocondo da Verona wurden.

Die drei Architekten planten ein lateinisches Kreuz, wenn sie auch Bramantes Bau beibehielten und Giuliano später zu dem ursprünglichen Plan eines griechischen Kreuzes zurückkehrte. Nachfolgende Architekten waren Baldassarre Peruzzi und Antonio da Sangallo d. J., die von Paul III. (1534–49) gerufen wurden, unter dessen Pontifikat die bislang stockenden Arbeiten große Fortschritte machten. Nachdem Sangallo, der eine Verlängerung der Basilika bis zur gesamten Säulenhalle vorgeschlagen hatte, 1546 gestorben war, rief Paul III. den schon über siebzigjährigen Michelangelo als dessen Nachfolger. Dieser kehrte zur Bramanteschen Idee des Zentralkreuzes zurück, das als Stützkonstruktion für die Kuppel gedacht war, für die Michelangelo sich an *S. Maria del Fiore* in Florenz von Brunelleschi inspirierte.

Bei Michelangelos Tod waren nur die Trommel und die Räume der vier großen Eckkapellen fertiggestellt: die Gregorianische Kapelle, die von Giacomo della Porta während des Pontifikats Gregors XIII. (1572–85) fertiggestellt wurde; die Kapelle des Erzengels Michael und der hl. Petronilla, die 1565 vollendet und der Tradition entsprechend den Franzosen geweiht wurde; die Kapelle Clemens' VIII. (1592–1605), der sie für das Jubiläum des Jahres 1600 wünschte; die Kapelle der *Madonna della Colonna*, die so genannt wurde, nachdem 1607 ein auf eine Säule der antiken Basilika gemaltes Marienbild dorthin verbracht wurde. Auf Michelangelo folgten Pirro Ligorio und Jacopo Barozzi, genannt Il Vignola und dann Giacomo della Porta, dem Domenico Fontana an die Seite gestellt wurde. Diesen beiden Architekten kommt das Verdienst zu, die Kuppel unter dem Pontifikat Sixtus' V. (1585–90) vollendet zu haben. Die Kuppel als Symbol der Kirche und des Himmels wird von vier gigantischen Pfeilern getragen, die einen Durchmesser von 71 Metern haben. Der höchste Punkt der Kuppel mißt 140 m vom Boden. Gleichzeitig hatte Fontana den lange für nicht realisierbar gehaltenen Plan, den Obelisken, den Kaiser Caligula 37 v. Chr. aus Heliopolis nach Rom hatte transportieren lassen, in der Mitte des Petersplatzes aufzustellen.

Unter dem Pontifikat Pauls V. (1605–21) wurde der Bau der Basilika vollendet, wobei man schließlich das lateinische Kreuz als Grundriß sowohl wegen der Vorgabe der antiken Kirche als auch aus liturgischen Notwendigkeiten heraus wählte. So zerstörte Carlo Maderno zwischen 1607 und 1614 die Mauer, die Paul III. (1534–49) hatte errichten lassen, um die Baustelle vom Rest der Kirche zu trennen und die Messfeiern zu ermöglichen. Maderno realisierte auch die drei neuen Kirchenschiffe als Kompromiß zwischen der Basilikastruktur und dem Zentralbau, indem er drei Kapellen pro Seite hinzufügte, wie es von der Kardinalskongregation, die dem Bau vorstand, gefordert worden war: die Chorkapelle, die diejenige von Sixtus IV. von 1477–79 ersetzte, die Präsentationskapelle und die Taufkapelle links; die durch eine elegante Schranke des Borromini geschlossene Sakramentskapelle, die Kapelle des hl. Sebastian und die der Pietà (zwischen den beiden befindet sich die elliptische Kapelle des Bernini, die Vanvitelli für die Aufbewahrung der nach dem *Sacco di Roma* verbliebenen Reliquien schmückte) rechts.

Am Ende ließ Maderno die neue Travertinfassade errichten, die den Blick auf die Kuppel teilweise verstellt. Sie wird von einer Kolossalordnung aus Säulen und Lisenen gebildet, auf denen ein monumentaler Architrav mit zentralem Tympanon ruht. Das alles wird durch eine Balustrade gekrönt, über der sich die Statue des Erlösers zwischen den Figuren Johannes des Täufers und der Apostel erhebt, ohne Petrus, dessen Statue an der einen Seite auf der Eingangstreppe steht. In der zweiten Ordnung öffnen sich neun Loggien; von derjenigen in der Mitte, „Segensloggia" genannt, in dessen unterem Teil sich ein Basrelief von Ambrogio Buonvicino mit der *Übergabe der Schlüssel* befindet, erteilt der Papst den Segen *Urbi et Orbi* (→) und wird die Wahl eines neuen Papstes verkündet.

Der neue Bau mit 15.160 m² Fläche, 211 m Länge und 144 m Höhe wurde am 18. November 1626 von Urban VIII. eingeweiht, der auch den Baldachin (→) für den Papstaltar des Bernini in Auftrag gab. Letzterer war Maderno als Architekt des Baus nachgefolgt und stattete den Innenraum aus, indem er ihn 1650 mit buntem Marmor auskleiden und an den Pilastern Papst- und Heiligenbüsten anbringen ließ, in von Putten getragenen Rahmungen. Außerdem öffnete er Nischen, in die später Statuen zahlreicher Ordensgründer gestellt wurden. Für Papst Alexander VII. (1655–67) krönte der Künstler sowohl den Innenraum mit dem Altar der Cathedra Petri als auch den Vorplatz mit der Errichtung der Kolonnaden (→).

Unter dem Pontifikat Pius' VI. (1775–99) wurde die alte Sakristei abgerissen, die Gregor XIII. (1572–85) im Innern der *Rotonda di S. Maria della Febbre* untergebracht hatte. Eine neue wurde nach Plänen des Römers Carlo Marchionni erbaut. Außerdem wurden von Valadier die beiden Uhren oben an den Seiten der Fassade angebracht, während die beiden Statuen der Apostel Petrus (von Giuseppe Fabris) und Paulus (von Adamo Tadolini) an den Seiten des Treppenaufgangs 1840 aufgestellt wurden. Der Schmuck der Basilika ist zu verstehen als eine Exegese der christlichen Geschichte, als Summe aus Geschichte und Doktrin, die das Vorrecht der Röm. Kirche rechtfertigen, einziger Erbe des Wortes Christi zu sein. Gleichzeitig ist sie aber auch Summe künstlerischen Könnens.

Unter den zahlreichen Kunstwerken seien nur die bekanntesten genannt: die bronzene Sitzstatue des segnenden *Petrus* aus dem 13. Jh., gewöhnlich Arnolfo di Cambio zugeschrieben; das Pietro Cavallini zugeschriebene *Holzkreuz* in der gleichnamigen Kapelle; die Bronzetür des Haupteingangs – noch aus Alt-St.-Peter –, mit der Eugen IV. (1431–47) Antonio Averulino, genannt Il Filarete, beauftragte und in deren Feldern der *Erlöser* und die *thronende Jungfrau*, die *Apostel Petrus* (mit kniendem Papst) und *Paulus* und das *Martyrium der beiden Apostel* dargestellt sind; in den Horizontalreihen finden sich Szenen aus dem Pontifikat des Condulmer. Das berühmteste Kunstwerk der Kirche ist sicher die marmorne *Pietà*, die der französische Kardinal Jean Bilhères de Lagraulas dem jungen Michelangelo für die Kapelle der hl. Petronilla in Auftrag gab und die zwischen 1499 und 1500 entstand. Das Werk wird heute in der gleichnamigen Kapelle hinter einer Glaswand aufbewahrt, nachdem sie von einem Vandalen beschädigt worden war. Der Künstler, der den barocken Charakter des Gotteshauses bestimmte, war Gian Lorenzo Bernini; seinem fünfzigjährigen Einsatz sind folgende Werke zu verdanken: der große *Baldachin* (→), ein Werk aus Architektur und Bildhauerei, in Kontinuität des frühchristlichen Altarraums. Denn die gewundenen Säulen nehmen das Thema der konstantinischen Einfassung wieder auf und spiegeln die antiken wieder, von denen man annahm, sie stammten aus Salomos Tempel; die theatralische Präsentation der *Kathedra* (→) wurde von Bernini für Alexander VII. (1655–67) geschaffen. Dieser Altar scheint trotz der vier bronzenen Monumentalstatuen der lateinischen Kirchenlehrer *Ambrosius* und *Augustinus* und der griechischen *Anastasius* und *Johannes Chrysostomus*, auf denen er ruht, in die Höhe zu streben. In diesem mystischen Himmelsstreben finden sich das orthodoxe Ritual der „etimasia“ (Anbetung des leeren Throns) und der metaphysischen Pfingsterleuchtung wieder. Von Bernini stammt auch die Ausstattung der Kuppelpilaster mit den großen Statuen in Nischen (1629–40) mit dem *hl. Longinus* von Bernini selbst, der *hl. Helena* von Andrea Bolgi, der *hl. Veronika* von Francesco Mochi und dem *hl. Andreas* des Flamen Francois Duquesnoy. Für das Atrium führte Bernini das Reiterstandbild *Konstantins* aus (1664–69), dem ein Jahrhundert später dasjenige *Karls des Großen* von Cornacchini (1775) gegenübergestellt wurde. Ein Werk des Bernini ist auch das Ziborium (1674) aus vergoldeter Bronze, das sicher am Bramanteschen Tempel *S. Pietro in Montorio* inspiriert ist und das den Altar der Sakramentskapelle schmückt, in der auch die *Hl. Dreifaltigkeit* von Pietro da Cortona (1596–1669) aufbewahrt wird, das seltene Beispiel eines Gemäldes in der Peterskirche. An den zahlreichen Grabdenkmälern, die in der Basilika aufgestellt sind, ist es möglich, die Entwicklung der Grabkunst von der Antike bis heute zu verfolgen. Da viele Beispiele in der neuen Basilika keinen Platz fanden, mußte man die Hl. Grotten beginnen, in die Werke wie die Grabdenkmäler Hadrians IV. (1154–59), Nikolaus' V. (1447–55) und Calixtus' III. verlegt wurden. In der neuen Sakristei fand das berühmte Grab Sixtus' IV. (1471–84), ein Werk des Antonio del Pollaiolo, als höchster Ausdruck von Kunst und Doktrin Platz. Im Innern der Basilika sei an das Bronzedenkmal Innozenz' VIII. (1484–92), ein weiteres Werk des Pollaiolo, erinnert. Es handelt sich um den ältesten Papstkenotaph in der Kirche, der gleichzeitig ein typisches Beispiel für ein „Wandgrab“ darstellt. Während der Überführung wurden 1621 die beiden Papstfiguren vertauscht. Der Kenotaph Pauls III., der von Bernini 1628 verlegt wurde, wurde von Guglielmo della Porta unter der Leitung von Michelangelo angefertigt; in den allegorischen Statuen der Vorsicht und Gerechtigkeit hat man später ungerechtfertigterweise die Mutter des Papstes (Giovannella Caetani) und die Schwester Giulia Farnese erkennen wollen; letztere ist nackt dargestellt und wurde später mit einem metallenen weißen Kleid bedeckt.

Bernini führte das Denkmal Urbans VIII. (1623–44) bis zum Jahr 1647 aus; es ist ein Meisterwerk der Grabkunst, das von den Statuen der Barmherzigkeit und Gerechtigkeit und den darüber ausgestreuten Barberini-Bienen bestimmt wird, die die zeitweise Verstreuung der Papstfamilie nach dessen Tod andeuten. Als Achtzigjähriger führte Bernini auch das Denkmal für Alexander VII. (1655–67), seinen großen Beschützer, aus, das den Papst auf Knien betend mit den Allegorien der Gerechtigkeit und Vorsicht darstellt, vor denen die Statuen der Barmherzigkeit und Wahrheit (letztere als Akt, später mit einem abnehmbaren Metallumhang ausgestattet) stehen, während der Tod sich von der schweren Decke beugt und die Sanduhr zeigt, um dem Papst die Schicksalsstunde zu verkünden. Die Bronzetür unter dem Denkmal führt in das Innere der Vatikanstadt. Von Bernini und dessen Schule stammt auch das Denkmal für die Gräfin von Toscana mit der bekannten Darstellung der Demütigung Heinrichs IV. in Canossa, ein Basrelief von Stefano Speranza.

Durch besondere künstlerische Kohärenz unterscheiden sich sowohl das Denkmal für Innozenz XI. (1676–89) von Pierre Etienne Monnot nach einem Entwurf von Carlo Maratta, mit dem Papst zwischen Glauben und Stärke, als auch jenes für Alexander VIII. (1689–91) von Angelo de Rossi nach einem Entwurf von Arrigo di S. Martino mit den Statuen der Religion und der Klugheit und einem Basrelief, das an die fünf Heiligsprechungen des Ottoboni-Papstes erinnert.

Von eher höfischem Charakter sind die Zeugnisse der Grabkunst des 18. Jh. wie die Denkmäler für Benedikt XIV. (1740–58) und Clemens XIII. (1758–69) zeigen. Letzteres wurde 1792 von Antonio Canova (Urheber auch des Stuart-Kenotaphs) ausgeführt, der den Papst im knienden Gebet darstellte; zu den Seiten der Urne befinden sich die Religion und der geflügelte Genius des Todes, während unten zwei Löwen liegen, der eine schlafend, der andere wachend. Außerdem sei an das Grabmal für Pius VII. (1800–23) erinnert, das der Däne Albert Thorwaldsen ausführte. Unter den nicht für Päpste bestimmten Grabmälern sei das für Königin Christine von Schweden erwähnt, das Jean Theudon nach einem Entwurf von Carlo Fontana ausführte. Das Basrelief erinnert an den Übertritt der in den darunterliegenden Grotten beigesetzten Königin zum katholischen Glauben im Jahr 1655.

Bibl.: C. Galassi Paluzzi, *La Basilica di S. Pietro*, Bologna 1975, mit Bibl.; E. Francia, *1506–1606: storia della costruzione del nuovo S. Pietro*, Rom 1977; R. Krautheimer, *Corpus basilicarum christianarum Romae*, V, Vatikanstadt 1980, S. 170–292; M. Fagiolo/M. L. Madonna, *Roma 1300–1875: La città degli Anni Santi,* Atlas, Mailand 1985; *La Basilica di S. Pietro*, Hrsg. C. Pietrangeli, Florenz 1989.

C. G. Alteri/R. Del Signore

Petersglocke, Grosse

Die größte der Glocken am Petersdom wiegt 9.000 kg, hat einen Durchmesser von 2,30 m, eine Höhe von 2,60 m und erklingt im tiefen F. Sie wurde von Pius VI. bei Luigi Valadier in Auftrag gegeben, der schon die vorherige Glocke angefertigt hatte. Diese bekam am Tag des Festes des hl. Petrus 1780 plötzlich einen Riß, als zur Vesper geläutet wurde, was auch Schäden im Glockenraum verursachte. Dieses Unglück und üble Verleumdungen führten zum Selbstmord des Glockengießers Valadier. Die Glocke wurde dann von dessen Sohn, dem Architekten Giuseppe Valadier, vollendet. Noch heute hört man den mächtigen Klang der Glocke an Weihnachten, Ostern, dem Fest der Apostel Petrus und Paulus und beim Urbi et Orbi-Segen des Papstes.

Die weiteren Glocken sind folgende: die *Rota*, die einzig erhaltene antike Glocke, die noch aus der Zeit vor Innozenz VI. stammt. Sie wurde so genannt, weil sie jedesmal erklang, wenn die Richter der Rota (→) zusammentraten. Die Glocke wiegt 1800 kg, hat einen Durchmesser von 1,40 m, eine Höhe von 1,35 m und erklingt im hohen D; die „Predigtglocke“ von 1289 aus der Zeit Nikolaus' IV. zerbrach 1891 und wurde zwei Jahre später neu gegossen. Ihr Gewicht 850 kg, Durchmesser 1,08 m, Höhe 1,17 m, Note F. Früher wurden die Glocken nach alter Tradition per Hand geläutet, heute geschieht das durch ein elektronisches System, das Pius XI. am 4. Januar 1931 einweihte.

Bibl.: F. Vacchini, *Le Campane di S. Pietro in Vaticano*, in *L'Urbe*, 28 (1965), Nr. 2, S. 21–25; A. M. Corbo, *Le Campane della Basilica Vaticana*, in *Lazio ieri e oggi*, 18 (1982), S. 51–55; A. Busiri Vici, *Vicende per il „Campanone“ di S. Pietro*, in *Strenna dei Romanisti*, 46 (1985), S. 103–111.

G. Morello

Peterskuppel

Die Peterskuppel, die sich majestätisch und beherrschend über der Ewigen Stadt erhebt, ist hauptsächlich das Werk Michelangelos. Von

1546 an hatte er in Modell und zeichnerischem Entwurf zahlreiche Varianten konzipiert.

Die Kuppel ist zweischalig: Sie besteht aus der großen Halbkugel Michelangelos und der hoch aufsteigenden Schale von della Porta (42 m Durchmesser, 140 m Höhe). Die Kuppelkalotte liegt auf einem Tambour auf und ist durch drei Fensterreihen unterbrochen. Sie schließt mit einer Laterne, überragt von der gigantischen Kugel aus vergoldeter Bronze mit Kreuz.

Das erste Projekt Bramantes sah für die Petersbasilika einen Kuppelbau über dem Grundriß eines griechischen Kreuzes vor. Dieser sollte, im Geiste der Renaissance der Antike unter Papst Julius II. (1503–13), die Kuppel des Pantheon übertreffen. Die Grundsteinlegung erfolgte am 17. April 1506. Die Kuppel sollte über einem Tambour auf den Vierungspfeilern des Kreuzes ruhen und in der Außenansicht dem Modell des Pantheon folgen, mit horizontalen, stufenförmigen Ringen.

Beim Tod Bramantes (1514) waren gerade die vier Pfeilerstützen mit Gurtbögen errichtet. Das Triumvirat von Architekten, das von Leo X. zur Ersetzung des Urbinaten zusammengerufen wurde, bestand aus Raffael, Giuliano da Sangallo und Fra Giocondo. Es befaßte sich in erster Linie mit der Planänderung für die Basilika von dem Grundriß des griechischen in ein lateinisches Kreuz und führte so zu einer Verzögerung der Arbeiten. Antonio da Sangallo, Architekt der Dombauhütte von 1520 bis 1546, unterstützt von Baldassarre Peruzzi, griff wieder auf den Entwurf Bramantes zurück und plante auf dessen Basis eine neue Kuppel.

Durch die Ernennung von Michelangelo zum Architekten der Petersbasilika am 1. Januar 1547 erhielt der Bau entscheidende Impulse. Michelangelo entwarf verschiedene Modelle, die sich an das Vorbild der Brunelleschi-Kuppel von *S. Maria del Fiore* in Florenz anlehnen, verstärkte die Bramante-Pfeiler, erhöhte die Attikazone an der Basis des Tambours, komplettierte den Tambour bis zur Kapitellzone der Pilaster und Stützen und fügte die Architrave ein. Zahlreiche Zeichnungen und ein Holzmodell, das in den Vatikanischen Museen aufbewahrt wird, dokumentieren das Projekt. Obwohl Michelangelo unter dem Druck, das Werk zu vollenden, mit großem Eifer und sogar ohne Bezahlung daran arbeitete, konnte er die Kuppel nicht fertigstellen. Dies sollten dann Giacomo della Porta und Domenico Fontana bewerkstelligen, die unter energischem Druck Sixtus' V. nur drei Jahre dafür benötigten. 600 Beschäftigte waren Tag und Nacht an der Arbeit. Eine Inschrift vom 21. Juni 1590 bezeugt: „Sixtus [.] vollendete das große Werk der Kuppel von St. Peter".

Die ausgeführte Kuppel entspricht jedoch nicht den Plänen Michelangelos. Della Porta und Fontana veränderten das Erscheinungsbild entscheidend, indem sie die äußere Schale erhöhten und so sicher auch städtebaulichen Aspekten Rechnung trugen. Die Forschung kennt verschiedene Theorien: Eine These erklärt Michelangelo zum Schöpfer der schwerlastigen und halbkugelförmigen Kuppel und somit verschieden von derjenigen, die della Porta realisierte. Die zweite These hält della Porta und Fontana für die treuen Ausführer des Projekts Michelangelos und verweist auf die Unschlüssigkeit Michelangelos selbst bei der Wahl einer halbkugelförmigen Kuppel oder einer schlank aufsteigenden, wie diverse Zeichnungen belegen. Die elegante, spitz zulaufende Kuppel sei auch der künstlerischen Erfahrung della Portas fremd gewesen, entspreche aber vielmehr der Tendenz der letzten bildhauerischen Werke Michelangelos, die einen zunehmenden Vertikalismus aufweisen. Verschiedene Wissenschaftler schließen die Hypothese nicht aus, daß sich die Variante der Spitzkuppel

Michelangelos bei seinen Nachfolgern weiter durchgesetzt habe. Schließlich muß angemerkt werden, daß eine schlankere Kuppel eher dem urbanistischen Stil des Auftraggebers, Sixtus V., entsprach. Der Peretti-Papst wollte an dieser Stelle ein Symbol, einen Leuchtturm des Glaubens, der von sämtlichen Punkten der Stadt aus zu sehen war.

Die Innenausstattung der Kuppel geschah unter Clemens VIII. (1592–1605). Auf der Basis von Zeichnungen des Cavalier d'Arpino arbeiteten zahlreiche Mosaikkünstler daran, unter ihnen Marcello Provinciali, Pietro Lamberti, Cinthio Bernasconi. Diese haben auch die vier Evangelisten in den Zwickeln nach Zeichnungen des Pomerancio, Giovanni de Vecchi und Cesare Nebbia gestaltet.

Im Lauf der Jahrhunderte gab die Kuppel immer wieder statische Probleme auf, die Restaurierungen notwendig machten, so durch Carlo Fontana 1680, als alarmierende Stimmen die Kuppel bereits „zum Einsturz brachten". Unter Benedikt XIV. (1740–58) waren es Luigi Vanvitelli und der Mathematiker Giovanni Poleni, die an der Kuppel und an der Laterne starke Metallreifen anbrachten, was zuvor schon Della Porta versucht hatte. Weitere Arbeiten wurden 1929 unter der Leitung von Luca Beltrami an den Verstrebungen, andere 1942 von Giuseppe Nicolosi am Tamboursockel ausgeführt.

Bibl.: Ch. De Tolnay, *Michelangelo,* Rom 1951; R. Wittkower, *La cupola di San Pietro di Michelangelo. Riesame di critiche delle testimonianze contemporanee,* in *Arte Antica e Moderna*, 1962; C. Galassi Paluzzi, *La Basilica di San Pietro,* Bologna 1975 (Bibl. bis 1974); M. Fagiolo, *La Basilica Vaticana come tempio-mausoleo „Inter duas metas". Le idee e i progetti di Alberti, Filarete, Bramante, Peruzzi, Sangallo, Michelangelo,* in *Antonio da Sangallo il Giovane. La vita e l'opera. Atti del XXII Congresso di storia dell'architettura, Roma, 19–21 febbraio 1986.* Hrsg. G. Spagnesi, Rom 1986, S. 187–210.

R. Del Signore

PETERSPFENNIG

Obolo Di San Pietro. Der Obolus war im antiken Griechenland eine kleine Münze, deren Wert einem Sechstel der Drachme entsprach. Bei den Römern wurde es als Maßeinheit verwendet und entsprach 1/48 der Unze. Wegen seines geringen Wertes kam ihm mit der Zeit die Bedeutung eines Almosens zu. Deshalb wurde die freiwillige Abgabe der Gläubigen in aller Welt an den röm. Oberhirten Peterspfennig oder Almosengeld genannt. Der Peterspfennig war im 8. Jh. in England entstanden, wo König Offa II. v. Mercia alljährlich der Basilika von St. Peter eine gewisse Summe zuwandte, die für die Beleuchtung der Kirche und für die Armen verwendet werden sollte. Dieser Brauch breitete sich bald auf alle europäischen Länder aus, zuerst als freiwilliger Beitrag und dann als Pflichtabgabe, die erst im 15./16. Jh. abgeschafft wurde.

In seiner heutigen Form wurde der Peterspfennig in Frankreich durch den Schriftsteller und Politiker Charles Forbes de Tyron neu organisiert, der 1859 in Paris ein spezielles Komitee zur Sammlung der Opfergaben einrichtete, die dem Papst zur Deckung der finanziellen Bedürfnisse des Hl. Stuhls geschickt werden sollten. Diese Initiative fand sofort Nachahmer in Italien und Österreich sowie in vielen anderen Ländern. Schließlich wurde in jedem Bistum ein Hilfswerk des *Obolo di S. Pietro* eingerichtet, das von Pius IX. in der Enzyklika *Saepe Venerabiles Fratres* (1875) ausdrücklich gebilligt wurde. Die Verwaltung des Peterspfennigs ist heute einer besonderen, fünfköpfigen Komm. unter dem Vorsitz des Kardinalstaatssekretärs unterstellt. Eine konkrete Eingangssumme für den Peterspfennig ist nicht nennbar, da diese Spenden von den jeweiligen örtlichen Gegebenheiten abhängen und deshalb großen Schwankungen unterworfen sind.

Bibl.: C. Daux, *L'Obolo di S. Pietro; origini, ragioni e convenienze.* Rom 1909; I. Giordani, *L'Obolo di S. Pietro,* in *Ecclesia,* 14 (1955), S. 272–277; Ph. Levillain/F. Ch. Uginet, *Il Vaticano, o Le frontiere della grazia,* Mailand 1985, S. 81–97.

N. Del Re

PETERSPLATZ

Auf Nikolaus V. (1447–55) geht der Plan eines Platzes mit Säulenhallen in Form eines Rechtecks zurück, der die große Basilika ergänzen sollte. Absicht war, einen Platz zum Mittelpunkt der christlichen Welt zu machen, der sich bereits bei der Kirche als Mittelpunkt einer intensiven Handelstätigkeit entwickelte, wo alle ihre Waren oder auch Kunststücke darboten. Die Händler und Gaukler zahlten dafür eine jährliche Miete an die Kanoniker von St. Peter, wie im ältesten Einnahmebuch der Vatikanischen Basilika, das bis 1384 zurückreicht, notiert ist.

Die heutige, kunstvolle Platzanlage wurde 1586 nach dem Willen Sixtus' V. in Angriff genommen, als Domenico Fontana den Obelisken (→) an seinem heutigen Ort aufstellen ließ. Der Obelisk befand sich damals an der Seite der Peterskirche als Wendepunkt im Zirkus des Nero, der zur Linken der Basilika parallel verlief. Der monolithische Obelisk besteht aus rotem Granit aus Siene (Assuan), erhebt sich über seinem ursprünglichen Fundament, ebenfalls aus rotem Granit, trägt auf zwei Seiten eine Inschrift zu Ehren Augustus und Tiberius und hat neben dem Wappen Papst Sixtus' V. auf seiner Spitze einen Bronzeglobus. Er wurde in einem äußerst kühnen Manöver auf der zentralen Achse der alten Basilika errichtet und ist daher um etwa 4 Meter gegenüber der Symmetrieachse der heutigen Basilika verschoben. Gemäß einigen Autoren entschied man sich bewußt für diese Abweichung, um die Sicht auf die Engelsburg zu verbessern. Nach anderen geht sie auf Meßungenauigkeiten Madernos bei dem Erweiterungsbau der Fassade zurück. Auf Maderno, der sich dann auch mit der Platzarchitektur beschäftigte, geht die Verlängerung des Arms der Fassade und die Aufstellung des nördlichen Brunnens zurück, mit der sich bereits Innozenz VIII. (1490) beschäftigt hatte. Zwischen 1611 und 1614 erfolgte schließlich die Aufstellung des Brunnens ganz in der Nähe der aktuellen Stelle.

Neben Maderno arbeitete auch Martino Ferrabosco am Plan für die Anlage des Platzes mit. Er lieferte in einer Reihe von Entwürfen eine trapezförmige Lösung, von der im Pontifikat Pauls V. aber nur der Teil beim monumentalen Portal des Vatikan ausgeführt wurde, nämlich „der berühmte Uhrenturm des Ferrabosco", der sich mehr oder weniger auf der Achse mit dem *Borgo Nuovo* befand und beseitigt wurde, als Bernini dem Platz seine neue Gestalt gab.

Das Wirken Berninis am Petersplatz begann 1637 unter Urban VIII., der ganz entschieden seinen imponierenden Plan für hohe Seitentürme billigte. Diese bestanden aus drei Geschoßzonen, die in ihrem Entwurf den regelwidrigen Proportionen der Fassade des Maderno, die im Vergleich zur Höhe zu breit geworden war, neuen Schwung geben sollten. Allerdings wurde nur der rechte Turm errichtet. Man unterbrach dann aus statischen Gründen 1641 die Arbeit, und 1646 wurde der Turm vollständig niedergelegt.

Man mußte bis zum Jahre 1656 warten, als Alexander VII. entschied, die Vollendung des Platzes in Angriff zu nehmen, ohne die Bedenken Kardinal Pallottas zu berücksichtigen, der auf die Hindernisse technischer, praktischer und wirtschaftlicher Natur hinwies, die mit der Errichtung von Säulengängen vor der Peterskirche verbunden wären. Der Papst übertrug Bernini die Vorbereitung der ersten Studie, die mit den Mitgliedern der Kongregation für St.

Peter, die eigens dazu zusammentraten, diskutiert werden sollte. Ein erster Entwurf mit trapezförmigem Grundriß und ein zweiter mit je einem Säulenportikus, die zusammen einen weiten ovalen Platz bilden sollten, wurden bald aufgegeben und statt dessen eine Lösung gewählt, die einen ovalen Platz mit Kolonnaden aus Einzelsäulen vorsah, darüber ein gerades Gebälk. Dieser Plan fand die Unterstützung Papst Alexanders VII., der die Planung der Arbeit genau verfolgte und nicht nur die Höhe der ganzen Anlage, sondern auch die ovale Form bestimmte, nachdem er zuvor das Ganze an einem wirklichkeitsgetreuen Holzmodell eines Teils des Portikus, das er von Bernini selbst hatte herstellen lassen, überprüft hatte.

Besondere Erfordernisse ritualer und ästhetischer Natur wie beispielsweise die Möglichkeit, den Pilgern beim Papstsegen, der sowohl von der Loggia über dem Eingang der Kirche als auch von den Vatikanischen Palästen aus erfolgte, die beste Sicht zu verschaffen oder die nicht minder bedeutende Notwendigkeit, die regelwidrigen Proportionen der Fassade zu korrigieren und ihre Höhe zu steigern, schränkten den alten Architekten bei der Planung des weiten Komplexes ein und veranlaßten ihn, die Abgrenzung des Platzes niedrig zu halten. In der Absicht, ein harmonisches Verhältnis zu dem urbanen Umfeld zu halten, mußte Bernini eine Menge topographischer Probleme lösen. Wesentliche Teile der bestehenden Bausubstanz, wie Vatikanischen Bauten und das benachbarte Straßennetz von *Borgo Nuovo* und *Borgo Vecchio*, die Hauptverbindung zwischen dem Vatikan und dem Rest der Stadt, sollten erhalten werden. Zeugnis dafür ist eine umfangreiche Serie von Entwürfen und Skizzen, die die Planung des enormen Komplexes auch nach der Vorlage vom 15. März 1657 durchlaufen mußte. Dabei gab es weitere Kritik und Änderungen bei dem Ausmaß der Kolonnaden, bis im gleichen Jahr der Grundstein in Gegenwart des Papstes am 31. August gelegt wurde.

Bernini teilte den Platz in zwei Teile, die er *Piazza Retta* und *Piazza Obliqua* benannte: Der erste Teil hatte Trapezform und war von zwei seitlichen Vorhallen der Kirche flankiert, die mit dem *Borgo Nuovo* und dem *Borgo Vecchio* achsengleich waren. Es kam allerdings ein gewisser technischer Aufwand hinzu, da der Haupteingang zum Apost. Palast in den nördlichen Laufgang integriert werden mußte.

Es gelang Bernini aber, räumliche Illusionen durch Abstimmung der Baukörper zu schaffen, wodurch er die übermäßige Breite der Maderno-Fassade verminderte. Der zweite Teil weitet sich im Verhältnis zum ersten und bildet einen fast elliptischen Raum, der als Allegorie des Umfassens der ganzen Menschheit mit diesen Armen verstanden werden will. Die Kolonnaden bestehen aus architravierten dorischen Säulen in Viererreihen. Sie sind immer zu Vieren sichtbar und lenken so den Blick des Besuchers auf die Fassade der Basilika. Darüber befindet sich eine eindrucksvolle Balustrade, die mit päpstlichen Wappenschilden geschmückt und durch eine Reihe von Statuen der Schüler Berninis belebt ist. Man nimmt aber an, daß der Meister selbst die Modelle und Entwürfe gefertigt hat.

1667, beim Tod Alexanders VII., war der Bau des Platzes weit vorangeschritten. Trotz der objektiven Schwierigkeiten waren dank einer überlegten Organisation der nördliche Halbkreis und der Brunnen des Maderno errichtet und bereits die Pflasterarbeiten begonnen mit „großen Steinen für die Wagen und kleineren Steinen". Die Errichtung der südlichen Kolonnade dauerte dagegen bis 1671 an und wurde 1677 mit dem Bau eines analogen Brunnens auf der Querlinie der *Piazza Obliqua* und symmetrisch zur Längsachse des Platzes vollendet. Der einzige Teil des Planes Bramantes, der wegen des Todes des Papstes nicht vollendet wurde, war der dritte Arm oder ein Säulengang, der den ganzen Komplex abschließen und die Ellipse von der Baumasse der Borghi trennen sollte, damit die Ellipse den Pilger nach Durchschreiten der Propyläen mit dem überraschenden und triumphalen Anblick des Ovals vor der Basilika hätte aufnehmen und umfassen können.

Unter Innozenz XI. und später unter Clemens XI. wurde der Gedanke, den Platz in größerem Rahmen in ein stadtplanerisches Ganzes zu integrieren, von Carlo Fontana, einem Schüler des Bernini, aufgegriffen. Sein eindrucksvolles Projekt umfaßte den Bau einer großen Säulenhalle bei der Baumasse der *Borghi*. Andere Architekten dachten in seinem Sinne im 18. und 19. Jh. weiter. Weder der Meridian, den der Abt Gilli 1818 entworfen hatte, noch die für das Jubiläum von 1825 vorgenommene Pflasterung des Platzes brachten die Lösung. Sie wurde erst von Pius XI. gemeinsam mit Mussolini beschlossen, die ein von den Architekten Piacentini und Spaccarelli entworfenes Projekt billigten, das die Bauten zwischen dem *Borgo Vecchio* und dem *Borgo Nuovo* wegnehmen sollte. Dies geschah zwischen 1937 und 1950, als zum Heiligen Jahr die *Via della Conciliazione* als Verbindung zweier Pole eingeweiht wurde – der Petersbasilika und der Engelsburg. Man opferte mit dieser radikalen Umwandlung den szenischen Gedanken des Bernini von einem geschlossenen Platz.

Bibl.: A. Busiri Vici, *La Piazza di S. Pietro in Vaticano nei secoli XIII–XIV–XVII*, Rom 1893; O. Zunica, *Piazza S. Pietro e i Borghi*, Tivoli 1937; C. Thoenes, *Studien zur Geschichte des Petersplatzes*, in *Zeitschrift für Kunstgeschichte* 1963, S. 93ff; T. Thieme, *La geometria di Piazza S. Pietro*, in *Palladio*, 23 (1973), S. 129–144; T. Kaori Kitao, *Circle and Oval in the Square of St. Peter's; Bernini's art of planning*, New York 1974; M. Birindelli, *Piazza S. Pietro*, Rom 1981; P. Supino Martini, *Un'immagine di Piazza S. Pietro nel 1384*, in *Studi in onore di Leopoldo Sandri*, 3, Rom 1983, S. 923–928.

S. Maniello Cardone

PETRUS

Apostel, Heiliger. Simon, Jünger Jesu, der ihn dann Petrus nannte, Sohn des Jonas aus dem Stamme Neftali, geboren in Bethsaida in Galiläa, einem Dorf am linken Ufer des Sees von Genezareth, war einer der ersten Jünger Jesu, der seither den Namen Petrus führte. Zusammen mit seinem Bruder Andreas – der wie vermutlich Simon Petrus auch ein Jünger Johannes des Täufers war – übte er das Fischerhandwerk aus.

Für eine genaue Biographie des Simon Petrus liegen nur spärliche Anhaltspunkte vor: Die Evangelien und die Apostelgeschichte schildern in mehreren Szenen sein großmütiges, reines, mutiges, zuweilen aber menschlich schwaches Wesen, doch voller Bewunderung und Liebe zum göttlichen Meister. Nachdem Andreas Jesus begegnet und gefolgt war, führte er auch seinen Bruder Simon zu ihm. Simon wurde von Jesus mit den bezeichnenden Worten „Du bist Simon, der Sohn des Jonas: du sollst Kephas heißen, was Petrus bedeutet", (Joh 1,42) empfangen. Das hier angedeutete Schicksal und die Erwählung Petri finden eine weitere Bestätigung bei Lukas (5,11). Dieser erzählt, daß Simon Petrus nach dem ersten wunderbaren Fischfang voll Staunen dem göttlichen Meister zu Füßen fiel und ausrief: „Herr, geh hinweg von mir, denn ich bin ein sündiger Mensch". Jesus habe ihm geantwortet: „Fürchte dich nicht, von nun an wirst du Menschen fangen". Nach der Rede von Kapharnaum über das „Brot vom Himmel", als viele Jünger sich von Jesus distanzierten, beteuerte Simon Petrus seinen Glauben an den Messias (Joh 6,66–69).

Diese und andere spontane Bezeugungen zeigen sein vor Glauben und Liebe glühendes Temperament und seine Entscheidung zur bedingungslosen Nachfolge Jesu.

In Cäsarea Philippi bestätigt Jesus die in der ersten Begegnung angekündigte Erwählung Petri, als er auf dessen denkwürdiges Bekenntnis, „Du bist Christus, der Sohn des lebendigen Gottes“, antwortete: „Du bist Petrus, und auf diesem Felsen will ich meine Kirche bauen, und die Pforten der Hölle werden sie nicht überwältigen. Dir will ich die Schlüssel des Himmelreiches geben, und alles, was Du auf Erden binden wirst, wird auch im Himmel gebunden sein, und was du auf Erden lösen wirst, wird auch im Himmel gelöst sein“ (Mt 16,15–19). In diesem Abschnitt des Evangeliums, wo zum ersten Mal das Wort „Kirche“ erscheint, wird die feierliche Ernennung Petri zum Haupt der Apostel und zum „Fels“ jener Institution, über die er den Primat übernehmen soll, verkündet. Diese Ernennung fand eine Bestätigung in der Nacht des letzten Abendmahls (Lk 22,32). In seiner menschlichen Schwachheit wechselten Mut und Furcht miteinander ab, besonders in jener dramatischen Nacht der Gefangennahme Jesu. Kurz zuvor hatte er geschworen, er werde für den Meister sterben (Mt 26,33; Mk 14,29; Joh 13,37). Doch im Garten Gethsemane läßt er sich vom Schlaf überwältigen (Mt 26,40), während Jesus die Qualen einer unsagbaren Angst erleidet und Blut schwitzt (Lk 22,44). Im Augenblick der Festnahme Jesu reagiert Petrus mit dem Ziehen des Schwertes und schlägt das rechte Ohr des Malchus, eines Knechtes des Hohenpriesters, ab (Joh 18,10). Dann verleugnet er zitternd denjenigen, den er als „Christus, den Sohn des lebendigen Gottes“ erkannt hatte. Dessen Blick bringt ihn jedoch zu unmittelbarer Reue und er weint bitterlich (Mt 26,75; Mk 14,72; Lk 22,62). Als die frommen Frauen die Auferstehung Jesu verkünden, hat Petrus seine Zweifel, bleibt verwirrt, geht jedoch gemeinsam mit Johannes zum Grab und „er sieht und glaubt“ (Joh 20,8).

Im Lukasevangelium lesen wir, daß den beiden Jüngern, die in Eile von Emmaus nach Jerusalem zurückgekehrt waren, um von der Erscheinung Jesu zu berichten, von den versammelten Elf gesagt wurde: „Der Herr ist wahrhaft auferstanden und dem Simon erschienen“ (Lk 24,34). Nach der Auferstehung wird die Verheißung des Primats (höchste bischöfliche Gewalt) feierlich am Ufer des Sees von Tiberias bekräftigt, als Petrus zunächst dreimal seine Liebe beteuert hatte und der göttliche Meister ihm mit den Worten, „Weide meine Lämmer, weide meine Schafe“ (Joh 21,15–17) bestätigt, daß er ihm die Leitung seiner Kirche anvertraue.

Nach der Himmelfahrt wird die vorrangige Rolle Petri, seine Aufgabe als Leiter der ersten Gemeinde von Jerusalem klar ersichtlich. Dies geht aus der Apostelgeschichte hervor, die Hinweise und Episoden überliefert, in denen Petrus sich als unbestrittener Wortführer bewegt und tätig wird. Im wichtigen und kostbaren Buch des Lukas beginnt die Petrus betreffende Schilderung mit dessen Vorschlag, als Ersatz für den Verräter Judas einen anderen Apostel zu wählen, worauf Matthias gewählt wird (Apg 1, 15–26). Nach der Herabkunft des Heiligen Geistes hielt Petrus unerschrockenen Mutes eine Rede, an deren Ende „jene, die sein Wort annahmen, getauft wurden, und an jenem Tag vermehrte sich die Zahl der Jünger um etwa dreitausend Personen“ (Apg 2,41); er heilte beim Tempel einen Gelähmten (Apg 3,1–11); er hielt eine zweite Rede an die Juden, wurde mit Johannes festgenommen und unter Drohungen des Synedriums aufgefordert, nicht mehr im Namen Jesu zu sprechen; doch er und Johannes antworteten: „Ob es recht ist, euch mehr zu gehorchen als Gott, das beurteilt selber“ (Apg 4,19). Er tadelte streng Ananias und Saphira wegen ihrer Lüge, worauf beide auf der Stelle starben (Apg 5,1–11). Die Bewunderung aber und das Vertrauen in die wundertätige Macht Petri war so groß, daß die Kranken an Orte gebracht wurden, wo er vorbeikam, damit wenigstens sein Schatten auf einen von ihnen fiele und er gesund würde (Apg 5,15). Er entlarvte Simon, den Magier, der die den Aposteln vom Heiligen Geist geschenkten Gaben käuflich erwerben wollte. Petrus unternahm eine Pastoralreise nach Palästina; in Lydda heilte er den gelähmten Äneas und in Joppe erweckte er Tabita vom Tode (Apg 9,33–36). Dort hatte er auch eine himmlische Erscheinung, die ihm zu Verstehen gab, daß die Bekehrung auch den Heiden offenstünde; er ging nach Cäsarea ans Meer und bekehrte dort den röm. Hauptmann, den er zusammen mit dessen Hausgenossen taufte (Apg 10, 11–47); angesichts der Vorbehalte, welche die Gläubigen aus Jerusalem vorbrachten, berichtete er von seiner himmlischen Erscheinung und seinem entsprechenden Vorgehen; die Gläubigen aber lassen sich überzeugen und geben Gott die Ehre. Auf Befehl des Herodes Agrippa wird er ins Gefängnis geworfen, doch von einem Engel befreit (Apg 12, 1–10); er nimmt am Apostelkonzil in Jerusalem teil, wo über die Verpflichtung der aus dem Heidentum bekehrten Christen auf das mosaische Gesetz diskutiert wird. Er ergreift das Wort und faßt mit seiner klaren und maßgebenden Rede zusammen: „Gott hat ihnen den Heiligen Geist verliehen wie uns; er hat keinerlei Unterschied zwischen uns und ihnen gemacht, als er ihre Herzen durch den Glauben gereinigt hat“ (Apg 15, 8–9). Nach diesem seinem Eingriff als Haupt der Kirche, der für die Entscheidung der Teilnehmer an der Zusammenkunft entscheidendes Gewicht hatte, taucht Petrus in der Apostelgeschichte nicht mehr auf.

Es ist nicht möglich festzulegen, an welchen „anderen Ort er sich begab“ (vgl. Apg 12, 17), um sein Apostolat weiter fortzuführen. Aus dem Brief des hl. Paulus an die Galater (Gal. 2, 11–15) erfahren wir, daß Petrus in Antiochien war. Der Apostelfürst war auch in Korinth und kam nach Rom, wo das Evangelium bereits von röm. Proselyten, die am Pfingstfest in Jerusalem waren (Apg 2, 15), verkündet worden war, oder auch von Christen, die sich nach dem Martyrium des hl. Stephanus zerstreut hatten. Eine Überlieferung sagt ferner, daß er nach seiner wunderbaren Befreiung aus dem Kerker, die kurz vor dem Tode Herodes Agrippa I. erfolgte, um die Jahre 42–44 n. Chr. in der Hauptstadt des Reiches angekommen sei und dort seinen Apostelдienst bis zum Martyrium ausgeübt habe, das nach einigen Exegeten im Jahr 64, nach anderen im Jahr 67 erfolgte.

Es ist hier nicht der Ort, weiter auf die Gelehrtendiskussion über die genaue Zeit seiner Ankunft in Rom einzugehen. Literarische, archäologische und liturgische Quellen bestätigen jedoch die alte Überlieferung der christlichen Gemeinde in Rom, die ihre Gründung auf Petrus zurückführt und dessen pastorale Autorität ein echtes apostolisches Fundament bildete. Aus diesen Quellen ergibt sich, daß er nach Rom kam und Hirt der christlichen Gemeinde wurde; in Rom erlitt er unter Nero den Kreuzigungstod und wurde am Ort seines Martyriums im Vatikan bei der *Via Trionfale* beigesetzt. Petrus selbst bezeugt seine Präsenz in der Hauptstadt des Reiches durch seinen ersten Brief und die Grüße, die er aus „Babylon“ sendet (1 Petr. 1, 13), einem bildlich für Rom verwendeten Ausdruck. Dies bestätigt auch die Geheime Offenbarung des Johannes (Offbg. 14,8; 16,19; 17,5; 18,2–10). Papst Clemens erinnert in seinem etwa um 97 verfaßten Brief an die Korinther an das Martyrium, das „bei uns“

die hl. Gründer Petrus und Paulus erlitten haben; auch der Bischof Ignatius von Antiochien nennt in seinem Brief an die Römer, der während seiner Reise aus Syrien zum Martyrium verfaßt ist, Petrus und Paulus und bezieht sich auf ihre apost. Autorität in Rom (Ad Rom. 4, 3); Eusebius von Cäsarea berichtet in seiner Kirchengeschichte (II, 25, 8), daß Dionysius, Bischof von Korinth (165–170), in dem an die Römer gerichteten Brief bestätigt, daß Petrus und Paulus den Samen des Evangeliums in Korinth und in Rom ausgestreut haben und dort zu gleicher Zeit das Martyrium erlitten hatten. Der Bischof Irenäus von Lyon spricht 185 (*Adversus haereses* III, 1,1; 3,2) von der Gründung der Kirche Roms durch Petrus und Paulus. Bedeutsam ist ferner das Zeugnis des Tertullian, der in *De praescriptione* (36,5) Rom rühmlich hervorhebt, *„ubi Petrus passioni Dominicae adaequatur"* (wo Petrus dem Leiden des Herrn gleich gestaltet wurde). Auch in *Scorpiace* und in *De baptismo* spricht er von Petrus und dem von ihm in Rom am Kreuz vergossenen Blut. Vergessen sei auch nicht, daß kein anderer Ort Rom das Privileg der Stadt, wo der Apostelfürst das Martyrium erlitt und beigesetzt wurde, je bestritten hat. Auch der Orient, der so oft der Kirche Roms polemisch gegenübertrat, hat in diesem Punkt keine Zweifel geäußert. Der erste Bischof von Rom wurde also gekreuzigt und erlitt so den gleichen Tod wie der von ihm so heiß geliebte Meister.

Johannes erzählt in seinem Evangelium die Vorhersage Jesu, die deutlich auf die Kreuzigung Petri anspielt. Dort heißt es: „Wenn du alt geworden bist, wirst du die Hand ausstrecken, und ein anderer wird dich gürten und führen, wohin du nicht willst. Dies sagte er, um anzudeuten, mit welchem Tod er Gott verherrlichen werde" (Joh 21,18–19). Die Besonderheit seiner Kreuzigung mit dem Kopf nach unten wird nach Origenes auch von Eusebius von Cäsarea in seiner Kirchengeschichte im folgenden Abschnitt berichtet (KG III,2–3): „Als er nach Rom gekommen war, wurde er mit dem Kopf nach unten gekreuzigt, denn er selbst wünschte diese Form des Martyriums. All dies wird wörtlich von Origenes im dritten Band des Kommentars zur Genesis berichtet". Laktanzius, der hl. Johannes Chrysostomus, der hl. Hieronymus und andere Autoren berichten über die Hinrichtung am Kreuz. Die Tradition, literarische und archäologische Quellen und einige apokryphe Schriften, die von den Wissenschaftlern zum Teil bejaht werden, bezeichnen als Ort des Martyriums und des Begräbnisses des Petrus die sogenannte *Naumachia* oder den Zirkus des Nero zum vatikanischen Hügel hin. Dort befand sich eine heidnische Begräbnisstätte. Nach einer Tradition (mit der die Kritik aber nicht übereinstimmt), wurden die Leiber der hll. Petrus und Paulus 258 n. Chr. während der Verfolgung des Valerian in der sogenannten *Platonia* an der *Via Appia* bei den Katakomben oder der Kirche des hl. Sebastian verborgen. Die sterblichen Überreste der beiden Apostel wurden dann auf Weisung des Konstantin in die ursprünglichen Gräber zurückgebracht, wo der Kaiser herrliche Basiliken errichten ließ.

Die Aufmerksamkeit für das Petrusgrab wurde wieder aktuell während der Grabungen, die von 1940 bis 1949 auf Weisung Pius XII. durchgeführt wurden. Im Verlauf der durchgeführten Grabungen wurde greifbar bestätigt, was der röm. Presbyter Gaius zu Beginn des 3. Jh. gesagt hat. In einer Auseinandersetzung mit dem Montanisten Proklus schrieb er: „Ich kann Dir die Siegeszeichen der Apostel zeigen. Gehst Du zum Vatikan oder zur *Via Ostiense*, so findest Du dort die Siegeszeichen der Gründer der Kirche" (bei Eusebius, Kirchengeschichte II, 25, 7). Außer dem *Tropaion* (Grabdenkmal), auf das Gaius anspielt und das die ursprüngliche Tradition des Grabes am vatikanischen Hügel bestätigt, wurden *graffitti*, Grabbeigaben und sehr viele Münzen gefunden, die von der Zeit des Kaisers Augustus bis zum Pontifikat Pauls V. reichen. Es wurde ferner festgestellt, daß sich am Ort ein heidnischer Friedhof befand. Schwierig und unklar ist das Schicksal der Reliquien des hl. Petrus. Paul VI. verkündete am 26. Juni 1968 im Verlauf einer öffentlichen Audienz in der Vatikanischen Basilika ihre Identifizierung. Er sagte: „Neue, sehr geduldige und sorgfältige Forschungen wurden dann durchgeführt mit dem Ergebnis, das Wir, unterstützt durch das Urteil zuverlässiger und kluger Fachkräfte, für positiv halten: auch die Reliquien des hl. Petrus wurden in einer Weise identifiziert, die wir für überzeugend halten können". Weiter fügte er hinzu: „Wir haben Grund zur Annahme, daß die wenigen, aber sakrosankten sterblichen Reste des Apostelfürsten gefunden wurden". Die im Pontifikat Pius' XII. durchgeführten Ausgrabungen bekräftigen und bestärken das, was man aus der Tradition, literarischen und liturgischen Quellen über das Grab des ersten Bischofs von Rom wußte, das seit den ältesten Zeiten für unzählbare Scharen von Gläubigen Ziel ihrer Wallfahrt war. Sie kamen gerade zu diesem Bezugspunkt des Glaubens und der christlichen Frömmigkeit. Das liturgische Fest des hl. Petrus fällt auf den 29. Juni. Wenn sich auch die Gelehrten nicht über den Tag des Martyriums einig sind, berichten die Quellen doch, daß das Fest zu seiner Ehre seit dem 4. Jh. an diesem Tag begangen wurde.

Zur Gruppe der sieben katholischen Briefe des Neuen Testaments gehören auch zwei Briefe des hl. Petrus. Der erste Brief ist in Rom zur Zeit des Nero geschrieben, wahrscheinlich um das Jahr 64, und zählt fünf Kapitel. Gekennzeichnet durch den mahnenden Nachdruck des Hauptes der Apostel, ist er an die Christen von Pontus, Galatien, Kappadokien, Asien und Bithynien gerichtet (1 Petr. 1,1–2). Er möchte sie in einer besonderen Zeit des Leidens und geistiger Schwierigkeiten stärken und aufmuntern. Nach einer Danksagung an Gott den Vater für die Wiedergeburt, die er in der Kraft der Auferstehung Jesu Christi (1 Petr. 1,3) gewirkt hat, ruft er zur Freude auf über das unvergängliche Erbe, das im Himmel aufbewahrt ist (1,4–6). Er ermahnt, als Christen in brüderlicher Liebe und mit reinem Herzen zu leben (1 Petr. 1,22) und unter den Heiden ein gutes Verhalten zu zeigen, auch wenn man verleumdet werde. Der Brief fährt fort mit der Ermahnung zur Unterordnung und zur Erfüllung der eigenen Pflichten gegenüber den verschiedenen sozialen Instanzen (1 Petr. 2,18–19). Betont werden die gegenseitigen Pflichten der Ehegatten (1 Petr. 3,1–7). An die Christen, die Gefühle des Verständnisses, der Liebe, Barmherzigkeit und Demut hegen sollen (1 Petr. 3,8), richtet sich ferner eine väterliche Einladung, das christliche Leiden anzunehmen (1 Petr. 4,1) und sich in der Prüfung zu freuen, weil sie dann des Leidens Christi teilhaftig werden (1 Petr. 4,13); die Presbyter werden ermahnt, ihren Dienst an den Gläubigen mit innerer Hingabe zu vollziehen. Die Gläubigen sollen sich ihrerseits den Presbytern gegenüber achtungsvoll verhalten (1 Petr. 5,1–5). Bei den Grüßen am Ende taucht der Name des Silvanus (Silas) auf, des Sekretärs und Schreibers des Briefes. Sein Stil erinnert an manchen Paulusbrief, so daß einige Exegeten sich veranlaßt sahen, Petrus als Verfasser in Zweifel zu ziehen. Er wurde aber seit den ersten Jahrhunderten für authentisch gehalten (Eusebius, Kirchengeschichte III, 25, 2).

Der zweite Brief gibt die Adressaten nicht an. Er umfaßt drei Kapitel. Im ersten schickt der Verfasser voraus, daß Gott den Menschen alles geschenkt hat, was ihrem Leben und ihrer Frömmigkeit dient, daß er ihnen gültige und außerordentliche Versprechungen gemacht hat, da er sie der göttlichen Natur teilhaftig werden ließ. Er ermahnt sie dann, die Verderbnis der Welt zu fliehen, dagegen die Tugend zu üben, um den Einlaß ins ewige Reich des Herrn zu erlangen (2 Petr. 1,3–11). Der hl. Petrus weiß aus einer Offenbarung des Herrn, daß er nicht mehr lange zu leben hat. Daher wird er, solange er noch lebt, nicht müde zu empfehlen, nach seinem Scheiden sollten seine Ermahnungen in Erinnerung bleiben, denn er ist nicht erfundenen Mythen gefolgt, wenn er die Rückkehr des Herrn verkündigt hat. Er hat vielmehr eine direkte Erfahrung mit Christus gemacht und die Stimme des himmlischen Vaters gehört – als nachdrückliche Bekräftigung des Prophetenwortes, das die Schrift überliefert (2 Petr. 1,12–19). Dies darf daher nicht subjektiv ausgelegt werden (2 Petr. 1,20). Im zweiten Kapitel warnt er zunächst vor den falschen Propheten und erinnert an biblische Berichte über eine Bestrafung der Bösen und die Rettung der Guten (2,1–10). Dann schildert er sehr lebendig das verdorbene Treiben der Bösen und schließt: Es wäre für sie besser gewesen, sie hätten den Weg der Gerechtigkeit nie kennengelernt, um ihn dann zu leugnen (2 Petr. 2,21). Das dritte Kapitel beginnt mit der Mahnung, das Gewissen rein zu halten und fest bei dem zu bleiben, was sie von den Heiligen gehört haben und beim Gebot des Herrn, das ihnen von den Aposteln übermittelt wurde. Der Verfasser verurteilt die Leugner der Wiederkunft Jesu, die darüber spotteten, weil die glorreiche Wiederkunft Christi noch nicht erfolgt sei. Er weist ihren Irrtum mit den Worten zurück: „Vor dem Herrn sind tausend Jahre wie ein Tag“ (2 Petr. 3,8). Der Brief schließt mit der Aufforderung, ein unbescholtenes Leben zu führen, das Denken auf die Langmut des Herrn gerichtet, wie schon der geliebte Bruder Paulus geschrieben hat (2 Petr. 3,14–15).

Diskutiert wird, ob Petrus selbst diesen Brief verfaßt hat. Im Vorwort heißt es, Simon Petrus, Diener und Apostel Jesu, sei der Verfasser. Im Kontext sagt er, er sei Zeuge der Verklärung gewesen (2 Petr. 1,16–18); er erklärt ferner, dies sei sein zweiter Brief (2 Petr. 3,1) und nennt den geliebten „Bruder“ Paulus. All dies dürfte keine Zweifel an der Echtheit des Briefes aufkommen lassen; und doch ist die Urheberschaft durch den hl. Petrus von alters her ein Streitpunkt (Eusebius, Kirchengeschichte III, 3, 1). Auch wenn der Brief in den Kanon aufgenommen wurde, bleibt der Gegensatz unter den Exegeten. Einige Argumente gegen die Echtheit sind: der Brief ähnelt sehr dem Judasbrief, dessen Inhalt er fast vollständig übernimmt, Judas aber habe um das Jahr 80 geschrieben, also nach dem Tod des hl. Petrus; der Stil und die Wortwahl sind anders als im ersten Brief; Häresie und Korruption, wie sie so wirksam realistisch und farbig geschildert werden, konnten zu Lebzeiten des Apostelfürsten die Christen nicht so tief erfaßt haben. Auch die Leugner der Parusie konnten, während er noch am Leben war, nicht die allzu lange Zeit beklagen, die verflossen sei, ohne daß etwas geschah. Nicht alle Argumente sind überzeugend. Zum literarischen Stil antwortete der hl. Hieronymus, daß der Schreiber des zweiten Briefes ein anderer gewesen sein kann als beim ersten Brief. Jedenfalls wurde diese wunderbare Briefbotschaft, so voll von Glaube, Liebe und eifriger väterlicher Sorge, wenn schon nicht direkt vom hl. Petrus, so doch in seinem Namen als sein ideales Testament wahrscheinlich von einem Jünger verfaßt, der viel Eifer und Kenntnis besaß und die Gemeinschaft der Christen mit Autorität zur Reinheit des Glaubens und der Sitten aufrufen wollte.

Dem hl. Petrus werden alte apokryphe Schriften zugeschrieben, oder diese erzählen von ihm. Die in der Apokalypse des Petrus gefundenen Fragmente aus dem 2. Jh. bringen eschatologische Deutungen jüdischen Ursprungs; die Akten des Petrus aus dem 3. Jh. erzählen die Begebenheiten um den Magier Simon in Palästina und Rom. In den letzten Kapiteln (30–41), die auch den Titel *Martyrium des Petrus* tragen, wird die Begebenheit *Quo vadis* erwähnt; in den Akten von Petrus und Paulus werden die Apostel als einmütige Mitarbeiter bei ihrem Missionswerk geschildert: sie kämpften gemeinsam gegen den Magier Simon, sie wurden gemeinsam von Nero verurteilt, Petrus wurde dann gekreuzigt, Paulus enthauptet; der Apostelfürst wurde bei der *Naumachia* im Vatikan beigesetzt; die apokryphe Predigt des Petrus aus dem 2. Jh. will eine Zusammenfassung seiner Katechese und seiner Ermahnungen bieten; das Evangelium des Petrus aus dem 2. Jh. ist eine überarbeitete Schrift über das Leiden Jesu mit antijüdischen Zielen; im späteren apokryphen Text „Die apost. Konstitutionen“ aus dem 3.–4. Jh. wird vom hl. Petrus selber der Kampf gegen den Magier Simon erzählt. Über die apokryphen Schriften hinaus wird er als Apostelfürst in zahlreichen örtlichen Überlieferungen und Legenden erwähnt. Es geht um scheinbare Begebenheiten am Rande, die aber immer bezeichnend sind und die tiefe Verehrung und Zuneigung bezeugen, die die Jahrhunderte hindurch dem ersten Bischof von Rom, dem Fundament der Kirche Christi entgegengebracht wurden. Er wurde verehrt wegen seiner heroischen Heiligkeit als erster mutiger Herold der Frohbotschaft und wegen seiner bedeutenden Gaben an Menschlichkeit und Hochherzigkeit.

Bibl.: A. Penna/D. Balboni in *Bibliotheca Sanctorum* X (1968), Sp. 588–650, mit Bibl.; G. Fedalto, *San Pietro e la sua Chiesa tra i padri d'Oriente e d'Occidente nei primi secoli*, Rom 1976; S.A. Panimolle, *Il discorso di Pietro all'assemblea apostolica*, Bologna 1976–78; R. Pesch, *Simon-Petrus: Geschichte und geschichtliche Bedeutung des ersten Jüngers Jesu Christi*, Stuttgart 1980; U. M. Fasola, *Pietro e Paolo a Roma. Orme sulla roccia*, Rom 1980; A. Rincón, *Tu eres Pedro; interpretación de „piedra“* in *Mat. 16,18 y sus relaciones con el tema biblico de la edificación*, Pamplona 1982; M. Pancera, *San Pietro: la vita, le speranze, le lotte e le tragedie dei primi cristiani*, Mailand 1983; C. P. Thiede, *Simon Peter, from Galilee to Rome*, Exeter 1986; P. Clowney, *The Message of 1 Peter: the way of the Cross*, Leicester 1988.

U. Penteriani

PETRUSGRAB

Das grundsätzliche Problem des Petrusgrabes wurde erstmals durch die beiden Ausgrabungskampagnen in den Zeiträumen von 1940 bis 1949 und von 1952 bis 1965 erfaßt. Pius XII. ordnete eine systematische wissenschaftliche Untersuchung der Vatikanischen Grotten an. Während der Arbeiten am Grab von Pius XI. stieß man auf das Gesims eines der Mausoleen der unterirdischen Nekropole, die aus vorkonstantinischer Zeit stammt. Von dort begannen kurze Zeit später die Ausgrabungen.

Ursprünglich stand das gesamte Gebiet des vatikanischen Hügels unter der Herrschaft der Etrusker. Mit der Zeit integrierte man das Areal in das eigentliche Territorium Roms „vor den Toren der Stadt“. Insgesamt galt der Boden als zu feucht und ungesund, so daß erst im 1. Jh. n. Chr. der Entschluß zu einer Verbesserung fiel. Damals wurde das Areal dem kaiserlichen Eigentum Neros einverleibt. Hier befand sich der *Circus Gai et Neronis*, begründet durch Kaiser Caligula (37–41 n. Chr.), vollendet unter Nero. Aufgrund der Überlieferungen des Schriftstellers Tacitus (Annales 15,44) wissen wir, daß in diesem Circus eine *multitudo ingens* von Christen den Martertod durch Kreuzigung erlitt. Unter ihnen konnte sich auch mit aller Wahrscheinlichkeit Petrus befunden haben.

Nach dem Tod des Nero wurde der Circus kaum noch genutzt. In dem Gebiet verehrte man nach und nach immer mehr Gräber. Diese waren zunächst einfacher Art, aber im Verlauf des 2. Jh. erfuhren sie eine immer reichere Ausstattung bis hin zu einer prächtigen heidnischen Nekropole, die unter Pius XII. entdeckt wurde. Sie bestand aus zahlreichen Mausoleen, die beidseitig an einer Straße standen, die in exakter Ost-West-Ausrichtung nach dem heutigen Verlauf des Hauptschiffes der Petersbasilika angelegt ist. Innerhalb der Nekropole läßt sich ein Gebiet abgrenzen, das besonders von einfachen Tongräbern gekennzeichnet ist. Es handelt sich dabei um den Bereich, den die Archäologen als „Campo P" bezeichnen. Dort identifizierten sie eine Reihe tönerner Gräber mit einem Abschluß *a cappucina* (d. h. zwei Tonplatten sind in einem meist rechten Winkel in Dachform gegeneinander gestellt). Diese ältesten Gräber tragen heute die Bezeichnungen Gamma, Theta, Iota und Eta. Sicher zurückdatiert und damit das früheste Element der Nekropole ist das Grab Theta, da man in ihm einen Tonstempel (Siegel) gefunden hat, der in die Zeit Vespasians (69–70 n. Chr.) zu datieren ist. Die anderen Gräber stammen zu einem großen Teil aus dem 2. Jh. Die Entwicklung ist dadurch gekennzeichnet, daß die einfachen Gräber sehr bald von besonderen Einzelgräbern mit prachtvoller, individueller Ausstattung abgelöst wurden. Um 160 n. Chr. wurde in dem Gebiet der Nekropole eine Backsteinmauer mit rotem Verputz errichtet (sie wird bei den Archäologen „Rote Mauer" genannt). Diese Mauer trennte den Bereich des Campo P vom eigentlichen Zugang zur Nekropolenstraße und damit von den heidnischen Mausoleen. Sie diente ferner dazu, den Einbruch von Erdreich in unmittelbarer Nähe zum Grab zu verhindern. Um dieses Grab waren mehrere andere Gräber angeordnet. In der roten Mauer hob man eine 72 cm hohe und 21 m tiefe Nische aus. Während man weiter in dem gesamten Bereich Beisetzungen vornahm, wurde der unmittelbare Nischenbereich zur roten Mauer (unangetastet) respektiert.

Die rote Mauer hatte in Höhe der Nische eine Verzierung mit zwei kleinen Säulen, die von einem darüberliegenden Travertinbalken gestützt wurden, so daß sich das Areal als kleine Mensa an der Mauer darstellte. Dabei wurden zwei weiter übereinanderliegende Nischen geschaffen. In den Fußboden dieser sogenannten Ädikula wurde ein Marmorbalken eingefügt, unter dem sich das verehrte Grab befand. Die Ädikula ist wahrscheinlich in einer ähnlichen Zeit wie die rote Mauer entstanden, d. h. um 160 n. Chr. Sie konnte als Tropaion identifiziert werden, das bereits bei Eusebius als Siegesmonument zitiert wird (*Storia eccl.* 2, 25, 5): Der Priester Gaius, der um 200 gelebt haben muß, antwortet dem montanistischen Häretiker Proklus: „Du magst auf den Vatikan gehen oder auf die Straße nach Ostia, du findest die Siegeszeichen (*tropaia*) der Apostel, welche diese Kirche gegründet haben."

Um die Mitte des 3. Jh. wurde – aufgrund eines Risses in der roten Mauer – in der unmittelbaren Nähe zum rechten Säulchen eine neue Mauer, senkrecht zur bisherigen verlaufend, gebaut. Sie erhielt die Abkürzung g. Das Säulchen wurde leicht nach Süden versetzt. Später errichtete man zusätzlich auf der gegenüberliegenden Seite eine weitere Mauer mit der Bezeichnung s. Der Komplex wurde mit weißem Marmor ausgekleidet und mit einem weiß-grünen Mosaikfußboden verziert. Während des 3. Jh. verehrten zahlreiche Gläubige den Bereich, besonders jene Stelle, wo die Mauer g auf die rote Mauer trifft. Zahlreiche Graffiti waren die Folge (sie wurden insbesondere von Margherita Guarducci untersucht). Das bedeutendste unter ihnen ist jenes in der roten Mauer, das als „Petrus ist hier" zu übersetzen ist. Auf einem Teil der Graffiti hat Guarducci die Namen Christus, Maria und Petrus identifizieren können. Allerdings sind die Graffiti – vergleicht man sie zu jenen berühmten der *Memoria Apostolorum* an der *Via Appia* aus der Mitte des 3. Jh. (Katakombe *S. Sebastiano*) – nicht mehr in diese Zeit zu datieren. Die vatikanischen Graffiti sind im Inhalt zu denen der *Via Appia* verschieden. Auch wird kaum noch die griechische Sprache verwendet und daher eine Datierung in die ersten Jahre des 4. Jh. vorgeschlagen. Kurz vor den Arbeiten Konstantins wurde ein Teil des Verputzes mit den Graffiti zerstört und im Bereich der Ädikula ein kleiner Hohlraum gegraben (Länge 77 cm, Breite 29 cm, Höhe 31,5 cm), der innen weiß verputzt wurde. Innerhalb dieses Hohlraumes konnte ein Gemenge aus Erdreich, organischen Resten und Knochen gefunden werden. Verschiedene Untersuchungen haben den Schluß nahegelegt, daß es sich dabei um Elemente handelt, die aus dem Grab unmittelbar unter der roten Mauer und dem neuen Hohlraum stammten und daher möglicherweise auf den Apostel Petrus hindeuten. Die Tatsache, daß Knochenreste des älteren Vorgängergrabes erneut beigesetzt werden, kann mit dem Wunsch nach einem sicheren Schutz für die Reliquien interpretiert werden. Außerdem kann ein Hohlraum in der Mauer g auch gut interpretiert werden mit Blick auf die Reliquientranslation der beiden Apostelfürsten zur *Memoria Apostolorum ad Catacumbas* auf der *Via Appia*. Im Chronographen von 354 heißt es, daß im Jahre 258 „Tusco et Basso consulibus", das Gedächtnis für Petrus *ad catacumbas* und jenes für Paulus an der *Via Ostiense* stattfinde. Das *Martyrologium Hieronymianum* aus der ersten Hälfte des 5. Jh. erinnert an die Feier von Petrus im Vatikan, von Paulus an der *Via Ostiense* und für beide zusammen an der *Via Appia*. Nach einer bestimmten Zeit sind die Reliquien möglicherweise von der Appia an ihre ursprünglichen Begräbnisorte zurückgebracht worden. Die kleine Vertiefung in der Mauer g beinhaltete die Knochen des Petrus, nachdem das antike Grab nicht mehr ohne weiteres zugänglich war. Während der umfassenden Baumaßnahmen Kaiser Konstantins begann man, das Petrusgrab zu isolieren und gleichzeitig in den Kirchenbau zu integrieren. Das galt für die rote Mauer ebenso wie für die Mauer s und das Tropaion des Gaius. Angemerkt sei, daß längst nicht alle Forschungen die Translationstheorie der Reliquien tragen. Viele gehen davon aus, daß es sich nicht um die tatsächliche Übertragung der Gebeine handelte, sondern lediglich um einer Übertragung des Kultes bzw. kultischen Gedenkens.

Die Bauarbeiten Konstantins waren umfangreich. Die Nekropole wurde durch Aufschüttungsarbeiten eingegraben: Vom nördlichen Teil des vatikanischen Hügels bis zum südlichen Ende war jetzt ein Höhenunterschied von acht Metern zu bewältigen, um auf dem so angelegten Plateau die Basilika mit fünf Schiffen, möglicherweise zwischen 320 und 350 zu errichten (es sei angemerkt, daß sich Konstantin persönlich die Autorität nahm, den Friedhof zu überbauen, was nach röm. Recht nicht gestattet war). Die rote Mauer, die Mauern g und s sowie die Ädikula wurden isoliert durch die Hinzufügung von Verstärkungen südlich und nördlich. Man fügte eine viereckige Umfassung mit Ecksäulen hinzu. Das Resultat war ein prachtvoll gestalteter Bereich mit Säulen verziert und durch drei Seiten geschlossen, jedoch offen gegen Osten, um so das Tropaion des Gaius zeigen zu können. Diese Anlage befand sich in der Mitte des Presbyteriums der Kirche und wurde überdacht durch einen Baldachin, der auf vier gedrehten und mit Weinranken verzierten

Säulen ruhte. Von ihm hing eine Lampe in Form einer Krone herunter, die ein Gewicht von 35 Pfund hatte. Sie ist wahrscheinlich authentisch auf der sog. *Cappella eburnea* von Samagher abgebildet, die uns einen Anblick des Presbyteriums von St. Peter zeigt. Das Grab des Petrus stellte sich für die Pilger so für rund zwei Jahrhunderte dar.

Zur Zeit Gregor des Großen (590–604) „*ut super corpus beati Petri missas celebrarentur*" (*Liber Pontificalis* I, 312) wurde das Areal erneut und radikal umgestaltet. Der bisherige Fußboden wurde um rund 1,45 m erhöht, so daß man einen Altar unmittelbar über dem Grab des Apostels bauen konnte. Dann wurde zwischen dem Presbyterium und der Apsis ein halbovaler Umgang geschaffen, von dessen Zentrum aus man direkt zum Grab des Petrus bzw. der konstantinischen Memoria geleitet wurde. So war die Umgangskrypta als Prototyp für zahlreiche andere, spätere Bauten entstanden. Durch zwei zusätzlich hinzugefügte Treppenaufgänge konnte man rechts und links das Presbyterium erreichen. Vor diesem Aufbau richtete man die *fenestella confessionis* ein, um so direkt und von vorne auf die Krypta und das verehrte Grab zu schauen. Durch dieses Fenster konnten die Gläubigen Stoffstücke an das Grab des Apostels halten, um so Reliquien *ex contactu* mit nach Hause zu nehmen.

Dem Altar Gregor des Großen folgte ein weiterer unter Calixtus II. (1119–24), der ihn überbaute. Unter Clemens VIII. erhielt die Basilika ihren dritten Altar, der noch heute unter dem Baldachin Gianlorenzo Berninis benutzt wird.

Bibl.: C. Galassi Paluzzi, *La basilica di S. Pietro,* Bologna 1975; S. 19–40/ 425–435 (Lit.).; M. Guarducci, *Saint Pierre retrouvé; le martyr, la tombe, les reliques,* Paris 1975; J. Ruysschaert, *La tomba di Pietro. Nuove considerazioni archeologiche e storiche*, in *Studi romani* 24 (1976), S. 322–330.

A. M. Di Nino

PETRUS-PFORTE

Nach der Errichtung der neuen Audienzhalle wurde dieses Tor 1971 am rechten Flügel der berninischen Kolonnaden hinzugefügt, um den leichteren Zu- und Abfluß der großen Menschenmengen zu ermöglichen, die gewöhnlich jeden Mittwoch, aber manchmal auch an anderen Tagen vom Papst in Audienz empfangen werden.

Das einfache Eisentor schließt den breiten Platz vor der Halle ab, der zwischen dem Palast des Hl. Offiziums, der deutschen Kirche *S. Maria della Pietà in Campo Santo* und dem Flügel Karls des Großen liegt. Es hat fünf Durchgänge, von denen täglich nur einer zwischen sechs und zwanzig Uhr geöffnet ist, um den Zugang zum Vatikan zu ermöglichen. Dieser Durchgang ist immer von der Schweizergarde (→) bewacht, die die charakteristische Uniform mit dunkelblauen und amarantroten Streifen trägt. In den ersten Morgenstunden und eine Stunde vor Schließung trägt sie hingegen eine blaue Uniform.

N. Del Re

PHILIPPUS, GEGENPAPST

Gegenpapst. Er war Kaplan der Diakonie von *S. Vito* auf dem Esquilin. Am 31. Juli 768 wurde er vom Gesandten des langobardischen Königs Desiderius und des Priesters Waldipertus mit einer bewaffneten Gruppe Langobarden und röm. Bürgern aus seinem Kloster entführt. Mit dem Ruf: „Philippum papam sanctus Petrus elegit" (Der hl. Petrus hat Philippus zum Papst gewählt) wurde er gewählt. Er ließ sich nach der Vertreibung des Gegenpapstes Konstantin II. im Lateran nieder. Alsbald mußte er seinerseits Primicerius Christophorus weichen, denn diesem stand die Regierung während der Sedisvakanz zu. Da Waldipertus offensichtlich ohne Zustimmung gehandelt hatte, wurde Philippus noch am Abend des 31. Juli, in sein Kloster *S. Vito* zurückgebracht, ohne daß ihm dabei Böses geschah, sogar „*cum magna reverentia*". Er muß als „uneigentlicher" Gegenpapst gelten, da ihm die Eigenschaften eines echten Gegenpapstes fehlen.

N. Del Re

Piatto cardinalizio

Damit wird die monatliche Besoldung der Kurienkardinäle (→) bezeichnet, die gewöhnlich in Rom residieren. Auch jene, die anderswo ihre Tätigkeit in direktem Dienst des Hl. Stuhls ausüben, erhalten vom Papst den *Piatto*, wenn sie selbst nicht ausreichend Einkünfte besitzen, um ihrer hohen Würde entsprechend leben zu können. Der Brauch des *Piatto cardinalizio* wurde von Paul II. eingeführt. Er legte im Konklave, aus dem er (1464) als Papst hervorging, fest, daß die Kardinäle, deren Einkünfte unter 4.000 Skudi in Gold lagen, ein monatliches Einkommen von hundert Skudi zu Lasten der Apost. Kammer erhalten sollten: den „*piatto del Cardinale povero*" („Teller" des armen Kardinals). Die Höhe entsprach dem, was das Kardinalskollegium in der Wahlkapitulation (→) für das Konklave von 1458 bereits gefordert und dann 1464 wiederholt hatte. (vgl. L. Pastor, Geschichte der Päpste). Bis zur Mitte des letzten Jahrhunderts kamen die neuen Kardinäle, denen das Gehalt zustand, erst nach der *apertio oris* in seinen Genuß, also an dem Tag, da der Papst ihnen in den Konsistorien und bei den anderen Tagungen der Röm. Kurie mitzureden erlaubte. Doch weil in den meisten Fällen auch etliche Monate bis dahin vergingen, setzte Gregor XVI. (1831–46) fest, daß sie es mit dem Tag ihrer Ernennung erhalten konnten.

Zum Gehalt, das derzeit in monatlichen Raten von der Verwaltung des Patrimoniums des Apost. Stuhles (APSA) ausgezahlt wird, kommt noch das sog. *rotolo cardinalizio* hinzu, eine Summe aus den Einkünften des Hl. Kollegiums, die auch die nicht in Rom residierenden Kardinäle entsprechend der Dauer ihres legitimen Romaufenthaltes bekommen.

N. Del Re

Pigna

Der Pinienzapfen aus Bronze im *Nicchione* des Hofes, der von ihm seinen Namen hat, ist ein Werk aus der röm. Kaiserzeit, das im Mittelalter als Brunnen für die Waschungen im Atrium der konstantinischen Basilika, dem sog. „Paradies" verwendet wurde. Er ist fast vier Meter hoch und besteht aus drei Teilen: die Spitze aus Kupfer, die aus einem einzigen Stück gefertigt wurde; der eigentliche Zapfen aus Bronze wurde in fünf Teilen gegossen, die zusammengelötet sind; die Schüssel mit einem Durchmesser von fast zwei Metern wurde wahrscheinlich hinzugefügt, als der Zapfen zu einem Brunnen umgestaltet wurde.

Auf der konvexen Oberfläche des Unterbaus ist dreimal das Zeichen des Künstlers zu lesen: *P(ublius) Cincius P(ublii) l(ibertus) Salvius fecit*. In der Schüssel sind ein großes A und ein anderes Zeichen zu lesen, das dem Buchstaben O ähnelt; im Verlauf der Restaurierung des Pinienzapfens 1982 wurden weitere Inschriften gefunden, die aber noch nicht identifiziert sind.

Über die Ursprünge des Pinienzapfens, der auch von Dante im *Inferno* (Göttliche Komödie, XXXI–59) und von Pietro d'Aretino in der *Cortigiana* erwähnt wird, bieten uns die Quellen aus Mittelalter und Renaissance unterschiedliche Hinweise. Die älteste Überlieferung greift eine Nachricht in den *Mirabilia Urbis Romae* (etwa 1144) auf, nach der der Pinienzapfen die Spitze der Kuppel des Pantheon bildete. Diese Information wurde dann von anderen Autoren übernommen zur Rechtfertigung des Beinamens „*de pinea*“ für den Stadtbezirk IX und sieben Kirchen in dieser Zone. Viel spätere Quellen (Flaminio Vacca – Ende des 16. Jh.) bezeichnen den Pinienzapfen als Element für die Krönung des Grabmals des Hadrian, zu dessen Füßen er auch gefunden worden sei, während nach einer Variante sowohl der Zapfen als auch die Pfauen von einem Grabmal stammten, das im Mittelalter als *Meta Romuli* oder *Sepulcrum Scipionis* bekannt war und von Alexander VI. abgerissen wurde. Eine weitere Hypothese von Grimaldi (1618), dem wir auch die vollständigste und genaueste Beschreibung des Brunnens mit dem Baldachin darüber verdanken, bevor beides abgebrochen wurde, glaubt, der Pinienzapfen stamme aus einem Heiligtum der *Magna Mater* in der Nähe des Vatikan; kürzlich hat D'Onofrio diesen Vorschlag wieder aufgegriffen, während nach der Wiederauffindung entscheidender Fragmente der *Forma Urbis*, die Hypothese von Hülsen überholt ist, der den Pinienzapfen für einen Brunnen des „*Serapeum*“ auf dem Marsfeld hielt.

Ungewiß ist auch die Datierung der ersten Verwendung des Zapfens als Brunnen in der Säulenhalle vor St. Peter, wo es bereits einen Kantharos gab, dessen Beschreibungen in die Zeit Konstantins zurückreichen und den Pinienzapfen nicht erwähnen (*Liber Pontificalis*, Paulinus von Nola).

Die erste sichere Bezeugung der Präsenz des Pinienzapfens im Kantharos, wo er das große Gefäß in der Mitte des Beckens ersetzte, stammt aus der Mitte des 12. Jh. (*Mirabilia Urbis Romae*). Doch die Erwähnung vergleichbarer Kunstwerke, wie die Errichtung von zwei Brunnen in Konstantinopel durch Kaiser Basilius I. (867–886), die dem Kantharos von St. Peter völlig ähnlich waren, wie auch die Präsenz einer noch älteren Imitation in Aachen, läßt uns dieses Datum in frühere Perioden verlegen, wobei sich als „*Terminus post quem*“ das Pontifikat von Paschalis I. (817–824) anbietet. Tatsächlich war eine Umgestaltung des alten Kantharos schon unter Papst Stephan II. (752–757) erfolgt, als acht Säulen als Stütze des Baldachins aufgestellt wurden, statt der vier durch Paulinus von Nola beschriebenen. Wahrscheinlich wurden bei dieser Gelegenheit auch die mit Greifen geschmückten Marmorplatten angebracht, durch die man ein größeres Becken erhielt. Die eigentliche Übertragung des Zapfens könnte während der wichtigen Restaurierungsarbeiten an der Wasserleitung des Trajan durch Hadrian I. (772–795) erfolgt sein. Denn nach D'Onofrio ist der neue Brunnen der Beweis für das erneut aus der Leitung kommende Wasser. Ab der Mitte des 11. Jh scheint der Pinienzapfen nicht mehr als Brunnen gedient zu haben. 1167 wurden die bronzenen Pfauen durch Friedrich Barbarossa entfernt, unter Innozenz III. jedoch 1200 wieder angebracht.

Spätere Umgestaltungen des Brunnens, die sich aus der uns überkommenen ikonographischen Dokumentation ergeben, wurden im Hinblick auf das Heilige Jahr 1575 am Denkmal vorgenommen. Damals wurden die Ränder des Beckens beseitigt, die nicht mehr dienlich waren. Vielleicht hat man auch die Pfauen weiter auseinandergerückt, die bis dahin ziemlich eng beieinander standen. Wahrscheinlich ist auch, daß die bis dahin fehlende Spitze des Pinienzapfens bei dieser Gelegenheit angefügt wurde. Hülsen datiert es auf 1608, als Paul V. die Gebäude abreißen ließ, die die Säulenhalle vor der Basilika einschränkten, um die Verlängerung der heutigen Basilika zu ermöglichen. Er ließ also den Pinienzapfen in die vatikanischen Gärten bringen. Die übrigen Bronzeelemente des Kantharos wurden mit Ausnahme der Pfauen, die dem Zapfen folgten, eingeschmolzen für die Statue der Madonna auf der Säule vor der Basilika *Santa Maria Maggiore*, während eine der acht Porphyrsäulen des Baldachins – sie war mit einer Büste des Kaisers geschmückt – schließlich Anfang des 19. Jh. vom Louvre in Paris erworben wurde.

Die erste Aufstellung des Pinienzapfens im Belvedere kann man auf dem großen „Panorama der vatikanischen Basilika und des zugehörigen Palastes" von Maggi Mascardi (1615) erkennen. Dort findet er sich bereits in der großen Nische von Pirro Ligorio, hinter der Balustrade. Anfangs stand er direkt auf dem Boden, jedoch ohne Pfauen. Später diente ihm ein antikes Kapitell als Sockel.

Wahrscheinlich stand die endgültige Aufstellung des Pinienzapfens vor dem *Nicchione* im Zusammenhang mit den Arbeiten am oberen Garten des Belvedere unter Clemens XI. (1700–1721), dem heutigen *Cortile della Pigna* (→). Dies bestätigt die Form der Balustrade des *Nicchione*, die zur Aufstellung des Pinienzapfens und der Pfauen entworfen ist, wie auch der weiße Marmorkämpfer, der als Verbindungsglied zwischen der runden Basis des Zapfens und der viereckigen Kapitellplatte aus den alexandrinischen Thermen geschaffen wurde (vgl. C. Pietrangeli, *La base della Colonna di Antonino Pio*, in *L'Urbe*, 45 (1982), S. 11–12).

Bibl.: C. D'Onofrio, *Le fontane di Roma*, Rom 1987; S. Angelucci, *Il restauro della pigna vaticana*, in *Musei e Gallerie Pontificie. Bollettino*, 6 (1986), S. 5–49; P. Liverani, *La pigna vaticana. Note storiche*, ib., S. 51–63; I. Di Stefano Manzella, *Le iscrizioni della Pigna Vaticana*, ib., S. 65–78.

M. Ciogotti

Pius I.

Papst, Heiliger. Geboren in Aquileia und Sohn eines Rufinus, wie dem *Liber Pontificalis* (I, S. 132–133) zu entnehmen ist. Er folgte 140 n. Chr. dem hl. Hyginus auf dem röm. Sitz und regierte nach Eusebius von Cäsarea (Kirchengeschichte IV,11) bis 155. Aus seinem Leben weiß man wenig, auch über seine Tätigkeit vor oder nach seiner Erhebung zum Pontifikat. Daß Pius I. ein Bruder des Hermas war, erfahren wir aus dem Kanon oder Fragment des L. A. Muratori. Es enthält ein fast vollständiges Verzeichnis der kanonischen Bücher des Neuen Testaments. Angefügt ist die Liste der nicht kanonischen Bücher, darunter auch der Hirte des Hermas. Dazu sagt der Kanon des Muratori, es sei „kürzlich in Rom von Hermas geschrieben, während sein Bruder Pius als Bischof die Cathedra der Kirche der Stadt Rom innehatte". In dem Fragment werden auch einige Bücher erwähnt, die als häretisch abzulehnen sind. Dieses Dokument aus der röm. Überlieferung des 2./3. Jh. stellt auch ein sicheres Zeugnis für die Echtheit des Kanons der Bibel dar. Wenn der Name Pius I. in den alten Martyrologien fehlt, zeigt dies, daß dem Papst im Altertum kein Kult erwiesen wurde. Erwähnt wird er jedoch im Martyrologium des Adone unter dem Datum des 11. Juli als Bekenner, was sich dann auch anderswo findet.

Bibl.: A. Amore, in *Bibliotheca Sanctorum*, X, Sp. 881–883, mit Bibl.

N. Del Re

Pius II.

Papst. Enea Silvio Piccolomini, einer der glänzendsten Redner und Schriftsteller seiner Zeit. Aus dem Konklave von 1458, das von der Unsicherheit beherrscht war, ob ein italienischer oder ein französischer Kandidat die Cathedra Petri besteigen sollte, ging er am 19. August als Papst mit dem Namen Pius II. hervor. Er stammte aus einer alten Adelsfamilie der Provinz Siena und trug erst seit 20 Monaten den

Purpur. Er war ein Mann von gründlicher und umfassender humanistischer Bildung mit glänzendem Auftreten. Piccolomini besaß eine hohe Kenntnis der Staatsgeschäfte, weil er in seiner Jugend wichtige Aufgaben bekleidet hatte, von denen er in seinem Werk *Commentari* berichtet.

Er wurde am 18. Oktober 1405 in *Corsignano* (Siena) geboren, studierte Rechtswissenschaft in Siena, widmete sich in seiner Jugend aber mehr dem Vergnügen und den schöngeistigen Interessen als den Überlegungen des Geistes. Als er Sekretär des Kardinals Domenico Capranica wurde, begann er seine diplomatische Laufbahn. Er begleitete ihn zum Konzil von Basel. Dann weilte er in Schottland bei Jakob I. Nachdem er sogar die Partei des Gegenpapstes, Felix' V., ergriffen hatte, traf er seine endgültige Entscheidung. Er verleugnete seine Vergangenheit und seine gelehrten, aber auch freizügigen Schriften. Im Alter von wenig mehr als 40 Jahren wurde er Priester, 1447 Bischof von Triest, 1450 von Siena und dann 1456 auf Wunsch Calixtus' III. Kardinal.

Als er Papst geworden war, zeichnete er sich weiter durch seinen scharfen Verstand und seinen Sinn für das Regieren aus. Er schenkte sein Vertrauen Intellektuellen vom Rang des Kardinals Bessarione oder des Flavius Biondo, auch wenn er im allgemeinen die Humanisten nicht überreich förderte. Sein bleibendes Verdienst ist die von ihm geplante Umgestaltung seines Heimatortes *Corsignano* in eine architektonisch vollkommene Stadt: *Pienza,* so hieß sie dann, war eine wirklich „ideale Stadt“, deren Architektur zwischen Vergangenheit und Gegenwart schwebt, entstanden aus einer raffinierten und erhabenen Abstraktion des Raumes, der sich ins Unendliche erstreckt und so zum Nabel der Welt wird. Der Gedanke, den der Architekt Bernardo Rossellino von *Pienza* hatte, „ist der gleiche, nach dem der Platz vor dem röm. Kapitol von Michelangelo gestaltet wurde. So ist die Kathedrale von Pienza die hellste Kirche des Jahrhunderts, die sich als Zentralbau und im vollen Glanz des Lichtes jedweder Polarisierung der Linien entzieht, und doch gelingt es ihr mit dieser schönen Absonderheit, den Geschmack einer ländlichen Renaissance zu bieten, als wenn man sich im Norden befände; und eben dies wollte Pius II., der sogar in seinem schönen humanistischen Latein die gotischen Kirchen der Schweiz und Deutschlands feierte“ (Cesare Brandi).

Der leitende Gedanke der Außenpolitik Pius' II., genährt auch durch die Erschütterung, die vor wenigen Jahren (1453) der Fall Konstantinopels in die Hände des Sultans Mohammed II. hervorgerufen hatte, war der Kreuzzug gegen die Türken. Ihn hatte er immer vor Augen, wenn er versuchte, Kaiser Friedrich III. und alle Fürsten der Christenheit daran zu beteiligen, indem er sie 1459 zum Kongreß von Mantua einberief. Der Kongreß scheiterte aber, weil auch die Befürworter des Appells des Papstes dann doch nichts Konkretes für den Kreuzzug taten. Dennoch veröffentlichte Pius II. in unerschütterlichem Glauben an seine Initiative am 14. Januar des folgenden Jahres die Bulle, in der ein dreijähriger Krieg gegen die Türken beschlossen wurde.

Inzwischen gab es Streit um den Thron von Neapel zwischen den Häusern Aragon und Anjou. Pius II. aber unterstützte Ferrante, so daß der Fürst Giovanni gezwungen war, die Halbinsel zu verlassen und in die Provence zurückzukehren. Im Verlauf dieser Ereignisse erhoben sich in Rom republikanische Bewegungen, hinter denen Tiburtius und Bonanno Specchio standen. Diese Tumulte wurden aber bei Rückkehr des Papstes beendet. Die beiden Häupter der Erhebung wurden mit sechs anderen Verschwörern zum Tode verurteilt und auf dem Kapitolsplatz erhängt.

Pius II. wollte die Rolle des Papsttums bei der Bestimmung des politischen Gleichgewichts zwischen den Staaten noch ausbauen. Dieses Bestreben führte von seiner Seite aus zu äußerst ausgeprägten Verhärtungen, wie im Fall der Exkommunikation des Fürsten Sigismondo Malatesta, oder auch bei Gelegenheit der Exkommunikation des Fürsten Sigismund von Tirol und seines Prokurators Gregor Heimburg zu sehen war, die sich der Reform des Kardinals Nikolaus Cusanus in Deutschland widersetzt hatten.

Pius II. war ein vollkommener Renaissancefürst und damit ein intelligenter Deuter der Zeichen seiner Zeit, doch zugleich ein bewußter Verteidiger des rechten Glaubens und des Primats der Kirche von Rom gegen alle Autonomiebestrebungen der Nationalkirchen. Daher auf der einen Seite sein Einsatz gegen die häretischen Schriften des Reginald Pecock, dem 1457 seine Würde als Bischof von *Chichester* aberkannt wurde, aber auch gegen die Bewegung der *„fraticelli"*, die in hohem Maße vom Gedanken der absoluten Armut erfüllt waren. Auf der anderen Seite war er ein einfühlsamer Deuter der religiösen Empfindungen des Volkes. Er erkannte die wichtige Wirkung, die in der christlichen Welt die Heiligsprechung der Katharina von Siena haben würde, die mit 33 Jahren gestorben war und deren Verehrung unmittelbar nach ihrem Heimgang begonnen hatte.

Doch der beherrschende Gedanke Pius' II. blieb der Kreuzzug, für den er sich immer mehr einsetzte, um die expansionistische Politik der Türken einzudämmen. Nach dem Verlust der Nordküste Kleinasiens ergriff der Papst die Initiative und sandte dem Sultan einen Brief, in dem er ihn bat, sich zum Christentum zu bekehren. Im Gegenzug versprach er ihm die Anerkennung der besetzten Gebiete und den Titel eines „Kaisers von Griechenland und des Orients". Das Dokument ist reich an eindrucksvollen historischen Erinnerungen an vorausgehende Konversionen und voll von apostolischem Ökumenismus. Es bildete aber zugleich auf politischer Ebene den Versuch, die christlichen Fürsten für das Problem des Kreuzzugs zu gewinnen. Zudem hatte man 1463 in *Tolfa* Alaun entdeckt, sodaß die päpstl. Kasse mit zusätzlichen 100.000 Dukaten im Jahr rechnen konnte, die sich für das Unternehmen nützlich einsetzen ließen.

Der Plan gelang aber nicht. Pius II. fand sich in *Ancona*, von wo aus man zum Orient aufbrechen wollte, heroisch allein. Der orientalische Raum war wohl für die europäischen Fürsten zu weit entfernt. Sie hatten mehr die Fragen ihrer eigenen Innenpolitik zu lösen und neue Gleichgewichte in Europa zu schaffen. Enttäuscht und gebrochen starb Pius II. am 15. August 1464 in *Ancona*, vier Tage nach dem Tod des Nikolaus Cusanus in *Todi*, der in Deutschland ein mächtiger Gegner der Autonomiebestrebungen des Fürsten Sigismund von Tirol gewesen war. Die sterblichen Überreste des Papstes wurden nach Rom gebracht und in St. Peter beigesetzt, 1614 aber in die Kirche *S. Andrea della Valle* überführt.

Aus der umfangreichen literarischen Produktion, mit der der Name Pius II. verbunden ist, sind vor allem die geschichtlichen Werke zu erwähnen: *De rebus Basileae gestis* von 1449, womit dieser sein früheres Werk *De gestis Basiliensis Concilii* (1440) zu verbessern suchte, *Germania* von 1457–1458, *Historia Friderici imperatoris e Historia Bohemica*, beide aus dem Jahr 1458, vor allem aber die *Commentarii rerum memorabilium quae temporibus suis contigerunt*, in den letzten Jahren seines Leben redigiert, die eindeutig als sein Hauptwerk zu gelten haben.

Bibl.: L. von Pastor, *Papstgeschichte*, II, Rom 1925, S. 1–276; A. Silvestri, *Gli ultimi anni di Pio II*, 1941; G.

Paparelli, *Enea Silvio Piccolomini: l'umanesimo sul soglio di Pietro*, Ravenna 1978; L. Totaro, *Pio II. nei suoi Commentari; un contributo alle lettura della autobiografia di Enea Silvio de Piccolomini*, Bologna 1978; C. Vivanti, *I „Commentari" di Pio II.*, in *Studi storici* 26 (1985), S. 443–462; Ch. E. Naville, *Enea Silvio Piccolomini; l'uomo, l'umanista, il pontefice (1405–1464)*, Bologna-Locarno 1985*; Pio II. e la cultura del suo tempo, Atti del I. Convegno internazionale, 1989*, Mailand 1991.

V. Tiberia

Pius III.

Papst. Der plötzliche Tod von Alexander VI. am 18. August 1503 wurde von vielen mit Erleichterung aufgenommen. Zugleich aber fürchtete man, daß sein Sohn, Cesare Borgia, große Probleme schaffen und vor allem die Kardinäle bei der Wahl des neuen Papstes beeinflussen könnte. In Rom kam es zu schweren Unruhen. Sie wurden auch von den *Colonna* und den *Orsini* geschürt, die – aus dem Exil heimgekehrt – auf Rache sannen. Da Valentino durch das geschickte Vorgehen einiger Kardinäle aus der Stadt entfernt worden war, konnte sich das Konklave am 18. September in Freiheit versammeln. Es gelang aber nicht, die Zweidrittelmehrheit zu erreichen. Daher einigte man sich auf einen Übergangskandidaten, nämlich Francesco Todeschini Piccolomini, der am 22. September gewählt wurde. Der neue Papst nahm den Namen Pius III. an, um das Andenken an seinen Onkel mütterlicherseits, Pius II., zu ehren, der sein Wohltäter war.

Er wurde in *Sarteano* in der Nähe von Siena am 9. Mai 1439 als Sohn von Nanno Todeschini geboren, einem reichen Grundbesitzer aus *Sarteano*, und von seinem Onkel am 19. Februar 1460 zum Erzbischof von Siena ernannt. Im gleichen Jahr wurde er auch Kardinaldiakon mit der Titelkirche *S. Eustachio.* Er wurde wegen seiner tiefen Frömmigkeit bewundert und war geschätzt wegen seiner kulturellen Bildung. In Perugia hatte er das Doktorat im Kirchenrecht gemacht. Anerkannt waren ferner seine diplomatischen Fähigkeiten und seine Ausgewogenheit beim Schlichten schwerer Kontroversen. Dies hatte er vielfach bei den wichtigen Aufgaben bewiesen, die ihm sein Onkel und dessen Nachfolger übertragen hatten. Als Pius II. nach Ancona aufbrach, um den lange ersehnten Kreuzzug gegen die Türken zu unternehmen, ließ er ihn als seinen Legaten und Stellvertreter in Rom zurück. Er war auch Legat bei Kaiser Friedrich III. für den Reichstag zu Regensburg. Innozenz VIII. vertraute ihm die Legation für Umbrien trotz vorhandener Konflikte zwischen den Parteien an, die er friedlich beilegte. Alexander VI. sandte ihn als seinen Legaten in die Toskana und zu König Karl VIII. von Frankreich. Es waren also alle Voraussetzungen für ein erfolgreiches Pontifikat gegeben. Doch die Gicht und andere Krankheiten, die ihn befallen hatten, raubten ihm die Kräfte. Er starb kaum 26 Tage nach seiner Wahl am 18. Oktober 1503. Er ist in der Kirche *S. Andrea della Valle* beigesetzt, wohin er 1614 überführt und in einem reich geschmückten Grab am äußersten rechten Ende des Mittelschiffs beigesetzt wurde, gegenüber dem Grab seines Onkels Pius II.

Bibl.: L. Pastor, *Papstgeschichte*, III, Rom 1925, S. 523–538

U. Penteriani

Pius IV.

Papst. Giovan Angelo de Medici wurde am 31. März 1499 in Mailand als Sohn von Bernardino und Cecilia Serbelloni geboren. Er studierte in Pavia und Bologna und erwarb das Doktorat im Kirchenrecht. Durch seinen Bruder Gian Giacomo, Medeghino genannt, der durch seine Erfolge im Waffenhandwerk den Titel eines Markgrafen von *Marignano* erhalten hatte, kam er zum Gefolge des Kardinals Alessandro Farnese. Als dieser mit dem Namen Paul III. zum Papst gewählt wurde, bekam er wichtige Aufträge: Er war Gouverneur in *Ascoli Piceno, Città di Castello, Parma* und *Fano*, päpstl. Kommissar im Krieg des Schmalkaldischen Bundes und Vizelegat von Bologna und Perugia. Seit dem 14. Dezember 1545 Erzbischof von *Ragusa*, wurde er von Paul III. am 8. April 1549 zum Kardinal erhoben und bekam die Titelkirche *S. Pudentiana*. In den verschiedenen Ämtern, die er bekleidete, erwies er sich als fähiger Verwalter, als kenntnisreicher Jurist und Literat. Kardinal Medici stand auch bei Julius III. in hoher Gunst. Unter seinem Pontifikat war er Legat im Krieg mit *Parma*, Bischof von *Cassano* und *Foligno* und Präfekt der *Signatura gratiae*. Weniger gern gesehen war er bei Paul IV. vor allem wegen seiner spanienfreundlichen Einstellung. Er verließ Rom und zog sich in die Lombardei und die Toskana zurück.

Nach dem Tod Pauls IV. wurde Giovan Angelo de Medici in einem bewegten dreimonatigen Konklave nach einer Absprache der spanischen und französischen Kardinäle und mit entscheidender Unterstützung des Cosimo, Herzog von Florenz, am 25. Dezember 1559 zum Papst gewählt. Er nahm den Namen Pius IV. an. Der Gegensatz zu seinem Vorgänger auf kirchlichem und politischem Gebiet zeigte sich bereits bei seinen ersten Amtshandlungen. Er schaffte Normen ab oder änderte sie, wenn er sie für allzu streng oder unausführbar hielt; er beschränkte die Befugnisse der röm. und die Jurisdiktion der spanischen Inquisition. Er ordnete die Wiederaufnahme des Prozesses gegen Kardinal Giovanni Morone an, der dann rehabilitiert und einer seiner tüchtigsten Mitarbeiter wurde. Seine Milde fand eine Grenze, als wegen politischer und anderer Vergehen die Kardinäle Carlo und Alfonso Carafa und der Herzog von Paliano, Nepoten von Paul IV., vor Gericht gestellt wurden. Carlo und der Herzog wurden verurteilt und hingerichtet (5./6. Mai 1561). Da dieser schwerwiegende Vorfall als persönlicher Racheakt erschien, geriet sein Ruf als großmütiger Mensch ins Wanken. Nicht vergessen darf man die Abneigung König Philipps II. von Spanien gegen die Familie Carafa. Man nimmt an, daß der Souverän in diesem Fall starken Einfluß auf die Entscheidungen des Papstes genommen hat. Pius IV. war bemüht, mit Österreich, Spanien und Frankreich gute diplomatische Beziehungen zu pflegen; er ernannte neue Nuntien in Wien, Venedig und Florenz, da unter seinem Vorgänger diese Posten vakant geworden waren. Sehr am Herzen lag ihm die religiöse Lage in Frankreich, wo nach dem Tod Heinrichs II. durch die unklare Stellungnahme der Königin-Mutter Katharina von Medici der Calvinismus nicht aufzuhalten war. Beim Ausbruch des ersten Hugenottenkriegs unterstützte der Papst auch finanziell die Katholiken. In den Ländern Nordeuropas breitete sich die Lehre Luthers weiter aus. Trotz des nur mäßigen Eingreifens in England bei dem Versuch, England für den Katholizismus zurückzugewinnen, verfestigte sich dort das Schisma. Er hielt es nicht für angebracht, Königin Elisabeth I. zu exkommunizieren.

Mit Pius IV. begann der sogenannte „kleine Nepotismus", als er seine Neffen Gian Antonio Serbelloni und Markus Sittich von Hohenems (Altemps) zu Kardinälen ernannte. Jedoch hatte er eine glücklichere Hand, als er Karl Borromäus, einem weiteren Neffen, Sohn seiner Schwester Margherita, den Purpur verlieh. Mit kaum 22 Jahren (31. Januar 1560) Kardinal, wurde Karl Borromäus zum Leiter seines Sekretariates ernannt und war verantwortlich für die kirchlichen und politischen Angelegenheiten des Kirchenstaates (März 1560). Der junge Kardinal war, wie L. v. Pastor formuliert, „der gute Geist" Pius' IV. Streng, asketisch, mit lebhaftem und scharfem Verstand und höherer kultureller Bildung ausgestattet, führte dieser ein intensives religiöses Leben. Man hörte auf den Ratgeber des Papstes, dessen Pontifikat nicht vom erleuchteten Wirken und weisen Vorgehen des „Kardinalneffen" losgelöst werden kann. Großes Verdienst kommt Pius IV. wegen der Wiederaufnahme der Arbeiten und des Abschlusses des Konzils von Trient zu, das nach Überwindung sehr großer Schwierigkeiten am 18. Januar 1562 mit 109 Kardinälen und Bischöfen wieder eröffnet werden konnte. Das Haupt der päpstl. Legaten, Kardinal Ercole Gonzaga, war Vorsitzender der Versammlung. Als dieser starb (2. März 1563), wurde Kardinal Giovanni Morone zum Präsidenten ernannt, ein gebildeter Mann, tüchtiger Diplomat und intelligenter Vollstrecker der Weisungen, die ihm immer wieder Kardinal Karl Borromäus übermittelte.

Die Lehre und die enge Verbindung dieser beiden treuen Mitarbeiter des Papstes führten zur Lösung vieler Probleme und zur Überwindung von Gegensätzen, die mehr als einmal die Konzilsversammlung in die Krise geführt hatten. Diskutiert und gebilligt wurden die Texte zur Residenzpflicht und zur Kommunion unter beiderlei Gestalten. Definiert wurden die Einsetzung des neutestamentlichen Priestertums durch Christus und der Unterschied zwischen höheren und niederen Weihen. Eingeführt wurde die Verpflichtung, in den Diözesen Seminare für die Ausbildung künftiger Priester einzurichten. Gebilligt wurden die Normen für die Einberufung von Diözesansynoden, für die Visitation der Diözesen, die Predigttätigkeit und die Ernennung der Pfarrer. Auch das Fegefeuer, die Heiligenverehrung und die Ablässe waren Gegenstand der Debatte, an deren Ende entsprechende Normen erlassen wurden. Mit der 25. Sitzung schloß am 4. Dezember 1563 das Konzil, dessen Dekrete Pius IV. am 26. Januar 1564 mit der Bulle *Benedictus Deus* billigte und ihre Veröffentlichung anordnete. Am 13. November 1564 schrieb er für die Bischöfe, die Oberen der religiösen Orden, die Seelsorger und die Universitätsprofessoren die *Professio fidei Tridentinae* vor, eine Synthese der dogmatischen Bestimmungen des Konzils. Einer Kardinalskomm. zur Überwachung der Durchführung der Konzilsdekrete übertrug er die Vollmacht, entsprechende Interpretationen vorzunehmen. Nicht zuletzt daraus entwickelte sich die Konzilskongr. Am 24. März wurde der Index der verbotenen Bücher veröffentlicht, den die Versammlung von Trient ausgearbeitet hatte. Der Papst verfügte ferner den Entwurf und die Veröffentlichung des Röm. Katechismus, dazu die Reform des Missale und des Breviers. Doch diese Arbeiten konnten unter seinem Pontifikat nicht vollendet werden.

Er war ein großzügiger Förderer der Künste, pflegte höhere humanistische Interessen, ermunterte und schützte Künstler, Schriftsteller und Gelehrte der wichtigsten Fächer. Wohlwollend betrachtete er die „Vatikanische Akademie des Karl Borromäus", in deren *Noctes* man Themen der Literatur, der Philosophie und Theologie erörterte. Er berief Aldo Manuzio nach Rom und vertraute ihm den Druck der Werke kirchlicher Schriftsteller an. Er ließ die sogenannte *Porta Pia* nach einem Plan von Michelangelo Buonarroti errichten, der unter anderen das *Tepidarium* der Thermen des Diokletian in die Kirche *S. Maria degli Angeli* umwandelte. Von Pirro Ligorio ließ er die berühmte *Casina* oder die *Villa Pia* in den vatikanischen Gärten errichten. Weitere in Rom und Bologna auf seinen Entschluß hin durchgeführte Arbeiten und Bauten haben den Namen Pius' IV. gerade auch in der Kunstgeschichte berühmt gemacht. Er starb am 9. Dezember 1565, in Gegenwart des hl. Karl Borromäus und des hl. Philipp Neri. Seine sterblichen

Überreste ruhen in der Kirche *S. Maria degli Angeli.*

Bibl.: L. Pastor, *Papstgeschichte*, VII, Rom 1923; H. Gamrath, *Pio IV e l'urbanistica di Roma intorno al 1560*, in *Studia Romana in honorem Petri Krarup septuagenarii*, Odense 1976, S. 190–203; L. Besozzi, *Giovannangelo Medici (Pio IV) nei documenti dell'Archivio di Frascarolo (1525–1549)*, in *Libri e documenti*, 11 (1985), Nr. 2, S. 1–23; R. Rezzaghi, *Cronaca di un conclave: l'elezione di Pio IV (1559)*, in *Salesianum*, 48 (1986), S. 539–581.

U. Penteriani

Pius V.

Papst, Heiliger. Antonio (Michele) Ghislieri wurde am 17. Januar 1504 in Bosco Marengo (Alessandria) als Sohn von Paolo und Domenica Augeria geboren. Im Alter von 14 Jahren trat er bei den Dominikanern in Voghera ein und bekam den Ordensnamen Michele. 1528 zum Priester geweiht, war er Lektor der Theologie an den Studienhäusern der Dominikaner in einigen Städten Norditaliens. Die Strenge seines Lebens, seine Gelehrsamkeit und seine Treue zur Dominikanerregel qualifizierten ihn für höhere Aufgaben, zunächst als Kommissar der Inquisition für die Diözese Pavia, dann als Inquisitor in Como und Bergamo. Im Juni 1551 wurde er zum Generalkommissar der Inquisition ernannt. Als Kardinal Carafa, der ihn sehr schätzte, den Apost. Stuhl bestieg, wurde er als Mitglied in die Komm. zur Reform der Kurie berufen. Am 4. September 1556 wurde er zum Bischof von Nepi und Sutri erwählt, am 15. März 1557 zum Kardinal ernannt und am 14. Dezember zum Großinquisitor. Seine Beziehungen zu Pius IV., dem Nachfolger Pauls IV., waren schwierig. Im Jahr 1560 wurde Ghislieri der Bischofssitz von *Mondovi* zugewiesen, aber mit der Erlaubnis, in Rom zu bleiben, um die Aufgaben als Inquisitor weiterzuführen. Er begab sich dennoch nach *Mondovi* und stellte bei der pastoralen Visitation der Diözese schwere Mängel und Mißbräuche fest. Er wollte dann einschneidende Vorkehrungen und wirksame pastorale Initiativen ergreifen und bat dafür die Autoritäten um Mitarbeit, auch den Herzog Emanuele Filiberto. Dieser unterstützte ihn aber nicht, sondern nahm gegenüber den Reformplänen des neuen Bischofs eine distanzierte Haltung ein. Als er im November 1561 nach Rom zurückkehrte, war seine Aufnahme durch den Papst nicht ermutigend. Die Kälte der Beziehungen, verbunden mit der weiteren Einschränkung seiner Zuständigkeiten als Großinquisitor, veranlaßten ihn zu der Auffassung, er sei in Rom nicht mehr nützlich. Er wollte nach *Mondovi* zurückkehren, aber ungünstige Umstände hielten ihn davon ab.

Als Pius IV. gestorben war, wählte ihn das Konklave am 7. Januar 1566 zum Papst mit Unterstützung des Kardinals Karl Borromäus. Dies überraschte viele, weil der Kardinal ein Neffe des verstorbenen Papstes war. Unter diesem war ja Ghislieri in seinen Aufgaben eingeschränkt und gedemütigt worden, so daß man eher mit seiner Abneigung rechnen mußte. Doch seine Tugend und das übergeordnete Wohl der Kirche veranlaßten Borromäus, die Kandidatur des frommen Dominikaners zu unterstützen, der persönlich streng und ein nachhaltiger Verteidiger der katholischen Reform war. Der Neugewählte zeigte nicht Gefühle der Rache, sondern des Verzeihens. Er war demütig und bewies das auch mit der Wahl des Namens Pius V. als Zeichen der Wertschätzung für seinen Vorgänger. Als Papst trug er weiter die Kutte der Dominikaner, führte ein asketisches Leben der Buße und gab ein Beispiel der Nüchternheit in seiner Lebensführung. Er ruhte auf einem bescheidenen Strohsack und entfernte aus seiner Umgebung jeglichen Luxus. In seiner Ansprache an die Kardinäle erklärte er am 12. Januar 1566, er wolle die Dekrete des Konzils von Trient treu umsetzen. Er ermahnte sie, vor allem sich selbst zu reformieren und erinnerte daran, daß das unziemliche Verhalten der Kleriker nicht zuletzt der Grund für die Häresie gewesen sei. Die Residenzpflicht sei von allen für die Seelsorge Verantwortlichen und allen anderen dazu Verpflichteten einzuhalten. Was die politische Ausrichtung angeht, war sein Programm auf den Frieden unter den verschiedenen christlichen Fürsten gerichtet, die er gern vereint gesehen hätte, um das Vordringen der türkischen Macht zu behindern.

Unter Pius V. wurden die Neuordnung der Pönitentiarie, die Reform der Datarie, der Signatur, der Apost. Kammer und der Kanzlei durchgeführt. Der Papst setzte eine Kardinalskomm. ein, die über die Ausbildung und das Betragen des Weltklerus in Rom zu wachen hatte. Er entsandte Apost. Visitatoren in die Diözesen des Kirchenstaates, ins Königreich Neapel und nach Norditalien. Er betonte die Wichtigkeit der pastoralen Visitationen, die er zum Teil persönlich in Rom, aber auch in den Diözesen Porto und Ostia durchführte. Sehr am Herzen lag ihm die Ausbildung des jungen Klerus. Er setzte sich für die Durchführung der Entscheidungen von Trient zur Einführung der Seminare ein, zur Residenzpflicht und zu der Verpflichtung, Synoden abzuhalten. Der Papst schenkte der Ernennung von würdigen Bischöfen besondere Aufmerksamkeit. Bei der Ernennung von Kardinälen ließ er sich nur von kirchlichen Gründen bestimmen. Eifrig befaßte sich Pius V. mit der Reform des Ordensklerus und traf Verfügungen zur Klausur, zur feierlichen Profeß und zum Beten des Offiziums im Chor. Er ließ den Röm. Katechismus veröffentlichen (1566), das Röm. Brevier (1568), das Röm. Missale (1570), und er setzte eine Kommission für die Revision der Vulgata ein (1569).

Der Reformeifer des Papstes geht beredt auch aus seinem *Bullarium* hervor, das in der Turiner Ausgabe 102 Bullen enthielt, die verschiedenste Dinge behandeln. Der Eifer für die christliche Liebe, von dem er erfüllt war, regte ihn zu Initiativen an, um die Probleme der Armen zu lösen oder ihre Schwierigkeiten zu erleichtern. Er bekämpfte den Wucher und gründete zu seiner nachhaltigen Überwindung die Leihhäuser. Er rief Hilfseinrichtungen ins Leben, um den Bedürftigen zu Hilfe zu kommen. Da er die Inquisition für ein wirksames Werkzeug zur Unterdrückung der Häresie und zur Bewahrung der Einheit des Glaubens hielt, griff er auf die strengen Methoden aus dem Pontifikat Pauls IV. zurück. Er ließ den Palast der Inquisition (Hl. Offizium) errichten und viele Personen anklagen, deren Fälle mit Strenge durchgeführt wurden. Unter den Angeklagten, die auf dem Schafott endeten, sind die Namen von Pietro Carnesecchi (1567) und Aonio Paleario (1570) zu erwähnen.

Die Absicht, eine weitere Verbreitung der Häresie zu verhindern und die Rechte der Kirche zur Geltung zu bringen, bestimmte die Politik Pius' V. und seine Beziehungen zu den Souveränen der christlichen Staaten. Der Cäsaropapismus des katholischen Philipp II. von Spanien mit seinen systematischen Eingriffen in kirchliche Dinge, führte zu krassen Gegensätzen mit dem Apost. Stuhl. Auch im Zusammenhang mit diesen Kontrasten veröffentlichte der Papst die Bulle *In coena Domini*, so genannt, weil sie am Gründonnerstag angeschlagen und vorgelesen wurde. Darin werden die kirchlichen Ansprüche des Papsttums wieder aufgenommen und die dem Papst vorbehaltene Kritik an Fürsten, die die Rechte der Kirche verletzten, neu eingeschärft. Da Kaiser Maximilian II. sich gegenüber den Protestanten schwach zeigte, sandte der Papst den Kardinal Gian Francesco Commendone nach Deutschland. Er konnte erfolgreich beim Souverän und den katholischen Fürsten veranlassen, daß die Konzilsbeschlüsse von Trient respektiert wurden. Die Beziehungen des Apost. Stuhles zu Cosimo I. von Toscana waren gut. Der Papst belohnte ihn 1569, indem er ihn in den Rang eines Großherzogs erhob, „für viele gute Dienste, die er dem Heiligen Stuhl erwiesen hat". Dem Kaiser paßte die vom Papst vorgenommene Ernennung nicht. Er betrachtete sie als eine ungebührliche Einmischung und eine Beleidigung seiner Vorrechte. Er erhob beim Papst lebhaften Protest, so daß man die Ursache seines zweideutigen Verhaltens der Reformation gegenüber auch auf diese Tatsache zurückführte. Am 25. Februar 1570 exkommunizierte Pius V. mit der Bulle *Regnans in excelsis* Königin Elisabeth I. von England, erklärte sie des Thrones verlustig und entband die Untertanen vom Treueid. Das päpstl. Anathem erschwerte die Lage der Katholiken im Reich Elisabeths, denn gegen die Katholiken entbrannte eine noch heftigere Verfolgung.

Papst Ghislieri, ein Mann mit tiefem innerem Leben und ein Hirte mit bewundernswertem Eifer, beschäftigte sich auch mit den zeitlichen Angelegenheiten Roms und des Kirchenstaates. Während seines Pontifikates wurden die Stadtmauern restauriert, neue Straßen gebaut und wichtige Arbeiten am Lateran und im Vatikan durchgeführt. Eine umsichtige Verwaltung erlaubte ihm, trotz der gewaltigen Kosten des Krieges gegen die Türken, im Staatsschatz einen erheblichen Aktivposten zu schaffen. Großes politisches und religiöses Verdienst kommt Pius V. auch zu bei der Organisation der „Heiligen Liga" gegen die Türken, die schon seit einiger Zeit Mitteleuropa und Italien bedrohten. Der Papst hatte von Anfang seines Pontifikates an versucht, die christlichen Fürsten gegen die drohende Gefahr einer islamischen Invasion zu einigen. Doch erreichten seine Bemühungen erst nach dem Fall von Famagosta und dem heroischen Tod des Marc'Antonio Bragadin ihr konkretes Ziel. Die Liga kam zustande mit der Vereinigung der Kräfte Venedigs, Spaniens, des Kirchenstaates, des Herzogtums Savoyen und des Malteserordens. Die christliche Flotte errang unter dem Kommando von Don Juan d'Austria am 7. Oktober 1571 bei Lepanto einen glänzenden Seesieg, der die Übermacht der islamischen Flotte im Mittelmeer beseitigte. Der Papst schrieb den Sieg der Fürbitte der Muttergottes vom Rosenkranz zu, deren Fest auf den Sonntag, den Tag der Schlacht von Lepanto fiel. Er setzte fest, daß der 7. Oktober „Unserer Lieben Frau vom Siege" geweiht werden solle. Gregor XIII. verlegte das liturgische Fest am 1. April 1573 auf den ersten Oktobersonntag und gab ihm den Titel „Unserer Lieben Frau vom Rosenkranz". Pius V. starb am 1. Mai 1572. Seine sterblichen Überreste ruhen in der Krippenkapelle von *S. Maria Maggiore* in Rom in einem herrlichen Grabmal, das Leonardo von Sarzana geschaffen hat. Am 1. Mai 1672 wurde er durch Clemens X. selig- und am 22. Mai 1712 durch Clemens XI. heiliggesprochen. Sein Fest wurde mit dem neuen, am 1. Januar 1970 in Kraft getretenen Kalender vom 5. Mai auf den 30. April vorverlegt.

Bibl.: A. Iszak/A. Silli, in *Bibliotheca Sanctorum*, X (1968), Sp. 883–901 mit Bibl.; A. P. Frutaz, *Sirleto e la riforma del Messale Romano di s. Pio V.*, in *Regnum Dei*, 30 (1974), S. 84–111; A. F. P. de Falloux, *Histoire de saint Pie V., pape de l'Ordre des Frères Precheurs*, Chiré-en-Montreuil 1978; A. Silli, *San Pio V; note agiografiche et iconografiche*, Rom 1979; V. Noè, *Pio V. e l'arte del suo tempo*, in *Notitiae*, 21 (1985, S. 330–341.

U. Penteriani

Pius VI.

Papst. Giovannangelo Braschi stammte aus einer alten Adelsfamilie der Romagna und wurde am

25. Dezember 1717 in *Cesena* als Erstgeborener des Grafen Marcantonio und der Anna Teresa Bandi geboren. Mit 17 Jahren erwarb er das Doktorat beider Rechte und war dann zunächst Sekretär, später Auditor des Kardinal-Legaten von Ferrara, Tommaso Ruffo, dann Sekretär Benedikts XIV., Kanoniker von St. Peter, Referendar der Signatura und endlich Generalschatzmeister der Apost. Kammer. Clemens XIV. machte ihn am 26. April 1773 zum Kardinal. Er folgte diesem auf dem Papstthron mit dem Namen Pius VI. am 15. Februar 1775. Er mußte allerdings die feierliche Verpflichtung abgeben, die Gesellschaft Jesu nicht wieder zu errichten, die zwei Jahre vorher aufgehoben worden war. Pius VI. gehört zu der neuen Gruppe von Päpsten der zweiten Hälfte des 18. Jh., die nicht mehr Mitglieder der röm. Aristokratie und eng mit der Kurie verbunden waren. Sie stammten aus Gebieten des Kirchenstaates und hatten mehr Kontakt mit dem übrigen Europa. So waren sie auch aufgeschlossener und bereitwilliger, ihren staatlichen Apparat in allen Bereichen zu modernisieren: Landwirtschaft, Urbarmachung, Zollwesen, Grundbucheintragung, Finanzen und Rechnungswesen, Kommunikation und Studien. Pius VI. vermochte, wenn auch nur teilweise und verspätet gegenüber anderen Staaten, in diesen Bereichen nicht wenige Ziele zu erreichen. Als außerordentliche Leistungen sind die Urbarmachung der Pontinischen Sümpfe und zahlreicher Sumpfgebiete im nördlichen Latium und in Umbrien, die Instandsetzung der Häfen von Anzio und Terracina, das einheitliche Zollwesen und der neue Kataster (1777) zu nennen. Er gab ferner den archäologischen Ausgrabungen entscheidende Impulse, erbaute die monumentale Sakristei von St. Peter, restaurierte die Basilika von St. Johann im Lateran, errichtete die Obelisken beim Quirinal (1786), bei *Trinità dei Monti* (1789) und in *Montecitorio* (1792), vervollständigte das Museum, das auch den Namen *Pio-Clementino* erhielt, weil Clemens XIV. es begonnen hatte. Doch leider erhöhten der große Umfang dieser Arbeiten das wirtschaftliche Defizit in der Staatskasse. Dazu trugen auch die wachsenden Ansprüche seines Neffen Luigi Onesti bei, dem er gestattete, dem eigenen Namen den seinen beizufügen. Für diesen erbaute er auch den *Palazzo Braschi* und erwarb das Herzogtum *Nemi*. Dies führte zur Einschränkung der Wirksamkeit seiner Vorkehrungen zur Neuordnung der Finanzverwaltung und zum Wachstum der Wirtschaft.

In den Beziehungen zu den Staaten mußte Pius VI. ohnmächtig dem unaufhaltsamen Rückgang der Präsenz des Apost. Stuhles in der großen europäischen Politik zusehen. Es herrschte ein Rechtsdenken, das er in seinen vielfältigen Formen vergeblich zu bekämpfen suchte. Als „apostolischer Pilger" begab er sich 1782 nach Wien, sodann zum König von Neapel, der der Kirche die Huldigung verweigerte (1788) und zum Großherzog der Toscana wegen seiner Reformpolitik (1794). Die französische Revolution und das Vordringen Bonapartes nach Italien waren daher der Beginn einer dramatischen Folge von Ereignissen. Napoleon klagte Pius VI. einer geheimen Abmachung mit Österreich an und besetzte die Romagna. Er zwang damit den Papst zum Waffenstillstand von Bologna am 21. Juni 1796, ein Jahr später zur Annahme des harten Vertrags von Tolentino vom 19. Februar 1797, durch den der Kirchenstaat die französischen Gebiete von Avignon und Venaissin sowie die Legationen Bologna, Ferrara und Ravenna verlor. Außerdem wurde er zur Zahlung der gewaltigen Summe von 30 Millionen Franken und zur Abtretung vieler Kunstwerke verurteilt. Wegen der Tötung des Generals L. Duphot durch päpstl. Soldaten (Dezember 1797), der nach Rom gesandt worden war, um die Bevölkerung aufzuwiegeln, entsandte Napoleon den General Luigi A. Berthier. Er besetzte Rom und den ganzen Kirchenstaat. Pius VI. aber, der ein Verlassen seines Sitzes abgelehnt hatte, wurde gefangengenommen und abgesetzt. Als damit die irdische Macht des Papstes abgeschafft und die „Röm. Republik“ ausgerufen war (15. Februar 1798), wurde der Papst gewaltsam zunächst nach *Siena*, dann nach *San Casciano* bei Florenz und nach Turin gebracht, von da in das französische Valence, wo er in der Stadtburg als Staatsgefangener gehalten wurde. Diese Demütigung überlebte der unglückliche Papst nur wenige Wochen. In der Nacht des 29. August 1799 gab er seine Seele in die Hände Gottes zurück und wiederholte die Worte des sterbenden Christus: „Herr, verzeihe ihnen“. Im Februar 1802 gestattete Napoleon, erster Konsul geworden, auch kraft des jüngsten Konkordats mit dem Hl. Stuhl die Überführung seiner sterblichen Überreste nach Rom. In St. Peter wurde er beigesetzt. Ihm ist auch eine Marmorstatue gewidmet (von Canova begonnen und von Tadolini vollendet), die ihn auf den Knien im Gebet zeigt. Sie stand bis vor wenigen Jahren unter dem Altar der *Confessio* und befindet sich jetzt in den Vatikanischen Grotten, wohin sie 1981 übertragen wurde.

Bibl.: L. Pastor, *Papstgeschichte*, Bd. XVI, 3, Rom 1934; A. Latreille, *Le pontificat de Pie VI et la crise française*, Paris 1946; D. Berardi, *La elezione di Papa Braschi nelle carte cesenati*, in *Ricerche cesenati*, Faenza 1977, S. 91–105; V. E. Giuntella, *Pio VI, un Pontificato nella crisi dell'antico regime*, ib., S. 81–90; A. Schiavo, *Pio VI sconfessato in confessione*, in *Strenna dei Romanisti*, 42 (1981), S. 441–458; P. Blet, *Pio VI e la rivoluzione francese*, in *La Civiltà cattolica*, 139 (1988), 1, S. 222–235.

G. Scano

Pius VII.

Papst. Barnaba Chiaramonti wurde am 14. August 1740 in Cesena als Sproß des Grafen Scipione und der Giovanna Ghini geboren und trat sehr bald bei den Benediktinern von Parma ein, wo er den Ordensnamen Gregor erhielt. Er wurde 1775 Abt von *S. Calisto* in Rom und 1782 von Pius VI. zum Bischof von Tivoli ernannt. Dieser erhob ihn am 4. Februar 1785 zum Kardinal und wies ihm den wichtigen Sitz von Imola zu, wo er bis zu seiner Papstwahl am 14. März 1800 blieb. Das lange und mühsame Konklave fand in Venedig unter dem Schutz Österreichs statt – dessen militärische Erfolge damals zurückgingen. Chiaramonti erschien als der beste Mann, der Hegemonie Napoleons zu widerstehen. Er kam nach vielen Schwierigkeiten nach Rom und machte sofort den jungen und dynamischen Msgr. Ercole Consalvi, der im gleichen Jahr am 11. August Kardinal wurde, zum Leiter des Staatssekretariates. Es war ein äußerster Versuch, dem Kirchenstaat auf der Grundlage eines wirtschaftlichen Liberalismus und Produktivitätsdenkens neue Lebenskraft zu geben. Er führte modernere Grundsätze für die Steuergerechtigkeit ein und faßte die Abgaben in nur zwei Steuern, nämlich die reale und die personale, zusammen. Mit diesen wurde auch das Eigentum der Apost. Kammer belegt. Es folgte die Abschaffung des Instituts der *Annona* und *Grascia.* Mit der Konstitution *Post diuturnas* (30. Oktober 1800) wurden Rechte der Fürstentribunale eingeschränkt und neue Normen bei zivilen Strafverfahren und bei der Gefängnisverwaltung erlassen. Dann folgten weitere Verfügungen und die „Kongr. für die Regierung“ erhielt größere Vollmachten.

Diese Anpassung des Kirchenstaates an die Erfordernisse der Zeit wurde plötzlich durch die drastischen Auflagen Napoleons unterbrochen, der sich am 2. Dezember 1804 in Paris in Anwesenheit Pius' VII. selbst zum Kaiser krönte. Die wiederholten Neutralitätserklärungen des Papstes gegenüber dem Vordringen der Truppen der Koalition (1805) nützten nichts.

Der erzwungene Amtsverzicht des Kardinals Consalvi (1806) und die schrittweise Aufhebung der staatlichen Verwaltung (1808–1809) führten zur gänzlichen Annexion des Kirchenstaates durch das französische Kaiserreich (17. Mai 1809), auf die der Papst mit der Exkommunikation seiner Gegner reagierte. Die ganze Antwort Napoleons bestand im Befehl, Pius VII. festzusetzen. Er wurde im Juli 1809 nach Savona gebracht, wo er bis 1812 in Haft blieb. Dann wurde er nach Frankreich bzw. Fontainebleau verschleppt und gezwungen, ein neues Konkordat mit ausgesprochen gallikanischer Ausrichtung zu unterzeichnen, das vom Papst unmittelbar darauf, am 26. März 1813 widerrufen wurde.

Die Niederlage Napoleons in der Völkerschlacht von Leipzig (13. Oktober 1813) und sein Sturz befreiten Pius VII. aus seiner Zwangslage. Am 24. Mai 1814 zog er im Triumph wieder in Rom ein und nahm im Quirinal Wohnung. Sein erster Akt war die Rückberufung des Kardinals Consalvi. Er erwies sich als sehr tüchtiger Unterhändler auf dem Wiener Kongreß und erhielt den gesamten Kirchenstaat außer Avignon zurück. Zusammen mit Belisario Cristaldi, Giovanni Barberi und Vincenzo Bartolucci gestaltete er jenes Gesetzwerk, das für eine zeitgemäße Organisation der zentralen und peripheren Verwaltungen maßgebend wurde. Durch eine Reihe von Konkordaten gewann der Hl. Stuhl in dieser Zeit auch die überlieferten Rechte bei den katholischen Nationen zurück (mit dem Großherzogtum Toscana 1815, mit dem Königreich Frankreich und dem Königreich Sardinien 1817, endlich dem Reich beider Sizilien 1818), zum Teil auch bei den protestantischen Reichen (Niederlande, Preußen usw.).

Trotz der erfahrenen Leiden durch Napoleon war Pius VII. der einzige, der seine Stimme zu erheben wußte, um von den Engländern ein wenig Milde für den besiegten Kaiser zu erlangen. Er nahm dessen Mutter und weitere Verwandte in Rom und im Kirchenstaat als Gäste auf und sandte dem Kaiser in sein Exil von *Sant'Helena* den Abt Vignali, damit ihm die Tröstungen der Religion nicht fehlten.

Als Liebhaber von Büchern und hoher Kultur besaß Papst Chiaramonti eine reiche persönliche Bibliothek, zu der über 5.000 wertvolle Bücher gehörten – darunter seltene Ausgaben und herrliche Einbände, die derzeit in der *Bibliotheca Malatestiana* in Cesena aufbewahrt werden. Am 20. August 1823 gestorben, wurde Pius VII. in St. Peter beigesetzt, wo der treue Kardinal Consalvi ihm ein aufwendiges Grabmal errichten ließ – ein Werk des dänischen Bildhauers Bertel Thorvaldsen, des einzigen nichtkatholischen Künstlers, der in der Vatikanischen Basilika vertreten ist.

Bibl.: F. Cognasso, in *Enciclopedia cattolica*, IX, Sp. 1504-08; J. Leflon, *Pie VII. des abbayes bénédictines à la papauté*; L. Pasztor, *Il secondo „piano di riforma" di G. A. Sala e Pio VII; la Congregazione della riforma*, in *Clio*, 20 (1984), S. 59–77; P. S. Ballanche, *Pie VII*, Hrg. H. Hours, Lyon 1986; C. Piola Caselli, *La visita di Pio VII alla Malmaison, in Rivista italiana di studi napoleonici*, 25 (1988), Nr. 2, S. 47–63.

G. Scano

Pius VIII.

Papst. Francesco Saverio Castiglioni wurde am 20. November 1761 als Sohn von Carlo und der Sanzia Ghislieri in *Cingoli* (Macerata) geboren. Er studierte in Osimo und Bologna, wo er das Doktorat der Rechte erwarb. Nach Rom berufen, arbeitete er am Entwurf der *Istituzioni canoniche* von Giovanni Devoti mit, dessen Vikar er als Bischof von Anagni wurde. Von Pius VII. wurde er 1808 zu Bischof von *Montalto* in den Marken ernannt. Später wurde er auf Weisung Napoleons von dort entfernt, weil er sich energisch weigerte, den Treueid abzulegen, als das Gebiet von den Franzosen besetzt wurde. 1814 in seine Diözese zurückgekehrt, wurde er kurz darauf in die Diözese Cesena versetzt und am 8. März 1816 zum Kardinal erhoben. Er erhielt den suburbikarischen Sitz von Frascati, wo er bis zu seiner Erhebung auf die Cathedra Petri unter dem Namen Pius VIII. am 31. März 1829 blieb.

Seine Wahl war von Frankreich und Österreich unterstützt worden. Trotz der Ernennung des proösterreichischen Kardinals Giuseppe Albani zum Staatssekretär versuchte er, zwischen den beiden Mächten zu vermitteln. Die Julirevolution erschwerte die Beziehungen zu Frankreich, weil ihm die nationalistischen Bestrebungen in der Person des König Louis Philippe verdächtig vorkamen. Er erkannte ihn jedoch an. Der Kampf gegen die geheimen Gesellschaften gehörte zum Programm des Papstes, der in der Enzyklika *Traditi humilitati nostrae* vom Mai 1829 die Gläubigen vor den Sekten und Freimaurern warnte. Vehement wandte er sich gegen Angriffe auf die Heiligkeit der Ehe, wobei er wohl die preußische Gesetzgebung zu den Mischehen meinte. Großen Trost empfand der milde Papst auf der anderen Seite, als in England die Verpflichtung für alle Inhaber staatlicher Stellen abgeschafft wurde, Treue zur religiösen Oberhoheit des Königs zu schwören, was die Ausschließung der Katholiken in diesem Land zur Folge gehabt hätte.

Schon immer bei schwacher Gesundheit verschlimmerte sich der Zustand von Pius VIII. von Monat zu Monat. Am 30. November 1830 starb er. Er fand seine letzte Ruhestätte in der Peterskirche, wo ihm 1857 ein ehrenvolles Grabmal errichtet wurde, ein Werk des Bildhauers Pietro Tenerani. Der Papst kniet im Gebet und über ihm ist die Gestalt des sitzenden Erlösers angebracht, während an den Seiten die Apostel Petrus und Paulus stehend zu sehen sind.

Bibl.: O. Fusi-Pecci, *La vita di papa Pio VIII*, Rom 1965; G. De Giovanni, *La Sacra Congregazione di Stato di Pio VIII*, in *Studi meridionali*, 11 (1978), S. 177–207.

M. Di Sivo

Pius IX.

Papst. Als letztes von neun Kindern des Grafen Girolamo und der Caterina Solazzi wurde Giovanni Maria Mastai Ferretti in *Senigallia* (Ancona) am 13. Mai 1792 geboren. Er machte seine Studien am Kolleg *S. Michele* in Volterra (1803–1809) und vollendete sie dann in Rom am berühmten *Collegio Romano*. Er entschied sich für den kirchlichen Stand und begann sein Apostolat unter den Waisenkindern des Hospizes „*Tata Giovanni*“, dessen Rektor er auch war. In dieser Zeit empfing er am 10. April 1819 die Priesterweihe. Wegen seiner ausgezeichneten Gaben des Geistes und des Herzens sandte ihn Pius VII. am 23. Juli 1823 nach Chile als Begleiter der päpstl Gesandtschaft unter Führung des Apost. Vikars Giovanni Muzi. Nach Rom 1825 zurückgekehrt, wurde er zum Leiter des Hospizes *S. Michele a Ripagrande* ernannt, bis ihn Mitte 1827 Leo XII. zum Erzbischof von Spoleto erwählte. Er verstand es, sich dort durch natürliche Güte, brennenden Seeleneifer und den rechten Sinn für Toleranz auszuzeichnen, die ihm 1832 die Versetzung in die aufgabenreichere Diözese Imola in der Romagna – auf ausdrücklichen Wunsch Gregors XVI. – einbrachte. Dieser kreierte ihn im Konsistorium des 14. Dezembers 1840 auch zum Kardinal mit der Titelkirche der hl. Petrus und Marcellinus. Schon hiermit wurden seine ausgezeichneten Regierungsfähigkeiten und seine eifrige Lehrtätigkeit anerkannt. Auf den päpstl. Stuhl wurde er am 16. Juni 1848 gewählt und nahm den Namen Pius IX. an. Das Konklave hatte kaum 48 Stunden gedauert.

Die ersten Amtshandlungen seines Pontifikates waren u. a. die Gewährung einer allgemeinen Amnestie für die verurteilten Politiker und die Einrichtung zweier Komitees. Das eine sollte für die Reform der öffentlichen Verwaltung sorgen, das andere für die Eisenbahnen im Kirchenstaat. Die von Gregor XVI. für die Reform des zivilrechtlichen Codex ernannte *Consulta* wurde bestätigt und neue Normen zugunsten der Pressefreiheit eingeführt. Mit diesen Vorkehrungen stieß er auf breite Zustimmung und allgemeine Begeisterung, auch wenn sie von den liberalen Kreisen nur als ein erster Schritt auf weitere und umfangreichere Reformen hin gesehen wurden. Außerdem bestand man auf einer entschiedeneren Haltung des Papstes gegen Österreich zugunsten eines endlich geeinten Italien.

In dieser Zeit weitete sich der Kampf gegen Österreich in Mailand und Venedig zum offenen Krieg aus. In ganz Norditalien wurde Pius IX. zum Bezugspunkt sowohl der Radikalen als auch der Gemäßigten, hinter denen die Stoßkraft der nationalen Bewegung stand. Die Päpstl. Regierung, an ihrer Spitze Kardinal Antonelli, sah sich dem Druck der öffentlichen Meinung ausgesetzt und in der Bevölkerung gärte es. Man entschied sich für die Bildung eines Expeditionskorps für die Legationen unter dem Kommando des Generals Giacomo Durando. In der spannungsreichen Lage jener Tage erschien dieser Akt der Päpstl. Regierung als Option des Papstes, die Führung der nationalistischen Bewegung zu übernehmen und das Unternehmen von Carlo Alberto zu legitimieren. Doch trotz der militärischen Operationen gegen die Österreicher im Raum Venedig hielt sich das päpstl. Kontingent zurück. Als sich Durando aus eigener Initiative den Kämpfenden anschloß, setzte Pius IX. seinen General ab und erklärte in der berühmten Ansprache im Konsistorium vom 29. April 1848 öffentlich, er habe nie die Absicht gehabt, „als Vater aller Katholiken – es sei denn, er werde provoziert – gegen irgend jemanden Krieg zu führen“.

Die verbreitete Unzufriedenheit und die eigentliche Krise, welche die Entscheidungen des Papstes in der Bewegung des *Risorgimento* hervorriefen, führten zum Sturz der Regierung Antonelli. Man wählte an seiner Stelle den volkstümlicheren Terenzio Mamiani della Rovere, der kurz darauf durch den schwachen Edoardo Fabbri abgelöst wurde. Ihm folgte bald Graf Pellegrino Rossi, ein tüchtiger Wirtschaftsfachmann und umsichtiger Politiker. Doch dieser versuchte vergebens, die Fäden zwischen Papsttum und Reformbewegung wieder anzuknüpfen. In einer Zeit der Enttäuschungen der Revolutionäre kam die mißliche wirtschaftliche Lage hinzu, die gekennzeichnet war durch eine hohe Inflationsrate und ein finanzielles Defizit. Die wachsende Feindseligkeit gegen die damalige Politik und die Verhärtung der Extremisten führten zur Ermordung des Pellegrino Rossi am 15. November 1848, zur Flucht des Papstes aus Rom und zur Ausrufung der Römischen Republik. Nach etwa anderthalb Jahren im Exil, das er in Gaeta unter dem Schutz des Königs von Neapel verbrachte, konnte Pius IX. mit Hilfe der Franzosen am 12. April 1850 nach Rom zurückkehren. Von der Bevölkerung mit großem Jubel aufgenommen, übernahm er wieder die Regierung seines Staates und erließ ein Reformedikt und eine Amnestieerklärung.

Die Zeit einer mehr scheinbaren als wirklichen Ruhe, die besonders durch die Präsenz fremder Truppen und deren Garantie der weltlichen Herrschaft des Papstes gefördert wurde, zog sich über etwa ein Jahrzehnt hin. Aber sobald die Österreicher die Romagna geräumt hatten, erhoben sich die Völkerschaften der nördlichen Provinzen des Kirchenstaates massiv gegen die päpstl. Regierung und beschlossen 1860 ihren Anschluß an Piemont. Ihnen folgten bald die Marken und Umbrien, nachdem das Päpstl. Heer unter dem Kommando des Generals Lamoricière bei *Castelfidardo* am 18. September 1860 eine schwere Niederlage durch die Piemontesen erlitt. Das Territorium unter der Souveränität des Papstes verminderte sich damit auf Latium, das durch die französische Garnison geschützt war. Als diese 1870 infolge des verheerenden französisch-preußischen Krieges in ihre Heimat zurückgerufen wurde, konnten die Truppen Viktor Emmanuels II. endlich das letzte Stück päpstl. Territoriums besetzen und am 20. September des gleichen Jahres in Rom einziehen, was das Ende des Kirchenstaates und auch das Ende der weltlichen Macht des Papstes bedeutete. So verschärfte sich damit die „Röm. Frage" um so mehr. Vergeblich versuchte man, sie von italienischer Seite durch das sogenannte „Garantiegesetz" vom 13. Mai 1871 zu lösen. Der Apost. Stuhl lehnte es als unzumutbar ab und verurteilte es als einseitig und unangemessen. Das Gesetz verhinderte dennoch den letzten Zusammenprall von kirchlicher und staatlicher Macht.

Nunmehr auf sein freiwilliges Exil im Vatikan beschränkt, widmete Pius IX. seinen ganzen Einsatz der Regierung der universalen Kirche. Sie hatte im Verlauf seines langen Pontifikates ein erstaunliches Wachstum. Seinem Eifer ist die Errichtung des Lateinischen Patriarchates in Jerusalem zuzuschreiben, die Errichtung von 29 Metropolitansitzen, die Gründung von 132 neuen bischöflichen Sitzen, von drei Nuntiaturen und ebensovielen Apost. Delegaturen; in den Missionsländern die Errichtung von 35 neuen Apost. Vikariaten und 15 Präfekturen, 1850 die Neuerrichtung der katholischen Hierarchie in England, wo eifrige Männer wie Newman, Manning und Wiseman tätig waren, 1853 auch in Holland nach Anerkennung der Religionsfreiheit, die dort durch ein Statut garantiert war. Er schützte ferner die Überlieferungen und Riten der orientalischen Kirchen und schuf für sie 1862 innerhalb der Kongr. *Propaganda Fide* (heute Kongr. für die Evangelisierung der Völker) eine selbständige Abteilung für die Behandlung sämtlicher Angelegenheiten der Orientalen. Er sorgte sich intensiv um eine angemessene geistliche und intellektuelle Vorbereitung und Ausbildung des Klerus, indem er überall in der Welt zahlreiche Seminare gründete. Besonders zu erwähnen ist hier das *Seminario Pio*, das er völlig auf seine Kosten in Rom errichten ließ.

Unter den Aktivitäten in der Wahrnehmung seines obersten Lehramtes dominierte bei Pius IX. die Abhaltung des Ersten Vatikanischen Konzils, das am 26. Juni 1868 mit der Konstitution *Aeterni Patris* einberufen und am 8. Dezember 1869 in der Petersbasilika eröffnet wurde. Es mußte im folgenden Jahre wegen der Besetzung Roms unterbrochen werden, hatte aber vorher den Rationalismus verurteilt und in einer feierlichen dogmatischen Erklärung mit der Konstitution *Pastor Aeternus* vom 18. Juli 1870 die Unfehlbarkeit des Papstes definiert. Sie lautet: „Wir erklären als Dogma, daß der Röm. Papst, wenn er *ex cathedra* spricht, in ihrer ganzen Fülle durch göttlichen Beistand, der ihm in der Person des hl. Petrus verheißen ist, sich jener Unfehlbarkeit erfreut, deren sich nach dem Willen des Göttlichen Erlösers die von ihm gegründete Kirche erfreuen sollte, wenn Punkte der Lehre erklärt werden, die Glauben und Sitten betreffen. Daher sind die Definitionen des Röm. Papstes zu diesen Problemen aus sich selbst heraus, nicht aber aufgrund der Zustimmung der Kirche unveränderlich".

Ein weiteres Verdienst Pius' IX. ist die Definition des Dogmas von der Unbefleckten Empfängnis der Jungfrau Maria, die in der Vatikanischen Basilika am Morgen des 8. Dezembers 1854 verkündet wurde. Als bleibende sichtbare Erinnerung daran „wollte der Papst, daß dieses großartige Ereignis in festlichen Malereien dargestellt würde, damit in Zukunft jeder es mit seinen Augen erblicken und ihr wahres Bild in seinem Geist lebendig machen könnte" (vgl. N. Del Re, *Gli affreschi di Francesco Podesti nella Sala dell'Immacolata in Vaticano*, in Pio IX, 17 (1988), S. 79–92). Von unleugbarer Wichtigkeit war auch die Veröffentlichung des „*Syllabus*", eines Katalogs der hauptsächlichen modernen Irrtümer (Rationalismus, Liberalismus, Pantheismus, Sozialismus, Kommunismus usw.), auch wenn Theologen über seinen Wert verschiedener Meinung sind. Er war der Enzyklika *Quanta cura* vom 8. Dezember 1864 beigefügt und faßte 80 vom Papst bereits in verschiedenen seiner apost. Briefe, Enzykliken und Konsistorialansprachen verurteilte Aussagen in zehn Paragraphen zusammen.

Man kann wohl sagen, daß der apost. Dienst bei Pius IX. immer im Vordergrund stand, auch in den Jahren seines hohen Alters und trotz der Krankheiten, die ihn belasteten. Er eiferte allzeit für das Wohl der Kirche und seiner katholischen Herde, die er bis zu seinem letzten Atemzug in seinen hohen Auftrag eingeschlossen hatte. Er starb am 7. Februar 1878, nachdem er einen Monat zuvor noch als letzten öffentlichen Akt seines über dreißigjährigen bewegten Pontifikats die kirchlichen Verdikte aufgehoben hatte, die noch über dem Haupt des sterbenden Königs von Italien, Viktor Emmanuel II. schwebten, der am 9. Januar des gleichen Jahres starb. Die sterblichen Überreste Pius' IX. wurden zunächst in den Vatikanischen Grotten beigesetzt und ruhen heute in der Krypta der Basilika *S. Lorenzo al Verano*, wohin sie in der Nacht des 13. Juli 1881 übertragen wurden. Es bestand nämlich die Gefahr, daß man ihn in die Fluten des Tibers warf, was auf der Engelsbrücke eine Rotte von Fanatikern vergeblich versuchte.

Groß als Papst und Souverän, erwies sich Pius IX. als noch größer in der Übung der christlichen und priesterlichen Tugenden. Er stand im Ruf der Heiligkeit und die Erhebung auf den Thron der Altäre wurde schon bei der *laudatio funebris* ausdrücklich von Msgr. Carlo Nocella in der Sixtinischen Kapelle am 17. Februar 1878 gewünscht. Dieser war Sekretär für die lateinischen Briefe und wurde später Kardinal. Der Text der Leichenrede wurde 1988 erneut veröffentlicht mit Einleitung und Bemerkungen von Msgr. Antonio Piolanti. Darin hieß es: „Gott hat dir gewährt, o glückliche Seele, aus dieser Welt zu scheiden als Sieger über die widrigen Zeiten; er hat dir die Anerkennung deiner Tugenden und das Beileid des ganzen Erdkreises geschenkt, und vielleicht wird er dir eines Tages auch die den Heiligen geschuldete Verherrlichung schenken". Der Seligsprechungsprozeß für Papst Mastai wurde am 11. Februar 1907 unter dem Pontifikat von Pius X. begonnen und von Pius XII. am 7. Dezember 1954 amtlich eingeführt. Er ging dann wie üblich voran und am 6. Juli 1985 veröffentlichte die „Kongr. für die Selig- und Heiligsprechungen" das Dekret über die heroischen Tugenden des Dieners Gottes Pius IX.

Jenseits aller Urteile für und wider den verehrungswürdigen Papst möge das nachdrückliche Lob durch seinen unmittelbaren Nachfolger Leo XIII. in der Ansprache gelten, die er am 13. Mai 1878 an die Kardinäle hielt. Darin sagte er unter anderem: „Dieser ausgezeichnete Führer der Herde der Katholiken kämpfte beständig ungebrochenen Geistes für Wahrheit und Gerechtigkeit. Mit seinen großen Mühen bei der Leitung der Christenheit erfüllte er in beispielhafter Weise seine Pflichten. Er machte nicht nur dem Apost. Stuhl Ehre mit dem Glanz seiner Tugenden, sondern er erfüllte zugleich die ganze Kirche derart mit Liebe und Bewunderung für ihn, daß er so, wie er alle röm. Päpste durch die Länge seines Pontifikates überragt, vielleicht auch mehr als alle anderen die erhabensten Zeugnisse öffentlicher Verbundenheit und Verehrung erhielt“ (*Atti di Leone XIII*, I, S. 37–38).

Bibl.: Positio super introductione causae beatificationis et canonizationis Servi Dei Pii IX, Rom 1954, mit Verz. seiner Schriften u. Anhang, ib., 1955; A. Serafini, *Pio Nono, I: Le vie della Provvidenza (1792–1846)*, Vatikanstadt 1958; E. E. Y. Hales, *Pio IX, studio critico sulla politica e sulla religione d'Europa nel secolo XIX*, Turin 1958; A. Canestri, *Pio IX, Marino 1964–67*; O. Alberti in *Bibliotheca Sanctorum* X (1968), Sp. 901–907; R. Aubert, *Il Pontificato di Pio IX (1846–1878)*, Turin 1970, mit Bibl.; C. Falconi, *Il giovane Mastai; il futuro Pio IX dall'infanzia a Senigallia alle Roma della restaurazione, 1792–1827*, Mailand 1981; G. Martina, *Pio IX*, Rom 1974–90; A. Polverari, *Vita di Pio IX*, Vatikanstadt 1986–88; L. Bogliolo, *Pio IX, Profilo spirituale*, ib., 1989; C. Snider, *Pio IX nella luce dei processi canonici*, ib., 1992; M. Brunetti, *Pio IX, Giudizio storico-teologico, Senigallia 1992 und* Zeitschrift *„Pio IX“*, Organ der Postulatur, gegr. u. gel. v. Msgr. A. Piolanti.

M. Di Sivo

Pius X.

Papst. Heiliger. Giuseppe Melchiore Sarto wurde in *Riese* (Treviso) am 2. Juni 1835 als Sohn von Giovanni Battista und der Margherita Sanson geboren. Mit 15 Jahren trat er ins Seminar zu Padua ein, wo er sich durch Frömmigkeit und Intelligenz auszeichnete. Am 18. September 1858 zum Priester geweiht, wurde er als Kaplan nach Tombolo bestimmt, wo er neun Jahre blieb. Hier erfuhr er Hochachtung und Zuneigung für sein Apostolat, das er mit bewundernswerter Tugend und Liebe durchführte. 1867 wurde er Pfarrer in *Salzano* und ging 1875 nach *Treviso*, denn er war zum Kanonikus an dieser Kathedrale ernannt worden und bekleidete hier auch die Aufgaben des Kanzlers der bischöflichen Kurie und die des geistlichen Direktors des Seminars.

Ende 1884 wurde er zum Bischof von Mantua erwählt, dessen schwierige Lage er durch kluges und beständiges apost. Wirken überwand, wobei ihn ausgezeichnete Gaben der Menschlichkeit und Liebe unterstützten. Besondere Sorge widmete er dem damals in Krise befindlichen diözesanen Seminar. Er förderte die Unterweisung in der christlichen Lehre, beschäftigte sich mit der Reform der Kirchenmusik, führte Pastoralbesuche in den Pfarreien durch und hielt die Diözesansynode ab.

Leo XIII., der ihn wegen seines pastoralen Eifers als einer der „liebenswürdigsten aller Bischöfe“ bezeichnete, machte ihn am 12. Juni 1893 zum Kardinal und beförderte ihn drei Tage später auf den Patriarchensitz von Venedig. Wegen der Verzögerung des *exequatur* der italienischen Regierung konnte er aber erst am 24. November 1894 seinen Einzug in Venedig halten, wo das Volk ihn triumphal empfing. In der Patriarchaldiözese des hl. Markus setzte er seine intensive pastorale Tätigkeit fort und versuchte vor allem durch Katechese das christliche Leben neu zu bestärken. Besondere Sorge widmete er dem Klerus und dem Seminar, an dem er die Fakultät für kanonisches Recht errichtete. Er setzte sich für die Förderung der theologischen und biblischen, aber auch der kirchengeschichtlichen und sozialökonomischen Studien ein. Er förderte die Verbreitung der katholischen Presse, sorgte für den würdigen Vollzug der religiösen Riten und des Kirchengesangs. Er stützte den Aufbau einer bürgerlichen Verwaltung in einer Koalition von Katholiken und gemäßigten Liberalen. Er war schließlich aufgeschlossen für wirtschaftlich-soziale Werke.

Als Leo XIII. am 31. Juli 1903 gestorben war, versammelten sich 62 Kardinäle zum Konklave, das in zwei Strömungen gespalten war.

Die eine wollte die Politik weiterführen, die der verstorbene Papst verfolgt hatte, während die andere sich mehr für eine innerkirchliche Politik einsetzte. Kandidat der ersten Gruppe war Kardinal Mariano Rampolla del Tindaro, der Staatssekretär Leos XIII. Weil sich auf ihn die Mehrheit der Stimmberechtigten zu einigen schien, sprach am 2. August der Kardinal Jan Puzyna im Namen des Kaisers Franz Josef von Österreich sein Veto gegen die nicht genehme Kandidatur aus. Inzwischen hatten die Stimmen für Sarto bereits eine erhebliche Zahl erreicht und sie vermehrten sich weiter. Trotz der Versuche zum Widerstand und seiner persönlichen Erklärungen, er sei unwürdig und unfähig, wurde er am 4. August 1903 zum Papst gewählt und nahm den Namen Pius X. an.

Sein Pontifikat war eminent religiös und pastoral ausgerichtet, wie es klar in dem von ihm ausgesuchten Wahlspruch „Alles in Christus erneuern" zum Ausdruck kam, den er in seiner Enzyklika *E supremi apostolatus cathedra* vom 4. Oktober 1903 aussprach. Dort wollte er zugleich die vorwiegenden Ziele seines Pontifikates aufzeigen, indem er die grundlegende Wichtigkeit der Ausbildung des Klerus betonte.

Übereinstimmend mit den Reformbestrebungen, daß „Christus alles in allen sei", und im ständigen Verlangen, einen frommen Klerus zu bekommen, ergriff er Initiativen zur Erneuerung der Seminare, für die er eine strengere Ordnung der Studien mit gut vorbereiteten Professoren vorsah. Zugleich sollte eine Erziehungsmethode gelten, die sie zu brauchbaren Meistern für die Ausbildung der für das Priestertum bestimmten Jugendlichen machte. Er führte die Regionalseminare ein und erließ strenge Weisungen für die Erteilung der Weihen. Die Enzyklika *„Pieni l'animo"* vom 28. Juli 1906 und das Mahnschreiben *Haerent animo* vom folgenden 4. August behandelten die Themen der Disziplin und der Heiligkeit des Klerus und bekräftigten erneut das, was ihm selbst am Herzen lag. Beim pastoralen Dienst Pius' X. dominiert seine besondere Sorge für die Verbreitung der Katechese, der er im Verlauf seines Pontifikates 21 Dokumente widmete. Am 15. April 1905 veröffentlichte er die Enzyklika *Acerbo nimis*, in der Verfügungen zum Religionsunterricht der Kinder und Erwachsenen erlassen werden. 1912 ließ er den „Katechismus der katholischen Lehre" veröffentlichen. Papst Sarto wird auch als „Papst der Eucharistie" bezeichnet. Mit den Dekreten *Tridentina Synodus* vom 20. Dezember 1907 und *Quam singulari Christus amore* vom 28. August 1910 förderte er die Praxis der häufigen Kommunion und verfügte, daß die Erstkommunion auf das Jahr des ersten vernunftmäßigen Erkennens dieses Sakraments vorverlegt werde. Mit dem Motu Proprio *Inter pastoralis officii sollicitudines* vom 22. November 1903 sorgte er für die Reform der Kirchenmusik, in der man vor allem in der Liturgiefeier zum gregorianischen Gesang zurückkehrte. Großes Verdienst kommt Pius X. für die Codifizierung des Kirchenrechts zu, die er für notwendig hielt. Er wollte, daß die in den Dekretalien verstreuten Normen in einem einzigen Text vereinigt würden und ernannte am 19. März 1904 mit dem Motu Proprio *Arduum sane munus* eine „Komm. für das Studium und die Ausarbeitung des Codex des Kirchenrechts", der erst am 27. Mai 1917 durch Benedikt XV. veröffentlicht wurde. Dieser erkannte als dessen Urheber aber immer seinen Vorgänger an, und Pius XII. bezeichnete den Codex als „Hauptwerk des Pontifikates Pius' X.".

Einige wichtige Neuerungen im Kirchenrecht wurden allerdings schon im Verlauf seiner Regierungszeit in Kraft gesetzt. Die Konstitution *Provida* vom 18. Januar 1906 behandelt die Gültigkeit der Mischehen, das Dekret vom 2. August 1907 *Ne temere* der Konzilskongr. die

Gültigkeit der Verlobungen und die Normen für die Feier der Eheschließung. Am 3. Dezember 1909 wurden die Dekrete veröffentlicht, mit denen die Normen für die periodischen Berichte über den Zustand ihrer Diözesen, die die Bischöfe dem Hl. Stuhl einzusenden gehalten waren, sowie die Besuche *ad limina* festgelegt wurden. Am 20. Januar 1904 hatte der Papst die Konstitution *Commissum nobis* erlassen, durch die jeder mit der Exkommunikation bedroht wurde, der sich in einem Konklave des Vetos *„exclusiva“* schuldig macht. Mit der Konstitution *Vacante Sede Apostolica* vom 25. Dezember 1904 dagegen wurde der Ablauf des Konklaves geregelt.

Mit der Konstitution *Sapienti consilio* vom 29. Juni 1908 setzte er die Reform der Röm. Kurie in Kraft, womit die Zahl der Kongregationen vermindert und ihre Zuständigkeiten neu umschrieben wurden. Er erweiterte die Vollmachten des Staatssekretariates. Da er von der Wichtigkeit der biblischen Studien überzeugt war, vertraute er 1907 den Benediktinern die Revision der *Vulgata* an und gründete am 7. Mai 1909 in Rom das Bibelinstitut. Am 1. November führte er die Reform des Breviers ein. Äußerst entschlossen war Pius X. im Schutz und in der Bewahrung der katholischen Lehre vor den modernen Irrtümern. Am 8. September 1907 veröffentlichte er die Enzyklika *Pascendi Dominici gregis*, in der er den Modernismus verurteilte, den er für „eine Synthese sämtlicher Häresien“ hielt. Es ging um eine rationalistische Strömung innerhalb der Theologie, die zu Beginn des 20. Jh. in Frankreich aufkam und sich in England und Italien verbreitete. Die Enzyklika weckte heftigen Widerstand und führte zu einem Kampf, der sich über mehrere Jahre hinzog. Die modernistischen Theorien hatten sich auch unter dem Klerus verbreitet. Der Papst verfügte daher am 1. September 1910, es müsse von allen Kandidaten für die Priesterweihe, von allen Seelsorgern und allen mit einer Lehrtätigkeit in Seminaren betrauten Personen ein „Antimodernisteneid“ geleistet werden.

Ein Trost für den Papst war die Lage der katholischen Kirche in den angelsächsischen Ländern Europas und Amerikas, wo die Freiheitsgarantien ihr größeren Einfluß einräumten und die Errichtung von neuen Diözesen möglich machten. Pius X., der sich an die Spitze seines Apostolates die Nächstenliebe des Evangeliums gestellt hatte, empfand in der letzten Zeit seiner schwierigen Regierung viel Bitterkeit. Er sah die schreckliche Gewalt beim Ausbruch des Ersten Weltkriegs voraus, dessen Verhinderung er vergeblich zu beschwören suchte. Am 2. August 1914 richtete er einen Apost. Brief an alle Katholiken der Welt und sprach darin seine Trauer und seine Abscheu vor der schrecklichen Tragödie eines Krieges aus. Er ermunterte sie zum Gebet und mahnte, in Christus den Friedensfürst anzuerkennen. Pius X. starb am 20. August 1914. Seine sterblichen Überreste ruhen in den Grotten der Petersbasilika, wo ihm 1923 auch ein Marmordenkmal errichtet wurde – ein Werk des Bildhauers Pier Enrico Astorri und des Architekten Florestano Di Fausto. Die Demut, Liebe und das unermüdliche pastorale Wirken, die schon am Anfang seines priesterlichen Dienstes hervortraten, verbreiteten schon zu Lebzeiten seinen Ruf der Heiligkeit. Pius XII. sprach ihn am 3. Juni 1951 selig und am 29. Mai 1954 heilig.

Bibl.: N. Vian, in *Bibliotheca Sanctorum*, X (1968), Sp. 907–919 mit Bibl.; D. Agasso, *L'ultimo papa santo: Pio X*, Turin 1985; M. Fontbel, *Fioretti de Pie X*, Paris 1986; *Pio X. Un papa e il suo tempo*. Von G. Romanato, Cinisello Balsamo 1987; G. Romanato, *Pio X. Per una storia della catechesi in Italia (1886–1916),* Rom 1988; V. Cárcel Orti, *San Pio X, los jesuitas y los integristas españoles*, in *Archivum historiae pontificiae*, 27 (1989) S. 249–355.

U. Penteriani

Pius XI.
Papst. Geboren in *Desio* (Mailand) am 31. Mai 1857 als Sohn von Francesco und Teresa Galli, studierte Achille Ratti zunächst in Monza und Mailand und begab sich dann an das Lombardische Seminar in Rom, wo er am 20. Dezember 1879 die Priesterweihe empfing. 1881 erwarb er das Doktorat in kanonischem Recht, 1882 auch in Philosophie und Theologie. Er lehrte einige Zeit am Großen Seminar in Mailand, bis er 1888 als Doktor der Ambrosianischen Bibliothek zugelassen wurde. 1907 machte man ihn zu deren Präfekt. Er war ein leidenschaftlicher und kühner Bergsteiger, was Überraschung und Bewunderung weckte. 1911 wurde er Vizepräfekt der Vatikanischen Bibliothek, dann Präfekt von 1914 bis 1918, als Benedikt XV. ihn als Apost. Visitator nach Polen sandte. Im folgenden Jahr erhob er ihn zum Nuntius und weihte ihn zum Titularerzbischof von Lepanto. Während seiner Zeit in Polen leistete er intensive Arbeit für die Wiederaufrichtung der Bischofssitze und für die Regelung der Beziehungen zwischen Kirche und Staat, was er mit einem Konkordat abschließen konnte. Er gab ferner den kirchlichen Studien Auftrieb. 1921 wurde er Kardinal und zum Erzbischof von Mailand ernannt. Doch er regierte diesen Sitz nur sieben Monate, denn am 6. Februar 1922 bestieg er den päpstl. Thron mit dem Namen Pius XI. Der Segen *„Urbi et Orbi“*, den er von der äußeren Loggia von St. Peter erteilte, was seit 1870 nicht mehr geschehen war, führte zu unterschiedlichen Deutungen und wurde von nicht wenigen mit der „Römischen Frage“ verbunden, die immer noch aktuell war.

In seiner ersten Enzyklika *Ubi arcano* vom 23. Dezember 1922 entwarf er das Programm seines Pontifikates, das im Motto *Pax Christi in regno Christi* zum Ausdruck kommt. Um Glaube und geistliches Leben zu verlebendigen, kündete er drei „Heilige Jahre“ an, das gewöhnliche von 1925, das außergewöhnliche von 1929 bei Gelegenheit der 50 Jahre seines Priestertums und eines *extra ordinem* 1933 zur Erinnerung an die 1900. Wiederkehr des Jahres der göttlichen Erlösung. Die Hauptpunkte seines Lehramtes sind in seinen verschiedenen Enzykliken entfaltet, unter denen an erster Stelle *Casti connubii* vom 31. Dezember 1930 über die christliche Ehe zu nennen ist; dann *Quadragesimo anno*, die am 15. Mai 1931 zum 40. Jahrestag der Veröffentlichung der Enzyklika *Rerum novarum* Leos XIII. promulgiert wurde. Darin greift der Papst die sozialen Probleme der Zeit auf, setzt sich für eine ausgewogene Verteilung des wirtschaftlichen Einkommens ein, verurteilt den Marxismus, kritisiert aber auch den Kapitalismus. Pius XI. lag besonders die Verbreitung des katholischen Glaubens in den Missionsländern am Herzen. Hier ergriff er Initiativen, die ihm den Titel „Missionspapst“ eintrugen. 1926 erließ er die Enzyklika *Rerum Ecclesiae* und betonte darin die missionarischen Pflichten, die Klerus und Gläubige erfüllen müssen. In Rom ließ er das großartige Gebäude für die Urbaniana-Universität und des Kollegs der Kongr. für die Glaubensverbreitung errichten. Er wollte einen einheimischen Episkopat und weihte persönlich Priester aus Missionsländern zu Bischöfen.

Im Lateran errichtete er das Ethnologische Missionsmuseum. Pius XI. richtete seine Sorge auf die unierten wie die nichtunierten Orientalischen Kirchen, wie aus von ihm getroffenen Entscheidungen und aus Dokumenten wie der Enzyklika *Ecclesiam Dei* vom 12. November 1923 und *Rerum orientalium* vom 8. September 1928 hervorgeht. Er gründete am 15. August 1929 das *Russicum* und setzte am 2. Dezember 1929 die „Komm. für die Codifizierung des orientalischen Kirchenrechts“ ein. Großen Wert legte er auf die geistliche und kulturelle Ausbildung des Klerus und ließ dazu zahlreiche regionale Seminare errichten. In den Rahmen seiner Aufrufe zu christlicher Spiritualität gehören die verschiedenen Heilig- und Seligsprechungen, die er vornahm, darunter die des Jesuitenkardinals Robert Bellarmin, des Gründers der *Pia Società Salesiana* Don Giovanni Bosco, des Reformators Petrus Canisius, des Theologen Albertus Magnus, des Pfarrers von Ars, Johannes Maria Vianney, der beiden englischen Martyrer Thomas Morus und John Fisher, der Karmelitin Theresa von Jesus.

Pius XI. widmete sich mit großem Einsatz und unermüdlicher Festigkeit den inneren Angelegenheiten der Kirche. Doch war sein Pontifikat nicht weniger aufmerksam für die internationalen Probleme. Er hatte den Stuhl des hl. Petrus in der verworrenen Nachkriegszeit bestiegen, einer dramatischen Zeit voll politischer und sozialer Gegensätze, schwerer Wirren und internationaler Verwicklungen. Der Papst glaubte eingreifen zu müssen, um dem Frieden zu dienen. Er verstärkte deshalb die Beziehungen zu den staatlichen Mächten in dem Versuch, ein Klima guter Zusammenarbeit zu schaffen. Dies diente zugleich seinen Absichten, sein Lehrapostolat zu unterstützen, eine neue Entwicklung der Evangelisierung zu fördern, die Moral aufzubauen und die Schwierigkeiten zu beseitigen, die die Stellung der Kirche in den verschiedenen Ländern hätte erschweren können, endlich die freie Religionsausübung zu schützen.

In den internationalen Beziehungen zu den Staaten griff er vor allem auf das Konkordatssystem zurück, das rechtliche Garantien bot, weil es ja um zweiseitige Abmachungen ging. Unter seiner Regierung wurden zahlreiche Konkordate abgeschlossen. Die Beziehungen zu Italien waren intensiv. Auch die „Röm. Frage", die seit dem *Risorgimento* offen geblieben war, wurde gelöst. Die Versöhnung zwischen Italien und dem Hl. Stuhl gelang mit der Unterzeichnung der Lateranverträge am 11. Februar 1929, die aus drei Dokumenten bestanden: der Abmachung, in der die Bildung des neuen Staates der Vatikanstadt anerkannt wurde; dem Konkordat, das die Beziehungen zwischen Kirche und Staat in Italien regelte; endlich einem Finanzvertrag. Kaum zwei Monate nach Unterzeichnung der Verträge kam es zu heftigen Gegensätzen, zumal was die Erziehung der Jugendlichen, die Tätigkeit der Katholischen Aktion und die katholischen Jugendverbände anging. Die nachdrückliche Reaktion des Papstes ist zusammengefaßt in der Enzyklika *Non abbiamo bisogno* vom 29. Juni 1929, in der er harte Worte gegen die Doktrin des Faschismus fand, den er als heidnische Vergötzung des Staates bezeichnete. Der Konflikt wurde mit einer am 2. September 1931 unterzeichneten Abmachung gelöst.

Das Konkordat mit dem nationalsozialistischen Deutschland (20. Juli 1933) wurde von diesem systematisch und in schwerer Weise gebrochen. Über wiederholte heftige Proteste hinaus veröffentlichte der Papst am 14. März 1937 die Enzyklika *Mit brennender Sorge*, in der er die antichristlichen Theorien verurteilte, aber auch die Rassendiskriminierung, die Christen- und Judenverfolgungen und die grausamen Methoden, die das Reich Hitlers anwandte. Die Beziehungen zu Frankreich waren im ganzen gut. In der Enzyklika *Maximum gravissimumque* vom 18. Januar 1924 gab der Papst seine Zustimmung zur Gesetzgebung, welche die Trennung von Staat und Kirche festlegte. Es gab auch Streitigkeiten: so bei der Stellungnahme zu den deutschen Reparationen 1923, im Bezug auf die evtl. bevorstehende Aufhebung der französischen Botschaft beim Hl. Stuhl in Rom, die von der Regierung Herriot 1925 ins Auge gefaßt war und als Pius XI. die *Action Française* 1926 verurteilte. Viel zu leiden hatte der Papst wegen der Quälereien und Verfolgungen der Katholiken in Rußland und Mexiko. Er protestierte nachdrücklich gegen die äußerst schweren Verletzungen der menschlichen und religiösen Rechte und sprach seinen Unmut über die brutalen Eingriffe gegen die Kirche durch atheistische und dem Heidentum nahestehende Regime aus. Als ein Mann von hoher Bildung auf geschichtlichem und humanistischem Gebiet liebte Pius XI. die Studien und ermunterte als erleuchteter Mäzen jene, die sie fachkundig und mit Eifer pflegten.

Erheblichen Umfang hatten seine wissenschaftlichen Arbeiten, die aus kritischen Ausgaben, Monographien, Artikeln und Rezensionen bestanden. Als Papst übernahm und unterstützte er zahlreiche kulturelle Initiativen. In Ausführung seiner Weisungen entstanden neue Universitäten und Institute. Zur Ordnung ihrer Studien erließ er am 24. Mai 1931 die Konstitution *Deus scientiarum Dominus*. 1924 setzte er die „Päpstl. Komm. für die religiöse Kunst in Italien“ ein. 1927 gründete er das „Päpstl. Institut für christliche Archäologie“, dem er die Betreuung der Katakomben übertrug. Für die Päpstl. Universität *Gregoriana* ließ er ein neues repräsentatives Gebäude errichten, in dem auch die neue Fakultät für Kirchengeschichte und der Lehrstuhl für Missionswissenschaft ihren Platz haben sollten. Er erweiterte und bereicherte die Vatikanische Bibliothek (→) mit neuen Werken und richtete bei ihr 1934 die Schule für Bibliothekswissenschaften ein zur Ausbildung der Bibliothekare. Er ließ die neue Vatikanische Pinakothek (→) bauen, die er mit einer wichtigen Ansprache eröffnete. Aufgeschlossen für die wissenschaftlichen Forschungen und die Fortschritte der Technik, ließ er den Rundfunksender Radio Vatikan (→) der Vatikanstadt errichten und weihte ihn am 12. Februar 1931 ein. Er reformierte mit neuen Statuten die Päpstl. Akademie *dei Nuovi Lincei*, die zur Akademie der Wissenschaften (→) wurde und sorgte für die Struktur des neuen „Staates der Vatikanstadt“(→). Pius XI. zählt zu den großen Päpsten, die dem Papsttum Ehre erwiesen haben. Begabt mit scharfer Intelligenz und starkem Temperament, reich auch an profundem Wissen, war er ein Priester und Hirt von großer Spiritualität, die ständig in erstaunlichem Eifer und fruchtbarem Wirken in seinem hohen Lehr- und Hirtenamt hervortrat. Er starb am 10. Februar 1939 und wurde in den Vatikanischen Grotten beigesetzt.

Bibl.: N. Malvezzi de Medici, *Pio XI nei suoi scritti*, Mailand 1923; G. Galbiati, *Pio XI*, Mailand 1939, mit Bibl.; R. Anderson, *Between two wars: the story of pope Pius XI (Achille Ratti), 1922–1939*, Chicago 1977; J. Manzanares, *Las Conferencias episcopales en tiempo de Pio XI*, in *Revista española de derecho canónico*, 36 (1980), S. 5–56; V. Cusumano/A. Modesti, *Pio XI nella medaglia (1922–1939)*, Rom, 1987; L. D'Orazi, *Il coraggio della verità. Vita di Pio XI*, Rom 1989; G. Bianchi, *Il Pontificato di Pio XI a cinquant'anni di distanza*, Mailand 1991.

U. Penteriani

Pius XII.

Papst. Als Sohn des Filippo und der Virginia Graziosi wurde Eugenio Pacelli am 2. März 1876 in Rom geboren. Er erwarb das Doktorat in Theologie und in beiden Rechten. Nach seiner Priesterweihe am 2. August 1899 schlug er die kirchliche Laufbahn ein. Er wurde Mitarbeiter in der „Kongr. für die außergewöhnlichen Angelegenheiten der Kirche“ und 1914 deren Sekretär. Dort blieb er bis 1917, als er zum Apost. Nuntius in Bayern ernannt wurde. Zugleich wurde er zum Titularerzbischof von Sardi geweiht. 1925 Nuntius in Berlin geworden, wurde er am 16. Dezember 1929 von Pius XI. zum Kardinal erhoben, der ihn am 7. Februar 1930 zum Staatssekretär und 1935 zum *Camerlengo* der Heiligen Röm. Kirche ernannte, Funktionen, die er bis zu seiner Besteigung des päpstl. Thrones am 2. März 1939 ausfüllte. Er wurde als Nachfolger Pius' XI. zum Papst gewählt und nahm aus Respekt zu seinem Vorgänger den Namen Pius XII. an. Da der Ausbruch des Zweiten Weltkriegs unmittelbar bevorstand, begann der Papst eine intensive diplomatische Tätigkeit, um den Frieden zu erhalten und den Krieg zu verhindern, was leider vergeblich war. Während des Krieges setzte er sich unermüdlich für eine Eingrenzung der Kampfhandlungen ein und zeigte von den ersten Dokumenten seines Pontifikates an Wege auf, wie ein echter und dauerhafter Friede zu erreichen sei. Da Italien beim Ausbruch des Konflikts seine Neutralität erklärt hatte, ergriff er verschiedene Initiativen, um dieses Land aus dem Krieg herauszuhalten. Am 28. Dezember 1939 begab er sich in den Quirinal zu Viktor Emmanuel III., um einen Besuch des Souverän zu erwidern. Er sandte Mussolini am 24. April 1940 einen handgeschriebenen Brief, um ihn zu beschwören, „seinem Land eine so große Katastrophe zu ersparen". Eine besondere, wenn auch leidvolle Aufmerksamkeit, widmete Pius XII. dem nationalsozialistischen Deutschland, das atheistische und rassistische Wege beschritt. Doch litten die Beziehungen zwischen Deutschland und dem Hl. Stuhl unter den systematischen Verfolgungen der Kirche und der Regimegegner.

Angesichts der Ablehnung jeder Friedensinitiative hielt es der Papst für eine Pflicht des Hl. Stuhls, die moralische und materielle Hilfe zu leisten und jenen Bevölkerungskreisen zu helfen, die unter dem Krieg zu leiden hatten, wobei er keinerlei Unterschied in der Religion, der rassischen oder nationalen Zugehörigkeit der Opfer machte. Schon seit 1939 hatte man im Vatikan ein Informationsbüro aufgebaut, das die Namen von Kriegsgefangenen oder Vermißten sammelte und in Verbindung mit den Apost. Nuntiaturen zahlreiche entsprechende Anfragen beantwortete. Die Päpstl. Komm. für Hilfeleistungen arbeitete aktiv darauf hin, Familien und Einzelpersonen, die in Not waren, spürbar zu helfen. Der Papst tat außerdem alles, um das Leben der politisch und rassisch Verfolgten zu retten. Die röm. Konvente und Kollegien, die das Privileg der Extraterritorialität genossen, verwandelten sich in geheime Unterkünfte für Juden und politisch Verfolgte. Allein in kirchlichen Instituten Roms wurden 5.000 Juden beherbergt, die sonst in den deutschen Konzentrationslagern umgekommen wären. Pius XII. war auch darum besorgt, Rom vor Luftangriffen zu schützen. Trotz seiner nachdrücklichen Appelle, Rom zur „offenen Stadt" zu erklären, erlitt die Stadt am 19. Juli 1943 den ersten Luftangriff durch die Alliierten. Der Papst begab sich sofort in die zerstörten Stadtteile bei *S. Lorenzo*, um unter der leidenden Bevölkerung zu sein. Doch Rom erlitt noch einen weiteren alliierten Luftangriff am 13. August, und der Papst eilte erneut in die betroffene Zone, um der von Angst erfaßten Menge Trost zu spenden. In einer Protestnote an die englische und nordamerikanische Regierung sprach er sein tiefstes Bedauern aus. Als die alliierten Truppen sich auf ihrem Vormarsch Rom näherten, lehnte er den Vorschlag der deutschen Besatzer ab, die gefährdete Stadt zu verlassen. Vielmehr setzte er sich durch diplomatische Maßnahmen energisch dafür ein, Rom nicht zum Kriegsschauplatz werden zu lassen, zumal die Stadt voll von Evakuierten, politisch Verfolgten und Flüchtlingen war. Als am 5. Juni 1944 die alliierten Truppen Rom befreiten, strömte eine große Menschenmenge auf den Petersplatz, um Pius XII. ihre Dankbarkeit auszusprechen. Viel Beifall spendeten sie der überragenden Gestalt des Papstes und erkannten ihm den Titel *Defensor civitatis*, Retter der Stadt, zu. Nach dem Ende des Zweiten

Weltkrieges ergab sich das schwere Problem des materiellen und geistigen Wiederaufbaus. Auf Initiative des Papstes unterstützte die Päpstl. Komm. für Hilfeleistungen weiter die leidenden Menschen in Italien und im Ausland. Lebensmittelhilfe und Unterstützung erhielten auch Deutschland und China.

Um die Kirche als Universalkirche wirken zu lassen, ernannte Pius XII. am 18. Februar 1946 32 neue Kardinäle aus allen Teilen der Welt. Einer ähnlichen Zielsetzung diente auch die zweite und letzte Ernennung von 23 Kardinälen am 23. Januar 1953. Gegenüber dem Kommunismus nahm der Pacelli-Papst eine entschiedene Haltung ein, da er ihn für eine schwere Gefahr hielt und seine Ausbreitung sowohl voraussah wie fürchtete.

Als der Konflikt beendet war, bestätigten die brutalen Verfolgungen, die gegen die Kirche und ihre Institutionen in der Sowjetunion, in China und den osteuropäischen Ländern entfesselt wurden, seine Befürchtungen. Dazu kam die Bildung von starken kommunistischen Parteien in Ländern wie Frankreich und Italien. Der Papst bekräftigte seine Entschlossenheit, sich in einem hartnäckigen Kampf für die Restriktion dieser Ideologie einzusetzen, die auf dem marxistischen Atheismus beruhte. Von seiner Pflicht überzeugt, diese Ideologie bekämpfen zu müssen, griff er das Thema mehrfach auf. Mit Berufung auf die Soziallehre der Kirche schlug er Maßnahmen vor, um die sozialen Konflikte zu überwinden. In den wirtschaftlich starken Staaten rief er zur Öffnung und zu Initiativen zugunsten der unterentwickelten Länder auf, die für die Verbreitung des Kommunismus ein fruchtbares Terrain boten. Ferner wurden den Bischöfen und dem Klerus Weisungen erteilt, die Gläubigen an ihre Pflicht zur Wahl von Kandidaten zu erinnern, die die Achtung des katholischen Glaubens garantierten.

Intensiv und bedeutsam war das Lehramt Pius' XII. Seine Biographen bestätigen, daß es kein religiöses Thema gibt, das er in seinen Ansprachen und Schreiben nicht aufgegriffen hätte. Die Enzyklika *Mystici corporis* vom 29. Januar 1943 behandelte das Wesen der Kirche als mystischer Leib Christi und die geheimnisvolle Verbindung zwischen Christus und den Gläubigen. Mit der Enzyklika *Divino afflante spiritu*, die am 30. September 1943 herauskam und den Stand der biblischen Studien betraf, wandte er sich an die modernen katholischen Exegeten und sprach über die modernen wissenschaftlichen Methoden und die Aufmerksamkeit, die vor allem dem theologischen Lehrgehalt zu widmen ist. Die Enzyklika *Mediator Dei* vom 20. November 1947 betraf die liturgische Bewegung, während *Haurietis aquas* vom 15. Mai 1956 die Beziehungen zwischen Christologie und Herz-Jesu-Verehrung behandelte. Pius XII. lag besonders die Marienverehrung am Herzen: Am 31. Oktober 1942 weihte er die Menschheit dem Unbefleckten Herzen Mariens und legte das religiöse Fest auf den 22. August fest. Für 1954 kündete er ein Marianisches Jahr an, um feierlich an das Hundertjahrjubiläum des Dogmas von der Unbefleckten Empfängnis zu erinnern. Am 11. Oktober 1954 setzte er das Fest Maria Königin ein, und mit der Enzyklika *Munificentissimus Deus* verkündete er am 1. November 1950 feierlich und *ex cathedra* das Dogma von der leiblichen Aufnahme Mariens in den Himmel.

Pius XII. ergriff wichtige kulturelle Initiativen. Hohen Wert hatte in seinen Augen die Päpstl. Akademie der Wissenschaften. Er ordnete die Grabungen unter dem Altar der *Confessio* in St. Peter an, die zur vermuteten Auffindung des ursprünglichen Grabes des Apostelfürsten führten. Er förderte die Übersetzung der Psalmen aus den Urtexten. Auf pastoralem Gebiet gestattete er u.a. die Feier der Abendmesse und stellte den Ritus der Feier der Ostervigil wieder her. Zu den denkwürdigen Ereignissen des Pontifikates des Pacelli-Papstes gehören die zahlreichen Heilig- und Seligsprechungen. Zu den neuen Heiligen zählten Pius X. und Maria Goretti. 1939 wurden der hl. Franziskus von Assisi und die hl. Katharina von Siena zu Patronen Italiens erklärt. Der Papst beschäftigte sich weiter mit der sozialen Frage. Obwohl er dazu keine eigene Enzyklika erlassen hat, legte er doch die katholische Soziallehre auf der von seinen Vorgängern aufgezeigten Linie in vielen Ansprachen dar und erfüllte so die Pflicht der Kirche, sich zu den Problemen des menschlichen Zusammenlebens sowie der Welt der Arbeit zu äußern. Unter dem Pontifikat Pius' XII. wurde die diplomatische Aktivität des Hl. Stuhles erheblich ausgeweitet, z. B. durch die Errichtung von Internuntiaturen und Apost. Delegaturen bei Staaten, mit denen keine diplomatischen Beziehungen bestanden. Pius XII. starb in Castelgandolfo am 9. Oktober 1958 und ist in den Vatikanischen Grotten beigesetzt. Sein Hinscheiden weckte in der ganzen Welt tiefe Bestürzung. Staatsmänner und Persönlichkeiten aus verschiedenen Bereichen der Kultur und Politik sprachen die Überzeugung aus, es sei ein großer Vorkämpfer in der Geschichte der Kirche dahingegangen. Doch das weithin positive Urteil über das Pontifikat von *Papa Pacelli* wurde in Zweifel gezogen, als der deutsche Schriftsteller Rolf Hochhuth 1963 das Drama „Der Stellvertreter" schrieb, in dem er ihn des schuldhaften Schweigens angesichts des Völkermords an den Juden während des Krieges anklagte. Es handelte sich um eine scharfe Provokation, die in einigen Kreisen mißverstanden wurde und zu leidenschaftlichen Auseinandersetzungen führte. Die Tatsachen haben aber bewiesen, daß der Papst sich unermüdlich für die Hilfe an den Leidenden, Bedürftigen und Verfolgten eingesetzt hat. Er hat eine große Zahl von Juden gerettet, zog es aber vor, seine Aktionen vorsichtig durchzuführen und sich diplomatischer Wege zu bedienen, um Verhärtungen und voraussehbare negative Reaktionen zu vermeiden. Auf die ungerechten Anklagen von Hochhuth kann man mit dem protestantischen englischen Historiker Owen Chadwich von der Universität Cambridge antworten, der in seinem Buch *Britain and the Vatican during the Second World War* schrieb: „Die Vorwürfe sind absurd und verwerflich. Ein Papst, der in dieser Stunde aufgeschrien hätte, wäre absolut unverantwortlich gewesen". Doch beweisen die tatsächlichen Verdienste Pius' XII., die Hingabe an die Kirche, die bedeutenden lehramtlichen Äußerungen und die tatkräftige christliche Liebe, seine moralische und religiöse Persönlichkeit und zollen ihm die geschuldete Gerechtigkeit.

Bibl.: B. Tapia de Renedo, *Pio XII, inocente o culpable? Confrontación de documentos secretos*, Madrid 1972; *Pius XII. zum Gedächtnis*, Hrsg. H. Schambeck, Berlin 1977; L. Villa, *Pio XII, papa calunniato e scomodo*, Brescia 1979; P. Palazzini, *Il magistero etico di Pio XII,* in *Palestra del clero*, 58 (1979), S. 1028–46; K. von Bayern, *Pius XII. Ein Lebensbild*, Stein am Rhein 1980; L. Papeleux, *Les silences de Pie XII,* Brüssel 1980; *Pio XII*, von A. Riccardi, Bari 1984; L. D'Orazi, *Pio XII, Eugenio Pacelli; attualità di un papa inattuale*, Bologna 1984; *Pio XII. In memoriam*, Rom 1984; P. Molinari, in *Bibliotheca Sanctorum*, I., Sp. 1052–63, mit Bibl.; C. Redaelli, *Perennità d'un Pontificato, vita di Pio XII*, Rom 1988.

U. Penteriani

PLENARIA

So heißt die Versammlung aller Mitglieder, in der Regel Kardinäle und Bischöfe, der einzelnen Dikasterien der Röm. Kurie (→). Sie wird auch *Congregazione plenaria* oder *Sessione plenaria* genannt, wie es sich aus Art. 11 der Konstitution Johannes Pauls II. *Pastor Bonus* vom 28. Juni 1988 (AAS, LXXX [1988], S. 841–930) ergibt. Früher trat sie nur einmal im Jahr zusammen, jetzt aber können die Versammlungen je nach Bedarf einberufen werden. Der Termin muß mit dem Staatssekretariat gemäß Art. 96 des neuen „*Regolamento generale della Curia Romana*" vom 4. Februar 1992 (AAS, LXXXIV [1992] 201–253) abgestimmt werden. In diesen Vollversammlungen der Kuriendikasterien werden wichtige Fragen behandelt, die sich aus der allgemeinen Aufgabenstellung ergeben, oder die die jeweiligen Präfekten oder Präsidenten für diskussionswürdig halten (Art. 97). Auf einer *Plenaria*, die unter dem Vorsitz des Leiters des Dikasteriums (Kardinalpräfekt oder Erzbischof-Präsident) steht, ergreift als erster der Berichterstatter das Wort. Ihm folgen die übrigen Mitglieder nach ihrer Rang- oder nach einer anderen vorher abgesprochenen Reihenfolge (Art. 99). Vom Untersekretär des Dikasteriums wird ein entsprechendes Protokoll angefertigt. Er sorgt auch für die Aufzeichnung der Vorschläge und Beschlüsse, um dann einen genauen und ins Einzelne gehenden Bericht abzufassen. Diesen hat dann der Leiter des Dikasteriums oder sein Vertreter dem Papst vorzulegen. Dessen Entscheidungen werden den einzelnen Mitgliedern des Dikasteriums zur Kenntnis gebracht (Art. 101).

N. Del Re

PÖNITENTIARIE, APOSTOLISCHE

Die ältesten Ursprünge des obersten Gnadenhofs der katholischen Kirche für den inneren Bereich gehen auf die den Bußpriestern delegierte päpstl. Vollmacht zurück, in ihm vorbehaltenen Fällen Gnadenerweise (bei Verletzung kirchlicher Gesetze) und zahlreichen Pilgern Ablaß zu erteilen. Zu diesem Zweck kam man von überall her nach Rom. Zwar läßt sich bereits im Jahre 1193 die älteste Erwähnung eines Kardinals namhaft machen, „qui confessiones pro papa recipiebat", doch findet sich erst 1256 die Bezeichnung *Penitenzieria* (Pönitentiarie) zum ersten Mal. Die Pönitentiarie wird in einem amtlichen Dokument des Kardinals Hugo von S. Caro, des berühmten Dominikaner-Exegeten und Theologen erwähnt, der ebenfalls als erster den besonderen Titel trug: *Poenitentiarius summus* oder *Sedis Apostolicae Poenitentiarius generalis*, und dessen Amt nicht einmal mit dem Tod des Papstes erlosch, wie das Konzil von Vienne von 1311–12 festlegte (C. 2, I, 3 in Clem.).

Bis 1338 weiß man kaum etwas von der inneren Zusammensetzung und der Funktion dieses besonderen Gerichtsorgans. Damals legte Benedikt XII. mit der Konstitution *In agro dominico* vom 8. April (BR IV, S. 416–424) endgültig dessen Struktur und die Zuständigkeiten fest, die auf Fälle des Gewissensbereiches innerhalb und außerhalb des Bußsakramentes beschränkt waren. Im Verlauf der Zeit dehnte die Pönitentiarie dennoch kraft der neuen Befugnisse, die ihr nach und nach von den späteren Päpsten verliehen wurden, schrittweise die Jurisdiktion auch auf den äußeren Bereich aus. Diese Vollmacht wurde ihr auch durch Sixtus IV. mit der Konstitution *Quoniam nonnulli* vom 9. Mai 1484 (BR V, S. 292–295) bestätigt. Für die Rückführung in die ursprünglichen Grenzen sorgte vor allem Pius IV. 1562, der eine umfangreiche Reform der röm. „Gnadenhöfe" begann. Pius V. vervollkommnete dieses Werk und führte es zu Ende, indem er zunächst am 23. April 1569 die Pönitentiarie sogar auflöste, um sie dann am 18. Mai neu und in vollkommen abgewandelter Form wieder einzusetzen. Das betraf sowohl die Struktur als auch den Mitarbeiterstab, der erheblich vermindert wurde.

Trotz der einschränkenden Normen Pius' V. gelang es diesem Tribunal, allmählich einen großen Teil der verlorenen Vollmachten zurückzugewinnen, die es meist von den Kardinal-Großpönitentiaren *vivae vocis oraculo* (d.h. durch mündliche Zusicherung) erhalten hatte. Nach einem vergeblichen Versuch Urbans VIII., 1634 die alten Verfügungen wiederherzustellen, mußte Innozenz XII. erneut eingreifen und ihre Praxis neu ordnen. Mit der Konstitution *Romanus Pontifex* vom 3. September 1692 (BR XX, S. 450–461) legte er einen strengen Katalog ihrer Zuständigkeiten fest. Zwischen 1744 und 1748 beschäftigte sich dann auch Benedikt XIV. in einer Reihe von Konstitutionen mit der Pönitentiarie, die ein weiteres Mal sowohl ihre Organisation als auch ihre Verfahrensweise in weitem Umfang neu ordneten.

Die umfassende Kurienreform 1908 durch Pius X. schränkte u.a. die Zuständigkeit der Apost. Pönitentiarie noch weiter auf den Gewissensbereich ein. Nach der Bestätigung im Codex des Kirchenrechts von Pius und Benedikt (can. 258) erließ Pius XI. mit der Konstitution *Quae divinitus* vom 25. März 1935 (AAS, XXVII [1935] S. 97–113) die letzten normativen Verfügungen, welche die Zuständigkeiten dieses besonderen Gnadenhofs, der überwiegend Verwaltungsaufgaben erfüllte, in drei Bereiche aufteilte. Sie wurden in der Konstitution *Pastor Bonus* vom 28. Juni 1988 über die Röm. Kurie durch Johannes Paul II. nochmals bestätigt (AAS, LXXX [1988], S. 841–912) und lösen an erster Stelle alle den Gewissensbereich betreffenden Fragen mit der Vollmacht zur Gewährung von Gnaden, Lossprechung von Sünden und Beugestrafen, die dem Hl. Stuhl vorbehalten sind, Dispensierung von geheimen Ehehindernissen sowie von Irregularitäten, Eiden usw. Die Pönitentiarie kann somit Gelübde umwandeln, Verpflichtungen aus frommen Stiftungen oder jedwede sonstige Art von Verpflichtungen neu regeln, ungültige Ordensprofessen sanieren, aber auch ungültige Übertragungen von Ämtern oder kirchlichen Benefizien und ungültige Ehen auflösen sowie Schenkungen zugunsten aller Besitzer angemaßter kirchlicher Benefizien aufheben; sie löst *authentice* Zweifel und praktische Gewissensfragen; sie urteilt über den Brauch und die Gewährung von Ablässen, wobei aber die Eigenrechte der Kongr. für die Glaubenslehre, all das zu prüfen, was die damit verbundene dogmatische Lehre angeht, gewahrt bleiben.

Beim Gnadenhof der Apost. Pönitentiarie führt der Kardinal-Großpönitentiar den Vorsitz. Im Unterschied zu allen Vorstehern sämtlicher übrigen Dikasterien der Röm. Kurie ist in ihm alle Macht konzentriert, die er selbst ausübt, und zwar so, daß er im Falle der Verhinderung mit Zustimmung des Papstes einen anderen Kardinal an seiner Statt delegieren kann, der der Kongregation für die Glaubenslehre angehört und den Titel Pro-Pönitentiar führt. Kraft der voraufgehenden Konstitution Pius' XI. *Quae divinitus* (Nr. 12) sowie der Konstitution Johannes Pauls II. *Universi Dominici gregis* (Nr. 14) vom 22. Februar 1996 (AAS, LXXXVIII [1996], S. 316) ist es dem Kardinal-Großpönitentiar aufgrund der besonderen Natur seiner Aufgaben erlaubt, die amtlich verschlossenen und versiegelten Briefe, die ihm vom Gerichtshof übermittelt werden, auch während des Konklaves (→) zu empfangen, wobei somit die allgemeinen Verfügungen in dieser Sache aufgehoben sind.

Zur Pönitentiarie gehören der Regent (→), der beim Gnadenhof den Vorsitz führt, der Theologe, der nach altem Privileg aus den Jesuiten gewählt wird, der Kanonist, drei Räte und zwei weitere Offiziale, von denen einer als Archivar fungiert. Die Erledigung der gewöhnlichen Vorgänge geschieht täglich durch den Kongreß, der aus dem Regenten und zwei weiteren Beamten des Gnadenhofs besteht, während Prüfung und Formulierung der Fälle von höherem Schwierigkeitsgrad durch die sog. *Signatura S. Poenitentiariae Apostolicae* erfolgen, die aus Prälaten besteht, die wiederum unter der Präsidentschaft des Kardinal-Großpönitentiars zusammentreten. Anders als es bei allen übrigen Kurienorganen geschieht, können die Eingaben an die Apost. Pönitentiarie von den Gläubigen gemacht werden. Angesichts der besonders heiklen Materie ist dies zu jeder Zeit und in jedweder Sprache, sowohl persönlich wie anonym möglich und immer absolut kostenfrei.

Bibl.: E. Goeller, *Die Päpstl. Pönitentiarie von ihrem Ursprung bis zu ihrer Umgestaltung unter Pius V.,* Rom 1907–11; A. Canestri, *De novissima Poenitentiariae Apostolicae reformatione conspectus historicus,* in *Apollinaris*, 8 (1935), S. 203–223, 569–590; U. Stutz, *Zur Neuordnung der Sacra Poenitentiaria Apostolica*, in *Sitzungsberichte der Preußischen Akademie der Wissenschaften. Philosophisch-historische Klasse,* 16–17 (1935), S. 291–319; N. Del Re, *La Curia Romana. Lineamenti storico-giuridici*, Rom 1970, S. 261–274 u. 569–597 (mit der ges. Bibl.); F. Tamburini, in *Dizionario degli Istituti di perfezione,* VIII, Sp. 169–181; L. De Magistris-U.M. Todeschini, *La Penitenzieria Apostolica*, in *La Curia Romana nella Cost. Ap. „Pastor Bonus"* von P. A. Bonnet/C. Gullo, Vatikanstadt 1990, S. 419–429.

N. Del Re

PÖNITENTIARREGENT

Es handelt sich um den obersten Prälaten des Gerichts der Apost. Pönitentiarie (→), dem die Verwaltung des Dikasteriums obliegt. Er gehört zur *Cappella Papale* (→). Zum ersten Mal erscheint dieses Amt unter Eugen IV. 1438, eingeführt durch die Konstitution *In apostolicae dignitatis,* in der dem Gericht neue Befugnisse übertragen werden. Darin wird auch gleich nach dem Kardinal-Großpönitentiar der Pönitentiarregent genannt. Die Figur des Regenten erscheint jedoch schon 1379, als Urban VI. den Kanoniker Augustin von Lanzano beauftragte, das Amt sofort nach dem Tod des Pönitentiars übergangsweise zu leiten.

Bibl.: E. Göller, *Die Päpstl. Pönitentiarie von ihrem Ursprung bis zu ihrer Umgestaltung unter Pius V.*, I, 1, Rom 1907, S. 159–160; II, 1, S. 57–60.

N. Del Re

PONTIANUS

Papst, Heiliger. Er war Römer und Sohn eines gewissen Calpurnius. Pontianus wurde am 21. Juli 230 zum Papst gewählt und folgte Urban I., während das Schisma noch andauerte, das seit 217 wegen des Konflikts zwischen Hippolytos und Calixtus I. bestand. Als 235 Kaiser Maximinus Thrax seine Christenverfolgung begann und nicht wußte, wer von beiden der richtige Papst war, verbannte er sie beide nach Sardinien (auf die Insel Tavolara?). Hippolytos versöhnte sich bald mit Pontianus, erkannte seine eigenen Irrtümer an und beendete so das Schisma, das ihn als Gegenpapst gesehen hatte. Beide starben kurz darauf im Exil aufgrund der erlittenen Mißhandlungen und der schweren Arbeit, die sie leisten mußten. Dazu kam noch das ungesunde örtliche Klima. Sie gelten als Martyrer und wurden immer als solche verehrt. Nach Rom zurückgebracht, wurden die sterblichen Überreste des Pontianus nach dem *Liber Pontificalis* (I, LXXV-VI, XCIV-V 4,145–146) in der „Papstkrypta" auf dem Friedhof des Calixtus an der *Via Appia* beigesetzt. Während die *Depositio Martyrum*, das Martyrologium des Hieronymus und das *Sacramentarium Leonianum* sein Gedächtnis auf den 13. August festsetzt, nennt der *Liber Pontificalis* den 30. Oktober. Diesem Tag haben sich im übrigen auch die neuesten Ausgaben des Martyrologium Romanum angepaßt.

Bibl.: G.D. Gordini, in *Bibliotheca Sanctorum*, X (1968), Sp. 1013–15, mit Bibl.

N. Del Re

PONTIFIKALMANTEL

Der Pontifikalmantel, auch *pluviale rubrum* oder *cappa pontificalis* genannt, ist das heilige Gewand des Papstes. Es ist vorne offen, äußerst weit, knöchellang und mit einer Schleppe versehen, gearbeitet aus weißer, rosafarbener, roter oder grüner Seide. Über die Schultern fällt ein halbkreisförmiger Behang, der an die ehemalige Kapuze erinnert. Der neu gewählte Papst legte den Pontifikalmantel zum ersten Mal bei der zweiten und dritten Huldigung der Kardinäle an. Später trug er ihn, wenn er an einer *Cappella Pontificia* teilnahm, bei den Gottesdiensten zur Besitznahme, bei der Öffnung und der Schließung der Hl. Pforte, in den Konsistorien, vor Anstimmen des Gesangs der Dritten kanonischen Stunde des Hochamtes und schließlich bei Erteilung des Apost. Segens (→).

Der Mantel wurde dem Papst in der *Sala dei paramenti* (→) von zwei Auditoren angelegt und anschließend vom ersten Kardinaldiakon mit zwei vergoldeten Silberspangen zugehakt. Saß der Papst auf dem Thron, wurden die Enden des Gewandes von den beiden ersten Kardinaldiakonen gehalten; kniete er, kam diese Aufgabe den ersten beiden Zeremonienmeistern zu. Seit der Reform des II. Vatikanischen Konzils ist der Gebrauch des Pontifikalmantels stark zurückgegangen. Zur Zeit trägt der Papst ihn bei Prozessionen (Prozession der Kerzen, der Palmen, des Allerheiligsten), beim feierlichen Stundengebet, bei der Öffnung und Schließung der Hl. Pforte und bei Teilnahme an Begräbnisfeiern der Patriarchen nach orientalischem Ritus.

N. Del Re

PORTA SAN PELLEGRINO

Es war das einzige Tor in den Vatikanischen Mauern, die Leo IV. zur Verteidigung des *Borgo* gegen die Angriffe der Sarazenen hatte errichten lassen. Der Papst selbst hatte es am 27. Juni 852 zusammen mit den übrigen Befestigungen eingeweiht. Das Tor findet man noch heute auf dem Territorium der Vatikanstadt hinter dem rechten Arm der Kolonnaden Berninis. Der Name *San Pellegrino* geht auf die Nachbarschaft der kleinen gleichnamigen Kirche am Ende der sogenannten *Via Francigena* zurück, die in diesem Teil von den Pilgern durchschritten wurde, die aus dem Norden zum Grab des Apostelfürsten kamen. Sie hatte noch andere Namen wie *Porta S. Egidio* und *Porta San Pietro*, weil sie direkt auf den Petersplatz führte, (nicht zu verwechseln mit dem gleichnamigen Tor unterhalb der Engelsburg), *Porta Aurea* und *Porta Viridaria* wegen der Nähe zu den vatikanischen Gärten. Im 15. Jh. hatte sie den sehr prosaischen Namen *Porta Merdaria.*

1492 wurde sie durch Antonio da Sangallo d. Ä. im Auftrag Alexanders VI. restauriert, der dort sein eigenes Wappen und eine schöne Inschrift als Erinnerung an die Arbeiten anbringen ließ. Die *Porta S. Pellegrino* wurde 1563 geschlossen, weil sie nach der Erweiterung der Ringmauer um den Borgo unnütz geworden war. Pius V. hatte in der alten Mauer des *Passetto* (→) die neue *Porta Angelica* am Ende der gleichnamigen Straße öffnen lassen. Nach Verfügung Leos XII. wurde das Tor 1827 erneut geöffnet – im Rahmen der Restaurierung der Kaserne der Schweizergarde. Es wurde danach noch einmal geschlossen, bis es 1949 durch Adriano Prandi zusammen mit dem ganzen Korridor des *Borgo* restauriert wurde.

Bibl.: → Passetto di Borgo

L. Gigli

PORTALE VON ST. PETER

Portal des Todes (1.)

Es ist das erste der fünf Portale (von links), die in die Petersbasilika führen. Am Tag der

Begräbnisfeier für den Papst wird diese Pforte nach altem Brauch für das Gefolge geöffnet, das den Katafalk in die Kirche begleitet. Sie ist ein Werk des Bergamasker Bildhauers Giacomo Manzù (1908–1991), bei dem sie am 25. Januar 1952 in Auftrag gegeben wurde. Themengrundlage war das Testament des deutschen Prälaten, Fürst Georg von Bayern, der es eigens zu dem Zweck gemacht hatte, die Künstler zu finanzieren und auszuwählen, die zwei von den drei noch nicht geschmückten Toren der Vorhalle von St. Peter schaffen sollten. An dem vorher durchgeführten Wettbewerb beteiligten sich 47 Künstler aus aller Welt und reichten ihre Entwürfe ein. Am 6. März 1948 wählte die Jury 12 Bildhauer aus, die zu einem zweiten Wettbewerb eingeladen wurden. Sie sollten den Gesamtentwurf eines Tores vorlegen und plastische Studien zu den jeweiligen Einzelheiten und eine graphische Skizze des zweiten Tores vorlegen. Die Künstler waren Biggi, Sgarlotta, Ferri, Thezé, Morbiducci, Cambellotti, Consorti, Nagni und Monteleoni (als Paar), Crocetti, Dazzi, Biagini und Manzù. Am 15. April 1950 wählte die Jury statt zweier Künstler am Anfang drei für die Schaffung von drei Toren: Biagini, Crocetti und Manzù. Als Biagini in der Zwischenzeit starb, wurde der Auftrag dem Künstlerpaar Nagni-Monteleoni anvertraut, dem es jedoch nicht gelang, die Arbeit abzuschließen. Sie wurde dann einem Künstler außerhalb des Wettbewerbs anvertraut: Luciano Minguzzi (→ Tor des Guten und des Bösen).

Beim ersten Wettbewerb hatte Manzù einen Gipsentwurf von der ganzen Pforte vorgelegt. Beim zweiten Wettbewerb reichte er einen neuen Entwurf ein, fügte zwei Ausschnitte in Originalgröße bei (Tod der hll. Franz Xaver und Gregors VII.). Man konnte das ikonographische Thema verbinden mit der „Herrlichkeit der Heiligen und Martyrer der lehrenden und lernenden Kirche“, wie später in einer Publikation von 1949 ein Freund des Künstlers, Don Giuseppe De Luca erklärte. Dieser zweite Entwurf stellte eine Komposition dar, die aus zwei größeren Tafeln im oberen Teil und acht kleineren unten bestand, die nebeneinander angeordnet waren. Diese Anordnung wurde bei der endgültigen Gestaltung des Werkes beibehalten. Geändert wurde das Thema der ruhmvollen Darstellung der Kirche als Hüterin und Verbreiterin der geistlichen Werte des Christentums. Es ging jetzt um eine Meditation über das Thema des Todes, das sich schon gestellt hatte, als man sich für Plastiken des Todes zweier Heiliger entschied. Eine davon, nämlich der Tod Gregors VII., blieb bestehen. Dies führte ferner zu einer Änderung der ikonographischen Pläne und zur Einfügung von symbolisch-dekorativen Elementen. Das Thema Kirche dagegen wurde auf der Rückseite des Tores in einer horizontalen Tafel mit einer Darstellung des II. Vatikanischen Konzils berücksichtigt.

Das entscheidende Jahr für die Ausführung des Werkes war 1961, als mit Hilfe von Don De Luca das ikonographische Programm geklärt war und Johannes XXIII. zugestimmt hatte. Manzù ging nun entschlossen ans Werk und vollendete es innerhalb von drei Jahren. Am 28. Juni 1964 wurde die Pforte durch Paul VI. eingeweiht. Doch überschattete der Tod Don De Lucas 1962 und Papst Johannes' 1963 die Arbeit. Beide wurden nach dem Willen des Künstlers ausdrücklich in seinem Werk erwähnt: De Luca erhielt auf der Rückseite eine Widmung (A Don Giuseppe/De Luca questa/ Porta della morte/dedica Giacomo/Manzù 1963), und für Johannes XXIII., der ein Freund Manzùs war und ihn sehr schätzte, änderte der Künstler die vorgesehene Szene des „Tod durch Wasser“.

Das zweiflügelige Bronzeportal ist 7,65 m hoch und 3,65 m breit. Die Bronzeplatten sind völlig glatt, ohne Fassung oder Dekoration, und wirken wie auf die Oberfläche „gemauert". Die Kanten sind ausgefranst und nicht bearbeitet und stehen in ihrer Einförmigkeit im deutlichen Kontrast zu den plastischen figürlichen Darstellungen darüber. Die genaue Analyse zeigt, daß sich dieser Gegensatz nur aus der Rhythmik und Lichtwirkung der Bilder erklären läßt: der glatte, unbearbeitete Hintergrund fungiert als Raum für die scheinbar daraus auftauchenden Bildfolgen (Brandi). Der nicht mit Figuren geschmückte Raum ist keine Leere, sondern stellt eine bedeutsame Grenze und gleichzeitig Überleitung zur nächsten figürlichen Szene dar. Für den Hintergrund waren ursprünglich symbolische Olivenzweige vorgesehen. Doch der Künstler verzichtete auf diese zugunsten eines intensiveren formalen Verhältnisses zu der Plastik der Tafeln.

Diese Bildfelder sind symmetrisch auf beiden Torflügeln angebracht, und zwar oben zwei rechteckige im Großformat: links der *Tod der Jungfrau*, rechts die *Kreuzabnahme*. Unten sind unterhalb von zwei Griffen, die links eine Weinrebe und rechts zwei Ährenbündel darstellen, acht kleinere Tafeln angebracht, die wieder symmetrisch zu Quadraten angeordnet sind. Die vier linken Tafeln stellen den *Tod Abels*, den *Tod des hl. Josef*, den *Tod durch Gewalt* (oder durch Aufhängen) und den *Tod Johannes' XXIII.* dar. Die vier rechts zeigen den *Tod des Erzmartyrers Stephanus*, den *Tod Gregors VII.* in Gegenwart von Robert Guiscard, den *Tod im Weltraum* und den *Tod auf Erden* (oder der Mutter). Den Abschluß bilden unten eine Reihe von symbolischen Tieren: ein toter Vogel, der Siebenschläfer, der Igel, die Eule, die Schildkröte, die eine Schlange beißt, und der Rabe, alle derart plastisch dargestellt, daß sie zusammen mit den Griffen in Pflanzenform als deutlichste Teile des ganzen Werkes erscheinen. Auf der Rückseite ist unten ein langes Basrelief auf beiden Flügeln angebracht, welches das II. Vatikanische Konzil darstellt. Man sieht lebhafte Prälaten und als Gipfel die Huldigung des Kardinals Rugambwa, bedeutendster afrikanischer Vertreter auf dem Konzil, an Johannes XXIII., der auf dem Papstthron sitzt.

Durch die sehr lange Beschäftigung mit dem Werk hat Manzù seine Inspiration überraschend wirkungsvoll gestaltet, gebunden an die einfache Komposition des Ganzen. Über das Verhältnis von glattem Hintergrund und den Tafeln hinaus sei im Inneren auf die wesentlichen Darstellungen der Figuren und ihre Gruppierung hingewiesen, auf ihre folgerichtige und feierliche, intensiv dramatische Ausprägung: die komplizierten, doch plastisch deutlich gestalteten Tafeln, die verhaltenen und doch energischen Gesten der Figuren, das Leid und der Unmut der Persönlichkeiten, die die Aufgabe des Lebens bezeugen sollen. Es sind ausdrucksvolle Züge, die Untröstlichkeit zeigen, aus der es keinen anderen Ausweg als die Einsamkeit des Todes gibt, der zugleich auch den Verzicht auf Gewaltanwendung am Ende dieser Erfahrung einschließt. Von der Roheit des Vorgehens Kains, der Geste der Eva (Maria?) bei der Kreuzabnahme, die bei all ihrer Verhaltenheit unermeßlichen Schmerz sichtbar macht, vom schweigsamen Auftreffen der Steine auf das schon gebeugte Haupt des Stephanus, vom verzweifelten Lallen des Kindes angesichts des unvorhergesehenen Todes der Mutter erfährt man Dimensionen des Augenblicks nach dem Tod. Die Gestalten der Jungfrau und des hl. Josefs, von Gregor VII. und Papst Johannes gewinnen jene menschliche Würde angesichts ihres letzten Geschicks zurück, die Manzù wunderbar wie in einem leisen und verhaltenen Gesang zum Ausdruck bringt, um so zugleich jedes Übertreiben zu vermeiden, auch wenn er es möglicherweise aus eigener innerer Teilnahme fühlte.

Der formale Wert des erweiterten Bildraumes weist den einzelnen Szenen nur die wesentlichen Elemente zu (zwei oder drei Personen) und stellt sich damit gegen die traditionellen Stilformen, die von der Renaissance bis ins 19. Jh. die von Bildhauern gestalteten Portale bevölkerten. Diese Raumverteilung ist das entscheidende Element des Werkes innerhalb einer Summe aus Leere und Fülle und erlaubt dem Künstler, seine Ausdruckskraft zu lenken, bei dem die Lichtwirkung den Leitfaden hergibt. Daher auch der Eindruck des Schwebens, in dem sich Gestalten und Gesten in einem Raum ohne Zeit zu verlieren scheinen. Und gerade im Verwehen zeigen sie sich ein letztes Mal, wirken zugleich nahe und fern, jeweils in ihrem eigenen Licht. Dieser Sinn für die Trauer im Angesicht des Endes stellt einen der geheimsten Aspekte des Nachdenkens über den Tod als Thema dieses Meisterwerks dar.

Bibl.: C. Brandi, *Studi per la porta di S. Pietro di Giacomo Manzù*, Mailand 1964; G. Sandri, *La Porta della morte di Giacomo Manzù*, Rom 1966; G. Fallani, *Manzù farà la porta di San Pietro*, Bologna 1980.

A. Cremona

Portal des Guten und des Bösen (2.)

Im Unterschied zum vorigen Portal des Todes und zu dem der Sakramente, war die Ausführung dieses zweiten Tores von St. Peter im vorhin erwähnten Wettbewerb von 1947 nicht vorgesehen. Sie wurde erst am Ende des zweiten Durchgangs 1950 eingeschlossen und vom Bildhauer Biagini gewonnen, der kurz darauf starb. Der Auftrag wurde daher dem Künstlerpaar Nagni-Monteleoni übergeben, das aber nichts Abschließendes zustande brachte. Schließlich wurde die Ausführung Luciano Minguzzi anvertraut, der von 1970 bis 1977 daran arbeitete. Am 26. September 1977 wurde sie beim 80. Geburtstag von Paul VI. eingeweiht.

Die Bronzetüren stellen eine Summe von Tafeln verschiedener Größe dar, die auf den Hintergrund genagelt scheinen – in einer Anordnung, die an das Tor des Todes erinnert. Ganz oben befindet sich eine Tafel von großen Ausmaßen, dann nach unten hin ein zoomorpher Türgriff, zwei kleine Tafeln von unterschiedlicher Form, ein verlängerter rechteckiger Streifen und am Schluß zwei weitere kleine Tafeln. Das gleiche wiederholt sich spiegelbildlich auf dem anderen Türflügel. Die ikonographischen Motive stellen Szenen zum Thema Gut und Böse dar. Auf dem linken Torflügel erkennen wir oben die doppelte Kreuzigung der Märtyrer von Bologna, *Vitalis* und *Agricola*; unter dem Türgriff einen Sperber, der eine Taube jagt; weiter die *Kreuzigung des Andreas* und eine Deportationsszene mit einem Sklaven, der von einem Sklaventreiber am Pranger gepeitscht wird; weiter unten eine lange Tafel mit dem Heer der Märtyrer, dazu ein langer Galgen, an dem zahlreiche Leiber in verschiedener Weise aufgehängt sind; darunter zwei Tafeln mit der *Tötung Abels* und dem *guten Schächer*. Der rechte Flügel zeigt – wieder von oben nach unten – die große Tafel mit dem *hl. Augustinus*, der die Häresie niederkämpft; darunter der Türgriff in Form von Tauben im Nest, zwei Tafeln mit *dem hl. Johannes dem Täufer*, der einen Eremiten tauft und einen Bischof, der einem Soldaten die hl. Kommunion reicht; die verlängerte Tafel illustriert das II. Vatikanische Konzil mit einer Reihe von Bischöfen, die von vorne dargestellt sind: erkennbar Johannes XXIII. und Paul VI.; die letzten Tafeln unten sind der *Auferstehung des Lazarus* und der Szene von *Tobias mit dem Engel* gewidmet. Auf der Rückseite stellen die Türgriffe zwei sehr fein modellierte kleine Hähne dar.

Die Wahl der Bilder stellt die beiden Torflügel in einer Dialektik von Gut und Böse gegenüber und greift dazu auf Szenen aus der

Heilsgeschichte und der Geschichte des Glaubens zurück: Der linke Flügel stellt die Auswirkungen des Bösen dar, während der rechte heilige und geschichtliche Ereignisse im Hinblick auf das Gute schildert. Tatsächlich ist das ganze Tor von ausdrucksvoller Gewalt bestimmt, welche die Formen zerfrißt, so daß sie fast wie glühendes Material vibrieren. In Widerspruch zum Relief scheinen sich die im Negativ modellierten Gestalten der Ränder vor die Bildebene zu bewegen, fast wie in das Material getrieben, von der Rückseite aus beobachtet. Eine Ausdrucks- und Erzählform voll Unruhe, als ob das Böse, gesehen vor allem als Gewalt, die der Mensch dem Menschen antut, dem Auge des Betrachters keine Ruhe oder Ablenkung gestatte, nicht einmal in den Szenen, wo das Gute positiv gestaltet wird. Minguzzi hat dieses Anliegen mit seinem Suchen nach dem Formalen innerhalb dieser Jahre herausgestellt. Seine Bildhauerei war anfangs zwar gekennzeichnet von gefühlsmäßiger und instinktiver Modellierung und steht dem Archaismus der italienischen Skulptur zwischen den beiden Kriegen nahe. Doch nach dem Krieg strebt sie nach gewaltsam physischem Ausdruck und möchte volkstümlich sein. Jenseits der abstrakten Ergebnisse, die den modernsten Mailänder Erfahrungen der 50er Jahre nahestehen, gewinnt diese Ausdrucksform in den 60er Jahren eine freiere Erzählform zurück, die er sich in einer festen Masse vorstellt und als Künstler angeht, um möglichst jede Festigkeit der Form auszuschließen. Zu diesem Zweck vergleicht man am besten sein Petersportal mit dem fünften Portal des Mailänder Doms, das als sein Meisterwerk gilt. Es ist – zwischen 1950 und 1965 ausgeführt – noch voller Bezüge zur Antike, wie die zahlreichen Personen in den Kassetten und ein zwar feines, doch plastisches Relief zeigen. Die Gestalten des Portals von St. Peter sind dagegen herausgearbeitet und unterbrochen von Schnitten und Zwischenräumen und wirken innerhalb der Platten isoliert und aufgeregt. Sie zeigen eine weitere Ausdrucksphase des Künstlers, bei der parallel zu den Unruhen der 70er Jahre Motive großer moralischer Kraft kommen, wie das Heer der Märtyrer. Damit griff er ein 1943 ausgearbeitetes Thema wieder auf, als er das Basrelief zur Erinnerung an die Partisanen von Casalecchio al Reno schuf, das sich im Werk von Minguzzi bis zu den *„Studien für die Aufgehängten“* von 1981 durchzieht.

Bibl.: G. Marchiori, *Minguzzi, Porta del bene e del male, S. Pietro in Vaticano*, Bologna 1981.

A. Cremona

Portal des Filarete (3.)

Von den fünf Portalen von St. Peter ist das mittlere das älteste. Es wird das „Bronzetor des Filarete“ genannt. Das herrliche Portal wurde vom Florentiner Bildhauer und Architekten Antonio Averulino, genannt „Filarete“ (1400–1469), im Auftrag von Papst Eugen IV. (1431–47) ausgeführt und 1445 vollendet. Dieses Datum erscheint in der Inschrift auf den Türgriffen, wo auch nach mittelalterlichem Brauch der Künstler und seine Gehilfen dargestellt sind. Wie man Vasari entnehmen kann, sollten die Arbeiten 1442 beginnen, doch ist dieses Datum nicht ganz sicher. Sicher ist nur die Anwesenheit des Filarete 1433 in Rom an diesem Tage. Vielleicht kam er im Gefolge von Donatello und Michelozzo, nachdem er mehrfach in der Werkstatt des Ghiberti gewesen war. Diese Tatsache könnte den Grund für den päpstl. Auftrag bilden, da Papst Condulmer das zweite Portal des Baptisteriums von Florenz, ein Werk Ghibertis, sehr schätzte.

Das ursprünglich 6 m hohe und 3,5 m breite Tor wurde im Verlauf des Neubaus der Petersbasilika verändert und 1619, als es endgültig an die heutige Stelle gebracht wurde, vergrößert und mit zusätzlichen Schmuckbändern oben und unten ausgestattet, wie die Inschriften von Papst Paul V. Borghese bezeugen, der die jahrhundertelangen Arbeiten an der Basilika abschloß.

Die beiden Flügel sind jeder in drei Quadrate unterteilt. Es sind dargestellt (von unten nach oben): links die *Enthauptung des Paulus*, der *hl. Paulus und Christus auf dem Thron*; rechts die *Enthauptung des hl. Petrus*, der *hl. Petrus und Papst Eugen IV. kniend*, und die *thronende Jungfrau*. Die Vierecke sind horizontal durch Basreliefs unterbrochen, auf denen Szenen aus dem Pontifikat Eugens IV. dargestellt sind: *Besuch von Johannes VIII. Paläologus, Johannes VIII. Paläologus auf dem Konzil von Florenz, Krönung des Sigismud von Luxemburg, Überreichung des Glaubensbekenntnisses an eine abessinische Legation*. Längs der Rahmen sind zwischen Akanthusranken allegorische Gestalten angebracht. Weiter sind Mythen aus den Metamorphosen des Ovid, Bildnisse röm. Kaiser und Begebenheiten aus der Geschichte Roms dargestellt, die dem Werk des Livius entnommen sind. Die Dekoration schließt oben mit Paaren von geflügelten Putten, die das Wappen des Papstes tragen.

Von großem Interesse sind die zwei Reliefs mit dem Martyrium der beiden Apostelfürsten, wo der Künstler in einer äußerst bewegten Darstellung nach nordischem Geschmack Monumente des alten Roms einfügte, die wegen ihrer Größe und Geschichten bei den Gläubigen aller Länder Staunen hervorriefen.

Wenn man von diesem Portal spricht, muß man auch die 22 cm hohe und 122 cm breite Bronzeplatte erwähnen, die ebenfalls Filarete schuf und hinter dem linken Flügel unten so angebracht hat, daß man sie kaum bemerkt. Wir erfahren von Vasari, daß „Antonio aus einer Laune heraus eine Geschichte in Bronze schildert, in der er sich, Simon und seine Schüler abbildete, wie sie mit einem Esel voll mit schönen Dingen beladen zu Fuß in einen Weinberg gehen“.

Das Werk, das als das größte und aufwendigste des Pontifikats Eugens IV. gelten kann, ist Ausdruck der glänzenden, reichen, anekdotischen und gelehrten Bildung des Papstes, die der Künstler aus Florenz, der sich hin und wieder dem Klassizismus verbunden zeigt und dem im wesentlichen „jedes geschichtliche Bewußtsein der klassischen Kunst fehlte“ (Calvesi), prunkvoll und spielerisch einbezieht.

Das ikonographische Programm beweist den Willen, nachdrücklich den ökumenisch-politisch-religiösen Primat der Kirche von Rom zu wahren, der durch den Opfertod der Apostel und Märtyrer besiegelt war. Die Apostel Petrus und Paulus sind als Bezugspunkte der Kirche aus Heiden- und Judenchristen aufgenommen, aus deren Vereinigung dieses Recht gestärkt hervorging. Die Darstellung der Örtlichkeiten ist stark von der klaren Absicht bestimmt, diese Tatsache zu betonen. Selbst die scheinbar nur ausschmückenden Teile wie die Gesimse werden dazu verwendet, die Richtigkeit des Programms der Verwirklichung des kaiserlichen Traums für die Stadt zu unterstreichen.

Das künstlerische Programm wird mit didaktischer und demonstrativer Absicht durchgeführt und findet seine Rechtfertigung in der Forderung des Papstes, sein Bemühen sichtbar zu machen, den Dissens mit der orientalischen Kirche beizulegen und gleichzeitig die zentrale Stellung der päpstl. Macht zu betonen. Indem es sich den typisch mittelalterlichen Begriff der „kaiserlichen Kirche“ zu eigen machte, betonte es die zeitliche Kontinuität des römischen Erbes in der Kirche.

Auch das von Filarete verwendete Modell ist alt. Die Tore sind ungewöhnlich weit vom byzantinischen Modell entfernt, für das die Anwesenheit zahlreicher kleiner Tafeln kennzeichnend ist. Nur scheinbar ist die Ähnlichkeit mit der zeitgenössischen Paradiestür des Baptisteriums *S.Giovanni Battista* in Florenz. Als Vorlagen dienten wohl eher die Tore zu den größten röm. Monumenten wie die des Pantheon und der *Curia*.

Bibl.: I tesori del Vaticano, M. Calvesi, Rom 1965, S. 47–53; C. Lord, *Solar Imagery in Filarete's Doors to Saint Peter*, in *Gazette des beaux-arts*, 87 (1976), S. 143–150; J.R. Spencer, *Filarete's Bronze Doors at Saint Peter*, in *Collaboration in Italian Renaissance Art*, Hrsg. W. S. Sheard/J. T. Paoletti, New Haven-London 1978, S. 37–57; L. Piola Caselli, *La „storietta" del Filarete dietro la porta di S. Pietro*, in *L'Urbe*, 45 (1982) S. 232–239.

R. Del Signore

Portal der Sakramente (4)
Es hat seinen Namen von dem ikonographischen Programm der bronzenen Flügel. Im Jahr 1950 wurde es dem Bildhauer Venanzo Crocetti nach Abschluß des 1947 ausgeschriebenen Wettbewerbs (→ Portal des Todes) in Auftrag gegeben und 1966 durch Paul VI. eingeweiht. Das Portal ist 7,43 m hoch und 3,80 m breit und wiegt ungefähr hundert Zentner. Es besteht aus zwei Flügeln, jeder mit vier quadratischen Tafeln mit gleichem Abstand, die mit jeweils zwei Nägeln und Schlingen am Hintergrund aufgehängt sind. Die vier Tafeln links stellen von oben nach unten dar: den *Engel der Sakramente*, die *Taufe*, die *Firmung und das Bußsakrament*, rechts dagegen von oben nach unten das *Altarsakrament*, das *Ehesakrament*, die *Priesterweihe* und die *Krankensalbung*.

Das so verteilte ikonographische Material scheint der zeitlichen Abfolge zu entsprechen, in der die verschiedenen Sakramente den Lebensweg des Christen begleiten. In diesem Sinn muß die sichtbare Botschaft des Werkes, ausgehend von der Tafel mit dem Engel links, von oben nach unten gelesen werden, um dann auf dem rechten Flügel entlang wieder von oben nach unten zu gelangen und mit dem Thema des Todes zu schließen. Jeder Flügel ist ferner auf der Rückseite mit einer Platte geschmückt, die den *Kampf Jakobs mit dem Engel* darstellt und einem Türgriff, in Form eines Bündels Kornähren und Weintrauben. Das so geschmückte Tor ist voll tiefer symbolischer und sakraler Bedeutung: Im Thema des Engels, der Beschützer der Menschen, aber zugleich auch Hüter der Himmelspforte ist, liegt die ganze Themenbreite zugrunde und lädt zu Reinigung und Sühne ein, wie es die sieben Sakramente als verpflichtende Etappen zum Weil einprägen.

Crocetti begann seine Arbeit an diesem Tor 1953 im neuen Studio an der *Via Cassia* in Rom. In diesen Jahren arbeitete er an verschiedenen religiösen Aufträgen. Unter anderem stellt der große Kreuzweg für die neue Basilika zum hl. Johannes Bosco in Rom (1958), einen Vergleichspunkt mit den Basreliefs des vatikanischen Portals dar. Das Thema der Passion paßt gut zur kraftvollen Plastik des Bildhauers: In der Einfachheit und Regelmäßigkeit der Komposition – fast im Geschmack des 15. Jh. – nehmen die Gestalten nicht den Ausdruck tiefen Schmerzes an; sie machen ihn bei unwiderruflichen und aktuellen Augenblicken fest. Das Tor der Sakramente dagegen scheint den Willen zur Belehrung auszudrücken, der dem Ausdruck wenig Raum läßt: Eine sich fast wiederholende Gewohnheit spricht aus den verschiedenen Szenen, wie sie im Sakrament eine bedingungslose Form darstellen, die jeden Gläubigen zur Annahme der Glaubensinhalte bereit macht. So übernimmt die symmetrische Regelmäßigkeit, die wir schon bei den Reliefs des Kreuzwegs bemerkt haben, in diesem Fall die Aufgabe, die Ausdruckskraft zu zügeln. Die figürliche Darstellung soll in ruhigen Schritten verlaufen. Die zentrale Stellung des Priesters, die Sammlung, die in seinen Haltungen zum Ausdruck kommt, die Überlängung der Figuren, die unterdrückten Ebenen, so daß jede perspektivische Vorstellung ausgeschlossen wird, die Tendenz endlich, das Basrelief fast als Meißelung zu behandeln – das alles führt zu einem Bildganzen hin, das ruhige Sammlung andeutet, die nicht einmal vom Geheimnis des Todes auf der Tafel mit der Krankensalbung gestört wird. Stärker archaisierend und bewegt ist das Relief auf der Rückseite mit Jakob und dem Engel – ein Thema, das auch schön in einer kleinen Bronze in der Sammlung des Künstlers dargestellt ist. Ihr dunkel allegorischer Charakter befreit den Bildhauer von allen ikonographischen und gestalterischen Grenzen.

Bibl.: F. Meli, *La nuova Porta dei Sacramenti nella Basilica Vaticana*, in *Fede e arte*, 13 (1965), S. 342–355; E. Carli, Venanzo Crocetti, Rom 1979.

A. Cremona

Die Heilige Pforte (5.)

Es ist die letzte der fünf Türen, die von der Vorhalle in die neue Basilika führen, um an die fünf Schiffe von Alt-St. Peter zu erinnern. Sie ist normalerweise zugemauert und wird nur zu den gewöhnlichen und außergewöhnlichen Jubiläumsjahren, den Heiligen Jahren (→), geöffnet. In diesen Jahren dient sie dazu, den bußfertigen Pilgern, die wegen des Jubiläumsablasses hierher strömen, den Zugang zur Basilika freizugeben. Heilig wird diese Pforte vor allem deshalb genannt, weil sie jene Zeit eröffnet und abschließt, die dem Menschen zur Heiligung seiner Seele gewährt ist; jedoch auch, weil sowohl die Materialien, aus denen sie besteht, als auch die Werkzeuge aus kostbarem Metall, die zu ihrer Gestaltung verwendet und zu jedem Jubiläum neu hergestellt werden, als heilig gelten. Man mag dafür halten, daß der Gedanke der Heiligen Pforte unter Weglassung eines jeden anderen Bezuges seinen Ursprung in der antiken christlichen Bußdisziplin hatte, welche den öffentlichen Büßern das Betreten der Kirche verbot, bevor sie nicht die ganze Buße verrichtet hatten. Sicher ist, daß die Zeremonie um die Heilige Pforte im 15. Jh. mit Alexander VI. ihren Anfang nahm. Am Heiligen Abend 1499 vollzog er nach einem eigens dafür von seinem Zeremonienmeister und ausgezeichneten Liturgiker Johannes Burkard zusammengestellten Ritual, das heute noch verwendet wird, die Öffnung der Heiligen Pforte. Alexander VI. vollzog nur die Öffnung, doch nach ihm öffnete und schloß Clemens VII. 1525 die Heilige Pforte wieder, wie es seitdem alle folgenden Päpste getan haben, mit Ausnahme von Innozenz XII., der wegen seines hohen Alters und physischer Krankheit die Öffnung nicht vornehmen konnte. (Er delegierte zu diesem Zweck den Kardinal Emanuele Teodoro de La Tour de Bouillon, Vizedekan des Hl. Kollegiums, statt des Kardinaldekans Alderano Cibo, der damals ebenfalls schwer krank war). So geschah es auch mit der Schließung, weil der Papst am 27. September 1700 verstarb.

Unter den Zeremonien des Jubiläumsjahres bleibt die Öffnung der Heiligen Pforte doch immer die eindrucksvollste, weil sie die an Symbolik und Bedeutung reichste ist: aber nicht der Schlüssel, der die Pforte öffnet, sondern der Hammer, der sie besiegt, ist am wichtigsten; denn die Tore der Gerechtigkeit und Barmherzigkeit weichen nur der Kraft des Gebetes und der Buße. Bei den feierlichen Worten des Papstes nach Überwindung der Mauer unter den Hammerschlägen „Dies ist die Tür des Herrn“, erhebt sich in der Menge der Demütigen und der Mächtigen, die im Atrium von St. Peter als Vertreter der ganzen Christenheit versammelt sind, der freudige Ruf: „Die Gerechten treten hier ein“. Bekanntlich vollziehen zur gleichen Stunde, da der Papst den Ritus in St. Peter zelebriert, Kardinallegaten *a latere* diesen Ritus an den drei übrigen Patriarchalbasiliken St. Johann im Lateran, St. Paul vor den Mauern und in *S. Maria Maggiore*. Erwähnt sei auch, daß zweimal die Basilika *S. Maria in Trastevere* die Heilige Pforte hatte, nämlich 1625, als Urban VIII. sie für St. Paul einsetzte, das wegen der Überschwemmung des Tibers fast unzugänglich geworden war, und 1825, als sich Leo XII. vor den Ruinen der Basilika wiederfand, die zwei Jahre zuvor abgebrannt war.

Um die alten Türflügel aus Holz zu ersetzen, die das Innere der Heiligen Pforte von St. Peter bildeten und von Benedikt XIV. am 24. Dezember 1749 geweiht worden waren, spendeten schweizer Katholiken zum Jubiläumsjahr 1950 zwei neue künstlerisch gestaltete Flügel aus Bronze, die am Weihnachtsabend des Jahres 1949 von Pius XII. eingeweiht wurden. Bei der feierlichen Eröffnungszeremonie dieses Jubiläumsjahres sagte er: „Die Bronzetüren, die Wir eben gesegnet haben, sind ein ergreifendes Zeichen der Barmherzigkeit dessen, der gekommen ist, zu suchen, was verloren war“. Sie wurden von Vico Consorti, einem Bildhauer aus Siena ausgeführt, der auch unter dem Zunamen „Meister der Ausgänge“ bekannt ist, weil er auch andere Kirchenportale, darunter das „Portal der Dankbarkeit“ am Dom zu Orvieto geschaffen hat. Auf den heutigen Flügeln der Heiligen Pforte von St. Peter, die besser bekannt ist unter dem Namen „Pforte des Großen Verzeihens“, hat der Künstler Motive der Erlösung aufgenommen – von der Vertreibung aus dem irdischen Paradies bis zu Mariä Verkündigung, von der Auferstehung des Lazarus bis zur Bekehrung des hl. Paulus, von der Verleugnung des Petrus bis zum ungläubigen Thomas, von der Taufe Christi bis hin zur Kreuzigung – und dies auf insgesamt 16 Bronzetafeln (auf der letzten ist die Zeremonie der Öffnung der Heiligen Pforte mit Papst Pacelli dargestellt). Eingerahmt sind sie durch Streifen mit dem Wappen des Papstes. Unten befindet sich die lateinische Inschrift mit der Widmung. Die Szenen, die einfach und in katechetischer Absicht geschaffen wurden, sind trotz der delikaten Haltung der Personen und ihrer zuweilen seltsamen Gesten verständlich, nicht zuletzt durch kurze Inschriften, die jede Szene begleiten. Der Künstler war sich zwar bewußt, daß er ein Werk für Anlässe von großer Feierlichkeit schuf, doch gestaltete er das Ganze in einer klassischen und maßvollen Form und in der klaren Absicht, nicht die maßvolle Architektur der Vorhalle zu stören, die ja durch die Präsenz des Portals von Filarete weitgehend bestimmt wird.

Bibl.: C. Cecchelli, *Le origini della Porta Santa*, in *Capitolium*, 25 (1950) S. 229–238; M. Caporilli, *La Porta Santa della Basilica di San Pietro*, Rom 1984.

R. Del Signore

Postamt, Vatikanisches

Nach Bildung des „Staates der Vatikanstadt“ (→) durch die Lateranverträge vom 11. Februar 1929 gehörte zu den sofort notwendigen staatlichen Diensten der Postdienst, der mit Verordnung VIII der Regierung des Staates am 30. Juli 1929 eingerichtet wurde (AAS, Suppl. 1 [1929] Nr. 2, S. 41–44). Bereits am 1. Juni des Jahres hatte der Hl. Stuhl die Verträge für seinen Beitritt zu den Mitgliedsländern der Universalen Post-Union (UPU) unterzeichnet. Der reguläre Dienst für Empfang, Versand und Verteilung der Korrespondenz im Inneren des Staates und im Ausland trat dann am 1. August 1929 in Funktion. Er umfaßte ursprünglich die gewöhnliche Korrespondenz (Briefe, Postkarten und Drucksachen), Einschreiben, Wert- und Eilbriefe und Pakete.

So konnte der Hl. Stuhl nach fast 60 Jahren erzwungener Unterbrechung infolge der Auflösung des Kirchenstaates im Jahre 1870 wieder mit der ganzen Welt korrespondieren und sich dafür eines eigenen Postdienstes bedienen, der übrigens seine Wurzeln im alten „Kollegium der apost. Läufer oder Reisenden" hatte. An seiner Spitze stand früher ein *praefectus cursus publici.* Als es allmählich zur Entwicklung der organisierten Postdienste kam, wurde im 16. Jh. bereits das Amt des General-Superintendenten der Post geschaffen, dem die Leitung des Dienstes der päpstl. Stafetten und Läufer unterstand.

Die Päpste haben sich übrigens für die Abwicklung ihrer Korrespondenz nicht nur des eigenen Postwesens, sondern auch der Boten der Republik Venedig und der sogenannten „Bergamasker" Boten bedient, deren Dienst sich bis in verschiedene europäische Länder erstreckte. Inzwischen war der päpstl. Postdienst immer wirksamer geworden, wie deutlich aus dem „Überblick über das System der Organisation der Verwaltung der päpstl. Post" aus dem Jahre 1817 hervorgeht und aus dem nachfolgenden „System der Organisation der Post und Briefe des Kirchenstaates", das 1819 veröffentlicht wurde. Mit diesen Verordnungen nahm der päpstl. Postdienst jene Form an, die er bis zur endgültigen Auflösung der zeitlichen Macht beibehielt.

Das erste zentrale Büro der erneuerten vatikanischen Post hatte seinen vorläufigen Sitz im „Torrione Nikolaus' V." (→), in den Räumen, die derzeit vom „Institut für die Werke der Religion" (→) benutzt werden, wo es bis zum 28. Juni 1933 blieb. Dann wurde es in den eigens vom Architekten Giuseppe Momo im Ostteil der Vatikanstadt an der *Via del Belvedere* errichteten kleinen Palast, gegenüber dem Eingang zur *Scala Pius' X.* (→) verlegt – unweit des St. Anna-Tores. Der ursprünglich nur eingeschossige kleine Palast der Post, der zugleich den telegraphischen Dienst beherbergt, wurde 1962 aufgestockt, um mehr Raum zu bekommen und dem Büro weitere Räume zur Verfügung zu stellen. Der Gedenkstein auf der Fassade ruft in Erinnerung: „Pius XI hat es gebaut – Johannes XXIII. aufgestockt".

Als Ordnung gelten heute die *Nozioni e norme*, die am 25. Oktober 1973 zur Durchführung des Post- und Telegraphendienstes erlassen wurden. Die vatikanische Post führt alle normalen und gewöhnlichen Postvorgänge aus. Ausgeschlossen sind jedoch Bank- und Spardienste und laufende Konten. Sie hängt vom Generalsekretär der Regierung der Vatikanstadt ab und steht unter der Leitung eines Inspektors PT (Post und Telegraphie), der der Hauptverantwortliche des Büros und für Aufsicht, Organisation, Kontrolle und Koordinierung der zwei Abteilungen zuständig ist. Jede wird von einem Sektionschef geleitet, den ein Vizesektionschef unterstützt. Zahlreiche weitere Angestellte arbeiten in den zwei Nebenstellen der Vatikanpost am Petersplatz, eine beim Glockenturm, die andere hinter den rechten Kolonnaden. Eine Zeitlang gab es in den 80er Jahren ein fahrbares Postamt direkt auf dem Petersplatz.

Bibl.: L. Respighi, *Posta e telegrafo nella Città del Vaticano e nei primi impianti dello Stato pontificio*, in *L'Illustrazione vaticana*, 4 (1933), S. 534–538; U. Monaco, *L'organizzazione postale dello Stato pontificio al tempo di Pio IX*, Rom 1978.

N. Del Re

Präfektur des Päpstlichen Hauses

Ursprünglich hieß sie „Präfektur des Apost. Palastes". Paul VI. hat dieses besondere Dikasterium im Rahmen seiner Kurienreform von 1967 durch die Konstitution *Regimini Ecclesiae universae* vom 15. August (AAS, LIX [1967], S. 885–928) umgeformt. Sie entstand aus der Vereinigung von zwei Palastämtern, dem des *Maggiordomo* (→) Seiner Heiligkeit und der „Zeremonienkongregation“ (→ Aufgelöste Kongr., Nr. 5). Die Präfektur ist heute auch für die Funktionen des alten *Maestro di Casa dei Sacri Palazzi* (→) sowie der „Wappenkomm. für den Päpstl. Hof“ (→) zuständig. Schon 1968 übernahm sie die heutige Bezeichnung *Prefettura della Casa Pontificia* infolge der Wiederaufnahme des überlieferten Namens „Päpstliches Haus“ im Rahmen der vollständigen Neuordnung des Päpstl. Hofes durch das Motu Proprio *Pontificalis Domus* Pauls VI. vom 28. März 1968 (AAS, LX [1968], S. 305–315). Sie gehörte ursprünglich zu den Ämtern der Röm. Kurie, doch Johannes Paul II. löste sie von dort mit der Konstitution *Pastor Bonus* vom 28. Juni 1988 (AAS, LXXX [1988], S. 841–912) heraus. Weiter gilt sie als ein Organ der Kurie (vgl. Art. 180–181) und unverändert bleiben auch ihre Aufgaben. Sie sorgt vor allem für die Sicherung der inneren Ordnung der *Casa Pontificia* (→) und ist auch für Disziplin und Dienst all jener zuständig, welche die *Cappella Pontificia* (→) und die *Famiglia Pontificia* (→) bilden.

Es gehört zu den Aufgaben dieser Präfektur, für die rechte Ordnung bei Audienzen und Zeremonien „im Hause“ zu sorgen, aber auch bei Pastoralbesuchen des Papstes innerhalb und außerhalb Roms. Sie muß die päpstl. Audienzen organisieren und regeln, sowohl die öffentlichen wie die privaten, für deren Ablauf früher der *Maestro di Camera* Seiner Heiligkeit sorgte. Seine Aufgabe bestand im Empfang der hohen Persönlichkeiten aus Kirche und Welt, die sich zur Audienz beim Heiligen Vater begaben und die er ihm vorstellte. Ferner wachte er über den normalen Ablauf des Dienstes während der Audienzen selbst. Aufgabe der Präfektur ist ferner, alles vorzubereiten, was die päpstl. Zeremonien betrifft (Heilig- und Seligsprechungen, Bischofs- und Priesterweihen, feierliche Papstmessen usw.), abgesehen vom streng liturgischen Teil, für den heute ausdrücklich das „Amt für die Liturgischen Feiern des Papstes“ (→) sorgt. Sie trifft auch alle notwendigen und geeigneten Verfügungen, wenn der Papst den Vatikan verläßt, um sich in seine Diözese Rom oder in eine andere Stadt Italiens zu begeben. Zusammen mit dem Staatssekretariat bereitet sie Pastoralbesuche im Ausland vor oder Staatsbesuche von Staatsoberhäuptern, Regierungschefs, Ministern im Vatikan oder, wenn Botschafter zur Überreichung ihrer Beglaubigungsschreiben empfangen werden. Diese Empfänge sind zumal nach den Lateranverträgen von 1929 immer häufiger geworden.

Das Protokoll der Präfektur der *Casa Pontificia* setzt auch Ordnung und Rang fest, die bei diesen religiösen oder zivilen Zeremonien zu beachten sind, wenn im Vatikan Kardinäle ihren besonderen Platz bekommen müssen oder auch Botschafter und andere beim Hl. Stuhl beglaubigte Vertreter sich anmelden. Sie bestimmt ferner die Präzedenz für die verschiedenen kirchlichen, staatlichen und militärischen Autoritäten des Staates der Vatikanstadt als einziges zuständiges Organ. Sie hat daher auch alle Protokollfragen im Zusammenhang mit den verschiedenen kirchlichen und politischen Persönlichkeiten zu entscheiden, die sich zum Papst begeben – auch Fragen der „Etikette“. Hier kann man aus dem Lehrbuch von Adolfo Giobbio zitieren: „Man muß sich notwendigerweise darüber klar sein, daß die Etikette, wie kalt sie auch erscheinen mag, doch keineswegs eine Sache der einfachen Übereinkunft und noch weniger eine verächtliche Institution ist. Sie ist vielmehr wenigstens ihrer Substanz nach notwendig, um die gebührende Organisation im sozialen Bereich aufrechtzuerhalten“ (vgl. *Lezioni di diplomazia ecclesiastica* I, Rom 1899, S. 473–474).

Die Leitung dieses Dikasteriums ist einem Bischof mit dem Titel „Präfekt des Päpstl.

Hauses"(→) anvertraut, der durch diese Aufgabe als Vertrauensmann des Papstes für die Verwaltung seines souveränen Hauses gilt. Ihm zur Seite stehen bei seinen Aufgaben ein Regens, Assistenten für die Sprachen und ein Beamter für das Protokoll. Er hat auch alle Angehörigen des *Casa Pontificia* für die jeweiligen religiösen und bürgerlichen Zeremonien zusammenzurufen, ihre einzelnen Dienste festzulegen, über die Ordnung der Zeremonien selbst und alles zu wachen, was für ihren rechten und reibungslosen Verlauf nach den jeweils festgelegten Normen und den Erfordernissen der verschiedenen Zeremonien notwendig ist, wobei er sich mit dem Staatssekretariat abspricht. Der Präfekt muß auch für die Benennung aller Personen mit Zuweisung ihrer Aufgabe sorgen, die je nach Bedarf bei den verschiedenen kirchlichen und zivilen Ordnungsdiensten mitwirken. Dabei werden die kirchlichen Zeremonien in feierliche (z.B. Krönung des Papstes, öffentliche Konsistorien, päpstl. Gottesdienste und Heiligsprechungen) und gewöhnliche eingeteilt, während man die zivilen zu unterscheiden pflegt in Audienzen mit offiziellem Charakter (z.B. jene für Souveräne, Staatsoberhäupter, Premierminister, Außenminister und beim Hl. Stuhl akkreditierte diplomatische Vertreter zur Überreichung ihrer Beglaubigungsschreiben) und in Audienzen mit nicht offiziellem Charakter.

Bibl.: N. Del Re, *La Curia Romana, Lineamenti storico-giuridici*, Rom 1970, S. 314–317; J. Martin, *Vaticano sconosciuto*, Vatikanstadt 1990, S. 125–137.

N. Del Re

Präfektur für die wirtschaftlichen Angelegenheiten des Hl. Stuhles

Sie ist eine der wichtigsten neuen Kurienorgane, die Paul VI. mit der Konstitution *Regimini Ecclesiae universae* vom 15. August 1967 (AAS, LIX [1967], S. 885–928) geschaffen hat. Zuständig ist sie für die gesamten Wirtschafts- und Finanzangelegenheiten des Hl. Stuhls, die bis dahin von verschiedenen und nicht koordinierten Organen verwaltet wurden. Sie ist dem Papst unmittelbar unterstellt und hat den Auftrag, alle Verwaltungen des Apost. Stuhles zu überwachen, zu unterstützen und zu koordinieren, welche Autonomie sie im übrigen auch besitzen mögen. Dies schließt selbst jene *extra urbem* ein. Ausgenommen sind lediglich das „Institut für die Werke der Religion" (→) und der „Peterspfennig" (→). Die Präfektur ist daher nach Art. 178 und 179 der Konstitution Johannes Pauls II. über die Röm. Kurie *Pastor Bonus* vom 28. Juni 1988 (AAS, LXXX [1988], S. 841–912) zuständig: 1. Für die Prüfung des Berichtes über den Vermögensstand und die wirtschaftliche Lage, der Bilanzen und der Ausgabenplanung. Diese Dokumente sind von den Verwaltungen jedes Jahr bis zum 31. März und 30. November vorzulegen und, falls es für erforderlich gehalten wird, schriftlich zu begründen; 2. für den Entwurf und die Vorlage des Haushaltsvoranschlags und der konsolidierten Bilanz des Hl. Stuhls bei der vorgesetzten Genehmigungsbehörde binnen festgesetzter Fristen; 3. für die Überwachung der wirtschaftlichen Vorhaben der Verwaltungen und die Bewertung von Vorhaben besonderer Bedeutung; 4. für die Prüfung von Schäden am Vermögen des Hl. Stuhles, einschließlich, falls erforderlich, die Einleitung straf- oder zivilrechtlicher Maßnahmen bei den zuständigen Gerichten.

Die administrativen Aufgaben der „Präfektur" sind stark erweitert worden, sodaß man sie mehr oder weniger mit den bis 1870 von der „Apost. Kammer" (→) wahrgenommenen Funktionen vergleichen kann. Die Präfektur ist insoweit deren ideale Nachfolgerin. Die richterlichen Funktionen der Präfektur sind dagegen gering. Sie beschränken sich auf Ermittlungen wegen des Verdachts unerlaubter Handlungen zum Schaden des Hl. Stuhls, sowie darauf, die Verdächtigen gegebenenfalls beim zuständigen Gericht zu belangen, oder, „falls es ein solches nicht gibt, einer Sonderkomm. oder, auf Antrag des Papstes, zur Hl. Röm. Rota vorzuladen" (Art. 12 der Besonderen Regelung).

Die Aufgaben der Präfektur sind in gewissem Sinne mit dem Rechnungshof oder dem Finanzministerium des Staates zu vergleichen. Nach einer Verfügung von Johannes Paul II. vom 14. Mai 1982 besteht die Präfektur aus fünf Kardinälen, von denen einer Präsident ist und das Büro leitet. Er wird von einem Prälaten unterstützt, der als Sekretär die verschiedenen Dienste koordiniert. Ein Hauptbuchhalter, der auch Laie sein kann, erledigt Aufgaben technischer Natur. Zur Präfektur gehört weiterhin ein Rechtsberater. Ferner gibt es Mitarbeiter mit verschiedenen Titeln (Minutant, Protokollführer, Beigeordneter usw.) sowie eine umfangreiche Beratergruppe von Klerikern und Laien mit juristisch-wirtschaftlichen Erfahrungen, die sowohl einzeln wie als Kollegium schriftliche Voten abgeben. Schließlich gibt es ein Prüferkollegium mit einem eigenem Sekretär.

Bibl.: N. Del Re, *La Curia Romana. Lineamenti storico-giuridici*, Rom 1970, S. 292–294; F. Salerno, *Gli Uffici*, in *La Curia Romana nella Cost. Ap. „Pastor Bonus"*, Vatikanstadt 1990, S. 498–503.

N. Del Re

Prälaten mit „Quasten"

So wurden bis zur berühmten Reform von 1968 vier hohe Würdenträger des Päpstl. Hofes genannt, nämlich der Vizecamerlengo der Heiligen Röm. Kirche, der Generalauditor und der Generalschatzmeister der Apost. Kammer und der *Maggiordomo* Seiner Heiligkeit (→ betreffende Stichwörter). Die Bezeichnung stammt von den großen oder kleinen Quasten, mit denen früher besonders bei den großen Ausritten die Köpfe ihrer Pferde geschmückt waren. Sie trugen auch Adelswappen der Geschlechter, denen sie angehörten. Das Wappen der Prälaten mit Quasten, fast immer Erzbischöfe, trug oben einen fliegenden violetten Hut mit eingewobenen roten Fäden nach Art einer Raute mit vier Ordnungen von Quasten, zehn auf jeder Seite, die in Reihen von 1,2,3 und 4 geordnet waren. Kraft der Konstitution Pius' XI. *Ad Incrementum decoris Apostolicae Sedis* vom 15. August 1934 (AAS, XXVI (1934) S. 497–521), in der das röm. Prälatenwesen neu geordnet wurde, fanden sich die Prälaten mit Quasten an zweiter Stelle bei den Prälaten, die zu einem Prälatenkollegium gehörten, obwohl sie nicht im eigentlichen Sinne dort Mitglieder waren. Sie trugen den Titel „Exzellenz" und hatten weitere mit ihrer Würde verbundene Privilegien. Zusammen mit weiteren Ämtern und Namen sind auch die „Prälaten mit Quasten" von Paul VI. im Rahmen seiner Neuordnung der *Casa Pontificia* (→) kraft des Motu Proprio *Pontificalis Domus* vom 28. März 1968 (AAS, LX [1968] S. 305–315) abgeschafft worden.

Bibl.: B. B. Heim, *Coutumes et droit heraldiques de l'Eglise*, Paris 1949, S. 133–135.

N. Del Re

Prälaten, Abstimmende

→ Richter der Apostolischen Signatur, Beratende

Prediger des Päpstlichen Hauses

Er hieß bis 1968 „Apostolischer Prediger" und ist der Geistliche, beauftragt mit der Predigt vor dem Papst, den Kardinälen, Bischöfen und

Prälaten der Kurie, die sich dazu in der *Sala dei Santi Pietro e Paolo* (→) (Thronsaal) versammeln. Die Predigten finden an allen Freitagen der Fastenzeit statt (mit Ausnahme des Karfreitags) und an vier Tagen des Advents, die den Festen des hl. Andreas, des hl. Nikolaus von Bari, der hl. Lucia und des hl. Apostels Thomas entsprechen.

Bis zur Mitte des 16. Jh. wurde die Predigt im Päpstl. Haus im Advent und in der Fastenzeit abwechselnd von den Generalprokuratoren der vier Bettelorden gehalten (Augustiner, Karmeliten, Dominikaner und Franziskaner). Es gab noch keinen amtlich angestellten Apost. Prediger. Dessen Einsetzung geht erst auf Paul IV. (1555–59) zurück. Der Beauftragte für diesen Dienst wurde dagegen noch lange Zeit ohne Rücksicht auf den Orden oder die Kongr., der er zugehörte, ausgewählt. Benedikt XIV. verfügte im Breve *Inclytum Fratrum Minorum* vom 2. März 1743 (veröffentlicht von P. Mauro da Leonessa in dem Werk, das in der Bibl. genannt wird), der Dienst solle immer von einem Angehörigen des Kapuzinerordens wahrgenommen werden. In seiner Antwort an den Erzbischof von Ferrara, der ihm für diese seinem Orden erwiesene Ehre gedankt hatte, schrieb der Papst, daß „die Wahrheiten, die man dem Papst, den Kardinälen und Prälaten von der Kanzel zu verkünden hat, aus dem Mund eines Kapuziners besser klingen als aus dem Mund eines jeden anderen". Der Prediger wird daher noch heute aus dem Kapuzinerorden gewählt und direkt vom Papst ernannt. Seit 1968 mit der Reform des *Casa Pontificia* durch Paul VI. durch das Motu Proprio *Pontificalis Domus* vom 28. März (AAS, LX [1968], S. 305–315) heißt er „Prediger des Päpstl. Hauses", wohnt im Generalat seines Ordens und pflegt sich vor jeder Predigt zu einem Höflichkeitsbesuch zum Papst zu begeben.

Bibl.: Mauro da Leonessa, *Il Predicatore apostolico. Note storiche*, Isola del Liri 1929.

N. Del Re

Pressesaal des Hl. Stuhls

Der Pressesaal, der in seiner jetzigen Struktur seit dem 6. Oktober 1966 existiert, ist „das Büro des Hl. Stuhls, das Nachrichten über die Aktivitäten des Papstes und des Hl. Stuhls verbreiten soll". Seit einem Schreiben des Staatssekretariats vom 28. März 1986 genießt er die gleiche journalistische Bewegungsfreiheit („*propria autonomia operativa*") wie der Osservatore Romano (→), Radio Vatikan (→) und das Vatikanische Fernsehzentrum (CTV) (→). Seit der Konstitution *Pastor Bonus* Johannes Pauls II. (AAS, LXXX [1988], S. 841–912) über die Röm. Kurie untersteht der Pressesaal direkt der ersten Sektion des Staatssekretariats (Art. 43, Nr.2). Vorher (seit 1939) gab es einen Informationsdienst, der mit dem *Osservatore Romano* verbunden war. Ein Redakteur der Zeitung publizierte täglich ein Bulletin mit wichtigen Informationen und Nachrichten, noch bevor diese in der Vatikanzeitung erschienen.

Im Pressesaal des Hl. Stuhls werden Pressekonferenzen abgehalten. Hier treffen sich ständig die rund 400 akkreditierten Journalisten, die aus Italien und zahlreichen anderen Nationen stammen. Die Journalisten, die den Pressesaal frequentieren wollen, müssen laut Reglement eine Bescheinigung der Direktion ihrer Zeitung, Agentur, Radio – oder Fernsehstation vorlegen. Jeder akkreditierte Journalist erhält einen besonderen Ausweis mit Foto, der ihm freien Zugang zum Pressesaal, zu den Pressekonferenzen und zu den täglich veröffentlichten Bulletins ermöglicht. Außerdem erhält er Zugang zur Bibliothek und zum Archiv des Pressesaals.

Der Pressesaal des Hl. Stuhls befindet sich kurz vor dem Petersplatz, in einem Kongregationsgebäude vor den Propyläen in der *Via della Conciliazione 54*, im Erdgeschoß. Der Saal für die Pressekonferenzen hat zweihundert Sitzplätze und ist für Simultanübersetzungen und Filmvorführungen ausgerüstet. Auf der linken Seite steht den Journalisten ein Saal mit Tischen, Telefonen und Telefonkabinen zur Verfügung, rechts befinden sich die Büros der Direktion und des Sekretariats. Im ersten Stock sind die Bibliothek und das Archiv untergebracht.

Seit 1990 hat der „Vatican Information Service" (→) die besondere Aufgabe, die Päpstl. Vertretungen per Computer oder Fax über die Aktivitäten des Papstes und des Hl. Stuhls zu informieren.

Bibl.: F. Alessandrini, *La Sala Stampa della Santa Sede,* in *Il Vaticano e Roma cristiana,* Vatikanstadt 1975, S. 376–377.

N. Del Re

PRIVATBIBLIOTHEK SEINER HEILIGKEIT

Es handelt sich um die offizielle Bezeichnung des Arbeitszimmers, in das der Papst sich jeden Morgen zur Erledigung vielfältiger Aufgaben der geistlichen und säkularen Leitung zurückzieht. Er empfängt dort während der sog. Tabellaraudienzen (→) die höchsten Vertreter der Kurie und des Vatikanstaates. In dieser Bibliothek empfängt der Papst auch gewöhnlich in Privataudienz Staatsoberhäupter, Kardinäle, Minister und Botschafter.

Bevor Gregor XVI. (1831–46) dort seine Privatbibliothek einrichten ließ, war der Raum für die Konsistorien während der kalten Jahreszeit ausgestattet. Der eigentliche *Konsistoriensaal* (→ Sala) lag nach Norden. Gegenüber dem Schreibtisch des Papstes befindet sich ein Gemälde von Perugino mit einer Darstellung der *Auferstehung Christi*, während auf der gegenüberliegenden Wand ein Bild der *Jungfrau Maria mit dem Sohn zwischen den hll. Petrus und Paulus* von Antoniazzo Romano hervorsticht, das von den Auditoren der Rota verehrt wird. Auf der rechten Seite befindet sich eine *Kreuzigung* von Giotto zwischen zwei Gemälden von Heiligen und Propheten von Giovanni del Biondo (14. Jh.). Auf den Beginn des 17. Jh. geht hingegen der breite Freskenfries zurück mit dem Wappen Pauls V. (1605–21).

Für die Nachmittagsarbeit begibt sich der Papst gewöhnlich in sein privates Arbeitszimmer im dritten Geschoß des Apost. Palastes, die Privatwohnung des Papstes (→).

Bibl.: R. Panciroli, *L'Appartamento pontificio delle udienze*, Rom 1971.

N. Del Re

PRIVATKAPELLE DES PAPSTES

Früher wurde sie *geheime Kapelle* oder *Hauskapelle* genannt. Es ist die Kapelle, in der der Papst gewöhnlich betet, die tägliche Messe feiert, der Messe der Geheimkapläne (→) früher ungesehen beiwohnte, und in der er bei besonderen Anlässen die Vesper betet. Manchmal erteilten die Päpste dort auch einige Sakramente, besonders das der Ehe und der Taufe für Familienmitglieder und Priesterweihen. Private Papstkapellen existierten früher zahlreich auch außerhalb des Vatikan, vor allem im apostolischen Quirinalspalast.

Seit der Zeit nach Pius XII. (1939–58) liegt die Privatkapelle des Papstes in der dritten Loggia und ist Teil der Privatwohnung des Papstes (→). Sie wurde unter Paul VI. (1963–78) völlig neu in schlichtem Stil ausgestattet. Der rechteckige Saal hat Marmorfußboden und eine große farbige Glasdecke, auf der die Figur des *Auferstandenen Christus* erscheint. Die Seitenverglasung zeigt alt- und neutestamentliche Szenen. In der Mitte des Raumes befindet sich der Betstuhl des Papstes.

Bibl.: R. Panciroli, *L'Appartamento pontificio delle udienze*, Rom 1971.

L. Del Gallo

PRIVATWOHNUNG DES PAPSTES

Sie befindet sich im dritten Stock des Apost. Palastes am Ende der linken Galerie der dritten Loggia, wohin sie 1903 durch Pius X. verlegt wurde. Man erreicht sie vom Damasushof (→) aus. Sie wurde in den ersten Monaten des Pontifikates von Pius XII. erneuert, 1964 aber von Paul VI. völlig umstrukturiert. Man tritt durch einen Vorraum ein, der in einen weiten Saal führt und der darunter liegenden Privatbibliothek (→) entspricht. Dahinter liegt das private Studio des Papstes, das man durch ein kleines, für seinen Sondersekretär bestimmtes Büro erreicht. Es folgen das Schlafzimmer, die Privatkapelle (→), von modernen italienischen Künstlern völlig neu ausgeschmückt, schließlich der Speisesaal mit den anschließenden Diensträumen.

Hier und in den darunter liegenden Audienzräumen verbringt der Papst gewöhnlich, wenn er im Vatikan weilt, seinen Arbeitstag, den er morgens in seiner Privatbibliothek im zweiten Stock beginnt, um ihn am Nachmittag fortzusetzen, zuweilen bis in die späte Nacht hinein, wenn er sich in seinem privaten Studio befindet. Wer vom Petersplatz hinaufschaut, kann das Licht hinter dem zweiten Fenster von rechts sehen, von dem aus er auch am Sonntagmittag das Wort an die Menge auf dem Petersplatz richtet, den Angelus betet und dann seinen Apost. Segen erteilt. Häufig geht der Papst in seinen Ansprachen auf aktuelle Krisensituationen in der Welt ein und appelliert, den Frieden zu bewahren. Diese Tradition wurde erst durch Papst Johannes XXIII. wieder aufgenommen.

L. Del Gallo

PROKURATOREN DER APOSTOLISCHEN PALÄSTE

So wurden die *vi officii* autorisierten Verteidiger der beim Gerichtshof der Röm. Rota (→) anhängigen Fälle genannt, die vor allem ohne Entgelt die Fälle der Armen zu betreuen hatten. Sie finden als „Prokuratoren" zum ersten Mal Erwähnung in den Anfängen des Pontifikates Innozenz' II. (1130–43) und waren mit der Verteidigung der Rechtsfälle vor dem Papst (*coram Sanctissimo*) beauftragt, aber auch vor den Kardinälen in der Verteidigung vor allem der Armen. Benedikt XII. vereinte sie zu einem Kollegium mit der Konstitution *Decens et necessarium* vom 26. Oktober 1340, während Martin V. 1418 mit der Konstitution *De apostolicae dignitatis* vom 1. September (BR IV, S. 680–689) unter anderem die Normen für die Ausübung der Advokatur bei der Rota festlegte. Paul III. erlaubte mit einem Motu Proprio vom 10. September 1548 den Mitgliedern des Kollegiums die besondere Teilnahme an den päpstl. Gottesdiensten und anderen Zeremonien, wobei ihr Platz hinter denen der Konsistorialadvokaten war. Paul V. billigte dann die neuen Statuten des Kollegiums, die Giambattista Caccini, Dekan der Rota, mit weiteren Auditoren der Rota ausgearbeitet hatte, kraft des Motu Proprio *Cum pro Pastorali* vom 16. Oktober 1618. Darin bestimmte der Papst, daß das Kollegium in Zukunft nicht mehr willkürlich von den Prokuratoren selbst ausgewählte Personen aufnehmen, sondern nur 24 Mitglieder umfassen sollte. Sie sollten *Patroni causarum Palatii Apostolici* und die in dem zitierten Dokument vorgesehenen Fähigkeiten mitbringen. Die Zulassung zu vakant gewordenen Stellen mußte ebenfalls nach vorheriger Prüfung erfolgen, auf die jedoch ausnahmsweise auch verzichtet werden konnte (vgl. *Liber Patronorum Collegii causarum Sacri Palatii Apostolici inceptus anno*

1703, in *Arch. Vat. S.R. Rota*, Miscell. 34, S. 3–4).

Dem Kollegium wurden ferner von Innozenz XI. (1676–89) und Clemens XI. (1700–21) weitere Aufgaben übertragen. Clemens XIII. ordnete mit der Konstitution *Superni dispositione consilii* vom 30. März 1765 die Examenspflicht der Bewerber an. Nach einigen weiteren Dispositionen im vergangenen Jahrhundert durch Gregor XVI. (1831–46) griffen bei der Ordnung des Kollegiums der „Prokuratoren der Apost. Paläste" nacheinander auch Pius X. (1903–14), Benedikt XV. (1914–1922) ein. Pius XI. forderte für sie den Titel eines „Anwalts bei der Rota" zur Einschreibung in das Kollegium und schaffte damit das Privileg ab – *quatenus opus sit* (wenn nötig), – das den Zugang auch Bewerbern gestattete, die den erwähnten Titel nicht hatten (vgl. Brief des Kardinalstaatssekretärs vom 27. März 1933 Nr. 121–216). Er bestätigte ferner den Prokuratoren das Recht, die Rechtsfälle vor dem Gerichtshof der Röm. Rota zu verteidigen (vgl. Art. 54 der *Normae S. Romanae Rotae Tribunalis* vom 29. Juni 1934 und Nr. LXXXV der Konstitution *Ad incrementum decoris* vom 15. August 1934). Die von den „Prokuratoren der Apost. Paläste" bereits ausgeübten Funktionen wurden, ebenso wie jene der bisher von den „Konsistorialadvokaten" (→) wahrgenommenen, von Johannes Paul II. 1988 den neuen „Advokaten des Hl. Stuhles" (→) übertragen, die er mit dem Motu Proprio *Iusti Iudicis* vom 28. Juni 1988 (AAS, LXXX [1988], S. 1258–61) geschaffen hatte. Die Rechte und Privilegien der noch im Amt befindlichen Advokaten galten nach diesem Datum weiter. Nur deren altes Kollegium wurde damit endgültig aufgehoben (Art. 10).

Bibl.: F. Roberti, *De processibus*, I, Rom 1941, S. 586 ff.

N. Del Re

PROMOTOR DER GERECHTIGKEIT (KIRCHENANWALT)

Er entspricht bei den weltlichen Gerichten dem Staatsanwalt und ist die Person, die rechtmäßig bei allen kirchlichen Gerichtshöfen nach can. 1430 des geltenden Codex des Kirchenrechts den Schutz der Gerechtigkeit und der Gesetze in Strafverfahren und Streitfällen übernimmt. Früher wurde er nur *Promotor* oder *Procurator fiscalis* genannt. Der Ursprung des Promotors der Gerechtigkeit scheint jedoch auf die Einführung der Inquisitionsprozesse durch Innozenz III. auf dem IV. Laterankonzil (1215) zurückzugehen. Trotz der späteren Neuordnungen, 1518 durch Leo X., 1548 durch Paul III. und 1562 durch Pius IV., waren Gestalt und Aufgaben dieses Amtes in der Röm. Kurie lange nicht klar definiert. Erst im 18. Jh. wurde seine Aufstellung allgemein üblich, obwohl dafür kein verpflichtendes Gesetz vorlag.

Bei den beiden Apost. Gerichtshöfen, der Obersten Signatur und der Röm. Rota, wie auch bei der Glaubenskongr. (früher Hl. Offizium), die weiter als Gerichtshof fungiert, ist das Amt des *Promotor iustitiae* (Kirchenanwalts) fest eingerichtet. Seine jeweiligen Inhaber werden vom Papst mit einem Billet (Urkunde) des Staatssekretariates ernannt. Seine Aufgaben sind genau in den Gesetzen und in den Verfügungen der einzelnen Dikasterien festgelegt. Zu bemerken ist, daß beim Obersten Gerichtshof der Apost. Signatur die vom Promotor der Gerechtigkeit auszuübenden Funktionen als festes Mitglied des Dikasteriums früher durch einen der „stimmberechtigten" Prälaten gemäß Art. 16 des *Appendix ad Regulas servandas in iudiciis apud Supremum Signaturae Apostolicae* wahrgenommen wurden. Bei der Glaubenskongregation hieß der Promotor der Gerechtigkeit bis 1920 *avvocato fiscale*.

Nachdem der Promotor der Gerechtigkeit bereits rechtlich institutionalisiert war, wurden seine Funktionen durch eine Verfügung geändert, die am 21. November 1987 mit der Unterschrift des damaligen Kardinalstaatssekretärs Agostino Casaroli erlassen wurde. Er ist nun auch bei allen kirchlichen und zivilen Rechtsinstanzen des Staates der Vatikanstadt zugelassen. Beim Tribunal wird er vom Papst auf Dauer ernannt (Art. 5 und 7), für fünf Jahre dagegen beim Appellationsgericht (Art. 13). Beim Kassationsgerichtshof wählt ihn zu Beginn eines jeden Gerichtsjahres der Präsident selbst aus den stimmberechtigten Prälaten des Obersten Gerichtshofes der Apost. Signatur aus (Art. 20). Ebenfalls für fünf Jahre vom Papst ernannt wurde der Promotor der Gerechtigkeit beim neuen kirchlichen Tribunal (→). Derzeit ist er für die Behandlung der zivilen Rechtsfälle auf dem Territorium des Vikariates der Vatikanstadt zuständig.

Bibl.: P. Palazzini, in *Enciclopedia cattolica*, X (1953), Sp. 122–125 mit Bibl.

N. Del Re

Promotor Fidei

Dieser Titel (= Glaubensanwalt) ist nach der Reform des Verfahrens bei den Heilig- und Seligsprechungen, die Johannes Paul II. mit der Konstitution *Divinus perfectionis Magister* vom 25. Januar 1983 (AAS, LXXV [1983] S. 349–355) durchgeführt hat, ausschließlich dem „Prälaten-Theologen" der „Kongr. für die Selig- und Heiligsprechungsprozesse" (→) vorbehalten. Seine derzeitigen Aufgaben sind in Nr. 10 der erwähnten Konstitution umschrieben. Der Glaubensanwalt hat bei allen Zusammenkünften der theologischen Konsultoren der Kongr. den Vorsitz zu führen, die Berichte für jede Zusammenkunft vorzubereiten, als Fachmann an den Versammlungen der Mitglieder des Dikasteriums teilzunehmen, jedoch ohne Stimmrecht. Gegenüber früher haben sich die Aufgaben des Glaubensanwalts durch die neue Gesetzgebung etwas verringert, wurden jedoch nicht abgewertet, wie es auf den ersten Blick scheinen könnte. Als Vorsitzender aller Zusammenkünfte und zugelassener Teilnehmer der oben erwähnten Sitzungen, bei denen es um die Feststellung der Tugendgrade, des Martyriums oder der Wunder eines Dieners Gottes geht, ist er „derjenige, der einen umfassenden und vertieften Überblick" – wie Peter Gumpel (vgl. Bibl.) feststellt – „über alle in der Kongr. diskutierten Fällen hat, wie sie die Mitglieder des Kollegiums, die theologischen Konsultoren und die Offiziale der Kongr. nicht haben können. Sein Wissen und seine persönliche Fachkenntnis stehen im Dienste dieser Begegnungen auf hoher Ebene und tragen zum guten Ablauf der Diskussion sowie zur Vertiefung der verschiedenen theologischen Themen bei, die diese berühren. Nicht ohne Grund spricht die neue Gesetzgebung vom Glaubensanwalt, indem sie ihm an erster Stelle den Titel *Prelato Theologo* gibt".

Die älteste Erwähnung des Titels *promotor fidei* findet sich im Breve, mit dem Leo X. den ersten Patriarchen von Venedig, Lorenzo Giustiniani (1381–1456), im Jahr 1727 heiliggesprochen hat, wie Benedikt XIV. beschreibt (vgl. *De Servorum Dei beatificatione et beatorum canonizatione I*, Prato 1839, Kap. 18, S. 114). Es mußte über ein Jahrhundert vergehen, bis die Gestalt des Glaubensanwalts fest in die Zahl der Mitarbeiter der entsprechenden *„Congregatio pro sacris ritibus et caeremoniis"* integriert wurde, die Sixtus V. 1588 eingerichtet hatte. Es war dann Urban VIII., der aus dem Glaubensanwalt ein wirkliches Mitglied des Dikasteriums machte mit der spezifischen Aufgabe, die Rechte des Glaubens und die Beobachtung der kirchlichen Gesetze zu schützen, was bisher vom Prokurator *pro tempore* der Apost. Kammer erledigt wurde.

Als Leiter der zweiten Sektion der alten Ritenkongregation war der „General-Glaubensanwalt" – wie er damals hieß – bis zur Kurienreform von 1967 Mitglied ihrer Rechtsabteilung. Nach der Errichtung der neuen „Kongr. für die Heilig- und Seligsprechungsprozesse" (→) im Jahr 1969 stand er an der Spitze des zweiten ihrer drei Büros. Er war nun für die Verteidigung des Gesetzes und der Vorlage der *animadversiones* verantwortlich. Er mußte seine Schlußfolgerungen vorlegen und die Gültigkeit der Akten zu den heroischen Tugendgraden oder zum Martyrium prüfen. Mit der 1983 eingeführten Reform sind einige der bisherigen Aufgaben des Glaubensanwalts den neuen Relatoren übertragen worden. Unter anderem ist es nicht mehr Sache des Glaubensanwalts, die beurteilenden Stellungnahmen zu entwerfen. Dies hatte vor allem das Ziel, seine für ihn und seine Assistenten infolge der gewachsenen Zahl der Prozesse allzu belastend gewordene Arbeit zu erleichtern. Falls ihm die Bearbeitung des einen oder anderen Prozesses nicht möglich war, ernannte auf seinen Antrag hin der Präfekt der Kongr. einen anderen Anwalt für den betreffenden Fall.

Aufgrund der neuen Gesetzgebung ist aus dem Stab der Kongr. für die Selig- und Heiligsprechungsprozesse der untergeordnete „General-Glaubensanwalt" gestrichen worden, weil er nicht mehr benötigt wurde. So gibt es auch beim diözesanen Prozeß für eine Heilig- oder Seligsprechung keinen eigentlichen Glaubensanwalt mehr. Seine Aufgaben werden seitdem vom „Promotor der Gerechtigkeit" (→) wahrgenommen.

Bibl.: G. Felici, in *Enciclopedia cattolica*, X, Sp. 119–122; G. Papa, *La Sacra Congregazione dei Riti nel primo periodo di attività (1588–1634)*, in *Miscellanea in occasione del IV Centenario della Congregazione per le cause dei Santi (1588–1988)*, Vatikanstadt 1988, S. 39–42; P. Gumpel, *Il Collegio dei Relatori in seno alla Congregazione per le Cause dei Santi. Alcuni commenti e osservazioni personali di un Relatore*, ib., S. 309–312.

N. Del Re

PRONUNTIUS, APOSTOLISCHER

So heißt der diplomatische Vertreter des Hl. Stuhls in jenen Ländern, die den Apost. Nuntius (→) nicht von Rechts wegen als Doyen des Diplomatischen Korps anerkennen. Diese 1815 in der „Regelung" von Wien erfolgte Bestimmung ist 1961 von einer Konferenz, ebenfalls in der österreichischen Hauptstadt mit Delegierten aus 71 Ländern, bestätigt worden. Mit der Einführung dieser neuen Form eines Missionschefs in die päpstl. Diplomatie verband der Hl. Stuhl die klare Absicht, dem Aufkommen eventueller Unzuträglichkeiten zu begegnen, die sich aus der Akkreditierung eines Apost. Internuntius (→) ergeben konnten, deren Entsendung vom akkreditierenden Staat hätte mißdeutet werden können.

Derzeit kann auch in jenen Ländern, wo dem päpstl. Vertreter nicht das Recht des Doyen zuerkannt wird, eine echte und eigentliche Nuntiatur errichtet werden. Dann wird sie nicht von einem Apost. Nuntius, sondern von einem Missionschef geleitet, der zwar zur ersten Klasse der diplomatischen Vertreter gehört und daher die Beglaubigung eines Botschafters hat, aber den Titel eines Apost. Pronuntius trägt. Man will damit auf eine Situation hinweisen, die der Hl. Stuhl als vorübergehend und nicht ganz befriedigend betrachtet. Die ersten Pronuntien der päpstl. Diplomatie waren Msgr. Alfredo Poledrini, der an die neue Nuntiatur in Zambia – am 27. Oktober 1965 errichtet – entsandt wurde, und Erzbischof Guido Del Mestri, damals Apost. Delegat in Ostafrika mit Sitz in Kenia. In der Terminologie der päpstl. Diplomatie war die Qualifikation „Pronuntius" nicht neu, weil sie vorher schon Nuntien bezeichnete, die Kardinäle geworden waren, aber noch einige Zeit nach dem Konsistorium an ihrem Dienstsitz verbringen mußten.

Bibl.: E.G(allina), *I Pro-Nunzi apostolici*, in *L'Osservatore Romano* vom 26. Oktober 1965; K. Walf, *Der Apost. Pronuntius, neue Sinngebung für einen alten terminus technicus*, in *Archiv für katholisches Kirchenrecht*, 134 (1965), S. 376–381; E. Gallina, *Les Pro-nonces apostoliques*, Vatikanstadt 1966.

N. Del Re

Protektorat, Päpstliches

Darunter wird ein bedeutendes Privileg verstanden, das bestimmte Kirchen und Abteien, religiöse Orden und Kongregation, Bruderschaften und fromme Vereine haben, die sich eines besonderen Schutzes durch den Papst erfreuen. Der Ursprung der *Protettoria Pontificia* liegt in der Tatsache, daß es einigen Päpsten gefiel, auch nach ihrer Besitzergreifung des Papstthrons die Protektorate beizubehalten, die sie als Kardinäle (→ Kardinalprotektor) übernommen hatten. Paul V. (1605–21) beispielsweise behielt als Papst den Schutz der „Erzbruderschaft von der christlichen Lehre" bei, den er später dem Kardinalvikar von Rom übertrug. Ein so hohes Privileg hängt immer vom freien Willen der Päpste ab, die zuweilen auch die Protektion ganzer Provinzen oder Städte als Beweis ihres besonderen Wohlwollens übernahmen. So taten es zum Beispiel Pius VII. (1800–23) als Protektor von *Sabina*, und Gregor XVI. (1831–46) als Protektor der Stadt *Pergola* in den Marken.

Bibl.: G. Felici, in *Enciclopedia cattolica*, X, Sp. 189–190; L. Diez, in *Dizionario degli Istituti dei perfezione*, *VII*, Sp. 1034–36.

N. Del Re

Protonotare, Apostolische

So werden die sieben Prälaten bezeichnet, die *con fede pubblica* die Aufgaben von Notaren des Papstes und des Hl. Stuhles übernehmen. Sie bilden ein Kollegium, an dessen Spitze der Dienstälteste als Dekan steht. Die Apost. Protonotare (*Protonotarii de numero participantium*) haben nach ihren eigenen Statuten die Akten zu den feierlichen dogmatischen Definitionen, zu den Heiligsprechungen, zur Krönung, Besitzergreifung und zur Anerkennung des Todes des Röm. Papstes aufzusetzen, endlich die Vorgänge zur Schließung und Öffnung des Konklaves zu begleiten. Bei den Ökumenischen Konzilien sind sie bei den Sitzungen und in den Generalversammlungen anwesend und besorgen die Veröffentlichung der Konzilsdekrete. Sie entwerfen alle anderen öffentlichen oder privaten Schriftsätze des Papstes und des Hl. Stuhles.

Ihr Ursprung reicht sehr weit in die Vergangenheit zurück – im 3. und 4. Jh. gab es schon *notarii in urbe ad gesta martyrum et acta ecclesiastica conscribenda* (*Liber Pontificalis I,* 147, 205). Seit dem 5. Jh. bildeten sie ein Kollegium. Gregor I. spricht von der *schola notariorum* und ihrem Leiter, dem *Primicerius notariorum*. Ab dem 14. Jh. wird unterschieden zwischen Protonotaren (die alten sieben Regionalnotare) und den Apost. Notaren, die sich auch außerhalb Roms aufhalten konnten. Martin V. unterscheidet Protonotare *ufficio fungente* und Protonotare ehrenhalber. Damals wurden sie zum ersten Mal im *Ordo Romanus* XIV (Kap. 70) so genannt, um sie von allen anderen Apost. Notaren zu unterscheiden, von denen viele auch außerhalb Roms residierten. Nachdem Sixtus V. die Zahl der Apost. Protonotare mit der Konstitution *Romanus Pontifex* vom 16. November 1585 auf zwölf festgelegt hatte (BR VIII, S. 621–624), sorgte er wenig später für eine genaue Umschreibung ihrer Aufgaben und bestimmte ihre Privilegien. Er gewährte ihnen unter anderen mit der Konstitution *Laudabilis sedis* vom 15. Februar 1586 (BR VIII, S. 624–630) die Vollmacht, Doktorate in Theologie und in anderen Fächern zu verleihen, natürlich nach vorherigem Examen, uneheliche Kinder zu legitimieren und jedes Jahr einen neuen Ehren-Protonotar zu ernennen.

Mit den Apost. Protonotaren beschäftigte sich dann Gregor XVI., der mit der Konstitution *Neminem certe latet* vom 8. Februar 1838 (Acta Gregorii XVI, II, S. 248) ihre Zahl wieder auf sieben verminderte. Pius IX. traf neue Regelungen mit der Konstitution *Quamvis peculiaris* vom 9. Februar 1853, Pius X. mit dem Motu Proprio *Inter multiplices curas* vom 21. Februar 1905, zuletzt Pius XI., der ihre Vollmachten und Privilegien mit der Konstitution *Ad incrementum decoris* vom 15. August 1934 (AAS, XXVI [1934], S. 497–521) neu ordnete. Danach bestand neben den sieben Apost. Protonotaren *(participantes)* auch eine nicht festgelegte Zahl von Protonotaren *non partecipantes*, die in folgende drei Klassen aufgeteilt waren: 1) Apost. Protonotare *soprannummerarii* (also über die festgesetzte Zahl hinaus), die entweder *ad vitam* (auf Lebenszeit) ernannt waren (die Kanoniker der Patriarchalbasiliken von Rom), oder *durante munere* (für ihre Amtszeit: die Kanoniker der Kathedralkirchen von Concordia, Florenz, Gorizia, Padua, Palermo – Metropolitankirche und Palastkapelle –, Treviso, Udine und Venedig); 2) Protonotare *soprannumerarii ad instar*, auch diese entweder auf Lebenszeit durch Päpstl. Breve ernannt, oder *durante munere*: die Kanoniker von *S. Maria ad Martyres,* vom Pantheon in Rom sowie die der Metropolitankirchen von Bologna, Cagliari, Esztergom, Malta, Modena, des bischöflichen Kapitels der Kathedrale von Bergamo und der Erzpriester *pro-tempore* des Stiftes von Brisighella/Faenza); 3) Apost. Protonotare *soprannumerari* ehrenhalber, die vom Papst oder auch vom Kollegium der *Protonotari participanti* erwählt werden.

Infolge der Neuordnung der *Casa Pontificia* (→) durch Paul VI. 1968 mit dem Motu Proprio *Pontificalis Domus* vom 28. März 1968 (AAS, LX [1968], S. 305–315) gibt es derzeit nur zwei Gruppen von Apost. Protonotaren, die *di numero* und die *soprannumerari*. Abgeschafft sind die Gruppen der *Protonotari ad instar* und die *Protonotari titolari*.

Bibl.: L. Trombetta, *De iuribus et privilegiis praelatorum Romanae Curiae*, Rom 1906; B. Kurtscheid, *De quibusdam praelatis Romanae Curiae*, in *Apollinaris*, 8 (1935), S. 62–71, 559–568; *Constitutiones apostolicae recentiores de Protonotariis apostolicis*, 1950.

N. Del Re

Q

Qualifikatoren des Hl. Offiziums

Titel, der früher an einige geistliche Mitglieder der alten Kongr. des Hl. Offiziums vergeben wurde. Heute heißt sie „Kongregation für Glaubenslehre“. Diese Geistlichen waren bedeutende und wichtige Berater, die unter den bekanntesten und herausragendsten Theologen und Kirchenrechtlern Roms ausgesucht wurden. Sie hatten die Aufgabe, ihre Meinung über die Fehlerhaftigkeit von Texten und Lehrmeinungen zu äußern. Bei der Umbildung des Hl. Offiziums durch Paul VI. 1965 wurde diese Kategorie abgeschafft.

N. Del Re

Quartier der Nobelgarde

Die von Pius VII. 1801 mit ihrem ursprünglichen Namen bezeichnete „Adlige Leibgarde seiner Heiligkeit“ (Nobelgarde) wurde im gleichen Quartier untergebracht wie das frühere Korps der Kavalleristen. Sie lagen in der Nähe des Vatikan an der *Porta de Terrionibus*, das dann später *Porta Cavalleggeri* hieß. Noch bevor der päpstl. Staat 1870 aufgelöst wurde, zog die Nobelgarde in einen wahrscheinlich aus dem 16. Jh. stammenden Teil des Apost. Palastes.

Bereits 1915 bemerkte Papst Benedikt XV. während eines Besuchs der Räumlichkeiten, daß sie wenig geeignet seien und die Diensthabenden zu langen Gängen durch der Öffentlichkeit zugänglichen Teile des Palastes zwang. Nach dem Krieg wurde die Wache in einen günstigeren Teil auf gleicher Ebene mit den päpstl. Audienzräumen verlegt, so daß die Wache nach einem kurzen Gang durch die Loggia und die verschiedenen Säle zum „Saal der Nobelgarde“ gelangte. Das neue Quartier befand sich in der früheren Wohnung Julius' III. (1550–1555), die später von Paul IV. (1555–59) erweitert wurde. Es wurde 1922 eingeweiht und bestand aus den Unterkünften der Wache, deren Büros, einigen Repräsentationssälen, der Kapelle des hl. Sebastian, dem 1819 begonnenen Archiv und einer wertvollen Waffensammlung der ehemaligen päpstl. Armee. Nach der Auflösung der Nobelgarde am 15. September 1970 sind die Räume des alten Quartiers dem Staatssekretariat und ein Teil auch der Apost. Bibliothek überantwortet worden. Die zahlreichen Andenken der Gardisten und das übrige Material wurde an das „Historische Museum“ (→) übergeben, das sich jetzt im Lateran befindet.

Bibl.: B. Nogara, *Il nuovo Quartiere*, in *La Guardia Nobile del Corpo di Sua Santità nella sua storia e nella sua missione*, Rom 1922, S. 34–38.

A. Martini

Quartier der Palatingarde

Die Palatin-Garde wurde von Pius IX. 1850 durch die Zusammenlegung der „Ausgesuchten Bürgergarde“ und der Stadtmiliz gegründet und hatte ihr Quartier in den ehemaligen Räumen der Stadtmiliz in der *Via del Sudario.* Dort blieb sie bis 1870, als sie sich in den Vatikan zurückzog, um den regulären Ehrendienst zum Schutz des Papstes und dessen Wohnung zu leisten; denn sie war trotz der Kapitulationsvereinbarung bestehen geblieben.

In den darauffolgenden Jahren wurde jede Anstrengung unternommen, um die neuen Räumlichkeiten im Apost. Vatikanpalast den Notwendigkeiten der Garde anzupassen. Kurz vor dem Zweiten Weltkrieg kamen Räume nahegelegener Gebäude hinzu. Der Komplex hatte dadurch außer dem Eingang vom Damasushof her noch zwei weitere Zugänge vom Hof Sixtus' V. Bei der Besetzung durch die Deutschen wurden die Aufgaben immer ausgedehnter. Um auch die extraterritorialen Zonen und Gebäude des Apost. Stuhles zu schützen, mußte die Palatingarde einen Teil ihres Personals an 15 verschiedene Orte Roms und nach Castelgandolfo auslagern. Nach Kriegsende kehrte das Korps wieder zu seinen früheren Aufgaben und in das alte Quartier zurück, bis es 1970 durch Paul VI. aufgelöst wurde.

Bibl.: P. Spinosi, *Il nuovo Quartiere*, in *Vita Palatina*, 4 (1948), Nr. 1; R. Orecchia, *La nostra Cappella*, ib., Nr. 6; E. Galeazzi, *Edilizia e urbanistica di Pio XII nella Città del Vaticano*, in *Triplice omaggio a S.S. Pio XII*, II, Vatikanstadt 1958, S. 221–222.

A. Martini

R

Radio Vatikan

Sofort nach der Unterzeichnung der Lateranverträge 1929 wünschte Pius XI. als „Ausdruck der Souveränität und Unabhängigkeit des Hl. Stuhls" eine Rundfunkstation, wie Pater Tucci (siehe Bibl.) berichtet. Radio Vatikan wurde am 12. Februar 1931 im Beisein des Papstes von Guglielmo Marconi (der im Auftrag des Papstes seinen Aufbau übernommen hatte), Pater Giuseppe Gianfranceschi SJ, dem ersten Direktor des Radios, und verschiedenen Kardinälen eingeweiht (unter ihnen auch Staatssekretär Eugenio Pacelli, der zukünftige Pius XII.). An diesem Tag um 16.30 Uhr wurde als erste Radionachricht eine Papstbotschaft übertragen: Zum Thema *Qui arcano Dei consiglio* sprach Pius XI., dessen Stimme so auf der ganzen Welt gleichzeitig zu hören war: „Indem wir uns von diesem Ort aus als erster der wunderbaren Erfindung Marconis bedienen dürfen, wenden wir uns an die ganze Welt und an alle Menschen. Wir verkünden ihnen mit den Worten der Hl. Schrift: Höret oh Himmel, was ich zu sagen habe. Die Erde höre die Worte aus meinem Munde. Oh höret alle Völker.."

Die Jahre zwischen 1931 und 1939 waren für Radio Vatikan eine Versuchsperiode. Regelmäßig wurden Nachrichten wissenschaftlicher und religiöser Art, z.B. Berichte über die Aktivitäten des Hl. Vaters und aus dem Leben der Kirche sowie Veröffentlichungen der Päpstl. Akademie der Wissenschaften in alle Welt übertragen. Die Sendezentrale befand sich im Palast Leos XIII. auf dem Vatikanhügel. Die ersten Studios wurden eröffnet und reguläre Radioprogramme auf internationaler Ebene begannen. Diese wurden während des Zweiten Weltkrieges unterbrochen. In dieser Zeit sendete das Radio fast ausschließlich Programme für die Suche von vermißten Soldaten, Gefangenen und Zivilisten, wobei in 12.105 Sendestunden insgesamt 1.240.728 Suchmeldungen ausgestrahlt wurden.

Von 1934 bis 1953 war Jesuitenpater Filippo Soccorsi Direktor des Senders. 1937 wurden der 25 kw-Sender der Marke „Telefunken" und neue Richtantennen in Dienst genommen. Ab 1940 wurden die Programme bereits täglich in italienischer, französischer, englischer, spanischer und deutscher Sprache ausgestrahlt.

Um den Hörern eine breite Auswahl von Nachrichten über die verschiedenen Aktivitäten des Papstes und der Weltkirche zu bieten, entstand in der Nachkriegszeit der „Informationsdienst Radio Vatikan" (IRVAT), der sich mit der Zeit zu den heutigen Radio Vatikan-Nachrichten entwickelte, die in sieben Sprachen gesendet werden. In der Zwischenzeit wurde das neue Sendezentrum von *Santa Maria di Galeria* 18 km von Rom entfernt errichtet. Es befindet sich auf extraterritorialem Gebiet und wurde am 27. Oktober 1957 im Beisein von Pius XII. eingeweiht. 1966 wurde das Radio durch Paul VI. neu organisiert und seine Leitung in die Hände des Jesuitenordens gelegt.

Zum 30. Jahrestag seines Bestehens im Jahre 1961 sagte Papst Johannes XXIII. über Radio

Vatikan: „Über die nationalen Grenzen hinweg wurde die Brüderlichkeit der gläubigen Völker, die der gemeinsam bekannte Glaube und eine vorbildlich gelebte Liebe vereinten, durch die Stimme aus dem Mittelpunkt der katholischen Welt deutlicher fühlbar und entzündete ein Licht auch im Herzen der Unterdrückten.“ Im gleichen Jahr weihte Johannes XXIII. einen vom Kölner Kardinal Joseph Frings gespendeten 100kw-Sender deutscher Produktion ein.

Nach Richtlinien Pauls VI. wurde Radio Vatikan am 5. Januar 1967 umstrukturiert und die Direktion auf folgende Weise gegliedert: ein Generaldirektor, ein Programmdirektor, ein Direktor des *Radiogiornale* und der Informationsdienste und ein technischer Direktor, die alle dem Jesuitenorden angehören. Die Programmdirektion und die Studios befinden sich seit dem 1. Januar 1970 in einem Trakt des *Palazzo Pio* am Tiberende der *Via della Conciliazione.*

Heute verfügt Radio Vatikan über ein Sendesystem von über 1000 kw sowie die Möglichkeit von Satellitenübertragungen. Die Sendungen sind über Kurzwelle in der ganzen Welt, über Mittelwelle in ganz Europa zu hören – in Italien auch über UKW. Mehr als 300 Menschen arbeiten als feste Angestellte beim Radio. Es sind Priester, Ordensleute und Laien, die aus 35 verschiedenen Ländern stammen und für Übertragungen in mehr als 40 Sprachen verantwortlich sind.

Um noch einmal den Generaldirektor Pater Roberto Tucci S. J. zu zitieren: „Im Unterschied zu nationalen Radiosendern, die Inlands- und Auslandssendungen haben, unterhält Radio Vatikan weder einen Dienst für die wenigen Bewohner der Vatikanstadt, noch einen Auslandsdienst, denn keiner der Hörer kann als Ausländer betrachtet werden. Aus diesem Grund gibt es für Radio Vatikan keine Fremdsprache“. Der Vatikansender befindet sich seit der Kurienreform Johannes Pauls II. von 1988 in direkter Abhängigkeit vom vatikanischen Staatssekretariat und verfügt inzwischen über modernste Technik. In acht Sprachen, auch in deutscher Sprache, erscheint vierteljährlich ein informatives Programmheft, das kostenlos beim Sender bezogen werden kann: Adresse: Radio Vatikan, Piazza Pia, 3; I-00120 Città del Vaticano.

Bibl.: R. Tucci, *La Radio Vaticana*, in *Il Vaticano e Roma cristiana*, Vatikanstadt 1975, S. 371–375; A. Monticone, *La Radio Vaticana tra Fascismo e guerra (1931–1944)*, in *Chiesa e società dal secolo IV ai nostri giorni.* Studi storici in onore del P. Ilarino da Milano, II, Rom 1979, S. 681–727; F. Bea, *Qui Radio Vaticana: mezzo secolo della Radio del Papa*, Vatikanstadt 1981; M. Pacelli, *Quando fu creata la Stazione Radio del Vaticano*, in *Strenna dei Romanisti*, 50 (1989), S. 405–416.

N. Del Re

Rat „Cor Unum“, Päpstlicher

Mit einem Handschreiben *Amoris officio* vom 15. Juli 1971 an den damaligen Kardinalstaatssekretär Jean Villot hat Papst Paul VI. diesen Rat eingerichtet (AAS, LXIII [1971], S. 669–673). Der Rat *Cor unum* (ein Herz) sollte „der Förderung der menschlichen und christlichen Entwicklung dienen und alle Energien und Initiativen bündeln, die in Verbindung mit dem Papst sowohl von den Bischöfen der Weltkirche als auch von den verschiedenen katholischen Hilfsorganisationen an Hilfsprojekten arbeiten.“ So heißt es in dem Gründungsdokument.

Zunächst sollte dieser Päpstl. Rat kein operativer Organismus sein, sondern nur die weltweiten caritativen Bemühungen „harmonisieren“. Mit der Kurienreform von Papst Johannes Paul II. auf der Basis der Konstitution *Pastor Bonus* vom 28. Juni 1988 (AAS, LXXX [1988], S. 841–912) ist dieser Rat als eigenes Dikasterium der Röm. Kurie angegliedert worden. In diesem Dokument wird erklärt, daß *Cor unum* die Sorge der katholischen Kirche gegenüber den Armen zum Ausdruck bringt, damit die menschliche Brüderlichkeit angesprochen und die Verpflichtung zu christlicher Nächstenliebe manifestiert wird (Art. 145). In Art. 146 sind die Funktionen, die Kompetenzen und die Struktur beschrieben. Aufgabe des Dikasteriums sind demnach folgende: 1.) Die Gläubigen zu einem echten Zeugnis evangelischer Nächstenliebe anzuregen und in diesem Sinne an der Mission der Kirche teilzuhaben; 2.) Die Initiativen der entsprechenden katholischen Einrichtungen zu unterstützen und zu koordinieren, die darauf ausgerichtet sind, vor allem den Völkern zu helfen, die in Not sind. Bei besonderen Unglücks- und Katastrophenfällen will der Rat zur Koordinierung der genannten katholischen Einrichtungen mit den internationalen öffentlichen Organen beitragen, die auf dem gleichen Gebiet der Not- und Entwicklungshilfe arbeiten; 3.) Projekte fördern, die aufgrund solidarischer Hilfe und brüderlicher Zuwendung auf den menschlichen Fortschritt gerichtet sind.

Der Päpstl. Rat wird von einem Kardinalpräsidenten geleitet, in der Regel demjenigen, der auch an der Spitze des Päpstl. Rates *Iustitia et Pax* steht. Ebenfalls sollen sich nach Art. 147 die Aktivitäten beider Dikasterien in enger Koordination vollziehen. Daneben gibt es einen Vizepräsidenten sowie zahlreiche Mitglieder, die vom Papst für fünf Jahre ernannt werden – in der Regel Mitglieder der weltweit operierenden katholischen Hilfsorganisationen. Daneben gibt es die Gruppe der Konsultoren sowie ein Büro mit einem Untersekretär und verschiedenen Beamten für die Abwicklung des täglichen Betriebs. Der Päpstl. Rat *Cor unum* hält einmal im Jahr eine Generalversammlung zum Studium und zur Ausarbeitung der verschiedenen Aktionspläne ab. Sein Sitz ist in Rom (Piazza S. Calisto 16).

Dem Dikasterium sind zwei Stiftungen zugeordnet, die über eigene Anlagekapitalien verfügen und ihren rechtlichen Sitz im Staat der Vatikanstadt haben. Es sind dies die am 22. Februar 1984 gegründete „Stiftung Johannes Pauls II. für die Sahelzone“ und die am 13. Februar 1992 ins Leben gerufene Stiftung *Populorum Progressio*.

Das Kapital der „Sahel-Stiftung“, ca. 20 Millionen DM, stammt fast ausschließlich aus der Kollekte von der ersten Deutschlandreise des Papstes 1980. Die Stiftung, die ihren Verwaltungssitz in Ouagadougou hat, widmet sich den neun zur Sahelzone gerechneten Staaten Afrikas: Burkina Faso, Kap Verde, Tschad, Gambia, Guinea-Bissau, Mali, Mauretanien, Niger und Senegal. Seit 1984 hat sie in jenen Ländern über 14 Millionen Dollar in rund 1.000 Projekte investiert. Die hauptsächlichen Arbeiten finden auf hydro-agrarischem Gebiet statt, damit das Vordringen der Saharawüste gestoppt wird und neue Bewässerungstechniken erschlossen werden können. Die Stiftung hat einen Verwaltungsrat, der aus neun Mitgliedern besteht. An den jährlichen Generalversammlungen in Ouagadougou nimmt auch ein Repräsentant des Hl. Stuhls teil, in der Regel der Präsident des Päpstl. Rates *Cor unum*.

Die zweite Stiftung *Populorum Progressio* steht unter der Präsidentschaft des Leiters von *Cor unum*, der sie auch rechtlich nach außen vertritt. Die besonders von italienischen Bistümern unterstützte Stiftung, deren Hilfstätigkeit sich auf Lateinamerika konzentriert, betreut rund 500 Projekte in 20 Staaten, vornehmlich im Gesundheits-, Kommunikations- und Erziehungssektor. Auch sie verfügt über einen Verwaltungsrat, der sich aus sechs Bischöfen lateinamerikanischer Länder zusammensetzt und dessen Generalsekretariat bei der Abteilung für Sozialaktionen beim Rat der lateinamerikanischen Bischöfe in Santa Fé de Bogotá seinen Sitz hat.

Bibl.: G. Caprile, *Il Consiglio pontificio „Cor unum"*, in *La Civiltà cattolica,* 122 (1971), III, S. 499–503.

N. Del Re

RAT „IUSTITIA ET PAX", PÄPSTLICHER

Auch diesem Rat liegt ein ausdrücklicher Wunsch des II. Vatikanischen Konzils und speziell der am 7. Dezember 1965 proklamierten Pastoralkonstitution *Gaudium et spes* (Nr. 90) zugrunde. Am 6. Januar 1967 wurde von Paul VI. zugleich mit dem Laienrat mit dem Motu Proprio *Catholicam Christi Ecclesiam* (AAS, LIX [1967], S. 25–28) die Studienkomm. *Iustitia et Pax* geschaffen. Ihr Auftrag war es, „im ganzen Volk Gottes das Bewußtsein jener Rolle zu wecken, welche die gegenwärtige Zeit ihm zuerkennt, den Fortschritt der notleidenden Völker zu fördern, die soziale Gerechtigkeit zwischen den Nationen zu begünstigen und den unterentwickelten Völkern Hilfe zu leisten, sodaß sie dann auch selbst für ihren weiteren Fortschritt sorgen können", so heißt es in dem genannten Dokument. Zunächst wollte man aus der Studienkomm. eine Abteilung des Laienrates machen. Sie wurde dann aber als von ihm unabhängiger Organismus geschaffen und von Paul VI. mit dem Motu Proprio *Iustitiam et Pacem* am 14. Dezember 1976 (AAS, LXVIII [1976], S. 700–703) als autonomes Organ innerhalb der Röm. Kurie gebildet.

Im Zuge der Kurienreform von Johannes Paul II. gemäß der Konstitution *Pastor Bonus* vom 28. Juni 1988 (AAS, LXXX [1988], S. 841–912) wurde aus der früheren Komm. der neue Päpstl. Rat *Iustitia et Pax.* Gemäß Art.142 des Reformdokuments besteht seine vornehmste Aufgabe darin, „dafür zu sorgen, daß in der Welt Gerechtigkeit und Frieden gemäß dem Evangelium und der Soziallehre der Kirche gefördert werden". Die Soziallehre der Kirche solle verbreitet und bei einzelnen und den Gemeinschaften in die Praxis umgesetzt werden, speziell, wenn es sich um die Beziehung zwischen Arbeitnehmern und Arbeitgebern handelt. Des weiteren ist es Aufgabe des Rates, Ergebnisse von Untersuchungen über die Fragen von Gerechtigkeit und Frieden, den Fortschritt der Völker und die Verletzung der Menschenrechte zu erfassen, sie zu bewerten und den entsprechenden Organen der Bischofskonferenzen die Ergebnisse mitzuteilen. Die Beziehungen zwischen den Internationalen Katholischen Vereinigungen und anderen entsprechenden Instituten, auch außerhalb der katholischen Kirche, sollen intensiviert und so unter den Völkern die Sensibilität über die Pflicht zum Frieden geweckt und vergrößert werden. Zu diesem Zweck wird seit 1968 jedes Jahr am 1. Januar der von Paul VI. eingeführte „Welttag des Friedens" begangen.

Die Komm. wird geleitet von einem Kardinalpräsidenten, einem Vizepräsidenten und einem Untersekretär. Sie hat ihren Sitz im *Palazzo S. Calisto* in Rom. Auch ihr gehören zahlreiche Kardinäle und Bischöfe als Mitglieder sowie Konsultoren an, deren Arbeit von einigen Büroangestellten koordiniert wird. Zu diesem Päpstl. Rat gehört auch ein *Komitee für die menschliche Förderung,* das auf internationaler Ebene der Anstrengung katholischer Gruppen in der Erziehung und Bildung von Führungskräften dient.

Bibl.: A. McCormack, *La Commission Pontificale Justice et Paix,* in *Justice dans le monde,* 8 (1966–67), S. 435–456; Ib., *The pastoral dimension of the Pontifical Commission Justice and Peace,* in *The American ecclesiastical review,* 157 (1967), 217–230; V. Politi, *La funzione della p. Commissione „Giustizia e Pace" nel nuovo programma sociale e giurispubblicisstico della Chiesa conciliare e postconciliare,* Palermo 1974; J. Sánchez y Sánchez, *Reestructuración definitiva del „Con-*

silium de Laicis" y de la P. Comisión „Justitia et Pax" in *Revista española de derecho canónico,* 33 (1977), S. 75–88.

N. Del Re

RAT FÜR DEN DIALOG MIT DEN NICHTGLAUBENDEN, PÄPSTLICHER

Auch dieser Rat gehört zu den sogenannten nachkonziliaren Räten. Sein Vorläufer war das „Sekretariat für die Nichtglaubenden", das Paul VI. am 7. April 1965 ohne ein besonderes Gründungsdokument errichtet hat. Ausdrücklich Bezug genommen ist jedoch auf das Motu Proprio *Finis Concilio* vom 3. Januar 1966 (AAS, LVIII [1966], S. 37–40), in welchem u.a. erklärt wird, daß man, „um die Sorge der Kirche auf alle Menschen auszudehnen, zwei weitere Sekretariate gründen wolle, das für die Nichtchristen und das für die Nichtglaubenden." (Nr. 11).

Seine juristische Form erhielt der Rat bei der von Paul VI. durchgeführten Kurienreform. In der damaligen Konstitution *Regimini Ecclesiae universae* vom 15. August 1967 (AAS, LIX [1967], S. 885–928) wurde er in die Röm. Kurie eingegliedert mit dem speziellen Auftrag, den Atheismus zu studieren und die Ursachen seiner Verbreitung zu erforschen sowie im Rahmen des Möglichen den Dialog mit den Nichtglaubenden zu beginnen, vor allem mit denen, die an echter Zusammenarbeit interessiert sind (Nr. 101 f). Es ging also weniger um ein direktes Apostolat bei denjenigen, die nicht glauben, sondern um eine verbesserte Kenntnis der Lehre und der verschiedenen Situationen. Dazu beitragen sollten vor allem Forschungen, die sich mit dem praktischen Atheismus (Agnostizismus und religiöse Indifferenz), mit der atheistischen Doktrin in ihren verschiedenen Aspekten bis hin zum Staatsatheismus in den Ländern unter kommunistischem Regime befassen.

Johannes Paul II. hat in seiner Kurienreform und mit seiner Konstitution *Pastor Bonus* von 1988 den „Päpstl. Rat für den Dialog mit den Nichtglaubenden" dem neuen „Päpstl. Rat für die Kultur" (→) unterstellt und ihm eine entsprechende zweite Sektion, „Dialog mit den Kulturen" angegliedert. Als unabhängigen Organismus gibt es ihn also nicht mehr, aber seine Zielsetzung und seine Aktivitäten leben in der genannten Abteilung des „Kulturrates" fort.

Bibl.: F. König, *Vatican II et le Secrétariat pour les noncroyants,* in *La Documentation catholique,* 49 (1967), Sp. 1693–1706; V. Miano, *Les taches du Secrétariat pour les non-croyants,* in *Concilium,* Nr. 23 (1967), S. 111–116.

N. Del Re

RAT FÜR DEN INTERRELIGIÖSEN DIALOG, PÄPSTLICHER

In diesem Rat, gegründet bei der jüngsten Kurienreform Johannes Pauls II. im Jahr 1988 durch die Konstitution *Pastor Bonus* vom 28. Juni 1988 (AAS, LXXX [1988], S. 841–912), lebt das frühere „Sekretariat für die Nichtchristen" fort, das vom Vatikanischen Konzil gewünscht worden war. Es wurde von Paul VI. mit dem Breve *Progrediente Concilio* am 19. Mai 1964 (AAS, LVI [1964], S. 560) gegründet als – wie es dort heißt – „Mittel, um zu einem loyalen und respektvollen Dialog mit denen zu finden, die an Gott glauben und ihn anbeten". Dieses Konzept hat dann Paul VI. in seiner Enzyklika *Ecclesiam suam* am darauffolgenden 6. August bekräftigt, in dem er erklärte, „unsere respektvolle Anerkennung gegenüber den geistlichen und moralischen Werten der verschiedenen nichtchristlichen Religionen nicht mehr verweigern zu wollen", und darüber hinaus „mit dieser Einrichtung diejenigen Ideale fördern und verteidigen zu wollen, die auf den Gebieten religiöser Freiheit, menschlicher Brüderlichkeit, der Kultur, der Wohltätigkeit und der Zivilisation gemeinsam sind". Auf der Basis dieser päpstl. Direktiven ergab sich natürlich eine enge Zusammenarbeit des Sekretariates mit der „Kongr. für die Evangelisierung der Völker", wobei man die Kontakte zu den Nichtchristen insbesondere durch entsprechende Studien, aber auch durch Begegnungen pflegen wollte, um zu immer mehr gegenseitiger Achtung zu gelangen.

Den Namen „Päpstl. Rat für den interreligiösen Dialog" erhielt dieses Sekretariat im Rahmen der Kurienreform von 1980, in der Johannes Paul II. die Aufgaben dieses Dikasteriums besonders gewürdigt hat, indem er reguläre Beziehungen mit Mitgliedern und Gruppen der Religionen wünschte, die nicht den Namen Christen tragen, aber in ähnlichem Sinne religiös sind (Art. 159). Der Rat solle vor allem dadurch mit den anderen Religionen in Kontakt treten, daß man die Kenntnis untereinander durch Studien und Kongresse erweitert und gemeinsam dazu beiträgt, die Würde des Menschen und seine geistlichen und moralischen Werte zu fördern (Art. 160). In der Erfüllung dieser Aufgaben solle der Rat je nach der entsprechenden Materie mit der „Kongr. für die Glaubenslehre" und, falls erforderlich, auch mit der „Kongr. für die Orientalischen Kirchen" sowie mit der „Kongr. für die Evangelisierung der Völker" zusammenarbeiten (Art. 161). Der Dialog mit den Juden fällt nicht in den Bereich dieses Rates, sondern in den des „Päpstl. Rates für die Förderung der Einheit der Christen" (→) und der dort angesiedelten Sonderkomm. für die religiösen Beziehungen zum Judentum.

Das Dikasterium ist geleitet von einem Kardinalpräsidenten, einem Sekretär, einem Untersekretär und setzt sich aus zahlreichen Mitgliedern zusammen, die der Papst auf Vorschlag der Bischofskonferenzen vor allem der Länder ernennt, die Missionsländer sind und die in Gebieten arbeiten, in denen zahlreiche Nichtchristen leben. Dem Rat angegliedert ist auch eine Gruppe von Konsultoren und Beamten verschiedener Grade für die entsprechenden Dienste des Rates selbst.

Zu dem Rat gehört auch eine „Komm. für die religiösen Beziehungen zu den Muslimen" (→), die vom Präsidenten des Rates selbst geleitet wird. Der Rat hat seinen Sitz in der *Via dell'Erba 1* in Rom, in der Nähe des Vatikans. Dreimal im Jahr veröffentlicht er in französischer und englischer Sprache ein Bulletin, das Berichte über die eigenen Aktivitäten, offizielle Mitteilungen, Beiträge von Bischöfen und Anregungen von Lesern aus den Ortskirchen sowie Buchrezensionen enthält.

Bibl.: [P. Rossano], *Il segretario per i non Cristiani dagli inizi ad oggi: storia, idee e problemi,* in *Bulletin* [del. P. Consiglio], 14 (1979), S. 110–129).

N. Del Re

Rat für die Familie, Päpstlicher

Er wurde wie fast alle neuen Kurienbehörden zunächst am 11. Januar 1973 von Paul VI. als gleichnamiges Komitee errichtet und dann von Johannes Paul II. mit dem Motu Proprio *Familia a Deo instituta* am 9. Mai 1981 (AAS, LXXIII [1981], S. 441–444) neu gegründet. Seine heutige Form erhielt der Rat im Rahmen der Kurienreform durch die Apost. Konstitution *Pastor Bonus* vom 28. Juni 1988 (AAS, LXXX [1988], S. 841–912) und wurde dadurch in die Röm. Kurie integriert. Aufgabe dieses Dikasteriums ist es, sich um die Seelsorge für die Familien zu kümmern, ihre Rechte und Würde innerhalb der Kirche und der Zivilgesellschaft zu wahren und zu fördern, damit sie immer besser ihre Aufgabe erfüllen kann (Art. 139). Nach Art.141 soll der Rat außerdem die Lehre über die Familie und ihre Verbreitung durch eine geeignete Katechese vertiefen helfen, wobei insbesondere Studien über die Spiritualität der Ehe und der Familie zu fördern sind (§ 1); des weiteren soll er zusammen mit den Bischöfen und ihren jeweiligen Organen die menschlichen und sozialen Bedingungen studieren, denen das „Institut" der Familie in den verschiedenen Regionen unterworfen ist und Initiativen entwickeln, die der Familienpastoral helfen (§ 2). Seine Anstrengungen sollen darauf gerichtet sein, daß die Rechte der Familie überall anerkannt und verteidigt werden, auch im sozialen und politischen Leben. Er dient der Koordination aller Initiativen zum Schutz des menschlichen Lebens von der Empfängnis an und zugunsten einer verantworteten Elternschaft (§ 3). Schließlich verfolgt er mit Interesse alle Aktivitäten von Instituten und Vereinigungen, deren Zweck es ist, dem Wohl der Familie zu dienen (§ 4). Nach *Pastor Bonus* arbeitet er eng mit dem „Päpstl. Rat für die Laien" (→) zusammen.

An der Spitze des Familienrats steht ein Kardinalpräsident, ein Vizepräsident und ein Untersekretär sowie ein Präsidentschaftskomitee, dem weitere vier Kardinäle und fünf Bischöfe aus aller Welt angehören. Mitglieder dieses Rates sind auch Ehepaare aus aller Welt, die – so sagte Johannes Paul in einer Ansprache am 17. Juni 1989 vor der Vollversammlung – „eine wesentliche Aufgabe erfüllen, indem sie hinhören auf die Fragen, die Schwierigkeiten, die Erfolge, deren Zeugen sie in den verschiedenen Weltregionen sind, aus denen sie stammen. Ihre Arbeit unterstreicht das Vertrauen der Kirche in die Familien, damit sie ihren Teil an der Sendung der Kirche übernehmen – mit dem sehr unterschiedlichen Reichtum ihrer Eigenschaften und ihrer Großzügigkeit." Zum Stab gehören auch sieben Sachbearbeiter, ebenfalls aus verschiedenen Ländern der Welt, sowie zahlreiche Konsultoren, auch Priester und Ordensleute, die in den verschiedenen die Familien betreffenden Gebieten Fachleute sind. Das Dikasterium hat seinen Sitz im *Palazzo S. Calisto*. Es veröffentlicht viermal jährlich die Zeitschrift „Familia et vita" in französischer, englischer und spanischer Sprache, in der über interessante pastorale Initiativen zur Förderung der Familie und zum Schutz des menschlichen Lebens berichtet wird und in der päpstl. Dokumente zu Familienfragen enthalten sind.

N. Del Re

Rat für die Interpretation von Gesetzestexten, Päpstlicher

Die kirchlichen Rechtsnormen und Vorschriften haben sich von den ersten christlichen Jahrhunderten an entwickelt und im Laufe der Zeit immer neue Anpassungen erfahren. Aber erst 1917 wurde unter Benedikt XV. das erste Rechtsbuch der katholischen Kirche, der „*Codex iuris canonici* (CIC)" herausgegeben, der für die gesamte Kirche des Lateinischen Ritus verbindlich war. Parallel dazu wurde schon damals eine besondere „Komm. für die Interpretation des Codex" errichtet, um die Normen der neuen Gesetzessammlung „authentisch" zu erläutern. Es gab sie bis 1963, als Johannes XXIII. eine neue „Päpstl. Komm. für die Revision des Kirchenrechts" (→) gründete. Die Ergebnisse dieser Komm. führten rund 20 Jahre später zur Veröffentlichung eines neuen „*Codex iuris canonici*", der am 25. Januar 1983 promulgiert wurde und im November des gleichen Jahres in Kraft trat. Mit dem Motu Proprio *Recognito iuris canonici Codice* vom 2. Januar 1984 (AAS, LXXIV [1984], S. 433–434), richtete konsequenterweise Johannes Paul II. eine neue „Päpstl. Komm. für die authentische Interpretation des Codex" ein. Sie ersetzte die entsprechende bisherige Komm. wie auch die „Päpstl. Komm. für die Interpretation der Dekrete des Zweiten Vatikanischen Konzils" (→).

Im Rahmen der Kurienreform mit der Apost. Konstitution *Pastor Bonus* vom 28. Juni 1988 (AAS, LXXX [1988], S. 841–912) machte Johannes Paul II. daraus den „Päpstl. Rat für die Interpretation der Gesetzestexte" und integrierte ihn in die Röm. Kurie. Er war mit einer erheblich größeren Kompetenz ausgestattet als der bisherige Organismus. Neben seiner Aufgabe der „authentischen Interpretation, wie sie von der päpstl. Autorität und von den universalen Gesetzen der Kirche bestätigt wird", steht der Rat gemäß Art.155 von *Pastor Bonus* auch allen anderen Dikasterien der Kurie zur Verfügung, damit diese entsprechende Ausführungsbestimmungen in Konformität mit den allgemeingültigen Rechtsnormen erlassen können. Der Rat entscheidet auch, ob sich von untergeordneten Organen erlassene Bestimmungen mit den Universalgesetzen der Kirche in Übereinstimmung befinden und formuliert in Art. 158: „Mit der Zuweisung dieser Funktion an den Rat für die Interpretation der Gesetzestexte wird zum erstenmal in der Geschichte der Kirche einem Organ des Hl. Stuhls eine Kompetenz zugeteilt, die der von Verfassungsgerichten in weltlichen Staaten ähnelt."

Seit 1. Oktober 1990 haben auch die 21 mit Rom unierten Kirchen des östlichen Ritus einen eigenen Codex, den *Codex canonum Ecclesiarum Orientalium*. In Art. 155 der Kurienreformkonstitution wurde von Johannes Paul II. dem „Päpstl. Rat für die Interpretation der Gesetzestexte" auch die Kompetenz für die authentische Interpretation des Codex der orientalischen Kirchen übertragen. Wichtiges Organ dieses Rates ist die halbjährlich erscheinende Zeitschrift *Communicationes,* in denen auch Akten und Dokumente des Hl. Stuhls mit besonderer juristischer Relevanz enthalten sind.

Der Rat setzt sich gegenwärtig aus 16 Kardinälen, den Präsidenten eingeschlossen, zusammen. Geborene Mitglieder sind unter anderem die Präfekten und Präsidenten der Kongr. für die Bischöfe, für den Klerus, für die Institute des gottgeweihten Lebens und der geistlichen Gemeinschaften, für die Evangelisierung der Völker, für den Gottesdienst und die Disziplin der Sakramente, für das katholische Bildungswesen und des Päpstl. Laienrates. Dazu kommt natürlich der Präfekt des Obersten Tribunals der Apost. Signatur. Zum Stab dieses Dikasteriums gehören des weiteren ein Sekretär, ein Untersekretär und eine Anzahl von Offizialen, Beisitzern und Sekretären. Zweifelsfälle, die sog. *dubia*, werden von Fall zu Fall einer Gruppe von qualifizierten Konsultoren, Priestern, Ordensleuten und Laien verschiedener Nationalitäten vorgelegt.

Bibl.: J. Otaduy, *Naturaleza y función de la Comisión Pontificia para la interpretación del CIC,* in *Ius canonicum,* 24 (1984), S. 749–767; J. Herranz, *Il Pontificio Consiglio della Interpretazione dei Testi Legislativi,* in *La Curia Romana nella Cost. Ap. „Pastor Bonus";* P.A. Bonnet/C. Gullo, Vatikanstadt 1990, S. 467–481.

N. Del Re

RAT FÜR DIE KULTUR, PÄPSTLICHER

Unter diesem Namen errichtete Johannes Paul II. zunächst 1982 ein Dikasterium, um den Dialog und die Zusammenarbeit zwischen der Kirche und den verschiedenen Kulturen zu fördern (Brief vom 20. Mai 1982 an den damaligen Kardinalstaatssekretär, Agostino Casaroli, in: AAS, LXXIV [1982], S. 683–688). Um den Dialog der Kirche mit der modernen Welt noch stärker zu intensivieren, errichtete der gleiche Papst mit dem Motu Proprio *Inde a Pontificatus Nostri initio* vom 25. März 1993 (AAS,

LXXXV [1993], S. 549–552) den neuen Päpstl. Rat für die Kultur, der gemäß den Richtlinien der Kurienreform *Pastor Bonus* vom 28. Juni 1988, (AAS, LXXX [1988], S. 841–912) mit dem Päpstl. Rat für den Dialog mit den Nichtglaubenden (→) zusammengelegt wurde. Der heutige Päpstl. Kulturrat setzt sich also aus zwei Sektionen zusammen: „Glaube und Kultur" und „Dialog mit den Kulturen".

Das II. Vatikanische Konzil hatte in seiner Pastoralkonstitution *Gaudium et spes* über die Kirche in der Welt von heute vom 7. Dezember 1965 eindringlich zu einem Dialog zwischen Kirche und modernen Kulturen aufgerufen. Der ursprüngliche Päpstl. Kulturrat ist auf diese Notwendigkeit eingegangen. Auf allen Ebenen wurde der Dialog zwischen Evangelium und Kulturen gefördert. Besonders bemüht hat er sich um die Koordinierung der kulturellen Aktivitäten des Hl. Stuhls, der Ortskirchen und der katholischen Organisationen, indem er auf den verschiedenen Sektoren der Kultur mit internationalen Einrichtungen zusammengearbeitet und auch an Kongressen über Wissenschafts-, Kultur- und Erziehungsfragen teilgenommen hat.

Insbesondere ging es darum, geeignete Initiativen zu entwickeln, die von den verschiedenen Einrichtungen der Kirche aufgegriffen wurden oder die, sofern notwendig, ihre Mitarbeit angeboten haben, z. B. bei Aktionsprogrammen, die von internationalen Einrichtungen oder von einzelnen Staaten zur Förderung der menschlichen Zivilisation durchgeführt wurden. Bis heute sind diese Aufgaben der ersten Sektion „Glaube und Kultur" des gegenwärtigen Rates anvertraut.

Die zweite Sektion „Dialog mit den Kulturen" erfüllt die Aufgaben, die der bisherige Päpstl. Rat für den Dialog mit den Nichtglaubenden erfüllt hat. Sie manifestieren sich besonders im pastoralen Eifer der Kirche gegenüber denjenigen, die nicht an Gott glauben und keiner anderen Religion angehören. Dabei wird ein besonderes Schwergewicht auf das Studium des Atheismus und die Ursachen des Fehlens von Glaube und Religion gelegt und nach den Ursachen geforscht. Die Sektion versucht, mit Atheisten und Nichtglaubenden in Dialog zu treten, falls diese an einer aufrichtigen Zusammenarbeit interessiert sind. Ihre Mitglieder nehmen an Studienkongressen über diese Materie teil.

Der Päpstl. Rat für die Kultur hat seinen Sitz in Rom (Piazza S. Calisto 16). Er wird geleitet von einem Kardinalpräsidenten, einem Sekretär und zwei Untersekretären (je einer pro Sektion). Darüber hinaus gibt es Kardinäle und Bischöfe als Mitglieder sowie zahlreiche Konsultoren, die weltweit nach ihrer spezifischen Kompetenz in den verschiedenen Fragen und auch im Sinne einer repräsentativen Vertretung von Staaten und Kontinenten ausgewählt werden. Offizielles Mitteilungsblatt des Rates ist die neue, dreimal jährlich erscheinende Zeitschrift *Cultures et foi*, die die beiden bisherigen Publikationen *Eglise et culture* und *Athéisme et foi* als Organe der beiden vorherigen Räte ersetzt hat.

Bibl.: H. Carrier, *Il Pontificio Consiglio per la Cultura,* in *La Civiltà cattolica,* 134 (1983), I, S. 235–246; ders., *Le Conseil Pontifical pour la Culture. Réflexions sociopolitiques,* in *Revue théologique de Louvain,* 14 (1983), S. 197–208.

N. Del Re

RAT FÜR DIE LAIEN, PÄPSTLICHER

Das Zweite Vatikanische Konzil hat dem Apostolat der Laien ein eigenes Dekret gewidmet, nämlich *Apostolicam actuositatem*, das am 18. November 1965 promulgiert worden ist. Es handelt von der Berufung der Laien zum Apostolat, von dessen Zielen und Aufgabenbereichen und von den verschiedenen Bewegungen des Laienapostolates in der ganzen Welt. Auch das vierte Kapitel der Konzilskonstitution *Lumen gentium* handelte vom Laien, von seiner Würde und seinem königlichen Dienst, von seiner Teilnahme am prophetischen Amt Christi und am allgemeinen Priestertum. Für das Laienapostolat sollte beim Hl. Stuhl ein besonderes Sekretariat eingerichtet werden. Einen solchen „Laienrat" gründete zunächst probeweise Paul VI. mit dem Motu Proprio *Catholicam Christi Ecclesiam* vom 6. Januar 1967 (AAS, LIX [1967], S. 25–28), in dem die Zielsetzung und Struktur des neuen Organismus beschrieben worden sind. Am 18. April empfing der Papst den Laienrat mit seinem ersten Präsidenten Kardinal Maurice Roy, zu dessen Mitgliedern und Konsultoren natürlich einige Laien, darunter auch eine Frau gehörten. In einer Ansprache an die Teilnehmer der Audienz drückte Paul VI. seine Freude über dieses Ereignis aus sowie „seine Hoffnung angesichts dieser neuen Etappe im Prozeß der Eingliederung der Laienschaft in die Organe der Kurie und in die eigentliche Arbeit der Kirche."

Im Rahmen der Kurienreform Pauls VI. und im Sinne seiner Konstitution *Regimini Ecclesiae universae* vom 15. August 1967 (AAS, LIX [1967], S. 885–928) ist der Laienrat wenige Monate nach seiner Gründung voll in die Röm. Kurie integriert worden. Im Jahr 1976 gibt der Papst dem Laienrat mit dem Motu Proprio *Apostolatus peragendi* vom 10. Dezember 1976 (AAS, LXVIII [1976], S. 696–700) seine definitive Form, die bis zum Jahr 1988 unverändert bleibt. In dieses Jahr fällt die Kurienreform Johannes Pauls II. Mit der Konstitution *Pastor Bonus* vom 28. Juni 1988 (AAS, LXXX [1988], S. 841–912) bleiben die spezifischen Aufgaben des „Päpstl. Rates für die Laien" erhalten und werden nochmals neu umschrieben: die Ordnung der weltlichen Dinge mit evangelischem Geist zu erfüllen (§ 1); die Zusammenarbeit der Laien bei der katechetischen Bildung, im liturgischen und sakramentalen Leben und in den Werken der Barmherzigkeit, der Caritas und der sozialen Entwicklung zu unterstützen (§ 2) sowie internationale Kongresse und andere Initiativen über das Apostolat der Laien durchzuführen (§ 3). In Art. 134, aus dem die Paragraphen entnommen sind, heißt es dann wörtlich, daß „der Rat im Rahmen der ihm eigenen Kompetenz alles das behandeln muß, was die Laienorganisationen betrifft, daß entsprechende internationale Zusammenschlüsse gefördert und die jeweiligen Statuten gebilligt und anerkannt werden sollen, es sei denn, daß dies in die Kompetenz des Staatssekretariates fällt."

Daß Johannes Paul II. bei dieser Gelegenheit aus dem Rat keine „Kongregation" gemacht hat, wie es vielfach gefordert wurde, lag wohl daran, daß man den inzwischen bekannten Namen nicht ändern wollte und weniger daran, daß in den entsprechenden Bestimmungen über Kongregationen als Mitglieder nur Kardinäle und Bischöfe vorgesehen sind. Jedenfalls ist der „Päpstl. Rat für die Laien" in seiner Bedeutung juristisch einer Kongr. gleichgesetzt. Wie dieser steht ihm ein Kardinalpräsident vor, dazu ein Präsidium, das sich aus drei weiteren Kardinälen und zwei Bischöfen sowie einem Vizepräsidenten und einem juristischen Beirat zusammensetzt. In den drei Sektionen des Rates arbeiten zahlreiche Mitglieder; die meisten sind Laien beiderlei Geschlechts. Außerdem gibt es eine Gruppe von Konsultoren, einen Untersekretär und eine ausreichende Zahl von beamteten Mitarbeitern verschiedener Grade. Im dem Rat sind im weiteren Verlauf auch ein Delegat für die katholische Pfadfinderschaft und ein Delegat für die Arbeiterseelsorge eingefügt worden. Über seine Initiativen und Aktivitäten informiert der Päpstl. Rat vor allem die Bischofskonferenzen, die Nationalkomitees des

Laienapostolates, die internationalen katholischen Organisationen und andere Einrichtungen des Laikats durch ein viermal im Jahr erscheinendes Bulletin in vier Sprachen, das „Laien heute“ heißt. Seit 1971 entwickelte sich daraus ein Jahrbuch. Zusätzlich erscheint ein Dokumentationsservice in periodischer Erscheinungsweise, redigiert in Französisch, Englisch, Spanisch und Deutsch sowie ein *Servizio d'informazione* vierteljährlich.

Bibl.: J. Sánchez y Sánchez, *Reestructuración definitiva del „Consilium de laicis“ y de la Pontificia Comisión „Justitia et Pax“*, in *Revista española de derecho canónico, 33 (1977), S. 75–88; O. Rossi, Paolo VI e il Pontificio Consiglio per i Laici*, in *Lateranum,* 44 (1978), S. 373–383; S. Carmignani Caridi, *Sviluppo, competenze e strutture del Pontificium Consilium pro Laicis,* in *Archivo giuridico „Filippo serafini“*, 205 (1985), S. 497–528; S. Berlingó, *Il Pontificio Consiglio per i Laici,* in *La Curia Romana nella Cost. Ap. „Pastor Bonus“* P.A. Bonnet/C. Gullo, Vatikanstadt 1990, S. 443–453.

N. Del Re

RAT FÜR DIE ÖFFENTLICHEN ANGELEGENHEITEN DER KIRCHE

Bei der Kurienreform Pauls VI. mit der Konstitution *Regimini Ecclesiae universae* vom 15. August 1967 (AAS, LIX [1967], S. 885–928) wurde dieser Rat gegründet. Aufgaben und Zielsetzungen waren identisch mit dem der früheren „Kongr. für außerordentliche kirchliche Angelegenheiten“, die ihrerseits auf eine ursprüngliche und provisorische Kongregation zurückgeht, die Pius VI. 1793 gegründet hatte und die 1814 von Pius VII. mit weiteren Aufgaben betraut worden war. Zwar wurde der Rat 1967 aus der Gruppe „Kongregationen“ herausgenommen, aber gleichzeitig in den Rang eines zweiten kurialen Organs gleich nach dem Staatssekretariat erhoben, insbesondere wegen der engen und geheimen Zusammenarbeit mit dem Papst. Die Namensgebung „Rat für die öffentlichen Angelegenheiten der Kirche“ beschrieb etwas genauer, um was es diesem Dikasterium geht, nämlich um die vielfältigen Probleme der Beziehungen zwischen Kirche und Staat, besonders nach den Veränderungen der politischen Szene am Ende des 19. Jahrhunderts.

So war es Aufgabe des Rates, sich mit allem zu befassen, was z. B. konkrete Verhandlungen mit den Regierungen der Staaten mit sich brachte (Abschluß von Konkordaten, ihre Anwendung, die Errichtung neuer Bistümer, die Ernennung von Bischöfen etc.). Eine weitere Aufgabe betraf die Pflege der diplomatischen Beziehungen mit den verschiedenen Nationen, sowohl mit den eigenen päpstl. Vertretungen bei den einzelnen Regierungen als auch durch Kontakte mit den beim Hl. Stuhl in Rom akkreditierten Botschaftern. Ungeachtet der klar umschriebenen Natur des Rates als autonomes Organ und deshalb unterschieden vom Staatssekretariat kam es zwischen diesen beiden höchsten Kuriendikasterien immer wieder zu Kompetenzstreitigkeiten, die vermutlich durch die Bestimmungen im Dokument der Kurienreform (Nr. 28) verursacht waren. Hier nämlich waren dem „Rat für die öffentlichen Angelegenheiten der Kirche“ die Beziehungen zu den Nuntien und päpstl. Vertretungen anvertraut, auf der anderen Seite auch dem Staatssekretariat die Aufgabe zugeteilt, mit den Regierungen und ihren diplomatischen Vertretungen Kontakt aufzunehmen, *„salva semper manente competentia S. Consilii pro Publicis Negotiis, et, quatenus opus fuerit, communi cum eodem sententia procedendo“*. Weil aber die Leitung beider Organe in derselben Person des Kardinalstaatssekretärs vereint war, gab es wenigstens eine sichere Garantie der Koordination von Aktivitäten beider Abteilungen.

Neben dem Kardinalstaatssekretär gehörten dem Rat verschiedene andere Kardinäle an, ein

Sekretär, ein Untersekretär, einige Konsultoren und eine gewisse Anzahl von Minutanten und Angestellten, die natürlich alle dem *segreto pontificio* (päpstl. Geheimnis) unterlagen. Unabhängig von diesen Mitarbeitern gab es eine Anzahl von Beamten, die für bestimmte diplomatische Aufgaben eingesetzt wurden, jeweils aber ihre Funktion des Nuntiaturrats, des Nuntiaturauditors, des Sekretärs oder des Nuntiaturattachés beibehielten.

Im Hinblick auf die Bedeutung der vom Rat behandelten Fragen wurden Entscheidungen grundsätzlich in einer Vollversammlung getroffen, an der oftmals auch der Papst selbst teilnahm. Falls nicht, wurde ihm sofort ein Protokoll übermittelt, sodaß der Papst in diesen Angelegenheiten, falls dem nichts im Wege stand, jeweils die persönliche Verantwortung für die Beschlüsse übernahm. Dem „Rat für die öffentlichen Angelegenheiten der Kirche" war die „Päpstl. Komm. für Rußland" (→) zugeordnet, wie dies auch schon bei der „Kongr. für die außerordentlichen Angelegenheiten der Kirche" der Fall war und schon Pius XI. mit seinem Motu Proprio *Quam sollicita* vom 21. Dezember 1934 (AAS, XXVII [1935], S. 65–67) veranlaßt hatte. Seit der Kurienreform Johannes Pauls II. mit der Konstitution *Pastor Bonus* vom 28. Juni 1988 (AAS, LXXX [1988], S. 841–912) besteht der „Rat für die öffentlichen Angelegenheiten der Kirchen" nicht mehr. Die Funktionen eines „Außenministeriums" übt jetzt die „ Zweite Sektion" des Staatssekretariates aus, der die Beziehungen zu den Staaten anvertraut ist.

Bibl.: N. Del Re, *La Curia Romana. Lineamenti storico-giuridici,* Rom 1970, S. 77–85; E. Magnin, *Affaires ecclésiastiques extraordinaires (Congréation des),* in *Dictionnaire de droit canonique,* I, Sp. 252–260; L. Pásztor, *La Congregazione degli Affari Ecclesiastici Straordinari tra il 1814 e il 1850,* in *Archivum historiae pontificiae,* 6 (1968), S. 191–318.

N. Del Re

Rat für die Seelsorge an Menschen unterwegs, Päpstlicher

Vorläufer dieses Rates ist eine gleichnamige Kommission, die Paul VI. mit dem Motu Proprio *Apostolicae caritatis* am 19. März 1970 (AAS, LXII [1970], S. 193–197) eingerichtet hat. Sie bekam den speziellen Auftrag, die Seelsorge an den „Menschen unterwegs" zu studieren und anzuwenden, d.h. die Sorge für die Emigranten, Asylanten, Flüchtlinge, Seeleute, Flugpersonal, Transportpersonal, Nomaden, sowie Pilger und Touristen. Dazu gesellen sich natürlich all diejenigen Personen, die einer gewissen Mobilität unterworfen sind, sofern sie sich öfter außerhalb ihrer normalen Umgebung befinden: die Zeit- und Saisonarbeiter; das Personal der Firmen, die in verschiedenen Ländern arbeiten; die freiwilligen Helfer in den Ländern der Dritten Welt; die Studenten im Ausland; die Funktionäre und Angestellten der internationalen Organisationen. Die geistliche Assistenz für die Emigranten wurde bislang von einem besonderen *„Ufficio per le migrazioni"* und vom *„Consiglio Superiore per l'Emigrazione"* im Rahmen der Kongr. für die Bischöfe ausgeübt. Weitere diesbezügliche Einrichtungen wie der *„Consiglio Superiore dell'Apostolatus maris"* (gegründet 1952 von Pius XII), des *„Segretariato dell'Apostolatus aeris"* und des *„Segretariato dell'Apostolatus nomadum"* (gegründet 1965 von Paul VI.) sowie die Tourismusseelsorge allgemein waren seit 1967 der Kleruskongregation anvertraut.

Die Veränderung zu einem eigenständigen „Rat für die Seelsorge an den Menschen unterwegs" erfolgte nach der Kurienreform durch Johannes Paul II. mit der Konstitution *Pastor Bonus* vom 18. Juni 1988 (AAS, LXXX [1988], S. 841–912). Hierin wurden die bisherigen Aufgaben bestätigt, nämlich die Seelsorge am Menschen unterwegs und alle damit zusammenhängenden Aufgaben, damit vor allem den

Ortskirchen eine wirksame und geeignete Unterstützung auf diesem Gebiet gegeben werden kann. Aber auch das ganze Volk Gottes soll sich, nicht zuletzt durch die Feier des „Welttages für die Emigranten und Flüchtlinge“ (gegründet 1952 durch Pius XII.) der entsprechenden Erfordernisse bewußt werden und solidarische Teilnahme entwickeln. Der Rat kümmert sich außerdem um Pilger-, Studien- oder Urlaubsreisende und möchte nicht zuletzt mit Hilfe der Tourismusseelsorge der Ortskirchen die moralische und religiöse Bildung der Menschen auch im Urlaub fördern.

Der Rat für die Seelsorge am Menschen unterwegs wird von einem Präsidenten geleitet, assistiert von einem Delegierten und unterstützt von einem Sekretär und Untersekretär. Unter den Mitgliedern findet man Repräsentanten des Staatssekretariates, vor allem der Abteilung der „Beziehungen zu den Staaten“, die Sekretäre der Kongr. für die Orientalischen Kirchen, für die Bischöfe, für die Evangelisierung der Völker, für den Klerus und für das katholische Bildungswesen. Vertreten sind auch die übrigen Päpstl. Räte. Als Konsultoren fungiert eine Gruppe von Experten in Fragen der Tourismusseelsorge. Am Sitz des Rates im Palazzo von S. Calisto in Rom sorgt ein kleiner Arbeitsstab für die Koordinierung der Aktivitäten. Offizielles Organ des Rates ist die Zeitschrift *People on the move*, die mehrsprachig erscheint und als Verbindungsorgan vor allem mit den Bischofskonferenzen, den verschiedenen nationalen und internationalen Organisationen und allen übrigen an den Problemen der Migration und des Tourismus Interessierten dienen soll.

Bibl.: J. Beyer, *Il Pontificio Consiglio della Pastorale per i migranti e gli Itineranti,* in *La Curia Romana nella Cost. Ap. „Pastor Bonus“;* P.A. Bonnet/C. Gullo, Vatikanstadt 1990, S. 455–466.

N. Del Re

RAT FÜR DIE SEELSORGE IM GESUNDHEITSDIENST, PÄPSTLICHER

Um das besondere Interesse der Kirche für die Leidenden unter Beweis zu stellen, hat Johannes Paul II. mit dem Motu Proprio *Dolentium hominum* am 11. Februar 1985 (AAS, LXXVII [1985], S. 457–461), eine entsprechende „Kommission für die Pastoral im Gesundheitsdienst“ gebildet. Sie sollte zur Bildung, zum Studium und zur Aktion der verschiedenen internationalen katholischen Organisationen wie auch der Gruppen und Assoziationen, die in diesem Sektor wirken, beitragen. Seine weiteren Aufgaben: Koordination der Aktivitäten der verschiedenen Dikasterien der Röm. Kurie auf sanitärem Gebiet; Verbreitung der kirchlichen Lehräußerungen zu Fragen des Gesundheitswesens; Kontakt mit den Lokalkirchen, besonders mit den entsprechenden bischöflichen Kommissionen zum Gesundheitswesen; Studium und programmatische Initiativen zur Gesundheitspolitik, sowohl auf internationaler als auch auf nationaler Ebene.

Nachdem dieses Organ zunächst Bestandteil des Päpstl. Rats für die Laien (→) war, wurde die Komm. im Jahr 1988 zu einem eigenen Dikasterium der Kurie gemacht. Unter Johannes Paul II. sind die entsprechenden Bestimmungen im Reformdekret *Pastor Bonus* vom 28. Juni 1988 (AAS, LXXX [1988], S. 841–912) in den Artikeln 152–153 erfaßt und mit den bereits im Gründungsdekret *Dolentium hominum* von 1985 beschriebenen Zielen aufgenommen. Der Rat wird geleitet von einem Präsidenten, einem Sekretär und einem Untersekretär und setzt sich aus zahlreichen Mitgliedern und Konsultoren zusammen, zu denen auch die Repräsentanten der wichtigsten Einrichtungen der Röm. Kurie wie Staatssekretariat, Glaubenskongr. und Kongr. für die katholische Erziehung gehören, zu denen noch Vertreter des Päpstl. Rates der Familie, des Päpstl. Rates

„Cor unum" und der Päpstl. Akademie der Wissenschaft sowie Vertreter der entsprechenden bischöflichen Kommissionen aus Bischofskonferenzen der ganzen Welt kommen. Vertreten sind auch die im Gesundheitswesen wirkenden religiösen Orden sowie internationale Organisationen.

Am Sitz des Rates in der *Via della Conciliazione 3* in Rom arbeitet eine kleine Gruppe von festen Angestellten. Unter anderem wird vom Rat viermal jährlich ein Mitteilungs- und Informationsblatt mit dem Titel *Dolentium hominum – Chiesa e salute nel mondo* herausgegeben, das in fünf Sprachen (Italienisch, Spanisch, Französisch, Englisch und Deutsch) erscheint.

N. Del Re

RAT FÜR DIE SOZIALEN KOMMUNIKATIONSMITTEL, PÄPSTLICHER

Die Ursprünge dieses Rates, allgemein „Medienrat" genannt, gehen in das Jahr 1948 zurück, als am 20. Januar Pius XII. „die Päpstl. Komm. für den belehrenden und religiösen Film" errichtete. Sie hatte die Aufgabe, die Filmproduktionen, die sich mit Themen aus der christlichen Lehre befaßten, zu prüfen und zu bewerten. Erste Ansätze zu einer Auseinandersetzung mit den Medien gab derselbe Papst am 1. Januar 1952 mit der Gründung der „Päpstl. Komm. für das Filmwesen", dessen Aufgabenbereich breiter war. Nach dem Statut vom 16. Dezember 1954 (AAS, XLVI [1954], S. 783–784), sollte sie sich auch um die stark verbreiteten Kommunikationsmittel Hörfunk und Fernsehen kümmern. In einer übermäßig auf Konsum ausgerichteten Welt erkannte die Kommission sehr bald die Möglichkeiten und die Gefahren der Medienwelt und machte entsprechende Vorschläge. Johannes XXIII. griff diese auf und bestätigte mit seinem Motu Proprio *Boni Pastoris* vom 22. Februar 1959 (AAS, LI [1959], S. 183–187) den ständigen Charakter der Komm. als „Büro des Apost. Stuhls". Gleichzeitig befand er, daß „die Kongregationen der Röm. Kurie und die übrigen Ämter des Apost. Stuhls diese Komm. um ihre Ansicht befragen müssen, bevor sie für das Gebiet des Films, des Hörfunks und des Fernsehens etwas entscheiden, anordnen oder irgendeine Vollmacht erteilen."

Für ihre weitere Entwicklung konnte die Medienkomm. auf das Zweite Vatikanische Konzil und auf das ihre Thematik betreffende Dekret *Inter mirifica* bauen. Aufgabe der Komm. war es anschließend, den Rat vieler Fachleute aus aller Welt einzuholen und den Konzilstext am 23. Mai 1971 durch die Pastoralinstruktion *comunio et progressio* (Gemeinschaft und Fortschritt) zu ergänzen. Dieses Dokument ist als katholische „Magna Charta" der sozialen Kommunikation anzusehen.

Mit dem Motu Proprio *In fructibus multis* vom 11. April 1964 (AAS, LVI [1964], S. 289–292) bestätigte Papst Paul VI. die bisherigen Aufgaben der Komm. und dehnte ihren Wirkungsbereich auf Tageszeitungen und Zeitschriften aus. Er änderte ihren Namen in „Päpstl. Komm. für die soziale Kommunikation" und unterstellte sie unmittelbar dem Staatssekretariat. Mit dem „*Regolamento per le riprese audiovisive delle cerimonie e dei luoghi direttamente dipendenti dalla Santa Sede*" vom 13. August 1964 wurden ihr auch die Prüfung von Anträgen sowie die Ausstellung von Autorisationen für Ton- und Filmaufnahmen bei päpstl. Zeremonien oder an Orten innerhalb der Vatikanstadt anvertraut (Art. 7). Der Komm. wurde damals auch der „Pressesaal des Hl. Stuhls" (→) und die „Vatikanische Filmothek" (→) unterstellt. Mit der Kurienreform Pauls VI. und der entsprechenden Konstitution *Regimini Ecclesiae universae* (Nr. 23) wurde die

Komm. in ihren Kompetenzen bestätigt und erhielt eine gewisse Autonomie, auch wenn sie sich in ihren Funktionen und Aktivitäten „in enger Zusammenarbeit mit dem Staatssekretariat“ bewegen mußte. Mit der neuen Kurienreform unter Johannes Paul II. durch die Konstitution *Pastor Bonus* vom 28. Juni 1988 (AAS, LXXX [1988], S. 841–912), wurde aus der bisherigen Komm. der „Päpstl. Rat für die soziale Kommunikation“. Seine Funktionen lassen sich wie folgt beschreiben: Einflußnahme der Kirche und der Gläubigen auf die vielfältigen Formen der sozialen Kommunikation, auf Zeitungen oder Zeitschriften, auf Film, Hörfunk und Fernsehen und deren Durchdringung mit christlichem Geist; spezifische Aufmerksamkeit für die katholischen Tageszeitungen und Zeitschriften sowie für den katholischen Hörfunk und die Fernsehsender, damit sie bei ihrer Arbeit vor allem auf die Verbreitung der Lehräußerungen der Kirche und der wahrheitsgetreuen Übermittlung von Nachrichten religiösen Charakters achten; Intensivierung der Beziehungen mit den entsprechenden katholischen Vereinigungen, die auf dem Gebiet der Kommunikation arbeiten; Vermittlung von Anregungen an das christliche Volk selbst, speziell bei Gelegenheit der Feier des „Welttages der Kommunikationsmittel“, damit sie ihre Pflichten ernst nehmen, diese Mittel in der rechten Weise zu gebrauchen und für den pastoralen Auftrag der Kirche einzusetzen (Art. 170, § 1–4).

Auch dieser Päpstl. Rat wird von einem Präsidenten geleitet, der von einem Sekretär und einem Untersekretär sowie einem technischen Berater unterstützt wird. Der Rat verfügt über zahlreiche Mitglieder, darunter Kardinäle und Bischöfe aus aller Welt sowie eine Gruppe von fachlich qualifizierten Konsultoren, auch Laien. In dem repräsentativen Büro im *Palazzo S. Carlo* in der Vatikanstadt arbeiten Angestellte verschiedener Grade an den diesem Rat anvertrauten Aufgaben. Als Mitteilungsorgan wird ein Jahrbuch (*Bolletino*) herausgegeben.

Bibl.: E. Baragli, *Strumenti audiovisivi e strutture ecclesiastiche,* in *La Civiltà cattolica,* 110 (1959), II, S. 113–124; ders., *L'Istruzione pastorale „Communio et progressio“, ib.,* 122 (1971), IV, S. 39–48.

N. Del Re

Rat zur Förderung der Einheit der Christen, Päpstlicher

Dieser Rat hat die Funktionen, Kompetenzen und Strukturen des früheren „Sekretariats für die Einheit der Christen“ übernommen, als ihn Johannes Paul II. im Rahmen seiner Kurienreform mit der Apost. Konstitution *Pastor Bonus* am 28. Juni 1988 (AAS, LXXX [1988], S. 841–912) neu gründete. Das frühere Sekretariat war 1960 von Johannes XXIII. zusammen mit verschiedenen anderen Vorbereitungskomm. für das Zweite Vatikanische Konzil errichtet worden (Motu Proprio *Superno Dei nutu* vom 5. Juni 1960 (AAS, LII [1960], S. 432–437). Es war ihm die Aufgabe anvertraut worden, Kontakte mit den getrennten Christen anzuknüpfen, damit diese leichter den Arbeiten des Konzils folgen könnten und natürlich auch für die Suche nach Wegen, um die Einheit der Christen zu erreichen. Im Verlauf der entsprechenden Konzilsperioden hielt das Sekretariat, das 1962 offiziell in den Rang einer Konzilskomm. erhoben wurde, die nichtkatholischen Christen über den Fortgang der Arbeiten auf dem laufenden; im Auftrage des Papstes lud es zahlreiche Konzilsbeobachter ein, die von nichtkatholischen Kirchen und kirchlichen Gemeinschaften delegiert waren, und betreute sie; es legte schließlich dem Konzil selbst ein Schema über den Ökumenismus vor, das am Ende der dritten Konzilsperiode, am 21. November 1964, von den Konzilsvätern gebilligt wurde.

Darin wurden unter anderem Fragen der religiösen Freiheit und des Verhältnisses zum Judentum behandelt. Zwischen dem Sekretariat und dem Weltkirchenrat wurde im Februar 1965 eine ständige theologische Komm. eingerichtet, im Juni darauf eine ähnliche Komm. mit dem Lutherischen Weltbund, beide mit Sitz in Genf.

Zielsetzung und Aufgabenstellung wurde von Paul VI. in seinem Motu Proprio *Finis Concilio* vom 3. Januar 1966 (AAS, LVIII [1966], S. 37–40) bestätigt, wobei auch die Wünsche des Konzils nach Erweiterung des Mitarbeiterstabs berücksichtigt wurden. Seine definitive rechtliche Position erhielt das Sekretariat im Rahmen der Kurienreform Pauls VI. mit der Apost. Konstitution *Regimini Ecclesiae universae* vom 15. August 1967 (AAS, LIX [1967], S. 885–928), in der die Aufgaben und die Zusammensetzung (Nr.92–95) nochmals beschrieben wurden. Die Umbenennung in „Päpstl. Rat für die Förderung der Einheit der Christen" erfolgte durch Johannes Paul II. mit der Apost. Konstitution *Pastor Bonus* von 1988, in der unter Art. 135–137 die Aufgabenstellung nochmals präzisiert wurde: der Päpstl. Rat soll geeignete Initiativen auf ökumenischem Sektor ergreifen, um die Einheit der Christen wiederherzustellen; er soll die Dekrete des Zweiten Vatikanischen Konzils, den Ökumenismus betreffend, in die Praxis umsetzen; er soll sich um die richtige Interpretation der ökumenischen Grundsätze kümmern und ihre Ausführung besorgen; er soll nationale und internationale Kongresse zur Förderung der Einheit der Christen veranstalten, sie koordinieren und ihre Initiativen überwachen; er soll in enger Abstimmung mit dem Papst die Beziehungen mit den Brüdern und Schwestern der Kirchen und kirchlichen Gemeinschaften pflegen, die noch keine volle Gemeinschaft mit der katholischen Kirche haben; er ernennt die Beobachter der katholischen Kirche für die nicht von ihr veranstalteten Kongresse und lädt Beobachter anderer Kirchen und kirchlicher Gemeinschaften zu katholischen Tagungen ein, wenn es opportun erscheint. Da naturgemäß ein solches Dikasterium des öfteren mit Fragen des Glaubens befaßt ist, wird schließlich von der Notwendigkeit gesprochen, daß der Päpstl. Rat für die Einheit eng mit der „Kongr. für die Glaubenslehre" zusammenarbeitet, vor allem, wenn es sich um die Veröffentlichung von Dokumenten oder Erklärungen handelt. Gleichermaßen muß er zunächst die „Kongr. für die Orientalischen Kirchen" anhören, wenn es um Fragen der getrennten Kirchen des Orients geht.

Der „Päpstl. Rat zur Förderung der Einheit der Christen" hat seinen Sitz in Rom (Via dell'Erba 1) und wird von einem Kardinalpräsidenten geleitet. Neben einem Sekretär und einem Untersekretär gibt es zahlreiche Mitglieder und Konsultoren – Kleriker und Laien, die aus der Gruppe von Experten in ökumenischen Fragen aus aller Welt berufen werden. Geborene Mitglieder sind der Sekretär der Kongr. für die Ostkirchen, der Sekretär der Kongr. für die Evangelisierung der Völker und der Vizepräsident des Päpstl. Rates für die Laien. Zum Mitarbeiterstab gehören verschiedene Beamte in diversen Rangstufen. Beim „Rat" ist eine besondere „Komm. für die Beziehungen zum Judentum" (→) eingerichtet, die vor allem mit dem Studium der religiösen Fragen zwischen Christen und Juden beauftragt ist. Offizielles Organ dieses Päpstl. Rates ist die Zeitschrift *Service d'information* (in französischer Sprache) und *Information Service* (in englischer Sprache).

Bibl.: G. Vodopivec, *Il segretario per L'Unione dei Christiani,* in *Mater Ecclesiae,* 7 (1971), S. 45–51; K. Wittstadt, *Die Verdienste des Paderborner Erzbischofs Lorenz Jäger um die Errichtung des Einheitssekretariats,* in *Communio Sanctorum. Einheit der Christen – Einheit der Kirche. Festschrift für Bischof Paul-Werner Scheele;* Hrsg. J. Schreiner/K. Wittstadt, Würzburg 1988, S. 181–203.

N. Del Re

Redewendungen der Kurie

Nach der kurialen Praxis sind die Kongr. und alle anderen Dikasterien der Röm. Kurie gewohnt, auf die verschiedenen ihnen unterbreiteten Bitten mit eigenen lateinischen Klauseln oder Formeln zu antworten, die auch in ihrer schematischen Nüchternheit so klar sind, daß kein Schatten von Zweifel über der jeweiligen Deutung bleibt. Sie drücken die Natur der Entscheidung aus, die über das Anliegen getroffen wurde. Formeln einer bestätigenden Antwort sind *affirmative, iuxta petita, pro gratia*, auch wenn einige Einschränkungen gemacht werden, wie bei den Formeln *affirmative, ita tamen* und *affirmative iuxta modum.*

Um dagegen eine negative Entscheidung auszudrücken, gibt es außer den Bezeichnungen *negative* und *negative et amplius* (gemeint ist: nicht vorlegen) eine ganze Skala von Formeln verschiedener Tonart. *Ad acta* meint z.B., daß die Angelegenheit nicht weiter behandelt wird; *reponatur* meint, sie wird zeitweise archiviert; *gaudeat impetratis* heißt, der Bittsteller solle sich begnügen mit der vorausgehenden Antwort, die man in keiner Weise zu erweitern oder zu ändern gesonnen ist; *in decisis* bekräftigt eine bereits getroffene Entscheidung; *in decisis et amplius* (im Sinn immer von: nicht mehr vorlegen) will andeuten, die Frage solle nicht weiter vorgetragen werden; *non expedire* gibt zu verstehen, daß die Gewährung zwar erfolgen kann, aber im Augenblick nicht angebracht erscheint; *nihil o lectum* besagt, daß die Bitte nicht gewährt wurde und daher ohne Antwort bleibt; *non proposita* bedeutet, daß die Frage nicht für diskussionswürdig gehalten wird.

Will man ferner angeben, daß die Lösung einer bestimmten Frage auf eine spätere Zeit verschoben wird, verwendet man im allgemeinen die Formel *dilata*. Dazu kann die Beifügung kommen *ad primam*, was besagt, die Frage wird in der nächsten Sitzung geprüft; *post Reges*, d.h. nach Epiphanias; *post Cineres*, d.h. nach dem Karneval; *post agnos*, d.h. nach den Osterferien; *post aquas*, d.h. nach den Sommerferien; *sine die*, d.h. im Augenblick läßt sich noch nicht absehen, wann der Fall besprochen werden kann.

Ferner gibt es folgende Verfahrensformeln: *consulatur Sanctissimus* oder *facto verbo cum Sanctissimo*, um anzudeuten, daß die Entscheidung einzig dem Papst zusteht, oder daß wegen der Bedeutung der Sache die ordentliche Vollmacht des Amts nicht ausreicht; *vocetur agens*, wenn es als notwendig betrachtet wird, daß der Interessierte direkte Erklärungen gibt; *compleantur acta* soll besagen, daß sich im Informationsteil Lücken befinden, die unbedingt erst ausgefüllt werden müssen; *resumatur* macht aufmerksam, daß eine bereits entschiedene Frage wieder aufgegriffen wird, da sich neue Elemente ergeben haben; *acquiescat* ermahnt den Bittsteller, sich keine Sorge zu machen, da der Zweifel unbegründet ist. Die Formel *non spectare* schließlich besagt klar, daß eine bestimmte Frage nicht in die ordentliche Zuständigkeit des Amtes gehört, dem sie vorgelegt wurde.

Bibl.: R. Naz, *Clausules apostoliques*, in *Dictionnaire de droit canonique*, III, Sp. 820–822.

N. Del Re

Referendare der Apostolischen Signatur

Für die Überprüfung der Bitten und Einspruchsakten, die immer zahlreicher den Apost. Stuhl erreichten, begannen die Päpste Mitte des 13. Jh. verschiedene Relatoren mit der Durchsicht zu beauftragen. Diese mußten ihre Ergebnisse dem Papst für eine endgültige Entscheidung vortragen und die Akten zur Unterzeichnung vorbereiten.

Die erste Erwähnung dieser besonderen Referendare findet sich bereits unter dem Pontifikat von Innozenz IV. (1243–54). Im Jahr 1294 wird der Titel zum ersten Mal offiziell dem Spanier Petrus Roderici, einem engen Freund von Bonifatius VIII., zuerkannt. Mit der Zeit wuchs die Bedeutung der Referendare. Wenn auch ihre Anzahl im Konzil von Konstanz (1414–18) drastisch auf sechs reduziert wurde, betrug ihre Zahl bereits unter Martin V. (1417–31) 75. Diese Referendare bildeten ein besonderes Organ, das vom Akt der Unterzeichnung (*signatura*) durch den Papst oder einen Delegaten den Namen *Segnatura* erhielt. Später beauftragte Eugen IV. (1431–47) die Referendare auch mit der Unterzeichnung der Gesuche, manchmal im Beisein des Papstes, mit der Formel „*Concessum in praesentia domini nostrae papae, ut petitur*". Gleichzeitig unterschieden sich die Funktionen der einzelnen Mitglieder dieses Amtes immer mehr. Diese Entwicklung brachte später eine Unterteilung der *Segnatura* in zwei parallele und autonome Institute mit sich. Das eine war für Verwaltungsfälle zuständig und wurde „Signatur der Gnade" (→) genannt, das andere für Gerichtsfälle und hieß deshalb „Signatur der Gerechtigkeit" (→).

Noch im 18. Jh. war das Amt des Referendars sehr geschätzt und begehrt, denn es war mit hohen Würden und Vorteilen verbunden. Es erforderte ein ausgeprägtes Pflichtbewußtsein und ein umfangreiches Rechtswissen, da vor allem die *Segnatura di Giustizia* fast nur Fälle zu beurteilen hatte, die bereits vor anderen Gerichten verhandelt worden waren. Heute beträgt die Anzahl der Referendare zwölf. Sie werden vom Papst ernannt, ebenso wie die abstimmungsberechtigten Prälaten. Ihre Aufgabe besteht heute nach den immer noch gültigen „Normae speciales" darin, die der Signatur vorgelegten Fälle in allen ihren Aspekten zu prüfen und darzustellen. Sie können auch an den Diskussionen teilnehmen, aber nur mit beratender Stimme (Art.13).

Bibl.: B. Katterbach, *Referendarii utriusque Signaturae a Martino V ad Clementem IX et Praelati Signaturae supplicationum a Martino V ad Leonem XIII*, Vatikanstadt 1931; K. A. Fink, *Zur Geschichte des päpstl. Referendariats*, in *Analecta sacra Tarraconesia*, 10 (1934), S. 75–85; P. Santini, *De referendariorum ac Signaturae historico-iuridica evolutione*, Rom 1945; G. Beltrami, *Notizie su prefetti e referendari della Segnatura Apostolica*, Vatikanstadt 1972; I Gordon, *De referendariorum ac votantium dignitate, privilegiis, labore, in aetate aurea Signaturae Iustitiae*, in *Dilexit iustitiam. Studia in honorem Aurelii card. Sabattani*, ib., 1984, S. 197–210.

N. Del Re

REGENT DER HL. RÖMISCHEN KIRCHE UND DER APOSTOLISCHEN KAMMER

Bei diesem Regenten handelt es sich um ein sehr altes Kurialamt, das unter Paul IV. 1558 eingeführt wurde. Es ging um die Vertretung des Generalauditors der Apost. Kammer (→). Das Amt war mit der Kardinalswürde verbunden, um es rechtlich auf die gleiche Ebene wie den Kämmerer und den Vizekanzler der Hl. Röm. Kirche zu stellen. Die Existenz dieses Amtes war von kurzer Dauer. Nach dreißig Monaten wurde es abgeschafft. Erster und einziger Amtsinhaber war der Kardinal Alfonso Carafa. Die Einführung dieses Amtes hatte letztlich nur den Zweck, einen Verwandten des Papstes zu begünstigen. Damit bestätigt es den unter Paul IV. üblichen Nepotismus.

Bibl.: R. De Maio, *Alfonso Carafa, cardinale di Napoli (1540–1565)*, Vatikanstadt 1961, S. 51–62.

N. Del Re

REGISTER DER VATIKANISCHEN KRAFTFAHRZEUGE

Das „Gesetz des Vatikanstaates über Staatsbürgerschaft und Aufenthalt" Nr. III vom 7. Juni 1929 setzte fest, daß „der Gouverneur ein Register über die Automobile der Vatikanstadt führt". In dem Register mußten die Wagen des Papstes, des Fuhrparks der Vatikanstadt, der Vatikanbürger und einiger anderer Personen aufgeführt werden. Unter den Vereinbarungen, die nach den Lateranverträgen die praktischen Fragen zwischen dem Hl. Stuhl und Italien regeln sollten, befindet sich auch diejenige über den Verkehr der den beiden Staaten zugehörigen Automobile in den beiden Territorien. Die *Konvention* setzt u.a. fest, daß Vatikanbürger frei auf italienischem Gebiet fahren können, ohne Kraftfahrzeugsteuer zahlen zu müssen.

1930 wurde im Gouverneursamt der Vatikanstadt offiziell ein Register für die Automobile im Vatikanstaat eingeführt, in das die Wagen des Papstes, des Hl. Stuhls, der Vatikanbürger und der Würdenträger des Apost. Stuhls, auch ohne Vatikanstaatsbürgerschaft eingetragen wurden. Die amtlichen Kennzeichen mit der Abkürzung „SCV" waren weiß mit roten Buchstaben für die Wagen des Papstes, des Hl. Stuhles und bestimmter Würdenträger. Alle anderen waren schwarz auf weiß. Ein Dekret von 1987 erneuerte die Bestimmungen dahingehend, daß das Kürzel „SCV" nun offizielles Kennzeichen des Staates wurde und nur an die Wagen des Papstes und der Ämter des Hl. Stuhls und des Governatorats sowie der darum ersuchenden Kardinäle vergeben wird. Durch das Dekret wurde das neue Kennzeichen „CV" eingeführt, das für Wagen der Vatikanbürger, Würdenträger und derjenigen vorgesehen ist, die von Amts wegen ihren Sitz auf dem Territorium des Vatikan haben. Die rote Schrift auf weißem Grund ist nur für die Wagen des Papstes reserviert, während alle anderen schwarz auf weiß sind.

A. Martini

REGISTER DES LATERAN

Diese Serie beginnt 1389 unter Bonifatius IX. und reicht bis zum Pontifikat Leos XIII. (1878–1903). Bis 1810 wurden die Bände im Apost. Palast in der Nähe des Damasushofes aufbewahrt, als Napoleon den Transport der Dokumentation aus den Archiven nach Paris anordnete. Nach der Rückkehr der Bände 1817 wurden die verbliebenen Bände im Lateranpalast verwahrt – daher ihre Bezeichnung – und später in das Vatikanarchiv integriert. Die Serie wuchs bis 1897 auf fast 2470 Bände. Die Hälfte des Dokumentationsmaterials existierte bereits vor dem Umzug nach Paris. Da es in einem einzigen Büro, der Apost. Kanzlei, gesammelt wurde, stellt es sicher die homogenste der päpstl. Registerserien dar. Die Bände bestehen aus Papier, sind alle im gleichen Format und die Briefe sind darin nach Themen geordnet.

Bibl.: M. Giusti, *Inventario dei Registri Vaticani*, Vatikanstadt 1981.

G. Scano

REGISTER VON AVIGNON

Die Register von Avignon laufen parallel zu denjenigen des Vatikans und bestehen im 14. Jh. aus den Briefen der Päpste von Avignon – von Johannes XXII. (1316–34) bis Gregor XI. (1371–78) – und den Gegenpäpsten Clemens VII. (1378–94) und Benedikt XIII.(1394 bis 1415). Sie bestehen aus 349 Bänden, die meist aus der Apost. Kanzlei stammen. In den ersten Bänden sind die einzelnen Briefe mit einem Federstrich durchstrichen, nachdem sie von Mal zu Mal in besserer Form von Pergamentbänden kopiert waren, die heute Teil der Vatikanregister sind. Wenn das Avignoner Register auch weniger elegant ist, so stellt es doch die zuverlässigere Fassung dar, weil die Kopien teilweise verfälscht wurden.

Bibl.: M. Giusti, *Studi sui registri di bolle papali*, Vatikanstadt 1968, S. 149–151.

G. Scano

Register, Päpstliches

Es handelt sich um Reihen von Bänden, in die die offiziellen Briefe der Päpste zu ihrem Erhalt abgeschrieben wurden. Darunter zählt man alle Schreiben, deren Originale im Unterschied zu anderen Briefen ein Bleisiegel trugen, das *bulla* genannt wurde. Die älteste und wichtigste Sammlung solcher Bände ist die der vatikanischen Register. Andere Sammlungen sind die Register von Avignon (→) für die entsprechende Epoche und die späteren Register des Lateran (→). Die Bezeichnungen stammen von den Orten, an denen die Register verwahrt wurden. Sie wurden in jüngerer Zeit eingeführt, um sie an ihrem jetzigen Standort, im Vatikanischen Register (→) voneinander zu unterscheiden. Viele dieser Dokumente gingen durch Plünderungen, Umzüge und unerlaubte Verkäufe verloren.

Bibl.: M. Giusti, *Studi sui registri di bolle papali*, Vatikanstadt 1968.

G. Scano

Register, Vatikanisches

Bis zum 12. Jh. sind die Nachrichten über die Sammlungen von päpstl. Briefen unsicher und fragmentarisch. Erst unter dem Pontifikat von Innozenz III. (1198–1216) beginnt diese erste reguläre Serie, die nicht aus einem einzigen Archiv stammt. Die verschiedenen Quellen sind die Apost. Kanzlei (*litterae communes*), die Apost. Kammer (*litterae secretae*) und frühere Haussekretäre sowie das Apost. Sekretariat. Die einzelnen Teile kamen zu verschiedenen Zeiten ab 1611 im vatikanischen Archiv zusammen und wurden erst im 18. Jh. chronologisch nach Pontifikaten geordnet.

Es handelt sich um 2020 Bände, deren erste 300 aus Pergament sind, während die weiteren meist aus Papier bestehen. Sie reichen bis zum Jahr 1595 zurück, dem vierten Jahr des Pontifikats von Clemens VIII. Die ersten drei Bände sind eigenständig: Band 1 ist eine Kopie aus dem 11. Jh. nach einem Register von Johannes VIII. über die letzten sechs Jahre seines Pontifikats (876–882); Band 2 ist ein Original aus dem Pontifikat Gregors VII. (1073–1085); Band 3 eine wesentlich spätere Kopie des zweiten.

Besonders für die Zeiten, aus denen andere Sammlungen von päpstl. Dokumenten fehlen, ist diese Serie trotz ihrer Heterogenität nicht nur kirchengeschichtlich, sondern auch für die Geschichte Europas im 13./14. Jh. von größter Bedeutung.

Bibl.: M. Giusti, *I Registri Vaticani e le loro provenienze originarie*, in *Miscellanea archivistica Angelo Mercati*, Vatikanstadt 1952, S. 383–459; ders., *Studi sui registri di bolle papali*, ib., 1968.

G. Scano

Reitergefolge des Papstes

So wurde der Begleitzug (Cavalcata) genannt, der den Papst bei offiziellen Ausfahrten oder auf Reisen begleitete. Ursprünglich wurden diese Ausfahrten zu Pferde unternommen, daher der Name; später benutzte man die Kutsche, als dieses Reisemittel immer mehr in Gebrauch kam.

Im Laufe der Jahrhunderte vollzog sich die *Cavalcata Papale* nach einem streng geregelten Zeremoniell. Ähnliche strikte Normen regelten die *Cavalcata* der Kardinäle, der Botschafter und anderer bedeutender Persönlichkeiten. Ganz besonders festlich waren die Reiterzüge zu bestimmten Gelegenheiten, wenn der Papst sich in feierlicher Form in die röm. Basiliken für die entsprechenden *Cappelle Papali* (→) begab. Mit besonderem Prunk wurde der Reiterzug gestaltet, der den Papst vom Vatikan in den Lateran begleitete, wenn er sich nach seiner Wahl dorthin begab, um feierlich Besitz von seiner Kathedrale zu ergreifen.

In diesem Festzug ritt der Neugewählte auf einem weißen Pferd (früher auf einem Maultier) und trug die wertvolle Tiara auf dem Haupt. Zu den Teilnehmern zählten die Vertreter aller Korporationen, Bruderschaften und städtischer Ratsleute, die Milizen und die in Rom anwesenden bewaffneten Korps, der Klerus und die Prälaten der Kurie, die Botschafter, der röm. Adel, die Angehörigen der *Famiglia Pontificia*, alle Kardinäle mit ihrem jeweiligen Gefolge – auch diese natürlich alle zu Pferde. Der Zug bewegte sich vom Vatikan durch das Borgo-Viertel über die Brücke an der Engelsburg, wo der Papst eine Ehrung durch die israelitische Gemeinde erfuhr. Der Weg des Papstzuges war ausgeschmückt durch Triumphbögen und reichen Blumenschmuck, führte dann durch das Parione-Viertel bis hin zum *Forum Romanum,* um dann vorbei am Kolosseum zur Basilika *S. Giovanni in Laterano* zu gelangen.

Ein ähnlich bedeutender Umzug zu Pferde erfolgte, wenn der Kaiser nach seiner feierlichen Krönung in St. Peter den Vatikan verließ. Es handelte sich dabei nicht nur um ein großes Spektakel, sondern auch um eine nicht unerhebliche Geldquelle für das Volk. Bei dieser Gelegenheit wurden oft Geld, Münzen und wertvolle Geschenke in das Volk geworfen. Nach der Krönungszeremonie bestiegen Papst und Kaiser ein Pferd, letzterer mit der Krone auf dem Haupt, hielt die Zügel des päpstl. Pferdes, begleitete ihn einige Schritte zu Fuß, um dann seinerseits ein Pferd zu besteigen. An der Engelsburg verabschiedete sich der Kaiser vom Papst, welcher in den Vatikan zurückkehrte. Der Kaiser – wiederum begleitet von seinem gesamten Hofstaat – erreichte den Lateran. Schließlich sind noch die Reiterzüge zu nennen, die die Kardinäle bei bestimmten Anlässen begleiteten, v.a. bei ihrem Einzug in Rom anläßlich der Entgegennahme des *Galero* (→). Die Feierlichkeit und der Pomp dieser Umzüge hing von den Umständen und der Bedeutung der Person, seiner Familie oder des Hofes ab, die er repräsentierte.

Einen feierlichen Reiterzug veranstalteten auch die Auditoren der Rota am Tage der Eröffnung des Gerichtsjahres und zum feierlichen Anlaß der Begleitung des Senators von Rom ins Kapitol, nachdem er seine Würde übernommen, feierlich Treue geschworen und aus den Händen des Papstes den Elfenbeinstab empfangen hatte – das Symbol seiner Macht.

G. Morello

REITERKORPS, PÄPSTLICHES

Dem Papst in besonderer Weise zugeordnete berittene Soldaten, die mit leichten Waffen ausgestattet waren. Ihr Dienst bestand im Schutz seiner Person und im Ehrendienst in den Apost. Palästen. Man weiß nichts über den Ursprung des Korps. Die älteste Erwähnung findet sich in den Tagebüchern von Giovanni Burcardo. Dort berichtet der bekannte päpstl. Zeremoniar, daß sich die leichten Kavalleristen während des Konklaves im Jahre 1492, in welchem Alexander VI. gewählt wurde, in der Nähe des Apost. Palastes auf Dauerpatrouille befanden.

Das Korps der leichten Kavalleristen bestand aus zwei Kompanien von je 50 Reitern, die dem Befehl eines Kommandanten und anderer Offiziere unterstellt waren und sich aus dem Adel rekrutierten. Beide Kommandanten wurden mit Apost. Breve benannt und vom jeweils neuen Papst bestätigt, der aber auch das Kommando der Kompanie einer Person seines Vertrauens übertragen konnte. Es war fast immer ein Verwandter, wie beispielsweise als 1503 Papst Pius III. seinen eigenen Neffen, den Marchese Giovanni Saluzzo, ernannte. Die leichten Kavalleristen waren dem *Maggiordomo,* Präfekten der Hl. Paläste, unterstellt, von dem sie ihre Dienstordnungen empfingen. Die Bezahlung erfolgte mit normalem Sold. Bei besonderen Anlässen erhielten sie Geschenke von der Administration und seit 1555 wurden sie in die Distributionen des Palastes einbezogen. Ihre Bekleidung bestand aus einer roten Jacke mit Goldverzierungen und weit fallenden Ärmeln. Sie waren bewaffnet mit Schwert und Pistole und kaserniert in der Nähe des Vatikans bei der *Porta de Terrionibus*, die daher heute *Porta Cavalleggeri* heißt. Hier blieben sie bis zum Beginn des 17. Jh., als sie aus dienstlichen Gründen in den Quirinalspalast umsiedelten. Dort im nahegelegenen Palast der Consulta bezogen sie im Jahre 1736 ihr neues Quartier.

Getreu ihres Schwurs, den Hl. Vater wo immer und wann immer zu verteidigen, wurden die leichten Kavalleristen auch in Kriegsoperationen eingesetzt, so auch beim *Sacco di Roma* (1527). Mit Ankunft der sog. Jakobinischen Röm. Republik im Jahre 1798 verloren sie ihre Funktion. Das Reiterkorps wurde im Jahr 1800 von Pius VII. aufgelöst, der das Korps jedoch wenig später durch die Ehrengarde (→) ersetzte, die eine neue Formation erhielt und am 1. Juni 1801 offiziell in Dienst trat.

C. De Vita

Reitermajor Seiner Heiligkeit

Päpstl. Würdenträger im Laienstand, der früher den *Geheimkämmerern mit Schwert und Mantel* (→) zugerechnet wurde und dem in der Vergangenheit die Generalaufsicht der palatinischen Pferdeställe oblag. Es handelt sich um eine sehr alte Institution, die bereits unter dem Pontifikat des hl. Papstes Gregor dem Großem (590–604) Erwähnung fand und nach verschiedenen Veränderungen zur Zeit von Papst Benedikt XII. (1335–1342) seine Ausprägung erfuhr. Es war die Aufgabe des Reitermajors im Falle einer Reise des Papstes die entsprechenden Anweisungen einzuholen, die entsprechenden Befehle zum Zugweg zu geben und der Päpstl. Kutsche vorauszureiten. Hier hatte er die Aufgabe, die Kutschentür zu öffnen und zu schließen und – für den Fall, daß der Papst ausreiten wollte – ihm das entsprechende Pferd zur Verfügung zu stellen.

Nach 1870 blieb seine Funktion nur eine rein ehrenamtliche. Sein Träger wurde eingeladen, an den feierlichen Empfängen zu Ehren der Souveräne und Staatsoberhäupter teilzunehmen, bei den Zeremonien anläßlich der Kardinalserhebungen und anläßlich der Lesung der Dekrete von Seligsprechungen und mit den feierlichen päpstl. Prozessionen mitzugehen. Wie viele andere ist auch dieses Ehrenamt abgeschafft worden, als Papst Paul VI. die *Casa Pontificia* neu ordnete mit dem Motu Proprio *Pontificalis Domus* vom 28. März 1968 (AAS, LX [1968] S. 305–315).

Bibl.: F. Frezza di S. Felice, *Dei camerieri segreti e d'onore del Sommo Pontifice*, Rom 1884, S. 79–83; G. Sacchetti, *Il Cavallerizzo Maggiore di Sua Santità e la Repubblica Romana*, in *Strenna dei Romanisti*, 44 (1983), S. 431–436.

L. Del Gallo

Restaurierungswerkstatt für Gemälde

Die Gründung der Gemälderestaurierung geht auf den 8. Mai 1922 zurück, als Pius XI. das Projekt des Direktors der Gemäldesammlung der Apost. Paläste, Prof. Biagetti, billigte. Bis dahin hatte man die Einrichtung einer ständigen Restaurierungswerkstatt nicht erwogen und die Gemälde im Vatikan je nach Dringlichkeit restauriert. Dies war unregelmäßig durch zufällig verfügbares Personal geschehen. Umfangreiche Restaurierungen von Bildern und Fresken der Apost. Paläste waren immerhin unter den beiden Vorgängern von Biagetti, Ludwig Seitz und Luigi Cavenaghi, durchgeführt worden. Erst durch die Gründung der Restaurierungswerkstatt kam es zur entscheidenden Wende für die Erhaltung des unschätzbaren Gemäldereichtums im Vatikan. Biagetti, auf den auch die spätere Gründung der „Restaurierungswerkstatt für Wandteppiche" (→) zurückgeht, bediente sich aktueller Maßnahmen und Kriterien, indem er eine Inventarisierung von Dokumenten und Fotos einrichtete, um die einzelnen aufeinanderfolgenden Eingriffe Tag für Tag festzuhalten und auf diese Weise zugleich die Erhaltung der Werke für die künftigen Konservatoren und Restauratoren zu erleichtern.

Die Restaurierungswerkstatt ist neben der Vatikanischen Pinakothek in zwei weiträumigen, kommunizierenden Sälen untergebracht, die in den sechziger Jahren mit technischen Geräten modernisiert wurden. Sie untersteht dem Generaldirektor der Päpstl. Denkmäler, Museen und Galerien. Ihre Arbeit besteht in der Bewahrung und Instandhaltung der verschiedenen beweglichen und unbeweglichen Gemälde auf vatikanischem Gebiet wie auch in den extraterritorialen Gebäuden, in den Hauptbasiliken Roms, im Heiligtum von Padua und im Haus von *Loreto*. Bei den durchzuführenden Restaurierungsarbeiten an den unbeweglichen Werken ist infolgedessen das verfügbare Personal der Restaurierungswerkstatt zuweilen lange abwesend, obwohl man in bestimmten Fällen auf andere Restauratoren zurückgreift, die dafür eigens engagiert werden.

Derzeit fehlt dem Vatikan noch eine Schule für Gemälderestaurierung. Zwei Jahre Lehrzeit sind jedoch vor einer festen Anstellung unerläßlich. Derzeit umfaßt das Personal etwa 30 Restauratoren, von denen einige zuweilen nicht der Routinearbeit nachgehen, weil komplexe, langwierigere besondere Restaurierungen nötig sind (5 Restauratoren waren z.B. vollzeitlich mit der umfangreichen Restaurierung der Fresken der Sixtinischen Kapelle beschäftigt). Die Restaurierungen werden an Gemälden aus den verschiedensten Zeitepochen durchgeführt, angefangen bei der ägyptischen Zeit bis hin zur zeitgenössischen Kunst, und sie umfaßt zuweilen auch polychromierte Holzstatuen. Die genauen Verfahrensweisen werden in vorherigen Zusammenkünften des gesamten Personals entschieden, in enger Zusammenarbeit mit dem chemischen Labor, dessen Beitrag von grundlegender Wichtigkeit ist. Zuweilen bedient man sich auch auswärtiger Berater. Häufiger Austausch und Zusammenarbeit besteht auch mit dem zentralen Institut für Restaurierungen in Rom und mit anderen internationalen Werkstätten.

Der Werkstatt für Gemälderestaurierung ist seit 1984 eine gut ausgestattete Werkstatt für Marmorrestaurierung angegliedert. Sie liegt beim Museum Pio-Clementino und ist eine Gabe der „Friends of American art in religion" der Vereinigten Staaten. Sie stellt über ihre reguläre Restaurierungstätigkeit an Skulpturen hinaus Gipsabgüsse von Statuen her.

Bibl.: B. Biagetti, *Il Laboratorio Vaticano per il restauro delle Pitture*, in *Annali dell'Italia cattolica*, Mailand 1927; V. Strappati, *Il decennio del Laboratorio Vaticano per i restauri*, in *L'Illustrazione Vaticana*, 4 (1933), S. 581–585; M. A. De Angelis, *Il Laboratorio del Restauro delle Pitture nei musei Vaticani,* in *L'Osservatore Romano*, 23. März 1986.

M. Cossu

RESTAURIERUNGSWERKSTATT FÜR WANDTEPPICHE

Auf Anregung von Prof. Biagio Biagetti, dem wir schon die Einrichtung der Restaurierungswerkstatt für Gemälde verdanken, entschied sich Pius XI. am 26. April 1926, auch eine Restaurierungswerkstatt für Wandtepppiche einzurichten. Dies erschien damals dringend nötig, um diejenigen Schäden zu beseitigen, die zahlreiche Meisterwerke aus den Päpstl. Sammlungen bedrohten. Die Restaurierungswerkstatt entstand durch die Umgestaltung der alten Manufaktur für Wandteppiche und wurde zum Teil in den gleichen Räumen untergebracht, die ehemals die aufgelöste Manufaktur im *Palazzetto della Zecca* besetzte. Eine weitere Werkstatt befand sich im röm. Haus der missionarischen Franziskanerschwestern Mariens in der Via G. Giusti, so daß die Arbeitsstätten bis zum Jahre 1928 getrennt blieben, als sie in einigen weitläufigen Räumen in der *Via del Pellegrino* im Vatikan, hinter der Kirche *S. Anna dei Palafrenieri* wieder zusammengelegt wurden. Dort wurden querrechteckige Webstühle für die Restaurierung aufgestellt. Hinzu kam eine gut ausgestattete Färberei und das Magazin für die verschiedenen Arten von Wolle und Seide. Derzeit existieren zwei verschiedene Werkstätten: eine bei den erwähnten Franziskanerinnen, die andere in den Vatikanischen Museen im Magazin für Wandteppiche. In dieser zweiten werden alle technischen Untersuchungen vorgenommen, die vor einer Restaurierung nötig sind. Die Ergebnisse werden zusammen mit den historisch-dokumentarischen Forschungen in entsprechenden *Diari* festgehalten und verfolgen den Weg der Restaurierung eines jeden Werkes, welcher zudem durch eine Fotoserie vor, während und nach dem Eingriff dokumentiert wird. In dieser Werkstatt werden somit sämtliche substanzerhaltende Restaurierungsarbeiten durchgeführt – angefangen bei so grundlegenden Dingen wie dem Waschen, bei dem der Wandteppich ganz in eine große Metallwanne getaucht wird, die mit einer Lösung aus destilliertem Wasser und neutraler Seife gefüllt ist; ferner steht ein engmaschiges Netz zur Verfügung, auf dem das Gewebe ausgespannt werden kann.

In der anderen Werkstatt besorgen die Schwestern vor allem das Färben der Fäden (die derzeitigen Muster umfassen über siebentausend verschiedene Tönungen). Dann folgt der komplexere Abschnitt der ganzen Restaurierung, der in der Festigung des Gewebes besteht und vorhandene Löcher ausfüllen soll.

Eine der anspruchsvollsten Restaurierungen, die in letzter Zeit durchgeführt wurden, betrifft den Wandteppich mit der „*Schlüsselübergabe*", einen Teil des Zyklus der „Alten Schule" Raffaels; die Kompliziertheit des Eingriffs ergab sich aus der außerordentlichen historisch-künstlerischen Bedeutsamkeit des Werkes, was zum einen eine besondere Sorgsamkeit unter historischem und ästhetischem Aspekt forderte, zum anderen, weil in der Vergangenheit bereits zahlreiche nicht immer glückliche Eingriffe vorgenommen wurden, deren Spuren vollständig zu beseitigen waren, bevor man an die neue Restaurierung herantreten konnte. Früher wurden fehlende Teile des Wandteppichs gänzlich rekonstruiert, auch ohne Überlieferung des ursprünglichen Zustands. Heute dagegen strebt man allgemein die einfache Erhaltung und Vervollständigung des Wandteppichs an, sobald sich keine genaue Dokumentation vorfindet. Die kleinsten Löcher werden durch die *fermatura in tinta* mit einzeln unterscheidbaren Fäden ausgefüllt, welche weitmöglichst mit der Farbe der ursprünglichen, umgebenden Fäden harmonieren; Löcher von größerem Ausmaß werden nicht mehr, wie früher, durch komplette Rekonstruktion des fehlenden Entwurfs geschlossen. Der Wandteppich wird vielmehr mit einem Gewebe von neutraler Farbe gefüttert, welche sich mit der Grundfarbe des Wandteppichs vermischt, wenn man ihn aus einer gewissen Entfernung betrachtet.

Bibl.: V. Strappati, *Il Laboratorio per il restauro degli arazzi in Vaticano*, in *L'Illustrazione Vaticana*, 6 (1935), S. 1153–56; F. Mancinelli, *La conservazione degli arazzi nei Musei Vaticani*, in *Tecniche di conservazione degli arazzi*. Tre giornate die studio. Florenz, 18–20. Januar 1981, Florenz 1981, S. 59ff.

M. Cossu

Richter der Apostolischen Signatur, Beratende

Die „*Prelati votantes*", die beratenden Richter der Apost. Signatur, hatten ähnliche Aufgaben beim obersten Gerichtshof der Apost. Signatur wie die Konsultoren (→) der Röm. Kongr. Es waren stimmberechtigte Prälaten und Referendare (→), die alle vom Papst auf Vorschlag des Kardinalpräfekten des Gerichthofes nach Art. 3 des für diesen geltenden Rechts ernannt wurden. Von Benedikt XV. bestätigt, wurden sie von diesem durch das Handschreiben *Attentis expositis* vom 28. Juni 1915 (AAS, VII [1915], S. 320–325) an die Stelle der Konsultoren gesetzt, die von can. 36 § 2 des Gesetzes für die Röm. Rota und die Apost. Signatur vorgesehen waren. Pius X. hatte dieses Gesetz am gleichen Tag wie die Konstitution zur Reform der Röm. Kurie vom 28. Juni 1908 erlassen. Es regelte unter anderem Struktur und Zuständigkeit der beiden Tribunale. Pius XI. legte weiter mit der Konstitution *Ad incrementum decoris* vom 15. August 1934 (AAS, XXVI [1934], S. 497–521) die Vollmachten und Privilegien der *Votantes* wie der *Referendarii* fest. Derzeit gibt es nach den erwähnten Normen zwölf beratende Richter der Signatur. Sie helfen den Kardinalrichtern bei der Prüfung der Verfahren, die von Mal zu Mal dem Gerichtshof vorgelegt werden. Sie fassen auch die Berichte *pro rei veritate* ab und nehmen mit entscheidender Stimme an den Diskussionen über die Urteile wie der Fragen *de facto* teil. Sie können eine Diskussion zwischen den streitenden Parteien fordern und auch daran teilnehmen, wenn dies vom Sekretär des Gerichtshofes autorisiert wird. Sie sorgen unter anderem für die Abfassung der Urteile, wenn das entsprechende Reskript ergangen ist (Art. 12).

N. Del Re

Ritterorden, Päpstliche

Unter den verschiedenen Ehrenzeichen der Päpste für besondere Verdienste befinden sich auch etliche Ritterorden. In Italien wurde die Verleihung päpstl. Ehrenzeichen auf italienischem Hoheitsgebiet in den Lateranverträgen (1929) gebilligt. Die päpstl. Orden werden direkt vom Papst durch Apost. Schreiben verliehen. Die ersten beiden Auszeichnungen haben nur eine Klasse, während die anderen mehrere Klassen vorsehen.

1. *Päpstl. Christusritterorden*. 1318 in Portugal als Ersatz für den Templerorden entstanden als Orden zur Verteidigung gegen die Mauren. 1319 wurde der Orden von Johannes XXII. bestätigt. Die Ordensverfassung entsprach der Zisterzienserregel. Im 16. Jh. änderte sich der Orden grundlegend, da die Mitglieder von den feierlichen Gelübden befreit wurden und heiraten konnten. Der Ritterorden entwickelte sich somit unter der Schutzherrschaft des Hl. Stuhls. Durch Pius X. im Jahr 1905 reformiert, ist dieser Orden heute die höchste päpstl. Auszeichnung, die Staatsoberhäuptern und regierenden Fürsten vorbehalten ist. Der Orden selbst zeigt ein rotes lateinisches Kreuz mit einem darüberliegenden kleineren weißen Kreuz. Dazu

gehört eine sternförmige Nadel mit dem Kreuz in einem goldenen Lorbeerkranz.

2. *Orden vom Goldenen Sporn (Militia aurata).* Im Jahr 1841 von Gregor XVI. erneuert, Ursprung ungewiß. Dieser Ritterorden fand durch Pius X. 1905 zu seinem ursprünglichen Glanz zurück, indem er vom Silvesterorden wieder getrennt und eine Höchstzahl von 1.000 Rittern festgelegt wurde. Dieses Abzeichen, das Persönlichkeiten höchsten Ranges vorbehalten ist, zeigt ein goldenes Malteserkreuz (gelb emailliert), darunter einen kleinen goldenen Sporn. Auf der Rückseite die Jahresangabe MDCCCCV und die Inschrift „Pius X restituit". Dazu gehört ein versilbertes, kleineres Abzeichen.

3. *Piusorden.* Dieser Orden ist nach Pius IX. benannt, der ihn durch das Breve *Romanis Pontificibus* einsetzte (1847). Der Piusorden bestand ursprünglich aus Rittern erster und zweiter Klasse, denen dann von Pius IX. selbst eine dritte Klasse hinzugefügt wurde. Später gab es auch noch eine Zwischenklasse. Der Orden wurde von Pius XII. reformiert, zuerst 1939 und dann 1957, als die neue Klasse der Kollarritter als erste Ordensklasse eingeführt wurde. Das Abzeichen besteht aus einem achtstrahligen, mit schmalen goldenen Borten und Mittelstreifen versehenem dunkelblauen Stern, mit goldenen Flammen in den Winkeln und weißem Medaillon in der Mitte. Es trägt die Inschrift: *Pius IX. Virtuti et merito.* Es handelt sich um das einzige päpstl. Ehrenzeichen ohne Kreuz, damit es vom Hl. Stuhl auch an nichtkatholische oder nicht-christliche Persönlichkeiten verliehen werden kann.
Gegenwärtig existieren vier Klassen: Kollarritter, Großkreuzritter, Komture mit Stern und Komture, Ritter.

4. *Gregoriusorden.* 1831 von Gregor XVI. gestiftet. Ursprünglich vier Klassen, die dann von Gregor XVI. selbst auf drei reduziert wurden. Das Abzeichen besteht aus einem achtzackigen, goldenen, rotemaillierten Kreuz; auf der Vorderseite des blauen Mittelschildes befindet sich ein Bild des hl. Gregor d. Gr. mit der Taube; auf der Rückseite steht die Inschrift: *Pro Deo et principe* und – in einem goldenen Kreis – *Gregorius XVI P.M. Anno I.* Heute gibt es im Gregoriusorden folgende Stufen: Großkreuzritter, Komtur mit Stern und Komtur, Ritter. Der Orden ist ebenfalls in zwei militärische und zwei bürgerliche Klassen unterteilt.

5. *Silvesterorden.* Jüngstes und rangniedrigstes der päpstl. Ehrenzeichen. 1841 von Gregor XVI. gestiftet und von Pius X. 1905 neu gefaßt, indem er ihn vom Orden vom Goldenen Sporn getrennt hat. Der neue Orden blieb dem Orden vom goldenen Sporn sehr ähnlich, dem Abzeichen fehlt aber der kleine Sporn, d.h. es besteht aus einem goldenen, weißemaillierten Malteserkreuz mit dem Bild Papst Silvesters. Auf der Rückseite sieht man das Papstwappen. Auch der Silvesterorden ist in die drei Stufen der Großkreuzritter, der Komture mit Stern und Komture, sowie der Ritter unterteilt.

6. *Ritter vom Heiligen Grab.* Unter „Päpstliche Ritterorden" wird im *Annuario Pontificio* auch der „Ritterorden vom Heiligen Grabe zu Jerusalem" geführt – mit dem Zusatz *sotto la protezione della Santa Sede* (unter dem Protektorat des Hl. Stuhls). Mittelalterlichen Ursprungs ist er in den Jahren 1847 (Wiedergründung des Lateinischen Patriarchats) und 1868 von Pius IX. reorganisiert worden. Pius X. (1907) hatte das Großmeisteramt noch für sich beansprucht, das dann unter Pius XII. an einen Kardinal als „Großmeister des

Ordens" übertragen wurde. Paul VI. hat 1977 neue Statuten approbiert und Johannes Paul II. im Jahr 1994 die Muttergottes, Königin von Palästina, zur Patronin des Ordens bestimmt. Die rund 20.000 Mitglieder des Ordens weltweit unterstützen u. a. die Christen im Heiligen Land und das Lateinische Patriarchat von Jerusalem.

Bibl.: M. Gorino Causa, *Titoli nobiliari e Ordini equestri pontifici,* Turin 1933; C. Bascapè, *L'Ordine di Malta e gli Ordini equestri della Chiesa,* Mailand 1940; S.Feliu y Quadreny, *Ordenes de Caballeria pontificia,* Mallorca 1950; G. Marino, *La nuova disciplina degli Ordini equestri pontifici,* in *Rivista araldica,* 65 (1967), S. 149–151; L.Pelliccioni di Poli, *Gli Ordini cavallereschi di uso legittimo in Italia,* Florenz 1971.

N. Del Re

Romanus

Papst. In Gallese (Viterbo) geboren, Sohn des Konstantin. Als Titelkardinal von *S. Pietro in Vincoli* wurde Romanus 897 nach dem tragischen Tod von Stephanus VI. zum Papst gewählt. Sein Pontifikat war von kurzer Dauer und durch Kämpfe verfeindeter Fraktionen überschattet. Er ernannte Vitale zum Patriarchen von Grado. Er starb, vielleicht an Gift, noch im gleichen Jahr.

Bibl.: M. Mastrocola, *I due Papi di Gallese: Marino e Romano*, in M. Mastrocola, *Note storiche circa le diocesi di Civita C. Orte e Gallese*, II, Civita Castellana 1965, S. 106–117.

N. Del Re

Rose, Goldene

Seit der Zeit von Sixtus IV. (1471–84) besteht diese Gabe aus einem Rosenbund, in dessen größter Blüte in der Mitte Balsam und Moschus enthalten sind. Es handelt sich um eine symbolische Gabe der Päpste, die seit zwei Jahrhunderten an Königinnen verliehen wird, die sich besonders um die katholische Kirche verdient machen. Die älteste Erwähnung der Goldrose findet sich in einem Dokument Leos IX. 1049. Vom 16. Jh. an verbreitete sich der Brauch dieser Auszeichnung immer mehr, so daß sie neben ausgezeichneten Persönlichkeiten auch bedeutende Kirchen wie die röm. Basiliken St. Peter, St. Johann im Lateran und *S. Maria Maggiore* mehrmals erhielten. Auch *S. Maria del Fiore* in Florenz, die Basilika *Notre Dame* in Lourdes und berühmte Städte wie Venedig, Bologna, Siena, Lucca und andere wurden damit ausgezeichnet.

Der venezianische Doge Francesco Loredan war 1759 der letzte männliche Empfänger der Rose, die von da an den katholischen weiblichen Staatsoberhäuptern, Kirchen und Heiligtümern vorbehalten war. Als letztem Heiligtum wurde von Johannes Paul II. der Muttergottes von Tschenstochau die Rose verliehen. Die letzte damit geehrte Königin war diejenige von Italien, Helena von Savoyen 1937.

Die Segnungszeremonie der Goldrose, die früher in der Kirche *S. Croce in Gerusalemme* stattfand, wird heute am *Laetare*-Sonntag vom Papst im Paramentensaal vor der hl. Messe durchgeführt. Wenn die Person, für die die Rose bestimmt ist, sich in Rom befindet, erhält sie die Auszeichnung aus den Händen des Papstes am Ausgang der Sixtinischen Kapelle. Andernfalls erhält sie die Rose durch einen eigens dazu ernannten päpstl. Würdenträger, einen der sog. „Überbringer der Rose" (→).

Bis zum heutigen Tag wurden seit 1096 175 Goldene Rosen überreicht, 73 an Männer, 51 an Frauen, 40 an Kirchen und Heiligtümer und 11 an Städte. Als einzige Person bürgerlicher Herkunft und weiblichen Geschlechts erhielt die Amerikanerin Mary Gwendaline Caldwell, eine der Gründerinnen der „Catholic University of America" in Washington, durch Leo XIII. am Ende des vergangenen Jh. die Goldene Rose.

Bibl.: J. Kreps, *La rose d'or*, in *Les questions liturgiques et paroissales*, 11 (1926), S. 71–104, 149–178; I Rizzoli, *Le rose d'oro di Venezia (sec. XII–XIX)*, Padua 1933; P. Ludovisi, *La rosa d'oro nella tradizione plurisecolare della Chiesa cattolica*, in *L'illustrazione vaticana*, 8 (1937), S. 213–216; E. Cornides, *Rose und Schwert im päpstl. Zeremoniell von den Anfängen bis zum Pontifikat Gregors XIII.*, Wien 1967; G. Sacchi Lodispoto, *„La rosa d'oro"*, in *Strenna dei Romanisti*, 45 (1984), S. 467–483.

N. Del Re

ROTA

Auch *signum papae* genannt. Die *Rota* (Rad) ist ein Bestandteil der Unterschrift unter feierliche Dokumente der Apost. Kanzlei. Sie gehört zur päpstl. Unterschrift und wird vor das *Bene Valete* (→) gesetzt. Sie besteht aus zwei konzentrischen Kreisen, deren innerer durch ein Kreuz in vier gleiche Teile unterteilt ist. So entsteht die Form eines vierspeichigen Rades. Es wurde 1049 von Leo IX. eingeführt, der in die vier Felder die Buchstaben seines Namens und die Initiale seines Titels, sowie in den Ring den Spruch *Misericordia Domini plena est terra* einfügte. Mit dem Namen variieren unter den folgenden Päpsten auch die Sprüche bis zu Urban II. (1088–99). Seitdem befinden sich immer die Namen der Apostel Petrus (SCS PETRVS) und Paulus (SCS Paulus) in den beiden oberen Feldern, sowie der Name des Papstes mit seiner Ordinalzahl in den unteren Feldern. Der Wappenspruch wird noch heute zwischen die beiden Kreise gesetzt.

Was den Ursprung anbelangt, so ist einigen Quellen zufolge die *Rota* eine Weiterentwicklung des Kreuzes, das in früheren Dokumenten vor dem *Bene Valete* stand.

Bibl.: A. Eitel, *Rota und Rueda*, in *Archiv für Urkundenforschung*, 5 (1913), S. 290–336; A. Giry, *Manuel de diplomatique*, Paris 1925, S. 620, 674–677; J. Dahlhaus, *Aufkommen und Bedeutung der Rota in den Urkunden des Papstes Leo IX.*, in *Archivum historiae pontificiae*, 27 (1989), S. 7–84.

N. Del Re

ROTA, TRIBUNAL DER RÖMISCHEN

Es handelt sich um einen der Gerichtshöfe der Röm. Kurie, der vom Papst für Berufungsverfahren gebildet wurde. Die Ursprünge dieses Gerichts sind sehr alt und noch nicht geklärt. Seine Anfänge liegen jedoch in der gerichtlichen Aktivität, die am Ende des 12. Jh. den *capellani papae* anvertraut wurde. Es handelte sich um weniger wichtige Fälle, für die die Päpste sich jedoch das Urteil oder dessen Bestätigung vorbehielten. Nachdem ihre Anzahl wegen der vielen Fälle angewachsen war, wurden die Kapläne zu fest angestellten Richtern, wenn auch mit delegierter Autorität. Sie wurden *Auditores generales causarum Sacri Palatii Apostolici* genannt und bildeten gleichzeitig ein Gericht, das von Johannes XXII. 1331 mit der Bulle *Ratio iuris* gegründet wurde. Wenig später gab Benedikt XII. dem Gericht seinen Sitz im apost. Palast von Avignon, nachdem er 1335 die Gerichtsreferendare von den anderen Kaplänen getrennt und aus ersteren eine Kategorie von Auditoren, von päpstl. Richtern, gebildet hatte.

Die Bezeichnung *Rota*, die 1337 zum ersten Mal auftaucht und 1427 unter Martin V. offiziell eingeführt wird, scheint von der runden Bank zu stammen, auf der die Referendare bei der Urteilsfindung saßen – vielleicht auch, weil die Referendare „per rotam vel per turnum" urteilten. Später wurde die Rota noch mit dem Attribut *heilig* versehen, da es das Gericht des Papstes war. Später noch kam die Bezeichnung *römisch* hinzu, um es von den anderen in verschiedenen Städten des Kirchenstaates (Perugia, Bologna, Macerata und Ferrara), sowie in anderen italienischen Städten (Florenz, Lucca, Siena, Genua) und den außerhalb Italiens (Madrid) befindlichen Zivilgerichten zu unterscheiden. Die *Sacra Romana Rota* bestand aus einer wechselnden Zahl von *referendarii* genannten Mitgliedern, die von Sixtus IV. 1472 auf zwölf festgesetzt wurde. Diese Zahl blieb bis zu den Zeiten Gregors XVI. (1831–46), der sie auf zehn reduzierte, unverändert. Die Mitglieder dieses Gerichts waren berühmte Rechtsexperten, die vom Papst berufen wurden, wenn es auch einigen Nationen (Frankreich, Spanien, Deutschland) und einigen italienischen Städten erlaubt war, einen oder zwei selbst zu ernennen.

Nach der ersten Neufassung der *Rota* durch Martin V. 1418, beschäftigten sich auch Innozenz VIII. 1488 und Clemens VII. 1525 damit. Der erste bestimmte, daß dieses Gericht auch Zivilklagen verhandeln konnte, während der zweite seinen Richtern große Privilegien einräumte, die dann durch Paul III. 1537 bestätigt wurden. 1561 weitete Pius IV. die Kompetenz der Rota auf die ganze Welt aus und ließ deren Prozeduren genau festschreiben. 1746 endlich intervenierte Benedikt XIV., indem er die bis dahin sehr unterschiedlichen Kompetenzen kategorisch definierte und die Rota zum Berufungsgericht machte.

Pius VII. gründete das Gericht 1814 nach fast zwanzigjähriger Pause während der französischen Besatzung wieder neu. Danach veränderte Gregor XVI. dessen Aufgaben, indem er es zum Berufungsgericht für alle Zivil- und Kirchenrechtsklagen für Rom und den Kirchenstaat und zum Sondergericht für alle aus anderen Orten stammenden Verfahren machte. Mit der Auflösung des Kirchenstaats stellte die *Rota* fast gänzlich ihre Aktivitäten ein, die 1878 durch Anordnung Leos XIII. teilweise wieder aufgenommen wurden. So richtete sie über die apost. Prozesse um die Tugendgrade und Wunder der Diener Gottes und entschied über deren Gültigkeit. Trotz der begrenzten Reaktivierung des Gerichts durch Leo XIII. war danach von der einst berühmten Instanz nicht mehr viel zu hören. Sie ging teilweise, vor allem bei den Heiligsprechungsprozessen, in der Ritenkongregation auf.

Pius X. setzte das Gericht 1908 in seiner fast ursprünglichen Form wieder ein. Seitdem wurde es 1934 und 1982 (durch Johannes Paul II, *Norme* vom 11. Januar 1982 (AAS, LXXIV, [1982], S. 490–517) weiter verändert. Die Röm. Rota ist vor allem ein Berufungsgericht und entscheidet als solches in zweiter Instanz über Fälle, die von anderen Gerichten in erster Instanz entschieden wurden und dem Hl. Stuhl zur Berufung vorgelegt werden. Außerdem entscheidet es in dritter oder weiterer Instanz über bereits von der Rota oder anderen Gerichten verhandelte Fälle.

Die Rota ist das einzige Dikasterium, in dem es keine Kardinäle gibt. Seine Mitglieder bestehen aus einer nicht festgelegten Anzahl von Auditoren aus verschiedenen Teilen der Welt, die der Papst ernennt. Sie bilden ein Kollegium, an dessen Spitze der Dekan als *primus inter pares* steht. Seit 1982 ist die Rota durch die zitierten „Normen" auch befugt, „die Entscheidungen untergeordneter Gerichte zu revidieren oder für nichtig zu erklären, wenn dort Recht gebrochen oder als falsch erkannt wird". Gegenstand der Prozesse sind auch Eheverfahren, die bei Klage auf Nichtigkeit des ehelichen Bandes auf dem Gerichtsweg durchgeführt werden, wobei die Rota als Berufungsinstanz der Diözesangerichte gilt.

Jeder Auditor hat zwei Sekretäre (der Dekan drei), die die Causen studieren und dem Auditor Bericht erstatten. Im Personal der Rota gibt es auch den Glaubensanwalt (→ Promotor) und drei Ehebandsverteidiger, einen Leiter der Kanzlei und verschiedene Sekretäre und Protokollanten. Bei diesem Gericht existiert ebenfalls das *Studio Rotale*, eine Rota-Universität (→) für die Ausbildung von kirchlichen Richtern und Anwälten für dieses Fachgebiet.

Bibl.: E. Cerchiari, *Capellani papae et Apostolicae Sedis Auditores causarum sacri palatii apostolici. seu Sacra Romana Rota ab origine ad diem usque 20 septembris*

1870, Rom 1921; Ch. Levebvre, in *Dictionnaire de droit canonique*, VII, Sp. 742–771; N. Del Re, *La Curia Romana. Lineamenti storico-giuridici*, Rom 1970, S. 243–259 (mit der gesamten vorhergehenden Bibliographie); S. Paniyo-Orallo, *Las nuevas normas del Tribunal de la Rota Romana*, in *Rivista española del derecho canónico*, 38 (1982), S. 287–311; E. Lodolini, *Giurisprudenza della Sacra Rota Romana in materia di archivi (sec. XVI–XVIII)*, in *Rassegna degli Archivi di Stato*, 42 (1982), S. 7–33; C. de Dego-Lora, *Los tribunales de justicia de la Sede Apostólica: I. La Rota Romana*, in *Ius Ecclesiae*, 4 (1992), S. 419–461.

N. Del Re

ROTA-UNIVERSITÄT

In einem besonderen *Studio* existiert seit 1909 neben dem Tribunal der *Röm. Rota* (→) diese eigens für die wissenschaftliche und verfahrenstechnische Ausbildung der Rotaadvokaten und der künftigen Richter, Kirchenanwälte und Ehebandverteidiger eingerichtete Stelle. Pius XII. ordnete sie 1945 mit dem Dekret *Nihil antiquius* vom 8. Juni (AAS, XXXVII [1945], S. 193–196) neu, vor allem um sie den gewandelten Erfordernissen der Zeit anzupassen. Weitere ergänzende Bestimmungen erfolgten mit einem besonderen Dekret, das im Anhang der „Neuen Normen" des Gerichtshofes veröffentlicht wurde. Es war promulgiert durch Johannes Paul II. am 11. Januar 1982 (AAS, LXXIV [1982], S. 490–517). Im *Studio Rotale* werden derzeit dreijährige Kurse von den Auditoren der Rota (→) und anderen qualifizierten Dozenten, die alle für fünf Jahre ernannt werden, in folgenden Fächern angeboten: Jurisprudenz, Deontologie, Gerichtsverfahren, Gerichtspraxis, Verwaltungsrecht, Rechtsstatistik, Selig- und Heiligsprechungsprozesse, orientalisches Recht, Psychiatrie, Psychologie und Anthropologie. Die Vorlesungen erfolgen an drei Tagen im Monat von November bis Mai. Die Schule beschäftigt sich im wesentlichen mit den zur Entscheidung anstehenden Rechtsfällen und sieht außerdem eine Reihe von praktischen Übungen vor (sieben für jedes Kursjahr), die in lateinischer Sprache abgefaßt werden müssen.

Zum *Studio Rotale*, dessen Vorsitz der Dekan der Rota führt, und das unter der unmittelbaren Leitung eines Prälaten-Auditors steht, können Kleriker und Laien aus jedem Land zugelassen werden, die entsprechende Voraussetzungen erfüllen und wenigstens das Lizentiat in Kirchenrecht besitzen. Über jeden Kandidaten müssen die einzelnen Dozenten Jahr für Jahr einen Bericht abfassen: über seine Führung, den regelmäßigen Besuch der Kurse und seine Ergebnisse, über die Eignung der Schüler für weitere Kurse. Das Schlußdiplom wird allerdings nur an Kandidaten verliehen, die bereits in Kirchenrecht promoviert haben. Nach Bestehen aller vorgeschriebenen Examina, die nur zweimal abgenommen werden und dem abschließenden Examen für das Diplom, bekommen die Kandidaten den Titel eines „Rota-Advokaten", der sie aufgrund der vatikanischen Verfahrensordnung zur Verteidigung sämtlicher Straf- und Zivilsachen vor einem Richter des Staates der Vatikanstadt berechtigt. Die Universität der Rota, deren Sekretariat sich im *Palazzo della Cancelleria* befindet, veröffentlicht auch die *Quaderni*, eine Sammlung von Heften, in denen Rechtsfragen behandelt werden.

N. Del Re

ROTULUS

→ Piatto Cardinalizio

S

S. Anna dei Palafrenieri

Die „Kirche zur hl. Anna der Reitknechte" befindet sich unmittelbar am Eingang zum Vatikan, dem St. Anna-Tor und verdankt ihren Namen der Bruderschaft der Reitknechte, die sie im 16. Jh. als ihren Sitz errichten ließ. Die Reitknechte und päpstl. Hausdiener hatten 1378 begonnen, sich in der Kapelle der Vatikanbasilika mit dem Namen der Mutter Mariens zu versammeln. Daraus entwickelte sich die Bruderschaft, die, von Papst Julius II. 1507 anerkannt, das Ziel hatte, bedürftigen Mitbrüdern zu helfen. Pius IV. gab im Dezember 1565 die Erlaubnis, eine neue, der hl. Anna geweihte Kirche einschließlich Turm, Sakristei und notwendigen Anbauten zu errichten. In der Anfangsphase bis 1574 wurden die Arbeiten geleitet von Giacinto Barozzi, der ein Projekt von Padre Jacopo, bekannt unter dem Namen *Il Vignola* (1507–1573), realisierte. Bis 1576 wurde der Rohbau errichtet, der mit seinem Hauptprospekt und den dorisch-toskanischen Säulen ein schönes Beispiel für die architektonische Experimentierfreudigkeit des großen emilianischen Architekten darstellt. Die Kirche wurde dann im Juli 1583 feierlich eingeweiht, ohne daß bei der Fertigstellung auf das Projekt des Vignola zurückgegriffen wurde.

Die Fassade wurde unter dem Pontifikat von Clemens XI. (1700–21) von Alessandro Specchi (1668–1729) vollendet, der an die Stelle des Campaniles aus dem 17. Jh. eine Doppelturmfassade errichten ließ. Zwischen 1744 und 1747 errichtete der Architekt Giandomenico Navone eine elliptische Kuppel, in deren Zentrum der Heilige Geist dargestellt ist, von dem die Strahlen der göttlichen Weisheit ausgehen. Unter Navone ist auch die Dekoration im Innern der Kirche ausgeführt worden. Die Fresken, die die Geschichte und die Tugenden der hl. Anna darstellen, schuf Ignazio Stern.

Im Jahre 1931, nach umfangreichen Restaurierungsarbeiten, wurde die Anna-Kirche die offizielle Pfarrkirche der Vatikanstadt und vom Papst den Augustinern anvertraut.

Bibl.: F. Fasolo, A. Bresciani, *Notizie sulla struttura della cupola ellittica di S. Anna die Palafrenieri*, in *Quaderni dell'Istituto di Storia dell'Architettura*, 1 (1953), S. 17–18; J. Milton Lewine, *Vignola's Church of Sant'Anna de'Palafrenieri in Rome*, in *Art Bullettin*, 48 (1965), S. 199–229; A. Cicinelli, *S. Anna dei Palafrenieri in Vaticano*, Rom 1970; F. Billiani/C. Caratelli, Vatikanstadt, *S. Anna dei Palafrenieri*, in *Ricerche di Storia dell'Arte*, 35 (1988), S. 56–59; L. V(attuone), *S. Anna dei Palafrenieri*, in *Guide del Vaticano*, 4, Rom 1989, S. 52–57.

A. M. Cerioni

S. Egidio

Diese kleine Kirche zum hl. Ägidius innerhalb des vatikanischen Territoriums liegt hinter der Kirche S. Anna dei Palafrenieri (→) und ist den meisten unbekannt, weil sie durch Bauten und nicht zuletzt durch einen Teil der Vatikanmauer zur Via di Porta Angelica hin verdeckt ist. Eine erste Erwähnung findet sie in einem Katalog von Cencio Camerario, dem späteren Papst Honorius III. (1216–27). Im 17. Jh. wurde die Kirche verschiedenen Bruderschaften zugeteilt, bis im Jahre 1690 unter dem Patronat des hl. Ägidius und auf Initiative eines Priesters aus Orvieto namens Francesco Quadroni eine neue Bruderschaft zum hl. Ägidius gegründet wurde. Dort wurde später auch Quadroni beerdigt. An ihn erinnert eine Büste und eine Gedenktafel, die an der rechten Seite angebracht worden ist, sowie weitere Inschriften. Im Jahre 1776 erhielt die Kirche auch einen privilegierten Altar, als Papst Pius VI. mit Breve vom 2. Oktober die erwähnte Bruderschaft von *S. Egidio* zu einer Erzbruderschaft erhob.

Das Kirchlein ist zweimal restauriert worden: unter Pius IX. im Jahre 1862 und unter Pius XI. im Jahre 1930. Bemerkenswerte Veränderungen erfuhr sie im Innern im Jahr 1972, als die beiden Seitenaltäre entfernt und ein großes Kreuz an der Stirnwand des Gebäudes angebracht wurde. Die Kirche zum hl. Ägidius ist gegenwärtig die Kapelle des Schwesternkonvents der Missionsfranziskanerinnen zur hl. Maria, denen seit dem 26. April 1926 die Restaurierungswerkstatt für Wandteppiche (→) anvertraut worden ist.

Bibl.: L. Huetter, *minuscula vaticana,* in *Il Vaticano*, Hrsg. G. Fallani e M. Escobar, Florenz 1946, S. 693–694; M. Maroni Lumbroso/A. Martini, *Le confraternite romane nelle loro chiese,* Rom 1963, S. 135–137.

G. Morello

S. GIOVANNI IN LATERANO

Die Basilika St. Johann im Lateran (Lateranbasilika) ist die Bischofskirche des Papstes und somit die Kathedrale von Rom und der gesamten Welt. Mit der durch Clemens XII. (1730–1740) am Hauptportal angebrachten Inschrift „SACROSANCTA LATERANENSIS ECCLESIA OMNIUM URBIS ET ORBIS ECCLESIARUM MATER ET CAPUT“ erhebt die Basilika den Anspruch, „Mutter und Haupt aller Kirchen der Stadt und des Erdkreises“ zu sein. In der Basilika, die Sitz des *Patriarchiums* war und über eintausend Jahre Residenz der Röm. Päpste, fanden fünf ökumenische Konzile statt, die als „Laterankonzilien“ bekannt sind. Das erste wurde von Calixtus II. im Jahre 1123 einberufen, das zweite von Innozenz II. im Jahre 1139, das dritte 1179 von Alexander III., das vierte von Innozenz III. im Jahre 1215 und das letzte von Julius II. im Jahre 1512 bis zu seinem Abschluß 1517 unter Leo X.

Die Laterankirche wurde als erste der christlichen Basiliken im Auftrag von Kaiser Konstantin wahrscheinlich zwischen 312 und 318 an der Stelle der *Castra Equitum Singularium* (der berittenen Garde des Kaisers) errichtet. Diese Kasernenanlagen nahmen teilweise den ehemals ausgedehnten Besitz, nahe der *domus ecclesiae* des Bischofs, der Familien der Pisoni und Laterani ein – daher die Ortsbezeichnung. Eindrucksvolle Reste eines prächtigen Gebäudes aus dem 1. nachchristlichen Jh. wurden während der Ausgrabungen zwischen 1934 und 1936 unter der Basilika entdeckt. Nach einer antiken Legende gründete der Kaiser die Kirche aus Dankbarkeit, weil er – unmittelbar nach seiner Taufe durch Papst Silvester – von der Lepra geheilt worden war, wie ihm im Traum die hl. Petrus und Paulus prophezeit hatten.

Die konstantinische, ursprünglich dem Erlöser geweihte Basilika wurde später von Papst Gregor d. Gr. (590–604) den beiden Johannes, nämlich dem Täufer und dem Evangelisten gewidmet. Der konstantinische Bau war eine fünfschiffige Säulenbasilika mit Apsis und sieben Altären, die im Grundriß der Dimension der heutigen nahekam. Bereits im Jahre 445 erlitt die Kirche durch die Vandalen unter Geiserich ungeheure Schäden, wobei der reiche Schatz geplündert wurde. Leo I. (440–461) restaurierte sie unmittelbar danach, während unter Hadrian I. (772–795) sehr radikale Restaurierungen am Quadriportikus, an den Altären und den Brunnen folgten.

Nach dem verheerenden Erdbeben von 896, das den Einsturz des Mittelschiffes verursachte, wurde die Basilika unter Sergius III. (904–911) wiederhergestellt; in der Folge errichtete Johannes XII. (955–964) eine dem hl. Thomas geweihte Kapelle links der Fassade. Es handelte sich um einen apsidialen Anbau, der mit Fresken geschmückt war und die Funktion einer Sakristei hatte. Während der Bauarbeiten für die neue Fassade zur Zeit Alexanders III. (1159–1181) zusammen mit dem von Nicola di Angelo geschaffenen Portikus, der mit einem Mosaikfries verziert war, wurde die alte Kapelle zerstört. Unter Clemens III. (1187–1191) versah man die Basilika mit einer Mosaikdekoration, die später wieder verschwand. Hier waren unter anderem historische Szenen der Kaiser Vespasian, Titus und Konstantin dargestellt. Ein Jahrhundert danach restaurierte Nikolaus IV. (1288–1292) die Fassade und baute das Querschiff und die Apsis mit einem Umgang wieder auf. Sie wurde von Jacopo Torriti und Jacopo da Camerino mit einem Mosaik geschmückt, wobei Teile aus dem 5. Jh. wiederverwendet wurden, wie beispielsweise eine *Salvator*-Darstellung, die – gemäß der Überlieferung – eine Erscheinung am Tag der Weihe der Kirche in Gegenwart von Papst Silvester und Konstantin wiedergab. Das Mosaik wurde während der Bauarbeiten im vorigen Jahrhundert abgenommen und wieder zusammengesetzt. Es stellt im oberen Teil das *Brustbild des Erlösers* inmitten von Engeln dar. Darunter befindet sich ein *Gemmenkreuz* mit vier Flüssen, welche die Evangelien symbolisieren. Links daneben befindet sich die *Jungfrau Maria*, ihr zu Füßen der kniende *Nikolaus IV.*, ferner die hl. *Petrus, Paulus* und *Franz von Assisi*. Rechts sieht man *Johannes d. Täufer*, die *Apostel Johannes und Andreas* sowie den hl. *Antonius von Padua*. Zwischen den darunterliegenden Fenstern sind die übrigen Apostel und die Stifter dargestellt.

Im Jahr 1300 wurde von Bonifatius VIII. – der kurz vorher die Benediktionsloggia an der Nordfassade des *Patriarchiums* errichtet hatte – das erste Jubeljahr ausgerufen und feierlich begangen. Unter anderem kamen Giotto, Arnolfo di Cambio und vielleicht auch Dante als Pilger nach Rom. Danach begann für die Lateransbasilika im Zuge der Verlegung der Papstresidenz nach Avignon eine lange Zeit des Verfalls. Weitere schwere Schäden erlitt sie in der Folge zweier heftiger Brände in den Jahren 1308 und 1361, worauf Urban V. (1362–1370) den sieneser Architekten Giovanni di Stefano mit dem Wiederaufbau beauftragte. Giovanni di Stefano schuf gleichzeitig auch den prächtigen, mehrmals restaurierten Tabernakel für die Aufbewahrung der Häupter der Apostel Petrus und Paulus über dem Hauptaltar. Der Wiederaufbau blieb jedoch unvollendet.

Die Bauarbeiten wurden unter Gregor XI. (1370–1378) wiederaufgenommen. Damals wurde die Fassade des nördlichen Querschiffes mit einem gotischen Portal zwischen zwei Säulen auf Marmorlöwen wiederhergestellt.

Im Jahre 1425 begann Martin V. (1417–1431) mit neuen Arbeiten in der Basilika. Diese umfaßten die Erneuerung des Kosmatenfußbodens im Mittelschiff, wo heute noch die Wappen des Hauses Colonna zu sehen sind, die Renovierung der Decke sowie die Dekoration der Mittelschiffwände. Die später bei der Restaurierung unter Borromini zerstörte Bilderfolge wurde 1427 von Gentile da Fabriano begonnen und zwischen 1431 und 1432 von Pisanello fortgesetzt. Sie stellte *Szenen aus dem Leben Johannes des Täufers und die Propheten* dar. Nach über einem Jahrhundert ließ Pius IV. (1559–1565) eine prächtige, aus Holz geschnitzte Holzkassettendecke einbauen, die man noch heute bewundern kann. Außer dem Namen Pius' V. erscheinen hier auch die von Pius V. und Pius VI., welche die Decke vollenden und restaurieren ließen. Während des Pontifikats von Sixtus V. (1585–1590) wurden im Rahmen des umfangreichen Projekts zur Erneuerung des Laterankomplexes gemeinsam mit dem Wiederaufbau des Lateranpalastes und der *„Scala Santa"* (Heilige Stiege) auch die Vorhalle mit der Benediktionsloggia am nördlichen Querschiff erbaut. Kurz darauf führte Giacomo della Porta für Clemens VIII. (1592–1605) die Erneuerung des Querschiffes aus. Er entwarf dafür die Wanddekoration, d. h. die bunten Marmorintarsien und die von verschiedenen Bildhauern ausgeführten Basreliefs. Giacomo della Porta schuf ferner die Massimo-Kapelle (1590) mit dem Grabmonument für Domenico Massimo. Es folgten die Sanseverina-Kapelle (1600–1602) durch den von Kardinal Anton Giulio Santorio beauftragten Baumeister Onorio Longhi und die Colonna- oder Chorkapelle von Girolamo Rainaldi (1570–1655).

Im Hinblick auf das Hl. Jahr 1650 betraute Innozenz X. 1646 den Architekten Francesco Borromini mit einer möglichst konservierenden Restaurierung der Basilika. Borromini ließ die Anordnung der Basilika unangetastet und schuf eine Art barocke Verpackung, unter der die antiken Strukturen verschwanden. Sein gesamtes Projekt zu Ende zu führen, gelang ihm jedoch nicht. Es sah einen viel tieferen Chor und ein Deckengewölbe vor. Im Jahr 1650 waren die Arbeiten hinsichtlich der Gesamtdisposition der Innenräume vollendet. Sie schritten zwischen 1656 und 1657 mit der Anlage des Fußbodens fort und dem Wiederaufbau der während der Arbeiten zerlegten Grabmonumente. Man rekonstruierte sie nicht nach einem philologischen Programm, sondern eher nach freier Erfindung in den pilastergerahmten Nischen entlang der Seitenschiffwände.

Als monumentalster Teil erweist sich das Mittelschiff, dessen Hochwand durch große Fenster im Wechsel mit girlandengerahmten Medaillons (Anf. 18. Jh. Propheten eingefügt) gegliedert ist. Die mächtigen tragenden Pfeiler sind durch Stuckreliefs mit Szenen aus dem Alten und dem Neuen Testament geschmückt – ein Werk Alessandro Algardis (1595–1654) unter Mitarbeit von Antonio Raggi (1624–1686) und Gian Antonio de Rossi (1616–1695). Auf ihn gehen die Nischen zurück, in denen Anfang des 18. Jh. die überlebensgroßen Apostelstatuen aufgestellt wurden. Insgesamt wird an der Ornamentik der Basilika Borrominis Formenrepertoire deutlich: Tauben (Symbole der Pamphili), Blattmotive, Cherubim, Girlanden.

Der tiefgreifenden Umgestaltung durch Borromini folgte 1732–1735 die Errichtung der Hauptfassade durch den Florentiner Alessandro Galilei. Er war der Sieger eines Wettbewerbes, an dem zahlreiche Architekten, darunter Luigi Vanvitelli, Nicola Salvi, Giovan Battista Gaulli, „Bibiena" genannt und Filippo Raguzzini teilnahmen. Material der Hauptfassade ist Travertin. Die Fassade wird von einer Kolossalordnung aus Säulen und Lisenen, die zwei Geschosse übereinanderliegender Öffnungen mit Gebälk- und Bogenabschlüssen zusammenfaßt, beherrscht. 15 Kolossalstatuen (über 6 Meter hoch), die den *Erlöser, Johannes d. Täufer* und *Johannes d. Evangelisten* sowie die *Kirchenlehrer* der Lateinischen und Griechischen Kirche darstellen, krönen den Aufbau. Die Dekoration wird durch vier Reliefs mit *Szenen Johannes d. Täufers* am Portikus vervollständigt. In den darauffolgenden Jahren wurden zwei weitere Kapellen errichtet. Alessandro Galilei entwarf 1734 die Corsini-Kapelle auf Wunsch Clemens' XII. (1730–1740). Die Torlonia-Kapelle schuf Quintiliano Raimondi im Jahr 1850. Schließlich erbauten die Architekten Virgilio und Francesco Vespignani – nach vorheriger Abnahme des Honorius-Mosaiks – die Apsis neu.

Die Basilika birgt einen großen Schatz an Kunstwerken. Daraus sticht die *Kolossalstatue Konstantins d. Gr.* (4. Jh.) als eines der ältesten hervor. Sie stammt aus den Quirinals-Thermen und wurde 1737 in der Vorhalle aufgestellt. Das *Bronzetor* entnahm man der Curia Hostilia und baute es 1660 am Hauptportal der Basilika wieder ein. Von großem Interesse sind die Grabmonumente. Von den ältesten blieben nach der Umgestaltung durch Borromini oft nur einige Teile über, die frei wieder zusammengesetzt wurden, so bei dem Grabmal des Paolo Mellini aus Liegefigur mit Fresko (*Madonna mit dem Kinde*, 15. Jh.), auch bei den Gräbern der Kardinäle Bernardo Caracciolo (†1255) und Giulio Acquaviva (†1574), Gherardo Bianco da Parma (†1302), Casati da Giussano (†1290) und denjenigen der Päpste Sergius IV. (1009–12) und Alexander III. (1159–1181). Einen besonderen Hinweis verdient das Monument für Kardinal Antonio Martinez de Chaves (†1447). Von Filarete begonnen, wurden die Arbeiten daran von Jesaia da Pisa weitergeführt. Zwei seiner kleineren Statuen sowie diejenigen der *Prudentia* und *Temperantia* (Klugheit u. Mäßigung) integrierte man in dem Grabmal für Acquaviva. Interessant sind unter den Denkmälern des 16. Jh., die ohne größere Veränderungen übernommen wurden, auch dasjenige der Elena Savelli mit Bronzereliefs – ein Werk des Jacopo del Duca (1520–1601) und dasjenige des Ranuccio Farnese (†1565). Es wird Jacopo Barozzi da Vignola zugeschrieben. Nach dem Eingriff des Borromini wurden die Grabmäler der Kardinäle Rasponi (†1675) und Girolamo Casanate (†1700) (Begründer der „Biblioteca Casanatense“) von dem Franzosen Legros geschaffen. Es folgten die Grabmonumente der Päpste Clemens XII. (1730–1740), Innozenz III. (1198–1216, 1891 errichtet), Leo XIII. (1878–1903) und das von Silvester II. (999–1003), 1909 von einem ungarischen Staatsbürger gestiftet.

Unter den bildhauerischen Arbeiten sticht vor allem das prachtvolle, von Giovanni di Stefano (1367–1369) entworfene *Altarziborium* hervor: Über einer Architektur aus vier Säulen zeigen je drei von Eckstatuen (*Heilige und Tugenden*) gerahmte Tafeln *Heiligenbilder* und *Geschichten aus dem Leben Mariens und Christi* (geschaffen von Barna da Siena u. im 15. Jh. restauriert); darüber erhebt sich ein Tabernakelaufbau mit dem Reliquiar. Bemerkenswert sind auch das Basrelief, das *Bonifatius IX.* (1389–1404) darstellt, das *Grab Martins V.* (1417–1431), ein Werk des Simone Ghini aus dem 15. Jh., ferner die kleine Statue des *hl. Jakob*, die einmal Teil des 1492 von Guillaume de Periers errichteten und Andrea Bregno zugeschriebenen Altares war (ein weiteres Relief mit einer *Kreuzigungsszene* wird in der Taufkapelle aufbewahrt), ferner der *Sakramentsaltar* mit vier antiken Bronzesäulen von Pietro Paolo Olivieri (1551–1599) und schließlich das *Grablegungs*-Relief von Pietro Tenerani (1789–1869). Zahlreich sind auch die Gemälde aus unterschiedlichen Epochen. Einzigartig ist hier das Freskenfragment, das Giotto zugeschrieben wird und Teil eines Zyklus war, der die Loggia des *Patriarchiums* schmückte. Der Überlieferung nach stellte es die Verkündigung der Bulle dar, mit der durch Bonifatius VIII. das erste Hl. Jahr ausgerufen wurde. Neueste Forschungen hingegen haben ergeben, daß es sich um die Einnahme des Lateransitzes durch den Caetani-Papst (1295) handelt. Das Fresko wird in die Jahre zwischen 1297–98 datiert. Interessant ist der Bilderzyklus im Querschiff, der auf Wunsch von Clemens VIII. bei der Restaurierung entstand und an dem zahlreiche Künstler arbeiteten. Unter ihnen C. Nebbia, C. Roncalli, O. Gentileschi und P. Nogari, die bis 1601 unter der Leitung des Cavalier d' Arpino (1568–1640) tätig waren (einige von ihnen arbeiteten auch an der Dekoration der Vorhalle des Querschiffes). Die Bilderfolge stellt die Bekehrung Kaiser Konstantins d. Gr. und die Baugeschichte der Basilika dar. Von Cavalier d'Arpino stammt auch das Gemälde *Christus zwischen den hl. Johannes, dem Täufer und dem Evangelisten*. Erwähnenswert sind auch eine *Kreuzigungsszene* von Gerolamo Siciolante da Sermoneta (1521–80), ein *Porträt Martins V.* sowie eine *Magdalena*, beide von Scipione Pulzone 1574 geschaffen.

In der Basilika wird auch ein Teil des überaus reichen *Kirchenschatzes* aufbewahrt. Neben zahlreichen Reliquiaren, Paramenten und Altartafeln treten besonders das von Nicola da Guardiagrele 1451 geschaffene silberne *Stabkreuz* und das *Konstantinische Kreuz*, ebenfalls aus Silber, hervor. Letzteres geht auf das 13./14. Jh. zurück und ist mit Szenen aus dem Alten Testament und einer Kreuzigung gestaltet.

Ein Meisterwerk der röm. Kosmatenkunst ist der *Kreuzgang*, der zwischen 1225 und 1236 von Pietro Vassalletto und dessen Sohn geschaffen wurde. Der majestätische Quadriportikus weist auf jeder seiner Seiten fünf Öffnungen zwischen Pfeilern auf, denen jeweils Bogenstellungen einbeschrieben sind. Die je fünf schmalen Arkadenbögen werden von dünnen, glatten oder gedrehten Zwillingssäulen gestützt mit attischen Basen und reich skulptierten Kapitellen. Im Kreuzgang bewahrt man zahlreiche Fragmente aus der alten Basilika auf. Darunter befinden sich die Reste des Bischofsthrones von Nikolaus IV., eine 1196 von Pietro und Uberto da Piacenza für Coelestin III. (1191–98) geschaffene Bronzetüre, sowie zwei Teile des *Hannibal-Monuments* von Arnolfo di Cambio (1240–1302): die *Prozession der Kleriker* und die *Liegefigur* von Riccardo Annibaldi (diese wurde aus der Basilika transferiert, wo man sie jüngst durch eine Kopie ersetzte).

Das Baptisterium *S. Giovanni in Fonte,* die Taufkirche des hl. Johannes, liegt nordöstlich des gleichnamigen Platzes und geht auf konstantinische Zeit zurück. Vermutlich errichtete man das Baptisterium über einer Thermenanlage aus dem 2. Jh., welche wiederum über einer Villa aus dem 1. Jh. entstanden war. Der ursprünglich runde Grundriß der Taufkirche wurde während des Umbaus unter dem Pontifikat Sixtus' III. (432–440) in einen achteckigen verwandelt. Damals wurden auch das Atrium und der von zwei Porphyrsäulen flankierte Portikus hinzugefügt. Die heutige Raumanordnung respektiert die Struktur des 5. Jh. mit zwei konzentrischen – durch acht Porphyrsäulen voneinander getrennten – Rundgängen. Die Porphyrsäulen tragen einen Architrav, auf dem acht kleinere, weiße Marmorsäulen stehen. Im Zentrum steht das Porphyrbassin für die Taufzeremonien, die durch Untertauchen vorgenommen wurden. Papst Hilarius (461–68) vergrößerte den Bau und fügte drei Kapellen an. Sie sind Johannes dem Evangelisten und dem Täufer sowie dem Hl. Kreuz geweiht. Die Hl.-Kreuz-Kapelle wurde im 15. Jh. bei Umbauarbeiten unter Sixtus IV. abgerissen. Eine weitere Kapelle entstand zur Zeit Johannes' IV. (640–42). Es folgten zahlreiche Renovierungen, wobei die Originalkuppel unter Paul III. (1534–49) durch die aktuelle ersetzt wurde. Unter Urban VIII. (1623–1644) fanden erneut Restaurierungsarbeiten statt, mit denen man Domenico Castelli beauftragt hatte. Auch Borromini war hier in den Jahren 1655–67 tätig. Zwischen 1962 und 1968 fanden großangelegte Baumaßnahmen im Lateranpalast statt, der an das Vikariat von Rom angeschlossen werden sollte. Mitbetroffen war auch die Taufkirche, in deren Bereich man gleichzeitig Ausgrabungen durchführte. Von großer Bedeutung sind die Reste einer flächendeckenden Mosaikdekoration, die den Bau schmückte. Es handelt sich dabei um Mosaiken aus dem 7. Jh., die sich in der Venantiuskapelle befanden und in die Zeit des Pontifikats von Theodor I. (642–49) einreihen lassen. Mosaiken aus dem 5. Jh. hingegen gab es in der kleinen Apsis links, d.h. in der Kapelle der hl. Ciprianus und Justina, sowie in der Kapelle Johannes d. Evangelisten. Ein bedeutender Freskenzyklus wurde zwischen 1639 und 1648 von zahlreichen Malern unter der Leitung von Andrea Sacchi (1599–1661) geschaffen. Im Tambour gab es von Sacchi acht Bilder mit Szenen aus der Vita Johannes des Täufers, die heute durch Kopien ersetzt sind. Entlang der Wände finden sich Szenen aus dem Leben Konstantin d. Gr. und Medaillons mit den Darstellungen der von Konstantin errichteten Basiliken von G. Gemignani, A. Camassei, C. Maratta und C. Mannoni.

Bibl.: P. Lauer, *Le Palais de Lateran*, Paris 1911; G. Pelliccioni, *Le nuove scoperte sulle origini del Battistero Lateranense*, in *Atti della P. Accademia Romana di Acheologia*, III, *Memorie*, XII, 1 (1973), S 7–138; V. Hoffmann, *Die Fassade von S. Giovanni in Laterano 313/14 – 1649*, in *Röm. Jahrbuch. für Kunstgeschichte*, 17 (1978), S. 1–46; R. Krautheimer, *Corpus basilicarum christianarum Romae*, V, Vatikanstadt 1980, S. 1–96; L. Barroero, *Guide rionali di Roma. Rione I: Monti*, I, Rom 1982, S. 22–88; M. Fagiolo/M. L. Madonna, *Roma 1300–1875. La città degli Anni Santi*, Atlas, Mailand 1985; *S. Giovanni in Laterano*, Hrsg. C. Pietrangeli, Florenz 1990.

G. C. Alteri/A. M. Cerioni

S. Maria della Febbre

Der Name (Kirche der hl. Maria des Fiebers) stammt von dem gleichnamigen, dort verehrten Heiligenbild in der Rundkirche zum hl. Andreas, die gemeinsam mit einer ähnlichen Kirche zur hl. Petronilla an der südlichen Längsseite von Alt-St.-Peter errichtet worden war. Analog kaiserlichen Grabmälern sind die beiden Rotunden Ende des 4. Jh. entstanden und wurden später in Kirchen umgewandelt. Während die Rundkirche zur hl. Petronilla beim Bau der heutigen Petersbasilika zerstört wurde, blieb die Rotunde zum hl. Andreas bis zur Zeit Papst Pius VI. (1775–99) erhalten, wurde dann aber zugunsten des Baus der neuen Sakristei von St. Peter (→) abgetragen.

Obwohl das Tafelbild der Madonna des Fiebers aus der Zeit Papst Symmachus (498–514) sein soll, kann das vorhandene Gemälde nicht vor Mitte des 15. Jh. entstanden sein. Wahrscheinlich wurde das Bild unter dem Pontifikat Julius II. (1503–13) in die Apsis des *secretarium*, die antike Sakristei, in unmittelbarer Nähe des Portikus der konstantinischen Basilika gebracht, der von da an auch den Namen der hl. Maria des Fiebers erhielt. Dieses Gebäude ist jedoch während der Bauarbeiten der Fassade der neuen Basilika unter Papst Paul V. (1605–21) zerstört worden. Im Jahr 1696 ist das Bild in die Sakristei der Rotunde gebracht worden. Heute befindet es sich in der Sakristei der Benefiziaten von St. Peter, umgeben von einem Marmortabernakel, den Donatello während seines Romaufenthalts 1432–33 für die Kapelle des hl. Nikolaus im alten Papstpalast schuf, der dann aber in die Sakristei überführt wurde.

G. Morello

S. Maria di Galeria

→ Radio Vatikan

S. Maria in Campo Santo

Zwischen St. Peter und der neuen Audienzhalle liegt der Campo Santo Teutonico, die älteste deutsche Nationalstiftung in Rom. Der von einer hohen Mauer umgebene Bezirk erscheint unauffällig, doch befand sich hier in der Antike der Circus des Nero, auch Schauplatz christlicher Martyrien. Mittelpunkt des Besitzes ist die genannte Marienkirche, deren Ursprünge vermutlich in die karolingische Epoche reichen, bezeugt von Resten einer Apsis zwischen Friedhof und Kirche. Ursprünglich war die Kirche dem Erlöser geweiht, mit dem Zusatz *„in ossibus"*, eine Bezeichnung die von ihrer Funktion als Friedhof zeugte. Im Jahr 1449 gründete der Nürnberger Johannes Goldener in Rom eine Armeseelenbruderschaft, die bis heute in weiter entwickelter Gestalt fortbesteht und Träger der Stiftung ist. Im letzten Viertel des 14. Jh. entstand die heutige Kirche, die sich dem in Deutschland verbreiteten Typ der Hallenkirche anschließt und über dem Grundriß eines griechischen Kreuzes errichtet wurde.

Den Zugang zur Kirche, die zwischen 1972 und 1975 restauriert wurde, bildet vom Friedhof her ein Portal von Elmar Hillebrand (Köln), das der frühere Bundespräsident Theodor Heuss bei seinem Besuch im Jahre 1957 stiftete. Auf dem linken Flügel des Bronzetors ist Maria mit dem Kind abgebildet, darunter das Wappen der Erzbruderschaft, eine Verbindung von Doppeladler und Pietá. Auf dem rechten Flügel ist die Auferstehung dargestellt.

Die Bildtafeln des Hochaltars stammen von Macrino d'Alba (1494–1528) und zeigen die Schmerzensmutter zwischen dem hl. Paulus und Johannes dem Täufer, die hl. Anna mit Maria und Jesus sowie die Apostel Petrus und Jakobus. Der Altar selbst ist durch eine auf dem Friedhof bei den Bauarbeiten gefundene, umgekehrte Grabplatte verziert, die in zahlreichen Motiven Vögel, Weintrauben und Kreuze zeigt. Sie ist in das 7./8. Jh. zu datieren und vermutlich ein Fragment einer früheren Altarschranke, ein typisches Zeugnis frühmittelalterlicher Archaik. Eine linke Seitenkapelle hat den Namen „Schweizer Kapelle". Sie diente nach dem Sacco di Roma 1527 als Grablege für die gefallenen Schweizer Gardisten. Die hier befindlichen Fresken von Polidoro da Caravaggio, einem Schüler Raffaels, sind von höchster künstlerischer Qualität.

Bibl.: A. De Waal, *La „ schola Francorum" fondata da Carlo Magno e l'ospizio teutonico del Camposanto nel secolo XV,* Rom 1897; G. Scarfone, *S. Maria in Camposanto e il Cimitero Teutonico,* in *Alma Roma,* 21 (1980), Nr. 5–6, S. 8–19; A. Tonnesmann/U. V. Fischer Pace, *Santa Maria della Pietá, die Kirche des Campo Santo Teutonico in Rom,* Rom 1988.

D. Ferrara

S. Maria Maggiore

Die heutige, durch zahlreiche Umwandlungen veränderte Basilika S. Maria Maggiore folgt in ihrer Gestalt dem von Sixtus' III. (432–440) zu Ehren der Jungfrau Maria errichteten Neubau *„iuxta macellum Libiae"* auf dem Esquilin. Die erste Marienkirche an diesem Platz ließ Papst Liberius (352–366) erbauen, dem nach der Legende (*Liber miraculorum Beatae Mariae Virginis*) zusammen mit dem Patrizier Johannes die Jungfrau Maria im Traum erschien, um sie anzuweisen, ihr dort eine Kirche zu bauen, wo am nächsten Morgen Schnee fiel. Als am 5. August(!) 352 der Platz in wundersamer Weise von Schnee bedeckt war, wurde die der Muttergottes geweihte Kirche errichtet.

Die dreischiffige Basilika mit Atrium und Vorhalle im Osten stellt ein bedeutendes Beispiel frühchristlicher Architektur dar und ist unter verschiedenen Namen bekannt: *Esquilina* nach dem Hügel, auf dem sie erbaut ist, *Sancta Maria ad Praesepe* nach der in ihr aufbewahrten Reliquie (Holz der Krippe Jesu), der Gabe einer gewissen Flavia Xanthippa im 6. Jh. und schließlich, da sie seit dem 7. Jh. wichtigste Marienkirche war, *S. Maria Maggiore.*

Im Laufe der Jahrhunderte war sie Zeuge bedeutender historischer Ereignisse: Im Basrelief der Loggia ist das röm. Konzil von 465 unter Papst Hilarius (461–468) von Pietro Bracci dargestellt sowie in einem weiteren Relief von Giuseppe Lironi das Attentat auf Martin I. 653 durch Olimpius, Exarch des Kaisers Konstantin II. Während der Weihnachtsmesse 1075 wurde hier Gregor VII. durch die Soldaten von Cencio di Stefano gefangengenommen. Am 15. August 1347 fand in der Basilika die feierliche Krönung von Cola di Rienzo statt, der zuvor in S. Giovanni in Laterano den unbescheidenen Titel *„Candidatus Spiritus Sancti miles, Nicolaus severus et clemens, liberator Urbis, zelator Italiae, amator orbis et tribunus augustus“* angenommen hatte.

Zahlreiche Erweiterungs- und Umbauten bestimmen das aktuelle Gesicht der Kirche. Unter Paschalis I. (817–824) wurde der Chor verändert und eine vergoldete Nische für die Reliquien der Krippe unter dem Altar eingebaut. Innozenz III. (1198–1216) und Honorius III. (1216–27) ließen eine Krippenkapelle errichten, die Ende des 13. Jh. durch Arnolfo di Cambio verändert wurde, doch sind davon nur einige Marmorskulpturen erhalten. Aus der Mitte des 13. Jh. stammen die beiden Zwillingsziborien für die Aufbewahrung der Reliquien, die 1747 im Rahmen eines Umbaus jedoch entfernt wurden. Unter Nikolaus IV. (1288–92) wurde die Basilika durch die Westerweiterung stark verändert. Die alte Apsis wich einer weiter westlich liegenden, da zwischen Hauptschiff und Apsis ein Querschiff gesetzt wurde. Zwischen 1375 und 1377, unter Gregorius' XI., wurde über einem antiken Fundament der Campanile erbaut, der zu Beginn des 16. Jh. durch Julius II. einen pyramidalen Helm erhielt. Die reich verzierte Kassettendecke des Mittelschiffs schuf Ende des 15., Anfang des 16. Jh. Giuliano da Sangallo (1473–1516) – angeblich mit dem ersten Gold aus der Neuen Welt. Im 16./17. Jh. wurde die Basilika durch prächtige Kapellen bereichert. Zwischen 1564 und 1573 realisierte Michelangelo die Sforza und Martin Longhi der Ältere die Cesi-Kapelle. Kaum ein Jahrzehnt später beauftragte Sixtus V. Domenico Fontana mit dem Bau einer Kapelle, in der das Krippenheiligtum auf angemessene Weise präsentiert werden konnte. Für den Bau stellte der Papst einen an die Basilika grenzenden Weinberg zur Verfügung. Die nach ihm benannte *Cappella Sistina* bzw. Sakramentskapelle fand ihr symmetrisches Pendant in der *Cappella Borghese* bzw. *Paolina*, die im Auftrag Pauls V. zwischen 1605 und 1616 zur Aufbewahrung des *Salus Populi*-Bildes und als Grabkapelle errichtet wurde. Aus der zweiten Hälfte des 17. Jh. stammt die rückwärtige Fassade der Basilika von Carlo Rainaldi.

Die letzte große Umwandlung erfolgte durch Ferdinando Fuga im Auftrag Benedikts XIV. (1740–58). Außer der neuen Hauptfassade mit einer breiten Loggia gestaltete der florentinische Architekt auch die gesamte linke Seitenfront der Basilika durch einen Kapellenreigen neu und vereinheitlichte den Innenraum.

Im Inneren schmückt ein großer Mosaikzyklus aus verschiedenen Epochen die Kirche: Das Mosaik des Triumphbogens mit dem *Marienleben* und die Serie der Mittelschiffwände mit Darstellungen aus dem *Alten Testament* stammen aus der Zeit Sixtus' III. (432–440), wie die Inschrift XYSTUS EPISCOPUS PLEBI DEI oben am Bogen unter dem Himmelsthron dokumentiert. Sie gehören zu den ältesten erhaltenen Beispielen christlichen Musivschmucks. Das Apsismosaik mit der *Krönung Mariens* und einigen Episoden aus dem *Leben der Jungfrau* wurden 1295 von Jacopo Torriti ausgeführt. Filippo Rusuti beendete im Auftrag der Kardinäle Jacopo und Pietro Colonna Ende des 13. Jh. das zweireihige

Mosaik der Fassade mit dem inmitten der Heiligen thronenden Erlöser und Erzählungen aus der Gründungszeit der Basilika S. Maria Maggiore (stark restauriert).

Auch die Fresken stammen aus verschiedenen Epochen. Das älteste Beispiel ist ein Medaillonfries mit Prophetenbüsten vom Ende des 13. Jh. (als Urheber evtl. Cimabue u. Pietro Cavallini). Die größeren Zyklen stammen aus dem 16./17. Jh.: Unter Sixtus V. (1585–90) realisierte eine Gruppe röm. Maler die manieristische Freskendekoration der Sakramentskapelle mit den Darstellungen der *Engelschöre*, des *Stammbaumes Jesu und Mariens* und Episoden aus dem *Neuen Testament* sowie im Schiff den Zyklus des *Marienlebens* (bis auf die *Geburt Mariens* von 1741) und *Lebens Jesu.* Von größerer Qualität sind die Malereien der Borghese-Kapelle, an denen u.a. Giuseppe Cesari (1560–1640) arbeitete, genannt Cavalier D'Arpino, der die *Propheten* malte. Aus der Hand Ludovico Cardis (1559–1613), genannt Cigoli, stammt in der Kuppel *Mariä Himmelfahrt*, von Guido Reni (1575–1642) die *Heiligenfiguren*. Die Ausschmückung der Sakristeien und der Taufkapelle wurden vom toskanischen Maler Domenico Cresti (1560–1638), Il Passignano, ausgeführt.

In *S. Maria Maggiore* wurden sechs Päpste beigesetzt: Im Mittelschiff stehen sich die ursprünglich in der Apsis befindlichen Grabmäler Nikolaus' IV. (Ende 16. Jh.) und Clemens' IX. (1671) gegenüber. In der *Cappella Sistina* ruhen Pius V. und Sixtus V., in der *Cappella Paolina* Paul V. und Clemens VIII. Außerdem seien einige weitere Grabdenkmäler erwähnt: das des Kardinals Consalvo Rodriguez hinten im rechten Seitenschiff von Giovanni Cosma, 1299 unter Einfluß Arnolfo di Cambios entstanden, die Doppeltumba für die Brüder Filippo und Eustachio de Levis aus dem letzten Viertel des 15. Jh. und die Zwillingsdenkmäler der Brüder und Kardinäle Paolo Emilio und Federico Cesi von Guglielmo della Porta (ca. 1500–77). Fast unscheinbar wirkt das Grab des großen Gianlorenzo Bernini im rechten Seitenschiff.

Unter den bildhauerischen Werken treten wegen ihrer besonderen Qualität noch hervor: der Retabel des Baptisteriums von Pietro Bernini (1562–1629) mit der Darstellung *Mariä Himmelfahrt* und die Fassade aus dem 18. Jh.

Bibl.: D. Taccone-Gallucci, *Monografia della patriarcale Basilica di S. Maria Maggiore*, Rom-Grottaferrata 1911; E. Lavagnino/V. Moschini, *S. Maria Maggiore*, (1924); E. Biagetti, *Splendori di arte antica nella Basilica Liberiana rinnovellati dal Sommo Pontefice Pio XI*, in *L'illustrazione Vaticana,* 2 (1931), Nr. 5, S. 26–32, Nr. 6, S. 27–34; C. Cecchelli, *I mosaici della Basilica di S. Maria Maggiore*, Turin 1956; R. Krautheimer, *Corpus basilicarum christianarum Romae*, III, Vatikanstadt 1971, S. 1–60; B. Brenk, *Die frühchristichen Mosaiken in S. Maria Maggiore zu Rom*, Wiesbaden 1975; A. Martinelli, *S. Maria Maggiore sull'Esquilino*, Rom (1975); L. Barroero, *Guide rionali di Roma: Rione I, Monti, III*, Rom 1982, S. 74–120; K. Schwager, *Die architektonische Erneuerung von S. Maria Maggiore unter Paul V.,* in *Römisches Jahrbuch. für Kunstgeschichte*, 20 (1983), S. 241–312; F. Cochetti, *Interventi architettonici di Benedetto XIV a Roma, S. Maria Maggiore*, in *L'Angelo e la città*. Ausstellungskatalog, Rom 1987; *La Basilica romana di S. Maria Maggiore*, Hrsg. C. Pietrangeli, Florenz 1987.

F. Cocchetti

S. Marta

Die Kirche S. Marta, die 1538 in der Nähe der noch älteren Kirche *S. Stefano degli Abissini* (→) erbaut wurde, ist im Jahre 1930 den umfangreichen urbanistischen Arbeiten nach Neugründung des Staates der Vatikanstadt zum Opfer gefallen.

Paul III. gab den Auftrag zum Bau einer Kirche für die neu gegründete Bruderschaft des Dienstpersonals der Apost. Paläste. Umbauten erfolgten unter Gregor XIII. (1572–85), Sixtus

V. (1585–90) und Clemens VIII. (1592–1605). Im Jahre 1792 fand in unmittelbarer Nähe das Vatikanische Priesterseminar seinen neuen Platz, gegründet von Papst Urban VIII. im Jahr 1636, woraufhin die Kirche St. Martha Seminarkapelle wurde.

In der Kirche befanden sich bemerkenswerte Kunstwerke wie das Gemälde des *hl. Hieronymus* von Girolamo Muziano, jetzt in der Vatikanischen Pinakothek und das große *Kruzifix* von Alessandro Algardi in bemaltem Stuck, das sich jetzt in der Kapelle des Governatorats – ebenfalls St.-Martha-Kapelle genannt, befindet. In den Depots der Vatikanischen Pinakothek befindet sich darüber hinaus eine große Leinwand mit der Darstellung der *hl. Martha*, die Giovanni Baglione zugeschrieben wird, während das Kunsthistorische Museum in Wien ein kleines Gemälde von Giovanni Lanfranco mit der *Jungfrau und Kind*, als sie dem hl. Jakobus und dem hl. Abt Antonius erscheint, aufbewahrt.

Bibl.: C. Pietrangeli, *Ricordo di una chiesa distrutta: Santa Maria in Vaticano,* in *Monumenti, Musei e Gallerie pontificie. Bollettino,* 5 (1984), S. 91–111.

G. Morello

S. Martino e Sebastiano

Die Kirche der hl. Martin und Sebastian war den Patronen der Päpstl. Schweizergarde (→) gewidmet, und ist von Pius V. 1568 für die Zwecke der Seelsorge der helvetischen Soldaten und ihrer Familienmitglieder errichtet worden. Verborgen hinter der Kolonnade des Bernini liegt die Kirche am Fuße des letzten Talstücks der Mauer Nikolaus' V. Bis 1967 befanden sich dort Fresken, die nach ihrer Restaurierung jetzt in der Vatikanischen Pinakothek zu sehen sind: u. a. handelte es sich um Werke des Malers aus Piacenza, Giulio Mazzoni (ca. 1525–1618), eines Schülers von Vasari und Daniele da Volterra. An der Stirnwand war die Verkündigungsszene zu sehen, während an den Seitenwänden zwei Heilige dargestellt waren: der hl. Martin, als er mit dem armen Bettler seinen Mantel teilt und der hl. Sebastian. Die Lünette enthielt eine Darstellung des segnenden himmlischen Vaters. An den Chorwänden waren links Darstellungen der Madonna mit Kind und der hl. Anna zu sehen und rechts der Gekreuzigte zwischen den Trauernden. Die Fresken waren in so schlechtem Zustand, daß sie „abgezogen" werden mußten und wegen ihrer besonderen Bedeutung bis 1981 gründlich restauriert wurden.

Bibl.: L. R(usso)/G. C(olalucci), *Giulio Mazzoni e aiuti. decorazione ad affresco della chiesa di San Martino degli Svizzeri*, in *Bollettino dei Monumenti, Musei e Gallerie pontificie*, 4 (1983), S. 179–200.

G. Morello

S. Paolo fuori le Mura

Die Partiarchalbasilika *St. Paul vor den Mauern* ist nach St. Peter die zweite der Röm. Kirche und wird auch *Ostiense* wegen ihrer Lage an der gleichnamigen Straße genannt. Sie stammt ursprünglich aus dem 4. Jh., als der Legende zufolge Kaiser Konstantin ein Kultgebäude über der *cella memoriae* des Völkerapostels errichten ließ, der in dem naheliegenden Viertel *„ad aquas Salvias"* enthauptet worden war. Der ursprüngliche Tempel war jedoch so bescheiden, daß Valentinian II. (†392) ihn abreißen ließ, um einen wesentlich größeren zu bauen, ohne jedoch das Grab des Heiligen zu beeinträchtigen. Theodosius führte dann den Bau fort und Kaiser Honorius (395–423) vollendete ihn, wie aus der Musivschrift am Triumphbogen hervorgeht: „THEODOSIUS COEPIT; PERFECIT HONORIUS AULAM/DOCTORIS MUNDI SACRATAM CORPORE PAULI". Später wurde sie im Auftrag der Päpste zahlreichen Umbauten unterzogen. Der Theodosiusbasilika war eine breite Loggia vorgelagert. An den fünfschiffigen Kirchenraum, durch vier Reihen von je zwanzig Säulen getrennt, schloß ein ausladendes Querschiff mit mittiger, halbrunder Apsis. Um sie vor den Sazarenenüberfällen zu schützen, ließ Johannes VIII. (872– 882) einen soliden Mauerring um die Basilika und das sie umgebende Viertel errichten. Die kleine Zitadelle, die zu Ehren des Papstes „Giovannopoli" genannt wurde, erwies sich als derart gut befestigt, daß sie sogar den wiederholten Angriffen Kaiser Heinrichs IV. 1083– 1084 widerstand.

Die Basilika erfuhr im Laufe der Jahrhunderte meherere Umbauten und Restaurierungen. So unter Gregor VII. (1073–85), der über Baumaßnahmen hinaus, noch als Abt von St. Paul das Kloster reformierte; Honorius III. (1216–1227), unter dessen Pontifikat die Musivdekoration der Apsisrundung ausgeführt und die Arbeiten am Kreuzgang vorangetrieben wurden; Nikolaus III. (1277–80), der das Hauptschiff mit neuem Bilderschmuck ausstattete. Der Pietro Cavallini zugeschriebene Zyklus mit Freskenfragmenten des 5. Jh. ging beim Brand von 1823 verloren, nur folgende Teile sind überliefert: Zwischen den Fenstern des Obergadens befanden sich Darstellungen der Apostel und Propheten, darunter waren in zwei Reihen Szenen aus dem Leben des hl. Paul auf der einen und alttestamentarische Szenen auf der anderen Wand abgebildet; in den Arkadenzwickeln befanden sich Papstportraits, deren ältestes aus dem 5. Jh. stammte. Wenig später wurde unter Johannes XXII. (1316–34) die Musivdekoration der Fassade ausgeführt, auch sie wird Cavallini zugeschrieben: unter der Darstellung des Erlösers zwischen Evangelistensymbolen und Engeln befand sich die thronende Muttergottes mit dem Kind zwischen dem hl. Paulus, dem Täufer mit Johannes XXII. und dem hl. Petrus. Nachdem die Basilika 1349 durch ein Erdbeben schwer beschädigt worden war, ließ Clemens VI. (1342–52) sie restaurieren, um dort das folgende Jubeljahr feiern zu können. Weitere Veränderungen erfuhr sie in der ersten Hälfte des 15. Jh. Einen wichtigen Eingriff tätigte Sixtus V. (1585–90), indem er den Chor erneuerte und die Kassettendecke des Querschiffs einfügte. Im linken Querhaus wurde, wahrscheinlich für das Jubiläum von 1625, die Kapelle des Hl. Sakraments von Carlo Maderno (1556–1629) angefügt, der auch die St. Laurentius- oder Chorkapelle im rechten Querhaus entwarf. Nach dem Einsturz der Säulenhalle errichtete Alessandro Specchi 1724 eine neue, wobei der alte Narthex zerstört und die noch stehenden Säulen der antiken Säulenhalle für den Bau der Umschließungsmauer abgetragen wurden.

In der Nacht vom 15. auf den 16. Juli 1823 wurde die Basilika bei einem Brand fast ganz zerstört. Am nächsten Morgen standen nur noch die Apsis, der Triumphbogen, die Südseite, das äußerste Nordschiff und die Fassade. Das schlimme Unglück wurde Pius VII., der auf dem Totenbett lag, verschwiegen (er starb am folgenden 20. August). So oblag die Aufgabe des Wiederaufbaus seinem Nachfolger Leo XII. (1823–29). Der Papst richtete bald nach seiner Wahl den dringenden Appell an alle Gläubigen, sich freigiebig an dem Unternehmen zu beteiligen, das der eigens gegründeten *Kongr. für den Wiederaufbau der Basilika des hl. Paulus* unterstand. In der folgenden Debatte um die Modalitäten des Baus formierten sich zwei Gruppierungen verschiedener Architekten, Archäologen etc., deren eine den originalgetreuen Wiederaufbau der Basilika forderte, während die andere einen Neubau vorschlug, bei dem man mit neuen architektonischen Ideen experimentieren könne, da es sich um die wichtigste röm. Baustelle des 19. Jh. handele. Unter der letzteren befand sich Giuseppe Valadier (1762–1839), der für kurze Zeit Bauleiter war. Der Papst beschloß letztendlich, die frühchristliche Struktur beizubehalten. Unter den Architekten des sich über mehr als ein Jahrhundert hinziehenden Baus befanden sich u. a. Andrea Alippi, Pasquale Belli, Pietro Bosio, Pietro Camporesi und Luigi Poletti. Letzterer arbeitete von 1833 bis zu seinem Todesjahr 1869 daran und brachte den Bau mit dem isoliert an der Apsisseite stehenden Glockenturm fast zu Ende.

Am 3. Oktober 1840 konnte Gregor XVI. das Querhaus weihen und am 10. Dezember 1854 Pius IX. den gesamten Kirchenbau, an dem aber noch viele Jahre gearbeitet wurde. Die alte Fassade, die den Brand überstanden hatte, wurde abgerissen, die neue nach dem Tod Polettis von Virginio Vespignani (1802–82) vollendet. Der neue Musivschmuck ist Filippo Agricola und Nicola Consoni zu verdanken: im Tympanon befindet sich der *Segnende Christus zwischen den Aposteln Petrus und Paulus*; in der Reihe darunter das *Lamm Gottes* auf dem Hügel, auf dem die vier symbolischen Flüsse zwischen Bethlehem und Jerusalem entspringen; darunter zwischen den Fenstern die Propheten Jesaias, Daniel, Ezechiel und Jeremias. Von Vespignani ist auch die historisierende, neofrühchristliche Säulenhalle mit 146 korinthischen Granitsäulen, die zwischen 1890 und 1928 von Guglielmo Calderini ausgeführt wurden und in deren Mitte eine Riesenstatue des hl. Paulus von Pietro Canonica (1869–1959) steht.

Der 136 m lange, 65 m breite und 30 m hohe Neubau mit erhöhtem Boden stellt eine Interpretation eines christlich-klassischen Kirchenbaus des 19. Jh. dar (Krautheimer). Unter den zahlreichen Künstlern, die die Innendekoration ausführten, seien nur einige genannt: Francesco Coghetti, Cesare Mariani, Pietro Gagliardi, Francesco Podesti, die gemeinsam mit anderen die 36 Fresken mit *Szenen aus dem Leben des hl. Paulus* längs der Mittelschiffwände zwischen den Fenstern ausführten, die man 1893 mit Alabasterplatten schloß, nachdem eine Explosion die Emaillefenster von Antonio Morini aus dem Jahre 1830 zerstört hatte. Coghetti und Podesti sind die Urheber der Bildnisse des *hl. Stephanus, der vom Hohen Rat vertrieben wird* und der *Steinigung des hl. Laurentius*. Von Vincenzo Camuccini (1771–1884) sind der *in den Dritten Himmel erhobene hl. Paulus* in der Lünette des Papstthrons und die *Bekehrung des hl. Paulus*. Mosaikspezialisten fertigten die Papstmedaillons an, die den alten Freskenfries ersetzen sollten, von dem nur 42 Rundbilder aus dem 5.–9. Jh. erhalten sind (Museum). Unter den zahlreichen Bildhauern der Apostelserie um das Jahr 1884 seien genannt: Pietro Tenerani (1789–1869) schuf das Basrelief *Christus, der dem hl. Petrus die Schlüssel überreicht* (Papstthron) und die Statue des *hl. Benedikt* (gleichnamige Kapelle); Rinaldo Rinaldi (1793–1873) schuf die Statuen des *hl. Stephanus* und *Gregors XVI.* und Antonio Maraini, der die Türflügel des Haupttors mit Szenen aus dem Leben der Apostel Petrus und Paulus ausführte (1928–31).

Poletti ließ zwölf aschgraue, kannelierte Marmorsäulen, die aus den Grabungen in Vejo stammten, entlang der Seitenwände der Kapelle des hl. Benedikt aufstellen. Zar Nikolaus I. schenkte die beiden großen Altäre mit Halbedelsteinen Gregor XVI. für den Wiederaufbau, und in die Säulenhalle des Nordeingangs wurden zwölf Säulen der antiken Theodosiusbasilika eingefügt.

Unter den wertvollen Zeugnissen der großartigen Vergangenheit bewahrt St. Paul vor allem das *Ziborium* von Arnolfo di Cambio. Der Inschrift und verschiedenen Details läßt sich entnehmen, daß außerdem ein gewisser „Petro“ und die Werkstatt eines Meisters aus dem Jahr 1285 mitgewirkt hatten. Die Theorie, daß es sich bei dem „Petro“ der Inschrift um Cavallini handelt, gilt inzwischen als unwahrscheinlich, nachdem er mit dem röm. Steinmetz Pietro di Oderisio identifiziert wurde. Nach einer Restaurierung der Brandschäden wurde das Ziborium 1840 wieder auf dem Hochaltar aufgestellt. Über vier Porphyrsäulen mit vergoldeten Kapitellen erheben sich vier Dreipaßbögen über Dreipaßnischen, in denen die Statuen der hl. Paulus, Petrus, Benedikt und Timotheus von Arnolfo di Cambio stehen, der neben dem architektonischen Aufbau auch Basreliefs ausführte. Auf den Bögen ruhen, von Fialen flankiert, Dreiecksgiebel, in deren Mitte zwei Engel eine Maßwerkrosette halten. Darüber erhebt sich der Pyramidengiebel, von einem Kreuz bekrönt. Das Ziborium befindet sich über dem Hauptaltar, auf dem Marmorsarg des hl. Paulus. Die Marmorplatten aus dem 4./5. Jh.zeigen die Inschrift PAULO / APOSTOLO MART.

Ein weiteres Meisterwerk der mittelalterlichen Bildhauerei ist der *Kandelaber* für die Osterkerze von Pietro Vassalletto und Nicola di Angelo aus dem 12. Jh. Er ist ca. sechs Meter hoch und in sechs Felder mit Reliefszenen aus der Jesuspassion, Pflanzen- und Tiermotiven unterteilt.

Von großer Bedeutung sind auch die versilberten Bronzetüren des Hauptportals der antiken Basilika von Staurachio di Scio aus dem Jahr 1070: auf 54 Feldern sind alt- und neutestamentliche Szenen dargestellt, Symbole und Inschriften. Der florentinischen Schule des 14. Jh. wird das Kreuz in der Kapelle des Hl. Sakraments zugeschrieben, das nach der Legende zur hl. Birgit gesprochen hat, die von Maderno (1576–1636) in ihrer Vision dargestellt wurde. Das restaurierte Marmortriptychon, das der Schule von Andrea Bregno (1418–1503) zugeschrieben wird, ließ der Auditor der Hl. Rota, Guillaume de Perrier, 1494 als Teil des Altars aufstellen. Vom Bilderschmuck der Basilika hat sich nur das Mosaik der Apsisrundung von 1226 vollständig erhalten, durch das Honorius III. das frühchristliche ersetzen ließ. Es zeigt den segnenden Christus thronend zwischen den hl. Petrus, Paulus, Andreas und Lukas; zu seinen Füßen kniet in Miniatur Honorius III., während sich in einer Reihe darunter ein Edelsteinkreuz befindet, das von Aposteln und Engeln umgeben ist.

Das Triumphbogenmosaik aus dem 5. Jh. wurde nach dem Wiederaufbau an seinem alten Platz angebracht. In der Mitte thront *Christus Pantokrator* zwischen zwei betenden Engeln. Darüber befinden sich die Symbole der vier Evangelisten, darunter 24 Greise der Apokalypse, die Christus ihre Kronen bieten. Darunter befinden sich die Figuren der hl. Petrus und Paulus. Der Kosmatenkreuzgang, der wie durch ein Wunder den Brand überstand, ist einer der schönsten Roms. Er ist wahrscheinlich ein Werk der Vassalletto, die auch den Kreuzgang von S. Giovanni schufen. Er wurde unter Abt Pietro di Capua (gest. 1214) begonnen und unter Abt Giovanni Caetani vor 1235 fertiggestellt. Auf den Doppelsäulchen in verschiedener Ornamentik ruhen kleine Rundbögen, darüber das Gebälk mit „opus tessellatum“ genanntem Buntschmuck, der sich an vielen Säulenschäften wiederholt. Entlang des Säulengangs befinden sich Sarkophage, Inschriften, Fragmente und eine Statue Bonifatius’ IX. (1389–1404) und von einem röm. Künstler aus der ersten Hälfte des 15. Jh. Interessante Kunstwerke bewahrt auch die Pinakothek, in der sich u.a. eine *Muttergottes mit dem Kind und den hl. Benedikt, Paulus, Petrus und Justina* (1480–85) von Antoniazzo Romano und ein Triptychon von Evangelista

Aquili (1510–20) befinden. Im Museum findet sich auch eine reiche Sammlung christlicher Inschriften.

Bibl.: Schuster, *La Basilica e il Monastero di S. Paolo fuori le Mura*, Turin 1934; L-M. Martinez Fazio, *La segunda Basílica de S. Pablo Extramuros. Estudios sobre su fundación*, Rom 1972; ders., *Reciente hipótesis sobre la fundación de la Basilica Ostiense*, in *Gregorianum*, 58 (1977), S. 87–154; R. Krautheimer, *Corpus basilicarum christianarum Romae*, V, Vatikanstadt 1980, S. 97–169; F. Tolotti, *Le confessioni sucedutesi sul sepolcro di s. Paolo*, in *Rivista di Archeologia cristiana*, 59 (1983), S. 87–149; M. Fagiolo/M. L. Madonna, *Roma 1300–1875. La città degli Anni Santi*, Atlante, Mailand 1985; *S. Paolo fuori le Mura a Roma*, Hrsg. C. Pietrangeli, Florenz 1988

A. M. Cerioni

S. Pellegrino

Die bis heute erhaltene St. Pelegrinuskirche ist eine der ältesten im Vatikan. Ihr Bau geht vermutlich auf das Pontifikat Leos III. (795–816) zurück. Sie ist dem hl. Bischof von Auxerre, Märtyrer unter Kaiser Aurelian, geweiht und im *Liber Pontificalis* erwähnt. Die Kirche liegt an der *Via del Pellegrino*, der Straße, die seit je her vom *Monte Mario* über die *Via Trionfale* die Pilger zur Basilika des Apostelfürsten brachte, nachdem sie die Petruspforte (→) durchschritten hatten. Das letzte Stück befindet sich heute innerhalb der Vatikanstadt.

S. Pellegrino ist ein einschiffiger Bau mit einer Kassettendecke aus Holz. Trotz verschiedener Restaurierungen ist in der Kirche einiges in ursprünglichen Form erhalten, wie z.B. die kürzlich restaurierten Fresken einer röm. Schule in der Apsis aus dem 9. Jh.

Die Decke zeigt zahlreiche Wappen der Familie Pfyffer von Altishofen, aus der viele Kommandanten der Schweizergarde hervorgegangen sind. Die Kirche ist auf Antrag des damaligen Kommandanten Rudolf von Pfyffer am 24. November 1653 von Papst Innozenz X. der Schweizer Garde zum Kultgebrauch übergeben worden. Hinter der Kirche befindet sich der Friedhof der Schweizergardisten, der mind. bis 1870 in Gebrauch war, nachdem er am 4. Februar 1654 feierlich eingeweiht wurde. Bei dieser Gelegenheit ist heilige Erde vom Kalvarienberg und aus der Umgebung des Petrusgrabes verstreut worden. Die Benutzung der Kirche ist dann später auf das Korps der päpstl. Gendarmen übergegangen und auch heute noch nach der Reform Pauls VI. von 1970 in Gebrauch der Agenten der Vigilanza, der Vatikanischen Wachmannschaft (→).

Bibl.: P. M. Krieg, *San Pellegrino,* Zürich 1974; F. Mancinelli, *La chiesa di San Pellegrino in Vaticano e il suo restauro,* in *Monumenti, Musei e Gallerie pontificie, Bollettino,* 3 (1982), S. 43–62.

G. Morello

S. Salvatore in Terrione o „De Ossibus“

Die Erlöserkriche in Terrione liegt versteckt zwischen dem Hl. Offizium und der *Porta Cavalleggeri* innerhalb der Vatikanmauern. Auch sie ist ältesten Ursprungs und vermutlich in der 2. Hälfte des 8. Jh. entstanden. Sie erhielt Privilegien und Güter von Karl dem Großen sowie Papst Leo III. (795–816) und diente als Kultort der *Schola Francorum*. Unter Leo IV. wurde S. Salvatore dem Domkapitel St. Peter übergeben.

Das Gebäude war in der 2 Hälfte des 15. Jh. stark dem Verfall preisgegeben, wie auf einer Bulle von Papst Nikolaus V. 1454 vermerkt ist. Aber kurz vor diesem Datum – vermutlich im Zusammenhang mit dem Jubiläumsjahr von 1450 – wurde von Gottfried von Waya, Domherr von Utrecht und Lüttich, eine Restaurierung begonnen. An die Hilfe des niederländischen Domherrs wurde in einer Inschrift erinnert, die sich im Innern der Kirche befand: „HANC DOMUM FIERI FECIT GENERO-

SUS VIR D. GOTHEFRIDUS DE VICAIA CANONICUS LEODIENSIS AC D. MARIAE TRAIECTENSIS DECANUS S.D.N. NICOLAI PP. V. CUBICULARIUS SECRETUS ANNO DOM. MCCCCLII". Aufgrund der Baufälligkeit erfolgte damals eine völlige Neukonstruktion des Gebäudes. Im Jahre 1924 wurde *S. Salvatore* an die Gruppe von Gebäuden des Oratoriums von St. Peter angegliedert und bei dieser Gelegenheit unter dem Patronat von Papst Pius XI. (1922–39) und den amerikanischen Kolumbusrittern erneut restauriert. Die heute einschiffige Saalkirche mit Apsis mißt ca. 7 m x 12 m. Der äußere Aspekt ist sehr nüchtern. In der Fassade öffnet sich ein Portal, dessen Tympanon eine Inschrift trägt, die an die Restaurierung des Gebäudes erinnert. An der linken Seite befinden sich drei Strebepfeiler, die drei Gewölbebögen auffangen. An der rechten Seite befindet sich ein Gebäudeteil, der die Kirche mit dem Palast des Hl. Offiziums verbindet.

Bei der letzten Restaurierung sind zahlreiche Fragmente aus der früheren Ausmalung der Kirche durch die fehlenden Teile ergänzt worden. Bei dieser Gelegenheit ist auch der Fußboden abgesenkt und vermutlich auf sein ursprüngliches Niveau gebracht worden. An der Decke befinden sich zwei Wappen von Papst Nikolaus V. (1447–55) und im Zentrum ein Bild des segnenden Christus, das grundlegend restauriert werden mußte. Links führen zwei Portale in zwei Räume, die als Kapelle und Sakristei benutzt werden. Die Fenster verfügen über moderne Glasmalerei, die im Stile des 15. Jh. von Cesare Picchiarini gestaltet wurden. In der Lünette einer zugemauerten Tür ist noch ein Fragment eines früheren Gemäldes zu sehen, daß das Antlitz des verstorbenen Christus darstellt. Der Apsisbogen ist von einem bemalten Marmorrahmen umgeben. In der Kuppelwölbung ist in einer Girlande der Spruch zu lesen: „LAUDATE PUERI DOMINUM". Die Inschrift soll daran erinnern, daß die Kirche im Rahmen des Oratoriums von St. Peter im Jahr 1924 für die Erziehung von Jugendlichen reserviert wurde. Der Altar steht erhöht auf drei Stufen. Darüber ließ Pius XI. ein wertvolles Gemälde aus dem 15. Jh. anbringen, signiert von einem „Maestro Francesco", stark beeinflußt von Perugino. Das Gemälde zeigt die Madonna mit Kind zwischen dem hl. Joachim und der hl. Anna und zwei Engel.

Bibl.: A. De Waal, *La Schola Francorum fondata da Carlo Magno e l'Ospizio Teutonico del campo Santo nel secolo* XV, Rom 1897; F. Ehrle, *Ricerche su alcune antiche chiese del Borgo di S. Pietro,* Rom 1903, S. 10–12; ders., *L'Oratorio di San Pietro,* 1924; A. Lazzarini (Alfa), *Le ossa di S. Salvatore de Terrione,* in *L'Osservatore Romano,* vom 20.10.1940; G. Scarfone, S. *Maria in Camposanto e il Cimitero teutonico,* in *Alma Roma,* 21 (1980), Nr. 5–6, S. 8–19.

D. Ferrara

S. Stefano degli Abissini

Die Kirche *S. Stefano Maggiore* liegt unmittelbar hinter der Hauptapsis von St. Peter und ist auf altem Mauerwerk eines Mausoleums des 2./3. Jh. n. Chr. errichtet worden. Die erste Notiz eines Klosters zum hl. Stephanus finden wir bei Gregor dem Großen (593–94). Hier ist die Rede von der Überlassung eines Grundstücks, auf dem Leo III. (795–816) um das Jahr 809 das genannte Kloster wieder aufbaute, das derzeit eine Ruine war. Nach dem Beispiel der naheliegenden konstantinischen Basilika erhielt das Gebäude eine basilikale Form, dreischiffig mit halbrunder Apsis. Die Schiffe waren durch Reihen aus jeweils acht Säulen mit Kapitellen abgetrennt, vermutlich aus der spätröm. Epoche, während der Fußboden sich auf der Ebene von Alt-St.-Peter befand. In der ersten Hälfte des 9. Jh. erhielt die Kirche zahlreiche Schenkungen und wurde Diakonie mit der Aufgabe der Assistenz für die Pilger. Der Sturm der Sarazenen im Jahr 846 und das Erdbeben von 847 haben die Kirche von S. Stefano nicht ausgespart, so daß Papst Leo IV. (847–855) umfangreiche Restaurierungen veranlassen mußte, wie aus seiner Inschrift auf dem Architrav der Krypta hervorgeht: „TEM(PORE) DOMIN(I) LEONI(S) QU(ARTI)".

Sixtus IV. (1471–1484) ließ den Grundriß der Kirche vollständig modifizieren, so daß die Kirche nur noch einschiffig war. Das Querschiff und die Seitenschiffe wurden geschlossen und aus dieser Periode stammt vermutlich auch der Bau des Transversalbogens in der Mitte der Kirche. Dem gleichen Papst wird die Schenkung der Kirche *S. Stefano* an die kleine Kommunität der Abessinier zugeschrieben, die am Beginn des Jahrhunderts in Italien lebten, und die man irrtümlicherweise als Indianer oder Mauren bezeichnete. Bis zum Beginn des 18. Jh. erfuhr die Kirche *S. Stefano* keine weiteren Veränderungen. Im Jahre 1706 jedoch, wie eine Inschrift über dem Portal sagt, renovierte Papst Clemens XI. (1700–1721) große Teile des Gebäudes; er beauftragte damit den Architekten Antonio Valeri, der bei der Erneuerung der Fassade auch ein interessantes Portal aus dem 12. Jh. einbaute. Durch die Arbeiten von Valeri wurde auch das Innere der Kirche verändert, wobei die Apsis und das Querschiff, die vorher schon geschlossen waren, beseitigt wurden. Erst im Jahr 1931 erfuhr die Kirche durch Gustavo Giovannoni, den Architekten der Päpstl. Akademie, Veränderungen, die wenigstens im Ansatz den karolingischen Plan von S. Stefano erkennen lassen.

Im Rahmen dieser Arbeiten sind die Fenster im Kirchenschiff, die vermutlich aus der Zeit Sixtus' IV. stammten, geöffnet worden. Außerdem wurde ein großer Teil des Mauerwerks komplett erneuert. Giovannoni ließ auch das Ziborium in der Apsis rekonstruieren, in dem verschiedene bildhauerische Fragmente aus den Ausgrabungen eingesetzt wurden. Im Innern der Kirche befindet sich das Grabmal Papst Clemens XI., auf dessen Geheiß einige Teile restauriert worden waren. Aus der karolingischen Epoche stammt im südlichen Querschiff noch ein dekoratives Fries. Der Rest der früher vorhandenen Kunstschätze ist verlorengegangen.

Bibl.: Mauro da Leonessa, *Santo Stefano Maggiore degli Abissini e le relazioni romano-etiopiche,* Vatikanstadt, 1929; G. Giovannoni, *La chiesa vaticana di san Stefano Maggiore. Trovamenti e rstauri,* in *Memorie della P. Accademia Romana di Archeologia,* III, IV (1934–38), S. 1–28; R. Lefevre, *Santo Stefano die Mori,* in *Capitolium,* 40 (1965), S. 448–454; R. Krautheimer, *Corpus basilicarum christianarum Romae,* IV, Vatikanstadt 1970, S. 178–190.

S. Barghiesi

SABINIANUS

Papst. Im tuskischen Blera geboren. Er war Diakon von Gregor I. dem Großen, der ihn nach Konstantinopel zu Kaiser Mauritius schickte und dessen Nachfolger auf dem Papstthron er 604 nach sechs Monaten Sedisvakanz wurde. Während seines kurzen Pontifikats herrschte in Italien eine schwere Hungersnot, gegen die er nur wenig unternehmen konnte. Er wurde in diesem Zusammenhang sogar des Geizes bezichtigt. Sabinianus forderte die Mönche auf, die Kultur durch Abschriften alter Manuskripte zu pflegen und sich der Landwirtschaft zu widmen. Auf ihn geht auch die erste Regelung für den liturgischen Einsatz des Glockengeläuts zurück. Er starb 606, Gregorovius zufolge wahrscheinlich während eines Volksaufstandes. Sein Leichnam wurde auf geheimen Wegen vom Lateran nach St. Peter gebracht, da man Übergriffe des Volkes fürchtete.

Bibl.: A. Crivellucci, *Il pontificato di Sabiniano*, in *Studi storici*, 8 (1899), S. 203–211).

N. Del Re

Sakramentskapelle in St. Peter

Die dritte Kapelle des rechten Seitenschiffs wird von einem kunstvollen Eisengitter verschlossen, das Borromini entworfen hat. Auf dem Gitter sieht man das Wappen von Urban VIII. (1623–44). Das Gewölbe ist mit Basreliefs aus vergoldetem Stuck von Giacomo Perugino geschmückt. Sie stellen Symbole des Alten und Neuen Testaments dar, die sich auf das Wunder der Eucharistie beziehen. Auf dem Altar befindet sich ein von Bernini entworfenes rundes Ziborium. Es ist von zwölf kleinen Säulen umgeben, die einen Rahmen mit den Statuen der zwölf Apostel halten. Auf seiner Kuppel steht die Figur des Erlösers. Das elegante Ziborium erinnert an den kleinen Tempel von Bramante im Kreuzgang von S. Pietro in Montorio. Zu beiden Seiten knien betend zwei große Engel aus vergoldeter Bronze. Der linke wurde ebenfalls von Bernini geschaffen, der rechte von einem seiner Schüler.

Das Altarbild, ein Werk von Pietro da Cortona, stellt die *Hl. Dreifaltigkeit* dar. Es ist das einzige Gemälde auf Leinwand in der Vatikanbasilika. Das Bild auf dem rechten Altar in der Kapelle zeigt die *Verzückung des hl. Franziskus.* Es ist die Kopie eines Gemäldes von Domenichino, das sich in der Kapuzinerkirche der Via Veneto befindet, in Mosaikform.

Die Tür links vom Hauptaltar führt zu einer Treppe, die Sixtus V. erbauen ließ. Sie wird von den Päpsten benutzt, wenn sie in den Petersdom hinuntergehen. Auf der gleichen Seite befindet sich eine der fünf Orgeln der Basilika.

G. C. Alteri

Sakristan Seiner Heiligkeit

Bis zur Neuordnung des Päpstl. Hauses durch Paul VI. 1968 hatte das Amt des „Sakristans seiner Heiligkeit“ *(Praefectus Sacrarii Apostolici)* einer der „Wirklichen Geheimkämmerer“ Seiner Heiligkeit inne. Er mußte das Apost. *Sacrarium* bewachen, in dem die Meßgewänder und andere wertvolle Kultgegenstände des Papstes verwahrt wurden. Dieses Amt ist sehr alten Ursprungs und wurde seit Mitte des 14. Jh. gewöhnlich durch ein Mitglied des Augustinerordens ausgefüllt, dem Alexander VI. 1497 dieses exklusive Recht bestätigte. Andere Päpste zeichneten später diesen Würdenträger ihres Hofes besonders aus, so z.B. Clemens VIII., der seinem Sakristan Angelo Rocca das Titularbistum *Tagaste* zuerkannte. Rocca war auch der Gründer der nach ihm benannten Bibliothek *Angelica*, der ersten öffentlichen Bibliothek in Europa, wie Alfredo Serrai berichtet. Das Titularbistum *Tagaste* wurde bis 1645 auch den anderen Sakristanen seiner Heiligkeit verliehen, bis Innozenz X. diesem Amt den Titel von Porphyreon reservierte. 1824 bestimmte Leo XII. den Sakristan zum „Pfarrer der Hl. Apost. Paläste“. Pius XI. endlich ordnete nach der Schaffung des Vatikanstaates 1929 an, daß der „Generalvikar seiner Heiligkeit für die Vatikanstadt“ der Sakristan werden sollte (Konstitution *Ex Lateranensi pacto* vom 30. Mai 1929, (AAS, XXI, [1929], S. 309). Von dessen Jurisdiktion nahm er jedoch die Petersbasilika mit der *Canonica* und das Äthiopische Kolleg aus, schloß aber den Lateranpalast und die Papstvillen von Castelgandolfo darin ein.

Zu den Bischöfen „Thronassistenten“ gehörig und als Offizial der alten Ritenkongregation nahm der Sakristan auch am Konklave teil, um dort gemeinsam mit einem oder mehreren Hilfsgeistlichen die ihm zustehenden Aufgaben zu erfüllen. Auch nach der Reform Pauls VI. blieb der Sakristan im Amt, erhielt nun jedoch die Bezeichnung „Generalvikar seiner Heiligkeit für die Vatikanstadt" (→), eine Funktion, die er bis 1991 beibehielt. In jenem Jahr beschloß Johannes Paul II. mit dem Handschreiben *Dopo la costituzione* vom 14. Januar 1991 (AAS, LXXXIII, [1991] S. 147/148) die Übertragung der Seelsorge in der Vatikanstadt an den Kardinal-Erzpriester *pro tempore* der Petersbasilika.

Bibl.: G. Monti, *Il Sacrista del Palazzo Apostolico*, Florenz 1937.

N. Del Re

Sakristei von St. Peter

Nach der Rückkehr der Päpste aus dem Exil in Avignon nach Rom und dem großen Schisma befand sich die Petersbasilika in extrem schlechtem Zustand. Über mehr als ein Jahrhundert war die alte Bausubstanz sich selbst überlassen gewesen. Nikolaus V. (1447–55) sorgte nicht nur für die dringendsten Restaurierungsarbeiten, sondern auch für den Entwurf eines kompletten Wiederaufbaus der Kirche (Teil des urbanistischen Plans eines Wiederaufbaus der leoninischen Stadt), mit dem er den Architekten Bernardo Rossellino beauftragte. Dessen Projekt sah zwei Sakristeien an den hinteren Seiten des Presbyteriums vor.

Die älteste Sakristei der früheren Basilika befand sich links vom Säulengang. Sie wurde später durch eine andere ersetzt, die spätestens seit dem 9. Jh. bestand und sich im linken Seitenschiff befand. Rossellino begann die Restaurierungsarbeiten von der Apsis aus, wurde jedoch bald durch den Tod des Papstes unterbrochen.

Die alten Sakristeien wurden noch so lange genutzt, bis sie für den Neubau der Basilika durch Bramante um 1575 abgerissen wurden. Zu dieser Zeit wurde die Kapelle *S. Maria della Febbre*, die Papst Symmachus (498–514) dem hl. Andreas gewidmet hatte, als Sakristei benutzt. Es handelte sich um einen großen, runden Grabbau aus den Zeiten Caracallas, als der Zirkus des Caligula bereits nicht mehr existierte. Die Unterbringung der Sakristei in diesem relativ kleinen Raum entsprach der Größe der Kathedrale nicht, da die zahlreichen Meßgewänder und Kultgegenstände in vielen Schränken verwahrt werden mußten.

Viele Päpste versuchten erfolglos, den Neubau einer größeren Sakristei zu realisieren. Zwei Entwürfe Berninis, einer für Alexander VII., der andere für Innozenz XI., wurden nie ausgeführt. Auch das von Innozenz XII. 1693 in Auftrag gegebene Projekt Carlo Fontanas scheiterte an Geldmangel. Pius VI. gelang es endlich, das lang erhoffte Gebäude nach Entwürfen von Carlo Marchionni errichten zu lassen und 1784 einzuweihen. Im Erdgeschoß befinden sich Räume für unterschiedliche Nutzung. Das erste Geschoß liegt auf gleicher Ebene wie die Basilika und bietet dem Kapitelsaal und drei Sakristeien Raum, wobei die oktagonale von Kanonikern und Benefiziaten gemeinsam benutzt. Im dritten Stock befinden sich die Unterkünfte der Kanoniker des Kapitels von St. Peter (→ *Canonica*).

Die Sakristei ist reich an Kunstwerken, von denen hier nur die wichtigsten genannt seien: die Kuppel mit Kassettendecke, unter dem Gewölbe acht Säulen aus der Hadriansvilla von Tivoli. In der Sakristei der Kanoniker das Altarbild *Maria mit dem Kind, die hl. Anna und die hl. Apostel Petrus und Paulus, sowie Johannes der Täufer* von Giulio Romano. Über dem Fenster: Szenen des *hl. Petrus* von Antonio Cavallucci. In der Sakristei der Benefiziaten befindet sich ein Gemälde von Girolamo Muziano sowie ein Ziborium von Donatello (1432).

Bibl.: H. Hager, *Filippo Juvarra e il concorso di modelli del 1715 bandito da Clemente XI per la nuova sagrestia di S. Pietro* (ital. Übersetzung Picchio), Rom 1970; S.

Ceccarelli, *Carlo Marchionni e la Sagrestia Vaticana*, in *Carlo Marchionni: architettura, decorazione e scenografia contemporanea*, Hrsg. E. Debenedetti, Rom 1988, S. 57–133.

L. Gigli

SALA BOLOGNA

Der Bologna-Saal befindet sich auf der Höhe der dritten Loggia des Damasushofes, am Ende des Gregoriusflügels des Apost. Palastes und trägt seinen Namen von der Innendekoration, die die Geburtsstadt Gregors XIII. glorifiziert. Der Innenraum wurde mit seiner Dekoration im Jubiläumsjahr 1575 vollendet, wie man am marmornen Intarsienwappen des Boncompagni-Papstes in der Mitte des Fußbodens ablesen kann. Bevor der Palast von Sixtus V. errichtet wurde, war die Ostwand dieses Saals von zwei großen Bögen durchbrochen, deren Rundung man noch heute sehen kann und die sich auf das Panorama von Rom öffneten.

Bereits in den *Memorie sulle pitture e fabbriche* aus der Zeit Gregors XIII. wird der außergewöhnliche Bilderschmuck des Raums beschrieben, wenn auch mit allgemein gehaltenen Angaben. In der Mitte des Gewölbes befinden sich die *Tierkreiszeichen* von Antonio Vanosino mit einer Ottaviano Mascherino zugeschriebenen *Säulenperspektive* und zahlreichen *Astronomenfiguren* von Lorenzo Sabbatini. Diese astronomischen Themen lagen dem Papst, der die vatikanische Sternwarte (→) gründete und den Kalender reformierte, besonders am Herzen.

Im dritten Geschoß des Palastes von Gregor XII. ließ Pius VII. 1822 nach großen Umwegen die Pinakothek unterbringen, deren ursprünglicher Grundstock aus Meisterwerken bestand, die man aus Frankreich wiedererlangt hatte. Der Bologna-Saal beherbergte u. a. die *Verklärung Christi* und die *Madonna von Foligno* von Raphael bis 1909, als Pius X. die neue Pinakothek anlegen ließ. Später beherbergte der Saal die Büros der Brevenkanzlei. Seit den im letzten Weltkrieg durchgeführten Restaurierungsarbeiten wird er nun als Vorzimmer des Saals für die Kardinalskongregationen genutzt.

Bibl.: D. Redig de Campos, *I palazzi Vaticani*, Bologna 1967, S. 170–174; M. Serlupi Crescenzi, *La Sala Bologna*, in *Il Palazzo Apostolico*, Hrsg. C. Pietrangeli, Florenz 1992, S. 154–155.

A. Martini

SALA CLEMENTINA

Der Clemens-Saal wurde auf Wunsch von Clemens VIII. (1592–1605) im sixtinischen Flügel der Vatikanpaläste erbaut und stellt einen der künstlerischen Höhepunkte im Pontifikat des Aldobrandinipapstes dar. Der lange gewöbte Raum, der durch zwei Fensterreihen Licht erhält, wurde wahrscheinlich vom päpstl. Architekten Taddeo Landini zwischen 1592 und 1595 entworfen. Der Plan verwandelte die beiden von Domenico Fontana vorgesehenen Räumlichkeiten in einen Saal. Die Innendekoration wurde den Brüdern Giovanni und Cherubino Alberti anvertraut. Im Gewölbe bilden die architektonischen Ausblicke und die symbolischen Darstellungen eine illusionistische Konstruktion, in der die Grenzen zwischen realem und transzendentem Raum verwischen. Der Betrachter wird so in eine metaphysische Dimension geführt, in der die *Apotheose des hl. Clemens* als Verherrlichung der geistlichen und weltlichen Macht des Papsttums erscheint. Damit eröffnet das Gewölbe auf der formalen Ebene die Epoche der großen illusionistischen Verherrlichungen des Barock. Gleichzeitig stellt es das erneuerte Klima des Aldobrandini-Pontifikates dar, in dem die päpstl. Macht nach Beendigung der Neuorganisation nach dem tridentinischen Konzil sein wiedererstarktes Prestige feiert.

Der flämische Landschaftsmaler Paul Bril stellte an einer der Schmalseiten des Saales eine feierliche Meeresszene mit dem *Martyrium des hl. Clemens* dar. Es handelt sich um den Papst des ersten Jahrhunderts, der mit einem an den Hals gebundenen Anker in die Fluten geworfen wurde. Hier wird zum ersten Mal der Landschaftsaspekt in den hohen Rang einer Darstellung für die Verherrlichung der päpstl. und kirchlichen Macht erhoben (der Anker ist gleichzeitig ein Symbol des Glaubens).

Bibl.: G. Baglione, *Vite de' pittori*, Rom 1649, S. 70–71, 296, 298; C. C. Malvasia, *Felsina pittrice*, I, Bologna 1678, S. 527–532; A. Mayer, *Das Leben und Werke der Brüder der Matthäus und Paul Brill*, 1910, S. 44–46; M. V. Bugnoli, *Un palazzo romano del tardo 500 e l'opera di Giovanni e Cherubino Alberti*, in *Bollettino d'arte*, 45 (1960), S. 223–246; J. Wassermann, *The Palazzo Sisto V in the Vatican*, in *Jornal of the Society of Architecturial Historians*, 21 (1962), S. 26–35; M. C. Abromson, *Clement's VIII patronage of the Brothers Alberti*, in *The Art bulletin*, 60 (1978), S. 531–547; K Hermann Fiore, *Studi sui disegni di figure di Giovanni e Cherubino Alberti*, in *Bollettino d'arte*, 1980, S. 39–64; ders., *Disegni degli Alberti* (Katalog), Rom 1983, S. 62, 82.

A. Negro

Sala degli Evangelisti

Evangelistensaal. Der ehemalige *Thronsaal* wird heute nach den vier Statuen an den Längsseiten benannt, die die vier *Evangelisten* Matthäus, Markus, Lukas und Johannes darstellen. Der Papst pflegt in diesem Raum Staatsoberhäupter und Botschafter zu empfangen, die ihre Beglaubigungsschreiben überreichen. Hier hält er auch das geheime Konsistorium ab und sitzt den Versammlungen mit Kardinälen und Bischöfen aus den verschiedenen Röm. Kongr. vor (Glaubenskongregation, Kongr. für die Selig- und Heiligsprechungsprozesse, Kongr. für die Bischöfe usw.). Während der Advents- und der Fastenzeit hört er hier gemeinsam mit dem Kardinalskollegium, den Bischöfen, den Kurienprälaten sowie den Oberen und Generalprokuratoren der Orden, die Predigten, die der Prediger der *Casa Pontificia* (→) dort vorträgt.

Der marmorne Thron steht auf drei Stufen. Über ihm befindet sich das Päpstl. Hoheitszeichen (eine Tiara über zwei gekreuzten Schlüsseln). An den Seiten wird er von zwei großen Marmorkonsolen und von den Statuen des *hl. Petrus* (rechts) und des *hl. Paulus* (links) geschmückt, die Pietro Romano zugeschrieben werden und aus Alt-St.-Peter stammen, wo sie sich ursprünglich an den Seiten des Mittelportals befanden, bevor sie in die Grotten gebracht wurden. In einer Ecke des Saals befindet sich ein Kreuz aus dem 15. Jh. Es ist das gleiche, das vom Kreuzträger (→) getragen wurde und noch jetzt vor dem Papst prozessiert wird, wenn er sich zu den hl. Handlungen begibt. Dem Thron gegenüber ist eine Steintafel angebracht, die von einem Pelikan gehalten wird. Auf ihr liegt eine wertvolle Bibel aus dem 15. Jh. Die Skulpturen der Evangelisten, die dem Saal jetzt den Namen geben, gehören zu einer Gruppe von zwölf Statuen, die die Apostel darstellen. Sie gehören zur Dekoration des Tabernakels Sixtus' IV., bevor es 1592 in Einzelteile zerlegt wurde.

Die Rekonstruktion dieses Denkmals ist eines der umstrittensten Themen der röm. Bildhauerei des 15. Jh. Das Werk war von vier großen Reliefs geschmückt, *Die Kreuzigung des hl. Petrus*, *Die Enthauptung des hl. Paulus*, *Die Übergabe der Schlüssel* und die *Heilung des Gelähmten* und *Der Fall des Zauberers Simon*, sowie von Apostelstatuen und acht kleineren Figurenreliefs, die sich zwischen den Bögen befanden. In den letzten Jahren wurde eine Rekonstruktion des Tabernakels vorgeschlagen und die Zuschreibungen der Reliefs Punkt für Punkt überprüft. Die umstrittensten Punkte betreffen die Eingriffe Pius' II. (1458–64) und

Sixtus' IV. (1471–84). Pius II. hat während der Umbauarbeiten der Peterskirche, dem Tabernakel, der sich seit dem 12. Jh. über der Confessio befand, vermutlich die acht Figurenreliefs hinzufügen lassen; später ließ ihn Sixtus IV. mit den vier größeren Bildern schmücken.
Sowohl was die Anordnung der Reliefs als auch die Identifizierung der Künstler anbelangt, sind verschiedene Hypothesen aufgestellt worden, die sich alle auf die Beschreibung des Tabernakels von Francesco Albertini (*Opusculum de mirabilibus novae et veteris urbis Romae,* Romae 1510, ed. Heilbronn 1886, S. 16) gründeten, der die Figuren der zwölf Apostel und die Martyriumsszenen des hl. Petrus und des hl. Paulus erwähnt und sie dem Bildhauer Matteo Pollaiolo zuschreibt, einem Bruder des Simone *„il Cronaca“* („der Chronist“), der nach Angaben von Vasari im Alter von nur neunzehn Jahren verstarb und daher kaum ein besonders umfangreiches Werk schaffen konnte.

Gegen Ende des 19. Jh. tauchte die Hypothese auf, daß die Reliefs das Werk zweier nach Ausbildung und künstlerischer Herkunft verschiedener Künstler seien, denen allerdings die Vertrautheit mit der klassischen Kultur gemeinsam war.

Es handelt sich um den bereits erwähnten Matteo Pollaiolo, den Schöpfer der Statuen des hl. Matthias, des hl. Andreas und des hl. Jakobus des Jüngeren, in denen er beweist, daß er sich dem Stil von Antonio Rossellino angepaßt hat. Die Hauptrolle bei der Ausführung der Reliefs und der Statuen falle jedoch einem röm. Meister zu. Über die Identität dieses Bildhauers wurden verschiedene Hypothesen aufgestellt: ein Meister im Umkreis des Mino von Fiesole, oder wahrscheinlicher, Pietro Paolo di Antonisio, ein Schüler von Paolo Romano, der die Reliefs des Tabernakels des hl. Andreas in den Vatikanischen Grotten geschaffen hat. Der Schöpfer der acht Figurenreliefs zwischen den Bögen sei hingegen entweder der gleiche Meister in seiner ersten, jugendlichen Phase oder ein anderer Bildhauer, der vom Stil Donatellos beeinflußt war. Von dieser Hypothese, die Burger zu Beginn unseres Jahrhunderts aufgestellt hat, haben sich spätere Studien nicht weit entfernt, wenn sie neben oder alternativ zu den erwähnten Künstlern die Namen Giovanni Dalmata, Mino da Fiesole und Simone del Pollaiolo nannten.

Bibl.: C. Galassi Paluzzi, *San Pietro in Vaticano*, III, Roma 1965, S. 173–177; R. Panciroli, *L'Appartamento pontificio delle Udienze*, ib., 1971, S. 48–49; P. L. Silvan, *Il ciborio di Sisto IV nell' antica basilica di San Pietro in Vaticano: ipotesi per una ideale ricomposizione*, in *Bollettino d'arte*, 69 (1984), Nr. 26, S. 87–98).

A. Draghi

Sala degli Indirizzi

Der Schriftensaal heißt nach der hier aufbewahrten Sammlung von Schreiben, die Katholiken aus aller Welt an Leo XIII. (1878–1903) und an Pius X. (1903–14) gesandt haben. Pius XI. (1922–39) hatte sie, als er noch Präfekt der Vatikanischen Bibliothek war, ordnen lassen. Der Saal beherbergt derzeit die Sammlung röm. und frühchristlicher Gläser sowie Gegenstände der Sakralkunst aus Emaille, Elfenbein oder Edelmetall, die aus verschiedenen historischen Epochen zwischen dem Mittelalter und der Neuzeit stammen. Erwähnenswert unter den ausgestellten Werken sind ein *Emailbild aus Limoges* aus dem 13. Jh., das aus Alt-St.-Peter stammt und Christus und die Apostel darstellt; das berühmte *Diptychon von Rambona,* in dem die Kreuzigung, die Madonna auf dem Himmelsthron, Engel und Heilige (vermutl. Norditalien, 10. Jh. n. Chr.) dargestellt sind und das ebenso berühmte *Lorscher Goldevangeliar* (Vatikan, Pal. lat. 50), ein karolingisches Werk, das gemeinsam mit anderen Codices (z.B. das Evangeliar von London, B. M., Harley 2788 und das Evangeliar von Saint-Medard in Soissons, Paris Nat.bibl. lat. 8850) der Hofschule zugeschrieben und als Ausdruck der ersten Phase klassischer karolingischer Kunst betrachtet werden kann. Schon in der meisterhaften Behandlung der Christusfigur und der beiden Engel auf dem Buchdeckel des *Codex aureus* von Lorsch zeigt sich die vollendete bildnerische Gestaltungsweise des Künstlers in der Faltengebung sowie den vergoldeten Lichteffekten und mit einem architektonischen Hintergrund von offensichtlich byzantinischer Herkunft – wenngleich durch griechisch-italische Sicht beeinflußt.

Den Schriftensaal erreicht man durch einen Korridor, der von der Sixtinischen Kapelle aus am *Cortile della Sentinella* (Wachhof) entlangführt; letzterer führt zu der Treppe, von der aus man in die Vatikanische Bibliothek kommt. Ursprünglich war in diesem Saal die Bibliothek von Kardinal Zelada untergebracht. Bereits 1818 wurde sie von Künstlern wie Giorgini und l'Agricola ausgeschmückt. Die Schränke hat Raffaele Stern entworfen.

Da der Schriftensaal als Teil des Museums für Sakralkunst (oder Christliches Museum der Vatikanischen Bibliothek) betrachtet wird, das Benedikt XIV. 1756 gegründet hat, um alle Werke der frühen Christenheit zu sammeln sowie um das von den Ausgrabungen der Katakomben stammende Material, Inschriften und verschiedene Privatsammlungen aufzubewahren, nahm er 1837 auf Wunsch von Papst Gregor XVI. die damals neue Sammlung der „Primitiven" auf. Die Initiative dazu stammte von Monsignore Gabriele Laureani, (von 1838 bis 1849 erster Kustos der Bibliothek), der alle Orden aufforderte, dem Vatikan Werke der „Frühzeit" und byzantinischer Kunst aus ihrem Besitz zu schenken. Daran wird auch in einer Inschrift erinnert, die lautet: GREGORIUS XVI PONT. MAX – MUSEO CHRISTIANO – MUNIFICENTIA SUA LOCUPLETATO ATQUE AUCTO – ALTERUM HOC CONCLAVE – PICTURATIS TABULIS PRISCAE ARTIS – ORDINANDO OBSERVANDISQUE DESTINAVIT – AN. M. DCCCXXXVII – SACRI PRINCIPATUS VII.

Bibl.: D. Redig de Campos, *I Palazzi Vaticani,* Bologna 1967, S. 226; C. Pietrangeli, *I Musei Vaticani,* Rom 1985, S. 151–155.

E. Giacometti

Sala degli Scultori (oder d'Angolo)

Bildhauersaal. Der ehemalige Name Ecksaal ergibt sich aus seiner Position in der nordöstlichen Ecke des Apost. Palastes. Es ist einer der hellsten Säle in den Papstgemächern. Die vergoldete Kassettenholzdecke wurde zur Zeit von Pius IX. restauriert, der 1853 sein eigenes Wappen über dem ursprünglichen von Clemens VIII. (1592–1605) anbringen ließ, das in fast allen anderen Zimmern zu sehen ist. Die Gestaltung des Frieses, wurde unter dem Pontifikat Pauls V. (1605–21) ausgeführt. Auf ihm wechseln sich von Putten gehaltene Wappen des Papstes mit allegorischen Abbildungen der Tugenden, Engeln und Szenen aus dem Eremitenleben ab.

Der Saal wird heute *Bildhauersaal* genannt, da hier einige Bronzewerke von zeitgenössischen italienischen Künstlern ausgestellt sind: Francesco Nagni ist mit einem *Gekreuzigten* vertreten; Lello Scorzelli mit einer ausdrucksvollen kleinen Statue von *Johannes XXIII. im Gebet;* Francesco Messina mit einem *Johannes der Täufer*, der auf einem romanischen Weihwasserbecken steht; Giuseppe Pirrone mit einem Basrelief, das den Titel *Gelübde an die Jungfrau Maria* trägt; Enrico Manfrini schließlich, mit einer gefühlvollen *Madonna mit ihrem Sohn*.

Bibl.: R. Panciroli, *L'Appartamento Pontificio delle udienze,* Rom 1971, S. 45

M. Zaccagnini

SALA DEI MISTERI

Der Mysteriensaal gehört zu den Borgia-Gemächern, die 1492–94 von Alexander Borgia im ersten Stock des Nikolaus-Flügels angelegt wurden: er liegt hinter der *Sala dei Santi* (Saal der Heiligen) und vor der *Sala dei Pontefici* (Saal der Päpste). Vermutlich wurde er für Privataudienzen verwendet, analog zu den Stanzen von Julius II. im darüberliegenden Stockwerk und wegen seiner Nähe zum Saal der Päpste, in dem offizielle Zeremonien stattfanden.

Die klare und rechtgläubige Darstellung der Glaubensgeheimnisse setzt hier keinerlei philosophisches Nachdenken voraus, da die Geheimnisse als solche nur durch den Glauben gesehen werden können: Der Saal ist zu sehen als die letzte Etappe eines Rundgangs, der in der *Sala delle Sibille e dei Profeti* (Saal der Sibyllen und Propheten) beginnt und in diesem Saal seine Fortsetzung und beispielhafte Lösung findet, vor allem mit dem Bilderzyklus, der mit der *Verkündigung* beginnt und mit der *Aufnahme Mariens in den Himmel* endet, die die Erfüllung der Mission Christi darstellt.

Die reiche malerische Gestaltung der Glaubensgeheimnisse stammt aus der Schule des Pinturicchio. Sie werden nach einer traditionellen Ikonographie dargestellt: Szenen aus dem Leben Christi und der Jungfrau Maria finden ihr Gegenstück in den Prophezeiungen auf den Pergamentrollen, die die Propheten in Händen halten. Sie befinden sich auf acht Medaillons und entsprechen, wie Saxl (vgl. op. cit. in Bibl.) richtig herausgestellt hat, einem im Mittelalter erarbeiteten Zyklus mit dem Titel „Die sieben Freuden der Jungfrau". Das Fresko *Die Verkündigung* eröffnet die Reihe der Freuden. Es folgen *Die Geburt, Die Anbetung der Hl. Drei Könige,* und *Die Auferstehung Christi,* auf dem Alexander VI. in Gebetshaltung – kniend mit gefalteten Händen – zu sehen ist. Hierauf hat sich Julius II., der große Gegenspieler des Borgia-Papstes, bezogen mit seinem Entschluß, die eigene Wohnung in das obere Stockwerk zu verlegen. Traditionell und ohne thematisch bedeutende Elemente ist die folgende *Himmelfahrt,* die nach der Apostelgeschichte behandelt wird. Im *Pfingstgemälde* findet Maria, die sich inmitten der Apostel befindet, zwar kein Gegenstück in den Hl. Quellen, sie zeigt sich vielmehr in ihrer Rolle als *Mater Ecclesiae*, als Verbindung zwischen dem Alten und dem Neuen Bund.

Die *Himmelfahrt* schließt den Zyklus der „Sieben Freuden der Jungfrau Maria" ab, steht aber auch als Schlußpunkt in der Entwicklung des Themas der Inkarnation. Sie folgt damit dem Beispiel der *Cappella Carafa* in *Santa Maria Sopra Minerva,* wo wie in dem Borgia-Fresko die Szene mit dem Gürtel auftaucht, die aus der *„Legenda Aurea"* stammt und vor allem in der toskanischen Kunst des 14. Jh. weit verbreitet war, da die Verehrung der „Jungfrau mit dem Gürtel" vor allem für Prato – auf Basis einer alten Legende – bezeugt ist.

Rechts von der Lünette ist als Gegenstück zur Figur des hl. Thomas, Francesco Borgia abgebildet, Vetter Alexanders VI. und im Jahr 1493 päpstl. Schatzmeister.

Burckard überliefert, daß der Mysteriensaal manchmal für die Feier der Hl. Messe im privaten Kreise benutzt wurde; die These, daß der Saal auch für solche Zwecke bestimmt war, wird durch die Abbildung religiöser Szenen gestützt, welche – wie bereits bemerkt – alle Zeichen der Rechtgläubigkeit tragen, so wie es sich für einen Ort, an dem die Eucharistiefeier stattfindet, geziemt. Es ist auch bezeichnend, daß das Opfer Christi nicht explizit in diesem

Saal zu sehen ist, sondern durch seine Nutzung repräsentiert wird.

Die Gewölbedecke wird nach unten mit einem Marmorfries abgeschlossen. Über der Eingangstür zum Heiligensaal befindet sich ein hübsch gearbeitetes Tympanon. Hier ist zwischen zwei geflügelten Putten das Wappen der Borgia zu sehen. Der Saal gehört derzeit zum Komplex der Vatikanischen Museen.

Bibl.: F. Ehrle/E. Stevenson: *Gli affreschi del Pinturicchio nell'Appartamento Borgia del Palazzo Apostolico Vaticano,* Rom 1897, S. 7–73; D. Redig de Campos, *I Palazzi Vaticani*, Bologna 1967, S. 84–85; F. Saxl, *L'Appartamento Borgia,* in *Storie delle Immagini,* Bari 1982, S. 87–91; C. Cieri Via, *Mito, allegoria e religione nell'Appartamento Borgia,* in *Le arti a Roma da Sisto IV a Giulio II,* Rom 1985, S.77–86; G. Cornini/A. M. De Strobel, *Le Sale dei Paramenti e l'Appartamento Borgia,* in *Il Palazzo Apostolico Vaticano,* Florenz 1992, S. 89–105.

G. Belardinelli

Sala dei Palafrenieri

Der Saal der Reitknechte hieß zunächst *Sala del Pappagallo* (Papageiensaal), weil hier seit dem Mittelalter ein Käfig mit einem Papagei stand und dann *Sala dei Chiaroscuri* (Helldunkelsaal). Der Saal befindet sich im zweiten Stock und ist Teil des Ostflügels, den Nikolaus III. Ende des 13. Jh. dem Gebäude von Innozenz III. zufügen ließ. Der Flügel reichte ehemals nur bis zu den Säulen in der Mitte des Zimmers. Heute grenzt er im Südosten an die *Sala Vecchia degli Svizzeri* (Alter Schweizersaal) und an die Nikolauskapelle (→ Cappella Niccolina), im Südwesten an das Schlafzimmer von Julius II. und an ein Vorzimmer, das zur *Stanza des Heliodor* führt sowie im Nordwesten an die *Sala di Costantino* (Konstantinssaal) (→). Spuren eines Freskos aus dem 13. Jh., Zeichnungen von Blätterranken, Blumen und Vögeln, sind noch heute oberhalb der Holzdecke erhalten. Unter dem Pontifikat von Nikolaus V. (1447–55) ließ man die Holzdecken erneuern und niedriger legen, so daß die erwähnten Fresken aus dem 13. Jh. nicht mehr zu sehen sind. Zu dieser Zeit wurde auch der Fries erneuert – den wir ähnlich auch in der angrenzenden *Sala degli Svizzeri* (Schweizersaal) finden –, und der aus dekorativen Elementen besteht. Für diesen Fries, der heute durch die Verlegung der Decke nicht mehr sichtbar ist, wurde vermutet (Redig de Campos), er sei von einem Schüler des Pisanello ausgeführt worden. Unter Julius II. (1503–13) gehörte der Saal zu den Privatgemächern des Papstes. Er diente zunächst als Vorzimmer und enthielt einen Teil seiner Privatbibliothek. Unter Leo X. wurde Raffael mit den Gemälden beauftragt (Ausführung durch seine Schule). Die Wände des Saals sollten mit „Aposteln und anderen Heiligen am Tabernakel" in Helldunkel ausgeschmückt werden; am 1. Juli 1517 wurden in der Tat zwanzig Dukaten „an die jungen Leute von Raffael von Urbino, die das Zimmer vor der Garderobe ausgemalt haben" ausgezahlt.

Leo X. ließ in diesem Saal die Decke von Nikolaus V. durch diejenige ersetzen, die heute noch zu sehen ist. Sie zeigt Dekorationen und Schnitzarbeiten, die vermutlich von Antonio da Sangallo dem Jüngeren ausgeführt wurden und nach Shearman (op. cit.) von Raffael selbst entworfen wurden. Zu dieser Zeit hielt der Medici-Papst vermutlich in diesem Saal das „geheime Konsistorium" ab (d.h. die Versammlung mit den in Rom anwesenden Kardinälen). Genau auf diese Funktion bezieht sich der Bilderschmuck, den Raffael und seine Gehilfen ausgeführt haben.

Unter Paul IV. wurden 1558 sowohl die Helldunkelgemälde an den Wänden als auch die von Giovanni d'Udine darübergemalten Papageien zerstört; das geschah nicht, wie man sagte, aus einer schrulligen Laune heraus – um in diesen Zimmern einen hängenden Garten zu schaffen –, sondern weil man die Mauern der Wände erneuern mußte, die sich bereits seit geraumer Zeit in einem desolaten Zustand befanden. Man versuchte den schweren Verlust unter Pius IV. wiedergutzumachen. Jedenfalls nahm Taddäus Zuccari 1560 das Vorhaben Raffaels der *Apostel und Heiligen* in Helldunkel wieder auf.

Tatsächlich beteiligten sich nicht wenige Künstler an der Arbeit, die 1582 unter Gregor XIII. fertiggestellt wurde, wie in einem Briefwechsel zu lesen ist. Baglione schreibt Friedrich Zuccari, dem Bruder des Thaddäus, außer dem anmutigen Fries mit geflügelten Putten und Laub mit den Herrschaftszeichen der Medici nur die Figuren der hl. Paulus und Matthäus zu – während der Fries im an die *Sala di Costantino* (Konstantinssaal) angrenzenden Saal unter Gregor XIII. ausgeführt wurde.

Baglione erwähnt außerdem Giovanni Alberti für einige kleine Putten und Figürchen (vermutlich diejenigen auf den vorgetäuschten Tympana über den Aposteln) sowie d'Arpino für Eingriffe änlicher Größenordnung – neben einigen *Tugenden* und *Aposteln* – ohne diese aber genauer zu erklären. Ciappi fügt die Namen Pietro da Santi und Pietro Comotto hinzu. Es ist heute nicht einfach, lediglich durch verschiedene stilistische Betrachtungen die einzelnen Stile der in den Quellen erwähnten Maler zu unterscheiden, wenn man die Uniformität der Maler in dieser Zeit und für diese Art Malerei betrachtet. (Shearman behauptet sogar, daß *Johannes der Evangelist* und der *hl. Laurentius* auf Raffael zurückgehen.)

Zusammenfassend läßt sich sagen, daß die malerische Gestaltung des Saales, so wie wir sie heute sehen können, auf drei Aufträge zurückgeht. Das obere Fries wurde zum Teil unter Pius IV. und zum Teil unter Gregor XIII. ausgeführt; in der Mitte – von künstlichen korinthischen Säulen eingerahmt – die zwölf *Apostel* und die *hl. Stephanus und Laurentius* sowie auf den darüberliegenden Tympana von Putten umgebene allegorische Darstellungen der *Tugenden*; schließlich im unteren Teil zwölf kleine einfarbige Darstellungen von Geschichten über das Leben und Martyrium der Apostel, die vermutlich von einem der in den Quellen erwähnten Maler ausgeführt wurden.

Im folgenden wurden unter Pius VII. in der Mitte des Saales Säulen aufgestellt, um die alte Holzdecke zu stützen. Der gemalte Fries wurde zum Teil erneuert. Das Datum 1814 sowie das Wappen von Pius VII. sind darauf zu sehen.

1949 ordnete das technische Büro des Vatikans Restaurierungsarbeiten an: die Säulen in der Mitte des Saales wurden neu bemalt sowie auch einige Teile des Freskos (ca. 15 m²) der Nordwand. Während der Arbeiten entdeckte man einige Wandinschriften aus dem 16. Jh. Auf dem Pfeiler links der Nische des hl. Stephanus sind einige Teile der ursprünglichen Gestaltung durch die Raffael-Schule wieder aufgetaucht. Derzeit wird in der Mitte des Zimmers eine hölzerne Skulpturengruppe der umbrischen Schule aus dem 14. bis 15. Jh. aufbewahrt, die eine *Geißelung Christi* darstellt.

Bibl.: D. Redig de Campos, *I Palazzi Vaticani,* Bologna 1967, S. 30, 49, 116, 118, 145, 164, 184; J. Shearman, *Le Stanze Vaticane: le funzioni e la decorazione,* in *Funzione e illusione,* Mailand 1983, S. 77–93

G. Belardinelli

SALA DEI PAPI

Die Skulpturen im Saal der Päpste stammen von Denkmälern aus dem 15. Jh., die in Alt-St. Peter standen und später in Einzelteile zerlegt wurden: das Grabmal Pauls II., das Grab von Kardinal Bernardo Eroli und der Tabernakel der Hl. Lanze. Eine Ausnahme bilden das Polyptychon mit Szenen aus der Passion Christi, die einem anonymen Florentiner

Künstler aus dem 15. Jh. zugeschrieben werden und eine Tafel, die eine *Madonna mit dem Kind* darstellt, welche Panciroli dem Taddäus Gaddi zuschreibt, die jedoch Andrew Ladis in einem Katalog über die Werke des Künstlers nicht erwähnt.

In der Mitte der Hauptwand befindet sich ein Relief, das *Gottvater in der Glorie* darstellt. Es handelt sich um ein Fragment des Grabmals, das Giovanni Dalmata und Mino von Fiesole für Papst Paul II. errichtet haben, der am 26. Juli 1471 verstorben ist. Ursprünglich befand sich das Grab im Südschiff. Unter dem Pontifikat von Julius II. (1503–13) wurden während der von Bramante geleiteten Umbauarbeiten der Basilika die Gräber verlegt. Es war die erste einer Reihe von Umbettungen. Während der Verlängerung der Basilika durch Madernus zu Beginn des 17. Jh. wurde es erneut abgebaut. Ein Teil des Grabmals wurde danach in den Vatikanischen Grotten aufbewahrt, von wo es – mit Ausnahme des Sockels, der im Louvre aufbewahrt wird – 1925 in ein Museum gebracht wurde. Das Grabmal in Form eines Triumphbogens war am Sockel mit girlandentragenden Putten und Löwenköpfen geschmückt. Oberhalb gab es fünf Reliefs, die den *Glauben,* die *Erschaffung der Eva,* die *Nächstenliebe,* die *Erbsünde* und die *Hoffnung* darstellten. In außerhalb liegenden Nischen befanden sich die vier *Evangelisten;* im Inneren der Sarkophag mit der ruhenden Gestalt des Pontifex und darüber ein Relief mit der *Auferstehung Christi.* Oberhalb des Gebälks war das *Jüngste Gericht* dargestellt. Das Denkmal war von einem Ornament mit der *Glorie Gottvaters* bekrönt.

Das in diesem Saal aufbewahrte Werk wird – mit Ausnahme von Ruggeri (1931), der es nicht für ein Teil des Denkmals hielt – eindeutig Giovanni da Traù zugewiesen (Pope Hennessy, Sciolla, Gasanova, Negri Arnoldi).

Die beiden Skulpturen an den Seiten des Päpstl. Throns stellen die hl. *Petrus und Paulus* dar. Sie stammen vom Grabmal des 1479 verstorbenen Kardinals Bernardo Eroli und werden Giovanni Dalmata zugeschrieben.

Die Rekonstruktion des Monuments basiert auf einem Gemälde von Grimaldi. Auf einem Sockel mit der Inschrift befand sich der Sarkophag mit der ruhenden Figur des Kardinals. Darüber ein Basrelief mit dem segnenden Christus und an den Seiten die beiden Apostel.

An den Seitenwänden befinden sich kreisförmige Basreliefs, die *Die vier Kirchenlehrer: Gregor, Ambrosius, Augustinus, und Hieronymus* darstellen. Sie stammen vom Tabernakel der Hl. Lanze, den Innozenz VIII. (1484–92) in der alten Basilika aufstellen ließ und werden der Schule von Luigi Capponi zugerechnet, der in den letzten Jahrzehnten des 15. Jh. in Rom gewirkt hat.

Ein Marmorrelief gegenüber der Hauptwand stellt die Büste von Bonifatius VIII. dar. Es ist ein Werk Arnolfo di Cambios, das zwischen Ende des 13.und Anfang des 14. Jh. ausgeführt wurde. Der Pontifex mit Segensgestus trägt die Tiara auf dem Haupt und in der linken Hand die Schlüssel.

Bibl.: R. Panciroli, *L'Appartamento pontificio delle Udienze,* Rom 1971, S. 47; G. Cornini/A. M. de Strobel/M. Serlupi Crescenzi, *L'Appartamento papale di rappresentanza,* in *Il Palazzo Apostolico Vaticano,* Hrsg. C. Pietrangeli, Florenz 1992, S. 171–172.

A. Draghi

SALA DEI PITTORI (DELLA CAPPELLA)

Ursprünglich wurde dieser Saal Kapellensaal genannt, da man von hier aus Zugang zu einer kleinen Privatkapelle hatte, die Clemens VIII. (1592–1605) hatte erbauen lassen und in der die Päpste auch heute noch bei besonderen Gelegenheiten die Messe feiern. Heute heißt er

Malersaal, da sich hier einige Gemälde zeitgenössischer italienischer Künstler befinden. So sind etwa zwei Bilder von Silvio Consadori zu sehen, von denen das eine *Jesus bricht das Brot* und das andere eine *Verkündigung* darstellt. Luigi Filocamo ist mit drei Werken vertreten: *Jesus auf dem Kalvarienberg, Jesus an der Säule* und *Der Auftrag.* Von Floriano Bodini stammt eine *Kreuzigung,* die durch ihre extreme Stilisierung eine dramatische Intensität erhält.

Die Fresken auf dem Fries wurden unter dem Pontifikat Pauls V. (1605–21) angefertigt, wie das Wappen zeigt. Zwei Veduten, die mit dem Namen der Familie Borghese verbunden sind, vervollständigen die Gestaltung des Saals: *Der Palazzo Borghese und sein großer Hof.*

Bibl.: G.P. Chattard, *Nuova descrizione del Vaticano o sia del Palazzo Apostolico di S. Pietro,* II, Rom 1762, S. 160–167; R. Panciroli, *L'Appartamento Pontificio delle udienze,* ib., 1971, S.48.

M. Zaccagnini

Sala dei Pontefici

Der Saal der Päpste hat seinen Namen vermutlich von den Abbildungen auf den Lünetten der Decke. Sie stellen die Päpste Stefan II. (752–757), Hadrian I. (772–795), Leo III. (795–816), Sergius II. (844–847), Leo IV. (847–855), Urban II. (1088–99), Nikolaus III. (1277–80), Gregor XI. (1370–78), Bonifatius IX. (1389–1404) und Martin V. (1417–31) dar. Dieser letzte und größte Saal der Borgia-Gemächer (→) liegt im ersten Stock des Nikolaus-Flügels des alten Vatikan-Palastes und grenzt an die *Sala dei Misteri* (→) an. Es ist anzunehmen, daß er zur Zeit Alexanders VI. (1492–1503) wegen seiner beachtlichen Größe für öffentliche Audienzen oder für den Empfang von Kardinälen und Botschaftern in Privataudienz genutzt wurde; zu anderen Gelegenheiten wurde hier das geheime Konsistorium abgehalten, und es scheint, daß auch die Segnung der *Agnus Dei* (→) in diesem Saal stattfand.

Die jetzige Gewölbedecke ersetzt eine ursprüngliche Holzbalkendecke, die im Jahr 1500 während eines Gewitters herunterstürzte und beinahe Alexander VI. unter sich begraben hätte. Die Decke wurde großenteils unter Leo X. (1513–21) durch Giovanni von Udine und Perin del Vaga ausgeschmückt. Dargestellt werden die sieben Planeten, die zwölf Tierkreiszeichen und vier Sternbilder: der Große Bär, Argo, Adler und Schwan. Im Mittelkreis befinden sich vier Engel, an den Ecken vier Tafeln mit dem Wappen Leos X.

Nach Vasari hat Giotto „mehrere Päpste, die für ihren Glauben an Christus hingerichtet worden sind (gemalt), weswegen das Zimmer einmal das Märtyrerzimmer geheißen hat".

In dem Saal befinden sich heute sechs Wandteppiche der flämischen Schule aus dem 16. Jh., die den Mythos von Cephalos und Procos darstellen, weiter eine Büste des Bildhauers Guido Galli, die Leo XIII. (1878–1903) darstellt, sowie in einer Glasvitrine, zwischen kleineren Skulpturen, die Terracotta-Entwürfe für die *Caritas* und für die *Wahrheit,* die Bernini für das Grabmal Alexanders VII. entworfen hat. Derzeit sind Werke moderner religiöser Kunst hier ausgestellt.

Bibl.: G. Cornini/A.M. de Strobel, *Le Sale dei Paramenti e l'Appartamento Borgia,* in *Il Palazzo Apostolico Vaticano,* Hrsg. C. Pietrangeli, Florenz 1992, S. 89–105 und Bibl. (S. 322–323).

G. Belardinelli

Sala dei Santi

Der Saal der Heiligen gehört zur Privatwohnung, die Papst Alexander VI. 1492–94 einrichten ließ und liegt zwischen der *Sala delle*

Arti Liberali (Saal der freien Künste) und der *Sala dei Misteri* (Mysteriensaal) im ersten Stock des Nikolausflügels im alten Vatikanpalast. Ursprünglich fanden hier einmal Gerichtsversammlungen unter dem Vorsitz des Papstes als oberstem Richter statt, was seinen Ausdruck auch in der Gestaltung durch Pinturicchio und seine Schule findet. Der Raum fügt sich in das einheitliche ikonographische Programm der Borgia-Gemächer ein.

In einem idealen eschatologischen Rundgang, der von der *Sala delle Sibille* (Sybillensaal) bis zur *Sala dei Misteri* (Mysteriensaal) führt, stellt der Heiligensaal die Gerechtigkeit oder genauer die göttliche Gerechtigkeit in der Person des Papstes dar. Die Darstellungen zeigen den Ursprung des Borgia-Stieres im Hl. Stier Apis, der von den Ägyptern als lebendes Bild des Osiris verehrt wurde. Der Mythos, der auf der Gewölbedecke des Saales erzählt wird, bezeugt die Verbreitung der ägyptischen Kultur zum Ende des 15. Jh. Am Päpstl. Hof sorgte vor allem der Humanist Annio von Viterbo für deren Kenntnis. In seinen Büchern *Viterbiae Historiae Epitome e Antiquitatum Variarum Volumina* hat er vom Mythos des Osiris berichtet. Es gibt keinen direkten Bezug zwischen diesen Texten und der Erzählung des Osiris-Mythos in diesem Saal. Dennoch ist zu vermuten, daß Annio hier einen gewissen Einfluß ausgeübt hat.

Mit dem Ovid-Mythos der Io finden sich in diesem Saal neben ägyptischen auch griechische Einflüsse. Ein Hinweis auf die hermetische Kultur läßt sich auch in der Wahl von Merkur und Moses als Nachbarn der Isis ausmachen. Isis zeigt die Verbindung zwischen Io und Isis an, die weder in der Ovid-Quelle noch bei anderen lateinischen und griechischen Autoren eine Fortsetzung findet. Das erste Bild stellt die gute Regierung von Osiris dar. Ihm sind drei der vier Bilder auf der Gewölbedecke gewidmet (das vierte zeigt die Hochzeit von Isis und Osiris): Osiris sitzt auf dem Thron und lehrt den Anbau der Früchte, den Weinbau und den Ackerbau. Die beiden alttestamentarischen Figuren David und Judith in den Nischen unterstreichen die Idee der Gerechtigkeit, die mit der Lehre des Osiris verbunden ist und die sich ihrerseits an einem Ideal der sozialen Gerechtigkeit orientiert.

Während das erste Bild der gerechten Regierung des Osiris gewidmet ist, zeigt das zweite den Tod und die Vergöttlichung von Osiris-Apis. In der ersten Szene wird Osiris durch die Hand des Bruders Typhon getötet; in der folgenden Szene errichtet Isis eine Pyramide über dem Grab von Osiris; es folgt die Inkarnation des Osiris im Stier Apis, der von einigen vor ihm knienden Personen verehrt wird; die letzte Szene zeigt den Triumphzug des nunmehr vergöttlichten Hl. Stiers.

Die beiden mythologischen Figuren Neptun und Herkules über den Nischen dieses zweiten Bildfeldes entsprechen den alttestamentarischen Figuren des vorhergehenden. Es besteht kein Zweifel über den emblematischen Wert dieser beiden Figuren in einem eschatologischen Kontext, in dem die Geschichte von Osiris-Apis das Geheimnis des Todes und der Auferstehung Christi repräsentiert.

Unter den Lünetten mit Heiligenszenen fällt *Der Disput der hl. Katharina von Alexandria* auf. Die Episode bekräftigt, wie der auf der Decke erzählte Mythos, das immer wiederkehrende Thema des Saales: das Geheimnis der Inkarnation, des Todes und der Auferstehung Christi. Die hl. Katharina trägt in einer Versammlung von fünfzig Philosophen die christliche Lehre vor. Im Zentrum der Lünette ist ein Triumphbogen – ähnlich dem Konstantinbogen – zu sehen, auf dem die Inschrift PACIS CULTORI zu lesen ist. Sie bezieht sich auf Alexander VI., der in der Person des über die Barbaren und Ungläubigen triumphierenden Papstes, die Autorität und das Prestige Roms und der Kirche versinnbildlicht. Es wurden bereits mehrere Personen in dieser Szene ausgemacht, die damals am Päpstl. Hof lebten, darunter etwa die beiden Kinder Alexanders VI. Lukretia und Caesar Borgia, die in den Gesichtern der hl. Katharina und des Kaisers Maximinus dargestellt sind, sowie die Prinzen Djem, Andreas Paleologos und Simon Bay. Die Szene der hl. Barbara auf der linken Seite bezieht sich eindeutig auf das Dogma der Trinität, verdeutlicht durch die drei Turmfenster – nach der Erzählung von Jacopo da Voragine. Die Eucharistie ist mit der Abbildung der beiden Eremiten Antonius und Paulus verbunden, die sich rechts neben dem „Disput" befindet: die symbolisch eindeutige Geste des *„fractio panis"* (Brotbrechens), steht im Zentrum des Bildes. Die Szene bezieht sich auf das Treffen der beiden Eremiten, die der hl. Anastasius im 4. Jh. in seiner *Vita s. Antonii* beschreibt und die durch die *Legenda Aurea* ins Abendland kommt. In der Lünette über dem Fenster, das dem Disput der hl. Katharina gegenüberliegt, ist der hl. Sebastian abgebildet. Er übersetzt das Mysterium Christi durch seine bildliche Angleichung an Christus: die Säule des Martyriums entspricht der Säule an der Christus gegeißelt wurde oder dem Kreuz, so wie die Wunden des Heiligen die Wunden Christi sind. Die in Rom angesiedelte Szene unterstreicht in der Bedeutung der christologischen Figur des Heiligen, einen Bezug zur Röm. Kirche, auf die auch die beiden Lünetten neben dem *Martyrium des hl. Sebastian* hinweisen. Rechts ist Susanna mit den beiden Alten zu sehen. Sie stellt die Kirche dar, während die beiden Verräter für die Juden und die Heiden stehen, die die Kirche verfolgen. Susanna ist mit den anderen Heiligen auf den Lünetten durch den gemeinsamen Bezug auf die *Imitatio Christi*, als zentrale Idee des Martyriums, verbunden: Katharina, Barbara, Sebastian und Johannes sind Hl. Märtyrer.

Die *Heimsuchung* links vom hl. Sebastian hat keinen direkten Bezug zur Geschichte eines Heiligen. Sie bezieht sich ebenfalls auf die Inkarnation Christi. Hier muß man auch an die besondere Verehrung Alexanders VI. für die Gottesmutter erinnern: ihr ist der letzte Saal der Borgia-Gemächer gewidmet, der auf dem Weg zur Weisheit den höchsten Platz einnimmt: der Glaube. Das Marmorfries aus der Schule von Mino von Fiesole stellt eine emblematische „summa" der symbolischen Bedeutungen in diesem Saal dar. Nicht nur durch die Darstellung einiger liturgischer Gegenstände wie dem Kardinalshut, der Tiara, dem Kreuz oder dem Weihrauchfaß, sondern vor allem durch den symbolischen Gebrauch von Bildern aus dem ägyptischen und klassischen Repertoire, die als Grabsymbole mit Bezug zur Auferstehung gelesen werden müssen. Das Fries übersetzt das ikonologische Programm des Saals in eine hermetische und stark synthetische Sprache, die die christologischen Themen Tod und Auferstehung nachbildet, sowie die Feier Alexanders VI., der als höchster Richter und inkarnierte Weisheit des göttlichen Wortes dargestellt wird.

Über der Eingangstür zur *Sala dei Misteri* (Mysteriensaal) ist eine Mutter Gottes mit Kind aus der Schule Pinturicchios zu sehen.

Bibl.: F. Ehrle/E. Stevenson, *Gli affreschi del Pinturicchio nell' Appartamento Borgia del palazzo Apostolico Vaticano,* Rom 1897, S. 7–73; d. Redig de Campos, *I Palazzi Vaticani,* Bologna 1967, S. 84–85; C. Cieri Via, *Mito, allegoria e religione nell'Appartamento Borgia,* in *Le Arti a Roma da Sisto IV a Giulio II,* Rom 1985, S. 77–86; G. Cornini/A. M. De Strobel, *Le Sale dei Paramenti e l'Appartamento Borgia,* in *Il Palazzo Apostolico Vaticano,* Hrsg. C. Pietrangeli, Florenz 1992, S. 89–105

G. Belardinelli

Sala dei Santi Pietro e Paolo

Der Saal der hl. Petrus und Paulus oder Thronsaal ist einer der kleineren Säle der Päpstl. Audienzräume. Hier befinden sich zwei Bilder aus der Vatikanischen Pinakothek: *Der hl. Petrus,* erster Stellvertreter Christi auf Erden, von Raffael und *Der hl. Paulus,* der Völkerapostel, von Bartolomeo della Porta. Weiter fällt in diesem Raum eine Holzskulptur aus dem 14. Jh. auf, die *Die hl. Anna mit der Muttergottes und dem Jesuskind* (Anna Selbdritt) darstellt. In diesem Raum, der gleich vor seiner Privatbibliothek liegt, pflegt der Papst Gesandte zu empfangen. Dabei sitzt er auf einem kleinen Thron aus dem 18. Jh., dem sog. *Tronetto.* Im vergangenen Jahrhundert diente der Raum noch als Speisesaal.

Bibl.: R. Panciroli, *L'Appartamento pontificio delle udienze,* Rom 1971, S. 50–51

M. Zaccagnini

Sala del Concistoro

Der rechteckige Konsistoriensaal gehört zu den Päpstl. Audienzräumen im Gebäude von Clemens VIII. und wurde 1595 von Domenico Fontana erbaut. Früher wurde er als *Sala dell' Agnus Dei* (→) erwähnt, da der Papst hier besondere Wachsmedaillen segnete, die auf ihrer Vorderseite das Bild des göttlichen Lamms trugen. Der Name änderte sich unter dem Pontifikat von Clemens XIII. (1758–69) in Konsistoriensaal, da die Päpste von nun an das Hl. Kollegium dort versammelten, um über die Erhebung neuer Kardinäle und die Proklamation von Heiligen zu reden. In der Mitte der vergoldeten Decke des Saals ist das Wappen von Clemens VIII. (1592–1605) zu sehen. Auf seinen Auftrag hin wurde zwischen 1601 und 1603 die malerische Gestaltung ausgeführt. Der Freskenzyklus im Fries stellt die berühmtesten Klöster Italiens dar, unter ihnen etwa *Montecassino, Vallombrosa, Camaldoli und Monteoliveto.* In einer Nische des Frieses sind *Der hl. Bernhard* (1060–1089), der erste Abt von Vallombrosa und Bischof von Parma zu sehen sowie der selige *Petrus Aldobrandinus* (ca. 1000–1089), Kardinal und Bischof von Albano. Er hatte den Beinamen *Igneus,* da er unversehrt eine Feuerprobe überstand, der er sich 1068 unterzogen hatte, um den Vorwurf der Simonie und Häresie zu bekräftigen, den er gegen den Erzbischof von Florenz erhoben hatte. Von Alberti stammen drei Figuren aus der Bibel: *Moses* als Gesetzgeber und Prophet, *Aron* als Priester, *Johannes der Täufer* als Verkünder. Entlang des Frieses wiederholt sich der Psalm VIAS TUAS DOMINE. An den Wänden befinden sich acht Wandteppiche aus dem 18. Jh. mit folgenden Darstellungen: *Verkündigung, Anbetung der Hl. Drei Könige, Beschneidung, Präsentation im Tempel, Auferstehung des Lazarus, Auferstehung Jesu, Himmelfahrt* und *Herabkunft des Hl. Geistes.*

Bibl.: G. P. Chattard, *Nuova descrizione del Vaticano o sia del Palazzo Apostolico di San Pietro,* II, Rom 1767, S. 153–173); R. Panciroli, *L'Appartamento pontificio delle udienze,* Roma 1971, S. 19; J. Martin, *Vaticano sconosciuto,* Vatikanstadt 1990, S. 89–99.

M. Zaccagnini

Sala del Credo (dei Profeti)

Der Credo- oder Prophetensaal liegt im ersten Stock der *Torre Borgia* (→) und grenzt an die *Sala delle Arti Liberali* (Saal der freien Künste) an. Zur Zeit Alexanders VI. (1492–1503) wurde er als *„guardaroba"* genutzt, ein Raum, in dem außer wertvollen Gegenständen *(camera bonorum)* auch geheime Dokumente aufbewahrt wurden. Die Gewölbedecke ist mit Fresken verziert. Unterhalb der Decke sind die zwölf Apostel abwechselnd mit Propheten dargestellt. Sie tragen Spruchbänder in den Händen, auf denen Verse des Credo (daher der Name des Raums) stehen. Sie beziehen sich auf die Auferstehung des Fleisches, die Göttlichkeit Christi und das himmlische Leben.

An der Decke ist die doppelte Krone Aragons, das von den Borgia angenommene Wappenzeichen, zu sehen, die Sonnenstrahlen aussendet. Dieses Element wurde von Alexander VI. hinzugefügt, der sich gerne mit der Sonne identifizierte. Bereits in der *Sala delle Sibille* (Sybillensaal) hatte er sich unter dem Sonnenwagen darstellen lassen. Heute befinden sich Bilder und Skulpturen der Sakralkunst des 20. Jh. in diesem Raum, der zu den Vatikanischen Museen gehört.

Bibl.: s. Sala delle Arti Liberali

G. Belardinelli

Sala del Redentore

Dieser „Erlösersaal" genannte Saal der Päpstl. Audienzräume war früher das „geheime Vorzimmer", was soviel bedeutete wie privat oder intim. Dort leisteten einige Würdenträger der *Famiglia Pontificia* (→), Kleriker und Laien, Dienst bei offiziellen Audienzen, die die Päpste von Zeit zu Zeit gewährten. Den jetzigen Namen hat der Saal von dem Gemälde *Der Erlöser* von El Greco (1541–1614). Außerdem befinden sich hier *Christus, der Meister* von Albrecht Dürer (1471–1528) und ein Gemälde von Rogier Van der Weyden (1399/1400–1464), das die Züge des *Ecce Homo* und der *Schmerzensreichen Mutter* zeigt. Ein Wandteppich der Röm. Schule aus dem 16. Jh. stellt *Jesus und Maria auf dem Kalvarienberg* dar. Er wurde nach einem Entwurf Raffaels gefertigt und gehörte einmal den Medici.

Bibl.: R. Panciroli, *L'Appartamento pontificio delle udienze,* Rom 1971, S. 49

N. Del Re

Sala dell'Immacolata

Der Saal der Immakulata liegt vor den Stanzen Raffaels im Borgia-Turm. Der Name kommt von den Fresken, die auf das Dogma der Unbefleckten Empfängnis anspielen. Sie wurden von Francesco Podesti (1800–1895) im Auftrag von Pius IX. ausgeführt, der das von ihm selbst am 8. Dezember 1854 in der Vatikanbasilika verkündete Dogma hier würdig dargestellt finden wollte. Damit der von Podesti entworfene Gedanke ausgeführt werden konnte, mußte das obere Stockwerk abgerissen werden, um so die Wandfläche für das Fresko zu vergrößern (vgl. D. Redig de Campos, *I Palazzi Vaticani,* Bologna 1967, S. 249).

Auf dem Fresko, das die Hauptwand bedeckt, ist die Zeremonie der feierlichen Proklamation des neuen marianischen Dogmas dargestellt. Die Komposition zeigt Himmel und Erde, die gleichermaßen freudig an dem großen Ereignis teilhaben; im oberen Teil hat der Künstler das himmlische Gericht dargestellt, das sich um die Muttergottes versammelt, sie steht im Zentrum und ist zwischen ihrem göttlichen Sohn und Gottvater abgebildet. Propheten, Engel, Heilige und Personen aus der Bibel bilden einen Kreis um sie. Im unteren Teil steht sie aufrecht vor dem Thron Pius IX., der gerade feierlich das marianische Dogma verkündet. In der linken Hand hält er Blätter mit dem Text der Konstitution *Ineffabilis Deus,* in dem er die Unbefleckte Empfängnis Mariens als Dogma verkündet. So wird auch das Fest der Immakulata dogmatisch begründet, das Clemens XI. bereits seit 1708 für die ganze Kirche festgesetzt hatte. Rechts und links des Papstes ist eine lange Reihe von Klerikern und Laien zu sehen, deren Gesichter alle bekannt sind.

Das Fresko auf der rechten Wand zeigt die Versammlung der Theologen, Kanoniker und hohen Prälaten, die über die endgültige Fassung des Dogmas diskutieren, bevor es dem

Papst zur Approbation vorgelegt wird. In dieser Darstellung hat Podesti den langen Arbeitsprozeß darstellen wollen, der hier stattgefunden hat: zunächst die 1849 zusammengesetzte Spezialistenkommission, dann der darauf folgende Untersuchungsausschuß und schließlich der eigens von Pius IX. einberufene Kardinalsrat zur letzten Durchsicht vor der endgültigen Beschlußfassung. Im Fresko an der gegenüberliegenden Wand erinnert der Maler an die Krönungszeremonie des Mosaikbildes der Unbefleckten Empfängnis, das sich über dem Altar der Chorkapelle des Petersdoms befindet. Die Krönung wurde am 8. Dezember 1854 von Pius IX. vorgenommen. In seinem Gefolge hat der Maler sich auch selbst verewigt. Er verbirgt sich fast vollständig hinter einem korpulenten Kapuziner, so daß nur das Gesicht zu sehen ist.

Bibl.: F. Cerroti: *Le pitture della Stanza Vaticana detta della Concezione e la colonna eretta in Piazza di Spagna,* Rom 1882; N. Del Re, *Gli affreschi di Francesco Podesti nella Sala dell'Immacolata in Vaticano,* in *Pio IX,* 17 (1988), S. 79–92

N. Del Re

Sala delle Arti Liberali

Der Saal der freien Künste gehört zu den Sälen der Borgia-Gemächer (→) im ersten Stock des Nikolaus-Flügels im alten Vatikanpalast. Im Nordosten stößt er an die *Sala del Credo* (→) des Borgia-Turms und im Süden an die Schlafzimmer Alexanders VI. (1492–1503). Ehrle-Stevenson und Saxl (op. cit.) haben angenommen, hier sei die Studienbibliothek des Papstes gewesen. Die malerische Ausgestaltung des Raumes unterstützt diese Ansicht, auch wenn Burkhardt (*Liber notarum*) in einem Zeugnis über den zukünftigen Pius III. Piccolomini, der in diesem Raum zum Bischof geweiht wurde, an eine Nutzung als Gerichtssaal (möglicherweise übergangsweise und durch die schwache Gesundheit des Papstes veranlaßt) denken läßt. Der Saal der freien Künste hat fundamentale Bedeutung im Rahmen der gesamten künstlerischen Gestaltung der Borgia-Gemächer. Wahrscheinlich hat Antonio von Viterbo in den Jahren 1493–94 auf Anweisung von Pinturicchio die Allegorien der Dialektik, der Grammatik, der Astronomie, der Musik, der Arithmetik, der Geometrie und der Rhetorik in den Lünetten gemalt. Sie sind als weibliche Figuren auf einem Thron und umgeben von einer Gelehrtenversammlung dargestellt. Die Decken sind mit vergoldeten Stuckreliefs geschmückt, die die Symbole des Borgia-Wappens (Stier und Doppelkrone) zeigen.

Die *Artes liberales* stellen im Rahmen der künstlerischen Ausgestaltung der Borgia-Gemächer alle Kenntnisse dar, die außerhalb der Offenbarung zu erwerben sind. Sie sind bedeutsam für den Menschen, der sich nach der Vertreibung aus dem Paradies darum bemühen muß, den Himmel wiederzugewinnen. Als Quelle für die Ikonographie dieses Saales wurde der Text *De nuptiis Philologiae et Mercurii* von Martianus Capella benutzt. Hier finden sich zum ersten Mal die personifizierten Wissenschaften und Künste auf dem Thron sitzend. Das gleiche Kompositionsschema findet sich etwa auch im Palazzo Ducale von Urbino.

Heute gehört der Saal der freien Künste zum Komplex der Vatikanischen Museen und beherbergt Skulpturen der Sakralkunst aus dem 20. Jh.

Bibl.: F. Ehrle/E. Stevenson, *Gli affreschi del Pinturicchio nell'Appartamento Borgia del Palazzo Apostolico Vaticano,* Rom 1897, S. 7–73; D. Redig de Campos, *I Palazzi Vaticani,* Bologna 1967, S. 84–85; J. Shearman, *The Vatican Stanze: functions and decorations,* London 1971, S. 10–11; F. Saxl, *L'Appartamento Borgia,* in *Storia delle immagini,* Bari 1982, S. 87–91; C. Cieri Via, *Mito, allegoria e religione nell'Appartamento Borgia,* in *Le arti a Roma da Sisto IV a Giulio II,* Rom 1985, S. 77–86; A.

Capriotti, *Umanisti nell'Appartamento Borgia; appunti per la Sala delle Arti liberali,* in *Strenna dei Romanisti,* 51 (1990), S. 73–87

G. Belardinelli

Sala delle Sibille

Der Sybillensaal ist einer der beiden Räume im ersten Stock des Borgia-Turms. Wie das Datum auf der Decke anzeigt, wurde er 1494 fertiggestellt. Das *Tagebuch* des Päpstl. Zeremonienmeisters Burckard erlaubt uns, einige Thesen über die ursprüngliche Bestimmung dieses und anderer Räume der Borgia-Gemächer aufzustellen. Wie die *Sala del Credo* (→) diente auch der Sybillensaal vermutlich als päpstl. „Garderobe" und wurde als Vorzimmer genutzt, da er der erste Saal war, den man betrat. Er ist in die einheitliche künstlerische Gestaltung der Borgia-Gemächer mit einbezogen, wenngleich die Fresken der beiden Turmzimmer eine weniger hohe formale Qualität aufweisen. Wir wissen, daß der Bau des Turms gleichzeitig mit Beginn der Gestaltung der „geheimen" Zimmer (im Nikolausflügel) begonnen wurde. Er wurde erst ausgeschmückt, als Pinturicchio Rom bereits verlassen hatte. Daraus kann man schließen, daß die Fresken im Turm von Schülern des berühmten Meisters aus Perugia gemalt wurden.

Die Themenfolge der Bilder der Borgia-Gemächer und ihre Bedeutung nimmt jedoch von den Darstellungen im Sybillensaal ihren Ausgang. Die Anordnung der sieben Planeten (Mond, Merkur, Venus, Apollo, Mars, Jupiter und Saturn) nach dem Alter des Menschen, deutet den Beginn eines idealen eschatologischen Rundgangs an. Die Sühnebedeutung, die sich zu Beginn eines solchen Rundgangs stellt, wird durch die Szenen in den Bildern neben den Planenten ausgedrückt: dort werden Opfer nach den Ritualen der Röm. Religion dargestellt. Etwas tiefer, in den Lünetten sind Sybillenpaare dargestellt, die Schriftrollen mit Prophezeiungen über die Inkarnation, den Tod und die Auferstehung Christi enthalten. In diesem Saal finden wir außerdem die erste Verherrlichung des Borgia-Papstes. Er wird unter dem Sonnenplaneten Apollo in einer Versammlung von Mächtigen sitzend dargestellt; im daran anschließenden Oktagon wird der Wagen der Venus von zwei Stieren statt von Tauben gezogen – eine deutliche Anspielung auf das Wappen des Papstes. Heute gehört der Saal zum Komplex der Vatikanischen Museen.

Bibl.: siehe Sala delle Arti liberali.

G. Belardinelli

Sala di Costantino

Im September 1524 schrieb Castiglione an Federico Gonzaga, der neue Saal des Papstes sei „ausgesprochen gelungen". Der Humanist bezog sich dabei auf den Konstantinssaal, *„il caenaculum amplior",* der für Empfänge und offizielle Feiern bestimmt war. Der Plan zur malerischen Gestaltung stammt von Leo X. und wurde unter dem Pontifikat von Clemens VII. vollendet. Er schließt den historischen Zyklus zur Verherrlichung des Papsttums ab, der in den Stanzen des Heliodor und des „Borgobrandes" beginnt und wurde zwischen 1519 und 1524 von Raffael entworfen und ausgeführt. Das ikonographische Programm hatte Leo X. 1517 vorgeschlagen. Auf vier großen Wandfresken sollte der Triumph der Christenheit über die heidnische Welt dank der tatkräftigen Hilfe des ersten christlichen Kaisers dargestellt werden. Als Motive wurden ausgewählt: *Die Vision des Konstantin, Die Schlacht gegen Maxentius an der Milvischen Brücke, Die Taufe des Konstantin, Die Konstantinische Schenkung an Papst Silvester.*

Raffael begann das große Projekt erst 1519. Nach Aussagen von Vasari machte er den

Gesamtentwurf und einige Vorbereitungsskizzen für die vier Fresken. In einem genaueren Arbeitsprozeß sollte der Gemäldezyklus dann eine größere Einheitlichkeit und Harmonie erhalten. Nach dem Tod des Künstlers hat Sebastiano del Piombo in mehreren Briefen Michelangelo dazu aufgefordert, sich bei Kardinal Giuliano de' Medici dafür einzusetzen, daß er die Arbeiten fortsetzen könne, aber ohne Erfolg. Die Arbeiten wurden von den Schülern Raffaels weitergeführt, die testamentarisch die Aufträge des Meisters geerbt hatten. Am Sterbetag Leos X., dem 1. Dezember 1521, war ein Teil des Werkes beendet, wie ein Brief von Castiglione an Federico Gonzaga bezeugt. Aber erst 1523 wurde nach der Wahl von Clemens VII. das Programm wieder aufgenommen. Beim Betrachten der Fresken sieht man, daß von Raffaels Einfluß nicht mehr viel übriggeblieben ist. Es dominiert der Stil seiner Schüler, vor allem Giulio Romanos, der in der Leitung des Werkes seine Kollegen anführte. Einerseits versuchte man zwar, die Ausdrucksweise Raffaels beizubehalten, andererseits orientierte man sich aber an Michelangelo und den klassischen Vorbildern. Das Ergebnis sind eklektische, tumultuarische und theatralische Kompositionen, mit aufgeregten Volksmengen, die sich auf weiten Ebenen bewegen, mit erregten Päpsten, die auf ihrem Thron sitzen und in ihren Zügen den Seelenzustand der Szenen widerspiegeln, die sie betrachten. In der zeitgenössischen Meinung wurden sie unterschiedlich bewertet. Leonardo Sellaio bezeichnete sie in einem Brief an Michelangelo giftig als „Schurkenstreich“, während sich Castiglione in einem Brief bewundernd über sie äußert. Heute werden die Fresken als wichtigstes Beispiel einer neuen künstlerischen Strömung des 16. Jh. angesehen. Trotz der verschiedenen Entstehungsphasen erscheinen sie durch die klare Darstellung der Themen und durch die Erzählstruktur als eine Einheit. Bald wurden sie der Prototyp einer Komposition, die über Jahrzehnte hinweg ihren Einfluß ausübte, von Salviati bis Vasari und von Rubens bis Pietro da Cortona.

Giulio Romano fügte einige Elemente ein, welche Raffael noch unbekannt waren. Es handelt sich um eine Reihe von Veränderungen, die die Harmonie der Komposition aufzubrechen scheinen: spektakuläre und grob realistische Einschübe, wie etwa die niederträchtige und groteske Figur des Zwergs Gradasso Berettai, eine Art „Übertreibung“, die mit großer Unbefangenheit angebracht ist. Sie unterbricht das Gleichgewicht der feierlichen Erzählung von der *adlocutio* Konstantins an das Heer, die sich auf idealisierte Figuren stützt. Ein übertriebener Realismus zeigt sich auch in der Figur des Krüppels auf dem Fresko der „Schenkung“ (Krücken, ein Bündel, Eßgeschirr, Geldbeutel, Lumpen), der um Almosen bittet, während gerade die Zeremonie stattfindet. Das Interesse des Künstlers für die Alltäglichkeit in der Darstellung zeigt sich auch in dem Kind, das mit einem Hund spielt, von besorgten Müttern umgeben, die ihre Kinder zur Ruhe mahnen. Der Reichtum an Einzelheiten bei den Figuren im Vordergrund kontrastiert mit denjenigen im Hintergrund, die weniger genau gemalt sind.

Trotz einiger Unstimmigkeiten im Ausdruck werden die Figuren organisch entwickelt. Es finden sich zahlreiche historische Personen, Portraits von Zeitgenossen, Landschaften, mythologische Anspielungen, Allegorien und Symbole, die das Feierliche des ganzen Zyklus unterstreichen, manchmal aber auch ein weniger hohes Niveau in sich bergen. So zeigen sich etwa in der Szene der Taufe die Züge von Clemens VII. bei Silvester I. Er taucht ebenfalls in dem bärtigen Gesicht von Urban I. in der Schlacht auf. Nach Fischel hat Sebastiano del Piombo dies bei den Restaurierungsarbeiten nach dem *Sacco di Roma 1527* gemalt, als der Papst sich zum Zeichen der Trauer einen Bart wachsen ließ. Im Fresko der Schenkung spielt nach Meinung von Guarducci ein auffälliger Elefantenzahn auf die Legende von Konstantin an, der von der Lepra (elephas) befallen war, sich bekehrte und von Papst Silvester geheilt wurde, dem er dann die Schenkung machte. Eine leichtere Lesbarkeit findet sich in dem Hochrelief über dem Baldachin Silvesters I., das eine Begegnung zwischen dem leprakranken Kaiser und dem heilenden Papst zeigt.

Bibl.: P.P. Montagnari, *Illustrazione storico-pittorica con incisioni e contorni dei dipinti della gran sala detta di Costantino,* Rom 1834; O. Fischel, *I ritratti di Clemente VII nella sala di Costantino in Vaticano,* in *Illustrazione Vaticana,* 21 (1937), S. 923–927; F. Hartt, *The chronology of the „Sala di Costantino",* in *Gazette des Beaux-Arts,* 36 (1949), S. 301–308; J. Hess, *The chronology of the Sala di Costantino*, ib., 37 (1950), S. 130–132; R. Quednau, *Die Dekoration der Sala di Costantino,* in *Anmerkungen zum Spätwerk Raphaels-Kunstchronik,* 30 (1977), S. 78–80; ders., *Die Sala di Costantino im Vatikanischen Palast. Zur Dekoration der beiden Medici-Päpste Leo X. und Clemens VII.,* Hildesheim-New York 1979; M. Guarducci, *Antichi elefanti in Vaticano,* in *Rendiconti della P. Accademia Romana di Archeologia,* 51–52 (1978–1980), S. 47–68; *Raffaello in Vaticano.* Ausstellungskatalog, Mailand 1984, S. 194–201.

S. Maniello Cardone

Sala di S. Ambrogio

Der rechteckige Saal heißt so nach einer farbigen Holzstatue, die den hl. Ambrosius (339/40–397), Bischof von Mailand, segnend auf einem Thron sitzend darstellt. Es handelt sich um das Werk eines Anonymus aus dem 15. Jh. In diesem Saal haben sehr wahrscheinlich auch Paolo Brill und Giovanni Alberti im Auftrag von Clemens VIII. (1592–1605), dessen Name über der Eingangstür steht, gearbeitet. Sie haben das Fries gestaltet, auf dem Landschaften, Engel und symbolische Gestalten zu sehen sind. Die vergoldete Holzdecke stammt aus dem Pontifikat Pius' IX. (1846–78).

Das Polyptychon gegenüber der Eingangstür zeigt Szenen aus dem *Leben Jesu.* Es stammt von dem Sienesen Matteo di Giovanni. Das andere Polyptychon, das die *Dreifaltigkeit,* zwischen der Mutter Gottes und dem knienden Johannes dem Täufer sowie die *Verkündigung* zeigt, ist von Niccolò da Voltri und stammt aus dem Jahr 1401.

Bibl.: R. Panciroli, *L'Appartamento Pontificio delle udienze,* Roma 1971, S. 20 u. 45.

M. Zaccagnini

Sala Ducale

Der Herzogliche Saal besteht aus zwei angrenzenden Zimmern, die 1656 von Gian Lorenzo Bernini vereint wurden. Dieser Saal – der in den Dokumenten erst seit dem 17. Jh. erwähnt wird – hat seinen Namen daher, daß hier „die obersten Fürsten oder Herzöge, die man im röm. Zeremoniell *Herzöge höherer Macht* nannte" (Chattard), feierlich empfangen wurden. Der Doppelsaal wurde sowohl als Repräsentationsraum als auch für vatikanische Zeremonien genutzt, wie etwa das öffentliche Konsistorium, die Ernennung von Kardinälen oder die „Fußwaschung" am Gründonnerstag.

Die beiden Säle hatten – wie auch ihre nicht aneinander angepaßte Lage zeigt – verschiedene Bau- und Gestaltungsphasen. Wenn der Saal im Osten *(aula tertia)*, der mit dem angrenzenden Turm zu einem Befestigungssystem gehörte, das der Verteidigung des Päpstl. Palastes dienen sollte, auf die Zeit von Papst Innozenz III. (1198–1216) zurückginge, wäre der Saal im Westen *(secunda)* später gebaut worden. Letzterer wurde in der Tat, einem neuen Bauprojekt folgend, gemeinsam mit dem angrenzenden Saal *(aula magna vel prima)* zur Zeit von Nikolaus III. (1277–80) angelegt.

Beide Räume wurden jedenfalls gemeinsam mit dem angrenzenden Flügel *(Sala Regia e Cortile del Maresciallo)* in der ersten Hälfte des 16. Jh. unter der Leitung von Antonio da Sangallo dem Jüngeren architektonisch erneuert, wie mehrere in den Uffizien aufbewahrte Gemälde bezeugen. Sie liefern unter anderem Hinweise über die Nutzung der Räume. Ein Bild (Uff. 4021 A) zeigt, daß die Säle während des Konklaves in kleine Zellen unterteilt waren; ein anderes von Bartolomeo de Rocchi (Uff. A 1979) zeigt die sala *tertia* als „öffentliches Konsistorium".

Unter dem Pontifikat von Clemens VII. (1523–34) wurde vermutlich die Renovierung in der *Sala secunda* beendet, in die kurz darauf, unter dem Pontifikat Pauls III. (1534–49), nach dem Abriß der angrenzenden Nikolauskapelle einige Fenster eingelassen wurden. In ihrer architektonischen Linie soll die Hand von Sangallo selbst zu erkennen gewesen sein.

Die malerische Ausgestaltung der beiden Zimmer zog sich durch mehrere Phasen über mehrere Pontifikate hin: Paul IV. (1555–59), Pius IV. (1559–65) und vor allem Gregor XIII. (1572–85). So ergibt sich ein schwer zu entwirrendes Palimpsest.

Unter dem Pontifikat Pauls IV. begann in der *tertia* die Gestaltung der Säle, wie die zahlreichen Wappen auf der Decke und in der mittleren Lünette auf der Ostwand anzeigen. Das heißt genauer zu einem Zeitpunkt um 1555, entsprechend der Inschrift an der Decke PAOLO/PP IIII/ANNO PRIMO. Schon bald wurden die Malarbeiten jedoch unterbrochen. Unter dem Pontifikat von Pius IV. wurden sie mit dem Fries wieder aufgenommen. Der Papst aus Mailand leitete eine umfangreiche Ausgestaltungsphase ein, die auch die Fortführung der Fresken in der *Sala Regia* (→), die unter Paul III. begonnen wurden, vorsah sowie den Beginn der Fresken in der *secunda.* Auf dem Fries der Nordwand führte ein Maler aus der Nähe Giovanni da Udines (wahrscheinlich Donato da Urbino, der ähnliche Motive in der Loggia von Pius IV. malte) zwei Landschaften aus. Sie zeigen klassische Ruinen in einer „romantischen" Atmosphäre mit vereinzelten Tieren, die auf ein allegorisches Programm verweisen, das noch kaum erforscht ist. Auf dem Fries der Ostwand stellte Jan Soens im Vordergrund einen Hahn in einer weitläufigen und kargen Landschaft dar.

Aus der Zeit Gregors XIII., dem Papst, der die Gestaltung der *Sala Regia* und der *secunda* vollenden ließ, stammen vier Landschaften von Matteo da Siena in der *tertia.* Sie stellen mit Szenen aus dem ländlichen Leben die vier Jahreszeiten dar.

Die Gestaltung der *secunda* begann unter dem Pontifikat von Pius IV. mit einem Fresko auf der Mitte der Decke. In einem achteckigen Rahmen ist das Wappenschild der Medici zu sehen, von zwei Engeln gehalten. Nach Baglione wurden sie von Lorenzo Sabatini gemalt.

Dieser Maler aus Bologna wurde im Sommer 1573 von Gregor XIII. gerufen, um die malerische Ausschmückung der Vatikanischen Paläste zu leiten. Er blieb dort bis zu seinem Tod (letzte Bezahlung: 23. August 1576; vom 1. September an folgt sein Sohn Mario in der Bauleitung; ASR, Cam. I, Tesor. Segr. bb. 1301–3). Die Archivdokumente erwähnen jedoch leider weder die Säle noch die anderen Künstler, die Sabatini bei den Arbeiten halfen. Einige von ihnen (Raffaellino da Reggio, Paris Nogari, Cesare Arbasia und Matteo da Siena) sind jedoch in der Künstlerliteratur überliefert.

In den ersten Jahren des Boncompagni-Pontifikats wurden den Wappenschildern von Pius IV. in der Mitte der Gewölbedecke zwei Szenen aus dem Mythos des Herkules zur Seite gestellt. Die Szenen wirken mit ihrem Rahmen wie gesonderte Bilder. *Die Geschichte von Herkules der Cacus tötet* über der Eingangstür wird Raffaellino da Reggio zugeschrieben. Auf der zweiten Szene, die von Sabatini sein soll, gibt es Probleme mit dem Motiv. Die Quellen sprechen von „Herkules bedroht den dreiköpfigen Hund". Im Louvre gibt es ein Bild von Sabatini, das dieser Ikonographie entspricht (Winckelmann). Das Fresko zeigt Herkules jedoch als Krieger, der seine Zuhörer mit einer Goldkette fesselt. Die Ikonographie verweist auf die Macht der Beredsamkeit.

Die Decke und die Lünetten sind mit Groteskenmalerei verziert und von zahlreichen Phantasiegestalten bevölkert, die sich bei stetem Bezug auf den Drachen der Boncompagni mit mythologischen Gestalten abwechseln. Der Fries besteht aus Landschaften, zwischen denen sich Abbildungen der Musen befinden. In den Landschaften, die Cesare Arbasia da Saluzzo zugeschrieben werden, dominiert der Drache. Das linke Bild auf der Westwand zeigt zwei Drachen, die einen mit einem Kornsack geladenen Wagen ziehen – eine Anspielung auf den Wagen mit dem Ceres über die Erde fuhr, um den Menschen den Getreideanbau beizubringen. Mit diesem Bild und mit den anderen Anspielungen auf den Getreideanbau und die Göttin, die ihn repräsentiert, sollte die neue Ernährungspolitik des Papstes gefeiert werden. 1576 hatte dieser die Bulle *Inter cetera pastoralis* erlassen und in den Jahren, die auf das Jubiläum hinführten, ließ er in den Ruinen der Diokletianthermen (auf die das Fresko hinzudeuten scheint) den ersten riesigen Kornspeicher zur Vorratshaltung bauen.

Während des Pontifikats von Alexander VII. (1655–67) wurden die beiden Zimmer dann nach einem Entwurf von Gian Lorenzo Bernini miteinander verbunden. Heute sind hier unter anderem die neueren Fresken *Die Inkraftsetzung des Codex des kanonischen Rechts* und *Die Proklamierung des hl. Ephraem zum Kirchenlehrer der syrischen Kirche* zu sehen.

Bibl.: A. Prandi, *Sale, stanze. appartamenti* [La Sala Ducale], in *Vaticano,* Hrsg. G. Fallani/M. Escobar, Florenz 1946, S. 560–563; D. Redig de Campos, *I Palazzi Vaticani,* Bologna 1967, S. 163–165 und passim; A.M. de Strobel/F. Mancinelli, *La Sala Regia e la Sala Ducale,* in *Il Palazzo Apostolico Vaticano,* Hrsg. C. Pietrangeli, Florenz 1992, S. 73–87.

G. Manieri Elia

Sala Regia

Paul III. Farnese ließ den Königssaal zwischen 1538 und 1546 im Rahmen der fast vollständigen Erneuerung des südwestlichen Teils des Apost. Palastes erbauen. Der Königssaal war einer der prestigereichsten Räume des Apost. Stuhls. Hier fanden die offiziellen Audienzen für Botschafter und Staatsoberhäupter statt. Sein Standort zwischen der Sixtinischen und der Paulinischen Kapelle macht ihn zum Hauptwerk der drei wichtigsten gestalterischen Beiträge des Farnese-Pontifikats im Vatikan.

Der von Antonio da Sangallo ausgemalte Raum ist ein riesiger Saal, der feierlich und klassisch wirkt. Die weißgoldene Stuckdekoration der Decke wurde Perin del Vaga anvertraut. Nach Vasari hat Perino auch die Wände vorbereitet, um dort „von seiner Hand Geschichten in wunderschönen Stuckornamenten darzustellen". Doch beim Tod des Künstlers (Oktober 1547) waren nur die Decke und die Rahmen fertiggestellt. Die Leitung der Arbeiten ging an Daniele da Volterra über. Er erhielt nachweislich vom August 1548 bis zum Ende des Pontifikats Pauls III. Zahlungen. Der Tod des Papstes (10. November 1549) unterbrach den ersten Abschnitt der Arbeiten im Königssaal. Durch die enge Nachfolge Perino/Daniele da Volterra als Leiter in dieser ersten Phase ist die Verantwortlichkeit des einen oder anderen Meisters für die Zeichnung des Stuckfrieses umstritten, auf dem Paare von nackten jungen Männern die Nischen über den Türen schmücken und Engel farnesinische Embleme sowie an den Wänden päpstl. Wappen halten.

Schon Stechow hatte festgestellt, daß die Karyatiden über den Türen eher den Stil von Michelangelo aufzeigen, im Gegensatz zur fließenden Anmut der wappenhaltenden Engel, die an Perino erinnert. In jüngerer Zeit haben Sricchia Santoro und Davidson den Gesamtentwurf Daniele da Volterra zugesprochen, der jedoch als Nachfolger von Perin del Vaga dessen Konzept nicht vollkommen außer acht lassen konnte.

Nach dem Tod Pauls III. wurden die Arbeiten unterbrochen. Erst ein Jahrzehnt später entschied sich Pius IV., die Baustelle wieder zu eröffnen. Die Aufsicht vertraute er den Kardinälen Alexander Farnese und Marcantonio Mula an. Francesco Salviati, ein Protegé von Kardinal Farnese, der seit dem Tod von Perin del Vaga versucht hatte, den Auftrag für die Weiterführung der Arbeiten zu erhalten, habe – so berichtet Vasari – von Pius IV. den Auftrag für die Hälfte der Fresken bekommen wollen, während für die andere Hälfte nochmals Daniele da Volterra vorgeschlagen worden sei. Salviati, der „viele kleine Zeichnungen und Kartons“ vorbereitet hatte, sei ans Werk gegangen, indem er eines der bereits von Volterra begonnenen Fresken zerstört habe. Das habe zum Zerwürfnis zwischen den beiden geführt. Nachdem er auch mit dem Vertrauensarchitekten des Papstes, Pirro Ligorio in Streit geriet, ging Salviati von Rom nach Florenz. Bei seiner Rückkehr, habe er – nach Vasari – die Situation vorgefunden, daß Kardinal Mula den Auftrag für die Fresken an mehrere weniger berühmte Maler aufgeteilt habe. Als auch Volterra die Baustelle verließ, wurde Salviati eine einzige Szene zugesprochen: das Fresko, welches das *Treffen zwischen Alexander III. und Friedrich Barbarossa* darstellt. Da er es jedoch vor seinem Tod (11. November 1563) nicht beenden konnte, ließ Kardinal Mula Giuseppe Porta, den Schüler Salviatis, zur Fertigstellung rufen. Die Beiträge der zahlreichen Künstler, die in dieser zweiten Phase aufeinander folgten, hat Smith durch Archivstudien erhellt.

Das ikonographische Programm, das Paul III. bereits festgelegt hatte, bezog sich auf die Anerkennung der sowohl spirituellen als auch weltlichen Macht des Papsttums durch die christlichen Herrscher. Über den Türen waren Könige dargestellt, die den christlichen Glauben verteidigt hatten und auf den großen Wanddarstellungen Könige, die Siege im Namen des Glaubens errungen oder sich der päpstl. Autorität unterworfen hatten. Eine Thematik, die gerade in dem Saal, der für den feierlichen Empfang von Botschaftern und Staatsoberhäuptern bestimmt war, auch das weltliche Prestige der päpstl. Macht unterstreichen sollte. Das behandelte Thema paßt genau zur politischen Linie des Farnese-Pontifikats. Pius IV. hatte die Ausführung der Fresken an junge und unbekannte Maler verteilt. Orazio Sammachini aus Bologna soll das Bild über der Tür zur Benediktionsaula *Otto I. gibt Agapet II. Kirchenland zurück* gemalt haben.

Von Livio Agresti aus Forli stammt das Bild über der Tür zum Herzogssaal. Es zeigt *Petrus von Aragon bietet Innozenz III. sein Reich an.* Für ihn gibt es einen Zahlungsbeleg am 27. März 1564 (Smith). Im gleichen Jahr hat Taddeo Zuccari, ein Protegé des Kardinals Farnese, ein weiteres Bild über den Türen ausgeführt: *Karl der Große bestätigt die Schenkung von Ravenna.*

Taddeo soll auch an der hinteren Wand beteiligt gewesen sein, mit einem Fresko der *Einnahme von Tunis* und zwei allegorischen Darstellungen über der Türe. Die letzte Szene auf dieser Wand: *Gregor VII. hebt die Exkommunizierung von Heinrich IV. auf* wurde nach seinem Tod (September 1566) von seinem Bruder Federico Zuccari fertiggestellt.

Gerolamo Siciolante hat das Fresko über der Tür zur Sixtina *Pipin gibt Ravenna an die Röm. Kirche zurück* gefertigt. Für ihn gibt es Zahlungsbelege vom 9. Februar 1565 und vom 4. Dezember 1568 (Smith). Von Gian Battista Fiorini aus Bologna stammt das Bild *Liutprand bestätigt die Schenkung von Ariperto.* Auch hier gibt es verschiedene Zahlungsbelege aus den Jahren 1565 und 1568.

Giuseppe Porta hat das von Salviati begonnene Fresko *Barbarossa versöhnt sich mit Alexander III.* fertiggestellt. Er erhielt zwischen Juli und November 1565 drei Zahlungen für die *„Geschichte der sieben Könige"* sowie für eine andere Darstellung rechts der Tür des Königssaals, über welche Vasari später die *Rückkehr Gregors XI. aus Avignon* (1377) malte. Von Giovan Maria Zoppelli stammt schließlich eine *Geschichte von Alexander III.*, links von der Eingangstür, die ihm in zwei Raten zwischen 1565 und 1568 bezahlt wurde.

Nach dem Tod von Pius IV. (1565) wurden die Arbeiten erneut unterbrochen und erst 1572, im letzten Jahr des Pontifikats von Pius V., wieder aufgenommen. Giorgio Vasari erhielt den Auftrag, die beiden Fresken auf der linken Wand zu malen, die den Sieg von Lepanto feiern sollten. Nach einer Unterbrechung durch den Tod des Papstes (1. Mai 1572) forderte Gregor XIII. ihn auf, das Werk fertigzustellen. Dies gelang nach nur dreizehn Monaten, allerdings mit Hilfe anderer Maler wie etwa Lorenzo Sabatini.

Neben den großen Darstellungen der spanischen, päpstlichen und venezianischen Flotte vor Messina und der Schlacht von Lepanto haben Vasari und seine Mitarbeiter auch die Bilder *Gregor IX. exkommuniziert Friedrich II.* und *Die Rückkehr von Gregor XI. aus Avignon* ausgeführt.

An der hinteren Wand wurden auch die folgenden drei Episoden dargestellt: *Coligny wird verwundet,* die *Bartolomäusnacht* und *Karl IX. billigt die Ermordung Colignys.* Alle Themen wurden dem am großherzoglichen Hof Cosimos geachteten Historiker und Literaten Don Vincenzo Borghini zur Billigung vorgelegt. Cosimo und Vasari verband eine tiefe Freundschaft, nachdem Vasari schon für ihn die Deckenfresken im Palazzo Vecchio (1565) entworfen hatte. In den ausgewählten Szenen wird die Überlegenheit der Päpstl. Autorität über die weltliche Macht, wie bereits im Farnese-Programm behandelt, mit jüngeren Ereignissen, die den Beginn des Pontifikats von Gregor XIII. kennzeichneten, auf den neuesten Stand gebracht, – so etwa der Sieg von Lepanto (7. Oktober 1571) und die Bartolomäusnacht (23. August 1572) – und als einer der zahlreichen Triumphe der Autorität des Papsttums über Häresie und Irrtum gewertet.

Am 21. Mai 1573, dem Fest des *Corpus Domini,* wurde der Königssaal feierlich eingeweiht. Vasari schrieb in einem Brief von 23. April 1573 an Borghini es sei „die schönste Arbeit, die er jemals gemacht habe". Abgesehen von diesem Urteil stellt der Saal ein Dokument für den Übergang von der streng manieristischen Schule (Daniele da Volterra, Siciolante, Vasari, Taddeo Zuccari) zu einer natürlicheren und freieren Erzählung (Giuseppe Porta, Federico Zuccari) dar.

Bibl.: E. Borea, *Precisazioni sulla Sala Regia,* in *Bollettino dell'Unione Storia e Arte,* 58 (1961), S. 4; D. Redig de Campos, *I Palazzi Vaticani,* Bologna 1967, S. 127–130, 162–164; B.F. Davidson, *The decoration of the Sala Regia under Pope Paul III,* in *The Art bulletin,* 58 (1976), S. 395–423; E. Pillsbury, *Lorenzo Sabatini and the Sala Regia,* in *Bulletin Allen Memorial Art Museum,* 77 (1976), S. 38–45; G. Smith, *A drawing for the Sala Regia,* in *Burlington Magazine,* 118 (1976), S. 102–106;

M.V. Pugliatti, *Giulio Mazzoni e la decorazione a Roma nella cerchia di Daniele da Volterra,* Rom 1984, S. 187–194; J. Martin, *Vaticano sconosciuto,* Vatikanstadt 1990, S. 101–123; A.M. de Strobel/F. Mancinelli, *La Sala Regia e la Sala Ducale,* in *Il Palazzo Apostolico Vaticano,* Hrsg. C. Pietrangeli, Florenz 1992, S. 73–87.

A. Negro

Sala Stampa della Santa Sede

→ Pressesaal des Hl. Stuhls

Sale dei Foconi

Die beiden sog. *Feuersäle* (geheizte Säle) liegen neben dem Clemenssaal (→ Sala Clementina). Sie wurden früher durch große Kohlenbecken geheizt. Im ersten dieser Säle befindet sich eine französische Holzskulptur aus dem 13. Jh., die den *Gekreuzigten* sowie eine weitere Holzskulptur aus dem 15. Jh., die die *Muttergottes im Gebet* darstellt. Von dem Renaissancetisch aus, auf dem ein großes Silberkreuz steht, verliest der Papst seine Radio- oder Fernsehbotschaften. Die Gewölbedecke ist mit Fresken aus dem 16. Jh. gestaltet. Sie stammen von einer Gruppe von Malern unter der Leitung von Lorenzo Sabbatini.

Im zweiten Feuersaal befindet sich eine *Muttergottes mit Sohn zwischen musizierenden Engeln* aus dem 15. Jh. von einem Anonymus aus Bologna sowie die Statue eines *Propheten*, die zum Grabmal von Bonifatius VIII. gehörte. Das Zimmer ist mit dem Wappen von Paul VI. (1963–78) geschmückt.

Bibl.: R. Panciroli, *L'Appartamento pontificio delle Udienze,* Rom 1971, S. 16–17; G. Cornini/A.M. de Strobel/ M. Serlupi Crescenzi, *Le Sale dei Foconi, le Cappelle Redemptoris Mater e di S. Lorenzo,* in *Il Palazzo Apostolico Vaticano,* Hrsg. C. Pietrangeli, Florenz 1992, S. 155–157.

N. Del Re

Sale dei Paramenti

Die Paramentensäle liegen im ersten Stock des Ostflügels, den Nikolaus III. (1277–80) an das Gebäude von Innozenz III. (1198–1216) anbauen ließ. Im ersten dieser Räume pflegten sich die Kardinäle, im zweiten der Papst, für die Messen im Petersdom anzukleiden. Der Papst hielt früher im ersten dieser Säle auch Geheime Konsistorien ab.

Die malerische Ausgestaltung wurde unter Pius IV. begonnen, unter seinem Nachfolger Pius V. (1566–72) weitergeführt und unter dem Pontifikat Gregors XIII. fertiggestellt, wie die Inschrift GREGORIUS. P. MAX. AULAM. HANC. DECORARI. PICTURISQ. EXORNARI. IUSSIT. AN. D. MDLXXVII bezeugt. Sie läuft um das Achteck in der Mitte der Decke des ersten Saals, in dem das Wappen Pius' IV. Medici zu sehen ist. Der Plan zur Gestaltung der Säle stammt mit aller Wahrscheinlichkeit von Lorenzo Sabbatini. Das Fries im ersten Saal zeigt Szenen aus der Apostelgeschichte, so etwa *Das Martyrium des hl. Stephanus* (7, 55–60), *Die Taufe des Äthiopiers* (8, 26–40), *Die Auferweckung der Tàbita* (9, 36–41), *Die Steinigung des hl. Paulus* (14, 19–20). Im Fries des zweiten Saals finden sich die Episoden *Moses im Gebet vor der Bundeslade* und *Moses und Aron weihen die Leviten* sowie Geschichten über den Apostelfürsten wie *Die Rede des Petrus in Jerusalem* und *Die Einsetzung der ersten sieben Diakone.* In beiden Paramentensälen sind derzeit einige Bilder der „Sammlung moderner religiöser Kunst" (→) ausgestellt, die Paul VI. 1973 eröffnet hat.

Bibl.: J. Shearman, *Le Stanze vaticane; le funzioni e la decorazione,* in *Funzione e illusione,* Mailand 1983, S. 77–98; G. Cornini/A.M. de Strobel, *Le Sale dei Paramenti e l'Appartamento Borgia,* in *Il Palazzo Vaticano,* Hrsg. C. Pietrangeli, Florenz 1992, S. 89–97.

G. Belardinelli

Sale Paoline

Nicht lange nach Beendigung der Arbeiten in der Paulinischen Kapelle in S. Maria Maggiore beschloß Paul V., zwei Räume für die Vatikanische Bibliothek einzurichten. Sie sollten die große Menge lateinischer und griechischer Manuskripte aufnehmen, die bereits den ganzen verfügbaren Platz im angrenzenden Sixtinischen Saal (→ Salone Sistino) eingenommen hatten. In der Gestaltung und in den Motiven folgen die Paulinischen Säle dem Sixtinischen Saal: die Apologie des Buches durch die Darstellung der berühmtesten Bibliotheken.

Die historischen Themen, die in den Lünetten und Türbögen dargestellt werden, sollen das Pontifikat von Paul V. (1605–21) rühmen. Die Decke ist mit seinem Wappenschild und allegorischen Darstellungen der Tugenden gestaltet. Auch in diesen Räumen wird vor allem die geistliche und weltliche Macht des Papsttums dargestellt – eine Art Direktchronik, die einem großen Publikum zugänglich sein sollte, der Taten des Borghesepapstes, der Unternehmungen und Ereignisse, die für die Kirchengeschichte von besonderer Bedeutung waren bis hin zur Wiederherstellung und zum Bau bedeutender sakraler und ziviler Stätten.

Der Bilderzyklus wurde zwischen 1610 und 1611 von verschiedenen Künstlern gestaltet. Sie waren in einer Werkstatt organisiert, der ein vom Papst ausgesuchter Koordinator (vermutlich Giovanni Battista Ricci da Novara) vorstand. Er entwarf die Skizzen und verteilte die Aufgaben.

Bibl.: A. Taja, *Descrizione del Palazzo Apostolico Vaticano,* Rom 1750, S. 478–495; [S. Le Grelle], *Musei e Gallerie pontificie,* V: *Guida delle Gallerie di pittura,* Rom 1925, S. 14–19; J. Hess, *La Biblioteca Vaticana: storia della sua costruzione,* in *L'Illustrazione Vaticana,* 9 (1938), S. 233–241; D. Redig de Campos, *I Palazzi Vaticani,* Bologna 1967, S. 210; J. Ruysschaert, *La Biblioteca Apostolica Vaticana,* in *Il Vaticano e Roma cristiana,* Vatikanstadt 1975, S. 316.

S. Maniello Cardone

Salone Sistino

Der Sixtinische Saal wurde auf Wunsch von Sixtus V. eingerichtet und macht den wesentlichen Teil der neuen Vatikanischen Bibliothek aus, der von Domenico Fontana entworfen wurde. Hier sollte die umfangreiche Büchersammlung untergebracht und Platz für die ständig wachsende Zahl von Codices geschaffen werden.

Der weite Saal, der sich im zweiten Stock der Bibliothek befindet, wird durch sechs Säulen in zwei Seitenschiffe geteilt und ist reich mit Fresken ausgestattet.

Für die Ausgestaltungsarbeiten, die 1587 begannen und im Laufe von drei Jahren abgeschlossen wurden, ließ der Papst die Künstler Giovanni Guerra und Cesare Nebbia rufen. Sie leiteten mit großem Geschick eine Gruppe von hundert Malern, die für den Freskenzyklus angestellt worden war. Das vereinende Element des bildnerischen Programms ist die Apologie des Buches durch alle Jahrhunderte. Sie basiert auf der Idee der göttlichen Vorherrschaft über die intellektuellen Tätigkeiten. Auf der einen Seite finden wir auf neun Fresken die berühmtesten Bibliotheken der Antike als Hüterinnen der Bücher. Auf der anderen Seite sind die ökumenischen Konzilien dargestellt, denen die Aufgabe anvertraut ist, die Integrität des Buches zu schützen. Die Säulen in der Mitte zeigen die Erfinder des Alphabets.

Auf den Lünetten hingegen wird das Pontifikat Sixtus V. und seine Städtebaupolitik gefeiert. Erzählende Sequenzen, die einem großen Publikum zugänglich sein sollten, entwickeln in systematischer Weise ein figuratives Programm. Das Fresko ist ohne übersteigerte Intellektualität in einer kommunikativen und direkten Sprache gehalten, um die Massen emotional besser zu erreichen. So werden die Darstellungen zum Träger der moralischen, religiösen und politischen Ansprüche des Papstes.

Vor den Augen des Betrachters laufen in einer Zur-Schau-Stellung der Macht der Kirche die wesentlichen Stationen der Regierung von Sixtus V. ab, von der Aufstellung der Obelisken über die Renovierung wichtiger hl. Stätten bis hin zum Bau von Galeeren für die Sicherheit der Küsten zum Schutz der öffentlichen Ordnung. In ihrer wesentlich apologetischen Funktion bleiben die Szenen, die zumeist naiv und ohne Beachtung irgendeines Gesetzes der Perspektive aufgebaut sind, dekorativ und skizzenhaft. Sie sind kaum von der Suche nach Bewegung beseelt und erreichen nur selten eine wirklich künstlerische Sprache. Die Decke ist reich mit Ornamenten, Landschaften und allegorischen Figuren verziert.

Die bekanntesten Freskenmaler der Zeit haben in diesem Raum gearbeitet. Die Verteilung der Aufgaben ist allerdings nicht mehr klar nachzuvollziehen. Der einzige Koordinator und Leiter war Guerra. Er organisierte, entwarf und führte die Gesamtgestaltung aus. Nebbia setzte die Skizzen in Entwürfe um, die dann zur Ausführung an die Künstler verteilt wurden.

Die Gestaltung des Raumes ist der Spiegel der Politik von Sixtus V.: die Behauptung der geistlichen und weltlichen Macht der Kirche durch eine direktere Einbeziehung der Massen. Er bot ihnen nicht nur das Gesicht einer neuen Stadt, sondern auch die Möglichkeit, durch die Darstellung der hl. Handlungen fundamentale und allgemeine Prinzipien zu erfassen. Die Folge ist eine belehrende, aber auch allgemeinverständliche, sich auf das Wesentliche beschränkende Kunst. Die offenkundige Absicht des Freskenzyklus bestand darin,- durch Quantität eher denn durch Qualität – die Macht der Kirche darzustellen.

Bibl.: E. Stevenson, *Topografie e monumenti di Roma nelle pitture a fresco di Sisto V nella Biblioteca Vaticana,* Rom 1888; F. Pistolesi, *I Concili ecumenici illustrati con riproduzioni degli affreschi della Biblioteca Vaticana,* Montalto 1925; A. Dupront, *Art e Contre-Réforme: les fresques de la Bibliothèque de Sixte Quinte,* in *Mélanges d'archéologie et d'histoire de l'Ecole Française de Rome,* 48 (1931), S. 282 ff.; G. Incisa della Rocchetta, *Della Sala Sistina,* in *Roma,* 12 (1934), S. 103–106; J. Hess, *La Biblioteca Vaticana; storia della sua costruzione,* in *Illustrazione Vaticana,* 9 (1938), S. 233–241.

S. Maniello Cardone

Salutem et Apostolicam Benedictionem
Hier handelt es sich um eine Grußform, die besonders vom 11. Jh. an von der Apost. Kanzlei (→) in einigen Papstdokumenten gebraucht wurde. Nach Martino di Troppau oder Martin Polono (vgl. *Chronicon Summorum Pontificum imperatorumque,* IV, 1574, S. 135) war Anaklet (76–88) der erste Papst, der sie benutzte; sicher ist jedenfalls, daß sich der Gebrauch dieser Form (immer im Akkusativ, da das *verbum dicendi* impliziert ist) bereits in den Akten von Johannes V. (685–686) und Sergius I. (687– 701) findet, wie bereits Jean Mabillon in seinem Buch *De re diplomatica* (Ed. 1709, S. 436 und 622) nachgewiesen hat, wenngleich der ständige Gebrauch erst mit dem Pontifikat Gregors VII. (1073–85) beginnt. Eine Ausnahme bildeten die Briefe an solche Personen, die nicht mit einer Segensform begrüßt wurden (Nichtkatholiken, Exkommunizierte etc.).

N. Del Re

Sammlung moderner religiöser Kunst
Papst Paul VI. wollte mit ihr das moderne religiöse Empfinden in den Ausdrucksformen der zeitgenössischen Kunst dokumentieren und weihte sie selbst am 23. Juni 1973 ein. Die Sammlung moderner religiöser Kunst bildet eine besondere Abteilung der Vatikanischen Museen, in der etwa 800 Werke der Malerei, der Skulptur und Grafik von über 250 italieni-

schen und anderen Künstlern, die zum Teil noch leben, ausgestellt sind. Sie will aber keine Galerie sakraler Kunst, vielmehr eine Sammlung von Werken sein, die ein tiefes mystisches Empfinden der jeweiligen Künstler bezeugen. Die Werke stammen sämtlich aus privaten Schenkungen und sind verteilt auf die Säle der Borgia-Gemächer (→) und auf verschiedene Räume unter der Sixtinischen Kapelle (→), wo zeitweise die Zeremonienmeister untergebracht waren. Hinzugefügt wurde ferner ein Teil des Turmes aus dem 12. Jh. von Innozenz III. (1198–1216), wo noch Reste der Freskomalerei aus der Zeit Nikolaus III. (1277–80) erhalten sind.

Beginnt man im Borgia-Raum, den Pinturicchio, Pastura und Perin del Vaga ausgeschmückt haben, kann man die Gemälde der italienischen Meister des 20. Jh. bewundern, und die der Röm. Schule. Es finden sich hier ferner Bronzearbeiten großer italienischer Meister, zwei kleine Bronzen von Auguste Rodin sowie die sakralen Geräte aus der Rosenkranzkapelle der Dominikanerinnen von Vence, ein Werk von Henri Matisse. Ein ganzer Saal ist Georges Rouault gewidmet.

In den folgenden Sälen finden sich Werke von Paul Gauguin, der Nabis und der Künstler der neuen Bohème wie Marc Chagall und Maurice Utrillo. Die *Verkündigung* von Salvador Dali ist von einem Entwurf Michelangelos angeregt. Interessant ist die grafische Abteilung mit Entwürfen und Stichen von Giorgio Morandi, Amedeo Modigliani, Georges Braque, Henry Moore und James Ensor. Werke von Giorgio De Chirico; Mario Sironi, Umberto Boccioni, Ottone Rosai, Carlo Carrà und Carlo Levi sind im oberen Geschoß des *Appartamento Borgia* ausgestellt. In den Sälen darunter finden sich Skulpturen von Angelo Biancini, Lello Scorzelli, Lucio Fontana, Marino Marini, Attilio Selva und Ivan Mestrovic.

Die Sammlung moderner religiöser Kunst endet in den Räumen unter der Sixtinischen Kapelle mit einer Auswahl von Künstlern nach Nationalitäten und Kunstgattungen. Ein ganzer Saal ist Gino Severini gewidmet, die deutschen Expressionisten sind vertreten mit Paula Modersohn-Becker, die Bewegung „Die Brücke" mit Ernst Ludwig Kirchner, Karl Schmidt-Rottluff und Emil Nolde. Es folgen James Ensor, Otto Dix, Oskar Kokoschka, zwei Keramiken von Pablo Picasso, Gemälde von Francis Bacon, Werke mexikanischer Künstler wie Diego Rivera, Rufino Tamayo und José Clemente Orozco. Vorhanden ist ferner eine gewisse Zahl von naiven Malern aus der Schule von Hlebine und jugoslawischen Künstlern. Den Abschluß der Sammlung bilden Werke von Umberto Mastroianni, Giuseppe Capogrossi, Fernando Botero und Ernst Günter Hansing.

Bibl.: M. Ferrazza/P. Pignatti, *L'Appartamento Borgia e l'Arte contemporanea in Vaticano*, Vatikanstadt 1974; G. Fallani/V. Mariani/G.Mascherpa, *Collezione vaticana d'arte religiosa moderna*, Mailand 1974; M. Ferrazza, *La Collezione d'Arte religiosa moderna*, in *Bollettino dei Monumenti, Musei a Galerie Pontificie*, I, (1959–74), S. 183–192; Ders., *Reparto arte dell'Ottocento e contemporanea*, ebd. II (1981), S. 151–163; VII (1987), S. 173–189.

A. M. Di Nino

Sampaolini

So werden die Angestellten genannt, die zum Personal der Päpstl. Administratur der Patriarchalbasilika *S. Paolo fuori le mura* (→ St. Paul vor den Mauern) gehören – analog zu den *Sampietrini* (→), den Angestellten von Pietro, dem Petersdom. Die *Sampaolini* nahmen ihren Dienst unter Pius XI. 1933 auf. Ihnen wurde die Verwaltung der Basilika St. Paul vor den Mauern mit dem angeschlossenen Benediktinerkloster anvertraut, die 1929 durch die Lateranverträge dem Hl. Stuhl übertragen worden waren. Die *Sampaolini* sind nach Art. 6 der Ordnung vom 3. Juli 1978 „für die Aufsicht innerhalb und außerhalb der Kirche, für die Reinigung und Instandhaltung der Basilika und der zugehörigen Gebäude angestellt, nach den vom Päpstl. Administrator erlassenen Verfügungen und Dienstordnungen."

Normalerweise sind die *Sampaolini* zu sechst. Nach zwei Probejahren können sie fest angestellt werden. Verwandte ersten und zweiten Grades der *Sampaolini* dürfen nicht angestellt werden. Sie tragen im Dienst eine Sommer- oder Winteruniform. Neben ihrem regulären Dienst müssen sie nach Anweisung für jede andere Aufgabe zur Verfügung stehen.

N. Del Re

SAMPIETRINI

So werden die Angestellten von St. Peter genannt. Zu ihnen zählt eine gewisse Zahl von Handwerkern, die für die Instandhaltung der Basilika zuständig sind. Unter den zahlreichen *Sampietrini*, die im Laufe der Jahre Dienst in der größten Kirche der Christenheit geleistet haben, ist der Römer Nicola Zabaglia (1664–1750) bekannt geworden. Er war zwar Analphabet aber ein ungemein begabter Praktiker. „Nur durch natürliches Talent, Überlegung und Erfahrung erfand er zahlreiche Geräte, die umso bewundernswerter waren, je einfacher sie waren. Er stellte Dinge her, die gelehrte Künstler und Architekten weder machen konnten, noch überhaupt für möglich hielten.", so Filippo Maria Renazzi, der mit einer Neuausgabe der Erfindungen Zabaglias (Rom 1824) eines 1743 veröffentlichten Buches beauftragt war. Im röm. Stadtviertel Testaccio wird er mit einem Straßennamen geehrt.

Die *Sampietrini* sind nach Art. 6 der Ordnung, die seit dem 1. Januar 1973 in Kraft ist, angestellt „für die Aufsicht innerhalb und außerhalb, für die Reinigung und Instandhaltung der Vatikanbasilika und den zugehörigen Gebäuden, nach den vom Leiter des technischen Büros erlassenen Verfügungen und Dienstordnungen". Die Anstellung von Verwandten ersten oder zweiten Grades ist verboten. Während des Dienstes müssen die Sampietrini ihre Winter- oder Sommeruniform tragen. Neben ihrem regulären Dienst müssen sie für jede andere Aufgabe zur Verfügung stehen.

N. Del Re

SAMTMÜTZE

Bezeichnung für die lange Zeit von den Päpsten bevorzugte Kopfbedeckung, wenn sie keine liturgischen Gewänder trugen. Sie bestand aus einer breiten Kappe, die Kopf und Ohren bedeckte. Die Samtmütze (*camelaucum*) gab es in zwei Ausführungen: eine aus rotem Atlasstoff mit weißen Rändern für den Sommer und eine aus rotem Samt mit weißem Hermelinfutter für den Winter. Diese Kopfbedeckung weist antike, vielleicht byzantinische Ursprünge auf und scheint zum ersten Mal von Papst Konstantin (708–715) getragen worden zu sein. In der avignoner Zeit wurde sie allgemein üblich, bis gegen Ende des 18. Jh. die Päpste die weiße Kalotte vorzogen.

G. Morello

SÄULE DER BESESSENEN

Sie heißt auch hl. Säule und befand sich bis vor kurzem in der Kapelle der Pietà im Petersdom. Es war eine der Spiral- oder Weinstock-Säulen, so genannt, weil sie mit Reben geschmückt waren. Sie sind orientalischen Ursprungs und gehörten zum alten Altar der Confessio (→). Nach einer Überlieferung stammen diese Säulen vom Salomonischen Tempel in Jerusalem und wurden durch Konstantin von Jerusalem nach Rom gebracht, um den Hauptaltar der dem Apostelfürsten geweihten Basilika zu schmücken. Die 12 Säulen bildeten die sog. „Pergola“ im Chor der konstantinischen Basilika. Nach dem *Liber Pontificalis* wurden zur Zeit des hl. Sylvester (314–335) nur sechs Säulen aufgestellt, während die anderen später durch Gregor III. (731–741) hinzukamen. Diesem waren sie vom Exarchen Eutychius von Ravenna geschenkt worden.

Da nach einer frommen Überlieferung Jesus sich an eine dieser Säulen gestützt habe, als er im Tempel predigte, verfügte Kardinal Giordano Orsini 1438, die betreffende Säule mit einem künstlerischen Eisengitter zu umgeben, um sie gegenüber den anderen auszuzeichnen.

Nach der Entfernung der „Pergola“ 1544 verwendete Bernini acht Säulen für die Loggien der Reliquien, drei gingen verloren. Die heilige Säule aber, von der man glaubte, sie würde Besessenen Heilung bringen, wurde vor dem rechten Pilaster gegenüber dem Papstaltar aufgestellt.

G. Morello

SÄULE DES ERSTEN VATICANUMS

Im Jahre 1869 stieß der Grabungsleiter Pietro Ercole Visconti am alten Emporium auf eine große monolithische Säule aus afrikanischem Marmor, rot und grün gestreift. Er schlug Pius IX. vor, sie auf dem Platz vor der Kirche *S. Pietro in Montorio* als Erinnerung an das I. Ökumenische Vatikanische Konzil aufzustellen, das für den 8. Dezember 1869 einberufen war und am 20. Oktober 1870 aufgelöst wurde.

Der Architekt Virginio Vespignani plante nach dem Beispiel röm. Ehrensäulen ein Werk von insgesamt 24 m Höhe. Auf einem viereckigen Postament mit Reliefs des Bildhauers Pietro Galli war die 10 m hohe Säule vorgesehen und darauf eine Bronzestatue des hl. Petrus, mit der Filippo Gnaccarini beauftragt wurde. Am 14. Oktober 1869 legte Kardinal Berardi in Gegenwart zahlreicher kirchlicher und ziviler Persönlichkeiten den Grundstein.

Die Arbeiten mußten nach dem Anschluß an Italien jedoch unterbrochen werden, bis Leo XIII. 1885 entschied, das Werk in der Mitte des Pigna-Hofes aufzustellen.

Unter Leitung des Architekten Federico Mannucci entstand zwischen dem 22. August und 4. September 1885 das neue Monument. Als nach einigen Jahren der obere Teil der Säule einzustürzen drohte, entschied man ihre Entfernung. Der untere Teil wurde damals an den Fürsten Abamelek verkauft, der damit seine Villa auf dem Gianicolo schmückte. Den verbliebenen Rest ließ Pius XI. 1936 in die Vatikanischen Gärten überführen. 1961/62 veranlaßte Johannes XXIII. zum II. Vatikanischen Konzil die verschiedenen Teile des Denkmals wieder mit der Statue des hl. Petrus zusammenzufügen, wo sie sich heute noch in den Vatikangärten befinden.

Bibl.: F. Magi, *Il monumento commemorativo del Concilio Vaticano I*, in *Studi Romani*, 10 (1962), S. 25–30, mit Bibl.

L. Gigli

SAUMPFERD, TRIBUT DES

An der Vigil oder am Festtag der hl. Apostel Petrus und Paulus (28./29. Juni) wurde alljährlich vom Königshaus von Neapel dem Papst eine größere Spende überbracht. Dies geschah mittels der feierlichen Präsentation eines Saumpferdes (Chinea) (vom altfranzösischen Haquenée), eines weißen, reich behängten Paradepferdes, an dessen Sattel eine silberne Vase mit dem jährlich vom König von Neapel zu zahlenden Tribut aufgehängt war.

Der Ursprung dieser Präsentation wird Karl I. von Anjou zugeschrieben, der den „Tribut der Chinea" erstmalig im Jahre 1265 Papst Clemens IV. überbrachte. Abgesehen von einigen Unterbrechungen ist diese Zeremonie bis 1787 wiederholt worden. Sie pflegte mit zwei großen Feuerwerken abgeschlossen zu werden, die Prinz Colonna, Botschafter des Königs von Neapel, auf dem Platz der hl. Apostel und später auf der *Piazza Farnese* abbrennen ließ. Im Jahr 1788 weigerte sich jedoch die Röm. Kurie, ein vom Königreich Neapel gewolltes Konkordat zu unterzeichnen, was, neben weiteren Repressalien, zur Abschaffung des Tributes führte. Es scheiterten auch Vermittlungsversuche von hohen Persönlichkeiten, die die Spende des Königshauses Neapel als „gewöhnliche Steuerabführung" oder auch als „geschuldete Spende" ohne besondere Feierlichkeiten einordnen wollten.

So wurde es fast schon eine regelmäßige Übung der Päpste, besonders Pius VI. und Pius VII., alljährlich am Feste des hl. Petrus lautstark gegen die Abschaffung dieses Tributes zu protestieren. Der Protest wurde durch den Generalprokurator der *Camera Apostolica* öffentlich verlesen, in Gegenwart des Papstes, der ihn dann approbierte. Die päpstl. Proteste fanden erst 1855 ihr Ende, als Papst Pius IX. das Angebot von König Ferdinand II. annahm, sich mit der Summe von 10.000 Scudi an der Errichtung der Säule der Immakulata zu beteiligen. Zum Ausgleich wurde offiziell die Beendigung der Verpflichtung des Tributes der Chinea vereinbart.

Bibl.: G. Lioy, *L'abolizione dell'omaggio della chinea,* in *Archivio storico per le province napoletane,* 7 (1882), S. 263–292, 497–530, 713–775; C. Padiglione, *Della chinea e del modo come veniva offerta ai Romani Pontefici,* Napoli 1911; D. Zangari, *La chinea e il barone di Mammola,* Napoli 1930.

N. Del Re

Scala Pius' IX.

Sie wurde am 26. Dezember 1860 für das Publikum geöffnet: Pius IX. hatte sie erbauen lassen, um vom Petersplatz aus schneller zum Damasushof und von hier aus zu den päpstl. Gemächern zu gelangen.

Die Treppe war Teil eines umfangreicheren Umbauprogramms des Damasushofes und ersetzte eine unter Paul V. (1605–21) erbaute Treppe. Entworfen wurde das in neoklassizistischem Stil gehaltene Werk von dem Architekten Filippo Martinucci. Die Treppe besteht aus drei Absätzen mit je 26 Stufen. Als Material wurde Travertin verwendet.

Bibl.: G. Servi, *La nuova scala al Vaticano opera dell'arch. Filippo Martinucci,* Rom [1862]; D. Redig de Campos, *I Palazzi Vaticani,* Bologna 1967, S. 247–248; M. Fagiolo/M.L. Madonna, *Roma 1300–1875. La città degli Anni Santi,* Atlante, Rom 1985, S. 369.

C. Capitani

Scala Pius' X.

Diese breite Granittreppe führt von der *Via del Belvedere* zum *Cortile Sixtus V.* (→) und von dort aus zum Damasushof (→), von wo aus man in die Privatwohnung des Papstes (→) gelangt. Sie wurde 1910 unter Pius X. erbaut, woran die Inschrift PROVIDENTIA PII X P.M. ADITVS IN ADSCENSVM PATVIT ANNO MCMX erinnert. Sie besteht aus vier Absätzen mit je dreizehn Stufen.

C. Capitani

Scala Pius' XI.

Treppenspirale der Museen. Der neue Eingang zu den Vatikanischen Museen wurde am 2. Januar 1933 eröffnet. Pius XI. hatte den Bau im Jahr 1930 den Ingenieuren Giuseppe Momo und Leone Castelli anvertraut. Der Bau ist auf das Konkordat vom 11. Februar 1929 zurückzuführen, das den neuen Vatikanstaat als Eigentümer der Kunstsammlungen in den päpstl. Museen und Galerien anerkannte, allerdings unter der Bedingung, sie für Besucher und Forscher zugänglich zu machen. Es wurde daher notwendig, einen unabhängigen Eingang zu den Museen zu schaffen, um einen ständigen Besucherverkehr auf vatikanischem Territorium zu vermeiden.

Der neue Standort der Vatikanischen Pinakothek (1932) führte dazu, daß man den Eingang in die *Viale delle Mura Vaticane* legte. Hierbei war ein Höhenunterschied von der Straße zu den darüberliegenden Museen zu überwinden. Nach sorgfältigen Vorstudien fand man die Lösung in einer abgeschnitten-konischen Form, die in den Hügel gegraben wurde und zwei parallel laufende, spiralförmige Treppen enthält, von denen die eine für den Auf- und die andere für den Abstieg bestimmt ist. Kräftige Stützen ermöglichten die Konstruktion. Die Treppe wurde von oben nach unten gebaut. Das Bronzegeländer wurde auf beiden Seiten von dem Bildhauer Antonio Maraini mit Papstwappen geschmückt. An die Eröffnung erinnert eine Medaille auf der zu lesen steht: DIRECTE ET IN TRANSVERSV(M) MONTE PERFORATO APTIOR AB VRBE ADITVS AD MUSEA VATIC. PATEFACTVS.

Bibl.: L. Castelli, *Il nuovo ingresso dei Musei Vaticani,* in *L'Illustrazione Vaticana,* 3 (1932), S. 1187–90; ders., *La tecnica della costruzione del nuovo ingresso ai Musei,* ib., 4 (1933), S. 53–54; G. Minnucci, *Il nuovo ingresso dei Musei Vaticani,* in *Architettura,* 12 (1934), S. 39–44; C. Pietrangeli, *I Musei Vaticani. Cinque secoli di storia,* Rom 1985, S. 201–202.

C. Capitani

Scala Regia

Der Treppenaufgang *Scala Regia,* die Königstreppe, wurde zwischen 1663 und 1666 im Rahmen der Umbaumaßnahmen auf dem Petersplatz von Bernini für Alexander VII. erbaut. Er verbindet die Laubengänge, den Nordkorridor und das Atrium der Petersbasilika mit dem Vatikanpalast, insbesondere mit dem Königssaal, der *Sala Regia*, und hat den Charakter eines feierlichen Repräsentationseingangs, der vom Petersplatz zu den päpstl. Gemächern führt. Vor dem Eingriff Berninis erfüllte eine Treppe mit drei Absätzen diesen Zweck, die Antonio da Sangallo d. J. erbaut hatte, wie ein Plan im Archiv der *Accademia di San Luca* (Redig de Campos) dokumentiert. In ihrer wenig gelungenen Konstruktion hatte diese Treppe kaum den vorhandenen Raum ausgenutzt. Sie war nur knapp drei Meter breit und spärlich beleuchtet. Der insgesamt enge und in seiner Länge unterschiedlich breite Raum, der zur Verfügung stand, und die statischen Notwendigkeiten (die über dem Treppenaufgang liegenden Mauern des Königssaals und der Paulinischen Kapelle mußten während der Arbeiten abgestützt werden), erschwerten den Eingriff, den Bernini selbst als „die kühnste Unternehmung, die er je durchgeführt habe", bezeichnete (Balducci).

Den ersten Teil der Treppe konnte Bernini mit einem trapezförmigen Grundriß erweitern. Im Verlauf des Treppenaufstiegs wird der zunächst achteinhalb Meter breite Raum langsam schmaler und läuft am Ende bis auf fünf Meter zusammen. An den Seiten der Treppe stehen ionische Säulen, die einen Architrav stützen, auf dem eine kassettierte Gewölbedecke liegt. Der innere Säulengang hat, wie Voss bemerkt, nicht nur eine statische, sondern auch eine dekorative Funktion: die Säulen verdecken die Wände. Der perspektivische Effekt ist genau ausgemessen und entsteht durch Verringerung der Deckenhöhe, des Säulendurchmessers und der Säulenhöhe und schließlich durch veränderten Abstand zwischen Wand und Säulen.

Beim zweiten Teil der Treppe, dessen langer und schmaler Raum nicht verändert werden konnte, fiel der Eingriff Berninis begrenzter aus: die Treppe wurde lediglich entlang der Wände durch eine Verkleidung verschönert. 1662 war der Zugangskorridor zur *Scala Regia* fertig; am 9. April 1663 waren bereits die Fundamente gelegt, im November begann man mit dem Aufstellen der Säulen und bereits im Juni 1665 war das Werk bis auf die Stuckdekoration fertiggestellt. Deren Hauptdarstellung sind zwei Figuren der *Fama*, die das Papstwappen halten und den Eingang des ersten Teils der Treppe schmücken. Sie wurden 1664 von Ercole Ferrata geschaffen. Zwei Stuckmedaillons stellen *Die Taufe Konstantins* und *Der Kaiser legt den Grundstein für die Vatikanbasilika* dar, wobei dieses kaiserliche Thema wohl auf die Verneigung der weltlichen Macht vor der päpstl. Autorität anspielen soll.

Die Architektur der *Scala Regia* zeugt von Berninis außerordentlichen bühnenbildnerischen Fähigkeiten. In ihrer Gesamtanlage vermittelt sie den Eindruck eines feierlichen und eindrucksvollen Aufgangs als Verbindung zwischen dem Petersplatz und den Palästen des Papstes.

Bibl.: H. Voss, *Bernini als Architekt an der Scala Regia und an den Kolonnaden von St. Peter,* in *Jahrbuch der Preussischen Kunstsammlungen,* 43 (1922), S. 1–31; D. Redig de Campos, *I Palazzi Vaticani,* Bologna 1967, S. 219–222; M. und M. Fagiolo Dell'Arco, *Bernini,* Rom 1967, Karte 197; M. Birindelli, *Il lato nord di Piazza San Pietro. La Scala Regia,* ivi 1981; ders., *La strada nel palazzo: il disegno di G.L. Bernini per la Scala Regia,* 1982.

A. Negro/C. Capitani

Scalco Segreto

Der geheime Hausmeier gehörte zur Päpstl. Familie, war für die Überwachung der häuslichen Tafel des Papstes zuständig und nahm an den Mahlzeiten teil. 1089 wird er zum erstenmal als *dapifero* erwähnt. Später wird er *praegustator* genannt. Bis zum vergangenen Jahrhundert übte der geheime Hausmeier auch administrative Tätigkeiten aus. Die Aufgabe wurde gewöhnlich – nach Einwilligung des Papstes – an einen Geistlichen, dem dann der Titel Monsignore (→) verliehen wurde, oder an einen Laien vergeben. Seit 1923 war das Amt vakant, bis Paul VI. es 1968 im Zuge einer Neuordnung der *Casa Pontificia* (→) mit dem Moto Proprio *Pontificalis Domus* vom 28. März (AAS, LX [1968], S. 305–315) endgültig abschaffte.

N. Del Re

Schatzmeister der Apostolischen Kammer

Tesoriere Generale della Camera Apostolica ist der Titel eines hohen Beamten der Apost. Kammer, die früher eines der höchsten Verwaltungsorgane des Kirchenstaates war, heute jedoch nur noch in der Zeit der Sedisvakanz tätig wird. Das Amt des Generalschatzmeisters wurde zunächst von einem Kleriker der Kammer (→) ausgeführt, wurde aber im 16. Jh. unter Papst Pius IV. zur festen Einrichtung. Der Träger des Amtes war eine Art „Finanzminister", der die Kassen prüfte und die ständige Aufsicht und Kontrolle über alle Schatzmeister des Kirchenstaates ausübte. Seine Aufsichtsfunktion betraf auch die zahlreichen Sammelstellen auf der gesamten katholischen Welt, die zweimal im Jahr ihre Einkünfte der Apost. Kammer abliefern mußten. Im Hinblick auf die sich ausweitenden Finanzbewegungen des Apost. Stuhls wurden auch die Kompetenzen des Generalschatzmeisters unter Papst Sixtus V. erweitert, der eine entsprechende Bulle *In conferendis praecipius* am 23. Januar 1590 (BR, IX, S. 165–177) erließ.

Für eine gewisse Zeit war der Generalschatzmeister gleichzeitig Oberaufseher aller päpstl. Zollstellen, Schloßherr der Engelsburg und Generalkommissar des Meeres. Unter Pius IX. weitete sich sein Amt zum Finanzminister im 1847 gegründeten Ministerrat aus, allerdings nur für wenige Monate. 1848 wurde dieses Amt einem Laien übertragen, und der Generalschatzmeister kehrte wieder in seine ursprüngliche Funktion als hoher Beamter der Apost. Kammer zurück. Nach 1870 war der Generalschatzmeister nur noch ein reiner Ehrentitel, der in unserer Zeit nicht einmal mehr im *Annuario Pontificio* erwähnt wurde. 1991 erscheint er jedoch wieder.

Um ein Bild von der Wichtigkeit dieses Amtes in der Vergangenheit zu erhalten, muß man nur die Eloge des hochgelehrten Nicola Maria Nicolai auf Kardinal Alexander Lante, *Elogio del cardinale Alessandro Lante* (Bologna 1821, S. 10), lesen: „Das Amt des Generalschatzmeisters bedarf eines Menschen, der neben allen anderen Fähigkeiten über ausgezeichnete wirtschaftliche Kenntnisse verfügen muß, insbesondere in Kalkulation und Bilanzen, der im Hinblick auf die Ausgaben des Staates über Steuern und Zölle entscheiden muß und der vor allem die Fähigkeiten, die Ehrlichkeit, die einwandfreie Lebensführung, die Solidität, die Pünktlichkeit und die über jeden Zweifel erhabene Uneigennützigkeit seiner vielen, ihm untergebenen Mitarbeiter kennen muß.“ Kardinal Lante übte das Amt von 1801 bis 1816 aus.

Bibl.: G. Felici, *La Reverenda Camera Apostolica. Studio storico-giuridico,* Vatikanstadt 1940, S. 16–18, 110–113f; M. G. Pastura Ruggiero, *La Reverenda Camera Apostolica e i suoi archivi,* Rom 1984, S. 167–179.

N. Del Re

SCHIFFAHRTSREGISTER, VATIKANISCHES

Das internationale Recht, auf dessen Basis der Vatikanstaat ein solches Register hat einführen können, stammt von der Konferenz über Meer- und Flußrecht in Barcellona von 1921, bei der den Staaten ohne Meeresküste die gleichen Rechte wie den Küstenstaaten zuerkannt wurden. Seitdem ist es ihr Recht, Wasserfahrzeuge unter ihrer Fahne mit vollem Recht auf Extraterritorialität auf See führen zu dürfen. Um diese Rechte zu genießen, müssen zwei Bedingungen erfüllt werden: die Führung eines Schiffahrtsregisters auf eigenem Territorium an einem Ort, der eine Art Heimathafen darstellt, und die Bekanntmachung des Registers an die Unterzeichner der Konvention von Barcellona.

Während des letzten Weltkrieges besaß der Vatikan kein solches Register, weshalb der Hl. Stuhl auch keine Möglichkeit hatte, den Seeweg für karitative Transporte zu nutzen. 1951 gab dann die „Päpstl. Komm. für den Staat der Vatikanstadt“ ein Dekret über die Schiffahrt unter der Fahne des Vatikanstaates heraus. Die Verwaltung und Leitung der Seetransporte erfolgt nun in einem Büro des Governatorats, das damit den Heimathafen darstellt. Dort wird das vatikanische Schiffahrtsregister geführt, in das die Wasserfahrzeuge des Staates und auf Anfrage diejenigen anderer Besitzer eingetragen werden. Die Wasserfahrzeuge müssen einen von der Päpstl. Komm. genehmigten Namen tragen, der an Bug und Heck, gefolgt von der Bezeichnung „Città del Vaticano“, stehen muß. Sie tragen die Staatsfahne in den Farben Weiß und Gelb; in Staatsbesitz befindliche Wasserfahrzeuge tragen außerdem noch das offizielle Staatswappen. In dem entsprechenden Dekret finden sich auch Normen für den Kapitän, für den Schiffskaplan und für die Mannschaft, die alle der vatikanischen Gerichtsbarkeit unterstehen.

A. Martini

Schleppenträger des Papstes

Bei dem *Caudatario* handelte es sich um einen Kleriker, der damit beauftragt war, die Schleppe des Höchsten Pontifex während der feierlichen Zeremonien zu tragen. Er wird auch *lembifero* genannt. Durch Mitteilung des Maggiordomos Seiner Heiligkeit (→) wurde der Schleppenträger unmittelbar nach der Wahl eines neuen Papstes ernannt. Vorzug hatte derjenige, der dieses Amt bereits unter dem entsprechenden Kardinal vor dessen Wahl zum Papst ausgeübt hatte. Er gehörte dann auch zur Gruppe der Geheimkapläne (→). Von alters her nahm der Schleppenträger an jedem feierlichen Zug durch die Stadt oder Reiterzug des Päpstl. Hofes (→ Reitergefolge) teil; er hatte außerdem die Aufgabe, bei feierlichen Tafeln die Päpstl. Mensa zu segnen und vorher aus der Hl. Schrift vorzulesen, bis der Papst sein Glas erhob. Übertragen wurden ihm ab und zu auch spezielle Missionen, z.B. wenn er als Apost. Legat (→) einem neu ernannten Kardinal das rote Birett bringen mußte. Ihm oblag es auch, das Gefäß mit dem Herzen des verstorbenen Papstes in die Kirche der hl. Vinzenz und Anastasius an die *Fontana di Trevi* zubringen, wo es nach einer alten Tradition aufbewahrt wurde. Diese Kirche war seinerzeit Pfarrkirche des Apost. Quirinalpalastes. Mit der Abschaffung der Geheimkapläne 1968 infolge der Neuorganisation der *Casa Pontificia* durch Papst Paul VI. ist auch das Amt des Päpstl. Schleppenträgers abgeschafft worden.

L. Del Gallo

Schreiber

Früher nannte man die Angestellten der aufgelösten *Cancelleria Apostolica* (→) die *„grossatores“* (Schreiber). Sie hatten die Aufgabe, die Originale der Briefe und Akten des Papstes vorzubereiten und alle Dokumente, die das Büro verließen, ins Reine zu schreiben (*notas grossare*). An der Spitze der *grossatores,* deren Arbeit zu Anfang durch einen von ihnen in halbjährigem Wechsel geleitet wurde, stand der vom Vizekanzler ernannte *rescribendarius.* Er sorgte mit Hilfe des *distributor notarum grossandarum*, der aus den Schreibern gewählt wurde, für die Verteilung der Texte, die die *Abbreviatoren* (→) entworfen hatten, für ihre Kopie, für die eventuelle Neuherstellung der Originale, für die Festlegung der entsprechenden Gebühr sowie für den Versand der Akten. Vom Papst ernannt, waren die *grossatores* sehr zahlreich, weil dieses Amt den Zugang zu anderen wichtigen Ämtern gestattete. Im 14. Jh. erreichte ihre Zahl mehr als hundert, so daß sich eines Tages die Notwendigkeit einer drastischen Verminderung des Personals ergab, weil die Einkünfte der Kanzlei für ihren normalen Unterhalt nicht ausreichten.

N. Del Re

Schweigepflicht, Päpstl.

Sie ersetzte die ursprüngliche Schweigepflicht des Hl. Uffiziums und wurde zunächst von einer besonderen „Instruktion“ geregelt, die das Staatssekretariat am 24. Juni 1968 herausgegeben hat. In einer Neufassung der Instruktion, die am 4. Februar 1974 (AAS, 66 [1974], S. 89–92) von Paul VI. genehmigt wurde, fallen folgende Punkte unter die päpstl. Schweigepflicht: 1. Die Vorbereitung und Abfassung von päpstl. Dokumenten, für die die Schweigepflicht ausdrücklich vorgesehen ist; 2. Amtliche Nachrichten über Angelegenheiten, die das Staatssekretariat unter Schweigepflicht behandeln muß; 3. Anzeigen und Meldungen zu Lehren und Veröffentlichungen, die an die Glaubenskongregation gerichtet werden, sowie die durch das Dikasterium angeordneten Untersuchungen; 4. Außergerichtliche Anzeigen, die Vergehen *contra fidem et contra mores* und Vergehen gegen das Bußsakrament betreffen; 5. Berichte von Vertretern des Hl. Stuhls, die unter die Schweigepflicht fallen; 6. Amtliche Nachrichten zur Erhebung von Kardinälen; 7. Amtliche Nachrichten zur Ernennung von Bischöfen, apost. Administratoren und anderen Ordinarien mit bischöflicher Gewalt, apost. Vikaren und Präfekten sowie päpstl. Legaten; 8. Amtliche Nachrichten zur Ernennung von höheren Prälaten der Röm. Kurie; 9. Alles, was die Geheimkorrespondenz betrifft; 10. Angelegenheiten, die der Papst, die Präfekten der Dikasterien oder päpstl. Vertreter für so wichtig erachten, daß sie unter die päpstl. Schweigepflicht fallen.

In der Instruktion von 1974 sind folgende Personen zur päpstl. Schweigepflicht verpflichtet: 1. Kardinäle, Bischöfe, höhere Prälaten, Konsultoren und Sachverständige, die Dinge behandeln, die unter die Schweigepflicht fallen; 2. Die Legaten des Hl. Stuhls und ihre Angestellten sowie alle, die von ihnen zur Beratung herangezogen werden; 3. Alle, die dazu verpflichtet sind, die Schweigepflicht zu bestimmten Fragen zu beachten; 4. Alle, die bewußt oder unbewußt zur Kenntnis von Dokumenten oder Angelgenheiten gelangt sind, die unter die Schweigepflicht fallen. Jemand, der gegen die päpstl. Schweigepflicht verstößt, wird vor eine besondere Kommission gerufen. Wenn er zur röm. Kurie gehört, wird er sofort aus seinem Amt entlassen.

Bibl.: F. Cadene, *De secreto S. Officii,* in *Analecta ecclesiastica,* 5 [1897], S. 498–504; [C. Gennari], *Sul segreto del S. Officio,* in *Il Monitore ecclesiastico,* 22 [1897], S. 177–185; F.X. Hecht, *Die Schweigepflicht in Sachen des Hl. Offiziums,* in *Theologie und Glaube,* 27 [1935], S. 79–83.

N. Del Re

Schweizergarde, Päpstliche

Die Schweizergarde ist das einzige der päpstl. Militärkorps, das – nach Auflösung aller übrigen durch Paul VI. im Jahre 1970 – im Vatikan bestehen blieb. Die Schweizergarde verdankt ihre Gründung Julius II., der seit 1503 mit einigen Schweizer Kantonen Verhandlungen wegen der Zusammensetzung und Stationierung eines festen Kontingents von Soldaten in Rom zum Schutz seiner Person und seiner Residenz aufgenommen hatte. Es war jedoch nicht das erste Mal, daß schweizerische Söldner vom Papst gedungen wurden. Bereits im 14./15. Jh., besonders zu Zeiten Sixtus IV. (1471–84), hatten helvetische Ehrenkompanien unter dem Päpstl. Banner gedient. Am Abend des 22. Januar 1506 jedoch „kamen durch das Tor des Volkes 150 Schweizer, deren Heerführer Kaspar von Silinen war“, wie es im Tagebuch des damaligen Päpstl. Zeremonienmeisters Johannes Burckard heißt. Von ihm erfahren wir auch, daß für ihre Anwerbung der Dekan des Kapitels von Luzern und Kammerdiener des Papstes, Peter von Hertenstein, gesorgt hatte und daß alle auf Kosten des Papstes eingekleidet wurden (vgl. J. Burckardi Liber Notarum ab anno MCCCCLXXXIII usque ad annum MDVI, herausgegeben von E. Celani, II,2, Città di Castello 1913, S. 503). Nach ihrer Bestätigung durch Leo X. (1513–21) konnte die Schweizergarde (Cohors pedestris Helvetiorum a sacra custodia Pontificis) bereits am 6. Mai 1527 einen ersten glänzenden Beweis ihres Heldenmuts und der Ergebenheit gegenüber dem Papst liefern, als sie sich während des schrecklichen *Sacco di Roma* durch die Landsknechte Karls V. zusammen mit ihrem Hauptmann Kaspar Röist in der tapferen Verteidigung des Vatikans bis auf wenige Überlebende im Kampf aufopferte. Papst Clemens VII. gelang so die Flucht in die Engelsburg.

Erst zu Beginn des Jahres 1548 wurde das Korps durch Paul III. in einer Stärke von 225 Mann wieder aufgestellt und später eine Unterabteilung von Pius V. zum Kampf gegen die Türken auf Zypern und bei Lepanto geschickt. Es gelang ihnen, zwei feindliche Fahnen zu erobern, die noch heute im Landesmuseum in Zürich aufbewahrt werden. Im Jahre 1660 auf 120 Mann reduziert, wurde die Schweizergarde Anfang des 18. Jh. von Clemens XI. wieder auf eine Stärke von 170 Mann gebracht, bis sie 1798 durch Pius VI. – vor seinem Aufbruch ins französische Exil – bei der Errichtung der Jakobinischen Röm. Republik entlassen wurde. Pius VII. sorgte im Jahr 1801 und nochmals 1814, am Ende der französischen Okkupation des Kirchenstaates, für ihre Wiederaufstellung, jedoch nur mit einer Stärke von vierundsechzig Mann. Ihre Ordnung wurde 1824 durch Leo XII. bestätigt, der die Garde auf insgesamt 200 Mann brachte und das Übereinkommen mit dem Kanton Luzern erneuerte. Nach der Rückkehr Pius' IX. aus dem Exil von *Gaeta* 1850 wurde die Schweizergarde neu organisiert. Von der Kapitulation 1870 ebenso verschont wie die übrigen drei bewaffneten Päpstl. Korps – die Nobelgarde (→), die Palatin-Ehrengarde (→) und die Gendarmerie (→) –, führte die Schweizergarde weiterhin regelmäßig den Ordnungs- und Wachdienst innerhalb der Apost. Paläste aus. Dieser Dienst wurde, nach der Errichtung des neuen Staates gemäß der Lateranverträge vom 11. Februar 1929, auf das gesamte Gebiet des Staates der Vatikanstadt ausgedehnt.

Die Befugnisse der Schweizergarde werden derzeit von einer organischen, disziplinären und verwaltungsmäßigen Satzung geregelt, die am 20. Juni 1976 gebilligt wurde. Danach ist die Garde „ein militärisches Korps, dessen Hauptaufgabe die ständige Überwachung der persönlichen Sicherheit des Hl. Vaters und seiner Residenz ist". Sie ist weiterhin beauftragt, den Papst auf seinen Reisen zu begleiten, die Zugänge zum Vatikanstaat zu bewachen sowie andere Ehren- und Ordnungsdienste zu leisten, wie in der Satzung festgelegt ist (Art. 1). Sie ist direkt dem Papst unterstellt, dessen Kardinalstaatssekretär entsprechende Anordnungen erläßt. Sie steht aber auch in den Fällen, die Art. 7 des Grundgesetzes des Staates vom 7. Juni 1929, Nr. 1 (Art. 4) vorsieht, dem Gouverneur oder der Päpstl. Komm. für den Staat der Vatikanstadt zur Verfügung, während sie während der *Sedisvakanz* vom Kardinalskollegium abhängt und sich an die Weisungen des *Camerlengo* der Hl. Röm. Kirche zu halten hat, in dessen Auftrag sie das Konklave bewacht.

Gemäß Art. 7 der erwähnten Satzung von 1976 bildet die Schweizergarde eine Kompanie im Regimentsrang, ihre effektive Mannschaft umfaßt: einen Kommandanten im Rang eines Oberst; einen Oberstleutnant; einen Kaplan, ebenfalls im Rang eines Oberstleutnants; einen Unterleutnant im Rang eines Majors; einen Unterleutnant im Rang eines Hauptmanns; einen Feldwebel; vier Wachtmeister; zehn Korporale; acht Vizekorporale; sechzig Hellebardiere; dazu zwei Tambours, so daß es insgesamt neunzig Mann waren, die Johannes Paul II. 1979 um weitere zehn erhöhte. So liegt die heutige Sollstärke bei 100 Mann.

Zur Schweizergarde werden ausschließlich gebürtige schweizer Bürger (früher waren einmal die Tessiner ausgeschlossen) katholischer Religion zugelassen. Für die Zulassung zum Korps als Gardist wird außer den üblichen Dokumenten gefordert, daß die Kandidaten unverheiratet sind, bereits den ordentlichen Militärdienst in der Heimat geleistet haben, nicht über 30 Jahre alt und wenigstens 1,74 cm groß sind und außerdem physisch für den Militärdienst geeignet sind (Art. 8–10). Die Ernennung des Kommandanten steht dem Papst zu, auch die des Gardekaplans und der

Offiziere, die aus den Kandidaten innerhalb oder außerhalb des Korps genommen werden können, jedoch auf Vorschlag des Kardinalstaatssekretärs (Art. 17–20). Der Oberst gehört zu den Laienmitgliedern der *Famiglia Pontificia* und ist von Rechts wegen ein Ehrenkammerherr Seiner Heiligkeit, wie auch der Leutnant und der Major. Die Mitglieder der Schweizergarde residieren üblicherweise in den ihnen innerhalb der Vatikanstadt zugewiesenen Quartieren in der „Kaserne der Schweizergarde" (→) und gelten nach Art. 1 b des Gesetzes über Bürgerrecht und Aufenthalt vom 7. Juni 1929, Nr. III während ihrer Zugehörigkeit zum Korps als Vatikanische Bürger, während die Offiziere und der Oberstleutnant das Recht auf eine Dienstwohnung in der Vatikanstadt besitzen (Art. 81–82).

Je nach Anlaß tragen die Schweizer Gardisten die Galauniform, die Halbgalauniform oder die kleine Uniform, wie sie in Anlage C und D der Satzung beschrieben sind. Die Galauniform ist mit Streifen in verschiedenen Farben (gelb, blau und rot) im Gepräge des 16. Jh. geschmückt. Darüber trägt man den Brustpanzer. Historisch nicht belegt ist, daß diese Uniform von Michelangelo entworfen wurde. Die dritte, einfache Dienstuniform besteht aus dunkelblauem Tuch.

Bibl.: L. Repond, *Le costume de la Garde Suisse Pontificale e la renaissance italienne*, Rom 1917; R. Durrer, *Die Schweizergarde in Rom*, Luzern 1927; G. Castella, *La Garde fidèle du S. Père: les soldats suisses au service du Vatican de 1506 à nos jours*, Paris 1955; P.M. Krieg, *Die Schweizergarde in Rom*, Luzern 1960; Päpstl. *Schweizergarde. Jahresbericht 1981. 475. Jahr seit der Gründung*, Vatikanstadt 1982; F.M. de Reguardati, *La difesa dei „Sacri Palazzi" affidata da Sisto IV ad Andrea da Norcia (un precedente sconosciuto dell'istituzione della Guardia Svizzera)*, in *Rivista araldica*, 84 (1986), S. 95–101.

N. Del Re

Sedia Gestatoria

Es handelte bei dem Tragsessel um einen großen und majestätischen Sessel, der von mehreren Trägern (*sediari*) auf der Schulter getragen wird. Auf ihm saß der Papst, wenn er zu den Meßfeiern in die Vatikanbasilika gelangen mußte, oder wenn er sich zu großen Versammlungen von Gläubigen begab. Auf beiden Seiten der *Sedia gestatoria* wurden früher die *flabelli* (große Fächer) getragen, bis Paul VI. sie zu Beginn seines Pontifikats (1963) abschaffte. Die *Sedia gestatoria* wurde von den Päpsten weder aus Prunksucht noch aus Eitelkeit verwendet, sondern diente dazu, sie als Hirten der Weltkirche über die Gläubigen zu erheben, um ihnen, für alle sichtbar, den Segen geben zu können. Außerdem erleichterte sie den Päpsten, die häufig in fortgeschrittenem Alter waren, die Mühe der langen Gänge zu den feierlichen Zeremonien, die durch das Gewicht der päpstl. Paramente zusätzlich erschwert wurden. Bei den Papstaudienzen im Petersdom konnte der Papst auf diesem Tragsessel besser gesehen werden. Heutzutage wird die *Sedia gestatoria* nicht mehr benutzt.

N. Del Re

Sediari Pontifici

(Päpstl. Träger der *Sedia gestatoria*). Sie waren, wie der Name sagt, für das Tragen des Papstes auf der *Sedia gestatoria* zuständig. Außerdem haben sie früher auch Dienste in den päpstl. Gemächern verrichtet. Die Sediarier trugen eine Livree im Renaissancestil, auf der das Wappen des Apost. Stuhls (Tiara über gekreuzten Schlüsseln) abgebildet war. Sie bestand aus einem weiten Rock und kurzen, engen Hosen, die bis knapp unters Knie reichten, sowie roten Strümpfen und flachen, schwarzen Schuhen mit einer metallenen Schnalle.

Seit Ende des 14. Jh. sind die Sediarier in einer Bruderschaft formiert, der es Pius IV. 1565 gestattete, neben dem Vatikanpalast eine eigene Kirche zu bauen. Die Kirche *S. Anna dei Palafrenieri* (→) wurde 1575 errichtet. Seit 1929 ist sie – infolge der Lateranverträge vom 11. Februar – nicht mehr Sitz der Bruderschaft, sondern Pfarrkirche des neu errichteten Vatikanstaats. Die Bruderschaft von St. Anna mußte ihre Versammlungen in die Kirche *S. Catharina* auf dem gleichnamigen Platz in der Nähe der *Piazza Farnese* verlegen.

Bibl.: F. de Carli, *La Corte Pontificia e il cerimoniale delle udienze,* Rom 1941, S. 36, 81–82; G. Palazzini, in *Enciclopedia cattolica,* XI, Sp. 225–26; M. Maroni Lumbroso/A. Martini, *Le confraternite romane nelle loro chiese,* Rom 1963, S. 47–50.

N. Del Re

SEDISVAKANZ

Mit diesem Ausdruck wird die Zeit zwischen dem Ende eines Pontifikates und der Wahl des neuen Papstes bezeichnet. Normalerweise tritt die Sedisvakanz mit dem Tode des Papstes ein, der mit dem unwiederbringlichen Verlust der Herz- und Gehirnfunktion festgestellt wird. Sie kann aber auch außergewöhnlich durch den freiwilligen Verzicht auf die Papstwürde eintreten, wie es bei Benedikt IX. (1045), Gregor VI. (1046), Coelestin V. (1294) und Gregor XII. (1415) geschah, die praktisch ihr Amt niedergelegt haben. Für dessen Gültigkeit ist im geltenden Codex des kanonischen Rechts nicht mehr die Zustimmung der Kardinäle oder anderer Autoritäten notwendig (can. 332, § 2). Im Verlauf der Jahrhunderte haben verschiedene Päpste, angefangen mit Gregor X. und seiner Konstitution *Ubi periculum* vom 7. Juli 1274 (C. 3, de electione I,6, in Sexto), die von Clemens V. durch die Konstitution *Ne Romani* von 1311 (C.2, I,3, in Clem.) ergänzt wurde, genaue Normen für die Vakanz des Apost. Stuhles erlassen. Sie waren in besonderen Dokumenten enthalten, die einmal die Neuwahl des Papstes, dann auch einige Bestimmungen für das Konklave (→) betrafen und die Vollmachten des Hl. Kollegiums sowie der verschiedenen Dikasterien und Büros der Röm. Kurie definierten. Alle bis dahin erlassenen Verfügungen zur Sedisvakanz wurden in all ihren Aspekten durch Pius X. in einem einzigen Text zusammengefaßt, nämlich in seiner Konstitution *Vacante Sede Apostolica* vom 25. Dezember 1904 (Pii X P.M. Acta III, Roma 1908, S. 239–288). Sie wurde 1945 von Pius XII. außer Kraft gesetzt. Dieser hatte die gesamte Gesetzgebung zur Sedisvakanz und zum Konklave in seiner Konstitution *Vacantis Apostolicae Sedis* vom 8. Dezember neu überarbeitet (AAS, XXXVIII [1946], S. 64–99). Wiederum umgestaltet wurde sie 1962 durch Johannes XXIII. und Paul VI. mit seiner Konstitution *Romano Pontifici eligendo* vom 1. Oktober 1975 (AAS, LXVII [1975], S. 609–645). Derzeit ist die Sedisvakanz durch die Apost. Konstitution *Universi Dominici Gregis* geregelt, die Johannes Paul II. am 22. Februar 1996 erlassen hat.

Gemäß den Verfügungen der erwähnten Dokumente wird während der Vakanz des Hl. Stuhls die Generalverwaltung der Kirche (und nach dem Lateranvertrag von 1929 auch die Regierung des Staates der Vatikanstadt) vom Kardinalskollegium (→) übernommen, das nur jene Vollmachten besitzt, die ihm vom geltenden Codex des kanonischen Rechts (can. 359) zugewiesen sind. Die dringendsten Geschäfte, für die das Kardinalskollegium Vorsorge treffen kann, werden je nach ihrer Wichtigkeit in den Generalkongregationen (=versammlungen) (→) und Sonderversammlungen der Kardinäle behandelt, die täglich vor dem Eintritt ins Konklave stattfinden. Sie pflegen alle Geschäfte zu erledigen, die der Vorbereitung des Konklaves selbst dienen. Alle Kardinäle an der Spitze der verschiedenen Dikasterien der Röm. Kurie verlieren mit dem Tod des Papstes ihr Amt, nicht dagegen der Camerlengo der Hl. Röm. Kirche (→), der Großpönitentiar (→) sowie der Generalvikar der Diözese Rom, was übrigens auch in Art. 6 der Konstitution Johannes Pauls II. *Pastor Bonus* bekräftigt wird (AAS, LXXX [1988], S. 841–934). In den Händen des Camerlengo konzentriert sich während der Sedisvakanz die gesamte Verwaltung der Güter und der zeitlichen Rechte des Hl. Stuhls. Sein Amt ist derart wichtig, daß der unmittelbare, wenn auch zeitweise Ersatz des Camerlengo durch das Heilige Kollegium vorgesehen ist, falls er aus irgendeinem Grund in dieser Zeit verhindert sein sollte. Dies gilt auch für den Großpönitentiar, während beim Ausfall des Generalvikars der Vizeregent des Vikariates Rom an seine Stelle tritt. Für die Tätigkeit der einzelnen Dikasterien der Röm. Kurie gilt endlich, daß die Kongregationen und Gerichtshöfe bei der Sedisvakanz – wenn auch mit den vom Gesetz verfügten Einschränkungen – ihre üblichen Kompetenzen beibehalten, während alle ihre Funktionen als Exekutivorgane aufgehoben sind.

Bibl.: L. Spinelli, *La vacanza della Sede Apostolica dalle origini al Concilio di Trento*, Mailand 1955; J. Sánchez y Sánchez, *La constitución apostólica „Romano Pontifici eligendo" de S.S. el papa Pablo VI*, in *Revista espanola de derecho can'0nico*, 31 (1975), S. 387–394; G. May, *Das Pabstwahlrecht in seiner jüngsten Entwicklung: Bemerkungen zu der Apost. Konstitution „Romano Pontifici eligendo"*, in *Ex aequo et bono. Willibald M. Pöchl zum 70. Geburtstag*, Hrsg. P. Leisching, Innsbruck 1977, S. 231–262; A.M. Punzi Nicolò, *La Curia durante la sede vacante*, in *La Curia Romana nella Cost. Ap. „Pastor Bonus"*, Hrsg. P.A. Bonnet/C. Gullo, Vatikanstadt 1990, S. 151–162.

N. Del Re

Segen der Lämmer

Charakteristischer Ritus, der jährlich am 21. Januar in der Basilika *S. Agnese fuori le mura* am Tag der hl. Märtyrerin Agnes, zum Abschluß der Papstmesse gefeiert wird. Er umfaßt die Segnung zweier weißer Lämmer, deren Wolle später für die Herstellung des Palliums benötigt wird, eines liturgischen Insignums, das Papst und Metropoliten tragen. Nach der Zeremonie werden die beiden gesegneten Lämmer in Körben von einer Laterandelegation in den Vatikan gebracht, um dem Papst dargeboten zu werden. Dieser gebietet deren Überführung in das Benediktinerinnenkloster *S. Cecilia in Trastevere,* wo während der Karwoche die Tiere geschoren und die Pallien hergestellt werden. Nach der päpstl. Segnung der Pallien am 28. Juni auf dem Petrusgrab, werden sie dort in einem wertvollen Schrein aufbewahrt.

Der seit 1516 bestehende Brauch erinnert daran, daß die hl. Agnes ihren im Gebet versunkenen Verwandten in einem Chor von Jungfrauen mit einem Lamm im Arm erschien.

Bibl.: A. P. Frutaz, *Il complesso monumentale di Sant' Agnese*, Vatikanstadt 1976, S. 32–37/135–141.

N. Del Re

Segen, Apostolische

Es handelt sich um den Segen, den der Papst am Ende der Audienzen oder liturgischer Feiern in privater Form oder bei besonderen Anlässen wie dem Tag seiner Wahl oder Ostersonntag in der feierlichen Form des *Urbi et Orbi* vom Balkon der Peterskirche oder einer anderen Patriarchalbasilika Roms aus erteilt. Ursprünglich wurde der *Urbi et Orbi*-Segen vier Mal im Jahr erteilt: Gründonnerstag und Ostersonntag von der Vatikanbasilika aus, an Himmelfahrt von der Lateranbasilika aus, am Tag Mariä Himmelfahrt in *S. Maria Maggiore.*

Mit diesem Segen ist generell der volle Sündenablaß verbunden, der seit einem Dekret von 1939 auch über das Radio gültig ist.

Apostolisch nennt sich auch der Segen, den der Papst Brautleuten am Tag ihrer Hochzeit, den Teilnehmern von Kongressen und Studienkonferenzen u.a. zukommen läßt. Um diesen Segen zu erhalten, ist es nötig, im Staatssekretariat einen Antrag zu stellen. Eine weitere Art des Apost. Segens ist der *in articulo mortis*, der Sterbenden durch einen Pfarrer oder anderen Priester im Namen des Papstes erteilt wird; dieser Segen, der im Verlauf einer Krankheit nicht wiederholt werden kann, ist mit dem Sündenablaß im Moment des Todes verbunden. Er wurde von Johannes VIII. (872–882) auch all jenen zuerkannt, die im Krieg gegen Ungläubige sterben.

L. Del Gallo

Sekretär für Botschaftsbesuche

(*Segretario di Ambasciate*). Er war der Würdenträger, der im Namen des Papstes Botschaften oder Geschenke an Regierungsoberhäupter oder deren Familienmitglieder übermittelte, wenn sie in Rom waren. Dabei teilte er ihnen auch den Termin für die Audienz beim Papst mit. Paul VI. hat 1968 dieses Amt abgeschafft.

N. Del Re

Sekretär für die Botschaften

(*Segretario per le Ambasciate*) Amt für einen Laien, das Pius XII. am 30. Juni 1948 eingeführt hat. Seine Aufgabe unterschied sich nicht von der des kirchlichen Sekretärs für Botschaftsbesuche (→). Beide Ämter wurden von Paul VI. am 28. März 1968 mit dem Moto Proprio *Pontificalis Domus* (AAS, LX [1968], S. 305–315) abgeschafft.

N. Del Re

Sekretär für die Chiffre

(*Segretario della cifra*). Mit diesem Titel wurde ehemals der Prälat bezeichnet, der sich um den Briefwechsel des Hl. Stuhls kümmerte. Er wurde so genannt, weil er unter anderem die Aufgabe hatte, den Chiffreschlüssel zu verwalten, auf dessen Grundlage die Korrespondenz der Päpste abgefaßt wurde. Die erste Erwähnung verschlüsselter Papstdokumente geht auf die Zeit von Innozenz VIII. (1484–92) zurück, der dem Herzog von Mailand riet, seine Briefe in Geheimzeichen zu schreiben, die nur ihnen beiden bekannt waren. Alexander VI. hingegen beschwerte sich 1493 in einem Breve an den König von Spanien, dieser habe ihm einen chiffrierten Brief geschickt. Bereits unter Leo X. (1513–21) war die verschlüsselte Papstkorrespondenz so umfangreich geworden, daß sie die Einrichtung eines besonderen Büros erforderlich machte.

Bei der Reform des Staatssekretariats (→) im Jahr 1814 floß gleich nach der Wiedereinsetzung des Kirchenstaates die Funktion des Sekretärs für die Chiffre in die Kompetenz des Substituten des Staatssekretariats (→) ein. Die Aufgabe gibt es auch heute noch. Ihr Inhaber trägt die Bezeichnung „Substitut und Sekretär für die Chiffre". Infolge der Neuordnung der Röm. Kurie durch Johannes Paul II. mit der Konst. *Pastor Bonus* vom 28. Juni 1988 (AAS, LXXX [1988], S. 841–930) gehört er zur ersten Sektion des Staatssekretariats. Hier werden verschlüsselte Texte vorbereitet oder dechiffriert.

N. Del Re

Sekretariat für die Einheit der Christen

→ Päpstl. Rat zur Förderung der Einheit der Christen

Sekretariat für die Fürstenbreven

Dieses Sekretariat war, bis Paul VI. es bei der Kurienreform im Jahr 1967 abschaffte, eines der sechs Ämter, die mit den Kongregationen und den Gerichten zur Röm. Kurie gehörten. Es ist schwer, etwas über seine Ursprünge zu sagen, aber es scheint sich als eigene Abteilung der *Segreteria domestica* der Päpste entwickelt zu haben, von der es sich schließlich abgelöst hat. Durch die Konstitution *Romanus Pontifex* von Innozenz XI. erhielt es am 1. April 1678 (BR, XIX, Torino 1870, S. 88–95) eine eigene Struktur. Von der Mitte des 16. Jh. an wird bereits zwischen Breven, die aus diesem Sekretariat kamen und lateinischen Briefen, die in anderen Ämtern abgefaßt waren, unterschieden (→ Sekretariat für lateinische Briefe).

Das Sekretariat für die Fürstenbreven erledigte die offizielle Korrespondenz zwischen dem Hl. Stuhl und den anderen Staatsoberhäuptern, die in feierlicher Form und in lateinischer Sprache abgefaßt wurde. Dabei ging es sowohl um offizielle Ereignisse (Thronbesteigung, Sendung von Legaten, apostolische Nuntien, Taufen von Fürsten usw.) als auch um Schreiben, die der Papst nicht auf diplomatischem, sondern auf direktem Weg zu behandeln wünschte. Alle Dokumente der letztgenannten Art wurden vom Sekretariat für die Breven vorbereitet und nach der Genehmigung des Papstes zum Verschicken an das Staatssekretariat weitergeleitet. Das Sekretariat für die Fürstenbreven wurde häufig auch beauftragt, die Päpstl. Ansprachen (→) vorzubereiten, die dieser bei den Konsistorien (→) hielt, sowie die Enzykliken, die er an die katholischen Gläubigen in aller Welt richtete.

Vor 1909 konnte das Sekretariat auch Ehedispensen für Mitglieder königlicher Familien erteilen. Diese Aufgabe entzog Pius X. ihm mit der Konstitution *„Sapienti consilio"* vom 29. Juni (AAS, I [1909], S. 7–19) und übertrug sie der Sakramentenkongregation. Obwohl das Sekretariat für die Fürstenbreven direkt dem Papst unterstand, war es in gewisser Weise auch vom Staatssekretariat abhängig. Leiter war in jedem Fall der Sekretär für die Fürstenbreven. Er mußte ein ausgezeichneter Latinist sein und zu seinen Aufgaben gehörte es unter anderem, am Morgen des Tages, an dem die Kardinäle ins Konklave einziehen, vor der Versammlung in der Sixtinischen Kapelle die *Oratio de eligendo Pontifice* zu sprechen. Ihm fiel es ebenfalls zu, die Gedenkrede auf verstorbene katholische Fürsten zu halten, zu deren Gedenken in der päpstl. Kapelle eine Papstmesse gefeiert wurde.

Bibl.: N. Del Re, *La Curia Romana. Lineamenti storico-giuridici,* Rom 1970, S. 453–454; L. Pásztor, *Per la storia degli archivi della Curia Romana nell'epoca moderna: gli archivi delle Segreterie dei Brevi ai Principi e delle Lettere Latine,* in *Röm. Kurie. Kirchliche Finanzen. Vatikanisches Archiv. Studien zu Ehren von Hermann Hoberg,* Hrsg. Erwin Gatz, II, Rom 1979, S. 659–686.

N. Del Re

Sekretariat für die lateinischen Briefe

Auch dieses Sekretariat existiert seit der Kurienreform durch Paul VI. im Jahr 1967 nicht mehr. Als eigenständiges, aber dem Staatssekretariat angegliedertes Amt, hatte es die Aufgabe, die Korrespondenz des Papstes an hochstehende Personen (Kardinäle, Patriarchen, Erzbischöfe, Bischöfe, Ordensobere, Rektoren katholischer Universitäten) in lateinischer Sprache zu verfassen. Die Briefe behandelten Themen, die nicht in den Aufgabenbereich des Staatssekretariats oder anderer Dikasterien fielen. Das Amt wurde von einem Sekretär geleitet, der ein ausgezeichneter Latinist sein mußte. Ihm fiel – nach einer Tradition, die auf das Jahr 1447 zurückzugehen scheint – die Aufgabe zu, am letzten Tag der Novendialien (→) im

Petersdom die *Oratio de Pontifice defuncto* zu halten.

Bibl.: N. Del Re, *La Curia Romana. Lineamenti storico-giuridici,* Rom 1970, S. 455; L. Pásztor, *Per la storia degli archivi della Curia Romana nell'epoca moderna: gli archivi delle Segreterie dei Brevi ai Principi e delle Lettere Latine,* in *Röm. Kurie. Kirchliche Finanzen. Vatikanisches Archiv. Studien zu Ehren von Hermann Hoberg,* Hrsg. Erwin Gatz, II, Rom 1979, S. 659–686.

N. Del Re

Sekretariat für die Memoriale

In diesem Amt wurden früher alle Schreiben (*memoriali*) mit Anfragen jedweder Art bearbeitet, die an den Papst gerichtet waren, um beispielsweise einen Gefallen, eine Begünstigung, ein Privileg oder eine Begnadigung zu erhalten. Es läßt sich nicht feststellen, wann dieses Sekretariat eingerichtet wurde. Jedenfalls wurde die Aufgabe, sich um Briefe aus aller Welt zu kümmern, die an den Hl. Stuhl gerichtet waren, einem der Privatsekretäre des Papstes anvertraut.

Von 1775 an wurde das Amt des Sekretärs ausschließlich an Kardinäle vergeben. Mit dem Tod des Papstes, der sie ernannt hatte, schieden sie aus dem Amt aus, konnten vom nächsten Papst aber wieder bestätigt werden.

1845 wurde das Sekretariat in zwei Sektionen aufgeteilt: eine für kirchliche und eine für weltliche Angelegenheiten. Nach 1870 stellte die weltliche Sektion zwangsläufig ihren Dienst ein. Die kirchliche Sektion zog aus dem Quirinalspalast aus, wo sie bisher ihren Sitz hatte. Bis zu ihrer Aufhebung durch Pius X. im Jahr 1904 blieb sie im Palazzo Mignanelli an der Spanischen Treppe.

Bibl.: A. Serafini, *Le origini della Pontificia Segreteria di Stato e la „Sapienti consilio" del b. Pio X,* in *Romana Curia a beato Pio X sapienti consilio reformata,* Rom 1951, S. 206–210; hier finden sich auch alle Namen von Amtsträgern, Prälaten und Kardinälen seit dem Pontifikat von Sixtus V. (1585–90).

N. Del Re

Sekretariat für die Nichtchristen

→ Päpstl. Rat für den interreligiösen Dialog

Sekretariat für die Nichtglaubenden

→ Päpstl. Rat für den Dialog mit den Nichtglaubenden

Sergius I.

Papst, Hl. Er wurde als Sohn des Tiberius in Palermo geboren. Unter dem Pontifikat von Adeodatus (672–676) kam er nach Rom, wo man ihn gleich in den röm. Klerus aufnahm. Bereits am 15. Dezember 687 wurde er gegen Theodor und Paschalis zum Papst gewählt, die von zwei gegnerischen Parteien bereits gegen den verstorbenen Papst Konon gesetzt worden waren. Nachdem Sergius durch seine Anerkennung als legitimer Papst die schwere Krise der Dreierwahl überwunden hatte, zeigte er sich gleich in der Lage, seiner schwierigen Aufgabe gerecht zu werden. Nach der Überwindung des durch den Gegenpapst Paschalis verursachten röm. Schismas gelang es ihm 698 nach langen Verhandlungen, das istrische Schisma beizulegen, das sich bereits über eineinhalb Jahrhunderte hinzog. Am deutlichsten zeigte sich die Stärke von Sergius I. jedoch in dem Konflikt mit Byzanz in der Frage des Trullanischen Konzils. Es war 692 von Justinian II. einberufen worden und wurde nach dem Kuppelsaal (*Trullus*) des Kaiserpalastes benannt, in dem die Versammlungen abgehalten wurden. Das Konzil wurde auch durch die Bezeichnung *Quinisesto* bekannt, da es die Lehr- und Ordnungsdekrete des fünften und sechsten Ökumenischen Konzils zu vervollständigen vorgab, als deren Ergänzung es die Kirche im Osten betrachtete.

Da sich unter den 102 promulgierten Gesetzen dieses Konzils einige tendenziöse befanden, zum Beispiel die Verurteilung des kirchlichen Zölibats, der in der lateinischen Kirche bereits eingeführt war, oder das Verbot, Jesus Christus mit dem Symbol des Lammes darzustellen, weigerte sich Sergius, dem die Gesetze zur Ratifizierung übermittelt worden waren, diese zu verabschieden. Er blieb auch dann noch unnachgiebig, als der Kaiser seinen Gouverneur Zacharias nach Rom schickte, damit dieser den Papst als Gefangenen nach Byzanz überführe. Das ganze röm. Volk erhob sich zur Verteidigung des Papstes. Ihm schloß sich ein großer Teil der italienischen Soldaten, des *exercitus Italiae,* an und bedrohte den kaiserlichen Gesandten, der, um sein Leben zu retten, gezwungen war, in den päpstl. Gemächern Zuflucht zu suchen und den Papst um Gnade zu bitten.

Sergius I. wandte außerdem, wie seine Vorgänger, seine Aufmerksamkeit England zu. Er empfing Ceadwalla, den König der Westsachsen, in Rom und taufte ihn am 10. April 689 in der Lateranbasilika. 693 verlieh er das Pallium an Bertwald, der als Erzbischof von Canterbury daraufhin seine Jurisdiktion auf die angelsächsische Kirche ausweiten konnte. Am 21. November 695 weihte er Erzbischof Willibrord und schickte ihn aus, die Friesen zu missionieren. Weiter führte Sergius I. den Gesang des *Agnus Dei* in die Messe ein. Der gelehrte und fromme Papst war auch für seine freigebige Kunstpflege röm. Kirchen bekannt. Weiter ließ er das neue Grabmal für den hl. Leo den Großen im Petersdom errichten, wo auch er selbst nach seinem Tod am 8. September 701 beigesetzt wurde.

Bibl.: N. Del Re, in *Bibliotheca Sanctorum,* XI (1969), Sp. 873–875, mit bibl.; H. Ohme, *Das Concilium Quinisextum und seine Bischofsliste. Studien zum Konstantinopeler Konzil von 692,* Berlin 1990.

N. Del Re

SERGIUS II.

Papst. Er stammte aus einer röm. Adelsfamilie und wurde Kardinalpriester von St. Silvester. Nach dem Tod von Gregor IV. wurde er im Januar 844 von der Adelspartei zum Papst gewählt, und zwar im Wettstreit mit einem Diakon Johannes, den das Volk unterstützte. Johannes bemächtigte sich gleich des Laterans, wurde aber sofort wieder vertrieben und unterwarf sich dem legitimen Papst. Sergius II. wurde daraufhin im Petersdom geweiht, ohne allerdings die kaiserliche Bestätigung abzuwarten, wie die *Constitutio romana* von Lothar aus dem Jahr 824 es vorsah. Lothar, der diesen Verstoß nicht duldete, schickte seinen Sohn Ludwig in Begleitung von Drogon, dem Bischof von Metz, nach Italien. Ihnen schlossen sich die Erzbischöfe von Mailand und Ravenna sowie einige weitere Bischöfe an. Sie standen an der Spitze eines Heeres, das zunächst auf dem röm. Territorium plünderte. Trotzdem wurde Ludwig mit allen Ehren empfangen und untersuchte dann mit den Bischöfen die rechtliche Gültigkeit der Wahl von Sergius II. Um anerkannt zu werden, mußte dieser erst dem Kaiser die Treue schwören und Ludwig II. am 15. Juni 844 feierlich zum König von Italien krönen. Diese demütigende Unterwerfung kann nur durch das fortgeschrittene Alter und die schwache Gesundheit des Papstes gerechtfertigt werden. Er beging unter anderem auch den schweren Fehler, das Bischofsamt von Albano an seinen Bruder Benedikt zu verleihen, einen skrupellosen und geizigen Mann. Sergius II. starb am 27. Janaur 847, nachdem er ohnmächtig den Sarazeneneinfällen zusehen mußte, die nicht einmal die Basiliken von St. Peter und St. Paul von Plünderungen verschonten.

Bibl.: P. Brezzi, *Roma e l'impero medioevale (774–1252),* Bologna 1947, S. 50–52.

G. Scano

SERGIUS III.

Papst. Römer, aus der Familie der Grafen von Tusculum. Marinus I. weihte ihn zum Subdiakon, Stephan V. zum Diakon, Formosus verlieh ihm den Bischofssitz von Cere. Im Hinblick auf das angestrebte Papsttum ließ er sich von Stephan VII. nachträglich zum Priester weihen. Nach dem Tod von Theodor II. (897) wurde er gleichzeitig mit Johannes IX. zum Papst gewählt, dem es jedoch gelang, als erster geweiht zu werden. Vom röm. Konzil im Jahr 898 verleugnet, wandte Sergius III. während seines etwa fünfjährigen Exils in der Toskana jedes Mittel an, um den Hl. Stuhl wieder zu gewinnen. Mit Hilfe röm. Freunde stürzte er den Gegenpapst Christophorus und ignorierte den legitimen Papstes Leo V., der innerhalb von zwei Monaten gewählt und vertrieben wurde. Er erklärte seine erste Wahl von 898 für gültig und wurde tatsächlich am 29. Januar 904 zum Papst geweiht. Wie dieser Vorgang legitimiert wurde, ist heute noch nicht geklärt. Tatsache ist, daß die erste Handlung seines Pontifikats die Zurücknahme der Rehabilitierung des Papstes Formosus war, und folglich die von diesem vorgenommenen Weihen nichtig waren. Damit schaffte er Verwirrung in der Kirche, sowohl in Rom als auch außerhalb.

Sehr zu Kompromissen bereit zeigte sich Sergius III. auch in der Frage der vierten Ehe von Kaiser Leo, der sich im Jahr 906 gegen den Patriarchen von Konstantinopel Nikolaus an ihn wandte. Sergius' Beziehung zu Marozia und die daraus folgende Vaterschaft zu Johannes XI. ist historisch nicht belegt, auch wenn man dies aus dem *Liber Pontificalis* (II, 236) schließen könnte. Sicher ist jedenfalls, daß keiner seiner zahlreichen Feinde ihn jemals der Unsittlichkeit bezichtigt hat. Unter seinem Pontifikat wurde der Wiederaufbau der Lateranbasilika fortgeführt, die 896 bei einem Erdbeben beschädigt worden war. Sergius III. starb am 14. April 911. Man weiß, daß er im Petersdom begraben wurde, von seinem Grab fehlt allerdings jede Spur.

Bibl.: P. Brezzi, *Roma e l'impero medioevale (774–1252),* Bologna 1947, S. 102–105; A. Pratesi, *Un controverso privilegio di papa Sergio III,* in *Archivio della Società Romana di Storia Patria,* 108 (1985), S. 5–36.

G. Scano

SERGIUS IV.

Papst. Peter Buccaporca war Römer und nicht, wie manche Historiker behaupten, aus der Gegend von La Spezia gebürtig. Später wurde er Bischof von Albano und folgte am 31. Juli 1009 Johannes XVIII. auf den Papstthron. Die Wahl war sicher durch die Familie der Crescentier beeinflußt, die damals die röm. Regierung innehatte. Sergius IV. setzte sich für die Klöster ein, gewährte der Kirche von Bamberg Privilegien und vermittelte in einer Unstimmigkeit zwischen den Bischöfen von Hamburg und Verdun. Er sorgte auch dafür, daß Hilfen für die Bevölkerung bereitgestellt wurden, die unter der damals in Rom herrschenden schweren Hungersnot litt. Ihm wird eine Bulle von 1011 zugeschrieben, mit der er einen Aufruf an die Christenheit gerichtet hat, das Heilige Grab zu befreien, das Kalif Hakim zerstört hatte. Er schätzte seinen Vorgänger Silvester II. (999–1003) sehr, dessen geistige und pastorale Fähigkeiten er bewunderte. Zu dessen Ehren ließ er eine Gedenktafel in der Lateranbasilika errichten (sichtbar an der zweiten Säule des rechten Mittelschiffs) mit einer Inschrift, die die herausragenden Daten seines Pontifikats erwähnt. Sergius IV. starb am 12. Mai 1012 und wurde in der Lateranbasilika begraben (an der vierten Säule des rechten Mittelschiffs), wo ein nicht datierter Epitaph an seine Klugheit, seine Frömmigkeit und seine Freigebigkeit gegenüber den Armen erinnert

(s. A. Silvagni, *Monumenta epigraphica christiana,* I, Roma 1943, tav. 3,1).

Bibl.: B.S. Bachrach, *Pope Sergius IV and the foundation of the Monastery at Beaulieu-les-Loches,* in *Revue bénédictine,* 95 (1985), S. 240–265; H. M. Schaller, *Zur Kreuzzugsenzyklika Papst Sergius' IV.,* in *Papsttum. Kirche und Recht im Mittelalter. Festschrift für Horst Fuhrmann.* Hrsg. H. Mordek, Tübingen 1991, S. 135–153.

U. Penteriani

SERVUS SERVORUM DEI

Diesen Ausdruck pflegten die Päpste in den von ihnen verschickten Dokumenten dem Bischofstitel hinzuzufügen. Er versteht sich als Ausdruck aufrichtiger Bescheidenheit und wird als solcher zum ersten Mal vom hl. Gregor dem Großen (590–604) benutzt. Dies geschah offensichtlich in Reaktion auf den ehrgeizigen Titel „ökumenischer Patriarch", den der Patriarch Johannes von Konstantinopel damals benutzte. Gregor der Große hatte diesen Ausdruck allerdings schon als Diakon verwendet, wie aus einer Schenkungsurkunde hervorgeht, die er am 28. Dezember 587 zugunsten seines Klosters abgefaßt hatte. Auch wenn der hl. Leo der Große (440–461) schon vor ihm das Papsttum als einen Dienst bezeichnet hatte (PL 54, 156), gebührt dem hl. Gregor der Verdienst, den Ausdruck *servus servorum Dei* in den Papsttitel übernommen zu haben. Das bestätigt unter anderem Johannes Diakonus in seiner *Vita Gregorii* (II, c. 1): „*Primus omnium se in principio epistularum suarum servum servorum Dei scribi satis humiliter definivit*". Der Titel wurde von seinen Nachfolgern übernommen und während des 7. und 8. Jh. häufig gebraucht, bis er schließlich vom 9. Jh. an regelmäßig in den päpstl. Dokumenten verwendet wird.

Bibl.: L. Levillain, *Servus servorum Dei,* in *Le Moyen Age,* III sér., 1 (1930), S. 5–7; A.P. Frutaz, in *Enciclopedia cattolica,* XI, Sp. 420–422.

N. Del Re

SEVERINUS

Papst. Der röm. Diakon Severinus folgte auf Honorius I. (*Liber Pontificalis,* I, 328), der am 12. Oktober 638 gestorben war. Er konnte jedoch erst am 28. Mai 640 nach einer langen Sedisvakanz geweiht werden, die sich über gut neunzehn Monate hingezogen hatte. Kaiser Heraklius hatte nämlich die Bestätigung der Wahl des neuen Papstes von Severinus' Unterzeichnung der 638 vom Patriarchen Sergius veröffentlichten *Ekthesis* abhängig gemacht. Diese sprach sich für den Monotheletismus aus, den der Kaiser öffentlich unterstützte. Severinus seinerseits weigerte sich stets, die von Heraklius gestellten Bedingungen zu akzeptieren. Dieser beschloß endlich die Wahl zu bestätigen, nachdem er irrigerweise annahm, der Papst habe seine Meinung geändert. Severinus starb am 2. August 640, nach kaum mehr als zwei Monaten Amtszeit, ohne daß er seine Haltung zur Ekthesis hatte klarstellen können. Er hat jedoch noch die Plünderung des gesamten Kirchenschatzes im Lateranpalast durch stadtröm. Soldaten erlebt, deren Soldzahlungen ausgeblieben waren. Severinus wurde im Petersdom beigesetzt.

Bibl.: A. Amore, in *Enciclopedia cattolica,* XI, Sp. 464.

N. Del Re

SIEGELPLOMBIERER (BULLATORES)

In der *Casa Pontificia* (→) gebräuchliche Bezeichnung für die Personen, die den Auftrag hatten, das Bleisiegel (*bulla*) auf Papstdokumenten anzubringen. Die *Bullatores* oder *Bullarii* waren immer Analphabeten, um die völlige Geheimhaltung zu garantieren. Sie werden zum ersten Mal in einem Brief von Innozenz III. aus dem Jahr 1198 erwähnt. Eine der verschiedenen Bezeichnungen für sie lautete *fratres barbati* nach den bärtigen Mönchen des Zisterzienserklosters Fossanova. Während der Renaissance erhielten auch Laien die Aufgabe, unter ihnen Künstler wie Donato Bramante, Sebastiano Luciani, aus diesem Grund del Piombo genannt, und Guglielmo Della Porta. Unter Sixtus V. wurden sie 1586 durch einen Prälaten als Oberstem Bullator ersetzt. Das Amt wurde 1659 durch Alexander VII. bestätigt.

Bibl.: M. Tosi, *Bullaria e bullatores della Cancelleria pontificia*, Siena 1917

N. Del Re

SIEGELPLOMBIERER (PIOMBATORI)

Mit dem Namen *piombatori* wurden jene Angestellten der „Apost. Kanzlei" (→) bezeichnet, die die päpstl. Dokumente bullieren mußten, also an ihnen das Bleisiegel (bulla) anbrachten und dann für ihre Versendung sorgten. Es waren zwei oder höchstens drei Personen, die absolut nicht lesen und schreiben konnten und deswegen zur Wahrung der Geheimhaltung als *Bullatoren* ausgewählt wurden. Zum ersten Mal erwähnt sind sie in einem Brief Innozenz III. aus dem Jahre 1198. Später tragen sie auch andere Namen, z.B. unter Urban V. (1362–70) *fratres de bulla*, zu Beginn des 15. Jh. *sigillatores* und zur Zeit Martins V. (1417–31) *custodes bullae*. Gewöhnlich wurden sie mit dem Spitznamen *fratres barbati* bezeichnet wegen der Gewohnheit, die seit dem 13. Jh. bestand, sich für die Bullierung bärtiger Ordensbrüder zu bedienen. Meist gehörten sie zum Zisterzienserkloster von *Fossanova* bei *Sezze* (Latina), wie in der Konstitution Innozenz' VIII. *Cum ad sacrosanctae* vom 15. Mai 1486 zu lesen ist: „Es ist ja bekannt, daß in der Röm. Kurie als Bullatoren der apost. Briefe Mönche des Zisterzienserklosters in Fossanova, Diözese Veroli, seit sehr langer Zeit und bis heute tätig sind, die weder lesen noch schreiben können".

Obwohl es ein Privileg der Zisterzienser war, wurde das Amt des *Piombatore* – dieser Name setzte sich allmählich durch – oft auch Religiosen anderer Orden und sogar Laien anvertraut, die sehr wohl lesen und schreiben konnten. In der Zeit der Renaissance konnte man im Verzeichnis der Titulare der Büros die Namen von bedeutenden Künstlern finden: Donato Bramante, der sogar die Maschine zum Einprägen der Siegel erfand (vite perpetua), Sebastiano Luciani, der gerade wegen dieser seiner Aufgaben Sebastiano del Piombo genannt wurde, und Guglielmo Della Porta. Gegen Ende des 16. Jh. mußten die Zisterzienser das Amt aufgeben. Sie wurden durch Sixtus V. kraft des Motu Proprio *Romanum decet Pontificem* vom 1. Dezember 1586 (veröfftl. von M. Tosi s. Bibl., S. 64–76) durch einen Prälaten ersetzt, der „Präsident über das Blei" war und einen Stellvertreter, der die Bleisiegel tatsächlich anbrachte. Seine Vorrechte wurden dann von Alexander VII. mit einem Motu Proprio vom 1. Januar 1659 bestätigt.

Bibl.: F. Watzl, *Die päpstl. Bullatoren und ihr Amt*, in *Cistercienser-Chronik* 20 (1908), S. 193–199; M. Tosi, *Bullaria e bullatores della Cancelleria pontificia*, Siena 1917.

N. Del Re

SIGNATUR DER GERECHTIGKEIT

Es war bis 1870 das oberste Gericht der Röm. Kurie. Die ersten Ursprünge dieses Gerichts sind in der Mitte des 13. Jh. auszumachen. Damals war es eine Institution, in der mehrere Relatoren von den Päpsten damit beauftragt waren, die Bitten oder Beschwerden zu prüfen, die an den Hl. Stuhl gerichtet waren, um Gnade zu erflehen oder Gerechtigkeit zu fordern. Die Relatoren mit dem klassischen Namen *referendarii* mußten diese Anliegen für den Papst zusammenfassen und ihm Vorlagen zur Unterschrift *(signatura)* vorbereiten. Die anfangs nur wenigen Referendare waren bereits unter dem Pontifikat von Martin V. (1417–31) auf eine Zahl von 75 angestiegen. Sie erhielten immer mehr Befugnisse und teilten sich bald in Zuständige für Gnadengesuche und für Rechtsfragen auf. Eugen IV. (1431–47) erteilte ihnen schließlich das Recht, selbst die Bittgesuche zu unterzeichnen *(signare),* wenn auch in Gegenwart des Papstes, wie es die Formel „*Concessum in praesentia D. N. Papae, ut petitur*“ vorschreibt. Diese Referendare bildeten bald eine besondere Einrichtung, die als „Signatur“ bezeichnet wurde, und die sich in die *Signatura Gratiae* (Gratialsignatur) und in die *Signatura Iustitiae* (Judizialsignatur) aufteilte. Die Trennung ist wahrscheinlich zu Beginn des Pontifikats von Alexander VI. (1493) vorgenommen worden.

Von diesem Moment an war die Judizialsignatur, die Signatur der Gerechtigkeit, das oberste Gericht des Apost. Stuhls und des Kirchenstaates, das sowohl für kirchliche als auch für zivile Streit- und Strafrechtsfragen zuständig war und zwar nicht nur als Revisionsgericht, sondern auch in Erster Instanz. Nach der Anweisung von Pius IV. 1562 stand der Signatur ein Kardinalpräfekt vor, dem ein Sekretär *(auditor)* zur Seite stand. Sixtus V. begrenzte 1586 die Zahl der Referendare auf einhundert, von denen nur siebzig ihre Funktion in der Kurie ausüben konnten. Seit dem Ende des 18. Jh. war die Signatur zuständig für Rechtsstreitigkeiten der anderen Dikasterien, die Annulierung oder Revision von Urteilen und für Beschwerden gegen Richter.

Mit der Auflösung des Kirchenstaats und dem Ende der weltlichen Macht stellte die Signatur der Gerechtigkeit 1870 ihre Funktion ein.

Bibl.: P. Santini, *De referendariorum ac Signaturae historico-iuridica evolutione,* Rom 1945; I. Gordon, *De Signaturae Iustitiae competentiae inde a saec. XVI ad saec. XVIII,* in *Periodica de re morali, canonica, liturgica,* 69 (1980), S. 351–386; ders., *De referendariorum ac votantium dignitate, privilegiis, labore, in aetate aurea Signaturae Iustitiae,* in *Dilexit iustitiam. Studia in honorem Aurelii card. Sabattani,* curantibus Z. Grocholewski/V. Cárcel Ortí, Vatikanstadt 1984, S. 197–210; ders., *De procedura sequenda coram Signatura Iustitiae inde a saeculo XVI ad saeculum XVIII,* in *Periodica de re morali, canonica, liturgica,* 74 (1985), S. 575–604.

N. Del Re

Signatur der Gnade

Sie entstand gegen Ende des 15. Jh. parallel zur Signatur der Gerechtigkeit (→), von der sie sich nicht nur durch die verschiedenen Aufgabenbereiche, sondern auch durch die Zuständigkeit unterschied. Ihre Aufgabe bestand darin, Rechtsschwierigkeiten zu überwinden, um persönliche Gnade zu gewähren.

Die erste Reform dieser besonderen Einrichtung nahm Sixtus V. im Rahmen seiner allgemeinen Kurienreform vor, die 1588 mit der Konstitution *Immensa aeterni Dei* vom 22. Januar (BR, VIII, S. 985–999) durchgeführt wurde. Die „Signatur der Gnade“ wurde als Kongregation eingerichtet (*Congregatio Signaturae Gratiae)* und nahm den zweiten Platz der damals fünfzehn Kongregationen ein. Sie war direkt vom Papst abhängig, der ihren Vorsitz auch tatsächlich einnahm. Deshalb wurde sie auch *Signatura Sanctissimi* genannt. Der Kardinalpräfekt, der sie aufgrund seines Titels leitete, führte nur einen Ehrentitel.

Das Tribunal der Signatur der Gnade oder Gratialsignatur traf sich in der Regel im Apost. Palast in der *Stanza der Signatur* (→). Nur der Papst hatte Entscheidungsgewalt, alle anderen hatten rein beratende Funktion. Die hohe Bedeutung, die der Gratialsignatur immer zukam, schwand etwa ab der Mitte des 17. Jh. durch die ständige Weiterentwicklung der anderen Dikasterien, die ebenfalls – wie insbesondere die Apost. Datarie (→) – Gnade gewähren durften. 1908 schaffte Pius X. sie endgültig ab.

Bibl.: P. Santini, *De referendariorum ac Signaturae historico-iuridica evolutione,* Rom 1945.

N. Del Re

SIGNATUR, APOSTOLISCHE

(Oberster Gerichtshof). Mit der Abschaffung der „Signatur der Gerechtigkeit" (→) im Jahr 1870, des bis dahin höchsten richterlichen Organs der Röm. Kurie und des Kirchenstaates, fehlte dem Apost. Stuhl ein oberstes Gericht. Erst vierzig Jahre später wurde unter Pius X. im Rahmen seiner umfassenden Reform der Röm. Kurie, die am 28. Juni 1908 mit der Konst. *Sapienti consilio* (AAS, I [1909], S.7–19) durchgeführt wurde, wieder ein oberstes kirchliches Rechtsorgan, die Apostolische Signatur, geschaffen. Dabei handelt es sich trotz der Anlehnung an das frühere Tribunal um ein neues Gericht, wie der Papst in der Konstitution erklärt.

Die Apost. Signatur ist für die Gerichtsbarkeit in der ganzen Kirche zuständig. Ihre Zuständigkeit wurde zunächst in den Canones 1602–1605 des Codex des Kanonischen Rechts von 1917 festgelegt. In der großen Kurienreform unter Paul VI., mit der Konst. *Regimini Ecclesiae universae* vom 15. August 1967 (AAS, LIX [1967], S. 885–928), wurde das Gericht mit weitergehenden Befugnissen ausgestattet und in zwei Sektionen unterteilt. Die erste war weiterhin zuständig für die Revisionen bei Rechtsstreitigkeiten und hatte die Verwaltungsaufsicht über alle Kirchengerichte. Die zweite (*Sectio Altera),* mit der paulinischen Reform 1967 eingeführt, hatte die Funktion eines kirchlichen Verwaltungsgerichts.

Die Aufgaben der Apost. Signatur wurden 1983 im neuen Kirchenrechts-Codex in can. 1445 neu festgelegt und in der Konstitution *Pastor Bonus* vom 28. Juni 1988 (AAS, LXXX (1988), S.841–912) von Johannes Paul II erneut definiert und präzisiert. Die Apost. Signatur ist nunmehr in drei Sektionen unterteilt. Demnach befindet die erste Sektion über: 1.) Nichtigkeitsbeschwerden, Anträge auf Wiedereinsetzung in den vorherigen Stand und andere Beschwerden gegen Urteile der Röm. Rota (→); 2.) Beschwerden in Personenstandssachen, deren neuerliche Behandlung die Röm. Rota abgelehnt hat; 3.) Befangenheitseinsprüche und andere Einwendungen gegen Auditoren der Röm. Rota wegen ihrer Amtsausübung; 4.) Kompetenzstreitigkeiten zwischen Gerichten, für die nicht dasselbe Berufungsgericht zuständig ist.

In der zweiten Sektion befindet die Apost. Signatur über Berufungen, die innerhalb einer Frist von 30 Tagen gegen einzelne Maßnahmen von den Dikasterien der Röm. Kurie eingelegt werden. Wenn die angefochtene Maßnahme gegen ein Gesetz verstoßen hat, kann die Signatur außer der Aufhebung des Urteils auch die Wiedergutmachung möglicher Schäden verlangen. Weiter urteilt das Gericht über Verwaltungsstreitigkeiten, mit denen es vom Papst oder einer Behörde der Röm. Kurie befaßt wird sowie über Zuständigkeitsstreitigkeiten zwischen den verschiedenen Dikasterien.

Zu den Aufgaben der dritten Sektion schließlich gehört 1.) die geordnete Amtsführung im Gerichtsbereich zu überwachen und gegen Anwälte oder Prozeßbevollmächtigte erforderlichenfalls einzuschreiten; 2.) Petitionen zu beurteilen, die an den Apost. Stuhl gerichtet werden, um die Eröffnung einer *causa* bei der Rota Romana zu erreichen; 3.) die Kompetenz der niederen Gerichte zu erweitern; 4.) die Approbation des Appellationsgerichts vorzunehmen, soweit dies dem Hl. Stuhl vorbehalten ist sowie die Einrichtung der interdiözesanen Gerichte zu fördern und zu genehmigen.

Der Apost. Signatur steht auch eine besondere Kontrollfunktion bei Urteilen von Diözesangerichten über die Annulierung von Ehen zu.

Aufgebaut ist die Signatur ähnlich wie eine Kongregation. Sie besteht aus zwölf Kardinälen, die richterliche Funktionen ausüben. Der Papst bestimmt einen von ihnen zum Präfekten, der dem Gericht vorsitzt. Ein Sekretär steht diesem zur Seite. Er ist mit der Vorbereitung der anhängigen Verfahren betraut.

Bibl.: N. Del Re, *La Curia Romana. Lineamenti storico-giuridici,* Rom 1970, S. 227–242 und 591–592 (bibl.); E. Bernardini, *L'istituzione della „Sectio Altera" del Supremo Tribunale della Segnatura Apostolica,* in *Ius Populi Dei. Miscellanea in honorem Raymundi Bidagor,* III, Rom 1972, S. 27–28; I. Gordon, *La renovación de la Signatura Apostolica,* in *Revista española de derecho canónico,* 28 (1972), S. 571–610; Z. Grocholewski, *La „Sectio Altera" della Segnatura Apostolica con particolare riferimento alla procedura in essa seguita,* in *Apollinaris,* 54 (1981), S. 65–110; V. Cárcel Ortí, *Il Supremo Tribunale della Segnatura Apostolica,* in *Dilexit iustitiam. Studia in honorem Aurelii card. Sabattani,* curantibus Z. Grocholewski/V. Cárcel Ortí, Vatikanstadt 1984, S. 167–195; Z. Grocholewski, *La Segnatura Apostolica nell'attuale fase di evoluzione,* ib., S. 211–228; ders., *Supremo Tribunale della Segnatura Apostolica e sentenza canonica,* in *Apollinaris,* 59 (1985), S. 189–211; C. de Diego-Lora, *Los tribunales de justicia de la Sede Apostólica: II. La Signatura Apostólica,* in *Ius Ecclesiae,* 5 (1993), S. 121–158.

N. Del Re

Signum Papae

→ Rota

Silverius

Papst, Hl. Silverius – gebürtig aus Kampanien und Sohn des Papstes Hormisdas (514–523) – war Subdiakon der röm. Kirche, als er am 1. (oder 8.) Juni 536 Nachfolger von Papst Agapet I. wurde. Dies geschah auf Befehl des Königs der Ostgoten, Theodahad, der sich mit Byzanz im Krieg um die Vorherrschaft in Italien befand, während sich im Osten die von der Kaiserin Theodora begünstigte Häresie des Monophysitismus ausbreitete. Silverius, der nach dem Tod von Theodahad keinen Schutz mehr genoß, wurde im März 537 fälschlicherweise angeklagt, dem neuen König der Ostgoten, Witigis, die besetzte Stadt Rom durch Öffnung eines Tores neben dem Lateran übergeben zu haben. Der Papst konnte sich jedoch vor dem byzantinischen General Belisar, der ihn eigens deswegen in sein Hauptquartier gerufen hatte, vollständig von den gegen ihn vorgebrachten Anschuldigungen entlasten.

Silverius verließ, um weitere Unterstellungen zu vermeiden, den Lateran und ließ sich in der Basilika *Santa Sabina* auf dem Aventin nieder. Dennoch wurde er von Belisar neuerlich vorgeladen, dessen Ehefrau Antonina ihn beschuldigte, sich zugunsten der Goten gegen sie zu verschwören. Man nahm ihm die päpstl. Ehrenzeichen ab und schickte ihn ins Exil. Auf den Papstthron wurde der Diakon Vigilius gesetzt. Kaiser Justinian ordnete jedoch bald darauf an, Silverius wieder nach Rom zurückzubringen und den Vorwurf noch einmal zu untersuchen.

Kaum wieder zurück in Rom, ließ der ehrgeizige Vigilius, der um sein Papstamt fürchtete, Silverius sofort auf die Insel Palmaria (das heutige Ponza) deportieren. Dort starb er am 2. Dezember 537, nachdem er bereits am 11. November 537 auf das Papstamt verzichtet hatte, um das Schisma zu beenden. Sein Grab auf der Insel wurde bald das Ziel zahlreicher Pilger wegen der Wunder und Heilungen, mit denen Gott ihn ehren wollte. Silverius gilt als Märtyrer. Sein Gedenktag im Martirologium Romanum ist der 20. Juni.

Bibl.: V. Monachino, in *Bibliotheca Sanctorum,* XI, Sp. 1069–71, mit bibl.

N. Del Re

Silvester I.

Papst, Hl. Er war gebürtiger Römer und Sohn eines gewissen Rufinus. Am 31. Januar 314 wurde er zum Papst geweiht, nur zwanzig Tage nach dem Tod seines Vorgängers Melchiades. Er ging in seinem zwanzigjährigen Pontifikat vor allem gegen die Donatisten und gegen die Arianer vor. Doch bei den Konzilien von Arles, Alexandria und Nicäa scheint er nichts Entscheidendes beschlossen zu haben, obwohl der *Liber Pontificalis* eine Aufwertung versucht. Es könnte sein, daß Silvester in der von ihm errichteten Kirche *San Martino ai Monti* die Vorbereitungsversammlungen des Konzils von Nicäa abgehalten hat und daß er dessen Entscheidungen in einer feierlichen Zeremonie verkündigt hat. Andererseits wird immer unklar und legendenhaft bleiben, inwieweit er direkten Einfluß auf die Bekehrung Konstantins und seiner Mutter Helena ausgeübt hat. Sicher ist, daß die ältesten Abbildungen – die Fresken von *San Silvestro* in Tivoli – und die später im 13. Jh. entstandenen Fresken in dem ihm gewidmeten Oratorium in der Kirche *Ss. Quattro Coronati* in Rom, Szenen aus der dem Papst zugeschriebenen Legende zeigen, vor allem die Taufe des Konstantin und die Konstantinische Schenkung.

Die Persönlichkeit des ersten christlichen Kaisers, dessen Regierungszeit mit der Amtszeit Silvesters I. zusammenfällt, war so bedeutend, daß sie zwangsläufig die des Papstes ein wenig in den Schatten stellte. Das Christentum verdankt seine vollständige Freiheit eher Kaiser Konstantin als Silvester. Er starb am 31. Dezember 335 in Rom und wurde auf dem Priscilla-Friedhof in der *Via Salaria* beigesetzt. Zu seinen Ehren wurde dort eine Basilika errichtet, die in den *Itinerari* des 7. Jh. zitiert wird.

Bibl.: A. Amore/C. Moccheggiani Carpano, in *Bibliotheca Sanctorum,* XI (1968), Sp. 1077–82; W. Pohlkamp, *Tradition und Topographie: Papst Silvester I (314–335) und der Drache von Forum Romanum,* in *Röm. Quartalschrift für Christliche Altertumskunde und Kirchengeschichte,* 78 (1983), S. 1–100; ders., *Kaiser Konstantin, der heidnische und der christliche Kult in den Actus Silvestri,* in *Frühmittelalterliche Studien,* 18 (1984), S. 357–400.

G. Scano

Silvester II.

Papst. Gerbert d'Aurillac wurde zwischen 945 und 950 geboren und im Kloster von Saint-Géraud d'Aurillac ausgebildet. Dort trat er in den Benediktinerorden ein. Zur Weiterbildung ging er nach Katalonien, wo er Mathematik, Philosophie und Theologie studierte. Im Gefolge des spanischen Herzogs Borel kam er nach Rom. Papst Johannes XIII. schätzte ihn aufgrund seiner hohen Bildung. Gerbert blieb jedoch nicht lange in Rom. Er ging ins französische Reims, das für seine Schule berühmt war. Dort lehrte er mit so großem Erfolg, daß sein Ruf über Frankreich hinausreichte. Otto II. war beeindruckt von Gerberts Wissen, nachdem er einem glänzenden Disput zwischen Gerbert und einem Gelehrten aus Magdeburg zugehört hatte und setzte ihn 980 als Abt in Bobbio ein. 983 kehrte Gerbert jedoch nach Reims zurück.

Nach dem Tod von Erzbischof Adalbert am 23. Januar 989, der ihn zu seiner Nachfolge bestimmt hatte, sah Gerbert seine Erwartungen enttäuscht. Der König von Frankreich Hugo Capet, ließ Arnulf, einen natürlichen Sohn von König Lothar, zum Erzbischof wählen, um die karolingische Opposition aufzuhalten. Arnulf ließ die Tore der Stadt Reims öffnen und übergab die Stadt seinem Onkel Karl von Lothringen. Damit verriet er den König, dem es jedoch gelang, ihn und Karl festzunehmen. Im Kloster Saint-Basle von Verzy wurde ein Konzil einberufen (17.–18. Juni 991), das die Absetzung von Arnulf und die Wahl von Gerbert als Erzbischof zur Folge hatte. Das Konzil wurde von Rom allerdings nicht anerkannt, da keine Vertreter des Apost. Stuhls daran teilgenommen hatten. Papst Johannes XIII. sandte seinen Legaten, Abt Leo, mit der Aufgabe nach Frankreich, die französischen Prälaten zu versammeln, um das Problem zu erörtern. Der päpstl. Gesandte stieß auf heftigen Widerstand, doch in einer Reihe von Konzilien, die er einberief, wurden die Beschlüssen von Saint-Basle annuliert, mit denen Arnulf abgesetzt und Gerbert gewählt worden war. Gerbert, der mit König Robert dem Frommen, Sohn und Nachfolger von Hugo Capet, verbündet war, da er dessen Hochzeit mit seiner Cousine Berta wegen fehlender kirchenrechtlicher Erlaubnis verhindert hatte, begab sich daraufhin zu Kaiser Otto III. Dieser nahm ihn freundlich auf und machte ihn zu seinem Lehrer und Ratgeber. Er nahm Gerbert auf seine zweite Reise nach Italien mit. Dort wurde dieser auf seinen Vorschlag hin und mit Zustimmung von Papst Gregor V. im April 998 zum Erzbischof von Ravenna ernannt. In der Diözese arbeitete er vor allem für die Reform der Kirche und gegen die Simonie (das Kaufen und Verkaufen von geistlichen Ämtern).

Nach dem Tod von Gregor V. wurde Gerbert am 2. April 999 von Otto III. zum Papst ernannt und nahm den Namen Silvester II. an. Er zeigte sich als unnachgiebiger Verteidiger der Rechte der Kirche. Er bestätigte seinen ehemaligen Rivalen in der Erzdiözese Reims und ernannte einen ehemaligen Widersacher zum Abt von Bobbio. In Deutschland löste er die Streitigkeiten zwischen den Bischöfen von Magdeburg, Mainz und Hildesheim. Papst Silvester förderte die Verbreitung des Christentums in Polen und in Ungarn, wo er im Jahr 1000 das Erzbistum Gnesen (Gniezno) und im darauffolgenden Jahr den Bischofssitz von Gran (Esztergom) errichtete. Nachdem sich der ungarische Herzog Waik zum Christentum bekehrt und nach seiner Taufe den Namen Stephan I. angenommen hatte, erkannte der Papst ihn als König an und sandte ihm die Königskrone (1000). Silvester war der erste Papst, der den Aufruf an die Christenheit richtete, Jerusalem von den Ungläubigen zu befreien. Er weitete Totengedenkfeiern auf die ganze Kirche aus. Nach Meinung einiger Gelehrter ist ihm die Einführung des Hl. Jahres zu verdanken.

Am 16. Februar 1001 brach in Rom ein Aufstand aus. Silvester und Otto verließen die Stadt, da sie sich dort nicht mehr sicher fühlten. Der Papst folgte dem Kaiser auf seiner Reise durch Italien. Otto III. starb am 23. Januar 1002. Silvester kehrte nach Rom zurück, in dem mittlerweile wieder das Geschlecht der Crescentier an der Macht war. Silvester starb am 12. Mai 1003 und wurde im Lateran beigesetzt. In der Kirchengeschichte kommt ihm sowohl als Papst als auch als großer Gelehrter eine besondere Bedeutung zu. Er verfügte über ausgezeichnete Kenntnisse der Logik, der Philosophie, Theologie und Mathematik; er war Erfinder und Modellbauer von technischen Geräten. Seine Gelehrsamkeit war so weit- und tiefreichend, daß spätere Legenden sie der Magie und vereinzelt der Häresie zuschrieben. Von ihm sind unter anderem folgende Werke überliefert: *Sermo de informatione episcoporum, De corpore et sanguine Domini, Libellus de rationali et ratione uti, Regula de abaco computi, Libellus de numerorum divisione.*

Bibl.: J. Leflon, *Gerbert,* Paris 1948; U. Lindgren, *Gerbert von Aurillac und das Quadrivium: Untersuchungen zur Bildung im Zeitalter der Ottonen,* Wiesbaden 1976; M. Oldoni, *Gerberto e la sua storia,* in *Studi medievali,* 18 (1977), S. 1195–1270; ders., *„A fantasia dicitur fantasma" (Gerberto e la sua storia, II),* ib., 21 (1980), S. 493–622; 24 (1983), S. 167–245; F. Trystram, *Le coq et la louve; Gerbert et l'an mille,* Paris 1982; *Gerberto; scienza, storia e mito. Atti del „Gerberti Symposium"*

(Bobbio 25–27 luglio 1983), Bobbio 1985; P. Riché, *Gerbert et le gallicanisme du X au XIX siècle,* in *Revue d'histoire de l'Eglise de France,* 72 (1986), S. 5–17.

U. Penteriani

SILVESTER III.

Gegenpapst. Nachdem Benedikt IX. Ende 1044 durch einen Volksaufstand aus Rom vertrieben worden war, wurde am 20. Januar 1045 Bischof Johannes aus Sabina zum Papst gewählt. Er nahm den Namen Silvester III. an. Doch nicht einmal zwei Monate später stürzte ein anderer Aufstand, der von den Befürwortern des vertriebenen Papstes angeführt wurde, Silvester und brachte Benedikt IX. nach Rom zurück. Am 1. Mai 1045 verzichtete Benedikt jedoch gegen Geld zugunsten des Erzpriesters Giovanni Graziano, der als Papst den Namen Gregor VI. annahm. Seine Wahl wurde vor allem von Klöstern und reformatorischen Kreisen wohlwollend aufgenommen. Auf Rat von Gregor VI. zog sich Silvester nach Sabina zurück. Dort blieb er, bis ihn das im Dezember 1046 in Sutri von Kaiser Heinrich III. einberufene Konzil formell für abgesetzt erklärte. Er zog sich in ein Kloster zurück und starb bald darauf.

N. Del Re

SILVESTER IV.

Gegenpapst. Der röm. Erzpriester, dessen Taufname Magnulf an einen Deutschen denken läßt, wurde am 18. November 1105 gegen Paschalis II. gewählt. Einige papsttreue Römer gingen jedoch gegen ihn vor, so daß Silvester Rom verlassen und nach Tivoli flüchten mußte. Kaiser Heinrich V. überredete ihn, sich Paschalis zu unterwerfen. Am 12. April 1111 dankte er zugunsten des legitimen Papstes ab.

N. Del Re

SIMPLICIUS

Papst, Heiliger. Simplicius, gebürtig aus Tivoli und Sohn eines gewissen Catino, folgte nach dem *Liber Pontificalis* (I, 249), am 3. März 468 auf den hl. Hilarus. Obwohl er knapp 15 Jahre die Kirche regiert hatte, weiß man von seinem Pontifikat wenig, was durch die dritte Barbareninvasion und den Fall des weström. Reiches (476) begründet sein mag. Als die Ostkirche sich mit der monophysitischen Irrlehre konfrontiert sah, übersandte Simplicius Briefe an Akakios, den Patriarchen von Konstantinopel und an Kaiser Zenon, der 482 das sog. *Henótikon* veröffentlicht hatte. In seinen Briefen ordnete er an, daß zur Einigung mit den Häretikern in Zukunft die nicäisch-konstantinopolitanische Glaubensformel gelte. Simplicius, der in Rom einige Kirchen stiftete und restaurierte, starb am 10. März 483, ist jedoch im Röm. Martyrologium unter dem 2. März vermerkt.

Bibl.: A. Amore, in Bibliotheca Sanctorum, XI, Sp. 1197.

N. Del Re

SIRICIUS

Papst, Hl. Er war Römer, trat unter Papst Liberius in den Klerus ein und wurde Diakon. Beim Tod von Damasus I. im Jahr 384 wurde er einmütig gewählt und sofort mit Billigung des Kaisers Valentinian II. geweiht. Das Urteil des hl. Hieronymus, er sei ein Papst „ohne Bedeutung" gewesen, ist allzu vereinfacht. Auch wenn die 15 Jahre seines Pontifikats keine großen Ereignisse aufweisen, so war er selbst in all seinem Tun doch stets darauf bedacht, als Bischof von Rom und oberste Autorität über die ganze Kirche gewürdigt und anerkannt zu werden. Weil seine Hauptsorge der Disziplin des Klerus galt, forderte er die strenge Beachtung der kanonischen Normen und verwendete dafür häufig Dekretale als Antwortschreiben auf die Fragen der Bischöfe, in denen er ausdrücklich Verfügungen und Verbote für jeden Einzelfall festlegte. Als Beispiel sei das *Dekretale* vom 11. Februar 385 erwähnt, gerichtet an den Bischof von Tarragona, Imerius, der seinem Vorgänger, Papst Damasus I., 15 Fragen zur kirchlichen Disziplin und zur Liturgiefeier vorgelegt hatte: die ausführlichen Antworten enthalten Normen, die die Bischöfe unter Androhung der Exkommunikation durchzusetzen hatten.

Im nächsten Jahr hielt er eine Synode, die wieder Fragen der kirchlichen Disziplin galt und neue *Canones* festlegte, die er den Bischöfen Afrikas und anderer ferner Gegenden zusenden ließ. Darin legte er fest, daß Unwissenheit nicht als Milderungsgrund angeführt werden dürfe. Diese Synode war im übrigen die erste in der Vatikanischen Basilika.

Als strenger Verteidiger der katholischen Orthodoxie verurteilte er auf dem Konzil von 390 den Mönch Jovinianus und seine Anhänger, die u. a. die Institution des Mönchtums angriffen und sogar die Jungfräulichkeit Mariens leugneten. Der Verurteilung der mariologischen Häresie schlossen sich auch der hl. Ambrosius und der hl. Hieronymus mit dem heftigen Brief *Adversus Jovinianum* an. Und weil die gleiche Irrlehre auch in Illyrien verbreitet war, gab Siricius den Bischöfen Weisung, selbständig das Urteil gegen die Häresie auszusprechen. Er schaffte damit die Voraussetzung für das, was unter Innozenz I. das Apost. Vikariat werden sollte. Viel Mühe hatte er auch mit dem iberischen und dem französischen Episkopat, um ein Klima der Toleranz nach dem Schisma wiederherzustellen, daß von der priscillianischen Bewegung in diesen beiden Gebieten hervorgerufen worden war.

Unter seinem Pontifikat wurde die Errichtung von Kirchenbauten erheblich fortgesetzt, und Rom erhielt neue Basiliken: *S. Clemente* und *S. Pudenziana* wurden auf drei Schiffe erweitert, und die schon vorhandene Anlage von St. Paul, die Konstantin errichtet hatte, wurde fünfschiffig. Siricius starb am 26. November 399 und wurde in der Basilika des hl. Silvester bei den Priscillakatakomben beigesetzt.

Bibl.: V. Monachino, in *Bibliotheca Sanctorum*, XI (1968), Sp. 1234–37 mit Bibl.; B. Kriegbaum, *Afrikanische Autonomie und röm. Primat: Kanon 8 der röm. Synode der 386 und seine Geltung in Afrika*, in *Aus Kirche und Reich, Festschrift für Friedrich Kempf*, Sigmaringen 1983, S. 11–21; L. M. García y García, *El Papa Siricio y la significación matrimonial*, in *Hispania christiana. Estudios en honor de Prof. Dr. José Orlandis Rovira*, Pamplona 1988, S. 123–137.

G. Scano

Sisinnius

Papst. Er stammte aus Syrien und folgte am 15. Januar 708 auf Johannes VII. nach drei Monaten Sedisvakanz. Er war jedoch bereits erheblich krank und derart von der Gicht geplagt, daß er nicht einmal mit der eigenen Hand Speisen zum Mund führen konnte. Er starb am folgenden 4. Februar nach nur zwanzig Tagen seines Pontifikats. Er hatte leider nicht einmal seinen Wunsch verwirklichen können, die Stadtmauern Roms zu restaurieren, „*cura agens pro habitatoribus huius civitatis*“ (vgl. *Liber Pontificalis* I, 388). Er wurde in St. Peter beigesetzt.

N. Del Re

Sixtinische Kapelle

Die Sixtinische Kapelle ist der wohl berühmteste Raum der Vatikanischen Paläste, der jährlich von Millionen von Touristen besucht wird. Der rechteckige Saalbau ist, parallel zu Alt-St.-Peter, nach einer Ost-West-Achse ausgerichtet. Als die „offizielle“ Privatkapelle der Päpste ist sie auch ein Zentrum des Lebens der Kirche, da hier die Konklave (→) zur Wahl des Papstes stattfinden. Sie ist vergleichbar mit der Arenakapelle in Padua, die der Erbauer der Sixtina, Papst Sixtus IV. in jüngeren Jahren kennenlernte.

Der Saal hat eine Länge von 40,93 m und eine Breite von 13,41 m – die gleichen Ausmaße, die den Schriften entsprechend der Salomonische Tempel hatte. Die Höhe vom Boden zum Scheitel beträgt 20,70 m.

Der Fußboden mit seiner vielfarbigen Intarsienarbeit *(Opus Alexandrinum)* ist ein bemerkenswertes Beispiel der musivischen röm. Kunst des 15. Jh. Der Raum ist in Anlehnung an die antiken röm. Basiliken in drei Bereiche aufgeteilt: der niedere war für die Laien bestimmt, der zweite, etwa um eine Stufe erhöht und durch eine Marmorschranke getrennt, war für den Klerus bestimmt, und der wiederum um eine Stufe erhöhte dritte Teil beherbergte den Altar sowie den Papstthron.

Die Marmorschranke ist mit feinen Reliefs geschmückt und durch schlanke, mit Leuchtern gekrönten Pilaster gegliedert. Sie war soweit in die Mitte des Raums gerückt, daß die Sängerkanzel noch zu zwei Drittel in den Laienraum hineinreichte. Die Aufteilung wurde in der zweiten Hälfte des 16. Jh. verändert, um thematisch mit der Deckenkonzeption Michelangelos zu korrespondieren. Der Abschnitt der Schöpfungsgeschichte entsprach dann dem Chor und derjenige der Urgeschichte dem Laienraum. Der Marmorschranke schloß sich eine nicht weniger großartige Sängerkanzel an, auf der bei liturgischen Feiern der päpstl. Chor der *Cappella Sistina* (→) Platz nahm. Beide Kunstwerke werden Mino da Fiesole, Giovanni Dalamata und Andrea Bregno zugeschrieben. Von hier aus umschließt eine Marmorbank den gesamten Raum bis zum Altar. Ein solches Element gab es bereits in der Palatinischen Kapelle Papst Nikolaus' III. im Lateran, der sog. *Sancta Sanctorum.* In diesem Bereich pflegte sich die sog. *Capella Papalis* zu versammeln, eine Institution aus der Zeit Sixtus' IV. Ihr gehörten ca. 200 Personen an, darunter auch Laien, denen es gestattet war, bei ihren offiziellen Zusammenkünften dort Platz zu nehmen.

An jeder Längsseite befinden sich sechs und an jeder Querseite zwei Fenster. Die zwei Fenster, die früher auf der Altarseite vorhanden waren, sind im Laufe des 16. Jh. zugemauert worden; den Raum schließt eine Stichkappendecke, wie sie im 13. Jh. üblich war und auch in der Totenkapelle der Eltern Sixtus' IV. in der Kathedrale von Savona zu sehen ist.

Die Kapelle befindet sich nach Aufbau und Struktur an der Stelle einer älteren Kapelle, der sog. *Capella Magna.* Sie lag gegenüber der *Capella Parva,* die von Papst Nikolaus III. (1277–80) errichtet, dem hl. Nikolaus geweiht war, später jedoch an anderer Stelle von Paul III. (1534–49) durch die *Cappella Paolina* (→) ersetzt worden ist.

Die für die Renaissance untypischen Unregelmäßigkeiten im Grundriß der Sixtina gehen auf die ältere *Capella Magna* zurück, wie jüngste Studien und archäologische Untersuchungen bestätigen. In der Tat hat man unter den gemalten Vorhängen des ersten Joches gemauerte Türen und Fenster gefunden, die dem antiken Bau zugehörig sind. Der Vorgängerbau war vermutlich eine Holzkonstruktion, wie auch der Fußboden. Die Erbauer der neuen Kapelle nutzten offensichtlich das alte Holzskelett, erneuerten aber Boden und Wölbsystem. Dies war vermutlich die Ursache dafür, daß die Sixtinische Kapelle, nicht zuletzt aufgrund ihrer Lage am Vatikanischen Hügel, zahlreiche Erschütterungen und damit auch Risse erfuhr. Diese erreichten ihren Höhepunkt im Jahr 1522, als die Trennwand zur *Sala Regia* zusammenstürzte. Um diesen Problemen zu begegnen, haben im Jahr 1570 die Architekten Vignola und Pirro Ligorio starke Strebepfeiler am Außenbau errichtet, so daß die Sixtinische Kapelle bis heute fast den Charakter einer Festung besitzt. Die Arbeiten am Bau, die durch Giovannino de' Dolci geleitet wurden, vermutlich nach Zeichnungen des Baccio Pontelli, dauerten bis zum Tode Papst Sixtus' IV. im Jahre 1484 an. In dieser Zeit waren schon einige Malereien begonnen, über die ein im Geheimarchiv des Vatikan bewahrtes Dokument Auskunft gibt *(Locatio Picturae Cappellae Magnae Novae Palatii Apostolici).* Dieses bestätigt, daß die künstlerische Ausgestaltung vom Papst am 27. Oktober 1481 in Auftrag gegeben wurde und listet die Namen der Künstler auf: Cosimo Rosselli, Sohn des Lorenzo di Filippo, geb. 1439, Alessandro Filipepi, Sohn von Botticelli, geb. 1445, Domenico Tommaso Corrado, Florentiner, gen. Il Ghirlandaio, geb. 1454 und schließlich Pietro Vannucci, Sohn Peruginos, geb. um 1445–50. Die vier Künstler dürften sich zur Zeit der Abfassung der Urkunde bereits in Rom befunden haben. Sie waren mit der Ausführung von zehn Szenen des Alten und Neuen Testaments beauftragt, wobei für vier bereits ausgeführte Gemälde der Betrag von 250 Dukaten bezahlt worden ist.

Am 9. August 1483, am Jahrestag der Wahl Papst Sixtus' IV., wurde die erste Hl. Messe gefeiert und am darauffolgenden 15. August weihte man die *Cappella Sistina* im Rahmen einer feierlichen Zeremonie der Himmelfahrt Mariens. Zu diesem Zeitpunkt müßten die vier genannten Maler ihre Arbeit bereits vollendet haben, denn wie ein weiteres Dokument bezeugt, sind sie im Jahr 1482 wieder nach Florenz zurückgekehrt. Andere Quellen sprechen davon, daß zur Komplettierung der Fresken in der Sixtina weitere Künstler und Mitarbeiter tätig wurden. Genannt werden u. a. Filippo Fiorentino, bekannter unter dem Namen Filippo Lippi, Signorelli, Bartolomeo della Gata, Andrea Aloisi, Rocco Zoppo und Piero di Cosimo. Später hat man auf der Basis von stilistischen Vergleichen noch die Namen der Künstler Melozzo da Forlì, Biagio di Antonio und Bartolomeo di Giovanni hinzugefügt.

Zur ursprünglichen Ausschmückung gehören auch 28 Porträts der ersten hl. Päpste. Diese sind meist mit den liturgischen Gewändern ihrer Zeit bekleidet und befinden sich in den Nischen und den pilastergerahmten Zwischenräumen der Fenster, dekoriert mit dem jeweiligen Papstwappen. Die Serie der Päpste reicht bis in die konstantinische Epoche zurück. Unter jedem Papst ist Name, Herkunft und Dauer seines Pontifikats eingetragen, gemäß den Angaben im *Liber Pontificalis.* In dieser Serie befinden sich die Päpste Anaklet I., Clemens I., Alexander I., Pius I., der hl. Hyginus, Victor I., der hl. Eleutherus, Zephyrinus, hl. Pontianus, Urban I., Felix I. und der hl. Dionysius. Sie werden Ghirlandaio und seinem Kreis zugeschrieben. Aus der Hand Botticellis und Schüler seien der hl. Evaristus, hl. Thelesphorus, die hl. Sixtus I., Soter und Anicet, Calixtus I., Lucius I., Cornelius, Sixtus II., Stephanus I. und Marcellus. Nur schwer zuzuschreiben sind indes die Gemälde der hl. Cajus, Eutychianus und Marcellinus.

Die zwei Freskenzyklen mit jeweils sechs Feldern an beiden Längswänden, die von den bereits erwähnten berühmtesten Künstlern des 15. Jh. gemalt worden sind, stellen Begebenheiten aus dem Leben Mose, des Befreiers Israels, dar (links vom Altar) und Christi, des Befreiers der Menschheit (rechts vom Altar), also nach der alten liturgischen Tradition, die in Moses den prophetischen Vorläufer Christi sieht. Die beiden ikonographischen Zyklen beginnen an der Wand beim Altar mit der Gegenüberstellung der Auffindung des Mose und der Geburt Christi. Beide Fresken stammen von Perugino; die Zyklen endeten an der Wand beim Eingang mit dem Streit um den Leichnam des Mose auf der einen und der Auferstehung Christi auf der anderen Seite. Die beiden ersten Fresken, die sich rechts und links der Darstellung der Himmelfahrt Mariens befanden, wurden zerstört bzw. entfernt, um für das *Jüngste Gericht* von Michelangelo Platz zu schaffen. Die anderen Fresken fielen dem Einsturz des Türbalkens im Jahr 1522 zum Opfer.

Die gegenüberstellenden Bildzyklen zeigen folgende Begebenheiten: Links die OBSERVATIO ANTIQUAE REGENERATIONIS A MOISE PER CIRCONCISIONEM, den *Alten Bund* durch den Zug Mose nach Ägypten und rechts die INSTITUTIO NOVAE REGENERATIONIS A CHRISTO IN BAPTISMO, den *Neuen Bund* durch die Taufe Christi, beide von Perugino. Es folgen die *Versuchung Mose* und die *Versuchung Christi,* entstanden aus der künstlerischen Hand Sandro Botticellis, zwei Fresken von einzigartiger Schönheit; dann von Cosimo Rosselli der *Empfang der Gesetzestafeln* durch Mose und die Übergabe an das Volk gegenüber der *Berufung der Apostel Petrus und Andreas* von Ghirlandaio sowie die *Bergpredigt* Christi von Rosselli, ihm stand besonders bei den Porträts Piero di Cosimo als Mitarbeiter zur Seite. Dann die *Übergabe der Schlüssel,* ein Meisterwerk des Perugino und schließlich das *Letzte Abendmahl* von Cosimo Rosselli. Die beiden letzten Fresken auf der linken Seite sind aus der Hand Botticellis, die *Bestrafung der Rotte des Korah* und der *Tod Mose* von Luca Signorelli. In den Nischen zwischen den Fenstern befinden sich – wie bereits beschrieben – die Porträts der ersten 28 Päpste.

Im Laufe der Restaurierung der letzten Jahre wurden auf den Marmorrahmen der jeweiligen Fresken die lateinischen *Tituli* der verschiedenen Fresken wiederentdeckt, die vermutlich von Papst Sixtus IV. festgelegt wurden und von großer Bedeutung für eine kritische Beurteilung dieser Gemälde sind.

Erst ein Viertel Jahrhundert später, im Jahr 1508, begann Michelangelos Arbeit in der Sixtina. Der Mann, der mit Hilfe Michelangelos große Veränderungen an der Sixtina bewirken sollte, war bereits seit dem ersten Tag ihrer Entstehung mit der Kapelle verbunden. Damals hieß er noch Giuliano della Rovere und war Kardinal, ein Neffe Sixtus' IV. Als am 15. August 1483 die Kapelle der Himmelfahrt Mariens geweiht wurde, hatte er wohl schon hochfliegende Pläne. Erst 22 Jahre später – 1505 – standen sich die beiden zum ersten Mal gegenüber. Michelangelo im Alter von 30 Jahren und bereits ein berühmter Bildhauer, Giuliano schon 62 und als Julius II. Papst.

Der Papst vertraute Michelangelo die Ausmalung der Decke der Sixtinischen Kapelle an. Es handelte sich um den ersten großen Gemäldeauftrag dieses Künstlers, der eigentlich Bildhauer war und in den Jahren 1498–99 die berühmte *Pietà* der Petersbasilika geschaffen hatte. Diese Tatsache sollte große Auswirkungen auf den Fortgang der Arbeiten haben, die immer wieder Unterbrechungen erfuhr und auch Augenblicke der Verzweiflung, wie einigen Briefen aus dieser Zeit zu entnehmen ist, die Michelangelo an seine Familie geschrieben hat. Zumindest in der ersten Phase der Arbeiten standen Michelangelo zwei Gehilfen zu Verfügung, Francesco Granacci und Giuliano Bugiardini, die der Meister wohl aus Respekt vor der Größe des Auftrags zu sich geholt hat. Ihre Beteiligung war aber ziemlich gering, wie auch den Schriften der beiden hauptsächlichen Biographen, des Vasari (1568) und des Condivi (1553), zu entnehmen ist. Im Lichte der jüngsten Restaurierung 1989/90 kann man jedoch feststellen, daß diese Mitarbeit bis zum Jahre 1509 andauerte.

Papst Julius II. wünschte ursprünglich die zwölf Apostel als Deckendekoration. Michelangelo setzte jedoch sein eigenes Projekt durch. Dieses Deckenfresko kostete den Künstler unsägliche Mühe. Das erste Gerüst von Bramante entfernte er wieder, weil es in die zu bemalenden Flächen hineinragte. Er baute sich dann selbst eine Bühne und hat das gesamte Fresko auf dem Rücken liegend gemalt. Am 4. Oktober 1511 schrieb er an seinen alten Vater in Florenz: „Betet zu Gott, daß mir meine Arbeit Ehre macht und daß ich den Papst (Julius II.) zufriedenstelle." Und in einem weiteren Brief an seinen Bruder heißt es: „Übrigens strenge ich mich mehr an, als einer sich je angestrengt hat."

Die Szenen stellen Begebenheiten aus der Genesis, vom Beginn des Universums bis zum erneuten Leben auf der Erde nach der Sintflut und der Familie Noahs dar.

Vom Altar ausgehend, lassen sich folgende Szenen erkennen: Gott trennt das Licht von der Finsternis; Gott schafft den Mond, Sonne und die Pflanzen und setzt sein schöpferisches Werk fort; Gott trennt die Erde vom Wasser und segnet sein Werk; die berühmte Erschaffung des Menschen (Adam), eine Übertragung immateriellen Lebens auf den bereits geformten Körper, wobei Gott seinen Finger dem der Kreatur nähert; die Erschaffung der Frau, die betend neben Adam steht und fasziniert dem Ruf Gottes von rechts folgt; der Sündenfall und die Vertreibung aus dem Paradies, in einer einzigen Komposition in einem Triptychon. Der Dämon und der Engel scheinen aus dem gleichen Stamme zu wachsen; die unschuldigen Vorfahren sind sehr ideal dargestellt, dagegen das sündige Paar auch im Körper traurig und verblüht. Das Opfer von Noah, der Gott in einer gottlosen Welt, die die Sintflut verursacht hat, treu geblieben ist; die Sintflut, das erste Fresko, das auf das Gewölbe der Sixtina gemalt wurde, was man an verschiedenen Einzelheiten als anfängliche Unerfahrenheit des genialen Künstlers gedeutet hat. Das letzte Bild stellt Noah als Betrunkenen dar; das Leben beginnt wieder auf der verwüsteten Erde und somit greift das körperliche und moralische Übel wieder um sich, das symbolhaft in der unfreiwilligen Trunkenheit des Patriarchen und im unbarmherzigen Spott seines Sohnes zum Ausdruck kommt. Diese Episode verbindet den Zyklus des Gewölbes mit dem der Wände: Die Erschaffung der Welt und des Menschen durch die Liebe, die Auflehnung des Menschen, seine Bestrafung, das erneute Leben auf der Erde in einer verdorbenen Natur, jedoch mit dem Versprechen einer Erlösung, die jahrhundertelang von Israel gehütet und von Christus auf dem Kalvarienberg wahr gemacht wurde.

Jedes kleinere Feld des Gewölbes hat an den Ecken vier Jünglingsgestalten, die mit einfachen Gesten die dargestellten Begebenheiten zu kommentieren scheinen. Über die gesamte Länge des Gewölbes hinweg sind, auf massiven Thronen sitzend, Propheten und Sibyllen dargestellt. Besonders schön sind der weinende Jeremias neben dem ersten Schöpfungstag und die delphische Sybille neben der Sintflut. In den vier flachen Zwickeln des Gewölbes befinden sich die biblischen Erzählungen von Arman und Mardochäus (links vom Altar), die Erzählung von der ehernen Schlange (rechts), von Judith und Holofernes (links der Türe), vom Siege Davids über Goliath (rechts), die alle auf den Retter und Erlöser der Menschheit hinweisen.

Den restlichen Raum hat Michelangelo mit schlafenden und ruhenden Gestalten bedeckt, Müttern, Kindern und Familien, hingestreckt in dumpfer Müdigkeit. Es sind die leiblichen Vorfahren Christi, gewöhnliche Figuren, deren

Existenz jedoch in die Heilsgeschichte hineinwirkt. Am Ende ihres Stammes, am Ende ihrer Generationenkette steht Jesus von Nazareth. Nach Angaben De Tolnays (1943–60) ist das gesamte Deckengemälde in vier Phasen realisiert worden. Ein erster Teil ist im August 1511 enthüllt worden, wie dem Tagebuch des Zeremonienmeisters Julius' II. zu entnehmen ist. Danach wurde die Kapelle, Ende Oktober 1512, eröffnet, als Michelangelo die Fresken fertiggestellt hatte. Das Werk rief großes Erstaunen hervor und ein enormes Echo auch unter den Künstlern am Päpstl. Hof, so daß, wie Vasari beschreibt, auch ein Künstler wie Raffael seinen Stil danach ausrichtete. Michelangelos Ausmalung wirkt durch die Farbgebung und Plastizität seiner Figuren besonders kraftvoll und räumlich, wie es in Gemälden bisher unmöglich schien. Die Darstellungen aus der ersten Malphase auf der rechten Seite des Eingangs befanden sich in einem sehr schlechten Konservierungszustand aufgrund einer Explosion, die sich auf der Engelsburg im Jahre 1797 ereignet hatte und die Decke teilweise abfallen ließ.

Bis zu den jüngsten Restaurierungen des Deckengemäldes 1989/90 waren dieselben auch durch den Rauch der Kerzen und durch den Staub der Jahrhunderte schwer in Mitleidenschaft gezogen. Dank der Restaurierungen haben die Fresken heute wieder ihren ursprünglichen farbigen Glanz erhalten in den lebhaften Farben des Manierismus.

Nach der Fertigstellung des berühmten Deckenfreskos ruhten die Arbeiten in der Sixtinischen Kapelle fast 22 Jahre. Unter dem Pontifikat des kunstsinnigen Paul III., 1534–49, erhielt Michelangelo den Auftrag für die Altarwand der Kapelle. Michelangelo ließ die beiden Fenster an der Altarwand zumauern und, notgedrungen, die drei großartigen Fresken des Perugino (Auffindung des Mose, Krönung Mariä und Anbetung der Könige) entfernen. Dann konnte er 1537 sein letztes großes Werk in der Sixtina, das *Jüngste Gericht*, beginnen. Von dem Ereignis der Enthüllung des fertiggestellten Freskos am 31. Oktober 1541 heißt es: „Niemand kennt die Worte, die zwischen Papst Paul III. und Michelangelo in der Sixtinischen Kapelle gewechselt worden sind. Augenzeugen berichten aber, die Situation sei mit einer Spannung ohnegleichen aufgeladen gewesen. Durch die Fenster gebündelt, fiel das Nachmittagslicht ein, die Altarwand war von einem großen Tuch verhüllt. Papst Paul III. kam mit kleinstem Gefolge – ein zwar gebückter, aber noch höchst lebendiger Greis mit grauweißem Bart, das Haupt kahl geschoren, über dem weißen Papstgewand trug er einen blaßroten von Hermelin eingefaßten Schulterkragen und segnete mit schmaler Aristokratenhand den Künstler und die wenigen zugelassenen Besucher. Michelangelo war dunkel gekleidet wie stets, ein breitgesichtiger Mann mit rundem Schädel und knolliger Nase, die Augen weit auseinander stehend, nachlässig und ungepflegt. In dem zeremoniellen Kniefall, womit er den Papst begrüßte, war nichts von dem jahrelangen Ringen zu spüren, daß die beiden Männer verbunden hatte. Ein Wink des Papstes – und die Hülle, die die Altarwand bedeckt hatte, fiel zu Boden. Zum ersten Mal blickten andere als Michelangelos Augen auf das Jüngste Gericht. Minutenlanges Schweigen – dann begann der Papst zu beten: „Oh Herr, rechne mir meine Sünden nicht an, wenn Du kommen wirst zum Weltgericht." Ohne ein persönliches Wort an den Künstler zu richten, forderte er Michelangelo auf, seinen Glauben zu bekennen. Der Meister kniete an den Stufen des Altares nieder und begann ohne Zögern: „Credo in unum deum." Stellen wir uns das vor: der einsame Künstler betet in dem Augenblick, da sein reifstes Werk zum erstenmal sichtbar wird, die konzentrierten Sätze des christlichen Glaubens – und durchmißt alle Stationen, die vom Beginn der Schöpfung bis zu jenem Ende reichen, das er dargestellt hat. Was man auch darüber denken mag – in dieser Situation war es eine Realität, wenn Michelangelo stellvertretend für Papst und Kirche die Worte sprach: „Ich erwarte die Auferstehung der Toten und das ewige Leben.“ Bis auf den heutigen Tag gibt es keine Darstellung von Menschenhand, die ein künftiges Ereignis mehr in die Gegenwart versetzt als Michelangelos *Jüngstes Gericht*.

Den Plan für dieses Fresko hatte der Vorgänger Pauls III., Papst Clemens VII. (1523–34), gefaßt. Der unglückliche Papst des *Sacco di Roma* (1527) wollte mit dem Fresko eine *Memoria penitentiale* hinterlassen, da dieses Ereignis von vielen als göttliche Strafe für die heidnischen Auswüchse der Renaissance angesehen wurde. Für Paul III. hingegen, der Michelangelo den Auftrag seines Vorgängers bestätigte, sollte das *Jüngste Gericht* der Sixtinischen Kapelle auf das ökumenische Konzil, das später nach Trient einberufen wurde, und seine schwerwiegenden theologischen Probleme hinweisen, die in den langen Jahren seiner Vorbereitung diskutiert wurden (Primat, Rechtfertigungslehre, Muttergottes- und Heiligenverehrung).

In der damaligen Zeit begann man, den religiösen Problemen mehr Interesse zu widmen als den künstlerischen Fragen. Aber immer noch schien es so, daß die Schönheit der eigentliche Sinn des Lebens sei. Michelangelo aber hatte Schönheit als Selbstzweck längst hinter sich gelassen. Sein Bild ist nicht Prophetie, sondern das konkrete Ende der Weltgeschichte. Die Menschen dort, die Leiber, erfahren wie es ist, wenn die Naturgesetze sich verkehren.

Hier zu den Einzelheiten des monumentalen Freskos auf dem ca. 400 Personen ausgemalt worden sind:

Zentral oben thront über den himmlischen Wolken Christus als Weltenrichter. In der Auffassung eines antiken Gottes (Apollo/Herkules) mit der Geste der Verdammung. Neben ihm stehen die nimbierte Muttergottes, der hl. Johannes der Täufer und der hl. Andreas mit seinem Attribut, dem Kreuz. Links steht der hl. Petrus mit den Schlüsseln der doppelten Gewalt und neben ihm der hl. Paulus. Zu den Füßen Christi, der hl. Laurentius mit dem Rost und der hl. Bartholomäus, der seine eigene Haut hält, in welcher gleichsam als Karikatur ein Selbstbildnis Michelangelos zu erkennen ist.

Ebenfalls oben, links von dieser mittleren Gruppe, stehen die Frauen, rechts die Männer. Unter diesen erkennt man Simon, der das Kreuz des Erlösers trägt; in der Gruppe der Märtyrer sind die hl. Katharina mit dem Rad, der hl. Blasius, der hl. Simon mit der Säge und der hl. Sebastian bogenspannend. In der darunterliegenden mittleren Zone sieht man links die Auferstandenen, die in den Himmel auffahren, in der Mitte die Engelfanfare, rechts die Verdammten, die in die Hölle hinabfahren, trotz ihres Widerstandes, der von den flügellosen Engeln überwunden wird. Besonders beeindruckend ist die Gestalt des „Verzweifelten“, der nur mit einem Auge, wie wahnsinnig in den Abgrund starrt, während er das andere Auge mit der Hand bedeckt. Im unteren Bereich, links, wird die Auferstehung der Toten gezeigt; in der Mitte eine Höhle voller Dämonen und rechts der Eingang zur Hölle mit dem Boot des Charon, dem aus Dantes Göttlicher Komödie entnommenen Herrscher der Abgründe, und Minos, den Michelangelo mit den Zügen eines Zeremonienmeisters Pauls III., des Kardinals Biagio da Cesena versehen hat. Er malte ihn mit langen Eselsohren, weil dieser sich erlaubt hatte, sein Werk als obszön zu kritisieren.

Das *Jüngste Gericht* der Sixtinischen Kapelle ist das *„Dies irae“* der Renaissance, die ihren

Untergang erreicht und zum Teil auch ein grandioses Manifest der katholischen Reform, die Paul III. so nachdrücklich gewünscht hatte und die dann im Konzil von Trient verwirklicht wurde.

Unzählige kritische Studien haben den Versuch unternommen, die literarischen und ikonographischen Quellen dieser Komposition auszumachen. Neben der Bibel fand er sicherlich Anregung in Dantes „Göttlicher Komödie“ und „Dies irae“ von Tommaso da Celano.

Das Fresko wurde im Laufe der Jahrhunderte verschiedenen Restaurierungen unterzogen. Als einschneidendste Veränderung muß das Werk von Daniele da Volterra, genannt Braghettone, angesehen werden. Dieser wurde nach dem Konzil von Trient 1564 damit beauftragt, die Nacktheit der Personen zu bedecken, die von vielen als obszön angesehen wurden. Bei 10 Figuren wurde die bereits vorhandene Bedekkung verstärkt, bei anderen 25 völlig neu in Tempera hinzugefügt. Nur zwei Figuren, die des hl. Blasius und die der hl. Katharina von Alexandrien, wurden gänzlich neu gemalt, was aus der Haltung des Kopfes zu erkennen ist. Weitere Restaurierungen erfolgten in den Jahren 1710, 1825, 1903 und 1935/36. Bekanntlich ist die jüngste umfassende Restaurierung der Sixtina 1989 begonnen und 1994 beendet worden. Diese Arbeit, die von NTV (Nippon Television Network Corporation) gesponsort wurde, wird schon jetzt als eines der bedeutendsten Kulturereignisse des 20. Jh. angesehen, wie es der Präsident des Sponsors, Yosoji Kobyashi formulierte. Er zeigte sich davon überzeugt, daß „die wunderbaren Fresken von Michelangelo nicht als das Eigentum eines Volkes, einer Nation oder einer Religion angesehen werden müßten, sondern als ein Kulturerbe, das von der gesamten Menschheit geschützt werden muß.“

Bibl.: Michelangelo e la Sistina. La tecnica, il restauro, il mito, Rom 1990, mit großer Bibl. (S. 299–306); R. Richmond, *Michelangelo and the creation of the Sistine Chapel*, Tokyo 1992; M. Hall, *The Sistine ceiling restored*, New York 1993; F. Mancinelli, *La Cappella Sistina*, Vatikanstadt 1993.

E. Giacometti/F. Mauro

SIXTUS I.

Papst, Hl. Der Lebenslauf dieses Papstes ist kaum überliefert. Er erscheint als sechster im alten Papstverzeichnis des hl. Irenäus. Für sein Martyrium gibt es kein Zeugnis. Tatsächlich wurde der Papst sehr spät in das *Martyrologium* von Lyon aus dem 14. Jh. aufgenommen. Aus dem *Liber Pontificalis* erfahren wir, daß er aus dem Stadtteil der *Via Latina* in Rom stammte, Sohn eines gewissen *Pastore* war und vielleicht aus einer Adelsfamilie stammte. Eusebius folgend, dürfte sein Pontifikat etwa zwischen 115 und 129 anzusetzen sein. Nach dem *Liber Pontificalis* hat er einige liturgische Dekrete verfaßt. Dazu gehören die Erlaubnis, das bisher ausschließlich den Klerikern vorbehaltene Berühren heiliger Gegenstände auch anderen zu gestatten, ferner das gemeinsame Singen des *Sanctus* durch Priester und Volk, endlich einige die Disziplin betreffende Entscheidungen, vor allem im Verhältnis zwischen Episkopat und dem Apost. Stuhl sowie zwischen Bischöfen und Gläubigen.

Er starb nach etwa einem Jahrzehnt als Papst. Wir wissen nicht, welcher Verfolgung er zum Opfer fiel. Nach einer Überlieferung aus dem 3. Jh. wurde sein Leib von Rainolf, Graf von Alife, nach *Alatri* überführt. Ein Pergament aus dem Jahre 1584 bestätigt, daß seine sterblichen Überreste sowie die von weiteren elf Märtyrern unter dem Hochaltar der Kathedrale von *Alatri* aufbewahrt sind. Dies hatte die Überprüfung der Reliquien ergeben. Man fand damals ein Bleikästchen mit den eingravierten

Worten: „Hier ruht der Leib des hl. Sixtus I., Papst und Märtyrer“. Die jüngste Anerkennung der Urne erfolgte 1932 zum achthundertsten Jahrestag der Überführung nach Alatri, wo seine Verehrung immer lebendig geblieben ist und sich auf zwei Tage im Jahr konzentriert, den 11. Januar und den Mittwoch der Osterwoche.

Bibl.: Mariano da Alatri, in *Bibliotheca Sanctorum*, XI (1968), Sp. 1254–56; ders., *Il papa San Sisto I tra storia e leggenda*, Alatri 1976; M. Boiteux, *Les fêtes de San Sisto à Alatri*, in *Archivio della Società Romana di Storia Patria*, 105 (1982), S. 57.143.

G. Scano

Sixtus II.

Papst, Hl. Sein griechischer Ursprung, der ihm vom *Liber Pontificalis* und der folgenden Überlieferung zugeschrieben wird, ist historisch nicht erhärtet. Er wurde am 30. August 257 zum Papst geweiht und folgte auf Stephan I. in einer für die Kirche von Rom heiklen Stunde. Es ging um einen heftigen Streit zwischen Rom und der afrikanischen Kirche über die unterschiedliche Spendung der Taufe für jene, die bereits von Häretikern getauft waren. In der Lebensbeschreibung des hl. Cyprian wird er als „guter und friedfertiger Priester“ bezeichnet. Sixtus hat versucht, die Beziehungen mit Karthago sofort wieder aufzunehmen, ohne jedoch bedeutende Ergebnisse zu erzielen. Die einzigen sicheren Daten sind die zu seinem Martyrium, das er am 8. August 258 erlitt. Sie sind in einem Brief des hl. Cyprian an den afrikanischen Bischof Successus enthalten. Dort erfahren wir, daß er das Opfer der Verfolgung des Kaisers Valerian wurde, nach dessen zweitem Edikt die Bischöfe enthauptet und die Kirchengüter eingezogen werden sollten. Sixtus wurde von den Soldaten überrascht, während er von vier Diakonen begleitet auf dem Friedhof des hl. Calixtus das Wort Gottes verkündete. Er wurde in den Calixtus-Katakomben an der *Via Appia* beigesetzt und dann in der Krypta begraben. Später wurde sie „Krypta der Päpste“ genannt, weil hier die Gebeine von neun Bischöfen von Rom beigesetzt sind, fünf seiner Vorgänger und drei seiner Nachfolger. Auch wenn die ursprüngliche Inschrift und die von Sixtus III. angebrachte – wir kennen sie von Abschriften – nicht aufgefunden wurden, so weiß man doch mit Sicherheit, daß die Gebeine Sixtus' II. sich hier befanden. Einmal sind an den Wänden noch Inschriften lesbar und dann gibt es auch ein Gedicht des Damasus „Hic congesta iacet“. Erst viel später sind die Gebeine des Papstes nach St. Peter gebracht und unter einem Marmoraltar mit einem eigens errichteten Baldachin beigesetzt worden.

In der frühchristlichen Malerei taucht das Bild Sixtus' II. oft auf, z. B. in der Pretestatus-Katakombe in Rom und *S. Apollinare Nuovo* in Ravenna. Doch häufiger sind die späteren Darstellungen mit dem bekannten Märtyrer Laurentius, dem Sixtus II. vor seinem Martyrium den Schatz der Kirche anvertraute. Wir erwähnen nur die Mosaiken und Fresken in *S. Lorenzo fuori le Mura* (13. Jh.) sowie die berühmte Sixtinische Madonna, die Raffael für die gleichnamige Kirche von *Piacenza* gemalt hat und die sich heute in der Gemäldegalerie von Dresden befindet.

Bibl.: S. Carletti/C. Mocchegiani Carpano, in *Bibliotheca Sanctorum*, XI (1968), Sp. 1256–62 mit Bibl.; M. Cecchelli Trinci, *L'epitafio di Bonifacio monaco e mansionario di Sisto II*, in *Quaderni dell'Istituto di Archeologia e Storia antica* dell' Università abruzzese „G. D'Annunzio“ 2 (1981), S. 151–159; E. Follieri, *Antiche chiese romane nella „Passio“ greca di Sisto, Lorenzo e Ippolito*, in *Rivista di studi bizantini e neoellenici*, 17–19 (1980–82), S. 43–71; J. E. Cross, *The „Passio“ S. Laurentii et aliorum“; Latin manuscripts and the Old English Martyrology*, in *Medieval studies*, 45 (1983), S. 200–213.

G. Scano

Sixtus III.

Papst, Hl. Er war Sohn eines gewissen Sixtus und wurde in Rom geboren. Über seine Jugend und seine Ausbildung ist nichts überliefert. Doch aus den Briefen des hl. Augustinus (Brief 191,194) geht hervor, daß er noch als Priester Sympathie für die Anhänger des Pelagius hatte, die sich um Julian von Eclanum scharten. Doch nach der Verurteilung des Zosimus war er ihr derart scharfer Gegner geworden, daß Augustinus selbst ihn zur Mäßigung aufrufen mußte.
Am 31. Juli 432, nur vier Tage nach dem Tod des hl. Coelestin, wurde er zum Papst geweiht und setzte sich unmittelbar darauf energisch für die Wiederherstellung der Einheit der östlichen Kirche ein, wo der Gegensatz zwischen dem hl. Cyrill und den Bischöfen des Patriarchates Antiochien andauerte. Er unterstützte auch die Bemühungen von Kaiser Theodosius, die das gleiche Ziel verfolgten. Schon im folgenden Frühjahr unterschrieben der hl. Cyrill und Johannes von Antiochien den sogenannten „Akt der Einigung" für sich und ihre Anhänger. Johannes erkannte in einem Brief an den Papst bedingungslos den röm. Primat an. Sein Einschreiten gegen die Häresie des Pelagius war nicht ebenso einschneidend, zumal diese bereits am Erlöschen war. Er hatte auch von Julian von Eclanum keinen ausdrücklichen Widerruf erlangt. Zwischen 435 und 438 mußte Sixtus III. entschieden in Illyrien eingreifen, um die Bischöfe auf die Pflicht der Anerkennung der Rechte seines Stellvertreters, des Bischofs von Thessaloniki hinzuweisen.

Von Sixtus III. gingen Verschönerungen in Rom und Impulse für die sakrale Baukunst aus. Einige Umgestaltungen sind als grundlegend zu bezeichnen: *S. Lorenzo in Lucina* wurde zu einer Basilika mit drei Schiffen umgestaltet, die Taufkapelle im Lateran, die auf Konstantin zurückgeht, erhielt einen achteckigen Umgang. Es wurde *S. Pietro in Vincoli* errichtet. Doch das majestätischste Werk ist die Umgestaltung der alten Liberianischen Basilika zu *S. Maria Maggiore*, das die Gottesmutterschaft Mariens, die im Konzil von Ephesus (430) definiert worden war, verherrlichen sollte. Er starb am 19. August 440 und wurde beim Grab des hl. Märtyrers Laurentius an der *Via Tiburtina* begraben.

Bibl.: V. Monachino, in *Bibliotheca Sanctorum*, XI (1968), Sp. 1262–64, mit Bibl.

G. Scano

Sixtus IV.

Papst. Francesco della Rovere war der Sohn des Leonardo und der Luchina Monleone, wurde in *Celle* bei Savona in Ligurien 1414 geboren und legte bald die Kutte der Franziskaner an. Er erwarb 1444 in Padua das Doktorat in Theologie und lehrte dann an verschiedenen italienischen Universitäten, wurde 1464 General seines Ordens und 1467 Kardinal. Als er am 9. August 1471 zum Papst gewählt war, nahm er den Namen Sixtus IV. an. Er rief wie seine Vorgänger sofort eine größere Gruppe von Verwandten nach Rom und übertrug ihnen wichtige Aufgaben in der Verwaltung der Kirche. Die Neffen Giuliano della Rovere und Pietro Riario wurden im Dezember des gleichen Jahres Kardinäle. Das Amt des Präfekten von Rom übernahm Leonardo, der Bruder von Giuliano. Sixtus IV. gab ihm als Braut die illegitime Tochter Ferdinands von Aragon, nicht ohne Ferdinand vorher *Sora*, *Arpino* und die benachbarten Orte, die Eigentum des Hl. Stuhles waren, abzutreten. Leonardo erhielt dieses Gebiet als Lehen. Ähnliches widerfuhr anderen Verwandten und Neffen, denen neue Herrschaftsgebiete in der Romagna und den Marken zugedacht waren, angefangen mit Senigallia, das der Neffe Giovanni della Rovere erhielt. Dieser förderte hier die landwirtschaftliche Produktion, den Handel und vor allem die Holzindustrie, die zur Zeit des Malatesta eine Hauptquelle des Reichtums gewesen war.

Als er *Imola* von Alessandro Sforza zurückgewonnen hatte, der es eigentlich Lorenzo de' Medici abtreten wollte, vertraute Sixtus IV. seine Regierung dem Girolamo Riario an, der nach dem Tod seines Bruders Pietro der bevorzugte Neffe geworden war. *Imola* bildete eine bequeme Basis, um ökonomisch und politisch in Mittelitalien einzugreifen: daher der Plan des Papstes, die Besitzungen des Neffen in der Romagna zu erweitern und der sich daraus ergebende Widerstand des Lorenzo de' Medici. An Gründen für den Gegensatz zwischen dem Papst und den Medici fehlte es nicht. Sixtus IV. hatte in Rom den Bankiers aus Florenz die Vorherrschaft zugunsten von Agenten aus Genua entzogen und die Ausbeutung der Alaungruben von Tolfa den Pazzi übertragen, einer Familie, die den Medici die Macht in Florenz streitig machte. Jedoch hat er sie vergeblich bei der Verschwörung zur Beseitigung Lorenzo des Prächtigen und der Vertreibung der Medici von der Macht (1478) unterstützt. Mit Hilfe des Ferrante von Neapel und den Folgen, die sich aus Erbschaftsaffären in der Romagna gebildet hatten, wußte Girolamo Riario sehr wohl seinen Vorteil zu ziehen, um sich Faenzas und Forlis zu bemächtigen; doch die neue Türkengefahr (1480) setzte den nepotistischen Bestrebungen ein Ende. Es traten sogar Gegensätze hervor, die schon seit einiger Zeit heranreiften: der König von Neapel hatte sich im März mit Lorenzo de' Medici verständigt und den Colonna weitere Gebiete des Reiches abgetreten. Außerdem hatte er ihre Fähigkeit verstärkt, sich der Agrarpolitik des Hl. Stuhles zu widersetzen, der die Bauern und Händler gegen den Adel in den Städten unterstützen wollte. Um sich für die Kehrtwendung des Aragonesen zu rächen, suchte der Papst die Unterstützung Venedigs und bot ihm Ferrara an. Doch der Friedensvertrag von Bagnolo (7. August 1484) sicherte zwar Venedig das umstrittene *Polesine* und Ferrante die festen Plätze in Apulien zu, mißachtete aber gänzlich die expansionistischen Bestrebungen Sixtus IV. in Mittelitalien.

In seinem kirchlichen Wirken beschränkte er sich im wesentlichen auf die Vergrößerung der Privilegien der Bettelorden und erließ ein weiteres Verbot der Appellation an ein Konzil. 1478 gab er Ferdinand von Aragon und Isabella von Kastilien die Erlaubnis zur Wiedereinführung der Inquisition. 1483 ernannte er Thomas de Turrecremata zum Großinquisitor für Spanien. In Rom war das Wirken des Papstes darauf gerichtet, die bereits schwache kommunale Selbständigkeit immer mehr einzuschränken. Er maßte sich sogar das Recht an, zu Stadtbeamten auch Personen zu ernennen, die nicht zur röm. Bürgerschaft gehörten. Das Volk sah sich seines hauptsächlichen Rechts beraubt, die Regierung der Stadt aber wurde zu einem Werkzeug der Macht des Papstes. Auch bei der Stadtplanung wollte er die Entwicklung der Kommune verhindern, dagegen aber mit neuen Straßenzügen die Verbindung zu den der Kurie nahestehenden Händlergruppen begünstigen, obwohl sie aus anderen Gegenden Italiens stammten. Den ganzen Schaden aber hatte die röm. Handwerkerzunft, die vorher auf diesem Gebiet tätig war. Diese Dinge trugen gewiß nicht dazu bei, diesen Papst bei den Römern beliebt zu machen. Als Liebhaber der Künste berief Sixtus IV. in das Zentrum seines Staates die besten Künstler, von Pinturicchio und Mino da Fiesole über Antonio Pollaiolo zu Andrea Bregno, um Rom mit herrlichen Kirchen wie *S. Maria del Popolo*, *S. Maria della Pace* zu verschönern und veranlaßte den Bau der Sixtinischen Kapelle im Vatikanpalast. Platina ordnete die Vatikanische Bibliothek neu, Pomponius Letus gab der Röm. Akademie neuen Auftrieb. Sixtus IV. starb am 12. August 1484 in Rom und wurde in St. Peter in dem Bronzegrab bestattet, das Antonio Pollaiolo geschmückt hat. Es kam 1635 in die Sakramentskapelle der neuen Petersbasilika, wurde von dort 1922 ins Museum Petriano transferiert und befindet sich heute in den Vatikanischen Grotten.

Bibl.: L. Pastor, *Papstgeschichte*, II Rom 1925, S. 427–675; E. Lee, *Sixtus IV and men of letters*, Rom 1978; F. Tamburini, *Un registro di bolle di Sisto IV nell' Archivio della Penitenzieria Apostolica*, in *Palaegraphica, diplomatica et archivistica. Studi in onore di Giulio Battelli*, II, Rom 1979, S. 375–405; *Un pontificato ed una città, Sisto IV (1471–1484). Atti del Convegno di Roma, 3–7 dicembre 1984*, Hrsg. M. Miglio, Vatikanstadt 1986; R. Goffen, *Friar Sixtus IV and the Sixtine Chapel*, in *Renaissance quaterly*, 39 (1986), S. 218–262; L. Di Fonzo, *Sisto IV: carriera scolastica e integrazioni biografiche (1414–1484)*, Rom 1987; *V. Convegno storico savonese. L'età dei Della Rovere. Savona, 7–10 Novembre 1985*, Savona 1988–89; F. Benzi, *Sisto IV, Renovator Urbis*, Rom 1990.

G. Scano

Sixtus V.

Papst. Er war der Sohn des Peretto (Beiname des Vaters, der dann zum Familiennamen wurde) und der Marianna da Ferentillo aus *Camerino*. Felice Peretti wurde in *Grottamare* (Ascoli Piceno) am 13. Dezember 1521 geboren und entschied sich recht bald für das Ordensleben, indem er den Habit der Franziskaner-Konventualen in Ascoli 1534 anlegte. Sein Onkel mütterlicherseits, Fra Salvatore Ricci, war hier Oberer und wurde auch sein erster Lehrer. Nach einem harten Studienkurs machte er in *Fermo* am 26. Juli 1548 das Doktorat in Theologie. Im Jahr darauf verteidigte er beim Generalkapitel seines Ordens in Assisi seine Thesen gegen Antonio Persico, einen Gefolgsmann des Bernardino Telesio. Er erwies dabei seine Fähigkeiten als „Kontroversredner“. Zu gleicher Zeit wuchs sein Ruhm als Prediger, zumal nach der Predigt 1552 in der Kirche *SS. Apostoli* zu Rom. Hier lernte er neben dem hl. Ignatius von Loyola auch den hl. Philipp Neri und den hl. Felix von Cantalice (der ihm das Papsttum vorhersagte) kennen. Kardinal Gian Pietro Carafa, der künftige Papst Paul IV., berief ihn 1556 in den Generalrat für die Reformkommission. Im gleichen Jahr wurde er für das ganze Gebiet der Republik Venedig zum Inquisitor ernannt, wo er wegen seiner unnachgiebigen Haltung Mißfallen erregte und auf heftigen Widerstand stieß. Nach Rom zurückgekehrt, wurde er zunächst zum Konsular der „Hl. Inquisition“ ernannt (1560), dann zum Generalprokurator der Franziskaner. Kurz darauf wurde er als Theologe dem Gefolge des Kardinallegaten Ugo Boncompagni beigegeben und zog mit ihm nach Spanien, um die Frage des Erzbischofs von Toledo, Bartolomeo Carranza, zu lösen, der des Luthertums verdächtig war. Bei seiner Rückkehr wurde er von Pius V. zum Generalvikar der Konventualen und 1566 zum Bischof von *S. Agata dei Goti* (Benevent) ernannt. Hier zeichnete er sich durch Einsatzfreude und apostolischen Eifer aus. Am 17. Mai 1570 wurde er zum Kardinal kreiert und dann in die Diözese Fermo versetzt, auf die er 1577 verzichtete. Während des Pontifikats von Gregor XIII. zog er sich etwas zurück, weil er nicht dessen Sympathie besaß und widmete sich völlig dem Studium der Theologie, wobei er eine neue Ausgabe der Werke des hl. Ambrosius im Auge hatte.

Beim Tod Gregors XIII. bestieg der Kardinal von Montalto, wie Felice Peretti gewöhnlich genannt wurde, den päpstl. Thron durch Akklamation am 24. April 1585 und nahm den Namen Sixtus V. an, um den Franziskaner Sixtus IV. (1471–84) zu ehren. Das Programm des

Neugewählten war sofort klar. Vermehrung der staatlichen Einnahmen und Einschränkung der Ausgaben, die Verschönerung Roms, wo zugleich Ordnung und Disziplin wieder zur Geltung kommen sollten, endlich ein radikaler Kampf gegen das Banditentum. Zugleich wandte er sich der Reform der Kirchenstruktur zu und paßte sie den auf dem Konzil von Trient sichtbar gewordenen Notwendigkeiten an. Er schärfte vor allem den Bischöfen ihre Residenzpflicht ein und verlangte periodische Besuche „*ad limina*" seitens der Bischöfe aus aller Welt. Er gab der Missionstätigkeit einen kräftigen Auftrieb und ordnete die allgemeine kirchliche Verwaltung neu, deren Grundlage eine systematische und feste Aufteilung der Funktionen und Zuständigkeiten war. Er schuf dafür neue dauerhafte Organe. Mit der Konstitution *Immensa aeterni Dei* vom 22. Januar 1588 rief der Papst 15 Kardinalskongregationen ins Leben, eingeschlossen die bereits vorhandenen, die er aber entsprechend reorganisierte. Einige von diesen mußten sich ausschließlich mit der geistlichen Leitung der Kirche beschäftigen, andere dagegen sollten die weltliche Verwaltung des Kirchenstaates übernehmen. Zugleich setzte der Papst genaue Normen für ihr regelmäßiges und geordnetes Arbeiten fest.

Ein Großteil der Aufmerksamkeit Sixtus V. galt der Stadt Rom, die unter seinem Pontifikat die Gestalt einer modernen Stadt annahm, deren Zentrum das Modell des ersten Stadtbauplans in Europa wurde. Hauptkennzeichen der baulichen Tätigkeit Sixtus' V. war die Schnelligkeit der Planung, der eine ebenso rasche Durchführung folgte. Das Urteil über die städtebaulichen Initiativen Sixtus' V. ist widersprüchlicher Art. Besondere Sorge widmete der Papst dem Straßennetz, das eine Erweiterung der Stadt vor allem nach Norden hin zum Ziele hatte und der Entwicklung einiger unbewohnter Gebiete Roms. Zu ihrer Förderung erließ er 1587 eine „*Concessio privilegiorum et immunitatum aedificantibus vel habitantibus*". Infolgedessen wurden die großartigen Arbeiten zur Wiederherstellung der Alexandrinischen Wasserleitung durchgeführt (später zu seiner Ehre *Acqua Felice* genannt), weil das Vorhandensein von Wasser die Ansiedlungen in den betreffenden Gegenden erleichterte. Er plante und ließ unmittelbar darauf den Wiederaufbau des päpstl. Lateranpalastes folgen, wobei er das alte *Patriarchium* zerstören ließ. In diesem wie in anderen Fällen wurde Sixtus vorgeworfen, er habe die alten röm. Monumente nicht respektiert. Typisch ist hier der Abbau der Überreste des berühmten *Settizodiums*, das Septimius Severus Anfang des 3. Jh. n. Chr. erbaut hatte. Auf die Anschuldigung antwortete der Papst, er wolle „nur die verfallenen Altertümer beseitigen, dagegen jene wiederherstellen, die es nötig hatten."

Er bereicherte die Stadt mit Obelisken, unter denen der auf dem Petersplatz, der am 10. September 1586 errichtet wurde, wegen des für seine Aufrichtung erforderlichen technischen Wagemutes hervorsticht. Er trieb auch die Arbeiten an der neuen Vatikanbasilika voran und ließ die Kuppel nach den Plänen des Michelangelo einwölben. Für die Vatikanische Bibliothek (→) schuf er einen geeigneten Neubau, der vom Architekten Domenico Fontana zwischen Ende 1587 und Mitte 1589 errichtet wurde. Der Bau entstand über zwei weitläufigen Freitreppen, die den unteren Teil des grandiosen „Theaters" des Bramante oder dem Belvederehof (→) mit dem oberen *Cortile della Pigna* (→) verbanden.

An der Ausschmückung des Bauwerkes arbeiteten zahlreiche bedeutende Künstler unter der Leitung von Giovanni Guerra aus *Modena* und Cesare Nebbia aus *Orvieto* mit. Bemerkenswert sind die Fresken in den Lünetten, wo die Geschichte der Bautätigkeit zum Ruhm des

Pontifikates von Sixtus' V. dargestellt ist. Ihm verdanken wir weiter den Bau des Apost. Palastes im Vatikan, den der hl. Stiege, den der Kirche *S. Girolamo dei Schiavoni* (heute der Kroaten), den der Sakramentskapelle in *S. Maria Maggiore*, ferner auch die Eröffnung des großen Hospizes *S. Michele* für die Armen und Pilger auf der Durchreise durch Rom.

In der Außenpolitik bewegte sich Sixtus V. mit bewußter Klugheit, indem er versuchte, mit den europäischen Staaten gute Beziehungen zu unterhalten. Er schenkte Polen den Frieden mit Österreich, wahrte das Gleichgewicht zwischen Spanien und der Republik Venedig, verteidigte Frankreich bei Gelegenheit der Thronbesteigung des Hugenotten Heinrich IV. von Navarra, mit dem er gute Beziehungen anknüpfte. Dabei glaubte er an die Möglichkeit der Bekehrung des französischen Herrschers zum Katholizismus und hielt ihn für einen Mann, der fähig wäre, das Land zu einen und wieder zu befrieden. Er befaßte sich mit dem Schutz der Stätten im Heiligen Land und sandte ferner die ersten kirchlichen Gesandtschaften in den Fernen Osten. Der große Papst und das „Vorbild eines Fürsten", wie er von der Geschichte beurteilt wird, starb am 27. August 1590 im Apost. Palast des Quirinals, den er als Sommerresidenz der Päpste neu hatte eröffnen lassen. Er erlag einem Malariafieber kurz nach der Rückkehr von einer langen Reise zu den Unternehmungen zur Trockenlegung der pontinischen Sümpfe. Die sterblichen Überreste des verdienten Papstes aus den Marken wurden vorläufig in St. Peter beigesetzt und am 26. August 1591 in die großartige Sakramentskapelle der Basilika *S. Maria Maggiore* übertragen, wo ihm das Grabdenkmal nach einem Entwurf des Fontana errichtet wurde mit der Statue des auf den Knien betenden Papstes in der Mitte, ein Werk des Bildhauers Giovanni Antonio Paracca, Valsoldo genannt.

Bibl.: L. Pastor, *Papstgeschichte*, X Rom 1928; R. Schiffmann, *Roma felix. Aspekte der städtebaulichen Gestaltung Roms unter Papst Sixtus V.,* Bern/Frankfurt/M. 1985; G. Parisciani, *Sisto V e la sua Montalto*, Padua 1986; I. De Feo, *Sisto V, un grande papa tra Rinascimento e Barocco*, Mailand 1987; M. Zugaj, *Sisto V tra Oriente e Occidente*, Rom 1987; H. Gamrath, *Roma sancta renovata; studi sull'urbanistica di Roma nella seconda metà des secolo XVI con particolare riferimento al pontificato di Sisto V (1585–1590)*, Rom 1987*; Studia Sixtina nel IV centenario del pontificato di Sisto V* (1585–1590), ebd. 1987; C. Sansolini, *La spiritualità di Sisto V nei suoi sermoni anteriori al pontificato (nel IV centenario dell'elezione 1585–1985)*, ebd. 1989; I. Gatti, *Sisto V Papa „piceno". Le testimonianze e i documenti autentici*, Ripatransone 1990; G. Simoncini, *„Roma restaurata"; rinnovamento urbano al tempo di Sisto V*, Florenz 1990; *Roma di Sisto V. Le arti e la cultura*, Hrsg. Maria Luisa Madonna, Rom 1993.

M. G. Barberini

SOTER

Papst, Hl. Über diesen hl. Papst besitzen wir wenige Nachrichten. Er stammte aus *Fondi* (in der heutigen Provinz Latina) und leitete die Kirche von 166 bis 175, wobei man seine außerordentliche Nächstenliebe rühmte, wie einem Brief des Bischofs Dionysius von Korinth an Soter zu entnehmen ist, der bei Eusebius von Cäsarea (Hist. eccl. IV, 23) angeführt wird. Alles, was unter dem 22. April im *Martyrologium Romanum* berichtet wird, ist historisch nicht gesichert. Dies gilt auch von seinem Martyrium. Daher ist auch die Nachricht anzuzweifeln, nach der Sergius II. (844–847) die Überführung des Leichnams von Papst Soter aus den Katakomben in die Kirche *S. Martino ai Monti* anordnete. Dieser Nachricht widerspricht im übrigen der *Liber Pontificalis* (I,135), nach dem er im Vatikan begraben wurde.

Bibl.: A. Amore, in *Bibliotheca Sanctorum*, XI, Sp. 1328–1328.

N. Del Re

Sozialfonds des Hl. Vaters

→ Almosenamt, Apostolisches

St. Anna-Tor

Hinter der Kirche *S. Anna*, wo am Ende des *Borgo Pio* die Via della Cancellata begann, später Via del Pellegrino genannt, gab es bis zum 11. Februar 1929 einen Eingang zu den Apost. Palästen. Das St. Anna-Tor war ein monumentales, normalerweise geschlossenes Gittertor mit einer kleinen Türe für den Fußgängerverkehr. Die Gendarmerie bewachte den Durchgang.

Mit dem Lateranvertrag wurde das vatikanische Staatsgebiet zur Seite des *Borgo Pio* bis an die Ecke zur Via di Porta Angelica hin vergrößert. An dieser Stelle errichtete man im März 1931 ein neues Tor, das den Namen der nahegelegenen Kirche St. Anna der Reitknechte (dei Palafrenieri) erhielt.

Dieser Diensteingang wird von der Schweizergarde in einfacher Montur bewacht und ist Zugang zu vielen Büros, technischen Diensten, der Druckerei, der Post, der Apotheke, dem Osservatore Romano usw. Durch das St. Anna-Tor führt ein Großteil des Kfz- und Fußgängerverkehrs in die Vatikanstadt.

Bibl.: L. Castelli, *„.quel tanto di territorio.“*, Rom 1940, F. Ratti, *Pio XI costruttore*, in *Realtà*, 15 (1934), S. 225–253.

A. Martini

St. Paul vor den Mauern

→ San Paolo fuori le mura

Staat der Vatikanstadt

Er entstand kraft der Lateranverträge zwischen dem Hl. Stuhl und Italien vom 11. Februar 1929, die am folgenden 7. Juni ratifiziert wurden. Damit wurde unter anderem die alte „Römische Frage“ endgültig gelöst. Jetzt stellte der Staat der Vatikanstadt (SCV) ein politisches Gebilde dar, das dem Hl. Stuhl in seiner Eigenschaft als oberster Institution der katholischen Kirche „die absolute und sichtbare Unabhängigkeit (sichert) und ihm eine über jeden Zweifel erhabene Souveränität, auch auf internationaler Ebene, garantiert“, wie es in der Präambel des erwähnten Vertrages heißt. In Artikel 26 bestätigt der Hl. Stuhl seinerseits die Auffassung, daß mit dem Vertrag „ihm angemessen zugesichert wird, was er braucht, um mit der gebührenden Freiheit und Unabhängigkeit die pastorale Leitung der Diözese Rom sowie der Katholischen Kirche in Italien und in der Welt auszuüben“. Infolge des vom Hl. Stuhl in Artikel 24 ausgesprochenen absoluten Willens, sich für immer „aus den irdischen Streitigkeiten von Staaten und zu diesem Zweck einberufenen internationalen Zusammenkünften herauszuhalten, es sei denn, daß die streitenden Parteien gemeinsam an seine Sendung für den Frieden appellieren – wobei er sich aber in jedem Fall das Geltendmachen seiner moralischen und geistlichen Vollmacht vorbehält“ –, wird nun das Gebiet der Vatikanstadt allgemein als neutral und unverletzlich betrachtet. Es steht außerdem mit den sich darauf befindlichen Kulturgütern unter dem Schutz der Konvention von Den Haag vom 14. Mai 1954, der der Hl. Stuhl am 24. Februar 1958 beigetreten ist. Aufgrund der Anerkennung als „Hort der menschlichen Kultur“ und der Einschreibung des gesamten Staates in das internationale Verzeichnis der Kulturgüter, steht der Vatikan im Fall eines bewaffneten Konflikts unter dem besonderen Schutz des Generaldirektors der UN (vgl. dazu F. Cavalli, *La Santa Sede e La Convenzione dell'Aja per la protezione dei beni culturali in caso di conflitto armato*, in La Civiltà cattolica 111 (1960),

I, S. 264–276). Mit dem Beitritt des Hl. Stuhls 1982 zu dem Übereinkommen zum Schutz des Kultur- und Naturerbes der Welt vom 16. November 1972, wurde die gesamte Vatikanstadt in die Liste des Weltkulturerbes aufgenommen. Dies gilt seit dem 8. Dezember 1990 auch für alle extraterritorialen Güter des Hl. Stuhls in Rom, mit Ausnahme lediglich des *Seminario Romano Minore.*

Die Vatikanstadt ist eine Enklave innerhalb der Stadt Rom auf dem rechten Ufer des Tiber mit einer Oberfläche von 440.000 m² (davon 260.000 überdacht) und einer maximalen Länge von 1045 m und einer größten Breite von 850 m, auf dem antiken *Ager Vaticanus* (→) entstanden. Sie bedeckt ungefähr das Gebiet, das von den italienischen Truppen nach der Eroberung Roms am 20. September 1870 nicht besetzt und damals bereits dem Hl. Stuhl zugeschrieben wurde, mit einigen Hinzufügungen durch das „Garantiegesetz" vom 15. Mai 1871. Ihr Territorium, „jenes kleine Territorium", wie Pius XI. erklärte, „das als Stütze der Souveränität genügt, jenes kleine Territorium, ohne das diese nicht bestehen könnte, weil sie nichts hätte, worauf sie sich stützen könnte", liegt vollständig innerhalb der späteren Erweiterungen der Mauern, die Leo IV. (847–855) zum Schutz der Petersbasilika errichten ließ. Seine Grenzen bilden die anliegenden Stadtviertel sowie die Kolonnaden des Bernini an der Stelle des Zusammenlaufens seiner „Arme". Deswegen gehört zum Staat der Vatikanstadt auch der Petersplatz, der aber weiterhin (nach Art. 3 des Vertrags) grundsätzlich dem Publikum offensteht. Dort ist jedoch die italienische Polizei zuständig, außer in Fällen, in denen sich der Hl. Stuhl zu bestimmten Anlässen vorbehält, ihn vorübergehend für den freien Durchgangsverkehr zu sperren. Außer dem eigentlichen Territorium des Staates umfaßt die Jurisdiktion des Vatikans einige weitere Gebäude in Rom und außerhalb Roms, die das Recht der Extraterritorialität (→) genießen.

Die rechtliche Organisation des Staates der Vatikanstadt ist in den sechs Grundgesetzen festgelegt, die am 7. Juni 1929 erlassen und am folgenden Tag als Supplement 1 der *Acta Apostolicae Sedis* (→) veröffentlicht wurden. Es handelt sich der Ordnung nach um Nr. I.: Das Grundgesetz der Vatikanstadt; Nr. II: Das Gesetz über die Quellen des Rechts; Nr. III: Das Gesetz über die Staatsbürgerschaft und das Aufenthaltsrecht; Nr. IV: Das Gesetz über die Ordnung der Verwaltung; Nr. V: Das Gesetz über die wirtschaftliche, kommerzielle und berufliche Ordnung; Nr. VI: Das Gesetz über die öffentliche Sicherheit. Der Vatikanstaat stellt eine absolute Wahlmonarchie auf Lebenszeit dar. Staatsoberhaupt ist der Papst, in dessen Händen die gesetzliche, die richterliche und die ausführende Gewalt liegen. Bei einer Vakanz des Apost. Stuhles (→) kommen die gleichen Vollmachten dem Kollegium der Kardinäle zu, das jedoch nur in dringendsten Fällen gesetzliche Verfügungen erlassen kann. Sie gelten auch nur für die Dauer der Vakanz, es sei denn, sie werden vom neuen Papst bestätigt (Gesetz I. Art. 1); dem Papst kommt auch die Vertretung des Vatikanstaates gegenüber auswärtigen Staaten zu für den Abschluß von Verträgen und die diplomatischen Beziehungen (Art. 3), endlich die Kontrolle über die Bilanzen sowie die tatsächlichen Ausgaben der Vatikanstadt (Art. 4).

Diese Vollmachten werden vom Papst zum Teil direkt ausgeübt, zum anderen Teil von besonderen delegierten Organen. Unter ihnen steht an erster Stelle die „Päpstl. Komm. für den Staat der Vatikanstadt" (→), die Pius XII. 1939 eingesetzt hat und die von Paul VI. 1969 in ihren Befugnissen verstärkt wurde. Sie muß sich jedoch in allen Angelegenheiten, die dem Papst vorbehalten sind, an den Kardinalstaatssekretär wenden. Ihm ist im Handschreiben Johannes Pauls II. *Le sollecitudini crescenti* vom 6. April 1984 (AAS, LXXVI [1984], S. 495–496) der „hohe besondere Auftrag" erteilt, den Papst in der zivilen Verwaltung des Staates der Vatikanstadt zu vertreten und in seinem Namen und an seiner Stelle die Vollmachten und Verantwortlichkeiten seiner zeitlichen Souveränität wahrzunehmen. Von der Päpstl. Komm. hängt das Gouverneursamt, das Governatorat (→) ab. Seit 1952 ist der Posten eines Gouverneurs (→) vakant. Damals starb der Markgraf Camillo Serafini, der bis heute der einzige Inhaber dieses Postens war. Die *Consulta dello Stato della Città del Vaticano* (→) arbeitet lediglich als beratendes Organ und gibt Empfehlungen und Stellungnahmen für eine gute Regierungsarbeit des Staates. Sie wurde 1968 von Paul VI. eingesetzt. Organe mit richterlicher Gewalt sind nach dem neuen Codex des kanonischen Rechts mit dem Motu Proprio Johannes Pauls II. *Quo civium iura* vom 21. November 1987 (AAS, LXXIX [1987], S. 1553–55) und einer Verfügung, die unter dem gleichen Datum vom damaligen Staatssekretär, Kardinal Agostino Casaroli, unterzeichnet wurde, die folgenden: der *Giudice unico*, der Einzelrichter, der für die zivilen Fälle geringerer Bedeutung und Zuwiderhandlungen in Strafsachen zuständig ist; der Gerichtshof erster Instanz, zuständig für Zivil- und Strafsachen (analog einem Schwurgericht); der Appellations- und der Kassationsgerichtshof (→), die ihrem Namen entsprechende Aufgaben haben (→ *Tribunale des Staates der Vatikanstadt*). Die Verfahren in kirchlicher Zuständigkeit, die in der Vatikanstadt begonnen wurden, werden bei Revisionsanträgen von der Röm. Rota (→) weiterbehandelt.

Funktionen der Polizei für die Sicherheit des Staates, der Personen und Sachen, die sich auf dem Gebiet der Vatikanstadt befinden, ferner Funktionen der Gerichtspolizei sowie der für den Straßenverkehr zuständigen Polizei, die bis 1970 vom aufgelösten Korps der Päpstl. Gendarmerie (→) wahrgenommen wurden, werden derzeit von den Agenten des Wachdienstes des Staates der Vatikanstadt (→) ausgeübt, zu denen über hundert Leute gehören. Sie unterstehen unmittelbar der Päpstl. Komm. für den Staat der Vatikanstadt. Ein entsprechendes Gesetz (Nr. CLXVIII vom 25. März 1991) hat diese Päpstl. Komm. selbst erlassen. (AAS, Suppl. 62 [1991], Nr. 3). Obwohl es zur Diözese Rom gehört, besitzt das Territorium des Staates der Vatikanstadt eine eigene kirchliche Verwaltung, die seit 1929 durch Pius XI. mit der Konstitution *Ex Lateranensi pacto* vom 30. Mai (AAS, XXI [1929], S. 309–311) dem Sakristan Seiner Heiligkeit (→) anvertraut war. In Folge der Neuordnung des Päpstl. Hauses (→) durch Paul VI. wurde dessen Titel zu dem eines „Generalvikars Seiner Heiligkeit für die Vatikanstadt". Seine Aufgaben wurden jedoch vor einigen Jahren dem jeweiligen „Erzpriester von St. Peter" (→) übertragen und zwar durch das Handschreiben Johannes Pauls II. *Dopo la costituzione* vom 14. Januar 1991 (AAS, LXXXIII [1991], S. 147–148). Die Gemeinde hat ihren Sitz in der Kirche *S. Anna dei Palafrenieri* (→), deren Krypta entsprechend als Grabstätte der Vatikanstadt eingerichtet wurde. Sie ist den Angehörigen des Augustinerordens anvertraut.

Die Bevölkerung des Staates der Vatikanstadt (Bürger und Residierende) beträgt weniger als tausend Personen verschiedener Nationalität, vorwiegend Italiener. Vatikanische Bürger sind alle, die aufgrund ihrer Würde, ihrer Aufgabe oder ihres Amtes hier residieren. Doch muß ihre Residenz gesetzlich vorgeschrieben und von der zuständigen Behörde autorisiert sein (→Vatikanische Staatsbürgerschaft). Wie jeder andere Staat besitzt auch der Vatikan eine eigene Flagge (→), die aus einem zweiteiligen Tuch, gelb zum Mast hin, weiß mit den gekreuzten Schlüsseln und der Tiara (→) darüber nach außen besteht. Das Wappen ist rot (mit gekreuzten Schlüsseln, einer silbern, der andere golden, darüber die silberne Tiara und an den Rändern goldene Kronen mit roten Edelsteinen), und das eigene Siegel (rund: in der Mitte die gekreuzten Schlüssel mit der Tiara darüber, geschmückt mit vier konzentrischen Kreisen, außen perlweiß, dazwischen die Schrift: STATO DELLA CITTÀ DEL VATICANO, wobei Anfang und Ende sich unten befinden, getrennt durch einen Stern mit acht Zacken). Der Vatikanstaat gibt eigene Briefmarken heraus sowie metallische Münzen, die von der italienischen Münze geprägt werden. Im Wert sind sie identisch mit der jeweiligen italienischen Lira. Sie gelten auch in Italien (Münzabkommen vom 2. August 1930) und in San Marino (Abmachung vom 30. Dezember 1931, ratifiziert am 25. Mai 1932). Die Münzen dieser Staaten können umgekehrt frei in der Vatikanstadt verkehren. Unter den verschiedenen anderen Diensten besitzt er eine eigene Telegraphenstation, einen Radiosender (→ Radio Vaticana) und einen Eisenbahnanschluß, der mit dem italienischen Netz verbunden ist (→ Eisenbahn, Vatikanische).

Wie jene Staaten, die keinen Zugang zum Meer haben, muß auch der Staat der Vatikanstadt kraft der Konvention von Barcelona vom 20. April 1921 zur Schiffahrt auf dem Meer mit eigenen Schiffen im Schiffahrtsregister (→) eingeschrieben sein und die päpstl. Flagge tragen. Dabei sind besondere Normen zu beachten, die für sie von der „Päpstl. Komm. für den Staat der Vatikanstadt" erlassen sind – mit dem Dekret Nr. LXVII vom 13. September 1951 (AAS, Suppl. 23 [1951] ohne Ordnungsnummer).

Bibl.: F. Ruffini, *Lo Stato della Città del Vaticano. Considerazioni critiche*, Turin 1930; F. Cammeo, *Ordinamento giuridico dello Stato della Città del Vaticano*, Florenz 1932; C. Pacelli, *Lo Stato della Città del Vaticano*, in *Vaticano*, Hrsg. G. Fallani/M. Escobar, ebd. 1946, S. 761–779; J. Puente Egidio, *Personalidad internacional de la Ciudad del Vaticano*, Madrid 1965; J. M. Sánchez de Muniaín, *Lo Stato della Città del Vaticano*, in *Il Vaticano e Roma cristiana*, Vatikanstadt 1975, S. 131–159; W. Schulz, *Lo Stato della Città del Vaticano e la Santa Sede*, in *Apollinaris*, 51 (1978) S. 661–674; P. A. D' Avack, *Trattato di diritto canonico*, Mailand 1980, S. 311–335; W. Schulz, *Leggi e disposizioni usuali dello Stato della Città del Vaticano*, Rom 1981–82; G. Marrone, *Struttura legislativa fondamentale dello Stato della Città del Vaticano*, in *Bollettino di informazioni costituzionali e parlamentari*, 1986, Nr. 2; E. Gallina, *Il Vaticano è di tutti. Straordinari riconoscimenti internazionali della Città del Vaticano e dei Beni extraterritoriali*, Vatikanstadt 1991.

N. Del Re

STAATSBÜRGERSCHAFT, VATIKANISCHE

Im Unterschied zum italienischen Zivilrecht hinsichtlich des Erwerbs der Staatsbürgerschaft basiert die vatikanische Staatsbürgerschaft nicht auf den traditionellen Kriterien des *ius sanguinis* (gebürtig von im Vatikan lebenden Eltern) oder des *ius soli* (Geburt auf dem Territorium des Vatikanstaates). Sie basiert ausschließlich auf dem Kriterium der „stabilen Residenz auf dem Territorium des Vatikanstaates", wie in Art. 9 der Lateranverträge festgelegt ist. So wird man also nicht als vatikanischer Staatsbürger geboren, sondern wird es aufgrund einer stabilen Residenz im Vatikan, gemäß den im entsprechenden vatikanischen Gesetz Nr. III vom 7. Juni 1929 genannten Gründen (AAS, Suppl. 1 [1929], Nr. 1, S. 14–21). Nach Art. 1 des zitierten Gesetzes werden als Staatsbürger der Vatikanstadt angesehen: a) die in der Vatikanstadt oder in Rom residierenden Kardinäle; b) diejenigen, die auf Dauer in der Vatikanstadt wohnen aufgrund ihres Amtes oder ihrer Aufgabe, sofern eine solche Residenz per Gesetz oder *regolamento* vorgeschrieben oder vom Papst oder seinem Kardinalstaatssekretär autorisiert worden ist;

c) diejenigen, die unabhängig von den beiden vorgenannten Punkten vom Papst autorisiert sind, einen ständigen Wohnsitz in der Vatikanstadt zu haben mit Gewährung oder Beibehaltung der Staatsbürgerschaft. Gemäß Art. 2 gelten diese Bestimmungen auch für die Ehegatten, die Kinder, bzw. die Brüder und Schwestern eines vatikanischen Staatsbürgers, wenn sie mit ihm zusammenleben und autorisiert sind, unter den im Gesetz vorgesehenen Bedingungen, im Vatikanstaat zu wohnen.

Wenn eine der Voraussetzungen für die vatikanische Staatsbürgerschaft entfällt, hat dies ihren sofortigen Verlust zur Folge. Ein ehemals italienischer Staatsbürger, der die vatikanische Staatsbürgerschaft verliert, erhält seine italienische wieder. Das gleiche gilt für seine Nachkommen und für solche ehemaligen Vatikanbürger, die ihre ursprüngliche Staatsangehörigkeit nach ihrem Heimatrecht nicht wieder erlangen können. Sie erhalten nach Art. 9 Abs. II der Lateranverträge die italienische Staatsangehörigkeit. Weiterhin ist verfügt, daß, sofern das Vatikanische Gesetz keine eigenen Vorschriften erlassen hat, ein italienischer Staatsbürger unter die gesetzlichen Bestimmungen seines Landes und ein Drittstaater unter diejenigen seines Heimatlandes fällt. Bei dem Erwerb der vatikanischen Staatsbürgerschaft kann die bisherige eigene Staatsangehörigkeit beibehalten werden.

Die vatikanische Staatsbürgerschaft ist mithin eine besondere, die mit der ständigen Residenz der Person oder ihrer Angehörigen im Staat der Vatikanstadt zusammenhängt und damit auch mit in diesem Staat ausgeübten Ämtern und Funktionen.

Bibl.: G. Fermanelli, *Considerazioni in ordine alla doppia cittadinanza delle persone residenti in Vaticano,* in *Il Diritto ecclesiastico e Rassegna di diritto matrimoniale,* 86 (1975), I, S. 274–276.

N. Del Re

Staatssekretär

Kardinalstaatssekretär. Titel des Kardinals, der dem Staatssekretariat (→), einem der wichtigsten Dikasterien der Röm. Kurie, vorsteht. Früher wurde so der Prälat bezeichnet, der dem für die Politik des Papstes zuständigen Kardinal zur Seite stand. Erst mit Kardinal Giangiacomo Panciroli begann im Jahr 1644 die Reihe der eigentlichen Kardinalstaatssekretäre. Pius IX. vereinte die beiden Aufgaben am 1. August 1846 wieder in einer Person.

Der Staatssekretär genießt das besondere Vertrauen des Papstes und ist, wie Papst Johannes XXIII. (1958–63) schreibt, sein „erster Mitarbeiter in der Führung der Weltkirche". Er kommt immer aus der Diplomatenlaufbahn und kann als Premierminister des Papstes und höchster Vertreter der politischen und diplomatischen Tätigkeiten des Hl. Stuhls betrachtet werden. In dieser Eigenschaft vertritt er unter bestimmten Umständen sogar den Papst. Er empfängt und verhandelt für ihn mit den beim Hl. Stuhl akkreditierten Diplomaten oder empfängt Staatsoberhäupter, die dem Papst einen offiziellen Besuch abstatten. Im Namen des Papstes erwidert er auch deren Besuch in Begleitung des Substituten des Staatssekretariats (→). Er verhandelt über alle Fragen der Kirchenpolitik – Konkordatsfragen – und beruft in bestimmten Zeitabständen alle Kardinäle, die den einzelnen Dikasterien der Röm. Kurie vorstehen, zu Mitarbeiterversammlungen *„ad labores coordinandos, notitias praebendas, consilia capienada"* ein, d.h. zu einem Gedanken- und Informationsaustausch über anstehende Fragen – etwa so, wie ein Ministerrat in einer Staatsregierung. Diese Erneuerung hat Paul VI. in der Kurienreform mit der Kostitution *Regimini Ecclesiae universae* vom 15. August 1967 (AAS, LIX [1967], S. 885–928) eingeführt, was zeigt, daß die Reformatoren das Bild des modernen Staates vor Augen hatten, wenn auch in den Grenzen, die die besondere Natur der katholischen Kirche setzt.

Anders als alle anderen Vorsteher der Dikasterien, die jeweils für fünf Jahre in ihrem Amt sind, hat der Staatssekretär sein Amt bis zum Tode des Papstes inne. Dies ergibt sich aus der besonderen Vertrauensstellung, die er beim Papst, der ihn ernannt hat, einnimmt. Aufgrund dieser besonderen Stellung wohnt er im übrigen auch im Apost. Palast. Nach dem Tod des Papstes werden die Aufgaben des Staatssekretärs während der Sedisvakanz vom Substituten des Staatssekretariats (→) übernommen.

N. Del Re

Staatssekretariat

Es ist das Dikasterium der Röm. Kurie, das den Papst bei der Ausübung seines hohen Amtes unterstützt, wie es in der Konstitution *Pastor Bonus* vom 28. Juni 1988 (AAS, LXXX [1988], S. 841–912) heißt, mit der Johannes Paul II. die letzte Reform der Kurie vorgenommen hat. Vor allem dem Staatssekretariat wurde dabei eine neue Gestalt gegeben. Bereits Paul VI. hatte 1967 das Staatssekretariat vom letzten Platz unter den verschiedenen Dikasterien der Röm. Kurie an die Spitze aller anderen gestellt. Dies geschah im Rahmen seiner Reformkonstitution *Regimini Ecclesiae universae* vom 15. August 1967 (AAS, LIX [1967], S. 885–928).

Der Ursprung des Staatssekretariats geht auf die erste Hälfte des 15. Jh. zurück, genauer auf die Zeit von Martin V. (1417–31). Während seines Pontifikats gab es bereits mehrere *secretarii,* – so genannt, weil sie der *Camera secreta* angehörten – die sich um die zügige und vertrauliche Erledigung der diplomatischen Korrespondenz des Apost. Stuhls zu kümmern hatten. Sie wurden unter den renommiertesten Humanisten ihrer Zeit ausgewählt, so etwa Gian Francesco Poggio Bracciolini, Maffeo Vegio, Ambrogio Traversari, Francesco Filelfo oder Lorenzo Valla. Sie verfaßten Bullen und Breven, politische Dokumente, empfingen Botschafter und Fürsten und hielten Fest- oder Grabreden. Calixtus III. legte ihre Zahl 1456 auf sechs fest. Innozenz VIII. erhöhte die Zahl der Sekretäre mit der Konstitution *Non debet reprehensibile* vom 31. Dezember 1487 (BR, V, S. 330–339) auf 24. Dem Kollegium der Sekretäre stand ein *Secretarius domesticus* vor, der direkt vom Papst ernannt wurde und dessen volles Vertrauen genoß. Er erhielt im Laufe der Zeit immer weitergehende Kompetenzen und wurde so zum engsten Mitarbeiter des Papstes und zum Alleinverantwortlichen für die Politik des Apost. Stuhles.

Aus dieser herausragenden Stellung wurde der *Secretarius domesticus* jedoch bald verdrängt. Mit dem Nepotismus, der seit Sixtus IV. (1471–84) Einzug hielt, wurden die vertrauensvollen Posten nur noch an Familienmitglieder vergeben. Der *Secretarius domesticus* stand von nun an im Schatten der Kardinäle. Die *Kardinalnepoten* (→) hatten das Sagen und kümmerten sich um die Behandlung der wichtigen Fragen der Kirche und des Staates. 1586 wurde das Amt mit dem Breve *Romani Pontificis providentia* (BR, VIII, S. 685–690) von Sixtus V. ganz abgeschafft. In der Zwischenzeit war durch die wachsende Menge an Arbeit, die sich aus den immer umfangreicheren politisch-diplomatischen Beziehungen des Apost. Stuhles mit den europäischen Staaten ergab, ein neues Amt hervorgegangen. Unter dem Pontifikat von Leo X. (1513–21) wurde das Amt eines *secretarius intimus* oder *maggiore* (Hauptsekretär) gebildet, der sich um die Abfassung der päpstl. Korrespondenz in italienischer Sprache kümmerte. In der Abhängigkeit vom Kardinalnepoten war er dem *Secretarius domesticus* gleichgestellt, dem die Redaktion der lateinischen Briefe vorbehalten war. Der Hauptsekretär wurde dann auch mit der Ausbildung der Kardinalnepoten beauftragt. Aus ihm ging der spätere Staatssekretär hervor, der zum ersten Mal zur Zeit des Pontifikats Pauls V. (1605–21) erwähnt wird.

Die Notwendigkeit, an der Spitze des Sekretariats einen Kardinal zu haben und die Abschaffung des *Collegio dei Segretarii Apostolici* durch Innozenz XI. im Jahr 1678 bildeten weitere Ansätze der Organisation eines Staatssekretariates in der modernen Form. Als 1692 der Nepotismus durch Innozenz XII. endgültig abgeschafft wurde, endete das Regierungsmonopol von Familienangehörigen der Päpste. Von da an kann vom „Staatssekretariat" im heutigen Sinn des Wortes gesprochen werden. Ein Kardinalstaatssekretär übernahm die Führung der Innen- und Außenpolitik des Apost. Stuhles. 1833 reformierte Gregor XVI. das Staatssekretariat, indem er einen zweiten Staatssekretär für die sogenannte „innere" Sektion einsetzte, der für die Verwaltungsangelegenheiten des Kirchenstaates zuständig war. Pius IX. schaffte diese Stelle 1846 wieder ab, beließ es aber bei der Aufteilung in zwei Abteilungen, von denen sich die eine um die inneren, die andere um die äußeren Angelegenheiten des Apost. Stuhles kümmerte. Mit einem Edikt vom 10. September 1850 wurden ihre Aufgaben weiter präzisiert.

Nach Auflösung des Kirchenstaats und dem Ende der weltlichen Macht der Kirche im Jahr 1870 mußte sich auch die Einrichtung des Staatssekretariats den neuen Anforderungen stellen. Es blieb nicht verschont von den vielfältigen Auseinandersetzungen um die Stellung von Papsttum und Kirche in dieser Zeit, dem Pius X. mit seiner Kurienreform in der Konstitution *Sapienti consilio* vom 29. Juni 1908 (AAS, I [1909], S. 7–19) ein Ende setzte. Die das Staatssekretariat betreffenden Strukturänderungen wurden unter can. 263 auch in den Codex des Kirchenrechts von 1917 aufgenommen. Sie blieben bis 1967 weitgehend unverändert, als Paul VI. das Staatssekretariat in den Rang der obersten Kurienbehörde erhob und es damit zum eigentlichen Sekretariat des Papstes machte. Neben der alten Ersten Sektion gab es eine neue Abteilung, den „Rat für die Auswärtigen Angelegenheiten der Kirche".

Eine definitive Aufteilung in zwei Sektionen erfolgte bei der weiteren Kurienreform von 1988 durch Johannes Paul II., in die erste für allgemeine Angelegenheiten und die zweite für die Beziehungen zu den Staaten. In dem Schreiben Johannes Pauls II. *Pastor Bonus* (Art. 40–47) werden die Aufgaben genau beschrieben.

Die Erste Sektion ist zuständig für: die Erledigung der täglichen Arbeiten im Dienst des Papstes; die Prüfung von Angelegenheiten außerhalb der Kompetenz der Dikasterien der Kurie und anderer apost. Organe; die Pflege der Beziehungen zu den einzelnen Dikasterien ohne jedoch ihre Autonomie zu beeinträchtigen sowie die Koordinierung ihrer Arbeit; die Leitung der Aufgaben der Päpstl. Vertretungen, besonders in den Ortskirchen und die Betreuung der beim Hl. Stuhl akkreditierten Vertreter der Staaten. Dieser Sektion eingegliedert sind Abteilungen für die wichtigsten Weltsprachen, darunter auch Deutsch. Ein- und ausgehende Post aus oder in die entsprechenden Sprachbereiche muß in fast allen Fällen diese Sprachabteilungen passieren. Des weiteren geht es – in Verbindung mit den jeweils zuständigen Dikasterien – um die Aktivitäten des Hl. Stuhles bei den Internationalen Organisationen und bei den Internationalen Katholischen Organisationen. Weitere Aufgaben der Ersten Sektion des Staatssekretariats sind: die Endredaktion und der Versand der Apost. Konstitutionen, der Briefe und Dokumente des Papstes; die Prüfung aller Unterlagen über päpstl. Ernennungen sowohl innerhalb der Kurie wie bei vom Hl. Stuhl abhängigen Organen; die Betreuung des päpstl. Siegels und des Fischerrings. Was die Publikationen betrifft, ist Aufgabe des Staatssekretariates: die Veröffentlichung aller Dokumente des Hl. Stuhles in den *Acta Apostolicae Sedis* (→); die Verbreitung offizieller Mitteilungen des Papstes und der Röm. Kurie durch die *Sala Stampa* (Pressesaal) des Hl. Stuhles (→) sowie die Kontrolle der Vatikanzeitung *L'Osservatore Romano* (→), von Radio Vatikan (→) sowie des Vatikanischen Fernsehzentrums (→). Im angegliederten Büro für Statistik der Kirche (→) werden alle relevanten Daten gesammelt und ausgewertet.

Die Zweite Sektion befaßt sich mit den Beziehungen zu den Staaten. Ihre Aufgabe ist es: die diplomatischen Beziehungen zu den Staaten oder internationalen Völkerrechtssubjekten zu pflegen; den Hl. Stuhl bei den Internationalen Organisationen und bei Kongressen zu Fragen öffentlichen Interesses zu vertreten; Fragen bezüglich der Vertreter des Hl. Stuhls und ihrer Aktivitäten zu behandeln. Unter besonderen Umständen kann es auch um die Versorgung von Teilkirchen, deren Konstitution und evtl. Änderungen ihres Status gehen. Aufmerksamkeit gilt auch den Staaten, mit denen auf der Basis von Konkordaten Beziehungen bestehen, in der Regel nach Rücksprache mit der Kongregation für die Bischöfe.

Ernannt *ad nutum* des Papstes stehen dem Staatssekretariat vor: der Kardinalstaatssekretär (→), unterstützt vom Substituten (→), der die Leitung der Ersten Sektion innehat. Dazu kommen zwei Assessoren. Einem Erzbischof als Sekretär ist die Leitung der Zweiten Sektion anvertraut, unterstützt von einem Untersekretär. Neben einer beachtlichen Anzahl höherer Offiziale (*Capoufficio*) gibt es solche auch minderen Grades (Minutanten, Sekretäre, technisches Personal und Schreiber), die die laufenden Geschäfte erledigen. Von großer Bedeutung im Staatssekretariat ist das besonders ausgebildete Personal im Diplomatischen Dienst des Hl. Stuhls, also Apost. Nuntien, Nuntiaturräte, Nuntiaturauditoren und Nuntiatursekretäre, die jederzeit an eine der vielen Nuntiaturen in aller Welt versetzt werden können. Jede der zwei Sektionen hat darüber hinaus eine Gruppe von Konsultoren. Schließlich arbeiten beim Staatssekretariat drei ständige Kommissionen, die für das Personal, für die Anpassung der Gehaltstabellen und die für die päpstlichen Auszeichnungen zuständig sind.

Bibl.: N. Del Re, *La Curia Romana. Lineamenti storico-giuridici,* Roma 1970, S. 63–75/574–576; L. Pásztor, *L'archivio della Segreteria di Stato tra il 1833 e il 1947,* in *Annali della Scuola Speciale per Archivisti e Bibliotecari dell'Università di Roma,* 10 [1970], S. 104–148; Id., *La classificazione delle carte della Segreteria di Stato tra il 1833 e il 1847,* in *Miscellanea in memoria di Giorgio Cencetti,* Turin 1972, S. 639–663; Id., *L'archivio della Segreteria di Stato di Pio IX durante il triennio 1848 1850,* in *Annali della Scuola Speciale per Archivisti e Bibliotecari dell'Università di Roma,* 21–22 [1981–82], S. 54–148; Id., *La Segreteria di Stato e il suo archivio 1814–1833,* Stuttgart 1984–85; M. Cardinale, *La soppressione del Collegio dei Segretari apostolici: un provvedimento di riforma della Curia ispirato e sostenuto dal cardinale De Luca,* in *Apollinaris,* 58 [1985], S. 589–613; B. Bertagna, *La Segreteria di Stato,* in *La Curia Romana nella Cost. Ap. «Pastor Bonus»,* Hrsg. P.A. Bonnet/C. Gullo, Vatikanstadt [1990], S. 163–176; V. Buonomo, *La Segreteria di Stato: competenze nella «funzione» diplomatica,* ib., S. 177–188.

N. Del Re

STANDARTE UND STANDARTENTRÄGER DER HL. RÖM. KIRCHE

Die Standarte (*il Vessillo*) der Hl. Röm. Kirche bestand aus einem roten Seidentuch, auf dem früher das Bildnis des hl. Petrus, manchmal zusammen mit dem des hl. Paulus, zu sehen war. Diese Bilder wurden später auf Anordnung Innozenz' III. (1198–1216) durch die gekreuzten Schlüssel und ein weißes Kreuz darüber ersetzt. Unter dem Pontifikat Bonifatius' VIII. (1294–1303) bekam sie dann die seither beibehaltene Form, das heißt ein viereckiges Tuch aus roter Seide, mit sechszackigen Goldsternen bestickt, in der Mitte die gekreuzten Schlüssel und darüber ein Baldachin. Das Tuch hatte einen spitzwinkligen Einschnitt, wobei jede der zwei Spitzen mit einer Goldquaste geschmückt war. Die Standarte wurde an einer langen vergoldeten Stange getragen mit einer Aushöhlung anstelle des Griffs. Von der Stangenspitze hingen kleine metallische Bänder mit Goldquasten herab. Die Standarte der Hl. Röm. Kirche begleitete den Papst nicht nur auf Reisen, sondern auch bei den größeren religiösen und zivilen Feierlichkeiten (Fronleichnamsprozession, päpstl. Besitzergreifungen, feierliche Reiteraufzüge usw.). Sie wurde aber auch von den Truppen im Kampf verwendet. Sie war zum Beispiel bei den Kreuzzügen und bei der Schlacht von Lepanto dabei. In den Mosaiken zu beiden Seiten der Apsis des rekonstruierten *Triclinium Leonianum* (1743) ist uns die älteste Darstellung der Standarte erhalten. Sie geben getreu die Originalmosaiken aus dem 8./9. Jh. wieder. Wir können links Christus sehen, der Papst Silvester die Schlüssel, Konstantin aber die Standarte übergibt, während rechts der hl. Petrus Leo III. das Pallium überreicht, Karl dem Großen aber die Standarte. Es sind weitere Gemälde vorhanden, wo man die Standarte neben dem päpstl. Thron aufgerichtet sehen kann. Die Aufbewahrung der Standarte der Hl. Röm. Kirche war in Friedens- wie in Kriegszeiten einer hochrangigen Persönlichkeit anvertraut, die daher das Amt und die Bezeichnung eines Standartenträgers oder auch *Gonfaloniere* der Hl. Röm. Kirche innehatte. Es war vielleicht die höchste Auszeichnung, die der Papst einem Laien geben konnte. Öfter wurde sie sogar von Souveränen bekleidet, so von Jakob II. dem Gerechten (1264–1327), König von Sardinien und Korsika, dem sie Bonifatius VIII. verlieh, und von Ladislaus dem Großmütigen (1376– 1414), König von Neapel und Sizilien und König von Ungarn, dem Innozenz VII. sie gewährte. Innozenz XI. (1676–1689) übertrug sie dem Markgrafen Giovanni Battista Naro mit dem Recht, sie allen künftigen Erstgeborenen der Familie als Erbe zu übertragen. So ging die Würde dann an die Montoro über, da die Naro in ihrer Familie ausstarben. Um die Bedeutung der Würde des Standartenträgers zu unterstreichen, verfügte Clemens XI. (1700–21) zu Beginn seines Pontifikates, ihr Titular solle bei den feierlichen Reiteraufzügen von den Reitermajoren (→) flankiert werden. Damit ging er auf den Protest derjenigen ein, die so die Standarte selbst und nicht ihren Träger geehrt sehen wollten. Als Pius VII. 1801 als Ersatz für die aufgelösten Reiterkorps das neue Korps der Päpstl. Nobelgarde (→) einsetzte, stieß der Standartenträger als Hauptmann im Rang eines Generalleutnants zu ihnen und hatte nach der Überlieferung seinen Platz zwischen den beiden Hauptleuten dieser Garde.

Bibl.: P. Ludovici, *L'origine e il significato storico del Vessillo di Sacra Romana Chiesa*, in *L'Illustrazione Vaticana*, 7 (1936), S. 207–211.

N. Del Re

STANZA DER SIGNATUR

Der Saal der Signatur hat diesen Namen, weil sich dort früher das Gericht der *„Segnatura di Grazia"* (→) versammelt hat. Er befindet sich in der Mitte einer Reihe von drei fast gleich großen Räumen, die im oberen Teil des von Nikolaus V. (1447–55) erbauten Palastes liegen und ihre Fenster zum Belvederehof (→) hin haben. Diese Zimmerflucht, zu der auch der sog. *Saal des Heliodor* und *der des Brandes*, (so benannt nach zwei sehr bekannten Szenen, die Raffael dort als Fresken geschaffen hat), sowie der *Saal des Konstantin* gehören, der später von der Werkstatt des Raffael ausgeschmückt wurde, wählte man als Privatwohnung für Julius II. nach dessen Papstkrönung (31. Oktober 1503). Bevor er sich dort einrichtete, ließ der Papst die Räumlichkeiten, die ursprünglich von Künstlern wie Piero della Francesca, Signorelli und Bartolomeo Della Gatta mit Fresken ausgeschmückt worden waren, durch Bramante umgestalten. Bramante begann mit der Anlage des Intarsienfußbodens und schrägte die Ecken des Raumquadrats ab, um die malerische Ausschmückung zu erleichtern. Er veränderte auch die Position der Fenster. Im Anschluß an diese Maßnahmen setzte Julius II. einen Wettbewerb für die besten Maler seiner Zeit an, die die Säle mit neuen Fresken schmücken sollten. Es nahmen unter anderen Sodoma, Bramantino, Cesare Ripanda, Lorenzo Lotto, Peruzzi und Perugino teil. Dem jungen Raffael wurde eine Wand dieser Räume anvertraut und sein Erfolg war derart glänzend, daß ihm auch der Auftrag für die übrigen Säle zufiel mit der Weisung, die vorhandenen Fresken zu zerstören. Raffael aber wollte in der Signatur die Aufteilung beibehalten, wie auch die Dekoration des Gewölbes, an dem Sodoma das zentrale Oktagon um das steinerne Wappen Nikolaus' V. herum geschaffen hatte, dann die Groteskenmalereien um die Rundbilder und um andere Darstellungen, sowie acht kleine trapezförmige Flächen mit kleinen mythologischen Szenen und Begebenheiten aus der röm. Geschichte. Leer blieben am Ende die vier Medaillons und die vier größeren Flächen des Gewölbes, die dann Raffael selbst ausschmückte.

Einige Fachleute meinen heute, daß dieser Saal, bevor er als Sitz der „*Signatura gratiae*" verwendet wurde, die Privatbibliothek Julius' II. beherbergt hätte. Vielleicht diente er aber auch nicht unbedingt als Bibliothek, sondern als eine Art „*speculum doctrinae*".

Das ikonographische Programm der Fresken des Saales der Signatur wurde von Wissenschaftlern der Kurie ausgearbeitet und wollte die Harmonie zwischen den drei Grundgedanken des Wahren, des Guten und des Schönen verherrlichen, die zugleich den Fähigkeiten der Seele im neuplatonischen Sinn entsprachen (Neoethik, Ethik und Ästhetik). Das Wahre hat seinen Ursprung in der Verbindung zwischen Glauben und Wissen, das Gute entsteht aus der Gerechtigkeit, das Schöne aus der Poesie. Alle sind dargestellt durch allegorische Gestalten der Theologie und Philosophie (gleichbedeutend mit Glauben und Wissen), der Gerechtigkeit und der Poesie. Raffael stellt sie in den Medaillons der Decke dar in Gestalt von vier jungen Frauen, die auf Wolkenthronen sitzen, zur Seite Paare von Putten, die erläuternde Tafeln tragen. Mit den Rundbildern wechseln sich eckige Tafeln ab, die eng mit den Abschnitten der großen Medaillons und den Kompositionen der Wände darunter verbunden sind. So bildet die Darstellung der *Erbsünde* auf dem Bild bei der Theologie die Voraussetzung für das darunter angebrachte Bild, *Disput über das hl. Sakrament*. Der Philosophie entsprechen das Bild mit der „Ersten Bewegung", die Gott dem Weltall gibt und der darunter dargestellten *Schule von Athen*. Die Gerechtigkeit, auf die sich das Bild mit dem *Urteil des Salomon* und die Lünette mit den Kardinaltugenden beziehen, inspiriert zugleich die beiden kleineren Kompositionen an den Seiten der Fenster: *Justinian gibt Tribonianus die Pandekten zurück* (oder das Zivilrecht), sowie die *Billigung des Textes der Dekretalen durch Gregor IX.* (das Kanonische Recht).

Von der Entstehung der *Schule von Athen* ist wenig überliefert, mit Ausnahme eines Kartons, der in der Ambrosianischen Pinakothek in Mailand aufbewahrt wird, auf dem aber der großartige architektonische Entwurf des Tempels über einem griechischen Kreuz vollständig fehlt, wie er auf dem Fresko zu sehen ist. Innerhalb dieses Gebäudes, das einerseits den Neubau von St. Peter durch Bramante, anderseits die röm. Thermen widerspiegelt, verteilen sich einzelne oder in Gruppen zusammengefaßte Gestalten von Philosophen und Wissenschaftlern aus der Antike zu einem ideellen Treffen. Den Mittelpunkt der Komposition bildet das Paar Platon und Aristoteles. Der erste ist dargestellt, wie er ein Exemplar des *Timaios* hochhält, der zweite, wie er, die *Ethik* in der Hand, auf die Erde zeigt. Diogenes liegt halb ausgestreckt auf der Treppe im Vordergrund. Sokrates befindet sich im Dialog mit einer Gruppe von Schülern, darunter Alkibiades. Xenophon, Zeno, Epikur, Pythagoras, Averroes, Archimedes, Zoroaster und Ptolemäus sind nur einige von den bekanntesten dargestellten Wissenschaftlern, die in der Schule gruppiert sind. Heraklit ist schreibend fast in den Mittelpunkt gerückt, sein Antlitz trägt die Züge des Michelangelo. Auf dem Entwurf in der *Ambrosiana,* der zeitlich früher liegt, ist er nicht dargestellt. Die am Fresko durchgeführten Analysen haben gezeigt, daß die Gestalt später hinzugefügt wurde, wahrscheinlich nach der Enthüllung der ersten Hälfte der Decke der Sixtinischen Kapelle. Diese Gestalt ist daher offensichtlich eine Hommage Raffaels an Michelangelo, von dem er sich stilistisch inspirieren ließ.

Ein weiteres großes Fresko des Saales, der *Parnaß,* wurde während der Ausführung der *Schule von Athen* entworfen. Einer bekannten Inschrift des Marcantonio Raimondo folgend entsprach es in der Phase der Planung voll diesem Bild. Hätte die Ausführung mit der ursprünglichen Idee übereingestimmt, befänden sich die Gestalten der ersten Ebene auf der Höhe der oberen Reihe der Philosophen, und die Gruppe auf dem Parnaß hätte dem Kreis der himmlischen Kirche auf der *Disputa* entsprochen, ohne die Komposition gegenüber den vorherigen zu verfälschen. Raffael aber mußte das Problem des mittleren Fensters auf dieser Wand meistern, setzte daher die ganze Komposition darüber und malte zwei Persönlichkeiten des *Parnaß* auf jede Seite. Dadurch hob er gleichsam illusionistisch Dimensionen und Perspektiven hervor. Das Fresko wurde zwischen Ende 1510 und 1511 vollendet und spiegelt eine besonders ausgewogene Schaffensphase Raffaels wider. Dabei zeigt sich im Fluß der Linien und in den Bewegungen, die ihrerseits eine Reihe von Kontrapunkten in Rhythmus und Farben erzeugen, ein spürbarer Einfluß von Leonardo da Vinci. Das Zentrum der Darstellung ist die Gestalt des *Apoll,* der die neunsaitige Leier spielt, entsprechend der Zahl der Musen, die ihn umgeben. Diese bilden ihrerseits ein Motiv der Inspiration für die 18 Dichter, die in zwei Gruppen von jeweils zehn und acht zusammengefaßt sind. Die darstellerische Gleichstellung der Dichter und Schriftsteller des Altertums und der modernen Welt auf gleicher Ebene, wie auch die der Musen, die die kreativen Fähigkeiten des Menschen zum Ausdruck bringen und sich nicht als die traditionellen Beschützerinnen ihrer Künste darstellen, erzeugt eine äußerst harmonische Komposition.

Gegen Mitte 1511 legte Raffael Hand an die große Lünette der Tugenden, gegenüber der des *Parnaß.* Sie war ebenfalls von einem Fenster durchbrochen, das aber nicht mittig lag. Er teilte die Wand darunter durch architektonische Elemente in drei Teile (Pilaster, die gemalte Nischen flankieren, darüber ein Architrav, das als Boden für das Fresko der Tugenden dient). Zu den Seiten des Fensters befinden sich die beiden von Gehilfen gemalten Szenen zum zivilen und zum kanonischen Recht. Die

Tugenden der großen Lünette, Stärke, Klugheit und Mäßigung sind allegorisch durch drei junge Frauen dargestellt und zählen zu den monumentalsten Gestalten Raffaels, bei denen besonders der Einfluß von Michelangelo zu spüren ist. In der warmen Farbgebung dagegen kann man eine deutliche Beziehung zum Werk des Venezianers Sebastiano del Piombo erkennen, der im August 1511 im Gefolge von Agostino Chigi nach Rom gekommen war.

Bibl.: (S. Le Grelle), *Musei e Gallerie Pontificie V: Guida delle Gallerie di pittura*, Rom 1925, S. 91–110; D. Redig de Campos, *Il „concetto" platonico-cristiano nella Stanza della Segnatura*, in *L'Illustrazione Vaticana*, 9 (1938), S. 101–105; M. Oberhuber/L. Vitali, *Raffaello; il cartone per la Scuola di Atene*, Mailand 1972; E. Schröter, *Raffaels Parnaß: eine ikonographische Untersuchung*, in *Actas del XXIII Congreso internacional de historia del arte, Granada 1973*, Granada 1976, S. 593–605; M. Winner, *Disputa und Schule von Athen*, in *Raffaello a Roma. Il Convegno del 1983*, Rom 1986, S. 29–45; H. Pfeiffer, *Die drei Tugenden und die Übergabe der Dekretalien in der Stanza della Segnatura*, ib. S. 47–57.

M. Cossu

Stanza des Heliodor

Dieser Saal, dessen Wandschmuck zwischen 1512 und 1514 von Raffael ausgeführt wurde, zeichnet sich deutlich gegenüber der *Stanza der Signatur* (→) aus durch das ikonographische Programm der Fresken, die vor allem politisch inspiriert sind. In allen dargestellten Szenen wird das göttliche Eingreifen gefeiert, sowohl in den Angelegenheiten der Kirche, als auch in denen der Synagoge. Dabei wird gleichzeitig der Befreiungsauftrag, den Julius II. mit seinem Amt erhalten hatte, hervorgehoben, denn der Himmel greift hier für die Christenheit ein. Die Forschung meint, daß der von mehreren Seiten zugängliche Raum, der im übrigen neben der größeren *Stanza des Konstantin* (→) liegt, für die privaten Audienzen des Papstes gedient hat. Das Gewölbe weist dekoratives Rahmenwerk von Peruzzi und Ripanda aus der Zeit vor Raffael auf und besteht aus vier Wandfeldern, die Teppiche vortäuschen – wahrscheinlich von Gehilfen gemalt, bei denen einige Wissenschaftler den Eingriff des Meisters selbst erkennen. Wie schon bei der *Stanza der Signatur* (→), gibt es auch hier genaue geschichtliche und inhaltliche Beziehungen zwischen den biblischen Szenen, die in den vier Gewölbesegeln der Decke dargestellt sind, und den entsprechenden Fresken an den Wänden: das Gewölbesegel, auf dem Gott dargestellt ist und zu Moses aus dem brennenden Dornbusch spricht, um dann die Hebräer aus der Knechtschaft Ägyptens zu befreien, ist verbunden mit der Szene darunter, in der Heliodor aus dem Tempel zu Jerusalem vertrieben wird, wohin er von König Seleukos von Syrien geschickt worden war, um den Schatz zu rauben. Dem Wandfresko mit der Befreiung des Petrus entspricht auf dem Feld an der Decke darüber *Jakobs Traum*. Beim Segel, auf dem das Opfer des Isaak dargestellt ist, hat der Glaube Abrahams eine Entsprechung im Fresko darunter mit der *Messe von Bolsena*, und endlich entspricht die Rettung des Noah in der Arche, die an der Decke dargestellt ist, der Rettung, die Gott durch Leo X. für die Christenheit vollzieht.

Was die Gestalten der Decke im Saal des Heliodor auszeichnet, ist die ausgesprochene Plastizität, die zugleich mit dem vorhandenen Pathos einen starken Einfluß Michelangelos verrät. Die gleiche „vorbarocke" Aufregung erfüllt die Wand mit der *Vertreibung des Heliodor*, auf der die dramatische Wirkung nicht nur durch die Bewegung der Beteiligten und die dunkle Atmosphäre des Tempels hervorgerufen wird, sondern auch durch die Lichtstrahlen, die von einer Kuppel zur anderen springen. Bei diesem Fresko ist nicht nur die Einführung eines neuen Bildaufbaus zu bemerken, der weit entfernt ist von den flachen Darstellungen im Saal der Signatur, sondern auch der ausgesprochene Klassizismus der Gruppe in der Mitte mit Heliodor, der vom sich aufbäumenden Pferd zur Erde geworfen wird, was direkt auf ein Basrelief am Konstantinbogen zurückgeht, das Michelangelo später bei der Bekehrung des Saulus in der *Cappella Paolina* erneut verwendet hat. Die Gruppe der verwirrten Gestalten zur äußersten Rechten wird einem Gehilfen Raffaels zugeschrieben, während hinter den Personen, die in der Gruppe zur Linken dargestellt sind, das Antlitz Julius' II. auf der *Sedia gestatoria* (→) erscheint, die von zwei Trägern gehalten wird (vielleicht zu identifizieren mit Marcantonio Raimondi und Giulio Romano), um den Willen des Papstes zu betonen, selbst Zeuge der wunderbaren Eingriffe der Vorsehung gegenüber den Menschen zu sein. Das Fresko wurde 1527 beim *Sacco di Roma* sehr schwer beschädigt, als nach den Chroniken die kaiserlichen Wachen in einem Kamin zu Füßen des Heliodor Feuer anzündeten.

Das Fresko mit dem *Wunder von Bolsena* geht auf das Wunder zurück, als 1263 während der hl. Messe in Bolsena aus der konsekrierten Hostie Blut ausgetreten war, woraufhin der von Zweifeln und Skrupeln gequälte Zelebrant sich bekehrte. Julius II. verehrte das mit Blut befleckte Korporale, das im Dom von Orvieto aufbewahrt wird, besonders und wollte so auch seinen persönlichen Dank zum Ausdruck bringen für das göttliche Eingreifen, dem er seinen Sieg beim Laterankonzil 1512 trotz des schismatischen Konzils in Pisa und Mailand verdankte. Zugleich dankte er aber auch für die Erfolge der Hl. Liga, die vom Korps der Schweizergarde unterstützt worden war, vorne rechts dargestellt. Zentraler Punkt der Komposition ist die Gestalt des Papstes, der auf den Knien dem damals vor über zweihundert Jahren geschehenen Wunder beiwohnt. Hinter ihm befinden sich, ebenfalls auf den Knien, zwei Kardinäle, der eine wird mit Raffaele Riario, der andere mit Schinner identifiziert, Protektor des Korps der Schweizergarde. Im rechten Teil des Fresko befinden sich in absteigender Linie Paare von Persönlichkeiten, die streng nach der Hierarchie des Hofes geordnet sind: die menschliche Pyramide mit dem Papst an der Spitze spiegelt im kompositorischen Gleichgewicht die Festigkeit des Glaubens dieser Zeugen wider. Links ist dagegen eine aufgeregte Menge dargestellt, die die Bestürzung des Volkes angesichts des wunderbaren Ereignisses zeigt. Durch das bewußt asymmetrische Kompositionsschema (im Gegensatz zur vollkommenen Symmetrie im Saal der Signatur) erzielt Raffael die doppelte Wirkung. Er verbirgt die Asymmetrie des Malgrunds und unterstreicht symbolisch die Verschiedenheit der beiden Gruppen rechts und links in ihrer Ethik und in ihrem Verhalten. Dadurch wird die unmittelbare Aufmerksamkeit auf die Gestalt des Papstes gelenkt. So wird die Doppeldeutigkeit beim Nachdenken über die Aussage des Dargestellten ermöglicht. Das Fresko, das eine Inschrift auf dem Fenstersturz auf 1512 datiert, wird unbestritten auf Raffael allein zurückgeführt. In der lebendigen Farbgebung hat er sich wahrscheinlich von Sebastiano Del Piombo beeinflussen lassen.

Auch die Szene der *Befreiung des hl. Petrus aus dem Kerker* ist auf eine klare politische Bedeutung zurückzuführen: Julius II. war besonders mit der Kirche *S. Pietro in Vincoli* verbunden, die seine Titelkirche als Kardinal gewesen war. Dorthin hatte er sich 1512 für vier Tage zum Gebet begeben auf die Nachricht hin, daß sich die französischen Truppen aus dem Kirchenstaat zurückgezogen hatten. Eine Inschrift auf zwei Scheintafeln auf dem Fenstersturz: „*Leo Pont. Max. Ann. Christ.*

MDXIII Pontificat. Sui II" hat vermuten lassen, das Fresko wäre nach dem Tode Julius II. (21. Februar 1513) vollendet worden. Möglicherweise bezog sich das Datum aber auf die letzte Vollendung des Saales, dessen Ausschmückungskonzept gänzlich unter der Regie des Papstes abgewickelt wurde, wie auch das Fresko mit der *Begegnung des hl. Leo des Großen* (in der Person Leos X.) mit Attila.

Die gleichzeitige Darstellung des Traumes, in dem der Engel dem in Ketten schlafenden hl. Petrus erscheint, sowie der anschließenden Befreiung und Flucht, hat einen deutlichen Vorgänger in der doppelten Darstellung der gleichen Szenen im *„Dossale di S. Pietro"*, einem Werk aus dem späten 13. Jh. von Guido von Siena, welches Raffael allerdings schwerlich bekannt gewesen sein kann. Um dieses außergewöhnliche Beispiel einer nächtlichen Szene darstellen zu können, war Raffael gezwungen, die Fresken des Piero della Francesca zu zerstören, die früher die Wand bedeckten. Er hat dann in seinem Meisterwerk in einer gelungenen Kombination fünf verschiedener Lichtquellen die Wirkung einer erleuchteten Finsternis erzielt.

Der letzte Wandschmuck des Saales stellt die *Begegnung des hl. Leo des Großen mit Attila* dar. Das Fresko wurde zum großen Teil ausgeführt, während Julius II. noch lebte. Nach dem Tod des Papstes, dessen Gesichtszüge auf zwei in Oxford aufbewahrten Entwürfen des Fresko deutlich zu erkennen sind, wurde sein Antlitz im Fresko durch die Züge Leos X. ersetzt. Die Begegnung des hl. Leo des Großen mit Attila fand 452 in der Nähe von Mantua statt. Raffael aber zog es vor, sie in die röm. *Campagna* zu verlegen, wobei er die Silhouetten der Baudenkmäler der Stadt erkennen läßt. Dazu führt er die Gestalten von Petrus und Paulus ein, die mit flammenden Schwertern bewaffnet vom Himmel herabsteigen. Das Fresko, das in seiner ausdrucksstarken Komposition gewiß allein auf Raffael zurückzuführen ist, weist in seiner malerischen Ausführung erhebliche Ungereimtheiten auf. Die Fachleute sind sich in der Regel einig, daß nur der Kopf des Papstes auf Raffael selbst zurückgeht, ferner die hl. Petrus und Paulus sowie die Landschaft. Das Kompositionsschema erfährt hier schließlich eine weitere Veränderung gegenüber den vorgenannten Fresken des Saales, die von einer strengen Ordnung bestimmt sind. Hier hat Raffael die vom Zentrum ausgehende symmetrische Anordnung, die den Saal der Signatur gekennzeichnet hat, endgültig aufgegeben.

Bibl.: (S. Le Grelle), *Musei e Gallerie Pontificie V: Guida delle Gallerie di pittura*, Rom 1925, S. 91–110; E. Zocca, *La decorazione della Stanza di Eliodoro e l'opera di Lorenzo Lotto a Roma*, in *Rivista dell'Istituto Nazionale d'Archeologia e Storia dell'Arte*, 2 (1953), S. 329 ff.; M J. Traeger, *Raffaels Stanza di Eliodoro und ihr Bildprogramm*, in *Röm. Jb. für Kunstgesch.* 13 (1971), S. 29–99; *Raffaello a Roma. Il Convegno del 1983*, Rom 1986, S. 75–116.

M. Cossu

Stanza vom Brand des Borgos

Ursprünglich war der Saal Sitz der *„Signatura Gratiae"* unter Julius II. (1503–13), wurde aber kürzlich identifiziert als privater Speisesaal von Leo X. (1513–21). Man fand nämlich in einem angrenzenden Raum eine Kücheneinrichtung. Die Decke des Saales, der vorher als „Saal des Borgiaturms" bekannt war, war zwischen 1507 und 1508 von Perugino ausgemalt worden, der dort vier Allegorien der Allerheiligsten Dreifaltigkeit darstellte, die Raffael beließ. Er beschränkte sich darauf, künstliche ägyptische Karyatiden hinzuzufügen. Raffael hatte von Baldassare Castiglione nach den genauen Weisungen Leos X. den Auftrag erhalten, mit der Ausmalung dieses Saales die Taten zweier ferner Vorgänger gleichen Namens, Leo III.

(795–816) und Leo IV. (847–855) zu verherrlichen. Er begann am 1. Juli 1514 mit den Arbeiten.

Der Brand des Borgos, von dem der ganze Saal nun seinen Namen hat, spielt auf eine im *Liber Pontificalis* erzählte Geschichte an, wonach ein heftiger Brand im *Borgo Santo Spirito,* einem malerischen kleinen Viertel zwischen Tiber und St. Peter gelegen, wunderbarerweise von Leo IV. mit dem Zeichen des Kreuzes gelöscht wurde. Dies soll auch auf das Friedenswerk anspielen, das Leo X. durchgeführt hat. Das Fresko der *Schlacht von Ostia* erinnert an ein weiteres wunderbares Eingreifen Leos IV. Im Jahre 849 hatte dieser im Verlauf einer Seeschlacht die Flotte der Sarazenen zerstreut, indem er auf sie ein Unwetter herabrief. In diesem Bild wird deutlich auf die Abneigung des Papstes gegen die Ungläubigen und seinen Einsatz für den Schutz der christlichen Welt angespielt. Die *Krönung Karls des Großen* durch Leo III. im Jahr 800 im Vatikan erinnert an den Vertrag von Bologna (2. Oktober 1515) zwischen Leo X. und Franz I., in dem der französische König, der mit den Zügen Karls dargestellt ist, sich zum Beschützer der Kirche erhebt. Die *Rechtfertigung Leos III.* endlich am 23. Dezember 800, gegen die dem Papst von einem Neffen Hadrians I. vorgetragenen Anklagen, bekräftigt nach dem im Fresko auf einer Schleife angebrachten Motto (*Dei non hominum est Episcopos iudicare*), den Grundsatz, nicht in kirchliche Angelegenheiten einzugreifen, wie es das fünfte Konzil im Lateran (1512–17) erklärt hatte. Von diesen Fresken ist der *Brand des Borgo* das einzige, wenn auch nur teilweise Originalwerk von Raffael und am besten bekannt, während die übrigen nach Entwürfen Raffaels von Gehilfen und Schülern ausgeführt wurden. Nach dem Urteil von Vasari, der die Aktdarstellungen im Gemälde für gut hielt, aber nicht auf der Höhe der Anatomie des Michelangelo, war das Fresko immer von ungünstiger Kritik belastet, die sich erst kürzlich der wichtigen Wendung des Werkes aus heutiger Sicht bewußt geworden ist. Der *Brand* bildet „eine der herrlichsten Szenen der Malerei dieser Art“ (Burckard), in der normalerweise unbedeutende Personen, dank der Tragweite der Erzählung, zu tragischer Größe emporwachsen.

Der Brand, der die Zerstörung Trojas, wie sie in der Änäis beschrieben wird, widerspiegelt, ist nach den Canones des zeitgenössischen Theaters angelegt und schildert gleichzeitig vier Szenen: links die Flucht aus der in Flammen stehenden Stadt, rechts das Erlöschen der Flammen, vorne die Frauen im Gebet und im Hintergrund der segnende Papst. Schwerpunkt der Darstellung, die gänzlich mit der aufs Zentrum hingearbeiteten Symmetrie bricht, ist die Mauer zur Linken, von der sich ein nackter Mann herabläßt, wobei er von einer Frau ein Kind entgegennimmt. Während dieser Teil zum besseren Verständnis der dargestellten Einzelheiten völlig ausgearbeitet ist, sind der Palast und die Treppe rechts wie auch die Gebäude im Hintergrund stark vernachlässigt, nachteilig für das innere Gleichgewicht der Darstellung. Die bewußte Undeutlichkeit soll das Tragische der gleichzeitig ablaufenden Ereignisse unterstreichen. Die Darstellung verschiedener architektonischer Stile sowie die Umformung der bescheidenen Häuser des *Borgo* in Gebäude von klassischer Würde steigern noch den „Ton“ des ganzen Freskos. Bei den Arbeiten wurde Raffael unterstützt durch Giulio Romano, Giovan Francesco Penni und Giovanni von Udine, der den zentralen Bereich ausgeführt haben soll.

Eine zeitliche Distanz zwischen der Vollendung des letzten Freskos im *Saal des Heliodor* und dem *Brand des Borgos* gibt es fast nicht: Kaum ein Monat trennt den Beginn der Arbeiten für den Brand (Juli 1514) und die letzte Bezahlung für den vorangegangenen Saal. Der große stilistische Unterschied ist zeitlich schwer zu rechtfertigen und hat zur Vermutung beigetragen, daß Raffael Helfer und Schüler bei diesem Werk beteiligt hat, das eine radikale Wandlung in seiner Kunst aufweist. Zum Sommer 1515 dürfte das Fresko selbst vollendet gewesen sein. Von da an wandte der Künstler seine Aufmerksamkeit den Entwürfen für die Wandteppiche zu, die die Wände der Sixtinischen Kapelle schmücken sollten, und die Vollendung des Saales blieb seiner Werkstatt überlassen.

Bei keinem der übrigen drei Fresken, der *„Schlacht von Ostia"*, der *„Krönung Karls des Großen"* und der *„Rechtfertigung Leos III."* ist eine direkte Beteiligung des Raffael festgestellt worden, mit Ausnahme vielleicht der am besten erhaltenen *Schlacht von Ostia*. Auch die den Gehilfen von Raffael zur Verfügung gestellten Entwürfe sind offenbar geändert worden, was in der nachlässigen Ausführung von Teilen sichtbar wird, obwohl sie in der Komposition komplex und neu waren.

Das Problem der Zusammenarbeit von Raffael und seiner Werkstatt, das sich bereits im Saal des Heliodor gestellt hatte, war jetzt irreparabel geworden. Dafür sprechen die wenigen vorbereitenden Studien. 1515 erhielt Albrecht Dürer einen Entwurf von Raffael, der heute in der *Albertina* in Wien aufbewahrt wird, mit zwei männlichen Aktfiguren. Auf der Rückseite vermerkte er die Worte: „1515 hat Raffael von Urbino, hochgeachtet vom Papst, diese Entwürfe von nackten Gestalten dem Albrecht Dürer von Nürnberg geschickt, damit er seine Hand kennenlerne". Der Entwurf, der trotz der Inschrift Giulio Romano zugeschrieben wird, bringt über die vollkommene Beherrschung der Anatomie hinaus eine neue Einordnung der menschlichen Gestalt in den Raum zum Ausdruck, die sich nach Belieben frei bewegen kann, ohne weiter von einem vorgegebenen Blickpunkt abzuhängen. Diese malerische Auffassung, die auch beim Fresko vom *Brand* auftaucht, kam indes nicht in den vorangegangenen Sälen zur Geltung, in denen die einzelnen Gestalten immer vom Ganzen der Komposition abhängen.

Bei der *Schlacht von Ostia,* von der der Entwurf in der *Albertina* eine Studie darstellt – befindet sich eine Gestalt in der linken Ecke, die auf den Hintergrund zeigt und den Blick auf den Ort der Schlacht lenkt. Die Gestalt gehört zur einzigen unbewegten Gruppe der Komposition, bei der Leo IV. sitzend dargestellt ist und die gefesselten Gefangenen empfängt, die zu ihm an den Haaren herbeigezogen werden. Das Fresko folgt dem Schema der antiken Sarkophage mit parallelen und vermischten Ebenen, das ein System von verkürzt dargestellten Personen entstehen läßt. Nur der Tiber trennt für den Blick die erste Ebene vom Hintergrund in einer räumlichen und empirischen Perspektive. Den Festpunkt für jedes mögliche Maß bildet einzig die Gestalt des Papstes, dessen Festigkeit in deutlich symbolischer Absicht vom steinernen Block des Thrones verstärkt wird.

Bei der *Krönung Karls des Großen* wird die neue räumliche Aufteilung radikal durchgeführt: Alle tragenden Linien sind schräg zur Grundlinie angelegt, während der unmittelbare Bezugspunkt vom feiernden Papst gebildet wird, um den sich die übrigen Gestalten in Kreisen gruppieren. Auch wenn sich die Beteiligung Raffaels, wie man vermutet, auf eine kniende Gestalt vorne beschränkt, die verkürzt dargestellt ist und eine Waffe trägt, so ist doch die Komposition des Freskos genial. In der *Rechtfertigung Leos III.* kehrt man zu einer zentralen Darstellung vor einem Fenster zurück, das auf den Belvederehof geht. Die Gestalten erscheinen bei der großen Zeremonie gelöst, während der Komposition sonst jede Bewegung fehlt. Der einzige persönliche Beitrag Raffaels soll der Kopf des Lorenzo de' Medici sein, von dem auch das Ölbild erhalten ist.

Bibl.: (S. Le Grelle) *Musei e Gallerie Pontificie V: Guida delle Gallerie di pittura*, Rom 1925, S. 91–110; K. Oberhuber, *Die Fresken der Stanza dell'Incendio im Werk Raffaels*, in *Jb. der Kunsthist. Slg. in Wien*, 22 (1962), S. 23–72; S. Shearman, *The Vatican Stanze: functions and decorations*, in *Proceedings of the British Academy* 58 (1972), S. 369–424; *Raffaello in Vaticano*, Ausstellungskatalog, Mailand 1984, S. 163–204.

M. Cossu

Stechdegen und Birett

Der *Stocco* (Stechdegen) ist eine besondere Degenform mit einer goldgeschmückten Degenglocke, dazu die entsprechende Scheide und der Gürtel, den die röm. Päpste früher Souveränen, Fürsten und berühmten Generälen zu schicken pflegten, die sich in der Verteidigung des Glaubens und der Kirche ausgezeichnet hatten. Sie wollten ihnen danken für ihre Siege gegen Häretiker und Ungläubige, oder sie auch zu weiterem Einsatz ermuntern. Zusammen mit dem *Stocco* wurde dem hohen Adressaten auch der sogenannte *berrettone* (Hut) überreicht, eine Kopfbedeckung aus Karmesinstoff, besetzt mit Hermelin und Goldstickereien, bei der eine weiße Taube auffiel, die aus Perlen bestand und Symbol des Heiligen Geistes war.

Der Ursprung dieser Auszeichnung geht vermutlich zurück auf einen Abschnitt im zweiten Buch der Makkabäer (Kap. XV). Dort ist zu lesen, daß Judas Makkabäus kurz vor Beginn der Schlacht gegen Nikanor, den General des Königs Antiochus IV. von Syrien, im Traum den Priester Onias sah, der für sein Volk zu Gott betete. Der Prophet Jeremias reichte ihm ein vergoldetes Schwert und sagte: „Nimm diese hl. Waffe als Geschenk Gottes, mit der du die Feinde meines Volkes Israel vernichten wirst" (2 Makk. 15,16). Gewiß ist aber, daß man mit der Verleihung von Schwert und Birett die noch ältere Gewohnheit ersetzen wollte, die Standarte des hl. Petrus zu übersenden, die mit dem Bild des Apostels und den päpstl. Schlüsseln geschmückt war.

Stechdegen und Birett wurden vom Papst in St. Peter am Weihnachtsfest mit einem feierlichen Ritus gesegnet. Ihre Einführung wird von einigen Autoren Sixtus IV. (1471–84) zugeschrieben. Doch dieser Papst benutzte bereits beim Akt der Übergabe eine Formel, die durch die Worte „Wir möchten die bewährten Gewohnheiten der Väter fortsetzen" klar beweist, daß die Zeremonie zu seiner Zeit bereits praktiziert wurde. Wenn die bedachte Persönlichkeit sich in Rom befand, empfing sie das Geschenk direkt aus den Händen des Papstes; andernfalls wurde es ihr durch einen Sondergesandten überreicht mit einem Begleitbrief, in dem die Päpste von Fall zu Fall die Bedeutung des Schwertes erklärten. Es sei ein Symbol der Gerechtigkeit und Klugheit – der für alle Regierenden wesentlichen Tugenden. Unter den verschiedenen Persönlichkeiten, die Stechdegen und Birett erhielten, erinnern wir an König Johannes III. Sobieski von Polen, den Helden des denkwürdigen Sieges der Christen über die Türken und der Befreiung Wiens (am 12. September 1683), dem sie 1684 durch Innozenz XI. zugesandt wurden. Bei der gleichen Gelegenheit wurde auch der Königin Maria Casimira die „Goldene Rose" (→) übersandt.

Bibl.: E. Cornides, *Rose und Schwert im päpstl. Zeremoniell von den Anfängen bis zum Pontifikat Gregors XIII.*, Wien 1967; G. Sacchi Lodispoto, *Le chiavi d'oro, lo Stendardo, lo Stocco benedetto ed il Berrettone ducale*, in *Strenna dei Romanisti*, 51 (1990), S. 437–460.

N. Del Re

Stephan I.

Papst, Hl. Er war Römer und folgte am 12. Mai 254 auf den hl. Lucius I. in der Regierung der Kirche, die er drei Jahre innehatte. Sein Pontifikat war von einigen Streitfragen mit dem hl. Cyprian, Bischof von Karthago, getrübt. Die erste betraf die Wiedereinsetzung in die jeweiligen Ämter, die der Papst den beiden spanischen Bischöfen Basilides von León und Astorga und Martial von Mérida gewährt hatte. Sie waren wegen ihres Abfalls während der Verfolgung des Decius *(libellatici)* ihrer Ämter entbunden worden. Ihre Absetzung war gegen das Urteil des Papstes von einer Synode wiederholt worden, die vom hl. Cyprian 254 gehalten wurde. Dieser hatte sich aufgrund seiner Persönlichkeit zum Sprecher des ganzen Episkopats von Afrika gemacht und war so eine Art „Primas", auch wenn er den Titel nicht führte. Cyprian zögerte nicht, an Stephan einen energischen Brief zu schreiben. Er ermahnte ihn zur Wahrung der kirchlichen Disziplin und forderte ihn auf, den Bischof Marcianus von Arles zu verurteilen, der von Faustinus, Bischof von Lyon, des Novatianismus angeklagt war. Dieser hatte sich deswegen vorher vergeblich an den Papst in Rom gewandt.

Noch schwerwiegender war jedoch die 255 zwischen Stephan I. und dem hl. Cyprian aufgebrochene Streitfrage über die Gültigkeit der von Häretikern gespendeten Taufe. Die Kirche in Afrika und in Kleinasien leugnete diese. Das Sakrament mußte daher neu gespendet werden im Gegensatz zu dem, was man in Rom, in Ägypten und in Palästina zu tun pflegte. Nur der Tod des Papstes am 2. August 257 vermochte die Gefahr eines Schismas zu vermeiden. Auch Cyprian, der kämpferische Bischof von Karthago wurde Opfer der Verfolgung des Valerian. Stephan I. wird unter dem 2. August in der *Depositio Episcoporum* und so auch vom *Liber Pontificalis* erwähnt (I,154). Auch das *Martyrologium* des hl. Hieronymus betrachtet ihn als Märtyrer und behauptet, er sei auf dem Friedhof des Calixtus begraben, während die Wegbeschreibungen *De locis* und das *Martyrologium* von Malmesbury ihn irrtümlich an der *Via Latina* ruhen lassen wollen. Dort befand sich aber nur eine dem hl. Erzmartyrer Stephanus geweihte Kirche, mit dem man diesen Papst wohl verwechselt hat.

Bibl.: A. Amore, in *Bibliotheca Sanctorum*, XII, Sp. 22–24 mit Bibl.; St. G. Hall, *Stephen I. of Rome and the Baptismal Controversy of 256*, in *Miscellanea historiae ecclesiasticae VIII, Colloque de Strasbourg, September 1983*, Löwen 1987, S. 78–82.

N. Del Re

Stephan (II.)

Beim Tod von Papst Zacharias wurde als sein Nachfolger zwischen dem 16. und 25. März 752 ein röm. Priester mit Namen Stephanus gewählt, der aber schon nach vier Tagen „noch vor seiner Konsekration starb, die nach dem kanonischen Recht der Zeit den eigentlichen Beginn des Pontifikates bedeutete", wie eine Bemerkung in der Korrespondenz des Papstes Stephan II. (III) in der „Liste der Röm. Päpste" betont. Da die Bemerkung im *Annuario Pontificio* gebracht wird, wurde er vom *Liber Pontificalis*, der zeitgenössischen Quelle der Ereignisse, nicht als echter Papst angesehen, zumal er auch nicht als solcher in den älteren Papstregistern geführt wird. Da aber einige diesen Stephan dennoch als echten Papst betrachten, ändert sich die Ordnungsnummer, welche die Päpste gleichen Namens kennzeichnet, jeweils um eins. So haben bis heute die Stephan-Päpste eine doppelte Numerierung: Stephan II. heißt auch III., der III. auch der IV. usw. bis zum letzten Träger des Namens.

N. Del Re

STEPHAN II. (III.)

Papst. Er war Römer und bestieg den Papstthron am 25. März 752 als Nachfolger von Papst Zacharias. Sogleich mußte er den expansionistischen Plänen des Langobardenkönigs Aistulf entgegentreten, der 751 die Byzantiner aus dem Exarchat Ravenna vertrieben hatte und sich nun an die Eroberung des Herzogtums Rom machte. Nachdem er sich nutzlos an Konstantinopel gewandt und auch vergeblich versucht hatte, sich mit Aistulf zu verständigen, wandte sich Stephan II. an den König der Franken. Er begab sich deshalb zu Pippin dem Jüngeren und traf sich mit diesem 754 in Ponthion (im heutigen Marnedistrikt). Um sich die Unterstützung zu sichern, salbte er ihn am 28. August zusammen mit seinen Söhnen Karl und Karlmann zum König und verlieh ihm den Titel *Patricius Romanorum*. Damit war die Pflicht verbunden, Rom, die Kirche und das Papsttum mit den Waffen zu beschützen. Nachdem er ein formelles Versprechen in diesem Sinn und mit der berühmten „Pippinischen Schenkung" zahlreiche Städte und Ländereien erhalten hatte (*Promissio Carisiaca*, von zweifelhafter Echtheit, die so heißt, weil sie in der Königsresidenz von Quierzy in Gegenwart des Papstes gemacht wurde), kehrte Stephan nach Rom zurück. Pippin mußte zweimal (754 und 756) in Italien gegen den unbeugsamen Aistulf kämpfen, den er beide Male besiegte und dem er unter anderem auftrug, „die besetzten byzantinischen Gebiete dem Papst auszuhändigen". Hier liegt wohl der erste Kern eines entstehenden Kirchenstaates und zugleich der Beginn der irdischen Macht der Päpste. Zu erwähnen ist, daß gerade zu diesem Zeitpunkt jenes berühmte Dokument auftauchte und sich verbreitete, das als „Konstantinische Schenkung" bekannt ist. Etliche Jahrhunderte hindurch galt es als echt. Man nimmt an, es könne in der päpstl. Kanzlei ausgearbeitet worden sein, um den Aufbau der weltlichen Macht unter der Führung des Papstes als einer souveränen Autorität zu rechtfertigen.

Nach dem Tod des Aistulf 756 griff Stephan zugunsten des Desiderius, Herzog der Toscana ein, der wegen der Nachfolge mit Rachis dem Alten im Streit lag. Dieser König hatte 749 die Krone niedergelegt, um in Montecassino Mönch zu werden. Plötzlich aber beanspruchte er erneut den langobardischen Thron, den er dann endgültig aufgab. Er ließ sich vom Papst zur Rückkehr zum Ordensleben überreden. Stephan erlebte jedoch nicht mehr die Festigung seines Staates. Er starb am 26. April 757. Er wurde betrauert als der, der „als Guter Hirt – so sein Biograph (*Liber Pontificalis* I, c. 53) – die seiner Sorge anvertraute Herde gegen alle Gefahr zu weiden verstand" und als erster Papst, der „die Röm. Republik zu erweitern vermochte".

Bibl.: D. H. Miller, *The motivation of Pepin's Italian policy, 754–768*, in *Studies in medieval culture*, 4 (1973–74), S. 44–68; J. T. Hallenbeck, *Rome under Attack: an estimation of King Aistulf's motives for the Lombard siege of 756*, in *Medieval studies*, 40 (1978), S. 190–222.

N. Del Re

STEPHAN III. (IV.)

Papst. Er war Sizilianer, hatte seine Ausbildung aber in Rom erhalten. Zum Papst erhoben wurde er am 1. August 768 nach der Vertreibung von zwei Gegenpäpsten, Konstantin II. und Philipp, die die Cathedra des hl. Petrus unter Gewaltanwendung usurpiert hatten, der erste am 28. Juni 768, der zweite am 31. Juli 768. Als der Hl. Stuhl von den beiden Eindringlingen durch den frankenfreundlichen Primicerius Christophorus befreit war, wurde Stephan III. (IV). als rechtmäßiger Nachfolger von Paul I. gewählt. Er war dessen Familienangehöriger und tüchtiger Mitarbeiter gewesen. Auf einem Konzil im Lateran am 12. April 769 annullierte Stephan alle Akten Konstantins II. und ordnete an, sie zu verbrennen. Er erklärte, daß die vom Gegenpapst gespendeten Sakramente mit Ausnahme der Taufe ungültig seien, verurteilte die Bilderstürmerei und erließ einige direkte Verfügungen, um bei der Wahl der Päpste Einflüsse von außen fern zu halten. Die Päpste sollten also möglichst aus den Priestern und Diakonen gewählt werden, ohne irgendeine Beteiligung des röm. Volkes, das der Wahl nur zuzustimmen hatte.

Lebhaft besorgt war er wegen möglicher Folgen, die eine dynastische Verbindung der Franken mit den Langobarden für den Kirchenstaat haben konnte. Er versuchte, die Ehe zwischen König Karl, Patrizier der Römer, und Ermengarda (oder Desiderata), einer Tochter des Desiderius, König der Langobarden, zu verhindern. Zu spät erreichte sein abratender Brief (zw. 770/771) den König der Franken (Codex Carolinus Nr. 45). Doch infolge der geänderten Politik Karls gegenüber Italien wurde Ermengarda dennoch abgewiesen und zum Vater zurückgeschickt. Hier begann der endgültige Konflikt zwischen Karl und Desiderius, der in fataler Weise zum Fall des langobardischen Reiches führen sollte. Das Andenken an Stephan III., einen Mann mit ziemlich schwachem Charakter, ist durch diesen Fall und durch den tragischen Tod des Primicerius Christophorus getrübt. Der Papst hatte am Ende immer weniger dessen Einmischung in kirchliche Angelegenheiten geduldet. Er hätte ihn aber vor dem barbarischen Ende retten können, das ihm und seinem Sohn Sergius durch einen Vertrauensmann des Königs Desiderius mit dessen Einverständnis bereitet wurde, wenn er ihn unter seinen Schutz gestellt hätte. Stephan III. starb am 24. Januar 772 und wurde in St. Peter beigesetzt.

Bibl.: Liber Pontificalis, I, S. 468 ff; L. Duchesne, *Les premiers temps de l'Etat pontifical*, Paris 1911, S. 110–132; R. Caggese, *L'alto medioevo*, Turin 1937, S. 238–249.

N. Del Re

STEPHAN IV. (V.)

Papst. Er war ein adeliger Römer, Sohn des Marinus, und hatte seine Ausbildung am Hof von Hadrian I. erhalten. Zum Papst gewählt wurde Stephan am 22. Juni 816 als Nachfolger Leos III., von dem er zum Diakon ernannt worden war. Er wurde am gleichen Tag geweiht, ohne die Autorisierung Ludwig des Frommen abzuwarten, bemühte sich aber sogleich um gute Beziehungen. Er ließ das ganze röm. Volk dem Kaiser den Treueeid leisten, während er zugleich zwei Legaten an seinen Hof sandte, um seine Wahl bekanntzugeben und einen baldigen Besuch anzukündigen. Am 8. Oktober 816 wurde in der Kathedrale von Reims das Bündnis bekräftigt und Ludwig und seine Gemahlin Irmingarda vom Papst gesalbt und mit der aus Rom mitgebrachten, angeblichen Krone Konstantins gekrönt. Mit dieser Geste dokumentierte Stephan IV. seinen päpstl. Krönungsanspruch. Während seines Aufenthaltes am fränkischen Hof erwirkte Stephan IV. die Begnadigung eines Großteils der geächteten Römer, die 799 an der Verschwörung des Primicerius Pasqualis und dem Hüter des Heiligtums Campulus gegen Leo III. beteiligt gewesen waren. Er leitete zugleich die Verhandlungen ein, die von seinem Nachfolger Paschalis I. zu Ende geführt wurden. Es ging um den „*Pactum Ludovicianum*", in dem der Kaiser die früheren karolingischen Schenkungen an die Kirche bestätigte. Ende des gleichen Jahres nach Rom zurückgekehrt, starb Stephan IV. am 24. Januar 817 und wurde in St. Peter begraben.

Bibl.: Liber Pontificalis, II, S. 49–51; L. Duchesne, *Les premiers temps de l'Etat Pontifical*, Paris 1911, S. 187–188.

N. Del Re

Stephan V. (VI.)

Papst. Er gehörte einer reichen röm. Familie an und war ein Sohn Hadrians. Stephan war Kardinalpriester der Basilika *Ss. Quattro Coronati*, als er einmütig im September 885 zum Papst gewählt wurde als Nachfolger Hadrians III. (*Liber Pontificalis* II, S. 49–51). Rom wurde gerade von einer harten Hungersnot heimgesucht, und der Papst verteilte Geld aus seinem persönlichen Erbe an die Bevölkerung. Karl der Dicke, der gern einen eigenen Kandidaten durchgesetzt hätte, versuchte die Wahl Stephans annullieren zu lassen. Es gelang dem Papst aber glücklicherweise, den heimtückischen kaiserlichen Manövern zuvorzukommen und seinen Thron zu festigen. Da sich das karolingische Reich nach dem Tod Karls des Großen auflöste (888), befand sich Stephan in großer Gefahr wegen des Ansturms der Sarazenen, vor denen er Schutz brauchte. Es gab drei Bewerber um die Kaiserkrone: Arnulf von Kärnten, Guido von Spoleto und Berengar, Markgraf von Friaul. Stephan bevorzugte den Herzog Guido von Spoleto und krönte ihn in St. Peter zusammen mit seiner Gemahlin Angeltrude am 21. Februar 891.

Stephan V. geriet in Opposition zum byzantinischen Kaiser Basilius I., den Mazedonier, wegen seiner Unterstützung des Photius, des rebellischen Patriarchen von Konstantinopel, der von Nikolaus I. exkommuniziert worden war. Diesen Bann hatte der neue Kaiser, Leo VI. der Weise, aufheben lassen. Der Papst mußte auch seine ganze Apost. Autorität ins Spiel bringen, um Streitereien in den Ortskirchen zu schlichten. Unter anderem beauftragte er den Erzbischof Folco von Reims, in Worms ein Konzil zu veranstalten, um die Frage des Erzbischofs von Köln zu prüfen, der die Metropolitanrechte über Bremen für sich beanspruchte. So befahl er auch dem Bischof Frotarius, auf seinen Sitz in Bordeaux zurückzukehren und Bourges zu verlassen, wohin er nicht kanonisch versetzt war. Zum Bischof von Langres weihte er den Diakon Tibaldus, dessen Wahl sich der Erzbischof von Lyon Aurelian vergeblich widersetzte. In einem Brief an den mährischen Fürsten Sventopulk vom November 885 (MGH Epist. VII, hinterer Teil, S. 354–358) und in einem *Commonitorium* an die nach Deutschland entsandten Legaten (ib. S. 352–353) ließ er schließlich formell den Gebrauch des Slawischen in der Liturgie verbieten, den der hl. Methodius eingeführt hatte. Stephan V. starb am 14. September 891 und wurde in der Vorhalle von St. Peter beigesetzt.

Bibl.: D. Jasper, *Die Rolle der Querimonia Egilmari und der Responsio Stephani V (JL 3464) im Osnabrücker Zehntstreit unter Heinrich IV*, in *Zschr. für Kirchengesch.*, 87 (1976), S. 202–220; A. Spicker-Wendt, *Die Querimonia Egilmari episcopi und die Responsio Stephani Papae; Studien zu den Osnabrücker Quellen der Karolingerzeit*, Köln 1980; F. Staab, *Die Wurzel des zisterziensischen Zehntprivilegs, Zur Echtheitsfrage der „Querimonia Egilmari episcopi" und der „Responsio Stephani V papae"*, in *Deutsches Archiv für Erforschung des Mittelalters*, 40 (1984), S. 21–54.

N. Del Re

Stephan VI. (VII.)

Papst. Er war Römer und Sohn eines Priesters Giovanni, als er im Mai 896 zum Nachfolger von Papst Bonifatius VI. gewählt wurde. Die Wahl erfolgte im Gegensatz zu den damals geltenden kanonischen Normen. Sein Pontifikat von wenig mehr als einem Jahr war wenig ruhmvoll, vor allem wegen einer schmachvollen und makabren Posse, die als „Kadaversynode" in die Geschichte einging. Er ließ die Leiche des einige Monate zuvor verstorbenen Papstes Formosus wieder ausgraben, bekleidete ihn mit den päpstl. Gewändern und brachte ihn vor ein unheilvolles Gericht in St. Peter. Dieses erklärte sein Pontifikat und seine Weihehandlungen für ungültig. Formosus wurde wegen offensichtlich unterstellter Verbrechen verurteilt, seiner päpstl. Gewänder entkleidet und in den Tiber geworfen. Der ganze Schrecken des verdammenswerten Ereignisses läßt sich noch aus der Anklage erkennen, die der Schriftsteller Ausilius gegen Stephan VI. richtete: „Wem soll ich dich, Stephan, in all deiner Grausamkeit vergleichen? Mit Nero, Diokletian und sonstigen Tyrannen? Und doch wird von keinem von ihnen berichtet, er habe je solches einem Leichnam angetan". Mit der Aufhebung der Weisungen von Papst Formosus durch die schändliche „Kadaversynode" glaubte Stephan allerdings, das kanonische Hindernis beseitigt zu haben, das seiner Wahl entgegenstand. Doch konnte er sich nicht lange seiner scheinbaren Macht erfreuen, weil ihn die Römer recht bald gefangennahmen und ihn in ein finsteres Gefängnis werfen ließen, wo er im August 897 erdrosselt wurde. Auch die lobende Grabinschrift, die sein „Verehrer" Sergius III. an seinem Mausoleum anbringen ließ, konnte die Schändlichkeiten seiner Taten nicht wiedergutmachen.

Bibl.: L. Duchesne, *Les premiers temps de l'Etat pontifical*, Paris 1911, S. 297–301.

N. Del Re

STEPHAN VII. (VIII.)

Papst. Er war Römer, Sohn des Teudemondus und Priester von *S. Anastasia*. Er folgte Leo VI. im Dezember 928 (*Liber Pontificalis* II, S. 242) und verdankte seine Wahl der Übermacht der Marozia, der ehrgeizigen Gattin des Markgrafen Guido von Toskana, die damals unwidersprochen in Rom den Ton angab und den Titel *„Senatrix et Patricia"* der Römer führte. Wir wissen fast nichts über seine Regierungstätigkeit. Er starb im Februar 931, nach einigen Autoren eines gewaltsamen Todes, und wurde in St. Peter beigesetzt.

N. Del Re

STEPHAN VIII. (IX.)

Papst. Er war Römer und Presbyter der Kirche *Ss. Silvestro e Martino*. Zum Papst gewählt wurde er am 14. Juli 939 und folgte damit auf Leo VII. (*Liber Pontificalis* II, S. 244). Auch seine Wahl kam mit Hilfe des Alberich, Sohn der Marozia zustande, der sich *„Princeps atque Senator omnium Romanorum"* nannte und damals mit absoluter Macht in Rom herrschte. Dem Papst blieb also außer der geistlichen Macht nichts übrig. Jeder Grundlage entbehrt die Nachricht des Martinus Polonus, der Papst habe ein Attentat gegen den mächtigen Alberich organisiert. Während seines ziemlich kurzen Pontifikates bewirkte Stephan VIII. wenig. Es gelang ihm aber, Frieden zwischen dem König von Frankreich, Ludwig IV. d'Outremer, dem er die Exkommunikation androhte, und seinen aufständischen Vasallen zu erreichen. Der Friedensschluß wurde im übrigen erleichtert durch die Anerkennung als Erzbischof von Reims und die Gewährung des Palliums (940) an Hugo, den Sohn des Grafen Aribert von Aquitanien, eines der heftigsten Gegner des französischen Souveräns. Im Oktober 942 verstorben, wurde Stephan VIII. in St. Peter begraben.

Bibl.: P. Lauer, *Le règne de Louis d'Outremer*, Paris 1899.

N. Del Re

STEPHAN IX. (X.)

Papst. Friedrich von Lothringen, Bruder des Herzogs Gottfried II. des Bärtigen, Kardinal mit der Titelkirche *S. Crisogono*, wurde am 3. August 1057 zum Papst gewählt. Diese Wahl stellte ein bewußtes Auflehnen gegen die kaiserlichen Verfügungen dar und gehörte zum Gesamtprogramm für die Freiheit der Kirche, hinter dem die Träger der Reform standen. Der Erzdiakon Hildebrand wurde zur Kaiserin Agnes geschickt, der Witwe Heinrichs III., die für den noch jungen Heinrich IV. regierte, um ihr die erfolgte Wahl anzuzeigen. Die Kaiserin nahm davon Kenntnis. Bevor Stephan IX. den päpstl. Thron bestieg, war er Erzdiakon von St. Lambert in Lüttich und hatte Erzbischof Wason zur Seite gestanden, einem eifrigen Verfechter der reformerischen Gedanken in Lothringen. Leo IX. kannte ihn, schätzte seine Fähigkeiten und veranlaßte ihn zur Übersiedlung nach Rom. Er ernannte ihn am 12. Mai 1051 zum Kanzler und Bibliothekar der Hl. Röm. Kirche. Im Januar 1054 sandte er ihn mit Kardinal Humbert von Silva Candida und Petrus, dem Bischof von Amalfi, nach Konstantinopel, um die Trennungsabsichten des Patriarchen Michael Caerularius zu vereiteln. Es kam jedoch zum „Morgenländischen Schisma 1054".

Als er von Konstantinopel zurückkehrte, war Leo IX. gestorben. Friedrich hielt es für gut, nach Montecassino zu flüchten, um sich den Vergeltungsmaßnahmen des Kaisers Heinrich III. zu entziehen. Dieser war mit seinem Bruder Gottfried in Konflikt geraten, der nach der Ehe mit der Witwe des Bonifatius von Monferrato, Markgraf von Toskana, seine Macht auf einen großen Teil Mittel- und Norditaliens ausgedehnt hatte. Er wurde am 23. Mai 1057 zum Abt des berühmten Klosters gewählt und setzte sich auch im neuen Amt dafür ein, daß die Grundsätze der Reform angenommen und praktiziert würden. Am 24. Juni 1057 wurde er von Viktor II. zum Kardinal ernannt, dem er am 3. August des gleichen Jahres in seinem Amt folgte.

Der Kirche ihre Freiheit zurückzugeben und sie zu reformieren, in Weiterführung der Linie, der Leo IX. und Viktor II. gefolgt waren, bildete das Hauptanliegen des neuen Papstes. Bei dessen Programm stand der Kampf gegen die Simonie und gegen Priesterehe und Verwandtenheirat an vorderster Stelle. Er war ein strenger Mann, regierungstüchtig und eine starke Persönlichkeit. Er wählte für die Durchführung seiner Pläne unbescholtene Männer mit hohem Verstand und gründlicher Kenntnis der Lehre. Unter den berühmtesten Mitarbeitern des Papstes sind künftige Päpste: Hildebrand von Soana (Gregor VII.), Anselm von Baggio (Alexander II.), Desiderius von Montecassino (Viktor III.). Gern gesehene Berater waren für ihn auch Petrus Damiani, der von Stephan nach Rom gerufen und von ihm zum Kardinalbischof von Ostia ernannt wurde, Humbert Borgognone, Kardinalbischof von Silva Candida, Verfasser des berühmten Traktates *Adversus simoniacos*, worin er den Plan der Reformatoren in Lothringen offenlegte, die Simonie als Häresie bezeichnete und nachdrücklich die Korruption des Klerus verurteilte. Er verteidigte ferner die volle Unabhängigkeit des Papsttums gegenüber der Macht von Laien.

Während der Herrschaft Stephans IX. erhob sich in der Lombardei die religiöse und politische Bewegung der Patariner. Sie gründete sich auf Reformvorschlägen und der harten Verurteilung der Simonie und des Nikolaismus und war von Kundgebungen zuweilen auch gewalttätiger Art begleitet. Der Papst sandte seine Legaten nach Mailand in der Absicht, das Wirken des hl. Arialdus und Landolf Cotta zu unterstützen, die zu den einflußreichsten Anregern der Bewegung gehörten. Doch er lebte nicht lange genug, um die Entwicklungen des dramatischen Kampfes zu sehen, der sich erst im Anfangsstadium befand. Im März 1058 begab er sich nach Florenz, um seinen Bruder Gottfried zu treffen und starb dort am 29. des gleichen Monats. Er wurde in der Kirche *S. Reparata* (heute *S. Maria del Fiore*) beigesetzt.

Bibl.: U. Robert, *Un pape belge; histoire du pape Etienne X*, Brüssel 1892; R. Morghen, *Il culto di s. Margherita e di s. Reparata a Firenze (die Gräber von Stephan IX. und Nikolaus II. in S. Reparata),* in R. Morghen, *Tradizione religiosa nelle civiltà dell'Occidente cristiano*, Rom 1979, S. 69–94.

U. Penteriani

Sternwarte, Vatikanische

Mit dem Motu Proprio *Ut mysticam Sponsam Christi* vom 14. März 1891 machte Leo XIII. die Vatikanische Sternwarte zur festen Einrichtung. Nach seiner Idee sollte sie eine doppelte Aufgabe haben: die astronomischen Studien zu fördern, aber auch zu zeigen, daß die Kirche den Fortschritt der Forschung positiv einschätzt. Bereits seit Ende des 16. Jh. hatten die Päpste ihr Interesse für die Astronomie gezeigt. Gregor XIII. ließ 1579 im Vatikan den *Torre dei Venti* (→) errichten, um dort astronomische Beobachtungen und Studien zur Reform des Kalenders durchzuführen, der dann nach ihm „Gregorianischer Kalender" genannt wurde. Der Turm wurde später unter dem Pontifikat Urbans VIII. (1623–44) für andere Aufgaben bestimmt. Doch die oberste Loggia des Turmes diente erneut als „Päpstl. Vatikanische Sternwarte", wie sie damals genannt wurde. Ernsthaft arbeitete sie aber erst, als sie Pius VI. 1797 entsprechend restaurieren und mit neuen wissenschaftlichen Instrumenten ausstatten ließ. Ihre Leitung vertraute er Msgr. Filippo Gilii an, der sie auf eigene Kosten mit Geräten ergänzte und dort eine intensive Tätigkeit des Studiums und der Beobachtungen auf astronomischem, geophysikalischem und meteorologischem Gebiet absolvierte. Im Jahr 1821 starb er. Leider bedeutete das auch das Ende der Sternwarte, denn das gesamte dort befindliche Instrumentarium wurde alsbald in alle Winde verteilt.

Es blieb allerdings das Päpstl. Observatorium des *Collegio Romano.* Doch als dieses nach 1870 unter italienische Verwaltung kam, begann man im Vatikan ernsthaft über einen möglichen Neuanfang der alten Sternwarte im Turm der Winde nachzudenken. Bereits 1888 bot sich eine günstige Gelegenheit, als Leo XIII. in den gleichen Räumen die reiche Sammlung wissenschaftlicher Instrumente aufstellen ließ, die der Barnabitenpater Francesco Denza, der Gründer der Meteorologischen Gesellschaft Italiens (1880) gesammelt hatte. Die Sammlung gehörte zu den Geschenken, die er zu seinem Priesterjubiläum erhielt. Damit war die neue Vatikanische Sternwarte ins Leben gerufen, deren erster Direktor der erwähnte P. Denza wurde. Er förderte nachdrücklich ihre Entwicklung und setzte sich zugleich dafür ein, daß ihr ein Sektor am Himmel (+50–+64 Grad) vom „Ständigen Komitee für die Bildung der Himmelskarte" zugewiesen wurde. Dazu wurde in Paris ein Astrograph erworben und im Leo-Turm eingerichtet (einer der massiven Türme der Befestigungen Leos IV.). Hier begann der Vizedirektor, P. Giuseppe Lais d.O. 1891 die fotografische Arbeit, die er bis zu seinem Tod 1921 eifrig weiterführte. Er hatte bis dahin 1040 Fotos von der der Vatikanischen Sternwarte zugewiesenen Himmelszone gemacht.

Zwischen 1906 und 1910 wurde die Sternwarte durch Pius X. neu organisiert. Er ließ sie im Sommerhaus Leos XIII. unterbringen. Benutzt wurde auch der andere Leo-Turm, der mit einer Metallkuppel von 8 m Durchmesser überwölbt wurde. Hier stellte man ein zweites großes astronomisches Fernrohr (Äquatorial) mit direkter Himmelssicht auf. Der erste Turm war mit dem zweiten durch eine 85 m lange

Eisenbrücke verbunden, die von einem anonymen amerikanischen Wohltäter gestiftet wurde. Damit begann für die Vatikanische Sternwarte ein neuer Abschnitt intensiver Arbeit. Der damalige Direktor, P. Johann Georg Hagen SJ veröffentlichte in dieser Zeit weitere zwei Bände seines *Atlas stellarum variabilium*, ferner in Zusammenarbeit mit seinem Mitbruder, P. Johannes Stein, eine Enzyklopädie in zwei Bänden über die variablen Sterne (1924), endlich 1928 den astrographischen Katalog für den der Vatikanischen Sternwarte zugewiesenen Himmelsabschnitt.

Auf eine Empfehlung von P. Stein hin, der P. Hagen in der Leitung gefolgt war, verfügte Pius XI. 1931 die Verlegung der Sternwarte in den Päpstl. Palast von Castelgandolfo. Außerhalb der Großstadt mit ihrer nächtlichen Straßenbeleuchtung wurden hier die Beobachtungen des Himmelsgewölbes weniger gestört. So konnte am 25. September 1939 die neue Sternwarte von Castelgandolfo eingeweiht werden, die mit modernstem technischem Gerät ausgestattet war. Sie verfügte über ein doppeltes Teleskop, (das aus einem Astrograph mit vierfachem Objektiv und 40 cm Öffnungsweite bestand und 200 cm Fokalabstand aufwies), verbunden mit einem Reflektor (von 60 cm Öffnungsweite und 240 cm Fokalabstand). Gleichzeitig wurden zwei große Objektivprismen eingebaut, ein Spektrumfotometer zum Registrieren, ein Eklipsenvergleicher, ein Apparat für Präzisionsmessungen und ein Mikrofotometer. Zur Sternwarte gehört ferner ein astrographisches gut ausgestattetes Laboratorium für astrographische und spektrographische Forschungen, die die Meteoriten der reichen Sammlung des Markgrafen De Mauroy untersuchen sollten (herrliche Exemplare von Litosideriten, Sideroniten und Lititen). Die Sammlung war auf Anweisung des Verstorbenen von seiner Witwe 1935 dem Papst geschenkt worden. Eins der ersten Ergebnisse der spektrochemischen Forschungen des Laboratoriums, das ständig auf neuestem wissenschaftlichem Stand gehalten wurde, war die Erarbeitung verschiedener Spektralatlanten, die von den Fachwissenschaftlern sehr hoch geschätzt wurden. Die Sternwarte wurde somit ein spezialisiertes Zentrum für spektroskopische Studien. Daher übertrug die Internationale Astrographische Union, um ein Beispiel zu nennen, der Sternwarte 1948 die Zusammenstellung eines Atlanten für molekulare Spektren, die astrophysikalisch interessieren. Wegen der übergroßen Helligkeit des Himmels in Castelgandolfo ließ die Vatikanische Sternwarte nach 1980 ein von ihr abhängiges Zentrum in Tucson, Arizona (USA) einrichten, das 1993 ein eigenes Observatorium bekam. Leitung, Bibliothek, Museum und Rechenmaschinen blieben in Castelgandolfo. Die vatikanischen Astronomen verweilen den größten Teil des Jahres in Tucson und setzen ihre Forschungen und Beobachtungen fort, sei es selbständig oder in Zusammenarbeit mit Wissenschaftlern anderer Länder. Periodische Publikationen der Vatikanischen Sternwarte, die heute formal eine „Direktion“ des *Governatorats der Vatikanstadt* (→) darstellt, sind: *Vatican Observatory Publications* und *Annual report*.

Bibl.: G. Junkes, in *Enciclopedia cattolica*, XII, Sp. 1137–39, mit Bibl.; P. J.Tresnor, *The Vatican Observatory*, Vatikanstadt 1969; S. Maffeo, *Nove papi, una missione; cento anni della Specola Vaticana*, ib. 1991.

N. Del Re

Stiftung „Populorum Progressio“

→ Rat „Cor Unum“, Päpstl.

Stiftung Johannes Paul II. für die Sahelzone

→ Rat „Cor Unum“, Päpstl.

Stiftung Latinitas

Sie wurde 1976 durch Paul VI. mit dem Handschreiben *Romani sermonis* vom 30. Juni (AAS, LXVIII [1976], S. 481–483) zu dem Zweck eingerichtet, öffentliche und private Initiativen zu unterstützen und zu fördern, welche die Verwendung der lateinischen Sprache zum Ziel haben. Sie sollte von Einzelpersonen unterschiedlicher Sprache angewandt werden, in der Redaktion wissenschaftlicher Werke, vor allem im Bereich der kirchlichen Wissenschaft, ferner an den katholischen Universitäten und diözesanen Seminarien. Eine weitere Zielsetzung der Stiftung ist im Sinne des Statuts, die Förderung des Studiums der lateinischen Sprache sowie der klassischen und mittelalterlichen lateinischen Briefe. Das päpstl. Handschreiben macht ferner darauf aufmerksam, daß auch nach Einführung der Nationalsprachen in die Liturgie durch das Konzil, nicht wenige Gebiete im geistlichen und kulturellen Leben der Kirche existieren, auf denen die lateinische Sprache bewahrt und gefördert werden sollte.

In Übereinstimmung mit ihren Zielsetzungen sorgt daher die Stiftung „Latinitas" für die Vorbereitung, den Druck und die Verbreitung von Texten klassischer Autoren. Sie setzt sich auch für die Verbreitung didaktischer Mittel und für den Druck lateinischer Schriften ein, die eine Veröffentlichung verdienen (vor allem jene, die jedes Jahr beim *Certamen Vaticanum* ausgezeichnet werden). Sie organisiert lateinische Vorträge und Kurse, vor allem praktische Einführungskurse für die Alumnen der kirchlichen Seminare und Kollegien in Rom. Als Organ der Stiftung wurde 1953 die alle drei Monate erscheinende Zeitschrift *Latinitas* gegründet mit dem Ziel, das Studium der lateinischen Sprache als offizielle Sprache der Kirche, als lebendiges Werkzeug der Kultur und als Band der Einheit zwischen den Völkern zu fördern. Dies hat sich in kurzer Zeit durchgesetzt und wird heute überall befolgt.

Die Stiftung „Latinitas" wurde als juristische Person errichtet mit Sitz im Staat der Vatikanstadt. Sie hat einen Präsidenten, der sie nach außen und innen vertritt, einen Vizepräsidenten (dieses Amt wurde im Juni 1987 eingeführt), einen Sekretär und einen Verwalter. Dazu kommt ein leitender Rat von sieben Mitgliedern, von denen drei durch das Staatssekretariat ausgewählt werden. Ihm steht die Ernennung aller Genannten für fünf Jahre zu, wie auch die der drei Mitglieder des Kollegiums, die die Konten überprüfen.

N. Del Re

Stufetta (Badezimmer) des Kardinals Bibbiena

Es handelt sich um einen kleinen Raum für ein Badezimmer, der zu den Wohnräumen gehört, die Leo X. im dritten Stock der Vatikanischen Paläste eigens für seinen besonderen Sekretär Bernardo Dovizi da Bibbiena, Kardinal von *S. Maria in Portico*, hat bauen lassen. Die Wohnung war ein Zeichen des besonderen Wohlwollens des Papstes gegenüber seinem gelehrten Freund, der tatkräftig zu seinem Aufstieg auf den Päpstl. Thron beigetragen hatte. Sie war sehr wahrscheinlich bereits zu Beginn des Jahres 1516 fertig und umfaßte neben dem Badezimmer ein Schlafzimmer und eine kleine Loggia. Der kleine Komplex befand sich über den Räumen des Papstes, die bereits von Julius II. bewohnt worden waren. Die Zimmer gingen wie die darunterliegenden auf den *Cortile del Pappagallo*.

Planung und Ausführung der Wohnung spiegeln gut die verfeinerte humanistische Kultur ihres zukünftigen Bewohners wider. Insbesondere das vorhandene Badezimmer war für das Rom des 2. Jahrzehnts des 16. Jh. eine Ausnahme und ist Zeichen für den kulturellen Fortschritt, der sich vom Interesse für die Antike anregen ließ, in jenen Jahren besonders für das *Domus Aurea*, das Goldene Haus des Kaisers Nero. Die Idee für die Architektur des Bades nimmt mit der einfachen quadratischen Form des Raumes, der mit einem Kreuzgewölbe geschlossen ist, die typischen Merkmale der röm. Thermen wieder auf, wahrscheinlich inspiriert von den Texten des Vitruv. Was den kleinen Raum aber besonders interessant macht, ist die Ausschmückung, die zusammen mit der Loggia von der Werkstatt des Raffael zwischen April und Juni 1516 ausgeführt worden ist, nach einem Plan und unter direkter Überwachung durch den Meister aus Urbino selbst. Auf Raffael, der seit langem ein guter Freund des Kardinals war, geht wahrscheinlich auch die architektonische Planung der Wohnung zurück.

In vollkommener Harmonie mit dem Raum lassen sich die Motive der Wand- und Gewölbedekoration auf die Malereien des *Domus Aurea* zurückführen, das Ende des 15. Jh. ausgegraben wurde, und das, wie Vasari bezeugt, Raffael damals mit großem Interesse studierte. Sie sind das allererste Beispiel der Groteskenmalerei antiken Stils, die sich dann ab 1517–1519 von den großen Loggien des Raffael durch das ganze 16. Jh. hindurch als besonderes Motiv für die Freskodekoration verbreitete. Die Fresken fügen sich dabei in die Lisenen aus weißem Marmor ein, die den Wänden ihren Rhythmus geben und zwei Ordnungen schaffen: unten sind als Schmuck kleine Liebesgestalten auf Wägen gezeigt, die von kleinen Tieren gezogen werden mit Exedren darüber, während der obere Teil Szenen aus den Mythen um Venus darstellt. In den Lünetten darüber bevölkern kleine, von der Antike inspirierte Gestalten klassische Architekturgebilde, die durch Girlanden aus Früchten geschmückt sind. Die Decke ist unterteilt in Flächen mit zoomorphen Bildern und mythologischen Szenen.

Trotz der kürzlich durchgeführten Restaurierung stellt sich das Kunstwerk ziemlich beschädigt dar. Zwei Szenen der Aphrodite, darunter eine *Venus cavaspina*, die wir aus einer Gravur von Marco Dente kennen, sind ganz verlorengegangen. Was übrig bleibt, genügt aber, uns eine Vorstellung von der hervorragenden Farbgebung zu vermitteln, die den Raum einmal gekennzeichnet hat. Bibbiena selbst diktierte Raffael, wie ein berühmter Brief von Bembo an den Kardinal überliefert, an Hand der Metamorphosen des Ovid, die malerischen Themen für den ganzen Zyklus oder wenigstens für die Szenen der Venus. Diese letzteren wollten wohl die Göttin der Liebe und ihren Einfluß auf die Götter und die Natur feiern, wie es Oberhuber interpretiert hat, oder man muß sie neuplatonisch als Erhebung der Seele von der vulgären zur göttlichen Liebe verstehen, was unter der Autorität des Papstes geschehen sollte, eine Hypothese, die Malme vorgeschlagen hat, die dabei die philosophische Ausbildung des Bibbiena in der platonischen Akademie von Florenz zugrundelegt.

Die Ausführung der Malereien, von denen uns zum Teil Entwürfe möglicherweise von Raffael selbst erhalten sind, wurde vollständig seinen Gehilfen übertragen. N. Dacos stellt in ihrer genauen Rekonstruktion der Tätigkeit der Werkstatt des Raffael die Hand des Giovanni aus Udine fest, der nicht nur in den Groteskenmalereien der Lünetten, die ihm die Überlieferung zuschreibt, sondern auch in den Liebesgestalten sowie beim Pan mit Flöte zu erkennen ist. Die übrigen Venusszenen weist sie Giulio Romano zu (Venus und Amor auf dem Weg nach Paphos, Venus und Adonis). Francesco Penni dagegen soll die Geburt der Venus sowie Minerva und Vulkan, und Pellegrino aus Modena wahrscheinlich die verwundete Venus ausgeführt haben. Für die Malerei wenigstens einer der Marmorpanele wurde kürzlich der Name des Lorenzetto genannt, der mit Raffael nicht nur bei der Ausschmückung der Chigi-Kapelle zusammenarbeitete, sondern auch einige Stuckreliefs für die großen Loggien ausgeführt hat.

Die Malereien müssen ein gewaltiges Echo geweckt haben, wie die zahlreichen Stiche von M.A. Raimondi, M. Dente und Agostino Veneziano zeigen, sowie die Replik mit Varianten der „Geschichten der Venus" in der Eremitage, vielleicht ein Werk von Giulio Romano, das wenige Jahre später in der heute zerstörten Villa Mils auf dem Palatin ausgeführt wurde. Doch wurde der ganze Wohnkomplex bald nicht mehr benutzt. Noch Ende des 19. Jh. war er zweckentfremdet und die Fresken zum guten Teil durch Übermalungen verborgen. Die Restaurierungen zwischen 1942–43 und 1971 haben wenigstens das Übriggebliebene erhalten können.

Erinnert sei ferner daran, daß in den Vatikanischen Palästen zwei weitere Beispiele von Badezimmern erhalten geblieben sind. Das erste gehörte zu den Räumen Julius' II. Seine streng aus der Antike abgeleiteten Formen und seine Ausschmückungen im klassischen Geschmack, ausgeführt wahrscheinlich um 1508–10 von den gleichen Malern, die auch in der Burg von Ostia tätig waren, bilden den direkten Vorgänger des Bades von Raffael. Das andere, wenig später geschaffen, wurde zu Beginn der 50er Jahre bei den Arbeiten in den Räumen der Präfektur der Päpstl. Zeremonien durch Redig de Campos entdeckt, der es anhand des Wappens der Medici im Zentrum des Gewölbes identifizieren konnte. Es hatte Clemens VII. (1523–34) gehört. In den letzten Jahren hat es Frommel genauer identifiziert als das Bad, das in den gleichen Jahren von Giulio Romano für die Räume seines Freundes Gian Matteo Giberti, Päpstl. Datar und dann Bischof von Verona, geschaffen wurde.

Bibl.: H. Dollmayr, *Lo stanzino da bagno del Cardinal Bibbiena*, in *Archivio storico dell'arte*, 2 (1890), S. 272–280; D. Redig de Campos, *I Palazzi Vaticani*, Bologna 1967, S. 111–114; H. Malme, *La „Stufetta" del Cardinal Bibbiena e l'iconografia dei suoi affreschi principali*, in *Quando gli Dei si spogliano, il bagno di Clemente VII a Castel S. Angelo e le altre stufe romane del primo Cinquecento*. Ausstellungskatalog, Rom 1984, S. 34–50; D. Redig de Campos, *La Stufetta del Cardinal Bibbiena in Vaticano e il suo restauro*, in *Röm. Jb. für Kunstgeschichte*, 20 (1983), S. 221–240; *Raffaello in Vaticano*. Ausstellungskatalog, Mailand 1984, S. 205–207.

E. Coda

Substitut im Staatssekretariat

Wichtige Position im vatikanischen Staatssekretariat. Der Substitut ist eine Art Innenminister und hauptsächlicher Helfer des Kardinalstaatssekretärs (→). Der Name „Substitut" taucht in der hierarchischen Ordnung dieses Amtes zum erstenmal am 3. August 1814 auf, als Carlo Mauri für diese neue Aufgabe ernannt wurde, die auch jene des früheren „Sekretärs für die Chiffre" (→) umfaßte. In der Zeit von 1833–46 gab es zwei Staatssekretariate. Gregor XVI. hatte durch die Bildung einer *Segreteria di Stato per gli Affari Interni* zwei Staatssekretariate geschaffen, an deren Spitze jeweils ein eigener Kardinal stand. Damals gab es auch zwei Substituten. Es blieben zwei, auch als Pius IX. zu einem einzigen Staatssekretariat zurückkehrte, das zwei Abteilungen hatte. Die erste Abteilung erfüllte die dem Staatssekretariat eigenen Aufgaben, während die zweite alle Aufgaben übernahm, die früher das Staatssekretariat für die inneren Angelegenheiten erledigt hatte. An der Spitze beider Abteilungen stand ein Substitut, der vom Kardinalstaatssekretär abhängig war, bis man 1851 wieder zu einem einzigen Substituten zurückkehrte.

Mit umfangreichen Aufgaben betraut, bekleidet der Substitut im Staatssekretariat derzeit eine Schlüsselposition in der Kurienverwaltung. Er fungiert als Verbindungsmann zwischen dem Papst und allen, die sich an ihn wenden müssen. Er führt die päpstl. Entscheidungen aus. Infolge der letzten Neuordnung der Kurie durch Johannes Paul II. mit der Konstitution *Pastor Bonus* vom 28. Juni 1988 (AAS, LXXX [1988], S. 841–912), durch die das Staatssekretariat in zwei Abteilungen geteilt wurde – eine für die allgemeinen Angelegenheiten, die andere für die Beziehungen zu den Staaten – wurde dem Substituten die Leitung der ersten Abteilung übertragen. Diese behält er auch während der Sedisvakanz gemäß Art. 20 der von Johannes Paul II. herausgegebenen Konstitution *Universi Dominici gregis* vom 22. Februar 1996 (AAS, LXXXVIII [1996], S. 318). Die zweite Abteilung hingegen bleibt unter der Führung des Sekretärs. Die Reihe der Substituten seit 1814 ist in dem Werk von G. De Marchi angegeben, *Le Nunziature apostoliche dal 1800 al 1956*, Rom 1957, S. 27–36.

N. Del Re

SYMMACHUS

Papst, Heiliger. Der Sarde bestieg den päpstl. Thron am 22. November 498 als Nachfolger Anastasius' II. Am selben Tag wurde ihm aus der byzanzfreundlichen Minderheit des Senators Festus der röm. Erzpriester Lorenzo entgegengestellt, über den Symmachus jedoch triumphierte und als legitimer Papst allgemein anerkannt wurde. Er fand auch die Bestätigung des Ostgotenkönigs Theoderich, den er wenig später feierlich in Rom empfing. Gleich zu Beginn seines Pontifikats berief Symmachus eine Synode ein, von der die historischen Dokumente mit den Unterschriften sämtlicher Teilnehmer, auch der Priester römischer Titelkirchen überliefert sind. Von großer Wichtigkeit war auch die am 23. Oktober 501 von Symmachus einberufene Synode, die mit der Bezeichnung „Palmare" (da sie im heutigen Atrium der Peterskirche *ad palmata* versammelt war) in die Geschichte einging. Gegenstand waren die falschen Anschuldigungen der gegnerischen Partei gegen den Papst und die Exkommunikation des Gegenpapstes Lorenzo.

Unter Symmachus wurde die Peterskirche verschönert, Wohnungen für Papst und Klerus angebaut und in Rom die Kirchen *S. Pancrazio sul Gianicolo* und *S. Martino alle Terme* errichtet. Für die Rompilger ließ er Hospize einrichten und Hospitäler in der Nähe der röm. Basiliken für die Bedürftigen. Als Mann von Frömmigkeit und Nächstenliebe investierte Symmachus hohe Summen in den Freikauf von Sklaven und unterstützte auch die afrikanischen Bischöfe, die sich in Zeiten der Verfolgung unter dem Vandalenherrscher Trasimondo nach Sardinien geflüchtet hatten. Nach seinem Tod im Jahr 514 wurde Symmachus in St. Peter bestattet und als Heiliger verehrt. Erst im 15. Jh. wurde sein Name in die *Auctaria* des Martyrologium Usuardi aufgenommen und daraufhin auch von Baronio in das Röm. Martyrologium für den 19. Juli, sein *dies natalis*, wie ein anonymer Biograph im *Liber Pontificalis* bestätigt (I, 260–268).

Bibl.: A. Alessandrini, *Teodorico e papa Simmaco durante lo scisma laurenziano*, in *Archivio della Società Romana di Storia Patria*, 67 (1944), S. 153–207; G. B. Picotti, *I sinodi romani nello scisma laurenziano*, in *Studi storici in onore di G. Volpe*, II, Florenz 1958, S. 741–786; P. A. P. Llwellyn, *The Roman Church during the Laurentian Schism: priests and senators*, in *Church history*, 45 (1976), S. 417–427.

N. Del Re

T

Tabellaraudienzen

Solche Audienzen erfolgten nach einem entsprechenden Plan (Tabelle), der jedes Jahr vom Papst gebilligt und dann gedruckt wurde. Es waren periodische Papstaudienzen, die den Kardinälen an der Spitze der Dikasterien der Röm. Kurie (→), Prälaten und Persönlichkeiten vorbehalten waren, die kraft ihres Amtes dem Papst Bericht erstatten mußten. Die Tabellaraudienzen, die ähnlich den Privataudienzen nach einem besonderen Zeremoniell verliefen, finden heute nicht mehr statt. Sie wurden unter Johannes XXIII. (1958–63) abgeschafft. Derzeit wird der Großteil der Fragen, die früher bei diesen Audienzen vorgetragen wurden, brieflich durch das Staatssekretariat behandelt, weil heute der Kardinalstaatssekretär oder der Substitut dem Papst berichten.

Bibl.: D. De Carli, *La Corte pontificia e il cerimoniale delle udienze*, Rom 1951, S. 133–135.

N. Del Re

Talamo

So bezeichnete man eine Art Sänfte, auf der der Papst während der Fronleichnamsprozession auf den Schultern von Sänftenträgern durch die Straßen getragen wurde. Dabei hielt er das Allerheiligste in den Händen. Papst Alexander VII. wollte jedoch die Monstranz nicht wie seine Vorgänger sitzend tragen, sondern „mit entblößtem Haupt und in kniender Stellung." So geschah es dann auch bei der Prozession am 27. Mai 1655, wie es der *Vita* des Papstes zu entnehmen ist, die Sforza Pallavicino verfaßt hat. Eine Beschreibung des *Talamo* in der seit Alexander VII. gebrauchten Form ist im *Dizionario di erudizione storico-ecclesiastica* von Gaetano Moroni zu lesen, der eine entsprechende Darstellung auf einem Kupferstich G. L. Bernini zuschreibt und dabei unter anderem die folgenden Erläuterungen gibt: „Das aus alter Zeit stammende Vehikel hatte die Form einer Kniebank, die vergoldet war. Sie wurde von den päpstl. Reitknechten auf zwei mit rotem Samt geschmückten Stangen getragen. Der Papst kniete und konnte seine Arme auf die Bank stützen und dabei die Monstranz mit dem Allerheiligsten halten. Seine Füße wurden in Stoffbahnen aus rotem Samt gehalten und ein Stützgürtel sorgte dafür, daß sein ganzes Gewicht nicht ausschließlich auf den Knien lag." Der *Talamo* in dieser Form war bis 1816 in Gebrauch, bis Pius VII. eine neue Trage in Auftrag gab. Hier konnte der Papst wieder während der Prozession sitzen und seine Hände auf einen Tisch stützen. Nach 1870 gab es zu Fronleichnam keine Papstprozessionen mehr rund um den Petersplatz. Der Brauch wurde jedoch von Pius XI. am 25. Juli 1929 kurz nach der Ratifizierung der Lateranverträge noch einmal aufgenommen und – mit noch größerer Feierlichkeit – am 15. Juni 1933, im Heiligen Jahr der Erlösung. Beide Male gebrauchte Pius XI. dabei den *Talamo* von Pius VII.

Bibl.: G. Incisa della Rocchetta, *La processione papale del Corpus domini nel 1655,* in *L'Illustrazione vaticana,* 3 (1932), S. 498–500.

N. Del Re

Taufkapelle im Petersdom

Die Kapelle, die das Taufbecken der Petersbasilika birgt, liegt gleich links vom Eingang und wurde nach einem Entwurf von Carlo Fontana gebaut, der auch das Taufbecken ausführte. Das tiefe Becken aus rotem Porphyr erhebt sich in der Mitte des Raumes. Es stammt von einem antiken röm. Grabmal, welches für den Sarkophag von Kaiser Otto II., der 983 in Rom gestorben war, wiederverwandt wurde. Sein Grab befand sich im Säulengang der alten Basilika. Nachdem die Kapelle gegen Ende des 17. Jh. von Antonio Tedeschi und Marcello Pigers restauriert wurde, hat man das Becken kunstvoll mit Goldbronze verziert – ein Werk des Giovanni Giardoni aus Forli. Arabesken und Laub umgeben das mystische Lamm, während vorn zwei Engel ein Medaillon halten, das die Hl. Dreifaltigkeit darstellt.

Die Kapelle wird von drei großen Mosaiken geschmückt. Das mittlere stellt *Die Taufe Jesu* dar, nach einem Bild von Carlo Maratta, das sich in der röm. Basilika S. Maria degli Angeli befindet; das rechte zeigt *Die Taufe der hl. Märtyrer Processus und Martinianus* und das linke *Die Taufe des Zenturions Cornelius,* die jeweils nach Originalen von Giuseppe Passeri und Andrea Procaccini ausgeführt wurden. Beide befinden sich heute in der Kirche S. Domenico in Urbino. Das Wappen von Innozenz XII. (1691–1700) schmückt die zwei Konsolen an den Seiten der Kapelle.

Der Mosaikschmuck der ovalen Kuppel vor der Taufkapelle entstand unter der Anleitung von Niccolò Ricciolini nach Zeichnungen von Francesco Trevisani. Er versinnbildlichte an der Decke die Theologie des ersten Sakraments, das der Mensch empfängt, d. h. der Taufe; mit der dreifachen Allegorie der Taufe durch Wasser (Johannes der Täufer), durch Blut (die Märtyrer) und durch sehnsüchtiges Verlangen (die sehnsüchtigen Massen, die Läuterung) sowie an den Seiten die Erdteile, die die Taufe empfangen haben.

Bibl.: F. H. Dowley, *Carlo Maratta, Carlo Fontana and the Baptismal Chapel in Saint Peter's,* in *The Art bulletin,* 47 (1965), S. 57–81.

G. C. Alteri

Telesphorus

Hl., griechischer Herkunft, Papst von 125–136, Nachfolger von Sixtus I. Der hl. Irenäus schreibt Telesphorus in seinem Traktat gegen die Häresien (III, 3, 3) ein „ruhmreiches Martyrium" zu, was auch Eusebius von Cäsarea in seiner Kirchengeschichte (*Storia ecclesiastica* V, 6, 4) bestätigt. Über das Pontifikat von Telesphorus ist wenig bekannt. So muß man sagen, daß auch die Hinweise im *Liber Pontificalis* ohne historische Grundlage sind, nach denen dieser Papst das vierzigtägige Fasten und die Zelebration von drei Messen in der Vigil von Weihnachten eingeführt habe. Das gleiche gilt für die Überlieferung, er habe das *Gloria in excelsis Deo* verfaßt und als Eingangsgesang in die Meßliturgie eingefügt. Er starb in Rom und wurde neben dem Grab des hl. Petrus beigesetzt.

Bibl.: N. Del Re, in *Bibliotheca Sanctorum,* XII, Sp. 188–189, mit Bibl.

N. Del Re

Theoderich, Gegenpapst

Gegenpapst. Er war Kardinalbischof von *S. Rufina*. Er wurde von den Anhängern des Gegenpapstes Clemens III. sofort nach dessen Tod im September des Jahres 1100 gewählt und heimlich des Nachts in der Petersbasilika zum Papst gekrönt. Nach nur dreieinhalb Monaten seines Pontifikats wurde er von den Gefolgsmännern des legitimen Papstes gefangen genommen, als er sich gerade hilfesuchend zum

Kaiser nach Deutschland begab. Papst Paschalis II. verbannte ihn als Mönch in die Abtei zur Allerheiligsten Dreifaltigkeit von *Cava dei Tirreni* bei Salerno. Dort starb er im Jahre 1102. Er wurde auf dem Klosterfriedhof begraben, wo noch heute die Inschrift zu lesen ist: „*Theodoricus in M pace CII*".

N. Del Re

THEODOR I.

Papst. Geboren in Jerusalem von griechischen Eltern wurde Theodor mit Unterstützung des Exarchen von Ravenna am 24. November 642 Papst – als Nachfolger von Johannes IV. Wie dieser kämpfte er gegen den Monotheletismus, eine christologische Irrlehre, die vor allem im Osten des Kaiserreiches verbreitet war und in Christus einen einzigen Willen in zwei Naturen sehen wollte. Der abgesetzte Patriarch von Konstantinopel Pyrrhos kam mit der Absicht nach Rom, die Unterstützung des Papstes zu gewinnen. Er erklärte sich für orthodox und verleugnete seinen monotheletischen Glauben. Als er sich jedoch bewußt wurde, daß Theodor ihm nicht helfen konnte, verfiel er wieder der Häresie und wurde deshalb vom Papst verurteilt. Mit Vehemenz wehrte sich Theodor auch gegen *Typos,* das Edikt des Kaisers Konstans II. aus dem Jahr 647. Darin verbot der Kaiser – mittlerweile des ganzen Streites überdrüssig – allen, auch dem Papst, theologische Fragen insbesondere hinsichtlich des doppelten oder einzigen Willens der zwei Naturen Christi zu diskutieren.

Theodor wird auch die Anweisung zugeschrieben, den Klerikern vor ihrer Ordination eine Kirche zuzuweisen, um ihnen die notwendigen Mittel zum Leben zu ermöglichen. Das von Johannes IV. begonnene Oratorium beim Baptisterium im Lateran ließ Theodor vollenden und ordnete auch die Restaurierung der beiden Kirchen, *S. Valentino* und *S. Euplo fuori della città* an, die aber später zerstört wurden. Er starb am 14. Mai 649 und wurde in St. Peter begraben.

Bibl.: A. N. Stratos, *Patriarches Pyrros*, in *Byzantina,* 8 (1976) S. 9–19.

N. Del Re

THEODOR II.

Papst. Er wurde in Rom geboren und im November 897 als Nachfolger von Romanus, dem Gallier, zum Papst gewählt. Sein Pontifikat war jedoch nur von kurzer Dauer. Nach 20 Tagen starb er, vermutlich aufgrund eines Giftmordes. In den drei Wochen seiner Regierungszeit konnte er jedoch eine Synode einberufen, die das Andenken des Papstes Formosus und damit dessen Weihen und Beschlüsse rehabilitierte. Er sorgte auch in St. Peter für eine würdige Beisetzung der sterblichen Überreste dieses Papstes, die gerade in diesen Tagen aus dem Tiber geborgen worden waren (*Liber Pontificalis*, II, 231).

Bibl.: L. Duchesne, *Les premiers temps de L'Etat pontifical,* Paris 1911, S. 300–310.

N. Del Re

THEODORUS, GEGENPAPST

Gegenpapst. Er war röm. Priester, möglicherweise derjenige, der von Papst Agathon 680 zum 3. Konzil von Konstantinopel entsandt worden ist. Theodorus wurde am 2. August 686 vom Senat, vom Adel und vom röm. Heer zum Nachfolger Johannes' V. gewählt, während der Klerus zur gleichen Zeit den Erzpriester Petrus wählte. Theodorus beharrte jedoch nicht auf seiner Wahl, sondern unterwarf sich dem Klerus, auch als, diesmal mit Zustimmung des Heeres, am 21. Oktober 686 ein neuer Papst, Konon, gewählt wurde. Theodorus, inzwischen

Erzpriester, wurde nach dessen Tod am 21. September 687 vom Klerus und vom röm. Volk gegen den Erzdiakon Paschalis zum Papst gewählt. Doch sowohl diesem als auch dem am 15. Dezember 687 gewählten Papst Sergius I. unterwarf sich Theodorus, so daß die Bezeichnung Gegenpapst auf ihn nicht ganz zutrifft.

Bibl.: O. Bertolini, *Roma di fronte a Bisanzio ed ai Longobardi,* Bologna 1941, S. 396–401.

N. Del Re

THEOLOGENKOMMISSION, INTERNATIONALE

Sie wurde durch Paul VI. am 11. April 1969 auf Vorschlag der Bischofssynode vom Oktober 1967 eingerichtet. Die Kommission hat die besondere Aufgabe, den Hl. Stuhl zu unterstützen und mit der Kongregation für die Glaubenslehre bei der Prüfung wichtiger Fragen der Lehre zusammenzuarbeiten. Dort hat sie auch ihren Sitz. Mit diesem Dikasterium verbunden, steht die Komm. unter dem Vorsitz des jeweiligen Kardinalpräfekten der Kongr. und umfaßt 30 Mitglieder, „hervorragende Forscher und Vertreter der theologischen Disziplinen, treu den genuinen Lehraussagen der lehrenden Kirche", wie Paul VI. im Konsistorium vom 28. April 1969 formulierte. Alle Mitglieder der Komm. werden aus den besten Theologen gewählt, die dem Lehramt treu sind und verschiedenen Schulen aller Nationen angehören. Sie werden vom Papst für fünf Jahre ernannt. Diese Komm., deren endgültige Statuten 1982 durch Johannes Paul II. mit dem Motu Proprio *Tredecim anni iam* vom 6. August (AAS, LXXIV [1982], S. 1201ff) veröffentlicht wurden, muß als Vollversammlung wenigstens einmal im Jahr zusammentreten, Sie kann ihre Tätigkeit aber auch mit Hilfe von häufiger zusammentretenden Subkomm. ausführen, die dann mit dem Studium besonderer Probleme beauftragt sind. Die Studienergebnisse der theologischen Komm. werden zuerst dem Papst vorgelegt, dann der Kongr. für die Glaubenslehre übergeben. Unter den verschiedenen bisher erarbeiteten Dokumenten der Komm. seien dasjenige 1974 zu „Apostolat der Kirche und die apost. Sukzession" erwähnt sowie die Erklärung von 1977 zum „Heilsweg des Menschen und das christliche Heil", schließlich die christologischen Studien der letzten Jahre.

N. Del Re

THEOPHYLAKT, GEGENPAPST

Gegenpapst, Griech. Abstammung und röm. Erzdiakon unter Papst Zacharias. Ende April 757 wurde er von den Anhängern der Byzantiner als Nachfolger von Stephan II. (III) gegen Diakon Paul, den Bruder des verstorbenen Papstes, aufgestellt. Der letztere wurde jedoch mit Mehrheit gewählt. Von Theophylakt, den man fälschlicherweise als Gegenpapst bezeichnet, fehlt seit seiner Kandidatur jede Spur. Überliefert sind jedoch zwei Briefe an den hl. Bonifatius, den Apostel der Deutschen (*S. Bonifatii et Lulli epistolae*, 84,85, hg. E. Dümmler, in M.G.H. *Epistolae Merowingici et Carolingi aevi*, I [1892]; S. 366f).

Bibl.: O. Bertoloni, *Roma di fronte a Bisanzio e ai Longobardi*, Bologna 1941, S. 494, 525, 583–584.

N. Del Re

THRONASSISTENTEN

Ein Ehrentitel, den der Papst gewöhnlich hohen Prälaten und weltlichen Persönlichkeiten verleiht. Diese haben dann das Recht, bei den päpstl. Funktionen gleich hinter den Kardinälen beim päpstl. Thron Platz zu nehmen. Der Titel ist sehr alt, denn bereits im 2. Jh. finden sich bischöfliche Thronassistenten. Seit Mitte des 16. Jh. bilden diese kirchlichen Persönlichkeiten ein Kollegium, dem die Patriarchen von Rechts wegen angehören, während Erzbischöfe und Bischöfe durch päpstliche Ernennung hinzukommen. Sie gehören zugleich zu den Ehrenprälaten Seiner Heiligkeit (→) und erfreuen sich einiger Privilegien, die ihnen Julius III. 1551, Gregor XV. 1622 und Benedikt XIV. (1740–58) verliehen haben. Sie behalten den Titel auch nach dem Tod des Papstes, der sie ernannt hat.

Was die zu Thronassistenten ernannten Laien angeht – früher gehörten dazu der Präfekt und der Senator von Rom, der Bannerträger der Hl. Röm. Kirche (→) und die Botschafter der Souveräne – so wurde der Titel später, seit Julius II. 1511, auf die beiden röm. Adelsfamilien Colonna und Orsini eingeschränkt. Die beiden fürstlichen Thronassistenten standen rechts vom päpstl. Thron neben dem Kardinaldiakon. Als Fürst Orsini sein Amt aufgegeben hatte, wurde er 1962 *pro tempore* von Johannes XXIII. durch den Fürsten Alessandro Torlonia ersetzt, der dann von Paul VI. bestätigt wurde. Nach Art. 7, § 9 des Motu Proprio *Pontificalis Domus* vom 28. März 1968 (AAS, LX [1968], S. 305–315) leisten die Thronassistenten aus dem Laienstand ihren Dienst beim Präfekten des Apost. Palastes (heute der *Casa Pontificia*), indem sie bei feierlichen Anlässen Repräsentationsaufgaben wahrnehmen.

Bibl.: P. Bruni, *Principi Assistenti al Soglio Pontificio Orsini-Colonna. Cenni storici*, Rom 1963.

N. Del Re

THRONSAAL

→ Sala dei Santi Pietro e Paolo

TIARA

Sie ist eine nicht liturgische Kopfbedeckung, die der Papst während der feierlichen Krönungsmesse (→) zu seiner Amtseinführung in Besitz nahm. Er gebrauchte sie auch, wenn er sich zu einer feierlichen Zeremonie begab oder von dort zurückkehrte. Über den Ursprung der Tiara gibt es unter den Fachleuten Meinungsverschiedenheiten. Ihr Ursprung ist wohl die phrygische Zipfelmütze *(phrygium)* oder *(camelaucum)*, ein konisches Birett aus weißem Stoff, das in Art und Form aus dem Orient nach Rom gelangte. Dort wurde es als ein Symbol der Freiheit betrachtet. Die Päpste trugen es ungefähr seit dem Ende des 4. Jh., wobei es aber wohl Legende ist, daß Silvester I. (314–335) diese Kopfbedeckung von Kaiser Konstantin als Zeichen für die Freiheit der Kirche erhalten hätte. Unklar ist auch, welcher Papst als erster am unteren Teil einen goldbesetzten Kronreif anbringen ließ, einige sprechen von Papst Symmachus (498–514), andere von Leo III. (795–816) oder Nikolaus I. (858–867). Sicher ist aber, daß Bonifatius VIII. (1294–1303) einen zweiten Kronreif hinzufügte zum Zeichen seiner Doppelgewalt und die Tiara mit herrlichen Gemmen ausschmücken ließ. Die Anfügung des dritten Kronreifs wird dann Clemens V. (1305–1314) zugeschrieben, denn in einem Inventar des Jahres 1315 ist zum ersten Mal von der Tiara mit drei Kronen die Rede, auch *triregno* genannt, ein Symbol der päpstl. Autorität und seiner drei Gewalten. Wie die Mitra, so war auch die Tiara seit dem 13. Jh. mit zwei Bändern am hinteren Teil ausgestattet, während sie seit Beginn des 16. Jh. auf ihrer Spitze einen Knauf mit Kreuz trug.

Die dreifache Gewalt des Papstes, symbolisiert in der dreifachen Krone, war in der damaligen Formel für die Papstkrönung enthalten. Nach dem *Pontificale romano* von 1596 wurde der Papst ausgezeichnet als „Vater der Fürsten und der Könige, Rektor der Welt, Stellvertreter Christi auf Erden." Paul VI. war der letzte Papst, der im Jahre 1963 mit der Tiara gekrönt worden ist. Zur Überraschung vieler machte er jedoch die Tiara den Armen zum Geschenk, verzichtete so auf ihren Gebrauch und ersetzte sie durch die päpstl. Mitra. So kam es, daß bei seiner Reform des Päpstl. Hauses (→) vom 28. März 1968 mit Motu Proprio *Pontificalis Domus* (AAS, LX [1968], S.305–315) auch der *Wächter der Tiara* (→) seinen Arbeitsplatz verlor.

Bibl.: G. Antici-Mattei, *Insegne della potestá Pontificale: le origini e le forme della tiara,* in *L'Illustrazione Vaticana,* 9 (1938), S. 713–718; R. Spiazzi, *La triplice corona,* in *Ecclesia,* 15 (1956), S. 109–113; A. Lipinsky, *Il triregno dei Romani Pontefici*, ib., 17 (1958), S. 538–549.

N. Del Re

Tipografia Vaticana

Die Gründung der vatikanischen Druckerei geht auf das 16. Jh. zurück. Vor allem Alessandro Farnese, Neffe von Paul III. (1534–49) und dann Marcellus II. (1555), hatten die Idee, dort verschiedene Werke aus griechischen Codices drucken zu lassen. Die erste Zielsetzung war mithin, eine dem Apost. Stuhl unterstellte Druckerei mit dem Druck und der Verbreitung von klassischen und kirchlichen Werken zu beauftragen, die vor allem aus den wertvollen Manuskripten der Vatikanischen Bibliothek entnommen waren. Mit seiner Konstitution *Nam semper ex omnibus* gründete Papst Sixtus V. am 27. April 1587 offiziell die *Tipografia.* Das Druckhaus war gut ausgestattet mit Schrifttypen bzw. Matrizen in Latein, Griechisch, Hebräisch und Syrisch, so daß man vor allem mit korrekten Bibeleditionen in verschiedenen Sprachen beginnen konnte. Berühmt sind die *Edizione Sistina* von 1590, die *Clementina* von 1592 und dann die *Sisto-Clementina* nach 1604. Ebenfalls gedruckt wurden Werke der Kirchenväter, die Dekretalien und hagiographische Werke *„ad haereticorum confusionem"*.

Im Jahre 1588 wurde die Druckerei der unmittelbaren Aufsicht der Kongr. *pro Typographia Vaticana* unterstellt, die Sixtus V. eigens eingerichtet hatte. Sie war eine von den 15 Kongregationen, die er bei seiner Kurienreform mit der Konstitution *Immensa aeterni Dei* vom 22. Januar 1588 (BR, VIII, S. 985–999) errichtet hatte. Die *Tipografia* wurde unter Clemens VIII. reformiert, der ihr mit dem Motu Proprio *Inter gravissimas* vom 20. August 1593 (BR, X, S. 81–83) eine neue Verwaltungsstruktur gab. Nachdem der Kardinalbibliothekar Ludovico de Torres im Mai 1608 in einer Anklageschrift formuliert hatte, die Druckerei würde nicht den ihr gesetzten Zielen entsprechen, löste Paul V. sie 1609 offiziell auf. Die gesamten Einrichtungen wurden an die *Tipografia Camerale,* die Druckerei der Apost. Kammer, gegeben, die fortan die Tradition der Druckerei fortführte, bis sie selbst von der italienischen Regierung 1871 unterdrückt wurde.

Der Name *Tipografia Vaticana* ist jedoch im Jahre 1700 von dem damaligen Präfekten der Apost. Bibliothek, Lorenzo Alessandro Zaccagni, wieder verwandt worden und wurde auch im 18. Jh. von dem röm. Drucker Giovanni Maria Salvioni und seinen Nachfolgern gebraucht, jeweils mit entsprechender Autorisierung. Unter Leo XII. wurde die Druckerei 1825 doch noch einmal in ihren früheren Räumen in der Nähe der Vatikanbibliothek untergebracht, löste sich dann 1838 jedoch auf in die beiden anderen Druckereien des Vatikans, die *Tipografia Camerale* und die *Tipografia di Propaganda Fide.* Letztere unterstand seit 1626 unmittelbar der Kongr. *Propaganda Fide* und diente dem Missionsapostolat.

Nach der Auflösung des Kirchenstaates 1870 und dem damit verbundenen Ende der *Tipografia Camerale*, die bislang die offiziellen Schriften von Staats- und Kirchenregierung veröffentlicht hatte, benötigte der Vatikan zwingend wieder eine Druckerei in unmittelbarem Dienst des Hl. Stuhls. Deshalb richtete 1884 Leo XIII.

die *Tipografia Vaticana* wieder ein, indem er praktisch die *„segreta"*, die geheime bzw. private Druckerei seines Vorgängers Pius IX. vergrößern ließ. Auch Pius VI. und Pius VII. hatten sich ihrer bereits bedient, Pius VII. beispielsweise, um dort den Text für die Exkommunikation von Napoleon drucken lassen. Pius X. beschloß 1909 einen kompletten Umzug in ein geeignetes Gebäude, das bislang von der Kavallerie der *Päpstl. Nobelgarde* (→) benutzt worden war und unweit der kleinen Kirche *S. Anna dei Palafrenieri* (→) lag. Bei dieser Gelegenheit wurde auch die historische und berühmte *Tipografia Poliglotta* der *Kongr. Propaganda Fide* mit der neuen *Tipografia Vaticana* vereinigt, die dann wegen ihrer reichen Ausstattung, auch an exotischen Schrifttypen, den Beinamen *Poliglotta* erhielt, jedoch nur bis zum 1. Juli 1991, als unter Johannes Paul II. eine weitere Neustrukturierung erfolgte.

Zuvor war jedoch 1921 das gesamte Gebäude aufgestockt worden durch Benedikt XV., dem auch eine erhebliche Vergrößerung des Maschinenparks und der sonstigen Anlagen zu verdanken war. Unter den folgenden Päpsten ist die *Tipografia Vaticana* immer besser ausgestattet und ihr Produktionsbereich erweitert worden, sodaß sie heute, in einem geräumigen und lichtdurchfluteten Gebäude untergebracht, bestens ausgerüstet ist und über eine in der Welt wohl einmalige Auswahl an Schrifttypen verfügt.

Fast schien es damals Silvio Negro vorausgesehen zu haben, als er 1936 in seinem Buch *Vaticano minore* schrieb: „Heute kann man in dieser Druckerei Texte aller Sprachen drucken, von denen man eine Literatur besitzt. Allein vom Griechischen gibt es neun verschiedene Schrifttypen, in Arabisch 7, in Hebräisch 4, in Syrisch 3 und in Armenisch und Sanskrit 2. Es gibt aber auch, um nur einige zu nennen, das Bulgarische und Chinesische, das Koptische und das Kyrrilische, Etruskische und Irische. Drucke sind möglich auch in Altdeutsch, in Tibetanisch, in nestorianischem Chaldäisch und allgemeinem Chaldäisch. Die Sprache Brahmanisch fehlt ebensowenig wie Tamilisch, Malabarisch und wie die Hieroglyphen des alten Ägypten".

Auch wenn die *Tipografia Vaticana* heute zahlreiche externe Aufträge durchführt, bleibt ihre Besonderheit der Druck der päpstl. Akten und der offiziellen Dokumente des Hl. Stuhls, der Röm. Kurie und des Staates der Vatikanstadt. Ein Teil dieser Dokumente sind der *Sezione segreta* (Geheimabteilung) anvertraut, in der moralisch und beruflich hochqualifizierte Angestellte arbeiten, die zu absolutem Schweigen verpflichtet sind. Auch hier kann man wieder Silvio Negro in dem erwähnten Werk zitieren, der von diesen Mitarbeitern sagt, daß sie „immer und immer wieder die Entwürfe der Lateranverträge gesetzt und korrigiert haben, als sich langsam aber sicher die Lösung der Römischen Frage abzeichnete, aber niemand hat ‚niemals' etwas gewußt." (S. 100).

Eine weitere Besonderheit der *Tipografia Vaticana* ist der Druck liturgischer Bücher und Gebetssammlungen (Missale, Brevier, röm. Martyrologium etc.) und weiterer Texte für den offiziellen liturgischen Gebrauch, an die sich all diejenigen halten müssen, die davon weitere Ausgaben publizieren.

Inzwischen sind die alten Druckmaschinen vom Typ *Linotype* durch modernste elektronische Druckanlagen ersetzt. Vom alten Bleidruck ist man übergegangen zu modernen Verfahren der Belichtung und der Fotokopie, verbunden mit modernen Informations- und Übertragungssystemen. Eine moderne Druckmaschine druckt täglich den *Osservatore Romano* (→), die politische und religiöse Tageszeitung des Vatikans, neben den zur Zeit fünf weiteren Wochenausgaben in verschiedenen

Sprachen (Französisch, Englisch, Spanisch, Portugiesisch und Deutsch, letztere wird in Deutschland gedruckt). Eine Monatsausgabe des *Osservatore Romano* gibt es auch in polnischer Sprache. Die Verwaltung und die technische Direktion der *Tipografia Vaticana* ist seit August 1937 von Papst Pius XI. den Salesianern des Don Bosco anvertraut.

Bibl.: [A. Battandier], *Imprimerie Vaticane,* in *Annuaire pontifical catholique,* V, Paris 1902, S. 473–478; A. Lodolini, *La Stamperia vaticana e i suoi primi libri,* in *Accademie e biblioteche d'Italia,* 7 (1933), S. 154–161; N. Vian, in *Enciclopedia cattolica,* XII, Sp. 1135–37; F. Barberi, *Libri e stampatori nella Roma dei Papi,* Rom 1965; V. Romani, *Di alcune vicende istituzionali della Tipografia Vaticana (1587–1609),* Rom 1973.

N. Del Re

Torre Borgia

Diesen Turm ließ Papst Alexander VI. Borgia in den Jahre 1492 bis 1494 an der Nordwestecke des antiken Vatikanpalastes errichten. Vor allem diente er dazu, die Verteidigungsmöglichkeiten des Palastes an dieser zur Ebene zeigenden Seite zu verstärken. Sein Grundriß bildet ein Rechteck von 18 x 16,50 m. Die Grundmauern von bemerkenswerter Stärke und stabilisiert durch Bögen, bestehen aus Tuffsteinblöcken, die an der Außenseite durch rosa Steinplatten verkleidet sind, die wiederum länger und dünner sind, als die, die später im Vatikan in Gebrauch kamen.

Der Turm hat folgende Ebenen: einen Keller, ein Erdgeschoß, kommunizierend mit der Bibliothek von Sixtus IV., einen ersten Stock, verbunden mit dem *Appartamento Borgia,* einen zweiten Stock auf der Ebene der zukünftigen Stanzen des Raffael und schließlich eine Terrasse mit zwei großen Bögen und dem Wappen des Papstes auf dem zentralen Pfeiler. Auf jedem Stockwerk befindet sich an der Nordseite ein Fensterpaar. Die Fenster im ersten und zweiten Stock sind mit Marmor gefaßt. Der einzige Zugang ist ein Bogentor, dessen Flügel mit Bronze verkleidet und durch große Eisennägel verziert sind. Hier liegt der Ursprung des Namens, den der entsprechende Hof hatte, nämlich der „des Eisentores", heute *Cortile Borgia*.

Unter Julius II. (1503–13) verlor der Turm seine Bedachung, um durch eine große achteckige Kuppel aus einer Holz-Blei-Konstruktion überdacht zu werden. Die Kuppel wurde durch Bögen auf korinthischen Säulen gestützt. Diese wunderschöne Kuppel, die in den Jahren 1509–1511 auf Veranlassung des Papstes und nach Entwürfen des Bramante durch den damals sehr jungen Antonio da Sangallo gebaut wurde, fiel in der Nacht zum 11. Juli 1523 einem Brand zum Opfer.

Mit der Restaurierung unter Pius XII. (1939–58) hat man versucht, dem Baudenkmal seine frühere mittelalterliche Form zurückzugeben, in dem man die frühere Dachform, die Marmorpfosten der beiden Fenster im zweiten Stock wiederherstellte, die Fenster aber geschlossen ließ, um die Fresken des Malers Francesco Podesti im Inneren nicht zu zerstören. Bei dieser Gelegenheit wurde das Gebäude auch aufgestockt, um zusätzliche Räume für das Staatssekretariat zu erhalten. Auch im Inneren wandelte sich im Laufe der Zeit der Verwendungszweck. Unter Leo X. (1513–21) wurde hier der geheime Schatz aufbewahrt. Im Jahre 1631 ließen die Architekten auf Veranlassung von Urban VIII. eine Hauskapelle anfügen, die in einer Größe von 5 x 4,40 m an der Südwestecke eingerichtet und mit reichen Ornamenten aus vergoldetem Stuck ausgestattet wurde. Pietro da Cortona malte hier das Altarfresko mit dem gekreuzigten Christus, während seine Schüler an der Decke und in den Lünetten verschiedene Passionsszenen Jesu darstellten. Der schon erwähnte Künstler Francesco Podesti schuf den *Saal der Empfängnis* mit einer umfangreichen Bildserie nach dem Dogma der Unbefleckten Empfängnis, das Pius IX. am 8. Dezember 1854 proklamiert hat.

Bibl.: J. S. Ackerman, *Bramante and the Torre Borgia,* in *Atti della P. Accademia Romana di Archeoligia. Rendiconti*, 25–26 (1950–51), S. 247–265; D. Redig de Campos, *I Palazzi Vaticani,* Bologna 1967, S. 81–84, 96, 216; N. Del Re, *Gli affreschi di Francesco Podesti nella Sala dell'Immacolata in Vaticano,* in *Pio IX*, 17 (1988), S. 79–92.

G. Belardinelli

Torre di San Giovanni

Der Johannesturm befindet sich am höchsten Punkt des vatikanischen Hügels (78,50 m ü. M.). Man muß seinen Standort im Zusammenhang sehen mit dem Bau einer päpstl. Stadt, die Nikolaus V. (1447–55) nicht zuletzt auch im Hinblick auf eine optische Verbesserung der inzwischen sehr heruntergekommenen *Civitas Leoniana* plante. Mit dem Bau des Turmes wurde Bernardo Rossellino beauftragt. Die Türme insgesamt sollten nicht nur als Blickfang, sondern auch der Verteidigung und der Vervollständigung der Befestigungsanlagen dienen. Der Johannesturm wurde um 1451 errichtet, wie es dem *Diario della città di Roma* von Stefano Infessura und der *Vita Nicolai V P. M.* von Giannozzo Manetti zu entnehmen ist. Dieser schreibt: „ In extremitate huius muri, qui a turri incipiebat ea parte, qua cum illo divisore iungebatur, due magne turres erigebantur."

Der Johannesturm wurde unter dem Pontifikat von Johannes XXIII. (1958–63) vollständig restauriert, um ihn als Sommerresidenz der Päpste herzurichten. Aber nur von ihm selbst wurde er zu diesem Zweck benutzt. In der Folge diente er dazu, illustre Persönlichkeiten zu beherbergen, wie den Patriarchen von Konstantinopel Athenagoras I. im Jahr 1967 und kurz darauf Patriarch Dimitrios I. anläßlich ihrer Besuche bei Paul VI. Eine Wohnung fand hier auch 1971 der ungarische Kardinal Josef Mindszenty, der nach seinem 15jährigen Exil in der Botschaft der Vereinigten Staaten von Amerika in Budapest nach Rom kam. Schließlich war es Johannes Paul II. selbst, der im Jahr 1979 während der Renovierungsarbeiten der päpstl. Wohnung im Apost. Palast hier für einige Monate lebte.

Bibl.: L. Cozzi, *Le porte di Roma,* Rom 1968, S. 352–353, A. Prandi, *Precisazioni e novitá sulla Civitas Leoniana,* in *Miscellanea di studi storici per le nozze di G. Jacovelli e V. Castano,* Schena Fasano 1959, S. 128.

M. Carta

Torrione Nikolaus' V.

In diesem mächtigen Turm gegenüber der Kaserne der Schweizergarde in der Nähe des St. Anna-Tors befindet sich gegenwärtig das *Istituto per le Opere di Religione* (→), die sog. Vatikanbank. Dieser unter Papst Nikolaus V. errichtete Turm ist fast unverändert bis in unsere Zeit gelangt. Auch er war Bestandteil der radikalen baulichen Neuordnung der Leostadt, der *Civitas Leoniana,* wie sie Nikolaus V. angestrebt hat. Baubeginn war 1447/48 unter der Aufsicht des ersten päpstl. „Ingenieurs des Palazzo" Antonio di Francesco. Im Laufe der weiteren Arbeiten, die 1452 von Bernardo Rossellino fortgeführt wurden, gaben die Fundamente des Gebäudes nach, und der Turm brach am 31. August 1454 zusammen, wobei dem Unglück auch einige Menschenleben zum Opfer fielen. Dennoch wurde das Werk von dem Vareser Beltramo di Martino weitergebaut und erhielt ein 13,35 Meter hohes Fundament. Im oberen Teil des insgesamt 26 m hohen Turmes wurden Verteidigungsanlagen eingerichtet. Seine eigentliche militärische Funktion konnte der *Torrione* nur bei zwei Gelegenheiten ausüben: bei der Einnahme der Stadt Rom durch Karl VIII. (Dezember 1494 und Mai 1495) und in den zwei Tagen vor dem berühmten *Sacco di Roma* vom 6. Mai 1527. Nach dem Bau der *Belvedere-Bastion* durch Michelangelo 1548 und den neuen Mauerkonstruktionen zum Borgo-Viertel sowie zum Vatikanischen Hügel hin, verlor der *Torrione* seine strategische Bedeutung. Im Jahr 1538 waren dort die Falkner von Paul III. untergebracht und in der Zeit 1555/56 wurde das Innere zu einer Wohnung umgebaut, die zunächst Kardinal Diomede Carafa bezog, ein Verwandter Pauls IV. In dieser Zeit wurden auch die Räume von Taddeo Zuccari und anderen Künstlern ausgemalt, eine Dekoration, die heute völlig verschwunden ist.

Unter Sixtus V. (1585–90) erhielt Domenico Fontana den Auftrag, an der Ostseite des Damasushofes (→) einen neuen *palazzo* mit Privatgemächern für die Päpste zu errichten. Einen Teil des Gebäudes stützte der Architekt auf das Fundament des *Torrione* und ließ ein Drittel von dessen oberem Bereich abreißen. Um die verbliebenen Wohnungen erreichen zu können, wurde ein neuer Zugang vom Hof des Palastes von Sixtus V. geschaffen. Im Jahr 1610 unter Paul IV. war in dem Turm das Apost. Sekretariat (→) untergebracht und blieb dort bis 1678, als Innozenz XI. in diesen Räumen die Kanzlei für die Breven (→) einschließlich der Wohnung des für die Breven zuständigen Sekretärs unterbrachte. Nach der Verlegung dieses Sekretariats in den *Palazzo della Consulta* auf dem Quirinalshügel wurden im *Torrione* wieder Wohnungen geschaffen, unter anderem für den Almosenverwalter von Gregor XVI. (1831–46) und später dann für den Kommandanten der *Gendarmeria Pontificia*. Nach umfangreichen Restaurierungsarbeiten 1936–38 und einer vollständigen Umgestaltung der Innenräume wurde dort auf Wunsch von Pius XI. das *Istituto per le Opere di Religione* (→), die Vatikanbank, untergebracht. Auch die oberen Anbauten des Turmes wurden der Vatikanbank zugeschlagen, sodaß nach 1945 auch der Nordarm als Schalterraum diente. Die letzte Restaurierung fand in den Jahren 1996/1997 statt. Seitdem hat der Turm einen Aufzug, und neue Schalterräume sind durch einen Eingang in der Turmbasis nahe dem St.-Anna-Tor für das Publikum zugänglich.

Bibl.: A.P. Frutaz, *Il Torrione di Niccolò V in Vaticano. Notizia storica nel V centenario della morte del Pontefice umanista, 24 marzo 1455–24 marzo 1955,* Vatikanstadt 1956.

L. Gigli

TRIBUNAL, KIRCHLICHES

Es handelt sich um das neue vatikanische Gericht, das von Johannes Paul II. 1987 mit dem Motu Proprio *Quo civium iura* vom 21. November 1987 (AAS, LXXIX [1987], S. 1353–55) errichtet wurde. Es ist zuständig für Zivilsachen kirchengerichtlicher Relevanz in dem Teil des Territoriums der Diözese Rom, der zur Vatikanstadt gehört. Bisher unterlagen die Fälle dem Tribunal der Ersten Instanz des Staates der Vatikanstadt, wie es Pius XII. am 1. Mai 1946 (AAS, XXXVIII [1946], S. 170–172) festgelegt hatte. Dieses Tribunal war zuständig für Zivilsachen im Vermögens- oder Wirtschaftsbereich. Es setzte sich zusammen aus einem Auditor der *Rota Romana* (→) als Präsidenten und zwei weiteren Richtern. Die Verfahren wickelten sich ab nach den Normen der vatikanischen Zivilprozeßordnung (Art. 11), die im gleichen Jahr 1946 in Kraft getreten war. In allen anderen Angelegenheiten als den oben erwähnten setzte sich das Tribunal der Ersten Instanz zusammen aus einem Auditor und zwei Prosynodalrichtern des röm. Vikariats, die am Beginn eines jeden Gerichtsjahres vom Präsidenten des Appellationsgerichts bestimmt wurden.

Das kirchliche Tribunal heute hat nach can. 1401 des neuen Codex über Streitsachen im Kirchenbezirk der Vatikanstadt zu urteilen. Die Kammer setzt sich zusammen aus einem Vorsitzenden und weiteren drei Richtern, dem Kirchenanwalt, dem Bandverteidiger und einem protokollführenden Notar. Diese sind alle für 5 Jahre vom Papst ernannt und erhalten vom Dekan der Röm. Rota zum Ende eines jeden Gerichtsjahres eine Vergütung. Im Falle seiner Verhinderung ersetzt den Vorsitzenden einer der Richter in der Reihenfolge ihres Dienstalters. Das Tribunal hat seinen Sitz im *Palazzo dei Tribunali dello Stato Vaticano*, wo auch das eigentliche Gericht des Vatikanstaats seinen Sitz hat.

N. Del Re

Tribunale des Staates der Vatikanstadt Für die Ausübung der Gerichtsbarkeit im neuen Staat der Vatikanstadt (→) nach den Lateranverträgen vom 11. Februar 1929 wurden sogleich die notwendigen Gerichtsorgane eingerichtet, um Streitfälle in Anwendung der rechtlichen Bestimmungen zu schlichten. Mit dem Grundgesetz Nr. I vom 7.Juni 1929 ist beispielsweise das Tribunal der Ersten Instanz errichtet worden. Ein Kollegium von drei Richtern urteilte über Zivil- und Strafsachen, weniger wichtige Verfahren wurden an den *Giudice Unico* (Einzelrichter) übergeben. Berufungsgericht war jeweils das Tribunal der *Rota Romana* (→). Zwei weitere gerichtliche Organe sind 1932 von Pius XI. mit dem Motu Proprio *Al fine* vom 21. September 1932, (AAS, XXIV [1932], S. 332–334) eingerichtet worden, nämlich die Zivilkammer und die Wirtschaftskammer, jeweils für Klagen, die in die Zuständigkeit der kirchlichen Gerichtsbarkeit fielen.

Auf Veranlassung von Pius XII. mit dem Motu Proprio *Con la legge* vom 1. Mai 1946 (AAS, XXXVIII [1946], S. 170–172) wurde die vatikanische Gerichtsbarkeit neu organisiert und mit den folgenden Organen ausgestattet: a) der Einzelrichter; b) das Tribunal der Ersten Instanz; c) das Appellationsgericht und d) der Kassationsgerichtshof, die in ihrer Zusammensetzung und Kompetenz genau definiert wurden. Sie blieben auch als solche erhalten, bis sie unter Johannes Paul II. mit einem vom Kardinalstaatssekretär unterschriebenen Gesetz vom 21. November 1987 auf den heutigen Stand gebracht worden sind.

Die richterliche Gewalt hat der Papst. Alle rechtsprechenden Organe hängen von ihm ab. Der Einzelrichter (*Giudice Unico)* für Zivil- und Strafsachen wird vom Papst ernannt. Er muß Bürger des Vatikanstaates sein und kann auch gleichzeitig Richter am Tribunal sein. Ihm zugeordnet sind ein Stenograph *(notaro attuario*) und zwei Gerichtsbeamte, während die Funktion des Staatsanwaltes vom Kirchenanwalt desselben Tribunals ausgeübt wird.

Das Tribunal *(Tribunale*) der Ersten Instanz für Zivil- und Strafsachen setzt sich zusammen aus dem Präsidenten und drei weiteren Richtern, die alle vom Papst ernannt werden. Einer der Richter ist auch als Untersuchungsrichter tätig. Wie beim Einzelrichter gehören zum Tribunal auch ein Kirchenanwalt, der Protokollführer sowie zwei Gerichtsbeamte. Im Falle der Verhinderung kann der Präsident durch einen Richter in der Reihenfolge des Dienstalters vertreten werden. Der Präsident des Appellationsgerichts sorgt nach Anhörung des Präsidenten des Tribunals und mit Autorisierung durch den Kardinalstaatssekretär für die Ernennung eines Vertreters des verhinderten Kirchenanwalts.

Alle Richter, die offiziellen und ihre Vertreter, die Angestellten des Tribunals und alle weiteren Mitarbeiter müssen vor Beginn ihrer Tätigkeit den folgenden Eid leisten: „Ich schwöre in Treue und Gehorsam zum Hl. Vater die Pflichten meines Amtes mit Sorgfalt zu erfüllen und das Amtsgeheimnis zu wahren." Die Richter leisten diesen Eid vor dem Präsidenten des Appellationsgerichts, alle anderen vor dem Präsidenten des Tribunals. Mit Vollendung des 75. Lebensjahres müssen alle Amtsträger ihren Rücktritt einreichen. Die Amtszeit kann aber bei besonderer Notwendigkeit und bei besonderer Qualifikation der jeweiligen Person auf Vorschlag des Präsidenten des Appellationsgerichts vom Papst verlängert werden. Die Richter und der Kanzler erhalten eine Vergütung gemäß den von der Päpstl. Komm. für den Staat der Vatikanstadt erlassenen Richtlinien, während die Gerichtsangestellten ein Monatsgehalt vom Governatorat erhalten, zu dessen Personal sie gezählt werden.

Das Appellationsgericht (*Corte d'Appello*) setzt sich zusammen aus dem Präsidenten und weiteren drei Richtern, ebenfalls für eine fünfjährige Amtsperiode vom Papst ernannt. Die Urteile werden jeweils von drei Richtern gefällt. Auch der Kirchenanwalt, eine Art Staatsanwalt, wird vom Papst für fünf Jahre ernannt. Die Funktionen des Kanzlers und des Justizangestellten werden von den gleichen Personen erfüllt, die diese Aufgaben beim Tribunal der Ersten Instanz ausüben. Auch die Richter des Appellationsgerichts sind zum Eid verpflichtet nach der oben erwähnten Formel, den sie gegenüber dem Präsidenten des Kassationsgerichtshofes ablegen müssen. Sie erhalten jedes Jahr eine Vergütung, die vom Präsidenten desselben festgelegt wird.

Der Kassationsgerichtshof *(Corte di Cassazione)* setzt sich zusammen aus dem Kardinalpräfekten des „Obersten Gerichtshofs der Apost. Signatur" (→), der den Vorsitz innehat. Dazu kommen zwei Kardinalsmitglieder des gleichen Tribunals der Signatur, die zu Beginn eines jeden Gerichtsjahres vom Präsidenten ernannt werden. Er bestimmt auch den Kirchenanwalt, während die Funktion des Schriftführers und der Justizangestellten von den gleichen Personen ausgeübt werden, die dies für das Tribunal der Ersten Instanz tun. Im Falle der Verhinderung des Präsidenten wird er durch den dienstältesten Richter ersetzt. Im Falle der Verhinderung eines Richters muß der Präsident diesen durch ein anderes Kardinalsmitglied des oben erwähnten Tribunals der Signatur ersetzen. Der Kassationsgerichtshof besitzt, abgesehen von wenigen Ausnahmen, die alleinige richterliche Kompetenz in Strafsachen von Kardinälen und Bischöfen, vorbehaltlich der Zustimmung des Papstes.

Abgesehen vom Kassationsgerichtshof, der im Saal der Kongregationen tagt, haben die übrigen zivil- und kirchengerichtlichen Organe des Staates der Vatikanstadt ihren Sitz im *Palazzo dei Tribunali* an der *Piazza di Santa Marta*. Das Gebäude ließ Benedikt XIII. im Jahr 1729 errichten und stellte es dem *Seminario Vaticano* zur Verfügung. Dieses war am 25. Oktober 1636 von Urban VIII. zur Bildung und Ausbildung der zukünftigen Priester gegründet worden, die für den Dienst in der Petersbasilika vorgesehen waren. Schon unter Leo XIII. im Jahre 1880 renoviert, ist das Gebäude unter Pius XI. im Jahre 1929 völlig überholt und um zwei Stockwerke erweitert worden.

N. Del Re

TRIREGNO

→ Tiara

TROMPETEN, SILBERNE

Unter der Bezeichnung *Trombe d'argento* verstand man eine vierköpfige Blaskapelle der inzwischen aufgelösten Ehrengarde seiner Heiligkeit (→), der früheren Päpstl. Nobelgarde. Ihre Aufgabe war es, mit ihren silbernen Trompeten beim feierlichen Einzug des Papstes in die Petersbasilika zu spielen. In der Regel standen die Bläser auf dem ersten Balkon im Tambour der Kuppel Michelangelos oder auf dem inneren Balkon, der von der Benediktionsaula in den Petersdom zeigt. Sie ließen an drei bestimmten Momenten ihre Trompeten erschallen: Beim Einzug des Hl. Vaters in die Kirche und bei seinem Auszug, wobei sie den berühmten Triumphmarsch, von Giovanni Longhi 1846 komponiert, spielten und bei der Wandlung, wo sie das bekannte *Largo religioso* anstimmten, eine Komposition des Grafen Domenico Silveri, von dem fälschlicherweise einige Engländer den Namen Silbertrompete ableiteten. Die Blaskapelle wurde von Paul VI. (1963–78) abgeschafft. Ihre Bezeichnung „Silberne Trompeten“ (Trombe d'argento) kam im übrigen nicht von der metallischen Beschaffenheit der Instrumente, sondern von deren hellem und schallenden Klang. Der Ausdruck ist bereits seit dem 14. Jh. in Gebrauch, wie man beispielsweise in einem Tagebuch aus dem Jahre 1350, aufbewahrt in der Apost. Bibliothek, lesen kann: „Der Klang von Silbertrompeten erschallte in der Kirche“ heißt es dort in einem Bericht über eine päpstl. Zeremonie in der Petersbasilika.

Bibl.: P. Rossi, *Letteratura musicale per i pontefici: inni e bande,* in *Incontro.* Periodico dell'Associazione Ss. Pietro e Paolo, 7 (1979), Nr. 5, S. 1.

N. Del Re

TURM DER WINDE

Diesen Turm schuf auf Veranlassung von Papst Gregor XIII. in den Jahren 1578 bis 1580 der bologneser Architekt Ottaviano Mascarino. Der Turm diente astronomischen Beobachtungen und Studien für die von Gregor verfügte Kalenderreform. Im Hauptsaal im ersten Geschoß ist bis heute der Meridian zu sehen, mit dem der vatikanische Astronom Pater Ignazio Danti Papst Gregor den Beweis lieferte, daß die astronomische Tag- und Nachtgleiche des Frühjahrs nicht, wie seit dem Konzil von Nicäa angenommen, auf den 21. März, sondern bereits auf den 11. März fällt. Der Astronom installierte außerdem in diesem Raum einen Windmesser, von dem der Turm seinen Namen erhielt. Der Turm ist 73 Meter hoch und befindet sich nördlich von der *Galerie der geographischen Karten* in den Vatikanischen Museen. Er ist zu sehen von den Vatikanischen Gärten, vom Belvederehof, vom *Cortile della Pigna* und vom Innenhof der Vatikanischen Bibliothek. Der heutige Turm scheint gegenüber der Originalanlage ziemlich verändert. Wir wissen es von einem kleinen Fresko, das sich über der Tür zum zweiten Raum im zweiten Geschoß befindet. Unter Urban VIII. wurden um 1627 die Arkaden der Loggia im ersten Geschoß geschlossen, dort, wo sich der Saal des Meridians befindet, und im Inneren von Simone Lagi ausgemalt. Eingebaut wurde zusätzlich eine Dachkammer, wobei der Durchgang und die entsprechende Empore entfernt wurden. Im weiteren Verlauf wurde aus dem Turm ein elegantes Gästeappartement gemacht, wo beispielsweise vom 20.–26. Dezember 1655 ie Königin Christina von Schweden, soeben zum Katholizismus übergetreten, beherbergt wurde.

Unter Pius VI. wurde im Jahre 1797 an der nordöstlichen Außenseite eine Wendeltreppe angebaut, um die Räume des ersten Stockwerkes direkt mit dem Archiv zu verbinden. 1890 gab Leo XIII. dem Turm für einige Zeit die Funktion eines Observatoriums zurück, indem er auf dessen Spitze eine Sternwarte bauen ließ. In den darauffolgenden Jahrzehnten ist der *Torre dei Venti* immer wieder restauriert worden, zuletzt eine Gesamtüberholung der Fresken zwischen 1972 und 1979.

Die Ausschmückung der Innenräume des Turms mit Fresken ist von großer kunsthistorischer Bedeutung. Vermutlich wurden sie zwischen 1580 und 1582 von einer Gruppe von Künstlern unter der Leitung des bereits genannten Danti ausgeführt, der den Malern die ikonographischen Programme lieferte. Die hauptsächlichen Maler waren Niccolò Circignani und Matteo Bril.

Im ersten Saal befinden sich röm. Landschaftsmotive der genannten Künstler. Die Malereien im zweiten Saal geben biblische Geschichten wieder von Deborah und Rachel, von Ruth, Abigail und Judith, alternierend mit allegorischen Figuren. Im dritten Saal erkennt man Szenen aus der Apokalypse des hl. Johannes und Geschichten von Abgar, dem König von Odessa.

Ebenfalls im ersten Stock befindet sich die bereits erwähnte *Sala della Meridiana*, sicherlich der bedeutendste Raum im Turm. Die Wandbemalungen wirken wie illusionistische Wandteppiche. Im Gewölbe sieht man eine Windrose, umgeben von Putten und jugendlichen Figuren, die die Winde symbolisieren sollen. Vier illusionistische Bilder, die auf einer Reihe Scheinsäulen stehen und allegorisch die vier Jahreszeiten darstellen, vervollständigen die Malerei in diesem Bereich. An den Wänden sind Allegorien der Winde dargestellt, an den beiden Seiten sind die mit den Winden in Verbindung stehenden Szenen: die biblische Episode des Sturms auf dem Meer und das Ereignis des Schiffbruchs des hl. Paulus auf Malta. Am Ausgang zur Wendeltreppe sehen wir Szenen der Apokalypse mit dem Engel, der die Stirn der Auserwählten zeichnet. Auch die Sockelzone ist mit biblischen Szenen gestaltet aus dem Buch Exodus, Jonas, Genesis, Daniel, Buch der Könige, Ezechiel, Hiob, Buch der Prediger und Matthäus.

Ein großer Teil dieser bemerkenswerten Fresken stammt von Niccolò Circignani. Dies läßt sich der von Danti 1581 publizierten *Anemographia* entnehmen, der von einem Bildprogramm spricht mit didaktischen Absichten und gleichzeitig polemischen gegen die Häresien. Dies deckt sich mit dem damaligen Zeitgeist der Gegenreformation. Kunsthistorisch stellen die Landschaftsbilder eine Vorwegnahme der typischen röm. Landschaftsmalerei zum Ende des 16. und Beginn des 17. Jh. dar.

Bibl.: F. Mancinelli/J. Casanovas, *La Torre dei Venti in Vaticano,* Vatikanstadt 1980; L. Turčic, *Cristofano Roncalli in the Sala della Meridiana,* in *The Burlington magazine,* 123 (1981), S. 614–617.

G. Belardinelli

U

Überbringer der Goldenen Rose

Sie gehörten zur Gruppe der *Geheimkämmerer mit Schwert und Mantel* und wurden von Pius XII. am 18. Juni 1941 mit jeweils zwei Amtsinhabern eingeführt (AAS, XXXIII [1941], S. 343). Der Papst ernannte damals die beiden röm. Fürsten Enrico Barberini und Luigi Massimo Lancellotti. Sie hatten die Aufgabe, abwechselnd in feierlicher Form dem jeweiligen Adressaten das symbolische Geschenk der Goldenen Rose (→) zu überbringen, das die Päpste auch heute noch als Zeichen besonderer Wertschätzung und besonderen Wohlwollens zu übersenden pflegen – allerdings nur an katholische Königinnen. Zuletzt empfing sie die Königin von Italien, Elena von Savoyen, im Jahre 1937 durch Pius XI. Als Zeichen besonderer Verehrung wird sie an bedeutende Kirchen und Heiligtümer gesandt. In den Jahren 1965 bzw. 1966 erhielten das portugiesische Heiligtum von Fatima und das mexikanische von Guadalupe-Hidalgo als Geschenk von Paul VI. die Goldene Rose. Kürzlich empfing sie auch das Heiligtum der Madonna von Tschenstochau in Polen von Johannes Paul II.

Vor der festen Einführung der Würdenträger aus dem Laienstand wurde der offizielle Überbringer für das Geschenk des Papstes gewöhnlich aus den „Überzähligen Kämmerern mit Schwert und Mantel" gewählt. Das Amt der Überbringer der Goldenen Rose wurde jedoch im Jahre 1968 von Paul VI. durch das Motu Proprio *Pontificalis Domus* vom 28. März (AAS, LX [1968], S. 305–315) im Rahmen seiner allgemeinen Neuordnung der *Casa Pontificia* (→) aufgehoben. Die letzten Amtsinhaber waren der erwähnte Fürst Luigi Massimo Lancellotti sowie Graf Giuseppe Dalla Torre del Tempio di Sanguinetto, der 1967 ohne Nachfolger verstarb.

N. Del Re

Übermantel, knielanger

Weiter, vorne offener, knielanger, mit zwei langen seitlichen Schlitzen für die Arme versehener, lilafarbener Mantel, der als Zeichen ihrer Würde von den röm. Prälaten getragen wurde. Die *mantelletta* der Kardinäle war normalerweise rot, bei besonderen Gelegenheiten rosa oder lila. Die Benutzung dieses Kleidungsstückes, die wohl ins 15. Jh. zurückgeht, wurde 1969 mit einer eigenen *Istruzione* des Staatssekretariats über Kleidung, Titel und Wappen der Kardinäle, Bischöfe und Prälaten abgeschafft (Nr. 1, 14 u. 19).

N. Del Re

Übermantel, langer

Meist violettes, mit Aufschlägen, Steppnähten und Futter gleicher Farbe versehenes Talargewand aus Wolle oder Seide, das die Mitglieder der *Famiglia Pontificia* (→) auszeichnet. Der bodenlange *mantellone* ist vorne offen, nur am Kragen geschlossen und hat zwei enge, seitlich herabhängende Scheinärmel über denen sich große Schlitze für die Arme befinden. 1969 unterband eine eigene *Istruzione* des Staatssekretariats über Kleidung, Titel und Wappen der

Kardinäle, Bischöfe und Prälaten die Benutzung des *mantellone* für die Kapläne Seiner Heiligkeit. Nicht mehr gebräuchlich sind auch die Bezeichnungen *Prälat* oder *Monsignore di mantellone*, die sich auf alle Würdenträger bezogen, die dieses Kleidungsstück und damit auch den Titel Monsignore (→) tragen und ihr Wappen mit dem Prälatenhut mit den beiden Quasten schmücken durften. In alten Zeiten durften den *mantellone* auch die Inhaber einiger weltlicher Ämter der Röm. Kurie tragen, zum Beispiel der „Anwalt der Armen" (→), der Generalanwalt, der Generalsteuerprokurator und der Kommissar der Apost. Kammer. In diesen Fällen war der Mantel allerdings schwarz.

N. Del Re

UNTERDATAR SEINER HEILIGKEIT

Er gehörte zur Gruppe der „Wirklichen Geheimkämmerer" (→) und war der eigentliche Gehilfe und Vertreter des Kardinaldatars (→). Er begleitete diesen bei den regelmäßigen Tabellaraudienzen, um den Papst über die Ehedispensen und die Verteilung von Benefizien zu unterrichten und sich dann zurückzuziehen. Der Kardinal konnte dann alle übrigen Fragen auf der Tagesordnung allein mit dem Papst verhandeln, soweit sie sein Amt betrafen. Der Unterdatar wurde direkt vom Papst mit einem Breve ernannt. Zu seinen Aufgaben zählte ursprünglich auch die des Sekretärs der Kongr. für Avignon und der für Loreto (→Kongr., Aufgelöste, Nr. 2 u. 17). Die Bedeutung, welche der *Sottodatario* hatte, lag darin, daß die Päpste ihm sehr oft die Aufgabe des Datars zu übertragen pflegten, wenn das Amt vakant geworden war *„utpote iam fiduciarium et iam informatum"*, wie Kardinal Giambattista De Luca sagt (vgl. *Relatio Romanae Curiae forensis*, Disc. IX, Nr. 22). Die Aufgabe des Unterdatars Seiner Heiligkeit endete 1967 mit der Auflösung der „Apost. Datarie" (→) im Rahmen der Kurienreform Pauls VI. mit der Konstitution *Regimini Ecclesiae universae* vom 15. August (AAS, LIX [1967], S. 885–928).

Bibl.: N. Storti, *La storia e il diritto della Dataria Apostolica dalle origini ai nostri giorni*, Neapel 1969, S. 178–186.

N. Del Re

UNTERZINGULUM

So hieß jenes besondere Kleidungsstück, das seit der Zeit Johannes' XXIII. (1958–63) nicht mehr verwendet wird. Der Papst trug es, wenn er eine feierliche Messe zelebrierte. Es bestand aus einer Art Manipel von gleicher Farbe wie das Meßgewand und war an beiden Enden mit dem Kreuz und dem Lamm geschmückt. Das Unterzingulum war an der linken Seite der Albe angebracht. Der Papst zog es unter dem normalen Zingulum fest. Auch *subligaculum* genannt, wird es von der Liturgie als Symbol des Handtuchs betrachtet, das Jesus Christus bei der Fußwaschung der Apostel verwendete.

N. Del Re

URBAN I.

Papst. Hl. Mit Gewißheit weiß man, daß er Ende 222 auf Calixtus I. folgte und den Sitz von Rom fast acht Jahre lang innehatte, wie Eusebius von Cäsarea bezeugt (Hist. Eccl. VI, 21, 23). Zu dieser Zeit war der damalige Kaiser Alexander Severus recht tolerant zu den Christen. Über die pastorale Tätigkeit des Papstes, seinen Todestag oder Begräbnisort gibt es keine sichere Nachricht. Nach dem *Liber Pontificalis* (I,143) war es der 19. März 230 bzw. der Friedhof des Prätextatus, während das Martyrologium des Hieronymus unter dem 19. Mai einen Urban erwähnt, ohne aber zu sagen, ob er Papst oder Bischof war. Dieser wurde in der

Calixtuskatakombe beigesetzt, doch fand ein Bischof Urban auch auf dem Friedhof des Prätextatus seine letzte Ruhestätte. Nachdem aber der bekannte Archäologe Giambattista De Rossi in den Calixtuskatakomben das Fragment einer Grabplatte mit griechischer Inschrift fand, die sich auf Papst Urban I. bezieht, darf man wohl schließen, daß dieser am 19. Mai starb und dann in der Papstkrypta der Calixtuskatakombe beigesetzt wurde. Wohl falsch sind Behauptungen, Urban habe das Martyrium erlitten, wie eine *Passio* aus dem Zeitraum zwischen dem 5. und 7. Jh. angibt.

Bibl.: A. Amore/M. C. Celletti, in *Bibliotheca Sanctorum*, XII (1969), Sp. 837–841, mit Bibl.

N. Del Re

URBAN II.

Papst, Seliger. Odo (Eudes) de Lagery gehörte zu einer adeligen Familie und wurde um 1042 in Châtillon-sur-Marne geboren, studierte in Reims und trat dann in das Kloster von Cluny ein, wo er unter Leitung des Abtes Hugo seine Ausbildung bekam. Er war ein überzeugter Anhänger der Reform und der Freiheit der Kirche. Durch Gregor VII. wurde er 1078 zum Kardinalbischof von Ostia kreiert. Voll und ganz unterstützte er dessen reformerische Richtung. Zum Papst wurde Odo als Nachfolger von Victor III. mit dem Namen Urban II. am 12. März 1088 in Terracina gewählt, da Rom damals vom Gegenpapst Clemens III. besetzt war. Im folgenden November konnte er kurz die Stadt betreten, mußte sie recht bald aber wegen der bewaffneten Auseinandersetzungen zwischen oppositionellen Gruppen wieder verlassen. Lange blieb er dagegen in Süditalien, wo er 1089 in Melfi ein Konzil abhielt, auf dem das Verbot, daß Kleriker von Laien die Investitur empfingen, bekräftigt wurde. Auch die Dekrete gegen die Simonie und die Priesterheirat wurden erneuert. Weitere Konzilien versammelte er 1091 in Benevent und Capua, 1093 in Troia. In Bari weihte er die Krypta ein, in der sich die Reliquien des hl. Nikolaus befanden, die Kaufleute aus Bari kurz zuvor aus dem türkischen Myra entwendet hatten. Nach kurzem Aufenthalt 1094 in Rom nahm Urban II. seine Reisen durch Italien wieder auf und begab sich nacheinander nach Pisa, Pistoia, Florenz, Cremona und Piacenza, wo er im März 1095 ein Konzil versammelte, auf dem der Gegenpapst erneut exkommuniziert wurde, während alle von ihm und seinen Anhängern erteilten Weihen als nichtig erklärt wurden. Dann begab sich der Papst nach Frankreich und berief vom 18. bis 28. November 1095 das berühmte Konzil von Clermont-Ferrand ein, auf dem alle Dekrete der vorherigen Konzilien bestätigt wurden, u. a. auch das Verbot der Investitur durch Laien und das Verbot, daß Kleriker einem Laien den Vasalleneid leisteten. Exkommuniziert wurde König Philipp I. von Frankreich, der seine Gattin Berta verstoßen hatte und nun mit Bertrada von Montfort, der Frau Fulcos IV. von Anjou zusammenlebte. Auf dem Hauptplatz der Stadt proklamierte der Papst dann den Waffenstillstand Gottes und, nach einer beredten Darstellung der tragischen Lage von Jerusalem sowie der Trostlosigkeit der Hl. Stätten in den Händen der Ungläubigen, rief er feierlich zu einem Kreuzzug und zum Ergreifen der Waffen auf, um das Heilige Grab zu befreien.

Der vollkommene Ablaß, den der Papst den Teilnehmern am Kreuzzug gewährte sowie der Waffenstillstand Gottes, den er verkündete, regten viele an, sich an diesem kriegerischen Unternehmen zu beteiligen, das zugleich aber als Pilgerfahrt galt. An die Spitze des Kreuzzugs stellte der Papst den Bischof von Puy, Ademar von Monteil, und Herzog Raimund von Toulouse und setzte den Aufbruch auf den 15. August 1096 fest. Petrus, der Eremit von

Amiens, ein Büßer mit asketischem und mageren Antlitz, zog inzwischen durch die Grafschaften, brachte die Massen in Bewegung und rief sie mit seiner großen Rednergabe zur Beteiligung am Kreuzzug auf. Diese Beteiligung von Haupt und Herde übertraf alle Erwartungen, doch die Organisation war alles andere als vollkommen, so daß es viele Verluste an Menschenleben gab.

Nach Clermont weilte Urban in weiteren Städten Frankreichs, wo er die *Canones* der Kirchenreform einschärfte sowie weiter für den Kreuzzug und die Befreiung der Hl. Stätten warb. Das gleiche tat er auch, nach Italien zurückgekehrt, in den Städten Asti, Como, Pavia und Rom. In Bari hielt er 1098 ein Konzil ab, das das griechische Schisma bekämpfen sollte. Der hl. Anselm von Aosta, Erzbischof von Canterbury, gehörte zu den Teilnehmern und legte meisterhaft seine Lehre über den Heiligen Geist dar, die er anschließend in seinem Werk *De processione Spiritus Sancti* entwickelte.

Mit der Bulle vom 5. Juli 1098 gewährte Urban dem Normannen Roger I. das Privileg der sogenannten „Apost. Legation" für Sizilien in Anerkennung der Verdienste, die er sich erworben hatte, als er die Insel den Arabern entriß und für weitere wichtige Dienste, die er der Kirche geleistet hatte. Dieses Privileg, das später auch „Sizilianische Monarchie" genannt wurde, weckte unterschiedliche Auslegungen und Streit. Der Papst hielt 1099 in Rom sein letztes Konzil. Er starb am 29. Juli 1099 in Rom im Palast der Pierleoni bei der Basilika *S. Nicola in Carcere* und wurde in St. Peter beigesetzt.

Urban II. stellt eine der herausragenden Gestalten des Papsttums in einer schwierigen geschichtlichen Epoche voller Umwälzungen dar. Er blieb der Erklärung treu, die er gleich bei seiner Besteigung des päpstl. Thrones zur Identität und Fortsetzung der von Gregor VII. aufgezeigten Richtung abgegeben hatte. Er erreichte Erfolge, die seinem großen Lehrmeister, der strenger und unnachgiebiger gewesen war, nicht beschieden waren. Er verstand es in einer sehr schwierigen Lage, die Dinge schrittweise zugunsten des Apost. Stuhles mit Intelligenz und Realismus zu wandeln. Er verkündete, ermunterte und unterstützte im rechten Augenblick den von Gregor VII. gewünschten Kreuzzug, der auch zur Befreiung der Hl. Stätten führte. Er setzte wirksam das Werk der Reform und Neuorganisation der Kirche fort. Durch seine Verdienste wuchs das Ansehen des Papstes in der ganzen Christenheit. Die Lebensstrenge Urbans II., seine tiefe Frömmigkeit und sein apostolischer Eifer, seine besondere Marienverehrung, der er den Samstag und einige Gebete zu ihrer Ehre widmete, trugen ihm nach seinem Tod die Verehrung zahlreicher Gläubigen ein. Am 14. Juli 1881 wurde er von Leo XIII. zur Ehre der Altäre erhoben.

Bibl.: G.B. Proja, in *Bibliotheca Sanctorum*, XII (1969), Sp. 841–844, mit Bibl.; H. Fuhrmann, *Papst Urban II. und der Stand der Regularkanoniker*, München 1984; ders., *Das Papsttum zwischen Frömmigkeit und Politik – Urban II. (1088–1099) und die Frage der Selbstheiligung*, in *Festschrift für Alfons Becker*, Sigmaringen 1987, S. 157–172; A. Becker, *Papst Urban II. (1088–1099)*, Stuttgart 1988; O, Capitani, *Sondaggio sulla terminologia militare di Urbano II*, in *Studi medievali*, 31 (1990) S. 1–25.

U. Penteriani

URBAN III.

Papst. Uberto Crivelli gehörte zu einer adeligen Familie und wurde um 1120 in Mailand geboren. Nach Vollendung seiner Studien in Bologna wurde er Erzdiakon in Bourges, dann Bischof von Vercelli. 1182 wurde er von Lucius III. zum Kardinal kreiert und zum Erzbischof von Mailand erhoben. Diesem folgte er dann am 25. November 1185 in Verona mit dem

Namen Urban III. auf den Päpstl. Thron, wobei er aber die Erzdiözese Mailand behielt. Seine Wahl erfolgte in einer Zeit heftiger Konflikte zwischen dem Apost. Stuhl und Kaiser Friedrich I. Barbarossa. Dies geht aus der Eile hervor, mit der die Kardinäle sich einmütig auf den Namen Crivelli festlegten. Seine Familie war von Barbarossa schwer verfolgt worden, der einige ihrer Mitglieder ächten oder töten ließ.

Urban III. war eine Persönlichkeit mit starkem Temperament und ein nachdrücklicher Verteidiger der Rechte der Kirche. Mit ihm verschärfte sich der Konflikt zwischen Papsttum und Kaisertum erheblich. Unter Mißachtung des Wormser Konkordates beanspruchte der Kaiser das Erbe der Bischöfe und gestattete Laien, von der Kirche den Zehnten zu erheben. Er griff auch drastisch in andere kirchliche Angelegenheiten ein. Umstritten war die Erbschaft der Güter der Gräfin Mathilde von Canossa, die vom Apost. Stuhl beansprucht, von Friedrich I. aber nicht anerkannt wurde. Als es dann 1183 zur Wahl des Bischofs von Trier kam, fanden sich Kaiser und Papst in vollem Gegensatz. Die Weihe von Volkmar zum Bischof für diesen Sitz gegen den Willen Barbarossas wurde vom Kaiser als feindlicher Akt betrachtet, der hart reagierte und in den Kirchenstaat eindringen ließ. Ihren Gipfel erreichte die Spannung mit der Krönung Heinrichs VI., Friedrichs Sohn, der als Cäsar in die Leitung des Kaiserreiches einbezogen wurde und Konstanze von Altavilla heiratete, Tante und Erbin des kinderlosen Königs von Sizilien, Wilhelm II. Die vom Papst nicht gewollte Krönung wurde vom Patriarchen von Aquileja, dem Erzbischof von Wien und einem deutschen Bischof vorgenommen. Auch die Eheschließung wurde am 27. Januar 1186 ohne Zustimmung des Papstes vollzogen. Die energische Stellungnahme Urbans III. gegen die Heirat Heinrichs mit der Normannenerbin war in der Sorge begründet, das Reich könne seine Herrschaft auf das Königreich Sizilien, ein Lehen der Kirche, ausdehnen. Da sich auch Norditalien in seinem Besitz befand, hätte seine Macht den Kirchenstaat in die Zange nehmen können. Nach dem Reichstag, den Barbarossa im November 1186 in Gelnhausen abhielt, richteten die kaisertreuen deutschen Bischöfe einen Brief an den Papst und forderten ihn auf, seine Vorbehalte zu überdenken und auf die Vorschläge für den Frieden zwischen Staat und Kirche einzugehen. Im Februar 1187 wurde der Erzbischof Wilhelm von Magdeburg vom Papst mit der Aufnahme von Verhandlungen mit dem Kaiser beauftragt, weil die Empfehlungen der deutschen Bischöfe glaubwürdig erschienen. Doch konnten die Verhandlungen kein abschließendes Ergebnis erreichen, weil sie durch den Tod des Papstes unterbrochen wurden. Urban III. hatte eine schwierige und bittere Regierung hinter sich. Da er tief in den Kampf gegen das Reich verwickelt war, um die Rechte der Kirche zu verteidigen, konnte er als Papst wegen der politischen Lage Rom nie betreten. Am 2. Oktober 1187 überwand überdies Saladin die letzten Verteidiger Jerusalems und eroberte die Stadt zurück. Der Papst starb am 20. Oktober 1187 in Ferrara und ist in der dortigen Kathedrale beigesetzt. Auch wenn er nicht mehr erfahren hat, daß das Heilige Grab in die Hände der Ungläubigen gefallen war, haben ihn die Nachrichten über die Hl. Stätten wohl schon vor seinem Tod erreicht und ihm das Herz noch schwerer gemacht, das bereits von den irdischen Sorgen während seines Pontifikates niedergedrückt war.

Bibl.: V. Pfaff, *Sieben Jahre päpstl. Politik; die Wirksamkeit der Päpste Lucius III., Urban III. und Gregor VIII.*, in *Zschr. d. Savigny Stiftung für Rechtsgesch. Kanon. Abt.*, 98 (1981), S. 148–212; R. Challet, *Quelques détails sur la vie de Maître Humbert, cet archidiacre* (de Bourges) *qui devint pape sous le nom Urbain III*, in *Bulletin des Amis du Musée Saint-Vic* Nr. 14 (1985), S. 11–27; M. Capellino, *Nota su Urbano III (nell'ottavo centenario della morte)*, in *Bollettino storico di Vercelli*, Nr. 28 (1987), S. 17–26; *Urbano III. nell'ottavo centenario della morte (1187–1987)*, Ferrara 1988.

U. Penteriani

URBAN IV.

Papst. Jaques Pantaléon war von bescheidener Herkunft, wurde um 1200 in Troyes in Frankreich geboren und studierte in Paris. Auf dem Konzil von Lyon lernte ihn Innozenz IV. wegen seiner hohen Bildung und seiner diplomatischen Fähigkeiten kennen und übertrug ihm wichtige Aufgaben, die er mit Eifer und Sachkenntnis erfüllte. Er wurde Erzdiakon von Lüttich, dann Bischof von Verdun, bis ihn Alexander IV. zum Patriarchen von Jerusalem ernannte. Zum Papst gewählt wurde er am 29. August 1261 von den acht Kardinälen, die damals das Heilige Kollegium bildeten. Als Papst übernahm er den Namen Urban IV. Die Wahl von Jaques Pantaléon war eine Überraschung. Er hatte seit Beginn seines Pontifikates große Schwierigkeiten vor sich, denn Guelfen und Ghibellinen spalteten Italien. In Rom, das von König Manfred bedroht wurde, standen die beiden Parteien im Kampf um die Wahl des Senators. Man riet dem Papst ab, dort seine Residenz zu beziehen, weil die Kämpfe und Auseinandersetzungen zu schwer auf der Stadt lasteten. Zugespitzt hatte sich auch der Konflikt zwischen Papst und König Manfred, der dem Papst eine große Geldsumme anbot für seine Anerkennung als König von Sizilien, einem Lehen der Kirche. Doch das Mißtrauen des Apost. Stuhles gegenüber dem schwäbischen Königshaus verhinderte eine Übereinkunft. Urban bot die Krone dieses Reiches, nach Überwindung des Widerstandes des hl. Königs Ludwig IX. von Frankreich, dessen Bruder Karl von Anjou an. Inzwischen gingen die Schikanen Manfreds im Kirchenstaat weiter, so daß der Papst sogar daran dachte, gegen ihn einen Kreuzzug auszurufen. Im Orient war die Lage schwierig: Der Sultan von Ägypten zerstörte die Kirchen in Bethlehem, Nazareth und auf dem Tabor und marschierte bereits auf *S. Giovanni d'Acri* zu. Michael VIII. Paläologus hatte Konstantinopel erobert, sich dort niedergelassen und beendete damit das lateinische Reich im Orient. Er zeigte sich aufgeschlossen für einen Dialog um die Einheit und die neue Anerkennung des röm. Primats und ließ unter anderem sogar die Möglichkeit durchblicken, einen Kreuzzug für die Hl. Stätten zu unternehmen. So wurde eine Gesandtschaft zu ihm geschickt. Die Verhandlungen schienen sich positiv zu entwickeln, doch vor ihrem Abschluß starb der Papst. Urban IV. reformierte endgültig die mittelalterliche Inquisition, setzte das Fronleichnamsfest ein und dehnte es 1264 auf die ganze Kirche aus. Dem hl. Thomas von Aquin übertrug er die Zusammenstellung des Offiziums für das Fest, der sich dabei auch als hervorragender Dichter erwies. Urban IV. starb am 2. Oktober 1264 in Perugia und wurde im Dom der Stadt beigesetzt.

Bibl.: E. Georges, *Histoire du pape Urbain IV et de son temps*, Arcis-sur-Aube 1866; K. Hampe, *Urban IV. und Manfred*, Heidelberg 1905 (Neudruck Nendeln 1977); I. Rodriguez de Lama, *La documentación pontificia de Urbano IV*, Rom 1981; J. Foviaux, *Les sermons donnés à Laon, en 1242, par le chanoine Jacques de Troyes, futur Urbain IV*, in *Recherches Augustiniennes*, 20 (1985), S. 203–256.

U. Penteriani

URBAN V.

Papst, Seliger. Guillaume de Grimoard wurde im Schloß von Grisac (Lozère, Frankreich) 1310 geboren, trat bald bei den Benediktinern von Chirac ein und erwarb 1342 das Doktorat beider Rechte. Nachdem er einige Zeit Kirchenrecht in Montpellier, Toulouse und Avignon unterrichtet hatte, wurde er Abt von Saint-Germain d'Auxerre (1352) und dann in St. Victor in Marseille (1361). Von der Kurie hochgeschätzt, wurde er mehrfach mit heiklen Aufgaben in Italien betraut. Er wirkte gerade als Apost. Legat im Königreich Neapel, als ihn die Nachricht von seiner Erhebung auf den päpstl. Thron erreichte, die am 28. September 1362 in Avignon erfolgt war. Dort wurde er dann zum Bischof geweiht und als Papst mit dem Namen Urban V. gekrönt. Erfolglos blieb der von ihm gegen die Türken ausgerufene Kreuzzug (1363). Er setzte sich daraufhin besonders für die Vereinigung der griechischen Kirche mit der lateinischen ein, die mit der Abschwörung des Schismas vom 18. Oktober 1369 durch Kaiser Johannes V. Paläologus und der Rückkehr des Apost. Stuhles nach Rom endete. Nachdrücklich hatte er dabei gegen den hartnäckigen Widerstand der französischen Kardinäle zu kämpfen, den es ihm aber zu überwinden gelang. Am 30. April 1367 brach er von Avignon auf, schiffte sich am 19. Mai in Marseille ein. Nach einem ersten kurzen Aufenthalt in Genua erreichte er am 3. Juni Corneto im Kirchenstaat, wo ihn der treue Kardinal Aegidius Albornoz empfing, dem er die Rückeroberung und Befriedung seines Staates und damit die Möglichkeit der Rückkehr verdankte. Dazu hatte aber auch die Beredsamkeit des Francesco Petrarca beigetragen, der schon 1366 an Urban einen recht langen und feurigen Brief (Senili, VII) gesandt hatte mit der herzlichen Aufforderung, Avignon zu verlassen, denn „mehr als mit jeder anderen Stadt bist du mit Rom verbunden".

Am 16. September 1367 hielt der Papst seinen triumphalen Einzug in die Stadt unter dem Jubel der Bevölkerung, die einem Papst ihre Ehre erwies, der nach über 60 Jahren seinen Fuß wieder auf italienischen Boden setzte. Doch obwohl die umfangreichen Restaurierungsarbeiten, die überall in Angriff genommen wurden und das wieder erwachende Leben der Ewigen Stadt an ein endgültiges Bleiben des Papstes in Rom denken ließen, empfand dieser doch Heimweh nach der fernen Provence. Hinzu kamen die offenen Widerstände Perugias und die gewundenen freiherrlichen Kämpfe in seinem Staat, wie auch die neuen politischen Entwicklungen in Italien. Am 17. April 1370 verließ Urban V. Rom wieder, um nach Frankreich zurückzukehren. Gegenüber den Bitten der Römer stellte er sich taub. Die nachdrücklichen Aufforderungen Petrarcas, aber auch die traurigen Prophezeiungen der hl. Birgitta von Schweden, die ihm den baldigen Tod voraussagte, wenn er die Gräber der Apostel verlassen würde, ignorierte er. Urban V. wurde kurz nach seiner Rückkehr nach Avignon von einer schweren Krankheit befallen und starb nach acht Jahren Pontifikat. Er war die ganze Zeit ein streng religiöser Mann geblieben und auch in seinem Privatleben ohne Tadel. Sein Grab in der Abteikirche von St. Victor in Marseille wurde alsbald das Ziel frommer Wallfahrten, doch der ihm seit damals erwiesene öffentliche Kult wurde erst 1870 durch Pius IX. bestätigt.

Bibl.: N. Del Re, in *Bibliotheca Sanctorum*, XII, (1969), Sp. 844–847 mit Bibl.; F. Mezzanotte, *La pace di Bologna tra Perugia e Urbano V (23. novembre 1370)*, in *Bollettino della Deputazione di Storia Patria per l'Umbria*, 74 (1977), S. 117–174; E. Sabbadini, *Un pontefice avignonese pacificatore dell'Italia: Urbano V (Benediktiner)*, in *Rivista Cistercense*, 2 (1985), S. 241–257; P. Amargier, *Urbain V. Un homme, une vie (1310–1370)*, Marseille 1987.

N. Del Re

Urban VI.

Papst. Nach dem Tod Gregors XI. am 26. März 1378 versammelte sich das Konklave in Rom, das seit kaum einem Jahr wieder Sitz des Papstes war. Obwohl nur sechs Kardinäle in Avignon geblieben waren, war die Mehrheit des Hl. Kollegiums französisch. Die Römer fürchteten nun die Wahl eines Ultramontanen und die neue Übersiedlung des Papstes nach Avignon. Sie zettelten einen Tumult an und riefen: „Wir wollen einen Römer, oder wenigstens einen Italiener“. Am 8. April 1378, dem ersten Tag des Konklave, wurde Bartolomeo Prignano gewählt, der nicht zum Kardinalskollegium gehörte und den Namen Urban VI. annahm. Der neue Papst war um 1318 in Neapel geboren, weilte in seiner Jugend aber als Kaplan eines Kardinals aus dem Limousin in Avignon. Er war ein guter Kirchenrechtler, wurde Anfang 1363 Erzbischof von Acerenza und 1377 von Bari. Zur Zeit seiner Wahl bekleidete er das Amt eines Regenten der Apost. Kanzlei und galt als ein mit den Geschäften der Kurie vertrauter Mann. Er war wegen seiner Gelehrsamkeit und seines unbescholtenen Lebens geschätzt. Man dachte, mit ihm wäre der rechte Mann für die Leitung der Kirche gewählt worden, die damals mit schweren Problemen zu ringen hatte. Gegen alle Erwartungen zeigte er aber bald ein hartes und unzugängliches Temperament. Schon in seiner ersten Ansprache an die Kardinäle kritisierte er den Niedergang der Sitten und forderte sie zu einem strengeren Leben und zum Verzicht auf Einkünfte und Privilegien auf. Er wählte dabei harte und provokative Worte. Was also einladende Ermahnungen hätten sein können, wurde durch die drastischen Worte Urbans VI. zu harten Vorwürfen. Der Papst setzte sich für die Reform der Kirche ein, aber ohne Takt und Maß. Er beachtete auch nicht die wiederholten leidenschaftlichen Aufforderungen der hl. Katharina von Siena zu Klugheit und Liebe. So verprellte Urban seine Wähler, die mit einem Plan zu seiner Absetzung reagierten, weil er sie enttäuscht und beleidigt hatte. Die nichtitalienischen Kardinäle versammelten sich in Anagni und richteten von dort einen Appell an die katholische Welt, in dem sie die Wahl vom 8. April 1378 für ungültig erklärten, weil sie nicht frei, sondern unter der gewaltbereiten Drohung des röm. Volkes erfolgt sei. Sie beriefen dann ein neues Konklave nach Fondi, riefen auch die italienischen Kardinäle dorthin und wählten am 20. September 1378 den Kardinal Robert von Genf zum Papst, der den Namen Clemens VII. wählte. Die italienischen Purpurträger nahmen zwar an der Wahl nicht teil, kehrten aber auch nicht zu Urban zurück. Damit nahm das Große Schisma des Westens seinen Anfang (1378–1417), das die Christenheit in zwei Gruppen spaltete. Die Legitimität Urbans wurde anerkannt vom Reich, großenteils von Italien, in England, Polen und Ungarn sowie in den nordischen Ländern, während Frankreich, Schottland, Savoyen, Aragon, Kastilien und Neapel dem Gegenpapst Clemens anhingen. Dieser wurde von Urban exkommuniziert, und der Gegenpapst tat das gleiche gegen ihn. Er versuchte sogar, sich mit Waffengewalt Roms zu bemächtigen, was ihm aber nicht gelang. In einer Schlacht bei Marino am 28. April 1379 wurden seine Soldaten geschlagen. Johanna, die Königin von Neapel, einem Lehen der Kirche, schlug sich auf die Seite des Gegenpapstes und wurde von Urban VI. exkommuniziert, der sie absetzte und Karl III. von Durazzo krönte. Inzwischen wurde Herzog Ludwig von Anjou, den Johanna adoptiert hatte, und der ein Anhänger Clemens' VII. war, von diesem gekrönt und Karl III. entgegengestellt. Doch als sein Heer das Königreich Neapel erreichte, hatte Karl III. bereits Johanna gefangengenommen und erdrosselt. Er nahm auch Urban VI. gefangen, der sich mit ihm überworfen hatte und nach Aversa (1383), später nach Nocera (1384) geflüchtet war. Befreit durch eine genueser Flotte (1385) wurde er nach Genua mit sechs

Kardinälen gebracht, die er des Verrats anklagen und später, wie es scheint, hinrichten ließ. Urban VI. begab sich dann 1386 nach Lucca und 1387 nach Perugia, konnte aber erst im September 1388 Rom wieder betreten. Er starb am 15. Oktober 1389 nach elfeinhalb Jahren eines sehr bewegten Pontifikates und ist in den Grotten von St. Peter beigesetzt.

Bibl.: O. Prerovsky, *L'elezione di Urbano VI e l'insorgere dello Scisma d'Occidente*, Rom 1960; N. Del Re, *Il „Consilium pro Urbano VI" di Bartolomeo da Saliceto (Vat. lat. 5608)*, in *Collectanea Vaticana in honorem Anselmi M. card. Albareda I*, Vatikanstadt 1962, S. 213–263; L. Tacchella, *Il pontificato di Urbano VI a Genova (1385–1386) e l'eccidio dei cardinali*, Genua 1976; M. Dykmans, *La troisième élection du pape Urbain VI*, in *Archivum historiae pontificiae*, 15 (1977), S. 217–264; S. Fodale, *Baldo degli Ubaldi difensore di Urbano VI e signore di Biscina*, in *Quaderni medievali*, Nr. 14 (1984), S. 73–85.

U. Penteriani

URBAN VII.

Papst. Giovanni Battista Castagna, Sohn des Cosimo, eines Adeligen aus Genua und Verwandten der Familie Doria, und der Costanza Ricci Jacobazzi, wurde am 4. August 1521 in Rom geboren. Er studierte in Perugia, Padua und Bologna, wo er das Doktorat in Kirchenrecht erwarb. Er trat in die Dienste seines Onkels mütterlicherseits, Kardinal Girolamo Verallo, und begleitete ihn auf seiner Gesandtschaft zu Heinrich II. von Frankreich (1551). Dann wurde er Referendar der „*Segnatura di Grazia*" und 1553 Erzbischof von Rossano in Kalabrien, wo er nicht lange blieb, weil der Apost. Stuhl für ihn anspruchsvolle Aufgaben auf diplomatischem und politischem Gebiet vorgesehen hatte. Auf dem Konzil von Trient zeichnete er sich durch seine theologische und juristische Gelehrsamkeit aus, insbesondere bei seinen Interventionen in Ehefragen und denen der bischöflichen Residenzpflicht. Giovanni war dann in Folge Nuntius in Spanien, Venedig und Legat in Köln. Von Gregor XIII. wurde er am 12. Dezember 1583 zum Kardinal kreiert und bestieg am 15. September 1590 den päpstl. Thron mit dem Namen Urban VII. Die ersten Amtshandlungen seines Pontifikats zeigten vor allem Nächstenliebe und Demut, da er sofortige Hilfeleistungen für die Armen und Steuererleichterungen für die Bevölkerung veranlaßte. Zu seinen Zielen gehörte ferner die Durchsetzung der Dekrete des Konzils von Trient, aber sein unvorhergesehener Tod am 27. September 1590 setzte seinem nur zwölf Tage dauernden Pontifikat ein jähes Ende. Das gesamte römische Volk trauerte um seinen hochverehrten, wohltätigen Papst. Die sterblichen Überreste Urbans wurden zunächst in St. Peter beigesetzt, dann am 21. September 1606 in die Kirche *S. Maria sopra Minerva* überführt. Dort ließ die Bruderschaft von der Verkündigung, der er 30.000 Scudi als Mitgift für arme Mädchen hinterlassen hatte, in einer Kapelle ein Grabmal mit der Statue des segnenden Papstes von Ambrogio Buonvicino errichten.

Bibl.: L. Pastor, *Storia dei papi*, X., Rom 1928, S. 504–532

U. Penteriani

URBAN VIII.

Papst. Maffeo Barberini war das fünfte Kind von Antonius und Camilla Barbadori und wurde am 5. April 1568 in Florenz geboren. Sein Onkel, der Apost. Protonotar Francesco, rief ihn nach Rom, wo er am *Collegio Romano* studierte. Dann begab er sich zur Vervollständigung seiner juristischen Studien nach Pisa und erwarb 1588 das Doktorat. Er schlug die kirchliche Laufbahn ein und bekleidete nacheinander verschiedene Kurien- und Regierungsämter. 1604 wurde er von Clemens VIII. als Apost.

Nuntius nach Paris gesandt und am 11. September 1606 durch Paul V. zum Kardinal erhoben. Dieser setzte ihn 1608 als Bischof von Spoleto ein und beauftragte ihn im August 1611 mit der Legation in Bologna. Dort blieb er bis zu seiner Ernennung zum Präfekten der „Signatur der Gerechtigkeit" 1614. Er bekleidete dieses Amt noch, als er den päpstl. Thron mit dem Namen Urban VIII. am 6. August 1623 bestieg, mitten im Dreißigjährigen Krieg, in dem sich der Protestantismus immer mehr ausbreitete. Als überzeugter Vertreter der absoluten Oberhoheit der Kirche war er sich seiner persönlichen Autorität bewußt, richtete sein Wirken völlig nach den Weisungen von Trient aus, betonte die Residenzpflicht der Bischöfe und schritt zur Reform des Welt- und Ordensklerus. Er gründete auch Seminare, gab der Kirchenmusik neue Impulse und förderte die Missionen, die sich unter seinem Pontifikat bis nach Siam, auf die Philippinen und nach Japan ausdehnten. Zur besonderen Vorbereitung der für die Missionen bestimmten Kleriker errichtete er ferner 1627 ein eigenes Päpstl. Kolleg, das später zu seiner Ehre *„Collegium Urbanum de Propaganda Fide"* genannt wurde und noch heute besteht. Von Anfang an wurden hier unter der Jurisdiktion der Kongr. der Glaubensverbreitung (heute Kongr. für die Evangelisierung der Völker) Alumnen aus allen Gebieten aufgenommen. Er verstärkte die Inquisition, die mit den Prozessen für Campanella und Galilei befaßt war. Der Papst verbarg seine Sympathie für beide nicht, doch sie wurden verurteilt, wobei die Verurteilung des Galilei mehr den Verhältnissen der Zeit als den Personen zuzuschreiben ist. Als feinsinniger Kunstverständiger und Mäzen verschönerte Urban VIII. Rom mit bedeutenden Werken – dem grandiosen Baldachin des Bernini in der fertiggestellten Petersbasilika, die er selbst 1626 einweihte, dem *Palazzo Barberini* und dem Tritonenbrunnen, der mächtigen Befestigung der leoninischen Mauern auf der ungeschützten Seite des Gianicolos usw. All dies erfolgte in einem Klima wirtschaftlichen Stillstandes und der Depression, von der das damalige dritte Jahrzehnt des Jahrhunderts in ganz Europa betroffen war und unter der besonders der Kirchenstaat zu leiden hatte. Ein solcher Aufwand bliebe unerklärlich, würde man nicht die kirchliche Funktion des Staates berücksichtigen, die durch das Konzil von Trient zurückgewonnen war. Der Herrschaftsanspruch machte den Glanz der kosmopolitischen Hauptstadt einfach erforderlich. Dieses Staatsverständnis bewirkte, daß sich Urban VIII. in die große europäische Politik einzumischen versuchte, was in Frankreich und Spanien auf enge Grenzen stieß, aber auch in den streng orthodoxen savoyischen Staaten, dem Großherzogtum Toskana und der Republik Venedig. Vorteilhafter für die Kirche war die Italienpolitik Urbans VIII., dem es 1631 gelang, nach dem Tod des Herzogs Francesco Maria II. della Rovere, dem letzten Sproß der Familie, das Herzogtum Urbino dem Kirchenstaat einzuverleiben. Dies war aus mehrfachen Gründen besonders wichtig, vor allem wegen der Fruchtbarkeit des Landes, der dichten Bevölkerung und dem Vorhandensein von Handels-, Hafen- und Handwerkszentren. Zurückgewonnen für die päpstl. Souveränität wurde auch das Gebiet von Castro und Ronciglione. Doch stand diese Erwerbung in keinem Verhältnis zu den Opfern der blutigen Auseinandersetzungen und den Kosten. So erscheint die Reaktion wohl verständlich, als 1645 nach dem Tod Urbans VIII. der neue Papst Innozenz X. dem Kardinal Antonio Barberini wegen der Kosten des Krieges von Castro den Prozeß machte. Von den offiziellen Amtshandlungen Urbans VIII. sei das Breve *Coelestis Jerusalem* vom 5. Juli 1634 erwähnt, mit dem bestimmt wurde, daß keinem Diener Gottes ein kirchlicher und öffentlicher Kult erwiesen werden darf, ohne daß sich vorher der Apost. Stuhl dazu feierlich erklärt habe; ferner die Bulle *In eminenti* vom 6. März 1642 mit der Verurteilung des Jansenismus. Der Papst beschäftigte sich auch mit der Korrektur des Pontifikale, des Breviers, des Rituale und des Martyrologiums; er schrieb selbst oder überarbeitete mehrere liturgische Hymnen. Er war ein intelligenter und gelehrter Mann, ein guter Schriftsteller und Dichter in ital. wie lateinischer Sprache. Erwähnenswert ist die röm. Ausgabe seiner *Poemata* von 1631. Urban VIII. starb am 29. Juli 1644 und wurde in der Apsis von St. Peter beigesetzt, wo sich das von Bernini geschaffene Grabmal erhebt, das als beispielhaftes Meisterwerk der Grabkunst des 17. Jh. gilt.

Bibl.: L. Pastor, *Storia dei papi*, XIII, Rom 1931; J. Grisar, *Päpstl. Finanzen, Nepotismus und Kirchenrecht unter Urban VIII.*, in *Xenia Piana*, 1943, S. 207–366; A. Malvezzi, *Papa Urbano VIII e la questione della Valtellina*, in *Archivio storico lombardo*, 1957, S. 5–113; G. Wallner, *De poematis latinis Urbani VIII.*, in *Latinitas*, 33 (1985), S. 267–275.

G. Barberini

Urbi et Orbi

Dies ist eine von der Röm. Kurie in bestimmten päpstl. Dokumenten verwendete Formel, die anzeigt, daß sie sich nicht nur an die Stadt Rom (Urbi) richten, deren Bischof der Papst ist, sondern auch an die ganze katholische Welt (Orbi). *Urbi et Orbi,* „der Stadt und dem Erdkreis" gilt dann auch die Veröffentlichung einiger Dekrete der röm. Kongregationen, insbesondere jener der Kongr. für die Selig- und Heiligsprechungen und die Veröffentlichung bestimmter Ablässe. Der Papst erteilt unter dieser Form auch den feierlichen Segen bei besonderen Gelegenheiten wie zum Beispiel Ostern und Weihnachten und am Tag seiner Wahl zum Papst, früher auch am Gründonnerstag, am Festtag der hl. Petrus und Paulus und bei weiteren besonderen Gelegenheiten.

N. Del Re

Urkundenschrift

Sie stammt von der gotischen Minuskel, wurde aber extrem stilisiert und über fast drei Jahrhunderte von der Apost. Kanzlei (→) für päpstl. Bullen verwendet. Eingeführt wurde sie unter dem Pontifikat Clemens' VIII. (1592–1605). Die auch *littera sancti Petri* genannte Schrift konnten nur wenige schreiben. Sie war so schwer zu entziffern, daß den Originaldokumenten meist eine Kopie in gewöhnlicher Schrift beigelegt wurde, um dem Adressaten das Lesen zu erleichtern. Der Grund für den Gebrauch einer solchen Schrift war, daß die *Casa Pontificia* sich vor Fälschern sichern wollte. Mit einem Motu Proprio Leos XIII. wurde sie 1878 abgeschafft (Leonis XIII P. M Acta I, S. 184).

Bibl.: Th. Frenz, *„Littera Sancti Petri", zur Schrift der neuzeitlichen Papsturkunden 1550–1878,* in *Archiv für Diplomatik, Schriftgeschichte, Siegelkunde und Wappenkunde*, 24 (1978), S. 443–515.

N. Del Re

Ursinus, Gegenpapst

Gegenpapst. Ursinus, ein röm. Diakon, wurde 366 von den Anhängern des Gegenpapstes Felix II. (†365) gegen Damasus I. gewählt, der gleichzeitig von einem Großteil des Klerus und des Volkes als Nachfolger des Liberius zum Bischof von Rom ausgerufen wurde. Die Partei des Ursinus (oder Ursicinus) verbarrikadierte sich in der Basilika des Sicinius und wurde von den Anhängern des Damasus angegriffen. Diesen gelang es, mit Gewalt in das Gebäude einzudringen. Sie lieferten sich mit den Gegnern eine blutige Schlacht, bei der es 137 Tote gab. Doch nur durch das Eingreifen der Öffentlichkeit, das Papst Damasus gefordert hatte, war es am Ende möglich, die Schismatiker zu neutralisieren. Von Kaiser Valentinian im November 367 nach Köln verbannt, griff Ursinus auch von seinem fernen Exil aus weiter den rechtmäßigen Papst an und versuchte, seine Autorität und sein Ansehen mit gemeinen Verleumdungen und Schmähschriften zu untergraben. Mit dem Tode des Gegenpapstes nach 381 nahm das röm. Schisma ein Ende.

Bibl.: A. Amore, in *Enciclopedia cattolica*, XII, Sp. 923–924.

N. Del Re

V

Valentinus

Papst. Römer und Sohn des Pietro. Er war ein wegen seiner Rechtschaffenheit sehr geschätzter Diakon und wurde im August 827 auf den Päpstl. Thron erhoben als Nachfolger Eugens II., wobei der gesamte Laienadel, wie sich aus dem *Liber Pontificalis* ergibt, aktiv beteiligt war. Er empfing auch die Ehrenbezeugung der Senatoren, die seine Füße küßten. Weitere Überlieferungen sind nicht vorhanden. Sein Pontifikat währte nur einen Monat. Er starb im folgenden September 827 und wurde in St. Peter beigesetzt.

N. Del Re

Vatican Information Service

Dieser Dienst wurde mit einem Brief des Staatssekretariats vom 28. März 1990 im Rahmen des Pressesaales des Hl. Stuhles (→) eingerichtet und durch ein Rundschreiben des Kardinalstaatssekretärs an alle päpstl. Vertretungen am folgenden 17. Mai bekanntgegeben. Der Vatican Information Service (VIS) ist ein Informationsdienst über die Tätigkeit des Papstes und des Hl. Stuhles, bestimmt für alle päpstl. Vertretungen und alle Bischöfe in der Welt. Die Informationen werden durch ein internationales Datennetz über Computer oder Fax nach Wahl der einzelnen Abonnenten schriftlich, direkt und unmittelbar verbreitet. Die Informationen sind täglich, außer an Sonn- und Festtagen, in Rom verfügbar. Allen Abonnenten werden die vom Staatssekretariat kommenden Nachrichten derzeit nur in Englisch und Spanisch gegen 14 Uhr übermittelt, und zwar gewöhnlich über internationale Informationsnetze. Sie können auch über Radio und Fernsehen verbreitet werden. Um Länder mit besonderen technischen Schwierigkeiten zu erreichen, wie einige Nationen Afrikas, Asiens und Osteuropas, wird der Einsatz eines Satelliten erwägt. Das Personal des „Vatican Information Service“ besteht aus einem Direktor, einem Chefredakteur, einem Redakteur für die beiden genannten Sprachen, einem Sekretär und einem Übersetzer. Der Direktor steht den Abonnenten und allen Interessenten für alle Fragen zur Verfügung. Zu seinen spezifischen Aufgaben gehört auch die ständige technische Aktualisierung, um den Empfang des Dienstes vor allem bei Kunden in den Entwicklungsländern zu verbessern. 1991 bediente Vatican Information Service 103 Abonnenten aus 44 Ländern auf allen fünf Kontinenten.

N. Del Re

Vatikanbank

→ IOR

Vatikanische Bibliothek, Apostolische

Die Vatikanische Bibliothek ist traditionsgemäß die Bibliothek der Päpste. Sie ist berühmt für ihre große Sammlung an Büchern und Dokumenten, die kontinuierlich durch Erblässe, Gaben und Ankäufe erweitert wird. Die vielen wertvollen Manuskripte, bibliographischen Raritäten, Originaltexte, Pergamente, Zeichnungen und Drucke machen aus ihr eine der wertvollsten Bibliothekseinrichtungen der Welt.

Seit Anbeginn legte der Apost. Stuhl verschiedene Textsammlungen und Archive an. Sie gingen im Laufe der Zeit mehrfach verloren, wurden aber immer wieder erneuert. Der Ursprung der jetzigen Bibliothek geht auf das 15. Jh., auf das Pontifikat Nikolaus' V. (1447–1455), zurück. Er war ein vom Humanismus geprägter, leidenschaftlicher Sammler von Codices und hinterließ bei seinem Tode eine Sammlung von mehr als 1.500 Handschriften, die den Kern der heutigen Sammlung bilden. Eigentlicher Gründer der Vatikanischen Bibliothek war jedoch Sixtus IV. (1471–84), der sie in vier Sälen im Erdgeschoß des Palastes von Nikolaus V. unterbrachte. Der Eingang erfolgte vom *Cortile del Pappagallo* (→). Von den Räumen aus konnte man auf den Belvederehof (→) sehen. Hier blieb die Bibliothek über mehr als ein Jahrhundert. Als die Sammlung größer wurde, mußte sie in einen neuen Sitz umziehen, den Sixtus V. zwischen 1587 und 1589 von Domenico Fontana im gegenüberliegenden Teil des Belvederehofs anlegen ließ.

Nachdem der *Salone Sistino* (Sixtinischer Saal) (→) von Leo XIII. (1878–1903) in das untere Geschoß verlagert und von Pius XI., dem früheren Präfekten der Bibliothek, modernisiert worden war, erweiterte Paul VI. (1963–78) die Bibliothek um ein neues Depot auf vier Etagen, indem er die einstigen Pferdestallungen am Belvederehof einbezog. Unter Johannes Paul II. wurde unter dem Innenhof ein unterirdischer Raum geschaffen, um die kostbaren Handschriften aufzubewahren.

Die Vatikanische Bibliothek besitzt zur Zeit etwa 70.000 Manuskripte, 100.000 Originaltexte, etwa 7.000 Inkunabeln, dazu fast eine Million Nachdrucke, 100.000 Drucke und geographische Karten, Tausende von Pergamenten und Zehntausende von Archivreihen. Dieser Reichtum steht täglich Wissenschaftlern und Forschern aus aller Welt zur Verfügung.

Die Vatikanbibliothek wird zurecht als „Holding-Gesellschaft“ verschiedener Bibliotheken angesehen, denn jede der antiken Manuskriptsammlungen hat ihre eigene Geschichte und stellt fast wieder eine neue Bibliothek dar.

Den ursprünglichen Kern der Sammlung stellt der *Fondo Vaticano* dar. Es sind Codices verschiedener Herkunft wie jene von Fulvio Orsini, von der Familie Colonna, dann die aus Bobbio und aus der Basilianerabtei des Patirion mit der Sammlung von G. M. Mazzucchelli etc. Dieser *Fondo* hat derzeit einen Bestand von 25.000 Bänden mit griechischen, lateinischen und orientalischen Handschriften, jeweils nach ihrer Sprache geordnet. Es ist der einzige Bereich, der für Neuzugänge offen gehalten wird. Wegen der Bedeutung der Schriften und der Kostbarkeit der Miniaturen existiert hier ein Buchbestand von unschätzbarem Wert. Vor allem die klassischen griechischen und lateinischen Texte sind von großer Wichtigkeit.

Weiter zu nennen ist der *Fondo Palatino*, die Bibliothek des Kurfürsten von Heidelberg, die Papst Gregor XV. im Jahr 1622 vom bayerischen Herzog Maximilian I. geschenkt worden ist. Sie enthält ca. 2500 lateinische und griechische Codices und viele seltene Drucke. Eine andere Bibliothek, die nun Teil der Vatikanbibliothek ist, ist diejenige der *Herzöge von Urbino*, die Alexander VII. 1657 erwarb. Andere Sammlungen kamen später hinzu wie die *Königsstiftung*, benannt nach der Königin von Schweden.

Unter Leo XIII. (1878–1903) wurde die *Borghese-Stiftung* erworben, 386 Manuskripte, die man aus Avignon unter Paul V. (1605–21) nach Rom transportierte und der einzig erhaltene Rest der dortigen Papstbibliothek sind. Äußerst umfangreich ist der *Fondo Barberiniano*, eine wichtige Sammlung mit Drucken und einem Familienarchiv mit über 9.000 lateinischen, 593 griechischen und 64 orientalischen Manuskripten. Im Jahr 1922 kam der *Fondo Rossiano* dazu, der nach Gian Francesco de Rossi benannt ist. Er war in zweiter Ehe mit Luisa Carlotta di Bourbon, der Witwe des Herzogs Maximilian von Sachsen verheiratet. Er umfaßt ca. 1.200 Handschriften, 2.500 Inkunabeln und mehr als 6.000 seltene Drucke. Mit dem *Fondo Chigiano* schenkte die italienische Regierung der *Vaticana* mehr als 3.000 Handschriften und eine große Anzahl von seltenen Drucken sowie ein bedeutendes Familienarchiv. 1926 kam dann noch der *Fondo Ferrajoli* hinzu, mit über 1.000 Handschriften und einer reichen Sammlung von Autographen.

Der letzte bedeutende Zugang bestand in der *Stiftung Patetta*, die von dem Rechtswissenschaftler Federico Patetta gesammelt wurde. Sie enthält außer den Handschriften tausende von Autographen und vor allem wertvolle Familienarchive, die eine wichtige Quelle für die Geschichte Italiens, vor allem des *Risorgimento* darstellen.

Die Vatikanbibliothek enthält unter ihren zahlreichen Manuskriptsammlungen auch viele aus den Kirchen Roms und aus kirchlichen Institutionen stammende wie die handschriftlichen Partituren der Chöre *Cappella Sistina* und *Cappella Julia*, antike Manuskripte der Domkapitel von *St. Peter* und *S. Maria Maggiore, S. Maria in Via Lata* sowie den *Fondo Ruoli*.

Eine dritte Abteilung der Bibliothek, die der *Archive,* wurde erst vor einigen Jahren eingerichtet. U.a. enthält sie Archive von einigen alten Kirchen Roms wie *S. Angelo in Pescheria, S. Maria ad Martyres, S. Anastasia, S. Maria in Cosmedin* sowie das Archiv des Domkapitels von St. Peter.

80.000 Bände stehen den Wissenschaftlern zur direkten Einsicht zur Verfügung. Der *Salone Sistino* und die beiden von ihm ausgehenden Galerien stellen den ursprünglichen Sitz der Bibliothek dar und sind auch den Besuchern der Vatikanischen Museen zugänglich. Die Hauptausstellungssäle der Vatikanbibliothek sind das *Museo Sacro* und das *Museo Profano*, die ersten Räume im Vatikan, die dem Publikum als Museum zugänglich gemacht worden sind. Sie stellen den Kern dar, um den sich später der Museumskomplex gebildet hat.

Zu nennen ist noch das eindrucksvolle Münzen- und Medaillenkabinett, das in der Vatikanischen Bibliothek seinen angestammten Platz hat. Unter den Registern befindet sich auch eine Kopie des „Index der Christlichen Kunst“ der Universität von Princeton, der Tausende von Reproduktionen sowie Verzeichnisse zum Studium der christlichen Ikonographie von den Anfängen bis ins 14. Jh. enthält. Eine Restaurierungswerkstatt sorgt für die gute Pflege und Erhaltung der Bücher und Handschriften, während ein Fotolabor jedes Jahr auf Tausende von Anfragen aus aller Welt hin Reproduktionen herstellt. Zur Bibliothek gehört die „Schule für Bibliothekswissenschaft“, an der Bibliothekare sowie Verwaltungsangestellte ausgebildet werden. Sie wurde von Pius XI. gegründet und steht Laien und Klerikern aller Nationen offen.

Bibl.: J. Bignami Odier, *La Bibliothèque Vaticane de Sixte IV à Pie XI....* (Studi e Testi 272), Vatikanstadt 1973; J. Ruysschaert, *La Biblioteca Apostolica Vaticana*, in *Il Vaticano e Roma Cristiana*, Vatikanstadt 1975, S. 307–333; G. Morello, *The Library Museums*, in *The Vatican collections, The Papacy and Art,* New York 1982, S. 92–97; *Biblioteca Apostolica Vaticana*, Florenz 1985; G. Morello, *La Biblioteca Apostolica*, in *Il Palazzo Apostolico Vaticano*, Hrsg. C. Pietrangeli, Florenz 1992, S. 197–216.

G. Morello

VATIKANISCHE GÄRTEN

Die *Giardini Vaticani* erstrecken sich etwa über ein Drittel des vatikanischen Territoriums nördlich und westlich der Petersbasilika und sind von den sogenannten „Vatikanmauern" (→) eingeschlossen. Die Vatikanischen Gärten, wie sie sich heute dem bewundernden Blick des Besuchers darbieten, erhielten ihre erste grundlegende Gestaltung zur Zeit Pius' XI., der 1929 beim umfassenden Plan der Strukturierung des neuen Staates der Vatikanstadt (→) auch die Gärten systematisch einbezogen sehen wollte. Sie waren nach dem Tod Leos XIII. (1903), unter dessen Pontifikat sie noch eine Glanzzeit hatten, dem Verfall überlassen worden.

Die älteste Erwähnung der Vatikanischen Gärten geht in die Zeit Nikolaus' III. (1277–80) zurück, auf dessen Anordnung sie entstanden. Kurz darauf wurden sie unter Nikolaus IV. (1288–92) durch eine Sammlung medizinischer Pflanzen bereichert, die unter Bonifatius VIII. (1294–1303) der besonderen Sorge des „*simpliciarius pontificius*" anvertraut waren. Im Verlauf der Jahre wurden die Gärten aber vernachlässigt. Erst Pius IV. nahm sich 1559 der Wiederherstellung eines einfachen Gartens an. Sein Nachfolger Pius V. setzte den berühmten Naturkundler Michele Mercati (1541–1593) ein, der ihn in einen botanischen Garten umwandelte. Auch die folgenden Päpste nutzten seine Dienste. In der Zwischenzeit erlebten die Vatikanischen Gärten, die nur teilweise systematisch angelegt waren, innerhalb der sie umschließenden Mauern die Errichtung zweier wichtiger Gebäude: Die *Palazzina Innozenz' VIII.* oder *Casina Innocenziano*, die Papst Cibo errichten ließ, um dort zu verweilen – ein Werk von Jacopo da Pietrasanta nach einem Entwurf von Antonio Pollaiuolo. Das zweite Gebäude ist die *Villa Pia*, besser bekannt als *Casina Pius' IV.* (→), ein Werk von Pirro Ligorio, das 1563 vollendet und als Privatresidenz der Päpste vorgesehen war. 1937 wurde es Sitz der „Päpstl. Akademie der Wissenschaften" (→). Es bildet aber weiter den Schmuck der Vatikanischen Gärten.

Seit Beginn des 17. Jh. erlebten die Vatikanischen Gärten, deren älteste Darstellung ein Plan Roms von Giovanni Battista Falda aus dem Jahr 1676 zeigt, Zeiten der Blüte und des Niedergangs – je nach den Interessen des jeweiligen Papstes. Verdient gemacht haben sich Paul V. (1605–21) wegen der Wasserleitungen, mit deren Hilfe er auch verschiedene dort vorhandene Brunnen speiste. Alexander VII. (1655–67) vergrößerte die Gärten und nahm sich besonders des botanischen Teils an, der zu Recht Berühmtheit erlangte. Clemens XI. (1700–21) bereicherte ihn mit neuen seltenen Pflanzen. Gregor XVI. (1831–46) ordnete die Brunnen neu und verschönerte sie, dazu die Beete des sogenannten „Quadratischen Gartens" – des alten geheimen Gartens Pauls III. (1534–49). Er ließ ferner den Garten um die *Casina Pio IV.* von Pius IV. herum in englischer Form gestalten und fügte andere nicht weniger wichtige Werke hinzu.

Doch mehr als alle anderen Päpste nahm sich Leo XIII. der Gärten an. Während seiner freiwilligen „Gefangenschaft" im Vatikan im Anschluß an die Ereignisse von 1870 erholte er sich beim Spaziergang auf den Wegen und malerischen Hügeln, begleitet von einem Geheimkämmerer und einem Gefreiten der Nobelgarde. In seinem langen Pontifikat interessierte sich Leo XIII. immer für die Vatikanischen Gärten und ließ sie ständig verschönern. Er ließ dort auch eine Voliere bauen und erfreute sich von Zeit zu Zeit daran, die Vögel mit Netzen zu fangen, wobei ihm ein Gärtner behilflich war. Als er im Jahre 1888 zu seinem Priesterjubiläum von Kardinal Charles M. Lavigerie, Erzbischof von Karthago und Primas von Afrika, verschiedene exotische Tiere erhielt (Gazellen, Damhirsche, Rehe, Strauße und Pelikane), ließ er ein Gehege für sie anlegen. Zuweilen erfreute er sich an ihnen bei seinen Spaziergängen, betrat sogar die Käfige, um eine

Gazelle zu streicheln oder sie zu füttern. Die Vorliebe von Leo XIII. für die Gärten war so groß, daß unter den Gebäuden, die er dort erbauen ließ, der kleine Palast zu erwähnen ist, der 1890 in der Nähe eines der Türme der Leoninischen Mauern entstand. Er wurde später seine Sommerresidenz, und er pflegte sie „mein kleines Castelgandolfo" zu nennen. Hier hatte mehrere Jahre lang (1906–1932) die Vatikanische Sternwarte (→) ihren Sitz.

Leo XIII. verdanken wir ferner die naturgetreue Reproduktion der berühmten „Lourdesgrotte" (→), die er 1902 segnete, die aber erst 1905 von Pius X. eingeweiht wurde. Sie öffnet sich auf einen weiten Platz, der von vielen Zedern umgeben ist und den Vatikanischen Gärten eine ausgesprochen mystische Note gibt, die sich auch im nahegelegenen kleinen Tempel der *Madonna della Guardia* wiederfindet. Dort wird ein Marmorbild der Muttergottes verehrt, das Giambattista Conti geschaffen hat. Das Bild gibt eine Statue im Hafen von Genua wieder, wo sie zur Erinnerung an die Erscheinung der Jungfrau vor dem Bauern Pareto errichtet wurde. Benedikt XV., Della Chiesa, der aus Genua stammte, erhielt sie 1917 von seinen Landsleuten geschenkt. Nicht weniger religiöse Gefühle weckt die Nische mit der Statue der hl. Theresa von Jesu, die von Pius XII. (1939–58) dort aufgestellt wurde.

Pius XI. wird die derzeitige Anordnung der Vatikanischen Gärten zugeschrieben. Sie bedecken mittlerweile eine Fläche von über 13 ha und sind das Ergebnis fünfjähriger, geduldiger Arbeit. Das Vorhandene wurde restauriert, dann harmonisch integriert in das, was mit viel Aufwand neu geschaffen wurde. Um das Gelände angesichts seiner besonderen geologischen Formation zu festigen, „wurde es notwendig, große Teile der obersten Schicht, die allgemein sandig war, zu entfernen, dann einen Teil der darunterliegenden Schicht zu nehmen, die aus harter Tonerde bestand, und auf die Oberfläche Mutterboden aufzutragen". So in einer Beschreibung von G. Nicolini (*I Giardini Vaticani*, S. 61–66), die 1934 in *L'Illustrazione Vaticana* erschienen ist.

Die heutigen Gärten, die sich fächerartig über einen Großteil des vatikanischen Hügels erstrecken, bieten in ihrer jetzigen Anlage ein eindrucksvolles Schauspiel von Pflanzen und Blumen aller Art. Sie schmücken Straßen, Wiesen und Beete mit wunderschönen Farbflecken, während man als weitere Schmuckelemente Felsbrocken finden kann, die mit großen Pflanzen bedeckt sind. Die kunstvollen, rauschenden Brunnen werden vom Wasser aus dem Bracciamer See gespeist. Unter diesen ragen jene hervor, die im Pontifikat Pauls V. entstanden, wie der „Brunnen der Türme" (→), oder „des Sakramentes", den 1609 Martino Ferrabosco und der Holländer Ian Van Santen (italienisiert „Giovanni Vasanzio") erbauten und mit dem Drachen, dem Wappentier der Familie Borghese schmückten, zu der der Papst gehörte; der „Brunnen des Adlers" (→) oder des Felsens, ebenso um 1612 von den erwähnten beiden Künstlern geschaffen – so benannt nach dem großen Adler auf der Spitze, der zusammen mit den Drachen auf das Wappen des Borghese-Papstes anspielt; der „Brunnen der Galeere" (→), ein originelles Werk des erwähnten Vasanzio (1620–21), der seine Bezeichnung von dem Kriegsschiff hat, das in Miniatur kopiert in die Mitte einer weiten Schale gestellt wurde, die Julius III. (1550–55) auf der alten *„peschiera"* erbauen ließ.

Man kann in den Vatikanischen Gärten noch verschiedene kleinere Brunnen finden, wie den „Brunnen der kleinen Barke" in der Nähe des Äthiopischen Kollegs (→); den „Brunnen der Wasserfälle", der zur Zeit Benedikts XV. (1914–22) in dem kleinen Hain der Steineichen aufgestellt wurde, wobei sich der Papst persönlich für die Anlage interessierte; der „Muschelbrunnen", ein Werk des Bildhauers Guarino Roscioli, der sich bei der Eisenbahnstation befindet; der „Brunnen des Globus" aus der Zeit Gregors XVI. (1831–46); der „Brunnen der Frösche" gegenüber dem Denkmal, das an die Erscheinung der Gottesmutter von Guadalupe erinnert, ein Werk von A. Ponzanelli und ein Geschenk des Klerus und der Gläubigen aus Mexiko an Pius XII. 1939; der „Brunnen der Jungfrau", so genannt nach der Statue einer jungen sitzenden Frau. Sie stammt vermutlich aus dem Giebel eines alten röm. Tempels; schließlich der „Brunnen der Spiegel" bei der Treppe, die Paul V. in jenem Gebäude erbauen ließ, das mit einem Bogen die heutige große Straße zu den Gärten überquert, aber wegen des Todes des Papstes im Jahre 1621 unvollendet blieb. Außer den genannten Gebäuden begegnet man noch anderen in den Vatikanischen Gärten, die leider die harmonische Gesamtheit beeinträchtigen. Einige sind älteren Datums, wie das „Gärtnerhaus" (→), andere jüngeren Datums, die vor allem nach der Bildung des Staates der Vatikanstadt errichtet wurden. Es sind der Gouverneurspalast (→), die Eisenbahnstation (→), das Päpstl. Äthiopische Kolleg (→), die Mosaikwerkstatt (→), die Vatikanische Pinakothek (→), das Historische Museum (→), der neue Flügel der Vatikanischen Museen, das Übertragungszentrum „Marconi" von Radio Vatikan, der Vatikanische Hubschrauberlandeplatz (→) beim *Torre di San Giovanni* (→), den Johannes XXIII. 1962 restaurieren ließ und eine Zeitlang bewohnte.

Eine weitere Verschönerung und künstlerische Bereicherung der Vatikanischen Gärten bieten ferner zahlreiche Statuen an den Wegen, angefangen von der Bronzestatue des hl. Petrus von Filippo Gnaccarini, die früher einen Teil der *Säule des I. Vatikanischen Konzils* (→) bildete. Sie wurde hier 1936 gleichsam im Zentrum des vatikanischen Territoriums aufgestellt. Dazu kommen alle 1887 Leo XIII. zum Jubiläum geschenkten Skulpturen wie der Statue des seligen Urban II., in dessen Pontifikat für den ersten Kreuzzug (1099) gepredigt wurde (Papst Pecci bekam sie von der Diözese Reims); die Statue des hl. Petrus in Ketten, in Marmor von Amelia Dupré ausgeführt und dem Papst von den Calasantinern geschenkt, die Bronzestatue des hl. Bischofs Austremonius, des ersten Apostel Alverniens (4. Jh.), ein Geschenk der französischen Katholiken der Diözese Clermont, die Bronzegruppe des hl. Albinus, Bischof von Chalons-sur-Marne (5. Jh.), der Attila, den Eindringling in Gallien, aufhielt – ein Geschenk der erwähnten Diözese. Zu all diesen Statuen könnte man noch die Marmorstatue des hl. Bernhard von einem unbekannten Künstler hinzufügen, die sich in der Nähe der Bastion S. Giovanni befindet, die Statue der Madonna von Fatima, ein Geschenk für Johannes Paul II. 1981, vom Künstler Frederick Shradi selbst am Ende des Olivenweges aufgestellt. Eine schöne Besonderheit, an der die Besucher der Vatikanischen Gärten nicht vorbeigehen werden, ist schließlich die chinesische Glocke, die Pius XI. 1933 von den katholischen Chinesen bei dem Jubiläum geschenkt wurde, das der Papst zur Feier des 19. Jh. der menschlichen Erlösung angekündigt hatte. Von diesem Ort aus hat man eine eindrucksvolle Sicht auf die gewaltige Kuppel von St. Peter, die Michelangelo schuf.

Bibl.: L. Cassanelli/G. Delfini Filippi, *Giardini Vaticani*, in *Guide del Vaticano*, III, Rom 1989, S. 66–116 und 121–132 (mit Bibl.).

N. Del Re

Vatikanische Pinakothek

Die Entstehung der Vatikanischen Pinakothek ist eng an die schmerzvollen Ereignisse anläßlich der Durchführung des Vertrags von *Tolentino* geknüpft, der 1797 den Abtransport von über 100 Gemälden und 64 Skulpturen aus den Kirchen und Sammlungen Roms und des Kirchenstaates durch die Truppen Napoleons zuließ. Zur Rückgabe der Kunstwerke wurden am 28. August 1815 als päpstl. Kommissare Antonio Canova, seit 1802 Generalinspekteur der Schönen Künste, und Gaetano Marini, Präfekt des Vatikanischen Archivs, nach Paris geschickt. Durch ihr Verdienst und das diplomatische Eingreifen von Kardinal Consalvi kehrten über die Hälfte und natürlich die wichtigsten Werke nach Italien zurück. Canova, der „fast ohne Hoffnung auf ein Ergebnis, oder auch nur ein Dokument über das, was zu reklamieren war" die Reise angetreten hatte, freute sich in einem Brief an Cicognara über das erreichte Ergebnis. Er schrieb: „Freut euch also über den für mich und für euch unaussprechlichen Trost, unsere Hauptkunstwerke in unserem lieben Italien wiederzusehen". Die Rückgabe der entführten Werke, hinter der Engländer, Preußen und Österreicher standen, war mit der von Canova übernommenen Verpflichtung verbunden, eine Pinakothek zu errichten, denn die Werke sollten „der Öffentlichkeit und dem allgemeinen Nutzen dienen".

Pius VII. folgte den Entscheidungen des Wiener Kongresses und ließ die Borgia-Gemächer neu herrichten, um dort die zurückerhaltenen Gemälde aufzustellen. Er fügte Werke hinzu, die sich in den Magazinen der päpstl. Sammlungen befanden. Die Aufstellung an diesem ersten Ort ist im 1821 veröffentlichten Führer angegeben. Doch sehr bald erwies sich diese Anordnung als unangemessen. Schon 1822 wurde die Überführung der Sammlung in die Räume Gregors XIII. veranlaßt. Bald kam sie in die Galerie der Wandteppiche, in die Räume Pius' V., dann wieder zurück in die Räume Gregors XIII. Im Jahr 1909 schließlich wurde sie in einigen Räumen längs der Westseite des Belvederehofs untergebracht. Pius XI. entschied sich dann, den Bau der jetzigen Pinakothek in Auftrag zu geben, die nach einem Plan von Luca Beltrami errichtet und am 27. Oktober 1932 eingeweiht wurde.

Im Verlauf des 19. und 20. Jh. versäumten es die Päpste nicht, den ursprünglichen Kern durch neue und wichtige Erwerbungen zu bereichern, darunter ein Triptychon von Gentile da Fabriano, ein Geschenk von Leo XIII., und der *hl. Hieronymus* von Leonardo da Vinci, den Pius IX. erwarb. 1909 brachte Pius X. unter Ausnützung der neuen Räumlichkeiten die Zahl der Werke auf 227. Er nahm dabei zahlreiche Gemälde aus den Papstresidenzen und fügte zur Pinakothek auch die „ursprünglichen" Gemälde hinzu, die sich im *Museo Sacro* (→) befanden. Nochmals verdoppelte Pius XI. diese Zahl, als die Pinakothek schließlich ihren endgültigen Sitz gefunden hatte. 1956 wurde die Abteilung für zeitgenössische religiöse Kunst herausgelöst.

Auch wenn die Pinakothek nur eine bescheidene Zahl von Werken darbietet, so ragt sie doch beim Vergleich mit den großen europäischen Sammlungen durch die sehr hohe Qualität des größten Teils ihrer Exponate hervor. In den 16 Sälen, die nach Ausmaß und Art der Beleuchtung verschieden sind, sind die Gemälde in chronologischer und regionaler Ordnung ausgestellt. In den ersten drei Sälen sind einige Werke aus der Zeit vor Giotto aufbewahrt, ferner das grandiose *Triptychon Stefaneschi,* das Giotto mit seiner Werkstatt von 1320 bis 1330 für den Altar der *Confessio* in St. Peter ausgeführt hat; dazu zahlreiche Werke berühmter Meister des 14. und 15. Jh. (Simone Martini, Pietro Lorenzetti, Sassetta, Lorenzo Monaco, Gentile da Fabriano, Fra Angelico, Masolino da Panicale). Der vierte Saal wird vom eindrucksvollen Gemälde des Melozzo da Forli beherrscht, das die *Ernennung des Platina zum Präfekten der Vatikanischen Bibliothek* (1475) darstellt, während das Hauptwerk des fünften Saales die Predella des Polyptichons Grifoni mit den *Wundern des hl. Vinzenz Ferrer* von Francesco del Cossa (1470–75) bildet.

Hat man den sechsten Saal mit zahlreichen Polyptichen (Carlo Crivelli, Antonio und Bartolomeo Vivarini) und den siebten mit der Sammlung einiger der besten Werke des Perugino, darunter die *Thronende Madonna mit dem Kind* und die *Marienkrönung* von Pinturicchio hinter sich, gelangt man in den achten Saal, der Raffael gewidmet ist. Dort kann man drei seiner größten Meisterwerke bewundern, die *Marienkrönung* (1503), die *Madonna von Foligno* (1511–12), die *Verklärung* (1517–18) sowie die Serie von zehn Wandteppichen aus der „alten Schule", gewoben in Brüssel nach Entwürfen des Meisters aus Urbino, welche die Sixtinische Kapelle schmücken sollten. Im neunten Saal begegnet die *Pietà*, die *Pala Pesaro* (um 1473) von Giovanni Bellini und der *hl. Hieronymus* (um 1482) von Leonardo da Vinci. Im zehnten Saal sind Werke der Schule Raffaels aufbewahrt (Giulio Romano, Gianfrancesco Penni, Garofalo) und venetianische aus dem 16. Jh., darunter die *Madonna des hl. Niccolò dei Frari* (um 1535) von Tizian, die *hl. Helena* von Paolo Veronese, der *hl. Georg und die Prinzessin* von Paris Bordon. Der elfte Saal ist Barocci gewidmet, von dem man unter anderem die *Stigmatisierung des hl. Franziskus* bewundern kann. Dazu kommen andere Meister des Manierismus (Giorgio Vasari, Cavalier d'Arpino und Girolamo Muziano).

Der zwölfte und dreizehnte Saal bilden einen der Höhepunkte der Pinakothek; in ihnen sind einige Meisterwerke des italienischen 17. Jh. aufbewahrt, an erster Stelle die berühmte *Kreuzabnahme* von Michelangelo Merisi da Caravaggio, ferner Werke von Domenichino, Guido Reni, von Guercino, von Andrea Sacchi, Orazio Gentileschi, Pietro da Cortona und noch viele andere. In den letzten drei Sälen befinden sich vor allem Genremalerei und diverse Werke, darunter das ausgezeichnete *Bildnis Clemens' IX.* von Carlo Maratta.

Bibl.: P. D'Achiardi, *La nuova Pinacoteca Vaticana*, Rom 1909; Ders. *Guida della Pinacoteca Vaticana*, ib. 1913; A. Muñoz, *I Quadri bizantini della Pinacoteca Vaticana*, ib. 1928; P. D'Achiardi, *I quadri primitivi della Pinacoteca Vaticana*, ib. 1929; B. Biagetti, *La nuova Pinacoteca Vaticana*, Vatikanstadt 1932; A. Porcella, *Guida della Pinacoteca Vaticana*, ib. 1933; E. Francia, *Tesori della Pinacoteca Vaticana*, Rom 1965; M. Donati-Barcellona, *Pinacoteca Vaticana*, in *Il Vaticano e Roma Cristiana*, Vatikanstadt 1975, S. 279–295,

F. Cochetti

Vatikanische Schule für Bibliothekskunde

Um den zukünftigen kirchlichen Bibliothekaren eine angemessene Berufsausbildung zu ermöglichen, beschloß Pius XI., ehemaliger Bibliothekar der Ambrosiana in Mailand sowie der Vatikanischen Bibliothek, im November 1934 diese Schule für Bibliothekskunde einzurichten. Sie hat das hauptsächlich praktische Ziel, die modernen Methoden der Bibliotheksführung und -ordnung zu lehren. Zunächst wurden nur Katalogisierung und Bibliographie gelehrt, später kamen weitere Fächer hinzu. Heute umfaßt der einjährige Kurs: 1. Geschichte der Manuskripte, 2. Geschichte der Bibliotheken und des gedruckten Buches, 3. Katalogisierung und Klassifizierung, 4. Bibliographie, 5. Allgemeine Bibliotheksordnung und Bibliotheksdienste, 6. Elektronische Informationssysteme und neue Technologie. Konferenzen und verschiedene Vorträge begleiten den Kurs. Zugelassen sind Geistliche, Ordensleute und Laien beiderlei Geschlechts, ohne Unterscheidung nach Nationalität oder Glaubenszugehörigkeit. Sie müssen jedoch einen Universitätsabschluß nachweisen und ein Empfehlungsschreiben von einem wissenschaftlichen Institut oder einer Person, die sich für den Schüler verbürgt. Die Schule behält sich die Auswahl der Schüler vor. Am Ende des Kurses erhalten die Schüler nach den schriftlichen und mündlichen Prüfungen ein Diplom, das der italienische Staat nach Art. 10 Nr. 2 des Abkommens zwischen Italien und dem Hl. Stuhl am 18. Februar 1984 (gemeinhin neues Konkordat genannt) anerkennt.

N. Del Re

Vatikanische Schule für Paläographie, Urkundenlehre und Archivkunde

Sie wurde von Leo XIII. mit dem Motu Proprio *Fin dal principio* vom 1. Mai 1884 beim Vatikanischen Geheimarchiv eingerichtet und erhielt ursprünglich den Namen „Schule für Paläographie und angewandte Kritik". Als Ziel wurde gesetzt, „grundlegende Studien der Geschichte, die die Kirche und das Papsttum betreffen, zu fördern und zu stärken und den jungen Klerus zur Kenntnis und Erläuterung der Dokumente heranzubilden, die davon handeln". So heißt es in Art. 1 der *Ordinamenti,* die die praktischen Regeln für die Schule festlegten und die im gleichen päpstl. Gründungsdokument stehen. Das Lehrprogramm erstreckte sich über zwei Jahre. Das erste war „Grundkenntnissen der allgemeinen Paläographie, der kirchlichen Urkundenlehre, der Geschichts- und Urkundenkritik und der vergleichenden Chronologie nach der christlichen Zeitrechnung" gewidmet. Das zweite Jahr diente der praktischen Anwendung der erworbenen Kenntnisse (Art. 8). Nach 1895 wurden abwechselnd regelmäßig Paläographie und Urkundenlehre gelehrt, die auch auf das kritische Studium der Codices ausgeweitet wurden. Am 16. Dezember 1953 erhielt die Schule ein eigenes Statut (AAS, XLVI [1954], S. 78–79), dessen erster Artikel feststellt, daß es sich um eine „höhere Schule der Weiterbildung" handelt, die somit zu einer Gruppe ähnlicher Institute in anderen Ländern gehört.

Seit der letzten Reform vom 13. November 1968 hält die Schule Kurse in lateinischer und griechischer Paläographie sowie Kurse in allgemeiner und päpstl. Urkundenlehre ab, die sich weiterhin von einem Jahr zum anderen abwechseln und denen die Lehre der Handschriftenkunde, der mittelalterlichen Chronologie und der Archivkunde hinzugefügt wurden. In der Schule sind Geistliche, Ordensleute und Laien beiderlei Geschlechts ohne Unterscheidung nach Nationalität oder Glaubenszugehörigkeit zugelassen. Zur Aufnahme werden eine historische und humanistische Ausbildung vorausgesetzt, in der Regel ein Universitätsabschluß, sowie eine Prüfung in Latein, die in den Jahren 1986/87 eingeführt wurde. Zum Abschluß des zweijährigen Studiums erhalten die Schüler nach dem Examen ein Diplom als Paläograph-Archivar, das in Italien nach Art. 40 des Laterankonkordats vom 11. Februar 1929 offiziell anerkannt wird.

Im Rahmen der Reform von 1968 wurde der theoretische und praktische Kurs der Archivkunde, der 1923 von Pius XI. eingeführt worden war, um Personen in der Leitung kirchlicher Archive auszubilden, aus der Schule für Paläographie herausgelöst. Der Kurs für Archivkunde dauert ein Jahr. Es werden zwei Fächer in jeweils zwei Wochenstunden gelehrt: allgemeine und spezielle Archivkunde. Sie werden von praktischen Übungen begleitet. Zum Abschluß des Kurses wird den Schülern ein Diplom ausgehändigt. 1984 hat die Vatikanische Schule für Paläographie, Urkundenlehre und Archivkunde ihren hundertsten Gründungstag mit Studientagen und anderen Veranstaltungen gefeiert.

Bibl.: Cento anni di cammino. Scuola Vaticana di Paleografia, Diplomatica e Archivistica (1884–1984). Atti delle manifestazioni per il Centenario della Scuola con documentazione relativa alla sua storia, Hrsg. T. Natalini, Vatikanstadt 1986; G. Battelli, *La Scuola di Paleografia, Diplomatica e Archivistica presso l'Archivio Vaticano,* in *Un secolo di paleografia e diplomatica (1887- 1986). Per il centenario dell'Istituto di Paleografia dell'Università di Roma,* Hrsg. A. Petrucci/A. Pratesi, Rom 1988, S. 1–19; S. Pagano, *La Scuola Vaticana di Paleografia, Diplomatica e Archivistica,* in *Formazione e aggiornamento di archivisti e bibliotecari: problemi e prospettive,* Hrsg. A. Pratesi, Roma 1992, S. 103–120.

N. Del Re

VATIKANMAUERN

Der allererste Mauerring, der im Bereich des Vatikanischen Hügels gebaut wurde, geht auf das Pontifikat Leos IV. (847–855) zurück und führte zu der Bezeichnung *Città Leonina,* die Leoninische Stadt. Im Laufe der Jahrhunderte erlebte die *Leostadt* zahlreiche Veränderungen, unter denen vor allem der Versuch der Wiederbesiedlung durch Eugen IV. (1431–1447) zu nennen ist. Doch erst sein Nachfolger Nikolaus V. (1447–1455) – inspiriert von der Idee einer idealen Stadt im Sinne der humanistischen Theorien – ließ mit Hilfe des Architekten Bernardo Rossellino einen städtebaulichen Plan zur allgemeinen Erneuerung der *Leostadt* aufstellen. Dieser Plan umfaßte den Apost. Palast, die Basilika, den Mauerring mit den Verteidigungstürmen und die *Porta Viridaria.* Nur ein Teil der ursprünglich geplanten, heute nicht mehr bestehenden Befestigungsmauern wurde jedoch wirklich ausgeführt.

Der Wiederaufbau der Mauern wurde 1455 abgeschlossen und veränderte vollkommen die mittelalterliche Ordnung der *Civitas Leonina,* wie auf einem Stich von Marten van Heemskerck aus dem 16. Jh. zu erkennen ist. In Erinnerung an die Plünderung Roms von 1527 und wegen immer neuer Angriffe, Einfälle und Raubzüge berief Paul III. 1542 eine Reihe von sogenannten *diete* ein, bei denen Architekten und Militärexperten über eine Vielzahl von Plänen berieten und den Neubau der Stadtmauern beschlossen. Zahlreiche Zeichnungen aus dieser Zeit (Cod. Barb. Lat. 4391) zeugen von den Plänen des Architekten Antonio da Sangallo d. J., Baumeister des Petersdoms, entworfen für die Befestigungsmauern der Basilika und des Apost. Palastes. 1543 begann der Bau der Festungen bei der *Porta Santo Spirito* und der Belvedere-Bastion durch Michelangelo.

1545 entbrannte zwischen Sangallo, Hauptmann Francesco Montemellino und Michelangelo ein heftiger Streit darüber, ob es sinnvoller sei, bei der Befestigungslinie dem Kamm des Vatikanischen Hügels zu folgen oder sie westlich der Leoninischen Mauern abfallen zu lassen. Da keine Einigung erzielt werden konnte, blieb das Projekt unausgeführt. Nach dem Tode Sangallos (1546) wurde eine neue Sitzung einberufen, um das Befestigungswerk des Vatikanischen Hügels zu schließen. Zu dieser Zeit waren die Mauerstücke auf dem Stück zwischen den Bollwerken *Gallinaro* und *Sant'Antonio* streckenweise von höchst provisorischen Befestigungen aus Erde und Faschinen unterbrochen, die Camillo Orsini im Neapolitanischen Krieg hatte errichten lassen und die auf der Karte von Nicola Beatrizet von 1557 gut erkennbar sind. Mit dem Pontifikat Julius' III. (1550–1555) machten die Arbeiten bedeutende Fortschritte. 1556–1557 führte Paul IV. die Bauarbeiten zum Schutz des Borgo weiter, ließ Böschungen auf noch unbefestigten Strecken anlegen und in den Gegenden *Spinelli, Fornaci, Fondaria, Santo Spirito, Giardino Cesi* und *Sant'Onofrio* Wälle und Gräben bauen.

1561–1562 ließ Pius IV. die Linie aus Gräben, Zwischenwällen und Bollwerken zwischen der Burg, Porta Pertusa und der heutigen Vatikanbrücke schließen. Der Parmeser Krieg von 1643 bewegte Urban VIII. (1623–1644) dazu, den Mauerring beim Gianicolo zu schließen und die *Porta Portese* mit der *Porta Cavalleggeri* zu verbinden. Eine Karte von Giovanni Battista Falda (1656) zeigt die vollständige vatikanische Einfriedung von der *Porta Angelica* über die *Porta Cavalleggeri* bis zur *Porta Portese*. Dabei wird ersichtlich, daß alle architektonischen und militärischen Lösungen, zu denen man im Laufe der Zeit griff, im Grunde das erste Projekt Antonio da Sangallos d. J. widerspiegeln. Dieses ist aus dem Verlauf der Vatikanischen Mauern trotz der späteren Änderungen – wie z.B. der 1888 vorgenommenen Beseitigung der *Porta Angelica*, die der *Piazza del Risorgimento* weichen mußte – bis heute erkennbar.

Bibl.: Contributo alla storia delle fortificazioni di Roma nel Cinquecento e nel Seicento, in *Quaderni dell'Istituto di storia dell'Architettura,* XIII (1966), S. 109–130; A. Prandi, *Precisazioni e novità sulla Civitas Leonina,* in *Miscellanea di studi storici per le nozze di G. Icovelli e V. Castagno,* Fasano 1969, S. 109–129; L. Lotti, *La villa Barberini al Gianicolo e il problema delle fortificazioni meridionali del Vaticano,* in *L'Urbe,* 43 (1980), 2, S. 1–16; L. Cassanelli/C. Pietrangeli, *Porta Angelica e le mura di Pio IV a Borgo Pio,* in *Guide del Vaticano. La Città, parte orientale,* Rom 1989, S. 57–66.

M. Carta

VATIKANPALAST

Die komplexe Baugeschichte des Vatikanischen Palastes als Papstresidenz und Ausdruck der weltlichen Macht der Kirche begann in relativ junger Zeit. Die ersten Wohnungen der Päpste befanden sich auf dem Celius-Hügel, in der Nähe des Lateran. Allerdings war die Gegend zwischen Tiber und Vatikan – als Begräbnisstätte des Apostels Petrus – schon immer Ziel der Pilger gewesen.

Die feierliche Krönung Karls des Großen durch Leo III. (800) in der konstantinischen Basilika machte den Vatikan auch zu einem politisch-historischen Symbol. So entstand die Idee einer „Stadt des Glaubens", die kurz darauf unter Leo IV. Gestalt annahm. Er beschloß, die Aurelianische Stadtmauer zu restaurieren und die hl. Stätten mit einer befestigten Mauer zu umgeben. Dies wurde als Gründung einer neuen Stadt verstanden (der sog. *Civitas Leonina* oder Leostadt), und damit wurde der Grundstein zur weiteren Entwicklung der vatikanischen Gegend gelegt.

Mit der Zeit wurde der Sitz der Päpste in den Vatikan verlegt: Anfang des 10. Jh. entstanden rechts der Basilika Empfangsräume für den Papst; allerdings geht das erste richtige Wohngebäude für den Papst auf das 12. Jh. zurück, als Eugen III. nördlich der Basilika einen Anbau schaffen ließ. Dieser Bau wurde von Innozenz III. erweitert, der längere Zeit im Vatikan wohnte, weil er sich dort inzwischen sicherer fühlte als im Lateran. Es kamen Quartiere für den Hof und die Dienerschaft sowie eine Loggia hinzu; der Komplex wurde durch Mauern mit Zinnen geschützt und die Eingangstore mit Türmen gesichert. Dieser Gebäudekomplex befand sich wohl nördlich der Vatikanbasilika, wo sich heute die *Sala Ducale* und die *Kapelle Nikolaus' V.* befinden, was sich während der Restaurierungsarbeiten in der Kapelle gegen Mitte dieses Jahrhunderts bestätigte.

Zur Zeit Nikolaus' III. (1278) wurde der Vatikan dann zur ständigen Residenz des Papstes. Dies manifestierte sich sodann in den grandiosen Bauvorhaben zur Verschönerung und Erneuerung der Paläste. Der Bau Innozenz' III. blieb erhalten, wurde aber in westlicher und südöstlicher Richtung erweitert: Im Westen kamen die *Sala Regia*, die *Aula secunda*, die *Sala Ducale* und die *Cappella Palatina* hinzu. Diese letztere wurde im 15. Jh. abgerissen, um Platz für die Sixtinische Kapelle zu schaffen. Die Struktur des Ostflügels ist bis in unsere Tage erhalten geblieben; schon damals wurde dieser Trakt wohl als Warenlager genutzt, auch wenn diese Nutzung erst ab dem 15. Jh. belegt ist. Im ersten Geschoß des Gebäudes befanden sich die Paramentensäle, die *Sala del Pappagallo* und die *Sala della Falda* sowie das Schlafzimmer Nikolaus' V. Im zweiten Geschoß lagen die *Stanza dei Chiaroscuri* und die *Sala Vecchia degli Svizzeri*; im Turm entstand eine kleine Kapelle (später Kapelle Nikolaus' V.). Die in jüngster Zeit freigelegten Fresken beweisen, daß die Räume als Wohnung genutzt wurden.

Die Fassade des Palastes zur Stadt hin bestand wahrscheinlich schon damals aus verschiedenen Loggienreihen.

Nikolaus III. ließ eine Mauer auch um die Gärten errichten und verband den Komplex mit der Engelsburg durch einen Korridor längs des entsprechenden Teils der Mauer. So erhielt der Apost. Palast eine doppelte Funktion als Festungsstadt und Wohnpalast.

Mit den von Nikolaus III. in Auftrag gegebenen Arbeiten endet die erste Bauperiode des vatikanischen Palastes, denn durch das Exil in Avignon (1309–1377) und das große Schisma (1378–1417) kam fast jede Bautätigkeit zum Erliegen. Doch auch in dieser Zeit entstanden neue Bauwerke; außerdem wurde der berühmte *Passetto* auf der leoninischen Mauer zur Engelsburg hin ausgebaut.

Erst unter Nikolaus V. (1447–55) wurde ein neuer Bauplan in Angriff genommen, der sich am Stil der Renaissance orientierte. Das Projekt, das allerdings nur teilweise verwirklicht wurde, richtete sich nach dem Ideal des klassischen Rom, als Ergebnis der humanistischen Denkweise in Zusammenhang mit der mittelalterlichen Ideologie des Primats des Stuhles Petri. Auch der Papst sah in diesem Vorhaben nicht ein persönliches, sondern ein gemeinschaftliches Werk im höheren Interesse der weltlichen Macht der Kirche. Der Plan wurde dann von seinen Nachfolgern – mit den nötigen Änderungen – vollendet.

Die Gesamtheit der Baumaßnahmen in Vatikan und Borgo war so vielschichtig, daß sie als eines der ersten Projekte zur rationalen Renaissance-Stadtplanung gelten kann. Der Papst beabsichtigte, Rom und dem Vatikan ihren ursprünglichen Glanz zurückzugeben und eine funktionelle Stadt aufzubauen durch ein rationelles Planungssystem, durch die Restaurierung und Verschönerung der Gebäude und durch eine wirksame Verteidigungsstruktur. Dazu zog er bedeutende Architekten und Künstler heran: Bernardo Rossellino, Leon Battista Alberti und Fra Angelico.

Der Papst wollte – von der Engelsburg ausgehend – drei neue Straßen durch den Borgo anlegen lassen, als Zugang zu den wichtigsten Gebäuden des Vatikans. Nikolaus V. maß der Bewehrung der Paläste große Bedeutung bei.

Der Palastkomplex sollte durch eine große Mauer geschützt werden, von der zwischen 1451 und 1454 allerdings nur ein kleiner Teil gebaut wurde, mit den Toren „Fabbrica" und „Terrione" (heute Cavalleggeri), einer Erhöhung der Mauern auf dem höchsten Abschnitt des Vatikanischen Hügels (mit Rundtürmen befestigt) und dem imposanten, zylindrischen Hauptturm, der Maestro Beltrame di Varese zugeschrieben wird. Von dort gingen zwei Mauerflügel aus, so daß dieser Turm die innerste Befestigung der *Palazzi* darstellte. Der äußere Verteidigungsanker war die Engelsburg, die auch als Verbindungspunkt zwischen der *Civitas Dei* und der weltlichen Stadt jenseits des Tibers fungieren sollte.

Der Plan für die Paläste legte den Grundstein zur modernen Strukturierung des ganzen Komplexes. Das einzige Gebäude, das jedoch unter Papst Nikolaus V. tatsächlich vollendet wurde, ist der Flügel, der den heutigen Papageienhof gegen Norden hin abschließt. Er ist wahrscheinlich das Werk von Antonio da

Firenze und Bernardo Rossellino. Nach außen hin wurde die Anlage mit wehrhaftem Charakter nach den Vorbildern des 14. Jh. versehen. Dieser Teil ist auch heute noch fast ganz erhalten mit späteren Veränderungen (unter Alexander VI., Julius II. u.a.).

Das Gebäude bestand aus Keller, Erdgeschoß und zwei Obergeschossen, jeweils mit drei Sälen. Diese Gebäudetrakte dienten später der Bibliothek Sixtus' IV., den *Appartamenti Borgia* und den Stanzen des Raffael. Die ausgewogenen Proportionen der Fassade sind Ausdruck der florentinischen Renaissance, ebenso die Innengestaltung der Gemächer – Einwölbung, harmonische Raumauffassung und prachtvolle Dekoration, an der Fra Angelico – neben anderen bedeutenden Künstlern – maßgeblich beteiligt war. Fra Angelico wurde mit den Fresken (inzwischen zerstört) für das Studio des Papstes und für die *Cappella parva superior* beauftragt und fertigte auch die Fresken in der Privatkapelle des Papstes (1447–49), von denen ein Teil aus der Hand Benozzo Gozzolis stammt.

Das Werk Nikolaus' V. fand eine angemessene Fortsetzung unter Sixtus IV., der die beiden Komplexe der Engelsburg und der Vatikanischen Paläste als zwei Pole auffaßte, die den militärischen und höfischen Erfordernissen des Päpstl. Hofes gerecht werden sollten.

Sixtus IV. veranlaßte weitere Arbeiten im Borgo und verbesserte das Verteidigungs- und Straßensystem um die Engelsburg. In den Palazzi selbst ließ er eine neue *Cappella Palatina* bauen (ihm zu Ehren Sixtinische Kapelle benannt) und eine moderne Bibliothek einrichten. Die Sixtina schließt den Palastbezirk in südlicher Richtung ab und hatte sowohl religiöse als auch verteidigungstechnische Aufgaben. Dieser neue Raum stellte eine ideale Vervollständigung des Vatikankomplexes als „neues Jerusalem" dar. Dies wird auch durch seine Längen- und Breitenmaße belegt, die der überlieferten Größe des salomonischen Tempels entsprechen. Zugleich hatte die Kapelle Verteidigungsfunktion für den ganzen Gebäudetrakt um den Papageienhof, als Rechteck mit Ecktürmen, von denen die Sixtina den dritten darstellte. Dies erklärt auch, warum die Kapelle nach dem Vorbild mittelalterlicher Militärarchitektur gebaut wurde: rechteckige Geschlossenheit, nüchternes Äußeres mit Brüstung und – im Innern – Unterteilung in drei Geschosse, wovon das letzte zur Unterbringung von Mannschaft und Waffen gedacht war. Der Bau entstand zwischen 1473 und 1481 durch Giovannino de' Dolci, wahrscheinlich nach einem Plan von Baccio Pontelli.

Die Bibliothek fand ihren Platz im ehemaligen Lagerhaus im Erdgeschoß der Palazzina von Nikolaus V. Die entsprechenden Arbeiten wurden wohl um 1471 begonnen. Es wurden drei Säle fertiggestellt, die der Aufteilung des Bibliotheksbestandes entsprachen: ein Saal für die *Bibliotheca Latina*, einer für die *Bibliotheca graeca* und einer für die *secreta*, d.h. für die kostbarsten Handschriften. Dazu kam 1480 noch die *Bibliotheca pontificia* für die Päpstl. Archive. Im Erdgeschoß des angrenzenden Ostflügels wurden zwei Räume für den Bibliothekar und seine Mitarbeiter geschaffen. Alle Räume wurden prunkvoll dekoriert mit Mosaikfußböden, bunten Glasfenstern und Fresken berühmter Künstler: Domenico und David Ghirlandaio schmückten zusammen mit Melozzo da Forlì die *Bibliotheca latina* aus (1475–76), während Antoniazzo Romano und Melozzo die Fresken für die *secreta* und die *pontificia* fertigstellten (1480–81).

Innozenz VIII. verdanken wir den Bau des *Villino del Belvedere*, die Voraussetzung für die monumentale Erweiterung der *Palazzi* gegen Norden. Der *Villino* war ursprünglich nur als Loggia konzipiert und sollte dem Papst zum Ruhen während seiner Spaziergänge dienen, wurde aber während der Arbeiten zu einer regelrechten kleinen Residenz für den Papst und seinen Hof ausgebaut. Der Bau erfuhr im Laufe der Jahrhunderte vielerlei Umbauten, sein ursprüngliches Aussehen jedoch ist durch ein kürzlich entdecktes Fresko Pinturicchios, der für die Dekoration (1487–88) zuständig war, belegt.

Die Frage der Befestigung des *Borgo* und der *Palazzi* wurde während des Pontifikats Alexanders VI. wieder dringlicher, da es erneut zu inneren Unruhen und zu Überfällen aus dem Ausland kam (z.B. durch Karl VIII.). Die Bautätigkeit des Papstes konzentrierte sich somit auf drei Punkte: Renovierung der Engelsburg, Neuanlegung der Zugangsstraßen zum Vatikan, Verbesserung der Wehranlagen für den Papstpalast.

Die Wichtigkeit der Engelsburg als Verteidigungsfort wird deutlich in den Arbeiten Sangallos d. Ä.: Verstärkung der Mauern, Errichtung von Ecktürmen, Anlegen eines rundlaufenden Grabens; außerdem ermöglichten die Restaurierung des mittelalterlichen *Passetto* und der Durchbruch der geraden *Via Alessandrina* eine vorzügliche Verbindung zwischen der Burg und den Vatikanischen Palästen. Die *Via Alessandrina* war die erste Straße Roms in der Renaissance und hatte auch die Aufgabe, den Pilgerstrom zur Peterskirche zu lenken.

Darüber hinaus ließ der Papst – ebenfalls aus Gründen besserer Verteidigung – die Zugangstore zum Vatikan erneuern. Darunter ist vor allem die *Peterspforte* zu erwähnen, bei der elegante Renaissanceformen mit den Bedürfnissen der Bewehrung gekoppelt sind.

Auch in den Palästen selbst harmoniert Ästhetik und Wehrfunktion. Der Bau des Borgiaturms an einem besonders bedrohten Platz vervollständigt das befestigte Rechteck des Palastes zum Abschluß der Nordostecke. Der neue Bau bestand aus einem Erdgeschoß mit Verbindung zur Vatikanischen Bibliothek und zwei Obergeschossen; das Äußere wurde mit rotem Backstein verkleidet.

Das erste Turmgeschoß beherbergte die Privatgemächer des Papstes, wozu auch die beiden Räume im angrenzenden Westflügel und die vier Zimmer im entsprechenden Trakt des Palastes Nikolaus' V. gehörten. Alle diese Räumlichkeiten wurden ab 1492 unter der Leitung Pinturicchios prunkvoll dekoriert.

Zu Beginn des 16. Jh. gab Julius II. dem Umbau des Vatikanpalastes einen entscheidenden Impuls. Seine revolutionären Bauvorhaben zur architektonischen Erneuerung des Vatikan, die von seinen Nachfolgern fortgeführt wurden, verliehen dem ganzen Komplex eine nachhaltige Prägung. Er gab bedeutende Freskenzyklen in Auftrag (darunter vor allem an Michelangelo für die Sixtina (1508–12) und an Raffael und seine Schule (1509–17) für die Stanzen). In der historischen und kulturellen Kontinuität vom antiken zum neuen Rom sah sich Julius II. als moderner Cäsar und betrachtete den Vatikan als eine Art *Palatium* und Synthese der klassischen und christlichen Kultur. So begann er mit dem Neubau der Petersbasilika von Grund auf und plante – laut Vasari – die gesamte Erneuerung der *Palazzi* oder jedenfalls eine radikale Umstrukturierung und Erweiterung derselben. Dieser Komplex sollte durch zwei neue und breite Straßen längs des Tiber mit der Stadt verbunden werden.

Zur Ausführung berief Julius II. Bramante, der um 1505–7 einen Plan ausarbeitete (heute in den Uffizien). Dieser Plan sah die Verlegung der Privatgemächer des Papstes in das zweite Geschoß der *Palazzina* von Nikolaus V., sowie eine Verlängerung der Paläste in nördlicher Richtung durch den Bau eines monumentalen Hofes vor. Dieser Hof des Belvedere sollte in drei Ebenen zum *Mons S. Aegidii* hinaufführen und verschiedene Gartenanlagen einschließen.

Verwirklicht wurde der Bau des Ostflügels am Belvederehof als der strukturell wichtigste Trakt, da er als direkte Verbindung zwischen den Papstgemächern und der *Palazzina* von Nikolaus V. diente. Die Fassade des *Palazzo* wurde renoviert und das Innere den neuen Bedürfnissen des Papstes angepaßt.

Außerdem erneuerte Bramante die Ansicht des *Palazzo* von Nikolaus V. zur Stadt hin, behielt aber die Anordnung in Loggienreihen bei. Sein Projekt sah die Erneuerung und Erweiterung des Portikus im Erdgeschoß (das Sangallo später aus statischen Gründen schließen ließ) und den Bau von zwei weiteren Loggien vor. Die 1508–09 begonnenen Arbeiten wurden 1510–11 unterbrochen und erst 1513, nach dem Tod Julius' II., wiederaufgenommen. Bei Bramantes Tod war der Bau bis zur Höhe des zweiten Geschosses gediehen. Wahrscheinlich war damals ein drittes Geschoß in Vorbereitung. Raffael, der von Leo X. zum Leiter aller Arbeiten in den Papstpalästen ernannt worden war, setzte das Werk Bramantes fort und arbeitete selbst einen neuen Plan für das dritte Geschoß aus. So entstanden die Loggien auf allen drei Ebenen, jeweils in dorischer, ionischer und korinthischer Ordnung. Raffael verdanken wir außerdem sowohl die Innenarchitektur im zweiten Geschoß als auch die Planung der Dekoration (Stuck und Fresken) der ersten und zweiten Loggia, die von seiner Werkstatt und von Giovanni da Udine ausgeführt wurden.

Das neue Bauvorhaben (1515–17) betraf auch bestehende Gebäude (wie die Loggia Julius' II. und die berühmte „Uccelliera"), die den neuen Anordnungen weichen mußten. Ebenfalls nach Plänen Raffaels entstanden die *Loggetta* und die *Stufetta* des Kardinal Bibbiena (→). Diese beiden Konstruktionen zeigen eine „bramantische Phase" im Werk Raffaels und sind unter die bedeutendsten Kunstwerke der Architektur und Dekoration des frühen 16. Jh. einzureihen. Beide Räume wurden im Laufe der Jahrhunderte stark verändert, bei den Restaurierungsarbeiten 1942–43 und 1971–72 jedoch so weit wie möglich in den ursprünglichen Zustand zurückgeführt. Das Peristyl über den Loggien wurde nicht von Raffael selbst, sondern erst von Antonio da Sangallo d. J. unter Papst Clemens VII. (1523–34) vollendet.

Auch für das Innere der *Palazzi* verwendete Bramante die bestehende Bausubstanz, verteilte jedoch die Papstgemächer auf mehrere Ebenen. Dieser Trakt, der noch teilweise erhalten ist, bestand aus einem Schlafraum, der links mit der Kapelle Nikolaus' V. verbunden war, die dadurch zum privaten Gebetsraum des Papstes wurde, und einer *Stufetta* (Badezimmer); zum Damasushof hin war der Schlafraum mit der *Sala Vecchia degli Svizzeri* und mit der *Sala dei Chiaroscuri* verbunden, die als Ankleideraum und Garderobe diente. Rechts vom Schlafzimmer war die *Anticamera secreta,* von wo eine Wendeltreppe zu den darunterliegenden Stockwerken und zum Papageienhof führte, während man über eine kleine Galerie die *Stanza des Heliodor* und die anderen Räume, die Raffael damals gerade ausschmückte, erreichen konnte. Wahrscheinlich wurde die *Stanza des Heliodor* von Julius II. für Audienzen genutzt, die *Stanza der Signatur* als Privatbibliothek und die *Stanza vom Brand* für Gerichtsverhandlungen. Leo X. änderte die Nutzung der Räume, die eine eher private Ausrichtung erhielten. Um die verschiedenen Trakte miteinander zu verbinden, ließ er auf diesem Niveau zwei Balkone anlegen: einen auf den Belvederehof hinaus und einen – der Giuliano da Sangallo zugeschrieben wird – an der Westseite des Papageienhofes, der die *cucina secreta* mit der *Stanza vom Brand des Borgos* verband.

Für Bramante war die Schaffung einer Direktverbindung zwischen den Privatgemächern und den Obergeschossen sowie der Vatikanbasilika von großer Bedeutung. Zu diesem Zweck plante er eine große Treppe (heute „della Floreria" genannt) zur südwestlichen Ecke des *Cortile del Maresciallo*. Dieses Werk wurde in späterer Zeit mehrmals umgebaut und konnte sowohl mit der Sänfte als auch zu Pferd benutzt werden. Eigentlich sollte die Treppe gleichmäßig ansteigen, aber schon Bramante ließ Absätze einbauen, um den Zugang zu den verschiedenen Geschossen zu erleichtern. Außerdem mußte die Neigung zwischen dem ersten und dem zweiten Niveau verändert werden, um den Bau eines Verbindungsgangs zwischen den Papstgemächern und den Loggien zu ermöglichen. Auch Raffael änderte die Neigung des oberen Treppenabschnitts, um Raum zu schaffen für die *Loggetta* des Kardinal Bibbiena. Die jetzige Treppe entstand erst unter Pius VII. 1816–22.

Nach Raffael übernahm Antonio da Sangallo d. J. die Leitung der Arbeiten. Er führte einige Ergänzungen zu den bestehenden Bauten aus; wahrscheinlich entstand hierbei auch die Wohnung des päpstl. Datars im ersten Geschoß. Außerdem arbeitete er im ersten Geschoß des Südflügels, wo er der *Sala Ducale* eine neue Ausrichtung gab und neue Fenster einsetzen ließ.

Besonders kompliziert gestaltete sich die Anlage des Belvederehofs, der mehrmals geändert und umgebaut wurde. Nach dem Plan Bramantes sollte es die erste multifunktionelle Anlage (Theater, Garten, Museum) seit der Antike sein, in der Natur und architektonische Elemente verschmelzen.

Zu beiden Seiten des weiten Freiraums sollten zwei Korridore entstehen, die den Raum seitlich begrenzten und als bequeme und direkte Verbindung zu den Päpstl. Gemächern und zum Erdgeschoß der *Palazzina del Belvedere* dienen sollten. Diese letztere war für den Päpstl. Hof sowie als *Antiquarium* für die Antikensammlung des Papstes bestimmt.

Das Gesamtprojekt für die Anlage geht auf die Jahre 1503–04 zurück. Die im Frühjahr 1505 begonnenen Arbeiten gingen rasch voran, so daß beim Tod Bramantes der östliche Korridor im unteren Hof bis zum zweiten Stock fertiggestellt war.

Die Bauarbeiten, die unter der Leitung Raffaels fortgeführt werden sollten, erlitten wegen des *Sacco di Roma* und des Lutherischen Schismas eine lange Unterbrechung. Die späteren Arbeiten im Hof Bramantes wichen allerdings sehr vom ursprünglichen Projekt ab: Der Bau der neuen Bibliothek durch Domenico Fontana im Auftrag von Papst Sixtus V. durchschnitt die Hofanlage und veränderte dadurch die ursprüngliche Raumaufteilung grundlegend. Auch die „Corridori" wurden aus statischen Gründen stark verändert. Schließlich führte auch der Bau des *Braccio Nuovo* (1817–22), den Pius VII. für die neuen Museen in Auftrag gegeben hatte, zu einem weiteren horizontalen Einschnitt im Hof.

Eine neue wichtige Bauphase wurde von Paul III. (1534–49) eingeläutet, der an vielen Orten in der Stadt und in den Apost. Palästen Renovierungen und Erweiterungen anordnete. Die Fortführung der Arbeiten im *Belvedere* wurde Baldassare Peruzzi anvertraut, dem Antonio da Sangallo d. J. nachfolgte. Dieser vollendete den Bau des östlichen Laufgangs und des unteren Hofes. Der Papst beauftragte Sangallo überdies mit der Erneuerung der *Aula Regia* und der *Sala Ducale*, die nicht mehr den Erfordernissen der wichtigen Päpstl. Feierlichkeiten und öffentlichen Konsistorien entsprachen. Für die *Sala Regia*, die sowohl als Verbindung zur Vorhalle von St. Peter als auch als Vorraum zur Sixtinischen Kapelle diente, entwarf der Architekt die jetzige Monumentalstruktur über mehrere Geschosse, die mit einem Tonnengewölbe abschließt. Von der Südseite des Saals gelangte man zur *Cappella Paolina,* – ebenfalls das Werk Sangallos – die schon 1540 fertiggestellt wurde. Ihre Dekoration stammt von vielen bedeutenden Künstlern dieser Zeit: Perin del Vaga (Stuckarbeiten in der *Cappella Paolina* und der *Sala Regia*), Daniele da Volterra und Francesco Salviati, Vasari, Siciolante, Zuccari und andere. Michelangelo schuf in der *Cappella Paolina* die Fresken „Die Bekehrung des Saulus“ und die „Kreuzigung Petri“ (1542–49).

Im weiteren Verlauf des 16. Jh. verliefen die Arbeiten im Palast langsam und beschränkten sich auf die Vollendung begonnener und die Anpassung der bestehenden Bauten an die neuen Bedürfnisse des Päpstl. Hofes. In dieser Zeit wurde auch der Belvederehof fertiggestellt: Pirro Ligorio arbeitete einen sehr komplizierten, vom Projekt Bramantes stark abweichenden Plan aus, der nur teilweise verwirklicht wurde. Ligorio baute den Südprospekt des Hofes mit einem halbrunden Theater und veränderte einige von Bramante angelegte Teile grundlegend.

Während des Pontifikats Pius' V. wurde der untere Teil des Ostkorridors vervollständigt, auf den unter Gregor XIII. von Ottavio Mascherino noch ein Geschoß aufgesetzt wurde (die berühmte *Galleria delle Carte geografiche*). Die Anlage des oberen Geschosses wurde am Anfang des 17. Jh. durch die Aufstellung der monumentalen *Pigna* vollendet. Auf die Zeit Gregors XIII. geht auch der Bau des Nordflügels am Damasushof zurück, der schon 1563 von Ligorio begonnen wurde; Martino Longhi errichtete dort den *Palazzo Boncompagni* mit einer neuen Loggia, die jedoch der vorherigen von Bramante und Raffael vollkommen entsprach.

Die *Villa Pia* und die von Sixtus V. während seines kurzen Pontifikats in Auftrag gegebenen Werke verdienen besondere Aufmerksamkeit. Die *Casina* Pius' IV. (→), die als Meditationsort für den Papst statt der des Belvedere gedacht war, wurde zum großen Teil unter Pius IV. errichtet (1558–61). Sie liegt inmitten der Gärten und entspricht dem Ideal des *paradisus*, das schon Nikolaus V. geplant hatte.

Sixtus V. begann eine rege Bautätigkeit nicht nur im Vatikan selbst, sondern auch in der Stadt Rom. Er beauftragte Domenico Fontana mit dem Bau von zwei neuen und bedeutenden Gebäuden, dem sogenannten *Palazzo Nuovo* und der Vatikanischen Bibliothek. Letztere entstand in den Jahren zwischen 1587 und 1589. Die 1589–90 gemalten Fresken sollten die Macht der Kirche verherrlichen und die städtebaulichen Werke Sixtus' V. herausstellen.

Der *Palazzo Nuovo* entstand als funktionelle und moderne Wohnung für den Papst und erfüllt diese Aufgabe noch heute. Der Bau greift das Vorbild Fontanas für den Lateranpalast auf (massiver, quadratisch angelegter Block mit großem Innenhof) und war zum Hof hin mit einer Loggienfront geschmückt.

Nach diesen baulichen Veränderungen behielt der Apost. Palast sein Aussehen bis ins frühe 18. Jh., als die museale Anordnung der vatikanischen Kunstsammlungen begann, und der Bau des Museums *Pio Clementino* (→) in Angriff genommen wurde. Grund dieses langen Stillstands war die Verlegung der Papstresidenz in den Quirinal, da dort die Luft gesünder war.

Clemens VIII. wollte an die großen Werke von Sixtus V. anknüpfen und schritt deshalb zur Vervollständigung des *Palazzo Nuovo.* Die Bauleitung wurde Taddeo Landini, Giovanni Fontana und Giacomo della Porta übertragen. Dem *Palazzo* wurde ein weiteres Obergeschoß hinzugefügt, und in seinem Inneren entstand die monumentale *Sala Clementina*, die wahrscheinlich als Vestibül für das herrschaftliche Appartement dienen sollte. Unter Paul V. wurde das alte Tor der Kurie durch ein neuzeitliches ersetzt, das auch stilistisch zur neuen Fassade des Petersdoms passen sollte, die damals gerade von Maderno fertiggestellt wurde. Dieses Tor wurde später von Bernini wieder abgerissen, um Platz für die Kolonnaden zu schaffen. Der Papst ließ auch mehrere Brunnen in den Gärten neu anlegen (Maderno, Vasanzio und Ferrabosco) und ein Verbindungsgebäude zwischen den *Palazzi* und den Gärten errichten, das Guido Reni mit Fresken ausstattete (1608–09).

Urban VIII. veranlaßte vor allem den Bau der neuen Waffenkammer (1625–36) im ersten Geschoß des Verbindungsgangs von Bramante. Unter ihm wurde auch die Engelsburg erneut renoviert und bewehrt. Ebenso ließ er die *Galleriola Romanelli* anlegen, um von den alten Gemächern direkt in den *Palazzo Nuovo* gelangen zu können. Im *Palazzo Nuovo* selbst fand seine Privatkapelle Platz. Schließlich veranlaßte er die Erweiterung und Ausschmückung der *Biblioteca Sistina* und ließ das Gebäude für den Sitz der *Consulta* errichten.

Der wichtigste künstlerische Eingriff im 17. Jh. war der von Bernini (1663–66) an der *Scala Regia* von Sangallo, die baufällig geworden war und nicht mehr den Bedürfnissen des Päpstl. Hofes entsprach. Bernini hatte die Verbindung der beiden Teilstücke der *Sala Ducale* entworfen mit einem von Putten gehaltenen Stuckvorhang. Darüber hinaus wurde Bernini mit der Umgestaltung des Verbindungsstücks zwischen Dom und Palast und mit dem Anschluß der Treppe an die Kolonnaden beauftragt. Seine Aufgabe bestand darin, aus dunklen und engen Gemäuern monumentale und würdige Zugänge zu St. Peter und den Empfangsräumen des päpstl. Palastes zu schaffen. Bernini löste dieses Problem, indem er einen langen, schlichten Korridor schuf, der in die Vorhalle zur Treppe mündete. Durch die perspektivische Anordnung mit Oberlichtern und Dachgauben kam mehr Licht in den Raum, und der steile Anstieg wurde durch die Anlage eines Absatzes gemäßigt. Die – nicht sehr große – Vorhalle wurde architektonisch aufgewertet und durch eine Reiterstatue Konstantins, ebenfalls ein Werk Berninis (1670), verschönert.

Danach erfuhr die Bautätigkeit im Vatikan erst wieder in Verbindung mit den Museen einen Aufschwung. Die päpstl. Antikensammlungen waren vor allem im 18. Jh. durch den Ankauf von Privatsammlungen und Fundobjekten erheblich angewachsen. Die wichtigsten Museumsbauten sind das *Museo Pio Clementino* (1771–93) und das Chiaramonti-Museum (1816–22), wohin auch die bis dahin im Lateran aufbewahrten Kunstwerke verlegt wurden. Mit diesen Trakten erhielt die Anordnung des alten Kerns des Vatikanpalasts (historisch gesehen) seine endgültige Prägung.

Mittelpunkt der neuen Arbeiten war der achteckige Belvedere, den schon Bramante als *Antiquarium* vorgesehen hatte. Er war von Clemens XI. (1703) teilweise umgestaltet worden, um das *Museo Ecclesiastico* aufzunehmen. Daran schlossen sich das Museum für christl. Archäologie (1756) und das *Museo Profano* (1767) an. Im letzteren sollten Neuanschaffungen und die Münzsammlungen untergebracht werden. Danach begannen die Arbeiten für die Museen *Pio Clementino* und *Chiaramonti* mit der Renovierung des *Villino del Belvedere* und dem Bau neuer Gebäudetrakte.

Die Baugeschichte dieser beiden Museen wird an anderer Stelle (→ Museum Pio Clementino, Museum Chiaramonti) ausführlich behandelt.

Bibl.: F. Ehrle/H. Egger, *Der Vatikanische Palast in seiner Entwicklung bis zur Mitte des XV Jh.,* Vatikanstadt 1935; G. Giovannoni, *I Sacri Palazzi,* in *Vaticano*, Florenz 1946, S. 93–119; J. S. Ackerman, *The Cortile del Belvedere,* Vatikanstadt 1954; J. Wasserman, *The Palazzo Sisto V in Vatican,* in *Journal of the Society of Architectural Historians,* 21 (1962), S. 26–35; D. Redig de Campos, *I Palazzi Vaticani,* Bologna 1967; M. Fagiolo dell'Arco, *Dai Palazzi ai Giardini: il Vaticano come residenza laica,* in *L'arte dei papi,* Mailand 1982, S. 189–211; F. Mancinelli, *Il cubicolo di Giulio II in Vaticano,* in *Bollettino [dei] Monumenti, Musei e Galerie pontificie,* 3 (1982), S. 63–103; J. Shearman, *Le Stanze Vaticane:le funzioni e la decorazione,* in *Funzione e illusione*, Mailand 1983, S. 77–98/194–228; *Raffaello in Vaticano.* Ausstellungskatalog, Mailand 1984; C. L. Frommel, *Lavori architettonici di Raffaello in Vaticano,* in *Raffaello architetto.* Ausstellungskatalog, 1984, S. 360–378; K. B. Steinke, *Die mittelalterlichen Vatikanpaläste und ihre Kapellen,* Vatikanstadt 1984; *Il Palazzo Apostolico Vaticano*, hg. Carlo Pietrangeli, Florenz 1992.

E. Coda

Vatikanstadt

→ Staat der Vatikanstadt

Verdienstkreuz „Pro Ecclesia et Pontifice"

Päpstl. Auszeichnung, die auf Leo XIII. zurückgeht. Er begründete sie mit einem Apost. Schreiben *Quod singulari Dei concessu* vom 17. Juli 1888 (*Acta Leonis XIII*, 8, S. 259) aus Anlaß seines fünfzigsten Priesterjubiläums. Er wollte denjenigen sein Wohlwollen und seine Anerkennung bezeugen, die an der Sammlung und Ausstellung der zahlreichen Geschenke aus Anlaß des Jubiläums beteiligt waren.

Es bestand aus einem Kreuz in goldener, silberner und bronzener Version. Es war auf den Kreuzbalken mit vier Lilien geschmückt, die die Form eines Oktagons bildeten und an die Wappenfiguren der Familie Pecci erinnerten, der Leo XIII. angehörte. Auf der Rückseite war auf den Querbalken die folgende Inschrift eingraviert: PRID(ie) / CAL(endas) / IAN(uarias) / 1888. Im Schnittpunkt des Kreuzes war eine Medaille eingefügt mit der Büste des Papstes und der Legende LEO XIII P.M. AN. X, mit den überkreuzten Schlüsseln unter der päpstl. Tiara. Die Dekoration wurde auf der linken Brustseite getragen. Sie befand sich an einem purpurnen Band mit weiß-gelbem Rand. Von den Nachfolgern Leos XIII. wurde, aufgrund einer Anordnung Papst Pius' X. von 1908, der Orden als Zeichen der Anerkennung für Verdienste um Kirche und Staat beibehalten. Es handelt sich nicht um einen der päpstl. Ritterorden.

N. Del Re

Verdienstorden „Benemerenti"

Ehrenauszeichnung für besondere Verdienste, die zum ersten Mal von Pius VII. (1800–1823) verliehen wurde. Je nach Art des Verdienstes gab es diese Medaille früher in drei verschiedenen Größen (klein, mittel, groß). Heute hingegen besteht sie aus drei verschiedenen Metallen (Gold, Silber, Bronze). Auf der Vorderseite befindet sich ein Bild des amtierenden Papstes, auf der Rückseite, umgeben von einem Lorbeerkranz, die Aufschrift „Benemerenti". Die Medaille wird vom Papst zusammen mit einer Urkunde des Staatssekretariats verliehen. Sie wird mit einem gelb-weißen Band auf der Brust getragen.

Unter den alten „Benemerenti" ist jene Medaille erwähnenswert, die Gregor XVI. allen Untergebenen verlieh, die der Regierung während der Unruhen von 1831 die Treue gehalten hatten, oder auch die Medaille, die 1849 allen Soldaten verliehen wurde, die dem Kirchenstaat in der Röm. Republik ihre Loyalität bewahrt hatten. Unter den neueren Medaillen sind die zu nennen, die Pius XI. 1925 und 1933 prägen ließ, um besonderen Einsatz für das Gelingen des Ordentlichen und des Außerordentlichen Hl. Jahres zu belohnen. Eine besondere Medaille *Benemerenti* wurde den Mitgliedern der Päpstl. Ehrengarde für besondere Dauer und Qualität ihres Dienstes verliehen.

N. Del Re

Verlagsbuchhandlung, Vatikanische
Die *Libreria Editrice Vaticana* entstand Ende 1926 aus der Umgestaltung des selbständigen Organs des alten Verkaufsbüros der Vatikanischen Druckerei (→) aufgrund der wachsenden Verlagstätigkeit in den Jahren unmittelbar nach der Veröffentlichung des Codex des Kirchenrechts durch die Päpste Pius X. und Benedikt XV. (1917). Mit Sitz in der Vatikanstadt befindet sich die Verlagsbuchhandlung im gleichen Gebäude wie die Druckerei, hat aber einen eigenen Eingang. Der Vatikanische Verlag (LEV) hängt auch seinerseits als mit dem Hl. Stuhl verbundenes Institut gemäß Art. 191 der Konstitution von Johannes Paul II. *Pastor Bonus* vom 28. Juni 1988 (AAS, LXXX [1988], S. 841–912) vom Staatssekretariat ab. Ein besonderes Statut ersetzte am 17. Dezember 1991 die alte Satzung. Dort sind, in enger Verbindung mit den Weisungen des Verwaltungsrates und des Direktors der Verlagskommission, die Aufgaben, die Verantwortlichkeiten und das Tätigkeitsfeld genau umschrieben.

Der Verwaltungsrat wurde 1983 zugleich mit der Kommission eingerichtet, um die Aktivität des Verlags in seinen verschiedenen Abteilungen zu koordinieren. Er besteht aus fünf Mitgliedern, aus denen der Präsident gewählt und vom Staatssekretariat ernannt wird. Er bleibt drei Jahre im Amt, kann allerdings neu bestätigt werden (Art. 6) – während der Sekretär vom Rat selbst gewählt wird. Der Verwaltungsrat wacht über die Einhaltung der Zielsetzungen der LEV und entscheidet über die Grundlinien (Art. 6). Er prüft die Bilanzen, kontrolliert die mit den Verlagsprogrammen erreichten Ergebnisse und erstellt Prognosen für die LEV (Art. 7). Er versammelt sich für gewöhnlich wenigstens dreimal im Jahr und zusätzlich dann, wenn es der Präsident für notwendig hält oder von wenigstens zwei Mitgliedern schriftlich ein begründeter Antrag eingereicht wird (Art. 8). Für fünf Jahre beauftragt – eine Verlängerung ist möglich – wird auch der Direktor vom Staatssekretariat ernannt und arbeitet im Rahmen seiner Vollmachten das Verlagsprogramm aus und vertritt den Verlag auch in allen Rechts- oder Streitfällen im Auftrag des Verwaltungsrates, an dessen Sitzungen er, jedoch ohne Stimmrecht, teilnimmt (Art. 9–10). Bei der Festlegung der Verlagsprogramme steht dem Direktor die Verlagskommission zur Seite, welche die einzelnen zur Veröffentlichung vorgeschlagenen Werke prüft. Diese Kommission, die lediglich beratenden Charakter hat, besteht aus drei Mitgliedern, die für je drei Jahre vom Staatssekretariat bestimmt werden (und wieder bestätigt werden können). Das Staatssekretariat bestimmt aus ihnen auch den Präsidenten, während als Sekretär der Verlagsdirektor fungiert, der dann die Arbeiten im einzelnen festlegt (Art. 11). Für die innere Kontrolle der Verwaltungstätigkeit der LEV sorgt das Kollegium der Prüfer, das für drei Jahre vom Staatssekretariat ernannt wird. Das Staatssekretariat bestimmt ferner seinen Präsidenten. Das Kollegium tritt zur Prüfung der Bilanzen zusammen und gewöhnlich alle vier Monate zur Kontrolle.

Nach Art. 2 des geltenden Statuts besteht das grundlegende Ziel der LEV „in der Verlagstätigkeit bei der Veröffentlichung der Akten und Dokumente des Papstes und des Hl. Stuhles“ in all seinen Organen, wobei sich „die eigene Tätigkeit auch auf Publikationen zur Lehre, zur Liturgie und zur katholischen Kultur“ ausdehnt. Über die normale Verbreitung der drei wichtigsten Jahrbücher hinaus, die vom Staatssekretariat herausgegeben werden, das *Annuario Pontificio*, *L'Attività della Santa Sede* und das *Statistische Jahrbuch der Kirche* (→), verwaltet und betreut der Verlag derzeit auch die folgenden Zeitschriften: 1. *Acta Apostolicae Sedis* (→), das amtliche Bulletin des Hl. Stuhles;

2. *Notitiae*, eine Monatszeitschrift, die von der *Kongr. für den Gottesdienst* (→) betreut wird, um Welt- und Ordensklerus in Fragen der Liturgie zu informieren; 3. *Seminarium*, eine dreimal im Jahr erscheinende Zeitschrift, die von der *Kongr. für das Katholische Bildungswesen* (→) herausgegeben wird als nützliches Handbuch für die Ausbildung und die Ordnung der Seminare und Universitäten; 4. *Communicationes*, eine zweimal jährlich erscheinende Zeitschrift, die betreut und veröffentlicht wird vom *Päpstl. Rat für die Interpretation von Gesetzestexten* (→), zum neuesten Stand der Auslegung des lateinischen Codex des kanonischen Rechts; 5. *Latinitas*, eine dreimal jährlich erscheinende Zeitschrift, das amtliche Organ der *Stiftung Latinitas* (→), die Paul VI. 1976 errichtet hat.

Um den Verkauf der verschiedenen Publikationen aus dem eigenen Verlag und anderen zu steigern und zu erleichtern, hat die LEV seit November 1983 neue Verkaufsräume am Petersplatz im sogenannten *Braccio di Carlo Magno* (→) eingerichtet, die seit 1984 auch nachmittags geöffnet sind. Hier können Vatikanführer, religiöse und theologische Werke auch in deutscher Sprache erworben werden.

N. Del Re

Vertretungen des Hl. Stuhls bei den Internationalen Organisationen

Neben den päpstl. Vertretern, die ihre Mission offiziell bei Staaten und Ortskirchen als Apost. Nuntien, Pronuntien und Internuntien (→) oder als Apost. Delegaten (→) erfüllen, gibt es auch andere Gruppen von Repräsentanten des Hl. Stuhls. Diese erfüllen ihre Aufgabe bei internationalen Organisationen, Konferenzen und Kongressen. Es handelt sich dabei um Geistliche oder Laien, die den Titel Delegat oder Beobachter führen, je nachdem, ob der Hl. Stuhl Mitglied der jeweiligen internationalen Organisation ist oder nicht. Das Amt des Delegaten ist das weitergehende, da dieser mit Stimmrecht an den internationalen Begegnungen teilnimmt. Die Regelungen finden sich im Motu Proprio Pauls VI. *Sollicitudo omnium Ecclesiarum* vom 24. Juni 1969 (AAS, LXI [1969], S. 473–484).

Nach dem *Annuario Pontificio* 1997 hat der Hl. Stuhl zur Zeit Delegaten oder Ständige Beobachter bei den folgenden Internationalen Organisationen: bei den Vereinten Nationen (UN), bei den Büros der Vereinten Nationen in Genf, bei der Internationalen Atomenergiebehörde und den Büros der Vereinten Nationen in Wien, bei der Organisation der Vereinten Nationen für industrielle Entwicklung (ONUDI) in Wien, bei der Organisation für Landwirtschaft und Ernährung (FAO) in Rom, bei der Organisation der Vereinten Nationen für Erziehung, Wissenschaft und Kultur (UNESCO), beim Europäischen Rat in Straßburg, bei der Organisation für Sicherheit und Zusammenarbeit in Europa (OSZE), bei der Organisation der amerikanischen Staaten (OAS), bei der Weltorganisation für Tourismus (OMT) und beim Internationalen Komitee für militärische Medizin und Pharmazie.

Bibl.: H. De Riedmatten, *La presenza della Santa Sede negli organismi internazionali*, in *Concilium*, 6 (1970), 8, S. 91–112; J. M. Castaño, *Puede la Iglesia formar parte della ONU?*, in *La Chiesa dopo il Concilio. Atti del Congresso internazionale di diritto canonico (Roma 14–19 gennaio 1970)*, II, Mailand 1972, S. 295–323; M. Oliveri, *Natura e funzioni dei Legati pontifici nella storia e nel contesto ecclesiologico del Vaticano II*, Turin 1979.

N. Del Re

Verwaltung der Güter des Hl. Stuhles

Kurz nach seiner Erhebung zum Papst entschied Leo XIII. angesichts des übermäßig großen bürokratischen Apparates der Apost. Kammer (→) für die Verwaltung des Erbes des Hl. Stuhles, das nach 1870 fast nur noch aus dem Peterspfennig (→) bestand, die Ämter des Präfekten der Hl. Apost. Paläste und die Verwaltung der Güter des Hl. Stuhles dem Kardinalstaatssekretär Lorenzo Nina anzuvertrauen, der dazu per Handschreiben vom 9. August 1878 beauftragt wurde. Leo XIII. vollzog 1880 die vollständige Trennung beider Aufgabenbereiche, um die Verwaltung der beweglichen und unbeweglichen Güter des Hl. Stuhles voneinander zu unterscheiden. Weitere personelle und disziplinäre Maßnahmen traf Leo XIII. 1880 und 1882 für die Verwaltung der Güter des Hl. Stuhles. Im Jahre 1891 verfügte er, daß die Kardinalskomm. für die Verwaltung der Güter des Hl. Stuhles die direkte Verwaltung des Erbes des Hl. Stuhles übernehmen solle. Weitere Vollmachten erhielt die Verwaltung der Güter des Hl. Stuhles durch Pius XI., der mit einem Motu Proprio vom 16. Dezember 1926 die Verwaltungsbüros der Präfektur der Apost. Paläste und jene der kirchlichen Dikasterien zur Rationalisierung mit ihr vereinigte. 1967 wurde die Verwaltung der Güter des Hl. Stuhles durch Paul VI. von den Palatinischen Büros und der Palatinischen Verwaltung abgetrennt und in die Röm. Kurie integriert, ebenso wie die besondere Verwaltung des Hl. Stuhles (→). So entstand ein neues Kurienorgan mit dem Namen *Verwaltung des Patrimoniums des Apost. Stuhles* (→).

Bibl.: N. Del Re, *La Curia romana. Lineamenti storico-giuridici*, Rom 1970, S. 310–313.

N. Del Re

VERWALTUNG DER PATRIARCHALBASILIKA ST. PAUL, PÄPSTLICHE

Obwohl die päpstl. Verwaltung der Patriarchalbasilika St. Paul vor den Mauern erst 1978 unter die Organe des Hl. Stuhles aufgenommen wurde, geht sie auf ein Handschreiben Pius' XI. vom 30. April 1933 zurück. Die italienische Regierung übertrug damals die Verwaltung und Leitung der Basilika, des anschließenden Klosters und weiterer dazugehöriger Gebiete dem Hl. Stuhl, in Ausführung von Art. 13 des Lateranvertrages vom 11. Februar 1929, der diese Gebiete bei den extraterritorialen Besitzungen des Staates der Vatikanstadt aufführte. An der Spitze der Verwaltung steht ein Prälat im Bischofsrang, dem ein Verwaltungsrat und ein Sekretär für die Abwicklung der Geschäfte zur Seite stehen. Johannes XXIII. erweiterte mit dem Handschreiben vom 20. Dezember 1962 den Verwaltungsrat von drei auf vier Mitglieder, vergrößerte die Vollmachten der päpstl. Verwaltung und setzte die Normen für die Wahl des Sekretärs durch den Verwaltungsrat fest.

Die päpstl. Verwaltung der Patriarchalbasilika St. Paul, die ihren Sitz in den extraterritorialen Gebäuden bei der Basilika hat, soll den Erhalt, die Betreuung und Instandsetzung der Basilika und der ihr anvertrauten Immobilien sicherstellen. Sie besorgt die Verwaltung der Güter und regelt die Tätigkeit des eingestellten Personals, dessen Rolle, Aufgaben und Pflichten durch eine eigene Satzung geregelt wird, die Paul VI. am 3. Juli 1978 gebilligt hat.

Der päpstl. Verwalter der Basilika St. Paul ist zugleich Päpstl. Delegat für die Basilika des hl. Antonius von Padua, die mit allen dazugehörigen Gebäuden und Werken dem Hl. Stuhl laut Art. 27 des Lateranvertrags von 1929 anvertraut wurde und nun der Jurisdiktion des Papstes untersteht, wie Pius XI. mit der Konstitution *Iam annus elapsus* vom 13. Juni 1933 verfügt hat.

G. Morello

Verwaltung des Hl. Stuhles, Besondere

Sie hatte ihren Sitz im Vatikan und wurde von Pius XI. mit Motu Proprio vom 7. Juni 1929 gegründet. Sie verwaltete die Gelder, die von der italienischen Regierung in Ausführung des Finanzabkommens in den Lateranverträgen vom 11. Februar 1929 gezahlt wurden. Nach Art. 2 des Grundgesetzes für den Staat der Vatikanstadt vom 7. Juni 1929, Nr. 1 hing die „Besondere Verwaltung" direkt vom Papst ab. Nach der Kurienreform Pauls VI. 1967 gingen ihre Aufgaben an die Außerordentliche Abteilung der Verwaltung des Patrimoniums des Apost. Stuhles über.

N. Del Re

Verwaltung des Patrimoniums des Apostolischen Stuhles (APSA)

Die große Kurienreform, die Paul VI. 1967 mit der Konstitution *Regimini Ecclesiae universae* vom 15. August durchführte (AAS, LIX [1967], S. 885–928), hatte auch die Vereinigung der Verwaltung der Güter des Hl. Stuhles mit der Röm. Kurie verfügt und sie aus den Palatinischen Verwaltungen herausgelöst. Vereint mit der jüngeren „Besonderen Verwaltung des Hl. Stuhles" bildete sie nun ein einziges Dikasterium mit dem Namen *„Verwaltung des Patrimoniums des Apost. Stuhles" (APSA)* mit zwei Abteilungen, die ordentliche und außerordentliche.

Infolge der Neuordnung der Kurie durch Johannes Paul II. mit der Konstitution *Pastor Bonus* vom 28. Juni 1988 (AAS, LXXX [1988], S. 841–930), wurde ihre spezifische Aufgabe verdeutlicht. Bestätigt wurde die Aufteilung des Büros in eine Ordentliche und eine Außerordentliche Abteilung. Die erste verwaltet weiter gemäß Art. 174 die ihr anvertrauten Güter und bedient sich notfalls der Hilfe von Fachleuten; sie regelt die Personalangelegenheiten des aktiven, wie desjenigen im Ruhestand, sie überwacht die Verwaltung der ihr zugehörigen Organe (Vat. Verlagsbuchhandlung, Vat. Druckerei, Osservatore Romano), sorgt ferner für die ordentliche Tätigkeit der Dikasterien, betreut die Buchführung und redigiert den Finanzbericht und den Haushalt. Die Außerordentliche Abteilung verwaltet ihrerseits nach Art. 175 von *Pastor Bonus* die eigenen beweglichen Güter und jene, die von anderen Stellen des Hl. Stuhles ihr anvertraut sind, und hat in dieser Hinsicht alle Vollmachten eines zentralen Verwaltungsorgans.

An der Spitze der *Verwaltung des Patrimoniums des Apost. Stuhles* steht ein Kardinal-Präsident, derzeit unterstützt durch weitere vier Kardinäle und einen Sekretär. Die beiden Abteilungen unterstehen jeweils einem eigenen Delegaten, der für die Tätigkeit und den Ablauf der verschiedenen Büros verantwortlich ist. Jede Abteilung hat ferner ihre eigenen Berater.

Bibl.: N. Del Re, *La Curia Romana. Lineamenti storico-giuridici*, Rom 1970, S. 310–313; F. Salerno, *Gli Uffici*, in *La Curia Romana nella cost. ap. „Pastor Bonus"*, Vatikanstadt 1990, S. 491–497.

N. Del Re

Vetorecht

Auch *Exclusiva* genannt. Es bestand im Recht auf Widerspruch gegen Kandidaten zur Papstwahl, das lange Zeit hindurch Österreich, Frankreich und Spanien in Anspruch genommen haben, wenn ihnen der Kandidat nicht genehm war. Dies wurde dem Hl. Kollegium öffentlich von einem der Kardinäle mitgeteilt, die das Vertrauen der drei erwähnten katholischen Nationen besaßen, wenn sich die Stimmen der Wähler auf die nicht genehme Person konzentrierten. So verstanden, wurde das Veto bereits um die Mitte des 17. Jh. in den Konklaven von 1644 und 1655 ausgesprochen. Schon vorher hatten sich zivile Mächte das Recht der Einmischung in die Wahl des röm. Papstes angemaßt, das sie offiziell und geheim durch das Eingreifen einiger Kardinäle der Oppositionspartei ausübten, die sich gegen die den Souveränen nicht genehmen Kandidaten zusammenschlossen (*exclusiva secreta* oder *confidentialis*). Unterschiedlich waren schon immer die Auffassungen zur Natur des Vetos. Während es die einen für ein durch Zugeständnis der Kirche selbst erworbenes Recht hielten, andere von Gewohnheits- oder Präskriptionsrecht sprachen, sahen es andere immer als einen Mißbrauch oder einen Gewaltakt an, der vom Kardinalskollegium mehr oder weniger aus Gründen praktischen Nutzens ertragen wurde. Schließlich wollte man es sich nicht mit der einen oder anderen der erwähnten katholischen Nationen verderben. Dennoch hat die Kirche gegen solche Einmischung immer wieder Protest erhoben. Mehrere Päpste haben sie entschieden verurteilt, wie etwa Pius IV. mit der Konstitution *In eligendis* vom 9. Oktober 1562 (BR VII, S. 230–236); Gregor XV. mit *Aeterni Patris* vom 15. November 1621 (BR XII, S. 619–627) und Leo XIII. mit *Praedecessores nostri* vom 24. Mai 1882, einem Dokument, das im Anhang des Codex des kanonischen Rechts von 1917 abgedruckt wurde. Trotzdem wurde die *Exclusiva* weiter von den drei katholischen Mächten ausgeübt. Der Einspruch Österreichs gegen die Wahl des Kardinals Mariano Rampolla del Tindaro im Konklave von 1903, der dem Hl. Kollegium von Kardinal Johannes Puzyna de Kozielsko, Bischof von Krakau, mitgeteilt wurde, sollte allerdings der letzte sein. Bald nach seiner Wahl zum Papst schaffte Pius X. das Veto mit der Konstitution *Commissum Nobis* vom 20. Januar 1904 ausdrücklich ab (Pii X. P.M. Acta III, S. 289–292) – egal in welcher Form es ausgeübt wurde, auch nur als eine einfache Willensbekundung. Als illegitim und unangemessen wurde jeder Eingriff einer zivilen Macht in die Wahl des röm. Papstes bezeichnet und die unmittelbar eintretende und in besonderer Weise dem künftigen Papst vorbehaltene Exkommunikation jenen Kardinälen angedroht, die in irgendeiner Form die Papstwahl behinderten. Pius X. bekräftigte diese Verfügung in der Konstitution *Vacante Sede Apostolica* vom 25. Dezember 1904 (Pii X. P.M. Acta III, S. 239–288), und Pius XII. bestätigte sie mit der Konstitution *Vacantis Apostolicae Sedis* vom 8. Dezember 1945 (AAS, XXXVIII [1946], S. 65–99). Zuletzt verfügte Paul VI. in der Konstitution *Romano Pontifici eligendo* vom 1. Oktober 1975 (AAS, LXVII [1975], S. 609–645) das Gleiche und bekräftigte die Entscheidungen seiner Vorgänger. In dem Text heißt es u. a.: „Unter Strafe der Exkommunikation *latae sententiae* fordern wir heute und in Zukunft alle Kardinäle im Konklave, den Sekretär des Hl. Kollegiums und alle anderen, die mit der Vorbereitung und Abhaltung der Papstwahl befaßt sind, auf, sich von niemandem beeinflussen zu lassen und vor allem kein „Veto" – unter welchem Vorwand auch immer – entgegenzunehmen und weiterzuleiten . . ."

Bibl.: A. Giobbio, *L'esercizio del Veto d'esclusiva nel conclave*, Monza 1897; S. Pivano, *Il diritto di veto, ius exclusivae, nell'elezione del pontefice*, Turin 1905; P. Sinthern, *Il veto nel conclave*, in *La Civiltà cattolica*, 1908, I, S. 641–661; Anon., *L'intervento dei governi nell'elezione dei papi*, in *La Scuola cattolica*, 1914, 4, S. 488–510; 5, S. 55–73, 146–159; 6, S. 143–163, 440–451.

N. Del Re

VICTOR I.

Papst, Hl. Wir besitzen weder über seine Geburt in Afrika, noch über seine Herkunft, oder über die Dauer seines Pontifikates sichere

Nachrichten. Je nach den Quellen (Liberianischer Katalog, *Liber Pontificalis*, Eusebius) regierte er zwischen 190 und 202. In den letzten Jahren der Herrschaft des Commodus († 192) und den ersten des Septimius Severus gab es für die Christen in Rom eine Zeit relativer Ruhe. Marcia, die Favoritin, übte auf den Kaiser einen guten Einfluß aus, weil sie dem Christentum Sympathien entgegenbrachte. Gewiß ist, daß Commodus die Verfolgungen nicht weiterführte, sondern sogar anordnete, die zu Zwangsarbeit in den Gruben von Sardinien verurteilten Christen zu befreien. Aus der festen Haltung, die er in der Kontroverse um die Feier des Osterfestes einnahm, kann man schließen, daß Victor als erster Papst sich des Primats des Bischofs von Rom bewußt war. Beim Osterfeststreit versuchte er den röm. Brauch durchzusetzen, die Feier der Auferstehung immer an einem Sonntag zu begehen. Die Kirche des prokonsularischen Asiens feierte sie am 14. Tag nach dem Vollmond im März. Nicht einmal die maßgebende Vermittlung des hl. Polykarp von Smyrna unter Papst Anicet konnte die Frage lösen, obwohl sie im Grunde mehr eine praktische als eine Glaubensfrage war. Victor wandte sich an den ganzen Episkopat und ließ Synoden zur Diskussion der Frage abhalten. Doch während die Antworten der Synoden in Palästina, Pontus und Osroene vollkommen mit der röm. Kirche übereinstimmten, verharrten die Kirchen Asiens fest auf ihrer Position, die besonders Polykrates von Ephesus zum Ausdruck brachte. Victor gelang es, die Feier des Osterfestes auf den ersten Sonntag nach dem 13. Tag des Frühlingsvollmondes festzulegen. Mit der gleichen Energie trat er der Häresie des Adoptianismus entgegen, die von Theodotos d. Ä. in Rom verbreitet wurde und nach der Christus ein bloßer Mensch war, der von Gott als Sohn adoptiert wurde und göttlichen Rang erhielt. Weder Monat noch Tag, noch die Art von Victors Tod sind bekannt (Frühjahr/Sommer 202). Der *Liber Pontificalis* spricht von seinem Martyrium. Diese Überlieferung erscheint nicht begründet, weil die Verfolgung der Christen durch Septimius Severus erst später begann. Er wurde in der Nähe des Petrusgrabes bestattet.

Bibl.: V. Monachino, in *Bibliotheca Sanctorum*, XII (1969), Sp. 1281–85, mit Bibl.

G. Scano

VICTOR II.

Papst. Gebhard, Graf von Dollnstein-Hirschberg, Bischof von Eichstätt, Verwandter und Ratgeber Heinrichs III. Von diesem wurde er als Nachfolger Leos IX. bestimmt, der am 19. April 1054 gestorben war. Der Mönch Hildebrand hatte sich im Namen von Klerus und Volk von Rom nach Deutschland begeben, um den Kaiser in der Wahl seines Kandidaten zu beraten. Obwohl Gebhard der Politik Leos IX. nicht wohlwollend gegenüberstand, war er doch ein Priester von untadeliger Lebensführung und erprobter Treue gegenüber der Kirche. Er erbat sich Zeit zum Nachdenken und stellte dann zwei Bedingungen: er wolle kanonisch gewählt werden und die mit Füßen getretenen Rechte des Apost. Stuhles müßten wiederhergestellt werden. Er wurde am 16. April 1055 in Rom geweiht und nahm den Namen Victor II. an. Er war der fünfte deutsche Papst und der letzte, der von einem Kaiser bestimmt wurde. Die reformerisch eingestellte Umgebung in Rom nahm ihn mit einem gewissen Mißtrauen auf. Bald aber sah man, daß sich der Papst im Bewußtsein seiner apost. Sendung als echter Hirte erwies, sich aktiv der Reform der Kirche widmete und strenge Maßnahmen gegen die Simonie und Korruption des Klerus durchsetzte. Er berief auch Synoden, die sich vor allem disziplinäre und pastorale Ziele setzten. Auf der Synode von Florenz, bei der er den Vorsitz führte, wurden der Simonie und des Nikolaitismus schuldige Bischöfe abgesetzt und das Verbot der Veräußerung von Kirchengütern eingeschärft. Der Papst sandte Hildebrand als seinen Legaten nach Frankreich, wo die Simonie sehr verbreitet war. Dieser rief dort einige Synoden zusammen, auf denen die Grundsätze der Kirchenreform nachhaltig bekräftigt wurden. Einige Bischöfe, die der Simonie und eines zügellosen Lebens überführt waren, wurden abgesetzt. Der Papst bekam von Heinrich III. das Herzogtum Spoleto sowie die Grafschaft Camerino und wurde von ihm auch zu seinem Vikar in Italien ernannt. Im Spätsommer 1056 ging er nach Deutschland und begegnete Heinrich III. am 8. September in Goslar. Einige Tage später trat er an das Sterbebett des Kaisers und betreute ihn beim Hinscheiden. Vor seinem Tod vertraute der Souverän ihm besonders seinen minderjährigen Sohn an. Es gelang dem Papst, dessen Nachfolge auf dem Thron sicherzustellen. Nach dem Tod des Kaisers setzte sich der Papst für eine tiefgreifende Versöhnung ein und brachte die inneren Auseinandersetzungen im Reich zu einem Ende. Im Zusammenhang mit dem Friedensplan, den er hartnäckig verfolgte, ergriff er Initiativen zugunsten Gottfried des Bärtigen von Lothringen, der die Witwe des Bonifatius von Monferrato, Markgraf der Toscana, geheiratet und seine Macht auf Mittel- und Norditalien ausgedehnt hatte. Heinrich III. hatte deswegen seinerzeit gegen ihn strenge Maßnahmen ergriffen. Gottfried revanchierte sich mit Achtung und Treue gegenüber dem Papst, der auch seinen Bruder Friedrich von Lothringen zum Abt von Montecassino ernannte und ihn wenig später zum Kardinalpriester mit dem Titel des hl. Chrysogonus kreierte. Am 23. Juli 1057 begab sich der Papst nach Arezzo, wo er ein Konzil ankündigte, das die Gegensätze wegen territorialer Grenzen zwischen dem Bischof der Diözese von Siena und dem von Aretino beilegen sollte. Victor II. starb in Arezzo am 28. Juli 1057.

Bibl.: J. Gay, *I papi del sec. XI e la cristianità*. Übers. von A. Viggiani, Florenz 1929, S. 166–170, 177–178, 183.

U. Penteriani

VICTOR III.

Papst, Seliger. Dauferius oder Desiderius. Der Tod Gregors VII. im Exil stellte die reformbereiten röm. Kreise vor eine kritische Situation bei der Wahl eines Nachfolgers, der das Werk des großen Papstes weiterführen konnte. Die Partei Kaiser Heinrichs IV. und des Gegenpapstes Clemens III. erstarkte und machte ständige Schwierigkeiten, sodaß man erst nach einem Jahr Sedisvakanz zur Wahl des neuen Papstes schreiten konnte. Auf Dauferius, der als Mönch seinen Namen in Desiderius geändert hatte, ruhten die Hoffnungen der reformtreuen Wähler, auf den sie am 24. Mai 1086 ihre Stimmen vereinigten. Er wählte den Namen Victor III. Er war um 1027 in Benevent geboren und folgte noch in jungen Jahren der Berufung zum Mönch, führte bei mehreren Klöstern im Gebiet von Benevent ein Einsiedlerleben, bis er ins Kloster Montecassino eintrat. Er wurde 1058 Abt, als man seinen Vorgänger, Friedrich von Lothringen, mit dem Namen Stephan IX. zum Papst wählte. Nikolaus II. machte ihn 1059 zum Kardinalpriester mit der Titelkirche der hl. Cäcilia. Seine asketische Tugend, seine hohe Bildung, seine diplomatischen Fähigkeiten und auch die wirtschaftliche Macht seiner Familie ließen Desiderius zu einer der ersten Persönlichkeiten der Röm. Kurie aufsteigen, in deren Dienst er wichtige Ämter bekleidete. Einschneidend war seine Einflußnahme auf die Normannen im Dienst einer versöhnlichen Politik gegenüber dem Apost. Stuhl. Nach der

Wahl zum Papst war die Weihehandlung wegen der gewalttätigen, bewaffneten Auseinandersetzungen in Rom zunächst nicht möglich. Victor III. war kaum vier Tage nach seiner Wahl zur Flucht gezwungen. In Terracina angekommen, legte er die päpstl. Insignien nieder und kehrte in seine Abtei Montecassino zurück. Im März 1087 wurde auf einer Synode in Capua unter Beteiligung der röm. Kardinäle, Bischöfe und Adeligen und in Anwesenheit des Normannenfürsten Giordano und Rogers, Herzog von Apulien, einmütig die Wahl des Desiderius zum Papst bestätigt. Die an ihn gerichteten Bitten überwanden seinen Widerstand, und er nahm die Wiederwahl an. Von Giordano und seinen Truppen begleitet, kehrte er nach Rom zurück. Doch sie mußten erst die Basilika des hl. Petrus erobern, wo sich Clemens III. festgesetzt hatte. Dieser flüchtete nun aus der Leostadt in das stark befestigte Pantheon. Am 9. Mai 1087 wurde Victor in St. Peter durch den Kardinalbischof von Ostia, Odo von Châtillon, geweiht, der ihm mit dem Namen Urban II. nachfolgen sollte. Nach einer Woche floh der Papst erneut aus Rom, um nach Montecassino zurückzukehren. Soldaten der Gräfin Mathilde von Canossa holten ihn jedoch zurück und begleiteten ihn unter ihrem Schutz nach Rom, wo er auf der Tiberinsel der Gräfin begegnete. Doch die Anhänger des Gegenpapstes hatten einen großen Teil der Stadt in ihrer Hand. Der Kampf zwischen den Parteien war noch härter geworden und entlud sich in wilden Schlachten. Victor III. wurde krank und verließ Rom zum dritten Mal. Am 29. August 1087 versammelte er in Benevent eine Synode, wo das Verbot der Investitur durch Laien bekräftigt, der Nikolaitismus und die Simonie verurteilt und die Exkommunikation des Gegenpapstes Clemens III. erneuert wurden. Schwer erkrankt, wollte er in sein Kloster Montecassino zurückgebracht werden, wo er am 16. September 1087 starb und seine sterblichen Überreste beigesetzt wurden. Die Sorgen und Unsicherheiten des kurzen Pontifikats von Papst Victor haben sein wahres Bild getrübt. Zwar hat er jene enttäuscht, die sich beim Tod Gregors VII. eine Lösung der Reformprobleme der Kirche erhofften. Er hätte die Pläne der Reformwilligen ergänzen und abschließen können, aber die dramatischen Verhältnisse erlaubten ihm nicht, seine Fähigkeiten zu entfalten. Die Gestalt des Desiderius war aber in ihrer ganzen Größe als Abt des Klosters Montecassino zu erkennen, für das er sich mit ständigem Eifer einsetzte. Er gab dem kontemplativen Leben, dem Studium und der Kunst Auftrieb, schmückte seine geliebte Abtei aus und war ein hochherziger Kunstmäzen. Die ergreifende Inschrift der Mönche auf seinem Grabstein spricht beredt die Dankbarkeit seiner Mitbrüder aus. Er wurde als Seliger verehrt, und Leo XIII. bestätigte dies am 23. September 1887.

Bibl.: G. Picasso, in *Bibliotheca Sanctorum*, XII, Sp. 1286–89; M. Dell'Omo, *Desiderio di Montecassino: un monaco sulla cattedra di Pietro*, in *Benedictina*, 35 (1988), S. 577–589; H.E.J. Cowdrey, *L'abate Desiderio e lo splendore di Montecassino, Riforma della Chiesa e politica nell'XI secolo*, Mailand 1991.

U. Penteriani

Victor IV., Gegenpapst

Gegenpapst. Gregorio Conti (es steht aber nicht fest, ob er zu dieser Familie gehörte) war Kardinal mit dem Titel der hl. Apostel und wurde am 15. März 1138 zum Nachfolger Anaklets II. von den Anhängern des verstorbenen Gegenpapstes gewählt, den er selbst 1130 mitgewählt hatte. Für eine sehr kurze Zeit besetzte Victor IV. den päpstl. Thron, bis er am 29. Mai 1138 die Tiara nach einer Ermahnung des hl. Bernhard von Clairvaux niederlegte und sich dem rechtmäßigen Papst unterwarf. Innozenz II. verzieh ihm und versprach ihm ferner, er könne die Kardinalswürde beibehalten. Der Papst hielt sein Versprechen aber nicht und setzte ihn im folgenden Jahr im Verlauf des II. Laterankonzils ab, und auch die Proteste des hl. Bernhard nützten nichts (PL 182,378). Mit der Abdankung Victors IV. endete das Schisma der Pierleoni, und nach dem Jahre 1139 verlieren sich alle Spuren Gregors.

Bibl.: P.F. Palumbo, *Lo scisma del MCXXX*, Rom 1942, S. 588–594.

N. Del Re

VICTOR IV. (V.), GEGENPAPST

Gegenpapst. Ottaviano di Monticelli war ein Sohn des Giovanni Maledetto, eines Verwandten der Könige von Frankreich und Spanien. Er wurde durch Innozenz II. 1138 Kardinal und war von Cölestin II. als Friedensbotschafter nach Palermo zu Roger II. gesandt worden. Als Hadrian IV. 1159 starb, wurde Ottaviano mit dem Namen Victor IV. zum Papst gewählt (Eine Bemerkung im *Annuario Pontificio* sagt, er müsse der V. sein; vielleicht wurde übersehen, daß der andere Gegenpapst Victor IV. sich kaum zwei Monate gehalten und Innozenz II. unterworfen hatte). Er wurde aber nur von einer Minderheit der Kardinäle am 7. September 1159 gewählt, die sich den Interessen Friedrich I. Barbarossas beugten. Am selben Tag wurde Rolando Bandinelli (Alexander III.) als Papst gewählt und von den Soldaten des Kaisers gefangengenommen, aber infolge eines Volksaufstandes kurz darauf befreit. Alexander ging nach Ninfa, wo er am 20. September geweiht wurde, während auch der Gegenpapst zum Verlassen Roms gezwungen wurde und seine Weihe in der kaiserlichen Abtei Farfa am 4. Oktober 1159 empfing. Vergebens versuchte Barbarossa, Victor IV. als rechtmäßigen Papst auf einer Synode vom 5. Februar 1160 in Pavia anerkennen zu lassen, weil die Mehrheit der christlichen Nation Alexander III. als rechtmäßig anerkannte. Am Ende des gleichen Jahres erwies diesem auch der römische Senat seine Ehrerbietung. Sogar von den Kaiserlichen eher als persönlicher Kaplan Friedrich Barbarossas denn als Papst betrachtet, starb Victor IV. am 20. April 1164 in Lucca und wurde dort in der Kathedrale beigesetzt.

Bibl.: P. Kehr, *Zur Geschichte Viktors IV (Ottaviano von Monticelli)*, in *Neues Archiv*, 46 (1925), S. 53–85.

N. Del Re

VIGILANZA

→ Wachdienst des Staates der Vatikanstadt

VIGILIUS

Papst. Er war ein röm. Diakon und wurde zur Wahl vom byzantinischen General Belisar am 29. März 537 präsentiert nach der gewaltsamen Absetzung von Papst Silverius. Zu Beginn hat er daher als Gegenpapst zu gelten. Erst nach dem Tod des Silverius am folgenden 11. November wurde Vigilius als rechtmäßiger Papst anerkannt. Sofort ging er hart gegen den byzantinischen Hof vor, dem gegenüber er bis dahin recht nachgiebig gewesen war. Er hatte die Verurteilung des monophysitischen Patriarchen Antimus bestätigt, der von Agapet I. (535–536) abgesetzt worden war. Zugleich erwies er sich als Eiferer für den rechten Glauben und als seiner hohen pastoralen Aufgaben voll bewußt. Er weigerte sich, das kaiserliche Edikt von 544 zum sog. „Drei-Kapitel-Streit" zu unterschreiben. Es ging um die Verurteilung der Schriften des Theodor von Mopsuestia, der Werke des Theodoret von Cyrus gegen den hl. Cyrillus von Alexandrien und des Konzils von Ephesus. Auch wenn es die schon 431 in Ephesus ausgesprochene Verurteilung bestätigte, erschien das kaiserliche Edikt doch im wesentlichen als ein Angriff auf die Autorität des Konzils von Chalzedon (451), das die Unterwerfung Theodorets und Ibas angenommen hatte. Daher der entschiedene Protest des Vigilius, der deswegen auf Anordnung Justinians festgenommen und nach Konstantinopel gebracht wurde. Zwar wurde der Papst mit allen Ehren empfangen, aber nur, um die ihm angetane Gewalt zu verdecken. Mit allen Mitteln versuchte der Kaiser, dem Papst die Verurteilung der „Drei Kapitel" abzuringen, bis der Papst in einem Akt der Schwäche oder im Wunsch nach Frieden nachgab und 548 das kaiserliche Edikt mit einem *Iudicatum* unterschrieb. Energisch protestierten alle Bischöfe des Westens, und Vigilius widerrief das erwähnte *Iudicatum.* Er vereinbarte mit Justinian, das Problem einem neuen Konzil zu unterbreiten. Trotzdem wurde der Papst im Palast der Placidia in strengem Gewahrsam gehalten. Doch es gelang ihm die Flucht, und er begab sich nach Chalzedon. Der Kaiser, der 551 ein zweites Edikt gegen die „Drei Kapitel" erlassen hatte, berief 553 das Konzil nach Konstantinopel, auf dem die „Drei Kapitel" erneut verurteilt wurden. Zunächst hielt sich der Papst klug zurück, doch dann stimmte er dem Konzil zu und bestätigte es in zwei Dokumenten vom 8. Dezember 553 und vom 23. Februar 554. Er machte das Konzil damit zu einem Ökumenischen (dem fünften in der Reihe und dem zweiten von Konstantinopel). So ließ sich eine allgemeine Befriedung erzielen, auch wenn sie im Westen auf Schwierigkeiten stieß und nicht vollständig war. Es folgte das Schisma von Aquileja, das erst 698 unter dem Pontifikat Sergius' I. beendet werden konnte. Gut zehn Jahre war Vigilius fern von Rom geblieben. Als er schließlich die Rückreise antreten konnte, überraschte ihn der Tod am 7. Juni 555 in Syrakus. Seine sterblichen Überreste wurden sofort nach Rom gebracht und mit allen Ehren auf dem Friedhof der Priscilla an der *Via Appia* bestattet.

Bibl.: R. Schieffer, *Zur Beurteilung des norditalischen Dreikapitel-Schismas. Eine überlieferungsgeschichtliche Studie*, in *Zeitschrift für Kirchengeschichte,* 87 (1976), S. 167–201; G. Every, *Was Vigilius a Victim or an Ally of Justinian?*, in *The Heytrop Journal*, 20 (1979), S. 257–266; W.H. Carroll, *The transformation of Pope Vigilius*, in *Faith and Reason*, 8 (1982), S. 273–287; F. Carcione, *Vigilio nelle controversie cristologiche del suo tempo: i rapporti con Giustiniano dagli anni dell'apocrisariato al secondo editto imperiale sui Tre Capitoli (533–551)*, in *Studi e ricerche sull'Oriente cristiano*, 10 (1987), S. 37–51; Ders. *Vigilio nelle controversie cristologiche del suo tempo; la lotta contro Giustiniano per la libertà della Chiesa (551–555)*, ib., 11 (1988), S. 11–32.

N. Del Re

Vikariat der Vatikanstadt

Nach Errichtung des Staates der Vatikanstadt durch die Lateranverträge vom 11. Februar 1929 verfügte Pius XI. mit der Konstitution *Ex Lateranensi pacto* vom 30. Mai des Jahres (AAS, XXI [1929], S. 309–311), daß das Territorium des neuen Staates zwar ein Teil der Diözese Rom sei, deren Bischof der Papst ist, doch eine eigene Kirchenverwaltung bekommen sollte. Diese sollte sein Generalvikar ausüben, aber ein anderer als der, der für den Rest der Diözese Rom zuständig sei. Die Leitung des neuen Vatikanischen Vikariates übernahm damals der jeweilige Sakristan Seiner Heiligkeit (→). Zu seiner Jurisdiktion sollten auch der Lateranpalast sowie die Päpstl. Villen in Castelgandolfo, nicht aber die Peterskirche mit der dazugehörigen *Canonica* und das Äthiopische Kolleg gehören. Infolge der Neuordnung der *Casa Pontificia* durch Paul VI. im Motu Proprio *Pontificalis Domus* vom 28. März 1968 (AAS, LX [1968], S. 305–315) mußte der Sakristan seine alte Bezeichnung in die angemessenere eines „Generalvikars Seiner Heiligkeit für die Vatikanstadt" ändern. Er hatte als solcher auch das Apost. *Sacrarium* zu betreuen. Das Vikariat der Vatikanstadt wurde von Johannes Paul II. umstrukturiert, denn er verfügte im Handschreiben *Dopo la costituzione* vom 14. Januar 1991 (AAS, LXXXIII [1991], S. 147–148), daß die Seelsorge des Staates der Vatikanstadt an den jeweiligen Erzpriester von St. Peter übergehen sollte, der daher Titel und Aufgabe eines Generalvikars Seiner Heiligkeit für die Vatikanstadt und die Päpstl. Villen in Castelgandolfo besitzt. Bei dieser Aufgabe unterstützt ihn ein Weihbischof. Ausgeschlossen von seiner Jurisdiktion bleibt der Lateranpalast, Sitz des Generalvikars des Papstes für die röm. Diözese (Nr. 1), während die bis dahin vom Sakristan der *Casa Pontificia* ausgeübten Funktionen – das Amt wurde zugleich endgültig abgeschafft – dem Päpstl. Zeremonienmeister anvertraut wurden (Nr. 2). Diesem unterstehen Mitbrüder des Augustinerordens, die bis heute die Päpstl. Sakristei und die angrenzenden Räume betreuen. Einer von ihnen ist für das *Sacrarium* zuständig, das heißt die in der Sakristei aufbewahrten Reliquien und Kultgegenstände (Nr. 3).

N. Del Re

VILLEN VON CASTELGANDOLFO, PÄPSTLICHE

Die Villen stellen die Sommerresidenz der Päpste dar. Sie befinden sich im Ort Castelgandolfo, im Zentrum der berühmten „*Castelli Romani*" am Westufer des Albaner Sees und bedecken ein Gebiet von insgesamt 550.000 m^2. Es handelt sich um drei verschiedene architektonische Komplexe: den Apost. Palast, die *Villa Cybo* und die *Villa Barberini*. Die ersten Nachrichten über dieses päpstl. Eigentum reichen ins Jahr 1596 zurück, als bei der Versteigerung der Güter der Familie Savelli die Apost. Kammer Castelgandolfo für 24.000 Scudi erwarb. Die Burg der Gandolfi und später der Savelli erhob sich über der antiken Akropolis von *Alba Longa.* Das Eigentum wurde 1604 unter die „Zeitl. Güter des Hl. Stuhls" mit einem Dekret Clemens' VIII. (1592–1605) eingereiht. Unter dem Pontifikat Pauls V. baute man die erste Wasserversorgung und leitete die Wasser von *Palazzolo* in den mittelalterlichen Komplex, wie die Inschrift an der Frontseite des Gebäudes in Erinnerung ruft. Die Arbeiten der Umgestaltung der Burg in eine für eine Papstresidenz geeignete Villa begannen aber erst unter dem Pontifikat Urbans VIII. (1623–44). Bevor dieser den päpstl. Thron bestieg, verbrachte er gern in Castelgandolfo Zeiten der Ruhe im Turm des Palastes, der die *Porta Romana* beherrscht. Der Plan des Palastes ist ein Werk der Baumeister Carlo Maderno, Bartolomeo Breccioli und Domenico Castelli. Er sah die Integration der mittelalterlichen Burg in den neuen Barockbau vor. So wurde ein Flügel zum See hin gebaut, im rechten Winkel zur Burg der Savelli. Auf der dem Platz zugewandten Seite fügte man Treppe und Portal hinzu. Im Nordwesten des Neubaus war ein kleiner, in Beete aufgeteilter Garten eingeplant, der dann mit einer hohen Mauer umgeben wurde. Das Portal ist ein Werk des Gregorio Fontana und wurde nach einem Plan des Bernini 1637 ausgeführt. Der Papst sorgte auch für den vermehrten Zufluß von Wasser aus *Palazzolo.* Außerdem ließ er zwei Straßen nach Albano bauen, eine oben und eine unten im Tal, jeweils um Castelgandolfo herum. Die Umbaumaßnahmen der Villa wurden durch Alexander VII. (1655–67) vollendet. Dazu gehörte die Anlage der Hauptfassade und der westliche Arm des Palastes mit der Galerie zum Meer hin, die man Bernini zuschreibt. Alexander VII. war auch der erste Papst, der die Villen von Castelgandolfo bewohnte. Mitte des 17. Jh., unter dem Pontifikat Benedikts XIV. (1740–58), wurde die Residenz restauriert und mit Fresken und Malereien verschönert. Bezeichnend ist die Galerie, die man Pier Leone Ghezzi zuschreibt, der dort die Hügel von Albano dargestellt hat. Gebaut wurden ferner die „Segensloggia“ und zwei sich anschließende Säle. Weitere Restaurierungen erfolgten unter dem Pontifikat von Clemens XIV. (1769–74), auf den der Erwerb der nahen *Villa Cybo* (1773) zurückgeht. Dies führte zu einer erheblichen Erweiterung der privaten Parkanlagen, die bis dahin auf den kleinen Garten Urbans VIII. beschränkt waren. Im 19. Jh. verursachte die französische Besetzung erhebliche Schäden am Palast, und Pius VII. (1800–23) war zur Restaurierung der Villa gezwungen. Er stattete sie zugleich neu aus. Die Erneuerung der Wasserversorgung des Gartens wurde im Jahr des kurzen Pontifikates von Pius VIII. (1829–30) vollendet. Ein ständiger Besucher Castelgandolfos war auch Gregor XVI. (1831–46), der weitere Ausbauten und Verbesserungen veranlaßte. Pius IX. (1846–78) war zunächst der letzte Papst, der dort wohnte.

Nach den Ereignissen von 1870 völlig heruntergekommen, wurden Papstpalast und Gärten auf ausdrücklichen Willen Pius' XI. hin radikal restauriert und zum alten Glanz zurückgeführt. In Art. 14 der Lateranverträge vom 11. Februar 1929 war dem Hl. Stuhl das ausschließliche Eigentum an den historischen Gebäuden zugesprochen worden, was dem Papst übrigens schon in Art. 5 des *Legge delle Guarentigie* (Garantiegesetz von 1871) zugestanden war. Gleichzeitig wurde dem Hl. Stuhl auch das Eigentumsrecht an der sich anschließenden Villa Barberini zuerkannt. Der Neffe Urbans VIII., Taddeo Barberini, hatte sie auf dem Gebiet errichten lassen, wo sich in röm. Zeit die berühmte Villa des Domitian erhob (etwa 90 nach Chr.), von der aber nur wenige Reste erhalten sind. Der letzte Kern des architektonischen Komplexes der päpstl. Villen von Castelgandolfo ist die elegante Villa, die Kardinal Camillo Cybo im 18. Jh. erbauen ließ. Die Geschichte des Bauwerks beginnt im Jahre 1717, als der Kardinal ein vom Architekten Francesco Fontana (1668–1708) nahe der monumentalen Villa der Jesuiten erbautes Kasino erwarb. Um den Bau in einen schönen Landsitz zu verwandeln, erwarb Camillo Cybo weiteren Baugrund über und jenseits der öffentlichen Straße, an der noch heute der Gebäudekomplex liegt. Im Jahr 1959 wurde im unteren Teil des Gartens eine Audienzhalle errichtet. Clemens XIV. beschloß, den ganzen Komplex der Villa Cybo vom Herzog von Bracciano, Livio Odescalchi, zu erwerben. Er restaurierte und verschönerte die Gärten.

Wie es mit allen extraterritorialen Gebäuden des Hl. Stuhls in Rom im Jahr 1990 geschah, ist auch für die päpstl. Villen von Castelgandolfo die Aufnahme in die UNESCO-Liste des Weltkulturerbes zu wünschen, weil sie ein hervorragendes Zeugnis einer bedeutsamen Zeitepoche sind. Als Sommerresidenz des Papstes hat die Villa für die Katholiken aus aller Welt eine ungewöhnliche Bedeutung erlangt. Seit über 50 Jahren dient sie in den Sommermonaten der Ausübung des Hirten- und Lehramtes der Päpste. Sie ist Ort für die Audienzen, Ziel von Pilgerfahrten und Zentrum der Aufmerksamkeit für die ganze katholische Welt geworden.

Bibl.: E. Bonomelli, *I papi in campagna*, Rom 1953, S. 154–160; I. Belli Barsali, *Ville della Campagna Romana: Lazio*, 2, Mailand 1975, S. 252, 257.

E. Giacometti

VISITE DI CALORE

So heißen die Besuche, welche die neuen Kardinäle nach Empfang ihres Ernennungsschreibens vom Staatssekretariat von all jenen Personen erhalten, die ihnen direkt zur empfangenen Kardinalswürde gratulieren möchten, seien es Verwandte, Freunde und Gönner, Mitglieder

der Röm. Kurie oder Mitglieder der Päpstl. Familie usw. Diese Besuche erfolgen in unseren Tagen in einfacher Form ohne die frühere Feierlichkeit, weil sich in den Wohnungen der Kardinäle heute weder ein Baldachin noch ein Thron befinden.

N. Del Re

VITALIAN

Papst, Hl. Er wurde in Segni bei Rom geboren und folgte unmittelbar auf Eugen I., der am 2. Juni 657 gestorben war. Geweiht wurde er aber erst zwei Monate später, nachdem die Bestätigung durch den Exarchen Teodoro I. Calliopa (30. Juli) eingegangen war. Sein Pontifikat ist durch eine rege diplomatische Tätigkeit zwischen dem Apost. Stuhl, dem Hof und dem Patriarchen von Konstantinopel gekennzeichnet, damit die monotheletische Kontroverse nicht wieder auflebte. Um die normalen Beziehungen zu Konstantinopel wiederherzustellen, sandte Vitalian seine Apokrisiare mit einem Synodenbrief zu Kaiser Konstans II. und seinem Sohn Konstantin IV. Pogonatus, einen weiteren Brief aber an Patriarch Petrus, beides gekonnte Meisterwerke. Auf der einen Seite blieben so die Privilegien der Kirche von Rom garantiert, auf der anderen Seite ein Streit über die Lehre vermieden. Die Adressaten waren zufrieden, so daß der Kaiser die Legaten mit einem Schriftstück zurücksandte, das den Primat Roms tatsächlich anerkannte. Er fügte seinem Brief ein kostbares goldenes Evangeliar bei, während der Patriarch den Namen des Vitalian in die Fürbittenlisten einfügte, in die seit Honorius (625–638) kein Papstname mehr eingefügt worden war. Die Normalisierung der Beziehungen war für beide Seiten vorteilhaft: Der Kaiser konnte einem neuen Expansionsstreben der Langobarden entgegentreten, und dem Papst war im Fall eines Angriffs die Verteidigung Roms zugesichert. In dieser Atmosphäre relativer Ruhe entschied sich Konstans II. 663, mit einem Heer nach Italien zu kommen, um dort die Basis für eine mächtige Gegenoffensive gegen die Araber, die Sizilien bedrohten, zu schaffen und um Rom zu besuchen. In der ersten Juliwoche ging Vitalian dem Kaiser bis zum VI. Meilenstein als Zeichen seiner Ehrerbietung entgegen. Der Kaiser antwortete zunächst mit Gesten der Achtung und der Frömmigkeit, wie zum Beispiel dem Besuch der Hauptbasiliken und der Darbringung bedeutender Geschenke. Doch das Ganze endete mit einer Geste unerhörter Barbarei, denn er befahl seinen Soldaten, eine möglichst große Menge Bronze von antiken Monumenten mitzunehmen, auch die umfangreiche Bedachung des Pantheon. Aus Liebe zum Frieden ertrug Vitalian diese Beleidigung und auch den Raub heiliger Geräte und kostbarer Schätze aus den Kirchen Kalabriens, Siziliens und Sardiniens, den Konstans bei seinem Aufenthalt in Syrakus anordnete. Nicht so friedlich verlief das Ganze, als der Kaiser drei Jahre später auf Ersuchen des Maurus, Erzbischof von Ravenna, feierlich die Selbständigkeit der Kirche von Ravenna mit eigenem Oberhaupt erklärte, die damit in Gegensatz zur Oberhoheit der röm. Kirche geriet. Als Maurus sich weigerte, nach Rom zu kommen, entstand zwischen beiden Kirchen ein vollständiger Bruch, der erst ein Jahrzehnt später unter Papst Agathon aufgehoben werden sollte. Besonders intensiv und fruchtbar war unter dem Pontifikat des Vitalian der kulturelle Austausch zwischen den Angelsachsen und dem Apost. Stuhl: junge Männer wie Wilfried, später Bischof von York, kamen wiederholt nach Rom, um die Ordnung des Mönchswesens zu studieren, die sie dann in der Heimat einführten, während der Mönch Theodor, später Erzbischof von Canterbury, Schulen nach röm. Muster eröffnete und zur Verbreitung der liturgischen Gebräuche

Roms beitrug. Vitalian starb am 27. Januar 672 und wurde in St. Peter beigesetzt.

Bibl.: V. Monachino, in *Bibliotheca Sanctorum*, XII (1969), Sp. 1232–35, mit Bibl.; Ders. *I tempi e la figura del papa Vitaliano*, in *Storiografia e storia. Studien zu Ehren von E. Duprè Theseider*, II, Rom 1974, S. 573–588.

G. Scano

Vizecamerlengo der Hl. Römischen Kirche

Diesen Titel trägt der hohe Prälat, der direkter Mitarbeiter des Camerlengo der Hl. Röm. Kirche (→) ist, nämlich der Kardinal an der Spitze der Apost. Kammer, einem Amt der Röm. Kurie, früher sehr bedeutend als oberstes Verwaltungsorgan des Kirchenstaates. Heute wird das Amt nur während der immer kürzer werdenden Zeiten der Sedisvakanz bekleidet. Früher dagegen reichten die Vollmachten des Vizecamerlengo recht weit, denn er besaß die gleiche Jurisdiktion im Zivil- und Strafbereich wie der Camerlengo, dessen enger Mitarbeiter er auch bei der Verwaltung der weltlichen Angelegenheiten des Papstes war. Ihm war die kommunale Verwaltung Roms anvertraut, was im Laufe der Zeit zu immer weiter gespannter Jurisdiktion führte. Er war in der Ausübung seines Amtes sogar vom Camerlengo unabhängig, auch wenn er immer ein wichtiges Mitglied der Apost. Kammer blieb. Zu seinen normalen Aufgaben kamen in der zweiten Hälfte des 15. Jh. die eines Gouverneurs der Stadt Rom hinzu. Seine genauen Aufgaben im Zivil- und Strafbereich legte Leo X. 1514 mit der Konstitution *Etsi, pro cunctarum* vom 28. Juni fest (BR V, S. 614–617). Dazu kamen später auch Aufgaben der Justizpolizei und der Überwachung der öffentlichen Sicherheit, um Verbrechen zuvorzukommen oder sie zu unterdrükken. Dazu stand ihm ein Polizeikorps unter dem Kommando eines Hauptmanns zur Verfügung. Sixtus V. legte zunächst durch die Konstitution *In sublimi beati Petri sede* vom 1. Dezember 1587 (BR VIII, S. 960–966) die Verfahrensnormen fest, die der Vizecamerlengo und Gouverneur von Rom sowie sein Stellvertreter zu befolgen hatten, und trennte dann 1589 beide Ämter voneinander, wobei er ihnen zugleich getrennte Dienststellen gab. Doch 1592 wurden beide Ämter wieder vereinigt, denn Clemens VIII. wollte eventuelle weitere Konflikte zwischen den beiden hohen Richtern vermeiden. Verschiedene Päpste griffen später weiter in die Aufgaben des Vizecamerlengo und Gouverneurs von Rom ein, bis Pius IX. 1847 die verschiedenen Verwaltungseinheiten innerhalb der Apost. Kammer in Ministerien verwandelte und den Vizecamerlengo zum Polizeiminister ernannte, der mit dem Erlöschen des Amtes auch seine Aufgabe als Gouverneur von Rom verlor.

Bibl.: G. Felici, *La Reverenda Camera Apostolica. Studio storico-giuridico*, Rom 1940, S. 12–14, 98–104 und öfter; N. Del Re, *Monsignor Governatore di Roma*, ib. 1972.

N. Del Re

W

Wachdienst des Staates der Vatikanstadt (Corpo di Vigilanza)

Nachdem Paul VI. im Jahre 1970 das Korps der Päpstl. Gendarmerie, die Ehrengarde und die Palatingarde aufgelöst hatte, mußten die bisher dem Militär zugefallenen Aufgaben einer neuen Einrichtung übertragen werden. So ist im gleichen Jahr beim Governatorat des Staates der Vatikanstadt ein spezielles „Zentralbüro des Wachdienstes“ mit Gesetz Nr. LXVII vom 15. Dezember 1970 der Päpstl. Komm. für den Staat der Vatikanstadt (AAS, Suppl. 42 [1970] Nr. 11, S. 53–55) gegründet worden. Mit Dekret vom 12. Februar 1971, Nr. LXIX (AAS, Suppl. 43 [1971] Nr. 1, S. 1–9) wurde ein *Regolamento* erlassen, das durch ein Folgedekret, Nr. CXIV vom 1. Juli 1975 (AAS, Suppl. 47 [1975] Nr. 7, S. 41–43), einige Veränderungen erfuhr. Die definitiven Regelungen enthielt ein neues *Ordinamento* vom 30. Dezember 1981 (AAS, Suppl. 53 [1981), Nr. 13, S. 79–92).

Das „Zentralbüro des Wachdienstes“ wurde im Jahre 1991 der Päpstl. Komm. für den Staat der Vatikanstadt direkt unterstellt. Der offizielle Name lautet „*Corpo di Vigilanza dello Stato della Città del Vaticano*“ (Wachdienst des Staates der Vatikanstadt). Der Wachdienst wird geleitet von einem Generalinspektor, unterstützt von einem Vizeinspektor, und übt auf dem gesamten Territorium des Staates der Vatikanstadt und über die sich dort befindlichen Personen Polizeifunktionen aus. Ihr Einsatz kann auch von der richterlichen Autorität in der Vatikanstadt beansprucht werden.

Die Übernahme als Agenten des Wachdienstes erfolgt nach einer zweijährigen Probezeit und nach Bestehen einer entsprechenden Eignungsprüfung, die nach dem Generalstatut für das abhängige Personal des Staates der Vatikanstadt am Ende der Probezeit erfolgt. Die Beförderung auf den nächsthöheren Dienstgrad der vorgesehenen Karriere (Agent, ausgewählter Agent, Vizeassistent, Assistent) erfolgt nach siebenjährigem Dienst und dessen Beurteilungen mit der Qualifikation *ottimo* (bestens). Die Nominierung der Amtsträger in der Direktion sowie auch die der Hauptleute erfolgt durch die Päpstl. Komm. für den Staat der Vatikanstadt. Für diese Ämter können auch Personen ausgewählt werden, die bereits in anderen Ämtern des Gouverneursamtes im Dienst sind.

Der Wachdienst des Staates der Vatikanstadt ist hierarchisch organisiert. Es gebührt dem Generalinspektor und in seiner Abwesenheit oder Verhinderung dem Vizeinspektor, über die Disziplin der Agenten und das bestmögliche Funktionieren des Korps zu wachen (Art. 15); insbesondere soll er auf die exakte Ausführung der entsprechenden Gesetze und Statuten sowie der Verfügungen der vorgesetzten Autorität achten, alle Pflichten des Wachdienstes leiten und für die technisch-professionelle und kulturelle Ausbildung der Dienstangehörigen sorgen. Aufgabe der Vorgesetzten ist es, die verschiedenen Dienstpläne aufzustellen, tägliche und nächtliche Inspektionsgänge durchzuführen, den Schriftverkehr abzuwickeln und die Funktionen einer Justizpolizei auszuführen (Art. 18). Schließlich sind alle Mitglieder des Wachdienstes zu höchster Disziplin bei der Entgegennahme von Anweisungen verpflichtet. Sie dürfen ihren Wachtposten oder das ihnen zugeteilte Gebiet unter keinen Umständen verlassen. Sollte dies im Falle von höherer Gewalt notwendig werden, müssen sie unverzüglich die direkten Vorgesetzten unterrichten (Art. 20).

N. Del Re

Wachmannschaft

Als Ersatz für das Korps der Päpstl. Gendarmerie (→), das durch Gesetz des Staates der Vatikanstadt am 15. Dezember 1970 Nr. 67 aufgelöst wurde, errichtete man im Governatorat ein zentrales Wachbüro, das 1991 per Gesetz vom 25. März (AAS, Suppl. LXII [1991] Nr. 3) zur *Wachmannschaft des Staates der Vatikanstadt* wurde. Das Personal kam in großer Zahl aus den Angehörigen der aufgelösten Gendarmerie. Die heutigen Wachmannschaften versehen praktisch weiter die verschiedenen Dienste, die früher von den Gendarmen Tag und Nacht innerhalb des Staates und in den extraterritorialen Bereichen geleistet wurden. Sie wachen über die öffentliche Ordnung, sind zuständig bei Sachbeschädigungen, bei Importen und Exporten, für Verkehr usw. Zuweilen werden sie auch zu Aufgaben der Gerichtspolizei herangezogen. Eine Gruppe wird normalerweise zum Dienst nach Castelgandolfo geschickt, wenn der Papst im Sommer dort weilt oder sich zu anderen Zeiten dorthin begeben möchte. Mit der letzten Verfügung des damaligen zentralen Wachbüros beträgt die Mannschaftsstärke der Wachmannschaft 100 Mann. Dazu kommen zwei leitende Funktionäre und sechs weitere Beamte.

N. Del Re

Wächter der Garderobe

Das Amt des *Guardaroba*, das ein Geheimkämmerer (→) und Mitglied der *Famiglia Pontificia* (→) ausübte, existierte bis 1968, als sowohl sein Name als auch sein Amt von Paul VI. kraft des Motu Proprio *Pontificalis Domus* vom 28. März (AAS, LX [1968], S. 305–315) zur Neuordnung der *Casa Pontificia* (→) abgeschafft wurden. Der Garderobenwächter ging auf den früheren *Vestararius* zurück, trug aber zum Schluß nur noch seinen Namen. Er war zwar der Wächter über die Kleider des Papstes, doch wurde die materielle Bewachung und wirkliche Betreuung dieser „Garderobe" praktisch von einem seiner Untergebenen, dem „Untergarderobenwächter" ausgeübt, der zur Gruppe der *Bussolanti* (→) gehörte. Der Prälat mit dem Titel des Amtes erfüllte vielmehr Ehrenaufgaben. So brachte er z. B. den neuen Purpurträgern den roten Hut und richtete an den neuen Kardinal auch bei der feierlichen Überreichung des Kardinalsbiretts (→) eine *Laudatio.* In der Vergangenheit galt das Amt des Garderobenwächters (*Cubicularius intimus decurialis vestiarius* oder einfacher nur *Vestiarius*) als recht bedeutsam am Päpstl. Hof, so daß Innozenz XI. (1676–89) es seinem Neffen Tommaso Odescalchi übertrug.

N. Del Re

Wächter der Tiara

Mit der Aufgabe, die als *Tiara* bezeichneten Dreifachkronen der Päpste zu bewachen, war früher der päpstl. Schatzmeister betraut, der sie zusammen mit anderen wertvollen Objekten wie Ring, Kelche, Mitra etc. in entsprechenden Schränken aufbewahrte. Auch bei offiziellen Anlässen gab er sie nur gegen eine reguläre Quittung heraus. In der folgenden Zeit ist die Bewachung aller wertvollen, in den päpstl. Zeremonien benutzten Objekte, vom Schatzmeister an den päpstl. Sakristan (→) übergegangen, der dann auch die päpstl. *Tiara* bewachte. Der offizielle Titel *Custode dei Sacri Triregni* wurde in der Regel dem päpstl. Juwelier verliehen, der auch an der Seite des Prälaten, der die Tiara tragen durfte, an den feierlichen Umzügen teilnahm. Auch das Amt und die Bezeichnung *Custode dei Sacri Triregni* sind zusammen mit anderen Verfügungen bei der Neuordnung des Päpstl. Hauses (→) durch Paul VI. mit dem Motu Proprio *Pontificalis Domus* vom 28. März 1968 (AAS, LX [1968], S. 305–315) abgeschafft worden.

N. Del Re

WAFFENSCHMIEDE URBANS VIII.

Der Aufbau einer Waffenschmiede innerhalb der Vatikanischen Paläste wurde von Sixtus V. (1585–90) begonnen, von Paul V. (1605–21) weitergeführt und in den Räumen unterhalb der Vatikanischen Bibliothek von Urban VIII. (1623–44) vollendet, dessen Namen sie trägt. Sie diente im wesentlichen der Bewaffnung der Freiwilligen (neben dem Waffendepot in der Engelsburg), die notfalls in großer Zahl herbeiströmten, um den Papst und den Apost. Stuhl zu verteidigen.

Die folgenden Päpste erweiterten die Waffenschmiede, bis diese im 18. Jh. im Belvedere eingerichtet wurde. Sie nahm Reparaturen vor, produzierte aber auch Waffen. Ihr bedeutendstes Produkt waren 1000 Karabiner *a palla forzante,* Modell 1857, für das päpstl. Heer. 1870 wurde sie aufgelöst.

C. De Vita

WAHLKAPITULATIONEN

Unter diesem Begriff werden in der Papstgeschichte diejenigen Abmachungen bezeichnet, mit denen sich jeder Kardinal im Konklave (→) verpflichtete, im Fall seiner Wahl zum Papst bestimmte *Kapitel* über besondere Bedingungen zu respektieren. Die älteste bekannte *Kapitulation* ist von 1352 und führte zur Wahl von Innozenz VI.. Dieser beeilte sich jedoch, sie für null und nichtig zu erklären, da sie einen Angriff auf die bislang uneingeschränkte päpstl. Macht darstellte. Trotzdem wiederholten sich im folgenden solche Kapitulationen: so bei den Konklaven, in denen Eugen IV. (1431), Pius II. (1458), Paul II. (1464) und Innozenz VIII. (1484) gewählt wurden. Im Hinblick auf die Tatsache, daß diese Abmachungen die Rechte des zukünftigen Papstes zugunsten des Kardinalskollegiums einschränkten, verbot Pius IV. sie mit seiner Konstitution *In eligendis* vom 9. Oktober 1562.

Bibl.: J. Lulvès, *Päpstl. Wahlkapitulationen; ein Beitrag zur Entwicklungsgeschichte des Kardinalats*, in *Quellen und Forschungen aus italienischen Archiven und Bibliotheken*, 12 (1909), S. 212–235; ders., *Die Machtbestrebungen des Kardinalskollegium gegenüber dem Papsttum*, in *Mitteilungen des Instituts für österreichische Geschichtsforschung*, 35 (1914), S. 455–483; G. Bonelli, *Le capitolazioni elettorali dei pontefici, in Commentari dell'Ateneo di scienze, lettere ed arti in Brescia*, 1919, S. 64–120.

N. Del Re

WAPPEN, PÄPSTLICHES

Es besteht aus zwei gekreuzten Schlüsseln mit der Tiara (→) darüber als Symbol der Kirche, des Hl. Stuhls und des Staates der Vatikanstadt. Die älteste Darstellung findet sich im Pontifikat Martins V. (1417–31), der es über die Wappensäule auf dem Adelswappen seiner Familie (Colonna) setzte. Sein Nachfolger Eugen IV. (1431–1447) ließ es auf dem *Grosso papale* anbringen, einer Silbermünze im Wert von vier Soldi, die 1438 geprägt wurde. Seitdem von allen Päpsten benutzt, wurde es schließlich amtliches Wappen des Staates.

N. Del Re

WAPPENKOMMISSION FÜR DEN PÄPSTLICHEN HOF

Mit einer Verlautbarung des Staatssekretariates vom 1. Juni 1915 schritt Benedikt XV. zur Errichtung dieser Wappenkommission, um die Liste der röm. Patrizier und Adeligen zu prüfen, zu kontrollieren und auf den neuesten Stand zu bringen, damit diese gebührend zu den religiösen Funktionen der *Cappella Papale* usw. zugelassen und eingeladen wurden. Die Komm. wurde jedoch 1967 im Rahmen der allgemeinen Reform der Röm. Kurie unter Paul VI. aufgelöst. Über verschiedene Aufgaben und Zuständigkeiten einiger anderer Organe, die ebenfalls aufgehoben wurden (Kongr. für die Zeremonien, die Ämter des *Maggiordomo* und *Maestro di Camera* usw.) hinaus, hat die 1967 eingerichtete Präfektur des Päpstl. Hauses auch alle Aufgaben der alten Wappenkommission übernommen. Ihr Vorsitzender war der Maggiordomo Seiner Heiligkeit (→), und der Maestro di Camera Seiner Heiligkeit (→), der ihre Leitung übernahm, wenn der Maggiordomo abwesend war.

N. Del Re

WASSERWERK

Art. 6 der Lateranverträge zwischen dem Hl. Stuhl und Italien von 1929 besagt, daß „Italien mit Hilfe von Verträgen mit den zuständigen Einrichtungen dafür sorgt, daß dem Staat der Vatikanstadt eine angemessene Menge von Wasser zugesichert wird“. So gehörten zu den wichtigsten Arbeiten im Vatikan nach den Lateranverträgen der Bau von Zisternen, ein zentrales Pump- und Umwälzwerk und die Einrichtung eines umfassenden Verteilernetzes auf dem gesamten Territorium und in allen Gebäuden des Vatikans. Besondere Sorge wurde vor allem auf ein Brandschutzsystem gerichtet.

Bisher war eine der Hauptwasserquellen des Vatikans das Paulinische Aquädukt, das auf die ersten Jahre des 16. Jh. zurückgeht und vom Abzweig der *Piazza Carpegna* rund 2 km in den Vatikan zurücklegte. Die unzureichende Pflege des antiken Bauwerks führte zu Verlusten und so beschloß man, eine neue Wasserleitung aus Stahlrohren mit dem Durchmesser von 500 mm zu verlegen, die über diese Strecke von rund 2 km auch noch mit Mauerwerk abgedeckt wurde.

Der Gesamtzufluß der *Aqua Paula* belief sich auf 243 Liter pro Sekunde, die im Blick auf die neuen Erfordernisse folgendermaßen verteilt waren: 33 l für die Bewässerung der Vatikanischen Gärten, 15 l für die Speisung der Brunnen, 150 l für die Turbinen in der *Centrale Alessandro Volta* (→ Elektrizitätswerk) und der Rest für diverse andere Zwecke. Der Abfluß verschiedener Brunnen und das für die Volta-Zentrale benutzte Wasser wurde in die neue thermoelektrische Zentrale zur Kühlung der Kondensatoren abgeleitet. Die Lieferung von Trinkwasser wurde gesichert durch einen Abzweig des Aquädukts der *Aqua Pia Antica Marcia*. Auch diese Wasserleitung wurde auf dem vatikanischen Territorium erneuert und in eine große Zisterne geleitet.

Nach 1929 sind weitgehend alle alten Leitungen erneuert worden, um sie den Erfordernissen des neuen Netzes anzupassen. Bei dieser radikalen Aktion sind auch alle unterirdischen Kanäle mit teilweise stehendem Wasser in den tieferen Zonen des vatikanischen Territoriums entfernt worden, in welche die Wasserverluste wegen der Rohrleitungen aus Guß, Blei und Zement hineinflossen. Ein Ergebnis dieser Sanierung war auch das Versiegen des quellenartig sprudelnden Wassers in der Nähe der Kirche *S. Stefano degli Abissini* an der Apsisseite der Vatikanischen Basilika.

Bei den Arbeiten in den Jahren 1932 und 1933 sind große technische Schwierigkeiten zu überwinden gewesen, insbesondere bei der

Auswahl eines geeigneten und vor allem korrosionsbeständigen Materials. Außerdem mußte das Röhrennetz auf einem sehr engen Gebiet mit bemerkenswerten Höhenunterschieden druckbeständig sein. Zur Lösung des Problems der Korrosion haben besonders technische Studien beigetragen, die von den Mannesmann-Röhrenwerken Düsseldorf, von den S. A. Stabilimenti di Dalmine und von der Firma Fratelli Innocenti in Rom ausgeführt worden sind. Als Ergebnis der Untersuchungen wurde dann ein ummanteltes Stahlrohr verwandt, welches in Zement gelegt und an den besonders exponierten Stellen mit Teerjute umwickelt wurde.

Die künstliche Bewässerungsanlage in den Vatikanischen Gärten und für alle Rasenstücke wurde als eine der modernsten und funktionalsten in ganz Europa betrachtet. Sie ist voll automatisiert und wird von nur drei Personen bedient, während bislang für die Bewässerung allein der Gärten ca. 50 Gärtner erforderlich waren.

Auch die Brandschutzanlage wurde mit modernstem Gerät und höchster Sicherheit installiert. An den delikatesten Punkten wurden elektrische Melder eingebaut, die Sprühwasser in Tätigkeit setzen. Zur Verfügung stehen 40 l/s mit einem Druck von 10 bar aus einer Reserve von 6.000 m^3 Wasser. Im Notfall konnte diese Anlage auch mit der Trinkwasserzisterne in Verbindung gebracht werden, die aus dem Aquädukt *Pia Antica Marcia* rund 4.000 m^3 Wasser liefert. Die Zisterne und die Zentrale der elektrischen Pumpen sind in den Vatikanischen Gärten unterirdisch angelegt. Zur Vervollständigung der Rekonstruktion des Wassernetzes waren ca. 85 km Stahlrohr erforderlich und einige zusätzliche Stücke in Kupfer. Die Regulierung erfolgte durch 1.400 Ventile, die auch den Wasserdruck regeln. Das Brandschutznetz ist außerdem ausgestattet mit 500 äußeren Wasserhydranten und 400 Anschlußstellen im Inneren der Gebäude. Die Hydranten wurden auch für die Bewässerung der Gärten und der Straßen benutzt, neben – was die Gärten betrifft – 1.300 drehbaren Wassersprengern und 8.000 feststehenden.

Den genauen Verlauf der vatikanischen Wasserleitungen kann man auf einer Marmortafel sehen, die an einer Wand der Zentrale selbst angebracht worden ist. Ein anderer Gedenkstein an der Wand gegenüber erinnert an die Errichtung der neuen Anlagen, eingeweiht von Papst Pius XI. am 12. Mai 1933: PIUS XI PONT. MAX./PUBLICAE PRIVATAEQUE VATICANAE URBIS / COMMODITATI PROSPICIENS / AQUAS TRAIANAS / VETUSTATE VEL DILAPSAS VEL CORRUPTAS / DUCTU REPARATORET IDONEO SPECU / IN SUMMUM COLLEM REDACTAS PURGATAS / PER DENSISSIMA FISTULARUM RETIA / QUOQUO VERSUS DISPERDITA / AD EXEMPLAR TABULAE / HIC IN APPOSITA PARIETE ADUMBRATAE / HORTORUM FONTES PRATA SILVAS PERENNIBUS HUMORIBUS LOCUPLETAVIT / AEDES MUSEA PALATIA AB INCENDIORUM VASTATIONIBUS / EXQUISITISSIMIS RECENTIORIS AEVI / INVENTIS TUTATUS EST / IV. IB. MAI A. A. CH. N. MDCCCXXXIII SACRI PRINC. XII.

Mit Hilfe von regelmäßiger Wartung und ständiger Modernisierung der Strukturen haben die technischen Dienste des Governatorats die große Anlage in Ordnung gehalten. Im Verlaufe der Jahre ist alles den neuen Notwendigkeiten angepaßt worden, sei es was die Gebäude oder die Gärten, das Territorium oder die Dienste betrifft. In wesentlichen Teilen ist jedoch die Struktur der Anlage für die Wasserlieferung und die Wasserverteilung immer noch diejenige von 1933.

Unter verschiedenen Arbeiten ist im Jahr 1963 die Rohrleitung vom *Aquedotto Paolo* einschließlich des Verlaufs innerhalb der Vatikanstadt von der *Piazzale di Villa Carpegna* bis zum Verteiler der *Centrale Idraulica* komplett erneuert worden. Um den gestiegenen Wasserverbrauch einzuschränken, sind 1965 die beiden Brunnen auf dem Petersplatz in ein Zirkulationssystem umgewandelt worden.

Bibl.: F. Ratti, *Monumenti di un pontificato*, Rom 1934: L. Castelli, „*.quel tanto di territorio*", ib. 1940.

A. Martini

WERK FÜR DIE GLAUBENSVERBREITUNG, PÄPSTLICHES

→ Missionswerke, Päpstl., 1.

WERK FÜR ORDENSBERUFUNGEN, PÄPSTLICHES

Pius XII. schuf dieses Werk durch sein Motu Proprio *Cum supremae* vom 11. Februar 1955. Es wurde der damaligen Kongr. für Ordensleute (heute Kongr. für die Institute geweihten Lebens und Gesellschaften apost. Lebens) eingegliedert. Dieses Päpstl. Werk hat den Zweck, Ordensberufungen zu fördern, zu schützen und zu unterstützen durch eine umsichtige Auswahl der Anwärter für das Ordensleben, durch materielle Hilfe für die Orden und durch die Koordinierung oder Neuschaffung verschiedener privater Werke für die Berufungen.

Parallel zum Päpstl. Werk für Priesterberufe (→) hatte auch dieses Werk einen speziellen Tag für die Berufungen festgelegt. Paul VI. bestimmte 1964, einen gemeinsamen „Welttag für die geistlichen Berufe". Dieser Tag findet nun alljährlich am 4. Sonntag nach Ostern, am Fest des Guten Hirten statt. Die Leitung des Päpstl. Werks für Ordensberufungen obliegt gegenwärtig (seit 1967) der Vereinigung der Generaloberen und der Vereinigung der Generaloberinnen.

Bibl.: A. Paribello, *L'Opera delle Vocazioni Religiose,* Neapel 1956; G. Lievin, *La Obra Pontificia de las Vocaciones Religiosas,* in *Actas del Congreso nacional de perfección y apostolado,* III, Madrid 1959, S. 922–928; A. Gutierrez/D. J. Palacios, *Pontificium Opus Vocationum Religiosarum,* in *Commentarium pro religiosis et missionariis,* 42 (1961), S. 41–45; G. Lievin, *L'Opera Pontificia delle Vocazioni Religiose,* in *Vocazioni religiose e mondo moderno,* Mailand/Rom 1963, S. 284–295; L. Ferrari, in *Dizionario degli Istituti di perfezione,* VIII (1988), Sp. 92–93.

N. Del Re

WERK FÜR PRIESTERBERUFE, PÄPSTLICHES

Es wurde von Pius XII. durch das Motu Proprio *Cum Nobis* vom 4. November 1941 eingerichtet und der gegenwärtigen Kongr. für das Katholische Bildungswesen eingegliedert mit dem Ziel, Priesterberufungen zu fördern und zu unterstützen, die Kenntnis der Würde und der Bedürfnisse des Priesteramts zu verbreiten und die Gläubigen in aller Welt im Gebet zu vereinen. Das II. Vatikanische Konzil hat diesem Werk eine breitere Ausrichtung gegeben, wie im Konzilsdekret *Optatam totius* über die Priesterausbildung zu lesen ist: „Ferner verordnet das Konzil, daß die Werke zur Förderung von Berufen, die nach einschlägigen Päpstl. Dokumenten auf diözesaner, regionaler und nationaler Ebene schon errichtet sind oder errichtet werden sollen, ihre ganze der Berufsförderung dienende pastorale Arbeit unter Verwendung aller von der heutigen Psychologie und Soziologie zur Verfügung gestellten, geeigneten Hilfsmittel methodisch und systematisch planen und mit ebensoviel Eifer wie Diskretion durchführen sollen".

Den Vorsitz über das Päpstl. Werk für Priesterberufe hat der Kardinalpräfekt der Kongr.

für das Katholische Bildungswesen, unterstützt von seinem Stellvertreter, dem Sekretär dieser Kongregation. Das Werk gibt die vierteljährliche Zeitschrift *Seminarium* heraus, die sich mit Themen der Priesterberufung und -ausbildung befaßt.

N. Del Re

Werk vom hl. Apostel Petrus, Päpstliches

→ Missionswerke, Päpstl., 2.

Wirtschaftsverwaltung der kirchlichen Dikasterien

Von Pius X. durch Rundbrief des Staatssekretariates vom 3. April 1909 gegründet, hatte dieses vatikanische Organ die Aufgabe, ein genaues Inventar aller Amtsmöbel und sonstigen Ausstattungen der einzelnen Dikasterien der Röm. Kurie (Kongregationen, Gerichtshöfe, Ämter, Kommissionen usw.) zusammenzustellen. Es besorgte auch die notwendigen Büromaterialien. Es wurde geleitet von einer durch den Papst ernannten Kommission, bestehend aus einem Präsidenten, einem Verwalter und einem Sekretär, der zugleich Inspektor war. Von der Wirtschaftsverwaltung der kirchlichen Dikasterien waren die beiden Kongregationen des Hl. Offiziums und der *Propaganda Fide* unabhängig.

Mit Motu Proprio vom 16. Dezember 1926 verfügte Pius XI. die Zusammenlegung der Wirtschaftsverwaltung mit der „Verwaltung der Güter des Apost. Stuhls“ (→), die ebenfalls unter der Präsidentschaft eines Kardinals in der Person des jeweiligen Staatssekretärs stand, zugleich Präsident der Kardinalskomm. für die Verwaltung der Güter des Apost. Stuhles. Ihm zur Seite stand ein Vizepräsident, dazu ein Buchhalter und ein Prüfer. Mit der Zeit wurden die Aufgaben der Wirtschaftsverwaltung vollständig von der Abteilung „Buchführung“ der Güterverwaltung übernommen, bis sie 1970 reaktiviert wurde unter dem Namen „Wirtschaftsverwaltung der hl. Dikasterien“. Sie stellt eine besondere Abteilung der „Verwaltung der Güter des Apost. Stuhls“ dar, die Paul VI. 1967 gegründet hatte und übernahm alle Aufgaben der früheren Verwaltung.

N. Del Re

Z

ZACHARIAS

Papst, Hl. Er war Grieche und Sohn des Policronius. Nach dem *Liber Pontificalis* war er Diakon der Kirche von Rom, als er am 10. Dezember 741 zum Papst und Nachfolger Gregors III. gewählt wurde. Es waren schwierige Zeiten, denn die Langobarden bedrohten die Tore Roms. Die Exarchen von Ravenna waren in ihren Beziehungen zu den Päpsten schwankend und das Ostreich war mit dem Bilderstreit beschäftigt. Zacharias brach den Bund mit Trasimundus II., dem rebellischen Herzog von Spoleto, und knüpfte Freundschaftsbeziehungen zu König Liutprand an. Zunächst traf er im August 742 mit ihm in Terni zusammen, um über die Rückgabe der Stadt und der Gebiete im *Patrimonium Petri* zu verhandeln, welche die Langobarden besetzt hatten. Weiter versuchte er, ihn von der Fortführung des Krieges gegen den Exarchen von Ravenna abzuhalten, denn die Langobarden wollten sich auch dieser Stadt bemächtigen. Der Papst setzte sich durch und gewann erheblich an Ansehen und Autorität. Zacharias griff die weitere wichtige Frage des Verhältnisses zu den Franken auf. Die Verhandlungen führten zur Anerkennung der Legitimität der neuen karolingischen Dynastie, die Pippin der Jüngere 751 in Frankreich errichtet hatte, und damit zur Absetzung des unfähigen Childerich III., des letzten merowingischen Königs. Sehr wirksam verstand es der Papst, der bilderstürmerischen Politik Konstantins V. Copronimus zu begegnen. Es gelang ihm, die Gunst des Kaisers für die Kirche von Rom zu gewinnen. Auf der röm. Synode von 745 bestätigte Papst Zacharias die schon vom hl. Bonifatius ausgesprochene Verurteilung der beiden Häretiker Adalbert und Clemens. Ihm verdanken wir auch die Einführung einer neuen Form landwirtschaftlicher Unternehmen, der sogenannten *domusculta*. Sie bestand in umfangreichen Grundstücken, die direkt von der Kirche durch eigene Beamte bewirtschaftet wurden, statt sie irgendwie zu verpachten. Er ließ wichtige Restaurierungen am Lateranpalast vornehmen und verschönerte die Kirche *S. Maria Antiqua* zu Füßen des Palatin, wo man noch ein Porträt des Papstes zu Lebzeiten, wie der quadratische Nimbus andeutet, bewundern kann. Er war ein Mann von umfangreicher Bildung. Wir besitzen von ihm eine griechische Übersetzung der Dialoge des hl. Gregor des Großen, die im ganzen Orient weit verbreitet war. Nach seinem Tod am 15. März 752 wurde Zacharias in St. Peter beigesetzt.

Bibl.: N. Del Re, in *Bibliotheca Sanctorum*, XII, Sp. 1446–48, mit Bibl.; G.S. Marcou, *Zaccaria (679–752); l'ultimo papa greco nella storia di Roma altomedievale. Note storico-giuridiche*, in *Apollinaris*, 50 (1977), S. 274–289; C. Gasbarri, *Le „Domuscultae" di papa Zaccaria*, in *Lunario romano VIII: Fatti e figure del Lazio medievale*, Rom 1979, S. 219–228; J. Jarnut, *Wer hat Pippin zum König gesalbt?*, in *Frühmittelalterliche Studien*, 16 (1982), S. 45–57; J.L. Sáenz Ruiz Olalde, *Correspondencia de san Bonifacio con el papa san Zacarias*, in *Hispana christiana. Estudios en honor del Prof. Dr. José Orlandis Rovira,* Pamplona 1988, S. 217–237.

N. Del Re

ZENTRALBÜRO FÜR STATISTIK DER KIRCHE

Paul VI. richtete es ein im Rahmen seiner Generalreform der Röm. Kurie durch die Konstitution *Regimini Ecclesiae universae* vom 15. August 1967 (AAS, LIX [1967], S. 885–928). Es erhielt die Aufgabe, regelmäßig alle notwendigen und nützlichen Daten zu sammeln, die für eine bessere Kenntnis der Situation der Kirche in der jeweiligen Zeit dienen und zur Lösung eventueller Probleme beitragen können, wobei es auch für die Bischöfe eine Hilfe darstellen soll. Um sich alle verfügbaren Daten zu verschaffen, gibt das Büro besondere Normen und Fragebögen heraus, mit deren Hilfe alle Pfarreien, Diözesen, Regionen, Ordensinstitute und die Dikasterien der Röm. Kurie selbst die entsprechenden Berichte abfassen und die Angaben zusammenstellen, die regelmäßig dem Büro zuzusenden sind. Dieses kann dann die Daten auswerten, die Ursachen für Probleme aufzeigen und Lösungsvorschläge ausarbeiten.

Das Büro war schon seit einiger Zeit von Fachleuten für Datenerhebung gewünscht worden und wurde nun zum „Zentralbüro der Kirche für Statistik". Großes Verdienst hatte dabei Prof. Alberto Canaletti Gaudenti (†1966), der schon 1936 eine kurze, aber erschöpfende Studie vorgelegt hatte (*De statistico officio in Ecclesiae usum constituendo*, in *Apollinaris* 9 [1936], S. 85–111). Es folgte 1938 eine umfangreichere Studie (*La statistica ad uso della Chiesa*).

Das Büro wurde an letzter Stelle bei den in der Konstitution Pauls VI. von 1967 angeführten Büros eingefügt und später dem Staatssekretariat unterstellt. Die Konstitution *Pastor Bonus,* die Johannes Paul II. am 28. Juni 1988 erließ, ordnete das Büro endgültig der ersten Abteilung des Staatssekretariates (Allgemeine Angelegenheiten) zu. In Art. 44 der Konstitution heißt es: „Das Staatssekretariat sammelt, koordiniert und veröffentlicht über das Büro für Statistik alle Daten, die nach den Normen für Statistik erarbeitet sind und das Leben der universalen Kirche in der ganzen Welt betreffen". Über seine normale Arbeit der statistischen Analyse der Seelsorge in der katholischen Welt hinaus, bietet dieses Büro auch einen besonderen Informationsdienst für alle Interessenten an. Dem Büro, das seinen Sitz im Apost. Palast hat, ist unter anderem auch die Redaktion des *Annuario Pontificio* (→) und des Statistischen Jahrbuchs der Kirche (→) anvertraut.

Bibl.: N. Del Re, *La Curia Romana, Lineamenti storico-giuridici*, Rom 1970, S. 318–319.

N. Del Re

ZENTRALES ÜBERWACHUNGSBÜRO

→ Wachdienst des Staates der Vatikanstadt

ZEPHYRINUS

Papst, Hl. Er war Römer und Sohn des Abbondio, wie wir aus dem *Liber Pontificalis* (I, 139–140) erfahren. Nachdem er Victor I. auf die Cathedra des hl. Petrus gefolgt war, dauerte seine Regierung nach dem *Catalogus Liberianus* von 198 bis 217, nach Eusebius von Cäsarea aber (Kirchengesch. V, 28; VI, 21) von 202 bis 218/19. Die wenigen weiteren Nachrichten über ihn stammen aus den *Philosophumena* (IX,7), einem Werk, das gewöhnlich dem hl. Hippolytus von Rom zugeschrieben wird. Dies ist aber mit Vorsicht zu verwenden, weil wir gut um dessen große Abneigung gegen Zephyrinus wissen. Hippolytus bezeichnete ihn als wenig gebildet, bestechlich und geizig. Er wirft ihm auch vor, daß er den Modalismus nicht verurteilt habe, eine Häresie, die gerade damals durch die Epigonen des Noetus nach Rom kam. Sicher ist aber, daß er die von seinem Vorgänger ausgesprochene Verurteilung gegen die Adoptianisten bestätigt hat. Unsicher bleibt der

Tag seines Todes; nach der Überlieferung des *Martyrologium Romanum* der 26. August. Hierin wird der Papst unbegründet als Märtyrer bezeichnet. Zephyrinus war der erste Papst, der in den Calixtus-Katakomben an der *Via Appia* beigesetzt wurde.

Bibl.: A. Amore, in *Bibliotheca Sanctorum*, XII, Sp. 1464–65

N. Del Re

Zinzinus, Gegenpapst

Gegenpapst. Nach dem Tod Paschalis' I. in Rom am 11. Februar 824 gab es zwei Konkurrenten für den päpstl. Thron, die auch beide gewählt wurden. Einer von ihnen war Eugen, der andere ein röm. Priester mit Namen Zinzinus, wie ihn der Historiker und Gelehrte Onofrio Panvicino im *Chronicon ecclesiasticum* (Löwen 1573, S. 72) nennt. Neben dieser einzigen Nennung ist keine weitere historische Quelle bekannt. Infolge des Eingreifens des Mönches Wala, einem Ratgeber von Kaiser Lothar I., wurde der vom röm. Adel gewählte Eugen II. als legitimer Pontifex anerkannt. Von Zinzinus' Schicksal ist nichts bekannt, so daß er als einer der wenigen sog. „uneigentlichen" Gegenpäpste gilt.

Bibl.: A.P. Frutaz, in *Enciclopedia cattolica*, XII, Sp. 1801–02.

N. Del Re

Zirkus des Nero (Vatikanischer Zirkus)

Kaiser Caligula ließ in seinen Gärten (*Horti Agrippinae*) zwischen den beiden vatikanischen Hügeln zu seinem Privatgebrauch einen großen Zirkus errichten, an dessen Südseite später die Petersbasilika errichtet wurde. Kaiser Claudius ließ umfangreiche Restaurierungsarbeiten am Zirkus durchführen, während Kaiser Nero bei Tacitus als zweiter Gründer genannt wird. Plinius erwähnt im Zusammenhang mit dem Obelisken (→), der den Wendepunkt des Zirkus markierte, Caligula und Nero als die beiden Kaiser, die den Zirkus gebaut hätten. Man nannte ihn auch *Circo Vaticano* oder *Circum Gai et Neronis*.

Zu Beginn des 17. Jh. fand man während der Bauarbeiten der Peterskirche parallele Mauern in Ost-West-Richtung. Man hielt sie zunächst für Stützmauern der Nordtribüne des Zirkus, doch handelte es sich um die Fundamente der alten Basilika. Die Forschung lokalisierte den Zirkus in jüngerer Zeit östlicher, weil die *Rotonda di Sant'Andrea*, deren Bau man auf die erste Hälfte des 2. Jh. n. Chr. datierte, in der Mitte des Zirkus undenkbar war.

Da bei den Grabungen keinerlei aufgehendes Mauerwerk zum Vorschein kam, geht man davon aus, daß der Zirkus zum großen Teil aus Holztribünen und Erdaufschüttungen bestand. Die Ausmaße des Monuments, über dem heute auch ein Teil der Kolonnaden des Bernini stehen, sind von Filippo Maghi mit 590 m Länge und 95 m Breite kalkuliert worden – ähnliche Ausmaße, wie sie der Zirkus von Maxentius besitzt.

Das Interesse einer exakten Lokalisierung des *Circus Vaticanus* ist durch die Wichtigkeit des Monumentes begründet. Tacitus erwähnt ihn nämlich als den Ort, wo die ersten Christenverfolgungen stattfanden. Darüber hinaus ist seine Lage für die antike Topographie des gesamten Vatikans sowie für die Frage des Petrusgrabes (→) von besonderer Bedeutung.

Bibl.: Ch. Hülsen, *Il circo di Nerone in Vaticano secondo la descrizione inedita nel Codice Ambrosiano di Giacomo Grimaldi,* in *Miscellanea Ceriani,* Mailand 1910, S. 255–278; F. Castagnoli, *Il circo di Nerone in Vaticano,* in *Rendiconti P. Accademia Romana di Archeologia,* XXXII (1959–1960), S. 97–121; F. Magi, *Il circo Vatica-*

no in base alle piú recenti scoperte. Il suo obelisco e i suoi „carceres", in *Rendiconti P. Accademia Romana di Archeologia,* XLV (1972–1973), S. 37–73.

M. Buonocore

Zosimus

Papst, Hl. Er war ein röm. Priester, griechischen, vielleicht auch jüdischen Ursprungs, wie der Name seines Vaters, Abraham, vermuten läßt. Zosimus folgte auf Innozenz I. am 18. März 417. Sein kurzes Pontifikat war durch das Problem der pelagianischen Irrlehre belastet. Nachdem sich Zosimus anfangs tolerant zeigte in der Absicht, die Häretiker für den rechten Glauben zurückzugewinnen, zwang ihn deren Beharrlichkeit dann doch zur Exkommunikation. Damit bestätigte er die vom Konzil von Karthago am 1. Mai 418 ausgesprochene Verurteilung der Anführer. In einem Rundschreiben (*Tractoria*) forderte er alle Bischöfe zur Unterzeichnung des Urteils auf. Julian, Bischof von Aeclanum, und einige weitere Bischöfe aus Italien und Illyrien weigerten sich und trennten sich von Rom. Aber nicht nur in der pelagianischen Frage spürte Zosimus die Opposition des afrikanischen Episkopats. Zur erneuten Konfrontation kam es wegen Apiarius von Sicca, der sich, gegen seinen Bischof, an Rom gewandt hatte. Mit dem Episkopat von Gallien lag Zosimus wegen der illegitimen Ernennung des Patroclus, des ehrgeizigen Bischofs von Arles, im Jahr 411 im Streit. Durch Täuschung des Papstes war es jenem sogar gelungen, sich die Rechte eines Metropoliten über die Provinzen Vienne und Narbonne erteilen zu lassen, womit die Rechte der beiden Bischöfe von Narbonne und Marseille verletzt wurden. Erst Zosimus' Nachfolger, Bonifatius I., brachte wieder Ordnung in das Geschehen. Kurz vor seinem Tod am 26. Dezember 418 mußte der Papst auch in Rom Widerstand aus eigenen Reihen hinnehmen, die sich gegen ihn an den Hof von Ravenna gewandt hatten. Er wurde in der Basilika des hl. Laurentius an der *Via Tiburtina* beigesetzt und ist im Martyrologium Romanum unter dem 26. Dezember erwähnt.

Bibl.: V. Monachino, in *Bibliotheca Sanctorum*, XII, Sp. 1493–97, mit Bibl.; G. Wermelingerr, *Das Pelagiusdossier in der Tractoria des Zosimus*, in *Freiburger Zeitschrift für Philosophie und Theologie*, 26 (1979), S. 336–368.

N. Del Re

Zuaven, Päpstliche

So hießen die Angehörigen einer besonderen militärischen Formation des päpstl. Heeres im letzten Jahrzehnt der weltlichen Macht der Kirche. Sie entstanden aus der Kompanie der französisch-belgischen Scharfschützen, die am 20. Mai 1860 aufgestellt und schon am folgenden 1. Juni zur Stärke eines Bataillons aufgestockt wurde. Am 1. Januar 1861 erhielten sie die Bezeichnung „Bataillon der päpstl. Zuaven". Dieses rekrutierte sich aus Freiwilligen aller katholischen Staaten, die sämtlichen sozialen Schichten angehörten und zur Verteidigung des Kirchenstaates aufgerufen waren. Am 1. Januar 1867 wurde die Mannschaft der Zuaven auf ein Regiment mit vier Bataillonen, jedes mit sechs Kompanien, gebracht. Die besondere Bezeichnung „Zuaven" hatte man sich von einem ähnlichen französischen Truppenkorps geborgt, die ursprünglich aus Angehörigen des Stammes der Zwawa in Kabylien bestanden und im Osten Algeriens stationiert waren. Ähnlich der Uniform ihrer französischen Kollegen war die der päpstl. Zuaven von grauer Farbe (grau-blau für die Offiziere) und blieb das ganze Jahrzehnt der Existenz dieses Korps hindurch unverändert. Sie bestand aus einer sehr kurzen Jacke, die an den Rändern rot gesäumt war, ohne Kragen. Die unteren Ränder waren abgerundet.

Sie war nur am Hals geschlossen, sonst vorne offen, so daß man das Leibchen sehen konnte, das rechts mit Knöpfen geschlossen war. Dazu kamen weite Pumphosen und weiße Gamaschen sowie schwarze Stiefel. Um den Leib trugen die Zuaven eine lange rote Schärpe, die mehrfach gewunden war. Als Kopfbedeckung diente ein grau-blaues Barett mit Streifen und einer roten Borte (schwarz für die Offiziere). Dazu kam eine metallische Verzierung in Form eines Posthorns. Wie die Infanterie waren die Zuaven mit Rückladekarabinern ausgerüstet, die später durch Remington-Gewehre ersetzt wurden. Die Offiziere trugen gerade Säbel und Revolver. Unter dem Kommando von Oberst Athanase de Charette de la Contrie nahmen die päpstl. Zuaven am 18. September 1860 an der Schlacht von *Castelfidardo* und am 3. November 1867 an der von *Mentana* teil. Ruhmvoll waren auch Einsätze gegen das Banditentum und die Hilfeleistung für die Cholerakranken von Albano, zuletzt die Verteidigung Roms im September 1870, wobei sie sich immer gut bewährten. Nach dem Ende des Kirchenstaates und der Auflösung des päpstl. Heeres stellten sich die Zuaven Frankreich zur Verfügung, das sie im damaligen Krieg gegen Preußen einsetzte. Sie trugen nun den Namen „Legion der Freiwilligen des Westens" und zeichneten sich unter dem Kommando von General Louis Gaston de Sonis bei Loigny-la-Bataille und bei Patay aus. Endgültig aufgelöst wurden sie am 13. August 1871 von der Stadtregierung Roms.

Bibl.: A. de Charette, *Souvenirs du Régiment des Zouaves pontificaux*, Paris 1876; Ch. de La Noüe/G. de Villèle, *Les Francais Zouaves Pontificaux, 5. Mai 1860 – 20. Septembre 1870*, Saint-Brieuc 1903 (mit Aufstellung der Matrikel der Päpstl. Zuaven französischer Nationalität); G. Cerbelaud-Salagnac, *Les Zouaves pontificaux*, Paris 1963, mit Bibl.; J. M. Dunoyer de Segonzac, *Le Général de Charette et les Zouaves pontificaux au service de la Papauté et de la France*, in *Annales de la Societé d'Histoire de Saint-Malo* 1978, S. 129–146.

N. Del Re